홍순래 박사

꿈해몽

'꿈은 신(神)이 우리 인간에게 내린 최대의 선물이다.'
'꿈해몽은 반대가 아닌, 상징의 이해에 있다.'

홍순래 박사

꿈해몽

홍순래 지음

어문학사

『홍순래 박사 꿈해몽』 책을 펴내며

필자는 1997년, 스승이신 고(故) 한건덕 선생님과 공저로 『꿈해몽 대백과』를 책임 집필하여 출간한 바 있다. 어느덧 세월이 흘러 15년이 지나갔다. 이제, 그동안 새롭게 수집하고 연구한 자료를 바탕으로, 실증사례에 바탕을 둔 『홍순래 박사 꿈해몽』을 새롭게 출간하고자 한다.

1997년의 『꿈해몽 대백과』는 스승이신 고(故) 한건덕 선생님의 꿈해몽 글에, 필자의 선인 및 요즘 사람들의 실증사례 및 꿈에 대한 이해와 해설을 덧붙인 역작(力作)임을 자부한다. 또한 필자가 보기에, 『꿈해몽 대백과』는 출간된 지 15년이 지났지만, 현존하는 최고의 꿈해몽 도서로 손색이 없다. 다만 실증사례가 다소 부족하며, 비유·상징·유추 등의 다양한 상징 기법에 대한 상세한 설명이 되어 있지 않을 뿐이다.

'10년이면 강산이 변한다'는 말이 있듯이, 어느덧 많은 세월이 지나갔다. 그동안 필자에게도 많은 변화가 있었다. 학문에 뜻을 두어, 단국대에서 선인들의 몽중시(夢中詩) 연구로 박사학위(한문학)를 받았으며, 선인들의 실증적인 사례에 대한 상세한 연구와 더불어, 신문 연재 및 '홍순래 박사 꿈해몽(http://984.co.kr)'의 인터넷 사이트를 통해 여러 사람들의 실증사례를 폭넓게 수집하여 연구하고 정리할 수 있었다.

이제 필자는 그동안 새롭게 수집된 수많은 예지적 꿈 실증사례들을 분석·정리하고 연구한 자료를 바탕으로, 점쟁이식의 'A는 B이다'의 단편적인 꿈해몽이 아닌, 상징의 이해에 바탕을 둔 실증사례 체제로 개편하여, 필자의 이름을 걸고 『홍순래 박사 꿈해몽』을 출간하여 독자 여러분들에게 평가를 받고자 한다.

청출어람(靑出於藍)이라는 말이 있듯이, 스승이신 고(故) 한건덕 선생님이 남기신 꿈의 연구와 업적을 이어받아, 보다 더 다양한 실증사례와 꿈의 상징 기법에 대한 상세한 설명을 선보이고자 한다. 아울러 이 모든 것이 선생님의 그동안의 피땀 어린 연구 결과의 토대위에서 이루어졌음을 널리 알리고자 하며, 선생님 및 필자의 미래 예지적인 꿈의 연구에 대하여, 나라 안은 물론 전 세계적으로 널리 알리고자 한다.

필자는 필명을 '꿈에 죽고 꿈에 산다'는 '夢生夢死(몽생몽사)'로 하고 있듯이, 꿈에 관한 이야기를 듣거나 꿈 사례를 연구·분석하여, 꿈의 상징적 의미를 밝혀내는 작업이 인생길에 있어 가장 즐겁고 행복한 보람으로 여기고 있으며, 필자의 운명의 길로 받아들이고 있다.

꿈의 상징적 의미는 동서고금을 막론하고, 공통적인 원리와 유사성을 지니고 있기에, 이러한 예지적인 꿈의 세계에 대한 실증사례를 연구하여 통계적으로 집대성함으로써, 우리가 어떤 예지적인 꿈을 꾸고 장차 일어날 일을 예지하는 데 있어, 보다 올바른 추정을 할 수 있을 것이며, 보다 올바른 꿈해몽의 세계로 나아갈 수 있을 것이다. 이러한 예지적인 꿈에 대한 수많은 사례들을 데이터베이스화하는 작업, 즉 꿈의 언어인 상징을 분석하고 그 후 실제로 일어난 사례를 비교·분석·연구하는 작업은 수수께끼나 퍼즐을 풀어나가는 것 이상의 흥미와 지적 호기심을 자아내고 있다.

기존의 대부분의 꿈해몽 도서가 'A는 B이다'의 점쟁이식 서술이 되어 있다. 하지만 예를 들어, '이빨이 빠지는 꿈'의 실현이 모두에게 똑같이 실현되지는 않는다. 신비한 예지적인 꿈의 세계는 꿈을 꾼 사람이 처해있는 상황이나 마음먹고 있는 바에 따라, 각자 저마다 달리 실현되고 있는 것이다.

따라서 필자는 획일적이고 단정적인 점쟁이 식의 서술을 지양하고, 독자 여러분들이 흥미 있게 읽을 수 있으면서, 보다 쉽게 꿈의 상징적 의미를 이해할 수 있도록, 상징의 유형별 분류에 따른 실증사례적인 해설 위주로 『홍순래 박사 꿈해몽』을 출간하고자 한다.

필자는 그동안 신문·잡지 및 인터넷상에 꿈에 관한 글의 연재활동과 각종 방송 활동 및 특강 등을 해왔다. 또한 PC 통신시절부터, 온라인 상을 통하여 국내 최초로 꿈해몽 상담 및 검색 자료를 제공하며, 꿈 및 꿈해몽에 선구자적이며 독보적인 역할을 해오고 있다.

불과 몇 년 사이에 급격한 변화가 있었다. 활자화된 책을 통하여 필요한 정보를 얻는 시대에서, 인터넷 및 스마트 폰을 통한 사이버 세상이 펼쳐지고 있다. 필자도 이러한 추세에 맞추어, 실증적인 사례에 바탕을 둔 국내 최대·최고 자료의 '홍순래 박사 꿈해몽(http://984.co.kr)' 사이트를 인터넷 및 스마트 폰 상에서 활용하여 꿈해몽에 대한 자료 검색 및 상담을 할 수 있도록 하고 있다. 사이트에서 필자의 모든 저서를 읽을 수 있을 뿐만 아니라, 나아가 스마트폰이나 전자책으로도 필자의 여러 저서들을 읽을 수 있다.

필자는 2014년 2월 현재까지, 출간한 13권의 저서 중, 꿈에 관해서만 9권의 책을 낸 바가 있다.

첫 번째로, 1996년 출간한 『현실속의 꿈이야기』는 꿈에 대한 이해와 해설을 비롯, 설화 및 문학적인 관점에 치중하여 선인들의 꿈이야기를 주로 살펴보고 있다.

두 번째 책인, 1997년 『꿈해몽백과』는 '죽음 예지' '복권과 꿈' 등 총 40장으로 주제별로 편집하여, 꿈해몽에 대한 전반적인 모든 것을 개괄적으로 살펴보고 있다.

세 번째 책인, 1997년 『이런 꿈을 꾸면 복권을 사라』는 예지적 실증적인 사례로, 복권 당첨과 꿈의 관계를 실증적으로 분석·검토하고 있다.

네 번째 책인, 1997년 『꿈이야기』는 지역정보지 및 신문에 연재하면서, 독자분들이 보내온 실증적인 꿈 사례에 삽화와 해설을 덧붙여, 흥미 있고 쉽게 꿈의 세계를 이해할 수 있도록 하고 있다.

다섯 번째 책인, 2001년 『꿈해몽 상담사례집』은 꿈에 대한 개괄적 해설과, 그동안 가장 많이 제기되어 왔던 꿈해몽 상담사례를 중심으로 살펴보고 있다.

여섯 번째 책인, 2007년 『꿈으로 본 역사』는 실제 선인들이 꿈을 꾸고 나서 기록한 실증적인 꿈 사례를 국가적 사회적 변란 예지, 죽음·질병 예지, 태몽, 왕·황후 예지, 과거급제나 부임지·유배지 예지 등으로 나누어 살펴보고 있다. 또한 고려와 조선의 개국 관련, 인조반정, 소릉 복원 등 주요 사건에 따른 꿈이야기와 매몽이야기 및 파자 해몽 등 특이한 꿈 사례 등을 살펴보고 있다.

일곱 번째 책인, 2009년 『행운의 꿈』은 필자가 자비출판으로 출간한바, 로또(복권) 당첨자 및 부동산·주식투자 등에 있어서 행운을 가져온 사람들의 20여 가지의 꿈을 분석하여 해설을 덧붙여 살펴보고 있다. 2013년 『로또복권 당첨 꿈해몽』으로 재출간 되었다.

여덟 번째 책인, 2012년 『태몽』은 실증적인 태몽 사례를 다양하게 수집하여 연구·정리한 해설서로, 태몽에 관한 모든 것을 담아, 'Ⅰ. 태몽의 개괄적 해설', 'Ⅱ. 태몽 표상에 따른 전개', 'Ⅲ. 출산관련 표상 및 유산·요절의 태몽 사례', 'Ⅳ.

연예인 및 유명인사 태몽 사례', 'Ⅴ. 역사적 인물의 태몽 사례', 'Ⅵ. 남녀 성별 및 태몽상담 사례', 'Ⅶ. 기타 설화·고전소설·민속·매스미디어 속의 태몽'으로 살펴보고 있다.

아홉 번째 책인 2012년 『꿈이란 무엇인가?』는 다양한 꿈에 대한 해설 및 꿈해몽의 총체적인 입문서 성격을 띠고 있다. 특히, 예지적 꿈의 세계를 중심으로 꿈의 언어인 상징에 대한 다양한 실증사례를 통해, 신비로운 꿈의 세계에 대한 흥미와 지적 희열감을 맛보게 해주고 있다. 제1장 꿈에 대한 이해와 해설, 제2장 꿈해몽의 ABC, 제3장 꿈의 전개 양상에 따른 실증적 사례, 제4장 꿈의 주요 상징에 대한 이해, 제5장 해몽의 신비성, 제6장 꿈에 대한 상식, 제7장 역사와 문학속의 꿈으로 살펴보고 있다.

이 밖에 1995년 『파자이야기』, 1997년 『별명이야기』, 1997년 『한자수수께끼』, 2011년 『한자와 파자』 등의 책을 낸바, 이제 앞서 소개한 꿈에 대한 9권의 책에 이어, 열 번째의 책으로 독자 여러분들이 가장 많이 필요로 하고 있으면서, 실용적인 성격을 띤 꿈해몽 도서인 『홍순래 박사 꿈해몽』을 출간하고자 한다.

신(神)은 거미가 거미줄을 쳐서 곤충을 잡아먹거나, 연어가 자신이 살던 곳으로 돌아와 알을 낳게 하는 신비한 능력을 내려준 것 이상으로, 우리 인간에게는 영적 능력(영혼의 힘)이 발현되는 세계를 천부적(天賦的)으로 부여한바, 바로 꿈의 세계라고 할 수 있다. 이러한 꿈의 세계는 무지개처럼 다층적으로 다양하게 전개되고 있으며, 그중에서도 가장 중요한 것은 장차 일어날 일을 상징적으로 보여주는 예지적인 꿈의 세계인 것이다.

꿈은 반대가 아닌 상징의 이해에 있으며, 꿈해몽은 이러한 꿈의 언어인 상징의 세계를 이해하는 데 있다. 꿈의 언어인 상징의 세계를 이해하는 데 있어, 왕도는 없다. 꿈의 상징 기법은 신묘하리만큼 펼쳐지고 있으며, 각기 다양하게 나타나고 있다. 따라서 우리는 꿈의 상징을 이해하는 데 있어, 수많은 실증사례에 대한 분석과 연구를 통해, 공통적인 상징 기법을 유형화하여 상징적 의미를 추출해 냄으로써, 장차 일어날 일을 보다 올바르게 추정할 수 있다.

『꿈이란 무엇인가?』가 꿈해설 및 꿈해몽에 관한 총체적인 입문서 성격을 띠고 있다면, 『홍순래 박사 꿈해몽』은 실용서 성격을 띠고 있다. 이 책에서는 꿈속에 등장하는 인물·동물·식물·자연물·인공물 등등의 각각의 상징 표상에 대한 다양한 실증적인 사례를 유형별로 분석하여 소개하고, 일어날 수 있는 추정의견을 제시함으로써, 실용적인 입장에서 현실 생활에 직접적인 도움이 될 수 있도록 집필하였다.

즉, 각각의 표상에 대하여 ⑴ 사람의 상징 ⑵ 태몽 ⑶ 재물이나 이권 ⑷ 일거리·대상 ⑸ 연분·애정 ⑹ 사건·사고 ⑺ 민속으로 전하는 꿈 등의 개별적인 분류에 따른 꿈의 상징적 의미에 대한 꿈해몽 및 실증사례와 해설을 덧붙여, 다양하게 제시함으로써, 자신의 처한 상황이나 뜻하고 있는 바를 견주어 보다 올바른 해몽을 할 수 있도록 하였다. 여기에 선인의 사례와 외국의 실증사례도 삽입하여, 알찬 내용이 되도록 하였음을 밝힌다.

책의 주된 내용은 꿈의 상징 기법에 대한 다양한 전개방식과 꿈에 대한 이해와 해설을 비롯하여, 각각의 상징 표상에 대한 접근에 있어서 꿈해몽의 모든 것을 담도록 하였다.

제 I 장에서는 개괄적인 꿈에 관한 이해와 해설을 담고 있다.

제 II 장에서는 꿈해몽에 있어 반드시 알아야 할 꿈해몽의 ABC를 담고 있다.

제 III 장에서는 꿈은 상징의 언어라는 점에서, 꿈의 다양한 상징 기법에 대해서 사례와 해설을 덧붙여 살펴보고 있다.

제 IV 장에서는 꿈의 전개양상별로 1. 심리 표출(소망,불안,초조감)의 꿈 2. 일깨움(주변위험예지)의 꿈 3. 창조적 사유(발견·발명)의 꿈 4. 계시적 성격의 꿈 5. 사실적 미래투시의 꿈 6. 상징적 미래 예지 꿈 7. 지어낸 거짓 꿈 8. 문학속의 꿈 9. 허망성의 꿈으로 나누어 살펴보았다.

제 V 장에서는 실증사례별로 분류하여, 1. 로또(복권)당첨 2. 태몽·유산·요절 꿈 3. 연애, 결혼, 이혼, 파혼, 기타 연분·애정 이야기 4. 주식투자와 부동산, 이사, 사업 5. 합격, 불합격의 꿈 6. 승진, 취업, 실직 7. 질병·건강 8. 국가적·사회적 사건 9. 죽음 예지 10. 흉몽으로 나누어 살펴보았다.

제 VI 장에서는 꿈속에 등장한 표상물의 전개대로 살펴보는 주제별 꿈해몽으로, 1. 인물, 신분·직업, 신령·이적 2. 행동 표상, 생각하는 꿈 3. 인체, 분비물·배설물 4. 동물 꿈 5. 식물·곡물·경작 6. 광물 및 연료 7. 자연물 및 천체·자연 현상 8. 관공서·기관 기타 인공물 9. 문명의 이기(利器) 10. 음식물, 부엌살림 11. 옷, 치장, 소지품, 사치품, 화장도구, 생활용품, 학용품 12. 취미생활 및 기타로 나누어 살펴보았다.

아울러 뒷면에 색인 기능을 대폭적으로 강화하여, 보다 쉽게 자신이 꾼 꿈을 찾아볼 수 있도록 하였다. 또한 독자 여러분의 취향에 따라, 어느 부분에서든지 자유롭게 읽어볼 수 있도록 배려하였다.

그동안 많은 점쟁이들의 꿈해몽에 관한 책들이 출간되어 왔다. 하지만 시중의 대부분의 꿈해몽 책들은 실증적인 사례에 근거하지 않은, 꿈을 꾼 사람이 처한 상황을 전혀 고려하지 않은 'A는 B이다' 식의 획일적인 해몽이거나, 뜬구름 잡는 이야기식의 허황된 이야기만 나열하고 있다. 나아가 '꿈보다 해몽'이라는 말만 앞세워, 진정한 꿈의 예지를 부정시하고 흥미와 재미 위주의 꿈풀이로 전락해가고 있는 오늘날의 현실이다.

우리의 꿈속에 등장하는 각각의 상징 표상물이 물고기로 비유될 수 있는바, 필자는 독자 여러분들에게 'A는 B이다'의 점쟁이식의 하나의 물고기를 잡아주는 꿈해몽 방식이 아닌, 다양한 실증사례와 함께 처한 상황에 따라 실현될 수 있는 다양한 추정의견을 제시함으로써, 독자 여러분 스스로의 힘으로 다양한 물고기를 마음껏 잡아먹을 수 있도록 하였다. 그렇게 해야만 다층적으로 펼쳐지는 오묘한 꿈의 세계에 대하여, 보다 올바른 이해와 함께 해몽을 할 수 있으리라 믿는다.

다만 아쉬운 점은 꿈에 관한 이해와 해설이나 인용된 꿈 사례에서 모두 다 참신한 내용으로만 이루어져야 하지만, 1997년 『꿈해몽백과』에 실린 내용을 비롯하여 필자의 최신 저서인 2012년 『꿈이란 무엇인가?』에 실린 내용이 중복적으로 나오는 것이 있다. 이는 처음 구독하는 분에게는 별문제가 없지만, 이전부터 필자의 책을 보아온 분들에게는 다소 신선한 맛이 떨어지고 있기에 죄송스러울 뿐이다. 보다 풍부한 사례를 들기 위함이니, 애독자 여러분의 깊은 양해를 바란다.

실증적인 사례에 입각한 정확하고 올바른 해몽을 할 수 있도록 도와주는 책, 또한 온 국민이 이용하는 꿈해몽 안내자로서의 진정한 역할을 할 수 있는, 보다 올바른 꿈해몽 책을 저렴한 가격으로 출간하는 것이 필자의 오랜 숙원이자 간절한 소망이었다.

그렇다. '꿈 및 꿈해몽의 대중화'가 필자가 바라는 세계이다. 미신적인 대상과 점쟁이 영역으로 여겨지고 있는 그릇된 꿈의 세계가 아닌, 우리 영적인 능력이 발현되는 꿈의 세계를 누구나 올바르게 이해하고, 누구나 올바르게 꿈을 해몽할 수 있는 세계가 열리기를 필자는 바란다.

집집마다 국어사전이 있듯이, 『홍순래 박사 꿈해몽』이 가정마다 하나씩 있게 되어, 자신이 꾼 꿈을 다른 사람들이 꿈꾸고 일어난 실증사례와 비교 견주어보고, 자신 스스로 자신의 꾼 꿈을 해몽함으로써, 장차 다가올 앞날에 대한 마음의 준비와 슬기로운 극복을 할 수 있도록 삶의 지혜를 얻을 수 있게 되기를 바란다. 따라서 남녀노소 누구나 보다 손쉽게 접할 수 있도록 가급적 큰 글씨의 활자로 인쇄하였으며, 책의 페이지 수에 비하여 비교적 저렴한 정가로 책정하였음을 밝힌다.

필자는 이 책을 통하여, 고(故) 한건덕 선생님의 미래 예지적 실증사례 연구업적과 꿈의 미래 예지를 보다 널리 알리고자 한다. 사람들이 '꿈은 소망의 표현'이라는 심리 표출의 꿈을 언급한 서양의 프로이트는 알아도, 실증사례에 바탕을 둔 미래 예지적 꿈 연구에 일생을 바치셨으며, 몇 배의 연구업적을 남기신 고(故) 한건덕 선생님에 대해서는 무지에 가까울 정도로 모르는 있는 오늘날의 현실이다. 필자 또한 생을 다하는 날까지, 몽생몽사의 마음가짐으로 오직 실증적인 사례에 바탕을 둔 꿈 연구에 매진할 것을 약속드린다.

이 책에 대하여 문의사항 및 꿈해몽 상담은 인터넷 http://984.co.kr(홍순래 박사 꿈해몽) 사이트나, 스마트폰에서 '홍순래 박사 꿈해몽'의 앱을 내려 받아 이용하시기 바란다.

'꿈해몽은 반대가 아닌, 상징의 이해에 있다.'

'꿈은 신(神)이 우리 인간에게 내린 최대의 선물이다.'

'우리 인생길에는 보이지 않는 운명의 길이 있다. 그러한 운명의 길을 미리 보여주는 세계가 바로 꿈의 세계이다.'

'꿈의 세계는 정신과학의 세계이며, 우리 인간의 정신능력이 고도로 발현되는 세계이다. 우리 인간에게는 시각·청각·후각·미각·촉각의 5감(五感) 외에, 마음으로 느끼는 6감(六感)이 있다. 비유하자면, 꿈의 세계는 6감(六感)에서 나아가, 우리 뇌의 정신활동으로 빚어내는 7감(七感)의 세계로, 꿈은 신(神)이 우리 인간에게 부여한 최대의 선물인 것이다.'

차례

주제별 꿈해몽 737

5. 식물, 곡물, 경작 꿈

제1장
꿈에 대한 이해와 해설

1 꿈이란 무엇인가?
dream

우리말의 꿈은 다의어로 여러 가지 뜻이 내포되어 있다. "네 꿈(이상)을 펼쳐라", "꿈에 본 내 고향(잠재적 소망)", "구렁이가 몸에 감긴 꿈(예지적)", "모두가 꿈이로구나(허망성)" 등에서 살펴볼 수 있는 것처럼, 꿈이란 말속에는 다양한 뜻이 담겨있다.

마찬가지로 꿈의 실체는 하나이지만, 그만큼 꿈의 성격이 다양하게 표출되고있기에, 보는 입장과 견해에 따라 꿈에 대한 정의도 다양하게 내려질 수 있다.

고(故) 한건덕 선생님은 "잠을 자는 동안에 필연적으로 나타나는 정신 현상이바로 꿈이다." "꿈은 이루는 것이고, 형성하는 것이며, 창조하는 일종의 사고 현상이다."라고, 1981년 9월에 출간된 『꿈과 잠재의식』의 25쪽에서 언급하고 있다.

이처럼 꿈은 다양한 색상의 무지개처럼 우리 인간에게 신비의 대상으로 비치면서, 형형색색으로 다층적이고 다원적으로 나타나고 있다. 프로이트는 그의 『꿈의 해석』에서 '꿈은 소망의 표현'이라고 말하고 있다. 하지만 이는 어떤 특별한 견해도 아니다. '꿈에 본 내 고향'이란 말이 있듯이, 고향에 가고 싶은 잠재적인 욕망이 꿈으로 표출되는 것은 누구나 익히 알고 있는 바이다. 다만 프로이트는 잠재의식 속에 억눌린 성적 욕망을 강조하고 있으며, 꿈의 분석을 통해 심리치료 등에 활용하고자 했다.

융은 꿈이란 '집단적 잠재의식의 표출'이라고 말했다. 그는 꿈이 신체적·정신적·사회적·윤리적 등 인생의 모든 측면과 관계를 맺고 있음을 발견하고, 꿈을 통해 나타나는 여러 현상 속에서 우리 인간 잠재의식의 원형을 찾아내어 체계를 세우고자 했다.

이 밖에도 수많은 사람이 꿈에 대한 여러 가지 주장을 제기해 왔다. 하지만 꿈은 다층적이고 다원적인 특성을 지니고 있으며, 우리가 쉽게 이해할 수 없는 상징적 표현으로 표출되고 있고, 난해함으로 인하여 때로는 꿈을 꾼 자신도 무엇을 나타내려고 하는지 쉽게 알아낼 수 없기에 신비함을 더해왔을 뿐이다.

꿈은 우리 마음 깊숙한 곳에 자리 잡고 있었던 소망이나 억압 등 현실에서 억눌린 자아의 욕구를 꿈을 통해 표출함으로써 대리만족을 얻게 하고, 자신의 의식 세계가 미처 느끼지 못하고 있던 신체 내·외부의 이상이나 위험을 일깨워 주며, 창의적인 사유활동을 가능하게 해주면서, 영적인 초자아의 힘으로 자신과 자신의 주변에 닥쳐올 일을 예견하고, 꿈을 통해 이미지화하여 우리에게 보여주고 있는 것이다. 이처럼 꿈은 무지개처럼 다양한 특성을 지니고 전개되고 있으며, 우리 인간의 고도의 신성(神性)과 같은 정신능력이 발현되는 정신과학의 세계인 것이다.

고대로부터 꿈은 신비의 영역으로 여겨져 왔기에, 이러한 꿈의 실체에 대해서 여러 면에서 연구가 시도되어 왔다. 즉, 뇌의 구조와 기능에 대한 뇌과학, 수면, 뇌파측정, 텔레파시, 초감각지각 등의 연구 결과는 이전보다 한결 꿈의 실체에 다가서서 우리에게 많은 것을 시사해주고 있다.

특히 과학기술의 발달로 양전자 방출촬영술(PET), 기능적 핵자기공명촬영술(fMRI) 등 최첨단 뇌영상기기를 이용하여, 꿈이 어디에서 생성되며 어떠한 기능을 하는지 알아내고자 뇌영상지도라든지, 뇌 활동 기록장치를 활용하기에 이르렀다.

과학적인 연구 결과 수면의 단계 중에 렘수면(Rapid Eye Movement)이라 하여, 눈알이 빠르게 움직이는 특징을 보이고 있는바, 대부분 렘수면 상태에서 꿈을 꾸고 있는 것이 입증되고 있다. 이때 꿈의 작업을 통하여 경험이나 기억에 대한 재구성의 작업도 이루어지는 것으로 보고 있다.

우리가 잠자고 있을 때도 우리의 뇌는 활발한 활동을 하고 있으며, 현실에서 발휘될 수 없었던 영적 능력이 꿈을 통해 극대화되고 있다. 그리하여 정신능력이 초능력적으로 발휘되어 현실의 자아가 궁금해하고 관심을 가지고 있던 일이나 대상에 대해 일깨워 주고 예지해줌으로써 장차 다가올 일에 대한 마음의 준비를 하게 도와주고 있는 것이다. 이러한 꿈은 허황되고 부질없는 것이 아닌, 우리 인간의 신성(神性)의 영적 능력(영혼의 힘)에서 비롯되는 고도의 정신능력의 활동인 것이다.

우리는 이러한 꿈을 미신이 아닌, 인간의 정신능력을 다루는 정신과학의 측면에서 접근해야 할 것이다. 우리 인간에게는 시각·청각·촉각·후각·미각의 5감(五感) 외에, 마음으로 느끼는 6감(六感)이 있다. 아내는 남편이 바람피우는 것을 보지도 듣지도 못했으나, 평소와 달리 행동하는 남편의 행위로 미루어, 마음으로 알아차리는 6감이 발휘됨으로써, 남편의 바람피우는 것을 알아차리고 있는 것이다.

비유하자면, 육체적인 감각인 5감(五感)과 마음으로 느끼는 6감(六感)에서 나아가, 제 7감(七感)의 뇌로 느끼고 보는 고도의 정신능력이 발현되는 세계가 꿈의 세계인 것이다. 이러한 능력은 우리 인간만이 발휘할 수 있는 고차원의 정신능력으로, '나는 꿈을 안 꾼다'는 사람은 이러한 자신의 정신능력 활동이 활발치 못한 데에 원인이 있다. 거미가 거미집을 짓는 능력을 천부적으로 발휘하듯이, 우리 인간에게는 천부적(天賦的)으로 물려받은 고도의 정신능력이 존재하고 있으며, 이러한 것이 구체적으로 발현되는 세계가 바로 꿈의 세계인 것이다. 이러한 능력은 남녀노소나 학력의 고하를 뛰어넘어 펼쳐지고 있으며, 굳이 언급하자면 유전적인 요소에 일부 기인하고 있다.

덧붙이자면 꿈의 여러 가지 영역 가운데, 장차 일어날 일을 꿈으로 예지하는 능력이 우리 인간에게 있음은 불문가지의 사실이다. 혹자(或者)는 꿈의 예지력을 과학적으로 증명할 수 없다고 하지만, 비유하자면 마치 공기가 눈에 보이지 않지만, 우리는 공기로 인하여 살아갈 수 있다. 그러나 바람이 불어와 공기의 존재를 알 수 있듯이, 우리 인간의 예지적인 능력이 꿈을 통해 발휘되고 있음이 동서고금을 막론하고 수많은 실증사례가 존재하고 있음에서 잘 알 수 있다. 이러한 꿈의 예지력이야말로 우리 인간이 살아가는 데 있어 심령학적으로 공기처럼 소중한 존재가 되며, 신이 인간에게 부여한 최대의 선물인 것이다.

서구의 꿈에 관한 연구는 프로이트의 『꿈의 해석』에서 '꿈은 소망의 표현'이라는 심리 표출적인 면이나, 정신분석학적인 측면에서 꿈의 세계를 살펴보고 있다. 그러나 서구와는 달리 우리 민족은 꿈에 대한 심리적인 측면보다는 예지적인 측면을 중시하여 지대한 관심을 지녀왔으며, 실제로 태몽의 경우에서 볼 수 있듯이 꿈은 민간신앙이 되다시피 절대적인 신봉의 대상이었다.

따라서 서구의 꿈 분석이론에 경도되어, 미래 예지적인 꿈의 세계에 대하여 부정시하거나 미신시하는 태도는 올바르지 못하다. 수많은 사람의 예지적인 꿈 사례, 로또(복권) 당첨이나 태몽 사례, 선인들의 역사적 꿈 사례 등 다양한 실증적 사례를 바탕으로 한 꿈의 상징성에 대한 분석을 통해서 올바르게 접근할 수 있을 것이다.

이러한 예지적인 꿈의 세계에 대해서, 자신이 꾼 꿈을 기록하여 장차 일어날 일을 추정해보고, 그 후에 실제로 어떻게 실현되었는지 스스로 확인해 보기 바란다. 다양한 꿈의 상징 기법에 대해서, 아마도 퀴즈 문제를 풀어 보는 것보다 한층 더 묘미를 느낄 것이며, 우리의 인생길을 한결 흥미 있게 살아갈 수 있을 것이다. 다만, 아쉽게도 모든 사람이 예지적인 꿈을 꾸는 것은 아니며, 사람마다 차이가 있다. 예지적인 꿈을 꾸지 않는다는 것은 꿈꾸는 주체의 정신 능력 활동이 활발하지 않은데 기인하고 있다.

우리는 꿈을 이용해 정신 분석학 치료에 이용한 많은 사례를 알고 있다. 이렇게 자신의 꿈을 스스로 해몽하여 꿈의 작업장을 여는 작업은 자신의 정신능력을 계발하고, 우리 자신도 느끼지 못했던 내면세계를 되돌아보게 해주고, 다가올 미래의 운명에 슬기롭게 대처해 나갈 수 있도록 해주고 있다.

꿈은 무한한 가능성을 지니고 있는 고도의 정신능력인 잠재의식의 활동으로, 자신의 의식세계가 미처 느끼지 못하고 있던 자신의 억눌린 불안감이나 소망 등 심리를 표출하기도 하며, 위험한 요소나 대비해야 할 문제에 대해서 우리의 신성(神性)과 같은 정신능력인 잠재의식은 영적인 존재인 초자아의 힘으로 예견하고 꿈을 통해 우리를 일깨워 주고 있는 것이다. 또한 꿈은 영적(靈的)인 대상과의 교감을 이루는 가교 역할을 해주고 있으며, 우리의 잠재의식은 놀라운 영감을 발휘하여 창의적인 발명 등 창조적 사유활동이 이루어지도록 해주고 있다.

이러한 꿈은 인류가 있어 온 이래 오래전부터 사람들이 경험해오는 정신 현상이며, 꿈만이 지니는 독특한 표현양식과 표현수단 그리고 영감적 기능을 구사하는 언어라는 점에서 인류 모두가 추구해 온 민속학·심리학·철학·정신분석학·심령학·기타 꿈과 관련된 모든 전근대적인 학문의 근간을 이루며, 그것들의 정점 위에서만 그 진상을 밝힐 수 있는 학문 중의 학문으로 자리를 잡아 가고 있다.

우리 모두 꿈에 대해 관심을 지녀보자. 자신도 놀라울 만큼 신비한 체험을 맛볼 수 있게 될 것이다. 실로 꿈은 신이 인간에게 내려준 최대의 선물인 것이다.

2 꿈을 왜 꾸게 되는가?

dream

우리 누구나 꿈을 꾸고 살아가고 있다. 우리는 꿈을 허황되다고 여기기도 하고, 때로는 꿈의 영험한 일을 경험하여 신비스러움에 놀라고는 한다. 이러한 꿈은 왜 꾸게 되는 것일까? 꿈을 자주 꾼다는 사람도 있고, 또 전혀 꾸지 않는다는 사람도 있다. 앞서 '꿈이란 무엇인가?'에서 살펴보았지만, 꿈의 추상적이고 불확실한 특성으로 인하여 꿈의 세계가 다양하게 펼쳐지고 있기에 '꿈을 왜 꾸게 되는가?' 등의 꿈의 발현에 대해서는 여러 견해가 있을 수 있다. 우리말의 '꿈'이란 말이 다의적으로 쓰이고 있는 데서 알 수 있듯이, 어떠한 관점이나 입장에서 꿈을 보는가에 따라 그 정의 역시 달라질 수밖에 없기 때문에 꿈의 발현에 대한 언급도 꿈의 어떠한 속성을 설명하고 있는가에 따라 각기 다르게 나타나고 있다.

서양에서 그리스·로마 시대 등 고대인들에게 꿈은 영적인 존재자들의 세계와 관계있는 것으로써 신들이나 귀신들의 고지(告知)·계시라고만 알고 있었다. 하지만 아르테미도로스의 『꿈의 열쇠(Onirocriticon)』에서도 알 수 있듯이, 꿈의 미래 예지적 기능에 대해서도 관심을 지니고 있었음을 알 수 있다.

한편 동양에서도 『시경(詩經)』, 진사원(陳士元)의 『몽점일지(夢占逸旨)』, 유문영의 『꿈의 철학』 등에서 언급되고 있는 꿈의 내용을 통해볼 때, 꿈에 대하여 신비로운 예지적인 성격을 강조해 왔음을 알 수 있다.

또한 우리나라에서도 『삼국사기』·『삼국유사』를 비롯하여 여러 역사서나 개인 문집 속에 예지적인 꿈이야기와 꿈속에서 몽중시를 지었다는 창조적인 사유활동으로서의 꿈이야기들이 기록되어 있다.

근대에 들어와서 정신분석의 창시자인 지그문트 프로이트(Sigmund Freud) 등에 의해 잠재적 소망이나 잠재의식 속에서 자신이 생각해 온 것들이 꿈으로 형상화된다고 하는 심층심리의 표현으로서의 꿈에 관한 본격적인 연구가 시작되었다.

프로이트는 현실 생활 속에서 좌절되고 억압된 욕망들은 무의식이라는 곳에 저장되었다가, 우리가 잠을 자는 동안 의식의 틈새가 느슨해진 틈을 타서 꿈이라는 생리적 현상으로 표출된다고 말하고 있다. 이 경우, 인간의 잠재의식이 꿈으로 발현될 때는 억압·압축·검열을 거쳐 나타난다고 말하고 있다.

프로이트가 인간 잠재의식의 영역을 발견하고, 심리학이나 정신분석적인 수단으로 꿈을 활용한 것은 높이 평가받아야 할 것이다. 하지만 프로이트는 정신분석적인 측면에서만 보려고 할 뿐, 인간의 정신능력 발현에서 이루어지는 미래 예지적인 꿈의 세계나 꿈속에서의 어떠한 창조적인 사유활동, 그리고 경고성을 일깨우는 꿈이 이루어지는 측면에 대한 언급을 간과하고 있음을 볼 수 있다.

꿈에 대한 그의 분석은 정상인 보다는 정신과 질환 환자 등의 사례를 중심으로 분석한 결론이기에, 우리 인간의 영적 능력이 발현된 꿈의 예지적인 기능이나 창조적 사유의 기능에 대한 언급에 소홀했음을 알 수 있다.

한편 '라깡'은 프로이트의 무의식을 보다 정교하게 정식화시켜 무의식 속에 억압된 욕망의 기제가 언어학적으로 변환되는 과정을 발견하고, 무의식 속에 축적된 에너지가 창조적이며 구성적인 비유를 이루고, 무의식도 하나의 언어문법이 된다고 보고 있다.

그러나 꿈 내용 분석에 있어서 언어학적 관점에 집중되고 있으며, 이 역시 정신분석학 측면에서의 요소가 강할 뿐이어서, 심리적 욕구표출의 작품분석에나 학문적인 이론으로 도움이 될 수 있겠다. 하지만 우리가 주로 관심을 갖는 미래 예지 꿈 사례의 입장에서나 우리 민족의 운명론적 사유 체계의 관점에서 볼 때에는 적용될 수 없는 면을 보이고 있다.

'카를 구스타프 융'은 '프로이트'나 '라깡'과는 달리, 인간의 무의식 속에 인류의 근원적 체험의 원형이 존재한다고 보고, 인간무의식의 집단상징을 언급하고 있다. 각 민족마다 민족적인 원형 심상이 존재하고 그것이 다양한 상징으로 발현된다고 주장하여, 무의식의 세계를 문학적으로 연구할 수 있는 기반을 마련했다.

이러한 집단 무의식의 상징은 각 민족의 신화·종교·꿈의 발현 등에 적용될 수 있다. 꿈의 발현은 동서고금을 막론하고 보편성을 띠고 전개되고 있다. 다만, 각 민족성이나 문화적 관습의 차이·기질·기타 여건에 따라 다양하게 전개되는 꿈의 전개양상에 대한 관점의 시각이 다르다고 볼 수 있다.

서구에서 정신분석학적으로 중요시하고 있는 심리적 욕구표출의 꿈도 있지만, 장차 일어날 일을 상징적으로 보여주는 예지적인 성격의 꿈이 가장 대표적이며, 주변의 위험을 일깨워 주는 꿈, 꿈속에서 발견이나 발명을 하거나 시를 짓는 등의 창조적인 사유활동의 발현으로 이루어지는 꿈의 세계가 있음을 간과해서는 안 될 것이다.

이러한 미래 예지 꿈, 창조적인 사유활동의 꿈을 꾼다는 것은 우리 인간의 정신능력의 활동이 활발하게 일어나고 있음을 뜻한다. 다만, 어떤 사람은 꿈을 잘 꾸기도 하고 어떤 사람은 꿈을 못 꾸기도 하는 등 차이가 나고 있는 것은 개인마다 영적인 정신능력의 차이가 있기 때문이다. 우리가 사람마다 육체적 능력이나 정신적 능력의 차이가 있듯이, 꿈꾸는 영적 능력에도 차이가 나는 것은 당연하다고 해야 할 것이다.

이러한 꿈꾸는 영적 능력도 변화할 수 있다. 달리기 선수가 달리기를 잘하다가 나이 들어 달리기를 잘할 수 없듯이, 꿈꾸는 능력의 발현이 젊은 시절에는 왕성하여 꿈을 잘 꾸다가, 노쇠하게 되어 꿈을 잘 꾸지 못하게 될 수가 있다. 또한 꿈을 안 꾸던 사람도 꿈에 관심을 갖게 되면 꿈을 보다 더 잘 꿀 수도 있을 것이다. 인간 정신 능력의 발현인 꿈을 꾸는 능력은 나이·남녀·학력·신분에 차이 없이 각 개개인의 정신능력의 차이에 따라 좌우되고 있음을 볼 수 있다. 덧붙이자면 유전적인 요소에도 기인한다고 볼 수 있다.

한편 꿈은 우리 신체적으로 가해지는 내·외부의 자극에 의해 이루어지기도 한다. 허준(許浚)은 『동의보감(東醫寶鑑)』에서 꿈을 간장·심장·비장·폐장·신장과 같은 오장(五臟)의 허와 실에 따라 꿈이 다르게 나타나고 있음을 말하고 있다. 이처럼 생리·병리학적인 측면에서 꿈의 발생 원인을 알아내어 질병치료에 이용하고자 하는 노력은 어느 정도 설득력 있게 받아들여지고 있다. 오늘날 정신과 의사들이 환자의 심적 상태를 가장 잘 알아낼 수 있는 수단으로, 환자의 꿈을 분석하여 치료에 활용하고 있음은 널리 알려진 사실이다.

선인들은 꿈이 정신에 감응되어 이루어지는 것으로 보고 있다. 남효원(南孝溫)은 고순(高淳)에게 돌아가신 부친인 중추공(中樞公)이 나타나 시를 지어준 것에 대하여 고순(高淳)같이 사람의 정신이 곧고 맑은 경우에 이렇게 죽은 조상이 나타나는 계시적인 꿈을 꾸게 된다고 말하고 있다.

이규보(李奎報) 또한 '임춘(林椿)의 묘지명을 써달라고 부탁을 받는 꿈'을 꾸었는데, 이것이 다음 날 박환고(朴還古)로부터 죽은 아들에 대한 애도시를 부탁받는 일로 이루어지자, 죽은 아들의 위로시를 받고자 하는 간절한 마음이 전달되어 자신의 꿈에 나타나게 되었다고 언급하면서, 이러한 꿈을 꾸게 되는 행위에 대하여 정신이 감응하여 이루어진 것이라고 말하고 있다.

남용익(南龍翼) 또한 사신으로 일본에 다녀온 것을 적은 『부상일록(扶桑日錄)』에서 임금과 부친을 뵙는 꿈을 꾸고 나서, 자신의 지극한 정성이 꿈으로 발현되었다고 말하고 있는바, 이는 심리 표출의 꿈에 해당하는 견해이다.

또한 이수광은 『지봉유설』에서 황제(黃帝)가 꿈을 꾸고, 풍후(風后)와 역목(力牧)의 신하를 얻은 예를 들면서, "대개 옛날 성인은 정신으로 신을 만날 수 있었고, 이것을 잘 사귀어 감응시켜서 이와 같은 일이 있었으니, 이런 이치가 없었다고 말할 수 없다."라고 말하고 있는바, 성인의 꿈꾸는 능력이나 꿈이 정신에 감응되어 이루어지는 것에 대하여 긍정적으로 생각하고 있음을 알 수 있다.

허균(許筠)은 〈몽해(夢解)〉에서 사람의 상념이나 영(靈)이 맑으면, 잡된 생각이 없어져서 장차 다가올 일을 예지해 낼 수 있다고 보고 있다. 이렇듯 꿈을 꾸는 사람의 정신세계인 영적 능력이 순수하고 깨끗한 경우, 꿈으로 장차 다가올 일을 예지해 내는 것을 당연시했음을 알 수 있다.

또한 이익(李瀷)은 〈몽감(夢感)〉에서 "무릇 꿈속에서 감응되어 문답하는 것은 그 어떤 상대가 나의 꿈에 들어와서 함께 이야기하는 것이 아니라, 바로 나의 정신이 사려에 감촉되어 이러한 반복을 일으키는 것이다."라고 언급하고 있는바, 인간의 정신능력의 발현으로 이루어지는 꿈의 다양한 상징 기법에 대하여 정신능력의 활동으로 이루어지고 있음을 제시하고 있다.

한편 중국의 『유양잡조(酉陽雜俎)』에 "어리석은 자는 꿈이 적다."라는 말이 언급되고 있는바, 이는 꿈은 인간 정신 능력의 발현으로 이루어지는 것으로, 정신 능력의 활동이 미약한 사람에게는 장차 일어날 일을 예지해주는 미래 예지 꿈이나 창조적 사유활동의 꿈, 위험을 일깨워 주는 꿈을 꾸는 일이 드문 것을 말하고 있다.

반면에 장자의 말에 "지인(至人)은 꿈이 없다."라는 말도 있는바, 도덕적 수행이나 깨달음의 경지에 도달한 지인에게는 굳이 꿈을 통하지 않고서라도 현실에서 장차 일어날 일에 대한 예지와 판단을 내릴 수 있기에 굳이 번거롭게 꿈을 꾸지 않을 수도 있는 것이다. 또한 이 경우, 지인(至人)은 깨달음의 경지에 있기에 잡스러운 꿈이나 불안 심리의 심리 표출적인 꿈을 꾸지 않는 것을 말했다고 볼 수 있다.

한편 '꿈이 적으면 잘 맞는다.'라는 말이 있는바, 꿈을 적게 꾸는 사람은 장차 일어날 아주 중대한 일의 예지일 경우에만 꿈의 능력이 발현되어 꿈을 꾸기 때문에 비교적 꿈의 실현을 알아내기가 쉽다고 볼 수 있다.

꿈꾸는 능력이 뛰어난 사람은 자신의 일뿐만 아니라, 주변 사람이나 국가적·사회적 사건까지 꿈을 꾸기에, 꿈의 실현을 정확하게 맞추지 못하는 경우가 있다. 이는 장차 일어날 일을 예지해내는 꿈꾸는 능력에 있어서도 개인별 차이가 있는바, 영적인 정신능력의 여부에 따라 꿈의 발현에 있어 차이가 이루어지고 있는 것이다.

이 밖에 조선후기 실학자인 이규경(李圭景)의 『오주연문장전산고(五洲衍文長箋散稿)』의 인사편(人事篇) 인사류(人事類) 성행(性行)에 꿈에 대한 변증설 및 몽경(夢境)에 대한 변증설, 악몽 물리치는 법 등이 실려 있다. 그러나 언급이 비과학적이고 비합리적인 내용으로 일관되어 있으며, 꿈이 발현되는 데 있어 다양한 양상으로 전개되고 있음을 간과하고 있다.

이상에서 살펴본 바와 같이 선인들은 꿈을 꾸게 되는 이유가 정신능력에 감응되어 발현된다고 보고 있음을 알 수 있다. 이는 올바른 견해로, 꿈을 꾸는 주체는 우리의 잠재의식인 고도의 정신능력에서 다양하게 발현된다고 볼 수 있다.

참고로, 불교에서 꿈을 꾸게 되는 것에 관한 글을 인용하여 살펴본다. 불교 유식학(唯識學)에서는 의식(意識)을 3단계로 설명한다. 6식(識), 7식(識), 8식(識)이 그것이다. 6식(識)은 지성과 판단력을 의미한다. 7식(識)은 에고(ego)다. 길을 가다가 갑자기 축구공이 머리를 향해 날아오면, 반사적으로 몸을 숙인다. 반사적으로 몸을 숙이는 행동은 7식(識)에서 나온 것이다. 8식(識)이 가장 깊숙이 들어 있는 근원의 식인데, 이 8(識)식은 모든 것을 알고 있다. 우주 전체와 통하는 의식이다. 인간은 누구나 8식(識)을 지니고 있으므로, 자기 내면에 미래를 알 수 있는 거울을 모두 갖고 있는 셈이다. 이 8식(識)에서 영험한 꿈이 나온다.---조용헌의 八字기행, 미래를 보는 꿈 '선견몽'

우리가 꿈을 꾸게 되는 데는 반드시 이유가 있다. 하지만 어떠한 꿈을 꾸었을 때, 특이한 예지적 꿈의 경우를 제외한 일상의 꿈에 있어서 그 꿈의 의미를 가장 잘 알 수 있는 사람은 바로 자기 자신임을 알아야 한다. 꿈에서 펼쳐지는 일들은 바로 자신의 신성(神性)과 같은 정신능력인 잠재의식이 보내는 메시지를 꿈의 상징 기법으로 전하고 있을 뿐인 것이다. 이 책에 소개되고 있는 다양한 전개양상에 따른 실증사례와 꿈의 상징 기법에 대해 어느 정도의 이해와 관심을 지닌다면, 꿈이라는 것이 낯선 미지의 세계가 아닌 우리 생활의 일부분임을 알 수 있을 것이다.

3 꿈은 어떻게 받아들여야 하는가?

오래전부터 꿈은 불가사의한 것으로 여겨져 왔다. 이러한 꿈을 규명하고자 하는 노력은 인류역사 이래로 수없이 있었지만, 아직까지 꿈의 실체에 대해서는 명백하게 밝혀지지 않고 있다.

정신분석학자인 프로이트의 꿈에 관한 연구 이래로, 생리학적·과학적 측면에 이르기까지 시도되고 있다. 뇌의 기능이나 수면에 관한 연구라든지, 초감각지각, 뇌파측정, 뇌영상 지도 등등의 연구 결과는 이전보다 한결 꿈의 실체에 다가서서 우리에게 많은 것을 시사해주고 있다. 하지만 아직까지도 꿈의 신비로운 면에 대한 궁금증은 남아 있다. 이러한 꿈을 올바르게 이해하자면, 꿈의 다양한 전개 양상에 대한 수많은 꿈을 하나하나 분석함으로써 가능하게 될 것이다.

한건덕 선생님은 '꿈이란 미해결의 관심사와 미래사를 판단하고 예지한 고도의 지적산물(知的産物)'이라고 말씀하시고 있다. 옳은 의견이시다. 우리가 수면 상태에 있을 때에 이전에 보았던 것, 경험했던 것, 평소에 생각했던 것, 불만사항, 희망사항, 자신이 관심을 지니고 있는 사실이나 사건 등에 대해서 고도의 신성한 정신능력의 활동인 잠재의식의 세계는 꿈을 통하여 우리에게 무언가를 말해주고 일깨워 주고 예지해주고 있는 것이다.

'개꿈은 없다.' 조물주의 섭리가 온 우주 만물에 담겨 있듯이, 우리가 꾸는 모든 꿈에는 의미가 담겨 있다. 때로는 자신의 내면적인 심리를 표출하기도 하고, 때로는 장차 일어날 일을 상징적으로 보여주기도 하고, 때로는 다가올 위험을 꿈으로 일깨워 주기도 한다. 우리가 꾸는 꿈은 바로 우리 내면의 참모습이요, 다가올 미래의 모습에 대한 예지인 것이다.

특별한 꿈으로, 우리는 종종 현실에서 일어날 사고를 미연에 막을 수 있었다는 사람의 이야기를 듣는다. 꿈을 꾸었을 경우, '왜 이러한 꿈을 꾸게 되었는가?', '이 꿈이 나로 하여금 무엇을 일깨워 주려 하고 있으며, 무엇을 예지해주려고 하는 것일까?' 한낱 하찮은 꿈이라고만 생각지 말고, 우리의 또 다른 분신인 잠재의식의 초자아가 우리에게 보내는 외침이요, 경고요, 일깨움이요, 알림이라고 받아들여야 할 것이다. 그럼으로써 보다 신중한 생활을 하게 되어 우리의 생활을 알차게 영위해 갈 수 있을 것이다.

다만, 꿈을 지나치게 맹신하거나, 모든 꿈을 삶과 연결시켜 생활해 나가는 자세도 경계해야 할 것이다. 꿈을 해석하는 것은 좋지만, 거기에 매달려 모든 현실을 꿈과 결부시켜 생각한다는 것은 어리석은 일이 될 수도 있다.

예를 들어, 필자에게 안 좋은 태몽을 꾸었다고 하면서, 인위적인 유산을 상담한 분이 있었다. 어떻게 본인이나 주변 사람이 꾼 꿈이 태몽이라고 단정지을 수 있다는 말인가? 태몽이 아닌 안 좋은 재물운으로 실현되거나, 주변의 다른 사람의 꿈을 대신 꿔준 것일 수도 있다. 우리가 인간으로서 다양한 꿈의 성격을 정확히 알아내지 못하는 한, 꿈을 꾼 모든 것에 대해 완벽한 해몽이 이루어질 수 없을 것이다.

따라서 꿈이 불길하다고 절망할 필요도 없고, 반면에 좋다고 해서 꿈을 믿고 노력하지 않는 어리석은 짓을 할 필요도 없는 것이다. 꿈의 예지적인 면에 치우쳐 맹목적으로 신봉하는 것은 꿈을 믿지 않는 것보다 불행한 결과를 초래할 수 있으며, 매사에 운명론적 사고에 휩싸일 가능성이 있다.

똑같은 꿈이라고 할지라도, 각 개인이 '주어진 자신의 상황에 따라, 어떻게 받아들이고 대처해나가느냐'에 따라 다르게 실현될 수도 있는 것이다. 따라서 꿈에 얽매이기보다는 밝고 진취적인 생활 속에서 자신의 꿈을 만들어가는 자세가 중요하다.

좋지 않은 꿈을 꾸었을 경우에는 잘못된 언행을 삼가고, 사려 깊은 행동을 하여, 장차 다가올 화(禍)를 최소화 하도록 하여 슬기로운 극복을 하도록 하여야 할 것이다. 실증적인 사례로, 못된 개가 음식을 주는 대로 받아먹는 꿈을 꾼 사람이 있었다. 그 후 남에게 빌려준 오천만 원이라는 거금을 떼이게 되는 일이 일어났다. 못된 그 사람에 대한 살인의 충동을 억누르게 해주고, 그의 마음을 다잡게 해준 것은 오직 돈을 떼이기 전에 꾼 못된 개가 음식을 주는 대로 받아먹는 꿈이 있었기에, 그러한 충격적인 일이 일어날 것에 대하여 자신도 모르게 마음속에 준비를 하고 있었기에 가능한 일이었다. 못된 사람이 개로 표상되어 나타난 상징적인 미래 예지 꿈이었던 것이다. 어쩌면, 이 역시 꿈을 믿는 사람이기에 가능한 이야기인지 모른다.

꿈은 결코 우리 인간에게 해를 끼치지 않는다. 나쁜 꿈을 꿨다고 나쁜 일이 일어나는 것이 아니라, 나쁜 일이 일어날 것을 미리 알려주어 장차 일어날 일에 대해서 꿈을 꾼 사람으로 하여금 마음의 준비를 하게 해주는 데 있다. 반면 좋은 꿈을 꾸었을 경우, 희망을 지니고 더 한층 노력하는 자세를 지녀야 할 것이다. 로또(복권) 당첨 등 엄청난 행운도 마찬가지로, 급작스러운 좋은 일의 실현에 앞서 좋은 꿈을 꿈으로써 '장차 좋은 일이 일어날려나 보다' 등의 마음의 준비를 통해 자신에게 다가오는 놀라운 사건에 슬기롭게 대처할 수 있도록 해주고 있다.

이처럼, 꿈의 좋고 나쁨을 떠나 자신 스스로가 운명의 주체가 되어 미래지향적인 삶을 살아갈 수 있도록 해야 한다. 꿈은 신(神)이 우리 인간에게 부여한 최대의 선물인 것이다.

4 꿈은 왜 상징이나 굴절된 형태로 나타나는 것인가?

프로이트는 그의 『정신분석입문』에서 꿈의 검열(檢閱)이라는 용어를 사용하고 있다. 내면의 의식세계가 지향하는 성적인 욕망이나 남에게 감추고 싶은 억압된 욕망이 꿈으로 표현될 때, 꿈의 검열 과정을 거치면서 상징적으로 굴절되고 변형된 모습으로 나타나고 있다고 말하고 있다.

예를 들어 자식이나 누이에 대한 근친상간의 성적(性的)인 욕망이나 남편의 죽음을 바라는 심층의 욕구가 꿈으로 형상화될 때, 꿈의 검열을 거쳐 내용이 뒤바뀌거나 명확하지 않고, 또 자신도 쉽게 알아낼 수 없는 상징적인 이야기로 전개되고 있다는 것이다. 『정신분석입문』에 나오는 두 여자와 악수하는 꿈 사례를 간략히 살펴보자.

〔그는 두 여자 친구와 함께 있는 누이동생을 만났다. 두 여자 친구는 자매였다. 그는 두 여성에게는 악수를 청했으나, 자기 동생에게는 그렇게 하지 않았다.〕

여기에 대한 분석을 그대로 옮겨본다. '이것은 현실의 사건과는 아무런 관계도 없다. 꿈을 꾼 사람의 생각은 오히려 어떤 과거의 시기로 소급된다. 그 무렵 그는 소녀들의 유방이 자라면서 커진다는 사실을 관찰하고, 어째서 그렇게 되는가를 생각하고 있었던 것이다. 두 자매는 곧 유방이다. 그는 만일 상대가 자기 동생이 아니라면, 그것을 손으로 만져보고 싶었던 것이다.

프로이트는 이처럼 자신의 잠재적인 억압충동이 꿈으로 상징화되고 검열되어 나타난다고 보고 있다. 하지만 지나치리만큼 꿈속에 나타나는 모든 것을 억압된 성적인 욕구에서 비롯되고 있다고 보고 있으며, 나아가 정상인이 아닌 환자들의 꿈을 주로 분석대상으로 하고 있다.

프로이트의 주장에 일리가 없는 것은 아니지만, 꿈은 다양하게 전개되고 있으며 우리가 꾸는 대부분의 꿈은 장차 일어날 일들을 상징적으로 보여주는 미래 예지 꿈이다. 이는 우리 선인들의 수많은 꿈 사례에서나, 로또(복권) 당첨·태몽·사건 사고의 예지적 꿈이야기에서 여실히 입증되고 있다.

한편, 과학자들의 연구 결과에 의하면, 꿈의 기묘함은 꿈꾸는 뇌의 기묘한 생리적 환경에서 기인한다고 보고 있기도 하다. 꿈을 꾸고 있을 때는 전두엽의 논리적인 사고영역이 활동을 중단하므로, 우리가 꾸는 꿈이 논리적으로 전개되지 않고 황당한 상징적인 표상으로 전개되어 나타난다고 보고 있기도 하다.

'프렌시스 크릭'과 '그레엄 미치슨'은 "우리는 사실 잊기 위해서 꿈을 꾼다."라는 이론을 내놓았다. 크릭은 기억은 실제로 수면 중에 통합되고 재구성된다고 주장했다. 크릭과 미치슨의 탈학습(학습된 행동이나 습관을 소거하는 과정, unlearning) 이론에 따르면, 뇌간에서 전뇌로 전달된 무작위 자극이 기억의 재구성 과정을 작동시킨다. 신경망에서 삭제되고 있는 불필요한 정보와 무의미한 정신적 연상은 사라지는 도중에 꿈의 재료로 등장하는바, 이로 인해 꿈의 황당함과 기묘함이 나타난다고 보고 있다.

하지만 이 경우도 낮 시간의 경험을 꿈을 통해 학습하고 장기 기억으로 바꾸어 저장한다는 이론 혹은 불안감이나 소망의 심리 표출의 꿈에는 합당한 말이 될 수 있을지 모르나, 예지적인 꿈이나 창의적인 발명의 꿈, 나아가 일깨움의 꿈 등의 사례로 살펴볼 때는 그릇된 이론이라고 할 수 있겠다.

많은 사람들이 꿈을 꾸고 살아간다. 꿈을 믿고 안 믿고 간에 누구나 관심을 가지고 있다. 꿈은 허황된 것이라고 생각하는 사람들조차, 불길한 꿈을 꾸고 걱정스러워 하거나, 돼지꿈을 꾸고 로또(복권)를 사려고 마음을 먹는다는 것은 자신도 모르는 사이에 꿈을 믿고 있다는 것을 보여주는 것이다. 우리가 꿈을 허황된 것이라 생각하고 자신의 꿈이나 타인의 꿈을 믿으려 하지 않는 것은 꿈이 상징이나 굴절된 표현을 통해 나타나기 쉽게 그 의미를 알아낼 수 없기 때문인 것이다.

심지어 꿈속에서는 현실에서 상상조차 할 수 없었던 일이 이루어지기도 한다. '왜 그런 꿈을 꾸었을까?' 어떤 때는 꿈에서 나타난 일을 가지고 전율을 느끼기도 한다. 마치 자신의 알몸이 꿈에 의해 발가벗겨진 것 같은 느낌을 갖고는 한다.

하지만 꿈이 상징화되고 굴절되어 나타났다고 하더라도 자신이 왜 그러한 꿈을 꾸게 되었는지 꿈을 꾼 사람은 알고 있다. 이런 점에서 '자신의 꿈을 가장 잘 해몽할 수 있는 사람은 바로 자신이다.'라는 말이 타당한 것이다. 어떤 경우에는 차마 남에게 이야기할 수 없는 자신의 내면적인 고백의 꿈을 꾸기 때문인 것이다. 이런 꿈에 있어서는 프로이트가 주장하는 억압된 성적(性的) 욕구인 자신의 마음 속에 품고 있던 변태 성욕적인 경우나 근친상간 등을 나타내고 있거나, 억눌린 잠재욕구인 '누구를 살해하고 싶다.' 등으로 나타나고 있기도 하다.

하지만 무지개 같은 꿈의 다양한 속성은 여타의 부분에서도 나타나고 있다. 자신의 외적·내적인 신체자극에서 초래된 꿈이라든지, 특히 미래 예지의 꿈의 경우에서도 이러한 상징이나 변형의 굴절은 나타나고 있다.

꿈의 주체는 무한한 가능성을 지니고 있는 고도의 정신능력이 발현되는 잠재의식이다. 우리의 잠재의식의 활동은 우리에게 그 나름의 가장 효율적인 방법으로서 직접적인 알림이 아닌 상징과 변형의 옷을 입고 나타나는 것이다.

비유하자면, 아름다운 여인이 자신의 얼굴을 살짝 얇은 검은 망사로 가린 것은 자신의 미모를 감추기 위한 것이 아니라 자신의 아름다움을 뽐내기 위한 뭇 남자들의 시선을 끌기 위한 것이요, 검은 스타킹으로 자신의 다리를 감싸는 것이 감추는 것이 아니라 섹시하게 드러내기 위함이라는 사실을 우리는 알고 있다.

이와 같이 잠재의식이 펼쳐 보이는 꿈의 세계는 알고 보면 아름다운 여인의 미에 대한 표출이상으로, 놀라울 만큼 고도의 수법으로, 우리에게 잠재된 내면의 욕구나 신체의 외적·내적 이상이나 미래에 일어날 일에 대해서, 또는 자신이 관심을 기울이고 있는 어떤 대상에 대해서, 화려한 연극을 펼쳐 보이듯 충격적인 영상으로 시각적으로 알려주고 있는 것이다.

경고성 성격의 일깨움의 꿈의 예를 들어 살펴보자. 꿈에서 교통사고를 일으키는 꿈을 꾸는 경우가 있다. 이것이 미래투시의 꿈이라면 실제로 앞으로 일어날 일을 예지해 주기도 하지만, 대개의 경우 자신의 운전습관을 되돌아보게 함으로써 안전운전에 대해 각성하도록 해준다. 이는 평상시에 자신의 잠재의식에 '운전을 조심해서 해야지'라는 영혼의 대화를 보내고 있는 것이다. 그러면 어느 날 우리의 잠재의식은 꿈의 작업장을 열어 우리를 꿈의 세계로 인도하는 것이다.

생각해보라. 그냥 단순하게 '교통사고를 조심하시오'라고 전달해 주는 것과 비교하여 마치 연출가와 같이 무대를 꾸미고 조명을 설치하고 음향효과를 살려서, 꿈을 통해서 시각적으로 생생하게 보여주는 것이 얼마나 극적인 효과에서 차이가 나는 지 잘 알 수 있을 것이다.

이 경우 시각적 영상이 대부분이지만, 드물게 청각적인 꿈이나 촉각적인 꿈으로 펼쳐지기도 한다. 무대장치·조명·음향효과에 비유하여 이야기했지만, 꿈에서 펼쳐지는 일들은 우리의 주의를 끌기에 충분하다. 꿈속에서 자신의 부주의로 일어난 자신의 끔찍한 죽음의 모습을 통해, 우리로 하여금 꿈의 세계를 다시 한 번 되돌아보고 의식 속에 기억하게 하여, 올바른 방향으로 나아가게 하고 있는 것이다.

또한 상징이나 굴절·변형되어 꿈으로 나타났을 경우, 꿈을 꾼 우리 자신은 기이한 꿈으로 생각하고 오래 기억하며 무슨 뜻인지 알려고 애쓰게 된다. 선인의 사례로, 어려서의 꿈에 자신의 허리띠가 끊어지는 꿈을 꾼 사람이 말년에 이르도록 무슨 뜻인지 알려고 애쓰다가 자신의 후손이 없음을 알게 되고 단대(斷帶:허리띠가 끊어짐)를 단대(斷代:대가 끊어짐)의 파자해몽으로 알아냈다는 꿈이야기는 좋은 예이다.

이처럼 꿈의 상징성이 난해성과 황당하게 전개되고 있는 것은 사람들로 하여금 한층 궁금증을 갖게 하고, 오래도록 잊지 않도록 해주고 있는 것이다. 이는 점쟁이가 사주팔자를 알려주는 경우라든지, 연인에게 연서를 보낼 때 파자(破字) 표현을 해서 일러줌으로써 담긴 뜻을 몰라 한층 궁금증을 갖게 하고 오래도록 잊지 않게 하는 것과 같다.

이처럼 꿈의 무대장치는 신묘(神妙)하게 펼쳐지고 있다. 예행연습 없이 단 한 번밖에 살아갈 수 없는 인생길에서, 무대 위의 연극처럼 시각화하여 보여줌으로써 우리 자신을 되돌아보게 하고 일깨워 주면서, 앞으로 일어날 일에 대해서 다양한 상징 기법을 동원하여 보여주고 있는 것이다.

찬란한 무대 위에 내면세계인 자아를 등장시키거나 산신령이나 조상 등 죽은 사람을 등장시키기도 하고, 동물이 말을 하거나 기타 황당한 전개의 충격적인 영상으로 보여주면서 우리에게 신비한 꿈의 세계로 손짓하면서 부르고 있는 것이다.

이를 보면, 꿈은 자신의 궁전의 신비함을 인간들에게 쉽게 열어 보이려 하지 않고 있으며, 우리 인간은 그러한 꿈의 궁전의 문을 열기 위해 애쓰고 있는지도 모른다. 자신에게 일어날 미래를 꿈의 세계를 통해 단정적으로 알 수만 있다면 좋겠다고 생각하는 분이 많을 것이다. 하지만 그렇게 된다면 두려운 세상이 펼쳐질지도 모른다.

황금을 좋아해서 만지는 것마다 황금이 되기를 원했던 희랍 신화에 나오는 미다스 왕이 자신의 소원대로 이루어져서 어떠한 결과를 가져왔던가? 후회와 비참한 최후를 맞이했던 것처럼, 우리 인간이 꿈의 미래 예지적인 길흉의 결과를 단정적으로 알고서 살아간다는 것은 미다스 왕의 헛된 꿈보다 더한 비참하고 불행한 결과를 초래하게 될 것이다.

신(神)은 우리 인간이 '미다스의 꿈'의 세계로 나아가는 것을 원치 않을 것이며, 따라서 상징과 굴절의 표현으로 쉽게 그 의미를 파악할 수 없도록 알쏭달쏭하게 해놓고 있는 것이다. 아무리 우리 인간이 애를 써도 신비한 꿈의 궁전의 세계를 파헤치지는 못 할 것이다.

그러나 '하늘에서 말 다섯 마리가 내려오는 꿈'을 꾸고서 말이 그려진 복권 5장을 구입한 후에, 5억 원의 복권에 당첨된 사람의 이야기가 있다. 이처럼 신비로운 꿈의 궁전이 존재하고 있으며, 또한 나아가고자 하는 희망을 버려서는 안 될 것이다.

우리 모두 꿈의 궁전으로 가는 길을 걸어가고 있는 것이다. 이제 발을 들여놓은 사람도 있고, 저 만큼 가고 있는 사람도 있고, 어쩌면 지금 이 순간 우리는 모두 자신도 모르게 신비한 꿈의 궁전의 문 앞에 서서 "문 좀 열어 주세요."라고 두드리고 있는지도 모른다.

우리 모두 마법의 주문을 외워보자. '열려라 참깨'가 아닌 '열려라 꿈의 궁전이여' 그리하여 밤마다 우리의 또 다른 잠재의식의 자아가 펼치는 꿈의 향연에 도취하여, 오색찬란한 무지개의 꿈길 속으로 달려 나아가 보자!

5 왜 꿈을 기억하지 못하는 것인가?

우리는 꿈을 언제 꾸게 되는 것일까? 과학적으로 렘(Rapid Eye Movement)수면이라 하여, 눈을 깜빡깜빡 거리는 신속한 안구 운동이 이루어지는 시기에 주로 꿈을 꾼다는 것이 밝혀졌다. 어린아이가 잠을 잘 때 우리는 이러한 것을 관찰할 수 있는바, 이때 꿈을 꾸고 있다고 볼 수 있다. 이러한 렘수면 상태에서 인간의 정신능력 활동이 극대화되고 있으며, 미래를 예지하거나 꿈속에서의 사고활동이 활발하게 일어나고 있다고 하겠다.

이러한 렘수면 상태를 지속적으로 방해하는 실험을 한 결과, 피실험자가 신경쇠약이나 정신분열증 등으로 나아간 사례도 있다. 또한 최근의 연구 결과로, 이러한 렘수면이 사라지거나 줄어드는 것이 만성편두통을 유발할 수 있다는 연구 결과가 나오기도 했다.

이러한 실험이나 연구 결과는 렘(REM)수면 상태에서 꿈을 꾸지 못하는 것이 몸에 해롭다는 것을 보여주고 있다. 일부 학자들은 렘수면 상태에서 우리의 뇌가 하루에 일어난 일들을 정리하고, 낮 동안에 기억한 여러 가지 정보들이 수면

중에 장기 기억으로 전환되어 뇌에 저장이 되고, 재충전의 시간을 갖는다고 말하고 있다.

그런데 렘수면 상태에서 우리는 꿈을 꾼 것 같은데, 왜 기억을 하지 못하는 것일까? 또한 어떠한 경우에는 아주 생생하게 기억에 남아 있는 것일까? 정신분석학자들은 인간이 꿈을 기억해내지 못하는 이유로 자신의 내면 심리가 노출되는 것을 두려워하는 공포감으로 인하여 빚어진다고 말하기도 한다.

신비한 정신능력의 활동은 다양한 상징 기법을 동원하여 우리에게 꿈을 선사해주고 있다. 꿈의 기억을 때로는 강하게, 때로는 약하게---. 주로 시각적인 영상으로 펼쳐 내지만, 경우에 따라서는 청각적이나 촉각적 등 다양한 방법으로 꿈을 기억한다.

이렇게 우리가 꿈을 기억하는지에 대한 여부는 모두 꿈을 꾸게 하는 주체인 우리의 정신능력의 활동에 의해서 전 자동적으로 조절되고 있다. 본인에게 아주 중대한 일에 대한 예지몽이나, 태몽 같은 경우에는 꿈이 아주 강렬하고 생생하여 몇십 년이 지나서도 기억되고 있음을 볼 수 있다. 그러나 하찮은 심리 표출의 꿈이거나, 예지몽이라 하더라도 아주 사소한 일을 예지하는 꿈인 경우, 우리가 무슨 꿈을 꾼 것 같아도 꿈의 내용을 쉽게 기억하지 못할 뿐인 것이다.

따라서 군이 기억하지 않아도 되는 무가치한 경우에는 꿈을 잘 기억하지 못하는 것이다. 꿈일지를 적는 사람 가운데에서 혹자는 아주 사소한 꿈의 내용이라도 적기 위하여 머리맡에 볼펜과 노트를 준비해놓고 잠을 청하기도 한다. 필자도 이전에는 그렇게 했지만, 이내 부질없는 것임을 깨닫고 선명한 꿈의 기억만 적고 있을 뿐이다. 군이 기억나지 않는 꿈의 기억을 억지로 되살리려고 애쓸 필요는 없는 것이다. 이 경우, 자신이 알아낼 수 있는 불안한 심리 표출의 꿈이거나, 사소한 예지를 보여 주는 꿈인 경우가 다반사이다.

군이 꿈의 기억을 돕자면, 꿈을 기억하겠다는 자기 암시를 걸고 자는 것이 도움이 될 수 있다. 또한 음주나 수면제 등을 먹은 후 자는 것을 피하는 것이 좋다. 하지만 중대한 예지를 보여주는 강렬한 꿈인 경우에는 음주나 수면제 등의 방해적인 요소를 뛰어넘을 수 있다. 한편, 비타민 B6가 꿈을 기억하는데 효력이 있다거나, '모션디렉터'라는 기기를 사용하면 꿈을 즉석에서 그려볼 수 있다는 주장이 있기도 하다.

또한 과학자들의 연구 결과가 있듯이, 낮에 경험하거나 학습한 내용을 선별하여 무가치한 정보는 버리고 유익한 정보를 장기 기억으로 저장하는 정리가 우리가 자는 동안 꿈을 통해 이루어지고 있다고 가정할 때, 이러한 것까지 기억에 담아낼 필요는 없다고 볼 수 있겠다.

한편 사람에 따라 꿈의 기억에 차이가 나는 것은 천부적(天賦的)으로 물려받은 꿈꾸는 능력의 유전적인 요인이 영향을 끼친다고도 볼 수 있다. 사람마다 신체적·육체적 능력이나 정신적 능력에서 차이가 나듯이, 개인별로 꿈꾸는 능력과 기억하는 능력에 개인 차이가 존재하고 있다. 이 경우에서도 후천적으로 운동을 통해 신체적·육체적인 요인을 향상시킬 수 있듯이, 꿈에 대한 관심을 높이고 참선이나 명상 등 내적인 정신수양과 상상력 훈련을 통해 어느 정도 꿈꾸는 능력을 계발하거나 꿈을 기억하는 능력을 향상시킬 수는 있을 것이다.

또한 꿈을 잘 기억하지 못하는 사람들이 일상생활에서 창의적인 활동이 없는 사람들이며, 시공간 인지 능력에서 뒤떨어지고 있었다는 외국의 연구 결과도 역(逆)으로 참고할 만하다. 우리가 꿈을 잘 꾸고 잘 기억하려면, 창의력을 키우고 시공간 인지능력을 기르는 데 관심을 지녀야 할 것이다.

거미가 거미집을 짓는 것을 자세히 살펴보기 바란다. 어디 거미뿐이랴. 지구상의 수많은 생명체가 생존을 위한 그 나름대로의 특이한 능력을 발휘하는 것을 지켜보기 바란다. 만물의 영장이라고 하는 우리 인간에게 신이 내린 최대의 선물이 바로 꿈의 세계이고, 꿈꾸는 능력 또한 천부적으로 주어진 것이며, 꿈을 기억하는 것도 중대함의 여부에 따라 전 자동적으로 조절되고 있음을 알 수 있다.

꿈의 세계는 7감(七感)의 세계라 할 수 있는 우리의 뇌에서 비롯된다고 볼 수 있다. 달나라에 가기 이전에 인간의 뇌의 신비를 밝혀내는 연구가 행해진다면, 더 한층 올바른 꿈의 메커니즘에 접근할 수 있을 것이다.

6 dream 꿈을 자주 꾸는 것을 어떻게 받아들여야 하는가?

필자가 즐겨 쓰는 말인 '꿈은 신이 인간에게 내린 최대의 선물이다.'라는 대명제하에 살펴본다면, 우리가 꾸는 꿈은 인간에게 절대로 해를 끼치지 않는다. 꿈을 꾸는 주체는 바로 우리의 정신능력이며, 우리 내면의 잠재의식이며, 또 다른 자아가 연출해내는 연극인 것이다. 따라서 우리가 꾸는 모든 꿈에는 이유가 다 있다.

꿈에는 여러 가지가 있다. 필자도 경험한 바이지만, 많은 사람들이 심신이 고달플 때나 걱정스러운 일이 있을 때, 잡스러운 꿈을 많이 꾸고 있다. 현실에서 심한 정신적 압박을 받고 있거나, 근심이 있을 경우에 허몽·잡몽에 가까운 불안·근심·초조감의 심리 표출의 꿈을 자주 꾸게 되는 경우이다. 또한 잠자리가 불편한 외부적인 여건에서 잡스러운 꿈을 꾸기도 한다. 이러한 꿈들은 잘 기억도 나지 않는 이른바 개꿈에 해당한다고 볼 수 있겠다. 예를 들어 회사의 돈을 횡령한 사람은 '언제 그 일이 탄로 날 것인가'의 잠재적인 불안감에 잡스러운 꿈에 시달리게 될 것이고, 주변이 시끄럽다든지 불빛이 비춰드는 여건에서 잠을 청한 사람 또한 불안한 꿈을 꾸게 된다.

꿈을 꾸는 주체는 바로 우리의 잠재의식으로, 내면의 자신임을 알아야 할 것이다. 이런 심리 표출의 꿈에 지배된다기 보다, 자신의 의지적인 힘으로 꿈을 지배해나갈 수 있어야 할 것이다. 불안 심리의 꿈을 자주 꿀 때에는 근심이 되는 문제 상황을 해결하고, 근심거리를 줄이는 동시에, 마음을 편안히 하고서 잠을 청해보시기 바란다. 실증적인 사례로, 밤마다 거인이 나타나 괴롭히는 꿈을 꾸는 사람이 알고 보니, 시도 때도 없이 찾아오는 외판원에 대한 불안감에서 비롯되고 있었다. 이 경우 외판원에 대한 합리적인 해결책을 내놓은 후, 불안한 꿈이 사라졌음은 물론이다. 또한 괴물이 쫓아오는 꿈을 자주 꾼 경우, 자신의 처한 상황을 되돌아본 결과, 무리한 주택 담보대출의 심적인 압박에서 기인된 것을 깨달아 빚을 줄인 결과 해결된 사례가 있다.

또한 한방에서는 어떠한 꿈을 자주 꿀 때, 신체 내부의 이상을 일깨워 주고자 꿈을 꾼다고 보기도 한다. 꿈의 다양한 전개양상 중에 신체의 내부적인 요인이나 외부적인 감각적인 위험에 대해서 일깨워 주고자 꾸는 꿈이 있다. 예를 들어, 폐결핵 환자는 질식·압박·도망의 꿈을 자주 꿀 수가 있다. 특히 꿈속에 어떤 특정한 신체 부위가 반복적으로 등장하는 꿈을 꿀 경우, 일단 의사의 진찰을 받아볼 필요가 있다.

다양한 꿈의 전개양상 중에서 미래 예지적인 꿈을 자주 꾸는 것에 대해서 걱정할 필요는 없으며, 아주 좋은 일이다. 이는 자신의 잠재의식의 정신능력 활동이 활발히 일어나고 있으며, 자신이 천부적으로 꿈꾸는 능력이 탁월한 것으로 받아들이면 된다.

상징적인 미래 예지 꿈을 꾸게 하는 주체는 우리 내면의 자아요, 우리의 정신능력의 활동이다. 개인차가 있지만 우리 모두가 정신능력의 영적인 신비한 능력을 지니고 있으며, 이것이 구현되는 것이 바로 꿈의 세계인 것이다. 미래에 일어날 일이나 우리가 관심을 가지거나 걱정하고 있던 일에 대해서, 꿈을 통해 우리에게 일깨워 주고 예지해주고 있는 것이다.

이런 점에서 볼 때, "나는 꿈을 안 꾼다."는 사람은 불행한 사람이요, 불쌍한 사람이다. 나아가 "나는 꿈을 안 믿어"라고 말하는 사람은 스스로가 "나는 어리석은 사람이다."라고 말하고 다니는 사람인 것이다. 아직 신비한 꿈의 세계를 체험하지 못했다 할지라도, 신비한 예지몽의 세계에 대한 관심과 궁금증을 지니고 있으며, '꿈에는 무언가 있다'는 것을 우리 모두 믿고 있다고 해야 할 것이다.

덧붙이자면 꿈은 종교와 관련이 없다. 오직 우리 인간 잠재의식의 정신활동만이 있을 뿐이다. 불교 신자이든, 기독교 신자이든 종교적 신앙과 관계없이 꿈은 우리 깊숙한 내면의 세계에서 빚어지는 오색 무지개인 것이다. 하나님을 믿는 일부 사람들이 꿈의 세계를 미신으로 여기는바, 이는 절대적으로 잘못된 것이다. 꿈의 세계는 미신이 아닌 정신과학의 세계인 것이다.

7 꿈의 예지적 성격에 관하여

dream

"저는 예지몽이 미신이라고 생각합니다. 신기한 꿈을 꾸면 억지로 끼워 맞추고 예지몽이라고 생각하지요. 그러니 특별히 신경 쓸 필요 없습니다."라고 말하는 사람이 있다. 이 얼마나 어리석은 사람인지, 필자는 하루살이 존재로 비유하고 싶다. 하루살이가 내일이 있음을 알 수 있겠는가?

단적으로 말해서, 꿈은 미래를 예지한다. 꿈의 다양한 전개양상 중에서 장차 일어날 일을 상징적인 표상으로 알려주는 미래 예지적인 꿈이 가장 중요하다고 하겠다. 특히 태몽의 경우, 장차 태어날 아이의 신체적 특징이나 행동과 성격 특성을 비롯하여, 개략적인 운명의 추세선을 예지해주고 있음을 볼 때, 새삼 미래 예지적인 꿈의 신비로움에 경탄하게 한다.

1) 꿈은 미래를 예지하는가?

꿈은 우연이 아닌 우리 인간의 영적인 능력에서 빚어내는 초능력적인 정신 능력의 발현이다. 따라서 꿈은 미신이 아닌, 정신과학의 세계인 것이다. 태몽의 실현사례, 로또(복권)에 당첨된 수많은 사람의 꿈 사례, 사건·사고를 당한 꿈 사례, 선인들의 무수한 예지적 사례에 대한 체험담 등에서 알 수 있듯이, 꿈은 장차 다가올 길흉에 대해서 예지해주고 있다.

2) 왜 미래 예지 꿈을 꾸는가?

우리 인간은 사실적 또는 상징적인 미래 예지 꿈을 통해서 '앞으로 어떠어떠한 일이 일어날 것이다.'라는 예지를 받고 있다. 혹자는 나쁜 꿈을 꾸고 피하지도 못하는데, "그러면 꿈을 꾸면 뭐하냐?"라고 반문할지 모르겠다. 하지만 어떠한 일의 결과가 실현되기까지는 꿈에 따라 다르지만, 우리의 자신을 되돌아보고 마음의 정리를 해볼 수 있는 시간이 남아있다.

꿈을 잘 안 믿는다는 사람도 어떠한 꿈을 꾸고 나면, 자신도 모르게 현실에서의 결과에 궁금증을 가지고 마음의 준비를 하게 된다. 예를 들어, 좋은 꿈을 꾼 사람이 어떠한 좋은 일이 일어날 것이라는 기대감에 마음의 준비와 여유를 지니게 될 것은 틀림없는 사실이다.

신은 목마른 나그네에게 바가지에 그냥 물을 떠 주는 멍텅구리 아낙네가 아니다. 버들잎을 한 움큼 띄워줌으로써, 급하게 달려와 목마른 나그네가 '후후' 불면서 물을 마시는 마음의 여유를 갖게 하듯이, 다가올 앞일에 대해서 상징 기법의 꿈으로써 알쏭달쏭하게 예지함으로써, 장차 일어날 일에 대한 마음의 준비와 슬기로운 대처를 하게 도와주고 있는 것이다.

이런 점에서 볼 때, 우리 인간이 꿈을 꾼다는 것은 신이 인간에게 부여한 최대의 선물인 것이다. 현실에서는 신의 영역에 가까이 다가갈 수는 없지만, 잠재의식의 정신활동인 꿈을 통해서 신성(神性)에 가까운 능력을 갖도록 해주고 있는 것이다.

3) 꿈의 예지는 인간에게 도움을 주는가?

대부분의 꿈은 상징적인 미래 예지의 꿈으로, 장차 일어날 나쁜 일이나 좋은 일에 대한 마음의 준비를 하게 할 것을 꿈을 통해서 일깨워 주고 있다. 혹자는 "나쁜 일에 대한 예지적인 꿈을 더욱 자주 꾸기에, 꿈을 꾸는 것이 불안하다."라고 이야기하고 있기도 하다.

하지만, 달리 생각해보면 결코 나쁜 꿈을 꿔서, 나쁜 일이 일어난 것은 아니다. 우리가 꿈을 꾸든 꾸지 않든, 일어나기로 예정되었던 나쁜 일들을 신성(神性)과 같은 정신능력이 꿈을 통해 일깨워 주고 예지해줌으로써, 주변 친지의 죽음이라든가 재물적 손실 등 안 좋은 일에 대한 마음의 준비를 하게 해주고 슬기로운 극복을 도와주고 있는 것이다. 이는 좋은 일의 예지에 있어서도 마찬가지이다. 좋은 꿈을 꾸고 나서 '좋은 일이 일어날지 모른다.'는 막연한 기대감에 있다가, 실제로 현실에서 실현되었을 때, 한층 차분하게 대처할 수 있을 것이다.

결혼을 앞둔 여자의 꿈 사례를 살펴본다. 꿈속에서 한 남자를 만났는데 그와 아주 가깝게 지냈으며, 우리들의 아이라고 한 아이까지 꿈속에 등장하였다. 그후 선을 보았는데, 꿈속의 남자와 느낌이 비슷하였다. 결혼 후에 드러난 일이지만 그에게는 전처소생의 아이까지 있었다. 그녀는 꿈속에 나타난 아이의 모습과 일치한 것을 알고는 그것이 자신에게 주어진 운명의 길이라는 것을 알고 묵묵히 받아들였던 것이다.

외국의 꿈 사례를 살펴본다. 어렸을 때, 한 여자와 결혼하여 행복한 가정으로 살아가는 꿈을 꾼 사람이 있었다. 그 후 청년이 되어 전쟁터에 나가게 되었고, 수많은 시련을 겪으면서 수없이 죽을 고비를 넘기며, 생을 포기해야 하는 좌절의 순간이 여러 번 있었다. 하지만 그는 어렸을 때 꾼 행복한 가정에 대한 사실적인 미래투시 꿈의 실현을 믿어 의심치 않았다. 수많은 사람이 전쟁터에서 돌아오지 못했음에도 불구하고, 그는 꿈속에서 본 행복한 가정에 대한 '희망'을 잃지 않았기에 죽음의 공포에서 벗어날 수가 있었다. 그가 전쟁터에서 돌아와서, 어렸을 때 본 그 행복한 가정 그대로가 현실에 재현되었음을 말할 필요가 없겠다.

이로써 보면, 꿈의 예지는 실현시기에 관계없이 놀라울 정도로 정확하게 이루어지고 있음을 보여주고 있으며, 또한 그 운명으로 예지된 길이 우리 인간이 살아가는 데 있어 결정적인 도움을 주고 있는 것을 알 수 있겠다.

4) 꿈의 예지를 피할 수 있는가?

수많은 실증사례를 통해 볼 때, 상징적인 미래 예지 꿈의 실현을 막거나 벗어날 수는 없다. 오직, 꿈의 예지대로 장차의 현실에서 놀랍도록 실현되고 있다. 그러나 사실적인 미래투시의 꿈은 꿈의 결과를 알고 있기에, 현실에서 꿈속에서 본 대로 진행되지 않도록 하면 피할 수 있다. 하지만 현실에서 일어날 수 없는 황당한 진행으로 전개되는 특성을 지닌 상징적인 미래 예지 꿈의 실현을 우리 인간이 막거나 벗어날 수는 없다. "부적을 붙이면 벗어날 수 있다." "아침에 일어나 동쪽을 향해 어쩌고저쩌고" 등등의 말들을 하거나, 굿을 하거나 부적을 사거나 등의 점쟁이 말을 믿는 사람은 자신의 어리석음을 드러낼 뿐이다.

새로운 꿈을 새롭게 꾸지 않는 한, 일단 예지된 상징적인 미래 예지 꿈의 결과는 실현되게 되어 있다. 다만 상징적인 미래 예지 꿈이 아닌, 경고성 꿈이나 일깨움의 성격을 지닌 꿈이 있다. 이 경우, 꿈이 불길하다고 여겨지면 잘못된 언행을 삼가고 사려 깊은 행동을 하여 다가올 화를 미연에 방지할 수는 있다. 비유적으로 말한다면, 비가 오는 것 자체를 막을 수는 없지만 우산을 준비하여 비에 젖는 것을 최소화할 수 있듯이, 나쁜 꿈을 꾼 경우라 할지라도 겸허한 마음의 자세와 선행을 많이 베풂으로써 꿈의 피해를 최소화하는 일로 실현될 수 있을 것이다.

5) 미래 예지 꿈의 실현은 언제 이루어지는가?

각 개인의 앞날에 다가오는 운명의 길에 대해 사실적 미래투시의 꿈으로 보여 주는 경우도 있지만, 대부분의 경우의 꿈은 장차 일어날 일을 상징적인 미래 예지 꿈으로 나타나고 있다. 따라서 그 꿈이 실현될 때까지는 언제 어떻게 어떠한 현실로 나타날지에 대해서, 사람들은 잘 모를 수가 있다.

꿈에 따라서는 꿈을 깨자마자 즉시 실현되는 것으로부터, 2~3일 이내에 실현 되는 경우도 있고, 몇 주, 몇 개월 후, 심지어 태몽의 예에서 찾아볼 수 있듯이 평 생에 걸쳐 실현되는 경우가 허다하다. 이는 풍수지리에서 명당자리에다가 묘를 쓰고 발복(發福)하는 경우와 비슷하다. 따라서 자신의 꿈이 먼 훗날 이루어지는 경 우에 그 꿈의 실현임을 알지 못하는 경우도 있게 된다. 어렸을 때부터 꿈속에 나 타나던 이름 모를 산길이 알고 보니 나이가 들어 기도원으로 가는 산길이었음을 말하고 있는 어느 할머니의 말씀은 새삼 신비로운 꿈의 세계가 존재하고 있음을 보여주고 있다.

일반적으로 꿈의 실현은 사소한 일이나 사건에 대한 예지일수록, 빠른 시일 내에 실현되고 있다. 또한 중대하고 커다란 사건에 대한 예지일수록, 꿈이 실현 되기 오래전에 예지해 줌으로써 충분한 마음의 준비를 하게 해주고 있다. 예를 들어, 죽음 예지 꿈같은 경우라면 적어도 한 달 이전에 꿈으로 예지되어, 장차 다 가올 엄청난 일에 대한 마음의 준비를 하게 해주고 있다. 이런 점에서 볼 때 안 좋 은 꿈이라면 하루라도 빨리 실현되는 것이 보다 가벼운 사건으로 일어날 수 있는 것이다.

또한 꿈의 내용이 아주 생생한 꿈, 똑같이 반복되는 꿈, 비슷하게 발전적으로 조금씩 달라지는 꿈은 현실에서 어떠한 일이 반드시 일어날 것이며, 또한 중대 한 일에 대한 예지임을 보여주고 있다. 우리가 흔히 말하는 개꿈의 흐릿한 꿈은 현실에서 꿈이 실현된다고 하더라도, 사소한 일로 이루어지고 있다. 이 모든 것이 꿈을 꾸는 우리의 잠재의식의 정신능력의 활동이 알아서 조절해주고 있는 것이다. 따라서 잘 기억나지 않는 꿈을 억지로 기억해내려고 애쓸 필요는 없는 것이다.

아주 선명할 꿈일수록 장차 커다란 일을 예지해주고 있으며, 희미한 꿈은 일어나 봤자 별 볼 일 없는 사소한 일로 실현되는 경우가 많다. 보편적으로 큰 사건일수록 꿈에서 미리 예지하는 기간이 길다. 사소한 꿈일수록 빨리 실현된다고 생각하면 된다. 일어날 길흉에 대한 충분한 마음의 준비를 할 수 있도록 꿈에서 알려주고 있는 것이다.

6) 미래 예지 꿈에 대한 인식 및 태도

'꿈은 장차 다가올 미래를 예지한다'는 사실은 동서고금을 통틀어 수많은 실증 사례에서 입증되고 있다.

『성경』속에도 계시적이거나 예지적 꿈에 관한 이야기가 자주 나오고 있으며, 아르테미도로스의 『꿈의 열쇠(Onirocriticon)』에서 살펴볼 수 있듯이 서양에서도 미래를 예지하는 꿈에 대하여 부정적으로만 보지는 않고 있다. 다만, 심리 표출의 꿈 세계에 중점을 두고 있으며, 미래 예지적인 꿈 세계에 대하여는 미약한 관심을 보여주고 있을 뿐이다.

C.G.융은 그의 『인간과 무의식의 상징(Man and His Symbols)』에서 "우리의 의식적인 사고가 흔히 미래의 가능성에 몰두하는 것처럼 무의식인 꿈도 그렇다. 꿈의 주된 기능이 미래의 예견이라는 믿음은 오래전부터 일반적인 것이었다. 고대에는 물론 중세 후반까지도 꿈은 의학적 진단에서 중요한 역할을 했다."라고 언급하고 있다.

중국에서도 『시경』에서의 꿈에 대한 언급을 비롯하여, 미래 예지 꿈에 대한 수많은 실증사례가 여러 문헌에 언급되고 있다. 중국의 꿈 사례에 대한 자세한 것은 유문영의 『꿈의 철학(동문선)』을 참고하기 바란다.

우리 선인들에게 있어서 꿈의 세계는 절대적이라 할 만큼 신앙적으로까지 받아들여졌다. 현존하는 가장 오래된 역사책인 『삼국사기』에는 '등에 화살을 맞은 꿈', '표범이 호랑이의 꼬리를 깨물어 자른 꿈', '하늘이 후궁으로서 아들을 낳게 할 것이라는 꿈', '김유신의 태몽 이야기' 등 미래 예지적인 꿈이야기가 실려 있다. 또한 『삼국유사』에는 꿈의 기록이라고 할 정도로 수많은 꿈이야기가 실려 있음은 널리 알려진 사실이다. 이 밖에 『조선왕조실록』을 비롯하여, 일기나 개인 문집 속에 자신이 체험한 실증적인 꿈의 기록을 남기고 있으며, 꿈을 소재로 한 수많은 문학 작품들은 선인들 스스로 몸소 체험한 미래 예지적 꿈의 세계에 대한 믿음과 확신이 있음을 보여주고 있다.

선인들은 꿈의 예지적 기능을 민간신앙에 가깝게 절대적으로 믿었음을 알 수 있는바, 과거급제나 승진 예지, 유배지나 부임지의 예지, 조상이 현몽하여 계시해주는 이야기, 국가적 사회적 사건 예지, 죽음 예지 등 무수한 예지적 꿈이야기가 있다.

또한 고전소설에 있어서 영웅의 탄생은 '용이 품 안에 뛰어들었다'든지, '옥황상제로부터 구슬이나 꽃을 받았다'든지 출생부터 보통사람과는 다른 태몽이 있었다는 이야기를 전개하여, 장차 주인공이 비범한 인물로 성장해나가고, 또한 훌륭한 인물이 된다는 것을 합리화시키고 있음을 볼 수 있다. 나아가 이러한 꿈을 활용해 앞으로 일어날 사건 전개의 복선으로 활용하고 있다.

현대의 우리들 또한 선인들의 꿈에 대한 믿음 이상으로, 미래 예지적 꿈에 대하여 절대적인 관심을 지니고 있다. 인터넷상에는 수많은 꿈해몽 관련 글이 넘쳐나고 있으며, 시중의 서점에는 꿈해몽 관련 서적이 난립하고 있다. 신문지상에는 로또(복권) 당첨자들의 당첨 꿈에 관한 여러 이야기나, 뜻밖의 행운을 잡은 사람들의 꿈이야기, 유명인사나 연예인의 태몽에 관한 기삿거리가 자주 등장하고 있다. 나아가 '나는 꿈을 안 믿는다'는 사람들도 돼지꿈을 꾸면 복권을 살 생각을 하거나, 안 좋은 꿈을 꾼 경우에 근심하면서 외출을 삼가며 신중한 행동을 하고 있음을 볼 때, 미래 예지적 꿈의 세계에 대해서 인식하고 있음을 알 수 있다.

'꿈은 미래를 예지한다.'

'장차 펼쳐질 자신의 운명의 길을 보여주고 있는 예지적 꿈의 세계에 우리 모두 관심을 가져보자!'

8 예지적 꿈의 실현 방식

dream

꿈의 표현 기법에는 여러 가지가 있는바, 예지적 꿈의 주요한 실현방식에 따라 크게 세 가지로 나눌 수 있다. 사실적인 미래투시의 전개냐, 상징적인 미래 예지의 전개냐, 이 두 요소가 섞여 있는 반사실·반상징의 전개이냐를 살펴볼 수가 있다.

사실적인 꿈이 10% 남짓 정도이며, 반사실·반상징적인 꿈도 5% 미만으로 극히 일부분에 지나지 않는다. 대부분의 예지적인 꿈은 알쏭달쏭한 상징적인 표상으로 전개되고 있는바, 우리가 꿈을 해몽한다는 것은 그 상징 표상의 의미를 알아내는 데 있다. 이러한 상징 기법은 다양하게 펼쳐지고 있다. 꿈의 표상을 이해하는 데 있어서, 상징적인 표상물의 형태나 크기 외에, 꿈속에서 생각하는 것이라든지, 색채의 유무, 선명하고 흐릿함의 여부, 압축과 생략, 과장 등 다양하게 전개되고 있음을 간과해서는 안 될 것이다.

1) 사실적인 전개방식의 꿈

믿기 어려운 이야기이지만, 현직 경찰관으로 있으면서 사보를 담당하고 있는 사람의 꿈 사례이다. 고교 시절에 어느 날 꿈속에서 어느 여고생의 주소가 나타나는 꿈을 꾸었다고 한다. 하도 신기하여 꿈속에 나타난 주소로 편지를 보냈다고 한다. 실로 놀라운 일이 일어난바, 그 여고생이 당신이 누구인데, 여기 주소를 알아서 편지를 보냈느냐고 회신을 해온 적이 있다고 한다. 그 후에 인연은 맺어지지 않았지만, 하도 신기한 일이라 10여 년이 지난 지금이라도 그 여고생이 어떻게 살고 있는지 취재해보려고 한다며, "그러한 사실에 대해서 어떻게 생각하냐?"라고 의견을 묻는 메일을 보내온 경찰관이 있었다.

이러한 사실적인 전개를 보이는 꿈은 예지적인 꿈의 전개방식 중에서 가장 단순하며, 많은 사람들이 한 두 번씩은 다 꿔본 꿈들이다. 낯선 곳에 가서 어디선가 본 듯한 경치나 배경에 대해서 꿈속에서 본 것임을 깨닫거나, 꿈속에서 본 사람을 현실에서 그대로 보게 된다. 따라서 이 경우에는 꿈에 대한 별도의 해몽이 필요하지도 않으며, 꿈속에 본 그대로 현실에서 일어나게 되는 경우이다. 자세한 것은 제Ⅳ장의 사실적인 미래투시의 꿈에서 살펴보기도 한다.

2) 반사실, 반상징의 전개 방식

이 방식의 전개는 꿈의 상징적인 전개를 보이는 가운데 사실적인 요소가 있는 경우이다. 요즘 사람의 실증 꿈 사례를 살펴본다.

① 즉석 복권을 긁어 2천만 원이 나오는 꿈

서울 종로구에서 근무하고 있는 회사원 양○○ 씨(28세)는 즉석 복권을 긁는 꿈을 꾸었다. 5백 원짜리를 긁으니 또 5백 원짜리가 나왔고, 또 한 번 긁으니 2천만 원이 나오는 꿈이었다. 다음 날까지도 꿈이 생생해서 지하철역에서 즉석 복권을 몇 장 구입했다. 꿈은 예상과 빗나가긴 했지만, 체육복권으로 노트북 PC에 당첨되었다.

"꿈대로라면 2천만 원에 당첨이 돼야 하는데, 조금 섭섭합니다."

이 경우 사실적인 미래투시의 꿈이라면, 실제 2천만 원에 당첨되는 일이 일어나게 된다. 현실에서 노트북 당첨으로 이루어졌다면, 상징적인 꿈으로 실현되었다고 보아야 할 것이다. 2천만 원 액수의 당첨 꿈의 상징 표상에서 현실에서 무언가 좋은 일이 일어날 것을 예지해주고 있다.

② 돈을 가져오라는 꿈

자치복권 2천만 원에 당첨된 꿈 사례이다. 용산전자상가 컴퓨터 전문점의 채○○ 씨는 어느 날 특이한 꿈을 꾸었다. 같이 일하는 직원 홍 대리(26세)가 1,200여만 원을 실은 트레일러를 운전하고 와서 주차를 시키고 있었다. 그런데 그 직원이 주차 후에 차에 실린 돈을 꺼내오지 않기에 "왜 돈을 안 가져오냐?"고 하다가 잠에서 깼다.

낮에 사무실에서 지난밤 꿈 얘기를 하자, 사람들이 그건 바로 복권을 사라는 꿈이고, 복권은 반드시 꿈속의 그 직원이 사러가야 한다고 했다. 그리하여 홍 대리에게 5만 원어치의 복권을 사오라고 시켰다. 결과는 '1,000만 원' 연식으로 2천만 원에 당첨되었다. 꿈속에서 1,200만 원을 실은 차로 재물을 획득할 것을 예지해주고 있는바, 당첨금은 2천만 원이지만, 실제로 세금 및 축하 회식 등 기타 비용을 제하고 나면, 손에 들어온 돈은 1,200만 원이 될 수 있겠다.

③ 친구가 이사 가는 꿈

　　친구가 이사를 갔는데, 2층 한옥이라고 해야 하나? 2층으로 된 기와집으로, 옛날 궁궐 같이 생긴 집이고 넓긴 한데, 좀 낡아 보였어요. 그리고 동네가 시골동네 같았고요.

　　며칠 후에 전화가 왔는데, 꿈속에 나타났던 친구가 이사를 가게 되었답니다. 그것도 충청도 서산으로, 남편이 발령을 그곳으로 받아서 자기도 다니던 직장에 그곳으로 발령 신청을 냈고 한 달 정도 있다가 이사 간다고요. 만나서 이야기해 보니까, 그 친구가 살 집이 아파트인데, 회사에서 제공하는 집이랍니다.---hani128

이사는 가지만, 실제로 이사 간 집이 2층 한옥이 아닌, 아파트로 가는 일로 실현되고 있다.

④ 웅덩이에 빠져 산삼을 움켜잡은 꿈

2006년 05월, 약초를 캐던 40대 주부가 월악산 용화계곡에서 계란 크기만 한 산삼을 무더기로 발견했다. 김 씨는 발견 전날 밤 꿈을 꾸었다. "웅덩이에 빠져 허우적대다 손에 산삼을 쥐었고, 갑자기 턱밑까지 차오르는 물 때문에 하늘 높이 산삼을 치켜들고 숨을 몰아쉬다가 식은땀을 흘리며 깨어난 꿈이다."

꿈에서 본 웅덩이가 용화계곡의 웅덩이와 비슷해, 남편과 계곡에서 약초를 캐기 시작한 지 30분도 안 되어 산삼 15뿌리를 발견하였다.

꿈도 여러 가지가 있다. 대부분은 장차 일어날 일에 대한 예지를 상징적으로 보여주지만, 사실적인 미래투시의 꿈으로 예지해주는 경우도 있다. 꿈에서 본 웅덩이가 용화계곡의 웅덩이와 비슷했기에 남편과 계곡에서 약초를 캐다가 주의 깊게 유심히 살펴보았고 산삼을 발견할 수 있었다고 보인다. 또한 손에 산삼을 쥐는 꿈을 꾸었기에 산삼을 캘지 모른다는 기대감도 작용했을 것이다.

⑤ 대입합격을 예지해 준 꿈

다음의 글은 춘천의 임○○ 주부가 보내온 글이다.

　　5년 전 첫 아이가 이대에 입학시험을 볼 때였습니다. 시험을 치르기 며칠 전에 꿈속에서 약간 어둠침침한 옛 성(城)의 복도를 많은 사람들이 물밀 듯이 천천히 걸어가고 있었습니다. 그런데 갑자기 화장실에 가고 싶어 갔다 왔더니, 웬 병사 같은 사람이 정예부대를 뽑았다고 많은 사람 중 일부를 복도 한 부분에 군사대열로 세워 놓았습니다. 나는 그 병사에게 "내가 잠깐 자리를 비웠는데, 내 자리가 어디냐?"고 물었더니, 그 대열 둘째 줄 부분을 가리키며, 이곳이 당신 자리라는 소리를 듣고 비어 있는 자리를 보고 꿈이 깨었습니다.

　그 이튿날 예비소집에 고사장으로 학생과 학부모가 들어가는데, 복도를 걸어가다 문득 '아! 어젯밤 꿈에 많은 사람들이 걸어가던 모습과 지금의 현실이 똑같구나!'라고 생각하며 순간적으로 좋은 꿈을 꾸었다고 생각했고, 딸아이는 좋은 성적으로 합격하였습니다.

　복도를 걸어가는 꿈이 사실적인 미래투시의 꿈으로 실현되고 있는바, 이처럼 많은 사람들의 공통적인 꿈이야기로 꿈속에서 본 것처럼 현실에서 똑같은 장소·사람·사건을 경험했다고 말한다. 이 경우는 너무나 많아 일일이 예를 들 수 없을 정도이다. 또한 정예부대를 뽑아 놓은 곳에 자신의 빈자리가 있다는 상징적인 꿈 내용으로 딸의 대입합격을 예지하고 있다.

　이처럼 반사실 반상징적인 꿈으로 전개되는 경우도 있다. 해몽에 있어서 '사실적인 꿈이냐?, 상징적인 꿈이냐?'로 볼 때에 따라 다른 해석이 가능할 수도 있다.

3) 상징적인 전개방식

　우리가 꾸는 대부분의 꿈은 상징적인 전개방식을 띠고 있다. 꿈은 앞으로 일어날 미래 예지적인 결과를 신비한 꿈의 작업장의 문을 열어 상징적 표상으로 굴절시켜 나타내고 있다. 이러한 꿈의 상징 의미는 꿈을 꾼 사람이 처한 상황에 따라 달리 실현되고 있다. 예를 들어 '처녀의 몸에 구렁이가 감기는 꿈'은 구렁이로 표상된 어떤 남자가 구애 행위를 하게 됨을 상징적으로 나타내고 있다. 또는 신혼의 새댁이라면, 구렁이로 표상된 태아의 상징 표상으로 이루어지고 있으며, 회사원 등의 일반인에게는 구렁이로 상징된 재물이나 이권이 다가옴을 상징적으로 표현하고 있는 것이다. 그리하여, 로또(복권) 등의 당첨이나 뜻밖의 재물이나 이권을 얻는 일로 실현될 가능성이 높다.

　하지만 꿈은 실현될 때까지는 쉽게 그 의미를 알아낼 수 없으며, 상징적 의미와 처한 상황에 따라 다만 추정할 뿐이다. 그리하여 난해한 상징으로 꿈이 전개된 경우, 우리 자신들로 하여금 다시 한 번 꿈을 되돌아보게 하며, 그 꿈속에 담긴 뜻을 알아내기 위해서 애쓰도록 하고 있다.

　합리적이며 논리를 좋아하는 서구의 세계와 인간적인 면과 직관(直觀)을 중시하는 동양의 세계는 꿈을 보는 시각에서부터 다를 수 있다. 꿈에 있어, '소망의 표현', '억눌린 감정의 표출' 등 심리 표출 면에서 살펴볼 수도 있지만, 진정한 꿈의 세계는 앞으로 일어날 일을 상징적인 표상으로 예지해주는 '상징적인 미래 예지 꿈'의 세계인 것이다.

① 뱀에 물린 다리에서 하얀 피가 철철 나는 꿈

2005년 6월 20일 새벽, 인터넷 전자복권 메가밀리언에서 1천만 원에 당첨된 이○○(25세)씨의 꿈 사례이다.

> "며칠 전에 특이한 꿈을 꾸었습니다. 커다란 뱀이 여자 친구를 향해 기어오더니, 다리를 물어뜯더라고요. 뱀에게 뜯긴 여자 친구의 다리에서는 하얀 피가 철철 흘러내렸고요. 너무 놀라 식은땀을 흘리며 꿈에서 깬 기억이 아직도 생생합니다."

꿈의 신비함은 우리 인간의 상상을 뛰어넘어 이루어지기도 한다. 꿈의 실현이 1천만 원 당첨으로 이루어진 사례이지만, 다소 운 좋게 뱀이 재물의 상징으로 이루어져 실현된 사례이기도 하다. 1천만 원의 당첨을 예지해준 꿈이 아닌, 장차 여자 친구가 실제 다리부분에 어떠한 사고를 당하거나, 여자 친구의 다리로 상징된 어떤 일거리나 대상을 지탱하는 하부적인 부위에 결정적 손실을 입을 것을 예지해주는 안 좋은 꿈으로 실현될 수도 있다.

대부분의 경우, 우리가 꾸는 꿈의 상징적 의미에 대하여 알쏭달쏭하게나마 본인이 깨닫게 해주고 있다. 이 경우 꿈의 전개도 중요하지만, 꿈속에서 느낀 정황이나 마음이 더욱 중요하다. 예를 들어 키스를 하는 꿈이었다고 하더라도, '신선하고 좋은 느낌의 키스였는가?' '억지로 마지못해 하면서, 냄새나는 키스였는가?'에 따라 꿈의 실현 결과는 달라진다. 따라서 꿈을 꾼 사람이 꿈속의 느낌을 알고 있기에 꿈의 의미를 가장 잘 해몽할 수 있는 것이다.

일반적인 꿈에서는 뱀에게 다리를 물린 부분에 대한 사고를 예지하는 꿈으로 실현될 가능성이 높다. 일반적으로 뱀의 상징은 어떠한 사람이나 재물, 또는 사고 등 외부적 영향력을 상징한다. 여기에서는 커다란 뱀이 재물이나 이권의 상징으로, 뱀에 물렸다는 것은 그러한 재물적 이익의 영향권 안에 들어가게 되는 것으로 실현되었다고 볼 수 있다.

② 상제가 된 꿈 (상복 입은 꿈)

꿈에는 여러 가지가 있다. 예를 들어, 상제가 된 꿈(상복 입은 꿈)은 사실적인 미래투시의 꿈인 경우라면, 실제 가까운 현실에서 상(喪)을 당하게 되어 꿈에서 본 그대로의 일로 이루어질 수 있기에 나쁜 꿈이다.

하지만 우리가 꾸는 대부분의 상징적인 꿈에서, 자신이 상제가 되거나 문상가는 꿈은 아주 좋은 꿈이다. 자신이 상제가 되는 꿈은 죽은 사람으로 상징된 어떠한 대상이나 일거리에서 정신적·물질적 자산의 제1 승계자가 됨을 의미한다. 구소련에서 권력을 잡고 있던 공산당 서기장이 죽었을 때, 서방세계에서는 '장차 누가 장례의원장으로 나설 것이냐'를 주시하게 된다. 즉, 권력을 승계할 사람이 바로 장례의원장으로 등장하고 있다.

③ 발가락이 8개인데 9개가 정상이라는 꿈

얼마 전 꿈에서 어머니와 저는 사람이 많은 어느 곳에 앉아 있었습니다. 어느 사람의 강의를 듣는 중이었거나, 대기실에서 기차를 기다리는 중이었거나 여하튼 둘 중의 하나였습니다.

그런데 무심코 제 발을 보니, 발가락이 8개더라고요? 발을 보니 어딘가 이상해서 발가락을 하나, 둘 이렇게 세기 시작했는데 발가락이 8개라니? 발가락 색깔은 어두운 청록색으로 마치 호랑이 발 같더군요. 그 색깔을 암녹색이라고 하나요? 발가락은 가지런히 쭉 8개가 있더군요. 그래서 전 어머니께 물었습니다. "어머니 발가락이 몇 개예요? 제 발가락이 8개인데 정상인가요?" 그랬더니 어머니 왈 "발가락은 9개란다!"

도대체, 이게 무슨 의미인지요. 제가 지금 있는 상황은 집의 전세는 한 군데가 안 나갔고, '지금 IMF 시기에 시일로 봐서는 전세를 놓기 힘들어지는게 아닌가?' 상당히 걱정하고 있습니다. 사람들도 보러 오지만, 그 외에도 힘든 일이 있고 여하튼 좋지는 않죠.

오래전의 상담 사례를 인용하여 살펴본다. 꿈은 꿈을 꾼 사람이 가장 잘 해몽할 수 있다. 또한 이렇게 황당하게 전개되는 꿈이 상징적인 미래 예지 꿈의 특징이기도 하다. 이러한 꿈은 꿈을 꾼 사람이 처해 있는 상황에 바탕을 두고, 상징적으로 풀이해야 할 것이다. 추정이지만, 발가락은 무언가를 상징적으로 나타내고 있다. 혹 상담을 의뢰한 집의 방이 모두 9개가 아닌지(어머니가 발가락이 9개가 정상이라고 하셨으니, 방이 9개가 다 차 있어야 하는데, 현재 방 하나가 비워져 있는 상태가 아닌지? 정상에서 하나가 모자라는 표상이니……).

꿈의 상징 기법은 기기묘묘하게 다양하게 펼쳐지고 있다. "막다른 골목의 자식 아홉 달린 과부를 얻어 사시오."라는 꿈으로, 방이 아홉 개인 집에 전세로 들어가는 일로 실현된 바가 있다. 또한 헌 옷을 입는 꿈이 남이 살던 집에 전세나 월세로 들어간 사례가 있다. 일반적인 상징으로는 헌 옷을 입는 꿈은 병에 걸리거나, 신분이나 직위·집·권리 등이 쇠퇴하게 되며, 옷을 꿰매 입는 꿈은 몸을 수술해서 흔적을 남김을 예지하기도 한다.

또한 남편과 이혼하고 엉엉 통곡하는 꿈이었는바, 꿈속에서 울고 나니 시원하게 느껴졌던 꿈의 실현이 즉석식 복권 4천만 원 당첨으로, 좁고 낡은 단칸방에서 새로운 넓은 방으로 옮겨가는 일로 실현된 사례가 있다. 이 경우에서 그동안 불편하고 좁게 지내온 단칸방을 남편으로 상징적으로 보여주고 있는바, 이처럼 인체의 상징이나 옷이나 남편·아내 등으로 셋방이나 전세방을 상징적으로 나타내줄 수 있다.

9 꿈의 분류 및 실증사례별 전개양상

먼저 중국의 꿈에 대한 분류를 유문영(劉文英)의 『꿈의 철학』에서 인용하여, 해설을 덧붙여 살펴본다.

1) 『周禮(주례)』의 여섯 가지 꿈에 대한 분류

『주례』에 근거하면, 주나라 사람들은 꿈을 여섯 가지의 종류로 나누고 있다. 해몽(관)은 여섯 가지 꿈의 길흉을 점친다.

① 정몽(正夢)이라는 것은 바로 일상적이며 놀라움이나 생각함이 없고, 걱정이나 기쁨이 없으며, 심경에 사리사욕이 없는 자연적인 꿈이다.

② 악몽(惡夢)이라는 것은, 바로 악몽이나 가위눌리는 꿈을 말한다. 왜냐하면 꿈속에서 매우 무서운 일을 만나는 꿈을 꾸는 이가 종종 신음을 하거나 놀라 외치기 때문이다.

③ 사몽(思夢)이라는 것은, 꿈속에서 사고하고 고려를 하는 활동이 있는 것을 가리킨다.

④ 오몽(寤夢)이라는 것은, 깨어 있을 때의 꿈을 가리키는 것으로 낮꿈 혹은 백

일몽을 말한다. 백일몽을 꾸는 자신은 스스로 깨어 있다고 여기지만, 사후에 비로소 이것이 꿈이었음을 안다. 그 특징은 수면과 관계를 발생시키지는 않지만, 도리어 꿈의 상태와는 공통적인 심리적 특징이 있다는 점이다.

⑤, ⑥ 희몽(喜夢)이나 구몽(懼夢)이라는 것은 모두 꿈속에서 즐거움이 있고 두려움이 있는 것을 가리킨다.

유문영은 『꿈의 철학』에서 중국의 꿈 역사를 통시적으로 고찰하고 있는바, 꿈의 이러한 구분은 바로 꿈의 내용과 심리적 특징에 근거하여 명칭을 부여한 것이지 다른 의미가 있는 것은 아니며, 억지스러운 결론은 도리어 사람들을 어지럽게할 뿐이라고 말하고 있다.

이는 『열자(列子)』에 언급되고 있는 꿈을 꾸는 데 일어나는 여섯 가지 징후와 일치하고 있으며, 이런 여섯 가지 징후는 정신이 교감하는 데서 일어나고 있다고 보고 있다. 주목할 점은 '사몽(思夢)'이라고 해서 꿈속에서 사고하고 고려를 하는 활동이 있음을 인정한 것으로, 꿈속에서 창조적인 사유활동에 해당하며, 꿈속에서 시를 짓거나 얻게 되는 몽중시(夢中詩) 등이 여기에 해당한다. 또한 욕구표출의 꿈에 대해도 언급하고 있으나, 미래 예지 등의 부분에 대한 명확한 언급은 보이지 않고 있다.

2) 『潛夫論(잠부론)』의 열 가지 꿈에 대한 분류

동한(東漢) 시대에 왕부(王符)는 『잠부론』을 저술했는데, 열 가지 꿈의 특징에 관하여 〈夢列(몽열)〉에서 다음과 같이 말하고 있다.

먼저 꿈을 꾼 바가 있고, 이후에 이와 착오가 없는 것을 直夢(직몽)이라 하고, 견주어 서로 닮은 것을 象夢(상몽)이라 하고, 깊이 사색하여 정신을 집중하는 것을 精夢(정몽)이라 하고, 낮에 생각한 바가 있어 밤에 그 일을 꿈꾸며 길하다가 갑자기 흉하기도 하여 선한 것인지 악한 것인지를 믿을 수 없는 것을 想夢(상몽)이라 하고, 귀함과 천함/ 현명함과 우둔함/ 남녀노소에 관계된 것을 人夢(인몽)이라 하고, 바람이나 비/ 차가움/ 더움에 관계된 것을 感夢(감몽)이라 하고, 오행(五行)과 왕상(王相)에 관계된 것을 時夢(시몽)이라 하고, 음이 극에 달하면 곧 길하게 되고 양이 극에 달하면 곧 흉하게 되는데 이를 反夢(반몽)이라 하고, 병이 난 바를 보고 그 꿈에서 본 바를 살피는 것을 病夢(병몽)이라 하고, 심성의 좋고 나쁨으로 해서 일에 응험이 있는 것을 性夢(성몽)이라 한다. 대저 이 열 가지는 해몽을 하는 것의 대체적인 요지이다.

3) 『夢占逸旨(몽점일지)』의 아홉 가지 꿈에 대한 분류

명나라 초기에 진사원(陳士元)은 『몽점일지』를 편찬하여, 역대의 여러 학자들의 꿈에 대한 학설을 종합하였다. 꿈이 발생하는 서로 다른 원인과 꿈과 그 조짐과의 서로 다른 관계에 근거하여, 꿈을 다음과 같은 아홉 가지로 귀납할 수 있다고 여겼다.

감응은 아홉 가지 이유로 변하는데, 그 연유를 누가 알겠는가? 첫째는 기가 성함[氣盛]이고, 둘째는 기가 허함[氣虛]이며, 셋째는 사악함이 깃들임[邪寓]이고, 넷째는 신체가 막힘[體滯]이며, 다섯째는 정이 넘침[情溢]이고, 여섯째는 직접 화합함[直協]이며, 일곱째는 유사한 형상[比象]이고, 여덟째는 극한 반대를 이룸[反極]이며, 아홉째는 악귀나 요괴에 의한 것이다.

『潛夫論(잠부론)』·『夢占逸旨(몽점일지)』 등에서의 꿈에 대한 정의나 분류 자체도 그 이상의 번잡함을 지니고 있음을 알 수 있으며, 꿈과 질병과의 관계를 언급하고 있음을 알 수 있다.

4) 『佛經(불경)』에서의 꿈에 대한 분류

『불경』이 중국에 전입된 후 종파와 전수의 차이로 인하여 '네 가지 꿈' 또는 다섯 가지 꿈'의 분류가 있다. 필자의 실증사례에 의한 유형별 전개방식 분류와 비교하여 간략한 해설을 덧붙여 살펴본다.

① 四大不和夢(사대불화몽)은 체내에 地(지)·水(수)·火(화)·風(풍)의 四大(사대)가 조화를 이루지 못해, 심신이 흩어짐으로써 일어나는 것이다. 그 몽상은 일반적으로 꿈에 산이 붕괴되거나, 혹은 자신이 허공으로 날아오르는 것을 보게 되고, 또는 꿈속에서 도적이나 호랑이·사자 등이 뒤에서 쫓아오는 것을 보게 된다. → 이는 불안심리 표출의 꿈에 가깝다.

② 先見夢(선견몽)은 대낮에 먼저 본 것을 밤에 꿈으로 꾸는 것을 가리킨다. 대낮에 먼저 본 것이 검은색이거나 흰색, 혹은 남자이거나 여자였다면 밤에 꿈을

꾸는 것 또한 검은색이거나 흰색, 혹은 남자이거나 여자이게 된다. → 이 역시 심리 표출의 꿈에 가깝다.

③ 天人夢(천인몽)은 하늘과 사람이 서로 감응하여 꾸는 꿈을 가리킨다. 선한 사람이 착한 일에 힘쓰면 하늘이 선한 꿈을 꾸게 함으로써 선을 행하고자 하는 착한 마음을 신장시키며, 악한 사람이 나쁜 일을 하면 하늘이 악한 꿈을 꾸도록 함으로써 그로 하여금 두려움을 느끼도록 하여 착한 마음을 가지도록 유도한다. → 예지, 계시의 꿈이 해당한다고 볼 수가 있다.

④ 想夢(상몽)은 항상 생각하던 것이 꿈속에 드러나는 것을 가리킨다. 선한 일을 생각하는 사람은 선한 꿈을 꾸게 되고, 악한 일을 생각하는 사람은 악한 꿈을 꾸게 된다. → 자신의 소망이나 마음먹은 바가 꿈으로 표출되는 경우이다.

다섯 가지는 다음과 같다.

① 由他引夢(유타인몽)은 모든 신령이나 신선, 귀신, 주술, 약초, 부모들이 생각하는 바와 모든 성현들이 이끄는 바에 의해서 꿈을 꾸게 되는 것을 말한다. → 이는 계시적 성격의 꿈이 된다.

② 由曾更夢(유증갱몽)은 먼저 보고 듣고 느끼고 알고 한 일이나, 혹은 거듭함으로써 습관이 되어 버린 각종의 일들이 지금 바로 꿈에 보이게 되는 것을 말한다. → 자신의 생각하는 바가 꿈으로 나타나는 꿈이다. 창의적 사유의 시를 짓는 활동 등으로 나아가게 해준다.

③ 由當有夢(유당유몽)은 장차 길하거나 불길한 일이 있을 것 같아 그것을 따라 꿈에서 먼저 그 형상을 보이게 하는 것을 말한다. → 이는 예지적 성격의 꿈이다.

④ 由分別夢(유분별몽)은 만약 희구하는 것이나 의혹된 생각을 계속 생각하게 될 경우 이러한 것들을 바로 꿈에서 보게 되는것을 말한다. → 이는 소망이나 불안한 심리 표출의 경우이다.

⑤ 由諸病夢(유제병몽)은 만약 체내의 地(지)·水(수)·火(화)·風(풍) 같은 四大(사대)가 조화를 이루지 못할 때, 곧 증가하는 바가 있게 되어 꿈속에 이러한 종류들이 보이게 되는 것을 말한다. → 번잡한 꿈을 꾸게 되는 경우로, 신체 내·외부의 이상이나 정신적으로 안정치 못할 때 꾸어지는 경우이다.

중국의 유문영은 이러한 여러 분류에 대하여 『꿈의 철학』에서 다음과 같이 언급하고 있다. 내용 면에 있어서 과학적인 측면과 미신적인 측면이 서로 뒤엉키어 있으며, 논리적인 측면에 있어서도 구분의 기준이 일반적으로 그렇게 명확하지 못하다. 과학과 미신이 서로 뒤엉켜 있으므로 해서 당연히 옳은 것도 있고 옳지 않은 것도 있으며, 맞는 것도 있고 맞지 않는 것도 있기 때문에, 우리들은 반드시 분석적 태도를 갖추어야 한다.

이상에서 살펴보았지만, 꿈에 대한 올바른 분류는 실제 일어난 실증사례를 데이터베이스화하여, 빈도수에 따른 분석적·합리적인 방법으로 분류가 이루어져야 할 것이다. 실증사례 분석에 토대를 둔 필자의 유형별 전개방식에 따른 분류와 비교한다면, 『불경』의 다섯 가지 분류만이 우리가 꾸는 꿈의 대부분을 차지하는 미래 예지 꿈의 특성을 명확히 인정한 분류로 가장 올바르게 되었다고 볼 수 있다. '由當有夢(유당유몽)은 장차 길하거나 불길한 일이 있을 것 같아 그것을 따라 꿈에서 먼저 그 형상을 보이게 하는 것을 말한다'는 표현은 꿈으로 미래를 예지해 주는 특성을 인정하고 언급하고 있으며, 특히 미래 예지 꿈 사례에 대해 긍정하고 있음을 알 수 있다.

5) 실증사례별 전개양상에 따른 분류

이상에서 살펴본 바와 같이 꿈의 분류는 보는 관점과 입장에 따라 여러 가지로 나타나고 있다. 서양에서도 고대에는 꿈을 신(神)의 고지(告知)나 계시로 인식했으며, 근대에 들어와서 잠재 의식적인 내면의 심리 표출이나 내·외부의 감각자극에 의해 꿈이 이루어진다고 보고 있다. 따라서 꿈에 대한 언급도 심리학적 특성에 중점을 두고 언급하고 있으며, 미래 예지적 특성이나 창조적 사유의 활동이 이루어지는 것에 대하여 부인하는 것은 아니지만, 큰 관심을 지니지는 않았으며 정신분석학적인 측면에 치중하고 있음을 볼 수 있다.

하지만 꿈의 세계는 시공을 초월하여 보편적으로 전개되고 있다. 따라서 꿈의 실체에 접근하는 가장 올바른 접근 방법은 '이러이러한 꿈을 꾸고 이러이러한 일이 일어났다.'고 하는 실증적인 사례에 근거한 꿈의 유형별 전개방식에 따른 분류가 되어야 할 것이다.

간략하게 필자가 분류한 유형별 전개 양상별로 살펴본다. 상세한 것은 제Ⅲ장의 꿈의 전개양상별 실증사례에서 살펴보기로 한다.

(1) 심리 표출의 꿈(소망·불안·초조감)

소망 표출의 꿈에서는 현실에서 이루지 못한 자신의 억눌린 잠재의식의 바람을 꿈을 통해 시연(試演)해봄으로써, 대리만족하게 하고 해소하게 하는 경우의 꿈으로, 실제 꿈 사례 뿐만이 아니라 문학작품에도 많이 보이고 있다. 또한 불안·공포·초조감 등의 잠재의식의 심리가 표출되는 꿈으로, 현실에서 어려움을 겪거나 심리적인 압박을 받을 때 꾸어지는 꿈이다.

(2) 외부·내부의 감각적인 자극 꿈

외부의 감각자극으로 인한 경우는 꿈에 있어서 가장 단순한 것으로, 수면 중에 외부에서 어떤 신체자극을 주게 되면 그 자극의 영향으로 꿈을 꾸게 되는 경우이다. 또한 내부의 신체장기의 이상이 있을 경우에도 꿈으로 형상화되어 우리에게 일깨워 주고 있다. 고양이가 목을 할퀴는 꿈으로 목의 이상을 알려주기도 하며, 도깨비나 귀신과 싸우는 꿈으로 병마에 시달리기도 한다. 이 경우 물론 이기는 꿈이 좋은 꿈으로 병마를 물리치는 일로 실현되고 있다.

(3) 사실적 미래 예지 꿈

사실적인 미래 예지 꿈은 가까운 장래에 일어날 일을 마치 현실에서 펼쳐지는 것처럼, 꿈속에서 사실적인 전개형태로 꾸는 경우이다. 꿈의 기법 가운데 비교적 단순하며, 쉽게 그 꿈의 의미를 알 수 있는 경우가 대부분이다. 예를 들어 꿈속에서 본 사람이나 장소를 현실에서 그대로 보게 되는 일로 이루어지는 꿈이며, 꿈속에서 본 숫자가 로또 당첨 번호로 현실에서 그대로 실현되는 경우이다.

(4) 상징적 미래 예지 꿈

상징적인 미래 예지 꿈은 전체 꿈의 80% 이상의 대부분을 차지하며, 상징적인 표상으로 장차 일어날 일을 예지해주고 있다. 꿈의 특성은 황당하게 전개되며, 이 꿈의 실현 결과는 피할 수 없는 것으로 나타나고 있다. 역사적 기록으로 전하는 대부분의 꿈은 상징적인 미래 예지 꿈이며, 이러한 꿈의 예지적 성격에 관해서는 민간 속신에서 절대적이라 할 만큼 받아들여져 왔다. 예를 들어 로또(복권) 당첨, 태몽이나 사건·사고 및 죽음을 예지하는 꿈을 들 수가 있다.

(5) 계시적 성격의 꿈

조상이나 산신령 기타 동식물 등 영적인 대상과의 교감이 꿈을 통해 이루어지고 있는 경우이다. 과학적으로 보자면, 실제 이러한 영령이 존재하는 것이 아닌, 꿈속에 등장한 모든 영적 대상은 인간의 정신능력 활동에 의해 필요에 따라 그때그때 창조되어 상징 표상으로 나타난 존재로서, 꿈의 표현 기법의 하나인 것이다. 꿈은 필요에 따라, 조상과 산신령, 또는 동물이나 저승사자를 등장시켜 직접적인 계시의 형태로써 말로써 일러주고 경고해주고 있는 것이다.

고전소설에서 주인공이 위험에 빠졌을 때 흔히 사용되는 수법으로, 비몽사몽간에 조상이나 산신령이 나타나 위험에 빠진 사실을 일깨워 주는 방법을 사용하고 있다.

(6) 경고성 일깨움의 꿈

꿈을 꾸게 하는 주체는 바로 우리의 초능력적인 잠재의식으로, 우리가 자고 있는 동안에도 우리의 뇌는 깨어있어서, 자신이나 자신의 주변 인물에 닥쳐올 위험을 감지해 내고 꿈으로써 형상화하여 일깨워 주고 있다.

질병에 걸린 것을 꿈으로 일깨워 주거나, 자신의 주변에 다가오는 위험에서 벗어나도록 꿈으로 일깨워 주는 경우가 여기에 해당한다. 따라서 잠을 자다가 꿈으로 인하여 깨어난 경우에는 주변 상황을 점검하고 살펴볼 필요가 있다.

(7) 창조적 사유활동의 꿈

『周禮(주례)』·『列子(열자)』에 나오는 여섯 가지의 꿈의 분류 중에도 '사몽(思夢)'이라고 하여, 꿈속에서 사고하고 고려하는 활동이 있음을 언급하고 있다. 이러한 창조적인 사유활동의 꿈은 문학작품의 창작에 많이 나타나고 있는바, 꿈을 통해 우리의 잠재의식의 정신활동이 극대화됨으로써, 현실에서는 불가능한 발견·발명·창조적인 아이디어를 꿈속에서 가능하게 해주고 있다. 또한 현실의 자아가 해결할 수 없는 사실이나 문제점에 대해서 해결의 실마리를 꿈에서 찾을 수 있도록 해주고 있다.

현실에서는 지어낼 수 없었던 뛰어난 창의적인 표현의 시를 꿈속에서 지은 선인들의 수많은 몽중시(夢中詩) 사례 등이 여기에 속하며, 선인들이 꿈속에서 어떤 깨달음을 얻은 경우가 여기에 해당한다. 외국의 사례로도 꿈을 통해 아이디어를 얻거나, 발견·발명의 무수한 사례가 있다.

(8) 지어낸 거짓 꿈

우리가 실제 꾸지는 않지만, 일생생활에서나 문학작품에서 거짓 지어낸 꿈이야기에 의탁하여, 어떠한 자신의 목적을 달성하거나 합리화를 하는 경우이다. 또한 민중들의 꿈에 대한 신성성을 이용하여 꿈속에서 계시를 받았다고 거짓 꿈이야기를 지어 유포함으로써, 민심의 안정과 천명에 의한 건국을 믿도록 하고 있다. 선인의 예로, 주막집의 주모와 동침하기 위해 황룡이 품에 날아드는 좋은 태몽을 꾸었다는 말로 유혹하는 이야기를 들 수 있다.

(9) 허망성으로써의 꿈

'모두가 꿈이로세' 등의 관습적 언어의 사용과 '일장춘몽, 남가일몽, 한단지몽' 등의 고사성어에서 살펴볼 수 있듯이, 우리 인생을 덧없는 꿈에 비유하고 있다. 이러한 허망성으로써의 꿈은 일상의 생활에서 보다는 문학 작품의 제재로서 많이 사용되고 있다.

10 꿈의 활용에 대하여

꿈의 활용에 대하여 간략히 살펴본다. 자세한 것은 2012년 출간된 필자의 『꿈이란 무엇인가?』를 참고하기 바란다.

1) 자각몽의 활용 – 꿈속에서 꿈을 알아차리기

꿈을 활용하고자 하는 대표적인 시도로써, 자각몽(自覺夢)을 들 수 있다. 자각몽 또는 루시드 드림(lucid dream/conscious dream)은 꿈을 꾸는 도중에 스스로 꿈이라는 사실을 알아차리고 꾸는 꿈을 말한다. 꿈속에서 자신이 깨어 있음을 자각하고, 상황을 인식하며 꿈 내용을 인위적으로 통제하여 도움을 얻을 수 있다. 학자들은 이러한 자각몽을 이용해 꿈을 통제할 수 있으며, 나아가 학습과 훈련에 꿈을 활용할 수 있다고 주장하고 있다. 나아가 꿈속에서 운동하는 자각몽을 통해 질병의 치료에도 활용될 수 있다.

이러한 자각몽을 활용해보자. 자신이 꿈을 꾸면서 꿈을 조절할 수 있다면, 현실에서 자신이 하고 싶던 것을 시연(試演)해 볼 수도 있으며, 창의적 발명이나 문제해결에 꿈의 도움을 얻을 수 있을 것이다. 잠자리에 들기 전에 자신이 바라는 계획에 대한 자기 암시를 주고 잠을 청해보자. 꿈을 꾸는 도중에 그것이 꿈이라는 것을 자각하고, 자신이 꿈을 조절하는 것이 바로 자각몽의 세계인 것이다.

① 하늘을 나는 꿈(실증사례)

　늘 꿈을 꾸면, 산 정상에 올라 산 아래를 내려다보는 꿈을 자주 꿉니다. 정말 아름답고 근사한 자연이 펼쳐지는 풍경을 보지요. 그리고 바다를 좋아해서 그런지 산 정상에서 파란 바다를 내려다보고 있는 꿈을 자주 꿉니다. 바다를 보면 수영을 하고 싶고, 그 바다 위를 날아다니고 싶어지지요. 그래서 이 산 저 산을 막 날아다닙니다. 그런데 나는 꿈을 꾸면서 이것이 꿈이란 걸 알지요. '지금 꿈을 꾸고 있구나. 날아야지 그래야 경사스러운 일이 생겨.' 하면서 날려고 합니다. 정말 그런 꿈을 꾸면 틀림없이 경사스러운 일이 일어났습니다. 글짓기 대회에서 수상하는가 하면, 생각지도 않은 사람에게서 큰 선물을 받거나, 반가운 사람을 만난다든지---. 이런 내 이야기를 믿을 수 있는지요?(글: 서재심)

② 가위에 눌리는 꿈－자각몽 경험담(실증사례)

　가위를 많이 눌려서 스스로 자각몽임을 깨닫게 됐어요. 초등학교 시절 가위에 자주자주 눌리고는 했습니다. 가위에 눌리면 갑자기 주위에 이런저런 수십 명의 소리가 들리고, 저는 움직이지도 못한 채 너무나 무서웠습니다. 그런데 언젠가부터 가위에 눌리면 스스로 '이건 꿈이야'하고 마인드컨트롤을 하게 되더군요. 며칠 전에도 침대에서 누가 제 발을 끌어당기는 꿈을 꿨는데, 너무 무서웠지만 '이건 꿈이다.'라고 생각하고 견딜 수 있었습니다.---언제나 웃자, 2012. 05. 26.

③ 자각몽 체험담(실증사례)

　예전부터 자각몽 경험을 하면서, '색깔꿈도 꾸는 사람이 있을 것이다.'라는 생각을 하게 되었습니다. 그때 당시에는 아주 어렸을 적에는 '루시드 드림'이란 단어조차 없었기 때문에 주변 사람들에게 "저는 꿈속의 꿈인 것을 아는데요." 라고 말하면 이상한 눈초리를 보게 되어 그냥 감추고 살았습니다. 그러면서 나와 같이 자각몽을 꾸는 사람이라면, 색깔꿈 또한 분명 꾸게 될 거란 생각을 하게 된 것이지요.---아르미스

④ 자각몽 체험담(실증사례)

내가 루시드 드림을 꾸게 된 계기가 있어. 유치원 다닐 때 즈음, 거의 매일 같은 꿈을 꾼 거 같아. 그 꿈의 내용은 외할아버님네 집에 놀러가서 TV를 보다가 내가 잠들고 마는데, 내가 만화영화 속에 들어가서 악어에게 붙들리다가 크레파스를 악어에게 마구 던짐에도 불구하고 악어가 나를 잡아가서 믹서기에 갈아 먹는 내용이야. 정말 무서웠어.

그래서 항상 악몽을 꾸고 엄마를 깨우곤 했었는데, 그런 와중에 거의 몇 달 동안 같은 꿈을 꾸다 보니까 이젠 꿈인걸 알겠는 거야. 그래서 꿈을 꾸다가, '아! 이건 꿈이니까 괜찮아'란 생각을 하고 나서, '내가 악어를 무찌르자'란 생각으로 집중해서 생각하다 보니까, 「톰과 제리」에서 제리가 했던 방법대로 악어를 무찌르기 시작하고, 더 이상 그런 악몽 따위는 꾸지 않게 되었어. 그 후로는 꿈을 꿈이라고 인식하는 일이 10번에 7번은 인식되기 시작했어.---알고 싶지 않아, 2010. 01. 22.

⑤ 자각몽 체험담(실증사례)

이런 걸 자각몽인지는 모르겠지만, 꿈속에서 '아! 꿈이니까 날아 봐야지'그러면서 날아보기도 했습니다.---지족, 2012. 01. 14.

2) 전생몽의 활용-꿈속에서 자신의 전생을 보기

전생몽(前生夢)이란 전생의 자기 모습이나, 전생 중 가장 인상적인 장면, 행동의 잔재를 꾸게 되는 꿈이다. 매우 생소하면서도, 이상하게 전개되는 꿈이지만, 어딘가 모르게 자신의 전생의 꿈이야기라는 느낌을 주는 꿈이다.

예지몽을 통해 미래를 본다는 브라질의 '주세리노'는 해당 국가나 당사자에게 편지 형식으로 자신이 본 꿈의 예언을 전달하는 것으로 유명하다고 한다. 필자가 보기에, 예지적인 꿈을 통해 장차 일어날 일을 보는 것과 마찬가지로, 자신의 과거인 전생을 본다는 것도 가능한 일이라 여겨진다.

믿어지지 않는 이야기이지만, 꿈속에서 자신의 전생을 보았다는 사람들의 사례가 있다. 이전에, 필자와 상담을 자주 하던 노처녀는 자신의 전생이 서양의 어느 왕자이며, 이름도 ○○○○라고 굳게 믿고 있었다.

옛 선인들의 꿈 사례에도 꿈을 통해 자신의 전생을 알게 되는 이야기가 상당

수 있다. 이러한 자신의 전생의 꿈을 통해서, 자신의 새로운 운명의 길이나 자신의 성격을 유추해보는 것도 가능한 일이라 하겠다.

① 전생에 옥황상제의 수제자로 법당의 참기름을 핥아 먹었다는 꿈-고(故) 한건덕 선생님의 전생몽

고 한건덕 선생님이 13세 때, 이웃에 사시던 장님 할머님이 예언한 최면몽의 내용과 해설을 살펴본다.

"이 아이는 전생(前生)에 하늘에서 옥황상제(하나님)의 수제자였는데, 법당에 놓아둔 참기름 독의 참기름을 손으로 찍어 야금야금 다 핥아 먹었기 때문에, 인간 세상으로 내침을 받았다."

해석인즉 참기름 독의 참기름은 부모가 남겨준 유산인데, 그것을 다 핥아 먹어 버렸기 때문에, 부모 유산은 다 탕진해버릴 것이라고 했다. 그 말은 맞았다. 그러나 이 꿈은 최면몽이고 상징적 언어로 해석해야 마땅한데, 참기름독의 참기름은 꿈의 진리를 연구한 연구과제이고 그것을 다 핥아 먹어 버렸기 때문에, 꿈에 관한 한 모든 문제를 해명하고 설명할 수 있게 된다는 것을 뜻한 것이다. 따라서 하늘의 법당은 현실 세계에서의 꿈의 연구기관을 뜻하고, 옥황상제는 장차 실현될 꿈 연구기관의 최고 우두머리를 뜻할 수 있다.(글: 한건덕)

② 전생몽, 자각몽 경험담

내가 꿈속에서 또 다른 나를 보게 되었다. 나는 몽골 사람들이 쓰는 커다란 천막 안에 있었다. 그리고 어디선가 들리는 알 수 없는 지극히 높으신 그분의 음성이 짧은 순간 그리고 또렷이 울려 퍼진다. 죽여라! 그러자 어두운 천막에서 갑자기 자객들이 나타나, 나를 죽여버리는 것이었다. 물론 나는 그것을 지켜보고 있었다. 내가 죽는 것을 내가 지켜보고 있었다. 그리고 나는 곧바로 깨어났다.---123****

③ 전생몽, 자각몽 경험담

꿈이다. 전라도 어느 읍이다. 법원에 서기로 근무하고 있는데, 주위가 시끌시끌하더니, 만주로 무대가 바뀌고, 나는 추운 겨울 저녁 좁은 골목길을 남루한 차림으로 힘없이 걷고 있다. 기온은 영하 2~3도의 날씨. 상의는 바래진 갈색 털 잠바에 하의는 비슷한 색깔의 폭이 좁지 않은 골덴 바지. 손에는 아무것도 없고 배는 조금 고픈 상태. 골목길엔 가로등이 백열등으로 드문 드문 켜져 있어 어둡지

않았다. 길 너비는 사람 3명이 지나갈 정도이고, 길 양쪽에는 오래된 집 담벼락으로 계속 이어지고 있었다. 길바닥은 시멘트 포장이 되어 있고, 중간에는 가로세로 50센티의 덮개가 깔려 있고, 덮개 앞뒤에 반원형의 공간이 있어 덮개가 연결됨에 따라 물구멍이 나있으며 그 밑은 하수가 흐르고 있었다.

한참을 걷다가 나는 좌측에 있는 상점 앞에 섰다. 그곳은 다 합쳐야 5평도 안 되는 좁은 곳으로, 생선 파는 좌판 같은 데에다가 여자들 치마와 내의들이 진열장도 없이 포개져 쌓여 있었다. 그곳의 바깥에 있는 옷들은 원색의 화려함이라고는 하나도 없이 모두 거무칙칙한 것으로 검정과 빨간색이 섞여 있는 겨울옷이었고, 안쪽에는 레이스가 달린 분홍의 여자 내의와 연분홍의 나이론 잠옷 등이 있었는데, 마침 주인이 없었고, 주위에 지나가는 사람이 하나도 없었다. 30촉 정도의 백열등 불빛만이 비치고 있을 뿐이었다.

나는 주위를 살핀 후 잠옷과 내의 몇 가지를 집어 잠바 안쪽에 숨기고, 그곳을 빠져 나와, 조마조마한 마음으로 50미터쯤 걷다가, 우측으로 5미터 다시 좌측으로 5미터를 간 후에, 오른쪽 집으로 들어갔다. 조그만 집이었는데 그 집 방에는 지금의 내 처가 앉아 있다가 나를 보자 일어나고 있었는데, 나이는 35세 정도 되어 보였다. 그런데 그녀는 본처가 아니었으며, 본처는 지금의 내 여동생으로 같은 시내에 살고 있는데, 나는 본처 집에서 살지 않고 있었던 것이다. 그 순간 일본 순사가 긴 칼을 차고 방에까지 신발을 신고 들어와 나를 연행해 갔으며, 그 때 나는 '이것으로 마지막이구나.' 하면서 목멘 울음소리를 들으며 꿈에서 깼다.---rover-1, 2012. 01. 19.

다음은 영혼 전생(轉生)설화에 관하여, 문헌에 실려 있거나 구비 전승되어 오는 이야기들을 살펴보았다. 죽어서 다른 사람이나 개 등으로 태어났다는 이야기로, 불교의 육도(六道: 천상, 인간, 수라, 축생, 아귀, 지옥)의 윤회를 떠올리게 한다. 죽은 영혼이 다시 태어났다는 것을 꿈을 통해 알 수 있도록 해주고 있다.

이제 막 결혼 한 사람에게 행복을 빌면서 주는 글귀에 세세생생(世世生生)이 있다. 현세에서의 검은 머리가 파 뿌리가 될 때까지가 아닌, 전세(前世)의 인연으로 오늘날 부부가 되느니 만큼, 현세는 말할 것도 없고 한술 더 떠서 죽어서 내세에까지 부부의 연(緣)을 맺어 잘 살 것을 기원하며 주는 글귀이다. 불교적으로 보자면, 현세의 업보에 따라 내세가 좌우되는 만큼 선한 업을 쌓으며 살아가야 하는 것이 우리 인간의 올바른 삶의 길이라 할 수 있겠다.

④ 신라의 김유신-고구려의 점쟁이 추남이 새롭게 탄생하다.

영혼 탄생 전생설화 속에 동자나 사람, 또는 이미 죽은 사람이 들어오거나 나타나고 있다.

'고구려의 점쟁이 추남이 서현공의 부인 품속으로 들어가다'

김유신의 탄생에 대한 전생설화이다. 김유신이 고구려 첩자였던 백석의 간계에 빠져 고구려에 들어가다가, 세 호국신의 일깨움으로 김유신을 유인하던 백석을 포박하고 고문하여 실정을 물으니 백석이 말하였다.

"나는 본래 고구려 사람이요. 신라의 김유신은 우리나라의 점쟁이 '추남(楸南)'이었다 하는데, 국경에 역류하는 물이 있으므로 그를 시켜 점을 치게 하니 아뢰기를, '대왕의 부인이 음양의 도를 역행하여 그 징조가 이와 같습니다.'라고 하였습니다. 왕이 놀라고 괴이하게 여겼는데, 왕비가 크게 노하여 이는 요사스러운 여우의 말이라 하였습니다. 그리고 왕에게 고하여 다시 다른 일로 징험해 물어서, 못 맞추면 중형에 처하기로 했습니다. 이에 쥐 한 마리를 합(盒) 속에 넣고 이것이 무슨 물건이냐고 물으니 추남이 아뢰기를, '이는 쥐인데 모두 여덟 마리입니다.'라고 하였습니다. 이에 틀렸다고 목을 베어 죽이려 하니 추남이 맹세하기를, '내가 죽은 후에 원컨대 대장이 되어 반드시 고구려를 멸망시킬 것이다.'라고 하였습니다. 즉시 그를 죽이고 쥐의 배를 갈라보니, 그 속에 일곱 마리의 새끼가 있었으므로 그의 말이 맞았음을 알았습니다."

"그날 밤 대왕이 꿈에 추남이 신라 서현공 부인의 품속으로 들어간 것을 보고는 여러 신하들에게 물었더니, 모두 말하기를, '추남이 맹세한 마음으로 죽었는데 과연 그렇습니다' 하였습니다. 그래서 나를 보내 이런 모의를 한 것입니다."---『삼국유사』, 기이 제1.

⑤ 신라의 죽지랑-거사가 죽지랑으로 탄생하다.

처음에 술종공이 삭주도독사가 되어 장차 임지로 가는데, 이때 삼한에 전쟁이 있어 기병 삼천 명으로 호송하게 했다. 가다가 죽지령에 이르렀을 때, 한 거사가 그 고갯길을 닦고 있었다. 공이 그걸 보고 감탄하고 칭찬하니, 거사 역시 공의 위세가 혁혁함을 좋게 여겨 서로 마음이 통하게 되었다.

공이 부임하여 다스린 지 한 달이 되었을 때, 꿈에 거사가 방 가운데로 들어오는 것을 보았는데, 그 아내도 같은 꿈을 꾸었으므로 매우 놀랍고 괴이하게 여겼다. 이튿날 사람을 시켜 그 거사의 안부를 물으니 사람이 말하기를, "거사는 죽은 지 며칠이 되었다."라고 하였다. 심부름 갔던 사람이 돌아와 보고하니, 그 죽은 날이 꿈을 꾸던 날과 같았다. 공이 말하기를 "아마 거사가 우리 집에 태어날 것이다."라고 하고는 다시 사람을 보내 고갯마루 북쪽 봉우리에 장사지내고 돌로 미륵(彌勒)을 하나 만들어 무덤 앞에 세웠다.

공의 아내가 꿈을 꾸던 날부터 태기가 있어 아이를 낳으니, 이름을 죽지(竹旨)라 하였다. 그가 장성하여 벼슬길에 올라 김유신 공의 부수(副帥)가 되어 삼한을 통일하고, 진덕·태종·문무·신문 등 4대의 재상이 되어 나라를 안정시켰다.---『삼국유사』, 제2권, 기이 제2.

⑥ 대성이 전세·현세의 두 부모에게 효를 하다.

모량리(牟梁里)의 가난한 여인 경조(慶祖)에게 아이가 있었는데, 머리가 크고 정수리가 평평하여 성(城)과 같았으므로 이름을 대성(大城)이라 하였다. 집이 군색하여 살아갈 수가 없어 부자 복안(福安)의 집에 가서 품팔이를 하고, 그 집에서 약간의 밭을 주어 생계를 이어 나갔다. 고승인 점개(漸開)가 불사를 흥륜사에서 베풀고자 하여 복안의 집에 이르러 보시할 것을 권하니, 복안은 베 50필을 보시했다. 점개는 주문을 읽어 축원했다. "당신이 보시하기를 좋아하니 천신(天神)이 항상 지켜주실 것이며, 한 가지를 보시하면 일만 배를 얻게 되는 것이니 안락하고 수명 장수하게 될 것입니다."

대성이 듣고 뛰어 들어가, 그 어머니에게 말했다. "제가 문간에 온 스님이 외치는 소리를 들었는데, 한 가지를 보시하면 일만 배를 얻는다고 합니다. 생각하건대 저는 숙선(宿善:전세에서의 착한 일)이 없어 지금 와서 곤궁한 것입니다. 이제 또 보시하지 않는다면, 내세에는 더욱 구차할 것입니다. 제가 고용살이로 얻은 밭을 법회에 보시해서, 뒷날의 응보(應報)를 도모하면 어떻겠습니까?" 어머니도 좋다고 하므로, 이에 밭을 점개에게 보시했다. 얼마 지나지 아니하여 대성은 세상을 떠났다.

이날 밤 국상(國相) 김문량(金文亮)의 집에 하늘의 외침이 있었다. "모량리 대성이란 아이가 지금 네 집에 태어날 것이다." 집 사람들이 매우 놀라 사람을 시켜 모량리를 조사하게 하니, 대성이 과연 죽었는데 그날 하늘에서 외치던 때와 같았다. 김문량의 아내는 임신해서 아이를 낳았다. 왼손을 꼭 쥐고 펴지 않더니 7일 만에야 폈는데, 대성(大城) 두 자를 새긴 금간자(金簡子)가 있었으므로 다시 이름을 대성이라 하고, 그 어머니를 집에 모셔 와서 함께 봉양했다.---후략. 『삼국유사』 제4권, 孝善.

⑦ 꿈에 전생(前生)의 부모를 찾아가다.

황희 정승이 유명한 재상이다 보니, 그분의 이름을 빌려 이런 이야기가 전한다. 오랜 옛날로 올라가겠지만, 평양 성중(城中)에 감사가 새로 부임한 것이다. 남녀노소 온 사람들이 그 근엄한 행차 구경을 나섰다. 어느 중년 부부가 어린 아들 하나를 어깨에 목말을 태워서 데리고 구경을 하는데, 어린 눈에도 감사의 모습이 무척이나 훌륭해 보였던지 "나도 이담에 커서 저렇게 될 테야."라고 말하는 것이었다.

두 내외는 서글픈 웃음을 띤 채 서로 쳐다보았다. 집에 돌아와서도 아이는 또 한 번 같은 소리를 한다. "나도 이다음에 크면 평안 감사 될 테야. 그럼 엄마 좋지?"

소년은 아버지의 기색을 살폈다. 아버지는 이 영리한 아들에게 다음에 더 큰 실망을 주지 않기 위해 타이르듯 설명하였다. 자기네는 상놈이라는 것, 상놈은 공부도 않는 것이고, 해봐야 아무 소용없다는 것, 그러니까 그렇게 될 생각 말고, 아버지 하는 대로 장사 일이나 배워서 살아야 한다고.

그날 저녁 아이는 밥을 먹지 않았다. 자면서도 끙끙 안간힘을 쓰더니, 이튿날 아침도 안 먹는다. 그리곤 도통 안 먹더니 몸져 누워 그 길로 죽고 말았다. 어차피 훌륭하게 못될 바에야 시시하게 살아서 무엇하랴? 이렇게 말하고 싶었는지도 모를 일이다. 늦게 얻은 외아들을 이렇게 허무하게 잃은 두 내외는 다시 더 낳아 볼 생각도 못 한 채, 서로 의지하여 쓸쓸한 여생을 보냈다. 아들 생각에 아이가 죽은 날이 다가오면, 음식을 갖추어 제사를 지내 주고 했다.

그런데 서울 황씨 가문에 태어난 한 도련님이 조금 커서부터 야릇한 일을 늘 겪는다. 꿈속에서 치르는 일인데, 어딘지 무척 머나먼 길을 가는 것이다. 아주 어려서 일은 잘 모르나, 전에도 이맘때면 해마다 한 번씩 가곤 했던 그 길이다. 그리고 가보면 늘 똑같은 그 집인데, 무척 정다운 두 내외의 마중을 받아 아주 맛있는 음식을 많이 먹고는 돌아오는 것이다. 그 두 분은 자기를 무척 귀여워해 주고, 또 몇 차례 만나는 사이에 아주 친부모처럼 정답게 느껴지게 되었다.

날짜를 기억해 두고 보았더니, 해마다 늘 같은 날인 것이 틀림없다. 이상도 하다. 내가 누군가의 제사 음식을 먹는 것이 아닐까? 그러는 동안에 남달리 지혜 있는 이 소년은 학업에 정진하여, 과거를 치르고 벼슬길에 올랐다. 그동안에도 그 날이면 으레 먼 길을 가고, 또 으레 그들의 융숭한 대접을 받고 오곤 했다.

이러하기를 여러 해 만에 평안감사로 제수되었다. 부임하여 몇몇 공사를 치르고 쉬는데, 그날이 하필이면 바로 그날이다. 종일 피곤한 몸을 잠깐 안석에 기대어 쉬자니, 오늘도 그 길 걸음을 한다. 그런데 이번에 굉장히 가깝다. 감영에서 삼문을 나서 몇 번 돌아가니 이내 거기다. 그 집 문전에 당도했다고 느꼈는데 잠이 깨었다. 하도 신기하여 통인을 불렀다.

"너 나하고 잠깐 저기 좀 가자."

"초행이실 텐데 어디를 이 밤 중에……."

"잔말 말고 어서 초롱불 들고 앞장을 서도록 하거라."

삼문을 나서서 보니 꿈에 본 그대로다. 통인이 놀랄 정도로 길을 찾아 들어가, 한 골목에 다다르니 과연 문이 열려 있고 등불이 비친다. 감사는 서슴지 않고 안마당으로 썩 들어섰다.

"거 뉘시오?" 하면서 두 부부가 내다보는데, 늘 꿈이면 보던 바로 그 부부다. 제사상도 차려져 있다. 신분을 밝히고 어인 제사임을 물으니, 들어와 앉으라면서 눈물을 흘리며 지나간 일을 설명해 들려준다. 감사도 아주 어려서부터 자기가 겪은 일을 얘기하고, 오늘 찾아온 일을 이야기하였다.

"전생 부모님을 이제야 찾아뵙습니다."

"그 애가 다시 태어나 기어코 소원을 풀고야 말았구려!"

그리하여 황감사는 평생토록 전생과 이승 부모를 똑같이 섬겼다고 한다.---『한국고전문학전집』7.

3) 목적몽(目的夢) 및 꿈의 전개양상별 활용

꿈은 신이 인간에게 내린 최대의 선물이다. 꿈을 꾸는 주체는 바로 우리 인간의 초능력적인 정신능력으로, 다양한 전개양상을 보이고 있다. 내면의 잠재 심리를 표출하는가 하면, 자신의 신체 내·외부의 이상과 위험을 꿈을 통해 일깨워 주기도 하고, 현실에서는 이루어낼 수 없었던 창의적인 사유활동을 꿈을 통해 이루어내기도 하며, 궁극적으로는 장차 일어날 일에 대한 예지를 시연(試演)하여 보여줌으로써, 장차 다가올 일에 대한 마음의 준비와 슬기로운 극복을 하게 도와주고 있는 것이다.

우리가 꾸는 모든 꿈에는 의미가 담겨있기에, '개꿈은 없다.'라고 할 수 있다. 때에 따라서는 내면의 소망·불안·초조감 등의 심리가 황당한 전개의 꿈으로 표출되기도 한다. 하지만 일깨워 주는 꿈을 비롯하여, 주 관심사에 대한 예지적인 꿈을 가장 많이 꾸고 있다. 따라서 자신의 처한 상황에서, 자신이 마음먹고 있었던 바나, 자신이 걱정하거나 소망했던 일거리나 대상을 염두에 두고, '내가 왜 이러한 꿈을 꾸었을까?' '내가 꾼 꿈에 담긴 상징적 의미가 무엇일까?' 등을 진지하게 생각해보는 것이 좋다. 또한 영적인 정신능력의 힘이 발현되는 꿈을 통해, 목적의식을 지니고 사태의 해결이나 문제해결 등을 위한 의도적인 꿈을 꿀 수가 있다. 이를 목적몽(目的夢)으로 명명(命名)해도 좋을 것이다.

자신의 꿈일지를 적어보자. 그리하여 꿈속에 담긴 의미를 분석하여 생활에 활용할 수 있도록 해 보자! 자신의 영혼이 자신에게 보내는 메시지인 꿈을 활용할 뿐만 아니라, 어떠한 문제해결을 위한 의도적인 목적몽을 꿈으로써, 우리 생활을 한층 풍요롭고 새로운 삶으로 나아가게 해 보자!

꿈에는 여러 가지가 있기에, 각각의 꿈에 대한 대처방안이나 꿈의 활용도 각기 다르다고 할 수 있겠다. 심리 표출의 꿈에 있어서는 자신도 미처 알아차리지 못했던 자신의 내면 심리를 알아낼 수 있으며, 신체 내외부의 자극을 알려주는 꿈에서는 신체의 외적 및 내적인 이상을 꿈으로 알 수 있으며, 창의적 사유활동의 꿈으로 현실에서는 자신이 미처 생각해 낼 수 없었던 문제점 해결에 도움을 얻을 수 있으며, 경고성 일깨움의 꿈으로 자신에게 닥쳐올 위험이나 문제점을 해결하는 도움을 얻을 수 있으며, 계시적 성격의 꿈에서는 어떠한 결정이나 판단을 내리는데 있어 도움을 주고 있다. 또한, 지어낸 거짓 꿈으로 자식에게 좋은 태몽을 이야기해줌으로써 아이가 희망을 지니고 나아가게 할 수 있으며, 예지적인 꿈으로는 장차 다가올 일에 대한 마음의 대비를 하게 해주고 국가적·사회적인 사건에 대해 슬기롭게 극복하게 해주고 있다.

나아가 의도적인 목적몽을 꿈으로써, 생활에 도움을 얻을 수 있다. 필자가 아는 어떤 사람은 주식투자를 하고 있었다. 폭락해 가는 상황에서, '주식을 처분해야 할지, 또 한다면 언제 해야 할 것인지' 고심을 했다는 것이다. 간절한 마음으로 내면의 잠재의식에 도움을 청했다. 그리하여, 꿈속에 떠오르는 대로 실행하여 큰 손실을 줄일 수 있었다고 한다.

생활에서도 어떤 어려운 문제에 봉착했을 경우, 의식적으로 잠재의식에 강한 암시를 보내어 문제해결에 관한 목적몽을 꾸게 됨으로써, 좋은 방향으로 나아갈 수가 있다. 텔레파시 초감각 지각 등 우리의 신성(神性)의 정신활동인 잠재의식의 세계는 놀라우리만큼 무한한 능력을 발휘하고 있는바, 그러한 초감각적인 능력 중에서 장차 일어날 일을 예지해내는 것이 바로 꿈을 통해서 발현된다고 할 수 있다.

덧붙여서, 특이한 꿈으로 접신몽(接神夢)에 대한 언급을 박성몽의 『꿈신비활용』에서 인용하여 살펴본다. 접신몽은 꿈을 꾸고 나서 신들린 무당이 되는 꿈이다. 일반인들에게는 이해가 안되는 꿈이지만, 많은 무당들이 경험하는 꿈이다. 접신몽의 특이한 점은 동일한 내용의 꿈을 반복해서 자주 꾸는 점이다. 접신몽을 자주 꾸는데도 접신이 되지 않으면, 몹시 아프기도 하고 심한 경우 불면증이나 정서 불안이 나타나기도 한다.

특이한 것은 접신몽의 상태에 따라서, 무당 활동이 특정한 분야에 강점으로 나타나는 점이다. 꿈에 큰 칼이 나타나 자신의 몸을 난도질해서 뼈를 발려낸 후에, 이상한 물에 씻어서 다시 맞춰주고 나서, "너는 뼈를 다스리는 자가 되어야 한다."라는 음성을 듣고 난 후에, 이 무당은 뼈에 관해서 생긴 병에는 영험한 면을 보이기도 한다.

또한 온몸이 온통 눈[目]으로만 되어 있는 괴물에게 자기 아들이 되라는 꿈으로 시달리다가 접신이 된 무당은 미래를 내다보고 숨겨진 것을 꿰뚫어보는 투시의 분야에 영험한 모습을 보이기도 한다.

이 밖에도 천상몽(天上夢)이라고 하여, '온갖 꽃이 만발한 꽃동산을 거니는 꿈' 같은 하늘나라의 모습을 꿈으로 보는 경우가 있다. 이 경우에 총천연색으로 나타나며, 시각적인 면외에 청각과 후각 등 화려하고 실감 나게 전개되고 있다. 대체로 영혼이 맑은 사람에게 나타나는 꿈이다.

이렇게 꿈은 우리 인간의 영적 능력을 바탕으로, 다양하게 펼쳐지고 있다. 다양한 꿈의 세계를 전개양상별로 꿈의 효용 사례를 들어서, 간단히 살펴본다.

(1) 내면의 심리 표출인 꿈의 효용

꿈은 내면심리의 표출이다. 자신이 꾸는 꿈의 분석을 통해서, 현실의 자신으로서는 알 수 없었던 잠재적인 내면의 심리를 파악하여, 실생활에 있어서나 삶의 방향에 도움을 얻을 수가 있다. 꿈에 나타난 의미를 분석하여 삶의 지혜를 얻은 예를 들어 살펴보자.

① 자신의 아내가 남의 아내가 되어 있는 꿈

부부싸움 뒤에, 꿈에 아내가 다른 남자의 아내가 되어 있는 꿈을 꾼 사람이 있었다. 그는 꿈속에서 몹시 후회하고 있었다. 꿈을 꾼 후에 그는 아내의 소중함과 자신의 행위가 잘못되었음을 깨닫고, 아내의 입장과 마음을 이해함으로써 행복한 가정을 이룰 수 있었다.

② 못된 사람과 싸우는데, 주변 동료가 방관하고 있던 꿈

잘못된 일을 하고 있던 사람과 싸우는 꿈을 꾼 사람이 있었다. 그는 꿈속에서 불의와 자신의 안일만을 추구하는 현실의 냉정함으로 인해 비탄에 빠졌다. 자신의 행위를 되돌아본 그는 자신이 나아가야 할 일이 좌절과 미움이 아니라, 대인관계의 개선이며 자신의 일에 더욱 적극적이고 진취적인 삶을 살아갈 것을 깨닫고, 노력하여 좋은 결과를 얻을 수 있었다.

③ 결혼식장에 사람이 하나도 없는 꿈

자신의 딸의 결혼식을 앞두고 있었던 사람의 꿈이다. 결혼식장에 하객이 하나도 없는 꿈을 꾸었다. 현실에서는 수많은 하객들로 넘쳐난바, 이 같은 경우 '하객이 얼마 오지 않으면 어쩌지'라는 잠재적인 불안 심리에서 이러한 꿈을 꿀 수 있다. 이같은 경우에 마음을 편안히 하고 '내가 너무 딸의 결혼식을 걱정해서 이런 꿈을 꾸었구나' 하고 여기면 그만인 것이다. 마찬가지로 수험생의 꿈에 시험을 망치는 꿈이라든지, 자신의 교실이 없어진 꿈 등을 꾸는 것도 잠재적인 불안 심리에서 꾸는 꿈이기에, 편안한 마음을 지니는 것이 중요하다.

④ 로또(복권)에 당첨되었다는 꿈

많은 사람들이 로또(복권)에 당첨되었다는 꿈을 꾸었다고 말하고 있는바, 이

역시 현실에서 돈에 쪼들리는 경우에, 꿈을 통한 일시적인 대리만족을 느끼게 해주는 것으로 깨달아야 할 것이다. 다만, 꿈이 사실적으로 전개되었을 경우, 실제로 로또(복권)에 당첨되는 일로 실현될 수도 있으니, 꿈이 생생한 경우 실현될 때까지 지속적으로 로또(복권) 등을 구입해보는 것도 좋다.

⑤ 앞에서 당당하게 이야기하는 꿈(학생의 꿈 사례)

좀 내성적인 편인 나는 다른 사람들 앞에서 당당히 할 말을 하지 못하는 것이 늘 불만이었다. 그래서 당당해지자고 다짐해도, 그것은 늘 다짐뿐이었다. 오랫동안 그런 생각을 하지 않고 지냈는데, 이것이 내 잠재의식에 들어가 있었던 모양이다.

하루는 꿈을 꾸었는데, 그 꿈속에서 나는 그동안 내가 하고 싶었던 말을 다른 사람들 앞에서 당당하게 말을 하고 있었다. 한참 신 나게 떠들다가 잠에서 깼는데, 그렇게 속이 시원할 수가 없었다. 그 뒤로 나는 어느 정도 자신감을 가지고 이야기할 수 있게 되었다. 이런 꿈들을 많이 꾸게 되면서, 내가 그동안 가졌던 불만을 어느 정도 해소할 수 있게 되었고, 자신감을 가질 수 있게 되었다. "꿈은 불만족에서 나온다. 만족한 인간은 꿈을 꾸지 않는다."라는 몽테를랑의 말은 내 생각과 일치하고 있다.

이처럼 꿈을 활용하여, 현실에서의 심리적인 요인에 대한 장애적인 요소를 제거할 수도 있다.

(2) 계시적인 성격의 꿈의 효용

서양에서 옛날 사람들은 잠을 자면서 꾸는 꿈을 종종 신의 계시나 예언으로 받아들였다. 고대 이집트인과 그리스인들은 '잠의 사원'을 짓고 운영했는데, 병자들이 이곳에서 잠을 자면서 꾸는 꿈을 해몽해 치료법을 알려주었다고 한다.

우리나라에서도 선인들은 꿈을 계시적인 것으로 받아들여, 조상이나 산신령 또한 영적(靈的)인 대상이 꿈에 나타나는 현몽(現夢)을 믿고 받아들이고 있다. 꿈을 창조해 내는 주체가 우리의 정신능력이기에, 이렇게 알려주거나 지시해주는 계시적 성격의 꿈은 꿈대로 따르는 것이 절대적으로 좋다. 이러한 계시적인 성격의 꿈은 꿈의 다양한 상징 기법의 하나로써, 시일이 촉박하거나 절대적으로 믿게 하기 위해 직접적인 방법을 통해 죽은 조상이나 산신령 등을 등장시키고 있는 것이다.

① "독산동으로 이사 가라"는 꿈

유치원 원장의 꿈에 느닷없이 "독산동으로 이사 가라"는 꿈을 꾸었는 바, 이 경우에 실제로 이사 가는 것이 유치원의 번창 등 좋은 일로 이루어진다.

② "빨리 잠자리에서 일어나라"는 꿈

조상의 현몽으로 죽음의 위험에서 벗어나게 해주고 있다.

③ "무덤을 옮겨 달라"고 계시하는 꿈

돌아가신 시어머니가 꿈에 나타나서, 무덤을 옮겨주면 좋은 일이 있을 것이라고 계시해 주는 꿈을 꾼 뒤에, 결혼한 지 17년 만에 아기를 낳게 되었다.

(3) 일깨워 주는 꿈의 효용

우리가 자는 동안에도 우리의 뇌는 깨어 있다. 그리하여 꿈을 통해 현실에서의 긴급한 위험에서 벗어나게 해주거나, 일어날 일을 일깨워 주고 경고해주기도 한다. 이러한 경우, 우리의 정신능력은 꿈의 영상을 통해 보여줌으로써, 위험에서 벗어나게 해주고 장차 일에 대비케 해주고 있는 것이다. 이 경우에 어떠한 일의 실행을 멈추거나 개선책을 마련하는 등 계획을 점검할 필요가 있다.

① 고양이가 야광등을 쳐서 불이 난 꿈

외국의 사례이다. 꿈속에 고양이가 야광등을 치고 달아나는 바람에 집에 불이 나는 꿈을 꾸었다. 고양이가 그러한 사고를 저지를 가능성은 상존해 있었다. 다음 날 그는 고양이와 야광등을 다른 사람에게 넘겨줌으로써, 꿈속에서 본 화를 미연에 방지하였다. 이처럼, 현실에서 의식적인 자아가 미처 발견하지 못하는 위험스러운 요소를 꿈을 통해 일깨움으로써, 도움을 얻을 수 있다.

② 아이가 부엌으로 떨어진 꿈

필자의 꿈 사례이다. 1987년도 시골에서 학교 가까운 곳에 셋방을 얻어 살고 있을 때였다. 다소 옛날 집이라 부엌과 안방의 높이 차이가 상당히 나는 집이었다.

어느 날 밤에 꿈을 꾸었다. 아기가 방안에서 엄마를 찾으러 부엌문을 밀치고 나오다가, 철제 쓰레기통 위로 굴러떨어지면서 머리가 갈라지는 끔직한 꿈이었다. 꿈에서 깨어나서도 한동안 잠을 이룰 수가 없었다. 바로 다음 날 집주인 할머니가 장에 간 틈을 타서 문짝을 뜯었다. 그리하여 문짝을 돌려서 새로 달았다. 즉 방안에서 문을 잡아당기게 하여 문을 연 후 아기가 굴러떨어질 위험을 알게 하였다.

이처럼 일어날 수 있던 위험한 사고에 대해서, 경고성 꿈의 도움으로 문짝을 바꾸어 달음으로써 위험한 사고를 막을 수 있었다. 다만, 이 경우에 '아기가 떨어져 다치면 어쩌지'라는 잠재적인 불안심리에서 이러한 꿈을 꿀 수도 있다. 처한 상황을 고려하여 일어날 가능성의 여부를 견주어 슬기롭게 대처하면 될 것이다.

③ 아들의 슬픈 눈초리를 보는 꿈

부모가 '아들의 슬픈 눈초리를 보는 꿈'을 꾼 후에, 초등학생 아들과의 대화를 통하여 담임의 혹독한 체벌로 인하여 아들이 고통받고 있음을 알게 되었다. 이에 담임과 면담하고 올바른 시정 조치를 요구하여 문제를 해결하는 일로 실현되었다.

요즈음 학교 폭력이 문제화되어 심지어 자살까지 하는 학생이 있는바, 부모가 자식에 대한 애정을 지니고 관심을 기울인다면, 이처럼 현실에서 말 못할 이야기를 꿈을 통해 일깨우는 일로 나타날 수 있다. 이 모든 것이 꿈꾸는 능력이 뛰어난 사람들에게나 가능한 일인지 모르겠다. 신이 인간에게 내린 최대의 선물인 꿈도 모든 사람들에게 골고루 나눠준 것은 아니다. 그러기에 현실에서는 이런 경우에, 친지나 주변 사람들의 꿈으로 계시해주거나 일깨워 주어 전해주는 형식을 취하기도 한다. 또한, 좋은 꿈이나 태몽 같은 경우에 매몽의 형식적 절차를 취하기도 한다.

④ 친구가 유서를 남기고 옥상에서 뛰어내려 자살을 하는 꿈

제가 외국에 있을 때 꾼 꿈입니다. 중학교 때부터 단짝으로 정말 친했던 친구가 유서를 남기고, 아파트 옥상에서 뛰어내려 자살을 한 꿈이었어요. 제가 잡으려고 뛰어 올라갔을 땐, 이미 너무 늦은 거예요. 애가 울면서 저를 본 채 뒤로 뛰어내렸거든요. 꿈에서 깼을 때, 제가 친구를 잡지 못한 게 자꾸 마음에 걸려서, 그 시간에 한국으로 전화를 했어요.

"잘 있느냐?" 무덤덤하게 "잘 있어." 그러면서 대답하던 친구가 갑자기 울면서, "사실 너무 힘들어서 죽으려고 그랬다."면서, "유서를 쓰고 있었다."라고 실토하는 거예요. 너무 놀라서 한참 달래고, 친한 친구들 집에 전화를 걸어서 빨리 그 애 집에 가서 친구를 잡아달라고 부탁했어요. 시간이 지나서 지금은 잘 극복해 건강하게 지내고 있지만, 어

느 날 개가 그러데요. 어떻게 그 시간에 전화를 다 했느냐고. 자기 정말 아파트에 올라 가려고 했었다고. 잡아줘서 고맙다고.---오뜨♥

신비로운 꿈이야기이다. 이렇게 친구의 자살 시도를 일깨워 주는 꿈을 꾸게 하는 주체는 무엇인가? 선인인 이규보(李奎報)는 이러한 꿈을 꾸게 되는 행위에 대하여 정성이나 간절한 바람 등이 정신에 감응하여 이루어진 것이라고 말하고 있다.

(4) 외부적 자극의 꿈의 효용

꿈은 우리 신체에 가해지는 외부적 자극을 과장된 표현으로 영상화하여 보여 주고 일깨워 주고 있다. 프로이트의 『꿈의 해석』에 나오는 이야기로, 넥타이를 꼭 매고 자는 것이 교수형을 당하게 되거나, 머리에 고약을 붙이고 잔 것이 인디언 떼거리에게 붙잡혀 머리 껍질이 벗겨지는 꿈을 꾼 이야기가 나오고 있다.

① 귀신이 시퍼런 눈을 뜨고 쫓아오는 꿈

귀신이 시퍼런 눈을 뜨고 쫓아오는 꿈을 꾼 사람이 있었다. 이 사람은 실눈을 뜨고 자는 버릇이 있었는바, 공교롭게도 안방의 보일러 작동 표시등의 파란 불빛이 실눈에 비치는 여건에서 잠을 잔 경우이었다. 안락한 수면을 방해하여 다음 날 일상생활에 좋지 않은 영향을 주게 될 것을 꿈으로 일깨워준 것이기에, 작동 표시등을 가리거나 돌려 눕거나 하여 평온한 숙면을 취하게 해주고 있다.

② 바닷가에서 파도를 보고 오한이 들어 몸부림치는 꿈

현실에서는 열린 창문 틈으로 찬 바람이 들어오고 있어서, 신체적으로 한기 (寒氣)를 느끼고 있었던 것을 꿈으로 일깨워준 것으로, 창문을 닫고 두꺼운 이불을 덮고 잠을 자게 해주고 있다.

(5) 신체 내부적 이상 꿈의 효용

신체 내부적인 이상이 있는 경우에 꿈으로 일깨워 주는 경우가 있다. 따라서 이러한 경우 꿈의 의미를 유심히 되새겨보고, 꿈속의 표상 전개에 주의를 기울여서 병원 진찰을 받을 필요가 있다.

고양이가 목을 할퀴는 꿈으로 후두염 발견 사례, 누군가가 칼로 눈을 찌른 꿈으로 콘택트렌즈가 잘못되어 실명의 위기를 넘긴 사례, 괴한에게 옆구리를 걸어

차인 꿈으로 늑막염을 알게 된 사례 등등 꿈으로 신체의 이상을 알아내어 질병에 걸리게 되거나 회복 여부를 예지해주는 무수한 사례가 있다. 자세한 것은 주요 실증사례별 풀이의 '질병/건강의 꿈' 편을 참고하기 바란다.

정신질환을 앓고 있는 사람의 경우 그 어느 대상에 대한 강한 집착에 사로잡혀 있기에 정신분석학자들이 꿈의 분석을 통하여 치료에 활용하고 있음을 우리는 잘 알고 있다. 또한, 질병을 앓고 있는 사람은 '자신은 건강하다'는 자기암시를 잠재의식에 보냄으로써, 의식적인 꿈을 통해 질병 치료에 도움을 얻을 수 있을 것이다.

(6) 창의적 사유활동의 꿈의 효용

인간의 정신능력의 활동이 극대화되는 꿈을 통해서 창의적 작품이나 발명·발견이 이루어지고 있다. 자신의 간절한 바람이 정신에 감응되어, 꿈속에서 발명이나 창의적인 아이디어를 창안하거나, 시를 짓거나 영감을 얻게 될 수 있다.

나아가 문제해결을 위한 목적으로 의도적으로 자기 암시를 주고 자게 될 경우, 다가오는 어떠한 문제점에 대해 해결의 실마리를 꿈에서 찾을 수가 있게 된다.

이렇게 꿈속에서의 창의적 사유활동으로 아이디어나 발명을 하게 된 사례는 동서양을 막론하고 무수히 많다. 오래전부터 과학자와 음악가, 운동선수, 수학자, 작가, 화가들은 꿈에서 영감을 얻거나 기발한 해결책을 발견했다. 이에 관한 대다수의 이야기가 하버드대학 심리학자인 '데이드레 바레트'의 저서인 『꿈은 알고 있다(The Committee Sleep)』에 시대순으로 소개되어 있다. 한편 중국에서 사유적인 활동에 관한 사례는 유문영의 『꿈의 철학』에 소개되어 있다. 우리나라에서는 이수광의 『지봉유설』의 〈몽매(夢寐)〉 부분을 비롯하여, 선인들의 개인 문집 속에 수없이 산재되어 있다. 요즘 사람들의 사례에서도 어려운 수학문제를 꿈속에서 해결하거나, 잃어버린 아이나 열쇠의 위치를 꿈속에서 알려주는 수많은 사례가 있다.

이처럼 현실에서 알아낼 수 없거나 불가능한 일에 대해서, 우리 인간의 정신능력이 고도로 극대화되는 꿈의 힘을 빌려 해결할 수가 있다. 현실에서 어떠한 문제가 난관에 봉착했을 때나 기발한 발명이나 해결책이 필요한 경우, 잠자리에 눕기 전에 그 문제에 관해서 '나는 꿈을 꿀 것이다. 나는 그 꿈을 기억할 것이다.' 등의 자기 암시를 준 후에 잠을 청하는 것을 훈련하면 도움을 얻을 수 있다. 이 경우 매수할 주식의 종목이든지, 부동산 투자인 경우 어느 지역 등이 꿈으로 일깨워질 수가 있다. 하지만 이 경우에도 상징적인 표상으로 나타나고 있는 경우가 다반사이기에, 꿈해몽에 세심한 주의를 기울여야 할 것이다.

이처럼 꿈속에서의 아이디어로 창의적인 발명과 발견을 한 수많은 사례가 있다. 외국의 꿈 사례를 비롯하여 중국의 사례에서도 꿈속에서 뛰어난 문학작품을 지어낸 수많은 예가 있는바, 꿈의 세계와 발현은 세계적으로 공통된 것을 알 수 있겠다. 실로 꿈은 신이 우리 인간에게 내린 최대의 선물인 것이다. 꿈을 통해 우리 인간의 정신능력이 고도로 발현되어, 시나 문학작품이나 음악·미술·영화 등 예술 분야뿐만 아니라, 과학적인 발명이나 새로운 발견에 있어 뛰어난 창의력을 보여주고 있다. 이에 대해 건양대 송원영 교수는 "무의식의 세계인 꿈에서는 비논리적인 생각이 활성화되는데, 이것이 창의적인 문제해결을 하는 것으로 보인다."라고 말하고 있다.

하지만 태몽이나 로또(복권) 당첨이나 각종 사건 사고의 예지적인 꿈의 세계는 어떻게 설명을 해야 할까? 심리학자들은 "예지의 능력은 인간이 아닌 신의 영역"이라며, 예지적인 꿈의 세계를 부정하고 있다. 하지만 거미가 천부적(天賦的)인 능력으로 집을 짓는 것을 단 한 번만이라도 본 적이 있다면, 우리 인간이 꿈을 통해 창조적인 사유활동을 하고, 장차 일어날 일을 꿈으로 예지하는 고도의 정신능력을 지니고 있다는 사실을 믿지 않을 수 없을 것이다.

(7) 사실적인 미래투시의 꿈의 효용

사실적인 미래투시의 꿈은 꿈속에서 본 그대로 현실에서 일어나고 있다. 이러한 사실적인 미래투시의 꿈은 꿈속에서 결과를 체험해 보았기 때문에, 현실에서 일어날 결과를 미리 알 수 있으며, 안 좋은 꿈의 경우는 꿈 내용대로 진행되지 않도록 하면, 현실에서는 위험이 닥쳐오기 전에 피할 수 있도록 해 주고 있다.

꿈속에서 경마에 우승하게 될 말을 미리 보게 된다든지, 상승하는 주식을 보여주어 막대한 재물적인 이익을 얻게 된 사례가 있다. 또한 꿈속에서 나타난 로또번호로 당첨된 사례가 있다. 외국의 사례로 간략히 살펴본다.

① 흉악한 살인자의 얼굴이 꿈속에 나타나서 범인을 잡다.

② 전쟁터에 나간 애인이 이름 모를 성안에 갇혀 고통을 겪고 있는 꿈을 꾼 후에 실제로 꿈에서 본 대로 똑같은 성(城)을 발견하고는 마을 사람들을 설득해 애인을 구출해 내다.

③ 독일의 한 남자가 우거진 검은 숲 속을 산책하던 중에 괴한에게 쫓겨서 달아나다가 "오른쪽 길로 가거라."라는 소리를 듣고, 자그마한 호텔로 피신하여 목숨을 구할 수가 있었던 꿈을 꾸었다. 그로부터 20년이 지난 어느 날, 그는 우연히 그 숲 속을 정말로 가게 되었다. 한데 20여 년의 꿈속의 일과 똑같은 일이 벌어졌다. 그는 쫓기는 중에 꿈에서의 기억대로, 갈림길에서 오른쪽으로 접어들었다. 곧 그의 앞에는 꿈에서 보았던 호텔이 나타났다. 결국 20년 전에 꾸었던 꿈이 그의 목숨을 구해준 것이었다.

(8) 상징적인 미래 예지 꿈의 효용

꿈의 무대를 상징적으로 펼쳐 보임으로써 꿈에 담긴 의미에 대해서 궁금해하게 하고, 장차 일어날 일을 꿈을 통해 예지해줌으로써 다가올 일에 대한 마음의 준비를 하게 하여 슬기롭게 대처해갈 수 있도록 해주고 있다. 흉몽을 꾼 경우에도 '꿈은 왜 이렇게 불길한 내용을 보여줌으로써, 무엇을 예지해주려고 하고 있는 것일까?'를 진지한 마음으로 받아들여, 몸가짐을 삼가고 조신한다면 큰 화를 면할 수가 있을 것이다.

① 사람이 죽었다는 꿈

필자 동생의 꿈 사례이다. 어느 날 밤, 꿈속에서 사람이 죽은바, 노인이 말하기를 '사람의 운명은 섭리다.'라는 이야기를 듣게 되고, 또한 천둥 번개가 치면서 자신도 죽게 되는 것을 체험하다가 깨어났다. 깨어나 보니 새벽녘이었다. 출근 후에 오전 10시쯤에 사고로 인하여, 협력업체 직원이 절명하는 일이 일어났을 때, 급작스러운 사고에 당황하지 않고 침착하게 염을 하는 등 일을 처리할 수 있었다.

미래 예지적 성격의 이 꿈을 통해, 잠재의식이 꿈을 통해 무엇을 보여주고자 했는지 극명하게 드러나고 있다. 꿈을 통해 노인과의 대화에서 '사람의 운명은 섭리다.'는 말을 듣고, 나아가서는 꿈속에서 자신의 죽음의 순간을 체험하고, 또한 꿈을 깨고 나서도 죽음에 대해 되돌아보는 시간을 가짐을 통해, 갑작스러운 사고 였지만 겸허하게 받아들일 수 있었던 것이다.

② 건물의 귀퉁이가 떨어져 나갔다가 다시 붙은 꿈

아들의 교통사고로 머리를 다쳐 생사의 길에 섰으나, 포기하지 않고 뇌수술을 하여 정상적으로 돌아온바, 꿈의 예지를 믿고 희망의 끈을 놓지 않았기에 슬기로운 극복을 할 수 있게 해주고 있다.

상징적인 예지적 꿈에 관해서는 제Ⅲ장. '꿈의 전개양상별 실증사례'의 9. 상징적 미래 예지 꿈에서 중점적으로 언급하고 있는 다양한 실증사례를 참고하기 바란다.

(9) 지어낸 거짓 꿈의 효용

필요에 따라 선의의 거짓말을 해야 하는 경우가 있다. 이러한 경우에 지어낸 거짓 꿈을 이용해, 밤늦게 귀가하는 남편에게 좋은 태몽을 꾸었다는 핑계로 일찍 귀가시킬 수도 있다. 또한 자식에게 "너는 용이 날아든 좋은 태몽이어서 장차 훌륭한 인물이 될 것임을 믿는다."고 하여, 심리학에서 말하는 피그말리온(pygmalion) 효과를 보게 할 수 있겠다. 자식에게 좋은 태몽을 이야기해줌으로써, 장차 빛나는 인생이 펼쳐질 것이라는 믿음 속에 아이가 기대에 부응하는 쪽으로 변하려고 노력하게 되고, 실제로 꿈을 현실화하는 방향으로 나아가게 할 수 있겠다. 자세한 것은 제Ⅲ장. 꿈의 전개양상별 실증사례의 지어낸 거짓 꿈에서 살펴보기로 한다.

(10) 국가적·사회적인 사건 대비

엄청난 일이 일어나기 전에 여러 사람들의 꿈으로 예지되고 있다. 선인들의 사례에서, 류성룡은 경복궁이 불탄 꿈으로, 허균은 암울한 몽중시를 짓는 것으로, 장차 임진왜란이 일어날 것을 예지해내고 있다.

외국의 사례이지만, 영국에서는 이러한 국가적·사회적 사건에 대한 꿈을 연구하는 꿈 연구소가 설립되어 활동을 하고 있다. 우리나라도 하루빨리 꿈 연구소 등이 세워진다면, 국가적·사회적인 꿈에 대해서 보다 깊은 연구가 행해질 수 있겠다.

그리하여 사람들의 국가적·사회적인 사건에 예지적 꿈을 미리 모을 수 있다면, 대선 결과라든지, 지하철 참사 사건, 미국의 서브프라임 사태 등을 꿈으로 예지해낼 수 있으며, 국가적 사회적 사건을 막아내는 데 많은 도움을 얻을 수 있다. 다만, 상징적인 미래 예지 꿈은 예지는 가능하지만, 꿈의 실현을 막아낼 수 없기에 피해를 최소화하는 방향으로 나아갈 수는 있을 것이다.

4) 문학작품, 매스미디어 및 기타 다양한 활용

꿈은 여러 가지 전개양상별에 따라 다양하게 펼쳐지고 있는바, 각각에 대한 관심이 문학작품의 소설이나 시, 신문·잡지·TV·라디오·연극·영화에 이르기까지 널리 활용되고 있다.

① 꿈을 통한 이미지 시연치료

광주민주화 운동 당시나, 9. 11 테러와 같은 엄청난 충격을 받은 사람들은 불안과 공포에 시달리는 악몽을 꿀 수가 있다. 이런 사람들에게 꿈을 통한 이미지 시연치료라는 기법으로, 긍정적인 결말을 상상하는 훈련을 하도록 하여 극복하게 해주고 있다.

② 꿈을 연극으로 재연 → 심리치료

꿈을 연극으로 재연하고 여러 사람들이 함께 꿈의 의미에 대해서 생각해보는 시간을 가짐으로써, 심리치료에 도움을 얻을 수 있다. 또한 기이하고 창의적인 꿈을 연극의 소재로 활용할 수도 있다.

③ 영화나 소설의 소재로 꿈을 활용

꿈을 소재로 한 영화가 상당수 있다. 공상과학영화의 이야기 전개 속에 꿈을 접목하기도 하고, 무의식의 세계나 소망 등의 심리 표출의 꿈을 영화화하고 있다. 그중에서 예지적 꿈의 세계를 다룬 것으로, 「파멸의 선」, 「인 드림스」, 「마이너리티 리포트」, 「하와이, 오슬로」, 「인셉션」 등 수많은 영화가 있다.

* 「파멸의 선」

불륜의 사랑이 부른 비극을 그린 멜로물인 1993년 「파멸의 선」은 꿈속에서 미모의 여인과 사랑을 나누다 갑자기 총을 들고 들어온 남자를 보고 화들짝 놀라서 깨어나는 주인공의 꿈을 이용한 설정은 영화를 보는 이로 하여금 앞으로 일어날 모든 이야기를 상징적이고 암시적으로 보여주기에 손색이 없다.

* 「인 드림스」

1999년 「인 드림스」 역시 꿈과 현실이 뒤범벅된 이색 스릴러로 꿈의 세계의 신비함을 영화의 주 제재로 삼고 있다. 초자연의 세계가 있어 꿈과 현실이 서로 교감할 수 있다는 사실, 이러한 꿈을 이용한 사건의 전개는 어찌 보면 황당하게 전개되는 귀신이야기의 공포 영화보다도, 우리에게 더 사실적인 설득력을 가지고 다가온다.

* 「마이너리티 리포트」

2002년 「마이너리티 리포트」도 예지적 꿈의 능력이 뛰어난 세 여자의 도움으로 범죄 사건을 해결하는 이야기를 다루고 있다.

* 「하와이,오슬로」

2004년 「하와이,오슬로」 또한 영화 포스터에 '흩어진 운명의 퍼즐들, 한 순간 펼쳐진 거대한 기적!'으로 나와 있는바, '비다르'라는 인물의 예지몽에 얽힌 이야기를 제재로 담고 있다.

* 「인셉션(Inception)」

2010년의 「인셉션(Inception)」은 '꿈의 세계'를 소재로 하여, 미래 사회에 타인의 꿈속에 침투해 생각을 훔친다는 화려한 상상력을 동원하여 만든 영화이다. 영화 속의 '드림머신'이라는 기구처럼 다른 사람의 의식 속에 들어가 내가 의도한 대로 다른 사람의 꿈을 조작하여 마음속을 들여다보고, 다른 사람의 마음을 바꾸게 할 수 있다면, 짝사랑하는 그녀의 마음을 훔칠 수도 있을 것이다.

이처럼 영화, 강력 사건 등등에서 꿈이 주요한 제재나 사건의 열쇠로 등장하는 예(例)는 무수히 많다.

고전소설에서도 태몽 등을 소설의 앞부분에 언급함으로써, 작품의 주인공을 영웅시하거나 범상치 않은 인물임을 부각시키고 있으며, 사건의 전개에 있어서 계시적인 꿈이나 예지적인 꿈을 주요 표현 수단으로 활용하고 있다.

고전소설에서뿐만 아니라, 현대문학의 시·소설·수필 등에서 작품의 내용 전개에 있어서 꿈을 표현 수단으로 활용하고 있다. 일본의 '히가시노 게이고'의 추리소설 『예지몽』이 있는바, 소설의 주요 소재로 예지적 꿈의 세계를 활용하고 있다. 한편, 필자의 자작소설 『백련화』도 은퇴한 조직폭력배 조직에 납치된 세 여자의 사건을 해결하는 데 있어, 납치된 회사원의 일기장이라든지 주변 사람들의 예지적인 꿈에서 사건의 단서를 얻게 되어 해결해 나가는 과정을 다루고 있다.

　④ TV나 방송·신문기사 등에서 꿈을 활용

　사람들의 꿈에 대한 관심도를 반영하여, TV나 방송·신문기사 등 매스미디어에 꿈에 대한 많은 기사나 방송이 이루어지고 있다. 유명인사나 연예인의 태몽에 관한 기사를 비롯하여, 거액의 로또(복권) 당첨이나 특이한 사건이 있을 때마다 꿈이야기가 신문지상에 소개되고 있다. 또한 국가적·사회적 사건이 있을 때, 신비한 꿈에 대한 기사가 보도되고 있다.

　요즈음 종편이다 해서 다양한 채널이 생겨난 만큼, 케이블 방송에서 특화된 방송으로 꿈을 주요 소재로 방영한다면, 관심 있는 시청자들의 흥미와 관심을 끌 수 있을 것으로 보인다. 생방송으로 시청자들의 꿈을 해몽해 준다면, 더더욱 흥미를 끌 수 있을 것이다.

　이 경우, 정신분석적인 측면이 아닌 예지적인 실증사례를 재연하거나 그래픽화하여 동적 영상으로 보여준 후, 꿈의 언어인 상징에 기초한 해설을 덧붙인다면 시청자들이 예지적인 꿈의 세계에 대한 흥미와 지적 호기심을 불러일으켜 올바른 꿈의 세계를 이해할 수 있으리라 믿는다.

5) 꿈은 영적(靈的) 정신 능력의 세계

　필자는 5년 전에 난생처음으로 일본에 간 적이 있다. 필자의 별칭이 '꿈에 죽고 꿈에 산다'는 의미의 몽생몽사(夢生夢死)이니, 일본의 꿈에 관한 책들에 관심이 가서 일부를 사 왔다. 서점에는 수많은 꿈과 관련된 책들이 있어, 일본도 꿈에 대하여 지대한 관심을 보이고 있음을 알 수 있었다.

　일본에서는 '꿈해몽'이라는 말보다는 '夢占い'라는 말을 쓰고 있는바, 우리말로 하면 '꿈으로 점을 친다'는 뜻으로 꿈의 예지적인 측면을 강조하고 있음을 알 수 있다. 또한 우리는 '꿈을 꾼다'고 하지만 일본에서는 '夢を見る'라고 해서 우리말로 하자면 '꿈을 보다'라고 한다. 하기야 꿈속에서는 보는 것이 대부분이다. 하지만 엄격히 보자면, 꿈속에서 보는 것만이 아니고, 냄새를 맡거나 소리를 듣는 꿈 등 보는 것 외에 다른 감각으로 전개되는 경우도 상당수 있다.

　그동안 필자의 글이나 필자의 사이트에서는 가급적 일본의 꿈 사례나 일본의 꿈에 대한 글은 의도적으로 배제하였다. 이는 우리 선인들이 남긴 민속적인 꿈해몽의 예지적인 여러 사례들이 결코 일본 못지않을 것이라는 자부심이 있어서 였기 때문이다. 다만, 필자의 스승이신 한건덕 선생님은 일제 시대의 교육을 받은 분이기 때문에 한건덕 선생님의 인용 꿈 사례 글에 일본의 꿈 사례가 몇 가지 소개되어 있기도 하다.

중국의 꿈에 대한 연구도 그들의 오랜 역사만큼이나 관심 있게 진행되고 있다. 『잠부론(潛夫論)』, 『몽점일지(夢占逸旨)』를 비롯하여, 유문영은 그의 『꿈의 철학』에서 중국의 수많은 꿈 사례를 통시적으로 고찰하고 있음을 볼 수 있다.

이처럼, 외국의 꿈에 대한 관심 또한 지대하다고 보여진다. 고대의 아르테미도로스의 『꿈의 열쇠』를 비롯하여 꿈 관련 외국 도서가 상당수 있으며, 꿈 관련 연구기관 또한 상당수 있다. 하지만 우리가 직관의 세계를 중시할 때 서양에서 논리의 세계를 이야기 해왔듯이, 꿈에 대한 연구도 과학적인 측면에서 이루어지고 있다. 첨단과학 장비를 활용하여 뇌영상지도를 만들어 꿈을 만들어 내는 뇌의 구조와 뇌의 신비를 파헤치려 하고 있으며, 꿈이 뇌의 어느 부분에서 이루어지는지를 과학적으로 검증하려고 하고, 나아가 꿈 내용을 영상으로 기록하고자 하는 단계에 이르고 있다.

하지만 예지적인 꿈의 세계에 관해서는 우리의 꿈 연구도 외국 못지않다. 아니 필자는 세계 최고라고 자부한다. 고(故) 한건덕 선생님의 평생에 걸친 예지적인 꿈의 연구는 새롭게 조명받아야 함에도 불구하고, 미신시되고 비과학적이라는 비난 속에 무관심과 냉대를 받아온 것이 서글픈 현실이다.

필자는 꿈의 상징 표상에 대한 분석과 실제 일어난 실증 꿈 사례를 통하여 꿈을 연구하고 있다. 요즘 사람들의 꿈 사례 및 우리 선인(先人)들의 꿈 사례 외에도, 중국이나 일본 등 외국의 꿈 사례를 활용할 수가 있다. 즉 외국의 꿈 사례에서도 참고할 것이 있다면, 실제 꿈꾸고 일어난 실증사례에서 도움을 받을 수 있는 것이다.

꿈은 상징의 언어이며, 꿈의 상징은 세계의 공통 언어이다. 다만, 각 민족마다 서로 다르거나 다소 특이한 상징 표상이 등장할 수는 있다. 예를 들어, 돼지꿈을 우리 민족은 재물의 상징으로 좋은 꿈으로 여기지만, 외국의 어느 민족에게는 그렇지 않은 경우도 있다.

이에 대해서 '카를 구스타프 융'의 집단 무의식의 상징은 참고할 만하다. '융'은 '프로이트'나 '라깡'과는 달리, 인간의 무의식 속에 인류의 근원적 체험의 원형이 존재한다고 보고 인간 무의식의 집단 상징을 언급하고 있다. 민족마다 민족적인 원형 심상이 존재하고 있고, 따라서 각 민족성이나 문화적 관습의 차이, 기질, 기타 여건에 따라 꿈에 대한 관점의 시각이 다르다고 볼 수 있다.

이러한 집단 무의식의 상징은 각 민족의 민속·신화·종교와 꿈의 발현 등에 적용될 수 있다. 우리 민족이 다른 어느 민족보다도 꿈해몽·관상·풍수·사주 등의 분야에 지대한 관심을 보이고 있는바, 이는 우리 민족이 논리적 바탕에 기반을 두기 보다는 직관의 세계나 영적인 정신세계에 뛰어난 능력을 지니고 있으며, 주어진 여건 속에서 슬기롭게 헤쳐 나가고자 하는 운명론적 사유관에 대한 남다른 인식을 보여주고 있음을 알 수 있다.

대체적인 우리 민족의 영적 정신능력은 타민족보다 월등하며, 그들보다 꿈에 관심이 많은 것은 틀림없다. 이는 태몽을 비롯하여, 특히 선인들이 꿈꾸고 일어난 신비한 일들을 적은 미래 예지 꿈 사례들이 각종 역사서나 문집 속에 수없이 산재되어 있으며, 문학작품 속에 꿈이야기뿐만 아니라, 심지어 꿈속에서 시를 지었다는 몽중시(夢中詩)나, 꿈을 제재로 한 기몽시(記夢詩) 등이 상당수 있는 것에서 입증되고 있다.

이러한 우수한 영적(靈的)인 정신적인 능력이 발현되는 또 다른 세계가 꿈의 세계인 것이다. 창의력이 부족하거나 공간 지각력이 뒤떨어지는 사람은 꿈을 잘 꾸지 않으며, 잘 기억도 못 한다는 외국의 연구 결과를 보지 않더라도, 꿈을 잘 꾼다는 것이 인간의 잠재적인 영적 능력이 활발히 활동을 하고 있음을 입증한다는 것은 그 누구도 부인하지 못할 것이다.

11 꿈의 메커니즘─꿈과 수면, 꿈과 뇌

dream

'꿈과 수면', '꿈과 뇌'에 대해서 『뇌 과학이 알려주는 잠의 비밀』, 『꿈꾸는 뇌의 비밀』, 『꿈의 비밀』, 기타 신문 기사 등에서 요약 발췌하여 필자의 의견을 덧붙여 살펴본다.

1) 꿈과 수면─렘수면

우리 인간은 누구나 잠을 잔다. 잠을 잠으로써 낮 시간에 쌓였던 피로를 풀고 내일의 활동을 대비하고 있는 것이다. 국어사전에는 '잠'에 대해서 '눈을 감고 의식 없이 쉬는 상태'로 나와 있다. 하지만 아직도 수많은 학자들이 잠이란 무엇인지에 대해서 정확하게 정의를 내리지 못하고 있다.

더군다나 우리가 잠을 자면서 꾸는 꿈은 더욱 신비에 싸여 있다. 우리 인간의 뇌의 신비가 풀리지 않는 한, 꿈의 실체에 다가서기는 어려울 것이다. 설령 뇌의 신비가 밝혀졌다고 하더라도, 꿈의 작업장에서 펼쳐지는 예지적·상징적 의미를 정확하게 해몽한다는 것은 필자가 '미다스의 꿈'이라고 명명(命名)한 바와 같이 우리 인간의 허황된 욕심에 불과할지 모른다.

틀림없는 사실은 우리의 뇌는 잠을 자는 동안에 활동을 멈추는 것이 아니라 깨어 있다는 것이다. 그리하여 신성(神性)한 정신능력은 내면 심리를 표출하기도 하고, 신체 내·외부의 이상을 일깨워 주기도 하며, 창조적인 사유활동을 하거나, 미래에 일어날 일을 예지해주는 제2의 정신활동을 하고 있는 것이다.

과학적으로 꿈은 '빠른 눈의 운동'(Rapid Eyes Movement)이 특징인 렘(REM)수면 상태에서 이루어지고 있다. 렘(REM)수면을 하지 못하게 방해하면, 공격적 행동이 증가하고 신경이 과민해지며 주의력이 산만해지는 한편, 심하면 환각과 망상까지 일으켜 정신질환에까지 이르게 된다는 연구 결과가 나와 있다. 그리하여 우리 인간이 잠을 자는 동안 꿈을 꿈으로써, 정서적 안정과 지적기능 회복에 도움을 주고 있는 것으로 보인다.

'빠른 안구운동'을 하는 렘(REM)수면 상태에서 꿈을 많이 꾸고 있음은 널리 알려진 바이다. 하지만 절대적인 것은 아니며, 주로 렘수면 상태에서 꿈을 꾸지만, 그 외의 상황에서도 꿈을 꾼다는 것이 밝혀졌다.

일부 과학자들은 활발한 뇌 활동으로 렘수면기에 신경회로를 구축하고, 생존에 가장 중요한 유전자적으로 부호화된 정보, 필요한 행동지침을 각인시키는 신경망 배선작업이 진행되고 있다고 보고 있다. 인간이 잠을 자면서 꿈을 통하여 낮에 받은 스트레스를 정화하고, 감정조절과 가치 없는 경험을 제거하며 유익한 경험을 장기 기억으로 바꾸거나 이전의 경험과 통합하는 것을 도와주며, 새로운 정보를 학습하고 기술획득에 중요한 역할을 하는 최적의 작업 시간이 바로 렘(REM)수면기라는 것이다.

이렇게 잠을 잘 자면 학습이 향상된다는 주장은 1924년 발표된 과학보고서에서부터 언급되고 있다. 잠을 자면서 렘수면기에 꾸는 꿈을 통해, 낮에 학습한 것을 반복 훈련하고, 기억의 통합과 저장이 진행되고 있다는 것이다. 따라서 새로운 운동이나 게임·음악을 배운 사람은 최대효과를 거두기 위해서는 푹 자는 것이 좋다.

이러한 렘(REM)수면기에 정서 및 장기 기억이 고도로 활성화되고 있으며, 이러한 동기 영역의 활성화 요인은 잠재의식적으로 바라는 충동과 욕망에서 기인한다고 볼 때, 프로이트의 주장에 일리가 있기도 하다. 하지만 이는 소망이나 불안감 등 심리 표출에 대한 꿈의 입장에서 맞는 주장일 뿐, 우리가 꾸는 꿈의 대다수를 차지하는 예지적인 꿈에 있어서는 어긋나고 있다. 꿈을 통해, 우리 인간의 영적 능력이 극대화되어 장차 다가올 일을 예지하거나, 신체 내외부의 이상을 알아차리거나, 발명하게 되거나 창의적인 아이디어를 낼 수 있는바, 실로 꿈은 우리 뇌가 우리 자신에게 보내는 메시지요, 알림이요, 경고이다.

2) 뇌의 구조와 기능

뇌는 무게가 약 1.4kg에 1천억 개의 신경세포가 있으며, 서로 다른 신경세포와 연결되어 정보를 전달하면서 전체가 제대로 작동할 수 있게 해준다. 더군다나 뇌세포는 초당 2000억 비트의 정보를 처리할 수 있다고 한다. 또한 2개의 대뇌반구로 나뉘어 있으며, 서로 다른 능력과 기능을 발휘한다는 사실이다.

현대의 뇌과학은 양전자방출촬영술(PET) 영상장치에 의하여 뇌의 구조와 기능에 관한 연구가 이루어져 있다. 사람의 뇌는 전뇌, 중뇌, 뇌간이라는 세 부분으로 나눌 수 있다. 뇌간은 뇌의 줄기에 해당하는데, 척수를 전뇌와 중뇌에 연결하는 역할을 하며, 뇌와 척수는 우리 몸의 중추 신경계를 이루는 중요한 요소이다. 두정엽은 팔과 다리의 감각과 운동을 담당하며, 후두엽은 눈으로 들어오는 모든 자극을 분석하며, 전두엽은 계획·행동·감정을 조절해 추상적인 사고를 할 수 있게 해주며, 측두엽은 양쪽 귀에 가까운 부분으로 소리를 듣는 것과 단기기억을 담당하는 것으로 알려져 있다.

좌반구는 언어구사능력과 읽기·쓰기·산수·추상적 사고를 관장한다. 우반구는 본래 비언어적으로, 기하학적 형태 및 공간관계를 처리하고, 음악의 곡조와 선율을 표현하며 사람의 얼굴 인식, 정서 탐지 등을 담당한다. 우뇌는 세상을 지각하는 일을 담당한다. 반면 좌뇌는 그러한 지각을 분석하는 일과 문제 해결, 외부 세계와의 소통, 특히 언어를 통한 의사소통에 치중한다.

중추신경계의 신경세포들은 신경전달물질이라는 전기를 띤 화학물질의 자극을 받아 활동한다. 이러한 신경전달물질이 존재한다는 것은 오스트리아 과학자 오토 뢰비(Otto Loewi)가 신경 자극이 근육에 전달되는 것은 화학물질을 생산하기 때문이라는 사실을 발견하여 1936년 노벨 생리의학상을 받기도 했다. 그는 꿈속에서 개구리 심장으로 실험을 하는 꿈을 꾼 후에 적어놓은 내용을 기반으로 실험했고 신경전달 물질을 발견하기에 이르렀다. 이로써 잠을 자고 깨어나는 데 화학물질과 신경전달물질, 호르몬이 중요한 역할을 하고 있다는 사실이 분명해졌다.

우리가 어떤 것을 경험하거나 학습한 기억은 가장 먼저 해마에 구축된다. 뇌 중앙에 있는 해마는 바깥쪽으로 휜 말굽모양으로 편도체와 연결되어 있으며, 기억 구축에 필요한 정보센터이다. 기억을 만드는 해마는 대뇌변연계(limbic system)를 구성하는 한 요소로써 측두엽 안에 자리 잡고 있다.

해마는 새로운 사실을 학습하고 기억하는 기능을 하는 중요한 기관이다. 해마가 손상되면 새로운 정보를 기억할 수 없게 된다. 알츠하이머 같은 뇌질환이 진행될 때 가장 먼저 손상되는 곳이 해마이다. 해마 손상은 기억상실증으로 이어진다. 술을 많이 마시고 기억을 못하는 경우에는 알코올로 인해 해마의 신경세포가 마비되어 활동을 하지 못하는 데에서 기인한다. 반면에 명상의 순간에는 해마의 신경세포가 활발한 활동을 하고 있음을 알 수 있다. 해마에서 기억으로 영구 저장되기 위해서는 해마에 있는 정보가 신피질(新皮質)이라는 보다 수준 높은 정보 처리 시스템으로 이동 재생되어야 하는바, 정보를 버리거나 저장하는 기억통합 과정이 렘수면기에 꿈을 통해 이뤄지는 것으로 추정되고 있다. 따라서 학습이나 작업 또는 업무 능률을 높이려면 꿈의 작업이 잘 이루어지도록 잠을 푹 자는 것이 좋다고 한다.

한편 영국의 '앤드류·테일리' 박사는 실험을 통해 '꿈은 기억을 명확하게 해준다'는 것을 발표해 주목을 끌기도 했다. 꿈꾸는 동안에 뇌의 영역이 활성화되는 것을 양전자방출촬영술(PET)의 뇌영상 연구에서 얻을 수 있는바, 뇌영상 연구 결과 정서기억 충추인 대뇌번연계가 낮의 각성 시 상태보다 렘수면기에 더욱 활성화되고 있음을 보여주고 있다.

3) 꿈은 뇌의 어느 부분에서 어떻게, 왜 꾸게 되는 것인가?

우리가 꾸는 꿈은 뇌의 어느 부분이 관여하여 이루어지는 것인가? 1980년대에 신경망이라는 획기적인 개념이 도입되어 컴퓨터의 작동방식에 비유하여 연구하거나, 혈류를 측정하여 특정시점에 가장 활성화되는 뇌 영역을 표시하는 PET(양전자 방출 단층촬영) 기술을 활용하여, 꿈을 창조해내는 데 관여하는 부분이 뇌의 어느 부분인지에 대한 연구를 할 수 있게 되었다.

이는 컴퓨터 모니터에 뇌영상을 띄워주는데, 뇌영상기술로 특정 내용에 의해 활성화되는 뇌 영역을 지도로 표시하면, 활동영역이 채도가 다른 선명한 색깔로 나타나는바, 각성 상태와 수면 중에 일어나는 두뇌 활성화 패턴과 우리가 꿈을 꾸면서 보고 느끼는 것을 뇌의 어떤 신경세포 집단들이 관여하고 있는지 알아낼 수 있도록 해주고 있다.

새로운 뇌영상 연구 결과는 뇌간 외에 뇌의 진화된 영역이 꿈 생성에 적극적으로 참여한다는 것을 증명하고 있다. 렘수면기에 가장 폭발적으로 활성화되는 곳은 전대상회였다. 그것은 번연계의 일부로서 대뇌피질의 내측 표면에 있는 영역이다. 자유의지가 위치한 곳을 전대상회로 추측하여, 그곳에서 자주적으로 행동하는 자아에 대한 감각이 생겨난다는 것이다.

이러한 꿈을 꾸게 하는 요인에 대한 여러 학자들의 주장 또한 다양하다.

① 꿈은 뇌의 물리적 작용에 의한 것이라는 생물학적 이론을 지지하는 과학자들이 있다. 생물학적 이론에 따르면, 렘수면 동안 뇌간(腦幹)에서 나온 신경전달물질이 중뇌와 전뇌에 보내는 신호에는 뇌가 낮 동안에 모아둔 정보가 뒤죽박죽으로 섞여 있어, 뇌가 정보를 처리하려고 노력하는 이러한 과정에서 꿈을 꾸기 때문에 황당한 꿈이 전개된다고 보고 있기도 하다. 프로이트는 꿈이 기묘한 이유는 우리의 정신이 금기된 소망과 욕망을 검열하고 위장하려고 시도하기 때문이라고 주장한 바 있다.

② '솔름스'는 꿈을 꾸게 하는 특정한 신경전달 물질이 있는바, 도파민이라는 뇌화학 물질이 영향을 주고 있다고 추측하고 있다.

③ 톰 볼킨 같은 연구자들은 뇌가 활성화되면서 꿈을 만들어 내는 동안, 필요할 때 뇌가 완전한 각성 모드로 돌아갈 수 있게끔 신경망을 조율된 상태로 유지하는 것이라고 보고 있다. 따라서 꿈을 꾼다는 것은 그 자체로 지극히 중요하며, 다양한 생물학적 기능을 수행한다는 것이다.

④ 토르 닐센은 꿈이 일종의 내부 치료사 역할을 하여, 낮의 정서적 경험을 통합하게 도와주고 있다고 주장한다. 진짜 생생한 꿈을 꾸고 있을 때, 가장 크게 활성화되는 영역은 뇌 영역의 정서 중추들이다.

⑤ 캘빈 홀은 뇌가 수면이라는 생리적 환경에서 작동하고 있을 때, 생각하는 것이 바로 꿈으로 표현된다고 보고 있으며, 그는 "꿈꾸는 사람의 생각이 주최하는 지극히 은밀한 개인 전시회가 바로 꿈이다."라고 말하고 있다.

⑥ 신경학자 안토니오 다마지오는 어떠한 사물에 대한 모양·소리·장면·정서들이 모두 뇌 속의 다른 신경회로에 부호화된다. 다양한 범주의 기억들은 두뇌 전역에 흩어져 있는 서로 다른 영역의 신경망에 저장되어, 렘수면기에 꿈을 통해 재정리되고 통합된다고 말했다.

⑦ 홉슨과 칸은 "깨어있는 시간에는 뇌의 혼돈을 억제하기 위해 세로토닌 같은 신경전달물질들이 활동한다. 그러나 렘수면기의 생리적 변화로 인해 뇌는 혼돈 상태에 빠지며, 생생하고 복잡한 꿈은 그 혼돈 상태의 자기 조직화 반응이 겉으로 드러났음을 나타낸다."라고 말했다.

⑧ 대니얼 색터는 "꿈을 꾸는 동안에 뇌는 끊임없이 새로운 경험을 평가해서, 그것이 이전 기억들이 만들어낸 정신적 모형에 얼마나 잘 들어맞는지 확인하며,

수면 중의 뇌는 오래오래 간직할 경험들을 저장하느라 부지런히 움직이고 있다." 라고 말했다.

　　꿈을 꾸게 하는 요인에 대한 여러 학자들의 주장을 살펴보았지만, 기억과 정보의 처리 및 저장이라는 꿈의 효용성을 언급하고 있음을 볼 수 있다. 강렬한 정서를 느끼거나 욕망의 대상을 갈구할 때 뇌 영역이 활성화 되는 것으로 미루어, 일부 꿈이 인간의 강렬한 정서적 충동에서 이루어지고 있는 것은 틀림없다. 이 점에서는 프로이트의 꿈은 소망의 표현이라는 주장이 타당성이 있기도 하다. 하지만 우리가 '꿈에 본 내 고향'이란 말을 써왔듯이, 이는 프로이트만의 독창적인 의견이 아니다. 이규보(李奎報)·남효원(南孝溫)·남용익(南龍翼) 등 우리 선인들은 꿈이 발현되는 이유에 대해 꿈이 정신에 감응하여 이루어진 것임을 말하고 있음을 앞서 살펴본 바 있다.

　　이 밖에도 우리가 잠을 자는 동안에 닥쳐오는 신체 내외부의 위험이나 이상을 알아차리고 꿈으로 일깨워 주거나, 창조적인 사유활동을 꿈을 통해서 하는 등 꿈을 꾸는 요인은 다양하다고 볼 수 있다. 더구나 가장 주요한 예지적인 꿈의 세계가 신비한 뇌의 활동으로 빚어지고 있다는 것은 의심할 수 없는 사실인 것이다.

4) 뇌와 꿈의 기능－창의력

　　카오스는 혼돈이란 뜻으로, 카오스 이론은 무질서하게 보이는 계(sistem)들 속에도 자기 조직화가 만들어낸 뚜렷한 질서가 감추어져 있다고 주장한다. 혼란스럽게 보이고 황당해 보이는 무질서한 꿈의 세계도 나름대로 카오스 법칙을 통해서 이해될 수 있다고 주장하고 있다.

　　꿈은 가장 창조적인 의식상태일지도 모른다. 인지적 요소들의 무질서하고 혼란스러운 정보들을 기발하게 배열하는, 즉 새로운 아이디어를 생산해내는 과정이 꿈의 작업이라는 것이다.

　　연구 결과 꿈을 잘꾸는 사람들은 창조적인 활동을 하는 일에 관련을 맺고 있다. '스테이츠'는 작업중인 화가나 작가를 PET(양전자 방출 단층촬영) 등으로 연구하면, 렘수면기에 꿈을 꾸는 사람들이 보여주는 것과 똑같은 뇌 활성화 패턴을 발견할 것이라고 주장하고 있다. "예술가, 과학자, 학자, 하다못해 소설책에 푹 빠진 사람들은 각성상태에서 상상의 나래를 펼치고 있습니다. 그때 그들의 정신상태는 꿈꾸는 사람의 정신상태와 비슷합니다."

'제임스 파겔' 또한 꿈을 꾼 기억이 전혀 없다는 사람을 찾아내서 그들의 일상을 조사한 결과, 창조적인 활동을 하거나 하다못해 창조적인 취미를 가진 사람이 한 사람도 없었다는 연구 결과를 내놓고 있다. 또한 아동의 꿈꾸기에 관한 '데이비드 폴크스'의 연구에서도 꿈을 꾸지 않던 소년 2명이 정상 수준의 어휘력과 기억력을 갖춘 평범한 학생이었지만, 시공간 능력 테스트에서 비정상적으로 낮은 점수를 받았다고 밝히고 있다.

필자의 주장도 마찬가지이다. 꿈은 고도의 정신능력에서 발현되고 있기에 꿈꾸는 능력이 뛰어난 사람은 창의적인 아이디어나 발명과 발견에 뛰어난 능력을 보이고 있다. 다만, 이러한 '꿈꾸는 능력'에는 개인차가 존재하며, 유전적인 요소가 적용하고 있다. 꿈을 잘 꾸는 사람은 예감(豫感)이나 직감(直感)이 뛰어나고, 논리를 뛰어넘어 사물의 본질을 꿰뚫는 직관력(直觀力)이 뛰어나며 창의력이 뛰어난 것을 알 수 있다. 이러한 능력이 뛰어난 사람들이 발명 등에 소질이 있으며, 바둑을 잘 두거나 퍼즐이나 게임에서 뛰어난 자질을 보이는 경우가 많다. 나아가 주식의 종목 선정에 있어서도 남보다 뛰어난 재능을 발휘하고 있기도 하다.

한편 영화는 시각성과 창의성이 강조된다는 점에서 꿈과 유사한 미디어이다. 여러 영화감독이 자신의 꿈이나 꿈에서 얻은 영감을 바탕으로 영화를 만들었다고 밝히고 있다. "내 영화는 모두 꿈이었다."라고 베르히만은 말하고 있다.

5) 뇌와 꿈의 기능–정서 조절, 학습과 기억의 저장

인터넷 게임에 빠지면 뇌 전두엽에 발달 장애가 있게 되고, 이해·판단력이 떨어지게 한다는 연구 결과가 있다. 이처럼, 우리 인간의 모든 활동을 지배하는 뇌에 대한 연구가 다방면으로 행해지고 있다.

뇌의 활동으로 빚어지는 꿈의 기능에 관한 학자의 관점이 각자 추구하는 유형에 따라 다르다. 심리학자들은 꿈을 꾸는 수면 단계가 정서 조절에 치중한다고 주장한다. 한편, 기억 통합에서 꿈의 역할을 중시하는 사람들은 학습에서의 꿈의 중요성을 강조한다. 일부 과학자들은 렘수면은 체온 등 생리적 기능 조절에 필수적일 뿐, 꿈 자체에 대한 아무런 기능이 없다고 주장하기도 한다. 하지만 학습 및 기억에 관한 최근 연구에서는 기억통합 역시 인간의 정신이 몰두하는 야간작업의 일부라는 증거가 쌓이고 있다.

'크리스토프 코흐'는 꿈은 의식이라는 퍼즐의 흥미로운 조각이고, 꿈꾸기는 뇌의 고도로 진화된 작용으로 보고 있다. '프랜시스 크릭'이 1994년에 발표한 의식의 속성에 대한 놀라운 가설은 "기쁨과 슬픔, 기억과 야망, 정체감과 자유의지는 사실상 거대한 신경세포 집합체의 활동에 불과하다."라고 말하고 있다.

각 신체 부위를 조종하는 뇌의 부위가 다르며, 활성화되는 부위가 다르다. 과학자들은 뇌영상 장비를 이용하여, 꿈꾸기가 절정에 이르는 수면단계에서 최고조로 활성화되는 영역은 대뇌변연계임을 알아냈다. 변연계는 정서가 부과된 기억 및 행동을 생산하는 부위이다.

앨런 홉슨은 외부 세계 및 신체에 대한 이 중요한 내적 지도 작성에 꿈이 결정적인 역할을 한다고 주장한다. 매일밤 꿈을 꾸는 것은 신경망 갱신과 내적지도 정교화에 도움이 된다. "각성과 꿈꾸기는 서로에게 거울의 상(mirror image)이다. 그 두 가지는 우리가 살아가는 동안, 서로 상호작용하여 애초에 의식을 창조하고 의식 적응에 필요한 정보를 부여한다."라고 홉슨은 그의 저서 『꿈(dreaming)』에서 말하고 있다.

동물 등도 꿈을 꾸면서 신경망을 다듬는 것으로 추정되고 있다. 현재까지의 연구 결과 방추세포(spindle cell)라는 뇌세포가 인간에게만 유일하다는 것이 발견되었다. 하지만 침팬지 같은 영장류에게도 저밀도로 보이기도 한다. 방추세포는 오직 전대상회에서만 발견되는바, 뇌영상 연구에서 드러났듯이 꿈이 가장 풍부한 렘수면기에 최고로 활성화 되는 영역이 바로 전대상회 부분이었다. 이러한 발견들은 "우리가 꿈을 꾸는 것은 의식을 획득했기 때문"이라는 데이비드 폴크스의 말에 새로운 의미를 부여하고 있다.

앞으로의 꿈 연구는 의식 연구라는 새로운 분야에서 중요한 역할을 할 수 있을 것이다. 핀란드의 인지신경 과학자인 '안티 레본수오'는 "꿈과 의식은 매우 밀접하게 관련이 되어 있다. 꿈은 가장 적나라한 심리적 현실, 즉 주관적인 가상현실이기 때문이다."라고 말하고 있다. 또한 '쥐베' 교수는 꿈의 생물학적 의의에 대해 타고난 성품을 기억하게 하는 녹음테이프가 바로 꿈이라고 주장하면서, "인간을 비롯한 포유동물의 뇌 속 기억회로는 태어날 때 100% 모두 결정돼 있는 것은 아니다. 더욱이 뇌는 아주 '유연한 기계'이기 때문에 유전적으로 결정된 회로라도 변화하기 쉽다. 이 유전적인 회로를 강하게 유지시켜 주는 것이 꿈이라고 생각한 다."라고 말하고 있다.

6) 뇌영상과 꿈 연구

먼저, 김종순의 과학칼럼인 「뇌영상과 꿈의 해석」의 글을 요약 발췌해 살펴 본다.

천재 과학자인 아인슈타인의 뇌(腦) 속에는 천재의 비밀이 숨어 있을 것이라 생각되었다. 아인슈타인이 사망하자 이를 검시한 결과, 아인슈타인의 뇌 무게는 오히려 가벼웠다. 하지만 뉴런(신경소자)당 뇌세포의 수가 일반인보다 73%나 많았 고, 두정엽의 크기는 일반인보다 15%나 커서 개념을 창안하거나 수학적 사고가 탁월했다고 여겨진다.

80년대 이후 방사선의학의 발달로 살아있는 뇌 기능을 영상으로 직접 볼 수 있게 된 것이다. 즉 단일광자방출촬영술(SPECT), 양전자방출촬영술(PET), 기능 적핵자기공명촬영술(fMRI) 등 최첨단 뇌영상기기가 개발됐다. 88년 죽은 사람의 뇌를 이용해 뇌좌표지도가 완성되었는데, 이 뇌지도를 이용한 해부학적 영상 위 에 SPECT·PET·fMRI 등의 기능적 뇌영상을 합쳐 뇌의 활성화 위치를 알 수 있게 됐다.

또 뇌의 포도당 대사와 혈류 분포, 그리고 도파민 등 각종 신경전달물질의 수 용체도 영상으로 볼 수 있게 되었고, 한방 침술을 시행한 후 뇌영상에서의 반응 을 관찰해 침술의 기전을 파악하기도 한다. 이제 기존의 축적된 신경·정신과적 지식을 살아있는 사람의 뇌영상에서 확인할 수 있게 돼 블랙박스의 비밀을 풀 수 있게 된 것이다.

21세기는 융합과학(Fusion Science)의 시대다. 오늘날의 의학자들은 방사선의학 기술을 기반으로 한 '첨단 뇌 기능영상'을 이용, 뇌의 숨은 비밀과 우리의 정신세 계를 밝히려 하고 있다. 그리고 아마도 100년 이내에 우리는 뇌영상으로 꿈을 해 석하고 영상으로 재현할 수 있지 않을까?---요약, 발췌(글: 김종순, '뇌영상과 꿈의 해석), [과학칼럼], 2008. 07. 19.

이처럼 과학자들은 최첨단 뇌영상기기를 활용하여, 뇌영상지도를 만들어 꿈 이 어디에서 생성되며 어떠한 기능을 하는지 알아내고자 노력하고 있다. 연구 결과 자폐증 환자의 두뇌지도가 엉망으로 뒤섞여 있음을 발견하였으며, 우울증 환자의 뇌활성화 주기가 정상인과 정반대라는 것은 뇌영상 연구에 의해 입증되고 있다.

또한 미국 과학자 '모란 서프' 박사팀은 꿈의 해석·재현이 가능하도록 뇌의 활동을 기록할 수 있는 시스템인 '뇌 활동 기록장치'를 개발하여, 뇌 활동을 전자적으로 영상화함과 동시에 꿈에 대한 사람들의 기억을 입증할 수 있는 시스템을 만들어내려고 하고 있다. 한편 독일 정신학자 '맥스 플랭크'는 최근 컴퓨터 프로그램을 이용해 무슨 꿈을 꾸고 있는지를 기록할 수 있는 연구를 하고 있다. 사람이 자각몽인 '루시드 드림'(Lucid Dream) 상태에 있을 때, 뇌 스캐너를 이용해 꿈을 볼 수 있으며, 이때 프로그램이 꿈꾸는 사람에게 특정한 영향을 끼쳐 꿈을 조절하는 것도 가능하다고 말하고 있다.

한편 꿈을 꿀 때 초감각 지각이 나타난다고 하고 있는바, 일리 있는 견해라 여겨진다.

미국에서는 초능력 연구의 대명사인 '라인연구센터'가 초감각지각을 연구하고 있는바, 초감각지각(ESP: extrasensory perception)은 텔레파시, 직관, 원격투시처럼 인간의 오감(五感)을 뛰어넘는 어떤 감각으로 정보를 주고받는 현상이다.

이들은 초능력이 일상생활에서 어떻게 나타나는가를 연구하던 차에 인간이 꿈을 꿀 때 ESP, 즉 초감각지각 능력이 나타난다는 점을 알아냈는데, 고대 인간들이 서로를 이해할 수 있는 원초적인 통신수단으로 이 꿈의 텔레파시를 활용했을 것으로 판단하고 있다. 즉 꿈은 ESP 정보를 전달하는 매개체로 인류가 진화하는 동안, 그 기능이 감퇴했다는 것이다. 꿈이 왜 정보를 전달하는 매개체의 역할을 하는지 하는지는 알 수 없지만, 수면이 텔레파시를 하기에 적합한 조건을 만든다는 것이 라인연구센터 브로튼 소장의 말이다.(글: 이옥선 과학전문 기고가)

과학적으로 입증할 수는 없으나 인간의 초능력적인 초감각 지각 능력이 존재한다는 것은 사실로 믿어야 할 것이다. 일개 미물인 곤충들도 각기 저마다의 천부적인 신비한 능력을 발휘하고 있는바, 만물의 영장이라고 하는 우리 인간의 영적인 정신능력 활동이 꿈을 통해 초감각적으로 발현되고 있음을 우리는 간과해서는 안될 것이다.

이러한 영적인 정신세계의 초감각적인 발현이 부모·자식의 죽음이라든지, 로 또 당첨, 태몽, 각종 사건이나 사고에 앞서, 꿈을 통해서 예지해주고 있다고 해야 할 것이다. 다만, 이러한 초감각적 능력이 발현되는 데 있어서 개인차가 존재하며, 이것이 꿈꾸는 능력의 차이로 나타나고 있다고 보아야 할 것이다. 또한 이러한 초감각적 지각 능력이 문명의 이기로 인하여, 점차 감퇴되어 가고 있다는 주장이 일리 있는 주장이며, 고도의 정신적 수양능력을 닦은 사람에게 굳이 꿈을 통하지 않고서도 생시에 발현된다고 보여진다.

12 꿈 및 꿈해몽 관련 추천 도서

꿈에 대한 올바른 이해 및 꿈해몽에 도움이 되는 도서를 소개하고자 한다. 과학적인 입장에서 서술하고 있는 저서와 실증적인 사례에 바탕을 두고 있는 저서를 서평 및 필자의 의견을 일부 덧붙여 소개한다.

① 『꿈의 예시와 판단(개정판)』, 한건덕, 명문당, 2004, 1,608쪽, 35,000원.

1997년 타계하신 고(故) 한건덕 선생님의 1973년 역작(力作)이다. 2004년 개정판으로 출간되었다. 책소개 안내를 그대로 전재한다. 새로운 관점을 통해 잠재의식을 민속 해몽에 접목한 최신 해몽 대백과이다. 민족 전래의 꿈에 대한 해석법을 과학적인 고증에 의해 되살려 내었다. 4,300여 가지의 방대한 꿈 사례를 찾기 쉽고 이해하기 쉽게 분류하여, 권말 색인으로 정리하고 있다. 제1부에서는 꿈에 관한 주요 이론을 간추려 제시하고, 제2부에서는 실제의 해석 요령에 중점을 두어 여러 가지 사례들을 소개하였다.

② 『홍순래 박사 꿈해몽』, 홍순래, 어문학사, 2013, 1,800쪽.

본서. 국내 최대·최고의 꿈해몽 전문사이트인 '홍순래 박사 꿈해몽(http://984. co.kr)' 사이트를 통해 축적된 그동안의 꿈에 대한 모든 자료를 망라한 꿈해몽 도서의 결정판으로, 1997년 한건덕 선생님과 공저한 『꿈해몽백과』의 개정판 성격을 띠고 있다.

'이빨 빠지는 꿈' 등 각 표상에 대한 꿈의 언어인 상징의 의미를 설명하고, 다양한 실증사례로 예를 들어, 보다 손쉽게 꿈에 대한 이해와 꿈해몽을 할 수 있도록 하였다. 각 상징 표상의 개괄적 해설, 꿈해몽 요약, 실증사례, 상담사례, 민속의 사례 등 종합적으로 흥미 있게 읽을 수 있도록 하였으며, 쉽게 자신이 꾼 꿈을 찾아볼 수 있도록 하였다. 꿈을 해몽하는 데 있어, 스스로의 해몽이 가능하도록 하였으며, 상징적인 미래 예지 꿈을 비롯하여, 내면의 심리 표출, 일깨움의 꿈 등 처한 상황에서 일어날 수 있는 다양한 추정의견을 제시함으로써, 보다 올바른 해몽을 할 수 있도록 하였다.

③ 「백련화」, 홍순래, 어문학사, 2013.

꿈을 주 제재로 한 소설이다. 은퇴한 조직폭력배 조직에 의해, 미모의 세 여자가 서울 교외의 별장인 '피라미드'의 지하 시설에 납치되어, 비밀 요정의 백련화(아가씨)로 시련을 겪게 되는 세 여자의 실종사건을 추적해 나가고 있다. 사건의 단서는 없는 가운데 여자들의 실종에 관심을 가지게 된 잡지사 여기자가 납치된 세 여자 및 주변 친지의 꿈이야기를 통해 사건 해결의 실마리가 풀어 나간다. 여기자와 사랑에 빠진 형사 및 주변 인물들의 다양한 흥미로운 이야기가 재미나게 펼쳐지고 있다.

④ 「꿈이란 무엇인가」, 홍순래, 어문학사, 2012.

꿈해몽 입문서. 꿈의 해설과 유형별 분석, 다양한 실증사례를 바탕으로 신비한 꿈의 세계에 관하여, 쉽게 이해할 수 있도록 안내하는 책이다. 총 7장으로 구성하여, 꿈에 대한 이해와 해설부터 역사와 문학 속의 꿈까지 살펴본다. 이를 통해 독자들은 꿈에 대한 올바른 이해와 신비로운 꿈의 세계로 한 걸음 나아갈 수 있다.

⑤ 「태몽」, 홍순래, 어문학사, 2012.

태몽 속에는 보이지 않는 운명의 길이 예지되어 있다. 실증적인 태몽 사례를 다양하게 수집하여 정리한 태몽 해설서이다. 태몽은 탄생 예지, 신체적 특성, 성격이나 행동 특성, 직업, 신분의 귀천 여부 등 개략적인 인생의 청사진을 보여주고 있다. 실증사례를 바탕으로 태몽에 관한 모든 것을 담아, 태몽의 개괄적 해설부터 태몽 표상에 따른 전개, 출산관련 표상 및 유산·요절의 태몽 사례, 연예인 및 유명인사 태몽 사례, 역사적 인물의 태몽 사례, 남녀 성별 및 태몽상담 사례,

기타 설화·고전소설·민속·매스미디어 속의 태몽을 살펴보고 있다.

⑥ 『꿈으로 본 역사』, 홍순래, 중앙북스, 2007.

우리나라의 역사적 사건이나 사실 뒤에 감추어진 꿈에 관한 역사적인 기록에 대하여, '실증적인 꿈 사례가 어떠한 역사적 사실로 실현되었는가'에 대하여, 전개 양상별로 분류하여 시대 순으로 해설을 덧붙여 살펴보고 있다. 현재 절판 상태이며, 보완을 거쳐 재출간할 예정이다.

⑦ 『꿈이야기』, 홍순래, 백성출판사, 1997, 320쪽.

일간스포츠 신문에 연재 되었던 것을 정리한 것으로, 꿈에 대한 실증사례를 소개하면서 필자의 해설을 덧붙여, 소설보다 재미있게 읽으면서 꿈에 대한 이해 및 꿈의 실체에 다가설 수 있다. 현재 절판되어 있으며, 새롭게 출간될 예정이다.

⑧ 『한자와 파자』, 홍순래, 어문학사, 2012.

한자의 문자유희인 破字(파자) 및 破字(파자) 해몽에 대한 다양한 사례가 실려 있으며, 2012년 문화체육관광부 우수 학술 교양도서로 선정되었다.

⑨ 『로또(복권) 당첨 꿈해몽』, 홍순래, 어문학사, 2013, 298쪽.

로또(복권) 당첨, 합격, 우승 등 행운을 불러온 사람들의 실증사례 꿈이야기에 필자의 해설이 덧붙여져 있으며, 예지적 꿈의 세계에 대한 이해를 도울 수 있다. 로또(복권) 당첨 꿈을 위주로 20여 가지로 분석하고, 상세한 해설을 덧붙였다. 2009년에 필자가 출간한 『행운의 꿈』을 개명한 책으로, 큰 활자로 나이 드신 분들도 쉽게 읽을 수 있도록 배려하였으며, 적절히 삽화가 들어 있어 흥미 있게 읽을 수 있다.

⑩ 『현실 속의 꿈이야기』, 홍순래, 내일을 여는 책, 1996, 432쪽.

필자의 꿈에 대한 최초의 도서로서, 꿈에 대한 개괄적 해설과 문학과 설화 속의 선인들의 꿈 사례를 정리하였으며, 누구나 흥미있고 쉽게 꿈의 신비성 및 잠재의식의 다양한 표출수단인 꿈의 세계에 들어갈 수 있도록 꿈의 예화를 중심으로 살펴보았다. 해몽의 신비성 및 꿈에 대한 상식, 문학작품 속의 꿈이야기, 민속적인 꿈 등을 살펴보고 있다. 현재 절판 상태이며, 좋은 내용을 간추려 『꿈이란 무엇인가?』에 일부 수록했다.

⑪ 『개꿈은 없다』, 김하원, 동반인, 1994.

태몽 등 다양한 실증사례가 소개되고 있으며, 꿈이 갖는 특성과 신비를 논하고 사례를 통해 여러 꿈의 유형을 소개한 꿈풀이 책이다.

⑫ 『꿈 신비활용』, 박성몽, 창조사, 1993.

실제 실증사례가 수록되어 있으며, 저자는 목사이며 필명으로 출간한 책으로, 꿈의 정체와 그 신비성을 밝힌 책이다.

⑬ 『해몽비결』, 운몽, 학민사, 1998.

실제 실증사례가 소개되고 있어, 참고할 만하다.

⑭ 『꿈에 관한 33인의 에세이』, 33인의 저명필자, 을지출판사, 1979, 249쪽.

저명필자 33인의 꿈체험에 대한 실증사례를 담고 있다.

⑮ 『꿈의 열쇠(Onirocriticon)』, 아르테미도로스, 방금희 역, 아르테, 2008.

고대 서양에서의 예지적인 꿈 사례를 모은 책이다. 이 책은 2세기 작가로 알려진 아르테미도로스가 지은 원작을 번역한 것으로, 예지몽의 다양한 사례와 유형으로 미래를 바라보고 있다.

⑯ 『꿈의 철학(꿈의 미신과 탐색)』, 유문영 저, 하영삼 역, 1993.

꿈을 중국 고대문화의 한 측면으로 파악, 중국인의 꿈에 대한 이론을 심층 연구 정리한 중국 철학교수의 저술. 꿈을 동양인의 독특한 사유구조와 이에 반영된 문화체계 이해에 초점을 맞추어 꿈의 본질과 특징, 해몽술, 꿈에 대한 현대적 분석 등을 기술했다. 파자해몽의 다양한 사례 등이 나오고 있으며, 중국의 꿈을 통시적으로 고찰하고 있다.

⑰ 『뇌과학의 비밀』, 리처드 레스택, 이경민 역, 이레, 2003.

자신의 꿈을 마음속에 그리고, 그것이 현실이 되었다고 매 순간 간절하게 믿게 되면 현실이 된다는 꿈 바라보기 기술에 대해 나오고 있다.

⑱ 『프로이트가 꾸지 못한 13가지 꿈』, J. 앨런 홉슨, 박소현 역, 시그마북스, 2009.

이 책의 저자 앨런 홉슨 박사의 연구를 비롯한 현대 신경과학은 뇌에 대한 프로이트의 억눌린 소망 표현 등의 생각이 틀렸음을 명확하게 보여주고 있다. "기이함"이라는 꿈의 특성은 프로이트가 주장했던 것과 같은 '억압된 감정'과는 아무런 상관이 없다. 뇌가 물리적으로 그런 식으로 만들어져 있기 때문에 생겨나는 일이다. 즉, 깊은 렘수면 동안 뇌줄기에 있는 화학적 기전들이 피질 부위들의 활성화를 다양하게 이동시킨 결과 그런 변화들이 생성되는 것이다. ― 후략.

⑲『꿈을 잡아라(잡아라 시리즈 3)』, 매브 에니스, 장석훈 역, 궁리, 2003.

간단 명료하게 서술된 것이 특징이다. 우리는 왜 꿈을 꿀까? 꿈을 꾸는 동안 우리 뇌에서는 어떤 일들이 벌어질까? 어젯밤 꾼 꿈이 의미하는 건 무엇일까? 이 책에서는 꿈에 관해 궁금해 하던 혹은 그 이상의 것들에 대해 과학적인, 또 때로는 심리학적인 성찰로 살펴보고 있다.

⑳『꿈: 내가 원하는 대로 꾸기』, 스티븐 라버지, 하워드 라인골드, 김재권 역, 인디고
  블루, 2003.

뇌의 입장에서 보았을 때는 어떤 것에 대해 꿈을 꾸는 것은 그것을 실제로 하는 것과 다르지 않다는 것이 과학적으로 입증되었다. 이에 우리 삶의 질을 향상시키기 위해, 스스로 꿈을 컨트롤 하는 훈련법을 다룬 책이다.

㉑『꿈의 비밀』, 데이비드 폰태너, 원재길 역, 문학동네, 1999.

꿈속에 숨겨진 상징과 비밀의 문을 여는 매혹적이고 상상력 가득한 꿈 해설서. 꿈 해석의 역사, 본질, 꿈의 내용을 이해하는 방법에서부터 꿈을 제어하는 방법 등이 소개되어 있다.

㉒『꿈』, Stase Mich, 최현배, 김영경 역, 이너북스, 2007.

영혼의 모니터링 체계, 꿈. 사람마다 꿈의 내용과 감정은 제각각이다. 그것은 꿈이 각 개인의 독특한 삶과 정서가 배어 있는 자기의 모습이기 때문이다. 그런 의미에서 꿈은 모든 사람이 자기의 모습을 자각하도록 돕는 훌륭한 도구가 될 수 있다. 이 책은 꿈을 스물일곱 가지 유형으로 분류하여, 유형별로 몇 가지 사례와 함께 그 기능과 특징을 일목요연하게 제시하고 있다.

㉓『뇌과학이 알려주는 잠의 비밀』, 일레인 스콧, 이충호 역, 내 인생의 책, 2009.

어린이들을 대상으로 잠에 대해 궁금해할 만한 것들에 대해, 최근 뇌과학의 연구 성과를 알기 쉽게 설명해주고 있다. 전체 10장으로 되어 있으나, 어린이를 대상으로 쓰인 책으로 77쪽에 그치는 빈약한 양으로, 간략히 서술되어 있다.

㉔『꿈의 해석』, 프로이트

꿈의 원천, 관련 문헌, 꿈의 왜곡과 의미 등 수면과 꿈에 대해 체계적으로 연구, 정신분석의 기초를 이룬 저술이다.

㉕ 『정신분석 입문』, 프로이트

1915~1917년 두 번에 걸쳐 의사와 일반인을 대상으로 했던 프로이트의 강의를 정리. 제2부에 꿈에 관한 언급이 나오고 있다.

㉖ 『인간과 무의식의 상징』, 카를 구스타프 융, 이윤기 옮김, 열린책들, 2009.

인간의 영혼에는 개인적 경험과는 상관없는 조상 또는 종족 전체의 경험 및 사고의 바탕이 되는 원시적 감성, 공포, 성향 등을 포함하는 무의식인 '집단 무의식'이 존재한다고 주장한다. 이 책에 실린 5백여 컷 이상의 삽화들은 융의 사상에 대한 독특한 설명서 역할을 하면서 꿈의 본질과 그 기능, 현대 예술의 상징적 의미, 일상행활 경험의 심리학적 의미 등을 보여준다.

㉗ 『꿈꾸는 뇌의 비밀』-꿈의 신비를 밝혀내는 놀라운 꿈의 과학(원제: The Mind at Night: The New Science of How and Why We Dream) (2004), 안드레아 록, 윤상운 역, 지식의 숲(넥서스), 2006.

역자인 윤상운의 말을 옮겨 살펴본다. 수십여 년간 이뤄져 온 꿈 연구를 총망라하면서 꿈의 원리와 의미에 대해 설명하고 있는 『꿈꾸는 뇌의 비밀』은 잠과 꿈에 대하여 세계 곳곳에서 진행된 최신 연구들과 논쟁이 분분한 이론들을 쉽고도 흥미진진하게 소개해준다. 수면의 종류 및 역할, 수면과 기억, 꿈의 내용, 꿈과 관련된 뇌 영역들, 꿈꾸기 과정, 꿈의 진화사, 동물 등의 꿈, 꿈과 정서 장애, 꿈의 치유효과, 자각몽 등 잠과 꿈에 대한 모든 의문과 질문이 총망라되어 있다.

㉘ 『꿈: 과학으로 푸는 재미있는 꿈의 비밀』, 앨런 홉스 저, 임지원 역, 아카넷, 2003.

이 책은 꿈에 대한 오랜 고정 관념을 깨어 버리고, 우리가 미처 알지 못했던 꿈에 얽힌 진실들을 최신 과학으로 자세하고 재미있게 풀어 준다.

㉙ 『초능력과 미스테리의 세계』, 리더스 다이제스트, 두산동아, 1994.

고대부터 최근까지 믿어지지 않는 수수께끼들을 화보와 함께 고찰하고 있다. 염력, 텔레파시, 심령술, 유령, 점성술, UFO 등 흥미있는 주제들을 다루고 있으며, p223~238쪽에 '꿈의 효력'이라는 소제목 하에 신비한 꿈의 세계를 살펴보고 있다.

제II장
꿈해몽의 ABC

1 꿈의 종류와 해몽

dream

　우리는 꿈을 꾸며 살아가고 있다. 하지만 대부분 상징적인 표상으로 전개되는 꿈의 의미에 대해서, 어느 누구도 자신 있게 해몽하여 말할 수는 없다. 그리하여 우리는 해몽서를 찾아보기도 한다. 하지만 꿈에 관한 여러 가지의 해몽서들이 있지만 이것은 보편적인 것일 뿐, 각 개개인의 꿈을 그대로 하나하나 풀이해 놓은 해몽서는 없다.

　꿈의 해몽에는 그 어떤 법칙서 같은 것이 존재한다기보다, 꿈의 전개양상별에 따른 여러 실증사례에 바탕을 두어, 꿈의 상징적 의미를 분석하고 추정해 내는 것이 가장 좋다고 할 수 있다. 여기에 꿈을 꾼 사람의 처한 상황이나 마음먹은 바를 가장 잘 알고 있는 자기 자신이 가장 해몽을 잘할 수 있다고 해야 할 것이다. 다만 특수하거나 난해한 상징의 경우, 해몽가의 도움이 필요할 수 있을 것이다.

　이러한 꿈의 분류에 있어서도 여러 각도에서 나누어 살펴볼 수 있겠지만, 필자는 선인들의 꿈 사례 및 독자의 편지나 사이트 체험담, 유·무선 인터넷 상담, 전화 상담 등을 통해 수집한 실증적인 꿈 사례에 바탕을 두고, 여러 가지 전개 양상에 따라 살펴보고자 한다. 이러한 실증적인 사례에 근거한 분류와 꿈의 언어인 상징성의 이해에 바탕을 둔 연구로써, 꿈의 본질에 다가설 수 있을 것이다. 보다 상세한 해설과 사례는 제Ⅲ장. 꿈의 전개양상별 실증사례에서 살펴보기로 한다.

(1) 상징적인 미래 예지 꿈

　꿈은 인간의 신비한 정신능력의 활동으로, 자신이나 자신의 주변 상황에 대해 일어날 길흉에 관해서 알쏭달쏭하게 상징적인 표상의 기법으로 예지해주고 있다. 이러한 상징적 꿈은 현실에서 일어날 수 없는 황당한 전개를 보이는 것이 특징으로, 전체 꿈의 80% 정도를 차지하며, 이 꿈의 실현 결과는 피할 수 없는 것으로 나타나고 있다. 즉, 앞으로 일어날 일을 예지해줌으로써, 우리 인간으로 하여금 길흉의 어떠한 일에 마음의 준비를 하게 해주고 있다. 태몽, 복권 당첨, 죽음 예지, 사건·사고 예지 등의 꿈 사례가 대표적이며, 우리가 꿈을 해몽하는 경우 이 꿈이 대부분이기도 하다.

　실증적인 사례로 살아계신 친정아버님의 머리가 쫙 갈라지는 섬뜩한 꿈을 꾼 주부가 있었다. 흉몽으로 여겨져 여기저기 전화하여 조심하라고 했지만, 일주일 뒤 제부를 비롯하여 동료직원 네 사람이 교통사고로 사망하는 일로 실현되었다. 딸이 졸지에 과부가 되어 걱정하게 될 친정아버님의 마음을 생각해보시기 바란다.

　예지적 성격의 꿈은 깨어나서도 생생하게 기억되는 특징이 있으며, 그 꿈의 길흉에 대해 어느 정도 예지가 가능하다는 것이다. 이런 점에서 꿈은 꿈을 꾼 사람이 가장 해몽을 잘할 수 있다고 해야 할 것이다.

(2) 사실적인 미래투시의 꿈

　이 꿈의 특성은 앞으로 일어날 일을 마치 현실에서 펼쳐지는 것처럼 사실적인 전개 형태로 꾸는 경우이다. 이 경우 안 좋은 결과의 꿈이라면, 현실에서 꿈대로 따라 하지 않으면 벗어날 수가 있다.

　학생의 꿈을 예를 들어본다. 친구에게 농구공을 던져 안경을 깨뜨리고 눈을 다치게 하는 꿈을 꾼 학생이 그로부터 몇 달 후에 우연히 체육시간에 농구공을 던지려는 찰나, 꿈속의 상황과 똑같음을 알아차리고 던지지 않은 경우이다. 이 경우 던졌더라면, 아마도 꿈과 똑같은 일이 벌어졌을 것이다.

(3) 내면심리 표출의 꿈

　꿈을 통해 자신의 바람이 표출되고 있다. '꿈에 본 내 고향'이란 말이 있듯이, 현실에서 이루지 못한 자신의 억눌린 잠재의식의 소망이 꿈을 통해 표출되고 있다. 또한 불안·공포·초조감 등이 꿈으로 표출되기도 하는바, 현실에서 불안감이나 심리적인 압박을 받을 때 꾸는 꿈이다. 예를 들어, 뺑소니 운전사는 경찰관이 붙잡으러 오는 꿈에 시달리는 꿈을 꾸거나, 또한 갓 입사한 은행원이 수없이 많은 돈을 세는 꿈을 꾸는 경우이다.

(4) 신체 내·외부 감각자극에 의한 꿈

　우리 신체의 내·외부의 이상에 대해 꿈으로 알려주고 일깨워 주고 있다. 이는 자는 동안에 우리의 뇌가 깨어있어 활동을 하고 있음을 여실히 보여주고 있다.

다가오는 신체적인 위협이나 내부의 신체 이상에 대해서 꿈으로 영상화해서 위험에서 벗어나게 해주고 있다. 따라서 불편한 잠자리가 지속될 때 꿈으로 인하여 깨어나는 경우, 신체와 관련된 부위가 꿈속에 등장하는 경우에 신체의 이상 여부를 판단해 볼 필요가 있다.

(5) 경고성·일깨움의 꿈

자신의 신체 내·외부의 이상이나 주변의 위험사항을 꿈을 통해 알려주는 경우이다. 우리의 의식세계가 미처 알아차리지 못하는 사항에 대해 잠재의식의 정신활동은 꿈을 통해 우리에게 알려주고 일깨워 주고 있는 것이다. 실증적인 사례로, 꿈속에 소방차가 지나가는 소리에 놀라 잠에서 깨어나 집안에서 불이 나려던 것을 막은 사례가 있다.

(6) 창조적인 사유활동의 꿈

이는 꿈을 통해 우리의 잠재의식의 정신활동이 극대화됨으로써, 현실에서는 불가능한 발견·발명이나 창조적인 아이디어를 가능하게 해주고 있다. 실증사례로 꿈속에서 한시(漢詩)를 지은 선인들의 수많은 사례, 꿈속에서 작곡이나 창의적인 발명을 한 사례 등이 여기 속한다.

(7) 계시적인 성격의 꿈

조상이나 산신령 기타 동식물 등 영적인 대상과의 교감이 꿈을 매개로 하여 이루어지고 있는바, 이 경우 꿈속의 계시대로 따라주는 것이 좋다.

실증적인 사례로 꿈에 한 해골이 나타나 자신의 있을 곳을 마련해달라고 바지를 붙잡고 매달리는 꿈을 꾼 사람이 다음 날 건물을 세우기 위해 터파기 공사를 하던 중에 무연고 관이 나와서 양지바른 곳에 이장해준 사례가 있다. 복권 당첨자들 가운데 조상님이 웃으며 계시한 많은 사례가 여기에 속한다.

(8) 지어낸 거짓 꿈

자신의 목적을 달성하기 위해 누구의 계시를 받았다거나, 지어낸 거짓 꿈에 의탁하여 자신의 말 못할 이야기를 나타내고 있는 경우이다. 또한 민중의 꿈에 대한 믿음을 이용하여, 정권유지나 민심 수습으로 꿈을 이용하는 경우도 있다.

예를 들어, 지어낸 거짓 용꿈으로 좋은 태몽을 꾸었다고 상대방을 유혹하여 동침에 성공하는 꿈 사례를 들 수 있다.

(9) 허망성으로서의 꿈

문학적 표현이나 인생에 있어서, 허망성으로서의 꿈을 들 수 있다. '한바탕의 봄꿈'의 일장춘몽(一場春夢)에서 알 수 있듯이, 우리 인생을 꿈으로 비유하여 무상함을 말하고 있다. 또한 일상의 언어인 '꿈 깨라'에서 알 수 있듯이, 허망함에서 나아가 헛된 망상의 뜻으로까지 나아가고 있다.

이 밖에도 세분하여 살펴보자면 여러 가지가 있을 수 있겠다. 결론적으로 이러한 꿈을 꾸게 하는 주체는 무한한 가능성을 지니고 있는 우리의 신성(神性)한 능력을 지니고 있는 정신능력 활동이다. 꿈은 자신이나 자신의 주변 인물, 나아가 국가적·사회적인 일까지 직접적 계시나 사실적이거나 상징적인 기법으로, 꿈을 꾼 사람의 처한 상황에 따라 다양한 방법으로 형상화됨으로써, 알려주고 일깨워주고 도와주고 있다. 실로 꿈은 신이 우리 인간에게 내려준 최대의 선물이다.

2 꿈해몽 기초상식 10가지

(1) 꿈해몽은 자기 자신이 가장 잘할 수가 있다.

자신의 잠재적인 심리가 꿈으로 표출되는 경우에는 꿈을 꾼 자신이 처한 상황이 꿈으로 반영되고 있기에, 꿈을 꾼 사람이 처한 상황이 가장 중요하다. 또한 장차 일어날 일을 황당한 전개로 보여주는 상징적인 미래 예지 꿈에 있어서도 꿈속에서 느꼈던 감정, 생각했던 것, 마음먹고 있는바 등이 중요하다. 따라서 어느 정도 꿈의 상징 기법에 대한 이해를 지니고 있다면, 꿈을 꾼 본인 자신이 가장 잘 해몽할 수 있다.

자신이 처한 상황을 이야기하지 않은 상태에서 꿈해몽을 부탁하면서 정확한 꿈해몽을 듣기를 원한다는 것은 이루어질 수 없는 일이다. 누군가 "당신의 꿈이야기를 들려주시오. 당신이 무슨 생각을 하고, 무슨 일이 일어날 것인지 알아낼 테니까"라고 자신 있게 이야기하는 사람이 있다면, 그는 '꿈'자도 모르는 어리석은 사람이라고 해야 할 것이다.

또한, 꿈이 이루어지는 대상도 다양하게 이루어진다. 즉, 반드시 자기 일에 대한 것만 꿈꾸지 않고, 자기 가족이나 측근 사람에 관한 것도 꿈을 꿀 수가 있으며 (이 경우 현실에서 꿈을 팔고 사는 매몽의 형식을 빌리기도 한다), 사회적 관심사 등 시국에 관한 꿈도 꿀 수가 있기 때문에 꿈을 꾼 사람이 느끼는 꿈속의 정황이 매우 중요하다.

(2) 모든 꿈에는 의미가 담겨 있으며, 개꿈은 없다.

우리말의 '꿈'은 다의어(多義語)로 국어사전에 ① 잠자는 동안 일어나는 정신활동 ② 실현시키고 싶은 소망이나 이상(理想) ③ 실현될 가능성이 아주 적거나 전혀 없는 허무한 기대나 생각 ④ 현실을 떠난 듯한 즐거운 상태나 분위기를 비유적으로 이르는 말 등 여러 의미가 담겨 있다.

마찬가지로, 우리가 꾸는 꿈에는 다양한 성격의 꿈이 존재한다. 실증사례별 분석에 바탕을 두고 꿈의 전개양상을 살펴보면, ① 심리 표출의 꿈 ② 내·외부 감각자극에 의한 꿈 ③ 경고·일깨움의 꿈 ④ 계시적 꿈 ⑤ 창의적 사유활동의 꿈 ⑥ 허망성으로의 꿈 ⑦ 지어낸 거짓 꿈 ⑧ 사실적 미래투시꿈 ⑨ 상징적 미래 예지꿈 등 여러 가지 꿈이 존재하고 있다. 따라서 자신의 처한 상황과 마음먹은 바를 염두에 두고 꿈해몽에 임해야 할 것이다.

(3) 반복되는 꿈은 반드시 현실에서 실현된다.

반복되는 꿈은 어떠한 일이 반드시 일어난다는 것을 예지해주고 있다. 일어날 일은 중대한 일이며, 그 시기가 점차 다가오고 있음을 예지해주고 있는 것이다. 또한 하룻밤에 여러 가지 꿈을 꾸는 경우가 있다. 꿈은 각기 다르지만, 그 상징하는 바는 같은 뜻을 지니는바, 이 역시 꿈으로 예지된 일이 중대하다는 것을 뜻하고 있다.

(4) 꿈해몽은 반대가 아닌, 상징 표상의 이해에 있다.

꿈해몽에 있어 중요한 것은 꿈은 반대가 아닌, 상징 표상의 이해에 있다. 우리가 꿈을 꾸었을 경우 각기 자신의 처한 상황을 염두에 두고, '꿈속에 나타난 사람이나 사물의 표상이 무엇을 상징하고 있을까?' '이 꿈을 통해 나에게 무엇을 알려주려고 한 것일까?' 등을 곰곰이 생각해보아야 할 것이다.

'호랑이에게 물린 꿈'을 예로 들자면, 꿈을 꾼 사람이 처한 상황에 따라 다양한 추정이 가능하다.

① 가임환경에 처한 태몽 표상이라면, 호랑이처럼 용맹하고 활달한 아이를 갖게 될 것이다. 이 경우 호랑이에도 암·수가 있듯이 아들로 단정할 수는 없다. 다만, 장차 태어날 아이의 성격·성품에 관계된다. 활달하고 괄괄한 성품의 딸이 태어날 수도 있다.

② 처녀가 꾸었다면, 호랑이로 표상된 용감하고 활달한 남자가 구애를 해오는 일이 있을 것이다. 안 좋은 꿈의 전개인 경우에는 호랑이로 상징된 남성에게 성폭행을 당할 수도 있다.

③ 평범한 회사원이라면, 호랑이로 표상된 불량배를 퇴근길에 만나게 되어 큰 곤욕을 당하는 일로 실현될 수도 있다.

④ 초등학생이라면, 호랑이 같은 선생님에게 매를 맞는 일로도 실현될 수 있다.

⑤ 호랑이가 병마(病魔)를 표상하고 있었다면, 무서운 질병에 걸리는 일로 실현될 수 있다.

⑥ 사실적인 꿈이었다면, 실제로 깊은 산에 들어갔다가 그러한 일이 일어날 수도 있다.

이 밖에도 처한 상황에 따라 다양한 추정이 가능하다. 하지만 앞의 예에서 살펴보았듯이, 호랑이에게 물리는 꿈이었기에 호랑이로 표상된 어떤 사람이나 대상의 세력 영향권 안에 들어가게 되는 일로 실현되는 것은 틀림없다. 실제 호랑이에게 물리지 않는 한, 이렇게 황당하게 전개되는 상징적인 미래 예지 꿈의 실현은 꿈의 성격에 따른 실현시기에 다소 차이가 있을 뿐, 반드시 현실에서 일어나며 피할 수도 없게 진행되고 있다.

(5) 꿈해몽은 현실에서 처한 상황에 따라 달리 추정된다.

'돌고래 두 마리와 노니는 꿈'을 꾼 사람이 있다. 꿈해몽을 하자면, 태몽으로 실현 가능성이 가장 높다. 하지만 꾼 사람이 어린 여중생인 경우, 태몽으로 이루어질 수는 없는 것이다. 이 경우 고래로 표상된 두 사람의 남학생을 사귀게 될 가능성이 가장 많은 것이다. 즉, 돌고래로 표상된 두 사람 또는 두 가지의 어떤 일거리나 대상에 즐겁게 참여하는 일로 실현될 가능성이 있는 것이다. 또한 실현성이 떨어지지만, 친지나 주변 사람들의 태몽을 대신 꿔주는 일로의 실현도 가능하다. 이처럼, 꿈을 해몽하는 데 있어서는 꿈을 꾼 사람이 현실에서 처한 상황이 중요하다.

이렇게 상징적인 꿈의 경우에는 각자가 처한 상황에 따라 여러 가지로 실현될 수 있으므로, 상징적인 꿈의 경우에는 어떠한 일이 일어날지 모른다는 추정에 불과한 것이지, '이런 것은 이렇다'는 식으로 단정해서는 안된다. 따라서 점쟁이 식의 '무슨 꿈은 어떻다'는 꿈해몽은 올바르지 않으며, 절대적이지 않다.

(6) 생생한 꿈일수록 반드시 이루어진다.

생생하게 기억나는 꿈은 현실에서 반드시 일어나는 꿈이며, 생생함의 여부는 일어나는 사건의 중요성에 비례한다. 무슨 꿈을 꾸긴 꾼 것 같은데 생각나지 않는, 흔히 말하는 개꿈은 현실에서 일어난다고 해도 별볼일 없는 사소한 꿈으로 실현되고 있다. 따라서 잘 기억나지 않는 꿈을 억지로 기억해내려고 애쓸 필요는 없다. 우리의 정신능력이 알아서 다 조절해주고 있는 것이다.

중요한 것은 꿈의 생생함의 여부에 있는 것이지, 컬러꿈이라고 해서 반드시 더 중요한 것은 아니다. 그것은 우리의 정신능력이 꿈의 예지의 표현 필요에 있어 상징 기법상 컬러로 표현할 필요가 있을 때, 활용한 것일 뿐이다.

(7) 꿈으로 인해 깨어난 경우 주변을 살펴보자.

자다가 갑작스럽게 큰 소리가 들린다든지, 끔찍한 광경을 보고 놀라 꿈을 깨고 일어나는 경우에는 어떠한 위험이 닥쳐오는 것을 꿈으로 일깨워 주는 경우가 많다. 이때는 주변을 잘 살펴볼 필요가 있다. 이는 우리의 의식세계가 잠을 자는 동안에는 활동을 중지하고 있지만, 신성(神性) 그 자체인 잠재의식의 정신활동은 깨어 있어서, 우리의 몸에 닥쳐오거나 주변에서 일어나는 위급한 상황에 대해서 경계의 신호와 일깨움을 꿈을 통해서 우리에게 알려주고 있는 것이다.

실증사례로, 밤늦게 잠이 들었는데도 교회에서 들려오는 종소리가 고막을 찢을 듯이 크게 들려오는 꿈을 꾸고 깨어나 연탄가스로 중독되어 죽어가던 사람을 살린 꿈이야기, 세찬 바람 소리와 덜컹거리는 문소리에 잠에서 깨어나 좁은 방에서 자던 동생에게 눌려 생후 3개월 된 아기가 숨이 막혀 위태롭게 된 것을 살려낸 이야기 등을 들 수 있다.

(8) 꿈속의 등장인물은 실제 인물이 아닌 상징적 표상이다.

꿈속에 등장하는 사람은 사실적 미래투시의 꿈에 있어서는 실제 인물로 될 수도 있겠지만, 대부분의 상징적인 꿈에 있어서는 동일시되는 어떤 인물(실제 인물과 어떤 점에서 유사성이 있거나 동격인 다른 사람)이나 대상을 뜻하고 있다.

가령 회사의 회장이 꿈속에서는 할아버지, 사장은 아버지, 부장은 큰형, 과장은 작은형 등등의 동일시되는 인물로 바뀌어 꿈속에 나타난다. 따라서 대부분의 꿈에 있어서 꿈속에 나타난 인물을 실제 인물과 동일시하는 어리석음을 범해서는 안된다. 꿈속에 등장하는 사람이 비록 친아버지라고 해도 해석에 임해서는 그 어떤 사람 가령 동일시되는 인물이나, 자신의 또 하나의 자아, 또는 사람이 아니라 어떤 일거리로 상징되는 표상물 중의 그 어떤 것이라고 간주하고, 꿈의 문장 전체 내용에서 이것을 분간해야 한다.

예를 들어, 상징적인 미래 예지 꿈에서 꿈속의 자식은 실제 자식이 아닌 자식 같이 소중하고 애착을 지니는 어떤 대상을 뜻하고 있다. 주식투자를 하는 사람의 경우, 바로 주식이 자식의 상징으로 등장할 수 있다. 실증사례로 아들이 머리가 깨지는 꿈으로 주식에서 엄청난 손실을 입거나, 자신이 아끼던 새로 구입한 승용차의 앞부분이 브레이크 고장으로 파손되는 일로 실현되었다. 또한 '남편이 다른 여자와 바람 피우는 꿈'을 꾼 주부의 경우, 실제 사실적인 미래투시의 꿈이라면 가까운 장래에 실제 그런 일이 일어날 수 있겠지만, 대부분의 상징적인 꿈에서는 꿈속의 여자는 실제의 여자가 아닌, 부동산·증권·낚시·노름 등 어떤 대상이나 일거리 등에 남편이 빠져들어 가는 것을 상징적으로 보여주고 있는 것이다. 실증사례로 남편이 다른 여자를 데리고 와서 성행위를 하는 꿈은 아파트를 분양받는 일로 실현되었다.

(9) 계시적 성격의 꿈은 그대로 따르는 것이 좋다.

꿈의 다양한 성격 중에서 계시적 성격은 우리 인간의 상상을 초월하여 우리에게 다가오고 있다. 꿈을 통해 신이나 조상 및 영령 등 영적인 대상과의 통로가 열리고 계시를 받으며, 여러 가지 이적(異蹟)이 펼쳐지고 있다. 과학이 발달한 오늘날에도 이러한 꿈을 통한 영적인 대상과의 교류는 신성한 영역으로 자리 잡고 있다.

다만, 조상이나 죽은 사람을 등장시키거나, 동물이 말을 하는 등의 계시적 성격의 꿈은 과학적으로 볼 때, 영령이 실제로 존재한다기보다는 꿈의 상징 기법의 하나로써, 강한 기억과 인상을 남겨주는 방편으로 등장하고 있을 뿐인 것이다.

일반적으로 시간적 여유가 없을 때이거나 절대적인 믿음을 주기 위한 경우, 이러한 계시적 성격의 꿈으로 보여주고 있다. 성경에도 계시적인 꿈이 나오고 있으며, 고전소설에서도 현몽 등으로 주인공의 위기탈출이라든지 사건 전개에 있어서 빈번하게 나타나고 있다.

(10) 꿈속에 등장하는 동물은 거의 대부분 사람을 상징한다. 식물도 사람을 상징하기도 한다.

꿈의 언어는 상징이라 할 수 있다. 우리가 꾸는 꿈은 황당하게 전개되는 것 같지만, 그 속에는 질서정연한 상징의 체계가 자리 잡고 있다. 꿈속에 등장하는 동물들은 대부분의 경우에 그 동물의 속성에 부합되는 사람을 상징적으로 보여주는 경우가 많다. 돼지꿈의 경우에는 재물이나 이권으로 상징되기도 한다. 단적으로 태몽에 등장하는 동물은 대부분 태아의 상징 표상으로 등장하고 있으며, 경우에 따라서는 나무나 과일 등 식물도 사람의 상징으로 등장하고 있다.

암고양이가 품에 안긴 꿈으로 여자를 만나 결혼을 하게 된 사례, 원숭이가 재주를 부리는 꿈으로 교활한 사람을 만나게 된 사례를 들 수 있다. 또한 고목나무의 가지가 부러지는 꿈으로 시어머니가 중풍으로 쓰러져 오른팔을 쓰지 못하는 일로 실현된 사례, 과일 장수의 사과를 훔쳐온 꿈으로 며느리를 맞아들인 사례가 있다.

3 잘못 알고 있는 꿈상식 10가지

dream

⑴ 꿈은 반대이다.

꿈은 반대가 아니다. 우리 주변에는 꿈은 반대로 해몽해야 하는 것으로 잘못 알고 있는 사람이 있다. 이빨 빠지는 꿈, 신발 잃어버리는 꿈, 싸움에서 지는 꿈, 흙탕물을 보는 꿈, 도망가는 꿈, 머리카락이 잘리는 꿈 등등은 흉몽의 대표적인 사례이다. 이처럼 꿈은 상식적으로 보는 것과 다르지 않으며, 꿈속에서 느꼈던 기분 그대로, 안 좋게 느껴진 꿈은 현실에서도 안 좋게 실현되고 있다. 따라서 '꿈은 반대로 해몽하면 틀림이 없다.'는 말은 극히 일부분의 특수한 상황에서 들어맞을 수 있는 말로, 극히 위험하고 잘못된 속설이다.

또한 '꿈보다 해몽'이라는 말도 사실은 잘못된 말이다. 꿈의 예지는 한 치의 오차도 거짓도 없기에 꿈의 상징적 의미 그대로 좋은 꿈은 좋게, 나쁜 꿈은 나쁘게 이루어지고 있다. 다만, 우리 인간이 꿈속에 전개되는 난해한 상징의 의미를 제대로 알 수 없는 경우가 많기에 이러한 말이 생겨난 것이다.

필자는 이러한 '꿈보다 해몽'이라는 말이 꿈의 세계를 믿지 않는 사람들에게 더더욱 꿈의 세계를 미신으로 여기게 하는 것에 대하여 안타깝게 생각한다. 이러한 '꿈보다 해몽'이라는 말은 현실에서 안 좋은 꿈을 꾼 사람을 위로하기 위하여 해주는 말인 경우에 쓰이거나, 안 좋은 꿈을 꾸고 나서 좋은 꿈으로 합리화하는 데 쓰이고 있다.

미래 예지적 꿈의 측면에서 '꿈보다 해몽'이라는 말은 다음의 두 가지 경우에나 올바른 말이 될 수 있다. 상징적이고 역설적인 의미를 담고 있는 경우와 꿈을 꾼 사람이 특수한 상황에 처해 있는 경우이다.

'꿈속에서 총에 맞고 죽는 꿈'의 경우 나빠 보이지만, 상징적인 의미에서 본다면 대단히 좋은 꿈이다. '꿈속에서 죽는다'는 것은 낡은 껍질을 벗고 새롭게 태어나는 것을 상징하고 있다. 실증사례로, 육군 대령이 자신의 목이 잘리는 꿈을 꾼 후에 장성으로 진급하고 있는바, 현재의 자신은 사라지고 새로운 세계로 나아감을 꿈에서는 자신이 죽는 것으로 상징적으로 표현하고 있는 것이다.

또한 노예가 되어 혹사당하는 꿈이 일반적으로 안 좋지만, 대학원 합격발표를 앞둔 특수한 상황의 사람에게는 합격 예지의 좋은 꿈이 될 수도 있다. 장차 박사과정에서 피땀 흘려가며 노력하게 될 것을 노예가 되어 혹사당하는 상징적인 꿈으로 보여주고 있는 것이다. 또 다른 예로, 남편과 이혼하는 꿈을 꾼 사람이 즉석 복권에 당첨된 사례가 있다. 남편과 이혼하는 꿈은 보통 결별이나 좌절 등으로 안 좋게 실현된다. 하지만 꿈을 꾼 사람이 힘겹게 사글세로 사는 상황에서 보다 나은 여건의 전셋집으로 이사 가는 일로 실현되었는바, 남편은 자그마한 사글세방을 상징적으로 나타내주고 있다.

(2) 꿈해몽은 점쟁이가 하는 것이다.

아니다. 절대적으로 엉터리 말이며 틀린 말이다. 꿈의 세계는 점쟁이와 아무런 관계가 없다. 꿈해몽은 처한 상황이나 꿈을 꾼 사람이 꿈속에서 느꼈던 감정이 중요하기에 꿈을 꾼 자기 자신이 가장 잘 해몽할 수 있다. 굳이 말하자면 필자처럼 실증적인 꿈 사례를 많이 알고 있으며, 꿈의 상징을 잘 이해할 수 있는 사람이 꿈해몽을 가장 잘 할 수가 있다. 꿈해몽에 도움을 줄 수 있는 것은 꿈속에 등장한 표상물의 상징적 의미에 대한 올바른 이해와 실증적인 사례에서 도움을 얻을 수가 있을 것이다.

우리는 꿈을 꾸며 살아가고 있다. 하지만 상징·굴절·변형의 옷을 입고 나타나는 꿈의 의미에 대해서 어느 누구도 자신 있게 말할 수는 없다. 꿈에 관한 여러 가지의 해몽서들이 있지만 이것은 보편적인 것일 뿐, 각 개개인의 꿈을 그대로 하나하나 풀이해 놓은 해몽서는 없다. 오직, 꿈속에 등장한 표상물의 상징적 의미에 대한 올바른 이해와 수많은 실증적인 사례에서 도움을 얻을 수가 있다. 여기에 덧붙여 꿈을 꾼 사람이 처한 상황이나 꿈속의 느낌과 마음먹고 있는 바가 올바른 꿈해몽의 열쇠가 되고 있다. 다만 난해한 상징적인 미래 예지 꿈에 있어서 일반인이 상징에 대한 이해가 부족하기에 해몽가에게 상징적 의미의 도움을 필요로 하는 경우가 있을 것이다.

이러한 꿈의 상징을 이해하는 데 있어, '어떠어떠한 꿈을 꾸었는데, 어떠어떠한 일이 일어났다'는 실증사례에 대한 이해·분석과 연구가 필수적이다. 이 책에서는 선인들의 꿈체험담을 비롯하여 수많은 실증사례를 강조하여 소개하고 있다. 비유하자면, 물고기를 잡아주는 것이 아닌 물고기 잡는 법을 안내해주고 있는 것이다.

'꿈은 미신이고, 꿈해몽은 점쟁이나 무속인·역술가들이 하는 것'으로 그릇되게 생각하고 있는 사람들이 너무나도 많다는 사실에 필자는 놀라움을 금할 수가 없다. 꿈을 미신이라고 여겨온 종래의 그릇된 인식을 바로 잡고, 또한 '프로이트'의 『꿈의 해석』에 나오는 "꿈은 소망의 표현으로, 억눌린 성적 충동이 꿈으로 나타난다."는 잘못된 고정관념에 사로잡힌 사람들에게 꿈에는 다양한 전개양상이 존재한다는 것과 꿈은 잠재의식의 정신능력의 활동으로 미래를 예지해주는 정신과학의 학문적 연구의 대상으로 보아야 한다는 것을 역설(力說)하고 싶다.

(3) 안 좋은 꿈을 부적이나 굿을 함으로써 피할 수 있다.

아니다. 절대로 피할 수 없다. 한마디로 점쟁이나 무속인이 부적을 팔기 위해서 또는 돈을 뜯어내고자 수작을 부리는 행위이다. 안 좋은 꿈을 막아 준다고 떠드는 사람은 사기꾼이요. 엉터리 해몽가이다. 예지적 꿈을 크게 나누면 꿈속에 본 그대로 현실에서 일어나는 사실적인 미래투시의 꿈과 '구렁이가 처녀의 몸에 감기는' 것처럼 황당한 표상으로 전개되는 상징적인 미래 예지 꿈이 있다.

사실적인 미래투시의 꿈의 경우에는 꿈속의 상황대로 전개되지 않도록 하면 되기에 꿈의 실현을 피할 수도 있다. 하지만 우리가 꾸는 대부분의 상징적인 미래 예지 꿈에서는 앞날의 예지는 어렴풋이 가능하나, 꿈의 실현을 막아내거나 벗어날 수는 없다. 꿈은 장차 다가올 일에 대해서 마음의 준비를 하게 해주는 것이 꿈의 역할인 것이다. 다만, 장차 다가오는 일이 어떻게 실현될지 모르기에 선행을 베풂으로써 피해를 최소화하는 것은 가능할 것이다.

(4) 좋은 꿈은 이야기하면 안 된다.

절대로 그렇지 않다. 좋은 꿈을 이야기한다고 해서 좋은 꿈의 실현이 사라지는 것은 아니다. 그렇다면, 나쁜 꿈의 경우도 동네방네 떠들고 다니면 실현되지 않을 것인가? 다만 좋은 꿈을 꾼 경우, 좋은 일이 일어난다고 믿고, 노력하지 않고 자만에 빠지는 것을 경계하는 뜻을 담고 있다.

또한 우리 인간이 꿈의 상징적 의미를 완벽하게 이해하지 못하는 꿈이 있을 수 있기에 '꿈이 좋다' '꿈이 나쁘다'를 속단하여 말하지 말라는 것이다. 예를 들어,

'꽃가마를 타고 가는 꿈으로 영전·승진의 좋은 꿈으로 실현될 수 있지만, 죽음 예지의 꿈으로도 실현될 수도 있다. 죽음 예지의 특징 가운데는 화려하게 전개되는 꿈이 상당수 있으며, 또한 꽃가마가 상여의 상징적 의미로 보아 죽음 예지의 꿈으로 해몽될 수 있다. 이처럼 좋고 나쁜 꿈으로 단정질 수가 없는 경우가 많기에, 꿈이 실현되기까지 겸허하고 차분한 마음으로 임해야 한다는 것을 뜻하고 있다.

(5) 꿈을 자주 꾸는 사람은 건강이 안 좋다.

그렇지 않다. 상징적인 미래 예지 꿈의 경우, 꿈으로 장차 일어날 일을 보여줌으로써 어떠한 일에 대한 마음의 준비를 하게 해주는 것이다. 오히려 꿈을 잘 꾸지 못하는 사람은 인간의 영적 능력의 발현에 있어 뒤떨어지고 있음을 드러내고 있다.

이미자는 노래를 잘 부르고, 황영조는 달리기를 잘하듯이 꿈을 자주 꾸는 사람은 장차 일어날 일을 예지할 수 있는 정신능력이 뛰어나다고 할 수 있다. 노래를 잘 부르지 못하는 것을 부끄러워하는 것 이상으로 꿈을 잘 못꾸는 것에 대하여 부끄럽게 생각해야 할 것이다. 달리기나 노래부르기가 단순한 육체적 능력이라고 한다면, 꿈꾸는 능력은 천부적으로 주어진 고차원의 정신적인 능력인 것이다. 이러한 정신능력의 발현이 활발하게 일어나고 있는 것이 꿈을 자주 꾸는 것으로 나타나고 있는 것이다.

다만, 현실에서 불안·초조한 잠재심리가 있는 사람이 잡스러운 꿈에 자주 시달리는 경우는 있을 수 있다. 또한 자신이 몸에 이상이 있는 경우, 지속적으로 어떠한 꿈을 꾸게 함으로써, 자신의 몸에 이상이 생기었음을 일깨워 주는 꿈이 있을 수도 있다. 꿈꾸는 능력이 떨어지는 사람은 자신의 신체에 이상이 생기더라도 알려주고 일깨워 주는 기능을 발휘할 수 없는 것이다.

(6) 어린아이 꿈은 개꿈이다.

절대로 그렇지 않다. 그 나름대로 의미는 다 있다. 어린 다섯 살짜리가 잠에서 깨어나 "엄마! 꿈에 돼지가 집안에 들어왔어."라고 하는 말을 듣고 복권을 구입하여 당첨된 사례가 있다. 또한 12세 소녀의 꿈에 '날아가던 독수리가 떨어지던 꿈'으로 고(故) 육영수 여사의 죽음을 예지한 사례가 있다. 이처럼, 꿈은 어린아이뿐만 아니라 어느 누구에게나 예지될 수 있다. 꿈을 안 꾸던 사람도 자신에게 운명적인 사건을 앞두고 어느 날 꿈을 꾸게 될 수도 있다. 꿈에서 중요한 것은 '얼마나 생생한 꿈이냐'의 여부에 달린 것이지, 나이·성별·학력·직업 등의 여부와는 아무런 상관이 없다.

(7) 안 좋은 꿈은 그날만 조심하면 된다.

아니다. 절대적으로 틀린 말이다. 한번 꾼 예지적 꿈은 새롭게 꿈을 꾸지 않는 한 어떤 일이 있어도 실현된다. 일반적으로 꿈의 실현은 사건의 경중에 따라 다르다. 사소한 꿈일수록 빨리 실현되며, 커다란 사건의 예지일수록 꿈의 예지 기간이 길다. 따라서 안 좋은 꿈의 경우, 나중에 실현될수록 커다란 사건으로 실현되고 있기에 차라리 빨리 실현되는 것이 더 낫다고 보아야 할 것이다. 보통 자식의 죽음을 예지하는 꿈 등 커다란 사건은 적어도 한 달이나 3~4개월 전에 꿈으로 예지되고 있다.

(8) 돼지꿈, 똥꿈은 반드시 재물 등이 생긴다.

아니다. 돼지에 관한 꿈이 재물이나 이권을 얻게 되는 일로 이루어질 수도 있지만, 돼지로 표상된 태몽이나, 이성의 상대방, 돼지같이 욕심이 많은 사람 등으로 상징되어 나타나기도 한다. 따라서 돼지꿈을 꿨다고 반드시 복권 당첨으로 실현되는 것은 아니다.

똥꿈은 90% 이상 재물과 관련지어 일어나지만, 이 역시 똥꿈이 중요한 것이 아니라, 꿈의 표상이 어떻게 전개되었느냐가 가장 중요하다. 들어오던 돼지를 쫓아내는 꿈, 똥을 퍼다 버리는 꿈이 재물운으로 이루어질 리가 없다.

(9) 조상꿈은 좋다.

반드시 그렇지만은 않다. 통계에 의하면 조상꿈으로 복권에 당첨된 사람이 가장 많다. 하지만 조상꿈을 꾸고 실직이나 사고를 당한 사람도 있다. 이처럼 조상꿈이 좋을 수도 나쁠 수도 있다. 조상꿈의 구별은 아주 간단하다. 조상이 밝은 모습으로 좋은 이야기를 해주는 꿈은 현실에서 좋게 실현된다. 반면에 어두운 얼굴로 나타나거나, 안 좋은 말을 전하는 경우 현실에서는 안 좋게 실현되고 있다. 꿈이 좋고 나쁜 것은 어떤 표상으로 정해진 것이 아니라, 어떻게 전개되느냐의 여부에 달려 있다.

(10) 꿈을 사고팔 수 있다.

절대적이지 않다. 주변 친지나 자신이 아는 사람이 자신에게 일어날 일을 대신 꿔주는 경우가 있다. 이 경우 굳이 꿈을 사지 않아도, 꿈은 자신에게 실현되고 있다.

로또 400억 원에 당첨된 꿈 사례이다. 처음에 자신이 용을 붙잡았으나, 어느덧 빠져나간 용을 친구가 붙잡은 꿈을 꾼 사람이 있었다. 이 경우 놓친 용을 친구가 붙잡는 꿈이었으니, 용으로 상징된 부귀·권세는 친구에게 실현되고 있다. 이 경우 굳이 꿈을 사지 않아도, 꿈의 예지대로 이루어지고 있다.

이는 원래 꿈을 꾼 사람이 다른 사람에게 일어날 일을 대신 꿈꿔준 것에 불과한 것이다. 사람마다 꿈을 꾸는 능력에도 차이가 나고 있는바, 꿈을 못꾸는 사람은 꿈을 잘 꾸는 사람의 도움을 얻어 살아가고 있다고 해야 할 것이다.

하지만 태몽인 경우, 매몽의 절차를 밟는 것이 좋을 경우가 있다. 태몽은 가임 여건의 사람만이 꾸는 것이 아니라, 주변 사람들이 대신 꿔주기도 한다. 시어머니가 태몽을 꾸었다고 해서 늙은 시어머니가 아기를 낳게 되는 것이 아니라, 누군가의 태몽을 대신 꿔준 것임을 알 수 있다. 이 경우 며느리 말고 시집간 딸의 태몽을 대신 꿔준 것일 수도 있다. 이러한 경우, 형식적으로나마 태몽을 사고파는 매몽의 절차를 먼저 거친 사람에게 꿈이 실현될 가능성이 높다고 해야 할 것이다. 그러나 인터넷상으로 전혀 모르는 남이 꾼 태몽이나 꿈을 팔고 산다고 해서 꿈이 산 사람에게 실현되는 것은 아닌 것이다.

이 밖에도 '음식을 먹는 꿈은 질병에 걸린다', '아기 꿈은 근심이다' 등 꿈에 관하여 일일이 다 말할 수 없는 속설이 있다. 일부의 경우에는 맞는 말이 될 수 있지만, 절대적인 것은 아니다. 중요한 것은 '꿈의 상징 표상이 어떻게 전개되었느냐'에 있으며, 꿈속에서 느낀 정황이나 기분에 따라 현실에서 실현되고 있다.

음식을 먹는 꿈이 감기 등 질병에 걸린 사례도 있지만, 대부분은 재물이나 이권을 얻는 일로 실현되고 있다. 아기 꿈이 근심이라는 것도 상징적으로 아기는 돌보아주고 관심을 기울여야 하기에 그러한 일거리나 대상이 있게 될 것을 예지해주고 있다. 오히려 아기낳는 꿈은 성취·성공을 뜻하고 있다.

제Ⅲ장
꿈의 다양한 상징 기법

1 상징에 대하여

dream

1) 상징이란?

상징(象徵)에 대한 국어사전의 뜻풀이는 ① 추상적인 사실이나 생각, 느낌 따위를 대표성을 띤 기호나 구체적인 사물로 나타내는 일 ② 구체적인 사물이나 심상을 통하여 암시하다라고 나와 있다. 한자어를 직역한 뜻풀이는 '모양을 불러오게 하다'로 시각적인 이미지를 연상하게 해주고 있다.

상징(象徵, symbol)의 어원은 그리스어의 "함께 하다"는 의미를 가진 동사 "symballo"에서 찾을 수 있으며, symbol은 주된 대상과 그 주된 대상에서 암시되고 있는 의미를 하나의 이미지로 보여주고 있다. 상징은 서로 다른 두 대상을 연결시키는 다리의 역할, 비논리적이고 직관적인 인식이나 복합적인 내용을 하나의 이미지로 표현하고 있다. 일반적인 의미의 상징은 어떤 사물을 나타내는 깃발·기호나 표지물을 뜻한다.

상징은 일상의 언어생활이나 문학 작품, 민속 신앙, 꿈의 표현 기법에 널리 쓰이고 있다. 일상의 언어생활에서 관습적 상징은 오랫동안 쓰인 결과 굳어져서 관습적으로 모든 사람이 받아들이고 있다. '비둘기 → 평화, 백합 → 순결, 십자가 → 고난·희생' 등의 예를 비롯하여 '○○는 ○○의 오른팔이다', '호박이 넝쿨째 굴러들어왔다', '꽃뱀에게 물렸다', 엄마가 자신의 귀여운 자식을 '아이고! 우리 강아지'라고 말하듯이, 관습적으로 우리의 일상의 언어생활에서도 상징의 표현 기법이 널리 쓰이고 있음을 알 수 있다.

문학작품에서도 상징은 널리 쓰이고 있다. 작가는 개성적·창조적인 상징을 만들어 사용하고 있다. 이러한 문학적 상징(개성적 상징, 창조적 상징)은 일반적인 상징과 유사하면서도 의미의 폭이 좀 더 넓고 암시적인 것이 보통이다. 예를 들어서, 서정주의 '국화 옆에서'에 나오는 국화는 원숙한 여성미를 상징하고 있으며, 이상화의 '빼앗긴 들에도 봄은 오는가?'에서 '봄'은 조국 광복을 상징하고 있다. 민속신앙에서 돼지는 다산(多産)과 번영의 상징으로 쓰이고 있으며, 대나무 꽃은 무한히 발전해 나가는 번영을 상징하고 있다. 꿈에서도 상징 기법은 무척 다양하게 나타나고 있는바, 이러한 꿈의 상징은 우리 인류에게 있어 시공을 초월하여 공통적이면서 보다 원초적이고 원형적인 상징이다.

2) 꿈은 상징의 언어

꿈은 상징의 언어이며, 상징은 원초적이고 원형적인 세계 공통 언어이다. 아울러 꿈의 상징 기법은 문학적 상징이나 일상의 관습적 상징, 민속 신앙과도 일맥상통하고 있다.

꿈은 장차 일어날 미래 예지적인 일을 상징적인 표상으로 전개하고 있다. 이러한 꿈의 세계를 현실의 언어로 해석하면 안 된다. 어디까지나 꿈의 해석은 꿈의 언어로 풀어야 한다. 꿈의 언어는 상징이며, 꿈의 이해는 꿈의 언어인 상징 표상의 이해에 있다.

꿈속에서는 '구렁이가 몸에 감기기도 하고, 부모랑 성관계를 맺는다거나, 누구를 죽이는 꿈' 등등 현실에서 일어날 수 없는 황당한 전개의 일들로 진행이 되고 있다. 상징의 의미를 살펴보면, 구렁이가 몸에 감기는 것은 실제 구렁이가 아닌 이성의 상대방이나 재물이 다가오는 것을 뜻하고 있으며, 부모와 성관계를 맺는 꿈은 부모로 상징된 윗사람과 어떠한 계약·성사·체결을 이루는 일로 이루어지고 있으며, 사람을 죽이는 것은 어떠한 사람이나 대상을 제압·굴복·복종시키는 일로 이루어지고 있다.

우리나라에서 30여 년 이상 꿈에 대해서 연구했으며, 꿈에 대해서 15권 이상의 저서를 낸 필자의 스승이신 한건덕 선생님은 필자와 공저한 『꿈해몽백과(학민사, 1997)』에서 꿈의 상징에 대하여 다음과 같이 언급하고 있다.

> 꿈의 세계는 동서고금을 통틀어 공통적인 형성원리와 공통적인 뜻을 가지고 있기 때문에 꿈의 언어에 있어서 세계 공통의 표현을 지니고 있으며, 그 해석에 있어서 비유와 암시와 상징적인 뜻으로 바꿔놓고 해석해야 한다. 이러한 꿈의 상징이나 그 꿈의 원리가 일정불변 법칙적인 해석법을 지니고 있기 때문에 결코 임의적이거나 비합리적인 해석을 용납하지 않는다.

이처럼 꿈의 세계의 진리는 하나이며, 꿈의 상징은 공통적인 형성원리와 보편성을 띠고 있다. 다만, 각 민족성이나 문화적 체험, 역사적 배경, 인간의 기질이나 환경적 영향, 도덕적 가치 기준 등에 따라서 각기 다른 관점이나 견해를 보이고 있을 뿐인 것이다.

꿈에 있어서의 상징에 대하여 프로이트는 그의 『정신분석입문』에서 '꿈에 있어서 상징성'의 소절로 분리하여 열 번째 강의로 설명하고 있음을 볼 때, 꿈의 표현에서 상징의 의미가 얼마나 중요한 것인지를 보여주고 있다. 하지만 꿈에 나타나는 상징을 성(性)의 상징에 치중하고 있으며, 상징적 의미의 천착에 있어 환자의 심리 상태 분석이라는 정신분석학적 차원에 중점을 둔 서술이기에 보편적·문학적 상징 차원의 접근방식과 차별성이 존재하고 있다.

'카를 구스타프 융' 또한 다양하게 전개되고 있는 상징 이해의 중요성을 다음과 같이 언급하고 있다.

> 꿈과 상징의 해석은 지성을 필요로 하며, 상상과 직관 또한 우리들의 상징 이해에 필수적인 것이다. 나는 자연의 상징을 연구하는데 반세기 이상을 보내왔다. 그리하여 나는 꿈과 그 상징들이 결코 어리석거나 무의미한 것이 아니라는 결론에 도달하였다. 오히려 꿈은 그 상징을 이해하려는 노력을 아끼지 않은 사람들에게는 가장 흥미진진한 정보를 제공한다.---카를 구스타프 융 편, 『인간과 무의식의 상징』, 집문당, 1983, pp. 92~105.

존 A. 샌포드 역시 꿈이 상징의 언어로 되어 있으며, 이러한 상징 언어의 이해가 있어야 꿈을 올바르게 이해할 수 있다고 말하고 있으며, 다음과 같이 언급하고 있다.

> 꿈은 상징을 통해 이야기한다. 전 세계적으로 모든 역사를 통하여 볼 때, 인간은 언제나 꿈을 꾸어 왔다. 물론 여러 가지 다른 언어들이 있지만, 꿈은 상징을 통해 그것 자체를 생각하고 표현하는 일반적인 언어를 가지고 있다. 이 상징적인 언어는 모든 의식적인 언어의 장벽을 초월한다.
> 그 상징은 두 가지의 근원에서 비롯된다. 그 하나는 인간의 개인적인 경험이며, 또 하

나는 모든 인간에게 공통된 또 다른 근원을 생각하지 않으면 이해할 수 없는 상징들이 있다. 땅, 흰 것, 정사각형 등이 인간에게 수 세기 동안 무엇을 의미해 왔는지를 이해해야 꿈속에서 나타나는 이러한 상징들의 의미를 알 수 있다. 그래서 융은 그것을 '집단무의식'이라고 명명했다.---존 A. 샌포드, 『꿈(하나님의 잊혀진 언어)』, 정태기 역.

존 프리만 또한 "무의식의 언어와 내용은 상징이고, 의사소통의 수단은 꿈이다."라고 하여 꿈에 있어서 상징의 중요성을 역설하고 있으며, 레온 앨트먼 역시 그의 『性(성)·꿈·정신분석』의 꿈 이론의 간략한 개관에서 상징의 중요성을 언급하고 있다. 상징이 꿈뿐만이 아니라, 일상생활과 문학·예술·종교·민속학·신화 등에서 다양하게 적용되어 왔지만, 꿈의 해석에 상징의 원리를 도입하는 것에 대하여 신뢰를 얻지 못하고 있음을 밝히고 있다.

3) 꿈의 언어, 관습적인 언어, 토속적 민간 신앙, 문학적 상징

꿈의 언어인 상징의 세계는 우리가 쓰는 현실에서의 관습적인 언어 및 문학적 상징의 언어와도 일맥상통하게 전개되고 있다. 또한 우리의 토속적 민속 신앙과도 그대로 관련되고 있다.

예를 들어, 처녀의 몸에 구렁이가 감기는 꿈은 상징적인 미래 예지 꿈으로 구렁이로 상징된 남자가 구애나 접근을 해올 것을 뜻하고 있다. 가임여건에서는 태몽 표상으로 등장하기도 한다. 이러한 꿈의 상징 기법을 원용하여 TV 드라마나 영화에서 구렁이가 몸에 감아드는 장면을 보여줌으로써, 장차 애인이 생기게 되거나 태몽으로 실현될 것을 암시하고 있기도 하다.

또 다른 예로, 독일에서 만든 성추행 예방 동영상을 살펴본다. '보기만 해도 끔찍한 구렁이가 여자아이를 휘감는다. 구렁이는 사람의 피부 빛을 띠고 남자 성기처럼 생겼다. 구렁이는 여자아이의 몸을 꺼안고 평생 떠나지 않는다. 여자아이가 나중에 죽어서 관 속에 들어간 뒤에야 구렁이는 스르륵 빠져나간다.' 이는 어릴 때 당한 성추행이 얼마나 치유하기 힘든지 성기 모양의 구렁이를 등장시켜, 못된 남자가 성추행하는 것을 상징적인 동영상으로 제작하여 보여주고 있다. 이것을 볼 때, 꿈의 상징 기법은 동서양을 막론하고, 나아가 고금의 시대를 초월하여 보편적으로 원용되어 왔음을 알 수 있겠다.

한편, 우리의 민속 신앙에서도 상사병으로 원통하게 죽은 혼이 변하여 사랑하던 사람의 몸에 붙어 다닌다고 하는 상사(相思)뱀 전설이 내려오고 있는바, 사람이 한을 품고 죽을 경우에 뱀이나 구렁이로 변한다는 토속 신앙이 전해오고 있다.

또한 이러한 민속 신앙을 문학작품에 원용하기도 한다. 윤흥길의 소설 『장마』에서는 각기 국군과 빨치산을 둔 자식으로 인하여, 좌우익의 이념적 대립을 겪던 친할머니와 외할머니가 토속 신앙에 의해서 갈등을 극복하는 것을 다루고 있다. 구렁이가 집에 들어온 것을 보고, 빨치산이었던 아들이 한을 품고 죽어 환생하여 찾아온 것으로 여기고 기절한 친할머니, 이를 침착하게 수습하여 구렁이를 달래 보내는 외할머니의 행위를 통해 이념적 갈등과 대립을 토속적 민속 신앙에 의해 극복해 가는 이야기를 어린이 화자인 동만의 시점으로 서술하고 있다.

4) 일상의 관습적인 언어와 꿈의 상징 언어

관습적인 언어와 꿈의 상징 표현이 일맥상통하고 있음을 여러 사례를 들어서 살펴본다.

① 야! 이 자식! 너 옷 벗고 싶어

직장 상사가 부하 직원에게 "야! 이 자식! 너 옷 벗고 싶어"라고 말할 때, 단순한 옷이 아닌 "너 직장 그만두게 해줄까"의 뜻으로 쓰이고 있다. 꿈의 상징에 있어서 옷을 잃어버리는 꿈을 꾼 후에 실직하고 있다.

② 재수 없게 꽃뱀에 물렸어

꽃뱀은 남자를 성적으로 유혹하여 금품을 우려내는 여자를 속되게 이르는 말로써, 뱀에 물리는 꿈을 꾼 후에 현실에서 여자의 유혹에 빠져 경제적 손실을 보는 일로 이루어지고 있다.

③ 누구는 누구의 오른팔이다.

누구는 누구의 심복이다. 팔이 잘리는 꿈을 꾼 후에 자신의 부하직원이 사고를 당하거나, 자신에게서 떠나는 일로 이루어지고 있다.

④ 넌! 죽여 버린다.

현실에서도 상대방을 완전히 굴복시키고자 하는 경우 쓰이고 있는바, 꿈의 상징적 의미에서도 죽이는 것은 제압·굴복·복종시킴을 뜻하고 있다.

⑤ 바지씨 잘 지내니?

이성의 남자 친구를 속되게 이르는 말로써, 바지가 찢어지는 꿈은 사귀던 남자 친구와 이별하는 일로 이루어지고 있다.

⑥ 고무신 거꾸로 신다.

여자가 변심했을 때 쓰는 말로써, 꿈의 상징적 의미에서도 신발은 의지하는 사람이나 직장을 상징하고 있으며, 신발을 잃어버리는 꿈을 꾸는 경우에 실연이나 실직으로 실현되고 있다.

⑦ 에고! 우리 강아지

부모가 어린 자식이 귀여울 때 쓰는 말로, 실제로 꿈속에서 강아지나 고양이 등이 사람이나 이성의 상대방을 상징하는 표상물로 등장하고 있다.

⑧ 호박이 넝쿨 채 굴러들어 왔다.

재물이나 좋은 일이 일어날 때 쓰는 말로, 꿈에서도 호박이 달린 것을 보는 꿈은 재물의 획득으로 이루어지고 있다.

⑨ 오늘 자식들 밥벌이 잘했습니까?

증권해설자가 주식 시황을 설명하면서 투자자들이 매수한 주식에서 수익이 많이 났는지를 물을 때 하는 말로, 꿈에서도 자식의 상징은 실제의 자식이 아닌, 애착이 가는 대상이나 일거리를 뜻하고 있다. 자식의 머리가 깨지는 꿈이 매수한 주식에서 엄청난 손실을 입거나 승용차가 파손되는 일로 실현된 사례가 있다.

5) 문학적 상징과 꿈의 상징 언어

비유에서 은유법은 둘 사이에 유사성을 바탕으로 하며, 원관념과 보조관념이 같이 등장한다. 그러나 상징은 비유와 달리, 원관념을 드러내지 않으면서, 1 : 다(多)의 여러 가지 해석이 가능하다. 예를 들어, '내 마음은 호수여'는 '내 마음은 호수같이 넓고, 맑고, 깨끗하고, 잔잔하다'는 뜻으로 원관념인 마음과 보조관념인 호수가 동시에 드러나고 있다. 그러나 상징에서는 '호수'만 등장하고 있기에, 상징은 은유보다 암시와 함축성이 담겨있으며, 더욱 고차적인 해석 능력과 유추 능력을 필요로 한다.

박두진의 시 '해'를 예로 살펴본다. '해야 솟아라'는 일제 때 쓰인 시가 아닌, 광복 이후의 좌·우익의 혼란상을 극복하고 평온과 밝음의 세상이 펼쳐지기를 바라는 마음에서 쓰인 시다. 하지만 문학적 상징을 살펴보자면, 이 시는 오늘날 감상하는 사람이 처한 상황이나 여건에 따라, 다양한 해석이 가능하기도 하다. 몸이 아픈 학생에게는 '해야 솟아라'가 질병이 낫는 일이 될 수 있으며, 애인이 없는 사람에게는 애인이 새롭게 생기는 것을 뜻하며, 실직자에게는 좋은 직장을, 수험생에게는 원하는 대학에 합격하는 것을 뜻할 수 있기도 하다. 꿈의 상징에서도 마찬가지로, 이러한 해가 솟는 꿈을 꾸면, 대입 합격 등 처한 상황에 따라 각기 좋은 일로 실현되고 있다.

다시, 풀과 나무에 대한 상징적 의미를 살펴본다. 문학적으로 민중을 민초(民草)라고 하여 풀로 비유하고 있다. 김수영의 시에서 '풀'은 '억압과 불의에 항거하는 민중(民衆)'으로 형상화하고 있다. 한편 송강 정철도 강원도의 금강산과 관동팔경을 기행가사로 읊은 〈관동별곡〉에서 "음애에 이온 플을 다 살와 내여사라."라고 하여, 그늘진 벼랑(언덕)에 시든 풀로 비유된 도탄에 빠진 백성을 잘 다스릴 것이라는 선정(善政)에의 다짐을 보여주고 있다. 나무 또한 여러 시나 수필에서 나무를 의인화하여 사람이나 민중을 나타내고 있다. 비유하자면, 풀은 사글셋방에 사는 서민, 나무는 전세방을 사는 서민들로 비유할 수 있다. 이처럼 꿈의 상징 기법에서 나무는 사람의 상징으로 자주 등장하고 있다. 예를 들어, 성경의 네부카드네자르 왕의 꿈에서 왕 자신이 거대한 나무로 상징되어 나타나고 있다. 또한 고목의 나뭇가지가 부러지는 꿈으로 시어머니가 중풍으로 오른팔을 못 쓰게 되는 일로 실현된 사례가 있다. 이로써 살펴보면, 문학적 상징에서나 꿈의 상징에서 풀이나 나무를 사람의 상징으로 사용되고 있음을 볼 수 있다.

또 다른 예로 바람을 들어보자. 바람은 문학적 상징으로 다양하게 쓰이고 있지만, 주로 시련과 고난의 상징으로 쓰이고 있다. 윤동주의 〈서시〉에서 "오늘 밤에도 별이 바람에 스치운다."에서 고난과 시련을 뜻하고 있으며, 서정주의 〈자화상〉에서도 "나를 키운 것은 팔 할이 바람이었다."라고 하여 시련과 고난을 뜻하고 있다. 한편 바람이 군자의 덕을 상징하는 의미로 쓰일 수도 있다. 『논어』 안연편에 '군자의 덕에 소인배들이 감화되는 것'을 바람이 불어 풀이 눕게 되는 것으로 비유하여 말하고 있다. 그런가 하면 바람은 불경에 나오는 "무소의 뿔처럼 혼자서 가라. 그물에 매이지 않는 바람과 같이"에서 자유로움을 비유하기도 한다.

이와 마찬가지로 꿈에서도 바람의 상징은 다양하게 나타나고 있지만, 대부분은 고난과 시련의 상징으로 사용되고 있다. 하지만 꿈의 상징에서도 마찬가지로, 꽃이 화려하게 피어있는 언덕 위에서 상쾌하게 불어오는 바람의 상징적 의미가 나쁜 일로 실현되지는 않을 것이다.

특히 문학작품 중에서도 이야기 전개의 서사 형식의 소설보다는 압축된 말로 표현하는 시에 있어서 비유와 상징이 주요 기법으로 사용되고 있는바, 마찬가지로 압축된 무대장면으로 펼쳐지는 꿈의 세계에 있어서는 꿈의 언어인 상징이 주요한 기법으로 동원되고 있다. 꿈에서는 상징의 세계를 드러내기 위하여 동물이나 산신령·귀신을 등장시키기도 하며, 기타 현실에서는 일어날 수 없는 황당한 전개의 역설(逆說)적인 표상으로 상징성을 드러내고 있다.

또한 꿈속의 배경적 요소도 소설에서의 배경의 역할과 일맥상통하게 전개되고 있다. 현진건의 소설 〈운수 좋은 날〉은 "새침하게 흐린 품이 눈이 올 듯하더니, 눈은 아니 오고 얼다가 만 비가 추적추적 내리었다."라는 암울한 배경으로 시작하고 있는바, 곧이어 일어날 아내의 비극적인 죽음을 암시해주고 있다. 이처럼 소설에서 암울하고 음산한 배경의 이미지가 주인공의 불행 등으로 이어지듯이, 태몽 등에서 음울한 전개의 꿈이나 암울한 날씨의 배경은 장차 태어날 아이가 유산이나 요절로 실현되거나, 인생길에서 불운한 여건이나 상황에 처하게 될 것임을 상징하고 있다. 한편 선인들이 꿈속에서 시를 짓는 몽중시(夢中詩)에 있어서도 암울한 시적 전개는 죽음 예지나 좌절의 꿈으로 실현되고 있다.

이러한 꿈의 상징에도 다양한 기법이 동원되고 있다. 계시적 성격의 꿈을 비롯하여 꿈속에서 시를 짓거나 얻게 되는 몽중시(夢中詩)도 있으며, 특이하게는 꿈속에서 한자가 나타나거나 상징적 의미를 한자로 파자(破字)하여 풀이하는 파자해몽(破字解夢)도 있다. 그리하여 우리가 꾼 꿈에 대하여 생생하게 기억하게 해주며, 상징적 의미에 대하여 궁금증을 지니게 하여, 장차 꿈의 실현에 대하여 지속적인 관심을 지니게 해주고 있다.

이 밖에도 꿈의 상징에 있어 관습적인 상징이 아닌 개인적 여건이나 상황에 따른 개성적 상징물의 전개로 이루어질 수도 있다. 예를 들어 꿈에 물고기만 보면 현실에서 돈이 생기게 되는 일로 이루어지는 사람도 있다. 또한 특정 사람만 꿈에 보이면 좋은 일이 있다거나, 그 반대로 안 좋은 일로 실현된다고 말하고 있기도 하다. 또한 꿈속에 나타나는 동식물의 색깔이나 모양 등에 음양의 원리를 적용하거나, 주역의 원리를 원용하기도 하는 경우가 있다.

한편, 꿈의 세계도 문학적 상징과 마찬가지로 상징적으로 전개되어, 같은 꿈이라고 하더라도 꿈을 꾼 사람이 처한 상황에 따라 달리 실현되고 있다. 가장 많이 꾸는 '이빨 빠지는 꿈'의 실현도 다양한 실현사례를 보이고 있다. 심리학적으로는 거세에 대한 불안 심리에서 이빨이 빠진다는 꿈을 꾼다고 보기도 하는바, 우리의 민속적인 정서에는 맞지 않는 근거 없는 이야기일 뿐이다.

이빨은 가족이나 회사·직장의 구성원, 자신에게 소중한 어떤 일거리나 대상을 상징적으로 나타내주고 있다. 따라서 이빨이 빠지는 꿈은 이빨로 상징된 어떠한 사람이나 대상이 자신으로부터 멀어짐을 뜻한다. 즉, 자신과 관련된 주변 누군가가 죽거나, 쓰러지거나, 해고를 당하거나, 사고를 당하거나 등등 어떠한 대상이나 일거리와의 무산·좌절·결별 등의 안 좋은 일로 실현되고 있다. 또한 사실적인 꿈인 경우 실제 이빨이 빠지는 일로 실현될 수도 있다.

2 꿈의 다양한 상징 기법

꿈해몽은 꿈의 언어인 상징을 이해하는 데 있으며, 이러한 다양한 상징 기법에 대한 연구는 오직 실증사례에 대한 분석과 연구를 통해 수많은 사례에서 공통된 상징 기법을 추출해내는 방식으로 정리될 수 있다. 이는 자연과학에서 어떠한 법칙을 발견해내는 과정과 유사하다고 볼 수 있다.

스승이신 고(故) 한건덕 선생님은 1981년 『꿈과 잠재의식』에서 꿈의 다양한 상징 기법에 대해서 설명하고 있다. 그 누구도 언급하지 않은 탁견들로 넘쳐나고 있으나, 일반인들이 이해하기에는 난해한 내용으로 되어 있다.

이에 필자는 꿈의 상징에 대한 평이한 설명과 함께 각각의 다양한 상징 기법에 맞는 다양한 실증적인 사례를 통해 '꿈은 반대가 아닌, 상징 표현의 이해에 있다.'는 대명제를 입증하고자 한다. 무엇보다도, 필자가 이러한 꿈의 상징 기법에 대한 다양한 사례를 들 수 있었던 것은 스승이신 고(故) 한건덕 선생님이 30여 년 간 축적해온 예지적인 실증사례 연구의 금자탑 위에서 절대적으로 가능할 수 있었다고 말씀드릴 수 있다.

필자는 지난 16년간 예지적인 꿈에 관한 선인 및 요즘 사람들, 기타 중국이나 일본 및 외국의 사례에서 보이는 자료를 수집·정리하고 연구해 오면서 다양한 꿈의 상징 기법에 대한 폭넓은 연구를 지속해 왔다.

이러한 꿈의 다양한 상징 기법은 필자가 누차 언급한 바와 같이 문학적 상징과 크게 다르지 않으며, 또한 일상 언어의 관습적 상징과도 다르지 않다. 나아가 우리의 토속적인 민간신앙과도 일치하고 있다.

우리 인간의 신성(神性)과 같은 정신능력의 세계는 꿈을 꾼 사람이 처해 있는 상황에 따라서 그때그때 저마다 다른 오묘하고 신비로운 상징의 세계를 만들어 내고 있다. 실로 절묘한 꿈의 다양한 상징 기법에 대해서 찬탄을 금할 수 없을 정도이다. 과연 누가 이렇게 절묘한 상징을 만들어 낼 수 있다는 말인가? 제아무리 훌륭한 소설가·시인이라고 하더라도, 우리의 정신능력이 만들어내는 꿈의 오묘하고 절묘한 상징 기법을 뛰어넘는 문학적 개성적 상징을 만들어낼 수는 없을 것이다.

본 장(章)에서는 꿈의 다양한 상징 기법에 대해서, 보다 쉽게 이해하고 흥미 있게 살펴볼 수 있게 실증사례의 분석에 치중한바, '꿈에 살고 꿈에 죽는다'는 몽생몽사의 필명처럼, 신비한 꿈체험담의 수많은 실증사례를 바탕으로 꿈의 다양한 상징 기법에 대해 정리 연구하는 작업은 지적 희열을 누리는 기쁨의 나날이었다. 필자로 하여금 국문학을 전공하고, 선인들의 실증적인 꿈 사례를 여러 문집에서 찾아볼 수 있게 한문학 박사과정으로 나아가도록 이끌어준 필자의 보이지 않는 운명의 길에 대해 감사할 따름이다.

프로이트에 의하면, 꿈꾸기와 꿈의 형성은 꿈 작업의 결과이다. 프로이트는 꿈의 작업으로 바꾸어 놓는 전치(轉置: displacement), 두 가지 이상의 관념·기억 등의 압축·응축(condensation), 대체(substitution)의 방법을 예로 들고 있는바, 보다 세분하여 실증사례로써 살펴본다. 다양한 꿈의 상징 기법에 대한 보다 올바르고 쉽게 이해할 수 있으리라 믿는다.

문학적인 각종 수사기법이 실용적으로 응용 전개되어 나타난 것이 바로 꿈의 세계이다. 꿈의 세계에서는 그 어느 문학 작품의 상징 기법보다 기기묘묘하게 다양하게 전개되고 있다. 따라서 문학 작품에 사용된 상징·비유·유추 등등에 대해 이해를 잘하는 사람이 꿈의 상징적 의미를 보다 빠르고 쉽게 알아낼 수 있을 것이다.

꿈의 상징 기법은 자아의 분장 출연, 인물·동물·식물·사물로 상징화, 표상의 변화(전위), 바꿔놓기(전이), 왜곡, 반대·역전, 압축·생략, 유추(유사관계), 과장, 반복, 열거, 점층, 기타(장면의 전환, 꿈속의 꿈) 등등 다양하게 전개되고 있다.

1) 꿈의 상징 기법 – 의인화(창작인물, 합성인물), 동물화, 식물화, 사물화

우리의 신성(神性)과 같은 정신능력은 꿈의 상징 기법에 있어서 가장 효율적인 창작기법을 동원하여, 다양한 기법을 전개하고 있다. 꿈속에서 자신이나 또 다른 자아로 분장 출연하는가 하면, 미래의 현실에서 상관하게 될 어떤 실제 인물이나 일거리·대상을 주변의 인물이나 동물·식물 나아가 사물이나 기타 여러 가지로 바꿔놓고 상징화해서 나타내고 있다. 나아가 꿈속의 장소를 현실의 어떤 장소로 바꿔놓는 동일시가 이루어지기도 한다.

상징적인 꿈에서는 인물의 경우에도 실제 인물이 아닌 바뀐 인물이다. 예를 들어 꿈속의 아버지는 현실에서의 회사 사장을 상징하고 있다. 또한 다양한 상징 기법을 동원하여 암시적 특징을 지닌 창작인물·합성인물 등으로 상징화하여 나타내고 있다. 그런가 하면, 다양한 동물·식물·사물을 상징화하여 등장시키고 있다. 예를 들어, 꿈속의 동물은 거의 대부분 사람을 상징하고 있다. 따라서 개나 호랑이 등 두 동물이 싸우는 꿈의 경우, 사업의 흥망이나 성취 여부를 상징적 표상으로 두 동물을 등장시켜 싸움의 승패 여부로 예지해주고 있다. 또한 동물이 나무 위에 올라가거나 올라가지 못하는 꿈으로 흥망과 성취 여부를 예지해주고 있기도 하다. 식물이나 사물의 경우에 있어서도 형태·크기·특징, 싱싱함이나 탐스러움의 여부, 온전함의 여부로 장차 일어날 사건 사고의 예지나 성취 여부를 암시적으로 나타내주고 있다.

특히, 태몽 표상 속에 등장하는 인물·동물·식물·사물은 태아의 상징 표상물임을 간과해서는 안 될 것이다. 자세한 것은 3. 상징적 의미(인물·동물·식물·사물로 상징화)에서 살펴보기로 한다.

2) 꿈의 상징 기법-자아의 분장 출연, 계시적 꿈에서의 자아의 분장 출연

(1) 자아의 분장 출연

꿈속에서 나를 보는 꿈이다. 꿈의 다양한 상징 기법은 우리로 하여금 찬탄을 금할 수 없도록 만들고 있다. 현실에서는 불가능한 일이지만, 꿈속에서는 자아가 분장 출연하여, 꿈속에서 또 다른 자신을 보게 되는 경우의 꿈이다. 사례로 살펴본다.

① 꽃비 내리는 길을 연인과 함께 걷는 꿈

"눈이 억수로 내리는 거리에 웬 남녀 둘이서 손을 꼬옥 잡고 길을 걸어가지 않습니꺼. 어디서 꽃향기가 풍겨 나오는데, 앗따 눈이 아니라 꽃인 기라예. 그건 그렇다 치고 그 남자 얼굴이 희미하게 보이기 시작하는데, 얼마나 놀랐는지 바로 나 자신인 기라예."

꽃비 내리는 아름다운 자연 속을 연인과 함께 손잡고 거니는 아름답고 감미로운 데이트 꿈이 복권 당첨으로 실현되고 있다. 시각과 함께 후각적인 감각인 꽃향기를 맡는 꿈이면서, 꿈속에서 데이트하는 연인으로 분장된 자아가 출연하는 상징 기법으로 전개되고 있다.

② 자신이 교통사고로 안락사하는 꿈 → 직장에서 우수한 근무 성적을 받음

안녕하세요. 저는 25세의 직장 여성입니다. 제가 직장 동료 차를 타고 가다가, 차 사고가 나서 안락사하게 되었습니다. 고통을 전혀 느끼지 않았습니다. 사방은 캄캄하고 느낌만 존재했습니다. 작은 촛불이 보이고, 제가 눈물을 보입니다. 주위에선 저를 응원하는 소리가 들렸고, 세 명의 후보가 보였습니다. 제 이름이 유난히 돋보이더군요. 직감적으로 느낌이 좋았습니다. 두 달 후 직장에서 세 명의 후보 중, 가장 좋은 근무 성적을 받게 되는 일로 실현되었습니다.

죽음의 상징적 의미는 새로운 탄생을 뜻한다. 이처럼 꿈속에서 어떤 사연에 의해서 자기가 죽고, 그 시체를 또 하나의 자기가 덤덤히 내려다보는 꿈이 있을 수 있다. 이때 죽은 자기의 시체는 일거리나 작품 따위가 성사될 것을 상징적으로 나타내고 있다.

③ 자신이 군복을 입고 무장(군인)을 한 꿈

고(故) 한건덕 선생님의 꿈 사례이다. 자기가 군복을 입고 무장한 모습을 보는 꿈은 자신의 또 하나의 자아가 무장한 것으로 어떤 일거리나 대상에 대한 적극적

으로 대처하고 나아가게 되는 것을 뜻한다. 이 경우 전투에서 이기는 꿈이 좋다. 저자의 경우에는 자신의 저서를 신문이나 언론매체에 적극적으로 홍보하고 알리는 일로 실현된다.

④ 꿈속에서 장차 자신의 모습을 보다.

제가 중학교 때 꾼 예지몽입니다. 들판에 한 소녀가 서 있는데, 그 당시 저보다 쪼끔 더 크고 날씬했어요. 또 얼굴은 예쁘고 어려 보였어요. 그런데 분위기가 너무 어른스러워서 나이를 측정할 수 없었어요. 그 여자는 처음에는 핏빛 눈과 머리카락을 가지고 있었어요. 그런데 뭔가 차분히 가라앉으면서 진보라빛으로 변했죠. 그런데 그게 저더라고요. 꿈의 느낌상, 이게 다인데요. 몇 년이 지나면서 제가 실제로 그 여자의 모습대로 성장하고 있습니다. 완벽하게는 아니지만 분명 제 눈색과 머리카락 빛깔이 변했어요.---류샤인

⑤ 홍섬(洪暹) 자신이 판의금부사(判義禁府事) 될 것을 꿈꾸다.

홍섬(洪暹)이 이조좌랑으로 있을 때, 금부(禁府)에 잡혀 형벌을 받은 일이 있었다. 이때 매를 맞다가 아픈 중에도 꿈을 꾸니, 관부 문이 크게 열리면서 나장이 큰 소리로 "판부사께서 들어오신다."하는데, 자기 몸이 중문을 거쳐 들어와서 마루 위 의자에 앉으니, 여러 아전들이 엎드려 예를 하는 것이었다.

꿈에서 깨자 이상히 여겼더니, 그 뒤에 귀양지에서 풀려나와 판의금부사(判義禁府事)가 되었는데, 모든 일이 하나같이 꿈속에서 본 것과 같았다고 한다. 이상한 일이다.---『지봉유설』

홍섬(洪暹)의 나이 31세 때인 1535년 이조좌랑으로 있을 때, 이러한 사실적인 미래 예지 꿈을 꾸고 나서, 무려 28년 뒤인 그의 나이 59세 때에 꿈의 실현이 이루어지고 있다. 하지만 이렇게 오랜 기간이 지난 뒤에 꿈의 실현이 이루어지는 것이 상당수 있다. 태몽의 실현은 평생에 걸쳐 이루어지고 있다.

(2) 계시적 꿈에서의 자아의 분장 출연

앞서 살펴본 꿈속에서 또 다른 자신을 보게 되는 꿈 이외에도, 꿈속의 다른 사람으로 자아가 분장 출연되어 등장한 꿈이 있다. 꿈속에서 다른 사람이나 자신에게 충고하는 친구는 실제가 아닌, 자신의 창작된 또 하나의 자아인 것이다. 특히 계시적 성격의 꿈에서 동물이나 식물, 산신령·백발노인·조상·스님, 윗사람이나

친구 등으로 분장한 자아로 출현하여 일러주는 기법이 쓰이고 있다.

고대에 서양에서는 꿈을 통해 신의 계시나 예언을 받는 것으로 여겼다. 우리 선인들 또한 꿈을 계시적인 것으로 받아들여, 조상이나 산신령 또한 영적(靈的)인 대상이 꿈에 나타나는 현몽(現夢)을 믿고 받아들이고 있다. 영령의 대상도 산신령이나 조상, 죽은 사람을 비롯하여, 역대 제왕·귀신·나무·꽃·거북 등등 다양하게 시공을 초월하여 나타나고 있다. 이 경우 직접적인 계시나 고지(告知)의 경우도 있지만, 문자(文字) 등으로 상징화되어 나타나고 있는 경우도 있다.

이러한 꿈속의 영적대상에 대하여 고(故) 한건덕 선생님은 "이러한 꿈속에 나타난 산신령이나 조상이나 영적인 대상은 실재하는 것이 아닌, 꿈의 상징 기법의 하나로써 신성(神性)을 지닌 잠재의식의 자아가 분장 출현한 것이다." 라고 말씀하고 있다. 과학적인 올바른 견해이시다.

계시적 꿈은 인간의 정신능력의 발현으로 빚어내는 꿈의 상징 기법의 하나로, 죽은 조상이나 산신령·백발노인으로 나타나거나, 동식물이 말을 하는 등 우리에게 강한 기억과 인상을 남겨주는 방편으로 등장하고 있다.

즉 황당하게 전개되는 상징적인 미래 예지 꿈은 꿈의 의미가 명료하지 않아, 무슨 뜻인지 시일이 지나고 나서야 알게 되는 경우가 상당수이며, 또한 꿈을 반신반의하여 실행에 옮기지 않을 수도 있다.

계시적인 성격의 꿈은 꿈의 다양한 상징 기법의 하나로써, 비교적 단순한 기법으로 시일이 없거나 촉박함을 다툴 때, 또는 보다 어떤 강력한 메시지를 담고 있는 경우에 직접적인 계시로 나타나고 있다. 이 경우에 꿈을 창조해내는 주체가 우리의 정신능력이기에, 이렇게 알려주거나 지시해주는 계시적 성격의 꿈은 꿈대로 따르는 것이 절대적으로 좋다. 꿈을 허황된 것으로 여겨 계시를 따르지 않을 경우, 심한 경우에 죽음을 불러오기도 한다. 또한 부탁을 들어줄 경우에 보은(報恩)에 대한 보답으로 모든 일이 잘 풀려나가는 일로 실현된다.

다만, 종교적인 신앙이 있는 경우, 하나님의 계시적인 성격의 꿈의 경우도, 본인 스스로가 창조해낸 상징 표상의 한 기법이라고 받아들이기에는 어려움이 따르는 것 같다. 또한 영령들의 계시적인 성격을 보여주는 수많은 꿈의 사례로 보아, 꿈을 통한 영령과의 교감이 이루어지고 있음은 완전 부인하기도 어려운 면이 있다.

한편, '카를 구스타프 융'은 꿈이 우리를 집단 무의식으로 연결시키는 힘을 가지고 있다고 믿었다. 융이 말하는 제3층, 혹은 숭고한 꿈은 가장 깊은 층에 속하며, 우리의 영적 욕구와 방향에 관련된 심오한 메시지를 전달하는 힘을 가진다. 숭고한 꿈에서 신령스러운 존재는 죽은 사람이나 유령의 모습을 취하거나, 백발노인으로 나타난다고 말하고 있다. 추상적으로는 하늘이나 바다와 같은 무한성의 느낌을 취한다.(피오나 스타, 조니 주커)

사례로 살펴본다.

① 돌아가신 부모(아버지)가 나타난 꿈

수많은 사람의 꿈에서 돌아가신 아버지가 나타나는 경우가 그 어떤 표상보다도 자주 일어난다. 집안에서 큰일을 계획하거나 불의의 사고 또는 취직이나 전근, 입학, 입원, 묘소 이장 등의 일이 있을 때, 꿈에 나타나서 간섭을 하고 일러주고 있다. 이 경우 꿈을 꾼 사람의 또 하나의 자아가 아버지로 분장 출현하여 위험(예언이나 경고)이나 해야 할 일을 일러주고 있는 것이다.

이런 경우 사람들은 돌아가신 분이 실재하는 영령인 줄 알고 믿고 따랐으나, 실상은 현실에서 아버지와 맞먹는 연분이 있거나, 전혀 연분이 없더라도 자기 일에 간섭하는 윗사람을 상징적으로 나타내주는 인물로 등장하고 있을 뿐이다. 대체로 꿈속의 아버지는 자기에게 이롭게 해줄 사람의 상징 표상으로 나타나고 있다.

② 돌아가신 어머니가 불러서 깨어난 꿈－경고나 위험 일깨움.

꿈속에서 어머니가 옆에 서서 "철수야" "철수야" 하고 부르는 소리에 깜짝 놀라 잠에서 깬 사람의 꿈이다. 꿈속의 어머니는 실제의 어머니가 아니라, 꿈을 꾼 사람의 또 하나의 자아가 어머니로 분장 출현한 것이며, 멀리 객지에 나아가 있는 자식이 위험한 일에 뛰어 들려고 할 때 꿈에 나타나는 경우가 많다.(글: 한건덕)

이러한 꿈의 경우에, 조상의 영령이 존재한다고 볼 수도 있겠지만, 이는 우리의 정신능력의 세계가 펼쳐내는 꿈의 상징 기법의 하나로, 꿈속에 등장하는 조상이나 산신령 또는 동물이나 식물 등이 어떠한 말을 하는 경우는 또 다른 자아가 상징적으로 창작해낸 인물로서 일깨워 주고 예지해주고 있는 것이다.

③ 죽은 조상이 나타나 경고나 예언을 하는 꿈

이미 죽은 조상이 나타나 경고나 예언을 하는 경우, 부모의 영혼적인 존재는 실제의 영혼이 아니라, 꿈꾼 사람의 또 하나의 자아가 부모로 분장 출현하여 일러주고 있다. 이때 조상은 미래의 현실에서 자신과 관계있는 사람이거나, 꿈꾼 사람의 잠재의식적인 또 하나의 자아가 조상으로 분장 출현해서 자기에게 경고나 예언을 하고 있는 것이다.

④ 산신령이나 백발노인이 나타난 꿈

꿈속에 등장하는 산신령이나 백발노인은 완숙된 자아의 분장 출연된 다른 형상이라고 볼 수 있다. 예지적인 꿈에서는 현실에서 지식이 많거나 전문 분야에서 관록이 있는 지도자적인 사람들을 상징하고 있다. 경우에 따라서는 스님이나 산신령, 학자나 선생님, 회사나 기관·단체의 지도자격인 사람들이 표상되어 나타나는 경우가 많다. 이 경우에도 자기의 또 하나의 자아가 예언자로 분장 출현하는 상징 기법의 계시적 성격의 꿈을 통하여 일깨워 주고 있다.

이처럼 꿈속에 등장한 사람은 자신의 자아가 처한 상황에 맞게 창작해낸 상징적 인물이다. 꿈속에서 하나님의 음성이 들리는 꿈은 어떠한 일에 대한 알림이나 일깨움을 예언적인 계시의 상징 기법을 통해 전개하고 있는 것이다.

⑤ 예언자, 무당, 산신령이나 악마가 등장한 꿈

예언자·무당·산신령이나, 꿈속의 귀신·유령·악마 또한 또 하나의 자아가 분장 출현하여 계시적으로 일러주고 일깨워 주고 있다. 또한 현실의 자아가 고민하고 있고 바라고 있는 당면 문제를 일러주는 경우가 있다. 상징적인 꿈에서는 현실에서 현명하고 지혜로운 사람, 덕이 많은 사람들과 관련을 맺게 되어 상담을 받게 되거나, 어떤 문제를 해결해 줄 사람을 만나게 되는 일로 실현될 수도 있다.

⑥ 이름을 탁(晫)으로 고치고 왕위에 오른 꿈 → 고려 명종의 왕위 등극 예지

겨울 10월에 왕이 이름을 탁(晫)으로 고쳤다. 일찍이 잠저에 있을 때에, 꿈에 어떤 사람이 이름을 천탁(千晫)이라 짓더니, 얼마 안 가서 왕위에 올랐다. 이때에 와서 금주(金主)와 이름이 같으므로, 고치고자 하여 재상들에게 의논하여 지어 올리게 하니, 참지정사 최당이 탁(晫)자를 지어 올렸다. 왕이 마음속으로 이를 이상하게 여겨, 드디어 이름을 고쳤다.---『고려사절요』 제13권, 명종(明宗)

고려의 명종(明宗)이 왕위에 오르기 전인 잠저 시절에 누군가가 이름을 탁(晫)으로 고치고 왕위에 오르게 되는 꿈이었다. 명종(明宗)은 고려 제 19대 왕으로, 뜻밖에 무신의 난으로 인해 형인 의종이 폐위되고, 무신들에게 추대되어 즉위하게

된다. 그러나 자신의 '호(晧)'의 이름이 그 후 금나라의 왕과 이름이 같아, 이름을 새롭게 고치는 과정에서 어릴 때 이름을 탁(晫)으로 고치고 왕위에 오르게 되는 꿈과 같이 왕이 되고 나서 자신의 이름을 탁(晫)으로 고쳤다.

즉 어릴 때 꿈속에서 이름을 고쳤던 사람이 바로 자신의 또 다른 자아를 상징적으로 보여주고 있다. 이렇게 꿈속에서 또 다른 자신이나, 자신으로 상징된 인물이나 동물을 보게 되는 사례가 많다.

3) 꿈의 상징 기법 – 인물이나 대상의 바꿔놓기[전이(轉移)]

만약에 꿈이 상징화하여 우리 인간에게 암시적으로 보여주지 않고, 모든 꿈들이 일상의 사고로 받아들이게 펼쳐진다면 어떻게 될까? 이 경우에는 꿈의 존재 가치가 없어진다고 볼 수 있다. 굳이 꿈을 해몽할 필요가 없으며, 꿈의 의미를 생각해볼 필요도 없을 것이다. 하지만 좋지 않은 꿈을 꾸었을 때는 공포와 두려움에 시달리게 될 것이며, 좋은 꿈을 꾸었을 경우에 아무런 노력없이 결과만 기다리게 될 것이다.

꿈의 언어는 상징이다. 일부의 사실적인 미래투시 꿈의 전개를 제외하고, 꿈의 표현 기법은 직서적(直敍的)으로 표현하기보다는 다양한 상징 기법을 사용하고 있다. 꿈의 다양한 표현 기법 중에서, 바꿔놓기는 꿈의 상징 기법의 기본적인 수단이며, 본래의 의미를 덮어 감추어서 어떠한 것으로 바꿔놓는 표현수단이다. 여기에 대해 프로이트는 잠재적 욕구가 표출될 때 검열에 의해 부득이하게 왜곡되어 나타난다고 하고 있는바, 이는 잘못된 견해이다. 일반적으로 바꿔놓기와 왜곡에 의해서 꿈의 상징 기법이 전개됨으로써 꿈이 의미하는 바에 대하여 알쏭달쏭하게 하여 궁금증을 갖게 하고, 우리 뇌리에 보다 강인하게 각인시키기 위한 꿈의 상징 기법인 것이다.

사실적인 미래투시의 꿈에서는 꿈과 똑같이 꿈속의 인물에게 그대로 실현되지만, 상징적인 미래 예지 꿈의 실현에 있어서 등장인물이나 대상이 전이(轉移)되는 바꿔놓기가 있다. 이해를 돕기 위해서, 먼저 바꿔놓기에 대한 꿈체험담 사례를 하나 살펴본다.

예지몽일까요? 매일 그러는 건 아니고요. 저에게 안 좋은 일이 생기기 몇 시간 전의 일을 예지몽으로 꾼 적이 많습니다. 가장 최근에 꾸었던 꿈은 어떤 남성과 싸우다가 아는 형이 심하게 다치는 꿈이었습니다. 그 장소는 술집이었던 것으로 알고요. 그러나 꿈과 현실의 차이는 조금 나는 것 같더군요.

낮잠을 자다 꾼 꿈이었고, 아는 형과 찜질방에 갔습니다. 그렇게 재밌게 놀다가 술에 취해 있던 아저씨가 형님과 시비가 붙어 싸우게 되었는데, 아는 형님은 중지탈골의 부상을 당했고, 같이 싸운 아저씨는 앞니 두 개가 빠지는 사건이 있었습니다. 예지몽이라고 해서 그 상황 그대로 보여주는 것이 아닌 것 같아요. 예지몽은 미래를 구체적으로 보기보다는 추상적이게 보인다고 할까? 예지몽은 그 상황 그대로 보여주는 것은 아니라는 거죠.---사요나라, 2009. 10. 07.

술집이 아닌 찜질방에서 사건이 일어나고 있다. 미래를 추상적으로 보여주는 것이 아닌, 꿈의 언어는 상징적으로 보여준다고 하는 것이 보다 이해하기 쉬울 것이다.

(1) 인물을 다른 인물로 바꿔놓기

① 아기 손가락이 잘린 꿈 → 시아버지 손가락이 절단되는 사고가 나다.

선풍기에 아기 손이 잘려서 병원에서 봉합수술을 받으려고 손가락을 가지고 가는 꿈을 꿨어요. 그런데 이틀 뒤에 시아버지 손가락이 절단되는 일이 일어났어요.

② 아버지의 배 속의 장기가 튀어나온 꿈 → 할머니의 췌장암으로 실현.

꿈에 아버지가 배가 임신한 것처럼 불러 있기에 "아빠 배가 왜 그래요? 임신했어요?" 했더니, 아버지가 옷을 올려 배를 보여 주는데, 배 속 장기가 모두 밖으로 튀어나와 있었어요. 하도 끔찍해서, "아빠, 병원 빨리 가보세요." 하며 기분 안 좋았던 꿈이었어요. 그 다음 날 할머니가 췌장암 말기 판정을 받아 병원에 입원한 사실을 알게 되었어요.---도시락, 2007. 12. 06.

③ 막냇동생이 어렸을 때의 유치원생의 모습으로 차에 치이는 것을 본 꿈 → 다른 유치원생 아이에게 교통사고가 남.

어느 날 엄마가 꿈이 너무 선명한데 너무 안 좋다고 하신다. 막냇동생이 아주 어렸을 적에 유치원 다니던 모습으로 나와서 내 손을 잡고 있는데, 자기 손을 뿌리치더니 도로에 뛰어들어 끽~ 하며 자동차 소리가 나서, 엄마가 "어떡해. 죽었나 봐" 하며 울부짖던 꿈이었어요. 그 꿈속에서는 엄마 옆에 나와 내 바로 밑 동생이 있었다고 합니다.

몇 달 뒤 실제로 유치원생으로 보이는 남자아이가 도로에 뛰어들어 차에 치이는 모습을 보게 되었으며, 실제로 엄마와 그 옆에는 나 그리고 바로 밑의 동생이 있던 일로 실현되었다.---도시락, 2007. 12. 06.

꿈속에 인물의 바꿔놓기를 보여주는 사례이다. 장차 다가올 일에 충격적인 여파를 꿈을 통해 시연(試演)해 봄으로써, 완화해주는 역할을 하고 있다.

④ 아주버님이 나체로 어떤 여자와 성행위를 하는 꿈 → 실제로는 아주버님의 부인이 바람을 피우게 됨.

　　꿈에 아주버님이 나체로 어떤 여자와 자는 것을 보았습니다. 너무 이상해서 정말 아주버님이 바람피우는 것이 아닌가 의심까지 했습니다. 그러나 세월이 흐르고 나서 알게 된 것인데, 그때 바람피운 것은 아주버님이 아닌, 부인인 것이 밝혀졌습니다. 헉!---멋쟁이, 2009. 01. 29.

상징적인 미래 예지 꿈에서는 이처럼 꿈속에서 등장인물의 바꿔놓기가 이루어지고 있다.

⑤ 이틀밖에 못산다는 꿈 → 남편이 꿈을 꾸었으나, 막냇동생에게 실현됨.

사이트 이용자의 꿈 사례이다.

　　남편이 꾼 꿈이다. 얼마 전에 아침에 늦잠을 자는 남편을 깨웠는데, 남편이 자신이 기분 나쁜 꿈을 꿨다면서 자기를 위로해달라고 했다. 그래서 물으니 내용인즉, 자신이 병원에 누워있는데 의사가 자신을 보면서 담담하게 "당신은 앞으로 2일밖에 살 수 없으니, 마음의 준비를 하라"고 말을 했다면서, 꿈이 너무 생생하고 기분 나쁘다고 했다.

　　그래서 남편은 다음 날까지 조심하느라 외출도 삼갔는데, 친정아버지가 "죽는다는 꿈은 좋은 꿈이다."고 위로해주셔서 우리는 재미삼아 복권을 구입했다. 그런데 정말 엄청난 일이 이틀 후에 일어났다.

　　막내 서방님이 휴가라(우리 시댁은 4형제였다) 서울에서 회사를 다니던 둘째와 공부하던 셋째 도련님이 함께 그 차를 타고 시골에 가시다가, 졸려서 잠시 갓길에 차를 주차했는데 5톤 트럭이 취중운전으로 들이닥쳐서 셋째 도련님만 그 자리에서 그만--, 다른 도련님과 막내 동서는 임신 중이었지만 무사했다. 약간의 타박상만 있었을 뿐--.

이 역시 꿈에서 대상이나 인물의 바꿔놓기가 이루어진 것이라 볼 수 있겠다. 상징적인 미래 예지 꿈으로 앞으로 일어날 엄청난 일에 대해서 마음의 준비를 하게 해주고 있다. 일반적인 죽음의 상징적인 의미는 재생이요, 부활로 새로운 탄생을 예지하는 좋은 꿈이지만, 이처럼 등장인물의 표상이 전이되어 사실적인 요소가 결합되어 실현되는 사례가 있음을 보여주고 있다. 꿈은 실현되기까지 알쏭달쏭하게 일러줌으로써 마음의 준비를 하게 해줄 뿐, 우리 인간에게 모든 것을 보여주지는 않는다.

⑥ 엄마가 목욕탕에서 쓰러지는 꿈 → 목욕탕에서 어떤 할머니가 쓰러지는 일로 실현

어느 날 갑자기 목욕탕이 꿈에 자주 보이더라고요. 그래서 '왜 그럴까?' 하고 계속 궁금해하면서 '목욕탕을 가야 하나 보다' 하고 속으로 생각을 했지요. 근데 목욕탕 가기 전날인가, 엄마가 목욕탕에서 쓰러지는 꿈을 꿨어요. 제가 부둥켜안고 울먹였죠. 꿈은 반대가 아닌 것을 알고 있었기에 그 꿈을 꾸고 어찌나 고민을 했는지, '엄마한테 나쁜 일이 일어나겠구나' 하고 걱정 또 걱정이었습니다.

그런데 꿈을 잠시 잊고 동생이랑 목욕탕에 가기로 했어요. 가기 싫었지만, 목욕을 안 하면 좀 찜찜해서 갔지요. 근데 목욕을 하는데 어떤 할머니로 보이는 분이 상태가 안 좋아 보이더라고요. 근데 좀 있으니깐 무슨 시큼한 냄새가 나서 보니 그 할머니가 뒤로 쓰러지시더라고요. 어찌나 놀랐는지---. 저는 놀라서 어리벙벙해져 있는데, 동생이 막 일으켜 세우고 잘 대처를 하더라고요. 알고 보니 할머니가 토하고 급기야는 대변을 싸시지 않겠어요. 긴급상황이었습니다. 사실 저희 아빠도 중풍으로 쓰러져 계시기에 남의 일 같지가 않더라고요. 그래서 동생이랑 같이 부축해서 밖으로 모셔다 놓았지요.

나중에는 119로 실려가셨다고 하는데, 아무튼 그 사건을 겪으면서 엄마가 목욕탕에서 쓰러지는 꿈이 생각이 나더라고요. '아! 이거구나' 하고 생각했죠. '동생이랑 제가 목욕탕에 그날 가지 않았다면, 그 할머니는 어떻게 됐을까?' 주위의 아줌마들은 말만 많지, 한 분도 도와주는 분이 없더라고요. 정말 삭막한 세상이더군요. 그 꿈을 꾸고 이상했어요. 저희 엄마가 쓰러지시지 않았으니까 다행이라고 생각했지만, 왜 그 할머니가 꿈에서 우리 엄마로 상징되어서 나왔을까? 나중에 꿈의 대상인물의 바꿔놓기를 안 다음에는 알게 되었지요. 아! '바꿔놓기'이구나. 아무튼 잘 해결되어서 다행이에요.---이영숙.

꿈에 대해서 해박한 지식을 지니고 있는 사이트 이용자의 실증사례이다. 할머니가 꿈에서는 엄마로 상징되어서 나온 것까지를 정확하게 알고 있으며, 한발 더 나아가 이처럼 꿈이 대상인물의 바꿔놓기를 하고 있음을 알고 있다.

목욕탕에서 엄마가 쓰러지는 안 좋은 꿈의 결과가 이처럼 상징적으로 엄마로 상징되었던 할머니가 위험에 처하는 상황으로 실현되었으며, 또한 반사실·반상

징의 꿈으로 미리 꿈속에서 체험하였기에 당황하지 않고 슬기로운 극복을 할 수 있게 꿈을 통해 도와주고 있다고 하여야 할 것이다.

⑦ 우물 위로 떠오른 친구의 익사한 얼굴 → 친구 아버님의 교통사고로 실현되다.

　　대학 때 친구에 관한 꿈이다. 비가 너무 많이 내려서 앞을 분간할 수 없을 정도였고 하늘은 온통 잿빛으로 캄캄하였다. 대학교 뒷산을 혼자 올라가는데, 웬 우물이 돌뚜껑이 덮인 채 있었다. 궁금한 마음이 들어 비를 맞으며 애써 뚜껑을 열어서 우물 안을 들여다 보니, 흙탕물이 넘칠 정도로 차 있었다. 그 순간 그 흙탕물 위로 뭔가 쑥 하고 떠오르는데, 그것은 물에 불어서 엉망이 된 친구의 익사한 얼굴이었다. 진땀을 흘리며 깨보니 꿈이었다.

　　이 꿈을 꾸고 난 후, 학교에서 그 친구를 만나 제발 조심하라고 부탁했다. 그로부터 3개월 후, 새벽에 그 친구로부터 전화가 걸려왔다. 울면서 그 애는 아버지가 교통사고로 지금 응급실에 계시다고 전했다. 병원에 가 보았을 땐 이미 그분은 돌아가신 후였다. 퇴근길에 타고 가시던 자가용을 트럭이 와서 받은 사고로 뇌에 중상을 입어 얼굴도 알아볼 수 없을 정도로 다쳐서 즉사하셨다고 한다.

사이트 이용자의 실증사례이다. 상징적인 미래 예지 꿈의 실현을 우리 인간이 막을 수는 없는 것으로 여러 사례는 보여주고 있다. 이러한 꿈의 예지를 언제 어떻게 이루어지는지 100% 알 수는 없지만, 어렴풋하게 추정할 수는 있다. 가벼운 꿈일수록 일찍 일어나며, 커다란 사건 사고일수록 뒤에 실현되고 있다. 즉, 우리 인간으로서 받아들일 마음의 준비기간을 알아서 조정해주고 있는 것이다.

잿빛의 하늘, 우울하고 암울한 배경적 분위기, 물에 불어 익사한 친구의 얼굴---, 꿈은 반대가 아니다. 익사한 친구의 얼굴에 대한 바꿔놓기가 이루어져, 현실에서는 아버님의 교통사고로 실현되고 있다. 또한 이로 인하여 고통받게 될 친구의 암울한 앞날을 예지한 꿈으로 보아야 할 것이다.

⑧ 친구가 다리에 붕대를 감고 누워있는 꿈 → 친구 어머니가 다리를 다치다.

　　친구가 교통사고로 한쪽 다리를 붕대로 허벅지까지 칭칭 감고, 억지웃음을 지으며 입원해 있는 꿈을 꾸었다. 그런데 현실에서는 친구 어머님이 교통사고를 당하는 현실로 실현되었다. 가족들과 함께 타고 갔는데, 유독 어머님이 다리를 다치는 일이 일어났다.

이처럼 꿈속에서는 꿈속에 나타난 인물 그대로가 아닌 다른 사람에게 실현되는 일이 상당수 있다. 즉, 꿈속의 인물은 상징 표상이지, 현실의 인물이 아니다.

⑨ 험상궂은 아저씨가 문을 열고 들어오려는 꿈 → 전도하는 아주머니가 들어오려고 하다.

며칠 전에 꿈을 꿨거든요. 막 문을 험하게 두드리길래 인터폰으로 봤더니, 험상궂게 생긴 아저씨 한 명인가 두 명이 막 문을 열라면서 두드리더라고요. 너무 무서워서 조심조심 현관으로 가서 문 3개 다 잠궜었어요. 그리곤 깼거든요.

그리고 한 몇십 분 정도? 흐르고 나서, 아빠가 환경미화원이라서 청소하다가 점심 시간이 되면 집에 오시거든요. 그때가 12시정도였으니 아빠가 오실 때였죠. 누가 문을 똑똑 두드리더라고요. 엄마는 아빠니까 문 열어주라고 하더군요. 근데 요즘 험한 일이 많이 일어나니 인터폰으로 보려고 저는 인터폰으로 다가가고, 엄마는 아빠라면서 현관으로 문 열어주려고 갔거든요. 그 순간에 딱 인터폰 켜서 보니까, 절 같은 데서 나온 아줌마들이 있더라고요. 엄마가 마저 남은 열쇠 1개를 열려는 순간, 제가 아빠 아니라고 열지 말라고 그랬어요. 그리고 인터폰으로 어른 안계신다고 하니까 아줌마들이 그냥 가더라고요. 엄마한테 내가 안 봤으면 우리 몇 분 동안 설교 들었을지도 모른다고---. 보통 절이나 교회에서 사람들 나오면 벨 먼저 누르는데, 그 아줌마들은 다짜고짜 문을 두드리더라고요.---옹야는 내꺼, 2007. 07. 27.

⑩ 어머니의 시신을 안고 걸어가는 꿈 → 아버지가 돌아가시게 되다.

아주 캄캄한 밤에 내가 흰옷 입은 어머니의 시신(이미 작고하셨음)을 안고 어딘가를 천천히 걸어갔다. 내 왼쪽에는 커다란 병원 건물이 형체를 나타내고 있었고, 어디선가 흔히 교인들의 장례에서 들을 수 있는 '어메이징 그레이스'가 들려왔다.

달 없는 밤, 즉 음력 그믐이나 월초에 아버지께서 돌아가신 것이다. 어머니의 시신은 아버지와 인물의 바꿔 놓기를 한 것이다. 아버지께서는 음력 정월 초이튿날 고이 잠드셨다. 시신은 대학병원에 안치하였으며, 생전에 아버지는 교회 집사이셨다(글: 운몽).

⑪ 보기 싫던 형이 나타난 꿈 → 싫어하는 후배를 우연히 만나다.

잠시 지방의 아는 형님 집에서 식당일을 배우고 있습니다. 어느 날 하루는 꿈에 3층 집에 내가 모르는 수많은 남자들이 있었고, 그중에 한 명이 나에게서 돈을 빌리고 도망간 내가 알던 형이었습니다. 그 형이 상에 차려진 음식을 먹으려고 하는데, 내가 "그건 제사 음식이니 먹지 말라"고 말했고, 그 형은 막 소리를 질렀습니다.

그리고 꿈에서 깨어났는데, 3일 뒤 제가 일하는 식당에 학생들이 단체로 왔습니다. 정신없이 손님을 받고 있는데, 여자 한 분이랑 남자 두 분의 손님이 왔습니다. 그중 남자

한 명이 내가 보기 싫어하는 후배였습니다. 그 후배 고향은 서울이고 저도 서울이고, 지금 있는 지방은 아무런 연고가 없는데, "우연히 식사하러 들렀다"라고 말하더라고요. 그 순간 3일 전의 꿈이 생각났습니다.---김정호, 등록일 : 2012. 09. 22.

돈을 빌리고 도망갔던 보기 싫던 형으로 상징된 인물이 현실에서는 바꿔놓기를 통해 보기 싫어하던 후배로 실현되고 있다. 아마도 "꼴보기 싫은 놈! 우리 식당에서 식사하지 말아라(제사 음식이니 먹지 말아라)"라는 소리를 지르고 싶었을 것이다.

일반적인 상징에 있어서 꿈에서 싫어하는 사람이 나오는 꿈은 면접 또는 시험에 낙방하거나 사업에 실패하는 일로 실현되고 있다.

⑫ 자신이 죽어서 집안이 통곡하고 있는 꿈 → 동생이 꾸고 형이 복권에 당첨.

꿈속의 자기는 어떠한 사업체나 일거리·대상으로, 작품이나 기타 성취해야 할 것을 뜻하고 있다. 동물의 경우에 죽는 것은 좌절·무산되는 일로 실현되는 경우가 있다. 하지만 꿈속의 인물이 자신의 상징으로 등장하는 경우에는 '죽는다'는 꿈의 상징적 의미는 현재 상황의 낡은 껍질을 벗고 새롭게 태어나는 부활과 탄생을 뜻하며, 일거리나 대상이 성사되고 성취되었음을 뜻한다. 그리고 그 일로 인해서 온 집안 식구가 통곡한 것은 모든 가족이나 모든 회사원이 크게 기뻐하고 만족하며 소문을 낼 일을 상징하고 있다.

이처럼 꿈속에서 자기가 죽는 꿈이나, 시체와 관련된 꿈은 좋은 결과로 실현되고 있다. 실증사례로 죽음과 관계된 꿈을 꾸고 복권에 당첨된 수많은 사례가 있다. 따라서 이런 죽음과 관련된 꿈을 꾸고 기대하는 일이 재물운 밖에 없다면, 일단 복권을 사보는 것도 바람직하다고 하겠다. 일반적으로는 죽음의 꿈은 승진·성취·성공의 일로, 현재의 자신에서 새로운 탄생을 가져오는 일로 이루어지고 있다.

삼 형제 중에 막내의 꿈으로, 실제로 현실에서는 꿈은 동생이 꾸고 복권은 만형이 당첨되는 일로 실현되고 있다. 이처럼 꿈의 실현은 대상이나 사람의 바꿔놓기가 이루어지고 있는 것이다.

(2) 사물, 일거리·대상, 사건·사고를 인물(동식물)이나 신체로 바꿔놓기

① 정초에 손가락 네 개가 잘려나가는 꿈

그 해에 직장에서 유난히 교통사고가 많이 나서, 네 사람이 교통사고로 사망하는 일로 실현되었다.

② 본인의 엄지손가락(오른손)만 남고 다른 손가락이 모두 잘린 꿈

다음 날 제주공항에 비행기 사고로, 비행기 앞부분만 남고 나머지는 크게 부서지는 일로 실현되었다.

③ 처녀가 콩팥에 병이 들었으니 어떻게 하면 좋으냐고 묻는 꿈

문학작품을 발표하려는데 어떻게 하면 좋으냐고 상의해 올 사람으로 실현되었다.

④ 여덟 명의 모델 일꾼이 온 꿈

여덟 군데의 신문사와 잡지사에 자신의 글이 소개되는 것을 예지해주고 있다. 이는 저자 입장에서의 실현된 사례이며, 각기 처한 상황에 따라 다양한 실현이 가능하다고 하겠다. 예를 들어, 회사 사장의 경우 여덟 군데의 부서에서 희망자가 신청되었다든지, 한 명의 직원을 뽑는 데 있어 8명이 지원한 경우를 들 수 있겠다.

⑤ "막다른 골목의 자식 아홉 달린 과부를 얻어 사시오."라는 꿈 → 전셋집을 얻게 됨.

전셋집을 구하러 다니던 사람이 꾼 꿈이다. 막다른 골목은 최종적이란 뜻이고, 자식이 아홉 달렸다는 것은 방이 아홉 개나 있다는 뜻이며, 과부는 그 집 큰방을 뜻하는데, 그런 집의 안방을 전세로 들어가라는 중개업소 복덕방 할아버지의 말로 실현되었다.

⑥ 여자 옷을 하나하나 벗기는 꿈 → 일거리·대상에 관심을 갖게 됨.

여자로 상징된 그 어떤 대상이나 사물·일거리에 대해서, 관심을 갖고 살펴보게 될 것을 예지해주고 있다. 이 경우 성행위까지 나아가는 꿈이라면 결합·성취·성사·체결의 일로 이루어진다.

이 경우에서도 꿈을 꾼 사람이 처한 상황에 따라서 달리 실현된다. 대학생이 꿈을 꾼 경우라면, 일본어나 중국어 등 어학 공부를 해나가는 일로 실현될 수도 있다. 회사원이라면, 주식을 알게 되어 주식 공부를 해나가는 것을 상징하고 있다. 부동산 관계자라면, 토지나 건물에 어떠한 하자가 없는지 꼼꼼히 따져보는 일로 실현될 수 있다. 돈을 빌려준 사람이라면, 차용 증서나 그 밖의 어떤 문서 내용에 잘못이 없는가 따져볼 일로 실현될 수 있다.

⑦ 집안에 들어온 작은 도둑을 잡는 꿈 → 임시직의 일자리를 얻다.

집 안에 들어온 작은 도둑을 통쾌하게 잡는 꿈으로 집 근처 학교에 열흘 동안 임시 시간강사로 일하는 일자리를 얻는 일로 실현된 사례가 있다. 이처럼 사람인 도둑의 상징이 일거리나 대상을 뜻하는 일로도 이루어지고 있다.

⑧ 아버지가 병에 걸리다. → 두통으로 고생하다.

외국의 사례이다. 꿈에 아버지가 병에 걸렸는데, 꿈을 꾼 자신이 두통으로 고생하였다. 이는 꿈의 상징에서 머리는 아버지를 상징하기 때문이다. 전체적으로 몸의 상부는 위인·상급자와 동일시하고, 하부는 하급자를 상징하고 있다.---아르테미도로스, 『꿈의 열쇠』

(3) 인물(생물)을 사물로 바꿔놓기

① 태몽 표상

장차 태어날 태아의 상징 표상물로 동물·식물뿐이 등장하는 것이 아니라, 산이나 호수 등의 자연물이라든지, 여러 서적·옷·거울·유모차 등 여러 사물들이 등장하고 있다. 자세한 것은 꿈의 상징 기법(사물화)에서 살펴본다.

② 지갑을 잃었다가 찾은 꿈 → 강아지를 잃었다가 되찾음.

제가 어느 시골을 갔어요. 가다가 갑자기 화장실에 가고 싶은데 그 마을 할머니가 지나가시기에 "화장실 좀 쓸 수 없느냐"며 사례는 하겠다고 했더니, 그냥 사용하라는 거예요. 전형적인 시골 푸세식 변소인데, 할머니에게 제 가방 좀 갖고 계시라고 하고 변기에 앉았는데, 오래된 나무 문짝인지라 바깥이 훤히 보이는데, 할머니가 들고 계시는 내 가방의 지퍼가 주욱 열려 있는 게 보이는 거예요. 그래서 순간적으로 바깥으로 나와서 가방 안을 보니, 지갑이 없는 거예요. 할머니한테 내 지갑 어디 있느냐고 물으니, 할머니는 모른다고 하고, 그런데 할머니가 입으신 몸빼 바지 주머니가 불룩하게 나온지라, "할머니 주머니에 그거 뭐냐?"라고 묻고 보니 내 지갑이었어요. 지갑을 뺏고는 가방 속에 든 양산을 할머니에게 드리니 싫다고 하더라고요. 그러고는 꿈에서 깼어요.

휴가왔던 아들이 아침 9시경에 귀대를 하기 위해 인사를 하고 갔는데, 강아지가 따라 나갔다가 길을 잃어버린 것을 모르고 한 시간이나 지났을까, 안 보이길래 부르니 조용한 거예요. 아침부터 온 동네를 찾아다니다가 다행히 찾았어요. 그날 아주 진땀을 빼고 가슴을 쓸어 내렸습니다. 강아지를 잠시 잃어 버려서.---궁금한, 2007. 09. 21.

지갑을 잃어버렸다가 되찾는 꿈이 현실에서는 강아지를 잃어버렸다가 되찾는 일로 실현되고 있는바, 다양한 바꿔놓기가 펼쳐지고 있다.

③ 만들어진 얼마 안 된 무덤의 구멍을 막은 꿈

산모의 장이 터져 급하게 수술하여, 아이가 인큐베이터에 있게 되는 일로 실현되었다.

④ 큰 산이 찢어지고 붉고 누른 금(金) 같은 물건이 흘러나온 꿈 → 등창으로 죽게 됨.

당(唐)나라 이허중(李虛中)은 등창이 나서 죽었다. 죽기 전의 꿈에 "큰 산이 찢어지고 붉고 누른 금(金) 같은 물건이 흘려 나왔다."라고 한바, 한유(韓愈)가 그 꿈을 해몽하기를, "산(山)이라는 것은 간(艮)인데, 간(艮)은 등〔背〕이요, 찢어져서 붉고 누른 물건이 흐르는 것은 등창의 형상이며, 대환이라는 것은 크게 돌아간다〔大歸〕는 말이니, 죽을 것을 예고한 것이다."라고 하였다.

인체 부위에 등창이 나게 될 것을 산이 찢어지는 것으로 상징화하여, 이상이 있게 될 것을 예지해주고 있다.

(4) 일거리·대상을 사물로 바꿔놓기

① 큰 창고 안에 깔려 있던 벼가 쌀과 해바라기 씨로 변한 꿈

출판된 책이 이론과 설명 두 부분으로 나누어지거나, 정신적인 양식이 될 것을 예지한 것이었다. 이는 저자의 경우에 실현된 사례이며, 사업가의 경우에는 자신의 사업 영역이 둘로 나뉘게 될 것을 예지하는 것도 가능하다고 하겠다.

② 김치통이 녹아내리는 꿈 → 부동산 계약 파기

가스레인지에 무엇인가를 올려놓았는데, 다시 보니 흰 플라스틱 김치통이 놓여 있고, 신기하게도 위로부터 흐물흐물 불에 녹아내리는 꿈은 부동산 매매 계약 등이 파기되는 등 추진 중인 일이 성사되지 않는 것으로 실현되었다.

③ 삐삐 번호를 불러주는 꿈

꿈속에서 친구가 삐삐 번호를 적어 놓으라며 불러 주기에 '내가 알고 있는데, 왜 또 불러 줄까?' 하면서 적었는데, 바로 그 다음 날 아침에 그 삐삐 번호를 불러 주던 주인공이 전화해서는 휴대폰 번호를 적어두라며 알려주었다. 그때서야 그 꿈의 의미를 알 수 있었다.

4) 꿈의 상징 기법 – 표상의 변화[전위(轉位)]

장차 일어날 일을 예지해준다는 미래 예지 꿈의 특성상 꿈의 다양한 상징 기법 중에서 꿈속의 상징물이 다르게 변하는 표상의 전위 방법이 자주 쓰이고 있다. 이는 우리 인간에게 그나마 다행스러운 꿈의 상징 기법이라 하겠다. 즉, 대부분의 상징에 있어서 상징 표상물만 등장하고 있는 데 반하여, 한발 더 나아가 표상의 전위를 보여주는 것으로 두 대상을 비교함으로써 보다 꿈의 상징 해석에 관한 구체적인 추정이 가능하도록 해주고 있다. 구체적인 두 사례를 들어 살펴본다.

① 사납고 냄새나는 큰 돼지가 방안에 들어와 사람으로 변한 꿈

이 경우, 처한 상황에 따라 사납고 냄새가 나는 큰 돼지가 부정한 재물의 상징으로 실현될 수도 있다. 하지만 이처럼 사납고 냄새가 나는 큰 돼지가 방안에 들어와 사람으로 변한 꿈으로 표상 전위가 일어난 경우, 꿈의 실현에 있어 돼지의 상징 표상을 재물의 상징이 아닌 사람으로 단정하고 해몽을 할 수 있도록 해주고 있다. 현실에서는 억세고 돈 많으며 세도가 당당한 소문이 나쁜 사람이 인격자인 척하고 자기 집에 찾아오는 일로 실현되었다. 이처럼 돼지가 태몽 표상에서는 사람의 상징으로 등장하기도 한다. 냄새나는 돼지인 경우, 태몽이라면 피부병이 있으며 깨끗하지 않은 아이를 낳게 되는 일로 실현될 수도 있다.

② 자동차를 운전하다가 비행기를 운행하는 꿈

자동차를 운전하는 꿈은 자동차로 상징된 어떠한 가게나 사업 등을 영위해나가는 것을 뜻한다. 이 경우 탄탄대로를 시원스럽게 달리는 꿈이 좋은 꿈이며, 사업이 번창함을 상징적으로 보여주고 있다. 자동차를 운전해 달리다가 어느 순간에 표상의 전위가 이루어져 비행기를 운행하는 꿈이었다고 한다면, 아주 좋은 꿈이며 보다 구체적인 해몽이 가능하다. 이 경우, 비행기는 자동차보다 고급적이며 규모가 큰 회사나 사업체를 상징하고 있다. 따라서 꿈의 실현은 자동차로 상징된 가게나 개인 기업체나 소규모 회사에서 장차 어떤 전환기에 비행기로 상징된 커다란 회사나 국영 기업체에서 책임 있는 역할을 맡게 되는 일로 나아가게 될 것임을 상징적으로 보여주고 있다.

(1) 표상의 전위-태몽에서 표상의 전위를 통해 운명의 길을 상징적으로 예지

대표적인 미래 예지 꿈인 태몽에서는 상징 표상물이 변하는 전위의 상징 기법을 통해 태어날 아이의 장차 인생길에서의 운명 변화의 과정을 단적으로 명료하게 보여주고 있다. 다양한 여러 사례를 들어 간략하게 살펴본다.

① 뱀을 난도질하자 하반신에 피가 나면서 사람으로 변한 태몽

태어난 여아가 중년에 병이 들어 하반신 마비가 되는 일로 실현되고 있다.

② 처음에 작은 벌레였던 것이 여러 차례 다른 커다란 동물로 변하는 태몽

처음에는 미약하지만, 점차 능력을 발휘하고 훌륭한 인물로 변모함을 예지한다.

③ 처음에는 조그만 자라이던 것이 커다란 거북이로 변하는 태몽

처음은 미약한 인물이지만, 장차 유명인사가 되거나 부귀·권세의 인물이 될 것임을 예지해주고 있다.

④ 길을 잃고 헤매는 사슴 새끼 한 마리를 치마폭에 싸서 집으로 가져왔더니, 황금 사슴으로 변해버린 태몽

초년기에는 어려운 삶을 살게 되나, 장차 부귀한 존재가 됨을 표상의 전위과정을 통해서 예지해주고 있다.

⑤ 강가에서 낚시로 작은 물고기를 잡았으나, 그 물고기가 잉어로 변하거나, 구렁이나 호랑이 등으로 변한 표상의 전위가 이루어진 태몽

유아기보다는 청소년기와 장년기 등으로 나아갈수록, 점차 큰 인물이 될 것을 예지해주고 있다. 이 경우 꿈을 꾼 사람이 처한 상황에 따라 달라 실현되는바, 일반적인 꿈의 경우에는 처음 시작한 어떠한 사업이나 대상이 보잘것없지만, 이후에 엄청난 성공을 거두게 될 것을 예지해주고 있다.

⑥ 검은 치마에 떨어지는 해를 받았더니 오색찬란한 갑사 치마로 변한 태몽

평범한 신분에서 귀한 인물이 될 것을 예지해주고 있다.

⑦ 황금빛 태양이 사람의 얼굴로 변하여 방긋거리는 꿈

태아가 장차 큰 인물이 될 것을 예지한다.

⑧ 매가 족제비·금붕어·잠자리로 변해 벽에 붙어 있는 태몽

태아가 일찍 죽을 때까지의 생활환경 변화나, 허무한 삶이 되어 버린 일생을 예지해주고 있다.

⑨ 붕어가 비단잉어로 변해 재주를 넘는 꿈

　　사람만큼 커다란 붕어가 도랑을 헤엄치고 있었다. 붕어를 따라가니 곧 넓은 바다가 나타났다. 바다를 만난 붕어는 금세 비단잉어로 변했다. 어머니는 "그런데 그 비단잉어가 갑자기 뛰어 올라 재주를 넘더니 품에 안겼다. 그걸 보던 사람들이 막 박수를 쳐 주더라."라고 했다.

　2012년 런던 올림픽 체조 금메달, 그의 어머니가 꾼 양학선 선수의 태몽이다. 붕어에서 비단잉어로 표상전위가 이루어지고 있는바, 처음에는 미약한 인물이나 장차 큰 인물이 될 것임을 예지해주고 있다. 바다로 상징된 넓은 세계 무대에서 비단잉어로 재주를 넘는 표상에서 '재주 넘는' 것과 관계되는 기계체조에서도 도마 위에서 날아오르는 분야에서 세계 최고의 양학선 기술을 보여주는 인생길을 열어가고 있다. 이처럼 태몽의 신비성은 꿈의 예지력을 단적으로 드러내고 있다.

　여기에 대하여, 양학선은 방송에서 말하기를, "비단잉어가 재주를 넘었다는 점에서는 나와 맞는 것 같다.", "그런데 점점 갈수록 커진다고 했지만, 제 키는 안 컸다."라고 말했는데 이는 잘못된 꿈에 대한 이해에서 비롯되고 있다. 태몽 표상에서 커진다는 것은 키가 커지는 것이 아니라, 개인의 능력이나 역량이 놀라울 만큼 발전하는 것을 뜻한다.

⑩ 예쁜 강아지가 여자로 변한 꿈

　　탤런트 조은숙은 SBS '김승현·정은아의 좋은 아침'에 남편 박덕균 씨와 출연해 임신 사실을 알렸는데, 다소 엉뚱한 태몽을 공개했다. 그녀는 "이게 태몽인지는 잘 모르겠지만, 너무 예쁜 강아지가 예쁜 여자로 변하는 꿈을 꿨다.", "이 같은 이야기를 주변에 했더니, 다들 개꿈이라고 하더라."라고 했다.---[뉴스엔], 이정아 기자, 2006. 11. 23.

　예쁜 강아지가 예쁜 여자로 변하는 표상의 전위가 이루어지고 있는바, 실제로 딸을 낳고 있다. 보통의 태몽 표상에서 '예쁜 강아지'만 등장하는 경우가 다반사이다. 이 경우에 있어서도 '예쁜 강아지'의 상징 표상에서 장차 태어날 아이가 여아이거나 여성적인 성품의 아이가 될 것임을 보여주고 있다. 하지만 한 발 더 나아가, 예쁜 강아지가 예쁜 여자로 변하는 표상의 전위과정을 통해 장차 태어날 아이가 여아임을 보다 확실하게 드러내고 있다. 또한 예쁜 여자로 변한 데서 장차 딸의 미모가 상당히 뛰어날 것을 예지해주고 있다.

　이때 꿈속에서 표상의 전이가 이루어지는 것이 짧은 순간이지만, 현실에서는 오랜 시일이 걸리게 될 수도 있다. 예를 들어 하나의 상징 표상물이 여러 차례 다른 동물로 변하는 꿈은 현실에서 여러 과정을 거쳐 이루어짐을 뜻하고 있다.

⑪ 구렁이가 용으로 변해서 날아오른 꿈

　　시골 마당에서 잿빛 구렁이를 보았는데, 머리부터 서서히 용으로 변하더니 꼬리까지 완전히 용으로 변해서 공중으로 날아오르는 꿈으로 여아를 출생하였다.---'거인의 정원' 블로그.

태몽으로 구렁이에서 용으로 표상전위가 이루어지고 있는바, 인생길에서 보다 귀한 직분으로 나아갈 것을 예지해주고 있다.

⑫ 고양이가 호랑이로 변한 꿈

　　저희 시어머님이 저의 임신 사실을 알기 3~4일 전에 꾸신 꿈입니다. 거실에 있던 고양이가 호랑이로 변해서, 남편 옆에 자고 있는 꿈을 꾸셨대요. 그 호랑이가 너무 크고 탐스러워서 쓰다듬으며 깨어나셨답니다.

이 역시 고양이에서 호랑이로 변하는 표상의 전위과정을 통해 장차 평범한 인물에서 뛰어난 인물로 나아갈 것임을 예지해주고 있다. 일반적인 상징적 의미로는 작은 사업이나 관직·권세가 점차 크게 발전하게 될 것을 뜻하고 있다.

(2) 표상의 전위 - 이권·재물의 증식 여부 예지

① 한 마리의 돼지가 여러 마리의 돼지로 변한 꿈

재물이나 이권이 번창함을 뜻한다. 처한 상황에 따라 달리 실현되는바, 새롭게 분점을 내게 된다든지, 사업을 확장하는 일로 실현된다. 주식투자에서 막대한 수익을 거두게 된다든지, 로또(복권)에 당첨되는 일로 실현될 수도 있다. 또한 이 경우에 조그만 돼지가 큰 돼지로 변하거나, 돼지가 수많은 새끼를 낳은 꿈의 경우에도 마찬가지 결과가 얻어진다.

② 돼지가 손안에서 저금통으로 변한 꿈 → 복권 당첨

　　"하여간 무지 컸는데 박제된 돼지가 손 안에서 저금통으로 변하더라고요. 한 손에 쥐고 있던 열쇠로 따봤더니, 저금통 안에 있던 동전들이 황금빛을 내면서 음악이 흘러나왔어요."

③ 소량의 조개껍데기가 수백 배의 자갈더미로 변한 꿈

꿈은 꿈을 꾼 사람이 처한 상황에 따라 달리 실현되고 있다. 사업가라면 조개껍데기로 상징된 이미 포기했거나 관심을 두지 않고 있던 사업분야에서 뜻밖의 아이디어로 새로운 히트 상품을 만들어낼 수 있게 된다. 저자의 경우라면 몇 개의 작품 소재에서 장문의 글을 쓰게 될 것을 예지해주고 있다. 또한 저자에게는 조개껍데기로 상징된 무가치한 상태로 있는 원고의 집필이나 정리를 통해, 가치 있고 훌륭한 작품으로 알려질 작품을 창작해내게 될 것을 예지해주고 있다.

④ 강가의 물이 말라 물고기가 노출되거나 하찮은 벌레 등으로 변하는 꿈

사업 분야나 처한 생활환경 등에서 일신상에 시련과 좌절을 겪게 될 것을 예지해주고 있다.

⑤ 보석,반지,팔찌,목걸이,귀걸이의 표상 전위

보석·반지나 팔찌, 목걸이나 귀걸이가 빛나고 마음에 들수록 자신의 소원의 경향에 부합하는 일로 실현이 된다. 그러나 빛이 변하거나 갈라지거나 깨지는 꿈으로 전개되는 경우, 애정이나 재물·명예 등에 있어서 난관에 처하는 일로 이루어진다. 꿈은 반대가 아닌 상징의 이해에 있듯이 이 경우에 좋은 방향으로 변화가 이루어져야 신분이나 직위·작품·업체 등이 최대·최고가 됨을 예지한다. 만약 보석이 빛을 잃게 되거나 색이 변하거나, 갈라지거나 잃어버리는 꿈 등의 표상은 파혼이나 유산 등 좋지 않은 일로 실현된다. 생생한 꿈이면서 가임여건에 있는 경우, 보석·반지나 팔찌 목걸이나 귀걸이 등을 얻는 꿈은 태몽 표상도 가능하다.

⑥ 구름이 하트 모양으로 변한 아름다운 꿈 → 부동산 획득.

"저는 27세 주부입니다. 생생하게 꿈을 꾸었어요. 잠을 자다 문득 눈을 떠보니, 창문이 열리면서 하트 모양의 구름이 떠올라, 정확히 반으로 갈라지더니, 두 덩어리가 된 구름이 안방으로 들어와 빛을 발하며, 다시 하나로 붙어지면서 한쪽은 파란색 한쪽은 핑크색이었던 것 같은데, 다시 하트 모양이 되어 아름답게 빛났습니다."

문득 잠을 깬 후에 한참을 몽롱해했지요. 그날 저녁 집 주인이 "집을 비우라"고 하여 낙심하였는데, 그 이틀 후에 적당한 집을 샀습니다. 아마도 집을 살 꿈이었겠지요."

(3) 표상의 전위-신분의 상승, 성취
① 자신의 머리가 호랑이로 변한 꿈

신체의 가장 중요한 부위인 머리가 호랑이 머리로 변한 것에서 백수(百獸)의 왕인 호랑이처럼 위엄을 떨치고 장차 귀한 지위로 나아가는 일로 실현되었다. 이

처럼 자신의 머리가 사자 → 용 → 호랑이로 변하는 꿈은 자신의 신분이 고귀해져 고급관리나 사장·장성·기타 단체의 우두머리가 될 것임을 예지해주고 있다.

② 용·호랑이·사람 등이 자신의 앞에서 큰 산으로 변하거나, 산을 집어삼키는 꿈

사업가는 사업판도를 넓히게 되고, 정치가는 큰 세력이나 권력을 얻게 되며, 학자는 자신의 명성을 널리 떨치게 된다.

③ 쥐가 갑자기 다른 짐승으로 변하는 꿈

쥐로 상징된 어떤 사람이 새롭게 변모하는 모습을 보게 된다. 미약한 인물이 뛰어난 인물로 되거나, 작은 가게나 사업체를 운영하다가 커다란 사업체를 운영하는 일로 실현될 수도 있다.

④ 동물이나 사물이 커다란 용으로 변하는 꿈

일거리나 대상 사업 등에서 크게 성취되어 일신이 부귀해진다. 또한 자신의 몸이 용으로 변하는 꿈은 부귀 권세를 누리게 되며, 고귀한 직위나 신분에 이르게 된다. 학자는 명성을 떨치게 되며, 사업가는 사업 판도를 넓혀 나가게 된다.

⑤ 쌀알이 용으로 변해 올라간 꿈

쌀을 한 대접 얻어다 놓았는데, 쌀알마다 용이 되어 하늘로 올라간 순조 때의 어느 가난한 선비 아내의 꿈은 그의 남편이 과거에 급제할 것을 예지한 것이었다.

⑥ 호랑이, 여자, 용과 싸워 죽인 꿈 → 고시 합격

처음에 호랑이 한 마리가 나타나 물려고 덤비므로 그놈과 싸웠다. 어느덧 호랑이는 용으로 변했고, 또 싸우다 보니 용은 예쁜 여자가 되어 애교를 부리는 것을 너도 마찬가지 적이라 호통쳤더니, 그 여자는 다시 용으로 변해 덤볐고 목을 졸랐더니, 용이 마침내 죽어 버렸다.

고시합격자의 꿈이다. 이 꿈에서 호랑이, 용, 여자 그리고 다시 용이 되어 죽음을 당한 표상의 전위 과정은 합격의 어려움을 암시한 것으로, 결국 용으로 상징된 합격증(용의 시체)을 소지하게 됐다는(죽임으로써) 전 과정을 이렇게 표현하고 있었다.(글: 한건덕)

호랑이, 용, 여자 그리고 다시 용이 되어 덤비는 것을 죽이는 꿈이니, 정복·제압하고 굴복시킴에 있어 여러 단계를 거치는 어려움을 상징하고 있다. 하지만 결국 완벽하게 제압하였기에, 결국은 용으로 상징된 최고의 권세·부귀·명예를 획

득하게 될 것을 예지해주고 있는바, 꿈을 꾼 사람이 처한 상황에서 가장 절실했던 고시합격으로 몇 차례의 난관을 극복하고 합격으로 실현되고 있다. 이 경우 주식투자자라고 한다면, 여러 어려움 끝에 엄청난 수익을 얻는 일로도 실현될 수 있다. 유사한 사례로, 호랑이와 싸워 죽인 꿈으로 대학입시에 합격한 사례가 있다.

⑦ 기러기떼가 군인들로 변한 꿈

하늘을 날아가던 기러기 떼가 산등성이에 내려앉아 완전무장한 군인들의 일단으로 변했던 꿈은 기러기 떼로 표상된 많은 저작물 가운데 일부의 책이 세상을 향해서 한판 싸움을 벌여야 할 일, 즉 대외적인 선전광고를 하고 그 진가를 따져 물을 일이 있게 될 것을 군대로 묘사하고 있다(고 한건덕 선생님의 꿈으로, 저자였던 입장에서의 실현에 대해 말씀하셨다. 꿈을 꾼 사람이 처한 환경에 따라 다르게 실현될 수 있다).

⑧ 헬리콥터가 물고기로 변한 꿈

많은 헬리콥터가 저수지에 빠지는 즉시 팔뚝만 한 물고기들로 변해서 가득했던 꿈의 실현은 저자의 경우, 헬리콥터가 변하여 수많은 물고기들로 변하고 있는 데에서 기존의 저작물이 새로운 저작물로 보완·개정되어 이루어질 것을 예지해주고 있다.(고 한건덕 선생님의 꿈으로, 저자였던 입장에서 언급되었다.)

⑨ 별이 떨어져 용으로 변했다가 또 사람으로 변한 꿈 → 고려 현종 등극 예지

현종 원문대왕의 휘(諱)는 순(詢)이며, 안종(安宗) 욱(郁)의 아들이다. 처음에 머리를 깎고 절에 있었는데, 그 절의 중이 일찍이 꿈을 꾸기를, 큰 별이 절 뜰에 떨어져서 용으로 변하였다가 또 사람으로 변하니 곧 왕이었다. 이로 말미암아 왕을 기이하게 여기는 이가 많았다.---『고려사절요(高麗史節要)』현종 원문대왕.

절의 중의 꿈에 별이 떨어져 용으로 변하고 다시 사람으로 변하는 표상에서, 꿈속에 나타난 인물이 귀한 인물이 될 것임을 예지해주고 있는바, 대량원군 왕순(王詢)이 강조의 정변으로, 현종으로 왕위에 오르는 일로 실현되고 있다.

(4) 표상의 전위-좌절

처음보다 못한 암울한 표상으로 전위되는 경우에는 연분이 깨어지거나, 성취의 좌절이나 사업의 부도 등 좋지 않은 일로 실현되고 있다.

① 흰 쌀밥이 시커멓게 변한 꿈 → 중매 취소

"중매가 들어와서, 만나기로 했습니다. 그런데 꿈에 밥을 먹는데 흰 쌀밥이 갑

자기 시커멓게 변하는 거예요. 중매하신 아주머니가 저희 집에 전화를 하셔서, 없던 것으로 하자고 했습니다."

② 계란이 깨어지고 까맣게 탄 꿈 → 파혼

접시에 계란이 네 개 정도 있었는데 다 깨어졌고, 마지막에 까맣게 타서 깨진 계란이었습니다. 결혼하기로 한 사람과 깨지고 말았습니다. 그동안 까맣게 타버린 계란처럼, 그렇게 속이 까맣게 타버린 것 같았습니다.

③ 길이 늪으로 변해 차가 빠진 꿈 → 불합격

시험 보기 바로 전날, 꿈에서 저는 어느 시골길에서 운전을 하고 있었습니다. 길은 포장도로가 아닌 흙밭이었죠. 순탄하게 운전을 하여 잘 가고 있었는데, 갑자기 길이 늪으로 변하더니 차가 땅속으로 꺼졌습니다. 물론 저도 그 차 안에 있었죠. 그래서 가던 길을 더 이상 가지 못했습니다. 꿈에서 죽거나 하지는 않았는데, 이 꿈을 꾸고 일어나니까 기분이 영 아니더라고요.

그 날 전 학교에 가서 시험을 보았죠. 일주일 후에 결과가 나왔는데, 예상대로 전 불합격이었어요.

④ 푸른 배추밭이 순식간에 시드는 꿈 → 불합격

딸이 시험을 치른 직후, 넓고 푸른 배추밭이 순식간에 시드는 꿈을 꾸고, 기분 나쁜 가운데 불합격 통지를 받고 재수하게 되었습니다.

⑤ 아궁이의 불이 활활 타다 꺼지는 꿈 → 불합격

이듬해 학력고사를 치른 후 꿈을 꾸었는데, 아궁이에 불이 활활 타다 갑자기 시커멓게 꺼지는 꿈을 꾸고, 또 불합격될 줄 미리 알았습니다. 결국 중상위 성적이었던 딸은 전문대학을 택하고 말았습니다.

⑥ 하늘에 빛나던 해가 구름에 가려 보이지 않게 된 꿈 → 사업의 실패

처음에는 사업이 잘되다가, 구름으로 상징된 외부의 여건 등에 의하여 사업이 지지부진해지고 어려움을 겪게 되었습니다.

5) 꿈의 상징 기법 – 왜곡(歪曲)

꿈의 작업은 현실의 사고처럼 논리적이거나 사실적이지 않고, 상징적이고 왜곡되게 표현이 되고 있다. 프로이트는 이처럼 자신의 잠재적인 억압충동이 꿈으로 상징화·검열화되면서 왜곡되어 나타난다고 보고 있다. 하지만 지나치리만큼

꿈속에 나타나는 모든 것을 억압된 성적인 욕구에서 비롯되고 있다고 보고 있으며, 나아가 정상인이 아닌 환자들의 꿈을 주로 분석대상으로 하고 있다.

프로이트의 주장에 일리가 없는 것은 아니지만, 꿈은 다양하게 전개되고 있으며, 우리가 꾸는 대부분의 꿈인 상징적인 미래 예지 꿈에서도 왜곡의 상징 기법은 사용되고 있다.

① 숨을 헐떡이며 계단을 올라가는 꿈

〔빨간 모자를 쓴 한 장교가 길에서 그녀를 쫓아왔다. 그녀는 마구 도망쳐 계단을 뛰어 올라갔으나 아직도 쫓아오고 있었다. 숨을 헐떡이며 간신히 집에 다다라 급히 문을 잠가버렸다. 장교는 밖에 서서 기다렸다. 그녀가 문틈으로 내다보니 벤치에 앉아 울고 있었다.〕

프로이트의 왜곡 사례에 대한 꿈 분석 사례를 살펴본다. 사랑하는 여성과 하룻밤을 보낸 남성이 있었다. 그녀는 아기를 갖기를 원했으나, 남자는 사정(射精)을 할 수 없는 형편이었다. 이 꿈은 아침이 되어 눈을 떴을 때, 그녀가 말한 꿈이야기이다. 여기에서는 빨간 모자를 쓴 장교에게 쫓기면서 숨을 헐떡이며 계단을 올라가는 것이 성교의 표현이라는 것을 알 수 있을 것이다. 꿈을 꾼 여인이 문을 닫고 남자를 몰아낸 것은 꿈에서 흔히 나타나는 전도(顚倒)에 해당한다. 실제로는 남성 쪽에서 성행위의 완료를 피했기 때문이다. 마찬가지로 그녀의 슬픔은 상대 남성에게 옮겨졌다. 꿈에서는 울고 있는 것이 남자로 바뀌어 있다.

② 여자가 성행위를 하는 것을 성병에 걸린다고 회피하는 꿈

필자의 꿈 사례로, 왜곡되어 전개되고 있는 상징적 꿈 사례이다. 현실에서 모 백화점 문화센터에 강좌를 개설하고자 하는 지망서를 이메일로 보낸 지 하루 뒤의 꿈이다. 꿈속에서 어떤 여자가 벌거벗은 알몸으로 성행위를 하자고 한다. 그런데 필자가 성병이 걸리게 될 것을 걱정하여 거절한다. 이어 벗은 알몸의 그녀를 책상 위에 올려놓고, 내가 성행위를 원할 때 하고자 한다.

성행위는 부동산 매매의 체결이나 계약 성사 등으로 이루어지는바, 여자와의 성행위를 거절하였으니 당연히 계약이나 성사가 이루어지지 않음을 상징적으로 보여주고 있다. 현실에서는 며칠이 지나 다음과 같이 메일로 연락이 왔다.

저희 백화점 문화센터에 관심 가져 주셔서 감사드립니다. 꿈해몽 분야의 보내주신 서류 및 강좌 내용 검토해 보았습니다만, 현재 추가로 강좌 개설 계획이 없음을 안타깝게

생각합니다. 넓은 마음으로 양해 부탁드리며, 추후 강좌 개설 여부를 판단하여 적정한 시기에 다시 연락을 드리도록 하겠습니다.

여기서도 꿈의 상징이 왜곡(歪曲)·전이(轉移)되어 나타나고 있다. 필자가 계약의 성사를 바랐음에도 불구하고, 꿈속에서는 계약의 성사로 상징된 여자와의 성행위를 필자가 거절하는 것으로 전개되고 있다. 이어 그녀를 책상 위에 올려놓고 필자가 원할 때 하고자 하는 꿈은 추후에 기회가 닿으면 고려해보겠다는 상투적인 이메일 답변을 듣게 되는 일로 실현되고 있다.

6) 꿈의 상징 기법-반대, 역전(逆轉)

필자가 꿈해몽에 있어 강조하는 말 중에 하나는 '꿈은 반대가 아닌, 상징의 이해에 있다'는 말이다. 이는 이빨이 빠지는 꿈이나, 신발을 잃어버리는 꿈이 대표적인 흉몽인 것에서 잘 알 수 있으며, 다음의 도둑맞는 꿈의 실증사례에서도 여실히 입증되고 있다.

≪집안이나 가게의 물건을 도둑맞는 꿈≫

집안의 물건을 도둑맞는 꿈을 꿀 때마다, 친구의 승용차 유리가 깨지고 차 안의 가방을 잃어버린다든가, 다른 친구가 소매치기당하는 일로 실현된 사례가 있다. 이처럼 도둑맞는 꿈은 현실에서 대단히 안 좋게 실현되고 있음을 보여주고 있다. 다른 사례로 안경 가게를 경영하던 사람의 꿈이다. 자신의 가게에 도둑이 들어 안경을 몽땅 가져가 버린 꿈이었는데, 그 후 아내가 다른 남자와 바람이 나서 가출하는 일로 실현되었다. 이렇게 볼 때 도둑맞는 꿈은 자신의 소중한 재물이나 어떠한 권리·이권 등을 잃게 되는 일을 예지해주는 것이라는 사실을 알 수 있다. 꿈은 반대가 아닌 상징의 이해에 있는 것이다.

그러나 죽는 꿈의 경우, 마치 꿈이 반대인 것처럼 좋은 일로 실현되고 있다. 하지만 꿈해몽은 상징적 의미의 파악에 있는 것이지, 결코 반대가 아닌 것이다. 모 육군 대령의 꿈에 자신의 목이 뎅겅 잘려나가는 꿈을 꾸고 장성으로 진급한 사례가 있다. 죽는 꿈은 나쁜 일이지만, 표면적인 것이 아닌 내면의 상징적 의미에 있어서 죽음은 낡은 껍질을 벗고 새롭게 태어나는 탄생과 부활을 뜻하므로 기존의 육군 대령은 사라지고(죽고) 장성으로 진급하게 되는 새로운 탄생의 좋은 일로 이루어지고 있는 것이다.

이와 유사한 사례를 살펴본다. '두 명의 경찰관에게 체포되는 꿈', '남편과 이혼하고 엉엉 우는 꿈'이 나쁜 꿈으로 보이지만, 꿈의 실현은 즉석 복권 당첨으로 좋게 실현된 사례가 있다. 이 경우에 모든 사람에게 똑같이 실현되는 것이 아니라, 꿈을 꾼 사람이 처한 특수 상황에 따라 달리 실현되기도 한다.

≪두 명의 경찰관에게 체포되는 꿈, 남편과 이혼하는 꿈≫

대구 죽전동에서 통닭집을 운영하고 있던 송○○ 씨는 20일 간격으로 즉석 복권으로 1등(1천만 원)에 2번이나 당첨되었다.

첫 번째 꿈은 당첨 전날 밤, 두 명의 경찰관에게 자신이 체포되는 꿈을 꿨다. 안 좋은 꿈으로 여기고 꿈을 꾸고 내내 조심하다 즉석 복권을 샀는바, 1천만 원에 당첨된 것이다.

이날 이후 정확히 20일 뒤, 송씨는 또다시 이상한 꿈을 꿨다. 이번엔 남편과 이혼하는 꿈이었다. 꿈속에서 크게 3번을 울었는데, 너무도 시원했다. 깨어나서도 마치 냉수를 마신 듯 시원한 것이 느낌이 아주 좋았다.

송씨는 자신의 꿈을 또 한 번 시험해보기로 하고, 며칠 전 당첨복권을 샀던 바로 그 슈퍼마켓에서 2장의 복권을 샀다. 그런데 이럴 수가--, 또 1천만 원 당첨이라니---

꿈의 실현을 살펴보자면, 첫 번째 꿈에서 두 명의 경찰관에게 체포되는 꿈이었기에 둘로 상징된 두 개의 당첨으로 2천만 원에 당첨될 것을 예지해주고 있다고 보아야 할 것이다. 경찰관으로 상징된 외부의 강력한 영향권 안에 들어가게 될 것임을 보여주고 있으며, 꿈의 실현은 복권 당첨으로 이루어졌다. 다만, 이 경우에 일반적으로는 경찰관에게 체포되는 꿈은 어떠한 절대적인 세력에 휘말리는 등 곤란에 처하게 되는 일로 실현될 수 있다.

두 번째 꾼 꿈인 '남편과 이혼하는 꿈'도 일반적인 상징으로는 좋지 않다. 일반적으로 남편은 어떠한 애착이 가던 일거리나 대상을 상징하고 있다. 따라서 관련을 맺고 있던 어떠한 일거리나 대상을 그만두게 되는 일로 실현되고 있다.

하지만 여기 이 꿈에서는 꿈을 꾼 사람이 처한 비좁은 아파트에 거주하는 특수한 상황 등이 중요하다고 하겠다. 복권 당첨금으로 보다 나은 아파트로 이사 가기를 바라고 있었던 만큼, 남편과 이혼하는 꿈의 상징적 의미가 여기에서는 현재의 비좁은 아파트를 떠나 보다 나은 아파트로 이사 가는 것을 상징하고 있다고 보아야 할 것이다. 모르는 여자와 성행위를 한 꿈으로 아파트를 새롭게 분양받은 사례가 있는바, 모르는 여자가 바로 새 아파트의 상징 표상으로 등장한 것이라 하겠다.

또한 남편과 이혼하는 꿈으로, '크게 3번을 울었는데, 너무도 시원했다'는 부분에서 알 수 있듯이 꿈속에서 느낀 감정이 중요하다. 따라서 꿈을 가장 잘 해몽할 수 있는 사람은 꿈의 상징 기법을 어느 정도 이해만 하고 있다면, 처한 상황이나 마음먹은 바를 가장 잘 알고 있는 본인 자신이다.

유사 사례로 흔들리던 이빨이 빠지던 꿈으로 즉석식 복권에 당첨된 사람이 있다. 이 경우에서도 꿈속에서 대롱거리던 이빨이 빠지기를 간절히 바란 꿈이었던바, 여러 명의 친구들과 함께 공동으로 구매한 즉석식 복권에서 이미 1천만 원짜리 당첨 복권이 나왔으며, 쌓여 있던 나머지 한 장에 1천만 원 복권이 있음을 절대적으로 확신하여, 서로 나눠 가지고 조용하고 은밀한 장소인 화장실에서 확인하고자 각자가 들어간 특수 상황에서 이빨이 빠지기를 간절히 바랐던 꿈을 꾼 사람에게 즉석식 복권 당첨의 행운이 찾아들고 있다.

또한 중국의 명나라 초기에 진사원(陳士元)은 『몽점일지』를 편찬하여, 역대 여러 학자들의 꿈에 대한 학설을 종합하고 있다. 여기에서도 꿈이 발생하는 서로 다른 원인, 꿈과 그 조짐의 서로 다른 관계에 근거하여 꿈의 감응이 아홉 가지 이유로 변하는데, 여덟째는 극한 반대를 이루는 것(反極)을 들고 있다. 이처럼 꿈을 꾼 사람이 어떤 상황에 있느냐에 따라 그 반대의 해석이 나오는 경우가 있다.

흔한 예로, 꿈에 엉엉 울었더니 반대로 기쁜 일이 생기고, 꿈에 선생님을 만나 반가워했는데 오히려 얼마 뒤에 선생님으로 상징된 어른에게 꾸지람을 듣게 되는 일로 실현된 사례가 있다. 이렇게 반대로 꿈이 실현되고 있는 사례를 살펴본다.

① 도둑에게 집이 털리는 꿈(실증사례) → 복권으로 소나타에 당첨

전주의 신모(30) 씨는 도둑이 집에 들어 집안 물건을 모두 도난당하는 꿈을 꾸

었다. 꿈은 즉석식 복권으로 소나타에 당첨되는 일로 실현되었다.

　일반적인 상징으로 도둑에게 집이 털리는 꿈은 재물이나 이권 등을 잃게 되는 안 좋은 꿈이다. 꿈의 상징 기법으로 역전(逆轉)이라고 해야 할까, 재물이 나가야 하는 상황에서 역(逆)으로 재물이 들어오는 일로 실현되고 있으며, 이와 유사한 사례가 상당수 있기도 하다. 다른 사람의 논에 가서 벼를 훔쳐오는 꿈을 꾼 사람에게 그날 밤 자신의 슈퍼에서 쌀을 도둑맞는 일이 일어난 사례가 있다. 이 경우도 반대로 실현되었다. 어찌 보면 꿈이 반대인 것처럼 적용되는 경우이다. 꿈이 앞서 간다고 할까, 현실에서 일어날 일에 대해서 꿈에서는 역으로 미리 충족시키는 사례들을 볼 수 있다. 꿈은 반대가 아니다. 다만 고차원의 깊은 역설적인 상징적 의미로, 현실에서는 재물적인 이익이 생기는 일로 이루어지는 것을 역(逆)으로 집이 털리는 꿈으로 보여주고 있다고 보아야 할 것이다.

　② 돈을 훔치는 꿈(실증사례) → 돈을 도둑맞다.

　　몇 년 전에 꾸었던 꿈입니다. 꿈에서 은행에 들어갔는데, 현금인출기의 뚜껑을 손으로 잡아당기니까 열리더군요. 근데 그 속에 돈이 꽉 차 있었고 당황한 나는 손으로 한 움큼만 원권을 집었어요. 그리곤 굉장히 불안해했는데, 돈을 집고 가져갈까 말까를 망설이다가 깼던 거 같아요. 그리고 마음속으로 사십만 원쯤 되겠다고 생각했습니다.

　　그날 사무실에 두었던 지갑에서 돈을 도둑맞았거든요. 없어진 돈은 사만 원. 돈만 빼갔더군요. 사무실 문을 잠그지 않고 점심을 먹으러 갔는데, 아마 그 사이 가져간 것 같습니다. 사십만 원과 사만 원, 비슷한 것 같아도 다른 것이 아닌가요?

　꿈은 반대가 아닌 상징에 있다. 어찌 보면 반대로 일어난 사례이지만, 현실에서 돈을 잃게 되는 것을 꿈속에서는 돈을 훔치는 행위로 전위되어 나타나고 있다.

　③ 돈을 잃어버린 꿈(실증사례) → 돈이 생기다.

　　길 가다가 손에 쥐고 있던 지갑이 없어져서 뒤돌아보니, 지갑에서 누가 돈을 꺼내고 내 지갑을 땅에 떨어뜨리는 것이었다. 그래서 난 그 사람이 내 돈을 꺼내 가는 것을 봤기 때문에 돈을 달라고 했는데, 그 사람은 안 가져갔다면서 발뺌을 하는 것이다. 지갑 안에는 월급과 보너스가 거의 없어지고, 만 원짜리 몇 장만 있어서 마음이 아팠던 걸로 기억되면서 꿈에서 깨어났다.

　　혹시나 싶어서 나름대로 그날 돈조심을 하고 있었는데, 퇴근 무렵 사장님께서 저번 설

상여금이 작았다면서 공돈을 주시는 것이었다. 아마 꿈에서 돈을 잃는 꿈을 꾸면 현실에서 돈이 생기는가 보다.

누차 말했지만, 꿈은 반대가 아니다. 이러한 사실은 본 책에 실려 있는 수많은 사례를 보더라도 여실하게 증명되는 것이다. 하지만 이처럼 반대로 현실에서 일어나는 경우가 있다. 다만 고차원의 깊은 역설적인 상징적 의미가 존재한다고 보아야 할 것이다.

누군가가 수백만 원이 가득한 큰 가방을 갖다 주는 꿈이나, 많은 액수의 돈 또는 황금덩이를 줍는 꿈은 큰 재물이나 권리를 얻는 일로 실현된다. 하지만 적은 액수의 돈을 줍는 꿈의 경우에는 불만족으로 인하여 나쁘게 실현된 경우도 있다. 핸드백 속의 돈을 도둑맞으면, 그것이 적은 액수일 때는 근심·걱정이 해소되거나 자기 내력을 남에게 알릴 일이 생긴다.

④ 지갑을 도둑맞는 꿈(실증사례) → 포커 게임에서 돈을 따다.

당첨 전날 심상치 않은 꿈을 꾼바, 도둑이 들어 지갑을 도둑맞는 꿈이었습니다. 분명 돈과 관련된 것이라 여겨 인터넷 전자복권을 샀지만, 아쉽게도 큰 당첨은 되지 않았습니다. 그래서 복권을 구입하면 적립되는 사이버머니(CM)로 포커게임을 하게 되었고, 잭팟에 당첨되는 일로 실현되었습니다.

⑤ 자살골을 먹는 꿈 → 골을 넣게 되다.

축구 선수의 꿈이다. 자살골을 먹는 꿈을 꾼바, 현실에서는 자신이 골을 넣는 일로 이루어졌다. 이처럼, 꿈과 반대로 이루어지는 경우가 있는데, 꿈속의 일과 반대로 진행되는 역전(逆轉)이 이루어지고 있다.

7) 꿈의 상징 기법-압축(壓縮), 합성화, 생략

꿈의 다양한 상징 기법 가운데 압축과 생략이 있다. 그리하여 꿈 내용은 간단하고 하나의 짧은 장면이지만, 꿈의 해석에 있어 깊은 의미를 함축하고 있다. 대표적으로 두 가지 또는 여러 가지 표상물이 결합하여 합성되는 경우가 있다. 사자의 몸과 인간의 머리를 가지고 있는 신화적인 동물인 스핑크스를 연상해보면 쉽게 이해할 수 있는바, 서로 특성이 다른 두 동물이나 식물 또는 사물이 결합하는 경우가 있다.

그리하여 스콜피온킹이나 스핑크스 같은 반인반수, 때로는 머리가 일곱 달린 뱀, 다리가 여러 개인 동물의 상징 표상물로 등장하기도 한다. 또한 식물의 표상에서 소나무 가지에 무궁화 꽃이 피거나, 고목나무에 감이 주렁주렁 열리기도 한다. 또한 사물의 표상에서 기차가 레일도 없는 벌판을 달리거나, 자동차에 비행기 날개가 붙어 하늘을 나는 표상물이 등장하기도 한다. 이 밖에도 신체의 어느 부분이 다른 위치에 놓여 있다거나, 하나의 몸에 둘 이상의 다른 신체 부분이 달려있다거나, 남녀의 성기가 다 있는 모양으로 나타나기도 한다. 나아가 동물·식물·사물이 형태뿐만 아니라 색채적으로 합성되는 등 압축적이고 생략적으로 표현하고 있다. 하지만 이 모든 것은 꿈의 암시적인 의도를 드러내기 위한 상징적인 기법이다. 이러한 황당한 합성상으로 전개되는 꿈의 대부분은 상징적인 미래 예지 꿈으로 실현되고 있다. 사례를 살펴본다.

① 소나무 가지에 무궁화 꽃이 핀 꿈

서로 다른 환경이나 입장에 있는 사건이나 현상·사람들이 관련을 맺게 됨을 나타내고 있다. 소나무는 유부남의 상징으로, 무궁화는 어느 술집의 마담을 상징적으로 보여주고 있으며, 이 두 사람이 서로 내연의 관계를 맺게 될 것을 예지해 주는 꿈이었다.

② 하나의 몸뚱이에 각각 다른 사람의 머리나 상반신이 있는 꿈

하나의 몸에 머리가 두 개인 경우에는 어떠한 집단에 지도자나 우두머리가 둘이 존재함을 상징적으로 나타내고 있다. 이처럼 서로 다른 두 가지 세력이나 집단이 연합적으로 맺어져 있음을 상징적으로 나타내주고 있으며, 한 사람이 두 가지 사상이나 두 가지 종교를 믿게 될 것을 상징하기도 한다. 또는 어떤 작품의 상징이라면, 내용 속에 상반되거나 각기 다른 특성이 있는 부분이 같이 존재하고 있음을 상징적으로 나타내고 있다. 합성인물에 관해서는 꿈의 상징 기법(의인화)에서 다시 살펴보기로 한다.

③ 남성이 여성기를, 여성이 남성의 성기를 달고 있는 꿈

이와 같은 표현은 성교로 상징되는 어떤 일을 계약하기 직전에 상대방을 유혹하는 표현이다. 그것은 어떤 일의 계약 조건으로 표현되는 것이며, 두 이성의 합성이 아니라 창작된 표상물이다.

이처럼 합성화하여 압축된 표현으로 나타내주는가 하면, 한편 사물이나 일거

리·대상을 한편의 컷으로 압축적으로 생략하여 보여주기도 한다. 특히 태몽 표상에서는 한 아이의 일생의 길을 운명의 청사진이라고 할 수 있을 정도로, 한 컷의 영상 같은 화면으로 이미지화하여 보여주고 있다.

④ 춤추는 닭

윤홍근 제너시스 BBQ 회장의 태몽은 어머니 태몽이 '춤추는 닭'이었다고 밝히고 있다. "아마도 닭 사업 안 했으면, 춤추는 길로 갔을지도 몰라요." "제가 20년만 늦게 태어났어도, 'HOT(90년대 인기 아이돌그룹)'는 존재하지 않았을 것입니다. 춤의 달인이라서, 요즘 젊은 사원들도 제가 춤 한번 보여주면 모두 깜빡 죽습니다." ---요약 발췌, CEO들의 세상 사는 이야기, 한국경제신문, 2007. 1. 4.

장차의 인생길을 한 컷의 압축적인 장면으로 보여주는 신비한 태몽의 세계에 입이 벌어져, 다물어지지 않을 정도이다. '춤추는 닭'의 상징 표상이 현재의 닭 체인점의 사업분야 및 춤을 잘 추는 신체적 행동 특성과 너무나 절묘하게 맞아 떨어지게 펼쳐지고 있다.

⑤ 말라 비틀어진 홍시

뇌성마비에 걸린 여섯 살 난 딸아이에 대한 어떤 아주머니의 태몽이다. 감나무에 붉은 홍시 하나가 곧 떨어질 듯 위태롭게 달려 있었는데, 그 홍시는 말라서 비틀어진 것이다. 그 아이는 말도 못 하고, 밥도 혼자서는 먹지 못하고, 대소변도 가리지 못하였다. 그리고 몸은 무척 야위었고---(글: 김하원)

말라 비틀어진 홍시의 상징 표상으로, 장차 태어날 아이의 신체적인 상황을 압축적으로 보여주고 있다. 태몽을 거짓말로 지어내라고 해도, 지어낼 수 없을 정도로 그 절묘한 상징 기법에 놀라움을 금할 수 없다. 유사한 사례로 절벽에 위태롭게 핀 꽃으로 유산으로 실현된 사례가 있다.

8) 꿈의 상징 기법-유추(類推)

유추(類推)는 미루어 짐작하는 것으로, 하나의 개념이나 상황을 설명할 때, 비슷하면서 일상적이고 친숙한 것을 끌어와 설명하는 것이다. 예를 들어 추상적인 개념인 인생을 마라톤에 견주어 설명하는 것이다. 비교가 같은 범주에 속한 것을 견주는 것이라면, 유추는 서로 범주가 다른 것을 견주어 쉽게 이해하도록 해주고 있다.

꿈의 상징을 해몽할 때에도 이러한 유추의 표현기교가 그대로 원용되고 있다. 다음의 여러 상징적 의미의 유사성을 염두에 두고 살펴보기 바란다. 이 경우, 처한 상황에 따라 꿈의 실현이 다양하게 전개될 수 있다.

① 성행위 꿈 → 상호 결합 → 부동산 매매의 체결, 계약 성사

② 결혼하는 꿈 → 합쳐지는 → 결합, 성사, 체결

③ 갓난아기 꿈 → 미숙함, 시작 → 이제 막 시작된 일거리나 대상

④ 어린애의 꿈 → 어리석음 → 미숙한 사람, 비전문가

⑤ 몽둥이 든 남자에게 쫓기는 꿈 → 압박을 받는 여건에 놓임.

실제로는 신혼 시절에 한밤중에 남편과 함께 들이닥친 남편 친구들에게 술상을 차리는 일로 실현되었다. 이 밖에도 사채업자에게 채무 변제의 압박에 시달리게 되거나, 해결해야 할 과제로 인해 전전긍긍하게 되는 일로 실현이 가능하다.

⑥ 버스가 빨리 달리는 꿈 → 급하게 진행 → 아기 낳는 데 있어 빠른 출산으로 실현

이 밖에도 테니스·탁구·배구 등의 시합이 예상외로 일찍 끝나게 되거나, 일이나 프로젝트를 빨리 종결짓게 되는 일로 실현 가능하다.

⑦ 감나무에 말라 비틀어진 홍시의 꿈 → 위태롭고 좋지 않은 여건에 처함.

실제로는 태몽으로 태어난 아이가 뇌성마비에 걸려 야위고 모자란 아이가 되는 일로 실현된바, 처한 상황에 따라 각기 다양한 실현이 있을 수 있다. 아파트 담보대출을 받았으나 이자를 내지 못해 집이 차압을 당할 위기에 처하거나, 자신이 산 주식이 부도처리가 되어 상장폐지의 위기에 처하게 되거나, 밤사이에 컴퓨터로 작업한 것이 바이러스에 감염되어 복구하기가 어려운 여건에 처한다든지, 등산 중에 조난을 당해 어려움에 처하게 된다든지, 목구멍에 가시가 박히게 되어 음식물을 먹지 못하고 말라가는 상황에 처할 수 있겠다.

⑧ 항아리안의 큰 뱀을 꺼내는 꿈 → 쉽게 꺼낼 수 없음.

임산부가 예정일이 지났는데도 아이가 나오지 않아, 제왕절개로 아기 낳는 일로 실현되었다.

⑨ 호리병 같은 곳에 뱀이 들어 있다가 나오는 꿈 → 보호받는 여건에 처함.

뱀이 태아를 상징하여 아이를 조산해서 인큐베이터에 있게 되는 일로 실현된바, 이 경우 머리가 아파 병원에 가서 MRI 촬영을 하게 되는 일로도 실현 가능하다 하겠다. 또한 뱀이 재물의 상징인 경우 은행 같은 곳에 적금 등을 부어나가다

가 만기 때에 찾게 되는 일로도 실현 가능하며, 뱀이 이권의 상징인 경우 국가 기관이나 정부 시책 등에 의해 이권이나 권리 행사가 일시 보류되었다가 해결되는 일로도 가능하다.

⑩ 절벽에 핀 시든 꽃 → 위태로운 상황

실제로는 태몽으로 뜻밖에 일로 인하여 유산하게 되는 일로 실현되었다. 태몽으로 어렵게 살아가는 일평생의 예지로 실현 가능하며, 뜻밖의 질병에 걸려 몸이 야위어가는 일로 실현 가능하다. 또한 가계나 사업이 힘겨운 상황에 처하게 되는 일로 실현 가능하다.

⑪ 여러 글씨를 잘 쓰는 꿈 → 능숙하게 잘함 → 여러 부품의 권총 분해·소제에 능숙함.

상대방이 칠판에 분필로 영어와 한글로 글씨를 잘 쓰는 것을 보는 꿈은 상대방이 권총 분해·소제를 잘하는 것을 보는 것으로 실현되었다.

⑫ 전화번호 수첩을 줍는 꿈 → 화장품 주머니를 되찾다.

> 아주 짧은 꿈이었습니다. 어딘가를 걷다가 전화번호 수첩을 줍는 꿈이었습니다. 꿈의 실현은 어떤 행사에 참가했다가 돌아오는 길에 잃어버린 화장품 주머니를 다시 찾는 일로 실현되었습니다. 여성분들은 잘 아시겠지만 화장품 주머니에는 여러 종류의 화장품이 들어 있기에 한번 잃어버리면 구입할 것이 여러 개라 여간 귀찮아지는 게 아닙니다. 저는 당시 이 꿈을 꾸고, 분명히 찾을 것이라 믿었습니다. 전화번호 수첩은 실제 수첩이 아닌 상징적 표상으로 등장했을 것이니까요. 실제로 그날 제 화장품 주머니를 찾았다는 전화를 받았습니다.(글: 꿈 연구원 2)

수첩을 줍는 꿈이 현실에서는 잃어버린 화장품 주머니를 되찾는 일로 실현되고 있다. 무언가를 얻었으니, 어떤 것을 얻게 되지 않을까 유추적(類推的)으로 생각해볼 수 있겠다.

⑬ 짝이 버스를 타고 떠나간 꿈(실증사례) → 학교에서 짝이 바뀌게 되다.

> 내가 내 짝을 무척 좋아하거든. 그런데 이틀 전에 꿈속에 짝이 버스 타고 아련하게 "안녕"이라고 하고 가버리는 거야. 난 울면서 쫓아갔는데 우리 반 여자애가 나를 붙잡고 "이제 그만 잊어. 시간이 다 됐어." 이러는데 무표정이라서 더 소름이 끼쳤어. 꿈에서 깨어났는데, 학교 갔더니 선생님이 자리를 바꾼다는 거야. 그래서 내 짝은 저 멀리 떨어지게 되고, 난 다른 애랑 된 거야. 그런데 그게 누군지 알아? 꿈속에 나왔던 나를 붙잡았던

애야. '짝이 버스를 타고 떠났다. = 자리바꿔서 먼곳으로 갔다.' '여자애가 붙잡았다 = 그
애가 짝이 되었다.'---꼬소한 너의 발냄새.

⑭ 절벽에서 굴러떨어진 돌을 머리에 맞는 꿈 → 곤욕을 치르다.

필자의 꿈 사례이다. 2월 중순의 어느 날 절벽에서 굴러떨어지는 돌에 머리를
맞아 혹이 부풀어 오르는 꿈을 꾸었다. 꿈을 꾼 후, 토요일에 동문 모임이 있다는
연락을 받았다. 하지만 동문 모임에 나갔다가, 모임이 취소된 사실을 모르고 허
탕을 치게 되어, 추위에 떨면서 걸어 돌아오는 일로 실현되었다. 돌에 머리를 맞
는 꿈이 뜻하지 않게 곤욕을 치르는 일로 실현된 것이다.

⑮ 아르테미도로스의 『꿈의 열쇠』에 나오는 외국의 사례

『꿈의 열쇠』에 언급되는 여러 가지 꿈에 대한 언급을 살펴보다 보면, 꿈을 해
몽하는 시각에 있어서 꿈의 상징에 대한 이해보다는 연관 관계를 미루어 짐작하
는 유추(類推)의 방법이 많이 보이고 있다.

* 어떤 사람은 꿈에 외투 가운데가 찢어졌는데, 그의 집이 허물어졌다. 그를
보호하고 있는 것의 상태가 양호하지 않았던 것이다.

* 어떤 사람은 꿈에 자기집 기와가 사라졌는데 외투를 잃었다. 외투는 그를 덮
고 있었던 것이다.

* 어떤 사람은 꿈에 자기 집 담이 파편이 되어 날아갔다. 그는 배를 지휘하고
있었는데, 선창 내벽이 다 허물어지는 일로 실현되었다.

* 어떤 사람은 꿈에 말발굽을 하고 있었다. 그는 병사였는데, 그 후에 기병대
에 들어갔다. 말발굽을 하고 그를 받치고 있는 것이 그인지 말인지 별로 중요하
지가 않았다.

* 어떤 사람은 꿈에 에티오피아인을 선물로 받았다. 날이 밝자 그는 석탄이 가
득한 단지를 받았다. 같은 색깔의 것은 같은 종류의 실현에 이른다.

* 선장인 디오게네스는 꿈에 뱃머리를 잃었는데, 얼마 후에 키잡이가 죽었다.
밀레토스에서는 어떤 사람이 꿈에 키잡이를 무덤으로 데리고 가서 매장했는데,
그가 자신의 뱃머리를 잃었다.

* 꿈에 말의 재갈이 풀어지는 것을 보았는데, 그의 마부가 죽었다. 어떤 이는
꿈에 찻잔이 갑자기 깨졌는데, 그의 술을 따르는 사람이 죽었다.

* 어떤 사람이 꿈을 꾸었는데, 자기 자신이 다리〔橋〕로 변했다. 그는 뱃사공이

되었다. 그렇게 해서 그는 다리와 같은 일을 하게 된 것이다. 그러나 부유한 어떤 사람이 꿈에 다리가 되었는데, 그는 모든 이들의 경멸의 대상이 되어 짓밟힌 것처럼 되었다.

* 어떤 사람의 꿈에 뱀에게 발을 물렸다. 길에서 마차 바퀴가 그의 발을 으스러뜨렸는데, 정확히 뱀에게 물렸던 바로 그 자리였다.

* 어떤 사람이 꿈에 자기 고향 마을의 한 체육관에 들어갔고, 거기서 자신의 상(像)을 보았다. 그것은 실제로도 있는 것이었다. 이어 그 상의 바깥 지지대가 완전히 무너졌다. 상에 무슨 일이 일어났느냐고 묻는 사람에게 그는 이렇게 말을 했다. "상은 무사하지만 지지대가 무너졌소." 당연히 그는 두 다리를 절게 되었다. 체육관은 몸의 전체적인 건강 상태를 나타냈고, 상(像)은 얼굴을 의미했으며, 바깥 지지대는 몸의 나머지 부분이었다.

* 어떤 사람이 꿈을 꾸었는데, 자신이 여타 노예보다 높이 평가한 노예 하나가 횃불로 변했다. 그는 장님이 되었고, 꿈에 본 그 노예가 그의 손을 잡아 이끌었다. 이런 식으로 그는 그 노예를 통해 빛을 보게 된 것이다.

* 어떤 사람이 꿈에 자기 아들의 가죽을 벗겨 내 그것으로 가죽 부대를 만들었다. 다음 날 아이는 강물에 빠져 죽었다. 가죽 부대는 동물의 시체로 만들며, 그것의 용도는 물을 담는 데 있기 때문이다.

* 외국에 사는 어떤 사람이 꿈에 화덕을 지었다. 그는 죽었다. 당연한 일이었다. 화덕은 정착과 완결의 상징이었다. 그가 그것을 외국에서 지었기 때문에 그 자신을 거기서 완결지어야 했던 것이다.

* 외국에 사는 어떤 사람이 꿈에 화덕을 짓고, 돌을 놓을 자리에 자신의 책을 놓고 모르타르로 칠했다. 이어 그는 생각을 바꾸어 그것을 모두 무너뜨리고 짓기를 그만두었다. 그는 심각한 병에 걸렸고, 임종의 끝까지 갔다가 살아났다.

9) 꿈의 상징 기법 - 과장, 축소

신체 외부적 이상을 일깨워 주는 꿈에서 신체의 사소한 자극을 지나치게 과장된 꿈으로 일깨워 주고 있다. 상징적인 꿈에서 마음대로 하늘을 날아다니고, 물 위를 자유롭게 걸어 다니기도 한다. 산을 집어삼키거나 강물을 들이마시기도 한다. 심지어 똥통에 빠져서도 편안하게 휘저으면서 아늑함을 느끼고 있기도 하다.

이처럼 영상과 같은 이미지를 과장되게 보여줌으로써 충격적이며 생생하게 각인시키는 역할을 하고 있다. 이 경우, 꿈이 과장되면 과장될수록 꿈으로 예지된 중대한 일과 다채로운 상징적 암시를 나타내고 있다.

그러나 '개꿈은 없다.' 이러한 꿈속의 과장된 표현은 무의미하거나 터무니없는 것이 아니라, 의미가 담겨있는 상징적인 암시라는 것을 잊어서는 안 될 것이다. 예를 들어, 상대방이 말을 하는데 입에서 검은 연기가 폴폴 나오는 꿈은 상대방이 사기 행위를 벌이고자 하는 것을 꿈의 상징으로써 암시적으로 일깨워 주고 있는 것이다. 여성의 음부 속에서 혀가 나왔다 들어가는 것을 본 꿈은 어떤 생산기관의 주모자가 과장된 자기선전을 했다가 철회하는 일로 실현되었다. 또한 음부 안에 도마뱀의 머리 같은 것을 감추고 있는 여자를 보는 꿈은 성기 속 동물로 상징된 흉계를 지닌 것으로 실현되었다.

이러한 과장의 상징 기법은 신체 내·외부의 이상 예지나, 태몽 표상 등 상징적인 예지적 꿈에서 자주 쓰이고 있다. 산을 떡을 집어삼키듯이 먹은 태몽은 장차 한 나라의 정승이 될 것을 예지한 꿈이었으며, 온 도읍을 덮을 만큼 소변을 본 처녀의 꿈은 왕비가 될 것을 예지한 꿈이었다.

한편 일상의 꿈에서 꿈의 과장은 엄청나지만, 실제 현실에서는 극히 사소한 일로 이루어지기도 한다. 예를 들어, 성벽 안에서 어떤 모의를 한 꿈은 뚜껑이 없는 변소에서 뒤를 보는 일로 실현되었고, 거대한 물고기를 마당 한구석에 수북이 쌓아 놓은 것은 것을 보는 꿈은 불과 돈 몇 만원을 빌려오게 될 것을 상징한 것에 지나지 않았다고 고(故) 한건덕 선생님은 말씀하셨다. 또한 일반인의 사례로, 빌딩 같은 건물이 와르르 부서져 내리는 꿈을 꾸고 나서, 며칠 후 식사 도중에 어금니가 쩍 갈라지면서 반쪽이 떨어져 나온 일로 실현된 사례가 있는바, 이빨을 건물로 과장되게 상징하여 강조적으로 보여주고 있다. 또 다른 예로, 꿈에서 길을 가다 황금을 줍는 꿈을 꾸고, '아싸, 이거다' 싶어서 로또 샀는데, 겨우 4개의 숫자만 맞춰서 4등인 5만 원에 당첨되었다. 황금 덩어리는 2등 정도 되어야 하는 상징 표상이지만, 사소한 5만 원의 당첨으로 실현되고 있다.

또한 이와 반대로 꿈의 표현이 과장되지 않았지만, 현실 사건은 과장된 커다란 일로 실현되고 있기도 하다. 샘물이 솟는 산밑에서 물 한동이를 담아 온 태몽으로 태어난 아이는 장차 장성해 크게 성공해서 막대한 재물을 얻게 될 것을 예지한 태몽이었다. 또한 일상적인 오락에 관련된 장기를 두는 꿈이 적국과 전쟁을 크게 벌이거나 정당간의 세력 다툼을 예지하는 상징 표상으로 등장하기도 한다.

(1) 신체 외부적 자극에 대한 일깨움

수면 중에 외부에서의 어떤 감각자극에 영향을 받아 꿈을 꾸게 되는 경우가 있다. 이는 꿈의 영역 가운데 단순한 것으로, 이 경우 우리 신체에 가해지는 신체 외부 자극을 과장되게 표출하여 위험을 일깨워 주고 있다. 즉, 잠을 자는 동안에도 우리의 뇌는 깨어 있어서, 자신에게 닥쳐온 조그마한 외부적인 감각자극의 위험요소에 대하여, 꿈을 통해서 과장되게 우리에게 알려주고 있는 것이다.

이러한 외부의 감각 자극을 과장된 꿈의 무대로 일깨워 주는 수많은 사례가 있다. 여기에서는 프로이트의 『꿈의 해석』에 나온 사례 및 실증사례로 간략히 살펴본다.

① 사형장에서 단두대의 칼날이 목에 떨어지는 꿈

선반 위의 책이 목에 떨어지는 순간 잠에서 깨어난 경우로, 신체 외부적인 자극을 과장된 꿈의 영상으로 일깨워 주고 있다.

② 교회 종소리가 크게 들리는 꿈

현실에서는 시계의 알람 소리가 나고 있던 경우로, 꿈속에서는 다소 과장된 표현으로 일깨워 주고 있다.

③ 인디언 떼거리에게 붙잡혀 머리 껍질이 벗겨지는 꿈

머리에 고약을 붙이고 잔 경우로 외부적인 자극을 과장되게 보여주고 있다.

④ 밤에 마차를 타고 여행하는 꿈

무릎을 드러내놓고 잔 경우로, 밤에 마차 속에서는 무릎이 몹시 시리다.

⑤ 큰 바위에 눌려 끙끙대다가 놀라 깨어나는 꿈

곁에서 자던 사람의 신체 일부가 가슴을 내리누르고 있는 경우로, 과장된 표현으로 신체적인 압박을 일깨워 주고 있다.

⑥ 교수형에 처해지는 꿈

잠옷 깃을 너무 조르고 자는 경우로, 자신의 옷깃을 너무 조르고 자면 혈액순환이 되지 않아서 심할 경우에 질식사하게 될 수도 있다. 꿈은 우리 자신에게 과장된 꿈의 무대를 열어, 위험을 알려주고 있다.

(2) 신체 내부적 이상 자극에 대한 일깨움

신체 내부적 이상 자극을 과장된 이미지로 영상화하여 일깨움을 주고 있다.

① 남편이 골프채로 배를 친 꿈 → 위암으로 진단

② 누군가가 칼로 눈을 찌른 꿈 → 콘택트렌즈 이상으로 실명 위기

③ 괴한에게 옆구리를 걷어차인 꿈 → 늑막염 진단

④ 뱃속의 장기가 모두 밖으로 튀어나와 있는 끔찍한 꿈 → 할머니의 췌장암 말기 판정

⑤ 김 덩어리같은 세균에 쫓기는 꿈 → 간염 질병 예지

김과 같은 모양의 이상한 물체가 아무리 도망을 가도 계속 쫓아와, 너무 피곤하여 더 이상 도망치지 못하고 자세히 보니, 김과 같은 물체가 김이 아니고 아주 작은 세균들이 뭉쳐있는 세균 덩어리였다. 미세한 세균들이 우글우글하는 흉물스러운 모습이 어찌나 섬뜩한지 깜짝 놀라서 잠이 깼다. 그 후로 꿈속에서 느꼈던 피로감과 너무나 흡사한 피로감을 느껴 진단을 받은 결과 간염이라는 결과가 나왔다.(글: 박성몽)

⑥ 물을 주던 호스(Hose)의 펑크 → 장(腸)에 이상 예지

호스로 정원에 물을 주는데 잘 나오던 물이 갑자기 나오질 않았다. 호스를 따라서 가보니까 강줄기처럼 구불구불 구부려져 있는 호스의 구부러진 부분이 펑크가 나서 물이 새고 있었다. '이 부분을 손봐야 되겠구나' 생각을 하고 꿈에서 깼다.

얼마쯤 세월이 지나서 건강에 이상을 느끼고 병원에 갔는데, 장궤양이 심하여 수술해야 할 지경이었다. 의사가 "이 부분을 수술해야 합니다."라고 백지에 그림을 그리며 설명을 할 때, 소스라쳐 놀라고야 말았다. 꿈속에서 정원에 물줄 때, 호스에 펑크가 났던 바로 그 자리와 모양이 너무나 흡사했기 때문이다.(글: 박성몽)

(3) 상징적인 미래 예지 꿈

우리가 꾸게 되는 대부분의 상징적인 미래 예지 꿈은 현실에서 일어날 수 없는 과장이 심하고, 황당무계한 내용으로 표상되는 경우가 대부분이다. 그리하여 보다 충격적인 영상으로 각인시켜, 꿈의 예지에 대한 궁금증을 자아내게 해주고 있다. 간략히 세 가지 사례를 들어본다.

① 언니를 가마솥에 삶아 먹는 꿈 → 언니가 대학 수학능력 시험을 잘 치름

동생의 꿈에 부모가 언니의 머리채를 잡아, 가마솥에 삶아 먹는 꿈을 꾸었다. 끔찍하고 과장된 충격적 전개의 꿈이지만, 죽음의 상징적 의미 그대로 새로운 탄생·부활로 언니가 대학수학능력 시험을 잘 치르는 일로 실현되었다.

② 참혹한 교통사고의 꿈 → 자동차 이상으로 차를 교체하게 되다.

딸의 꿈에 가족을 태운 아빠 차가 고속도로에서 추월하려다가, 대형 화물차를 들이받게 되는 참혹한 교통사고를 꾸었다. 꿈의 실현은 며칠 뒤에 아빠가 타던 소나타 3가 갑자기 엔진에 고장이 나서, 새 차로 바꾸게 되는 일로 이루어졌다.

현실에서 단순한 차의 이상을 참혹한 교통사고의 일로 과장되게 보여줌으로써, 장차 다가올 일에 대한 대비를 하게 해주고 있다.

③ 자신의 소변으로 온 나라가 잠겨버린 꿈 → 막대한 영향력을 떨치다.

『삼국유사』에 나오는 널리 알려진 꿈이야기이다. 언니에게 꿈을 산 후에 언니 대신에 김춘추와 연분을 맺게 되어, 훗날 왕비가 되는 것으로 실현되고 있다. 이처럼 자신의 소변이 세상을 덮는다는 과장된 표현으로, 장차 영향력을 행사하게 될 것을 예지해주고 있다. 유사한 과장 표현의 사례로, 자신이 본 소변에 방 안의 사람들이 둥둥 떠다니는 꿈으로 복권에 당첨된 사례가 있다.

10) 꿈의 상징 기법-반복

똑같은 꿈을 반복적으로 꾸게 되는 경우가 있다. 이처럼 꿈이 생생하거나 반복적으로 꾸는 경우, 꿈으로 예지된 일이 중대한 일이며 그것이 실현될 날이 점차 다가오고 있음을 뜻하고 있다. 즉, 황당하게 전개되는 일반 상징적인 미래 예지 꿈의 경우 상징의 난해함으로 인하여 꿈의 의미가 명료하지 않아, 무슨 뜻인지 쉽게 알아낼 수 없는 경우가 많다. 또한 꿈의 예지를 반신반의하여 실행에 옮기지 않을 수도 있다. 이런 경우에도 상징적인 꿈에서는 반복적으로 꿈을 통해 보여줌으로써, 꿈에는 뭔가가 있다는 것을 깨닫게 해주고 있으며, 강한 꿈의 예지를 보여주기도 한다.

한편 '같은 꿈을 여러 번 꾸면, 건강에 이상이 있다는 신호로 받아들여야 한다'는 말은 인체의 이상을 나타내는 일부의 꿈인 경우에나 올바른 말이 될 수 있다.

일반적인 꿈해몽에서 꿈이 반복된다는 것은 꿈으로 예지된 일이 중대한 것이며, 반드시 일어남을 뜻하고 있다. 여러 실증사례를 살펴본다.

① 새가 날개가 꺾여져 추락하는 꿈

새가 하늘을 향해 날아오르다가 날개가 꺾여져 추락하는 꿈을 꾸게 되었다. 이후 똑같은 꿈을 여러 번 반복해서 꾸었다. 태몽으로 아들을 낳았으나, 1주일 만에 죽게 되었다. 이 경우 꿈속의 작은 새가 태아의 상징 표상으로 앞으로 일어날 일을 예지해주고 있으며, 이처럼 똑같이 반복되는 꿈은 예지된 일이 반드시 일어난다는 강렬한 상징 기법인 것이다. 이 경우 새가 사업이나 일거리를 상징하는 경우, 사업이나 일거리가 실패하거나 좌절되는 일이 일어난다.

② 돌아가신 아버님으로부터 하얀 보따리를 선물 받는 꿈

"이틀 연속으로 돌아가신 아버님께서 꿈에 나타나셨습니다. 똑같이 무슨 하얀 보따리를 주시는 꿈이었는데, 그게 이런 큰 행운을 안겨줄 줄은 정말 몰랐었죠."

더블복권 1등 3억 원 당첨된 꿈 사례이다. 이렇게 반복되는 꿈은 어떠한 일이 반드시 일어남을 보여주고 있다. 무엇을 받는 꿈은 받은 물건으로 표상된 이권·재물·권리·명예를 획득하게 된다.

③ 시부모님이 나타나서 온화한 웃음을 보이는 꿈

얼마 전부터 꿈속에서 돌아가신 시부모님이 나타나셔서 온화한 웃음만 지어 보이시다가, 그녀가 시부모님에게 달려가면 사라지고는 하였다. 그녀는 반복해서 꿈을 꾸다 보니 신기하고 이상한 마음이 들어 남편에게 꿈이야기를 했다고 한다. 그녀의 남편은 "부모님 생전에 당신이 극진히 모신 것이 돌아가신 후에도 고마워서, 당신에게 무언가 주시려는 것 같다"라며 복권을 구입한바, 당첨되는 일로 실현되었다.

④ 불 및 초상에 관한 꿈

또또복권에서 이태원에 사는 권○○(남, 40)가 구입한 복권 3장이 1, 2등에 당첨되어 3억 5천만 원의 커다란 행운을 안았다.

권씨는 집으로 돌아가는 버스를 기다리던 중, 양재역 복권판매소에서 무심코 또또복권 3장을 구입하였다. 그날 이후 불 및 초상에 관한 꿈을 계속해서 반복적으로 꾸었다고 한다. 며칠 후 권 씨는 또다시 친척의 상을 당하는 꿈을 꾸고, 이상한 예감이 들어 확인해 보니 복권에 당첨된 사실을 알게 되었다.

⑤ 물결이 사나운 곳과 평생 가보지 못한 곳을 보는 꿈

문득 올여름의 꿈이 생각났다. 꿈에 자주 물결이 사나운 큰 강과 돌들이 뾰족하고 우뚝하며 인가가 적은, 평생에 가 보지 못한 곳에 이르러서 방황하다가 돌아온 일이 한두 번이 아니었다. 속으로 항상 괴이하게 여겼는데 지금 보이는 것이 흡사 꿈속에서 보았던 경치와 같다.---최익현(崔益鉉),『면암집(勉菴集)』제16권, 잡저(雜著). 탐라(眈羅)로 귀양 가게 된 전말(顚末) 계유년.

최익현(崔益鉉)은 상소를 올려 민씨 일족의 전횡을 비난하였으나, 상소의 내용이 과격하며 방자하다는 이유로 1873년 계유년 고종 10년 12월에 제주도에 유배되기에 이른다. 하지만 그해 여름 꿈에 반복적으로 물결이 사나운 곳과 평생 가 보지 못한 곳을 보는 꿈이 있었음을 밝히고 있는바, 몇 개월 뒤에 실제로 제주도로 유배 가는 사실적인 꿈으로 실현되고 있다.

이처럼 사실적인 미래투시 꿈의 경우라도 반복되는 꿈은 꿈의 실현이 중대하며, 반드시 일어난다는 것을 예지해주고 있다. 외국의 사례로 비행기가 추락하는 꿈을 몇 차례 꾼 사람이 있다. 너무나 생생하고 반복적으로 꾸어지는 꿈으로 인해서, 꿈에서 깨어나서는 울기까지 했다. 그러한 사실을 알렸지만, 언제 어느 비행기라고 알 수 없었기에, 결국 사고는 꿈속에서와 본대로 똑같이 일어났다.

11) 꿈의 상징 기법-열거

국어의 수사법에 비슷비슷한 사례를 나열하는 것으로, 열거법이라고 있다. 꿈의 상징 기법에 있어서도 하룻밤 사이에 유사한 상징적 의미를 지닌 꿈을 여러 가지로 보여주는 경우가 있다. 이처럼 장차 중대한 일이 일어날 것을 예지하는 경우, 똑같은 꿈을 계속 반복해서 꾸기도 하지만 각기 다른 유사한 꿈들을 연속적으로 꾸기도 한다. 또한 부부가 유사한 꿈을 꾸거나, 가족이 돌아가면서 각기 다른 꿈을 꾸게 됨으로써 장차 엄청난 일이 일어날 것임을 꿈으로 예지해주고 있다. 이 경우에 꿈은 저마다 다르지만, 그 꿈이 의미하는 상징적 의미는 같으며, 꿈에서 예지하는 대로 실현되고 있음을 알 수 있다.

로또(복권) 당첨 등 엄청난 행운이 찾아오는 것을 예지해주는 경우, 다양한 꿈의 예지로 일깨워 주고 있다. 또한 장차 태어날 아이의 일생을 압축적으로 보여

주는 태몽에 있어서, 하나의 꿈만으로 아이의 신체적 특성, 행동 특성, 성격, 직업 운 등 일생의 운명이 추세선을 보여주기 어려울 때, 각기 다양한 태몽 표상을 여러 번 꾸게 함으로써 장차 태어날 아이의 인생길을 예지해주고 있다. 사례를 살펴본다.

① 낯모르는 여성이 집에 와서 아기를 낳는 꿈, 사장이 집을 방문한 꿈 → 복권 당첨

복권 3매를 사기 전날 밤 꿈에, 낯모르는 여자가 집에 와서 아기를 낳는 것을 보았다. 기분이 별로 좋은 것은 아니었다. 며칠 후 꿈에 회사 사장이 누추한 우리 집을 방문했다. 사원들이 어떻게 살고 있는지 고루 다녀보는 것이 사장의 도리라고 말하면서 일을 열심히 해주기를 바란다고 말하는 데서 잠에서 깼다.

누군가 자신의 집에서 아기 낳는 것을 보는 꿈, 사장이나 귀인 등이 집을 방문하는 꿈 등 좋은 꿈을 반복적으로 꾸게 됨으로써, 꿈으로 예지된 일이 중대한 일이며, 점차 그 실현이 가까이 다가오고 있음을 예지해주고 있다. 자신의 집에 누군가가 와서 아기를 낳는 꿈으로, 아기로 상징된 재물이나 이권을 얻게 될 것을 예지하고 있는바, 복권에 당첨되는 일로 실현되고 있다.

② 사리를 받는 꿈, 말 5마리가 끄는 마차가 다가온 꿈, 불꿈 → 복권 당첨

또또복권 19회차 3차(96. 10. 27) 추첨에서 5억 원에 당첨된 마산에 사는 박모 씨(50세)의 꿈 사례이다. 박 씨는 정초부터 길몽을 계속 꾸다가, 10월 달에 복권에 당첨되었다.

"올 1월 1일에 사리 꿈을 꿨어요. 높이가 20m 이상이 되는 왕릉을 올라갔다 내려오는데, 어떤 사람이 그 무덤에서 나온 사리 열 몇 개를 주더라고요."

이렇게 정초에 꾸는 꿈으로 그 해에 일어날 일을 예지해주는 사례는 많다. 이처럼 엄청난 사건의 예지일수록, 현실에서 실현되기 훨씬 오래전에 꿈으로 예지해주고 있음을 알 수 있다.

대부분의 상징적인 미래 예지 꿈에서 무덤은 집·기관·사업체, 단체·회사·은행 등을 상징하고 있으며, 공동묘지는 사회사업체나 거대한 기관을 상징하고 있다. 왕릉은 규모가 큰 회사나 단체의 상징으로, 박 씨가 꿈에서 본 왕릉은 은행을 상징하고 있다고 해야 할 것이다. 사리 열 개를 받는 꿈 역시 아주 좋은 꿈이다. 장차 사리로 상징된 귀한 재물이나 이권을 얻게 될 것을 예지해주고 있다고 해야 할 것이다.

정초의 꿈이 있고 나서, 다시 시간이 흘러 5월 9일, 이날 박 씨는 자신의 5억 원 당첨을 예지해주는 말[馬] 다섯 마리가 끄는 마차가 다가오는 운명적인 꿈을 또다시 꾸었다.

"서쪽 하늘에서 말 3마리가 끄는 마차가 저를 향해 죽일 듯이 달려오다가, 중간에 돌아갔어요. 2번째도 역시 말 3마리의 마차가 달려오다가 중간에 돌아가더라고요. 3번째는 말 5마리가 끄는 마차가 달려오더니, 제 머리에 탁 닿는 게 아니겠어요. 바로 그 순간 눈을 떴습니다."

꾸준히 복권을 사왔던 박 씨는 말 다섯 마리 꿈을 꾸고 나서 넉 달이 지난 9월에 동네 슈퍼마켓에서 복권을 사러 갔다가 자신의 눈을 의심할 수밖에 없었다. 꿈에서 본 것과 생김새와 색깔까지 똑같은 말이 그려진 복권이 있는 게 아닌가! '이거다' 싶어 산 것이 19회차 또또복권 3장, 박 씨는 이 또또복권을 연번으로 구입해 5억 원이라는 엄청난 행운을 낚은 것이다.

우리는 절묘하고도 신비한 예지적인 꿈의 세계가 펼쳐지고 있음에 주목해야할 것이다. 첫째는 복권에 인쇄된 배경 그림이 꿈속에 등장했던 말[馬]의 그림, 둘째로 말[馬] 3마리가 끄는 마차가 오다가 두 번이나 돌아간 꿈은 3억 원 당첨금의 복권에 두 번 실패하게 될 것을 예지해주고 있으며, 세 번째에 말[馬] 다섯 마리가 끄는 마차가 다가오는 꿈으로써 장차 5억 원에 당첨되게 될 것을 예지해주고 있다.

박 씨의 길몽은 여기서 그치지 않고, 3차 추첨이 있기 전에 불꿈까지 꾸었다.

"꿈에 물이 없는 강이 보였어요. 강변에 자갈이 있었는데 여기에 불이 일어나는 게 아니겠어요. 주위에는 코스모스가 피어 있었고요. '가을에는 복권 당첨이 되겠구나' 하는 생각을 했습니다."

불꿈은 번창 번영의 상징으로, 현재 상황에서 크게 일어나는 운세를 보여주고 있으며, 여타 복권 당첨자 사례에서도 많이 등장하고 있다. 또한 꿈속의 배경도 아주 중요하다. 코스모스가 가을의 계절적 이미지의 대표적이듯이, 가을에 복권당첨이 될 수 있겠다고 생각한 것은 올바른 견해이다.

한 번도 꾸기 힘든 길몽을 올해 들어 3번이나 꾼 박 씨에게 5억 원 당첨은 꿈으로 예지된 운명의 길이었다고 말할 수 있겠다. 이렇게 엄청난 일이 일어나기 전에 유사한 꿈들을 다양하게 꾸기도 한다. 그 꿈들이 서로 다르다고 하지만 궁극적으로는 그 꿈들이 상징하는 바가 같은 것을 예지해주고 있는 것이다. 심지어는 하룻밤 사이에 서너 개의 꿈을 꾸지만, 마찬가지로 그 꿈이 상징적으로 의미하는 바는 같은 예지를 보여주고 있다. 또한 이렇게 유사한 꿈들이 다양하게 꿔질 때, '이래도 꿈을 못 믿겠느냐?' 하듯이, 꿈으로 예지된 일이 점차 실현될 날이 다가오고 있음을 보여주고 있는 것이다.

③ 불나는 꿈, 행운이 있을 것이라는 꿈, 돼지 잡은 꿈 → 복권 당첨

＊1년 전 꿈에 지붕을 수리하다 불이 나서 걷잡을 수 없이 타는 것을 보는 꿈

1년 전에 꾼 꿈이지만, 꿈의 실현은 15~20년 뒤에도 일어나고 있기에 현재의 복권 당첨과 연관이 있다고 보아야 할 것이다. 불이 활활 타오르는 꿈은 사업의 융성이나 재물운과 관련을 맺고 있다.

＊지나가던 노인이 말하기를 "자네에겐 큰 행운이 있을 거야."라고 말하는 꿈

"자네에겐 큰 행운이 있을 거야."라고 말하는 꿈은 계시적인 성격을 띠고 있으며, 꿈의 상징 기법의 하나로 자아가 분장 출현한 것으로 볼 수 있다.

＊돼지 두 마리를 잡았는데, 뼈만 먹는 꿈

돼지꿈을 표상재료로 하고 있으나, 뼈만 먹었다는 데서 다소 석연치 않은 감이 있기도 하다. 다른 꿈 사례가 없어 정확한 언급은 할 수가 없지만, 현실에서 복권에 당첨된 것으로 미루어 보아, 뼈만 먹는 꿈 자체도 긴요한 핵심을 확보하는 것으로 볼 수 있겠다.

④ 가족 세 사람이 각기 다른 꿈 → 복권 당첨

＊남편은 '돼지를 몰아오는 꿈'과 '큰 소의 등에 탄 꿈', 아내는 '큰 호랑이에게 물리는 꿈', 장남은 '야구공을 야구방망이로 쳐서 공을 세 조각으로 내는 꿈'을 꾸고 복권에 당첨되고 있다. 이처럼 각기 표상하는 바는 다르지만, 모두가 좋은 표상의 꿈으로 전개되고 있다. 이렇게 복권 당첨의 엄청난 행운이나, 또는 흉한 일들이 닥쳐오게 되면, 중대함을 예지하기 위하여 온 가족이 꿈을 꾸게 될 수도 있다.

⑤ 불이 나는 꿈, 대변을 몸에 뒤집어쓴 꿈 → 복권 당첨

어떤 경우에는 남편과 아내가 함께 꿈을 꾸는 경우가 있다. 남편의 꿈은 계속 3일간 불이 나는 꿈을 꾸었고, 부인의 꿈은 변을 온몸에 뒤집어쓴 꿈을 꾼 후에 복권에 당첨되었다.

⑥ 구렁이 꿈, 시체에서 구더기 나온 꿈, 밭에다 똥을 주는 꿈, 똥물에 앉는 꿈 → 로 또 당첨

　　생전 처음으로, 친정아버님 제사 이틀 전에 구렁이 꿈을 꿨는데요. 구렁이가 몸이 정말 지저분하더라고요. 여기저기 울퉁불퉁 허물 벗는 것 같기도 하구, 물집 잡힌 것처럼 저에게 점점 멀어지는 듯 기어가다가, 한번 돌아다보고는 그냥 가더라고요. 전 그걸 바라보고 있었고요.

　　며칠 후에 여자 시체가 있는데, 입에서 구더기가 기어 나오는 꿈을 꿨고요. 얼마 전에 친정부모님이 저희 밭에 똥바가지로 똥을 주고 계시는 꿈을 꿨어요. 며칠 후에 신랑이 꿈을 꿨는데요. 큰 화장실에 저희 집 쌍둥이 큰 녀석은 변기에 앉아 있고, 막내 녀석은 똥물에 앉아서 좋다고 첨벙거리는 것을 시아버님이 화장실 밖에서 아무 말씀 없이 보고 계시는 꿈을 꾸고 로또 3등 당첨됐네요.---라일락향기, 2009. 04. 17.

　이렇게 중대한 일이 있을 때, 하나가 아닌 여러 개의 꿈을 꿀 수가 있다. 아쉬움이 남는 꿈이다. 구렁이가 한번 돌아보고는 그냥 가는 꿈으로 꾸지 말고, 구렁이가 다가오는 꿈이었다면 보다 더 큰 로또 당첨으로 이루어졌을 것이다. 이 경우에 구렁이가 재물이나 이권의 상징으로 등장하고 있다.

⑦ 도시락을 잃어버린 꿈, 자동차 기름이 하나도 없어 시동이 걸리지 않던 꿈, 이빨이 부러지고 김치에서 악취가 나던 꿈

　필자와 아내가 각기 다른 흉몽을 꾼 다음에 일어난 일이다. 매수한 주식에서 횡령 사건이 일어나는 바람에 주가 하락으로 엄청난 재물의 손실을 보게 되는 일로 실현되었다. 도시락을 잃어버리는 것은 재물의 손실, 자동차 기름이 없던 것은 가계의 생활자금에 여유가 없는 현실로 이루어졌다. 이빨이 부러진 것도 재물의 손실을 상징하였으며, 악취로 상징된 더러운 횡령 사건으로 인하여 막대한 손실을 보게 되는 일로 실현되었다.

⑧ 태몽을 여러 가지로 꾸다.

　태몽에서 일생의 운명을 하나의 꿈으로 보여주기에는 여러 가지 어려움이 있다고 하겠다. 정몽구 현대 회장은 "내 이름이 몽구가 된 것은 어머니가 태몽을 9번 꾸었다는 데서 나왔다고 한다."라고 밝히고 있다. 이처럼 태몽으로 장차 일어날 운명적인 예지를 보여주는 데 있어 가장 중요한 하나의 태몽으로 그 인생을 압축시켜 보여주기도 하지만 때에 따라서는 여러 가지 태몽을 꾸게 됨으로써, 장

차 태어날 아이의 개략적인 남녀의 구별 및 신체적 특성이나 행동 특성, 성격이나 개략적인 인생의 길을 다양한 상징 표상의 전개로써 일생의 앞날을 예지해주고 있다.

고(故) 전태일 열사의 태몽 사례를 예로 들어 살펴본다. 열악한 근로조건을 개선하라고 외치며 분신하여 노동운동의 횃불을 치켜들어 노동운동 발전에 큰 영향을 준 그의 일생을 상징적인 표상의 태몽으로 잘 드러내 주고 있다.

* 해가 가슴에 부딪쳐서 많은 조각으로 쪼개진 꿈

[또 한 며칠 있다가 친정집에 갔는데, 방 안에서 문을 열어 놓고 보니 이상하게 밤중에 해가 떠요. 그래서 친구들하고 "밤중에 달이 떠야 하는데, 왜 해가 뜨노?" 하고 있는데, 아이고, 그 해가 차차차 막 내 곁으로 오는데 무섭고 겁이 나더라고. 그래서 내가 문을 닫으려고 하는데, 그냥 해가 탁 내 가슴에 부딪쳤는데, 그만 다 산산조각으로 깨어져서 없어져 버렸어요. 신선 할아버지가 나타나서 "네 가슴은 쪼개져서 벌써 사방으로 흩어졌다. 저 앞산을 봐라." 캐요. 그래 앞산을 보니 뭐가 번쩍번쩍해요. 그때 할아버지가 이러는 기라. "해가 가슴에 부딪쳐서 수많은 조각으로 쪼개진 것이 저렇게 흩어져서 온 고을을 밝힐 거다."]---(87년 8월 『월간조선』 이소선 씨의 인터뷰 기사 요약 발췌)

* 콩이 사방에 흩어진 꿈, 콩이 퍼져 열매를 맺어야 한다는 꿈

와룡산 바위틈을 뚫고 나온 콩이 사방에 흩어지는 태몽을 꾸고 나온 아들이었다. 꿈속의 신선은 "이 콩이 세상에 퍼져 열매를 맺어야 모든 백성이 먹고 산다"라고 말했다. (팔순 맞은 '전태일의 어머니' 이소선 여사, 신정선 기자, 조선일보, 2008. 12. 13)

꿈에 한 할아버지가 나타나 어떤 산에 올라가라고 해서, 바위와 가시덤불을 헤치고 피투성이가 되어서 겨우겨우 봉우리까지 올라갔다. 거기에 가서 보니 바위 속에 메주콩이 가득 들어 있었는데, 그 콩들은 모두 물에 불은 것들이었다. 잠시 후, 그 불은 콩들이 산 아래로 마구 굴러 내려가는 것을 보고, 메주콩들이 굴러간다고 소리쳤다. 그러자 그 할아버지가 "이렇게 콩이 제 갈 데로 다 굴러가서 땅에 심어지면 배고픈 일꾼들이 그 콩나무에 달린 콩을 따 먹고 배를 채우며 한을 푸는 거다." 하고 말했다.(87년 8월 『월간조선』 이소선 씨의 인터뷰 기사 요약 발췌)

고(故) 전태일 열사의 태몽에 대해서 김하원 씨의 『개꿈은 없다』에서 발췌해서 살펴보았다. 전태일 열사는 1970년 11월, 22살의 나이로 청계천에서 "우리는 기계가 아니다. 근로기준법을 준수하라."라고 외치며 분신자살함으로써 노동운동

의 횃불을 밝혔다. 해가 가슴에 부딪쳐서 많은 조각으로 쪼개진 태몽으로, 장차 자신을 희생하여 노동운동에 횃불을 지펴 많은 사람들이 보다 나은 인간적인 삶을 살아갈 것을 예지해주고 있다. 또한 콩이 사방에 퍼져 열매를 맺어야 모든 백성이 먹고 산다는 꿈으로, 장차 노동여건이 개선되어 나가게 될 것을 예지해주고 있다.

12) 꿈의 상징 기법-점층

앞서 살펴본 대로 반복적으로 꿈을 꾸거나, 상징적 의미가 같은 유사한 꿈을 여러 번 꾸기도 한다. 또한 꿈을 점차 발전적으로 꾸게 되는 경우가 있다. 이 역시 꿈으로 예지된 일이 중대한 일이며, 꿈의 예지에 대해 의심하지 말고 믿을 것을 보여주고 있다. 발전적으로 꾸게 됨으로써 실현되기까지 충분한 마음의 준비와 더욱 올바르게 꿈의 의미를 받아들이도록 하고 있다. 또한 태몽을 꾸게 될 때, 하나의 꿈으로 장차 일어날 일에 대한 예지가 부족한 경우에는 보다 구체적인 발전적인 꿈으로써 보여주기도 한다. 사례를 살펴본다.

① 3일 동안 김대중 대통령 꿈꾸고 3억 원 당첨

정모 씨(27세, 전남 화순)는 2일째까지는 그저 대통령 얼굴만 잠깐 스쳐 지나가듯 본 상태라 복권을 살 생각은 하지 않았다. 하지만 3일째 꾼 꿈에서 갑자기 대통령이 두 손으로 자신의 목을 졸라서 헉헉거리며 발버둥을 치다가 가까스로 깨어난 꿈이었다.

꿈의 예지는 한 치의 오차도 거짓도 없다. 두 번의 대통령 꿈에서 무언가 예지를 해주었지만 받아들이지 않자, 보다 적극적으로 발전하여 목을 조르는 표상전개로써, 무언가 압박하여 행위에 돌입할 것을 강요하고 있다.

이렇게 발전적으로 진행되는 꿈은 엄청난 일의 실현이 다가오고 있음을 예지해주고 있다. 또한 대통령이 자신의 목을 조르는 것이 죽음의 상징적 의미인 새로운 탄생을 강요하는 상징으로서 복권 당첨으로 실현되고 있다.

② 호수 배경의 꿈

임신 5월~6월 초. 정확한 날짜는 기억나지 않지만 너무나 선명한 꿈을 세 번 꾸었다. 설악산과 알프스를 적절히 섞은 산 정상에 수평선만 보일 정도로 어마어마하게 넓고 잔잔한 호수가 있는 꿈이다. 까맣고 하얀 대리석으로 외관을 다듬어 놓은 인공 호수였다. 깊이는 겨우 발목까지였지만 깨끗하고 시원한 물이 좋아 다른 사람과 맨발로 거닐었다.

새파란 하늘과 그 하늘이 그대로 담긴 호수에 넋을 잃었는데, 그 꿈을 꾼 날엔 하루 종일 기분이 좋았다. 두 번째 꾸었을 때는 호수로 올라가는 산길이 첫 번째보다 잘 다듬어져 있었고, 세 번째 꾸었을 때는 공사 중이던 산 아래 절이 완공되는 등 꿈은 점점 발전했다. 꿈을 꾸면서 '어라, 여기 또 왔네'라고 생각했을 만큼 인상 깊었다. 엄마 말씀이 이게 태몽이란다.---DAILY/season Ⅱ.

꿈이 생생하다면, 가임여건에서 태몽이 될 수 있다. 태몽의 표상이 동식물이 아닌, 이렇게 자연환경이 태몽으로 이루어진 사례가 상당수 있다(필자의 『태몽』 참고 요). 세 번째 꿈에서 절이 완공된 것을 보는 꿈처럼, 장차 실제의 절이나 절로 상징된 기관 단체와 관련을 맺게 되는 인생길로 나아갈 수가 있겠다. 가임여건이 아닌 상황에서 이러한 발전적인 꿈은 장차 사실적인 미래투시의 꿈으로 실현되기도 한다.

③ 배필이 될 여인을 꿈으로 예지 → 계시적 미래 예지 꿈

서관(西關) 영변 땅에 한 정숙한 여자가 있는데 성은 吉(길)씨이니, 그 아비는 본부(本府) 향관(鄕官)이요, 吉女(길녀)는 서녀(庶女)라. 부모가 다 돌아가시니 그 친척에게 의지하여, 나이 이십이 되었으나 시집가지 못하고, 베 짜기와 바느질로 스스로 생계를 꾸려 나갔다.

이보다 앞서 경기 인천 땅에 신명희(申命熙)라 하는 사람이 있었다. 나이 젊었을 때, 꿈을 꾸었는데, 한 늙은이가 계집아이 하나를 데리고 나타났는데, 나이는 5~6세 정도 되었으나, 흉측하게도 얼굴에 입이 열하나가 있는 기이하고 괴상한 생김이었다. 늙은이가 일러 가로되, "이 아이는 훗날 그대 배필이 될 것이니, 마땅히 그대와 더불어 백년해로하게 될 것이도다." 하거늘 놀라 깨달으니 꿈이었다. 깨어 심히 괴이하게 여겼다.

그 후에 혼인하게 되었으나, 나이 사십에 아내를 잃고 살림을 맡을 사람이 없게 되어, 처량한 마음에 별실이나 얻고 싶었으나 매양 뜻대로 되지 않았다. 마침 이때 친구가 있어, 영변원(寧邊員)을 하고 있었기에 찾아가 일을 도와주며 지내게 되었다.

하루는 또 꿈을 얻으니, 오래전에 꿈속에 나타났던 늙은이가 또다시 '입이 열하나 달린 계집'을 데리고 또 나타났는데, 이번에는 다 큰 처녀였다. 늙은이가 말하기를 "이 아이가 이제 장성하였으니, 이제 그대에게 가리라." 하니, 깨어나 더욱 괴이히 여겼다.---중략---

그 후에 조정에 올리는 베를 선정하는 데 있어, 곱게 짠 베를 짠 처녀에게 관심을 지녀

속현(續絃: 아내를 여읜 뒤 새 아내를 얻음)하기에 이른다. 처녀의 성씨는 길(吉)씨였던바, 꿈속에 나타났던 여자가 '입이 열한 개'인 것이, 파자해몽으로 '길할 길'(吉 : 十＋一＋口)의 성씨로 풀이되는 것을 알고, 하늘이 맺어준 인연임을 알고 감동하여 애정의 두터움이 더욱 친밀하였다.---후략---

『청구야담』에 실려 있는 내용이다. 꿈의 내용은 계시적 미래 예지 꿈으로, 이렇게 노인이 꿈에 다시 나타난 것처럼, 꿈이 발전적으로 또는 진행적으로 이루어지는 사례가 있다. 이는 그만큼 꿈으로 예지된 장차 일어날 일이 절대적으로 중대한 일이며, 점차 그 실현 날짜가 다가오고 있음을 뜻하고 있다.

13) 꿈의 상징 기법-기타 (꿈속의 꿈, 장면의 변환, 희미한 꿈, 색채)

(1) 꿈의 상징 기법-꿈속의 꿈

인터넷상에는 꿈속에서 꿈을 꾼 다양한 사례가 보이고 있다. 필자의 경우에도 꿈속에서 꿈을 꾸는 것을 경험한 바 있다. 꿈속에서 '이건 꿈이 아니고 현실이어서 다행이다' 생각하는 꿈을 꾸었다. 하지만 다시 꿈속의 이야기로 전개되는 꿈을 꾼 적이 있다.

이처럼 꿈속에서 꿈을 꾸기도 한다. 이 역시 꿈의 상징 기법의 하나로써, 꿈속에서의 꿈은 근심·걱정·우려 등 심리 표출의 꿈에서 자주 등장하고 있다. 또한, 고(故) 한건덕 선생님은 '이것은 꿈이었다'고 생각한 꿈의 내용은 현실에서 누구의 말이나 예언, 또는 어떤 문장을 상기하게 될 것을 암시한다고 말씀하고 있다. 사례를 살펴본다.

① 꿈을 꾸다가 '아! 일어나야지' 하고 힘들게 일어났는데, 그게 알고 보니까 또 꿈속이었던 적도 있고, 안 좋은 꿈을 꾸다가 '아! 다행히 꿈이었구나' 했는데, 안도했던 그 순간이 또 꿈이었던 적도 있어요.

② 제가 친구들이랑 다 같이 버스를 타고 수영장인가? 가고 있었나 봐요. 버스에서 좀 잤는지 버스에서 일어나 보니, 신발 앞부분이 좀 부서져 있더라고요. 그래서 제가 되게 놀라서 깼는데 꿈이었어요. 어휴, 그래서 저는 '다행이다' 생각하고 잤는데, 이것도 꿈이에요. 그러니까 꿈속에서 꿈을 꾸는 꿈을 꾼 것이죠.

⑵ 꿈의 상징 기법-장면의 바뀜

꿈속에서 어느 순간 장면이 휙휙 바뀌기도 한다. 이는 특히, 상징적인 미래 예지 꿈에서 자주 등장하고 있다. 유사한 상징으로 열거하는 경우에, 장면의 변환이 이루어지고 있다. 이러한 빠른 전개를 통해서 보다 강인하게 인상을 남기는 한편, 장차 일어날 일을 압축적으로 보여주는 역할을 하고 있다. 사례를 살펴본다.

① 이빨을 강제로 뽑히는 꿈 → 신문 연재가 타의에 의해 강제로 중단될 것을 예지

필자의 꿈 사례이다. 1998년도 여름 무렵에 꿈속에서 어딘가에 갔는데, 장면이 바뀌면서 강제로 치과의자 같은데 앉히고 양팔을 붙잡아 꼼짝 못 하게 하더니, 강제로 필자의 어금니를 뽑는 것이었다. 필자는 뽑히지 않으려고 애를 썼으나, 불가항력적으로 이빨이 뽑힌 것이었다. 이어 장면이 바뀌더니, 거울에 이빨이 빠진 흉측한 모습을 스스로 비춰보는 것이었다. 거울에 비친 이빨이 빠진 얼굴 모습은 정말로 보기 흉할 정도였다.

② 달리기에 이기는 꿈 → 지역 정보지 교차로에 연재

필자의 꿈 사례이다. 적으로부터 도망치고 있다. 어느덧 장면이 바뀌어 100m 경주로 변해, 먼저 결승선에 도착해야 한다고 달리고 있다. 상대방이 앞질렀는가 싶더니, 갑자기 영화 「쇼생크 탈출」에 나온 흑인 친구가 옆에 나타나, 쫓아오던 사람의 허리를 붙잡고 늘어져 나 자신이 먼저 결승선에 도달한 꿈이었다. 참고로 영화를 인상 깊게 감상한 지 얼마 안 되는 날 꾼 꿈이었다. 영화 속의 흑인은 젊은 은행가 죄수의 진실한 친구로 나온다. 현실에서도 한때 어려움에 빠지나 어려움을 극복하고, 협조자의 도움으로 자신이 원하는 대로 이루어질 것을 예지해주고 있다.

③ 장닭이 손가락을 물은 꿈, 고양이가 새끼를 낳은 꿈 → 농구 토토 5,600만 원에 당첨

2006년 10월 22일 인터넷 카페에 올려진 꿈체험기를 요약해 살펴본다.

"제가 얼마 전, 농구 토토복권 5,600만 원에 당첨이 되었습니다. 꿈에 시골집이었고요. 제가 서 있는데 장닭 한 마리가 저한테 오더니, 갑자기 저의 손가락을 물더라고요. 순간 놀랐지만 아프진 않았고요. 장닭도 저의 손가락을 물고 나서는 저한테 애교를 부리는데 귀엽더라고요. 옆에 저의 어머니가 계셨는데, 어머니가 하시는 말씀이 "장닭이

제가 좋아서 그렇게 애교를 부린다."라고 말씀하시더라고요.

그리고는 장면이 바뀌어서, 제 앞에 어미 고양이가 새끼 고양이를 출산하는데, 출산한 마릿수가 5마리더라고요. 저는 앞에서 어미 고양이의 출산하는 모습을 지켜봤고요. 그 중 한 마리를 제 품에 안았습니다. 너무 귀엽더라고요."

장닭이 손가락을 물은 꿈에서 재물운이 다가올 것을 예지해주고 있는바, 장면 전환을 통해 고양이가 새끼를 낳은 유사한 상징 전개를 보여주고 있다. 일반적으로는 장닭이 손가락을 물은 꿈이 좋은 꿈은 아니다. 꿈속에서 무섭게 느껴진 닭이 손가락을 물은 꿈이었다면, 현실에서는 손가락을 다치게 되거나, 손가락으로 상징된 자신과 관련된 사람이 해를 입는 일로 실현되는 것이 보통이다. 하지만 이 꿈에서는 아프지도 않았고, 무엇보다도 장닭이 애교를 부리는 표상으로 좋은 일로 일어나게 될 것을 예지해주고 있다. 미혼 여성인 경우, 일반적으로는 장닭으로 상징된 사람이 정겹게 다가오는 일로도 실현될 수 있다. 고양이가 새끼를 낳는 것을 보는 꿈은 아주 좋다. 일반적으로 출산의 꿈은 어떠한 성취·성공을 이루어내는 것을 상징하고 있으며, 그중 한 마리를 자신의 품에 안는 꿈은 그러한 성취나 성공이 자신에게 이루어질 것을 예지해주고 있다.

(3) 꿈의 상징 기법─뚜렷하지 않고 희미한 꿈

일반적인 상징의 꿈에서 잘 기억나지 않는 희미한 꿈은 꿈으로 예지된 일이 중요치 않은 사소한 일임을 뜻하고 있다. 그러나 꿈속에서의 어떠한 동물이나 식물 또는 사물의 상징 표상물이 선명하고 뚜렷하지 않은 경우가 있다. 이 경우 꿈의 기억력이 부실한 데서 오는 경우도 있으나, 꿈의 기억이 생생하고 또렷함에도 불구하고 꿈속의 상징 표상물이 희미하게 등장하는 경우가 있다. 이러한 경우에 꿈의 상징 기법의 하나로 의도적으로 이루어진 것이다

태몽을 잊어버렸다는 사람이 없듯이 꿈의 예지력에 있어서 절대적인 태몽은 생생하고 강렬하게 이루어지는 특징이 있다. 이 경우에 꿈속에 태몽 표상물이 희미하게 등장하거나 사라지는 표상은 유산하게 되거나, 장차 건강의 악화나 운명의 길에서 힘겨운 일에 빠져드는 등 좋지 않은 일로 실현되고 있다.

꿈의 전개에서 희미해지는 경우에 꿈의 상징 기법의 하나로써 처한 상황과 여건에 따라서 각기 다양한 뜻을 내포하고 있다. 예를 들어, 고(故) 한건덕 선생님의

사례로, 편지 겉봉의 주소가 읽어가면서 희미해졌던 꿈은 다음 날 받을 편지 주소에 어려운 한자가 많아 쉽게 읽을 수 없었던 일로 실현되었다. 또한 꿈속에서 읽어가던 책의 내용이 갑자기 희미하게 지워지는 꿈을 꾼 후에 교회 목사의 설교 내용이 난해하고 애매하거나 감명 깊지 않은 일로 실현되었다고 밝히고 있다.

또한 일반적인 상징에서 희미한 얼굴로 나타난 사람이 사고를 당한 사례가 있는바, 자신의 존재감이나 정체성이 약해진 상징으로 볼 수 있겠다. 또한 사람의 얼굴이나 모습이 희미하거나, 목소리가 작게 들릴 때 어떤 사람의 행동이나 신분을 얼른 확인하기 어려운 정체불명의 사람이거나 자신의 존재를 쉽게 드러내지 않는 사람을 뜻하고 있다. 이 경우 사람이 어떠한 일거리나 대상을 상징하기도 하는바, 내용이나 속 내막을 자세히 알 수 없는 것을 상징적으로 희미한 모양으로 나타내고 있다. 반면에 동물의 색깔이 선명하거나, 눈빛이 빛나거나, 식물이 싱싱하고 뚜렷한 경우, 그로 상징된 일거리나 대상 등 명료하고 새롭고 감명적인 것을 상징한다.

또한 합성적인 인물의 경우에도 남자인지 여자인지, 합성적인 동물의 경우에 개인지 돼지인지 희미하여 구분이 가지 않을 때, 그 대상이 이중적인 속성을 지니고 있음을 상징적으로 보여주고 있다.

(4) 꿈의 상징 기법─색채의 꿈

희미함뿐만 아니라 강렬한 색채적 감각 또한 어떠한 상징적인 뜻을 암시적으로 드러내기 위한 꿈의 상징 기법 중의 하나이다. 속설에 '컬러꿈을 꾸면 병에 걸린다'는 말이 있는바, 이는 잘못된 것이다. 어떠한 상징적 의미를 보다 확실하게 각인하기 위해서 컬러꿈으로 진행되는 경우가 대부분이다.

컬러꿈에 있어서 꿈을 꾼 사람이 처한 여건이나 상황도 중요한바, 화가나 미술·색깔과 관련된 직종에 종사하는 사람의 경우에 일반 사람보다 더 자주 색채에 관련된 꿈을 꿀 수가 있다고 하겠다.

일반적으로 컬러꿈은 꿈의 상징 기법으로, 중대한 일의 예지를 나타내는 경우에 보다 생생한 기억이 필요할 때에 이루어지고 있다. 꿈의 상징 표상 기법에 있어서 우리의 신성(神性)과 같은 정신능력의 세계는 다양한 상징 기법으로 나타나고 있다. 다가오는 미래 예지에는 알쏭달쏭하게 표현하는 여러 가지 방법이 있다. 상징, 비유, 바꿔놓기, 암시 등 이러한 여러 표현 중에 컬러로 나타내 주는 것도 의미가 있다. 즉, 보통의 일보다 강렬한 어떤 인상을 심어주고자 하는 경우이거나, 꿈의 상징 표상의 전개상 색채가 필요할 때이다.

예를 들어, 오래전의 필자의 아내 꿈에 필자가 알록달록한 화려한 색채의 커다란 뱀을 여러 토막으로 내어 죽이는 꿈을 꾸었다. 단순한 뱀이 아닌, 컬러꿈인 것이다. 뱀을 죽이는 것은 정복하거나 제압을 상징하는바, 그 후 필자가 인터넷이나 스마트폰에 '홍순래의 박사 꿈해몽' 사이트를 개설해 실증사례를 바탕으로 꿈을 정리·연구해 나가게 될 것을 예지해주는 꿈이었던 것이다. 인터넷상에 펼쳐지는 형형색색 화려한 색채의 꿈해몽 사이트를 보면서, 새삼 꿈의 신비함에 놀라움을 금할 수 없게 된다. 알록달록한 뱀은 이러한 인터넷상에서 떠오르게 되는 사이트를 상징적으로 암시한 것으로 보여진다.

참고로, 컬러꿈을 잘 꾸는 체험담을 살펴본다.

저는 아주 어렸을 적부터 색깔꿈을 꾸게 되었습니다. 왜 색깔꿈이라고 이름을 지었느냐 하면, 너무나 그 느낌이 일반적인 꿈보다 강하고 명확했기 때문에 딱히 이걸 어떻게 표현할지 몰라 그냥 제 나름 이름을 붙인 것이 색깔꿈입니다. 그렇다 보니 예전부터 색깔꿈에 관심을 가졌습니다. 처음에는 참 신기한 경험이라며 크게 별로 대수롭지 않게 여겼습니다. 이게 한 번 두 번 반복되다, 제 인생에서 큰 기로에 놓였을 때 비로소 강하게 인식한 것이 사실입니다.

보통 제가 겪은 색깔꿈은 저 자신이나 주변의 큰 위험이나 중요한 일이 있을 때 강하게 나타났으며, 그렇다고 꼭 이러한 중요한 일이나 큰 위험에만 나온 것은 아닙니다. 그냥 단순히 사소한 것도 나온 적도 있는 걸로 봤을 때, 색깔꿈이 단지 특별한 일에만 꾼다는 것도 아니라고 생각합니다.---아르미스

3 꿈의 상징적 의미(인물·동물·식물·사물로 상징화)

1) 꿈의 상징적 의미 – 의인화

꿈속의 사람은 다양한 상징적 의미를 띠고 전개되고 있다. 다양한 모습·표정·얼굴색으로 나타나기도 하며, 갓난아기·어린이·어른·난쟁이·거인 등의 상징인물로 나타나고 있다.

또한 할아버지·할머니·어머니·아버지·형·누나 등이 주변 인물의 동일시 인물로 등장하기도 하며, 태몽 표상에서는 아기나 연예인 대통령 등 다양한 인물로 등장하기도 한다. 한편 새로운 창작 인물이나 합성인물의 상징 기법으로 다양한 의미를 나타내주고 있다.

(1) 꿈의 상징적 의미 – 모습, 표정, 얼굴색

꿈속에 나타난 인물이 어떠한 모양으로 나타났는지 각각의 의미에는 상징적인 뜻이 담겨 있음을 간과해서는 안될 것이다. 이처럼 꿈속에 나타나는 대상의 얼굴 모습이나 행동과 표정, 옷차림, 하는 말 등등의 상징적인 의미를 알아내도록 힘써야 할 것이다. 예를 들어 희미한 얼굴로 나타났다든지, 검은빛의 얼굴이었는지, 웃는 얼굴이었다든지 등등 각각의 표상이 상징하는 바를 염두에 두고 꿈을 해몽하여야 할 것이다. 다양한 실현사례를 살펴본다.

① 거울에 비친 자기 얼굴의 눈이 희미해져 있던 꿈 → 질병 예지

외국에 나가 있던 한 젊은이의 꿈에 자기 얼굴을 거울에서 보았는데, 눈이 생기가 없고 희미해져 있었다. 꿈에서 깨고 '고국에 있는 가족 중에 누군가 병이 들어 있구나' 하고 직감한 그대로, 아버지가 병석에서 고통받고 계시는 일로 실현되었다. 이처럼 꿈속에서 희미하게 보이는 경우는 안 좋은 결과로 나타나고 있다. 또한 꿈속에 나타난 여러 친척 중에 얼굴의 형체가 희미하게 나타난 친척이 그 후 교통사고로 다치는 일로 실현된 사례가 있다.

② 돌아가신 아버지가 사흘 동안 희미한 모습으로 나타나 살아 계신 어머니와 함께
   계신 모습을 보는 꿈

현실에서는 아버지가 꿈속에 나타나면 안 좋은 일이 일어나고는 했다. 어머니에게 전화를 해보니, 며칠 전부터 목이 아프고 부어서 수술을 받고 입원하시는 일이 일어나게 됨.

③ 어머니의 꿈에 하나밖에 없는 동생의 얼굴이 까만색으로 변해 있었던 꿈

그 뒤로 며칠 뒤에 동생이 사고가 나서, 병원에 입원하여 동생이 죽게 됨.

④ 돌아가신 할머니가 검은빛의 얼굴로 나타난 꿈

젊은 부부가 아주 커다란 부부싸움을 하는 것으로 실현되었다.

⑤ 노무현 대통령이 멍하게 쳐다보던 꿈 → 죽음 예지

어떤 산 속의 별장 같은 곳의 거실이었다. 노무현 대통령이 앉은뱅이 식탁 앞에 앉아 나를 정면으로 쳐다보고 있었는데, 눈이 마치 넋이 빠진 사람처럼 보였다. 한동안 나를 멍하게 계속 쳐다보고 있었다. 나는 그 모습을 그 별장 거실의 통유리를 통해 보고 있었다. 이날 노무현 전 대통령이 부엉이바위에서 뛰어내려 숨졌다.---09. 5. 23.

(2) 꿈의 상징적 의미 – 갓난아기, 어린이, 어른, 난쟁이, 거인

정신능력의 발현인 꿈의 상징 기법은 우리의 상상을 초월하여 신묘하리만큼 펼쳐지고 있다. 꿈속의 인물이 각각의 상징적 의미에 따라 갓난아기나 어린 여중생이나 어른이나 노인 등으로 각기 다양한 상징적 의미를 띠고 전개될 수도 있다. 이 경우, 갓난아기는 아주 미숙한 존재나 이제 막 시작된 어떤 일거리나 대상을 상징하고 있으며, 어린 여중생은 여성적인 성품의 사람으로 어떠한 분야에서 초보적 단계에 있는 사람을 상징하고 있다. 또한 어른은 어떠한 분야에서 완전한 성취를 이룬 사람, 노인은 숙련되고 지혜로운 사람을 상징적으로 나타내주고 있다. 꿈해몽 및 실증사례를 살펴본다.

① 갓난아이에게 우유를 주는 꿈

갓난아이에게 우유를 마시게 하는 꿈은 갓난아기로 상징된 이제 막 시작한 어떤 일거리·대상에 대해서 자본을 투자하게 됨을 뜻한다.

② 여중생에게 그림을 가르치며 같이 그린 꿈 → 공동으로 저서 출간 예지

고(故) 한건덕 선생님이 여중생으로 상징된 필자와 『꿈해몽 백과』를 공저(共著)로 출간하게 될 것을 예지한 꿈 사례이다. 당시에 필자가 여중생으로 상징되어

나타난 것에 대하여, "비록 박식하더라도 꿈에 관해서는 별로 아는 것이 많지 않은 자요." 라고 언급하고 있는바, 선생님의 꿈해몽 역시 탁월하신 견해이다. 1996년 필자가 선생님을 처음 만났을 때 꿈에 관한 연구에 한해서는 이제 걸음마 단계에 있었다고 보아야 할 것이다. 갓난아기나 어린애와 같이 그림을 그리는 표상으로 전개되지 않은 것이 다행일 것이다. 사실 필자는 터프하다기 보다는 마음이 여리면서 착한 여성적인 면이 있는 편이다. 또한 선생님의 다른 꿈으로 '탑을 허물고 새롭게 작업하는 사나이의 꿈'이 있는바, 여기서는 필자는 열심히 일하는 사나이로 상징되어 등장하고 있다.

③ 박정희 대통령이 난쟁이로 나타난 꿈

지난 1979년 10월 26일 저녁 박정희 대통령이 시해(弑害)되는 날 꾼 꿈이다. 버스에 불이나 수많은 사람들이 죽은 채 버스가 달리는 꿈을 꾸었으며, 뒤이어 박정희 대통령이 난쟁이로 나타나 수많은 사람들이 손가락질을 하면서 비웃는 꿈을 꾸었다.

지나고 보니까 내가 박 대통령이 시해되는 꿈을 꾼 것 같으며, 신군부가 들어와 박 대통령의 비하분위기까지 정확하게 꿈에서 예견한 것이 아닌가 생각된다. 참고로 본인은 지난 1976년과 1977년 약 2년간 청와대 경호실 경비대에서 근무한 적이 있다.

이처럼 꿈속에서 거인이나 난쟁이의 상징 표상으로 등장하는 경우가 있다. 꿈은 반대가 아닌 상징의 이해에 있기에 이 경우 꿈의 상징적 의미는 명료하다. 거인이나 늠름한 모습으로 나타난 경우에 능력·권세·지위·명예 등이 뛰어남을 뜻하고 있으며, 난쟁이나 왜소한 모습으로 나타난 경우는, 처한 현실에서 뜻을 펼칠 수 없음을 상징적으로 나타내주고 있다.

(3) 꿈의 상징적 의미 - 의인화(동일시, 바꿔놓기)

앞서 꿈의 상징 기법의 인물이나 대상의 바꿔놓기[전이(轉移)]에서 살펴본 바 있지만, 꿈속에 등장한 인물은 현실에서 실제 인물이라기보다는 어떤 다른 사람으로 바뀌어 놓여지고, 경우에 따라서는 일거리나 대상의 상징적인 의미를 지니는 경우도 있다. 계시적 성격의 꿈에서는 조상이나 백발노인·산신령 등의 분장된 자아를 등장시키기도 한다.

꿈속에 등장하는 인물은 사실적인 미래투시의 꿈에서는 실존인물로 등장하지만, 대부분의 상징적인 미래 예지 꿈에서는 어떠한 사람이나 일거리·대상을 상

제Ⅲ장
꿈의 다양한 상징 기법

징적으로 나타내주고 있다. 예를 들어 회사원의 꿈인 경우에 아버지는 사장으로 형은 부장으로 상징화하여 등장시키고 있다. 또한 자식은 자신이 애착과 애정을 가지고 맡고 있는 일거리·대상의 상징으로 바뀌어 등장하기도 한다. 마찬가지로 꿈속에 등장한 동물이나 식물 기타의 사물도 자기 자신이나 어떠한 사람, 일거리·대상을 상징하는 것으로 바뀌어 놓이는 경우가 많다.

상징적인 미래 예지 꿈의 경우에 그 사람됨이나 일거리 대상의 성격이 '남성적이냐 여성적이냐'에 따라 남자나 여자로 등장시키기도 한다. 또한 미숙함이나 완숙함의 여부에 따라, 어린애나 장성한 청년 또는 노인으로 등장하기도 한다.

또한 아기나 동자, 연예인이나 대통령 등 사람이 등장하는 태몽이 있다. 이 경우, 꿈속에 등장한 아이의 얼굴이나 모습이 잘못되어 있거나, 아기를 받기를 거절하거나 밀쳐내는 꿈은 유산·요절로 실현되고 있다. 태몽이 아닌, 일반적인 꿈의 상징에서는 아이로 상징된 자식같이 애착이 가는 소중한 일거리·대상에서 어려운 문제 상황이 발생하거나 손실이 있게 된다.

등에 업었던 아이가 없어진 꿈, 아이가 혼자 빠져나가고 문이 닫히는 꿈, 아이를 쫓아낸 꿈, 지하실 물속에 버려진 아기를 보는 꿈, 하얀 한복을 입은 아이가 걸어온 꿈, 아이가 방안으로 들어오려는 것을 막은 꿈으로 유산된 사례가 있다.

이렇듯이 꿈의 언어인 상징을 이해해야 보다 올바른 해몽을 할 수가 있다. 그리하여 자식의 머리가 터져 피가 나는 꿈이 자신이 애착을 지녀오던 주식투자에서 큰 손실이 나게 되거나, 애지중지하는 새로 산 승합차의 앞부분이 파손되는 일로 실현된 사례를 이해할 수 있게 된다. 따라서 꿈의 언어인 상징을 이해할 때, 근친상간의 꿈이나 자식을 가마솥에 넣어 삶는 꿈 등에 난해한 상징에 대한 보다 올바른 이해를 할 수 있게 될 것이다.

나아가 이러한 상징은 우리 언어의 관습적인 상징과 일맥상통하고 있다고 언급한 바 있다. 어느 증권해설가의 말처럼, "여러분! 오늘 자식들 밥벌이 잘했습니까?"에서 자신이 매수한 종목에서 수익의 여부를 자식 같은 애정과 애착을 지닌 존재의 주식으로 빗대어 말하고 있다.

(4) 꿈의 상징적 의미 – 의인화(창작 표상)

평상시 사람에게는 없던 혹이나 종기가 나 있거나, 수염·안경·의복 등은 꿈을 만들어내는 잠재의식적 자아가 어떠한 사실을 나타내기 위한 창작적 상징요소들이 합성되어 있는 것이다. 예를 들어 평소에 기르지 않던 콧수염을 달고 나타났다면 콧수염이 상징하고 있는 권위나 거만함을 나타내기 위해 표상된 상징으로 보아야 할 것이다. 또한 목뒤에 혹이 없는데도 혹이 있는 모습으로 나타나거나, 얼굴에 버짐이나 점이 있다든지, 평소에 안경을 안 쓰던 사람이 안경을 걸쳤다든지, 남루한 옷을 입었다든지, 나체로 있는 모습이라든지 등 어떠한 의미를 상징적으로 나타내기 위해서 합성으로 창작된 상징 표상으로 나타내주고 있다.

이 경우 언어의 관습적 상징과도 의미가 일맥상통하고 있다. 관습적 언어의 상징에서, '혹이 있는 여자'라고 하면 이미 한 번 결혼하여 자식이 있다거나 흠집이 있는 여자를 나타내주고 있다. 마찬가지로, 현실에서 이웃집에 이사 온 새댁이 실제로는 얼굴에 혹이 없지만, 얼굴에 혹이 있는 모습으로 꿈에 나타난 경우, 남몰래 숨겨둔 자식이 있다는 것을 예지해주는 상징적인 꿈이 될 수가 있겠다. 꿈해몽 및 여러 사례를 살펴본다.

① 안경의 여부

안경은 지위, 협조자, 투시력, 지혜, 통찰력, 권리, 명예, 선전, 과장, 위장 등의 일을 상징하고 있다. 렌즈(안경)를 얻는 꿈은 협조자를 얻게 되거나 어떠한 방법이나 수단을 지니게 되거나 직책이나 권리 등이 새로워지게 되는 것을 뜻하고 있다.

안경을 쓰지 않던 사람이 안경을 쓰는 꿈은 협조자를 만나게 되거나 직책이나 권리 등이 새로워지게 되는 것을 뜻하고 있다. 이 경우 좋은 안경이나 금테 안경일수록 지위·신분 등이 높아진다. 상대방이 안경을 쓴 사람과 마주하는 경우에 상대방이 자기 심중을 꿰뚫어 볼 일이 생긴다. 또한 선글라스를 쓴 사람을 보면, 신분·학력·본심 등을 속이거나 위장하고 있는 사람과 상관하게 된다.

② 콧수염 여부

여건에 따라 자부심과 긍지의 상징적 표상이 되기도 하며, 위엄과 권위 있음을 드러내는 상징 기법이다.

③ 옷차림 여부

깨끗하고 좋은 옷차림일수록 신분이나 직위가 좋은 여건에 있음을 뜻한다. 해어진 옷의 경우에 어려운 처지에 있음을 보여주고 있다. 또한 옷을 바꿔입은 모습으로 나타난 경우, 의지하던 사람이나 직장이 변경되는 일로 이루어짐을 예지한다. 친구가 옷을 바꾸러 온 꿈을 꾼 후에 친구가 오랫동안 사귀던 사람에게 헤어지자고 통보하는 일로 실현된 사례가 있다. 한편, 검은색 옷을 받거나 입는 꿈은 죽음 예지의 꿈으로 실현되고 있으며, 가임 여건에서 유산으로 실현되기도 한다. 한편, 나체의 꿈에 있어서 자신감있게 당당한 꿈은 자랑·과시의 좋은 일로 이루어지지만, 반면에 부끄러워하는 꿈은 수모와 창피를 당하는 일로 실현된다.

④ 얼굴의 이상 유무

* 희미하게 나타난 얼굴 → 병환이나 교통사고 등으로 실현되기도 한다.

* 얼굴에 종기 같은 이상한 것 등이 생겼으며, 하얀 목련꽃 같은 버짐이 얼굴에서 피어난 꿈 → 친척 집에 아이를 봐주러 갔다가 친척에게 수모와 무시를 당하는 일로 실현되었다.

* 얼굴에서 잡티를 떼어 낸 꿈 → 고민 해결

외국에서 살 때에, 실정을 잘 몰라서 비싼 가격에 집 계약을 하게 된바, 주변 사람의 도움으로 정상의 가격에 새롭게 계약을 체결하는 일로 실현되었다.

* 얼굴이 썩어가는 모습으로 한국에 와 살아야 한다는 꿈 → 처한 환경의 부적응 상황에서 벗어남.

필리핀에 전산관련 업무로, 5년 장기계약의 파견 근무를 나가 있던 회사원의 이야기이다. 그 나라에서는 전산에 대한 무관심으로 인하여, 하는 일도 없이 놀고먹는 일이 반복되었다. 그리하여, IT 업계의 특성상 창의적인 계발을 하고자, 본국으로 다시 돌아오는 결정을 내려 귀국하는 현실로 실현되고 있다.

(5) 꿈의 상징적 의미 – 의인화(합성인물)

앞서 꿈의 다양한 상징 기법 가운데 압축과 생략에서 살펴본 바 있지만, 두 가지 또는 여러 가지 표상물이 결합되어 합성인물로 상징화되는 경우가 있다. 뉴스 보도에 '두 딸을 성폭행한 인면수심의 아버지 구속'이라는 기사가 나온바, 이 경우에 꿈속의 상징 표상으로는 사람의 몸에 흉악한 늑대 얼굴의 합성적 상징 인물로 등장시킬 수 있을 것이다.

마찬가지로, 반은 사람이고 반은 개의 합성인물은 어떤 상징적 의미를 뜻하고 있을까? 이는 그 사람됨이 겉으로는 인격자로 보이나, 그 행실은 절조가 없고 탐탁하지 않음을 암시적으로 보여주고 있다. 이처럼 어떠한 사람이나 일거리·대상에 대하여 이중성이나, 특이한 성격·성질이나 가치를 상징적으로 나타낼 때, 합성적 인물로 등장시켜 상징적으로 나타내주고 있다.

이러한 합성인물은 앞서 살펴본 표상의 전위(轉位)와 다르다. 표상의 전위는 사람이 늑대로 변하는 꿈으로, 원래의 A에서 변화된 B로 나아가는 것으로 A → B로 나타낸다면, 합성인물은 처음부터 A와 B가 처음부터 나란히 병합되어 A와 B 둘의 속성을 함께 지니고 있는 AB로 볼 수 있다.

고(故) 한건덕 선생님은 합성 상징의 경우, 두 사람 또는 두 가지 표상이 합성될 때는 그 각각의 일부분석만 합성되더라도, 그 표상들의 본질적인 것 전부가 합성된 것으로 간주해야 한다고 말씀하셨다. 사람과 사람, 동물과 동물, 사람과 동물, 사람과 식물, 식물과 식물 따위의 두 가지 이상이 합성되어 하나의 전체가 됐을 때, 그 각각의 표상들의 본래의 뜻이 합성된 것으로 보아야 한다는 것이다. 하지만 이 역시 꿈의 상징에서 합성의 크기에 비례하여 역할 분담이나 특성의 강도를 보여준다고 볼 수도 있겠다.

2) 꿈의 상징 기법 - 동물화

(1) 다양한 뱀꿈의 실현사례

먼저 동물 꿈에서 자주 등장하는 뱀(구렁이)꿈의 대표적인 실증사례를 통해, 동물의 상징적 의미가 얼마나 다양하게 전개되고 있는지 살펴본다. 뱀의 다양한 실현사례 속에, 무엇을 상징하고 있는지 유의하여 살펴보기 바란다.

① 망태기 안의 뱀이 달아나는 꿈 → 첫째 아이를 잃음.

꿈에서 망태기 안의 뱀은 바로 자신의 아들을 상징적으로 표상하여 나타내고 있다. 뱀이 숲 속으로 달아나는 표상이 현실에서는 사랑스러운 아들이 교통사고를 당하여 세상을 떠나, 자연으로 돌아가는 것으로 실현되고 있다.

② 뱀들이 피투성이로 죽은 꿈 → 아버님이 병환으로 돌아가심.

수많은 뱀들이 온 집안에 모두 두 동강이 나거나 피투성이가 되어 축 늘어져서 죽어 있었다. 그 후에 아버님이 병환으로 돌아가셨다.

③ 태몽 표상으로서의 뱀(구렁이)

* 뱀이 치마 속으로 들어오려는 꿈 → 태몽으로 아들을 낳음.

이 밖에도 커다란 구렁이가 방으로 들어가는 꿈, 뱀이 엄지발가락을 무는 꿈, 구렁이가 똬리를 틀고 앉아 있는 꿈, 뱀을 잡아먹은 구렁이가 덮치는 꿈, 큰 구렁이 한 마리가 은가락지를 끼고 있는 꿈 등이 태몽으로 실현되고 있다.

* 들어오는 뱀의 꼬리를 때리는 꿈 → 태몽으로 그 후 태어난 아기가 잘 걷지 못하게 되는 일로 실현됨.

* 뱀에게 소금 뿌린 꿈 → 아기 유산

주위에 뱀이 가득해서, 너무 놀라고 징그러워서 순간 소금을 막 뿌리는 꿈으로, 유산되고 있다

* 기운없는 뱀이 쳐다보는 꿈 → 아기 유산

예쁜 주홍뱀이 탁자 위에서 쳐다보고 있는데, 너무 기운 없이 어디가 아픈 것처럼 보이고, 뱀이 징그러워, 남편한테 죽여 달라고 했습니다. 8주 만에 유산이 되었습니다.

* 방 안으로 뱀이 반만 들어온 꿈 → 사고로 불구가 되다.

뱀이 방 안으로 들어오기에 문을 얼른 닫아 버리니, 반은 들어오고 반은 들어오지 못했다. 그 후에 자라면서 사고를 당해 불구가 되는 일로 실현되었다.

* 뱀을 쫓아버린 꿈 → 죽음 예지 태몽

새끼 뱀이 머리를 치켜들고 뒤를 졸졸 따라왔다. 뱀을 쫓아 보내려고, 멈춰 서서 노래를 불러 주었다. 그제야 더 이상 뱀이 따라오지 않아, 혼자서 걸어가다가 잠에서 깨어났다. 그 후에 태어난 아이가 일찍 죽는 일로 실현되었다.(글: 김하원)

* 뱀이 다시 알 속으로 들어간 꿈 → 죽음 예지 태몽

둥지에 뱀의 알이 두 개 있었다. 한 알에서 먼저 첫 번째 뱀이 머리를 내밀고, 조금 후에 다른 알에서 두 번째 뱀이 머리를 내밀었다. 그런데 잠시 후, 첫 번째로 머리를 내밀고 주위를 두리번거리던 뱀이 다시 알 속으로 들어가 버렸다. 그 후에 쌍둥이를 낳았고, 병원 인큐베이터에서 한 달 정도 두 아이가 있었는데, 갑자기 첫째 애가 죽는 일로 실현되었다.

* 구렁이가 사라진 꿈 → 자녀 유산

벽장에 올라가 똬리를 틀고 있던 뱀이 벽장 안에서 스르르 나오면서 밖으로 나가 버리는 꿈으로 유산되고 있다.

* 구렁이를 숲으로 쫓아낸 꿈 → 유산되다

마당에 뱀 세 마리가 있었는바, "너는 이쪽, 너는 저쪽으로 들어가거라."라며 가장 첫 번째 뱀을 한쪽 방에 들여보내고, 세 번째 뱀을 그 옆방으로 들어가라고 손을 휘휘 가리켰다. 그리고 남은 두 번째 뱀에게는 "네가 들어갈 방이 없으니, 너는 숲으로 가거라." 하며 내쫓아버렸다.

꿈의 예지대로 두 번째 아이가 유산되는 일로 실현되고 있다.

④ 뱀 꼬리가 잘려나가는 것을 지켜본 꿈 → 회사기구 개편과 인사교체로 감원.

메마른 하수통로 같은 곳에 약 20미터 길이는 되어 보이는 황구렁이가 전신을 쭉 뻗고 엎드려 있었는데, 그 꼬리 4분의 1가량이 잘려나가고 없었다. 이 꿈을 꾸고 난 후에 회사(구렁이 전체) 기구개편과 인사교체로 전체의 4분의 1가량이 감원된 것으로 실현됐다. 하지만 자기는 그곳을 떠나지 않고 지켜보았기 때문에 감원 대상에서 제외되는 일로 실현되었다.

이처럼 뱀이나 구렁이가 사람뿐만 아니라, 기관이나 회사 단체의 상징으로 등장하기도 한다.

⑤ 뱀이 달려들다가 죽은 꿈 → 모 기관의 부패 사건이 폭로되다.

나와 친구가 길을 가다가, 큰 뱀을 만나 돌을 던져 상처를 입히고, 갑자기 나타난 쥐에게 뱀이 잡아먹는 꿈을 꾸었다. 그 후에 모 재단의 부패사건이 국가청렴위원회에 고발되어 형이 선고되는 일이 일어났다.

뱀의 상징이 모 재단의 기관으로 등장되고 있음을 알 수 있다.

⑥ 구렁이를 뛰어넘은 꿈 → 어려움을 헤치고 하고자 하는 일을 이루어냄.

"큰 길을 걸어가다가 보니, 아름드리 황구렁이가 길을 막고 누워있었어요. 그래서 그 뱀 위를 건너뛰어 넘어갔어요."

커다란 구렁이는 큰 단체나 사업체를 표상하여 나타냈기에, 뱀위를 뛰어넘었으니 그 뱀을 지배한 것이 되므로, 어려움을 헤치고 일을 이루어내는 일로 실현되고 있다.

⑦ 뱀 속에서 두꺼비가 나온 꿈 → 선거에 입후보하였다가 낙선함.

큰 구렁이 뱃속에서 부걱부걱하는 두꺼비 울음소리가 나더니, 그 뱀의 입으로 큰 두꺼비 한 마리가 나왔다. 그 두꺼비는 걷거나 뛰지는 않았지만, 그 울음소리는 여전히 컸다. 이는 선거에 출마한 사람의 꿈으로 낙선된바, 나온 두꺼비(입후보

자)가 활기차게 걷거나 뛰지 않았다는 점이다.(글: 한건덕)

⑧ 재물이나 이권의 상징

* 독사(뱀)에게 물린 꿈 → 경품 당첨

꿈에 누군가 독사를 건드려 애완용으로 키우는 뱀이 물려서, 뱀을 안고 보건소로 갔더니, 3일 동안 휴일이라 치료를 못 한다. 오뚜기라면 경품응모를 해 놓고 얼마 안 되었을 때 꾼 꿈인데, 3등에 당첨되어 건강식품을 받았어요.---미르홍, 2008.08.01.

* 큰 구렁이를 본 꿈 → 복권 당첨

낮잠을 자다 큰 구렁이를 보았어요. 즉석식 복권으로 '마티즈'에 당첨되었습니다.

* 과장이 그물로 뱀을 잡는 것을 지켜보는 꿈 → 과장이 돈을 받음.

과장이 그물로 초록색 뱀을 잡는 꿈을 꾸었는데, 과장이 휴가를 가게 되면서 휴가비를 받는 일로 실현되었어요.

⑨ 뱀에게 물린 꿈 → 부동산 소송

방에 들어온 뱀에 물려 독이 퍼져서, 언니가 의사를 불러와 링거를 맞는데 피가 거꾸로 나와서 나침판 같은 데에 고이더니, 조금 있으려니 제 몸이 가벼워지더군요. 저는 일어나 '아! 이제 살았다'하며 밝은 표정으로 거울을 보았습니다.

부동산을 매수한바, 현재 서류위조 사건으로 소유권 이전등기 소송이 진행 중인데요. 막 소송이 진행되기 전에 꾼 꿈입니다.

⑩ 호수의 물속에 뱀들이 있는 꿈 → 무령왕릉 부장품 발굴

어느 굴속의 호숫물 속에 수많은 크고 작은 뱀들이 움직이고 있던 꿈을 꾼 후에, 무령왕릉을 발굴하게 되었는바, 많은 뱀들은 모두가 부장물인 금·은·보석을 상징하고 있다.

⑪ 승진·합격의 표상

* 침대를 구렁이가 점령하고 있던 꿈 → 승진으로 실현됨.

자는 침대에 커다란 구렁이 두 마리가 똬리를 틀고 있는 꿈으로, 예상치 못한 승진을 하는 일로 이루어졌다.

* 어머니께서 아기와 우물에서 목욕을 하다가 예쁜 구렁이를 본 꿈 → 아들이 교사임용 시험에 합격.

어머니가 우물에서 아기와 목욕을 하고 있는데, 예쁜 구렁이가 올라와 감싸는 꿈으로, 아들이 시험에 합격하고 있다.

⑫ 뱀 두 마리가 자기 팔뚝을 물었다가 한 마리가 떨어져 나간 꿈 → 기계 고장

중소기업 사장이 새로운 기계 둘을 도입하여 사용하게 되었는데, 기계 하나는 고장으로 사용하지 않게 됐다.

⑬ 키우는 뱀을 잡으라는 꿈 → 빚보증을 갚을 일이 생김.

"남편은 큰 뱀을 키우고 시어머니는 잡으라고 하는데, 남편은 안 잡겠다고 하는 꿈이 었어요. 아내인 제 꿈에는 큰 뱀을 잡아넣고 상하기 전에 이웃 아주머니 보고 빨리 가져 다 먹으라고 했어요."

실제로는 남편의 빚보증을 갚게 되는 일로 실현되었다.

⑭ 사건·사고

* 뱀에게 물리는 꿈 → 조카가 죽음.

큰 뱀 한 마리가 고개를 쳐들고, 엄지손가락과 집게손가락 가운데를 물어 살이 찢겼는데 피가 나지 않은 꿈이었다. 현실에서는 3일 만에 조카가 교통사고로 숨지는 일로 실현되고 있다.

* 아주 작은 실뱀이 세 번째 손가락을 문 꿈

그 후에, 셋째 딸이 응급실에 실려 가는 일로 실현되고 있다. 뱀이 사건 사고의 상징으로 등장한 사례로, 세 번째 손가락이 셋째 딸로 실현되고 있다.

⑮ 연분, 애정

* 방안에 뱀을 풀어놓은 꿈 → 중매가 들어옴.

꿈에 저희 어머니가 뱀을 제 방에 풀어 놓으셨습니다. 그날 아침 저에게 중매가 들어와 서, 다음 날 오후에 만나기로 했습니다.

뱀이 이성의 남성을 상징하고 있으며, 연분·애정으로 실현되고 있다.

* 구렁이 → 남자를 상징

구렁이에게 밥상을 차려 올리는 꿈으로 구렁이로 상징된 남자와 인연을 맺게 되었으며, 구렁이가 노처녀의 이름을 부르다가 가는 꿈으로 구렁이로 상징된 남자와 결별하는 일로 실현되었다. 또한 뱀(구렁이)을 잡아 죽인 꿈으로 귀찮게 하는 남자를 쫓아낸 사례가 있다.

⑯ 뱀이 올라가다가 떨어진 꿈 → 과거 낙방

선인의 사례로, 하늘로 올라가다 떨어진 뱀으로 상징된 사람이 과거에 낙방하고 있다.

이상에서 뱀꿈의 다양한 실현사례를 살펴본바, 뱀(구렁이)꿈의 상징이 사람이나 태몽 표상, 재물이나 이권, 기관이나 단체, 사물이나 대상, 사건 사고의 표상, 연분·애정의 이성의 상대방 등 여러 가지 다양하게 실현되고 있음에서 알 수 있겠다. 이처럼 꿈속에 등장하는 동물은 다양한 상징적 의미를 지니고 있는바, 대부분 어떠한 사람을 상징하고 있다.

(2) 동물의 상징―자아의 분장 출연

분장된 자아가 꿈속의 동물로 상징화되어 등장하고 있는바, 대표적인 사례들을 살펴본다.

① 용이 여의주를 물고 승천하는 꿈

"새해에 용꿈을 꾸었습니다. 용의 생김새를 자세히 생각해 본 적도 없었는데, 꿈속에서는 아주 생생하더군요. 말 그대로 용이 여의주를 물고 승천하는 꿈을 꾸었지요."

월드컵복권에서 3억 원에 당첨된 꿈 사례이다. 용이 승천하는 꿈은 용으로 상징된 권세·명예·위엄을 널리 떨치게 될 것을 예지해주고 있다. 이 경우, 꿈속에 등장한 용은 꿈을 꾼 자기 자신의 분장된 자아이기도 하다.

② 뒷다리를 절고 있는 소를 죽이지 않은 꿈

꿈속에서 자신이 사냥꾼이 되어 뒷다리를 절고 있는 소를 쏘아 죽이려다가, 바라보는 눈이 슬퍼 보여서 죽이지 않은 꿈이었다. 이어 꿈속에서 호랑이를 발견하고 총을 쏘았으나, 호랑이가 점점 작아지던 꿈이었다.

다음 날 교통사고로 승용차에 뒷다리를 받혀서 병원에 입원치료를 받게 되었다. 이 경우에 있어서도 꿈속의 소와 호랑이로 또 다른 자아가 분장 출연하여 장차 일어날 일을 예지해주고 있다.

③ 꼬리에 불이 붙어 몸속으로 들어온 꿈

꿈에 자신이 꼬리가 달린 짐승인데, 꼬리에 불이 붙어서 그 불이 자신의 몸속으로 들어오는 꿈을 꾸고 나서, 주식에서 대박을 내는 일로 실현되고 있다.

(3) 동물의 상징―자식이나 연인, 특정의 사람을 상징

상징적인 꿈에서 꿈속의 동물은 대부분 어떠한 사람을 상징적으로 나타내주고 있다. 실증사례만큼 난해한 꿈에 대한 상징 기법에 대한 이해를 쉽게 해주면서, 흥미를 느끼게 하는 것은 없을 것이다. 동물이 사람을 상징하는 단적인 예로, '미혼 처녀의 몸에 구렁이가 감겨드는 꿈'은 구렁이로 표상된 남자가 구애행위를 하면서 접근해 올 것을 뜻하고 있다. 한편, 태몽으로 임신하게 될 수도 있으며, 안좋게는 구렁이로 표상된 남자에게 성폭행을 당하는 일도 가능하다. 또한 이 경우에, 구렁이로 표상된 어떤 재물이나 이권이 다가오는 일로도 실현될 수도 있다. 다양한 실증사례로써 살펴본다.

① 병아리가 물속에 빠져 죽는 꿈

아이가 물에 빠져 죽는 일이 일어난바, 병아리가 아이의 상징으로 등장하고 있다.

② 개에게 물리는 꿈

어느 여학생의 꿈 사례이다. 검은 개 한 마리가 있기에 귀여워서 만져주는데, 갑자기 개가 덤벼들어 물린 꿈을 꾸었다. 그날 동생과 다투다가, 철이 덜 든 동생에게 매 맞는 일로 실현되었다. 검은 개가 동생의 상징으로 등장한 것임을 잘 알 수 있겠다.

③ 덫에 걸린 토끼를 친구에게 빼앗기지 않은 꿈

토끼로 상징된 사랑스러운 아들이 병마로 시달리다가, 빼앗기지 않은 것처럼 회복하는 일로 실현되었다.

④ 부동산 아주머니가 토끼를 잡아온 꿈

집이 안 팔려 고통을 겪던 중에 커다란 앞니 두 개가 튀어나온, 전체 이미지가 토끼 같은 사람과 부동산 매매 계약을 체결하는 일로 실현되었다.

⑤ 외양간에 몹시 마른 소가 매여 있는 꿈

시어머니께서 폐암으로 병상에 누워 계시다가 돌아가시는 일로 실현되었다.

⑥ 암고양이가 다른 사람들은 외면하고 내 품에 와 안긴 꿈

고양이로 상징된 여자를 만나 연분을 맺게 되는 일로 실현되었다.

⑦ 양동이에 검은색 물고기가 파닥거리는 꿈 → 아들의 사업 실패 예지 꿈

다 떨어진 양동이에 담겨있던 물이 깨진 틈새로 다 빠지고, 물고기 두 마리는 서로 엉켜 팔딱거리는 꿈을 꾼 어머니가 있었다. 이는 아들의 사업 실패로 인하여, 물이 새 나가듯이 재물은 다 나가고, 물고기 두 마리로 상징된 모자가 어려움을 겪게 될 것을 상징적으로 보여주고 있다. (글: 강추애)

⑧ 강아지(고양이)에게 이제 가라는 꿈(상담사례) → 남자 친구에게 결별을 선언하다.

집에 애완동물인 강아지보고 나가라고 하니까, 강아지가 슬픈 표정을 지으며, 나가지 않으려는 꿈을 꾼 여대생이 있었다. 꿈의 실현은 사귀던 남자 친구와 헤어지고자 하는 일로 실현되었다.

(4) 동물의 상징-태몽 표상에서 장차 태어날 태아의 상징

태몽 표상에서 동물로써, 장차 태어날 태아를 상징적으로 압축하여 보여주고 있는 사례는 무수히 많이 있다. 이 경우, 태몽 표상에 나온 동물과 관련지어 유사한 성격이나 외모·체격 등의 아이가 태어날 것을 예지해주고 있다. 실증사례로 족제비의 태몽으로 태어난 사람이 있는바, 얼굴이 완전 족제비처럼 뺀들뺀들하게 생긴 얼굴이었다. 또한 호랑이 태몽인 경우, 장차 호랑이처럼 활달하고 용맹한 성품의 아이가 될 것임을 상징적으로 보여주고 있다. 물론 태몽 표상에서 동물뿐만 아니라, 식물·광물·자연물·인공물 등 다양하게 펼쳐지면서 태몽은 가장 완벽한 상징 표상의 전개를 보여주고 있다. 태몽 표상에서 전개되는 여러 상징적인 기법만 연구해도, 꿈의 상징 기법 모든 것에 대해서 알 수 있을 정도로 다양한 전개를 보이고 있다.

동물에 관련된 태몽 사례는 헤아릴 수 없이 무수히 많은바, 자세한 것은 2012년 출간된 필자의 『태몽』을 참고하기 바란다. 여기에서는 동물에 관련된 유산·요절에 관한 대표적인 실증사례를 위주로 살펴본다.

① 다가오는 쥐를 내치려고 했던 꿈

박경림은 2009년 01월 21일 아들을 출산한바, 박경림이 본인이 꾼 아들의 태몽이다.

"올 1월 1일, 태몽을 꾸었어요. 쥐가 저한테 살금살금 다가오는 꿈이었어요. 제가 원래 쥐를 싫어하거든요. 쥐가 품 안으로 들어오려고 해서 내쳤는데, 그래도 안 나가고 제 손을 핥고 품에 꼭 안겨 있는 거예요. 당시 꿈이 너무 생생했어요.

쥐를 내치려고 했으나 쥐가 나가지 않고 품에 안겨 있는 꿈이었기에 임신 후 유산 등의 위태로움을 극복하게 될 것을 보여주고 있다. 유사한 사례로, 송아지를 피해 달아나는데 송아지가 쫓아온 꿈으로 유산의 위험을 벗어난 사례가 있다.

② 개를 몽둥이로 쫓아버리는 꿈

저는 제 침대에 개가 들어와서, 몽둥이로 쫓아 버리는 꿈을 꿨는데, 그 다음 날 병원에 정기 검진하러 갔더니 유산이랬어요. 꿈이 귀신같이 맞더군요.(글: 라임맘)

③ 개를 때려죽이는 꿈

직장 동료의 꿈이야기다. 얼마 전에 자기 여동생이 임신 8개월째에 유산을 했다고 한다. 그의 어머니가 그 일로 인해 걱정은 하시면서도 별로 놀라는 눈치가 아니더라는 것이다. 그의 어머니는 이미 전부터 이상한 꿈들을 꾸어 오셨다는 것이다.

〔개를 때려죽였다.〕〔방 안에 있는 걸레를 들춰 보니, 거기에 조그만 실뱀이 있었는데, 그게 큰 뱀으로 변했다. 그래서 막대기로 마구 때리니, 배를 하얗게 드러내 놓고 죽었다. 배를 갈라 보니 알 두 개가 있어서 그걸 집으려고 하는데, 옆에 있던 아버지가 "그것은 죽은 것인데……." 해서 그만 두었다.〕(글: 김하원)

④ 호랑이가 쫓아와서 도망가는 꿈

저는 호랑이가 쫓아와서 도망가는 꿈을 꾸었는데 유산되었습니다. '결국 하늘의 뜻이었구나' 생각하고 있습니다. '결국 아가는 삼신할미가 주는 거구나.' 하고 요즘은 생각하고 있어요.(글: 상록수)

⑤ 몸을 감은 구렁이를 가위로 갈기갈기 찢어낸 꿈

참 신기해요. 임신했을 때는 태몽도 없더만, 저 8주 만에 유산할 때는 구렁이 몸이 돌돌 감겨 있는데, 제가 그 몸을 가위로 갈기갈기 찢었거든요. 전 그게 태몽인 줄 알았는데, 유산꿈이였어요.(글: 섹시)

⑥ 집에 들어온 멧돼지를 쫓아낸 꿈

저도 임신했을 때는 태몽도 안 꾸더만, 꿈에 새끼 멧돼지가 집에 들어왔는데, 제가 막 쫓아내는 꿈을 꿨어요. 안 나갈려고 버티는 거 제가 억지로 쫓아냈는데, 유산되고 나니 너무 마음이 아프더라고요.(글: 이쁜옥)

⑦ 다가온 강아지를 떼어낸 꿈

강아지가 꼬리를 흔들며 제 주변을 맴도는데, 그게 싫어 강아지를 떼어 낸 꿈을 꿨어요. 그리고 그날 계류유산이 되었답니다.(글: 작은요정)

⑧ 쥐와 장어를 물리친 꿈

처음 유산했을 땐 쥐가 제 잠옷으로 들어 왔는데, 제가 너무 싫어했어요. 그리고 두 번

재 유산 때는 장어가 제 등을 물었는데, 그것도 싫다고 떼어버렸답니다.(글: 비엔나소세지, 다음 미즈넷, 2008. 9. 11.)

⑨ 호랑이를 떨쳐버리는 꿈

남편이 꾼 태몽이다. 〔차 안에 있는데, 호랑이가 들어오려고 하여서 문을 꼭꼭 닫았더니, 호랑이가 발로 문을 긁다가 돌아가 버렸다.〕 한편 아내의 꿈에서는 〔호 랑이인가 고양이인가가 보이길래 무서워서 도망가다 울타리 위에 올라섰는데, 그게 발뒤꿈치를 물었다. 그래서 발로 세차게 차서 그것을 떨쳐 버렸다.〕

현실에서는 "자궁에 혹이 생겨 아이를 낳기가 힘들 뿐만 아니라, 아이를 낳았 다가는 산모의 목숨마저 위험하니 유산시켜라."라는 권고에 따라 유산이 되는 일 로 실현되었다.(글: 김하원)

⑩ 용을 떨쳐낸 꿈

친척 누나가 아이를 유산하는 일로 실현되었다. 용이 자신의 허리를 감는 꿈 을 꾼바, 너무도 무서운 나머지 손으로 마구 떼어내서, 결국에는 땅바닥에 떨쳐 버렸다는 것이다.(글: 김하원)

태몽에서 용꿈이라고 다 좋은 것은 아니다. 이처럼 떨쳐내거나, 올라가다가 떨어지거나 상처 입은 용의 꿈들은 당연히 좋지가 않다. 고(故) 윤이상 씨의 태몽 은 상처 입은 용이 하늘을 날고 있었던 꿈이었다. 큰 재주를 지녔음에도 뜻을 펼 치지 못하고, 고국에 돌아오지 못한 비극적인 인생길을 예지해주고 있다.

⑪ 짐승이 없어지거나 사라진 꿈

〔무슨 짐승 같은 것이 보였는데, 한 번은 반이 없어져 버리고, 한 번은 흐물흐 물하다 나머지가 다 없어져 버리는 꿈을 꾸었다.〕 태어날 아이가 조산되어 인큐 베이터 안에 들어갔으나 죽는 일로 실현되었다.(글: 김하원)

⑫ 동물들을 쫓아내는 꿈

저는 가정주부입니다. 결혼한 지 10년째이고요. 그런데 아직 아이가 없습니다. 저는 항상 태몽의 꿈으로 상징되는 동물들을(곰, 잉어) 등등 이런 것들을 옆에 두고도 항상 쫓아 내는 꿈을 꾸고는 합니다.

이렇게 쫓아내는 꿈은 임신의 태몽 표상하고 너무나 거리가 멀다. 임신이 안 되던가 혹 임신하더라도 유산하는 일로 실현되고 있다. 꿈해몽 상담 가운데 유산 이나 요절의 표상에 대해서 이야기해야 할 때, 가장 가슴 아프다. 태몽은 상징적인 미래 예지 꿈이기에 꿈의 실현을 벗어날 수가 없으며, 단지 장차 다가올 일에 대하여 '마음의 준비를 하라'는 뜻으로 받아들이면 될 것이다. 사실 꿈으로 이러한 사실을 어느 정도 예지 없이 어느 날 안 좋은 일로 실현되었을 때, 심리적 충격을 이겨낼 사람은 얼마 되지 않을 것이다.

꿈은 우리 인간에게 神(신)이 내려준 최상의 선물인 것이다. 안 좋은 꿈을 꿔서 그러한 일이 일어난 것이 아니라, '안 좋은 일이 일어나기로 예정되어 있는 것을 꿈을 통해 미리 알려줌으로써, 마음의 준비를 하게 하였다'고 생각하면 될 것이다.

⑬ 삐쩍 마른 어린 송아지가 들어왔다 나간 꿈

삐쩍 마른 어린 송아지가 들어왔다 나간 태몽이었다. 그 후에 아이가 병이 들어 별의별 약을 다 써도 낫지 않고, 밥도 먹지 못해서 야윈 상태로 죽게 되는 일로 실현되었다.

⑭ 새가 날아간 꿈

태몽으로 새가 손에 붙어 있다가 날아가는 꿈을 꿨거든요. 그리고 나서, 5개월 때 유산을 했고요.(글: 소영낭, 성은맘의 임신 출산 육아 정보창고)

⑮ 붕어 두 마리를 잡았다가 놓아준 꿈

애를 두 번 잃었어요. 시아버지는 붕어를 두 마리 잡았는데, 가지고 갈 그물망이 없어서 놔줬대요. 시어머니는 멀리서 붕어 두 마리가 물밖에 튀어나와 팔딱대고 있는데, 너무 멀리 있어서 그냥 숨도 못 쉬고 죽어가는 것을 바라봤대요. 친분이 있는 분이 꾼 꿈인데, 용 두 마리가 하늘 위로 솟구쳐 날아가 버리더래요. 아, 정말 싫어요. 두 번 유산되기 전에 꾼 꿈이랍니다.(글: 쌀쭈, 이지데이, 태몽이야기방.)

이 밖에도 죽어가는 듯한 물고기를 잡은 꿈이 유산으로 실현되었으며, 잉어 다섯 마리가 죽어 물 위로 떠오른 꿈으로 다섯 쌍둥이를 갑자기 유산한 사례가 있다. 이처럼 태몽에 등장하는 동식물의 숫자로써 장차 두게 될 자녀 수를 예지하는 경우가 상당수 있다. 마찬가지로 유산하게 되는 것도 숫자로써 예지해주고 있다.

⑯ 어항 속의 금붕어가 보기 싫던 꿈

금붕어가 어항 속에서 여러 마리 놀고 있었다. 그중에 어쩐지 앞에 있던 금붕어를 보기가 싫어지고 그 뒤에 있던 눈이 까만 금붕어가 좋아진 꿈이었다.

첫 애를 유산하고, 다시 가진 아이를 낳게 되었으며, 아이의 눈이 크고 까만 귀여운 딸을 낳게 되었다.

⑰ 죽은 생선을 가져온 꿈

저는 시장에서 한 아주머니가 빨간 고무 대야에 생선을 파시는데, 전부 죽어서 물 위에 둥둥 떠 있더라고요. 그걸 "그냥 줄 테니 가져가라."고 해서 비닐에 담아오는 꿈을 꿨어요. 내용도 좀 으스스해서 생각 안 할려고 했는데, 막상 아가 보내고 나니깐 그 꿈이 제일 먼저 생각나더군요. 다음에는 꿈에서 그 아주머니 보면 모른 체해야지.(글: ND Love)

죽은 물고기를 가져오는 데서 유산으로 실현되고 있음을 알 수 있다.

⑱ 거북이가 움직임이 없이 물에 떠 있는 꿈

집에서 키우던 큰 거북이가 아기 거북이를 4~5마리를 낳았는데, 이상하게 아기 거북이들이 얇고 투명한 막에 쌓여, 움직임 없이 마치 죽은 것처럼 물 위에 떠 있는 꿈이었다. 그로부터 며칠 후 가까운 친구에게서 "이제 6개월 접어든 아이가 유산되었어."라고 전화가 왔다. 그 유산된 아이는 남자, 여자 쌍둥이었다.

⑲ 벌레들이 거실에 기어 다니는 꿈

저는 아주 징그러운 벌레들이 온 거실 천지에 기어 다니는 꿈을 두 번 꾸었는데, 첫 번째 꿈일 때는 11주에 유산이 되었구, 두 번째 벌레 꿈일 때는 생리를 하면서 엄청난 고통과 열, 울렁거림, 구토증 같은 증상과 함께 덩어리들이 나왔어요. 이것도 유산꿈인가봐요.(글: 아이♡사랑)

⑳ 말이 달려오다가 주저앉는 꿈

시어머니가 젊어서 아이를 가졌을 때 꿈을 꾸었는데, 말이 달려오다가 갑자기 주저앉아버리더래요. 그래서 기분이 안 좋았는데, 며칠 후 아이를 유산했다고 하시더군요.

태몽 표상은 대표적인 상징적인 미래 예지 꿈이다. 꿈은 반대가 아닌 상징의 이해에 있는바, 달려오는 말이 주저앉는 표상으로 유산의 불길한 실현을 예지해 주고 있다.

㉑ 토끼가 토끼 가족으로 가려다가 품에 뛰어든 꿈

난 유산될 뻔했다고 한다. 우리 엄마가 임신했을 때, 감기인 줄 알고 감기약 먹고 한약도 먹었다는 것 같다. 여하튼 엄마 꿈에 토끼 새끼가 엄마한테 안겼는데, 토끼 대가족이 와서 새끼 토끼 달라고 했단다. 그런데 새끼 토끼가 토끼 무리로 갈려다가, 엄마한테 뛰어들었다는---. 그래서 딸인 내가 태어났다.---인터넷 Happy daily 블로그에서

㉒ 곰의 등에 밀가루가 붙어 있다 떨어져 나간 꿈

직장 동료의 조카는 8개월 만에 조산되어 두 달간 인큐베이터 안에서 살다 나왔는데, 조산할 당시의 몸무게가 1.1kg이었다 한다. 산모가 고혈압에 당뇨까지 겹쳐서 그대로 놔두었다가는 산모도 태아도 목숨이 위험할 것 같아서 조산을 했는데, 영양이 산모에게로만 가는 바람에 8개월째가 되었는데도 정상적으로 자랄 수가 없었다는 것이다.

그런데 조산을 해서 살기 힘들 것만 같았던 조카가 두 달 후에는 2.2kg이 되어 인큐베이터 안에서 나왔는데, 몇 년이 지난 지금은 다른 아이들보다 더 통통하기만 하다는 것이었다.

그가 태어나기 전에 그의 어머니는 다음과 같은 태몽을 꾸었다고 한다.

'중간 크기 정도 되는 통통한 백곰이 방안에서 어슬렁거리고 있었다. 처음엔 등에 하얀 밀가루가 묻어 있었는데, 나중에 보니 그 밀가루가 다 떨어져 나갔고, 그 곰이 귀여워서 등을 쓰다듬어 주었다.'(글: 김하원)

태몽의 실현은 한 치의 오차도 거짓도 없다는 것을 보여주고 있는바, 등에 붙어 있던 하얀 밀가루가 떨어져나간 태몽의 표상에서 태어날 아기가 장차 난관을 극복하고 순조롭게 될 것을 예지해주고 있다.

(5) 동물의 상징-재물이나 이권, 성취의 상징

돼지가 집안으로 들어오는 꿈이 좋듯이, 꿈속에서 동물이나 물고기를 잡는 꿈은 각각으로 상징된 재물이나 이권을 얻는 일로 실현되고 있다. 동물과 관련하여 복권에 당첨된 수많은 사례가 있는바, 간략히 사례를 살펴본다.

① 많은 강아지가 재롱을 피우는 꿈

"많은 강아지가 주위에 몰려들어, 뒹굴고 물고 넘어지고 재롱을 떨다가 갑자기 나에게 달려들어 꿈을 깼다."

복권 구입 전날 꿈을 꾸었는바, 돼지꿈은 아니지만 많은 강아지로 표상된 재물운이 들어올 것을 예지해주고 있다.

② 구렁이가 자신의 몸을 칭칭 감는 꿈

"10년 만에 얻은 둘째 딸과 똑같은 태몽이었지요. 아내가 '또 딸을 낳느냐'고 하는 것을 이건 '둘째를 점지해 준 삼신할머니가 복을 가져다주려는 것'으로 생각하고 복권을 구입했는데, 아니나 다를까 구입한 복권이 3억 5천만 원에 당첨되었습니다.

구렁이(뱀)의 상징이 재물이나 이권, 태몽이나, 이성의 상대방을 상징하는 표상 등 다양하게 등장하고 있다.

③ 뱀에 물린 다리에서 하얀 피가 철철 나는 꿈

인터넷 전자복권에서 1천만 원에 당첨된 사례가 있다. 이 경우 안 좋게는 물린 부위에 교통사고가 나는 일로 실현될 수도 있다.

(6) 동물의 상징 – 일거리·세력이나 집단, 회사 기관 단체의 상징

동물의 상징이 어떠한 일거리·기계나 작품 등 대상을 상징하고 있거나, 세력이나 집단, 회사·기관·단체의 상징으로 등장하기도 한다. 간략히 실증사례를 살펴본다.

① 개가 서로 싸우는 꿈

오래전 한 역술가가 꾼 반사실·반상징의 실증적인 꿈 사례이다. 서울시장에 출마한 조모 씨와 박모 씨에 대한 꿈이다. 조모 씨는 불도그를 갖고 있었다. 박모 씨는 다 자란 셰퍼트를 가지고 있었는데, 서로 보고 으르렁대고 싸울 태세를 하고 있었다. 한데 이게 웬일인가. 불도그가 갑자기 셰퍼트보다 커져서 결국에 불도그의 주인인 조모 씨가 서울시장에 당선됐다. 이처럼 개가 커지고 작아지는 것은 그 지지 세력의 증감을 뜻한다.(글:한건덕)

② 물고기 세 마리 중에 한 마리의 머리가 없던 꿈

이건 저희 엄마가 꾼 꿈인데요. 꿈에 엄청나게 큰 물고기 세 마리를 항아리에 담는 꿈을 꿨는데, 이상하게 물고기 한 마리가 머리가 없었대요.

저희가 가게를 합니다만, 그 꿈꾸고 얼마 지나지 않아 중고로 큰 기계를 3대 샀는데, 알고 보니 한 대가 제대로 구동하지 않아서 수리비가 꽤 들었어요.---제이준.

③ 궁둥이가 베인 돼지의 목을 쳐 죽이는 꿈

저자의 꿈으로, 작품의 말미는 생략되고 원문과 소개문이 따로 구분되어 발표되는 일로 실현되었다. 이처럼 일거리나 대상을 동물로 상징화하여 나타내기도 한다.

(7) 동물의 상징-사건·사고·병마

동물의 상징이 사건·사고의 상징 표상물이나, 일깨움의 대상 및 병마(病魔)로 등장하기도 한다. 간략히 실증사례를 살펴본다.

① 호랑이가 딸아이를 잡아먹고 뼈만 여기저기 있던 꿈

꿈을 꾼 후에, 딸아이가 독감에 걸려서 심한 고생을 하는 일로 실현되었다.

② 까맣고 작은 고양이 새끼가 남편이 아끼는 기타를 넣은 가방에서 나와 팔짝팔짝 주위를 뛰어 다니는 꿈

고양이에 관한 꿈은 대부분 사건 사고의 상징으로 안 좋게 실현되고 있다. 현실에서는 악기를 업소에 놓고 다니는데, 도둑맞는 일로 실현되었다.

③ 병아리가 사방으로 흩어진 꿈 → 마당에 쌓아둔 나무에 불이 나다.

　　이 꿈은 내 외할아버지께서 실제 체험을 하셨던 것을 옮겨놓은 것이다. 닭장에서 노란 병아리들이 갑자기 튀어나와 사방으로 흩어졌다. 꿈이 이상해 잠을 깨고 보니, 제재소 앞마당에 쌓아둔 나무에 이미 큰불이 번져 활활 타고 있었다. 갓난아기와 노란 병아리는 유사성이 있다. 즉 고통·근심·방해물 등의 상징적 의미로, 현실에서 불식 간에 좋지 못한 일로 당황할 일이 있다.(글: 운몽)

④ 사나운 동물이 가슴을 물어뜯는 꿈 → 심장마비로 죽게 될 것을 예지

　　내가 암사슴을 붙잡아 있던 중, 어디서인지 숯같이 새까맣고 보기에도 무서운 굶주린 사냥개가 나타나 내 쪽을 향하여 달려오지 않겠소. 그놈에게 내가 도저히 대항할 수 없을 것같이 느껴졌소. 그 개는 나의 왼쪽 가슴을 향해 덤벼들어 이빨이 심장에 닿을 정도로 꽉 물어뜯더니, 그만 심장을 물어 버린 채 달아나고 말았소."---『데카메론』

남자는 귀여운 암사슴을 붙잡아 함께 있던 중, 달려온 무서운 사냥개에게 심장을 물린 후 고통스러워하는 꿈을 꾸었다. 이겨낼 수 없는 무서운 사냥개에게 심장을 물리는 꿈의 상징성이 심장마비로 죽게 될 것을 예지하고 있다. 무서운 사냥개가 병마(病魔)를 나타냈다고 볼 수 있으며, 또한 물린 부위와 관련지어 일어나고 있음을 알 수 있다. 또한 이러한 병마가 사나운 동물뿐만 아니라, 저승사자·도깨비·괴한 등으로 나타나기도 한다.

⑤ 푸들 강아지가 다리를 문 꿈 → 화재 발생한 것을 일깨워 주다.

글을 간추려 살펴본다.

　　난 서울에서 자취하고 있어. 전세 기간이 끝나고 집을 구하지 못해서 고시텔에서 잠깐

지낼 때였어. 고시텔은 방음이 안돼서, 잠귀가 밝은 나는 잠에서 잘 깨. 그래서 동생이 공부할 때 끼는 귀마개를 꽂고 잠을 잤어. 잠이 들었는데 꿈에 예전에 우리 집에서 3일 정도 키우던 푸들이 꿈에 나왔어. 내가 굉장히 귀여워하던 강아지야. 그런데, 이 강아지가 꿈에 나왔는데 막 눈물이 나고 너무 반가운 거야. '얘가 어디서 무슨 고생을 했을까 하고 막 걱정되고 그래서 막 부르는데, 그러면 바로 달려오던 푸들인데, 뒤도 안 돌아봐. 다른 강아지들 무리랑 섞여 있어. 그래서 내가 막 쫓아갔는데 얘만 뒤돌아보더니, '으르렁'거리는거야. 그래도 막 다가가서 쓰다듬는데, 손을 확 물어. 그래서 내가 왜 그러냐고 다시 다가가니까, 얘가 내 다리를 진짜 세게 깨무는데, 화끈한 것보다 차가운 쇠가 닿는 느낌 있지. 강아지가 물어서 느낌이 확 소름 돋아서 잠이 확 깼어.

그런데 냄새가 좀 이상해. 그래서 조명등을 켰는데 방 안이 뿌연 거야. 설마 불이라도 난 건가 설마설마 하면서 고시텔 방문을 열었더니, 복도에 연기가 가득한 거야. 고시텔이라 창문도 없었어. 그 강아지가 나 꿈에서 안 깨워줬으면, 자다가 연기 마시고 저 세상 갔을 뻔했어.---참존안되서삐짐

(8) 동물의 상징-계시적 성격의 꿈

꿈속에서 동물이나 식물이 표상적으로 등장하여 어떠한 계시적인 말로써 일러주기도 하는바, 이러한 것은 꿈의 상징 기법의 하나로써 꿈꾼 사람의 자아가 분장 출현하여 대신 말하고 있는 것으로 볼 수 있다. 간략히 실증사례를 살펴본다.

① 돼지가 말한 대로 들어준 꿈

돼지 한 마리가 뒤따라오면서 "나 신발 한 짝만 주세요. 발이 아파서 그래요." 라고 말하기에, 소원대로 들어주었더니 복권에 당첨된 사례가 있다.

② 물고기가 "복권 석 장을 사면, 석 장 다 맞는다."라고 말한 꿈

어떤 사람이 낚시질해서 잡아 올린 물고기가 "놔주세요. 살려주세요." 하고 애원하여 놔주었더니, "복권 석 장을 사면, 석 장 다 맞는다."라고 물고기가 말을 해, 그 후 실제로 복권에 당첨되고 있다.

3) 꿈의 상징 기법-식물화

(1) 식물의 상징적 의미(상징표현)

동물의 상징적 의미가 다양하게 전개되는 것과 마찬가지로, 식물의 상징적 의미 또한 다양하게 전개되고 있다.

꽃이나 나무 등 식물의 표상 전개 여부로 장차 일어날 사건과 사고, 성취 여부를 예지해줄 수도 있다. 특히 태몽 표상 속에 등장하는 식물은 대부분 태아를 상징하는 표상물로, 싱싱하고 탐스러움의 여부 등에 따라 장차 태어날 아이의 운명의 추세선을 예지해주고 있다. 이처럼 꿈속에서, 식물로 등장하여 싱싱함이나 탐스러움의 여부 등의 상징적인 표상으로 성취 여부나 사건·사고 등을 예지해주고 있다.

(2) 식물의 상징화-사람이나 신체를 상징적으로 나타내는 경우

① 나무가 쓰러진 꿈

큰 나무가 뿌리째 쓰러지는 것을 보는 꿈은 거물이 정가에서 은퇴하는 것을 보게 되거나, 집안의 큰 어른이 죽는 일로 실현된다. 고목나무의 가지가 부러진 경우라면, 나이 드신 분의 신체 일부분이 훼손되거나 병드는 일로 실현된다.

② 죽은 나무가 되살아나는 꿈

아픈 환자가 건강을 회복하게 되고 활기를 되찾게 된다. 사람의 상징이 아닌 일거리나 대상의 상징인 경우, 어려움을 겪던 사업이 번창하는 일로 이루어질 수도 있다.

③ 앙상한 나무를 흔들어 과일을 따는 꿈

출산 시 나무로 상징된 산모의 건강이 위험에 처하게 될 것을 예지해주고 있다.

④ 노란 잎사귀 하나만 달랑 남겨 둔 고목나무가 뿌리째 뽑혀 있고, 그 앞에서 호상(護喪)이 누구라고 쓰여 있는 부고장을 훑어보고 있는 꿈

남편 친구 부인이 불의의 사고로, 30대에 그만 안타깝게 죽는 일로 실현되었다. 이러한 꿈속의 상징 표상과 문학의 창조적(개성적) 상징과도 관련이 깊다고 볼 수 있다. 토정비결의 '고목나무에 꽃이 피니---'가 어려움에서 벗어나 뜻을 펼치게 될 것을 보여주고 있음에서 알 수 있듯이, 고목나무가 뿌리째 뽑혀 있는 표상은

문학적 상징으로 받아들인다 하더라도 역시 좋지 않은 비슷한 해석이 나올 수밖에 없다.

⑤ 심은 나무가 쓰러지는 것을 일으켜 세우는 꿈 → 질병 회복

질병을 앓던 어느 부인의 꿈체험기를 그대로 인용하여 살펴본다.

신줏단지 앞에 앉아 할머니를 불러 보았다가, 죽은 동생을 불러 보다가 밤만 되면 병을 낫게 해달라고 절규를 했다. 온몸은 혈액 순환이 되지 않아 몸을 이기지 못했다. 얼굴도 새카맣게 되고, 몸은 호박 살이 됐다. 기도를 하게 된 후 어느 날 꿈을 꾸었다. 할머니가 나타나서, "일어나라 손을 내밀며 잡으라." 하시는 것 같다. 밖으로 데리고 나가 넓게 뻗어 있는 길가에 서서, 오동나무는 큰 길에 심고, 대나무는 언덕에 심고, 밟으라고 하신다. 내가 심은 세 번째 큰 오동나무는 자꾸만 쓰러져, 밟아도 밟아도 넘어지니, 할머니는 "그 나무가 병들었는데, 바로 너란다. 쓰러지면 살지 못하니 다시 잘 심어라."

모두 건강하게 양쪽 길로 늘어선 굵은 나무들은 싱싱하게 잎도 많이 달려 있는데, 하필이면 세 번째 나무로 흔들리는 것이 내 나무라 하시니, 얼마나 다시 심으려고 붙잡고 시름을 했는지, 할머니가 "내가 도와주마."라고 하시며, 뿌리를 밟기 시작하시면서 "일어나 많은 사람을 구하여야 한다. 할 일이 얼마나 많은데 이렇게 누워있으면 되느냐?---후략

⑥ 나무가 자라 올랐다가 베어진 꿈 → 왕의 일생을 보여주다.

성경의 다니엘서에 나오는 네부카드네자르 왕의 꿈이다.

내가 본즉 땅 중앙에 한 나무가 있는 것을 보았는데 높이가 높더니, 그 나무가 자라서 견고해지고 그 높이는 하늘에 닿았으니, 그 모양이 땅 끝에서도 보이겠고, 그 잎사귀는 아름답고, 그 열매는 많아서 만민의 먹을 것이 될 만하고, 들짐승이 그 그늘에 있으며, 공중에 나는 새는 그 가지에 깃들이고, 육체를 가진 모든 것이 거기에서 먹을 것을 얻더라. 또 본즉 한 거룩한 자가 하늘에서 내려왔는데, 그가 소리를 질러 "그 나무를 베고, 그 가지를 자르고, 그 잎사귀를 떨어뜨리고, 그 열매를 헤치고, 짐승들을 그 아래에서 떠나게 하고, 새들을 그 가지에서 쫓아내라. 그러나 그 뿌리의 그루터기를 땅에 남겨 두고, 쇠와 놋줄로 동이고, 그것을 들풀 가운데에 두어라. 그것이 하늘 이슬에 젖고 땅의 풀 가운데에서 짐승과 더불어 제 몫을 얻으리라. 또 그 마음은 변하여 사람의 마음 같지 아니하고, 짐승의 마음을 받아 일곱 때를 지내리라"

네부카드네자르 왕은 이 꿈을 꾸고, 바벨론의 모든 박사들이 꿈을 해석하지 못하자, 다

시금 하나님의 종 다니엘에게 그 꿈의 해석을 부탁하게 된다.

이에 다니엘은 "왕께서 보신 그 나무가 자라서 견고해지고, 그 높이는 하늘에 닿았으니 땅 끝에서도 보이겠고, 그 잎사귀는 아름답고 그 열매는 많아서 만민의 먹을 것이 될 만하고, 들짐승은 그 아래에 살며 공중에 나는 새는 그 가지에 깃들었나이다. 왕이여! 이 나무는 곧 왕이시라. 이는 왕이 자라서 견고하여지고 창대하사, 하늘에 닿으시며 권세는 땅 끝까지 미치겠나이다. 왕이 보신즉 한 거룩한 자가 하늘에서 내려와서 이르기를, 그 나무를 베어 없애라. 그러나 그 뿌리의 그루터기는 땅에 남겨 두고, 쇠와 놋줄로 동이고, 그것을 들풀 가운데에 두라. 그것이 하늘 이슬에 젖고, 또 들짐승들과 더불어 제 몫을 얻으며, 일곱 때를 지내리라 하였나이다.

왕이여 그 해석은 이러하나이다. 곧 지극히 높으신 이가 명령하신 것이 왕에게 미칠 것이라. 왕이 사람에게서 쫓겨나서, 들짐승과 함께 살며, 소처럼 풀을 먹으며, 하늘 이슬에 젖을 것이 이와 같이 일곱 때를 지낼 것이라. 그때에 지극히 높으신 이가 사람의 나라를 다스리시며, 자기의 뜻대로 그것을 누구에게든지 주시는 줄을 아시겠나이다.

또 그 나무뿌리의 그루터기를 남겨 두라 하였은즉, 하나님이 다스리시는 줄을 왕이 깨달은 후에야 왕의 나라가 견고하겠나이다. 그런즉 왕이시여 내가 아뢰는 것을 받으시고, 공의를 행함으로 죄를 사하고, 가난한 자를 긍휼히 여김으로 죄악을 사하소서. 그리하시면 왕의 평안함이 장구하겠나이다." 하였다.

그 후 이 모든 일이 네부카드네자르 왕에게 일어나게 된다. 다니엘이 나무를 네부카드네자르 왕이라고 해몽하는 것은 매우 올바른 해몽이다. 유사한 실증사례로, 오래된 고목나무의 가지가 바람에 부러져나가는 꿈을 꾼 후에 시어머니가 중풍을 맞아 한쪽 팔을 못 쓰게 된 사례가 있다. 꿈속에서 동물들은 대부분 사람을 상징하는 경우가 많다. 마찬가지로 식물도 사람의 상징으로 등장하는 경우가 많다. 특히 태몽 표상에서 씨앗이나 열매, 나무나 꽃들이 태아의 상징 표상으로 등장하고 있다. 이 경우 탐스럽고 좋은 표상일수록 좋으며, 시들고 썩었거나 벌레 먹은 표상은 유산이나 요절로 이루어진다.

(3) 식물의 상징—태몽 표상에서 태아의 상징

태몽 표상에서 꽃이나 나무 등 여러 식물이 태아의 상징 표상으로 등장하고 있는바, 아들딸의 추정뿐만이 아니라 크기나 탐스럽고 싱싱함의 여부 등으로써 장차 태어날 아기의 일생에 관한 운명까지 예지되고 있다.

이 경우 과일이 상했거나 부실한 경우, 출산하는 태아의 건강이 좋지 않은 일로 실현된다. 말라비틀어진 열매를 보거나 가져오는 꿈은 건강이 좋지 않은 아이를 낳게 되며, 또한 덜 익은 과일을 따는 꿈은 일찍 아기를 낳는 조산으로 실현되기도 한다. 또한 이 경우 숫자와 관련지어 지기도 하는바, 큰 바구니에 빨간 천도복숭아 두 개가 있는 꿈으로 쌍둥이 딸을 낳았으며, 복숭아 세 개를 가슴에 끌어안는 꿈으로 일란성 세쌍둥이 여아를 낳은 사례가 있다.

① 코스모스 꽃의 싱싱함 여부 → 태어날 아이의 건강함 여부

코스모스 꽃이 늘어선 것이 보기 좋아 뽑았으나, 작다고 느껴서 새로 다른 것을 뽑으려고 했는데, 나무만 나오고 뿌리는 그대로 땅속에 있었다. 다시 충실하고 좋은 것을 골라 끝까지 다 뽑아내는 꿈이었다.

첫째는 아들을 낳았으며, 두 번째로 뿌리가 땅속에 그대로 있던 꿈의 예지대로 둘째는 7개월째 유산했으며(아들이었음), 셋째로 꿈속에서 충실한 것처럼 튼튼하고 영리한 딸을 낳았다.

이처럼 꽃이나 나무 등의 경우에 완전하게 뿌리까지 캐내지 못했다면, 유산하는 일이 일어나게 된다. 이 경우, 캐내다가 줄기 하나를 꺾어지게 했다면 성장 과정에 육체의 어느 부분을 다치게 되거나 정신적 피해를 입게 되는 일이 일어나게 된다.

② 씨앗의 발아 여부 → 장차의 인생길을 보여줌

노인으로부터 비단에 싸인 씨앗 5개를 받아 심어 꽃을 얻게 되었는데, 세 송이는 모두 싱싱한 붉은 꽃이었지만, 두 송이는 차례로 하얗게 말라죽어 간 꿈이었다.

꿈의 예지는 자식을 다섯을 낳게 되지만, 그중 두 사람은 일찍 요절하게 될 것을 예지해주고 있다. 실제로 다섯 명의 아들을 두게 되었지만, 그중의 한 아들은 6·25 때 피살당했으며, 다른 한 아들은 홀로 지내다가 26세의 나이로 요절하는 일로 실현되었다.

③ 빨간 대추 꿈, 코스모스를 뿌리째 캔 꿈

대추나무에 빨간 대추가 주렁주렁 열려있는 꿈을 꾼 후 아들을 낳았습니다. 그리고 코스모스 꽃을 뿌리째 캐고 나서, 딸을 낳았습니다. 두 아이 모두 건강합니다.

④ 화려한 꽃과 붉은 고추의 꿈

　　태몽은 친척과 친한 후배가 대신 꾸었다. 꿈 하나는 큰 리무진 안에 화원을 옮겨놓은 듯 각양각색의 화려한 꽃들이 가득 차 있는데, 꽃들 사이로 아내의 얼굴이 보였다. 다른 하나는 큰 나무에 이상하게도 빨간 고추가 주렁주렁 열려있어, 그것을 바구니에 담았다. 태몽도 영락없이 남자아이와 여자아이가 함께 태어날 꿈이다.---[팟찌] 2004년 03월 25일.

　결혼 10년 만에 시험관 아기 시술로 이란성 쌍둥이 출산이 예상되는 뮤지컬 배우 부부 주원성-전수경 부부의 태몽 이야기이다. 절대적인 것은 아니나, 꽃의 태몽이 여성적이어서 딸에 가까우며, 익은 빨간 고추의 태몽은 아들인 경우가 많다.

⑤ 산에 나무들이 길게 늘어서 있던 꿈

　　저희 어머님이 제가 임신 초기인 줄도 모르고 있을 때 꾸신 꿈입니다. 아주 단풍이 잘 들은 어느 가을 산에 초록잎이 아주 풍성한 나무들이 강을 따라 단풍나무 사이로 길게 늘어져 있었다고 합니다. 어머님은 좋은 꿈인 거 같아 복권을 사셨다고 했는데, 복권은 꽝이었지만 아기가 생겼다는 걸 알게 되었습니다.

　태몽인지 아닌지는 꿈을 꾼 본인이 가장 잘 알 수 있다. 즉, 기억이 강렬하고 생생해서, 꿈을 꾸고 나서 20여 년이 지나서도 어제의 일처럼 기억할 수 있는 것이 태몽의 특징인 것이다. 꿈이 아주 생생한 경우, 이처럼 자연물의 태몽도 가능하다. 이 경우 아름답고, 풍요롭고, 웅장할수록 좋은 태몽 표상이다. 초록잎이 아주 풍성한 나무들이 태아의 상징 표상으로, 장차 풍요롭고 부귀한 일생이 될 것을 보여주고 있다.

⑥ 식물 태아 표상의 유산·요절 꿈 사례

　식물 표상이 썩고 시들거나 말라비틀어지거나, 색깔이 좋지 않거나 곪은 표상은 유산이나 요절 등으로 이루어지고 있다.

　* 잘못하여 꽃을 꺾어버린 꿈

　꽃 한 송이가 피어 있는 옆에서 갈대를 꺾다 잘못하여 그 꽃까지 꺾어버린 꿈으로, 첫딸을 낳은 후에 다시 아들을 낳았으나 첫딸이 일찍 죽는 일로 실현되었다. 한편, 들판에 보라색 꽃이 피어 있는데, '아, 예쁘다' 생각만 하고 꽃을 꺾지 않은 꿈으로 유산된 사례가 있다.

* 받은 사과를 빼앗기는 꿈

어느 여고생의 꿈 사례이다.

내가 태어나기 훨씬 전에 언니가 태어났는데, 언니의 태몽은 이러했다. 어떤 할머니 한 분이 엄마에게 빨갛고 맛있는 사과를 줘서, 엄마가 반쯤 드시고 계시는데, 할머니가 사과를 뺏어갔다고 한다. 그 후 언니는 초등학교 때 병으로 죽었다고 한다.

* 과일의 색깔이 좋지 않았던 꿈

돌아가신 시어머니에게서 사과인지 과일을 주는 데, 색깔이 좋지 않았어요. 그 후에 임신했지만 유산되었습니다.

꿈은 반대가 아니다. 오직 상징 표상의 이해인 것이다.

* 화분이 썩어가는 꿈

저도 친정엄마가 화분을 봤더니, 밑에 물이 너무 많아서 썩어들어가더래요. 엄마는 저에게 꿈 얘기를 안해줬는데, 저 결국 유산됐거든요. '꿈을 믿지 말라'고 그러는데, 이런 거 보면 뭔가 있는 것 같기도 하고 그러네요.(글: 어니엔)

이 밖에도 해바라기가 물에 썩어 있는 꿈으로 자연 유산된 사례가 있다.

* 무와 무청 부분이 썩어서 뚝 떨어지는 꿈

태몽이 있듯이 유산 관련 꿈도 있잖아요. 예를 들어 동물을 죽인다든가 식물이 썩는다든가 하는 거요. 저희 이모도 예전에 유산하기 전에 무와 무청 부위가 썩어서 뚝 떨어지는 꿈을 꿨다네요. 근데 제가 그런 꿈을 꾸네요. 이번이 두 번째 시도인데요. 저번에는 무에서 무청만 칼로 깨끗이 잘라낸 꿈을 꾸고 바로 생리했고요. 제 생각에는 착상이 잘 안 돼서, 생리와 같이 흐른 것 같아요. 배가 많이 아팠고 막같은 덩어리도 나왔었거든요.(글: uhoo~)

* 맛이 없다고 과일을 뱉어버리는 꿈

과일을 뱉어 버리는 꿈으로 유산하게 될 것을 예지해주고 있다. 이 경우에 처한 상황에 따라 다르게 실현될 수도 있다. 당시에 승진을 앞두고 있다면, 먹은 사람은 합격, 뱉은 사람은 불합격의 표상이다. 즉 맛있게 먹는 표상은 그 먹은 과일이 상징하는 어떤 권리·이권·명예·재물 등을 얻게 될 것을 뜻한다. 반면에 다시 뱉어내는 표상은 그 어떤 것을 얻었다가 다시 잃게 되는 것으로 실현된다.

* 따왔던 고추가 없어진 꿈

친구의 태몽입니다. 고추를 바구니에 가득 따서 집에 오는 꿈을 꾸었는데, 집에 와보니

고추 바구니에 고추가 다 없어졌더래요. 친구는 그 후에 6개월 된 아들을 유산했습니다.---박희진, 베베하우스.

* 벌레 먹은 과일 꿈, 용이 희미해지는 꿈

친정어머니와 남편이 태몽을 꾸었어요. 어머니는 사과를 따러 갔는데, 어떤 사람이 주는 사과를 받았더니 벌레 먹은 낙과였답니다. 남편은 용이 하늘로 올라가는데, 점차 희미해지는 꿈이었어요. 그래서인지 임신 3개월이 안 되어 유산했습니다.

(4) 식물의 상징—재물이나 이권, 성취의 상징

나무·열매·과일 등을 받는 꿈이나 가져오는 꿈은 현실에서 이권이나 재물을 얻는 일로 실현되고 있다. 과일나무에 과일이 주렁주렁 열린 것을 보는 꿈으로 사업에서 성공하게 되거나, 학문 연구 등에서 괄목한 성과를 내게 된다. 또한 베란다 나무에 과일이 무성한 꿈으로 복권에 당첨된 사례가 있다. 고구마, 토마토 등도 재물의 상징이 된다.

① 고구마 가져다 먹으라는 꿈 → 재물 획득

돌아가신 어머님이 꿈에 나타나셔서, "애야! 고구마 가져다 먹어라."라는 꿈을 꾼 후에 매수한 주식에서 막대한 이익을 난 사례가 있다. 꿈은 결코 반대가 아닌 상징의 이해에 있다. 고구마를 얻게 되는 꿈은 고구마로 상징된 재물이 생기게 될 것을 예지해주고 있다.

② 토마토에서 열매가 주렁주렁한 꿈 → 부동산 대박.

길가의 방울토마토를 잡아당기니, 수박만 한 토마토가 불쑥 솟구치는 꿈을 꾼 후에 부동산을 매수하여 엄청난 이익을 거두는 일로 실현되었다.

③ 꽃이 활짝 피어 있던 꿈 → 부동산 매매

아름드리 고목에 복숭아꽃인지 살구꽃인지 하나 가득 피어 있어, 황홀하게 감탄하다가 깨어난 꿈을 꾸었다. 집을 내 놓은 지 2년 동안이나 안 팔리던 집이 두 달 만에 팔리게 되었다.

④ 나무 열매를 가져오는 꿈 → 이권 획득

울창한 나무에 달린 열매를 따서 가져오다가 떨어뜨리고, 3개밖에 못 가져온 꿈은 공모전에서 3등으로 당첨되는 일로 실현되고 있다.

⑤ 소나무 분재를 받는 꿈 → 복권 당첨

새벽 기도 중에 비몽사몽간에 예수께서 말씀하시기를, "주 하나님의 은혜가 너에게 이르렀노라."라고 하시면서, 소나무 분재를 주셔서 받는 꿈으로 복권에 당첨되었다.

⑥ 조상으로부터 나무를 받는 꿈 → 부동산 구입

돌아가신 아버지께서 황토 화분과 나무 두 그루를 주면서, "네가 심고 싶은 대로 심어라."라는 꿈을 꾸고, 빌라 한 채를 구입하게 되는 일로 실현되고 있다.

⑦ 방바닥에서 대나무가 쑥 올라오며 꽃이 피는 꿈 → 합격

꿈을 꾼 후에 아들이 대학에 합격한 사례가 있다. 대나무에 꽃이 피는 것은 번창·번영을 상징하고 있는바, 처한 상황에 따라 승진이나 합격 등으로 이루어질 수도 있다.

(5) 식물의 상징 – 연분, 애정의 상징

식물의 나무나 꽃, 과일이 사람을 상징하여 연분이나 애정의 상징 표상물로 등장하기도 한다. 소나무 가지에 무궁화 꽃이 피어 있는 표상으로 합성되어 나타난 꿈은 소나무로 표상된 남자와 무궁화 꽃으로 표상된 남녀의 애정문제를 나타내주고 있다.

① 누군가 꽃송이를 따주어 받는다거나, 남의 밭에서 청과류를 몰래 따오거나, 과일나무에서 과일을 따오는 꿈, 배추밭 옆에 무나 파밭이 있는 꿈

남녀 간의 연분을 맺게 된 사례가 있다.

② 밤송이가 누렇게 익어 벌어진 것을 보는 꿈

결혼이 성사된 사례가 있으며, 이 경우 일반적으로 사업의 성취나 작품의 완성 등 처한 상황에 따라 성취 등으로 일이 이루어진다.

③ 복숭아를 사서 먹으려다 못 먹은 꿈 → 마음에 드는 이성을 만나지 못함.

필자 사이트의 이용자 꿈체험담이다. 꿈속에서 복숭아가 정말 먹고 싶어서 슈퍼에 갔는데, 복숭아가 마음에 들지 않아 그냥 온 꿈을 꾸고 나서, 선을 보게 되었지만 마음에 들지 않는 일로 실현되었다. 상한 과일을 얻는 꿈으로 파혼된 사례나, 과일을 훔쳐오는 꿈으로 중매결혼을 하게 된 사례가 있다. 여기에서는 복숭아가 이성의 상대방을 가리키는 표상으로 등장하고 있다.

이상에서 살펴본 바와 같이 새로운 인연을 맺거나 헤어지게 되는 경우, 나무·꽃·과일 등의 식물의 상징성으로 예지해주고 있음을 알 수 있다. 이 경우 싱

싱하고 탐스러울수록, 연분을 맺는 상대방이 좋은 신분과 뛰어난 능력을 지니고 있음을 상징적으로 보여주고 있다.

(6) 식물의 상징－회사·기관·단체

식물이나 나무 등이 회사나 기관·단체의 상징 표상물로 등장하기도 한다. 오래된 고목나무에 꽃이 피는 꿈은 연원이 오랜 회사가 제2의 중흥기를 맞이하게 됨을 예지하고 있으며, 이처럼 죽은 나무가 되살아나는 꿈은 부진하던 회사의 사업이 정상 궤도에 오르게 된다. 이 경우 처한 상황에 따라 오래된 신병(身病)이 낫게 되거나, 지지부진하던 일이 해결되는 일 등 다른 일로 실현될 수도 있다.

① 큰 나무가 뿌리째 쓰러지는 것을 보는 꿈

나무로 상징된 거대한 기관이나 단체, 시설물, 사업체가 운영난에 빠지게 되는 일로 실현되고 있다. 사람의 상징이라면 죽음으로 실현되기도 한다.

② 큰 나무 밑에 서거나 앉는 꿈

나무로 상징된 큰 기관이나 회사 또는 위대한 협조자의 도움과 지도를 받게 되며, 심은 나무가 쑥쑥 커 나가는 꿈은 사업의 번창을 의미한다.

③ 아주 커다란 나무가 쓰러지는 것을 본 사람의 꿈

아침 뉴스에 '성수대교 붕괴'를 알리는 소식을 듣게 되는 것으로 실현되었다.

④ 나무에서 떨어져 수족이 부러지는 꿈

나무로 상징된 회사나 기관·단체에서 직위나 권세가 꺾이거나 치명적인 잘못을 저지르는 일로 실현된다. 또는 처한 상황에 따라 나무로 상징된 회사나 단체의 프로젝트 진행에서 자신만이 소외당하게 되거나, 국가고시 등의 시험에서 낙제·불합격으로 실현된다.

이처럼 상징적인 꿈의 실현은 'A는 B이다'의 획일적인 단 한 가지의 일로만 일어나지 않으며, 꿈을 꾼 사람의 처한 상황과 여건에 따라 각기 다르게 실현되고 있다. 하지만 좌절이라든지, 실패, 소외 등으로 실현되는 것을 벗어날 수는 없다.

(7) 식물의 상징－식물의 상태로 질병이나 사회적 변혁 예지, 관직의 승진 여부

식물이나 꽃·과일의 싱싱함이나 상태로, 질병이나 사회적 변혁 예지, 신분 등 관직의 승진 여부를 상징하는 표상물로 등장하기도 한다.

① 나무들이 시드는 꿈이나, 푸른 나뭇잎이 시들어 떨어져 쌓이는 꿈 → 사회적 변혁 예지

천재지변이나 전쟁·재난·유행병 등으로 많은 사람이 사망함을 예지한다. 이 밖에도 하늘이 캄캄하거나, 연못의 큰 물고기들이 죽어서 둥둥 떠 있거나, 하늘에서 핏물이 흘러내리는 등 암운한 표상 전개의 꿈은 국가적 사회적 정변을 예지해주고 있다.

② 바람으로 고목이 쓰러지는 꿈이나 나무가 벼락을 맞아 꺾어지는 꿈

뜻밖의 병마로 질병에 걸리게 되거나 신분 등이 몰락하는 일로 실현된다. 이 경우, 큰 회사가 망하게 되는 일로도 실현 가능하다.

③ 큰 나무가 뿌리째 쓰러져 있는 것을 보는 꿈

유명 정치인 등이 정가에서 은퇴하는 것을 보게 되거나, 사업체가 운영난에 빠진다.

④ 나무가 무성히 자라고 가지를 뻗어내는 꿈

사업체가 번성함을 의미하며, 병자의 경우 이러한 꿈을 꾸게 되면 질병에서 회복하게 된다. 반면에 말라죽은 나무를 보는 꿈은 사업이 부진하게 되거나, 질병에 걸리거나 세력의 일부를 상실한다.

⑤ 태풍이나 파도 등으로 집과 나무 등이 쓰러지는 꿈

태풍이 불어 파도가 사납거나 집·나무·사람 등이 쓰러지면, 자신이 파도나 태풍의 상징 표상이라면 권세와 능력을 과시할 일이 생기나, 자신이 나무·집·사람 등의 상징 표상으로 등장한 것이라면 회사의 부도, 가정의 파탄 등 좌절되고 고통받게 되는 일로 실현된다.

⑥ 쓰러진 것을 일으켜 세우는 꿈

물건이나 나무 같은 것이 쓰러진 것을 일으켜 세우면, 침체되고 몰락 상태에 있었던 사람이나 사업이 재기된다.

⑦ 살구나무 등 꽃이 환하고 아름답게 피어 있는 곳을 보는 꿈

몸이 아픈 사람이 꽃이 환하고 아름답게 피어 있는 곳을 보는 꿈, 살구나무 꽃 위에 하얗게 눈이 내리고 있는 꿈, 보이지는 않지만 무언가 따뜻한 기운이 감싸주는 듯한 느낌을 주는 꿈을 꾸고 난 이후, 숨쉬기도 편해졌고 많이 걸어도 숨이 차지 않게 되어 질병에서 회복하게 되었다.

⑧ 꿈에 매화(梅花)가 징조로 나타나다. → 관직의 승진 여부 예지

갑자년(1864, 고종 1) 6월에 북도에 재임할 때, 꿈속에서 3본(本)의 매화가 앞에 벌여 있는 것을 보았는데, 첫 번째 것은 나무가 약간 크고 꽃은 시들었고, 두 번째 것은 나무가 약간 작고 꽃이 반쯤 벌어졌으며, 세 번째 것은 나무가 가장 작고 꽃이 가장자리는 하얗고 가운데는 노란색이었다.

꿈의 실현은 각기 매화의 싱싱함 여부, 꽃이 아름답게 핀 여부에 따라서 현실에서 세 사람의 관직 품계가 정해지는 일로 이루어지고 있다. 이처럼 꿈속에서 꽃이나 식물 등이 등장하는 경우, 싱싱하거나 아름다울수록 그로 상징된 사람이나 대상이 귀하고 좋게 이루어지고 있다. 예를 들어, 태몽에서 꽃이 시들은 것을 보는 것은 유산이나 요절, 신체적 이상이나 질병 등을 가져오게 되며, 일반적인 꿈의 경우에는 일의 실패나 좌절, 명예나 신분의 몰락 등으로 이루어지고 있다.

(8) 식물의 상징–계시적 대상

계시적인 꿈에서 오래된 나무·꽃 등 식물이 말을 한다든지, 어떠한 행위를 일러주고 있다.

① 장미꽃 영령의 계시

내 족인(族人) 김현감은 집이 인왕산 밑에 있는데, 경치가 몹시 좋고 뜰 앞에는 장미화(薔薇花) 나무가 있어 온 뜰이 환하게 비췄다. 김공은 이것을 완상하다가 안석에 기대어 잠이 들었다.

홀연 누런 옷을 입은 장부 한 사람이 나와 절을 하며 말하기를, "내가 대감 집에 몸을 의탁한 지가 이미 여러 해가 되었습니다. 그동안 집안의 근심과 즐거움을 같이 해왔습니다. 그런데 이제 대감의 아들이 무례하기가 자못 심하여, 매양 더러운 물을 내 얼굴에 끼얹고 온갖 더럽고 욕된 짓을 합니다. 그래서 나는 아드님에게 화를 입힐까도 생각했지만, 대감을 위해서 차마 못하고 있으니, 엄하게 가르쳐서 못하도록 해주시면 다행이겠습니다."라고 하더니, 말을 마치자 장미나무 속으로 들어갔다.

김공은 꿈에서 깨자 놀라고 이상히 여겼으나, 마음속으로 혼자 생각해도 무슨 일인지 알 수가 없었다. 도로 안석에 기대어 누웠다. 조금 이따가 보니, 첩의 아들 중에 한 놈이 오더니, 꽃나무에다 오줌을 눈다. 젊고 기운이 있어서인지, 오줌 줄

기가 꽃나무 위까지 올라가더니, 오줌 방울이 꽃에 떨어져 꽃이 모두 시들어 버렸다.

김공이 꿈을 생각하고 첩의 아들을 불러 몹시 꾸짖었다. 계집종을 불러서, 물을 길어다가 친히 꽃에 뿌려 오줌을 씻어주고, 꽃나무 밑을 깨끗이 씻었다.---『죽창한화』

② 매화 영령의 계시

신씨 성을 가진 사람이 영남 어느 고을 원이 되어 갔다. 그 동헌 앞에 조그만 못이 있고 못 속에 조그만 섬이 있는데, 섬 위에 늙은 매화나무 하나가 옛 등걸이 용의 모양과 같이 천연으로 기이한 형상을 이루고 있었다.

고을 원에게 나이는 어리고 일을 좋아하는 손자가 있었는데, 그 매화나무가 궁벽하게 가 있는 것을 싫어하여 동헌 뜰에 옮겨 심고자 했다. 그 나무를 캐려니 뿌리가 온 섬 속에 서리었는데, 깊고도 멀어 10명의 인부가 힘을 들여서 섬을 거의 다 파헤치고 간신히 뽑아냈다.

그날 밤에 신생이 꿈을 꾸니 머리가 하얀 늙은이가 와서 말하기를, "내가 편안히 고토(故土)에서 산 지가 거의 백 년이나 되었는데, 네가 하루아침에 까닭 없이 내 집을 헐고 내 몸뚱이를 상하게 하여, 나로 하여금 있을 곳을 잃어 장차 말라죽게 했으니, 너도 역시 이 세상에 오래 살지 못할 것이다."라고 말하며 노여운 기운이 얼굴에 가득한 채로 가 버렸다.

신생은 비로소 후회했으나, 이미 어찌할 수가 없었다. 그 후 그 매화는 과연 말라죽고, 오래 지나지 않아 신생도 계속해서 죽고 말았으니, 아! 또한 이상한 일이다. 장미는 떨기로 피는 꽃이요, 매화 또한 약한 나무인데, 오히려 정령이 있으니 이것으로 보면 물건이란 오래되면 반드시 신(神)이 있는 법이다. 꽃을 보고 나무를 심는 자들은 마땅히 삼가야 할 것이다.---『죽창한화』

4) 꿈의 상징 기법-사물화

(1) 꿈속에서 사물의 상징적 의미

꿈속에 등장한 사물의 크기나 모양, 온전하거나 빛나고 아름다움에 따라 사람
(인체)·재물이나 일거리·대상 등을 상징하기도 하며, 성취 여부를 예지해주고 있
다. 특히, 사물은 태몽에서 태아의 상징 표상물로 다양하게 전개되고 있는바, 온
전함과 귀천한 물건의 여부에 따라 장차 태어날 아이의 운명의 추세선을 예지해
주고 있다.

(2) 특정의 사물로 사람이나 신체를 상징

① 한쪽 주둥이 부분이 깨진 도자기 → 할머니 손에 자란 고아

한 여성이 남편을 잃은 후에 한쪽 주둥이 부분이 깨진 도자기를 줍는 꿈을 꾸
었다. 그 후에 새롭게 재혼하는 일로 실현된바, 재혼한 남편은 할머니 손에 자란
고아로서, 꿈속에서는 한쪽 주둥이 부분이 깨진 도자기로 표상되어 나타났다고
보아야 할 것이다. 유사한 사례로, 흠이 있는 과일을 훔쳐온 홀아비는 한 번 결혼
에 실패한 여자를 아내로 맞아들이는 일로 실현되고 있다.

② 건물의 귀퉁이가 떨어져 나갔다가 다시 붙은 꿈 → 교통사고로 머리 다친 후 회복

상징적인 미래 예지 꿈으로, 건물이 인체를 상징하고 있다. 건물의 떨어져 나
간 부분이 다시 붙었던 꿈의 예지대로 교통사고로 머리를 다쳐 생사의 갈림길에
섰으나, 원상 복구되는 꿈의 예지대로 긴급수술을 무사히 받게 됨으로써 회복되
고 있다.

③ 건물이 무너지는 꿈 → 어금니가 부서지다

옆에 서 있던 큰 빌딩 같은 건물이 와르르 부서져 내리는 꿈을 꾸었다. 점심때
식사로 고기를 먹다가, 허연 어금니가 두 개로 쩍 갈라지는 일로 실현되었다. 상
징적인 예지적 꿈으로, 건물이 이빨을 상징하고 있다.

④ 황금 들녘에 허수아비가 되어 지키고 있는 꿈 → 자신의 재물 확보

허수아비로 잠재의식적 자아가 분장 출연되어, 상징화하여 나타내주고 있다.
허수아비가 황금 들녘을 지키는 꿈이니, 장차 자신의 재물을 확보하고 사업이 번
창할 것을 예지해주는 꿈이다. 이 경우 곡식을 거둔 벌판에 허수아비가 되어 있
는 꿈은 쓸모없는 허수아비가 되어 장차 외롭게 되거나 몸을 다치게 되는 일로
실현된다.

(3) 사물로 연분 애정을 상징적으로 나타내는 경우

① 보석상에서 보석을 산 처녀의 꿈

중매자를 통해서 좋은 혼처나 배우자를 물색하는 것으로 실현되었다.

② 반지가 부러지는 꿈 → 애인이 병원에 입원

　"실제 끼고 있는 반지가 부러지는 꿈을 꾸었습니다. 그런데 그 다음 날 사귀는 남자친
　구가 병원에 입원을 했더라고요."

③ 보석이 박힌 금반지를 받는 꿈 → 결혼

정초에 누군가에게 금반지를 받는 꿈을 꾼 후에 결혼할 사람이 없었지만 인연
을 맺게 되어 9월에 결혼하는 일로 실현되었다.

(4) 사물로 태몽 표상에서 태아의 상징 표상물

태몽 사례나 유산·요절사례에서 동물·식물뿐만 아니라, 여러 사물이 태아의
상징 표상물로 등장하고 있다. 특히 꿈속의 사물이 온전하지 못하거나, 마음에
들지 않아 받기를 거부하는 경우, 유산이나 요절로 실현되고 있다.

먼저 간략하게 사물에 관한 태몽 표상 실증사례를 간단히 살펴본다. 예쁜 보
석이 박힌 반지를 받는 꿈, 바닷물에서 별 모양의 보석 두 개를 주운 꿈, 금 쌍가
락지 꿈, 금반지 꿈, 노란 금반지 몇 개를 줍는 꿈, 양냄비 안에 다이아몬드 반지
를 받는 꿈, 예쁜 에메랄드 반지를 받아 끼는 꿈, 양손에 다이아몬드를 쥐고 있
는 꿈, 다이아몬드를 얻는 꿈, 크고 화려한 보석을 선물 받는 꿈, 보석을 품에 담
아 올린 꿈, 황금열쇠와 금메달을 받는 꿈, 금 거북이를 집어든 꿈, 금덩어리를 받
는 꿈, 커다란 금덩어리를 캐는 꿈, 예쁜 돌멩이 두 개를 호주머니에 담고 온 꿈,
예쁜 조약돌이 손 위에 있는 꿈, 관인이나 직인이 찍힌 문서를 받는 꿈, 도장을 얻
는 꿈, 캐릭터 모양의 금도장을 받는 꿈, 도사로부터 삼장인을 받는 꿈, 돌아가신
외삼촌이 책을 선물로 주는 꿈, 책을 받는 꿈, 돌아가신 할아버님이 붓을 주시는
꿈, 대나무로 만든 필통을 받는 꿈, 예쁜 한복을 고른 꿈, 비단 관복을 본 꿈, 비단
신발이 참대 밑에 나란히 있는 꿈, 예쁜 신발을 얻은 꿈, 대청마루에 놓인 큰 구
두 한 켤레를 보는 꿈, 예쁜 떡을 받아먹은 꿈, 빵을 하나 받은 꿈, 빵을 먹는 꿈,
만두를 먹는 꿈, 어떤 아주머니한테서 검정콩과 검정쌀을 한 바가지 얻어서 먹는
꿈, 햇살이 비치는 바닷가에 곡식항아리에서 곡식 담는 꿈, 다이아몬드가 장식된
막대 사탕을 빨아 먹는 꿈, 마늘을 가져온 꿈, 은수저를 사는 꿈, 작은 금수저 두

개를 받은 꿈, 수저 두 개와 젓가락 두 개를 주운 꿈, 밥그릇을 받는 꿈, 냇가에서 노란 황금빛이 나는 바나나 접시를 잡은 꿈, 접시와 그릇을 세트로 받는 꿈, 접시를 사는 꿈, 냄비 하나를 사는 꿈, 금불상을 줍는 꿈, 불상에 절하는 꿈 등이 있다. 또한 예쁜 정물화와 멋진 추상화를 그린 꿈과 유모차 두 대가 당첨되었다는 꿈으로 쌍둥이를 출산한 사례가 있다.

① 숟가락이나 그릇이 마음에 들지 않는 꿈 → 유산

봉황이 새겨진 훌륭한 놋숟가락을 얻고, 유아용 숟가락은 마음에 들지 않아서 버려야겠다고 생각하다 잠이 깨었습니다. 다음 날 꿈에는 내가 사기그릇을 가지고 있는데, 언니가 플라스틱 그릇을 주는 것이었습니다. 그래서 "요즘 누가 플라스틱 그릇을 쓰느냐"며 받기를 거절하다 꿈이 깨었습니다.

숟가락이나 그릇이 태몽 표상물인바, 꿈의 예지대로 쌍둥이를 임신했지만, 한 아이는 자연 도태되는 일로 이루어지고 있다.

② 반지를 빼앗기는 꿈 → 유산

12개월인 딸이 있어서, 생각지도 못했는데 둘째가 생겼어요. 꿈에 루비 사파이어 등등 보석들을 봤는데, 어느새 반지가 손에 끼어 있었어요. 그런데 갑자기 어떤 여자가 자기 것이라며, 반지를 뺏어 가더라고요. 태몽인 것 같았는데, 좀 기분이 나쁘더라고요. 결국 임신 7주 만에 유산을 했어요. 의사가 "계류유산이라고, 아기 심장이 안 뛴다."고 할 때, 제 심장이 멎는 줄 알았어요.

③ 목걸이·금반지가 녹슬어 있는 꿈 → 유산

임신한 지 4개월째 되면서 꿈을 꿀 때마다 기분 나쁜 꿈들이었습니다. 목걸이를 선물받았는데 한쪽이 녹슬어 있다든지, 금반지를 받아도 꼭 어느 한쪽이 녹슬어 있었습니다. 어느 날은 아주 큰 고무 대야에 아주 뽀얗고 하얀 찹쌀이 수북이 가득 담겨 있는데, 한쪽에 쌀벌레 줄이 놓여 있더군요. 그 후 거의 6개월 접어들 쯤, 태아에게 이상이 있어서 유산하였습니다. 너무 마음이 아파서, 거의 눈물로 보냈답니다.(글: wain21)

④ 훔쳐 가져오던 신발을 다시 놓고 온 꿈 → 유산

전 아주 예쁘고 천연 색색의 꽃신이 가득한 곳에서 한 켤레를 가슴에 품고는 뒤돌아오는데, 갑자기 신랑 생각이 나기에 한 켤레 더 가지러 돌아가는데, 저쪽에서 어떤 여자가 쳐다보고 있는 거예요. 훔쳐가는 거라는 생각에 무서워서 그냥 품고 있던 신발을 내려 놨어요. 에궁~ 그래서 그런지, 10주에 아무 이상 없다가 유산되었답니다.(글: 맘*^^*), 다음 카페의 '임신과 출산 그리고 육아'.

처녀가 이러한 꿈을 꾼 경우라면, 신발로 상징된 연분이나 직장을 얻게 되려다가 무위로 그치는 일로 실현된다.

(5) 사물의 상징적 의미 — 재물이나 이권의 상징

쌀·소금·장작·연탄·된장·흙·물 등을 얻거나 가져오는 꿈은 재물이나 이권의 획득으로 실현되고 있다. 이처럼 각기 다양한 사물들이 상징적인 미래 예지 꿈에서 재물이나 이권의 상징으로 등장하고 있다.

먼저 사물과 관련된 복권 당첨 사례를 간단히 살펴본다. 노란 금반지를 받는 꿈, 예쁜 도자기 두 개를 품에 안는 꿈, 길가에 떨어진 황금덩이를 주운 꿈, 백금 시계를 빌려 팔뚝에 찬 꿈, 오락기에서 동전과 상품권이 쏟아지는 꿈, 탐스러운 감 두 개를 따오는 꿈, 돌아가신 시아버님에게 도자기를 받은 꿈, 1억 6천만 원짜리 보약을 먹는 꿈, 바닷물에 죽어 있는 많은 소를 건져낸 꿈, 소를 몰아다 집의 쇠말뚝에 매어 놓는 꿈, 소금과 쌀을 싣고 친정집에 갔다 돌아오는 꿈, 별 다섯 개가 하늘에서 내려와 이마에 앉는 꿈 등으로 복권에 당첨되고 있다.

① 꿈속에서 신발 한 짝이 물에 떠내려가는 꿈

며칠 후 가게에 있는 금고가 도둑맞는 일이 일어났다.

② 신발 한 짝을 잃어버리는 꿈 → 형부에게 받은 세뱃돈을 분실하다.

③ 문구류를 사지 않은 꿈 → 아파트 청약에 떨어지다.

아파트 청약해놓고, 꿈에 문방구에 미술 재료 사러 갔는데, 스케치북이랑 붓 등을 골라 놓고 문방구 주인이랑 약간 말다툼이 있어서 그냥 안 사고 나왔는데, 청약에 떨어지는 일로 실현되었다. --- 별이총총.

④ 냇가에서 난이 그려진 수석을 줍는 꿈 → 재물 획득

2001년도 꿈 얘기입니다. 꿈속에서 저는 빨래터에 빨래를 하러 간다고 세숫대야에 빨래를 담아 냇가로 갔습니다. 아주 넓고 큰 내가 있었죠. 앉아서 빨래를 끄집어내려고 하니, 맑은 물이 넘치듯이 많이 내려가고, 제가 앉아 있는 나지막한 바위 바로 앞 물속에서 아름다운 수석을 하나 발견하고 주웠습니다. 표면에는 꽃이 한 송이 핀 난이 새겨져 있었지요. 아주 좋아서 얼른 대야에 담아, 남들이 볼까 봐 빨래로 수석을 덮고는 집으로 왔습니다. 그리곤 꿈에서 깨어났지요.

그날 아침 남편에게 꿈이야기를 했습니다. 그랬더니, 워낙 말이 없는 사람이라 아무 소

릴 하지 않고 웃기만 하였죠. 그날 하루 종일 돈을 만졌지요. 경험해 보니 수석을 줍는 꿈은 재물이 들어오더군요. 남편도 신기하다고 했습니다.---파랑새, 2009. 02. 20.

(6) 사물의 상징적 의미─일거리·대상, 사건·사고의 상징

① 경복궁이 무너지는 꿈

　노무현 대통령 탄핵 사건이 일어났어요.--화이팅

경복궁이 붕괴되는 꿈이 최고 권력자인 대통령이 탄핵받게 되는 것으로 실현되고 있다.

② 창문으로 들어오는 바람이 차갑게 느껴졌던 꿈

장차 난해한 철학 서적을 읽게 될 것을 예지한 꿈이었다.

4 꿈의 표현 기법

'꿈을 꾸다'는 '신을 신다', '춤을 추다'와 같이 동족목적어이다. 한건덕 선생님은 '꿈을 꾸다'에서, '꾸다'의 말속에 '생각하다'의 의미가 있다고 말씀하신다. 즉, 꿈을 꾼다는 것은 생각하는 것으로 보고 있는 것이다. 이러한 꿈속의 표상물이나 꿈의 내용을 사고하는 데 있어서, 꿈은 주로 시각적 형태로 전개되고 있다. 하지만 계시적 성격의 꿈에서는 청각적 형태로 나타나고 있다. 이외에도 촉각·후각·미각 그리고 운동감각과 같은 다른 감각경험으로도 다양하게 나타나고 있다.

1) 꿈의 표현 기법─시각적

꿈은 주로 시각적으로 이루어지고 있다. 우리는 '꿈을 꾼다'라고 하지만 일본에서는 '夢を見る'라고 해서, 우리말로 하자면 '꿈을 보다'라고 하고 있다. 하기야 꿈속에서는 보는 것이 대부분이다. 하지만 엄격히 보자면, 꿈속에서 보는 것만이 아니고 소리를 듣거나 냄새를 맡는 등 보는 것 외에 다른 감각으로 전개되는 경우도 상당수 있다.

① 예쁜 신발을 얻은 꿈

　　아직도 기억이 생생해요. 임신 6개월쯤 시댁에 갔는데 그날 밤 꿈을 꾸었습니다. 한 신발가게에 들어갔는데, 깊숙이 숨어있던 검정 바탕에 화려한 꽃무늬가 새겨진 신발을 발견했어요. 신발에서 빛이 나면서 아주 예쁘더라고요. 가게에 있는 사람이 신발을 박스에 넣어서 잘 포장해주더라고요. 신발처럼 예쁜 딸을 낳았고요.

　태몽의 특징은 생생하고 강렬한 기억을 남기고 있는바, 시각적 표상이 태몽 표상에서 많이 등장하고 있다. 이 경우 강렬한 기억을 위해서 컬러 등 색채감이 있는 꿈을 꾸기도 한다.

② 새끼 용이 물위에 뜬 꿈

　　---전략-- 어린아이 용(龍)과 첩의 소생 딸 애생(愛生)을 모래밭에 버려두었는데, 조수에 밀려 떠내려가느라 우는 소리가 귀에 들리더니 한참만에야 끊어졌다. 나는 나이 30세에 비로소 이 아이를 얻었는데, 태몽에 새끼 용이 물 위에 뜬 것을 보았으므로, 드디어 이름을 용(龍)이라 지었던 것이다. 누가 그 아이가 물에 빠져 죽으리라 생각했겠는가? 부생(浮生)의 온갖 일이 미리 정해지지 않은 것이 없는데, 사람이 스스로 깨닫지 못하는 모양이다.---강항(姜沆), 『간양록(看羊錄)』

　새끼 용이 물 위에 떠 있는 시각적 태몽이다. 새끼 용이 물위에 떠 있어서 이름을 '용(龍)'이라고 지었던 어린 아들은 새끼용처럼 장성하지 못하고 정유재란 때 왜적으로 인하여 어린 나이에 조수(潮水)의 물에 죽게 되는 일로 실현되고 있다.

③ 자신의 명정(銘旌)을 보는 꿈

　　이적(李勣)이 일찍이 다른 사람에게 말하기를, "내가 꿈에 강가에 나아갔는데, 내 앞에 '승문저작이공지구(承文著作李公之柩)'라 씌어 있는 명정을 보았으니, 나는 높은 벼슬을 못하고 저작랑으로 끝맺는 것이 운명이다."

　시각적으로 자신의 명정을 보는 꿈으로, 최고 벼슬이 승문원(承文院)의 정8품 관직으로 저작랑(著作郞)에 그치게 될 것을 예지하고 있는바, 꿈대로 실현되고 있다.

④ LG전자 우선주가 2,000원에서 5,000원으로 올라가는 것을 본 꿈

　꿈의 예지력이 뛰어났던 한 노처녀의 주식 관련 꿈에 관한 실증사례이다. 그녀는 1999년도 6월 무렵에 특정 종목인 LG전자 우선주가 2천 원에서 5천 원으로 올라가는 꿈을 꾸었다. 그 당시에 LG전자 우선주 가격이 9천 원대였으니, 반사

실·반상징적인 성격의 미래 예지 꿈으로 보아야 할 것이다. 그 당시 꿈의 예지대로 한두 달 뒤에는 4만 원을 넘어서기도 하였으나, 그녀는 추가적인 상승 욕심에 매도를 하지 않다가 하락시에 매도한바, 필자가 추정컨대 꿈의 예지대로 2천 원에서 5천 원으로 올라간 대로 2.5배의 수익을 거두었으리라 보인다. 주식 시세와 관련하여 이렇게 꿈에서 상승이나 하락의 예지를 보여주는 사례가 상당히 있는바, 대부분은 상징적인 미래 예지 꿈으로 나타나고 있다.

이 꿈의 특징은 대부분의 꿈에서도 그렇지만, 주식 상승의 추세를 시각적인 한 장면으로 보여주고 있다는 데 그 특징이 있다고 하겠다.

유사한 사례로, 시각적인 꿈이면서 사실적인 미래투시에 대한 외국의 꿈 사례를 살펴본다. 아카데미 시나리오 작가상을 수상한 바 있는 T.E.B.클라크의 꿈이다. 1922년 그는 더비 경마의 결과를 게재한 신문을 보는 희한한 꿈을 꾸었다. 그는 꿈에서 깨어났어도 승리한 말의 이름이 '마나'라는 것을 기억했다. 2년 뒤 그는 두 살짜리인 '마나'라는 말이 출전한다는 사실을 알고, 지난날의 꿈을 회상했다. '이 경주마는 내가 꿈을 꾸었을 때는 세상에 태어나지 조차 않았을는지도 모르겠군.' 하고 그는 생각했다. 젊은 클라크는 '마나'가 더비 경마에서 승리할 것으로 확신하고, 2주일 치의 봉급을 모두 털어 이 말에 걸었다. '마나'는 그가 꿈속에서 본 대로 9대 1의 차이로 크게 승리했다.

⑤ 아름다운 살구나무를 본 꿈

저는 지금부터 5년 전에 있었던 꿈이야기를 해야겠습니다. 그 당시 저는 평소 위장이 약해서 1년 동안 병마와 싸워야 했습니다. 그런데 그렇게 앓는 동안에, 두 번에 걸쳐 꿈을 꾸었습니다. 꿈속에서 잘 걷지도 못하는 제가 항상 어디를 걸어서 가는 것이었습니다. 가다가 가다가 내가 멈춘 곳은 어떤 나무가 있는 곳이었습니다. 그 나무는 살구나무였고, 꽃이 환하고 아름답게 피어 있었습니다. 그리고 그 살구나무꽃 위에는 하얗게 눈이 내리고 있었습니다. 또 내가 살구나무 꽃을 쳐다보며 서 있던 장소에는, 보이지는 않지만 뭔가 따뜻한 기운이 나를 감싸주는 듯한 느낌을 받았습니다.

저는 이 꿈을 꾸고 이후에 숨쉬기도 편해졌고, 많이 걸어도 숨이 차지 않았습니다. 그리고 제가 걸어서 가고 싶은 곳을 갈 수 있게 되었습니다. 이렇게 숨을 쉬기가 편해지고 많이 걸을 수 있게 된 것은 두 번에 걸친 똑같은 꿈을 꾸고 난 이후였습니다.

1991년에 인천에서 김○○ 씨가 보내온 꿈이야기로, 환하고 아름답게 피어 있는 살구나무 꽃을 보는 시각적인 꿈을 반복적으로 꾸고 나서 병마에서 벗어나 건강을 회복하고 있다.

⑥ 태양이 떠오르는 꿈

　안녕하세요. 제가 이 꿈을 꾼 지는 좀 오래 되었지만, 아직까지 기억에 남기에 한 번 적어 봅니다. 저희가 예전에 단독 주택에 살았습니다. 꿈속에서, 그 단독 주택 안방 창문가에 혼자 서 있는데, 창밖에서 이글이글 타오르는 태양이 떠오르는 것이었습니다. 저는 그 광경을 본 순간 너무 기분이 좋았고, 맘이 아주 홀가분하고 후련해지는 기분이 들었습니다. 사실 그 방에서는 앞집이 막혀 있었기 때문에 태양을 볼 수가 없는데 말입니다.

태양이 떠오르는 것을 보는 시각적인 꿈이다. 밝은 꿈의 표상대로, 그 후에 우울증도 사라지고 건강상태도 매우 좋아졌으며, 또한 당시에 본인이 바라던 신문에 글을 쓰는 것이 이루어졌다고 밝히고 있다. 유사한 사례로, 방바닥에서 대나무가 쑥 올라오며 꽃이 피는 꿈, 밤길에 무지개가 좌악 펼쳐지는 시각적인 꿈으로, 대입시험에 좋은 성적을 거두어 원하는 대학에 들어간 사례가 있다. 꿈은 반대가 아닌 것이며 오직 상징 표상의 이해에 있다. 아름다움, 풍요로움의 표상을 갖는 꿈은 현실에서 자신의 처한 상황에 따라 좋게 이루어지고 있다.

이 밖에도 하늘에 붉은 피로 '북괴도발' '북괴남침'이라는 글자가 쓰여지는 것을 시각적으로 보는 꿈을 꾼 후에 8.15 문세광 저격 사건으로 육영수 여사가 돌아가시게 될 것을 예지한 사례가 있다.

2) 꿈의 표현 기법-청각적

민속에서 '꿈에 우물 속에서 소리가 나면 구설이 있다.' 라는 말이 있는 것처럼, 꿈이 전개되는 데 있어서 청각적 형태로도 전개되고 있다. 특히 계시적 성격의 꿈에서, 조상이나 기타 영적인 대상이 어떠한 일들을 일러주고 계시해주는 데 있어, 청각적인 전개가 주요한 요소로 자리 잡고 있다. 실증사례에서는 특히 복권 당첨 사례에서 많이 보이고 있다.

① 계시적인 말로 일러주는 꿈으로 복권에 당첨

* 지나가던 백발노인이 "자네에게 큰 행운이 있을 것이네."라고 말한 꿈

* 전에 다니던 직장의 사장이 나타나, "그동안 고생했는데, 퇴직금을 많이 못 줘 미안하다."라며 돈다발을 안겨준 꿈

* 선배가 나타나, "이제는 빚 다 갚고 편히 살아라."라고 말을 하는 꿈

* "복권을 사보세요. 조그만 행복을 안겨드리고 싶어요."라고 죽은 딸이 나타나 말하는 꿈

* 물고기가 "복권 석 장을 사면, 석 장 다 맞는다." 말한 꿈

② 일어날 일을 계시적으로 예지

* 돌아가신 어머니가 나타나 "내가 도와주려 했는데 집에서 나간다."라고 하는 꿈 → 꿈을 꾼 후부터 몸이 아프고 병마에 시달리게 됨.

* "누구야. 생명은 소중한 거란다."라고 말하는 꿈 → 아이를 유산

새둥지 속에 여러 알들이 있었고, 누군가 "누구야. 생명은 소중한 거란다."라고 했다. 새 둥지 속에 작은 알 하나가 찌그러져 있었던바, 그 후에 유산되는 일로 실현되었다.

시각적인 요소와 청각적인 요소가 복합적으로 전개되고 있으며, 계시적인 성격의 미래 예지 꿈이다.

③ 죽음을 계시적으로 예지

* "할머니는 할아버지 사신만큼 딱 그만큼만 사시겠다."라는 꿈 → 죽음 예지

할머니께서 돌아가시기 5년 전, 꿈속에서 들은 대로 현실에서 그대로 일어나고 있다.

* "3년 후 촛불이 꺼지면 저 사람은 죽는다."라는 꿈 → 죽음 예지

어느 할머니가 말한 대로, 그로부터 3년 후에 남편이 병으로 죽게 되는 일로 이루어졌다.

* "오 년(午年)에 이르면 죽는다."는 꿈 → 죽는 해를 계시

선인의 꿈 사례로, 꿈속에서 이인(異人)이 말한 대로 무오년에 실제 죽음으로 실현되고 있다.

④ 방울소리가 들려온 꿈 → 신체에 위험한 질병이 있음을 일깨워 줌

"꿈속에서 계속 방울 소리가 들렸다. 새벽 4~5시에 깨면 잠도 오지 않았다. 엄마 옆에서 자면 며칠씩 가위눌린 소리를 해서, 자다가 엄마를 흔들어 깨워야 했다. 그런 일이 거의 3주 넘게 계속되었고, 어느 날 엄마가 심근경색으로 쓰러져 병원에 옮겼으나 사망

하셨다. 그 후 오랜 세월이 흘러서야, 그때 내 귀에만 들리던 새벽 방울 소리의 의미를
알 것 같다."

어머니에게 다가오는 위험을 청각적인 꿈으로 예지해주고 있다.

⑤ 교회의 종소리가 고막이 찢어질 정도로 크게 들려온 꿈 → 주변의 위험을 일깨움

　　나는 62세의 남자입니다. 15년 전의 꿈이야기를 적습니다. 묵호에서 오래 살았습니다.
사업에 실패하고 혼자 있을 때의 일입니다. 친구 집에서 저녁을 먹고 놀다가 돌아오고
자 할 때, "내일 아침에 새벽 기도에 나오라."는 친구 어머님의 간곡한 부탁에 그만 약
속을 하고 말았습니다. 그때가 밤 12시경이었습니다. 집에 오는 시간이 20분 정도 걸리
고, 집에 와서 책을 한 시간 정도 보고 잠이 들었으니, 밤 1시가 넘어 잠자리에 들었습
니다.

　　그런데 교회 종소리가 고막이 찢어질 정도로 계속 들려와서, 벌떡 일어나 보니 꿈이었
습니다. 그때 시계를 보니 새벽 3시였습니다. 교회의 종은 새벽 4시에 치는데 하도 이
상하여 귀를 기울여 들으니, 아래층에 사주를 보아주면서 혼자 사는 할머니의 숨소리가
이상했습니다. 이에 내려가서 문을 두드리니, 아무 대답이 없어 문을 열고자했으나 문
은 안으로 굳게 잠겨 있었습니다. 궁리 끝에 이웃을 깨워 문을 부수고 들어가 보니, 연
탄가스에 중독되어 위험한 상태에 있었습니다. 이에 병원으로 모시고 가서 살려낸 적이
있습니다.

　　종소리가 크게 들려오는 꿈으로 주변의 이웃에게 닥쳐온 위험을 일깨워 주고
있다. 이 꿈에 있어서 특수한 점은 보여지는 것이 아니라, 소리로 형상화되어 나
타났다는 것이다. 꿈은 주로 시각적으로 나타나고 있지만, 청각적으로 나타나기
도 한다. 이는 잠재의식이 상황에 따라 적절한 기법을 동원해 만들어 내고 있는
것이다.

　　청각적으로 형상화된 옛 선인의 실증사례를 살펴본다. 어떤 늙은 농사꾼이 언
덕 위에서 잠이 들었는데, 귓가에 은은히 군마(軍馬)의 소리가 들리기에 일어나 보
니, 평지에서 물이 솟아 나오는 것이었다. 그리하여 발견하게 된 것이 초정약수
(椒井藥水)이다.

　　이처럼 꿈속에서 시각적인 형상이 아닌, 소리나 후각으로써 이루어지는 경우
가 있다. 또한 촉각적인 꿈도 있다. 이는 꿈의 표현 기법의 하나로, 꿈을 만들어내
는 주체인 우리 인간의 정신능력은 그때그때 적절한 방법으로 일깨워 주고 있는
것이다.

⑥ 합격했다는 목소리가 들린 꿈 → 대학 합격

　　원래 발표는 3일 정도 남아있었어요. 그런데 그날 따라 유난히 가슴이 뛰고 해서 '낮잠이라도 자야겠다.' 하고 잠이 들었습니다. 그런데 딱 그때 꾼 꿈이에요. 사실 꿈이라기보다는 정말 선명한 목소리가 "너 합격했어!" 라고 외치는 거예요. 그 목소리를 듣고는 깜짝 놀라서 깼지요. 꿈에서 합격하면 떨어진다 하길래 '아, 떨어지는 건가' 하면서 다시 잠이 들었어요. 그런데 또 "너 합격했어!"라는 목소리가 들려서 깼습니다. 목소리가 얼마나 생생하던지 꿈이 아닌 줄 알았어요.

　　그렇게 합격했다는 말을 세 번 정도 들었을 때, 현실에서 휴대폰으로 문자가 왔습니다. 친구였는데요 "축하해, 합격했어!"라고 문자가 온 거예요. 발표가 3일이나 더 남아 있는데, 친구가 장난 친 줄 알고 ARS로 합격 조회를 해보니 붙었더라고요.---아난다, 2009. 11. 15.

⑦ 정중부가 꾸짖는 꿈 → 질병 및 죽음 예지

'가을 7월에 장군 경대승(慶大升)이 운명하였다. 경대승(慶大升)은 어느 날 밤에 홀연히 정중부가 칼을 잡고 큰 소리로 꾸짖는 꿈을 꾸고서 병을 얻어 죽었는데, 향년 30세였다.'---『고려사절요』

　　이처럼 대부분의 꿈에서 청각적인 전개만 보인다기보다는 시각 등 다른 요소와 결합하여 이루어지고 있다.

3) 꿈의 표현 기법−미각적

　　드물게는 미각적인 전개로 이루어지는 꿈이 있다. 필자의 경우, 처녀라고 생각되는 여자와 신선한 키스를 하는 꿈을 꾸었다. 꿈의 실현은 50년 이상 소유주가 바뀌지 않은 처녀지 같던 산속의 밭 300여 평을 매수하는 일로 이루어진바, 필자가 꾼 꿈은 보는 것보다는 '신선한 키스의 감촉'이 느껴지는 꿈이었다. 이러한 미각적인 전개 역시 꿈의 다양한 표현 기법 중의 하나이다.

　　① 꿈속에서 술맛을 보는 꿈 → 불안 심리 표출

　　새로운 소주 개발을 담당했던 연구실장의 꿈 사례이다. 술맛 감정을 위해 하루 100잔 이상 소주잔을 입에 댔다고 하는데, 워낙 신경을 쓰다 보니 꿈에서도 술맛을 볼 정도였다고 한다.

② 맛이 없다고 과일을 뱉어버리는 꿈 → 태몽으로 동료 교사의 유산 예지

나는 유치원 교사였는데, 아이들 낮잠시간이 있어서 깜박 잠이 들었다. 그런데 꿈속에 교실 창밖으로 보이는 모든 곳이 포도나무밭이었다.

창문으로 포도송이가 주렁주렁 있는데, 너무나 알이 크고 탐스러워 한 알을 따 먹었다. 아주 맛있어서 같이 근무하는 선생님을 불러서 매우 맛있다고 하나 따 먹어 보라니까, 한 알을 따 먹더니 너무 떫고 맛이 없다고 인상을 찌푸리면서 뱉어내는 것이었다.

떫고 맛이 없는 미각적인 감각이 주요한 표상으로 등장하고 있다. 맛있게 먹는 표상은 그 먹은 과일이 상징하는 어떤 권리·이권·명예·재물 등을 얻게 될 것을 뜻한다. 그러나 뱉어내는 표상은 가임여건에서 유산으로 실현되고 있다.

③ 곪고 푸석푸석한 사과를 쪼개서 먹은 꿈 → 태몽으로 유산 예지

지난 토요일에 제가 꿈을 꿨습니다. 저와 사무실 사람 두 명, 그렇게 셋이서 과일이 먹고 싶어 길을 걷는데, 골목길로 계속 이어지는 길을 가고 있었죠. 가다가 사과나무 한 그루가 있는걸 보게 되었어요. 그중에서 제일 큰 사과가 제 눈에 딱 걸렸죠. 그래서 제가 그 큰 사과를 따서 반으로 쪼개어 사무실 사람들 하고 나눠 먹었어요. 근데 그 사과 처음 봤을 때는 몰랐는데, 제가 따고 보니까 조금 곪은 거 있죠. 그걸 그냥 쪼개서 나눠 먹었는데, 맛이 푸석푸석한 거예요. 그리고 깼거든요.

꿈의 실현은 당시에 작은엄마가 임신 2주째였던바, 사과가 태몽 표상으로 곪은 사과, 반으로 쪼갠 사과, 푸석푸석한 맛 등의 암울한 표상이 유산으로 실현되고 있다. 일반적으로 음식이 맛이 없거나 시다고 생각되는 꿈은 맡은 바 일의 어딘가가 잘못되었음을 알아내는 일로 실현된다.

4) 꿈의 표현 기법–후각적

민속의 꿈에 '고기가 썩어서 냄새가 나면 흉하다', '시체에서 냄새가 심히 나면 재물을 얻는다'는 말이 있듯이, 꿈속에서 냄새를 맡는 후각적인 꿈이 있다. 시각적으로 펼쳐지는 꿈이 대다수이지만, 이처럼 꿈속에서 소리를 듣거나 냄새를 맡는 꿈도 있다. 이러한 모든 것은 꿈을 만들어내는 주체인 우리의 정신능력이 그때그때 적합한 요소를 선택하여 꿈의 전개를 펼쳐내고 있다.

예를 들어, 강렬한 꽃향기를 맡으면서 꽃비 내리는 아름다운 길을 데이트하는

꿈으로 복권에 당첨된바, 후각적인 요소가 곁들여져서 꿈의 기억을 한층 생생하고 선명하게 해주고 있다. 허난설헌도 그의 「夢遊廣桑山詩序(몽유광상산시서)」에서 廣桑山(광상산)의 신선 세계에서 온갖 향내가 나무 끝에서 풍겨 향기로운 꿈을 꾸었다고 밝히고 있다.

한편 방안 또는 부엌에서 좋지 않은 식초 냄새가 지독하게 나면, 어떤 기관 또는 집안에 큰 소문이 나고 마음의 괴로움을 겪게 된다. 또한 똥의 냄새가 고약한 경우 부정부패 등을 듣게 되거나, 냄새를 맡는 꿈이 어떤 기관이나 집안에 큰 소문이 나는 것과 관련지어 실현되기도 한다. 실증사례로 악취가 나는 시궁창 물에 신발을 빠뜨린 꿈을 꾼 후에, 남편이 교통사고를 내게 되어 어려움에 처하는 일로 실현되었다. 간략하게 실증사례를 살펴본다.

① 악취가 심한 도랑물에 빠진 꿈 → 태몽으로 유산

　　누군가가 엄마를 밀어서 도랑물에 빠졌다는 것이다. 엄마는 보이지 않고 도랑물의 악취가 심하게 날 뿐이었다. 다음 날도 꿈을 꾸었는데, 내가 작은 흑염소를 흥정하며 판 꿈이다. 상대방이 돈을 주면서 양동이를 보여주는데, 그 안에는 검은 물이 있었다.

악취 나는 도랑물, 검은 물 등 모두 좋지 않은 표상이 나타나고 있으며, 현실에서는 남동생의 올케가 아기를 조산하게 되어 죽는 일로 실현되었다. 흑염소가 태몽 표상물인 경우, 사지 않고 파는 꿈은 유산하는 일로 이루어진다.

② 신발 한 짝을 잃어버리는 꿈과 악취의 똥꿈 → 사고로 수술

　　신발 한 짝을 잃어버려서 이리저리 우왕좌왕 하다가 어느 골목길을 가보니, 똥 세 무더기가 쌓여 있는데, 누군가가 그중에 하나의 무더기를 조각하고 있었으며, 그 옆을 지나가는데 냄새가 지독하게 나는 꿈을 꾸었습니다. 며칠 뒤 수능 며칠을 앞두고 제 딸이 해를 입어 다치게 되어 수술했으며, 병원에서 전남편을 만나 몹시 불쾌했습니다.---솔, 2007. 11. 26.

③ 동네 아이들이 똥(대변)을 줄줄이 싸 냄새가 진동한 꿈 → 복권 당첨

1032회차 주택복권에서 1등 3억 원에 당첨된 김○○ 씨(38)는 꿈자리에서 꼬마 아이 5명이 집에 놀러와서 차례대로 똥을 싸는 모습을 보았다. 안방에 똥이 철철 넘치고 냄새가 진동하는 꿈이었던바, 복권 당첨으로 실현되었다.

④ 예쁜 소녀의 항문을 벌리고 똥냄새를 맡는 꿈 → 주식 대박

이화여대생이라는 처녀의 예쁜 항문을 벌린 채 빨아대면서, 진한 똥냄새를 맡

는 꿈을 꾼 회사원이 있었다. 이후에 이화전기 주식을 매수하여, 일주일 여 뒤에 5천 7백만 원 순이익이 나는 일로 실현되고 있다.

5) 꿈의 표현 기법-촉각적

드물기는 하지만 촉각적인 감각이 주된 전개로 이루어지는 꿈도 있다.

① 많은 강아지에게 둘러싸인 꿈

"많은 강아지가 자기 주위에 몰려들어, 뒹굴고 물고 넘어지고 재롱을 떨다가 갑자기 자신에게 달려들어 꿈을 깼다."

복권에 당첨된 사례이다. 구입 전날 꿈을 꾸었는데, 많은 강아지들이 재롱을 부리는 좋은 표상의 꿈이 재물운으로 실현되고 있다.

② 터진 물줄기에 몸을 적신 꿈

이 꿈이 벌써 2년 정도 됐네요. 2년 전 부동산이 막 활화산처럼 불붙을 때라 아줌마 재테크한다고 서울에 모모 지역을 유심히 보고, 괜찮을 것 같아서 여러 가지 조사하고, 시댁식구들 부동산 계약서를 쓴다고 할 때쯤에 꾼 꿈이다.

내가 어느 농부랑 산속에 길을 가고 있었는데, 나지막한 언덕인지 어딘지 농부가 곡괭이로 산을 파니까, 거기서 물이 솟구치듯이 물 줄기가 확 터져서 저한테 마구 쏟아져 나오는 꿈이었습니다. 시댁식구들 부동산 계약 후에 1년이 지나 시댁 고모님들 팔 때 상당히 이익을 남기셨답니다.

인터넷 카페 회원이 몇 년 전에 올린 글을 그대로 전재하였다. 이처럼 맑은 물 꿈을 보는 것도 좋으며, 이렇게 몸에 접촉되는 경우, 보다 확실하게 영향력을 미치게 되는 일로 실현되고 있다.

5 중국의 해몽법

1) 중국의 해몽법

유문영의 『꿈의 철학』(동문선 간)에서 인용하여, 필자의 의견을 덧붙여 간략하게 살펴본다.

"해몽의 신비라는 것은 꿈을 꾸는 사람이 꿈의 본질을 이해하지 못하고서 신령이나 귀신이 암암리에 자신을 지배하고 있다고 생각하는 데서 생기는 것이며, 또는 꿈을 꾼 사람이 해몽하는 사람의 방술을 이해하지 못하고서 그들이 신과 내통할 수 있다고 여기는 데에 있다."

필자의 생각으로는 꿈의 상징표현에 대한 사람들의 이해가 부족한 탓에 꿈의 해몽을 신비하게 여기고 있다고 본다. 특별한 경우를 제외하고는 꿈을 꾼 본인 스스로 자신에게 다가올 길흉을 알아내고 있음을 볼 수가 있다. 즉 꿈을 가장 잘 해몽할 수 있는 사람은 바로 자신이며, 자신이 꿈속에서 느낀 정황이 중요하다고 할 수 있겠다.

2) 중국의 해몽의 이론

해몽의 이론을 『꿈의 철학』에서는 크게 3가지로 들고 있다. 즉, 첫 번째는 서로 일치하는 관계(직접해석)이며, 두 번째는 서로 다른 관계(전석)이며, 세 번째는 서로 반대되는 관계(반대해석)이다.

(1) 직접해석

필자가 보기에, 첫 번째의 직접해석은 사실적 미래투시의 꿈을 이야기하고 있으며, 이러한 경우 꿈에서 나타난 대로 현실에서 그대로 실현되고 있으며, 이 경우는 현실에서 위험을 피할 수도 있다.

(2) 전석

두 번째의 전석법을 『꿈의 철학』에서 인용하여 살펴본다. 전석법이 직접해석법과 다른 점은 몽상을 그것이 예견하는 바의 일로 바로 직접 해석하지 않고, 몽상을 일정한 형식으로 전환한 후에 다시 전환된 몽상에 근거하여 그것이 예견하는 일을 해석하는 데 있다. 전석의 구체적인 방법은 매우 많지만, 자주 보이는 것으로는 상징법·연상법·유추법·파역법·파자법·해음법 등이 있다.

① 중국의 해몽법-상징법

'상징법'은 몽상을 그것이 상징하는 것으로 바꾼 뒤 상징하는 것에 근거하여 다시 꿈의 뜻과 인간사를 설명하는 방법이다. 『시경』에서 말하기를 "곰과 말곰은 아들을 낳을 상이요, 독사와 뱀은 딸을 낳을 상이라네."라고 하였으며, "많은 물고기들은 풍년을 말해 주고, 갖가지 깃발들은 후손이 창성하게 상이로다."라고 하였는데, 이러한 것들을 상몽이라 한다.

'곰이나 말곰'은 산에 있으니 양의 상징이다. 그래서 꿈에서 곰이나 말곰을 보게 되면 사내아이를 낳을 징조이며, '독사와 뱀'은 구멍 속에서 살기 때문에 음의 상징이다. 그래서 꿈에서 독사나 뱀을 보게 되면 계집아이를 낳게 될 징조라고 했다.

이러한 상징적인 몽상이나 몽조는 너무나도 광범위하다. 예를 들어 지상의 식물·동물·산등성이·누각 등이나, 하늘의 일월성신, 비나 바람, 천둥·번개 등이나, 일상생활 중의 각종 기물들, 입고 먹는 것들을 비롯해서 인체의 각 기관들과 같은 것들도 모두 상징적인 의미를 갖고 있으며, 그것이 상징하는 것에 의해 꿈이 의미하는 뜻과 인간사를 설명할 수가 있다. 어떤 것이 꿈에서 어떻게 해서 그런 상징적인 의미를 가지는가 하는 문제는 각 민족의 그런 고유한 오래된 종교적인 관념이나 풍속 습관, 사회적 심리 등에서 찾아야 할 것으로 생각된다. 예를 들어 살펴보자. 백로가 우는 소리는 매우 듣기가 싫어, 꿈에서 백로를 보게 되면 구설수에 오르게 된다. 전하는 바에 의하면, 밤에 꿈에서 백로를 보게 되면 다음 날 사람들과 말다툼을 하게 된다고 한다.

② 중국의 해몽법-연상법

'연상법'은 몽상을 먼저 그것과 서로 관련된 어떤 것으로 바꾼 뒤에 그 서로 관련된 어떤 것에 근거해서 다시 꿈의 뜻과 인간사를 설명해 내는 것을 말한다. 예를 들어 '밤에 술 마시는 꿈을 꾸거나 돈을 얻는 꿈을 꾸게 되면, 사냥에 나가 반드시 수확이 있게 될 것'이라든지 '꿈에서 잔이나 소반을 보게 되면, 손님이 오게 된다.'는 것을 들 수 있다.

③ 중국의 해몽법-유추법

'유추법'이란 몽상의 어떤 특징에 근거해서 꿈의 뜻을 비유하여 해석하고 인간사를 유추해 내는 방법을 말한다. 예를 들어, 위나라 문제가 '궁전 지붕의 기와 두 장이 땅에 떨어져 원앙새로 변하는 꿈'을 꾸었을 때, 해몽가인 주선은 지붕의 기와가 땅에 떨어지면 틀림없이 부서질 것이므로, 사물로써 사람의 일에다 미루어 본즉 사람이 죽을 것이라는 바를 유추해 내었다. 원앙은 종종 남녀간의 애정으로 비유되므로, 황실에는 민간으로부터 데려온 많은 여자들이 있었으므로 궁녀 중에 죽은 이가 생길 것이라고 유추했다. 그리하여 마지막으로 "후궁에 갑자기 죽는 사람이 생길 것입니다."라고 해몽을 해주고 있다.

다른 예를 들어보자면 진흙에 가시가 가득한 꿈을 꾸게 되었을 때, 어떤 일을 계획했으나 뜻대로 이루어지지 않을 것을 나타내고 있다고 해몽하는 경우이다.

④ 중국의 해몽법-파역법

'파역법'이라는 것은 몽상을 먼저 어떤 부호로 전환한 뒤에 이 전환된 부호에 근거해서 꿈의 뜻과 인간사를 해석하는 방법을 말한다. 이러한 해몽 방법은 지금의 암호를 해독하는 것과 극히 비슷하다. 이러한 암호는 순전히 해몽가의 필요에 따라 음양으로 전환될 수도 있으며, 혹은 오행으로, 혹은 팔괘로 전환될 수도 있다. 이러한 해몽 방법은 비교적 복잡하여 음양·오행·팔괘 등과 같은 개념이 출현했을 때 시작되었거나, 혹은 그 영향이 이미 깊어진 뒤에 비로소 있었을 가능성이 있다.

주역 등에 상당한 지식이 있어야 해몽을 할 수 있을 정도이다. 예를 들어본다. 장택이 말을 타고서 산을 오르는 꿈을 꾸었을 때, 해몽가인 색담은 "말은 리괘(離卦)에 속하며 리괘는 불을 뜻하므로 火(불 화)란 禍(재앙 화)로 재난과 같다." 이 경우에는 말[馬]을 먼저 팔괘 중의 리괘로 전환하고, 다시 리괘를 오행의 火로 바꾸었으며, 그 후 다시 '火'를 음이 같은 '禍(재앙 화)'로 해석했다. 그래서 "禍(화)란 재난이다."고 했다.

웬만한 해몽가들의 경우에는 이렇게 하기가 쉽지 않다. 이러한 해석법은 상당히 풍부한 지식과 매우 기민한 두뇌를 가져야만 했으며, 특히 음양·오행·팔괘 등이나 다른 점복에도 정통해야만 했었다.

⑤ 중국의 해몽법-파자법

'파자법'이란 몽상을 먼저 한자의 필획으로 분해한 후에 이 필획에 의해 만들어진 한자에 근거해서 다시 꿈의 뜻과 인간사를 해석해나가는 방법을 말한다. 근본적으로 말하자면, 파자법도 일종의 파역법에 속한다. 다만 전환된 암호나 부호가 오행이나 팔괘 등과 같은 것이 아니라, 한자의 필획이라는 점이 다를 뿐이다.

한나라 유방이 정장이 되었을 때, 한번은 밤에 양 한 마리를 쫓아가서 그 양의 두 뿔과 꼬리를 뽑아 버리는 꿈을 꾸었다고 한다. 해몽가는 이를 해몽해서 "한자의 '양(羊)'자에 뿔과 꼬리가 없으면 王(임금 왕)자가 됩니다."라고 했다.

이러한 파자법에 의한 해몽은 한자에 대한 해박한 지식을 필요로 한다. 여기에 대해서는 자세한 설명을 생략한다. 자세한 것은 2012년 출간된 『한자와 파자(어문학사)』를 참조하기 바란다.

⑥ 중국의 해몽법-해음법

'해음법'이란 먼저 몽상이 나타내는 글자와 음이 서로 같은 글자를 취해서, 이에 근거해서 몽상을 해석하고 인간사를 설명하는 방법을 말한다. 이 방법은 '파자법'과 본질적인 면에서는 차이가 없으나, 단지 파자법은 몽상을 자형으로 전환하는 데 비해서, 이 방법은 음이 같은 글자로 전환한다는 데 그 차이가 있다. 예를 들어보면, 꿈에서 관을 보면 좋다고 한다. 이 경우에 시체 넣는 관(棺)을 벼슬 관(官)으로 보아 관직에 나아간다고 하고 있다. 억지 같은 이야기로 "왜 돼지꿈이 좋으냐" 할 때, 돼지의 한자음이 豚(돼지 돈)으로 사람들이 좋아하는 '돈'과 같다고 볼 경우라 하겠다.

이상에서 든 여섯 가지의 해몽 방법은 어떤 경우에는 단독으로 사용되기도 했지만, 어떤 경우에는 상호 결합되어 상황에 따라 적용되고 있음을 볼 수 있다. 필자가 말한 대로 꿈은 어디까지나 추정이지, 확실한 꿈의 결과를 예지하고자 하는 것은 '미다스의 꿈'처럼 우리 인간의 헛된 욕망일는지 모른다. 필자가 보기에 전석법은 비유·암시·상징·파자해몽의 방법을 사용하여 겉으로 드러나지 않는 꿈속에 담겨 있는 참된 의미를 알아내고자 하는 데 있다고 해야 할 것이다.

(3) 반대해석

해몽에는 직접해석도 있으며 전석도 있는데, 전석법이 직접해석에 비해 더욱 신축성이 있다. 그러나 어떤 몽례들은 몽상의 내용이 이후에 일어난 일과 공교롭게도 완전히 반대로 되는 경우가 있는데, 이때에는 전석의 방법을 동원해도 원만하게 꿈을 해석하기가 매우 어렵게 된다. 몽상이라는 것이 사람의 일을 예견해 주는 것이라는 점을 계속적으로 견지해 나가기 위해서, 이러한 경우 해몽가는 일종의 반대징조라고 설명을 하는 수밖에 없다. 그리하여 직접해석과 전석법 이외에 반대해석이라는 방법이 하나 생겨나게 되었다.

반대해석이라는 것은 몽상을 반대로 뒤집어 놓고서, 그 반대쪽의 뜻에 따라 꿈의 뜻을 해석하고 인간사를 설명하는 방법을 말한다. 해몽의 논리에 의하면, 어떤 꿈에는 반대의 꿈이나 극과 극의 꿈이라는 것이 있는데, 이러한 것들은 바로 극히 상반된 일이 일어나거나 몽상과 반대로 되는 징조를 특징으로 하고 있다. 이와 상응해서 반대해석 또한 해몽술의 기본방식 중 하나가 되었다.

예를 들어, 꿈에서 죽거나 다치는 꿈을 꾸면 재물을 얻게 되고 장수할 징조라고 여겼다.

예) 참수를 당하여 피를 흘리는 꿈을 꾸면, 크게 길하다. 『돈황유서』

예) 칼에 상처를 입는 꿈을 꾸면, 크게 길하며 재물을 얻게 된다. 『돈황유서』

또한 꿈에서 더럽고 지저분한 것을 보면, 몸에 병이 드는 것이 아닐뿐더러 재물을 얻게 될 징조라고 한다.

예) 오물에 옷을 버리는 꿈을 꾸면 재물을 얻게 된다. 『돈황유서』

이상으로 중국의 해몽 방법에 대해 살펴보았다. 필자가 보기에 신비한 꿈의 상징적인 의미를 정확하게 해몽할 수 있는 사람은 아무도 없다. 다만, 많은 사람들의 실증적인 꿈 사례를 토대로 현실에 일어난 일을 정리·분석함으로써, 꿈의 실체에 한 걸음이라도 다가설 수 있게 되리라 믿는다.

제IV장
전개양상별 분류

꿈은 다양한 성격을 띠고 나타나고 있다. 꿈의 세계에서 벌어지는 여러 일들은 우리 인간이 알아낼 수 없을 만큼 신비로운 존재로 펼쳐지고 있으며, 앞으로도 아무리 과학이 발달한다 하더라도 꿈의 신비를 완전하게 벗겨 내지는 못할 것이다.

필자는 "'꿈은 이런 것이다.'라고 단정적으로 말하는 사람이야말로, 가장 위험한 사고를 하고 있으며 가장 어리석은 사람일지도 모른다."라는 말을 하고 싶다. 다층적이고 다원적인 꿈의 다양한 성격을 무시하고, '꿈은 이렇다'는 식의 획일적인 정의를 내려서는 안될 것이다. 또한, 똑같은 꿈이라 할지라도 꿈을 꾸는 사람이 처한 상황과 정황에 따라서 다르게 실현되고 있다.

이러한 꿈의 분류에는 보는 관점과 입장에 따라 여러 가지로 나타나고 있다. 이에 대하여 중국의 유문영(劉文英)도 『꿈의 철학』에서 분석적인 태도를 갖출 것을 언급하고 있지만, 올바른 유형별 분류의 대안은 제시하지 못하고 통시적으로 중국의 꿈 역사를 살펴보고 있다. 이는 그만큼 꿈의 세계의 폭이 넓으며, 전개양상이 다양하게 나타나고 있기 때문이다.

하지만 꿈의 실체에 접근하는 가장 올바른 접근 방법은 '이러이러한 꿈을 꾸고 이러이러한 일이 일어났다'고 하는 실증적인 사례에 근거한 꿈의 유형별 표출 방식에 따른 분류가 되어야 할 것이다. 본 장에서는 꿈의 전개양상에 따른 실증사례를 1. 감각자극에 의한 꿈 2. 심리 표출의 꿈(소망·불안·초조감) 3. 경고·일깨움의 꿈 4. 계시적인 꿈 5. 창조적 사유활동의 꿈 6. 사실적 미래 투시 꿈 7. 상징적 미래 예지 꿈 8. 허망성으로서의 꿈 9. 지어낸 거짓 꿈으로 나누어 구체적으로 살펴보고자 한다.

꿈은 다양한 성격을 띠고 다층적으로 나타나고 있다. 따라서 어느 한 유형에 포함하기에 어려움이 있을 수도 있다. 역설적인 이야기가 되겠지만, 하나의 꿈 사례 속에 여러 성격을 띠고 복합적으로 나타나는 꿈이야말로, 꿈의 본질을 우리에게 알려주고 있다고 보아야 할 것이다.

전개양상별로 간략하게 해설을 곁들여 살펴본다. 꿈을 해몽하는 데 있어서, 자신이 꾼 꿈이나, 꾸게 될 꿈이 어디에 해당될 것인지를 염두에 두면서 여러 사례를 참고하시기 바란다.

1 감각자극에 의한 꿈

1) 외부의 감각자극 꿈

'꿈은 무지개'라고 비유적으로 말한 바와 같이 다층적이고 다원적인 양상을 띠고 나타나고 있다. 이 중에서 신체 외부의 이상에 대해서, 꿈을 통해 나타내주는 꿈이 있다. 잠을 자는 동안에도 우리의 뇌는 깨어 있어서, 자신에게 닥쳐온 조그마한 외부적인 감각자극의 위험요소를 꿈을 통해서 우리에게 알려주고 있는 것이다. 이는 꿈의 영역 가운데 가장 단순한 것으로, 수면 중에 외부에서의 어떤 감각자극에 영향을 받아 꿈을 꾸게 되는 경우이다.

다만, 우리 신체에 가해지는 외부적 자극에 대해서, 꿈은 과장된 표현으로 영상화하여 보여주고 일깨워 주고 있다. 또한 똑같은 외적 자극이 주어진다고 해서 항상 똑같은 꿈의 전개를 보여주지는 않는다. 한편, 외부의 감각자극이 아닌, 내부의 신체장기의 이상이 있을 경우에도 꿈으로 형상화되어 우리에게 일깨워 주고 있다. 아리스토텔레스도 꿈은 잠자는 동안에 일어나는 자극을 확대 해석하는 것으로 알고 있었다.

수면 중에 외부의 감각자극으로 인하여, 꿈으로 일깨워준 실증사례 네 가지를 살펴본다.

① 동생이 잠자리로 파고든 경우 → 귀신이 이불 속을 파고드는 꿈.

여동생이 잠자리에 파고드는 신체적인 외부접촉을 과장되게 표현하여, 소복을 입은 귀신이 이불 속을 파고드는 꿈으로 형상화되고 있다. 여동생은 흰 긴 드레스 잠옷을 입었고 머리가 길었기 때문에 아마도 여동생이 같이 자고자 파고들어, 불편한 잠자리가 되었을 것이다. 이처럼 외부 감각적인 꿈은 신체 외부의 이상을 과장되게 알려줌으로써, 그러한 외부 이상에서 벗어나도록 해주고 있는 것이다.

② 보일러 동작 표시등이 비춰든 경우 → 귀신이 시퍼런 눈을 뜨고 쫓아오는 꿈.

실눈을 뜨고 자는 버릇이 있었던 사람이 공교롭게도 안방의 보일러 작동 표시등의 파란 불빛이 실눈에 비치는 여건에서 잠을 잔 경우이었다. 안락한 수면을 방해하여 다음 날의 일상생활에 좋지 않은 영향을 주게 될 것을 꿈으로 일깨워준 것이기에 작동표시등을 가리거나 돌아 눕거나 하여 평온한 숙면을 취하게 해주고 있다.

③ 잠자다가 무릎이 꺾여져 있는 경우 → 적군과 싸우다가 무릎에 총을 맞는 꿈.

수면 중에 무릎이 꺾여져 있는 신체 이상을 일깨워 주기 위해, 꿈의 무대는 전쟁에서 무릎부위에 총을 맞는 것으로 과장되게 보여주고 있다. 경우에 따라서는 무릎에 관절염이 생긴 경우에 이러한 꿈으로 일깨워줄 수도 있다. 이처럼 신체의 내·외부의 이상(異常)을 알려주는 꿈의 경우에 있어서, 꿈과 관련된 부위에 어떠한 신체적 이상이 생기는 현실로 나타나고 있다. 이 경우 신체 내·외부의 이상을 예지해주는 꿈으로, 꿈에서 맞거나 다친 부위에 어떠한 이상이 있음을 잠재의식이 알려주고 있다고 보아야 할 것이다. 또한 현실에서 무릎에 어떤 이상이 있지 않은 경우에는 상징적인 미래 예지 꿈으로 총을 맞은 부위에 관련지어 교통사고를 당한다든지, 무릎으로 상징된 지탱해주던 일거리나 대상에 곤란한 일이 일어날 수가 있다.

참고로 『꿈의 해석』에 나오는 외부의 감각자극이 아닌 내적(주관적) 감각자극에 관해서 살펴본다. 이 경우는 많이 나타나지는 않고 있으나, 주로 주관적인 시각·청각이 영향을 주어 꿈으로 형성되는 경우이다. 이는 요한뮐러가 '공상적 시각 현상'으로 기술한 이른바 최면 상태적 환각에 의해 얻어진다.

예를 들어 모리는 몹시 배가 고팠을 때, 최면상태의 환각에서 그릇과 포크를 쥔 손을 보았다. 이 경우에 꿈속에서는 그가 음식이 차려진 식탁 앞에 앉아서 먹고 있는 사람들이 내는 포크 소리를 듣게 되는 꿈이다. 이 경우에는 외부의 감각자극이 아닌, 자신이 그렇다고 느끼고 지각한 사실에 대해서 꿈에서 환영으로 나타난다.

④ 호모가 달려들어 배를 걷어차며 밀쳐낸 꿈.

오래전 PC 통신의 유머난에 올려져 있던, 신체적 외부자극으로 인해서 과장된 꿈을 꾸게 된 재미있는 사례이다.

프랑스 파리의 물랭루즈 근처 뒷골목에는 게이들이 많이 있었다. 어느 날 저녁 멋진 기가 막힌 불란서 여성이 말을 걸어오는 게 아닌가? 가슴이 두근거렸다. 아찔한 미니스커

트에 블라우스를 찢고 터져 나올 것 같은 앞가슴과 출렁이는 금발머리에 고운 눈화장이
며 붉은 입술! 대답을 하려는데, 여성의 턱에 화장으로 도무지 감추어지지 않는 '아아!
그 파르스름한 면도 자국!' 놀라 말 한마디 못하고 도망쳐 숙소에 돌아와 보니, 마침 룸
메이트인 X형과 Y형은 외출 중이었다.

 샤워를 하고 사르르 잠이 들었는데, 꿈속에서 그 호모 녀석이 무언가 호소하는 듯한 그
커다란 눈망울에 눈물까지 글썽이며 집요하게 달려들더니 드디어 나를 와락 끌어안는
데, 힘이 너무 무지막지해서 도무지 벗어날 수가 없었다. 까끌까끌한 턱수염이 징그럽
게 따가웠다. 다리를 웅크려서 그 녀석의 배를 걷어차며, 있는 힘을 다해 밀치며 괴성을
질렀다.

 "야, 이 녀석아 왜 그래?"

 눈을 뜨니 X형은 옆 침대로 나가떨어져 있고, Y형이 걱정스러운 눈으로 내려다보고
있었다. X형이 외출에서 돌아와 아직 초저녁인데 자고 있는 나를 깨우느라고, 배역 때
문에 기른 까끌한 수염으로 장난삼아 내 얼굴을 문질러 댄 것이다.

 "난…… 술도 안 마시고 잠자는 네가 귀여워서……."

 X형이 신음하면서 말했다.

 어쩐지 꿈이 너무 실감 나더라구!

2) 몸 내부의 신체 이상(異常)의 자극 꿈

 신성(神性)의 영적 정신능력인 잠재의식은 잠자는 동안에 다가오는 외부적인
자극뿐만 아니라, 자신의 몸 내부의 질병이나 앞으로 일어날 신체적 이상에 대해
서 꿈을 통해 일깨워 주고 있다. 어찌 보면 꿈을 통해 다가올 미래를 예지해주고
있는 사례에 비추어 본다면, 자신의 건강 이상에 대한 것을 꿈을 통해 알려 준다
는 것은 지극히 원초적이라고 할 수 있겠다.

 우리는 꿈을 통해 우리 신체의 이상을 알 수 있고, 또한 질병 치료에 활용할
수 있다. 대부분의 사람에게는 내장 및 여러 기관의 명확한 장해가 분명히 꿈의
원인으로써 작용한다. 심장이나 폐가 나쁜 환자가 자주 불안한 꿈을 꾼다는 것을
일반적으로 지적되고 있는 바이다. 즉 폐결핵 환자는 질식·압박·도망의 꿈을 꾼
다. 소화기 계통의 장해에서는 음식을 먹거나 토하거나 하는 꿈을 자주 꾸고 있

다. 또한 우리는 억압된 성적흥분이 축적되어, 몽정을 통해 극대화되고 있음을 잘 알고 있다.

이는 프로이트의 내적(기관적) 신체 자극에 해당하는 것으로, 아리스토텔레스도 사람이 깨어 있을 때에는 전혀 몰랐던 병의 초기를 꿈을 통해 알게 되는 일이 흔히 있는 것 같다고 말하고 있다. 또한 꿈의 예지력을 믿지 않는 의사도 적어도 병의 예고라는 점에서는 꿈이 갖는 의의를 인정하고 있다.

이처럼 신체 내부적인 이상이 있는 경우에 꿈으로 일깨워 주는 경우가 있다. 따라서 꿈의 의미를 유심히 되새겨보고, 꿈속의 표상 전개에 주의를 기울여서 병원 진찰을 받을 필요가 있다.

고양이가 목을 할퀴는 꿈으로 후두염 발견 사례, 남편이 골프채로 배를 친 꿈으로 진찰 결과 위암을 발견한 사례, 누군가가 칼로 눈을 찌른 꿈으로 콘택트렌즈가 잘못되어 실명의 위기를 넘긴 사례 등등 꿈으로 신체의 이상을 알아내어 질병에 걸리게 되거나 회복 여부를 예지해주는 무수한 사례가 있다. 자세한 것은 주요 실증사례별 풀이의 '질병/건강의 꿈' 편을 참고하기 바란다.

몸 내부의 신체 이상(異常)의 자극을 꿈으로 일깨워준 흥미 있는 실증사례를 세 가지 살펴본다.

① 꿈에 싸우다가 왼쪽 옆구리를 채인 꿈 → 늑막염을 알아내다

며칠 전부터 다른 사람과 싸우는 꿈을 자주 꾸었다. 때로는 이기기도 하고 지기도 하면서, 여느 때와 달리 꿈을 자주 꾸었다. 그러던 어느 날 꿈이다. 그날도 누군지 모르는 어떤 사람과 사이좋게 이야기를 나누고 있었다. 그러다가 무슨 일인가로 시비가 붙어 싸우게 되었다. 엎치락뒤치락 하면서 싸우다가, 상대방이 내지른 발길질에 왼쪽 옆구리를 걷어 채였다. 너무나도 아파서 떼굴떼굴 구르다가 깨어 보니 꿈이었다.

꿈속에서 너무나도 아팠던 기억이 생생해서, 맞았던 부분을 눌러보니 움직일 때마다 걸리는 것이 무척 아팠다. 아침에도 통증이 있기에 병원에 가서 진찰을 받고 X레이를 찍어보니, 늑막염으로 진단이 나왔다.

현직 교사의 꿈이야기이다. 이 경우에 꿈에서 일러주지 않았더라면, 치료하기에 위험한 단계에까지 갔을지도 모른다. 실증사례 꿈에서 알 수 있듯이, 꿈은 현실의 자신이 미처 자각하지 못하고 알 수 없었던 우리 몸의 이상에 대해서 알려

주고 있다. 또한 신비로운 꿈의 세계에 대해서 잘 알 수가 있다. 꿈속에서 싸움을 걸어왔던 사람은 병마(病魔)의 상징을 표상하고 있다. 자신의 건강을 지키고자 병마와 여러 날 동안 싸우는 것이 꿈으로 형상화되어 나타났던 것이며, 이 경우 꿈에서의 싸움에서 이겼더라면, 늑막염은 일어나지 않았을 것임을 알 수가 있겠다.

② 뾰족한 뿔이 있는 도깨비와 싸우는 꿈 → 위장병 진단

시골집 외양간 근처에서 무슨 일을 하고 있었다. 큰 마당 쪽으로 한 사나이가 다가오더니, 다짜고짜 끼어 안고 목을 죄어 죽이려고 한다. 필사적으로 이놈을 떼어놓고 자세히 보니, 말로만 듣던 도깨비가 아닌가. 그놈은 계속 달려들고 있고, 저쪽에서 똑같은 한 무리의 도깨비들이 몰려와서 '큰일 났다'고 생각했다. '우선 이 놈부터 해치워야겠다'고 두 손으로 그 놈의 목을 조이니, 그 놈이 배를 앞으로 내밀며 고꾸라져 죽는다. 이것을 본 다른 도깨비들은 슬슬 피해 달아나고 말았다. 도깨비의 뿔과 하나뿐인 큰 눈과 귀까지 찢어진 입이 대단히 인상적이었다.

이 꿈을 꾼 지 얼마 후에 나는 위경련이라고 생각되는 위장병에 걸려 상당한 시일을 고생하게 되었다. 나의 잠재의식은 그 위장병을 가상적 도깨비 표상을 재료로 이끌어서 병의 진행과정과 치료결과를 예지하는 꿈을 형성했던 것이다. 위벽이 손상 받을 것을 뾰족한 뿔과 크게 뚫린 눈과 입으로 상징한 것은 참으로 슬기로운 착상이었다. 이같은 경험으로 도깨비 꿈의 한 표현에 접할 수 있었는데, 다른 도깨비들은 슬슬 피해 달아났으니, 위장병에 대한 후유증이 있을 법했으나, 내가 약을 먹고 치료한 바람에 사전에 이것을 예방할 수 있었다.(글: 한건덕)

이처럼 꿈속에서 병마(病魔)의 상징을 도깨비나 귀신 등으로 형상화하여 일깨워 주고 있다. 이 경우 꿈속에서 싸우는 대상이 자신이 힘을 기울이고 있는 사업이나 일거리·대상 등이 될 수도 있다. 이 경우 싸움의 과정에서 나타난 신체 부위라든가, 싸움의 결과 등은 중요한 상징적 의미를 띠고 있다. 꿈속에서 관련된 신체 부위가 상징하고 있는 바와 밀접한 관련을 맺고 있으며, 꿈속에서 이겨야 좋은 결과로 실현된다. 만약에 도깨비에게 지는 꿈으로 끝나는 것이었다면, 도깨비로 표상된 대상이 무엇이냐에 따라 각기 다르게 현실에서 실현된다. 예를 들어 병환으로 생명을 건질 수 없게 되거나, 사업이 실패하거나, 시험 등에 낙방하는 일이 있게 된다.

상징적인 미래 예지 꿈은 이렇듯 과장이 심하고, 황당무계한 내용으로 표상되는 경우가 대부분이다. 병입고황(病入膏肓)에 얽힌 고사이야기에는 병마(病魔)를 상징하는 표상으로 두 동자가 주고받는 이야기가 나오고 있다.

일부 사람들은 건강이 좋지 않으면 꿈을 많이 꾼다고 걱정을 하기도 한다. 마음과 몸이 허약할 때나 마음이 공허하고 허망할 때, 허몽(虛夢)이라 하여 꿈을 자주 꾸게 되는 경우가 있을 수도 있다. 하지만 음미해보면, 우리 신체의 이상(異常)을 일깨워 주는 과정에서 일어나는 꿈이기도 하다.

꿈을 많이 꾸는 것은 그만큼 잠재의식의 활동이 활발히 일어나고 있다는 것으로, 앞날을 예지해준다는 점에서 오히려 좋은 일로 받아들여야 할 것이다. 이처럼 자신의 신체 이상(異常)을 꿈을 통해서 일깨워 주고 예지해준다는 점에서 무한한 가능성을 지닌 정신능력이 펼쳐내는 꿈의 세계에 대한 신비로움을 새삼 느끼고 있다.

③ 가시를 잘라내는 시를 짓는 꿈 → 질병 회복

開園翦荊棘 정원을 만들어 가시나무를 잘라내고
斫地樹蘭蓀 땅을 파서 난초와 창포를 심었네.
荊棘豈無枝 가시나무가 어찌 가지가 없으며
蘭蓀豈無根 난초와 창포가 어찌 뿌리가 없으리.
荊棘日已除 가시나무는 날로 이미 없애버리고
蘭蓀日已蕃 난초와 창포는 날로 이미 번성하네.
蘭蓀與荊棘 난초·창포와 가시나무는
美惡固當分 아름다움과 미움이 확실하게 당연히 나누어지네.

---李敏求, 『東州集』(『韓國文集叢刊』 卷94)

꿈속에서 지은 몽중시(夢中詩)로 병이 회복될 것을 예지한 선인의 꿈 사례이다. 이민구는 이 몽중시를 짓게 된 계기에 대하여 다음과 같이 밝히고 있다. 동짓달 초하룻날 병이 혼미하고 위태로웠는데, 홀연히 꿈에서 시를 지었다. 다음 날 아침에 조금 소생하여, 이를 기록한다.

꿈의 세계가 펼쳐내는 오묘한 상징 세계에 찬탄을 금할 수 없게 된다. 가시와 난초·창포는 유해한 식물과 유익한 식물로 명확하게 구분된다. 가시의 날카로움에서 고통을 주는 병마의 상징 표상에 부합되고 있으며, 이러한 가시를 잘라내는 행위는 병마의 싹을 도려내는 치료행위를 상징하므로 장차 병이 회복될 것을 예지해주고 있다.

이처럼 몽중시(夢中詩) 자체가 고난도의 상징적 의미를 담고 있으므로 굳이 별도의 난해한 상징 기법을 사용하지 않고 있다. 이러한 상징 기법은 한자를 알거나 한시(漢詩) 등 한학적 소양이 뒷받침되는 선비나 학자들에게나 가능한 것이며, 꿈을 만들어내는 정신능력이 펼쳐내는 꿈의 세계가 그 사람의 능력에 알맞은 상징 기법으로 전개해주고 있다. 예를 들어 일자무식의 무지렁이 백성에게는 빠진 이빨이 새로 돋아나는 꿈으로 건강이 회복되는 것을 예지해줄 수 있다.

2 내면의 심리 표출의 꿈(소망·불안·공포·초조감)

'꿈은 현실에서 사회적 제약이나 능력의 한계 등으로 억눌려 있던 자아의 표출이다', '꿈은 자신의 잠재의식의 감정표현이다', '꿈은 속으로 애태우고 고민하고 은근히 바라고 있었던 것들을 표현한다' 등등의 말에 잘 나타나 있듯이, 꿈은 잠재적인 내면의 소망·불안·공포·초조감 등의 심리 표출이다.

또한, 꿈은 억눌린 잠재의식의 소망 표출이라는 프로이트의 견해는 절대적으로 틀린 말은 아니지만, 전체적인 꿈의 세계에서 극히 일부분만을 이야기하고 있을 뿐이다.

1) 억눌린 소망의 표출 꿈

꿈은 억압된 소망과 심리적 욕구를 표출하고 있다. 우리가 잠을 자고 있는 동안에 현실 속에서 억눌려온 잠재의식의 자아가 꿈을 통해 표출되고 있는 것이다. 프로이트는 『정신분석입문』에서 억압된 성적인 욕구가 주로 표출된다고 보기도 한다.

서양의 격언에 "거위는 어떤 꿈을 꾸는가? 옥수수 꿈을 꾼다."라는 것이 있는데, 이는 꿈을 소망충족이라고 하는 것을 반영하고 있다. 또한 '꿈에 본 내 고향'이라든가, '네 꿈을 펼쳐라.'라고 말하는 경우 소망이나 바람의 뜻이 반영되어 있다고 해야 할 것이다. 여러 사례를 통해 살펴보자.

　① 주변에서 쉽게 찾을 수 있는 사례

　* 자신이 농구를 못해 열등 의식을 가지고 있는 사람이 꿈속에 농구를 잘하게 됨으로써, 실제 일어난 일이 아님에도 불구하고 만족감을 느끼게 해주고 있다.

　* 현실에서 힘센 아이에게 꼼짝 못하고 당하던 아이가 꿈속에서는 힘센 아이를 두들겨 패는 꿈을 꾸곤 한다.

　* 좋아하는 연예인을 꿈속에서 만나게 된다든지, 이루지 못하는 일을 꿈에서나마 이루어보게 함으로써 욕구불만을 해소해 준다.

　* 자신이 짝사랑하던 사람이 꿈에서는 반대로 자신을 쫓아다니는 꿈을 꾸는데, 이런 것은 그 사람이 자신을 사랑해주기를 바라는 잠재의식의 표출이라고 할 수 있다.

　* 로또(복권)에 당첨되었다는 꿈

　많은 사람들이 로또(복권)에 당첨되었다는 꿈을 꾸었다고 말하고 있는바, 이역시 현실에서 돈에 쪼들리는 경우에 꿈을 통한 일시적인 대리만족을 느끼게 해주고 있다. 다만, 꿈이 사실적으로 전개되었을 경우, 실제로 로또(복권)에 당첨되는 일로 실현될 수도 있으니, 꿈이 생생한 때에는 실현될 때까지 지속적으로 로또(복권) 등을 구입해보는 것도 좋다. 또한 상징적인 꿈은 경품에 당첨되었다든지 재물적 이익을 얻게 되는 일로도 실현될 수 있다.

　② 대통령을 만나게 해달라는 꿈

　탤런트 박용식 씨는 전두환 전(前) 대통령과 닮았다는 이유로 방송출연이 금지되던 시절에 '도대체 얼마나 닮았기에, 내가 이 시련을 당해야 하는가?' 싶어 실제 얼굴을 한번 보기가 간절한 바람이었다고 밝히고 있다.

　"한번은 청와대 정문 앞에서 한 번만 만나게 해달라고 입초순경과 옥신각신 싸우다가 깨어나 보니 꿈이었다."라고 말하고 있다. (MBC가이드, 1995, 12월호)

　이는 간절한 소망이 꿈으로 나타났다고 보아야 할 것이다.

③ 최진실이 나타난 꿈

연예인 정준호는 2012년 12월 17일 방송된 MBC 공감토크쇼 '놀러와 수상한 산장'에 출연해 최진실과 함께했던 추억을 떠올려 눈길을 끌었다. 정준호는 고인과 마지막 작품을 함께 한 바 있다. 이에 자신이 힘들 때면 꿈에 고(故) 최진실이 나타나 "준호씨! 힘내"라며 기억 속 그 모습으로 나온다고 애틋한 마음을 드러냈다.---〔쿠키 연예〕

이는 잠재의식적으로 고(故) 최진실에 대한 안타까운 마음, 보고 싶은 마음 등이 꿈으로 표출되고 있음을 보여주고 있다.

④ 꿈에서 욕한 올케 살해

올케가 자신에게 욕설하는 꿈을 꾼 20대 시누이가 흉기로 올케를 찔러 숨지게 했다. 포항 북부경찰서가 상해치사혐의로 구속영장을 신청한 최모 씨(28·여)는 꿈 속에서 올케로부터 욕설을 들은 데 격분, 올케 김모 씨(29)를 흉기로 찔러 숨지게 한 혐의를 받고 있다.

이웃 주민의 신고로 현장에서 체포된 최 씨는 "꿈에서 깬 뒤 올케언니가 내게 욕설을 한 것이 현실로 느껴졌다."라고 눈물을 흘렸으며, 김 씨는 병원으로 옮겨졌으나 이날 오후 4시께 숨졌다.---일간스포츠, 2000. 04. 27.

꿈은 억눌린 잠재의식의 심리 표출로 보고 있는 사례이다. 꿈속에서 올케가 자신에게 욕설을 한 것에 대해서, 평소에 자신에 대한 나쁜 감정을 지니고 있는 것으로 여겨 그러한 행위로까지 나아간 것이다.

⑤ 문학작품 속의 꿈 → 소망의 대리만족, 억눌린 심리 표출

* 문학작품을 통한 소망의 대리만족

『구운몽』은 인생무상의 불교적 주제로 되어 있지만, 작품 내용의 대부분은 성진이 인간세계에 양소유로 태어나서, 2처 6첩으로 환생한 8선녀들을 거느리고 출장입상(出將入相)·입신양명의 꿈을 펼쳐나가는 것이 주 내용으로 되어 있다.

그 후에 옥루몽·옥연몽 등의 몽자류 소설의 아류작들이 나온 것을 보더라도, 당시의 조선조 사대부들이 즐겨 읽었던 것을 알 수가 있겠다. 왜서 그렇게 많이 읽었던 것일까. 바로 구운몽을 읽으면서 자신을 양소유에 투영시켜, 자신이 이루고자 했던 출장입상(出將入相) 및 여러 여자를 거느리고 살아가고 싶은 잠재적 욕망이 소설을 읽으면서 문학적으로 정화되고 있음을 볼 수가 있겠다. 다르게는 여

학생들이 왕자와 공주가 나오는 동화책이나 만화책을 즐겨 읽으며, 남자들이 기업의 흥망을 다룬 만화를 즐겨보는 것과 같다고 볼 수 있겠다.

* 문학작품을 통한 억눌린 심리 표출

자신의 현실에서의 좌절이나 뜻을 이루지 못한 억눌린 소망이 문학 작품을 통해 억압되었던 욕망을 분출하고 있다. 선인들이 꿈속에서 시를 지었다고 하는 몽중시(夢中詩) 속에 상당수 드러나고 있으며, 심의(沈義)의 〈기몽(記夢)〉이나, 신선세계의 동경을 담고 있는 유선시(遊仙詩), 몽유록계 소설 등이 대표적이라 할 수 있다.

이러한 심리 표출의 몽중시(夢中詩)나 꿈을 제재로 한 작품은 일상의 의식생활 속에서 의도적으로 지은 어떠한 작품보다도 작자 자신도 알 수 없었던 자신의 내면세계를 적나라하게 드러내고 있다. 따라서 어느 문인에 관한 연구에 있어 그의 내면세계를 반영하고 있는 꿈속에서 지은 몽중시 작품이야말로, 현실과 시대상황에 대한 바람이나 이상·불만 등이 담겨있어 좋은 연구대상으로서의 의의를 가질 수 있다.

이렇게 선인들의 심리 표출이 반영된 꿈 관련 작품은 수없이 많으며, 임춘·심의·권필·이민구·정희득 등 현실에서의 좌절과 불만이나, 불우한 삶을 살았던 선인들의 작품에 많이 나타나고 있다.

우리 모두 자신의 꿈을 음미하고 생각해보자. 다른 사람은 모를지라도 자신만큼은 '왜 그러한 꿈을 꾸게 되었는지' 알 수 있게 될 것이다. 꿈을 꾸는 주체는 다름 아닌 내면의 자아이며, 이러한 내면의 잠재심리가 꿈으로 표출되고 있다. 이런 점에서 꿈은 꿈을 꾼 자기 자신이 가장 잘 해몽할 수가 있는 것이다.

⑥ 옛 남편을 본 꿈

연산군에게 사랑하는 기생이 있었는데 저의 동무에게 말하기를, "옛 남편을 어젯밤 꿈에 보았으니 심히 괴이한 일이다."라고 하였더니, 연산이 곧 조그만 종이에 글을 써서 다른 사람에게 주었다. 조금 후에 궁녀가 은쟁반 하나를 들고 오는데, 포장이 겹겹으로 단단히 되어 있었다. 그 기생으로 하여금 열어 보게 하니, 바로 그 남편의 목이었다. 그 기생도 함께 죽임을 당하였다.---『장빈거사호찬』

기생이 옛 남편을 그리워하는 잠재적인 내면의 심리가 꿈으로 표출되었다고 믿는 데서, 연산군이 잔혹한 행위를 하고 있다. 서양의 꿈이야기에도, 꿈에 신하가 반역을 하는 꿈을 꾸고 나서, 그 신하를 잡아 죽이는 이야기가 있다. 이러한 이야기들은 '꿈은 자기 자신의 내면의 심리를 표출하고 있다'고 믿는 데서 일어난 일이라고 볼 수 있겠다.

꿈은 무언가에 대한 강한 집착이나 억눌려 있던 욕망 등 잠재의식의 자아표출이자 억눌린 의식의 대리 표현이다. 인간은 꿈을 통해 현실의 억제된 욕망을 해소한다. 현실 세계에서 이루지 못한 일들을 꿈으로 형상화하여 자기 만족감을 느끼게 되며, 마음속의 억눌린 갈등이 해소되는 것이다. 가장 극단적으로 나타나는 것으로 몽유병을 들 수가 있다. 몽유병은 현실에서 억제되었던 욕구를 꿈속에서 해소하려는 자아의식이 너무 강해서 나타나는 것으로 볼 수 있다.

이렇게 인간이 꿈을 꾸는 것은 현실에서 억눌렸던 질식된 관념에서 벗어나기 위한 잠재의식의 활동으로 볼 수 있다. 현실에서 이루고자 했던 억압된 마음이나, 자신이 간절히 바라는 소망을 꿈으로나마 시연(試演)해봄으로써 대리만족을 얻게 해주고 있다.

㉆ 추운 남극에서 겨울을 보낸 대원들의 꿈

* 밤마다 호화로운 만찬회에 나가는 꿈 → 이는 식량 부족으로 인해 잘 먹고 싶다는 소망.

* 산더미처럼 쌓인 담배 더미의 꿈 → 부족한 담배로 인해 담배를 마음껏 피워보았으면 하는 소망.

* 돛을 올리고 넓은 바다를 항해하여 이쪽으로 다가오는 배의 꿈 → 고향에 돌아가고 싶은 소망.

* 집배원이 우편물을 가지고 와서 왜 이렇게 늦었는지 설명하는 꿈 → 가족들의 소식에 대한 궁금증의 소망.

프로이트의 『정신분석입문』에 인용되고 있는 이러한 꿈들은 꿈과 잠재적 소망과의 관계를 나타내주는 좋은 예들이다.

2) 불안·공포·초조감 표출 꿈

현실 세계에서 우리 마음 깊숙한 곳에 자리 잡고 있었던 소망 외에도, 불안·공포·초조·억압 등 잠재의식 속에 파묻혀있던 일상의 생각들이 꿈으로 표출된다. 뺑소니 운전사가 악몽에 시달리게 된다든지, 시험을 앞둔 수험생이 답안지를 작성하지 못해 쩔쩔매는 꿈을 꾸게 된다든지 등의 불안·공포·초조감의 꿈들은 심인적(心因的)인 요인에서 꿈을 꾸게 되는 경우이다.

한편 심리적으로 불안하거나 몸이 아플 때 악몽을 꾸기도 하며, 자신이 경험했던 어두운 과거에 대한 두려움·공포 등이 꿈으로 표출되고 있다. 세조의 꿈에 죽어간 사육신의 환영이 나타나 괴롭힌 사실은 우리 모두 다 알고 있다. 이와 유사한 경우의 꿈에 있어서 심한 경우에는 정신적 장애를 불러일으키기도 한다. 간략하게 실증사례를 살펴본다.

① 꿈속에서도 돈을 세던 꿈

은행에 입사한 신입 행원들이 꾸는 꿈이다.

② 꿈속에서도 자동차를 모는 꿈

자동차의 성능 개발실에 근무하는 사람의 꿈이다.

③ 꿈속에서 숙제를 하느라 정신이 없는 꿈

숙제를 다 못하고 잠이 든 학생의 꿈이다.

④ 꿈속에서 술맛을 보는 꿈

새로운 소주 개발을 담당했던 연구실장의 꿈 사례이다. 술맛 감정을 위해 하루 100잔 이상 소주잔을 입에 댔다고 하는데, 워낙 신경을 쓰다 보니 꿈에서도 술맛을 볼 정도였다고 한다.

⑤ 전쟁이 나는 꿈이나, 공수부대원들이 낙하산을 타고 내려오거나, 비행기가 날아오는 꿈

군대생활을 한 남자들의 꿈에 자주 꾸어지고 있는 꿈이다. 이는 전쟁에 대한 불안 심리가 잠재의식에 영향을 주어 꿈으로 형상화되고 있음을 알 수가 있겠다. 상징적으로는 현실에서 자신이 감당하기 어려운 일들을 처리하는 것을 전쟁이나 전투를 하는 꿈으로 형상화하기도 한다. 이 경우에 이기는 꿈이라야 쉽게 모든 일이 처리하게 된다.

⑥ 꿈속에서도 원고를 쓰는 꿈

필자의 꿈 사례이다. 자작 소설 『백련화』 원고 집필에 한창 몰두했을 때, 꿈속에서도 써 나가는 꿈을 자주 꾸었다. 꿈속에서 좋은 사건 전개인데, '워드의 아래 흔글에 저장해두어야지' 하면서, 저장 버튼을 누르는 꿈이었다.

좋은 작품을 써야 한다는 심적인 부담감에서 꿈속에서도 원고를 집필하는 것

으로 나타난 것으로 볼 수 있겠다.

⑦ 소망표현 및 불안한 심리의 꿈

필자가 『별명이야기』 원고를 정리할 때의 1997년 7월 20일 꿈이야기이다. 꿈 속에서 누군가를 만났는데, "별명이 무엇이냐?"라고 묻는 꿈을 꾸고 잠에서 깨어났다. 깨어난 후 '사람들에게 별명에 관해서 묻다 보니, 이제는 꿈에까지 나타나는구나.' 하고 생각했다. 하지만 필자 자신이 그만큼 '별명'에 대해서 열중하고 있다는 사실을 알고 있기에 마음 한구석에서는 기쁨이 있었다.

이처럼 간절한 바람 및 자신이 초조해하고 고민하는 일이 꿈으로 표출되어 나타나고 있다.

⑧ 매향리 주민 '꿈에서도 폭탄 소음' → 불안한 잠재의식의 심리가 꿈으로 표출

"어젯밤에는 꿈속에서 폭탄이 터지는 소리를 듣고 깜짝 놀라 잠에서 깼습니다." 미 공군 전투기 사격장이 있는 경기 화성시 매향리 주민들은 폭발 소음에 따른 심한 스트레스로 심장병·협심증 환자 등이 많다.

자신의 꿈을 음미하고 생각해보자. 다른 사람은 모를지라도 자신만큼은 왜 그러한 꿈을 꾸게 되었는지 알 수 있게 될 것이다. 꿈을 꾸는 주체는 다름 아닌 내면의 자아이며 이러한 내면의 잠재심리가 꿈으로 표출되고 있다. 다만, 우리가 꾸는 대부분의 꿈은 장차 일어날 일을 상징적으로 예지해주는 미래 예지 꿈이다.

⑨ 시체를 보는 악몽에 시달리는 꿈

5·18당시 진압군으로 광주에 투입된 후, 심한 정신적 후유증을 앓아온 사람의 꿈이다. 광주 현장에서 시민들을 향해 무차별 사격을 했던 기억과 송정리 광주 비행장 등에서 목격한 시체 모습이 꿈속에 되살아나는 등 심한 정신적 후유증에 시달리고 있다. 자신이 사람을 죽였다는 죄의식 및 자신의 잘못된 행동에 대한 받아들일 수 없는 죄책감 등으로 인해, 고통을 겪다 못해 꿈속에까지 등장하고 있다.

이와 같은 경우 마음의 평온이 이루어지면, 자연스럽게 이러한 꿈들은 사라지게 된다. 어떠한 약물치료보다 심리적인 안정이 중요하다고 본다. 자신의 잘못된 행동에 대한 진정한 뉘우침, 죽은 영령들에 대한 속죄의 마음, 시대적인 상황에 대한 냉철한 자기 인식, 희생자 유족에 대한 최대한의 보살핌 등등이 진정으로 이루어질 때, 악몽의 시달림에서 벗어날 수 있게 될 것이다. 이처럼 악몽에 시달

리는 꿈이라든지 자신의 내면심리가 꿈으로 표출되고 있다는 것은 누구나 한 번쯤은 경험해본 적이 있을 것이다. 꿈은 잠재의식을 비춰주는 마법의 거울과도 같은 것이다. 자신이 미처 알지 못하는 깊은 내면 속에 감추어져 있는 자그마한 심리까지도 꿈을 통해 의식의 세계에 알려주고 예지해주고 있는 것이다.

⑩ 부인이 울면서 호소하는 꿈 → 당쟁의 폐해 걱정

　　이 날 임금이 근심하여 시신(侍臣)에게 말하기를, "능에 배알하고 돌아온 뒤에 꿈을 꾸었다. 한편 사람이 다른 편 사람을 거의 다 죽였는데, 소론(少論) 집의 한 부인이 울며 호소하기를, '어찌하여 이토록 심합니까?' 하므로, 내가 유시하기를, '지금의 당습(黨習)은 거의 태교(胎敎)이다. 그러나 이 나라는 노론·소론의 조선이 아니고 바로 내 조선이니, 내가 양편을 처분하겠다.' 하고, 정신이 몽롱하여 깨니 꿈이었다.--후략---.영조 30년, 8월18일【원전】43집 540면.

　『조선왕조실록』의 기록으로 영조 임금이 꿈속에서 당쟁에 대한 불안한 마음과 근심에서 이러한 꿈을 꾸게 되었음을 밝히고 있는 데서, 당시 당쟁의 폐해가 심각했음을 알 수 있다. 이에 영·정조는 당쟁의 폐해를 막기 위해, 당파간의 정치 세력에 균형을 꾀하려 한 정책인 탕평책(蕩平策)을 실시하기에 이른다.

3 경고·일깨움의 꿈
dream

　꿈을 꾸게 하는 주체는 바로 우리의 초능력적인 신성(神性)과 같은 정신능력으로, 우리가 자고 있는 동안에도 우리의 뇌는 깨어있어, 자신의 신체 이상을 꿈을 통해 일깨워 주거나, 자신이나 주변 인물에 닥쳐온 위험을 감지해내거나, 현실에서 자신이 고민이나 궁금증을 갖는 문제에 대해서 꿈으로써 형상화하여 일깨워 주고 있다.

　이러한 경우에, 우리의 정신능력은 꿈의 영상을 통해 보여줌으로써, 위험에서 벗어나게 해주고 장차 일에 대비케 해주고 있는 것이다. 이 경우에 주변을 살펴본다거나, 어떠한 일의 실행을 멈추거나, 개선책을 마련하는 등 계획을 점검할 필요가 있다. 앞서, 제1장의 일깨움의 꿈의 효용에서 고양이가 야광등을 쳐서 불이 난 꿈, 아이가 부엌으로 떨어진 꿈, 아들의 슬픈 눈초리를 보는 꿈의 사례를 살펴본바, 유사한 다른 실증사례를 살펴본다.

① 부부가 신음하며 뒹구는 꿈 → 연탄가스 중독을 일깨워 줌.

오래된 잡지에 실린 어느 주부의 글이다.

> 어느 해의 꿈이다. 우리 집 셋방에 어떤 신혼부부가 들어 왔었다. 나는 그날 밤 꿈에, 그 방의 부부가 신음하며 뒹구는 광경을 보았다. 꿈에서 깨어난 나는 어머니를 깨워 그 얘기를 했다. 꿈에 관한 한 권위자로 통하고 있던 나였던지라, 어머니는 즉시 자리에서 일어나서, 그 방을 열고 들어가 봤다. 아니나 다를까 신혼부부는 연탄가스에 중독되어 실신상태에 있었다. 의사의 말이 30분만 늦었어도, 그 부부는 세상을 등졌을 것이라고 등골이 싸늘한 얘기를 하는 것이었다.

② 자동차의 이상 부위를 알려준 꿈 → 용접 부위 이상을 알려주다.

어느 개인택시 기사의 꿈체험담이다. 차를 세우려고 브레이크를 잡으면, 차체 밑부분에서 툭--툭--툭 하는 소리가 나서 신경이 쓰였다. 하지만 정비공장에 갈 시간이 나지 않아, 왜서 그런지 궁금해하던 중에 꿈을 꾸었다. 차체 밑에 이전에 용접한 한 부분이 떨어져서 벌어져 있는 것이었다. 정비공장에 들어가 그 부분을 살펴보라고 하니, 바로 그 부분에 차의 이상이 있는 것이었다.

③ 이상을 일깨워준 꿈 → 기계의 유압 파이프에 균열을 알려주다.

사고의 위험성이 높은 기계를 만지며, 항상 긴장한 상태에서 근무하는 분이 있다. 이 부인이 꿈을 꾸니, 남편이 만지는 기계의 유압 파이프에 균열이 있는 것을 발견하였다. 회사로 뛰어가서 기계를 멈추고 아내가 말한 부분을 살펴보았더니, 정말로 유압 파이프에 균열이 있는 것을 발견할 수가 있었다.(글: 박성몽)

④ 요란한 벨 소리의 꿈 → 화재 위기를 모면하게 해주다.

> 꿈에서 요란한 전화벨 소리가 들려 전화를 받았더니, 남편의 "아무 일이 없냐."라는 안부전화였어요. 뒤척이다 잠을 깼는데, 어디서 타는 냄새가 나기에 나가 봤더니, 글쎄, 올려놓은 국이 빨갛게 달아오른 불과 함께 숯검정이 되었더라고요. 거의 5시간을 끓이고 있었으니 냄새도 냄새지만, 곧 터지기 일보 직전이더라고요. 만일 남편의 전화 꿈이 아니었더라면, 어떻게 되었을까요? 그때 일만 생각하면 지금도 아찔하답니다.

꿈속에서 걸려온 남편의 전화로 깨어나서, 화재를 막게 해준 일깨움의 꿈으로, 꿈을 통해 자신이나 주변에 다가오는 위험을 알려주고 있다. 유사한 사례로 꿈속에서 소방차가 달려가는 소리를 듣고 깨어나 화재를 예방한 사례가 있다.

⑤ 꿈속에서 열쇠를 찾은 꿈

초등학교 4학년 때의 일이다. 당시에 반장이었던 나는 학급 일을 하다가 마지막으로 교실 문을 잠그고 나왔다. 그런데 집에 와서 보니 학급의 열쇠가 없는 것이었다. 내일 학급의 애들이 오기 전에 교실 문을 열어야 되는데, 열쇠를 잃어버렸으니 어린 나이에 당시로써는 커다란 걱정이었다. 아무리 찾아보아도 없는 것이 어디에 놓고 왔는지 오다가 잃어버렸는지 도무지 알 수가 없었다. 걱정 끝에 잠이 들었다.

그런데 꿈을 꾸었다. 꿈속에서 열쇠가 교실의 책상 속에 나무의 턱받이 안에 눈에 안 띄게 감춰져 있는 것이었다. 다음 날 아침 일찍 학교에 간 나는 잠겨 있지 않던 복도의 유리창을 통해 교실로 들어갔다. 교실에 들어가서 꿈에 나타난 대로 책상 안을 살펴보니, 열쇠가 꿈에서 본 대로 있는 것이었다.---임대원.

⑥ 집문서 있는 곳을 알려준 꿈

누군가 집문서와 땅문서를 훔쳐간 뒤에 이틀 동안이나 고심하면서 잠도 제대로 못 자다가 새벽녘에 잠깐 눈을 붙인 순간 꿈을 꾸었다. 꿈속에서 하얀 옷을 입은 사람이 화를 내면서 빨리 일어나라면서 자꾸만 천장 위를 가리키고 있었다.

실제로 의심이 가는 사람 집을 찾아가 "혹시 문서를 못 보았느냐?"라고 물었더니, 모른다는 거였다. 하지만 집을 자주 왕래하던 사람이라 의심이 가던 차였다. 그때 마침 꿈 생각이 나서, 그 사람이 집을 비운 틈을 타서 방안의 천장을 살펴보니, 아니나 다를까 천장 한 귀퉁이에 못을 박은 흔적이 있어 뜯어보니, 감춰둔 집문서와 땅문서가 있었다.

잃어버린 문서를 찾기 위해 노심초사하며 많은 걱정을 하였을 것이다. 여기에 대해서, 신비로운 영적인 힘이 있는 우리의 정신능력은 꿈의 무대를 펼쳐서 알려주고 있다.

⑦ 부모님에게 밥을 차려달라고 말하라는 꿈

초등학교 6학년 시절 부모님이 이모부 병문안을 가신 후 낮잠이 들었다. 그런데 어떤 할머니가 "아가, 밥도 아직 안먹고 뭐하냐?"라며 "빨리 부모님께 밥을 차려 달라고 해라"라고 말씀하셨다. 나는 부모님이 지금 병문안 가셔서 안된다고 말씀드렸는데, 할머니께서 지금 꼭 먹어야 한다며 자꾸 내 몸을 잡고 흔들어서 잠에서 깨버렸다.

그런데 진짜 허기가 지고 배도 아프고, 머리까지 아파 와서 계속 부모님께 삐삐를 쳤고, 원래 그런 성격이 아닌 애가 자꾸 재촉하니까, 이상하게 여기시면서 병원 중환자실에서 나오는 순간, 앉아 있던 자리의 콘크리트 천장이 눈앞에서 무너져 내렸다고 한다. 만약 부모님이 그대로 계셨으면 필시 크게 다쳤거나 자칫 머리를 다쳐 사망했을지도 모른다고 한다.

실제 사건기록이다. 1998년 02월 12일 부산 해동병원에서 급식 엘리베이터 보수공사를 벌이던 중에 무게 1백 kg짜리 쇠뭉치가 3층 바닥에 떨어지면서 2층 중환자실의 천장이 무너지는 사고가 일어났다.

⑧ 수십 마리의 강아지들이 간지럽힌 꿈

　2년 전, 제가 대학 다닐 때 꿈이야기입니다. 다음 수업까지 한 시간이 비어서 여학생만의 공간에 가서 침대에 몸을 뉘고 잠이 들었습니다. 그 시간에 그 공간에는 저밖에 없었어요. 너무 깊이 잠이 들면 수업에 늦을 수도 있으니 삐삐로 알람도 맞춰놓고, 아마 깊게 잠이 들 상황은 아니었지만 어쨌든 잠이 들고 꿈까지 꾸었어요.

　저는 혼자 누워 있고, 제 온몸에 강아지 떼들이 달라붙어서 저를 핥고 있는 것이었어요. 수십 마리는 되었죠. 너무너무 간지러워서 도저히 가만히 있을 수가 없었어요. 그 간지러운 느낌은 닭살이 돋고 너무 생생했어요. 그러다 잠이 깼고 시간도 적당해서 나갔지요.

　그런데 문을 열자마자 연기가 ---. 학교에 불이 났습니다. 다들 수업을 받고 있거나 식당에 있거나 할 시간인데, 전 혼자 그곳에 있었으니 그 꿈이 아니었으면, 전 아마 계속 자다가 뒤늦게 나가거나 하는 등 고생을 했었을 겁니다. 다행히 제가 깬 시간은 불이 나고 바로라서 다른 사람들보다도 더 일찍 밖으로 나갔습니다. 하여간 그날 너무 이상한 느낌을 받았습니다. 누군가 날 도와줬다고 생각이 들었고, 평소 강아지를 많이 좋아하는데 그런 연유로 강아지떼들이 나오지 않았나 생각도 들고요.

불이 나서 위험에 빠지게 될 상황을 꿈으로 일깨워 주고 있는 경우이다. 이는 잠을 자는 동안에도 우리의 정신능력은 활발하게 활동하고 있으며, 주변에 닥쳐올 위기를 꿈을 통해 일깨워 주고 있는 것이다.

⑨ 덜컹거리는 문소리에 깨어 아기를 구해낸 꿈

　1989년 4월이었다. 갑작스럽게 돌아가신 친정아버지의 상을 치르기 위해, 생후 3개월된 딸아이를 데리고 친정에 오게 되었다. 식구가 많이 모이다 보니 잠자는 방이 비좁았다. 그러다 보니 한방에서 여자들과 애들은 세로로 눕고, 남동생과 오빠들은 윗목에서 가로로 눕게 되었다.

얼마쯤 잤을까 깊은 잠에 빠진 내 귀에 세찬 비바람 소리와 창문이 비바람에 열렸다 닫혔다 하는 '덜컹덜컹', '쏴쏴' 하는 소리가 잠을 잘 수 없을 정도로 크게 들렸다. 피곤함 속에 자면서도 '왠 비바람이 이렇게 들이치는지 문을 닫아야겠다'는 생각에 눈을 떴다. 하지만 눈을 뜬 순간 그 소리는 사라졌다.

'꿈이었구나' 하고 생각하면서 다시 잠을 청하려는 순간, 딸아이의 울음소리를 듣고 나는 기겁을 할 정도로 놀랐다. 가로로 누워 자던 내 동생의 육중한 하체가 어느새 내려와, 내 옆에 자던 딸아이의 얼굴을 완전히 덮고 있었기 때문이었다. 그 때문에 딸아이는 질식 상태에서 간신히 모깃소리만한 울음소리로 구원을 요청하고 있었던 것이다.

독자가 보내온 꿈이야기이다. 꿈이란 것이 신성(神性)과도 같은 인간의 잠재의식의 활동이라는 것을 여실히 알려주는 꿈 사례이다. 이처럼 잠을 자다가 꿈으로 인해 갑작스럽게 깨어나게 될 경우, 무언가 주변에 위험이 닥치게 되었음을 알려주는 이야기가 많다.

옛 선인들의 꿈 사례에서도 꿈속에서 별똥 같은 불이 다가오는 꿈을 꾸고 깨니, 눈앞에 호랑이가 있어 죽음을 모면한 사례가 있다. 꿈꾸는 것을 두려워할 필요는 없다. '꿈이 적은 자는 어리석다'고 했지만, 필자가 한 술 더 떠서 말한다면 꿈을 안 믿는 사람은 불쌍한 사람이라고 말하고 싶다.

이렇게 피곤한 몸을 일으키게 만드는 꿈을 꾸게 하는 실체에 대해서 궁금해 하는 독자분들이 많을 것이다. 꿈은 우리 내면의 자아요, 우리의 잠재의식이 우리에게 닥쳐올 일에 대해서 알려주고 일깨워 주고 예지해주고 있는 것이다. 즉 우리 모두가 잠재의식의 영적(靈的)인 신성(神性)을 지니고 있으며, 이것이 구현되는 것이 바로 꿈인 것이다. 장차 미래에 일어날 일이나 우리가 관심을 지니거나 걱정하고 있던 일에 대해서 꿈의 작업장을 열어 우리에게 일깨워 주고 있는 것이다.

⑩ 설화 속의 일깨움의 꿈

설화 속에도 일깨움과 관련된 꿈이야기가 상당수 전하고 있다. 옛 사례로, 한 여인이 가난한 생활이 싫어 개가(改嫁)하고자 하던 중, 우물가에 물을 뜨러 가서 잠든 사이에 꿈을 꾸게 된다. 개가하여 자식 3형제를 두었으나 모두 비참하게 죽음으로써, 개가에 대한 희망을 버리고 현실에서 최선을 다하며 살아갈 것을 꿈을 통해 일깨워 주고 있다.

4 계시적 성격의 꿈—신·영령·조상의 고지(告知)·계시

일깨움이나 예지를 해주는 데 있어, 조상·영령·동식물 등 영적인 대상이 계시적으로 일깨움을 주거나 예지해주는 경우가 있다. 이 역시 꿈의 다양한 상징 기법의 하나로, 우리 신성(神性)과 같은 정신능력은 자신의 분장된 자아를 조상이나 산신령이나 백발노인 등으로 출연시켜 전개하고 있는 것이다. 이 경우 계시대로 따르는 것이 절대적으로 좋다. 실증사례 위주로 살펴본다.

1) 요즘 사람들의 계시적 꿈 사례

요즘 사람들의 계시적 꿈이야기를 요약하여 간략히 살펴본다.

① 산소의 위치를 일러준 꿈

조상님의 산소를 이장하였는데 위치를 잃어버린 산소가 있었다. 기억을 더듬어 근처 산을 헤매다가 그냥 되돌아오려 했다. 바로 그날 밤 꿈을 꾸었는데, 할아버님께서 나타나시어 장소를 일러주셔서 찾을 수 있었다.

② 임신했음을 계시해준 꿈

첫 아이가 돌이 채 되지 않았을 때의 일이다. 시골에서 추석을 보내고 집에 돌아온 그 날부터 속이 좋지가 않았다. 자꾸만 위에 그득하니 음식이 있는 것 같고 소화도 되지 않아, 약국에서 약을 사다가 놓고 먹고 있었다. 소화불량이려니 생각하고 있었더니, 꿈속에서 돌아가신 아버지가 나타나셔서 "빨리 가보라"는 것이었다. 꿈에서 깬 후에 '혹시 병원 이야기를 하신 걸까?' 하는 느낌이 들었다. 혹시나 하면서 산부인과에 가보았더니 임신이라는 것이었다.

이처럼 돌아가신 아버님이 나타나 "빨리 가보라"고 직접적인 계시의 말씀을 한 경우, 따르는 것이 좋은 것으로 나타나고 있다.

③ 복권 당첨을 계시적으로 알려준 꿈

돌아가신 조상이나 죽은 사람, 하나님·부처님 등이 나타나 예언적 계시의 말로써, 복권에 당첨될 것을 암시해 준 꿈 사례가 무수히 있다.

* 부인의 꿈에 최근에 돌아가신 시어머니께서 나타나셔서, "애야! 그동안 나 때문에 고생이 많았구나." 하시면서, 온화한 웃음을 짓고 손을 꽉 잡으면서 사라지신 꿈을 꾸고 복권에 당첨되었다.

* 5형제 중 둘째였던 그는 부모님을 일찍 여의고 얼마 전 큰형님까지도 불의의 사고로 잃었다. 그러던 어느 날 큰형이 꿈에 나타나, "장남의 짐을 너에게 맡기고 가서 미안하다."라고 하면서 "너에게 행운을 줄 테니 행복하게 지내라."라고 말하는 꿈으로 복권에 당첨되었다.

④ 위태로움을 계시 → 이틀 후 실제 돌아가심.

친정 고향 집에 친정 고모로 생각되는 어떤 여자 영령이 지붕에 둥둥 떠서, "할머니가 안 좋으시니 빨리 내려가 보아라."라는 꿈이었어요.

⑤ "거북이를 줄 터이니, 유용하게 쓰라."는 꿈 → 거북 모양의 수석을 계시

수석 수집가인 복씨의 이야기이다. "희한한 꿈이었어요. 하얀 옷을 입고 천사처럼 날개를 단 사람이 나타나, 그동안 좋은 일을 많이 해서, 큰 거북이 한 마리를 줄 터이니, 유용하게 쓰라면서 충북 단양의 남한강 상류로 가보라고 계시를 받는 꿈을 꾸었어요."

그는 꿈에서 계시받은 대로, 단양군 영춘면 가은리 남한강 가에 가서 거북이를 찾기 시작했다. 아무리 찾아보아도 거북이 모양의 수석을 찾을 수가 없자, 수심 2m까지 잠수하여 물밑 모래 속까지 탐색한 결과, 마침내 거북이 모양의 수석을 발견할 수가 있었다. 자그마치 그 크기는 길이 2.2m, 폭 1.8m, 높이 1.4mm, 무게 3.1톤의 어마어마한 크기였다. 너무나도 완벽한 거북 모양의 수석에 반한 일본의 수집가가 15억 원에 사겠다고 제의할 정도였다.(글: 박성몽, 『꿈신비활용』)

⑥ "한나절만 참아 달라." 계시한 꿈 → 구렁이의 죽음과 운전사의 죽음

경지정리 작업을 하던 불도저 운전사가 밭 가운데 두둑한 봉우리를 치워주게 되었다. 그런데 점심 후 낮잠을 자다가 꿈에 한 노인으로부터, '작업을 한나절만 참아 달라'는 부탁을 받게 되었다. 그래 '이상하다. 어째 꿈에 한나절만 참아 달라

고 하는데, 참아봐야겠다' 하면서 기다리고 있자니, 갑갑해서 '에이 모르겠다. 개꿈일거야' 하면서 불도저로 '부르릉'하면서 밀어 가는데, 커다란 귀가 달린 팔뚝만 한 구렁이가 나오더니, 허리가 뚝 잘려나가 막 펄펄 뛰는 것이었다. 그러더니 또 한 마리 암놈인지 수놈인지가 확 치밀더니, 또 싹 잘려나가는 것이었다. 그 일이 있고서, 운전사도 죽는 일로 실현되었다.

고전소설에서도 주인공이 위험에 빠졌을 때, 조상 등이 현몽하여 일러주는 이야기가 많이 나오고 있다. 이런 계시적인 성격의 꿈은 꿈속에서 시키는 대로 따르는 것이 좋으며, 꿈의 계시를 거역하였을 경우 안 좋은 일이 일어나고 있다.

이 밖에도 대입 수험생에게 깊은 산 속에서 할아버지가 "합격했으니 걱정 말아라."라고 계시적으로 일러주거나, 어디 어디에 가면 산삼이 있다고 죽은 사람이 나타나 계시적으로 일러준다든지, "오늘 신문을 잘 보거라."라고 계시적으로 일러주거나, 동물이 말을 하면서 일러주는 수많은 꿈 사례가 있다.

2) 선인들의 계시적 꿈 사례

실증사례에 대한 선인들의 계시적 꿈이야기를 간략히 살펴본다.

① 동명왕의 건국을 계시한 꿈

북부여의 왕인 해부루의 대신 아란불의 꿈에 천제가 내려와서 일러 말하기를, "장차 내 자손을 시켜서 이곳에 나라를 세울 것이니, 너는 다른 곳으로 피해 가도록 하라(이것은 후에 이 땅에 동명왕이 장차 일어날 조짐을 말함이다). 동해의 가에 가엽원이라는 곳이 있는데, 땅이 기름지니 왕도를 세울 만할 것이다." 아란불은 왕에게 권하여, 그곳으로 도읍을 옮기고 국호를 동부여라 했다.---『삼국유사』

② 김수로왕의 왕후 얻기

김수로왕이 배를 타고 온 일행을 맞아들이니, "저는 아유타국의 공주인데, 성은 허씨이고 이름은 '황옥'이며 나이는 16세입니다. 본국에 있을 때 금년 5월에 부왕과 황후께서 저에게 말씀하시기를 "우리가 어젯밤 꿈에 하늘의 상제를 뵈었더니, 상제께서는 '가락국의 왕 수로를 하늘이 내려보내서 왕위에 오르게 하였으니, 신령스럽고 성스러운 사람이다. 또 나라를 새로 다스리는 데 있어 아직 배필을 정하지 못했으니, 그대들은 공주를 보내서 그 배필을 삼게 하라' 하시고 말을 마치자 하늘로 올라가셨다. '꿈을 깬 뒤에도 상제의 말이 아직도 귓가에 그대로 남아 있으니, 너는 이 자리에서 곧 부모를 작별하고 그곳으로 떠나라' 하시었습니다."---『삼국유사』

김수로왕의 신성성을 보여주는 꿈이야기이기도 하다.

③ 도읍지를 계시한 꿈

처음에 태조가 계룡산 밑에서 자리를 잡고 역사(役事)를 시작했는데, 꿈에 한 신인(神人)이 "이곳은 奠邑(전읍: 파자하면 鄭씨가 됨)의 도읍 자리지, 그대의 터가 아니니 빨리 물러가고 머물러 있지 말라." 하였는바, 태조에게 도읍지를 계시하고 있다.

④ 자식의 원한을 갚겠다고 계시한 꿈

세조가 꿈을 꾸었는데, 문종(文宗)의 비(妃)요, 단종의 어머니인 현덕왕후가 매우 화를 내며, "네가 죄 없는 내 자식을 죽였으니, 나도 네 자식을 죽이겠다. 너는 알아두어라." 하였다. 이후, 계시적 꿈대로 동궁인 세자가 죽는 일로 실현되고 있다.

⑤ 관의 위치를 계시한 꿈

앞의 이야기와 연속되는 이야기이다. 이에 분노한 세조가 현덕황후(顯德王后)의 능인 소릉을 파헤쳐 버리라고 명하여 능은 폐허가 되었다. 어떤 승려가 바닷가에 떠 있는 현덕왕후의 관곽을 발견하고 풀숲에 묻어 두게 된다. 훗날 소릉을 복원하는 데 있어, 오래전 일이라 쉽게 관이 있는 것을 찾을 수 없었다. 이 때, 꿈에 현덕왕후 영령이 관을 찾도록 계시해주어 찾아내는 일로 실현되고 있다.

⑥ 선조가 몸을 피하라고 계시하는 꿈

광해군이 인목대비(仁穆大妃)를 서궁에 유폐시킨 것까지 모자라서 죽이려고 하는 것을 죽은 선조가 인목대비의 꿈에 나타나 "도적의 무리가 지금 들어오고 있으니, 피하지 않으면 죽을 것이다."라며 급히 몸을 피할 것을 계시해주고 있다.

⑦ 죽은 선조가 능양군의 인조반정을 계시한 꿈

죽은 선조가 능양군의 생모인 계운궁에게 꿈에 나타나서, "너희 집에 하늘의 명을 받아 왕위에 오를 자가 있을 것이다." 하고는, 이어 옥새를 내어주면서 이르기를 "이것을 특별히 그에게 주고 나의 가르친 말을 전하라."라며 계시적 꿈으로 일러주고 있다.

계운궁은 인조의 아버지가 되는 정원군의 부인이며, 인조의 생모인 인헌 왕후(仁獻王后)이다. 이 꿈은 선조가 무신년(1608년)에 죽은 후에 계운궁의 꿈에 나타나 꿈속에 옥쇄를 주면서 장차 집안에서 왕위를 계승할 자가 있음을 계시하여 예지해주고 있다. 이는 장차 15년 뒤인 계해년인 1623년에 인조반정으로 계운궁의 큰 아들인 능양군(綾陽君)이 왕위에 오르는 일로 실현되고 있다.

⑧ 이항복이 인조반정과 변란을 계시적으로 일러준 꿈

이항복은 1618년(무오년) 북청(北靑)의 유배지에서 병으로 이미 죽었으나, 그로부터 5년 뒤인 인조반정(1623년, 광해군 15년)이 있던 날에 반정의 주역인 이귀(李貴), 김류 등의 꿈에 나타나, "오늘 종묘사직을 위하여 이 거사가 있다. 그러나 다음에 이보다 더 큰 일이 있을 것인데, 내가 그것을 매우 걱정하니 여러분은 힘쓸지어다."---『남계집(南溪集)』

인조반정을 격려하고, 4년 뒤의 정묘호란 및 13년 뒤인 인조 14년에 청나라가 쳐들어와서 남한산성에서 항거하다가 부득이 항복하게 되는 병자호란의 국가적 변란을 계시해주고 일깨워 주고 있다.

⑨ 내가 이 방을 나가면, 그대가 이 방에 들어올 것이다. → 승지에 임명될 것을 계시

성현(成俔)의 꿈체험담이다. 내가 옥당(玉堂)에 수직(守直)할 때 꿈에 승정원 앞방에 이르니, 겸선(兼善) 홍귀달(洪貴達)이 방에 있다가 나에게 말하기를, "그대는 속히 돌아가라. 내가 이 방을 나간 뒤에는 그대가 이 방에 들어올 것이다."라고 하더니, 얼마 안 되어 겸선이 승지에 임명되었고, 갈려 간 뒤에 내가 또한 승지에 임명되었다.

⑩ 노인이 과거에 급제할 시구를 계시

정소종(鄭紹宗)이 젊었을 때, 꿈에 한 노인이 소종의 손바닥에

禹跡山川外   우임금은 산천 밖에까지 자취를 남기었고,
虞庭鳥獸間   순임금은 새와 짐승사이에 조정을 두었네.

라는 시구를 적어 주었다. 소종은 그 시구를 기억하여 두고두고 잊지 않았다. 연산군 갑자년(1504) 겨울에 특별히 전시(殿試)를 보이는데, 칠언율시로 하였다. 그 글제는 "봄에 梨園(이원)을 개방하고 한가롭게 妓樂(기악)을 본다."라고 하였는데, 연산이 직접 낸 것이다. 소종은 홀연히 젊었을 때 꿈에 본 노인의 시구가 떠올라 각각 두 자씩을 보태어, 글귀를 지었다.

春濃禹跡山川外 봄은 우임금의 발자취가 있는 산천 밖에 무르녹았고
樂奏虞庭鳥獸間 음악은 순임금의 조정이 있는 새와 짐승사이에서 울린다.

그때 김안국이 고시관으로 참석하였다. 상고관이 소종의 글을 하등으로 정하려 하였으나, 김안국이 이것은 실로 귀신의 말이라고 크게 칭찬하여 드디어 상등으로 정했다. 과방이 발표된 후에 소종이 은문(恩門)으로써 김안국을 가서 뵙자, 안국은 시상이 여기까지 미치게 된 것을 물었다. 소종이 젊었을 때 꿈속의 일을 자세히 말하였더니, 김안국은 더욱 경탄하였다. 김안국의 글을 알아보는 명성이 이로부터 나타났다.---李塈, 『松窩雜說』

이처럼 꿈속에서 들은 시로 인해 과거시험에서 급제하게 되는바, 영적(靈的)인 대상 등이 나타나 계시적으로 무엇인가를 일러주고 있다. 경우에 따라서는 이러한 계시적인 꿈도 지어낸 거짓 꿈의 경우처럼, 자신이 직접적으로 드러내기 어려운 말이 있는 경우, 꿈속에서 계시를 받았다는 것으로써 정당성이나 합리성, 나아가 신성성이나 신비감을 부여하는 수단으로 사용되기도 한다.

⑪ 책 이름을 계시해준 꿈

안방준이 그의 『묵재일기』에서 꿈속에서 누군가 책 이름을 고쳐달라고 해서, 노랄수사(老辣隨辭)라고 정했다는 이야기를 하고 있다. 이는 잠재의식적으로 자신이 지은 책의 이름에 대하여 마음속으로 골똘히 생각하고 있는바, 꿈을 통하여 보다 타당하고 적합한 책 이름을 계시받게 되는 일로 실현되고 있다.

⑫ 사슴을 살려주고 보은의 계시를 받은 꿈 → 꿈대로 실현

고려 초기에 서신일(徐神逸)이 교외에 살고 있었는데, 사슴이 몸에 화살이 꽂힌 채 뛰어들어왔다. 신일이 그 화살을 뽑고 사슴을 숨겨주었더니, 사냥꾼이 와서 찾아내지 못하고 돌아갔다. 그날 밤 꿈에 한 신인(神人)이 나타나서 감사하는 말이 "사슴은 내 아들이다. 그대의 도움을 입어 죽지 않았으니, 마땅히 그대의 자손으로 하여금 대대로 재상이 되게 하리라."라고 했다.

신일의 나이가 80세가 되어서 아들을 낳으니, 이름을 필(弼)이라고 했다. 필이 서희(徐熙)를 낳고, 희가 눌(訥)을 낳았는데, 과연 서로 이어 태사가 되고, 내사령이 되었고, 묘정(廟庭)에 배향(配享)되었다.---『櫟翁稗說』

⑬ 거북이 살려주고 삼 대 재상을 계시 받다 → 꿈대로 실현

근세에 통해현(通海縣)에 거북같이 생긴 큰 생물이 밀물을 타고 포구에 들어왔다가 썰물이 되어 돌아가지 못했었다. 백성들이 장차 그것을 죽이려 하니, 현령 박세통(朴世通)이 금지하고 큰 새끼를 만들어 두 척의 배로 끌고 가서 바다에 놓아 주었다.

꿈에 한 노인이 앞에 와서 절하고 말하기를, "내 아이가 날을 가리지 않고 나가 놀다가, 하마터면 솥에 삶음을 면치 못할 뻔했는데, 공께서 다행히 살려 주셔서 음덕(陰德)이 큽니다. 공과 자손 3대가 반드시 재상이 될 것입니다."라고 했다.

세통과 아들 홍무(洪茂)는 다 함께 재상의 지위에 올랐으나, 손자인 감은 상장 군으로서 벼슬을 내놓고 물러나게 되니, 마음에 만족치 않아 시를 지어 말하기를, "거북아, 거북아 잠에 빠지지 마라(龜呼龜呼莫耽睡). 삼세 재상이 빈말뿐이 로구나(三世宰相虛語耳)."라고 했더니, 이날 밤에 거북이 꿈에 나타나 말하기를, "그대가 술과 여색에 빠져서 스스로 그 복을 덜어버린 것이요, 내가 감히 은덕을 잊은 것은 아닙니다. 그러나 장차 한 가지 기쁜 일이 있을 것이니, 잠깐 기다리시 오."라고 하였다. 며칠 뒤에 과연 벼슬에 다시 오르게 되었다.---『櫟翁稗說』

⑭ 꿈에서 '字(자)'를 고치라고 계시하다

나와 같이 급제한 군수 '이 경'이 나에게 말하기를, "젊었을 때 내가 '숙헌'이라고 '字(자)'를 하였었는데, 하루는 꿈에 신인(神人)이 나에게 말하기를, '(숙헌)은 즉 네가 존경할 분의 字(자)이니, 너는 빨리 고쳐야 한다.' 하기에, 그 이튿날 바로 '덕온'이라고 고쳤다. 10년이 지난 뒤에 과거에 급제하고 보니, 숙헌은 즉 우리의 방에서 장원한 이 이(이율곡)의 字(자)이더군." 하였으니, 참 이상스러운 일이다.---『청강선생 후청쇄어』

⑮ 어머니의 병을 고쳐주겠다는 계시적인 꿈 → 계시대로 실현

차식(車軾)이 정종능의 한식전사관(寒食典祀官)의 일을 맡아 보게 되었다. 그런데 능이 너무 쇠락해 있었다. 이에 친히 소제를 한 다음, 제물을 마련하여 목욕하고 제사를 올렸다. 제사가 끝나고 잠이 들었는데, 임금이 꿈에 나타나 고마움을 표하면서, "듣자니 네 어미가 지금 대하병을 앓는다니, 내가 좋은 약을 주리라."라는 것이었다.

차식은 꿈에서 깨어나, 날이 밝자 동구로 나왔다. 그런데 하늘에서 매 한 마리

가 가볍게 날아 지나가더니, 큰 물고기 한 마리를 말 앞에 떨어뜨렸다. 그 생선은 생기가 팔팔하여 땅에서 뛰는데, 뱀장어로서 그 길이가 한 자나 되었다. 차식은 꿈을 떠올리고, 연일 국을 끓여서 어머니께 드렸더니, 그 병이 드디어 나았다.---
『송도기이』

요약해 살펴본바, 계시적인 성격의 꿈의 신비성을 보여주는 좋은 이야기이다. 무덤을 복원시켜준 보답으로, 꿈에 '어머님의 병을 고쳐 주겠노라'는 계시를 받고, 하늘에서 날아가던 매가 떨어뜨린 뱀장어를 달여 드려서 어머니의 병을 고친 사례이다.

이 이야기에서는 신비로운 꿈의 세계가 펼쳐져 있다. 매가 뱀장어를 잡아 새끼에게 가져다주려고 하늘을 날아가다가, 뱀장어를 낚아챈 발톱에 힘이 빠지게 되고, 또한 뱀장어도 버둥거리다가 떨어진 것이 하필이면 차식(車軾)에게 떨어질 수가 있겠는가? 또한 현실에서 일어날 수 있는 일이라 하더라도, 꿈속에 '병을 고쳐 주겠노라' 하는 보은의 계시적 성격의 꿈을 꿀 수가 있다는 말인가? 이러한 선인들의 예화를 통해 볼 때, 꿈에는 우리가 말로 표현할 수 없고 논리적으로 설명할 수 없는 계시적인 성격의 신비스러움이 존재한다고 말할 수밖에 없다.

이 밖에도 자라가 꿈에 나타나 살려달라는 꿈, 손자가 오줌을 누지 말게 해달라고 장미꽃 영령이 나타나 계시하는 꿈, 매화 영령이 자신을 뿌리째 뽑아 옮겨 심은 것에 대하여 꾸짖는 계시적 꿈에 대하여 살펴본 바 있다. 이처럼 선인들의 무수한 계시적 꿈이야기가 있는바, 자세한 것은 필자의 『현실속의 꿈이야기』나 『꿈으로 본 역사』 등을 참고하기 바란다.

3) 외국의 계시적 꿈 사례

외국에도 수많은 계시적인 꿈 사례가 있는바, 대표적인 성경 속의 계시적인 꿈 사례만을 살펴본다. 성경의 역사는 '꿈의 역사'라고 불러도 좋을 정도로, 수많은 꿈이야기가 나오고 있다. 여기에서는 성경에서 계시적 꿈 사례만을 발췌해 간단한 해설을 덧붙여 살펴보았다. 성경 속의 꿈이야기는 훗날 『꿈으로 본 성경』의 책으로 따로 살펴볼 예정이다.

① 성령으로 잉태되었음과 이름을 예수로 할 것을 요셉에게 계시

성경의 계시적 꿈은 널리 알려져 있다. 마리아가 요셉과 약혼하고 동거하기

전에 성령으로 잉태되고 있다. 이를 알게 된 요셉은 마리아가 어려움에 처하게 될 것을 생각해서, 드러내지 않고 조용히 처리하려고 한다. 하지만 천사가 요셉에게 현몽하여, 마리아 데려오기를 두려워 말라고 말하고, 마리아가 잉태된 것은 성령으로 된 것이고, "아들을 낳으리니 이름을 예수라 하라. 이는 그가 자기 백성을 그들의 죄에서 구원할 자이심이라 하니라."로 계시적인 꿈으로 알려주고 있다.---「마태복음」

② 하나님이 아비멜렉에게 계시

아브라함이 아내 사라를 자기 누이라 하였으므로, 그랄 왕 아비멜렉이 사라를 취하였더니, 그 밤에 하나님이 아비멜렉에게 현몽하여, 네가 취한 아브라함의 아내 '사라'를 취하지 말 것을 계시하고 있다.

창세기 20장의 이야기로 이러한 계시적인 꿈들은 따로 특별한 해몽도 필요 없으며, 꿈의 의미는 명료한 편이다. 자신을 죽이고 미모의 아내인 사라를 빼앗아 가는 것을 막기 위해, 거짓으로 아내에게 누이 행세를 하게 했으나, 그 사실을 모르는 아비멜렉이 아내를 데려가 겁탈하려 하자, 하나님이 아비멜렉의 꿈속에 계시적으로 일러주고 있다. 이 꿈에서는 하나님이 직접적으로 계시하여 따르도록 하고 있다.

③ 창세기 28장의 야곱의 꿈

하나님이 야곱이 누운 땅을 너와 네 자손에게 주겠다는 계시적 꿈이 있는바, 이러한 계시적인 꿈들은 꿈속에서 일러주고 알려주는 대로 현실에서 이루어지고 있다. 하나님이 꿈을 통해서 야곱에게 직접적인 계시를 내림으로써, 보다 믿음을 강하게 하고, 앞으로 다가올 어려움에 흔들리지 말고 헤쳐 나갈 용기를 북돋워주고 있다.

④ 창세기 31장의 야곱의 꿈

모두 사실적인 미래투시의 꿈 및 계시적인 성격의 꿈에 해당한다. 이러한 꿈들은 특별한 해몽이 필요치 않으며, 꿈에서 본대로 이루어지거나 꿈에서 일러주고 계시해 준대로 이루어지는 특징이 있다.

라반은 야곱에게 품삯을 주지 않으려고 특별한 경우에 나오게 되는 얼룩무늬·점·아롱진 것을 낳은 새끼를 주겠다고 하나, 하나님은 낳는 새끼마다 얼룩무늬·점·아롱진 모양의 양들이 나오게 하신다. 이에 앞서, 사실적인 미래투시 꿈으로 알려주고 있다. 덧붙여, 있던 곳을 떠나서 출생지로 돌아갈 것을 꿈으로 계시해주고 있다.

또한 라반의 꿈에 나타나서 야곱에게 함부로 대하지 말 것을 꿈으로 계시해주고 있다. 이처럼 사실적인 꿈을 통해 앞으로 일어날 일을 일러주고 있거나, 계시적인 꿈을 통해 앞으로 해나가야 할 일을 계시해주고 있다.

⑤ 애인이 꿈에 나타나 자신의 죽음을 계시

리자베타의 오빠들이 여동생의 연인을 죽이자, 슬픔에 젖어있는 그녀의 꿈속에 연인이 나타나 자기가 죽어서 묻혀 있는 장소를 계시적으로 알려주고 있다. 그녀는 가만히 연인의 머리를 파내서 동백꽃 항아리에 넣어 슬피 울면서 장시간 눈물을 떨어뜨리는데, 그것을 안 오빠들은 그 항아리를 빼앗고 그녀는 슬픈 나머지 죽고 만다.---『데카메론』

⑥ 꿈에서 탈출의 길을 계시

오래전에 조선일보에 실린 글이다. 대만에서 지진으로 갇혀 있던 형제가 극적으로 탈출한 이야기이다. 닷새째 되던 날에 꿈에 "누군가가 무너진 건물의 냉장고 뒤편으로 길이 있다고 해서 돌아가 보니, 정말로 죽음에서 벗어날 수 있는 길이 있었다."는 신문기사 내용이다. 이처럼 영적 능력의 발현인 꿈을 통해 자신에게 닥친 위험을 벗어나게 해주고 있다.

⑦ 중국의 계시적인 꿈 사례

돌아가신 아버님이 나타나, "아버지와 동생을 죽인 원수에게 시집가거라."라고 말하는 계시적인 꿈을 꾼 처녀가 있었다. 자신이 미모를 탐내던 원수에게 시집가라는 아버님의 말씀이 이해가 되지 않았지만, 결국은 꿈속의 계시대로 원수놈에게 시집을 가게 된다. 그러나 1년 만에 아들 하나를 낳고는 병으로 죽게 된다. 그 후에 그 아들이 장성하여 역적질을 하다가 발각되어, 원수 집안의 구족(九族)이 멸족되는 일로 실현되고 있다.

이상에서 살펴본 바와 같이, 꿈의 다양한 전개양상 가운데에는 신·영령·조상·기타 영령의 계시적 성격의 꿈이 있다.

5 창조적 사유활동의 꿈

인간의 뇌는 잠을 자고 있는 동안에도 활동하고 있음을 우리는 꿈을 통해 알수 있다. 꿈은 고도의 정신능력이 발현되는 신성(神性)의 잠재의식의 사고활동으로, 꿈을 통해 주변의 위험상황을 일깨워 주거나, 현실에서 해결할 수 없었던 일에 대하여 창의적인 아이디어나 발명 등을 할 수 있게 해주고 있다.

정신능력의 활동인 꿈의 세계에서는 우리 인간의 영적 능력이 극대화되어, 뛰어난 창의적인 사유활동이 이루어지고 있으며, 꿈속에서 한시(漢詩)나 글을 짓는 경우에 현실에서 보다 뛰어난 문학작품이 이루어지고 있다. 선인들의 경우에도 꿈속에서 시를 지은 몽중시(夢中詩) 사례가 무수히 많은바, 이 역시 꿈을 통해 창조적인 사유활동이 일어나고 있음을 단적으로 보여주고 있다.

이수광은 『지봉유설』 15권 신형부(身形部)에서 〈몽매(夢寐)〉의 독립적인 항목을 설정하여 꿈에 대한 각종 기록을 남기고 있다.

> 나는 꿈속에서 글귀를 얻으면, 일련·일절·율시 등으로써 깨고 난 뒤에도 분명하게 기억하는 것이 많다. 연구(聯句)에는 "버들이 잠자는 것 같은 건 바람 밖에서 깨닫고, 꽃이 핀다는 소식 비속에 전해오네."와 같은 것도 있고, 또 "하늘이 해와 달을 열어 풍운 같은 붓이 나왔고, 땅에선 교룡이 나와 안개와 비를 뿌리네." 같은 구도 있었다.---중략---이러한 글귀들은 모두 몹시 이상스러워서 평시에는 하지 못하던 소리들이다. 요새 몇해 동안은 혹시 꿈을 꾸어도 깨고 나서 기억을 하지 못하니 어찌 쇠약한 탓이 아니겠는가?---『지봉유설』

꿈속에서 글귀를 얻는 것이 다반사로 이루어지고 있음을 보여주고 있으며, '이러한 글귀들은 모두 몹시 이상스러워서 평시에는 하지 못하던 소리들이다'처럼 꿈속에서의 창작활동이 자신도 평상시에는 생각조차 할 수 없었던 창의적인 표현이 이루어지고 있음을 밝히고 있다.

이 밖에도 이규보가 꿈에 선녀들을 만나 시를 짓거나, 『조선왕조실록』·『동사강목』에서도 세종이나 의종이 꿈속에서 시를 지었다고 밝히고 있음을 볼 수 있는바, 많은 선인들이 현실에서는 지어낼 수 없었던 뛰어난 창의적인 표현의 시를 꿈속에서 지은 몽중시 사례가 상당수 전하고 있다. 이는 꿈은 무한한 가능성을 지닌 정신능력의 사고활동의 발현으로, 꿈속에서 시를 짓거나 자신이 생각하고 있던 어떠한 대상에 대해 일깨움이나 영감을 얻게 해주고 있다는 것을 알 수 있다.

중국의 사례에도 사마상여(司馬相如)가 꿈에서 〈대인부(大人賦)〉를 지은 것을 비롯해 상당수 있으며, 또한 『주례』・『열자』에 나오는 여섯 가지의 꿈의 분류 중에 '사몽(思夢)'이라고 하여, 꿈속에서 사고하고 고려하는 활동이 있음을 언급하고 있다. 왕부의 『잠부론』의 〈몽열〉에서의 10가지 꿈의 분류 중에서는 깊이 사색하여 정신을 집중하는 '정몽(精夢)'에 해당하며, 『불경』의 다섯 가지 분류 중에 '유증갱몽(由曾更夢)'에 해당한다.

또한, 꿈을 작품의 소재로 삼았던 예술가는 많다. 대표적인 경우가 19세기 영국작가 로버트 루이스 스티븐슨이다. 그의 대표작 「지킬 박사와 하이드씨」도 꿈속 이야기에서 영감을 얻어 쓰인 것이다. 이 밖에도 꿈속에서 소설이나 악보・영화 소재의 창의적인 아이디어를 발현해 내고 있다.

다른 사례로, 독일의 화학자 '프리드리히 아우구스트 케쿨레'는 버스를 타고 가다가 꾸벅꾸벅 졸았다. 이때 그는 이상하고도 멋진 꿈을 꾸었다. 뱀과 같은 모양을 한 원자(原子)가 몇 개씩 서로 머리와 꼬리가 이어져서 사슬을 만들어내고 있었다. 그는 꿈속에서 본 원자 사슬을 바탕으로 해서, 벤젠 분자의 사슬 모양의 구조에 관한 발견을 할 수가 있었다.

이러한 것 모두가 의식세계의 간절한 소망이 꿈을 통해 잠재의식의 창조적인 사유활동으로 발현되고 있음을 보여주고 있다. 꿈은 우리의 또 다른 자아요, 잠재의식이 펼쳐 보이는 세계이다. 우리가 의식세계에서 미처 느끼지 못하고 미처 알아낼 수 없던 것에 대하여 꿈을 통하여 창의적인 사고능력을 발휘하고 있는 것이다.

영화의 귀재로 통하는 미국의 '스티븐 스필버그' 감독도 한국을 다녀가면서, 한 신문과의 인터뷰에서 다음과 같이 말하고 있다. "나에게 있어, 꿈은 무엇보다 소중하다. 나는 늘 꿈을 꾸며, 그 꿈의 내용을 작품의 소재로 삼는 경우가 많다."

라고 말했다. 이는 평범한 이야기지만, 예술가에게 있어 꿈의 의미가 무엇인가를 단적으로 나타내고 있다.

중국의 사례에서도 꿈속에서 뛰어난 문학작품을 지어낸 수많은 예가 있는바, 꿈의 세계와 꿈의 발현은 세계 공통적인 것을 알 수 있겠다. 실로 꿈은 신이 우리 인간에게 내린 최대의 선물인 것이다. 꿈을 통해 인간의 정신능력이 고도로 발현되어, 시나 문학작품이나 음악·미술·영화 등 예술 분야뿐만 아니라, 과학적인 발명이나 새로운 발견에 있어 뛰어난 창의력을 보여주고 있다.

1) 요즘 사람들의 꿈 사례

작가·감독·과학자 예술가 등에 있어서 꿈을 통한 창조적 사유활동으로, 꿈속에서 창의적인 영감을 얻게 되어 새로운 아이디어나, 작곡을 하거나 뛰어난 발명 등을 한 수많은 사례가 있다. 이는 정신능력이 꿈을 통해 극대화되고 있음을 보여주고 있는 좋은 예라고 하겠다.

① 꿈에서 컴퓨터 작동법을 알려주다.

그 당시 전 컴맹이었죠. 집에 누나가 물려준 컴퓨터가 한 대가 있었는데, 언제부터 컴퓨터의 숫자판의 숫자만 누르면 자꾸 다른 프로그램이 시행이 되는 거예요. 전 영문을 몰랐죠. 그렇게 한 사나흘 고민했죠.

그러던 어느 날 꿈을 꾸었습니다. 꿈속에 컴퓨터가 켜지더니 바탕화면에 떠있던 숫자판 모양의 아이콘이 ON이라고 되어 있는거예요. 그러더니 갑자기 OFF로 바뀌더군요. 당시 제가 LG IBM 컴퓨터를 썼는데 바탕화면엔 아이콘 말고도 숫자판 모양의 아이콘이 있어서 각 숫자를 클릭하면 그에 해당하는 프로그램이 실행되는 기능이었죠. 저는 그런 기능이 있다는 것도 몰랐습니다. 어쨌거나 늘 OFF가 되어 있었죠. 그런데 꿈에서 ON이 OFF로 바뀌는 것을 본 순간 갑자기 잠에서 깼죠. 그래서 당장 컴퓨터를 부팅했더니, 아니나 다를까 ON이 되었더군요. 그래서 다시 OFF로 했더니, 그 다음부터는 숫자를 누를 때마다 다른 프로그램이 실행되는 일이 없어졌고, 바탕화면에 떠 있던 그 숫자판 모양의 아이콘이 뭘 의미하는지도 알게 되었죠. 사실 전 그 아이콘에 ON, OFF가 있는지도 그전까진 인식을 못했어요.

② 꿈에서 아이디어를 얻어 작곡을 하다.

천형(天刑)으로 여겨졌던 문둥병을 지니고 인환의 거리를 그리워했던 시인 한

하운(韓何雲)의 '보리피리'란 시가 있다. 이 보리피리가 바이올리니스트이자 작곡가인 조념(趙念) 씨에 의해서 곡(曲)이 붙여졌다. 조념 씨는 우연한 기회에 보리피리를 읽고, 그 속에 담긴 설움과 아름다움에 흠뻑 빠져들었다.

시(詩)에서 우러나오는 한(恨)과 정서에 맞는 곡을 만들려고 1년이 넘게 매달렸지만, 만족할 만한 곡이 나오지 않았다. 마음만 앞설 뿐, 만족한 곡이 나오지 않아 갈수록 초조해가던 어느 날, 이상한 꿈을 꾸게 되었다. 무명 작곡가가 작곡했다는 보리피리 곡을 꿈속에서 듣게 된 것이다. 그 곡에 빠져 따라 부르다가 잠을 깼고, 아직까지 남아있던 여운을 즉석에서 오선지에 옮긴 것이 유명한 보리피리 곡이 만들어져, 대중에게 널리 알려지게 되었다.---경향신문 요약 발췌, 1992. 5. 31.

문둥병을 몸에 지니고 숨 막히는 더위뿐인 붉은 황톳길을 떠돌던 한하운(韓何雲) 시인의 '보리피리'는 방랑의 산하 눈물언덕을 넘으며, 사람들이 모여 사는 인환(人寰)의 거리를 그리워하면서도, 그 속에 들어가 묻힐 수 없는 설움이 절절하게 배어있는 시이다.

2) 선인들의 몽중시 꿈 사례

한편 우리나라 및 중국에서도 꿈속에서 뛰어난 글이나 한시(漢詩)나 악곡을 지은 사례가 무수히 많다.

선인들의 몽중시에 관한 사례는 무수하게 많으나, 자세한 것은 필자의 박사학위논문 「한국 記夢詩(기몽시)의 전개양상 연구---夢中詩(몽중시)를 중심으로---」를 참고하기 바란다.

① 이규보가 꿈속에서 시를 지은 경우

내가 꿈에 깊은 산에 들어갔다가 길을 잃고 어떤 동네에 다다랐다. 누대가 아름다워 곁에 있는 사람에게 "여기가 어디인가?" 하고 물어보니 선녀대라는 것이다. 돌연 미인 육칠 명이 문을 열고 나와 맞아 안에 들여앉히고, 시를 지으라고 청해댄다. 나는 곧 이렇게 불렀다. "길 옥대에 잡아들자 벽옥 문 삐드득, 비취 같은 아름다운 선녀 나와 맞아 주누나." 여인들은 안된다고 야단이다. 나는 그 까닭을 몰랐지만 급히 이렇게 고쳐 불렀다. "맑은 눈, 흰 이빨로 웃으며 맞아 주니, 비로

소 선녀들도 속세의 정을 지녔음을 알았도다." 여인들이 다음 시구를 계속하라고 청했으나, 나는 여인들에게 지으라고 사양했다.

한 여인이 이렇게 지었다. "세속의 정이 아니고서야 우리에게 올 수 있으랴, 그래서 그대를 사랑함이 보통과 다르도다." 나는 '신선도 압운하는 게 틀리는가?' 하고, 마침내 크게 웃다가 꿈에서 깨어났다. 나는 꿈에 지은 시구에 이렇게 이었다. "한 시구 겨우 되자 놀라 꿈을 깼으니, 일부러 나머지를 남겨 다시 만날 기약 찾으려 함이로세."---『백운소설』

② 의종이 꿈에 시를 짓다.

하 5월 화평재(和平齋)에서 문신들에게 잔치를 베풀었다. 밤까지 창화하였는데, 여러 신하들이 성덕을 기려 태평세대의 글을 좋아하는 임금이라고 말하였다. 이에 앞서 왕이 꿈속에서 지은 시라고 하여, 이르기를

布政仁恩洽(포정인은흡) 어진 정사 흡족하여

三韓致太平(삼한치태평) 삼한에 태평을 가져왔네

신료들이 칭송하여 축하하였다. 당시 정치는 혼란하고 백성들은 근심에 차 있었는데, 군신은 태평으로 자처함이 이러하였다.---『동사강목』

의종 임금이 꿈속에서 지었다고 밝히고 있는 시로, 태평하기를 바라는 군왕의 잠재적 심리가 표출된 것이라고 볼 수 있겠다. 내용상이나 짧은 시구로 보아 꿈속에서 지은 것이 사실로 보이지만, 또한 꿈을 빌어 선정을 베풀었다고 스스로 만족하고, 과시하여 목적을 달성하는 지어낸 거짓 꿈이야기로 볼 수도 있겠다. 이 경우, '당시 정치는 혼란하고 백성들은 근심에 차 있었는데, 군신은 태평으로 자처하고 있다'는 날카로운 비판성이 돋보이게 된다.

③ 세종이 문종과 세조에게 꿈속에 지은 태평 시대의 시를 들려주다.

9월에 세종이 문종·세조에게 말하기를, 어젯밤 꿈에 내가 시를 짓기를,

雨饒刻野民心樂 비가 들에 넉넉히 내리니 백성들 마음은 즐겁고,

日映京都喜氣新 햇살이 장안에 비추니 즐거운 기운이 새롭구나.

多慶雖云由積累 많은 경사는 착한 일을 쌓는 데서 온다고 하지만

只爲吾君愼厥身 다만 우리 임금을 위하여 그 몸을 삼가게나

하였는데, "이 시의 뜻이 좋아서 너희들이 보면 반드시 유익할 것이다." 하니, 문종과 세조가 서로 경하하고 나오는데 세조가 말하기를, "성상의 마음이 맑은 물

과 같으시니, 길한 징조가 먼저 나타날 것입니다."라고 하였다.---『조선왕조실록』

앞에 살펴본 의종 임금의 시와 내용 면에서는 유사하며, 세종 임금도 몽중시를 지었음을 밝히고 있다. 이처럼 한자 한문이 생활화되었던 당시에는 몽중시의 창작에 상하의 구분이 없이 이루어지고 있음을 알 수 있겠다.

심리 표출의 꿈에 있어서 꿈은 꿈을 꾼 사람이 처한 상황을 반영해서 보여주고 있다. 배고픈 자는 먹는 꿈을 꾸듯이, 임금으로서 나랏일을 걱정하면서 나라의 안일을 바라는 잠재의식적인 마음에서, 꿈속에서도 그러한 내용의 몽중시를 짓는 것으로 나아가고 있다.

3) 외국의 꿈 사례

창조적 사유활동으로서의 꿈에서 아이디어로 창의적인 발명과 발견을 한 다양한 외국의 꿈 사례를 살펴본다.

① 꿈속에서 떠오르는 아이디어

뛰어난 문학이나 예술 작품 중에 꿈속에서 아이디어를 얻어 창작된 경우가 흔히 있다. 또 과학적인 발견이나 발명조차도 한참 졸던 중에 퍼뜩 떠오른 생각인 경우가 많다.

* 신경전달이론 → 오스트리아의 약리학 학자 오토레비는 꿈속에서 힌트를 얻어 신경에 준 자극이 근육에 전달되는 화학적 반응에 관한 새로운 이론을 궁리해 냈다. 처음에는 잠에서 깨어나자마자 깜빡 중요한 부분을 잊어버렸으나, 다행히도 또다시 똑같은 꿈을 꾸었다. 이때 그는 일어나 앉자마자 자신의 생각을 글로 적어 놓았다. 마침내 그 이론은 실험에 의해서 증명이 되고, 노벨 의학상까지 받게 되었다.

* 알레르기 약품 개발 → 차단 면역학자인 체웬창은 2003년 치명적인 땅콩 알레르기 위험을 급감시킬 수 있는 약품을 개발하였다. 알레르기 반응을 일으키는 체내 화학물질에 결합하게끔 개조된 단백질을 이용해서, 알레르기 증상 발현을 처음부터 차단한다는 획기적인 아이디어를 꿈속에서 떠올린 것이다.

* 뉴턴이 발견한 법칙 → 영국의 물리학자 아이작 뉴턴이 발견한 수많은 원리나 법칙들은 대부분이 잠자고 있거나 졸고 있는 동안, 한 부분이나 전체를 생각

해내게 된 것이라고 한다.---『희한한 세상 희한한 얘기』, 송순 엮음, 백만출판사, 1994.

② 인디언 창에서 재봉틀 바늘을 발명

재봉틀을 처음 발명한 사람은 1845년 미국의 엘리어스 하우스라는 기계 기술자였다. 이때 가장 중요한 점이 된 것은 단 한 가지. 바늘귀를 앞쪽에 뚫어 실을 꿰게 했다는 사실이었다. 당시 하우스는 재봉틀까지는 만들어 놓았으나, 바늘 문제가 해결되지 않아 완전히 벽에 부딪혀 있었다. 그러나 꽁지 쪽에 실을 꿰어 넣고 재봉틀을 돌리면 천바닥에 완전히 들어가 버려야 하는데, 그렇게 되면 바늘이 기계로부터 떨어져 나가 버리곤 했다.

그때에 힌트를 준 것이 바로 꿈속의 인디언이었다. 꿈속에서 인디언이 창을 들고 쫓아오고 있었는데, 공포감에 바들바들 떨다가 퍼뜩 눈에 비친 것이 창끝에 뚫려 있는 구멍이었다. 그 순간 하우스는 그 창이 자신의 몸을 꿰뚫는 데 깜짝 놀라 눈을 번쩍 떴다. 이상한 꿈이다 싶었으나, 그 창끝 구멍이 머릿속에서 떠나지 않았다. 여기에서 힌트를 얻어, 새로운 재봉틀 바늘을 만들어 시험을 시작했다. 이렇게 해서 태어난 것이 오늘날 재봉틀이 된 것이다.---『희한한 세상 희한한 얘기』, 송순 엮음, 백만출판사, 1994.

③ 지킬 박사와 하이드 소설 창작

꿈을 작품의 소재로 삼았던 예술가는 많다. 대표적인 경우가 19세기 영국작가 로버트 루이스 스티븐슨이다. 그의 대표작 『지킬 박사와 하이드씨』는 본래 『여행의 동반자』라는 제목의 짧은 단편으로 쓰였었다. 이 작품이 몇몇 출판사에서 퇴짜를 받고 난 후, 스티븐슨은 자신의 능력에 회의를 느끼고 상심에 빠졌다.

그러다 어느 날 밤 잠을 자던 중, 그는 단편소설 속의 이야기가 전혀 엉뚱한 방향으로 전개돼 가는 꿈을 꾸었다. 기이한 드라마였다. 한밤중에 잠에서 깨어난 스티븐슨은 꿈속의 이야기를 글로 쓰기 시작했다. 『지킬박사와 하이드씨』는 그렇게 태어난 것이다.

④ 주기율표 발견

러시아의 화학자 '드미트리 멘델레예프'는 각각의 원자량에 따라서 원소들을 분류하는 방법을 발견하려고 오랜 세월 노력했지만, 끝내 그 방법을 찾지 못했다. 그러던 1869년의 어느 날 밤, 그는 꿈속에서 '모든 원소들이 적당한 자리를 잡고 있는 표'를 보았다. 잠에서 깨자마자 그는 곧바로 꿈에서 본 그 표를 종이에다 옮겨 적었다. 놀랍게도 그 표 가운데서 잘못된 것은 딱 하나밖에 없었다. 이렇게 해서 근대 화학에서 가장 중요한 공적으로 꼽히는 '원소주기율표'가 탄생했다고 한다.

⑤ 원유정제용 효소 발견

'데이드레 바레트'가 들려준 인도 화학자의 사례이다. 그는 원유 정제용 효소를 개발하는 중이었다. 잠자리에 들 때마다 의도적으로 그 문제에 집중하기 시작하자, 커다란 트럭에 썩은 양배추가 잔뜩 실려있는 꿈을 계속 꾸었다. 처음에는 그 꿈이 아무런 소용도 없는 것 같았으나, 그가 연구실에서 그 문제에 몰두하는 순간, 꿈이 더없이 중요하다는 것을 깨달았다. 썩어가는 양배추는 효소로 분해될 텐데, 그 효소는 원유 정제 연구에 딱 알맞은 것일 것이었다.

⑥ 콜라병의 발명

지금부터 90년 전인 1923년 병 제조공인 게푸르만 루트는 새로운 병을 만들기 위해서 골몰하다가 잠이 들었다. 꿈속에서 애인과 데이트를 하는데 애인이 힙 부분에서 볼록해졌다가 아래로 내려가면서 오므라드는 꽃병 모양의 치마를 입고 나왔다. 여기에서 아이디어를 얻어 콜라병을 만들어내게 되었다.

⑦ 꿈속에서 올바른 스윙 자세를 발견

프로골퍼 잭 니클라우스는 스윙에 문제가 있었으나, 어느 날 꿈속에서 공을 아주 잘 치고 있었는데, 클럽을 쥐고 있던 방식이 현실과 다름을 알고, 꿈속에서 잡은 클럽의 방식대로 하여 최고의 스윙자세를 찾아낼 수 있다고 밝히고 있다.

⑧ 꿈속에서 발꿈치를 뜨는 것을 발견

캐시 허스덜은 1960년대 평화봉사단이 일원으로 모로코 마을 여성들에게 뜨개질을 가르쳤는데, 양말의 발꿈치를 둥글게 돌려 뜨는 방법을 몰랐으나, 그 문제에 골몰해 있던 어느 날 꿈속에서 양말의 동그란 발꿈치를 어떻게 뜨는지 보는 꿈을 꾸게 되었다.

⑨ 새로운 컴퓨터 회로 설계 발명

앨런 황은 새로운 컴퓨터용 회로를 설계하다가 난관에 부딪쳤다. 그러던 어느 날 마법사의 제자들이 양편으로 나뉘어서, 데이터로 가득 찬 양동이를 들고 서로 마주 보며 행진하다가, 기적처럼 서로 엇갈리며 무사히 지나갔다. 꿈속에서 지켜보던 앨런 황은 문득 그들이 '빛을 통과하는 빛'처럼 보인다고 생각했다. 깨어났을 때 그는 그 꿈의 시각적 은유가 레이저를 이용한 새로운 컴퓨터 회로 설계법을 보여주었다고 확신하고 발명을 해낼 수 있었다.

⑩ 망원경용 제어장치 발명

하버드 대학의 물리학자인 폴 호로비츠는 천체물리학에 사용되는 망원경용 제어장치를 설계하고 있었다. 몇 차례 난관에 부딪쳤을 때, 꿈에서 다음과 같이 해결책을 얻었다고 밝히고 있다. "꿈속에 내레이터가 있어서 처한 난관을 대충 설명합니다. 이어 같은 목소리가 해결책을 일러주거나, 어떤 남자가 렌즈를 배열하거나 회로를 조립하는 것을 관찰하거나 넋을 놓고 지켜봅니다."

⑪ 꿈에서 영감을 얻은 미술가, 소설가, 극작가

* 로버트 루이스 스티븐슨은 회상록에서 꿈으로부터 영감을 얻기 위해, 잠들기 전 자신에게 이야기를 해주었다고 밝히고 있다. 그는 한밤중에 난쟁이들이 글쓰는 작업을 담당한다고 말하고는 했다.

* 새뮤얼 테일러 콜리지의 시 〈쿠블라 칸(쿠빌라이 칸)〉도 꿈에 들은 시의 내용을 바탕으로 지어진 것이라 한다.

* 살바도르 달리(Salvador Dali) 화가 역시 자동기술, 자유연상 등의 방법을 개발하고, 꿈의 창의력을 발휘하여 〈꿈〉 등의 뛰어난 작품을 남기고 있다.

* 윌리엄 블레이크 또한 꿈에서 영감을 얻은 시인으로, 자신의 시를 직접 판화로 장식하는 것은 비용이 상당히 많이 들어 고심하고 있었다. 어느 날 밤에 죽은 형을 꿈에서 보았는데, 그가 바라던 삽화의 형태를 취한 채로 등장했는데 동판화였다.

⑫ 꿈속에서 작곡을 하다.

* 18세기의 이탈리아 작곡가인 타르티니(Tartini)는 어느 날 밤 잠자던 중에 들은 음악을 바탕으로 〈악마의 속임수〉라는 곡을 썼다. 당시 그는 악마가 찾아와 바이올린을 연주하는 꿈을 꾸었는바, 그 선율은 무척 아름다웠으며 상상력을 뛰어넘는 것으로써, 그 선율을 정확하게 기억하지는 못했으나, 그것을 바탕으로 뛰어난 음악을 작곡할 수 있었다.--- 『꿈』, 피오나 스타, 조니 주커 지음.

* 1821년 베토벤은 비엔나로 가던 마차 안에서 깜빡 잠이 든 사이, 꿈의 여신을 만나 이국적인 캐논(canon) 연주를 듣고 작곡을 하게 되었다.

* 가사보다 멜로디가 먼저 만들어진 노래인 비틀즈의 '예스터데이'(Yesterday)는 꿈속에서 들은 현악 앙상블 연주를 바탕으로, 1965년 5월 '폴 매카트니'에 의해 작곡되었다.

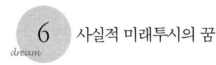

6 사실적 미래투시의 꿈

앞서 여러 가지 꿈이 발현되는 전개양상에 대해서 살펴보았다. 하지만 모두가 부차적인 것들이요, 장차 일어날 일을 예지해주는 예지적인 꿈의 세계야말로 참다운 꿈의 세계라고 할 수 있다. 예지적인 꿈 가운데, 비교적 단순하게 일어날 일 그대로 보여주는 것이 사실적인 미래투시 꿈의 세계이다.

생전 처음 접하는 장소나 환경임에도 불구하고, 왠지 눈에 익고 예전에 똑같은 현상을 겪어본 듯한 느낌을 받았던 경험이 있을 수 있는데, 이러한 것을 '데자뷔(Deja vu → 프랑스어로 이미(Deja) 보다(vu))' 또는 '기시감(既視感)'이라 불린다. 이처럼 꼬부라진 외래어로 '데자뷔'라고 하면, 오늘날 무슨 대단한 것이나 되는 것처럼 여기고 있다. 하지만 이는 별거 아니다. 꿈에 본대로 현실에 그대로 나타나는 사실적인 미래투시의 꿈으로 꿈속에서 미리 체험해본 것에 불과하다. 우리 선인들의 꿈이야기에 무수히 언급되어 있으며, 옛날부터 있었다.

이 꿈의 특성은 가까운 장래에 일어날 일을 마치 현실에서 펼쳐지는 것처럼, 꿈속에서 사실적인 전개형태로 꾸는 경우이다. 우리의 신성(神性)과 같은 정신능력은 자기 자신이나 주변에 장차 일어날 일을 꿈으로 예지해주고 있다. 이 경우에 꿈속에서 본 그대로 장차의 현실에서 그대로 펼쳐지고 있는 사실적인 미래투시의 꿈과 상징적으로 보여주는 미래 예지 꿈이 있다. 사실적인 미래투시의 꿈은 꿈속에서 본 사람이나 장소를 현실에서 그대로 보게 되는 일로 이루어지는 꿈으로 대략 15%를 차지하고 있으며, 우리가 꾸는 예지적인 꿈의 대부분은 난해한 상징으로 보여주는 상징적인 미래 예지 꿈으로 80%를 차지하고 있다. 다만 일부 5%의 경우에는 사실적인 꿈과 상징적인 꿈의 표현수법이 병행하여 나타나고 있기도 하다.

또렷하게 잘 생각나지 않지만, 어렴풋이 무슨 일을 하게 되면 '아! 이건 어디서 본 듯한 장면이다' 하고 머릿속을 스쳐 가는 순간, 알고 보면 꿈속에서 본 것이 사실적인 미래투시의 꿈으로 실현되고 있는 경우가 대부분이다.

이 경우의 꿈은 예지적 성격을 띠고 있지만, 꿈속에서 본 그대로 현실에서 일어나기에 꿈을 해몽할 필요도 없는 어찌 보면 아주 단순한 꿈이다.

사실적인 미래투시의 꿈은 신비한 꿈의 작업장의 여러 표현 기법 중에 가장 단순한 것으로 나타나고 있다. 이러한 꿈들은 꿈속에서 있었던 일과 똑같이 실제로 현실로 나타난다. 따라서, 꿈속에서 로또와 관련지어 어떠한 숫자를 본 경우, 꿈속에서 본 그대로의 숫자가 로또당첨 번호로 현실에서 그대로 실현될 수가 있으니 지속적인 관심을 기울일 필요가 있다.

1) 요즘 사람들의 사실적인 미래투시 꿈 사례

사실적인 미래투시 꿈의 사례를 간략하게 살펴본다.

① 꿈에서 산속의 산삼을 본 후에 실제 그 자리에서 산삼을 발견하다.

② 전학 가기 전에 꿈속에서 본 얼굴이 실제로 전학을 간 교실에 앉아 있었다.

③ 꿈속에서 TV 드라마를 보거나 뉴스를 들은 대로 현실에서 그대로 실현되었다.

④ 꿈속에서 친하게 지내던 언니가 아버님이 돌아가셨다고 슬프게 우는 꿈을 꾼 후에 다음 날 실제로 아버님이 교통사고로 돌아가시는 일이 일어났다.

⑤ 언니가 남자친구와 싸웠다며 방에 들어오면서 짜증스럽게 우는 것이었다. 그 다음 날 언니가 실제로 남자친구와 싸우고 들어오는 일로 실현되었다.

⑥ 꿈에 본 장소를 그대로 보다.

　꿈에 만원 버스를 타고 가다 중간에서 내렸는데, 내린 곳이 마침 목적지 가까운 곳이었다. 목적지를 찾아가는 길에 복합상가 등을 거쳐서 갔다. 달포 뒤 취직한 후에 회사 주변을 다니다가 깜짝 놀랐다. 목적지를 찾아가면서 나타났던 건물들과 길이 꿈에서 본 것과 거의 똑같았다.

⑦ 꿈에 본 숫자대로 로또에 당첨되다.

제26회 로또 추첨 결과(2003. 5. 31)에서 꿈에서 본 5개의 번호와 남자친구가 선택한 1개의 번호를 조합한 번호로 구입한 로또 5게임이 2등 2개, 3등 1개, 4등 2개에 모두 당첨되었다. 사실적인 미래투시 꿈인 경우, 이처럼 꿈속에 나타난 숫자대로 로또 당첨 등이 이루어질 수 있다.

⑧ 꿈에서 본 대로 사건이 일어나다.

아침부터 오후 늦은 시간까지의 다음 날에 일어날 일을 꿈꾸고, 실제로 그대로 현실에서 일어나는 일로 실현된 사례가 있다. 이런 꿈은 현실에서 자신의 의지대로 바꾸어 진행함으로써, 꿈속과 다르게 사건이 진행되게 할 수가 있다. 즉 꿈속에서 골목을 도는 순간 자동차가 튀쳐 나와 다치는 꿈을 꾸었다면, 현실에서는 골목을 도는 순간 꿈속의 일을 생각하고 골목으로 들어가지 않음으로써, 사고를 미연에 방지할 수가 있다. 이러한 사실적인 미래투시의 꿈이든 상징적인 미래예지의 꿈이든, 앞으로 일어날 일을 어느 정도 추정하게 함으로써 마음의 준비를 하게 해주고 있으며, 이런 점에서 꿈은 우리 인생의 안내자와 같은 역할을 하고 있다고 해야 할 것이다.

⑨ 이사한 날 밤에 16년 뒤의 개축된 집 모습을 본 꿈

지금은 돌아가신 필자의 아버님께 평생에 꿈의 영검스러움을 많이 경험하셨을 텐데, 좋은 사례 이야기를 하나 해달라고 부탁드리니 이 이야기를 해 주셨다.

1966년도의 일이다. 가게가 붙어 있는 집을 사고 이사를 한 첫날에 꿈을 꾸셨다고 했다. 당시의 집은 허름한 목조 가옥이었다. 지붕은 루핑이라고 해서 기름종이를 덮은 집이었다. 한데 그날 밤 꿈에 집이 앞쪽은 번듯한데, 뒤쪽은 내려앉은 이상한 모양의 집으로 되어 있다고 하셨다. '참 신기한 일이다. 앞뒤가 전혀 다른 모양의 집이 꿈에 나타나다니---'

그 후 1982년에 필자가 제대하던 해, 즉 16년이 지나서 집을 새로 짓게 되었다. 당시 춘천에서 무슨 행사가 있어, 도시 미관상 길가에 있는 집을 새로 증축할 때에는 자금 지원을 해주었다. 그리하여, 돈이 모자라 먼저 도로에 접한 앞면 부분만 2층 슬래브 집으로 올리게 되었다. 짓고 나니, 집 모습이 앞에서 보면 번듯하지만, 뒤쪽은 초라한 모양의 집이 되어, 처음 집을 사고 이사를 오던 날 밤에 꾸었던 꿈속의 모습과 똑같은 집이 된 것이었다.

⑩ 배우자를 예지해준 꿈

　안녕하세요. 저는 일 년 전쯤에 꾼 꿈인데요. 동생이 남자를 소개해 줬었어요. 그래서 만나기로 했거든요. 그런데 만나기 전날 꿈을 꿨어요. 무슨 카페 같은데 생전 처음 본 남자가 절 알아보면서, 무척 반갑게 인사를 하며 다가오는 거였어요. 저도 그 사람을 처음 보는데 전혀 낯설지 않고, 무척 오랫동안 사귄 것처럼 너무 친근감이 갔어요. 그러고 나서 그 다음 날 남자를 만났는데, 어디서 많이 본 사람이었어요. 가만 생각해 보니 전날 꿈에 본 사람이었어요.

　저는 가끔 제게 일어날 일들이 꿈으로 나타나곤 하거든요. 지금은 그 사람이랑 애인 사이로 지내고 있고, 양쪽 집안에 인사도 드린 상태랍니다. 결혼은 내년 가을이나 겨울쯤 할꺼고요. 그 꿈이 제게 평생 배우자가 누군지 가르쳐 준 꿈인거 같아요. 어쨌든 저는 그 꿈으로 그 사람과 너무 행복하게 지내고 있답니다.

이 밖에도 꿈속에서 미팅을 하던 사람과 똑같은 옷과 얼굴을 가진 남자가 나온 사례, 좋아하던 선생님이 갑자기 전근을 간다는 꿈을 꾸고 몇달 뒤에 실제로 전근을 간 사례, 꿈에서 본 그대로 대형사고가 난 사례 등 다양하고 무수한 사실적인 미래투시의 꿈 사례가 있다.

⑪ 인상에서 140kg를 드는 꿈(역도 장미란)

2008 베이징올림픽 역도에서 금메달을 획득한 장미란 선수의 아버지는 경기 전날 밤, 장미란이 인상에서 140kg을 들어 세계 신기록을 세우는 꿈을 꿨다고 밝혔다. 딸의 우승에 대한 관심이 꿈으로 예지되고 있는바, 꿈속에서 본대로 사실적인 미래투시의 꿈으로 실현되고 있다. 실제로 장미란 선수는 역도 여자 개인 75kg급 이상 경기에서 꿈의 예지처럼 인상 140kg, 용상 186kg, 합계 326kg으로 총 3번의 세계 신기록을 수립하며, 한국 여자 역도 사상 최초의 금메달을 획득했다.

⑫ 해외여행을 가는 꿈—3월 꿈이 8월에 실현됨

　3월에 해외여행을 가는 꿈을 꾸었다. 어느 나라인지는 모르나, 바닷가에 울창한 숲과 나무가 있고 자전거를 타고 가는 꿈이었다. 번화가에서 쇼핑을 하고 있는데, 돈이 없어서 아무것도 살 수 없자 너무 속상해하며, 다음번 비행기로 올 친구를 기다리고 있었다. 그런데 정말 생각하지도 못한 해외연수 특전이 주어져 8월에 해외연수를 가게 되었고, 그곳에서 신용카드를 사용할 수가 없게 되어, 사고 싶은 것을 살 수 없었다. 꿈에 나온 친구가 2주 후에 본인과 똑같은 장소로 여행을 갔다.

사실적인 미래투시 꿈의 요소가 강한 꿈이며 상징적인 꿈의 요소도 있다. 3월에 꾼 꿈이 5개월 뒤에 실현되고 있으며, 상징적으로 꿈속에서 다음 번에 오는 친구로 나타났듯이, 친구 또한 해외연수를 가는 일로 실현되고 있다.

⑬ 꿈에서 티저 영상을 미리 보다.

　　꿈을 꿨는데요. 제가 TV를 보고 있었는데, '빅뱅 3번째 미니 앨범 티저 영상 공개!'
이거 보고 영상을 봤는데, 보니까 막 파워풀하고 노래 멋지구. 막 오빠들 스모키 화장
하고 멋지게 걷다가? 끝에 08 08 01 하고 끝나는데---. 잠에서 깨어나서 무의식적으
로 컴퓨터 들어가서 보니, 티저 영상 공지가 뜬 거예요. 그래서 봤더니, 진짜로 나온 티
저 영상 노래랑 똑같아요.---말괄량이GD, 2008. 07. 22.

이렇게 자신이 좋아하는 연예인에 대한 관심과 애정에서 장차 일어날 일을 사
실적이거나 상징적으로 꾸는 되는 경우가 상당수 있다.

⑭ 2년 전에 꾼 꿈이 현실로 실현되다.

　　2년 전에 한동안 꿈을 많이 꿨어요. 그 이후 꿈을 잘 안 꾸는데, 2년 전 한동안 꿈을 많
이 꿨던 그 시기에 이상해서 꿈을 메모해 놓았는데, 신기하게 요즘 그 꿈들이 현실로 나
타나고 있어요. 저 같은 경우는 상징적인 꿈은 아니고, 홍 박사님 표현대로라면 완전 투
시, 반투시 같은 그런 꿈이에요. 정말로 너무 신기하네요.---파파, 2009. 07. 22.

⑮ 이사 가는 꿈(예지)

　　제가 군대에 있을 때의 이야기입니다. 당시 저는 갓 병장을 달았었고, 군 생활이 너
무 편해 휴가를 가지 않는 한, 집에 전화하지 않았고, 집에서도 저에게 전화가 오든 말
든 신경을 쓰지 않을 시기였습니다. 그러던 어느 날 밤 제가 부대 내무반에서 꿈을 꿨습
니다.

　　저의 꿈속에서 저희 집이 이사를 가기 위해 이삿짐센터 직원들이 열심히 짐을 나르는
장면, 그리고 새집으로 다시 열심히 짐을 나르는 일꾼들, 너무도 생생한 꿈을 꿨습니
다. 그래서 그 다음 날 휴식시간에 어머니께 쉽게 하지 않던 전화를 걸었더니, "어제, 우
리 진짜 이사 왔다." "너한테 전화가 오면 말해줄라고 했지." 참고로 저희 집은 군인인
저에게는 말도 하지 않은 채로 14년여 만의 처음 이사였습니다.---낭만호랑이, 2011.
07. 13.

⑯ 덧니를 보는 꿈—미래투시

꿈을 꾸는데 남친이 나와서 입이 찢어지게 웃는 거예요. 그런데 덧니가 보이더라고요. 덧니가 없는데 말이죠. 그래서 "오빠 덧니가 있었네? 너무 귀엽다."라고 하니까, 오빠도 웃으면서 "나 원래 덧니 있었어."라고 하는 거예요. 그날 만나서 저녁에 술을 마시면서 꿈이야기를 하니, 군대가기 전에 덧니가 있었는데, 덧니를 뽑고 갔는데 "어떻게 말해주지도 않았는데 아냐?"라고 하더군요.---jeldin, 2003. 08. 29.

⑰ 책을 얻는 꿈

한 달 전쯤 꿈에서 책을 얻는 꿈을 꾸었어요. 누가 줬는지는 기억이 나질 않고, 겉표지가 하드커버로 되어있고, 표지를 펼쳐보니 뭐라고 쓰여 있었는데, 기억에 '윤ㅇㅇ'라고 쓰여 있던 것 같았어요. 작가 이름인가 하고 생각하면서 깼어요.

그리고 나서 그냥 잊어버리고 있었는데, 며칠 전에 우리 딸이 책을 한 권 주더라고요. 학원 원장선생님이 엄마 갖다 주라고 했다면서, 그런데 그 책이 겉표지가 하드커버로 되어있고, 표지 안쪽에 원장선생님이 책 내용이 매우 좋아서 저한테 읽어보라는 메시지와 함께, 원장님 성함이 쓰여 있는데 성함이 윤혜숙이더라고요. 실제로 책을 얻게 되는 예지몽이었다고 해도, 표지 안쪽에 이름까지 비슷한 게 너무 신기했어요.---니코로빈.

⑱ 꿈에서 본 장면이 그대로 나타나다.

꿈에서 흐릿흐릿하게 정지 상태로 나오는데, 색깔은 있는데, 선명하게는 안 나오거든요. 그런데 그 후 일주일 뒤쯤 그 장면이 실제로 재연이 되는 것이에요. 그뿐만이 아니라, 그런 일을 8~9번 더 겪었어요. 모두들 안 믿어 주는데, 요즘에는 그 정지 상태가 점점 더 선명해져서 또렷이 나타나거든요. 그것들 또한 다 실제로 나타나는데---

처음에는 놀랐는데, 제 친구는 장면이 필름이 돌아가듯 나온다네요? 지금 무척 어린 나이인데, 제 주위에도 저 같은 일을 겪은 친구가 두 명 정도 있어요.

⑲ 꿈에서 본 그대로 일어나다.

저는 지금 고등학생인데, 예전에 큰 시험을 치르기 전날에 꿈을 꿨는데, 시험장에서 시험을 보는 꿈이었어요. 거기서 한 문제가 나왔는데, 그게 그 다음 날 시험에 나왔습니다. 문제의 시험지 위치마저 똑같았어요.

얼마 전 학교 기숙사를 들어오라는 통지서를 받는 꿈을 꾸었습니다. 저는 기숙사를 3달 전에 신청했었다가 떨어져서, 그 뒤로 완전 잊고 지냈습니다. 그런데 그 꿈을 꾼 날, 기숙사 담당 선생님께서 우연히 기숙사생이 한 명 빠졌다고 저에게 들어오라고 했습

니다. 엊그제는 저희 엄마가 운전 중에 접촉사고가 나는 꿈을 꿨는데, 실제로 그날 접촉
사고가 났습니다.

⑳ 친구의 실직을 꿈에서 보다.

제가 꿈을 꾸면 얼마 뒤에 그 사람에게 무슨 일이 일어납니다. 제 친구가 취업을 했어
요. 그런데 꿈에서 친구가 울면서 후회된다고---. 자기가 하고 싶은 것도 못하고, 막 그
러면서, 직장에서 잘렸다고 그러더라고요. 그러고 나서 깼어요. 꿈이 이상해서, 친구에
게 꿈이야기를 했는데, 그럴 일이 없다고 막 그러더라고요. 그런데 얼마 뒤에 잘렸다고
연락이 왔더라고요.(글: 유리구슬사랑)

㉑ 임신 중의 꿈에서 태어날 아이의 모습을 보다.

첫아이 임신 중일 때, 대여섯 살 정도 되어 보이는 아기 동자 같은 느낌의 밝은 빛을 내
는 남자아이가 저에게 막 뛰어오더라고요. 아이 낳고 돌 지나고 배냇머리 밀어준다고
아이 머리를 밀었는데, 꿈에서 보았던 그 아이 모습이 바로 내 아들 모습 그대로여서 깜
짝 놀랐습니다.(글: 바다와 궁전)

㉒ 실습할 기계를 꿈에서 보다.

고등학교 2학년 때 꿈을 꿨는데, 거기서 내가 무슨 기계를 만지작거리며 서 있었어. 진
짜 신기한 기계였고 보지도 듣지도 못한 기계였어. 그런데 너무 생생해서 잊을 수 없었
지! 고등학교 2학년 겨울방학 때, 대학병원 안과로 실습을 나갔는데, 거기서 내가 실습
한다고 그 기계들을 만지고 있었어!

㉓ 꿈에서 시어머니의 모습을 미리 보다.

연애할 때인데, 그때는 시어머님을 뵙기 전이었는데, 꿈에 어머님이 나왔죠. 무릎 수술
을 하셔서 다리가 불편해서 제가 부축해서 걸으면서 이런저런 얘기를 나눴거든요. 신랑
(당시 애인)을 만나서, 물어봤죠. "혹시 어머님 무릎이 안 좋으시냐."고 그랬더니, "관절
이 좀 안 좋으시다."고 하더라고요.(글: 샘 많은 곰, 2010. 11. 04.)

㉔ 아버님이 아프시다며, 시댁에 오라는 꿈

이번 추석 때였어요. 시댁에 갔다가 친정에 와서 낮잠을 잘 때 꾼 꿈이죠. 갑자기 아버
님이 아프시다며 인천(시댁)으로 오라는 거예요. 잠에서 깬 뒤에 신랑한테 그냥 꿈을 간
단하게 말했죠. 꿈에 아버님이 아프시다며 인천으로 오라고 하더라고~. 그랬더니 신랑
이 나름 놀라면서, 제가 잘 때에 아버님께 인천으로 오라고 전화가 왔다는 거예요.(글: 샘
많은 곰, 2010. 11. 04.)

㉕ 꿈에서 같이 살고 싶다고 말하는 꿈

　　얼마 전이였어요. 꿈에 어머님 아버님이 나타나셔서, 어머님이 저에게 그러시는 거예요. 너에게 같이 살자고 말은 하고 싶은데 차마 말을 못하겠다고---. 뭐 이런 식으로 같이 살고 싶다는 내색을 보이고, 아버님은 저보고 어떠냐고 묻고 하시더라고요. 저는 꿈속에서 싫었는지, 그냥 빙빙 돌려 두리뭉실하게 대답했거든요. 그걸 신랑한테 얘기했죠. 그리고 바로 다음 날이였나 신랑 생일 잔치 겸 해서 시댁식구들과 저녁을 먹었는데, 어머님이 다세대 집을 새로 짓고 싶다는 걸 이야기하시네요.(글:샘 많은 꿈, 2010. 11. 04.)

㉖ 담임선생님이 대성통곡을 하는 꿈

　　제가 꿈을 꿨어요. 저희 담임선생님(수학 담당) 시간에 우리 반 남자아이를 세워놓고 수학문제를 풀라고 시켰습니다. 그런데 갑자기 담임쌤 얼굴이 클로즈업되더니, 담임쌤이 막 대성통곡을 하시는 거예요. 그래서 '아! 이건 무슨 꿈이지' 했는데, 다음 날에 담임선생님 아버지가 돌아가셨다고 합니다. 제가 꾸고도 정말 깜짝 놀랐지요. 담임 선생님 아버지 돌아가셨다는 소식을 듣기 전에, 친구들에게 꿈 얘기를 먼저 했거든요.

㉗ 꿈에서 본 그대로 반 편성이 되다.

　　제가 오늘 꿈을 새벽에 꿨는데, 4반이 되는 꿈을 꿨어요! 근데 오늘 반편성 받았는데, 진짜 4반 되었어요. 저랑 친한 친구랑 둘이서 계속 같은 반이 될 것 같다고 말했는데, 진짜 같은 반이 되었어요.---반짝이는정민, 2012. 02. 27.

㉘ 꿈에서 본 그대로 일어나다.

　　실은 제가 예지몽을 자주 꿨어요. 막 전에도 학교에서 수학 선생님이 칠판에다가 공식을 쓰고 그 공식을 해석하면서, 분필을 들고 분필에 묻은 가루를 톡톡 터는 그런 행동을 하는 걸 꿈으로 꿨었는데, 그게 시험 바로 2주 전에 그 장면이 똑같이 재생되는 거예요. 터는 손동작 하나하나, 그리고 분필 색이랑 공식이나 다 똑같아서, 진짜 완전 놀라서 저도 모르게 소리까지 질렀어요. 그 공식 쓸 때까지는 왠지 어디서 본 거 같다. '아, 책에서 봤나?' 이 생각뿐이었는데, 선생님 동작 하나하나가 마치 제가 꿈속에서 봤던 거랑 똑같아서, '설마 여기서 왼쪽으로 돌고 오른손으로 노란색 분필을 들고, 손가락으로 분필 가루를 털진 않겠지?' 생각했는데, 그걸 똑같이 수학 선생님이 따라하시는 거예요.---K-remion, 2007. 12. 14.

㉙ 부모님의 교통사고를 본 꿈

　　얼마 전에는 꿈에서 엄마가 운전하시는데, 파란색 트럭이 뒤에서 박는 꿈을 꿨습니다.

차는 박살이 나고 전 꿈꾸면서도 깜짝 놀랐는데, 보니까 다행히 운전하시던 어머니와 아버지는 말짱하신 거예요. 다음 날 일어나서 저녁때쯤 집에 전화를 걸었습니다. 저는 서울에서 대학 다니느라 자취하고 부모님은 지방에 계시거든요. 조마조마한 마음으로 집에 전화를 걸었더니 동생이 받는 겁니다. 동생한테 엄마 아빠 집에 계시냐고 했더니, 동생이 하는 말이 글쎄 "엄마 아빠 차 사고 나서 큰일 날 뻔했어." 전 소름이 돋았죠. 그래서 괜찮으시냐고 물었더니, 차는 좀 찌그러졌는데 다친 데는 전혀 없다고 하더군요. 그래서 전 안도의 한숨을 쉬며, 엄마를 바꿔 달라 했어요. 엄마한테 파란색 트럭이 뒤에서 박지 않았냐고 하니까, 엄마가 깜짝 놀라며 "너 그거 어떻게 알았어?"라고 하시더군요. 전 꿈 얘기를 상세히 하니까, 꿈하고 사고 난 얘기가 정확히 일치하더군요.

㉚ 꿈속에서 일어났던 대로 실현되다.

고 3때 꾸었던 꿈인데, 꿈속에서 제 팬티 고무줄이 끊어져서 좀 난감했던 일이 있었거든요. 그 다음 날 학교 자습시간에 항상 가던 화장실에 들어갔는데, 참 신기하게도 볼일 보고 팬티 올리다 그만 고무줄이 탱~~ 하고 끊어지는 일이 생겼죠. 순간 꿈이 생각나더라고요. 신기하기도 했지만, 그때는 좀 난감했었어요.

㉛ 꿈속에서 했던 대로 실현되다.

초등 6학년 때 가사 실습실에서 주전자 받침대를 만드는 꿈을 꿨는데, 실제로 며칠 후에 가사 실습실에서 주전자 받침대를 만들게 되더라고요.---s은빛사슬, 2003. 04. 12.

㉜ 해외여행을 가는 꿈

해외여행은 생각도 안 하던 당시에 3번 연속으로 같은 꿈을 꾸었어요. 비행기를 타고 어딘가에 도착했는데, 언덕 위에 서니 바다가 보이고 하얀 돛을 단 배들에 화사하게 햇살이 부딪치는 꿈을요. 정말 난생처음 보는 아름다운 풍경이었죠. 그런데 그 해에 어찌어찌해서 계획에도 없었는데, 갑자기 어학연수를 캐나다로 가게 됐죠. 근데 도착하니 꿈에서 보던 그 광경이 비행기 창밖으로 펼쳐지고 있더군요.---Claire

㉝ 학원에 다니게 될 아이를 꿈에서 미리 보다.

중학교 때 학원을 다녔었어. 꿈에서 학원 애들끼리 놀러 갔는데 우리 학원이 아닌 남자애가 있는 거야. 그래서 어, 쟤 뭐지. 우리 학원 안 다니는데, 친구 따라왔나. 다음 날 학원가니까, 꿈속에서 본 남자애가 학원 다닐 거라고 원장실에 와 있는 거야! 진짜 놀랐어.

㉞ 꿈에서 본 그대로 몇 년 뒤에 일어나다.

　　저는 예지몽을 꽤 많이 꿔본 것 같습니다. 보통 예지몽은 어렸을 때 꿨던 것이 몇 년 후에 나타난 것이 대부분이었습니다. 제가 지금 고등학교 1학년이거든요. 중학교 때 외할아버지의 퇴임식 꿈을 꾼 적이 있었습니다. 저희 외할아버지께서 고등학교 교사셨거든요. 그때는 사실 외할아버지가 무슨 일을 하시는 줄도 몰랐습니다. 근데 한 몇 년 지나고 나서, 꿈에서 꿨던 상황하고 너무 선명하게 외할아버지의 정년퇴임식이 진행이 되는 것이었습니다. 외사촌들의 모습과 앉은 자리까지도 똑같았습니다. 학생들 그리고 대형 모니터에서 나오는 화면, 진행되는 노래까지도 똑같이 흘러나오는 것이었습니다. 저는 이런 적이 꽤 있어서, 대여섯 번은 넘는 것 같습니다.---지구에왜왔니, 2004. 08. 08.

㉟ 가출한 조카가 다리 아래에 앉아 있던 꿈

　　천안시에서 주부 김광자 씨가 보내온 글이다.

　　4년 전의 꿈이야기입니다. 친척 중에 중학교 2학년에 다니던 조카 아이가 학교에 잘 다니지도 않고, 가출했던 적이 있었습니다. 학교와 집에서 찾아다니느라 정신이 없을 때였습니다. 경찰서에도 연락하고 조카의 엄마·아빠도 그 아이 찾아다니느라, 직장 생활도 못 하고 찾아다녔지요. 우리 아이 아빠도 함께 찾아 나서기로 하고, 밤 3~4시까지 천안 시내를 모두 찾아다녔지만, 가출한지 5일이 지나도록 오지 않는 것이었습니다. 아이 아빠가 함께 찾아 나선 그 날 저녁, 잠깐 잠이 들어 꿈을 꾸었는데, 집을 나간 그 아이가 커다란 다리 아래에서 여러 명의 아이들과 옹기종기 앉아 있는 모습이 보였습니다.

　　그래서 난 '내가 너무 그 애 생각을 해서 이런 꿈을 꾸는가 보다' 하면서 다시 잠을 청하려는데, 새벽 4시가 다 되어서 아이 아빠가 돌아와 하는 말이 조카를 찾았다는 것이었습니다. 난 "혹시 그 애 다리 아래에 있지 않았느냐"라고 묻자 "그걸 어떻게 알았냐?"고 반문했습니다. 난 그 순간 온 몸에 소름이 이는 것을 느꼈습니다. 그 후로 아이 아빠는 내가 꿈을 꾼 이야기를 하면, 주의 깊게 경청하는 습관이 생겼답니다.

㊱ 스마트 폰의 비밀번호를 알아내다.

　　작년? 재작년? 일인데, 아빠가 휴대폰을 스마트폰으로 바꾸셨음. 그리고 내 동생과 나는 아빠의 스마트폰에 수많은 게임들을 설치하고 지우기를 반복했음. 보다 못한 아빠가 비밀번호 걸어놓으심. 결국 동생과 나는 비밀번호를 풀 수 없었음. 그날 밤 꿈을 꿨음. 내가 아빠 휴대폰을 들고 있는데 비밀번호를 풀었음. 그리고 나는 그 번호를 확실하게 봤고, 꿈을 깨서도 그 번호가 생각이 났음. 아침에 일어나서 아빠 휴대폰 비밀번호를 풀려고 하는 동생한테, 비밀번호 ○○○○ 눌러봐~ 하고 장난식으로 말했음. 그리고 아빠의 표정을 보니, 뭔가 알 수 없는 표정이었음. 곧 동생이 굉장히 흥분한 목소리로 "우와 누나 풀렸어! 고마워! 근데 어떻게 알았어?" 이러는 거임. 나는 놀라서 아무 말도 안하고 아빠도 어떻게 알았냐고 물어보심. 꿈얘기를 하니까 가족 아무도 안 믿는 눈치더니 아빠가 하룻밤 사이라서 비밀번호 아무한테도 말한 적 없고, 몇 번 풀어본 적이 없어서 몰래 보지는 못했을 거라고 했음. 가족은 그때서야 꿈얘기를 믿는 듯했음. 가족들이 신기해했는데, 역시 꿈을 직접 꾼 내가 이 현상이 제일 신기했음.

㊲ 꿈속에서 삐삐 비밀번호를 알아내다.

오래전의 사례로, 충남 서산에서 여고생이 보내온 편지이다.

안녕하세요. 저는 충남에 있는 서산 여고에 다니는 1학년 여학생입니다. 선생님의 꿈이야기를 보고, 기이한 꿈얘기가 있어서 알려 드립니다. 몇 주 전의 일입니다. 아침 자율학습 시간이었는데, 제 짝꿍(미자)과 제 뒤에 앉은 친구(순희)가 얘기를 하고 있었어요. 아무개가 어떻고 삐삐가 어떻고, 그러다가 짝꿍인 미자가 숫자를 댔고, 순희는 "맞아"라는 말을 연발했습니다. "3" "맞아" "5" "맞아" "1" "응, 맞아" "7" "웬일이야! 맞아. 다 맞아! 웬일이야, 정말!" 너무나 큰 소리였기에, 무슨 일인지 궁금해서 물었더니, 꿈속에서 나온 번호가 진짜 맞았다고 하더군요. 너무 신기해서 좀 더 자세히 좀 말해보라고 했더니, 미자가 얘기해 줬어요.

미자와 순희 둘 다 알고 지내는 남자 친구가 있대요. 근데 그 친구의 삐삐 비밀번호를 순희는 알고 있고, 미자는 몰랐대요. 미자는 너무너무 궁금해서, 순희에게 삐삐 비밀번호 좀 가르쳐달라고 예전부터 엄청 졸랐는데도, 안 가르쳐 줬대요. 근데 간밤 꿈에 숫자 네 자리가 나왔는데, 그게 실제로 그 남자 친구의 비밀번호와 일치한 거래요. 평소에 그 비밀번호의 한 자리도 뭔지 전혀 몰랐었는데, 꿈속에 번호가 나왔대요. 생전 듣지도 보지도 못한 번호였는데, 현실과 일치한다니 정말 너무너무 신기했어요. 어떻게 이런 일이 있을 수 있는지, 생각할수록 놀라워요. 정말 신기한 일도 다 있다고 생각하고 있었는데, 이런 체험 얘기를 수집하신다는 내용을 보고 보내드립니다. 도움이 됐으면 좋겠어요.

이미 소개한 바와 같이 신비한 힘을 지닌 우리의 무한한 잠재의식은 꿈을 통해, 우리의 상상을 초월한 능력을 발휘할 경우가 있다. 우리가 관심을 갖고 있던 미해결의 문제에 대해서 꿈의 작업장은 현실에서는 미처 생각할 수 없었던 여러 가지 일을 해내고 있다.

앞으로 일어날 미래를 예지해 준다든지, 신체 내·외부의 이상을 알려준다든지, 기발한 아이디어를 생각해 내기도 하고, 위험에 빠지려는 상황을 알려준다든지, 잃어버린 문서나 열쇠를 찾게 해준다든지, 금광을 찾아낸다든지 등등 이루다 헤아릴 수 없을 정도이다.

필자가 사이트 이용자 여러분에게 '메일이나 편지를 보내주십사'하고 부탁드리는 것은 꿈의 성격은 밝혀졌지만, 그 실증적인 예를 구체적으로 살펴보고 검증하고자 하는 데 있다. 수많은 사례를 분석·검토함으로써 보다 꿈의 실체에 가까이 다가갈 수 있을 것이다. 이용자 여러분의 여러 사례를 바탕으로 비유·상징·암시의 꿈의 작업을 심도 있게 규명할 수 있으며, 나아가 축적된 여러 사례를 분석·검토함으로써, 꿈을 해몽하는 데 있어 공통적인 원리나 원칙을 추출해 내어, 모든 사람의 꿈을 스스로 해몽하고자 하는 데 있다. 꿈체험기를 메일로 보내실 분은 표지에 있는 hsldream@hanmail.net으로 보내주시기 바란다.

㊳ 남편과 관계한 여자가 나타난 꿈

다음은 강원도 원주에 사시는 김○○(49세, 가명) 주부님이 96년 10월 22일 밤 전화로 알려오신 꿈이야기이다.

> 저는 70년도에 결혼을 했습니다. 결혼 후 열흘 정도 지난 어느 날 꿈속의 일입니다. 남편이 어떤 여자를 같이 데리고 오는 것이었습니다. 옆에 있던 사람이 누구냐고 물으니, '허혜진(가명)'이라는 것이었습니다. 꿈을 깨고 나서도 신기해서 "'허혜진'이 누구냐?"고 남편에게 물으니, 모르는 사람이라는 것이었습니다. 그런데 그 후 3년 뒤에 시댁에서 떨어진 곳에서 직장생활을 하고 있었는데, 실제로 '허혜진'이란 여자가 임신을 한 몸으로 시댁에 찾아오는 일이 벌어졌습니다. 그 후 그로 인해 결국은 이혼을 하게 되었습니다.

남편이 바람피울 여자의 이름이 나타난 꿈이다. 독자 여러분이 믿어지지 않는 이야기이지만, 이렇게 꿈속에서 자신과 인연을 맺게 될 사람이나 관련된 사람들이 미래투시적인 꿈으로 나타나는 사례가 수없이 있다. 모두가 우리 인간의 뛰어난 잠재의식의 활동으로 빚어지는 예지능력이다.

이처럼 사실적 미래투시의 꿈은 꿈에서 일어난 대로 현실에서 그대로 진행되는 특징을 가지고 있다. 이러한 꿈들은 특별한 해몽을 하지 않더라도, 꿈을 꾼 본인이 어떠한 일이 일어날 것인지를 쉽게 짐작할 수 있게 해주는 특징을 지니고 있다.

꿈에서 가끔 가보지 않은 곳을 꿈꾸고 나면 현실에서 언젠가는 그 꿈속의 장소를 가게 되는 꿈, 꿈속에 나타난 사람을 현실에서 만나게 되는 꿈 등의 경우가 사실적 미래투시의 대표적인 꿈 사례이다. 또 이 경우의 꿈들은 꿈속에서 있었던 일과 똑같이 실제로 현실로 나타난다. 일주일 안으로 일어나는 경우가 대부분이지만, 심지어 20~30년 뒤에 실현되는 경우도 많다.

위의 꿈이야기와 유사한, 계시적이면서 사실적 미래투시적인 옛 꿈이야기를 간추려서 살펴본다.

* 꿈에 나타난 배필과 결혼하다.

옛날에 정승 댁에 과년한 딸이 하나 있었어. 그런데 대감이 시집을 보내려고 해도, 도무지 가지 않겠다는 거야. 꿈에 본 사람에게 시집을 가겠다는 거야. "아버님, 저는 곽만경이라는 사람에게 시집을 가겠습니다." 그래 정승의 집이라, 사람을 풀어 찾아 나섰어. 그런데 어느 날 어느 곳에 가니 사람들이 몰려나오며, "오늘 곽만경의 처 장사 잘 치렀어. 술도 많고 고기도 많이 얻어먹었네."라고 하는 거야. 그래 사람을 붙잡고 물어보니, "저 건너 대감 아랫방에 문필로 있는 사람인데, 이번에 상처해서 장사 지냈소." 하는 거야. 그래 대감에게 알리니, "처녀가 그리로 시집을 가겠다."라는 거야. 나이가 어떻게 되는지 알아 가지고 오라고 시키는 거야. 그랬더니 나이가 일흔하나요, 자식도 없이 두 노인네가 살다가 혼자 사는데 안된다는 거야. 그럼에도 온갖 반대를 무릅쓰고, 노인한테로 시집을 갔어. 그래서 연년생으로 아들 삼 형제를 낳았는데, 나중에 그 아들들이 모두 정승이 되었어.

부인이 병이 들어 죽으면서 자기 아들들에게 꿈이야기를 했어. "내가 꿈을 꾸는데, 하늘에서 누군가가 내려오면서 '여보시오, 여보시오. 이 학을 받으시오.' 그래 놀라 학 세 마리를 받으면서, '당신의 성명이 어떻게 되오.' 하니, '나는 곽만경이오.' 하는 꿈을 꾸고, 내 배필로 알아 너희 아버지와 혼인하게 되었단다."---『구비문학대계』

여담이지만, 필자의 신비한 꿈체험을 이야기해본다. 3년여 전 어느 날 밤의 꿈이다. 꿈에 필자의 애인이라고 생각되는 여자와 대화를 주고받고 있었다. 나이는 39세, 자녀가 한 명, 이혼녀, 집이 '서산'이라는 것이었다. 이름을 물었더니, 이름도 일러주는 것이었다. 이에 깨어나서, 수첩에 적어두었다. 지금 현재 수첩을 찾을 수 없는 여건이지만, 성씨가 '김·이·박'의 흔한 성씨도 아니었다. '여'씨인지 정확하지는 않다. 그 후로, 어쩌다가 만나는 여자가 있으면, 집이 '서산'이냐는 말을 먼저 물어보고는 한다.

2) 선인들의 사실적인 미래투시 꿈 사례

선인들도 각종 문집에 사실적인 미래투시에 대한 자신의 의견과 꿈 사례를 남기고 있다. 류성룡은 이러한 미래 예지적 체험에 대하여 다음과 같이 말하고 있다.

> '아직 현실로 닥쳐오지 않는 미래의 일을 꿈에서 보게 되는 것이 어떤 이치인지를 알 수가 없으나, 그러나 사람의 마음은 본디 형체는 없지만 신령스러워, 일의 조짐을 먼저 알아내게 되는 것이다. 나는 평생에 꿈꾼바 징험이 많았는데, 몸소 널리 돌아다닌 곳이 거의 반 이상은 꿈속에서 본 것이었다.'---『西厓集』

꿈으로 미래를 예지한다는 사실을 긍정하면서, 꿈속에서 본 그대로 장차의 현실에서 일어나게 되는 사실적인 미래투시의 꿈을 자주 꾸었음을 밝히고 있다. 또한, 그러한 꿈을 꾸게 되는 것이 인간의 정신능력 활동에서 빚어지고 있다고 정확하게 언급하고 있다. 선인들의 사실적인 미래투시의 사례를 살펴본다.

① 용건이 꿈에 본 여인을 만나다.

왕건의 부친인 용건(龍建)이 꿈속에서 한 여인을 만나고, 후에 영안성에 갔다가 꿈에 본 그 여인을 만나 자신의 부인으로 삼아, 사람들이 그녀를 몽부인이라고 불렀다.---『송악집』, 『고려사』

② 조준(趙浚)이 벼슬길에서 물러나기를 청하다.

이태조가 조준(趙浚)이 벼슬길에서 물러나기를 청하는 꿈을 꾼 다음 날, 실제로 조준이 전(箋)을 올려 벼슬길에서 물러나기를 청하는 일로 실현되었다.---『조선왕조실록』

③ 이규보가 귀양가서 있을 곳을 꿈꾸다.

이규보가 꿈을 꾸면 늘 한 커다란 누각 위에 앉아있었다. 그 누각 아래는 큰 바다로 둘러 있었고, 누각 위로 물이 들어와 그가 누워 있는 잠자리를 적시고는 했다. 이러한 꿈을 6~7년간 계속 꾸었는데, 경인년에 죄를 얻어 위도에 유배되어, 한 노인의 집에 기탁하게 되었다. 그 집에는 높은 누각이 큰 바다에 임하여 있어, 자기가 꿈에 본 것과 똑같았다.---〈몽설〉

④ 성현(成俔)의 미래 예지 꿈체험담 4가지

조선조 1439년(세종 21)에 태어나서, 1504년(연산군 10)에 죽은 성현(成俔)은 일생 동안 자신의 꿈 체험에서 딱 들어맞은 4가지 미래 예지 꿈 사례를 그의 『용재총화(慵齋叢話)』의 제4권에 다음과 같이 적고 있다. 두 가지는 사실적인 미래투시의 꿈이며, 두 가지는 상징적인 미래 예지 꿈이다.

무릇 꿈은 모두 사려(思慮)를 따라 이루어지는 것인데, 일일이 꼭 들어맞는 것은 아니지만, 내가 일찍이 기이한 꿈을 꾸고 부절이 들어맞듯이 징험이 있었던 것이 네 번이었다(여기에서는 사실적인 꿈 두 가지만 소개한다).

* 몇 년 뒤에 일어날 일을 사실적으로 꿈속에서 체험

내가 나이 17~18세 때의 꿈에, 산속에 들어가니 산이 기묘하고 물이 맑은데, 시내를 끼고 복숭아꽃이 어지럽게 피었으며, 어떤 절에 이르니, 푸른 잣나무 몇 그루가 그림자를 뜰 가에 비치고, 당에 오르니 황금 부처가 있으며 노승의 염불 소리가 숲 속에 울리고, 물러가 별실에 가니 단장한 몇몇 어여쁜 계집이 즐겁게 노는데, 사모 쓴 관원이 술을 권하여 내가 취해 도망치다가 문득 하품하고 기지개를 켜는 바람에 깼다.

수 년 뒤에 내가 백씨(伯氏)와 함께 대부인을 모시고 해주(海州)에 가서 하루는 신광사(神光寺)에서 놀았는데, 바위틈에서 흐르는 물이나 수목이나 전당(殿堂)이 꼭 전에 꿈에서 본 것 같았다. 순찰사(巡察使) 한공(韓公)이 또한 대부인을 위하여 재반(齋飯)을 베풀 때, 중 가운데 노승이 염불하는 것이 또한 꿈에서 본 바와 같았고, 목사(牧使) 이공이 나를 맞아 외실에서 고을 기생 수명이 곡에 맞추어 노래하며 목사가 술을 권하여 나는 매우 취하여 돌아왔다.

꿈을 꾼 후로부터 수년 뒤에 꿈속에서 본 것과 똑같은 일로 실현되었음을 밝히고 있는바, 우리가 꾸는 꿈 가운데는 해몽할 필요도 없이 이렇게 꿈속에 본 그대로 현실에서 일어나는 사실적인 미래투시의 꿈이 있다. 우리가 어디선가 본 듯한 현실 속의 장면이 곰곰이 생각해보면, 꿈속에서 본 광경인 경우가 여기에 해당한다.

* 명나라에 가게 될 것과 황제의 얼굴을 본 꿈

내가 기축년에 대부인의 상을 받들어 파주(坡州)에 장사지내고, 초려(草廬)에서 시묘살이를 하면서 지낼 때, 밤중에 등불을 켜고 남화경내편(南華經內篇)을 읽다가 책상에 기댄 채 잠깐 졸았다. 꿈속에서 문득 선경(仙境)에 이르렀는데, 그 궁실이 장엄하고 화려하여 완연히 인간 세상에서는 볼 수 없는 것이었다. 어떤 사람이 검정 옷을 입고 전(殿) 위에 앉았는데, 얼굴에 수염이 많으므로 나는 뜰 아래에서 엎드려 절하였다. 나중에 백씨(伯氏)를 따라 명나라 북경에 갔더니, 그 궁실은 역력히 꿈에서 본 그대로였고, 황제의 얼굴 또한 꿈속에서 본 것과 같았다.

꿈속에서 본 궁궐이 중국의 명나라 서울이었으며, 꿈속에서 본 사람이 바로 중국의 황제였던 사실적인 미래투시의 꿈으로 그대로 실현되었음을 밝히고 있다. 성현은 그의 나이 31세 때인 예종 1년 1469년 기축년 9월 모친상을 치렀으며, 그로부터 3년 뒤인 34세 때인 성종 3년 1472년 임진년에 진하사(進賀使)였던 큰형인 성임(成任)을 따라 중국에 가게 되는 일로 실현되고 있다.

앞의 두 사례는 꿈속에서 본 그대로 현실에서 일어나는 사실적인 미래투시의 꿈으로 이루어졌으며, 이처럼 비교적 쉽게 꿈의 실현 여부를 알 수 있기에 부절이 들어맞듯이 딱 들어맞았다고 적고 있음을 알 수 있다.

⑤ 정철(鄭澈)의 귀양지와 아들의 급제, 이경의 죽음을 예지하다.

정철이 일찍이 말하기를, "내 일생에 꿈과 현실이 많이 들어맞았습니다. 신묘년의 꿈에 강계부사가 되더니 얼마 안 되어 강계로 귀양살이를 갔고, 위리안치 중에 또 아들 종명(宗溟)이 대과에 장원으로 급제하고서 거리를 돌아다니는 꿈을 꾸었더니, 얼마 안 되어 별시 문과에 장원으로 급제하였고, 또 이경(李璥)이 종기로 진주에서 죽는 꿈을 꾸었는데, 이제 계장(啓將)을 보니, 과연 그러하였소."라고 하였다.---『기재사초』

정철(鄭澈)이 강계로 이배되어 위리안치 된 때에 꾼 사실적인 미래투시의 꿈처럼, 둘째 아들인 정종명(鄭宗溟)은 1592년 7월 의주행재소에서 실시된 별시문과에 장원으로 급제하는 일로 실현되고 있다. 또한 이경(李璥)이 등창으로 진주에서 죽는 일로 실현되고 있음이 『연려실기술』에 기록되어 있다.

⑥ 광해군이 쫓겨날 것을 사실적으로 꿈꾸다.

조국필(趙國弼)의 부인은 광해군의 처로 폐비된 유씨의 언니였다. 조국필이 광해군의 전성 시절에 꿈을 꾸었는데, 어떤 인가의 문밖에 이르러 보니, 문 위에 가로댄 상인방(上引

枋)에 흰 글씨로 '훈의청에서 목숨을 마치리라.〔終身訓醫廳〕'는 다섯 글자가 쓰여 있었다. 그 집에 들어가 보니 광해군이 상주의 옷을 입고 마루에 앉아있는데, 흡사 변복을 하고 숨어 있는 듯하였다.---『대동기문』 요약 발췌.

그 후, 인조반정으로 인하여 몸을 피해 달아난 광해군이 붙잡힐 때, 조국필(趙國弼)이 꿈에서 보았던 대로 숨어있던 광해군이 상주의 옷을 입고 붙잡히고 있어 사실적인 미래투시의 꿈으로 실현되고 있다. 또한, '훈의청에서 목숨을 마치리라.'는 문액(門額)에 쓰여 있던 글자처럼 의원과 관련된 의관 안국신(安國信)의 집으로 피신했다가 붙잡히는 일로 실현되고 있다.

⑦ 이중열(李中悅)이 3년 6개월 뒤에 귀양가 있을 곳을 꿈꾸다.

이중열(李中悅)이 계묘년 봄에 아우에게 말하기를, "내가 꿈에 큰 고개 셋을 넘어가서 한 집을 빌려 자게 되었는데, 벚나무로 지붕을 덮은 판잣집이었다. 그 주인을 물으니 광릉(廣陵) 사람 이수장(李壽長)인데, 자기 증조가 갑자년 사화를 피하여 이리로 들어와 살면서 관가 퇴기(退妓)에게 장가들어서 아들을 낳았다 하더라."라고 하였다.

갑산에 귀양 와서 보니, 산천과 도로가 꿈에 보던 것과 꼭 같았다. 남문 밖에 있을 곳을 정했는데, 주인이 또한 이수장(李壽長)이라는 사람인데, 광릉군(廣陵君)의 후손으로 그 선대에 피난 와서 첩을 얻어 산다 하니, 그 사실이 꿈에 보던 것과 똑같았다. 《유분록》---『연려실기술』 제10권.

사실적인 미래투시 꿈의 극명한 사례로, 이중열(李中悅)이 중종 38년 1543년 계묘년 봄에 꿈을 꾸고 나서, 명종 1년 1546년 병오년 가을에 귀양가게 되니, 3년 6개월 뒤에 꿈으로 실현되고 있다. 한편 최익현(崔益鉉)도 여름 꿈에 반복적으로 물결이 사나운 곳과 평생 가보지 못한 곳을 보는 꿈이 있었음을 밝히고 있는바, 몇 개월 뒤에 제주도로 유배 가는 일로 실현되고 있다.

⑧ 임억령(林億齡)이 몽중시(夢中詩)로 부임할 곳을 꿈꾸다.

임억령이 꿈에 한 연을 짓기를 '바람은 마른 잎을 강 언덕에 날리고, 구름은 먼 묏부리 바다 위에 휘감고 있다.' 그 뒤 관동지방의 관찰사가 되었는데, 삼척 죽서루에 오르니 보이는 것이 과연 이전의 꿈과 똑같았다.---『松溪漫録』

특이하게 꿈속에서 몽중시를 짓고 꿈에서 본대로 현실에서 그대로 일어나고 있음을 밝히고 있다. 보통의 사람이라면 단지 정경을 꿈으로 보여주는 것에 그치겠지만, 글을 하는 선비이기에 보다 강렬하게 마음속에 각인시키기 위한 수단 방편으로써, 몽중시를 짓는 상징 표상으로 전개되어 나타낸 것이다. '자신의 지은 시구가 무엇을 의미하는가?'에 대한 궁금증으로 인해 오랜 세월 동안 기억하게 해줌으로써 무의식적으로 꿈으로 예지된 현실에 대한 마음의 준비를 하게 해주고 있다.

한편 기준(奇遵)은 기묘년에 대궐에서 숙직하다가 꿈에 본 내용을 시로 읊었다. 두어 달이 못 되어 함경도의 온성(穩城)으로 귀양갔는데, 꿈속에 본 것과 같았다고 밝히고 있다. 또한 김시양도 임자년(광해 4년)에 종성으로 귀양가서 꾼 꿈에, 남쪽 지방에 고을 이름이 해(海)자가 들어있는 꿈을 꾸고, 7년 만에 오랑캐의 변란으로 남쪽인 경상북도 영해(寧海)로 유배지를 옮기는 일로 실현되고 있음을 밝히고 있다.

⑨ 조석윤(趙錫胤)이 장원급제할 때까지, 노인이 과거 때마다 꿈을 꾸다.

조석윤은 배천 조씨로 인조 병인년 별시 문과에 올랐으나 급제가 취소되었다가, 무진년 생원과에 합격한 후 다시 문과에 장원급제했다. 당시 낮은 석차로 급제한 사람들이 장원한 사람을 찾아뵙고 인사 올리는 것이 예로부터의 관습이었는데, 머리칼과 수염이 희게 센 노인이 그를 찾아왔다. 얼굴을 들고 한참 쳐다보더니,

"희한하다, 희한해. 장원이 크기를 기다렸다가 겨우 급제했으니, 어찌 내가 늙지 않으리?"

"그게 무슨 말씀이십니까?"

"나는 과거장에서 세월을 다 보낸 호남 사람이오. 과거보러 갈 때마다 경기도 진위 고을 갈원에 묵기만 하면, 꿈에 꼭 한 아이가 나타나고 그리곤 낙방하더란 말이오. 그때 이후로 그 아이 꿈을 꾸면 반드시 낙방한다는 사실을 알고, 꺼림칙한 마음이 들어 묵는 곳을 옮기기도 했지요. 그래도 소용이 없었고 길을 바꾸어 안성땅으로 들어와도 역시 그러해서, 끝내 어쩔 볼 도리가 없었소. 이번 과거 길도 또 그러길래 일찌감치 단념했는데, 뜻밖에 등제했기에 연유를 알 수 없더니, 이제 장원하신 분을 보니 완연히 꿈에 보던 그 소년이라 어찌 기이한 일이 아니겠소? 어떤 일이든 이루고 못 이루고는 인력으로 될 바는 아니니, 그저 입 다물고 있는 것이 옳소이다."---『대동기문』

장차 급제할 사람의 얼굴을 아이 때부터 꿈속에서 보아왔다는 신비한 꿈이야기이다. 이와 유사한 꿈으로 장차 자신의 배필이 되는 상대방을 성장 과정에 따라 꿈속에서 보게 되는 경우가 있다. 또한 고려 명종이 잠저 시절에 장차 그대의

재상이 되는 사람이라는 꿈을 꾼 후에, 과거에 합격한 민영모(閔令謨)가 꿈에 본 사람과 서로 비슷하므로, 이에 크게 중용한 꿈 사례가 『고려사절요』에 보이고 있다.

⑩ 몽중시로 지은 꿈의 일이 현실로 나타나다

　　　중국 서울에 갔다가 꿈에 절구(絕句)를 얻었는데, "한 시대 풍운아들 모였는데, 천 년의
　　　예악이 새로워라. 은혜 있는 물결 만 리 길에, 꽃은 봉성 봄에 따뜻하네."라고 하였다.
　　　역관에 머문 지 다섯 달 만인 삼월 그믐에 이르러 떠났는데, 꽃과 버들이 성안에 가득하
　　　여 마치 꿈속에 보던 것과 같았다.---『지봉유설』

이수광이 특이하게 장차 일어날 일을 꿈속에 시를 짓는 몽중시로써, 일어날 일을 예지해주고 있다. 이 밖에도 선인들의 과거 급제에 대한 예지를 보여주는 꿈 사례나, 관직의 부임지나 유배지를 예지해주는 꿈 사례는 무수히 많이 있다. 보통은 사실적인 미래투시의 꿈이나 상징적인 미래 예지 꿈으로 보여주고 있지만, 특이하게는 예지의 방법에 있어서 꿈속에서 시를 짓거나 얻게 되는 몽중시로 나타나는 경우도 있고, 또한 파자표현으로 예지되는 꿈도 있다.

이 밖에도 손순효(孫舜孝)가 형인 손인효의 아들이 상주 차림을 한 탄괄(친상 때 한 어깨의 옷을 벗어 매는 것과 머리를 삼으로 묶는 것)한 것을 꿈에 보고 형의 죽음을 예지한 이야기, 김례몽(金禮蒙)이 죽은 후에 문경공(文敬公)의 시호를 받을 것을 예지한 이야기, 꿈속에서 화려한 수레 뒤에 고귀한 수레가 뒤따라가는 정경이 좌참찬 윤승길(尹承吉)의 일행이라는 꿈을 꾼 후에 윤승길(尹承吉)과 그 부인이 잇따라 죽어 발인하게 되는 것을 보았다는 이야기 등 사실적인 미래투시의 꿈 사례로 실현된 수많은 꿈이야기가 있다.

3) 외국의 사실적인 미래투시 꿈 사례

꿈의 상징 기법은 동서고금을 막론하고 공통으로 전개되고 있는바, 외국의 사실적인 미래투시의 꿈 사례도 무수히 많다.

① 남편이 보로디노에서 패했다는 꿈

부인의 꿈에 장군인 남편이 보로디노에서 패했다는 꿈을 꾸고 나서, 지도를 찾아보았지만 찾을 수 없었다. 하지만 꿈의 예지대로 별로 알려지지 않은 보로디노 마을 근처의 보로디노 강 언덕에서 치열한 전투를 벌여 패하는 일로 실현되었다.

② 비행기가 추락하는 꿈을 꾼 후에 실제로 추락하다.

③ 꿈에서 황금맥이 묻혀 있는 곳을 본 그 위치에서 금맥을 발견하게 되다.

④ 괴한이 자신에게 총을 발사하는 꿈을 꾼 후에 실제로 총에 맞아 죽다.

⑤ 탐험가인 친구가 눈 속에서 얼어 죽은 모습을 사실적으로 꿈꾸다.

⑥ 구두 수선공인 남편이 망치로 타살당하는 꿈

대낮에 졸다가 구두 수선공인 남편이 망치로 타살당하는 꿈을 꾼 후에 실제로 남편이 강도에게 타살되고 범인의 인상착의를 신고한 아내에 의해서 살인범을 잡게 되다.

⑦ 범인의 얼굴을 꿈에 보여주다.

새로 부임한 부목사의 꿈에 마을에서 일어난 푸른색의 승용차로 유괴하여 살인한 사건의 범인이 의외로 존경받던 인물인 목사임을 꿈속에서 보여주게 되어 범인을 잡게 되다.

⑧ 지난번에 구입한 티켓이 멋지게 잭팟을 획득하는 꿈으로, 실제 당첨된 것을 알게 되다.

언제 복권이 당첨된 것을 아는가? 항상 꿈이 현실에 앞서 간다. 즉, 꿈으로써 앞으로 일어날 행운을 일러주는 경우가 대부분이다. 그러나 이미 현실에서 당첨이 되었음에도 불구하고, 본인이 알지 못할 때, 또한 꿈으로 일러주는 경우가 있다. 이처럼 당첨 사실을 몰랐을 때, 꿈으로 일깨워준 사례는 수없이 많다.

⑨ 젊은 여자가 13계단의 사형대로 끌고 가는 꿈

어느 사업가의 꿈이다. 젊은 여자가 자신을 끌고 사형대인 13계단으로 끌고 올라가는 꿈을 꾼 후에 사업차 비행기에 타고자 비행기 트랩을 올라가면서 "---열하나, 열둘, 열셋"까지 셌을 때, 비행기 속에서 젊은 스튜어디스가 얼굴을 내민 순간 놀라서 들고 있던 가방을 떨어뜨렸다. 지난밤 꿈속에서 자신을 사형대로 끌고 가던 그 젊은 여자와 흡사했다. 이에 비행기 탑승을 포기한바, 비행기가 원인불명의 사고로 말미암아 추락하는 일로 실현되었다.

이는 사실적인 미래투시와 상징적인 꿈이 결합된 사례이며, 사실적인 성격이 짙은 경우 안 좋은 꿈대로 따르지 않으면, 재난이나 화를 피할 수 있음을 보여주고 있다. 하지만 상징적인 꿈의 경우에는 나쁜 일이 일어날 것이라는 예지만 가능할 뿐 피할 수 있는 것은 아니다. 꿈 덕택에 죽음을 모면하였으니, 경고성 일깨움의 꿈으로 분류될 수도 있다고 하겠다.

⑩ 왕의 얼굴이 피로 뒤덮인 꿈(앙리 2세의 죽음)

1559년 4월 33년간 끌어온 프랑스와 스페인 간의 전쟁을 종식시키기 위한 평화협정이 체결되었다. 프랑스 왕 앙리 2세는 동맹관계를 공고히 하기 위해, 14세인 그의 딸 엘리자베스를 스페인의 필립 2세와 약혼시켰다. 그러고 나서 그는 6월 마지막 주부터 시작되는 대축제를 선포했다. 축제기간 중의 하이라이트는 앙리 2세와 경쟁자들 사이에 벌어진 1주일간의 마상 창 시합이었다. 앙리는 첫 2일 동안은 그의 기술을 훌륭히 발휘하여 도전자들을 물리쳤다.

둘째 날 밤 프랑스의 전례관 '블레스 드 몽룩'은 왕의 얼굴이 피로 뒤덮인 꿈을 꾸었다. 그리고 그는 꿈속에서 "왕은 사망했다." "왕은 사망하지 않았다."라는 엇갈린 말을 들었다. 셋째 날 앙리는 스코틀랜드 근위대장인 가브리엘 백작의 도전을 받았다. 두 사람이 마상 창시합을 한창 벌리고 있을 때, 백작의 창이 왕의 면갑을 꿰뚫고 한쪽 눈을 관통하여 뇌까지 들어갔다. 처음 관중들은 왕이 사망했는지, 아직 살아있는지 분별할 수가 없었다. 앙리 2세는 극심한 고통 속에 10일간 살아 있다가, 1559년 6월 10일 끝내 사망하고 말았다.

⑪ 꿈대로 된 폴테우스 대위의 생애

스코틀랜드의 에든버러에 사는 결혼한 지 얼마 되지 않은 폴테우스 부인은 어느 날 밤 잠자리에 들자마자 어떤 환각에 사로잡혔는데, 그것은 너무나도 뚜렷해서 마치 현실처럼 느껴질 정도였다.

그 꿈속에서 부인은 처음 어린 사내아이를 보았다. 그것은 부인이 낳은 첫 아기처럼 느껴졌다. 아이는 어린이 방에서 여러 가지 장난감을 가지고 놀고 있었고, 옆에 있는 의자에는 그 아이를 사랑스럽게 바라보는 모친의 모습이 보였다. 모친은 물론 폴테우스 부인 그 사람이었다.

'귀여운 사내아이를 원했기 때문에 이런 꿈을 꿨을까?'

부인은 꿈속에서 그렇게 중얼댔다. 다음 순간, 아이는 학교 교실에서 많은 아이들과 함께 공부하고 있는 10대 소년으로 성장하고 있었다. 다시 다음 장면에서, 소년은 육군의 제복을 입은 청년으로 변신해서 해외 근무를 하기 위해서 군용선에 타려고 하고 있었고, 아들을 떠나 보내는 폴테우스 부부의 눈물에 젖은 슬픈 모습의 영상이 보였다. 장면이 바뀌자, 젊은 병사는 시(市)의 경비대위 군복을 착용하고 에든버러로 돌아와 있었다.

이윽고 처형 장면이 나타났다. 두 팔을 포박당한 사내가 교수형을 집행당하는 장면으로 경비대위가 부하를 데리고 그 자리에 임하고 있었다. 사형 장면은 참혹하기 짝이 없었고 폴테우스 부인은 꿈속에서 그만 실신할 뻔했다. 사형 집행장에는 많은 군중이 모여 구경하고 있었으나, 불쌍한 죄인이 처형당하자 군중이 갑자기 웅성거리기 시작하고, 사형 집행자에 대해서 돌을 던지기 시작했다. 이것을 본 경비대위는 부하에게 폭도를 향해서 발포할 것을 명하고 군중 속에서 많은 희생자가 났다.

장면은 다시 바뀌어, 경비대위는 실각해서 죄수의 몸이 되어 비참한 모습으로 감옥에서 신음하고 있었다. 영상은 여기에서 멈추지 않고 다시 급변, 분격한 군중이 총과 칼을 들고 감옥을 습격, 대위를 끌어내 길가에서 참혹히 죽이고 말았다. 폴테우스 부인의 환각은 여기에서 끝났다. 부인은 몸을 제대로 가누지 못할 정도로 놀랐다. 식은땀이 전신을 적시고 있었다.

부인은 옆에 있는 남편을 흔들어 깨우고, 지금 본 꿈 내용을 하나 빠짐없이 들려주었다.

"꿈을 가지고 뭘 그래요. 피곤한 탓이겠지. 신경 쓸 필요 없어요."

남편은 부인을 위로했다.

그러나 부인은 단순한 꿈이라고 하기에는 너무나도 선명했기 때문에 언제까지나 꿈에서 본 그 영상들이 응어리로 남아 쉽사리 지워버릴 수가 없었다. 그리고 한때는 태어날 아이의 장래를 생각하고, 아이를 낳는 것은 차라리 단념하는 것이 어떨까 생각도 해보았지만, 역시 시간이 약이랄까 그런 생각도 점차 사라지면서 부인은 사내아이를 낳았다. 그 아이는 부인이 전에 환각에서 본 아이와 흡사했다.

부인은 불길한 꿈을 극복하고 아이를 슬픈 운명에서 구출하기로 마음먹었다. 아이는 양친의 깊은 사랑 속에서 탈 없이 자라고, 소년기에 도달하자 에든버러에서 가장 우수한 명문교에서 교육을 받게 됐다. 그러나 소년은 부모의 의사를 받아들이지 않고, 그들의 애원을 물리치고 군에 입대하고 말았다. 그는 비정하리만큼 담대하고 고집이 셌다.

'이대로 가면 꿈의 환각이 실현되는 것이 아닐까.'

부인은 아들이 고집을 꺾지 않는 것을 보고 그런 불안을 씻을 수가 없었다. 아들이 소속하는 연대는 얼마 후 해외에 주둔하게 됐다. 아들의 출발 광경은 부인이 환각에서 본 바로 그 장면의 재현이었다. 양친은 눈물을 흘리면서 아들을 태운 배가 멀어지는 것을 하염없이 바라보았다. 부인은 마음속에서 환각을 되새겼다.

아들은 수년간 해외에 주둔 후 본국으로 귀환하자, 곧 군복을 벗고 런던으로 가서 결혼을 하고 민간 상사에서 근무하게 됐다. 그간 에든버러를 떠나 런던에서 10여 킬로 떨어진 교외로 이사해서 살고 있는 부모에게는 아무런 소식도 없었다. 왜 아들이 이렇게 쌀쌀하게 구는지 부모는 도무지 그 영문을 알 수 없었다. 부모는 그저 아들이 무사히 살아주었으면 하는 마음이 간절했다.

아들은 얼마 후 처자를 데리고 고향인 에든버러로 돌아왔다. 런던에서의 근무가 시원치 않았던 것일까. 그러나 에든버러로 돌아온 그는 시의 한 유지의 추천으로, 경비 대장의 직책을 얻고 경비대위로 임명됐다. 이것은 그로서는 큰 영예이기도 하고 출세가 아닐 수 없었다.

그런 일이 있은 지 얼마 후, 두 밀수업자가 체포됐다. 그들은 밀무역 혐의로 차압된 물품을 밤에 비밀리에 관세창고에서 꺼내려다 체포당하고, 재판 결과 에든버러시 광장에서 군중 앞에 교수형에 처해지게 됐다. 처형에 앞서 두 사람은 사후 영혼의 구원을 위해서 교회에서의 기도가 허용됐다. 교회로 향하던 도중, 둘 중 하나가 감시를 피해 탈주에 성공했다.

남은 밀수꾼은 군중 앞에서 처형당하게 됐다. 그 광경은 폴테우스 부인이 환각에서 본 것과 조금도 다를 바 없었다. 환각 속에 처형자는 한 사람이었기 때문에, 그 줄거리대로 두 처형자 중 하나는 도망치고 하나는 남게 된 것이다. 처형자는 두 팔을 포박당하고 교수대 앞에 머리를 숙이고 서 있었다. 그 곁에는 사형집행인이 긴장한 모습으로 집행의 신호를 기다리고 있었다. 교수대 옆에는 잔뜩 긴장한 폴테우스 대위가 부하를 거느리고 부동자세로 서 있었다. 교수대를 멀찌감치 바라보며, 군중들이 겹겹이 둘러싸고 있었다. 그들의 표정에서 처형자에 대한 깊은 동정의 마음을 읽을 수 있었다. 이윽고 처형 집행 신호가 울렸다. 순간 주위는 물을 끼얹은 듯 조용했다. 처형자는 무거운 발걸음으로 교수대로 올라갔다. 집행인이 로프를 잡아 당겼다. 처형자의 목이 앞으로 기우뚱했다. 처형은 끝났다.

"아아." 군중 속에서 탄식하는 소리가 들려오고, 이윽고 그것은 신음 소리로 바뀌고, 다음 순간에는 노성과 욕설로 뒤바뀌었다. 그리고 폴테우스 부인이 본 영상에서처럼, 군중들은 집행인을 향해서 돌멩이와 흙덩어리를 마구 던졌다.

그때까지 묵묵히 그 광경을 지켜보고 있던 경비 대장 폴테우스 대위는 마침내 부하를 향해 발포를 명하고, 자신도 하이란드 지방 출신인 한 명문 집안 아들을 사살했다. 경비대의 발포로 소동은 일단 가라앉았으나 사태가 수습된 후, 이와 같은 상황에서 발포가 타당한지의 여부가 문제가 됐다. 그 결과 정당방위로 받아들일 수 없다는 결론이 나왔고, 대위는 경시 총감의 명령으로 체포되어 재판결과 살인죄로 사형선고를 받았다.

이때 폴테우스 부인은 이미 미망인이었으나, 자기 아들이 환각 속에서 본대로 사형선고를 받고, 처형을 기다리면서 감옥에 갇혀 있다는 것을 알았을 때, 그는 실신할 것만 같았다. 환각에 나타난 현상이 하나하나 어김없이 실현되어 가는 것에 그저 놀랄 수밖에 없었다.

그러나 환각은 환각으로, 아들의 사형집행을 수수방관만 할 수는 없었다. 할 수 있는 데까지는 손을 써야겠다고 생각했다. 그것은 바로 이 세상을 살아가는 모든 어버이의 마음일 것이다.

어떻게 해서든지 아들을 살려야지, 그렇게 마음먹고 아들의 석방에 도움이 될 만한 사람을 찾아가서 호소하고 애원했다. 그 결과 영국 여왕이 집행유예를 내리고 가석방이 허가됐다. 그런데 일이 이대로 진행되었다면 만사는 무사히 해결될 것이었으나, 운명의 신은 어디까지나 부인의 편에 서지 않았다.

석방일이 지정된 그 전날 밤, 집행유예의 은전을 입은 폴테우스 대위는 친구들과 함께 감옥 내에서 기쁨을 나누고 있었다. 그때 간수 한 사람이 대위에게 와서 "지금 무장한 군중이 감옥으로 쳐들어와서, 당신을 해치려고 하고 있습니다." 라고 알리는 것이 아닌가. 그 말이 끝나기가 무섭게 폭도는 견고한 감옥 문을 부수고 쳐들어와서 대위를 사로잡아, 그 어머니가 꿈에서 본대로 에든버러 광장으로 끌고 가서 죽이고 말았다.

정말 믿을 수 없는 꿈이야기지만 실지로 스코틀랜드에서 있었던 일이고, 그 기록은 19세기 말, 한 저명한 장로파 교회 목사의 서재에서 발견된 것이다. 그 자세한 경위는 T. 찰리의 [영계통신](T. Charley : News from the Invisible World)에 기재되어 있다.---앨런 본 저, 『믿을 수 없는 우연』, 송산출판사, 1986.

신혼 시절 장차 태어날 아이의 일생을 사실적인 미래투시의 꿈으로 보여주고 있는 꿈 사례로, 신비한 꿈의 세계를 잘 나타내주고 있다. 이렇게 앞으로 몇십 년 뒤에 일어날 일을 꿈으로 꾸는 사례는 수없이 많다. 타이태닉호의 침몰을 예지한 꿈, 꿈에서 본 그대로 화산 폭발이 일어난 사례 등등 이러한 사실적인 미래투시의 꿈 사례가 외국에도 수없이 많이 있는바, 꿈은 동서고금을 뛰어넘어 공통적으로 펼쳐지고 있음을 알 수 있겠다.

상징적인 미래 예지의 꿈

이제부터, 진정한 꿈의 세계라고 할 수 있는 상징적인 미래 예지 꿈에 대해서 살펴본다. 꿈은 단적으로 말해서, 미래에 일어날 일을 예지해주고 있다. 인간의 영적인 정신능력의 발현으로, 자신이나 주변 사람들에게 일어날 일에 대해서 예지함으로써 장차 다가올 일에 대해 마음의 준비를 하게 하고 슬기롭게 극복할 수 있도록 한다. 급작스러운 불행이나 행운이 찾아오기 전에 꿈으로 앞서 조짐을 보여주고 있는 것이다.

다만, 이 경우에 꿈을 꾼 사람이 처한 상황에 따라서 사실적인 미래투시의 꿈으로 보여주거나, 계시적인 꿈으로 일러주거나, 알쏭달쏭한 상징적인 미래 예지 꿈으로 보여주고 있는바, 가장 대표적인 꿈이 상징적인 표상으로 전개되고 있는 상징적인 미래 예지 꿈인 것이다.

이러한 상징적인 미래 예지에 대한 꿈은 태몽을 비롯하여, 로또복권의 당첨이나 사건·사고의 예지, 죽음 예지, 변란 예지 등 무수히 많다. 이 경우에도 몇 시간 뒤나 다음 날 또는 일주일, 몇십 년 뒤, 심지어 태몽의 경우에는 평생의 일을 예지해주고 있다.

다소 오래전 꿈이야기이지만, 고(故) 정일권 전 총리는 회고록에서 '10.26 사건 1주일 전에 박정희 대통령의 서거를 직감하는 꿈을 꾸었다.'고 밝히면서, 다음과 같은 꿈이야기를 적고 있다. "박 대통령이 피투성이가 되어 나타나 '丁형, 나 좀 살려줘. 내가 너무 욕심을 부렸던 것 같아' '가망 없어. 나로 하여금 수많은 사람이 다쳤는데, 나라고 무사할 것 같지 않아'라며, 가쁜 숨만 내쉬었다."라고 술회하고 있다. 이러한 꿈이야기는 진솔한 고백인 회고록의 성격상 믿어도 좋은 사실일 것이다. 또한 예지적 기능의 꿈이야말로 꿈의 본질을 알려주는 것이라고 볼 수 있다.

성경에도 이집트의 7년 풍년과 흉년을 예지한 바로왕의 꿈을 해몽한 요셉의 꿈풀이를 비롯하여 여러 꿈이야기가 나와 있듯이, 꿈에 예지적인 기능이 있는 것은 부인할 수 없는 사실이다. 이 글을 읽는 독자 모두는 자신이 꾸었던 꿈이 현실생활에 일어난 어떤 일과 일치하는 것을 경험했거나, 주변에서 일어난 신비한 꿈 이야기를 들어보았을 것이다. 우리가 돼지꿈을 꾸고 나서 로또복권을 사는 경우, 자신도 모르게 꿈의 예지적 성격의 꿈의 영험함을 믿고 있는 것이다. '어젯밤 꿈 자리가 안 좋아서 걱정이야' 또는 '어제 돼지꿈을 꾸었는데, 좋은 일이 생기려나' 등의 꿈과 실생활을 연결하여 자신의 미래를 추측해보는 것은 꿈의 예지적 성격 을 믿고 있는 것이라 할 수 있겠다.

특히나 우리 민족은 꿈의 예지에 대한 신비로움을 민속적인 신앙에 가깝도록 믿어왔다. 꿈은 발달된 현대과학의 힘으로도 규명할 수 없는 우리의 또 다른 초자아인 정신능력의 활동이다. 과거에서 현재에 이르기까지 동서양을 막론하고 수많은 사람의 꿈 사례를 통해 꿈의 미래 예지적 성격이 극명하게 드러나고 있다. 따라서 실증사례도 가장 많으며, 흥미 있고 재미있는 이야기들이다.

1) 요즘 사람들의 상징적인 미래 예지 꿈 사례

상징적인 미래 예지적인 꿈 사례는 무수히 많다. 이 책에 실려 있는 대부분의 꿈이야기들이 상징적인 미래 예지 꿈이다. 대표적인 사례를 간추려 살펴본다.

① 낯선 남자들이 몽둥이를 들고 쫓아오는 꿈

뜻밖에도 남편이 친구들을 데리고 한밤중에 집으로 와서, 밤늦게 술과 안주를 마련해주는 일로 실현되었다.

② 돌아가신 어머니가 창문도 없는 추운 방에서, 자신을 슬프게 바라보고 있던 꿈

다음 날 자동차 바퀴가 발등 위로 지나가는 사고를 당하게 되었다.

③ 집안으로 들어온 뱀을 잡은 꿈

동생이 선을 보기 전에 꿈을 꾸었는데, 집안에 뱀이 들어 왔는데 누구도 뱀을 잡지 못하던 중, 동생이 들어오더니 뱀의 머리를 잡았는데 뱀이 꼼짝을 못하는 꿈이었다. 그 후 동생이 결혼식을 올렸다.

④ 자신의 명정을 쓴 꿈

서예 교실을 운영하기를 간절히 바랐던 주부의 꿈이다. 꿈속에서, 자신이 죽어 누울 칠성판에 깔린 붉은 비단에 '현비유인광주이씨'라 적고 있었다. 꿈속에서 깨어나서는 섬뜩한 꿈이었으나, 꿈속에서는 당연하고 담담한 일이었다.

꿈을 꾼 후에 현실에서는 남편의 적극적인 지원이 이루어져서 새로운 인생길을 걸어나가게 된바, 상징적으로 죽음은 낡은 껍질을 벗고 새롭게 태어나는 것을 상징한다. 즉 기존의 상태나 여건에서 새로운 상황으로 나아가고자 할 때, 상징적으로 죽는 꿈으로 보여주고 있다.

⑤ 죽은 돼지가 들어온 꿈 → 재물이 들어온 것이 허사가 됨.

필자 아내의 꿈 사례이다. 2011년 5월 어느 날 집안에 돼지가 들어온 꿈이었다. 그런데 돼지가 이어 죽는 꿈이었다.

꿈은 처한 상황을 잘 알 수 있는 꿈을 꾼 자신이 가장 잘 해몽할 수 있다. 누군가의 태몽을 대신 꿔 준 것이라면, 임신하지만 유산되는 일로 실현될 수 있다. 일반적으로는 다산(多産)과 함께 쑥쑥 커가는 왕성한 번성력을 지닌 돼지이기에 재물의 상징인 경우 재물이 생기려다가 무위로 돌아가는 일로 실현될 것으로 해몽을 했다.

보름여 뒤에 실제로 예지했던 대로 일은 일어났다. 몇 년 전에 산속에 남향의 450여 평의 밭을 구입하였는바, 돈이 필요하여 묏자리로 매도하고자 하였다. 등기부상에도 전(田)으로 되어 있어, 매수자가 마음에 들어 계약을 체결하고 계약금을 지불하고, 등기 이전을 위해 농지자격 취득 증명원까지 취득하였다.

하지만 매수자가 밭의 정확한 경계를 알아보고자 실제 측량을 한 결과, 지적도와는 달리 밭이 아닌, 우측으로 10~20m씩이나 떨어진 엉뚱한 소나무 숲이라는 것이었다. 그러니 매수자는 꺼림칙하여 묏자리로 쓸 수 없다는 것이었고, 나아가 사기꾼 취급을 받는 지경에 이르렀다. 그리하여 계약금을 다시 돌려주고 심지어 측량비용까지 변상해주는 황당한 일로 실현되었다. 돼지가 들어왔지만 이내 죽은 돼지꿈의 예지가 헛된 수고로움으로 끝났던 것이었다.

그러나 죽은 돼지꿈의 상징적 의미를 잘 알았기에 뜻밖의 일에 가슴 아파하지 않을 수 있었다. 인터넷 위성 지도상으로 보면 번지수가 밭으로 나오고 있으며, 면사무소 직원은 그 땅에 농사를 짓지 않으면 벌금을 물린다고까지 말해 왔는데, 귀신이 곡할 노릇이었다.---후략

다음은 고(故) 한건덕 선생님이 필자와의 운명적인 만남을 예지하고, 필자의 꿈 연구의 진행과 1997년 『꿈해몽백과』를 공저할 것을 예지한 꿈 사례 두 가지를

소개하고자 한다. 1973년에 꾼 꿈이니 2013년 기준에서 본다면, 40년 전의 꿈 사례이지만, 한 치의 오차도 없이 꿈대로 실현되면서 진행되어가고 있는 중으로, 그 어떤 예지적인 꿈의 실증사례보다도 전율을 느낄 정도이다.

한건덕 선생님은 '꿈이란 미해결의 관심사와 미래사를 판단하고 예지한 고도의 지적산물(知的産物)'이라고 말씀하시고 있다. 또한, 한건덕 선생님의 여러 저서 중에 『나의 작품관계 꿈의 일지 분석』이 있는바, '자신의 꿈을 기록하고 장차 이렇게 실현될 것이다'를 밝힌 책이다. 꿈이 미래를 예지한다는 대명제에 대한 확신이 없다면, 또한 올바르게 해몽할 능력이 없다면, 시도하지도 못할 저서이다. 또한 이 책은 꿈이 바로 실현되지 않고, 몇 년 후 심지어 몇십 년이 지나서 실현된다는 사실에 대한 믿음과 확신이 없이는 불가능한 저서인 것이다.

⑥ 여중생에게 그림을 가르치며 같이 그린 꿈 → 고(故) 한건덕 선생님과의 공저 예지

어떤 교실 같은 곳에 뒤에 칠판이 있고, 교단 아래쪽에 탁자 같이 넓은 책상이 있다. 그 저쪽에 중학생 또래의 여학생이 하나 앉아있다. 나는 칠판과 교단 사이에 서서 다 닳아빠진 백묵 하나를 쥐고, 칠판에 그림을 그려 보이며 학생에게 그대로 종이에 그리기를 요구한다. 학생은 책상 전체에 펴놓은 넓은 종이에 그림을 그리기 시작했는데, 그 종이에 그 애와 번갈아 가며 나도 그림을 그렸다. 나중에 완성된 그림을 보니 한 폭의 풍경화가 사진을 찍은 듯 잘 그려져 있고, 가운데 부분이 더욱 잘 그려졌다.---후략

이 꿈은 실현되지 않은 꿈이다. 백묵이 다 닳았으니 내가 설명할 것이 별로 없을 마지막 때 있을 일이요. 공동작업자가 여중생 또래이니 비록 박식하더라도 꿈에 관해서는 별로 아는 것이 많지 않은 자요, 큰 백지에 그림을 그렸으니 어떤 작품 또는 논문 따위를 구성할 것이다. 그림이 잘 그려졌으니 문장 내용이 참신할 것이며, 그와 더불어 번갈아 가며 그렸으며 공동 작품임에 틀림이 없다. 그 여중생으로 동일시된 사람이 누구인지 자못 궁금하다.(글: 한건덕, 1973년)

꿈의 작업장에서 이루어진 상징의 표현을 보고 있노라면, 새삼 꿈의 신비에 감탄하게 된다. 어느 유능한 소설가라 할지라도, 꿈의 궁전에서 펼쳐지는 오색의 무지개(상징적으로 표현되는 꿈의 세계)를 뛰어넘는 이야기를 지어낼 수가 없을 것으로 확신하는 바이다. 더구나 현재의 일도 아니고 오랜 세월 뒤에 이루어질 그 어떠한 사실이나 현상에 대해서는 더더욱 불가능할 것이다. 어떠한 꿈을 꾸고 나서,

그 꿈이 10년~20년 뒤에 실현되었을 때의 그 놀라움은 경험해보지 않으신 분은 모를 것이다.

맞선을 보러 가기 전에 상대방에게 안겨있는 꿈을 꾼 후에 마음을 정하고 결혼을 한 사람이 있다. 우리는 어떤 꿈을 꾸게 되면 꿈은 허황된 것이라고 말들을 하면서도, 내심 꿈으로 나타난 그 어떤 상징적인 의미에 대해서 의미를 부여하고 그 뜻을 알아내고자 한다.

아마도 한건덕 선생님이 위에 사례로 든 이러한 꿈들을 꾸지 않으셨다면, 필자와 공저한 『꿈해몽 백과』와 같은 책도 나오지 않았을지 모른다. 하지만 꿈을 믿는 사람들에게 있어서는 이 모든 것이 운명의 길이요, 하늘의 뜻이라 할 수 있다.

필자가 그 후에 '탑을 허물고 새롭게 작업하는 사나이의 꿈', '여중생과 그림을 그리는 꿈'에 관한 한건덕 선생님의 꿈이야기를 읽으면서, '어쩌면 이런 일이 일어날 수 있을까?' 솔직하게 고백하자면, 필자가 기획하고 있는 전체 20여 권의 『홍순래 꿈해몽 대사전』을 통한 꿈에 관한 학문적 이론 체계의 올바른 정립까지 예지되고 있는 것에서 신비한 꿈의 세계에 전율마저 느낀다. 또한 선생님의 상징적인 꿈에 대한 정확한 미래 예지의 해몽에 찬탄을 금할 수가 없다.

필자가 여중생으로 상징되어 등장한바, 선생님의 꿈해몽 역시 탁월하신 견해이다. "공동작업자가 여중생 또래이니, 비록 박식하더라도 꿈에 관해서는 별로 아는 것이 많지 않은 자요." 1996년 선생님을 처음 만났을 때는 꿈에 관한 연구에 한해서는 이제 걸음마 단계에 있던 필자였다. 갓난아기나 어린애와 같이 그림을 그리는 표상으로 전개되지 않은 것이 다행이다.

필자는 여중생으로 동일시되어 등장하였으며, 같이 그림을 그리는 꿈은 어떠한 논문이나 저서를 창작해내는 데 있어 공동으로 하게 될 것을 상징적으로 나타내고 있다. 필자가 터프하지 않고 여성적인 면이 있으며, 또한 그림이 잘 되었다는 것은 훌륭한 작품이 될 것을 예지해주고 있다.

⑦ 사나이가 돌탑을 허물어 내고 작업하는 꿈 → 한건덕 선생님과의 운명적 만남으로 공저를 하게 될 것을 예지

햇빛이 화사하게 든 낮은 언덕에 황금색 잔디가 깔려 있고, 그 오른쪽에 상아탑이라고 생각되는 돌탑이 약 10여 미터 높이로 솟아 있다. 돌탑 끝은 입체 삼각형으로 뾰족탑이 되었으며, 탑신의 대부분은 담쟁이넝쿨로 뒤덮여 탑의 연륜이

상당히 오래된 것을 알 수가 있다. 이때 그 탑 앞에 한 건장한 사나이가 웃통은 벗어 던진 채 서 있는데, 그는 탑의 밑 ⅓ 가량의 쌓인 돌을 하나하나 뽑아서, 자기 키보다 긴 것을 저쪽 언덕 너머로 떡 한 조각씩 던지듯 가볍게 모두 던져 버렸다.

그리고 그가 있던 곳엔 넓고 큰 홀이 생겼는데, 그는 그 안에 들어가 사닥다리를 놓고 천장 밑에서 무엇인가 일을 하고 있었다. 나는 왼쪽 언덕에 서서 이 광경을 지켜보다가, 홀 안으로 들어가 그가 떨어지지 않도록 사다리를 꽉 잡고 있었다.

이 꿈에서 돌탑 밑부분의 돌을 하나하나 제거한 것은 과거로부터 이어져 오는 학문적 논증을 제거하고, 거기에 어떤 새로운 연구 기관(홀)을 설립하는데 주역이 될 사람이 나타남을 뜻한다. 내가 그의 사다리를 부축한 것은 그의 일을 거든다는 뜻이니, 쌓아올린 돌벽을 허물어 내는 그가 누구이며 어디 사는지 기다릴 수밖에 없다.

꿈 내용과 선생님의 꿈풀이를 요약해 적어보았다. 이 꿈은 선생님을 처음 뵈었을 때인 1996년 6월 말경, '사나이 운운---' 하신 말씀이기도 하다. 그 당시 필자는 이 꿈이야기를 모르고 있었다. 필자가 1996년 『현실 속의 꿈이야기』를 집필하는 과정에서 우리나라에서 꿈 연구를 해오신 고(故) 한건덕 선생님이 계시다는 사실과 몸이 불편하시다는 사실만을 알고 있었을 뿐이었다. 그리하여 선인들의 꿈이야기를 정리한 책을 출간한 후학의 입장에서 꿈을 연구하신다고 하니 인사차 책을 한 권 보내드렸다.

그런데 선생님이 필자의 책을 보시고, 한 번 집에 방문해주기를 요청하셨다. 그날 처음으로 광명의 어느 조그만 아파트의 한 방안에서 선생님을 뵈었을 때, 연장자이시며 꿈에 대한 연구를 해오신 데에 대한 존경의 표시로 예의를 갖추어 큰절을 올렸다.

그때 선생님이 중얼거리시기를, "사나이가---" 필자는 무슨 뜻인지 몰랐다. 그날 선생님의 모습은 육체적인 불편함은 제쳐놓더라도, 힘겨운 삶의 모습은 사람들의 꿈에 대한 무관심과 무지함이 투영된, 차마 글로 여기에 옮기지 못할 정도로 비통하다고 할 만큼 참혹한 모습이셨다.

각설하고, 이 꿈에 대한 자세한 꿈의 내용과 해몽의 모든 것은 선생님께서

1981년 9월 출간한 『꿈과 잠재의식』 제 1장 '꿈이란 무엇인가?' 책 서두에 그림과 함께 그대로 실려 있다.

≪그림 : 사나이가 탑을 허물어 일하는 꿈≫

　그림 아래에는 다음과 같이 적혀 있다. '돌로 쌓아 올린 상아탑(과거의 꿈에 관한 학문적 업적) 밑 부분의 고인 돌 둘을 뽑아 언덕 너머로 던지고(기존 학설의 기초적인 이론을 폐기), 그 자리에 홀을 만드는 사나이(새로운 기초학문의 정립을 시도하는 어느 학자)'

　선생님께서 1973년 1월 8일 밤에 꾼 꿈이라고 밝히고 있다. 당시 선생님의 말씀이다. "이 꿈은 아직 실현되지 않았다. 하지만 이 꿈과 해석에 대해서, 반드시 실현될 것을 믿어 의심치 않는다."

　꿈은 꿈을 꾼 자신이 가장 잘 해몽할 수 있는바, 이 꿈을 꾸게 된 동기에 대해 다음과 같이 밝히고 있다. 미해결의 관심사인, '장차 나의 꿈의 연구가 뜻있는 사람으로 하여금 채택되어서, 꿈에 대한 기성학문을 변개할만한 일이 진행될 수 있을 것인가 알고자 했던 문제'에 대해서 어떤 해답을 구한 꿈이라고 우선 추정할 수가 있다.

『꿈과 잠재의식』의 19쪽에 실려 있는 꿈의 마지막 부분의 언급을 그대로 전재하여 살펴본다.

"어느새 돌을 뽑아버린 탑 부분에는 큰 구멍이 생겼고, 나는 그 구멍 안에 들어와 있었다. 먼저의 사나이가 하나의 사다리를 가져와, 구멍 안 한쪽 벽 천장 밑에 비스듬히 세우고 올라섰다. 나는 그가 떨어지지 않도록 두 손으로 사다리를 잡고 있었고, 그는 그 위 천정 쪽에 손을 대고 무엇인가 일을 하고 있었다. 그와 나는 아무 말도 건네지 않은 것 같았으나, 그와 나는 동업자라고 생각하고 있었다."

여기에 대해서 3~4쪽에 걸쳐 자세한 꿈풀이를 해놓고 있는바, 동업자에 대해서는 "내가 그의 일을 도우며 동업자라고 생각한 것으로 보아, 꿈속의 그 사람으로 동일시되는 어떤 사람의 일을 내가 도울 것임에는 틀림이 없다."라고 언급하고 있다.

필자의 꿈풀이는 담쟁이넝쿨로 뒤덮인 연륜이 오랜 탑은 그동안에 선생님이 쌓아 올린 꿈에 관한 여러 학문적 업적 또는 저작물을 뜻하고 있다. 벽돌이란 여러 조각이 합쳐져서 이루어지는 노작의 결정체로 볼수 있다.

여기에 사나이로 상징된 필자 자신이 선생님의 학문적 업적 내지 저작물 중에서 난해하거나 잘못된 것을 고쳐서(돌을 던져 버리고), 일반 사람들이 쉽게 이해할 수 있는 새로운 저작물을 선생님과 함께(떨어지지 않도록 사다리를 꽉 잡고) 이루어 낼 것(홀 안에서 일을 하고 있음)임을 예지해주고 있는 꿈으로 보고 싶다.

그 첫 번째 결실이 선생님의 꿈해몽 관련 글에다가 필자의 해설을 새롭게 다듬고 보태어 책임 집필하여, 1997년 선생님과 공저로 발간한 『꿈해몽 백과』인 것이다.(선생님께서는 출간을 보지 못하시고, 1개월여 전인 1997년 7월 29일에 운명하셨다.)

⑧ 이름의 글자가 사라진 꿈 → 연예인의 인기 몰락을 예지

우연히 어떤 사람의 글을 읽다가 옛날에 꿨던 꿈이 기억나더군요. 그래서 이렇게 올려봅니다.

꿈에서 저는 도서관의 발코니에 나와 있었어요. 난간 앞에 서서 거기서 보이는 시내 전

경을 보고 있었지요. 그때 하늘에서 어떤 비행기가 나타났어요. 옛날 2차 대전 때 쓰이던 비행기처럼 앞에 날개가 두 개 달려 있고 날개 사이에 얼기설기 기둥이 세워져 있는, 앞에는 프로펠러가 달린 비행기가 나타나더군요. 그러더니 그 비행기는 곡예비행을 할 때처럼 꽁무니에서 연기를 내뿜기 시작하더군요. 그리고 그 비행기는 '심신'이라는 글자를 하늘에 크게 쓰더군요. 그리고 비행기는 사라졌고 화려하게 하늘에 쓰여있던 '심신'이라는 글자는 사라져버리더군요.(연기로 썼으니 당연한 것 아닐까요.)

이 꿈을 꿨을 때는 '심신'이라는 가수가 막 데뷔할 무렵이었고, 꿈을 꾼 후에는 상당히 인기를 끌게 되었죠. 그러나 ○○○와의 결혼이 틀어지면서 심신은 인기가 급락했고, 지금은 어디서 무엇을 하는지도 모르게 되었지요. 하늘에 글자가 쓰인 것은 '이 사람의 이름이 크게 빛나리'겠지만, 연기로 쓴 글씨라 금방 없어져 버렸으니, 인기가 오래 못 갈 것이란 상징이었지요. '심신'이 나와는 상관없는 사람이었는데도, 왜 이런 꿈을 꾸게 되었는지 약간 이상하군요.

이 밖에 일반적인 예지 꿈으로, 할머니께서 돌아가신 이모할머니를 따라가시는 꿈을 꾸고 다리를 다친 사례, 꿈에 나타난 사람들 가운데 유독 희미하게 나타난 사람이 교통사고를 당한 사례, 널어둔 아기 기저귀가 빨간 핏빛으로 물드는 꿈으로 입술을 10바늘 이상 꿰맬 정도로 찢어지는 사고가 발생한 사례 등 예지적인 꿈 사례는 밤하늘의 별만큼이나 수없이 많다.

2) 선인들의 상징적인 미래 예지 꿈 사례

선인들의 상징적인 미래 예지 꿈의 사례를 (1) 왕·황후 등극 및 귀한 신분 예지 (2) 과거 급제·관직·관운(官運) 예지 (3) 부임지나 유배지를 예지로 나누어 살펴본다.

(1) 왕·황후 등극 및 귀한 신분 예지

왕위에 오르게 되거나 황후 등이 된다는 것은 개인의 운명으로 볼 때 커다란 일이다. 따라서 이런 경우에 꿈으로 예지되어 나타난다는 것은 당연한 일이라 하겠다. 또한 이러한 왕이나 황후 등극의 꿈 사례에 있어서, 신성성을 미화하기 위해서라도 지어낸 거짓 꿈으로 조작하여 유포시킨 경우도 있을 수 있겠다.

① 원성왕의 등극을 예지한 꿈

이찬 김주원(金周元)이 처음에 상재(上宰)가 되어 있을 때, 원성왕은 각간으로서 차재(次宰)의 위치에 있었다. 차재의 위치에 있을 때의 어느 날, 복두(幞頭)를 벗고 소립(素笠)을 쓰고 12현금을 들고서, 천관사(天官寺)의 우물로 들어가는 꿈을 꾸었다. 꿈에서 깨어나 사람을 시켜 해몽 점을 쳐보게 했다.

"복두를 벗은 것은 관직을 잃을 징조입니다. 가야금을 든 것은 목에 칼이 씰 징조입니다. 그리고 우물에 들어간 것은 옥에 들어갈 징조입니다." 이 해몽을 듣고 근심에 빠져 두문불출했다.

그때 아찬 여삼이 찾아와서 만나자고 하였으나, 병이 났다는 핑계로 면회를 사절하고 나가지 않았다. 아찬은 재차 한번 만나고 싶다고 요청해 왔다. 그제야 그는 허락했다.

"복두를 벗은 것은 자기 위에 아무도 없게 됨을 말합니다. 소립을 쓴 것은 면류관을 쓸 징조입니다. 12현금을 든 것은 12세손이 대를 전해 받을 징조입니다. 그리고 천관사의 우물로 들어간 것은 궁궐로 들어가게 될 상서입니다."

그 뒤 오래지 않아 선덕왕은 붕어했다. 조정 안의 사람들이 상재의 자리에 있는 김주원을 받들어 왕으로 세우려고, 그를 왕궁으로 맞아들이려 했다. 그런데 그의 집이 북천의 북쪽에 있었는데, 북천의 냇물이 불어올라 건너올 수가 없었다. 이 기회에 먼저 대궐에 들어가 즉위했다. 이렇게 등극한 임금이 원성왕이다.---『삼국유사』

널리 알려진 원성왕(元聖王)의 왕위 등극을 예지한 꿈이야기를 살펴보았다. 원성왕이 꾼 꿈의 해몽은 여삼의 꿈해몽이 올바르기에 언급하지 않는다. 하지만 이러한 상징적인 꿈의 실현은 현실에서 그 어떠한 행위에도 상관없이 꿈의 예지대로 이루어지고 있다. 군이 북천신(北川神)에게 제사를 지내지 않는다 하더라도, 한 번 꾼 꿈의 실현은 새롭게 꿈을 꾸지 않는 한, 하늘의 뜻대로 꿈에서 예지된 대로 진행되고 있다.

원성왕(元聖王)은 신라 제38대 왕으로 성은 김(金), 이름은 경신(敬信, 敬愼)으로 내물왕의 12세손이다. 선덕왕이 죽자 비가 와서 알천(閼川)이 불어 김주원이 건너오지 못했으므로, 신하들이 경신을 추대하는 일로 이루어진다.

이와 유사한 과거 급제를 예지한 흥미로운 파자해몽의 예지적인 꿈이야기를 살펴본다.

≪음의 유사성을 활용한 과거 급제의 파자해몽≫

한 선비가 첩을 얻어 살면서, 본처를 박대하고 돌아보지 않았다. 이 선비가 하루는 꿈을 꾸니, 머리에 말[斗: 열 되가 들어가는 사각의 나무통]을 쓰고, 나막신[木履]을 신고, 허리에 기(箕)나무로 만든 띠를 두르고, 손에는 피가 흐르는 음호(陰戶: 여성 성기)를 쥐고, 사당(祠堂)으로 들어가는 꿈이었다.

첩이 꿈이야기를 듣고 해몽하기를, "머리에 말[斗]을 쓴 것은 형벌을 받아 큰 칼을 쓸 징조이고, 허리에 기나무 띠를 두른 것은 오랏줄로 묶일 징조이며, 나막신을 신은 것은 발에 나무 질곡(桎梏)을 차고 구금될 징조이다. 손에 피 흐르는 음호를 쥔 것은 머리가 잘려 피를 흘릴 징조이며, 사당에 들어간 것은 죽어서 혼백이 가묘(家廟)에 들어갈 징조이니, 대단히 흉한 꿈이다."라고 말했다.

그래서 선비는 그 날부터 걱정하며, 혹시 형벌을 받으면 집안이 다 망하니, 먼저 자기 혼자 죽으면, 집안은 보전할 수 있다고 생각하고 미리 죽기로 작심하여 밥을 굶고 누워 죽기를 기다렸다.

이때 본처가 남편이 병이 나서 누웠다는 말을 듣고, 비록 박대를 받아 무정하지만, 그래도 인정상 위로하고 영결을 고하려고 남편을 찾아갔다. 남편 얘기를 듣고 보니 꿈 때문이라고 하기에 그 꿈 얘기를 듣고 자기가 다시 해몽했다.

"머리에 쓴 말[斗]은 모가 난 물건이니 뿔이 달린 사모(紗帽)를 쓸 징조이고, 허리에 두른 띠의 기(箕)나무는 기(其)와 비슷한 글자이니 '콩깍지(其의 뜻이 콩 껍질인 '콩깍지'의 뜻임)'의 뜻이 된다. 벼슬아치들이 허리에 두르는 '각대(角帶)'를 흔히 '깍지'라고도 말하니, 이는 허리에 '각대'를 두를 징조이다. 그리고 관복 입은 대감들이 신는 장화 같은 가죽신을 '목화(木靴)'라고 하니, 글자로 보면 '나무 신'이니 '나막신'과 통하게 된다. 이렇게 해몽하는데, 그 다음이 더욱 재미있었다.

"붉은 피가 흐르는 여자 음호를 손에 쥐었으니, '음호(陰戶)'는 곧 우리말로 '보지(寶紙)'라, 그러니 '붉은 피가 흐르는 보지'는 '홍보지(紅寶紙)'이다. 이것을 풀이하면 '홍색(紅色) 보자기 안에 든 어지(御旨: 임금이 준 종이)'의 뜻이 되니까, '紅寶紙'는 결국 급제하고 임금에게서 받는 '홍패(紅牌)'와 같은 말이 된다. 그러니 급제하여 사모(紗帽) 쓰고, 허리에 각대(角帶) 두르고, 목화(木靴) 신고, 홍패를 손에 쥐고, 가묘에 들어가 급제 사실을 조상에게 고하는 꿈인데, 이 얼마나 좋은 꿈이냐?" 하고 말했다.

본처의 말을 들은 선비는 그게 맞을 것 같아, 곧 일어나 과거 준비에 열중하여 급제했다. 그러고는 첩을 내쫓고 본처와 행복하게 잘 살았으며, 뒤에 재상이 되었다 한다.(조선 후기)---『醒睡稗說』, 18번, 김현룡, 『한국문헌설화』 6, p. 492.

본처의 해몽은 아주 올바르다. 형상화와 음의 유사성을 이용한 절묘한 해학적인 해몽에 찬탄을 금치 못하는 해몽 사례이다. 필자는 점쟁이의 허황된 해몽이 아닌, 꿈의 상징에 대한 이해와 실증적 사례에 바탕을 둔 최고의 꿈해몽 전문가라고 자부하지만, 꿈의 해몽에 있어 음의 유사성을 활용한 논리 정연한 전개에 입이 쩍 벌어질 정도이다. 2011년 출간한, 필자의 『한자와 파자』의 제Ⅵ장 '파자해몽(破字解夢)'의 다양한 사례 중에서 재인용한바, 한자의 문자유희로서의 파자(破字)에 관심 있는 분들의 일독을 권한다.

② 자신의 오줌이 나라에 넘쳐난 꿈 → 아들 현종(顯宗)의 왕위 등극예지

경종이 죽자, 왕비(王妃)인 헌정왕후가 사제에 나와 거처하였다. 일찍이 곡령(鵠嶺)에 올라가 오줌을 누니, 나라 안에 넘쳐 흘러 모두 은빛 바다를 이루는 꿈을 꾸었다. 이에 점을 쳐 보니, "아들을 낳으니, 그가 한 나라의 왕이 될 것이다." 하므로 왕비(王妃)가 "내가 이미 과부가 되었는데, 어찌 아들을 낳을 수 있으랴." 하였었다. 후에 왕욱(王郁)이 마침내 조카인 왕비(王妃)와 관계하여 아기를 배었으니, 이 아이가 곧 순(詢)으로 훗날의 현종(顯宗)이다.---『고려사절요』 제2권, 성종 문의대왕(成宗文懿大王), 임진 11년(992).

고려의 헌정왕후가 꾼 곡령(鵠嶺)에 올라가 오줌을 누니, 나라 안에 넘쳐흘러 모두 은빛 바다를 이루는 꿈은 자신의 영향력이 온 세상에 펼쳐질 것을 뜻하는 바, 현실에서는 자신이 낳은 아들이 왕위에 오르는 것으로 실현되고 있다. 이는 『삼국유사』에 나오는 문희·보희의 꿈이야기와 유사하다.

목종의 모후 천추태후는 목종에게 아들이 없음을 기화로, 자신과 연인이었던 김치양 사이에서 태어난 아이에게 왕위를 계승하고자 하였다. 이에 당시 태조의 유일한 혈통인 대량원군 순(詢)을 강제로 승려로 만들어 출가시켜 버렸다. 이뿐만 아니라 자객을 보내 왕순을 죽이고자 하였다. 그 후 강조(康兆)의 정변으로 왕위에 추대되는바, 그의 나이 18살이었다. 이렇게 왕이 될 가망성이 전혀 없었으며, 심지어 죽음의 위협을 받던 대량원군(大良院君) 순(詢)이 강조(康兆)의 정변으로 고려 제8대 왕인 현종(顯宗)으로 왕위에 오르게 될 것을 꿈으로 예지하고 있다.

③ 별이 떨어져 용으로 변했다가 또 사람으로 변한 꿈 → 고려 현종 등극 예지

현종 원문대왕의 휘(諱)는 순(詢)이며, 안종(安宗) 욱(郁)의 아들이다. 처음에 머리를 깎고 절에 있었는데, 그 절의 중이 일찍이 꿈을 꾸기를 큰 별이 절 뜰에 떨어져서 용으로 변하였다가 또 사람으로 변하니 곧 왕이었다. 이로 말미암아 왕을 기이하게 여기는 이가 많았다.

다른 절인 신혈사(神穴寺)로 옮겨 거처하였는데, 또 꿈에 닭소리와 다듬이소리를 듣고 술사(術士)에게 물으니 방언(方言: 우리말)으로 해석하기를, "닭의 울음소리는 '꼬끼오' 하는 것이니 '고귀위'로 고귀한 자리[高貴位]에 오를 징조요, 다듬이소리는 '어근당어근당' 하고 나는 것이니, 그것은 왕위가 가까워진 것[御近當]을 뜻하는 것입니다. 이는 즉위할 징조입니다."라고 하였다. 그 후 목종 12년(1009) 2월에 군신들의 영접을 받으며 왕위에 올랐다.---『고려사절요(高麗史節要)』현종 원문대왕.

절의 중의 꿈에 별이 떨어져 용으로 변하고 다시 사람으로 변하는 표상에서 꿈속에 나타난 인물이 귀한 인물이 될 것임을 예지해주고 있는바, 대량원군 왕순(王詢)이 장차 강조의 정변에 의해 현종으로 왕위에 오르는 일로 실현되고 있다.

또한 꿈에 닭소리와 다듬이소리를 듣고, 닭의 울음소리는 '꼬끼오' 하는 것이니 '고귀위'로 고귀한 자리[高貴位]에 오를 징조요, 다듬이질 소리는 '어근당어근당' 하고 나는 것이니 그것은 왕위가 가까워진 것[御近當]을 뜻하는 파자해몽의 풀이로, 왕위로 오르게 될 것을 예지해주고 있다.

④ 몸에 세 서까래를 진 꿈 → 이성계의 왕위 등극 예지

중 무학(無學)이 안변 설봉산(雪峰山) 아래 토굴에서 살았다. 이성계 태조가 잠룡(潛龍) 시에 찾아가서 묻기를, "꿈에 허물어진 집안으로 들어가서 세 개의 서까래를 지고 나왔으니, 이것이 무슨 징조요." 하니, 무학이 축하하며 말하기를, "몸에 세 서까래를 진 것은 바로 '왕(王)'자의 형상입니다." 하였다.

또 묻기를, "꿈에 꽃이 떨어지고 거울이 떨어졌으니, 이것은 무슨 징조요?" 하니, 곧 대답하기를, "꽃이 날리면 마침내 열매가 생기고, 거울이 떨어질 때에 어찌 소리가 없으리오." 하였다. 태조가 크게 기뻐하여 그 땅에다 절을 창건하고, 그 절을 석왕(釋王)이라고 이름하였다.---『연려실기술』제1권 태조조(太祖朝).

이 꿈이야기는『순오지(旬五志)』에도 실려 있는바, 등에 세 개의 서까래를 진 모습을 한자로 형상화하여 王자로 파자해몽하고 있다. 이성계가 왕의 자리에 오르

는 것이 하늘의 뜻이었음을 민중들에게 꿈의 신비성을 빌어 믿도록 한 거짓으로 지어낸 꿈이 될 수도 있겠다.

또한 꽃이 떨어지고 거울이 깨지는 꿈의 해몽도 '꽃이 날리면 마침내 열매가 생기고, 거울이 떨어질 때에 어찌 소리가 없으리오(花落終有實, 鏡墜豈無聲)'로 좋은 일이 일어날 것으로 해몽하고 있다. 이러한 꿈이야기는 구전되다가 『춘향전』 등의 이야기 속에 삽입되는바, 『춘향전』에서 옥중에 갇혀서 이도령을 기다리는 춘향의 꿈에 '거울이 깨지는 꿈'과 '술병의 모가지가 달아 난 꿈'을 꾸게 되는바, 거울이 깨지니 소리가 크게 날 것이요, 술병은 술 병목을 들고 다니게 마련인데 병목이 깨졌으니 받들고 다니게 되는 것이니, 필시 사람들이 귀히 모시는 몸이 된다고 풀이하고 있다.

⑤ 햇바퀴 가운데에 아기가 앉아있는 꿈 → 세종의 등극 예지

『조선왕조실록』에 실려 있는 기록으로 '해 바퀴 가운데에 이방원(후에 태종)의 셋째 아들이 앉아있던 꿈'으로, 이방원은 형인 방간과의 세(勢) 대결에서 이겨 왕위에 오르게 되며, 장차 셋째 아들인 충녕대군(忠寧大君)이 왕위를 물려받아 세종으로 왕위에 등극하는 것을 예지한 꿈의 기록을 살펴본다.

처음에 방간의 난이 바야흐로 일어날 즈음에 이화(李和)와 이천우(李天祐)가 정안공(靖安公) 이방원을 붙들어서 말에 오르게 하니, 부인이 무녀(巫女) 추비방 유방 등을 불러 승부를 물었다. 모두 말하기를, "반드시 이길 것이니 근심할 것 없습니다." 하였다.

이웃에 정사파(淨祀婆)라는 자가 사는데, 그 이름은 가야지(加也之)이다. 역시 그가 왔기에 부인이 이르기를, "어젯밤 새벽녘 꿈에 내가 신교(新敎)의 옛집에 있다가 보니, 태양(太陽)이 공중에 있었는데, 아기 막동(莫同)이가(세종의 아이 때의 이름) 해 바퀴 가운데에 앉아 있었으니, 이것이 무슨 징조인가?" 하니, 정사파가 판단하기를, "공(公)이 마땅히 왕이 되어서, 항상 이 아기를 안아 줄 징조입니다." 하였다. 부인이 말하기를, "그게 무슨 말인가? 그러한 일을 어찌 바랄 수 있겠는가?" 하니, 정사파는 마침내 제 집으로 돌아갔었다.

이때에 이르러 정사파가 이겼다는 소문을 듣고 와서 고하니, 부인이 그제서야 돌아왔다.---정종 2년 경진(1400) 1월 28일 『조선왕조실록』 1집 162면, 제2차 왕자의 난, 방간을 토산에 추방하다.

이 꿈은 제2차 왕자의 난인 방간의 난을 앞두고, 훗날 태종이 되는 정안공(靖安公) 이방원의 부인이 꾼 꿈에 관한 기록이다. 태양(太陽)이 공중에 있었는데, 훗날 세종이 되는 셋째 아기 막동(莫同)이가 해 바퀴 가운데에 앉아 있는 꿈을 꾸게 된다.

방간의 난은 1400년(정종 2) 왕위 계승을 둘러싸고 형제였던 방간과 방원(芳遠) 두 왕자 간의 싸움으로, 일명 제2차 왕자의 난 또는 박포(朴苞)의 난이라고도 한다. 훗날 태종이 되는 이방원은 1차 왕자의 난을 통해 이복동생인 방번·방석 및 정도전 등을 제거했으나, 2차로 친형인 방간과의 세 대결을 벌이게 된다.

박포는 제1차 왕자의 난 때, 정도전(鄭道傳) 등이 방원을 제거하려 한다고 밀고 하는 등 공이 많았다. 그러나 논공행상 과정에서 일등공신에 오르지 못해 불만을 품고 있던 중, 형인 방간이 동생인 방원에 대해 불평하자, 박포는 방원이 장차 방간을 죽이려 한다고 거짓 밀고하여 방간의 거병을 선동하여 서로 사병을 동원해서 싸우게 된다.

이 싸움의 와중에서 이방원이 탔던 말이 홀로 상처를 입고 집으로 들어오자, 이방원의 부인은 남편인 이방원이 죽었으며 싸움에서 패한 줄로 믿고, 자결하려고까지 하나 주변의 만류로 미수에 그치게 된다. 사실은 이방원의 말을 부하에게 빌려준 것이었으며, 결국 이방원은 싸움에서 승리하게 된다. 하지만 방간은 형이라 죽이지 않고 토산(兎山)으로 유배를 보내며, 박포는 사형시킨다.

해는 하늘에서 광명을 비추는 단 하나뿐인 존재로 임금의 상징을 지니고 있다. 따라서 남편인 정안공(靖安公) 이방원이 방간의 난에서 승리하게 될 것과, 햇바퀴 위에 앉아있던 막동(莫同)이가 후계자가 되어 왕위에 오르게 될 것을 예지해주고 있다. 남편이 죽은 줄로 믿고 따라서 자결하고자 했을 때, 꿈을 믿었기에 결행하지 못했을 수도 있다.

널리 알려진 대로, 태종의 첫째 아들인 양녕대군(讓寧大君)과 둘째 아들인 효령대군(孝寧大君) 등 위의 두 형을 건너 뛰어 정상적인 왕위 계승을 무시한 채, 셋째 아들인 막동(莫同)이 충녕대군(忠寧大君)이 왕위에 오르게 되어 세종이 된다.

제2차 왕자의 난인, 방간의 난이 일어난 1400년에 어머니가 셋째인 아기 막동(莫同)이가 해 바퀴 가운데에 앉아 있는 꿈을 꾸고 난 후로부터 18년 뒤에, 원칙적으로는 장자가 아니기에 왕위에 오를 수 없었던 셋째아들인 충녕대군(忠寧大君)이 왕위에 오르게 되는 일로 실현되고 있다. 당시 왕세자는 형인 양녕대군(讓寧大君)이었으나, 태종은 충녕이 왕위에 적합하다고 판단해 1418년 6월 세자로 책봉되며, 8월 왕위를 아버지인 태종으로부터 양위 받아 왕위에 오른다.

우리가 오늘날 사용하고 있는 한글의 창제가 세종에 의해 이루어진바, 역사에 가정은 없는 일이겠지만, 셋째인 세종이 왕위에 오르지 않았더라면 우리 글자의 창제가 늦추어졌던가 아직까지 한문을 사용하고 있을 수 있겠다. 태종이 왕위 계승에 있어 셋째인 충녕대군을 선택한다는 것이 18년 전에 꿈으로 예지되었으며, 그 결과 오늘날 우리 민족이 전 세계에서 가장 우수한 표음문자인 한글을 사용하고 있는 이 모든 것이 신비로울 뿐이다. 현재 절판된, 필자가 2007년에 중앙북스에서 출간한 『꿈으로 본 역사』에서 재인용하였음을 밝힌다.

이 밖에도 박석명(朴錫命)이 꿈속에서 황룡이 자기 옆에 있는 것을 보고 깨어서 돌아다보니, 이방원이 있는 것을 보고 장차 왕위에 오르게 될 것을 예지한 꿈 사례가 있다. 이방원은 동복(同腹)의 6형제 중에 다섯 번째이며, 계비 소생의 방번·방석의 두 이복동생이 있어서 왕위로 오르기는 어려운 상황이었으나, 1·2차 왕자의 난을 거쳐 힘겹게 왕위에 오르는바, 이러한 모든 것이 오래전부터 꿈으로 예지되고 있음을 보여주고 있다.

⑥ 태조(太祖) 이성계가 세조에게 금인(金印)을 준 꿈 → 세조 등극 예지

임운(林芸)이 사관(史官) 김유(金紐)에게 말하기를, "듣건대 자네가 《세조실록(世祖實錄)》을 편수(編修)한다고 하는데 그러한가?" 하니, 대답하기를 "그렇다."라고 하였다.

임운이 말하기를, "예전에 세조께서 잠저(潛邸)에 계실 때 꿈에 태조(太祖)께서 세조께 금인(金印)을 주며 말씀하시기를, '이것은 전가(傳家)의 보물인데 이제 너에게 천명(天命)이 있으므로, 와서 주는 것이다.' 하시니, 세조께서 군이 사양하였으나 이루지 못하고 드디어 받고서 절하시는 것을 보고, 이튿날 세조께 그 꿈이야기를 아뢰었더니, 세조께서 꾸짖어 말씀하시기를, '네가 어찌하여 그런 말을 내느냐? 다시 그 꿈이야기를 말하면 죽이리라." 하셨다.---예종 1년 기축(1469) 8월 7일(무오). 임운이 사관 김유에게 《세조실록》을 편수하는가 묻다.

임운(林芸)의 꿈에, 세조가 임금에 오르기 전의 잠저(潛邸) 시절에, 태조 이성계가 세조에게 금인(金印)을 내려주면서 "이것은 전가(傳家)의 보물인데, 이제 너에게

천명(天命)이 있으므로 와서 주는 것이다."라고 내려주니, 사양하다가 세조가 받는 꿈을 꾸었다고 밝히고 있다.

이에 세조에게 꿈이야기를 한바, '발설치 말라'고 하였다. 그 후 한명회, 조득림 등을 통하여 그런 꿈이 있다는 사실을 아뢰게 하였으나 이루어지지 않은바, 이제 세조가 승하하여 세조실록을 편찬하게 된 마당에 꿈이야기를 기록할 것을 사관(史官) 김유(金紐)에게 부탁하고 있다.

이미 세조가 죽은 뒤에 편찬하게 될 《세조실록》에 그러한 사실이 있었다고 기록을 집요하게 요청하는 것으로 미루어, 그러한 꿈을 꾼 것을 사실로 볼 수 있겠다. 역사적으로 수양대군인 세조가 단종을 몰아내고 왕위에 오르는바, '금인(金印)을 내려주면서 너에게 천명(天命)이 있다.'라는 꿈의 예지대로 실현되었다고 볼 수 있다.

하지만 이러한 꿈이 임운(林芸)이 실제로 꾸었는지에 대해서는 생각해볼 필요가 있다. 아랫사람으로서 모시는 윗사람의 의중을 간파하고, 지어낸 거짓 꿈이야기를 빌어 듣기 좋은 말로 아첨을 하거나, 단종을 제거하는 등의 모종의 행위를 할 것을 꾀하고 있다고도 볼 수 있다.

⑦ 한 어린아이가 구름을 잡고 올라간 꿈 → 조선조 명종 즉위를 예지

인종 11년 여름, 내가 선천 임반역에서 잤는데, 늙은 역졸이 말하기를, "밤 꿈에 하늘이 갑자기 무너지더니, 한 어린아이가 구름을 잡고 올라갑디다." 하였다. 얼마 되지 않아 인종이 돌아가시고, 명종이 즉위하니 나이 아직 어렸다. 그 꿈이 바로 증험이 있었다.--- 權應仁(권응인), 『松溪漫錄(송계만록)』下.

권응인(權應仁)은 늙은 역졸이 말한 꿈이야기의 체험 사례를 적고 있다. 이렇게 국가적·사회적으로 장차 일어날 커다란 사건을 일개 평범한 사람들이 꿈으로 예지하는 경우가 상당수 있다. 꿈을 꾸는 능력인 정신능력의 활동이 활발한 사람들에 있어서는 자신이나 자신의 주변 인물에게 일어날 일은 물론, 국가적·사회적인 중대한 사건의 예지를 꿈을 통해서 알아내고 있다.

하늘이 무너지는 꿈으로 당시 임금이었던 인종의 죽음을 예지한 꿈으로도 볼 수 있으며, 한 어린아이가 구름을 잡고 올라가는 꿈에서, 나이 어린 12세의 명종이 즉위하는 것을 예지한 꿈으로 볼 수 있다.

⑧ 태조가 홀(笏)을 주는 것을 받고 어좌(御座)에 앉는 꿈 → 고려 명종의 왕위 등극 예지

고려 후기의 문신인 최여해(崔汝諧)는 익양부(翼陽府)의 전첨(典籤)으로 있을 때, 익양공(翼陽公: 훗날 명종)이 태조가 홀(笏)을 주는 것을 받고 어좌(御座)에 앉는 꿈을 꾸고 나서, 장차 명종이 왕위에 오르게 될 것을 예지하고 있는바, 뒤에 무신의 난으로 인하여 명종이 즉위하자 그 인연으로 높은 벼슬에 제수되고 있다.

또한 명종이 꿈속에서 '居年九九九(거년구구구)' '享位七七二(향위칠칠이)'의 시구를 받았는바, '居年九九九'는 세 개의 九가 되니 39의 숫자가 되어, 명종이 1131년에 출생하여 1170년에 임금에 오르기 전까지의 39년간을 뜻하며, '享位七七二'은 七 더하기 七을 해서 얻어진 十四에 다시 二를 곱하면 28의 숫자가 되기에, 28년간의 재위 기간을 예지한 파자해몽 꿈 사례가 『신증동국여지승람』에 나오고 있다.

⑨ 바다의 용이 뱃속으로 들어온 꿈 → 왕건의 비 장화왕후가 되다

고려 태조 장화왕후(莊和王后) 오씨의 아버지는 다련군(多憐君)이었다. 대대로 목포에서 살아 왔다. 다련군은 사간(沙干) 연위(連位)의 딸 덕교를 아내로 맞아서 딸을 낳았다. 어느 날 그 딸이 꿈을 꾸었는데, 바다의 용이 뱃속으로 들어오는 것이 아닌가!---『신동국여지승람』 제35권.

평범한 신분의 처녀로서, 용이 자신의 뱃속으로 들어오는 꿈을 꾼 후에 왕건을 만나게 되어 장화왕후가 되어 혜종을 낳게 된다. 이렇게 우리의 역사적 사건 뒤에는 꿈이야기가 담겨 있다. 뱃속으로 용이 들어오는 것은 용으로 상징된 귀한 인물이 다가오게 되거나, 태몽으로 귀한 인재를 낳게 될 것을 상징적인 미래 예지 꿈으로 보여주고 있다.

⑩ 해와 달이 하늘에서 떨어져 가슴속으로 들어온 꿈 → 왕후가 될 것을 예지

인열왕후(仁烈王后)는 한준겸(韓浚謙)의 딸로 조선 인조의 왕비이다. 처녀 시절의 꿈에 집의 지붕이 활짝 열리면서, 해와 달이 하늘에서 떨어져 가슴속으로 들어온 꿈을 꾸었다. 장차 혼례를 치르려 할 즈음에 홍역을 앓아 거의 위험한 상태에 이르렀는데, 아버지인 한준겸의 꿈에 선조가 나타나 말하기를 "걱정하지 말라. 병은 자연히 낫게 될 것이다."라고 하였다. 그런데 과연 얼마 있다가 그 말대로 되었으므로, 한준겸이 더욱 마음속으로 기이하게 여겼다.---장유(張維), 『계곡집(谿谷集)』 제11권.

간추려 살펴보았다. 한 나라의 국모가 되는 데 있어, 어찌 꿈에 상서로운 징조가 없을 수 있겠는가? 조선 인조의 왕비가 되는 인열왕후(仁烈王后)의 나이 13세 때인 1606년(병오년)으로부터 17년 뒤에, 1623년(계해년)에 인조반정으로 남편인 능양군이 왕위에 오르게 된다.

꿈에 집의 지붕이 활짝 열리면서 해와 달이 하늘에서 떨어져 가슴속으로 들어오는 꿈을 꾼 시점이 대략 20세 처녀 시절에 꾼 꿈으로 본다고 해도, 그로부터 10년 뒤에 왕비가 될 것을 꿈으로 예지하고 있다. 해와 달은 하늘에 빛나는 하나밖에 없는 존재로, 왕이나 왕비의 상징성에 부합되며, 이러한 해와 달이 가슴속에 들어오는 꿈은 장차 그러한 지위로 나아감을 상징하고 있다. 또한 홍역을 앓아 위독한 상황에서 이미 1608년(무신년)에 죽은 선조가 나타나 병이 회복될 것을 계시적으로 일러주고 있는바, 장차 귀인이 될 것을 예지해주고 있다.

(2) 과거 급제·관직·관운(官運) 예지

선인들의 과거급제나 낙방 등 과거에 관련된 예지적 꿈 사례는 무수히 많다. 선비들은 먼저 자신의 학문을 닦은 후 사람들을 다스리는 수기치인(修己治人)의 실천방안으로써, 또한 입신양명(立身揚名)의 자신의 이상을 펼치는 관직에 나아가기 위한 과거에 지대한 관심을 지니고 있었다. 따라서 이러한 자신이 궁금히 여기는 과거의 급제나 승진 등 주 관심사에 대하여 꿈으로 예지되는 일은 당연한 일이라 하겠다. 이 경우 자신의 꿈에 용꿈이나 기타 좋은 꿈의 전개로 예지되어 나타나는 경우가 가장 많지만, 임금의 꿈에 보이게 됨으로써 등용되거나, 꿈속에서 짓거나 받게 되는 몽중시(夢中詩)로 예지되어 나타나는 경우도 있다. 다양한 사례를 살펴본다.

① 사다리가 성문에서 대궐에 이르는 꿈

　이의민(李義旼)은 경주(慶州) 사람으로, 키가 8척이나 되고 힘이 남보다 뛰어나게 세었다. 아내를 데리고 남부여대하여 서울에 이르니, 마침 어두운 밤이어서 성문이 이미 닫혀 있었다. 성의 남쪽 여관에 들어 자게 되었는데, 꿈에 긴 사다리가 성문에서 대궐에 이르는 것이 있어서 사다리를 타고 올라가 보았는데, 깨고 나서 이상하게 여기었다.---『고려사절요』 제12권.

『고려사』에는 성 남녘에 있는 연수사(延壽寺)에서 하룻밤을 지낸 것으로 나오고 있다. 이의민(李義旼)이 사다리가 성문에서 대궐로 놓인 것을 타고 올라가는 꿈을 꾼 후에 관운이 순조롭게 올라가고 있다. 물론 정중부의 난에 사람을 많이 죽이거나 의종의 시해(弑害) 등 안 좋은 짓을 하지만, 이의민 본인은 꿈을 꾼 후에 꿈의 예지대로 천한 신분에서 대장군의 직위에까지 나아가는 것으로 실현되고 있다.

또한 소금과 채를 파는 것이 직업이었던 이의민의 부친 이선(李善)이 꾼 꿈이야기가 『고려사』에 다음과 같이 전하고 있다. 이의민이 어렸을 때, 이의민이 청의(靑衣)를 입고 황룡사(黃龍寺) 9층 탑(塔)에 올라가는 꿈을 꾸고, 그는 이 아이가 반드시 큰 귀인(貴人)이 되리라고 생각하였다. 꿈은 반대가 아닌 상징의 이해에 있는 바, 9층 탑 위에 올라가는 꿈은 장차 귀한 직위에 올라갈 것을 예지하고 있다. 이와 유사한 꿈 사례로, 고려 태조가 일찍이 9층 금탑이 바다 가운데 서 있는 것을 보고, 그 위에 올라가는 꿈을 꾸었다고 『고려사절요』에 기록되어 있다.

일찍이 이의민 꿈에 오색 무지개가 양편 겨드랑이에서 일어나는 꿈을 꾸고 자부심이 강하였으며, 옛 도참(圖讖)에 "용손은 12대에 다한다.〔龍孫十二盡〕"란 말을 믿고서, 왕씨가 12대에서 끝나고 '十八子(십팔자)' 왕위설의 참설대로 李(이)씨인 자신이 왕위에 오를 수 있다고 여겼다. 나중에 최충헌 일파에 의해 미타산에서 살해되기에 이른다.

② 규성(奎星)이 이규보의 급제를 알려준 꿈

이규보(李奎報)는 처음에 인저(仁氐)라고 이름 하였는데, 과거시험에 나아가려고 했을 때, 규성(奎星)이 급제를 알려주는 꿈을 꾸었다. 이에 규성에 보답한다는 의미로 규보(奎報)로 이름을 고치게 된다.

이와 유사한 선인의 사례로, 과거를 보러 갈 때 꿈에 거북 한 마리를 잡았다. 그래서 이름을 일귀(一龜)라고도 하였다. 과거 발표날 전 시관(試官)의 꿈에 거북 한 마리가 나타나서 말하기를, "함께 공부한 사람들은 모두 급제하였는데, 나 혼자만 버림을 받았다." 하였다. 시관이 모두 놀라 깨어서 떨어진 답지 중에서 찾아내어, 병과(丙科)의 우두머리로 뽑았다.

또한 이규보의 몽험기(夢驗記)가 있는바, 젊은 시절 꿈에 사당에 가서 당하에 절하고, 법왕으로부터 "길 위에 달리다가 축이 부러진 수레와 같으니, 금년을 넘기지 못하고 이곳을 떠나게 될 것이라."라는 말을 듣게 되는바, 그 해에 과연 동료의 참소를 받고 파직을 당하게 되었음을 밝히고 있다.

③ 머리 위에 불기운이 하늘에 뻗친 것을 보는 꿈

　김심언(金審彦)은 고려 때 사람이다. 처음에는 상시(常侍) 최섬(崔暹)을 따라서 배웠는데, 최섬이 앉아서 졸다가 김심언의 머리 위에 불기운이 있어서 하늘에 뻗치는 것을 꿈꾸고, 마음으로 기이하게 여겨 딸을 주어 심언의 아내로 삼았다. 성종 때에 과연 과거에 급제하여 벼슬이 '내사시랑평장사(內史侍郞平章事)'에 이르렀다.---『신증동국여지승람』 제36권.

이 이야기는 『고려사절요』에도 실려 있는바, 머리 위에 불기운이 하늘에 뻗치는 표상에서 장차 귀한 인물이 될 것임을 예지하고 있다.

④ 뱀이 말 위에 서려 있는 꿈

　중종 때에 알성시(謁聖試)로 선비를 뽑았다. 정번(鄭蕃)·류항(柳沆)·어숙권(魚叔權)이 함께 선발 시험에 참가하였다. 시험 날, 어숙권은 꿈에 뱀이 말위에 서려 있는 것을 보았다. 합격의 등급을 정할 적에, 류항(柳沆)이 첫째요, 어숙권(魚叔權)이 다음이었다. 류항은 뱀띠[巳]생, 어숙권은 말띠[午]생이었던바, 류항이 어숙권 위에 있게 될 것을 꿈으로 예지한 몽참(夢讖)이었던 것이다. 인간의 일이란 미리 정해진 것 아님이 없으니, 자기 분수 밖의 것을 구하는 것은 어떻게 하자는 것인가?---權應仁(권응인), 『松溪漫錄(송계만록)』

꿈의 상징은 다양하게 나타나고 있으며, 이 꿈 사례에서는 장차 과거급제의 등급을 '뱀이 말 위에 서려 있는' 등의 상징적인 표상으로 나타나고 있다. 또한 이수광(李睟光)의 『지봉유설(芝峯類說)』〈몽매(夢寐)〉에는 신비한 꿈으로 과거급제 및 승진으로 이루어진 사례가 나오고 있다.

이 밖에도 매화(梅花)의 개화로 관직 임명을 예지한 사례가 있는바, 매화의 싱싱함과 아름답게 꽃이 핀 것에 따라서 현실에서 관직의 품계 고하가 정해지는 일로 이루어지고 있다. 이처럼 꿈속에서 꽃이나 식물 등이 등장하는 경우, 싱싱하거나 아름다울수록 그로 상징된 사람이나 대상이 귀하고 좋게 이루어지고 있다. 예를 들어, 꽃이 시든 것을 보는 태몽에서는 유산·요절이나 신체적 이상이나 질병 등을 가져오게 되며, 일반적인 꿈의 경우에는 일의 실패·좌절이나 신분·명예의 몰락 등으로 이루어지고 있다.

⑤ 세 유생의 과거급제 꿈

　옛날에 유생 세 사람이 과거 시험장으로 나아가려 할 때, 한 사람은 거울이 땅에 떨어지는 꿈을 꾸었고, 한 사람은 쑥대묶음[艾夫]이 문 위에 걸린 꿈을 꾸었으며, 또 한 사람은 바람이 불어 꽃이 떨어지는 꿈을 꾸었다.

해몽하기를, "쑥대(액막이로 방문 위쪽에 걸어두는 쑥 묶음)는 사람들이 우러러보는 바요, 거울이 떨어지면 어찌 소리가 없겠는가?, 꽃이 떨어지면 응당 열매가 있을 것이니, 세 사람이 함께 이름을 이루리라." 하였는데, 세 사람이 과연 모두 과거에 급제하였다.---『용재총화(慵齋叢話)』 제6권.

이 꿈이야기는 구전되다가 춘향전 속에도 삽입되고 있는바, 일반적으로는 꽃이 떨어지는 꿈, 거울이 깨지는 꿈은 일이 실패로 이루어지는 흉몽이라고 할 수 있다. 꿈은 어찌 보면 반대로 해석하는 것이 맞는다고 생각하기가 쉽다. 하지만 절대로 그렇지 않다. 이는 머리카락이나 이빨이 빠지는 꿈, 신체가 훼손되는 꿈, 신발을 잃어버리는 꿈 등이 대표적인 흉몽으로 이루어지고 있음에서 잘 알 수 있겠다.

⑥ 공민왕 꿈에 신돈이 나타나 구해주는 꿈 → 임금에 중용되다

중 변조(遍照)는 본래 옥천사(玉川寺) 여종의 아들인데, 어머니가 천하므로 그 무리에 끼지 못하였다. 이에 앞서 공민왕이 일찍이 꿈을 꾸었는데, 어떤 사람이 칼을 꺼내어 찌르려 하자, 어떤 중이 구해 줘서 곤경에서 벗어났다. 왕이 기억하고 있었는데, 마침 김원명(金元命)이 변조를 데리고 와서 왕께 뵈이니, 그 얼굴이 꿈에 본 중과 같았다. 왕이 매우 이상하게 여겨 같이 말하여 보니, 자못 말솜씨가 뛰어나고 스스로 도를 얻었다고 하였다.---『연려실기술』 제1권, 태조조(太祖朝) 고사본말(故事本末).

『고려사절요』에도 이와 유사한 기록이 나오고 있는바, 공민왕이 신돈을 중용함에 신비한 꿈이 있었음을 알 수 있겠다.

⑦ 용 한 마리가 종루에서 일어나 하늘로 올라가는 꿈 → 기룡(起龍)

선조대왕이 종루가(鐘樓街 지금의 종로)에서 용이 일어나 하늘로 올라가는 꿈을 꾸고 나서, 인재를 물색했는데 무과(武科)에 급제한 공을 얻고, 괴이하게 여겨 起龍의 이름을 하사했다."---『송자대전(宋子大全)』

정기룡(鄭起龍)은 조선 중기의 무신으로, 초명(初名)은 무수(茂壽)였는데 1586년 무과에 급제한 뒤, 왕명에 따라 기룡으로 이름을 고쳤다.

또한 김자의(金子儀)와 같이 임금의 꿈에 급제한 사람의 이름과 비슷하여 중용된 사람도 있으며, 조진관(趙鎭寬)은 임금의 꿈에 현자(賢者)를 만나 함께 나라 일을

의논하는 꿈으로 등용되고 있다. 이렇게 임금의 꿈이나 재상의 꿈과 관련을 맺거나, 꿈속에 용으로 등장하여 중용된 사례가 상당수 있다. 한편 다른 사람이 급제할 것을 꿈으로 예지한 사례도 무수히 보이고 있는바, 꿈으로 구비전승되어 전해오는 과거급제 예지의 꿈이야기들은 대부분 용꿈의 전개를 보이고 있다.

⑧ 문무(文武)의 장원을 예지한 몽중시(夢中詩)

· 나의 고조 제학(提學) 공의 이름은 어변갑(魚變甲)인데, 영락 무자년에 문과회시(文科會試)에 급제하였다. 대제학 정이오(鄭以吾) 공이 꿈에 시를 짓기를,

三級風雷魚變甲 세 번의 바람과 천둥으로 고기는 甲 있는 것으로 변하고
一春煙景馬希聲 한 봄의 아지랑이 자욱한 풍경에 말 울음소리 드물구나.
雖云對偶元相敵 비록 짝으로 대함에 원래 필적하다고 하지만
那及龍頭上客名 어찌 용문에 있어서 윗자리에 이름이 미칠 줄이야.

하였는데 공이 과연 전시(殿試)에 첫째로 급제하였다.---『패관잡기』

꿈속에서 짓는 몽중시로 문무의 장원을 예지한 신비하고 특이한 꿈 사례이다. 이 시는 태종 무자년에 당시에 대제학지공거(大提學知貢擧)였던 정이오(鄭以吾)가 전시(殿試)에 감독하기 전날 밤 꿈에 지은 시이다. 몽중시(夢中詩)에 사용된 시의 끝 구절인 '고기가 갑(甲) 있는 것으로 변하고[魚變甲]', '말울음소리 드무니[馬希聲]'의 '어변갑(魚變甲)' '마희성(馬希聲)' 이름을 가진 사람이 과거에 급제하는 일로 실현되고 있다. 시험 결과인 방이 붙었는데, 어변갑이 문과의 장원이 되었고, 마희성이 무과의 장원이 되었다.

이 꿈이야기는 『지봉유설』 신형부 〈몽매(夢寐)〉를 비롯하여, 『패관잡기』·『해동잡록』·『문봉집』·『지퇴당집』·『동시화』 등 여러 문헌에 실려 있어, 당시 사람들이 신비로운 꿈이야기로 널리 회자되었음을 알 수 있겠다. 대제학지공거였던 정이오가 시험 고시관으로서, '누가 장원을 할 것인가'에 대한 잠재의식적인 궁금증이 꿈에서 상징적인 몽중시를 짓는 것으로 형상화되어 예지해준 것으로 보아야 할 것이다.

이 밖에 기이한 꿈 사례로 두 마리의 봉(鳳)이 그 꼬리가 불에 타면서 하늘로 올라가는 것을 본 꿈으로, 이름자에 봉(鳳)자가 들어있는 민덕봉(閔德鳳), 구봉령(具鳳齡) 두 사람이 과거에 급제할 것을 예지한 사례가 있다.

(3) 부임지나 유배지를 예지

과거 급제에 대한 예지를 보여주는 꿈 사례가 상당수 있는 것처럼, 관직의 부임지나 유배지를 예지해주는 꿈 사례도 무수히 있다. 이 경우 보통은 사실적인 미래투시의 꿈이나 상징적인 미래 예지 꿈으로 보여주고 있지만, 특이하게는 예지의 방법에 있어서 꿈속에서 시를 짓거나 얻게 되는 몽중시로 나타나는 경우도 있고, 또한 파자표현으로 예지되는 꿈도 있다.

① 개성의 만월대에 있게 되는 꿈 → 임지를 예지

이덕형은 선조 36년 1603년 가을에 시강원(侍講院)에 입직하였던 날, 꿈에서 개성의 만월대에 있게 되는 꿈을 꾸게 된다. 깨어난 후에 가보고 싶었던 곳이며, 늙으신 어버이를 생각하고 가까운 경기어사(京畿御史)로 나가고자 힘쓴다. 하지만 "시강원의 장관이니 내보낼 수가 없는 즉, 딴 사람으로 고쳐 보내도록 하라."라는 임금의 명령으로 못 나가게 된다. 그러다가 이듬해 갑진년 봄에 뜻밖의 특명을 받고 개성부(開城府)의 시재어사(試才御史)가 되는 일로 실현되고 있다.

일반적으로 중대한 일의 실현일수록 꿈을 꾸고 나서 상당한 기간이 지나서 이루어지고 있는 것이 보편적이다. 사소한 일의 실현일수록 꿈은 빨리 이루어지고 있다.

② 강계부사(江界府使)가 된 꿈 → 귀양지를 예지

선인은 평생에 꿈이 반드시 맞았다. 신묘년에 화를 당하여 남양(南陽) 구포(鷗浦)로 나가 살았는데, 새벽녘에 곁에 있는 사람을 보고 말하기를,

"꿈에 내가 강계 부사(江界府使)가 되었으니 그곳이 유배지가 될 것이다." 하였는데, 얼마 있다가 서울에서 사람이 와서 말하기를, 진주로 정배(定配)되었다고 하니, 선인께서 탄식하기를, "평생에 꿈을 믿었는데, 늙으니 꿈도 맞지 않는다." 하였다. 그런데 남쪽으로 내려간 지 며칠 만에 대간의 논쟁으로 강계로 유배지가 옮겨졌다.---후략---

---『기옹만필(畸翁漫筆)』

송강 정철이 꿈의 예지력에 있어 탁월하였음을 알 수 있는바, 정철의 넷째 아들인 정홍명(鄭弘溟)이 돌아가신 부친에 대하여 쓴 꿈 사례이다. 사실적인 미래투시의 꿈이라면, 실제로 강계부사가 되는 일로 일어나게 된다. 꿈은 처한 상황을 가장 잘 알고 있는, 꿈을 꾼 자신이 가장 잘 해몽할 수 있다. 정철이 이 꿈을 꾸게 된 때는 죄를 지어 처벌을 기다리던 당시의 꾼 꿈이다. 그러기에 꿈속에서 강계

부사가 된 것으로써, 장차 강계로 귀양가게 될 것을 짐작하고 있다. 필자의 경우도 인사발령 전에 꿈속에서 발령지의 지명을 꿈꾼 경우가 있다.

③ '옛날에 살던 집을 새로 이읍시다.' 라고 하는 꿈 → 또다시 귀양을 가다

신정희(申正熙)의 아버지 신헌(申櫶)은 철종 초에 興陽(高興) 녹도(鹿島)에서 6년 동안 유배생활을 하다가 풀려 나왔다. 임오년(1882) 설날 아침에 신정희가 대궐에서 진하식(陳賀式)을 마치고 돌아와 몸이 피곤하여 옷도 벗지 않고 잠을 자고 있는데, 녹도의 옛집 주인이 꿈속에 나타나 "옛날에 살던 집을 새로 이읍시다." 하고 청하였다.

잠에서 깨어난 신정희는 기분이 매우 나빴다. 이런 일이 있은 후 그는 임자도(荏子島)로 유배되었다. 신정희는 손님과 함께 그때의 이야기를 하면서 미리 정해진 운명은 피할 수 없는 것이라고 탄식하였다.---『매천야록』

옛집 주인이 나타나 "옛날에 살던 집을 새로 이읍시다."하고 청하는 꿈이 아버지인 신헌(申櫶)이 귀양살이를 하다가 풀려난 상황에서 아들인 신정희(申正熙)가 또다시 귀양을 가는 것으로 실현되고 있는 상징적인 미래 예지 꿈 사례이다. 집의 상징은 일반적으로는 회사·기관을 상징하지만, 여기에서는 귀양지를 상징하고 있다고 하겠다.

3) 외국의 상징적인 미래 예지의 꿈 사례

꿈은 상징적 의미와 상징 기법에 있어 동서고금을 통하여 보편성을 띠고 있다. 외국의 상징적인 미래 예지의 꿈 사례 역시 무수히 많은바, 단편적으로 소개한다.

① 『꿈의 열쇠(Onirocriticon)』 → 예지적 꿈 사례집

고대 후기 꿈 해석의 위대한 권위자인 아르테미도로스의 『꿈의 열쇠』에 수많은 예지적 꿈 사례가 실려 있는바, 대표적으로 '코가 없어진 꿈'의 흥미 있는 사례를 발췌하여 간략히 살펴본다.

코가 없어지는 꿈을 꾼 사람이 있었다. 그는 향수 가게를 하고 있었는바, 코로 향수를 맡는 것이니 이후 가게가 망하게 되었다. 또다시 코가 없어지는 꿈을 꾸고 나서, 공문서위조 등으로 시민권이 박탈되는 일로 실현되었다. 코는 사람의

얼굴에서 명예나 자존심 등을 상징한다. 관습적 언어의 상징으로 '야코 죽다'는 속된 말은 '양코'에서 온 말로, '사람의 기(氣)가 꺾이다'의 뜻을 지닌다. 또다시 코가 없어지는 꿈을 꾼바, 병으로 죽게 되었다. 시체에는 코가 가장 먼저 문드러져서 없어진다.

이처럼 아르테미도로스는 예지몽에 지대한 관심을 지녔으며, 꿈을 해몽하는 주된 목적은 꿈꾼 자에게 앞으로 행동의 방향을 제시하는 것이라고 보고 있다.

② 성경의 예지적 꿈

꿈을 '잊혀진 하나님의 언어'라고 말하는 외국의 학자가 있는바, 성경 속에는 수많은 꿈이야기가 나오고 있어 성경은 꿈의 역사라고 할 수도 있다. 마리아가 성령으로 임신했다고 꿈으로 계시해주는 이야기로부터, 야곱이나 요셉의 꿈이야기, 아비멜렉의 꿈, 바로왕과 두 관원장의 꿈, 네부카드네자르 왕의 꿈, 아브람, 이사야, 예레미아, 에스겔, 다니엘, 아모스, 스가랴, 기드온, 솔로몬, 베드로, 바울의 꿈이야기 등 수많은 꿈이야기가 나오고 있다.

따라서, 자신이 크리스천이라고 해서 꿈의 세계를 부정하거나 미신으로 여겨서는 안된다. 꿈의 세계는 미신이 아닌, 정신과학의 세계로 우리 인간의 정신능력의 활동으로 빚어지는 영적인 세계인 것이다. 한평생을 꿈 연구에 바쳐 오신 고(故) 한건덕 선생님도 『성경속의 꿈해석』 등 성경과 꿈에 대한 여러 권의 저서를 남겼다.

성경에 나오는 계시적인 꿈에 대해서는 앞서 살펴본 바 있다. 여기에서는 상징적인 미래 예지 꿈 위주로 간단한 해설을 덧붙여 살펴보았다.

* 요셉의 꿈

성경 창세기 37장에 나오는 요셉이 꾼 꿈은 두 가지였다. "우리가 밭에서 곡식을 묶더니, 내 단은 일어서고 당신들의 단은 내 단을 둘러서서 절하더이다." "해와 달과 열한 별이 내게 절하더이다."

여기에서는 꿈 내용은 다르지만 뜻하는 바는 같은 두 가지의 상징적인 미래 예지 꿈의 전개가 나오고 있다. 하지만 꿈의 상징성은 비교적 단순해서 누구나 쉽게 그 뜻의 의미를 파악할 수 있을 정도이다. 꿈은 반대가 아니다. 다만 그 상징성을 이해하는 것이 중요하다. 절을 한다는 표상이 무엇을 뜻하는지는 우리 모두 잘 알고 있다.

요셉은 그의 아버지 야곱이 네 명의 부인에게서 낳은 열두 명의 아들 중에 열한 번째 아들이다. 다른 형제들에게 시기를 받게 되고, 결국은 꿈을 이야기한 미움을 받아, 낙타를 타고 이집트로 여행하는 장사꾼들에게 팔려가, 노예로 생활하다가 누명을 쓰고 감옥에 갇히게 된다. 하지만 바로왕의 신하 두 사람의 꿈을 해몽해주게 되고, 그것으로 인하여 바로왕의 7년 풍년, 7년 흉년 꿈을 해몽해주게 됨에 이르러, 이집트의 총리대신에까지 오르게 된다.

그리하여 바로왕의 꿈에서 예지해 준 대로 중동지방에 흉년이 들게 되어, 식량을 사기 위해 이집트로 몰려오게 된 10명의 형들이 요셉의 앞에 무릎을 꿇고 머리를 조아리며 사정을 하기에 이른다. 결국은 상징적인 미래 예지 꿈의 실현이 13년이 지나서 이루어지게 된 것이다. 이처럼 황당하게 전개되는 상징적인 미래 예지 꿈의 실현은 꿈에서 예지된 대로 반드시 이루어지며, 그 결과는 피할 수 없음을 보게 된다.

* 바로왕 신하 두 사람의 꿈(사형과 살아나는 꿈)

창세기 40장에 나오는 이야기이다. 요셉이 누명을 쓰고 감옥에 갇혔을 때, 이집트 왕인 바로왕의 술 맡은 관원장과 떡 굽는 관원장도 죄를 지어 갇혀 있은 지가 수일이었다.

하루는 술 맡은 자와 떡 굽는 자 두 사람이 각각 몽조(夢兆)가 다른 꿈을 꾸었다. 술 맡은 관원장이 그 꿈을 요셉에게 말하여 가로되, "내가 꿈에 보니 내 앞에 포도나무가 있는데, 그 나무에 세 개의 가지가 있고, 싹이 나서 꽃이 피고 포도송이가 익었고, 내 손에 바로의 잔이 있기로, 내가 포도를 따서 그 즙을 바로왕의 잔에 짜서 그 잔을 바로왕의 손에 드렸노라."

요셉이 그에게 이르되, "그 해석이 이러하니, 세 개의 가지는 사흘이라. 지금부터 사흘 안에 바로왕이 당신의 전직(前職)을 회복하리니, 당신이 이전에 술 맡은 자가 되었을 때에 하던 것같이 바로왕의 잔을 그 손에 받들게 되리라. 당신이 잘 되거든, 나를 생각하고 내게 은혜를 베풀어서, 내 사정을 바로왕에게 고하여 나를 건져내소서. 나는 히브리 땅에서 끌려온 자요, 여기서도 옥에 갇힐 일은 행하지 아니하였나이다."

떡 굽는 관원장이 그 해석이 길함을 보고 요셉에게 이르되, "나도 꿈에 보니, 흰 떡 세 광주리가 내 머리에 있고, 그 윗 광주리에 바로왕을 위하여 만든 각종 구운 식물이 있는데, 새들이 내 머리의 광주리에서 그것을 먹더라." 요셉이 대답하여 가로되, "세 광주리는 사흘이라. 지금부터 사흘 안에, 바로가 당신의 머리를 끊고 당신을 나무에 달 것이니, 새들이 당신의 고기를 뜯어 먹으리다."라고 하였다.

3일 후는 바로왕의 생일로, 바로왕이 모든 신하를 위하여 잔치를 열었다. 그때, 바로의 술 맡은 관원장은 전직을 회복하여 잔을 바로의 손에 받들어 드렸고, 떡 굽는 관원장은 나무에 목이 매달려 요셉이 해몽해준 것과 같이 되었다.

요셉이 해몽해 준 두 사람의 꿈은 앞으로 일어날 일을 예지해준 상징적인 미래 예지 꿈이다. 이러한 상징적인 미래 예지 꿈은 앞으로 일어날 일을 예지해주고 있으며, 또한 그 꿈의 결과를 피할 수 없다. 꿈에 나타난 모든 숫자 표상의 개념은 다 의미가 있다. 세 개의 가지, 세 광주리로 표상된 3이란 숫자에서 3일 뒤에 일어날 것을 말하고 있다. 이 꿈의 결과에서는 3일 뒤로 실현되었지만, 경우에 따라서는 세 사람, 세 가지 일 등 3과 관련지어 어떠한 일이 일어나는 것은 틀림이 없다.

꿈은 반대가 아닌, 오직 상징 표상의 이해이다. 이빨이 빠지고 신발을 잃어버리는 꿈이 좋을 리가 없는 것이다. 요셉은 이러한 꿈을 해몽해 준 덕택에 바로왕의 꿈(7년 풍년, 7년 흉년 예지꿈)을 올바르게 해몽해주게 됨으로써 총리대신에 오르게 된다.

* 바로왕의 꿈(7년 풍년, 7년 흉년 예지꿈)

창세기 41장의 이야기이다. 바로왕이 꿈을 꾼 즉, 그 하나는 일곱 마리의 살진 암소가 나일 강 변에서 풀을 먹고 있으니까, 여윈 수소 일곱 마리가 강에서 나와 살진 암소를 잡아먹었다. 또 하나의 꿈은 벼 한 줄기에서 벼 이삭 일곱으로 풍성히 열매를 맺으니까, 다른 줄기의 마른 벼 이삭 일곱이 나와 풍성한 열매를 다 없애 버리는 꿈이었다.

이에 사람들을 불러 꿈의 해몽을 하게 하였으나, 해몽하는 사람이 없었다. 때마침 전날에 요셉의 해몽대로 극적으로 살아난 술을 맡은 관원장이 바로왕에게 요셉이 해몽을 잘함을 고하여, 감옥에 억울한 누명을 쓰고 갇혀있던 요셉을 불러들이게 된다.

이에 요셉이 해몽하기를 바로왕의 꿈은 두 가지이나 뜻하는 바는 한가지이다. 하나님이 그 하실 일을 바로왕에게 꿈으로 예지한 것으로, 일곱 좋은 암소는 일곱 해요, 일곱 좋은 이삭도 일곱 해니 그 꿈은 하나라. 그 후에 올라온 파리하고 흉악한 일곱 소와 속이 빈 일곱 이삭도 일곱 해를 뜻하니, 장차 온 애굽 땅에 일곱 해 큰 풍년이 있겠고, 그 후에 일곱 해 흉년이 들게 될 것으로 해몽하고, 명철하고 지혜 있는 사람을 택하여 대비케 할 것을 일러주게 된다. 이에 바로왕은 요셉을 애굽의 총리로 임명하여, 장차 일어날 일에 대비하게 된다.

이 역시 상징적인 미래 예지 꿈의 전형이다. 이러한 상징적인 미래 예지 꿈은 앞으로 일어날 일을 예지해주고 있으며, 또한 그 꿈의 결과를 피할 수 없는 특징이 있다. 다만, 사실적인 미래투시적인 꿈의 경우에는 꿈대로 진행되지 않게 할 수는 있다. 또한 꿈속에서의 숫자 표상은 반드시 현실에서 관련을 맺고 있다. 다만 상징적으로 비틀어져 있어 실현되기까지는 쉽게 그 의미를 이해할 수 없을 뿐이다.

바로왕이 꾼 두 꿈의 표상은 서로 다른 표상이지만, 그 표현 기법에서는 하나의 꿈으로 보아야 한다. 농사에 핵심 표상인 소와 이삭을 꿈의 제재로 삼아, 풍요로움의 표상이 파리한 표상에 잠식당하는 표상으로써, 7년의 풍년 뒤에 7년의 흉년이 있게 될 것을 예지해주고 있다.

꿈의 표상은 풍요로움이 있은 후에 어려움이 있을 것을 예지해주고 있는바, 그리 난해한 표상은 아니다. 하지만 이렇게 정확하게 7년의 풍년 뒤에 7년의 흉년이 있게 될 것을 해몽한 요셉의 능력은 뛰어난 것이라 해야 할 것이다.

이 밖에도 앞서 꿈의 상징적 의미(인물·동물·식물·사물로 상징화)에서 살펴본 네부카드네자르 왕을 식물인 나무로 상징하여, 나무가 자라 올랐다가 베어진 꿈을 비롯하여, 성경에는 다양한 꿈이야기가 나오고 있다.

③ 동물이 가슴을 물어뜯는 꿈 → 애인 죽음 예지

다음은 보카치오의 『데카메론』에 나오는 꿈이야기를 간추려 살펴보았다. 『데카메론』은 페스트를 피해 교외의 별장에서 10명의 남녀가 10일 동안 하루에 10가지씩 이야기를 나눈 100편의 이야기로 되어 있는바, 넷째 날의 주제인 '사랑이 불행한 결과로 끝난 이야기'의 다섯째와 여섯째 이야기 중에 꿈과 관련된 이야기가 나온다. 서양 사람들의 꿈에 대한 인식을 살펴보시기 바란다.

≪사나운 동물이 가슴을 물어뜯는 꿈 → 심장마비로 죽게 될 것을 예지≫

'안드레우올라' 처녀는 '가브리오토' 라는 젊은이와 사랑에 빠지게 된다. 어느 날 그녀는 꿈을 꾸게 된다. 그녀의 아름다운 정원에서 가브리오토와 밀회하던 중에 그의 몸에서 뭔가 거무스름한 무서운 괴물이 가브리오토를 그녀의 팔에서 빼앗아 땅속에 스며들어 가는 꿈을 꾸었다. 꿈이 걱정되어 연인과의 만남을 회피하자, 가브리오토는 꿈을 믿는다는 건 어리석기 짝이 없는 일이라고 말하면서, 자신의 꿈이야기를 들려준다.

"아름답고 쾌적한 숲 속에서 사냥하고 있다가, 지금까지 본 일이 없는 대단히 귀엽고 아름다운 새끼 암사슴을 붙잡은 꿈이오. 그것은 눈보다 흰 사슴으로, 대뜸 나를 따르고 나에게서 떨어지지 않으려 한단 말이오. 나는 아주 귀여워 달아나지 않도록, 목에 금목걸이를 끼우고 금사슬을 매달아 꼭 쥐고 있었소. 그런데 그 새끼 사슴이 머리를 내 가슴에 대고 쉬고 있을 때, 어디서인지 숯같이 새까맣고 보기에도 무서운 굶주린 사냥개가 나타나 내 쪽을 향하여 달려오지 않겠소. 그놈에게 내가 도저히 대항할 수 없을 것같이 느껴졌소. 그 개는 나의 왼쪽 가슴을 향해 덤벼들어 이빨이 심장에 닿을 정도로 꽉 물어뜯더니, 그만 심장을 물어버린 채 달아나고 말았소. 나는 너무나 고통스러워 하다가 꿈에서 깨어, 곧 어떻게 되었는가 하고 왼쪽 가슴에 손을 대 보았으나 아무 일도 없었소. 그러니 이런 꿈에 무슨 의미가 있겠소?"

그렇지 않아도 무서운 꿈에 떨고 있던 처녀는 그것을 듣자 더욱 무서워지고 말았다. 그러나 연인의 기분을 상하게 해서는 안 되겠다고 생각하고, 몇 번이고 그를 껴안고 키스하면서 사랑의 쾌락에 몸을 맡기기는 했으나, 아무래도 불안한 마음에 몇 번이나 그의 얼굴을 바라보기도 하고, 어디선가 검은 괴물이 나타나지나 않을까 하고 두리번거리며 사방을 돌아보곤 했다.

그런데 갑자기 가브리오토가 깊은 한숨과 함께 그녀를 안은 팔에 더욱 힘을 주어 꽉 끌어안으며 소리치듯이 말하는 것이었다. "아아, 괴로워 죽을 것 같아, 도와줘." 그러더니 털썩 풀 위에 쓰러지고 말았다.

"아니, 왜 그래요," 가브리오토는 아무 대답도 없이, 온 몸이 땀투성이가 되어 괴로운 듯 허덕이고 있다가 곧 숨을 거두고 말았다.---후략---『데카메론』, 넷째 날 여섯째 이야기.

여자는 애인과 밀회 중 무서운 괴물이 나타나 애인을 뺏어가는 꿈을 꾸게 되고, 남자는 귀여운 암사슴을 붙잡아 함께 있던 중, 달려온 무서운 사냥개에게 심장을 물린 후 고통스러워하는 꿈을 꾸었다. 여자의 꿈은 애인이 실제로 등장한 사실적인 요소의 꿈과 괴물이 빼앗아 가는 죽음 예지의 상징적인 꿈으로 전개되고 있다. 남자의 꿈은 철저한 상징적인 미래 예지 꿈으로 되어 있다.

이러한 상징적인 미래 예지 꿈의 결과는 예지만 해줄 뿐 피할 수 없다는 것을 누누이 말씀드린 바가 있다. 다만, 이 꿈에서는 비교적 간단한 상징 표상으로 되어 있지만, 난해한 상징의 꿈인 경우에 그 꿈이 실현되기까지, 우리 인간으로서 꿈의 의미를 정확하게 알 수 없는 경우가 많다.

귀여운 암사슴이 무엇을 상징하고 있는지, 독자 여러분은 다 아실 것이다. 사랑스러운 애인을 뜻하고 있으며, 또한 이겨낼 수 없는 무서운 사냥개에게 심장을 물리는 꿈의 상징성이 심장마비로 죽게 될 것을 예지하고 있다. 무서운 사냥개가 병마(病魔)를 나타냈다고 볼 수 있으며, 또한 물린 부위와 관련지어 일어나고 있음을 알 수 있다.

일자무식의 시골 할머니가 꾸게 되는 꿈의 상징 표현이 유명한 소설가가 지어낸 그 어떤 문학적인 비유적 표현보다, 오묘하며 완벽한 상징체계를 지니며 전개되고 있다. 필자는 단언한다. 꿈의 해몽은 점쟁이에게 물어볼 것이 아니라, 문학적 상상력이 뛰어난 사람에게 도움을 청하는 것이 바람직하다. 가장 올바른 해몽을 할 수 있는 사람은 꿈의 상징 기법에 대한 어느 정도의 이해만 있다면, 바로 꿈을 꾼 자기 자신이다.

8 허망성으로서의 꿈

dream

꿈의 다양한 성격을 이해하고자 살펴본다. 우리는 인생을 일장춘몽(一場春夢)으로, 덧없는 꿈에 비유하고 있다. 또한 일상의 언어인 '꿈같은 인생' '꿈 깨라'에서 알 수 있듯이, 꿈의 의미는 허망함, 나아가 헛된 망상의 뜻으로까지 넓어지고 있다.

(1) 사전적 의미로 꿈의 허망함이나 허황된 뜻이 담겨있는 경우

① 꿈 깨라

헛생각 좀 하지 말고 정신 똑바로 차리고 살아라.

② 꿈에 넋두리로 안다.

잠꼬대 같은 소리로 알고 대수롭지 않게 여긴다는 것을 비꼬아 이르는 말.

③ 꿈꾸니 → 헛소리 말아라.(학생)

④ 꿈에 떡 같은 소리

꿈속에서 떡을 얻거나 먹었다는 허황한 소리라는 뜻으로, 하나도 들을 가치가 없는 허튼소리임을 이르는 말.

⑤ 꿈에 사위본 듯(하다)

한 일이 무엇인지 분명하지 않다는 말. 꿈속에서 사위를 맞은 듯하다는 뜻으로, 무엇인가 반가운 일이 있었던 것 같으나 실지에는 분명치 않음을 이르는 말.

⑥ 꿈에 본(얻은) 돈(천 냥)이다.

아무리 좋아도 제 손에 넣을 수는 없다는 뜻. 꿈속에서 본 돈과 같이 좋은 것을 손에 넣은 것 같았으나, 사실인즉 아무것도 손에 넣은 것이 없는 허무맹랑한 경우를 이르는 말.

⑦ 꿈에 본 임이다, 꿈에 임 본 격이다.

반가운 사람은 꿈에라도 만나면 반갑기는 하지만 꿈을 깨고 나면 오히려 괴롭기만 하다는 뜻. 도통 허전한 것이 차라리 안 보느니만 못하다는 푸념의 말.

⑧ 꿈에 서방 맞은 격

꿈속에서 서방을 만나 정을 나누었는데, 깨고 보니 허황하기 그지없다는 데서 좋은 일이 생겨 소원을 이룰 수 있는 듯하였으나, 그만 일이 틀어져서 마음을 만족시키지 못하여 너무나도 허망하고 서운한 경우를 이르는 말. 무엇이 다 제 욕심에 차지 아니한 것을 표시하는 말. 도무지 마음에 흡족하지 않은 모양=꿈에 떡 맛보듯.

(2) 꿈의 허망성에 대한 언급

선인인 월창거사 김대현(金大鉉)의 『술몽쇄언』에 다음과 같이 잘 나타나 있다.

① 우리 모두 꿈속의 인생을 살아가고 있는 것이다.

② 꿈의 환상은 무상(無常: 일정치 않고 변함)하다.

③ 죽고 사는 것은 큰 꿈이다. 깨고 잠자고 하는 것은 작은 꿈이다.

④ 자면서 꿈꾸고 깨어서도 꿈을 꾸니, 사람의 일생이란 전부가 꿈이로구나.

⑤ 마음속에 근심이 없는 자는 꿈이 맑고, 마음에 사려(思慮)가 있는 사람은 꿈이 산란하다.

⑥ 호접몽의 사람과 나비는 다 꿈속의 환상일 뿐이다. 그러니 어찌 반드시 변하지 않는 참을 찾을 수 있다는 말인가?

⑦ 세상 사람들은 눈을 감고 꾼 것을 꿈이라고 한다. 그리하여 눈을 뜨고서도 꿈이 있다는 것을 알지 못한다. 온갖 념(念)이 생겼다가 없어지고, 일만 가지 양상이 나타났다가는 없어지곤 한다.

⑧ 꿈에서는 시공을 초월하여 동에 있다가도 서에 있다가도 한다. 사람의 행동도 이익을 좇아 따라다니는 것처럼 꿈의 환상만도 못하다. 세상에 꿈속에 있지 아니한 사람이 몇 사람이나 되는가.

⑨ 인생이란 한낱 꿈일 뿐이다. 꿈속에서 일어나는 일체의 상황도 사물도 깨고 나면 한낱 환상일 뿐이다. 환상이란 실재하지 않는 허상(虛像)으로 참이 아니다. 우리 인생길에서도 늙고 병들고 희로애락을 겪으면서 변하지 않는 것은 아무 것도 없다. 결국 자고 깨는 것은 작은 꿈이요, 나고 죽는 것은 큰 꿈일 뿐이다.

또한 호접지몽(胡蝶之夢)의 장자(莊子)도 제물론(齊物論)에서도 다음과 같이 꿈과 현실의 허망함을 말하고 있다.

꿈속에서 술 마시고 즐겁게 놀다가[夢飮酒者], 아침이 되어 구슬프게 울 수도 있고[旦而哭泣]

꿈속에서 울며불며 하다가〔夢哭泣者〕, 아침이 되어 기분 좋게 사냥을 나갈 수도 있네.〔旦而田獵〕

바야흐로 한창 꿈속에서〔方其夢也〕, 그것이 꿈이라는 것을 모르네.〔不知其夢也〕

꿈속에서 꿈을 점치다가〔夢之中又占其夢焉〕, 깨어나서야 그것이 꿈이었음을 아네.〔覺而後知其夢也〕

또한 큰 깨어남이 있고서야, 이 삶이 커다란 꿈이었음을 알게 될 것이니〔且有大覺, 而後知此其大夢也〕

그럼에도 어리석은 사람은 스스로 깨어 있다고 여기어,〔而愚者自以爲覺〕

똑똑하게 알은 체하고 임금이니, 다스리는 자니, 하고 있으니 고루하구나!〔竊竊然知之, 君乎, 牧乎, 固哉!〕---제물론(齊物論), 『장자(莊子)』

이는 꿈과 현실의 차이가 없으며, 꿈이 현실이 아니고 현실이 꿈이 아니라는 것을 말하고 있다.

(3) 고사성어나 문학작품 속의 허망성

허망성의 꿈을 언급한 말들을 일상의 언어와 김대현(金大鉉)의 『술몽쇄언』, 『장자(莊子)』의 제물론(齊物論)에 나오는 말로 살펴보았지만, 고사성어나 문학작품의 제재로서 허망성으로서의 꿈이 투영되고 있다.

꿈에 나비가 된 장자의 호접지몽(胡蝶之夢) 이야기는 널리 알려진바, 꿈과 현실이 다르지 않음을 철학적으로 이야기하고 있다. 고사성어 속에도 꿈의 허망성을 다룬 것으로는 이공좌(李公佐)의 『남가태수전(南柯太守傳)』에서 유래된 꿈속에 개미의 나라에 갔다 온 남가일몽(南柯一夢) 이야기가 있다. 또한 심기제(沈旣濟)의 『침중기(枕中記)』는 인생은 한낱 덧없는 허망한 꿈에 불과하다는 이야기를 담고 있다. 당나라의 노생(盧生)이 한단(邯鄲) 땅에서 여옹(呂翁)의 베개를 빌려서 베고 잠들어, 꿈속에서 부귀영화를 누리다가 인생의 덧없음을 깨닫고 깨어나 보니 아직 기장밥을 짓는 동안이었다는 내용으로, 노생지몽(老生之夢)·일취지몽(一炊之夢)·황량지몽(黃粱之夢)·한단지몽(邯鄲之夢)·여옹침(呂翁枕)의 말로도 널리 알려져 있다.

한편 『삼국유사』에 전하는 조신몽(調信夢) 설화 역시 인생의 무상함을 꿈에 빌어 이야기하고 있으며, 이광수가 조신몽 설화에서 모티프를 빌려와 『꿈』이란 소설로 형상화하기도 했다.

9 지어낸 거짓 꿈

dream

꿈에는 여러 가지가 있는바, 어떠한 목적달성을 위한 수단으로 '거짓으로 지어낸 꿈'이 있다.

선인들의 꿈 사례에서 민중의 꿈에 대한 절대적인 믿음이나 신성성을 이용하여, 꿈에 용을 보았다든지, 신(神)들이 삼한의 왕으로 하게 했다든지, 황금의 자〔尺〕를 받았다든지, 신인(神人)으로부터 계시를 받았다든지 하는 꿈들을 유포시켜, 창업의 정당성과 천명을 받았음을 민중들로 하여금 믿게 하도록 하기 위해 지어낸 거짓 꿈이 이용되고 있다.

또한 직접 표현하기 힘든 말의 경우 지어낸 거짓 꿈을 빌어 표현하고 있으며, 현실에 대한 불만이나 좌절, 교훈적인 내용이나 해학적인 내용 등을 문학적으로 형상화하여 지어낸 거짓 꿈을 통해 나타내고 있다.

문학적으로는 정철(鄭澈)이 〈관동별곡〉에서 꿈에 신선을 만난 이야기 등을 거짓으로 지어냄으로써 자신을 하늘나라에서 귀양을 온 신선으로 미화시켜 신선사상에 대한 동경을 표출하고 있는 사례를 들 수 있다. 이 밖에도 유선시(遊仙詩) 작품이나, 또한 드러내놓고 못할 여러 이야기들을 꿈속의 이야기에 빗대어 나타낸 몽유록(夢遊錄)계 소설이 여기에 해당한다.

어찌 보면, 우리 인생길도 조물주가 지어낸 거짓 꿈속에서 살아가고 있는지 모른다. 와각지쟁(蝸角之爭)이란 말이 있듯이, 지내놓고 보면 달팽이 뿔 같은 하찮은 인생 속에서 아등바등 살아가는 것 자체가 조물주가 지어낸 한바탕의 거짓 꿈속의 인생이 아닐는지 반문해본다. 이러한 인생길에서 보다 조급해지지 말고, 보다 여유로운 삶이 되기를 소망해본다.

1) 꿈의 신비성을 이용한 정권유지, 민심수습

건국의 정당성을 내세우기 위해 문학적으로 『용비어천가』·〈몽금척〉 등의 악장을 지어 조선 건국을 신성시하고 건국이 천명(天命)이었음을 꾀하고 있음은 널리 알려진 사실이다. 마찬가지로 민중들의 꿈에 대한 신비성을 이용하여, 꿈속에서 계시를 받았다고 거짓 꿈이야기를 지어냄으로써 민중들로 하여금 천명을 받았음을 믿도록 하고 있다.

(1) 고려의 개국 관련 꿈이야기

먼저 고려 태조 왕건의 가계 및 관련된 꿈이야기를 알기 쉽게 나타내면 다음과 같다.

강충 → 보육 → (딸 진의가 언니로부터 꿈을 산 뒤에 당나라 귀인과 인연을 맺어 작제건을 낳게 됨) → 작제건(용왕의 부탁으로 늙은 여우를 쏘아 죽인 후에 용녀를 얻게 되어 혼인하여 용건을 낳게 됨. 의조로 추증) → 용건(나중에 이름을 융[隆]으로 고쳤으며, 꿈속에서 만난 여인을 길에서 만나게 되어 인연을 맺어 왕건을 낳게 되고 세조로 추증) → 태조 왕건으로 고려를 건국.

고려 태조 왕건의 세계(世系)를 안정복의 『동사강목』에서는 유형원(柳馨遠)의 말을 인용하여, "고려조의 군신(君臣)이 무턱대고 조상을 위조하여, 중국의 기룡을 받기까지 하니 부끄러운 일이다."라고 신랄하게 비판하고 있으며, 신성시하기 위하여 후세 사람들이 억지로 끌어다가 거짓으로 이야기를 꾸며낸 것이 틀림없다고 단정 짓고 있다.

민중들의 꿈에 대한 신성성을 이용하여, 이렇게 왕건의 가계가 중국의 황족으로부터 연원되었다는 것을 부여하여, 고려 건국에 있어 민심안정 및 수습책의 일환으로 이루어졌다고 보아야 할 것이다.

아울러 『삼국유사』에 보이는 신라의 문희·보희의 매몽 설화 및 신라의 거타지 설화가 그대로 원용되어, 진의(辰義)와 작제건의 인물을 신성시하고 하늘의 뜻에 의한 것으로 정당화하고 있음을 볼 수 있다. 즉, 고려 건국에 있어 보육의 딸 진의(辰義)가 당의 귀인과 인연을 맺게 되는 과정의 꿈이야기와 작제건이 용왕의 부탁으로 늙은 여우를 죽인 후 삼한 땅의 임금이 될 것을 계시 받는 이야기로 전개되고 있다. 또한 용건이 꿈속에서 만난 여인과 인연을 맺어 왕건을 낳게 되었다는 꿈이야기(지어낸 거짓 꿈이 아닌, 실제의 사실적인 미래투시의 꿈이 될 수도 있다)를 통하여, 왕건의 출생에 있어 천명에 의한 신성성을 부여하여, 고려 건국이 하늘의 뜻에 의하여 이루어진 정당성을 주장하고 있다.

(2) 조선의 건국 관련 꿈이야기

고려의 건국에 있어 꿈이야기를 통하여 고려 건국이 하늘의 뜻이었음을 정당화하고 있음을 알 수 있듯이, 조선의 건국도 마찬가지로 민중의 꿈에 대한 신성성을 이용하여 조선 건국을 정당화하고 합리화하고자 지어낸 거짓 꿈이 있을 수 있다.

문학적으로는 『용비어천가』에서 태조 이성계 및 태종 이방원 외에 4대조 조상인 목조(穆祖)·익조(翼祖)·도조(度祖)·환조(桓祖)를 끌어다가 육룡(六龍)으로 미화시켜서, 중국 왕조의 여러 시조가 건국과정에서 처했던 일과 빗대어, 역성 혁명을 일으켜 조선을 새롭게 건국한 것이 천명(天命)에 의한 것임을 주장하고 있다.

① 목조에게 나타난 황룡의 부탁으로 백룡을 화살로 쏘아죽인 후에 "당신에 힘입어 생명을 보전했으니, 앞날에 꼭 두터운 갚음이 있을 것이요. 자손 때에 가서 보게 될 것입니다." 하여 장차 이성계가 조선을 개국하는 것을 정당화하고 있다.---『오산설림초고』

② 이성계가 아직 등극하기 전, 이성계가 칠성(七星)님께 기도하여 제삿밥을 얻어먹은 귀신들이 의논하기를 '삼한 땅으로써 상 줌이 옳을까 하오'라는 이야기가 있다.---『오산설림초고』

③ 이성계의 부(父)인 이자춘의 꿈에 선관(仙官) 하나가 오색구름을 타고 하늘에서 내려오더니, 소매 속으로부터 황금으로 만든 자 막대기를 꺼내어 주며, "이 물건은 옥황상제께서 그대의 집에 보내시는 것이니, 잘 보관하였다가 장차 동국 지방을 측량케 하시오."

이러한 신인(神人)으로부터 황금으로 된 자[尺]를 받았다는 계시적인 꿈이야기를 통해 조선조 건국의 천명(天命)을 정당화하고 있다.

이성계에 관한 이 이야기는 꿈의 신비성을 이용하여 신성한 인물임을 민중들로 하여금 믿게 하고, 개국의 정당성을 합리화하기 위해 지어낸 거짓 꿈이야기로 볼 수 있겠다. 특히, 조선 중기의 문인인 차천로(車天輅)의 시화(詩話) 야담집인 『오산설림초고』에는 이렇게 미화적인 이야기가 상당수 실려 있다.

2) 자신의 목적달성을 위한 수단

자신의 목적 달성을 위해 신비한 꿈을 꾸었다거나, 꿈에서 계시받았다거나, 상대방에게 아첨하기 위해 지어낸 거짓 꿈이 있다. 간략히 사례를 살펴보면, 황룡이 날아들었다는 용꿈 태몽으로 주모를 유혹하는 건달, 스님이 선녀와 운우지정을 맺더라는 꿈이야기로 스님의 환심을 사서 떡을 얻어먹는 동자승, 꿈을 핑계하여 자신의 신(腎)을 상전의 입에 들이박았다는 욕설을 하는 하인, 옆방에 든 손님과 바람을 피우기 위해 밭에 멧돼지가 와서 곡식을 망치고 있다는 꿈을 꾸었다며 남편을 밖으로 내보내는 아내 등의 거짓 꿈이야기가 있다.

또한 현실에서 직접 표현하기 힘든 말의 경우에 문묘(文廟)의 위패가 절간으로 옮겨지는 것을 보았다며 자신의 선견지명을 꿈을 빌려 드러낸 선비 정붕(鄭鵬), 형님으로부터 재산을 얻기 위해 부모님이 꿈에 땅을 나눠주라고 계시하는 꿈을 꾸었다는 동생 심의(沈義) 등 상황에 따라 다양한 거짓 꿈이야기를 지어내고 있음을 볼 수 있다. 제한된 지면상, 해학적인 사례 두 가지만을 살펴본다.

① 거짓 꿈이야기로 떡 얻어먹기

어떤 스님이 본래 인색하여 정월 대보름에 둥근 떡 세 그릇을 했는데, 두 그릇은 크고 한 그릇은 작았다. 스님은 작은 그릇을 사미승에게 주려고 했다. 사미승이 이것을 알아차리고, 그 스승을 속이고자 했다.

떡을 먹으면서 스승에게 청해 말하기를 "이것은 좋은 음식입니다. 제가 좋은 꿈을 꾸었는데, 배부르게 먹을 징조 같습니다. 먼저 말씀드리고 나서 나중에 먹겠습니다."

"그렇게 하려무나."

"꿈에 스승님께서 단 위에서 경을 읽으시는데, 어디선가 한 선녀가 내려왔습니다. 나이는 16세쯤 되어 보이는데, 눈은 가을의 물결 같고, 가는 허리에 섬섬옥수의 아리따운 선녀가 스승님에게 다가앉았습니다. 스승님께서 깨달아 보시고는 '어디에서 온 낭자인고' 하자, 낭자가 말하기를, '첩은 하늘나라의 선녀이옵니다. 스님과 전생의 인연을 잊지 못하고 사모하여 내려왔나이다.' 이에 스승님께서는 그 선녀를 끌어안고 빙설같이 희고 고운 피부를 가까이하여, 나비처럼 연모하고 벌처럼 탐하는 것이 황홀경에 드셔서, 비록 공작이 붉은 하늘을 날아가는 것과 원앙이 푸른 물에 노닌다 하더라도, 가히 그 즐거움을 넘지 못하는 것 같았습니다."

스승이 이야기를 듣고 취해 입에 침을 흘리며 말하기를, "기특하도다. 너의 꿈이여. 내가 너의 꿈이야기를 듣고 배가 이미 부르니, 이 세 그릇의 떡은 너 혼자 다 먹도록 하여라."라고 하였다.---『고금소총』

② 가짜 꿈으로 주모를 건드린 건달

한 건달이 있었어. 맨날 술이나 마시러 다니고 오입질하는 일을 능사로 했었어. 주막에 주모가 있었는데, 젊고 예뻐서 뭇 남자들이 한번 건드려 보려고 해도 여간내기가 아니었어. 이 건달도 마음만 있지 여자가 거들떠보아야지. 그래 '어떡하면 한번 안아볼 수가 있을까' 궁리하다가 꾀를 냈어. 하루는 옷을 잘 차려입고 주막에 찾아 들어갔어.

"주모 있나?"

"아니 오늘은 깔끔하게 차려입으시고 어디 가시는 길이어요?"

"응, 저기 어디 좀 다녀오려고 하네." "술 한 잔 주소" "아, 잘 먹었소, 다녀오리다."

그러구 떠나갔는데, 얼마 지나지 않아, 손으로 두 소매를 꼭 잡고 황급히 오는 거야.

"어디 간다더니만, 어찌 이렇게 하고 돌아와요?"

"내가 저 고개를 넘어가다가 술에 취해 한잠 자고 가려고 낮잠을 자는데, 꿈에 청룡 황룡이 하늘에서 내려오더니, 내 몸을 이리 감고 저리 감고 하더니만, 나중에는 청룡은 왼쪽 소매로 들어가고, 황룡은 오른쪽 소매로 들어가는 것 아니오. 그래 내 집에 가서 집사람하고 자고 가려고 돌아오는 길이요."

가만히 주모가 들어보니 훌륭한 아들을 낳을 꿈이라. 자기가 낳으면 장차 자기 신세가 나아질 것으로 생각하고, "술 한잔 더 하고 가시지요?" 하면서 불러들여, 술이며 안주에 갖은 교태를 부려 잠자리를 같이 하려고 했어. 한즉 이 건달이 속으로 원하던 바이라. 못 이기는 척 하고 일을 치렀어. "청룡도 들어가거라, 황룡도 들어가거라."---『구비문학대계』 5-5, 요약 발췌.

3) 문학작품 속의 지어낸 거짓 꿈이야기

문학작품 속의 꿈이야기에도 자신의 바람을 꿈을 통해 대리만족의 기회로 삼거나, 목적달성을 위해 지어낸 거짓 꿈이야기가 있을 수 있다. 지어낸 거짓 꿈을 빌려 현실에서 말할 수 없는 불만이나 바람을 문학적으로 형상화하고 있는 것이다.

① 술에 취했을 때 부른 노래[醉時歌]

꿈에 하나의 작은 책자를 얻었는데 바로 김덕령 시집이었다. 앞부분 한 편에 〈취시가(醉時歌)〉가 있어 내(권필)가 세 번이나 그것을 읽었다. 그 가사에

醉時歌此曲無人聞　취했을 때 노래 부르니 이 곡을 들어주는 사람이 없구나.
我不要醉花月　　　꽃과 달에 취하는 것도 나는 바라지 않고,
我不要樹功勳　　　공훈을 세우는 것도 나는 바라지 않네.
樹功勳也是浮雲　　공훈을 세우는 것은 뜬구름이오,
醉花月也是浮雲　　꽃과 달에 취하는 것도 뜬구름이라.
醉時歌無人知我心　취했을 때 노래 부르니 내 마음을 알아주는 사람이 없구나.
只願長劍奉明君　　다만 바라건대 긴 칼 잡고 밝은 임금 받들고자 함이네

꿈을 깨어서도 슬프고 가슴 아파하였다. 그를 위해 시 한 절구(絶句)를 지었다.
將軍昔日把金戈　장군께서 지난날에 창 잡고 일어났지만
壯志中摧奈命何　장엄한 뜻이 중도에 꺾이니 운명을 어찌하리오
地下英靈無限恨　지하에 있는 영령의 한은 끝이 없지만
分明一曲醉時歌　분명 한 곡조의 취시가로구나.

---권필, 『石洲集』

김덕령(金德齡)이 싸움에 나서기 전에 때때로 술에 취하여 말을 타고 산으로 달리면서 이 노래를 불렀다고 한다. 김덕령(1567. 명종 22년, 1596. 선조 29년)은 임진왜란이 일어나자 의병을 이끌고 많은 공을 세웠음에도 불구하고, 왕의 신임을 질투하

는 조정 대신의 모함을 받아 반란을 일으킨 이몽학과 내통했다는 무고를 받아, 혐의 사실을 부인했음에도 불구하고 국문(鞠問)을 받고 옥사하였으며, 1661년 현종 2년에 신원되었다.

위의 시 역시 지어낸 거짓 꿈과 관련을 맺고 있다. '거짓 꿈이야기' 형식을 빌어서 역모의 누명을 쓰고 억울하게 죽은 김덕령 장군의 〈취시가(醉時歌)〉에 대한 글을 통해 원혼을 달래는 한편, 정쟁으로 인한 어두운 시대현실로 인해 뜻을 펼 수 없었던 권필 자신의 불우한 처지를 빗대어 노래하고 있다고 보아야 할 것이다.

즉, 〈취시가〉를 빌려서 김덕령이 임금에 대한 충정(다만 바라건대 긴 칼 잡고 밝은 임금 받들고자 함이네)만이 있었음을 대변하고, 하루빨리 그의 억울한 죽음이 신원되기를 촉구하고 있다. 또한 자신도 역시 김덕령과 같은 나라를 위하는 마음뿐이라고 꿈을 통해 말하고 있다.

② 조의제문(弔義帝文)

〈취시가(醉時歌)〉와 마찬가지로, 지어낸 거짓 꿈을 빌려 글을 지은 것으로 김종직이 지은 〈조의제문(弔義帝文)〉을 들 수 있다. 〈조의제문〉은 단종을 죽인 세조를 의제를 죽인 항우(項羽)에 비유해 세조를 은근히 비난하는 내용으로 되어 있는 바, 〈조의제문(弔義帝文)〉을 짓게 된 동기에 대해서 "나는 초(楚) 회왕(懷王)의 손자인 심(心)인데, 서초패왕(西楚覇王 항우)에게 피살되어 침강(郴江)에 버림을 받았다."라고 자신의 꿈에 나타났기에, 글을 지어 조문한다고 밝히고 있다.

③ 소설 및 가사 작품

이러한 지어낸 거짓 꿈이야기는 몽중시 뿐만이 아니라, 소설이나 가사 등의 형식에서 더 많이 사용되고 있다. 송강 정철이 〈관동별곡〉에서 꿈속에서 신선을 만나 자신이 본래 하늘나라의 신선이었다든지, 허균이 꿈속에서 신선세계에 다녀왔다는 이야기 등은 지어낸 거짓 꿈이야기로 보아야 하겠다.

몽자류 소설이나, 몽유록 소설 등에서도 현실에 실재하는 인물이 꿈속에서 겪었다는 일을 통해서 자신의 바람이나 현실에 대한 불만 등 현실에서 말할 수 없는 여러 이야기들을 꿈이야기를 빌려 문학적으로 형상화하고 있다. 꿈속에서 신선세계를 노래한 수많은 문학작품 등이 다 그러하다고 해야 할 것이다. 또한 꿈속에 신선이 된 것을 노래한 유선시(遊仙詩)도 지어낸 거짓 꿈을 빌려 현실에서의 불만과 신선에 대한 동경을 드러내고 있다.

근세에도 안국선(安國善)이 지은 신소설인 『금수회의록』에서 꿈속에서 동물의 회의를 참관하는 1인칭 관찰자 시점으로, 금수(禽獸)를 빗대어 인간세계의 모순과 비리를 규탄하면서 신랄한 풍자로 나아가고 있다.

④ 외국의 사례

9세기 영국의 찰스 램의 수필에 〈꿈에 본 아이들〉이라는 글이 있다. 사랑스러운 손자·손녀들에게 할머니와의 다정했던 이야기를 들려주는 내용으로, 깨고 보니 꿈이었던 내용이다. 말 한번 제대로 붙여보지 못했던 짝사랑으로 끝난 이상형의 그녀에 대한 사랑의 감정을 꿈을 빌려 그녀와 결혼했다고 가정하고, 자손들에게 이야기를 들려주는 형식을 취하고 있다.

4) 교훈적이거나 해학적인 내용

교훈적인 내용이나 해학적인 내용 등을 나타내는 데 있어 지어낸 거짓 꿈을 통해 표현하고 있다.

① 조신몽(調信夢)

조신은 신라 때 세규사(世逵寺)의 중이었다. 그는 명주군 태수 김흔(金昕)의 딸을 좋아하고 반했다. 여러 번 관음보살 앞에 그 소원을 빌었다. 그러나 그런 보람도 없이 그녀는 다른 사람에게 시집을 가고 말았다. 조신은 어느 날 불당 앞에서 관음보살이 자신의 소원을 들어주지 않은 것에 대하여 원망하며 슬피 울다가 너무 지쳐서 얼핏 잠이 들었다.

갑자기 꿈에도 잊지 못하던 김소저가 나타나서 웃으며, "저는 마음속으로 그대를 몹시 사랑했으나, 부모님의 영으로 부득이 출가했다가 이제는 함께 살려고 왔습니다."라고 하였다. 조신은 기뻐하며 고향으로 돌아갔다. 40년을 함께 살면서 자녀 다섯을 두었다. 그러나 너무도 가난하여 집은 네 벽뿐이었고, 거친 음식마저 계속해갈 수가 없었다. 입에 풀칠하기 위하여 십여 년을 문전걸식하면서 옷은 다 찢어져서 몸을 가릴 수도 없었다. 15세 되는 큰아들은 굶어 죽어, 통곡하며 길가에 묻었다. 조신과 그 아내는 늙고 병들어 누워 있고, 열 살짜리 딸이 구걸하다가 마을 개에게 물렸다. 아픔을 호소하며 앞에 와서 누워있으니, 두 부부는 목이 메어 눈물을 줄줄 흘리었다.

부인이 눈물을 씻더니 "제가 처음 당신을 만났을 때, 우리는 나이도 젊었고 얼굴도 예뻤습니다. 그리고 사랑도 두터워서 헝겊 하나로, 또는 밥 한 그릇으로 나누어 먹으면서 살아와 정이 두터웠습니다. 그러나 근년에 와서는 몸은 늙고 병이 들어, 굶주림과 추위로 인해 살아가기가 어렵습니다. 걸식하는 부끄러움은 산더미보다 더 무겁습니다. 마냥 구걸을 하려고 해도 집집이 문을 굳게 닫고 받아들이지 않으니, 어느 겨를에 부부간의 애정을 누릴 수 있겠습니까?"

"젊은 얼굴, 예쁜 웃음은 풀잎 위의 이슬 같고, 굳고도 향기롭던 그 가약도 한갓 바람에 날리는 버들가지 같을 뿐입니다. 곰곰이 지난날의 즐거움을 생각해 보니, 그것이 바로 번뇌로 오르는 계단이었습니다."

"이제 우리는 더 이상 어찌할 수가 없으니 헤어지는 도리밖에 없습니다. 헤어졌다가 다시 만나는 것도 다 운수가 아니겠습니까?" 이 말을 들은 조신도 옳게 여기고, 각자 아이 둘씩 데리고 서로 손을 잡고 이별하려고 할 때에 꿈에서 깨었다.

조신은 열다섯 살 아들이 굶어 죽어간 언덕에 찾아가서, 그 시체를 파묻은 곳을 파 보았다. 거기서 돌미륵이 나왔다. 물로 씻어서 근처에 있는 절에 맡기고, 서울로 돌아가 장원의 맡은 책임을 내놓고 사재를 털어 정토사(淨土寺)를 세웠다. 그 후 어디서 생을 마쳤는지 알지 못한다.---『삼국유사』 발췌.

조신의 꿈을 통하여 인생이 일장춘몽임을 일깨워 주는 교훈적인 성격의 설화이다. 중국의 한단지몽, 남가일몽 등의 꿈이야기들 또한 인생의 무상함을 보여주고 있다. 인생무상(人生無常)을 주제로 하는 〈조신몽〉 설화와 비교될 수 있는 문학작품으로, 김만중의 『구운몽』이 있다. 하지만 〈조신몽〉이 온갖 고생 끝에 삶의 무상함을 깨닫는 것이라면, 『구운몽』은 2처 6첩과 출장입장 등 온갖 부귀와 영화로움을 다 누리다가 인생의 무상함을 깨닫는 내용으로 되어 있다. 춘원 이광수는 〈조신몽〉 설화를 바탕으로 『꿈』이라는 소설로 개작해내기도 하였다.

이처럼 꿈을 통해 인생이 덧없음을 일깨워 주고 있는 교훈적 꿈이야기가 있으며, 해학적인 꿈이야기를 통해서 유희적인 즐거움을 주고 있다. 남가일몽, 한단지몽의 고사 및 『열자(列子)』에 나오는 〈밤마다 꿈을 꾸는 부자와 하인〉, 〈사슴을 잡은 꿈〉 등등에서 알 수 있듯이 인생의 무상함 등 어떠한 깨달음을 얻는 데 있어, 지어낸 거짓 꿈을 통한 이야기가 전개되고 있다.

② 거짓 꿈의 해몽-바구니 꿈

장터에서 꿈을 해몽해주는 사람이 있었어. 한 사람이 있어 해몽을 부탁하는데, 장난삼아 거짓말로 말하기를 "간밤에 꿈을 꾸었는데, 새 바구니를 얻었습니다."

"으응, 당신 오늘 배가 부르도록 잘 얻어먹을 것이여."라고 거짓말로 했는데 맞을 리가 있어. 그런데 정말 몇 해만에 만난 친구가 "자네 오래간만에 잘 만났다" 하면서 사주어서 술과 밥을 실컷 먹었것다. '허 참 해몽대로 되었구나!'

'신기하다' 하면서 다음 장날에 가서 또 해몽을 부탁했어. "그래 어떤 꿈을 꾸었소" "간밤 꿈에는 길이 반들반들한 바구니를 얻었는데, 이번에는 어떻소" "응, 오늘도 괜찮군" 그러더니 "이번에는 먹을 만큼 먹고 집으로 가오." 그래 맞나 하고 돌아다니니, 과연 누군가 사주어서 얻어먹었단 말이지.

그래 하도 신기해서 다음 장날에 또 갔지. "또 해몽 왔소" "그래 이번에는 무슨 꿈을 꾸었소?" "하아, 이번에는 헌 바구니를 얻었소." "당신 빨리 집에 들어가오, 자칫하단 매 맞게 될 것이오." 두 번을 맞췄지만 '설마 이번에도 맞으려고---' 하면서 돌아다니다가, 정말로 싸움판에 잘못 걸려 얻어맞았어.

그래 하도 해몽이 신통해서 다음 장날에 찾아가서 물었어. "어떠해서 그렇게 해몽을 해주었느냐"라고 한즉 "그것 보쇼, 바구니가 새것일 때는 사람이 사자고 덤비니 크게 얻어먹게 될 것이요, 길들은 바구니는 '그저 그런 거로구나' 하고, 헌 바구니는 볼품없고 귀찮으니까 아궁이에 처넣어 불태우니 두들겨 맞는 신세가 될 것이 아녀." "아, 정말 그러냐." "정말 그렇지. 자네 거짓말로 해몽을 부탁한 것 다 알고 있으니, 이제부터 오지를 말아." 그래 그다음부터 해몽하러 가지 않더라는 거야.---『구비문학대계』

③ 이상한 꿈 해몽-우는 꿈

옛날 어느 시골에 해몽을 잘하는 노인이 있었다. 이웃에 미신이라고 불신하는 노총각이 있었는데, 시험 삼아 찾아가서는 꿈 해몽을 부탁한다.

"그래 어떤 꿈을 꾸었는고?"

"밤새도록 우는 꿈을 꾸었습니다."

"그럼 술 실컷 얻어먹겠다."

과연 그날 우연하게 오랜 친구가 찾아와 술을 실컷 얻어먹었다. 이튿날 또 찾아가서는 "오늘은 어째서 왔는고." "어젯밤에도 또 우는 꿈을 꾸었습니다." "음, 오늘은 옷 한 벌 얻어 입겠다." 과연 저녁때가 되니까 생각지도 않았던 조카딸이 10년 만에 친정에 오면서, 작은아버지라고 옷을 한 벌 지어 갖고 와서 얻어 입었다. 그 다음 날 다시 또 찾아가서는 "오늘은 또 웬일이냐?" "어젯밤에도 또 우는 꿈을 꾸었습니다." "오늘은 몸조심하거라." 두 번씩이나 들어맞았으니 안 믿을 수 없어 종일 집에 드러누워 있는데, 친구가 와서 이끌려서 할 수 없이 나갔다가, 주막집에서 옆방에 싸움이 난 것을 말리다가 오히려 실컷 두들겨 맞았다.

하도 신기하여 다음 날 아픈 몸을 이끌고 노인한테 가서 여쭈기를, "어찌하여 똑같은 꿈을 그렇게 잘 아십니까?" 노인이 말하기를 "처음에 어린애가 울면 배가 고파서 그런 줄 알고 어머니가 젖을 물려주니 술을 얻어먹는다고 풀이했고, 또 울면 물것(이〔虱〕)이 있나 해서 옷을 새로 갈아 입혀주니 옷을 얻어 입는다고 했고, 그런데도 또 울면 와서 살펴보고는 심술을 부린다고 엉덩짝을 한 대 딱 때린다이 말이여! 그러니 남한테 얻어맞는다고 풀이할 수밖에"---『구비문학대계』

5) 요즘 사람들의 지어낸 거짓 꿈 사례

지어낸 거짓 꿈은 선인들뿐만 아니라, 현대인들의 일상 생활에서도 다양하게 사용될 수 있다. 맞선을 본 마음에 드는 여인에게 오래전부터 꿈속에 나타난 사람이라고 말하여 운명적인 만남이라든지, 국회의원 출마에 앞서 영령의 계시를 받았다고 출마의 변을 내세울 수 있겠다. 안 좋은 사례로, 거짓 태몽을 빌려 사기를 친 사례도 있다.

이러한 지어낸 거짓 꿈도 잘 쓰면 약이 될 수도 있다. TV 드라마나 소설의 사건 전개에 있어 암시나 복선으로 활용한다든지, 자녀들의 태몽에 있어 좋은 태몽이 있었다는 이야기를 해줌으로써, 아이에게 장차 자신의 운명의 길에 대한 긍정적인 자부심을 심어주는 효과를 얻을 수도 있다고 하겠다.

① 거짓 용꿈으로 남편을 불러들이다.

남편이 취직하여 술 약속이 있어서 집에 못 들어간다고 하자, 신혼의 아내가 어젯밤에 용이 여의주를 물고 들어오는 태몽을 꾸었는데, 일찍 집으로 들어오라고 거짓말을 해서 남편을 불러들이는 이야기가 나온다.---1995. 12. 17, MBC 주말연속극 '아파트'에서.

태몽에 관한 꿈의 신비성을 이용하여, 지어낸 거짓 태몽으로써 자신의 뜻을 실현시키는 재치 있는 아내라 할 수 있겠다.

② 거짓 태몽을 이야기하며 임신했다고 사기극

간 경화에 걸려 배에 복수(腹水)가 찬 50대 여자가 "임신을 해서 배가 불렀다."고 동거남을 속여, 약 1200만 원을 챙기고 달아났다. 여자가 "아기를 가진 것 같다."는 말을 믿고 동거를 시작했으나, 실제로는 복수가 차오르는 것이었다. 하지만 여자의 "용 두 마리가 하늘로 승천하는 태몽을 꿨다."는 말에 임신을 의심하지 않았다. 그 후 여자가 돈을 가지고 달아난 후에야, 의도적으로 접근해 임신 사기극을 꾸며 속인 것을 알게 되었다.---요약 발췌, 조선일보, 2007. 4. 5.

태몽과 관련된 황당한 사기극에 대한 기사 이야기지만, 역(逆)으로 보자면 태몽의 신비성에 대한 믿음이 있었기에 사기극이 성공했음을 알 수 있다.

제Ⅴ장
실증사례별 분류

1 로또(복권)당첨 꿈

dream

행운이란 무엇일까! 행운은 어디에 있는 것이며, 언제 오는 것일까? "까닭 없이 천금을 얻는다면 큰 복이 있는 것이 아니라, 반드시 큰 재앙이 있다.〔無故而得千金 不有大福 必有大禍〕" 『명심보감』 성심편(省心篇)에 나오는 역설적인 표현의 이 말이 뜻하는 바는 무엇인가?

행운의 대표적인 복권에 당첨된 사람들의 인생길은 어떻게 달라졌을까? 우스운 통계자료이지만, 복권 당첨 후에 가장 먼저 한 일이 배우자를 바꾸게 된 일이라고 한다. 엄청난 액수의 로또복권에 당첨된 사람은 일가족이 외국으로 도피성 탈출을 한 상태이다. 심한 경우는 재산을 탕진하고 자살로 생을 마무리하기까지 한다. 당첨이 있고 나서 행복이 찾아왔다기보다, 엄청난 재물이 있게 된 후에 오히려 불행의 비뚤어진 인생길이 시작된 것이다.

행운이 찾아오기를 바라기보다, 먼저 불행이 빼앗아 가지 않도록 했으면 하는 것이 무엇일까 생각해보자, 그리하여 진정으로 빼앗기고 싶지 않은 가족의 평온함과 건강이 진정 나에게 있어 행복이 아닐까?

어느 커다란 물질적인 행복보다 온 가족이 마주 앉아 웃음 띤 대화를 나누면서 정겨운 식사를 할 수 있는 그 자체가 행복이고 행운의 나날이 아닌가 한다. 행복과 행운이 어떠한 엄청난 일이 아닌, 자그마한 일이라도 보람과 만족을 느끼며 살아가는 것 자체가 행운이고 행복이 아닐까 하는 생각을 해본다.

싱그러운 오월. 어느 산을 오르다가 가쁜 숨을 몰아가며 잠시 쉬어가는 나무 그늘 아래. 그때 어디선가 산들산들 불어오는 상큼하고 풋풋한 향기로운 바람결에 하늘하늘 떨어져 내리는 꽃비. 아름다운 연인과의 정겨운 대화 --- 이러한 행복의 시간을 그려보는 마음의 여유를 가질 수 있다는 자체가 기쁨이고 행운이 아닐까?

행운(幸運)이 무엇인지 먼저 한자 뜻풀이를 살펴본다. 幸(행)자의 자원에 대해서 살펴보면, 吉而免凶也(길하고, 흉함을 면하다)로 설명되고 있는바, 幸자는 일찍 죽는다는 뜻의 '夭'자와 '屰'을 합한 자로, '屰'(逆에서 책받침을 뺀 자)자는 逆의 뜻으로 '반대'

라는 뜻을 지니고 있어, 일찍 죽는 것과 반대로 장수하는 행복을 가리키고 있다. 運은 '수레에 짐을 싣고 이사한다'는 뜻으로, 변하여 옮기는 것을 가리키며, 고정되지 않고 변화함을 뜻하고 있다.

즉, '幸'이라는 자원 그대로의 뜻으로 살펴본다면, 다행(多幸)스럽다는 말이 있는 것처럼, 커다란 행운이 찾아오기를 바라는 마음보다, 불행한 일이 일어나지 않기를 바라는 마음 자세로 살아가는 것이 더 중요한 것이다.

運자의 자원 그대로 살펴본다면, 이러한 모든 것은 항시 변화할 수 있기에 성실한 자세로 자신의 맡은 바 일에 최선을 다하고 겸허한 마음가짐으로 인생의 길을 나아갈 때에, 진정한 행운이 찾아올 것이다.

運命(운명)과 宿命(숙명)의 차이점은 어디에 있을까? 宿命의 宿은 '잘 숙'자로 태어날 때부터 정해진 것으로, 우리 인간의 힘으로 어찌할 수 없다. 하지만 運命의 運자는 '움직일 운', 자동차를 운전할 때 運자로 핸들을 돌리는 방향으로 차가 나아가듯이, 자신의 의지와 마음가짐, 노력 여하에 따라서 우리 자신의 운명의 길을 스스로 변화시킬 수 있으며 만들어 나갈 수 있는 것이다. 이 경우에 있어 보이지 않는 운명의 길을 어렴풋이 예지해주는 세계가 바로 꿈인 것이다.

또한, 정신능력의 영적인 활동으로, 자신이 궁금해하고 관심이 있던 일이나 대상에 대해서, 또한 장차 다가오는 운명의 길에 대해서 알쏭달쏭한 상징적인 표상으로 일깨워 주고 예지해주고 있는 세계가 바로 꿈의 세계인 것이다. 희망차게 항상 밝고 긍정적이고, 자신이 성실히 노력하는 삶 속에 겸허한 생활자세로 임해나간다면, 아름답고 밝은 표상의 좋은 꿈을 꾸게 될 가능성이 높아질 것이다.

여러 행운 꿈 사례를 살펴보면, 꿈은 반대가 아닌 상징 표상의 이해에 있다는 것을 알게 될 것이다.

① 재물이나 이권 등을 얻는 행운 꿈 사례

* 돌아가신 조상이나 귀인(대통령) 등이 밝은 모습이나 좋은 말을 해주는 경우의 꿈

* 아름답고 풍요롭고 기분 좋은 꿈(좋은 광경을 보거나, 멋진 데이트나 정사)

* 불, 대변, 돼지, 시체 꿈 및 귀한 물건이나 짐승 등을 얻는 꿈(재물이나 이권을 얻게 됨)

* 임신하거나 아이를 낳는 꿈(어떠한 일에 대한 성취)

* 자신이 죽는 꿈(현재 상황에서 새로운 세계로 나아가고 탄생하는 것을 상징함)

* 싸워서 이기거나 상대방을 죽이는 꿈(상대방을 제압·굴복·복종시킴의 의미)

② 좋은 인연의 행운 꿈 사례

* 보석, 반지, 목걸이, 과일, 꽃, 신발, 웨딩드레스 등을 받거나 얻는 꿈

* 소, 뱀, 고양이, 강아지 등을 얻게 되거나 가까이하는 꿈

③ 합격, 승진, 성취의 행운 꿈 사례

* 조상이나 돌아가신 분이 밝은 모습으로 나타난 꿈

* 누군가가 계시적으로 합격(승진)했다고 일러주는 꿈

* 구렁이, 사슴 등 짐승을 잡거나, 귀신 또는 다른 사람과 싸워서 이긴 꿈

* 학 등 새들이 날아온 꿈

* 화분·과일·열쇠 등을 얻는 꿈

* 높은 곳에 올라가는 꿈

* 풍요롭고 아름다운 경치나 대상을 보는 꿈

* 무지개·꽃·불·보석 등 밝고 빛나는 대상을 보는 꿈

* 뱀이나 호랑이 등 기타 짐승에게 감기거나 물린 꿈

* 상제가 된 꿈(어떠한 정신적 물질적인 권위를 계승함을 상징)

* 자신의 목이 베어지거나 죽는 꿈(기존의 자신은 사라지고, 새로운 자신으로 변모함을 상징)

* 어떠한 단체나 모임에 자신의 빈자리가 마련되어 있는 꿈

* 다른 사람에 비해 자신만이 우대받는 꿈

④ 기타 행운 꿈 사례

* 맑은 바닷물이 집 앞에까지 찰랑찰랑한 꿈으로 교원임용 고시에 합격

* 취직을 못하던 사람이 어느 건물로 들어갔는데, 불빛이 환하고 앞에 큰 문이 있었다. 갑자기 문이 저절로 열리어 당당하게 들어가는 꿈으로 취업

* 누런 된장을 담그는 꿈을 꾼 후에, 사업이 번창

* 어린아이를 솥에 넣어 삶는 꿈으로, 졸업 논문 통과

* 노예가 되어 혹사당하는 꿈은, 새로운 곳에 다소 힘들게 있게 될 것을 예지한 꿈으로, 합격발표를 앞둔 상황에서 대학원 합격

우리 모두가 로또 당첨 등을 꿈꾸고 있다. 하지만 800만분의 1이라는 확률을

뛰어넘어 당첨된다는 것이 그 얼마나 힘든 일이고, 하늘이 낸 사람만이 가능한 일이라는 것을 우리 모두 잘 알고 있다. 그러한 우리가 오늘 밤 꿈속에서 로또에 당첨되는 꿈을 꾸었다면 어떤 일이 일어날 것인가?

로또 숫자 6개가 보이는 꿈, 복권에 당첨되는 꿈으로 실제 당첨된 사례가 있는바, 이처럼 꿈속에서 복권에 당첨되는 꿈은 사실적인 꿈으로나 상징적인 꿈 모두 좋은 길몽의 꿈이다. 꿈은 결코 반대로 이루어지는 것이 아닌, 상징으로 나타나는바, 다음과 같은 실현이 가능하다.

첫째로, 프로이트는 꿈을 억눌린 잠재의식적인 소망의 표현이라고 말하고 있으며, '꿈에 본 내 고향'이란 말이 있듯이, 복권 당첨에 대한 자신의 간절한 바람이나 혹은 돈으로 인한 스트레스가 있다면, 이렇게 꿈속에서 복권에 당첨되는 꿈을 꿈으로써 대리만족을 얻게 하는 경우가 있다. 이 경우에는 재물운으로 이루어지지는 않으며, 현실에서 아무런 일도 일어나지 않게 되는 심리 표출의 꿈으로 볼수 있다.

둘째로, 사실적인 미래투시의 꿈이라면, 실제 꿈에서 본 그대로 이루어지거나 유사한 일로 실현되니 아주 좋은 꿈이다. 특히 꿈속에서 숫자 6개 등이 나타나는 경우, 그것을 그대로 기억했다가 다른 어떤 좋은 일로 실현될 때까지, 꾸준하게 로또번호로 사용해보는 것도 좋다. 엄청난 일에 대한 미래 예지일수록, 오늘 꾸고 내일 일어난다기보다는, 마음의 준비를 충분히 하게 한 몇 달 뒤에 일어나고 있다. 태몽의 경우 평생을 예지한다고 보면 틀림이 없다.

셋째로, 대부분의 과장되고 황당한 전개의 꿈이라면, 상징적인 꿈으로 이루어지고 있다. 이 경우에도 복권 당첨 꿈은 좋은 꿈이다. 상징적인 꿈에서 복권은 실제의 복권, 재물, 문서, 증서, 방도, 권리, 이득 등을 의미하고 있다. 따라서 복권에 당첨되는 꿈은 실제 복권 당첨이 아니더라도, 복권으로 표상되는 것을 획득하거나 권리 등을 부여받게 되는 일로 실현될 수 있다. 또한 경쟁의 일에서 승리를 거두게 되거나, 임명장을 받게 되는 등의 좋은 일로 실현 가능하다. 이 경우 당첨금액의 규모가 클수록 자신의 소원에 부합, 만족하게 될 일로써 실현이 될 것이다.

【 로또복권 당첨 등 행운의 꿈에 대하여(개괄적 해설) 】

꿈에는 여러 가지가 있다. 자신의 소망이나 불안 등의 심리가 꿈으로 표출되기도 하며, 주변의 위험을 꿈으로 일깨워 주거나, 현실에서 이루어낼 수 없었던 발견이나 발명 등 창조적인 사유활동을 가능하게 해주기도 한다.

하지만 우리가 꾸는 대부분의 꿈이면서, 우리가 가장 중요하게 여기는 꿈의 세계는 자신이 궁금해하는 미해결의 관심사나 자신에게 다가오는 미래의 운명적인 일에 대하여 상징적인 꿈을 통하여 예지(豫知)하고 있다.

일부의 경우, 각 개인의 앞날에 다가오는 운명의 길에 대하여, 실제 꿈속에서 본 대로 전개되는 사실적 미래투시의 꿈으로 나타나는 경우도 있지만, 대부분의 경우의 꿈은 황당하게 전개되는 상징적인 표현으로 보여주고 있다. 따라서 그 꿈이 실현될 때까지는 언제 어떻게 어떠한 현실로 나타날지에 대해서 일반 사람들은 잘 모를 수가 있다.

하지만 이러한 꿈의 미래 예지적인 기능에 대하여, 우리 모두는 믿고 있다고 하여야 할 것이다. 꿈을 안 믿는다는 사람도, 미래 예지적인 신비한 꿈을 꾸어보지 않은 사람도, 자신의 주변에서 행·불행이 다가온 사람이 말하는 꿈이야기를 들어본 적이 수없이 많을 것이다.

또한 꿈을 믿지 않거나, 꿈이 허황되다고 말하는 사람들도 어쩌다 돼지꿈을 꾸고 나면, '복권을 사야 한다'고 생각하고 있음에서 알 수 있듯이, 꿈의 신비한 미래 예지적 성격을 겉으로는 부인하지만, 자신도 모르는 사이에 믿고 있다고 하여야 할 것이다. 우스갯소리이지만, 복권에 거액이 당첨되어 은행에 당첨금을 수령하려 가면, 담당 직원이 어떤 꿈을 꾸었는지 물어보아 적는 것을 원칙으로 하고 있을 정도이다.

이러한 자신에게 다가오는 엄청난 행운에 대하여, 본인 자신이나 주변 사람들이 대신 꿈을 꿔주기도 한다. 이 경우 꿈을 사고파는 매몽의 절차를 거치기도 한다. 복권에 당첨된 많은 사람들의 공통점이 복권 구입 전후에 신비한 길몽을 꾸고서 복권 당첨의 행운을 누리고 있다. 일부의 경우에는 복권 당첨 사실을 모르고 있는 상황에서 꿈으로 일깨워 주는 경우도 있다.

극히 일부지만, 어떤 사람은 좋은 꿈을 꾸지는 않았지만, 무언가 좋은 일이 일어날 것 같은 예감이 좋아서 복권을 샀더니, 그것이 당첨되었다고 증언하는 사람도 있다. 이처럼 복권에 관한 꿈을 꾸지 않고서도 복권에 당첨되는 경우도 있다. 그러나 일부의 사람들은 주변 사람이 대신 꿔주기도 하며, 본인이 복권 당첨에 관한 꿈을 꾸었지만, 꿈의 상징적인 난해성 때문에 복권 당첨과 관련된 꿈이라는 것을 알지 못할 수도 있다.

그렇다면 좋은 꿈을 꾸고 복권에 당첨되었다는 사실은 우연인가? 꿈의 예지력을 보여주는 필연적인 결과인가? 복권에 당첨된 사람의 수많은 꿈 사례를 볼 때, 이는 우연이 아닌 필연의 결과임을 알 수 있다. 또한 복권 당첨자들이 꾸었던 꿈의 상징성을 분석해 볼 때, 밝고 아름답고 풍요로운 꿈이거나 새로운 탄생을 의미하는 좋은 꿈이라는 데서 필연적이라는 것이 여실히 증명되고 있다.

필자가 복권 당첨자들의 꿈을 분석해 본 결과, 다음에 나오는 20여 가지의 상징적인 미래 예지 꿈들과 유사한 꿈들을 꾸게 된다면, 복권 당첨이 이루어지지 않더라도, 주식투자나 부동산에서 막대한 이익이 나게 되거나, 산삼을 캐게 되거나 뜻밖의 유산을 받게 되는 등의 재물을 얻게 되는 행운으로 이루어지고 있다. 또한 처한 상황에 따라 가임여건에서 태몽으로 실현되거나, 시험 합격, 승진, 사업성공, 멋진 이상형과의 인연 맺기 등등의 좋은 일이 일어나는 일로 실현되고 있다. '꿈은 반대가 아닌, 상징의 이해이다.'라는 말을 염두에 두면서, 다음의 요약 꿈 사례를 살펴보시기 바란다.

돼지를 잡는 꿈, 부모님·조상·부처님·하느님·스님 등이 좋은 모습으로 나타나거나 좋은 계시적 말씀이나 물건을 주는 경우의 꿈, 대통령이나 귀인 및 연예인과 좋은 만남의 꿈, 밝고 풍요로움이 나타나 있는 꿈, 아름다운 광경을 보는 꿈, 불이 크게 일어나는 꿈, 시체와 관계된 꿈, 변(똥)을 가져오거나 묻히는 꿈, 용이나 비행기를 타고 나는 꿈, 사람이나 동물을 죽이는 꿈, 자신이 죽는 꿈, 돈·재물·귀한 물건을 얻는 꿈, 아기 낳는 꿈, 온몸이 피로 뒤덮인 꿈, 동물·식물·곤충의 아름답고 풍요로운 좋은 전개의 꿈, 물고기를 잡는 꿈, 기분 좋은 성행위를 하는 꿈 등으로 다양하게 나타나고 있다. 또한 사실적인 미래투시의 꿈으로 꿈속에 나타난 숫자로 로또에 당첨되거나, 당첨된 꿈을 꾸고 실제로 현실에서 당첨으로 실현되고 있는 사례도 있다.

이러한 복권 당첨의 꿈 사례들은 꿈이 장차 다가올 미래를 예지해준다는 것을 극명하게 보여주고 있다. 대부분의 사람들은 아직도 꿈의 미래 예지적인 기능에 대해서 반신반의하고 있다. 그러나 좋은 일이든지 나쁜 일이든지, 미래의 현실에서 반드시 일어나기로 예정된 일을 우리는 꿈으로 예지하거나 판단하고 있다. 더욱이 자기의 운명을 크게 좌우할 만한 큰 변화에 대해서는 꿈을 통해 사전에 예지되는데 이런 경우의 꿈은 다른 어떤 꿈보다도 더 생생하게 잘 기억되는 특징이 있으며, 어떤 경우는 수차례 반복되어 꿈으로 나타나고 있다.

상징적인 미래 예지 꿈의 실현은 현실에서 멀고 가까움이 있을 뿐, 꿈의 예지대로 이루어지는 특징이 있다. 재물을 얻게 될 것을 예지하는 좋은 상징적 미래 예지의 꿈을 꾸었을 경우에는 처한 상황에 따라 각기 다른 재물을 얻는 행운으로 이루어지고 있다. 자신이 복권을 살 의사가 없었더라도 식당을 개업한 집에 들르게 되고, 서비스 차원에서 나누어주는 복권을 받게 되고, 그것이 당첨의 영광으로 실현될 수도 있다.

1) 돼지꿈

우리 모두 돼지꿈을 꾸기를 바라고 있다. 이는 복권에 당첨된 많은 사람들이 조상꿈을 비롯하여 돼지꿈을 꾸고 나서 복권에 당첨되었다고 말하고 있는 데서도 알 수 있듯이, 대체로 돼지꿈을 꾼 경우 재물이나 이권을 얻게 되는 일로 실현되고 있다.

이는 돼지가 새끼를 많이 낳는 다산의 동물이면서 쑥쑥 커가는 성장성에서 재물이나 이권의 번창을 상징하고 있으며, 옛날에 돼지 한 마리 장에 가져가면 쌀이나 다른 재물로 바꿀 수 있었던 물물교환의 잔재에서 연유됨을 알 수 있다. 혹은 파자해몽으로 돼지를 한자로 나타내면 豚(돼지 돈)이기에, 사람들이 좋아하는 '돈'의 음의 유사성으로 볼 수도 있다.

우리가 동네 이발소 등에 가면 어미돼지가 많은 새끼에게 젖을 먹이는 그림을 볼 수 있는바, 이는 다산과 쑥쑥 커 나가는 성장성에서 가게의 번창을 기원하고 있음을 잘 알 수 있다. 또한 민속적으로 고사 지낼 때 돼지머리를 놓고 지내는 것도 다산과 성장성에서 번창 풍요로움을 기원하는 상징적 의미로 쓰이고 있음을 알 수 있다.

다만, 돼지꿈을 꾸었다고 해서 반드시 재물이나 이권을 얻는 일로 실현되지는 않는다. 일반적으로 돼지꿈이 재물이나 이권의 상징으로 실현되지만, 사람을 뜻하거나 어떠한 대상을 상징하는 경우가 있다. 따라서 돼지꿈을 꾸었다고 반드시 복권 당첨, 주식에서의 대박 등 재물을 얻는 행운으로만 실현되는 것은 아니다. 돼지가 들어오는 꿈이나 잡는 꿈을 꾼 후에 재물이나 이권 획득 등의 좋은 일뿐만 아니라 가임여건에서는 태몽으로 실현될 수도 있으며, 사람을 얻게 되는 일로 이루어지기도 한다. 예를 들어, 돼지가 집에 들어오는 꿈이 돼지같이 뚱뚱하거나 욕심 많은 가정부를 집안에 두게 되는 일로 이루어질 수도 있는 것이다.

또한 꿈속에 등장한 돼지가 재물의 상징으로 나왔다고 하더라도, 반드시 재물이 생기는 일로 이루어지지 않는다. 돼지꿈의 표상 전개가 좋게 나타나야 하는 것은 물론이다. 들어오려던 돼지를 내쫓는 꿈이거나, 돼지가 사라지는 꿈이거나, 죽은 돼지를 얻는 꿈의 경우에는 재물이나 이권을 얻으려다가 얻지 못하는 일로 이루어지고 있다. 이 경우 돼지가 사람을 상징할 경우 사람을 얻지 못하게 되거나, 태몽의 경우 유산 등으로 실현되고 있다.

이처럼 꿈의 실현은 꿈을 꾼 사람이 처해 있는 상황과 돼지꿈의 전개가 어떻게 이루어졌느냐에 따라, 달리 실현되고 있는 것이다. 꿈은 반대가 아니며, 꿈해몽의 열쇠는 상징 표상의 이해에 달려있다. 상징은 다의성의 특징을 띠고 있다. 꿈속에 나타나는 돼지는 각양각색이고, 크기나 숫자 또는 꿈의 진행 여부나 꿈의 생생함의 여부에 따라, 각기 현실에서 다르게 실현되고 있다.

복권에 당첨된 여러 돼지꿈 사례를 요약해서 살펴본다. 복권 당첨이 있기 전에 돼지꿈을 비롯하여, 여러 좋은 꿈을 꾸기도 한다. 하나같이 좋은 꿈의 전개를 보이고 있음을 알 수 있겠다.

(1) 돼지꿈 당첨 사례
① 똥을 묻힌 돼지가 달려드는 꿈 → 주택복권 3억 원 당첨
② 시커먼 돼지들이 집안으로 들어오는 꿈 → 복지복권 2천만 원
③ 배가 갈린 돼지가 붉은 피를 쏟으며 재래식 화장실에 빠지는 꿈 → 더블복권 4억 원
④ 커다란 어미돼지가 새끼들을 끌고 집으로 들어오는 꿈 → 기업복권 라노스 당첨

⑤ 기어 다니는 아이가 돼지 꼬리를 쥐고 집으로 들어온 꿈

겨우 기어 다니는 어린 손녀를 데리고 들로 일하러 가는 길가에 큰 돼지가 땅을 헤비며 돌아다니는 것을 보았다. 그러자 어린 손녀가 마치 어른처럼 돼지 꼬리를 쥔 채 집으로 몰고 들어왔다.

⑥ 다섯 살의 딸아이가 돼지가 집에 들어 왔다는 꿈

이제 겨우 의사전달을 하는 딸아이가 어디서 '꿈'이란 말을 배웠는지, 자고 일어난 딸이 "엄마, 꿈속에 새끼 돼지들이 집으로 많이 들어왔는데 엄마는 못 봤어?"하는 딸의 말을 듣고 복권을 구입해, 고액에 당첨된 주부가 있다. 이처럼 꿈은 남녀노소, 낮잠 등의 꿈꾼 시간에 상관없이 꿈이 얼마나 생생하냐에 더 좌우되고 있다.

⑦ 돼지가 품속으로 뛰어든 꿈

복권을 구입한 후 꿈속에서 집 앞으로 멧돼지 10여 마리가 뛰어다니는데, 어느 날 자신의 품속으로 갑자기 뛰어들기에 얼른 장독에 집어넣고 뚜껑을 닫는 꿈으로 당첨.

⑧ 오물이 묻은 더러운 돼지를 안는 꿈

"당첨이 되기 이틀 전에는 용꿈을 꾸었고, 당첨이 되던 날은 돼지 꿈을 꾸었어요. 오물이 묻은 더러운 돼지가 나를 향해 막 달려오는데, 제가 돼지를 확 안아버렸죠."

⑨ 달려오는 돼지를 품에 안은 꿈

"꿈에 우리 방안에 돼지가 가득 차 있었는데, 그중에 여섯 마리가 나에게 달려오더라고요. 그래서 달려오는 돼지를 엉겁결에 품에 안았는데 돼지가 너무 커서 두 마리 밖에 품에 안지 못했어요."

꿈의 실현은 제1223회(2001. 6. 10)에서, 주택복권 1등 3억 6천만 원에 당첨되는 일로 이루어졌다.

⑩ 어미 돼지 1마리가 새끼돼지 10여 마리를 몰고 방안으로 들어오는 것을 보는 꿈

⑪ 송아지만 한 큰 돼지 한 마리를 사서 집 안으로 몰고 들어오는 꿈

⑫ 집안으로 들어온 돼지를 키운 꿈

⑬ 흰 돼지 떼가 대문으로 달려드는 꿈

⑭ 돼지 한 마리가 집안으로 들어온 꿈

꿈속에 난데없이 은빛이 도는 살진 돼지 한 마리가 집안으로 들어오기에 막내

딸과 함께 발로 차고 쫓아내려고 했지만 기를 쓰고 들어오는 꿈으로 당첨

⑮ 두세 마리의 큰 돼지를 쫓아도 억지로 우리 속으로 들어온 꿈

쫓아도 억지로 들어오고 있다는 점에서 행운이 반드시 일어남을 표상하고 있다고 볼 수 있겠다. 또한 꿈속에 나오는 돼지의 크기와 당첨금과도 상관관계가 있다. 물고기를 잡는 경우의 꿈도 이와 유사하다. 얼마나 큰 고기를 잡았느냐, 얼마나 많은 물고기를 잡았느냐에 따라, 복권 당첨금의 액수나 현실에서 기타 다른 일로 실현되는 행운의 정도가 비례되어 나타난다.

⑯ 곰과 돼지를 보고 복권을 사서 당첨

⑰ 산돼지를 보는 꿈, 큰 조개를 줍는 꿈

　　"행운이 오려고 그랬는지 당첨되기 며칠 전부터 꿈에 산돼지가 보였습니다. 당첨되기 바로 전날에는 맑은 시냇가에서 주먹만 한 백합(흰 조개)을 줍는 꿈을 꿨지요."

⑱ 돼지가 손 안에서 저금통으로 변한 꿈 → 복권 당첨

　　"하여간 무지 컸는데 박제된 돼지가 손 안에서 저금통으로 변하더라고요. 한 손에 쥐고 있던 열쇠로 따봤더니, 저금통 안에 있던 동전들이 황금빛을 내면서 음악이 흘러나왔어요."

⑲ 돼지 불고기 먹는 꿈

회사 직원들과 회식하는 꿈이었는데, 회식의 메뉴는 돼지 불고기였다. 우연히 일치가 아니라면, 돼지꿈뿐만 아니라, 돼지고기를 먹는 꿈도 좋게 실현되었다고 보아야 할 것이다. 이 경우 돼지뿐이랴. 직원들과 화목하게 어울려 회식을 하는 꿈이라면, 무언가 좋은 일로 실현될 것은 틀림없을 것이다.

⑳ 살색 돼지 세 마리가 쫓아와서는 옷을 물고 놔주지를 않는 꿈

3억 원에 당첨된바, 돼지 한 마리당 1억 원의 상징적 의미가 있다. 이 경우 처한 상황에 따라, 가임여건에서는 장차 세 자녀를 두게 되는 태몽으로도 실현 가능하다.

㉑ 꿈에 커다란 돼지가 안방에 들어와 앉는 꿈 → 라노스 승용차에 당첨

　　"꿈에 커다란 돼지가 안방에 들어와 자리를 차지하고 앉아 있었다. 또 한 번은 석기시대 유물인 빗살무늬 항아리를 얻어 창고에 두었는데, 점점 커지는 꿈이었다."

돼지가 들어오는 꿈도 재물운을 보여주지만, 항아리가 점점 커지는 표상에서 크게 번성하는 일이 일어날 것임을 보여주고 있다.

㉒ 돼지 다리를 잡고 당첨

산속에 수많은 돼지들이 집 주위를 맴돌면서, 사람의 인기척이 나면 숨고 도망가기를 몇 번씩이나 하였다. 이에 집 밖으로 나가자, 갑자기 몇 마리가 달려들어, 넘어지면서 돼지 다리를 잡으며 꿈에서 깼다.

㉓ 바닷가에서 그물로 고기를 잡는데, 난데없이 돼지가 잡혀 올라오는 꿈으로 당첨

㉔ 자신이 기르던 암돼지가 8마리의 새끼를 낳는 꿈 → 8장의 복권을 샀다가 복권에 당첨.

㉕ 돼지가 새끼를 낳는 것을 보는 꿈

다산(多産)과 왕성한 번식력으로 암시되어 많은 재물이 들어올 것을 예지해주고 있다. 또한 돼지뿐만 아니라 아기를 낳은 것을 보는 꿈도 당첨의 길몽이다. 이 밖에 돼지 새끼를 낳아서 집으로 들여오는 꿈으로도 당첨되고 있다.

㉖ 새끼 밴 돼지꿈 꾸고 당첨

"꿈을 자주 꾸지는 않는데, 그 날은 새끼 밴 돼지가 방안에 들어와서 밥을 먹는 꿈을 꾸었어요. 돼지꿈을 꾼 것도 처음이었고요."

제1222회 주택복권에서 1등 및 2등으로 총 4억 2천만 원에 당첨되었다.

㉗ 크고 작은 돼지 떼가 길을 막는 꿈 → 복권 1등에 당첨

낯선 곳을 가는데 돼지우리에 있던 크고 작은 여러 마리의 돼지가 몽땅 울 밖으로 나와서 나의 길을 막았다. 이것을 비키지 못하고 잠을 깨었다.

복권 5장을 구입한 날 밤의 꿈으로, 이 경우 꿈속에서 돼지를 피해 갔다면, 그는 1등이 되려다 말았을 것이다. 여기서 돼지우리는 복권을 담당하는 기관인 은행을 상징하고 있다. 유사한 사례로, 계원이 잔치를 치르는데 화장실에 갔다가 큰 돼지 한 마리가 몸에 달려들어 길을 막아서 다른 데로 갈려고 하는데, 또 한 마리 큰 돼지가 달려들어 못 가는 꿈으로 당첨되고 있다. 또한 돼지우리를 치우다가 큰 돼지와 싸워 이긴 꿈으로 복권에 당첨된 사례가 있다.

㉘ 돼지를 몰아오는 꿈과 큰 소를 탄 꿈을 꾸고 나서 당첨

㉙ 돼지를 잡는 꿈

사람의 형체를 닮은 멧돼지가 나타나 도망가는 것을 끝까지 쫓아가 붙잡고 늘어진 꿈으로 당첨되고 있다.

㉚ 우리 집 돼지우리에서 많은 돼지들이 놀고 있는 것을 본 꿈

꿈속에서는 보는 것만으로도 소유의 개념이 적용될 수 있다. 예를 들어 연못 안의 물고기를 보는 꿈만으로도 물고기를 잡는 것과 동일한 꿈의 실현을 가져오기도 한다.

③ 지하실과 지붕 위에서 돼지들이 요동을 치고, 지붕이 들썩거리는 것을 보는 꿈

1개월 후에 복권 당첨으로 실현되고 있는바, 복권 당첨 등의 일이 꿈꾸고 바로 이루어지기보다는 이처럼 엄청난 일의 실현은 비교적 꿈의 예지 기간이 길게 이루어지고 있기도 하다. 따라서 좋은 돼지꿈을 꾸었을 때는 어떠한 다른 재물적인 좋은 일이 일어나기까지 꾸준히 복권을 구입해보는 것이 좋다.

③ 돼지가 잡아먹으려고 덤벼들어 그놈과 싸워 이긴 꿈

초등학교에 다니는 장남의 꿈으로 돼지와 싸워 이겼다는 사실이 중요하다. 만약 패했다고 한다면, 아슬아슬하게 낙첨되는 현실로 실현될 것이다. 싸움에서 이기는 것은 돼지를 죽였거나 꼼짝 못 하게 함으로써 자신의 뜻대로 모든 것이 이루어지며, 이것이 현실에서는 자신이 바라던 1등 당첨을 안겨주었던 것이다.

엄청난 액수의 복권에 당첨된 일부의 사람들이 "아무런 꿈이 없었다."고 말을 하기도 하고, 이러한 예로 꿈이 우리 인간의 운명을 반드시 예지해주는 절대적인 것이 아니라고 하지만 우리가 주의 깊게 살펴본다면 자신 주변의 누군가가 대신 꿈을 꿔주고 있음을 발견할 수가 있다.

따라서 우리가 매몽이라고 하여 꿈을 사고팔아 자신들의 운명이 바뀌는 것으로 실현된다고 믿게 되는 경우도 있지만, 이조차도 어찌 보면 원래의 길몽을 꾼 사람이 자신에게 돌아올 행운의 꿈을 꾼 것이 아닌, 꿈을 사게 되는 사람의 꿈을 대신 꾸어준 것에 불과하다. 다만 현실에서는 비단치마를 주고 산다든지, 돈을 주고 산다든지 하는 매몽의 형식적 절차를 빌어 실현되고 있는 것일 뿐이다.

한편 돼지꿈이 반드시 복권 당첨이 아닌 재물이나 성취를 이루는 좋은 일로도 실현될 수 있다. 피겨 요정 김연아(18)는 지난 2006년 12월 시니어 그랑프리 대회에서 우승을 차지했다. 이때 박분선 코치가 경기 전날 돼지꿈을 꿨다. 돼지꿈에 대한 자세한 것은 제Ⅵ장 주제별 꿈해몽의 돼지꿈 사례를 참고하기 바란다.

(2) 돼지꿈(복권에 떨어진 낙첨 사례)

돼지꿈을 꾸었다고 해서 항상 행운이 찾아오는 것은 아니다. 꿈속의 정황이 어떻게 펼쳐지는가에 따라서 저마다 다르게 실현될 수 있다. 재물과 관련된 돼지 꿈에 있어서, 주택복권 시절에 돼지꿈을 꾸었으나 아슬아슬하게 낙첨된 사람들의 실증적인 꿈 사례에 해설을 덧붙여 살펴본다. 이는 돼지꿈이 중요한 것이 아니라, 꿈의 표상이 어떻게 전개되는 것이 중요한 것인지를 보여주고 있다.

① 집으로 들어오려는 돼지를 내쫓은 꿈

　　주택복권 화살을 쏘아 당첨번호를 정하던 시절의 꿈이야기이다. 느닷없이 황소만 한 돼지 한 마리가 베란다 창틀을 지나 방으로 들어오려고 했다. 그래서 나는 깜짝 놀라 두리번거리는데, 방문 옆에 삽이 있었다. 그래서 나는 그 삽으로 돼지를 때려서, 밖으로 내 쫓았다. 추첨결과는 앞에서부터 다 맞아들어가다가, 끝에서 두 번째 번호가 틀리게 되는 일로 실현되었다.---사이트 이용자

당시에는 주택복권 번호 숫자의 끝자리만 틀렸더라도, '아차상'이라고 하여 약간의 상금이 있었다. 하지만 끝에서 두 번째 한 숫자가 틀린 경우는 그야말로 '꽝'의 결과로 실현되었다.

돼지꿈을 꾸었으나 쫓아낸 데서, 아슬아슬하게 복권 당첨에 떨어지고 있음을 볼 수 있다. 이처럼 돼지를 보았다고 다 좋은 것이 아니라, 꿈속의 정황이 어떻게 펼쳐지느냐에 따라 현실의 상황이 이루어지고 있다. 또한 이러한 상징적인 꿈은 어떻게 실현되느냐의 양상만 다르지, 현실에서 꿈의 상징 표상 그대로 반드시 일어나고 있다.

② 누렇고 큰 돼지가 판자 구멍으로 쑥 들어가 버린 꿈

　　담배 가게를 들여다보니 판자 구멍에서 누런 돼지 한 마리가 쑥 나왔는데, 점점 크게 자라 큰 돼지가 되었다. 그 돼지에게 먹이를 주자 그것을 다 먹고, 다시 그 구멍으로 쑥 들어가 사라졌다.

이 역시 복권 당첨에서 번호 하나 차이로 아슬아슬하게 떨어진 사람의 실증적 꿈 사례이다. 누렇고 큰 돼지가 표상하는 바는 어떠한 커다란 재물 운을 나타내고 있으며, 일상의 소시민이 가장 현실에서 가능성 있게 실현될 수 있는 것이 복권 당첨이다.

이 꿈을 꾼 사람의 경우도 거의 모든 번호가 적중되어 가다가, 최후의 한 숫자

가 맞지 않아 1등이 되지 못했는데, 그것은 돼지가 나와서 점차로 커졌다가 다시 구멍으로 사라져 버린 것으로 꿈속에서 표상되고 있다. 꿈은 현실에서 반대로 이루어지는 것이 아니며 상징으로 나타난다. 이런 경우는 사전에 꿈을 자세히 해석하고 지나친 기대를 하지 않는 것이 좋을 것이다.

2) 변[糞]과 관계된 대박꿈

돼지꿈과 더불어, 똥꿈으로 복권 당첨 등의 재물운으로 실현되고 있다. 돼지 꿈은 상황에 따라서 재물이 아닌, 태몽이나 사람의 상징으로 실현되기도 한다. 하지만 똥꿈의 특징은 주로 재물과 관련지어 실현되는 특징이 있다. 옛날에는 농사를 짓는 데 있어서 주요 거름으로, 오줌과 더불어 똥을 삭혀서 거름으로 사용했기에 재물의 상징이 되고 있다.

또한 누런 색깔의 변이 황금의 상징으로 재물을 상징하고 있기도 하다. 복권 당첨 등 재물적 이익을 얻게 된 많은 사람들이 이렇게 똥꿈을 꾸고 있다. 이러한 똥꿈을 꾸면 재물운이 있다는 믿음을 이용한 상술로써, 똥(대변) 모양의 액세서리까지 팔리고 있는 현실이기도 하다.

똥을 온 몸에 뒤집어쓰거나, 똥속에 깊이 빠진다거나, 밟는 꿈은 복권 당첨 등 재물이 생기게 될 것을 예지하는 경우가 많다. 또 변소 안이 누런 대변으로 차있어 놀라는 꿈이거나, 몸에 묻히는 꿈, 심지어 똥을 먹는 꿈도 좋다. 하지만 똥꿈이라고 해서 다 좋은 꿈은 아니다. 똥을 잃어버리는 꿈이나 시커먼 똥의 경우, 재물을 잃게 되거나 실속이 없는 재물운으로 이루어지고 있다.

복권에 당첨된 사람들의 똥(대변)꿈 사례만을 중심으로 살펴본다. 똥(대변)꿈에 대한 보다 상세한 것은 제Ⅵ장 주제별 꿈해몽의 대변(똥)꿈 사례를 참고하기 바란다.

① 황금빛 똥이 눈앞에 가득한 꿈 → 더블복권 1등 3억 원 당첨

② 출근길에 조카의 변을 밟았고, 정화조에 빠지는 꿈 → 즉석 복권 4,000만 원 당첨

③ 온 산이 노란 똥으로 뒤덮인 꿈 → 복지복권 구입 후 프린스 승용차에 당첨

④ 많은 똥위에 주저앉아 있던 꿈

윷놀이 내기에서 내리 세 판을 이기게 되는 일로 실현되었다.

⑤ 똥(변)으로 된 대포알을 맞는 꿈

두 아들과 하늘을 나는 기구를 타고 전투하는 꿈이었다. 그러다 대포 3대를 맞았는데, 맞고 보니 변으로 만들어진 대포였다. 찝찝한 변이 입으로 들어가는 것을 생생하게 느꼈던 꿈으로, 꿈꾸고 나서 복권을 구입하여 3억 5천만 원에 당첨되었다.

⑥ 인분을 계속 퍼내어도 화장실에 인분이 그대로 있던 꿈

"3일 동안 계속 퍼내도 화장실에 인분이 그대로였어요."

퍼내어도 인분이 가득하게 남아있는 꿈의 표상, 상징적으로는 풍요로움의 표상이다. 또한 이렇게 어떠한 중대한 일을 예지하는 데 있어서, 반복적으로 좋은 상징적인 미래 예지 꿈을 여러 차례 꾸기도 한다. 꿈을 꾸고 나서 복권을 구입하여 당첨되는 일로 실현되었다.

⑦ 자신의 소변으로 방안이 홍수를 이룬 꿈

소변이 재물의 상징으로 등장된, 상징적인 예지적 꿈 사례이다. 다른 사람과 함께 방에서 잠자다가 소변이 마려워, 그대로 방안에다 소변을 보는 꿈이었다. 계속 흘러나와 방안이 소변으로 넘쳐서, 같이 자던 사람들이 둥둥 떠다니며 아우성을 치는 것이었다. 결과는 복권에 당첨되는 일로 실현되었다.

⑧ 딸이 나타나 속옷에 똥을 잔뜩 묻혀 놓는 꿈

인터넷에서 구입한 제1270회(2002. 5. 5)에서, 1·2등으로 주택복권 5억 원에 당첨된 정모 씨의 꿈 사례이다.

"꿈에 큰딸이 나타나 내 속옷에 똥을 잔뜩 묻혀 놓았어요. 똥꿈은 돈 꿈이라는 말을 들어서인지 꿈꾸는 동안 기분이 좋았어요. 내가 가장 사랑하는 큰딸이 좋은 일을 암시해 준 것 같아, 더욱더 마음이 들떠 있었어요. 그래서 그날 꼭 주택복권을 사고 싶다는 생각이 들었지요."

돼지꿈이 재물 이외에, 사람의 상징이나 태몽으로 실현될 수도 있다. 그러나 똥꿈은 99% 이상 재물과 관련지어 실현되는 특징이 있다. 다만, 옷에 똥이 묻는 것처럼, 똥을 버리는 것보다는 가져오거나 확보하는 내용으로 전개되는 것이 좋다.

⑨ 옷에 똥(대변)이 많이 묻는 꿈

복권 당첨 사례이다. "죽은 남편의 군복에 대변이 많이 묻은 것을 만지다가,

내 옷에도 흠뻑 묻었다. 남편의 호주머니에서 천원 권 한 장이 나왔는데, 그것을 본 남편이 복권을 사라고 했다."

이 밖에 황금색 똥을 보는 꿈, 변을 온몸에 뒤집어쓴 꿈, 변을 밟는 꿈, 화장실 변기에서 변을 만지는 꿈, 온 산이 노란 똥으로 뒤덮인 꿈으로 복권에 당첨되고 있다.

⑩ 똥을 묻힌 시커먼 돼지가 달려든 꿈

인천 부평에 사는 황모 씨(57)씨는 온통 똥을 묻힌 시커먼 돼지가 황씨에게 달려들어 그만 옷을 다 버리는 꿈을 꾸었다. 꿈을 꾸고 나서 복권을 산바, 복권 1등 3억 원에 당첨되었다.

재물의 상징인 똥과 돼지가 결합되었으니, 재물운이 있게 될 것을 꿈으로 확실하게 보여주고 있다고 해야 할 것이다.

⑪ 노란 똥을 두 줄로 대변보는 꿈

"널빤지로 된 변기였어요. 일을 보는데 그만 옆에다 실례를 했지 뭡니까. 그런데 이상한 것은 변의 색깔이 죽은 색이 아니라, 노란 것이 꼭 엿가락 같았어요. 엿가락 모양으로 2줄로 나란한 것을 휴지에 싸서 변기에 넣었지요."

꿈을 꾸고 나서, 이상한 예감에 복권을 구입하여 승용차에 당첨되고 있다. 시커먼 똥보다는 누런 똥이 좋다는 것에 대하여 이미 언급한 바 있다. 이 밖에도 큰 산이 온통 노란 똥으로 뒤덮여 발 디딜 틈이 없었던 똥꿈으로 승용차에 당첨된 사례가 있다.

⑫ 싸서 먹은 상추쌈이 인분(똥)이었던 꿈 → 복권에 당첨

"일을 마치고 집에 돌아와 보니, 아내가 상추쌈이 푸짐하게 차려진 저녁상을 준비해놓고 기다리고 있었어요. 그날따라 배가 고파 밥상을 순식간에 비우고 나니, 아내가 말하기를 상추쌈에 싸먹은 것이 바로 인분이라는 것이었어요. 그 꿈이 어찌나 생생하던지, 며칠 동안 머리에 남아있었죠."

이렇게 꿈이 생생하다는 것은 현실에서 꿈으로 예지된 일이 반드시 일어난다는 것을 보여주고 있는 것이다. 또한 이렇게 황당하게 전개되는 꿈은 100% 이루어지는 것이 상징적인 미래 예지 꿈의 특징이다.

⑬ 변소 안이 누런 똥(대변)으로 가득 찬 꿈

복권 당첨 사례이다. 변소에 들어가 뒤를 보고 일어서니, 변소 안이 누런 대변

으로 가득 차 있어 매우 놀라 바라보다 잠에서 깼다.

'변소에 들어가 대변을 본 것'은 어떤 회사나 기관·사업장에서 자기의 계획이나 소원의 달성을 뜻하는 것이다. 일어나 보니 변소 안이 누런 대변으로 가득 차 있었다는 꿈속의 표상물로 보더라도 막대한 돈이 생기는 것임을 암시한 꿈이다.

대변은 돈을 상징할 수 있는데, 그것이 화장실에 가득차고 누런빛을 띠고 있었으므로 막대한 돈을 상징하기에 족하다. 이런 꿈이 작품을 발표하는 사람들에게는 그 작품과 관계된 꿈이 되기 쉽다.

⑭ 토하는 오물을 다 뒤집어쓴 꿈

"꿈에서 작은할아버지를 보았는데, 집사람이 정성껏 간호를 하는 거야요. 그런데 갑자기 작은할아버지가 구토를 하는 바람에, 집사람이 오물을 몽땅 뒤집어쓰고 말았죠. 그러다가 잠에서 깼어요."

토하는 오물, 똥, 오줌 모두 상징적으로 재물과 관련지어 실현되고 있다. 다만, 자신에게 묻히거나 소유해야지, 버리는 꿈의 경우에는 반대로 재물이 나가는 일로 실현되고 있다.

똥을 온 몸에 뒤집어쓰거나 깊이 빠진다거나 밟는 꿈은 복권 당첨을 예지하는 경우가 많다. 또 변소 안이 누런 대변으로 차있어 놀라거나 옷에 묻히는 꿈도 마찬가지다. 변기의 똥(대변)을 손으로 퍼서 끌어안는 꿈을 꾼 후에 또또복권 1억 원 당첨된 사례가 있다.

⑮ 동네 아이들이 똥(대변)을 줄줄이 싸는 꿈

1032회차 주택복권에서 1등 3억 원에 당첨된 김○○ 씨(38)는 꿈자리에서 꼬마 아이 5명이 집에 놀러 와 차례대로 똥을 싸는 모습을 보았다. 너무도 생생한 장면이라 꿈에서 깨자마자 부인에게 간밤의 꿈 얘기를 들려주었다.

"안방에 인분이 철철 넘치고 냄새가 진동을 하더라고 말했더니, 집사람이 '횡재할 꿈이니 빨리 복권 사세요.' 라고 하더군요."

⑯ 변기통 안에 빠지는 꿈 → 월드컵 복권 4억 원에 당첨

꿈속에서 화장실을 찾아 헤매었는데, 아무리 둘러봐도 건물 하나 없는 허허벌판이었다. 한참을 끙끙거리다 저 멀리 가물가물 보이는 것이 하나 있었는데, 희미하게나마 빙빙 돌아가는 둥그런 나무판자 하나가 눈에 들어왔다. 유 씨는 그곳에 휘적휘적 걸어가 판자 위로 올라가 유 씨도 함께 빙빙 돌고 있었는데, 갑자기

판자가 화장실 변기통으로 변하는 것이 아닌가. 당연히 어지러운 유 씨는 중심을 못 잡아 변기통 안으로 빠졌다. 그 양옆으로는 황금색 변이 철철 흘러넘치고 있었다. 이상하게도 유 씨는 더럽다는 생각보다는 물속과 같은 편안한 느낌으로 호흡도 막히지 않고 불편한 것이 없었다.

똥꿈이 길몽이라고 여겨 복권을 구입하여, 월드컵 복권 4억 원에 당첨되는 일로 실현되고 있다. 이처럼 똥속에 빠진 꿈의 실현이 복권 당첨으로 이루어지고 있는바, 이 경우 피를 뒤집어쓰는 꿈도 역시 길몽으로 좋은 일로 이루어지고 있다.

이상에서 살펴본 바와 같이 똥꿈은 로또(복권) 당첨 등 재물운으로 실현되고 있음을 볼 수 있다. 다만, 똥꿈이 다 좋은 것이 아니다. 똥이 자신에게 덮이는 꿈, 먹거나, 소유하게 되는 꿈이 좋은 것이다. 자신의 똥을 버리는 꿈은 안 좋다. 필자가 체험한 것으로, '교실복도에서 변을 본 후에 부끄러워, 조그만 비닐에 싸서 화장실에 버리는 꿈'은 주식투자에서 손해를 보는 일로 실현되었다. 이 경우 엄청나게 많은 양의 변을 보고 버리는 꿈은 현실에서도 엄청난 재물의 손실로 이루어질 것이다. 또한 시커먼 똥을 누군가 강제로 먹으라고 하여 억지로 먹는 꿈은 아파트에 당첨되었으나, 자금을 마련하다가 포기하는 부질없는 결과로 이루어졌다.

3) 조상이 나타나는 꿈

통계에 의하면, 복권 당첨자들이 가장 많이 꾼 꿈이 조상꿈으로 나오고 있다. 이 경우 조상이 밝은 모습으로 나타나거나, 어떠한 물건을 주거나, 좋은 계시적 말씀을 해주는 경우가 대부분이다.

(1) 조상이 밝은 표상으로 나타나는 꿈

꿈에서 돌아가신 부모님이나 조상이 밝은 표상으로 나타나는 경우, 대부분 좋은 일이 일어날 것을 예지해 주는 것으로, 실제 복권 당첨과 같은 행운으로 실현된 예가 많다. 그러나 꿈속에 나타난 부모님이나 조상이 근심 어린 얼굴이었거나 어두운 표정이었다면, 교통사고나 실직·질병 등 안 좋은 일이 일어나게 될 것을 예지해주고 있다.

당첨된 여러 사례를 살펴본다. 조상이 밝은 모습으로 나타났다고 여기고, 꿈 사례를 보시기 바란다.

① 돌아가신 아버지를 만나는 꿈

주택복권 3억 원(96년 12월, 충북 제천의 하모 씨)에 당첨

② 꿈속에 돌아가신 할머니의 모습을 뚜렷이 본 꿈

복권을 사기 전날 꿈으로 복권에 당첨

③ 얼굴 한번 못 보고 돌아가신 시아버지가 나타난 꿈

이 경우 밝고 온화한 모습으로 나타난 꿈으로 보아야 할 것이다. 고기잡이 배를 타는 남편과 시어머니를 모시고, 두어 마지기 남짓한 농사로 어렵게 살림을 꾸려가는 성실하고 착하게 살아가는 부인이었다. 복권 당첨

④ 돌아가신 아버지가 나타난 꿈

추첨 3일 전부터 연달아 5년 전에 돌아가신 아버지가 꿈에 나타났는바, 결과는 3억 원 당첨.

⑤ 돌아가신 분이 나타난 꿈

추첨이 있기 전날, 꿈속에 이미 고인이 된 아버님과 형님이 나란히 서 있는 모습이 보이는 꿈으로 당첨.

⑥ 시부모님이 나타나서 온화한 웃음을 보이는 꿈

얼마 전부터 꿈속에서 돌아가신 시부모님이 나타나셔서 온화한 웃음만 지어 보이시다가 그녀가 시부모님에게 달려가면 사라지고는 하였다. 그녀는 반복해서 꿈을 꾸다 보니, 신기하고 이상한 마음이 들어 남편에게 꿈이야기를 했다고 한다. 그녀의 남편은 "부모님 생전에 당신이 극진히 모신 것이 돌아가신 후에도 고마워서 당신에게 무언가 주시려는 것 같다."라며 복권을 구입하여 당첨.

⑦ 지팡이를 짚은 백발 할아버지를 보는 꿈

입원 중인 친정어머니 간병을 해오다가, 추첨 전날 새벽녘에 얼핏 잠이 들어 꾼 꿈으로 복권 당첨.

⑧ 며칠 전부터 조상들의 모습이 자꾸만 보인 꿈

며칠 전부터 돌아가신 조상들의 모습이 자꾸만 꿈속에 나타나, 뭐가 잘못되려나 보다 싶어 아내와 함께 가까운 절을 찾아 부처님께 불공까지 드렸다. 절에서 내려와 소일거리로 이것저것 집안일을 돌본 다음, 그동안 모아 두었던 복권을 정

리하면서, 수집상태가 깨끗한 복권은 앨범에 끼우고, 나머지는 쓰레기통에 버리는 작업을 하던 중, 미처 당첨번호를 맞춰보지 못한 것을 알고 쓰레기통에 버렸던 복권 중에 다시 당첨번호를 확인하여 복권에 당첨되었다.

이 경우, 복권에 당첨된 사실을 꿈으로 일깨워준 것으로 볼 수 있겠다.

⑨ 돌아가신 아버지와 함께 모내기하는 꿈

더블복권 3억 원에 당첨(96년 8월, 부산의 김모 씨)된바, 정겨운 꿈속의 광경이었을 것이다.

⑩ 아버지의 자전거 뒤에 타고 가는 꿈

꿈을 꾸고 복권에 당첨되었는바, 일반적으로 꿈속의 아버지는 실제의 아버지라기보다는 아버지와 맞먹는 윗사람 또는 자신에게 도움을 줄 절대적 대상을 상징하고 있다. 자전거 뒤에 타고 가는 꿈으로, 자신의 힘보다도 어떤 협조자의 도움을 입어 좋은 일이 일어날 것을 예지해주고 있다. 이 경우 복권에 당첨되지 않게 된다 할지라도, 자전거를 타고 쌩쌩 달려나가듯 어떤 새롭고 좋은 일이 생기게 될 것을 예지해 주고 있다.

⑪ 돌아가신 아버님이 나타난 꿈

인터넷 전자복권에서 2003년 3월 27일 억만장자 1등 1억에 당첨된 이○○(28세, 서울) 씨의 꿈체험담이다. 그는 2주 전에 돌아가신 아버님이 꿈에 나오는 꿈을 꾼 후에 꾸준히 인터넷 복권을 사 오다가, 퇴근 전 구입한 복권이 억만장자 1억에 당첨되는 일로 실현되었다.

⑫ 돌아가신 어머님 꿈으로 1천만 원 당첨

2003년 6월 30일 인터넷 전자복권으로 천만장자 25번째 1천만 원에 당첨된 김○○(25세, 대구) 씨는 이삼일 전에 꿈에서 어머님을 뵙게 되었고, 돌아가신 어머님이 꿈이 나타날 때마다 복권에 당첨되고는 하였기에 혹시나 했었지만 평소 자주 긁던 복권이 1천만 원에 당첨되는 일로 이루어졌다.

어머니 꿈에 대한 상세한 꿈 내용은 알 수 없지만, 밝은 모습으로 나타나 좋은 말씀을 해주거나 물건 등을 주는 꿈이었을 것이다. 돌아가신 조상이 나타나는 경우라도 어두운 모습이거나 화내는 얼굴 등의 경우, 현실에서 안 좋은 사건·사고로 일어나고 있다.

⑬ 돌아가신 할아버지의 꿈꾸고 1천만 원 당첨

김○○(28세, 서울) 씨는 얼마 전에 돌아가신 할아버님이 꿈에 나오는 꿈을 꾸고 나서, 혹시나 하는 마음에서 즉석 복권을 샀는데, 정말로 당첨되는 일로 실현되고 있다.

"조상님 꿈을 꾸면 당첨이 많이 된다던데, 저에게도 좋은 꿈이었던 것 같습니다. 인터넷 서핑을 하다 평소 종종 들리던 전자복권 사이트에 들렀습니다. 꿈 생각도 나고 해서 즉석 복권을 샀지요. 뭔가 당첨되었다고 깜박거리더라고요. 처음에는 1천 원에 당첨된 줄 알았습니다. 하지만 평소에는 안 보이던 버튼이 하나 생겼기에 그냥 눌렀지요. 그런데 글쎄 천만 원이라지 뭡니까?"

⑭ 조상님 꿈으로 1억 원 당첨

평소에 인터넷 주택복권에 대한 기대감으로 많이 구매해 오던 김○○(28세, 서울) 씨는 3일 전 조상님의 꿈을 꾸고 난 후에 부쩍 더 많이 인터넷 주택복권을 구매했으며, 그러다가 새로운 5회차 인터넷 주택복권에서 산뜻해진 디자인에 호기심에 긁은 복권이 1억 원에 당첨되었다.

⑮ 돌아가신 할아버지가 두 손을 꼭 잡아주는 꿈

로또 14회차에서 1등 93억에 당첨된 전남 S시 자동차 정비사 H씨의 꿈 사례이다. 30대 자동차 정비사 H씨는 제삿날 밤, 눈부시도록 새하얀 두루마기를 입은 할아버지가 두 손을 꼭 잡아 주는 꿈을 꾸었다. 이에 추첨일 당일 로또복권 1만 원어치를 샀다. 그날 밤 꿈속에서 할아버지가 또 나타나 손을 잡아주는 꿈을 꾸고, 너무나 이상한 생각이 들어 다음 날 신문을 본 결과, 로또 93억 원 당첨 사실을 알게 되었다.

이처럼 조상이 나타나서, 밝고 좋은 표상으로 나타나거나 좋은 말로 일러주는 경우, 현실에서 복권 당첨 등 좋은 일로 이루어지고 있다. 로또 1등 당첨자들 가운데는 '조상꿈이 최고'라고 말하고 있기도 하다. 실제로 로또복권 1등 당첨자 중 44%가 복권 당첨과 관련한 꿈을 꿨고, 이 중에서 조상 꿈을 꾼 사람이 가장 많은 것으로 나타났다.

⑯ 돌아가신 아버님께 기도를 드린 꿈

인터넷 전자복권에서, 8번째 억만장자 1등 1억 원에 당첨된 장○○(서울, 45세) 씨는 퇴근 후에 집에서 인터넷 주택복권을 사서 긁은 후, 1억 원에 당첨되고 있다. 그날 아침 꿈에 돌아가신 아버님께서 보이시기에 꿈속에서 "아버님, 1억만 당첨되면 살 수 있을 것 같습니다."라고 간절히 빌었다면서, "아마도 돌아가신 아버님께서 아들을 도와주시려고 나타나셨던 것 같다."라고 말하고 있다.

(2) 조상으로부터 무언가를 받는 꿈

받는 물건으로 상징된 재물이나 이권의 획득, 승진 합격 등 성취를 이루어내는 일로 실현되고 있다.

① 돌아가신 아버님이 돈다발을 쥐여주는 꿈

또또복권 5억 원(1997. 5)에 당첨된 서울 신림동 김모 씨(39)의 꿈 사례이다.

② 돌아가신 아버님이 한 달 사이에 네 번이나 나타나 돈을 쥐여주고 가는 꿈

③ 죽은 남편이 돈뭉치와 집문서를 주고 가는 꿈

로또 제10회에서, 1등 64여억 원에 당첨된 L씨의 꿈 사례이다. L씨(60대)는 남편을 일찍 여의고, 홀몸으로 갖은 고생을 하며 자식들을 키워왔다. 로또를 사기 전날 밤, 죽은 지 30년도 넘은 남편이 갑자기 나타나서 L씨에게 돈뭉치를 자식들에게는 집문서를 주고 가는 꿈을 꾸었다.

결과는 로또 당첨금으로 자식들에게 집 한 채씩 마련해주는 일로 실현될 것이다. 이처럼 조상이나 죽은 사람이 나타나는 꿈에 있어서, 무엇을 얻거나 받는 꿈, 좋은 말을 듣는 꿈의 경우 현실에서 받은 물건으로 상징된 이권이나 재물을 얻게 되거나, 승진 성취 등 처한 상황에 따라 좋은 일로 이루어지고 있다. 필자의 '홍순래 박사 꿈해몽' 사이트(http://984.co.kr)에서 조상을 검색해보기 바란다.

④ 돌아가신 아버님이 집을 사 주시는 꿈

찬스복권 제74회 1억 원에 당첨된 꿈 사례이다. 돌아가신 아버님이 집을 사 주시는 꿈을 꾸고 나서, 얼마나 꿈이 생생했던지 깨어난 후에도 꿈인지 생시인지 구분하기조차 힘들었다고 한다. 이에 찬스복권을 구입, 5천만 원짜리 두 장으로 1억 원에 당첨되고 있다.

이처럼 생생한 꿈일수록 커다란 일로 이루어지며, 조상이 나타나 좋은 말을 들려주거나, 귀한 물건 등을 얻는 꿈의 경우 현실에서 재물운 등 좋은 일로 이루어지고 있다. 이 밖에 하려는 일마다 술술 잘 풀리는 꿈을 꾸고, 제78회 찬스복권에 1등 5천만 원에 당첨된 사례가 있다.

⑤ 돌아가신 아버님으로부터 하얀 보따리를 선물 받는 꿈

더블복권 1등 3억 원 당첨된 꿈 사례이다.

　　"이틀 연속으로 돌아가신 아버님께서 꿈에 나타나셨습니다. 똑같이 무슨 하얀 보따리
　　를 주시는 꿈이었는데, 그게 이런 큰 행운을 안겨줄 줄은 정말 몰랐었죠."

이렇게 반복되는 꿈은 어떠한 일이 반드시 일어남을 보여주고 있다. 무엇을 받는 꿈은 받은 물건으로 표상된 이권·재물·권리·명예를 획득하게 된다.

⑥ 돌아가신 할머니가 보따리 두 개를 주신 꿈

어느 날 아버님이 나타나서, 무언가를 말씀하시려는 듯 가만히 서 계시던 아버님이 결국 뒤돌아서는 순간, 잠에서 깨었다. 생생한 아버님의 모습을 이상하게 생각하던 다음 날, 이번에는 돌아가신 할머님이 꿈에서 커다란 보따리를 두 개나 김 씨에게 들려주셨다고 한다. 이틀에 걸쳐 아버님과 할머님의 모습을 본 김 씨는 부랴부랴 로또복권을 구입하여, 제4회 로또복권에서 2등 2억 1000만 원에 당첨되었다.

보따리 두 개를 받는 꿈이었기에, 2억 원 여의 금액을 당첨금으로 받게 된 것으로 볼 수 있다. 꿈속에서 세 개의 보따리를 받는 꿈이었다면, 3천만 원이나 3억 또는 30억 원 등의 당첨금을 받는 일로 실현될 수 있을 것이다.

이전, 국민은행의 이인영 복권사업팀장이 2003년 2월에 써낸 『로또 즐기기』에 최근 6년간 주택복권과 로또복권 1억 원 이상 고액 당첨자 364명을 대상으로 설문조사와 인터뷰를 한 결과, 33.5%에 달하는 122명이 당첨과 관련된 꿈을 꾸었다고 한다. 가장 많이 꾼 꿈은 조상꿈으로, 122명의 당첨자 중 19.7%인 24명으로 가장 많았다. 다음은 돼지꿈(17.2%) 똥꿈(14.0%) 동물꿈(13.1%) 불꿈(8.1%) 등의 순이었다. 이 밖에도 대통령, 자연 현상, 돈, 시체, 식물, 친구, 스님 등이 주인공으로 등장하고 있다.

다른 조사 결과를 참고해본다. 나눔로또가 2007년 12월(262회차)부터 2008년 12월(317회차)까지 1등 당첨자 중 당첨금을 수령해 간 사람들을 대상으로, 복권 구입의 계기에 대해 설문조사를 실시한 결과, 응답자 173명 가운데 40명(23%)이 '좋은 꿈을 꿔서'라고 대답했다. 꿈의 종류는 조상 관련 꿈이 26명(48%)으로 가장 많았고, 이어 물이나 불, 사망하는 꿈(11%), 레드카펫을 밟는 꿈(기타 17%) 등이 뒤를 이었다.---매일신문 이경달 기자, 2009. 02. 05.

4) 계시적으로 당첨을 일러주는 꿈

앞서 조상이 나타나거나 물건 등을 주는 꿈으로 복권에 당첨된 사람들의 사례를 살펴보았지만, 조상이 꿈속에 나타나 어떠한 계시적인 말로써 예지해주기도 한다.

복권 당첨자나 행운이 찾아온 사람들 가운데 상당수가 돌아가신 조상이나 윗사람이나, 하나님, 부처님, 산신령, 기타 죽은 사람 등이 꿈속에 나타나 예언적 계시의 말로써, 복권 당첨이나 기타 합격 승진 등 좋은 일이 일어날 것을 예지해주고 있다. 이 경우, 동물이나 식물 등이 등장하기도 한다.

조상의 영령이 존재한다고 볼 수도 있겠지만, 이는 우리의 정신능력의 세계가 펼쳐내는 꿈의 상징 기법의 하나로써 꿈속에 등장하는 조상이나 산신령 또는 동물이나 식물 등이 어떠한 말을 하는 경우, 또 다른 자아가 표상된 창작물로써 일깨워 주고 예지해주고 있는 것이다.

(1) 죽은 부모나 조상의 계시

① 돌아가신 어머니가 "이 돈이 네게 큰 부(富)를 가져다줄 것이다."라는 꿈

충남 아산에 사는 이모 씨(54세, 여)는 복권 당첨 전날 밤에 20여 년 전에 돌아가신 친정어머니가 꿈에 나타나 1만 원을 건네며, "이 돈이 네게 큰 부(富)를 가져다줄 것이다."라는 꿈을 꾸고, 제1257회 주택복권 5장을 구입하여 1등 2등으로 4억 원에 당첨되고 있다.

이처럼 조상이 밝은 모습으로 나타나 좋은 물건을 주거나 좋은 말씀을 하시는 경우, 현실에서 처한 상황에 따라 재물을 얻게 되거나 승진·성취 등 좋은 일로 이루어지고 있다.

② 돌아가신 할머니로부터 "돼지를 잘 키우라"며 받는 꿈

광명시에 거주하는 최모(52)씨는 제1349회 주택복권(2003. 11. 9)에서 1·2등의 4억 원에 당첨되었다. 최씨는 평소 그의 꿈에 한 번도 나타나지 않았던 돌아가신 할머니로부터 돼지를 선물 받았다.

"그렇게 맨날 실패만 해서 어떡하냐. 우리 장손이 잘 살아야, 나머지 동생들도 잘 살텐데……. 이 돼지 잘 키워 보거라."

돌아가신 할머니가 꿈에 나타난 것은 영령이 실재하는 것이 아닌, 꿈의 상징

기법 중의 하나로, 돼지는 새끼를 많이 낳고 쑥쑥 커나가는 점에서, 또한 옛날에는 물물교환의 대상으로 재물과 관련지어 주로 실현되고 있다.

이렇게 조상이 나타나 무언가를 주면서 좋은 말을 해주는 계시적 성격의 꿈인 경우, 현실에서 좋은 일로 이루어지고 있다. .

③ 돌아가신 아버지가 "이것을 줄 테니 써라."며 수표 뭉치를 주는 꿈

1분 키노 Numbers 1등에 당첨된 강○○(31세, 인천) 씨의 꿈 사례이다.

> 당첨되기 며칠 전, 돌아가신 아버님께서 "이것을 줄 테니 써라."라고 하시며 10만 원짜리 수표 뭉치를 건네주시는 꿈을 꾸었습니다. 꿈이 심상치 않아 어머님께도 말씀드렸는데, 뭔가 좋은 일이 생길 것 같다고 하시더라고요. 막연했지만, 저도 내심 기대를 하게 되었지요. 그런데 정말 키노복권 1등에 당첨되었네요. 그런 꿈을 꾸는 것도 심상치 않았는데, 당첨되고 보니 어찌나 신기하고 희한하던지---. 특별히 이번에 당첨된 것으로 보아, 꿈에 나타나 아버님이 건네주신 수표 뭉치 덕이 확실한 것 같네요.

④ 돌아가신 큰아버님이 "노란 봉투를 가져가라."며 주는 꿈

인터넷 전자복권 메가잭팟에서 10억 당첨된 이○○(서울, 49세) 씨의 당첨 꿈 사례이다.

> "당첨의 징조랄까요? 돌아가신 큰아버님 꿈을 꿨습니다. 제가 산소에 들렀는데, 무덤가에 홀연히 나타나시더니 노란색 봉투를 쥐여주시면서, "이걸 가져가라"라고 말씀하셨습니다. 이전에도 어려울 때마다 큰아버님이 꿈에 나타나셔서 많이 도와주곤 했기 때문에 이번에도 역시 좋은 일이 있을 것이라 생각했습니다. 그래서 당연하게 복권을 샀던 것인데, 세상에 1천만 원도 1억도 아닌, 10억이라니!

⑤ 돌아가신 어머님이 "요즘 더위에 힘들지"라며, 시원한 냉수를 주시는 꿈

제1387회차 주택복권 1등 10억 원에 당첨된 김○○(47세, 서울) 씨의 꿈 사례이다.

> "복권을 산 당일 날, 점심을 먹고 단잠을 자는데, 어머니가 꿈속에 나타나시더니, "요즘 더위에 힘들지." 하면서 얼음 띄운 냉수 한 사발을 건네주시더군요. 냉수를 건네받고 마시려는 순간, 얼음 속에 복권 1장이 있는 것을 보면서 잠에서 깼습니다. 심상치 않은 꿈이라 생각하고 잠에서 깨자마자 사이트에 접속해서, 주택복권 7장을 구입한 것인데 당첨이 되었네요."

⑥ 조상이 "홍수가 나서 떠내려가니 급히 피하라."는 꿈

로또 제3회차에서, 1등 20억 원에 당첨된 꿈 사례이다.

　　돌아가신 부모님이 꿈속에 나타나서, "경주 시골집에 홍수가 나서 떠내려가니, 급히 피하라."는 말씀에 꿈에서 깨어났어요. 생각해보니 돌아가신 부모님 말씀이, "이제 그만 고생하라는 뜻같이 들려, 그날 바로 복권을 샀어요."

추첨일 추첨 한 시간 30분 전에, 복권방에서 로또를 구입하여 제3회 로또 추첨에서 1등 대박을 터트린 대구의 박모 씨(53세)의 이야기이다. 꿈을 분석해 보건대, 박모 씨의 경우는 아주 좋은 재물운의 실현으로 이루어진 사례이다. 이 경우, 일반적으로는 홍수로 상징된 외부적인 안 좋은 여건 상황에서 벗어나게 되는 일로 실현되고 있다.

⑦ 돌아가신 아버님이 '시원해서 좋다.'라고 말씀하신 꿈

벌초 다녀온 지 2일 만에 1억 원 당첨된 박○○(44세, 서울) 씨의 꿈 사례이다.

　　벌초를 하고 온 지 2일 후 꿈에 돌아가신 아버님이 나타나시더니, "시원해서 좋다."라고 말씀하시더군요. 저야 '벌초를 잘 갔다 왔구나.' 하고 생각하고 있었는데, 막상 이렇게 당첨되었네요."

⑧ 돌아가신 시어머니가 나타나, "우리 아가 불쌍해서 어쩌나" 위로하는 꿈

S씨는 제1208회 주택복권 1등 3억 원 당첨되었는바, 돌아가신 시어머니가 "우리 아가 불쌍해서 어쩌나"라며 위로해주는 꿈을 꾸었다. S씨는 10년이 넘는 긴 세월을 시어머니 병간호하느라고 고생했기에 선물을 준 것으로 믿고 있다.

하지만 과학적으로는 영령이 실재하는 것이 아닌, 장차 앞으로 일어날 좋은 일에 대하여 꿈속에서 돌아가신 분을 등장시켜 일러주는 계시적인 방법을 택하고 있는 것일 뿐이다.

⑨ 돌아가신 할머님이 "네가 제일 가엾다."라고 위로하는 꿈

주택복권 제1243회(2001. 10. 28)에 당첨된 김모 씨의 꿈 사례이다. 주택복권 2매를 구입한 날, "네가 제일 가엾다."라고 말하는 할머님의 꿈을 꾸었는바, 1등 3억 6천만 원에 당첨되고 있다.

⑩ 아버님이 "차가 들어오게 담벼락을 더 넓혀야 한다."라고 말하는 꿈

승용차에 당첨되었는바, 사실적인 미래투시의 꿈으로 실현되었다고도 볼 수 있다. 꿈속에서 아버지가 나타나 집 담벼락을 허물고 있는 꿈을 꾼 후에 즉석식

복권으로 승용차에 당첨되는 일로 실현되고 있다.

(2) 하나님의 계시

꿈속에서 하나님은 신앙의 절대적 대상이자, 최고의 권력자, 절대적 협조자, 진리 및 자연의 법칙을 상징하고 있다.

① 하나님이 "9월 중 너의 꿈이 이루어질 것이다."라고 계시한 꿈

Y씨에게 하나님이 계시한 꿈을 꾼 후에, 한 달 후 제1191회 주택복권에서 1등과 2등을 포함해 모두 '3억 6천만 원'에 당첨되어 결국 꿈대로 실현되었다.

② "주 하나님의 은혜가 너에게 이르렀노라." 하고 계시하는 꿈

새벽 기도를 하던 중 비몽사몽간에 예수께서 말씀하시기를, "주 하나님의 은혜가 너에게 이르렀노라."면서 소나무 분재를 주셔서 받는 꿈으로 복권에 당첨되고 있는바, 계시적 말씀을 통해 장차 좋은 일이 일어나게 될 것임을 예지해주고 있다. 또한 소나무 분재는 이권이나 재물을 상징하고 있기에 현실에서는 복권에 당첨되는 일로 실현되고 있다. 일반적으로 예수님이 나타나는 꿈은 절대자, 은혜로운 사람, 귀인, 최고 권력자 등과 관계하게 되며, 신앙의 대상이나 진리·지혜로 가득 찬 서적을 얻게 되는 일로 실현될 수 있겠다.

이 밖에도 기도를 드리고 잠이 들었는데, 하나님께서 "물질적인 축복을 너에게 주니, 이웃을 돕는 데 써라."라고 말씀하시는 계시적 꿈을 꾸고 나서, 복권에 당첨된 사람이 있다. 또한 부인이 꿈에 하나님이 안수 기도를 해주시는 꿈을 꾸었다고 하자, 남편이 복권을 구입하여 당첨된 사례도 있다. 절대자이신 하나님이 직접 머리에 손을 얹고 기도해 주셨으니, 그런 광영은 하나님으로부터 축복받는 일이 일어날 것임을 예지해주고 있다.

(3) 부처님의 계시

불교는 민중들 사이에서 부처님께 기도함으로써 아들을 낳거나 자신의 소원이 이루어지는 기복(祈福)신앙으로 발전해 왔다. 이런 까닭에 일반인의 꿈속에 금속이나 돌로 된 부처상이 등장하기도 하며, 때로는 살아 움직이고 말하는 부처님도 나타나게 마련이다. 꿈속에 나타난 부처나 고승은 진리의 서책이나, 미래의 현실에서 상관하게 될 덕이 있는 협조자 등을 나타내고 있다. 부처님이 등장하는

꿈은 꿈꾼 사람의 또 하나의 자아가 분장 출현하여, 당면한 문제에 대해서 어떠한 일을 일러주는 계시적 꿈으로 나타나고 있다.

① 부처님의 계시에 따라 구입해 당첨

법당에서 불공을 드리던 중에 부처님의 계시에 따라 구입했던 복권이 2등에 당첨되었다. 구입 장소와 구입 회차를 정확히 일러주는 영감(靈感)에 따라, 713회 주택복권 2장을 구입하여 그중 한 장은 2등에 당첨되고, 한 장은 1등과 끝자리 두 자리가 틀려 아깝게 1등은 놓치는 것으로 실현되었다.

믿기 어려운 이야기이지만 이 경우 생시가 아닌 비몽사몽간에 부처님의 말씀을 들었을 수가 있으며, 이러한 계시적인 꿈은 꿈대로 실현되고 있다.

② 꿈속에 부처님이 나타나 계시해 준 꿈

어려운 생활 속에 병석에 있던 50대의 남자가 782회 1등 1억 5천만 원에 당첨되었다. 그는 주택복권 추첨이 있기 전날 밤, 꿈속에 부처님이 나타나, "네 병을 고쳐 주고 너희 가족들이 살아갈 수 있게 할 터이니, 희망을 버리지 말라."라고 말씀하시는 꿈을 꾸고 복권에 당첨되었다.

(4) 상사, 친지 등 다른 사람의 계시

다음에 이어지는 대통령 또는 귀인이 나타나는 꿈을 참고하시기 바라며, 사례를 간략히 살펴본다.

① 선배가 나타나, "이제는 빚 다 갚고 편히 살아라."라고 말을 하는 꿈

② 지나가던 백발노인이 "자네에게 큰 행운이 있을 것이네."라고 말한 꿈

③ 사장이 돈다발을 준 꿈

전에 다니던 직장의 사장이 나타나, "그동안 고생했는데, 퇴직금을 많이 못 줘 미안하다."라며 돈다발을 안겨준 꿈으로 당첨되고 있다.

④ 회사 사장이 나타나, "논과 밭을 사 주겠다."라고 말하는 것을 극구 사양한 꿈

복권 5장을 산 다음 날 꾼 꿈으로, 꿈속에서는 사양했지만 그만두겠다는 언질을 받지 않았으니 복권으로 당첨되고 있다. 또한 꿈속에서의 사양은 감사의 뜻을 나타내는 것으로 볼 수도 있겠다.

⑤ "복권을 사보세요, 조그만 행복을 안겨드리고 싶어요."라고 말하는 꿈

이는 외국의 꿈 사례로, 딸의 죽음으로 인한 충격에서 벗어나기 위해 휴가를

보내고 있던 사람에게 죽은 지 1개월 된 딸이 꿈속에 나타나, "복권을 사보지 그래요. 조그만 행복을 안겨 드리고 싶어요."라고 말하는 것을 듣고 복권을 구입한 사람이 복권에 당첨된 사례가 있다.

이러한 것을 볼 때 동서양을 막론하고, 죽은 영령들이 나타나서 어떠한 것을 일러주고 일깨워 주는 예언·계시적 성격의 꿈은 반드시 꿈의 계시대로 실현되고 있음을 볼 수 있다. 따라서 우리가 이러한 계시적 성격의 꿈을 꾸었을 때, 꿈의 계시대로 따르는 것이 좋다. 영령이 실제로 존재하고 안 하고를 떠나서, 창조적인 꿈의 상징 기법으로 우리에게 예지해주고 있는 것이다.

(5) 동물/식물의 계시

꿈속에서 동물이나 식물이 표상적으로 등장하여 어떠한 계시적인 말로써 일러주기도 하는바, 이러한 것은 꿈의 상징 기법의 하나로써 꿈꾼 사람의 자아가 분장 출현하여 대신 말하고 있는 것으로 볼 수 있다. 사례를 앞서 살펴본 바 있다.

① 물고기가 "복권 석 장을 사면, 석 장 다 맞는다."라고 말한 꿈

어떤 사람이 낚시질해서 잡아 올린 물고기가 "놔주세요. 살려주세요." 하고 애원하여 놔주었더니, "복권 석 장을 사면, 석 장 다 맞는다."라고 물고기가 말을 해, 그 후 실제로 복권에 당첨되고 있다.

② 돼지가 "나 신발 한 짝만 주세요."라고 말한 꿈

돼지 한 마리가 뒤따라오면서 "나 신발 한 짝만 주세요. 발이 아파서 그래요."라고 말하기에, 소원대로 들어주었더니, 복권에 당첨되고 있다.

5) 대통령 및 귀인·유명인사와 만나는 꿈

꿈속에서 대통령 및 귀인이나 고승을 만나게 되는 꿈은 길몽에 속한다. 유명 연예인들을 만나는 꿈도 역시 좋다. 처한 상황에 따라 재물운으로 복권 당첨 등으로 실현될 수도 있으나, 대통령·연예인·유명인사가 어떤 일거리와 작품 따위를 상징할 때는 어떠한 분야나 직위에서 최고의 우두머리가 되거나, 최대의 명예나 권리가 주어진다. 또한 가임여건에서 태몽으로 실현될 수도 있다.

① 전두환 대통령으로부터 훈장을 받는 꿈

제1171회차 주택복권에서 1등 4억 2천만 원에 당첨된 서울의 김○○ 씨의 꿈 사례이다.

> 한 달 전쯤에 5공 전두환 대통령으로부터 무슨 훈장을 받는 꿈을 꾼 것이 생각이 나서, 괜히 기분이 좋았던 기억이 나는데 그게 복꿈인 것 같습니다.

대통령으로부터 훈장을 받는 상징적 의미 그대로 복권에 당첨되고 있다. 또한, 한 달 전에 꾼 꿈도 유효하다. 커다란 일일수록 훨씬 오래전에 예지되고 있다. 흉몽의 경우에도 커다란 사건의 예지일수록 사건이 일어나기 훨씬 이전에 꿈으로 예지되고 있다.

② 대통령 만나는 꿈 – 1억 당첨

제6회차 인터넷 주택복권에서 억만장자 1억에 당첨된 고○○(서울, 22세) 씨의 꿈 사례이다.

> 며칠 전 대통령을 만나 악수를 하는 꿈을 꾸고 나서, 당첨자 중 대통령 꿈을 꾼 사람이 많다는 말에 혹시나 하는 기대감으로 구입한 복권이 1등 1억에 당첨되자, 놀라움에 입을 다물지 못하였다.

③ 노무현 대통령과 악수하는 꿈

경기도 안성의 정모(38) 씨는 구입한 복권 5장 중 1장이 1등 3억 원에 당첨되었다. 정씨는 주택복권을 구입한 이후, 매일 밤 꿈에서 노무현 대통령이 자신에게 악수를 청하는 꿈을 꾸었다고 한다. 며칠 동안 계속 악수를 청하는 노무현 대통령과 결국 악수를 하고 나서부터 그 꿈을 꾸지 않았다고 한다.

> "대통령과 악수할 때 그렇게 생생할 수가 없었어요."

④ 노태우 대통령과 악수하는 꿈

서울에 거주하는 고모(22) 씨는 얼마 전 꿈에, "붉은 카펫이 깔린 공항의 비행기에서 내리는 노 대통령과 악수를 했어요. 저를 보고 활짝 웃는 모습이 정말 인상 깊었습니다." 아침에 일어나 가족들에게 꿈이야기를 하자, 부모님이 복권을 사보라고 권유했고, 그녀는 인터넷 사이트에 접속해 즉석 복권을 구입하여, 인터넷 주택복권에서 1억 원에 당첨되었다.

이렇게 귀인과 악수하거나 명함을 받거나 좋은 인연을 맺는 꿈은 현실에서 재물운이나 사업의 성공 등 좋은 일로 이루어지고 있다.

일반적인 꿈에 있어서, 꿈속에서 대통령이나 귀인을 만나는 꿈은 그 표상 전개가 나쁘지 않은 한, 복권 당첨이나 기타 아주 좋은 일로 실현되고 있다. 최고의 통치자나 귀한 사람의 은덕을 입게 됨을 꿈을 통해 예지해 주고 있다고 보아야 할 것이다.

⑤ 김대중 대통령이 웃는 꿈

> "꿈에 김대중 대통령이 한 발짝 앞에서 저를 보고 웃고 있는 거예요. 하얀 와이셔츠에
> 넥타이를 매고 말이죠."

대통령을 꿈에 보고 산 6회차 즉석식 관광복권으로 당일은 꽝이었으나, 이틀 뒤에 교환한 즉석 복권이 1,000만 원에 당첨되는 일로 실현되었다.

⑥ 김영삼 대통령의 꿈으로 형제가 복권에 당첨

형제가 나란히 2등에 당첨되는 확률상 있을 수 없는 엄청난 일이 일어난바, 이러한 엄청난 일이 일어나기 전에 꿈으로 예지된다는 것은 당연한 일이라 할 수 있다.

형의 1억 원 당첨 꿈은 다음과 같다.

> "마을이 시끌벅적했어요. 큰 길가에 사람들이 대통령을 보려고 다 나왔으니 오죽했겠
> 습니까? 그런데 김영삼 대통령께서 내 어깨를 툭툭 두드리면서 말씀하시기를, "우째.
> 살기 힘들죠? 큰길도 놓고 서민 아파트도 지어드릴게요!"

동생 꿈은 신비하게도 형이 꾼 꿈의 속편 성격을 띠고 있다.

> "김영삼 대통령께서 오셔서 말씀하시더라고요. 집이 마음에 드십니까? 이제 서민들도
> 잘살 수 있습니다."

형이 1차 추첨 후에 1억 당첨금을 가지고 집을 새로 짓고 있었으나, 돈이 조금 부족해 걱정하고 있을 때, 동생이 또 1억 원에 당첨되어 집 짓는 데는 별 어려움이 없는 일로 실현되었다.

⑦ 불이 난 곳에서 대통령이 지켜보는 꿈

> 불이 난 장소에서 진화작업에 열중하고 있는데, 대통령 각하께서 점퍼 차림으로 오셔
> 서 지켜보고 계시는 꿈을 꾸었다.

⑧ 대통령 명함 두 장 받는 꿈

오래전의 꿈 사례이다.

> 박정희 대통령이 대구에 온다고 대구시는 환호의 물결이었다. 나는 대통령 앞으로 가

서 군중들과 같이 손을 흔들고 대통령 만세를 불렀다. 대통령이 다가와 악수를 청하자, 인사를 드리고 나의 딱한 사정을 이야기했다. 그 내용은 "6. 25 전쟁 때 온 가족이 공산당에게 참살당하고, 살아남은 처가의 어린 식구들까지 부양하고 있는데, 너무 힘에 겨우니 각하께서 돌보아주십시오." 하는 것이었다. 대통령은 한동안 듣더니 "우리나라는 당신 같은 정직하고 성실한 사람이 필요하다. 반드시 도와주겠다." 하며 명함 두 장을 주었다. 그것을 공손히 받아 쥐고 집에 돌아와 잠을 깨었다.

대통령은 최고 최대의 명예, 권세, 이권, 정부나 기관, 회사의 장(長) 등을 상징하는 표상물로 사용되고 있다. 대통령 명함을 얻은 것이 이 꿈의 핵심이다. 대통령 명함은 최고의 권위를 지닌 은택이 미치게 됨을 상징하고 있으며, 악수는 결합·성사·계약을 뜻하고, 인사를 했으니 소원이 이루어짐을 뜻하고 있다.

대통령의 명함 두 장을 받은 상징처럼 재물의 행운 등으로 이루어진다면, 두 장의 복권에서 당첨되는 일로 이루어질 수 있는바, 실제로 현실에서는 복권의 1등과 6등에 당첨되었다.

⑨ 스님의 손을 잡은 꿈

제주도가 발행한 슈퍼밀레니엄 관광복권 1·2등에 당첨, 8억의 거액에 당첨된 꿈 사례이다. 그는 복권을 구입하기 전날 밤 희한한 꿈을 꾸었다.

"스님의 손을 잡았는데 갑자기 100만 볼트 전기에 감전되는 듯한 느낌을 받았어요. 꿈에서 깬 후에도 머리서부터 발끝까지 쭈뼛이 뻗는 것 같아 한참 동안 야릇한 기분이 들데요."

⑩ 스님이 나타나는 꿈

인터넷 전자복권 1분 키노에서 2천만 원에 당첨된 꿈 사례이다.

"계속 뒤숭숭하다고 생각되는 꿈을 요사이 계속 꾸곤 했습니다. 제 종교는 불교와는 전혀 거리가 먼데요, 스님이 보이는 꿈을 자꾸 꾸더라고요. 그래서 사실 뭔가 무겁고 찜찜한 기분을 떨쳐버릴 수가 없었는데, 당첨된 걸 보니 그 꿈이 나쁜 꿈이 아니고 길몽이었나 봐요. 좋은 꿈이었다고 생각하니 정말 가뿐하고 개운한 기분이 들고요, 그동안 무거웠던 마음이 모두 거짓말처럼 사라졌어요."

스님은 상징적으로 덕이 높은 사람, 지도자, 선생님, 협조자 등의 상징으로 등장하고 있다.

⑪ 딸아이가 좋아하는 TV 만화 주인공이 나타난 꿈

"1억 원에 당첨되기 전날 꿈속에 두 딸이 가장 좋아하는 텔레비전 프로그램인 「젤라
비」가 나타났기 때문에 당첨자의 임자는 제가 아니라 두 딸인 것 같아요."

이처럼 연예인 등 선망의 대상이 등장하는 꿈에서 복권 당첨의 재물운으로 실
현되고 있는바, 경우에 따라서는 연예인으로 상징된 인물을 만나게 되는 일도 가
능하다.

⑫ 회사 사장이 누추한 우리 집을 방문하는 꿈

사장이 우리 집을 찾아와 "사원들이 어떻게 살고 있는지 일일이 다녀보는 것이 도리라
고 말하며, 일을 열심히 해주기 바란다."라고 하는 데서 잠을 깨었다.

복권 3장을 산 날 밤 꾼 꿈으로, 사장으로 표상된 인물은 어떤 기관·단체의 우
두머리로서 그러한 인물이 집에 찾아온다는 것은, 최상의 명예나 권리가 주어짐
을 뜻하고 있다. 이 밖에도 그리스의 백만장자의 아내였던 재클린이 집에 찾아온
꿈, L.A 다저스팀의 강타자였던 피아자와 부부동반으로 차를 마시는 꿈을 꾼 후
복권에 당첨된 사례가 있다.

이처럼 자신에게 도저히 올 수 없는 유명인이나 권력자가 집에 찾아오는 꿈이
나 만나는 꿈은 그로 상징된 어떤 명예나 권리·이권의 획득을 의미하며, 현실에
서는 복권에 당첨되고 있다. 하지만 이러한 꿈을 꾸었을 때, 반드시 복권에 당첨
되는 것은 아니며, 자신이 처한 상황에 따라 승진이나 출세, 사업 성공, 또는 가임
여건에서 태몽 등 다양하게 실현되고 있다.

대통령 및 귀인의 꿈을 꾸고 재물의 행운으로 실현된 사례를 살펴본바, 이로
써 본다면 꿈은 결코 반대가 아닌 상징의 이해에 있음을 알 수 있겠다.

6) 숫자와 관련된 로또 당첨 꿈

꿈속에 나타난 숫자나 계시받은 숫자가 로또(복권) 당첨으로 실현된 사례가
많다. 설리는 SBS TV 「강심장」 최근 녹화에서 "꿈에서 본 숫자를 보고 엄마에게
부탁해 복권을 샀는데, 10만 원에 당첨된 적이 있다."고 복권 당첨 사실을 밝히고
있다. 보다 자세한 것은 제 Ⅵ장 주제별 꿈해몽에서, '숫자'를 참고하기 바란다.

① 꿈속에서 어떤 할아버지가 숫자를 불러준 꿈

배우 이종혁은 SBS 「야심만만」 방송 녹화에서 꿈속에서 한 할아버지가 나타

나 4개의 숫자를 불러줘, 로또를 사서 그 숫자 4개가 모두 맞았던 경험을 말하고 있다.---〔뉴스엔〕최나영 기자, 2007. 12. 03.

② 돌아가신 어머니가 꿈에서 알려준 번호로 로또 2, 3, 4, 5등에 당첨

신문기사에 나온 글을 간추려 살펴본다.

트로트 가수 진요근(44)이 '어머니가 꿈에서 가르쳐 준 번호'로 190회 로또에서 14·15·18·30·31·44번으로 2등에 당첨됐다. 진씨는 로또 당첨 이틀 전인 7월 20일 밤에 잠을 자다가, 2002년에 지병으로 작고한 모친이 그의 꿈에 나타나 "요근아. 이제 너의 일이 모두 다 잘 될 거다. 좋은 일만 생길 것이니, 너무 걱정하지 말라."는 말을 남겼고, 이튿날 밤에도 똑같은 꿈을 꿨다.

둘째 날 꿈에선 어머니가 사라지는 뒤로 숫자들이 지나갔고, 잠에서 깬 진씨는 기억을 되살려 번호를 기록, 다음 날 오후 꿈속에 나타난 숫자로 로또복권을 샀다.

"어머니가 1등 번호를 다 알려주신 것 같은데, 내가 헷갈렸다. 하지만 1위가 아니어도, 지금의 이 행운만으로도 만족한다."면서 "뒤늦게 로또복권 당첨 사실을 밝히게 된 이유로, 효도에 대한 젊은이들의 생각을 바로잡기 위해서"라고 말했다.

이처럼 복권 당첨자 꿈 사례에 있어 조상 꿈을 꾸고 이루어진 사례가 많다. 앞서 조상이나 하나님 등이 나타나는 계시적 꿈에 관하여 살펴보았지만, 이처럼 조상이나 누군가 꿈속에서 숫자를 계시해주거나, 숫자와 관련된 꿈을 꾸는 경우 복권 등과 연관 지어 관심을 가질 필요가 있다.

③ 꿈에서 본 숫자를 조합하여 로또 당첨

제26회(2003. 5. 31) 로또 당첨은 서울에 사는 L모 씨로 전날에 구입한 로또 5게임이 2등 2개, 3등 1개, 4등 2개에 모두 당첨되는 진기록을 세우게 되었다. L모씨는 "꿈에서 본 5개의 번호와 남자친구가 선택한 1개의 번호를 조합해 번호를 선택했다."고 한다.

④ 6개의 로또 숫자가 모두 보이는 꿈으로 1억 당첨

2004년 2월 24일 새벽에 정○○(33세. 충남) 씨는 인터넷 전자복권인 억만장자 1억 원에 당첨되었다. 정씨는 당첨되기 전에, 6개의 로또 숫자가 모두 보이는 기가막힌 꿈을 꿨는데, 미처 로또복권은 사지를 못했다.

"혹시나 하며 토요일 추첨방송을 보는데 놀라서 입이 안 다물어지더군요. 꿈에서 봤던

숫자가 바로 1등 당첨 숫자이지 뭡니까? 그땐 정말 발을 구르며 아까워했지만, 이미 지나간 일이니 어쩔 수 없는 일이지요. '로또는 물 건너 갔으니 이제 어쩔 수 없고, 평소 자주 사던 인터넷 즉석 복권에라도 기대를 해보자.' 하면서 복권을 긁었는데, 글쎄 1억 원에 당첨되었다는 화면이 뜨더라고요."

⑤ 로또번호 6개가 나오는 꿈

2006년 9월 25일 매직스핀 1등 누적상금 18,040,250원에 당첨된 황○○(경기, 46세) 씨의 꿈체험담이다.

"사이트에 접속해 조금은 여유로운 마음으로 매직스핀을 구입했는데, 처음 구입한 세 장 중 세 번째 복권이 1등 당첨이지 뭡니까? 당첨화면을 보고 처음엔 얼마나 놀랐던지요. 사실은 제 아들이 로또번호 6개가 나오는 꿈을 꾸었다기에 그 번호로 로또복권을 샀었는데 모두 낙첨이었습니다. 그런데 매직스핀에서는 1등에 당첨되고 보니, 아무래도 아들의 로또 꿈이 영험한 것 같네요."

⑥ 꿈속에서 1자와 7자가 어른거린 꿈

이 경우에 복권을 구입한 후 복권에 당첨된 사례가 있는데, 어찌 보면 1자는 복권에 1등 당첨, 7자는 행운의 숫자 및 복권의 1억 원 당첨에 따른 실수입 7천만 원의 머리 숫자가 아닌가 생각해서 복권을 산 것이 적중되었다고 생각할 수도 있으나, 이런 경우 거의 우연에 가까운 일이 일어났다고 볼 수 있다.

⑦ 자신이 선택한 번호 10개가 다 맞는 꿈

인터넷 전자복권 스피드로또 5분 키노에서 1등 4억 원에 당첨된 A○○(45세) 씨의 꿈체험담이다.

"당첨되기 3일 전에 키노복권 선택번호 10개가 다 맞는 꿈을 꾸었습니다. '평소 키노복권을 자주 구매하다 보니, 꿈에도 나타나는구나.' 싶었는데, 3일 후에 1등에 당첨이 되었네요. 당첨된 날도 무엇인가 좋은 일이 일어날 것 같은 느낌이 계속 들곤 했습니다. 그날도 평소와 같이 한 회차 5천 원어치를 구매를 하고 있었는데, 당첨화면의 숫자가 많아서 자세히 보니 400,000,000이라고 나와 있었습니다. 사실 아직도 잘 믿어지지가 않습니다."

숫자 관련하여, 복권 낙첨의 체험사례를 살펴본다.

① 선인이 나타나서 번호를 알려주는 꿈

꽤 오래전 저희 어머님의 꿈이야기입니다. 어느 날 긴 수염의 할아버지가 나타나서 무슨 번호를 가르쳐 주더래요. 많은 숫자의 번호를 말이죠. 또 꿈도 굉장히 생생했다고 하십니다. 그래서 꿈이 예사롭지 않아 복권을 한 장 사셨다고 합니다. 그런데 복권의 번호가 그 선인이 말한 숫자와 거의 똑같고, 맨 뒤의 일 자리가 다른 것 같았다고 하네요. 꿈의 실현이 그대로 이루어져, 끝의 일의 숫자가 틀린 것이었죠.

② 숫자를 거의 맞춘 꿈, 숫자 일부만 기억한 꿈

오래전 화살로 쏘아 당첨을 결정하던 주택복권 당시, 꿈에 관심이 많은 독자가 대구에서 보내온 편지를 전재해서 살펴본다.

얼마 전 꿈속에서 나는 복권번호를 TV를 보면서 맞추고 있었습니다. 번호가 만약 456789번이라면 저는 끝 번호만 틀리고 456788 다 맞추었죠. 너무 기뻐서 소리를 질러 댔죠. 다음 날 그 꿈을 꾸고 난 후 마침 일요일 오후 복권번호를 맞추는데, 1등 복권번호가 전부 1자리씩만 틀리는 거였습니다. 위 번호를 예를 들어 456789번(1등 당첨복권)이라면, 567890 이런 식으로 한 자리씩 숫자가 올라갔죠. 너무 허탈해하면서도 이상했죠.

또 한 번은 꿈속에서 3조 477…… 그 이상은 기억나지 않았습니다. 며칠 후 신문을 보며 산 복권을 맞추다가 또 한 번 놀라서 어쩔 줄 몰랐습니다. 1등 당첨번호 3조 477……. 이게 꿈인지 생시인지, 앞으로는 꿈을 지나치지 않기를 나는 그날 이후 다짐했죠. 또 한 번 번호가 기억되는 꿈을 꾸었으면 하는 기대를 하며, 그 이후로 나는 잠을 자면서 항상 필기구와 메모지를 옆에 두고 잠자리에 듭니다. 복권번호 꿈 아니 다른 꿈이라도, 꼭 적어두기로 말이죠.

사실적인 미래투시의 꿈에서는 앞으로 현실에서 일어날 일을 그대로 꾸게 된다. 예를 들어 꿈속에 보았던 장소나 사람을 그 후 현실에서 가보게 되거나 만나게 되었다는 꿈이야기는 많은 사람들이 공통적으로 경험하고 있다. 외국의 사례이지만, 복권의 당첨번호가 떠오른 것을 기억하여 복권을 산 사람이 당첨된 사례가 있다. 복권에 관심을 가지고 있는 사람의 꿈속에 나타나는 이러한 사실적 미래투시의 꿈의 경우, 가볍게 지나치기보다는 꿈의 의미에 관심을 가지고 대하여야 할 것이다.

참고로 이데일리 기사에서 발췌한 로또복권 당첨 분석 통계치를 보면 숫자꿈이 7.2%를 차지하고 있다.

7) 성행위를 하는 꿈

성적 욕망은 우리 인간이 가진 욕망 중에 식욕과 더불어 강렬하게 인간을 지배하고 있다. 부부싸움의 표면적인 이유로 돈, 성격차이, 시댁문제 등등을 들고 있지만, 혹자는 근원적인 밑바탕에는 성적인 욕구의 불만족에서 일어나고 있다고 주장하고 있다. 이러한 주장이 100% 맞다고 볼 수는 없지만, 성에 대한 관심이나 애착을 누구나 지니고 있음을 부인할 수 없을 것이다.

이러한 성적 욕망이 현실에서는 윤리·도덕적 굴레에 묶여 상당한 억제를 받고 있지만, 꿈속에서는 가장 자유롭게 표현되며 황당하게 전개되기도 한다. 따라서 이러한 성행위 관련 꿈은 꿈의 언어인 상징으로 풀이해야지, 현실의 잣대로 보아서는 안 될 것이다.

남녀가 합쳐지는 성행위 꿈의 상징적인 의미는 두 대상이 합쳐지는 상징성에서 재물이나 이권의 획득, 부동산의 매매 계약, 어떠한 일과의 체결 성사 여부, 다른 사람이나 대상과의 관련 맺음 등 현실에서 앞으로 일어날 일들을 예지해주고 있다.

따라서, 꿈속의 상대방은 실제 인물이 아니라, 상징적으로 표상된 어떤 일거리나 대상을 상징하고 있다. 성행위를 하는 꿈은 그 어떤 대상에 관련을 맺고 빠져 들어가고 몰두하는 것을 의미하고 있는바, 처한 상황에 따라 부동산 매매 체결, 어학 공부, 노름, 주식, 낚시 등등 어떠한 대상과 관련을 맺는 일로 실현되고 있다. 이때도 꿈속의 정황과 일치하여 이루어진다. 마음에 드는 이성과 성행위를 하는 꿈이라면, 현실에서도 이러한 대상과의 관련 맺음에 있어 흡족한 결과로 이루어지고 있다.

성행위를 하는 꿈은 프로이트 식으로 보자면, 억눌린 성적충동이 꿈으로 나타난 소망표현의 심리 표출의 꿈이라고 볼 수가 있다. 이 경우에 몽정(夢精)을 하게 된다든지 하여 실현되고 있기도 하다. 이러한 몽정을 수반하는 성행위의 꿈은 장차 일어날 일을 보여주는 상징적인 미래 예지 꿈이라기보다는 몽정을 효과적으로 이루어내기 위한 잠재의식의 정신활동에서 빚어지는 표상이므로 굳이 꿈의 의미를 부여할 필요는 없다. 성행위 하는 꿈의 로또(복권) 당첨의 실증사례를 살펴본다.

① 호랑이 한 쌍이 뒤엉켜 교배하는 꿈

호랑이가 백수(百獸)의 왕으로 권세나 부귀 등을 상징하고 있으며, 꿈을 꾼 후에 구입한 슈퍼더블복권으로 3억 원에 당첨되었다.

② 아내가 아닌 다른 여자와 정사를 즐기는 꿈

「복권세계」에 소개된, 주택복권 1098회차 추첨에서 1·2등 3억 6천만 원에 당첨된 김○○ 씨의 꿈 사례를 요약하여 살펴본다.

> "참으로 민망한 꿈을 꾸었어요. 아내가 아닌 다른 여자와 정사를 즐기는 꿈이었으니까요. 그런 꿈은 잠깐으로 끝나는 게 보통인데, 이건 얼마나 길기도 했는지……. 그런데 이게 복권 당첨을 안겨다 줄 것을 어떻게 알았겠습니까?
>
> 전날은 사업구상을 하느라, 이곳저곳을 돌아다녔는데 무척 피곤했습니다. 그래서 일찍 잠이 들었는데, 새벽녘인가 희한한 꿈을 꾸기 시작했어요. 그것도 평소에 조금도 마음에 두지 않았던, 전에 다니던 회사 근처 식당의 뚱뚱보 아줌마랑 말입니다. 게다가 얼마나 성행위가 화끈했던지, 잠에서 깨서도 아주 생생했어요."

재미있는 복권 당첨 꿈 사례이다. 이 경우에 얼마나 기분 좋게 성행위를 했느냐가 중요하다. 하기야 남자의 입장에서 통쾌한 사정을 하는 꿈이야말로, 흡족한 성행위가 될 것이다. 사정을 하고자 했으나 상대방의 거절로 하지 못했다면 흡족한 성행위라고 볼 수 없기에 현실에서도 성사·체결 등 무언가 이루어지려다가 어긋나는 일로 실현된다.

누차 언급하지만, 꿈해몽은 꿈과 현실을 반대로 해석하는 것이 아니라, 꿈의 상징을 이해하는 데 있다. 오래 오래 기분 좋게 하는 성행위가 현실에서 아주 좋듯이, 꿈속에서도 기분 좋은 성행위를 하는 것은 아주 좋은 꿈으로써 흡족한 실현 결과로 이루어지고 있다.

일반적으로 대부분의 성행위 꿈은 결합·성사·체결과 관련지어 실현되고 있으며, 부동산을 구입하거나, 어떠한 기관·단체·일거리나 대상과 관련을 맺는 일로 이루어지고 있다. 꿈속에서는 여자를 강제로 강간하는 꿈이라도, 본인의 기분만 흡족하면 아주 좋은 꿈이다. 일반적으로 강간하는 꿈은 현실에서는 어떠한 단체·기관이나 부동산 등 같은 대상에 본인이 주도적이고 강압적으로 추진하여 성사시키는 일로 실현되고 있다. 마찬가지로 꿈속에서는 마음에 드는 어떤 물건을 훔쳐오는 꿈도 좋은 꿈이다. 현실에서는 적극적으로 성취하는 일로 이루어진다.

이처럼 꿈의 언어인 상징의 세계를 일상의 도덕관념이나 판단기준으로 보는 것은 어리석은 일이며, 꿈해몽은 꿈의 언어인 상징의 세계를 이해하는 것에 달려 있다.

③ 피임장치를 한 성행위 꿈 → 인터넷 즉석 복권 50만 원 당첨

인터넷 사이트에 올려져 있는 성행위 꿈으로 복권에 당첨된 체험사례이다.

> "꿈속에서 낯모르는 여자와 정사를 나눴습니다. 나름으로 만족했어요. 그 여자는 자신의 성기에 이상하게 생긴 피임 장치를 하고 있더군요. 나와의 관계 후에 그 피임장치들을 떼어내는 것을 보며 잠에서 깨어났어요. 다음 날 점심시간에 심심풀이로 인터넷으로 즉석 복권을 긁었는데, 50만 원 당첨!"

상징적으로 성행위 시에 상대방이 피임을 하는 꿈이라면 일반적으로 어떠한 계약 성사나 체결의 단계에서 이루어지기는 하겠지만, 자신의 뜻대로 계약조건이 이루어지지 않고 다소 아쉬운 계약 조건이 된다든지, 자신의 영향력을 완전히 행사하지 못하는 일로 이루어진다고 볼 수 있다. 물론 50만 원 당첨도 큰돈이지만, 아쉬운 당첨 결과라 할 것이다. 앞서 화끈한 성행위 결과가 3억 6000만 원에 당첨된 것과 비교한다면, 아주 사소한 결과로 실현된 것이라 볼 수 있다. 피임장치 등으로 장애를 받았던 성행위의 상징성이 인터넷 즉석 복권 추첨의 진행과정에서 아슬아슬하게 몇 개의 번호가 비껴가서, 이렇게 적은 당첨금에 당첨되는 일로 실현되었다고 보아야 할 것이다.

8) 시체와 관계된 꿈

복권 당첨자 가운데에는 시체를 보고 당첨된 사례가 상당수 있다. 어느 영화 감독의 꿈에 길가에 시체가 즐비한 것을 본 후, 제작된 영화가 대박을 터뜨린 사례가 있다. 이처럼 시체는 성취된 업적이나 작품·재물·유산을 상징하며, 또한 사건의 진상, 비밀스러운 일, 거추장스러운 일, 부채, 증거물 등을 상징한다.

따라서 일반적으로 이러한 시체를 맞아들이거나 걸머지고 오면 소원이 성취되고 재물이나 이권 등이 생기게 되며, 시체를 내다 버리면 모처럼 얻은 일의 성과나 재물을 잃게 된다. 마찬가지로 시체가 되살아나면, 성사시킨 일이 수포로 돌아가거나 사업자금을 되돌려 주게 된다. 또한 꿈속에서 시체를 화장해 버리는 것은 어떤 일에 대한 성과나 업적을 소멸시켜 버리는 일로 실현되고 있다.

① 4구의 시체를 본 꿈

4구의 시체를 보는 꿈을 꾸고 다음 날 복권 10장을 샀는데, 그중 하나가 당첨되었다.

알려진 꿈의 사연이 지나치게 간단하여 구체적인 해석은 불가능하지만, 시체는 업적이나 사업성과·작품성과·재물·이권을 상징하는 표상물이다. 4구의 시체는 넷과 관련된 사백만 원이나 사천만 원·사억 원 등의 당첨금을 상징하거나, 장차 당첨금을 넷으로 나눌 일이 생길 것을 나타낸다. 이처럼 꿈속에 나타난 숫자도 어떠한 상징적인 뜻을 지니고 있으며, 꿈속에 표현되는 모든 표상은 그 나름대로 의미를 지니고 있다.

대체로 꿈속에서 시체를 보는 꿈을 꾸고 나서는 좋은 일로 실현되고 있다. 하지만 이 역시 꿈이 어떻게 전개되었는가에 따라, 달리 실현되고 있다. 예를 들어 시체에 불이 활활 붙어 타는 꿈은 좋지만, 불은 나지 않고 연기만 나는 꿈은 흉몽에 속한다. 또한 시체를 집안에 들여오는 꿈이 좋으며, 시체가 집에서 나가는 꿈은 헛수고로 이루어진다.

복권과 관련된 실증적인 시체 꿈의 낙첨된 사례를 다시 살펴본다. 꿈속에서 딱딱해진 시체를 겨우겨우 일으켜 세워놓고 문을 나서는데, 시체가 다시 쓰러졌다고 한다. 꿈을 꾼 후에 주택복권을 사다 놓고 추첨 중계를 보았는데, 번호가 조 단위, 10만 단위부터 딱딱 맞아 들어가 숨이 멎을 지경이었는데, 제일 마지막 숫자에서 그만 틀리는 일로 실현된 사례가 있다.

② 땅에서 시체가 불쑥 튀어 오르는 꿈

684회 주택복권에 당첨된 K군의 꿈 사례이다. 복권을 구입하기 전날 밤 꿈에, 땅을 파는데 10원짜리 동전부터 500원짜리까지 차례로 나오더니, 나중엔 시체가 불쑥 튀어 올랐다. 꿈의 실현은 주택복권 2장을 구입, 그중 1장이 1등에 당첨되는 행운으로 이루어졌다.

꿈은 결코 반대가 아닌 상징의 이해에 있는 것이다. 무언가를 얻는 꿈은 그 얻는 물건으로 상징된 그 무엇을 얻는 일로 실현되고 있다. 또한 꿈속에서 보는 꿈만으로도 소유·획득의 의미를 지니고 있다. 예를 들어 연못 속의 잉어를 보는 꿈만으로 잉어로 상징된 재물이나 명예를 얻는다든지 가임여건에서 태몽으로 실현되고 있다. 시체는 어떠한 업적이나 성과물·재물·이권의 상징으로, 이렇게 꿈

속에서 시체가 튀어 오르는 것을 보는 것같이 황당한 전개의 꿈은 상징적인 미래
예지의 꿈으로써, 현실에서 꿈의 실현이 반드시 이루어지는 특징을 지니고 있다.

③ 시쳇더미에 불 지르는 꿈

2008년 1월 개봉된「우리 생애 최고의 순간」은 2004년 아테네 올림픽에서 비인
기 종목의 설움을 딛고, 혈투 끝에 아깝게 결승에서 최강 덴마크에 석패한 여자
핸드볼 국가대표선수들을 다룬 감동 실화다. 배우 조은지는 영화 촬영이 본격적
으로 들어가기 전, 다른 배우들과 함께 진짜 핸드볼 선수가 되기 위한 3개월간의
혹독한 훈련 과정을 거쳤는데, 어느 날 밤 이상한 꿈을 꾸었다.

> "판잣집 같은 데서 내가 걸어나가는데, 눈앞에 열을 잘 맞춘 시체들이 끝도 없이 펼쳐
> 져 있더라. 왜 그랬는지는 모르겠지만, 내가 시체들에 불을 지르기 시작했다. 시체들이
> 불타기 시작하는데 정말 장관이었다."

한편 배우 문소리도 큰 태극기에 '우생순 대박'이라고 쓰는 꿈을 꿨다며, "예감
이 심상치 않다."고 말하고 있다. '우리 생애 최고의 순간'은 상하이 국제영화제 메
인 경쟁부문에 초청됐으며, 임순례 감독의 뛰어난 연출력과 배우들의 좋은 연기
가 어우러져, 2008년 상반기 흥행 돌풍을 일으키며 408만 명의 관객을 동원하는
대박을 터뜨렸다.

9) 자신이 죽는 꿈

현실에서의 죽음이란 두렵고 숨이 막히는 일이지만, 꿈속에서의 자신의 죽음
은 재생이요, 부활로 낡은 껍질을 벗고 새롭게 태어나는 최고의 길몽에 속한다.
즉, 현재 자신은 사라지고 새롭게 태어날 것을 꿈속에서는 자신이 죽는 것으로
표현하고 있는 것이다.

다만 위의 이러한 말들은 상징적인 의미에서 살펴볼 때이다. 꿈속에서 다른
사람이 죽는 것을 본 꿈이 사실적인 미래투시의 꿈인 경우에는 실제로 주변의 누
군가에게 사고가 일어날 수 있다. 죽는 꿈을 꾸고 로또(복권)에 당첨된 실제 사례
들을 살펴본다.

① 불에 타 죽는 꿈 → 복권 당첨

> "자동차 사고로 차체가 붕 뜨는 듯싶더니, 논바닥에 거꾸로 박히면서 와지끈 부서지는
> 소리와 함께 이내 화염에 싸이더니, 나의 온몸에 불길이 붙는 것을 보고는 질겁을 하여

비명을 지르다가, 눈을 뜨니 꿈이었다."---주택복권 1등에 당첨될 꿈/ 시인 이기진.

자신이 불에 타 죽는 꿈으로 1972년 당시 주택복권 1등에 당첨되었음을 밝히고 있는 사례이다. 뜻밖의 주택복권 1등에 당첨되어, 삶에 커다란 변화를 가져오게 될 것을 자신이 불에 타 죽는 꿈으로 예지해주고 있다.

② 전복된 차위에 승용차 두 대가 덮치는 꿈 → 주택복권 3억 원 당첨!

"화물차를 운전하다 차가 전복됐어요. 그 차 위에 승용차 2대가 덮치는 꿈을 꾸고는 놀라서 깼어요."

주택복권 4장을 구입, 그중 1장이 3억 원에 당첨되었다. 차가 전복되고, 두 대의 차가 덮쳐서 깔려 죽는 꿈을 꾸고 새로운 탄생의 인생길을 걸어가게 되었다고 볼 수 있겠다. 한편 '덮친 2대의 승용차는 1등의 2매 1세트에 당첨되려고, 그런 꿈이 꾸어진 것 같다.'라고 말하고 있는바, 일리가 있다고 해야 할 것이다.

③ 헬기를 타다 죽는 꿈으로, 1억 당첨

"헬기를 타고 어딘가를 가던 중에 폭파와 함께 추락하며 죽는 꿈을 꾸었어요. 식은땀을 흘리며 꿈을 깨고 났지요. 놀랍게도 인터넷 주택복권에서 9번째 억만장자 1등 1억에 당첨되었습니다."

꿈은 반대가 아닌 상징의 이해에 있다. 죽는 꿈의 상징적 의미는 새로운 탄생·부활에 있기에 복권 당첨으로 새로운 인생길을 걸어가게 될 것을 예지해주고 있다.

④ 자신의 이마에 총 한 방 맞은 꿈 → 복권에 당첨

낯선 사나이가 군중 속에서 권총을 높이 쳐들고 "여기 단 한 발의 총알이 있는데 누구를 쏠까? 하면서 총을 마구 휘둘러 댄다." 모두들 무서워 뿔뿔이 흩어졌고, 나도 총을 피하기 위해 안간힘을 써서 간신히 땅바닥에 머리를 대고 피했다. 잠시 후 조용하여 주위를 살펴보기 위해 고개를 드는 순간, 내 이마 한가운데에 총알이 맞았다. 그 순간 놀라 잠을 깨었다.

마지막 한 발의 권총 탄환을 이마에 맞고 죽는 꿈을 꾸고, 주택복권에 당첨된 오래전의 꿈 사례이다. 처한 상황에 따라 막대한 재물이나 이권을 얻게 된다든지, 새로운 탄생 부활의 길로 나아갈 수도 있다.

⑤ 총에 맞아 가슴에 구멍이 뻥 뚫린 꿈 → 주택복권 당첨

"추첨 당일 새벽에 꿈을 꾸었어요. 누군가 함께 길을 가는데, 일행 한 명이 총을 맞았

는데, 가슴에 커다란 구멍이 뻥 뚫렸어요. 깜짝 놀라 잠이 깼어요."

죽음은 새로운 탄생, 부활의 의미를 지닌다. 필자도 18여 년 전에 첫 번째 책인 『破字(파자) 이야기(학민사, 1995)』 책을 출간하기 한 달 전에, '총을 맞고 죽는 꿈'을 꾸었다. 그 후 필자도 낡은 껍질을 벗고 새롭게 태어나, 새로운 인생길을 걸어가고 있다. 꿈을 꾼 이후로, 『꿈이란 무엇인가(어문학사, 2012)』를 포함하여 그동안 12권의 저서를 출간하였으며, 꾸준히 학문에 정진하여 2005년 박사학위(단국대, 한문학과)를 받았으며, 평범한 고교국어교사에서 나아가 방송 출연, 신문 연재 활동 및 대학 등에서 강의를 하게 되었고, 인터넷과 스마트폰 등에 '홍순래 박사 꿈해몽' 사이트를 개설하여 꿈에 대한 연구와 정리를 해나가는 새로운 인생길을 걸어나가고 있다.

일행 한 명이 죽는 꿈으로 당첨되고 있는바, 꿈속의 일행 한 명은 꿈꾼 자신의 상징인물로 등장하고 있다.

⑥ 암에 걸려 피를 토하며 죽는 꿈 → 자치복권 2천만 원 당첨

"암에 걸려 피를 토하며 죽는 꿈을 꾸었어요. 차를 몰고 가다 갑자기 멈추고 싶어졌고, 멈춘 곳에 복권 가판대가 있더군요. 제15회 자치복권을 딱 2장 샀는데, 2천만 원에 당첨되었네요."

현실에서 죽음은 나쁘지만, 꿈의 상징적 의미로 죽는 꿈은 새로운 탄생이요, 낡은 껍질을 벗고 새롭게 태어나는 재생의 길임을 누차 언급한 바 있다. '암에 걸려 피를 토하며 죽는 꿈'으로써 장차 새로운 운명의 길이 펼쳐질 것임을 예지해주고 있다. 사족이지만, 꿈의 상징적 미래 예지 꿈의 의미를 알았다면, 당시에 자치복권을 구입할 것이 아니라, 더 커다란 액수의 당첨가능한 복권을 구입하는 것이 더 나은 방법이 될 수 있었을 것이다.

황당하게 전개되는 특징을 띠고 있는 상징적인 미래 예지 꿈은 꿈의 예지대로 현실에서 반드시 이루어지는 특징이 있다. 또 다른 꿈을 새롭게 꿈을 꾸지 않는 한, 꿈의 예지대로 현실에서 이루어지고 있으며, 커다란 일의 예지일수록 꿈의 실현 기간이 길게 이루어지는 특징을 지니고 있다. 따라서 죽는 꿈을 꾼 경우 새로운 운명의 길이 열리게 될 것을 기정사실로 받아들인다면, 자치복권을 구입하기보다는 보다 커다란 액수의 당첨금이 걸려있는 로또복권 구입을 시도해 보는 것이 좋을 것이다.

제 V 장
실증사례별 분류

⑦ 돌아가신 아버님이 죽지 않겠느냐고 묻는 꿈

　　복권추첨 전날 밤 꿈이다. 돌아가신 아버님께서 나타나서, "죽지 않겠느냐?"라고 물으셔서, '죽으면 어떻게 하나' 안간힘을 쓰며, 집안과 자녀 걱정을 하다 잠을 깨었다.

돌아가신 아버님이 죽으라고 하는 꿈의 실현이 뜻밖에 막대한 당첨금을 타는 일로 실현되고 있다. 꿈의 상징적 의미에 대해서 알고 있었더라면, '죽는다'는 것이 실제의 죽음이 아니라, 낡은 껍질을 벗고 새로운 운명의 길로 나아가는 성취와 부활을 예지하는 것을 알 수 있었을 것이다.

⑧ 4명이 죽고, 본인이 죽을 차례인 꿈

복권 당첨된 사례로, 꿈이야기가 상세하지는 않지만, 절에 갔다 오는 도중에 네 사람이 죽고 자신도 죽게 될 차례에서 잠이 깨었다고 한다. 이 경우 꿈속에서 자신이 죽는 꿈이 보다 확실한 실현으로 이루어진다. 하지만 직접 죽지 않는다 할지라도 죽게 될 차례가 다가온 것만으로도 죽음으로 성취되는 모든 것을 뜻하고 있다고 보아야 할 것이다.

⑨ 죽은 형수가 되살아났다가 다시 죽는 꿈

주택복권 당첨자의 꿈이야기이다.

　　죽은 형수를 묶어 염(殮: 죽은 이의 몸을 씻긴 후에 옷을 입히는 일)을 했다. 그런데 되살아나서 횡포를 부리다가, 돈을 공중에 던져 탁구 라켓으로 쳐서 돈이 모두 땅에 떨어졌다. 나는 얼른 그중 하나를 라켓 위에 올려놓았다. 그랬더니 다시 형수는 죽었다.

현실에서는 복권 추첨 광경을 지켜보는 가운데 아슬아슬하게 자기 번호가 빗나갈 뻔하다가 당첨되는 일로 실현되고 있다. 형수가 죽어 염(殮: 죽은 이의 몸을 씻긴 후에 옷을 입히는 일)을 했으니 당첨이 확실하다.

하지만 '죽었던 사람이 다시 살아나는 것'은 성취된 일이 수포로 돌아감을 뜻한다. 그런데 살아난 사람이 다시 죽었으니, 2차적인 행위에 의해서 그 일이 마침내 성사되는 것을 뜻한다. 이런 사연으로 본다면, 어떤 일이 한때는 성사되었으나 수포로 돌아가고, 난관이 있은 후 간단한 수속절차에 의해서 일이 다시 성사되는 일과 관계된 꿈이다. 예를 들어 복권 추첨과정에서 불발이라든지 걸려서 나오지 않다가, 번호가 뽑힌다든지 해서 힘들게 복권에 당첨될 것을 예지해주고 있다.

10) 상제가 된 꿈, 문상가는 꿈, 절하는 꿈

상징적인 미래 예지적인 꿈의 입장에서 자신이 상제가 되는 꿈은 죽은 사람으로 상징된 어떠한 대상이나 일거리에서 정신적·물질적 자산의 제1 승계자가 됨을 의미한다. 따라서 꿈속에서 누군가 죽어서 자신이 상제가 되어, 흰옷을 입거나 베옷을 입고 시신 앞에 곡을 하는 것은 어떤 일이 이루어져 정신적 또는 물질적인 유산을 상속받게 됨을 뜻한다. 이 경우 많은 상제 중에 자기가 맏상제라고 생각하는 꿈은 자신이 제1의 권리를 차지하게 된다. 문상가는 꿈도 상징적으로는 아주 좋다. 자신이 문상가서 시체 등에 절을 하는 꿈은 재물운이나 자신이 바라던 소원을 이루게 된다.

① 상제 된 꿈으로 승진시험 합격

10여 년 전에 독자가 보내온 실증적인 꿈 사례를 간추려 살펴본다.

> 저는 경기도 지방 경찰청 교통과에 근무하는 현직 경찰관입니다. 1984년 제가 순경에서 경장 진급시험을 볼 때의 꿈입니다. 저는 베로 된 상제 옷을 입고 승용차를 운전해 시험장에 가서 책상에 앉아 각 과목시험을 치르고, 베로 된 상제 옷을 그대로 입은 채 나오는 꿈을 꾼 것입니다.---1997년 8월 24일.

② 친구 아버님의 초상집에 문상 가는 꿈으로 복권 당첨

또또복권 제66회 2차 추첨(2001. 11. 25)에서 또또복권 사상 최고액인 10억 원에 당첨된 송 할아버지(대전시, 65세)는 당첨되기 며칠 전, 10년 전 돌아가신 친구 아버님의 초상집에 문상 가는 꿈을 꾸었다.

> "방안에는 혼자밖에 없었고, 시신을 저 혼자 물끄러미 바라보다 꿈에서 깨어났어요. 10년 전 임종하신 어른의 모습이 얼마나 선명하게 보이던지, 꿈에서 깨어나 며칠 동안 머릿속에서 떠나질 않아 이상하다고 생각했는데, 그 꿈이 이런 큰 행운을 몰고 올지 정말 몰랐습니다."

문상을 가서 방안에 혼자밖에 없었던 것이 자신에게만 물질적 자산의 승계자로서 재물이나 이권의 성취가 이루어질 것을 상징하고 있다. 이처럼 생생한 꿈은 꿈으로 예지된 일이 반드시 실현되고 있으며, 또한 꿈으로 예지된 일이 아주 중대하고 엄청난 일로 이루어짐을 알려주고 있다.

③ 문상가서 시체에 절하는 꿈으로 소원성취

필자의 꿈이야기로, 서울에서 대학원(박사과정)에 다니던 1998년 11월의 어느

날, 어느 여관에서 꾼 꿈이다. 당시 필자는 인터넷 PC 통신인 넷츠고에 꿈해몽 사이트를 개설한 후, 다른 통신사에도 개설을 추진하고자 할 때였으나, 까닭 모를 어려움으로 개설에 곤란을 겪고 있던 터였다.

무슨 운동모임이 끝나고 식사하러 간다고 어느 식당으로 들어서는 순간 장면이 바뀌어, 아버님에게 이끌리어 어느 집으로 문상을 들어가는 것이었다. 그런데 들어가려는 순간, 신발 한 쪽이 벗어지지가 않는 것이었다. 수차례 애를 쓴 끝에 간신히 신발을 벗고, 마루로 올라섰다. 중앙 제단에는 관이 놓여 있었다. 관을 향하여 절을 하려는데, 관에서 흘러나온 피고름 물줄기가 두 갈래로 흘러내리고 있었다. 꿈속에서도 그 피고름 물을 피하면 상주가 싫어할 것으로 생각하고, 무릎에 묻히면서까지 재배를 하고, 이어 상주와 절을 하고는 순간 깨어났다.

꿈이 너무 생생하여 한참이 지난 후에야, 비로소 자신이 여관방에 있다는 사실을 알 정도였다. 필자는 문상가서 관에 절한 꿈의 상징적 의미를 생각하고는, 상징적인 미래 예지 꿈으로써, 필자 자신이 간절하게 바라던 타 통신사에 사이트를 개설하게 될 것을 확신했다. 그 후 필자가 생각했던 대로 한 달 뒤에 필자의 뜻대로 이루어지는 현실로 이루어졌다.

신발이 쉽게 벗어지지 않았던 것처럼, 어느 정도의 시일이 걸리고 쉽게 일이 진척되지는 않을 것이나, 관에서 흘러나오는 피고름 물을 묻히면서까지 문상을 한 꿈의 결과는 필자 자신의 소원이나 성취가 이루어지는 꿈으로 실현될 것을 믿어 의심치 않았다. 이처럼 죽은 사람에게 절을 하는 꿈은 장차 자신의 바람이나 청원이 이루어지는 일로 실현되고 있다.

④ 절에 가서 5번 절하는 꿈으로 복권 당첨

2004년 3월 3일, 인터넷 전자복권 메가밀리언 1천만 원에 당첨된 박○○(34세, 부산)의 꿈 사례를 인용해 살펴본다.

"어젯밤 꿈속에서 절에 가서 다섯 번 절하는 꿈을 꿨는데요. 절을 한 횟수가 선명하게 기억되는 꿈이었습니다. 저는 불교 신자인데요, '어젯밤 같은 그런 꿈은 특별한 암시를 주는 것이 아닐까'하고 무언가에 은근히 기대를 하게 되더라고요. 그런데 복권에 당첨되고 보니, 꿈에 대해 확신을 하게 되었습니다."

11) 밝고, 풍요롭고, 아름다움의 꿈

꿈은 현실과 반대라는 속설은 잘못된 것이다. 꿈은 반대가 아닌 상징 표상의 이해에 있다. 따라서 밝거나, 아름답거나, 정겹거나, 풍요로움이 펼쳐지는 꿈을 꾸게 되면, 장차의 현실에서 반드시 좋은 일로 실현된다. 이 경우 꿈을 꾼 사람이 각자가 처한 상황에 따라서, (로또)복권 당첨 등의 재물을 얻거나, 승진·합격, 소망성취, 권세, 명예, 이권 획득 등 좋은 일로 이루어진다.

① 도라지꽃이 예쁘게 만발한 언덕을 누비는 꿈

경남 창원에서 택시 운전을 하는 강모 씨(45)는 도라지꽃이 만발한 언덕을 누비는 꿈을 꾸었다. 얼마나 고왔던지 한참을 넋을 잃고 바라보다가, 꿈에서 깼다. 다음 날 자치복권을 10장 샀는데, 그중 한 장이 2000만 원에 당첨되었다.

> "꿈에서 온통 도라지꽃이 피어 있는 언덕을 보았습니다. 반짝거리는 보랏빛 꽃이 얼마나 곱든지 그저 넋을 잃고 바라보는 꿈이었지요. 꿈에서 깨고 나니, 아주 좋은 기분이 들더군요. 그래서 자치복권을 열 장이나 샀지요."

② 전날 나락을 안고 집으로 들어오는 꿈

> "집집마다 굴뚝에 밥을 짓는 연기가 피어오르는 시골 모습이 떠오르고, 저는 나락을 한 다발 안고 집으로 들어오는 꿈을 꾸었는데, 너무나 정겨운 풍경이었습니다."

서울 김모 씨(40)의 아내가 복권 추첨 3일 전에 꾼 꿈으로, 3억 원의 복권에 당첨되었다. 나락을 들여오는 꿈에서, 나락으로 상징된 재물의 획득으로 실현되고 있다.

③ 창문 너머로 눈부시게 밝은 햇살이 들어오는 꿈

> "어제 친구들과 맥주 파티를 하고 늦게 잠들었다가, 하루 종일 잠만 잤어요. 그런데 꿈에 침대 창문 너머로 눈부시게 밝은 햇살이 들어오고, 그 가운데로 부모님이 제게로 다가오시는 거예요."

이 꿈의 실현은 기업 복권 5장을 구입했다가, 그중 2장이 1등에 당첨되어 4,000만 원을 타게 되었다. 꿈은 반대가 아닌 상징의 이해에 있는바, 무언가 밝고 희망찬 일이 일어날 것임을 꿈을 통해 예지해주고 있다.

④ 암벽등반을 했는데 바위 전체가 여자 젖가슴이었던 꿈

젖가슴인 '풍만한 유방'이 선망의 대상이듯이, 앞에서 살펴본 풍요로움과 아름다움을 표상하고 있다. 또한 아기 낳는 꿈이 좋듯이, 아기를 먹여 살리는 젖가슴

또한 재물이나 이권의 상징 등 좋은 표상으로 등장하고 있음을 알 수 있겠다.

⑤ 정갈하게 단장된 무덤을 보는 꿈

인터넷 전자복권에서 1등 1,800만 원에 당첨되고 있는바, 파헤친 무덤 등은 좋지 않은 일로 이루어진다.

⑥ 깊은 동굴 속에서 깊고 맑은 물을 발견한 꿈

> 깊은 산중을 가는데, 동굴이 나왔다. 동굴 속으로 걸어 들어갔다. 막다른 곳까지 가자, 땅 밑으로 깊고 파란 물이 흐르는 것을 보다 깨었다.

복권에 당첨된 이와 유사한 꿈 사례로, 계곡의 맑은 물을 가두려고 애쓴 꿈으로 로또에 당첨된 사람이 있는바, 이처럼 맑은 물은 재물의 상징으로 자주 등장하고 있다. 똥이나 오줌을 삭혀서 농사에 거름으로 사용한 데서 재물의 상징이듯이, 물이 농사를 짓는 데 절대적으로 필요한 것임을 연상해보기 바란다.

⑦ 며칠 전부터 잘 자란 무가 집안 가득히 들어차 있는 꿈

풍요로움이 드러나 있는바, 똑같은 꿈을 사흘간이나 연속해서 꾸고, 복권에 당첨되고 있다.

⑧ 행복했던 어린 시절의 고향 풍경을 꿈속에서 생생히 보는 꿈

> "우리 집 앞 개울에 시냇물이 졸졸 흐르고, 쪽 밭에 알타리무가 마치 칼로 쭉 자른 모양으로 자라고 있었어요. 그런데 갑자기 물이 밭으로 들어오더니, 무들이 산더미처럼 커지는 거예요."

돼지꿈을 좋은 꿈으로 보는 상징적 의미의 하나는 쑥쑥 커가는 성장성에 있다. 마찬가지로 불꿈 또한 크게 일어나는 상징적 의미를 지니고 있다. 이 꿈에서도 아름다운 정경 속에 밭에 심어져 있는 무들이 산더미처럼 커지는 꿈의 전개에서, 아름다움과 풍요로움의 상징이 함께 나타나고 있다. 따라서 장차 좋은 일이 일어날 것을 예지해주고 있는바, 현실에서는 복권 당첨으로 실현되고 있다.

⑨ 집 앞마당에 풀이 소복하게 돋아나는 꿈—풍요로움이 보이는 꿈

아무것도 없던 마당에 갑자기 한 무더기의 풀이 솟아난 것을 보는 꿈은 풍요로움의 상징 표상으로 넘쳐나고 있다. 현실에서는 꿈이 이상해서 복권을 산 후 복권에 당첨되고 있는바, 이 경우 복권에 당첨되지 않더라도, 꿈을 꾼 자신이 처한 상황에 따라 사업의 번창, 승진·취직·합격 등등 좋은 일로 실현될 것이다. 유사한 사례로 추첨 전날 부인의 꿈에 새장 속의 앵무새가 알을 수없이 낳아 집안

가득 날아다니는 꿈으로 복권에 당첨되고 있다.

꿈속에서 풍요로움이 보이는 꿈들은 현실에서는 횡재수, 승진, 합격, 사업의 성공 등 좋은 일로 실현되고 있다. 복권 당첨자들의 꿈 사례 중에서 많이 나타나고 있기도 하다.

⑩ 돌아가신 어머니가 집으로 들어오는 광채 나는 구슬을 가리키며, "빨리 주워담으라."고 채근해서 정신없이 퍼담는 꿈

조상이 나타나서 좋은 일이 일어날 것을 계시해주는 꿈으로 볼 수도 있으며, 집안으로 들어오는 광채 나는 구슬로 상징된 재물이나 이권 등을 얻게 될 것을 예지하고 있다. 복권 당첨으로 실현되고 있으며, 이 꿈 역시 풍요로움이 넘쳐나고 있다.

⑪ 딸기를 샀는데 거스름돈을 주머니가 넘치도록 받은 꿈

현실에서는 옆 사람의 꿈 얘기를 듣고 단돈 1백 원에 이 꿈을 산 뒤, 체육복권을 구입, 7천 5백만 원의 당첨금을 타는 일로 실현되었다. 하찮은 거스름돈이지만 주머니가 넘쳐나도록 받았다는 데서, 이 꿈 역시 풍요로움의 상징을 보여주고 있다. 매몽(꿈을 사고 파는 것)에 대해서는 남이 자신에게 일어날 일을 대신 꿔준 것으로 볼 수 있겠다.

⑫ 끝없이 펼쳐진 들판 가득히 자신이 만든 옷가지가 온 들녘에 널려 있는 꿈

이는 추첨이 있기 전날, 당첨된 사람의 부인 꿈이다. 꿈속의 옷가지는 돈을 주고 사고파는 재물이나 이권을 상징하고 있으며, 풍요로움의 상징이 넘치고 있음을 잘 알 수가 있겠다. 복권에 당첨되기 전날 이러한 꿈을 꾸었다고 밝히고 있는바, 대부분의 경우에 있어서는 엄청난 일의 예지일수록 꿈의 실현도 일정한 시일이 지난 뒤에 이루어지는 것이 보통이다. 덧붙인다면, 꿈은 미래를 예지하는 것으로, 만약 복권 당첨 뒤에 이러한 꿈을 꾸었다면, 복권 당첨이 아닌 다른 좋은 일로 다시 실현될 것임을 예지해주고 있다.

12) 맑은 물의 꿈

복권 당첨자들의 사례를 살펴보면 맑은 물꿈으로 복권에 당첨된 사람들이 상당수 있다. 맑은 물이 재물의 상징으로 실현된 경우이며, 처한 상황에 따라 승진이나 합격 등 좋은 일로 이루어지고 있다. 하지만 물이 맑지 않은 흙탕물인 경우

에, 우환이라든지 사업의 지지부진 등으로 실현되고 있다.

① 물이 넘치는 꿈 → 메가밀리언 5억 당첨

낮잠을 자다가 집에 물이 넘치는 꿈을 꾸고, 혹시나 하는 마음에 구입해본 인터넷 전자 복권에서 5억에 당첨된 부산에 사는 K씨(49세)의 꿈 사례이다.

"저녁에 일을 나가게 되어, 낮잠을 자는데 수도꼭지가 고장이 나서 온 집안에 물이 넘치는 꿈을 꾸었습니다. 그날따라 부엌의 수도가 잘 잠기지 않아서 이상하다고 생각하고 있었는데, 꿈까지 그렇게 꾸게 되어 막상 당첨되고 보니, 물과 관련된 꿈이 복권 꿈이란 것이 맞는 것 같습니다."

온 집안이 물로 넘쳐나는 꿈으로 인터넷 전자복권에 당첨되고 있는바, 풍요로움의 상징이 드러나 있다. 이 밖에도 계곡에 고인 물이 새나가려는 것을 막는 꿈으로 로또에 당첨되고 있다.

② 화장실에서 물이 쏟아진 꿈 → 로또 1등에 당첨

"화장실 문을 열었는데 갑자기 물이 쏟아지더라고요. 화장실에 물이 꽉 차 있다가 폭포수처럼 쏟아지는데, 이상하게 바닥은 하나도 젖지 않기에 좋은 꿈인가 싶었죠."

③ 온 집안이 맑은 물로 가득 찬 꿈, 욕탕에 목까지 담근 꿈 → 재물 획득

연이어 물 꿈을 두 번 꿨습니다. 한 번은 집안이 온통 맑은 물로 가득 차 있어서, 방에서 마루로 부엌으로 헤엄치며 다녔던 꿈이었고, 이틀 뒤엔 공중목욕탕에서 뜨거운 물을 가득 받아놓고, 목까지 몸을 담그니 기분이 아주 좋아졌던 꿈을 꾸었습니다.

물꿈을 꾸고 나서는 무슨 좋은 일이 생기려나, 막연히 기대하게 되더군요. 그런데 정말로 신 나는 일이 생겼습니다. 전혀 기대하지 못한 일이었는데 며칠 뒤에 갑자기 남편이 아르바이트를 해서 생긴 돈이라며 50만 원을 선뜻 내놓더군요. 참견하지 않을 테니, 아이들과 놀이동산을 가던, 맛있는 음식점을 가던 몽땅 써도 뭐라 하지 않겠다면서요. 그리고 며칠 뒤 또 "아침에 피곤해서 잘 못 일어나는 것 같다."라며 한약을 지어먹으랍니다. 평소엔 남편에게 보너스를 기대하기 힘들었는데, 이런 물꿈이라면 매일 꾸고 싶네요.

④ 바닷물이 넘실대는 황홀한 꿈

2006년 2월 인터넷 전자복권인 메가밀리언에서 2등 5백만 원에 당첨된 금○○(33세, 대구) 씨는 넘실대는 바닷물을 보는 꿈으로 당첨되었다.

"꿈에 본 광경이 지금도 잊혀지지 않네요. 제가 바닷가에 서 있었는데, 넘실넘실 파도

치는 모습이 파~란게 너무 황홀한 광경이었습니다. 얼마나 멋져 보였으면, 꼭 바닷물에 빠져들 것 같더라고요, 안 빠지려고 안간힘을 썼는데 그 느낌이 너무 생생했습니다."

생생한 꿈일수록 현실에서 중대한 일로 실현되고 있음을 보여주고 있다. 물꿈과도 관계되지만, 넘실대는 파란 바닷물을 보는 것은 아름답고 풍요로움의 표상과도 연관이 있는 꿈이다. 꿈속에서 바닷물에 아예 빠졌다면, 1등에 당첨되지는 않았을까라는 생각도 옳은 의견으로 볼 수 있다. 그냥 단순히 파란 아름다운 바닷물을 보는 꿈보다는 파란 아름다운 물속에 빠진 표상이 보다 더 영향권 안에 들어갈 수 있다고 볼 수 있기 때문이다.

하지만 일반적인 꿈의 상징에서는 물속에 빠지는 꿈이 교통사고 등으로 이루어진 사례가 있다. 이 꿈의 경우에서처럼 파란 황홀하기까지 한 아름다운 바닷물의 상징이었기에 재물의 획득으로 이루어졌을 뿐, 혼탁한 물이라든지 일반적인 물의 경우에는 빠지는 표상은 물로 상징된 어떠한 영향권 안에 들어감을 상징하고 있다. 세 아이가 호숫가 물에 빠졌는데, 한 아이는 호숫가로 나오고, 한 아이는 호숫가에 걸쳐져 있고, 한 아이는 물속에 있었던 꿈의 실현이 교통사고로 인하여 한 아이는 사망, 한 아이는 중태, 한 아이는 무사한 일로 실현된 사례가 있다.

⑤ 옛집 마당이 맑은 물로 찬 꿈, 미꾸라지가 풍성한 꿈 → 성취

오늘 꿈은 기분이 참 좋았습니다. 저희 옛집이 보이고 마당 전체 집 둘레가 거의 호수 같기도 하고 지하수가 샘솟은 물 같기도 하고, 그곳엔 미꾸라지들이 수백 마리가 헤엄치고 있었고요. 저희 아는 분들이 마당에서 추어탕을 끓여 먹고는, 남은 미꾸라지는 다음에 끓여 먹자더군요. 많은 미꾸라지들을 보니 풍성한 느낌을 받기도 하고, 다음에 또 끓여 먹을 것이 있다는 흡족한 생각이 왠지 기분이 좋았습니다. 그리곤 꿈에서 깨어났습니다.

남편이 원하는 곳으로 발령을 받는 일로 실현되었습니다.---파랑새, 2009. 02. 18.

⑥ 잘 다듬어진 큰 우물에서 물을 많이 퍼냈는데, 부엌에 가보니 독과 함지박과 기타의 물그릇 등에 물이 가득히 담겨 있는 꿈

맑은 물은 재물의 상징으로 많이 등장하고 있는바, 이 꿈 역시 풍요로움이 넘쳐나고 있음을 볼 수 있다. 우물은 커다란 기관이나 단체의 상징으로 복권을 담당하는 은행을, 부엌은 자신의 집을 상징하고 있다. 집안 곳곳에 물이 가득 담겨 있는 꿈은 장차 막대한 재물을 확보하게 될 것을 예지해주고 있는바, 현실에서는

복권 당첨으로 이루어지고 있다. 덧붙인다면, 이 꿈을 꾼 사람이 그 후에 대변을 뒤집어쓴 꿈이야기가 나오고 있는바, 장차 재물을 얻게 됨을 상징하는 유사한 꿈을 반복적으로 꿈으로써 꿈이 재물과 관련지어 좋은 일이 일어날 것을 예지해주고 있다.

13) 불이 활활 타는 꿈

불이 활활 타고 있는 꿈은 불길의 치솟음에서 사업의 번창이나 확장·발전을 상징하고 있으며, 복권 당첨 등의 재물이나 이권의 획득 또는 사업의 발전 등으로 이루어지고 있다. 여기에서는 불꿈의 복권 당첨 사례 10가지만 살펴보며, 자세한 것은 제 Ⅵ장의 주제별 분류의 불꿈을 참고하기 바란다.

① 집에 불이 나는 꿈 → 처제가 꾸어준 꿈으로 1천만 원 당첨

54회차 체육복권으로 1천만 원에 당첨된 김00(36) 씨의 사례이다. 처제에게서 전화가 왔다. 언니 집에 불이 나는 꿈을 꿨는데, 아무 일 없느냐는 안부 전화였다. 처제로부터 전화가 온 후, 평소와 다름없이 출근을 한 김 씨의 눈에 우체국에 붙은 홍보물이 들어왔다. 2만3,500원어치의 복권이 남았으니 사가라는 것이었다. 이에 54회차 체육복권을 샀는바, 맨 왼쪽 세로로 상어 그림 3개로 일천만 원에 당첨되었다.

처제의 꿈에서 언니 집에 불이 나는 꿈으로 복권 당첨을 예지하고 있는바, 처제가 언니네 집에 재물복이 있게 될 것을 꿈으로 예지해주고 있다. 이렇게 가까운 일가친척이나 직장 동료 등이 꿈을 대신 꿔주기도 하는바, 이 경우에 현실에서 사고파는 매몽의 절차를 거치기도 한다.

② 불이 나서 타버린 꿈

김 씨는 현재 자신이 사는 집이 홀랑 불타버리는 꿈을 꾸었다. 불길이 걷잡을 수 없이 치솟아 집이 아예 안 보이는 상황이었다. 발을 동동 구르며 어찌할 줄 모르다 잠이 깬 김 씨. 그러나 김 씨만이 아니라 남편, 옆집 친구, 주위에 있는 사람들이 며칠 사이 계속 김 씨 집 꿈을 꾸었던 것이다. 결과는 복권에 당첨되었다.

꿈 내용으로는 불확실하다. '불이 나서 몽땅 타버렸다.'고 하였으니, 몽땅 타버려서 재만 남았다는 뜻인지, 활활 타고 있는 데서 잠을 깨었는지 알 길이 없다. 대부분의 경우 집이 타고 있는 것을 보면 사업이 융성함을 뜻하나, 그렇게 타던 불

이 꺼지거나 재만 남은 것을 보면 한때 사업이 융성하다가도 쇠퇴함을 뜻하는 일로 실현이 된다. 복권에 당첨된 것으로 보자면, 집이 활활 타고 있는 꿈을 꾼 것으로 여겨진다.

③ 공장이 불타 버리는 꿈

제1121회 주택복권 추첨에서 1, 2등 (3억6천만 원)에 당첨된 김모 씨는 자신이 운영하던 공장이 불타 버리는 꿈을 꾸었다. "외출을 하고 공장에 돌아오니, 건물 전체가 불길에 휩싸여 이미 손쓸 수가 없을 정도였다. 너무나 기가 막히고 속상하여, 그 자리에 그만 털썩 주저앉았는데, 깨어보니 꿈이더라고요."

필자의 저서인 『로또복권 당첨 꿈해몽』에서는 복권에 당첨된 여러 사례를 소개하고 꿈을 분석하고 있다. 복권에 당첨된 사람들의 꿈을 빈도별로 분석하여 크게 20가지로 분석해 놓았다. 그 항목 중 '불꿈'의 항목이 있다. 불이 활활 타오르는 것은 번성함, 번창함, 일어남 등의 상징적인 의미를 지니고 있다. 돼지꿈도 좋은 이유 중의 하나는 돼지의 다산 및 왕성한 성장 속도에도 있다.

④ 지붕을 수리하다가 불이 난 꿈 → 복권에 당첨

"1년 전 꿈에 지붕을 수리하다 불이 나서, 걷잡을 수 없이 타는 것을 끄지 못하는 꿈을 꾸었어요."

집을 수리하다 불이 났으며, 또한 불을 끄지 못했다는 꿈속의 표상은 확실히 사업 융성이나 횡재할 꿈이다. 또한 이 꿈은 비록 1년 전에 꾼 것이지만, 언젠가는 복권에 당첨되어 부유해질 것을 예지한 꿈이다. 이런 꿈은 복권에 의하지 않더라도, 언제인가는 승진·취직·부동산 매입 등으로 좋은 일이 일어나게 된다. 사람들은 꿈을 본 그 당시에 그런 일이 일어나지 않으면 꿈을 믿지 않으려 하나, 꿈의 실현은 길게는 20~30년 뒤에 이루어지기도 한다.

⑤ 불바다가 되어 타고 있는 꿈 → 복권에 당첨

"동인천역이 온통 불바다가 되어 활활 타고 있는 것을 보다 잠을 깨었어요."

복권을 산 장소인 동인천역을 꿈의 재료로 등장시킨 것이 재미있다. 동인천역은 주택은행의 비유이고 불이 활활 타오르는 것은 사업 융성을 뜻하거나 횡재함을 뜻한다. 그리고 갑자기 온통 불바다가 되었다는 것이 복권 당첨을 암시하는 주요 관점이다. 그것이 서서히 번져 나갔다면 사업과 관계된 꿈이 된다. 본다는 것은 '관리한다·지배한다·소유한다'는 의미도 있다.

꿈의 장소를 동인천역으로 택한 것은 복권을 산 장소를 재료로 삼았기 때문이다. 물론 동인천역이 꿈속에 등장한 것은 실제로 그 역이 불탐을 뜻하는 것이 아니라, 동인천역과 비유되는 어떤 공공건물의 사정을 바꿔놓은 것이다. 공공건물은 주택은행 아니면 TV 방송국의 바꿔놓기이다. '불이 활활 타오르는 것'은 사업의 융성함을 뜻하며 어떠한 일이 크게 일어날 것임을 예지해주고 있다.(글: 한건덕)

⑥ 집에 불이 나는 바람에 타 죽는 꿈

집에 불이 난 것은 복권 추첨장에서 사람들의 관심도가 뜨거운 것을 상징할 수 있다. 그 속에서 자기가 타 죽었으니, 자신의 일의 성공이나 성취 즉 복권이 당첨될 것을 여실히 예지하고 있다. 자신이 죽는 꿈은 '부활이요, 재생으로 낡은 껍질을 벗고 새롭게 태어나는 것'으로 최대의 길몽임을 밝힌 바가 있다.

⑦ 야광탄을 발사해서 불이 일어난 꿈

야광탄을 발사하는 광경은 곧 복권 추첨 광경을 뜻하고, 불이 나는 것을 보았으니 어떠한 사업이나 일이 장차 크게 융성하게 일어날 것임을 예지해주고 있는 바, 복권에 당첨되는 일로 실현되고 있다.

⑧ 집에 불이 난 꿈

제1219회차 주택복권(2001.5.13 추첨) 1등 3억 원 당첨자인 이모 씨(62세)는 큰딸이 전자복권 서비스로 구입한 주택복권에서 3억 원에 당첨되었다.

어느 날, 이상하게도 이 씨 내외는 같은 날 똑같은 꿈을 꾸게 되었다. 지금은 이미 돌아가신 이 씨의 어머니가 꿈에 나타나, "집에 불이 났으니 빨리 집에 가보라."고 알려 주었다고 한다. 같은 날 이 씨의 아내도 집에 불이 나는 꿈을 꾸고, 큰딸에게 꿈이야기를 하니, 큰딸은 그 자리에서 아주 좋은 징조라며 아빠 휴대폰을 빌려 휴대폰으로 주택복권 5장을 구입했다. 불꿈의 예지는 주택복권 1등으로 실현되었다. 이처럼 부부가 같은 꿈을 꾼다는 것은 꿈으로 예지된 일이 중대한 일이며, 불꿈은 크게 번창 번성하는 상징 의미를 지니고 있다.

⑨ 불이 나는 꿈, 변을 온몸에 뒤집어쓴 꿈

남편은 계속 3일간 불이 나는 꿈을 꾸었고, 부인은 변을 온몸에 뒤집어쓴 꿈을 꾼 후에 복권에 당첨되고 있다. 이처럼, 남편과 아내가 함께 꿈을 꾸는 경우가 있다. 남편의 꿈에 있어서 '3일 동안이나 계속 불과 관계된 꿈'을 꾼 것처럼, 이렇게 꿈을 반복해서 꾸는 것은 이 꿈의 예지가 중대하다는 것을 일깨워 주고 있다.

⑩ 불 및 초상이 나는 꿈

복권 구입 이후로 '불 및 초상'에 관한 꿈을 계속해서 반복으로 꾸고서 당첨된 사람이 있다. 불이 나는 꿈을 꾼 며칠 후, 제주의 건축현장에 있었던 권씨는 또 '친척의 상'을 당하는 꿈을 꾸고 당첨되었다.

14) 돈, 귀한 물건을 얻는 꿈

꿈은 반대가 아닌 상징의 이해에 있다. 많은 액수의 돈이나 황금덩이, 귀한 물건을 받거나 얻는 꿈은 현실에서도 복권 당첨 등 큰 재물이나 이권을 얻는 일로 이루어지고 있다. 다만 꿈에도 여러 가지가 있는바, 현실에서 경제적으로 쪼들리는 경우에 꿈속에서 이러한 꿈을 꾸게 됨으로써 꿈을 통한 대리만족을 얻게 되는 심리 표출의 꿈이 있을 수 있다. 또한 돈이나 물건을 얻는 꿈의 경우에도 적은 액수여서 불만족을 느낀 경우의 꿈은 현실에서도 좋지 않게 실현되고 있다.

꿈속에서 돈이나 상품권을 얻는 꿈, 복권이나 경품에 당첨된 꿈, 돈다발을 발견한 꿈, 채무를 상환하는 꿈 등등, 이러한 꿈을 꾼 경우에는 현실에서 재물을 얻게 될지 모른다는 기대를 하게 한다. 이런 경우, 굳이 꿈을 해몽할 필요도 없이, 구입한 복권이 당첨되는 등 재물을 얻는 일로 이루어지고 있다.

(1) 돈을 얻는 꿈

① 오락기에서 동전과 상품권이 쏟아지는 꿈

제1313회 주택복권 추첨 4일 전에 김 씨는 돈벼락을 맞는 꿈을 꾸었다.

> "길가에 있는 오락기에서 동전과 상품권 등이 마구 쏟아져서, 양손으로 받았는데도 계속 흘러넘쳤어요."

잠에서 깨어난 김 씨는 길몽이라는 생각에 주택복권을 구입하였는바, 5장 중에 2장이 1등과 2등, 총 4억 원에 당첨되고 있다. 동전과 상품권 등을 얻는 꿈은 현실에서도 재물을 얻게 되는 행운으로 이루어지고 있음을 알 수 있듯이, 꿈은 결코 반대가 아닌 상징의 이해에 있음을 여실히 보여주고 있다. "계속 흘러넘쳤어요."처럼, 어떠한 사물이나 자연물이 넘쳐나는 풍요로움의 표상은 복권 당첨 등 재물운으로 실현되는 주요한 상징 표상 중의 하나이기도 하다.

② 낯선 사람한테서 돈다발을 한 아름 받아 안는 꿈

최모 씨(42세)는 다른 사람의 돈다발을 한 아름 받아 안는 꿈으로, 45회차 더블 복권에서 3억 원에 당첨되었다.

③ 만원 권 뭉치를 받는 꿈

박○○ 씨는 만 원권 뭉치를 받는 꿈을 꾼 후, 2~3일이 지나 친구로부터 우연히 선물 받은 또또복권(제24회차) 한 장이 1억 원에 당첨되었다. 이처럼 꿈속에서 만원 권 뭉칫돈을 받는 꿈은 장차 재물이나 이권이 생기게 될 것을 예지해주는 것은 좋은 꿈이다.

④ 집에 돈이 들어오는 꿈

2004년 3월 인터넷 전자복권 사상 최고액 당첨금인 1등 5억 원의 메가밀리언에 당첨된 40대 부부의 꿈 사례이다.

> "남편이 어젯밤 꿈에 집에 돈이 들어오는 꿈을 꾸었다며, 뭔가 좋은 일이 있을 것만 같다고 했습니다. 심심하던 차에, '복권이나 한두 장 긁어볼까'하는 마음으로 남편과 함께 인터넷을 접속해서 복권을 긁어보던 중이었습니다. 근래 새로 나온 메가밀리언이 끌리기에 20장 정도 구입했던 것 같은데, 갑자기 화면에 '오억 원'이라고 나타나는 겁니다."

꿈은 현실과 반대로 드러나는 것이 아니고 상징으로 나타나는 것임을 보여주는 사례이다.

⑤ 돈다발을 발견하는 꿈

인터넷 전자복권의 5분 키노에서 1등 2천만 원 당첨의 오○○ 씨(40세, 서울)의 꿈 사례이다.

> "제가 평소에는 꿈을 잘 꾸지 않는 편인데요, 웬일인지 돈다발을 발견하는 꿈을 꾸었습니다. 아주 선명하게 기억나지는 않지만, 난생처음 꿈속에서 현금다발을 보다니, '나쁜 꿈은 아니다.' 싶고 해서 복권을 샀는데, 1등에 당첨이 되었네요."

⑥ 동전 두 개를 줍는 꿈

동전 2개를 줍는 꿈으로, 즉석 복권인 3회차 관광복권에서 1천만 원에 당첨되고 있다. 동전 꿈의 상징이 재물에 있어 엄청난 것이라기보다는 사소한 것이기에, 현실에서는 1천만 원의 당첨으로, 그것도 친구 사이였던 두 사람이 나누어 갖는 일로 실현되고 있다.

이 밖에도 하려는 일마다 술술 잘 풀리는 꿈으로 제78회 찬스복권으로 1등

1억 원에 당첨되고 있으며, 부인이 돈다발을 주워 호주머니에 집어넣는 꿈으로 복지복권 2천만 원에 당첨된 사례가 있다.

⑦ 금빛의 새 동전을 많이 줍는 꿈

금전은 재물의 상징으로, 금빛이 나는 새 동전(인적자원이나 일에 대한 방도·지식의 단편 등을 상징)을 많이 주웠다는 데서, 앞으로 그러한 재물을 획득하게 될 것을 예지해주고 있다.

⑧ 꿈속에서 채무를 상환하는 꿈

서울시 중구에서 자영업을 하는 40대인 K씨의 꿈이다. 꿈속에서 채무를 상환하고는 매우 기뻐 지방에 있는 아내에게 "여보 빚을 다 갚았으니 직장 그만두고 빨리 올라와."라며 힘들게 지방에서 맞벌이를 하고 있는 부인에게 전화를 하는 꿈을 꾸게 되었다.

결과는 주택복권에 1등과 2등으로 4억 원이 당첨되었는바, 장차 채무를 갚는 데 사용하게 된다면, 꿈에서 본 그대로 이루어지는 사실적인 미래투시의 꿈으로 볼 수도 있겠다.

(2) 귀한 물건을 얻는 꿈

① 노란 금반지를 받는 꿈

거래처의 여직원에게 노란 금반지를 받는 꿈으로, 기업복권(10회차)에서 쏘나타 경품에 당첨되고 있다.

② 탐스러운 감 두 개를 따오는 꿈

즉석식 「자치복권」으로 라노스 승용차에 당첨된 꿈 사례이다.

> "복권은 아이 아빠가 샀지만, 꿈은 제가 꿨어요. 고향 집에 갔더니 감이 주렁주렁 너무나 탐스럽게 열려 있었습니다. 그중에서도 아주 탐스러운 것으로 두 개를 따오는 꿈을 꿨는데, 당첨이 되었습니다."

이 경우 일반적으로는 꿈이 아주 생생한 경우에 '감 두 개를 따오는 꿈'은 태몽으로 장차 두 자녀를 두게 되는 일로 실현되기도 한다. 이 사례에서는 탐스러운 감으로 상징된 재물적인 이익이 생기는 일로 실현되고 있다. 유사한 사례로 아파트 베란다에 감나무에 감이 주렁주렁 달린 꿈을 꾼 사람이 있었다. 이러한 황당한 전개의 상징적인 미래 예지 꿈은 꿈의 예지대로 실현되는 특징이 있는바, 그 후 주식에서 엄청난 수익을 얻는 일로 실현되었다.

③ 예쁜 도자기 두 개를 품에 안는 꿈 → 승용차에 당첨

"복권에 당첨되기 얼마 전에 꿈을 꾸었다. 멋있는 도자기들이 널려있는 곳에서 가장 희고 예쁜 도자기 두 개를 품에 안고 집으로 와서 거실에 장식하는 꿈이었다. TV쇼 「진품명품」에 나가야지.'라는 생각도 할 만큼 생생한 꿈이었다."

예쁜 도자기를 가져오는 꿈으로 승용차에 당첨되고 있는바, 도자기가 재물적 상징으로 실현되고 있다.

④ 돌아가신 시아버님에게 도자기를 받은 꿈

어느 50대 주부의 꿈 사례이다. 어느 날 꿈에 어떤 노인이 나타나서 예쁜 도자기를 주는 꿈을 꾸었다. 나중에 사진을 통하여 알고 보니, 생전에 한 번도 본 적이 없는 시아버님이셨다. 며칠 후에 누군가 문을 두드려 나가보니, 시청에서 나왔다며, 남편이 가지고 있던 땅으로 길이 나게 되었다면서, 토지 수용에 관한 통보를 하러 온 것이었다. 큰 길이 나게 되어 땅값의 폭등으로, 일부 땅을 보상을 받고 내주고서도, 새로 난 대로변에 4층 건물을 짓는 막대한 재물을 얻는 일로 실현되었다.

⑤ 1억 6천만 원짜리 보약을 먹는 꿈

백발노인이 나타나 1억 6천만 원짜리 보약을 사 먹으라고 하여, 그냥 입에 털어 넣은 꿈으로 복권에 당첨되고 있다.

⑥ 길가에 떨어진 황금덩이를 주운 꿈

복권 1등 당첨을 예지한 꿈 사례이다.

친구들과 여럿이서 길을 걷는데, 황금덩이가 눈앞에 나타났다. 누군가가 "먼저 줍는 사람이 임자"라고 말해서, 잽싸게 내가 뛰어가 줍고 보니, 딴 사람은 보이지 않고 나 혼자 남아 있었다.

복권 5장을 사고 복권 추첨 날 친구들과 술잔을 기울이다 깜빡 잠든 사이에 꾼 꿈이다. 혼자 있었던 꿈에서 재물운이 자신에게 최우선적으로 주어질 것을 예지해주고 있다.

⑦ 바닷물에 죽어 있는 많은 소를 건져낸 꿈

바닷물에 죽어 있는 많은 소들 가운데 70여 마리를 건져낸 꿈으로, 좋은 꿈임을 믿고 복권 7매를 구입하여 복권에 당첨되고 있다. 70여 마리의 죽은 소를 건져

낸 꿈은 70마리의 죽은 소로 상징되는 이권이나 재물을 획득하게 될 것을 예지해 주고 있다.

⑧ 소를 몰아다 집의 쇠말뚝에 매어 놓는 꿈

'소'는 농사 경영에 있어서 가족처럼 소중한 존재이며, 죽어서는 고기와 가죽 뿐만 아니라 꼬리·내장·뼈·피 등 버릴 것 하나 없이, 우리 인간에게 유용한 존 재로 값진 동물이다. 그래서 집안 식구·협조자·인적자원·집·사업체·재물·작품 따위 등을 상징할 수 있는 표상물이다.

이러한 소를 끌어다 말뚝에 매는 것은 소로 표상되는 어떠한 권리·이권·재 물의 획득을 예지하고 있는바, 현실에서는 복권에 당첨되고 있다. 상징적인 미래 예지 꿈이기에 복권 당첨으로 현실에서 실현되지 않는다 하더라도, 재물의 횡재 수 등 좋은 일로 실현될 것이다. 다만, 처한 상황에 따라 재물이나 이권의 표상이 아닌, 소로 표상되는 인물 즉 집안에 며느리나 고용인을 새로 맞아들이는 꿈이 나, 태몽으로 실현될 수도 있다.

⑨ 별 다섯 개가 하늘에서 내려와 이마에 앉는 꿈

제1126회 주택복권(99. 8. 1. 추첨)에서, 1·2등 4억 2천만 원에 당첨된 대구에 사 는 박모 씨(38세)의 꿈 사례이다.

"여름밤 구름 한 점 없는 하늘에 은하수가 흐르고 있고, 쏟아질 듯 수많은 별들이 빼곡 히 차 있는데, 갑자기 별 다섯 개가 하늘에서 내려와 저한테로 오는 것이었어요. 깜짝 놀라 서 있는 동안 별 다섯 개가 제 이마에 내려와 앉았고, 그 순간 잠에서 깨었지요."

박 씨 꿈의 특징은 아름다움과 풍요로움의 표상으로, 새삼 꿈의 신비로움을 느끼게 해주고 있다. 별 다섯 개가 내려와 이마에 내려와 앉은 표상에서 다섯이 란 숫자와 관련된 일이 일어날 것을 예지해주고 있으며, 실제로 5와 관련된 5조 에 5장을 연번호로 구입하여, 복권에 당첨되고 있다.

비슷한 사례로, 말이 수레를 끄는 마차가 하늘에서 내려와 이마에 멈춰선 꿈 을 꾸고 나서, 말이 그려진 복권을 산후 당첨된 사례가 있다. 다만, 이러한 좋은 꿈을 꾸었다고 해서 반드시 복권 당첨으로 이루어지지는 않는다는 것이다. 꿈을 꾼 사람이 처한 상황에 따라 복권 당첨, 주식으로 인한 엄청난 수익, 산삼을 캐게 되거나, 밍크 고래를 잡거나, 뜻밖의 유산을 물려받게 되거나, 기타 자신이 예상 치 못한 엄청난 행운으로 실현될 것임을 꿈으로 예지해주고 있다.

15) 물고기, 동물, 곤충에 관계된 꿈

우리의 정신능력이 발현해내는 꿈의 세계에 있어, 꿈의 표상재료는 무궁무진하게 펼쳐지고 있다. 이 경우에, 꿈을 꾼 사람의 처한 상황에 따라 각각의 상징물을 적절하게 등장시켜 활용하고 있다. 동물·식물·곤충에 관계된 꿈의 경우에 있어서도, 꿈의 표상물 전개가 좋게 이루어지고 있음은 물론이다. 대부분 잡거나 얻는 꿈이거나, 친근하거나 좋은 느낌의 밝고 풍요로움의 전개를 보이고 있는 것이 특징이기도 하다.

물고기는 재물을 상징하는 표상물이다. 물고기를 잡는 꿈을 꾸고 나면 재물이나 이권을 얻는다. 처한 상황에 따라서는 태몽으로 실현될 수도 있지만, 대부분은 물고기로 표상된 어떤 권리·이권·명예를 얻거나 재물 등을 획득하기도 한다.

또한 지네·뱀 같은 것을 잡는다든지, 죽이는 꿈도 좋다. 뱀이 몸에 감기는 꿈도 뱀으로 표상된 어떠한 재물·세력이나 영향력 하에 들어감을 예지해주고 있다. 이러한 꿈은 일반적인 상황으로는 태몽 또는 애인이 생기게 될 것을 예지해주고 있는 경우가 많다. 다만, 태몽에 있어서는 등장한 동물을 죽이는 꿈은 유산이나 요절 등 안 좋게 실현된다.

⑴ 물고기 관련 꿈

① 호숫가에서 큰 잉어를 가슴에 안는 꿈

복권에 당첨되고 있는바, 이처럼 꿈속에서 잉어 등의 물고기를 잡는 꿈은 재물이나 이권의 획득, 태몽 등 좋은 일로 실현되고 있다.

② 팔뚝만 한 큰 물고기들이 봇물 위에 떠오른 꿈

"고향에서 동네 어른들과 같이 물고기를 잡으려고 봇물을 막아 놓았다. 그리고 봇물을 트니까, 쏟아지는 물 위로 팔뚝만 한 큰 물고기들이 하얗게 물을 덮으며 떠올랐다."

복권에 당첨되는 일로 실현되었다.

③ 물고기 한 마리를 받은 꿈

961회 주택복권 1등 당첨으로, 1억 5천만 원의 행운을 얻은 꿈 사례이다.

"복권을 사기 며칠 전 아내가 꿈을 꿨대요. 거울같이 맑은 물에서 잉어랑 거북이, 뭔가 알 수 없는 발이 많이 달린 물고기들이 노니는 것을 보고 황홀경에 빠졌답니다. 옆집에 살고 있는 처제가 그중 한 마리를 건져 주기에 받아 안았대요. 그게 행운의 전조였어요."

꿈속의 전개는 풍요로움이 넘쳐나고 있으며, 물고기 한 마리를 건져주는 것을 받는 꿈으로 물고기로 상징된 재물을 획득할 것을 예지해주고 있다.

④ 커다란 물고기(잉어)가 몸속으로 들어온 꿈

2006년 7월 5일, 인터넷 전자복권의 5분 키노에서 1등 4억 원에 당첨된 한ㅇ ㅇ 씨의 꿈 사례이다.

> "그날 새벽에 커다란 물고기, 아마 잉어로 생각되는데, 그게 제 몸속으로 쑥 들어오는 꿈을 꾸었습니다. 처음에는 태몽이 아닌가하고 의심이 갈 정도로 실감 나는 꿈이라서, 뭔가 좋은 일이 있을 것 같더군요. 그래서 평소 구입하는 번호로 2장씩 복권을 사게 되었습니다. 처음에는 400만 원쯤 된 줄 알고 마냥 기분이 좋아져서 숫자를 다시 확인하는데, 세상에 4억이더군요."

꿈은 꿈을 꾼 사람이 처한 상황에 따라 달리 실현될 수 있다. 꿈을 꾼 본인도 태몽이라고 생각했을 정도로, 실제로 이렇게 물고기가 들어오는 꿈이 가임여건에서 태몽으로 실현될 수도 있다. 하지만 이렇게 사고팔 수 있는 물고기가 재물의 상징으로 이루어지기도 하며, 이 경우 큰 물고기일수록 막대한 양의 재물을 상징하고 있다.

⑤ 큰 물고기를 잡은 꿈으로 2등 당첨

> "가파른 언덕을 올라갔다. 정상에서 아래를 내려다보니 파란 강물이 언덕 밑을 흐르고 있는데, 수많은 물고기가 물 밖에서 뛰어놀고 있었다. 어느새 가까이 가서, 그중 제일 큰 물고기를 한 마리 잡았다."

수많은 물고기를 본 것 중에 제일 큰 물고기를 잡는 꿈이었기에 복권 당첨으로 실현되고 있고, 가파른 언덕을 올라가 언덕의 정상에 오른 것은 난관을 뚫고, 즉 수많은 복권 구입자들의 여러 경쟁을 물리치고 성취됨을 뜻하는 것으로 볼 수가 있겠다.

이처럼 물고기를 잡는 꿈을 꾸고 나서, 대부분 재물이 들어오거나 좋은 일이 일어나고 있다. 단지 2등에 당첨된 것으로 보아, 아주 큰 물고기가 아닌 어느 정도의 크기의 물고기를 잡은 것으로 추정된다.

⑥ 작은 물고기 낚는 꿈으로 1천만 원에 당첨

2007년 4월 26일, 인터넷 전자복권에서 2등 1천만 원에 당첨된 박ㅇㅇ 씨(50, 경남)의 꿈 사례이다.

"꿈에서, 평소처럼 낚싯대를 던졌는데 뭔가 무는 느낌이 왔습니다. 그래서 힘껏 당겼는데, 도무지 딸려오지를 않더라고요. '얼마나 큰 놈이길래……' 하며 있는 힘을 다해 다시 당겨봤지요. 결국 한 마리가 낚였는데요. 생각했던 것보다는 그리 크지는 않더라고요. 그런데 자세히 보니, 생전 처음 보는 정말 특이하게 생긴 고기였습니다."

생각했던 것보다는 그리 크지는 않던 꿈의 결과에서 현실에서도 비교적 적은 액수인 1천만 원에 당첨되고 있다. 또한 "힘껏 당겼는데, 도무지 딸려오지를 않더라고요." 말하고 있듯이, 현실에서도 인터넷 전자복권에서 어렵사리 애쓴 끝에 당첨되는 일로 실현될 것이다.

⑦ 아름다운 잉어 한 마리가 튀어 올라 따라오는 꿈

즉석식 복권으로 크레도스 승용차에 당첨된 꿈 사례이다.

"어렸을 적 놀았던 강가에서 수영을 하고 있는데, 바로 제 옆에서 큰 잉어 한 마리가 수면 위로 튀어 오르면서 저를 따라오고 있는 거예요. 투명한 물 사이로 햇빛에 반사되는 잉어가 그렇게 아름다울 수 없었어요."

꿈은 반대가 아닌 상징의 이해에 있음을 알 수 있는바, 아름다운 잉어가 따라오는 꿈이 현실에서는 크레도스 승용차에 당첨되는 일로 실현되고 있다.

이 밖에도 강에서 물고기 떼가 몰려오는 꿈으로 더블복권 3억 원(97. 9. 박모 씨)에 당첨된 사례가 있으며, 탐스러운 물고기를 낚는 꿈으로 3억 6,000만 원(16회차 월드컵복권)에 당첨된 사례가 있다. 이처럼, 물고기를 잡는 꿈은 물고기로 상징된 이권이나 재물을 획득하는 일로 이루어지고 있으며, 가임여건에서는 태몽으로 실현될 수도 있다.

(2) 동물관련 꿈

① 뱀의 머리를 잡고 독을 짜내는 꿈

얼마 전에 뱀꿈을 꾸었는데, 손으로 뱀의 독을 짜내는 꿈이었습니다. 로또 645 복권을 구입했으나, 본전만 찾았고요. 다시 일주일 뒤에, 또다시 뱀의 머리를 잡고 독을 짜내는 꿈을 꾸었습니다. 무시무시하져? 꿈이 생각나, 우연찮게 인터넷으로 엔젤로또에 가입을 했고, 로또 630이란게 있길래 2만 원어치를 샀습니다. 거기에서 100만 원 가량 되는 금액에 당첨이 되었습니다.---minty1979

② 뱀(독사)을 여러 마리 잡는 꿈

2003년 2월 5일 찬스복권 두 장으로 1억 원에 당첨된 꿈 사례이다.

장모 씨(30대)는 사각으로 생긴 조그마한 웅덩이에 낚싯대를 집어넣어, 독사를 여러 마리 잡는 꿈을 꾸었다. 평소 잠에서 깨어나면 쉽게 꿈 내용을 잊어버렸지만, 이날은 오전 내내 꿈 내용이 머릿속에서 떠나지 않았다. 결국 장 씨는 복권방으로 발걸음을 옮겨 로또복권을 몇 장 구입하고, 남은 돈으로 찬스복권을 마저 구입한바, 잠들기 전에 확인한 찬스복권 두 장이 모두 오천만 원, 총 1억 원에 당첨되는 일로 실현되었다.

이처럼, 꿈속에서 뱀 등 무언가를 잡거나 얻는 꿈은 동물로 상징된 이권이나 재물을 얻는 일로 실현되고 있다. 낚시로 독사를 여러 마리 잡는 꿈으로 1억 원에 당첨되고 있는바, 이렇게 낚시로 뱀을 잡는 황당한 전개의 꿈이야말로, 장차 일어날 일을 상징적으로 보여주는 상징적인 미래 예지 꿈의 특징이다. 다만 꿈을 꾼 사람이 처한 상황에 따라 재물이나 이권을 획득하는 것 이외에, 뱀을 잡는 꿈이 이성을 얻게 되거나, 가임여건에서는 태몽으로도 이루어질 수도 있다.

③ 누워 있던 자리에 수백 마리 뱀들이 무리 지어 있는 꿈

제1216회 주택복권에서 4억 2천만 원 당첨 강○○ 씨(43)는 주택복권 10장을 구입한 지 이틀 후에, 자신이 누워 있던 자리에 수백 마리 뱀들이 무리 지어 있는 꿈을 꾸었다. 꿈은 주택복권 1·2등 총 4억 2천만 원에 당첨되는 일로 이루어졌다.

일반적으로 뱀(구렁이)은 크게 세 가지 상징적 의미를 지니고 있는바, 재물이나 이권, 이성(異性)의 상대방, 사건이나 사고 등으로 많이 실현되고 있다. 이 꿈에서는 재물의 상징으로 이루어졌으며, 재물의 상징인 뱀이 자신의 자리에 수백 마리가 무리 지어 있는 꿈으로 장차 재물운이 있게 될 것을 예지해주고 있다.

④ 주머니에 뱀과 지네가 들어있는 꿈

98년 10월, 더블복권 4억 원에 당첨된 충주의 김모 씨(32) 사례이다.

"한 번은 배가 갈린 돼지가 붉은 피를 쏟으며 재래식 화장실에 빠지는 꿈이고, 한 번은 주머니에 뱀과 지네가 들어있는 꿈이었어요."

이후로 더블복권을 연번호로 계속 구입했다가, 1·2등에 모두 당첨되었다. 자신의 주머니에 뱀과 지네가 들어있는 꿈으로 복권에 당첨되고 있는바, 뱀과 지네가 재물의 상징으로 실현되었음을 알 수 있다. 이 경우 자신의 주머니 안에 있는 표상이기에 재물의 획득이 장차 있게 될 것임을 예지해주고 있다. 배가 갈린 돼지가 붉은 피를 쏟으며 재래식 화장실에 빠지는 것을 보는 꿈도 또한 좋은 꿈이

제 Ⅴ 장
실증사례별 분류

다. 돼지·피·똥(대변) 모두 재물의 상징으로 자주 등장하고 있으며, 꿈속에서 그러한 상징물들을 보거나 확보하는 꿈의 전개인 경우, 현실에서 재물을 얻게 되는 행운으로 실현되고 있다.

⑤ 쓰다듬어 주던 개가 절을 하는 꿈

인터넷 전자복권 5분 키노에서 2등 2베팅에 당첨된 윤○○(27세, 충남) 씨의 꿈 사례이다.

> "며칠 전에 꿈속에 개가 나오는 '개 꿈'을 꿨는데요. 평소에는 개를 그다지 좋아하지 않을뿐더러, 무서워하는 편이었습니다. 그런데 그날 꿈에는 털이 복슬복슬한 개가 저한테 다가오기에 무서워하지도 않고 쓰다듬어 주었지요. 그랬더니 저한테 절을 넙죽 하지 않겠어요? '개 꿈치고는 참 희한한 꿈이다.'싶었습니다."

꿈속에서는 산신령도 등장하기도 하면서, 표상의 재료는 무궁무진하게 펼쳐지고 있다. 하지만 그 어떤 꿈이라도 꿈을 꾼 자신은 꿈의 의미를 어렴풋하게나마 알 수 있다. 이는 '꿈은 반대가 아닌, 상징의 이해에 있다.'라는 사실을 떠나서, 꿈이 밝고 풍요로우면서 기분 좋은 전개를 보이는 꿈인 경우 막연한 기대감을 갖도록 해주고 있다. 그러한 기대감에서 복권을 구입하여, 실제로 당첨되고 있음을 볼 때, 꿈의 예지력의 신비함에 감탄을 금하지 않을 수 없다.

참고로 다들 아시겠지만, 우리가 흔히 말하는 '개꿈'이란 개가 나오는 꿈이 아닌, 꿈을 꾼 것 같은데 잘 기억도 나지 않는 흐지부지한 꿈을 '개꿈'이라고 한다. 개떡, 개살구, 개복숭아 등에서 알 수 있듯이, 접두사로 '하찮은' 의미를 지니고 있다. 이 경우에는 개를 붙여 쓰는 것이 올바르다.

⑥ 돼지꿈이나 백조, 호랑이 새끼꿈, 귀인이 나오는 꿈

> "약혼녀가 며칠부터 돼지꿈이나 백조, 호랑이 새끼 꿈을 꾸었다면서, 이럴 때는 복권을 사야 한다고 하기에 퇴근길에 5장을 샀습니다. 당첨 전날은 이회창 씨가 꿈에 나와 혹시 낙첨이 되나 걱정도 했는데, 1등은 놓치고 2등을 맞췄으니 꿈대로 된 것 같습니다."

윤 씨가 산 복권은 희한하게도 2등(1억 3,000만 원), 3등(7,000만 원)을 맞췄다. 1등의 바로 뒷번호, 전전번호이다. 꿈속에서 동물이 등장하는 경우, 동물이 이권이나 재물의 상징이 될 수 있다. 하지만 이 경우 꿈속에서의 동물에 대한 정황이나 느낌이 무섭다기보다는 친근하고 부드러운 느낌을 주는 경우이어야 한다. 대통

령 선거에서 떨어진 이회창 씨가 꿈에 등장하여 1등이 아닌 2등에 당첨되었다고 말하고 있는바, 이는 올바른 해석이라고 볼 수 있다. 꿈속에 나타나는 인물의 상징성 여하에 따라, 현실에서 그대로 이루어지고 있다.

⑦ 자라를 구해주는 꿈

"보름달이 세상을 훤히 비추고 있었어요. 숲 속을 걷는데 악취가 나는 웅덩이에서 자라 세 마리가 죽어가고 있더군요. 맑은 호숫가를 찾아 자라 세 마리를 방생해 주었어요. 그중 한 마리는 불행히도 죽고, 두 마리는 고마운 듯 나를 한번 뒤돌아보더니 유유히 물살을 가로질러 호숫가 속에 비친 달 속으로 사라지더군요."

꿈을 꾼 후에 복권을 구입한바, 복권에 당첨되고 있다. 이는 점심 식사 후 졸다가 꾼 꿈으로 그날 장사를 끝내고 가게를 나오다가 복권판매소가 눈에 띄어 또또복권 3장을 구입했다. 그 3장의 복권 중에 2장이 2억 5천만 원이 당첨되었는데, 이는 방생해 준 자라 세 마리 중에 한 마리가 죽고 두 마리가 살아난 꿈의 표상과 일치하고 있다.

덧붙이자면, 졸다가 꾸거나, 깊은 밤에 꾸거나 상관이 없다. 중요한 것은 꿈이 얼마나 생생하냐에 달려 있다.

⑧ 두꺼비와 대화를 나누고 그놈을 선도하는 꿈

동물로 표상되어 나타난 대상에 대해서 은혜를 베풀면 좋은 일이 일어나고 있으며, 반면에 부탁을 뿌리치는 일로 끝나면 안 좋은 일로 실현되고 있다.

두꺼비와 대화를 나누고 그놈을 선도하는 꿈에서 두꺼비로 표상되는 어떤 사물이나 사업 대상, 아니면 두꺼비로 동일시되는 어떤 사람을 선도할 일과 관계된 표현으로 볼 수 있다. 이 꿈 사례의 특징은 두꺼비와 어떤 말을 주고받았는지는 모르나, 그것과 대화를 하였으며 또 그놈의 갈 길을 잘 인도해 주었다는 것이다.

이렇게 동물과 대화를 하고 동물이 말을 하는 것도 꿈의 독특한 표현 수단의 하나이다. 어찌 보면 조상이나 산신령님이 나타나서 일러주는 경우와 다름이 없다. 따라서 이런 동물이 등장해서 좋은 내용으로 전개되는 꿈을 꾸었을 때는 현실에서 좋은 일로 실현되고 있다. 위의 꿈에서도 두꺼비와 대화를 했으며 두꺼비를 선도하였다는 데서, 어떠한 좋은 일이 일어날 것을 예지하여 주고 있다고 해야 할 것이다. '두꺼비와의 대화'는 그 일이 행운이나 횡재수로 나아가는 내용이었을 것으로 추정된다.(글: 한건덕)

이 밖에도, 끝이 안 보일 정도의 큰 구렁이가 꿈에 나타난 꿈, 친구들과 야유회를 가는데 자신 혼자만이 코끼리를 타고 가는 꿈으로 복권에 당첨된 사례가 있다.

(3) 곤충 관련 꿈

① 잉어와 가재 등을 가슴에 안는 꿈

자세한 꿈 내용을 알 수 없으나, 복권에 당첨되었다. 잉어와 가재가 재물의 상징으로 등장하고 있는바, 이 경우 크거나 많을수록 좋은 꿈이다.

② 거미가 생생히 기어가는 꿈

제170회차 더블복권에서 3억 원에 당첨된 꿈 사례이다.

"꿈에 거미를 보았습니다. 평소에도 거미를 보면 손님이 온다고 해서 무척 좋아했었거든요. 그런데 꿈에서 거미가 너무 생생히 기어가는 것을 보고는 바로 복권을 샀지요."

거미를 보고 당첨되었다고 밝히고 있지만, 꿈속에서 거미를 보았다고 해서, 반드시 재물운으로 이루어지지는 않는다. 평상시에 거미에 대한 호감의 여부, 꿈속에 등장한 거미에 대한 정황과 느낌이 중요하다고 할 수 있다. 무섭게 느껴지는 거미였다면, 현실에서는 거미로 상징된 벅찬 사람이나 대상에게 시달림을 받거나, 병마(病魔)에 시달리는 일로 실현될 수도 있다.

16) 용(龍)과 관련된 꿈

용은 권세, 부귀영화, 명예, 이권, 세력가, 기관이나 단체 등 최고의 권위를 자랑하는 사람이나 세력을 상징하고 있다. 좋은 꿈의 전개로 이루어진 경우, 현실에서도 자신이 처한 환경에 따라, 복권 당첨이나 대회 우승·승진·합격 등 좋은 일로 실현되고 있다. 용에게 어깨를 물린 꿈을 꾼 뒤, 시가 4억 원짜리 주택을 경매에서 헐값으로 낙찰을 받은 사례가 있다. 용을 부리는 꿈이거나 용을 타고 하늘을 나는 꿈은 아주 길몽이다. 비행기를 타고 나는 꿈 또한 꿈의 상징적 의미는 유사하다고 하겠다. 하지만 용꿈이라고 다 좋은 것은 아니다. 용이나 비행기를 타고 날다가 추락하는 꿈 등은 성취 일보 직전에 아쉽게 좌절되는 일로 실현되고 있다.

① 용이 자신을 품고 구름위로 올라가는 꿈

배모 씨(62세)는 용꿈으로, 주택복권 제1350회에서 3억 원에 당첨되었다.

"시퍼런 용 두 마리가 나를 품고 구름 위로 올라가는 꿈이었어요. 그러더니 새빨간 불을 내뿜더라고요. 깜짝 놀라 깨어났는데, 꿈이 너무도 생생해서 머릿속에서 지워지지가 않더라고요. 내 생전 그렇게 화려한 색깔이 있는 꿈은 처음이었어요."

이처럼 좋은 전개의 용꿈은 꿈을 꾼 사람이 처한 상황에 따라, 권세나 부귀영화를 얻거나, 이권이나 명예를 얻게 되거나, 태몽 등의 좋은 일로 이루어지고 있는바, 여기에서는 복권에 당첨된 일로 이루어지고 있다. 또한 생생한 꿈일수록 커다란 일로 실현되는 특징이 있다. 덧붙이자면, 나이 드신 분이 이러한 꿈을 꾸는 경우에는 죽음 예지의 꿈이 될 수도 있다.

② 화려한 색깔의 용 한 마리가 튀어 오르는 꿈

기업복권으로 리오 승용차에 당첨된 꿈 사례이다. 이모 씨(25)의 꿈 사례이다.

"도서관에서 공부하다 잠깐 잠이 들었는데, 맑은 푸른 바닷물에서 갑자기 회오리 물결이 치더니, 화려한 색깔의 커다란 용 한 마리가 튀어 오르는 꿈을 꾸었어요."

이런 꿈은 가임여건에서는 태몽으로 이루어질 수도 있다. 어찌 보면 화려하고 커다란 용꿈에 비하여, 승용차 당첨으로 이루어진 현실이 빈약한 결과로 이루어졌다고 볼 수 있다. 이런 꿈을 꾼 경우에는 상징적인 미래 예지 꿈의 실현을 믿는다면, 사소한 즉석식 복권보다는 로또 당첨에 올인하는 것이 좋을 것이다.

③ 용이 여의주를 물고 승천하는 꿈

"새해에 용꿈을 꾸었습니다. 용의 생김새를 자세히 생각해 본 적도 없었는데, 꿈속에서는 아주 생생하더군요. 말 그대로 용이 여의주를 물고 승천하는 꿈을 꾸었지요."

월드컵복권에서 3억 원에 당첨된 꿈 사례이다. 용이 승천하는 꿈은 용으로 상징된 권세·명예·위엄을 널리 떨치게 될 것을 예지해주고 있다. 이 경우, 꿈속에 등장한 용은 꿈을 꾼 자기 자신의 분장된 자아이기도 하다.

④ 용이 자신을 태우고 어디론가 날아가는 꿈

"꿈에 머리가 큰 용이 나타나 우리 집 지붕 위에서 누군가를 기다리는 거예요. 처음엔 너무 겁이 나서 가까이 갈 수 조차 없었는데, 그 용이 저를 부르는 것 같았어요. 제가 가까이 가니, 절 태우고는 어디론가 날아가는 거예요. 그러면서 잠이 깼지요."

주택복권 3억 원에 당첨된 이 씨의 꿈체험담이다. 역시 용꿈은 부귀영화를 상징하는 대표적인 상징 표상임을 보여주고 있다. 필자의 사이트에서 용을 검색해 보면 알지만, 용꿈의 태몽이나 용이 나타나는 꿈에 있어서 최상의 권세·부귀·명예·재물운 등 좋은 일로 실현되고 있다. 더구나 용꿈의 표상전개에서 용이 부르고, 또한 자신을 태우고 어디론가 날아가는 표상에서 좋은 일이 있을 것임을 예지해주고 있다고 해야 할 것이다. 다만 이 경우에 병석에 있거나 나이 드신 분의 경우라면, 자신의 죽음을 예지하는 꿈으로 실현될 수도 있다.

⑤ 용이 날아오르는 꿈

다음은 원주시에서 최금복 씨가 보내온 꿈이야기를 요약해 살펴본다.

"제가 스물여섯에 남매를 낳고 피임상태였습니다. 어느 날 밤 꿈에 용 한 마리가 소나무 숲을 이리저리 돌아 산꼭대기까지 올라가 하늘에 붕 뜨며 오르는 것을 보았습니다. 등은 초록색이며, 배는 붉은 주황색이고, 뿔도 있고 다리도 달린 모습을 지금도 잊을 수가 없습니다. 꿈에서 깨어나 사람들에게 물어보았더니 태몽이라고 하였습니다.

그런데 15년이 지난 내가 41세 되던 93년도 가을 새농민 '독자체험수기'를 응모하였습니다. 처녀 시절부터 책에서 당선작을 보면 글을 쓰는 사람이 늘 부러웠고, 서울이란 높은데 가서 많은 사람들 모인 가운데서 상을 타보는 것이 꿈이고 희망이었습니다.

그런데 그 꿈이 이루어졌습니다. 삼성복지재단에서 주는 효행상 수상, TV 프로 6시 내 고향 프로에 주인공이 되기도 하였습니다. 수필을 쓰게 되어 『물 위의 옛집』이란 수필도 내게 되었으니, 용꿈을 꾼 지 15년 만에 이루어진 것입니다."

실제로 용꿈의 경우 가임여성이라면 태몽일 가능성이 높다. 또한 주변에 누군가의 태몽을 대신 꿔주는 꿈이 될 수도 있다.

용꿈이 좋은 꿈이라는 사실은 널리 알려져 있다. 단 이 경우 꿈속에서의 표상이 좋게 나타나 있어야 한다. 용꿈이라 하더라도 하늘을 올라가다가 도중에 떨어지는 표상의 용꿈을 꾸었다면, 어떠한 일이 실현되려다가 도중에 이루어지지 않게 된다. 예를 들어 회사의 과장 승진 대상에 들었다가 막판에 떨어지게 되고, 주택복권의 경우 다 맞아 가다가 끝에서 한 두 자리가 틀리는 일로 실현될 수 있다.

용꿈을 꾸고 나서 15년 뒤, 명예로운 일로 실현되고 있음을 밝히고 있다. 최금복 씨의 용꿈 표상은 좋게 나타나고 있어, 장차 현실에서 좋은 일로 실현될 것임을 예지해주고 있다. 단 이 경우, '현실에서 언제 실현되는가?'의 문제에 대해서는 그 사람이 처한 상황에 따라 다르게 실현될 수가 있을 것이다. 최금복 씨의 경우처럼 드물게는 15년~30년 뒤에 실현되고 있음을 잘 알 수 있겠다. 이 경우 태몽의 경우는 일평생을 예지해주고 있다는 점에서 우리 인간의 잠재의식의 활동인 꿈의 신비로움에 새삼 경탄하게 한다.

17) 호랑이와 관련된 꿈

호랑이는 동물 중의 왕이요, 영험하고 용맹스럽다고 여겨져 왔다. 따라서 호랑이의 표상을 사람과 결부시켜 본다면, 권세와 명예를 가지는 사람을 상징하고 있다. 또한 사물과 관념의 표상으로써 최고 최대의 권세·명예·재물운·이권·좋은 작품 따위를 나타내주고 있다. 또한 여기에 별도로 언급하지 않았지만, 사자 꿈의 경우에도 호랑이와 같은 해석을 하면 된다.

① 호랑이가 집을 지켜주는 꿈

부인의 꿈이야기를 들은 남편이 복권을 산 후에 복권 1등에 당첨되고 있다. 호랑이는 재물운과 이권, 최고·최대의 권세·명예를 상징하고 있다.

② 호랑이가 달려들어 품에 안는 꿈

형수의 꿈으로 복권에 당첨되고 있는바, 일반적으로는 가임여건에서 이런 경우의 꿈은 태몽으로 실현 가능성이 높다. 이처럼 호랑이가 품 안에 달려드는 꿈이 반드시 태몽이 아니라, 백수의 왕인 호랑이로 상징되는 절대 권력·권세나 재물, 이권의 획득으로도 실현될 수 있다. 호랑이를 자기 품 안에 안았다는 것은 어떠한 이권이나 권리의 획득을 표상하고 있다.

③ 호랑이와 싸우는 꿈을 꾸고, 복권 당첨

호랑이와 싸운 꿈이라고만 했지만, 아마도 꿈속에서 이겼다고 볼 수가 있겠다. 이 경우 꿈속에서 졌다면 어떠한 권리의 획득함에 실패한 것으로 되기에 복권에 당첨될 수는 없었을 것이다.

18) 아기(새끼)를 낳는 꿈

아기 낳는 꿈은 새로운 생명이 탄생한다는 데에서 아기로 표상된 어떠한 성취나 결실을 이루어 내거나, 권리나 이권의 획득, 재물적인 이익을 얻는 일로 실현되고 있다. 로또(복권) 당첨 사례를 위주로 살펴본다.

① 돼지 새끼를 낳아서 집으로 들여오는 꿈 → 복권 당첨

② 기르던 암퇘지가 8마리의 새끼를 낳는 꿈

8장의 복권을 샀다가 복권에 당첨되는 일로 실현되었다.

③ 돼지가 새끼를 낳는 것을 보는 꿈

다산(多産)과 왕성한 번식력으로 암시되어 많은 재물이 들어올 것을 예지해주고 있는바, 복권 당첨으로 실현되었다.

④ 어미돼지가 달려와 품에 안겨, 새끼를 낳은 꿈 → 복권 당첨.

서울에 살고 있는 유모 씨는 어느 날 어미돼지가 자신에게 달려와 품에 안기는 꿈을 꾸었다. 품에 안긴 돼지는 어느새 새끼 13마리를 낳아, 유 씨의 방안은 온통 돼지들로 넘쳐나는 꿈이었다. 주택복권 제1265회차에 당첨되었다.

⑤ 거북이 두 마리가 알을 낳는 꿈 → 복권 2장이 당첨되는 일로 실현

"연못에 놀러 갔는데 거북이 세 마리가 한가롭게 연못 속에서 놀다가, 그중 두 마리가 자신이 앉아 있는 물가로 나와 흙 속에다 알을 낳는 꿈을 꾸었다."

⑦ 세쌍둥이의 남자아이 낳는 것을 보는 꿈 → 복권 당첨

새로운 생명이 셋이나 탄생한다는 꿈의 상징성으로 말미암아, 무엇인가 커다란 이권·횡재수·사업 성공·승진·합격 등의 좋은 일로 실현될 것을 예지해주고 있다. 겹경사 이상의 여러 좋은 일로 실현되며, 현실에서는 꿈을 꾸고 나서 복권을 구입한 후, 당첨으로 이루어지고 있는바, 이런 경우의 꿈은 복권 당첨이 되지 않더라도 다른 어떠한 성취를 여러 가지 이루어내는 좋은 일로 실현되고 있다.

이 밖에도 낯모르는 여성이 집에 와서 아기를 낳는 꿈으로, 복권에 당첨된 사례를 앞서 살펴본 바가 있다.

19) 피와 관련된 꿈

피는 정신적·물질적으로 소중한 자산의 상징으로, 피꿈이 재물과 관련지어 실현되기도 한다.

① 피가 젤리처럼 따라오는 꿈

어느 수험생의 꿈 사례로, 시험에 합격하는 일로 실현되었다.

② 주먹만 한 땅벌이 머리 정수리에 침을 한 방 퍽 쏘아 피가 나온 꿈

주택복권에 당첨된 꿈 사례로, 정수리에서 피가 나온 꿈으로 땅벌로 상징된

외부의 강력한 대상, 세력의 영향권 안에 들어가게 될 것을 상징적으로 보여주고 있는바, 복권에 당첨되는 일로 실현되고 있다.

③ 칼에 찔려 온몸이 피투성이가 된 꿈

"동창생 아버지가 나를 칼로 찔러 온몸이 피투성이가 되었다. 그리고 처음에 돈 3만 원을 주더니, 또다시 많은 돈을 주어서 받았다."

일반적으로 칼에 찔리는 꿈은 자극이나 비판을 받는 일로 이루어지는 좋지 않은 꿈이다. 또한 자기 몸에서 피가 나는 것은 피로 상징된, 정신적·물질적 자산을 잃게 되는 일로 이루어지지만, 이 꿈에서는 온몸이 피투성이가 되었다는 상징 표상이 중요하다. 고차원의 상징으로 칼에 찔리는 것이 이전의 주택복권 추첨에서 화살로 숫자판을 쏘아 하나하나 맞춰 나가는 것을 상징한다고 볼 수 있다. 그리하여 온몸이 피투성이가 되는 상징이 복권에 당첨되어 재물운으로 휩싸이게 되며, 나아가 세상의 이목이 될 것을 예지해주고 있다.

이 경우 동창생 아버지에게 찔려서 죽는 꿈도 대단히 좋은 꿈이다. 죽음은 재생이요, 부활의 상징적 의미를 지니고 있으며, 현재의 자신에서 새로운 삶이 열리게 된다는 것을 뜻하는바, 복권 당첨으로 인한 새로운 길이 열리게 될 것임을 예지해주고 있다. 이어서 꾼 꿈인 많은 돈을 받는 꿈으로 복권에 당첨된 사례에 대해서는 앞서 살펴본 바 있다.

④ 검붉은 피가 옷에 묻는 꿈

"아들을 데리고 시골 친척 집에 가는데, 아이 발에 가시가 찔려 검붉은 피가 튀어 옷에 묻었다. 또, 다른 꿈에서는 빨간 수박을 많이 먹었다."

주택복권 당첨 꿈 사례로, 이처럼 피와 관계된 꿈에서는 사상적 감화나 재물과 관계된 일을 상징하는 경우가 많다. 앞의 사례에서 칼에 찔리는 것이나, 이 사례에서 가시에 찔리는 것 모두 어떠한 영향권 하에 들어갈 것임을 상징하고 있는바, 피를 묻힌다는 것은 피로 상징된 소중한 정신적·물질적 혜택과 은택을 입게 될 것을 예지하는 것으로 현실에서는 복권 당첨으로 실현되고 있다.

꿈속의 아들은 자기가 눈독을 들이며 1등에 당첨되기를 기원하는 복권의 상징으로 아들의 발에 가시가 찔려 피가 튀어 옷에 묻었으니, 추첨과정에서 당첨번호에 화살이 맞아 당첨 등 영향권 안에 들어가게 됨을 뜻하고 있다.(글: 한건덕)

또한 '수박을 많이 먹었다.'에서 수박으로 상징된 시원하고 달콤한 과일을 먹는 꿈은 수박으로 상징된 이권이나 재물을 획득하게 될 것을 보여주고 있는바, 현실에서는 복권 당첨으로 실현되고 있다. 이처럼 복권 당첨 등과 같은 중대한 일을 예지해주는 경우, 꿈은 각기 다른 전개를 보이고 있지만, 그 꿈의 상징적 의미는 같은 꿈을 여러 차례 꾸기도 한다.

⑤ 용에게 먹혔다 나오니 피투성이가 된 꿈

"두 마리의 용이 공중을 날고 있는데, 그중 한 마리가 쏜살같이 내려와 나를 통째로 삼켜버렸다. 뱃속에서 요동을 치는 바람에 다시 토해 놓았는데, 내 몸은 용의 피로 흠뻑 젖어 있었다."

용은 권세, 부귀영화, 명예, 이권, 세력가 등 최고의 권위를 자랑하는 사람이나 세력을 상징하고 있다. 이러한 용에게 잡아먹힌다는 것은 그러한 권세나 부귀영화의 영향권으로 들어간다는 것을 상징하고 있다. 따라서 자신의 몸이 용의 피로 흠뻑 젖어 있었다는 것은 용의 피로 상징된 정신적·물질적 귀중한 자산의 혜택과 은택에 들어가게 될 것임을 예지해주고 있는바, 현실에서는 주택복권에 당첨되는 일로 실현되고 있다.

20) 좋은 꿈을 여러 가지로 꾸는 꿈

장차 중대한 일이 일어날 것을 예지하는 경우에 똑같은 꿈을 계속 반복해서 꾸기도 하지만 각기 다른 유사한 꿈들을 연속적으로 꾸기도 한다. 또한 부부가 같이 꾸거나, 가족이 돌아가면서 꿈을 꾸게 됨으로써 장차 엄청난 일이 일어날 것임을 꿈으로 예지해주고 있다. 이 경우에 꿈은 저마다 다르지만, 그 꿈이 의미하는 상징적 의미는 같으며, 꿈에서 상징하는 대로 실현되고 있음을 알 수 있다.

① 사리를 받는 꿈, 말 5마리가 끄는 마차가 다가온 꿈, 불꿈

② 불나는 꿈, 행운이 있을 것이라는 꿈, 돼지 잡은 꿈

③ 구렁이 꿈, 시체에서 구더기 나온 꿈, 밭에다 똥을 주는 꿈, 똥물에 앉은 꿈

④ 아버지와 아들이 추첨 전날 밤 각기 다른 꿈을 꾸고 당첨

* 아버지는 '흰 두루마기를 입은 아버님께서 가게에 오셔서, 3분가량 노시다 가시는 꿈'

* 아들은 '총 세 발을 쏘아 명중시키는 꿈'

이 경우 아버지가 꿈속에서 가게에 오셔서 아마도 밝고 즐거운 모습으로 계시다가 가셨음이 틀림없다. 아들의 꿈에 '총 3발을 쏘아 명중시켰다.' 했는데, 그 명중시킨 대상이 무엇인지 알 수는 없다. 하지만 무엇인가를 명중시킨다는 것은 현실에서 무엇인가를 적중시키고 성취될 것을 예지해주고 있는바, 복권 당첨으로 실현되었다고 보아야 할 것이다.

스승이신 고(故) 한건덕 선생님이 쓰신 글을 요약 정리하여 살펴보았다. 이처럼 이 책에는 이해를 돕기 위해 오래전의 주택복권 당첨 사례 등 한건덕 선생님이 수집한 사례 글에 덧붙이거나, 일부 전재하는 등 다양하게 인용하였다. 고(故) 한건덕 선생님이 실증사례에 바탕을 둔 미래 예지적 꿈 연구에 일생을 바치신 업적을 이어받아, 꿈의 미래 예지를 보다 널리 알리고자 한다.

21) 기타 당첨 꿈 사례

꿈의 상징 표상에 따라, 처한 상황에 따라 다양한 꿈이 펼쳐질 수도 있는바, 꿈 사례를 살펴본다. 대부분 밝고, 좋은 표상으로 전개되고 있으나, 꿈을 꾼 사람이 처한 특수한 상황에 따라 일반적으로는 안 좋게 보이는 꿈도 좋은 일로 실현되고 있다.

① 비행기를 타고 하늘을 나는 꿈

이 꿈을 꾼 당사자는 농업에 종사하고 있다. 구체적인 꿈의 내용을 알 수 없어서, 정확한 풀이는 불가능하지만 다음과 같은 여러 가지 해석이 가능하다. 먼저 프로이트 식으로 보자면, 농부로서 비행기를 타보고 싶은 소망 표현의 꿈으로 볼 수도 있다. 또한 미래투시적인 꿈으로 본다면, 실제로 현실에서 자식들의 효도관광으로 해외여행을 가게 되는 일로 실현될 수도 있다. 현실에서는 상징적인 미래 예지 꿈으로 실현되어, 비행기를 타고 하늘을 나는 꿈으로 복권에 당첨되는 일로 실현되고 있다.

꿈의 실현은 꿈을 꾼 사람이 처한 상황과 관련지어져 현실에 나타난다. 따라서 입시생이 이러한 꿈을 꾸었다면 반드시 합격할 것이요, 승진을 눈앞에 두고 있는 사람이라면 승진으로 실현될 것이요, 회사원이라면 비행기가 어떠한 커다란 회사나 기관의 상징으로 보다 큰 회사에 스카우트되어 출세할 것을 예지한 꿈으로 볼 수 있다.

② 세숫대야에 가득한 사금(沙金)을 본 꿈

세수를 하는데 머리에서 모래가 우수수 쏟아진다. 깜짝 놀라 자세히 보니, 대
야에 가득한 모래는 모두가 반짝이는 사금(沙金)이었다. 그것을 손으로 저어보다
잠을 깨었다.

머리에서 사금이 떨어지는 꿈으로 재물운이 있을 것을 예지해주고 있는바, 복
권 당첨으로 실현되고 있다. 꿈속에서 세수를 하면 현실에서 어떤 소원이 충족되
고 신분이 새로워지며 돋보이게 된다. 또한 거추장스러운 것을 깨끗이 한다는 유
사성의 상징표현으로 근심·걱정의 해소를 가져온다.

모래가 변하여 대야 가득히 담긴 사금으로써 복권 1등에 당첨되어 당첨금을
받게 될 것을 상징하고 있으며, 나아가 사금을 손으로 젓고 있었던 것은 그러한
권리의 획득을 구체적으로 보여주고 있다고 해야 할 것이다.

③ 초상집에서 친구들이 거지 취급을 하며 돈을 많이 주어 받는 꿈

꿈이 이상해서 복권을 샀으며, 복권 2등에 당첨되고 있다. 여기서는 초상집이
라는 꿈속의 공간적 배경이 중요하다고 하겠다. 상제가 되는 꿈이 정신적·물질
적 자산 승계에 관련을 맺고 있음을 앞서 살펴본 바가 있으며, 또한 문상가서 혼
자 절하는 꿈으로 복권에 당첨된 사례도 살펴본 바 있다.

거지 취급을 받았다는 상징적 의미에서 복권 1등과 같은 아주 흡족한 꿈의 실
현을 기대하기는 어려울 지 모른다. 자신의 어떠한 권리를 스스로 획득했다기보
다 거지 취급당한 것으로, 1등에 당첨된다기보다 2등에 당첨될 것을 예지해주고
있다고도 보아야 할 것이다.

④ 손자가 선명하게 나타난 꿈

인터넷 전자복권 스피드 로또 5분 키노에서 1등 2억에 당첨된 홍○○ 씨(33세,
경기)의 당첨 꿈 사례이다.

> 시골에 계신 아버님이 생전 꿈에 안 나오던 손자가 엊그제 선명하게 나타났다며, "집
> 에 무슨 일 있는 것 아니냐?"라며 물으시더군요. "모습도 너무 생생하고, 아기 얼굴은
> 더 선명하게 보이더라."는 말씀에 '제가 당첨되려고 그런 꿈을 꾸신 것일까?' 하는 생각
> 이 안 들 수가 없었습니다.

⑤ 흔들리던 이가 빠진 꿈

흔들리던 이가 빠진 꿈으로 복권에 당첨된 특이한 사례이지만, 현실에서 처한

상황을 잘 보시기 바란다.

즉석식 복권 40장을 동료 셋이서 나누어 사서, 긁던 중 한 사람이 1,000만 원에 당첨되었다. 2매가 연식으로 당첨되는 복권이었기에 나머지 한 장의 1,000만 원 당첨을 확인하기 위해, 각자 비밀스럽게 화장실로 들어가 복권을 긁던 중에 유○○ 씨가 당첨이 되었다.

즉석식 복권 1,000만 원 당첨이 되기 며칠 전, 유 씨는 특이한 꿈을 꾸었다. 꿈속에서 흔들리는 이가 있어서 빠졌으면 좋겠다는 생각을 하고 있는 데, 바로 그 문제의 이가 쑥 빠지는 것이었다. 유 씨는 이 꿈을 일이 잘 풀릴 정도로만 생각했었다. 그런데 결국 복권 당첨의 길몽이 된 것이다.

여기서는 '이빨이 빠졌으면 좋겠다.'라고 꿈속에서 생각한 것에 유의해야 할 것이다. 일반적으로 썩은 이빨이 빠지는 것을 제외하고는 이빨이 빠지는 꿈은 절대적인 흉몽이다. 이빨이 외부의 힘이나 타의에 의해서 또는 저절로 빠지는 꿈의 실현은 누군가의 죽음이나 결별, 좌절이나 실패 등 결코 좋은 일로 이루어지지는 않는다. 여기서는 특수한 경우로, 꿈속에서 '이빨이 빠졌으면 좋겠다.'고 생각한 대로, 현실에서 다행스럽게 자신이 바라던 대로 즉석식 복권 1,000만에 당첨되는 일로 이루어졌다고 보아야 할 것이다.

⑥ 빨랫줄에 벌거벗은 남자 3명이 널려 있는 이상한 꿈

당첨자의 아내가 복권 추첨 당일 밤에 꾼 꿈이다. 자세한 꿈이야기가 없어 단정 지을 수는 없지만, 꿈에 남자의 성기가 크고 털이 많이 나 있는 것을 보면 좋은 꿈으로 실현되고 있다. 단, 이 경우 털이 없다면 나쁜 꿈이다. 덧붙이자면, 불이 나되 연기만 나는 꿈도 좋지가 않다.

⑦ 폭력배들에게 맞아 경찰서로 가던 중, 얼굴에 딱지 2개가 생긴 꿈

꿈속의 느낌이 심상치 않아 다음 날 아침 가판대에서 3장의 또또복권을 구입하여, 결국 가운데 한 장이 1등인 1억 5천만 원, 그 앞번호가 2등 1억 원에 각각 당첨되었다. 결국 얼굴에 딱지 두 개가 생긴 꿈과 같이 두 장이 당첨된바, 이 역시 신비한 꿈의 세계를 보여주고 있다. 자세한 꿈이야기를 알 수 없는 것이 안타깝고, 필자의 꿈에 대한 탐구심을 테스트하고 있다고나 할까, 속된 말로 '필자 머리에 쥐난다.'라고 할 정도로, 보편적인 꿈의 상징성에 어긋나고 있다. 폭력배들에게 맞는 꿈이 일반적으로는 결코 좋은 일로 이루어지지는 않는다. 이 역시 폭력

배로 상징된 어떤 외부의 강력한 대상이나 세력에 영향을 받게 될 것임을 보여주고 있으며, 얼굴에 딱지 두 개는 두 징표, 두 영역, 두 대상으로 실현될 것을 예지해주고 있다.

⑧ 웅덩이에 빠지려는 것을 잡아 준 꿈

　어느 날 아버지께서 돌아가신 후에 처음으로 할아버지꿈을 꾸셨다는 겁니다. 아버지께서 어느 큰 웅덩이에 빠질 뻔 했는데, 할아버지께서 아버지를 뒤에서 딱 잡으셨다는 겁니다.

　아침에 아버지가 만 원을 주시며 로또복권을 사라고 하시더군요. 그래서 그날 제 돈 만 원 하고 아버지가 주신 돈 만 원 하고 해서 로또복권을 2만 원어치 샀습니다. 이게 10회차 로또복권을 추첨할 당시입니다.

　처음으로 로또복권을 샀던 것인데, 저희가 2등에 당첨이 돼서 4천만 원을 탔습니다. 그래도 그 당시에는 실망도 컸었지요. 9회차 2등이 7억이 넘었기에. 어쨌든 그 당첨금으로 몇 해 전에 집을 새로 짓느냐고 2천여만 원의 지었던 빚을 청산할 수 있었습니다. 아마도 그 웅덩이에 빠지는 것을 할아버지께서 아버지를 잡아 주신 꿈이 실현된 것이라고 보이네요.

⑨ 기타 복권 고액당첨자 꿈 요약

* 맑은 물이 넘쳐흐르는 꿈
* 큰 호랑이에게 물리는 꿈
* 호랑이가 달려들어 품에 안는 꿈
* 돌을 집으로 가지고 들어오는 꿈
* 높은 산이나 언덕에 오르는 꿈
* 흙을 파서 집으로 돌아오는 꿈
* 산 정상에 오르거나 사람을 만나는 꿈
* 아파트가 무너지고 산이 폭파되던 꿈
* 집안에 돼지가 들끓는 꿈
* 예쁜 여자가 웃는 꿈 → 복권 5억 원에 당첨
* 배추장사로 잘 팔려서 돈을 쓸어 담는 꿈 → 3억 6천만 원 복권 당첨
* 약수터에서 목욕을 하는 꿈 → 1등과 2등에 당첨
* 돌아가신 시어머님이 꽃을 한 송이 주는 꿈 → 마티즈 당첨

* 큰 구렁이 꿈 → 마티즈 당첨
* 탐스러운 복숭아 7개를 따는 꿈, 토실토실한 알밤 7개를 줍는 꿈 → 관광복권 1등 1억 원
* 아이의 소변이 얼굴로 튀는 꿈 → 소나타 당첨
* 돌아가신 장모님에게서 물건을 받는 꿈 → 더블복권 5억 원
* 남편과 얼싸안고 춤을 추고 있던 꿈 → 4,000만 원 당첨!
* 돌아가신 어머니가 동생의 이야기를 하던 꿈 → 마티즈 당첨
* 용이 여의주를 물고 승천하는 꿈 → 3억 원 당첨
* 커다란 흰 개가 덥석 자신의 다리를 무는 꿈 → 즉석 복권으로 1억 원에 당첨
* 갑작스레 어머니가 돌아가셔서 목 놓아 통곡을 하는 꿈 → 자치복권에 1억 원이 당첨
* 3일 동안 연달아 자신이 상복을 입고 이리저리 돌아다니는 꿈 → 1·2등에 4억 2000만 원에 당첨
* 검은 독사 두 마리에게 물려 온몸에서 피가 줄줄 쏟아지는 꿈 → 5억 원에 당첨된바, 독사 두 마리이었듯이 두 장이 당첨되었을 가능성이 높다.

이상에서 살펴본 바와 같이 재물운의 꿈을 꾸고 나서 일반적으로는 복권 당첨으로 이루어지지만, 꿈을 꾼 사람이 처한 상황에 따라 다양하게 실현된다.

태몽으로 실현되거나, 유산 상속이나 산삼·유물·밍크고래 발견 등 재물이나 이권을 획득하는 일로 실현되기도 하며, 시합에서의 우승, 기타 승진이나 합격, 연분 맺음으로 이루어지기도 한다.

2 태몽

상징적인 미래 예지적 꿈의 가장 대표적인 것으로 태몽을 들 수 있는바, 여기에서는 실증사례 위주로 간략히 소개하며, 보다 자세한 것은 필자가 2012년 앞서 출간한 『태몽』을 참고하기 바란다. 『태몽』은 다음과 같이 전체 Ⅶ장으로 살펴보고 있으니, 태몽에 관심 있는 독자분들의 일독을 부탁드린다.

Ⅰ. 태몽의 개괄적 해설 Ⅱ. 태몽 표상에 따른 전개 Ⅲ. 출산관련 표상 및 유산·요절의 태몽 사례 Ⅳ. 연예인 및 유명인사 태몽 사례 Ⅴ. 역사적 인물의 태몽 사례 Ⅵ. 남녀 성별 및 태몽상담 사례 Ⅶ. 기타 설화·고전소설·민속·매스미디어 속의 태몽

1) 태몽에 관하여

꿈은 인간의 영적 능력의 정신활동으로, 자신 및 주변 인물 나아가 사회적·국가적인 일에 이르기까지 사실적이거나 상징적인 표현 기법으로 미래를 예지해주고 있다. 이러한 꿈의 미래 예지적 기능의 대표적인 것으로 태몽을 들 수 있다. 우리 인간의 신비한 영적 정신능력은 장차 태어날 아이에 대한 관심과 미래사에 대한 궁금증을 태몽을 통해 보여주고 있는 것이다.

태몽은 인간의 정신능력 활동으로 빚어내는 신비한 영적 세계의 발현으로, 오랜 세월이 지나서라도 기억될 만큼 선명하며 강렬하고 생생한 꿈으로 전개되는 것이 특징이며, 불교에서는 태몽을 태아의 영혼이 깃드는 것으로 보고 있기도 하다.

국어사전에 태몽(胎夢)은 '아이를 밸 것이라고 알려 주는 꿈'이라고 언급되어 있다. 하지만 태몽은 임신 사실을 일깨워 주는 것 외에 장차 태어날 태아의 개략적인 성별을 암시해주고 있을 뿐만 아니라, 태몽에 나타난 동·식물이나 상징물의 표상전개에서 장차 태어날 아이의 신체적 특성을 비롯하여, 행동 특성·성격·일생이 투영되고 있다. 또한 태몽은 임신 사실을 알고 나서도 꾸거나, 여러 번 꿀 수도 있으며, 누군가 친지나 주변 사람이 대신 꿔줄 수도 있으며, 장차 두게 될 자녀

숫자를 예지해주거나, 유산·요절 등을 예지해주고 있다는 점에서 신비로운 꿈의 세계를 단적으로 나타내주고 있다.

태몽에 관한 수많은 실증적인 사례를 통해서 살펴보면, 태몽으로 대략적인 남녀의 구별이 가능하지만, 절대적인 것은 아니다. 보다 정확히 언급하자면 태몽으로 '남성적이냐 여성적이냐'를 보여준다고 할 수 있다. 예를 들면 갈기 달린 수사자를 보는 태몽이나 동물의 수컷 생식기를 보는 꿈이었다면, 아들임에는 틀림이 없다. 하지만 해의 태몽인 경우에는 아들이 아닌 딸을 낳을 수도 있다. 이 경우 여아이지만, 활달하며 뛰어난 남성적인 성품의 여아가 될 것을 태몽으로 예지해주고 있다. 또 다른 예로, 꽃의 태몽도 마찬가지이다. 이 경우 꽃의 이미지가 예쁘고 아름답기에 여아를 낳을 가능성이 높다는 것뿐이지, 절대적인 것은 아닌 것이다. 꽃의 태몽으로 아들을 낳을 수 있으며, 이 경우 귀공자 스타일의 기품있고 해맑은 얼굴의 남아일 가능성이 높다. 실증사례로 덧붙이자면, 연예인 김진의 태몽이 손수레에 꽃이 가득한 태몽이다.

또한 첫아이의 태몽인 경우, 꿈속에 나타난 표상물의 숫자에서 앞으로 두게 될 자녀의 숫자를 예지해주기도 한다. 필자를 비롯하여 삼 형제를 두신 어머님의 태몽을 예로 살펴본다. 어머님은 친정의 울타리에서 빨간 태극 깃봉 같은 열매 세 개를 따가지고, 다락에 소중하게 두는 꿈을 꾸셨다고 했다. 그 후 맨 처음으로 필자가 아들(57년생)로 태어났고, 이어 자연 터울로 3년 뒤 둘째 아들(60년생)이 태어났다. 이어 2년 뒤 어느덧 뱃속에 임신한 사실을 알게 되고, 낳고 보니 역시 아들이었다(62년생). 아마도 임신 사실을 알았을 때, '빨간 태극 깃봉 같은 열매 세 개'의 태몽을 생각하고, 삼 형제를 두게 될 것이라는 보이지 않는 운명의 길을 알고 계셨을 것이다.

한편 태몽으로 장차 태어날 아이의 신체적 특성이나 행동 특성 또는 성격이나 직업운 등을 보여주기도 한다. 이러한 태몽은 장차 태어날 아이에게 닥쳐올 몇십 년 뒤의 운명까지도 예지되고 있다. 예를 들어, 고(故) 전태일 열사의 태몽은 '빛나는 해가 굴러 산산조각이 나면서 여러 조각으로 나누어져 사방을 비춰주는 꿈'이었던바, 열악한 근로조건을 개선하라고 외치며 분신하여 노동운동의 횃불을 치켜들어 노동운동 발전에 큰 영향을 준 그의 일생을 상징적인 표상의 태몽으로 잘 드러내 주고 있다.

태몽은 임신 사실을 알기 전에 임신한 사실을 일깨워 주기도 한다. 아들을 하나 둔 젊은 부부가 있었다. 많은 자식을 두기를 원치 않았던지라, 아들 하나 둔 것으로 만족하고 살아가기로 부부는 약속한 상태였다. 그러던 어느 날 남편의 회사로 장모님에게서 전화가 왔다. "여보게, 어제 누런 황소가 집안으로 들어가던데, 아무래도 좋은 태몽을 꾼 것 같은데, 임신 소식이 없는가?" 전화를 받고 비로소 아내가 병원에 가서 진단을 받아보니, 임신이었다. 이에 태몽이 좋다는 말씀에 아기를 더 낳기로 했다는 것이다.

또한 태몽은 꼭 임신한 여성만이 꿀 수 있는 것이 아니고, 태어날 아기에 대한 관심을 지니고 있는 친지나 주변의 사람들이 대신 꾸기도 한다. 시어머니가 태몽을 꿨다고 해서 아이를 낳는 것이 아니듯이, 원래 자신의 꿈이 아닌 대신 꿈을 꿔 준 것이다.

이러한 태몽에 관한 인식은 예부터 절대적이라 할 만큼, 신비로움을 넘어 민속적인 신앙으로까지 받아들여지고 있다. 이는 역사적 인물의 태몽에 얽힌 여러 꿈 사례에 잘 나타나 있다. 옛 위인들의 태몽을 보면 용과 관련된 내용이 많은데, 이는 용이 신비스럽고 영화로운 존재로 여겨졌음을 볼 때, 장차 자라서 큰 인물이 될 것을 예지해주고 있다. 해·별·구슬 등의 경우도 밝게 빛나고 있는 표상이라는 점에서 이름을 빛낼 위인이 될 것을 나타내주고 있다. 그 밖에 산신·신선·미륵·부처님이라든지 공자와 같은 성현이나, 호랑이 등 신성시하는 대상과 관련된 태몽을 통해 비범한 인물이 태어남을 예지해주고 있다.

이처럼 태몽은 선인들의 생활 속에서는 물론 문학작품에까지 다양하게 형상화되어 나타나고 있다. 고전소설에 있어서도 주인공의 신비성을 강조하기 위해 출생 시에 신비로운 태몽이 있었음을 앞세우고 있다. '용이 품 안에 뛰어든다'든지, '옥황상제로부터 구슬이나 꽃을 받게 된다'든지 하여, 출생 시에 보통사람과는 다른 신비로운 태몽 이야기를 전개하여, 장차 비범한 인물이 된다는 것을 합리화시키고 있음을 볼 수 있다.

오늘날에도 태몽은 많은 사람들에게 관심의 대상이다. 유명인사나 연예인들의 "태몽이 무엇이냐?"고 물어볼 정도로 태몽에 대한 일반인의 관심도 상당하며, 심지어 꿈을 믿지 않는다고 하는 사람까지도 자신이나 자녀의 태몽에 대해서는 관심을 지닐 정도로 신비로운 태몽의 세계가 존재한다는 사실 자체를 부인하지 못하고 있다.

필자는 단순히 태몽이 '아들이다 딸이다' '좋다 나쁘다'를 떠나서, 태몽이 '어떠한 표상으로 전개되었느냐'에 관심을 지녀야 한다고 주장하고자 한다. 중요한 것은 태몽 속에서 전개된 고도의 상징 기법대로, 장차 인생길이 펼쳐지고 있다는 사실이다. 예를 들어 '예쁜 새가 수풀 속에서 아름다운 소리로 지저귀는 태몽' 꿈으로 태어난 여아에게 어떠한 인생길이 펼쳐질 것인가? 그녀의 인생길은 성악가나 가수 등 소리와 관련된 분야에서 두각을 나타내는 존재가 될 것임을 태몽은 예지해주고 있기에, 어려서부터 예능분야에 재능을 키워주는 방향으로 나아가는 것이 바람직하다고 할 수 있다.

한 인간의 인생길을 보여주는 태몽이야말로 또렷하게 생생하게 펼쳐지는 특성을 지니고 있다. 여러 사람들의 많은 실증적인 사례에서 알 수 있듯이, 이러한 꿈의 생생한 정도는 장차 일어날 일의 실현 여부와 비례한다. 즉, 또렷하게 기억나는 꿈일수록, 현실에서 중대한 일로 반드시 일어난다는 것을 예지해주고 있다.

꿈을 꾸는 주체는 바로 우리의 정신능력인 것이다. 신비한 우리 인간의 정신능력을 컴퓨터에 비유한다면, 486이나 586 컴퓨터가 아닌 억팔육 아니 조팔육 컴퓨터에 비유될 수 있다. 앞으로 일어날 일에 대한 사소함과 중요함에 따라 강약을 조절하여, 희미한 꿈과 생생한 꿈으로 구분되어 전개되고 있다.

태몽은 그 표상전개에 따라 그 꿈의 실현이 현실에서 한 치의 오차도 없이 현실에서 펼쳐지고 있다. 따라서 태몽의 꿈해몽은 모든 해몽의 기본적인 전형이 되고 모태가 되고 있으며, 해몽의 열쇠를 풀어나가는 단서가 되고, 출발점이 되기도 한다. 우리가 꿈해몽을 하는 데 있어 가장 정확하게 예지할 수 있는 꿈의 표상이 바로 태몽인 것이다.

'카를 구스타프 융'의 인간무의식의 집단 상징을 언급하지 않더라도, 우리 민족의 태몽에 대한 남다른 관심은 민족적인 유전이라고 할 수 있을 정도로 지대한 관심의 대상이 되고 있다. 고전소설에서 주인공의 신비한 태몽으로 시작한다든지, 죽은 일대기를 기록한 행장(行狀) 등에서도 신비로운 태몽이 있었음을 기록함으로써 위대한 인물이었음을 드러내고 있다.

오늘날에도 태몽에 대한 관심도는 지대하며, 신앙적일 만큼 우리 민족성의 내면 속에 자리 잡고 있다. 태몽을 중시하여 이름을 태몽과 관련지어 짓는다든지,

연예인이나 유명인사의 태몽이 무엇이냐를 물어볼 정도로 일상화되어 있다.

따라서 우리는 태몽을 슬기롭게 받아들이고, 태몽이 지니는 효용성을 중시하고 발전시켜 나가야 할 것이다. 태어난 아이의 태몽과 관련지어 태교에 활용한다든지, 아이에게 태몽을 들려줌으로써 자신이 가치 있는 존재로서 세상에 태어난 삶의 의미와 동기를 깨우치게 되어, 보다 적극적으로 삶에 임할 수 있도록 지도하여야 할 것이다.

또한 미팅, 사교 모임, 친목 모임 등에서 자신이나 타인의 소개에 있어 태몽을 화제에 떠올림으로써, 흥미와 호기심을 불러일으키고 친목과 대화의 장을 열어나갈 수 있다. 나아가 초·중·고의 담임교사가 학생의 가정환경 조사 등에 자신의 태몽을 이야기하게 함으로써 학생들의 특성과 개성을 파악하는데 도움이 될 수도 있다.

물론 태몽이 지니는 좋지 않은 작용도 있다. 어린이들이 주로 읽는 위인전 등에는 좋은 태몽이 언급되어 있는 데 반해 자신의 태몽은 '보잘것없다'든지, '아예 없다'는 등의 말을 들었을 때, 좌절감이나 적극적인 삶의 의지가 결여될 수도 있다. 따라서 부모가 태몽에 관심을 지녀서, 부모 자신이나 자식에게 바라는 삶이 투영된 인위적인 창작된 태몽이야기를 들려주는 한이 있더라도, 어린이에게 적절한 태몽이야기를 들려주는 것은 바람직한 것이라고 할 수 있겠다.

때로는 거짓말이 그 어떤 약이나 처방보다 좋은 결과를 가져올 수 있다. 예를 들어, 남녀관계에서 "당신의 모습이 오늘은 너무 멋있어, 사랑해" 라는 말을 거짓으로 말하고, 그것을 듣는 상대방이 빈말이라는 것을 알지라도---

필자는 태몽을 운명적인 예지로 믿고 있지만, 어찌 보면 심리학에서 말하는 피그말리온(pygmalion) 효과가 일생에 걸쳐서 반영되는 것이라고도 볼 수도 있겠다. 부모가 아이의 좋은 태몽을 이야기해줌으로써 고귀하며 가치 있는 인생이 펼쳐질 것이라는 격려와 기대와 믿음이 생겨 장차 아이가 기대에 부응하는 쪽으로 변하려고 노력하여, 실제로 꿈을 현실화하는 방향으로 나아가게 하는 데 태몽의 효용성을 찾을 수 있을 것이다.

2) 태몽의 기초 상식 10가지

(1) 태몽의 특징은 생생하고 강렬함에 있다.

20~30여 년이 지난 뒤에라도 생생하게 기억될 수 있는 것이 태몽의 특징이며, 이러한 것은 태몽의 실현이 20~30여 년, 아니 한평생에 걸쳐서 그대로 실현됨을 보여주기도 한다.

(2) 태몽은 장차 일어날 일을 상징적 표상으로 보여주는 미래 예지 꿈이다.

태몽으로 예지된 일생의 길은 신의 계시라고 할 정도로, 한 치의 오차도 없이 정확하게 실현된다. 이러한 태몽은 동물이 말을 한다든지 현실에서 일어날 수 없는 황당한 전개가 특징인 상징적인 전개로 이루어지는 미래 예지적 꿈이다.

(3) 태몽 표상 속에 아이의 일생이 예지되어 있다.

태몽 속에 등장한 그 모든 상징 표상대로, 장래의 인생길과 밀접한 관련을 맺고 있다. 태몽 속에 등장한 상징 표상과 관련을 맺어 신체적 특징이나 성격, 행동 특성을 지니게 되며, 나아가 장래에 펼쳐질 인생길을 투영해주고 있다.

따라서 태몽으로 장차 태어날 아기가 '아들이냐, 딸이냐'의 여부를 알아내는 것이 중요한 것이 아니라, 꿈속의 태아 표상인 동물·식물이나 자연물이나 사물이 어떠한 전개를 보였느냐, 유산이나 요절 등의 표상인 '썩거나 사라지거나 온전치 못한 표상으로 전개되지 않았는가?'의 여부를 살피는 것이 더 중요하다.

(4) 태몽으로 아들딸을 구분한다는 것은 절대적이지 않다.

보다 정확하게 표현한다면, 태몽으로 남성적이냐 여성적이냐를 판별할 수는 있다. 예를 들어, 호랑이 태몽이라고 해서 남아일 가능성은 크나 반드시 아들인 것은 아니다. 호랑이도 암수가 있으니, 이 경우 여아인 경우 활달하고 남성적이며 괄괄한 성품의 아이가 될 것을 예지하고 있다.

일반적으로 용이나 구렁이 등과 같이 몸집이 비교적 큰 사물이나 남성적 표상이 전개되면 아들, 작고 귀엽고 앙증맞고 아담한 사물이나 예쁘고 화려한 여성적 표상이 전개되면 딸인 경우가 많다. 과일의 경우 익거나 성숙한 표상이면 아들, 미성숙의 표상이면 딸인 경우가 많다. 예를 들어 빨간 고추나 알밤은 아들, 푸른 고추나 풋밤은 딸인 경우가 많다. 또한 잉어 한 마리 등 단수의 개념이 적용될 때는 아들, 연못 속의 여러 잉어 등 복수의 개념이 적용 시에는 딸인 경우가 많으나, 이 역시 절대적이지는 않다.

⑸ 태몽은 동물·식물뿐만 아니라, 자연물·인공물·사물·사람 등 다양하게 나타나고 있다.

동물·식물을 가져오거나, 얻거나, 보는 꿈 등이 태몽의 특징이다. 또한 해·달·별·산·바다 등의 자연물에 관한 꿈, 신발·옷·서적·악기 등의 사물에 관련된 꿈, 아기를 받거나 사람을 보는 꿈 등 태몽은 다양하게 전개되고 있다. 이 밖에도 대통령과 잠자리를 같이하는 꿈 등 기상천외한 태몽도 상당수 있다.

⑹ 태몽 속에 등장한 상징 표상에 대하여 꿈속에서 느낀 대로 실현된다.

사나워 보이는 태몽을 꾸면 용감하고 쾌활한 아이로, 온순해 보이는 태몽은 선량하거나 온순한 성격의 아이가 태어난다. 예를 들어, 뛰어드는 호랑이를 보고 무서워하지 않고 친근감을 느끼거나 대견스러움을 느끼는 꿈이었다면, 그 아이는 꿈속에서 느낀 대로 장차 부모에게 효도하며 능력이 뛰어난 대견스러운 아이가 될 것이다. 반면 호랑이가 거칠고 무섭게 느껴지는 꿈이었다면, 폭력적이며 거친 성격의 아이로 성장하게 된다.

⑺ 이런 태몽 표상이 좋다.

① 일반적인 사물이나 뱀·꽃 등의 동물·식물의 태몽 표상의 경우, 형체가 온전하고 탐스럽고 윤기나고 크고 싱싱한 표상일수록 좋다. 벌레 먹거나 부서지거나 상하지 말아야 하고, 너무 늙거나 너무 익어서도 안 된다. 크고 탐스러운 태몽 표상물은 장차 능력이 뛰어나고 그릇이 큰 인물이 됨을 예지한다.

② 태아 표상을 가까이서 보거나, 몸에 접촉하거나, 완전히 소유해야 한다. 죽이거나, 사라지거나, 잃어버리거나, 떼어버리거나, 멀리 도망가는 표상의 경우에는 유산이나 요절로 이루어진다.

③ 태아 표상을 끝까지 지켜볼 수 있어야 한다. 태아 표상이 숨거나, 찾을 수 없거나, 남에게 주는 경우, 유산이나 요절 등 얻었다가 잃게 되는 일로 실현된다.

④ 태몽 표상의 전개가 밝고 아름답고 풍요로우며, 귀엽고 친근감 있으며, 행복감과 만족감을 느끼며, 통쾌하고, 신비로울수록 좋은 꿈이다. 밝고 아름다운

자연 풍경을 보는 태몽은 장차 태어날 아이의 인생이 희망차고 밝으며, 풍요로운 가을 벌판의 태몽은 아이가 장차 부유한 인생을 살아갈 것을 예지한다. 또한 오색영롱한 구름, 무지개, 산신령, 선녀, 빛나는 해·달·별, 금빛 찬란한 동물 등 경이롭거나, 신비로운 태몽 표상물은 장차 태어날 아이의 신체적인 외모나 재능에 있어서, 신비하고 비범한 능력을 지니게 됨을 예지해주고 있다.

(8) 첫 태몽에 장차 두게 될 자녀 수를 예지하기도 한다.

이 경우 태몽에 등장하는 숫자나 횟수의 상징 표상대로 실현된다. 꿈속에 상징 표상으로 두 개의 사물이 나타난 경우, 쌍둥이일 수도 있으며 장차 두 자녀를 두게 될 것을 예지하고 있기도 하다.(이 경우 두 가지 뛰어난 능력을 지니게 되는 경우도 가능하다.) 예를 들어 땅콩의 태몽으로 쌍둥이를 낳은 사례가 있는바, 보통 땅콩 껍질 안에 두 알이 있는 것과 일치하고 있다. 다음의 실증적 사례의 숫자 표상을 잘 살펴보기 바란다.

① 태극기 깃봉 같은 빨간 열매 세 개를 따다가 다락 속에 넣어 두는 꿈으로, 장차 아들 3형제를 낳는 일로 실현되었다.

② 큰 그릇에 물이 가득 차 있는데, 커다란 박 3개가 둥둥 떠 있었다. 그 후 세 자매를 낳았다.

③ 손수 만들어 파는 큰 붓 세 자루를 골랐는데, 그 후 아들 둘과 딸 하나의 삼남매를 낳았다.

(9) 진정한 의미의 태몽은 임신 사실을 알기 전에 꾸는 꿈이다.

놀라운 꿈의 예지는 임신 사실을 알기 전에 태몽으로 임신하였음을 일깨워 주고 있다. 그리하여 몸가짐을 조신(操身)함으로써, 장차 닥쳐올지 모르는 유산 등의 위험에 대비하게 해주고 있다. 그러나 임신 사실을 확인한 후에 꾸는 꿈이라 하더라도, 꿈의 기억이 생생하며 상징적인 표상으로 전개된 경우 태몽으로 볼 수 있다.

① 소 한 마리를 몰고 온 꿈

시어머님의 꿈에 큰사위와 아버님 산소를 올라가고 있는데, 절반쯤 가고 있을 때 누런 소가 두 마리 양쪽에 있었답니다. 어머님은 "여보게 사위, 우리 소 한 마리 몰고 가세." 하시고는 산소도 안 가고, 소 한 마리 몰고 산에서 내려오는 꿈을 꾸었답니다. 실제로 후에 임신 소식이 있었고, 떡두꺼비 같은 아들을 낳았어요.

② 감 두 개를 받는 꿈

결혼식 하던 날 새벽, 돌아가신 아버님으로부터 감 두 개를 받는 꿈을 꾸었어요. 몇 달 후에 임신한 걸 알고 날짜계산을 해 보니, 신혼여행을 간 결혼 첫날밤에 임신한 것이지요. 그 후로 두 아들을 낳았고요.

(10) 태몽은 한 번이 아닌, 여러 번 꿈을 꾸기도 하며, 주변의 누군가가 대신 꿔주기도 한다.

일반적으로 태몽이 없는 사람은 없다. 사람에 따라 다르지만, 누구는 태몽이 없었다고 말하는 사람이 있고, 누구는 태몽을 여러 번 꾸었다고 말하기도 한다.

꿈꾸는 영적 능력이 뛰어난 경우, 여러 가지 태몽을 꾸기도 한다. 정몽구 현대 회장은 "내 이름이 몽구가 된 것은 어머니가 태몽을 9번 꾸었다는 데서 나왔다고 한다."고 밝히고 있다. 이처럼 태몽으로 장차 일어날 운명적인 예지를 보여주는 데 있어, 가장 중요한 하나의 태몽으로 그 인생을 압축시켜 보여주기도 하지만 때에 따라서는 여러 가지 태몽을 꾸게 됨으로써 장차 태어날 아이의 개략적인 남녀의 구별 및 신체적 특성이나 행동 특성, 성격이나 개략적인 인생의 길을 다양한 상징 표상의 전개로써 예지해주고 있는 것이다.

또한, 태몽은 가임여건의 사람만이 꾸는 것이 아니라, 주변 사람들이 대신 꿔주기도 한다. 사람마다 꿈을 꾸는 능력에 개인 차이가 나고 있는바, 유난히 꿈을 잘 꾸는 사람이 있는데 그런 사람은 주변의 관심 있는 사람에 대한 상황이나 미래가 꿈으로 나타나기도 한다.

3) 태몽에 관한 궁금증 10가지

(1) 태몽은 꿈으로서 어떤 특징이 있나요?

아기와 관련된 꿈이니, 일단은 가임여건에 처해 있어야 한다. 동식물 등 무언가를 가져오거나 받거나 얻거나 보는 꿈이 대부분이지만, 자연물을 본다든지, 문서·서적·신발·옷 등 사물이 등장한다든지, 아이가 보인다든지 등 다양하게 전개되고 있다. 이러한 태몽의 가장 중요한 특징은 꿈의 기억이 강렬하고 생생하여, 몇십 년이 지나도 태몽을 이야기할 수 있을 정도이다.

(2) 태몽이 없는 사람이 있나요?

누구는 한 번 꾸었다든지, 심지어 태몽이 없다고 말하는 사람이 있기도 하지만 일반적으로 태몽이 없는 사람은 없다. 꿈을 꾸었지만, 그 꿈이 누군가의 태몽을 대신 꿔준 것이라는 것을 미처 인식하지 못하고 지나칠 수가 있는 것이다.

우리 인간의 뛰어난 영적 능력은 꿈으로 장차 다가올 중대한 일을 예지하고 있다. 본인이나 가족이 꿈꾸는 영적 능력이 뒤떨어지는 경우, 태몽을 꾸지 못하는 경우가 있을 수는 있다. 하지만 이 경우에도 친지나 주변 인물이 대신 꿔주기도 한다. 따라서 친지나 주변 인물의 꿈에 관심을 가질 필요가 있다.

또한 둘째·셋째 자녀인 경우, 첫 아이 태몽에 장차 두게 될 자녀의 태몽을 한꺼번에 꾸기도 하기에 당연히 태몽이 없을 수도 있다. 한편 동식물의 등장이 아닌, 자연물의 등장이거나 기이한 태몽인 경우, 태몽에 대한 인식이 부족하여 태몽인지 미처 모르고 지나갈 수도 있다. 따라서 임신 전후로 생생하게 꿈을 꾼 경우, 태몽의 가능성이 있는지 유의 깊게 주목할 필요가 있다.

(3) 태몽은 언제 꾸나요?

"태몽을 임신 사실을 알고 난 한참 뒤에 꿀 수도 있느냐?" 여쭤보는 독자분이 있다. 여러 실증사례를 살펴보면, 대부분은 임신 사실을 알기 전에 많이 꾸고 있는바, 임신 사실을 몰랐을 때 태몽으로 알게 되는 것이 진정한 의미의 태몽이라고 할 수 있다. 하지만 임신 사실을 알고 나서도 태몽을 꾼 사례가 상당수 있다. 드물게는 아이의 출산이 임박해서까지도 태몽을 꾸는바, 이처럼 임신 사실을 알게 된 후에 꾸는 꿈이라고 해서 태몽이 아닌 것은 아니다. 꿈의 기억이 강렬하고 생생하다면 태몽이 될 수 있으며, 여러 번 태몽을 꿈으로써 장차 태어날 아이에 대한 운명적인 예지를 보다 자세하게 보여주고 있다.

(4) 태몽을 믿을 수 있나요?

일반적인 꿈의 예지의 세계도 놀라울 정도로 정확하지만, 이보다 더 놀랍게 가장 정확하고 가장 놀라운 예지력을 보여주는 세계가 태몽의 세계인 것이다. 이러한 태몽의 세계는 신의 계시라고 불러도 좋을 정도로 절대적이며, 한 치의 오차도 거짓도 없는 세계이다.

제 V 장 실증사례별 분류

무엇보다도 수많은 태몽 사례에서 보여주는 그 놀라운 상징 표상의 세계는 절대로 개인이 억지로 지어낼 수 없는 참된 세계이며, 진리의 세계임을 일깨워 주고 있다. 나아가 태몽에서 보여주는 상징 기법은 일반적인 문학적 상징의 기법과 일맥상통하고 있기도 하다.

인생의 청사진이라 할 수 있는 장차의 신체적인 외모, 성격, 행동 특성, 직업운, 성공 여부 등이 태몽에서 예지된 대로 인생길이 펼쳐지고 흘러가고 있음을 부인할 수 없다. 모든 꿈 가운데 가장 완벽하며, 가장 정확하고, 가장 무서운 꿈의 예지가 펼쳐지는 것이 바로 태몽의 세계인 것이다.

이처럼 태몽 표상 속에 등장한 동식물이나 사물의 상징적 의미와 관련을 맺고 있는바, 태몽의 신비한 예지력을 보여주는 사례를 몇 가지 살펴본다.

① 잔디밭에서 성화대 속의 용이 날아오른 꿈

축구선수 안정환 선수의 태몽이다. 어머니(안혜령 씨)의 꿈에 해가 쨍쨍한 날이었다. 사방은 온통 초록 잔디. 한참을 걷다가 뒤를 돌아보니 불길이 활활 타오르는 커다란 성화대가 보였다. 불 속에서 갑자기 꿈틀거리며 나타나 하늘로 솟구쳐 오르는 용 한 마리 ---일간스포츠, 2002. 05. 03.

안정환 선수의 어머니 안혜령 씨는 초록 잔디와 성화대의 배경 속에서 승천하는 용꿈의 태몽이었음을 밝히고 있는바, 오늘날 안정환 선수가 잔디 구장이 잘 갖추어진 곳에서 뛰는 국가대표나 프로축구 선수로 이름을 날리고 있는 오늘날의 미래를 벌써 20~30여 년 전에 태몽에서 정확하게 예지해주고 있다고 보아야 할 것이다.

② 여닫이문으로 연결된 두 방 중 한쪽이 닫히는 꿈

2005년 8월 15일 화상 상봉이 한창인 서울 남산동 대한적십자사 상봉장 한쪽에서는 눈물 찡한 장면이 펼쳐졌다. 이번 화상 상봉 가족 중에 최고령자로 거동도 불편하고 의식도 가물가물한 남측의 이령(100) 할머니가 그간 생존한 것으로 알고 있던 큰아들 서갑석(97년 사망) 씨의 사망 소식을 상봉장에서야 전해 들은 것이다. 가족들은 이미 화상 상봉 신청 과정에서 갑석 씨의 사망소식을 전해 들었지만, 차마 전하지 못했던 것이다.

경기도 양평이 고향이었던 갑석 씨는 서울로 올라가 근무하던 중에 6. 25 전쟁이 터졌고 갑석 씨는 강제로 의용군으로 끌려간 것이 마지막이었다.

이 할머니는 큰아들을 가졌을 때, '여닫이문으로 연결된 두 방 중 한쪽에 갑석씨가 앉아 있는데, 갑자기 문이 닫히는' 태몽을 꾼 것이 아들을 이북으로 올려보낼 것을 암시했던 것이라고 항상 말해왔다고 한다. (서울=연합뉴스)

태어날 때 꾸었던 여닫이문이 갑자기 닫히는 태몽의 실현이 6. 25 때 의용군으로 끌려가면서, 결국은 기나긴 세월 생이별로 이루어졌으며, 끝내 다시 만나지 못한 현실로 이루어지고 있음을 볼 때, 태몽의 신비로움과 예지에 대한 사례를 이보다 적나라하게 드러내는 태몽 사례는 없을 것이다.

③ 연꽃 한 송이가 집안으로 들어온 꿈

'어머니의 태몽에 연꽃 한 송이가 집안으로 들어온 꿈을 꿨다.' 『불교란 무엇인가(부디스트웹닷컴)』의 저자이자, 불교 연구에 몰입해 20여 권의 책을 쓰는 등 불교연구에 매진해 온 불교학자 최봉수의 태몽이다. 연꽃이 들어왔다는 어머니의 태몽에 대한 말씀에서 연꽃이 불교를 상징하듯, 불교와 관련된 인생길로 나아가고 있다.

⑸ 태몽의 실현은 언제까지이며, 언제 이루어지나요?

단정적으로 말하자면, 태몽은 평생의 운세를 개략적으로 보여주는 인생의 청사진이요, 하늘의 운명적인 계시를 보여준다고 할 수 있다. 따라서 태몽의 실현은 20~30년 뒤, 아니 평생에 걸쳐서 이루어지고 있다.

덧붙이자면 불교에서 삼 세(三世)라고 하여, 전세(前世) 현세(現世) 내세(來世)를 이야기하고 있는바, 꿈속에서 자신의 전생을 보았다는 사례가 심심찮게 보이기도 한다. 태몽 또한 전세의 인연(因緣)을 보여주면서, 한 발 나아가 현세에서의 운명론적 예지를 함축적으로 보여주고 있다고 볼 수 있다. 태몽은 상징적인 미래예지 꿈이기에 이러한 꿈의 특징은 꿈의 실현시기에 차이가 있을 뿐, 꿈의 예지대로 이루어지는 특징을 지니고 있다.

⑹ 태몽을 사고팔 수가 있나요?

결혼정보회사 듀오의 설문조사 결과, 기혼여성 약 500명을 대상으로 태몽에 대한 엄마들의 생각을 설문 조사한 결과, 82.9%가 "태몽을 꿨다"고 대답한 것으로 나타났다. 특이한 사실은 조사에 임한 엄마들 중 13.1%가 "남의 좋은 태몽을 돈 또는 물건을 주고 산 경험이 있다."라고 응답했으며, 이 중 76.8%가 태몽을 산 후 임신을 했다거나, 3.6%가 태몽을 산 뒤 임신 사실을 알았다는 응답도 나와 눈길을 끌었다. 게다가 이들 대부분은 이렇게 돈을 주고 산 꿈이 효력이 있다고 확신하고 있는 것으로 조사되었다.--출전: 한국아이닷컴 및 양쥬

사람마다 꿈을 꾸는 능력에 개인차이가 나고 있는바, 꿈을 못 꾸는 사람은 꿈을 잘 꾸는 사람의 도움을 얻어 살아가고 있다. 태몽도 임신한 여성만이 꾸는 것이 아니라, 남편이나 부모 주변 친지나 동료 등 관련된 다른 사람들이 대신 꿔주기도 한다.

일반적으로 배우자나 부모가 아닌, 주변 동료가 태몽을 꾼 경우, 현실에서 태몽을 사고파는 형식적인 매몽의 절차를 거치기도 하지만 이 역시 원래 꿈을 꾼 사람이 꿈을 산 사람의 꿈을 대신 꿔준 것에 불과한 것이다. 따라서 굳이 시어머니의 태몽을 사지 않더라도 며느리가 임신하는 일로 이루어질 수 있지만, 며느리가 아닌 시집간 딸의 태몽을 대신 꿔주는 일로도 가능하기에 먼저 꿈을 사는 것이 보다 확실하다고 할 수 있겠다.

(7) 태몽을 생생하게 꾸었는데, 유산이 될 수 있나요?

유산될 수 있다. 어떤 사람은 생생한 태몽을 꾸었으면, 유산 등으로 실현되지 않는다고 생각하고 있다. 중요한 것은 태몽의 생생함이 아닌 태몽 속에 등장한 동식물 등의 표상이 어떻게 전개되었는가에 달려있다고 하겠다. 태몽 표상으로 등장한 동식물이 죽거나 달아나거나 썩거나 물리치거나 빼앗기거나 손에 넣지 못한 꿈 등등 안 좋게 전개되었다면, 현실에서도 유산 등의 좋지 않은 일로 이루어지고 있다. 태몽 속에 나오는 상징물들이 크고 싱싱하며 윤기나면서, 밝고 풍요롭고 아름다울수록 좋은 꿈이다. 이처럼 꿈은 결코 반대가 아닌, 상징의 이해에 있음을 여실히 보여주고 있다.

필자는 태몽 상담을 하면서 유산이나 요절로 실현될 수 있는 상징 표상을 이야기해야 할 때, 가장 가슴 아프다. 태몽의 특징이 상징적인 미래 예지 꿈이기에, '예지적 실현을 벗어날 수가 없다.'라고 필자는 믿고 있다. 단지 장차 다가올 충격적인 일에 대한 마음의 준비를 하게 해주어, 슬기로운 극복을 하게 도와주는 뜻으로 받아들이면 될 것이다.

(8) 태몽이 안 좋은데 유산시켜야 할까요?

태몽에서 꿈이 안 좋다고 해서 인위적으로 어떠한 행위를 가하는 것은 대단히 잘못된 생각이며, 정말 어리석은 행위이다. 태몽으로 유산이나 요절을 보여주는 것은 가능하다고 할 수 있다. 태몽과 같은 상징적인 미래 예지적인 꿈에서 꿈의 예지는 가능하나, 그 실현 결과는 피할 수 없다. 따라서 현실에서 군이 인위적으로 유산 등을 하지 않더라도, 하늘의 뜻에 따라 이루어진다고 볼 수 있기에, 군이 인위적인 행위를 더하지 않아도 된다.

자신이나 주변 인물이 꾼 안 좋은 꿈이 태몽이라고 단정 지을 수 없으며, 신이 아닌 이상 태몽에 대해 100% 올바른 해몽을 할 수 있는 사람은 없다. 불길한 태몽이라고 믿었던 꿈의 실현이 실제 태몽이 아닌, 사업의 실패나 자신이 하고자 하는 일에 대한 성취가 이루어지지 않는 일로 이루어질 수도 있다.

또한 태몽이 안 좋다고 속단하고 인위적인 유산을 했다면, 그러한 행위가 임신한 첫째 아이가 아닌, 다음에 들어서게 될 둘째 아이에 대한 예지를 보여주는 것으로 실현될 수도 있다.

결론적으로 신비한 태몽의 세계는 우리 인간의 손을 떠난 신(神)의 영역에 해당하는 세계이다. 태몽이 좋지 않다고 인위적으로 유산시키는 어리석음은 인간이 제아무리 약은 꾀를 내서 날뛰는 행위를 한다고 하더라도, 손오공이 부처님 손바닥을 벗어나지 못하듯이, 하늘의 계시요 신의 영역인 태몽의 세계를 벗어날 수 없는 것이다. 오직 인간으로서 성실하게 자신의 삶을 살아가는 마음 자세가 중요하며, 태몽에 대한 관심과 보다 올바른 이해가 필요하다고 하겠다.

(9) 태몽은 좋은데 아기가 지체아이거나 성장이 느려요?

필자의 전화 상담 가운데 태몽은 좋은데 아이가 자폐 증세를 보이거나 성장이 느리다고 고민하는 사례가 있었다. 수많은 사례를 보아 왔지만, 태몽같은 상징적인 미래 예지 꿈은 한 치의 오차도 거짓도 없다. 좋은 태몽으로 보이는 꿈을 꾸고 나서, 다른 어떠한 좋은 일이 일어나지 않았다면, 누군가의 태몽을 대신 꿔준 것이 아니라면, 20년~30년 뒤에라도 오직 태몽의 상징 표상대로 전개되므로 관심과 애정을 지니고 지도해야 할 것이다.

(10) 태몽으로 쌍둥이 낳을 것을 알 수 있나요?

알 수 있다. 태몽 표상의 사물이 두 개의 쌍으로 나오거나, 둘이나 셋 등 숫자 개념이 명확한 경우에는 쌍둥이일 가능성이 높다고 하겠다. 예를 들어 보통 두 개씩 들어있는 땅콩의 태몽이라든지, 용 두 마리, 뱀 두 마리, 잉어 두 마리 등 동·식물 두 개 등을 동시에 얻게 되는 꿈이거나, 어떠한 사물을 두 개씩을 동시에 얻게 되는 꿈인 경우이다. 이처럼 쌍둥이를 낳게 될 것을 꿈속에 전개되는 태몽 표상에서 둘이라는 숫자를 강조하여 예지하는 특징이 있다. 다만, 유의할 점으로는 이 경우 쌍둥이나 세쌍둥이 등이 아닌, 장차 두게 될 자녀 수를 예지하는 일로 이루어질 수도 있다.

4) 태몽에 대한 잘못된 인식 비판

필자는 오랫동안 꿈을 연구해왔으며, 20여 권의 방대한 분량의 『홍순래 꿈해몽 대사전』을 출간하고자 하는 꿈해몽 전문가 입장에서 신문지상이나 방송 및 인터넷상에 꿈해몽이나 태몽에 관한 여러 보도나 글을 관심 있게 지켜보고 있다.

하지만 꿈이나 태몽에 대해서 너무나 '무지하다'고 할 정도로 엉터리 내용이나 잘못된 시각이 너무 많은 것을 보고, 씁쓰레한 마음을 금할 수 없다. 이러한 것을 바로잡고자, 틀린 언급에 대한 올바른 풀이를 시도해보고자 한다.

(1) 꿈은 반대라는 엉터리 역술인에 대하여

모 케이블 TV 방송을 보다 보니, 하늘에서 시커먼 철근이 떨어지는 것을 붙잡는 태몽을 꾸고 태어난 여아에 대한 풀이를 하면서, "쇠붙이는 남아의 상징이지만, 꿈은 반대이니 여아가 태어났다."라고 엉터리 해몽을 하는 역술인을 본 적이 있다. 아니, 꿈이 반대라고? 이 무슨 뚱딴지같은 소리이며, 엉터리 근거 없는 말로 떠들어대는지 도무지 이해할 수 없다. 꿈이 반대라면, 이빨 빠지거나, 신발 잃어버리는 꿈이나 오늘 밤에 꾸기를 바란다. 아주 좋은 일이 일어날 테니까.

꿈은 결코 반대가 아닌, 상징의 이해에 있다. 호랑이의 태몽이라고 반드시 아들은 아니다. 호랑이도 암수가 있으니 여아가 출생할 수도 있으며, 또한 호랑이 태몽의 여아도 상당수 많이 있다. 다만 여아인 경우 호랑이처럼 활달하고 남성적인 성품의 여아일 것을 예지해주고 있다. 여러 사례를 살펴보면, 해의 태몽으로 태어난 아이도 반드시 남아가 아닌, 여아가 출생할 수도 있다. 마찬가지로 꽃의 태몽으로도 남아가 출생할 수도 있다. 이 모든 것은 태몽 표상에서 남아인지 여아인지를 보여주는 것이 아니라, 남성적이냐 여성적이냐를 보여주는 것이라고 할 수 있다.

(2) 태몽의 예지력에 대한 잘못된 인식에 대하여

꿈에는 여러 가지가 있는바, 소망이나 불안 등이 표출되는 심리적인 꿈이 있을 수 있으며, 주변에 대한 위험을 일깨워 주는 꿈, 신체 내외부의 감각적인 자극으로 인한 꿈 등 여러 가지가 있다. 하지만 태몽은 이러한 것을 뛰어넘어, 장차 앞으로 일어날 일을 상징적으로 보여주는 가장 대표적인 상징적인 미래 예지 꿈이다.

심리학자들은 꿈의 예지적인 기능에 대해서 믿지 못하고 있으며, 오직 심리적인 측면만을 언급하고 있다. 이를 비유하자면, 하루살이는 내일이라는 세계가 존재한다는 사실을 알지 못하는 바와 같이, 꿈의 주요한 기능이 미래 예지에 있다는 사실을 깨닫지 못한 데서 비롯된다고 할 수 있겠다. 태몽의 세계는 미래 예지적인 꿈의 세계이지, 심리적인 측면에서 살펴볼 차원이 아니다. 태몽의 세계는 영적인 운명의 예지요, 학문적인 해석으로 언급될 세계가 아닌 것이다.

큰 복숭아를 손에 들고 있는 꿈인 경우, 건강하고 소망스러운 태아를 갖고자 하는 소망이 꿈으로 표출되었다는 견해는 일면 그럴싸하게 보이나, 태몽이라는 꿈의 예지적 특성을 이해한다면 엉터리 견해이다. 그렇다면 좋아 보이는 탐스러운 복숭아 꿈이 아닌, 썩은 복숭아를 들고 있는 안 좋은 꿈으로 유산이나 요절로 실현되는 태몽의 경우에는 어떻게 설명해야 할 것인가. 다시 태어날 아기의 유산에 대한 불안한 심리 표출의 꿈에서 이러한 꿈을 꾸게 되었다고 말할 것인가? 중요한 것은 태몽 표상에 등장한 상징물의 전개대로 그 이후에 예지적으로 꿈이 실현된다는 데에 있다.

역사적 인물의 태몽이 그렇고, 오늘날 수천수만의 태몽 사례는 이러한 사실을 극명하게 보여주고 있다. 무엇보다도 태몽에서 예지된 그 절묘한 상징 기법대로 몇십 년이 지나서라도 현실에서 실현되는 것에 대하여 놀라움과 신비로움을 금할 수 없을 것이다.

(3) 태몽의 진정한 예지력은 '태교'에 있는가?

'태몽을 통해 아기의 존재나 미래에 대한 의미를 분석하기에 앞서, 자신이 엄마로서 준비되어 있는지 자성하는 계기로 삼아야 한다,' '태몽을 통해 엄마와 태아 그리고 주변 환경을 돌아봄으로써, 보다 좋은 내용의 태교와 양육을 해야 한다' 등의 말은 아주 좋은 말들이다.

그러나 단적으로 말하자면, 태몽은 태교보다는 장차 운명의 길을 예지해주고 있다. 태몽의 예지적인 세계를 벗어날 수도 뛰어넘을 수도 없으며, 태몽에서 예지된 대로 운명의 수레바퀴는 굴러가고 있음을 수많은 태몽 실현 사례는 보여주고 있다.

우리는 실제로 태몽에 나타난 상징 표상물의 전개에서 도움을 얻을 수 있다. 예를 들어, 카나리아 새가 지저귀는 태몽인 경우 장차 성악이나 음악과 관련된 운명의 길을 예지해주었다고 볼 수 있으므로 태교에 있어서도 음악을 많이 들려주는 방향으로 나아가는 것이 바람직하다. 이처럼 태교를 할 때 태몽을 참고할 수는 있겠으나, 태몽은 초월적인 영역의 세계인 것이지, 태교를 위한 것은 아니다. 즉, 태교는 어디까지나 태몽을 실현하기 위해 존재하는 것이지, 태교를 위한 태몽이 존재하는 것은 아니다.

(4) 태몽은 민간신앙과 신화를 통해 미화된 것인가?

신경정신과 손석한 원장은 "태몽은 단지 '예기불안' 등 임신에 따른 엄마와 가족의 심리 상태를 반영한 것임에도 불구하고, 유독 우리 문화권 내에서는 샤머니즘적 신앙과 결탁하여 미화되고 과장된 측면이 있다."라고 말한다. 옛 기록들 역시 영웅을 미화하는 과정에서 만들어진 신화일 가능성이 높다는 것이다.---〔앙쥬〕

태몽이 민간신앙과 신화를 통해 미화되었다고 언급한 부분은 일부 일리 있는 이야기이다. 민속신앙에서 태몽을 신성시하고 있음을 이용하여, 'ㅇㅇㅇ전'으로 시작되는 대부분의 고전소설의 시작 부분이 영웅의 신비한 태몽으로 전개되고 있다. 고려나 조선의 건국신화에서도, 위정자들이 목적의식을 지니고 태몽을 신성시하고 미화하고 있기도 하다.

하지만 '태몽은 임신에 따른 엄마와 가족의 심리 상태를 반영한 것'이라는 주장은 신경정신과의 심리적인 측면에서만 언급하고 있으며, 태몽의 예지적인 특성을 도외시한 데서 기인한다. 전체적인 입장에서 태몽의 세계는 예지적인 미래를 보여주는 이상도 이하도 아니다. 서구의 논리에 휘둘려서 프로이트 등 그들의 주장만 대변할 뿐, 우리의 앞집 아주머니와 뒷집 할머니가 일생을 살아오면서 깨달은 예지적 꿈의 세계에 대해서는 무관심한 것뿐이다.

하지만 사실 서양에서도 이러한 예지적인 꿈의 세계에 대해서 부정적으로만 보지는 않고 있다. 대표적으로 『성경』에도 계시적이거나 예지적 꿈에 관한 이야기가 자주 나오고 있음에서 알 수 있다. 또한 고대 후기 꿈해석의 위대한 권위자인 '아르테미도로스'는 이러한 예지몽에 지대한 관심을 지녀, 필생의 역작으로 『꿈의 열쇠(Onirocriticon)』를 남기고 있는바, 꿈을 해몽하는 주된 목적이 꿈꾼 자에게 앞으로의 행동 방향을 제시하는 것이라고 보았다. 이러한 '아르테미도로스' 입장에서 살펴본다면, 태몽의 목적 또한 앞으로의 인생에서 나아갈 행동 방향을 살펴보게 하는 것이라 하겠다.

(5) 태몽에 대한 인식이 달라졌는가?

여러 세기를 거쳐 전승되면서 태몽도 많은 변화를 겪었다. 먼저 주목할만한 것은 태몽의 예지력이 미치는 범주의 변화다. 과거에는 태몽을 통해 아기의 모든 것을 점칠 수 있었다. 즉, 신체적인 특징이나 성격, 행동 특성은 물론이고 어떤 직업을 갖게 될 것인지, 어떤 삶을 살게 될 것인지, 유산되거나 요절하진 않을지 등 장래에 일어날 아기 운명 전반을 예지한다고 믿은 것이다. 그러나 요즈음에는 태몽 꾼 경우 아들인지 딸인지에만 관심을 둔다.

요즘 사람들이 태몽으로 아들딸을 구분하는 것에만 관심이 있는 것은 태몽에 대한 무지에서 비롯된 것이다. 태몽의 예지적인 실현의 세계는 예나 지금이나 아무런 변화가 없다. 오늘날에도 태몽의 세계를 믿고 안믿고는 개개인의 꿈에 대한 인식의 차이에서 비롯되고 있는 것일 뿐, 모든 사람들이 태몽으로 아들인지 딸인지에만 관심을 두는 것은 아니다. 꿈의 예지를 믿는 사람들은 태몽에 관심을 기울이고 있으며, 또한 태몽의 운명적인 예지에 대하여 믿고 있다.

(6) 태몽은 임신 전에만 꾸는 꿈인가?

진정한 의미의 태몽은 임신 사실을 알기 전에 꾸는 꿈일 것이다. 이 경우는 임신했는가 안 했는가에 대한 결과만을 일깨워 주고 있다. 하지만 임신 사실을 알았다고 하더라도, 태몽의 참다운 의미가 장차 태어날 아이에 대한 운명적 예지를 보여주는 데 있으므로 임신 사실을 안 이후에도 운명적 예지를 보여주는 태몽을 여럿 꿀 수도 있다. 따라서 임신 중에 언제 꾸든 상관없이 꿈의 전개가 강렬하고 생생하게 펼쳐진다면 의미있는 태몽으로 받아들여야 할 것이다.

(7) 태몽이 산모의 신체변화와 관련이 있는가?

생물학자 중에는 태몽의 표상을 임신 기간 중 산모의 신체 변화와 연관 지어 설명하기도 한다. 즉, 태몽 중에는 '알'꿈과 '용'꿈이 유독 많은데, 알고 보면 그 이유는 따로 있다. 알꿈을 꾸는 것은 둥근 난자가 나팔관 벽을 자극한 것이 꿈으로 구현된 것이고, 용꿈은 나팔관(수란관)의 '꿈틀운동(연동운동)'의 결과라는 것이다. 또한 지렁이 꿈을 용꿈이라고 더 좋은 쪽의 태몽으로 무의식적으로 신화적 태몽을 만들어낸다는 것이다.

절대로 관련이 없다. 태몽 중에 '알꿈'과 '용꿈'이 많은 것이 아니다. 실증사례를 통계 내어 보면, 오히려 뱀꿈과 열매 꿈이 더 많다. 알꿈을 난자의 둥근 모양에, 용꿈을 구부러진 나팔관의 연동운동에서 연유되었다고 하는 것은 생물학자의 궁색하고 근거 없는 헛된 말이다. 그러면 가장 많은 뱀꿈 및 열매 태몽은 어떻게 설명할 것인가?

다만, 지렁이 꿈을 용꿈이라고 더 좋은 쪽의 태몽으로 무의식적으로 신화적 태몽을 만들어낸다는 말은 맞는 말로 보아야 할 것이다. 많은 사람들이 자신이 꾼 꿈이 좋은 태몽이라고 믿고 싶은 것이며, 또한 그럴 것이라고 스스로 위로하고 있다. 이 경우 저마다 좋은 태몽을 꾸었다고 하지만 좋은 인생길이 펼쳐지지 않는 것은 태몽 자체가 그다지 좋지 않은 태몽일 수도 있다. 꿈의 세계는 한 치의 오차도 거짓도 없다. 태몽의 세계는 더더욱 그렇다. 오직 우리 인간의 잘못된 해몽만 있을 뿐---.

(8) 태몽은 임신부에 의해서 선택적으로 지각된 것인가?

동서심리상담연구소 백현정 태교 상담실장은 "잠자는 동안 모든 사람은 꿈을 꾸며 대부분의 사람들은 이것을 기억한다. 특히 사람들은 강렬하고 생생한 꿈을 좀 더 특별하게 기억하는데, 이 꿈이 임신 전이나 임신 중의 기간과 맞물려 일어났을 경우 그것이 태몽으로 간택된다. 결국 태몽은 많은 꿈 중에서 임신부에 의해 선택적으로 지각된 것"이라고 설명했다.

태몽은 많은 꿈 중에서 임신부에 의해 선택적으로 지각된 것이 아니다. 그렇다면 친지나 주변 사람들이 대신 꿔주는 태몽은 어떻게 설명을 할 수 있는가? 미래 예지적인 태몽은 임신부가 임의로 선택하고 안하고가 아니라, 하늘의 운명적인 계시이며, 일깨움이다. 중대한 일을 예지하는 것이므로 20∼30년 뒤에라도 기억될 정도로 생생하고 강렬한 꿈의 기억으로 알려주는 것이며, 그렇기 때문에 태몽은 반드시 임신부가 아닌, 주변 친지나 동료 등이 대신 꿔주기도 한다.

⑼ 태몽의 표상과 세부적인 내용과 풀이도 다양해졌는가?

태몽의 다양한 상징 표상은 예전이나 지금이나 변함이 없이 다양하다. 문헌에 적힌 위인들의 경우, 용·보석·별·달·해 등이 많이 기록되어 있을 뿐, 그 당시에도 일반인들은 그 시대에 맞는 다양한 태몽이 존재했다.

'문학은 시대상을 반영한다'는 말이 있지만, 마찬가지로 꿈의 상징 표상물도 시대상을 반영하고 있다. 옛 선인들이 자동차 꿈을 꿀 수 없었던 것이 당연하듯이, 오늘날 꿈속에 자동차가 등장하는 것은 당연한 꿈의 전개이다. 꿈을 꾸는 주체인 우리 정신능력은 적절한 소재를 선택하여 가장 효과적인 상징물을 등장시키고 있을 뿐이다. 따라서 시대에 따라 태몽에 등장하는 상징 표상물과 세부적인 내용 전개가 다양해지는 것은 당연하다. 또한 사람들이 같은 용꿈을 꾼다고 하더라도, 예나 지금이나 같은 배경이나 상황으로 전개되는 꿈은 하나도 없다. 예를 들어, 호랑이가 등장하는 태몽을 꾸었다고 하더라도, 같은 상황과 같은 전개의 태몽은 하나도 없을 것이다.

필자가 태몽이나 꿈을 굳게 믿는 이유 중의 하나가 여기에 있다. 오늘날 자신이 태어난 생년월시와 같은 사주(四柱)를 수없이 찾아볼 수 있다. 그렇다면 이 사람들의 운명의 길이 모두 같다는 말인가? 하지만 똑같은 태몽으로 태어난 사람은 없다. 꿈의 세계는 1:1의 예지적인 맞춤 정보이며, 태몽은 오직 그 아이만을 위한 인생의 청사진이요, 안내도요, 하늘의 운명적인 계시인 것이다.

태몽을 풀이하는 사람에 대한 변화가 일어나고 있는 것은 시대의 변화에 따른 당연한 결과로 볼 수 있겠다. 옛날에는 제정일치의 시대로, 무속인이나 점쟁이들이 해몽하던 시대였다면 지금은 과학적·합리적인 사고가 가능하며 실증사례에 토대를 둔 태몽 표상물의 상징 기법에 대한 올바른 이해와 연구가 가능한 학자 등에 의해서 해몽이 이루어지고 있다.

또한 예지적인 태몽의 세계를 과학이라는 미명하에 미신이나 근거 없는 영역으로 인식하는 것은 잘못이며, 영적인 태몽의 세계를 심리 표출에 역점을 두고 있는 심리학의 입장에서 연구하는 것도 올바른 접근방법이 아니다.

(10) 태몽이나 꿈을 인위적으로 조절해 꿀 수가 있는가?

최면술을 이용해 원하는 꿈을 마음대로 꿀 수 있게 해주는 비디오테이프가 등장했다. 이 비디오테이프만 있으면 '돼지꿈'과 같은 대박 꿈도 꿀 수 있고, 용이 등장하는 태몽도 꿀 수 있다고 한다. 신구대학 김영국 교수에 의해 제작된 이 비디오테이프는 잠잘 때 뇌파가 알파파로 바뀌는 원리를 이용해 만들어진 것으로, 비디오를 시청한 사람은 온몸의 힘이 빠지며 나른함을 느끼게 되고, 시간이 지남에 따라 점차 뇌파가 안정되면서 최면상태로 유도된다. 이때 원하는 꿈을 유도하는 장면을 보여주면 그 꿈을 꾸게 된다는 것이다.

최면 기법을 이용하여 '돼지꿈을 원하는 대로 마음대로 꾸게 해준다', '사람이 마음대로 꿈을 조정할 수 있게 되었다' 이러한 글을 읽으면 기가 막혀 말이 나오지 않는다. 이 경우 길게 이야기할 필요도 없다. 당장 발명한 사람이 실험체가 되어, 로또 대박의 돼지꿈이나 용꿈을 인위적으로 꾸는 길로 나아가면 될 것이다.

로또 당첨되기를 바라는 마음에서 돼지 그림이나 사진을 본 후에 꿈속에서 돼지가 나왔다고 그것이 돼지꿈이란 말인가? 미래 예지적인 꿈에서 돼지꿈이 지니는 다산과 번식력의 재물운의 상징적 의미를 지닐 수 있다는 말인가? 이는 고향에 가고 싶은 자신의 간절한 바람에서 '꿈에 본 고향'이란 말이 있듯이, 로또 당첨을 바라는 '꿈에 본 돼지'에 불과할 것이다. 따라서 꿈에 돼지가 나왔다고 하더라도, 이는 심리적인 소망 표출의 꿈이므로 장차 재물운을 가져다 줄 상징적인 미래 예지적인 꿈으로 절대로 실현될 수는 없을 것이다.

정신분석학적으로 꿈을 분석하여 심리 상태를 파악한다든지, 치료에 도움에

되게 하는 것은 프로이트 이후 널리 알려져 있다. 이처럼 인위적인 꿈을 이용하여, 심리적 불안감의 해소나 심리적인 안정을 가져오게 하는 등의 심리적인 치료는 가능하다고 할 수 있다.

하지만 꿈에도 여러 가지가 있는바, 심리 표출의 꿈도 있지만, 가장 주요한 것은 미래 예지의 꿈으로 로또 당첨이나 태몽이 대표적이다. 이러한 태몽에 대해서 심리를 운운하는 심리학자들은 문밖에 있는 문외한들이므로 운명적인 계시라고 할 수 있는 태몽에 대해서 왈가왈부할 자격조차 없다. '아는 만큼 보인다'라는 말이 있듯이, 하루살이의 세계에서 내일이라는 세계가 존재한다는 것을 알 수도 없으며, 따라서 보일 수도 없으며 볼 수도 없는 것이다.

5) 태몽 유형으로 본 아이 특징과 돌보기법

강렬하고 생생한 기억이 특징인 태몽은 태어날 아이의 미래를 암시하는 아주 중요한 단서가 되고 있다. 개략적으로 아이의 성별을 추정할 수 있을뿐만 아니라, 신체적 특성, 외모, 성격, 기질 등 아이의 전반적인 특징과 장래의 직업운 등을 보여주고 있다. 따라서 태몽을 바탕으로 태어날 아이의 기질과 성격을 파악할 수 있어 예비 엄마들은 태몽 풀이에 관심을 가져야 한다. 예를 들어 지저귀는 새의 태몽으로 태어난 아이는 노래 등 음악에 천부적 소질을 지니고 있다. 따라서 태몽에 따라 아이의 기질을 파악한 후, 아이의 장점을 길러줄 수 있는 방향으로 나아가고, 단점은 보완해준다면 아이는 자신의 기량을 충분히 발휘하는 아이로 성장할 수 있을 것이다.

① 과일이나 채소 태몽

과일이나 채소는 사람·재물·작품·일 등을 상징한다. 꿈속에 전개된 태몽 표상물이 싱싱하고 탐스러울수록 좋은 태몽이다. 싱싱한 꽃을 꺾어 든 태몽을 꾸면 태아가 장차 명예와 선망의 대상이 된다는 의미이고, 윗사람이 준 꽃 주머니를 받으면 태아가 장차 지도자가 되거나 은인에 의해서 사업 기반을 얻거나 귀해짐을 예지한다. 또한 파·마늘·고추 따위의 채소류는 태아가 장차 어떤 특기나 재능으로 유명인이 될 것을 예지한다.

과일이나 채소 태몽의 아이들은 영리하고 부귀하며, 스스로 자신의 외모에 대해 관심이 많은 편이다. 다소 겁이 많고 소심한 면이 있으나, 정의롭고 영리하다.

재능이 많은 과일·야채 태몽의 아이들은 어렸을 때부터 아이가 잘하는 것이 무엇인지 엄마가 잘 관찰해보는 것이 좋다. 다양한 예능 교육을 접하게 하여 아이가 자신이 관심 있는 분야를 마음껏 해볼 수 있도록 하자.

② 뱀(구렁이) 태몽

뱀이 치마 속으로 들어오는 것은 대표적으로 태아를 잉태할 태몽이다. 수많은 뱀이 우글거리는 태몽은 장차 따르는 사람이 많은 학자나 지도자 또는 교사·군인 등이 될 것을 예지한다. 큰 구렁이 꿈을 꾸면 장차 그릇이 크고 능력이 뛰어나서 명성을 떨치게 되며, 큰 구렁이가 지붕 마루로 들어가면 태아가 단체의 우두머리가 되거나 권위자가 됨을 예지한다.

뱀 태몽의 아이들은 대체로 영리하고 머리가 좋은 수재들이 많다. 성격은 다소 급한 편이며, 객관적인 판단력을 가졌고 불의를 보면 참지 못하는 기질을 가지고 있다.

영리한 뱀 태몽의 아이들은 가르치는 대로 잘 이해하는 스타일이다. 하지만 냉정하고, 성격이 급해서 대인관계에서 문제가 생길 수도 있다. 어렸을 때부터 아이가 또래 친구와 많이 놀게 해서 사회성을 키워주자.

③ 호랑이 태몽

호랑이를 타고 대궐이나 큰 저택 등의 대문으로 들어간 태몽은 권세를 얻게 되어 큰 기관이나 단체의 우두머리로 출세한다. 새끼 호랑이 두 마리를 한꺼번에 안은 태몽은 쌍둥이, 호랑이도 암수가 있기에 형제나 자매를 두게 된다.

권세와 권위를 나타내는 호랑이 태몽 아이들은 아주 활달하며 적극적인 삶을 살아가게 된다. 고집이 센 것이 다소 흠이지만, 자신의 주관과 가치관이 확고한 성격으로 성별에 상관없이 목소리가 크고 자부심이 강하며, 항상 모든 일에 앞장서고 솔선수범하는 기질을 지니고 있다. 리더십이 강한 호랑이 태몽의 아이들은 어렸을 때부터 아이 스스로 할 수 있는 능력을 키워주면 아이의 기질을 더욱 돋워줄 수 있다.

④ 돼지 태몽

돼지는 일반적으로는 재물을 상징하며, 가임여건에서 돼지가 들어오거나 잡는 경우 태몽으로 이루어진다. 새끼 돼지를 쓰다듬는 꿈은 장차 부자가 될 자식을 낳고, 달려들거나 물려는 태몽을 꾸면 씩씩하고 용맹스러운 아이를 낳는다.

또, 돼지를 잡아먹으려는 맹수를 때려잡는 꿈은 출산이 순조롭거나 장차 경쟁자를 물리치게 된다. 얌전한 돼지 꿈은 순종적인 아이, 사나운 멧돼지가 나타나는 꿈은 적극적이며 고집이 센 아이일 수 있다.

돼지 태몽의 아이들은 대기만성형의 끈기파가 많고, 정열적이고 여유로운 기질을 가지고 있는 것이 특징이다. 돼지 태몽의 아이들은 학습 이해도나 흡수력은 느리지만, 꾸준히 노력하는 인간형이 많다.

⑤ 용 태몽

용은 우두머리나 권세 등의 상징이다. 힘차게 하늘로 솟아오르는 용의 태몽은 권세와 부귀를 얻게 될 것을 뜻하나, 상처를 입은 용의 경우 능력은 뛰어나지만 때를 만나지 못해 곤란을 겪게 됨을 된다. 마찬가지로 방 안에서 헤매는 용의 태몽은 처음에는 크게 성공하나 결국 큰 뜻을 이루어내지 못하고 실패하고 말 것을 예지해주고 있다.

용 태몽의 아이들은 활동적이고 남달리 큰 포부와 야망을 품고 있다. 또한, 목표를 세우고 스스로 밀고 나가려는 실천력도 강한 편이다. 따라서 독단적으로 밀고 나가다가 실패할 수도 있으므로 남의 의견을 경청하도록 지도한다.

⑥ 소 태몽

순한 소의 경우 딸, 큰 황소의 경우 아들일 가능성이 높다. 성실하고 큰 부자가 될 태몽으로, 꾸준히 노력해서 자수성가를 이루어낼 수 있는 직종에 진출하면 좋다. 평소에는 다소 게으른 면도 있으나, 끈기가 있으며 참을성이 많다. 또한 주위 사람들을 잘 챙겨주는 등 인정이 많다. 특히, 가족과 형제에 대한 애정이 많아서 효자·효녀가 많으며, 믿음직스럽고 우직한 편으로 묵묵히 자신의 길을 가는 편이다.

친구들 간의 의리를 중요하게 생각하는 소 태몽의 아이는 친구가 부탁을 하면 나쁜 일이라도 거절하지 못하는 성향이 있다. 그러므로 부모가 특히 아이의 교우관계에 신경을 쓰는 것이 좋다.

⑦ 물고기 태몽

커다란 물고기일수록 능력과 역량이 뛰어난 사람임을 예지한다. 또한, 대체로 소심하고 체격이 작은 사람이 많지만, 외모가 출중하고 깨끗한 것을 좋아하는 특성이 있다. 어항 속의 화려한 금붕어 등 화려하거나 특이한 물고기 태몽은 예술가 등 특이한 재능을 발휘할 것을 예지해주고 있다.

활발하게 노는 물고기 태몽은 활동적이고, 모든 사람과 잘 융화하는 것이 특징이다. 또한 물고기 태몽의 사람은 영리하고 인정이 많은 편이라, 어렵고 힘든 일도 혼자 묵묵히 해내는 성격의 소유자이다. 어렸을 때부터 다양한 체험학습으로 시야의 폭을 넓혀주고, 다른 사람들과 어울리는 단체 활동을 많이 시키는 것이 바람직하다.

6) 태몽 표상에 따른 전개 – 식물·청과류

(1) 식물·청과류의 태몽 개괄

식물이나 과일의 태몽은 크고 아름다우며, 싱싱하고 윤기나는 것일수록 좋다. 이 경우 받거나 가져오는 꿈이 좋으며, 심지어 빼앗거나 훔쳐오는 등 내 손안에 넣는 것이 좋다. 태몽이 아닌 일반적인 상징적 의미로는 애인을 얻게 되거나, 과일이나 식물로 상징된 재물·성과·작품의 성취를 이루어내는 결과로 이루어진다. 하지만 얻지 못하거나 돌려주는 것은 좋지가 않다. 다시 빼앗기거나 얻지 못하는 꿈의 경우, 태몽에서는 유산이나 요절 등으로 안 좋게 실현되며, 일반적으로는 성취하려다가 뜻을 이루지 못하게 된다.

일반적으로 씨 있는 열매는 아들, 씨 없는 열매는 딸인 경우가 많다. 또한 붉은 고추나 알밤은 아들, 풋고추나 풋밤은 딸로 익었느냐 덜 익었느냐에 따라 성별이 구분된다. 하지만 절대적인 것은 아니다. 태몽 표상으로 덩굴에 열린 과일과 과일 사이는 상당한 세월이 지남을 뜻하고, 싹이 나는 밑부분은 초년, 맨 윗부분은 일생의 말년을 뜻한다. 태몽 표상에서 땅에 떨어진 열매보다는 나무 위에 달려 있는 열매가 풍요로운 인생길의 예지를 보여주고 있다. 또한 과일이 주렁주렁 탐스럽게 열려 있는 것은 장차 풍요로운 인생길이 전개됨을 예지해주고 있다.

앙상한 나무를 흔들어 과일을 따는 꿈은 출산 시 나무로 상징된 산모의 건강이 위험할 수 있음을 예지한다. 이 경우 과일이 상했거나 부실하면 출산하는 태아의 건강이 좋지 않은 일로 실현된다. 또한 덜 익은 과일을 따는 꿈은 일찍 아기를 낳는 조산으로 실현되기도 한다.

채소와 청과류를 가져오거나 얻는 꿈을 생생하게 꾼 경우, 가임여건에서는 태몽의 표상이며, 미혼인 경우 애인이 생기게 되는 일로 실현될 수 있다. 일반적으로는 채소나 과일 등이 재물·돈·작품·일·사업성과 및 기타 자신의 소원을 상징하며 이러한 것을 획득하게 될 것을 예지해주고 있다. 태몽에서는 여자아이를 얻게 될 가능성이 높으나, 절대적이지는 않다. 시장에서 과일이나 채소를 사오는 태몽은 중년 이후에 공개적인 사업성과를 얻는 일로 실현될 가능성이 높다.

꽃밭처럼 많은 꽃은 성별과 관계없이 명예와 업적을 뜻하기도 한다. 꽃이 크고 탐스럽고 예쁜 것이 널리 피었다면, 장차 부유하고 풍요로우며 많은 업적을 쌓아 명예로운 삶을 살아가게 되는 인물을 얻게 됨을 상징한다.

꽃을 꺾어 든 태몽을 꾸면 남녀 성별에 구애됨이 없이 태아가 장차 명예와 업적을 얻게 되며, 이 경우 꽃 태몽은 딸일 가능성이 높지만 절대적인 것은 아니다. 신선이나 천사에게 꽃다발을 받는 꿈은 장차 협조자나 은인의 도움으로 사업에 성공하거나 귀한 직위에 오르게 된다. 화분에 곱게 핀 꽃은 인품이 고매한 아이, 들판에 무리 지어 핀 꽃은 기관이나 단체에서 인기가 많은 일생이 될 것을 뜻한다. 넓은 들판에 홀로 핀 꽃은 재능과 의지로 자수성가하는 것을 의미한다. 고목에 꽃이 피는 태몽은 어려운 여건에서 많은 사람을 계몽하는 선구자가 될 자식을 갖는다.

대추나 가지 태몽의 경우 아들을 낳는 경우가 많으나 절대적이지 않으며, 포도의 태몽 또한 딸일 가능성이 높지만, 아들이면 여자아이처럼 예쁘고 잘생긴 경우가 많다. 오이나 호박 역시 딸을 낳을 가능성이 높으나, 이 역시 절대적이지 않다. 파·마늘·고추 따위의 자극성이 있는 청과류는 태아가 장차 어떤 특기나 재능으로 유명인이 될 것을 예지해주고 있으며, 장차 연구원·교직자 및 정신적인 지도자가 될 가능성이 높으며, 일반적인 상징으로는 특이한 연구 자료나 자본 등을 상징한다.

고구마가 산더미처럼 쌓여 있는 태몽은 풍요로운 인생길의 예지이며, 장차 많은 사람을 거느리거나 대가족 속에서 집안을 다스리게 될 것을 예지해주고 있다. 고구마밭을 가는 꿈은 커다란 규모의 사업을 영위하거나, 훌륭한 작품이나 공예에 뛰어난 인물이 됨을 예지한다.

한 조사에 따르면, 꽃(13.6%) 고추(11.4%), 밤(11.4%), 기타 복숭아, 고구마, 사과 등 태몽 표상은 다양하게 전개되고 있는바, 앞으로 태몽 표상물 조사 및 태몽 체험 등에 관한 보다 자세한 태몽 연구가 시행되어야 할 것이다.

(2) 식물·청과류의 태몽

간략하게 식물·청과류의 꿈해몽에 태몽을 덧붙여 살펴본다.

① 과일은 사업·일·작품·소망의 성숙도나, 성과·업적·결실·재물 등을 상징한다. 따라서 과일나무에 과일이 주렁주렁 달리는 꿈은 재물을 얻게 되거나 사업상 거래 등에서 큰 성과를 얻는다. 이 경우, 각자 처한 상황에 따라서 좋은 결과로 이루어지며, 과일을 가져오는 꿈은 애인을 얻게 되거나 가임여건에서 태몽으로 실현되기도 한다.

② 남이 따 주는 과일을 받는 꿈은 일거리·대상에서 성과·권리 등을 이어받게 되거나, 재물이 생기게 되거나, 계약이나 연분이 맺어지게 된다. 가임여건에서 태몽으로 실현되기도 한다.

③ 잘 익은 과일을 따 먹는 꿈은 좋은 여건의 일거리나·대상을 확보하게 되며, 덜 익은 과일을 따 먹으면 미완의 일을 맡게 되고, 뱉어내는 꿈은 중도에 포기하는 일로 실현된다. 태몽인 경우, 덜 익은 과일의 꿈은 조산을 하게 되며, 뱉어내는 꿈은 유산·요절로 실현된다.

④ 금이 간 과일이나 상처 나거나 시든 채소를 얻는 꿈은 흠이 있는 배우자를 얻게 되거나, 일반적으로 온전치 못한 사업에 관여하게 된다. 태몽의 표상인 경우 신체의 일부가 불구이거나, 정신적으로 모자란 아이를 낳게 된다.

⑤ 과일 가게에서 과일을 훔쳐온 꿈은 이성의 배우자를 소개받는 일로 실현된 사례가 있다. 가임여건에서는 태몽으로 실현된다

⑥ 꽃은 졌으나 열매가 맺지 않는 꿈은 자신이 노력한 일거리·대상에서 사업성과를 얻지 못하거나 몰락할 운세에 놓인다. 태몽으로 실현 시에는 노력을 하지만 성취하지 못하는 인생이 된다.

⑦ 채소와 청과류를 가져오거나 얻는 꿈을 생생하게 꾼 경우, 가임여건에서는 태몽의 표상이며, 미혼인 경우 애인이 생기게 되는 일로 실현될 수 있다. 일반적으로는 채소나 과일 등이 재물·돈·작품·사업성과 및 기타 소원의 대상을 상징하며, 이러한 것을 획득하게 될 것을 예지해주고 있다.

⑧ 꽃밭처럼 많은 꽃을 보는 꿈은 성별과 관계없이 장차 태어날 아이의 명예와 업적을 뜻하기도 한다. 꽃이 크고 탐스럽고 예쁘게 핀 것을 보는 꿈은 태몽인 경우, 장차 부유하고 풍요로우며 많은 업적을 쌓아 명예로운 삶을 살아가게 되는

인물을 얻게 됨을 상징한다. 일반적인 여건에서는 사업의 번창함으로 이루어지거나, 애정과 관련하여 좋은 관계가 맺어지게 된다.

⑨ 꽃을 꺾어 든 태몽은 태아가 장차 명예와 업적을 얻게 되며, 딸일 가능성이 높지만 절대적인 것은 아니다. 남아일 경우에는 귀공자처럼 기품있고 우아하며, 여성적인 성품이 될 가능성이 높다.

⑩ 꽃이 만발한 아름다운 꽃밭을 보는 태몽으로 태어난 아이는 사업상의 성공이나 명예를 얻는 등 영화로운 인생길이 된다.

⑪ 절벽에 위태롭게 피어 시들어가는 꽃을 본 태몽은 장차 유산이나 요절 등의 위태로운 상황에 처하게 된다.

(3) 식물·청과류 태몽 실증사례

태몽으로 아들딸을 예지하는 것이 절대적이지 않다는 것을 실증사례는 보여주고 있다. 아들이냐 딸이냐 보다는 '남성적 성품이냐, 여성적 성품이냐'를 예지해주고 있다고 보는 것이 보다 올바르다고 하겠다.

① 식물·청과류 관련하여 아들을 낳은 사례

큰 하얀 연꽃 한 송이가 다가오던 꿈, 꽃바구니·꽃다발·꽃에 둘러싸이고 꽃마차까지 타는 꿈, 장미꽃 한 다발을 받는 꿈, 고추밭에서 고추를 따서 소쿠리에 정신없이 담았던 꿈, 파란 고추에 주름이 있는 꿈, 탐스럽고 빛깔이 좋은 사과를 따서 가져오는 꿈, 바닷가에서 큰 사과나무에 예쁜 사과 3개가 달려있던 꿈, 풍성한 감나무에서 제일 예쁜 감 하나를 따서 도망가는 꿈, 바지 주머니 양쪽에 가득 밤을 담는 꿈, 신랑이 밤 3톨을 따다 쥐여주는 꿈, 자그마한 조선 밤을 몇 개 주워온 꿈, 산의 밤나무에서 밤을 털어온 꿈, 큰 밤을 골라서 줍는 꿈, 고구마를 포대 자루로 하나 가득 받는 꿈, 깐 밤을 치마에 한 가득 주는 것을 받는 꿈, 접시 위에 삶은 고구마 다섯 개 중에 두 개를 집어드는 꿈, 밭에 탐스러운 장미가 가득 핀 꿈, 숲 속에서 감자 하나를 치마에 감싸 안는 꿈, 할머니가 떨어뜨린 옥수수를 주워오는 꿈, 넓은 무밭에서 어른 장딴지만 한 무를 여러 개 뽑은 꿈, 하얀 조선무가 툇마루 밑에 가득 들어선 꿈, 크고 실한 양배추 두 개를 뽑은 꿈, 주렁주렁 달린 호박을 따서 달아나는 꿈 등으로 아들을 낳고 있다.

② 식물·청과류 관련하여, 딸을 낳은 사례

산신령에게 푸른 고추 두 개를 받아 하나는 다른 사람에게 준 꿈, 돌아가신 조상이 탐스럽고 큰 황금배 하나를 따 준 꿈, 산에서 굴러온 커다란 사과를 가슴에 안은 꿈, 포도밭에 있는 꿈이나 복숭아 열매 등 과일 종류를 꿈에서 많이 보았던 꿈, 커다랗고 짙은 포도송이를 주워 다른 사람에게 준 꿈, 밤알이 터져 나오는 밤송이를 줍는 꿈, 친정집을 막 들어서는데 밤 한 톨이 내 발 앞에 톡 떨어져 집으로 가지고 오는 꿈, 밤과 도토리를 가득 담아 오는 꿈, 바구니 안에 고구마와 하얀 알밤이 가득한 꿈, 밭에서 큰 고구마를 캐는 꿈, 논과 밭에 벼와 조들이 익어서 고개를 숙인 채 누렇게 있고 누런 큰 호박들도 많았던 꿈, 나무에 빨갛게 익은 망고가 달려 있는 꿈, 고구마를 딱 하나 캐는 꿈 등으로 딸을 낳고 있다.

③ 식물·청과류 관련하여, 기타 사례

앞서 살펴본 바와 같이, 아들·딸의 태몽 표상이 절대적으로 정해져 있는 것은 아니다. 다른 여타의 사례를 참고로 살펴본다. 꽃바구니와 꽃다발을 산 꿈, 맑은 물 위에서 작은 배를 타고 가다가 사람 몸집보다 훨씬 큰 흰색 연꽃을 본 꿈, 밭에 목화꽃이 만발한 꿈, 커다란 무 세 개를 가슴에 싸안고 집으로 돌아온 꿈, 인삼 두 개를 받는 꿈 등이 태몽으로 실현되고 있다. 이 밖에도 식물과 관련하여 다양한 태몽 표상을 보이고 있다. 고사리를 여러 개 꺾은 꿈, 노란 버섯을 보는 꿈, 약초 두 개를 집어 먹은 꿈, 자두만 한 앵두를 따 먹은 꿈, 통마늘 대 있는 것을 받은 꿈, 당근을 캐서 쌓아 올린 꿈, 은행을 봉투에 담는 꿈 등이 태몽으로 실현되고 있다.

7) 태몽 표상에 따른 전개 — 동물·조류·어류·수생동물

(1) 동물과 관련된 태몽

꿈이 생생하고 강렬하다면 동물을 잡거나, 동물이 따라오거나, 동물이 품에 뛰어들거나, 동물에게 물리는 꿈은 태몽일 가능성이 높다. 일반적으로는 미혼인 경우에는 애인이나 배우자를 얻게 되고, 회사 사장의 경우에는 새로운 직원을 얻게 되는 등 동물로 상징된 사람을 얻는 일로 이루어진다. 반면에 동물을 물리치는 꿈이나 죽이는 꿈은 가임여건에서 유산이나 요절로 실현되고 있다.

동물에게 물리는 꿈의 경우 영향권 안에 들어가게 됨을 뜻한다. 이 경우 꿈속의 동물이 크고 늠름할수록 좋은 태몽이다.

또한 날씨나 지리적·공간적인 배경 요소도 중요하다. 평화로운 배경, 풍요로 운 배경, 넓고 커다란 배경일수록, 풍족하고 여유로운 인생길이 펼쳐진다. 예를 들어, 큰 나무 아래 여유롭게 앉아 있는 호랑이인지, 구덩이나 철장 속에 있는 호랑이인지에 따라 장차 인생길의 협조자나 주변 여건이 좋고 나쁨이 예지된다.

강이나 바다·하천 같은 곳에서 동물이 헤엄치는 것을 보면, 장차 기관이나 단체에서 뛰어난 능력을 발휘함을 뜻한다. 이 경우 좁은 웅덩이보다는 넓은 강이나 바다의 태몽이 좋으며, 이 경우 강이나 바다는 장차 뜻을 펼치게 되는 활동무대를 상징하고 있다.

용·호랑이·사자·구렁이·독수리 같은 커다란 동물이 나온 태몽을 꾸면, 태아가 장차 커다란 능력이나 그릇을 지닌 뛰어난 인물이 됨을 상징하며, 어느 집단이나 단체·회사·정부·기관 등에서 사회적으로 크게 출세함을 예지한다.

나무 밑에 큰 동물이 앉아 있는 태몽을 꾸면, 나무로 상징된 거대한 회사나 기관 또는 지체가 높으신 분 밑에서 일을 배우게 되거나 사업가로서 성공할 자식을 얻게 된다.

태몽 표상물로 뱀이나 구렁이·돼지·호랑이·용 등 다양하게 전개되고 있는바, 앞으로 태몽 표상물이나 전개에 따른 태몽실현 사례 등 보다 자세한 태몽 연구가 이루어져야 할 것이다. 각 동물에 대한 태몽 실증사례는 주제별 분류의 각 동물 항목을 살펴보기 바란다.

(2) 조류(새)와 관련된 태몽

크고 사납고 힘센 독수리·매 등의 새는 억세고 용감한 남자아이를, 귀엽고 작은 새는 여자아이를 낳을 가능성이 높다. 하지만 절대적인 것은 아니다. 하늘을 나는 새를 본 태몽을 꾸면 장차 같이 있지 못하고 생이별 또는 사별하기 쉬우나, 이 역시 절대적인 것은 아니다. 그러나 하늘을 나는 새가 떨어지는 꿈은 유산이나 요절 등으로 실현될 수 있다.

독수리나 솔개 같은 크고 사나워 보이는 새는 기질적으로 억세고 난폭하며 용맹한 사람이나 그러한 일거리나 대상을 상징하고 있다. 꿈이 생생하고 강렬하여 태몽으로 실현될 경우, 장차 권세 있고 용감하며 야심만만한 인물이 될 아기를 낳게 될 것을 예지한다. 확률적으로 남아를 출산할 가능성이 높으며, 여아인 경우 활달하고 괄괄한 성품이 된다.

일반적으로 독수리나 솔개 등 커다란 새가 자기에게 접촉해 오거나, 자기 손을 물거나, 타고 나는 꿈의 경우에 각기 처한 상황에 따라 좋게 이루어진다. 태몽이 아닌 경우, 사업가는 자신의 사업을 크게 일으키게 되며, 처녀인 경우에는 독수리 등으로 상징된 용맹하고 활달한 사람을 얻는 일로 이루어진다.

① 학이 품 안에 들거나 어깨에 앉는 꿈

가임여건에서는 태몽으로 우아하고 고결한 여성을 낳게 된다. 남아인 경우 선풍도골(仙風道骨)의 기품있는 사람이 되며, 인생길이 학자나 성직자·교육자 등으로 나아갈 수 있다. 일반적인 상황에서 미혼인 남자인 경우에는 그러한 여인을 만나게 되는 일로 실현될 수 있다.

② 동자가 학을 타고 내려온 태몽

태어난 아이가 고결한 인품을 지닌 학자나 성직자·교육자 등의 인생길로 나아갈 수 있다.

③ 참새의 태몽

방안으로 날아들거나 품에 드는 태몽인 경우에 평범한 여아를 낳을 가능성이 높다.

④ 비둘기의 태몽

비둘기의 속성처럼, 성품이 어질고 순종적인 착한 여아를 낳을 가능성이 높다.

⑤ 제비의 태몽

날랜 표상에서 총명하고 재주가 많은 자식을 상징하며, 여아의 경우 미모가 뛰어난 사람이 될 수 있다. 제비가 노래하는 꿈으로 딸을 낳았으며, 가수가 된 사례가 있다.

⑥ 꾀꼬리의 태몽

노래를 잘하는 가수 등 음악에 뛰어난 소질을 보이는 인생길이 펼쳐질 가능성이 높다. 일반적인 상황에서 미혼의 남성이 꾀꼬리가 품 안에 날아드는 꿈을 꾸었을 경우에는 현실에서 귀엽고 목소리가 고운 아름다운 여성을 얻게 된다.

⑦ 한 쌍의 봉황을 얻은 태몽

봉(鳳)은 남아, 황(凰)은 여아로 자매를 두게 되거나, 일란성 쌍둥이로 남녀를 두게 된다. 봉황이 귀한 새이므로 장차 높은 직위에 오르게 되는 인물이 되거나 고귀한 사람이 될 것을 예지한다.

⑧ 공작새의 태몽

여아를 낳을 가능성이 높으며, 미모와 재주가 뛰어난 인물이 된다. 화려한 자태를 뽐내는 태몽인 경우, 선망의 대상이 되는 연예인 등으로 자신의 재주를 발휘하게 된다. 공작새를 보거나 품에 안기는 꿈은 미혼의 남성인 경우, 화려한 여성을 만나게 될 가능성이 높으며, 작가나 학자인 경우에 자신의 저서나 연구업적에서 화려한 성과를 얻게 된다.

⑨ 독수리의 태몽

남아일 가능성이 높으며, 씩씩하고 용맹한 성품을 지니게 된다. 경찰관·형사·군인 등 대외적 활동력이 활발한 직종으로 나아가는 것이 좋다. 실증사례를 살펴본다.

* 실제로 독수리의 태몽으로 경찰관이 된 사례가 있다.
* 큰 검정독수리 한 마리가 날아드는 꿈으로 아들같이 성격이 터프한 딸을 낳았다.
* 세계의 최고 레슬러들이 모인 가운데 검은 독수리가 날아간 태몽으로, 장차 국제적인 사업가로 세계적으로 명성을 얻게 되는 일로 실현된 사례가 있다.
* 큰 독수리가 나래를 펴고 하늘을 날며 아래를 내려다보고 있는 꿈으로 아들을 낳은바, 군 참모총장에까지 이르렀다.

⑩ 기타 새의 태몽 실증사례

* 여러 마리의 새들 가운데 가장 큰 새가 방안에 날아 들어온 태몽으로 장차 여러 부하들을 거느리는 기관·단체의 우두머리가 되었다.
* 하늘에서 귀여운 새 한 마리가 내려오며 아름다운 노래를 지저귀는 꿈으로 딸을 낳았으며, 아나운서가 되었다.
* 학이 품 안으로 날아든 꿈, 수컷 봉(鳳)새가 안기는 꿈, 황금독수리가 날아가는 꿈 등으로 아들은 낳은 사례가 있다.
* 독수리가 나한테 몸을 비비는 꿈, 강물 위로 새 떼가 날아오른 꿈, 날개를 펼

친 은빛 학을 본 꿈, 예쁜 비둘기의 꿈, 새 한 마리가 품으로 날아든 꿈으로 딸을 낳은 사례가 있다.

각 조류에 대한 태몽 실증사례는 주제별 분류의 각 항목을 살펴보기 바란다.

(3) 곤충·벌레에 관련된 태몽

곤충이나 벌레를 죽이는 꿈은 가임여건에서 태몽인 경우, 유산이나 요절 등으로 실현된다. 물론 일상적인 꿈에서는 적대적인 인물을 제압하거나, 방해 요소를 손쉽게 처리하는 일로 이루어진다. 일반적으로 곤충꿈은 태몽으로서 그다지 좋은 것은 아니다. 곤충의 수명이 오래가지 못하는 데서 태어난 아이의 수명이 짧을 수도 있으며, 날아다니는 데서 한 곳에 정착한다기보다는 부모와 떨어져 살거나 생이별할 수가 있다. 곤충의 색상이 화려하고 예쁜 경우 여아를 낳을 가능성이 높으며, 장차 사람들에게 선망의 대상이 되는 인기인이 될 수도 있다.

처음에 작은 벌레였던 것이 여러 차례 다른 커다란 동물로 변하는 표상의 전위를 보여주는 태몽은 처음에는 미약하지만 점차 능력을 발휘하고 훌륭한 인물로 변모함을 예지해주고 있다. 일반적인 상징으로는 벌레는 해충으로 방해적인 일거리나 대상의 상징으로, 벌레가 들어오는 꿈은 질병에 걸리는 일로 실현되기도 한다.

① 나비의 태몽

나비가 밝고 화려함에서 대체로 여자아이를 낳을 가능성이 높다. 그러나 절대적인 것은 아니다. 빨강 나비나 호랑나비는 개성이 강하거나 특이한 재능이 있음을 예지한다. 실증사례로, 별이 떨어진 주위에 세 마리의 나비가 날고 있는 태몽을 꾼 사람의 사례이다. 별로 상징된 태아가 성장하여 장차 명성을 떨치게 되며, 나비로 상징된 장차 세 여성과 깊은 인연을 맺게 될 것을 예지해주고 있다.

② 오색 잠자리의 태몽

화려한 모양에서, 미모가 뛰어난 여아가 태어날 가능성이 높으며, 사람들에게 선망의 대상이 되는 연예인이나 유명한 화류계 여성이 될 수 있겠다.

③ 거미 꿈의 태몽

왕거미를 본 꿈, 거미 두 마리를 휙휙 잡던 꿈, 거미가 가슴 밑에 딱 달라붙었던 꿈, 황금거미가 몸에 기어 올라오는 꿈, 털이 많이 난 새까맣고 큰 거미가 손을 무는 꿈 등이 태몽으로 실현된 사례가 있다.

④ 기타 곤충 꿈의 태몽 사례

나무 위를 기어 올라가는 사슴벌레를 잡은 꿈, 빨간 나비가 날아와 앉아 넓은 바다를 같이 건넌 꿈, 흰색 지네가 나타나 춤을 추는 꿈을 꾸고 태몽으로 실현되고 있다.

(4) 어류, 수생동물과 관련된 태몽

① 어류 관련 태몽

일반적으로 크고 탐스러운 물고기 태몽일수록, 장차 태어날 아이가 그릇됨이 크고 탁월한 능력을 발휘하게 된다. 보통의 물고기 태몽인 경우에, 평범한 인생길로 나아가게 된다.

또한 물고기 태몽의 경우, 잉어 등 크고 힘 있는 물고기일수록 남아를 낳을 가능성이 높다. 여아를 출생할 경우에는 체격이 장대하거나 힘이 세고 적극적인 성품을 지니게 된다. 반면에 예쁜 금붕어 등 빛나고 화려한 물고기들은 여아의 낳을 가능성이 높으며, 남아일 경우 여성적 성품의 아이이거나 귀공자일 가능성이 높다. 또한 물고기의 상징적 의미처럼 소심하고 체격이 작은 사람이 많지만, 외모가 출중하고 깨끗한 것을 좋아하는 특성이 있다.

일반적인 상징에서 물고기는 재물이나 이권·재산 등을 상징하는바, 수많은 물고기의 태몽은 장차 그러한 풍요로운 여건에 있게 됨을 예지하며, 강에서 노는 물고기를 잡았다면 활동적인 성격을 나타낸다. 크고 싱싱한 물고기를 잡는 꿈일수록 아이의 능력이나 그릇됨이 크며, 건강하고 좋은 태몽이다.

태몽에서 물고기가 처해 있는 여건도 중요하다. 맑고 아름다운 호수 등이라면, 풍요롭고 여유로우며 좋은 여건에 있게 됨을 예지하고 있다. 반면 웅덩이나 흙탕물의 물고기 태몽인 경우 궁색하거나 어려운 처지에 놓인 인생길이 펼쳐질수가 있다. 한편, 잉어 등 물고기가 자기 앞으로 오다가 사라지거나 죽어 있는 것을 보는 태몽은 태아가 유산되거나 장자 요절하는 일로 실현된다.

잡은 물고기 숫자로 장차 두게 될 자녀를 예지하기도 한다. 두 마리를 잡거나 사오는 꿈은 쌍둥이나 장차 두게 될 자녀 수를 예지하고 있다.

물고기가 잉어나 구렁이·용으로 변하는 표상의 전위가 일어난 태몽은 아주 좋은 꿈이다. 유아기보다는 청년기·장년기 등으로 갈수록, 점차로 큰 인물이 될 것을 예지해주고 있는 꿈의 상징 기법인 것이다.

화려한 금붕어나, 오색찬란한 물고기의 태몽인 경우에, 장차 선망의 대상이 되는 연예인이나 유명인사가 될 가능성이 높다. 이 경우 여아가 출생할 가능성이 높으나, 절대적인 것은 아니며 귀공자나 여성적 성품의 남아를 낳을 수도 있다. 여아인 경우에, 미모와 몸매가 뛰어나 사람들의 관심을 끌게 될 가능성이 높다.

다가오던 물고기가 다른 곳으로 가거나, 잡은 물고기를 놓아주는 꿈은 유산하는 일로 실현된다. 또한 어항 속의 금붕어를 바라보면서 왠지 싫게 느껴진 꿈으로, 자연 유산하게 되는 일로 실현된 사례가 있다.

② 고래·거북·상어 태몽

고래나 거북이, 상어 및 물개, 게·조개·다슬기 등의 수생식물 등을 잡으려고 했으나 놓치거나, 가까이 다가오는 것을 쫓아내는 꿈은 가임여건에서 태몽인 경우 유산되거나 기타 안 좋은 일로 실현된다. 일반적으로는 사람이나 재물이나 이권 등을 얻으려다가 얻지 못하는 일로 이루어진다.

* 고래 태몽 → 고래 태몽은 장차 큰 인물이 될 것을 예지해주고 있다. 고래를 타고 바다를 둥둥 떠다니는 꿈은 태몽인 경우, 고래로 상징된 훌륭한 인물이 바다로 상징된 커다란 회사나 기관·단체에서 주도적인 역할을 하게 될 것을 뜻한다. 일반적인 여건에서는 고래로 상징된 협조자나 후원자의 힘으로 사업성과를 내게 되거나, 좋은 사람이나 배우자를 얻게 되는 일로 실현된다.

* 거북이 태몽 → 장수하는 거북이의 속성 그대로, 태어난 아이의 수명이 오래 갈 수 있다. 성실하고 근면함을 상징하므로 차근차근 일을 추진해나가는 대기만성형의 인물로 성장해 나갈 것이며, 거북이 태몽은 아들에 가까우나 절대적이지는 않다. 신비한 사례이지만, 거북이 태몽으로 태어난 사람이 바다에 표류하던 중에 거북이가 밑에서 받쳐주어 살아난 사례가 있다.

* 작은 자라가 커다란 거북이로 변하는 표상의 전위가 이루어진 태몽의 경우에, 처음은 보잘것없는 평범한 인물에서 장차 유명인사가 되거나 큰 권세를 떨치는 인물이 됨을 뜻한다.

* 상어의 태몽 → 상어 또한 바다에서 무한한 힘을 발휘하는 동물이므로 능력이 뛰어나고 큰 그릇의 인물이 될 가능성이 높다. 아들일 가능성이 높으며,

여아인 경우에 터프하고 활달한 기질을 보이게 된다.

* 악어나 공룡의 태몽 → 아들일 가능성이 높다. 강인하며, 터프한 성품으로 운동선수 등으로 나아갈 가능성이 높다.

* 인어의 태몽 → 장차 특이한 성품이나 뛰어난 미모와 특이한 재주로 인하여, 선망의 대상이 되는 연예인이나 인기인이 될 가능성이 높다.

* 가리나무 한 짐을 긁어다 놓자 그 속에서 많은 조개가 나오는 꿈으로, 장차 사업에서 창의적인 제품을 생산함으로써 막대한 부를 이루어 성공한 사례가 있다.

기타 오색찬란한 도마뱀의 꿈, 다슬기 꿈, 게꿈, 물개꿈 등 다양한 생명체들이 태몽 표상으로 등장하고 있다. 보다 상세한 태몽 사례는 주제별 분류의 각 항목을 참고하기 바란다.

8) 태몽 표상에 따른 전개 — (해, 달, 별, 산, 바다, 물, 불, 무지개, 구름 기타 자연 현상)

(1) 해와 달과 관련된 태몽

해와 달은 만물을 비추며 사람들이 우러러보는 대상으로, 하나밖에 없는 존재로 문학적인 상징으로도 임금과 왕비를 상징하는 등 장차 고귀하고 위대한 인물이 될 것임을 예지해주고 있다. 역사적인 인물 사례로, 해의 태몽으로는 일연 (스님), 조인규, 김이(金怡), 여운형, 이승만 등이 있으며, 달의 태몽으로 인현왕후(仁顯王后) 등 해와 달의 태몽으로 태어난 인물이 상당수 있다.

음양으로 볼 때 해는 아들, 달은 딸일 가능성이 높지만, 이 역시 절대적인 것은 아니며, 해의 태몽으로 여아가 탄생하기도 한다. 하지만 이 경우 여아이지만, 활달하면서 하는 행동이 남성적인 성품에 가까우며 장차 훌륭한 인물이 될 것임을 예지해주고 있다. 필자의 전화상담 사례에서 떠오르는 해의 태몽이었지만 딸로 태어난 사례가 있었다. 이 경우, 여자이지만 성격이 활달하고 호탕하다든지 남성적인 성품을 지니고 있다. 전화상담 시에 성품을 물어본즉, 역시 남성적인 성품을 지니고 있음을 확인할 수 있었다.

해와 달을 삼키거나, 품에 들어오거나, 공중에서 빛나거나, 치마폭에 받은 태몽 등은 태아가 장차 국가적·사회적으로 권세와 명예를 드날리게 되거나, 회사

기관 단체의 우두머리로 영향력을 떨치거나, 학문적으로 빛나는 연구 업적을 남기게 된다. 또한 종교적으로나 계몽적인 사업으로 사람들을 교화 및 감화시키는 지도자가 될 것을 예지한다.

달의 태몽은 여아일 가능성이 높으며, 달이 공중에서 영롱하게 빛나거나, 달을 삼키는 태몽은 아이가 밤하늘의 달처럼 빛나고 높은 존재가 될 것임을 예지한다. 이 경우 밝기의 정도, 크기에 따라 장차 고귀한 인물이 될 것임을 예지해준다. 옛 선인의 사례로 네 개의 달이 함께 떠오른 꿈에서 세 번째 달이 매우 밝게 빛났던 꿈은 셋째 딸이 장차 귀하게 됨을 예지해주고 있다.

① 해가 사람의 얼굴로 변하여 방긋 웃는 표상의 전위가 일어난 꿈

태몽임이 틀림없으며, 장차 해와 같은 존재의 인물이 될 것을 예지한다.

② 해가 품 안에 들어온 태몽

장차 태아가 최대의 권세와 명예를 누리게 될 것을 예지한다. 일반적인 여건에서는 해로 상징된 기관이나 단체의 우두머리가 되며, 최대의 권세와 이권·명예를 얻는 일로 실현된다.

③ 삼켜버린 해를 토하려다 토하지 못한 태몽

유산시키려 애쓰지만 유산되지 않고 태어나며, 장차 세상을 감화시키고 영향력을 행사하는 태양 같은 빛나는 존재가 되는 일로 실현된다.

④ 해가 강에서 떠오르는 것을 본 후, 다시 보았을 때는 중천에 떠 있던 태몽

태아가 유년기에 모자와 이별하게 되나, 다시 장년기 등에 성공하여 다시 만나게 됨을 예지한다.

⑤ 두 개의 해가 맞붙어 보인 태몽

장차 쌍둥이를 낳게 되거나, 두 가지 능력이나 두 개의 회사·기관·사업을 운영해나감을 예지한다.

⑥ 지평선 너머에서 해와 달이 떠오른 태몽

장차 태아가 외국이나 타지에서 능력을 발휘하게 됨을 예지한다.

(2) 별에 관련된 태몽

해와 달 못지않게 밤하늘에 빛나는 별 또한 위대한 인물의 상징이다. 일반적으로 하늘에 있는 별이 땅에 떨어지는 것은 현재 세력 권좌에 있는 사람이나 유

명인이 하야 또는 몰락하는 것을 상징하는 안 좋은 꿈이지만, 태몽에서는 다르다. 밤하늘에 떠 있는 밝은 별이 갑자기 자신을 향해 떨어져서 품으로 들어오거나 치마폭에 받는 태몽은 아주 좋은 꿈이다. 역사적 인물 가운데도 김태현(金台鉉)·강감찬·원효대사·자장율사·김유신(세 별이 내려온 꿈) 등이 별의 태몽으로 태어났다. 이 경우 큰 별이나 빛나는 별일수록, 장차 이름을 널리 떨칠 것을 예지하고 있다. 다만, 떨어진 별이 저 멀리 떨어져 빛나는 꿈은 장차 부모와 이별하거나 떨어져 살게 될 것을 예지한다.

가임여건에서 꿈이 생생하며 별을 삼키거나, 손으로 따거나, 저절로 자기 옆에 떨어지거나, 자기 품에 떨어지는 경우에 태몽이라고 할 수 있다. 떨어지는 별을 치마에 받거나 뱃속에 삼키는 태몽은 태아가 장차 사업이나 창작분야에서 활동하며, 밤하늘에 빛나는 별처럼 뛰어난 업적이나 작품을 낼 것을 예지해주고 있다.

① 별이 가슴에 떨어진 꿈

숲 속을 산책하고 있는데 하늘에 수많은 오색 별이 떠 있었어요. 그 중 가장 커다란 별이 제 가슴으로 떨어졌고요, 저는 그 별을 두 팔로 감싸 안고 무척 좋아했답니다. 태몽이 반짝이는 별이라 그런지, 아이의 눈이 유난히 초롱초롱한 아들을 얻었답니다.

② 별과 달이 마주쳐 작은 별 다섯이 생긴 꿈

별과 달이 마주쳐 작은 별 다섯이 생긴 꿈을 꾸고, 장차 다섯 명의 자식을 두는 꿈으로 생각됐으나, 실제로는 아들 둘에 딸 하나를 두게 되는 현실로 나타났다. 다섯이란 숫자가 부모까지 함께 표상하고 있는 것 같다.

③ 별이 품에 떨어지는 꿈

신라 진평왕 때 김유신의 아버지 서현은 경진(庚辰)일 밤에 형(熒)·혹(惑)·진(鎭) 세 별이 자기 몸으로 내려오는 꿈을 꾸었고, 김유신을 낳았다.

(3) 산에 관련된 태몽

산은 어떤 커다란 기관이나 회사·단체·국가 등을 상징하며, 장차 아이가 높은 지위에 오를 것을 암시한다. 태몽인 경우 산이 아름답고 풍성할수록 좋은 꿈이다. 산에 올라가는 태몽이 좋으며, 내려오는 태몽은 좋지 않다. 산을 통째로 삼킨 태몽은 회사나 기관의 우두머리, 나아가 대통령이나 국무총리와 같은 큰 인물이 될 것을 예지해주고 있다.

① 바위산을 바라보는 태몽

　22일, 너무 생생하게 꿈을 꾸었는데요. 제가 사람 많은 길가에서 바위산을 찾고 있었어요. 그런데 사람들한테 바위산이 어디냐고 물어봤는데, 손가락으로 가리키는 거예요. 가리킨 방향으로 바라봤더니, 초록색 산 중간에, 바위산이 웅장하게 서 있는 거예요. 그걸 바라보면서 깼죠. 그 꿈을 꾸고 나서 26일 임신테스트에서 임신이 된 걸 알았어요. 무얼 가지거나, 뺐거나 하는 게 아니라, 바라보는 것도 태몽인 건가요? 너무 생생하고, 시기도 시기여서 태몽이라 생각이 드는데 어때요?---산엄마, 베베하우스.

가져오지 않더라도 보는 것만으로도 태몽이 될 수 있다. 유사한 사례로 연못 속의 잉어를 잡지 않더라도 보는 것만으로도, 소유·확보의 상징적 의미로 태몽이 가능하다. 이 밖에도, 아주 단풍이 잘든 어느 가을 산에 초록 잎이 아주 풍성한 나무들이 강을 따라 단풍나무 사이로 길게 늘어져 있었던 꿈이 태몽으로 실현된 사례가 있다.

② 산을 삼키는 꿈

우암 송시열의 태몽에 관한 일화이다. 송시열은 서기 1607년 이원면 구룡촌(구룡촌: 현 龍坊里) 그의 외가에서 태어나 자랐으므로, 이 고장에는 여러 가지 일화가 전해지고 있다. 우암의 어머니 곽씨(郭氏)께서 우암을 잉태할 때, 태몽을 꾸었는데, 월이산(伊阮里)을 몽땅 꿀꺽 삼켜버리는 것이었다. 이처럼 우암선생은 처음 잉태될 때부터 비범한 인물이었음을 예측케 하였다.---관광지식정보시스템

(4) 물, 호수, 강, 바다, 해일에 관한 태몽

물에 관련된 태몽인 경우 맑고 아름답고, 풍요로움의 꿈이 좋다. 샘물의 태몽은 샘물의 상징적 의미와 같이 태어날 아이가 예술·문학 또는 창의력이 필요한 사업에서 성공할 가능성이 높다. 우물의 태몽은 재물적 부를 풍족하게 누리게 되며, 많은 사람들에게 은택을 베풀게 되는 인생길이 될 수 있다. 깊은 우물에서 용·구렁이·독수리 같은 동물이 나온 태몽은 장차 사업체나 기관·단체에서 권세를 누리게 되며, 사회적으로 크게 이름을 떨치게 된다.

웅덩이나 조그마한 시냇물보다는 맑은 호수에 아름다운 배경의 태몽은 장차 여유롭고 풍요로운 인생길이 펼쳐질 것을 예지하고 있다. 또한 폭포·바다·해일

의 태몽인 경우, 역량과 능력이 뛰어나고 권세와 막대한 영향력을 발휘하는 큰 인물이 될 것을 보여주고 있다. 대체로 강하고 힘센 이미지의 남성적인 표상인 폭포나 파도가 세게 치는 바다나 해일은 아들일 가능성이 높으며, 반면에 잔잔하고 고요한 호수나 강은 딸일 가능성이 높다. 거친 파도나 해일의 태몽인 경우, 스케일이 크고 활달하며 남성적으로, 모험심과 개척하고자 하는 의지가 강한 편이며, 따라서 사업가나 정치가·혁명가 등 변혁을 추구하고 새로운 세계로 나가는 직업과 관련을 맺을 가능성이 높다.

(5) 불에 관련된 태몽

태몽인 경우 불이 작게 일어나는 것보다는 크게 선명하게 일어나는 불꿈이 좋다. 불의 태몽은 정열적이며 급진적인 성품을 지니게 되며, 사업의 번창이나 융성이 있게 되며, 교육 활동 등 감화를 시키거나 영향력을 행사하는 인물로 될 것을 예지한다.

불꿈은 남아를 낳을 가능성이 높지만, 이 역시 절대적이지 않다. 태몽으로 불꿈을 꾸었으나, 여아로 탄생한 사례가 있는바, 탤런트 명세빈의 태몽은 불이 나는 꿈이다. 이 경우 널리 사방으로 자신의 영향력을 행사하고, 존재를 드러내는 빛날 인물이 될 수 있겠다. 불기둥을 보는 태몽은 커다란 변혁을 가져올 혁명가, 정치가, 종교적 지도자 등 선구자적인 기질을 가진 인물이 될 것을 예지하고 있다. 또한 불덩이가 치마폭이나 뱃속으로 들어가는 태몽은 태아가 장차 큰 열정적이고 혁명적인 정치가 등 큰 영향력을 휘두르는 인물이 되며, 미혼인 경우에 열정적인 사업가나 배우자를 만나게 됨을 예지한다.

(6) 눈, 비, 구름, 무지개, 자연 현상에 관한 태몽

동식물뿐만이 아니라, 이렇게 자연 현상에 관련된 태몽이 있을 수 있다. 중요한 것은 가임여건에서 꿈이 얼마나 생생하게 느껴졌는가에 달려 있다. 눈·비·무지개·구름 등 자연 현상에 관련된 태몽인 경우, 밝고 아름답고 신비하게 느껴지는 것이 좋은 태몽이다. 예를 들어 구름 위를 훨훨 날아다니는 태몽인 경우 자신의 뜻을 펼치게 됨을 보여주는 좋은 태몽이며, 무지개를 향해 달려가는 태몽 또한 장차 선망의 대상이 되는 인기인이나 유명인이 될 것을 예지한다.

제 V 장

실증사례별 분류

9) 태몽 표상에 따른 전개-광물

(1) 광물에 관련된 태몽 개괄

금·금괴·금붙이를 얻는 태몽은 장차 가치 있고 고귀한 직위·명예 등을 지닌 인물이 됨을 예지한다. 일반적으로 금이나 보석은 재물과 이권의 상징이 되기도 하며, 어떤 사업이나 학업·연구에서의 빛나는 성과를 상징한다. 태몽의 경우, 장차 보석과 같은 재물적 풍요와 명예, 직분이 귀한 지위로 나아가게 될 것을 예지해주고 있다. 이 경우에 보석이 크고 색이 화려하고 아름다울수록 좋은 태몽이다. 장차 고귀한 인품과 귀한 직위에 나아가게 되며, 선망의 대상이 되는 연예인이나 인기인이 될 것을 예지해주고 있다.

수공예품 등 화려하고 섬세함을 상징하는 귀한 보석의 경우, 여성스러움에 가깝기에 딸일 가능성이 높으나, 이 역시 절대적이지는 않다. 반지를 줍거나 가져오는 태몽에 있어 보통의 금반지가 아들이라면, 예쁘거나 화려한 반지는 여자아이를 낳을 가능성이 높다. 금덩어리 자체를 주웠다면 아들을 낳는 경우가 많다.

(2) 광물 꿈해몽 요약

① 가져온 은반지가 금반지로 바뀐 태몽

장차의 인생길에서 초년의 운세보다 중장년의 운세가 보다 귀한 직위와 좋은 여건으로 나아가게 된다.

② 하수구에서 떠내려온 보석을 얻은 태몽

장차 어려운 여건하에서도 훌륭한 인물이 됨을 예지한다.

③ 금으로 장식된 물건을 받는 태몽

회사·기관·단체에서 중책을 맡아 사업 성과 등을 얻게 된다.

④ 금반지·금비녀를 얻은 태몽

좋은 태몽이다. 장차 큰 권세와 명예를 얻게 되며, 사업 등에서 성취를 이루게 될 것을 예지한다.

⑤ 금·은으로 된 촛대를 얻은 태몽

장차 세상을 계몽하거나 종교 단체나 계몽 사업에 나아가는 인생길이 펼쳐질 수 있다.

⑥ 금·은으로 장식된 저울을 얻은 태몽

저울의 상징적 의미 그대로 무언가 옳고 그름이나 비교 판단하는 재판관이나 사업가 등으로 나아갈 수 있다.

⑦ 쌍가락지를 얻은 태몽

쌍둥이나 두 자녀를 두게 된다. 또는 한 자녀인 경우, 쌍가락지의 상징 표상 그대로 장차 두 가지 업종이나 분야에 몸담게 된다.

⑧ 황금으로 만든 비녀나 빗의 태몽

여아를 낳을 가능성이 높으며, 장차 귀한 신분이 될 것을 예지한다. 일반적인 꿈에서는 비녀나 빗으로 상징된 애인이나 배우자를 얻게 되는 일로 실현된다.

(3) 광물 관련 태몽 실증사례

① 예쁜 조약돌을 강변에서 줍는 꿈이 태몽으로 실현된 사례가 있다.

② 다이아몬드·진주 등 보석을 사거나 얻는 꿈은 딸을 낳은 사례가 많다.

③ 금 거북이를 집어 들은 꿈

　　제가 돈을 톡 털어 금은방에서 거북이를 사려고 하는데, 처음에는 은 거북이를 집어 들었다가 돈이 안 된다며 금 거북이를 얼른 집어 들었습니다.─윤지은.

④ 바다에 진주가 둥둥 떠오르는 꿈─'국악 신동' 유태평양의 태몽

'국악 신동' '판소리 천재'라는 별칭으로 유명하며, 1998년 6세의 나이로 3시간이 넘는 판소리 '흥보가'를 완창해 세상을 떠들썩하게 했던 유태평양. 아버지 유준열 씨는 '태평양'이란 특이한 이름을 바다에 진주가 둥둥 떠오르는 태몽에서 지었다고 밝히고 있다.---요약 발췌, 매일경제신문, 2002. 03. 11.

⑤ 금덩어리 관련 태몽 사례

＊어머님 꿈에 사람들이 금덩어리들을 마구 갖다 주어 받는 꿈을 꾸셨는데, 그 다음 날 임신 확인됐거든요.

＊저는 시아버지와 시어머니께서 따로따로 태몽을 꾸셨다는데, 시아버지는 땅속에서 커다란 금덩어리를 캐는 꿈을, 시어머니는 빨간 복숭아를 따서 옹기에 담아 머리에 이고 오시는 꿈을 꾸셨대요.

＊산에 올라가다가 금덩어리를 줍는 꿈이었어요. 모양이 다듬어지지 않은 그냥 덩어리였어요.

10) 태몽 표상에 따른 전개-인공물에 대한 태몽(문서·도장, 서적, 옷, 신발, 음식, 식료품, 수저, 그릇, 독, 솥, 냄비, 불상, 기타 - -)

(1) 문서·도장에 관한 태몽 표상

문서나 도장 등을 받는 태몽은 장차 태어날 아이가 그러한 문서나 도장을 자주 사용하는 것과 관련된 공무원 등 공직에 나아갈 것을 예지한다. 또한 문서나 도장이 갖는 상징적 의미 그대로 학문적이거나 권위적인 직위를 얻게 된다. 예를 들어, 신령적인 존재로부터 문서를 받는 태몽인 경우에 장차 학문적 업적을 드날리게 되며, 땅문서를 받는 꿈이었다면 거대한 토지를 소유하는 일생이 될 것이며, 관인이었다면 기관이나 단체의 책임자가 되는 역할을 맡게 됨을 예지해주고 있다. 따라서 태몽에서는 고귀하거나 화려하고 빛나는 문서나 도장을 받는 꿈일수록 좋다.

(2) 책·서적·붓 등에 관한 태몽 표상

책(서적)·붓·벼루·먹·종이·펜을 받거나 가져오는 태몽은 장차 학문적이고 학술적인 분야로 나아갈 것을 예지해주고 있다. 받은 책이 고서인 경우에 한문학이나 고고학 분야로 나아가게 되는 등 서적이나 서적의 제목이나 내용에 따른 분야로 나아갈 것을 예지한다. 유사한 경우로, 꿈속에서 어떠한 위인이 나타나는 경우, 그 위인의 위업과 유사한 인생길이 펼쳐질 것임을 예지해주고 있다. 공자를 만난 꿈이었다면 학문적 길로, 이순신 장군을 만난 꿈이었다면 무인의 길로 나아갈 것임을 예지해주고 있다.

(3) 옷·신발에 관한 태몽 표상

옷이나 신발을 받는 태몽 또한 옷으로 상징된 디자이너나 옷과 관련된 사업체를 경영하게 되거나, 신발과 관련된 큰 족적을 남기게 되거나 활발한 활동력을 보여주는 분야로 나아가게 될 것을 예지해주고 있다. 따라서 이 경우에 귀한 옷이나 귀한 신발을 얻는 태몽일수록 좋다. 일반적인 꿈의 상징에서 옷은 신분이나 명예 등을 상징하며, 신발 또한 직위나 협조자 등을 상징하고 있다. 따라서 귀한 옷이나 신발을 얻은 태몽은 장차 사업체나 사회적인 지위를 얻거나 업적을 남길 것을 예지한다. 옷이나 신발 꿈은 꿈속에 본 그대로 남성적이었는지 여성적이었는지에 따라, 아들인지 딸인지를 가늠해볼 수 있겠다. 예쁘고 화려한 표상일수록 여아에 가까운 표상으로, 예쁜 한복의 태몽이거나 옥색 고무신의 태몽이라면, 여아가 탄생할 것을 예지해준다고 볼 수 있다.

(4) 음식, 식료품에 관한 태몽

음식, 식료품의 태몽에서도 수북이 쌓여 있거나 좋고 깨끗할수록 좋은 태몽이다. 반면에 상한 음식을 먹거나 먹은 음식을 토해내는 태몽은 장차 태아가 질병 등으로 고생하게 되거나 유산·요절을 예지하는 불길한 태몽이다. 또한 음식물이나 식료품 등을 얻거나 심지어 훔쳐오는 꿈으로 전개되는 것이 좋고, 다시 빼앗기거나 돌려주는 꿈으로 전개되는 것은 좋지 않다. 또한 음식물을 통째로 삼키는 꿈이 좋으며, 일부분을 먹다 그치는 태몽은 좋지가 않다. 꼭꼭 씹어먹는 태몽도 표상물이 부서지는 측면에서 본다면 좋은 태몽이라고 볼 수 없다.

① 음식을 삼켜버린 태몽

태아가 장차 그 음식이 상징하는 일거리나 대상을 성취하게 됨을 예지한다. 이 경우 귀한 음식을 먹는 태몽일수록 좋다.

② 여러 음식을 닥치는 대로 먹어치운 태몽

장차 자신의 맡은바 일거리를 능숙하게 처리해내는 인재가 됨을 예지해주고 있다.

③ 진수성찬으로 차려진 음식상을 받는 태몽

장차 여기저기 분야에서 인정을 받고 명예를 드날리게 되어 귀한 대접을 받게 될 것을 예지하며, 일반적으로는 귀한 직위를 얻게 되거나 자신이 제시한 의견이나 아이디어 등이 좋은 평판을 받게 되는 일로 실현된다.

④ 파나 마늘 등을 산 태몽

특이한 개성이나 예술적인 재능이 뛰어나며, 깨우침을 주는 성직자나 교육자 등 정신적인 지도자가 된다.

⑤ 시루에 담은 떡을 다 먹어치운 태몽

태아가 장차 정신적·물질적인 어떤 큰일을 해서 성공하고 부귀를 누리게 된 사례가 있다.

⑥ 참기름 한 독을 다 먹은 태몽

어떠한 학문 분야에서 독보적인 존재가 되어 진리를 깨우쳐서 널리 베푸는 것으로 실현되었다. 고(故) 한건덕 선생님의 태몽이다.

(5) 수저·그릇·접시에 관한 태몽

옷이나 신발과 마찬가지로, 귀한 금수저나 그릇·접시 등을 온전한 상태로 받거나 가져오는 꿈이 좋다.

① 수저를 얻은 태몽

태아가 장차 사업가가 되거나, 식생활에 궁핍을 느끼지 않음을 예지한다.

② 조상들이 쓰던 밥그릇을 얻은 태몽

태아가 장차 가업을 계승하거나 전통적인 일에 종사하게 됨을 예지한다.

③ 새참이 든 광주리에 누런 놋수저가 가득한 태몽

가천길재단 회장이자, 경원대학교 이길여(李吉女) 총장의 태몽이다.

> "들일이 한창인 여름이었지. 새참이 든 광주리를 일꾼들 앞에 내려놓고 열어보니, 밥과 반찬은 온데간데없고 누런 놋수저만 가득하더라."

전국 각처의 길병원, 가천의과대학, 경원대학교, 가천길재단 등 의료 및 교육 경영자로서 뛰어난 능력을 발휘함으로써, 수만 명의 식솔을 거느리는 태몽의 예지력을 보여주고 있다.

(6) 독·솥·냄비·항아리 등에 관한 태몽

냄비, 솥, 항아리 등을 얻는 태몽은 장차 무언가를 이루어낼 회사나 사업체를 운영하게 될 것을 예지해주고 있다. 이 역시 온전하고 크고 빛날수록 좋은 태몽이다. 커다란 항아리나 솥·냄비 등에 맑은 물이나 귀한 물건이나 음식이 가득 찬 것을 보는 태몽은 장차 풍요롭고 부귀를 누리게 될 것임을 예지해준다. 독이 다섯 개 나란히 있는 태몽으로 장차 5개의 사업체를 가지게 되는 일로 실현된 사례가 있다.

(7) 불상에 관련된 태몽

불상이나 스님 태몽은 정신적인 업적을 남기거나, 사상적 감화를 널리 펼치게 되는 인생길로 나아갈 가능성이 높다. 책을 저술하거나 강연이나 연설 등에 뛰어난 능력을 지닐 수 있으며, 실제로 불교 계통에 관련을 맺게 되는 일로도 실현될 수 있다.

① 금으로 된 불상을 얻는 태몽

장차 위대한 정신적 지도자로서, 진리를 탐구하고 파급시켜 업적을 남기게 될 것임을 예지한다.

② 불상 좌우에 늘어선 많은 보살을 보는 태몽

장차 지도자나 사업가로서, 많은 수행원을 거느리는 중요한 직위로 나아감을 예지한다.

③ 법당 안의 사천왕이 눈을 부릅뜬 태몽

엄격함과 규율을 중시하는 군인이나 법관·경찰관 등으로 나아갈 가능성이 높다.

④ 부처님이나 관음보살상의 태몽

장차 덕이 많으며 자애로운 인물로, 명예와 높은 직위 등으로 나아가게 된다.

11) 태몽 표상에 따른 전개 - 사람(아이, 위인, 스님, 조상, 대통령, 귀인)

많은 사람들이 꿈속에서 대통령이나 연예인 등을 만나는 태몽을 꾸었다고 밝히고 있는바, 이렇게 위인이나 스님 대통령 등 권위를 가진 사람이 나오는 꿈은 꿈속에 나타난 인물과 관련 있는 인생길로 나아가게 된다.

이 밖에도 태몽 표상으로 동자승을 보았거나, 아기를 받는 꿈을 꾸기도 한다. 이처럼 태몽에서 아기를 낳거나 보는 꿈은 현실에서 태어난 아기의 얼굴과 똑같은 모습으로 실현되는 경우가 있다. 하지만 태몽이 아닌, 일반적인 상징적인 미래 예지 꿈에서 갓난아기는 어떠한 일거리·대상이거나, 정신적 작품의 상징인 경우가 더 많다. 꿈속에서 아기를 낳자마자 걸어 다니는 꿈은 이제 막 시작된 어떠한 사업·회사·가게나 작품을 상징하고 있으며, 급속한 발전과 가치가 뛰어남을 뜻하고 있다.

① 어린아이를 선녀·신선이나 조상 및 신령스러운 존재가 데려다 주는 태몽

장차 훌륭한 인물이 되거나 학문적인 업적을 남김을 예지한다.

② 스님·목사·신부나 부처·예수를 만나는 태몽

각각의 상징적 의미 그대로, 사상적 감화를 널리 떨치는 사람이 되거나, 장차

위대한 사람이나 고승·성직자로 나아감을 예지한다.

③ 대통령이 나오는 태몽

고(故) 박정희 대통령이 나오는 태몽을 네 번이나 꿨는바, 아들을 낳았으며 공부를 너무 잘하고 장학생으로 대학에 입학한 사례가 있다.

④ 정중부(鄭仲夫)가 나타난 태몽

역사적 사례로, 정여립(鄭汝立)의 아버지 정희증(鄭希曾)은 처음 정여립을 잉태할 때, 고려 무신의 난과 관련된 정중부(鄭仲夫)가 나타난 태몽이었다.

(1) 사람, 아이 꿈

① 여자아이가 엄마라고 부른 꿈

저는 임신 7개월쯤에, 얼굴은 아이 아빠인데 아기 형상을 한 여자아이가 나타나, '엄마' 하고 저를 부르는 꿈을 꾸었어요. 그 후 아빠랑 너무 판박이인 딸을 낳아서 사람들이 더 놀랐답니다.

② 아들을 데리고 친정에 가는 꿈

해몽 상담 전화의 내용이다. 그분의 말씀 가운데, 첫째 아이의 임신 사실도 몰랐는데, 아들을 데리고 친정에 가는 꿈을 꿨다고 한다. 그 후 임신을 알았고 꿈을 꾼대로 아들을 낳았으며, 더더욱 놀라운 사실은 "커가면서 아들의 얼굴이 꿈속에서 본 얼굴과 너무나 똑같다."고 하면서, "어찌 이러한 일이 일어날 수 있느냐?" 하며 놀라워했다. 사실적인 미래투시의 꿈으로 실현되고 있는 사실에 크게 놀라워할 것도 없는 일이지만---.

③ 꿈속에서 동서의 막내아들을 미리 본 꿈 → 태몽 예지

16년 전의 꿈얘기. 저희 집은 아파트였습니다. 거실 한편에 놓인 등나무로 만든 흔들의자가 하나 있었죠. 그 옆에 다소곳이 앉은 막내동서 옆엔 큰아이가 보이고, 또 낯선 얼굴로 보이는 사내아이가 저를 물끄러미 쳐다보았습니다. 동서한테 물었습니다. 애는 누구니? 그랬더니, 동서가 말했습니다. 제 작은아들인데요. 낯선 아이가 있어 놀라 꿈에서 깨어났지요.

7일 후에 시댁에 방문하였을 때 동서한테 물었죠. (꿈얘기를 하면서) "너 혹시 임신하지 않았니?" 그랬더니 절대 그럴 리가 없다는 것이었습니다. 그래서 그 꿈은 생각하지 않기로 했습니다.

며칠 후, 친정집에 갔던 동서가 상기된 목소리로 여기 병원인데요. 임신이래요. 형님 꿈이 너무 신기하다면서 야단이었죠. 자기 올케가 병원에 임신인지 검사하러 따라 갔다가, 자기도 검사를 해 봤다는 것이었죠. 아이가 뭔지 궁금했던지, "성별이 뭐였느냐?"고 물었습니다.

꿈속에서 본 아이는 얼굴이 넓죽한 남자아이였다고 말해 주었지요. 그러면서 "다음에 맞는지 맞지 않는지 두고봐요?"라고 하더니 전화를 끊었습니다. 그리고 열 달이 지나 순산을 했는데, 꿈에서 본 그 아이의 얼굴을 한 사내아이를 품에 안고 있더군요. 저도 너무나 신기했습니다.---파랑새, 2009. 02. 26.

④ 두 아들이 태어나기 전에 꿈에서 미리 본 꿈

배우 이종혁은 SBS '야심만만' 방송 녹화에서 "두 아들이 태어나기도 전에 꿈에서 미리 두 아들의 얼굴을 봤었다."고 깜짝 고백해 눈길을 끌었다. 이종혁은 "아내가 아이를 임신했을 때, 내가 태몽을 꿨었다."고 말문을 열었다. 꿈속에서 한 아이가 나타나 이종혁에게 "아빠!"라고 불렀다는 것.

놀라운 사실은 아이가 좀 자라고 보니 예전 이종혁이 꿈속에서 봤던 아이와 얼굴이 똑같았다는 것이다. 더 놀라운 것은 이종혁의 아내가 둘째를 임신했을 때에도 이종혁이 똑같은 경험을 한 것. 이종혁의 이런 이야기에 출연진들은 놀라움을 금치 못했다.---[뉴스엔] 최나영 기자, 2007. 12. 03.

⑤ 바구니에 예쁜 여아를 끌어 올리는 꿈

어머니의 꿈입니다. 바닷가에 갔더니, 바구니에 끈이 달려서 바닷가에 이어져 있었답니다. 어머니가 줄을 끌어올려 보니, 바구니에 예쁜 여자 아기가 있었다고 합니다. 어머니는 그 꿈을 꾸시고, 명이 긴 여아가 태어날 거 같다고 하셨습니다. 그런데 그 꿈은 제 태몽이 아니라, 저의 조카며느리 태몽이었습니다. 저보다 한 달 먼저 임신을 했거든요. 조카 며느리는 첫딸을 낳았답니다.---글쓴이: 몽이, 이지데이, 태몽 이야기 방.

⑥ 알에서 아기가 깨어난 꿈

두 번이나 자연 유산으로 아이를 잃고, 마음도 몸도 많이 상해 있었답니다. 그런데 어느 날 시어머니께서 "알에서 깨어나는 아이 꿈을 꾸셨다며, 포기하지 말라고 용기를 주시더군요." 그렇게 해서 태어난 아들이 지민이랍니다. 남들은 "주몽 신화냐"라며 놀리기도 하지만 저에겐 너무 소중한 태몽이에요.

⑦ 아이를 받아 안는 꿈

창문을 누가 두드리기에 문을 열어보았더니, 아주머니 한 분이 아이 하나를 안고서 "아이를 먹일 것이 없어서 굶주리게 되었으니 키워 달라."라고 하길래, 잠시의 망설임도 없이 좋다고 아이를 받아서 방안에 놓았습니다.

독자의 편지이다. 태몽으로 아이를 받는 꿈으로, 실제 아이를 낳게 될 것을 예지해주고 있다. 아이를 받는데 억지로 받거나 물리치게 되는 경우 유산하게 되며, 받고 나서 아이에 대한 인상이 좋거나 기쁜 마음이나 방안이 훤해진 꿈이라면 장차 좋은 일이 있게 된다.

⑧ 큰 나무뿌리 밑에서 나온 복스러운 아이들

오래전의 큰아이 태몽 이야기입니다. 형체는 둥그스레하고 아주 크고, 나무 둘레는 아주 넓은 나무였습니다. 그 나무뿌리 밑에서 탐스러운 사내아이들(다섯살 정도 되어 보였음) 수십 명이 나왔습니다. (머리는 삭발이 된 모습) 그리고는 큰 기와 건물이 보이고, 삼단으로 된 계단에 세 줄로 서더니, 저희 아이라고 가운데 줄 중앙에 섰습니다. 그리곤 합창을 하는 것이었죠. 너무나 아름다운 아이들이었습니다.

지금, 그 아들이 아이들을 가르치는 선생님이 되었습니다.---파랑새, 2009. 02. 20.

수많은 아이들이 태몽 배경에 나온 것처럼, 아이들을 가르치는 직업인 선생님으로 나아가고 있다. 다섯 살 정도 되어 보인 것처럼, 어린 학생들을 맡아 지도하지 않을까 생각해본다.

⑨ 아는 언니가 아기를 주는 꿈

띵동! 누구세요? 문을 열었더니, 아는 언니가 찾아왔어요. 언니 품에 예쁜 아기가 안겨 있었는데, 저한테 아기를 주더라고요. 아기가 하고 있는 금목걸이, 금팔찌, 금반지 등 액세서리란 액세서리는 다 순금이었어요. 노란색들이 빛깔로 화려하진 않아도, 꿈에서도 너무 부러워했네요. 눈을 떴어요. 꿈에서 깬 거죠. 제 옆에서 아기가 실제로 숨을 쉬고 있다는 것을 느낄 정도로 너무 생생한 느낌! 진짜 누가 있나? 하고 고개를 돌려 봤어요. 당연히 아무도 없죠. 꿈에서 깨서 이거 완전 태몽인데? 아이를 기다리고 있던 차에, 나였으면 좋겠다고 생각했죠. 며칠 뒤 임신 테스터기 두 줄 확인했어요. 아들 낳았습니다.---민호엄마

⑩ 동자를 쓰다듬어 주는 꿈

집에 있는데 갑자기 하늘이 어두워지기 시작하였다. 밖으로 나가보니 커다란 구렁이

가 산을 감고 있었다. 그 구렁이가 내 곁으로 오는데, 그 구렁이 머리 위에는 동자가 앉아 있었다. 그 동자가 얼마나 귀여운지, 그 동자를 쓰다듬어 주는 꿈을 꾸었다. 결과는 아들인 줄 알았지만, 딸이었다.

태몽으로 정확하게 남아와 여아를 판별하는 것이 어려움을 보여주고 있다. 이처럼 꿈속에 동자인 경우에 아들을 출생하는 것이 일반적이다. 이 경우 혹 남성적 성품의 여자가 될 수도 있겠다.

⑪ 코가 커지는 아이를 낳은 태몽 사례

꿈속에서 아이를 낳았는데 딸을 낳았어요. 딸이면 얼굴이라도 예쁘면 하는 기대에 얼굴을 보니, 갑자기 코가 길어지기 시작하는 거예요. 마치 피노키오 코처럼 너무나 놀라서 깨었지만 공포는 가시질 않았어요. 기형아를 낳으면 어떻게 하나 하는 두려움이 가시질 않아 밤새 울었어요.

이 역시, 태몽으로 정확하게 남아와 여아를 판별하는 것이 어려움을 보여주고 있다. 아들을 낳았으나, 아기의 고추가 몹시 작은 '자라고추' 아기를 낳는 것으로 실현되었다. 늘어나는 피노키오의 코를 연상해 보기 바란다.

⑫ 어린 사내가 영웅을 누르는 꿈

어머니의 태몽에서 호기 어린 사내가 영웅을 누르는 꿈으로, 그래서 붙여진 이름이 웅진(雄鎭)이다(꽃동네 오웅진 신부). 이름에 '진압할 진'자를 쓰고 있는바, 꿈속에 어린 사내였듯이, 남아를 낳고 있다.

(2) 스님 꿈

이미 죽은 고승이나 위인이 방 가운데로 들어오는 꿈은 꿈속에 나타난 인물과 관련하여 훌륭한 인물이 될 것을 예지해주고 있다.

① 스님이 아들을 낳을 것이라고 말하는 꿈 (상담사례)

꿈에 신랑이랑 어느 산에 올라가는데, 나무로 발판까지 다 해놓은 데예요. 대구 갓바위 가보신 분은 아실 텐데, 그런 분위기를 풍기더라고요. 산에 힘도 안 들이고 올라갔는데, 정상에 큰 부처님 불상이 있는 거예요. 그리고 어느 스님이 저한테 와서 신랑을 보더니, 올해 무난 무제 하겠다는 거예요. 그래서 내가 울먹거리며 "그런 거 말고요", 그러니까 하시는 얘기가 안다면서, "올해 아들 낳겠네"이러시는 거예요. 그리고 깼는데 얼마나 꿈이 생생하던지, 이거 태몽인가요?---태양맘, 이지데이 태몽이야기 방.

꿈이 생생하고 강렬하다면 태몽일 가능성이 높으며, 스님이 아들을 낳을 것이라고 말하는 이러한 계시적 성격의 꿈은 실제로 현실에서 말 그대로 이루어지는 특성을 보이고 있다. 이처럼 꿈속에서 스님이 아닌 산신령이나 조상, 기타 오래된 동·식물 등 신령스러운 존재가 말을 하는 경우가 있는바, 실제 영령이 존재한다기보다는 직접적인 계시의 방법으로 믿음을 주게 하려는 인물을 등장시키는 꿈의 상징 기법의 하나인 것이다.

② 동자 스님을 보는 꿈 (상담사례)

> 2층 건물만 한 돌부처 좌상 아래 굴이 있고, 그 굴 안에 작은 금부처 좌상이 있는데, 스님 세 분이서 그곳에서 기도를 드리고 있었습니다. 실제로 아이가 없지만, 제 아이라고 느껴지는 남자아이인데(3~4살) 승복을 입고 있었습니다. 꼭 동자 스님처럼, 그리고선 아이랑 같이 삼배를 하고 기도를 드리는 꿈인데. 기도가 끝나고, 아이가 스님들이 신는 고무신을 벗고 등산화를 신고 있어서, 제가 절에선 고무신 신고 있어야지! 하며 아이를 타이르는 꿈입니다.---믿어_날, 다음 미즈넷.

이렇게 꿈속에서 동자 스님이든 남아를 보는 꿈은 실제로 남아를 낳게 될 것을 예지해주고 있다. 동자 스님이 태몽에 나왔다고 해서, 장차 스님이 반드시 되는 것은 아니다. 불교 계통으로 인생의 길이 펼쳐질 수도 있겠지만, 스님의 상징적 의미는 덕이 있는 사람, 정신적 지도자 등을 뜻하기에, 장차 그러한 인생의 길로 나아갈 것을 예지한다.

③ 동자승 두 명을 끌어안는 꿈

> 이제 임신 7개월 차 예비맘이에요. 저희 엄마는 절에 스님들 밥해주러 갔다가, 동자승 2명을 끌어안는 꿈을 꾸었다고 하고요.---가랑비, 다음 미즈넷.

장차 쌍둥이나, 두 형제를 낳게 될 것을 예지해주고 있다.

(3) 조상 및 신선·산신령 등 영적 대상

조상이나 신선·산신령 등의 영적 대상이 태몽 표상에 등장하기도 한다.

① 돌아가신 분이 안아주시는 꿈

> 돌아가신 외할머니와 할머니 두 분이 나란히 활옷을 입고 산에서 내려오시더니, 저와 친정언니를 따스하게 안아주시는 꿈을 꾸었어요. 곧 우리 자매는 나란히 임신을 했고요. 이후 바다에서 금가락지를 줍는 꿈을 꾸었어요.

② 산신령이 나타난 꿈

    저는 지금 둘째를 가졌고, 임신 12주입니다. 둘째가 막 생길 때쯤, 엄마가 꿈을 꾸셨다
고 하시더라고요. 꿈에 산신령이 나타났는데, 눈이 부시게 찬란한 황금색 사모관대를
입었고, 엄마를 빤히 오래 바라보셨대요. 근데 원래 태몽이란 게 뭔가를 받든지 사든지
하는 게 보통인지라, 이 꿈이 태몽인지 어쩐지 잘 모르겠어요. 엄마는 태몽이 아니더라
도 길몽이라고 주장하시지만요. 그 반짝이던 황금색 옷이 너무 선명했다고 엄마가 그러
시대요.---hermes, 다음 미즈넷.

　대통령이나 연예인을 보거나 데이트하는 꿈으로 태몽이 상당수 있다. 이처럼
신선이나 산신령이 나타나는 꿈도, 꿈이 강렬하고 생생하다면 태몽이 틀림없다.
동식물을 받거나 가져오는 꿈이 일반적인이지만, 태몽에는 이처럼 특이한 태몽
도 있다. 이 밖에도 산신령에게서 분첩을 선물 받는 꿈, 하얀 옷에 하얀 수염을 길
게 기른 산신령 같은 분이 함박웃음을 지으면서 큰 두꺼비를 주는 태몽을 꾼 사
람이 있다.

③ 산신령이 아기를 안겨주는 꿈

    지인이 꾼 꿈인데요. 광채가 나는 산신령 같은 분이 아기를 안고 있다가 품에 안겨주더래
요. 주변이 온통 과일나무들로 풍성했다는데.---별사탕, 이지데이 태몽이야기방.

④ 선관이 옥동자를 가져다주는 꿈

　숙종 10년 정박옥의 부인의 꿈에 하늘에서 선관이 백학을 타고 내려와 옥동자
를 안겨주는 꿈을 꾸었다. 그리고 아기 탄생 후에 또 하나의 꿈에 그 선관(仙官)이
나타나 아기 이름을 수정(壽政)으로 지으라고 해서 그렇게 지었더니, 박학다식하
고 기지에 명언을 남긴 정수정이란 유명인이 되었다고 전해온다.

　고전소설에도 이와 비슷한 꿈 내용으로 전개되고 있듯이, 누구나 이러한 태몽
을 꾼 경우에 큰 인물이나 훌륭한 인물로 자라날 것을 믿게 될 것이다. 위 꿈의 사
례에서 볼 수 있듯이, 하늘과 신령과 옥동자로서 조화된 표상 전개의 꿈으로 탄
생하는 사람은 위대한 인물이 된다는 것을 믿어도 좋을 것이다.

(4) 대통령 및 귀인이나 연예인·유명인사와 만나는 꿈

　대통령이나 귀인을 만나는 꿈이, 뜻밖의 태몽으로 이루어지기도 한다. 단, 태
몽인 경우 꿈이 아주 강렬하고 생생한 것이 특징이다. 대통령이나 유명인사와 관
련된 태몽의 실증사례를 살펴본다.

① 이명박 대통령과 같이 잔 꿈

　　안녕하세요. 어젯밤에 이명박 대통령과 잤는데, 오늘 산부인과 가니 6주라네여~~ 위에 딸이 둘인데 아들이었으면 하는데요. (자연미인)

여기에 대하여 다음과 같은 댓글이 달려 있다.

　　* 저도 대통령 꿈꾸고 아들 낳았고요. 내 옆 직원도 대통령 꿈꾸고 아들 낳았어요. 대통령 꿈이 아들이 많다네요. 득남하세요. (강정혜)

　　* 제 주위 분들은 대통령꿈 꾸고 죄다 아들 낳았는데, 마음 편히 즐태하세요. (흑련화)

　　* 저희 어머니는 저 임신했을 때 대통령 나오는 꿈을 여러 번 꾸셨는데, 전 여자랍니다. 아들딸 구별 없이 예쁜 아기 낳으시길 바랍니다~. (즐쳐드셈)

다음(daum)의 미즈넷 태몽·태교란에 올려진 글을 인용하여 살펴보았다. 꿈속에 나타난 대통령이 남자이기에, 또한 대통령하면 남자를 연상하기에, 남아를 출산할 가능성이 높은 것이지만, 원칙적으로 태몽으로 70~80%의 개략적인 성별의 구분이 가능한 것이지, 100% 절대적이지는 않다. 해의 태몽으로 딸이 출생하기도 하고, 꽃의 태몽으로 아들을 낳기도 한다. 태몽으로 아들딸을 보여준다기보다는 '남성적이냐, 여성적이냐' 성품을 보여준다고 하는 것이 올바른 판단일 것이다.

② 노무현 대통령을 만나 악수한 꿈

　　둘째를 가진지를 저는 몰랐고, 엄마는 이 꿈을 꾸고 복권을 사셨었는데, 태몽인가 봐요. 엄마가 아기(우리 큰애인 것 같애요) 손을 잡고 시냇가를 가다, 노무현 대통령을 만나 악수를 하셨네요. 딱 로또 꿈 같아서 로또를 사셨지만 아니었고, 3주쯤 뒤에 제가 둘째를 가진걸 알게 되었거든요. 태몽이 맞을까요?(토마토)

여기에 다음과 같은 댓글이 달려져 있다.

　　* 대통령 꿈이 태몽 맞는 거 같은데요. 저도 부시랑 악수하는 꿈 꿨거든요. 우리 아들 지금 25개월이네요. (빵가롱)

　　* 대통령 꿈이 태몽인지는 잘 모르겠는데, 전 크리스마스이브에 꿈을 꿨어요. 노무현 대통령이 신랑하고 무슨 심각한 얘기를 하더라고요. 한참을 그렇게 얘기하더니, 대통령이 저한테 오더라고요. 그리고는 저한테 그러더라고요. 신랑한테 아들 꼭 낳아주라고. 간곡히 부탁하는데, 꾸고 나서 '정말 특이하고 이상한 꿈이다.'라고 생각은 했지만, 그게 태몽이 아닌가 싶어요. (yscm79)

꿈이 아주 생생하고 강렬하다면 태몽이 맞다. 태몽에도 여러 가지가 있다. 특이한 태몽 사례로 김일성과 박정희 대통령이 동침하는 꿈 사례도 있다.

③ 이승만이 넥타이를 풀어 어머니의 목에 걸어주는 꿈 → 박관현 열사의 태몽

> 박관현은 1953년 아버지 박정한과 어머니 이금녀 사이에 6대 장손으로 태어났다. 딸만 셋을 둔 집안이라 경사가 난 것은 당연지사. 그를 가졌을 때 어머니가 꾼 태몽이 별나다. 당시 대통령이었던 이승만이 자신이 메고 있던 고급 넥타이를 풀어 어머니의 목에 걸어주면서 이렇게 말했다고 한다.
>
> "이 넥타이의 주인은 바로 당신이요. 나는 이 넥타이를 맬 자격이 없소. 바로 당신이 주인이요." 아마 훗날 정치적으로 큰 사람이 되리란 암시였던 모양이다.---정용일 취재부장, 민족 21(86호), 2008. 5. 1.

박관현 열사는 1980년 당시 전남대학교 총학생회장으로 광주민주화운동을 주도하여 활동하다가, 수배를 받고 82년 체포되어 옥중에서 단식 끝에 사망하였다.

12) 태몽 표상에 따른 전개-기타 태몽 표상

태몽 표상물의 다양한 전개양상에 대해서 간략히 살펴보았다. 앞으로의 인생길을 예지하는 데 있어, 그때그때 가장 적합한 태몽 표상물을 등장시켜서 보여주고 있는바, 동·식물뿐만 아니라 자연물·인공물 등 다양하게 나타나고 있다. 이밖에도 수없이 기이한 태몽이 있을 수 있다. 하지만 꿈이 반대가 아닌 상징의 이해에 있듯이, 태몽 표상도 꿈을 꾼 사람이 자연스럽게 좋고 나쁨을 알도록 해주고 있다. 예를 들어 서기(瑞氣)가 어린 햇빛이나 달빛이 비치는 태몽을 꾸면 태아가 장차 인기인·유명인사가 되며, 자신의 능력을 크게 떨치고 영향력을 행사함을 예지해주고 있다. 태몽은 장차 걸어갈 인생의 청사진을 압축적인 표상으로 보여주고 있는바, 꿈속에 등장한 사물이나 표상물과 밀접한 관련을 맺으면서 인생길이 펼쳐지고 있다.

또한 태몽 표상물로 나타난 그 모든 상징물이 어떠한 전개를 보였는가에 따라 장차 펼쳐질 인생의 길을 함축적으로 보여주고 있으며, 그 모든 전개 하나하나마다 깊은 의미가 담겨 있다. 태몽을 꾼 당시로서는 쉽게 예지하지 못하지만,

20~30년이 지나서 아니 평생에 걸쳐서, 태몽의 예지대로 전개되고 있음을 알 수 있다. 태몽 속에 담겨있는 미래 예지적인 운명의 길을 알아내서, 가능하다면 보다 빨리 실현될 수 있게 준비해나가는 것이 올바른 태몽의 활용이 아닌가 한다. 예쁜 카나리아 새가 지저귀는 태몽으로 가수로서의 인생길이 펼쳐진 사례가 있는바, 장차 음악이나 성악 등에 탁월한 재능을 보일 것은 불문가지의 일이다. 이러한 경우에 어릴 때부터 음악적인 소질을 길러주는 방향으로 나아가는 것이 자녀 교육의 올바른 길이 될 것이다.

13) 출산관련 표상—쌍둥이, 제왕절개, 조산, 난산, 신체 이상 및 임신 예지

장차 태어날 아이가 쌍둥이인지 아닌지, 조산하게 되거나 아기를 낳는 데 있어 힘겹게 난산으로 낳을 수 있는지, 제왕절개 등 수술로 출산하게 될 것인지, 장차 신체에 이상이 있는지, 유산하게 될 것인지 요절하게 될 것인지를 꿈의 예지로 보여주는 경우가 있다. 실증사례에 간략한 해설 등을 덧붙여 살펴본다.

(1) 출산관련 꿈해몽 요약

일부의 꿈 사례는 태몽이라기보다는 제왕절개 및 수술, 조산, 난산, 신체 이상 여부 등 장차 일어날 일을 예지해주는 상징적인 미래 예지적 꿈이라고 할 수 있는바, 태몽과 관련이 있기에 따로 독립시켜 살펴보았다.

① 버스가 빨리 달리는 꿈

임신 여건에서는 예정일보다 빨리 출산하게 될 것을 예지한다.

② 버스를 힘겹게 운전하는 꿈

가임여건에서는 난산을 예지하며, 일반적인 여건에서는 버스로 상징된 가게나 사업체의 힘겨운 운영으로 이루어진다.

③ 깜깜한 곳에서 노래를 부르는데 아무도 들어주지 않는 꿈

출산 시 극심한 산고의 고통에 시달리는 일로 실현된 사례가 있다. 이 역시 일반적인 여건에서는 어려움에 처해 시달리는 일로 이루어진다.

④ 새끼 돼지들을 손쉽게 잡는 꿈

순조로운 출산을, 반면에 힘들여 잡는 경우는 힘들게 출산할 것을 예지한다.

⑤ 돼지를 잡아먹으려는 사자와 표범을 때려잡는 꿈

태아 출산 시 출산과 후산(태가 나옴)이 순조롭게 이루어질 것을 예지한다. 이 경우 돼지는 태아를 상징하고 있으며, 사자와 표범을 죽이는 것은 방해 요소를 제압하는 것을 상징하고 있다.

⑥ 창문을 통해서 누군가 안을 들여다보는 꿈

출산 시 산모의 건강이 우려되는 것을 상징한다.

(2) 쌍둥이 출산 예지 꿈 사례

의외로 쌍둥이를 낳은 사람들도 상당수 많이 있으며, 특히 시험관 시술로 태어나는 경우 쌍둥이가 더욱 많이 태어나고 있다. '쌍둥이 엄마들은 다 모여요.(http://cafe.daum.net/2baby)' 다음 카페에 올려진, 쌍둥이 태몽의 체험 사례를 간략히 소개한다.

① 쌍둥이의 꿈에 관한 실증사례 → 둘이란 숫자

둘과 관련된 표상으로 전개되고 있다. 뱀 두 마리가 달려든 꿈, 오이 두 개를 집어든 꿈, 옥수수를 반으로 부러뜨려서 먹은 꿈, 뱀 두 마리가 동시에 다리를 물은 꿈, 아기 둘을 데리고 가라는 꿈, 꽃다발과 독수리를 받아온 꿈, 화려한 꽃과 붉은 고추의 꿈, 호랑이 두 마리를 안고 도망친 꿈, 두 마리의 자라와 구렁이 꿈, 누런 뿔 달린 황소 두 마리가 쫓아온 꿈, 손가락에 쌍가락지를 끼고 주지 않는 꿈, 하얀 말(유니콘) 두 마리를 얻는 꿈, 푸른 두 마리 뱀을 잡은 꿈, 독수리 두 마리가 나타난 꿈, 대 바구니에 빨간 천도복숭아 두 개의 꿈, 땅콩의 태몽, 용 두 마리 꿈, 잉어 두 마리의 꿈, 고추 큰 것 하나와 작은 고추 두 개를 손에 쥔 꿈 등 둘과 관련된 표상이 등장하고 있다.

② 세쌍둥이의 꿈에 관한 실증사례 → 셋이란 숫자

셋과 관련된 표상으로 전개되고 있다. 세 마리의 용이 날아다니는 꿈, 복숭아 세 개를 가슴에 끌어안는 꿈, 아나고(붕장어) 세 마리가 달려드는 꿈 등이 있다.

(3) 제왕절개 및 수술

① 호리병(항아리)을 깨고 뱀을 꺼내는 꿈

나의 친척 누나는 아이를 임신했을 때, '호리병 같은 곳에 뱀이 들어 있다가 나오는 꿈'을 꾸었는데, 그 아이를 조산해서 인큐베이터 안에서 키웠다 한다. 또한 내 친구의 부친께서는 며느리의 분만 예정일이 거의 다가왔을 때, '항아리를 깨고 뱀을 꺼내는 꿈'을 꾸었는데, 예정일이 지났는데도 아이가 나오지 않아(너무 많이 자라서) 제왕절개 수술을 하여 아이를 낳았다고 한다. 아이를 낳고 보니 몸무게가 4kg이나 되더라는 것이었다.---(글: 김하원 『개꿈은 없다』에서 인용함.

꿈의 절묘한 상징 기법에 놀라움을 금할 수 없으며, 실증사례로 이와 유사한 꿈을 꿀 경우 비슷한 결과로 실현될 수 있을 것이다.

② 학이 다리에 붕대를 감고 있던 꿈

　　학 한 마리가 다리에 붕대를 감고 있고, 그 등에 제가 타고 있었어요. 그런데 아이가 태어날 때, 양수가 터져 한쪽 다리가 질에 끼었답니다. 제왕절개를 해서 낳았는데, 한쪽 다리가 시퍼렇게 멍이 들어 있었어요. 다행히 며칠 뒤에 없어졌답니다.

이렇게 사소한 일로 실현된 것이 다행인 태몽이다. 안 좋게 실현된다면, 성장 과정에서 다리를 다쳐서 못쓰게 되는 일로도 일어날 수 있기 때문이다. 이 경우 굳이 태몽이라기보다는 앞으로 일어날 일을 상징적인 미래 예지 꿈으로 보여준 것으로 볼 수도 있다. 하지만 태어난 아이가 장차 학처럼 고귀한 성품을 지닌 경우, 태몽이 틀림없다고 해야 할 것이다.

③ 유리 상자 안에 호랑이가 갇혀있던 꿈

　　제 아들의 태몽입니다. 임신인지 모를 때 꿨고요. "제가 산 밑을 지나가고 있는데, 산 위에 유리 상자 안에 호랑이가 갇혀있더군요. 생각에 왜 호랑이가 갇혀있을까 의문을 가지면서 지나가는데, 갑자기 갇혀있던 호랑이가 유리 상자를 뛰쳐나오면서 제 엄지손가락을 물더라고요. 그래서 깜짝 놀라서 깼답니다."

　　그런데 너무 이상하게도 아들을 낳고 보니, 체중이 미달(2.2kg)이라서 인큐베이터에 15일 있다 나왔고요. 지금은 운동선수로 학교대표로 있습니다. 어떻게 태몽이 출산 이후의 일과 일치할 수 있는지 지금도 신기하게 생각한답니다. 아직도 생생하게 기억이 나거든요.

신비한 꿈의 상징 기법을 보여주고 있다. 호리병·항아리·유리 상자·무덤 등 갇히고 막힌 공간으로써, 장차 태어날 아기가 인큐베이터에 들어가게 될 것을 예지해주고 있다.

④ 죽은 사람이 같이 가자는 꿈

　　몇 년 전 저는 너무도 무서운 꿈을 꾸었습니다. 꿈속에서 저희 부부가 이사를 가는데, 너무도 높은 산이라 안개가 자욱하고 그곳에 오르려면 경사진 곳으로 힘들게 가야 하는 곳이었습니다. 트럭을 타고 겨우 올라와 집에 짐을 옮기고 있는 중, 몇 년 전에 돌아가신 우리 아저씨의 고모부께서 다리에 깁스를 하시고 목발을 짚고 멀리서 오시더니, 우리 집을 지나 위쪽 산속으로 가시며 저 보고 같이 가자는 것입니다. 그래서 저는 꿈속이지만, '내가 왜 가' 하면서, "고모부 짐 정리를 하고 갈게요." 하고 따라가지 않았습니다.

그리고 일주일 후 저는 자궁외임신으로, 양쪽 나팔관에 아이가 쌍둥이로 크지도 못하고 터져서, 저는 거의 실신 상태로 죽을 고비를 넘겼습니다.

⑤ 무덤의 구멍을 막은 꿈 → 산모의 장이 터져 급하게 수술

아이 아빠의 꿈입니다. 위에 양지바른 곳에 묘가 하나 있는데, 만들어진 지 얼마 안 되어 잔디가 듬성듬성 있고, 들여다보니 묘머리 쪽에 구멍이 뚫려 그곳에서 광채가 나고 삽이 하나 꽂아 있더랍니다. 아이 아빠 생각에 죽은 지 얼마 안 되어 끔찍하겠다는 생각에, 내가 가까이 오니까 "보지 말고, 어서 내려가자." 했는데, 그만 제가 그 삽을 쑥 잡아 빼니까, 옆에 있는 동네 아저씨가 그 삽을 빼앗아 묘를 보지 않고 뒤로 삽질을 해서 묘 구멍을 막았답니다.

퇴근 무렵에 전화 한 통화를 받게 되었습니다. 돌아가신 큰어머니 큰손녀 딸이 아기를 낳았다고 합니다. 그런데 조카가 산달이 안됐지만, 장이 터져 급하게 수술을 하여 아기를 낳고 보니, 아기가 변을 먹어 산모도 아기도 좋지 않아 산모는 말을 하지 못하고 있고, 아기는 인큐베이터에 있다는 막내 조카의 전화였습니다. 참! 신기하죠. 아이들 아빠 꿈이 어찌 이렇게 조카 아기 낳는 거하고 들어맞는지---미래 예지, 2009. 03. 05.

(4) 조산, 순산, 난산

① 덜 익은 사과를 따오는 꿈

"시골길을 걷다가, 길가의 사과나무에서 사과를 따 맛있게 먹었어요. 그런데 사과나무 주인이 나타나 야단을 치는 거예요. 아직 익지도 않았는데 왜 따 먹느냐고요."

꿈의 실현은 태몽으로 팔삭둥이 아들을 낳게 되는 일로 이루어진바, 신비한 태몽의 세계가 펼쳐지고 있다. 태몽 표상에서는 잘 익어 탐스럽고 윤기나는 과일을 가져오거나 먹는 꿈이 좋다. 먹는 꿈의 경우 다 먹는 것이 좋으며, 부분에서 그치면 안 좋다.

일반적인 경우, 시험 응시생이라면 시험 답안지를 완전히 작성하지 않고 서둘러 제출하는 일로 실현될 수 있으며, 새롭게 가게를 내는 사람인 경우라면 전기

시설 등 여건이 완전히 갖추어지지 않은 상황에서 개업을 하는 일로 실현된다.

② 새끼 돼지 두 마리를 잡은 사례

97년 3월 6일. 춘천시 후평1동에서 임미경(가명) 씨가 보내오신 꿈이야기이다.

　　저는 고향이 경북이라서 자주 못 가지만, 명절 때만큼은 꼭 갔는데, 작년 설날이었습니다. 차례를 지낸 다음 날 아침 녘에 특이한 꿈을 꿨습니다. 돼지꿈은 한 번도 꾸어 본 적이 없었으며, 그리고 그전에도 별 특이한 꿈은 없었습니다.

　　집이 시골에서도 동네 맨 끝 집이라, 울타리도 없고 주위에 산이 연결해 있었는데, 마침 꿈에서도 우리 집 배경 그대로 너무 실감 나게 진행되었습니다.

　　검은 어미 멧돼지 한 마리가 우리 집 앞마당으로 뒤뚱거리며 들어오더니, 잠시 후 두 마리 새끼 돼지도 있었습니다. 너무 귀엽게 생겨서 잡으려고 쫓아가니까, 어미 돼지는 울면서 도망을 치고, 새끼 한 마리가 마루 밑까지 들어가려는 순간, 힘껏 목덜미를 움켜 잡아 가지고, 잠을 자던 방으로 데려와 품에 안고 정성껏 밥을 떠먹이고 물을 먹이고 했더니, 울음을 그치고 순해지는 것이었습니다. 나머지 새끼 한 마리는 아주 순하게 따라오는 꿈이었습니다.

꿈의 내용을 간추리면 새끼돼지 두 마리를 잡는 꿈이다. 현실에서는 어떻게 실현되었을까? 돼지꿈 하면 복권을 떠올리고 재물이 들어오게 되는 것을 연상하지만, 현실에서는 다양하게 펼쳐지고 있다. 이 꿈에서도 두 마리의 새끼돼지로 표상된 어떠한 일이 일어날 것을 예지해 주고 있다. 한 새끼 돼지는 목덜미를 움켜잡아 처음에는 힘든 일이 일어나지만, 정성으로 대하면 좋아질 것이요, 다른 새끼돼지는 순순히 따라왔다는 데서 아무런 문제가 일어나지 않을 것을 예지해 주고 있다.

　　현실에서는 꿈을 꾼 순간에 전화벨이 막 울리더니 막내 외삼촌이 첫아들을 낳았다는 연락이 온 것입니다.(막내 외삼촌이 결혼해서 경주에 살고 있다는 얘긴 들었지만, 그때까지 외숙모가 임신했다는 사실을 전혀 모르고 있었습니다.)

　　하지만 난생처음 돼지꿈을 꿨기에 혹시나 하여 복권을 샀는데, 역시 맞지 않았습니다. 그래서 나름대로 결론을 내리기를 역시 '아들 낳는 소식이었구나'라고요. 그 당시 제 여동생도 임신 8개월쯤 되었는데, 나머지 새끼 한 마리는 아주 쉽게 들어오더니, 제 생각대로 여동생의 순산소식을 가져왔고요.

　　몇 개월 후에 외삼촌 아기 백일 날에 제 꿈을 얘기했더니, 외삼촌과 외숙모는 무릎을 탁 치면서, 아기가 목이 안 좋아서 병원에 한참 다녔다는 거예요. 꿈에서 제가 그 새끼 돼지를 잡을 때 목을 세게 조였거든요.

③ 버스를 힘들게 운전해 나아간 꿈

바다를 바로 옆에 끼고 돌아가는 해안도로를 따라, 친구가 버스 운전을 하고 있었습니다. 그런데 버스 운전하는 것이 너무 힘들다 했습니다. 제가 옆에서 "너무 힘들면 포기는 하지 말고, 잠시 쉬었다가 다시 운전해보자"라고 다독였습니다. 바닷물에 발도 잠시 담그며 쉬었습니다. 그리고 힘을 내어 다시 운전하여, 마지막에는 구부러진 터널을 가까스로 빠져나왔습니다.

꿈에 나왔던 친구는 그 당시 출산을 앞둔 친구였습니다. 꿈을 꾸고 난 뒤에 드는 생각이 아기 낳을 때, 조금 힘들지 않을까 하는 생각이었습니다. 아이 낳고 얘기를 들어보니, 분만실 들어갔는데 자연분만은 힘들 것 같다고 수술 얘기가 오고 갔는데, 끝까지 버티고는 결국 자연분만으로 아이를 낳았다고 했습니다.

홍순래 박사 꿈해몽 사이트의 김민신 이용자가 메일로 보내주신 꿈체험기이다. 감사드리며, 앞으로도 많은 분들께 체험한 꿈 사례를 사이트에 올려주시거나, 메일로 보내주시기를 부탁드린다.

④ 깜깜한 곳에서 자신 혼자만 노래를 부르는 꿈

경기도 고양시에서 구자옥 씨가 97년 2월 9일 보내오신 꿈이야기이다.

출산하기 바로 전날 밤에 꾼 꿈이다. 들어주는 사람은 한 명도 없는데, 깜깜한 곳에서 계속 자신만 노래를 부르고 있는 것이었다.

꿈은 꿈을 꾸는 사람이 처한 상황이나, 자신이 마음속에 품고 있는 어떠한 일에 대해서 나타내 주는 경우가 많다. 깜깜한 곳에서 자신만이 외롭게 노래를 부르는 꿈의 표상에서, 독자 여러분은 무엇인가 안 좋은 일이 일어날 것이라는 생각을 할 것이다.

현실에서 일어난 일을 살펴보자. 다음 날 병원으로 갔는데 다른 산모들은 잠깐씩 진통하다가 하나 둘씩 분만실로 가는데, 꿈을 꾼 구자옥 씨는 너무나 고통스러워 수술해 달라고 애원하다가 결국은 그 다음 날 자연 분만하는 일로 실현되었다. 꿈속의 상황과 현실에서 일어난 일을 비교해 보면, 서로 상관성을 띠고 있음을 쉽게 알 수가 있다. 산고(産苦)의 고통을 참지 못해 비명을 질러본들 누가 쉽게 도와줄 수 있는 상황이 아닌 것이다.

물론 이 경우 다른 일로 실현될 수도 있다. 예를 들어 가수지망생이 전국노래 자랑에 나가 노래를 부르기 전날 꾼 꿈이라면 보나 마나 낙방이요, 운전을 하고 다니는 사람이었다면 불의의 교통사고로 다른 사람의 도움을 얻지 못하고 고통 으로 한동안 신음하는 일이 벌어질 수가 있다. 하지만 틀림없는 사실은 안 좋은 일이 일어난다는 것을 정신능력의 활동으로 빚어지는 꿈의 세계가 앞으로 일어 날 일을 예지해주고 있는 것이다.

(5) 신체 이상 여부 예지

태몽으로 장차 태어날 태아의 신체 이상 여부를 예지할 수 있는바, 여러 사례 를 살펴본다.

① 날아오르는 구렁이의 꼬리가 잘린 태몽

   큰 구렁이가 하늘로 날아올랐다. 칼을 쥐고 쳤는데 꼬리가 뚝 잘렸다. 이 태아는 장차 매우 지혜로움을 가질 사람이 되며, 크게 재물도 이룬다. 다만 하반신에 이상을 가지게 되는 것이 매우 안타깝다. 아는 분이 낳은 아들의 태몽이며, 그야말로 빼놓을 데 없는 아이로 자랐으나, 어릴 때 소아마비를 앓아 현재 다리가 온전하지가 못하다.---운몽

② 나타난 뱀을 두들겨 팬 꿈

   꿈속에 나타난 뱀이 밉더라는 것이다. 그래서 막 죽어라 하고 흠씬 뱀을 하고 두들겨 팼다는 거야. 나중에 부인이 임신해서 남자아이를 낳았어요.

어느 남자의 태몽 사례이다. 꿈의 실현은 태어난 아이가 지능이 많이 모자라 는 아이로 태어나서, 아이 혼자서는 아무것도 못하고 누군가 옆에 붙어 있어야 하는 일로 실현되었다.

③ 잉어 배에 상처가 있는 꿈

   커다란 잉어 두 마리가 대야에 담겨 있는 꿈이었습니다. 한 마리는 건강했지만, 다른 한 마리는 배에 상처가 있었습니다. 꿈속에서 물을 새것으로 갈아 주면 배가 나을 것 같 다는 생각이 들어, 새 물로 갈아 주었습니다. 비록 배에 상처가 있긴 했지만, 이 역시 나 머지 한 마리 잉어처럼 건강하게 잘 움직였습니다.

잉어 등 커다란 물고기 태몽은 아들일 가능성이 높으며, 두 마리에서 알 수 있 듯이 장차 두 자식을 두게 된다. 한 아이는 건강하게 자라지만, 한 아이는 장차 배 에 이상이 생겨 한동안 어려움을 겪게 된다. 하지만 물을 새로 갈아주면 잘 움직

이었듯이, 주변 여건을 잘 해주면 어려움이 없이 회복될 것을 예지해주고 있다. 결과는 아기가 5살이 될 때까지 장이 나빠 무척 고생하게 되는 일로 실현되었다.

④ 시퍼런 이끼가 잔뜩 끼어있는 잉어를 잡은 꿈

인터넷에 올려진 잉어 태몽에 관련된 이야기를 요약 발췌해 살펴본다. 아이 아빠의 태몽에 낚시로 잉어를 낚았는데, 시퍼런 이끼가 잔뜩 끼어 있던 꿈이었다.

꿈의 실현은 늦둥이로 둘째 딸을 낳았지만, 만 두 살이 지난 어느 날 갑자기 아이가 까무러치려 해서 응급실로 데려갔더니, 소아 당뇨로 판명되어, 체내에서 생산이 아예 안 되기 때문에 평생 인슐린을 체외에서 주사로 공급받아야 하는 장애를 지니게 되는 일로 실현되었다.

과일의 경우에 윤기나고 싱싱한 과일이 좋듯이, 잉어나 붕어 등 어류의 경우에도 상처가 없거나 어떤 불순물이 없는 깨끗한 표상이 좋은 태몽임을 보여주고 있다.

⑤ 목에 상처 난 뱀의 꿈

아주 커다란 뱀 두 마리가 제가 다니는 길에 나란히 있었는데, 한 마리는 건강해 보였지만 다른 한 마리는 목에 상처가 있었습니다. 상처가 있긴 했지만, 건강한 다른 한 마리의 뱀과 마찬가지로 움직이는 데는 별 지장이 없어 보이더군요.

장차 태몽대로 이루어지고 있음을 알 수 있다. 커다란 뱀에서 아들로 이루어질 가능성이 높으며, 두 마리 뱀이었듯이, 장차 두 자식을 두게 된다. 한 아이는 건강하게 자라지만, 한 아이는 장차 목 부분에 이상이 생겨 한동안 어려움을 겪게 된다. 하지만 움직이는데 별 지장이 없었듯이, 별 어려움이 없이 회복될 것을 예지해주고 있다.

⑥ 물개의 지느러미 밑에 팔이 하나 있던 꿈

어머니가 물가에 갔는데, 좁은 개울에 물개가 앉아 있었다. 그래서 그 물개에게 "왜 이 좁은 개울에 앉아 있니?" 물었더니, 엄마를 기다리고 있다고 또록또록 대꾸하는 물개였다고 한다. 그래서 어머니가 "그럼 계속 네 엄마를 기다려라." 하고 자리를 뜨는데, 어느새 그 물개가 어머니의 품속에 안겨져 있었다. 그런데 물개의 지느러미 밑에 팔이 하나 나뭇가지처럼 나와 있는 게 아닌가. 하지만 꿈속에선 물개의 그 팔 하나가 퍽 예사로웠다고 한다.

필자의 사이트 이용자인 21살 대학생인 태몽 사례이다. 그리고 아기가 태어났는데, 다지증이었다. 흔히 말하는 육손이었다. 이용자의 아버지는 이용자의 어머니에게 유전적 문제를 전혀 언급하지 않고 결혼했으며, 이용자가 여섯 손가락을 가지고 태어나자, 그제야 아버지 가계의 유전적 문제를 언급하고는 두 사람이 크게 싸움까지 했다는 것이다. 꿈의 신비함, 태몽의 신비함을 그대로 보여주고 있다.

⑦ 곰보 장사꾼, 언청이 노파에게 밤·대추를 받은 꿈

40대 아주머니의 태몽 체험담이다. 딸을 임신하였을 때는 잉어를 파는 장사가 소복을 입은 여자 곰보였고, 아들을 임신하였을 때는 언청이 노파에게 밤과 대추를 한 보따리 받는 꿈을 꾸었다고 한다.---무속세상, 스포츠한국, 2010. 3. 26.

태어난 여자아이는 곰보, 남자아이는 언청이로 실현된바, 새삼 태몽의 신비함을 보여주는 사례이다.

(6) 임신 예지

정신능력의 활동이 활발하여 꿈꾸는 능력이 뛰어난 사람은 친지나 주변 인물의 태몽을 대신 꿔주는 것으로써, 임신을 예지해주고 있다. 이 경우 현실에서 형식적인 매몽의 절차를 거치기도 하는바, 실제로는 친지나 주변 인물의 임신 여부를 예지해주는 것이라 하겠다.

① 싱싱한 딸기를 갖다 주라는 꿈

정재윤(개그우먼)의 딸을 출산하게 된 태몽은 친정어머니가 대신 꿔주었다. 어머니 꿈에 작년에 돌아가신 아버지가 나타나 싱싱한 딸기를 주며 재윤이에게 갖다 주라고 했다는 것. 임신 사실은 이미 알고 있었지만, 혹시 잘못될까 봐, 주변 사람들에게 내색하지 않았던 그에게, 어머니가 "혹시 무슨 일 없냐?"며 꿈이야기를 했을 때는 소름이 끼칠 만큼 깜짝 놀랐다고 한다. 그로 인해 그는 사랑하는 사람들끼리는 텔레파시가 존재한다는 확신을 하게 되었다고.---여성동아

② 탐스러운 꽃을 보는 꿈

꿈속에서 내 방 안에서 잠을 자고 있었다. 그런데 아침인지 환한 햇살이 눈에 비치여 일어나게 되었다. 나는 나도 모르게 방문을 열고 거실에 나왔다. 거실에는 웬 상자 하나가 놓여 있었다. 그 상자에는 장미를 비롯하여, 나리꽃과 백합이 한 송이 한 송이 피어

있었다. 그 꽃은 아직 피지 않은 꽃이었다. 꽃은 몽우리가 져서 너무나도 탐스러웠다. 곧 몽우리를 터뜨리며 꽃이 피는 모습이 너무나도 생생하였다. 꽃의 모습이 슬로모션으로 순간 활짝 피는 것이었다. 그 꽃이 아주 예쁘고 탐스러워서 만지려고 할 때, 꿈에서 깼다.

무슨 꿈인지 궁금해서 엄마한테 물어보려고 해도, 엄마의 응답은 무응답이었다. 그냥 웃으면서 넘기려고 했었다. 그날 저녁 이모한테 전화가 왔다. 임신을 했다는 것이었다. 정말인지 몰라도 내가 꾼 꿈은 태몽이었다.

③ 사촌 언니가 임신했다고 말하는 꿈

아기를 가지려 애쓰는 사촌 언니가 있었어요. 저는 그런 사실도 모르고 있었는데, 어느 날 그 언니가 꿈에 나타나 "나 임신했다."라고 하면서, 어떤 남자랑 팔짱을 끼고 가는 거 있죠. 그래서 부랴부랴 언니에게 전화를 했죠. 하지만 언니는 임신하지 않았대요. 그런데 웬걸, 그로부터 두 달 후에 언니로부터 전화가 왔어요. 임신한 지 두 달째라고.

위의 사례는 사촌 언니의 임신 사실을 예지한 꿈이야기이다. 이러한 경우는 태몽이라고 할 수 없으며, 실제 태몽을 대신 꿔주었다고 보기보다는 그냥 단순하게 보자면 장차 일어날 일을 사실적인 미래투시의 꿈으로 예지한 경우이다.

④ 친구가 임신했다고 말하는 꿈

약 2주 전, 주말에 낮잠을 잤다. 친구가 꿈에 나왔다. 작년 가을경, 결혼한 친구인데 단정하고 다소곳한 모습으로 임신했다고 나에게 말을 했다. 그리고 나는 그 아이와 이야기를 나눴고, 꿈에서 깬 기억으로 그 아이가 자동차를 타서 힘들어했다.

깨자마자 전화를 했다. "너 혹시 임신했니?" "응? 아니?" "금방 너 임신하는 꿈 꿨는데, 차 조심해. 혹시 모르니까?" 하고 끊었다.

그리고 오늘. 문자가 와 있었다. "나 임신 4주 넘었어. 초기라 왕 조심 중이야."

친구는 그 당시 내가 전화를 했을 때, 이미 약 2주 정도 되었을 때였고, 그녀 역시 임신 사실을 그 당시는 전혀 모르고 있었고, 며칠 전에 알았다고 한다.---입만열면깨는순돌이쥐눈이

⑤ 검은 고양이가 달려든 꿈

시골 벽지에서 근무할 때 일이에요. 관사에서 함께 지내던 선배가 결혼한 지 3년이 넘도록, 아이가 생기지 않아서 걱정이 많았지요. 그런데 어느 날 제가 꿈을 꾸었는데, 선배가 아주 반색을 하며 나를 잡아끌면서, 자신의 시댁에 놀러 가자는 것이었어요. 저는

싫다면서 마지못해 갔는데, 한옥에 행랑채가 있고 마당 한가운데는 우물이 있는 구조였
어요. 저는 잠시 행랑에서 기다리고, 선배는 어른께 알리러 들어간 사이였어요. 기다리
다가 행랑마루에 걸터앉으려 뒤로 물러서는데, 발에 뭔가 물컹 밟히며 야옹 하는 소리
가 들리는 거예요. 깜짝 놀라 뒤돌아보니, 아주 크고 검은 고양이가 제품으로 와락 달려
들어 안기는 거예요. 그 부피감이 굉장하고 놀라워서 잠에서 깼어요.

아침을 먹으며 "선배 시댁이 한옥이에요?" 물으니 "응, 왜"라고 하는 거예요. 그래서
꿈이야기를 하였더니, 집 구조가 일치하고요. 태몽이라며 그 꿈을 사겠다는 거예요. 그
래서 맘대로 하라 했지요.

그 뒤 얼마 안 되어 선배가 임신하고 아이를 낳았는데, 아들이었어요. 저는 그 꿈이 맞
은 것에 놀랐고, 특히 한 번도 들은 적도 없고 가서 본 적도 없는, 선배의 시댁이 꿈과 일
치하는 것이 무섭기까지 했어요. 그 뒤부터는 꿈의 예지력을 믿게 되었죠. 지금도 그 선
배와 가끔 연락을 주고받는데, 그 아이는 아주 영특하고 공부를 잘하고 있다고 해요.---
여교사

시어머니가 며느리 태몽을 대신 꿔주듯이, 이 경우 선배 언니의 태몽을 대
신 꿔준 것일 뿐이다. 이 경우에 현실에서 꿈을 팔고 파는 형식적인 절차를 거쳐
서, 꿈의 실현이 다른 사람에게 옮아가고 있기도 하다. 시어머니가 태몽을 꾼 경
우 꿈의 실현이 며느리에게 실현될 가능성이 높지만, 시집간 딸이나 하다못해 옆
집 새댁의 꿈을 대신 꿔주는 경우가 있을 수 있다. 이런 면에서 볼 때, 어찌 보면
임신을 간절히 원하는 경우에는 안전하게 꿈을 사고파는 매몽의 절차를 거치는
것도 나쁘지 않을 것이다. 정신능력의 활동이 활발한, 꿈꾸는 능력이 뛰어난 사
람들은 관심 있는 주변 사람들의 앞날에 대해서 꿈을 통해 예지해주고 있는 것
이다.

⑥ 커다란 잉어가 품 안으로 들어오는 꿈

축구 선수 송종국은 2012년 10월 23일 방송된 SBS TV 「강심장」에서 우여곡절 끝에
아내와 결혼하게 된 사연을 공개했다. 결혼 전 사귀다가 이별하기로 결심하고, 국가대
표에 소집돼 훈련에 들어갔다고 한다. "합숙 훈련을 하던 중 꿈을 꿨는데, 커다란 잉어
가 품 안으로 들어오는 내용이었다." 태몽인 것 같아 이상하게 생각했는데, 일주일 후
아내에게 전화가 왔다. 임신이었다."며 이로 인해 화해하고 결혼에 이르게 됐다고 밝히
고 있다.---2012. 10. 24. [뉴스엔 황유영 기자]

큰 잉어의 태몽은 보통 아들이지만, 절대적인 것은 아니다. 딸을 낳았는바, 큰 잉어의 태몽이었으니, 장차 큰 능력과 역량을 발휘하게 될 것이다.

14) 유산, 요절의 태몽

앞서 쌍둥이, 조산이나 제왕절개, 힘겨운 난산이나 조산 등이 꿈으로 예지된 사례들을 살펴보았다. 이보다 더욱 가슴 아픈 이야기이지만, 태몽은 유산이나 요절하게 될 것을 예지하기도 한다. 나아가 다치게 되거나, 앞으로의 어두운 일생이 태몽을 통해서 예지되기도 한다.

썩거나 시들은 꿈, 사라지는 꿈, 떨어뜨리는 꿈, 깨지는 꿈, 갈라지는 꿈, 잡으려 했으나 잡지 못한 꿈, 빼앗기는 꿈, 쫓아낸 꿈, 마음에 들어 하지 않는 꿈 등등 어둡고 암울하고 불길한 표상으로 전개되는 태몽 표상은 좋지가 않다.

구체적인 예를 들어, 자기 품에 들어온 것을 떨어뜨리는 꿈, 누군가에게 과일이나 동물을 빼앗기는 꿈, 꽃이 시들거나 물고기·뱀·구렁이·짐승이 죽는 것을 보는 꿈, 용·이무기·새 등이 승천하거나 날다가 떨어지는 꿈을 꾼 경우에 유산이나 요절 기타 안 좋은 일로 이루어지고 있다

먼저, 여러 사람들의 유산이나 요절에 관계된 태몽 체험사례를 간략히 요약해 살펴본다. 꽃의 줄기가 부러진 꿈, 화분이 썩어가는 꿈, 무와 무청 부분이 썩어서 뚝 떨어지는 꿈, 해바라기가 물에 썩어 있는 꿈, 꽃을 꺾지 않은 꿈, 무르고 약한 호박을 보고 있는 꿈, 개를 몽둥이로 쫓아버리는 꿈, 호랑이가 쫓아와서 도망가는 꿈, 다가오는 호랑이를 쫓아낸 꿈, 집에 들어온 멧돼지를 쫓아낸 꿈, 다가온 강아지를 떼어낸 꿈, 쥐와 장어를 물리친 꿈, 몸을 감은 구렁이를 가위로 갈기갈기 찢어낸 꿈, 벌레들이 거실에 기어 다니는 꿈, 죽은 생선을 가져온 꿈, 조그만 손톱이 빠진 꿈 등 하나같이 좋지 않은 표상 전개를 보이고 있음을 잘 알 수 있겠다.

(1) 식물·청과류 유산·요절의 꿈해몽 요약

① 과일이나 열매가 썩어가는 꿈

가임여건에서 유산이나 요절로 실현된다. 일반적으로는 성취에 이르려다 좌절되고 실패되는 일로 실현된다.

② 깨진 과일을 얻는 꿈

유산이나 요절로 실현된다. 일반적인 꿈인 경우에 결혼 또는 사업이 파멸에 이른다.

③ 상한 과일을 얻는 꿈

유산하게 되며, 애정과 관련하여 못된 여자나 성병이나 기타 몸에 이상이 있는 여자와 관계하게 된다. 일반적으로는 사업의 실패나 좌절로 이루어진다.

④ 과일을 일부만 먹거나, 먹다 버리는 꿈

유산이나 요절로 실현된다. 일반적인 꿈인 경우에 작은 성취를 이루거나, 사업의 진행을 중도에 포기하게 된다.

⑤ 꽃이 시들은 것을 보는 꿈

유산이나 요절, 신체의 질병 등으로 실현된다. 일반적인 꿈의 경우에는 사업이나 일거리·대상의 실패나 좌절, 명예나 신분의 몰락 등으로 이루어진다.

⑥ 활짝 핀 꽃이 누군가에 의해서 꺾어 부러진 꿈

건강하게 태어났으나, 생후 얼마 안 있어 요절하게 되거나 교통사고 등으로 인하여 신체의 이상을 가져오게 된다.

⑦ 잎이 없는 나뭇가지에서 과일을 따오는 꿈

성장 과정에서 부모나 돌보아주는 사람이 없게 되는 일로 이루어진다.

〈실증사례〉

① 무가 반으로 쪼개진 꿈

어느 날 무밭에 가서 아주 크고 흰 무를 하나 뽑았는데, 그 무가 갑자기 반으로 쪼개지는 꾼 태몽은 얼마 후 유산이 되는 일로 실현되었다.

② 벌레 먹은 과일 꿈, 용이 희미해지는 꿈

친정어머니와 남편이 태몽을 꾸었어요. 어머니는 사과를 따러 갔는데, 어떤 사람이 주는 사과를 받았더니 벌레 먹은 낙과였답니다. 남편은 용이 하늘로 올라가는데 점차 희미해지는 꿈이었어요. 그래서인지 임신 3개월이 안 되어 유산했습니다.

③ 딸기 젤리 같은 것을 반쯤 먹은 꿈

제가 둘째를 가져서 딸기 태몽을 꾸었는데요. 제가 반쯤 먹었거든요. 그런데 먹어보니, 그게 딸기가 아니라 딸기 젤리 비슷한 아무튼 진짜 딸기가 아니었어요. 그 뒤로 유산했어요.

통째로 삼키지 않고, 반쯤 깨물어 먹는 것이 유산으로 실현되고 있음을 알 수 있다.

④ 시든 배추, 썩은 배의 꿈

주변에 유산한 산모가 있어서, 전화를 걸어서 자세한 내막을 한 번 물어보았다. 그랬더니, 죽은 애는 아들이었는데, 여러 번에 걸쳐 다음과 같은 좋지 않은 꿈들이 꾸어지더라는 것이었다.

[실뱀 몇 마리를 때려죽였다.] [배추나 상추 같은 게 시들어 있었다.] [과수원의 배나무에 배가 달려 있었는데, 모두가 약간씩 썩어 있었다. 그 썩은 배를 누가 하나 따 주어서 받으려고 하니까, 그냥 가지고 가 버렸다.]

그래서 나는 그녀에게 그런 꿈을 꾸고 나서 뭔가 이상하다는 생각이 들지 않더냐고 물어보았더니, 자신은 그게 딸 꿈인 줄로만 알았다는 것이다. 동네 아주머니들이 그러는데, 딸 꿈은 그렇게 지저분한 꿈이 많다고 해서, 정말 그런 줄로만 알았다는 것이다. 나도 이런 엉터리 해몽은 생전 처음 듣는다. 딸꿈이라고 지저분하다니---, 이런 게 요즘 사람들의 꿈에 대한 상식이다.---(글: 김하원, 『개꿈은 없다』)

(2) 동물관련 유산·요절의 꿈해몽 요약

① 동물을 피하거나 걷어차는 꿈

가임여건에서 태몽인 경우에 유산을 예지한다. 일반적으로는 동물로 상징된 사람을 거절하는 일로 이루어진다.

② 호랑이나 사자를 피해서 도망치는 태몽

유산되는 일로 이루어진다. 일반적인 꿈의 경우에는 재물이나 이권의 상실 등으로 이루어지며, 처녀의 경우에 터프한 남성의 구애를 물리치게 되는 일로 실현된다. 다행스럽게는 호랑이나 사자로 상징된 못된 사람이나 불량배의 폭행으로부터 벗어나게 된다.

③ 동물을 치마폭으로 쌌는데 열어보니 죽어 있던 꿈

태몽인 경우에는 유산을 예지한다. 일반적으로 얻은 이권이나 재물을 잃게 된다.

④ 방 안에 있는 동물을 보고, 문을 닫아버린 꿈

태몽인 경우에 유산되거나 요절로 실현된다.

⑤ 동물들이 자기에게 달려들다가 뒤돌아서 달아나는 꿈

유산을 예지한다. 일반적으로 동물로 상징된 사람이 다가오다가 멀어지게 된다.

⑥ 자기 집안에 들어온 동물이 밖으로 나가 어디론가 사라져 버린 꿈

유산을 예지한다.

⑦ 누런 뱀이 치마 속으로 들어왔으나, 볼 수 없었던 태몽

중도에서 요절하거나 실종될 아이를 낳게 된다.

⑧ 큰 구렁이가 쥐구멍으로 들어가 버린 태몽

유산 또는 요절 등으로 실현된다.

⑨ 용이 나자빠져 있는 태몽

태아가 장차 못된 패륜아가 되거나 요절하는 일로 실현된다.

⑩ 곤충을 발로 밟아 죽인 태몽

태아가 유산된다. 일반적인 꿈의 경우 방해 요소나 사람을 물리치게 되며, 사업과 관련된 경우에는 작은 일이 성사된다.

⑪ 뱀을 떼어내는 꿈

뱀이 자기 몸에 붙은 것을 떼어 내면, 유산이 된다.(민속의 꿈)

〈실증사례〉

① 동물을 안거나, 과일을 들고 방 안으로 들고 들어왔는데, 나중에 찾아보니 없었던 꿈으로 유산된 사례가 있다.

② 쫓아오는 동물을 피해 나무 위에 숨었더니, 그 동물이 되돌아갔던 꿈으로 유산으로 이루어진 사례가 있다.

③ 천장을 뚫고 들어온 동물에 관한 태몽으로 태아가 일찍 요절한 사례가 있다.

④ 3개의 뿔이 난 금두꺼비가 방 안에 있는 것을 보고, 문을 닫아버린 태몽은 인물이 특출하고 부귀를 누릴 아이가 태어났으나, 세 살에 죽는 일로 실현되었다.

⑤ 늑대를 따라 산속에 들어갔다. 하늘도 보이지 않고 너무나 캄캄하여 산속에서 헤매다가 깨었다. 그 후 아들을 낳았으나, 일주일 만에 죽는 일로 실현된 사례가 있다.

⑥ 뱀이 자기 발을 물기에 밟아 죽인 태몽으로 태아가 유산된 사례가 있다.

⑦ 뱀이 치마로 들어와 허리춤 속에 있었는데, 다시 찾아보니 없어진 꿈으로 유산된 사례가 있다.

⑧ 뱀을 입에 물고 질겅질겅 씹어 피가 묻어 나오는 꿈을 꾼 후에 아내가 유산하게 된 사례가 있다.

⑨ 뱀을 막대기로 때려 여러 토막을 낸 태몽으로, 태어난 여아가 결혼했지만 남편이 죽어 여러 번 재가하는 일로 실현되었다.

⑩ 몸에 감긴 구렁이를 떨쳐버리는 태몽으로 유산된 사례가 있다. 처녀의 경우, 일반적으로는 구렁이로 상징된 남성의 구애를 떨쳐내는 일로 실현된다.

⑪ 독사가 땅에서 나오더니 발을 물고 달아나는 꿈을 꾼 후에 아들을 낳았는데 일찍 죽는 일로 실현되었다.

⑫ 뱀에게 소금을 뿌리거나, 달려드는 호랑이에게 살충제를 뿌리는 꿈으로 유산한 사례가 있다.

(3) 조류관련 유산·요절의 꿈해몽

① 두 마리의 수탉이 싸우다가 그중 한 마리가 피를 흘리는 태몽

태아가 중년에 요절하게 된다. 일반적인 꿈의 경우 상대방과 크게 다툴 일이 생기게 된다.

② 매가 족제비·금붕어·잠자리로 변해 벽에 붙어 있는 태몽

태아가 일찍 죽을 때까지의 생활환경이나 여건이 급격히 변화함을 보여주고 있다. 이렇게 표상의 전위가 일어난 경우에 점차 좋은 표상물로 변화해가는 것이 좋은 태몽이다. 정확하게 일어날 운명의 길을 예지하는 것은 힘들겠지만, 이 경우 태몽 표상에서 등장한 표상물과 관련된 인생의 길을 걸어가게 된다. 매 → 족제비 → 금붕어 → 잠자리 등으로 미루어 험난한 인생 역정이 펼쳐질 것을 예지해주고 있다.

〈실증사례〉

① 새가 날아간 꿈

태몽으로 새가 손에 붙어 있다가 날아가는 꿈을 꿨거든요. 그리고 나서 5개월 때 유산을 했어요.

② 학이 숨도 안 쉬고 누워있는 꿈

  * 하얀 학 한 마리가 처량하게 움직이지도 않고 고개만 숙인 채, 물가만 바라보고 앉아

있는 것을 보는 꿈.

  * 학이 안겨들듯이 날아오더니, 서 있는 다리 밑에 쭉 뻗은 채로 누워 숨도 쉬지 않고

움직이지도 않고 누워있는 꿈.

두 꿈 모두 한 사람이 이어서 꾼 꿈의 내용으로 꿈의 상징대로 결과는 좋지 않게 일어날 것을 예지해주고 있다. 현실에서는 임신을 했으나, 유산하게 되는 일로 실현되었다.

이렇게 꿈으로 예지된 경우, 결국은 꿈에서 보여준 상징의 의미대로 전개되고 있음을 수많은 꿈 사례는 여실하게 보여주고 있다. 현실에서는 의사의 실수로 인해 유산이 이루어지고 있는 것으로 실현되고 있지만, 상징적인 꿈의 의미로 보아서는 혹 출산을 하게 되더라도 단명에 그치게 되거나, 신병 등으로 인해서 불행한 일생이 될 것을 예지해주고 있다. 덧붙이자면 꿈의 상징으로 보아서는 기품 있는 딸이 될 가능성을 보여주고 있다.

(4) 어류 수생동물관련 유산·요절의 꿈해몽

죽은 물고기나 동물을 보는 꿈은 가임 상황에서 유산으로 실현될 수 있다.

① 큰 물고기가 연못에서 노닐다 갑자기 사라지는 꿈

태아가 유산될 우려가 있다. 일반적인 표상으로는 사람이나 이권·재물을 얻을 뻔하다가 좌절되는 일로 실현된다.

② 큰 잉어나 물고기가 자기 앞으로 오다 사라지거나 다른 쪽으로 가는 태몽

태아가 유산될 것을 예지한다. 일반적인 표상으로는 재물이나 연인을 얻을 뻔하다가 좌절되는 일로 실현된다.

③ 두 마리의 물고기 중에서 한 마리는 내버리고, 한 마리는 연못에 넣은 태몽

한 아이는 유산되고 한 아이는 순산하게 된다. 혹은 두 형제를 낳았으나 성장 과정에서 한 아이가 죽게 된다. 일반적인 표상으로는 두 가지 일거리나 대상에서 하나는 성취하지만, 나머지 하나는 실패로 이루어진다.

〈실증사례〉

① 잉어 다섯 마리가 죽어 물 위로 떠오른 꿈 → 유산 예지

배란촉진제를 맞으며 노력을 한 결과 다섯 쌍둥이를 임신하게 되었으나, 남편이 잉어 다섯 마리가 죽어 물 위로 떠오르는 예사롭지 않은 꿈을 꾼 이후에 이유도 모른 채 다섯 쌍둥이를 유산하게 되는 일로 실현되고 있다.

② 물고기가 밖으로 나오지 못하는 꿈 → 임신 실패

시댁 마당엔 수영장이 있는데, 겨울엔 물을 빼지 않고 비닐로 된 덮개를 덮어두거든요. 꿈에 시어머니가 수영장 가에 계셨는데, 덮개가 울룩불룩하더래요. 그 밑에서 잉어인지 붕어인지가 자꾸 밖으로 나오려고 하는데, 결국은 덮개 때문에 못 나오더라는 거예요.

③ 죽어가는 듯한 물고기를 잡은 꿈 → 유산 예지

독자가 보내온 편지에 해설을 덧붙여 살펴본다.

꿈에 조카가 태어나는 꿈을 꾸었는데, 시간과 날짜까지 너무나 생생했어요. 또 하나는 붕어인지 잉어인지 기억은 없지만, 맑은 냇가에 아주 많은 붕어들이 있었어요. 저는 한 마리라도 잡아야겠다고 살금살금 기어갔는데, 웬 고기들이 도망도 가지 않고 모여서 있는 거예요. '이상하다. 왜 고기들이 도망을 안 가고 이렇게 모여 있는 것일까?' 하며, 고기를 한 마리 잡았는데, 그 많은 물고기들이 힘이 없이 꼬리만 흔드는 거예요.

한 마리를 잡아서 유심히 살펴보니, 꼬리가 이상하게도 찢어지고 죽어가는 듯한 모습에, '왜 고기들이 이럴까?' 하며 꿈을 깼어요. 그러고 나서 저는 '이건 바로 태몽 같은데, 누가 임신을 했을까?' 하고 하루를 바쁘게 정신없이 보내는데, 막냇동생한테 전화가 왔어요. 작은언니가 임신했다고, 그런데 유산 기미가 있어서 집에서 쉬고 있다고 하더군요. 그러고 나서 며칠 후에, 동생에게서 밤늦게 전화가 왔어요. "언니, 나 유산됐어." 하는 거예요.

꿈속에 잡은 한 마리의 힘이 없고 찢긴 물고기의 표상이 장차 태어날 태아의 상징 표상으로 등장하고 있음을 알 수 있겠다. 이러한 상징적인 미래 예지 꿈은 처한 상황에 따라 태몽 이외에 다르게 실현될 수 있을 뿐, 그 어떤 경우라도 좋지 않은 결과로 진행되는 것은 틀림이 없다. 또한 본인 스스로 태몽일 것 같으며, 안 좋게 진행될 것을 짐작하고 있는 것처럼, 우리 모두 어느 정도의 꿈해몽의 능력을 지니고 있다. 꿈일기를 적어가면서, 자신의 꿈을 자신 스스로 해몽해보자. 그러면 놀라운 꿈의 세계를 발견할 수 있게 될 것이다.

(5) 사물관련 유산·요절의 꿈해몽

일반적인 태몽 사례나 유산·요절사례에서는 동·식물이 가장 많은 태몽 표상물로 등장하고 있으며, 사물에 관한 유산 사례는 비교적 드물게 보이고 있다. 사물이 비정상적인 위치에 있거나, 파손되거나, 무너지거나, 부서지거나, 떨어지거나, 사라지거나, 버리거나, 얻었다가 빼앗기는 꿈 등은 태몽인 경우 유산이나 요절 등으로 실현될 것을 예지해주고 있다.

① 가구나 어떠한 사물을 옮기거나 돌려놓는 꿈

임신 중에 유산될 우려가 있다.

② 큰 장독이나 항아리 등이 뒤집혀 있는 꿈

임신 중의 여건에서는 유산될 것을 예지한다. 이 경우에 아기가 배 속에서 거꾸로 있게 되는 것도 가능하다. 일반적인 실현으로는 하고자 하는 일거리나 대상에 변동이 생기면서 어긋나는 일로 실현된다.

③ 물건 또는 음식을 어느 부분만을 입으로 깨물어 먹은 태몽

태아가 유산되거나 중도에서 요절하는 일로 실현된다.

④ 삼킨 물건을 토해내는 꿈

태아를 유산하게 된다. 일반적인 꿈의 경우에는 어떤 재물이나 이권·권리를 얻었다가 잃게 되는 일로 실현된다.

〈실증사례〉

① 반지를 빼앗기는 꿈

　12개월 된 딸이 있어서, 생각지도 못했는데 둘째가 생겼어요. 꿈에 루비 사파이어 등등 보석들을 봤는데, 어느새 반지가 손에 끼어 있었어요. 그런데 갑자기 어떤 여자가 자기 것이라며, 반지를 뺏어가더라고요. 태몽인 것 같았는데, 좀 기분이 나쁘더라고요. 결국 임신 7주 만에 유산을 했어요. 의사가 "계류유산이라고, 아기 심장이 안 뛴다."고 할 때, 제 심장이 멎는 줄 알았어요.

② 거울 꿈의 태몽

인터넷 블로그 '거인의 정원'에 실려 있는 유산 사례를 살펴본다.

　친정집 근처에서 커다랗고 내 키보다 더 큰 동그란 거울을 50M 정도 떨어져서 보았다. 이상하게도 친정집 근처였는데 시댁거울이었으며, 시댁에는 꿈에서 본 그렇게 크고

동그란 거울이 없다. 그 거울을 보면서 난 '동네 아이들이 지나가면서 돌이나 그런 것을 던져서 거울을 깨면 어떡하나' 걱정도 되고, 또 집안에 있어야 할 거울을 밖으로 내놓으신 시어머님을 '별나다'고 생각하면서 속으로 투덜거렸다. 그런데 그 거울이 태양 빛을 받아서 반짝반짝 빛이 났으며, 타원형도 아니고 달덩이처럼 동그란 거울이었으니 빛이 너무나 찬란했다.

그래도 설마 설마 했는데, 아기가 유산되고 말았다. 임신 중에 계속 유산 기미가 있어서 몸조심을 많이 했는데, 다 하늘의 뜻인가 보다. 우리와는 인연이 없는 아기. 거울 꿈도 빛줄기가 하늘로 올라갔으니, 아기가 하늘나라로 간다는 뜻이 아니었는지 그냥 혼자 생각해 본다.

③ 검은색 옷을 받는 꿈

우리 학원 선생님이 유산하셨을 때, 꾼 꿈이래. 선생님이 입덧이 너무 심해서 병원에 입원해 있었대. 진짜 입덧 때문에 학원도 두 달이나 쉬셨거든.

근데 병원에서 꿈을 꿨는데, 꿈에서 선생님이 교회에 가고 계시더래. 선생님이 교회에 다니시거든. 근데 교회에서 사람들이 전부 검은 옷을 입고 있더래. 그중 선생님 친구도 계시기에 선생님께서 "누가 죽었어?"라고 친구한테 물어봤다는 거야. 그래서 그 친구가 선생님에게, "왜? 넌 옷 없어?"라고 하더니, 어디서 났는지도 모르는 검은색 옷을 선생님한테 던져주더래. 선생님이 그걸 받고 잠에서 깼는데, 그다음에 어쨌는지 잘 기억은 안 나고---, 어쨌든 검사를 하게 되었는데, 애가 유산이 되었다고.---조길란 [WHRLFFKS]

(6) 사람관련 유산·요절의 꿈해몽

아기나 동자 등 사람이 등장하는 태몽에서 사라지거나 결별하거나, 받기를 거절하거나 밀쳐내는 꿈 등 안 좋은 표상전개로 이루어지는 태몽은 유산·요절로 실현되고 있다. 꿈은 반대가 아닌, 상징의 이해에 있음을 여실히 보여주고 있다.

① 있던 아이가 사라지는 꿈은 유산·요절로 실현된다.

② 아기들이 나타나 주위에서 놀다가 안거나 같이 놀아달라고 하는데, 자꾸 밀쳐내는 태몽은 유산하게 되는 일로 실현된다.

③ 꿈속에 등장한 아이의 얼굴이나 모습이 잘못되어 있는 태몽의 경우, 현실에서 유산이나 요절로 이루어진다. 태몽이 아닌, 일반적인 꿈의 상징에서는 아

이로 상징된 자식같이 애착이 가는 소중한 일거리·대상에서 어려운 문제 상황이 발생하거나 손실이 있게 된다.

〈실증사례〉

① 등에 업었던 아이가 없어진 꿈

　　임신을 확인하고 3일째 되는 날 꿈을 꿨어요. 제가 아이를 업고 집으로 가면서, 다시 아이를 업으려고 등을 보니 아이가 없는 거예요. 그런데 뒤에서 아기 우는 소리가 들려서 막 뛰어갔는데, 아이가 없더라고요. 그러고 나서 아침에 혈이 보여서 병원에 갔는데, 유산이라구 하더라고요.---곰곰이, 이지데이 태몽이야기방.

② 아이가 혼자 빠져나가고 문이 닫히는 꿈

　　사위와 딸이 외국에 간다고 함께 공항에 갔는데, 손자라고 생각되는 조그만 사내아이가 혼자 출국장을 빠져나가고, 문이 스르르 닫혀 버리는 꿈이었다.

자기의 딸이 임신했을 때, 사내아이가 보이는 걸 보고 아들 낳을 태몽인 줄로만 알았다. 하지만 꿈의 예지대로 단명의 요절하는 일로 실현되었던 것이다.---

(글: 김하원)

③ 아이를 쫓아낸 꿈 → 지인이 유산하게 될 것을 예지

　　지인의 아들이 꿈에 나왔습니다. 친하지만 1년에 한두 번 겨우 볼 수 있는 사이인데, 그 지인은 나오지 않고 아이만 꿈에 나와서, 꿈속에서도 의아하게 생각했네요. 그런데 제가 그 아이를 싫어하는 것도 아닌데, 옆에 계신 아버지께 제발 저 아이 좀 내쫓아달라고 소리를 지르고 울며 내보내게 했습니다. 물론, 저의 아버지께서 제 지인과 그 아들을 알 리 없고요. 어쨌든 오랜만에 아는 사람 아이가 나오자 그의 근황이 궁금해졌는데, 임신 소식이 들리더군요. 꿈 느낌이 그리 좋은 편이 아니었지만, 그 친구가 둘째를 가지게 되려고 그런 꿈을 꾸었나 싶었습니다.

　　그러나 며칠 뒤, 다시 들려온 소식은 그 둘째아이가 자연 유산되었다는 것이었습니다. 임신인 줄 알았는데, 이미 사산되었다더군요. 그제야 제가 꾼 꿈이 이해가 되더군요. 차마 그 친구에게 그 내용 전부를 말하지는 못했습니다만, 이 사이트에서 아이나 아기가 꿈에 나왔을 때의 의미를 읽고 나니 좀 더 잘 이해가 되었고, 꿈이야기를 하지 않기를 잘했다 싶었습니다.---이지은, 2009. 04. 21.

④ 지하실 물속에 버려진 아기

예지라는 필명의 이용자가 사이트에 올린 유산에 관련된 꿈 사례이다.

오늘은 태풍의 영향으로 바람이 많이 분다. 이런 날엔 이런 꿈이 생각난다. 어느 친구의 둘째 아이에 대한 태몽이다. 질펀한 공사장을 혼자 지나가는데, 하늘은 어둡고 심란한 풍경 그 자체였다. 아직도 공사 중인 어느 건물 안을 들어가 보니, 흰 가운을 입은 사람들이 웅성거리며 모여 있었다. 자세히 보니 간호사가 아기를 안고 있었는데, 갑자기 아래 지하실 쪽으로 아기를 던져 버리는 것이 아닌가!

너무 놀란 나머지 계단을 허겁지겁 내려와 지하실에 가보니, 그곳은 어둡고 차가운 시멘트벽이고, 한 면은 유리로 만들어진 작은 수영장처럼 보였는데 물이 가득 차 있었다. 다행히 아기는 물에 빠져서 죽지는 않았는지, 천천히 내가 들여다보고 있는 유리벽 쪽으로 흘러 왔다. 아기를 건지려고 얼굴을 돌려 본 순간, 너무 놀라 소리를 지르며 꿈에서 깨고 말았다. 그 아기의 얼굴은 이목구비를 알아볼 수 없을 만큼 모두 문드러진 채, 나를 바라보고 있었던 것이다.

이 꿈을 꾸고 난 얼마 후, 그 친구를 만나 혹시 아기를 가졌느냐고 물으니, 친구는 소스라치게 놀라며 어떻게 알았느냐고 되물었다. 그 친구는 자신도 모르게 임신 3주가 되었는데, 그 3주 동안 독감약을 많이 먹어서, 기형아를 의심한 의사의 권유로 식구들 아무도 모르게 인공유산 수술 날짜를 받아 놓았다는 것이었다. 결국 친구는 수술을 하고 말았다.

친구의 유산을 예지한 꿈으로 보아야 할 것이다. 이러한 상징적인 미래 예지 꿈의 결과는 피할 수 없게 되어 있다. 음울한 분위기의 전개, 아기의 등장 등등-- 안 좋은 일로 실현됨을 보여주고 있다.

⑤ 하얀 한복을 입은 아이

인터넷의 pullip's doggy food 블로그에 '찌그러진 태몽'으로 올려진 유산에 관한 꿈 사례를 요약해 살펴본다.

결혼하고 난 후에, 생생하게 꾸었던 태몽 같은 것이 두 개 있습니다. 처음 꿨던 태몽은 저희 외할머니 같은데, 하얀 한복을 입고 아주 잘 생긴 4~5살 된 아가 손을 붙잡고, 제가 있는 방문을 열고 들어오시더군요. 그러더니 그 아가를 저한테로 밀어주시면서, 아가가 혼자 걸어가게 하시더라고요. 그 아가는 가슴에 금덩이 같은 누렇게 번쩍거리는 것을 안고 천천히 웃으면서, 저한테로 걸어오더라구요. 그래서 저 양팔을 벌려 환한 미소 지으면서 그 아기를 안았습니다.

임신한 줄 알고 무지 기뻐했는데, 얼마 후인가 결혼한 지 이제 1년 조금 넘은 동서가 전화를 해서는 "형님~ 죄송한데요. 저 임신이래요."라고 하더군요. 태몽을 대신 꿔준 것이었습니다.

태몽이야기를 우리 친정어머니에게 했더니, 우리 친정어머니 "그거 태몽 아니다. 잊어 버려라. 소복 입고 나타나면 안 좋을 끼다. 그 아기 오래 못산다."라고 하시더군요. 우리 어머니 점쟁이도 아니고, 그런 말씀을 무 자르듯 날카롭게 말씀하시는데, 소름이 쫙~ 끼치더군요.

근데 얼마 후, 동서의 임신 소식을 전해 들은 지 보름쯤 되어, 동서가 병원에 입원했다고 전화가 오더니, 병원에 입원한 지 1주일 만에 유산되어 버려서, 수술을 받고 퇴원했습니다. 그래서 바로 친정어머니에게 전화해서 여차여차 이야기를 했더니, 우리 친정엄마 그럴 줄 알았다는 식으로 태몽에 소복 같은 것이 보이면 안 좋다고 하더군요. 아~ 우리 엄마. 어디 돗자리 펴야 하지 않겠습니까?

(7) 기타 유산·요절의 꿈해몽 실증사례

① 아랫니가 빠지는 꿈

동서가 아기를 유산했다는 소식을 듣는 일로 실현된 사례가 있다.

② 가시 같은 손톱이 빠진 꿈

왼쪽 엄지손가락 손톱 밑에서 하늘 방향으로 조그마한 가시 같은 손톱이 나오더니 빠져버린 꿈은 유산하게 되는 일로 실현되었다.

③ 새집을 짓고 불을 환하게 켜 놓은 꿈 → 유산 예지

엄마가 꾸신 꿈인데, 작은아버지 댁이 새집을 짓고 불을 환하게 켜 놓았더랍니다. 이상하다 했는데, 작은아버지 딸인 사촌 동생이 막달이 다된 아이가 유산했다는 안타까운 소식이 전해졌습니다.---멋쟁이, 2009. 01. 29.

④ 잘라놓은 오징어를 먹는 꿈 → 유산 예지

지금 나와 함께 근무하는 동료 직원이 2개월 된 아들을 하나 잃은 적이 있다. 아이를 임신했을 때 그 어머니가 꾼 꿈이다. 접시 같은 데 오징어 한 마리가 있었는데, 누군가가 그걸 칼로 토막토막 잘랐다. 그러자 그 토막들이 마치 산 낙지를 잘라 놓은 것처럼 꿈틀거렸다. 그런데 어디선가에서 사람은 보이지 않고 목소리만 들려 왔다. "아들이니까 먹어라." 하고.

태몽 가운데는 무엇을 먹는 태몽이 있다. 흔히 과일을 먹는 꿈을 자주 꾼다. 그런데 이때 주의해야 할 것은 무엇을 먹든 한입에 삼켜야 그게 별 이상이 없는 태몽이지, 잘라 먹거나 깨물어 먹는 것은 좋은 꿈이 아니라는 것이다.

이 오징어를 먹는 꿈도 "아들이니 먹어라."라는 이야기가 없었다면, 태몽으로 보기 어려운 꿈이나, 그런 소리를 했으니 아들에 관한 태몽인 것이다.---(글: 김하원)

⑤ 가상공간이라는 꿈

너무 경치 좋은 곳에 큰 거북이가 날아다니고, 색깔 예쁜 어마어마한 비단잉어가 날듯 헤엄치고. 그런데 그게 다 레스토랑에서 만든 가상공간이라며, 주인이 나타나더군요. 날아다니던 거북이가 곁에 뚝 떨어졌는데, 가상공간이란 걸 알고 실망하며 깼었죠. 그리고 큰 거미가 나타나서 놀라고 있는데, 예쁜 고양이가 잡아먹고, 그러더니 유산이 되었답니다.---리플달기, 이지데이, 임신에서 출산.

⑥ 산신령이 계시하여 아이를 낳은 꿈

다음은 참고로 살펴본, 유산을 막아준 꿈 사례이다.

우리 옆집에 사는 사람은 딸만 셋이다. 나는 그것을 보고, 무슨 딸을 셋씩이나 낳았나 하는 생각을 했었는데, 그 사람의 꿈이야기를 듣고 보니 거기에는 그럴 만한 사정이 있었다.

셋째를 임신했을 때, 검사 결과 딸이란 소리를 듣고는 한동안 망설인 끝에 유산시키기로 마음을 먹었다는 것이다. 그래서 최종적으로 결심을 굳히던 날, 이제는 아들이든 딸이든 더 이상 낳지 말고 두 딸만 잘 기르기로 남편과 약속하고(또 절대 후회하지 않기로 다짐하고), 다음 날 병원에 가서 뱃속에 든 아이를 유산시키기로 작정하고, 미역까지 사서 물에 담가 놓고 잠을 잤다는 것이다. 그런데 새벽녘 꿈에 옷, 머리, 수염 할 것 없이 온통 하얀, 도사나 산신령 같은 할아버지가 큰 지팡이를 쿵 하고 짚으면서 나타나, "왜 전생에 짓지 않던 죄를 지으려 하느냐!"라며 호통을 치는 바람에 놀라 깼다는 것이다.

그래서 그 아이를 그냥 낳기로 하고 미역국만 끓여 먹었는데, 그러다 보니 딸만 셋을 낳게 되었다는 것이다.---(글: 김하원)

꿈으로 인하여 유산을 하지 않게 된 사례이다. 덧붙여 살펴보면 과학적으로 보자면, 아이를 가질 무렵에 산신령 같은 할아버지가 꿈에 나타나, "전생에 짓지 않던 죄를 지으려 하느냐!"라고 야단을 친 꿈은 자기가 아이를 유산시키려고는 하였지만 그것을 죄악으로 생각하고 있었기 때문에, 그 죄의식에 대한 심적 부담감에서 이러한 꿈을 꾸게 된 것으로 볼 수 있다. 또한 계시적인 입장에서는 꿈의 상징 기법의 하나인 성스러운 존재인 산신령을 등장시켜, 유산에 대한 일깨움을 꿈을 통해 일러주고 있다고 볼 수 있다.

⑦ 슬라이드로 이상을 보는 꿈(외국의 꿈 사례) → 유산 예지

레이첼은 임신한 날 꿈속에서 슬라이드로 태아를 보았다. 태아에 이상이 있었다. 다음 영상을 기다렸으나 불이 꺼져 버렸다. 3개월간 5~6일 간격으로 같은 꿈을 꾸었다. 태아에 이상이 있다고 결론을 내리고 심리요법사인 친구를 찾았다. "레이첼, 또 안달이군. 달 수만큼 기다리면 돼. 이상은 없어." 이날 밤 그 꿈을 또 꾸었다. 이튿날 경련을 일으킨 뒤, 다음 날 유산했다. 태아의 위치가 나빴던 것이다.

15) 유명인사, 연예인, 운동선수 등의 태몽

선인들의 태몽에 대한 믿음은 신앙적이라 할 정도로 절대시하고 있다. 역사적 인물의 탄생에 있어 신비로운 태몽을 중시하고, 죽은 일대기를 기록한 행장(行狀) 등을 비롯해 여러 문헌에 태몽을 언급하고 있다. 정몽주(鄭夢周)는 꿈에 주공(周公)을 보았다고 해서 붙여진 이름인바, 이처럼 역사상 인물들의 이름도 태몽과 관련된 것이 많다.

한 고전소설의 시작이 영웅의 태몽이야기로 시작되고 있을 만큼, 민중의 태몽에 대한 신앙은 절대적이라 할 정도로 믿고 있었음을 알 수 있다. 오늘날에도 유명인사나 연예인 등의 탄생에 있어 신비로운 태몽이 있음을 부인할 수 없다. 근대의 정치가인 夢陽(몽양) 여운형도 그의 어머니가 태양이 이글거리는 꿈을 꾸고 낳았으며, 그의 호가 '몽양'인 것도 태몽에서 유래되었다. 이명박 대통령의 이름 또한, 보름달이 치마폭에 들어오는 태몽으로 '밝을 명(明), 넓을 박(博)'자를 넣어 지었음을 밝히고 있다. 한편 안철수 원장은 용이 승천하는 태몽이었으며, 김두관 전 경남지사는 황소가 집안으로 들어오는 꿈이었다고 알려져 있다.

이러한 유명인사의 태몽 속에는 그 일생의 삶의 파노라마가 투영되어 있다. 실로 태몽은 인생의 청사진이요, 하늘이 보여주는 인생의 이정표이다. 예를 들어 살펴본다.

≪청년이 "어머니, 저 주교 됐어요" 하고 말하는 태몽≫

두 번째 한국 추기경에 서임 된 정진석 대주교의 태몽이다. 정 추기경의 친가와 외가는 모두 4대째 독실한 가톨릭 집안이다. 어머니 이복순(루시아)씨는 20세에 명동성당에서 당시 역관이었던 정 추기경의 아버지와 결혼했으며, 22세 때 정 추기경을 임신했다. 이 씨는 주교의 관을 쓰고 지팡이를 든 잘 생긴 청년이 "어머니, 저 주교 됐어요."라고 말하는 태몽을 꾼 뒤, '큰일을 할 아이가 나올 것'이라는 믿음을 갖고 날마다 기도를 했다고 한다. 1996년 87세에 세상을 떠나기 전까지 하루도 성체조배(성체 앞에서 바치는 기도)를 거르지 않고 외아들을 위해 기도했다.

정진석 대주교의 태몽은 믿을 수 없을 정도로, 태몽의 놀라운 예지력을 보여주고 있다. 꿈속에 청년이 등장한 것처럼 아들을 낳았으며, 실제로 현실에서 주교가 되고 나아가 추기경까지 되었으니, 그 누가 태몽을 헛된 것이라고 할 수 있겠는가?

태몽에 대해서, 간단히 살펴본다. 자세한 것은 필자의 『태몽』을 참고하기 바란다.

(1) 유명인사의 태몽 요약

* 푸른 밤송이 속에서 붉은 밤 한 개를 감추어 둔 꿈 → 백범
* 북두칠성 중의 별 하나가 떨어지는 것을 치마에 받는 꿈 → 안중근 의사
* 치마폭에 보름달을 안는 꿈 → 이명박 대통령
* 웅덩이에서 광채를 뿜는 달덩이를 치마폭에 담는 꿈 → 전두환 전 대통령
* 노인이 고삐를 주면서 백마를 타고 가라는 꿈 → 노무현 전 대통령
* 천신(天神)을 보는 태몽 → 김대중(金大中) 전 대통령
* 구렁이가 쫓아와 발뒤꿈치를 문 꿈 → 노태우 전 대통령
* 용이 하늘에서 내려와 가슴으로 뛰어드는 꿈 → 이승만 전 대통령
* 큼직한 자라가 품에 덥석 안기는 꿈 → 육영수 여사
* 거울을 보는 꿈 → 춘원 이광수
* 달음산이 갑자기 커다란 용으로 변해 용트림하는 꿈 → 박태준
* 붙잡아 온 꿩이 방안을 날아다니는 꿈 → 반기문 유엔사무총장
* 새참이 든 광주리에 누런 놋수저가 가득한 꿈 → 이길여(李吉女) 총장

* 돌 바위산에서 죽순을 치마폭으로 안는 태몽 → 서두칠 동원시스템즈 사장
* 새가 방안으로 들어온 꿈 → 성악가 김자경
* 꽃이 만발한 가운데 명주실을 감는 꿈 → 원로화가 이한우
* 오색구름이 바다를 건넌 뒤 집을 짓는 꿈 → 코오롱그룹 창업자 이원만 회장
* 해가 가슴에 부딪혀서 많은 조각으로 쪼개진 꿈, 물에 불은 콩이 굴러가는 꿈 → 전태일
* 태양이 품에 떨어진 꿈 → 소유진(연예인)
* 태양이 솟아올라 가슴에 안기는 꿈 → 고(故) 앙드레 김(김봉남)
* 노인이 노란 학을 타고 내려와 책을 주는 꿈 → 최송설당
* 금잔화에서 씨를 받는 꿈 → 서울대 농대 학장 한신규
* 뒷산의 바위가 나타난 꿈 → 소설가 유진오
* 호랑이를 데리고 이 산 저 산을 넘나드는 꿈 → 가수 패티 김(김혜자)
* 선녀가 떨어지는데 치마에 담은 꿈 → 무용가 강선영
* 파란 눈의 흰 용이 들어오는 꿈 → 소설가 고(故) 박경리
* 화분에서 과일이 주렁주렁 달린 꿈 → 가수 최희준
* 갈매기 떼가 둘러싸고 노래를 부르는 꿈 → 영화배우 윤정희
* 화려한 선녀 꿈 → 시인 이해인 수녀
* 청포도 태몽 → 고 이용문(李龍文) 장군

(2) 연예인 태몽 소개

수많은 대중들의 주목과 관심을 한몸에 받는 연예인은 선망의 대상으로, 그들의 태몽 특징은 빛나고 화려하거나 풍요로움이 넘쳐나며, 고귀한 태몽 표상물이 등장하고 있다. 이는 장차 연예인으로서의 빛나는 인생길이 펼쳐질 것을 태몽으로 예지되고 있다고 할 것이다.

* 탐스러운 꽃을 한 아름 꺾어 가슴에 안는 꿈 → 황신혜(연예인)
* 바구니에 귤을 담은 아주머니들이 옆에서 보좌하는 꿈 → 김희애(연예인)
* 태양이 품에 떨어진 꿈 → 소유진(연예인)
* 꽃뱀과 매화의 태몽 → 이화선(연예인)
* 별이 변해서 자라가 되어 품속에 파고든 꿈 → 이경심

* 반짝반짝 빛나는 사과를 껴안는 꿈 → 가수 장나라
* 빨간 과일을 한 바구니 따 가지고 온 꿈 → 고(故) 최진실
* 하마가 달려든 꿈 → 가수 노사연
* 예쁜 금붕어가 헤엄을 치는 꿈 → 탤런트 김혜자
* 도자기를 집으로 가져온 꿈 → 탤런트 강수연
* 물고기 두 마리를 잡은 꿈 → 연예인 임예진
* 보석 목걸이를 건 꿈 → MC 왕영은
* 받은 세 개의 사과 중 한 개를 먹은 꿈 → 탤런트 김창숙
* 볏 짚단을 가져오는 꿈 → 가수 구창모
* 고추를 가득 따오는 꿈 → 가수 배철수
* 비닐하우스에서 빨간 고추를 따 담는 꿈 → 가수 김건모
* 밤송이가 주렁주렁 달린 꿈 → 연예인 이혜숙
* 많은 뱀들이 큰 뱀 주위에서 노는 꿈 → 가수 강성훈
* 새끼 돼지 서너 마리가 품 안으로 뛰어든 꿈 → 가수 신승훈
* 용이 벽을 뚫고 들어가는 꿈 → 연예인 이병헌
* 바닷가 동굴에 소라가 수북이 쌓여 있는 꿈 → 가수 이소라
* 색동저고리의 눈이 큰 여아가 춤을 추는 꿈 → 배우 김민정
* 자줏빛 목련이 만발한 꿈 → 가수 변진섭
* 금반지를 가득 주워담는 태몽 → 영화배우 이영애
* 화투를 치다가 광이야! 하고 외친 꿈 → 개그맨 이경규
* 용 아홉 마리가 승천하는데, 뱀 아홉 마리가 시비를 거는 꿈 → 개그맨 이홍렬
* 사슴의 뿔에 보석이 달린 꿈 → 연예인 송혜교
* 용이 아이를 물고 어머니 몸속으로 들어온 꿈 → 연예인 김희선
* 구렁이가 치마 밑으로 기어들려는 꿈 → 연예인 손지창
* 예쁜 강아지의 개 꿈 → 연예인 현영
* 어머니가 가슴에 난을 안는 태몽 → 연예인 이태란
* 이선희 가수가 나온 꿈 → 신인가수 블랙(진영민)
* 국화꽃을 들고 있는 꿈 → 전 아나운서 노현정

* 바닷가에 호랑이가 나타나 발을 물면서 품에 안기는 꿈 → 가수 박현빈

* 꽃을 따려는 순간 꽃밭으로 변하는 꿈 → 남규리

* 하얀 호랑이 새끼 두 마리를 꺼내어 뒷산에 풀어주는 꿈 → 연예인 차태현

* 수세미가 커다란 성을 뒤덮는 꿈 → 영화배우 신현준

* 큰 구렁이와 노는 꿈 → 연예인 송승헌

* 특이한 색깔의 꽃이 둘러싸고 있었던 꿈 → 김규리

* 안방의 장롱 옆에 빨간 덧버선과 파란 복주머니가 놓여 있는 꿈 → 강동원

* 용이 집 대문으로 들어와 마당에서 하늘로 높이 솟아오른 꿈 → 이재황

* 금을 두 팔 가득 한 아름 안고 있었던 꿈 → 하희라

* 새까만 돼지가 어머니 품에 안긴 꿈 → 엄정화

* 어항에서 힘 있게 물살을 휘젓는 금붕어 꿈 → 가수 세븐(본명: 최동욱)

* 금두꺼비가 나오는 꿈 → 나얼(유나얼)

* 맛있게 생긴 삶은 감자를 마구 먹는 꿈 → 가수 최정원(남성 듀오 UN)

* 맑은 물에서 용이 노는 것을 구경하는 꿈 → 가수 노고지리

* 붉은 해 옆에서 용 한 마리가 하늘로 떠오른 꿈 → 가수 이명훈

* 빨갛고 탐스러운 복숭아가 둥둥 떠다니는 꿈 → 성유리

* 바다 가득 갈매기 알로 채워진 꿈 → 박경림

* 커다란 능구렁이가 몸을 칭칭 감는 꿈 → 심은하

* 탐스러운 감을 치마 가득 따온 꿈 → 박진희

* 아끼던 꽃신을 호랑이가 빼앗으려고 했는데, 안 뺏기는 꿈 → 이요원

* 아주 큰 도마뱀이 어머니 치마 속으로 기어들어온 꿈 → 최민식

* 퍼런 용이 승천하는 태몽 → 강성연(탤런트)

* 맑은 시냇물이 흘러가는 곳에서 금덩이를 줍는 꿈 → 안재욱

* 뱀 5마리가 치마 속으로 푹 들어오는 꿈 → 이재진

* 큰 바구니에 탐스러운 과일을 가득 담아 집 안으로 들여온 꿈 → 이민영

* 깊고 어두운 산속을 걷고 있는데 복숭아가 굴러오는 꿈 → 김종국(터보)

* 용 50마리가 합창을 하며 노래하는 꿈 → 김재원

* 용 두 마리가 승천하는 태몽 → 강유미

* 주방에서 밥을 하고 있는데 뱀이 들어와서 똬리를 틀며 허리를 조이는

꿈 → 황보
* 사자와 호랑이를 섞어 놓은 듯한 동물들이 날개를 달고 하늘로 날아가는
꿈 → 김보경
* 큰 바위 위에 집보다 큰 용이 앉아 있었던 꿈 → 김하늘
* 보름달이 품에 안기는 꿈 → 정아름(본명: 정보름)
* 불이 나는 꿈 → 명세빈
* 태양에서 한 사내아이가 나와 엄마 품으로 걸어 들어오는 꿈 → 오연서(본
명: 오햇님)
* 푸른 나무에 핀 연분홍빛의 꽃 꿈 → 한지민
* 장미랑 두꺼비가 나온 꿈 → 가수 로즈비(ROSE · B 본명: 황인경) 예명의
'로즈'는 장미, '비'는 두꺼비의 끝 음절 '비'를 따온 것이다.
* 얼룩무늬 돼지꿈 → 신화 김동완
* 감자가 나타난 꿈 → 유상무
* 동쪽 하늘에서 용이 날아와 어머니께 여의주를 안기는 꿈 → 하하(하동훈)
* 앞치마에 천도복숭아를 가득 담는 꿈 → 박한별
* 입에는 색깔이 화려한 꽃을 물고 있었던, 은색의 용이 품에 안긴 꿈 → 미쓰
에이 수지
* 산신령 꿈 → 텔런트 강예솔(본명: 임일규)

(3) 유명 운동선수 태몽 요약

유명인사나 연예인들의 태몽과 마찬가지로, 유명 운동선수의 태몽 또한 태
몽 표상 속에 나타난 동·식물이나 사물이 온전하고 알찬 좋은 태몽으로 전개되
고 있다. 대체로 식물의 태몽 표상보다는, 소·구렁이·호랑이·용 등 힘이 세거
나 굳센 동물적 표상이 많이 등장하고 있지만, 아이나 반지 등 다른 표상물도 전
개되고 있기에 절대적인 것은 아니다. 여러 태몽 사례를 보면, 다양하게 전개되
고 있으며 공통적으로 모두 밝고 풍요로운 좋은 표상으로 전개되고 있음을 알 수
있다.
* 큰 호수에 백조가 노니는 꿈 → 박찬호(야구선수)
* 용과 큰 뱀이 자신의 몸을 칭칭 감고 하늘로 오르는 꿈 → 박지성(축구 선수)

* 뱀 한 마리가 입에 1,000원짜리 지폐를 물고 있는 꿈 → 이승엽(야구 선수)

* 웅덩이에 구렁이 세 마리가 있는 꿈 → 레슬링 은메달리스트 김종규

* 커다란 황소가 달려와 고개를 숙이고 온순해지는 꿈 → 태권도 문대성

* 호랑이가 치마폭으로 뛰어든 꿈 → 유도 은메달리스트 황정오

* 황소만 한 호랑이를 만난 꿈 → 고(故) 최동원 투수의 태몽. 한편 어머니 김
  정자 여사는 "큰 구렁이를 안는 꿈을 꾸었다"고 밝히고 있기도 하다.

* 구렁이가 치마폭에 뛰어드는 꿈 → 올림픽 권투 금메달리스트 신준섭

* 구렁이가 다가와 다리를 문 꿈 → 류현진 투수

* 붉은 큰 구렁이가 들어오는 꿈 → 야구선수 봉중근 투수의 태몽이다. 그 후
  큰 구렁이 태몽처럼, 초등학교 때부터 또래보다 체격이 월등히 컸다고 밝히
  고 있다.

* 큰 뱀 한 마리가 펄쩍 뛰어올라 목을 물었던 꿈 → 배구선수 박철우

* 구렁이가 몸을 감은 꿈 → 탁구 단식에서 금메달 유승민

* 축구공만한 귤이 냇가에 둥실둥실 떠다니는 꿈 → 축구 선수 기성용

* 용이 승천하는 꿈 → 유도 최민호 선수

* 폭포수에서 오색 빛깔의 용이 하늘로 날아오르는 꿈 → 핸드볼 은메달리스
  트 김경순

* 금두꺼비가 나온 꿈 → 2007년 유도 국가대표 왕기춘 선수

* 감나무에 달린 홍시를 보는 꿈 → 2008년 베이징 올림픽 태권도 금메달
  손태진

* 밝게 빛나는 금반지 꿈 → 이천수(축구 선수) 태몽

* 커다란 링 반지를 줍는 꿈 → 올림픽 사격에서 금메달을 따낸 진종오 선수

* 금반지나 금목걸이 줍는 꿈 → 농구 은메달리스트 김화순

* 반짝반짝 빛나는 금을 본 꿈, 잉어가 하늘로 올라간 꿈 → 안시현(골프선수)

* 놋그릇·은수저·쌀을 가져온 꿈 → 핸드볼 은메달리스트 성경화

* 바구니에 하얀 계란이 가득 든 것을 보는 꿈 → 98년 프로야구 신인왕이었던
  김수경 투수

16) 역사적 인물(우리나라)의 태몽

역사적인 인물의 태몽에 있어, 범상치 않은 태몽으로 전개되고 있음은 주지의 사실이다. 널리 알려진 인물을 중심으로 살펴보았으나, 구체적으로 세세하게 살펴보지는 못하였음을 밝힌다.

(1) 해·달·별·산 등 자연물의 태몽 사례

역사적인 인물에 대한 태몽은 다양하지만, 대부분 해와 달이나 별 기타 좋은 표상으로 전개되고 있다. 해·달·별 등이 하늘에 떠서 만물을 비추며, 만인이 우러러보는 표상이라, 귀한 존재로 이름을 크게 떨치거나 업적·권세·사업 등에서 빛나는 존재가 됨을 상징하고 있다.

* 일연 → 어머니 꿈에 태양이 사흘 밤이나 몸을 비추는 꿈
* 조인규 → 어머니가 해가 품 안으로 드는 꿈
* 김이(金怡) → 어머님의 꿈에 하늘이 찬란하게 붉고, 해가 붉은 햇무리를 띠고 품속으로 들어오는 꿈
* 보우대사(普愚大師) → 해가 가슴에 파고들어 오는 꿈
* 이강년(李康年) → 어머니 남씨의 태몽에서 태양을 삼키는 꿈을 꾸었으므로 아명을 양출(陽出)이라 하였다.
* 여운형 → 근대의 정치가인 夢陽(몽양) 여운형도 그의 어머니가 태양이 이글거리는 꿈을 꾸고 낳았다. 그의 호가 '몽양'인 것도 태몽에서 유래되었다. 어머니 이(李)씨가 치마폭에 태양을 받는 태몽을 꾸었다고도 한다.
* 맹사성 → 태양이 입속으로 들어온 꿈
* 인현왕후(仁顯王后) → 인현왕후의 어머니, 은성부부인(恩城府夫人)은 해와 달이 두 어깨에서 떠오르는 태몽을 꾸고 인현왕후를 낳았다.
* 장렬왕후(莊烈王后) → 조선 제16대 임금 인조의 계비 장렬왕후(莊烈王后)의 태몽은 달이 품 안으로 들어오는 꿈이었다.
* 공인이씨(恭人李氏) → 외조부께서 일찍이 네 개의 달이 함께 떠오른 꿈을 꾸셨는데, 세 번째 달은 매우 밝게 빛나는 반면 다른 달은 모두 구름에 가려져 빛이 흐릿하였다. 조선 후기의 실학자 안정복(安鼎福)이 어머니의 일대기를 적은 행장에서 어머니가 셋째로 밝게 빛나는 달이었음을 밝히고 있다.

* 김태현(金台鉉) → 김수(金須)의 아들로, 어머니 고씨(高氏)의 꿈에 명성(明星)이 품에 들어오는 꿈
* 강감찬 → 어머니 꿈에 큰 별이 품에 떨어지는 꿈
* 원효대사 → 어머니 꿈에 유성(流星)이 품속에 들어오는 꿈
* 자장율사 → 어머니의 꿈에 별 하나가 떨어져 품 안에 들어오는 꿈
* 김유신 → 아버지 서현은 경진(庚辰)일 밤에 형(熒)·혹(惑)·진(鎭) 세 별이 자기 몸으로 내려오는 꿈을 꾸었고, 어머니 만명은 동자가 황금 갑옷을 입고 구름을 타고 내려와 대청으로 들어오는 꿈을 꾸었다.

별이나 해와 달의 태몽은 우러름을 받는 귀한 인물이 될 것을 예지해주고 있다. 갑옷을 입은 동자가 구름을 타고 방안으로 드는 꿈에서 장차 갑옷과 관련지어 장수로서 크게 이름을 떨치게 될 것을 태몽으로 예지해주고 있다. 태아의 상징은 이처럼 어떤 동물이나 사물로 바꿔서 표현하지 않고, 직접 사람의 형상 그대로 표현하기도 한다. 꿈은 태아의 장차 운세를 나타내주고 있다. 동자의 태몽 표상을 금빛 갑옷의 상징 표상에서 장차 훌륭한 將帥(장수)로 출세한다는 것을 좀 더 구체적으로 예지한 것이며, 하늘에서 구름을 타고 내려와 집으로 들어온 표상에서 장차 국가나 사회적으로 커다란 인물이 된다는 것을 예지하고 있다.

* 이징석·이징옥·이징규 → 조선 초기 최고의 장수로, 장군 반열에 오른 세 장수인 삼 형제의 태몽이다. 어머니의 꿈에 영취산이 또박또박 걸어와 속곳 가랑이로 들어오는 태몽으로 큰아들을 낳고, 둘째 때는 원적산이 가랑이로 들어오고, 셋째 때는 금정산이 들어오는 태몽이었다. 큰아들 징석 아호가 영취산 취를 써 취봉, 둘째 징옥이 원봉, 셋째 징규가 금봉인 것이 다 그런 태몽에 연유한다.
* 신용개의 태몽 → 신용개(申用漑)의 어릴 때 이름은 악종이니, 그 조부 신숙주의 꿈에 '악신(岳神)'이 내린 상서로움이 있어서, 이름을 악종이라 하였으니 거처하는 북쪽이 곧 백악이었다. 또한 신용개가 태어날 때 그의 할아버지 문충공(文忠公) 신숙주(申叔舟)의 집 뒤에 백악산(白岳山)이 있었는바, 문충공이 산에서 상서로운 기운이 내려오는 꿈을 꾸었다. 그래서 아명을 백악종(白岳種)이라고 이름을 지었다.---신용개의 이락정집(二樂亭集) 묘지와 비명.
* 이현일(李玄逸) → 오색의 상서로운 기운이 집안 가득 덮여 있는 꿈

(2) 사람(동자) 및 고인·조상 관련의 태몽 사례

태몽에 동자나 사람, 또는 이미 죽은 사람이 들어오거나 나타나기도 하는바, 영혼 탄생 전생설화 속에 자주 보이고 있다.

* 이순우 → 작은 아이가 등주(燈柱) 아래로 내려오는 것을 받들어 품는 꿈
* 강수(强首) → 뿔이 달린 사람을 본 꿈
* 김경손 → 구름 사이에서 푸른색 옷을 입은 동자를 품 안으로 받는 꿈
* 정여립 → 그 부친의 꿈에 처음 정여립을 잉태할 때 정중부(鄭仲夫)가 나타 났고, 날 때에도 같은 꿈을 꾸었다. 정여립이 역모사건으로 자결하게 되는 일생과 무관하지 않아 보인다.
* 서경덕의 태몽 → 공자의 사당에 들어간 꿈
* 송시열의 태몽 → 공자가 제자들을 거느리고 온 꿈
* 퇴계 이황의 태몽 → 공자가 제자들을 거느리고 온 꿈
* 김득신의 태몽 → 노자를 본 꿈
* 박승(朴承) → 부친이 후직(后稷)의 방문을 받는 꿈
* 용성선사 → 법의를 입은 스님이 방안에 들어오는 꿈
* 법인국사 → 범승(梵僧)이 나타나 금빛이 나는 기이한 과일을 건네주는 꿈
* 진감선사 → 범승(梵僧)이 아들이 되고 싶다면서 유리병을 주는 꿈

(3) 동물·식물·사물관련 사례

역사적 인물의 태몽에서도 동·식물이나 사물 등이 다양하게 나타나고 있는 바, 태몽 표상물이 어떠한 전개를 보였는가에 따라, 좋고 나쁜 그대로 인생의 길이 펼쳐지고 있어, 태몽의 신비로운 예지력을 실증적으로 보여주고 있다.

* 하경복 → 양정공(襄靖公) 하경복(河敬復)은 어머니의 꿈에 자라가 품 속으로 들어오는 태몽을 꾸고 임신하여 그를 낳았으므로, 어릴 때 이름이 왕팔(王八)이었다.
* 김덕령 장군 → 김덕령(金德齡) 장군의 태몽은 산에서 두 마리의 호랑이가 방에 들어왔다가 사라지는 꿈이었다. 임진왜란 때 의병대장이 되어 혁혁한 공을 세웠으나, 후일 이몽학(李夢鶴)과 내통했다는 반역죄로 몰려 억울하게 옥사하였다. 태몽의 실현은 호랑이처럼 용감하고 훌륭한 두 형제를 낳게 되

나, 들어왔다가 사라지는 꿈에서 자신의 뜻을 크게 펴지 못하고 꺾이게 될 것을 예지하고 있다. 그의 형도 의병대장으로 전사했다.

* 김일손(金馹孫) → 김일손은 용마(龍馬)의 꿈을 꾸고 세 아들을 낳아 준손(駿孫)·기손(驥孫)·일손(馹孫)이라 이름을 지었는데, 모두 문장으로 세상에 이름이 나고 과거에 올랐다.

* 숙종 → 이불 속에 용이 있는 꿈으로 태어난바, 용은 부귀·권세·명예의 상징으로 용꿈의 태몽으로 출생한 사람들은 높은 직위나 권세와 명예로운 일생과 관련이 있다.

* 강항(姜沆)의 요절 자식 태몽 → 새끼 용이 물 위에 떠 있어서, 이름을 '용(龍)'이라고 지었던 어린 아들은 새끼용처럼 장성하지 못하고, 정유재란 때 피난 가다가 왜적으로 인하여 어린 나이에 조수(潮水)의 물에 죽게 되는 일로 실현되고 있다.

* 정조 → 용이 침실에 들어와 여의주를 가지고 노는 꿈

* 이율곡 → 신사임당의 꿈에 흑룡이 바다로부터 솟아 올라와 그 침실로 날아들어 왔었기 때문에 어릴 때의 이름을 견룡이라 하였다. 한편, 빛을 발하는 구렁이가 사리를 틀고 있는 꿈을 꾸고 율곡을 낳았다고도 한다.

* 장화왕후 → 고려 태조 장화왕후(莊和王后)는 평범한 신분의 처녀로서 왕건을 만나기 전, 바다의 용이 자신의 뱃속으로 들어오는 꿈을 꾼 후에 왕건을 만나게 되어 혜종을 낳았다. 뱃속으로 들어온 용꿈이 왕건을 만나게 되는 일을 상징한다고 볼 때는 엄격한 의미에서 태몽이라고 볼 수 없지만, 용이 뱃속으로 들어오는 꿈이 태몽으로 혜종을 낳게 되었다고 볼 수 있으므로 광의의 태몽에 포함하여 살펴보았다.

* 공예태후(恭睿太后) 임씨(任氏) → 외조부의 꿈에, 황색의 큰 깃발이 중문에 세워져 있으며, 깃발의 끝 부분이 궁궐의 선경전(宣慶殿) 치미(鴟尾)를 싸고 돌며 휘날리는 꿈을 꾸었다. 깃발로 상징된 위세나 영향력이 장차 대궐에 미치게 될 것을 뜻하고 있으며, 장차 20여 년 뒤에 왕비가 됨으로써 꿈의 예지대로 실현되고 있다.

* 허목(許穆) → 새가 도포 속으로 들어오는 것을 꽉 움켜쥔 꿈을 꾼 후 며느리에게 주려고 했으나 거절하여, 때마침 친정집에 와있던 딸이 치마를 벌리

고 받았다. 아들을 낳았는데 새처럼 자그마하고 털이 보송보송했다. 눈썹이 얼마나 길었던지 가슴까지 내려왔다고 해서 미수(眉叟) 선생이라 불리게 되었다.

* 박중손 → 조선 초기의 문신인 박중손(朴仲孫)은 어머님의 태몽에 커다란 소를 보았는데, 어찌나 컸던지 마치 집채만큼이나 컸으며, 소가 대문 안으로 들어오는 데, 그 큰 대문이 비좁아 보였다.

* 반석평 → 반석평(潘碩枰)은 반충의 고손자로, 그의 어머니는 학 3마리를 가슴에 품는 태몽을 꾸고 세 아들을 낳았는데, 맏이가 석정(碩楨)이요, 둘째가 석평(碩枰), 셋째가 석권(碩權)이다.

* 나처대(羅處大) → 어머니 태산경씨(泰山景氏)의 태몽에 새우가 용이 되어 하늘에 오르는 꿈이다.

* 최응 → 고려 초기의 신동이자, 문신으로 이름이 높았던 책사 최응(崔凝)의 어머니는 오이가 열리는 태몽을 꾼 뒤 최응을 낳았다고 한다.

* 명랑법사 → 어머니가 푸른빛이 나는 구슬을 삼키는 꿈

또한, 조선 중기의 고승인 부휴선사(浮休禪師)(1543~1615)는 어머니가 신비한 스님으로부터 둥근 구슬을 받는 태몽을 꾸었으며, 조선 중기의 고승(高僧)인 응상(應祥)도 어머니 노씨(盧氏)가 구슬을 얻는 태몽을 꾸고 낳았다.

* 이성계 → 황금 자를 받는 꿈

한 신선이 오색구름을 타고 하늘에서 내려와 소매 속에서 황금으로 만든 자 하나를 주면서, "이 물건은 옥황상제께서 그대의 집에 보내시는 것이니 잘 보관하였다가 동국지방을 측량케 하라." 하고 사라졌다. 이성계의 태몽으로 계시적인 꿈의 성격을 띠고 있다. 건국을 합리화하기 위해 지어낸 거짓 꿈으로 볼 수도 있겠다. 진시황이 중국 천하를 통일하고 도량형이 통일을 시도한 데서 알 수 있듯이, '자'는 헤아리고 측량하는 뜻에서 나아가 법도·규약 등 장차 국정을 운영하게 될 것임을 뜻하고 있다.

* 성희안(成希顔) → 어머니의 꿈에, 한 신선이 와서 지팡이를 주면서, "이것을 짚으면 네 집에 복록이 일어나게 되리라." 하였다.

* 정몽주 → 어머니 이씨가 임신하였을 때, 난초 화분을 안다가 놀라 떨어뜨리는 꿈을 꾸고서 깨어나 공을 낳았다. 따라서 이름을 몽란(夢蘭)이라 하였다.

성인이 되어 다시 몽주라 고쳤는바, 몽주(夢周)의 이름 또한 "나는 중국의 주공(周公)인데 천제(天帝)의 명으로 너희 집에서 태어나기로 하였다."

이렇게 꿈에 중국의 주공을 보고 낳았다고 해서 몽주(夢周)란 이름이 생겼다고 한다.

이처럼 태몽이 하나뿐만이 아니고, 경우에 따라서 이렇게 한 사람의 태몽이 여러 가지를 꾸기도 한다는 것을 알 수 있겠다. 또한 앞의 정여립의 태몽이 무신의 난을 일으킨 정중부가 나타난 태몽이었음을 살펴보았듯이, 꿈속에 사람이 태몽 표상으로 등장하는 경우, 나타난 사람과 체격이나 성품, 학식이나 인생의 운명길이 유사하게 전개되고 있다. 또한 이렇게 태몽 표상으로 등장한 사물이나 동물이 깨지거나 사라지거나 훼손되는 경우, 장차의 인생길에서 요절이나 병마(病魔) 등으로 인하여 시달리게 되는 일로 이루어지고 있다. 난초 화분을 떨어뜨리는 태몽의 실현이 장차 선죽교에서 타살되는 비운을 예지케 해주고 있다.

* 이항복 → 어머니의 꿈에 조상인 이제현이 나타나 용을 새긴 옥돌 연적을 주는 꿈이었다.

17) 역사적 인물(중국, 외국)의 태몽

(1) 중국 위인의 태몽

중국의 위인들 또한 신비로운 태몽이 많은바, 태몽 표상별 구분없이 소개하는 데 중점을 두고 간략히 살펴본다. 중국의 꿈에 대한 책으로는 유문영의 『꿈의 철학(동문선, 1993)』책을 참고하시기 바란다.

* 이백의 태몽 → 꿈에 별을 보다

이백은 어머니가 꿈에 장경성을 보았으므로, 자를 태백이라고 하였다. 송나라의 범조우는 진의 손자인데, 꿈에 등우를 보고 낳았기 때문에 그렇게 이름 지었다. 육유의 자는 무관이니, 어머니가 꿈에 진소유를 보고 낳았으므로 이름을 그렇게 짓고, 자를 진소유의 이름인 '관'을 넣어 무관으로 하였다고 한다.---『지봉유설』

* 공자의 태몽 → 양 기둥에서 제사하다.

공자는 양 기둥사이에서 제사하는 태몽인 양영지전(兩楹之奠)으로써 태어났다. 공자의 부친인 숙량흘이 60세가 넘어서, 16세 된 안씨의 딸을 재취하여 공자를 잉태할 때, 그 어머니의 꿈에 기둥을 본 것을 말한다. 또한 공자가 죽기 전에, "내가 전날 밤에 두 기둥 사이에 앉아 제사를 지내는 꿈을 꾸었으니, 나는 아마도 곧 죽게 될 것이리라!"라고 밝히고 있는바, 탄생과 죽음을 예지한 꿈이 같게 전개되고 있음을 볼 수 있어 신비한 꿈의 세계를 보여주고 있다.

다음은 단편적으로 위인들의 태몽을 살펴본다.

* 해를 삼킨 태몽으로 송나라의 태조가 되었고, 달을 삼킨 태몽으로 진황후가 되었으며, 북두칠성을 삼킨 태몽으로 소열황제의 황후가 되었다. 이처럼 해로서는 남아가, 달이나 별로서는 여아가 탄생하고 있다.

* 삼국 시대 오(吳) 나라 손견(孫堅)의 부인이 손책(孫策)을 낳을 때에는 달을 품에 안는〔懷月〕 꿈을 꾸고, 손권(孫權)을 낳을 때에는 해를 품에 안는〔懷日〕 꿈을 꾸었다는 일화가 전한다.---《三國志 吳志 孫破虜吳夫人傳》

* 손견의 태몽은 그의 어머니가 아이를 낳을 무렵 창자가 쏟아져 온 성문(城門)을 휘감는 태몽을 꾸었다고 한다.

* 묵적(墨翟) 주양공(周亮工)이 "묵자(墨子)는 성(姓)이 적(翟)인데 그 모친이 태몽(胎夢)에 까마귀를 보고 낳았으므로, 그대로 이름을 오(烏)라 하고 묵(墨)으로 도(道)를 삼았다. 지금은 성(姓)으로 이름을 삼고 묵(墨)으로 성(姓)을 삼았는데, 그것은 노자(老子)가 노(老)를 성(姓)으로 하여 노이(老耳)라 한 것과 같다." 하였다.

* 춘추 시대 정문공(鄭文公)의 첩 연길(燕姞)이 꿈에 하늘이 사람을 시켜 난초를 주는 꿈을 꾸고 아들 목공(穆公)을 낳았다. 여기에서 비롯되어 난초 꿈은 왕자를 낳을 태몽(胎夢)을 뜻한다.

* 꾀꼬리가 방으로 날아들어 높은 곳에 앉은 태몽을 꾼 송나라 악화의 부인은 대장이 될 아들 악비를 낳았다.

* 제비가 품속으로 들어온 장철의 모친의 태몽은 아들이 총명하고 재주가 뛰어나 훗날 재상이 될 것을 예지했다.

* 신인이 칼로 갈비뼈를 끊고 구멍을 뚫어, 그 구멍으로 촛불을 들이대어 내장이 환히 보이도록 한 당나라 속종 오후의 꿈은 대종 황제를 낳을 태몽이었다.

* 육조(六祖) 혜능(慧能) 대사는 어머니의 꿈에, 뜰 앞에 백화(白花)가 만발하

고 백학(白鶴)이 쌍(雙)으로 날며 기이한 향기가 온 집안에 가득한 꿈으로 태어났다.

* 소동파(蘇東坡)의 태몽은 어머니 품에 스님이 방문을 열고 들어오는 꿈을 꾸었다.

* 석가모니(釋迦牟尼)는 어머니인 마야 왕비의 꿈에 여섯 개의 이를 가진 눈이 부시도록 흰 코끼리가 왕비의 오른쪽 옆구리로 들어오는 태몽으로 태어났다.

* 후주 유선의 어릴 때의 아명은 아두(阿斗)이다. 유비의 부인 감부인이 북두칠성을 삼키는 태몽을 꾸고 임신한 데서 이름을 지었다고 한다.

(2) 외국 위인의 태몽

성령으로 예수를 잉태한 성경의 이야기는 널리 알려져 있다. 이 밖에도 성경에는 태몽보다는 삼손, 사무엘, 세례자 요한의 경우와 같이 불임으로 아이를 갖지 못하는 상태에서 여호와의 사자(使者)나 천사 또는 선지자의 입을 통하여, 수태고지를 받는 여인들의 이야기가 등장하기도 한다. 외국의 위인들 또한 특이한 태몽이 많은바, 꿈의 예지대로 실현되고 있음을 볼 수 있다. 간략히 살펴본다.

* 삼손의 태몽 → 직접적인 고지로써 임신하게 될 것을 일깨워 주고 있다. 구약 성경 사사기 13장에 괴력의 사나이 삼손의 이야기가 있다. 삼손의 어머니가 아이를 갖지 못하였을 때, 하나님의 사자가 삼손의 어머니에게 나타나서, "그동안 아이를 못 낳았으나 이제 아들을 낳으리니, 그 아들을 나에게 바쳐라! 그리고 그 머리에 삭도를 대지 말라! 그가 블레셋 사람의 손에서 이스라엘을 구원하리라." 그리하여 고지(告知)를 받은 후에 삼손을 잉태한다.

* 요한의 태몽 → 태어날 아이 요한이 장차 큰 인물이 될 것을 가브리엘 천사가 예언하고 있다. "두려워하지 마라. 즈카리야야, 너의 청원이 받아들여졌다. 네 아내 엘리사벳이 아들을 낳아줄 터이니, 그 이름을 요한이라 하여라.(루가1,13)"

* 알렉산더 대왕 → 자궁에 사자 문장을 보는 꿈

알렉산더 대왕은 B.C. 356년 7월 마케도니아의 왕 필립포스2세의 아들로 태어났다. 올림피아 왕비의 자궁에 사자 문장으로 봉인한 것을 보았다는 필립왕의 꿈은 아들 알렉산더 대왕이 태어나 명예와 권세를 획득할 것을 예지한 것이었다. 또한 몸에 벼락을 맞는 꿈을 태몽으로 꾼바, 왕의 참모가 이 꿈이야기를 듣고 새로 태어날 왕자가 사자의 용맹과 기상을 품은 대왕 재목이고, 번개가 온 세상을 비추듯 온 세상에 그의 이름이 빛나게 될 것이라고 해몽을 하였다.

 * 키루스(Cyrus) 대왕 → 자궁에서 뻗어 나간 포도 덩굴의 꿈

자기 딸의 자궁에서 줄기를 뻗기 시작한 포도 덩굴이 눈 깜짝할 사이에 소아시아를 덮어 그늘지게 한 메데스의 아스타야그스 왕의 태몽은 소아시아의 통치자 키루스(Cyrus) 대왕이 탄생할 것을 예지한 꿈이었다.

온 세상을 다 덮는다는 것은 장차 막강한 영향력을 끼치는 큰 인물이 태어날 것임을 예지해주고 있는 태몽이다. 중국의 고승인 지엄이 의상대사가 찾아가기 전날 밤, 한 그루의 큰 나무가 해동에서 생겨나 가지와 잎이 널리 퍼져 중국까지 덮는 꿈으로 장차 큰 인물이 신라에서 올 것을 예지한 꿈이나, 김유신 누이동생의 꿈에서 자신이 본 소변으로 온 세상이 물바다가 되는 꿈으로 장차 황후가 될 것임을 예지한 꿈과 유사성을 보이고 있다.

 * 파리스 왕자 → 나무토막에서 불뱀이 솟구치는 꿈

널리 알려진 호머의 서사시 일리아드에도 트로이 전쟁을 불러왔던 비극을 초래한 파리스 왕자의 태몽이야기가 언급되고 있다. 왕자 파리스는 트로이의 아버지인 프리아모스와 어머니 헤카베 사이에서 태어났다. 헤카베가 태몽으로 나무토막에서 불뱀이 솟구치는 꿈(횃불에서 뱀이 나타나는 꿈)을 꾸었기에 점을 치자 장차 아기가 불행을 안겨다 주고, 온 도시를 불바다로 만들 것이라는 예언을 듣게 된다. 이에 한때는 부모에게 버림받게 되었다가 성인이 되어 환궁하는데, 결국 태몽의 예지대로 이웃 나라 왕비와 사랑에 빠져 '트로이 전쟁'을 일으키고 트로이 멸망의 불씨를 제공하게 된다.

 * 페리클리스 → 사자 우리에 들어가 사자와 함께 잠을 자는 꿈

그리스의 페리클레스의 어머니는 사자 우리에 들어가 사자와 함께 잠을 자는 태몽을 꾸고 아들을 낳았는데, 다른 데는 이상이 없는데 머리통이 이상했다. 정수리가 뾰족한데다 세로로 너무 길어서 몸과는 균형이 도무지 맞지 않았던 것. 이러한 기이한 머리 모양을 드러내지 않으려고 고대에 제작된 그리스인의 두상 가운데, 늘 투구를 쓴 모습으로만 조각되어 있기도 하다.---1997.12.15 『이윤기』

의 글에서. 요약 발췌.

　＊ 야율아보기 → 태양이 뱃속으로 들어오는 꿈

　거란제국은 야율아보기의 출현으로 실현되었다. 학자들의 추정에 의하면 거란족은 말〔馬〕을 토템으로 하는 씨족과 소〔牛〕를 토템으로 하는 씨족으로 이루어졌고, 전자는 '야율(耶律)'씨로 후자는 '소(蕭)'씨로 불렸으며, 상호 혼인으로 결합되었다. 따라서 '야율아보기'란 말씨족 출신으로, 아보기라는 이름을 가진 인물을 뜻한다. 후일 지어진 이야기이겠지만, 그의 어머니가 태양이 뱃속으로 들어오는 태몽을 꾸고 출생했으며, 9척 장신의 거구에 300근짜리 활을 당기는 괴력의 소유자였다고 한다.---〔김호동 교수의 중앙유라시아 역사 기행(12)〕 주간조선.

3 연분, 애정, 이혼, 파혼 꿈

1) 연분·애정의 꿈에 대하여

　우리 인간의 신성(神性)과 같은 정신능력 활동은 꿈을 통해 장차 몇십 년 뒤에 일어날 일뿐만 아니라, 남녀의 혼인이나, 재물운·이사·부동산 매입 등등 각 개인이나 주변 사람들에게 일어나는 미래에 일어날 어떠한 일들에 대해서 꿈을 통해 예지해주고 있다.

　부부 인연의 소중함을 일컫는 말에 세세생생(世世生生)이란 말이 있는바, 전세의 인연으로 현세에 부부가 되고, 나아가 내세에 이르기까지 영원히 함께 하는 소중한 인연이 바로 부부의 인연이 아닌가 한다. 이러한 부부의 인연을 맺기에 앞서 꿈으로 예지된다는 것은 어찌 보면 당연한 일일 것이다.

　실베스터 스탤론이 단골로 쓰는 말로, 지어낸 거짓 꿈이야기일 가능성이 많지만, "당신은 내 꿈속의 여인, 결코 놓칠 수 없어."라는 말로, 불과 2주간의 데이트만에 젊은 여자와의 결혼 약속을 성공했듯이, 꿈속에서 자신의 배필이 될 사람을 만난 사례는 허다하게 보이고 있다. 역사적으로는 고려의 용건(왕건의 부)이 꿈속에서 한 여인을 만나고, 이튿날 길을 가다가 그 여인을 만나 자신의 부인으로 삼아 사람들이 그녀를 몽부인이라고 불렀다는 기록이 보이고 있다.

이렇게 사실적 미래투시의 꿈에서는 실제로 인연을 맺을 사람이 꿈에 나타나는 경우가 있지만, 대부분은 동물이나 식물 등 상징적인 표상으로 등장하여 어떠한 사람과 연분을 맺게 되거나 헤어지게 될 것을 나타내주고 있다.

예를 들어 짐승을 잡거나 물리는 꿈의 경우 짐승으로 표상된 사람과 인연을 맺게 되는 일로 실현되고 있다. 즉, 암사슴을 잡는 꿈을 꾼 총각은 암사슴으로 상징된 귀여운 연인을 만나게 되거나, 호랑이에게 물리는 꿈을 꾼 처녀가 호랑이로 표상된 씩씩한 남자의 구애를 받게 되는 일로 실현될 수 있다. 다만, 이 경우 극단적으로 말해서 호랑이로 상징된 깡패에게 시달림을 받게 되거나, 포악한 나쁜 놈에게 성폭행당하는 일로 실현될 수도 있다. 이 때의 실현은 꿈속에서 느끼는 기분·정황에 따라, 다르게 실현된다.

또한 신발가게에서 신발을 고르다가 딱 맞는 신발을 신은 사람이 결혼정보센터에서 자신의 마음에 맞는 사람을 운명적으로 만나는 일로 실현될 수 있다. 한편, 보석 가게에서 보석을 훔친 사나이의 꿈은 좋은 배우자를 만나게 되거나, 어떤 기관이나 회사에서 높은 지위를 얻게 된다. 이렇게 호랑이 등 짐승이나, 신발·보석 등이 장차 애정을 맺게 될 사람을 상징적으로 나타내주고 있는바, 우리가 꿈을 이해하는 데 있어 꿈의 언어인 상징의 옷을 입고 나타난다는 것을 결코 간과해서는 안 될 것이다.

2) 연분, 애정 맺음의 꿈해몽 요약

새로운 배우자를 만나게 될 것을 예지해주는 데 있어 각각 다르게 상징화되어 나타나고 있다. 또한 다음과 같은 사연들은 결혼을 원하는 자들에게 해당하고, 다른 사람의 경우는 이권이나 재물을 얻게 되거나 태몽으로 실현되는 등 각기 다른 일로 실현될 수도 있다. 즉 똑같은 꿈이라고 하더라도, 꿈을 꾼 사람의 처한 상황이나 자신이 생각하고 있던 소망에 따라 일이 진행될 수 있다. 꿈에 있어서 각 사람이 처한 상황이나 경험에 따라 다르게 상징적으로 표상되어 나타나고 있다.

①다음의 사례들은 인연·혼인으로 이루어질 수 있는 꿈 사례들이다.

* 보석상에서 보석을 사거나 훔친다.

* 남의 밭에서 청과류를 몰래 따오거나, 과일나무에서 과일을 따온다.

* 과일을 몰래 훔쳐 온다.

* 반지나 가락지를 얻거나 사고, 남이 주어서 갖거나 손가락에 낀다.

* 소를 끌어다 잡아매 놓는다.

* 새 신발을 사 신거나, 남의 신발을 신는다.

* 낚시질해서 물고기 한 마리를 낚아 올린다.

* 웨딩드레스를 입고 활보한다.

* 누군가가 꽃송이를 따주어 받는다.

* 은장도를 누군가 줘서 받는다.

* 돼지나 뱀이 자기를 물고 놓지 않는다.

② 연분·애정과 관련되는 꿈해몽을 간단히 살펴본다.

* 상대방에게 비단보를 받는 꿈 → 애정이 이루어져 결혼에 이르게 된다.

* 신령적인 존재가 주는 꽃다발을 받는 꿈 → 결혼이 성립되거나, 학위를 받거나, 성취를 이루어내게 된다. 꽃을 삼키는 꿈은 명예와 부귀가 주어진다.

* 미혼 여성이 웨딩드레스를 입는 꿈 → 사실적인 꿈인 경우에 실제로 결혼하게 되며, 취직이 되거나 신분이 새로워지게 되며 협조자를 만나게 된다.

* 밤송이가 누렇게 아람한 것을 보는 꿈 → 결혼·사업·작품 등의 일이 이루어진다.

* 돼지가 자기의 치마를 물고 흔드는 꿈 → 처녀는 장차 부자가 될 사람의 청혼을 받고 결혼하게 된다.

* 뱀이 자기 몸을 감고 풀지 않는 꿈 → 이성과의 육체적 관계나 결혼·임신 등의 일과 관계한다.

* 구렁이에게 휘감기는 꿈 → 재산가·세력가와 인연을 맺거나, 명예·권리가 주어진다.

* 방 안에 새가 들어온 꿈 → 방 안에 있는 나무에 앉은 새는 혼담이 있는 처녀를 상징한다. 세 마리의 새 중 한 마리가 손바닥에 와 앉으면, 세 여성 중의 한 여성과 결혼하게 된다.

* 애인과의 키스가 열렬하고 만족스러운 꿈 → 상대방에게서 기쁜 소식이나 고백, 결혼 승낙 등을 얻거나 좋은 소식이 온다.

* 손을 맞잡고 걷는 꿈 → 상대방과의 어떤 일이나 직업·결혼 등이 잘 추진
  된다.
* 배추밭 옆에 무나 파밭이 있는 꿈 → 남녀 간의 혼담이 이루어진다. 일반적
  으로 사업 제휴 등이 원만하게 이루어지게 된다.
* 떡장수에게 떡을 사 먹는 꿈 → 중간업자나 중매쟁이에 의해, 일 또는 결혼
  등이 성립된다.
* 금목걸이를 목에 거는 꿈 → 연분을 맺게 되며, 가임여건에서는 태몽으로 이
  루어질 수 있다.
* 금실이 수놓아진 치마를 선사 받는 꿈 → 좋은 곳에 시집가거나, 훌륭한 작
  품 또는 서적을 얻는다.
* 뺨이 커 보이고, 빛이 붉어 보이는 꿈 → 애정 및 연분을 맺어 경사스러운 일
  이 일어난다.
* 남녀가 서로 모여 연회를 여는 꿈 → 혼담이 성립되고, 직장 내에 화합이 이
  루어진다.
* 손·발 및 기타 몸에 화상을 입는 과정이 중시되는 꿈 → 상징적인 예지적인
  꿈인 경우에 인연을 맺게 되거나, 계약 성사 등 어떠한 단체나 기관에 관련
  을 맺게 되는 일로 실현된다. 그러나 화상의 흉터 등이 인상적인 꿈인 경우
  에 자신의 명예나 직위가 손상되는 일로 이루어질 수도 있다.
* 처녀가 유리잔이나 그릇을 얻는 꿈 → 연분 및 애정의 성사로 이루어진다.
  그러나 금이 간 유리잔이나 그릇을 얻는 꿈은 흠이 있는 배우자를 만나게 되
  거나, 사업을 진행하면서 애로상황 등 문제점이 생기는 일로 실현된다.
* 재떨이를 얻은 꿈 → 자신을 뒷받침해줄 수 있는 배우자·협조자와 관련을
  맺게 된다.
* 처녀가 꽃병을 얻거나 훔쳐온 꿈 → 흠모하는 남성과 결혼하게 된다. 또한
  꽃병에 꽃을 장식한 여성은 애정을 피력할 수 있다.
* 처녀가 허벅지에 탄환을 맞는 꿈 → 청혼을 받아들이고, 유부녀는 잉태하고,
  학생은 합격하며, 실직자는 취직을 하게 된다.
* 상대방이 쏜 화살이 자기 몸에 맞는 꿈 → 기관이나 관청을 통해 일이 성사
  되거나 결혼 신청을 받게 된다. 안 좋게는 맞은 부위에 질병이 생기게 된다.

* 말을 타는 꿈 → 득세하여 기세를 떨치거나 사업방도를 얻으며 결혼 등이 이루어진다. 처녀가 말을 타는 꿈은 결혼이나 취직 등이 이루어지며, 기혼녀가 말을 타는 꿈은 자신이나 남편·자식이 득세한다.
* 처녀가 금반지를 받는 꿈 → 결혼이 성립되고, 가임여건에서는 태몽으로 실현될 수 있다. 일반적으로는 재물이나 이권 등을 얻는다.
* 드레스를 입고 신랑과 나란히 서서 결혼식을 올리는 꿈 → 사실적인 꿈인 경우에 실제 결혼하는 일로 이루어진다. 일반적인 상징으로는 회사·기관·단체와 계약이 체결되거나, 계 모임·동창회 등에서 어떤 책임을 맡게 된다.
* 총을 쏘아 적을 사살하는 꿈 → 성취를 이루어내는 좋은 꿈이다. 결혼을 앞둔 경우에 방해 요소를 처리하는 일로 이루어진다. 일반적으로 일거리·대상에서 문제점이 해결되며, 사업 진행이나 시험·취직 등에서 좋은 성과를 내게 된다.
* 상가를 걸으며 안을 들여다보는 꿈 → 결혼 상대자나 취직 자리·사업장 등을 물색하거나 선택할 일이 있으며, 책을 읽을 일과도 관계한다.
* 견우성과 직녀성이 나란히 있는 것을 보는 꿈 → 결혼이나 계약성사 등이 이루어지며, 국가나 사회단체의 연합 등의 일이 있게 된다.
* 자기가 꽃에 들어가는 꿈 → 훌륭한 배우자를 만나 결혼생활이 행복해진다.
* 상대방에게서 약도를 받는 꿈 → 결혼·계약 등의 방도나 이권이 생긴다. 사업가의 경우에 새로운 사업의 아이템을 얻게 되며, 저자의 경우에 새로운 작품 소재를 얻게 된다.
* 옷에 금줄이 달리거나 금장식한 것을 입는 꿈 → 고귀한 사람과 인연을 맺어 신분이 높아진다.
* 옷 보따리를 풀어 많은 옷을 살피거나 입어보는 꿈 → 혼담이나 상담 또는 어떤 사람의 내력 등을 알아보는 일이 생긴다.
* 하의를 새로운 것으로 바꿔 입는 꿈 → 아랫사람과 새로운 인연을 맺거나, 산하단체·직장 등을 새로 마련한다.
* 침실에 분홍색 휘장을 치는 꿈 → 애인과의 사랑이 무르익거나 결혼생활이 행복해진다.
* 옷감이나 돗자리를 짜거나 엮는 꿈 → 결혼·결합·계약 성사 등의 일이 이루

어진다.

* 비단 이불을 보는 꿈 → 결혼생활이나 사업 등이 잘되고 화려하며 경력 또한 다채로워진다.

* 직물(織物)·편물(編物)·자수(刺繡)를 하는 꿈 → 결혼·계약·결의 등의 일과 관계한다.

* 실, 새끼, 끈 등이 서로 매듭이 지어져 있는 꿈 → 인연·일·걱정 등이 자꾸 이어져서 오래 지속된다.

* 실, 머리카락, 끈 등이 얽힌 것을 푸는 꿈 → 애정이나 사업 등 막혔던 어떤 일이 해결된다.

* 공중에서 줄이 내려와 그것을 잡고 오르는 꿈 → 인연을 맺거나 권세와 명예를 얻게 된다.

3) 요즘 사람들의 애정/연분 맺음의 실증사례

꿈으로 장차 자신이 인연을 맺을 것을 예지해준 실증사례를 위주로 개괄적으로 살펴본다.

① 처녀 시절에 시댁 부엌에서 아기를 업고 일을 하고 있는 꿈

사실적 미래투시의 꿈 그대로 실현되었다.

② 결혼 상대자를 꿈에서 본 꿈 → 사실적 미래투시의 꿈으로 실현

* 결혼 10년 전, 저 대학생 때 우리 엄마 꿈에 신랑 얼굴이 나왔었어요. 그리고 9년 후 우리 엄마는 그 남자를 보고 저와 결혼시키셨죠.

* 결혼하기 몇 년 전에 꿈을 꾸었는데, 지금으로 생각하면 신랑인데, 키 작고 뚱뚱한 남자가 내 신랑이라고 하면서 옛날 집에서 나오더라고요.

* "제가 19살쯤에 꿈을 꿨습니다. 너무 선명해서 잊히지 않았습니다. 흰색 가운을 입고, 흰색 자가용을 몰고, 머리가 짧고, 키도 173cm 정도 되었는데, 말은 못해 보고 외형적인 것만 기억이 나던데요. 저는 그 꿈속에서 미래의 남편이라고 확신했답니다. 8년 후 직장 생활에 찌들어 갈 무렵, 드디어 결혼을 했죠. 그 꿈도 잊어가고 있었고요. 그런데 결혼 후 일기장을 뒤적이다가, 그 꿈을 써 놓은걸 본 거죠. 남편은 결혼 당시 흰색 쏘나타2를 타고 있었고요, 외모도 같았고요. 흰색 가운은 뭔가 했더니, 제가 꿈을 꿀 당시

에 연구소에서 가운을 입고 일하고 있었다네요."

이처럼 장차 자신의 배필을 꿈에서 보거나 예지받는 일은 흔한 일이다. 꿈에는 여러 가지가 있는바, 이는 사실적인 미래투시 꿈으로 이루어진 경우이다.

③ 족두리를 쓰고 결혼식장에 나가기 전에 자기 모습을 거울에 비춰본 유부녀의 꿈

훌륭하고 좋은 사람을 만나게 되는 것을 예지하고 있다.

④ 옥색 고무신, 흰 고무신, 검정 고무신 등 세 켤레를 번갈아 신어보다가 나중에 검정 고무신을 신은 여성의 꿈

세 번 결혼한 후에야 정착함을 예지해주고 있다.

⑤ 폭풍이 몰아치던 곳에서 장막을 열고 들어가니 파란 하늘에 국기가 펄럭이고 있는 꿈

결혼을 하게 되었으며, 처음에 어렵다가 좋은 일생이 될 것을 예지해주고 있다. 일반적으로는 시련을 겪다가 성취를 이루게 되는 일로 실현된다.

⑥ 새집의 여러 방을 살펴보는 꿈

상징적으로 새색시의 이모저모와 그 인물됨을 살피고 알아볼 일로 실현되었다. 새로 취직한 회사의 여러 부서를 살펴보는 일로도 가능하다.

⑦ 보석 가게에서 보석을 훔친 사나이의 꿈

좋은 배우자를 만나게 되거나, 어떤 기관이나 회사에서 높은 지위를 얻게 되고 있다.

⑧ 남의 집 밭에서 참외·호박·가지 등 그 어떤 것을 몰래 따온 한 부인의 꿈

딸의 혼처가 정해질 것을 예지한 꿈이었다.

⑨ 구렁이에게 밥상을 차려 올리는 꿈

구렁이로 상징된 남자와 인연을 맺게 될 것을 예지한 꿈이었다.

⑩ 구렁이가 이름을 부르며 찾는 꿈

구렁이가 여자 친구의 이름을 부르면서, "○○는 어디 있노?"라고 묻는 물음에 "몰라"라고 답했던 꿈은 여자 친구와 사귀던 애인이 그녀를 떠나서, 다른 여자와 결혼하는 일로 실현되었다.

⑪ 뱀을 머리를 잡아 꼼짝 못 하게 붙잡은 꿈

형이 꾼 꿈이다. 집안에 뱀이 들어 왔는데 누구도 뱀을 잡지 못하던 중에 동생이 들어오더니 뱀의 머리를 잡았고 뱀이 꼼짝을 못하는 꿈이었다. 현실에서는 동

생이 선을 보기 전날 밤에 꿈을 꾸었는데, 그 후에 동생이 선을 본 여자와 결혼식을 올리게 되었다. 이처럼 꿈속의 동물은 사람을 상징하고 있는 경우가 많다.

⑫ 솥을 닦고 있던 여자 → 인연을 맺어 결혼

이혼 후에 홀로 살아가던 어느 선생님의 꿈에 어떤 여자가 자신의 아파트 주방에 쭈그리고 앉아 솥을 닦고 있었다. "누구요?"라고 물었지만 여자는 대꾸도 하지 않고 솥만 닦는 것이고, 그 솥 닦는 여자에게 더는 추궁도 안 하고, 물 한 잔을 얻어 마시다 꿈에서 깨어났다.

꿈은 며칠 후 착실한 여성을 소개받아 부부의 연을 맺는 것으로 실현되었다.

⑬ 황금빛 나는 봉황이 날아든 꿈 → 재혼

내가 살고 있던 아파트 안방 베란다에 비둘기 2~3마리가 차곡차곡 쌓여 죽어 있었고, 그 위에 다른 한 마리가 푸드덕거리고 있었는데, 갑자기 큰 꿩 같은 것이 날아들어, 그 푸드덕거리는 한 마리를 죽이더니, 곧장 안방으로 들어와 거실 겸 주방(작은 아파트라 거실 개념은 없다고 보아야 함) 쪽으로 뒤뚱뒤뚱 걸어갔다. 그런데 그때 자세히 보니, 그게 꿩이 아니라 황금빛이 나는 큰 봉황이었다. 그리고 그 다리에는 흰 붕대 같은 끈이 길게 매여져 있었다. 그때 마침 주방에는 그 당시 나와 결혼을 전제로 만나던 지금 현재의 아내가 서 있었다. 나는 이 봉황의 다리에 묶인 끈을 잡고 주방 쪽 베란다 배수관에 그것을 묶고 둔 뒤, 아내를 향해 "이거 우리 맛있게 잡아먹자."라고 했다.

그 당시만 해도 결혼에 대해 확신할 수가 없을 때였는데, 05. 11. 12. 우리는 결혼을 했다. 그것도 아내 쪽에서 먼저 결혼날짜를 잡자고 했다. 그리고 비둘기들은 내 전처와 아이들을 상징했던 것 같다.

⑭ 암고양이가 다른 사람들은 외면하고 내 품에 와 안긴 꿈 → 연분 맺음

결혼 전, 신랑집에 암고양이 한 마리가 들어왔는데 냉장고 밑에 들어가더니, 다른 식구들이 아무리 불러도 나오질 않더니, 신랑이 '나비야' 불렀더니 나와서 신랑 품에 안겼대요. 그리고 그 며칠 후에 저를 만났고, 결국 결혼에 골인했답니다.

현재 신혼에 있는 아내가 보내온 꿈 사례로, 남편이 자신을 만나기 전에 꾼 내용이다.

⑮ 과일을 먹으며 상대방을 쳐다보는 꿈 → 애인이 생김

1년 전이었네요. 친구의 직장에서 ○○박람회에 참가를 해서, 그 친구가 며칠 동안 그 박람회를 하는 곳에 파견을 나가 있었더랬지요. 꿈속에서 그 친구가 박람회 장소에 있

더라고요. 그런데 생뚱맞게도 어떤 부스 안에 과일이 가득 있는 부스가 있었어요. 저는 과일을 쌓아놓은 탁자 위에 걸터앉아 구경을 하고 있었지요. 친구는 다른 부스에서 다른 사람들과 이야기를 나누고 있었어요. 저는 그런 친구의 모습을 구경하고 있었어요.

어떤 남자가 들어오더니 사과인지, 빨간 과일을 손에 들고 베어먹더라고요. '그런가 보다'하고 있었는데, 그 남자가 과일을 먹으며 제 친구를 계속 유심히 쳐다보는 거예요. 그 광경을 저는 계속 바라보고 있었지요. 그러면서 꿈이 깼어요. 며칠 뒤에 친구를 만났습니다. 술을 마시다가 "너 그곳에서 애인 생겼지?"라고 뜬금없이 말을 해 버렸답니다. 친구가 눈이 똥그래지면서 그렇다고 하더군요. 어떻게 알았느냐며---. 어쨌든 그 친구의 첫 애인이었는데, 꿈의 분위기가 어둡고 음산해서 그리 잘 되지는 않겠다 싶었는데, 몇 달 안되어 헤어지더군요.---들꽃향기, 2009. 04. 15.

이처럼 꿈속의 분위기나 배경이 중요하다. 태몽에서도 꿈속의 분위기나 여건, 배경이 중요하다.

⑯ 와인잔을 선물 받은 꿈 → 애인이 생겼던 꿈

꿈에서 지금의 제 애인이 나왔어요(그때는 사귀기 전이에요). 저에게 오더니 손가락 한 마디 만한 와인잔을 주더라고요. 자기가 직접 만든 거라면서요. 예쁘고 앙증맞아서 "아주 이쁘네요. 고마워요"라고 했어요. 그랬는데 제 옆에 있던 분이 그 와인잔을 보겠다고 가져가서는 목을 부러뜨린 거예요. 제가 너무 당황하고 속상해서 어쩌냐고 발을 동동 구르니까, 와인잔을 선물했던 제 애인이 어디론가 가더니, 이번에는 밥솥보다도 큰 와인잔을 가져오더라고요. 아주 단단하게 만들어서 부러질 일 없을 거라면서요. 그리고 현실에서 이틀 뒤에 제 애인이 "와인 마시러 가자"면서 데이트 신청을 하더군요.

그리고 그게 계기가 되어서 저희는 사귀게 됐습니다. 중간에 아주 크게 싸운 일이 있었는데, 다행히 그 계기로 더 사이가 돈독해졌고요. 아무래도 와인잔이 부러졌던 게 그 싸움을 예지했던 것 같네요.---아난다, 2009. 11. 15.

⑰ 벽에 아주 큰 시계가 걸려있는 꿈 → 연분을 맺다

아버지가 꾸신 꿈입니다. 결혼하시기 전에, 엄마와 맞선을 보시기 전날 밤, 벽에 아주 큰 시계가 걸려있는 것을 보았다 합니다. 두 분 잘 살고 계십니다.---멋쟁이, 2009. 01. 29.

⑱ 배 속에서 나온 나무토막이 신랑 각시 인형으로 변한 꿈 (상담사례) → 연분 맺음

엄마가 꾼 꿈인데요. 배 속에 뭔가가 들어있어 꾹꾹 찌르며 몹시도 아픈데, 무슨 나무 토막인지 뭔지 하여간 그게 몸 밖으로 나왔데요. 너무도 시원해하는데 갑자기 그게 반으로 쪼개 지더니, 신랑 신부 인형으로 변하더래요. 무슨 꿈인지요?

축하! 처한 상황으로 미루어 좋은 꿈이네요. 두 인형이 결혼하는 두 남녀의 상징인 경우, 바라는 대로 결혼하게 될지 모르겠고요. 일반적으로도, 배 속에서 아픈 것이 몸 밖으로 나오는 표상이 앓던 병 같은 것이 낫게 되지요. 여기서는 딸을 시집 못 보내서 근심 걱정이나 스트레스와 병마 등이 해소되는 표상으로 볼 수 있네요. 꿈은 상징적인 미래 예지 꿈이고요. 이러한 꿈의 실현율은 100%이지요.

예. 저 결혼했어요. 4월에요. 말씀대로 이루어졌어요. 정말로 신기하죠? 그리고 붉은 태양이 수평선에서 떠오르는 꿈을 꿨답니다. 신혼여행 가서요. 게다가 돌아가신 아버님께서 꿈에 나타나셔서 웃으시며 잘 살라고 하시더군요.---tedybear

붉은 태양이 수평선에서 떠오르는 꿈은 꿈이 생생하고 강렬한 경우에 태몽으로 실현될 가능성이 높다. 태몽이 아니더라도, 자신의 바라는 대로 이루어지는 소원성취의 좋은 일로 실현되는 상징적인 미래 예지 꿈이다.

⑲ 용 두 마리가 같이 하늘을 향해서 올라가다가 하나로 합쳐져서 하늘로 올라간 꿈
→ 연분 맺음

"아름다운 산의 중턱에서 한 발을 디뎠는데, 용이라고 여겨지는 것이 꿈틀거리더니, 날아올라 푸른 산을 넘는가 했더니 걸치고 있었어요. 또 한 발을 디디니, 밑에서 또 한 마리가 올라오는 것이었어요. 이에 용 두 마리가 같이 하늘을 향해서 올라가더니, 아름답게 비치면서 하나로 합쳐져서 하늘로 올라갔어요."

30세 된 여자가 연분을 맺기 전에 꾼 꿈 사례이다. 꿈속에 나타난 모든 표상(용이 하늘로 올라감, 빛나는 하얀 구슬)이 앞으로 좋은 일이 일어날 것을 예지해주고 있다. 현실에서는 이로부터 두 달이 지나서 언니의 소개로 맞선을 보고, 서로 사랑하게 되었고 결혼 적령기가 지나가는 때라, 두 달 뒤에 결혼하는 일로 실현되었다. 두 분의 미래는 행복한 삶이 펼쳐지리라는 것을 꿈을 통해 예지해주고 있다.

만약에 올라가던 용 가운데 한 마리가 피투성이가 되어 떨어지는 꿈을 꾸었다면 어떠한 일이 현실로 나타나게 될까? 여러분들도 추정하시겠지만, 혹 결혼해 살더라도 어느 한 사람이 사고로 다치거나 병이 들어 헤어지게 될 것이다. 이때도 용이 올라가다 떨어지는 거리감이 그 기간을 암시해 주고 있다. 예를 들어 올

라가다 금방 떨어지면, 얼마 살지 아니하여 불행이 닥치는 일로 실현될 것이다.

⑳ 한 여자의 꿈으로 소년이 다가오는데, 그와 결혼해야 한다고 누군가 말하는 꿈
   → 신앙생활을 하게 됨.

이 경우에도 꿈을 꾼 사람이 어떠한 상황에 처해 있고, 무엇을 간절하게 바라
고 있는 지가 해몽의 중요한 열쇠가 될 수 있다. 실제로 몸이 편치 않았던 한 여
자가 꾸었던 이 꿈은 소년으로 동일시되는 교회 목사님을 얼마 뒤 만나게 되었으
며, 그와 결혼하라고 한 말은 교회 목사와 인연을 맺고 신앙의 길로 접어들면서
자신의 지병도 쾌유하는 것으로 실현되었다.

㉑ 신랑이 안아준 꿈 → 결혼 성사

   저 아는 언니는 신랑 만나기 전에 결혼해서 집으로 들어가는 꿈을 꾸었다고 하네요. 신
   랑이 안아줬는데, 실제 결혼한 신랑 만났을 때 안아줬을 때 바로 그 느낌이었대요. 그래
   서 결혼 쉽게 결정했다 하네요.

㉒ 스님에게 장식품을 받는 꿈 → 결혼 성사

   저는 예지몽을 잘 꾸는 편인데요. 결혼 생각이 전혀 없었는데, 스님에게 아주 귀한 장
   식품 같은 것을 받았는데, 거기에 스님이 덕담을 붓글씨로 글을 써 주셨어요. 그거 받을
   때 옆에 지금의 시어머님이 보고 계시더라고요. 스님에게 뭘 받는 꿈은 아주 좋은 꿈이
   라고 해서, 그때 당시 제게 좋을 일은 합격밖에 없었는데, 생각해보니 결혼꿈이더라고
   요. 엄마한테 나중에 얘기했더니, 결혼꿈같다고 하시네요. 저도 신기해요.

㉓ 남자랑 손잡고 엄마를 바라보는 꿈 → 결혼 성사

   저희 엄마가 꿈을 꾸셨어요. 제가 어떤 남자랑 손잡고 엄마를 바라보고 있었대요. 이
   꿈 얘기 듣고 소개팅했는데, 그 남자랑 결혼했어요. 거짓말처럼요. 신기한 일이에요.

㉔ 어깨동무를 하고 다니는 꿈 → 결혼 성사

   20대 초반쯤에 꾼 꿈인데, 첫사랑 남자애가 중학교 1학년 때 짝인 애랑 저랑 양쪽에 어
   깨동무를 하고 다니더라고요. 결혼 후 얼마 있다가 들은 소식으로 그 애하고 결혼했더
   라고요. 예지몽 무시 못 해요. 그 밖에도 엄청나요.---뭐하니2

신비한 꿈이야기이지만, 선인들의 사례에도 어렸을 때에 인연을 맺게 될 배우
자에 대한 예지를 보여주는 사례가 있다.

4) 선인들의 인연 맺음의 꿈 사례 요약

① 귀인이 나타나 모셔 가는 꿈

좋은 사람과 혼인을 맺는 일로 실현된다.

② 용 등이 자신의 뱃속으로 들어오는 꿈

여자의 경우 귀인을 만나 결혼하게 된다.

③ 과부의 꿈에 청룡이 하늘로 올라가는 꿈

새로운 남자를 얻어 귀한 자식을 얻게 된다.

④ 샘물터에 무지개가 떠 있는 꿈

무지개로 표상된 밝음과 기쁨의 이미지대로 일이 이루어진다. 미혼의 남녀라면 좋은 배필을 만나게 되는 인연을 맺게 된다.

⑤ 하늘에서 누군가가 내려오면서 학이나 물건을 주는 것을 받는 꿈

꿈에 나타난 사람과 인연을 맺게 되며, 받은 물건의 성격에 따라 일이 진행된다. 세 마리의 학을 받았을 경우, 세 자식을 두게 된다.

⑥ 두 아내를 얻게 된 구비전승의 꿈이야기

청룡·황룡을 타고 하늘로 올라가는 꿈, 처음에는 은대야에다 세수를 하고 이어 금대야에다 세수를 한 꿈, 동쪽에서 해가 떠올라 바른편 볼에 가서 붙더니 그 뒤에 서쪽에서 해가 오르더니 왼편 볼에 가서 붙는 꿈, 개울가의 수양버들 밑에서 낮잠을 자는데 한쪽 겨드랑이로 잉어가 들어오고 한쪽 겨드랑이로는 붕어가 들어오는 꿈 등은 두 아내를 얻게 될 일을 예지한 구비전승의 꿈이야기들이다.

이처럼 인연 맺음의 꿈도 다양하게 나타나고 있는바, 실제로 결혼을 하게 된 사람들의 꿈이 모두 일치하는 것은 아니다. 꿈에 있어서 각 사람이 처한 상황이나 경험에 따라 다르게 상징적으로 표상되어 나타나고 있다. 하지만 사람들이 똑같은 꿈을 꾸지 않는다 할지라도, 꿈의 다양한 상징적 표현수단에 대한 지식과 이해를 통해 자신이 꾼 꿈과 비교함으로써, 꿈의 미래 예지의 결과를 올바르게 추정해 볼 수 있을 것이다.

5) 이혼·파혼의 꿈

(1) 이혼·결별의 꿈해몽 요약

① 깨진 과일을 얻는 꿈

애정·연분이 깨어지게 되며, 결혼 또는 사업이 파멸에 이른다.

② 구렁이가 문턱에 걸쳐 있다가 사라지는 꿈

구렁이로 상징된 이성이 다가오다가 멀어지게 되는 일로 실현된다. 이 경우에 비록 결혼하게 되더라도 이별이나 사별하게 된다. 태몽인 경우에는 임신하더라도, 유산에 이르거나 자식과 떨어져 살게 된다.

③ 나는 새를 보는 꿈

새가 배우자의 상징으로 등장한 경우라면, 결혼한 사람은 배우자와 조만간 이별하거나 별거에 이르게 된다.

④ 신발이나 구두 한 짝을 잃어버리는 꿈

애정·연분이 맺어졌다가도 결별하게 되며, 결혼을 하더라도 서로 이별이나 사별하게 된다.

⑤ 다리가 끊어지거나 부서지는 꿈

애정·연분이 끊어지게 되며, 일반적인 상징에서는 바라는 일거리·대상이나 사업의 진행에서 좌절과 실패로 실현된다.

⑥ 악기의 줄이 끊어지는 꿈

애정 관계에서 이혼이나 사별하는 일로 이루어진다. 속현(續絃)이란 말이 있는 바, '줄을 잇다'의 뜻으로 상처한 사람이 새로 부인을 맞아들이는 것을 뜻한다. 이처럼 꿈의 상징과 우리의 관습적 언어 상징은 일맥상통하고 있다. 일반적인 상징에서는 계획하는 일거리·대상에서 실패나 좌절로 실현된다.

⑦ 악기의 줄을 스스로 끊어버리는 꿈(거문고·가야금 등 현악기)

애정 관계에서 이혼이나 결별을 결심하게 된다. 일반적인 상징에서는 계획하는 사업 등이나 프로젝트 등을 중단하게 되는 일로 실현된다.

⑧ 거울이 깨지는 꿈

관습적 언어로 '거울이 깨지다'라는 뜻의 파경(破鏡)이라는 말이 있는바, 부부의 사이가 틀어져 헤어지는 일을 비유적으로 이르는 말이다. 꿈의 상징에서도 거울이 깨지는 꿈은 애정·연분이 끊어지는 일로 실현된다. 고전소설인 춘향전에서는

"거울이 깨지니 어찌 소리가 없을쏜가?"라고 하여, 좋은 소식이 있게 될 꿈으로 풀이하고 있으나, 특수한 상황에 해당하는 것이지, 절대적인 것은 아니다.

⑨ 그릇·거울·달걀·병 따위를 깨뜨리는 꿈

애정·연분의 단절이나, 일거리·대상에서 좌절이나 실패 등을 체험한다.

⑩ 양말·버선·스타킹 등을 벗어버리는 꿈

지금까지 애정·연분의 관계에 있던 사람과의 인연이 끊어지게 되거나 결별하는 일로 이루어진다. 일반적으로 자신에게 도움을 주었던 협조자나 후원자를 멀리하게 된다.

⑪ 손가락에 낀 반지가 헐거워져서 빠진 꿈

애정·연분이 파탄 나게 된다. 그러나 빠지려고 하는 것을 다시 잘 끼워 넣은 사람은 이혼이나 결별 직전에서 다시 결합한다.

⑫ 옷고름이 떨어져 나가는 꿈

애정·연분의 인연이 끊어지게 된다. 사업가의 경우에 추진하는 프로젝트 등에서 문제가 발생하게 된다.

⑬ 시계 줄이 없거나 끊어지는 꿈

애정·연분·인연·결사 등의 유대가 끊어지게 된다.

⑭ 방문에 걸어 놓았던 발[簾]을 끊거나 떼어버리는 꿈

자기 가문에 들었던 며느리·양부·양자·의형제 등과 인연을 끊게 된다. 일반적으로 회사인 경우에는 임시직이나 비정규직 사원 등을 해고하는 일로 이루어진다.

⑮ 다리[橋]가 끊어지거나 부서지는 꿈

애정·연분이 끊어지게 되며, 일반적으로는 청탁이나 사업 진행에서 좌절과 실패로 이루어진다.

⑯ 이불을 갈기갈기 찢거나 찢어지는 꿈

연분, 애정, 결혼생활에 파경으로 치닫게 된다. 일반적인 상징에서는 사업의 부도 등으로 이루어진다.

⑰ 펜치로 못을 뽑는 꿈

애정과 인연의 단절로 이루어지며, 일반적으로는 계약의 해지, 직장에서 퇴직, 하던 일거리나 대상에서 중단하게 되는 일로 이루어진다.

제Ⅴ장

실증사례별 분류

⑱ 악한의 꿈을 자주 꾸는 꿈

애정·연분과 관련지어서는 혼담이 여러 차례 있으나, 모두 마음에 들지 않게 되는 일로 이루어진다. 일반적으로는 억압적인 일거리·대상에 시달리게 되거나, 병마에 시달리게 된다.

⑲ 맹수를 피해 숨는 꿈

배우자를 구해도 결혼 운이 트이지 않으며, 임산부는 유산하게 된다.

⑳ 차 안을 들여다보고 타지 않는 꿈

애정·연분과 관련하여, 사귀는 사람의 가정 형편이나 사람 됨됨이 등을 알아보고, 인연을 맺지 않게 된다. 일반적으로 어떠한 회사·기관·단체에 입사하려다가 그만두게 되거나, 어떠한 일의 진행에 참여하려다가 하지 않는 일로 실현된다. 이 경우에, 어느 집의 방안을 살펴보는 꿈도 이와 유사하게 실현된다.

㉑ 허리띠의 금장식을 팔려다 못 파는 꿈

딸을 시집보내려고 하지만 할 수가 없어 고심하게 된다. 일반적인 상황으로는 자신의 역량이나 능력 등 존재가치를 드러내지 못하게 되며, 물건을 처분하지 못하게 된다.

(2) 이혼, 파혼의 실증 꿈 사례

새로운 인연을 맺는 꿈의 예지와 마찬가지로, 헤어지게 될 것을 예지해주는 데 있어서도 각각 다르게 다양하게 상징 표상화 되어 나타나고 있다. 예를 들어, 집이 무너져 내려 반으로 나뉘는 꿈을 꾼 주부가 이혼하는 일로 실현된 사례가 있다. 이처럼 전개되는 꿈의 양상 모두가 불길하고 안 좋은 표상전개로 이루어지고 있어서, 꿈은 반대가 아닌 상징 표상의 이해에 있음을 알게 해주고 있다.

① 침대랑 장롱을 사다리차로 내리는 꿈 → 이혼 예지

　　꿈에 위태위태하던 친한 동생네 부부 아파트가 보였고, 침대랑 장롱을 사다리차로 내리는 꿈을 꾸었습니다. 다음 날 이혼했다는 슬픈 소식을 듣게 되었습니다.---멋쟁이, 2009. 01. 29.

사실적인 미래투시의 꿈의 요소가 반영되어 있다.

② 옷을 바꿔입은 꿈 → 애인과 결별

　　"꿈에 친구 A양이 옷을 바꾸러 왔어요. 그 후에 A양은 9년 동안 사귀었던 사람에게 헤어지자고 통보하는 일로 실현되었고요."

상징적으로 옷이 의지하는 사람이나 대상이 될 수 있다. 옷을 잃어버린 꿈을 꾸고, 직장을 잃게 된 사례도 있다.

③ 2층집에서 내려다보니 누가 땅을 파는데, 물이 흐르고 거기에 상추·고추·깻잎이 있어 따러 가려고 하는데 지하에서 꽃이 피는 꿈

어느 이혼녀의 꿈으로, 그해 남편이 바람이 나서 이혼하게 되었다.

④ 계란이 까맣게 타서 깨어진 꿈, 열쇠가 깨어진 꿈 → 파혼 예지 꿈

저는 얼마 전에, 결혼하기로 한 사람과 헤어졌습니다. 만나면서 이상한 꿈을 꾸게 되었는데 아직도 생생합니다. 접시에 계란이 네 개 정도 있었는데 다 깨어졌고, 마지막에 까맣게 타서 깨진 계란이 유독 기억에 남아 있었습니다. 그 꿈을 꾸고 나서 기분이 상당히 좋지 않았는데, 내가 계획했던 일들이 다 무산이 되었고, 마지막으로 결혼마저 깨지고 말았습니다. 헤어지면서 속이 얼마나 썩었던지, 정말 까맣게 타버린 계란처럼 그렇게 속이 까맣게 타버린 것 같았습니다."

또 한 번은 꿈에 그 사람이 무슨 일이 있다고 저를 찾았습니다. 무슨 일인가 걱정이 되어, 급하게 가려고 차를 탔습니다. 키를 꽂았는데, 차 키가 아니라 우리 집 아파트 키였습니다. 그런데 급하게 가려고 차 키를 꼽고 가려는 순간, 차(아파트 키) 키가 빠지직 깨져버렸습니다. '이를 어째. 그 사람한테 어떻게 간다지' 하고 걱정하다가 깨었습니다.

실제로 그 다음 날 주머니에 넣고 다니던 키가 없어졌습니다. 그래서 열쇠 잃어버리는 꿈이려니 생각하고 있었지요. 그날 그 사람을 만나러 갔었는데, 헤어지자고 했습니다. 그날 아파트 계약이랑 예식장 예약하러 가자고 한 날이었는데, 그렇게 그 꿈들을 꾸고 나서인지 우리는 헤어지고 말았습니다."

⑤ 캄캄한 터널을 들어선 꿈 → 이혼 예지 꿈

"결혼을 앞두고 꿈을 꾸었다. 어두운 터널을 엎드려서 더듬어서 가다가, 허리도 아프고 땀이 너무 나서, 일어서서 '반은 왔겠지'하고 앞을 보니, 아무것도 보이지 않았고 뒤를 봐도 아무것도 보이지 않았다. 생각에 절반이나 온 것 같아서 다시 더듬어 가는데, 너무나 소름이 끼치고 무서웠다. 한참을 가다가 겨우 일어나 앞을 보니 입구가 환하게 보였다."

결혼생활 17년 만에, 결국 이혼을 하고 말았다. 결혼생활은 캄캄한 터널보다, 더 지옥 같은 현실이었다.

어두운 터널에서 헤매는 꿈은 장차 어려운 결혼 생활을 상징적으로 보여주고 있다.

⑥ 지하 마을에서 썩은 갈치가 있는 꿈 → 이혼 예지 꿈

결혼식 첫날 신혼 여행지에서 꾼 꿈입니다. 어느 빈민가 비슷한 지하 마을에 있었어요. 낯선 곳이었는데 갈치가 크고 윤이 나서 보고 있는데, 낯선 사람이 날보고 사라고 했어요. "네" 하고 갈치를 고르는데 이상하게 갈치가 양옆으로 빈틈없이 축 늘어져 있었어요. 갈치 눈들이 다 썩어 있는 거예요. 싱싱한 놈으로 고르려고 가도 가도 계속 썩은 갈치들뿐이었어요.

한참을 헤매다 나가고 싶은 마음이 생겼지만, '출입구로 가려면 썩은 갈치라도 사가야만 낯선 사람에게 혼나지 않을 텐데'라고 고민하면서 끝도 모를 길을 가고 있는데 비상구가 있는 거예요. "휴! 살았다" 하면서 그 사람이 쫓아올까 봐 불안한 마음으로, 빨리 도망가야지 하다가 잠이 깼어요. 하도 이상한 꿈이라 5년이 지났는데도 잊히지 않았어요.

지금 생각해보니 조건 좋은 남자랑 결혼을 했지만 정신이 썩은 사람을 만났고, 지하 동굴을 헤맨 것은 짧은 결혼 생활이 힘든 것을 뜻한다는 것을 지금 알았어요.

⑦ 지저분한 시궁창을 통과해야 한다는 꿈 → 이혼 예지

2007년 3월 3일의 꿈입니다. 우리 가족이 어딘지 모를 곳에 있었는데, 건물 위로 올라갔습니다. 그곳을 빠져나가야 한다는 이야길 하고 서로 어찌 해야 할지 고민에 빠졌습니다. 서 있는 곳 밑에 통로가 있는데 그곳으로 도망갈 수 밖에 없다고 하는데, 그 밑은 매우 지저분하고 먼지가 많은 곳이라 가기 싫었습니다. 그래도 그곳을 통과해야 한다며 서로 재촉하고 있었습니다. 결국 끈을 엮어서 동아줄에 매달리듯 가까스로 떨어지지 않고 밑으로 내려갔습니다. 역시 그곳은 먼지와 곰팡이가 많은 지하였으나 그리 험하지만은 않았습니다. 빨리 달려 그곳에서 우리 가족이 모두 빠져나왔지요.

꿈의 실현은 꿈을 꾸고 몇달 후 결혼했으나, 못된 남자로 이혼하는 일로 실현되었다.---미니미, 2009. 01. 31.

⑧ 아이가 물살에 따라 떠내려간 꿈 → 이혼으로 아이들과 결별

꿈에 내 딸아이가 논두렁 옆 작은 개울에서 큰 세숫대야를 띄워놓고, 그 안에 앉아 있더니 갑자기 물살을 따라 떠내려갔다. 내가 붙잡아 보려고 뛰어가는데, 물살이 급속히 빨라지면서 내가 놓치고 말았다. 그리고는 사라져버렸다. 그때 나는 아이의 이름을 큰

소리로 불러대면서 울다가 잠이 깼다.

그 당시 꿈에 대해 문외한이었지만 너무 무서웠다. 혹시 내 아이가 죽게 되는 것 아닌 가 했는데, 결국에는 1999년 이혼으로 아이들을 멀리 떠나보내게 되었다.

⑨ 신코가 벗어진 꿈 → 남편과 이혼

결혼 전 꿈에 등에 아기를 업고 동네를 한 바퀴 도는데, 딱 반 바퀴를 돌았는데 신코가 벗어진 꿈을 꾸었다. 자식을 낳고 살다가 남편과 이혼하는 일로 현실화되었는데, 반 바 퀴의 의미가 인생에서 반을 지나왔을 때 이루어지는 것으로 실현되었다.

⑩ 버스에서 내린 꿈 → 남자 친구와 결별

꿈에 버스를 타고 수학여행을 가는데, 운전기사가 없었고 갑자기 내리막길로 버스가 달려서 공포에 질려 소리를 지르다가, 경찰들이 앞에 서 있자 버스는 멈추었고, 전 울면 서 버스에서 내리는 꿈이었습니다. 그 꿈꾸고 그 다음 날 남자친구를 만났고, 1주일 뒤 에 이별하였습니다. 원인은 제가 마음이 떠나서였는데, 꿈이 신기했습니다.---라나, 등 록일: 2011. 07. 06.

⑪ 친한 친구 집이 흙탕물에 지하실부터 떠내려가는 꿈

친구 부부 사이가 매우 안 좋아져서 이혼의 위기에 이르고, 결국 그 집조차 팔 리게 되는 현실로 실현되었다.

⑫ 데이트를 무덤덤하게 하는 꿈 → 결별 예지

친한 친구 어머님이 "괜찮은 사람을 소개해 주겠다."는 말씀을 듣고, 난 며칠 후 꿈을 꾸었다. 꿈속에서 어느 사람과 공원 같은 곳에서 데이트했으며, 헤어질 시간이 되어 헤 어졌는데, 이상하게도 아무런 아쉬움이나 미련이 들지 않고 너무도 자연스럽게 헤어지 면서 꿈을 깼다. 그 후 소개해준 사람을 몇 번 만나게 되었으나, 부족한 것이 없는 사람 이지만, 웬일인지 몇 번을 만나고 오랜 시간이 지나도, 연정이 생기지 않아 헤어지게 되 었다.

⑬ 뱀(구렁이)을 잡아 죽인 꿈 → 스토커를 물리치다.

어제 꾼 꿈입니다. 요즘 저희 누나가 꿈에 자주 보입니다. 어젯밤 꿈에 누나랑 한가롭 게 텔레비전을 보고 있었는데, 난데없이 엄청나게 큰 구렁이가 나왔습니다. 그런데 그 뱀은 자꾸 누나를 물려고 다가가고 있었습니다. 제가 깜짝 놀라며 그 구렁이를 잡아서 죽였습니다.

구렁이(뱀 포함)는 다의적 뜻을 내포한 상징물로, 재물·일·권세·명예이며, 이성의 상대방으로 자주 등장한다. 이 경우, 구렁이가 적대적(敵對的) 표상이라면 구렁이를 죽인 것은, 이를 완전히 물리치는 일로 실현된다. 현실에서는 자신의 누나를 따라다니던 스토커를 제압하여, 해결하는 일로 실현되었다. 큰 구렁이는 막대한 영향력을 지닌 사람, 그릇이나 역량이 큰 사람을 뜻한다.

⑭ 강아지에게 이제 가라고 말하는 꿈 → 남자 친구와 결별

강아지는 강아지가 아닌, 강아지로 표상된 남자 친구를 표상하고 있다. 부연하자면 붙임성은 있을지 몰라도, 강아지로 표상된 만큼 큰 그릇의 인물은 못 된다고 볼 수 있다.

꿈은 처한 상황에 따라 달리 실현된다. 단적인 예로, 미혼 처녀의 몸에 구렁이가 감겨드는 꿈인 경우에, 처한 상황과 구렁이에 대한 꿈속에서의 느낌이 중요하다. 구렁이로 상징된 남자가 구애행위를 하면서 접근해 올 수도 있으며, 안 좋게는 구렁이로 상징된 남자에게 성폭행을 당하는 일도 가능하다. 또한 구렁이로 표상된 어떤 재물이나 이권이 다가오는 일로도 실현될 수 있다.

이상에서 살펴본 바와 같이, 새로운 인연을 맺거나 헤어지게 되는 경우를 예지해주는 데 있어서도, 각각 다르게 상징 표상화 되어 나타나고 있음을 알 수 있겠다.

4 부동산과 주식투자, 이사·사업

【부동산과 주식투자에 관한 꿈】

요즈음 돈에 관계된 부동산이나 주식투자에 많은 사람들이 관심을 갖고 있다. 이렇게 부동산 투자의 성공 여부나, 어떠한 주식 종목이나 시세 예측 등이 꿈에 나타난다는 것은 자신의 관심사에 대해 예지해주는 꿈의 특성상 지극히 당연한 일인지 모른다. 이는 꿈속에서 발명하는 데 있어 힌트를 얻거나 영감을 얻은 사

례, 선인들이 꿈속에서 뛰어난 한시(漢詩)를 지을 수 있었다는 사례 등에서도 입증되고 있다.

부동산을 매수하거나 매도하기 전에 꿈으로 길흉을 예지해주는 사례가 상당수 있다. 필자는 유부녀와 성행위를 하는 꿈을 꾼 후에 집을 구입했으며, 처녀와 신선한 키스를 하는 꿈을 꾼 후에 매매거래가 없었던 처녀지 같은 깊은 산속의 밭을 매수한 바 있다. 실증사례를 위주로 소개해본다.

1) 부동산 투자 관련 꿈의 실증사례

① 아파트에서 이삿짐을 풀고 있는 꿈 → 미래투시 꿈

전세를 살고 있는 사람이 아파트에서 이삿짐을 풀고 있는 꿈을 자주 꾸게 된 후, 일 년 뒤 뜻하지 않게 아파트를 사는 일로 실현되었다. 이 경우 미래투시적인 꿈으로 볼 수도 있다. 이처럼 꿈속에서 이사할 집에 대해서 나타나는 경우가 있다.

② 아무것도 없던 밭 주변에 건물·주택이 들어선 꿈 → 미래투시 꿈

사이트 이용자의 꿈체험담으로, 10년 후에 일어날 일을 미래투시적인 꿈으로 꾸고 있다.

"1987년도의 꿈이야기이다. 아버님이 밭이나 집을 처분하시고, 미국으로 이민을 갈 준비를 하시던 해였다. 그러던 어느 날 꿈을 꾸었다. 그 밭 주변에 큰 건물에 불이 켜져 있고, 주변에 휘황찬란한 네온사인과 바로 밭 밑에는 주택이 있고, 물고기를 넣어놓은 횟집 같은 집도 보였다. 꿈속에서 너무 놀라 한참을 주변을 살펴보다가 꿈에서 깨어났다.

남편과 부모님께 꿈이야기를 하면서 절대로 이 땅은 팔지 말라고 하며, 10년 후를 지켜보자고 했다. 그때 당시에는 땅 투기도 없었고, 동네와 거리가 멀고 아무도 그 땅을 탐내는 사람은 없었다. 결국 아버지께서는 터전을 팔지 않고 88년도에 이민을 가셨지만, 10년 후에 다시 한국으로 나오셔서, 그 주변을 둘러보시고는 전화가 왔다. 그 주변에 별장이 지어졌다고, 밭 밑에는 물고기를 양식하는 양식장과 집들로 마을을 이루었고, 지금은 호텔과 펜션들이 아름답게 지어져 있다는 것이었다. 아버지께서 노후에 고향에 와서 살기가 소원이었는데, 소원대로 이루어질 수 있게 되어 고맙다고 말씀하셨다."

③ 손바닥으로 땅을 쓸어 피가 묻어 있던 꿈 → 부동산 대박

　"결혼해서 조금 어려운 생활이었지만, 일찍 재테크에 관심을 가졌습니다. 그때 즈음해
서 꾼 꿈입니다. 길을 가다가 손바닥으로 땅을 쓸어 보았는데, 손바닥에 피가 묻어 있었
습니다. 나름대로 해석하기를, 부동산에 투자하면 좋을 거란 해몽을 했습니다. 그 이후
삼십 대 초 중반 나이보다는 빨리 그리고 잦은 매매를 했던 것 같습니다."

　피는 소중한 정신적·물질적 자산의 상징이 될 수 있다. 이 경우 피가 묻는 것
이 재물을 얻게 되는 좋은 꿈이며, 반면에 코피 등이 나는 것은 재물이 나가는 일
로 실현이 된다.

④ 용 세 마리의 등에 올라탄 꿈 → 부동산 대박

　'이민 가서 타국에서도 사는데, 서울에서 이사 가는 것을 두려워하면 안 되지' 하는 생
각으로, 4년 전에 분당 옆으로 이사를 왔고, 우여곡절 끝에 3주택자가 되었습니다. 남편
의 꿈에 용 3마리가 보였고, 등에 올라탔다는 겁니다. 얼마 지나지 않아 자고 나면 오르
고, 집값이 천정부지로 뛰더라고요. '용꿈이 떠오르며, 투자를 정말 잘한 것이라고' 확신
할 수 있었습니다.

　용은 부귀·권세·명예의 상징이다. 용의 등에 올라타는 꿈이니, 호랑이 등에
올라탄 것과 같이 욱일승천하는 일로 크게 번성·번창하고 권세와 부귀를 누리는
일로 이루어질 수 있다.

⑤ 우물에서 조개 세 개를 가지고 나온 꿈 → 부동산 대박

　"단독 주택을 사서 중도금을 치를 무렵에 그 집 마당에 물이 하나 가득 차 있는 꿈을 꾸
었습니다. 꿈속에 마당에 우물이 있는데, 마당에는 물이 하나 가득 차 있는데 우물 속에
는 물이 없었습니다. 물이 나오게 한다고 호미를 들고 우물 속으로 들어가서 우물 바닥
을 파자, 손바닥만 한 조개 세 개가 나왔습니다. 조개를 들고 우물에서 나오는 동안 조
개가 점점 커져서, 두 팔로 하나 가득 된 것을 안고 나왔습니다. 그 후 그 집에서 살면서
그 집은 문서 세 개짜리라고 웃으며 말하였는데, 집을 사면서 진 빚을 갚고, 땅과 집 상
가 문서를 쥐고 그 집에서 이사 나왔습니다. 그 집에서 7년 반을 살았습니다.

⑥ 계시적으로 집을 사라고 일러준 꿈 → 부동산 대박

　저 아는 언니는 집을 계약하러 갔다가 남편이랑 주인이랑 대판 싸우고 계약을 안 했는
데, 꿈에서 어떤 사람이 그 집 꼭 사라고 하더래요. 다음 날 사정사정해서 집사고, 몇 달
있다가 주택 재개발로 차익만 2억. 정말 억! 소리 나더군요.---화이미

⑦ 옥수수를 가득 안고 온 꿈, 용을 잡는 꿈 → 부동산 획득

올해 5월경에요. 꿈에 동생이 광주리에 알이 노랗게 보이는 생옥수수를 머리에 가득 얹고 문지방을 넘어 방으로 들어왔어요. 일주일 정도 뒤에 동생 시어머니가 동생 명의로 소형 아파트를 사 주셨습니다. 계약 바로 전날 제부는 용을 잡는 꿈을 꾸었다고 합니다. 시어머니 되시는 분이 전날까지 아들한테도 이야기 안 했다고 하는군요. --- 권수정, 2006. 10. 12.

⑧ "문서 하나 쥐여 주마"라는 계시적인 꿈 → 원하는 층수에 분양받다.

아는 언니가 꾼 꿈인데요. 아는 언니가 다세대 주택으로 이사해서, 그 첫날인가에 꿈을 꾸었는데, 벽을 뚫고 어떤 하~얀 백발 할머님이 나오시더래요. 그래서 언니가 정말 소스라치게 놀라서 "누구세요?" 했더니 그 할머니가 "내가 이 집에 주인이다."라고 말씀을 하셨대요. 그래 언니가 너무 놀라서 깼답니다.

이 꿈을 꾸고 너무 석연치 않아 점집엘 갔더니, 무릎을 팍 치시면서 제사를 지내라고 했대요. 그래서 그 무당 말대로 제사를 한번 지냈는데, 그날 밤 꿈에 또 할머니가 나오시더랍니다. 그 할머니께서 또 하시는 말씀이 "내가 이제껏 이 집에 있어도 제사 한 번 지내주는 사람 없었는데, 고맙다. 내가 겨울 되기 전에 너한테 문서 하나 쥐여 주마." 하셨대요. 그 언니가 집을 갖고 싶어서 마침 백방으로 뛰어다니던 중이었는데, 마음에 드는 집이 있어도 너무 비싸고 그렇더랍니다.

막 속상해하던 찰나에 또 꿈을 꾸었는데, 문에 열쇠 구멍 같은 틈으로 언니가 방 안을 보고 있었대요. 근데 그 방안에 어떤 할아버지가 옆으로 앉아 계시더래요. 언니가 열쇠 구멍으로 그 할아버지를 보고 있자니, 갑자기 고개를 획 돌려 언니랑 눈을 마주치고는 "다 알아서 해줄 텐데 왜 나서서 고생을 하고 다녀!" 하시며 역정을 내시더랍니다. 언니가 너무 놀라서 또 깼데요.

그 뒤로 집 찾는 것을 잠시 중지하고 집에서 쉴 즈음에 언니가 마음에 들어했던 그 집이 너무 비싸서 못 샀었는데, 마침 미분양이 되어 언니가 접수를 하고 또 기다리셨어요. 며칠 뒤에 언니 꿈에 할머니 할아버지가 넓은 들판에 서서 언니한테 빨간 깃발을 주시며, "마음에 드는 곳에 꽂아라." 하시더랍니다. 그래, 언니가 주변을 살펴보니 고운 황토로 이루어진 정말 딱 보기에도 좋은 땅이 있어서 그곳에 딱! 꽂아놓고 깼더래요.

며칠 뒤에 그 집이 언니가 원하는 층수에 분양이 낙찰되었다고 하네요. 후일담으로 그 다세대 주택에 사는 모두가 좋은 집을 구입해서 나갔다고 합니다. 그럼 이만~

⑨ 어머님이 단지 안에다 하얀 빵을 굽는 꿈

큰 집을 사서 옮기는 일로 실현되었다.

⑩ 꿈에 아궁이에 깨끗한 물이 꽉 차올라 걱정했으나 아궁이에 불은 있던 꿈

아파트로 옮기고 땅을 사게 되는 좋은 일로 실현되었다.

⑪ 화장실이 넘쳐 온통 인분으로 뒤덮여 있는데, 신발에 묻히는 꿈 → 아파트를 분양

받다.

　　"남편이 아파트가 미분양 된 것이 있으니, 바람도 쐴 겸 가자고 하더군요. 별생각도 없

　　이 나섰는데 정작 모델 하우스에 가보니 아파트가 맘에 들어 계약을 하게 되었어요."

⑫ 길을 안내해주는 꿈 → 부동산 획득 등 순조로운 인생길을 계시

　　산 밑 골목길이 있는 동네에서 전쟁이 일어났다면서, 모두가 서둘러 도망할 때, 갑자기

　　하늘에서 큰 목소리로 "너는 이 길로 하여 저 길로 가거라."라고 하시면서 길을 안내해

　　주는 꿈이었어요.

무언가 어려운 일을 피해서 좋은 일이 순조롭게 일어나게 될 것을 예지해주고

있다. 현실에서는 꿈을 꾼 뒤 시댁에서 어렵게 살림을 따로 나오게 되고, 사글세

전세에서 내 집인 아파트를 장만하게 되었다.

⑬ 꿈에 도로변에는 차가 막히고 힘들었는데, 오토바이를 타고 하늘로 날아다니는 꿈

　　→ 내 집을 장만하다.

꿈을 꾼 뒤에 얼마 안 돼서 Tico를 사게 되고, 여러 가지 일을 하게 되어 마침

내 내 집을 장만할 수 있는 현실로 실현되었다.

⑭ 뒷마당에 누런 황소와 중형 검은 승용차가 딱 버티고 있던 꿈 → 재물 획득

누런 황소로 표상되는 재물이나 좋은 일이 있게 된다. 얼마 후 현실에서는 새

로 집을 사게 되고, 검은 승용차는 아니지만 흰 중형자동차를 사게 되었다.

⑮ 할아버지의 성기가 발기된 꿈 → 부동산 매매 성사

　　"남편은 IMF 즈음해서 작은 사업을 시작하게 되었고, 행복했지만 어려움이 아주 많았

　　습니다. 결혼 15년 차 정도 되었을 때, 그때도 어디로 이사를 하면 좋을지 가능성 있는

　　지역을 물색하던 중이었습니다. 며칠을 가 보아도 적당한 집을 찾을 수 없었습니다. 돌

　　아가신 저희 할아버지께서 꿈에 나타나셨는데, 할아버지의 성기가 깜짝 놀랄만큼 발기

　　가 된 겁니다. 작은 산의 형상처럼 느껴지더라고요. 다음 날 저는 '오늘은 성사가 되겠구

냐' 확신을 하고 그곳에 갔고 매매가 쉽게 이루어졌습니다."

성행위를 하거나 키스를 하는 상징적인 꿈을 꾼 경우는 현실에서 부동산 매매와 관련이 있다. 이 경우, 꿈에 성기가 발기된 것이 융성·번창·번영 등의 상징이 될 수 있다. 자랑스럽게 성기를 뽐내는 꿈이 좋은 꿈이다.

⑯ 부동산 아주머니가 토끼를 잡아온 꿈 → 부동산 매매 성사

"무모하리만큼 과감해서 계약은 덜컥해놓은 상태이고, 모레면 잔금을 치러야 하는 날인데, 집이 팔리지를 않아 노심초사하던 나날이었다. 꿈에 아는 부동산 아주머니께서 웃으시며, 토끼 귀 두 개를 모아 움켜쥐고 토끼를 잡아 오시는 게 아닌가!

다음 날 저는 그 부동산으로 전화를 걸어 매매의사가 있으신 분이 있으면, 무조건 만나게만 해달라고 적극적으로 말했습니다. 자리가 마련되어 상대 여자분이 들어서며 웃는데, 커다란 앞니 두 개가 토끼 이빨과 똑같았으며, 전체 이미지가 토끼 같아서 깜짝 놀랐습니다. 그리고 그분과 매매를 할 수가 있었습니다."

이처럼 꿈속 동물의 상징은 대부분 사람을 상징하고 있다. 이러한 것은 태몽 표상에서도 마찬가지로, 꿈속에 등장한 동물과 유사한 성격이나 외모·체격 등의 아이가 태어날 것을 예지해주고 있다.

⑰ 팩을 하는 얼굴에서 벌레를 떼어낸 꿈 → 부동산 매매 성사

얼굴에 팩을 합니다. 얼굴 전체에 붙이는 팩이 아니라 이마에 하나, 양쪽 볼에 둘, 턱에 하나, 그런데 떼어보니 다른 데는 별로 생각이 안 나던데, 이마를 떼어보니 징그러운 벌레들이 팩에 붙어 있습니다. 그래서 이런 벌레들이 나의 몸속에 있었다니---. 한참을 들여다보며 참 시원하다는 생각을 했습니다.

집을 부동산에 내놓은 지 두어 달 되어 갑니다. 비싼 값에 내놓은 것도 아닌데 보러 오는 사람은 많지만, 매매가 안 되어 신규 아파트에 들어갈 일을 걱정하고 있었습니다. 이 꿈을 꾸고 난 후 애들 아빠가 교육가서 연락이 잘 되지 않았지만, 아는 분이 저희 집을 사겠다고 몇 번 연락했다고 합니다. 그래서 저희가 조금 손해 보더라도 주자 생각해서 그분에게 팔게 되었답니다.---미래 예지, 2009. 08. 17.

⑱ 푸른 바닷물이 넘실거리는 속에 집이 있던 꿈 → 부동산 매매 성사

"우리 방에서 우리 식구들은 있는데, 집 뒤에서 맑은 물줄기가 생기더니 집 옆으로 흘러갔어요. 어느 순간 앞 바닷물과 만나 우리 집을 덮었어요. 푸른 바닷물이 넘실거리며 우리 집은 물속에 잠겨 있는데 우리가 생활하기에 불편함이 없이 좋았어요."

바라던 대로, 하던 사업과 집을 정리하게 되는 현실로 실현되었다. 유사한 사례로, 집 앞에 맑은 물이 넘실거리던 꿈으로 아들이 임용고시에 합격한 사례가 있다.

⑲ 아름드리 고목에 복숭아꽃인지 살구꽃인지 하나 가득 피어 있어, **황홀하게 감탄하다가 깨어난 꿈**

집을 내놓은 지 2년간이나 안 팔리던 집이 두 달 만에 팔리게 되었다.

⑳ 맑은 물 위에 거북이가 있는 것을 본 꿈 → 팔려고 애쓰던 집이 팔리게 되었다.

㉑ 마당에 똥이 있던 꿈 → 부동산 매수

작년 집을 계약하기 전날 꿈에, 웬 집 마당에 똥이 마구마구 있는데, 글쎄 꿈에서 거기가 저의 집인거예요. 그 다음 날 생각지도 않았는데, 이모님 부동산 놀러갔다가 급매 나온거 집보고 바로 계약했어요.

㉒ 빚쟁이에게 시달리는 꿈 → 부동산 폭락 예지

저번 달 말에 추가 대출받아서, 집중 투자하려고 은행서 볼일보고 결정은 내일 하려는데, 그 날 진짜 사실처럼 꿈에서 빚쟁이들에게 시달린 거예요. 현실인 줄 알았어요. 찜찜해서 대출 안 받고 집중 투자를 안 했는데, 그 다음 날부터 지금까지 내리 폭락하고 있네요.---쫑아엄마

㉓ 할아버지가 비틀거리는 꿈 → 부동산 경기 어려움 예지

몇 년 전 가을 9월 말쯤이었습니다. 돌아가신 할아버지께서 꿈에 나타나셨는데, 어지러운 듯이 비틀거리시는 것이었습니다. 저는 달려가서 "괜찮으세요?" 하며 한쪽 팔을 부축해드렸습니다. 다른 한쪽 팔에도 누군가가 부축하고 있는 것 같았고, 할아버지 안색이 좋지 않아 보였습니다.

얼마 지나지 않아 서브프라임 운운하며 환율이 치솟고, 남편이 하는 일도 타격이 많았으며, 집 문제도 은행으로부터 담보가치 운운하며 상환 압력이 컸습니다. 주변 모든 일들이 짠 것처럼 꼬였습니다. 지금도 난관을 극복하고자 치열하게 노력 중이며, 태풍의 눈 안에 있습니다. '생존. 생존. 그래 할아버지께서 비틀거리셨을 뿐 쓰러지신 것은 아니니까, 반드시 이겨낼 수 있을거야' 하며 스스로 위로하곤 한답니다.---아이디: truenature1

자신에게 호의적으로 돌보아주셨던 할아버님이 어려운 여건에 처한 꿈의 상황으로, 장차 일어날 안 좋은 일을 예지해주고 있다. 현실에서도 위태로운 상황

에 처하게 되지만, 양쪽에서 부축하는 꿈대로 어려움을 극복해가는 일로 실현될 것이다. 이 경우 좋은 일이 있게 될 경우, 밝고 아름답고 풍요로운 꿈을 새롭게 꾸게 될 수도 있다.

꿈은 반대가 아닌 상징의 이해에 있다. 로또(복권) 당첨의 꿈 가운데 가장 많은 꿈이 조상꿈이었다. 이렇게 조상이 나타나는 꿈의 경우에는 꿈속에서 '밝은 모습이었느냐. 어두운 모습이었느냐'에 따라 현실에서도 좋고 나쁜 일을 예지해주고 있다. 또한 꿈속에서 어떤 말을 해주었는가에 따라, 현실에서 그대로 이루어지고 있다.

㉔ 할아버지가 다 타버린 연탄재를 버리시는 꿈 → 부동산 손실

2006년 12월 어느 날 꿈입니다. 돌아가신 할아버지께서 어릴 때 살던 집에서 연탄재를 버리시려고 대문으로 나오시더라고요. 한 손에는 연탄통(2장)을 들고, 한 손에는 집게로 1장, 이렇게 하얗게 탄 연탄재를 3장 말입니다. 저는 달려가서 "할아버지께서 왜 이런 일을 하시냐?"라며 손을 잡으며 깼습니다.

해몽이 무척 어려웠는데, 나름대로 집 3채가 다 탔으니 정리하라는 걸로 결론을 내렸습니다. 세금 때문에 어차피 한 채를 정리해야 하는 상황이어서, 서둘러 급매로 팔려고 했지만, 금액을 너무 후려치는 바람에 결국은 한 채도 정리를 못 했습니다. 나머지 두 채도 계속 오르는 중이었기에---. 할아버지께서 무슨 말씀이지? 이렇게 분위기가 좋은데, 그렇게 대수롭지 않게 지나갔습니다. 지나고 보니, 그때 꿈으로 알려주셨을 때가 부동산 꼭짓점이었습니다. 제 오만함과 어리석음으로 할아버지의 걱정과 일러주심을 받아들이지 못해, 막대한 손실을 보았습니다.

불꿈 등이 좋은 것은 번창이나 번영을 상징하고 있기 때문이다. 타버린 연탄재가 이미 쓸모없게 된 어떠한 대상을 상징하고 있는바, 부동산 가격이 정점에서 하락하게 될 것을 상징적으로 보여주고 있다. 수많은 사례에서 살펴본다면 경고성 성격의 꿈을 제외하고, 이러한 상징적인 미래 예지 꿈은 장차 일어날 일의 예지는 가능하지만, 우리 인간이 막아내거나 벗어날 수는 없다. 우리 인간이 비가 오는 것을 멈추게 할 수 없지만 우산을 쓸 수 있듯이, 경고성 성격의 꿈이라면 피해를 최소화하거나 장차 일어날 일에 대한 마음의 준비를 하게 해주고 있다.

2) 주식투자 꿈의 실증사례

필자는 꿈에 나타난 어떠한 계시나 예지를 받아들여, 주식투자에서 많은 도움이 되었다는 꿈체험기를 사이트 게시판 및 메일이나 전화상담 등을 통해 상당수 들은 바가 있다. 이처럼 신성한 잠재의식의 정신활동이 구체적으로 발현되는 꿈의 예지를 활용함으로써, 주식투자에서 좋은 결과를 가져오게 할 수도 있다.

다만 이 경우에 조심해야 할 것은 인위적으로 꿈을 만들어내는 경우에는 해당하지 않는다. 즉, 주식시세가 어느 선까지 올라가기를 바라는 자신의 바람이 잠재의식적으로 영향을 주게 되어 꿈으로 형상화되어 나타날 수가 있다. 그리하여 그 가격대에 올라가기를 바라는 경우, 이는 어리석은 일로 연목구어(緣木求魚)로 실현될 것이다.

마찬가지로 "이 종목을 사면 좋을 텐데"라고 자신도 모르는 사이에 자기 암시를 주게 되고, 그러한 종목이 꿈으로 형상화하여 나타난 경우, '제 꾀에 제가 빠진다'는 말처럼 자신 혼자만이 그럴듯하게 꿈의 의미를 해몽하고, 자기 혼자서 북치고 장구 치는 일로 실현될 수도 있다. 아무런 사심 없이 생활하는 가운데, 꿈에서 어떤 종목에 대한 계시와 예지를 받은 경우에 한해서 꿈의 의미를 되돌아보아야 할 것이다.

필자도 주식을 하고는 있다. 따라서 주식과 꿈과의 관련성에 대해서, 누구보다도 관심이 많다. 여러 꿈 사례를 접하다 보면, 꿈으로 주식의 승패를 예지해주는 사례가 상당수 있다. 돼지나 똥꿈 등 재물에 관련된 꿈의 표상이 있기는 하지만 바둑에서 지거나 엘리베이터에서 내려오는 꿈 등으로 주식 등에서 손실을 보게 될 것을 예지해주고 있다. 꿈은 꿈을 꾼 사람이 처한 상황에 따라, 각기 다른 상징 기법을 동원하여 표출시키고 있다. 다양한 사례를 살펴본다.

① 서둘러서 불을 끈 꿈 → 주식을 성급히 매도

주식투자에 관심이 많은 30대 남자의 꿈 사례이다. 어느 날 밤의 꿈에 부엌에서 큰 화재가 발생했으나, 서둘러서 불을 끈 꿈이었다. 그는 꿈에 대해서도 관심이 많은 사람이었다. 깨어나서 생각하기를 '혹 주식시세와 연관이 있을 지 모른다. 불꿈이 크게 일어나는 것이어서 상당히 좋은 꿈이지만, 꿈속에서 불을 껐으니 좋다가 말지도 모르겠다. 그러니 오늘은 절대로 주식을 팔지 말고 지켜보아야지' 하는 마음을 굳게 먹고 증권사 객장으로 향하였다고 한다.

한솔CSN이라는 종목을 가지고 있었으나, 그날 객장에서 주식시세가 오르락 내리락하자 불안한 마음에 어느 정도 이익이 났기에 매도하였다고 한다. 하지만 그 종목은 그때부터가 시작이라, 그 후 엄청난 가격으로 상승하였다고 한다.

사실 이러한 상징적인 미래 예지 꿈의 실현을 피할 수 없고, 벗어날 수 없음은 여타의 수많은 사례에서 입증되고 있다. 꿈속에서 불을 껐기에 현실에서 주식시세가 크게 올라가게 되지만 자신은 그러한 상승대열에서 벗어나게 되는 일로 실현되었다.

② 꼬리에 불이 붙어 몸 안으로 들어온 꿈 → 주식 대박

오래전에 팍스넷에 올려진 글에 해설을 덧붙여 살펴본다.

　제목: 기막힌 사연, 희한한 꿈, 빨간똥침 7방, 작성자: 만도칼

　"여름휴가 때 차도 없고 애도 봐야 하기에 매일 인터넷만 보다가 iloveschool과 금양을 알게 되었습니다. 금양이 iloveschool의 대주주라는 것을 미리 알았지만, 매수는 하지 않고 지켜보기만 하다가, 금양이 첫 상한가를 치는 날 2500만 원치 매수한 것이 연속 7일간 상한을 쳐서 저의 수익은 2800만 원이 되었습니다.

　금양을 매수하기 전날 이런 꿈을 꾸었습니다. 제가 꼬리가 달린 짐승인데, 저의 꼬리에 불이 붙어서 그 불이 저의 몸속으로 들어오는 꿈인데 예사롭지가 않았습니다. 그리고 불이 나고 여차여차해서 생긴 돈과 수익금, 또 기존에 있던 것까지 합치니 약 9000만 원에 상당하는 현금이 생긴 것입니다."

불꿈을 꾼 후에, 사업의 번창이나 복권 당첨 등으로 실현된 사례가 상당수 있다. 꼬리에 불이 붙어 몸속으로 들어온 꿈 같이 현실에서 일어날 수 없는 일을 상징의 기법으로 보여주는 것이 앞으로 일어날 일을 예지해주는 상징적인 미래 예지 꿈의 특징이며, 이러한 꿈의 결과는 현실에서 반드시 일어나는 특징이 있다.

③ 똥을 싸서 머뭇거리다가 버리는 꿈 → 주식 매도를 미루다가 더 큰 손실 발생

오래전의 필자의 꿈체험기이다. 당시 대우중공업을 보유하고 있었다. 꿈속에서 어찌 된 일인지, 교실의 복도에서 변을 본 후에 까만 비닐봉지에 싸서 버리러 화장실에 들어갔으나, 다른 학생들이 있어서 버리지 못하고 머뭇거리다가 버리는 꿈이었다.

꿈을 꾼 후에 대우중공업 주식이 하락하였으나, 손실이 아까워 지켜만 보다가 그 후에 더 큰 손실이 난 후에 매도하는 일로 실현되었다. 이처럼 똥꿈이 재물로

실현되지만, 똥꿈이라고 무조건 좋은 것은 아니다. 버리는 꿈은 좋지가 않다. 어떤 표상으로 전개되느냐에 따라 달려있다고 해야 할 것이다.

④ 밤에 자신의 바지에 똥을 싼 것을 보는 꿈 → 주식 대박

증권을 산 날에 꾼 꿈이다. 꿈을 꾼 다음 날부터 자신이 산 주식이 연일 상한가를 기록하여 30% 이상의 고수익을 얻게 되었다.

이러한 똥꿈을 꾸었다면, 주식에서 거액의 투자를 해보는 것도 좋을 것이다. 상징적인 미래 예지 꿈에서는 어떠한 종목을 사는 것에 대하여 고민할 필요도 없다. 운명의 길처럼, 수익이 생기는 일로 이루어지고 있다.

⑤ 사방이 똥인 가운데 있었던 꿈 → 주식 대박

사방이 똥인 가운데 있었던 꿈을 꾼 사람이 그 후 한 달이 더 지나서, 그가 산 주식 종목인 현대건설이 상당히 올라 막대한 이익을 남긴 사례가 있다.

⑥ 똥물이 좌우로 흘러간 꿈 → 주식 손실

강의 중앙부에 삼각주가 생겼는데, 위에서 시커먼 똥물이 흘러와 삼각주 좌우로 흘러가고 있었던 꿈은 주식에 크게 실패할 것을 예지한 꿈이었다.

⑦ 멋진 간판이 걸려있던 회사의 꿈 → 주식 대박

전화 상담한 어떤 사람의 체험담이다. 꿈속에서 두 건물에 각기 간판이 크게 걸려있는데, 한 회사는 번듯한 간판이 멋지게 세워져 있고, 맞은편의 회사는 초라한 몰골로 세워져 있었다. 다음 날 번듯하게 세워진 회사의 주식(당시에 관리종목으로 편입되어 있던 '해태유통')을 매입하여 보름 만에 4배의 수익을 올릴 수 있었다. 관리종목의 회사가 보다 나은 여건으로 나아가게 될 것을 상징적으로 보여주고 있다고 해야 할 것이다.

⑧ 전깃불을 켜지 못한 꿈 → 주식 매도를 하지 못하다.

필자 아내의 꿈 사례이다. 꿈속에서 전깃불을 켜려고 했지만, 결국은 불을 켜지 못한 2012년 7월의 꿈이다. 당시 필자는 대북 경협주인 제룡전기를 보유하고 있었다. 며칠 뒤에 꿈은 헛된 일로 실현되었다. 북한이 중대발표가 있을 것이라는 예고 방송이 나온 후에 혹시나 북한이 경제 개방 조치들이 있을지 모른다는 이유로 대북경협주들이 상승하여 13% 이상 올라 있었다. 그러나 더 상승할지 모른다는 욕심 때문에 팔지 않고 지켜보기로 하였다. 12시에 김정은에게 원수 칭호를 부여한다는 맥빠진 보도가 나오자, 오히려 하한가 부근까지 떨어졌다가 보합

에서 밀리는 종가로 마무리 지어졌다. 맥빠진 중대 보도가 나오고 한바탕 시세변동이 일어난 뒤에 비로소 전깃불을 켜고자 하였으나 켜지 못했다는 아내의 꿈이야기가 떠올랐다. '아! 일단 매도했다가 다시 매수했다면 얼마나 좋았을까. 전깃불을 켜려다가 못켠 아내의 꿈이 재물운이 있을 뻔하다가 무위로 그치는 일로 실현이 되는구나.'

이와 유사한 필자의 사례가 있다. 꿈속에서 직장 동료가 말하기를 "멧돼지가 달려드는 것을 왜 피하냐?"라고 말하는 소리는 듣는 꿈이었다. 그때도 이와 유사하게 주식에서 재물적 이익이 날 수 있었으나, 무위에 그치는 일로 실현된 적이 있다. 이처럼, 꿈은 꿈을 꾼 사람이 처한 상황에 따라 일어나고 있으나, 상징적인 꿈에서 꿈의 예지대로 실현되는 것을 대부분 피할 수는 없다.

⑨ '금융주를 잡아라'의 꿈

2000년 7월. 주식투자를 하고 있던 분과의 전화상담 꿈 내용이다. 꿈속에서 아버님이 첩을 얻었다고 했다. 그런데 그 첩이 점쟁이라는 것이다. 그래서 "점을 쳐 줄 테니, 궁금한 것에 대해서 말을 하라"는 것이었다. 그러기에 "어떤 주식을 사야 하는가?"라고 물었더니, "화장품 주식은 절대로 안 되고, 금융주를 사라"는 것이었다. 필자는 계시적인 성격의 꿈이니, 꿈대로 따르는 것이 좋다고 말씀드렸다. 앞으로 어찌 될지 모르지만, 꿈속에서 이렇게 계시적으로 일러주는 경우에는 꿈대로 따르는 것이 좋은 것으로 여러 사례에서 입증되고 있다.

⑩ 삼익공업 → 자신도 몰랐던 회사의 이름이 나타난 꿈

2002년, 4월에 꾼 필자의 꿈이야기이다. 당시 필자는 '어떤 주식을 사면 좋을까' 하는 마음을 지니고 잠을 청했다. 아마도 꿈속에서 어떤 계시적인 도움을 바라는 마음이 있었는지 모른다.

꿈인지 비몽사몽간인지, "삼익공업에 사람들이 뛰어들었어."라는 소리가 들렸다. 관심을 두고 종목을 지켜본바, 그 후 상당히 주가가 오르는 일로 실현되었다. 참고로, 현재는 '삼익LMS'로 회사명이 바뀌었고, 2002년 4월 22일 부로 주당 5,000원에서 1,000원으로 액면분할을 하였다.

⑪ 전기면도기로 면도를 하고 있는 꿈 → 주식 손실

털이 재물이나 이권의 상징으로 쓰이고 있다. 머리카락이 길어지는 꿈이 길몽이요, 남에게 강제로 잘리는 꿈은 흉몽에 속한다. 털을 없애는 면도꿈이 재물의

손실로 실현되고 있다. 현실에서는 한보철강 주식을 가지고 있었는데, 그 꿈을 꾼지 이틀 정도 지난 후에 한보철강이 부도가 나서 경제적 손실을 가져오게 되었다.(오래전의 사이트 이용자 꿈 사례이다)

⑫ 아들의 머리가 깨져 피가 나는 꿈 → 주식 손실

필자의 주식투자 실패의 꿈체험기이다. 둘째 아들의 방을 열고 들어가는데, 순간 문의 모서리에 아들의 머리가 깨져 피를 흘리며 쓰러지던 꿈이었다.

두 달여 뒤, 결국은 필자가 보유하던 주식값의 폭락으로, 엄청난 손실을 보고 정리하는 일로 꿈의 실현은 이루어졌다. 아들의 머리가 깨져서 피가 흘렀던 상징 의미처럼 아들처럼 애착이 가고 집착을 보였던 주식에서 엄청난 손실이 일어났던 것이다. 이처럼 아들·딸 등이 어떤 작품이나 일거리의 상징이 되기도 하는데, 주식투자하는 사람들에게는 자식이 애착을 지닌 주식의 상징으로 등장하기도 한다.

⑬ 바둑에서 자신의 알이 떼어내지는 꿈 → 주식 손실

필자의 꿈 사례이다. 어느 날 꿈속에서 바둑을 두는데 나 자신이 호구(虎口)라는 곳에 바둑돌을 집어넣자 내 바둑돌이 후다닥 떼어져 나가는 꿈이었다. 꿈을 꾼 후에 주식에서 재물적인 손실로 이루어지는 일로 실현되었다. 반면에 상대방의 돌을 따내는 꿈은 주식 등에서 재물적인 이익으로 이루어진다.

⑭ 바둑에서 상대방이 멀리서 포위하려고 하는 꿈 → 위험 예지

바둑 등에서 상대방의 돌이 멀리서 포위하고 있는 것은 어떠한 위험이나 병마가 다가오고 있음을 상징한다. 필자의 경우, 서브프라임 사태 일주일 전에 이러한 꿈을 꾼바, 주식투자에서 막대한 손실을 본 것으로 실현되었다.

⑮ 도시락을 잃어버린 꿈, 자동차 기름이 하나도 없던 꿈, 이빨이 부러져나가고 김치에서 악취가 나던 꿈 → 부부가 각기 다른 흉몽을 꾸고, 재물의 손실을 보다.

필자의 2011년 8월, 금요일, 어느 날 밤의 꿈이다. '나 자신의 도시락이라고 세 개를 가지고 있었는데, 그중의 하나를 어떤 놈이 가져가서, 누가 내 허락도 없이 가져갔다고 기분 나빠 하는 꿈'이었다. 깨어보니 꿈이었기에 꿈의 상징적 의미를 해석해보고는 '아! 나에게서 재물이 나가는 일이 일어나겠구나, 현재 주식투자하고 있는 것을 정리해야지' 하는 생각을 하고는 다시 잠을 청했다.

다시 꿈을 꾸었다. 이번 꿈은 자동차 시동을 걸려고 하는데, 시동이 걸리지 않

는 것이었다. 기름을 가득 채워두었다고 알고 있었는데, 계기판을 보니 기름이 하나도 남아 있지 않은 꿈이었다. 필자는 자동차가 집안 가정 경제의 운영으로, 기름이 하나도 없는 것처럼 재물의 손실로 통장의 잔고가 달랑달랑하는 일로 실현되는 꿈으로 받아들였다.

아침에 일어나 아내에게 꿈이야기를 하자, 필자의 아내 또한 간밤에 꿈을 꾼 것이었다. 앞 이빨이 반쯤 떨어져 나가고, 여러 개의 김치통이 있는데 어느 김치통 앞에만 가면 악취가 몹시 나는 꿈이었다.

아내는 이빨이 부러진 꿈이 가족 누군가 다치는 일로 실현되는 것이 아니냐고 생각하고 있었지만, 필자의 꿈으로 추정할 시에는 재물의 손실로 이루어지는 꿈이었다. 안타까운 것은 황당한 전개가 특징인 상징적인 미래 예지 꿈이었으므로 꿈의 실현 자체를 막을 수 없다는 것이었다.

월요일에 주식을 정리하고자 했으나, 직원의 횡령으로 인한 공시와 더불어 거래정지로 인해, 막대한 손실을 보는 일로 실현되었다. 이빨이 부러진 표상은 재물의 손실로 실현된 것이고, 악취로써 더러운 횡령 행위를 상징적으로 나타낸 절묘한 꿈의 상징에 감탄을 금할 수 없다.

⑯ 예쁜 소녀의 항문을 벌리고 똥냄새를 맡는 꿈 → 주식 대박

오래전에, 팍스넷 이화전기 토론게시판에 올려진 글로, 앞서 꿈의 표현 기법의 후각적인 사례에서 살펴본 바 있다. 이화여대생의 예쁜 항문을 벌린 채 빨아댔고, 진한 똥냄새가 확 올라오는 것을 느꼈던 꿈이었다. 그리하여 이화전기를 매수했다고 한다.

이화여대 학생이 이화전기를 상징한다고 판단한 것은 올바른 해몽이 될 수 있겠다. 또한 똥냄새가 올라오는 꿈으로 재물의 이익이 있을 것이라고 해몽한 것도 아주 좋다. 똥꿈은 재물과 관련지어 실현되는 특징이 있다. 꿈은 꿈을 꾼 사람이 처한 여건에 따라 달리 이루어지는바, 주식을 하고 있었으므로 주식에서 막대한 이익을 거두는 일로 이루어진 것으로 볼 수 있다.

일반인이라면, 이 경우에 로또를 구입해도 당첨으로 이루어지는 일로 실현될 수 있다. 이 경우에도 예쁜 여자의 항문을 벌려 단순히 똥냄새를 맡는 것보다는, 똥을 먹는 꿈이 보다 확실하고 수익을 더 많이 내는 일로 이루어질 수 있겠다. 한편, 예쁜 여자와 성행위 꿈으로 나아갔다고 하더라도, 꿈의 상징적 의미로 볼 때

는 주식에서 대박이 나는 좋은 일로 이루어진다.

⑰ 고구마 가져다 먹으라는 꿈 → 주식 대박

필자가 택시 기사와 이야기를 나눈 주식 관련의 꿈체험담을 소개한다. 꿈에 돌아가신 어머님이 나타나셔서, "애야! 고구마 가져다 먹어라, 그런데 너만 먹지 말고 형도 나누어주고 그래라."라고 말씀을 하셨단다. 이야기를 듣던 필자가 말하기를 "아주 좋은 꿈 꾸셨네요. 재물이 들어오는 꿈인데, 그래 어떤 좋은 일이 일어나셨어요?"

그 꿈을 꾼 다음 날인지, 택시에 한 손님을 태웠다고 한다. 이런저런 이야기를 하다가 어쩌다가 주식 이야기가 나오고 주식으로 손해를 많이 본 이야기를 하게 되었다. 그런데 그 손님이 내리면서, "사실 나는 모 경제부 기자인데, 무슨 종목을 사보라"고 한 마디를 던지는 것이었다. 꿈을 반신반의하던 그 택시기사는 '별 희한한 일도 다 있다' 하면서, 꿈이야기와 함께 오늘 있었던 택시 안에서의 경제부 기자가 "어떤 종목을 사보라"고 한 이야기를 그 형에게 그대로 전달했다.

택시 기사의 형은 꿈을 믿는 사람이었다. 돌아가신 어머니가 고구마를 가져다 먹으라는 꿈의 의미가 재물이 생기게 될 것을 예지한 것으로 믿었던 택시 기사의 형은 긴급히 당시 있는 돈을 다 끌어모으고 빚을 내서, 8천만 원이라는 거액을 동생이 일러준 종목에 집중투자하였던 것이다. 반면 택시 기사도 형이 그러한 선택을 하는 것을 보았지만, 형편도 그렇고 미심쩍어 동원할 수 있는 돈으로 3천만 원을 일러준 종목에 투자하였다. 다음 날인가 며칠 뒤인가, 그 종목이 뉴스에 한 번 나오더니, 연 3일간을 상한가 행진을 하여 막대한 이익을 얻었다는 것이다.

고구마, 소금, 쌀, 된장, 땔감 등은 재물을 상징한다. 꿈은 결코 반대가 아닌 상징의 이해에 있다. 고구마를 얻게 되는 꿈은 고구마로 상징된 재물이 생기게 될 것을 예지해주고 있다. 이때 큰 고구마, 막대한 양의 고구마일수록 많은 재물을 얻게 되는 것이다. 필자는 집사람의 꿈에 남편인 필자가 된장을 퍼다 버리는 꿈을 꾸고서, 주식으로 엄청난 손실을 본 적이 있다.

3) 이사·사업에 관한 꿈에 대하여

자신이 궁금해하는 사업의 성공 여부·이사문제 등에 대해서도 꿈을 통해서 예지해주고 있다. 특히 어떠한 사업이나 장사를 시작하는 날 꾼 꿈은 장차 그 사업이나 장사의 흥망을 예지해주고 있는 경우가 많으며, 이사 간 날 나타나는 꿈도 장차 그 집의 앞날의 길흉을 예지해 주고 있는 경우가 많다.

이사 가는 꿈은 사실적인 미래투시의 꿈인 경우, 꿈에서 본 그대로의 일로 일어날 수 있다. 하지만 대부분의 상징적인 미래 예지 꿈의 경우에서 이사꿈은 상징적인 표상으로 회사나 직장을 옮기는 일로 실현되고 있다. 이사 간 집의 좋고 나쁨의 상징에 따라, 앞으로 일어날 일이나 신분·직위의 변동을 꿈으로 예지해 주고 있다. 이 경우 큰 집으로 이사를 가는 꿈이 좋다. 큰 집일수록 회사의 규모 등이 큰 것을 뜻하고 있다.

이 밖에도 이사 가는 꿈이 관련된 직장이나 부서의 변경 혹은 심리적인 변화, 정서적인 변화 등을 의미할 수 있다. 프로이트 식으로는 잠재의식적으로 이사를 하고 싶은 욕망이나 욕구가 있는 경우, 이사 가는 꿈으로 표출이 될 수도 있다.

(1) 이사·사업·신분 변화에 관한 꿈해몽

새집으로 이사하거나 새롭게 직장을 얻거나, 새로운 사업에 착수하기 전후에 꾸는 꿈은 장차 그 집이나 직장·사업에서 일어날 일에 대한 흥망성쇠를 보여주는 경우가 많다. 또는 정초에 그해에 이루어지는 일을 예지하는 꿈을 꿀 수가 있다.

① 새집으로 이사하는 꿈

상징적으로 실제의 집이 아닌, 회사 등을 상징하고 있으며, 큰 집이거나 깨끗한 건물일수록 좋은 꿈이다. 아버지는 회사 사장, 형은 회사의 과장 등의 상징적 의미를 지니게 된다. 직장인의 경우에 새롭게 직장을 얻게 되며, 학생의 경우에 전학을 가게 되는 일로 이루어진다. 물론 사실적인 미래투시의 꿈은 실제로 새집으로 이사 가는 일로 실현될 수 있다. 또한 병자의 경우에, 죽음 예지의 꿈으로 새집으로 상징된 무덤에 들어가는 일로 실현될 수 있겠다.

② '새집으로 이사가야겠다'고 생각하는 꿈

집이 상징적으로 마음의 안식처인 아내나 남편의 상징으로 등장할 수 있다. 이 경우, 새롭게 이사 가고자 하는 꿈은 새로운 애인이나 배우자를 얻고자 하는 일로 이루어지며, 직장인의 경우에 새로운 사업 계획이나 새 직장을 얻으려 노력하게 된다.

③ 새집으로 이삿짐을 들여놓는 꿈

사실적인 미래투시의 꿈은 실제로 꿈대로 이루어진다. 상징적으로 새로운 회사나 회사의 사업 진행에 자신의 권리가 있게 되며, 사업이 융성하거나 청탁한 일이 이루어진다. 이 경우에 이삿짐이 많은 꿈은 자신의 권리나 이권 등이 충분히 확보되어 있음을 뜻한다.

④ 이사 가기 위해 짐을 밖으로 내가거나 차에 싣는 꿈

새로운 사업 프로젝트의 진행을 위해 준비하게 되며, 새로운 기관·단체·회사에 참여하는 일이 있게 된다.

⑤ 이삿짐을 새끼와 가마니로 꾸리는 것을 보는 꿈

어느 정도 시일이 지난 후에야 사업 프로젝트의 일이 완성되며, 일의 교섭 또는 계약이 성립된다.

⑥ 새집의 여러 방을 살펴보는 꿈

회사원인 경우에는 새로운 직장의 이모저모를 알아보게 되며, 애정·연분과 관련지어서는 새롭게 얻은 애인이나 배우자에 대한 이모저모와 그 인물됨을 살피고 알아볼 일이 있게 된다.

⑦ 꿈에 사람과 함께 배를 같이 타는 꿈 → 이사하는 일로 실현되기도 한다.

⑧ 잠옷을 입는 꿈

배우자나 집·직업 등을 얻게 되거나, 새로운 종교에의 귀의 등 마음의 안식처를 얻는 일로 실현된다. 한 번 빨았던 잠옷을 입고 약간 크다고 생각하는 꿈으로, 누가 한 번 살았던 적이 있는 전셋집을 얻었으나 약간 비싸다고 생각하게 되는 일로 실현된 사례가 있다.

⑨ 상대방이 약도를 지적하며 갈 곳을 일러주는 꿈

구직자인 경우에 새로운 직장에 대한 안내 정보를 얻게 되거나, 중개업소를 통하여 집·토지 등을 매매하거나 흥정할 일이 생긴다.

⑩ 별이 길게 흐르는 것을 보는 꿈

관직·신분·명예 등이 새로워지거나, 이사 갈 일 등이 생긴다.

(2) 이사에 대한 실증사례

① 이사 갈 동네가 나타난 꿈 → 미래투시 꿈

"이사를 가려고 방을 구하러 다녔습니다. 꿈에 골프 연습장이 있는 동네를 보았습니다. 이사를 하고 난 후 산책을 나갔다가, 동네에 골프 연습장이 있는 것을 보고 깜짝 놀랐습니다."

이 경우의 꿈은 사실적 미래투시의 꿈이다.

② 이사 갈 집을 미리본 꿈 → 미래투시 꿈

"제가 어느 집에서 거울에 제 모습을 비춰보고 있는 꿈이었어요. 어디선가 내려오면서요. 이사 간 집은 전세였는데 한옥이었고요. 제가 내려오던 그곳은 안방에 연결된 다락이었고요. 다락은 2층이잖아요. 다락을 제 방으로 썼었거든요. 다락에서 안방으로 내려오면 바로 맞은편에 거울이 있어서, 항상 내려오면서 거울에 비친 제 모습을 봤었어요. 그때 '아~ 이 꿈이었구나!' 깨달았지요."

사실적인 미래투시 꿈 사례이다. 꿈을 해몽하는 데 있어, 사실적인 꿈으로 실현될 수 있음을 늘 염두에 두어야 한다.

③ 사랑채를 그냥 쓰라는 꿈 → 좋은 조건의 집을 얻게 됨.

"꿈에 우리 부부가 어느 초가집에 갔는데, 주인 내외가 반갑게 맞아들이며, 우리가 안채를 쓸 테니 사랑채를 쓰라고 하더군요. 세 달 후에 잠시 외국에 가는 선배가 자신의 아파트에 공짜로 있으라더군요. 가구는 한 방에 몰아넣어 방 하나는 사용하지 못하고요."

④ 집이 남루하여 그냥 나온 꿈 → 직장 아파트 선정에 있어 낙첨하게 됨.

"직장 아파트에 싸게 들어갈 기회가 생겨 서류를 제출했던 때였습니다. 거의 미달이 예상되던 때였기 때문에 마음을 놓고 있었지요. 그런데 꿈에 제가 어떤 낯설고 허름한 동네에서 집을 찾다가 어느 기와집에 들어갔는데, 그 집이 비어있고 남루하여 그냥 나왔습니다. 그 후에 직장 아파트는 떨어졌어요."

(3) 상담사례

이사 가는 꿈을 꾸었는데, 어떤 일로 일어날 수 있는지 궁금합니다.

사실적인 미래투시의 꿈이라면, 꿈에서 본 그대로의 일로 일어날 수 있습니다. 하지만 대부분의 상징적인 미래 예지 꿈의 경우(현실에서 일어날 수 없는 황당한 전개를 보이는 경우) 대부분은 전직 등 회사, 직장을 옮기는 일로 이루어지고 있습니다. 즉 이사는 실제의 이사 이외에 관련된 직장이나 부서의 변경, 혹은 심리적·정서적인 변화 등을 의미할 수 있고요. 드물게는 잠재의식적으로 이사를 하고 싶은 욕망이나 욕구가 있는 경우, 꿈에서 표출이 될 수도 있습니다. 대부분의 이사 꿈은 상징적인 표상으로 장차 앞으로 일어날 신분이나 직위의 변동을 꿈으로 예지해주고 있습니다.

5 dream 합격, 불합격의 꿈

1) 합격, 불합격 꿈에 대하여

꿈은 인간의 정신능력 활동으로, 현실의 자아가 궁금해하고 관심이 있던 일이나 대상에 대해서, 신성(神性)과도 같은 무한한 능력을 지닌 힘으로 일러주고 일깨워 주고 예지해주고 있다.

미래 예지적인 꿈에서 가장 많이 보이고 있는 것으로서는 출생 및 장래를 보여주는 태몽, 죽음이나 사고를 예지해주는 꿈, 복권 당첨 등 재물운에 대한 꿈, 기타 자신의 운명의 길에 있어 커다란 사건 등을 들 수 있다. 덧붙여서 자신이나 가족 또는 주변 인물을 통해서 가장 궁금하게 여기는 시험 결과에 대한 예지를 꿈을 통해 알려준다는 것은 지극히 당연하다고 해야 할 것이다. 즉, 꿈의 예지를 통해 상징적으로 어렴풋하게 알려줌으로써, 자신의 다가올 앞날에 대한 마음의 준비를 할 수 있도록 해주고 있다.

이러한 미래 예지적인 꿈의 특성상, 한 사람의 중대사인 합격·불합격을 꿈으로 예지한다는 것은 지극히 당연하며, 이렇게 시험의 합격 여부를 예지하는 요즘 사람들의 꿈 사례는 부지기수로 많다. 또한 선인들의 과거급제를 예지해주는 꿈 사례도 무수히 많다.

수많은 사람의 꿈 사례로 미루어볼 때 꿈의 예지는 우연이 아닌 필연인 것이다. 이는 밝고 아름다움의 표상은 합격으로 이루어지고 있으며, 반대로 어둡고 음울한 표상의 경우 불합격으로 이루어지고 있는 꿈의 상징 기법으로 보더라고 여실히 입증되고 있다.

꿈은 반대가 아닌 것이다. 꿈해몽의 첫째는 오직 상징 표상의 이해에 있다. 밝고 아름답고 풍요로움의 전개를 보이는 꿈은 합격으로 이루어지고 있으며, 짐승이나 사람을 죽이는 꿈은 그 대상에 대한 제압·정복·굴복시킴을 상징적으로 보여주고 있기에 합격을 예지해주는 상징 표상이 되고 있다.

또한 꿈은 꿈을 꾼 사람이 처한 상황에 따라 달리 이루어지기도 한다. 복권 당첨의 사례에서 보여진 길몽들은 수험생의 경우 합격으로 이루어질 가능성이 많으며, 태몽에서 유산·요절의 꿈의 표상은 수험생에게는 불합격의 실현으로 이루어질 가능성이 높다고 해야 할 것이다.

다음에 소개되는 좋은 꿈들을 꾸었다면, 시험을 앞둔 수험생들에게 있어서는 합격으로 이루어지고 있으며, 처한 상황에 따라서 재물·이권을 얻게 되거나 취직이나 승진 등 성취를 이루는 일로 실현될 것이다. 꿈해몽의 첫째는 반대가 아닌 상징 표상의 이해에 있음을 염두에 두고서, 각각의 꿈이 상징하고 있는 바를 잘 생각해 보면서 읽어보시기 바란다.

2) 합격, 승진, 진급, 성취에 관한 꿈해몽

⑴ 합격·승진·진급·성취에 관한 꿈 사례 요약

* 빵을 먹는 꿈
* 학이 날아온 꿈
* 새가 날아와 앉는 꿈
* 깨끗한 샘물을 떠 마신 꿈
* 꿈속에 합격할 학교가 나타난 꿈
* 큰 문을 당당히 열고 들어가는 꿈
* 밝은 모습으로 돌아가신 아버님이 나타난 꿈
* 방바닥에서 대나무가 쑥 올라오며 꽃이 피는 꿈
* 교장선생님께서 직접 상장과 트로피까지 주는 꿈
* 활과 총으로 과녁을 맞히어 관통시킨 꿈
* 내 등에서 불이 활활 타는 꿈
* 선생님이 문제를 일러주는 꿈
* 귀신인지 도깨비인지와 싸워서 이긴 꿈

* 아름다운 꽃을 꺾고, 잘 익은 과일을 따는 꿈

* 경주에서 1등을 하고, 호수나 강에 들어가 수영을 하는 꿈

* 누군가가 손을 잡아끌어 올려주는 꿈

* 군대나 집단에 자신의 자리가 마련되어 있는 꿈

* 빨간 꽃 화분이 가슴에 와 안기는 꿈

* 자신만이 철봉에 오래 매달려 있는 꿈

* 신발을 얻어 신고 달아나는 꿈

* 신발을 잃을 뻔하다가 찾는 꿈

* 아가와 목욕을 하는 꿈

* 예쁜 요정이 다가와 당신을 도와드리겠다고 말하면서 안기는 꿈

* 산을 신이 나게 올라가는 꿈

* 이름 모를 예쁜 꽃들이 피어있는 꽃밭을 거니는 꿈

* 산 위에 올라가 운해(雲海)의 절경을 보는 꿈

* 높은 산봉우리를 올라가 아름다운 경치를 구경한 꿈

* 어두운 밤이었는데, 갑자기 하늘에서 태양이 빛나는 꿈

* 밤길에 무지개가 펼쳐지는 꿈

* 바위와 물이 보이고 햇빛이 방안에 가득한 꿈

* 꽃·바위·물이 현실보다 아주 풍요롭게 느껴지는 꿈

* 지게에 꽃을 가득 실어와 뒷동산을 가득 메워놓는 꿈

* 동굴에 들어가서 빛이 나는 꿈

* 벽에 달라붙은 보석을 보는 꿈

* 밤하늘의 별이 용의 모양이었던 꿈

* 비행기를 타고 하늘을 나는 꿈

* 차를 타고 출발하거나, 자기가 차나 바위에 깔려 죽는 꿈

* 자신의 자리를 차지하고 앉아 국수를 먹는 꿈

* 상대방 사람이나 동물을 죽인 꿈

* 상제(喪制)옷을 입고 시험을 치르는 꿈

* 어떠한 단체나 모임에 자신의 빈자리가 마련되어 있는 꿈

* 비가 오는데 다른 사람과 달리 자신만이 우산을 쓰고 가는 꿈

* 높은 곳에서 매달려 있는 꿈

* 방이나 책상·책장의 열쇠를 얻는 꿈

* 정예부대를 뽑아 놓은 곳에 자신의 빈자리가 있다는 꿈

* 머리가 예쁜 구렁이가 오른손 팔 쪽으로 올라와 자신을 감싸는 꿈

* 독수리나 솔개가 접촉해 오거나 수족을 물리는 꿈

* 호랑이와 싸워 죽인 꿈

* 뱀이나 개, 기타 짐승에게 물린 꿈

* 누군가에게 붙잡혀 혹사당하는 꿈

* 길이 온통 피바다이며 젤리같이 움직이며 따라오는 꿈

* 총알이나 화살이 과녁을 뚫고 나가는 꿈

* 연예인과 키스를 하거나 즐겁게 춤을 추는 꿈

(2) 합격·승진·진급·성취에 관한 꿈해몽 요약

① 합격증을 받는 꿈이나 합격자 명단에 자기 이름이나 번호가 있는 꿈

사실적인 미래투시의 꿈인 경우 실제로 합격한다. 이 경우 합격증은 받았으나 이름이나 번호를 확인하지 못하면, 불합격될 우려도 있다.

② 한 개뿐인 붉은 과일을 따 먹는 꿈

시험에 합격한다. 이 경우 처한 상황에 따라 태몽이나 연인을 만나게 되는 것으로도 가능하다. 로또(복권) 당첨 등 재물이나 이권을 얻는 일로도 실현 가능하다.

③ 꿈에 커닝을 하는 꿈 → 시험에 합격한다.

시험에 합격한다. 일반적으로는 현실에서 적극적인 수단 방법을 동원하여, 어떠한 일을 이루어내게 된다.

④ 목욕하는 꿈

새롭게 변화하는 방향으로 나아가는바, 처한 상황에 따라 승진하거나 시험에 합격하는 등 자신이 뜻하고자 하는 바를 성취한다.

⑤ 조상·산신령이나 부처님께 드리려고 제물을 차리는 꿈

자신의 성취를 이루어내게 되는 길몽으로, 시험에 합격하거나, 문예작품 현상에 당선된다. 이 경우, 대통령 등 귀한 신분을 지닌 사람에게 드리려고 쌀밥을 하는 꿈도 좋은 꿈이다. 자신의 소원 성취가 이루어지게 된다.

⑥ 구멍 속을 쑤셔서 구렁이를 잡는 꿈

구렁이로 상징된 재물이나 이권을 얻게 된다. 시험에 합격하거나 취직이 된다.

⑦ 기린·노루·사슴·멧돼지 등 동물을 잡는 꿈

동물로 상징된 이권이나 재물을 얻게 된다. 수험생의 경우에 시험에 합격하게 되며, 선거·시험 등에서 이기게 된다.

⑧ 호랑이나 사자 등 동물을 죽이는 꿈

호랑이나 사자로 상징된 거대한 세력이나 이권·재물을 자신의 뜻대로 좌지우지하게 된다. 수험생의 경우에, 합격하거나 큰일을 성취하게 된다.

⑨ 강을 헤엄쳐 건너거나 사다리를 벽에 세워놓고 올라가는 꿈

난관을 극복하는 표상으로, 입학·승진·성취 등으로 이루어진다.

⑩ 엘리베이터를 타거나, 아래층에서 위층으로 여러 층을 오르는 꿈

상승의 상징적 의미 그대로, 현재의 위치에서 진급·성취를 이루어내게 된다. 주식이나 성적 등이 올라가는 일로 실현된다.

⑪ 비행기나 기차를 타는 꿈

비행기나 기차로 상징된 기관·단체·회사에 일원이 되는 일로 이루어진다. 수험생인 경우 합격하며, 구직자의 경우에 취직하게 된다. 공무원이 국가 원수의 전용기를 타는 꿈으로 정부기관의 고위 간부급에 발탁되어 승진된 사례가 있다.

⑫ 용을 타고 하늘을 나는 꿈

득세의 상징으로, 시험 합격 또는 소원 성취 등으로 실현된다.

⑬ 의자에 앉는 꿈

의자로 상징된 직위를 물려받는다. 처한 상황에 따라 합격·승진 등 좋은 일로 이루어진다.

⑭ 교실의 책상에 자신의 이름표가 붙어 있는 꿈

자신의 권리나 이권을 확보하게 된다. 수험생의 경우에 합격하는 일로 이루어진다.

⑮ 산 위에 오르거나 적진의 진지를 점령하는 꿈

수험생의 경우에 합격의 표상이다. 승진이나 성취, 현상모집이나 단체경기 등에서 입선 또는 우승한다.

⑯ 돌문을 열고 동굴에 들어가거나 들여다보는 꿈

새로운 발견이나 새로운 세계로 나아가게 된다. 고시합격 등의 일이 이루어진다.

⑰ 장대나 전주, 나무에 오르는 꿈

합격·승진·성취 등의 일이 이루어지거나, 권력자에게 의뢰해서 어떤 일을 성취하게 된다.

⑱ 길이 열리는 꿈

앞길이 막혔다가 인위적으로나 자연적으로 길이 열리는 꿈은 처음에는 성취가 어려운 여건에 놓이지만, 자신의 노력이나 주변 여건의 변화에 의해서 좋은 방도가 생기게 된다.

⑲ 문이 열리는 꿈

소원성취나 승진·성공으로 이루어진다. 수험생의 경우에 합격하는 일로 이루어진다.

⑳ 하늘의 문이 열리거나 통과하는 꿈

하늘이 열리는 것은 현실에서 불가능하지만, 꿈의 상징 기법의 하나로, 새로운 세상으로 나아감을 상징하고 있다. 하늘의 문을 통과하는 꿈은 어떠한 자격이 주어져서 관문을 통과함을 뜻한다. 수험생이라면 당연히 합격하는 일로 실현된다.

㉑ 마라톤 경기 등 시합에서 우승을 하는 꿈

꿈은 반대가 아닌 상징 표상의 이해에 있다. 합격·승진·성취 등을 이루어내게 되며, 좋은 결과를 얻는 일로 이루어진다.

㉒ 바둑·장기·게임·달리기 등에서 이기는 꿈

합격이나 성취로 이루어진다. 처한 상황에 따라, 재물이나 이권을 얻는 일로도 이루어진다.

㉓ 지구의를 사오는 꿈

재물이나 이권을 얻게 되며, 수험생의 경우에 시험에 합격한다.

㉔ 붓이나, 먹 등 문구류를 받는 꿈

수험생의 경우에 합격으로 실현된다. 일반적으로 이권이나 권리를 얻게 되며, 가임여건에서 태몽도 가능하다.

㉕ 기린이 나뭇잎을 뜯어먹는 것을 보는 꿈

기린으로 상징된 인물이 풍족한 여건에 처하게 된다. 시험에 합격하게 되며, 사업이나 결혼생활 등이 유복해진다.

㉖ 민간 속신으로 전해오는, 합격이나 승진 등 성취를 이루어내는 좋은 꿈

* 몸에 날개가 나서 나는 꿈

* 높은 산에 올라가 큰소리치는 꿈

* 깃발을 세우는 꿈

* 글씨를 쓰는 꿈

* 공중에서 빛이 나는 꿈

* 고목나무에 꽃이 핀 것을 보는 꿈

* 꿀이나 엿을 먹는 꿈

* 좋은 방석을 깔고 앉은 꿈

* 도끼와 칼을 얻는 꿈

* 달력을 얻는 꿈

* 자신의 머리가 칼로 베어지는 꿈

* 꿈에 하얀 노인이 나타나는 꿈

* 꿈에 하늘문에 방을 거는 꿈

3) 합격, 성취에 관한 실증사례(요즘 사람들)

① 동생이 가방을 메고 학교에 들어가는 꿈 → 사실적인 미래투시 꿈

　동생이 대입 입학시험을 보러 간 날, 나는 꿈에서 언덕 위에 산을 깎아서 만든 학교를 보았고, 그곳으로 동생이 가방을 메고 들어가고 있었다. 그래서, '아! 동생이 합격을 하겠구나' 막연하게 생각을 했고, 역시 합격이었다. 그러나 놀라웠던 사실은 동생 입학식 날 학교를 가보니, 바로 꿈에서 본 학교였다.

② 동굴에 들어가서 벽에 달라붙은 빛나는 보석을 보는 꿈

대학의 1, 2, 3차에 모두 합격하는 일로 실현되었다. 일반적인 여건으로도 재물 등을 얻거나 성취를 이루는 일로 실현된다.

③ 모래 산 중간중간이 허물어지고 폭포 같은 물이 터져 흐르는 꿈 → 입학 시험 합격

이 경우에 맑은 물이었을 것이다. 흙탕물인 경우에 우환이나 사업의 실패 등으로 이루어진다.

④ 과녁을 맞히고 불이 일어난 꿈 → 고시합격

"정면에 과녁이 있었다. 총을 쏘아 과녁을 맞혔더니, 그 총알이 과녁을 뚫고 저만큼 떨어진 전선주에 가설한 변전기에 맞아 불이 나서 활활 타오르는 것을 보았다."

⑤ 미꾸라지를 잡는 꿈 → 시험 합격

대학을 졸업하고 전문대에 편입시험을 봤는데, 쉽게 붙을 시험이었습니다. 꿈에 미꾸라지를 아주 많이 잡는 꿈을 꾸었는데, 다음 날 합격한 것을 알았습니다.---멋쟁이

⑥ 중령 계급장을 어깨에 단 꿈 → 경찰 시험 합격을 예지

경찰 합격을 예지해 준 꿈 사례로, 춘천시 후평 3동에서 강○○ 아빠가 보내온 꿈이야기이다.

군 복무를 마쳤는데, 꿈속에서는 내가 육군 소령이었다. 사단장 이·취임식 날이었는데, 꿈속에서 이·취임식 행사가 끝나고 바로 진급발표가 있는 것이었다. 그런데 이상한 것은 새로 부임하는 사단장은 내가 과거 모셨던 상사였고, 속으로는 사단장이 내 이름을 불리기를 기대했다. 아니, 마땅히 그러해야만 했다.

승진자들의 이름이 불릴 때마다, 내 앞줄에 서 있던 진급자들이 단상으로 뛰어 나갔다. 가슴은 두근거렸고, 등 뒤에서 식은땀이 났다. 꿈이 깨기 전 내 이름이 마지막으로 불렸고, 나는 중령 계급장을 어깨에 달았다.

꿈을 꾸고 며칠 뒤 순경공채시험에 합격했고, 나는 경찰공무원이 되었다. 어깨에 계급장을 다는 직업은 경찰·군인·소방관·교도관 등이 있다. 제복을 입는 직업을 선택하게 된 것이 꿈과 어떤 관계가 있는지, 중령 계급장 두 개와 순경 계급장 두 개가 어떻게 꼭 일치했는지 신기하기만 하다.

소설보다도 재미있는 꿈이야기이다. 마패를 받고 감사실로 발령이 난 꿈이야기도 있는바, 꿈의 상징 표상은 현실에서 일어나는 일과 깊은 관련을 맺고 있음을 알 수 있다.

⑦ 사형집행을 당하는 꿈 → 장군으로 진급

"누가 나를 끌고 가면서 명에 의해 사형집행을 한다고 십자가에 묶어 놓고는 총을 쏘았다. '나는 죽었구나' 생각하면서 꿈에서 깼다."

죽음의 꿈에 대해서 앞서 자세하게 살펴본 바가 있다. 지난날 어떤 분이 장군

진급 심사를 앞두고 있었던 일이다. 결과는 당당히 장군으로 진급되었다. 죽음은 새로운 탄생이며 부활의 의미이다. 현재의 껍질을 벗고 새롭게 태어남을 뜻하고 있다. 수험생의 경우 합격의 표상이다.

⑧ 노예가 되어 시달리는 꿈 → 대학원 합격

합격 발표 전날에 꿈을 꾸었다. 어디론가 가고 있는 차 안에서, 누군가가 내 자리로 위협적으로 다가오는 것이었다. 그 서슬에 놀라 절벽 같은 아래로 떨어졌다. 밑에는 다른 사람도 있었던 것 같다. 저 위 절벽 위에서 누군가가 소리치고 있었다. "너희는 노예야! 이제부터 내 말을 안 들으면 힘들 거야. 열심히 일해서 수확한 것을 내야 해!"

어느 순간 잠에서 깨어나 시계를 보니 새벽 4시를 가리키고 있었다. 나 자신은 꿈의 의미를 되새겨 보고, '아! 합격할지 모른다'는 기쁜 마음으로 다시 잠을 청했다. 꿈의 상징적 의미는 나 자신이 어떤 새로운 곳에 소속되어, 리포트 작성이나 연구논문 발표 등 다소 힘든 노력을 해야 할 것을 예지해주는 것으로 받아들였다.

필자의 체험 사례이다. 노예가 되는 꿈이 다 좋다는 것이 아니다. 꿈을 꾼 사람이 처한 특수한 상황이 중요하다. 단국대 대학원 한문학과 박사과정 합격 꿈으로, 꿈속에서 절벽 위에서 소리치던 분이 면접을 보던 교수님 한 분의 목소리같이 느껴졌으며, 나중에 논문 지도교수님이 되셨다. 이러한 사례로 볼 때, 시험이나 취직을 앞두고 노예가 되는 꿈은 합격의 꿈으로 여겨도 좋을 것이다.

⑨ 자리에 앉아 국수를 먹는 꿈 → 시험 합격

꿈에서 우동을 먹게 되었다. 때는 입시를 겪을 때였는데, 꿈에서 우동을 시켜놓고 자리를 못 찾아서 전전긍긍하다가, 겨우 자리에 앉아 국수를 먹게 되었고, 결과는 실제 입시 결과에서 합격하게 되었다.

⑩ 비가 오는데 자신만이 우산을 쓰고 가는 꿈 → 합격

고등학교 시험을 치르고, 합격인지 불합격인지 궁금하던 중에 잠이 들었는데, 꿈에 비가 왔습니다. 그런데 여러 사람이 비가 오니 우산이 없어, 집에는 가지 못하고 이 구석 저 구석에 서서 무슨 이야기들을 쑥덕쑥덕 하면서 갈 생각들을 안 하고 서 있는데, 저는 마침 우산이 있어서 나 혼자만이 우산을 쓰고 집으로 오다가 꿈에서 깨어났습니다. 아침에 아버님께 꿈이야기를 했더니 "됐다. 너는 합격이다."라고 말씀하셔서, 혹시나 하고 믿지 않았는데 학교에 가서 보니 합격이 되었습니다.

⑪ 다른 친구들보다 철봉에 오래 매달려 있던 꿈 → 합격

꿈속에서 체력장 시험으로 친구들과 오래 매달리기를 하고 있다. 친구들은 시간이 흐를수록 모두 철봉에서 손을 놓쳤지만, 자신은 정해진 시간보다 오래 매달려 있다가 떨어진 꿈이었다.

꿈속에서 어려움을 이겨내고 자신이 뜻한 바를 성취했던 것과 같이 현실에서도 자신이 원하는 대로 일이 이루어진다. 실제로 시험에 우수한 성적으로 합격하여 본인이 바라던 대로 장학생이 되어 부모님을 기쁘게 해드릴 수 있는 일로 실현되었다.

⑫ 밤하늘의 별이 용의 모양이었던 꿈 → 합격

딸의 꿈입니다. 입시 2~3일 전 꿈에 아빠가 늦게 들어오시더니 빨리 밖으로 나와 보라고 하더래요. 나가보니 밤하늘에 별이 초롱초롱 매우 아름답게 빛나고 있었고, 그중에 몇 개의 별이 모여 용의 형상을 하고 있었대요. 그것을 본 순간 너무 기분이 상쾌하더래요. 정말 딸은 세칭 괜찮은 대학에 합격하였습니다.

⑬ 신발을 잃을 뻔하다가 찾는 꿈 → 합격

꿈에서 제가 강둑을 따라 친구들과 조심스럽게 걸어가는데, 거의 다 와서 떨어질 듯 하다가 둑에 매달렸는데, 남자친구가 도와줘서 다시 가게 되었죠. 그런데 둑에서 내려오는데, 그만 저의 신발이 진흙 속에 빠져버렸답니다. 그래서 전 나뭇가지로 거기에 빠져 있는 여러 신발을 주워서 꺼냈답니다. 결국 저의 신발을 찾게 된 거죠. 이 꿈을 꾸게 된 날이 시험 발표 전날이었고요, 시험 역시 합격을 했답니다.

그런데 제가 시험 준비하면서 정신적인 불안감 때문인지, 시험을 치르기 한 달 전에는 시험을 치르러 가지 못한 꿈을 꾸어서, '이번 시험에서 떨어지려나 보다' 생각했었는데, '그래도 포기하지 말고, 떨어지더라도 우선 열심히 해보자'는 생각으로 임했었죠. 아무래도 그때 제가 공부하기가 힘들고 어려웠는데, 그래서 아마 그런 꿈을 꾸지 않았을까 싶네요. 꿈이 비록 나쁠지라도, 그 꿈만 믿고 미리 포기하는 것보다는 그래도 끝까지 해보고 결과를 받아들이는 게 좋을 듯싶네요.

예지적인 꿈이 아닌, 불안 심리 표출의 꿈이 있다. 또한 이처럼 진취적이고 적극적인 사고방식을 갖는 것이 수험생들에게 절대적으로 필요하다고 할 수 있겠다. 꿈의 내용으로 미루어 추정하자면, 처음에 신발을 잃을 뻔하다가 다시 찾은 꿈의 결과처럼, 현실에서도 떨어질 뻔하다가 다시 합격선 위로 아슬아슬하게 올라오는 일로 실현되었을 가능성이 높다고 하겠다. 이 경우, 처한 여건에 따라 취업이나 연인을 얻게 되는 일로 실현된 사례가 있다.

⑭ 밤길에 무지개가 펼쳐지는 꿈 → 합격

작년에 재수해서 올해 대학교 1학년인 학생인데요. 역시 재수를 하면 부담감이 크지 않습니까? 그런데 수능 2일 전 꿈을 꿨죠. 밤이었습니다. 가족들과 함께 길을 걷고 있는데, 정말 아름다운 무지개가 제 앞에 쫙 펼쳐지는 거예요. 밤에 무지개라, 현실 속에선 불가능하죠. 또 그 무지개가 제 앞의 건물에 투영되고, 가서 막 만져보고. 요런 황당무계한 꿈이었는데---. 수능을 아주 만족스럽게 봤고, 현재 원하는 대학에 들어갔습니다.

상징적인 미래 예지 꿈으로 장차 앞으로 밝은 일이 있게 될 것을 예지해주고 있다. 꿈은 반대가 아니며 오직 상징 표상의 이해에 있다. 아름다움, 풍요로움의 표상을 갖는 꿈은 현실에서 자신의 처한 상황에 따라 좋게 이루어지고 있다. 또 한밤중에 무지개가 펼쳐지는 것처럼 황당한 전개를 보이는 것이 상징적인 미래 예지 꿈의 특징이라고 할 수 있다.

⑮ 산을 오르는 꿈 → 대학 합격 꿈 사례

저와 오빠는 두 살 차이인데, 오빠가 3수를 하여 같은 학번이었답니다. 벌써 십수 년 전의 일이네요. 엄마는 우리가 시험 보는 날 기도를 하다가 피곤하여 깜빡 주무셨는데, 꿈에 오빠와 제가 아주 높은 산을 오르고 있더랍니다.

딸인 저는 벌써 산꼭대기에 올라가 팔짱을 끼고 웃고 있었고, 오빠는 밧줄을 타고 땀을 뻘뻘 흘리며 애를 쓰고 있더랍니다. 엄마는 꿈에서 깨고는 '그래도 우리 아들이 붙어야지'하면서 기도를 했는데, 결과는 저는 수석합격으로 붙고 오빠는 후보자로 붙었습니다. 다행이지요.---멋쟁이, 2009. 01. 29.

⑯ 등에서 불이 활활 타는 꿈 → 합격

면접 전날 주변 사람이 내 등에서 불이 활활 타는 꿈을 꾸었다는 소리를 들었습니다. 그 후에 정말로 합격했습니다.

⑰ 학이 날아온 꿈 → 합격

저는 고등학교 3학년 때, 대학교 원서 넣고 대학 가기도 싫고, 그냥 되면 되는거고, 거의 포기상태였죠. 그런데 꿈에 저희 집에 학이 날아온 거예요. 어디를 다쳤는데, 그걸 엄마랑 저랑 치료를 해줬거든요. 다시 날려 보내려고 했는데, 가지를 않더라고요. 계속 저희 집에 머무르고 있는 거죠? 거기서 깨어났는데, 며칠 있다가 대학에 붙었더라고요. 3개나 붙었어요. 뜻하지도 않았는데---

⑱ 새가 날아와 앉는 꿈 → 합격

　5년 전에 제가 어떤 곳에 시험을 치르고 집에서 발표를 기다리고 있었지요. 합격자 발표 날 새벽, 저는 별로 유쾌하지 않은 꿈을 꿨습니다.

　제가 잔잔한 호수 앞에 서서 맑고 파란 물을 감상하며 서 있었습니다. 그런데 어디선가 시커먼 새가 한 마리 날아오더니, 제 옆에 있는 말뚝 위에 앉는 겁니다. 전 그 새가 까마귀라고 단정을 지었고, 재수 없다며 그 새를 쫓았습니다. 그런데 그놈은 멀리 날아가는 듯하다가, 호수 주위를 한 바퀴 돌고 다시 돌아와 그 말뚝 위에 앉는 겁니다. 그러면 저는 다시 쫓고 그놈은 다시 돌아오고, 계속 이러다가 꿈을 깼습니다. 전 까마귀 꿈을 꿔서 기분이 영 그렇더군요. 그래서 떨어졌구나 생각했는데 의외로 합격이더군요.

　꿈이 간혹 맞아 떨어지는 것이 아니라, 꿈은 한 치의 오차도 거짓도 없다. 난해한 상징적인 미래 예지 꿈의 경우, 우리 인간이 꿈의 의미를 정확하게 모르기에 그 꿈의 의미가 실현되더라도 꿈과 연관시키지 못할 뿐이다. 조금만 더 꿈에 관심을 가져본다면 꿈이란 것은 한 치의 오차도 없이 정확하게 실현된다는 것을 알 수 있게 될 것이다.

　사실은 꿈의 의미만 안다면 좋은 꿈이다. 새가 날아와 앉는 표상은 새로 표상된 어떠한 사람이나 이권 권리 등이 다가오고 있음을 뜻하고 있다. '잔잔한 호수 앞에 서서 맑고 파란 물을 감상하며 서 있는 표상'은 아주 좋다. 맑은 호수의 표상 그대로 좋은 일이 일어날 것임을 보여주고 있다. 여기서 까마귀가 물리쳐도 다시 왔다는 데서, 무언가 다가오고 있고 물리치려야 물리칠 수 없는 현실로 이루어지고 있다. 즉 꿈을 꾼 사람이 처한 현실의 주 관심사였던 합격으로 실현되고 있다고 볼 수도 있다.

　다만, 본인이 싫다고 꿈속에서 느꼈던 까마귀에 대한 꿈 내용만으로 어떠한 새(까마귀)가 다가온 꿈이 합격의 표상이라고 단정 지을 수만은 없는 것 같다. 오히려 맑은 호수의 표상에서 합격이 예지되고, 까마귀로 표상된 새는 그 이후의 미래의 일에서 까마귀로 느꼈던 기분 나쁜 사람이나 어떠한 일거리를 떨쳐내려고 아무리 노력해도, 쉽사리 떨쳐내지 못하게 되는 현실로 실현될지 모른다.

⑲ 교장 선생님께서 직접 상장과 트로피까지 주는 꿈 → 합격

　자격증 따려고 거의 고등학교 3년 내내 학원에 다녔습니다. 꿈에서 자격증 시험을 보고 나서 발표가 났는데, "합격했다고 축하한다"며 교장 선생님께서 직접 상장과 트로피까지 주셨습니다.

⑳ 학원 선생님이 문제를 알려주는 꿈 → 수능 대박

수능 보기 전에 꾼 꿈인데, 학원 선생님이 꿈에 나와서는 문제를 다 알려주셨어요. 그리고 저는 수능 대박이었습니다. 전교 2등 했거든요.---아난다, 2009. 11. 15.

㉑ 선생님이 일러주는 꿈 → 면접 합격

실업고 졸업하기 전에, 취업 면접을 보게 되었습니다. 근데 꿈에 선생님께서 면접 볼 때는 어떤 식으로 하라고 하시면서, 요령을 가르쳐 주시는 거예요. 그 다음 날 면접 볼 때 기분이 무지 이상스럽더라고요. 떨리지도 않고, 너무 편한 거 있죠. 게다가 다행히 그쪽에서 저를 마음에 들어 하시더라고요. 결과는 합격이었어요

㉒ 돌아가신 아버님이 컴퓨터를 주신 꿈 → 대학 합격

"1997년 대입원서를 넣을 때라, 많이 불안하고 심란한 하루하루를 보내고 있었다. 중3 때 돌아가신 아버지는 그동안 한 번도 내 꿈에 나타나신 적이 없었다. 그런데 대입결과를 기다리던 중 아버지가 꿈에 나타나셨다. 아버지는 안방 아랫목에 누워계셨다. 그런데 안방 TV 옆에 웬 컴퓨터가 있고, 아버지는 그냥 그렇게 누워 계시면서 신제품이라며 가지라고 하셨다."

㉓ 친구가 태극기를 들고 있던 꿈 → 교원 임용시험에 합격

무슨 행사장에서 많은 사람들이 입장하고 있는 가운데, 군대 동기 한 명이 기수가 되어 태극기를 들고 있었고, 그 옆에 일자로 다른 기수들이 다른 깃발을 들고 있었다. 얼마 뒤에 큰딸 아이가 교원 임용시험에 합격했다는 소식을 들었다.

㉔ 세 할머니가 자신을 보고, 잔잔하게 웃는 꿈 → 논문 통과

저는 현재 모 학교 박사과정 학생입니다. 논문 쓰기를 마치고 이메일로 학회 담당자에게 보낸 그 날 밤에, 난생처음 희한한 꿈을 꾸었습니다.

꿈에서 제가 어느 집 안방으로 생각되는 곳에 있었습니다. 그 방에서는 마당을 거쳐 대문까지 훤히 보이는 위치였습니다. 그런데 대문에 세 분의 할머니가 서 계시더군요. 할머님 숫자가 세 분이었다는 것은 막연히 그렇게 기억하고 있기 때문입니다. 그분들은 전혀 낯이 익지 않은 분들로, 외할머니나 친할머니는 아니셨습니다. 그 할머니들은 매우 윤기나고 빛이 나는 듯한 하얀 한복을 입으셨었습니다. 광채가 나는 한복이었습니다. 그분들 표정을 제가 정확히 본 것은 아니지만, 꿈속에서 제가 생각하기를 잔잔히 웃고 계신다고 생각하고 있었습니다. 안방에 앉아있던 제가 그분들께 들어오시라고 손짓을 했습니다만, 그 할머니들은 웃으시면서 그냥 가시더군요. 그리고 나서 꿈에서 깨어

났습니다.

　논문을 보내고 나서 석 달쯤 후에 학회에 보낸 논문이 받아들여졌다는 좋은 소식을 얻게 되었습니다. 그 꿈을 꾸고 나서 깨어난 아침에 막연히 '이번에는 논문이 받아들여지려나' 하는 생각을 했었는데, 정말로 그렇게 될지는 몰랐습니다. 그 꿈에 나타나신 할머니들 덕분이 아니었는지 생각해봅니다.---대전에서 최○○

세 할머니가 잔잔하게 웃는 꿈에서 셋과 관련되어, 석 달 후에 좋은 소식을 듣게 되는 것으로 실현되고 있다.

㉕ 돼지에게 밥 주는 꿈 → 고시 합격

　오빠가 고시를 보고 발표를 보러 가던 날, 꿈을 꾸었습니다. 돼지우리에 커다란 돼지가 한 마리 있었는데, 내가 밥을 주려 하니, 오빠가 "아니다. 그것은 내 거다. 잔치에 써야 한다"며, 오빠가 밥을 주는 꿈이었습니다. 실제로 오빠는 자신이 없다며 가지 않으려 했는데, 내가 가보라고 했지요. 결과는 합격이었습니다.---go8466

㉖ 30명과 싸워 물리친 꿈 → 합격

　어느 아카데미 워크숍 신청 후 꾼 꿈입니다. 유명한 데라 경쟁률도 상당했는데 발표 전날 꿈에 어느 탑 꼭대기에서 혼자 30명 정도의 사람들과 싸워 다 떨어뜨렸는데, 잔인하다거나 그런 느낌이 아니라 굉장히 통쾌한 느낌이었습니다. 평소 예지몽을 잘 꾸는 편이라, '내일 합격했다고 연락이 오겠지' 했는데, 정말 연락이 와서 다시 한 번 신기해했습니다.---마법참치, 2010. 04. 30.

㉗ 샤워하는 꿈 → 임용고시 합격

　2001년 말, 친구는 서울시 임용고시를 준비 중이었습니다. 필기는 이미 보았고, 실기와 면접을 준비할 때였습니다. 꿈은 마치 한 장의 사진을 들여다보듯이 눈에 보였는데요. 장소는 목욕탕의 샤워실로, 친구의 머리 위 샤워기에서 세찬 물줄기가 쏟아져, 친구의 몸이 머리부터 발끝까지 흠뻑 젖는 장면이었습니다. 꿈은 아주 잠깐이었는데 꿈에서 깰 때까지 계속 물줄기는 세차게 쏟아져 내렸습니다. 그 친구는 임용고시에 합격했습니다. 지금은 서울시 중학교 영어 선생님으로 있습니다.

㉘ 발에 꼭 맞는 신발을 신은 꿈 → 합격

　10여 년 전 자격증 공부를 하다가, 시험 보기 2일 전쯤 꿈을 꾸었다. 백화점에서 세일을 한다고 하여, 친구랑 백화점에 가게 되었다. 그곳에 가니 검은색 가죽 부츠가 파격세일을 한다고 하였는데, 내가 신는 것보다 치수가 컸다. 나는 그 검은색 부츠가 너무 탐이 나서, 한 번 신어보자며 신어 보니, 큰 사이즈인데도 내 발에 맞춤처럼 잘 맞았다. 그러고 나서, 당연히 합격!---트럼프, 2010. 09. 10.

㉙ 돼지머리를 먹었던 꿈 → 합격

음식 차려서 제사 같은 것을 지낼 때 쓰이는 돼지머리가 있었고, 그것을 내가 젓가락으로 떠서 먹었던 꿈을 꾸고, 자격시험에 합격했어요.---사랑이, 2008. 07. 26.

㉚ 낙지가 들러붙는 꿈 → 합격

딸 대학입시 발표날 새벽에 꾼 꿈입니다. 어떤 학교인데 무슨 행사가 끝났는지 본부석 앞에 빨간 카펫이 깔려 있었고, 쓰레기가 떨어져 있어서 빗자루로 다 쓸고, 본부석 뒤편도 치우러 갔는데, 그쪽에 하얀 사각 통에 음식물 쓰레기가 담긴 줄 알고 버리려고 하는데, 안 버려지는 거예요. 그래서 뭐가 들었나 보자 했더니, 낙지가 여기저기 다리를 뻗어서 딱 달라붙어 있더군요. '아, 낙지가 살아있었구나' 싶었어요. 그 다음 날 대학 발표가 났는데, 네 군데 썼었는데 전부 다 합격 소식 들었네요.---마리나, 2010. 12. 07.

㉛ 얼음 밑의 백곰이 깨어나 나온 꿈 → 대입합격

겨울 꽝꽝 얼어 있는 호숫가에 서 있었어요. 굉장히 추운 날씨였고 적막한 분위기였죠. 얼어있던 호수로 천천히 걸어가 보니, 얼음 밑에 뭐가 있는 거예요. 자세히 보니 백곰이 얼음 밑에서 잠이 들어있더군요. 그런데 갑자기 곰이 깨어나서는 얼음을 깨고 밖으로 나왔어요. 그리고 꿈에서 깼는데, 결과는 대입시험에 합격했어요.---아난다, 2009. 11. 15.

㉜ 계단을 올라가는 꿈 → 성적이 향상되어 합격

딸 아이가 학교 다니는 내내 꿈을 꾸었대요. 계단을 올라가는 꿈인데, 아주 힘들게 기어서 올라갔다네요. 똑같은 꿈을 자주 꾸었대요. 성적이 계속 향상이 됐었고, 결국 서울대 갔어요. 그 후로는 꿈을 꾼 기억이 없답니다.---마리나, 2010. 12. 07.

㉝ 자신만이 교실 한가운데로 나아가 책을 보는 꿈 → 월드컵 티켓을 쉽게 예매

2002년 월드컵 당시입니다. 옛날 초등학교 교실쯤으로 보이는 곳에 책상과 걸상, 교탁이 있는 곳이었고요. 교실 뒤쪽으로 사람들이 학부모 참관수업하듯이 모여 있었습니다. 책걸상 쪽으로는 아무도 가지 않더군요. 마침 가운데 책상 한 곳에 책이 놓여 있었습니다. 다른 사람들이 나서질 않기에, 제가 가서 그 책을 죽 넘겨보았습니다. 안에도 글씨가 전혀 없는 흰 종이들만 있었습니다.

그 꿈을 꾸고 나서, 며칠 후 인터넷으로 월드컵 경기 티켓을 예매하게 되었는데요. 한

꺼번에 인터넷으로 사람들이 몰려서 인지, 결제에 문제가 있어 두세 차례 다시 입력하고, 간신히 티켓을 예매했습니다. 그런데 나중에 알고 보니, 티켓 예매가 여러 건 중복으로 되어있더군요. 월드컵 본사에 전화해서 사정이 이렇게 되었다 하니, 그냥 사용해도 된다 하더군요. 그리하여 인터넷에서 웃돈 조금 얹어서 팔았는데, 꽤 많은 돈이 되었습니다.---섬데이, 2011. 02. 12.

㉞ 답안지 제출이 늦지 않았다는 꿈 → 합격

꿈에서 시험을 보고 있었어요. 그런데 시험종료 때까지 제가 답안지를 작성을 못한 거예요. 그래서 허겁지겁 작성해서 교무실로 뛰어갔죠. 선생님께 "죄송해요, 너무 늦었죠."라면서 답안지를 내밀었는데, 선생님께서 자상한 미소를 지으시면서, "아니야, 하나도 안 늦었어."라고 말씀하시고는 답안지를 받아주셨어요.

제가 재수할 때 꾼 꿈이라, 마치 너무 늦었다는 제 말이 굉장히 의미가 있게 느껴졌고, 괜찮다고 말씀하신 선생님의 마음이 생생하게 느껴졌던 꿈이었습니다. 그러고 나서 합격했답니다.---아난다, 2009. 11. 15.

㉟ 합격했다는 목소리가 들린 꿈 → 대학 합격

원래 발표는 3일 정도 남아있었어요. 그런데 그날따라 유난히 가슴이 뛰고 해서, '낮잠이라도 자야겠다' 하고 잠이 들었습니다. 그런데 딱 그때 꾼 꿈이에요. 사실 꿈이라기보다는 정말 선명한 목소리가 "너 합격했어!"라고 외치는 거예요. 그 목소리를 듣고는 깜짝 놀라서 깼지요. '꿈에서 합격하면 떨어진다' 하기에, '아, 떨어지는 건가' 하면서, 다시 잠이 들었어요. 그런데 또 "너 합격했어!"라는 목소리가 들려서 깼습니다. 목소리가 얼마나 생생하던지 꿈이 아닌 줄 알았어요.

그렇게 "합격했다"는 말을 세 번 정도 들었을 때, 현실에서 휴대폰으로 문자가 왔습니다. 친구였는데요 "축하해 합격했어!"라고 문자가 온 거예요. 발표가 3일이나 더 남아있는데, 친구가 장난을 친 줄 알고 ARS로 합격 조회를 해보니 붙었더라고요.---아난다, 2009. 11. 15.

㊱ 잉어를 잡은 꿈 → 대학 합격

엄마가 꾼 꿈인데요. 연못에 잉어가 있는데, 옆에 배수관 같은 곳에서 잉어들이 막 떨어져 나오기에 잡아야겠다고 생각하고 가까운 곳에서 펄떡거리는 큰 잉어가 있어 우선 끌어안아 잡고, 그 옆에 움직임도 적은 잉어를 하나 더 잡은 꿈이었어요. 수시 두 군데에 붙었는데요. 한 곳은 바로 붙고, 한 곳은 추가 합격했어요.

㉗ 함께 즐겁게 춤을 꾸는 꿈 → 함께 춤추던 사람이 졸업한 대학에 합격

대학 입시에 관한 꿈이다. 어느 대학을 선택할까 망설이고 있는데, 입시생이 어떤 분과 춤을 추고 있었다. 그 모습이 어떻게 호흡이 잘 맞는지, 너무나도 보기에 좋았다. 결과는 춤을 춘 분이 나온 대학에 합격하는 일로 이루어졌다.(글: 박성몽)

㊳ 시험에 떨어졌다는 소리를 듣는 꿈 → 시험 합격

저는 시험에 떨어졌다는 소리를 듣는 꿈을 꿨어요. 그런데 꿈은 반대라더니, 붙었어요.---나무향기.

꿈은 반대가 아니다. 꿈의 상징 기법에서 역(逆)으로 펼쳐지는 경우이다.

이 밖에도 불합격이라고 큰 소리로 울며 집으로 돌아오다 깨어난 꿈, 낙방해서 부모에게 매 맞고 크게 울었던 꿈으로 합격한 사례가 있다.

㊴ 추가로 합격하는 꿈 → 사실적인 미래투시의 꿈

제 동생이 이번에 대학에 들어갔거든요. 그런데 제 동생이 수능치고 며칠 후에 제가 꿈을 꿨어요. 꿈에서 동생이 대학에 낙방했다고 상심하고 있는데, 한참 후에 예비자 순위 거의 마지막에 해당해서 추가로 합격하는 거였어요.

예지몽인 것 같아서 동생이 실제로 대학에 떨어지자 전 예비자로 합격할 거라며 동생한테 걱정하지 말라고 했어요. 그런데 한참동안 합격통보가 안와서, '이번에는 개꿈인가보다' 했고, 동생도 이미 재수학원까지 등록한 상태였거든요. 그런데 재수학원 등록 딱하고 집에 오니까, 대학 측에서 추가 합격 통보가 온 거예요. 정말 놀랍지 않아요?

㊵ 커다란 배를 타고 나가는 꿈 → 합격 예지

저는 선발 인원이 발표 나기 전날 밤에 아주 커다란 하얀색 배(크루즈 선)를 타고 바다로 나가는 꿈을 꾸고, '아! 이번에 합격하겠다'는 확신이 들었어요. 평소에 잘 꾸지 않는 꿈이기도 했고, 꿈속에서도 꿈꾸고 나서도 말로 표현하기 힘들 정도로 기쁘고 행복했거든요.---뽀글이

㊶ 풀밭에서 싹을 틔운 꿈 → 합격 예지

최종발표 며칠 전에 어머니께서 꾸셨는데 푸른 잔디밭과 누런 땅이 있었대요. 그런데 딸인 제가 담당한 구역의 풀은 싹이 안 났는데, 다른 근처 풀밭은 싹이 다 났더래요. 저희 엄마께서 제가 맡은 구역의 풀밭에 싹을 틔우려고, 무척이나 고생하셨다네요. 그런데 싹이 돋아서 푸른빛을 내는 걸 보고 깨셔서, 합격이라고 생각하셨대요.---커피홀릭

㊷ 머리를 예쁘게 자른 꿈, 합격한 사람과 같이 버스에 탄 꿈 → 합격 예지

　　저는 주위 사람들이 꿨는데요. 첫 번째는 시험 보기 얼마 전에 제가 머리를 짧게 자르는 꿈을 엄마가 꾸셨대요. 예쁘게 잘라서 만족하면 길몽이라네요. 두 번째는 같이 공부하는 언니가 버스를 탔는데, 제가 이미 합격한 사람들과 같이 버스 안에 앉아있는 꿈을 꿨대요. 이렇게 꿈꾼 해에 붙었고요.---점점

㊸ 입사시험 합격 꿈 사례 모음

사이트 이용자가 올린 꿈 사례이다. 입사 때 단계별로 꿨던 꿈을 소개한다.

* 미친 사람이 내 목을 물어 동굴에 팽개친 꿈 → 서류 전형에 합격

　　"어떤 공간에 사람들이 엄청나게 바글바글 모여 있었어요. 그런데 어디선가 미친 사람처럼 보이는 사람이 사람들 사이를 헤집고 다니더라고요. 그 광인(狂人)은 정장을 입고 있었던 거 같았어요. 그런데 그 광인이 저에게 와서, 저의 목을 물고는 어딘가로 내팽개쳤어요. 정신을 차려보니 동굴 같은 곳이었는데, 그 공간에는 3~4명의 사람들만 있더라고요. 결과는 서류전형 합격이었습니다. 제 생각에 꿈에서 광인은 인사팀 직원처럼 느껴졌습니다. 많은 사람들 중에 선택되었던 느낌이랄까요."

올바른 해몽이다. 필자의 경우, 노예가 된 꿈으로 대학원에 합격한바, 같이 일하는 노예들은 같이 공부하는 대학원생을 상징적으로 나타내주고 있다.

* 벌레를 도망가지 못하게 붙잡은 꿈 → 1차 면접 합격

　　꿈에서 화장실에서 큰 벌레 세 마리 중 두 마리는 하수구 구멍으로 도망쳤고, 제일 큰 벌레만 남아 있더라고요. 제가 '일단 도망을 못 가게 해야겠다' 싶어서 화장실 문을 닫았는데, 그때 꿈에서 깼습니다. 실제 면접을 볼 때 면접관이 세 명이었고요. 결과는 합격이었습니다.

* 기타 합격 예지의 꿈 → 최종 합격통보를 받기 전의 꿈으로, 합격을 예지해주고 있다.

－ 꿈에서 합격자 명단에 이름이 있었던 꿈

－ 하늘을 날아다니는 차를 타고 목적지까지 가서 내리는 꿈

－ 군고구마를 정말 맛있게 먹고 식혜까지 마시는 꿈

－ 차를 빼달라고 해서 주머니에 있던 열쇠로 차를 빼내 주는 꿈(현실에서는 차도 없고 운전면허도 없음)

－ 남자 친구가 몰던 자동차를 빼앗아 운전하는 꿈

- 교육을 담당했던 원장님이 덕담을 해주면서 맛있는 음식과 초콜릿을 먹어보라는 꿈
- 어떤 상가에서 점원이 친절하게 스카프 등을 "맘껏 골라보세요" 하는 꿈
- 장례식에 까만색 상복을 입고 참석하고 있는 꿈
- 졸업한 고등학교 교실에 붙어있는 자리표에 이름이 적혀 있어서, 책상에 앉아서 졸업식을 하는 꿈

㊹ 기타 합격 꿈 체험담 모음

* 저는 작년에 시험 보고, 뱀을 잡는 꿈이랑 똥꿈을 꾸었고, 저희 엄마는 산속에서 대성통곡하는 꿈을 꾸셨다네요.---레몬나무

* 저는 1차, 2차 합격 발표 2~3일 전에 모두 똥꿈을 꿨어요. 몇 번씩, 똥으로 동글동글 만들기를 하고 우리 집이 똥에 파묻히는---내일아침

* 저는 시험 보기 전에 똥꿈을 꾸고 큰언니도 같이 똥꿈을 꿨어요. 그리고 합격했답니다. 1차 합격하고 또 똥꿈을 꿔서 최종합격했지요. 시험보기 전부터 붙나 보다 했었어요.---항상아름다워라

* 저는 시험 전후로 금꿈을 꾸었어요. 귀걸이 줍고, 반지 주워서 끼고, 흙 파서 왕관 꺼내 쓰고, 그리고 산을 오르는 꿈도 꿨어요.

* 저는 학생 때로 돌아가 제 책상에서 공부하는 꿈을 자꾸 꿨어요. 자기 책상이 있는 꿈은 합격하는 꿈이라 해서 느낌이 좋았지요.---티니웨이

* 헌 옷 벗고 새 옷 갈아입고 나오는 꿈을 저 대신 친척분이 꿔주셨어요. 합격했어요.---둥근이

* 돌아가신 외조부님이 책을 건네주시는 꿈과 합격하는 꿈을 꿨습니다.

* 저는 고3 때 담임선생님이 합격이라고 쓰여 있는 종이를 제게 주셨답니다. 고등학교 교실에 우리 반 애들 다 있고, 성적표를 나눠주는 상황이었던 걸로 기억해요. 같이 스터디하던 언니가 합격했다고 전화해줬어요. 1차 시험 합격자 발표 며칠 전에 꾸었습니다.---토끼랑당근이랑

* 작년에 저는 뱀꿈, 어머니는 보물 찾는 꿈, 제 친구는 제가 우는 꿈을 꿨는데 붙었고요.---몽환의연금술사

* 저는 하늘에서 엄청난 길이와 넓이의 떼를 이룬 기러기 떼가 회색·하얀색 이렇게 3초 간격으로 장관을 이루며 날아가다가, 내 아래로 스무 마리 정도가 내려와 동그랗게

대열을 이루며 반짝이며 묘기를 부렸었어요. 오색찬란한 빛을 내면서, 제일 기억에 남고, 각인된 꿈이었는데 합격했답니다.---행복은나의힘

＊아버지께서 대신 꿨는데, 낚시를 하는데 뭐가 계속 올라오고, 길을 가는데 꽃이 만발해 있더래요.---벤자민

＊전 시험 이틀인가 사흘 전에 길가에 떨어진 돈을 마구마구 줍는 꿈을 꿨어요. 그 와중에 옆에 할머니께 삼천 원을 건네기도 했고요.---무지개_너머, 07. 12. 07.

＊저는 시험 발표 전날 합격자 발표란에 제 이름이 있는 꿈을 꿨어요. 일어나서 확인해 보니, 비슷한 위치에 이름이 있어서 놀랐어요.---피터래빗

＊저는 엄마께서 다 꿔 주셨는데, 1차에는 돼지꿈, 2차에는 집에 불나는 꿈 꾸셨어요. 발표날 때까지 부정 탄다고 함구하셨다가, 나중에 말씀해 주시더라고요.---달려!

＊저는 합격 전에 누군가 복숭아를 주셨는데, 그 복숭아에 "경기도산"이라고 정확하게 쓰여 있었어요.---國語선생님

＊저는 총을 맞았어요, 나 한 발 엄마 한 발. 꿈이 기분 나빠서 꿈해몽 사이트에 들어가니까 총 맞는 꿈이 수험생은 시험에 합격하는 꿈이라고 해서, 조금 기대했더니 건대랑 동국대 붙었습니다.

＊저도요. 저희 엄마께서 가장 친한 친구분이 죽는 꿈을 꿨는데, 그게 좋은 꿈이라네요. 그리고 붙었어요.

＊제 친구는 돌아가신 할아버지가 나오셔서, 잔치해야 한다면서 떡을 돌리시더래요. 그리고 나서, 대학 붙었어요.

4) 합격, 급제에 관한 실증사례(선인들의 꿈)

(1) 선인들의 과거 급제 꿈 사례

① 뱀이 말 위에 서려 있는 꿈

과거 급제나 승진 등에 있어서, 뱀띠생인 사람이 수석으로, 말띠생인 사람이 차석으로 합격할 것을 예지해주고 있다.

② 합격에 명단에 친구의 이름 아래 자신의 이름이 있는 꿈

'꿈에 자기와 이 좌윤이 동방 급제를 하였는데, 자기 이름이 바로 이 좌윤의 이름 아래에 있었다. 그 뒤부터 배양 이 좌윤의 아랫자리에 앉은 것은 그 꿈이 실현

되기를 바란 것이요, 이것을 숨기고 미리 말하지 않은 것은 행여 하늘의 기밀을 누설시킬까 염려해서였다.'

③ 말 위에서 문득 수양버들이 요요히 말머리에 휘늘어지는 꿈

수양버들의 형상은 꼭 청개(靑蓋: 왕족이 타는 수레의 푸른 뚜껑) 같으니, 대과에 급제하게 되는 일로 실현되었다.

④ 두 마리의 봉이 그 꼬리가 불에 타면서 하늘로 올라가는 꿈

이름자에 봉이 들어있는 민덕봉(閔德鳳), 구봉령(具鳳齡)의 두 사람이 합격할 것을 예지하고 있다.

⑤ 대숲 속에서 범이 뛰어 나온 꿈

호(篪)자는 '긴 대나무 호'자로, 대숲과 범(虎)자가 이름자에 들어 있는 박호(朴篪)가 장원에 뽑힐 것을 예지하고 있다.

(2) 과거 급제를 예지한 파자해몽 꿈 사례

과거 급제의 여부를 꿈으로 예지하는 데 있어 한자의 자획(字劃)을 분합하여 살펴보는 파자해몽(破字解夢)의 방법이 있다. 사례로 살펴본다. 자세한 것은 2011년 출간된 필자의 『한자와 파자』를 살펴보시기 바란다.

① 지붕 위에 하얀 신발이 얹혀 있는 꿈

영조 때 김이소(金履素)라는 사람이 과거를 보러 가다가 꾼 꿈이다. '집 지붕 위에 하얀 신발이 얹혀 있는데, 많은 사람들이 그것을 쳐다보고 있었다.' 이 꿈을 꾸고 김이소는 아무래도 재수 없는 꿈같이 생각되어, 어느 용하다는 해몽가를 찾았다.

해몽가는 "신발이 지붕 위에 있다는 것은 자고로 족반거상(足反居上: 발이 반대로 위에 있다는 뜻)이라 해서 좋지 않은 징조입니다. 하지만 선비님은 그 정반대입니다. 왜냐하면 선비님의 이름자가 이소(履素)로 履는 '신발'이요, 素는 '희다'는 뜻이니 '흰 신발'이 되지요. 그 흰 신발이 지붕 위에 있어 많은 사람들이 쳐다본다는 것은 선비님이 이번 과거에 급제하여 여러 사람들이 우러러본다는 징조입니다."라고 해몽을 했다.

실제로, 김이소(金履素: 1735, 영조 11~1798, 정조 22)는 1764년(영조 40) 병자호란 때의 충신 후손들만을 위하여 시행된 충량정시문과(忠良庭試文科)에 급제하고 있다.

② 남이 급제할 꿈을 대신 꾼 문 진사

연안의 문 진사라는 사람은 과거 공부를 열심히 하였다. 그는 꿈에 황룡이 하늘로 날아오르는 것을 보았다. 황룡의 이마 위에 단청을 한 누각이 있고, 그 누각에 현판이 걸려 있었는데, '이견대인(利見大人)'이라고 쓰여 있었다. 그는 몸을 누각 위에 쌍으로 난 창문에 기대고 앉아 있었다.

꿈에서 깨어나 이상히 여기며, '利見大人'을 글의 제목으로 삼아 정신을 모아 글을 지었다. 과거 볼 날짜가 되어 서울에 올라가 과거 보는 곳에 들어가니, 임금이 친히 내린 제목이 걸려 있었는데 과연 '利見大人'이었다. 오래 지어 보았던 글이라 써서 제출하고, 혼자 마음속으로 기뻐하며 급제하리라고 자부하였다. 그러나 방이 붙는 날이 되어 가서 보니 낙방이었다. 그가 꾼 꿈은 민홍섭(閔弘燮)이라는 사람이 급제하리라는 꿈이었던 것이다. 꿈꾼 일이 매우 기이하고 교묘하였다.---『기문총화』

파자해몽으로, 누각의 門위에 文진사가 앉아 있는 꿈이니, 민(閔)씨 성을 가진 사람을 가리키는 것으로 민홍섭(閔弘燮)이란 인물이 과거에 급제하는 것을 예지하고 있다.

③ 소나무를 잡고 다섯 번째 가지에 앉는 꿈

나(柳夢寅)의 돌아가신 할아버지인 유충관은 별시(別試)에 합격하여, 임금이 친히 보는 전시를 보러 가시게 되었다. 그날 밤에 신판서 집에서 묵었는데, 참판 정언각(鄭彦慤) 역시 판서의 생질이었다. 나이가 많았는데도 급제하지 못한 데다가 초시조차도 붙지 못했는데, 할아버지와 함께 한 방에서 같이 자게 되었다. 할아버지께서 밤에 꿈을 꾸었는데, 한 소나무를 잡고 올라 다섯 번째 가지에 앉았더니, 아래위로 모두 여자들만 있는 꿈이었다.

새벽에 깨어나 그 꿈을 말하니, 정참판이 누운 채로 그 꿈을 풀이하여 말하였다. "소나무란 시체가 들어가는 관(棺)이다. 다섯 번째 가지란 5년이다. 아래 위로 여인이 있다는 것은 그대가 두 딸을 낳는데 모두가 죽는다는 것이다." 할아버지께서 크게 노하셔서, 본래 힘이 센 터라, 일어나서 그를 때렸다. 정참판은 비록 고통을 감당하기 어려웠지만, 오히려 굴복하지 않고 말하였다.

"만약 마당에서 닭고기와 약주를 차려 가지고 온다면, 마땅히 좋은 말로 그것을 풀이하겠다. 그렇게 하지 아니하면 끝내 고치지 않겠다." 정참판은 정희량의 조카뻘인데, 또한 점치는 일에 종사했던 적이 있었다. 할아버지께서 허락하고, 닭고기와 술을 가져다가 그를 대접했다. 정참판이 그 음식을 다 먹고도, 오히려 나쁘게 말했다. 그를 누르고 때리기를 전과 같이 했더니, 비로소 굴복하고 그 꿈을 고쳐 해몽하여 말하였다.

"소나무[松]란 十八(木자를 파자하면 十 + 八)명의 공(公) 글자로 나누어볼 수 있으니, 오늘 급제자로 18명을 뽑네. 그대가 다섯 번째 가지에 않았으니, 마땅히 5등을 할 것이며, 상하 여인(女人)이란 안(安)씨 성(姓)을 가진 사람이다."

할아버지께서 전시를 보러 들어갔는데, 자신의 주장을 밝혀서 쓰는 글인 책(策)이 나왔다. 마음속에 있던 글을 한 번에 휘둘러 급제를 했는데 5등이었고, 18명이 같은 방(榜)에 붙었으며, 안현(安玹)이란 사람이 1등을 했고, 안장(安璋)은 꼴찌로 붙었으니, 모두가 정언각의 말과 같았다. 그 후 할아버지께서 딸 둘을 낳았는데, 모두 일찍 죽었으며, 할아버지 역시 일찍 돌아가셨으니, 더욱 괴이하다 할 것이다.---『어우야담』 요약 발췌.

유몽인의 할아버지인 유충관(柳忠寬)이 임금이 친히 보는 전시를 보기 전 날 밤에 한 소나무를 잡고 올라 다섯 번째 가지에 앉았더니, 아래위로 모두 여자들만 있는 꿈을 꾼 후에 정언각이 해몽한 대로 이루어지고 있음을 손자인 유몽인이 밝히고 있다. 소나무 다섯 번째 가지에 앉은 것을 18명이 같은 방(榜)에 붙어 발표되는 가운데 5등을 할 것을 예지하고 있으며, 아래위의 여자를 '女'자가 들어간 안(安)씨 성(姓)을 가진 사람이 급제할 것을 예지하고 있다. 유사한 파자해몽의 중국의 꿈 사례로, 배[腹(복)]에서 소나무가 난 꿈을 꾼 사람이 18년 뒤에 높은 직위[公]에 오르는 것으로 해몽하고 있다.

(3) 과거 급제를 예지한 구비전승되어 온 용꿈이야기

용꿈이야기를 화소(話素)로 과거에 급제한 것으로 되어 있어, 마치 고전소설의 진행처럼 상투적이고 도식화되어 있음을 알 수 있다.

① 용이 몸을 감는 꿈이야기

과거시험을 보러 올라가던 선비가 하룻밤 묵어가는 집에서 꿈을 꾼다. 꿈에 어느 곳에 올라가서 사방을 구경하다가 그 아래 옹달샘에 빠졌는데, 샘에서 청룡·황룡이 나오더니 제 몸을 칭칭 감아올리는 꿈을 꾸었다. 다음 날 과거를 보러 가다가 꿈속에서 보았던 곳을 올라가 구경하던 중, 한 낭자를 만나게 되어 연분을 맺게 되고, 때마침 과거시험관의 딸이었던 낭자의 도움으로 과거에 합격했다는 이야기다.---『구비문학대계』 8-9, 505쪽.

② 청룡이 몸에 감긴 꿈

시관(試官)의 딸인 청상과부는 꿈에 청룡이 몸에 감기는 꿈을 꾸고, 냇가에서 빨래를 하던 중에 선비를 만나게 된다. 선비는 시관인 장인의 도움으로, 과거에 급제하게 된다는 이야기이다.---『구비문학대계』 2-7, 47쪽.

③ 용꿈 꾸고 도승지된 선준채

자신의 집에서 용이 올라가는 꿈을 꾸고 과거를 보러 가서, 뜻하지 않게 급제해서 나중에 도승지까지 올랐어.---『구비문학대계』 6-12, 30쪽.

④ 하늘이 용꿈으로 돌봐 준 사람

가게 주인이 졸다가 꿈속에서 청룡이 올라가는 꿈을 꾸게 되었어. 그때 마침 한 선비가 붓과 벼루를 사러 온 것이지. 신기하게 여겨 후하게 대해줬어. 이렇게 여러 사람의 꿈에 용이 올라가는 꿈을 꾼 직후에 선비가 나타나자, 신비하게 여겨 모두가 도와주게 되고, 과거에 급제하게 되었어.--『구비문학대계』 5-5, 704쪽.

⑤ 용의 꼬리를 받쳐주는 꿈

옛날에 서울 대감 집에 몸종으로 있는 처녀가 있었어. 하루는 꿈을 꾸었어. 못에서 용이 나와 하늘로 올라가려고 하는데, 꼬리가 땅에 붙어서 올라가지를 못하고 있는 거야. 그래 이 처녀가 손으로 받쳐주니 하늘로 올라가는 꿈을 꾸었어. 깨고 나니 꿈이라. '그것참 이상스럽다.'

이후 빨래터에서 과거시험을 보러 가던 가난한 선비를 만나게 되었어. 그래서 자기가 있는 대감 집으로 데리고 가서 잠자리를 마련해 주었어. 다음 날 선비에게 눌은밥을 긁어 싸서 주려고 했어. 쌀 종이를 찾다가 없어 대감 방에 들어가 보니, 마침 대감은 없고 벽에 종이가 꽂혀 있기에 그것으로 싸서 건네줬어.

선비는 과거 시험장에서 글제를 받아놓고 누룽지를 펼쳐놓았는데, 먹다가 보니 종이에 글이 적혀 있는 것이 과거의 글제인거야. 그래, 그대로 적어 내서 급제했어. 대감이 시관에게 시제를 귀띔 받고 자기의 생질에게 주려고 글을 지어 놓았던 것이지. 처녀를 불러 물어보니, 여차여차해서 꿈을 꾼 이야기로부터 종이를 누룽지에 싸 준 이야기까지 다 말씀드렸어. 이야기를 듣고 나더니 "허, 천생 그 선비가 과거에 급제할 운이다."

하면서 사람을 시켜 그 선비를 찾아오랬어. "이 처녀 덕분에 과거에 급제했으니, 장가들어 잘 살아라" 하면서 결혼시켰어. 둘이 잘 살았다고 해.---『구비문학대계』 7-3, 311쪽.

⑥ 매몽급제에 얽힌 이야기

* 할아버지의 꿈에 집 뒤뜰 담장 밑 옹달샘에서 작은 용 한 마리가 하늘로 오르는 것을 본 후에 큰손자에게 물을 떠 마시라고 했으나 거절을 하고, 시킨 대로 물을 마신 작은 손주가 급제하고 있다.

* 술독에서 용이 올라가는 꿈을 꾼 주모가 선비들에게 직접 떠 마시라고 함으로써, 자신의 수고로움을 마다하지 않고 직접 술을 퍼마신 선비가 용꿈을 물려받고 급제하고 있다.

5) 불합격의 꿈 사례

합격에 대한 꿈의 사례를 역(逆)으로 생각해 살펴보면 된다. 꿈의 표상전개가 좋지 않게 전개되고 있다.

* 이빨이 몽땅 빠진 꿈
* 적에게서 도망치는 꿈
* 친한 사람의 청혼을 피해 달아나는 꿈
* 동물을 잡으려다 놓치는 꿈
* 얻었던 물건을 잃어버리는 꿈
* 새 신발을 신었다가 잃어버리는 꿈
* 높은 곳에서 버티다가 미끄러져 떨어지는 꿈
* 큰 항아리를 만지자마자 와르르 깨진 꿈
* 산에서 스키를 타고 내려오는 꿈
* 꽃바구니를 살려다가 없다고 못산 꿈
* 그릇에 무엇인가를 담아가다 엎지른 꿈
* 쓸쓸하거나 암울한 분위기의 자연배경 꿈
* 푸른 배추밭이 순식간에 시드는 꿈
* 불이 타다가 꺼지는 꿈

* 오디션에서 불합격하는 꿈
* 보물찾기에서 보물을 찾지 못하는 꿈
* 전쟁이 나서 피난을 가는 꿈
* 미끄러지거나 넘어지거나 구르는 꿈
* 답안지를 쓰려는데 연필이 없는 꿈
* 바닷가 섬에 밀물이 밀려와서 되돌아오는 꿈
* 개울물을 못 건너 승용차를 타고 돌아가는 꿈
* 선물을 거절당하는 등 자신의 뜻대로 하지 못한 꿈

6) 불합격의 꿈해몽 요약

① 미끄러져 넘어지는 꿈

시험이나 연애 등에서 실패하게 된다. 일반적인 상징에서, 직위·신분·명예 등이 몰락하는 일로 이루어진다.

② 빙판에 미끄러지는 꿈

계획하고 추진시키는 일이나 소원이 성취되지 않거나 신경통 같은 병을 앓게 된다.

③ 미끄러운 빙판을 조심스럽게 걸어가는 꿈

침체된 사업을 어렵게 타개해 나가는 것을 상징한다. 취직·진급·입학·전직 등에서 어려운 처지에 놓인다. 그러나 무난히 건너면 어떤 일이든지 성취된다.

④ 답안지를 쓰려는데 연필이 없는 꿈

시험·취업 등에 불합격한다. 일반적인 꿈에서는 어떠한 일거리 대상에 준비가 되지 않아 착수하지 못하는 일로 실현된다.

⑤ 보물찾기에서 보물을 찾지 못하는 꿈

시험 등에서 탈락한다. 일반적인 상징으로 성취를 이루지 못하게 되며, 취직·진급·선거 등에서 탈락한다.

⑥ 보리밥이나 잡곡밥을 하는 꿈

쌀밥을 해서 대통령 등 윗사람에게 접대하는 꿈이 좋다. 시험이나 현상 응모에서 낙선된다.

⑦ 동물을 잡지 못하는 꿈

시험에서 낙방 등 성취하고자 하는 것을 이루지 못하게 된다. 계획한 일이 수포로 돌아가거나 명예나 권세 또는 재물 등을 얻지 못한다.

⑧ 사막 중간에서 길을 잃고 헤매는 꿈

어려운 처지에 놓이게 됨을 상징한다. 수험생의 경우라면 낙방하는 일로 이루어진다.

⑨ 경찰관에게 쫓긴 꿈

쫓기는 꿈은 어떠한 권세나 세력권에서 이탈하는 것을 상징한다. 학생인 경우에 시험에 낙방하며, 구직자는 취직에 실패하게 된다.

⑩ 경찰을 피해 개구멍으로 도망 나온 꿈

무엇인가 잘못하였다고 경찰이 자기를 잡으려고 뒤쫓아 오기에, 도망쳐서 높은 담 밑의 개구멍 사이로 기어 나온 꿈을 꾼 수험생은 입학시험에서 낙방하고 말았다. 이때의 경찰은 대학 당국을 상징하고 있으며, 높은 담장 밑을 기어 나온 것은 그 학교 합격권을 빠져나온 일이다. 다만, 이 경우에서도 경찰로 표상되는 상징 대상이 항상 일정한 것은 아니다. 처한 상황에 따라서 다른 일로 실현될 수도 있다.

⑪ 전쟁이 나서 피난을 가는 꿈

시험, 경쟁 등에서 잘되지 않거나 실패한다. 일반적으로 사업의 진행이나 기관에 청탁한 일이 이루어지지 않게 된다.

⑫ 지진이 나서 산정으로 피난을 갔는데 그곳에 보트가 있어 탔으나, 물은 산 밑에서 밀려오고 있었던 학생의 꿈

다음 기회에 학교에 입학하는 것으로 실현되었다.

7) 불합격 꿈 실증사례

① 괴한에게 쫓기다가 절벽에서 떨어지는 꿈

시험 당일 새벽에, 괴한에게 쫓기다가 절벽에서 떨어지는 꾸고 시험에 떨어졌지요.---
은은달빛

② 군인에게 쫓겨 도망친 꿈

군인들이 떼 지어 자기를 잡아 죽이려고 뒤쫓아 온다. 혼신의 힘을 다하여 도

망쳤더니, 그들은 더 이상 쫓아오지 않는다. 이런 꿈은 취직·입학시험에 불합격되거나, 관청에서 서류 미비 등으로 어떤 일의 인허가를 얻지 못한다.

③ 동물이나 상대방을 쫓아가지만 잡지 못한 꿈

동물이나 누군가를 잡으려 하다가 붙잡히지 않아 애만 태우다 꿈이 끝나 버렸다면, 그는 미래의 현실에서 어떤 일의 성과를 얻으려고 노력하지만 그 일은 성사되지 않고 미수에 그쳐 버린다. 꿈속에서는 목적하는 일을 손아귀에 잡을 수 있어야 크게 좋은 꿈이다.

④ 페인트 깡통에 못과 쇠붙이를 가득 담아서 가다가, 한쪽 끈이 끊어지면서 못과 쇠붙이가 모두 땅에 쏟아진 꿈

자신의 뜻대로 이루어지지 않게 된다. 현실에서는 미용면허 기능시험을 보러 가던 전날에 꾼 꿈으로 시험에 불합격하게 되는 일로 현실화되었다.

⑤ 날다가 떨어지는 꿈 → 면접에 낙방

꿈속에서 저는 하늘 높이 날았습니다. 그러던 중 갑자기 내 몸이 점점 밑으로 내려가는 것입니다. 그래서 전 떨어지지 않으려고, 하늘 높이 솟아 있던 큰 기둥에 걸터 서서, 떨어지지 않기 위해 안간힘을 다했습니다. 그렇게 기우뚱기우뚱하면서 떨어지려다가, 겨우 한 발로 기둥 위에 서 있다가 그만 깨어나고 말았습니다. 그 후 저는 면접을 보았고, 그 회사에 떨어지고 말았습니다.

⑥ 아들을 끌어올리지 못한 꿈 → 시험에 낙방

꿈에 제가 2층집 지붕꼭대기에 올라갔는데, 옆을 보니 어느 한 아주머니도 있더군요. 지붕꼭대기에서 땅에 있는 아들 손목을 잡아야만 지붕 위로 끌어올리는데, 손이 아들과 닿지를 않아 끌어올리지 못하고, 옆에 있는 아주머니는 아들을 끌어올리고, 나는 못 올리고 안타까워하다가 깨고 보니 꿈이더군요.

⑦ 검은 구름과 천둥·번개의 꿈, 섬에 가지 못한 꿈 → 시험 낙방

어떤 학교 옥상에 올라가려는데 주변은 마른 나무와 어린 풀들이 무성했다. 그리고, 여기저기 분비물이 널려져 있었다. 옥상으로 올라간 나는 하늘을 바라보았는데, 저 멀리서 검은 구름이 몰려오더니, 내 머리 위에 머물고는 바람을 일으키는 것이 아닌가. 천둥과 번개가 치더니 비가 왔다. 어머니께서도 꿈을 꾸셨는데, 바닷가에 섬이 있는데 썰물 때만 갈 수 있는 곳이었단다. 어머니께서 거의 다 그 섬에 다가설 무렵, 저 멀리서 밀물이 밀려와서 되돌아오셨단다.

⑧ 푸른 배추밭이 순식간에 시드는 꿈, 불이 타다가 꺼지는 꿈 → 불합격 예지

56살의 주부입니다. 8년 전에 막내딸이 학력고사를 치른 직후, 넓고 푸른 배추밭이 순식간에 시드는 꿈을 꾸고, 기분 나쁜 가운데 불합격 통지를 받고 재수하게 되었습니다. 이듬해 학력고사를 치른 후 꿈을 꾸었는데, 아궁이에 불이 활활 타다 갑자기 시커멓게 꺼지는 꿈을 꾸고, 또 불합격될 줄 미리 알았습니다. 결국 중상위 성적이었던 딸은 전문대학을 택하고 말았습니다. 이 모든 꿈이 지금도 선명하게 저의 뇌리에서 사라지지 않습니다.

⑨ 급류에 휘말리는 꿈 → 시험에 낙방 예지

언니와 어디를 가는 중이었는데, 큰비가 와서 강이 넘칠 듯했습니다. 갑자기 언니가 급류에 휘말렸는데요. 떠내려가지 않고 로터리처럼 빙빙 급류에 돌고 있었습니다. 조카가 재수 중이었는데요. 수능시험을 아주 잘 봤답니다. 전체 문제에서 두 개 정도 틀렸다고 들었는데, 문과에서 이과로 교차 지원해서 한의대에 지원했는데 떨어졌다고 하네요. 물이 맑은 것은 시험성적이고, 로터리 급류를 타고 빙빙 돈 것은 아마 나아가지 못하고, 또 재수하려고 그랬나 봅니다.---동이, 2010. 02. 25.

⑩ 선물을 거절당한 꿈 → 대학 낙방

대학시험에서 떨어질 때 꿨던 꿈입니다. 꿈에서 반 친구들과 밤나무길을 걷고 있었어요. 잘 익은 알밤들이 길에 잔뜩 떨어져 있기에 주웠지요. 그런데 친구들이 그 주운 밤을 우리를 인솔하던 선생님께 드리는 거예요. 그래서 저도 정성스럽게 밤을 닦고 까서 선생님께 드렸는데, 선생님이 제 밤을 받으시더니, "네 밤은 나중에 됐다가 먹을게." 하시는 거예요. 그리고 깼는데, 이후에 대학에 떨어졌고 재수를 하게 됐어요.---아난다, 2009. 11. 15.

⑪ 엘리베이터가 밑으로 떨어진 꿈 → 대학 낙방

꿈에서 신발을 사러 가게에 갔어요. 가게는 2층에 있는 가게였는데, 마침 맘에 드는 신발이 있길래 계산을 하려고 했죠. 그런데 지갑에 돈이 없는 거예요. 그래서 돈을 뽑아와야겠다 싶어서, 점원에게 "ATM기가 어딨냐"고 하니까 1층에 있다고 하더라고요. 그래서 엘리베이터를 타고 1층 버튼을 눌렀는데, 그때 밑으로 확 떨어지는 기분이 들면서 꿈에서 깼어요. 그때 느낌이 마치 롤러코스터가 밑으로 떨어질 때처럼 소름 돋는 느낌이라, 깨고 나서도 '아! 떨어지겠구나' 했는데, 마침 다음 날 합격자 발표가 났고 떨어졌었어요.---아난다, 2009. 11. 20.

⑫ 모르는 문제만 있던 꿈 → 불합격 꿈

시험장에 헐레벌떡 늦게 도착하여 다행히 자리에 앉았는데, 시험지를 받아든 순간 앞이 캄캄하고 정말로 어렵고 모르는 문제만 있었어요. 그런데 학원선생님이 시험감독이셨는데, 힌트를 주려고 하시다가, "공부 좀 더하지~"하시며, 그냥 가시데요. 얼마나 난감했는지…….

⑬ 차가 땅속으로 꺼진 꿈 → 불합격 꿈

작년에 대학원 입시준비를 하던 중 꾼 꿈입니다. 시험 보기 바로 전 날, 꿈에서 저는 어느 시골길에서 운전을 하고 있었습니다. 길은 포장도로가 아닌 흙밭이었죠. 순탄하게 운전을 하여 잘 가고 있었는데, 갑자기 길이 늪으로 변하더니, 자동차가 땅속으로 꺼졌습니다. 물론 저도 그 차 안에 있었죠. 그래서 가던 길을 더 이상 가지 못했습니다. 꿈에서 죽거나 하지는 않았는데, 이 꿈을 꾸고 일어나니까 기분이 영 아니더라고요. 그 날 전 학교에 가서 시험을 보았죠. 일주일 후에 결과가 나왔는데, 예상대로 전 불합격이었어요.

⑭ 버스를 타지 못한 꿈

저는 작년에 버스 못 타는 꿈 꾸고 떨어졌어요. 버스타면 합격하는 꿈이라더니, 꿈에 버스 세 대에 사람이 꽉꽉 타고 있는데, 저랑 몇몇이 버스 못 타고 발 동동 구른 꿈이었어요.---나비알

⑮ 이름이 합격자 명단에 없는 꿈

입사 시험을 치르고 불합격한 사례가 있다. 이 경우에, 사실적인 미래투시의 꿈으로 보아야 할 것이다.

⑯ 구렁이가 껍질만 있던 꿈 → 취업에 불합격

저희 오빠는 취업 준비를 하고 있었습니다. 학원에 다녔기에 학원에서 연락이 오기를 기다리고 있었습니다. 어느 날 꿈에 얼마나 크던지 구렁이 두 마리가 산에서 내려오는 저를 쫓아오는 것이었습니다. 시골 우리 집까지 쫓아온 구렁이는 저희 집 마당에서는 꿈쩍도 하지 않는 거예요. 가까이 다가가서 자세히 보니, 구렁이는 속이 텅 비어 있는 채, 껍질만 남아 있었습니다.

다음 날 오빠에게 학원에 연락을 해보라고 했습니다. 꽤 괜찮은 직장 두 군데에서 연락이 와서 면접을 보았습니다만, 합격하지 못했습니다.

이 경우, 구렁이는 재물·이권·권리를 상징하고 있다. 큰 구렁이이기에 좋은

여건의 직장이 될 것임을 예지해주고 있다. 두 마리가 쫓아왔듯이 두 군데서 연락이 왔지만, 속이 텅 비어 있는 껍질뿐이었기에 실속 없는 불합격을 상징하고 있다.

⑰ 벼랑에 매달려 있던 꿈 → 운전면허 시험에 불합격

　　제가 운전면허 시험을 보기 전날의 꿈이었습니다. 제가 서 있는 곳은 벼랑 위였고, 저는 여러 사람들 틈에 있었습니다. 그리고 벼랑 끝에는 어떤 사람이 있었습니다. 그 사람은 제 주위에 있는 한 사람 한 사람씩 벼랑 아래로 떨어뜨리고 있었습니다. 그리고 제 앞에 있는 어떤 여자 또한 벼랑 아래로 떨어뜨리려 하고 있었습니다. 저는 그 여자를 구해야 한다는 생각에 그 여자의 다른 한팔을 붙잡고 있었습니다. 그 사람은 그 여자를 포기하고, 이번에는 저를 벼랑 아래로 떨어뜨리려 하는 것이었습니다. 저 또한 떨어지려 하지 않으려고 발버둥을 쳤습니다. 그날 운전면허 시험에서 저는 합격을 하지 못했습니다. 그리고 제 앞에 있던 여자 또한 불합격이었습니다.

여자가 절벽에서 떨어지지 않은 꿈은 다행으로 실현되어야 할 터인데, 이상하게 불합격한 것으로 말하고 있다. 이 경우, 위태로움에 처한 표상이 좋지 않음으로 보아야 할 것이다.

⑱ 합격하는 꿈 → 간절한 소망 표출의 꿈

　　저는 합격하는 꿈을 꾸고 기분이 너무너무 좋았는데, 떨어졌어요. 꿈은 반대더라고요.---희망

꿈은 반대가 아니다. 자신의 간절한 바람이 꿈으로 영상화되고 표출되는 경우가 있다. 복권에 당첨되는 꿈을 수많은 사람이 꾸었다고 하지만 이 경우에도 자신의 현실에서의 간절한 바람이 꿈으로 표출되어, 꿈을 통해 대리만족을 얻게 해주는 것으로 보아야 할 것이다.

이와 유사한 사례를 살펴본다.

* 관복을 입은 아들의 꿈 → 공무원 시험을 앞에 두고 있는 아들을 둔 어머니의 꿈이다. 꿈에 자기 아들이 관복을 입고 있는 꿈을 꾸었는데, 분명히 합격할 몽조라고 기뻐하였다. 그러나 사실은 불합격하였다. 소원 성취의 전이었다.(글: 박성몽)

* 등산을 일 등한 꿈 → 승진 시험을 앞둔 직장인의 꿈이다. 평소에 휴일이면 등산을 즐기는 분인데, 꿈을 꾸니까 자기가 등산 대회에서 일 등을 하였기 때문

에, 이번 승진 시험에서 틀림없이 합격할 것이라고 자신하였다. 그러나 사실은 실패하였다. 소원 성취가 꿈속에 전이된 현상이다.(글: 박성몽)

⑲ 오디션에서 불합격하는 꿈 → 방송국에 보낸 편지가 방송되지 못함.

　　꿈에서 제가 어떤 방송국에 오디션을 보러 갔습니다. 심사위원 몇 명이 앉아있는 앞에서 연기도 하고 노래도 하고 별별 것을 다했습니다. 나름대로 자신에 차 있는 상태로요. 저의 순서가 끝난 뒤, 한 심사위원이 저에게 이러저러한 점이 훌륭하고 어쩌고 하며 극구 칭찬을 하기에 저는 합격한 줄 알고 좋아했죠.

　　그런데 그는 딱 한 가지 무슨 문제가 있어서 나를 뽑을 수 없으니, 미안하지만 다음 기회를 이용해달라는 것이었습니다. 저는 몹시 실망해서 집으로 돌아왔습니다. 꿈은 이것으로 끝났습니다. 그런데 실제 그날 낮에 한 방송국으로부터 전화가 왔습니다. 몇 주 전에 제가 한 라디오 프로그램 앞으로 상품에 눈이 어두워 편지 한 장을 써 보낸 게 있는데, 오늘 오후에 방송될 예정이니 들어보라는 것이었습니다.

　　저는 뛸 듯이 기뻐 식구들, 친구들에게 다 알리고 방송이 시작되기만을 기다렸습니다. 그런데 방송 1시간 전쯤 다시 전화가 왔습니다. 오늘 DJ분이 몸이 안 좋아 못 나오게 되었다며, 제 편지는 그 분이 돌아오면 그 때 나올 것이라며, 그리 오래 걸리지는 않을 거라더군요. 저의 실망은 이만저만이 아니었죠. 그러나 1주일 후 그 DJ가 돌아왔지만, 저의 편지는 끝내 읽히지 않았습니다. 정말 열 받더군요.

　꿈의 상징 기법이 어떻게 전개되는지를 살펴볼 수 있는 좋은 꿈 사례이다. 또한 '꿈은 미래를 예지해준다'는 극명한 사례이기도 하다. 꿈은 꿈을 꾼 사람이 처한 상황에 따라 이루어지고 있다. 하지만 무언가 이루어지려다 이루어지지 않을 것임을 꿈을 통해 보여주고 있다. 오디션을 받는 꿈에서 다음 기회를 이용해 달라는 부탁의 말대로 현실에서 방송되지 않는 현실로 실현되고 있다.

　꿈은 반대가 아니다. 꿈해몽의 1차적인 요소는 상징 표상과 비유·암시 표현의 이해에 있다. 또한 사소한 사건이나 일의 예지일수록, 그러한 상징이나 비유·암시의 표현 기법은 그다지 난해하게 전개되지는 않는다.

　즉, 커다란 사건이나 일일수록 꿈의 상징성은 난해하게 전개되어 쉽게 그 꿈의 의미를 알아낼 수 없는 경우가 대부분이며, 실제 그 일이 현실에서 일어났을 경우에 그 꿈의 의미를 이해하게 되는 경우가 대부분이다. 다른 사람의 꿈 사례이다. 노래자랑 대회에서 동상을 수상받는 꿈을 꾼 사람이 있었다. 무슨 좋은 일이 있으려나 기다리고 있으려니, 얼마 전 방송국에 보낸 엽서가 3등에 당첨되었다는 통보가 오는 일로 실현되고 있다.

6 승진, 취업, 성취, 실직

1) 취업·성취에 관한 꿈에 대하여

앞서 살펴본 바 있는 좋은 상징 표상 및 좋은 표상의 전개를 보이는 다양한 합격의 꿈 사례가 처한 상황에 따라 취업이나 승진 및 성취를 이루는 일로 실현될 수 있다. 또한 로또(복권) 당첨이나 주식에서 대박, 뜻밖의 유산을 물려받는 등 재물이나 이권을 얻게 되는 일로 실현될 수 있다. 한편 가임여건에서 태몽으로 실현되기도 한다.

예지적 꿈에 있어서 성취나 취업이 있기 전에 밝은 꿈으로 예지해주고 있다. 반면 실직이나 좌절이 있을 경우에도 음울하거나 좋지 않은 표상전개의 꿈으로 예지해줌으로써 마음의 준비를 하게 해주고 있다.

꿈의 언어인 상징을 이해하는 데 있어 가장 좋은 방법인 실증적인 사례에 역점을 두어 살펴본다. 우리가 이러한 실증적 꿈 사례를 살펴보는 것은, 꿈의 상징 작업이 각 개인에게 저마다 다르게 전개되지만, 그 상징 기법에는 유사성과 보편성이 있기 때문이다. 따라서 요즘 사람들의 꿈 사례를 비롯하여, 선인들과 외국의 실증사례 등도 참고할 만하다. 꿈해몽의 시작은 이러한 실증사례에 대한 이해부터 시작되어야 한다. '아는 만큼 보인다'는 말이 있는 것처럼, 얼마나 많은 실증사례를 알고 있는가와 꿈의 상징 기법에 대한 이해도에 따라 보다 올바른 꿈해몽을 할 수 있다.

2) 취업·성취에 관한 꿈해몽 요약

대체로 이사 가는 꿈은 상징적인 꿈의 경우에 전직하거나 회사를 옮기게 되는 일로 실현되고 있다. 어떠한 곳에 자리가 비워져 있는 꿈은 그곳으로 자신이 가게 됨을 예지해주고 있으며, 어떠한 곳을 멀리 돌아서 가는 꿈은 장차 승진하는 데 있어 시일이 걸리게 됨을 예지한다. 순찰하는 꿈은 생소한 지방으로 근무처를 바꾸거나, 외근에 종사하게 되는 것을 의미한다. 또한 감옥에 가는 꿈은 강제적인 합숙을 하는 연수에 참가하게 되거나, 행동에 제약을 받는 기관·단체·회사에 소속됨을 뜻한다. 새로운 모자나 옷을 입는 꿈은 취직이나 직책 변동 등 신분의 변화가 일어나게 된다. 이 경우에 모자나 옷을 잃어버리는 꿈은 직장에서 실직하게 되거나, 협조자나 방도를 잃게 된다.

다음의 여러 사례들은 처한 상황에 합격이나 승진 등으로 실현될 수도 있다. 또한 로또(복권) 당첨 등 재물이나 이권을 얻는 일로 실현될 수도 있다.

① 나무에 오르는 꿈

진급·승진·입학 등의 일이 이루어지거나, 권력자에게 의뢰해서 어떤 일을 성취하게 된다.

② 사다리를 벽에 세워놓고 올라가는 꿈

성취를 이루게 되어, 승진·진급·진학 등으로 이루어진다.

③ 사다리를 통해 지붕에 오르는 꿈

진급이나 윗선과의 거래가 성립되고, 창문으로 들어가면 협조자·협조기관 등에 의해서 소원이 성취된다.

④ 전주나 장대에 기어오르는 꿈

자신이 목표한 바를 이루게 되는 일로 이루어진다. 승진이나 진급, 결혼의 성사, 합격이나 취직 등으로 실현될 수 있다.

⑤ 강을 헤엄쳐 건너는 꿈

성취를 이루게 되어, 진급·승진·입학 등으로 이루어진다.

⑥ 담배나 라이터 등 물건을 얻는 꿈

새로운 이권이나 권리를 얻게 된다. 사업·취직·진급 등에서 좋은 결과가 이루어지게 된다.

⑦ 이발소에서 머리를 새롭게 깎는 꿈

진급·전직되거나, 신분이 새로워진다. 일반적으로 새로운 행동을 실행에 옮기는 일로 이루어진다.

⑧ 작은 동물이 점점 변해서 호랑이가 되는 꿈

미천한 직위나 신분에서 높은 직위나 신분으로 나아가게 된다. 사업의 번창이나 권세가 점차 크게 강화되는 일로 실현된다.

⑨ 동물을 죽이는 꿈

동물로 상징된 이권이나 재물을 얻게 된다. 관직에서 승진되거나 소원이 이루어진다.

⑩ 의자에 앉는 꿈

상대방 의자에 자신이 앉는 꿈은 조만간 그 직위를 이양받는다. 반면에 자신의 의자에 누군가 닿는 손을 보면, 자신의 지위를 빼앗으려는 사람이 있게 됨을 예지한다.

⑪ 산 위에 오르는 꿈

산정(山頂)을 올라선 꿈은 자신의 성취를 이루어내는 길몽이다. 시험에 합격, 진급·명예·권세 등에서 자신의 뜻을 이루게 된다.

⑫ 경기, 게임 등에서 1등을 하는 꿈

자신의 성취를 이루게 된다. 경쟁자를 물리치고 승진·진급하게 되며, 명예를 얻게 된다.

⑬ 얼음 위에서 스케이트를 잘 타는 꿈

사업의 경영이나 학문 연구 등에서 어떤 일이 잘 추진된다. 직장에서 승진·진급하게 되며, 시험에 합격하는 일로 이루어질 수 있다.

⑭ 상관에게 결재 도장을 받는 꿈

윗사람에게 인정을 받아 성취를 이루게 되며, 처한 상황에 따라 진급이나 승진으로 이루어지며, 사업의 진행에서 좋은 성과를 얻는다.

⑮ 모자나 옷을 새롭게 얻는 꿈

신분이나 직위가 새로워지고, 명예가 높아진다. 일반적인 경우에 협조자를 얻게 된다.

⑯ 모자를 태우거나 찢기는 꿈

현재의 직위나 신분·명예에 있어 어려운 상황에 처하게 된다.

3) 취업·성취에 관한 실증사례

(1) 취업·승진·성취에 관한 실증사례

① 몇 년 뒤 자신의 취업을 꿈속에서 본 꿈 → 실제 취업의 미래투시 꿈

"꿈체험담입니다. 고1인가? 꿈을 꿨는데요. 제가 유니폼을 입고 컴퓨터 앞에 앉아서 일하고 있는 거 아니겠어요? 그때는 제가 그 앉아있는 상황이 아니었고, 제3자로 제 모습을 보고 있는 상황이었는데 잠에서 깨고 나서도, '그 꿈은 실제로 일어날 꿈이구나' 하는 생각이 들었어요. 몇 년 후 꿈에서 제가 있던 사무실과 똑같은 곳에서 똑같은 일을 하고 있는 것으로 실현되었습니다."

꿈에서 본 그대로 이루어지는 미래투시 꿈의 극명한 사례이다.

② 백발노인이 선물을 주는 꿈 → 취직

백발노인이 작은 사각형 상자를 주면서 "선물이야"라고 하는 꿈을 꾼 후에 선배로부터 선배 회사에 면접 보러 오라는 전화를 받고 취직이 되는 일로 실현되고 있다.

③ 외국 대통령과 비행기를 동승한 직장인의 꿈

자기 회사와 버금가는 어떤 회사의 사장이 발탁하여 그곳으로 영전하였다.

④ 구멍가게에서 과일을 사 먹고 5백 원을 지불한 꿈

현역 군인의 꿈으로, 다른 부대에서 5개월간 출장 근무하는 일로 실현되었다.

⑤ 누런 된장을 담그는 꿈

남편이 사업도 잘되고, 자금도 원활히 돌아가는 일로 실현되었다.

⑥ 큰 집이 작은 집보다 가깝게 있는 꿈

큰 기관, 본사 등으로 전근하게 되는 일로 실현되고 있다.

⑦ 큰 문을 당당히 열고 들어가는 꿈 → 취직

"취업을 앞두고 있었는데, 주변 상황이 여의치 않았다. 그러던 어느 날 꿈을 꾸었다. 어느 건물로 들어갔는데, 불빛이 환하고 앞에 큰 문이 있었다. 갑자기 문이 저절로 열리어 그곳으로 들어가게 되었다. 들어가는 순간에도 아무런 거리낌 없이 당당하게 걸어 들어가는 꿈이었다."

⑧ 큰형에게 붙잡힌 꿈 → 큰형 소개로 취직

큰 형이 나를 잡으러 쫓아오고 나는 열심히 도망쳤는데 결국은 붙잡혔다. 나를 붙잡은

큰 형이 나를 어르기도 하고 달래기도 하면서 나를 데리고 아버지 앞으로 갔다. 아버지가 나를 잡아 오라고 해서 그러는 것이라고 했다. 그런데 그때 나를 보니, 내가 양다리에 부목을 대서 그 부목을 짚고 가고 있었다. 목발과 같은. 집에 와서 방안을 보니 많은 식구들의 식사가 다 끝난 밥상 위에 내 밥이 남아 있었다.

자신 몫의 밥이 남아 있다는 것이 좋은 표상이다. 자신의 이권이나 권리를 얻게 되는 일로 실현된다. 현실에서는 큰 형의 소개로 한 복지관의 사무국장으로 입사하는 일로 실현되었다.

⑨ 노래자랑 대회에서 동상을 수상받는 꿈 → 방송국에 보낸 엽서가 3등에 당첨되다. 김○○ 주부님의 꿈이야기이다.

꿈에 전 TV에 출연하게 되었지요. 지금도 일요일이면 방송되는 전국노래자랑이라는 프로였습니다. 전 열심히 최선을 다해 노래를 불렀답니다. 심사결과 금상과 은상이 호명되고 동상이 남아있는데, 전 너무나 허탈한 나머지 무대를 막 내려오려는데, "동상은 김도화 씨"하고 호명을 하는 것이었답니다. 그런데 이상한 것은 상품을 주는 사람은 3년 전에 돌아가신 저의 친정아버지셨습니다. 옆에서 상품을 건네주는 사람은 지금 시골에 사시는 친정 오빠였고요. 그래서 전 나름대로 좋은 꿈으로 해석하고, 기분 좋게 복권을 5장 샀는데 모두 '꽝'이었죠.

가게를 마치고 집에 돌아오니, 소포가 집에 배달되어 있더군요. 소포를 뜯어보니 얼마 전 방송국에 보낸 엽서가 3등에 뽑혀, 그 상품이 배달되어 온 것이었답니다. 그날 이후 전 꿈을 더욱더 믿게 되었답니다. 가끔 전 꿈을 꾸고 나면 그것을 기록하는 버릇이 생겼답니다.

꿈에서 방송국 노래자랑에 동상을 받은 것이 현실에서는 방송국에 보낸 엽서가 3등에 뽑히는 현실로 실현되고 있다. 꿈속의 상징 표상은 비록 굴절되고 변형되어 보여주지만, 미루어 짐작해보면 현실에서 일어날 일과 관련을 맺고 있음을 알 수 있다.

⑩ 사무실로 무사히 들어가는 꿈 → 취직

내가 내 사무실을 들어가려고 하는데 문이 잠겨 있어 못 들어가고, 그 위에 있는 작은 쪽 창문을 타 넘고 가려고 했으나 아무리 해도 안 되었다. 그때 젊은이 몇 명이 오더니, 가구 같은 것을 밑에 놓아주고 나를 붙잡아 주는 등으로 나를 도와주었다. 그래서 나는 편안하게 내 사무실로 들어갔다. 달포 뒤에 취직하는 일로 실현되었다.

⑪ 문을 열어준 꿈 → 취직

산속의 동굴 같은 곳에서 아내와 함께 바깥으로 나가려고 했다. 여러 어려운 과정을 거쳐 마지막 철문에 도착했는데, 그 문이 완벽하게 막혀 있어 나갈 방법이 없었다. 나는 철문을 기어올라가보기도 하고 온갖 애를 다 써 보았으나 허사였다. 그런데 그때 경비원 같은 사람이 나타나더니, 그 문을 열어주었다. 나오니 어둑어둑한 새벽녘의 10차선대로가 나타났고, 차량과 사람들은 아무도 없었다. 몇 달 뒤에 좋은 조건으로 선배의 회사에 입사했다.

⑫ 돼지에게 밥 주는 꿈 → 취직

시골집에 제가 창문을 열어놓고 창밖을 보고 있었어요. 창밖의 풍경은 아주 큰 돼지우리였답니다. 돼지들이 꿀꿀거리며 노는 모습을 흐뭇하게 지켜보고 있는데, 저 멀리 여동생과 여동생의 친구가 걸어가고 있었어요. 그래서 여동생에게 돼지들 밥 좀 주라며 시켰지요. 여동생과 친구가 돼지들에게 밥을 열심히 주더라고요. 그 꿈을 꾼 뒤 여동생에게 "좋은 일 없냐?"며 물었지만, 별로 좋은 일 없다고만 하더라고요.

두어 달 뒤에 여동생과 여동생 친구가 같은 직장에 취업했답니다. 제 꿈 덕이라며, 꿈값 내놓으라고 며칠간 닦달하여 삼겹살 얻어먹었네요.---들꽃향기, 2009. 04. 15.

⑬ 연예인에게 과외받는 꿈, 갖고 싶던 인형을 갖는 꿈 → 취직

지금 다니는 곳에 취업하기 전에 꾼 꿈은, 소녀시대 제시카와 대화를 나누다가 제시카가 저에게 영어과외를 해 준다고 해서 서로 영어로 대화를 나누는 꿈이었고요.

사실 여기 취업하기 전에 다른 데도 합격했었는데, 별로라서 안 들어갔거든요. 거기 합격하기 며칠 전에 꾼 꿈입니다. 4~5명의 사람들이 엄청나게 큰 돼지를 잡기에, 그걸 보다가 지나쳐 오는 꿈과 캐비닛을 열어서 갖고 싶던 인형을 안는 꿈이었어요.

⑭ 할머니가 일러주는 꿈(풍요로움) → 취직

세상이 온통 하얀 눈에 뒤덮였는데, 하얀 할머니랑 저랑 딸아이랑 같이 걸어가고 있었어요. 그런데 그 할머니가 지팡이를 짚는 곳마다 구멍이 뚫렸어요. 제가 걱정이 돼서, "할머니 구멍 뚫는 곳이 속이 텅텅 비어있어요?" 했더니, "걱정 말고 따라오라"고 하시더라고요. 그래 그렇게 같이 걸어가는데 화장실을 지나 돌아서시더니, 마늘을 던져주시면서 쪽을 내라고 하시더라고요. 쪽을 내는 대로 구멍이 메워질 거라고 하셔서 마늘쪽을 냈더니, 정말 구멍이 메꿔지더라고요. 밭엔 하얀 눈 위로 부추가 새파랗게 예쁘게 자라고 있었고요. 이 꿈을 꾸고 딸아이 졸업 전에 바로 취업했고요.---라일락향기, 2009. 04. 17.

제 V 장 실증사례별 분류

⑮ 대통령과 같이 지낸 꿈 → 취직

　　노무현 대통령과 함께 비행기를 타고 어디를 가서, 한 방에 투숙하여 같이 밥을 먹고 같이 누워 자는 꿈이었다.

대통령이나 귀인을 만나는 꿈은 좋은 일로 실현된다. 실직한 상태에서 직장을 얻는 일로 실현되었다.

⑯ 상복을 입고 문상객을 배웅하는 꿈 → 취직

　　큰 무덤 앞에서 내가 상복을 입고 돌아가는 문상객들에게 "아버님 어머님 안녕히 가세요."라고 하며 배웅하는데 햇빛이 유난히 밝고 온화한 분위기였다. 몇 달 뒤 회사에 취직하게 되었으며, 입사한 회사의 사장님이 실제 아버지뻘 선배였다.

⑰ 아는 사람(지인)들이 꿈에 나타난 꿈 → 승진으로 실현

　　"이전 근무하던 직장의 같은 팀 사람들이 꿈에 나왔는데, 그 중 일반 사원이었던 딱 5명만 나오더군요. 꿈에 나오지 않았던 직원과 통화를 하면서, 그 5인의 이름을 알려주며, "혹시 그들에게 무슨 일이 있지 않냐?"고 했더니, 그 사람들만 모두 대리로 승진했더랍니다. 가끔 좋아하는 사람들이 꿈에 나오면, 그들에게 좋은 일이 생기더군요."

아마도 밝은 모습으로 나타났을 것이다. 어두운 얼굴로 나타날 경우에는 죽음 예지나 사건·사고 등으로 실현될 수 있다.

⑱ 풍요로운 배경의 꿈 → 남편이 대리로 승진됨

　　"며칠 전부터 꿈이 참 좋더라고요. 풍요롭고 좋은 것만 보여요. 맑은 강물에 물고기들이 떼를 지어 다니고요. 채소밭에 상추와 배추가 풍성해요. 상추도 따 먹을 수 있고, 배추도 김치를 담글 수 있게끔 크더라고요. 또 누가 옥수수를 사주겠다고 하면서, 따라오라고 하더라고요."

남편이 대리로 승진하게 되는 일이 일어나게 되었는바, 처한 상황에 따라 복권 당첨 등 재물이나 이권을 얻게 되는 일로 실현될 수 있다.

⑲ 멧돼지를 따라 동굴을 벗어나 햇살로 나아간 꿈 → 가요계 진출
오래전의 꿈 사례이다.

　　"등산을 갔는지 어쨌는지 모르나, 나는 느닷없이 깊은 동굴 속에서 헤매고 있었다. 동굴을 벗어나기는 너무나 어려워 허둥거렸다. 그러나 갑자기 한 마리 멧돼지가 내 앞을 마구 달리기에 나도 그 뒤를 허둥지둥 따라 달렸더니, 어느새 동굴 밖 밝은 햇살 아래 나와 있었다. 이 꿈을 꾼 후에, 나는 간신히 가요계에 첫발을 내디딜 수 있었던 정말 희귀한 꿈이었다."---지다연

㉑ 느긋하게 솥 가득한 밥을 다 먹은 꿈 → 주연 배우로 데뷔

오래전의 꿈 사례이다.

> "영화 「그대의 찬 손」에 주연할 신인을 모집한다기에 응모했다. 1차 예선 합격이란 통지를 받은 날 밤에 밥솥에 가득히 차 있는 밥을 다 먹었다. 그것도 요즈음의 자그마한 솥이 아니라, 옛날 시커먼 무쇠솥이었다. 난 이 꿈에 일말의 기대를 했었다. 과연 최종 합격 때, 나와 유지인의 이름이 나란히 나붙었다."---방희

㉑ 어린애(아기)를 훈증기(가마솥)에 삶는 꿈 → 논문 통과 예지

> 제가 가진 해몽책에 3~4세의 어린애를 가마솥에 삶는 꿈은 논문이 당국에 통과하는 꿈이라고 되어 있는데, 실제로 제가 그 꿈을 꾸었습니다. 다른 점은 3~4세의 어린애가 아니라 거의 신생아였고, 가마솥이 아닌 인큐베이터처럼 생긴 훈증기였습니다. 그날 아침 너무나 끔찍한 꿈이라고 생각하였는데, 훗날 해몽책에서 발견하고 놀랐습니다. 사실 그때 대학원과 한 정부기관에서 논문이 나왔거든요.

어린애를 가마솥에 삶는다는 꿈은 어찌 보면 끔찍하지만, 어린애란 자신이 혼신의 힘을 기울이고 있는 어떤 대상 즉 논문이나 사업 등의 시초에 해당한다고 볼 수 있겠다. 이러한 대상이 가마솥으로 표현되는 기관이나 다른 사람들에 의해서 삶아지는 즉 검증을 받는 과정으로 상징화되었다고 볼 수 있겠다.

(2) 실직에 관한 실증사례

① 옷을 잃는 꿈, 화장품이 깨진 꿈, 웨딩드레스를 찢는 꿈 → 실직

> 이상하게 올해는 들어가는 회사마다 망하든가, 조건이 안 맞든가 해서 많이 나오게 됐거든요. 그때마다 제일 좋은 옷을 화장실에 놔두고 나와 버리거나, 화장품이 바닥에 떨어져서 깨진다거나, 결혼식장에 가서 웨딩드레스를 찢고 나와 버린다거나 하는 꿈을 꾸었어요. 꾸고 나면 믿기 싫어서, '아니겠지' 했지만, 1주일에서 3주일 사이에 꿈이 이루어지더군요.

이용자가 보낸 꿈체험기이다. 꿈은 반대가 아닌 상징 표상의 이해임을 여실하게 보여주고 있다. 이처럼 상징적인 미래 예지 꿈의 결과는 현실에서 반드시 이루어지는 것이 특징이다. 꿈은 장차 일어날 일에 대한 마음의 준비를 하게 해주고 있다.

② 옷을 잃어버린 꿈 → 남편이 실직됨

　　어떤 사람하고 승용차를 타고 울퉁불퉁한 산을 어렵게 내려오니 아스팔트가 나왔습니다. 차 안에서 보니 길가에 슈퍼가 있기에 내가 뭘 좀 사오겠다고 슈퍼로 들어갔습니다. 슈퍼 안이 썰렁한 게 물건도 별로 없었는데, 내가 웃옷을 벗어놓고 물건을 보니 살 게 없어, 나오려고 옷을 찾으니 옷이 없어졌습니다. 이 꿈을 꾸고 너무 찜찜하여 늘 마음에 걸렸는데, 거의 한 달이 되었을까 생각지도 않았던 남편이 직장을 나오게 되었습니다.---1996. 10. 15, 김○○.

　이 경우의 꿈에 있어서 꿈속에 나타난 울퉁불퉁한 길, 썰렁한 가게의 물건 등 어두운 표상으로 안 좋은 일이 일어날 것을 예지해주고 있다. 또한 결정적인 사건으로 썰렁한 가게에 옷을 잃어버린 꿈이 현실에서는 자신을 보호해주는 무엇인가를 잃어버리게 되어 실직되는 현실로 나타나고 있다. 이 경우도 꿈을 꾼 사람이 처한 상황에 따라서 다르게 실현될 수도 있다. 즉 시험에 응시한 수험생이라면, 시험에 낙방하는 결과로 나타날 수도 있다.

③ 화장품이 깨어진 꿈 → 회사에서 실직됨

　직장 여성의 꿈이다. 로션 병의 뚜껑을 여는데, 두 동강이로 깨어지는 꿈을 꾼 후에 회사가 부도가 나서 실직하는 일로 실현된 사례가 있다.

④ 직장에서 사용하는 가위가 부러진 꿈 → 실직

　　"실험실에서 일하는 동료가 사용하는 동물 수술용 가위의 한쪽 날이 뚝! 하고 부러지는 것이었어요. 그냥 살짝 떨어뜨리기만 했을 뿐인데요. 불길한 꿈의 예지대로 동료가 실직하는 일로 실현되었네요."

⑤ 낯선 남자가 항아리를 부수는 꿈 → 실직

　어느 주부의 꿈이다. 낯선 남자가 내 집에 무단침입해서는 거실에 둔 항아리 네 개를 박살 내는 꿈을 꾸었다. 딸이 다니던 회사가 문을 닫게 되어, 월급을 넉 달째 받지 못하고 실직하는 일로 이루어졌다. 항아리 네 개와 월급 넉 달 치를 연관시키기 바란다.

⑥ 과장이 돈을 마구 집어던지는 꿈 → 마지막 봉급을 타고 실직됨

　　"과장이 사무실의 책상으로 와서는 꼬깃꼬깃 접은 만원 지폐를 마구 책상 위로 던지는 꿈이었어요. 현실에서 과장으로부터 야단을 맞으며, 마지막 봉급을 타며 해고당하는 일로 실현되었어요."

⑦ 입에서 무언가를 토해내는 꿈 → 진급 누락으로 퇴직함

하사관으로 30여 년간 복무한 사람의 꿈이다. 철책을 붙잡고 하얗고 굵게 분수처럼 몸속의 액체를 입을 통해 토하는 꿈을 꾸었다. 꿈의 실현은 계급 정년에 걸려, 퇴직하는 일로 실현되었다.

⑧ 새우가 하수구 안으로 사라진 꿈 → 취업 실패

잘게 부서진 얼음을 뿌려 놓은 매우 크고 탐스러운 새우 한 상자를 들고, 즐거운 마음으로 내 차의 트렁크에 실으려는 순간, 이것이 쏟아지면서 길옆 시멘트로 된 하수도를 따라 '쫙' 하고 미끄러져 내려갔다. 나는 순간 '이것들을 주워야지' 하고 생각했으나, 따라가 보니 물이 흐르는 둥그런 하수구 안으로 모두 순식간에 빠져 사라지고 없었다.

이 꿈은 내가 어떤 세계적인 위스키 회사의 부사장으로 거의 발탁 단계에 있었을 때 꾸어진 꿈이었다. 새우는 술안주와 밀접한 관계가 있고, 그 크고 고운 빛깔은 세상에 잘 알려진 회사의 상징일 것이다. 결국 굳게 믿고 있었던 그 직장에의 취직은 수포로 돌아가고 말았다.

크고 탐스러운 새우는 재물·생산물 등의 상징이며, 새우는 특히 고급 요리로 고급술의 안주로써 취급되기도 한다. 하수도는 부도덕한 일의 경로, 하수구는 악또는 범죄 소굴의 의미가 있기 때문에, 내가 관여하고자 하는 외국산 술과 연관된 일을 지적하고 있으며, 꿈에서 결국 목적물을 내 차에 싣지 못했으니, 현실에서 원하는 일이 수포로 돌아갈 것이라는 예지를 한 것이다.(글: 운몽)

⑨ 알몸을 부끄러워하는 꿈 → 실직

내가 알몸이 되어 내 러닝으로 성기 부분만 가린 채 당황하며, 어느 건물 안을 왔다갔다하는 꿈이었다. 그 후에 갑작스럽게 회사를 그만두는 일이 생겼다. 전혀 예상치 못했던 돌발상황이었다.

⑩ 알몸의 성기에 털이 없던 꿈 → 실직

웬 건장한 사내가 오토바이를 타고 가다가, 내 앞에서 오토바이와 함께 넘어져서 뒹굴더니 재빨리 일어났다. 그때 보니, 그 사내는 발가벗은 몸에 바바리 하나만 달랑 걸치고 있었다. 특이한 것은 성기에 털이 하나도 없다는 것이었다.

그 날 오전에 내가 10월 말까지 다니던 회사의 경비반장으로부터 전화를 받았는데, 그 회사를 갑자기 그만두게 되었다고 했다.

⑪ 괴물 물고기가 무섭게 공격하는 꿈 → 실직

　　큰 방천에 물이 많이 흐르고, 길쭉하게 생긴 물고기가 물 가운데서 뛰기도 하고 물가에
나와 있기도 했다. 또 누가 물가에 방죽에 물고기를 잡아놓기도 했다. 좀 신기해서 그
물가로 내려갔는데, 어느 한 곳에서 입만 쏙 내민 제법 큰 물고기의 입이 보였다. 그래
서 나는 그 입을 포크로 콱 찍어 올리려고, 포크를 그 입 가까이 가져갔다. 그런데 그때
그 물고기 입이 엄청나게 커지면서 내 쪽으로 확 다가오는데, 감춰줘 있던 몸통도 확 솟
아올랐다. 그때 보니 물고기 입에 몸은 물개같이 큰 괴물 같은 물고기였다. 그때 또 이
괴물 물고기가 괴성을 지르며 나를 공격했다. 나는 순간 공포심을 느끼면서 꿈에서 깨
었다. 갑작스럽게 회사를 그만두는 일이 생겼다. 전혀 예상치 못했던 돌발상황이었다.

　　꿈은 반대가 아닌 상징의 이해에 있다. 괴물 물고기가 위협적으로 공격하는
안 좋은 전개의 꿈이 회사의 실직으로 실현되고 있다.

⑫ 전철에 타지 못한 꿈 → 취직 낙방

　　꿈에, 저와 저희 엄마, 제 동생이 플랫폼에서 전철을 기다리고 있었습니다. 기다리고
있으려니 안내방송이 나오는 거예요. 열차와 플랫폼의 간격이 넓으니까, 탈 때 조심하
라고요. 근데 원래 그런 방송은 전철 안에서 나오는 방송이잖아요. 좀 이상하게 생각은
했지만, 넓어봤자 사람 발바닥만 한 간격일 테니 신경 쓰지 않았죠. 전철이 들어왔는데,
웬걸 이건 무슨 대한해협도 아니고, 거의 2m는 되는 간격이더군요. 엄청 당황했지만,
그래도 전철을 타야겠기에 전철 문으로 뛰었습니다. 그러나 전철 문에 발끝만 닿고, 바
닥으로 저는 떨어졌지요. 바닥에 철퍼덕 앉아서 전철 문을 바라보니, 어떤 검은 형체의
사람이 저를 끌어 올려 주더군요. 거기서 바로 바뀐 장면은 처음 장면! 엄마와 저와 동생
이 전철을 기다리는 장면이었습니다.

　　잠에서 깨어나서 처음 딱 든 생각이. "젠장 떨어졌구나!" 였습니다. 그때 엄청 중요한
회사의 면접을 보고 난 후이기에, 초긴장상태였거든요. 오히려 마음이 편해지는 게--
역시나 탈락이었습니다.---제이준, 2009. 03. 29.

　　유사한 사례로 버스를 타고 가는 직원여행에서, 자신만을 빼놓고 버스가 떠나
버린 꿈은 한동안 회사의 프로젝트 진행 등에 참여하지 못하게 되는 일로 실현되
었다. 이 경우, 실직이나 휴직하게 되는 일로도 실현 가능하다.

⑬ 연예인이 꾸짖는 꿈 → 취직 실패

　　저는 꿈에 많은 관심이 있는 현재 취업준비생입니다. 두 달 전쯤에 제가 이력서를 넣

은 회사가 있었습니다. 서류 전형에 합격하고 1차 면접을 보러 가기 전에 꿈을 꾸었습니다. 여자친구와 어디론가 버스를 타고 가면서 대화를 나누고 있는데, 버스엔 저희 둘뿐이 없는 줄 알았는데 누군가가 뒤에서 뭐라고 하더군요. 뒤돌아보니 중견 탤런트 이순재 씨더군요. 이순재 씨가 무언가 저희에게 꾸중하는데, 이순재 씨 뒤에서 누군가가 저희를 감싸는 듯한 말을 했습니다. 바로 심은하였습니다. 그래서 저희는 건너편으로 가서 그냥 앉았는데, 이순재씨가 심은하를 막 꾸짖는 겁니다. 심은하는 창피한지 창밖에만 보고 있었고요. 근데 심은하의 모습이 짧은 타이트한 치마를 입고 있었는데, 하체 부분이 좀 비대해 보였습니다. 그렇게 꿈에서 깨어났죠.

버스를 타면 어느 기관에 들어감을 예지한다고 하여, 회사에 취직하게 될 것이라고 생각했습니다. 그런데 꾸중 듣고 그랬던 게 걸렸는데, 그렇게 1차 면접을 보았습니다. 회사에서 상당히 좋게 보았던 것 같습니다. 1차 면접에 합격하고 2차 면접을 보러 오라고 연락이 왔습니다. 우선 저를 채용할 목적으로, 2차 면접에서 연봉과 다른 근무사항에 대한 서로의 의견을 본다고 했습니다. 그런데 그렇게 합격은 했는데, 연봉과 다른 근무 조건이 저와는 맞지를 않아 제가 취직을 포기했습니다. 그렇게 혹시나 했던 꿈의 내용이 저의 생각대로 그대로 실현이 되더군요.

⑭ 물에 빠진 꿈 → 취직 낙방

엄마 꿈에 물가에서 제가 또 혼자 놀고 있었대요. 물이 엄청나게 깨끗했지만, 너무 위험해 보이더랍니다. 그래서 엄마가 저에게 거기서 놀지 말고 나오라고 했는데, 제가 무시하고 계속 놀더니 기어이 물에 빠졌대요. 엄마가 놀라서 계속 강둑으로 따라오며 저를 봤는데. 제가 한참 떠내려가다가. 바위인지 나무인지를 붙잡았는지, 아무튼 알아서 혼자 강물 밖으로 빠져나오더랍니다.

작년 초에 졸업하고 나서, 내내 돈도 좀 많이 쓰고 취업도 안됐었거든요. 방황도 하고 방구석 폐인으로 시간을 좀 보냈죠. 엄마의 꿈은 작년의 제 모습이랑 연관이 있는 거 같아요. 지금은 입사한 지는 얼마 되지는 않았지만, 취업하여서 잘 다니고 있습니다.---제이준. 2009. 03. 29.

한참 떠내려가다가 혼자서 강물 밖으로 빠져나온 것처럼, 어느 기간 동안 어려움에 처해 있다가 벗어나게 될 것을 보여주고 있다.

(3) 취업·승진·성취에 관한 실증사례(선인들)

① 어느 방에 들어가고자 하나 올 때가 안 되었다는 꿈, 먼 길을 이리저리 둘러 왔다고 하는 꿈

승진이나 관직에 있어 바로 실현된다기 보다는 뒤에 그 자리에 오르게 된다.

② 꿈에 어떠한 지방의 관직으로 나아감

사실적 미래투시의 꿈인 경우 그대로 실현될 수도 있으며, 그 지방과 관련된 일이 일어나게 된다. 현실에서는 그 지방으로 귀양살이를 가게 됨.

③ 자식이 과거에 장원으로 급제하고서 거리를 돌아다니는 꿈

실제로 과거에 급제하는 일로 이루어진바, 사실적인 미래투시의 꿈이다.

④ 자신이 승진하여 높은 자리에 앉는 꿈 → 실제로 높은 관직에 나아감

⑤ 큰 봉새를 쏘아서 얻는 꿈 → 관직이 크게 올라감

⑥ 대궐의 공신을 위한 큰 잔치에 참여하는 꿈 → 관직에 나아감

⑦ 왕의 꿈에 어떤 사람이 나타난 꿈 → 크게 중용되는 일로 실현

⑧ 꿈에 먹 두 자루를 받는 꿈

높은 관직으로 나아가게 될 것을 예지하는 꿈으로, 벼슬이 좌의정에 이르렀다.

⑨ 쑥갓[蒿冠(고관)]을 머리에 쓴 꿈 → 고관(蒿官)은 고관(高官)으로 높은 직위에 오르게 될 것을 예지

성석린(成石璘)은, 젊었을 때에 원 나라 장수 양백안(楊伯顏)의 막하(幕下)가 되어, 왜병을 막다가 군율을 어겨 형(刑)을 당하게 되었다. 이때 공이 졸고 있는데, 누가 와서 말하기를, "공은 쑥갓[蒿冠]을 쓸 것이니, 근심하지 말라" 하였다. 공이 깨어 해몽하기를, "쑥으로 머리를 쌌으니 매우 상서롭지 못하다" 하였는데, 죽음을 면하고 관직만 박탈당했다. 그 뒤에 영의정이 되어서 말하기를, "꿈에서의 고관(蒿官)은 고관(高官)과 발음이 같으니, 곧 높은 관직이다." 하였다.

머리에 쑥갓[蒿冠]을 쓰는 것은 음의 유사성을 이용한 파자해몽으로 고관(蒿官) → 고관(高官)으로 장차 높은 직위인 영의정에 오르게 되는 일로 풀이하고 있다.

7 질병·건강, 꿈과 신체
dream
(몽유병, 잠꼬대, 가위눌림, 몽정, 야뇨증, 기면증)

꿈은 우리 신체 내부의 이상에 대해서, 무한한 가능성을 지닌 정신능력의 활동으로 꿈의 무대를 펼쳐 우리에게 경고하고 예지해주고 있다. 자신의 신체 이상(異常)을 꿈을 통해 알려주기도 하며, 건강을 회복하기 전에 꿈으로 미리 그러한 일이 일어날 것임을 꿈을 통해 예지해주고 있다.

서양의 아리스토텔레스도 사람이 깨어 있을 때에는 전혀 몰랐던 병의 초기를, 꿈에서 알게 되는 일이 흔히 있는 것 같다고 말한 바 있다. 고대 중국에서도 신체의 이상과 꾸는 꿈과의 관계는 밀접한 관계에 있음을 알고 있었으며 이를 질병의 치료에 이용하고자 했음을 알 수 있다. 의서(醫書)에 말하기를 양이 왕성하면 꿈에 날아 보이고, 음이 왕성하면 꿈에 떨어져 보인다. 또한 음사가 꿈을 일으킨다〔淫邪發夢〕는 말에서 알 수 있듯이, 꿈에 나타난 몽상으로써 신체의 허(虛)와 실(實)을 알아낼 뿐만 아니라, 성(盛)함과 쇠(衰)함을 알아내어, 치료에 도움이 되고자 했다. 중국에서의 질병에 따른 꿈의 징후에 관한 자세한 것은 유문영의 『꿈의 철학』에 잘 나와 있으니 참조하기 바란다.

한편 우리나라에서도 허준은 동의보감에서 꿈을 오장(五臟)의 肝臟(간장), 心臟(심장), 脾臟(비장), 肺臟(폐장), 腎臟(신장)의 臟器(장기)의 허(虛)와 실(實)에 따른 상태에 따라 꿈이 다르게 나타나고 있음을 말하고 있다.

이처럼 생리병리학적의 측면에서 꿈의 발생 원인을 알아내어 질병치료에 이용하고자 하는 노력이 시도되고 있다. 또한 신체적 이상뿐만이 아니다. 정신과 의사들이 환자의 심적 상태를 가장 잘 알아낼 수 있는 수단으로 환자의 꿈을 분석하여 치료에 활용하고 있음은 널리 알려진 사실이다. 의사들도 적어도 병의 예고라는 점에서는 꿈이 갖는 의의를 인정하고 있다.

어찌 보면 꿈을 통해 우리 몸의 신체의 이상을 알 수 있고, 또한 질병의 치료에 활용할 수 있다는 사실은 꿈이란 것이 '무한한 가능성을 지닌 우리의 또 다른 자아인 잠재의식의 활동'으로 우리에게 다가올 위험을 예지해주고 있다는 점에서 당연한 일이라 하겠다.

다리를 다쳐서 병원에서 깁스를 하고 있었던 어린 여자아이가 꾼 꿈으로, 꿈 속에서 훨훨 자유롭게 날아다니는 꿈을 꾸었다. 그 후 병이 완쾌되어, 건강한 몸으로 마음껏 뛰어 놀 수가 있었다. 이 경우 빨리 낫고 싶다는 소망 표현의 꿈으로 볼 수도 있겠지만, 대부분의 경우 이처럼 밝은 꿈을 꾸면 몸이 좋아지는 일이, 나쁜 꿈을 꾸게 되면 자신의 신체에 관련된 것을 예지해주는 경우라면 건강상에 안 좋은 일이 일어나고 있다.

프로이트는 꿈은 소망의 표현이라고 말하고 있다. 하지만 꿈은 우리 인간의 신성(神性)과 같은 정신능력의 활동으로, 현실에서는 발휘할 수 없는 초자아적인 활동을 통해, 관심이 있는 대상이나 다가올 어떠한 일에 대해서, 예지해 주고 일깨워 주고 있는 것이다. 이런 점에서 볼 때, 특히 우리 신체의 이상(異常)에 대해서나 건강의 회복 여부를 꿈으로 예지해 준다는 것은 지극히 당연한 점이라 하겠다.

1) 질병 꿈의 이모저모

질병과 꿈에 관련된 글들을 신문 기사 등에서 요약 발췌하여 살펴본다.

⑴ 꿈을 자주 꾸는 것이 건강에 안 좋은가?

우리가 늘 꾸는 꿈을 통해서도 건강을 살펴볼 수가 있다. 하지만 병적으로 매일 혹은 얼마 안 되는 기간에 똑같은 꿈을 자주 꾸게 된다면, 아무리 좋은 꿈이라고는 하지만 몸에는 이상이 있다고 볼 수가 있다. 같은 꿈을 여러 번 꾸는 것도 좋은 현상은 아니다. 흉몽·길몽은 모두가 미래에 대한 예언일 수 있고, 또 꿈으로 병을 추측해 볼 수도 있다.---〔스포츠클리닉〕, 요약 발췌.

꿈을 자주 꾸는 것이 건강에 좋지 않다는 것은 극히 일부의 경우에나 맞는 말로, 절대적이지 않다. 꿈에도 여러 가지가 있다. 그중에 자신의 신체 내외부의 이상을 꿈으로 일깨워 주는 꿈이 있다. 자신의 몸에 어떤 이상이 생겼을 때, 우리의 신성의 정신능력은 꿈의 무대를 열어, 그러한 신체적인 이상을 꿈을 통해 일깨워 주는 경우가 있다.

예를 들어, 괴한과 엎치락뒤치락 싸우는 꿈을 며칠간 꾸다가, 어느 날 옆구리를 얻어맞는 꿈을 꾼 사람이 있다. 상징적으로 괴한은 병마(病魔)의 상징인바, 우리 인체 내에서는 병이 들기까지, 병마와 신체 방어 능력이 치열한 싸움과 대립을 하고 있다. 이러한 것을 괴한과 싸우는 꿈으로 상징적으로 나타내 보여주고 있다. '같은 꿈을 여러 번 꾸면 건강에 이상이 있다는 신호로 받아들여야 한다'는 말은 인체의 이상을 나타내는 꿈인 경우에나 올바른 말이 될 수 있다.

일반적인 꿈해몽에서 꿈이 반복된다는 것은 꿈으로 예지된 일이 중대한 것이며, 반드시 일어남을 뜻하고 있다. 이 경우에 하룻밤 사이에 각기 다른 꿈을 여러 개 꿀 수도 있으나, 각각의 꿈이 상징하는 바는 같은 뜻을 내포하고 있다. 또한 부부가 같거나 유사한 꿈을 꾸기도 한다.

따라서 예지적인 꿈을 자주 꾸는 사람의 경우에는 건강에 대해서 걱정할 필요가 없다. 오히려, 신성의 영적인 정신능력 활동이 활발하게 일어나고 있는 좋은 현상이다. 비유하자면, 노래 잘 부르는 것이 좋고, 달리기 잘하는 것이 좋듯이, 꿈을 잘 꾸는 것이 자신의 정신능력이 정상적으로 작동하고 있음을 입증하고 있는 것이다.

(2) 악몽과 건강

일본에서 열린 국제수면학회에서, 미국의 어니스트 허트먼 교수는 '악몽에 자주 시달리는 사람은 정신분열증에 걸릴지도 모른다.'고 발표한 바 있다. 괴물에 쫓긴다든가, 수영 도중 무엇인가에 팔을 물어뜯겨 피를 뿜었다든가 하는 등, 악몽이나 공포가 선명하게 기억되는 꿈에 시달려온 사람들은 분열증의 증세가 보이는 정신장애가 나타났고, 신경질적인 성격의 사람이 많았다고 한다.

허트먼 박사는 "악몽을 자주 꾸는 것은 분열증이 되기 쉽지만, 반드시 비관할 필요는 없다."며, 프랑스의 시인 보들레르의 예를 들었다. 즉 평소에 악몽에 잘 시달리는 사람 중에는 창조력이 풍부한 예술가가 될 소질도 많다는 것이다.

(3) 꿈은 건강을 대변한다.

자각하지 못하는 신체 건강상의 이상을 꿈이 알려준다는 주장이 나왔다. 미국 캘리포니아의 심리학자 『꿈의 치유력』의 저자 '패트리샤 가필드'는 "꿈에는 의학적 메시지와 건강문제 해결책이 담겨 있다."며 "특히 꿈은 심장마비나 기타 치명적인 질병을 잠든 몸에 알려주는 메신저"라고 밝혔다. 아울러 발병 1년 전에, 이미 꿈을 통해 경고받은 사람들이 상당수라고 덧붙였다.

극히 드문 경우이긴 하나, 꿈을 꾸며 육체적 고통을 받았다면 곧 중병을 앓게 된다. 동·식물이 죽는 꿈, 빌딩이 부서지거나 붕괴되는 꿈, 기계가 고장 나는 꿈도 질병의 신호다. 또 몹시 뜨거운 열기가 느껴지는 꿈은 열병, 차가운 빗물이나 얼음 혹은 눈보라가 보이면 순환기 계통의 이상을 낳는다. 흙더미가 보인다든지 가슴이 눌리는 꿈은 심장혈관계, 액체의 흐름이 막히는 꿈은 동맥, 배에 상처를 입는 꿈은 맹장이나 위장, 빨간색 혹은 분홍색으로 칠해진 가파른 계단이 보이는 꿈은 기관지에 문제를 일으키는 흉몽이다. 누군가 집에 불을 지르는 꿈, 구멍 난 타이어를 갈아 끼우는 꿈 따위는 "면역성이 약해졌으니, 휴식을 취하라."는 신호로 받아들이면 된다.

반면 기분 좋은 꿈은 앓던 병이 낫고 있다는 신호다. 가필드는 "꽃이 만발한 곳에 있거나, 새 생활을 시작하는 꿈, 험하고 위험한 길을 벗어나 잘 포장된 도로로 차를 모는 꿈, 창밖의 그림 같은 경치를 내다보는 꿈, 망가진 것을 고치는 꿈, 에로틱한 꿈 등은 신체 상태가 호전된다는 예고"라고 설명했다.---일간스포츠, 96. 11. 13.

신문기사 중에서 신체 이상과 꿈에 관한 글들을 그대로 전재하여 살펴보았다. 참고할 만하지만, 인용하는 주장들은 별다른 주장들도 아니다. 꿈을 상징적인 의미에서 인체와 관련지어 살펴보면 된다. 앞서 질병과 건강에 관련된 수많은 실증적인 사례를 소개한 바가 있다.

또한 중국의 꿈에 관한 여러 서적이나 허준의 『동의보감』을 비롯하여, 스승이신 고(故) 한건덕 선생님께서 30여 년 전부터, '꿈으로써 질병을 예지한다.'는 사실을 주장해온 바 있다. 어찌 보면 예지적인 측면에서는 자신의 신체의 이상을 일깨워 주는 것은 기초적인 단계에 해당하는 것이다. 자신뿐 아니라, 자신의 주변 사람들 나아가 국가적·사회적인 사건까지 예지해 내고 있는 것이 진정한 예지적인 꿈의 세계인 것이다.

(4) 렘수면 행동장애

과학자들은 종종 이 렘(REM)수면을 역설적(逆說的)인 수면이라고 부른다. 특이하게는 깊이 잠들어 있는 렘수면 상태에서 우리가 깨어 있을 때 나오는 뇌파인

베타파가 많이 나오고 있다. 또한 이때는 다른 변화들도 함께 일어나고 있다. 혈압이 증가하고, 뇌에 공급되는 혈액도 늘어난다. 심박동이 빨라지고, 호흡은 얕으면서 불규칙하게 변하고, 안구가 움직인다. 또한 일시적인 마비가 일어난다. 뇌에서 중요한 전령인 신경전달물질이 차단되어, 꿈속에서 일어나는 동작을 그대로 따라 하지 않게 막아주어, 신체적인 행동이 일어나지 않게 된다.

따라서 이러한 렘수면 동안에 일시적인 수면마비가 일어나지 않으면, 수면 장애가 생긴다. 이 수면 장애를 렘수면 행동장애라 부르는데, 신경전달물질이 계속 전달되어 근육의 움직임을 차단하지 않을 경우에, 운동경기를 하는 꿈을 꾸는 경우에 팔이나 다리를 움직이는 일로 일어날 수 있다. 꿈을 꾸면서 그것을 따라 하면서 몸이 움직인다면 많은 문제가 생길 수 있다.

렘수면 행동장애가 일어난 외국의 사례를 살펴본다. 한 젊은 남자가 꿈속에서 친구와 함께 악어를 구경하고 있었다. 그런데 악어가 그를 물어뜯으려고 다가오는 것이었다. 남자가 이에 대해서 발버둥을 치며 저항했고, 발에 통증을 느끼며 잠에서 깨어났다. 현실에서는 그가 침대를 가로질러 벽을 세게 찼기 때문에 생긴 일이었다.

이는 렘수면 행동장애가 일어났을 때, 신체 외부적인 감각자극에 의해서 꿈이 이루어진 사례이다. 잠을 자는 동안에도 우리의 정신능력은 깨어있어서, 신체 내외부의 이상을 감지하여 꿈으로 일깨워 주고 알려주고 있다. 렘수면 행동장애가 일어날 때, 그대로 두면 위험한 상황에 다다를 수가 있기에, 신체 외부적인 감각자극으로 인한 꿈을 꾸도록 함으로써, 더 이상 진행되지 않도록 몸의 이상을 막아주고 일깨워 주고 있는 것이다.

(5) 가위눌림

잠에서 깨어났지만 움직이거나 말을 할 수가 없을 때, 우리는 이 현상을 수면마비(Sleep Paralysis)라고 한다.

수면마비 현상이 진행되는 중에는 (일반적으로) 눈을 움직이는 것과 숨을 쉬는 것만 비교적 쉽게 할 수가 있고, 팔다리를 움직이거나 몸을 일으켜 세우기는 무척 힘든 것이 일반적이다. 때로는 꿈속에 영향을 받은 환각이나 환청이 수반되기도 하는바, 초과학적인 현상으로 관련지어 많이 언급되기도 한다.

우리가 잠을 자는 렘수면 중에는 실제 몸이 꿈에서 하는 행동을 따라하지 않게 하기 위해, 뇌가 온몸을 마비시키는 신경 신호를 전달하고 있다. 이와 같이 렘수면중에 안전장치의 역할로 몸이 마비되는 현상을 REM Atonia라고 하는 바, 즉, 우리가 꿈을 꾸는 동안에 어떠한 행동을 육체적으로 따라 하지 않게 해주는 것이다. 만약에 수면마비가 일어나지 않는다면 꿈속의 행동에 따라 손발을 마구 움직여서 옆에서 자는 사람을 해치는 일로 실현될 수가 있으니, 수면마비 현상은 지극히 정상적인 인체의 방어 수단인 셈이다. 하지만 이 경우에도 우리가 잠을 자는 동안에 우리의 뇌는 깨어 있어서, 주변에서 위험이 다가올 때는 이러한 수면마비 현상에서 벗어나게 해주어, 위험을 방지할 수 있도록 해주고 있기도 하다.

때에 따라 이러한 수면마비가 이루어지지 않아서 꿈속의 행위에 따라 육체적으로 움직이게 되는 것이 앞서 살펴본 렘수면 행동장애인 것이다. 가위눌림은 수면마비와 성격이 같으며, 잠에서 깨어났을 때까지 당연히 풀려야 할 몸이 마비되는 REM Atonia 현상이 지속되는 경우인 것이다. 이러한 가위눌림의 수면마비 현상은 짧게는 몇 초에서 길게는 몇 분까지 지속이 된다.

렘수면 행동장애는 자신의 행동을 기억할 수 있는 반면에 수면장애인 몽유병 환자는 자신이 한 행동을 기억하지 못하는 차이점이 있다.

(6) 몽유병, 수면장애, 수면보행증(睡眠步行症, Somnambulism)

몽유병은 잠자는 상태에서 잠자리를 벗어나 걸어 다니거나 이상한 행동을 보이는 증세로, 몽중방황(夢中彷徨), 몽중유행증(夢中遊行症), 이혼병(離魂病), 잠결병이라고도 한다. 잠을 자다가 발작적으로 일어나서 깨었을 때와 마찬가지 행동을 하다가 다시 자는 증세로, 다음 날 아침에 깨어 제정신으로 돌아왔을 때에는 전혀 기억을 못 하고 있다. 이는 신체는 깨어 있는 상태이지만, 정신은 활동내용을 알 수 없을 정도로 깊이 잠들어 있는 상태이다. 꿈을 꾸게 되는 렘수면 상태일 때 증세는 나타나지 않으나, 깊이 잠들어 있는 비(非) 렘수면의 3~4 단계인 가장 깊은 수면상태에서 생기므로 기억하지 못한다.

1985년 영국 런던의 법정은 악몽 중에 아내를 살해했다는 30대 남성을 무죄 석방한바, 이 남성은 정글에서 일본군과 싸우다 깨어 보니 아내가 숨겨 있었다고 주장하고 있다. 이러한 몽유병의 원인은 확실하게 밝혀지지 않았지만, 소아의 경우는 자라면서 증세가 사라지기 때문에, 중추 신경계가 늦게 성숙하여 발병하는 것으로 추정하고 있다. 어린아이의 경우, 심하게 놀거나 게임을 많이 한 날은 밤에 일어나 돌아다닌다고 말하고 있는 사례가 있으나, 대부분 생리적인 변화에서 일어나고 있다. 성인의 경우에는 신경질적인 사람에게 흔히 볼 수 있으며 스트레스나 피로, 공격성이나 적개심 등을 표출하지 못하고 억지로 누른 경우에 발병하고 있다.

몽유병은 현실에서 억제되었던 욕구를 꿈속에서 해소하려는 자아의식이 너무 강해서 나타나는 것으로 볼 수 있다. 문학적으로는 몽유록이나 몽자류 소설 등에서 현실에서의 좌절이나 뜻을 이루지 못한 억눌린 바람이 꿈속의 이야기에 빗대어 억압되었던 욕망을 분출하고 있다. 이 경우에는 지어낸 거짓 꿈이야기에 해당한다.

(7) 몽정에 관하여

생리적인 현상에 대한 몽정에 관한 의학적인 설명으로, 몽정(夢精)이란 수면 중 꿈을 꾸면서 쾌감을 동반하여 사정하는 것을 말한다. 몽정 또한 억눌린 성적 욕구를 꿈을 통해 해소시키고 있다. 이때, 몽정에 대한 꿈의 역할은 사정을 극대화하도록 도와주는 역할을 하고 있다. 즉, 억눌린 성적 충동이나 욕망이 꿈을 통해 극대화되거나 각종 변태적인 행위들을 가능케 함으로써, 성적인 흥분을 유도하여 사정을 하도록 도와주고 있는 것이다. 이러한 꿈은 황당한 전개를 보이는 경우가 대부분이며, 이러한 꿈에 있어서 억지로 해몽을 시도할 필요는 없다. 몽정을 유도하기 위한 꿈이었을 뿐, 꿈속에 어떠한 특별한 뜻이 담겨 있는 것은 아니다. 짝사랑하는 사람과 성행위를 하게 된다든지, 낮에 경험했던 억눌렸던 성적 충동을 꿈으로 해소하면서 몽정으로 실현되고 있는 것이다.

꿈에는 여러 가지 기능이 있다. 미래 예지를 비롯하여 자신의 신체 내외부의 이상을 일깨워준다든지, 소망·불안·초조감의 심리 표출 등등을 꿈을 통해 해소하기도 한다. 몽정은 억눌린 성적 충동이나 욕망이 꿈을 통해 극대화되거나 각종 변태적인 행위들을 가능케 함으로써, 자극적인 꿈의 무대를 통해 성적인 흥분을 유도하여, 사정을 극대화하도록 도와주는 역할을 하고 있다.

필자의 예로 청소년 시절에 시내에 나갔다가 한 여성이 하얀 원피스에 짧은 미니스커트를 입은 모습을 본 일이 있다. 너무나도 멋있어 보이고 섹시해 보였던 그녀의 아름다운 모습은 그날 밤에 몽정으로 실현되었던 아련한 기억이 있다.

다만, 몽정은 독신의 청장년 남자 특히 금욕(禁慾)이 장기간 계속된 청년의 경우는 정상이라고 볼 수 있는 생리적인 현상이지만, 이것이 빈번하게 일어날 경우, 특히 하룻밤에도 여러 번 일어나는 것은 병적이라고 할 수 있다.

(8) 기면증, 수면발작

기면증(Narcolepsy, 嗜眠症)은 일상생활 중에 발작적으로 졸음에 빠져드는 신경계 질환이자 수면장애로, 시간과 장소를 가리지 않고 갑자기 상황에 무관하게 잠에 빠져들기에 '수면발작'이라고도 한다. 수면 발작은 몇 초 동안 계속되는 경우도 있고, 30분 넘게 계속되는 경우도 있다. 최근 원인이 일부 밝혀져서 기면병(嗜眠病)이라고도 한다. 최근의 연구 결과에 따르면, 어떤 신경전달 물질이 부족하여, 자고 일어나는 뇌의 수면과 각성 주기에 문제가 생긴 것으로 보인다.

(9) 잠꼬대

잠꼬대는 잠자면서 하는 말이다. 일본어의 ことば(고토바)는 언엽(言葉)으로 말·말씀의 뜻으로, こと(고토)는 '말하다'의 뜻을 지니고 있다. 이는 우리말에 기원(起源)을 두고 있다. 현재 우리말에는 잠꼬대의 '꼬대'에서 찾아볼 수 있을 정도이다. 앞서 렘수면 행동장애에 대해서 살펴본 바, 꿈속의 어떤 행동에 의해서 육체가 반응을 나타내는 경우가 있듯이, 꿈속의 대화가 잠꼬대로 나타난다고 볼 수 있다.

필자의 꿈체험담이다. 1989년도의 일이다. 어느 날 밤잠을 자다가, 잠결에 집 사람이 잠꼬대하는 소리를 들었다. 잠꼬대는 "직표야! 잘 닦아라."였다. 잠결에도 '어린 아들에게 뭘 잘 닦으라걸까?'라는 궁금증이 들었다. 그래서 나 자신도 잠결에 "뭘 잘 닦아."라고 장난삼아 물었다. 그러자 신기하게도 "이빨을요."라는 대답이 들려왔다. 일단 문답이 이루어져 궁금증이 해소된 나는 다시 잠속으로 빠져들었다. 그리고 그런 사실은 바쁜 생활 속에 잊고 있었다.

그 후 얼마 지나지 않아 시내로 출장을 나왔다가, 집으로 전화를 했다. 안부 전화로 "별일 없느냐?"라고 아내에게 묻자, 아들의 치아에 구멍이 났다는 것이다.

이웃집에 포도나무가 있었는데, 그 집에 자주 놀러 가면서 포도를 자주 먹더니, 이빨에 구멍이 났다는 것이었다. 그 순간에 나는 나 자신도 모르게 "직표, 오늘부터 이빨을 닦도록 해줘." 그와 동시에 얼마 전 밤에 아내와 주고받은 문답이 떠올랐다. 그 당시 무슨 뜻인지 몰랐었지만, 오늘 이렇게 현실이 되어 나타난 것이다. 아들의 첫 이 닦기는 이날부터 시작되었다. 아내가 잠결에 하는 잠꼬대였지만, 그 순간 아내는 장차 일어날 사실적인 미래투시의 꿈을 꾸고 있었으리라. 이처럼 꿈속에서 잠꼬대하는 사람에게 궁금한 것을 물어보면 답을 해주게 되는데, 이러한 일의 실현도 현실로 나타난다.

(10) 『동의보감』에 나오는 질병 관련 꿈이야기

① 오장(五臟)이 허(虛)하거나 실(實)하면 꿈을 꾼다.

간기(肝氣)가 허(虛)하면 꿈에 버섯이나 산의 풀이 보이며, 실(實)하면 꿈에 나무 아래에 엎어져서 잘 일어나지 못한다. 심기(心氣)가 허하면 불을 끄는 꿈이나 햇빛에 있는 꿈을 꾸며, 실하면 불붙는 꿈을 꾼다. 비기(脾氣)가 허하면 음식이 부족한 꿈을 꾸며, 실하면 담장을 쌓고 지붕을 덮는 꿈을 꾼다. 폐기(肺氣)가 허하면 꿈에 흰 것이나 사람을 베어서 피가 질퍽한 것이 보이며, 실하면 싸움하는 군인이 보인다. 신기(腎氣)가 허하면 꿈에 배가 보이거나 물에 빠진 사람이 보이고, 실하면 꿈에 불이 엎어지거나 무서운 것이 보인다.〔내경〕

② 정신이 꿈이 된다.〔魂魄爲夢〕

대체로 꿈은 다 정신이 사물과 작용하여 생긴다. 또한 형체가 사물과 접촉하면 일이 생기고 정신이 사물과 작용하면 꿈이 된다.〔유취〕

* 옛날에 진인(眞人)은 잠을 자면서 꿈을 꾸지 않았다. 잠을 자면서 꿈을 꾸지 않는 것은 정신이 온전하기 때문이다.〔정리〕

* 심(心)이 실(實)하면 근심하거나 놀라거나 괴상한 꿈을 꾼다. 심이 허(虛)하면 혼백이 들뜨기〔飛揚〕 때문에 복잡한 꿈을 많이 꾼다.〔입문〕

* 사기가 침범하면 정신이 불안해지는 것은 혈기(血氣)가 적기 때문이다. 혈기가 적은 것은 심(心)에 속한다. 심기(心氣)가 허하면 흔히 두려워하고 눈을 감고 있으며, 자려고만 하고 먼 길을 가는 꿈을 꾸며, 정신이 흩어지고 꿈에 허투루 돌아다닌다. 음기가 쇠약하면 전증(癲證)이 생기고 양기가 쇠약하면 광증(狂證)이 생긴다.〔중경〕

③ 음사가 꿈을 꾸게 된다.[淫邪發夢]

황제가 "음사(淫邪)가 만연된다는 것은 어떤 것인가?"라고 물었다. 그러자 기백이 "정사(正邪)는 밖에서부터 몸 안으로 침습해 들어가는데 일정하게 머무르는 곳이 없다. 이것은 오장(五臟)에 퍼져 정한 곳이 없이 영위(榮衛)를 따라 돌아다니기 때문에, 혼백이 떠돌게 되어 잠자리가 불안하고 꿈을 잘 꾼다. 음기(陰氣)가 성하면 큰물을 건너가는 꿈을 꾸고 무서우며, 양기(陽氣)가 성하면 큰불이 붙는 꿈을 꾸며, 음양이 다 성하면 서로 사람을 죽이는 꿈을 꾼다. 상초(上焦)가 성하면 날아다니는 꿈을 꾸고, 하초(下焦)가 성하면 떨어지는 꿈을 꾼다. 몹시 배고프면 무엇을 가지는 꿈을 꾸고, 몹시 배부르면 남에게 무엇을 주는 꿈을 꾼다. 간기(肝氣)가 성하면 성내는 꿈을 꾸고, 폐기(肺氣)가 성하면 우는 꿈을 꾼다. 심기(心氣)가 성하면 웃기를 좋아하는 꿈이나 무서운 꿈을 꾸고, 비기(脾氣)가 성하면 노래를 부르는 꿈이나 몸이 무거워 움직이지 못하는 꿈을 꾼다. 또한 신기(腎氣)가 성하면 허리뼈가 둘로 떨어져서 맞붙지 못하는 꿈을 꾼다.---이하 후략.

한방에서 간(肝)은 인체에서 사람의 눈과 관련을 짓고 있다. 간이 안 좋게 되면 눈에 먼저 나타나며, 눈이 침침해지고 눈동자가 아프게 된다. 단적인 예로 눈에 황달이 나타나는 것은 간이 좋지 않음을 보여주고 있다. 또한 간이 좋지 않은 사람은 현실에서 화를 잘 내고 있다. '간기(肝氣)가 성하면 성내는 꿈을 자주 꾼다.'라고 하고 있는바, 올바른 견해임을 알 수 있다.

2) 질병과 관계된 꿈해몽 요약

질병을 치료하는 꿈은 사업·소망·사건 등을 심사·검토·정리·보완·수정할 일을 상징한다. 질병이 완치되는 꿈은 사업이나 계획한 일이 성취되거나, 귀찮고 억압받던 일에서 손을 떼게 된다. 그러나 질병의 치료를 중단되는 꿈은 일이 해결되는 과정에서 난관에 봉착하게 된다.

① 천장에 무수한 파리 떼가 앉아 있는 꿈

부모에게 병환이 생기거나, 주변 인물들에게 병환이 일어날 수 있다. 특이한 경우로, 저자의 경우에 파리떼가 활자의 상징이 되어 신문·잡지에 글을 발표하게 되는 일로도 가능하다.

② 방안에 연기가 새어드는 꿈

전염병 등에 감염되거나, 안 좋은 소문이나 구설수 등에 오르내리게 되어 시달리게 되거나, 남에게 누명을 쓰게 된다.

③ 집 일부가 무너지거나 구들장이 파헤쳐진 꿈

집이 신체의 상징으로 등장한 경우에는 질병에 걸리게 되며, 집이 사람의 상징으로 등장한 경우에는 신분·명예 등이 몰락하게 된다. 일거리·대상의 상징으로 등장한 경우에는 사업에 분쟁이 발생하게 되어 부도가 나게 된다.

④ 눈이 쌓여 무거워 건물이 일부가 무너지는 꿈

건물이 신체의 상징인 경우에는 몸에 이상이 생겨 질병에 걸리게 되며, 재물의 상징인 경우에는 파산하게 되며, 사업이나 일거리·대상의 상징인 경우에는 좌절이나 실패 등으로 실현된다.

⑤ 움집에 들어가는 꿈

좋지 않은 여건에 처하게 되는바, 병을 앓거나 죽음을 예지하는 꿈이 되기도 한다. 일반적으로 남의 음모에 빠지게 되는 등 음울하고 암담한 여건에 처하게 된다.

⑥ 비행기가 새까맣게 떠서 혼전을 벌이거나 이리저리 떠다니는 꿈

두통을 앓거나 복잡한 일에 직면한다.

⑦ 풀이 시들거나 말라죽은 것을 보는 꿈

풀이 힘없는 백성의 상징으로, 천재지변이나 전쟁 또는 유행성 전염병 등으로 인하여 많은 사람들이 피해를 본다.

⑧ 괴한이 숨어서 노려보는 꿈

병마가 닥쳐오게 됨을 예지해주거나, 방해자가 사기·음모 등 해를 끼치는 일이 일어난다.

⑨ 끝을 알 수 없는 구름사다리를 오르는 꿈

환자의 경우에 병세가 더욱 악화되거나, 망상적인 일을 진행하게 된다.

⑩ 칼이 녹슬거나 부러지는 꿈

정신적·육체적인 병에 걸리게 되거나, 패배·좌절이나 성 불능 등의 일이 있게 된다. 이 밖에도 협조자나 후원자가 위험에 빠지게 되며, 사업의 부도 등 성취를 이루지 못하게 된다.

⑪ 헌 옷을 입는 꿈

병에 걸리거나, 신분·직위·집·협조자·권리 등이 쇠퇴하게 된다. 남이 살던 집으로 이사 가는 일로 실현될 수도 있다.

⑫ 옷을 꿰매 입는 꿈

몸을 수술해서 흔적을 남김을 예지한다. 직장에서 부서의 개편 등으로 실현될 수도 있다. 애인이나 배우자가 성형 수술 등을 하게 되는 것을 예지하는 것도 가능하다.

⑬ 시계가 고장 나는 꿈

협조자·배우자·자손 등이 병들거나, 사업부진이나 교통사고 등을 당하게 되어 생계가 막연해진다. 애정과 관련하여 일시적인 파탄에 빠지게 되는 것도 가능하다. 반면에 시계를 수리하는 꿈은 병을 치료하게 되거나, 사업 계획 등을 수정할 일이 생기게 된다.

⑭ 가슴에 병이 든 꿈

사실적인 미래투시의 꿈인 경우에는 실제 병에 걸리게 되며, 상징적인 미래 예지 꿈으로는 마음에 상처를 받거나, 어떤 일에 대한 검토·심사·연구·보완할 일들과 관계한다.

⑮ 망치로 정수리를 얻어맞는 꿈

두통을 앓게 되거나, 당선이나 당첨 등 최고의 일이 이루어지게 된다. 안 좋게는 호된 비판을 당하게 되거나, 심한 봉변을 당하는 일로 실현된다.

⑯ 괴한이 송곳으로 목을 찌르는 꿈

감기로 목이 쉬게 되거나, 목에 이상이 있게 되는 일로 실현된다.

⑰ 양볼이 뚫리는 꿈

볼거리 등을 앓게 될 수도 있다. 특이한 사례로, 저자의 경우에 양볼을 뚫리는 꿈으로 작품의 심사나 검토를 받게 되는 일로 실현된 사례가 있다.

⑱ 하수구 물에 떠내려가는 꿈

열병 등을 앓으며, 하수구를 흐르는 물은 저급의 사상 및 사회상, 죄악이나 부도덕한 일 등과 관계한다.

⑲ 길이 질척거려 빠지거나 걷기가 힘든 꿈

질병에 걸려 신음하게 되며, 일반적인 상징으로는 생활이나 사업 등에 어려움을 받는다.

⑳ 이불을 펴고 누울 자리를 마련하는 꿈

질병의 시초가 되며, 이불을 덮고 누워 있는 꿈은 병이 오래가게 됨을 예지한다.

㉑ 병에 걸려 앓아눕는 꿈

사실적인 꿈인 경우에 실제로 한동안 앓게 되며, 사업의 침체가 장기간 지속된다.

㉒ 목적도 없이 무작정 걷는 꿈

환자인 경우에는 병이 오래가며, 일반적으로는 하고자 하는 일이 언제 성취될지 모르게 된다.

㉓ 음식을 먹고 체해서 배가 아픈 꿈

어떤 책무를 맡게 되나, 그 일이 감당하기에 벅참을 암시한다.

㉔ 커다란 짐승을 잡아먹고 배가 아파 의사를 찾는 꿈

자신이 감당하기에 벅찬 사업 프로젝트 등을 맡게 되어, 수정·보완·타개를 위하여 상사나 지혜로운 사람의 협조를 구하게 되는 일로 이루어진다.

㉕ 아기를 낳으려고 배가 아픈 꿈

어떠한 결실을 이루어내는 창조적이고 생산적인 일에 어려움을 겪게 된다. 새롭게 가게를 내거나 사업을 시작하기 전에, 여러 가지 문제로 인하여 어려움을 겪게 된다.

㉖ 몸에 열이 몹시 나는 꿈

사실적인 미래투시의 꿈이라면 실제 병에 걸리게 되며, 상징적인 미래 예지 꿈으로는 학문이나 신앙 등에 열중하게 되고, 기침하는 꿈은 학문적 연구나 종교적인 신앙을 널리 알리고 전파할 일이 생긴다.

㉗ 감기에 걸리는 꿈

사실적인 미래투시의 꿈이라면 실제 그러한 일이 일어날 수 있다. 어떤 종교적·사상적·문화적·학문적인 감화를 받게 된다. 이 경우에 콧물이 나오는 꿈은 자신의 의지나 신념을 상대방에게 피력할 일이 생긴다.

㉘ 의사에게 자신의 병을 설명하는 꿈

의사에게 자기 병세를 이야기하는 꿈은 의사로 상징된 상사나 전문가, 스님이나 목사 등 정신적 지도자 등에게 자신의 신상에 대해서 애로점을 이야기하거나, 자신의 사업계획이나 취미 등에 대해서 이야기하는 일로 실현된다.

㉙ 의사가 진찰(진료)하는 꿈

진찰대에 누우면 사업 현황의 제출 등 관계 기관이 시키는 대로 따르게 되며, 의사가 진찰하는 꿈은 일이나 사업·업적 등에 관해서 전문가나 상부 기관의 검토·상담·심사 등을 받게 된다.

㉚ 병원에 입원해야 한다는 꿈

병원에 3일 정도 입원해야 한다는 진단을 받는 꿈은 실제의 3일, 3개월, 3년간 병원으로 상징된 회사나 기관 단체에 소속되어 일하게 되는 일로 실현된다.

㉛ 부모가 앓아누워 있는 꿈

사실적인 미래투시의 꿈이라면 실제 그러한 일이 일어날 수 있다. 대부분의 상징적인 예지적 꿈으로는 자기를 지배하고 억제를 가하던 벅찬 일거리나 대상이 성사 단계에서 진통을 겪거나 개선해야 할 일이 생긴다.

㉜ 기르는 동물이 병이 나는 꿈

자신이 애착을 가지고 진행하던 작품이나 일거리·대상 등에 문제가 발생함을 뜻한다. 이 경우에 의사에게 치료받는 꿈은 전문가에게 도움을 받게 되거나, 관계 기관에서 심사나 검토를 받게 된다.

3) 사람들의 질병 예지 꿈

(1) 질병 예지 실증사례(요즘 사람들)

우리 내부의 신체 이상을 꿈을 통해 일깨워 주고 있다. 질병을 예지해주는 꿈으로 누군가에게 찔리거나 맞거나 온전치 못한 신체를 보여주거나, 한복을 입거나 어둡고 음울한 표상의 전개를 보이고 있다.

① 구들장이 무너져 앉는 꿈

암에 걸려 병원에 장기 입원함. 이 밖에도 주방에 불은 보이지 않고 연기가 자욱한 꿈으로, 몸에 마비가 오게 되는 일로 실현된 사례가 있다.

② 상대방의 송곳에 목이 찔린 꿈

편도선염으로 한동안 고통을 받게 되는 일로 실현되었다.

③ 고양이가 목을 할퀴는 꿈

수차례 꿈꾼 사람이 우연히 병원에 갔다가, 목에 종양이 생겨난 것을 조기에 발견해서 치료할 수 있었다.

④ 예쁜 처녀가 시퍼런 단도로 자기의 가슴을 찔렀다 뽑는 바람에 놀라 깨어난 꿈

늑막염에 걸려 수술받게 될 것을 예지하는 일로 실현되었다.

⑤ 일본 사무라이가 칼로 친한 언니의 눈을 찌르는 꿈

일본에서 일을 받아다 일하는 회사에 다니는 언니가 7년 동안 아무 이상 없던 콘택트렌즈가 잘못되어서 실명당할 뻔한 일로 실현되었다.

⑥ 남편이 골프채로 배를 때린 꿈 → 위암에 걸린 것을 알게 됨

생시에는 매질이라고는 모르는 남편이 골프채로 사정없이 때리길래 피하다가 복부를 맞았는데, 얼마나 아팠던지 꿈이 깬 뒤에까지 뱃속이 얼얼했던 꿈은 얼마 뒤 위암에 걸린 사실을 알게 되는 현실로 실현되었다.

⑦ 거센 물결을 물고기가 거슬러 올라오는 꿈 → 질병 예지

아빠가 건강이 좋지 않습니다. 한 달 반쯤 전에 간성혼수가 처음으로 오셨어요. 간성 혼수 오기 전쯤 꿈 얘기를 해주시는데, 꿈에서 어느 강물인가 물살이 아주 거센데 거 길 커다란 붕어인가 물고기가 거슬러 올라오는 꿈을 꾸셨대요. 또 어느 무덤가에 아주 선명한 보랏빛 꽃이 탐스럽게 피어있는 꿈을 꾸셨다면서, 혹시 저 임신한 거 아니냐고 물어보시더라고요. 그건 아니었고요. 얼마 뒤 아빠가 간성혼수가 오셨죠.---초롱누나, 2010. 03. 28.

⑧ 깡패에게 맞는 꿈 → 질병으로 고생함.

"꿈에 깡패가 돈을 내놓으라기에 없다고 하자, 1원에 1대씩 때리겠다며 가방을 뒤졌 고, 깡패에게 몹시 맞다가 꿈에서 깨었다. 그 후 2~3일 뒤 혈압이 올라 쓰러졌고, 혈압 하강제와 신경안정제를 복용했으나, 밤에 화장실을 가다 또 쓰러져 왼쪽 눈꼬리가 구슬 만 하게 부풀어 오르고 눈에 피멍이 들었다."

남에게 맞는 꿈의 결과가 좋게 실현될 리가 없다. 꿈은 반대가 아니다. 귀신과 싸우는 꿈의 경우 그 상대방을 이겨야 병에 걸리지 않게 된다. 꿈해몽의 1차적인 요소는 상징 표상의 이해이다. 깡패의 상징 표상을 음미해 보시기 바란다.

⑨ 목이 말라 물을 마시고 나니, 피가 섞인 소변을 마신 꿈 → 질병 예지

목이 타서 물을 마셨지요. 물그릇을 다 비우고 보니, 그것은 요강이었는데, 피와 섞인

소변을 마신 것입니다. '아이고 더러워라. 나 병에 걸리면 어쩌지' 하고 걱정을 하다 깨고 보니 꿈이었는데 기분이 매우 나빴지요.

현실에서는 그 꿈이 있고 나서 목에 이상이 생겨, 말을 하려면 통증이 와서 병원에서 온갖 검사와 치료를 받아도 낫지가 않게 되었다.

⑩ 팔에 오톨도톨한 피부병이 나서 걱정하는 꿈 → 질병으로 고생함.

어느 주부의 꿈이야기이다. "팔에 오톨도톨한 피부병이 나서, '웬일일까' 걱정하다가 꿈에서 깨었는데, 그 후 병이 나서 며칠을 앓게 되었어요."

⑪ 거울에 비친 자기 얼굴의 눈이 희미해져 있던 꿈 → 질병 예지

외국에 나가 있던 한 젊은이의 꿈에 자기 얼굴을 거울로 보았는데, 눈이 생기가 없고 희미해져 있었다. 꿈을 깨고 '고국에 있는 가족 중에 누군가 병이 들어 있구나' 하고 직감한 그대로, 아버지가 병석에서 고통을 당하고 있는 일로 실현되었다.

이처럼 꿈속에서 희미하게 보이는 경우는 안 좋은 결과로 나타나고 있다. 여러 사람들 가운데 유독 친척 한 분만이 형체만 보일 정도로 희미하게 나타난 분이 사고를 당해서 병원에 입원하게 된 사례가 있다.

⑫ 돌아가신 아버지가 사흘 동안을 희미한 모습으로 나타나 살아 계신 어머니와 함께 계신 모습을 보는 꿈

현실에서는 아버지가 꿈속에 나타나면 안 좋은 일이 일어나고는 했다. 어머니에게 전화를 해보니, 며칠 전부터 목이 아프고 부어서 수술을 받고 입원하시는 일이 일어나게 되었다.

⑬ 새까만 물속으로 떨어진 꿈 → 질병에 걸릴 것을 예지

"제 나이는 37살, 두 아이의 엄마입니다. 96년 새벽에 꾸었습니다. 기찻길 같은데 한참을 걷다 보니, 아래가 까마득한 낭떠러지가 있고 고압선이 철길에 있어서, 걸으면서도 '저기 닿으면 죽을 텐데' 하면서 조심하다가 아래로 떨어졌습니다. 그런데 떨어진 곳이 새카만 물속이었는데, 얼마나 깊이가 깊은지 알 수도 없었고, 한참을 허우적대고 밖으로 나오려는데, 갑자기 구토증과 함께 어지러움이 몰려와 깨보니 꿈이었습니다.

꿈에서 깨어나자마자 극심한 구토와 땅과 천장이 뒤바뀌는 것 같더군요. 눕지도 일어나지도 앉지도 못하고, 그날로 병원 응급실로 갔다가 그 다음 날 입원을 하게 되었어요. 지금도 그때의 통증을 생각하면 몸서리가 쳐집니다."

⑭ 연한 푸른색의 흰 한복을 입은 꿈 → 질병으로 고생함

　　"내 여동생이 코 수술을 마치고 다음 날 꾼 꿈인데, 연한 푸른빛이 나는 흰 한복을 입
고 거울 앞에 서서 자신의 모습을 보고 매우 행복해 하는 모습, 한복을 아주 마음에 들어
했다고 합니다. 며칠 후 동생은 3일 동안 직장도 못 나가고, 사경을 헤매서 정말 죽는 줄
알고 온 가족이 걱정했습니다."

　이 밖에도 소복을 입고 있는 꿈으로 암에 걸려 병원에 장기 입원한 사례, 고운
한복을 입었다가 벗는 꿈으로 일주일 후에 내시경을 넣어 검사하니 암초기임을
발견하게 된 사례가 있다.

⑮ 돌아가신 친정 이웃 아주머니가 꿈속에 나타나, 누군가가 집안이 잘 되는 것을 시
　샘하는 사람이 기를 끊어 놓기 위해 조모님 산소에 칼을 꽂아 놓았다는 꿈

　그 후에 남매밖에 없는 친정아버지와 고모의 건강이 몹시 나빠지셨습니다.

⑯ 죽은 남편이 나타나 어딘가에 가자고 조르는 꿈 → 몸이 아프게 됨.

　　"저희 시어머니께서 매우 편찮으신 때가 있었습니다. 그런데 밤마다 돌아가신 할아버
지께서 어딘가를 가자고 조르는 통에 괴로움을 당하셨다 합니다. 시어머니는 밤에 할아
버지 꿈만 꾸게 되면 아프셨다 합니다."

⑰ 돌아가신 아버님이 자신을 자꾸 쫓아다녀 도망을 치다가 결국은 잡혀가는 꿈

　다음 날 몸에 열이 나면서 몹시 앓게 됨.

⑱ 괴물에게 잡힌 꿈 → 질병으로 수술을 받게 됨

　　꿈에서 옛날 살던 집에 괴물이 들이닥쳐서 식구가 도망을 가게 되었는데, 그만 아버지
만 잡히셨다. 그런데 괴물이 마치 의사처럼 아버지를 정교하게 분해를 했다가 장난감처
럼 맞추어 놓았다. 그 꿈을 꾼 후 아버지가 병에 걸리셔서 큰 수술을 받았다.

　꿈속에서 괴물은 病魔(병마)의 상징 표상으로 등장하고 있다. 이러한 괴물을
죽이거나 물리치는 꿈은 질병에 걸리지 않는 일로 실현된다. 유사한 사례로 괴물
이 자신을 따라다니던 꿈으로 존경하던 직장 상사가 병으로 사망한 사례가 있다.

⑲ 돌아가신 어머니가 "내가 도와주려 했는데 집에서 나간다."라고 하는 꿈

　꿈을 꾼 후부터, 몸이 아프고 병마에 시달리게 되는 일로 실현되었다.

⑳ 부모의 얼굴에 수심이 있는 꿈, 고향집의 외로운 정경을 보는 꿈 → 부모님이 편찮
　으신 것을 예지

　　"꿈속에서 고향집을 갑니다. 먼발치서 집을 향해 다가갑니다. 사람도 안 보이고 주변

에 찬 기운이 도는 것을 꿈에서도 느끼는데, 이런 경우 대부분이 집에 누가 편찮으시거나 문제가 있는 경우입니다. 또한 어머니나 아버지의 얼굴이 수심이 가득한 모습을 꿈에 보거나, 제 이름을 부르는 외마디 소리를 듣는 경우에도 부모님이 매우 편찮으신 경우였습니다."

㉑ 동생 빵을 빼앗아 먹은 꿈 → 감기에 걸림

초등학교 때 내가 꿈에서 내 동생이랑 빵을 먹는데, 내가 다 뺏어 먹는 꿈을 꾸었다. 그런데 그 다음 날 감기에 걸렸다.

여고생의 꿈체험기이다. 이처럼 먹는 꿈이 질병과 관련되어 일어난 사례가 상당수 있다. 그러나 일반적인 상징으로 진수성찬의 음식을 즐겁게 먹는 꿈은 성취나 이권을 얻는 일로 이루어지고 있다.

㉒ 꿈에서 의사가 심장판막증이라고 말하는 꿈 → 미래투시

얼마 전에 너무나도 생생한 꿈을 꾸었지요. 꿈에서 전 가슴이 무척 답답하고 아팠답니다. 꿈속이지만 숨쉬기도 굉장히 답답했고요. 그런데 꿈에서도 아프단 걸 느꼈는지 병원에 있었답니다. 꿈이란 게 원래 그렇잖아요? 잘 연결도 안 되고 생뚱맞게 갑자기 이상한 곳으로 이동하고---. 그 전에 어디에 있었는지 기억은 안 나지만, 다음 순간 기억나는 것은 병원이었답니다. 의사와 마주 앉아 얘기를 하는데 의사의 한마디. "심장판막증입니다." 이러는 겁니다. 꿈에서요. 사실 전 심장판막증이라는 병에 대해서 잘 모릅니다. 한두 번 스쳐 지나가는 말로 들어본 적은 있지만, 그 병을 알고 인식하고 있지는 못하고 있었죠. 그리고 나서 놀라서였나? 하여튼 너무 느낌이 이상해서 곧 잠에서 깼지요.

근데 잠에서 깼는데도 가슴이 너무 답답하고 아픈 겁니다. 콕콕 쑤시는 것처럼---. 평소 같으면 "별 희한한 꿈을 다 꾸네." 하고 그냥 넘겼겠지만, 이상하게도 꿈이 너무나도 생생하고 가슴에 통증이 사라지지 않아서 병원을 찾았습니다.

진찰하시던 중에 심전도 검사와 흉부 엑스레이를 찍어보자고 하시더군요. 어렸을 때부터 잔병치레가 많아 병원 출입이 잦았던 저로서는 괜히 겁줘서는 검사비 더 내게 하려는 게 아닌가 살짝 의심스러운 마음이 들어서는, 왜 그러시는 건지 물어봤지요. 꼭 예전부터 겁줘서 이것저것 검사해보면 별 이상 없다고 나왔었거든요. 근데 다음 의사 선생님 말씀이 놀라웠습니다. "심장판막증 증세랑 비슷하네요."라고 하시는 겁니다.

정말 그 순간에 소름이 어찌나 돋던지, 결국 그 한마디에 그날 바로 심전도 검사와 흉부 엑스레이 촬영을 마쳤습니다. 결과를 봤는데, 역시나 심장판막증이 맞더군요. 너무

나 겁이 났습니다. 잘은 모르지만 죽을 수도 있는 병이라는 인식이 있었기 때문이겠죠. 그런데 의사 선생님 말씀 들어보니, 꼭 그렇게 무섭게만 생각할 건 아니라고, 어떤 사람들은 죽을 때까지 심장판막증이라는 것을 모르고 죽는 경우도 있다고, 보통은 굳이 수술하지 않아도 일상생활에 지장 줄 정도는 아니라고 하시더군요. 단, 꾸준히 검사해서 수술이 필요한 시기를 놓치지 말아야 한다고 하시더라고요. 어떻게 그런 꿈을 꾸게 되었을까요?---도리샤워, 2007. 10. 25.

영적인 정신능력은 자신의 몸의 이상을 알아차리고, 꿈의 무대를 열어 다양한 상징의 기법으로 우리에게 일깨워주고 있다. 심장병의 경우를 예를 들자면, 무거운 바위에 눌려 신음하게 되는 꿈을 자주 꾼다든지, 가슴을 누군가에게 얻어맞는 꿈이라든지, 가슴을 칼에 찔리는 꿈을 자주 꿀 수가 있다. 이렇게 반복되는 꿈은 꿈으로 예지된 일이 중대하며, 점차 그 실현시기가 다가옴을 뜻하고 있다.

참고로, 심장병에 관한 외국의 기사를 살펴본다. 심장병을 일으킨 많은 사람들이 며칠 전부터 악몽을 꿨다고 말하고 있다. 누군가에 의해 목이 졸리거나, 가슴 부위를 가격 당했는데도 옴짝달싹할 수 없거나, 숨쉬기 어려울 정도로 꽉 끼는 옷을 입는 꿈을 꾼다고 하는 바, 심장의 이상으로 인한 답답한 상황을 꿈으로 일깨워주고 있다고 보아야 할 것이다.

(2) 질병 예지 실증사례(선인들) 요약
① 귀신이 죽이겠다는 꿈

귀신이 밧줄을 가지고 칼을 쥐고 와서 말하기를, "너에게 큰 죄가 있어 목 베어 죽여야겠다"는 꿈을 꾼 후에 죄를 지은 사람이 병들어 죽게 되는 일로 실현되었다.

② 두 사람이 씨름으로 서로 겨루다가 한 사람이 지는 꿈

현실에서는 씨름에 진 사람이 소릉 복원에 반대하는 입장에 있었으나, 중풍이 들어 움직이지 못하는 바람에 회의에 참석하지 못하게 되는 일로 실현되었다. 일반적인 상징으로는 기타 이권·권리 등의 쟁취에서 지게 된다.

③ 다른 사람에게 손찌검을 당하며 군색해 하는 처지에 있게 되는 꿈

병이 나서 움직이지 못하게 되는 일로 실현되었다. 일반적인 상징으로는 수모 멸시를 받게 되는 일이 일어나게 된다.

④ 날카로운 칼날이 하늘에서 내려와 등을 내리찍는 꿈

나쁜 짓을 한 경우라면, 가까운 시일 내에 등 부분에 부상을 당하거나 등창이 나서 죽거나, 병들어 죽게 된다.

⑤ 누군가에게 가슴을 얻어맞는 꿈

가슴 부위에 부상을 당할 가능성이 높으며, 영령 등의 분노를 산 경우에는 병을 앓다가 피를 흘리며 죽게 된다.

⑥ 다른 사람에게 화내는 일을 당하게 되는 꿈

병이 나거나 굴복당하는 등 어려움을 겪게 된다.

⑦ 누군가에게 화살을 맞게 되는 꿈

급작스러운 복통 등이 일어나서 죽게 된다든지, 화살을 맞은 부위에 등창이 난 사례가 있다.

⑧ 저승사자에게 붙잡혀 가는 꿈은 오래지 않아 병 없이 죽게 된다.

(3) 질병 예지 꿈(민속)

최래옥 교수님의 『한국 민간속신어 사전』에서 가려 뽑았다. 모두 꿈속의 표상에 따라 질병의 상태가 달라지고 있다. 다만 덧붙인다면 이러한 꿈들이 꼭 질병에만 관계되는 것이 아니라, 현실에서 나쁜 일로도 실현될 수가 있다. 민속의 사례를 참고로 살펴본다.

- 꿈에 손수건 얻으면 질병이 생긴다.
- 꿈에 스님이 오는 것을 보면 병이 온다.
- 꿈에 동전을 주우면 잔병을 앓는다.
- 꿈에 땅이 높고 낮아 고르지 못하면 병이 생긴다.
- 꿈에 적을 치러 갔다 돌아오면 병이 온다.
- 꿈에 소나무가 마르면 병이 생긴다.
- 꿈에 공사 자리를 옮기면 질병이 생긴다.
- 꿈에 이〔虱〕를 보면 몸에 병이 있다.
- 꿈에 노란색을 보면 다음 날 몸이 아프다.
- 꿈에 자기 집 일부가 무너지면 병을 얻는다.
- 꿈에 생일을 찾으면 병이 든다.

- 꿈에 고기를 뺏거나 주우면 병이 생긴다.
- 꿈에 깃발을 서로 다투어 나가면 병이 생긴다.
- 꿈에 지네가 사람을 물면 병이 위중해진다.
- 꿈에 오이를 먹으면 병이 든다. 이 경우 가임여건에서 태몽으로 실현될 수도 있다.
- 꿈에 우물 속에 집이 있으면 병이 생긴다.
- 꿈에 집이 땅속으로 빠지면 모친이 병든다.
- 꿈에 어린애를 보면 몸이 아프다.
- 꿈에 아기 업고 다니면 병이 난다(재수 없다).
- 꿈에 신이 해지면 자식과 노비에게 병이 있다.
- 꿈에 장(장독)을 지다가 깨뜨리면 아내에게 병이 있다.
- 꿈에 매화가 마르면 모친이 병이 든다.
- 꿈에 왕비가 불러 술 먹이면 흉하고 병든다.
- 꿈에 목화가 헐면 자손과 처첩에게 병이 생긴다.
- 꿈에 어린애를 안으면 재수가 없다(근심이 생긴다).
- 꿈에 술이 크게 취하면 병이 든다.
- 꿈에 언덕을 급히 오르면 병든다.
- 꿈에 칼로 고기를 베면 병 생긴다.
- 꿈에 활이 부러지면 병을 얻는다.
- 꿈에 출세한 꿈은 질병이 생긴다.
- 꿈에 하늘이 몸에 비치면 병이 든다.
- 꿈에 칼을 쓰면 병이 생긴다.
- 꿈에 남에게 결박을 당하면 병이 온다.
- 꿈에 사람에게 의복을 주면 우환이 있다.
- 꿈에 사람에게 주역을 점치면 병이 든다.
- 꿈에 사람으로부터 물건을 받으면 병이 있다.
- 꿈에 잔치를 보면 감기 걸린다.
- 꿈에 잔돈을 보면 근심을 한다.
- 꿈에 검은 구름이 땅에 떨어지면 계절병이 생긴다.

- 꿈에 땅이 검은색을 띠면 병이 있다.
- 땅에서 자연히 불이 일어남은 몸이 고단하여 병이 생긴다.
- 진흙이 묻어 몸이 더러워짐은 구설수가 있거나 몸살이 난다.
- 몸에 땀이 나는 꿈은 허약해진다.
- 몸이 뚱뚱해진 꿈은 건강에 좋지 않다.
- 꿈에 중이 절을 옮기면 병이 온다.
- 꿈에 죄인이 달아나면 병이 걸린다.
- 사람이 죽는 것을 보는 꿈은 수명이 길어진다.
- 꿈에 죽은 사람이 음식을 먹으면 병이 있다.
- 꿈에 먹는 꿈을 꾸면 감기에 걸린다.
- 꿈에 많이 먹으면 질병이 생긴다.
- 꿈에 고기를 먹으면 병이 생긴다.
- 꿈에 떡을 먹으면 감기 걸린다(병난다).
- 꿈에 감자나 감을 먹으면 병이 생긴다.
- 꿈에 홍시와 감자를 먹으면 병이 있다.
- 꿈에 무엇을 먹으면 감기 걸린다.
- 꿈에 음식을 먹으면 감기 든다.

4) 사람들의 질병 회복 예지 꿈

⑴ 질병 회복 실증사례(요즘 사람들)

벌레가 몸에서 나오거나, 물리치거나, 거절하거나, 밝고 아름다운 표상의 전개를 보여주는 꿈은 질병의 회복을 예지해주고 있다. 꿈은 미래에 일어날 일을 우리에게 예지해주고 있다. 따라서 자신의 신체의 이상(異常)을 꿈을 통해 알려주기도 하며, 건강을 회복하기 전에 꿈으로 미리 그러한 일이 일어날 것임을 꿈을 통해 예지해주고 있다.

① 머리를 감거나 목욕을 하는 꿈 → 아프던 몸이 완쾌됨.
② 뜨물을 이고 흐려진 개울을 건넌 사람의 꿈

맹장염을 앓아 수술해 완쾌되었다.

③ 저승사자 같은 아버님 모습이 나타나 배를 태워 주지 않는 꿈

세 번째 수술을 남겨두고 며칠 전에 꾸었던 꿈으로, 수술이 성공적으로 끝나서 건강을 회복하게 됨.

④ 물을 마시려고 하는데 입에서 모래가 자꾸 나오는 꿈 → 질병 회복 예지

목이 말라서 피가 섞인 오줌(소변)을 마시고 목에 이상이 생겨 고생하던 어느 날 꿈이다. 꿈에 또 물을 마시려는데, 이번엔 입에서 모래가 자꾸 나오는 꿈이었다. 호스를 입에 대고 자꾸 씻어내는데, 끝이 없이 모래가 나오는 꿈이었다. 그 꿈을 꾼 후에, 우연히 들른 약국에서 약사가 처방해준 약을 먹고 병이 낫게 되었다.(제천, 주부 김○○ 씨)

⑤ 꿈속에서 무기언도를 받는 꿈 → 병석에서 회복됨.

수술을 받고 중환자실에서 오랫동안 혼수상태로 있다가 극적으로 깨어난 분의 꿈이야기이다. 꿈속에서 재판관이 사형을 선고했는데, 누군가가 극력 주장하여 다시 무기징역으로 감형된 꿈을 꾸고 깨어나니 바로 병원이었고, 수술한 지 보름 이상이 지나 있었다. 모두가 가망이 없다던 죽음의 문턱에서 극적으로 되살아난 것이다. 이 경우 사형 선고를 받는 경우 사망으로 실현된다.

⑥ 발에서 구더기가 나온 꿈 → 무좀이 낫게 될 것을 예지

"발에 무좀이 많이 있었습니다. 꿈속에서 발을 긁었는데, 발에서 시커먼 벌레(구더기 종류)가 한두 개 나오기 시작하더니, 더욱더 심하게 발을 긁으니 온 발이 시커먼 구더기로 덮이기 시작했습니다. 발에서 까만 구더기가 나온 거죠. 이때부터 무좀이 없어지더군요."

⑦ 몸에 아직 벌레가 있다는 꿈 → 요도결석이 완전하게 치료되지 않았음을 예지

저는 옛날부터 '요도결석'이라는 몸에 돌이 생기는 병이 있었죠. 요도결석이란 신장에서 돌이 생겨 요도를 통해서 돌이 나오죠. 이때 상상도 할 수 없을 만큼 아프답니다. 저는 이것 때문에 모르핀을 두 번이나 맞았죠. 아무튼 대학 3학년 때 이놈의 요도결석 때문에 집에서 맥주랑 수박(이 병은 약이 없고, 물 종류를 많이 마셔야 함)을 먹고, 치료를 했죠. 치료 덕분에 돌이 요도로 나왔습니다.

그런데 그날 밤 아주 이상한 꿈을 꾸었습니다. 손등의 껍질이 벗겨지더니, 각종 벌레(구더기, 지렁이 등등)가 있기에 물로 씻었습니다. 팔 여기저기서 껍질이 벗겨지더니, 팔의 혈관을 타고 이상한 벌레가 계속해서 왔다 갔다 해서 꿈속에서 의사에게 물어보니, "몸에 대장 벌레가 있으니 이것을 잡아야 한다."라고 하는 꿈이었습니다. 그래서 벌레가 도

망을 못 가게 혈관을 반대편 손으로 잡았습니다. 그렇게 하니, 벌레가 가지를 못하고 살을 뚫고 나오려고 했습니다. 이때 꿈에서 깼습니다.

다음 날 병원에 가서 다시 검사하니, 몸에 아직도 돌이 있다고 했습니다. 이후로 꿈을 믿게 되었죠.

벌레가 몸 안에서 나오고 안 나오는 것으로써 장차 질병의 회복 여부를 예지해주는 사례이다. 상징적인 미래 예지 꿈은 이렇듯 과장이 심하고, 황당무계한 내용으로 표상되는 경우가 대부분이다. 병입고황(病入膏肓)에 얽힌 고사이야기에는, 병마(病魔)를 상징하는 표상으로 두 동자의 주고 받는 이야기가 나오고 있다.

⑧ 흙더미를 헤치고 미끄러져 내려오는 꿈

어떤 노인의 꿈에 높은 산에서 개울이 얼어붙은 빙하를 타고 미끄러져 내려오는데, 아래쪽에 흙더미가 쌓여 있어 그것을 발로 밀치고 더 미끄러져 내려왔다. 이 꿈은 그가 한때 척추에 신경통이 생겨(빙하는 신경계를 상징) 고생하다(흙더미로 상징된 병적 요인)가 쾌유될 것을 예지하는 꿈이었다.(글: 한건덕)

이처럼 꿈의 작업에서는 신체적 조건을 산과 빙하와 흙더미로 과장되게 바꿔 놓고 있다.

⑨ 입고 있는 옷을 귀신이 벗겨서 사라진 꿈 → 병세 호전 예지

암으로 고생하던 한 처녀의 꿈이다. 방안에 펴놓은 돗자리에 앉아있는데, 얼굴이 험악하게 생긴 유령 또는 귀신이라고 생각되는 한 사나이가 다가오더니, 자기가 그때까지 입고 있던 붉고 파란 환자복을 벗겨서 사라졌다. 이 꿈을 꾼 이후로 수술부위와 온몸의 통증이 사라지고 병세가 쾌유되었다. 즉 이때의 귀신은 한약재와 그것을 사용한 한의사이고, 붉고 파란 환자복은 병세의 증상을 뜻하고 있다.(글: 한건덕)

⑩ 관속으로 들어가라는 것을 거절한 꿈 → 질병에서 회복되다.

갑자기 쓰러진 어머니는 병명도 모르는 채 누워 있다. 꿈을 꾸면, 커다란 관을 든 검은 옷차림 여자 중의 하나가 "관속으로 들어가라"고 소리친다는 것이다. 싫다고 뿌리치는 어머니 머리채를 끌고 당기는 꿈이었다. 그러더니 꿈이 바뀌었다. 이번엔 외할머니가 어머니를 뿌리치고는 "그 관은 내 것"이라며 들어가 눕는 꿈이다. 외할머니는 79세 고령이라, 여기저기 아픈 데가 많은 분이지요.---이준영·강신무(降神巫), 일간스포츠, [영혼 세계]

강신무(降神巫)인 이준영 씨(女)를 찾아온 손님이 경험한 꿈이야기이다. 새로운 꿈을 꾸고 난 후에 병마(病魔)에서 벗어나게 될 것을 꿈으로 예지해주고 있다. 꿈속에 나타나는 귀신이나 저승사자, 또한 누구인지 모르는 괴한은 병마를 상징적으로 나타내고 있는 경우가 많다. 이러한 경우 이러한 대상과의 싸움에서 이겨야, 질병을 이겨내고 병이 회복되는 것이다. 관속으로 들어가라는 상황에서 싫다고 들어가지 않는 꿈이었기에 병이 악화되어 죽음의 문턱에 들어가는 것을 피할 수 있었을 것이며, 친정어머니가 대신 관속에 눕는 꿈으로써 장차 다가올 화를 대신하게 될 것을 예지해주고 있다.

⑪ 소복 차림의 여인들을 물리친 꿈 → 질병에서 회복됨을 예지

"저의 아버지가 병으로 얼마간 병원에 입원 중이실 때, 어머니가 꾸신 꿈입니다. 한 무리의 여자들이 흰 한복을 입고 집안으로 들어오려는 것을 막아내는 꿈을 꾼 후에 아버지가 병상에서 회복하게 되는 일로 실현되었어요."

"저희 아랫집에 혼자 세를 들어 사시던 아주머니도 아버지가 입원하고 계시는 동안에 이상한 꿈을 꾸었답니다. 저희 집 담장이 이유 없이 바깥으로 와르르 쓰러지는 꿈을 꾸었다고 합니다. 그래서 아주머니는 '아무래도 아저씨가 돌아가시려나 보다'며, 일부러 꿈 얘기는 저희 어머니께 안 하셨다가, 아버지가 퇴원하신 후에야 꿈 얘기를 하셨답니다."

⑫ 물을 마시려는 컵 안에 있던 지렁이를 멀리 던진 꿈 → 병이 나을 것을 예지

"꿈에서 어떤 공사장 같은 곳이었는데, 물을 마시려고 컵에 물을 받아 마시려는 순간, 컵 안을 보니 지렁이가 있는 게 아닌가. 그래서 "이게 뭐야"라며 놀라서, 그 컵 속의 물을 확 멀리 버렸다. 그러고선 꿈을 깼다. 별로 기분이 좋은 꿈이 아니었다. 그렇지만 지렁이를 죽인 것도, 그 물을 마신 것도 아니어서, 그나마 괜찮았다. 그 당시 나는 질에 염증이 생겨 치료를 받고 있었다. 얼마 후에 정말로 괜찮아졌다."

필자의 사이트에서 질병에 관한 수많은 꿈 사례들을 살펴보실 수 있다. 가느다랗고 긴 지렁이의 상징 표상에서, 여성의 질과 어떤 관련이 있을 가능성이 있다. 지렁이를 죽이거나 멀리하는 표상이 병마(病魔)로 상징된 지렁이를 물리치게 될 것을 예지해주고 있다고 해야 할 것이다.

일반적으로 죽이는 꿈의 상징적 의미는 정복·제압·굴복시킴의 의미이다. 다만, 태몽 표상에서 죽이는 꿈으로 전개되는 것은 안 좋다. 지렁이 태몽인 경우, 죽

이는 표상은 유산으로 실현될 것이다. 하지만 지렁이가 질병의 상징 표상이라면, 당연히 죽이는 꿈으로 전개되어야 병의 완치를 가져오게 되는 일로 실현될 것이다.

⑬ 절벽의 정상을 오른 꿈 → 아픈 무릎이 낫게 될 것을 예지

　"언제부터인지는 모르지만, 자고 일어나면 양쪽 무릎이 굉장히 아팠습니다. 집사람이나 딸에게 무릎을 밟아달라고 하곤 했으며, 관절염이 아닌가 생각했지요. 그런데 꿈속에서 저는 양쪽 다리를 못 쓰면서, 절벽을 양손으로만 기어오르고 있었어요. 정말 힘들게 절벽 정상에 다다르자, 아래위 모두 흰색 옷을 입은 동자 두 명이 저를 노려보고 있는 것이 보였어요. 그래서 두 팔을 이용해서 동자 쪽으로 가려고 하는데, 지팡이를 든 거구의 할아버지가 나타나서 동자를 쫓아 버리는 것이었어요. 그런데 신기하게도 잠에서 깨어나자 무릎이 안 아팠어요."

⑭ 침을 맞고 낫는 꿈 → 질병 회복

　어떤 한의원에서 양쪽 다리가 아파서 침을 맞았는데, 조금 있다 침을 빼니까 덩어리진 불순물이 빠져나와 낫게 되었다.

꿈은 처한 상황에 따라 달리 실현되는바, 침을 맞고 낫는 꿈은 실제 아픈 사람의 경우에는 병이 낫게 되고, 일반인의 경우 문제 해결이 되어 기쁜 일이 생긴다. 실증사례로 침을 맞고 낫는 꿈으로, 면접 보러 오라고 전화가 와서 새로운 직장을 얻게 되는 일로 실현되었다.

(2) 질병 회복 꿈(민속의 꿈)

최래옥 교수님의 『한국 민간속신어 사전』에서 가려 뽑았다. 모두 꿈속의 표상에 따라 질병의 상태가 달라지고 있다. 다만 덧붙인다면 이러한 꿈들이 꼭 질병 회복 뿐만이 아니라, 현실에서의 좋은 일로도 실현될 수가 있다. 참고로 살펴보기 바란다.

- 꿈에 몸에서 벌레가 나오는 꿈을 꾸면 병이 곧 낫는다.
- 꿈에 도망하다 벗어나면 질병을 고친다.
- 꿈에 구토하면 자기의 병이 낫는다.
- 꿈에 목욕하게 되면, 직장을 옮기게 되며 질병이 없어진다.
- 꿈에 사람이 재물을 돌려보내면, 병이 없다.

- 꿈에 노하면, 병이 낫는다.
- 꿈에 절에서 불경을 보면, 병이 낫는다.
- 절에서 경을 읽는 소리를 들으면, 병이 낫는다.
- 꿈에 스스로 중이 되어 보이면 병이 낫는다.
- 손과 발을 씻는 꿈은 병이 완쾌될 전조이다.
- 꿈에 목욕을 하면 벼슬을 옮기고 질병이 없어진다.
- 꿈에 몸이 고기와 벌레와 같이 앉으면 병이 덜하다.
- 꿈에 숲 속에 앉았다가 누웠다가 하면 병이 낫는다.
- 꿈에 서리와 눈이 저절로 없어지면 백 가지 병이 낫는다.
- 꿈에 하늘빛이 몸에 환히 비치면 앓던 병이 없어진다.
- 꿈에 집에서 노래하면 병이 낫는다.
- 목매달아 죽는 꿈은 병이 완쾌되고 새롭게 태어난다.
- 꿈에 죽은 사람이 웃는 얼굴로 나타나면 병이 없어진다.

8 국가적·사회적 사건
dream

　꿈의 신비함은 개인의 미래를 예지할 뿐만 아니라, 국가적·사회적으로 일어날 커다란 사건을 예지해 주고 있다. 꿈꾸는 능력이 뛰어난 사람은 자신이나 자신의 주변 인물들에 대한 꿈뿐만 아니라, 사회적·국가적인 꿈을 꾸기도 한다. 선인들의 사례에서 류성룡은 경복궁이 불탄 꿈으로, 장차 임진왜란이 일어날 것을 예지하고 있다. 허균 또한 불탄 나무에 암울한 몽중시를 짓는 것으로써, 장차 임진왜란이 일어날 것을 예지하고 있다. 현대에도 경복궁이 무너지는 꿈으로 노무현 대통령 탄핵 사건을 예지하거나, 육영수 여사나 박정희 대통령의 죽음 예지, 삼풍백화점 및 성수대교 붕괴, 대구 지하철 참사, 숭례문 방화, 대선 결과 예지 등등 엄청난 일이 일어나기 전에 여러 사람들의 꿈으로 예지하고 있다.

그리하여 사람들의 국가적·사회적인 사건에 대한 예지적 꿈을 미리 모을 수 있다면, 대선 결과라든지, 지하철 참사 사건, 미국의 서브프라임 사태 등을 꿈으로 예지해낼 수 있으며, 국가적·사회적 사건을 막아내는 데 많은 도움을 얻을 수 있을 것이다. 다만, 상징적인 미래 예지 꿈은 예지나 가능하지 꿈의 실현을 막아낼 수 없기에 피해를 최소화하는 방향으로 나아갈 수는 있을 것이다.

일반적으로 맑은 하늘에 뇌성이 진동하는 꿈이나 천둥 번개가 치는 꿈은 국가나 사회적인 큰 변혁이 있게 됨을 예지해주고 있다. 실증사례 위주로 살펴본다.

1) 요즘 사람들의 사회적·국가적 예지 꿈

① 8·15 광복에 대한 꿈 → 큰 종소리가 울려 퍼진 꿈

이 꿈은 필자의 아버님 친구분께서 8. 15 광복이 되기 전, 그해 봄에 꾸신 꿈이다. 하늘 전체를 가릴 정도로 어마어마하게 큰 종(불교의 절에서 울리는 그런 종이 아니고, 교회나 성당에서 울리는 종)이 온 천지를 진동하는 듯한 큰 소리를 내며 울려 퍼지는 꿈을 꾸셨다.(글: 박성몽)

② 6·25에 대한 꿈 → 큰 끓는 가마가 북쪽에서 기울어져 오다.

구약 성경 예레미야서 1장 13절에 보면, 예레미야가 이스라엘 민족이 장래에 당하게 될 재앙에 대해서 계시를 받는 장면이 나오는데, "여호와의 말씀이 내게 임하니라 이르시되, 네가 무엇을 보느냐 대답하되, '끓는 가마를 보이나이다. 그 면이 북에서부터 기울어졌나이다.'" 이런 기록이 있다. 이것은 이스라엘이 북방 아시리아의 침략을 받아 전쟁이 일어날 것을 계시한 내용이다. 이스라엘은 예레미야가 본 그대로 B.C. 722년 아시리아의 침공을 받게 된다.

그런데 6·25가 나던 그해에 예레미야가 본 모습과 똑같은 끓는 가마가 북쪽에서 기울어져 오고 있는 것을 꿈에 본 사람이 있다.(글: 박성몽, 『꿈신비활용』)

③ 무장공비 청와대 습격사건 예지

결혼하기 전, 어찌나 꿈이 그리도 잘 꿔지는지, 지금 생각하면 신기할 일이었다. 그런데 남들이 들으면 이상할 일이지만, 내 꿈은 용케도 뭔가를 잘 알아맞춰서 '점쟁이'란 별명마저 있었다.

어느 해였던가 잘 기억나지 않는다. 나는 느닷없이 북한군의 제복을 입은 사람들이 총을 쏘며 평화로운 어느 마을에 침입하는, 그 때로선 엉뚱한 꿈을 꾼 일이 있었다.

아침에 일어나 학교 가기 전에 밥상을 받은 나는 식구들에게 그 꿈이야기를 했다. 식구들이 모두 웃으며 공연한 개꿈이라고 일언지하에 일축해 버렸다. 그러나 저녁에 저녁밥상을 받자, 나의 꿈이 얼마나 정확했는지, 식구들의 감탄과 경탄이 난무했다. 저녁 신문에 무장공비 출현기사가 게재되어 있었던 것이다. 내 꿈은 자못 안보적(安保的)인 국가적 차원에까지 승화되어 있었던 모양이다.---김ㅇㅇ, 가정주부.

1968년 01월 21일 김신조를 비롯한 무장공비 30여 명이 청와대를 기습하고자 했던 사건이다.

④ 목욕탕 같은 곳에서 알몸인 여러 갓난아기 중 한 아이를 안자마자 얼음같이 차가워 깜짝 놀라 깬 꿈 → 다음 날 버마 아웅산 폭발 사건이 일어남.

책을 읽다 잠이 들어 꿈을 꾸었습니다. 목욕탕 같은 곳에 알몸인 아이들 여럿이 앉아있었는데, 그 중의 한 아이를 품에 안았는데, 알몸인 그 갓난아이를 안자마자 얼음같이 차가워 깜짝 놀라 잠이 깼습니다. 그 다음 날 저녁 뉴스에 미얀마 아웅산 폭발 사고가 일어나, 많은 고위층 간부들이 사상을 입었다는 뉴스가 나왔습니다.

1983년 10월 9일 당시 전두환 대통령의 첫 방문국인 버마(현 미얀마) 아웅 산 묘소에서 북괴의 소행으로 일어난 강력한 폭발 사건으로, 대통령의 공식·비공식 수행원 17명이 사망하고 14명이 중경상을 입었다.

이 밖에도 용이 하늘로 승천하다가 거꾸러져 땅으로 떨어진 꿈으로, 1987년 대남공작원 김현희에 의해 KAL기가 공중 폭파되는 것을 예지한 꿈 사례가 있다.

⑤ 씨랜드 화재사건을 예지

* 어린아이들이 꿈에서 울었었는데, 그 꿈에서 깨고 나서 뉴스를 보니, 씨랜드 화재사건이 일어났습니다.

* 아이들이 창문에 매달려 있는 꿈

이것은 제가 씨랜드 화재사건을 예지한 꿈같아서 적어봅니다. 꿈속에서 제가 어디를 걷고 있었어요. 근데 길가의 어느 한편을 보니 오래된 나무에 큰 개 같기도 하고 사자 같기도 한 동물이 매달려 있더라고요. 정말 신기해서 그냥 보고, 어느 건물 안으로 제가 들어갔어요. 어떤 대문을 지나서 들어갔어요.

들어간 순간 무슨 큰 사고가 나고 있다는 것을 직감했어요. 꿈속에서 아마 지진이 아니면 화재가 분명하다고 생각을 했어요. 사람들이 막 누구를 구출하고 정말 난리법석 그 자체였어요. 그리고 조금 있다가 제가 어느 큰 방에 놓이게 됐는데, 저는 상황을 직감하고 그 방에 있는 사람들에게 창문을 가리키며 창문으로 나가라고 소리쳤어요. 그리고 제가 먼저 창문에 매달렸어요. 근데 꿈속에서 생각한 건데 창문이 의외로 높다는 생각이 들더라고요. 그래서 '이젠 끝이구나' 하고 절망감을 느꼈어요. 근데 같이 매달린 사람들을 보니, 까만 점으로 다닥다닥 붙어있는 것이 어른이 아니고 아이들 같다는 생각이 들더라고요. 그래서 제가 속으로 '왜, 아이들이 이 방에 있지' 하고 의아해 했어요. 하여간 그렇게 절망을 느끼면서 꿈에서 깼는데, 기분이 별로 좋지 않더라고요. 그리고 이틀 후에 씨랜드 화재사건을 텔레비전에서 보고, 제 꿈속의 상황이랑 너무 비슷해서 깜짝 놀랐어요.

⑥ 성수대교 붕괴 예지

* 이모 댁에서 흰죽 네 그릇을 먹고 아주 커다란 나무가 쓰러지는 것을 본 꿈
→ 아침 뉴스에 '성수대교 붕괴'를 알리는 소식을 들음.

* 동네의 다리가 끊어져 개울로 떠내려오고 있는 꿈, 모두 소복을 입고 가마솥에 소머리국밥을 끓이는 꿈 → 성수대교 붕괴를 예지

이곳에 이사 오기 전 갑천면 화전리에 살았습니다. 그곳에는 큰 다리가 있습니다. 어느 날 밤 나는 둑을 걷고 있었습니다. 갑자기 '우직끈' 하는 소리가 들려 다리 쪽을 바라보니, 다리 가운데가 끊어져 개울로 떠내려 오고 있었습니다. 나는 깜짝 놀라 동네를 향해 소리를 질렀습니다.

"다리가 끊어졌어요! 모두 나오세요." 그러나 아무도 나오지 않았습니다. 나는 동네를 집집이 돌아다녔지만 아무도 없고, 어느 한 집에 가니까 그곳에 많은 사람들이 모였는데, 모두 소복을 입고 가마솥에 소머리국밥을 끓이는 것이었습니다. 나는 다리가 끊어졌으니 나가보라고 외쳐댔지만, 아무도 대답하지 않았습니다. 나는 목이 아픈 가운데 잠이 깨었습니다.

아침 준비를 하면서 싱크대 앞에서 식구들에게 꿈이야기를 하였습니다. 그때 텔레비전을 보고 있는데 김흥국 씨가 나오는 프로였습니다. 얼마 후 속보가 나왔습니다. 성수대교가 끊어졌다고 하는 것이었습니다. 식구들의 시선은 모두 나에게 집중되었습니다. 참으로 신기한 꿈이었습니다. --- 원주시, 최금복.

⑦ 삼풍백화점 붕괴 예지 → 장송곡을 듣는 꿈

저와 많은 사람들이 비행기를 타고 가고 있었죠. 그런데 어디선가 맑은 마치 천상의 목

소리와 같은 노랫소리가 들려왔습니다. 가만히 들어보니 성가와 흡사했지만, 그건 바로 장송곡이더군요. 모두가 공포에 질려있는 가운데 누군가가 비행기의 덧창을 열었고, 지금도 생생한 그 광경이 눈앞에 펼쳐졌습니다. 검은 구름 사이사이마다 그보다도 더 검은 날개를 단 수백 마리의 새들의 얼굴은 사람의 얼굴로 하나같이 표정이 없는 죽음 그 자체였습니다.

삼풍백화점 붕괴사고가 나기 하루 전에 꿨던 꿈으로, 사회적 국가적으로 큰일이 닥치게 될 것을 예지해주고 있다. 일반적인 상징에서는 장송곡이 울려 퍼지는 꿈은 널리 소문날 일이 생기는 일로 실현될 수 있다.

⑧ 숭례문 붕괴 예지

* 설날 전에 숭례문 무너지는 예지몽을 꿨어요

설날 바로 전날에 꿈에서 김대중 전 대통령, 노무현 전 대통령, 이명박 현 대통령께서 하얀 방에서 까만 재 위에 서서 막 조용히 눈물을 흘리고 계시더라고요. 그래서 왜 그러느냐고 제가 물어봤어요. 그랬더니, 그 대통령 세 분들께서, "1호가 위험하다." 이러시는 거예요. 저는 무슨 말인지 몰라서 진짜 미칠 듯이 궁금해서 계속 물어봤더니, 대답은 안 하시고 계속 울기만 하시다가, 갑자기 절같이 생긴 게(숭례문을 본 적이 없어서 숭례문인 줄 몰랐는데, 숭례문이었음) 타는 모습이 순간 확 지나가면서 바로 제 눈앞에 불이 있는 것처럼, 얼굴이 화끈하면서 뜨겁더니 바로 잠에서 깨어났어요.

진짜 깨고 나서도 기분이 너무 안 좋아서 찜찜했어요. 오늘 아침 뉴스를 보니까 숭례문이 타는 장면이 나오는데, 꿈에서 스쳐 지나갔던 불에 타던 건물이랑 똑같이 생겼고 똑같이 무너졌어요.---꼬마탐정인쏘

국보 1호인 숭례문이 2008년 2월 10일 방화로 인하여 무너져내리게 될 것을 예지한 꿈 사례이다. 이렇게 국가적·사회적 큰 사건이 있어날 것을 꿈으로 예지해준다는 것이 지극히 당연하다고 할 것이다.

* 성에서 불길이 번지는 꿈

일요일 아침 저희 엄마가 꾸셨는데요. 엄마가 길을 거닐다가 동그란 성곽이 둘려 있는 성 근처에 다다라서 그곳으로 들어가려 했는데, 하얀 옷을 입은 외국인들이 엄마 못 들어가게 에워싸고 막고 그랬대요. 엄마 말로는 인도인 같다고 하던데, 분위기가 엄청 수선스러웠는데 성에서 불길이 번지는 것 같다고 그랬어요. 그런데 이것을 숭례문 화재 뉴스속보 나오기 전에 전해 들었어요.---쥐둥에곰, 2008. 02. 11.

* 게임 안에서 숭례문이 무너져 내리는 꿈

몇 달 전의 꿈이야기입니다. 꿈에서 '바람의 나라'를 하고 있었습니다. 제가 비영사천문으로 갈 곳을 남쪽으로 정했습니다. 남쪽엔 숭례문이 있죠. 제가 꿈속의 '바람의 나라'라는 게임 안에서 숭례문이 무너져내리는 것을 봤습니다. 그 후 며칠? 몇 주 후에 숭례문이 다 타버렸고요.---중학생머리스탈, 2008. 04. 07.

⑨ 대구 지하철 참사 예지

* 예지몽 관련 경험담입니다. 그 당시에 쉬는 날이라서 열심히 놀고 새벽 늦게 잠이 들었습니다. 꿈을 꿨는데, 꿈속에서 제가 지하철을 타고 서 있었습니다. 그러다가 지하철이 너무 뜨겁고 답답하단 생각에---, 사람이 위기에 처하면 초인적 힘을 발휘한다고 하죠? 제가 그랬습니다. 꿈속에서 지하철 문을 힘껏 열고 뛰어 나갔습니다. 저를 따라서 남자분 한 분과 여자분 두 분도 같이 뛰어내려서, 어두운 지하철 터널을 뛰어 나가는데, 뒤에서 퍼엉 하면서 지하철이 폭발하는 것입니다. 그렇게 꿈에서 깼습니다. 시간을 보니 아침이라고 하긴 좀 늦고, 점심이라고 하기에는 좀 이른 시간이었습니다. 대충 11시 30분 정도에 깨어나서, 아침 겸 점심을 먹으려고 부엌에 가서 밥 차리면서, TV를 틀었는데, 뉴스에서 대구 지하철 참사 일어났다고 해서 너무 놀랐습니다. 제가 꿈에서 본 것이 대구 지하철 참사사건이었다니---지몽/투고자: 엔제.

* 저희 부모님이 대구지하철 사건 전날 밤에 예지몽을 꾸셨었어요. 부모님이랑 저랑 유독 예지몽을 잘 꿔요. 근데 이거 그때쯤에 들은 꿈이야기네요.

대구지하철 사건 때 많은 분들이 돌아가셨잖아요. 그 전날 밤에 부모님이 꿈을 꾸셨대요. 꿈 자체가 좀 분위기가 어둡고 음습한 느낌이었는데, 엄마가 공동묘지 같은 곳을 갔대요. 막 엄청 많은 사람들이 묘지 앞에서 울고 있고. 그런데 비석을 보니까 다들 이번에 새로 생긴 묘들, 그래서 엄마가 이 꿈이 너무 소름 끼치고 생생하니까, 아침에 아빠한테 말했는데 아빠가 하시는 말씀이 "어? 나도 그거 똑같은 꿈 꿨는데?"

실제로 그날 대구지하철 그렇게 되고 해서, 엄마랑 아빠가 소름끼쳐 하시면서, 꿈이 이거였나 보다고, 아마 이분들 묘였던 것 같다고---명성황후 민자영

* 저는 대구지하철 참사가 일어나기 얼마 전, 대구에서 테러가 나는 꿈을 꿨는데, 얼마 후 대구지하철 참사가 일어났죠.---만평역

⑩ 연평도 포격 예지 꿈 → 2010년 11월 23일 북한이 기습적으로 방사포로 포격하다.

* 제가 예지몽을 꾸는데요, 꿈을 꾸면 그 내용이 다음 날 나타나고는 해요. 그런데 어

제는 전쟁꿈을 꾸었어요. 연평도에서요. 진짜로 전쟁 나는 거 아닌가요? 제 꿈이 희한하게 척척 맞아서요.---맑시무스, 2010. 12. 20.

＊지구가 멸망하는 것처럼, 하늘에서 뭔가가 뚝뚝 떨어지고, 땅에서 연기가 치솟고 건물이 부서지고, 사람들은 저마다 피난 갈 거라며, 물이며 쌀이며 챙겨서 떠나는데, 제가 하늘 위에서 보는 것처럼 보니까, 큰 바다인지 큰 강인지 무슨 만을 끼고 있는 육지처럼, 육지에서 바다를 건너 섬을 보는 쪽이 전쟁이 난 것처럼 검은 연기에 불길이 이는 꿈을 꾸었어요.

회사 사람들에게 "별 이상한 꿈을 다 꿨다."라며 얘기를 주고받는데, 이틀 후에 북한이 도발하여 연평도가 엉망진창이 되었습니다.

⑪ 육영수 여사의 죽음 예지

＊독수리 한 마리가 총에 맞아 땅에 떨어지는 꿈

"서쪽 하늘로 불덩이 같은 큰 해가 산 너머로 지려고 하고, 붉은 해로 인해 하늘은 노을이 붉게 물들어 있었어요. 큰 독수리 두 마리가 나란히 하늘 높이 지는 해 쪽으로 날아가고 있었어요. 그때 어디선가 '탕'하고 한 발의 총소리가 들리면서, 독수리 한 마리가 직각으로 땅에 떨어졌어요. 한 마리는 지는 해 쪽으로 계속 날아갔습니다."

다음 날 광복절 기념식장에서 육영수 여사가 총을 맞고 운명하시는 일로 실현되었다.

＊흰 한복을 입고 흰 수건을 쓰고 물 위를 걷고 있는 꿈

청와대에 근무했던 사람으로 현재 택시기사를 하고 있는 사람의 꿈이다. 꿈속에서 흰 한복을 입고 흰 수건을 쓰고 물 위를 걷고 있는 육영수 여사의 모습을 본 2~3일 뒤에, 문세광 저격사건이 일어나 운명하는 일이 일어났다고 말하고 있는 바, 소복으로 등장하는 꿈이 현실에서도 안 좋은 일로 실현되고 있음을 알 수가 있겠다.

＊영부인께서 하얀 옷을 입으신 꿈

1972년 군대에 입대하여 3년 군 복무 중에, 육영수 여사님께서 서거 2일 전에 꾼 꿈입니다.

영부인께서 하얀 옷을 입으시고 주방 같은 곳에 계셨는데, 얼굴은 기쁨과 즐거움으로 가득 차 있고, 손수 접시와 광주리를 깨끗이 닦아서 차곡차곡 정리하면서 말씀을 하시는데, 대통령께선 무슨 무슨 음식을 좋아하신다고 설명을 계속하시는데, 나는 너무나

당황하여 멍청히 넋 나간 사람처럼 바라만 보다가, 한 말씀도 기억하지 못하고 꿈에서 깨어났습니다. 이 꿈을 꾼 이틀 후에 영부인께서 서거하셨습니다.

* 핏빛 하늘의 꿈 → 8. 15 문세광 저격 사건을 예지

육 여사님이 돌아가시기 그 전날에 꿈을 꾸었다. 막내를 업고 마당에 나가는데, 갑자기 하늘이 내려오고 있었다. 잿빛 하늘이 머리에 닿은 듯이 내려왔다. 많은 사람들이 모두 도망을 갔다.

다시 하늘을 보니, 하늘 한복판에서 한문으로 붉은 피로 글씨가 한 자, 한 자.

---북괴도발, 북괴남침---

하늘을 글씨가 가득 채우고, 피는 땅으로 떨어져 붉게 물들었다. 나는 숨도 제대로 쉬지 못하고 너무나 무서웠다.

꿈이었다. 새벽 4시 친정 부모님께 혹시나 집에 전화하니, 아버지께선 그것을

"부모의 일이 아니고 나라의 국운이다."

"이 일을 어떻게 알려야 하겠는가?" 하고 물었더니,

"나라의 일인데, 나라에서 국군들이 모두 지키고 있으니 걱정하지 말고 안심해라."라고 하셨다.

어떤 방법도, 이해도 못 했기 때문에 사전에 막을 수 없었다. 해몽을 할 줄 알았다면 막을 수 있었을 텐데, 너무나 억울한 일이다.---주부

* 비행기에서 2~3명이 뛰어내린 꿈

내가 박정희 대통령, 그리고 육 여사와 함께 들판을 걷고 있었다. 그것은 들판 너머 옹기종기 집들이 보이는 시골 동네에 흰 떡을 나누어 주기 위해서였다. 그런데 우리가 막 넓적하면서도 약간 얇은 바위가 서 있는 곳을 지나갈 무렵, 갑자기 박정희 대통령이 "적기다!" 하고는 놀란 듯 말했다.

하늘을 쳐다보니 마치 수송기 같은 큰 비행기가 떠서 가고 있는데, 갑자기 그 속에서 낙하산을 탄 두세 명의 사람들이 뛰어 내렸다. 그리고 나는 박정희 대통령과 육 여사를 돌아보게 되었는데, 대통령의 얼굴은 아주 새까맣게 변해 있었고, 육 여사의 얼굴은 아주 흰 백지장같이 보이면서 굵은 땀방울이 이마를 타고 줄줄 흘러내리고 있었다.

넓적한 바위는 단상이며, 집이 옹기종기 모여 있는 시골 동네는 청중을 의미한다. 그리고 흰 떡을 나누어 준다는 것은 연설을 한다는 뜻이며, 적기는 해외에서 온 적, 대통령의 얼굴이 아주 검은 것은 큰 충격, 놀라움, 육 여사의 창백한 얼

굴에 흘러내리는 땀은 피를 의미한다.

1974년 8월 15일 조총련계 문세광이 쏜 총에 영부인 육영수 여사가 희생된 일은 대한민국 국민들뿐만 아니라, 온 세계가 경악을 금치 못했던 불행한 사건이었다. 그러면 나는 그러한 국가적 불행한 일의 예지를 받고 무엇을 생각하고 무엇을 했던가? 예지의 꿈을 꾸고 난 후 왠지 한동안 꿈이 싫어졌고, 그 꿈에 대해서도 생각하기가 싫었다. 그리고 솔직히 해석하기조차 싫어 얼마 동안 잊어버리고 있었던 것이다.

다만 지금도 한 가지, 언젠가는 밝혀지지 않을까 하고 생각해 보는 것은 꿈속에서 분명 낙하산으로 뛰어내린 사람은 하나가 아니고 두세 명이었으니, 국내 잠입했던 불순분자가 문세광 혼자가 아니라, 동조자가 있었지 않았나 하는 추측을 해 보기도 한다. 세월이 흘러 흘러 그러한 사실이 뒤늦게 밝혀질지도 모를 일이다.(글: 운몽)

* 육영수 여사의 꿈

육영수 여사가 자신의 운명에 대해서 직접 꾼 꿈이다. "자신이 꿈속에서 자꾸 소복으로 단장한 꿈을 꾼다."라는 말을 주변 사람들에게 자주 하였다고 한다.

⑫ 박정희 대통령의 죽음을 예지

* 육영수 여사가 말을 전해달라는 꿈

"10. 26 사건이 일어나기 전에, 초라한 옷을 입은 육영수 여사가 몇 번이나 꿈속에 나타나 박정희 대통령에게 무슨 말을 좀 전해 달라고 했어요."

박정희 전 대통령 시해사건 당시 현장에 있었던 가수 심수봉 씨가 한 TV의 토크쇼에 나왔을 때 말한 꿈이야기이다.

* 박정희 대통령이 피투성이의 몸으로 나타나서 "살려 달라"고 말하는 꿈

꿈에 나타난 대로 그 사람에게 죽거나 위험한 일이 일어나는 등 안 좋은 일이 일어나게 된다. 박정희 대통령의 죽음을 예지한 고(故) 정일권 총리의 꿈이다.

* 큰 기와집에 장군이 총을 겨누는 꿈

1979년 10월 25일. 나는 예비군 훈련을 마치고 피곤하여 일찍이 잠자리에 들었습니다. 꿈에 내가 낯선 어느 곳에 갔는데, 처음 보는 아주 큰 기와집이 있고, 높은 담장으로 빙~ 둘러 있는데, 대문은 어느 쪽에 있는지 알 수가 없고, 나는 발돋움하여 담장 안 집을 들여다보았습니다. 그 큰 집에 사람들은 한 사람도 보이지 않고 아주 조용하며, 큰

방문 앞에는 하얀 남자 고무신 한 켤레가 가지런히 놓여 있었습니다.

　나는 의아하게 생각하고 다른 곳으로 가려고 몸을 돌려보니까, 군용 지프차가 딱 서더니, 약간 뚱뚱한 군인 한 사람이 내리는데, 모자에는 별이 하나 붙어있는 장군이었습니다. 차에서 내리자마자 권총을 품에서 쑥 빼 들더니, 담장에 바짝 붙어서 조심히 집안을 살피면서 안방을 향해 권총을 겨누는 것을 보고 나는 꿈에서 깨어났습니다. 다음 날 박정희 대통령께서 서거하셨다는 비보를 들었습니다.---서울시 노원구 중계3동

* 10. 26에 대한 꿈
한국의 정치사를 흔들어놓은 10. 26사건이 있기 몇 달 전에 꾼 꿈이다.

　"라디오 뉴스를 들으니까, 박정희 대통령이 돌아가셨다는 긴급뉴스가 보도되고 있었다. 깜짝 놀라서 길거리에 나가 신문을 사서 보니까, 대문짝만큼 큰 글씨로 같은 뉴스가 기록되어 있었다. 너무 놀라서 꿈에서 깼는데, 그 당시에는 국가원수 모독죄라는 것도 있었고, 워낙 서릿발 날리던 시절이라 그냥 벙어리 냉가슴만 앓고 있었는데, 결국 그대로 되고 말았지 않는가."(글: 박성몽)

　* 10. 26 나던 그해 신년 초에 꾸었던 또 하나의 꿈이다.

　"청와대 쪽에서 흰 용마(龍馬)가 공중으로 솟아오르더니, 한강을 건너 동작동 국립묘지에 떨어졌다. 솟아오를 때는 백색이던 말이 떨어질 때는 흑색으로 변해 있었고, 말이 솟아올라 한강을 건너 올 때 보니, 서쪽으로 기울어진 해가 너무 슬픈 빛으로 낙조를 드리우고 있었다."

　슬픔으로 물든 석양의 태양이 기울어져 있던 것처럼, 그 해가 다 기운 연말이 가까운 10. 26에 일은 나고야 말았다.(글: 박성몽)

　* 검은 옷을 입은 아버지가 모른 체하고 지나가는 꿈, 무언가 찾으면서 가야 한다는 꿈, 검은 옷을 입은 외교관 부인들이 울고 있는 꿈 → 큰딸 박재옥이 아버지인 박정희 대통령의 죽음을 예지한 꿈 사례이다.

　박 대통령과 첫째 부인 김호남 사이에 난 큰딸 박재옥은 이날(박정희 대통령이 시해당하던 날) 캐나다 대사인 남편 한병기를 따라서 카리브 해의 작은 섬나라 도미니카 공화국에 가 있었다.

　한 대사는 이 나라의 대사직도 겸임하고 있었다. 이 나라의 독립기념일 행사에 초청되어 온 것이었다. 행사가 끝나고 잠을 청하는데, 캐나다 한국 대사관에서 급히 찾는다는 전갈이 왔다. 한국에서 큰일이 생긴 것 같다는 것이었다.

박재옥은 가슴부터 철렁했다. 예감이 있었기 때문이다. 그 전날 밤 그녀는 꿈속에서 아버지를 보았다. 꿈에 박재옥은 남편이 그전에 대사로 근무했던 칠레에 가 있었다. 무슨 큰 행사인지 피노체트 대통령도 나와 있었다. 그때 검은색 자동차가 건물 앞으로 미끄러져 들어왔다. 그 차에서 검은색 옷을 입은 아버지와 육영수 여사가 내리는 것이 아닌가. 아버지는 다른 사람들과 차례로 인사를 나누다가, 큰딸 앞을 그냥 지나가는 게 아닌가. 피노체트 대통령이 박(朴) 대통령을 붙들고, "당신 딸이 여기 있다"고 소개했는데도, 아버지는 모른 체하고 그냥 휙 돌아서 버렸다.

박재옥은 며칠 전, 캐나다에 있을 때도 이상한 꿈을 꾸었다. 꿈에 외교관 부인들과 함께 청와대를 방문했다. 박(朴) 대통령은 누군가에 쫓기기라도 하듯이, 허둥지둥 무엇을 찾고 있었다. "나는 가야 하는데---빨리 가야 해. 아홉 시까지는 가야 해. 그런데 이게 어디 갔나?" 대통령은 열쇠를 찾고 있는 것 같았다.

박재옥은 "아버지 왜 그러세요. 뭘 찾으세요. 제가 찾아드릴 테니 혼자 가지 마세요."라고 애타게 말을 걸었으나, 아버지는 계속 서두르면서 어디론가 사라졌다. 주위를 둘러보니 검은 옷을 차려입은 외교관 부인들이 울고 있었다.---요약 발췌,『내 무덤에 침을 뱉어라』

아버지인 박정희 대통령의 죽음이라는 엄청난 일이 일어나기에 앞서, 딸의 꿈에 두 번씩이나 안 좋은 꿈을 꾸고 있음을 보여주고 있다. 검은 옷을 입고 딸을 모른 체하는 표상, 무언가 찾으면서 가야 한다는 표상, 검은 옷을 입은 외교관 부인들이 울고 있는 표상, 이처럼 상징적인 표상과 사실적인 미래투시의 표상이 얽히면서, 앞으로 안 좋은 일이 일어날 것임을 예지해주고 있다.

참고로 김일성의 죽음을 예지한 사례를 살펴본다. 김일성이 누구와 둘이서 걸어가고 있었으며, 하늘에는 보지 못했던 무기들이 있었고, 가는 방향마다 무기가 앞을 막은 듯이 있었던 꿈으로, 며칠 뒤 김일성이 죽었다는 뉴스를 듣는 일로 실현된 사례가 있다.

⑬ 5. 17에 대한 꿈

이 꿈은 5·17이 나기 전, 그해 봄 소위 서울의 봄이 무르익어가고 있을 때 꾼 꿈이다. 3김이 대권을 잡는다고 했지만, 누군가 절대로 그렇지 않다고 하였다. 그러면 누가 되느냐고 했더니, 다만 대머리에 새우 눈을 한 사람이라고만 하였다.(글: 박성몽)

⑭ 노무현 대통령의 죽음을 예지

＊가족들이 한복을 입고 있는 꿈

　　노 대통령 돌아가시기 전날 밤 꿈에 가족들이 다 한복을 입고 있었고, 내가 화단으로
나와 나무에 달린 촛불들을 보고 끄는 꿈을 꾸었다.---별이총총

＊노무현 대통령이 넋이 빠진 듯하게 나타난 꿈

　　어떤 산속의 별장 같은 곳의 거실이었다. 노무현 대통령이 앉은뱅이 식탁 앞에 앉아,
나를 정면으로 쳐다보고 있었는데, 눈이 마치 넋이 빠진 사람처럼 보였다. 한동안 나를
멍하게 계속 쳐다보고 있었다. 나는 그 모습을 그 별장 거실의 통유리를 통해 보고 있었
다. 이날 노무현 전 대통령이 부엉이바위에서 뛰어내려 숨졌다.---2009. 5. 23.

＊권양숙 여사가 가려는데 신발이 없는 꿈

　　4월 14일에 꾼 꿈입니다. 권양숙 여사가 우리 집에 와 있는가 봅니다. 수행원이 권양숙
여사를 모시러 와서, 권양숙 여사가 가려고 하는데 신발이 없네요. 섬돌 위에 하얀 고무
신 한 켤레가 놓여 있는 모습이 보였고요. 제가 신발장 안에 권양숙 여사의 신발을 보관
하고 있었다며, 구두(발목까지 오는 부츠 모양)를 내어 주니, 그걸 신고 갔습니다.

　　저는 꿈을 거의 매일 꾸기 때문에, 공책에 메모를 해 놓습니다. 이 꿈을 꾸고 나서 이건
무슨 꿈인가 생각했었는데, 지난주 노무현 대통령의 서거 뉴스를 접하고, 이 꿈이 생각
나서 올려 봅니다. 노무현 대통령의 꿈은 몇 번 꿔 보았지만, 권양숙 여사의 꿈은 처음
입니다.---옹달샘, 2009. 05. 26.

＊전쟁이 났다는 꿈

　　2009년 5월 18일(월) 전쟁이 났답니다. 친정집에서 언니네 가족과 친정부모님과 우
리 가족이 자고 있는데, 어슴푸레 TV 소리가 나서 눈을 뜨니 우리 친정집 넘어오는 큰
길에 대형 현수막이 쳐졌는데 TV입니다. 군인들이 줄지어 이동하고, 피란민들이 떼
를 지어 갑니다. 나는 이건 꿈이야! 하며 볼을 꼬집어보지만, 꿈에서는 아픈 것 같더군
요. 언니네 가족을 깨우고 부모님을 깨워 광주 우리 집으로 가자고 합니다. 시골보다는
사람들이 많이 모여 사는 도시가 차라리 안전하다고요. 모두 짐을 싸는데, 아버지는 가
시지 않는다고 하네요. 어머니도 으레 그러겠거니 하며, 아쉬움을 접으며 애처로운 눈
빛으로 서로를 보십니다. 나는 너무 무서워 잠에서 깨어서도 '어떻게 해 어떻게 해' 하
며 한참 진저리를 쳤습니다. 출근을 했는데, 노무현 대통령이 사망했다는 인터넷뉴스가
속보로 올라오네요. 여기에 해당하는 꿈인지 모르지만, 가슴이 아픕니다.---미래 예지,
2009. 05. 23.

⑮ 김대중 대통령의 죽음 예지

* 유물에 김치가 가득했던 꿈

   한 달 전쯤 꿈을 꿨는데, 김대중 대통령의 유물에 김치가 가득했습니다. 그냥 지나쳤는데, 이번에 그리 서거하시니, 이제서야 그 꿈인가 싶네요.---사랑이, 2009. 08. 22.

* 김대중 대통령이 자살하는 꿈

   김대중 대통령 자살하는 꿈 꿨는데, 그로부터 얼마 뒤 김대중 대통령이 사망했어요.---만평역

⑯ 현대 정몽헌 회장의 죽음 예지

   * 2003년 8월 2일에 저는 그날도 편안하게 잠을 자고 있었죠. 근데 이상한 꿈을 꾸게 되더라고요. 다른 게 아니라 제가 도시에 저 혼자만 남아서, 서울에 있는 현대 본사를 구경하고 있는데, 개미 새끼 한 마리도 안 보이는 거예요. 그보다 더 무서운 것은 제 옷차림이었어요. 검은색 신발에, 검은 치마에, 검은 머리끈을 하고 있었지요. 거기다가 그 본사 현대건물에는 '고인의 명복을 빕니다'라는 그런 현수막이 걸려 있었고요. 또 그 건물 밑에는 장례식용 버스와 앰뷸런스가 함께 주차되어 있더라고요. 그렇게 구경하고 나서 꿈에서 확 깼는데, 제가 일어난 시간이 오전 9시였어요.

   갑자기 엄마가 안방 문을 활짝 여시고는 "어떡하니? 정몽헌 회장님이 돌아가셨단다." 순간 저도 눈물이 핑 돌았어요. 저희 아버지가 현대 계열사인 현대산업개발에 재직 중이세요. 아마도, 그런 아버지의 직업 때문에 제가 그런 꿈을 꾼 것 같아요.---클레멘타인, 2004. 07. 13.

   * 별이 대여섯 개로 나뉘는 꿈

   저는 꿈을 꾸었는데, 하늘에 별이 떠 있는데 작잖아요. 그런데 별 하나가 주먹만 하게 빛나고 있는데, 그 별이 5~6개로 나뉘더라고요. 그러더니 이틀 후에, 정회장님이 돌아가셨어요.---開末取, 04. 07. 13.

⑰ 대통령의 당선을 예지

* 14대 대선에 관한 꿈

   "꿈에 보니, 김영삼 씨가 죽어서 입관된 채, 청와대로 관을 들고 들어가는 모습을 보았다." 이상한 것은 사람이 죽었는데, 슬피 우는 사람도 없고 조문객도 없고, 다만 관을 운구하는 모습만 보였다. 그런데 그 관이 김영삼 씨의 관이라는 것이다. (글: 박성몽)

* TV 화면에 김대중 대통령이 나온 꿈

예전에 김대중 대통령 당선되기 전에 꿈을 꿨었죠. 꿈속에서 뉴스에서 아나운서가 말을 하더군요. "다음은 김 대통령이 어쩌고저쩌고……." 그러면서 아나운서 뒤쪽 화면에 양복 입은 사람이 나오는데, 보니까 김영삼 대통령이 아니라 김대중 대통령이더라고요.

다음 날 직장에 와서 같이 근무하는 언니한테 꿈 애기를 하면서, "김대중이 대통령에 당선되면, 나 돗자리 깔아야지."라고 했어요. 저는 그때 당시 이회창 씨를 찍었었거든요. 그리고 며칠 후 선거결과가 나왔는데, 정말 김대중 대통령이 당선되었더라고요.

* 누군가 이번에는 "노무현이 됩니다."라고 말하는 꿈

저는 대선 약 10일 전에 꿈을 꾸었는데요. 광장에 긴 줄이 늘어서 있었습니다. 광장은 그냥 회색 아스팔트로 다른 건물이나 배경은 생각나지 않고요. 바람이 조금 불고 있어서 코트 자락이 살짝 날리는 날씨였는데, 화창한 느낌은 아니었고요. 하여튼 그냥 광장에 사람들이 일렬로 자연스러운 형태의 줄, 그러니까 약간 구부러진 줄을 서 있었는데요, 저도 그 줄에 같이 서 있었습니다. 마치 뭔가 배급을 받으려고 서 있는 줄 같기도 했고요. 그런데 제 뒤에 서있던 남자가 어깨를 톡톡 치기에 돌아다보니, 트렌치코트를 입고 중절모를 쓴 40~50대의 신사였는데, 저보고 귓속말하는 시늉을 하며, "이번에는 노무현이 됩니다."라고 말하는 것이었어요. 그래서 제가 "에이, 설마" 그러니까 그 남자 말이 "40~50대에서 예상외로 노무현 표가 많아요." 그러는 것이었어요.

그러다 꿈을 깨었는데, 그때는 믿지 않았어요. 그때만 해도 저는 정 대표를 마음속으로 밀고 있었고, 또 노가 민주당 내에서도 입지가 많이 흔들리고 있을 때였거든요. 그런데 그 꿈을 꾸고 난 다음 날, 노-정의 전격적인 후보 단일화가 이뤄지더라고요. 그러면서 노가 급부상하더군요. 아무튼 참 신기한 꿈이었습니다. 저한테 귓속말한 남자는 처음 본 사람이었는데, 얼굴은 기억나지 않습니다.

 ＊ 저는 대선 때 대통령들이 꿈에 보였는데 맞더라고요. 김대중 대통령도 노무현 대통령도 꿈에 나오더니 진짜 되더라고요.---지지조

* 2012년 대선 예지 꿈 → 문재인 후보 좌절 예지

오늘 새벽엔 꿈을 꿨는데 이상했어요. 병원의 어느 병실에 제가 서 있더라고요. 환자 침대만 있고, 사람들은 하나도 없었습니다. 근데 제가 큰소리로 "저거 박근혜 씨 침대 아니냐?"라고 외치니까, 갑자기 안철수 교수님이 선명하게 나타나셔서 아닙니다. "저

건 문제인 침대입니다."라고 하셔서 깜짝 놀라 깼습니다.

　병실의 침대의 상징적 의미가 휴식·중단 등으로 본다면, 대선에서 좌절될 것을 예지했다고 볼 수 있겠다. 이렇게 대선을 앞두고, 전국에서 대선과 관련된 꿈이야기를 모아 분석한다면, 대선 결과를 예지하는 것이 어렵지 않은 일일 것이다.

⑱ 지진 및 쓰나미 예지 꿈

＊지각이 갈라져 한 부분은 위로 솟구치며 또 다른 부분은 함몰되는 커다란 혼란을 보는 꿈 → 일본 고베 지진이 일어남

　지각이 갈라져 한 부분은 위로 솟구치며, 또 다른 부분은 함몰되는 커다란 혼란이었습니다. 다른 날에 비해 너무도 선명한 꿈이었죠. 고3이었던 때인지라, 아침 일찍 등교해 딱딱한 의자에 기댄 채, 책과 씨름하는 일상이었습니다. 저희는 교실마다 학습용 텔레비전이 설치되었기에 그날도 자율학습이 시작되기 몇 분 전, 텔레비전 시청의 여유를 가졌습니다. 그런데 다급한 뉴스 앵커의 음성이 심상치 않더군요. 다름 아닌 그 날 새벽의 대사건의 보도였습니다. 바로 일본 고베 지진이었죠. 지진이 발생했던 시간과 제가 꿈에서 깨어난 시간이 거의 같았습니다. 정말 신기하고 놀라운 일이었습니다.---충남 아산시에서 김○○

＊일본지진 예지몽

　뜬금없이 올해 초 꿈속에서 제가 일본에 있더라고요. 그런데 일본에 어마어마하게 많은 뱀들이(수만 마리) 철창(어마어마하게 큰) 속 바닥에 우글우글 거리고, 철창 안에는 어마어마하게 많은 원숭이가 있고, 천장에는 검은색의 박쥐인지 새인지가 붙어 있었습니다. 너무 선명해서 새벽에 잠을 깨고 나서, '이게 과연 무슨 꿈일까?' 했습니다.

　꿈얘기를 했더니, 어머니께서 농담 삼아, "일본에 지진 나려고 하나보다" 했는데, 두 달 뒤에 대지진이 났더군요. 진짜 신기했어요. 일본이라는 것도 신기했고, 제 생전 꿈속에서 이렇게 많은 동물을 본 것은 처음입니다.---상원마미, 2011. 07. 01.

＊일본 지진을 예감한 꿈

　꿈속에서 제가 어느 길을 걷고 있는데, 우리나라 같지는 않았어요. 땅의 어떤 부분이 들쑥 하더니, 지진이 날 것 같더라고요. 아니나 다를까 땅이 갈라지면서, 급기야는 한쪽 갈라진 땅이 하늘로 치솟아 올랐죠. 이 꿈을 꾸고 나서 너무 생생하고 예지몽 같아서, 아무래도 이틀 안에 세계 어딘가에 지진이 날 것 같았어요. 우리나라 같지는 않았고, 외

국이긴 한데 어딘지는 확실하지가 않았어요. 그리고 확실히 예지몽이라고 단언할 수도 없어서 그냥 지나쳤는데, 뉴스를 보니깐 일본에서 지진이 났다고 하더군요. 아마 꿈을 꾸고 이틀이 지난 후였어요. 물론 이 글을 읽는 사람들 중에는 우연일 수도 있다고 생각하시는 분이 있을 거라고 생각해요. 사실 저도 우연이었으면 좋겠어요. 사실 저도 예전에는 꿈을 꾸고 그냥 많이 지나쳤어요. 그냥 꿈이거니 하고, 근데 요즘 들어 자주 예지몽을 꾸니깐, 이제 꿈을 꾸고 나면 이건 예지몽 같다는 생각이 순간적으로 들 때가 많아요.

* 아이티 지진 예지

가장 최근에 꾼 것은 아이티 지진. 1월 10일 쯤인것 같아. 그때 꿨었는데, 나 역시 아이티란 나라에 대해 전혀 몰랐던 사람이었는데, 그런데 아이티라곤 직접적으로 나오지 않고 아이티 국기가 빨강/파랑에 가운데 그림이 있잖아? 그런 식으로 막 무슨 어떤 대통령이나 국무총리나 뭐 그런 사람이 공식 석상에서 뭔가 발표를 하는데, 뒤에 깃발이 국기처럼 보이지 않고 무슨 커다란 걸로 빨강/파랑 막 칠해져 있고, 이상한 글씨도 써 있고 무슨 그림인진 모르지만 역시 가운데 흰색 바탕에 그림이 그려져 있었는데, 공식석상에서 발표하는 순간 엄청난 지진이 발생해서 이 사람이 파묻히는 꿈을 꿨어. 그리고 2~3일 후에, 아이티지진이 났던 거 같은데 정말 소름 끼쳐.

* 건물에 죽은 아이들 시체를 본 꿈 → 중국 쓰촨 성 지진 예지

제가 꿈을 꾸고 나면 하루이틀사이에 꿈에서 봤던 그 한 장면이 딱 맞아떨어지는 경우가 가끔 있거든요. 전에 중국 쓰촨 성 지진 때, 전날 꿈에서 제가 허름한 집안에 앉아 있다가 시끄러운 소리가 들려서 뛰어 나갔어요. 집 앞에 강물이 있었고 거길 조금 지나가니, 아파트처럼 보이는 많은 건물들이 다 쓰러져 있었어요. 놀라서 뛰어가 살펴보니, 죽은 아이들의 시체가 즐비하게 놓여 있더군요. 그 많은 시체를 투명한 비닐로 덮어놨는데, 죽어있는 아이들의 모습이 너무 생생하고 처참해 보였어요. 그런데 다음 날 학교붕괴로 아이들이 많이 죽었다는 지진뉴스를 봤습니다.---바다와궁전

* 인도네시아 쓰나미 예지 꿈

온 산과 길이 붉은 흙으로 되어 있었다. 나는 흙산과 흙산 사이에 난 길을 한참 걸어갔다. 이날 10만 명 이상이 사망한 인도네시아의 대 쓰나미가 발생했다.

⑲ 챌린저 호 폭발, 체르노빌 원전 사고 예지 꿈

챌린저 호가 폭발되던 해, 일주일 전에 꿈에서 발사 후에 날아가다가 떨어져서 폭발하

는 꿈을 꾸었다. 세상에 그냥 꿈이려니 했는데, 일주일 후에 이럴 수가--. 그리고 소련 핵 공장 폭발할 때, 3일 전쯤 꿈속에서 방과 후에 집에 가는데, 이상한 공장이 앞에 떡하니 생겼었다. 공장 안에는 드럼통들이 엄청 있었고, 드럼통엔 핵(방사능) 표시가 있었다. 그런데 갑자기 펑하더니, 한쪽에서 폭발음이 들렸다. 그리고 불길에 휩싸였다. 며칠 후에 뉴스에서 체르노빌 원전 사고 뉴스가 보도되었다. 그 후에, 난 꿈에 관심을 가졌다.

⑳ 서브프라임 사태 예지

 * 저는 2009년 9월에 일어난 경제 위기를 꿈에서 봤어요. 이거 진짜임. 막 뉴스에서 주가 폭락하니 어쩌니 하고, 진짜 레알!---날개Fly, 2011. 1. 24.

 * 바둑을 두고 있는데, 저 멀리서 상대방의 돌이 멀리서 포위를 하고서, 내 돌을 잡으려고 하는 것이었다. 깨어나니 꿈이었다.

필자의 어느 날 밤의 꿈체험담이다. 당시 필자는 내 돌이 위험에 처하게 되었으니, 질병으로 인하여 내 건강이 위험에 처하는 것이 아닌가 걱정했다. 그러나 당시 주식을 하고 있었던바, 일주일 여 뒤에 발생한 서브프라임 사태로 인하여, 보유 주식이 반 토막도 더 나게 되는 재물의 손실로 이루어졌다.

㉑ 구제역으로 인한 가축 매몰 예지 → 썩어가는 소 돼지를 밟고 있던 꿈

 구제역으로 강화도에 가축들 살 처분을 많이 했을 때 꿈입니다. 그 전날 꿈이 제가 학교에서 밖으로 나가는 길을 찾는 중이었습니다. 내가 가야 할 길이 학교 밖으로 보이는데, 정작 나가려고 하니 도통 길을 찾을 수가 없었지요. 한참을 헤매다 학생한테 물었더니 샛길을 알려주기에 거기를 지나가려는데 바닥은 검붉은 피들이 질퍽했고, 중간중간에 징검다리 같은 게 보이기에, 그것을 밟고 지나는데 물컹물컹했어요. 내려다보니 죽어서 썩어가고 있는 소와 돼지들을 밟고 서 있더라고요. 구더기도 한두 마리씩 기어 나오고 있고요. 그 꿈을 꾼 다음 날, 구제역으로 가축들 땅에 잔뜩 묻는 뉴스를 보는 일로 실현이 되었네요.---바다와궁전

㉒ 물고기의 떼죽음 예지 → 강가에 물고기가 죽어있는 꿈

 평소 예지몽을 좀 꾸는 편이긴 하지만 보통은 제 신상에 관련된 내용들이 많죠. 물론 그렇지 않은 경우도 있었지만요. 얼마 전 반자각 상태의 꿈을 꿨죠. 어렴풋이 꿈이란 생각은 하지만 꿈에서는 벗어나지 못하고 지켜봐야하는 상황이죠. 제가 강가에 있었고, 수많은 물고기들이 다 죽어있는 것입니다. 물고기들의 사체가 쌓여있고, 정말 그 느낌이 너무 끔찍했어요. 여기서 빨리 벗어나고 싶고 토할 것 같은 생생한 느낌이요. 꿈에서

깨고 나서, '왜 이런 꿈을 꿨을까?' '이건 무엇을 암시하는 걸까?' 한참 생각을 했습니다. 예지몽이란 느낌이 왔기 때문에 기분이 좀 그랬죠. 그런데 그날 TV를 켰는데, 물고기 떼 죽음이라는 뉴스가 나오는 거예요. 이 뉴스를 보려고 꿈을 꿨나 싶더군요. ---폰타

㉓ 1993년 구포역 참사 예지 → 구덩이가 매몰되어 부대원 78명이 생매장되었다는 꿈
    필자의 사이트(984.co.kr)에 올려진 이용자의 꿈체험기로, 1993년의 구포역 참사를 예지했던 실증사례이다.

제가 겪은 꿈이야기를 쓰려고 합니다. 저는 꿈이 현실과 일치하는 경우가 많은 편입니다. 이 꿈은 제가 군대를 제대한 지, 얼마 안 되는 93년 3월의 꿈입니다. 새벽녘에 꾼 꿈이었습니다. 꿈속에서 누군가 제게 전화를 걸어온 사람이 있었습니다. 그 사람은 저를 "김 병장님이 아니냐?"며 물었습니다. "그렇다"고 했고, "당신은 누구냐?" 물었더니 그는 "김 병장님은 저를 잘 모르겠지만, 저는 잘 알고 있습니다."라며 말문을 열었습니다.

그는 제가 제대한 지 얼마 안 되어 제가 근무하던 부대로 발령을 받은 장교라서, 나는 그를 모르는 게 당연할 것이라고 했습니다. 그는 제가 근무하던 부대에서 큰 사고가 났다고 했습니다. 부대에서 공사 하던 중에 사병들이 전원 투입되어 큰 구덩이를 파게 되었는데, 그만 작업 도중에 구덩이가 매몰되어 부대원 78명이 생매장되었다는 것이었습니다. 저는 꿈속에서 78명이 사망했다면, 실로 충격적이며 한편으로 슬픈 사고라고 생각했습니다.

꿈을 깨고서도 저는 그 꿈이 예지하고자 하는 바가 무엇인지, 골똘히 생각해 보았으나, 도무지 종잡을 수가 없었습니다. 그런데 꿈을 꾼 지 일주일 정도 지나서, 대형 열차 사고가 발생했습니다. 공사 중의 연약한 지반으로 인해, 기차가 공사 중인 지반 옆으로 처박히는 사고였죠. 70명 정도의 사람이 사고로 죽었습니다. 그런데 하루가 지날 때마다, 중상자 중에 사망하는 사람이 늘면서, 일요일 저녁 라디오를 통해 뉴스를 듣던 중에, 이 사고로 인한 최종 사망자 수가 78명이라는 발표를 듣게 되었습니다. 저는 그제야 약 2주 전 그 꿈에서 그 장교가 말해준 '78명'이라는 사상자의 숫자를 떠올리고, 등골이 오싹해지는 전율을 느끼게 되었습니다. ---후략.

1993년 3월 28일 구포역 입구에서 철길 지하 굴착공사로 인한 지반 붕괴로 인해, 부산으로 들어가던 무궁화 열차가 전복되는 대형 사고가 발생하여, 승객 78명이 숨지는 대형사고가 있었다.

위 체험사례는 꿈을 믿는 사람에게도 신비할 정도의 상징 기법이 전개되고 있

다. 보통의 꿈은 보는 것으로 진행되지만, 이처럼 전화나 목소리를 듣는 꿈으로 진행되는 경우도 있다. 부대원 78명이 생매장당했다는 꿈속의 말이 최종적으로 78명이 사고로 죽게 되는 구포역 참사로 실현되고 있다. 그야말로 전율을 느낄 정도의 꿈의 세계이다.

이렇게 꿈에서는 최종의 결과를 보여주는 일로 이루어지고 있다. 인터넷에서 '별이총총'의 아이디로 올려진 유사한 체험사례이다. 준비하는 시험이 있었는데, 경쟁률 발표 전에 꿈에 7:1로 봤는데, 접수인원은 9:1로 나왔다. 그러나 결시자 빼고 실제 응시자 수는 꿈에서 본 그대로 7:1 정도로 실현되었다.

㉔ IMF 사태를 예지한 꿈 → 전쟁이 났다고 하는 꿈

필자의 사이트에 '예지'라는 가명으로 올려진 실증적 꿈 사례이다.

> 유학기간 동안은 내 모국 한국에 관한 꿈을 유난히 많이 꾸었었다. 어쩌면 지리적인 거리감이 가져다주는 절대 고독과 그리움 때문이었을까? 지난 96년 초에 유학 생활 중에 자주 꾼 한 주제의 꿈을 하나 적어 본다.
>
> 거리는 텅 비어 있고 차도 별로 다니지 않았다. 먼지만 뿌옇고 왠지 어수선한 분위기였다. 사람을 찾으려고 이 골목 저 골목 다니다가, 한구석에 사람들이 모여 있는 것을 발견하였다. 한 사람에게 무슨 일이냐고 물으니, 전쟁이 났다고 하였다. 총성도 없고 군인들도 보이지 않았는데……. 그저 사람이 더 이상은 살지 않는 도시처럼 텅텅 비어 있었다.
>
> 모여 있던 사람들 중에 유독 옷을 깔끔하게 차려입은 여자가 내게 말을 걸어왔다. 전쟁이 나서 많은 사람들이 굶어 죽어가고 있다고---.
>
> 그 당시는 해몽을 못 하고, 막연히 '북한이 혹시라도 전쟁을 일으키지는 않나' 하고 걱정했었는데, 1년이 지난 후에야 귀국 후 IMF를 겪으면서 비로소 알게 되었다. IMF는 소리 없는 전쟁이었고, 얼마나 많은 선량한 국민들이 고통을 겪어야 했던가를…….

올바른 해몽이다. 꿈의 예지대로 IMF라는 초유의 사태로 국민들이 고통을 겪는 일로 이루어졌으며, IMF는 소리 없는 전쟁보다 더 지독한 것이었다. 이처럼 꿈이 생생하거나 반복적으로 꾸는 경우, 꿈으로 예지된 일이 중대한 일이며, 그 실현의 나날이 점차 다가오고 있음을 뜻하고 있다.

'전쟁이 나서 많은 사람들이 굶어 죽어가고 있다고---' 꿈해몽은 상징의 이해에 있는바, 전쟁의 꿈은 그 체험이나 전쟁에 관한 지식에서 형성되지만, 꿈속에서의

전쟁의 상징적 의미는 벅찬 외부적인 여건과의 대립에서 힘겹고 두려우며 고통스러운 일을 겪게 됨을 뜻하고 있다. '많은 사람들이 굶어 죽어가고 있다'는 꿈속의 말에서, 많은 사람들이 경제적으로 어려움에 처하게 되어 자살하거나 이혼하는 등의 고통과 시련의 나날이 있게 될 것을 예지해주고 있다.

어느 분의 정초 꿈에, "한강이 흙탕물이고, 사람·개·돼지 등이 막 떠내려가는 꿈"을 꾸었다고 한다. 그해 장마가 심할 줄 알았으나, 장마는 심하지 않았고, 꿈의 의미를 재삼 생각해보니, 'IMF'라는 국가 위기 상황을 상징적으로 나타낸 표상으로 받아들인다는 것이다. 올바른 해몽이라고 여겨진다. 흙탕물의 한강 물로써 우리나라의 파탄이 난 경제상황을, 개·돼지의 짐승들로 힘없는 백성을 상징적으로 보여주고 있다고 하여야 할 것이다. IMF라는 말을 시골 할아버지까지도 'IMF 시대에--'운운하는 세상이 되었으니, IMF 괴물이 우리 생활에 끼친 영향이 '흙탕물인 한강에 사람·개·돼지가 떠내려가는' 현실과 무엇이 다르랴.

또한 이렇게 정초에 꾸는 꿈으로 일 년의 운세를 보여주기도 한다. 의료기관에 종사하는 어느 회사원의 꿈으로, 정초에 자신의 손가락이 네 개 잘리는 꿈을 꾸고 몹시 걱정하였다. 꿈의 실현은 그해에는 유독 직장에서 교통사고가 많이 나서, 네 명의 직원이 사망하는 일로 이루어졌다. 자신이 소속된 기관의 직원에게 일어날 사고의 예지를 자신의 손가락이 잘리는 꿈으로 상징적으로 나타내주고 있다. 이 경우 자신의 팔이 잘리는 꿈이었다면, '누구누구는 누구의 오른팔이다.'라는 일상 언어의 관습적 상징처럼, 자신에게 있어 팔과 같이 소중한 사람이거나 일을 도와주는 아랫사람에게 사건·사고가 일어나게 되거나 퇴사하여 결별하는 등의 일로 이루어지고 있다.

한편 노래를 잘 부르고 못 부르고 사람마다 차이가 나듯이, 꿈을 꾸는 능력에도 개인별로 차이가 존재하고 있다. 자신에게 일어날 일을 꿈으로 예지하지 못하는 사람이 있는가 하면, 이렇게 자신에게 일어날 일뿐만 아니라, 자신의 주변 인물 나아가 국가적·사회적으로 일어날 엄청난 사건이나 사고를 예지하는 사람이 상당수 있다. 이는 인간 정신 능력의 활동이 꿈을 통해 활발하게 일어나는 사람이다.

이처럼 우리가 꾸는 꿈의 분석을 통해, 장차 다가올 국가적 사회적인 큰일이 일어나는 것을 예지해내는 일이 가능하다고 하겠다. 이처럼 엄청난 일이 일어날 것을 꿈으로 예지한다는 것은 어찌 보면 인간의 무한한 초능력적인 정신활동의 세계를 믿는다면 지극히 당연하다. 꿈의 세계야말로 우리 인간이 만물의 영장임을 여실하게 증명해주고 있다.

필자의 '꿈 연구원'이 널리 알려져서, 여러분들이 꾼 꿈의 내용을 일러준다면, 공통되는 꿈의 표상 속에 사회적·국가적인 큰일이 일어나는 것을 예지해내는 일이 가능할 것이다. 하루빨리 그날이 왔으면 한다.

2) 선인들의 사회적·국가적 예지 꿈

① 표범이 호랑이의 꼬리를 깨물어 자른 꿈

고구려 태조대왕 90년(서기 142년)에 한 표범이 호랑이 꼬리를 깨물어 자른 꿈을 꾸었다. 깨어서 그 길흉 여부를 물으니, 어떤 사람이 말하였다. "호랑이는 백수의 으뜸이고, 표범은 같은 종류의 작은 것입니다. 그 뜻은 왕족으로서, 대왕의 후손을 끊으려고 음모하는 자가 있는 것 같습니다."

꿈의 예지를 무시한 왕은 이후 충신 고복장의 반대를 무릅쓰고, 아우인 수성에게 왕위를 물려주면서 태조대왕으로 물러나고, 아우인 수성이 왕위에 올랐다. 차대왕(次大王) 2년(147) 3월에 충신 고복장을 죽였다. 또한 차대왕 3년(148) 여름 4월에, 왕은 사람을 시켜 태조대왕의 맏아들 막근(莫勤)을 죽였다. 그 아우 막덕(莫德)은 화가 연이어 미칠까 두려워, 스스로 목을 매었다.---『삼국사기』 요약 발췌.

요약해 살펴본바 『삼국사기』에 전하는 꿈 사례로, 상징적인 미래 예지 꿈의 대표적인 사례이다. 표범이 호랑이의 꼬리를 깨물어 짜른 꿈의 해몽을 "호랑이는 백수의 으뜸이고, 표범은 같은 종류의 작은 것입니다. 그 뜻은 왕족으로서, 대왕의 후손을 끊으려고 음모하는 자가 있는 것 같습니다." 이는 올바른 해몽이다. 꿈속에 나타나는 호랑이나 고양이나 구렁이 기타 동물 등은 대부분 사람을 상징하고 있다.

태조대왕은 아우인 차대왕에게 왕위를 선양하였으나, 결국 아우인 차대왕은 충신과 두 조카를 죽였다. 이처럼, 태조대왕은 꿈의 예지에 대하여 가볍게 생각하고, 대비하지 않았기에 이러한 일로 일어난 것일까? 아니면 꿈 자체가 상징적인 미래 예지 꿈으로, 장차 그 실현이 이루어지게 되어 있던 것일까?

필자의 수많은 사례 연구를 통해 볼 때, 다만 경고성 성격의 꿈이 있기는 하지만 상징적인 미래 예지 꿈의 실현 자체를 우리 인간이 벗어나게 할 수는 없다. 오직 선행을 베풀고 근신(謹愼)함으로써, 장차 일어나는 일에 대하여 최소화한 사례는 있다.

꿈을 꾼 후로, 5년 뒤에 꿈의 예지는 실현되고 있다. 5년째에 충신인 '고복장'이 죽게 되고, 이어 6년째에 호랑이 꼬리로 상징되었던 자신의 두 아들이 죽게 되는 일로 실현되고 있다.

② 경복궁이 불탔는데, 다음번에는 올려 지으라는 꿈

임진왜란이 일어나게 되고 왜적이 물러가게 될 것을 예지한 류성룡(柳成龍)의 예지적인 꿈에 대한 기록을 살펴본다.

> 신묘년 겨울에 내가 우연히 하나의 꿈을 꾸니, 경복궁의 연추문(延秋門)이 불에 타서 잿더미가 된 것이다. 내가 그 아래를 배회하고 있으니, 곁에 어떤 사람이 있어 말하기를, "이 궁궐은 처음 자리를 정할 적에 지나치게 아래로 내려갔으니, 지금 만약 고쳐 짓는다면 마땅히 약간 높게 산 쪽에 가깝게 자리를 정해야 할 것이오."라고 하였다. 내가 놀라 깨어나니 온몸에 땀이 흘렀는데, 감히 다른 사람들에게 꿈을 말할 수 없었다.
>
> 이듬해 임진년 4월에 임금이 탄 수레가 왜적을 피해 경복궁을 떠나고, 세 궁궐인 경복궁·창덕궁·창경궁이 모두 불에 타서 잿더미가 되어버렸다. 적병이 팔도에 가득 찼으며, 여러 사람들이 나라의 회복이 가망 없다고 의심하고 있었다. 나는 비로소 친하고 아는 사람에게 이 꿈이야기를 하고는, 또 이르기를 "꿈속에서 이미 경복궁을 고쳐 지을 일을 의논하였으니, 이는 곧 나라가 회복될 징조이므로 왜적을 족히 두려워할 것이 못되오."라고 하였다. 이윽고 왜적은 과연 패하여 물러갔으며, 임금의 행차는 도성으로 돌아왔던 것이다.---『西厓集』, 〈夢兆〉

신묘년 겨울은 선조 24년, 1591년으로 임진왜란이 일어나기 5개월여 전이다. 류성룡은 꿈속에서 '경복궁이 불타 없어지고, 새로 짓는다면 산 쪽에 가깝게 올려 지어야 한다'는 이야기를 듣게 된다. 이 꿈을 꾸고 난 후에는 불길한 꿈으로 여겨서 꿈이야기를 할 수 없었으나, 왜적이 침입하여 국가의 안위를 걱정해야 할 때, 경복궁을 새로 짓는 논의로 미루어 장차 한양이 수복되고 왜적이 곧 물러나게 될 것을 예지한 꿈 사례를 말하고 있다.

③ 암울한 몽중시(夢中詩)로 임진왜란을 예지

다소 특이한 사례로, 꿈속에서 시를 짓는 몽중시로써 장차 일어날 임진왜란의 비극적 상황을 예지한 허균(許筠)의 『성소부부고(惺所覆瓿藁)』에 나오는 이야기를 살펴본다.

> 내가 언젠가 꿈에 한 곳에 이르니, 거친 연기와 들풀이 눈길 닿는 데까지 끝없는데, 불탄 나무의 껍질 벗겨진 데에 다음과 같이 시를 적었다.
>
> 　冤氣茫茫(원기망망) 원통한 기운 끝없어
>
> 　山河一色(산하일색) 산하가 한 빛이로다.
>
> 　萬國無人(만국무인) 온 나라에 사람 하나 없고
>
> 　中天月黑(중천월흑) 하늘 가운데의 달도 침침하네.
>
> 잠에서 깨어 몹시 언짢게 여겼었는데, 임진왜란에 서울이나 시골을 막론하고 피가 흐르고, 집들이 불타 없어짐에 이르러서, 이 시가 지극히 옳은 것으로 바야흐로 징험이 되었다.

선인들의 꿈 사례 가운데에는 이처럼 꿈속에서 시를 지었음을 밝히고 있는 몽중시(夢中詩)가 상당수 있는바, 이 사례는 허균이 임진왜란이 일어나기 몇 달 전에 꿈속에서 지은 몽중시로 잠을 깨고 나서 기록한 것이다.

꿈속에서 시를 짓고 깨어나서도 기분이 언짢았음을 허균 스스로 밝히고 있는바, 장차 일어나게 될 임진왜란의 참화를 예지해주고 있다. 몽중시 속에 등장하는 시어는 '冤氣(원기): 원통한 기운', '無人(무인): 사람이 없다', '月黑(월흑: 달빛이 캄캄하다)' 등으로 시의 전반적인 분위기가 어둡고 음울하여 장차 병화(兵禍) 등 어두운 미래가 다가오고 있음을 예지해주고 있다. 산하(山河)는 우리의 국토를 상징하고 있으며, 원통한 기운이 차 있다는 것으로 백성들이 어려움과 고통에 시달릴 것을 상징적으로 보여주고 있다. "사람 하나 없는" 또한 전란으로 인하여 황폐한 정황을, "하늘 가운데의 달빛도 침침하네"로 밝은 광명이 비치지 아니하고 시련과 고난의 어려움에 빠져들게 될 것을 예지해주고 있다.

또한 "달빛도 침침하네"의 꿈의 상징 기법은 소설이나 시에서의 문학적 상징적 의미와도 일맥상통하게 전개되고 있다. 예를 들면, 정철(鄭澈)의 가사작품인 〈관동별곡(關東別曲)〉의 맨 끝 구절에 나오는, "명월이 천산만락(千山萬落)의 아니 비친 데 없다."에서 밝은 달은 임금의 성총이나 은혜로움이 온 나라에 펼쳐지고 있음을 상징적으로 나타내고 있다.

한편, 세종이 지은 월인천강지곡(月印千江之曲)은 '달이 천 개의 강에 비치는'이라는 뜻이지만, 달빛은 부처님의 교화와 자비로움으로 천 개의 강으로 상징된 온 세상에 펼쳐짐을 나타내고 있다.

허균의 이 몽중시는 형식적으로는 4언 4구(四言四句)의 비교적 간결한 시 형식으로, 깨어나서도 쉽게 꿈속에서 지은 시의 내용을 기억하게 해주고 있는 것이 특징이다. 또한, 꿈속에서 지은 몽중시 속에 나오는 내용 중의 만국무인(萬國無人: 온 나라에 사람 하나 없고)은 삭막하고 쓸쓸한 시적 배경으로, 변란과 고난 등의 어려운 일로 실현될 것을 보여주고 있다. 앞서 요즘 사람들의 사례에서 살펴본 '전쟁이 나서 길거리에 사람이 하나도 없었던 IMF를 예지한 꿈 사례'와 유사성이 있음을 알 수 있겠다.

④ 몽중시로 임진왜란이 평정될 것을 예지

細雨天含柳色靑　보슬비가 하늘에 가득하니 버들은 푸른빛을 띠고

東風吹途馬蹄輕　샛바람이 길에 불어오니 말발굽이 가볍구나.

太平名官還朝日　태평해져 명관들이 조정으로 돌아오는 날

奏凱歡聲滿洛城　승전가를 올리니 기쁜 소리 장안에 가득하구나.

---박동량(朴東亮)의 『기재사초(寄齋史草)』 하.

홍연길(洪延吉)의 아들이 지었다는 몽중시로, 꿈속에서 몽중시를 지은 것이 신묘년(선조 24년, 1591) 겨울의 일이니, 이는 4개월여 뒤인 다음 해 선조 25년 1592년 4월 일어나는 임진왜란으로 인한 국가 사직의 안위에 대한 예지를 보여주는 꿈으로 보아야 할 것이다. 또한 "보슬비 오는 날 버들은 푸른 빛을 머금었는데"에서와 같이, 버들이 푸른 때로 계절적 배경이 드러나고 있는바, 실제로 난을 피해 의주로 몽진(蒙塵)한 임금을 비롯한 조정의 대신들이 한양에 다시 돌아오게 되는 때는 1593년 4월 18일 왜군이 도성에서 철수하여 남하한 이후에 이루어지고 있다.

⑤ 이항복이 자신의 죽음과 인조반정을 예지

무오년 5월에 이항복(李恒福)이 북청(北靑)에 귀양 가 있었다. 하루는 꿈에 선조가 용상에 앉아 있고, 류성룡(柳成龍)·김명원(金命元)·이덕형(李德馨)이 함께 입시하고 있었다. 선조가 이르기를, "혼(琿:광해군의 이름)이 무도하여 동기를 해치고 어머니를 가두어 두니, 폐하지 않을 수 없다."라고 하니, 덕형이 이뢰기를, "이항복이 아니면 이 의논을 결정하

지 못하겠으니 속히 부르소서."라고 하였다. 이에 항복이 깜짝 놀라 깨어서, 자제들에게 말하기를, "내가 살아있을 날이 오래지 않을 것이다."라고 하더니 이틀 뒤에 죽었다.---『백사행장(白沙行狀)』

이 꿈이야기는 장차 일어날 두 가지 사건을 예지해주고 있다. 하나는 이미 죽은 선조대왕을 비롯하여 이덕형(李德馨)이 자신을 불러와야 한다는 꿈을 꾸고 나서, 이항복 스스로 머지않아 자신이 죽게 될 것을 예지하고 있다. 또한 꿈속에서 들은 말인 "폐하지 않을 수 없다."라는 말처럼, 장차 광해군이 인조반정으로 인하여 왕위에서 쫓겨나게 될 것을 예지해주고 있다.

꿈속에 등장한 인물인 류성룡(1542~1607), 김명원(1534~1602), 이덕형(李德馨)(1561~1613) 및 선조(1552~1608)는 이미 죽은 지가 5~11년이 지나 있던 때이다. 요즘 사람들의 사례에서도, 이처럼 죽은 사람이 나타나 같이 가자고 하는 경우, 죽음으로 실현되고 있다.

"이항복이 아니면 이 의논을 결정하지 못하겠으니, 속히 부르소서."라는 꿈을 꾼 무오년인 1618년 5월, 그로부터 이틀 뒤에 자신의 죽음으로 실현되고 있으며, 그로부터 5년 정도 지나서인 1623년(광해군 15) 3월에 꿈속에서 선조가 한 말인 "혼(琿: 광해의 이름)이 무도하여 동기를 해치고 어머니를 가두어 두니 폐하지 않을 수 없다."라는 말처럼, 광해군을 왕위에서 몰아내게 되는 인조반정이 일어나는 일로 실현되고 있다.

또한 이 밖에도 홍대용(洪大容)이 중국의 육비(陸飛)에게 보낸 편지의 내용 중에, '황룡(黃龍)'이 하늘로 날아오르는 꿈으로 인조반정에서 능양군(綾陽君)의 성공적인 거사를 예지해준 꿈이야기가 있다.

⑥ 가짜 해가 산산이 부서지는 것을 보는 꿈

송덕영(宋德榮)은 조선 중기의 무신으로 이괄(李适)의 난을 진압 시에 두 해가 나란히 나타나 서로 부딪치더니, 가짜 해가 결국 산산이 부서지고 마는 꿈을 꾸고서, 이괄의 난이 진압될 것을 예지하고 있다.

가짜 해의 상징 의미는 반란군의 괴수인 이괄을 상징적으로 보여주고 있다. 두 해가 서로 부딪친다는 것은 서로 간에 대립과 싸움을 뜻하고 있으며, 가짜 해가 산산이 부서지는 것은 반란군이 싸움에 패하여 이괄의 난이 진압될 것을 상징적으로 예지해주고 있다.

한편 꿈의 상징은 문학적 상징과도 일치하고 있다. 이와 유사한 사례로, 해에 관한 기록이 『삼국유사』에 향가인 월명사(月明師)의 도솔가(兜率歌)가 실려 전하고 있는바, 배경설화 이야기 속에 하늘에 해가 두 개인 이야기가 나오고 있다. 이에 월명이 4구체 형식의 불교적이며 주술적인 성격을 띤, 미륵 신앙을 통한 국태민안(國泰民安)을 바라는 도솔가(兜率歌)를 지어 불렀더니, 하늘에 해가 둘인 변고가 없어졌다.

해는 만물을 비추는 따사로운 대상이며, 하늘에는 해가 하나이듯이, 그 상징성은 하나뿐인 임금을 상징하고 있다. 따라서 하늘에 두 개의 해가 나타났다는 것은 반란이 일어나서 '나도 왕이다'를 참칭하는 무리가 있었음이요, 한 해가 사라짐은 반란이 진압되었음을 뜻하고 있다.

문학적 표현에서도 '해'는 임금의 상징으로, 구름은 간신의 무리 등으로 쓰이고 있음을 쉽게 찾아볼 수 있다. 이백(李白)의 〈登金陵鳳凰臺(등금릉봉황대)〉에서 "總爲浮雲能蔽日(총위부운능폐일: 뜬구름이 해를 모두 가리니), 長安不見使人愁(장안불견사인수: 장안이 안 보여 시름에 잠기게 하네)." 시구에서 해의 상징이 임금을 뜻하고 있으며, 이를 송강 정철은 〈관동별곡(關東別曲)〉에서 "아마도 널구름 근쳐의 머믈셰라" → 지나가는 구름이 해 근처에 머물까 두렵구나(간신배들이 햇빛인 임금의 총명을 가릴까 두렵구나)라고 노래하고 있다.

3) 외국의 사회적·국가적 예지 꿈

〈1차 세계대전이 일어나게 될 것을 예지〉

1913년 가을에 융이 꾼 꿈이다. "거대한 홍수가 북반구를 모두 덮어버리고, 북해와 알프스 사이에 있는 땅을 휩쓸었다. 홍수가 스위스에 이르렀을 때, 산들이 점점 커져서 스위스를 보호했다. 엄청난 재앙이 진행 중임을 깨달았다. 엄청난 위력을 지닌 흙탕물 파도에 부서진 문명의 부유물, 셀 수 없이 많은 익사한 시체들이 떠다녔고, 마침내 바다는 핏빛으로 물들었다." 같은 꿈이 수 주 후에도 되풀이되었고, "이 모든 것은 사실이고, 또 그렇게 될지어다."라는 목소리가 함께 들렸다.

1914년 8월 1차 세계대전이 일어나게 될 것을 예지한 꿈이다. 스위스가 영세중립국으로 전쟁의 폐해에서 벗어나게 될 것을 예지해주고 있다. 이처럼 꿈이 개인적인 예지를 뛰어넘어 국가적 사회적인 사건, 나아가 전(全) 인류적으로 엄청난 사건을 예지해주기도 한다.

9 죽음 예지

1) 죽음 예지 꿈의 개괄적 해설

우리 인간의 일생을 나타내는 말로 생로병사(生老病死)라는 말이 있다. 이러한 말을 미래 예지적인 꿈에 그대로 대입시켜보면 생은 태몽으로, '로(老)'는 글자 그대로의 뜻으로는 늙어가는 것이지만 우리 인간이 살아가면서 겪는 여러 생활의 일들을 예지해주는 꿈으로, '병(病)'은 질병이나 교통사고 등을 예지해주는 꿈으로, '사(死)'는 인간의 죽음[死]을 예지해주는 미래 예지적인 꿈으로 나타나고 있음을 볼 수 있다.

태몽으로 나타나는 출생과 더불어, 죽음은 우리 인간사에서 우리 인생의 막을 내리는 커다란 사건이다. 이러한 죽음이 꿈에서 예지된다는 것은 어찌 보면 당연한 일이다. 이 경우에 자신의 죽음을 직접 예지해주는 경우도 있지만, 대부분은 자신과 가까운 다른 사람을 통해서 죽음의 미래 예지적인 꿈으로 나타나고 있다.

죽음 예지에 대한 실증사례도 무수히 많으며 다양하다. 다음의 꿈을 꾸고 죽음 예지로 실현된 사례가 있는바, 나이 드신 분이나 환자가 있는 경우에 실현 가능성이 높다고 하겠다.

저승사자 꿈, 버스·승용차·나룻배를 타는 꿈, 죽은 사람이 같이 가자는 꿈, 신발을 잃어버린 꿈, 이빨이 부러지거나 빠진 꿈, 붉은 흙탕물을 보는 꿈, 검은색의 얼굴로 나타난 꿈, 얼굴이 희미하게 나타난 꿈, 사진이 희미하게 변해있는 꿈, 집이나 구들장이나 담이 무너져 내린 꿈, 검은색 옷을 입은 꿈, 온 식구들이 모여 있는 꿈, 봉투 가장자리에 검은 테두리가 둘러쳐진 편지를 받는 꿈, 쓸쓸한 시를 짓는 꿈 등은 현실에서도 좋지 않은 일이기에 죽음을 뜻하는 상징적인 의미를 지닌다는 것을 쉽게 이해할 수 있다.

또한, 어머니가 꽃밭에서 한복을 입고 있는 꿈, 아주 고운 옷을 차려입으시고 예쁜 꽃가마에 올라타신 꿈, 외삼촌이 화려한 결혼식에 참석하는 꿈, 햇살이 비추는 곳으로 나아간 꿈을 꾼 후에 돌아가셨다는 등의 꿈이야기에서 볼 수 있듯이, 화려하게 전개되고 있는 꿈도 별로 안 좋은 죽음 예지의 꿈으로 실현될 수 있다. 한편 나이 드신 분이 꿈에서 그만 산다고 하거나, 물속에 들어가 있거나, 돈을 빌리러 오거나, 새집을 짓거나, 큰절을 받는 꿈, 내 들어갈 집이 없다는 꿈 등도 좋지 않게 실현된다. 이 경우 새집이 무덤을 상징적으로 나타내고 있다.

따라서 단정적으로 말할 수는 없지만, 다음에 소개되는 죽음 예지 꿈해몽이나 실증사례와 유사한 꿈을 꾸게 된다면, 자신을 비롯하여 자신의 주변 인물에게 죽음이나 질병·사고·불합격·유산·요절·실패·좌절 등 좋지 않은 일로 실현될 수 있음을 예지해주고 있다고 보아야 할 것이다.

2) 죽음 예지 꿈해몽 요약

① 고령자 또는 중병환자가 저승사자나 천사를 따라가는 꿈

② 병자나 노인이 꽃가마를 타고 어디론지 가는 꿈

③ 병자나 노인이 자동차나 배를 타고 멀리 떠나는 꿈

④ 노인이나 병자가 새집을 짓고 들어가 문을 닫고 나오지 않는 꿈

⑤ 중병에 걸린 사람이 새 옷을 입고 집 주위를 분주히 돌아다니는 꿈

⑥ 바다에 있는 높은 산 속으로 들어가는 꿈

죽음을 예지한 꿈이거나, 외국에 갈 일이 생긴다.

⑦ 큰절을 받는 꿈

중병 환자의 경우 죽음을 예지한 꿈이 된다. 일반적으로 다른 사람의 청탁을 들어주게 되는 일로 실현된다.

⑧ 중병에 걸린 사람이 산속으로 소를 몰고 들어가는 꿈

죽음을 예지한 꿈이거나, 소로 상징된 가정·회사·기관의 재산이나 이권이 없어지는 일로 실현된다.

⑨ 한식 지붕에 새 옷을 입고 올라가 있는 사람을 보는 꿈

죽음을 예지한 꿈이거나, 직장을 은퇴할 사람이 있게 된다.

⑩ 집이나 방에 검은 택시가 들어와 있는 꿈

노인이나 환자의 경우에, 죽음 예지의 가능성은 더 높아진다.

⑪ 꿈에 멀리 있는 친지가 어두운 얼굴이나 희미한 얼굴로 보이는 꿈

죽음을 예지한 꿈이거나, 질병이나 사고 등의 안 좋은 일로 실현된다.

⑫ 손가락이 잘리는 꿈

형제 또는 가까운 사람이 요절하는 일로 실현된다. 그러나 일거리·대상의 상징인 경우에, 파손되거나 고장 나는 일로 실현된다.

⑬ 공중에서 무언가가 완전히 사라져버리는 꿈

죽음을 예지한 꿈이거나, 일의 종말 등의 일과 관계한다.

⑭ 고목이 부러지는 것을 보는 꿈

지도자나 집안 웃어른의 죽음을 예지한 꿈이거나, 일거리·대상의 상징인 경우에는 역사 깊은 회사나 기관·단체 등이 파산된다.

⑮ 검은 손이 문패를 떼어 가는 꿈

문패 주인공의 죽음을 예지한 꿈이거나, 신분이나 직위가 몰락되는 일로 실현된다.

⑯ 극장의 막이 내려지는 꿈

죽음이 임박함을 예지하거나, 일의 종결됨을 예지한다.

⑰ 하늘이 캄캄하거나, 연못의 큰 물고기들이 죽어서 둥둥 떠 있거나, 나무들이 시드는 꿈이나, 푸른 나뭇잎이 시들어 떨어져 쌓이는 꿈

천재지변이나 전쟁·재난·유행병 등으로 많은 사람이 죽게 될 것을 예지한다.

3) 죽음 예지 꿈 실증사례(요즘 사람들)

① 아줌마와 엄마가 하얀 소복 차림에 상여 뒤를 따라 가는 꿈

소복을 입은 사람이 병을 앓고 있는 환자였던바, 얼마 안 있어 돌아가시는 일로 실현되었다.

경기도 고양시에 사시는 이태순(48세) 주부님께서 96년 9월 13일 보내주신 꿈이야기이다.

지금으로부터 22년 전 정확하게 16살 때 겪은 꿈이지만, 지금도 생생히 그때의 일은 잊을 수가 없다. 그해 가을이었던가. 친정어머님이 암으로 투병 중이실 때이다. 말기 암

환자로 햇수로 2년 정도 앓고 계실 때였다. 또한 그 당시 멀쩡하시던 옆집 아주머니도 어느 날 갑자기 감기 몸살로 자리에 누워서, 사경을 헤맬 정도로 아프셨다.

　어느 날 오후였던 것으로 기억된다. 나는 엄마 곁에 누워 잠시 낮잠이 들었는데, 꿈속에 상여가 지나가는데, 아줌마와 엄마가 하얀 소복 차림에 상여 뒤를 따르는 게 아닌가? 깨어보니 꿈이었지만 너무나도 생생하기에, 얼른 엄마를 바라다보니 옆에 계셨다. 어린 마음에 살아계신 엄마가 얼마나 좋던지---. 잠시 후 옆집에서 떠드는 소리에 엄마에게 물어보니 그 아주머니가 돌아가셨다고 했다. 그 시간은 잠을 잘 때, 내가 꿈을 꾼 시간이었다. 그리고 2개월 후에 친정어머님도 돌아가셨다. 꿈이었지만, 난 지금도 그 아주머니와 우리 어머니가 같이 가신 것 같은 생각이 자꾸 들곤 한다.

이태순 주부님처럼 꿈을 통해 죽음을 예지한 꿈이야기는 수없이 많다. 우리 인간에게 있어 출생과 죽음은 크나큰 의미가 있다. 따라서 꿈이 우리 인간의 당면한 문제를 나타낸다고 볼 때, 이에 따른 태몽과 죽음을 암시하는 미래 예지적인 꿈이 자신이나 친분이 있는 다른 사람에게 많이 나타난다는 것은 당연하다고 하겠다. 장차 자신이나 타인의 죽음을 꿈을 통해 예지함으로써 피할 수 있다면 얼마나 좋겠는가? 하지만 필자가 여러 꿈이야기를 살펴본 바로는 꿈을 통해 죽음을 예지해 줄 수는 있지만, 피할 수는 없음을 알게 된다. 이러한 죽음을 예지해 주는 꿈이야기와 실제로 현실에서의 실제로 일어난 일을 비교·분석해 볼 때, 신비한 꿈의 세계에 전율감마저 느끼지 않을 수 없다.

② 상복을 입고 있는 꿈, 안쓰러운 눈으로 쳐다보는 꿈 → 죽음 예지

이용자가 올린 꿈체험기이다.

　56세의 나이로 아버지가 돌아가셨습니다. 돌아가시기 전에 시어머님은 꿈속에서 저의 신랑이 상복을 입고 있었다고 하네요(사실적인 미래투시 꿈으로 실현). 제 여동생의 친한 친구는 제 동생이 검은 상복을 입고 슬피 우는 꿈(사실적인 미래투시 꿈으로 실현), 막냇동생의 꿈에는 아버님이 안쓰러운 눈으로 쳐다보면서, 자신을 끌어안고 슬피 우는 꿈을 꾸었다고 합니다.

③ 할아버지 초상나시기 전에, 소복 입고 산에서 음식을 하는 꿈

며칠 뒤에 진짜 돌아가셨어요.---쥐등에곰, 2008. 02. 11.

④ 시체가 되어 하얀 소복 같은 것을 입고 떠 있는 꿈 → 죽음 예지

천안시에서 김현정 씨가 보내온 꿈이야기이다.

저는 우리 할머니를 무척 좋아하고 따랐습니다. 아빠와 엄마보다 더 사랑했지요. 애들 엄마가 되어서도, 할머니한테 어리광을 부렸죠. 어느 날 꿈에 흐르는 강인데, 저쪽에서 하얀 무엇이 떠내려오는 것이었어요. 그래 자세히 보니, 할머니가 시체가 되어 하얀 소복 같은 것을 입고 떠 있는 것이었어요. 저는 막 울다가 깨어났습니다.

불안해하면서 한 달 정도 지난 어느 날, 할머니는 돌아가셨습니다.

⑤ 이웃집의 아들과 며느리가 논둑길을 향해 울면서 뛰어오고 있는 꿈

이튿날 이웃집 할아버지가 교통사고로 새벽에 돌아가시는 일이 일어났다.

이 경우 사실적인 미래투시 꿈의 성격을 띠고 있다. 이 밖에도 시고모님이 꿈에 나타나 엄마(시할머니)가 죽었다며 펑펑 우는 꿈으로, 실제로 돌아가시는 사실적인 미래투시의 꿈으로 실현된 사례가 있다.

⑥ 꿈속에서 으리으리한 기와집이 나타났던 꿈 → 산소의 갓 모양의 비석

동생이 교통사고로 급작스럽게 죽는 일로 일어났다. 꿈속에서 보았던 으리으리하던 기와집이 동생의 산소를 찍은 사진 속의 갓 모양의 비석과 일치되는 일로 실현되었다.

⑦ 참새 한 마리가 나무 위의 새집으로 들어가는 꿈 → 동생의 죽음 예지

28년 전, 부모님께서 겪으신 일입니다. 저는 결혼 7년 만에 귀하게 태어났고요. 제 밑으로 남동생을 낳으셨습니다. 그런데 그 동생이 파상풍인지, 병을 앓고 있었고요. 그 아이가 아픈 후로, 엄마와 아빠는 잠도 못 자고 아이를 지켰답니다. 그리고 깜박 잠들었다가 꿈을 꾸었답니다.

엄마는 부처님오신날에 하는 행사 같은 가마같은 것 뒤로 수많은 사람들이 등을 들고 따르더랍니다. 또 아빠는 참새 한 마리가 나무 위에 새집으로 들어가는 꿈을 꾸고, 동시에 꿈에서 깼답니다. 그리고 동생을 보니, 이미 숨을 다한 뒤였다고 합니다. 그리고 동생이 죽고 나서 날짜를 보니, 사월초파일로 부처님 오신 날이었답니다.

⑧ 유난히 누군가 죽는 꿈, 제사를 지내는 꿈 → 죽음 예지

올해는 유난히 누군가 죽는 꿈을 많이 꾸었습니다. "누군가 죽어 저희 고향집 골목에 많은 사람들이 꽉 차서 올라오고, 그중 사람들은 상중인 저희 집으로 들어가고, 어떤 꿈에서는 누군가 죽어 제사를 지내는 꿈이었습니다. 그래서인지 올해 11월에는 저의 시아버지가, 12월에는 시할머니가 차례로 돌아가셨습니다."---lady7413, 2002. 12. 23.

꿈은 반대가 아닌 상징의 이해에 있다. 사실적인 미래투시의 꿈으로 실현된다

면, 돌아가시는 꿈이 실제 돌아가시는 일로도 가능하다.

⑨ 오빠가 총을 맞고 피를 흘리며 쓰러진 꿈 → 죽음 예지

　　삼대독자인 오빠는 반공 분자란 낙인이 찍혀 정치보위부에 감금된 몸이었다. 바로 그
날 밤 그 시각이었다. 솔가지 단을 차례대로 세워 놓고, 악덕스러운 괴뢰군은 따발총을
난사하였다. 솔가지 나뭇단이 쓰러지며, 오빠가 검은 피를 온몸에 흘리며, 우리 쪽으로
달려오다 쓰러지고 말았다. 그리고 우리 세 식구는 눈을 뜬 것이다. 그리고 일주일 후,
우리는 부패된 오빠의 총알투성이의 시체를 신풍리 산굴 속의 수많은 시체 속에서 찾았
다.---『꿈꿈꿈』에서

　이 경우의 꿈은 사실적인 미래투시 성격의 꿈에 가깝다. 특이하게 가족 모두
가 같은 꿈을 꾸었다는 하는바, 이렇게 가족이나 부부가 같은 꿈을 꾸는 경우가
있다.

⑩ 백지장 같은 무표정한 얼굴에 새까만 양복을 입고 차에 타서 손을 흔드는 꿈

　6. 25 때 꿈을 꾼 날, 아버님이 학살당하는 일로 실현된바, 꿈의 표상이 어둡고
음울하게 전개되고 있다. 까만 색깔의 옷, 까만 얼굴 등의 경우에 안 좋게 실현되
고 있다. 반면에 화장을 했다든지, 화려한 옷을 입은 경우에도 죽음 예지와 관련
이 있다.

⑪ 남편이 배낭을 메고 어깨를 축 늘어뜨린 채, 대문 안으로 들어서는 꿈

　행색이 너무 초라하여 꿈인데도 가슴이 아팠어요. "당신, 보약 좀 드셔야지
요." 하고 걱정을 하다가 잠에서 깨어난바, 꿈을 꾸고 나서, 남편이 바다에서 익사
했다는 소식을 전해 들었다고 한다.---1989년 월간지

⑫ 황량한 모래벌판의 먼지 속에서 헤매며, 야윈 얼굴로 애원하는 꿈

　　고등학교 때의 은사님 한 분이 암으로 투병하고 계셨죠. 어느 날 밤 꿈에서 처음으로
그분을 뵈었습니다. 황량한 모래벌판의 먼지 속에서 헤매며, 그분은 제게 몸에 보신할
무엇인가를 찾아달라시며, 비굴하다고 느껴질 정도로 애원하시는 것이었습니다. 그분
의 얼굴은 몹시 야윈 상태였죠. 그날 저녁 그 은사님께서 운명하셨다는 소식을 접하게
되었습니다.

　죽음 예지의 표상이 어둡고 음울하게 전개되고 있다. 꿈속에서 돈을 빌려 달
라고 하는 사람이 현실에서 죽음 등 안좋게 실현되고 있음을 염두에 두시기 바
란다.

⑬ "너는 나보다 더 많은 꽃을 받을 거잖아."라고 말하는 꿈

인터넷에 떠도는 이야기이다. 고(故) 김성재가 죽기 전날 꿨던 꿈이라 한다. 듀스의 이현도에게만 우르르 팬들이 몰려가 꽃을 건넸고, 이에 김성재가 이현도에게 "너는 좋겠다, 꽃 많이 받아서……."라고 이야기를 하자, 이현도가 "너는 내일 나보다 더 많은 꽃을 받을 거잖아."라고 말했다고 한다.

⑭ "나 간다."라고 말하는 꿈 → 모친의 사망 예지

아버지가 설을 지내러 혼자 큰댁으로 가셨고, 설날 오후에 낮잠을 주무셨다. 꿈에서 갑자기 할머니가 흰 윗저고리만 입으시고, 아버지 이름을 부르시면서 "잘 살아라."라고 하시며 어디론가 가셨다. 불길한 예감에 집에 돌아오고자 하였으나, 큰댁에서 내일 가라고 자꾸 붙잡아 저녁을 드시고 잠을 청하시는데, 할머니께서 다시 꿈에 나타나시더니 "나 간다."라고 하시면서 눈물을 흘리셨다. 깨어나니 밤 11시쯤이었는데, 그때 집에서는 할머니께서 뇌출혈로 쓰러지셨고 결국 돌아가셨다.

⑮ "나 간다. 잘 살아라."라고 말하는 꿈 → 부친의 죽음 예지

서울에 와서 여고 다닐 때였다. 대학 입시를 얼마 안 남겨 놓고, 하루는 공부하다가 책상 위에 엎드려 깜박 잠이 들었다. 그때 꿈속에서 아버지께서 나타나 하시는 말씀이 "나 간다. 잘 살아라."

꿈을 깨고 나니 기분이 이상했다. 그래서 시골에 내려가 보니, 이미 아버지께서 돌아가셔서 장례를 치르고 있었다. 아버지께서 돌아가시면서, 공부에 지장이 있으니 딸에게는 알리지 말라고 하셔서, 알리지 않았다는 것이었다.

탤런트 김수미 씨가 어느 TV 프로의 토크쇼에서 한 꿈이야기이다. 이 밖에도, 아내의 꿈에 남편이 나타나 "나 간다."라고 세 번을 말하는 꿈으로 교통사고로 남편을 잃게 된 사례가 있다.

⑯ '씩씩하게 자라야 한다'며, 용으로 변해서 하늘로 날아간 꿈 → 외삼촌의 죽음

저희 외삼촌이 돌아가시기 전날, 외삼촌 꿈을 꾸었어요. 그런데 외삼촌께서 창백한 얼굴로 저희 집에 오셨는데 "현미야, 이제 너를 보는 것도 힘이 들겠구나." 하시는 거예요. 그렇게 하루가 가고, 그 다음 날 꿈에 외삼촌께서 "현미야, 외삼촌 못 보면 슬프겠지?" 하셔서 "네? 그런 소리 하지 마세요."라고 말을 했어요. 그런데 외삼촌께서 "외삼촌 못 본다고 슬퍼 말고 씩씩하게 자라야 한다." 하시는 거예요.

제가 그 소리를 듣고 울자, 외삼촌께서 저를 꼭 안아 주시더니, 갑자기 용으로 변하더

니 하늘로 날아가는 거예요. 외삼촌을 아무리 불러도 대답도 하지 않고요. 외삼촌께서 떠나셔서 엉엉 울다가 꿈에서 깨어났는데, 아침부터 기분이 좋지 않아서 어머니께 어젯밤 꿈이야기를 해 드렸더니, 어머니께서도 기분이 안 좋으시다고 하시더라고요.

그래서 저는 어머니께 "서울에 전화해보라"고 하고 학교에 갔거든요. 학교 갔다가 돌아왔더니, 어머니께서 쪽지를 남기고 어딘가로 가신 거예요. 쪽지를 읽어보니, 외삼촌께서 병원에 입원하시려고 샤워하고 나오신 다음, 점심을 드시다가 갑자기 돌아가셨다는 거예요. 그 후 저는 꿈을 절실하게 믿었죠.

⑰ 외삼촌이 "이제부터 내가 모실게."라고 말하는 꿈 → 외할아버지의 죽음 예지

저희 외할아버지께서 돌아가셨는데, 그 전날에 저희 어머니께서 꾸신 꿈인데요. 돌아가신 외삼촌이 살찐 얼굴로 꿈에 나타나서, "아버지 모시느라 힘이 들지? 이제는 내가 모실게." 그러시더라는 거예요. 그래서 어머니께서는 아니라고, 힘 전혀 들지 않는다고, "힘이 들면 올케가 힘이 들지, 내가 뭐 하는 게 있냐."라고 그랬더니, "아무튼 힘들지 않게 해 줄게."라고 그러시더니, 다음 날 할아버지께서 돌아가셨어요.

⑱ 할머니가 "이제는 가야 해."라며 데려가려고 하는 꿈 → 할아버지의 죽음 예지

이것은 엄마에게 들은 이야기이다. 내가 초등학교 5학년 때였다. 그때에 할아버지와 함께 살았는데, 할아버지께서는 술을 몹시 좋아하셨다. 며칠 전부터 할아버지께서 술을 많이 드셔서인지 많이 아프셨다. 그 다음 날이었다. 나와 오빠는 학교에 갔고 엄마도 학교에 가셨다. 그리고 아빠는 다른 일로 밖에 나가셨다. 할아버지는 혼자 집에 계셨다. 우리 가족은 오후 3~4시쯤 집으로 돌아왔다. 돌아와서 할아버지 방에 인사하러 들어갔는데, 할아버지께서 돌아가셨다. 정말 놀랐다. 그리고 엄마의 이야기를 들으니 더욱 놀랐다.

엄마가 할아버지께서 운명하시기 전날 밤 꿈을 꾸셨는데, 오래전에 돌아가신 할머니께서 엄마 꿈속에 나타나셨다. 할머니께서는 흰옷을 입으시고 할아버지 방으로 들어가시면서, "이제는 가야 해."라고 말씀하시며, 할아버지를 끌고 나가시려 하셨다고 한다. 엄마는 여기까지 꿈을 꾸시고 놀라서 깨셨다고 한다.

⑲ 먼 곳으로 간다는 꿈 → 죽음 예지

꿈에서 할아버지가 하얀 옷을 입고 검은 옷을 입은 사람들과 함께 나타나서, 고모의 손을 잡고 이제 먼 곳으로 간다고 말했다. 그리고 할아버지는 검은 옷을 입은 사람과 함께 사라지셨는데, 그날 할아버지가 돌아가셨다.

㉒ "저 꽃이 피면 난 갈 거다."라고 말한 꿈 → 죽음 예지

할머니가 나타나셔서 마당에 있는 진달래꽃을 가리키면서, "저 꽃이 피면 난 갈 거다."라고 말한 꿈으로, 무심결에 밖을 보니 꽃이 피어있었던 바로 그 시각에, 할머니께서 돌아가신 사례가 있다. 또한 친정할머니께서 나타나, "좋은 일 많이 베풀면 복 받는다."라고 말씀하시던 꿈으로, 두 달이 지나 병환으로 돌아가신 사례가 있다.

㉑ "할머니가 안 좋으시니 빨리 내려가 봐라."라는 꿈 → 죽음 예지

올 봄 저희 시고모님이 꿈에 나타나, 엄마(저에게는 시할머니)가 죽었다며 펑펑 우셨습니다. 저희 할머니는 올 12월에 돌아가셨습니다. 돌아가시기 이틀 전 새벽 꿈에 저희 친정 고향집에 친정 고모로 생각되는 어떤 여자 령(靈)이 지붕에 둥둥 떠서, "할머니가 안 좋으시니 빨리 내려가 봐라."라고 했습니다. 너무 놀라 잠에서 깨었고, 이틀 후에 돌아가셨지요.

㉒ 아빠가 엄마가 돌아가셨다고 말하는 꿈 → 사실적인 미래투시의 죽음 예지

사이트 이용자의 꿈체험담이다.

미래 예지 꿈도 많이 꾸지만, 현실 그대로의 상황을 꿈에서 많이 본답니다. 가장 기억에 남는 꿈은 꿈에서 아빠가 저보고 엄마가 돌아가셨다고 하는 꿈이었어요. 그래서 통곡을 하고 그랬는데---. 꿈에서 깨고 난 뒤에 너무 생생해서 마음에 걸렸었거든요. 그래도 저희 부모님은 같이 산에도 잘 다니시고, 엄마가 아주 건강하셨기 때문에 개꿈이라고 그냥 넘겼죠.

그런데 실제로 엄마가 돌아가셨어요. 췌장암이라는 병에 걸리셔서요. 아프실 때도 저희는 그 병인 줄 몰랐거든요. 어른들, 그러니까 아버지만 알고 계시고, 저희는 전부 나을 수 있는 병인 것으로 알았거든요. 아프시고 한 달인가 지나서 듣고는 통곡을 했죠. 지금은 이렇게 가볍게 쓰지만, 많이 힘들었어요. 여하튼 그대로 일어나는 꿈들. 신기하죠. 사람의 생사까지도 알려준다니---.

사람에 따라 꿈의 특성이 있을 수 있다. 대부분 상징적인 미래 예지 꿈을 꾸기도 하지만 이처럼 사실적인 미래투시의 꿈을 많이 꾸는 경우도 상당수 있다. 필자가 알고 있는 대한민국 제1의 꿈꾸는 능력을 가진 여자가 있다. 그녀의 꿈의 실현을 보노라면, 상징적인 꿈같이 보이던 꿈이 의외로 사실적인 꿈으로 실현된 사례도 상당수 있다. 꿈일기를 적어보자. 그러면 자신의 꿈의 특성을 스스로 알 수

있게 된다. 필자의 경우, 사실적인 미래투시의 꿈이 아닌, 거의 대부분 상징적인 미래 예지 꿈을 꾸고 있다.

㉓ 시어머님이 깨끗한 한복으로 갈아입고 나오더니, "얘야, 집을 비우라고 하니 이사를 가야겠구나."라고 하는 꿈

가슴을 졸이며 기다리고 있는데, 아니나 다를까 지방에서 돌아가셨다고 연락이 왔다.

㉔ 남편이 잠수복을 입고 부인인 자신에게 애타게 무엇인가를 당부하는 꿈

남편이 상어에게 물려 죽게 되는 일이 일어났다.

㉕ 웬 잿빛 옷을 입고 머리가 검은 할아버지가 나타나더니, 엄마가 하루밖에 못산다고 말하는 꿈 → 계시적 죽음 예지

수술하시고 건강하게 사시다, 6개월 후에 또다시 재발하여서 병원에서 1개월을 선고받았다. 집에서 병간호를 하던 어느 날 새벽에 또다시 꿈을 꾸었다. 그리고 다음 날 엄마는 갑자기 돌아가시고 말았다.

㉖ 두루마기를 입고 할아버지가 산으로 사라지신 꿈 → 할아버지의 죽음 예지

학생의 꿈 사례이다.

큰댁 앞마당의 한쪽 구석에 할아버지께서 하얀 두루마기를 입으신 채 앉아 계셨다. 너무나도 평온한 모습으로 장구를 치고 계시기에, 가까이 다가가니 어디론가 사라지셨다. 잠시 후 검은 두루마기를 입고 안색이 창백한 노인과 함께 다른 곳에 나타나셨다. 그런데 할아버지께서는 이번에도 역시 온화한 표정으로 장구를 치고 계셨다. 내가 점점 가까이 다가가니, 할아버지께서는 그 노인과 함께 어느 산 쪽으로 사라지셨다.

잠에서 깬 후에 가족들에게 이야기하니, 모두 별 반응 없이 지나쳤는데, 다음 날 큰일이 벌어졌다. 할아버지께서 돌아가신 것이다. 더욱더 놀라운 사실은 할아버지의 관이 놓여 있던 곳이 처음 앉아 계셨던 곳이고, 두 번째 앉아 계셨던 곳은 할아버지의 옷가지를 태웠던 곳이었다. 또한 할아버지께서 노인과 함께 사라지신 곳이 바로 할아버지께서 묻히신 곳이다. 그 후 난 꿈이 인간의 미래를 예견한다는 사실을 믿고 있다.

㉗ 아버님이 한복으로 곱게 단장하고 산으로 올라가는 꿈 → 죽음 예지

소주인 줄 아시고 약을 잘못 드셔서, 2개월 후 돌아가시게 되는 일로 실현되었다. 이 밖에도 꿈속에서 남편이 산으로 막 올라가기에, 불렀는데도 뒤도 돌아보지 않고 계속 올라간 꿈으로 남편이 사망한 사례가 있다.

㉘ 머리 위에 소복을 입은 여자와 아이가 앉아 있던 꿈 → 죽음 예지

　　어머니 꿈에 아버지 머리 위에 하얀 소복을 입은 여자 분하고 아이가 앉아 있었다고 합니다. 저희 어머니가 아버지한테 꿈 얘기를 했지만, 아버지는 믿지 않았습니다. 아버지는 오히려 시골에 계시는 할아버지 할머니를 걱정하셨습니다. 그리고 며칠 있다가 아버지가 돌아가셨습니다.

㉙ 할머니가 시체가 되어 하얀 소복 같은 것을 입고 있는 꿈, 할머니가 예쁜 옷을 입고 큰 거울을 보며 화장을 아주 짙게 하고 계신 꿈

한 달 후에 할머니가 돌아가시는 일로 실현되었다.

㉚ 자신이 소복을 입고 하얀 안갯속에서 헤매는데, 시어머니가 자신을 부르는 꿈

현실에서는 한 달 뒤에 시어머니께서 뇌출혈로 쓰러져 돌아가시는 일로 실현되었다.

㉛ 조상이 흰옷을 입고 기다리는 꿈 → 죽음 예지

　　할아버지께서 주무시는데, 증조할아버지께서 흰옷을 입으시고 할아버지를 기다리고 계신 꿈을 꾸었는데, 이후에 할아버지는 병원에 입원하시고, 1년 뒤 정도에 돌아가셨어요.

㉜ 검은 자가용, 검은 양복의 사람이 이웃집 앞에 서 있는 것을 보는 꿈 → 죽음 예지

여고생의 꿈체험담이다. 사람의 얼굴이 하얗고, 눈 밑은 병에 걸린 사람처럼 새까맣고, 눈물을 흘리고 있었다고 하는바, 이웃집 아저씨가 돌아가시는 일이 일어났다. 이처럼, 꿈속에서 죽음을 상징하는 검은 옷을 입고 등장한 사람이 있을 경우, 그와 관련 있는 사람들의 죽음으로 실현되고 있다.

㉝ 검은 옷 입은 두 명이랑 손잡고 신 나게 걸어가는 꿈 → 죽음 예지

　　저는 특히 유명인이 죽는 예지몽을 잘 꿔요. 고(故) 가수 유니 씨 죽기 일주일 전쯤에 꿈에 유니가 나와서 발라드곡을 부르다가 검은 옷 입은 두 명이랑 손잡고 신 나게 걸어가는 꿈을 꿨어요. 그리고 일주일쯤 후에 죽었다는 뉴스를 들었어요.

㉞ 상복을 입고 있는 사람들이 보이는 꿈. 그의 자손들이나 가족들이 상복을 입고 그 집을 돌아다니는 꿈

그 꿈을 꾼 지 일주일 안에 꿈에 본 집에서는 항시 장례식이 치러졌다고 하는바, 사실적인 미래투시의 꿈인 경우이다.

㉟ 엄마에게 줄 선물을 사러 가자고 하던 꿈 → 죽음 예지

학생의 꿈이야기이다.

내가 항상 멀리서만 바라보던 친구가 있었다. 하루는 꿈을 꾸었는데, 그 애가 꿈속에서 나랑 가장 친한 친구로 등장을 했다. 그리고 그 애는 갑자기 나에게 자기 엄마에게 줄 선물을 사러 가자고 나를 졸라댔다. 나는 가기 싫다고 했고, 그래서 결국에는 그 애 혼자 선물을 사러갔다. 그 다음 날 바로 그 애 엄마가 돌아가셨다는 이야기를 들었다.

㊱ 잠을 자는데 얼굴이 검은 두 여자가 하얀 한복을 입고 나타나, 자신에게 정숙하게 무릎을 꿇고 절을 하고 가는 꿈

나이가 드신 분이나 병환을 앓고 있는 사람에게 안 좋은 일이 일어나게 된다.

㊲ 할머니가 나오시더니 다짜고짜 아무 말도 없이 저한테 절을 하시는 꿈

뒤에 할머니가 돌아가시는 일이 일어났습니다. 누군가가 저 자신이 종손이라, 저한테 젯밥을 먹기 위해 절을 한 것이라고 하네요.

㊳ 외할머니에게 두 번 절을 하는 꿈 → 외할머니의 죽음 예지

외할머니께서 난데없이 꿈속에 나오셔서 깜짝 놀랐는데, 제가 어떤 힘에 이끌려 외할머니 앞에 두 번 절을 했습니다. 할머니께서는 "너한테 해준 것이 없어서 미안하다."라며 긴 식탁에 여러 사람과 모여 있는 가운데, 저한테 얘기를 하였으나 전 어떤 엄청난 힘에 말을 하려고 해도 입 밖으로 말이 안 나왔습니다. 약 2주 후 외할머니께서 돌아가셨다는 연락을 받았습니다.

㊴ 나이 드신 부모를 꿈에 본 꿈 → 죽음 예지

외할아버지가 돌아가시던 새벽, 주무시던 어머니가 갑자기 머리가 아프시다며 일어나시더니, 꿈에 할아버지를 보았다고 뭔가 불길한 예감이 드신다고 했다. 조금 후에 외가에서 할아버지가 돌아가셨다는 연락이 왔다.

이 밖에도 꿈에 멀리 있는 친지가 보이는 꿈으로 초상을 치른 사례, 꿈에 아픈 환자가 보이는 꿈으로 환자가 죽게 된 사례, 소복 입은 사람을 보는 꿈으로 친근한 사람들 중에 누군가 죽었다는 소식을 듣게 된 사례가 있다.

㊵ 막냇동생이 산에서 소리지르며 손을 흔들고 하늘로 올라가는 것을 본 꿈

등산가인 막냇동생이 산에서 조난당한 신문기사를 읽을 것을 예지해 준 꿈이었다.

㊶ 동생이 어디론가 갈려고 하기에 가지 말라고 소리쳐 보았지만, 자기는 가야 한다고 하면서 자꾸 나를 멀리하면서 가버린 꿈

아홉 살 되는 나이에 병으로 세상을 떠나는 일로 실현되었다.

㊷ 검은 동정을 단 소년이 문안으로 누런 봉투를 넣고 간 꿈

현실에서는 부고장을 받는 것으로 실현되었다. 이처럼 누런 봉투의 편지를 받는 꿈은 부고를 알게 되는 일로 실현되기도 한다.

㊸ 살아계신 시어머니(88세)가 붉은 저고리 파랑치마와 같은 원색 옷을 입고, 춤을 추고 노래를 즐겁게 부르고 있어서 늙은이가 무엇이 좋아 춤추고 노래 부르는가 싶어 못마땅했던 꿈

평상시에는 늙은이라는 불량스러운 호칭이나 생각은 평소에 하지 않았던 주부의 꿈이다. 1년쯤 뒤에 시아주버님이 65세의 나이로 돌아가시는 일이 일어났다.

유사한 사례로, 외숙모(76세)가 알록달록한 원색의 옷을 입고 춤추고 노래하는 똑같은 꿈을 꾼 후에 한 달 뒤, 외숙모의 외아들이 52세의 나이로 대장암으로 수술을 받는 일이 일어났다.

㊹ 이웃에 사시는 건강하던 할머니가 산속에 있는 모르는 집에서 함께 살고 있는 꿈

며칠 사이로 두 번 꾸었던 꿈으로, 그 후에 얼마 가지 않아 실제로 그 할머니가 돌아가시게 되었다.

㊺ 아파트 입구에 여섯 사람이 얼굴은 해골인데 옷을 다 입고 있어, 들어오면 어떡하나 걱정했으나 개가 있어서 못 들어 온 꿈

얼마 후에 3층에 세 든 사람이 자살해 죽었다.

㊻ 누군가 찾아와 데려가고자 하거나, 다른 방안의 벽에다 무엇인가 쓰는 꿈

어느 어머니의 꿈에 군복색깔의 옷을 입은 사람이 찾아와 어디론가 빨리 가자고 재촉하면서, 시간이 없다며 아들의 방에 무엇인가를 쓰고 간 꿈은 그 후 아들이 자전거를 타고 가다가 크게 엎어지는 사고가 난 후, 원인 모를 마비로 인해 사망하게 되었다.

㊼ 흙탕물에 솥이 떠내려가는 꿈

길고 넓은 큰 냇가에 붉은 흙탕물이 마구 소용돌이치면서 흘러가는데, 우리 집에서 가장 큰 솥이 둥둥 떠내려가고 있어 그 솥을 건지려고 했지만, 어쩔 수 없어서 발만 둥둥 구르다가 그 옆을 보니까, 우리 애들이 물속에서 앉아있고, 그 옆에는 높은 빨랫줄에 희고 기다란 아기 기저귀 같은 것이 높게 몇 개씩이나 매달려 있었습니다.

실제로 몸이 아픈 남편이 병원에 입원해서, 그날 저녁 수술을 하기 위해 마취 주사를

맞고 영영 깨어나지 못했습니다. 그 다음 날 영안실에서 울다가 고개를 들어보니, 여러 개의 화환에 보낸 사람의 이름이 적혀서 높이 드리워진 흰 천이 눈에 띄는 순간, 남편의 죽음을 예지한 꿈을 떠올리게 되었습니다.

붉은 흙탕물, 집의 큰 솥이 떠내려감, 희고 기다란 천 등 모두가 불길한 느낌을 주고 있다.

⑱ 입안에 있는 치아가 모두 빠지고, 온몸에는 큼직한 이가 기어 다녀서, 심신이 몹시 괴로운 꿈

다음 날 아버지께서 위독하시다는 소식을 전해 들었고, 그 다음 날 아버지의 임종을 지켜보게 되는 일로 실현되었다.

⑲ 교회 지붕 꼭대기에 앉아 있던 꿈 → 죽음 예지

아버님이 교회 지붕 꼭대기에 앉아 계시기에, "아버지, 거기서 뭘 하고 계세요? 빨리 내려오세요." 하고 아무리 크게 외쳐도, 아무런 대꾸도 하지 않으신 채, 무심하게도 그 자리에서 꼼짝도 하지 않던 꿈이었습니다. 그 후 얼마 지나지 않아서, 아버지께서는 간암 말기로 돌아가시게 되었습니다.

⑳ 나이 드신 분이 물속에 들어간 꿈 → 죽음 예지

주변에 나이 드신 분이 꿈에서 그만 산다고 하거나, 물속에 들어가 있던 꿈을 꾸었습니다. 몇 달 후에, 돌아가셨습니다.

㉑ 꿈에 아버지 방을 만든다고 삽으로 흙을 파서 던지던 꿈

얼마 후에 병을 앓던 친정아버지가 돌아가시게 된 사례가 있는바, 이 경우 아버지 방이 무덤을 상징하고 있다.

㉒ 할아버지가 구덩이를 파고 있는 꿈 → 죽음 예지

꿈에 할아버지가 양쪽으로 구덩이를 파고 계셨어요. 제가 "할아버지 뭐하시는거예요?" 하고 물으니까, 아무 말 없이 그냥 저보고 손짓하면서 오래요. 무서워서 움직이지도 못하고 있었는데, 그러면서 잠에서 깨었어요. 엄마가 '할아버지 돌아가셨다.'라면서, 저를 깨웠거든요.

㉓ 친구가 공동묘지의 구덩이에 들어간 꿈 → 친구의 죽음 예지

초등학교 동창이 있는데, 그 아이랑 저랑 몇몇 아이가 꿈에 나왔어요. 공동묘지였는데, 땅이 깊게 파여 있더라고요. 동그란 봉우리는 없고요. 관이 들어갈 수 있을 정도로 파여 있고요. 동창 친구가 땅속에 들어가서 저에게 말을 걸더라고요. 장난스럽게요. 이야기

를 하다 깨어났어요. 그리고 얼마 뒤에 친구가 사고로 친구들이랑 죽었네요.---(유리구슬 사랑)

(54) 쭈그리고 앉아있던 꿈, 집을 짓는 꿈, 할아버지의 안경을 밟은 꿈 → 죽음 예지

첫 번째 꿈은 할아버지께서 전라도의 가난한 농촌에서 쭈그리고 앉아 계셨습니다. 두 번째 꿈은 할아버지께서 어느 시골에 집을 짓고 계셨습니다. 할아버지께 물어보니, 내가 살 집이라며 감독까지 도맡아 하셨어요. 세 번째 꿈은 제가 방안을 걷다가 할아버지의 안경을 밟아버렸죠. 그 후에 할아버지가 돌아가시게 되었습니다.

새로 짓는 집이 무덤을 상징하고 있다.

(55) 화장실을 만든다고 하면서, 돈을 빌려달라는 꿈 → 죽음 예지

시숙 어른께서 저에게 돈을 빌려달라시는데, "무엇에 쓰실 것이냐?" 하니, 화장실을 지으신다고 하시는데, 저는 왠지 싫다고 하며 멀리 도망가서, 높은 언덕에서 시숙 어른이 어떻게 하고 계시는지 내려다보니, 손수 땅을 열심히 파시고 계시더라고요. 이상히 생각하다가 잠이 깨었는데 새벽이었어요. 너무 기분이 좋지 않아서 시숙 어른께 연락을 드리려 했더니, 연락이 안 되더라고요. 그런데 바로 그 시간에 나가서, 물도 없는 개울에서 익사로 돌아가셨어요.

(56) 꿈속에 생전 나오지도 않던 친구들이 어쩌다 꿈에 나타나 돈을 빌려 가는 꿈

돈을 빌려 간 친구의 집안에 안 좋은 일이 일어나게 된다. 한 친구가 나타나 몇천 원을 꾸어 갔는데, 2~3일 후 돈을 꿔간 친구의 언니가 교통사고를 당했고, 그 뒤에 다른 친구도 꿈에 나타나 만 원을 꾸어 갔는데, 며칠 후 친구의 언니도 저승길로 떠난 사례가 있다.

(57) 아버님이 어딘가를 가는데, 차비가 모자란다고 돈을 달라고 받아서 떠나는 꿈

다음 날 아침에 아버님이 돌아가시게 되다. 실제로 아버지께서 병원의 사망선고를 받은 지, 6일째 날에 꿈꾼 꿈이다.

(58) 검은 옷을 입은 사람이 경조금을 달라고 하는 꿈 → 죽음 예지

검은 옷을 입은 사람이 검정 색깔 가방까지 챙겨 들고, 우리 집 대문 앞에 서서, 내게 경조금을 달라고 하는 꿈을 꾸었습니다. 순간 전화벨이 울려 잠에서 깨어나고, 아버님의 교통사고 소식을 듣게 되었고요. 교통사고로 머리를 다친 아버지는 우리 형제들이 모두 모였는데도, 눈도 못 뜨시고 말씀도 못 하신 채, 12월 21일 아침 사고를 당하셔서 성탄절 오후에 숨을 거두셨습니다.---경기도 고양시 신ㅇㅇ 주부, 1996. 9. 21.

(59) 운동장에 트럭이 있었고, 거기에 할머님의 관이 놓여 있었다. 나는 할머니께서 돌아가신 것을 보았고 관속에 누워계신 것을 보았다.

자신과 관계된 사람에게 교통사고가 일어나는 일로 실현되었다.

(60) 도깨비들이 할아버지를 강제로 끌고 나가는 꿈 → 죽음 예지

사랑방에서 긴 담뱃대를 물고 계신 할아버님께 도깨비들이 다가와서는 그 옷소매를 잡아당기며 끌고 나가려는 것을 내가 한사코 말렸지만, 끝내는 도깨비 힘을 이겨내지 못한 꿈이었다.

이처럼 꿈속에서 어떠한 대상하고 싸우게 되면, 이기는 꿈이 좋다. 지게 되면 병에 걸리게 되거나, 안 좋은 일들이 발생한다. 이때의 귀신이나 도깨비 기타 상징물은 병마(病魔)나 저승사자 등의 상징 표상으로 자주 등장하고 있다.

(61) 괴한이 던진 것에 의해, 어머니가 쓰러져 돌아가시는 꿈 → 죽음 예지

지난해 시월 초순의 월요일 새벽의 꿈입니다. 어머니께서 살고 계시는 집 앞에 다소 살이 찐 체구의 남자 형상이 나타나서, 무언가를 집을 향해서 던집니다. 던진 물건은 어머니가 계신 곳으로 데구르 굴러가서는 연기가 살짝 피어오르고, 순간 어머니가 정신을 잃고 쓰러지고 곧 돌아가시게 됩니다. 그 광경을 바라보던 저는 충격적이었으며, 가해 남자에 대한 느낌은 다소 두렵고 저의 힘으로 어쩌지 못하는 존재의 느낌이었던 꿈이었습니다.

그 날 오후 어머니와 함께 지내던 누님으로부터, 어머니의 왼쪽 팔이 부자유스럽다는 연락을 받게 되고, 다음 날 어머니는 병원 진단 결과 뇌출혈 증세가 있으나, 중하지 않아서 약물치료가 가능하다는 소견을 듣습니다. 이어서 중환자실에 입원하시고 가족들은 당일 저녁에 큰 걱정 없이 면회를 하러 갔는데, 그 시점에서 갑자기 어머니의 병세가 위중해져서 당일을 넘길 수 없다는 의사의 진단이 내려지고, 이후 6일 뒤에 돌아가시게 되었습니다.

(62) 저승사자가 기다리는 꿈 → 죽음으로 실현

꿈에서 저승사자와 이야기를 했습니다. 94세가 넘은 홀시아버지와 한방에서 잠을 자는데, 시커먼 갓과 도포를 입은 아주 훤칠하게 잘생긴 저승사자가 뒷짐을 짚고 대청마루를 왔다갔다 서성거리고 있는 것이었습니다. "추운데 방에 들어가지, 왜 여기서 서성거리냐?"라고 하니, 방안에 있는 시아버지를 가리키며, "저 영감을 데리러 왔는데 시간이 덜 되어서, 이 방의 문턱을 못 넘어가고 시간이 되도록 기다린다."라고 하여 깜짝 놀

라 깨어, 몸이 굳어 꼼짝 못 하고 무서웠습니다. 그로부터 3개월 후에 94세로 작고하셨습니다.

이 밖에도, 저승사자 같은 사람들이 아무 말 없이 그냥 앞에 서 있는 꿈, 검은 망토를 쓴(저승사자) 사람이 약을 가지고 가는 꿈으로 주변의 누군가 죽게 되는 일로 실현된 사례가 있다.

⑥ 염을 하겠다는 꿈 → 죽음 예지

저승사자와 같이 모든 것이 시커먼 사람들이 와서 염을 하겠다고 하는 꿈이었다. 꿈속에서 "이렇게 내가 살아있는데, 무슨 소리냐?" 하고 호통을 치니, "우리가 잘못 왔다. 여기가 아닌가?" 하면서 돌아가는 꿈이었다. 현실에서는 병환에 있던 남편이 그 꿈을 꾼 지, 이틀 뒤에 세상을 떠나게 되었습니다.

⑥ 누군가(저승사자) 집안으로 들어온 꿈 → 죽음 예지

가족 모두가 잠이 들어있는데 밖에서 시끄럽게 초인종 소리가 들리고 문을 막 두드리더랍니다. 인터폰으로 밖을 보니, 아주 키가 큰 사람이 얼굴을 숙이고 있어 보지 못했답니다. 아이는 무서워 현관 앞으로 가 렌즈로 밖을 살피니, 여전히 고개를 숙이고 있어 얼굴은 보이지 않았답니다. 그런데 계속 문을 열어 달라고 했답니다. 아이는 너무 무서워 자기 방으로 가 이불을 뒤집어쓰자마자, 밖에 현관문이 꽝 하며 부서지는 소리가 들리면서, 들어오더니 우리 부부가 쓰는 방으로 가서 자는 우리들 얼굴을 쓱 훑어보고, 또 자기네 방으로 오더니 형 얼굴을 보고 그냥 가더랍니다. 아이는 너무 무서워 이불을 뒤집어쓰고 있다가, 잠에서 깨어 너무너무 무섭다고 했지요. 아버님이 돌아가시기 전 둘째가 꾼 꿈의 내용입니다.---미래 예지, 2009. 03. 05.

⑥ 저승사자가 엄마를 말에 태우고 데려가는 꿈 → 죽음 예지

저는 2년 전, 신촌세브란스에서 심장 수술로 깨어나지도 못한 채 어머니를 잃었습니다. 그런데 수술하기 몇 달 전쯤에 전설의 고향에나 나올 법한 저승사자를 꿈에 보았습니다. 당시, 엄마가 몸이 안 좋아서, 몇 년째 심장 관련 질병으로 고생 중이셨지요. 저랑 침대를 함께 쓰고 계셨지요.

검은 한복에 갓을 쓴 창백한 표정의 저승사자를 보았고, 말을 타고 외출을 하겠다는 엄마를 제가 한사코 소리소리 지르며 못 가게 하였지만, 엄마는 한사코 고집을 부리시며 말을 타고 하늘로 올라가셨는데. 그 검은 한복의 저승사자가 엄마가 탄 말의 뒤에 올라타고, 또 엄마를 데리고 어디로 날아가면서 나를 돌아보더군요. 나는 소리를 치며 괴로

워했고요. 그 순간 저를 깨운 건, 당시 제 옆에 주무시던 엄마였지요. 얼마나 생생했는지---. 그리고 몇 달 후에 엄마는 병원에 입원하셨고. 수술을 싫어하시던 분이 우기셔서 수술을 받게 되었고, 결과는 제가 상주가 되었지요. 지금도 그 꿈이 생생합니다.---보리수, 2008. 08. 15.

⑥⑥ 죽은 아이를 따라가지 않은 꿈

놀이터에서 어떤 아이와 신 나게 놀다가, 그 아이가 갑자기 하늘로 올라가는 것이었습니다. 그래서 같이 따라가서 구름 위에서 신 나게 놀다가, 구름과 구름 사이를 돌다리 건너듯 건너더니, 건너오라고 손짓을 했습니다. 망설이다 꿈에서 깼는데 그 다음 날 아침, 꿈속 그 아이가 동생의 친구라는 것을 알았고, 그 아이는 교통사고를 당해 이 세상 사람이 아니었습니다. 친구가 어머니께 그 이야기를 하자, 안 따라가길 잘 했다는 소릴 몇 번이나 하더랍니다.

⑥⑦ 돌아가신 이모가 얼마 있다가 데리러 온다는 꿈 → 죽음의 위기가 닥치다.

창밖에서 돌아가신 이모가 저를 손짓으로 부르셔서, 집 마당에 있는 그네에 앉아 이야기를 했습니다. 얼마 있다가 저를 데리러 올 것이니, 제 아들과 혼자 계신 친정엄마 앞으로 준비를 단단히 해두라고 하시더군요. 그 꿈을 꾸고 일주일 뒤에 같은 장소에서 같은 날 오전·오후 두 번이나 죽을 뻔했어요. 8차선 큰 도로에서 좌회전을 기다리고 있었는데, 직진신호를 보고 혼자 착각해서 좌회전을 하다가 그것도 두 번씩이나요.

⑥⑧ 저승사자의 꿈, 아버지가 버스 밖으로 나를 밀쳐낸 꿈 → 죽음 모면

꿈을 꿨어. 아버지와 내가 단둘이 버스를 타고 산길을 달렸지. 운전기사의 얼굴은 보이지도 않았어. 단지, 까만 옷을 입고 단발머리를 한 여자분이었다는 것 밖에 기억이 나지 않아. 길이 아닌데도, 그 버스는 아주 잘도 달렸어. 그런데 갑자기 버스가 절벽으로 추락하게 돼. 순식간의 일이었어. 버스는 영화에서나 나오는 것처럼, 절벽 어느 부분에 걸려서 대롱대롱 매달리게 되지. 조금만 움직여도 버스는 밑으로 추락할 것 같았어. 그런데 갑자기 아버지께서 창문을 열더니, 나를 창문 밖으로 던져버렸어. 꿈이라 가능했겠지. 다행히 떨어진 곳이 솔잎이 많은 소나무 꼭대기였는데, 바로 내 눈가를 스치며 버스는 추락했어. 그리고 그 운전기사와 눈이 스치듯 마주쳤어. 새카만 머리카락에 눈이 대부분 가려져 볼 수 없었지만, 이상하게 가려진 머리카락 사이에서 나는 느낄 수 있었어. 소나무에 걸린 내가 아깝다는 식으로 말이야.

우리 어머니는 내가 고등학교 시절에 뇌출혈로 쓰러지셔서 수족을 못 쓰셨지. 그 꿈을 꾸고 나서 정확히 일주일 뒤였어. 아버지께 난 어머니 생신에 쓸 물건을 사기 위해서, 시장을 같이 보자고 말했어. 아버지는 흔쾌히 그러자고 했고---, 그런데 뜬금없이 내게 일이 생겼어. 수업을 듣게 된 거야. 아버지가 혼자 장을 보실 그 시간에 수업 중에 계속 전화가 왔어. 그때는 발신자표시를 볼 수 없었거든, 수업 중이라 받지 않았어. 그런데 자꾸 전화가 와서 받게 되었어. 119 아저씨야. 아버지께서 교통사고를 당하셨대. 그 자리에서 돌아가셨다는 말을 듣게 돼. 하늘이 무너지는 줄 알았어. 그리고 현장에 도착했는데, 형체를 알아볼 수 없는 오토바이 잔해들과 어머니를 위해 장을 봐 오신 흔적들이 여기저기 흩어져 있었어. 뇌수술을 받으면서 어린 꼬마의 정신연령이 되어 버린 어머니는 오토바이 끌고 장 보러 다녀오겠다며 나가셨던 대문만 밤새도록 바라보셨다고 해. 장례를 끝내고 돌아오는데, 등골이 서늘해졌어.

일주일 전에 꿨던 꿈도 생각났고, '그날 수업이 없었다면, 아버지와 함께 오토바이를 타고 장을 보러 갔을 텐데---'라는 생각을 하니, 무서워졌어. 그리고 그날부터야. 가위에 눌리게 돼. 지금까지도 눌려. ---(글: 엄타냥)

⑥ 나룻배에 사람들을 태워가는 꿈 → 탄 사람들이 죽음으로 실현

우리 집은 아주 시골이야. 우리 집 바로 앞에 오리포라는 시냇가가 있어. 강가처럼 넓디넓은 물이 흐르는 공간이 있었어. 그런데 그 오리포라는 시냇가에 안개가 자욱해. 그리고 집 대문 앞에서 바라볼 때, 고모·큰아버지 그리고 잘 모르는 분들 몇 분이 줄을 지어 서 계시면서 자꾸 어딘가를 뚫어지게 바라보셔. 그 시선을 따라가 보니, 안개가 자욱한 오리포 그곳에서 나무로 엮어 만든 나룻배 한 척이 안개를 뚫고 나오고 있었어. 난 뭔가 하고 달려가게 됐지.

그 배 위엔 세 사람이 타 있었는데, 단발머리를 하고 까만 옷을 입은 여자 분과 검정양복을 입은 40대 후반으로 보이시는 말끔한 남자 분. 그리고 아버지가 검은 양복을 차려입고 서 계시는 거야.

난 너무 놀라서 그냥 아버지를 볼 수 있다는 그 기쁨만으로 아버지께 달려갔는데, 아버지는 들은 척도 안 하시고, 차례대로 어른들을 태우셨어. 그런데 고모가 제일 앞에 계셨는데, 고모는 태우지 않고, 큰아버지에 이어 모르는 아저씨 1, 2, 3 순으로 태우시고 그냥 가버렸어. 그리고 꿈에서 깼지.

무서웠어. 가만 생각해보니, 그 단발머리 여자, 전에도 본 것 같았어. 맞아. 아버지와 같이 탔던 버스 기사였어. 시간이 흘러 그 꿈을 꾼 지, 한 달 정도 지났어. 볼 일이 있어

서 찾아간 큰댁에 아무도 계시지 않았어. 큰아버지께서 입원을 하셨대. 알고 보니 췌장 암이라셨어. 말기라 오래 못 사신다고, 그러셨대. 그렇게 큰아버지도 암을 발견한 지 6개월 만에 돌아가셨어. 그런 예지몽을 꾸고 현실로 닥칠 때마다 난 가위에 더 많이 눌렸어.---(글: 엄타냥)

⑩ 저승사자의 꿈, 어머니의 머리를 쓰다듬는 꿈, 버스를 타고 떠나는 꿈 → 죽음 예지

어느 날은 낮잠을 자는데, 안방에서 자고 있었거든. 꿈을 꿨는데, 내가 단발머리를 한 여자와 막 이유도 없이 싸웠어. 머리채를 붙잡고 이년 저년하면서 싸웠던 것 같아. 그리고 잠에서 깨고 주위를 살피다가 또다시 잠들었는데, 이번엔 가위에 눌리는 거야. 눈을 살며시 떴어. 안방에 화장실이 하나 더 있었거든? 그런데 그 안방 화장실 앞에서 머리가 헝클어진 채로 검은 옷을 입은 여자가 다리를 접고 두 손으로 다리를 감싼 후에 머리를 처박고 있는거야. 난 '누굴까? 누굴까?' 하고 계속 쳐다보는데, 그 여자가 갑자기 고개를 확 쳐들었어. 꿈에서 싸웠던 그 여자야. 그 여자는 갑자기 일어서더니, 내 옆에서 자고 있던 어머니 곁으로 오는 거야. 가위 눌려 본 사람들은 알겠지만 움직일 수 없잖아. 움직이면 더 조여오고, 정말 어머니에게 해코지라도 할까 봐 발악을 했어. 그 여자는 서서히 어머니 곁으로 오더니, 어머니의 머리를 쓰다듬고, 날 쳐다보며 비웃듯이 한번 웃더니 사라졌어. 그 뒤로 난 어머니가 어떻게 될까 봐 노심초사했어. 그 여자가 나오고, 그런 꿈을 꾸면 항상 가족 중에 한 분이 돌아가셨으니까. 다행히 어머니께 아무 일도 일어나지 않았지.

우리 어머니는 수족을 못 쓰셨어. 일상생활에서도 어머니를 휠체어에 태우고 물리치료를 자주 다녔었는데, 꿈에서도 똑같이 어머니를 물리치료실에 데려다 주는 꿈이었어. 그런데 물리치료실에 도착하니 어머니께서 갑자기 화를 내셔. "넌 멀쩡한 사람을 왜 병신 취급하냐." 하시면서, 휠체어에서 벌떡 일어나시는 거야. 그리고 너무 빠르게 어디론가 달려가셨어. 그때는 수족을 못 쓰셨던 어머니께서 달려나가시니, 마음속으로 정말 좋았어. 실제로도 저랬으면 하는 바람이 컸던 것 같아. 난 어머니를 쫓아갔어. 어찌나 달리기가 빠르던지, 순식간에 없어진 어머니를 찾아 헤맸어. 그러다 보니, 내가 어릴 적 살던 동네 5일장이 열리던 곳까지 가게 된 거야. 장이 서서 사람들은 우글거렸고, 난 그곳에서 어머니를 찾았어.

그런데 우글거리던 사람들이 임금님이라도 행차하신 듯이 옆으로 물러서는 거야. 그

리고 그 좁은 사람들 사이에서 버스 한 대가 나왔어. 꿈이라서 그런지 신기하지도 않았어. 그냥 '버스가 오는구나.' 생각했지. 그렇게 버스가 내 곁을 지나가는데, 난 정말 놀라게 돼. 내가 늘 꿈속에서 봤던 새까만 머리의 단발머리 여자와 그 여자 옆에 어머니가 앉아계시는 거야. 그때는 알았어. 어머니가 그 버스를 타고 가면 안 된다는 것을--. 너무 많이 울었어. 애타게 어머니를 불렀어. 버스는 돌아오지 않았고, 난 울면서 잠에서 깼어. 너무 무서웠어. 어머니가 어떻게 될까 봐 며칠밤을 지새웠어. 그런데 결국 어머니는 갑자기 합병증이 찾아와서, 급성신부전증으로 입원하시게 됐어. 그리고 점점 병이 커지고, 두어 달 만에 돌아가셨어.---(글: 엄타냥)

⑦ 생신 잔치에서 즐겁게 춤을 추는 꿈 → 죽음 예지

여든일곱 살이 되셨던 외할머니의 생신잔치에 놀러 가는 꿈이었어. 그런데 주인공이신 할머니께서 방 안에서 나오시지 않고, 손님들을 기다리게 했어. 사람들은 수군거렸고, 외삼촌은 할머니를 모시러 가겠다며 할머니 방문을 열었는데, 거기에 이상한 사람들이 할머니를 업고 춤을 추고 계셨지. 사람들이 너무 많아서 기억도 나질 않아. 다들 한복을 입고 있었고, 할머니 표정은 어린아이가 된 마냥 행복해하고 있었기에 다들 말리지도 않고 구경만 했어. 그렇게 꿈에서 깨고, 몇 주 후에 할머니는 아무 병 없이 그냥 노환으로 편하게 돌아가셨어.---(글: 엄타냥)

⑫ 고급승용차를 타고 떠난 꿈 → 죽음 예지

올해 초에 또 하나의 꿈을 꾸게 돼. 나이가 굉장히 많으셨던 고모의 꿈이었어. 내가 초등학교 때 고모가 환갑이었으니까. 외할머니보다 몇 살 적었던 것으로 기억해. 아무튼, 고급승용차가 고모집 앞에 서 있었어. 멋진 양복을 입으신 기사 아저씨와 차 문을 잡고 계시는 중년의 아저씨도 계셨어. 그리고 고모 집에서 고모가 커다란 보따리를 들고 나오셨지. 난 고모 "그게 뭐냐."면서 한 번 보자고 눈치 없이 꿈속에서 그랬어. 그랬더니 고모가 "이런 건 네가 만지는 게 아니야."라면서, "저 사람들 배고플 것 같아서 먹을 것을 싸왔다."라고 그러셨지. 나는 "역시 우리 고모는 인정이 많구나."라고 생각하고, 그렇게 고모를 보내드렸어. 그 남자분들은 고모를 정말 여왕 대접하듯이 차에 태웠고, 그 고급승용차는 어디론가 떠났지. 그리고 고모 역시 노환으로 돌아가시게 됐어.---(글: 엄타냥)

⑬ 어머니가 택시를 타고 떠나가는 꿈 → 죽음 예지

어머니가 자신을 버리고 어딘가 가는 꿈을 꾼 사람이 있었다. 꿈속에서 엉엉 울면서, 어머니가 택시를 타고 떠나가는 모습을 바라보는 꿈이었다. 순간, 전화벨 소리에 잠이 깬바, 할머님이 돌아가셨다는 연락을 받은 것이었다. 꿈에서 인물의 바꿔놓기를 보여주는 사례이다.

⑭ 배를 타고 떠나시는 꿈 → 죽음 예지

시골에서 할아버지께서 위독하시다는 연락을 받고, 부모님이 시골로 가신 날 저녁이다. 꿈을 꿨는데, 아버지께서 할아버지와 함께 강가에 서 계셨다. 강 중앙에는 낡은 배가 한 척 떠 있었는데, 그것이 강 가장자리로 서서히 다가왔다. 그러자 할아버지께서 아버지의 손을 잡고는 그 배로 다가가셨다. 나는 너무 놀라, 왠지 보내면 안 되는 것 같았다. 아버지에게 달려가 나머지 손을 꼭 잡고, 할아버지를 향해 안된다고 울먹이며 말했다. 그러자 할아버지께서는 인자하게 웃으시고는 손을 놓고 혼자 배를 타셨다. 그리고 나는 깨어났다. 바로 시골에 전화했더니, 할아버지께서는 전날 저녁 눈을 감으셨다고 하셨다. 할아버지께서는 암으로 돌아가셨다.

⑮ 승용차에 하얀 천이 둘러쳐져 있는 꿈 → 죽음 예지

목사님이 작은 승용차를 타고 가시는데, 그 승용차 둘레에 하얀 천이 둘러쳐져 있었다. 그리고 또 한 대의 트럭이 멈춰 섰는데, 그 뒤 적재함에는 수많은 사람이 까만 양복을 입고 오와 열을 잘 맞추어 빽빽하게 앉아 있었다. 이날 오후 누님이 돌아가셨다는 소식을 들었다.

⑯ 까만 모범택시를 탄 꿈 → 죽음 예지

까만 모범택시를 잡아탔는데, 조수석에 아는 사람이 있었습니다. 좌석이 뒤로 밀려 있는 상태더군요. 하는 일과 연관되어 있기는 하지만 그리 중요하지도 않고 친하지도 않은 안면만 있는 분입니다. 그래서 "아우, 어쩐 일로 이 차를 탔어요. 어디 가십니까?" 했더니, "멀리 갑니다."

차에서 내린 기억은 없으나 여기까지 잠에서 깨었을 때, 또렷했습니다. 다음 날인 금요일에 일하러 가서, 나이 60세인 그 분이 돌아가신 것을 알게 되었습니다.(글: 강추애)

이 밖에 택시 말고도 버스를 타고 가는 꿈을 꾼 후에 죽음으로 실현된 많은 사례가 있다. 자세한 것은 주제별 분류의 버스를 참고하기 바란다.

⑰ 검은 옷에 의관을 차린 사람이 얼굴빛이 좋지 않은 채 이야기하는 꿈

좋지 않은 일이 일어난다. 여러 사람의 꿈 사례에서 검은 옷을 입고 나타난 사람과 이야기를 나눈 후, 죽음을 맞이하게 되었다고 말하고 있다.

⑱ 꿈에 도사 같은 하얀 노인이 관을 덮어쓰고서 말하기를, "이제 이 관은 당신의 관
　　이라." 하시면서 주는 꿈

부모님이 병환으로 오랫동안 계셨는데, 그러고 나서 한 달 정도 후에 돌아가시
는 일로 실현되었다.

⑲ 드라큘라가 엄마의 목을 물고 있는 꿈 → 어머니가 돌아가심

　　95년 어느 날 드라큘라 성에 엄마·아빠·저 이렇게 셋이 그곳에 있었는데, 바닥에 커
　　다란 발자국이 나 있고, 그 발자국마다 검붉은 피가 가득 고여 있어 두려움에 떨며 도망
　　을 가다 보니, 아빠가 드라큘라가 되어 엄마의 목을 물고 있는 것을 보았습니다.
　　　　그 후 몇 개월 후에 엄마가 위암 3개월 진단을 받으신 후 수술까지 하셨지만, 결국 돌
　　아가시게 되었습니다.

⑳ 남동생이 기다란 장대를 들고는 무엇인가를 태우고 있는 꿈

위암으로 병환에 누워 계시던 아버님이 새벽녘에 돌아가셨다.

㉑ 죽은 동생이 2층집으로 올라간 꿈 → 세입자가 자살해 죽게 됨

　　죽은 동생이 몸이 건강하게 된 모습으로 들어오는데, 현실에서는 1층 집인데 2층으로
　　올라감. 이상하게 생각되어서 "왜 올라가냐?"라고 묻는 꿈이었다. 그날 2층에 세 들어
　　사는 사람이 목을 매 자살하는 일이 일어났다.

㉒ 어머니의 꿈에 하나밖에 없는 동생의 얼굴이 까만색으로 변해 있었던 꿈

그 뒤로 며칠 뒤에 동생이 사고가 나서, 병원에 입원하여 동생이 죽게 되는 일
로 실현되었다.

㉓ 작대기로 자꾸 돌아가신 어머님을 때리는 꿈 → 아버님이 돌아가시다.

　　돌아가신 어머님께서 낡고 누런 보따리를 머리에 이고, 사립문 밖에서 마당으로 들어
　　오시는데, 문밖에서 보이지는 않는데 누군가가 작대기로 자꾸 어머님을 때리는 꿈이었
　　습니다.

이미 돌아가신 어머님이 곤경을 당하는 안 좋은 꿈으로, 현실에서는 아프시던
아버님이 돌아가시게 되는 일로 실현되었다. 이 글을 보내오신 독자는 생시에 어
머님이 아버님에게 많이 맞고 살았다고 하면서, 아버님이 때리시는 것과 관련을
맺고 있으나, 남에게 매를 맞는 꿈의 상징 자체가 안좋게 실현되고 있음을 알 수
있겠다. 꿈에서 인물의 바꿔놓기를 보여주는 사례이다.

㉘ 암울한 꿈의 전개를 보이고 있는 꿈 → 조카의 뜻밖의 죽음으로 실현됨

　　시멘트로 새로 만든 길인데 길이도 제법 긴 길이었어요. 오른쪽에는 새파란 바닷물이 파도 하나 없이 잔잔하게 끝없이 펼쳐있고, 왼쪽에는 자갈밭 같은데 철조망이 쳐져 있는데, 흰옷 입은 사람이 철조망 안에 멀리서 간간이 보였고요. 시멘트로 된 아무도 밟지 않은, 발자국도 하나 없는 길 위로, 나 혼자서 걸어가다가 문득 위를 쳐다보니까, 새파란 하늘에 북두칠성이 보이고, 북두칠성 바로 밑에 큰 문짝만 한 예수그리스도 초상화가 걸려 버리는 꿈이었어요.

현실에서는 한 달 후에, 현역병으로 군 복무 중이던 조카가 보초를 서던 중, 운전하던 신병이 운전미숙으로 보초를 서고 있는 조카를 압사시켜 죽게 되었다.

㉟ 수많은 뱀들이 온 집안에 꿈틀거리면서 나뒹굴다가, 얼마 후에 두 동강이 나거나 축 늘어져서 피투성이가 된 채로 모두 죽어 있는 꿈

병환으로 아버님이 돌아가시는 일로 실현되었다.

㉟ 물이 꽁꽁 말라버린 못에서 큰 뱀 한 마리가 고개를 쳐들고, 나의 엄지손가락과 집게손가락 가운데를 물어 살이 찢겼는데 피가 나지 않았던 꿈

현실에서는 조카가 교통사고로 목숨을 잃게 되는 일이 일어나게 되었다.

㉟ 상대방 옷에 더러운 피가 잔뜩 묻은 것을 보는 꿈

상대방이 횡사한 것을 보거나 듣게 되었다.

㉟ 누군가가 긴 머리를 잘라 커트 머리로 만들어 우는 꿈

앓던 외할머니가 돌아가시는 일로 실현되었으며, 그날 새벽 꾼 꿈이다.

㉟ 남편이 고향 산소에서 음식을 집으로 가져와 먹은 꿈 → 남편의 죽음 예지

　　남편의 꿈입니다. 꿈에 고향 산소에 갔었는데, 산에 음식들이 잔뜩 널려있고 많은 사람들이 울고 있었다고 합니다. 그래서 남편은 그 음식들을 집으로 가져와 먹었다는 것이었습니다. 남편은 그 꿈과 딱 들어맞게도 고향 산소에 묻히게 되었습니다.

㉠ 큰이모의 묏자리를 정리하는 꿈 → 큰이모부가 돌아가셔서 바로 그 묏자리에 쓰게 된다.

　　큰이모가 아직 돌아가시지 않았는데, 꿈에 돌아가셔서 오셨는지, 큰이모 손을 잡고 큰이모 묏자리를 정리하는 꿈을 봤습니다. 그런데 두 달 있다가 큰이모부가 돌아가셨는데, 꿈에서 봤던 그 장소 아니겠어요?

꿈에서 인물의 바꿔놓기를 보여주는 사례이다.

㉑ 무서운 꿈으로 4시 20분에 깨어난 꿈 → 죽음 예지

　총이 난발되고 사람이 피가 나는 꿈을 꾸었어요. 깨어나니 시각이 정확히 4시 20분이
었어요. 시침과 분침이 모두 4자에 있는 시간이지요. 친구들은 4시 20분에 일어났다니
까 웃더라고요. 그러고 나서 아르바이트를 끝내고 집에 갔더니, 아버지가 돌아가셨다고
하더라고요.

죽음의 실현에서 시침과 분침이 4자를 가리키고 있었다는 것보다도, 꿈의 전
개 내용이 더 중요하다고 해야 할 것이다. 꿈의 상징적 의미에 깊은 관심을 가지
지 않았기에 자신의 꾼 꿈의 내용이 아버님의 죽음을 예지해주고 있다는 사실을
나중에 깨닫고 있다.

㉒ 노란 잎사귀 하나만 달랑 남겨 둔 고목나무가 뿌리째 뽑혀 있고, 그 앞에서 호상(護
喪)이 누구라고 씌어 있는 부고장을 훑어보고 있는 꿈

남편 친구 부인이 불의의 사고로, 30대에 그만 안타깝게 죽게 되었다.

이 밖에도 꿈에 편지 봉투를 받는 꿈, 봉투 가장자리에 검은 테두리가 둘러쳐
진 편지를 받는 꿈, 어떤 알지 못하는 신사로부터 검은 테를 두른 명함을 건네받
는 꿈으로 누군가 다른 사람이 죽었다는 소식을 듣는 일로 실현된 사례가 있다.
이 경우에, 편지봉투나 명함이 부고장의 상징으로 등장하고 있다.

㉓ 기차가 폭파·전복되는 꿈

며칠 후 여행 도중에 사망한 사례가 있다. 구체적으로 어떻게 죽게 되었는지
알 수 없지만, 사실적인 요소가 반영된 꿈이다.

㉔ 늘 식사를 하시는 아버지가 식사 때마다 나타나지 않는 꿈 → 사고로 돌아가심.

㉕ 고운 옷을 차려입으시고 예쁜 꽃가마에 올라탄 꿈 → 죽음 예지

　고모의 꿈에 할머니께서 아주 고운 옷을 차려입으시고 예쁜 꽃가마에 올라타셨다고 한
다. 그 꿈을 꾼 후에 할머니께서는 돌아가셨다.

예쁜 꽃가마의 상징은 현실에서 화려한 상여로 죽음을 상징하고 있다.

㉖ 꽃가마를 타거나 장식한 꿈

자신의 죽음을 예지한 어느 할머니의 꿈이다. 예쁜 꽃가마에 보라색 꽃인가
"이것을 달아야 예쁘다."라고 하면서 그것을 달고 좋아하는 꿈을 꾼 후에 며칠 후
에 운명하였다. 이 밖에도 '꽃가마를 타고 하늘로 올라가시는 꿈'으로 돌아가신 사
례가 있다.

㊾ 흰 산돼지가 사라지고 꽃상여가 보인 꿈 → 친지의 죽음으로 실현

"꿈속에 아버지께서 일구시던 밭은 바닷가에 있었지요. 그곳에 작은 흰 멧돼지 한 마리가 보이고 시야에서 사라진 후에 동시에 꽃상여가 보이고, 그 뒤로 저희 사촌 언니와 여러 사람들이 상여를 따라가며 슬퍼하는 모습이 보였습니다. 열흘 후에 미국에 사시는 친정아버지께서 전화가 왔었는데, 작은아버지께서 돌아가셨다고 하셨습니다."---파랑새, 2009. 03. 03.

㊿ 화려한 결혼식에 참석하는 꿈 → 죽음 예지

얼마 전에 외삼촌의 화려한 결혼식에 참석하는 꿈을 꾼 적이 있다. 평소에는 별로 꿈에 대한 기억이 없었는데, 생생하게 기억한 것이 신기했다. 놀랍게도 그 꿈을 꾼 지 며칠 후, 외삼촌께서 사고로 돌아가셨다.

⑨⑨ 밝은 햇살이 비치는 문으로 나아간 꿈 → 환자의 경우 회복이나, 죽음 예지

저희 어머니는 노인성 폐렴으로 병원에서 4년여를 고생하시다가, 작년 7월에 돌아가셨습니다. 어머니가 계신 입원실을 지키고 있는데, 침대에서 어머니가 일어나시더니, 입원실 문 쪽이 아닌 창문 쪽으로 절뚝절뚝 걸어가시는 겁니다. 창문에서는 눈부신 햇살이 쏟아져 들어오고 있었습니다. 멀어져 가는 어머니를 잡지 못한 채, 고함만 치다가 꿈에서 깨어났습니다.

나이 많으신 분이 이러한 꿈을 꾸는 경우에 죽음 예지의 사례로 볼 수 있을 것이다.

⑩⑩ 하얀 해바라기 길 사이로 가는 꿈 → 죽음 예지

여고생의 꿈 사례이다.

친하게 지내시던 이웃집 할머니가 계셨는데, 꿈을 꾸셨다고 한다. 할머니와 어떤 길을 따라가고 있는데, 주위가 온통 키가 넘는 하얀 해바라기였다. 그런데 갑자기 할머니께서 하얀 해바라기 사이로 막 가시는 거란다. 이웃집 할머니께서는 놀라셔서, "어디 가오? 같이 가요?" 하며 따라가셨는데, 우리 할머니가 뒤를 돌아보더니, "당신은 아직 올 때가 안됐어."라며 도로 길로 돌아가라고 하셨다. 며칠 뒤에, 우리 할머니께서 돌아가셨다.

⑩① 아버지가 강을 건너가시는 꿈 → 죽음 예지

친정아버지께서 병환 중이셨는데, 어느 날 밤 꿈에 아버지가 젊었을 때 모습으로 검은 옷을 입으시고 작은 보따리를 들고 검은 옷을 입은 남자 두 명과 함께 다리를 건너가시

는데, 아래를 내려다보니 시퍼런 강물이 흐르고 있었습니다. 한 달가량 후에 아버지가 돌아가셨습니다.

⑩2 황금빛이 나는 마차를 타고 멀리 사라져가는 꿈 → 죽음 예지

어느 날 몸이 불편하여 병원에서 진찰을 받고 입원 치료를 받아야 한다고 해서 입원을 하였다. 수술하는 날 밤에 자신이 황금빛이 나는 마차를 타고 멀리 사라져가는 꿈을 꾸었다.(글: 박성몽)

⑩3 오빠의 손을 잡고 안갯속의 먼 길로 사라져가는 꿈 → 죽음 예지

어떤 여학생이 꾼 꿈이다. 돌아가신 아버지가 오빠의 손을 잡고 안갯속의 먼 길로 사라져가는 꿈을 꾸었다. 오빠는 병원에 입원해서 치료 중인데, 이런 꿈을 꾼 후에 죽음을 맞이한 것이다.(글: 박성몽)

⑩4 배를 타고 멀리 사라지는 꿈 → 죽음 예지

본인이 원해서 해양대학을 극구 지원한 학생이 있었다. 입시를 앞두고 아들이 선원 복장을 하고, 배에서 손을 흔들며 멀리멀리 사라져가는 꿈을 꾸었다. 평소에 배 타는 것을 위험하게 생각하고, 해양대학 가는 것을 반대하였던 어머니는 그 꿈이 너무나 마음에 걸렸다. 그러나 아들은 해양대학에 합격하였고, 졸업하여 자기가 원하는 대로 바다의 사나이가 되었다. 그러나 그 아들은 사고로 죽고 말았다.(글: 박성몽)

⑩5 죽은 사람과 함께 있겠다는 꿈 → 죽음 예지

아버님과 어머님은 평소 너무도 애정이 깊으신 분들이었답니다. 항상 아침에 등산도 함께하시곤 하셨지요. 꿈속에서도 등산을 함께 가셨습니다. 그래서 어느 정도 산에 오르니, 예전에 돌아가신 아버님의 친구분이 약수터 의자에 앉아 기다리셨다고 하시더랍니다. 그래서 함께 이야기를 나누다가, 아버님이 어머님께 먼저 내려가서 기다리라고 하시기에 아버님을 그 친구분과 함께 두고 어머님 혼자 내려오셨답니다. 어머님은 이 꿈을 꾸시고 나서서 너무도 불안하셨는데, 그해에 아버님이 돌아가시는 것으로 실현되었지요.

⑩6 검은 옷의 사람이 어머니를 데려가겠다는 꿈 → 죽음으로 실현

우리 집 현관 밖 계단 위에서, 검은 옷을 입은 창백한 얼굴의 사람을 보았다. 그 사람이 나에게 말을 했다. "네 어머니를 데리러 왔다." 난 계속 안 된다고 데리고 가지 말라고 발악을 했다. 그 사람은 그럼 알았다고, 머지않은 미래에 어머니를 데리고 가겠다고, 다

음에 또 찾아오겠다며 사라졌다. 그리고 꿈이 깼다. 믿기지 않겠지만, 정말 이 꿈을 꾼 지 1년 뒤에 어머니가 돌아가셨다.---a심심해a

⑩⑦ 아버지의 식사는 차리지 않았던 꿈 → 죽음 예지

부모님이 아끼시던 탐스럽게 달린 호박을 가져다 먹으라고 하는데, 어머니가 식사를 차리면서 아버지의 식사는 차리지 않았던 꿈이었습니다. 3일간 연속 같은 꿈을 꾸었는 데, 첫째 날 꿈에는 아버지가 잠깐 보이고 사라지신 후 영영 나타나지 않았습니다. 왠지 모르게 자꾸만 꿈이 머리 위에서 맴돌고, 자지 않는데도 꿈을 꾸는 느낌이 들었는데, 불 행하게도 아버님이 사고로 세상을 떠나셨다고 그날 오후가 돼서야 알게 되었습니다.

⑩⑧ 밥상을 차려오라는 꿈 → 죽음 예지

3년 전 시어머님이 앓고 계셨는데, 우렁찬 큰소리로 "○○ 어미야, 어서 밥상 차려오 너라." 하시고는, 무릎은 굽히지 않고 뻣뻣하게 누우셨습니다. 그 후 이틀 뒤에 꿈에 본 그 자리에서 운명하셨습니다.

⑩⑨ 방이 춥다며 불을 넣어달라는 꿈 → 죽음 예지

할머니 돌아가시기 전날에 할머니가 방이 춥다면서 불 좀 넣어달라고 하셨거든요. 그 래서 꿈이 이상해서 깼는데, 바로 그때 할아버지한테 전화가 왔어요. 할머니 돌아가셨 다고요.

⑩⑩ 배 위에 관이 놓인 꿈과 장송곡을 듣는 꿈 → 할머니의 죽음으로 실현

꿈속에 친척 할머니가 돌아가신 꿈이었습니다. 호수같이 보이는 맑은 강물 위에 작은 배가 보이고, 배 중앙엔 관이 놓여 있고요. 그 위에는 세마포로 덮어놓았더군요. "요단 강 건너가 만나리, 며칠 후 요단 강 건너가 만나리."라는 노랫소리가 들렸습니다.

⑪⑪ 까만 드레스가 세 벌 놓여 있던 꿈 → 세 사람의 죽음 예지

전화 상담을 통한 해몽상담 사례이다. 어느 주부의 꿈에 입어야 할 까만 드레 스가 세 벌이 있었다. 한 벌이면 되지, 나머지 두 벌은 뭐하냐고 옆에다 걸쳐 놓았 다고 한다. 그 꿈을 꾼 후 한 달 뒤에 아프시던 친정아버님이 운명하셨고, 올 5월 에 뜻밖의 사고로 큰아들을 교통사고로 잃었다고 했다. 그러면서 남은 드레스 하 나가 마음에 걸린다고---.

죄송한 말씀이지만, 자신과 관계된 인물 중 누군가 한 사람에게 안 좋은 일이 일어날 것이라고 말씀드렸다. 꿈의 표상대로라면, 검은 상복을 입어야 할 정도로 가까운 주변 인물이 될 가능성이 높다. 꿈속에 등장한 셋이라는 숫자의 상징 표

상대로 현실에서 일이 전개되고 있음을 볼 때, 꿈의 놀라운 예지력에 새삼 두려움조차 느끼게 된다. 이러한 상징적인 미래 예지의 꿈들은 우리에게 어떤 일에 대한 마음의 준비를 하게 해 줄 뿐, 꿈의 실현 결과를 피할 수 없다.

⑫ 소복을 입고 비를 맞으며, 하수구 맨홀로 빨려 들어간 꿈 → 죽음 예지

저희 시누이가 시아버님 돌아가시기 전에 꾼 꿈입니다. 시부모님이 사시는 동네 어귀에 서 있는데, 밤에 아주 컴컴한데 비가 엄청 많이 오고 있었고, 시어머님이 하얀 소복을 입고 비를 맞으면서 바쁘게 어디를 가시더랍니다. "엄마, 엄마, 어디 가?" 하고 불렀더니, 대답도 안하시고 쌩하니 지나가더니, 하수구 맨홀로 쏙 빨려 들어가시더랍니다. 그 꿈을 꾸시고 이틀 후에, 시아버님이 돌아가셨다네요.

⑬ 아버님이 돌아가시기 전, 상갓집에 간 꿈 → 아버님이 돌아가심.

"기차를 탔는데 귀신들이 있었다. 같이 가야 한다'며 못 내리게 했다. 도착한 곳은 상갓집인데 시댁이란다. 일가친척들이 모두 모여 있고, 앞에서는 상복 입은 사람이랑 그렇지 않은 사람이랑 뒤섞여서, 춤을 추기도 하고 울기도 하던 꿈이었어요."

⑭ 자기 방에 검은 자동차 등이 들어와 있는 꿈

집안 식구가 사망한 사례가 있다. 꿈의 상징에서 검은색이 죽음의 상징적 의미로 등장하는바, 문학적 상징이나 관습적 언어의 상징과 일맥상통하고 있다.

⑮ 백발의 할머니 모습으로 나타난 친구 → 죽음 예지

나는 건물 안으로 들어가 엘리베이터를 타려고 기다리고 있었다. 문이 열리고 안으로 들어서니, 웬 호호백발 할머니가 한 분 뒤돌아 서 있었다. 문이 닫히고 난 1층을 눌렀는데, 그 순간 그 할머니가 나와 정면으로 마주 선 것이었다. 그 할머니는 마치 무덤에서 바로 나온듯한 괴기스럽기까지 한 얼굴로 나를 바라보았다. 그녀는 다름 아닌 내 친구였다. 내가 "왜 이렇게 되었냐?"라고 물으니, 친구는 몹시 아프다면서 나와 1층에서 내리지 않고, 혼자 지하로 내려갔고 엘리베이터의 문은 닫혔다. 이 꿈을 꾼지 꼭 3년 만에 그 친구는 갑작스레 암 말기 선고를 받았고, 몇 달 전에 결국 병을 이기지 못하고 하늘나라로 가고야 말았다. 저 세상에 간 지금도 그녀는 자주 꿈에 나타나곤 한다.

⑯ 소 두 마리가 싸움이 나서, 머리에 피가 난 꿈 → 죽음 예지

아는 언니의 오라버니가 급성폐렴으로 중환자실에 누워 계셔서, 언니가 걱정이 이만저만이 아니었습니다. 언니는 꿈에 소 두 마리가 싸움이 나서, 머리에 피가 나는 꿈을 꾸었다고 걱정했습니다. 며칠 후에 오라버니가 돌아가셨습니다.---멋쟁이, 2009. 01. 29.

⑪ 흙탕물이 방 문지방 바로 밑에까지 차오른 꿈 → 죽음 예지

고향집 큰방 앞까지 큰물(홍수, 흙탕물)이 밀려 들어와 방문을 넘을 듯 말 듯했다. 비가 조금씩 계속 오고 있었고(비가 제법 오랫동안 내린 것 같았음), 혹시 지대가 낮은 부엌(큰 방과 연결됨)에는 물이 넘치지 않았나 봤더니 괜찮았다. 그곳에는 이제 막 설치한 듯한 큰 가마솥이 잘 설치되어 있었다. 바닥은 모두 황토였다. 내가 자고 있던 안방 바닥도 황토방이었다. 자다가 내가 일어났다. 일어나 문을 열어보니, 흙탕물이 방 문지방 바로 밑에까지 차올라 있었다. 그러니까 온 천지가 물바다가 된 것이었다.

저녁에 고향에서 내가 존경하던 목사님의 사망 소식을 들었다.

⑱ 기둥이 부러져 사람들이 떨어진 꿈 → 추락사 예지

평지에 아주 새까만 크고 단단한 돌기둥이 있었습니다. 그 기둥으로 사람들이 너무 많이 올라가는 것이 보았습니다. 저러다가 기둥이 부러지겠는데 하고 혼자 생각을 했지요. 결국 그 큰 기둥은 뚝 하고 부러졌고, 거기 있던 사람들은 떨어졌습니다. 그리고 기둥을 부러지게 한 사람들은 경찰서로 끌려갔습니다. 일단, 안 부러질 것 같던 기둥이 뚝 하고 부러졌기 때문에, 걱정스러운 마음이 먼저 들었지요. 남편이 쓰레기 소각장 공사 현장에 근무하고 있는데, 그때 굴뚝 공사 책임자였습니다. 그래서 꿈에 비추어보건대 기둥이 굴뚝과 동일시해본다면, 남편의 현장에서 무언가 안 좋은 일이 일어나지 않을까 거의 한 달을 걱정을 했지요. 그런데 엊그제 남편이 일하는 현장에서 추락사의 사망사고가 있었다는 말을 남편에게서 전해 듣고, 저는 그 꿈이 생각났습니다.---독자, 김민신

⑲ 소가 말라 있던 꿈 → 죽음 예지

3년 전 시어머니께서 폐암으로 병상에 누워 계셨을 때 꿈입니다. 돌아가시기 전 3일 전에 꾼 꿈인데요. 어느 시골 마을인데요. 막 들어서는 집이 기와집인데, 가난한 집은 아닌 것 같습니다. 외양간에 소가 매어져 있는데 소가 몹시 말라 있었습니다. 자세히 보니 집도 많이 군데군데 헐어 있더군요.

밤새 어머니 병간호를 하고, 출근해서 친구랑 커피 한 잔 하고 있는데 전화가 왔더군요. 어머니께서 많이 위독하시다고요. 그러시다 아침 11시경에 돌아가셨답니다.

⑳ 꽃을 꺾은 후 시들은 꿈 → 죽음 예지

꿈속에서 꽃이 아주 예쁘고 탐스러워서 꺾으려고 하는데, 잘 안 꺾어지기에 힘을 주어서 꺾었다. 그 꽃은 꺾은 뒤 바로 시들어 버렸다. 며칠 후 초등학교 때 담임선생님이셨

던 조○○ 선생님께서 사고가 나셔서 돌아가셨다고 전화가 왔다. 30대 초반의 젊은 나이에 교통사고로 숨을 거두신 것이다.

꽃을 꺾은 후 시드는 표상에서, 꽃으로 표상된 누군가나 사망하게 되거나, 어떠한 대상이나 일거리가 좌절되는 일로 실현되고 있다. 이 꿈이 태몽 표상으로 실현될 경우, 주변 누군가의 유산이나 요절의 실현으로 나타날 것이다.

⑫ 들통에 약물이 얼마 남지 않은 꿈 → 얼마 후에 돌아가심.

어느 날 꿈입니다. 시어머니께서 당신 약을 들통에 가득 넣어, 거무스레한 얼굴을 하고 우리가 자는 방문을 열고 오시더군요. 조금 무섭더군요. 남편이 일어나 안아 뉘기에, 나는 일어나 부엌을 나가보니, 부엌 바닥에는 약물이 흘러넘치고, 한쪽 바닥에서는 불이 타고 있고, 들통에는 약물이 2cm 정도만 남아있더군요.

⑫ 도장으로 숫자를 찍어주는 꿈 → 죽게 되는 때를 예지

꿈에 하얀 종이에 누군가 빨간색 도장으로 3.3과 같이 두 개의 숫자를 도장 찍더니, 할머니가 돌아가신 할아버지의 손을 잡고 가는 뒷모습을 보는 꿈을 꾸었어요. 그 후에, 꿈속의 숫자처럼 3월 3일에 할머니가 돌아가시는 일로 실현되었어요.---도시락, 2007. 12. 06.

⑬ 돌아가실 날을 계시적으로 알려준 꿈 → 죽음 예지

할머니께서 돌아가시기 5년 전쯤 꿈에 누군가 여자 목소리가 내 귀에 대고 "할머니는 할아버지 사신만큼 딱 그만큼만 사시겠다."라고 얘기한 꿈을 꾸었어요.

실제로, 할아버지가 79세 4월에 돌아가셨는데, 할머니가 79세 3월에 돌아가시는 일로 실현되었어요.---도시락, 2007. 12. 06.

⑭ 아프신 분이 나타나, 기름진 음식을 드시고 담배를 피우신 꿈

고등학교 1학년 입학 전의 일이다. 큰아버지께서 몸이 좋지 않으셨다. 큰아버지께서는 시골에 내려가셔서 요양하셨는데, 큰아버지께서 위독하시다는 말에 부모님은 시골에 내려가셨다가 급한 상태는 모면한 듯해서, 어머니는 잠시 집에 다시 오셨었다. 그때 내가 꿨던 꿈이다. 큰아버지와 내가 겸상을 해서 밥을 먹었는데, 꿈에서 큰아버지께서 기름진 음식을 들고 계셨다. "큰아빠, 그거 드시면 안 되는데---" "괜찮아 이제 먹어도 돼"라고 하시면서 미소를 띠셨다. 밥을 다 먹은 후에, 상을 옆으로 물리시고 큰아버지께서 담배를 태우시기에, "큰아빠 담배 피우시면 안 돼요." "괜찮아." 이러시면서, 다시 한 번 미소를 띠셨다. 그리고 밥 다 먹고 그러다가 꿈에서 깼을 때, 어머니가 내 방으로 오셔

서, 다급하신 목소리로 말하셨다. "큰아버지 지금 돌아가셨다. 빨리 갈 준비해라."

⑫ 친구 아버님이 대문 밖에서 부르던 꿈 → 죽음 예지

제가 초등학교 6학년 때 얘기를 하려고 하는데요. 초등학교 6학년 어느 날, 밤에 잠을 자는데 꿈을 꾸었습니다. 근데 꿈에 친구 아버지가 대문에 서 계시는거예요(저를 부르면서) 그래서 나가 봤는데 저보고 대문 밖으로 나오래요. 그러나 안 나가고, "너무 졸리니, 내일 아침에 찾아뵐게요. 죄송합니다." 이러고 들어오는데, 친구 아버지가 그냥 혼자 가셨습니다. 그런데 다음 날! 그 친구의 아버지가 돌아가셨다는 겁니다. 그래서 소름이 돋아서 아무 말도 못 했습니다.---가위눌려봤니?

⑫ 옷을 다 벗고 흙을 몸에 뿌리는 꿈 → 죽음 예지

중학교 때 꾸었는데요. 친할머니께서 시골집 앞마당에서 옷을 다 벗고 흙을 몸에 뿌리고 계시더군요. 그런 꿈을 꾸고 난 후에 얼마 안 되어 돌아가셨습니다.

⑫ 엘리베이터를 타고 사라진 꿈 → 죽음 예지

중2 때 할머니가 돌아가신 지 며칠이 지나 꿈을 꿨습니다. 평소 할머니와 친분이 있던 두 분이 계셨습니다. 꿈속에서 할머니께서 저의 집에 오셨습니다. 어찌나 반갑던지, 무작정 따라가겠다는 것을 할머니는 냉정하게 뿌리치셨습니다. "네가 따라갈 곳이 아니야."라고 호통을 치시더군요.

그러시던 할머니 곁에 어느덧 두 분의 친구분들이 계셨습니다. 두 할머님들은 말씀 없이 저희 할머니와 팔짱을 끼시고는 없던 자리에 엘리베이터가 생기면서, 세 분이 타시더니 갑자기 사라지시더군요. 그리고 꿈에서 깼습니다. 엄마에게 말하니, 개꿈이라고 무시하셨지요. 그런데 며칠 후에 할머니의 벗이셨던 두 분이 하루 터울로 돌아가셨습니다.

⑫ 바위산이 흔적도 없이 사라져 버린 꿈 → 죽음 예지

아주머니가 큰아들을 낳을 때, 태몽으로 동네 앞에 있는 바위산을 치마로 품는 꿈을 꾸었다. 그런데 방금 낮잠을 자다가 꿈을 꾸니, 너무나도 역력하게 삼십여 년 전에 그 산이 와르르 무너져서 흔적도 없이 사라져 버리더라는 것이다. 그러고 나서 그날 해가 질 무렵, 그 아들이 사고로 인해서 죽었다는 전보가 배달되었다.(글: 박성몽)

⑫ 양복을 차려입고 큰 가방을 들고 있었던 꿈 → 죽음 예지

할아버지 친구분이 꾸신 꿈이다. 할아버지께서 양복을 차려입고 큰 가방을 들고 있었

다고 한다. 그래서 "어디 가시냐?"고 물어보니까 "그냥 좋은 데 간다."라고 말씀하셨다고 한다. 얼마 후에 할아버지께서 돌아가셨다.

㉚ 자신을 향하여 날아오는 은침을 일곱 개나 온몸에 맞고 쓰러지는 꿈 → 죽음 예지

1979년 10월 26일이 나기 직전, 당시 박정희 대통령이 직접 꾼 꿈이다. 어떤 상황에서 누구에게 인지는 모르지만, 자신을 향하여 날아오는 은침을 일곱 개나 온몸에 맞고 쓰러지는 꿈을 꾸었다. 아무리 피하려고 해도 피할 수 없어서, 그대로 다 맞고 만 꿈이었다.(글: 박성몽, 『꿈신비활용』)

㉛ 죽은 형과 함께 마차를 끌게 한 꿈(외국사례) → 죽음 예지

어떤 사람이 꿈을 꾸었는데, 그의 어머니가 오래전에 죽은 자기 형과 자신을 마차에 대고 고삐를 씌워, 마치 짐바리 짐승처럼 만들어 어머니가 마부가 되어 끌었다. 그는 어머니 집에서 병이 나서 죽었고, 그의 형 곁에 매장되었다. 이처럼 어머니는 불행하게도 이 한 쌍의 형제를 한데 묶어준 것이다.(글: 아르테미도로스)

㉜ 겨자를 갈아 액체로 마신 꿈(외국사례) → 죽음 예지

어떤 사람이 꿈에 겨자를 갈아 액체로 만들어 마셨다. 그는 살인자로 기소되었고, 형을 선고받아 참수를 당했다. 이 음료는 흔한 것도 아니고 어쨌거나 마실 수 있는 것도 아니었다. 게다가 그는 사람들이 체라고 부르는 것으로 걸러낸 겨자를 마셨으며, 그래서 "체로 치는 사람", 즉 판사에 의해 목숨을 잃게 된 것이다.(글: 아르테미도로스, 『꿈의 열쇠』)

4) 죽음 예지 꿈 실증사례(선인들)

선인(先人)인 정약용이 죽기 며칠 전, 제자의 꿈에 '집이 무너져 내린 꿈'을 꾸고 스승의 죽음을 예지하고 있다. 이처럼 선인들의 죽음 예지 사례는 무수히 많으며 다양하게 전개되고 있다. 특이한 예로, 자신의 꿈에 슬프고 우울한 내용이나 쓸쓸하고 어두운 분위기의 몽중시(夢中詩)를 짓고 죽음을 예지하는 사례가 돋보인다. 또한 옥황상제를 뵙거나, 불려 올라가는 경우도 있다.

① 젊었을 때의 꿈에 두 귀 밑에 금관자(金貫子)를 붙인 꿈

전투에 참가 공을 세워 벼슬길에 나아갈 것이라는 기대와 달리, 적의 총알이 왼쪽 귀 밑으로 들어가 오른쪽 귀 밑을 뚫어 죽음으로 실현되고 있다.

② 꿈에 은관(銀冠)을 이고 은정자 (은으로 만들어 관 위에 다는 것)를 붙여본 꿈

오래지 않아 강을 건넘에 얼음이 깨져 죽게 되었다.

③ 죽은 태종이 어가를 몰고 와서 강제로 수레에 오르게 했던 꿈

고려 시대 운곡(耘谷)의 꿈으로 죽음이 임박한 것을 예지한 꿈이다.

④ 죽은 사람이 도와달라거나 의논할 일이 있다고 하면서 같이 가자고 하는 꿈

오래지 않아 죽게 됨. 이 밖에도 하늘에서 재주가 뛰어나니 와서 도와달라는 꿈으로 얼마 지나지 않아 운명하고 있다.

⑤ 꿈에 죽은 사람이 나타나 누군가를 데려가겠다는 꿈

선택된 사람이 죽임을 당하게 된다. 꿈속에서 죽은 사람을 따라가는 경우, 현실에서는 안 좋은 결과로 나타난다.

⑥ 자신의 머리가 적군에게 베인 바가 된 꿈

기생이 이야기하는 꿈을 믿고서 적군이 쳐들어왔으나, 나가 싸우지 않아 비겁자로 몰려 실제로 죽게 되는 일로 실현되었다.

⑦ 오랑캐에게 머리가 베인 꿈

김응하(金應河) 장군이 "밤에 꿈을 꾸니 내 머리 도적에게 베인 바가 되니, 내 마땅히 도적을 많이 죽이고 헛되이 죽지를 아니할 것이니 그리 알라." 하고, 활을 쏘아 무수히 적병을 죽이고, 화살을 무수히 맞았음에도 쓰러지지 않았다. 화살이 다함에 장검으로 대항하니, 홀연 한 도적이 뒤로부터 창을 찔러 땅에 엎어졌다.---『어우야담』

이 경우는 사실적인 미래투시의 꿈으로 실현된 경우이다. 도적에게 머리가 베이는 불길한 꿈을 꾸고 나서, 장차 있게 될 싸움에서 자신의 죽음을 예감하고, 목숨을 아끼지 않고 싸우다가 장렬하게 전사하고 있다.

⑧ 머릿속의 피가 의자 다리로 흘러내린 꿈

이징옥(李澄玉)은 난을 일으켰을 때, 그의 아들의 꿈에 아버지의 머릿속의 피가 의자 다리 아래로 흘러내리는 꿈을 꾼 후에 부하의 배신으로 아버지인 이징옥이 죽임을 당하게 되는 일로 실현되고 있다.

⑨ 흰 일산을 펴고 백두산 옛집으로 돌아가는 꿈

황순익(黃純益)은 기이한 재주가 있었다. 술을 좋아하고 별로 자제할 줄을 몰라 낮은 벼슬자리에서 오락가락하며 오래도록 승진하지 못했다. 어느 추운 날 저

녁에 갑자기 술을 많이 마시고 의자에 기대어 잤는데, 그의 이웃사람이 꿈에 선생이 흰 일산(日傘:자루가 긴 양산)을 펴고 백두산 옛집으로 돌아가려 하는 것을 보고, 새벽이 되어 찾아가니 이미 죽었으므로 세상에서 백두정(白頭精)이라 부른다.---『파한집』

⑩ 백학을 타고 돌아다니는 꿈

오세재(吳世才)가 죽기 전날, 한 친구가 꿈에 공이 백학을 타고 돌아다니는 것을 보았는데, 다음 날 가 뵈니 선생은 이미 세상을 떠났다.---『동국이상국전집』

유사한 사례로, 성호(星湖) 이익(李瀷)이 병중에 있으면서, 병(瓶)이 학(鶴)으로 변하기에 그 학을 타고 공중으로 날아올라 시원스럽게 유람하는 꿈을 꾼 후에 죽게 되었음을 밝히고 있다. 또한 우상(虞裳) 이언진(李彦瑱)도 어느 날 집안 식구의 꿈에 한 신선이 고래를 타고 하늘에 오르는데 머리를 풀어헤친 사람이 뒤를 따라가는 꿈을 꾼 후에 죽었다고 밝히고 있다.---『청장관전서』

또한 선인들의 죽음 예지의 꿈 사례로 '흰 말을 타고 서쪽으로 가는 꿈', '산이 무너지는 꿈'으로 죽음을 예지한 사례도 있다. 또한 안정복(安鼎福)의 꿈에 이맹휴(李孟休)가 나타나 옆에서 글을 쓰는 것 같았는데 어느 사이에 훌쩍 곁을 떠나는 꿈을 꾸었는데, 바로 그날 새벽에 이맹휴가 죽음을 맞이하고 있다.

⑪ 쇠부처[鐵佛]가 목구멍에서 나와서 어깨 위에 앉았다가 공중으로 날라 사라진 꿈

민신(閔伸)이 역소(役所)에 있어 꿈을 꾸었는데, 쇠 부처[鐵佛]가 목구멍에서 나와서 어깨 위에 앉았다가 공중으로 날라 사라진 꿈으로 자신의 죽음을 예지하고, 어머니를 찾아뵙는 등의 다가올 죽음을 맞이하고 있다.---『조선왕조실록』, 단종 1년 계유(1453), 10월 10일 (계사).

⑫ 왕사(王師) 묘엄존자(妙嚴尊者)가 공중(空中)의 부처 정수리 연화(蓮花) 위에 서 있는 꿈

왕사(王師) 묘엄존자(妙嚴尊者)가 공중(空中)의 부처 정수리 연화(蓮花) 위에 서 있는 꿈을 꾼 후에 입적(入寂)했다는 꿈이 있는바, 일반 사람들의 죽음 예지 꿈 사례와는 다른 불교적인 징조를 보여주고 있다. 유사한 사례로 제자 정관(正觀)이 꿈에 어느 지방을 가니 사람이 크게 외치기를, "인화상(因和尙)이 이미 상품(上品)을 얻어 하세(下世)했다."는 꿈으로 스승의 죽음을 예지하고 있다.

⑬ 자신의 빈자리에 돌아온다는 꿈

강희안(姜希顏)이 하루는 말하기를, 꿈에 관청에 여러 선비들이 가지런히 앉아

있는 사이에 빈자리가 하나 있기에 아래 물었더니 대답하기를, "여기 앉을 사람은 다른 곳으로 갔는데, 금년에 돌아옵니다." 하였다. "그 푯말에 쓴 것을 보았더니, 그것은 곧 내 이름이었으니, 나는 죽을 것이다." 하였다. 이해에 그는 과연 세상을 떠났다.---『해동잡록』

강희안(姜希顔)의 경우에 꿈에 본 관청의 빈자리가 현실의 관청이 아닌, 화려한 천상(天上)계의 관청이었을 것이다. 자신의 자리가 비어있고, "다른 곳으로 갔는데 금년에 돌아옵니다."라는 말로써 자신의 죽음을 예지하고 있다. 하늘나라의 관청이 아닌, 현실의 관청 자리를 상징한 꿈이라면, 당연히 그해 안으로 승진하여 참여하는 일로 이루어졌을 것이다.

⑭ 이인로의 죽음을 예지한 꿈 → 천상으로 불려 올라가다

『파한집(破閑集)』은 이미 이루어졌으나 아직 임금께 알려드리지도 못한 채, 불행히도 가벼운 병으로 홍도정(紅桃井) 집에서 돌아가셨다. 이에 앞서 집에 어린 손녀가 꿈에 보니, 청의를 입은 아이 열댓 명이 푸른 기와 일산을 받들고 문을 두드리며 소리 질러 부르는지라, 집안의 심부름하는 어린 종이 문을 닫고 힘껏 막았으나, 조금 있다가 잠긴 문이 저절로 열리며, 청의를 입은 아이들이 날뛰면서 바로 들어와 축하의 예식을 하다가, 잠시 후에 흩어져 가 버렸다. 그리고 얼마 안 되어 돌아가셨으니, 어찌 옥루기(玉樓記)를 쓰게 하기 위해서 불러간 게 아니겠는가.---『破閑集』

윗 글은 이인로(李仁老)의 서자인 이세황(李世黃)의 글로『파한집(破閑集)』의 발(跋)에 실려 있다. 부친의 죽음을 "하늘나라의 옥황상제가 거처한다는 누각의 옥루기(玉樓記) 글을 쓰기 위해서 불러 올려간 것이 아니냐?"라고 말하고 있다.

이처럼 현실이 아닌 하늘나라 등에서의 막중한 임무를 부여받는 것으로 죽음을 상징하는 유사한 사례로, 광해군 때 임숙영(任叔英)의 죽음 예지 꿈을 들 수 있다. 이웃에 사는 노파의 꿈에 "어젯밤에 꿈을 꾸니, 어떤 관리 하나가 손에 푸른 종이와 붉은 붓대를 들고는 급히 임숙영(任叔英)의 집을 찾았는데, 그때가 바로 숨을 거두실 무렵이었다."

한편 『대동기문』에 기록된 한치형(韓致亨)의 죽음 예지 꿈도 유사한바, 집안사람들이 하루는 꿈을 꾸었는데, 검은 옷 입은 수십 명의 사람들이 어깨에 오색 가마를 메고 하늘에서 위의(威儀)도 성대하게 내려오더니, 홀연 공을 가마에 태우고

올라가 버렸다. 얼마 있지 않아 공은 세상을 떠났다.

⑮ 이 겸지의 죽음 예지 → 천상으로 불려 올라가다

이겸지(李兼之)도 꿈속에서 시구를 받고 죽음을 예지하고 있다. 꿈에 한 괴이하게 생긴 사람을 만났는데. 시를 지어 주기를, "세상은 홍진(紅塵)이 가득하고, 하늘 누[天樓] 위에는 자옥(紫玉)이 차다. 동황(東皇)이 팔폐를 구하니, 응당 가산(家山)을 생각지 말라." 하였다.

겸지가 그 꿈을 의심하였으나, 곧 저승에서 부른 것이다. 다음 해 등제하여 남효온이 축하하였더니, 머지않아 벼슬이 3품에 이르렀으나, 일찍 죽는 일로 실현되고 있다.

⑯ 흰실 여덟 량[八兩]을 받고 죽은 꿈

주세붕(周世鵬)의 어머니가 위독하자 향을 피우고 하늘에 빌었다. 이날 밤 꿈에 어떤 사람이 흰실 여덟 량[八兩]을 주면서 '병이 나으리라.' 하였는데, 그 후 80일이 되어 죽었다. 이때 비로소 여덟 량이 80일을 늦추는 징조임을 알았다.---『연려실기술』 제9권.

⑰ 아이가 없어져서 찾는 꿈

송시열이 어린 조카의 죽음에 대한 슬픔을 토로하면서, 검은 관(棺)을 손으로 어루만지면서 관과 장삽(墻翣: 발인할 때, 영구의 앞뒤에 세우고 가는 덮개)에다 물로 반죽한 밀가루 덩이를 붙이는 꿈을 꾸었으며, 또한 지난겨울의 꿈에는 아이가 없어져서 찾는 꿈을 꾸었다고 밝히고 있다.

⑱ 신인(神人) 7~8명이 칼을 들고 죽인다는 꿈

조문선(趙文善)이 수로왕 능 밭을 반으로 줄여 백성에게 주려 하였더니, 그날 저녁 꿈에 신인(神人) 7~8명이 칼을 들고 와서, "네가 큰 죄악이 있으므로, 베어 죽이고자 한다." 하였다. 조문선이 놀라 깨어 병이 나서, 밤에 도망하다가 길가에서 죽었다.

⑲ 하늘에서 예리한 칼날이 찍는 꿈

가을 7월에 전법 판서(典法判書) 김서(金㥠)가 졸하였다. 이때 정화원비(貞和院妃)가 왕의 사랑을 받았는데, 백성을 평민인 줄 알면서도 노예로 삼았다. 그 백성이 전법사에 호소하였으나 왕이 지시하여, 결정을 지어서 정화(貞和)에게 주라고 독촉하니, 김서(金㥠)는 동료들과 함께 백성의 원통함을 알면서도, 지시를 어기지 못하여 그만 노예로 결정하여 버렸다. 어떤 사람이 꿈을 꾸는데, 예리한 칼이 하늘에서 내려오더니, 한 관청의 관리를 마구 찍었다. 그런데 이튿날 김서(金犞)가 등창이 나서 죽고, 그 후에 동료들이 서로 잇달아 죽었다.

⑳ 등에 화살을 맞은 꿈 → 등창이 나서 죽다.

신무왕(神武王)이 왕위에 올랐다. 이에 자신이 지지하는 사람을 왕위에 올리기 위해 싸웠던 이홍(利弘)은 두려워 처자식을 버리고 산속으로 도망하였는데, 왕이 기병을 보내 뒤쫓아 가서 잡아 죽였다. 그 후에 왕이 병으로 몸져누웠는데, 꿈에 이홍(利弘)이 활을 쏘아 왕의 등을 맞추었다. 잠을 깨어나 보니 등에 종기가 났다. 이달 23일에 이르러 왕이 죽었다.---『삼국사기』

윗글은 『삼국사기』에 나오는 이야기로, 안정복(安鼎福)의 『동사강목(東史綱目)』에도 간략하게 나오고 있다. 국가적 사회적 변란이 일어나기 전에 꿈으로 예지되듯이, 죽음이나 질병이 있기 전에 꿈으로 예지되고 있다. 꿈속에서 자신이 죽인 이홍(利弘)이 쏜 화살을 등에 맞았는데, 현실에서는 바로 화살을 맞은 자리에 등창이 나서, 장차 그로 인해 죽게 되는 일로 실현되었음을 보여주고 있다.

이와 유사한 사례로, 태종조의 김덕생(金德生)이 죽은 지 10여 년 지나서 친구의 꿈에 나타나서, 아직 살아있는 자신의 애첩을 건드린 사람을 화살로 쏘아 죽였다는 꿈은 현실에서는 애첩의 정부가 급작스러운 복통으로 인해 죽는 일로 실현되고 있다. 이로써 살펴보면, 꿈에서 화살을 맞거나, 창을 맞는 등등의 꿈이 맞은 부위에 질병의 실현으로 이루어지는 등 안 좋게 이루어지고 있음을 알 수 있다. 꿈은 반대가 아닌 상징 표상의 이해인 것이다.

㉑ 가슴을 맞고 죽는 꿈 → 가슴을 앓다가 죽다.

권씨 성을 지닌 재상이 남의 무덤을 파헤치고 장사를 지냈다. 그 밤에 풍수(風水) 이관(李官)의 꿈에 수염이 붉은 한 장부가 분노하여 꾸짖기를, '네가 어찌 나의 안택을 빼앗아 타인에게 주었는가. 화근은 실상 네게 있다.' 하면서 주먹으로 그의 가슴을 치니, 이관은 가슴을 앓아 피를 흘리다가 잠깐 사이에 죽고, 얼마 아니 가서 재상도 또한 나라의 죽임을 당하고 가문이 멸망하니, 사람들이 모두 무덤을 파낸 까닭이라고 말하였다.---『용재총화』 8권.

이와 유사한 얻어맞는 꿈을 꾸고 죽은 『고려사절요』에 나오는 사례를 요약해 살펴본다. 조염경이 과부가 된 그의 딸을 낭장 윤주보(尹周輔)에게 시집보내려 하였더니, 딸이 울며 말하기를, "남편이 죽은 지 며칠이 못 되어 갑자기 나의 뜻을 빼앗으려 한다." 하였다. 조염경이 강제로 윤주보와 혼인시켰더니, 윤주보가 꿈에 사위였던 김홍기(金弘己)가 자기를 치는 꿈을 꾸고 드디어 죽었다.

꿈은 반대가 아닌 상징의 이해임을 여실히 보여주고 있는바, 이렇게 꿈속에서 싸움에 지거나 꾸중이나 비난을 듣거나, 심지어 얻어맞는 꿈은 질병이나 죽음 등으로 이루어지고 있다. 또한 일반적으로는 꿈속에 얻어맞은 부위 등에 병이 나게 되어 죽음으로까지 나아가기도 한다.

㉒ 이태조의 성난 얼굴을 꿈에 보다 → 병이 나서 죽다

하륜(河崙)은 병신년(1416)에 함경도에 사명으로 갔다가 죽었다. 세속에 전해지기를, 공이 각처의 능침을 살피면서 함흥에 왔는데, 꿈에 태조가 몹시 성낸 것을 보고 깬 다음 병을 얻어 정평(定平)까지 와서 졸하였다고 한다. 나이는 70이다. 시호는 문충공(文忠公)이다.---『연려실기술』

이렇게 꿈속에서 꾸짖음을 당하는 경우에 현실에서 병을 얻게 되거나 죽음 등의 안 좋은 상황으로 빠져드는 일로 실현되고 있다. 이와 유사한 경대승(慶大升)의 죽음 사례가 『고려사절요』에 다음과 같이 기록되어있다. '가을 7월에 장군 경대승(慶大升)이 운명하였다. 경대승(慶大升)은 어느 날 밤에 홀연히 정중부가 칼을 잡고 큰 소리로 꾸짖는 꿈을 꾸고서 병을 얻어 죽었는데, 향년 30세였다.'

㉓ 칼을 빼 들고 원수를 갚았다는 꿈 → 죽음 예지

갑자년(1684년)에 서울 어느 백성의 꿈에 류혁연(柳赫然)이 군복에 칼을 빼 들고 뛰면서, "이제야 김석주에게 보복하였다." 하는 것이었다. 놀라서 그 꿈을 깨었는데, 거리에서 사람들이 전하기를, "청성(淸城) 김석주(金錫胄)가 죽었다." 하였다.---『몽예집(夢藝集)』

두 사람은 숙종 5년(1679)에 김석주(金錫胄)는 서인으로서 병조 판서로, 류혁연(柳赫然)은 남인으로서 훈련대장으로 있으면서 정치적으로 대립관계에 있었다. 남인의 타도를 획책하여, 남인들로부터 많은 비난을 받았던 김석주가 남인인 류혁연이 죽은 지 4년 뒤에 숙종 10년(1684년) 갑자년에 51세의 나이로 갑자기 죽었다.

㉔ 장례행렬과 시호를 꿈에서 본 꿈 → 사실적인 미래투시의 죽음 예지

김례몽(金禮蒙)이 글로써 이름이 났으며 시호는 문경공(文敬公)이다. 이보다 앞서, 문강공(文康公) 이석형(李石亨)이 말하기를, 내 꿈에 중추(中樞) 김례몽(金禮夢)이

멀리 떠나는 데 따르는 사람들이 거리를 메웠고, 어떤 사람이 손에 한 물건을 가지고 앞서서 가는데, '문경공(文敬公)'이라 써 있었다. 1년 뒤에 김예몽이 죽어, 도성 문 밖으로 상여가 지나갔는데, 그 시호를 보니 바로 '문경(文敬)'인데 꿈과 서로 맞았으니, 이로 보면 비록 조그마한 일이라도 하늘이 정해 주지 않은 것이 없다." 하였다.---『청파극담』

이 꿈 역시 장차 일어날 죽음의 예지를 사실적인 미래투시의 꿈으로 예지하고 있다.

㉕ 장례의 행렬을 보는 꿈 → 사실적인 미래투시의 죽음 예지

정부인(貞夫人) 박씨는 의정부 좌참찬 윤승길(尹承吉)의 배필이다. 이에 앞서 어떤 사람이 중화(中和)의 큰 길 근처에서 잠을 자다가 꿈을 꾸니, 화려한 수레가 앞장서서 가고, 고귀한 수레가 또 바로 그 뒤를 따라가고 있었으며, 수레의 앞뒤로 호위하며 수행하는 사람들의 꾸밈새가 매우 성대하였는데, 바로 윤승길의 일행이라고 말하더라는 것이었다. 이에 꿈을 깨고 나서는 이 사실을 기록해 두었는데, 이윽고 공과 부인이 서로 잇따라 죽어 발인한다는 소문을 듣고서 앞길로 달려가 보니, 너무나도 꿈에서 본 정경과 부합되었다고 한다.---『택당선생 별집(澤堂先生別集)』 정부인(貞夫人) 박씨(朴氏)의 행장.

이 꿈 역시 장차 일어날 죽음의 예지를 사실적인 미래투시의 꿈으로 예지하고 있다.

㉖ 자신의 명정으로 죽음을 예지한 꿈 → 죽음 예지

이적(李嫡)이 일찍이 다른 사람에게 말하기를, "내가 꿈에 강가에 나아갔는데, 내 앞에 '승문저작이공지구(承文著作李公之柩)'라 씌어 있는 명정을 보았으니, 나는 높은 벼슬을 못하고 저작랑으로 끝맺는 것이 운명이다."

최고 벼슬이 승문원(承文院)의 정8품 관직으로 저작랑(著作郎)에 그치게 될 것을 예지하고 있는바, 꿈대로 실현되고 있다. 일반적인 상징에서 자신의 명정을 보는 꿈은 새로운 탄생과 새로운 생활을 열게 되며, 새롭게 자신의 학원을 낸다든지, 아들이 고시합격이 된다든지로 실현된 사례가 있다.

㉗ '오년(午年)에 이르면 죽는다.' 는 꿈 → 죽는 해를 계시

이색(李穡)이 쓴 최재(崔宰)의 묘지명의 글이다. 9월에 가벼운 병환이 생겼는데 여러 아들에게 말하기를, "내가 일찍이 꿈을 꾸었는데 이인(異人)이 나더러 말하기

를, '오년(午年)에 이르면 죽는다.'고 하더라. 금년이 무오년이고, 또 병이 이와 같으니, 내 필연코 일어나지 못할 것이다." 하였는바, 실제 죽음으로 실현되었다.

㉘ '다음의 정해년에 죽을 것이다.' 라는 꿈 → 죽게 될 해를 계시

선비(先妣)께서 14세 때인 정해년(1707)에 홍역을 앓으시어 열이 솟아 혼절하셨는데, 그때 마치 어떤 사람이 큰 소리로 "이 아이는 다음의 정해년에 죽을 것이다."라고 말하는 듯하였고, 얼마 안 되어 깨어나셨다. 그리고 무신년(1728, 영조 4) 겨울에는 꿈속에서 귀신이 사람 수명의 길고 짧음을 말하는 것을 보시고, 선비께서 "나의 수명은 얼마인가?"라고 물으시자, 귀신이 74세라고 답하였는데, 선비께서 깨시어 그 꿈을 말씀해 주셨다.---『순암집』제25권, 행장(行狀), 선비공인이씨행장(先妣恭人李氏行狀).

안정복(安鼎福)은 돌아가신 어머니의 일대기를 적은 행장(行狀)에서 꿈의 예지대로 이루어지고 있음을 밝히고 있다. 어머니는 그의 나이 56세 때인 1767년 정해년에 운명하고 있다. 행장(行狀)의 내용대로라면, 14세 때인 1707년 정해년에 홍역에 걸려 목숨이 위태로웠던바, 다음의 정해년인 1767년에 죽게 될 것을 계시적 성격의 꿈으로 예지받고 있다. 또한 35세 때인 1728년 무신년에도 꿈속의 귀신에게 수명을 물은즉, 74세라고 말해주고 있음을 밝히고 있다. 따라서, 행장의 내용대로라면, 장차 죽게 될 해를 길게는 60년 전, 짧게는 39년 전에 구체적으로 계시해주고 있으며, 또한 꿈속에서 계시한 해에 운명하는 일로 실현되고 있다.

죽은 사람의 일대기를 적는 행장의 성격으로 볼 때, 선인들의 이러한 신비한 꿈의 세계에 대한 체험담은 거짓이 아닌, 실제로 있었던 실증적인 사례들이다. 필자는 이러한 실증적인 사례를 바탕으로 한 연구를 통하여, 꿈의 세계 및 꿈의 실체에 대한 연구를 해나가고자 한다.

㉙ 이제 다시 만날 때가 되었다고 말하는 꿈 → 죽음 예지

유인(孺人) 민씨(閔氏)가 "지난밤 꿈에 시집간 딸이 아버지의 명령이라면서, 서로 만나 합쳐질 기한이 되었다고 나에게 와서 말하였으니, 나는 오래 살지 못할 것이다." 하였는데, 과연 그해 6월 29일에 서울 집에서 별세하니, 향년이 63세였다.---『한수재집(寒水齋集)』

㉚ 달이 떨어진 꿈 → 어머님 죽음을 예지

『패관잡기』에 나오는 이야기로, 서거정이 수양대군을 따라 명나라에 사은(謝

恩) 사절로 가게 되었을 때, 달이 공중에서 떨어지는 꿈을 꾸고 나서 집에 어머니에게 변고가 있음을 직감하고 있다. 달은 음양으로 볼 때, 음의 상징이기에 '달이 공중에서 떨어지는 꿈'이 여자인 어머니의 죽음을 예지하는 상징적인 꿈으로 받아들이고 있다.

③ 용을 타고 강을 건너는 꿈 → 죽음 예지

진일(眞逸) 선생이 말하기를, "꿈에 이백고(李伯高)를 만났는데, 이백고는 용이 되고 나는 용을 붙잡고 날아서 강을 건널 때, 내가 떨어질까 걱정하니 용이 돌아보고는, '내 뿔을 꼭 잡아라.' 하였다. 드디어 강 언덕에 그쳐서 보니, 초목과 인물이 모두 인간 세상의 것이 아니었다." 얼마 안 가서 백고는 주살 당하였고, 진일도 또 병이 들어 죽었다. --- 『해동잡록』 3.

진일(眞逸) 선생은 성간(成侃)으로, 30세의 나이에 병으로 죽었다. 죽기 전에 성간(成侃) 본인의 꾼 꿈에 이개(李塏: 伯高는 자임)를 만나 이개는 용이 되고, 자신은 용을 붙잡고 날아서 강을 건너, 초목과 인물이 모두 인간 세상의 것이 아닌 세상에 다녀온 이야기를 형인 성임(成任)에게 이야기하고 있다. 이에 형인 성임은 과거에 급제할 꿈이라고 좋게 해몽해 주지만, 인간 세상이 아닌 새로운 곳에 나아간 꿈의 예지대로, 꿈속의 용으로 등장했던 이개(李塏)는 김질의 고변에 의하여 1456년(세조 2) 단종 복위 운동의 실패로 주살당하고, 이어 성간(成侃) 본인도 병으로 죽는 일로 실현되고 있다.

'강 언덕에 그쳐서 보니, 초목과 인물이 모두 인간 세상의 것이 아니었기로---'에서 알 수 있듯이, 강을 건너는 꿈으로 이 生(생)에서 저 生(생)으로 가게 될 것을 상징적으로 보여주고 있는 꿈이다. 원래 한자어인 '초생(初生)'에서 우리말의 '초승'으로 바뀐 것처럼, '이生에서 이승으로, 저生에서 저승으로' 변한 말이다.

TV에서 「전설의 고향」 등을 보면, 저승사자가 와서 데려갈 때, 배를 타고 강을 건너는 장면이 자주 등장한다. 또한 죽었다가 살아난 사람들이 한결같이 하는 말들로, 강을 건너가거나 날아서 가는 아래가 강물이었다는 말을 하고는 한다.

불교에서 쓰는 말로 피안(彼岸), 차안(此岸)이라는 말이 있다. 강 건너 저쪽의 세계인 피안(彼岸)의 세계는 속되게는 죽음의 세계요, 좋게 말해서 번뇌와 괴로움을 벗어난 해탈의 세계이다. 또한 '요단 강 건너가 만나리'라는 말이 있듯이, 강의 저쪽은 죽음의 세계를 뜻하고 있다.

꿈의 상징은 문학적 상징과 언어의 관습적 상징과 일맥상통한다는 말을 앞서 언급한 바 있다. 1968년 박목월의 〈이별가〉 역시 강을 사이에 두고, 사별의 한(恨) 을 읊고 있다. "뭐라카노, 저편 강기슭에서 / 니 뭐라카노, 바람에 불려서 이승 아 니믄 저승으로 떠나는 뱃머리에서 / 나의 목소리도 바람에 날려서 뭐라카노, 뭐 라카노 썩어서 동아 밧줄은 삭아 내리는데‥‥‥‥후략"

다음에 나오는 사례들은 꿈속에서 죽음을 예감케 하는 시를 짓거나 시를 받는 몽중시(夢中詩)의 사례들이다. 한시(漢詩)가 생활화되었던 당시에 있을 수 있는 일 이라 하겠다. 편의상 따로 살펴보았다.

㉜ 슬픈 시를 짓고 죽은 꿈

기준(奇遵)은 기묘사화에 연루되어 아산에 귀양갔다가, 함경도의 온성(穩城)으 로 유배지를 옮긴 후 곧 사사(賜死)되었다. 그의 나이 30세였다.

기준(奇遵)이 기묘년에 하루는 대궐에서 숙직하였는데, 꿈에 북관(北關)의 나그 네가 되어 고생스럽게 두루 돌아다니는 길에서 새로운 시 한 수를 읊조렸다.

이역의 강산도 고국과 같구나
하늘가에 눈물 흘리며 외로운 배에 의지하네.
밀물 소리는 적막한데 관문은 닫혀 있으며
나뭇잎은 떨어져 쓸쓸한데 성곽은 비어 있네.
들길은 가을 풀 속 속에 가늘게 갈라졌고
인가는 아스라이 석양 속에 잠겨 있구나.
만 리길 가는 배 돌아올 삿대도 없는데
푸른 바다 아득하여 소식도 통할 수 없네.

---『己卯錄 補遺』上卷, 〈禁直夢作〉

두어 달이 못 되어 함경도의 온성(穩城)으로 귀양갔는데, 모두 시속에 기록한 것과 같았으니, 참으로 사람에게 시참(詩讖: 무심히 지은 자기의 시가 우연히 뒷일과 꼭 맞는 일)이 있을 수도 있구나.---『패관잡기』

기준의 이 시는 시참(詩讖)이라고 볼 수 없다. 시참은 생시에 현실에서 지어진

시대로 우연하게 이루어진 일을 나타내고 있다면, 이와 같이 꿈속에서 어떠한 시를 짓고 현실에서 그대로 이루어진 경우는 사실적인 미래투시의 꿈 내지 상징적인 미래 예지의 꿈으로 실현된 경우이다. 이처럼 꿈속에서 자신의 운명을 예지하는 시를 짓거나, 남에게 들은 경우의 시가 상당수 전한다. 즉, 꿈으로서 앞으로 일어날 일을 예지해준다는 극명한 사실을 선인들의 이러한 실증적인 문학작품 세계를 통해 알 수 있는 것이다.

『덕양유고』를 상고해 보면 이 시는 꿈을 깬 뒤에 꿈속에서 본 바를 기록한 것이요, 꿈에 지은 것이 아니다. 사재는 기준과 같은 시대인데도 기록한 바가 그릇됨을 면치 못하였는데, 하물며 다른 것이랴.---『해동야언』 3.

이러한 말도 일리가 있다. 즉 사실적인 미래투시의 꿈을 꾸고 나서 기록한 것이냐, 아니면 꿈속에서 지은 시를 기억하고 다시 옮겨 적었느냐가 문제일 뿐인 것이다. 하지만 꿈으로 일어날 일을 예지 해준다는 극명한 사실은 변하지 않는 것이다.

또한 기준의 이 시는 사실적인 미래 예지의 표현에 가깝기에, 진정한 죽음 예지의 상징적인 표현 몽중시에 비해서, 꿈 전개상의 표상의 기법 면에 있어서 뒤떨어진다. 상징적인 표현 기법으로 이루어진 다른 시를 살펴본다.

㉝ 슬픈 시를 짓고 죽은 꿈

취부(醉夫)가 일찍이 꿈에 시 한 수를 지었는데, 그중 아래와 같은 한 시구가 기억된다. '바다 천 리 외로운 배에 날은 저물고, 물과 구름에 긴 젓대소리는 가을을 알리더라.' 그 후, 열흘이 못되어 화가 일어났다. 사람들은 멀리 귀양갈 조짐이라 하였는데, 마침내 곤장을 맞고 죽으니 애통한 일이다.---『장빈거사호찬』

취부(醉夫)는 윤결(尹潔: 1517~1548)의 호로, 진복창(陳復昌)의 미움을 받아 고문 끝에 죽었다. 시에서 느껴지는 분위기는 쓸쓸하고 어두운 분위기이다. 유사한 사례로, 이민구(李敏求)는 벗과의 이별을 아쉬워하는 몽중시를 짓고, 애첩의 죽음으로 실현된 사례가 있다.

㉞ 꿈에 시구를 받는 꿈 → 일찍 죽게 될 것을 예지

栗谷(율곡) 李珥(이이)가 어릴 때에, 꿈에 상제를 뵙고, 금으로 된 족자 하나를 받았다. 그것을 열어보니, 아래와 같은 시구가 있었다.

龍歸曉洞雲猶濕 용이 새벽 골로 돌아가니 구름이 여전히 젖었고,

麝過春山草自香 사향노루가 봄 산을 지나니 풀이 절로 향기롭다.

이것을 들은 여러 사람들이 기이한 조짐이라 하였다. 선생이 급작스럽게 작고한 다음
에야 식자들은 비로소 그것이 상서롭지 못한 것임을 알았다. '용이 돌아간다. 사향노루
가 지나간다.'한 것은 빨리 죽을 조짐이요, '구름이 젖고, 풀이 향기롭다.'한 것은 그가 남
긴 혜택과 높은 이름만이 홀로 남게 될 것을 가리킨 말이다.---『장빈거사호찬』

이 이야기는 『지봉유설』에도 나오고 있으며, 李珥(이이)는 비교적 젊은 나이인
48세에 급작스럽게 죽었다. '용이 돌아간다. 사향노루가 지나간다.'라는 상징적인
한시 구절로써 장차 고귀한 인물이 일찍 죽게 될 일을 예지해주고 있다.

㉟ 꿈에 본 암울한 시 → 유간(柳澗)의 죽음을 예지

광해 9년 2월, 부계에 있을 때의 일이다. 꿈에 참찬 유간이 그의 아들 여각을 보내어
시를 보여 주었다. 꿈을 깬 뒤에도 그의 한 글귀는 기억하였다.

時論正如三漆墨 시론은 정히 세 칠묵 같고

歸期難得一帆風 돌아올 기약은 한 돛의 바람을 얻기 어렵다.

그러나 그 뜻을 알 수 없어 일기에 적어 두었다. 그 뒤 2년에 유간(柳澗)이 시의(時議)에
거슬려서, 북경에 다녀오라는 특명을 받았다. 그때 오랑캐가 발호하여 그 기세가 매우
팽창하였으므로, 북경에 가는 사람을 다 바다를 건너야 할 근심이 있었다. 유가 연경에
간 뒤에 적이 요양을 점거하였기 때문에, 길이 끊어져서 바닷길로 돌아오다가 배가 깨
져 익사하였으니, 또한 이상한 일이라고 하겠다.---『자해필담』

㊱ 암울한 몽중시를 짓는 꿈 → 죽음 예지

이국휴의 자(字)는 함경(咸卿)인데, 나의 재종질이다. 그가 한 번은 대궐 안에서 숙직하
면서 꿈에 시를 짓기를,

荒城數堞倭樓出 황폐한 성, 퇴락한 담은 삐쭉삐쭉 드러나고

古木寒鴉往往來 고목의 굶주린 까마귀 이따금 찾아온다.

하였는데, 이것이 무슨 징조인지 알지 못했다. 얼마 못 가서 이국휴는 병들어 죽었으니, 지금까지 생각하면 처량하여 애가 끊기는 듯하다.---이익, 『성호사설』 하.

몽중시의 내용은 암울하고 어두운 분위기로 전개되고 있는바, 앞서 살펴 본 죽음 예지의 여타의 시들과 유사한 점을 보이고 있다. 꿈속의 배경은 상징적으로 장차 일어날 일을 예지해주기도 한다. 이처럼 무너져 가는 성, 낡고 오래되어 퇴락한 담, 오래되어 말라붙은 고목에 굶주린 까마귀가 날아드는 배경은 암울하고 음산한 분위기를 자아내고 있기에, 장차 죽음 예지 등의 안 좋은 일로 실현되는 것은 당연한 결과라 하겠다.

㊲ 암울한 몽중시를 짓고 죽음을 예지 → 조기종(趙起宗)의 시

조기종이라는 사람이 나와 같이 공부하고 있었다. 그때 조기종은 나이가 어려서 겨우 시문(詩文)의 구두(句讀)를 깨칠 정도였고 시를 지을 줄은 아직 몰랐다.

하루는 꿈에 어떤 빈집에 들어가니, 뜰 안이 널찍하고 쓸쓸한데 대추꽃이 새로 피어 있어 첫여름 같았으며, 뜰에는 풀이 갓 나있어, 따뜻한 바람이 불어오는 늦은 봄이었다. 두서너 사람의 서생이 거기에 있었는데, 평소에 아는 사람들은 아니었지만 조기종에게 시를 지으라고 권하니, 조기종은 즉석에서 한 수 짓기를,

"나무에는 대추 꽃이 활짝 피었고, 빈집에는 사람 없어 쓸쓸하구나. 봄바람은 끊임없이 불어오고, 만 리에는 풀빛이 새롭도다."라고 하였다. 깨어난 뒤에도 그 시를 잘 기억하여 같이 공부하는 벗에게 말해주고, 또 벽에 써 놓고 깊이 그것을 감상하였다. 그러고 나서 다음 달에 조기종은 죽었다.---『秋江集』

꿈속에서 시를 짓는 몽중시(夢中詩)로 자신의 죽음을 예지한 특이한 시이다. 『추강냉화』, 『소문쇄록』, 홍만종의 『시화총림』에도 같은 이야기가 나오고 있다. 시의 '빈집〔空家〕', '쓸쓸하도다' 등의 암울한 시구에서는 장차 일어나게 될 죽음 예지를 상징적으로 일러주고 있음을 알 수 있겠다.

'대추 꽃이 활짝 피었고', '풀빛이 새롭도다.' 등의 시구는 단순하게 보자면 밝은 표상이기도 하다. 하지만 이는 자연의 무한함에 대한 인간의 유한함을 역설적으로 대비하여 강조하는 의미를 지니고 있다. 예를 들어, 왕유(王維)의 〈山中送別(산중송별)〉에서 "春草年年綠(봄풀은 해마다 푸르건만), 王孫歸不歸(그리운 님은 어찌하여 돌아오지 않는가)"라고 해서 자연의 변함없는 푸름 속에 유한한 인간사를 대비하여 나타내고 있다. 유희이(劉希夷)의 〈代悲白頭翁歌(대비백두옹가)〉의 유명한 구절인 "年年歲

歲花相似, 歲歲年年人不同(해마다 꽃은 서로 비슷하지만, 해마다 사람은 같지가 않구나)"에서도, 자연의 무한함에 대하여 인간의 유한함을 대비하고 있음을 볼 수 있다. 또한 김소월의 〈금잔디〉에서도, "심심산천에 붙는 불은 가신 님 무덤가에 금잔디"라고 하여, 봄이 되어 이 산 저 산에 진달래꽃·철쭉꽃 등이 붉게 피어나지만, 사랑하는 님은 한 번 가서 다시 돌아오지 않은 인간의 유한함을 자연의 무한함과 대비하여 한스러워하고 있음을 볼 수 있다.

위에서 볼 수 있는 바와 같이, '풀빛이 새로운' 시구는 자연의 변함없고 무한함을 강조하여, 그와 대비되는 인간의 유한함을 극명하게 드러내고 있기에, 죽음을 예지하는 몽중시(夢中詩)의 시구로 볼 수 있겠다.

❸ 첩의 죽음을 예지한 몽중시

다음의 두 시는 이민구가 나이 67~68세(1656~1657)에 지은 시이다. 첩의 죽음이 있기 한 달 전에 슬프고 한탄스러운 내용의 시를 꿈속에서 지었음을 말하고 있다.

지난 병신년 섣달 그믐날 밤과 정유년 설날에 시 각각 한 구절을 꿈속에서 지었다. 글의 뜻이 슬프고 한탄스러웠다. 후에 달을 넘겨 첩이 죽었다. 그 조짐이 먼저 나타난 것이 이와 같았다.

〈병신(丙申)년 제야의 시〉
今年除日又無情 금년 섣달그믐도 또 무정하게
忽忽殘宵只二更 홀연히 지나가 남은 밤이 다만 이경인데
强把深盃留遠客 애써 큰 술잔을 잡아 멀리 떠날 객을 머물게 하는데
隔簾銀漢已西傾 발 사이에 보이는 은하수는 이미 서쪽으로 기울어가네
                                          ---『東州集』

꿈속에서 지었음을 밝히고 있는 이 시는 저물어가는 한 해를 노래하며, 손님과의 이별의 정을 아쉬워하고 있다. 멀리서 온 객을 좀 더 머물게 하려 한다는 시구에서 꿈속에 나타난 객이 첩의 상징 표상으로 전개되어 나타났으며, 떠나는 객을 만류하는 표상이 한 달 뒤에 죽게 될 첩의 사별을 아쉬워하는 미래 예지적인 꿈으로 실현되고 있음을 알 수 있다. 유배지에서 자신이 어려울 때 알게 되어 얻

게 된 첩으로, 남달리 애정이 각별했음을 알 수 있겠다.

〈정유(丁酉)년 설날의 시〉

故人相見每多情 오랜 친구를 보니 매양 다정한 정이

送往迎來幾飽更 보내고 맞음에 거의 시간을 다 보내는구나

今日重逢丁酉歲 오늘 거듭 만나니 정유년이라

悽悽只有淚河傾 서글픔에 다만 눈물을 강물처럼 쏟네

---『東州集』

하루 지나서 다시 꿈속에서 지은 이 시 역시, 이민구의 말대로 어의(語意)가 처완(悽宛)하며, 어두운 분위기를 자아내고 있는 데서 오랜 친구로 표상된 누군가와의 결별을 예감하면서, 장차 자신에게 안 좋은 일이 다가오고 있음을 예지해주고 있다. 또한 이처럼 유사하게 반복되는 꿈은 꿈으로 예지된 일이 반드시 일어남을 보여주고 있다.

한시가 생활화되어 있던 선인들에게 이렇게 꿈속에서 암울한 시를 짓는 것으로 장차 일어날 안 좋은 일에 대한 마음의 준비를 하게 해주고 있다.

㊴ 꿈속에서 짓다[夢中作] → 친구의 죽음 예지

다음의 시는 석주(石洲) 권필이 꿈속에서 지었다는 시이다. 꿈속에서 음울한 시를 짓고, 몇 년 뒤에 마음의 벗이었던 구용(具容)이 요절하게 되는 일로 실현되고 있다.

風雨幾年別 이별한 후에 비바람(세월)이 그 몇 년인가

相思俱白頭 흰 머리가 될 때까지 함께 하기를 생각했었네

蟬鳴江樹暮 매미는 저물녘 강가의 나무속에서 울고

鴈斷寒雲秋 기러기는 차가운 가을 구름 속에 끊어졌네

事往渾疑夢 지난 일들이 모두 꿈인 듯 의심스럽고

書來只益愁 보낸 편지 다만 근심을 더할 뿐이네

平生多少恨 평생에 많은 한을 지니고

斜日獨登樓 해 저물녘에 홀로 루에 오르네

이 시에 대해서는 석주집(石洲集)에 다음과 같이 나와 있다. '신묘년 겨울 兩宜堂(양의당)에 있으면서 책을 읽었다. 꿈에 구용의 손수 쓴 편지를 얻었다. 시로써 그것에 답했다. 깨어난 후에 분명하게 기록했다. 시의 뜻을 알 수 없었다. 계사년 가을에 나는 덕수(德水)에 있었다. 구용이 관서로부터 글을 보내 안부를 물었는데, 이별한 후 벌써 2년이다. 비로소 이 시에 징험이 있음을 알았다.'

이 시는 임진왜란을 몇 개월 앞둔 신묘년(권필 나이 23세)의 겨울의 꿈속에서 구용의 편지를 얻은 후 거기에 대한 답시이다. 그 당시에는 권필 자신도 무슨 뜻인지 몰랐으나, 그로부터 채 2년이 안 된 계사년(임란 다음 해, 권필 25세) 가을에 구용의 안부편지(書來只益愁: 편지가 오니 다만 더욱 근심이네)를 받게 되고, 비로소 2년 전의 꿈속에 편지를 받고 답시(答詩)한 것이 실현된 것임을 알게 된 것이다. 즉, 이 시를 쓴 시점은 '신묘년 겨울'이고 받은 시점은 '계사년 가을'로, 현실에서 2년이 지난 뒤에 실제로 현실에서 편지를 받게 됨으로써, "비로소 이 시에 징험이 있음을 알았다." 라고 말하고 있기도 하다.

하지만 권필이 꾼 꿈은 단순히 답시하게 될 사실만을 예지해준 것은 아니다. 즉, 자신도 답시의 내용에서 장차 구용이 요절하여 죽게 될 것을 예지하고 있었다는 사실을 모르고 있었던 것 같다. 즉 이 시의 전체적인 시상의 분위기는 몹시 어둡고 음울한 분위기이다. 이 꿈을 꾼 후로부터 10년 뒤인 1601년 권필이 33세 때에 구용이 죽었다. 특히 '흰 머리가 될 때까지 함께 하기를 생각했었네.'라는 구절은 나중에 구용의 요절로 인생을 같이 지낼 수 없게 됨을 예지해주고 있는 것으로 보인다. 꿈속에서 미래 예지의 상징적인 몽중시(夢中詩)를 지음으로써, 다가올 미래를 예지해주고 있는 것이다.

또한 "매미는 저물녘 강가의 나무속에서 울고", "기러기는 차가운 가을 구름 속에 끊어졌네", '평생에 많은 한을 지니고, 해 저물녘에 홀로 루에 오르네" 역시 암울하고 어두운 시어로써, 죽음 예지 및 앞으로 자신의 앞날이 비관적임을 예지해주고 있다. 이는 몽중시에 사용된 暮·斷·寒·秋·愁·恨·斜日·獨 등의 시어가 한결같이 기울어져 가고 어둡고 음울한 의미를 지니고 있기에, 보다 명확해진다. 따라서 자신이 지은 이 몽중시는 권필 자신이 친한 친구를 잃고 쓸쓸하게 살아가야 할 앞날을 예지해주고 있다고 해야 할 것이다.

꿈의 배경이 이러한 분위기를 풍길 때, 죽음 예지나 사건 사고 등 안 좋은 일로 실현되고 있음은 요즘 사람들의 여러 사례를 살펴보아도, 역시 일맥상통하게 공통적으로 실현되고 있음을 알 수 있다.

꿈에서 '죽음' 등의 커다란 사건에 관한 미래 예지는 단순한 '사실적인 미래투시의 꿈' 보다는 고차원적인 상징 표상의 상징적 미래 예지의 꿈의 형식을 띠고 나타나는데, 한시로서 예지하는 꿈의 표현 기법 역시 우리 인간의 영적 능력에서 발휘되는 고차원의 상징 기법으로 보아야 할 것이다.

즉, 꿈을 꾸는 주체인 잠재의식의 정신활동은 꿈의 표상작업에 있어서, 꿈을 꾼 사람의 지적수준에 맞추어 한시 형식을 빌어서 나타내주고 있는 것일 뿐이다. 이 경우 보통사람에 있어서는 정신능력에 알맞은 '이빨이 빠지는 꿈', '돈을 빌려 가는 꿈' 등 다른 상징표현을 사용하여 죽음을 예지해주고 있다.

덧붙이자면, 꿈은 꿈을 꾸는 사람이 처한 상황이나 여건에 맞는 다양한 전개 양상을 보여주고 있다. 산신령이 나타나 '어디어디에 가면 산삼이 있느니라.' 식으로 알려주는 것은 가장 단순한 상징 표상으로, 이때의 산신령도 잠재의식의 자아가 만들어낸 창작 표상으로 볼 수도 있다. 즉 산신령은 실재하는 것이 아니라, 꿈속의 자아가 만들어낸 가공의 인물인 셈이다. 이것도 때에 따라 호랑이나 물고기가 말을 하는 꿈으로 변형되어 나타나기도 한다.

권필의 경우에서와 같이 꿈속에서 죽음을 예감케 하는 시를 짓거나, 시를 받은 후 실제로 죽음으로 실현된 꿈 사례가 상당수 있다. 이처럼 꿈속에서 우울한 내용이나 어둡고 불길한 내용의 시를 짓거나 받음으로써, 장차 죽음이 있게 될 것을 예지케 하여 미리 마음의 준비를 하게 해주고 있는 것이다.

⑩ 허난설헌의 요절을 예지한 몽중시

허난설헌(許蘭雪軒)이 자신의 죽음을 예지한 몽중시(夢中詩) 이야기를 살펴본다.

〈몽유광상산시서(夢遊廣桑山詩序)〉

碧海浸瑤海(벽해침요해) 푸른 바닷물은 옥 같은 바다에 스며들고
靑鸞倚彩鳳(청란의채봉) 파란 난새가 아름다운 봉새와 어울렸네
芙蓉三九朶(부용삼구타) 연꽃 스물일곱 송이가 늘어져
紅墮月霜寒(홍타월상한) 차가운 달빛 서리에 붉게 떨어졌네

---『蘭雪軒詩集』

허난설헌으로 널리 알려진 허초희(許楚姬)는 뛰어난 글재주가 있었음에도 불구하고, 불우한 인생을 살다가 27세에 요절했다. 꿈속의 신선 세계에서 두 선녀를 만나서 시를 지어달라는 부탁을 받고 지은 시로, 인위적으로 시를 짓는 활동이 아닌, 자신도 알 수 없는 불가항력적인 힘으로, 꿈속에서 시를 짓게 되는 몽중시의 창작행위가 이루어졌음을 밝히고 있다.

이처럼 상징적인 미래 예지 꿈의 특징은 자신의 의지와 상관없이 꿈의 상징 기법에 의한 전개를 보여주고 있다. 정신능력의 활동에서 빚어내는 꿈의 세계는 필요에 따라 가장 적절한 상징 기법의 표상으로 장차 일어날 일에 대한 예지를 보여주고 있다. 산신령이나 죽은 사람을 등장시키거나, 동물이 말을 하거나, 훔치거나 죽이는 행위 등 평상시에는 일어날 수 없는 일들이 꿈속에서는 자신의 의지와는 상관없이 펼쳐지고 있다. 다만, 글을 아는 사람에게는 이렇게 꿈속에서 시를 짓는 몽중시에 담긴 시어의 상징적 의미로써, 장차 일어날 일을 예지해주고 있다. 그리하여, 꿈을 꾼 사람에게 보다 강렬하게 각인시키고, 궁금증을 갖게 하여, 장차 다가올 일에 대한 마음의 준비를 하게 해주고 있다.

동생인 허균(許筠)은 "누이는 기축년 봄에 세상을 떠났으니, 그때에 나이가 27세였다. 그 "三九紅墮(삼구홍타)'의 말이 이에 증험되었다."라고 말하고 있다.

'三九紅墮'는 '27송이 붉게 떨어지다'로 연꽃의 상징이 허난설헌의 꽃다운 모습으로, 三九는 3에 9를 곱하면 27로써, 紅墮(홍타)의 '붉게 떨어지다'는 죽음을 상징하는 시어로써, 27세에 죽게 될 것을 예지하고 있는 상징적인 미래 예지 꿈이다.

또한 "하늘로부터 한 떨기 붉은 구름이 내리 떨어져 봉우리에 걸렸다."의 하강의 이미지와 암울한 시상의 전개를 보여주고 있어, 장차 죽음 등의 안 좋은 결과로 실현됨을 예지해주고 있다. 꿈으로 예지된 죽음의 실현 기간을 살펴본다면, 을유년(1585) 봄에 죽음 예지의 시를 짓고 나서 기축년 봄에 세상을 떠났으니, 꿈속에서 죽음 예지의 시를 지은 후에 정확히 4년 만에 실현되고 있다.

이렇게 꿈속에서 장차 일어날 일을 시를 짓는 행위로 예지한 상징적인 미래 예지의 몽중시는 죽음 예지를 비롯하여, 과거급제·승진·유배·국가적 변란을 예지한 몽중시 등 다양하게 나타나고 있으며, 꿈의 미래 예지적인 특성을 감안할 때 구체적으로는 '몽참시(夢讖詩)'이라는 용어 사용이 타당하다고 하겠다.

5) 죽음 예지 꿈 실증사례(중국 및 외국 사례)

너무나 무수히 많다. 여기에서는 미래 예지적 꿈 사례를 간략히 살펴본다.

① 성도(成都) 금병산(錦屏山)이 무너지는 것을 본 촉한(蜀漢) 유선(劉禪)의 꿈

군사(軍師) 제갈량(諸葛亮)의 죽음으로 실현되었다.

② 신인(神人)이 나타나 철퇴로 자기의 오른쪽 팔을 내리쳐서 매우 놀라 깬 유비의 꿈

오른팔 격인 군사(軍師)인 방통(龐統)이 전사하는 것으로 실현되었다.

③ 두 기둥 사이에서 제사지내는 꿈

공자가 죽기 전에, "내가 전날 밤에 두 기둥 사이에 앉아 전(奠)을 하는 꿈을 꾸었으니, 나는 아마도 곧 죽게 될 것이리라!〔予 昔之夜, 夢坐奠於兩楹之間, 予 將死矣〕"

은나라의 상례에서는 영구를 두 기둥 사이에 놓아두었다. 공자가 꿈에서 그 자신이 두 기둥 사이에 앉아서 제사 음식을 차려놓는 것을 보고, 자신의 죽음을 예지하고 있다.

④ 검은 테를 두른 명함을 받는 꿈

어떤 알지 못하는 신사로부터 검은 테를 두른 명함을 건네받고 죽음으로 실현되고 있다. 프로이트의 『정신분석입문』에 나오는 이야기이다.

⑤ 이미 죽은 사람이 나타나 누군가를 따라다니는 꿈

정신의학자 융이 꾼 꿈으로, 죽은 여동생의 혼령이 한 여자를 따라다니는 꿈이었다. 융은 앞으로 그 여자가 죽을 것을 직감했다. 그로부터 2주일 후 부고장을 받았다. 1년 전까지 자신의 환자였던 여자가 교통사고로 죽었다는 소식이었다. '그래, 바로 그녀였어.' 꿈속에 나타났던 여자를 비로소 알 수 있었던 것이다.

⑥ 구덩이 안에 사람이 떠오른 꿈

꿈에서 아내의 침대는 돌로 된 깊은 구덩이었다. 구덩이는 아주 컸고 고대(古代)의 분위기였다. 그때 깊은 한숨 소리가 들려왔다. 마치 누군가가 유령에게 넘어가는 듯한 소리였다. 아내를 닮은 인물이 구덩이 안에 앉은 채 위로 떠올라왔다. 알 수 없는 모양의 검은 기호가 새겨진 흰옷을 입고 있었다. 나는 잠에서 깨어나 아내를 깨우고, 시계를 보았다. 새벽 3시였다. 꿈의 의미가 죽음을 뜻한다고 생각했다. 7시가 되자, 아내의 사촌 동생이 새벽 3시에 죽었다고 연락이 왔다.---칼.융

⑦ "내가 너를 삶에서 벗어나게 해주겠어."라고 말하는 꿈 → 죽음 예지

『꿈의 열쇠』에 나오는 외국의 사례이다. 한 부유한 여자가 꿈에 세 마리의 까마귀를 보았다. 한 까마귀가 다가와 말을 하기를, "내가 너를 삶에서 벗어나게 해주겠어."라고 했다. 그러고 나서, 까마귀들은 그녀 주위를 세 바퀴 돌더니 날아가 버렸다. 그녀는 그로부터 아홉 날 지나서 죽었다. '내가 너를 삶에서 벗어나게 해주겠어.'라는 말은 '너의 생명을 빼앗겠다', '죽이겠다'와 같은 의미인 것이다. 세 마리 까마귀가 세 번 돈 것은 아홉 날을 뜻했다.

⑧ 화덕을 짓는 꿈 → 죽음 예지

『꿈의 열쇠』에 나오는 외국의 사례이다. 결혼할 의향도 없고, 외국에서 살 의향도 없는데, 외국에서 숯불을 피워서 쓰게 만든 큰 화로인 화덕을 짓는 꿈은 죽음을 예지한다. 비티니아의 젊은이는 꿈에 로마에서 화덕을 지었는데 죽었다.

⑨ 옷감 짜기를 끝낸 꿈 → 죽음 예지

『꿈의 열쇠』에 나오는 외국의 사례이다. 한 여자가 꿈에 옷감 짜기를 끝냈다. 다음 날 그녀는 죽었다. 그녀는 이제 할 일이 없었고, 다시 말해 더는 살 필요가 없었다. 일과 삶이 같은 의미임을 보여주는 사례이다.

6) 민속에 전하는 죽음 예지 꿈해몽 요약

- 꿈에 단장하고 시집가면 죽는다.
- 꿈에 가마 타면 죽을 운명이다.
- 꿈에 꽃가마를 타고 가거나, 꽃장식이나 꽃수레를 보면 죽는다.
- 꿈에 홍수가 나거나, 집 위에서 노래하면 초상이 난다.
- 꿈에 황토를 보거나, 소 타고 산속에 들어가면 죽는다.
- 꿈에 긴 다리를 건너가거나, 배를 타면 죽는다.(오늘날 차를 타고 먼 길을 떠나는 꿈은 죽음으로 실현될 수도 있다.)
- 꿈에 부엌에 있는 솥이 깨지면 사람이 죽는다.
- 꿈에 다리 기둥이 부러지면 자손에게 흉한 일이 일어난다.
- 꿈에 공중에서 새가 울면 아내가 죽는다.
- 꿈에 새 집을 지으면 부모님이 돌아가신다.

– 꿈에 신발을 잃어버리면 사람이 죽는다.

– 꿈에 죽은 사람을 따라가면 죽는다.

– 꿈에 나이 든 사람의 경우, 죽은 조상이 나타나면 죽을 날이 가깝다.

– 밤 꿈에 하늘이 갑자기 무너지는 꿈은 나라님이나 부모의 사망이 있게 된다.

10 흉몽

1) 흉몽의 개괄적 해설

많은 사람들이 꿈에서 죽음이나 어떠한 좋지 않은 일이나 사고가 일어날 것을 예지하고 있으며, 이러한 사례는 수없이 많다. 앞서 살펴 흉몽의 대표적인 꿈 사례 등으로 '유산·요절의 꿈', '죽음 예지의 꿈', '질병에 관한 꿈'에 대해서 살펴본 바 있다.

이 글에서는 흉몽의 꿈해몽을 비롯하여 여러 사람들의 실증적 사례를 중심으로 안 좋은 일이나, 교통사고 및 민속에 전하는 흉몽 사례 등을 살펴본다. 대략적으로 다음과 같은 꿈들이 좋지 않은 흉몽으로 실현되고 있는바, 꿈이 절대적으로 반대가 아닌 상징의 이해에 있음을 보여주고 있다.

(1) **얼굴·이빨·머리카락·손·손가락·손톱·발·발가락·팔·다리 등, 신체 일부분을 잃거나 훼손되는 꿈**

코가 썩어 떨어지는 꿈, 손가락이 꺾어지는 꿈, 얼굴에 버짐이 나는 꿈

(2) **옷·신발·열쇠·모자·가방 등 물건을 잃어버리는 꿈**

똥·오줌을 도난당하는 꿈

(3) **흙탕물을 보는 꿈, 진흙탕이나 물에 빠진 꿈**

(4) **적이나 귀신에게 쫓기거나 맞는 꿈**

(5) 누군가와의 싸움에서 지는 꿈

씨름, 바둑·장기·게임·달리기 등 모든 승부를 다투는 게임에서 지는 꿈

(6) 자신의 뜻대로 하지 못한 꿈

이성과 성행위를 하지 못하거나, 동물을 죽이거나 잡으려 하지만 잡지 못하는 꿈

(7) 안 좋은 상징 표상이 좋지 않은 전개를 보인 꿈

고양이·원숭이·인형의 등장 꿈

(8) 안 좋은 표상전개의 꿈

조상이 어두운 얼굴로 나타난 꿈, 구들장을 파내는 꿈, 대들보가 부러지는 꿈, 귀에 물건이 들어박힌 꿈, 장을 퍼다 버리는 꿈, 아들의 머리가 깨진 꿈, 그릇이 녹아내리는 꿈, 담장이 무너진 꿈, 대변 위에 주저앉는 꿈, 자동차가 고장 난 꿈

(9) 잠에서 깨어나서도 찜찜하게 느껴지는 꿈

(10) 무서운 꿈

이 밖에도 다양한 기분 나쁜 꿈들이 있을 수 있다. 체험담으로, 가까운 분이 몸이 안 좋으실 때, 꿈에 그분이 말도 안 되는 옷차림으로 꿈에 나와서 괴롭힌다고 말하고 있다. 또한 꿈속에서 아기나 강아지·고양이 등 동물이 나타나 성가시게 하는 꿈을 꾸고 나면, 직원들 중 누가 엄청 애를 먹인다고 밝히고 있다.

2) 흉몽의 꿈해몽 요약

앞서 살펴본 '죽음 예지', '유산·요절의 꿈', '질병에 관한 꿈', '애정·연분의 좌절 꿈' 등은 꿈을 꾼 사람이 처한 상황에 따라 사고나 사업 실패 등 좋지 않은 일로 실현될 수 있다.

① 집(건물)의 일부가 무너지는 꿈

병이 들게 되거나, 신분·명예 등이 몰락하게 되며 사업에 실패하는 일로 실현될 수 있다.

② 자동차가 고장 나서 움직이지 않는 꿈

자신이 운영하는 가게나 사업에서 어려움에 직면하게 된다.

③ 자동차의 기름이 하나도 없는 꿈

재물이나 이권의 손실로 인하여, 자신의 통장 계좌가 비어있게 되거나 사업자금을 날리게 되는 일로 실현된다.

④ 자신의 총이나 칼이 녹슬거나 부러지는 꿈

신체적·정신적으로 병에 걸리거나, 남자의 경우에 성 불능 등의 일이 있게 된다. 일반적으로 추진하는 사업이나 일거리·대상에 있어서, 실패와 좌절이나 어려운 일을 겪게 된다.

⑤ 헌 옷을 입는 꿈

질병에 걸리게 되거나, 신분·직위 등이 몰락하게 되고, 집이나 회사 등이 쇠퇴하게 된다. 남이 살던 집을 얻게 되거나, 남이 그만둔 일거리나 대상에 관여하게 되는 것도 가능하다.

⑥ 옷을 꿰매 입는 꿈

몸을 수술해서 흔적을 남게 됨을 뜻한다. 일반적으로는 직장이나 애인·배우자에게 있어 문제점을 고쳐서 수습하는 일로 실현된다.

⑦ 이불을 펴고 눕는 자리를 마련하는 꿈

질병에 걸리게 되거나, 어떤 사업이나 가게 운영 등에 있어서 침체기에 접어들게 되는 일이 있게 된다.

⑧ 이불을 덮고 누워 있는 꿈

질병이 오래가게 되거나, 사업이나 가게 운영이 한동안 침체기에 빠져 있음을 나타낸다.

⑨ 괴한(귀신)이 숨어서 노려보는 꿈

병마가 닥쳐오거나 방해자가 해를 끼치는 일이 일어난다.

⑩ 목적도 없이 무작정 걷는 꿈

환자인 경우에는 병이 오래가며, 사업하는 사람의 경우에 하고자 하는 일이 언제 성취될지 모르게 된다.

⑪ 싸움에서 겨루다가 지는 꿈

진 사람이 중풍 등 병이 들어 움직이지 못하게 된다. 일반적으로 이권·권리·재물 등의 쟁취에서 지게 된다.

⑫ 다른 사람에게 손찌검을 당하는 꿈

수모와 멸시를 받게 되는 일이 일어나거나, 군색해하는 처지에 있게 되는 경우 병이 나서 움직이지 못하게 된다.

⑬ 다른 사람에게 모욕을 당하는 꿈

병이 나거나 굴복당하는 등 어려움을 겪게 된다.

⑭ 길이 질퍽거려 빠지거나 걷기가 힘든 꿈

병에 걸려 신음하게 되거나, 가정생활이나 회사의 사업 운영 등에 어려움이 닥쳐 고통을 받게 된다.

⑮ 배추를 소금에 절이는 꿈

병이 들게 되거나 사망하게 된다. 또는 사업에서 침체 등 좌절을 겪게 된다.

⑯ 개울에 떠내려오는 시든 배추를 건지는 꿈

주변 친지 중에 누군가가 질병에 걸리게 되거나, 사업 실패나 어려움에 처한 소식을 듣게 된다. 가임여건에서 태몽인 경우, 유산이나 병든 자식을 낳게 된다.

⑰ 나무나 풀이 시들거나 말라죽은 것을 보는 꿈

유행성 질환이나 천재지변 등으로 많은 사람들이 피해를 본다. 이 밖에도 IMF나 서브프라임 사태 등 급격한 경제적인 여건 악화로 많은 사람들이 어려움과 고통에 처하게 된다.

⑱ 끝을 알 수 없는 구름사다리를 오르는 꿈

환자의 경우에 병세가 더욱 악화되거나, 헛되고 망상적인 일을 진행하게 된다.

⑲ 병에 걸려 앓아눕는 꿈

사실적인 미래투시의 꿈이라면 실제 병에 걸리게 되며, 상징적인 미래 예지 꿈으로는 사업에 있어 진행하던 프로젝트의 중단이나 정체 등 어려움에 직면하게 된다.

⑳ 방안에 연기가 새어든 꿈

전염병 등에 감염되거나, 안 좋은 소문이나 구설수 등에 오르내리게 되어 시달리게 되거나, 남에게 누명을 쓰게 된다.

㉑ 비행기가 새까맣게 떠서 혼전을 벌이거나 이리저리 떠다니는 꿈

두통을 앓거나 복잡하고 골치 아픈 일에 시달리게 된다.

㉒ 어항이 깨지거나 물이 마르는 꿈

부부간의 파경이나 사업의 실패 등 경제적으로 어려움에 처하게 되며, 고기가 죽은 경우에 가족 누군가의 죽음으로 실현된다.

㉓ 감기에 걸리는 꿈

사실적인 미래투시의 꿈이라면 실제 병에 걸리게 되며, 상징적으로 감기로 상징된 어떠한 사상이나 종교적인 감화를 받게 된다.

㉔ 음식을 먹고 체해서 배가 아픈 꿈

자신이 맡은 일에서 감당하지 못하는 벅찬 일거리·대상으로 어려움을 겪게 된다.

㉕ 적병에게 쫓기는 꿈

병에 걸리거나 일을 성취하지 못한다. 현실에서 벅찬 일거리나 대상에게 시달림을 받게 되는 일로 이루어진다.

㉖ 맑은 날씨에 우산을 쓰고 걸어가는 꿈

윗사람이 사망할 경우도 생긴다. 일반적으로 상부에 반항의 뜻이나 반대의사를 표할 일이 생기게 된다.

㉗ 경관이 구속영장·호출장 등을 가져오는 꿈

병을 얻거나 사망하기도 한다. 작가나 사업가인 경우 계약·문서 등으로 인하여 어떠한 일로 나아가는 계기가 될 수도 있다. 실직자의 경우에 취직하는 일로도 실현 가능하다. 이 밖에도 예비군 훈련 통지서를 받는다든지, 아파트 분양공고 안내문 등을 받게 되는 일로도 실현 가능하다.

㉘ 먼 곳으로 날아가는 꿈이나 완전히 사라져버리는 꿈

누군가 죽거나 행방불명되는 일로 이루어진다. 일반적으로는 일거리나 사업 진행에 있어 실패나 좌절 등으로 이루어진다.

㉙ 검은 천으로 몸을 가리거나 덮는 꿈

사망·상해·교통사고 등 여러 가지 불상사를 체험한다. 검은 드레스를 입어야 한다는 꿈으로, 주변 친지의 죽음으로 실현된 사례가 있다.

3) 흉몽의 실증적 사례 요약

① 무서운 꿈

"무서웠다. 식은땀도 주르륵 흐르고 어둡고 공허하고 황량했다. 그런데 깨고 나면 분위기는 생각나지만, 줄거리도 화면도 생각이 안 났다. 땀으로 요만 축축하게 적셨다."

이처럼 어둡고 황량하고 무섭게 전개되는 꿈은 상징적인 미래 예지 꿈으로 전개될 경우에 현실에서 안 좋은 일로 실현되는 것은 틀림이 없다. 다만, 꿈에는 불안·초조감에서 비롯되는 꿈이 있다. 무언가 근심이나 걱정스러운 일이 있거나 불안한 일이 있을 때, 그것이 꿈으로 형상화되어 나타나는 경우가 있다. 교통사고를 낸 뺑소니 운전사가 악몽에 시달리는 경우를 생각해보시기 바란다. 현실에서 자신도 모르게 잠재의식적으로 불안하게 생각되는 어떠한 사람이나 대상·일거리 등에 대한 불안감이 꿈으로 형상화되고 있는 것이다.

② 핏물로 머리를 뒤집어쓴 꿈

할아버지 묘가 장맛비로 많이 파헤쳐지게 되었다.

③ 볼에 입이 붙은 사람이 찾아온 꿈

찾아온 손님이 거짓되며 부정한 말을 하는 것을 보게 되었다.

④ 놀이공원에서의 어두운 터널·철길의 꿈

회사 업무 중, test line이 실패하게 되었다.

⑤ 김치통이 녹아내리는 꿈 → 부동산 계약 파기

⑥ 낯선 남자가 아버지를 해친 꿈

회사 동료로부터 3천만 원 사기를 당하게 되다.

⑦ 어린아이를 업었다가 포대기에서 내린 꿈

사기를 당할 뻔하다가 벗어나게 되다.

⑧ 남편의 머리를 때려서 피가 나는 꿈

자동차 고장으로 재물 손실로 실현되다.

⑨ 시어머님 묘소의 잔디(떼)가 몽땅 벗겨지는 꿈

형제들의 금전 문제로 법적 소송까지 가게 됨.

⑩ 불이 붙은 것을 꺼서 시커먼 재만 남은 꿈 → 질병으로 재물의 손실을 입다.

⑪ 괴한에게 주사를 맞는 꿈 → 금고를 도난당하게 되다.

⑫ 꿈에 소가 보이는 꿈 → 하이힐의 굽이 부러져 망신을 당하게 되다.

⑬ 황소의 뒷발질에 채인 꿈 → 사고가 나다.

⑭ 누런 송아지에게 차이고 짓밟히는 꿈 → 채무자에게 시달림을 당하게 되다.

⑮ 꿀단지를 깨트리는 꿈 → 접촉사고가 세 번이나 나게 되다.

어두운 밤에 행상에서 파는 꿀병을 사가지고 집에 왔어요. 집에 와서 보니 꿀병이 든 봉지가 손에 없는 거예요. 분명히 들고 집까지 왔는데 없어지다니---, 다시 온 길을 되돌아 가봤는데 꿀병이 깨져 있었어요. 별로 좋지 않은 꿈이라고 생각했지요. 그 다음 날 평소에 운전을 조심히 하는 남편이 접촉사고가 세 번이나 나는 일로 실현되었습니다.

⑯ 진흙 수렁에 빠져서 허우적거리는 꿈

교통사고가 일어나 뒤차의 보닛을 망가뜨리게 되었다.

⑰ 꿈에 낯선 여자를 보는 꿈 → 교통사고인 접촉사고가 나다.

⑱ 검은 형상의 남자가 현관 유리문을 들여다보는 꿈 → 교통사고가 나다.

⑲ 목발이 산더미처럼 쌓여 있는 꿈

애인이 오토바이 사고로 병원에 입원하게 되는 일로 실현되었다.

⑳ 경찰관이 와서 체포해가는 꿈 → 교도소에 가게 되다.

㉑ 약혼녀가 아기를 낳았다고 야단치는 꿈

교통사고가 나서 상대방의 요구대로 들어주게 되다.

㉒ 희미하게 나타난 사람(친척)의 꿈 → 사고를 당해서 병원에 입원하게 되었다.

㉓ 머리가 깨지고, 뼈와 피가 보인 꿈

사람을 치어 상당한 치료비를 물어주는 일로 실현되었다.

㉔ 말하는 무서운 인형을 본 꿈 → 교통사고의 위험에 처하다.

㉕ 인형이 껴안아 달라고 말하는 꿈 → 도둑이 들어와 위험에 처하다.

㉖ 기저귀가 핏빛으로 물든 꿈 → 딸이 사고로 다치게 되다.

㉗ 친구의 머리들이 운동장을 굴러다니는 꿈

친구의 머리가 운동장을 공 구르듯이 굴러다니는 가슴 섬뜩한 꿈이었다. 다음 날 매스게임을 하던 운동장에서, 애드벌룬이 풍선 가열로 불꽃이 튀면서 많은 학생들이 얼굴 쪽에 화상을 입고 구르는 일이 일어났다.

㉘ 죽은 사람을 따라가는 꿈

할머니가 돌아가신 이모할머니를 따라가시는 꿈이었다. 할머니가 미끄러운 얼음판에 넘어지셔서 다리를 다치게 되었다.

㉙ 죽은 사람이 같이 가자는 것을 뿌리친 꿈

자궁외임신으로, 양쪽 나팔관에 아이가 쌍둥이로 크지도 못하고 터져 거의 실신 상태로 죽을 고비를 넘기는 일로 실현되었다.

㉚ 상복 입은 사람으로부터 공격을 받는 꿈 → 재물 손실

남편과 함께 상복을 입고 제사를 지내고 있는 뒤쪽으로 공동묘지가 보이고, 또 다른 상복 입은 사람들로부터 공격을 받는 꿈을 꾼바, 얼마 안 가서 친구한테 빌려주었던 돈을 조금 떼이는 일로 실현되었다.

㉛ 상복을 입고 장례 부조금을 받는 꿈 → 법원으로부터 통지를 받다.

남편과 함께 상복을 입고 부조금 장부를 들고 장례 부조금을 받고 있는 꿈이었다. 다음 날 이튿날 남편이 보증을 서준 것이 잘못되어, 법원으로부터 기분 나쁜 통지를 받는 현실로 실현되었다.

㉜ 가게들이 외로이 서 있는 꿈 → 부동산 매매 계약이 취소됨

㉝ 늪에서 헤어나오지 못한 꿈

산에서 나무가 옆으로 눕혀 있으면서 늪이 있는데, 그 안에서 헤어 나오지 못했던 꿈은 현실에서 어려운 생활로 생활고를 겪는 일로 실현되었다.

㉞ 돌층계를 아주 힘들게 올라가는 꿈

남편을 잃고 나이 어린아이들과 어렵게 살아가는 현실로 실현되었다.

㉟ 수도 호스가 풀리지 않던 꿈 → 경제적으로 어려움에 처하게 되었다.

㊱ 온 식구가 산속을 헤매고 있던 꿈 → 경제적으로 어려움에 처하게 되었다.

㊲ 하늘에 먹구름이 잔뜩 끼어서 뭉게뭉게 피어오른 꿈

부동산 문제로 어려움에 처하게 되었다.

㊳ 제 분비물이 검고, 내 아기를 어루만지며 슬퍼한 꿈

질병에 시달리고 고생하게 되었다.

㊴ 전구를 주워 놀다가 깨뜨리는 꿈

어떠한 안 좋은 일이 일어날 것을 예지해주고 있는바, 현실에서는 조그마한 산불을 내게 되어 주의를 받게 되는 일로 실현되었다.

㊵ 장독대의 장독을 모조리 뚜껑을 덮어놓은 꿈

사업 자금 활용의 어려움, 사업이 중지되는 일로 실현되었다.

㊶ 잡아먹으려는 용을 피한 꿈 → 시험에 낙방했다.

㊷ 붓·벼루·연적 기타 필기구가 깨지거나 꺾어진 꿈 → 시험에 낙방했다.

㊸ 알몸(나체)으로 부끄러움을 느낀 꿈

학생의 꿈으로 선생님에게 교무실에서 야단을 맞는 일로 실현되었다.

㊹ 나체로 있으면서, 옷을 잃어버린 꿈

전에 사귀던 애인이 결혼식을 올리게 되었다.

㊺ 썰렁한 가게에서 옷을 잃어버린 꿈 → 남편이 실직하는 일로 실현되었다.

㊻ 남편의 머리가 여러 색으로 염색이 된 꿈

남편이 다른 사람과 말다툼을 하는 일로 실현되었다.

㊼ 친정엄마가 머리를 풀고 우는 꿈

집안에 동생의 우환이 일어나는 일로 실현되었다.

㊽ 지붕이 무너지는 꿈 → 가족 간의 불화로 실현되었다.

㊾ 자신의 분신이 자신을 잡으려 쫓아다니는 꿈

분신을 피해 학교 담을 넘으려다가, 담 위에 앉아있던 자신의 분신을 무릎 정도까지 보고 놀라서 깬 학생은 다음 날 교통사고로 죽을 뻔한 일로 실현되었다.

4) 민속에 나타난 흉몽 및 구설수

(1) 민속에 나타난 흉몽

- 꿈에 가마 타면 죽을 일이 생긴다.
- 꿈에 가위가 부러지면 아내에게 해롭다.
- 꿈에 갈대가 얽혀 있으면 액운이 온다.
- 꿈에 거울이 어두우면 흉하다.
- 꿈에 고기가 썩어서 냄새가 나면 흉하다.
- 꿈에 고무신을 보면 나쁘다.
- 꿈에 고양이를 보면 재수가 없다.

- 꿈에 고운 옷을 입으면 안 좋다.

- 꿈에 곱게 차리고 나가면 신변에 해롭다.

- 꿈에 관과 사모를 잃으면 벼슬을 잃는다(갈린다).

- 꿈에 관을 열고 죽은 사람과 말을 하면 좋지 못하다.

- 꿈에 구름을 보면 뜻을 이루지 못한다.

- 꿈에 구름이 검으면 해롭다.

- 꿈에 구름이 뜬 것을 보면 일이 이루어지지 않는다.

- 꿈에 구름이 앞을 가리면 모든 일이 뜻대로 안 된다.

- 꿈에 구름이 푸르게 뵈면 흉하다.

- 꿈에 구름이 해를 가리면 괴이한 일이 있다.

- 꿈에 구름이 해를 가리면 남을 모르게 하는 일이 있다.

- 꿈에 군사가 패하는 것을 보면 나쁘다.

- 꿈에 귀신에게 몹시 쫓기거나 맞으면 좋지 않은 일이 생긴다.

- 꿈에 귀한 사람이 산에 올라 노래하면 크게 나쁘다.

- 꿈에 그릇이 깨어지면 그 날 재수가 없다.

- 꿈에 기(旗)를 보거나 기를 들고 산으로 올라가면, 흉한 일이 생긴다.

- 꿈에 기름 묻은 더러운 옷을 입으면 흉하다.

- 꿈에 길에서 울면 나쁘다.

- 꿈에 깨진 거울이나 흐린 거울을 보면 좋지 않다.

- 꿈에 꽃가마 보면 재수가 없다.

- 꿈에 꽃가마 타고 가면 가난해진다.

- 꿈에 꽃신이나 꽃가마를 타면 불길한 일이 생긴다.

- 꿈에 꽃으로 장식된 것에 둘러싸이면 죽을 것을 알리는 꿈이다.

- 꿈에 나무가 떨어지는 것을 보면 크게 흉하다.

- 꿈에 나무가 말라 죽으면 집에 불안한 일이 생긴다.

- 꿈에 나무가 집 위에 나면 부모가 걱정이 있다.

- 꿈에 나무를 우러러보면 크게 흉하다.

- 꿈에 나뭇가리(나무를 쌓은 것)를 잃어버리면 가난해진다.

- 꿈에 나비가 등잔에 날아들면 사업을 해도 실패한다.

- 꿈에 남녀가 목욕하고 산에 올라가면 나쁘다.

- 꿈에 남의 베옷을 얻으면 크게 흉하다.

- 꿈에 남자가 중이 되면 불길하다.

- 꿈에 남자와 여자가 나체가 되면 상서롭지 못하다.

- 꿈에 놋그릇 보면 재수 없다.

- 꿈에 뇌성이 산 중에 떨어지면 만사가 이루어지지 않는다.

- 꿈에 눈 덮인 산야를 보면 주위에 초상이 난다.

- 꿈에 눈〔雪〕을 밟으면 상사가 있다.

- 꿈에 눈썹이 빠지면 병을 얻을 징조이다.

- 꿈에 눈이 녹아 흘러내리면 모든 일에 해롭다.

- 꿈에 다른 사람이 내 거울을 희롱하면, 아내에게 흉한 일이 생긴다.

- 꿈에 다리 위에 풀 나면 대흉하다.

- 꿈에 달이 떨어져 흩어지면 흩어지게 된다.

- 꿈에 담을 넘어 집을 나가면 험한 일이 생긴다.

- 꿈에 대들보가 내려앉으면 집안이 망한다.

- 꿈에 대청이 무너지면 재수 없다.

- 꿈에 덧니가 빠지면 첩이 죽는다.

- 꿈에 도적이 스스로 옥에 들면 대흉하다.

- 꿈에 동아(박과의 일년생 풀로 호박 비슷한 것)가 돌 위에 열리면 흉하다.

- 꿈에 두 손이 부러지면 형제가 흉하다.

- 꿈에 뒷간 속이 마르면 집안이 재수 없다.

- 꿈에 뒷간에 떨어져서 나오지 못하면 나쁘다.

- 꿈에 뒷방에 수레가 있으면 일이 이루어지지 않는다.

- 꿈에 들과 산이 마구 무너지면 집안에 흉한 일이 생긴다.

- 꿈에 땅 한가운데서 검은 기운이 오르면 흉하다.

- 꿈에 땅이 깨지면 병이 생긴다.

- 꿈에 마른나무의 불꽃을 보면 자손에게 흉하다.

- 꿈에 매화나무 꽃이 마르면, 모친이 병이 든다.

- 꿈에 머리가 빠지거나 머리를 깎으면 흉한 일이 생긴다.

- 꿈에 먼 곳에서 있는 사람이 와서 울면 크게 흉하다.
- 꿈에 목을 졸리면 장차 재화가 올 징조이다.
- 꿈에 목화가 헐면, 자손과 처첩에게 병이 생긴다.
- 꿈에 무엇을 훔치면 근심거리가 생긴다.
- 꿈에 무지개가 검으면 흉한 일이 생긴다.
- 꿈에 문 앞에 구덩이가 생기면 매사가 안된다.
- 꿈에 문 앞에 사람이 없으면 흉하다.
- 꿈에 문살이 무너지면 종이 도망간다.
- 꿈에 문을 막으면 일이 잘되지 않는다.
- 꿈에 문이 무너지면 흉하다.
- 꿈에 문이 저절로 열리면, 아내에게 사사의 정이 있다.
- 꿈에 물 위에 섰으면 불길하다.
- 꿈에 방 안에서 용이 크게 활동하면 말썽 많은 자식이 태어난다.
- 꿈에 방망이와 끌을 보면 남을 해롭게 한다.
- 꿈에 배 가운데 스스로 누우면 죽는다.
- 꿈에 배 먹으면 재산 잃는다.
- 꿈에 버선이 헐어 버리면 자손이 흩어진다.
- 꿈에 베옷을 입으면 크게 흉한 일이 생긴다.
- 꿈에 부엌에서 가마가 깨어지면 흉하다.
- 꿈에 붉은 도장이 찍힌 봉투를 받으면 나쁜 소식이 있다.
- 꿈에 비녀를 보면 재물이 흩어진다.
- 꿈에 뽕나무가 지붕에 나면 근심이 있다.
- 꿈에 사람과 대면하여 머리를 조아리면 우수(憂愁)가 있다.
- 꿈에 사람과 더불어 양산을 같이 쓰고 가면 이별한다.
- 꿈에 사람과 집을 다투면 흉하다.
- 꿈에 사람에게 실과 비단을 주면 흉하다.
- 꿈에 사람을 칼로 찌르면 매우 불길하다.
- 꿈에 사람의 머리를 벤 것을 보면 슬픈 일이 있다.
- 꿈에 사람이 밖에서 부르면 흉하다.

- 꿈에 산골짝이 무너져 보이면 상사(喪事)가 있다.
- 꿈에 산에 올라가서 땅에 떨어지면 벼슬을 잃는다.
- 꿈에 산에 올라가서 산과 들이 무너지는 듯하게 보이면 흉하다.
- 꿈에 산에서 굴러떨어지면 벼슬이 떨어진다.
- 꿈에 손가락을 끊으면, 아들에게 병이 생긴다.
- 꿈에 손에서 시위(활줄)를 놓기 어려우면, 나쁘다.
- 꿈에 손톱을 깎거나 머리를 자르면 병을 얻는다.
- 꿈에 쇠북을 쳐도 소리가 나지 않으면 재수가 없다.
- 꿈에 수돗물이 나오듯 입에서 피를 토하면 뜻하지 않게 재물을 잃는다.
- 꿈에 수레가 문으로 들어오면 흉한 일이 있다.
- 꿈에 수레바퀴가 깨어지면 부부가 이별하거나 재물이 없어진다.
- 꿈에 수레와 배가 깨어지면 흉하다.
- 꿈에 술을 많이 먹으면 사기를 당한다.
- 꿈에 술을 먹으면 슬픈 일이 생겨난다.
- 꿈에 스스로 거상을 입으면 벼슬을 잃는다.
- 꿈에 스스로 밥을 지으면, 처첩에게 해로운 일이 생긴다.
- 꿈에 스스로 부자라고 하면 오래지 않아서 가난해진다.
- 꿈에 시장 가운데 사람이 없으면 흉하다.
- 꿈에 시장으로 뛰어 나가면 재물이 흩어진다.
- 꿈에 시집가거나 장가가면 불길하다.
- 꿈에 신 벗고 허리띠를 매면 흉한 일이 생긴다.
- 꿈에 신발을 잃어버리는 것은 좋지 않다.
- 꿈에 신을 잃으면 그날 재수가 없거나 노비가 도망간다.
- 꿈에 신을 한 짝만 잃어버리면 불길하다.
- 꿈에 실과 옷감을 남에게서 받으면 크게 흉하다.
- 꿈에 싸우면 어머니가 죽는다.
- 꿈에 쌀을 보면 근심이 생기거나 손해 날 일이 생긴다.
- 꿈에 써레질이나 쟁기질하면 해로운 일이 생긴다.
- 꿈에 썩은 고기나 검은 구름 등을 보면 나쁘다.

- 꿈에 아내가 임신하면 사사로운 정이 생긴다.
- 꿈에 어금니가 빠지면 윗사람이(주위 사람) 죽는다.
- 꿈에 어린애를 안으면 근심이 생긴다.
- 꿈에 여우와 싸우면 간사하고 교활한 사람과 다투게 된다.
- 꿈에 여행을 하면 재수 없다.
- 꿈에 오곡이 흩어지면 나쁘다.
- 꿈에 옷을 많이 입으면 재수 없다.
- 꿈에 용이 죽으면 다 된 일이 흩어진다.
- 꿈에 웃으면 우는 일이 생긴다.
- 꿈에 장(장독)을 지다가 깨뜨리면 아내에게 병이 있다.
- 꿈에 장님을 만나면 할 일이 막힌다.
- 꿈에 접시가 깨지면(거울이 깨지면) 안 좋다.
- 꿈에 제복을 입은 사람을 보면 나쁘다.
- 꿈에 중이 경을 읽으면 근심이 있다.
- 꿈에 지렁이를 보면 남에게 속임을 당한다.
- 꿈에 지붕에 올라가 무너지면 대흉하다.
- 꿈에 지붕에 올라가면 불길하다.
- 꿈에 진육(궂은 고기: 병이 들어 죽은 짐승의 고기)을 먹으면 이별을 한다.
- 꿈에 진흙 가운데 있으면 불길하다.
- 꿈에 짐승들이 서서 다니거나 말을 하면 남한테 사기를 당한다.
- 꿈에 집 가운데 풀이 나면 불길하다.
- 꿈에 집 가운데서 재물을 나누면 흉하다.
- 꿈에 집사람이 싸우면 분산한다.
- 꿈에 집안 식구가 모여 있으면 고향에 걱정이 있다.
- 꿈에 집안사람이 서로 싸우면 흩어진다.
- 꿈에 집에 불이 나서 중간에 꺼지면 좋지 않다.
- 꿈에 집에 사람이 없으면 흉하다.
- 꿈에 찌푸린 하늘을 보면 근심된 일이 생긴다.
- 꿈에 창고가 무너지면 흉하다.

- 꿈에 친척이 와서 울면 크게 나쁘다.
- 꿈에 칼을 얻으면 재수 없다.
- 꿈에 칼이 집에 들어오면 대흉하다.
- 꿈에 콩을 쌓으면 집안이 해롭다.
- 꿈에 큰 길이 무너지면 재물을 잃는다.
- 꿈에 타인에게서 마포로 만든 옷을 얻으면 흉하다.
- 꿈에 폭풍이 불고 큰비가 오면 화(禍)가 닥친다.
- 꿈에 하늘에서 귀신이 내려오면 대흉하다.
- 꿈에 홀(笏)이 깨어지면 크게 흉하다.
- 꿈에 활이 시위가 없으면 뜻을 이루지 못한다.
- 꿈에 흙을 몸에 칠하면 부끄러운 일이 생긴다.
- 꿈에 흙탕물 보면 재수가 없고 병에 걸린다.

⑵ 민속에 나타난 구설수

- 꿈에 개구리가 울고 달아나면 구설이 있다.
- 꿈에 구리 솥을 보면 구설이 있다.
- 꿈에 금비녀 한 쌍을 얻으면 구설이 생긴다.
- 꿈에 놋그릇을 보면 구설수가 돈다.
- 꿈에 다리가 끊어지면 구설이 있다.
- 꿈에 먹구렁이를 보면 구설수다.
- 꿈에 사람과 더불어 장단을 치며 놀면 구설이 있다.
- 꿈에 상자 그릇을 얻으면 구설이 있다.
- 꿈에 성문이 크게 열리면 구설이 있다.
- 꿈에 수건을 걷으면 구설이 생긴다.
- 꿈에 수건을 보면 구설수가 있다.
- 꿈에 악한 사람과 같이 말하면 구설수가 있다.
- 꿈에 앵무새를 보면 구설이 있다.
- 꿈에 여자가 와서 자면 구설을 듣는다.
- 꿈에 우물 속에서 소리가 나면 구설이 있다.

- 꿈에 자라가 사람의 옷에 떨어지면 구설이 있다.
- 꿈에 자신의 속옷이 널려 있으면 구설수에 오른다.
- 꿈에 제자 아이를 안거나 죽이거나 하면 구설이 있다.
- 꿈에 죽은 사람이 울면 구설 있다.
- 꿈에 학이 하늘에 오르면 구설이 있다.
- 꿈에 흙으로 만든 신인이 움직이면 구설이 있다.
- 꿈에 흙탕물에 빠지면 구설수가 있다.

제VI장
주제별 꿈해몽

꿈해몽은 처한 현실에 바탕을 둔, 상징의 이해에 있다. 따라서 똑같은 꿈이라고 하더라도 꿈을 꾼 사람이 처한 상황에 따라 다르게 실현될 수 있음을 염두에 두어야 한다. 꿈의 언어는 상징이기에 원칙적으로 '무슨 꿈은 어떻다'는 식의 '1:1'의 점쟁이식 꿈해몽은 존재하지 않는다.

앞서 제Ⅱ장에서 '호랑이에게 물린 꿈'이나 '해가 떠오른 꿈'의 다양한 실현 가능성 사례를 살펴본 바 있듯이, 처한 상황에 따라 달리 실현되는 '1:다(多)'의 해몽이 올바른 것이다. 이는 '이빨이 빠지는 꿈'을 비롯하여, 모든 상징적인 꿈의 해몽에 해당한다. 따라서 꿈해몽에 있어서 이 책에 소개한 대로 똑같은 실현의 꿈으로 100% 실현되지 않을 수도 있다. 하지만 유사한 방향으로 실현될 가능성이 높다. 처한 상황이나 마음먹고 있는 바를 염두에 두고, 다양한 실증사례에 관심을 지니고 살펴보시기 바란다.

꿈의 상징은 시대와 지역을 초월하여 보편성을 띠고 있다. 따라서 누구에게는 이빨 빠지는 꿈이 좋은 일로 일어나고, 누구에게는 나쁜 일로 일어나는 것은 아니다. 또한 각 민족에게 있어서도, 특수한 경우를 제외하고는 대체로 상징성은 보편적이며 공통적이다. 우리 민족에게만 이빨 빠지는 꿈이 나쁜 일로 실현되는 것은 아니다. 서양 사람이 꾸더라도 우리 민족과 유사하게 일어나는 것이 꿈의 상징인 것이다.

또한 상징적 의미가 시대적으로 변하거나 하는 것이 아니다. 선인들이 이빨 빠지는 꿈의 실현과 현재 우리가 꾸는 꿈의 상징적 의미가 다르게 적용되지는 않는다. 이런 점에서, 선인들의 실증적인 꿈 사례는 우리에게 있어 소중한 무형 자산이며, 필자가 이 책에서 다양한 선인들의 사례를 중시하여 실증사례로 소개하는 것도 우리에게 공감을 불러일으킨다.

'이빨 빠지는 꿈은 누군가 죽는다', '똥(대변)꿈은 재물이다', '조상꿈은 좋다'는 식의 'A는 B이다'의 꿈해몽이란 것은 존재해서는 안 되는 위험한 해몽이며, 잘못된 해몽이다. 꿈의 상징은 A는 B일 수도 있고, A는 C일 수도 있으며, A는 Y일 수도 있고, 나아가 복합적으로 A는 BC일 수도 있으며, A는 BCY일 수도 있는 것이다.

꿈의 세계의 언어는 상징적인 언어이며, 이는 일상의 관습적인 언어와도 일맥상통하고 있다. 예를 들어 옷을 잃어버리는 꿈을 꾸면, 실직하게 되는 일로 실현된다. 일상에서, 상사가 부하 직원에게 야단을 칠 때, "너 옷 벗고 싶어?"라고 말했을 때, 우리는 이 말 속에 담긴 의미를 다 알고 있다. 마찬가지로, '꽃뱀에게 물렸다', '신발을 거꾸로 신었다', '아이고 우리 강아지, 귀여워 죽겠네'(부모가 귀여운 자식을 두고 말할 때), 오늘 자식들 밥벌이 잘했습니까?(증권방송 해설가가 매수한 주식들이 많이 올랐는가의 뜻으로) 등등에서 알 수 있듯이 꿈의 상징 언어가 일상의 관습적 언어와 같은 의미로 쓰이고 있음을 알 수 있다.

따라서 여기 『홍순래 박사 꿈해몽』의 주제별 꿈해몽에서는 '1:1'의 점쟁이식 꿈해몽은 모두 생략하고, '실증적인 꿈 사례'만을 소개하고자 하였으나, 독자들의 편의를 위해 개괄적인 꿈해몽을 간단히 수록하면서, 다른 여건에서 일어날 다양한 가능성에 중점을 두어 꿈해몽에 대한 이해를 돕고자 하였다.

굳이 비유하자면, 1:1의 점쟁이식의 꿈해몽은 '물고기를 잡아주는 것'이고, 실증사례는 '물고기를 잡는 방법을 알려주는 것'이라 할 수 있다. 독자 여러분들께 이 책에 소개된 수많은 실증사례에 대해서 관심을 가져 주실 것을 부탁드린다. 꿈해몽에 있어 왕도는 없으며, 오직 실증사례에 바탕을 둔 상징에 대한 이해에서 비롯되고 있음을 알아두시기 바란다.

1 인물, 신분·직업, 신령·이적
dream

1) 인물 관련

≪꿈속에 나타난 인물의 상징적 의미≫

꿈속에 등장하는 인물은 사실적인 미래투시의 꿈에서는 실제 인물이 될 수 있다. 하지만 대부분의 상징적인 꿈에서는 그로 동일시된 인물이나 일거리·대상을 상징적으로 보여주고 있다. 예를 들어, 직장인의 경우에 꿈속의 아버지가 실제 아버지가 아닌, 아버지 같은 존재의 회사 사장을 상징적으로 나타내고 있으며, 형은 회사의 과장을 나타내고 있다. 또한 남편이나 아내 등이 현실에서 실제 인물이 아닌, 자기가 애착을 지녀온 일거리·대상을 상징하는 경우가 대부분이다. 꿈속에서 남편이 한 여자를 데리고 관계하는 것을 보았다고 해도, 그녀는 실제 사람이 아닌, 어떤 일거리의 상징물이고 그 일거리에 대한 연구나 조작을 하고 있는 경우가 상당수 있다. 실제로 남편이 다른 여자와 관계를 맺는 꿈을 꾼 후에 아파트를 새로 분양받는 일로 실현된 사례가 있다.

한편 꿈속의 인물로 등장할 경우에 꿈속의 여자가 현실에서는 어떠한 남자를, 꿈속의 남자가 현실의 어떤 여자를 나타내기도 한다. 실례로 고(故) 한건덕 선생님이 꾸신 어느 여중생과 함께 그림을 그리는 꿈에서 필자가 여중생으로 표상되어 나타나고 있다. 필자의 성품이 남성적이면서 터프하기 보다는 자상하고 섬세한 여성적인 면이 있음을 꿈에서는 여성으로 나타내고 있는 것이다. 중학생으로 나타난 바에 대해서는 고(故) 한건덕 선생님이 해몽 풀이를 한 바 있다. 비록 학식은 많을지라도 꿈에 관해서는 아직 미완(未完)의 그릇임을 여중생으로 상징되어 등장하고 있는 것이다. 필자가 농담으로 이야기를 하자면, 아기나 어린애로 등장하지 않은 것이 다행이라고 해야 할 것이다. 같이 그림을 그리는 꿈은 함께 어떠한 저서나 논문을 저술하게 될 것을 상징하는바, 꿈의 실현은 1997년 『꿈해몽백과』를 공저로 출간하는 일로 실현되었다.

이처럼 꿈속의 인물로 등장할 경우에 남녀의 뒤바뀜 외에 어린애나 학생, 난쟁이나 거인 등으로 상징적 의미를 띠고 다른 모습의 인물로 나타나기도 한다. 이처럼 꿈속에서 남녀·갓난아기·어린이·학생·성인 등으로 나타남으로써 그 사람됨이나 그릇됨을 상징적으로 나타내주고 있다. 거인이나 난쟁이 등의 표상으로 나타나는 경우, 거인의 상징 표상은 지적 수준이나 능력이 뛰어난 큰 인물임을, 난쟁이는 능력이 부족하거나 궁색한 처지에 있는 인물임을 상징적으로 나타내고 있는 것이다. 나아가 스님이나 연예인·대통령 등은 선망의 대상이나 권위자를 상징하고 있으며, 스님이나 신부님 등은 덕이 있는 사람이나 지도자 등을 상징적으로 보여주면서, 그때그때 꿈의 상징 기법에 적합한 다양한 상징인물로 꿈속에 등장하고 있는 것이다.

또한 꿈속에서 어떠한 인물이 나타났는가가 중요한 것이 아니라, 그와의 관계가 어떠하였느냐에 따라 앞으로의 일이 결정지어질 수 있다. 대통령이나 연예인이 등장하는 꿈이라고 다 좋은 꿈은 아니다. 꿈이 어떻게 전개되었는가가 중요하다고 하겠다. 예를 들어, 대통령에게 질책을 받는 꿈이 결코 좋은 일로 이루어지지 않는다. 마찬가지로 현실에서 미워하거나 보기 싫은 사람이 꿈속에 나타나는 경우, 사실적인 꿈이라면 실제 그러한 사람들과 관련을 맺게 되겠지만, 상징적·예지적 꿈인 경우 현실에서는 귀찮은 일거리나 대상에 직면하게 된다. 꿈은 반대가 아닌 상징의 이해에 있는바, 꿈속에 나타난 인물과의 싸움에서 이기거나 나아가 죽이는 꿈의 경우, 제압·굴복·복종시키는 시원스러운 처리를 하게 되는 일로 실현된다.

≪꿈속에 나타난 인물의 상징 사례≫

① 꿈에 나타난 사람이 희미한 경우

꿈의 상징 기법의 하나로써 자신에게 중요한 역할을 하지 않는 인물이거나, 자신의 정체를 드러내지 않으려는 것을 상징적으로 보여주고 있다. 나쁘게는 장차 교통사고나 질병 등으로 인하여 위태롭게 될 것을 상징적으로 보여주고 있다. 이는 태몽 표상으로 등장한 동물이 희미하게 사라지는 꿈은 유산이나 요절로 실현되고 있는 것과 유사하다.

② 현실의 남성이 여성으로 등장한 경우

외모가 여성적이거나, 성품이 여성적이거나, 자애로움이나 간사하고 애교가 있는 경우 등등 여성적 속성을 띤 경우에 여성으로 등장하고 있다. 이런 경우, 남아로 태어났지만, 태몽 표상이 꽃이나 달인 경우가 많다.

③ 현실의 여성이 남성으로 등장한 경우

외모가 남성적이거나, 성품이 남성적이거나, 터프하고 강인하며 의지가 강한 면이 있는 등 남성적 속성을 띤 경우에 남성으로 등장하고 있다. 이런 경우, 여아로 태어났지만, 태몽 표상이 커다란 호랑이나 독수리 등인 경우가 많다.

④ 인물이 일거리·대상의 상징으로 등장하는 경우

힘차고 억센 일거리나 대상인 경우에는 남자로, 유약하거나 부드러운 일거리나 대상은 여자로 상징되어 나타나고 있다.

⑤ 꿈속 등장인물의 다양성

상징적인 예지몽에서 꿈속에 등장한 인물은 상징적인 인물로, 꿈의 상징 기법에 따라 그때그때 적합한 인물로 등장하고 있다. 조상, 산신령, 귀신, 도깨비, 괴한 등으로 등장하여 상징적으로 보여주고 있다.

⑥ 꿈속의 등장인물의 연령

늙은 사람은 오래된 일, 젊은 사람은 현재의 일, 처녀·총각은 미개척 분야, 갓난아기는 이제 막 시작된 일이나 작은 일을 상징적으로 보여준다. 또한 상대방의 연령은 일거리나 대상의 완성되기까지의 기간이나, 이미 그만한 세월이 경과했음을 뜻하기도 한다.

≪자신의 상징 표상≫

꿈속의 또 하나의 자신은 실제의 자신 외에 일거리·작품·가족·동업자 등을 상징한다. 마찬가지로 꿈속의 친구나, 동물이 자신을 상징적으로 보여주기도 한다.

① 거울에 비친 자신의 얼굴이나 신체의 모습을 통해, 자신에게 닥쳐올 위험이나 일어날 일을 상징적으로 보여준다. 이 경우에 온전하고 빛나는 표상이 좋으며, 일그러지거나 훼손된 모습은 좋지 않은 일로 이루어진다.

② 자신의 모습이 희미하게 인식되는 것은, 자신이 애착을 지니고 있는 일거리·대상에서 명확한 진행이 이루어지지 않을 때, 자신에게 위험이 닥쳐올 때 관련되는 표상이다.

③ 자신이 또 다른 자신을 보고 있는 꿈은 꿈의 상징 기법의 하나로써 일거리나 대상의 상징물이 자신으로 등장하고 있다. 꿈속에서 전혀 남과 상관하지 않고 자기만의 행동을 했어도, 해석의 결과는 남에 관한 일과 사회적인 일을 예지하고 판단하는 경우가 많다.

≪타인의 상징 표상≫

① 과거 자기에게 불리하게 대했던 사람이 나타나는 꿈은 대체로 비협조적이거나 방해되는 인물과 관계한다.

② 은혜롭던 사람이나 적대적인 사람이 나타나는 꿈은 꿈속의 전개상황에 따라, 현실에서 좋고 나쁨이 이루어진다. 이 경우에 도움을 받는 꿈이 절대적으로 좋으며, 꿈속에서 적대적인 사람은 현실에서 방해자나 감당하기 어려운 일거리·대상을 상징하고 있다.

≪인물(갓난아기)의 상징 표상≫

(1) 갓난아기에 대한 꿈에 관하여

아기를 받는 태몽을 꾸고 임신하거나, 아기를 밀쳐낸 꿈으로 유산된 사례가 있듯이, 갓난아이가 태몽 표상으로 등장하기도 한다. 하지만 상징적인 의미에서 갓난아기는 대부분 이제 막 새로 시작한 어떠한 일거리나 대상, 가게나 사업체를 뜻한다. 책을 쓰는 저자라면 이제 막 출간한 저서가 되기도 하며, 갓난아기를 쓰다듬는 꿈은 이제 막 시작한 어떤 작품이나 일거리를 검토하고 연구하는 것을 뜻한다.

따라서, 꿈속에서 아기를 낳고 보니, 낳자마자 걸어 다니고 물건을 잡으며 어떤 말을 성인처럼 하는 경우, 상징적인 미래 예지 꿈에서는 아주 좋은 꿈이다. 이것은 갓난아기로 표상된 이제 막 시작된 어떤 정신적 작품 또는 일거리·사업을 뜻하고 있으며, 그 작품의 가치·기능·기타 내용 설명 따위가 뛰어남을 뜻한다.

일반적으로 아기 꿈을 꾼 후에 근심·걱정을 하게 되는 일로 실현된다고 말하고 있는 사람들이 상당수이다. 아기는 혼자서 아무런 행위를 할 수가 없기에 이제 막 시작된 어떤 일거리나 대상에 대해서 신경을 쓰고 돌보아주어야 하는 등 어려움에 시달리게 됨을 뜻한다. 하지만 이 경우에 있어서도 갓난아기에 대한 기쁨이 충분했다면, 이제 막 시작된 일거리나 대상에 대해 애정을 지니고 있음을 뜻한다.

일반적으로 아기 낳는 꿈은 성취·결실을 이루어내는 좋은 꿈이며, 기형아의 아기인 경우에는 어떠한 문제점이 있는 것을 뜻한다. 한편 아기에게 젖을 먹이는 꿈은 이제 막 시작된 어떠한 가게나 사업 등에 정신적·물질적인 자본을 투자하는 것을 뜻한다. 갓난아기를 쓰다듬는 꿈은 저자의 경우, 이제 막 시작된 어떤 작품이나 일거리를 검토하고 연구하는 것을 뜻한다.

(2) 갓난아기의 꿈해몽 요약

대부분의 상징적인 꿈에 있어서, 갓난아기는 이제 갓 시작된 가게나 사업체·작품의 상징으로 등장하고 있다. 갓난아기는 실제 아기일 수도 있으며, 돌보아주어야 하는 대상의 상징적 의미로 수고·근심·불쾌함·방해물 등을 뜻하고 있다.

① 갓난아기를 낳는 꿈

자그마한 성취를 이루어, 어떠한 일거리나 사업을 새롭게 시작하게 된다.

② 갓난아기가 태어나자마자 걸어가는 꿈

갓난아기로 상징된 이제 시작된 지 얼마 되지 않은 가게나 사업체가 발전하는 것을 뜻한다. 예를 들어 저자의 경우에 이런 꿈을 꾸었다면, 어떤 작품이 출간되자마자 인기를 끌어 시판되거나 널리 광고될 것을 예지한다.

③ 갓난아기가 태어나자마자 쑥쑥 커서 어른이 된 꿈

역시 좋은 꿈이다. 갓난아기로 상징된 이제 막 시작한 가게나 사업의 급격한 발전을 뜻한다.

④ 갓난아기를 안았거나 업은 여인이 따라오는 꿈

누군가가 귀찮은 일거리를 맡기거나, 시빗거리를 가지고 방해할 일이 생긴다.

⑤ 갓난아기를 업고 길을 가거나 차를 타는 꿈

신경을 써야 하고 고통스러운 일을 책임지고 수행하게 됨을 뜻한다.

⑥ 여인이 갓난아기를 안고 있다가 사라져 버리는 꿈

점차 근심·걱정이 해소된다. 가임여건에서 태몽 표상인 경우에는 유산되는 일로 실현될 수 있다.

⑦ 갓난아기가 우는 것을 달래 주는 꿈

어떤 일거리나 대상에 대해서 신경을 쓰고 고민하게 되는 일로 이루어진다.

⑧ 갓난아기의 알몸을 쓰다듬는 꿈

어떤 일거리나 대상을 돌보아주고 신경을 써야 할 일이 생긴다. 또한 재수 없는 일에 직면하거나 자위행위를 할 일이 생겨나는 일로 이루어진다.

⑨ 갓난아기의 똥·오줌을 만지면서도 불쾌하지 않았던 꿈

이제 막 시작된 일거리·대상에서, 재물적인 이익이 생기게 된다.

⑩ 갓난아기의 똥·오줌이 옷과 몸에 묻어 불쾌했던 꿈

남에게 구설을 듣거나 창피당할 일이 생긴다.

⑪ 갓난아기를 때리는 꿈

시작된 지 얼마 안 되는 작품이나 일거리·대상에서 변화를 가져오게 된다.

⑫ 갓난아기를 죽이는 꿈

애정을 지니고 진행해 온 사업이나 일거리·대상을 무산시키는 일로 이루어진다.

⑬ 갓난아기에 관한 민속의 꿈

꿈에 아기를 보거나 안는 꿈은 병이 나거나 재수 없는 것으로 전해져 오고 있다. 이는 아기는 돌보아주고 신경을 써야 하는 대상이기에 이러한 해몽이 가능하다고 볼 수 있겠다.

(3) 갓난아기(아기) 꿈의 실증사례

① 아기를 업고 가서 친정아버지와 이야기하는 꿈

늘 다니는 병원의사와 병(아기)에 관해서 상담할 일을 상징적으로 나타내고 있는 것으로 실현되었다.

② 산신령이 3~4세가량의 어린아이를 데려다 준 꿈

작품이나 사회활동의 시발점이 되는 것이 어린애로 표상된 바와 같이 어떠한 일을 이루어 내는 데 있어서 다소 시일이 걸리게 되는 것으로 실현되었다.

③ 갓난아기의 시체가 관에 담긴 꿈

저자의 꿈으로, 갓난아기로 표상된 이제 막 시작된 자신의 작품이 잡지 등에 발표되거나 일이 성사되어 기뻐하게 되는 일로 실현되었다.

④ 갓 낳은 아기가 책을 들고 걸어 다닌 꿈

저자의 꿈으로, 꿈속의 아기는 장차 생산해낼 어떤 작품의 상징이고, 손에 무거운 책을 든 것은 어떤 관계 학문의 연구자료이며, 이것을 손에 들었으니 자기의 연구작품에 더해지는 연구물인데, 이것을 들고 걸어 다니고 있으니 장차 세상에 과시할 일이 있게 되는 일로 실현되었다.

⑤ 수많은 어린 아기들을 보는 꿈 → 근심·걱정하게 되다.

꿈속에 기어 다니는 어린 아기들이 아마 족히 수십 명은 보였다. 꿈속에서조차 어린아이들 때문에 마음이 불편하고 무거웠다. 그 꿈을 꾸고 난 얼마 후에 예전에 데리고 있던 직원으로부터 돈을 달라고 협박을 받았다(업무 서류들을 다 복사해서 나갔다). 하지만 모른 척 무시했는데, 일이 엉뚱하게 흘러 결국은 소송까지 이어졌고, 2년간 무척 힘든 시간을 보냈다. 금전적인 손실도 컸다. 난 꿈에서 어린아이들이 보이면, 정말 재수 없는 일이 100% 일어나는 일로 실현되고 있다.---트럼프, 2010. 09. 10.

⑥ 목걸이 줄에 아기의 목이 잘리는 꿈 → 좋지 않은 일이 일어나다.

한 아기를 안고 있는데, 다른 사람이 우유를 먹여야 한다고 아기를 건네달라고 해서 주다가 목걸이 줄에 그 아기의 목이 잘리는 꿈이었다.

무언가 불길하고 안 좋은 일이 일어날 것을 예지해주고 있다. 현실에서는 다음 날 이웃집에서 아기의 우유병을 삶다가 잠이 들어서, 불이 나는 일로 현실화되었다.

⑦ 제 분비물이 검고, 내 아기를 어루만지며 슬퍼한 꿈 → 실제로 아기에게 병이 나게 된다.

방에 몇 사람이 있었는데, 어떤 사람이 유독 나한테만 굉장히 시비를 걸며 괴롭혔고, 싸웠는데, 내 몸에서 분비물이 시꺼먼 먹물처럼 엄청 많이 흐르는 꿈을 꾸었다. 결국 그 사람이 나를 죽이려고 하였고, 죽기 직전 난 내 아기를 어루만지며 굉장히 슬퍼했고 안쓰러워했다.

이 꿈을 꾸고 바로 그날 밤부터 시작해서, 돌이 다 된 딸아이가 아프기 시작했다. 39~40도를 넘는 고열이 거의 보름이나 계속되었고, 결국 종합병원에 입원도 하고 고생을 많이 했다. 병간호 하고 신경을 많이 써서 그런지, 실제로 나는 하혈을 열흘 정도 했다. 꿈에서 아픈 것이 실제로 내 딸아이가 아픈 것으로 나온 것 같다. 꿈에서 딸아이를 어루만지며 슬퍼하고 안쓰러워한 것이 진짜로 실현되었다.

아무튼 고생을 많이 했고, 아이는 원인도 모른 채 3주가 지나니 나았다. 원인을 몰라 온갖 검사를 하여 아이가 무척 힘들어했고, 병원비도 엄청 나왔고, 난 힘들게 합격한 대학원도 포기할 수밖에 없었다. 아이가 아픈데, 시부모님 모르게 다닐 수가 없어서---alrud2

⑧ 갓난아기를 업고 회사에 다니다가 포대기에서 내리는 꿈 → 사기당하는 것을 면하다.

어떤 여자 6명이 나오기에 그 아이를 맡아달라니까 모두 싫다고 하는 것이었다. 결국은 아이를 포대기에서 내리는 꿈으로 끝났다. 꿈의 실현은 어떤 여자에게 사기를 당할 뻔하다가, 결국 진실이 드러나 사기당하는 데서 빠져나오는 일로 이루어졌다.---도시락, 2007. 12. 06.

⑨ 아기 둘을 데리고 가라는 꿈 → 태몽 예지

시어머니께서 꿈을 꾸셨는데, 아버님이 돌아가시고 나서 사시는 곳을 한 번도 안 데려가시더니, 그날따라 꿈에서 살고 있는 집에 가자고 그러셨대요. 하늘이 훤히 보이는 그런 집이었고, 방 안에 아기 두 명이 누워 있었는데, 아버님께서 "내가 이제 힘들어서 못 키우겠으니, 데리고 가라." 하셨대요.---수호천사

⑩ 아이(아기)를 밀쳐내는 꿈 → 유산예지

다음은 서울에서 서미경(가명) 씨가 보내온 꿈이야기이다.

> 저는 올해 4월에 결혼한 주부입니다. 한 20일 정도를 매일같이 아기와 관련된 꿈을 꾸었습니다. 저는 성격도 활발하고 특히 아이들을 무척 좋아하는 편인데, 이상하게 꿈속에서는 그러지를 못한 것입니다. 꿈 내용은 제가 혼자 있으면 제 주위에 6개월~1년 정도 된 아기들이 나타나, 제 주위에서 놀다가 저한테 안아달라거나 놀아달라고 안겨들려고 하는데, 이상하게 안아주던 아기도 얼굴도 안 보고 내려놓고 아이들을 자꾸 밀쳐내는 것입니다. 그러자 아이들은 저를 때리고, 꼬집는 것이었습니다. 계속 비슷한 상황의 꿈을 꾸면서 아침에 일어나서도 마음이 안 좋았습니다. 아이들을 좋아하는 내가 꿈속에서의 모습이 이해가 안 되었습니다. 저는 여태껏 꿈에 대해서 관심이 꽤 있는 편이었고, 이렇게 비슷한 내용의 꿈을 오래 꾼 적은 처음입니다.

현실에서는 처음에 임신한 사실도 몰랐는데, 얼마 뒤에 임신하게 되어서 마음이 무척 기쁘고 설레었지만, 아기를 밀쳐낸 꿈의 표상대로 얼마 후에 유산하게 되는 것으로 실현되고 있다. 이처럼 반복되는 꿈은 무엇인가가 일어난다는 것을 예지해주고 있다. 흔히 꿈속에 아기가 나타나면 돌보아주어야 하는 데서 근심·걱정 등 좋지 않은 일로 이루어지고 있지만, 중요한 것은 꿈속에서 아기의 표상이 어떻게 전개되었는지에 있다고 하겠다.

⑪ 산신령이 옥동자(갓난아기)를 안겨준 꿈

산신령이 "바위골에 가면 집터가 있다."라고 하며 옥동자를 안겨준 꿈은 그 장소에 집을 살 만한 값어치의 2백 년 묵은 산삼을 얻는 것으로 실현되었다.

≪인물(어린이)의 상징 표상≫

현실에서는 어른이 꿈속에서 어린이로 등장하는 것은 꿈의 상징 기법의 하나로, 지식·교양·학식·능력이 뒤떨어지는 사람이라는 것을 상징적으로 나타낸다. 재미있는 것은 언어적으로 보아도 일치한다. 예를 들어, 세종대왕 어지(御旨)에 '어린 백성이 이르고자 하는 바가 있어도---'에서, '어린 백성'은 '어리석은 백성'의 뜻이듯, 국어의 고어(古語)에 '어리다'는 말은 어리석다[愚]의 뜻을 지니고 있다. 이처럼 어린이는 성인보다 능력이나, 사물의 판단 등에서 뒤떨어지고 있기에 '어리석은'의 뜻이 나오게 되었다.

따라서 성인이 아닌, 어린이로 등장하는 꿈은 어떠한 능력이나 판단력이 뒤떨어지며 미숙한 존재의 상징적 의미를 지닌다. 좋게는 그만큼 때 묻지 않고 순수한 상태에 있음을 뜻한다. 또한 일거리나 대상의 상징에서 갓난아기가 이제 막 시작한 가게의 상징이라면, 어린이는 시작된지 일정 기간이 지난 가게나 사업을 상징하고 있다.

① 어린아이(자녀)들의 꿈

대체로 꿈에 나타난 어린아이(자녀)들은 실제 인물이라기보다는 어떤 작품이나 일거리·대상의 상징으로 표현되는 경우가 더 많다. 아이의 나이는 어떠한 가게나 사업체가 운영된 기간이라든지, 앞으로 성취하기까지의 기간을 예지해주고 있다.

② 현실의 어른이 어린아이의 모습으로 나타난 꿈

상대방의 학식이나 교양·지혜·능력·인격 등이 자신보다 미숙하며 뒤떨어지고 있음을 상징적으로 보여주고 있다.

③ 어른인 자신이 꿈속에서 어린이나 학생이 되어 어른과 상관하는 꿈

자기보다 지식·지혜·능력 등이 뛰어난 사람과 상관하게 된다.

④ 자신이나 친구들이 어린 시절로 돌아가 있는 꿈

애정을 쏟고 대하는 어떠한 일거리·대상이 오래되지 않았음을 상징한다.

⑤ 색동저고리의 눈이 큰 여아가 춤을 추는 꿈 → 배우 김민정의 태몽

어렸을 때부터의 활동한 아역 출신의 배우인 김민정의 태몽이다. 어머니의 꿈에 부부가 같이 소극장에 공연을 보러 갔다. 공연은 족두리에 색동저고리를 곱게 입은 여자아이들이 무대에 나와 사랑스럽게 춤을 추고 있었을 때, 유난히 눈이 큰 아이가 객석을 보고 생글생글 웃으며 칼춤을 추는 꿈이었다.

이처럼 태몽에서 아이가 등장하는 경우, 장차 태어난 아이의 남녀 성별과 일치하며, 나아가 생김새와 얼굴이나 외모가 같은 일로 실현되고 있기도 하다. 꿈속에서 눈이 큰 아이였듯이, 그러한 모습이 현실에서도 그대로 이루어지고 있다. 또한 태몽 표상에서 사랑스럽게 춤을 추고 있었듯이, 춤에 뛰어난 소질이 있을 가능성이 높다고 하겠다.

⑥ 하늘에서 현란한 빛을 발하는 금테를 쓴 아이가 내려와 치마폭에 안긴 꿈

1984년 LA올림픽 레슬링 금메달리스트 유인탁 씨의 태몽으로, 금테를 쓴 아

이가 내려와 안긴 데서, 장차 일어날 올림픽 금메달의 영광을 정확히 예지한 것이라고 할 수 있겠다.

⑦ 아이가 "엄마 나 엄마한테 들어가도 돼"라고 말하는 꿈

때는 2003년 10월 말이었어요. 결혼하고 신혼여행을 다녀와서, 친정부모님께 잘 다녀왔다는 인사를 하려고 친정에 갔죠. 그때 아버지께서 편찮으셔서 홍천에 계셨었는데, 친정에 갔다가 곧바로 홍천으로 갔지요. 그때 잘 곳이 마땅치 않아서, 근처에 적당한 곳을 찾아 하루 묵게 됐는데요, 아주머니께서 제 한복의 새댁 옷을 보시더니, 제일 좋은 방이라면서 가장 위층 방을 주시더라고요.

여행을 다녀온지라 너무 힘들어서 일찍 잠자리에 들었는데, 이리 뒤척 저리 뒤척이다가 겨우 잠이 들었는데, 갑자기 방의 문이 열리는 소리가 들리는 거예요. 끼~~이~~익. 아니나 다를까 가위에 눌렸답니다. 한 할아버지와 어린아이가 들어왔어요(어떻게 아느냐고요? 목소리가 들렸어요). 제가 새우잠 자는 듯한 자세로 옆으로 누워 있었거든요. 근데 그 아이가 제 등에 업히듯이 딱 달라붙더니, 저에게 이러더군요. "엄마, 나 엄마한테 들어가도 돼?" 너무 무서웠어요. 정말 식은땀이 나더라고요. 근데 "안돼!"라고 말하기가 그러더라고요. 행여나 해코지 당할까 봐서요, 그래서 생각한 것이, "아직은 안돼, 나중에 와" 하고 타이르듯이 말을 했어요. 그랬더니 할아버지가 아이에게 "가자" 그러더라고요. 그러더니 가위가 풀렸어요.

너무나 이상한 가위눌림이라서 아빠한테 얘기했더니, 거기가 강경국도가 나면서 근처에 이것저것 많이 생겨서 그렇지, 묘가 유난히 많았던 곳이라고 그러시더라고요. 너무 무서웠어요. 지금도 그때 생각만 하면 소름이 돋아요(글쓴이: 장영경)

꿈의 세계를 잘 모르고 하는 말이다. 귀신이 나타난 꿈, 가위눌림 등으로 무서운 꿈을 꾼 것으로 생각하고 있지만, 필자가 보기에 "엄마 나 엄마한테 들어가도 돼?" "아직은 안돼, 나중에 와" 등의 꿈속의 대화로 미루어, 신혼인 새댁이 아기를 임신할 뻔하다가, 나중에 임신하게 되는 일로 이루어질 것을 예지해주고 있다. 혹은, 이 경우 임신하게 되지만 유산하게 되고, 다시 나중에 임신하는 일로 일어날 것을 예지해주고 있다.

⑧ 어린애에 관한 민속의 꿈

– 꿈에 어린애를 안으면 재수가 없다(근심이 생긴다).

– 꿈에 어린애를 보면 몸이 아프다.

≪인물(청년)의 상징 표상≫

청년이나 아가씨 등으로 등장한 인물은 갓난아기나 어린이보다 그만큼 성숙하고 왕성한 활동력을 지닌 일거리·대상을 상징하고 있다. 사람의 상징인 경우에도 한창 왕성한 활동력을 보이는 사람을 상징적으로 나타내주고 있다.

≪인물(노인, 노파)의 상징 표상≫

노인이나 노파는 사실적인 꿈에서는 실제 인물로 등장하기도 한다. 하지만 대부분의 상징적인 꿈에서는 존경할 만한 사람, 학식이 풍부한 사람, 윗사람을 뜻한다. 일거리나 대상의 상징인 경우에는 사업이 시작된 지가 오래되었거나, 낡고 쓸모없는 일, 많은 지식과 노력을 해야 할 일 등을 상징한다.

①수염이 길고 백발이 성성한 노인의 꿈은 지혜로운 사람, 정신적 지도자, 인품이 있고 학식이 높은 학자 등을 상징적으로 나타낸다.

②꿈에 자신이 백발이 성성하고 얼굴이 쭈글쭈글한 노인이나 노파가 되어 있으면, 힘들고 고달픈 일에 시달리게 될 것을 예지한다.

≪가족·친지의 상징 표상≫

가족은 사실적인 꿈에서는 실제 인물을 뜻한다. 그러나 상징적으로는 자신이 몸담고 있는 회사·기관·단체의 동료나 상사·부하직원을 뜻하고 있다. 또한 현실에서 가족 구성원과 체격이나 성격, 재주나 기술 등 행동 특성이 유사한 어떤 인물을 상징적으로 보여준다. 또한 가족이 일거리·대상의 상징으로 등장한 경우, 내부적 요소나 친밀함·익숙함 등을 상징한다.

① 집안 식구가 보이는 꿈

객지에 있는 사람의 꿈에 집안 식구가 다 보이는 것은 집안에 걱정이 생겼을 수도 있지만, 집안 식구로 상징된 회사나 직장의 친분 있는 사람이나 일거리·대상과 관련지어 나타나는 경우가 있다. 또한 사실적인 요소의 꿈으로 친지 등이 꿈에 보이면, 집에 오는 일로 실현되는 경우도 상당수 있다.

② 근친상간의 꿈

꿈은 꿈의 언어인 상징으로 풀어야 한다. 가족 구성원이 어떤 일거리나 대상의 상징으로 등장한 것이기에 근친상간의 꿈 때문에 죄의식을 느낄 필요가 없다.

성행위를 하는 꿈은 계약성사나 부동산 매매의 체결 등으로 이루어지는바, 가족끼리 근친상간의 꿈은 보다 친밀하고 애정을 지녀왔던 일거리와의 관련 맺음이나 결합·성사 등이 이루어지는 일로 실현된다.

③ 별거 중인 가족과 같이 있는 꿈

직장 또는 과거에 일을 함께했던 어느 기관이나 내부 사람들과 어떠한 일이나 사업을 같이 추진하게 된다.

④ 별거 중인 가족이 집에 오는 꿈

사실적인 꿈은 실제 인물이 오는 일로 실현된다. 그러나 상징적인 꿈인 경우, 같이 근무했던 직장 동료가 회사를 방문하는 일 등으로 이루어진다. 또는 이전에 관심과 애착을 지녔던 일거리나 대상에 다시 관심을 갖게 되는 일로 실현된다.

⑤ 이미 죽은 가족·친척이 나타나는 꿈

꿈의 상징 기법의 하나로, 미래의 현실에서 상관하게 되는 인물이나 대상을 상징하는 표상이 되어 나타난 것이다. 예를 들어, 꿈속에 돌아가신 아버지는 현실에서는 아버지와 같은 존재의 윗사람, 즉 사장이나 기관장 등을 상징적으로 나타내고 있다. 이처럼 꿈속에 나타난 인물은 상징적으로 현실에서 그로 동일시된 어떤 인물을 나타내거나, 일거리나 대상의 상징물로 등장하고 있다.

⑥ 할아버지·할머니의 상징 표상

할아버지와 할머니는 실제 인물, 할아버지·할머니로 상징된 윗사람을 뜻한다. 동네 어른이나 회장·교장·기관장 등 윗분을 상징적으로 나타내주고 있다. 또한 오래된 일거리나 사업의 상징이 가능하다.

⑦ 형·오빠·누나·동생의 상징 표상

형·오빠·누나·동생은 실제 인물이거나, 직장 상사나 부하직원, 친척을 상징적으로 나타내고 있다. 아내의 꿈속에서 오빠나 동생과 더불어 어디를 같이 가거나 일을 했는데, 남편을 상징적으로 나타내는 경우가 있다. 또한 친분 있고 익숙한 일거리나 대상을 상징하기도 한다. 실증사례로, 외사촌 형이 산에서 밤을 주워 자신의 방 앞에 가져다주는 꿈은 외사촌으로 상징되는 인물이 밤으로 상징된 사업자금을 보태주는 일로 실현되었다.

⑧ 삼촌·숙모·사촌의 상징 표상

삼촌·숙모·사촌 형제나 자매는 실제 인물이거나 그로 상징된 직장의 상사나 동료·동업자·부하 직원을 상징하고 있다. 친삼촌이 직장의 상사라면, 외삼촌은 거래처 상사로 표현되기도 한다. 또한 어느 정도 관련이 있는 일거리나 대상의 상징이 되기도 한다. 집이 회사나 직장을 상징하는바, 삼촌 집에서 친구 집으로 가는 꿈은 직장에서 부서의 이동이나 사업 거래처를 옮기게 되는 일로 실현된다.

⑨ 친정·처가의 상징 표상

친정집 식구는 실제의 인물이거나 시댁 식구, 이전 직장의 동료들을 상징적으로 나타내주고 있다. 산모인 경우에, 친정집으로 산부인과를 상징하기도 한다. 처가는 실제의 처갓집, 사업 거래처, 자신에게 도움이 되는 거래처 등을 상징한다.

처가의 장인·장모는 대상·일거리·작품이 관여하게 되는 거래처의 어떤 기관이나 회사의 상사나 웃어른을 상징적으로 나타내주고 있다. 출가한 여인의 꿈에 시집의 일보다 친정 집과 친정식구들이 꿈속에 더 자주 나타난다. 하지만 그 꿈이 본인에 관한 일이 아니라, 대부분 남편에 관한 일을 대신 꿈꾸는 경우가 있다. 대체로 친정집은 과거에 자신이 근무했던 직장이나 부서·거래처를 상징하고 있다.

⑩ 외가의 상징 표상

외삼촌이나 외숙모는 실제 인물이거나, 자기의 사업과 관계하는 회사나 기관의 장이며, 사촌들은 거래처 직장의 동료를 상징하고 있다. 또한 일거리나 대상·작품의 상징 표상이 되기도 한다.

⑪ 형수·제수의 상징 표상

형수와 계수는 실제의 인물이거나, 직장에서 자신과 관련을 맺고 있는 직원을 상징적으로 나타내주고 있다. 이 또한 일거리나 대상·작품의 상징 표상이 되기도 한다.

⑫ 친척·친지의 상징 표상

친척이나 친지, 먼 일가친척 등은 실제 인물이거나, 사업상 알게 된 직원들이나 동업자·동료를 상징하고 있다. 일거리나 대상·작품의 상징 표상이 되기도 하지만 이 경우에 자신과 아주 밀접한 관련을 맺고 있다기보다는 어느 정도의 유대관계만 형성하고 있는 것을 뜻한다.

또한 가족에 관한 꿈이 사실적인 요소로 전개되기도 한다. 실증사례로, 회사 동료가 이번 달 특근을 가족일 때문에 못한다고 하는 꿈을 꾼 사람이 있다. 꿈의 실현은 다음 날 아침에 그 동료의 할머니가 돌아가셨다는 소식을 듣게 되는 일로 이루어졌다.

≪부모에 관한 꿈≫

(1) 부모 꿈에 대하여

꿈속의 등장인물은 실제의 인물이 아닌 상징적 표상으로, 부모는 자신에게 어버이 같은 존재나 윗사람인 사장이나 회장 등을 뜻한다. 또한 사실적 미래투시의 꿈에서는 실제의 인물이 될 수도 있다. 그러나 대부분의 상징적인 꿈에서는 실제 인물과 행동이나 성격·외모 등 어떤 점에서 유사성이 있는 동일시되는 어떤 인물이나 대상을 뜻하고 있다. 이 경우에, 회사의 회장이 꿈속에서는 할아버지로, 사장은 아버지로, 부장은 큰형으로, 과장은 작은형 등등의 동일시되는 인물로 바뀌어 꿈속에 나타난다.

예를 들어, 아버지처럼 권위를 행사하고 있으면서, 의지하거나 따라야 하는 회사의 사장같은 인물이 꿈속에서 아버지로 등장하고 있다. 따라서 대부분의 꿈에 있어서 꿈속에 나타난 인물을 실제의 인물과 동일시하는 어리석음을 범해서는 안 된다. 꿈의 상징 기법의 하나로, 필요에 따라 그때그때 적절한 인물인 아버지나 산신령 등으로 등장하여 예지해주고 일깨워 주고 있는 것이다. 따라서 꿈속에 등장하는 사람이 비록 친아버지라고 해도, 해몽에 임해서는 동일시되는 아버지같은 존재의 인물이나, 자신의 또 하나의 자아, 또는 어떤 일거리나 대상이 상징적으로 나타난 것으로 여기고, 꿈이 어떻게 전개되었는지와 처한 상황을 고려하여 해몽을 해야 한다.

① 어머니의 상징적 의미

어머니는 대지·고향·근원 및 헌신적인 사랑 등을 상징한다. 꿈속의 어머니는 실제의 어머니이거나, 어머니처럼 존경하는 윗분을 상징적으로 나타내고 있다. 또한 현실에서 협조자로서의 윗사람·기관장·사장·과장·의사·선생님 등이 어머니로써 상징되어 등장하고 있다. 현실에서 최대의 후원자나 협조자가 꿈속에서 어머니로 등장하는 경우가 많다.

1 인물, 신분·직업, 신령·이적

② 아버지의 상징적 의미

아버지는 실제 아버지, 백부나 삼촌, 선생님, 친구의 아버지, 직장 상사, 존경의 대상을 상징하고 있다. 또한 권위 있는 일거리나 대상의 상징으로도 등장하고 있다. 이 경우에, 아버지가 다양하게 변한 모습으로 나타나기도 하는바, 이는 어떠한 상징적 의미를 나타내기 위한 꿈의 상징 기법이다. 예를 들어, 평소에 입지 않던 옷을 입었거나, 수염이 없는데도 수염이 길게 자랐으며, 안경을 쓰지 않았는데 안경을 쓴 것 등등 여러 가지 상징적 의미를 지니고 등장하고 있다. 이렇게 덧붙여진 꿈의 표상들은 그 동일시 하는 인물 위에 덧붙여진 상징적 요소들이기 때문에 이 요소들을 빼놓지 말고 낱낱이 해몽의 대상으로 삼아야 한다.

(2) 부모 꿈의 실증사례

① 근심 어린 부모님의 얼굴을 보는 꿈

잠깐 잠을 청했는데도, 어머니나 아버지의 얼굴이 수심이 가득한 모습을 보거나 제 이름을 부르는 외마디 소리를 듣습니다. 이 경우 부모님이 많이 편찮으셨습니다.

② 아버님이 돌아가신 꿈(죽은 꿈)

꿈에서 아버님이 돌아가셔서 슬프게 울었습니다. 뜻밖에 좋은 일이 있었던 것 같습니다(나쁜 꿈으로 생각했었지만).

③ 어머니가 돌아가신 꿈 → 시험 합격

꿈에 어머니가 돌아가셨는데, 시신이 너무 하얗고 무서워서 염을 해야 하는데, 손을 대지 못하고 슬퍼야 하는데 눈물도 나오지 않았습니다. 사이트에서 상담을 받아보니, 어떤 일을 이룰 수 있지만 다른 사람들에게 축하를 받을 수 없고, 알려지지 않고 당연하다는 듯이 이루어질 것이라고 했습니다. 실제로는 학교에 붙었는데, 이미 반년 전에 임시 등록했던 것을 학교에 붙어 다니는 것으로 생각한 주변 사람들과 가족들은 너무 당연한 일로 생각해서, 주변 사람들에게 말도 하지 않는 일로 실현되었습니다.

④ 홀로 계신 어머니가 "시집을 가게 됐다"고 말씀하신 꿈 → 새로운 대상과 계약·결합·성사

미래투시적인 꿈인 경우에 실제로 홀로 계신 어머니가 새로운 사람과의 만남

이 이루어지는 일이 일어날 수 있다. 하지만 상징적인 꿈에서는 어머니로 상징된 어떤 일거리나 사업이 다른 대상과의 계약이나 협력이 이루어질 것임을 예지해 주고 있는 꿈으로 볼 수 있다. 예를 들어, 저자의 경우에 꿈속의 어머니는 정성을 다해서 작성한 어떤 작품의 원초적인 원고이고, 시집을 간다는 것은 어떤 출판사와 출판계약을 맺는 일로 실현되었다.

⑤ 알몸의 친정아버지의 소변을 강제로 마신 꿈 → 강압적인 일에 시달리게 되다.

고(故) 한건덕 선생님의 글을 인용해 살펴본다. 한 여인의 꿈에 무엇인가에 쫓겨 도망치다 엎어져서 반듯이 쓰러졌는데, 친정아버지가 알몸으로 나타나 자기 얼굴 위에 걸터 서더니, 입에다 대고 오줌을 누면서 다 받아 마시라고 한다. 어쩔 수 없이 그 오줌을 누는 대로 받아 마신 꿈이었다.

황당하기까지 한 꿈으로, 누군가에게 쫓김을 당하고 있고, 강요에 의해서 무엇인가 시달림을 당하는 일(오줌을 강제로 마시게 하는 꿈)이 일어나고, 그 사람은 친정아버지로 표상된 아는 사람일 것이고--- 등등의 꿈풀이가 가능하지만, 이는 어디까지나 추정에 불과한 것이다. 그가 아버지라는 친근감에 꿈속에서나마 이 같은 일을 저질렀으나, 뒷맛이 개운치 않다. 하지만 이 꿈에서 알몸이 된 친정아버지라고 하는 자는 어쩌다가 불의의 정사에 빠져버린 한 남성의 동일시로 나타냈으며, 그것을 미끼로 계속 치근대며 쫓아다니며, 심지어 돈이나 기타 어떤 요구조건을 들어주지 않으면 가만두지 않겠다고 협박하고 있는 것이었다.

꿈속의 그가 벌거벗은 것은 직업도 집도 돈도 없을 뿐 아니라, 하고자 하는 의지까지 없는 자이기 때문이고, 그녀에게 오줌을 먹인 것은 그자가 요구하는 조건을 강압적으로 하고 있는 것을 뜻하고 있었다. 덧붙이자면 오줌을 받아 마셨다는 꿈속의 사실에서 미루어보아, 당분간은 친정아버지로 표상되어 나타난 그 남자에게서 벗어날 수 없을지 모른다는 것을 추정할 수 있겠다.

≪자식(아들·딸·조카)에 관한 꿈≫

사실적인 요소가 있는 꿈인 경우에는 실제 자식을 뜻하지만, 대부분의 상징적인 미래 예지 꿈에서 자식은 애착을 가지고 대하는 어떠한 대상이나 일거리를 뜻하고 있다. 즉, 자신이 온갖 정열을 기울여 헌신하고 있는 대상이 자식의 상징으로 등장하고 있다. 예를 들어, 주식투자자에게는 자신이 매수한 주식, 자영업자

1 인물·신분·직업, 신령·이적

에게는 새로 구입한 승합차 등등 아끼는 어떠한 물건이나 대상이 자식으로 등장하고 있다.

(1) 아들·딸·조카 꿈에 관하여

아들·딸·조카는 실제 인물이거나, 그들과 맞먹거나 소중히 생각하는 사람의 동일시이며, 애착을 지니고 있는 작품이나 일거리·대상을 상징한다. 이는 자식은 세상에서 가장 소중히 여기는 존재들인 까닭에 꿈속에 상징 표상으로 등장시켜 꿈의 전개 양상에 따라 일의 중요성을 나타내 보이는 것이다.

예를 들어, 아들의 머리가 깨져 피가 나는 꿈의 실현이 자신이 애착을 가지고 있던 주식투자에서 엄청난 손실이 나는 것으로 실현된 사례가 있다. 이처럼 애착을 지닌 주식이 자식의 상징 표상으로 많이 등장하는바, 꿈속에서 아들이 쑥쑥 커서 늠름한 청년이 되어 있는 꿈을 꾼 주식투자자라면, 자신이 매수했거나 매수할 주식에서 좋은 결과를 기대해도 좋을 것이다.

현실에서는 장성한 자녀가 꿈에서는 어린 소년이나 소녀가 되어 자신과 동행하거나 일을 같이한다. 이런 경우에 꿈속의 어린애들의 대부분은 아직 완성되지 못했거나, 목표에 미달한 일거리·대상을 상징한다.

(2) 아들·딸 꿈의 실증사례

① 아들의 머리가 깨져 피가 나는 꿈

아들로 상징된 애착을 지니고 투자하던 주식투자에서 큰 손실을 보게 되었다.

② 아들의 머리가 깨져 속이 들여다보이는 꿈

뜻밖의 자동차 브레이크 고장으로 인하여, 자식처럼 애지중지하던 새로 구입한 승합차의 앞부분이 파손되는 일로 실현되었다.

③ 아이가 머리에 검은 피를 흘리며 죽은 꿈 → 백화점 매장의 철수

제 아이가 죽었다기에 보니까, 머리에 검은 피를 흘리며 죽은 거예요. 막 울었거든요. 다름 아닌 내 아이가 죽는 꿈이니까 너무 찝찝하네요. 제가 백화점에 있는데, 매장이 철수를 하나 마나 계속 결과가 안 나왔는데, 오늘 철수한다는 결과가 났거든요. 그것인가 싶기도 하네요.

우리가 꾸는 대부분의 꿈은 상징적인 예지적인 꿈이다. 따라서 꿈의 해몽도

꿈의 언어인 상징으로 풀이해야 한다. 아이는 자신에게 열정의 대상으로 온 힘을 기울이는 소중한 대상이다. 이러한 아이가 머리에 검은 피를 흘리며 죽은 꿈이니, 피로 상징된 재물이나 이권의 손실을 보게 되는 일로 실현될 수 있다. 따라서 매장의 철수로 손실을 보는 일로 실현되었다고 보는 것이 올바른 해몽일 것이다. 실제 아들의 머리가 다치는 일로 이루어지는 일은 거의 일어나지 않는다.

④ 아들의 슬픈 눈초리를 보는 꿈 → 아들의 어려운 처지를 알게 되다.

사실적인 요소가 있는 꿈이다. 부모가 이 꿈을 꾼 후에 초등학생 아들과의 대화에서 담임의 혹독한 체벌로 인하여 아들이 고통을 받고 있음을 알게 되었다. 이에 담임과 면담하고 올바른 시정 조치를 요구하여 문제를 해결하게 되었다.

⑤ 아들이 나타나는 꿈 → 안 좋은 일이 일어날 것을 예지하다.

> 저는 남편과 10년 전에 이혼하고, 지금의 남편과 재혼한 지 3년 되었습니다. 재혼한 지 9개월쯤 되었을 때 이혼하면서 두고 온 아들이 꿈에 울면서 나타나곤 했어요. 며칠을 몹시 괴로워 혼자 울곤 했습니다. 그리고 나서 남편은 집을 나갔습니다. 남편은 직업도 없고 생활 경제력도 없는 사람이었습니다. 그 후로도 아들이 꿈에 나타나면, 저에게 안 좋은 일이 생기곤 했어요. 아들은 저에게 조심을 알리곤 했지요.

(3) 아들·딸 꿈의 상담사례

> 어린 시절 고향에서 놀던 강가에서 가족과 함께 놀던 중에 큰아들이 없어져 찾으면서 걱정하다 깨어났습니다. 요즘 공사 수주와 관련하여 업무상 스트레스가 심하며 수주와 어떤 관계가 있는지 궁금합니다.

죄송합니다. 솔직한 답변을 원하실 것입니다. 꿈은 반대가 아니라, 상징 표상의 이해에 있습니다. 공사 수주와 관련지어 꿈이 실현된다면, 공사 수주를 하지 못하게 될 것이네요. 그 밖의 다른 일로 실현된다고 하더라도, 안좋게 실현될 것입니다. 큰아들로 상징 표상되어 나타난 애정이 가고 애착이 가는 소중한 대상을 얻지 못하거나 잃게 되는 일로 일어날 것입니다. 사실적인 미래투시의 꿈이라면 실제 그러한 일이 일어날 수 있으니, 그 강가에는 절대로 가지 마시기를 바랍니다. 이러한 안 좋은 꿈은 다가올 충격을 미리 생각하게 하여, 마음의 준비를 하도록 합니다.

(4) 민속의 자식에 관한 꿈

- 꿈에 숲 속에 나무가 나면 귀한 아들이 생긴다.
- 꿈에 마른 나무가 다시 살아나면 자손이 창성한다.
- 꿈에 마른 나무에 꽃이 피면 자손이 흥한다(집안이 화목하다).
- 꿈에 마른 나무의 불꽃을 보면 자손에게 흉하다.
- 꿈에 성 안에 들어가 나무를 심으면 자손을 얻는다.
- 꿈에 문간에 실과나무가 나면 자식이 생긴다.
- 꿈에 난초가 대나무 위에 나면 자손들이 번성한다.

≪여자에 관한 꿈≫

(1) 여자에 관한 꿈에 대하여

꿈속에서 갓난아기나 낯선 여자를 보는 꿈이 좋지 않은 일로 실현된다고 말하는 사람들이 상당수 있다. 갓난아기는 돌보아주어야 하는 근심·걱정의 상징적 의미를 지니고 있지만, 여자는 관습적으로 여성에 대한 비하(卑下), 남존여비 등의 의식이 꿈에 반영되어 있다고 보아야 할 것이다. 여자에 관한 꿈이 대부분 좋지 않게 실현되고 있는바, 절대적인 것이 아니다. 예를 들어 아름다운 여자와 정겹게 데이트하는 꿈, 예쁜 여자가 웃는 꿈으로 복권에 당첨된 사례가 있다.

(2) 여자 꿈해몽 요약

① 젊은 여자가 가련하게 흐느껴 우는 꿈

현실에서 어떤 불길한 일에 당면하여, 그것을 수습할 방도를 얻지 못하게 된다.

② 여자가 노래를 부르다가 흐느껴 울고 있는 꿈

어떤 자가 흉계를 꾸미거나, 자기 마음을 어지럽게 해서 소문난 일에 불쾌를 체험하게 된다.

③ 여자가 얼굴에 피를 흘리고 산발한 채 다가오며 우는 꿈

자기 신변에 위험이 닥치고, 때로는 병에 걸리게 된다.

④ 미친 여자가 아이를 업고 쫓아오는 꿈

화재나 연탄가스 중독 등 사고로 인하여, 고통을 받게 된다.

⑤ 여자(괴물,귀신)가 숨어서 노려보는 꿈

병마(病魔)가 닥쳐오거나 방해자가 해를 끼치는 일이 일어난다.

⑥ 문밖에서 귀신·유령·도깨비, 교활한 여자 등이 교태를 부리고 뒹굴거나 춤추며 들
여다보는 꿈 → 병에 걸리거나 우환이 생긴다.

⑦ 노출된 여성의 엉덩이를 보는 꿈

재수 없는 일을 체험한다. 다만, 이 경우는 단지 보는 행위에서 그쳐 성적 충
동만을 불러오고 성행위로까지 나아가지 못한 경우이다.

(3) 여자 꿈 실증사례

① 여자아이의 엉덩이를 때린 꿈

라디오 진공관 밑바닥을 땜질하다 잘못한 것으로 실현된 사례가 있다.

② 음부 안에 도마뱀의 머리 같은 것을 감추고 있는 여자를 본 꿈

흉계(성기 속의 동물)를 가지고 있는 것으로 실현되었다.

③ 여자의 노랫소리가 구슬프게 느껴지는 꿈 → 곤욕을 치르게 된다.

으스름달밤에 정체불명 여자의 낭랑한 목소리가 곁에서 나는 것처럼 똑똑히
구슬픈 노랫소리로 들려오는 꿈이었다. 다음 날 곤욕을 당하고 심히 괴로워하게
될 것을 노랫소리와 가사 내용으로 상징하고 있는바, 만약 꿈속에서 슬픈 감정이
생기지 않았을 경우에는 곤경에 처하는 일은 일어나지 않는다.

④ 어떤 예쁜 여자와 괴물 같은 남자가 째려보는 꿈 → 몸살이나 두통이 생긴다.

"안녕하세요. 저는 15세 남자입니다. 저는 몸살이나 머리가 아플 때는 항상 똑같은 꿈
을 꿉니다. 어떤 좁은 공간에 시체가 막~~널려있습니다. 그럼 저는 무서워서 죽은 사
람 옆에 누워있습니다. 그때 문에서 예쁜 여자와 괴물 같은 남자가 들어오더니, 주위를
살피더니 저를 보고 저에게 저벅저벅 걸어오는 것이었습니다. 나는 무서워서 눈을 딱
감고 있습니다. 그럼 그 두 사람이 제 배 위로 올라오더니, 저를 두 사람이 교대로 올라
와서 막 째려보는 것입니다. 그리고 악몽에서 깨어납니다."

⑤ 여자 셋이 내 이불을 확 벗겼는데, 자신의 몸이 피투성이였던 꿈 → 교통사고

한국 고고학계의 개척자로 꼽히는 김원룡 박사는 『나의 인생 나의 학문』(학고재
간)에서 다음과 같이 말하고 있다.

'1963년 가을, 경북 고령에서 신라·가야 최초의 벽화고분을 발굴했다. 그해 12월, 정

밀조사를 다시 마친 직후 서울로 올라오는 날 새벽, 흉한 꿈에 잠을 깼다. 여자 셋이 내 이불을 확 벗겼는데, 내 몸이 피투성이였다. 그날 새벽 내가 탄 버스는 출발한 지 몇 분 만에, 논바닥으로 굴렀다. 늑골이 부러지는 중상이었다. 유리를 깨고 버스에서 겨우 빠져나온 내 모습은 꿈에서 본 그 꼴이었다.'

⑥ 흰 소복을 입고 머리를 풀어헤친 여자가 나타나 주위를 맴도는 꿈 → 질병으로 고생하다.

꿈을 꾼 후에 한동안 몸이 아팠고, 온몸에는 부스럼이 나고 머릿속까지 상처 딱지투성이로 고생하는 일로 실현되었다. 이처럼 소복 입은 여자·귀신 등으로 병마(病魔)가 상징적인 표상으로 전개될 경우 질병에 시달리게 되거나, 기타 안 좋은 일로 장래에 실현된다.

⑦ 꿈에 낯선 여자를 보는 꿈 → 교통사고

교통사고인 접촉사고로 80만 원을 물어주는 일이 일어나게 되었다. 이처럼 꿈에 여자가 나타나는 꿈이 안 좋은 일로 실현된다고 말하는 사람이 상당수 있다. 화려한 옷을 입은 여인을 보면 우환 등 안 좋은 일이 일어나거나, 낯선 여자들이 많이 보이면 구설수에 오르게 되고, 또한 아기를 보면 좋지 않은 일이 일어난다고 하는 사람들이 많이 있다.

⑧ 여자의 나체를 보는 꿈 → 교통사고가 나다.

저는 여자인데요. 벗은 여자와 관련된 '유방, 엉덩이' 등을 보고 나면 꼭 차와 관련된 사건이나 사고가 났습니다. 초보로 차를 처음 사서 몰다가 버스 바퀴와 접촉사고가 난 날, 벽을 긁은 날도 그랬어요. 재밌는 것은 최근의 일입니다. 이제는 벗은 여자 꿈을 꾸는데, 제가 직접 사고가 나는 게 아니라, 직원들 중에 누군가가 접촉사고가 난다는 것입니다.---지족, 2012. 01. 14.

⑨ 예쁜 여자가 웃는 꿈 → 복권 5억 원에 당첨

서울에 사는 김 씨는 복권 구입 후에 이상한 꿈을 꾸었다. 자신의 공장에서 납품업체 사장에게 주문을 받고 있는데, 창문가에 아주 예쁘게 생긴 여자가 공장 안을 쳐다보며 빙긋이 웃고 있는 꿈이었다. 평소 여자가 나타나는 꿈을 꾸고 나면, 물건에 하자가 생겨 반품을 몇 번이나 당한 일이 있어 기분이 별로 좋지 않았다고 한다.

결과는 주택복권 1등과 2등이 당첨되어 총 5억 원에 당첨되었다. 일반적으로 여자가 등장하는 꿈이 싸움 등 좋지 않은 일로 실현된다고 말하는 사람이 상당수 있기는 하다. 흔히 여자 꿈이 재수 없다고 말하고 있지만, 중요한 것은 꿈이 어떻게 전개되느냐에 달려있다. 예를 들어, 용꿈이 무조건 좋은 것이 아니다. 피를 흘리며 떨어지는 용꿈을 꾼 경우에는 좌절이나 실패로 이루어질 것이다. 마찬가지로 예쁜 여자가 밝게 웃는 꿈은 이처럼 좋게 이루어질 것임에 틀림이 없다.

(4) 민속의 여자의 꿈

꿈속에서 낯선 여자가 나타나면 안 좋은 일이 일어난다고 많은 사람들이 이야기하고 있다.

- 꿈에 여인을 부르면 해롭다.
- 꿈에 여인을 불러 잡으면 크게 흉하다.
- 꿈에 여자(또는 누이)를 보면 재수 없다.
- 꿈에 여자가 나타나면 재수 없다.
- 꿈에 여자가 단장하면 모든 일이 순조롭다.
- 꿈에 여자가 보이거나 아기 업고 다녔다거나 하면 좋지 않은 일이 생긴다.
- 꿈에 여자가 칼을 빼서 들면 아주 좋다(대길하다).
- 꿈에 여자가 칼을 차면 대길하다.
- 꿈에 여자가 하늘에 올라가서 물건을 만지면 왕후가 될 징조다.
- 꿈에 여자를 만나면 감기에 걸린다.
- 꿈에 여자를 보면 다음 날 몸이 아프다.
- 꿈에 여자를 보면 윗사람이 죽는다.
- 꿈에 여자의 손목을 잡으면 여자와 사귀게 된다.

≪남편·아내·애인에 관한 꿈≫

(1) 남편·아내·애인에 관한 꿈 개괄

꿈속의 남편·아내는 현실에서 실재하는 인물이거나, 어떤 인물을 상징적으로 나타내기도 하지만 현실에서 비상한 관심과 애착을 가지고 성취하려는 일거리나 사업체·작품 등 어떠한 대상을 뜻하는 경우가 더 많다.

예를 들어 아내가 '남편이 다른 여자와 바람피우는' 꿈을 꾼 경우, 꿈속의 여자는 실제 인물이 아닌, 증권·낚시·노름 등에 남편이 빠져들어 가는 것을 상징적으로 보여주는 것이다. 성행위의 상징적 의미는 부동산 매매 체결 등으로 실현되기도 한다.

꿈속의 애인·친구 등도 현실에 실재하는 어떤 인물을 동일시하거나, 애착을 가지고 있던 일거리나 대상 등을 상징적으로 표상하고 있는 경우가 대부분이다. 꿈속에서 전남편·아내나 헤어진 애인 등이 나타나는 경우, 소망표현의 꿈이라면 아직도 이전 사람을 잊지 못하고 그리워하는 것일 수도 있다. 이는 심리 표출의 꿈이다. 하지만 대부분의 상징적인 꿈에서 헤어진 애인은 오래전에 관심을 가졌던 사람이나 일거리·대상을 뜻한다. 꿈속의 남녀는 어떤 사람의 동일시 인물이고, 자신이 이전에 관심을 지녔거나 애착이나 호감이 가는 일거리·대상과 재차 결합·결사·연합·계약이 성사됨을 의미한다. 이때 만족한 성관계를 했다면, 부동산 매매 등과 관련하여 만족한 일로 성사 체결이 이루어지게 된다.

음악가에게는 자신이 사랑하는 악기, 미술가에게는 자신이 열정적으로 진행하고 있는 작품이 아내·남편이나 애인이나 자식 등으로 상징되어 등장한다고 하겠다.

(2) 남편·아내·애인에 관한 꿈해몽
① 남편·아내·애인이 다른 사람과 바람을 피우는 꿈

꿈을 바라보는 시각도 여러 가지이며, 또한 꿈은 꾼 사람의 상황에 따라 달리 실현되고 있다.

첫째로, 먼저 꿈이 사실적으로 전개된 경우라면, 사실적인 미래투시의 꿈으로 가까운 장래에 꿈속에서 본 장소·상황·인물 그대로 실현되어 이루어질 수도 있다. 이런 꿈은 미연에 방지할 수도 있다. 즉, 꿈속에 나타난 인물이나 장소·상황에 처하지 않게 하면 된다.

둘째로, 자기 내면의 잠재의식적 심리가 꿈을 통해 표출되기도 한다. 자신의 바람이나 불안·초조·근심 등이 꿈으로 형상화되고 있는 것이다. 이 경우 평상시에 자신도 모르는 마음속 '남편·아내·애인이 바람을 피우면 어떡하지?' 등의 불안 심리에서 이러한 꿈을 꿀 수도 있다. 이 경우의 꿈은 뚜렷하지 않고 잘 기억나지도 않으며, 황당한 전개를 보여주고 있다.

셋째로, 가장 보편적인 꿈해몽의 방법으로, 장차 앞으로 일어날 일을 보여주는 상징적인 미래 예지 꿈인 경우이다. 애인이 바람을 피우는 대상은 실제의 애인이 아닌, 애인으로 상징된 어떤 대상이나 일거리 등을 나타내고 있다. 즉, 가까운 장래에 남자·여자로 상징 표상되어 나타난 어떤 대상, 즉 증권투자나 낚시·노름·게임·오락·취미 등 어떠한 대상에 몰두하고 빠져들어 감을 상징적으로 나타내주고 있다. 애인 또한 상징적으로 실현된다면, 실제의 애인이 아닌 자신이 애착을 보이고 있는 대상으로, 자신이 믿었던 일거리나 대상이 자신의 영역에서 벗어나 다른 대상과 관련 맺어지는 일로 실현될 수도 있다.

이러한 꿈의 특징은 깨어나서도 기억 속에 생생하게 남아있으며, 현실에서 일어날 수 없는 황당한 전개를 보여주고 있다. 예를 들어 남편이 어린 여중생하고 성행위를 하는 꿈인 경우, 상징적으로 어린 여중생으로 표상되어 나타난 만큼, 그 대상이 이제 시작된 지 얼마 안 된 아직 미숙한 단계에 있게 됨을 뜻하고 있다. 꿈의 상징 표상전개의 수법은 그 어느 문학가나 작가가 표현하지 못할 정도로 놀라울 정도로 뛰어난 표현을 보여주고 있다.

② 애인과 성행위를 하는 꿈

프로이트는 꿈은 소망의 표현이라고 말하고 있다. '꿈에 본 내 고향'이란 말이 있는 것처럼, 평상시에 잠재의식적으로 애인과 성행위하고 싶은 마음에서 이러한 성행위의 꿈을 꿀 수가 있다. 사실적인 전개의 꿈이라면 꿈에서의 일이 있는 장차 현실에서 그대로 일어남을 뜻한다. 따라서 이러한 경우, 특별한 해몽은 필요 없다.

하지만 꿈 내용이 과장되고 황당한 전개의 상징적인 미래 예지 꿈이 대부분이다. 꿈속에서 애인은 실제의 애인 이외에, 동일시된 어떠한 인물이나 자신이 애착을 가지고 있는 일거리나 작품·사업·대상 등을 상징할 수도 있다. 성행위는 애인으로 상징되는 일거리·작품·대상 등과 어떠한 결사·결합·계약의 성사 등으로 이루어진다. 이 경우 만족한 성행위를 하는 것이 좋은 꿈으로, 소원의 성취와 만족함 등을 경험하게 된다. 동네 슈퍼아줌마와 격렬한 성행위를 하는 꿈을 꾼 후에 복권에 당첨된 사례가 있다.

한편 애인이나 남편과 평상시대로 잠자리를 같이 하였는데, 나중에 자세히 보니 그는 딴 남자여서 놀라 깨게 되는 꿈이 있다. 꿈속의 애인이나 남편은 실제의 애인이나 남편이 아니라 어떤 일거리를 표상한 것이며, 성행위는 그와의 일에 대한 교섭답지·계약 등의 일을 상징하고 있다. 이 경우, 자신이 관련을 맺고자 하던 일이 아닌, 엉뚱한 다른 일에 관여하게 되는 일로 실현될 수 있다.

③ 애인과 키스하는 꿈

역시 심리 표출의 꿈인 경우, 애인하고 키스하고 싶은 자신의 그러한 욕구가 꿈으로 나타난 것으로 볼 수 있다. 또한 사실적인 미래투시 꿈으로 실제로 애인과 키스하는 일로 이루어질 수 있기도 하다.

하지만 대부분의 상징적인 의미의 해몽에서는 애인과 만족스러운 키스를 하는 꿈의 경우, 그 애인이 실제 인물로 해석될 때는 상대에게서 기쁜 소식이나 자백 등을 들을 수 있게 되며, 결혼 승낙을 얻기 원했던 사람은 현실에서 그 소원이 이루어진다. 또한 애인이 다른 것을 상징하는 경우에는 자신이 추구하던 일거리·대상 등으로부터 관련을 맺게 되는데 애인과 만족스러운 성행위를 하는 꿈보다는 못하지만, 그 일에 관한 좋은 소식을 듣게 된다. 즉, 꿈속에 나타난 애인과 만족스러운 키스가 이루어진 경우, 자신이 관심을 가지고 있었던 일거리나 외국어 공부, 사업 주식투자 등등 어떠한 대상으로부터 진행이나 성취, 허락이나 성공 등 좋은 결말로 실현된다. 다만 이 경우, 성행위로 나아가지 못한 것에 대한 불만족스러운 마음이 없이 꿈이 끝나야 한다.

④ 애인과 데이트를 하는 꿈

애인과 데이트를 하는 꿈은 자신의 그러한 잠재의식적인 소망이 꿈으로 나타날 수도 있으며, 사실적인 꿈이라면 실제 데이트를 하게 된다. 하지만 상징적으로는 애인으로 표상된 어떤 대상이나 일거리·사람과의 일 성사 여부를 의미하며, 좋은 데이트는 좋은 일로 실현된다. 애인과의 멋진 데이트 꿈을 꾼 후 복권에 당첨된 사례가 있다.

마찬가지로 짝사랑에 빠졌던 여성이 자기 품에 안기는 꿈은 자신의 간절한 잠재의식적인 바람이 꿈으로 표출되는 경우도 있다. 상징적인 꿈인 경우에는 애인으로 상징된 성취하고 싶었던 일이 이루어지는 일로 실현된다.

⑤ 꿈에서 애인이나 친구가 생긴 꿈

평소 자신의 간절한 바람이 애인이 생기는 꿈으로 대리만족하게 하는 경우가 있을 수 있다. 또한 사실적인 미래투시의 꿈인 경우, 꿈에서처럼 애인이 새롭게 생기게 될 것을 뜻한다. 하지만 대부분은 상징적인 미래 예지 꿈으로, 애인이 생기는 꿈은 애인처럼 애착이 가는 일이나 관심사, 호감이 가는 일이 새롭게 생기게 되는 것을 뜻한다.

예를 들어 바둑이나 주식·스키·낚시·독서·여행 등 어떠한 새로운 대상에 빠져 들어가는 일로 실현될 수 있다. 이때 애인이나 친구가 잘생기고 마음에 들수록, 현실에서는 호감이 가는 일이 있음을 의미한다. 꿈의 언어는 상징의 언어로, 꿈속에 나타나는 모든 대상이나 인물을 상징적으로 이해하여야 할 것이다. 꿈은 사람을 등장시켜 어떤 일거리나 작품을 상징적으로 나타내주기도 한다.

⑥ 애인에게 맞거나 궁지에 몰리는 꿈

평소 애인에 대한 부담이나 불안감에서 이런 꿈을 꿀 수가 있으며, 사실적인 전개의 미래투시의 꿈이라면 실제의 일이 현실에서 일어날 수가 있다. 상징적인 꿈에서 애인은 실제 애인이 되거나 혹은 애인에 준하는 다른 사람, 오래전에 관심을 가졌던 일이나 애착이 가는 일거리가 될 수 있다. 상징적으로 믿었던 대상으로부터 실망감을 느끼게 되거나, 불합리한 여건으로 인하여 배척을 당하게 되거나, 실제 육체적인 가학보다는 질타나 혹평·잔소리 등을 받게 되는 일로 생겨날 수 있다.

⑦ 애인이 죽는 꿈

사실적인 꿈이라면 실제의 일로 꿈과 같거나 유사한 일을 현실에서 그대로 경험하게 되는 일로 실현된다. 상징적으로 애인은 실제 애인이거나, 애인의 권위·신분 등에 맞먹는 동일시된 인물 또는 애착이 가는 일거리나 대상·작품·사업 등을 뜻한다. 죽음은 현실에서는 괴롭고 고통스러운 일이지만, 상징적인 의미에서 부활·재생·성취 등을 의미하는 좋은 표상이다.

애인이 죽는 꿈은 실제의 애인이 새롭게 취업을 하거나 성취를 이루어내어, 낡은 껍질을 벗고 새롭게 태어나는 인생길이 펼쳐질 수 있다. 또한 죽는 꿈이 사람이 아닌 경우, 무산이나 좌절을 상징하는 표상이 될 수 있다. 따라서 안 좋게는 애인으로 상징된 애착이 가는 일거리·대상·사업·작품 등이 무산되거나, 실패하는 일로 이루어질 수도 있다.

⑧ 애인과 결혼하는 꿈

잠재의식의 소망표출의 꿈이라면, 자신의 바람·소망 등이 꿈으로 대리만족을 얻게 해주고 있다. 사실적인 꿈이라면 꿈과 같은 일이 장차 현실에서 그대로 일어나게 된다. 하지만 과장이 심하고 황당한 전개를 보여주는 꿈은 상징적인 미래 예지 꿈이다. 결혼하는 것은 상대방으로 표상이 되는 어떠한 인물이나 대상·일·사업 등과의 새로운 결사·결합·약속·성취 등을 이루게 됨을 의미한다. 이 경우 상대방이 마음에 들수록, 맺어질 일에 대해 만족하게 됨을 의미한다. 따라서 애인과 결혼하는 꿈은 애인으로 상징된 자신이 마음에 두었던 일거리나 대상과 좋은 관련을 맺어 성취를 이루어내게 되는 좋은 꿈이다.

⑨ 애인이 헤어지는 꿈

심리 표출의 꿈이라면, 평소 '애인이 헤어지자고 하면 어쩌지?' 등 불안하게 느꼈던 부담이 꿈으로 표출된 경우이다. 물론 사실적인 전개의 꿈이라면, 실제 애인이 결별 통고를 해오는 일로 실현될 수가 있다.

하지만 우리가 꾸는 꿈의 대부분은 상징적인 미래 예지 꿈으로 실현되고 있다. 상징적인 미래 예지의 꿈에서 애인은 애착이 가는 어떤 일거리나 대상·관심사가 될 수 있다. 예를 들어 공부·운동·노름·주식 등등 이러한 대상에서 멀어지게 되고, 더 이상 관련을 맺지 못하는 일로 실현되고 있다. 새로 구입한 승용차가 애착이 가는 대상으로 애인의 상징으로 꿈에 등장할 수도 있는바, 애인이 헤어지자는 꿈을 꾼 후에 주식투자 실패 등으로 사정이 생겨 승용차를 팔아야 하는 상황에 처해질 수 있는 것이다. 일반적으로는 자신이 현재 열정을 가지고 대하는 어떤 일거리나 대상에서 결별하게 되는 일로 이루어진다.

⑩ 헤어진 애인이 화를 내는 꿈

사실적인 전개의 꿈은 실제 그러한 일로 일어날 수 있다. 하지만 꿈 내용이 과장되고 황당한 전개라면 상징적인 예지적 꿈으로, 헤어진 애인은 그와 유사성이 있는 어떤 사람이거나, 혹은 이전에 관심을 가졌던 사람이나 일거리·대상을 가리킨다. 이런 사람이나 대상으로 인해, 질타나 혹평·잔소리 등을 당하는 일로 실현될 수 있다. 할 말도 못하고 듣기만 했다면, 현실에서도 공박이나 대답을 하지 못하고 답답해하거나 수모를 당하는 일로 이루어진다.

⑪ 과거의 애인이 냉정한 표정의 꿈

잊지 못하는 과거의 애인이 꿈속에 자주 나타나 때로는 식사를 같이 하기도 하지만 어떤 때는 아무리 불러도 뒤쫓아도 뒤돌아보지도 않고 가버린다. 이런 경우 과거의 애인으로 상징되는 지난날 애착을 지녔던 어떤 일거리나 대상에 관심을 기울이게 되지만, 아무리 애를 써도 좋은 마무리로 성사되지 않게 된다. 한편, 과거의 애인으로 상징된 새로운 상대자가 나타난다 할지라도 결혼까지는 이루어지지 않게 된다.

⑫ 죽은 애인이 문밖에서 부른 꿈

죽은 애인이 문밖에서 자기를 부르는 소리에 맨발로 뛰어 나가 보았으나, 그곳에는 아무도 없었던 꿈은 죽은 애인으로 표상되는 어떤 새 사람이 생겨 청혼해 오는 일로 실현되었다.

죽은 망령이 살아있을 때와 똑같이 나타난다고 해도, 그는 망령도 아니고 실제 인물도 아닌, 과거에 한 번 이상 현실에서 인연이 있었던 어떤 사람을 동일시한 인물로 표현된 것이다. 꿈속의 그가 현실에서는 남자인데도 여자로 나타나는 경우도 있다. 이런 꿈에 있어서도 죽은 애인으로 표상되는 새로운 일거리나 대상으로부터 제안을 받게 되거나, 어떤 새 사람이 생겨 청혼해 올 일을 이렇게 표현하고 있는 것이다.(글: 한건덕)

⑬ 꿈속에 연애했거나 이혼한 과거의 애인이 나타나는 경우의 꿈

하다가 그만둔 일거리에 다시 착수하는 일로 실현되었다. 소망표현의 꿈의 경우에는 아직도 전 연인을 그리워하는 경우도 있을 수 있지만, 절대적으로 그를 잊을 길이 없어 그런 꿈을 꾸는 것만은 아니다. 상징적인 미래 예지 꿈에서는 어떤 사람의 동일시 인물이고, 때로는 하다가 그만둔 일거리나 대상에 다시 착수할 일이 생길 때 이와 같은 꿈을 꿀 수가 있다.

⑭ 애인이 자기 집 방 문턱에 걸터앉아 들여다보는 꿈

그가 결혼할까 말까 망설이고 있음을 나타낸다.

⑮ 애인과 더불어 아이스크림 등을 사 먹는 꿈

혼담 또는 이별이 급격히 이루어지고 감정이나 인연이 곧 해소된다.

⑯ 애인과의 키스가 열렬하고 만족스러운 꿈

상대방에게서 기쁜 소식이나 고백, 결혼 승낙 등을 얻거나 좋은 소식이 온다.

⑰ 애인이 화장품을 사 주는 꿈 → 결혼 선물을 주거나 애정의 표시를 하게 된다.

① 인물, 신분·직업, 신령·이적

(3) 남편·아내·애인 꿈의 실증사례

① 죽은 남편이 집문서를 주고 가는 꿈 → 복권에 당첨된 사례가 있다.

② 남편과 이혼하고 엉엉 통곡하는 꿈

꿈속에서 울고 나니 시원하게 느껴졌던 꿈의 실현이 즉석식 복권 4천만 원 당첨으로 실현된 사례가 있다. 좁고 낡은 단칸방(남편으로 상징)에서 새로운 넓은 방으로 옮겨가는(이혼하는 것으로 상징) 일로 이루어진 것이다.

③ 친척이 아내를 새로 얻는 꿈 → 예지적인 꿈으로 실현

사촌 남동생이 아내를 얻는 것을 보는 꿈은 친척으로 상징된 다른 인물이 살림을 차렸다는 말을 듣게 되는 것으로 실현되었다. 인물의 바꿔놓기가 이루어진 사례이다.

④ 꽃 사이에 아내의 얼굴을 본 꿈 → 태몽 예지

큰 리무진 안에 화원을 옮겨놓은 듯 각양각색의 화려한 꽃들이 가득 차 있는데, 꽃들 사이로 아내의 얼굴이 보였다. 태몽으로 실현된바, 시험관 아기 시술로 딸을 출산하였다.

⑤ 버스가 애인을 싣고 사라진 꿈 → 애인과 결별

애인과 서로 마주 보면서 만나려고 걸어가는데, 버스 한 대가 빠르게 내 쪽으로 돌진해오더니 애인은 사라졌고, 나는 혼자 낯설고 이상한 곳에 있었던 꿈이었다.

애인의 졸업식 날 꿈을 꾸었는데, 그날 이후 헤어지게 되었다.

⑥ 애인이 버스로 데려다 주고는 내리지 않고 그대로 가버린 꿈 → 애인과 결별

다음 날 사소한 말다툼 끝에 헤어지게 되었다.

⑦ 애인이 강 건너에 있는 꿈 → 애인과 결별

J라는 친구가 있었습니다. J의 남자 친구를 몇 번 본적이 있는데, 그 둘에 관한 꿈입니다. 강을 사이에 두고 J 혼자 강 건너에 서서, 물끄러미 쳐다보고 있는 꿈을 꾸었습니다. 한참 뒤에 J와 그 남자는 헤어졌다고 하더군요.(주부: 구자옥)

⑧ 전쟁터에 나간 애인이 이름 모를 성안에 갇혀 고통을 겪고 있는 꿈 → 사실적 미래투시

애인이 죽었다는 이야기를 듣고 애인을 찾아 나선 뒤, 실제로 꿈에서 본대로 똑같은 성(城)을 발견하고는 마을 사람들을 설득해 애인을 구출해낸 외국의 사례가 있다.

⑨ 주머니 안에 아내가 들어 있다는 꿈(실증사례) → 아내가 가출하다.

어느 남편의 꿈이다. 꿈속에 웬 노인이 나타나서 복주머니 같은 것을 가리키며, "이 안에 당신의 아내가 들었으니 가져가라"고 한다. 그래 "아니, 그렇게 조그마한 주머니 속에 내 아내가 어떻게 들어가 있느냐?"고 물었다. 노인은 "가져갈 거냐, 그만둘 것이냐?"라며 선택을 강요하는 것이었다. 이에 망설이다가, 할 수 없이 주머니를 받아오는 꿈이었다.

현실에서는 어떠한 일이 일어날 것인가? 아내가 주머니 안에 갇혀 있다는 것이 별로 안 좋은 표상이요, 다행인 것은 그나마 그것을 받아서 돌아왔다는 것이다. 꿈에서 무엇을 받는 꿈은 대부분 좋은 일로 실현되고 있다. 받은 물건이 무엇이냐에 따라서 현실에서는 어떠한 재물·이권의 획득이나, 나아가 시험에 합격한다든지 결혼을 하게 된다든지 하는 일들이 이루어지고 있다.

현실에서 일어난 일을 살펴보자. 꿈을 꾼 며칠 뒤에 아내와 싸움을 하게 되고, 이어 아내가 가출하는 일이 벌어졌다. 아내의 행방을 수소문하던 중에 아내가 일주일 후에 스스로 집으로 돌아왔다. 이에 부부는 서로 간의 잘못을 인정하고, 다시 사이좋게 살아가기로 했다. 이처럼 상징적인 꿈은 그대로 실현되고 있음을 알 수가 있다. 만약 꿈속에서 주머니를 받아 가지고 오지 않았다면, 부부가 이혼을 하게 되는 일로 실현되었을 것이다.

(4) 남편·아내·애인 꿈의 상담사례

① 남편이 괴롭히는 꿈

평소에는 남편과 금슬이 매우 좋은데, 꿈속에 나타나서는 비웃고 조롱하며, 아주 심하게 괴롭힙니다. 심하게는 꿈속에서 때리고 아주 서럽게 울립니다. 너무나 실제 같아서 꿈에서 깨고 나면 진짜 눈물이 흐르고 온몸이 멍든 것처럼, 아파서 움직이지를 못합니다. 그런 꿈을 처음에는 두 달에 한 번 정도 꾸다가, 요즘 들어와서는 한 달에 두세 번 거의 똑같은 꿈을 반복해서 꿉니다.

꿈을 꾸고 나면 그날 하루는 몸이 매우 좋지 않습니다. 평소에 꿈을 꾸면 거의 꿈처럼 맞는 편입니다. 그런데 이 남편에 대한 꿈은 어떻게 해석을 해야 될까요? 평소에 남편은 저한테 너무나 잘해줘서 싸우는 일이 별로 없습니다. 남들에게 천생연분, 잉꼬부부라고 소문나 있습니다.

한 달에 두세 번 반복된다는 이야기는 꿈으로 예지된 어떤 일이 꼭 일어난다는 것이지요. 안 좋은 꿈이네요. 남편의 상징 표상이 무엇을 뜻할지는 정확하게 말할 수 없고요. 병마(病魔)라면 가장 이해하기는 쉽지만, 이 경우 질병에 시달리게 되는 일이 일어나게 되고요. 상징적인 미래 예지 꿈이라면, 남편으로 표상된 가까운 존재나 믿었던 사람이나 대상·일거리 등에 의해, 시련을 겪고 어려움을 당하게 되는 일로 실현될 듯하네요. 사실적인 요소가 있는 꿈이라면, 장차 남편이 변심함을 예지해주는 꿈이 될 수도 있습니다. 심리적인 표출의 꿈의 입장에서 본다면, 어떠한 힘겨운 일거리나, 마음에 벅찬 어떤 근심·걱정 등에 얽매여 있지 않나 생각해보세요.

② 헤어진 애인이나 친구가 나타난 꿈

> 예전에 사귀던 남자친구가 자주 꿈속에 나타나요. 꾸면서도 이런 꿈을 꾸는 것도 '나의 잠재의식 속에 있던 생각이 나타나서 그런가?' 하는 생각을 했는데, 도대체 이 꿈이 무슨 꿈인지 해몽 좀 해주세요.

꿈에는 여러 가지가 있지요. 첫째, 프로이트 식으로 억눌린 소망표현의 꿈으로 보자면, 이용자가 생각하고 있는 것처럼 전에 사귀던 애인을 보고 싶은 마음이 잠재되어 있어서, 꿈을 통해 나타남으로써 억눌린 욕망을 해소하고 대리만족을 느끼게 하기 위해서 꿈에 등장한다고 보는 경우이지요. 둘째, 사실적인 요소가 있는 꿈으로 실현된다면, 꿈속에서 만난 장소 상황에서 다시 애인을 만나게 되는 일이 일어날 것이고요. 이런 경우 특별한 해몽은 필요 없지요. 셋째, 상징적인 미래 예지 꿈으로 본다면, 과거의 애인은 실제의 애인이 아닌, 과거의 애인처럼 이전에 자신이 관심을 가졌던 어떠한 일거리나, 작품 및 대상을 뜻할 수가 있으며, 앞으로 그러한 것에 다시 관심을 갖게 될 것을 뜻하고 있습니다. 헤어졌다가 다시 사귀는 꿈의 상징적인 의미는 자신이 이전에 관심을 지녔거나 애착이나 호감이 가는 일거리·대상과 재차 결합·결사·연합·계약이 성사됨을 의미합니다. 이때 만족한 성관계를 했다면, 만족할 일로 성사·체결이 됩니다.

③ 다른 여자의 남자가 되어버린 그가 꿈에 나타나요.

> 저와 사귀진 않았지만, 서로 좋아하던 남자친구. 그는 무척 저를 좋아하고 사랑했다고 합니다. 지금은 다른 여자의 남자가 되어버린 그가 꿈에 얼마 전 나타났습니다. 이불 위에 그가 옆으로 누워 있었고, 제가 그의 옆에 누워서 그의 팔을 베고 누웠는데 너무도 포

근하고 따뜻한 느낌이었어요. 그는 저의 허리를 감았고요. 궁금합니다.

'애인'이나 '연애'를 검색해 실증적인 여러 사례를 읽어보시기 바랍니다. 첫째, 프로이트 식의 꿈해몽을 하자면, 잠재된 욕망의 표현으로 그와의 따뜻하고 감미로운 순간을 바라는 마음이 꿈으로 형상화되어 나타났다고 하는 경우이죠. 이 경우 꿈에 어떠한 특별한 뜻은 없고요. 단지 자신의 그러한 바람이 꿈으로 형상화되어 나타났다고 보면 됩니다. 즉, 심리 표출의 꿈이 되는 셈이지요. 둘째, 가장 많게는 가까운 어느 날 그에 대한 어떠한 소식을 듣게 되는 일로 실현된 사례도 많고요. 셋째, 상징적인 미래 예지 꿈으로 보자면, 과거의 연인으로 다정한 모습으로 상징 표상되어 나타난 것처럼, 과거에 마음 두고 있던 어떤 일거리나 대상과 좋은 관계·관련이 맺어지는 일로 실현될 것입니다.

첫 번째일 가능성이 많네요. 참고로 가능성이 있는 이야기를 더 해볼까요. 사실적으로 전개되는 꿈이었을 경우, 실제 그와 현실에서 재회하게 되고 꿈에서 본 대로 그러한 상황이 현실에서 그대로 일어날 수도 있습니다. 또한 남자의 경우 몽정(夢精)이라고 있지요. 성적(性的)인 꿈을 꾸면서, 사정(射精)하게 되는 경우이지요. 이 경우 황당하게 전개되는 꿈에는 아무런 의미가 없고요. 오직 성적으로 흥분시켜 몽정을 유도해내기 위한 꿈의 전개수단이지요.

이와 마찬가지로 과학적으로 증명할 수는 없지만, 여성의 경우도 성적(性的)으로 흥분된 상황이 오게 되는 경우, 꿈의 전개를 통해 한층 그러한 감정을 고조시키게 되는 역할을 해주고 있다고 보입니다. 아마도 이 꿈을 꾸는 순간에 여성도 성적으로 흥분상태에 있었다고 보이고요. 배란기일 때, 이러한 꿈이 더 잘 꾸게 될 것이고요.

④ 헤어진 애인이 계속 만나자고 하는 꿈

헤어진 애인이 꿈에 나타나서, 계속 만나자고 해요.

상징적인 예지적인 꿈에서 헤어진 애인은 실제의 그이거나 동일시된 인물 또는 이전에 자신이 애착을 지녔던 일거리·대상이나 작품·사업을 뜻하는 경우가 많습니다. 그를 잊지 못하고 헤어진 경우라 한다면, 어떠한 권리나 관계는 종료되었지만, 아직 미련이나 애착이 남은 상태로 볼 수 있을 것입니다. 계속 다시 만나자고 하는 것은 어떠한 새로운 계약이나 연합 등을 제의하고 교섭하게 되는 일로 실현될 것입니다.

⑤ 애인에 관한 엄마의 꿈 때문에 불안합니다.

저는 지금 남자친구와 8년째 사귀고 있는데, 엄마는 별로 내키지 않아 하셨습니다. 그 와중에 엄마가 꿈을 꾸셨는데, 우리 식구들이 베란다 난간에 서 있고, 누군가가 난간 아래에 떨어져 산산조각이 나 있더랍니다. 그런데 유독 저만 같이 떨어지겠다고 발버둥을 쳐서 엄마가 잡았다고 하시며, 그게 남자친구에 관한 꿈이 아니겠느냐고 그러셨는데, 마음에 너무 걸려서 불안합니다. 엄마는 독실한 기독교 신자십니다. 도와주세요.

어머니 꿈으로 보자면, 상징적인 미래 예지 꿈이네요. 꿈의 표상 그대로입니다. 누군가(애인이 될 가능성이 높음) 난간 아래에 떨어져 산산조각이 나는 표상은 좋지가 않네요. 파탄, 파멸, 실패, 좌절의 상징으로 볼 수 있는 ---. 같이 떨어진다는 표상 역시 같은 입장에 처하려고 하는 것이고요. 어머니가 잡았다는 것은 꿈의 표상대로라면 그러한 것을 막는 ---.

다만, 상징적인 꿈에는 그 실현에 의외성이 있지요. 죽음의 꿈이 재생·부활 등 새로운 탄생의 의미가 있기에 좋은 쪽이든 나쁜 쪽이든 산산조각이 되어 떨어진 사람에게 새로운 길로 나아가는 일이 있게 될 것입니다.

이러한 상징적인 꿈은 결국 꿈대로 이루어진다는 데 있지요. 아무리 어떻게 한다고 하더라도 결국은 꿈대로 이루어질 것입니다. 엄마가 잡았으니 현실에서도 말려들어 가는 것을 막아내게 되는 일로 실현될 듯하고요. 솔직하게 답변을 했습니다. 해몽을 부탁한 이용자에게 듣기 좋은 말을 하는 것보다, 있는 그대로를 말씀드리고 싶습니다.

(5) 가정·아내·자식에 관한 민속의 꿈

- 꿈에 금 노리개를 보면 첩을 얻는다.
- 꿈에 꽃핀 것을 보면 집에 새 사람이 생긴다.
- 꿈에 담요를 사거나 만들면 가정이 단란하다.
- 꿈에 부인과 함께 술을 마시면 대길하다.
- 꿈에 부처님을 찾아 절에 들어가면 부처님의 은혜로 자손이 번성한다.
- 꿈에 수염이 많이 나면 자손에게 재수가 있다.
- 꿈에 오리고기를 먹으면 처첩에게 해롭다.
- 꿈에 화장실에서 피를 토하면 가정에 우환이 생긴다.
- 꿈에 화장을 하면 처첩이 간사하다.

≪신랑·신부의 꿈≫

신랑이나 신부는 새롭게 시작한 어떠한 사람이나 일거리·대상을 상징한다. 또한 심리적인 측면에서 볼 때, 결혼에 대한 성적 욕망에서 신랑·신부의 꿈을 꾸게 되거나, 성적으로 어른이 되고 성숙해지고 싶은 소망을 나타내며, 사랑을 받고 싶은 강렬한 잠재적 욕구로 인해 신랑·신부의 꿈을 꾸고 있다.

통계조사에 의하면, 결혼식장에 갔다 온 사람들이 그날 밤 부부나 애인 간에 성행위를 하게 되는 것이 여느 때보다 높아진다고 밝히고 있다.

≪임신부의 상징 표상≫

임신은 어떠한 사업이나 일거리·대상에서 성취에 대한 가능성을 내포하고 있다. 따라서 아기를 낳거나 낳는 것을 보는 꿈은 그동안의 연구 결과를 얻게 되거나, 재물이나 이권 등을 얻거나 일이 성사된다. 임산부를 보거나 자신이 임산부가 되어 있는 꿈은 사업이나 일거리·대상에 관한 성과가 조만간 이루어지며, 연구 결과나 성취를 이룰 날이 가까웠음을 의미한다. 또한 처한 상황에 따라, 연구 논문이나 저서의 완성, 작품이나 프로젝트의 완성, 정기적금의 만기일이나 원금에 대한 이자 등을 받을 날이 가까워지는 일로 실현되기도 한다. 또한 사실적인 꿈에서는 실제 임신하는 일로 이루어지기도 한다.

≪친구에 관한 꿈≫

남편·아내·애인에 비하여, 친구 또한 자신에게 소중한 일거리나 대상을 상징한다. 하지만 이 경우에 애인이나 남편·아내보다는 중요도가 떨어진다고 하겠다. 또한 꿈속에 나타난 자식의 상징적 의미에도 미치지 못한다고 볼 수 있다. 친구는 실제의 인물이거나, 친구와 맞먹는 동료·동업자 등 어떤 사람을 상징적으로 나타내고 있다. 또 하나의 자아, 아내·남편이 친구로 상징되어 나타나기도 하며, 일거리·대상이나 작품 등을 상징하기도 한다.

상징적으로 새로 사귄 남자친구는 이제 시작된 지 얼마 안 되는 일거리나 대상을 뜻할 수 있다. 남자 친구를 다시 보게 되는 꿈이라면, 일거리나 대상과 다시 관련을 맺게 되거나 착수하게 되는 일로 실현이 가능하다. 헤어진 남자친구가 나

① 인물·신분·직업·신령·이적

타난 경우, 자신이 이전에 애착을 가졌거나 빠져들었던 경향의 일거리나 대상 등에 다시 관련을 맺게 되는 일로 실현될 수 있다.

① 친구가 나타난 꿈

자신에게 충고하는 친구는 상징적으로 또 하나의 자아가 분장 출연하여 등장하는 경우도 있다. 친구의 부모는 동업 중인 어떤 일과 관계된 윗사람의 동일시이거나 실제 인물일 수도 있다.

사실적인 미래투시의 꿈이라면, 꿈속의 남자 친구는 실제 남자 친구를 나타내주고 있다. 하지만 우리가 꾸는 대부분의 꿈은 상징적인 미래 예지 꿈이다. 상징적인 꿈에서 친구는 자신이 관심을 지닌 어떠한 일거리·작품·사업·대상·관심사등을 상징하고 있다. 이 경우 애인이라면, 보다 더 애착을 지닌 일거리나 대상을 상징한다.

② 동창생에게 무언가 설명하고 있는 꿈

어떤 장소에서 동창생들이라고 생각되는 늙은 사람 10여 명이 한 줄로 둥글게 나란히 서거나 앉아 있는데, 그 앞에서 이리저리 옮겨 걸으면서 무엇인가 열심히 설명하고 있다. 동창생이니 뜻을 같이할 사람들이요, 같이 늙었으니 어떤 문제 해결에 동등한 자격을 가진 자들로, 설명하는 것을 듣는다는 것은 주장에 따라주는 일이 일어날 것을 예지해 주고 있다.(글: 한건덕)

③ 남자친구가 기습적으로 키스하는 꿈(실증사례)

인형을 선물 받는 일로 실현되었다. 이 경우, 사실적인 꿈이라면 현실에서 실제의 일로 실현된다. 또한 상황에 따라, 남자친구로 상징된 사람이나 대상으로부터 어떠한 제안을 받게 되는 일로도 실현 가능하다.

④ 친구가 어린애 등 어릴 때 모습으로 나타난 꿈 → 미숙한 존재임을 암시

친구들이 꿈속에서 어릴 때 모습으로 나타나는 경우, 어떤 일을 함에 있어서 지혜가 모자라거나, 일에 미숙하거나, 일거리가 불완전하다고 판단할 경우에 표현된다. 자기는 성인인데 친구는 어려 보이는 꿈은 그 어떤 일의 전문 분야에서 친구는 뒤떨어져 있음을 나타내주고 있다. 마찬가지로 친구가 거인으로 등장한 꿈은 자신보다 큰 능력을 발휘하게 됨을 예지해주고 있다.

⑤ 친구랑 강도·강간·살인을 당하는 꿈(실증사례) → 사실적인 요소 꿈으로 실현

꿈속에서 친구랑 여행을 갔는데, 강도·강간·살인을 당하는 꿈을 꾸었습니다. 깨어난

뒤 걱정이 되어서, 바로 친구에게 연락했습니다. 그런데 그날 밤 친구 집에 강도가 들었습니다.

꿈에는 반사실·반상징의 꿈이 있는바, 실제 강도가 드는 꿈으로써 반(半)사실적 요소의 꿈으로 실현되고 있다.

⑥ 꿈에 친구 집의 싱크대 안에 설거지거리가 쌓여 있어서 대신해주는 꿈(실증사례)

친구에게 일어날 일을 꿈으로 예지한 사례이다. 친구가 몸살이 나서 얼굴과 손발이 퉁퉁 부어서 집안일은 아무 것도 못 하고, 주사를 맞고 며칠 고생하였으며, 설거지며 밥 차리는 일은 신랑이 도맡아 해 주었다고 한다. 유사한 사례로, 목발이 쌓여 있는 꿈을 꾼 후에 애인이 교통사고로 다리를 다치는 일로 실현되었다.

⑦ 남자 친구가 바람피우는 꿈(실증사례) → 사실적인 요소의 꿈으로 실현

안녕하세요. 저는 16살 AB형 여자랍니다. 저는 유독 자주 그러는 것 같은데요. 예지몽이랄까? 그런 꿈을 자주 꾸는 것 같아서요. 남자친구가 바람피우는 꿈을 꾸고 나서, 며칠 후에는 남자친구가 헤어지자고도 했었고요.---B고구리, 2007. 07. 28.

⑧ 특정의 친구가 나타나는 꿈(실증사례) → 사고 예지

필자가 스포츠 신문 연재할 때에 받은 독자의 편지 내용을 소개한다.

저는 꿈에 특정 인물에 관한 이야기를 할까 합니다. 중학교 동창인 한 친구가 있습니다. 이상하게 그 친구가 꿈에 나타나면, 저 아니면 그 친구가 안 좋은 일이 생깁니다. 한 예로 그 친구가 꿈에서 승용차를 타고 가면서, 손을 흔들고 지나가는 모습을 보았는데, 다음 날 경미한 자동차 사고가 났습니다. 또한, 꿈에 친구가 칼에 베어 피가 났는데, 유리창이 깨져 손에 피가 났습니다. 요즘은 그 친구 꿈은 잘 꾸지 않습니다. 그 친구가 무엇을 하는지 궁금하군요.---안○○

⑨ 친척 오빠가 여자 친구를 데리고 들어온 꿈(실증사례) → 교통사고로 같은 병원에 입원하게 되다.

어느 날 꿈을 꾸었는데 정말 생생해요. 친척 오빠가 자기 여자친구라고 하면서 어떤 여자애를 데리고 우리 집으로 들어온 거예요. 근데 그 아이는 주위의 눈치도 안 보고, 텔레비전 앞에 앉아 능청스럽게 있는 거예요. 그래서 제가 그 여자애한테 나이도 물어보고 이름도 물어보고 했어요. 근데 살이 퉁퉁하니 까만 단발머리를 보니 누군가 많이 닮았다는 생각이 들더라고요

그날 저녁 제 동생 친구가 집으로 놀러 왔는데, 꿈에서 본 친척 오빠 여자친구랑 똑같은 거예요. 완전 똑같다는 말할 수 없지만 단발머리에 살이 통통한 것도 똑같은 거예요. 그래서 '그 친구를 보려고 그런 꿈을 꾸었구나' 하고 생각했는데, 아무래도 그 친척 오빠랑 그 아이가 꿈에 나온 것이 어딘가 맞지가 않았어요.

그런데 며칠이 지나서 충격적인 사건이 터졌어요. 저희 친척 오빠가 교통사고로 다쳐서 병원에 입원했다는 소식을 접했어요. 사고 정도가 너무 심해서 저희 가족들이 실의에 빠졌어요. 그런데 알고 보니, 제 동생의 그 친구도 교통사고로 다쳐, 친척 오빠가 입원한 그 병원에 같이 입원해 있다는 얘기를 동생한테 들었어요. 우연의 일치라고 하기에는 기분이 별로네요.

교통사고로 다쳐서 같은 병원에 입원하게 될 것을 예지한 꿈이다. 새삼 신비한 꿈의 세계에 감탄하게 된다. 생생한 꿈일수록 꿈의 예지는 더한층 정확하게 실현되고 있다. 같이 데리고 온 여자로 표상된 인물이, 현실에서는 교통사고로 같은 병원에 입원하게 되는 일로 실현되고 있다. 때로 꿈의 실현은 인간의 상상을 뛰어넘어 실현되고 있는 것이다. 꿈에서 교통사고의 예지는 보여주지 않고 있지만, 같은 상황에 처하게 될 것임은 어렵지 않게 추정할 수 있을 것이다.

2) 신분·직위 관련

≪대통령에 대한 꿈≫

(1) 대통령 꿈에 관하여

꿈속에 나타나는 최고의 통치자인 왕이나 대통령은 실제 인물이라기보다는 거의 대부분 상징적인 인물로 최고의 권세·권위를 상징하고 있다. 예를 들어, 꿈속의 대통령은 회사의 회장이나 사장 등 어느 기관의 최고 우두머리를 상징적으로 보여주고 있다. 또한 일거리나 대상에 있어 부귀와 권세의 상징으로 등장하기도 하여, 재물운이나 이권을 얻게 되는 일로도 실현되고 있다. 한편 가임여건에서 태몽으로 실현되기도 한다. 사람들이 이러한 대통령이나 귀인의 꿈을 상당수 꾸는바, 여담이지만 미국에서는 클린턴 대통령과 꿈속에서 만난 사람들의 3백여 명의 경험담을 모아 책으로 출간한 사람도 있다.

꿈속에 나타난 인물이 왕이나 대통령이 아닌, 귀한 인물인 연예인·귀인·단체장일 경우에도 비슷한 결과를 가져온다. 다만, 국무총리와 악수하는 꿈은 대통령과 악수하는 것만 못하다. 예를 들어 복권 당첨에서도 2등에 되는 것으로 실현될 수 있다. 앞서 제 V 장에서 살펴본 바 있는, 로또(복권) 당첨 사례의 대통령·귀인·연예인의 꿈을 참고하기 바란다.

(2) 대통령에 관한 꿈해몽 요약

대통령 꿈은 실제 인물이라기보다는 기관장·회장·아버지·남편·목사·신부님·스님 등 및 존경하는 사람이나 최고의 권위·권세를 지닌 인물을 상징하고 있으며, 최고의 명예·권리나 영광스러운 대상이나 일거리의 상징으로 등장하고 있다.

① 자신이 대통령이나 왕이 된 꿈

어떤 분야의 최고 권위자로 올라서게 되거나, 어떤 기관이나 단체의 장(長)이나 지도자가 되어 명예나 권세를 누린다. 수험생이나 구직자에 처해 있는 상황이라면 수석으로 선발되는 영예로 실현되기도 한다. 또한 국무총리가 되는 꿈은 최고의 권좌나 명예에 다음가는 직위·권세를 얻게 되며, 수험생의 경우라면 2등을 하게 되는 일 등으로 실현된다.

② 대통령이나 귀인을 만난 꿈

아주 길몽이다. 대부분 좋은 일로 실현되고 있다. 꿈속에서 대통령의 명함을 받았다든지, 유명인이 집으로 찾아온 꿈을 꾸고 주택 복권에 당첨되었다는 사례가 있다. 일반적으로는 회사 사장이라든지, 어떠한 최고 분야의 최고 권위자나 권세가와 관련을 맺는 일로 이루어지고 있다.

③ 대통령이 자신의 집에 방문한 꿈

회사·기관·단체의 최고 권세가와 관련이 맺어지게 되며, 최대의 명예나 이권이 걸린 중대한 책무가 자신에게 주어지게 된다.

④ 대통령과 함께 나란히 걸어가는 꿈

대통령으로 상징된 최고 권위자나 존경할 만한 사람과 일을 함께하게 되거나, 관련을 맺게 되는 일로 실현된다.

⑤ 대통령과 악수하거나 명함을 받는 꿈

최고의 권위자나 권세가, 명예로운 일거리·대상과 어떤 계약이나 관련을 맺게 된다.

제 VI 장 주제별 꿈해몽

① 인물·신분·직업·신령·이적

⑥ 대통령에게 음식을 대접하는 꿈

최고 권세가, 권위자, 존경의 대상에게 자신의 하고자 하는 바를 청탁하는 일로 실현된다.

⑦ 자신이 대통령이 된다고 계시하는 꿈

백발노인이나 신령적인 존재나 조상 등이 나타나서 "너는 대통령이 될 것이다."라고 예언을 하는 꿈은 장차 자신이 학문이나 사업 등 어떠한 분야에서 최고의 권위자·전문가로서 권세를 누리게 됨을 뜻한다.

(3) 대통령 꿈의 실증사례

다소 오래전의 실증적인 사례이지만, 꿈을 이해하는데 이렇게 실제로 일어난 꿈 사례만큼 적절한 것은 없을 것이다.

① 박정희 대통령 내외를 만난 꿈 → 출세 예지

경기도 여주에 사시는 김순자(49세) 주부님이 96년 10월 22일 밤 전화로 들려주신 이야기이다.

> 70년대에 막 결혼을 하고, 공무원 시험 준비를 하고 있을 때였습니다. 어느 날 밤의 꿈에 누군가가 문을 두드렸습니다. 나가보니 육영수 여사가 오셔서 "저기 드라이브나 하러 가자"고 했습니다. 차에 탄 후에, 박정희 대통령이 운전석에서 "형제가 몇이나 되느냐?"고 물었습니다. 꿈속에서는 친정의 6남매라고 대답을 했습니다. 그러자 "다섯은 공무원을 시켜주지."라고 말씀하셨습니다. 그 후 얼마 전, 동생이 그만두기까지 실제로 식구 중에 5명이 공무원으로 나아가게 되었습니다.

이처럼 박정희 대통령이 꿈속에서 공무원을 시켜준다고 약속하는 것은 꿈의 상징 기법의 하나이며, 이같은 계시적 성격의 꿈이 허황되다고 생각되시는 독자분들이 있을지 모르겠으나, 계시적인 꿈인 경우에 현실에서 그대로 이루어지고 있음을 알 수 있다.

일반적인 꿈에 있어서, 꿈속에서 대통령이나 귀인을 만나는 꿈은 그 표상 전개가 나쁘지 않은 한, 복권 당첨이나 기타 아주 좋은 일로 실현되고 있다. 꿈은 반대가 아니며, 오직 상징 표상의 이해에 있다는 것을 알아야 할 것이다.

② 박정희 대통령과 길을 같이 걸어간 꿈 → 권위의 상징인 남편을 만나다.

다음은 강원도 원주의 최금복(44세) 주부님께서 96년 10월 1일 보내온 꿈이야기이다.

안녕하세요. 영원히 잊지 못할 또렷한 꿈이야기를 골라서 편지를 쓰게 된 것을 기쁘게 생각합니다. 20여 년 전 제가 스무 살 되던 해의 봄, 어느 날 꿈에 박정희 대통령과 함께 길을 가고 있었습니다. 우리는 각각 소 등에 타고, 고삐를 붙잡고 길을 유유히 걸어가고 있었습니다. 끝도 보이지 않는 길이 이리 구불 저리 구불하고, 양옆에는 크고 작은 가로수가 있는 길을 정답게 걸어가고 있는 꿈을 꾸다가 깨었습니다.

저는 그해 여름 지금의 남편과 약혼을 하고, 두 달 후인 가을에 결혼했습니다. 오랜 세월이 흐른 후에 남편은 소띠이고 집안에서 대통령과 같은 존재로, 나의 인생행로에 꿈속에서처럼 동반자로 걸어가고 있다는 것을 깨달았습니다.

이처럼 꿈속에서 대통령이나 귀인을 만나게 되는 것은 좋은 꿈으로 나타나고 있다. 꿈속에서 대통령과 함께 길을 걸어갔다면, 대통령으로 표상되는 인물과 어떻든지 관계가 맺어질 수 있겠다. 다만, 꿈속에서의 일이 실현되는 데 있어서 그 즉시 나타나는 경우도 있지만, 오랜 세월이 흐른 뒤에 알게 되는 경우가 상당수 있다.

우리는 꿈을 안 믿는다고 하면서도 돼지꿈·용꿈 등 좋은 꿈을 꾸고 나서는, 기대감에 복권을 사기도 하며, 나쁜 꿈이라고 여겨지는 꿈을 꾼 후에는 걱정하고는 한다. 15여 년 전에 참고삼아 춘천여고 1년생에게 꿈을 믿고 있는 사람에 대해 조사를 했더니, 그 당시 반마다 48명 정원에 15명 정도로 약 30% 정도가 꿈을 절대적으로 믿는다는 대답을 보이고 있었다. 아마도 나이 드신 분들을 대상으로 조사한다면 훨씬 높아질 것으로 믿는다.

사주, 풍수, 성명학, 관상, 손금, 무속, 점치는 일 --- 등등 사람에 따라 믿음의 정도는 다르겠지만, 필자는 꿈이야말로 오랜 세월에 걸쳐서 여러 사람의 입을 통하거나 본인이 직접 체험함으로써, 앞에 든 여타의 사례보다 실제로 믿을 뿐만 아니라, 한층 우리생활에 있어 밀접한 관련을 맺고 있다고 본다. 세상에 꿈꾸지 않는 사람이 있으랴? 단지 그 꿈의 상징적 의미를 쉽게 이해하지 못하고 있을 뿐이다.

③ 대통령을 만나 안내받는 꿈 → 존경하는 인물과 일을 함께 하게 된다.

지난 2002년 말 어느 날, 탤런트 김태우는 자신이 청와대에 초청받는 꿈을 꿨다. 김태우를 데리고 청와대 인근 마을을 구경시켜준 사람은 바로 노무현 대통령이었다. 근처의 밥집, 동네에 심어져 있는 소나무 등 노 대통령은 마치 동네 이장처럼 친절하게 안내해줬다.

꿈에서 깬 김태우는 대통령이 꿈에 나왔다는 생각에, '혹시 복권을 사야 하는 것 아닌가?' 해서, 인터넷 해몽사이트를 검색해 보았다. "대통령과 악수를 하거나 명함을 받는 일은 존경하거나 좋아하는 사람과 같이 일하는 꿈이라는 설명이 나오더라고요. 그래서 아내에게 꿈 얘기를 했더니, '홍상수 감독이랑 영화 하는 것 아냐?' 그러더라고요. 제가 홍 감독의 팬이었으니까요. 정말 그런 뒤에 석 달이 지나서 전화가 왔어요."

이처럼 대통령은 실제의 대통령이 아닌, 어떤 분야에서 권위자를 상징하고 있음을 알 수 있겠다. 그 후 그는 자신이 그토록 바라던 홍상수 감독 영화에 출연한 데, 이어 칸 영화제의 레드카펫까지 밟게 되는 영광을 누리는 일로 실현되었다.

또한 꿈의 예지 기간도 중요하다. 중대한 일의 예지일수록 꿈이 생생하며, 예지 기간도 길게 이루어지고 있다. 꿈을 꾸고 나서 석 달 후에 전화가 오게 된 것을 염두에 두시기 바란다. 또한 대통령과의 만남이 재물과 이권의 상징으로, 복권 당첨으로 이루어진 사례도 많이 있다.

④ 대통령이 돼지를 끼고 들어오는 꿈 → 최고 권위에 오른 명예를 얻는다.

인터넷에 올려진, 아이디 한○○(yk0919)씨의 글을 요약하여 살펴본다.

> 형의 꿈에 노무현 대통령이 우리 집에 방문을 했다는 겁니다. 그것도 혼자 방문한 것이
> 아니라, 양손에 돼지를 한 마리씩 두 마리를 끼고 우리 집 현관문을 열고 들어오는 꿈을
> 꿨다는 겁니다. 그리하여 형은 로또를 십여만 원 어치를 샀습니다. 하지만 꽝이었지요.
> 그런데 형이 어제 밤새 친구랑 게임방에서 한게임 포커 게임 했는데, "나 신(神) 됐다."라
> 고 하는 거예요. ---한○○(yk0919)

아주 좋은 꿈을 꾼 것은 틀림이 없다. 하지만 꿈은 꿈을 꾼 사람이 처한 상황에 따라 달리 실현되고 있다. 다만 아쉬운 것은 인터넷 포커 게임을 잘 몰라서 정확하게 알 수는 없으나, 꿈의 실현이 인터넷 게임 사이트에서 높은 직위로 올라가는 일로 실현되고 있다.

이처럼 좋은 꿈을 꾼 경우에는 실질적으로 재물적 운이 생기는 일에 관련을 맺는 것이 좋다. 사소한 당첨금의 추첨식 복권을 사기보다는 로또복권을 산다든지, 꿈의 실현을 기다리기 힘들다면 하다못해 실제로 재물적인 이익이 생기는 인터넷 복권이라도 구입하는 일에 매진했더라면 아쉬움이 남는다. 이래저래 꿈의

실현이 우리 인간의 상상력을 뛰어 넘고 있음을 알 수 있겠다.

⑤ 노무현 대통령한테서 칭찬을 받는 꿈 → 윗사람에게 호평을 받다.

꿈에 화상을 몹시 입은 사람이 있는데, 다들 죽었을 거라고, 하며 조치를 하지 않더라고요. 그래서 제가 끔찍한 모습이지만 들여다보니, 죽은 것 같지는 않아서 "어서 119를 부르라."고 소리쳤고요. 그리고 소방대원들이 와서 실어 갔어요. 그리고 어머니랑 건물 지하 식당을 갔는데. 저쪽에서 점퍼 차림의 노무현 대통령이 걸어오시면서. 저를 보고는 어깨를 두드리며, "참 잘했다. 정말 칭찬할 만하다." 하면서 특유의 웃음을 웃는 겁니다.

꿈꾼 다음 날, 재판이 있어서 법정에 갔는데요. 제가 위임한 변호사님께서 제가 작성한 재판 관련 문서를 보시더니, "참 잘 썼다" 그러시면서, 어깨를 두드리시더라고요. 제가 위임했지만, 그 변호사님 무척 높은 자리에 계시던 분이라서, 항상 존경하고 어려워했었던 분이시거든요. 당시에는 칭찬받아서 기분이 좋았었는데, 집에 와서 생각해 보니. 꿈이 실현된 것 같은 생각이 들더군요.---sijs, 2006. 06. 20.

⑥ 이승만 박사에게 절을 한 꿈 → 청원이 받아들여지다.

오래전의 사례이다. 이승만 박사에게 절을 한 꿈은 대통령으로 상징된 윗사람에게 청원해서, 소원이 성취됨을 예지하는 일로 실현되었다.

⑦ 대통령을 만난 꿈 → 태몽 사례

주영훈-이윤미의 태몽이다. 주변의 지인들이 잇따라 태몽을 꿔 이후 병원을 찾아 검사하였으며, 본인들도 각각 태몽을 꿨음을 밝히고 있다. 이윤미는 "탱글탱글한 자두가 냉장고에 있기에 집었는데 물컹하더라."며 "싱크대에서 다시 탱글탱글한 자두를 집었다."고 밝혔다.

이어 주영훈은 "전직 대통령이 꿈에 나와 엔터테인먼트 회사를 하나 물려준다고 하더라. 자동차도 물려주더라."며 "복권인 줄 알았는데, 하나도 안 맞더라. 김 빠질까 봐 말도 안 했다. 알고 보니 태몽이라더라."고 말했다.

2010년 3월 딸을 출산하였다. 이처럼 태몽 표상으로 동식물이 아닌, 대통령이나 유명인사·귀인을 만나는 꿈이 생생하고 강렬한 꿈의 경우, 뜻밖의 태몽으로 이루어지기도 한다. 이명박 대통령과 같이 잔 꿈, 노무현 대통령을 만나 악수한 꿈, 강호동을 본 꿈, 연예인을 만나는 꿈 등이 태몽으로 실현된 사례가 있다. 보다 자세한 여러 실증사례는 태몽 항목의 대통령 부분을 보시기 바란다.

⑧ 노무현 대통령을 만나는 꿈 → 사업 제안을 받다.

인터넷에 올려진 글을 인용하여 살펴본다.

오래전의 후배의 꿈이야기이다. 노무현 대통령을 만나는 생생한 꿈을 꿨다. 복권꿈인가 하여 복권을 샀는데, 당첨이 안됐다. 주변에 꿈 얘기를 했더니 누가 꿈풀이를 했다. "주변에서 도움을 받아 큰돈을 버는 일을 하게 될 것이다." 그럴 일이 있을 턱이 만무해 웃고 말았는데, 그로부터 3일 뒤에 회사로부터 제안을 받았다. 사업구조 조정으로, 지금 하고 있는 사업을 스핀오프(회사분할)하기로 방침을 정했는데, 그 일을 맡아서 할 용의가 있느냐는 것. 1월에 법인을 설립하기로 했다.---일상소묘.

⑨ 대통령 내외가 침실에 들어온 꿈 → 무역협회장을 맡게 되다.

꿈에 대통령 내외가 잠옷만 입고 한덕수 씨 부부 침실에 들어왔다. 대통령 내외가 잠옷만 입고 침실에 들어오니, 깜짝 놀랄 수밖에. 그 꿈을 꾸고 나서 전혀 생각하지도 않았던 무역협회장을 맡게 된 것이다.---조용헌의 八字기행, 미래를 보는 꿈 '선견몽'

(4) 대통령 꿈의 상담 사례

① 자신이 대통령이 될 것이라는 꿈

30대의 젊은 남자와의 상담 전화 내용이다. 자신이 장차 대통령이 될 것이라는 꿈을 대여섯 번 꾸었다고 했다. 필자는 이러한 꿈 내용에 대해서, "사실적인 미래투시의 꿈 내용이라면 실제 그렇게 될 것이나, 그렇게 실현된다기보다는 상징적인 의미의 미래 예지 꿈으로 보아야 할 것이다. 즉, 대통령의 상징적 의미 그대로, 어떠한 분야의 최고 권위자나 우두머리가 될 수 있는 것으로 실현될 가능성이 높다."라는 이야기를 해 주었다.

대통령이 된다는 상징적인 의미는 현실에서는 회사 사장이 될 수가 있고, 심지어 많은 고기를 기르는 양어장의 주인이 될 수도 있다. 하지만 어떤 분야에서 우두머리 역할을 하게 되는 일로 실현될 것은 틀림없다고 보아야 할 것이다.

② 대통령이 나오는 꿈

대통령 내외분이 나에게 커다란 직책과 의무를 주는 꿈을 두 번 꾸었습니다.

자신의 처한 상황이 없는 요청은 추정 불능이며, 상세 답변을 드릴 수 없습니다. 좋은 꿈이네요. 두 번 꾼다는 것처럼 반복되는 것은 꿈으로 예지된 어떠한 일이 꼭 일어난다는 것이고요. 대통령으로 표상된 윗분(아주 높은 분으로 회사라면 사장)에게 책임감이 따르는 어떠한 직책과 막중한 임무를 부여받게 될 것이네요. 상징적인 미래 예지 꿈의 특성상 꿈의 예지대로 반드시 실현될 것입니다.

③ 임금이 되어 여러 신하를 거느린 꿈

안녕하세요. 20대 직장인입니다. 타락한 도시를 거닐며 돌아다니다가 오랜 동생들을 만났고, 그 동생들과 함께 어디론가 가고 있었어요. 동생들 몇몇과 함께 길을 가다가 장면이 바뀌면서, 전 임금의 복장을 하고 동생들은 장군과 신하가 되어 있는 것 같았어요. 동생들과 함께 나의 궁에서 산책을 하면서 즐거움에 젖어 있었고, 산책하다가 들른 곳이 금빛 찬란한 나무에 열매가 무성하더군요. 난 그것들을 신하들에게 보여 주며 매우 흡족해하는 꿈이었죠.

상징적인 미래 예지 꿈이네요, 아주 좋고요, 복권이라도 사보시지요. 어떻게 실현될지 장담할 수는 없어도, 아주 좋은 결과로 이루어진다는 사실은 틀림이 없고요. 앞으로 높은 지위·명예를 얻는 표상이네요. 하지만 꿈의 표상대로 타락한 도시, 매우 어지럽고 어두운 거리를 헤맨 것처럼 한동안은 힘들 것이네요. 왕으로 표상되었듯이 어떠한 분야에서 우두머리가 되어, 자신의 업적이나 성과 또는 재물 등을 자랑하게 되는 일이 일어날 것입니다. 이러한 상징적인 미래 예지 꿈은 실현시기가 언제 이루어지느냐의 차이만 있을 뿐, 꿈의 실현은 100% 이루어지게 되어 있습니다. 사이트에서 대통령을 검색해보기 바랍니다.

④ 왕비가 되어 왕과 말을 함께 탄 꿈 → 뜻하는 사업성취 또는 결혼

맑은 강물이 흐르고, 그 속에 물고기가 굉장히 많이 있는 것을 보았다. 내가 왕비가 되었다. 왕과 나란히 눈비가 오는 길을 말을 타 지나가는데, 사람들이 엎드려 합장하고 있었다. (플라워 디자이너 ○○○ 씨의 꿈)

이 꿈은 두 가지로 나뉜다. 첫째는 계획하는 사업이 성취될 것인데, 강물은 사업체, 많은 물고기는 창작물, 맑은 물은 마음에 아무런 근심 걱정의 찌꺼기를 남기지 않는, 즉 소원충족을 상징한다. 많은 물고기를 담은 맑은 강물은 사회적인 창작 사업에 성공함을 암시한다.

둘째는 본인이 처녀라면 예식장에서 많은 사람의 축복을 받을 것이요, 기혼녀라면 어떤 직장에서 둘째가는 직위로 승진하여 권세를 누릴 것을 예지한 꿈이다. 왕은 신랑, 왕비는 신부 아니면 둘째가는 권력자, 말을 탄 것은 출가나 득세의 상

제Ⅵ장

주제별 꿈해몽

① 인물, 신분·직업, 신령·이적

징이다. 눈비는 축하테이프가 뿌려지는 것 혹은 진급에 대한 경사로움이며, 사람들이 엎드려 합장한 것은 축하 행위다.(글:한건덕)

한건덕 선생님이 오래전에 잡지에 연재한 해몽 상담내용이다. 좋은 길몽이며, 상징적인 미래 예지 꿈으로 예지된 현실이 100% 실현되기로 되어 있다. 맑은 강물의 표상은 기쁜 일이나 밝은 앞날, 많은 물고기는 넉넉함·풍요로움의 표상이다. 왕비가 되어 왕과 나란히 말을 타고 사람들에게 절을 받는 것처럼, 왕으로 표상된 남편이나 어느 분야의 권위자와 함께 다른 사람에게 귀한 대접을 받는 인생의 길을 걸어가게 될 것이다.

≪유명인사, 연예인, 역사적 인물≫

꿈속의 왕·황제나 대통령·유명인사·탤런트 등은 대부분 어떠한 분야의 권위자나 우두머리의 상징적 의미를 지니고 있다. 유명인사는 권력·권세·명예 등을 지닌 인물이거나, 일거리·대상을 상징적으로 보여주고 있다.

따라서 이러한 유명인사와 악수를 하거나, 같이 식사하거나, 명함을 받거나 하는 등의 꿈이 아주 좋다. 덕담 등 좋은 말을 들려주는 경우에도 좋은 꿈이다. 현실에서 회사 사장에게 능력을 인정받는 일이 일어날 수 있다. 또한 프로이트 식 심리 표출의 꿈으로, 선망의 대상인 유명인사나 연예인과의 데이트나 성행위 하는 꿈을 꿀 수가 있는바, 이는 자신의 잠재적인 소망이 꿈으로 표출되는 것이다.

유명 탤런트를 만나는 꿈을 꾼 경우에도, 상징적으로는 선망의 대상이 되는 높은 지위의 사람이나 저명인사 등과의 관련을 맺는 결과를 가져올 수 있다. 일상생활에서 TV를 통해서 연예인을 자주 접하게 된 오늘날, 꿈의 표상 재료로 탤런트가 꿈속에 등장하는 일은 자연스럽다고 해야 할 것이다. 또한 꿈속에 나타나는 연예인의 경우에도 현실의 인물과 유사성이 있는 경우가 많으며, 나름대로 상징적 의미를 지니고 있다. 예를 들어 연예인인 문성근과 키스를 한 여고생이 문성근이 졸업한 서강대에 합격하고 있는바, 꿈의 상징 기법의 절묘함을 알 수 있다고 하겠다.

또한 탤런트가 TV를 통해 널리 알려져 있다는 점에서 현실에서의 성격이나 외모, 행동 특성 등 기타 유사성이 있는 애인이나 그 어떤 사람을 상징하는 인물로 나타내거나, 어떤 일거리나 작품의 상징물로 등장하기도 한다.

한편 꿈의 예지적 능력이 뛰어난 사람은 실제로 현실의 유명인사·정치가·연예인 등에게 일어날 일을 꿈꾸는 경우도 있다. 예를 들어 작가는 자기 작품에 대한 장래성을 꿈꾸지 못했지만, 독자 중에는 그 작품에 대한 인기도 등에 대해서 대신 꿈꿔 주는 경우가 허다하다. 따라서 그 꿈이 실현되기까지는 그것이 자기에 관한 꿈이라고 장담하는 일은 삼가야 할 것이다.

(1) 사람의 상징인 경우

① 유명한 영화배우·연극배우·탤런트 등과 데이트하거나 이야기를 하는 꿈

그로 상징된 사람과 관련을 맺는 일로 이루어진다. 이 경우에, 처한 상황에 따라, 재물이나 이권을 얻게 되는 일로도 실현된다.

② 유명한 영화배우·연극배우·탤런트와 음식을 같이 먹는 꿈

현실에서의 어떤 소개자의 소개를 받거나, 그와 동일시되는 사람과 일을 같이 하게 되는 일이 생기게도 된다.

③ 하희라 씨가 자살했다고 하는 꿈

지난주 수요일에 꿈속에 하희라 씨가 자살했다고 하는 꿈을 꾸었습니다. 그러면서 그날 마트에 갔는데 희라 씨 사진이 있기에, '아~사진보려고 그랬구나' 했죠
---소초, 2010.07.21.

이 경우에 사실적인 미래투시의 꿈으로, 실제 그러한 일로 일어나는 경우도 있을 수 있겠다. 유사한 사례로, 필자의 꿈체험담이다. 연예인이 붙잡으러 온 꿈을 꾸고 나서, 그 연예인이 주인공으로 나오는 TV 프로를 강제적으로 보게 되는 일로 실현된 사례가 있다.

(2) 태몽 표상

① 고(故) 정주영 명예회장이 나온 꿈 → 태몽

KBS 아나운서였던 노현정은 2006년 현대그룹 창업주 3세인 정대선과 결혼하여, 임신한 당시에 "남편이 아침에 일어나서 할아버님(고 정주영 명예회장)이 꿈에 나오셨는데, 너무 생생했대요. 그게 태몽인가요?"라고 말하고 있는바, 이렇게 동식물이 아닌 대통령이나 유명인사 등이 태몽에 등장할 수 있다. 이 경우, 꿈속에 나타난 인물과 관련 있는 인물로 자라나게 된다. 아들을 낳았는바, 장차 고(故) 정주영 회장같이 뛰어난 능력을 발휘하는 훌륭한 경영자가 될 수 있으리라 본다.

② 이선희 가수가 나온 꿈 → 태몽으로 실현

신인가수 블랙(진영민)의 태몽이다. "어머니께서 태몽을 이선희 선배님 꿈으로 꾸셨다고 했는데, 처음엔 농담으로 건넨 말씀인 줄 알았다. 태몽을 가수꿈으로 꿀 수도 있는지 아직도 궁금하다."

이렇게 꿈속에서 대통령이나 귀인·유명인사를 만나고 태몽으로 실현된 사례가 상당수 있다. 이 경우, 꿈이 생생하고 강렬해야 태몽이 되며, 꿈속에 나타난 인물과 어떠한 관계를 갖게 되는 것만은 틀림이 없다. '블랙'은 가수 이선희 씨와 마찬가지로, 자신이 가수로서의 인생길을 걸어가고 있으며, 좋아하는 가수로 윤도현 선배님과 이선희 선배님을 뽑고 있음에서 관련성이 있음을 알 수 있겠다.

③ 강호동을 본 꿈 → 태몽

2년 넘게 아기를 기다려 온 터라. 지난달에 인공수정으로 임신테스트 두 줄을 확인한 다음, 마침 시어머니 생신이라 반가운 소식을 알려드리려고 전화를 드렸더니, 바로 다음 날 전화를 하셔서 태몽을 꾼 거 같다고 하시는 겁니다. 강호동을 봤다면서, 아들같다고 하시는 겁니다. 저나 다들 딸을 원하던 차여서 실망도 실망이지만, 제가 좋아하는 연예인 비 정도면 좋아라 하겠지만, 왜 하필 강호동인지, 이것을 태몽이라고 받아들여야 하는지.---juju, 2007. 11. 03.

앞에서, 꿈속에서 대통령이나 귀인·고승·유명인사 등을 만나는 꿈이 태몽으로 실현되는 것을 살펴본바 있다. 좋게 생각하시면 될 것 같다. 강호동처럼 건강한 아들이 출생할 수 있으며, 또한 강호동 하면 모르는 사람이 없을 정도로 씨름 선수에서 유명 MC가 되었으니 말이다.

④ 낳은 아이가 장동건 얼굴을 하고 있던 꿈 → 태몽

야구선수 마일영은 "아내가 출산 이틀 전 자다가 꿈을 꿨다. 태몽인지 모르지만 집사람이 아이를 낳는 꿈이었다."면서, "그런데 낳고 보니 장동건이더라. 눈도 똘망똘망하고 이목구비가 시원시원한 것이 장동건 얼굴을 하고 있더라. 내 눈은 작은데 얼마나 기분이 좋았는지 모르겠다."고 밝히고 있다.---OSEN=강필주 기자, 2011. 03. 03.

이 경우 장동건처럼 잘생긴 얼굴이 되거나, 장차 연예인 장동건처럼 선망을 받는 직업으로 나아갈 것을 예지해주고 있다.

⑤ 김건모 및 여러 연예인을 만나는 꿈 → 태몽

저도 김건모가 꿈에 나왔었는데요. 저는 태몽도 가지가지 꾸고, 남자 연예인들하고 그렇게 데이트를 하네요. 의외로 제일 좋았던 건 신성우하고 바닷가를 거닐며 조개도 줍고 물고기도 잡고 한 거예요. 그리고 희한한 건 우리 담당 의사선생님하고도 데이트를 했다는---. 꿈은 제 의지대로 꿔지는 것은 아니니까요.---달콤한 봄

대통령이나 귀인·고승·유명인사 등을 만나거나 데이트를 하는 꿈이 가임여건에서 태몽이 될 수도 있지만, 일반적으로는 부귀·권세 있는 사람이나 대상과의 관련맺어짐으로 실현될 아주 좋은 상징적인 미래 예지 꿈이다. 프로이트 식으로는, 단순한 소망이 꿈으로 표출되어 대리만족을 얻는 일로 실현되고 있다고 볼 수 있겠다.

(3) 재물이나 이권

유명인사나 영화배우·탤런트와 즐거운 데이트나 성행위를 하는 꿈으로 로또(복권) 당첨이나 재물운으로 이루어질 수 있다. 이 경우 꿈이 생생한 경우에 꿈속에서 보는 것만으로, 태몽 표상으로 실현되는 경우도 있다. 대통령 꿈이나 고(故)정주영 회장이 나타난 꿈으로 태몽으로 실현된 사례가 많이 있다.

① 연예인 김태희가 이사 온 꿈 → 행운권 1등 당첨

　김태희가 옆집으로 이사 와서 기자들이 몰려오고 사람들이 잔뜩 몰려왔습니다. 이게 웬일이야? 하면서 김태희 구경한다고 옆집을 기웃거렸습니다. 기분도 으쓱하고---, 그런데 며칠 후 체육대회 행운권 추첨에서 일등에 당첨되어 냉장고를 탔습니다.(친오빠가 꾼꿈)---멋쟁이, 2009. 01. 29.

② 국회의원을 만난 꿈 → 산삼 57뿌리 발견

2004년 7월, 신문에 소개된 기사를 요약해 살펴본다. 충북 제천에 사는 김ㅇㅇ 씨(40)는 한선교·이계진 의원을 자전거에 태우고, 무척이나 힘들게 대관령 정상까지 오르는 꿈을 꾸었다. 다음 날 이상하게 산을 오르고 싶었단다. 평소 같았으면 비가 온 후라 산행을 자제했을 터인데, 김 씨는 이상한 힘에 이끌려 산에 오르게 됐고, 산삼 57뿌리를 발견하는 어마어마한 행운을 거머쥐게 됐다.

제Ⅴ장의 로또(복권)당첨에서, 대통령·귀인 꿈으로 복권에 당첨된 사례를 살펴본바, 귀인을 만나는 꿈은 귀인으로 상징된 이권이나 재물, 명예를 얻는 일로 실현되고 있다.

(4) 일거리·대상

① 최고의 인기 여배우와 키스를 하는 꿈

최고의 인기작품에 관한 소식을 듣거나, 유명인에 관한 이야기를 서적 등에서 읽게 된다.

② 배우의 의상이 화려한 것을 부러워하는 꿈

어떤 사람의 지위나 작품 등이 뛰어남을 보고 부러워하게 되는 일로 실현된다.

③ 유명한 배우가 입던 옷을 받아 입는 꿈

유명인·인기인의 지도를 받거나 협조를 얻어, 비슷한 일을 하게 된다.

④ 위인이나 명사의 뒤를 따라가는 꿈

인물로 상징된 분야에 연구나 성취를 이루게 된다. 예를 들어, 과학자 아인슈타인의 뒤를 따라가면, 과학서적을 읽게 되거나 과학적인 분야의 연구에 매진하게 된다. 또한 유명가수의 뒤를 따라가는 꿈은 음악 분야에 관심을 지니게 되거나, 음악 관련 영화를 보게 되거나, 음악 관련 서적을 읽게 되는 일로 실현된다.

(5) 사건, 사고

유명인사나 영화배우·탤런트 등이 흉측하고 부패되거나 좋지 않은 모습으로 나타난 경우, 연예인으로 상징된 인물에게 교통사고 등이나 자존심이나 명예가 실추되는 일로 실현된다. 또는 즐거운 만남이 아닌, 싸움 등을 하거나 질책을 받는 꿈도 좋지 않은 일로 이루어진다.

한편, 오래전의 꿈 사례로 서태지가 죽은 꿈을 꾼 사람이 있었다. 꿈의 실현은 보름여 지난 뒤에 뜻밖의 은퇴선언을 듣는 일로 실현되었다.

(6) 역사적 인물에 관한 꿈-위인

역사적인 인물은 그 사람의 인물·인격·지위·권세·명예·업적 등과 유사한 여건이나 상황에 처하게 되는 어떤 사람을 상징적으로 나타내주고 있으며, 일거리·대상 및 작품 등을 상징하기도 한다.

① 위인 등을 보는 꿈

역사적 인물과 동일하다. 위인으로 상징된 동일시되는 유명인사를 만나게 되거나, 위대한 사람의 역사적 기록물을 읽게 되거나, 그와 관련된 TV나 영화 등을 감상하는 일로 실현된다.

② 역사적 인물을 보는 꿈

역사적인 인물이 집에 찾아오든가, 보는 꿈이 태몽 표상으로 실현될 수 있다. 이 경우에 나타난 인물과 유사한 인생길을 걸어가는 일로 실현이 된다. 실례로, 조선조 역모 사건을 일으킨 정여립의 태몽은 고려 무신의 난과 관련된 정중부가 나타난 꿈이었다.

≪황제·왕·여왕·장관·고급관리≫

황제와 황후는 대체로 대통령과 동일한 상징 의의를 가지며, 명예와 권세를 상징한다. 현실에서는 고귀하다고 생각되는 어떤 사람을 상징적으로 나타내주고 있다. 바로 앞서 살펴본, 대통령·유명인사·영화배우·탤런트와 유사하게 실현된다.

(1) 사람의 상징인 경우

① 황제가 베푼 만찬회에 초대되는 꿈

어떤 최고의 권력자나 지도자가 베푸는 일이나 회담 등에 참여하게 된다. 예를 들어 회사 창립 축하연에 초대되어 즐거운 만남의 시간을 갖게 된다.

② 왕이나 왕비가 되는 꿈

자신이 대통령이 되는 꿈과 유사하며, 아주 좋다. 정치가인 경우에 대표직을 맡게 되거나, 하다못해 위원회장을 맡게 된다. 학생인 경우 학생회장 등에 당선될 수 있으며, 대입 시험 등에서 최우수 성적을 거두게 되는 일로도 실현 가능하다. 저자나 예술가인 경우, 자신의 저작물에서 최고의 명예가 주어지는 일로 실현된다. 자영업자의 경우, 자신의 가게가 최우수 영업점으로 선발되는 일로 실현된다.

③ 각부 장관이 된 꿈

각 부의 장관은 어떤 부서·기관·회사에서 주도적인 역할을 하는 인물을 상징적으로 보여주고 있다. 왕이 사장의 상징인 경우, 장관은 어떤 사업 프로젝트 팀의 책임자를 상징하고 있다. 이때도 꿈속에서 맡은 직분과 유사한 일에 관련을 맺게 된다. 예를 들어, 교육부 장관에 임명된 경우라면, 현실에서도 사원들의 교육이나 연수를 책임지는 일 등을 맡게 되는 일로 실현된다.

④ 총리가 되어 내각을 조직한 꿈

기관이나 단체의 책임자가 되어 사원을 선발하게 되거나, 작품을 심사하거나, 각종 대회를 주관하는 업무를 맡게 된다.

⑤ 외국 주재 대사가 되는 꿈

외국 관계의 직책을 얻거나, 외부 행사를 주관하는 업무를 맡게 된다.

(2) 일거리 대상, 기관 단체

황제·왕·여왕·장관·고급관리가 일거리·대상의 상징인 경우, 고급의 정선된 일거리나 선망의 대상을 나타낸다. 예를 들어, 조선조의 여러 왕들과 대화를 나누는 꿈이 『조선왕조실록』 같은 책을 읽게 되는 일로 실현될 수 있다. 또한 황제의 사진이나 영정을 보는 꿈은 고전적인 서적을 읽거나 연구하게 된다. 저자의 경우, 황제의 영정에 절을 한 꿈은 새로운 학설을 연구하고 많은 것을 배우게 될 것을 예지한 꿈이었다.

(3) 재물이나 이권

① 자신이 왕위를 물려받을 왕자나 공주가 되는 꿈

유산 상속자, 사업의 인수자 등 어떠한 직위나 직책을 물려받는 일로 실현된다.

② 자기가 여왕이 되어 왕을 따라가는 꿈

왕으로 상징된 회사 사장 등에 이어 2인자의 자리를 차지하게 되어, 주도적인 일을 담당하게 되거나, 사업체의 둘째 자리를 획득한다. 학자나 저자인 경우에, 자신의 연구논문이나 저서가 독창적이지 못하고, 둘째에 해당하는 일로 이루어진다.

≪국회의원에 관한 꿈≫

사실적인 꿈에서 국회의원은 실제 인물이 되기도 하며, 상징적으로 직장의 상사나 권세를 가진 자를 상징한다. 자신이 국회의원이 된 꿈은 직위와 신분이 명예롭게 되며, 어떤 기관이나 단체의 주요 임원이 된다. 국회의원이 연설하는 것을 듣는 꿈은 자신의 업무와 관련하여, 상급 기관이나 윗사람에 의해서 도움을 받게 되거나 지도를 받게 된다.

≪검사·변호사·재판, 재판관에 관한 꿈≫

재판관은 상급 기관의 감사관이나 심사관·경찰관·교사·의사 등을 상징하고 있다. 종교적 신앙을 지닌 사람에게는 목사·신부·스님 등을 상징적으로 보여주고 있다.

① 재판관의 선고를 받는 꿈

자신의 사업 진행이나 연구 논문이나 저서·작품 등에서 평가를 받는 일로 이루어진다. 이때, 사형선고를 받는 꿈은 새로운 탄생의 상징적 의미로 결실과 성취를 이루게 된다. 그러나 환자의 경우에 사형선고를 받는 꿈이 죽음 예지의 꿈으로 실현될 수가 있다. 이 경우, 경미한 판결을 받는 꿈이 비교적 가벼운 질병으로 회복하게 된다.

② 많은 방청객 속에서 재판을 받는 꿈

사업 진행이나 연구 논문이나 저서의 평가에 있어, 많은 사람들이 관심을 가지고 지켜보고 있음을 뜻한다.

③ 변호사·재판관에게 하소연한 꿈

변호사나 재판관에게 어려운 사정이나 자기 변론을 하는 꿈은 사실적인 요소가 있는 꿈의 경우에 실제의 일로 일어날 수 있다. 상징적으로는 자신의 저서나 논문에 대해서 참신성을 주장한다든지, 회사 내의 고위직 인사에게 자신의 신상 상담을 받게 된다든지, 마케팅 담당자에게 회사의 운영에 대하여 의논하게 된다. 이 밖에도 꿈속에서 변호사·재판관으로 상징된, 의사·선생님·스님·목사·신부에게 자신의 신상에 대한 일을 의논하게 되는 일도 가능하다.

④ 검사가 준엄한 논고를 하는 꿈

자신의 연구 결과나 사업 성과에 대해서 상급기관의 감사를 받게 되거나, 선생님·스님·목사·신부님의 질책이 있게 되며, 양심에 가책을 받는 일이 생긴다.

≪경찰, 경찰관, 형사에 관한 꿈≫

경찰관은 실제의 경찰관이거나, 강압적인 인물이거나 기자·군인·의사 등을 상징하며, 법률·양심·정의 등을 상징한다.

① 경찰관이 총을 겨누어 무서워 떤 꿈

외부적인 여건이나 힘겨운 상황에 의해서, 불안·공포·고통에 직면한다.

② 경찰관이 도장을 찍어 가는 꿈

집안사람의 누군가가 죽거나 사고를 당하는 일로 실현될 수 있다. 좋게는 어떠한 책무를 맡게 되거나, 기관·단체에 선발되는 일로도 실현 가능하다.

③ 경찰관이 호출장 또는 영장을 보내온 꿈

처한 여건에 따라 합격이나 취직 통지서가 오게 되며, 연수원이나 수련원 입소 등의 통지서가 온다.

④ 경찰에 검문당하는 꿈

형사나 경찰에 검문당하는 꿈은 어떤 일거리나 사업 진행에 있어 장애에 부딪히거나, 기자에게 취재를 받게 되거나 병원에서 진찰받을 일이 생긴다.

⑤ 경찰이 자신을 연행해가는 꿈

사실적인 꿈인 경우에 실제의 일로 일어나지만, 대부분의 상징적인 꿈에서는 자신의 작품이나 사업 진행이 심사 대상에 오른다. 경찰이나 형사가 병원 의사의 상징으로 나타난 경우, 자신을 연행하여 가는 꿈은 병원에 가게 되어 의사의 진찰을 받게 되는 일로 실현된다. 괴한이 자기를 죽이려고 하는데, 형사가 나타나 악한을 물리치거나 죽여주는 꿈은 자신의 병을 의사에 의해서 치료할 수가 있게 된다. 다만, 처한 상황에 따라 이런 일이 일어날 수 있다는 것이지, 절대적인 것은 아니다.

⑥ 물건을 도둑질한 죄로 경찰관에게 연행되어 가며 신세를 한탄하고 우는 꿈

어떤 일을 성사(물건을 도둑질)해서 그 일에 대한 좋은 판정(경찰관에게 연행)을 받아 크게 만족하고 소문낼 일(엉엉 우는 일)이 있게 된다. 이 때에 수갑을 차고 끌려가는 꿈은 취직이나 일의 성사에 관련되며, 나쁘게는 질병에 걸리게 된다.(글: 한건덕)

⑦ 경찰관에게 쫓기어 도망친 꿈

수험생은 시험 등에 있어 불합격으로 실현된다. 경찰에게 붙잡혀 연행되어 간

꿈을 꾼 수험생은 어떠한 기관이나 단체에 소속되는 상징적 의미를 지니므로 시험에 합격하는 일로 실현된다.

⑧ 경찰관이 부르거나 집으로 온 꿈

상급 기관에서 호출이 있거나, 자신의 회사에 어떠한 부탁을 해오는 일로 실현될 수 있다. 경찰관으로 상징된 기자 등이 특종 등을 얻기 위해 몰려오게 되는 일로 실현될 수도 있다.

⑨ 경찰관이 집을 찾아와 조사하는 꿈

학자의 경우에 경찰관으로 상징된 신문기자 등이 연구실을 방문하여, 연구 성과를 인터뷰하는 일로 실현될 수 있다. 저자의 경우에 저서에 대한 인터뷰를 하는 일로 실현된다. 또한 사업가의 경우에 사업의 운영에 대한 심사 등을 받는 일로 실현된다.

⑩ 경찰관이 와서 체포해가는 꿈(실증사례) → 교도소에 가게 된다.

삼촌이라고 부르는 아는 사람이 하얀 두루마기 옷을 입고 있는데, 경찰같은 사람이 와서 체포해가는 꿈이었다. 꿈을 꾸고 난 후 한 달 뒤 삼촌이라고 불리는 사람이 잘못을 저질러 교도소로 들어가는 일로 실현되었다.

⑪ 두 명의 경찰관에게 체포되는 꿈(실증사례) → 복권에 당첨되다.

특이한 사례로, 두 명의 경찰관에게 자신이 체포되는 꿈으로 복권에 당첨된 사람이 있다. 경찰관으로 상징된 외부의 강력한 영향권 안에 들어가게 될 것임을 보여주고 있으며, 꿈의 실현은 2천만 원의 즉석식 복권 당첨으로 이루어졌다. 다만, 일반적으로는 경찰관에서 체포되는 꿈은 어떠한 절대적인 세력에 휘말리는 등 곤란을 처하게 되는 일로 실현될 수 있다.

≪군인, 군대에 관한 꿈≫

군인은 실제의 군인이거나, 엄격한 규율이나 제약이 따르는 회사·기관·단체의 구성원을 상징한다. 또한 법규·규칙·규율·제도 등 기타의 규범적인 일거리나 대상을 상징한다. 적병은 처리하기 힘든 일이거나, 귀찮은 일거리, 해결해야 할 문제점 등을 상징한다. 분대장·소대장·중대장·대대장 등은 회사원의 경우에 그 직책에 어울리는 계장·과장·부장·이사 등을 상징적으로 나타내주고 있다. 부하는 자신의 회사 내의 아랫사람을 상징적으로 나타내주고 있다. 일거리·대상의 경우에 부하는 자신의 승용차라든지, 신체의 팔·다리를 상징적으로 보여주기도 한다.

① 군인이 군복을 벗은 꿈

현역군인의 경우에 휴가나 제대 및 퇴직을 하게 되는 일로 실현된다. 일반인의 경우에 직장에서 퇴사하게 되는 일로 실현된다.

② 자신이 군인이 되어 전투를 벌이는 꿈

적병은 벅차고 이겨내야 할 일거리·대상의 상징으로 등장하고 있다. 따라서 전투에서 승리하는 꿈이 성취를 이루어내는 일로 실현된다.

③ 적군의 세력이 엄청난 꿈

상대방의 화력이 우수하거나 많은 병력이 있는 꿈은 경쟁 관계에 있는 회사가 자금이나 시설이 완벽하며, 많은 직원을 고용하고 있음을 상징한다. 또한 자신이 처리하기에 벅찬 일거리나 대상으로 인하여, 어려움을 겪게 되는 일로 실현된다.

④ 군인이 되어 적진을 돌파하는 꿈

자신의 사업이나 일거리·대상에서 기관의 심사나 자금의 확보 등 여러 난관을 극복하고 성취를 이루어내는 것을 의미한다.

⑤ 자신이 군인이 아닌데도 완전무장을 한 꿈

규율이나 제약이 심한 어느 기관이나 단체의 일원이 되어, 사업이나 일거리 진행에 있어 만반의 준비를 하게 되는 일로 실현된다. 또 자신의 작품이나 사업 진행에 있어 완벽한 상태에 있게 됨을 의미한다.

⑥ 정복에 훈장·군도·권총 등을 착용한 꿈

사업가라면 자본이나 사업 운영 등 모든 면에서 완벽에 가까운 사업 준비를 한 것을 의미한다. 저자나 학자의 경우, 자신의 저서나 연구논문이 완벽에 가까워 호평을 받게 됨을 뜻한다.

⑦ 군인이 전사자의 유골을 안고 오는 꿈

자신의 일거리나 대상에서, 성취를 이루는 일로 실현된다.

⑧ 부하가 적으로부터 다치는 꿈

사실적인 꿈의 경우에 실제 그대로의 일이 일어날 수 있다. 그러나 대부분의 상징적인 꿈에서 부하는 자신의 세력이나 영향력·일거리·작품 등을 상징하고 있다. 적에 의해 부하가 다치거나 팔다리가 잘려나가는 꿈은 세력이나 영향력의 약화를 가져오는 일로 실현된다. 또한 아랫사람이 사고를 내거나 잘못을 하게 되며, 자동차가 고장 나는 일로 실현될 수도 있다.

⑨ 군대(군인)가 행진해 가는 꿈

어떠한 일거리·대상이 원활하게 진행됨을 상징한다. 저자의 경우에 저서에 대한 광고나 선전이 순조롭게 진행되는 일로 이루어진다. 사업가의 경우에, 원활한 사업자금의 융통이라든지, 제품의 판매가 순조롭게 이루어진다.

≪장군, 장교, 부사관에 관한 꿈≫

장군은 최고 권위자, 권세가, 사장의 상징으로 등장한다. 장교는 지도력과 통솔력이 뛰어난 엘리트 직원인 부장 및 과장의 상징으로, 부사관은 행정 실무 능력이 뛰어난 장기 근속직의 직원의 상징으로, 병사는 일반 평사원의 상징으로 등장한다. 또한 많은 부하를 거느린 장교나 장군은 수많은 부하 직원이 있는 회사나 기관의 책임있는 직책을 상징한다.

① 학생이 장교나 하사관이 되는 꿈

학급간부나 학생회 간부 등으로 선출되며, 회사원인 경우에 과장이나 대리로 승진하게 된다.

② 별 네 개를 단 장군이 되어 있는 꿈(실증사례)

홍수환 선수의 누나는, 홍수환 선수가 4전 5기 하여 세계 챔피언을 따기 전날, '홍수환 선수가 별 네 개를 단 장군이 되어 있는 꿈'을 꾸었다고 한다. 이처럼 장군은 어느 분야에서 최고의 직위와 권세를 지닌 인물을 상징하고 있다.

③ 장군이 태어날 것이라고 계시한 꿈(실증사례)

1984년 LA 올림픽 유도에서 금메달을 딴 하형주 선수의 태몽이다. 삼신할머니가 나타나, "이 집안에서 세계 각국을 떠돌아다닐 장군이 태어나니, 그리 알라."고 말하는 태몽이었다. 장군처럼 이름을 떨치는 인물이 될 것을 예지해주고 있다.

④ 사령관에 의해 쫓겨난 꿈(외국의 사례) → 아버지에게 쫓겨나다.

어떤 사람이 꿈에, 그가 사는 도시의 군사령관에 의해 체육장에서 쫓겨났다.

현실에서는 그의 아버지가 그를 집에서 내쫓았다. 집에서 아버지는 도시의 군사 령관과 같은 역할을 하기 때문이다.(글: 아르테미도로스, 『꿈의 열쇠』)

≪신문 기자에 관한 꿈≫

신문기자는 실제의 인물이거나, 형사·정보원 등을 상징하고 있다.

① 신문기자가 집에 찾아온 꿈

신상 문제나 사업의 진행 여부, 일거리·대상 등 작품의 내용 등에 있어 알려고 하는 사람이 생긴다.

② 신문기자와 인터뷰를 하는 꿈

자신의 여건이나 처한 상황에 대해서 외부 사람과 의논하는 일이 생기며, 자신의 근무 상황이나 여건에 대해 누군가에게 설명하게 된다.

③ 기자가 사진을 찍거나 녹음해 가는 꿈

자신이 하는 일거리·대상에 대해서, 누군가가 지켜보고 감시하는 사람이 있게 된다.

≪교사(선생님), 교수, 교장, 교감에 관한 꿈≫

교사와 교수는 실제의 인물이거나, 은인·협조자·지도자·안내자 등의 인물을 상징하며, 대상의 상징인 경우에는 교양서적이나 백과사전을 뜻하기도 한다.

① 선생님에게 야단맞는 꿈

직장의 상사에게 업무상의 과실 등으로 인하여 질책당하는 일로 실현된다. 또한, 선생님에게 야단맞는 꿈이 자영업자에 있어서는 사업상의 문제점에 대해서 일깨워 주는 컨설팅 상담원을 상징하기도 한다.

② 선생님이나 교수가 나타난 꿈

존경했거나 친분이 있었던 선생이나 교수는 직장에서 협조적인 상사로, 반면에 싫어했던 교사나 교수는 부정적인 상사로 상징되어 나타나기도 한다.

③ 2-4반 선생님을 만나는 꿈(실증사례)

중학교 때 2-4반 선생님을 만나는 꿈을 꾸고, 며칠 뒤에 24,000원을 줍는 일로 실현된 사례가 있다.

④ 학창시절의 교장·교감

직장인의 경우에 회사의 사장이나 이사를 상징적으로 나타내주고 있다. 군인의 경우에 소속된 부대의 직속상관인 소대장·중대장·대대장 등을 상징적으로 나타내기도 한다. 이처럼 기타의 직장에서 직급에 따른 상사를 상징적으로 나타내주고 있다.

≪학생에 관한 꿈≫

학생은 실제 학생이거나, 연수를 받거나 훈련을 받는 신입 사원이나 교육생을 상징한다. 꿈에서 자신이 학생이 되어 있는 꿈은 직장인의 경우에 연수원 등에 입소하여 교육을 받게 되는 일로 실현된다.

① 학생이 자신의 교실을 찾지 못하는 꿈

회사원의 경우에 자신의 담당 부서나 회사에서 물러나게 되며, 수험생의 경우에 낙방하는 일로 실현된다.

② 책상과 걸상을 찾지 못한 꿈

시험이나 구직에 있어서, 떨어지는 일로 이루어진다.

③ 학생이 교복을 벗은 꿈

방학이라든지 행사로 인하여 수업을 하지 않게 된다. 처한 상황에 따라 나쁘게는 퇴학당하는 일로 이루어진다.

④ 많은 학생을 지도하는 꿈

연수원 업무 등을 맡게 되어 여러 부하직원을 교육하거나, 통제하는 일을 담당하게 된다.

≪목사·신부·전도사·교인에 관한 꿈≫

목사와 신부는 실제의 인물, 지혜로운 사람, 지도자, 선생님·학자·승려 등의 인물을 상징한다. 일거리·대상을 상징할 경우에는 교양서적이나 백과사전 등을 뜻하기도 한다. 전도사는 실제의 인물, 광고마케팅업자·선전원·외판원·중매자 등의 인물을 상징한다. 교인(신자)은 실제의 교인(신자)이거나, 부하직원·학생·구직자·연구생 등을 상징한다.

① 목사·신부님의 설교를 듣는 꿈

지혜로운 사람, 정신적 지도자, 학자·선생님의 지도를 받게 되거나, 재판을 받게 되는 일 등으로 실현된다. 나쁘게는 윗사람의 책망을 듣게 된다.

② 목사·신부님과 함께 있는 꿈

지혜로운 사람, 지도자나 학자와 관련을 맺게 되거나, 일거리 대상의 상징인 경우에 깨달음을 주는 감명 깊은 서적을 읽게 된다.

③ 기도원이나 수녀원에 들어가는 꿈

집단적인 행동과 규율이 있는 연수원·기관·단체에 소속되는 일로 실현된다. 좋게는 입학이나 취직하게 되어 단체적인 생활을 하게 되며, 나쁘게는 교도소·군대 등 억압적인 규율이 있는 곳에 들어가게 된다. 일거리·대상의 상징으로 등장한 경우에, 작품이나 사업 등이 당국에서 심사과정을 거치게 된다.

④ 설교에 사람들이 죽거나 잠드는 꿈

많은 사람을 정신적 감화나 설득으로, 자신의 뜻에 따르게 하는 일로 실현된다.

≪스님에 관한 꿈≫

스님은 목사·신부와 상징적 의미가 유사하다. 실제 인물이거나, 덕이 높은 사람, 정신적 지도자 등을 상징하며, 학문적인 업적이나 학자·교수·중매인·종교인 등을 상징한다.

① 스님에게 시주하는 꿈

스님으로 상징된 중개인 등을 통해 자신의 청원을 바라는 일로 실현된다.

② 법당에서 불경을 암송하는 꿈

자신의 청원이 이루어지기를 바라면서 노력하는 일로 이루어진다. 이 경우, 그 소원이 이루어진다. 정신적 지도자나 지혜로운 사람으로부터 정신적 감화를 받게 되며, 참된 일을 행하게 된다.

③ 스님이 문전에서 목탁을 두드리는 꿈

집으로 상징된 회사 등에 널리 소문날 일이 생긴다.

④ 고승과 대화하는 꿈

정신적인 지도자, 덕이 높은 사람, 학자·전문가 등과 관련을 맺게 된다.

⑤ 고승을 보는 꿈

고승으로 상징된 진리 탐구자나 위대한 지도자와 관련을 맺게 되거나, 고승과 관련된 사상적인 감화를 주는 서적을 읽게 되는 일로 실현된다.

⑥ 스님에게 불경 책을 얻거나 덕담을 듣는 꿈

스님으로 상징된 정신적인 지도자, 덕이 높은 사람, 학자에게 능력을 인정받게 되며, 성취를 이루게 된다.

⑦ 파계승을 대하는 꿈

위선적인 사람, 천박한 사람, 사기꾼, 가식적인 중개업자와 관련을 맺게 된다.

≪의사에 관한 꿈≫

의사는 실제 인물, 상담자·심사관·변호사·신문기자·형사·목사·신부님 등의 동일시이다.

① 의사에게 진찰을 받는 꿈

의사로 상징되는 기관이나 사람에게, 진찰(자신의 작품이나 사업체·일거리 등을 심사) 받는 일로 형상화되고 있다.

한건덕 선생님이 실증적으로 체험한 꿈 사례를 살펴본다. 의사에게 배가 아프다(왜 글이 발표되지 않는가?)고 진찰을 받고 있다. "침 한 방 맞으면 낳을 것이요."(태몽에 관한 글을 어느 잡지사에서 검토하고 나서, 약간의 수정을 가하면 발표할 수 있다.) 이어 진찰을 계속하더니 "불알 한쪽이 커서 그렇다."(작품 내용이 해몽의 실제보다, 이론 면에 치중해 있기 때문이란 뜻)고 말한다. "그러면 그 한쪽을 떼어 내야 하나요?"(삭제해야 할 것인가) 하니까 "아니야 양쪽이 떨어져 있게 하면 돼."(두 부분으로 갈라 실으면 된다) 하고 말했다. 이 때의 의사는 바로 작품을 취급한 잡지사 사람을 뜻하고 있다.

② 병원 원장(의사) 앞에 출두한 꿈

병원 원장 앞에 출두한 꿈은 저자인 경우, 병원 원장으로 상징되는 인물(출판사 사장)에게 자신(저작물)을 진찰(평가)받는 일로 형상화되고 있다.

③ 종합진찰을 받아보아야 한다는 꿈

아우의 꿈에서 어느 물속을 들여다보니, 그 물속에 형이 죽어서 반드시 누워 있으므로, '큰일 났다'고 생각하고 물에서 꺼내려고 하니까, "가만 두어라! 종합진찰을 받아 보아야 해."라고 말하는 꿈이었다. 이는 어느 잡지사(냇물)에 작품(형)을 제출했으나 얼른 발표되지 않아, 도로 회수할까 생각하고 있을 때 꾸어진 꿈이다. '종합진찰을 받는다'는 것은 회사 직원들의 동의가 필요했기 때문이었으나, 꿈속의 형이 이미 물속에 죽어 있었으므로, 조만간 발표할 예정이었던 것이다.

고(故) 한건덕 선생님의 꿈 사례로, 죽음은 완성, 새로운 탄생, 부활의 의미를 지닌다.

④ 소송 중인 어떤 사람이 꿈에 병이 났는데 의사를 쓰지 못한 꿈

병은 소송을 나타낸다. 소송에 걸린 사람과 병자를 두고 '위기'를 겪는다고 말한다. 의사는 변호사를 상징하여, 변호사를 구하지 되지 못하는 일로 실현되었다. 『꿈의 열쇠』에 나오는 외국의 사례이다.

≪간호사에 관한 꿈≫

간호사는 실제의 인물이거나, 협조자·부하·아내·동생 등의 인물을 상징한다. 간호사가 병석에 있는 자기 주변에서 거들고 있는 꿈은 사실적인 꿈의 경우에 병원에 입원하게 되어, 실제 그러한 일로 이루어진다. 하지만 대부분의 상징적인 꿈에서는 병석에 누워있는 자신이 어떠한 일거리나 대상·작품을 상징적으로 나타내는 경우, 그런 일과 관계해서 도와줄 후원자나 협조자가 있음을 뜻한다.

≪교도관, 죄수에 관한 꿈≫

교도관은 실제의 인물이거나, 경찰관·법관·지도자·심사관·의사의 인물을 상징하며, 법규나 도덕적인 양심을 상징하는 일거리·대상이 되기도 한다. 죄수는 심사를 받는 청원자, 피교육생·학생·환자 등 자유롭지 못한 여건에서 규율적인 억압이나 통제를 받거나 심사를 받는 인물을 상징한다. 일거리·대상의 상징인 경우에는 심사받는 작품이나 사업 프로젝트를 상징한다. 이 경우에 죄수가 되는 꿈은 회사·기관·단체에 소속되는 일로 실현된다. 수험생이나 구직자인 경우에 이렇게 죄수가 되는 꿈을 꾸면 합격의 일로 실현된다.

죄수복을 입는 꿈은 처한 상황에 따라, 어느 교육기관에 입소하게 되거나, 회사의 연수원 등에 참여하는 일로 실현된다. 또한 신체의 이상으로 병원에 입원

하게 되거나, 자신이 감사기관으로부터 심사를 받는 일 등으로 실현된다. 일거리·대상의 상징인 경우에는 자신의 사업이나 가게 등이 상급기관으로부터 감사나 심사를 받게 되는 일로 실현될 수도 있다.

≪종, 노예(하인)에 관한 꿈≫

자신이 종이나 하인이 된 꿈은 죄수가 된 꿈과 상징적 의미가 유사하다고 할 수 있다. 어떠한 회사나 단체에 속해 자유롭지 못한 여건에서 통제를 당하고 구속을 받게 되는 일로 실현된다. 자신의 의지대로 벗어날 수 없는 학업이나 연구에 몰두해야 하는 경우, 남의 지시에 따른 업무를 수행하게 되는 경우에 이러한 꿈을 꾸게 된다.

① 노예(종, 하인)가 되어 일하는 꿈(실증사례)

어디론가 가고 있는 차 안에서 강제로 절벽 같은 아래로 굴러떨어졌다. 밑에는 다른 사람도 있었으며, 절벽 위쪽에서 누군가가 "너희들은 노예야! 이제부터 내 말을 안 들으면 힘들 거야. 열심히 일해서 수확한 것을 내야 해!"라고 외치는 꿈이었다.

이는 필자가 대학원 입학시험 발표 전날 꾼 꿈으로, 어떤 새로운 곳에 소속되어 다소 힘든 노력을 해야 할 것을 일러주는 합격 예지의 꿈으로 실현되었다.

② 하인이 몸에 열이 나는 꿈

노예는 주인의 몸과 관계가 있다. 어떤 사람이 꿈에 자기 하인이 열이 나는 것을 보았는데, 당연히 그가 병이 났다. 하인이 꿈을 꾼 사람과 맺는 관계는 몸과 영혼의 관계였기 때문이다. 『꿈의 열쇠』에 나오는 외국의 사례이다.

≪거지에 관한 꿈≫

거지는 실제의 인물이거나, 신분 등이 몰락하여 어려운 처지에 있는 사람, 외로운 사람, 실직자 등을 상징한다.

① 자신이 헐벗고 굶주린 거지가 된 꿈

꿈은 결코 반대가 아닌 상징의 이해에 있다. 옷이나 신발은 의지가 되는 직장이나 배우자 등을 상징하는바, 신분이나 직위의 몰락으로 인하여 직장을 잃게 되거나 이혼당하는 등 어려운 처지에 놓이게 된다.

② 구걸하는 거지에게 적선하는 꿈

어려운 처지에 있는 사람이나 일거리·대상에 관심을 기울이게 되는 일로 실현된다.

③ 친분 있는 사람이 거지가 되어 나타난 꿈

신분이 몰락하거나 직위에 변동이 있게 되어, 어려운 처지에 있게 된다.

≪창녀에 관한 꿈≫

창녀는 실제의 창녀이거나, 지조가 없는 사람, 문제점이 있는 사람, 다루기 힘든 사람, 간사한 사람을 상징하고 있다. 일거리·대상의 상징인 경우에 공용의 물품이나, 술이나 안주, 외설적인 잡지 등을 상징한다.

① 창녀와 같이 걷거나 노는 꿈

술자리를 벌이고 유혹에 빠지는 일이 생긴다. 여러 사람들이 추구(追求)하는 것을 함께 하는 일로도 실현 가능하다.

② 창녀촌을 찾아가 창녀를 만나는 꿈

책을 쓰는 저자인 경우, 출판사의 담당자가 꿈속에서 창녀로 표상될 수 있다. 작가에 있어서 창녀와 성행위를 하는 꿈은 널리 알려진 저명한 출판업자와 출판계약을 하는 일로 실현된다. 일반적으로는 참신하지 않은 일거리·대상과 관련을 맺게 되는 일로 실현된다.

≪장님의 꿈≫

장님은 실제의 인물이거나, 사랑이나 주식 등 어느 한 대상이나 일거리에 빠져 올바른 판단력을 내릴 수 없는 여건에 있는 사람을 상징한다. 자신이 장님이 된 꿈은 남의 의견을 받아들이지 않게 되고, 독단에 의한 결정으로 어려운 여건에 처하게 되거나 답답한 처지에 놓이게 된다.

≪거인, 난쟁이의 꿈≫

거인은 능력이나 역량이 뛰어난 정치가·사업가·저자 등 사회적인 영향력이 큰 인물을 상징적으로 나타내고 있다. 반면에 난쟁이는 능력이 모자란 사람, 소심한 사람을 뜻하고 있다. 꿈속에서 자신이 거인이나 난쟁이로 등장하는 경우의 꿈이 있다. 이러한 것은 꿈의 상징 기법의 하나로, 자신이 거인이 되어 있는 꿈이 자신의 권세·능력·지위·명예 등이 뛰어남을 상징하는 좋은 꿈이다. 또한 거인이 일거리·대상의 상징으로 등장한 경우, 거대한 회사·기관·단체를 상징하거나 놀라운 업적이나 성취결과를 상징한다. 한편 다른 사람이 거인이 되어 있는 꿈은 자신에게 억압을 주는 사람을 상징적으로 나타내거나, 자신이 감당하기에 벅찬 일거리·대상을 상징하고 있다. 반면에 상대방이 왜소해 보이거나 난쟁이로 등장한 경우, 현실에서 일거리·대상에 대한 어려움을 쉽게 해결하는 일로 실현된다.

① 두 명의 거인이 악수하는 꿈

명망이 높은 두 정치가가 뜻을 합치는 일로 실현되거나, 거대한 회사·기관·단체가 연합이나 통합되는 일로 실현된다.

② 밤마다 나타나서 괴롭히던 거인의 꿈(실증사례)

주부의 꿈이다. 시도 때도 없이 날마다 집요하게 찾아와 책 구입을 강요하던 외판원에 대한 잠재의식적인 두려움과 불안감이 꿈으로 형상화되어 거인으로 나타난 것이었다.

③ 자기가 거인이 되어 수목 사이를 투시할 수 있었던 꿈

꿈에 자기가 갑자기 커져서 앞에 보이는 나무숲이 내려다보이고, 나무 사이사이가 훤히 꿰뚫어 보여서 대단히 만족하고 신기하게 생각하였던 꿈은 어려움이나 난관이라 할 수 있는 나무숲을 한 눈으로 내려다보는 거인(깨달음을 얻음)으로 표상하고 있다. 즉, 세상의 모든 것을 한 눈으로 내려다볼 수 있는 깨달음을 얻음을 나타내고 있다.(글: 한건덕)

④ 난쟁이의 꿈

자기 능력의 저하·패배·좌절로 이루어진다. 자신이 난쟁이가 되어 있는 꿈은 다른 사람에게 조롱이나 비하(卑下)당하는 일로 이루어진다. 하찮은 일거리나 대상의 상징으로 등장하기도 한다.

≪무당(점쟁이·예언자)에 관한 꿈≫

무당은 신탁을 받아 인간에게 내려주는 역할을 하고 있는바, 상징적인 꿈에서 무당은 계시자·안내자·지도자·중매자·전도사·약장수·사기꾼·다단계 판매업

자 등을 의미하고 있다. 점쟁이나 예언자 또한 상징적 의미는 유사하다. 예언자와 점쟁이는 지혜로운 사람이나 학자·지도자 등을 상징하며, 일거리·대상의 경우에 오래된 고서·경서나 백과사전 등을 상징한다.

꿈속에서 무당이나 점쟁이가 호의적으로 어떠한 말을 계시적으로 일러주는 경우, 자신에게 어떠한 일에 대해서 일깨워 주고 정신적인 감화 등을 주고 있다. 이 경우 꿈속의 예언자는 또 하나의 잠재의식의 자아가 분장 출현하여, 현실의 자아가 고민하고 바라고 있는 당면 문제를 일러주는 방식을 취하고 있다. 이는 꿈의 상징 기법 중 하나인 것이다. 이 경우에, 꿈대로 따르는 것이 절대적으로 좋다.

한편 어떠한 동물·식물이 말을 하거나, 스님·산신령·조상이나 죽은 사람이 어떠한 말을 하는 경우에도 마찬가지이다. 또한 무당이나 점쟁이가 일러주는 말이 사실적·투시적으로 일러주지 않고, 때에 따라서는 상징적 언어로 표현되는 경우가 더 많다. 따라서 꿈의 상징표현에 대해서 올바른 이해가 더욱 중요하다.

① 무당들이 굿하면서 노래 부르고 춤추는 것을 보는 꿈(실증사례)

어떤 주간지에 관상가·점성가·성명학자 및 기타 특수층 사람들이 글을 발표함을 보게 되는 일로 실현되었다. 이처럼 특수한 책의 선전이나 광고를 보게 되거나, 약장수가 광고하는 것을 보는 일로 실현된다.

② 자신이 무당이 되어 춤이나 노래를 하는 꿈

자신의 사업이나 저서·작품에 대하여, 신문지상이나 TV 등에 소개되거나 광고를 하는 일로 실현된다.

③ 예언자나 점쟁이를 찾아가는 꿈

실제로 사실적 미래투시의 꿈에서, 예언자로 표상된 어떠한 인물을 찾아갈 일이 있을 수가 있다. 현실에서는 컨설팅 관계자나 학자 또는 전문가에게 자문하는 일로 실현된다. 일거리·대상의 상징인 경우, 오래된 서적이나 백과사전을 찾아보게 되거나, 고분·박물관·연구소 등을 견학하는 일로 이루어진다.

④ 관상가에게 관상이나 수상(手相)을 보는 꿈

사업이나 진로 등에 있어서, 무언가 결정을 해야 할 일을 앞두고 있을 때 이러한 꿈을 꿀 수가 있다. 현실에서는 직장의 상사나 전문가에게 자신의 일신상에 대해서 의논하는 일로 실현된다. 이 경우에 꿈속에서 들은 계시적인 말대로 따르는 것이 절대적으로 좋다. 꿈속의 관상가나 점쟁이는 자신의 잠재의식의 자아가 연출해낸 꿈의 상징 기법의 하나인 것이다.

≪악한, 괴한의 꿈≫

악한과 괴한에 관한 꿈은 실제의 못된 악한·괴한의 인물과 관련을 맺는 일로 일어날 수 있기에 주의할 필요가 있다. 상징적으로 강압적이고 폭력적인 사람, 독선과 독단적인 결정을 하는 사람, 자신의 일에 억압적으로 참견하는 사람을 상징하고 있다. 또한 일거리나 대상의 상징인 경우, 벅찬 일거리나 방해물·병마(病魔)의 상징으로 등장하기도 한다.

① 악한에게 쫓기는 꿈

계획한 일이나 좋은 기회가 사라지고, 감당하기 힘든 벅찬 일로 고통을 받게 된다.

② 싸움 끝에 악한을 죽이는 꿈

죽이는 것은 제압·굴복시킴의 상징적 의미로, 벅차며 곤란한 문제를 처리하게 되거나, 일이 성취되는 일로 이루어진다. 질병으로 고통받고 있는 경우, 병세에서 회복되는 일로 실현된다.

③ 악한에게 살해되거나 상처를 입는 꿈

자신의 작품이나 일의 성과에 대해서, 어떤 평가를 받게 된다. 안 좋게는 벅찬 일거리·대상이나, 못된 사람·병마(病魔)에게 시달림을 받는 일로 실현된다.

④ 악한·괴한에게 붙잡힌 꿈

악한으로 표상된 어떤 사람이나 대상의 영향권에 들어가게 된다. 악한으로 상징된 병마에 걸리게 되는 일이 일어날 수 있다.

⑤ 악한·괴한에게 붙잡힌 꿈(실증사례)

저자의 사례이다. 저자의 악한들이 뒤쫓아와서 도망쳤으나, 기어코 발각되어 그들이 발에다가 잉크 칠을 해놓고 간 꿈이었다. 악한들은 출판사·잡지사 사람들을 상징한 것이었고, 그들이 발에 잉크 칠을 하고 간 것은 작품이 좋다고 인정되어서, 계약이 성립될 것을 예지한 꿈이었다.

⑥ 악한에게 습격당한 꿈

신체 내·외부의 이상을 알려주는 꿈의 경우, 악한으로 표상되는 병마나 외부의 세력에 의해 영향을 받는 일로 실현되기도 한다.

⑦ 악한(괴한)들이 춤을 추거나 삿대질을 하는 것을 보는 꿈

병마에 시달리게 되거나, 질이 나쁜 사람들에게 얻어맞거나 공박 당할 일이 있게 된다.

⑧ 악한이나 괴한을 물리치거나 죽이는 꿈(실증사례)

자기를 해치려는 악한이 길을 가로막고 시비를 하거나 싸움을 걸어와서, 그중 몇 놈을 때려 숨지게 하거나 쓰러뜨리는 꿈이었다. 자기의 일거리에 대해서 상대방과 찬반양론을 벌인 끝에, 그중 한두 명은 자기 일에 찬성하거나 승복해 주는 현실로 실현되었다.(죽이거나 쓰러뜨렸기에)

이 경우, 처한 상황에 따라서는 악한으로 표상된 병마에 시달리다가 낫게 되는 일(악한을 물리치거나 죽이는 경우)로 실현될 수도 있다.

⑨ 괴한이 방안에 들어오려는 것을 저지하지 못한 꿈 → 기술자가 방에 들어오다.

어느 여고생의 꿈체험기이다. 상징적인 미래 예지 꿈에 있어서, 장차 일어날 일의 예지는 가능하지만, 그 실현을 피할 수 없음을 보여주고 있다.

문의 바깥쪽에서 괴한인 누군가가 밀치고 있었는데, 나는 그 반대편의 문을 닫기 위해 안간힘을 썼습니다. 하지만 끝내 문을 막지 못하는 꿈을 꿨습니다.

꿈의 실현은 집안에 망가진 것을 고치러 온 기술자를 아버지가 데리고 들어오는 일로 이루어졌습니다. 평소 노크를 하고 들어오실 정도로 매너가 좋은 아버지께서 어쩐 일인지, 과년한 딸이 자는 방에 외간 남자(기술자)를 데리고 온 것에 놀란 저는 벌떡 일어나 "무슨 짓이냐?" 하고 소리를 지르며 아빠와 기술자를 밀쳐 냈지만, 아버지는 저를 밀쳐 내며 "가만히 있으면 될 것이지 웬 소란이냐?"라고 끄떡도 안 하시더군요. 지금도 그때를 생각하면 화가 치밀 정도이지만, 기분 나쁜 꿈을 피하려고 학원도 빠지고 가만히 누워만 있었지만, 결국은 꿈의 실현을 피하지 못했습니다.

⑩ 검은 형상의 남자가 현관 유리문을 들여다보는 꿈(실증사례) → 교통사고가 나다.

제가 중학교 2학년 때 꾼 꿈이에요. 그 날은 추석 2일 전이었고, 저희 가족은 그 날 밤 출발해서 동해에 하루 들렀다가 할머니 댁에 가려고 계획을 잡았죠. 아무튼 그 날 낮에 집에 혼자 있다가 낮잠을 잤습니다만, 꿈에 누가 저희 집 벨을 누르는 거예요. 마침 저 혼자 있어서 현관으로 나갔는데, 올록볼록한 현관 유리 사이로 키가 190cm는 되어 보이는 검은 형상의 남자가 보이는 거예요. 그래서 "누구세요?"라고 물었더니 대답이 없

더군요. 다시 한 번 "누구세요?"라고 물었지만 역시나 대답이 없었습니다. 그래서 문은 열지 않고, 그냥 보기만 하다가 꿈에서 깼어요.

기분이 찜찜했어요. 꿈의 예지대로 여행길에서 어떤 아이가 저희 차에 부딪혔던 겁니다. 다행히도 저희 차 옆으로 부딪혀서 큰 부상은 없었습니다. 아무래도 제가 그 현관문을 열었다면, 더 큰 일이 생겼을 것 같다는 생각이 듭니다.---제이준, 2009. 03. 29.

≪도둑에 관한 꿈≫

(1) 도둑에 관한 꿈의 상징적 의미

도둑은 실제의 도둑이거나, 자신의 이권이나 권리·재물을 넘보는 사람을 상징한다. 도둑에 관한 꿈은 실제로 사실적인 꿈으로 실현되는 경우가 많으니, 일단은 도둑이 들 것에 대한 대비를 해두는 것도 좋다. 상징적으로 도둑은 자신의 이권이나 재물을 빼앗아 가려는 대상이나 사람, 자신에게 압박을 가하는 악한이나 권력자 등을 뜻하고 있다. 또한 벅찬 일거리나 방해물의 상징으로 등장하고 있다. 핸드백 속의 돈을 도둑맞으면, 그것이 적은 액수일 때는 근심·걱정이 해소되거나 자기 내력을 남에게 알릴 일이 생긴다. 많은 금액을 도둑맞으면, 실제로 돈이나 재물을 잃게 되거나 비밀 등이 탄로 나게 된다. 한편, 도둑고양이라는 관습적인 언어사용에서 알 수 있듯이, 꿈속에 등장한 고양이가 현실에서 도둑을 뜻하는 상징 표상으로 자주 등장하고 있다.

(2) 도둑 꿈해몽 요약

① 도둑을 보고 두려워 떤 꿈

도둑으로 상징된 벅차고 고통스러운 일거리나 대상에 힘겨워하는 일로 실현된다. 사람의 상징인 경우에 사기꾼이나 못된 사람의 협박에 시달리게 된다.

② 강도나 도둑이 복면을 하고 나타난 꿈

신분이나 직위를 속이거나, 정체를 드러내지 않는 사람이 해를 끼치게 된다.

③ 도둑이 볏섬이나 쌀가마를 훔쳐가는 것을 보는 꿈

재물이나 이권을 잃게 되며, 세금을 내게 되거나, 사업성과를 분배할 일과도 상관한다.

1 인물, 신분·직업, 신령·이적

④ 민속의 도둑에 관한 꿈

- 도둑과 동행하면 길하다.

- 솥을 도둑이 깨뜨리면 나쁘다.

- 도둑이 담을 넘으면 실제로 도둑을 맞는다.

- 꿈에 내 몸이 도적이 되면 구하는 바를 얻는다.

(3) 도둑 꿈의 실증사례

① 도둑이 든 꿈 → 사실적인 미래투시의 꿈

　　작년 봄이라고 기억한다. 결혼하고 처음 이사한 아파트의 옆집인 201호에 도둑이 들어가는 꿈을 꾸었다. 그런데 바로 그날 오후에 정말 옆집에 도둑이 들어와 패물을 다 훔쳐가 버렸다. 한동안 소름이 끼쳐서 문단속도 조심하고 집에 있는 것이 너무도 불안했다. 꿈을 아침에 깨면서 꾸었는데, 정말 오후에 바로 그 집에 도둑이 들다니, 정말 소름이 돋아서 한동안 너무도 겁이 났던 것 같다.

② 도둑이 칼을 들고 들어온 꿈 → 사실적인 미래투시의 꿈

　　보름달이 환히 뜬 새벽, 오빠가 옥상에 가서 빨래를 걷어 오라고 하면서 등을 떠밀면서 옥상 밖으로 보냈습니다. 저는 밤이라 두려워하며 빨래를 걷고 있었습니다. 얼마 후 이상한 기분에 집안으로 통하는 옥상 문을 열고 집 안을 들여다보았습니다. 근데 이게 웬일! 도둑이 창밖에서 저희 집안을 두리번거리고 있었습니다. 멀리서 보니 도둑의 모습은 검은 모습으로만 보였는데, 한 손에 칼을 들고 있었습니다. 전 많이 망설였습니다. 이대로 집안으로 몰래 들어가야 하나, "도둑이야!" 하고 고함을 질러야 하나! 그 공포 속에서 너무 놀라서 잠을 깨었습니다. 한참을 두리번거렸습니다. 정말 도둑이 든 건 아닌지, 몇 초 동안 공포에 떨었습니다.

　　그로부터 딱! 일주일째 되는 새벽에, 정말 도둑이 들었습니다. 그날은 제가 머리에 칼을 맞아 죽을 뻔한 날이었습니다. 지금도 온몸에 소름이 돋습니다.

③ 집안의 물건을 도둑맞는 꿈 → 재물이나 이권 등을 잃다.

집안의 물건을 도둑맞은 꿈을 꿀 때마다 친구의 승용차 유리가 깨지고 차 안의 가방을 잃어버리든가, 다른 친구가 소매치기당하는 일로 실현된 사례가 있다. 이는 도둑맞는 꿈은 현실에서 대단히 안 좋게 실현되고 있음을 보여주고 있다. 다른 사례로 안경 가게를 경영하던 사람의 꿈이다. 자신의 가게에 도둑이 들

어 안경을 몽땅 가져가 버린 꿈이었는바, 그 후 아내가 다른 남자와 바람이 나서 가출하는 일로 실현되었다. 이렇게 볼 때 도둑맞는 꿈은 자신의 소중한 재물이나 어떠한 권리·이권 등을 잃게 되는 일을 예지해주는 것이라는 사실을 알 수 있다. 꿈은 반대가 아닌 상징의 이해에 있는 것이다. 다만 역전(逆轉)이라고 할까, 무언가를 훔쳐오는 꿈으로 자신의 가게에 도둑이 드는 일로 실현된 사례가 있기도 하다.

④ 도둑이 들어오려는 꿈(실증사례)

어느 주부의 꿈이다. 어느 날 밤 꿈에 문 앞에 크고 건장한 시커먼 그림자가 집에 들어오려고 하는 꿈을 꾸었다. 꿈을 꾼 후에 도둑이 들 것 같아 문단속을 철저히 하고 '누가 오든지 열어주지 말아야지' 생각했다.

며칠 뒤 땅을 팔고 중도금을 받은 날, 꿈에 본 것과 같은 사람이 찾아온 것을 문을 열어주지 않으니, 남편 핑계를 대면서 빌린 돈을 받을 때까지 안가겠다고 했다. 남편에게 연락했더니 바빠서 못 오고, 대신 남편의 친구가 올 때쯤 해서 남자가 돌아가는데, 조금 떨어진 곳에 차에 계속 시동을 걸어놓고 있었다.

꿈에서 본 것처럼 도둑이 들려고 하는 것을 문을 열어주지 않음으로써 화를 미연에 방지하고 있다. 이처럼 사실적인 미래투시의 꿈의 특징은 꿈에서 일어난 대로 현실에서 재연된다는 것이다. 이 경우의 꿈은 꿈속에서 결과를 체험해 보았기 때문에, 현실에서는 위험이 닥쳐오기 전에 피할 수 있도록 해 주고 있다.

이는 꿈이 신성의 잠재의식의 활동으로, 앞으로 일어나게 될 일을 예지해주고 있음을 단적으로 보여주고 있다는 명백한 증거이다. 다만, 상징적인 꿈이 85% 정도로 피할 수 없는 상황으로 나타나고 있음에 비해서, 이러한 사실적 경우의 꿈들은 15% 정도로 적게 나타나고 있으며, 또한 현실에서 미리 알아 방비를 할 수 있게 해주고 있다. 또한 이러한 사실적·미래투시의 꿈은 신비한 꿈의 작업장의 여러 표현 기법 중에 가장 단순한 것으로 나타나고 있다. 다만, 일부의 경우에는 상징적인 표현수법과 병행하여 나타나고 있기도 하다.

⑤ 도둑에게 집을 털리는 꿈, 아이의 소변이 얼굴로 튀는 꿈

즉석식 복권으로 소나타에 당첨된 전주의 신모(30) 씨는 두 가지 꿈을 꾸었다. 도둑이 집에 들어 집안 물건을 모두 도난당하는 꿈이었고, 또 하나는 아이가 소변을 누는데 그 소변이 모두 신 씨 얼굴로 튀는 꿈이었다.

꿈은 반대가 아닌 상징의 이해에 있다. 일반적인 상징으로 도둑에게 집이 털리는 꿈은 재물이나 이권 등을 잃게 되는 안 좋은 꿈이다. 꿈의 상징 기법으로 역전(逆轉)이라고 해야 할까, 재물이 나가야 되는 상황에서 역(逆)으로 재물이 들어오는 일로 실현되고 있으며, 이와 유사한 사례가 상당수 있기도 하다.

아이의 소변이 얼굴로 튀는 꿈에서 소변 등은 재물과 관련이 있다. 소변이나 똥을 몸에 묻히는 꿈도 상징적으로는 재물을 얻게 될 것을 뜻한다.

⑥ 작은 도둑을 잡은 꿈 → 시간강사 10일짜리를 얻다.

꿈에 남편은 멀리 있는 것이 느껴졌고, 집에 오지는 못하지만 우리를 염려하고 걱정하는 것을 느낄 수는 있는 그런 상황에서, 밤에 아이를 먼저 재워놓고 저도 자려고 하는데, 베란다를 통해 도둑이 들어왔습니다.

대략 초등학교 5~6학년쯤 되어 보이는 여자아이였습니다. 순간 겁이 났다가, 이내 아이를 제압하여 방에 있는 경비벨을 눌렀습니다. 도둑을 잡은 것은 기분이 좋았지만 작은 도둑이어서 좀 아쉬웠고, 그래도 깰 때 기분은 좋았으므로 무엇으로 실현될까 내심 기대하고 있었습니다. '남편이 집에 없다는 것이 어떻게 실현될까?' 남편과 여러 가지 추리를 해보기도 했었지요. 그런데 남편이 갑자기 유럽 출장을 일주일 정도 가게 되었습니다. 원래는 남편이 갈 자리가 아닌데, 원래 담당자가 다른 일로 바쁜 바람에 남편이 가게 되었지요. 남편이 출장을 간 사이에 제게는 옆 동네 중학교에 시간강사 일이 들어왔습니다. 대략 10일 정도로, 멀리 있는 상황이라는 것이 결국 출장을 의미했고, 집에 들어온 작은 도둑은 제게 들어온 10여 일의 시간강사 일거리가 아니었나 싶습니다.

이 밖에도 도둑·흉악범 잡는 꿈을 3번 정도 꾸었는데, 이 꿈들을 꾸고 깨면서 개운하고 시원하다는 느낌을 받았거든요. 처음엔 유괴 살인범 정도로 생각되는 범인을 잡고, 두 번째는 도둑을 제가 맞서 싸워 잡았고, 세 번째 꾸었을 때 어떤 연쇄 살인범 정도로 생각되는 흉악범을 총으로 마지막까지 죽였어요.

이렇게 도둑을 통쾌하게 잡는 꿈은 도둑으로 상징된 일거리나 대상을 제압하는 일로 이루어지고 있다.

⑦ 도둑(지명수배범)으로 몰린 꿈 → 자동차 당첨

99년도에 제가 엘지 정유에서, EF소나타에 당첨됐을 때 꾼 꿈입니다. 지금의 시댁에 인사하러 가던 날이었는데, 그날따라 타지에서 삐삐 건전지도 떨어지고, 통화하던 중에 휴대폰 배터리도 떨어진 상태에서, 연락 올 데도 없기에 신경 안 쓰고 있었답니다.

아는 언니 집에 가서 저녁 9시쯤에 잠깐 잠이 들었는데, 꿈에 TV를 보니 제가 지명수배범으로 뉴스를 장식하고 있었답니다. 장면은 도피 중인 모델이었구요. 친한 언니한테 전화해서, "나는 아무 죄도 지은 게 없는데 왜 지명수배냐"라고 하니까, 내가 주범이라 찾고들 난리라고 하더군요.

어이없어서 깬 후에 너무 생생해서, 아는 언니랑 지금의 신랑한테 말하고, 새벽에 우리 집으로 온 후에 삐삐 건전지도 갈고 휴대폰 배터리도 갈아 끼웠더니, 전화가 10통도 넘게 들어와 있는 거예요. 이상하다 싶어 음성메시지를 들어보니, 이벤트담당자·주유소사장·엘지 정유 직원·식구들 등등 정말 다들 저를 찾고 있었던 거죠. 알아보니 석 달 전에 응모했던 이벤트에 1등 당첨되어, 자동차를 타게 되었답니다. 그전에는 꿈에 똥이 나오면 정확하게 돈이 들어오는 정도였는데, 차에 당첨된 후로는 꿈에 의미를 부여하고 신중하게 생각하게 되었답니다.---강선영, 2007. 04. 25.

⑧ 도둑을 쏘아 죽이고 왔다는 꿈 → 병으로 급사하게 되다.

선인의 꿈 사례이다. 무술이 뛰어난 김덕생이라는 사람이 있었다. 그는 태종조에 공이 있어 여러 번 벼슬하여 상장군에 이르렀다. 김덕생에게는 친구 모 씨가 있었는데, 그 친구는 일찍이 김덕생을 따라 종군하다가 잘 알려지게 된 사람이다.

김덕생이 죽은 지 10여 년이 지난 뒤의 일이다. 어느 날 김덕생의 친구 모 씨는 저녁 잠자리에서 갑자기 놀라 일어나 큰 소리로 외치다가 다시 잠들더니, 조금 있다가 또다시 놀라 일어나 큰 소리를 질렀다.

이때, 모 씨의 부인이 이상히 여겨 물으니, "마침 보니 김 장군이 흰 말을 타고 활과 화살을 메고는 나를 불러 말하기를, '우리 집에 도둑이 들어왔기에, 그래서 쏘아 죽이려고 왔소.' 하는 거요. 그 후 다시 와서는 피 묻은 화살 한 개를 빼 보이면서, 내 이미 도둑을 쏘아 죽였노라고 하잖겠어." 하였다.

부부는 서로 괴상하게 여기어, 날이 새자 김 장군의 본집으로 즉시 가 보았다. 김 장군 집에는 나이 어린 첩이 있었는데, 그날 밤에 개가를 하였던바, 남자가 들어와서는 갑자기 복통(腹痛)을 일으켜 날이 새기도 전에 죽었던 것이다.---『청파극담』

제Ⅵ장

주제별 꿈해몽

① 인물·신분·직업·신령·이적

(4) 도둑 꿈의 상담사례

① 집에 도둑이 들었어요.

엄마랑 자는데 집에 도둑이 든 거예요. 시끄러워서 일어났는데 저랑 동생은 안방에서 자고 있고, 엄마랑 아빠는 밧줄에 꽁꽁 묶여 있더라고요. 저는 신고하려고 안방에 있는 전화기를 들었는데, 코드도 빠져 있었어요. 도둑이 돈을 내놓으라고 했는데, 엄마랑 아빠는 돈이 없었는지 가만히 있었어요. 어떻게 해서 제 방으로 가서, 종이에 집에 도둑이 들었다고 써서 날렸어요. 그래서 어떻게 빠져나왔는데 저랑 아빠는 차에 타고 있고, 엄마랑 동생은 집에 아직도 있었나 봐요. 그 도둑 얼굴이 생생하게 기억났는데 지금은 가물가물해요.

사이트에서 도둑을 검색해보시고요. 도둑 꿈을 꾼 후에 실제 집에 도둑이 들은 사람이 많이 있고요.(이 경우는 사실적인 요소가 있는 꿈으로 실현된 경우이고요) 상징적인 미래 예지 꿈으로 볼 때에도 그리 좋은 표상은 아니네요. 도둑으로 표상된 대적하기에 다소 벅찬 대상일 수 있지요, 어떠한 귀찮은 일거리나 심리적인 압박을 주는 어떤 것이 될 수 있지요.

혹 꿈에 본 도둑의 얼굴과 같은 사람을 보게 될지 모르고요. 그 사람은 가족에게 피해를 줄 사람이니, 멀리하는 것이 좋을 것이고요. 본인과 아빠는 억지로 벗어나게 되지만, 꿈대로 어머니는 쉽게 떨쳐 버리지 못할 것 같네요. 다만, 고차원의 상징적으로는 아빠·엄마는 회사의 상사 등 윗사람이 될 수도 있습니다.

② 통장을 도둑맞고 다시 찾았어요.

통장으로 표상된 재물의 손실을 입었다가, 다시 회복되는 일이 있을 듯하네요. 실증적인 사례로 가게의 물건을 도둑 맞은 사람이, 아내가 바람나서 도망한 일로 실현된 사례가 있지요. 이로 보면, 소중한 것을 잃는 표상이 안좋다는 것을 추정할 수 있지요, 하지만 되찾았으니, 소중한 것을 다시 얻게 될 것입니다. 혹시 사실적인 꿈의 요소가 있다면, 실제 통장을 도둑맞았다가 다시 찾는 일이 일어나지요. 이 경우 황당한 전개가 아닌, 사실적인 전개의 꿈이었을 경우입니다.

≪상제가 된 꿈(상복 입은 꿈)≫

상제가 된 꿈은 사실적인 미래투시 꿈이라면, 실제 꿈에서 본 그대로 집안에서 누군가가 죽어서 상복을 입는 일로 이루어질 수도 있다. 하지만 대부분의 상징적인 꿈에서, 자기가 초상집의 상제가 되어 흰옷을 입거나 베옷을 입고 시신 앞에 곡(哭)을 하는 것은 어떤 일이 이루어져 정신적 또는 물질적인 유산을 상속받게 됨을 의미한다. 이 경우에 상제가 여러 명 있으면 권리 또는 유산을 분배해야 할 일이 생긴다. 그러나 많은 상제 중에 자기가 맏상제라고 생각하는 꿈은 정신적 유산이나 물질적 유산 분배에 있어서 자신이 제1의 권리를 차지하게 됨을 뜻한다.

한편 상제에게 절을 하는 꿈은 자신에게도 혜택이 돌아오게 되어, 유산 상속자의 권리를 나누어 받게 되며, 상제에게 절하는데 상제가 맞절을 하면 자신이 절한 보람이 없기에 자기의 권리가 보장되지 않거나 자신의 청탁 등이 이루어지지 않는다. 상징적인 꿈에서, 여자가 상복을 입는 꿈은 남편의 출세나 사업의 번창하게 될 것을 예지해주고 있다.

① 재물운의 복권 당첨

3일 동안 연달아 자신이 상복을 입고 이리저리 돌아다니는 꿈으로 복권에 당첨된 사례가 있으며, 친구 아버님의 초상집에 문상 가는 꿈으로 복권에 당첨된 사례가 있다. 문상가는 꿈도 상징적으로는 아주 좋다. 자신이 문상을 가서 시체 등에 절을 하는 꿈은 재물운이나 자신이 바라던 소원을 이루게 된다.(제Ⅴ장의 복권 당첨 부분 참조)

② 시험에 합격하거나 취직

상제가 된 꿈이나, 장례식에 까만색 상복을 입고 참석하고 있는 꿈으로 시험에 합격하였으며, 무덤 앞에서 상복을 입고 문상객을 배웅하는 꿈으로 취직된 사례도 있다.

③ 재물의 손실이나 안 좋은 일로 실현

상복 입은 사람으로부터 공격을 받는 꿈으로 남에게 빌려준 돈을 떼이게 되는 일로 실현된 사례가 있으며, 상복을 입고 장례 부조금을 받는 꿈으로 보증을 서준 것이 잘못되어 법원으로부터 기분 나쁜 통지를 받는 일로 실현된 사례가 있다.

④ 실제 장례를 치르게 되다. → 사실적 미래투시의 꿈으로 실현

신랑이 상복을 입고 있는 꿈, 검은 상복을 입고 슬퍼 우는 꿈, 상복을 입고 있

는 사람들이 보이는 꿈 등으로 부모 등 나이 드신 분들이 돌아가시는 일로 실현된 사례가 있는바, 이처럼 상복입은 꿈이 사실적인 미래투시의 꿈으로 실현되기도 한다.

≪대중·군중에 관한 꿈≫

대중은 실제의 대중이거나, 상징적으로 대중적이며 여러 사람의 관심을 받는 사회적인 일거리·대상을 상징한다. 이 밖에도 같이 근무하는 직장 동료·연수원생·교육생 등을 상징하고 있으며, 크게는 단체원 및 정당원 및 국민을 상징하고 있다.

① 군중 앞에서 연설하는 꿈

자신의 신념이나 정신적인 영향력을 널리 떨치게 된다.

② 자신이 군중과 함께 시위를 하는 꿈

단체의 일원으로 여러 사람이 함께 하는 일에 참여하게 되어, 당국에 청원할 일이 생기게 된다.

③ 장례 행렬에 무수한 군중이 따르는 꿈

시체로 상징된 어떠한 업적이나 성취에 대해서, 호의적인 평가를 하고 따르는 사람이 많음을 뜻한다.

≪레즈비언에 관한 꿈≫

상징적인 꿈에서 사람은 실제의 사람을 의미하기보다는, 어떠한 직위나 직분 또는 어떤 관념적 상태의 일거리나 상태를 나타내주고 있다. 예를 들어, 아버지는 회사 사장, 아저씨는 부장, 오빠는 과장 등등으로 상징적으로 나타내주고 있다.

레즈비언이란 여자끼리 성적 취향이 이루어지는바, 여자인 경우 꿈속에서 자신이 좋아하는 여자와 성행위를 하는 꿈은 상징적으로, 같은 길을 걷는 사람이나 동종업체와 어떠한 가입이나 계약의 성사·체결이 이루어질 것을 예지해주고 있다. 보다 중요한 것은 이런 레즈비언이 꿈속에서 어떤 행동 표상을 했는지에 따라 꿈해몽이 달라진다. 같이 성행위를 적극적으로 하는 꿈이라면, 적극적인 연합·체결·성사가 진행되는 일로 이루어질 것이다. 하지만 상대방이 거부하는 행위였다면, 자신과 유사한 특성을 지닌 대상과의 연합이나 체결이 이루어지지 않는 일로 이루어진다.

≪게이에 관한 꿈≫

게이 꿈 역시 레즈비언 등의 꿈의 상징적 의미와 유사하다. 다만, 남자끼리의 성적인 행위이므로 자신이 추구하는 일거리·대상이 터프하거나 남성적인 어떤 활동적인 대상을 상징적으로 보여주고 있다. 게이란 남자끼리 성적 취향이 이루어지는바, 자신이 남자인 경우 꿈속에서 자신이 좋아하는 남자와 성행위를 하는 꿈은 상징적으로는 같은 길을 걷는 사람이나 동종업체와 어떠한 가입이나 계약의 성사 체결이 이루어질 것을 예지해주고 있다.

앞이 아닌 뒤에서 하는 행위인 계간(鷄姦)에 있어, 자신이 주도적인 역할이었다면, 현실에서도 자신이 주도적인 입장에서 일을 진행하게 된다. 보다 중요한 것은 꿈속에서 남자끼리의 성적인 어떤 행동 표상을 했는지에 따라 꿈해몽이 달라지고 있으며, 꿈속에서 통쾌함을 느꼈는지, 부끄러움을 느꼈는지에 따라, 일의 진행에 있어 자신감 있게 추진하게 되거나, 반대로 의기소침하게 일을 진행하는 일로 이루어지고 있다.

≪기타 인물의 상징 표상≫

자신이 아는 사람이 꿈속에 등장한 경우, 사실적인 요소가 있는 경우에 실제의 인물에 관한 일을 예지하고 있다. 예를 들어, 친분이 있지만 그렇게 친하지 않던 사람에 관한 꿈을 꾼 경우, 나중에 알고 보면 그 사람이 그 당시 무슨 일로 하여 어려움을 겪었던 사례가 있다.

하지만 대부분의 상징적인 꿈에 있어서는 그로 상징된 어떠한 인물을 나타낸다. 이 경우에 성격이나 행동 특성·신체특성·직업 등 어떤 점에서 유사성이 있는 인물을 상징적으로 나타내고 있다. 일거리·대상의 상징으로 등장하기도 하는바, 인물에 대한 좋고 나쁨이나 친밀도에 따라, 일거리·대상에 대한 관심이나 애착의 정도를 상징하고 있다.

제VI장

주제별 꿈해몽

1

인물·신분·직업, 신령·이적

① 가수는 실제의 인물, 정신적인 감화를 주는 사람, 전도사·선전원 등을 상징하는 인물이며, 선전·광고물·라디오·텔레비전 등을 상징한다.

② 무용가는 실제의 인물이나 지휘자·감독관·선전원 등의 인물을 상징하며, 작품이나 일거리·대상을 상징한다.

③ 농부·어부는 실제의 인물이거나, 무언가 생산적인 일을 해내는 작가나 사업가 등을 상징한다. 예를 들어, 어부가 되어 고기를 막 잡아올리는 꿈은 사업에서 막대한 재물적인 이익을 얻게 됨을 상징한다. 작가가 이러한 고기를 잡는 꿈을 꾸었을 경우, 자신의 저서가 베스트셀러가 되어 많은 재물적 이익이 나게 되는 일로 실현된다. 또한 농부가 되어 벼를 추수하는 꿈도 재물적 이익을 거두는 것을 상징하는바, 꿈을 꾼 사람이 처한 상황에 따라 좋은 일로 실현될 수 있다.

④ 광부·기능공은 실제의 인물이거나, 무언가 생산적인 일을 이루어내는 과학자·사업가·교육가 등의 인물을 상징하며, 자기의 연구 사업을 돕는 사람들을 상징하기도 한다.

⑤ 목공·석공은 실제의 인물이거나 창조적인 일을 해내는 저술가·건축가·미술가·학자 등의 인물을 상징한다. 이때 마음에 드는 훌륭한 작품을 이루어내는 꿈일수록, 현실에서도 흡족한 사업 결과나 논문·저서·작품을 이루게 된다.

⑥ 여행 가이드·스튜어디스 등의 안내원은 실제의 안내원이거나, 자신의 일거리나 대상을 도와주는 협조자나 후원자·중개업자 등을 상징한다. 안내원이 안내 도중에 사라져 버리는 꿈은 협조자를 잃게 되거나, 사기나 모함 등에 빠지게 되어 위태로운 처지에 처하게 된다.

⑦ 가정부나 파출부는 실제의 인물이거나, 집이 회사의 상징으로 등장하는 경우에 있어서 직장에서의 협조자·조력자를 상징한다. 가정부는 회사 내에서의 내부적인 일이나 궂은일을 담당하는 직원을, 파출부는 임시적의 직원을 상징하고 있다.

⑧ 정신병자는 어떠한 대상이나 영역에 몰두해 있는 사람을 상징한다. 예를 들어 종교를 열렬히 신앙하는 사람이나 신문기자 등을 상징한다.

⑨ 미친 사람은 실제의 인물이거나, 정신적 감화를 받은 사람, 충격을 받은 사람, 믿을 수 없는 사람을 동일시한 것이며, 일거리·대상의 상징인 경우에는 병마·화재·가스 등의 비정상적인 여건이나 상황의 재난이나, 엉뚱한 주장이 담겨

있는 내용의 책이나 논문 등을 상징한다. 이러한 미친 사람이 꿈속에 등장하는 경우에 좋지 않은 일로 이루어진다. 사례로, 미친 여자가 아이를 업고 쫓아오는 꿈으로, 화재나 연탄가스 중독 등으로 고통을 받는 일로 실현되었다. 또한 미친 사람이 방안을 들여다보는 꿈은 두통으로 인하여 어려움을 겪게 된 사례가 있다.

⑩ 한센병(문둥병) 환자는 상징적으로 감당하기에 벅찬 상대방이나 일거리·대상을 뜻하고 있다. 이 경우 한센병 환자와 싸워 이기는 꿈이 좋은 꿈이다. 한센병 환자가 집에 찾아온 꿈은 화술(전염성,전파력)이 뛰어난 외판원이나 전도사 등이 집이나 회사 등에 오게 되는 일로 실현될 수 있다.

⑪ 집안에서 일하던 일꾼이 뿔뿔이 흩어지는 꿈은 조직이나 단체가 명분 없이 해산되거나, 분규·결별·배신 등의 일이 발생한다. 반면에 일꾼이 오는 꿈은 좋은 꿈이다. 저자의 경우, 여덟 명의 모델 일꾼이 온 꿈이 여덟 군데의 신문사와 잡지사에 자신의 글이 소개되는 일로 실현된 사례가 있다.

3) 신령과 이적

≪하나님·예수님에 관한 꿈≫

꿈속의 하나님은 양심, 진리, 대자연의 섭리 등의 관념적 대상이다. 절대적 지도자, 통치자, 대통령, 성직자, 백성, 은인, 부모 그리고 절대적인 힘을 가진 권력자 등을 상징한다.

① 소원을 비는 꿈

꿈속에서 하나님·예수님, 부처님이나 산신령 등을 만나 자신의 소원을 비는 꿈은 성취를 이루어내는 일로 이루어진다.

② 예수님을 만나거나, 절한 꿈

꿈속에서 예수를 만나거나 악수하고 어떤 물건을 받거나 예수에게 절하는 꿈은 예수와 동일시되는 권위 있고 훌륭한 사람을 만나게 되는 일로 실현된다. 예를 들어 학생은 교장이나 총장을, 기독교 신자는 목사를, 천주교 신자는 신부님을 만나 도움을 받게 된다.

③ 하나님·예수님에 관한 꿈

하나님·예수님이 찬란한 의상을 걸치고 나타난 꿈은 국가나 사회적으로 위대한 지도자가 나타나거나 하나님의 말씀이 담긴 진리의 서적이 출간되어 널리 퍼지게 된다. 하나님 또는 성모마리아상은 부처님과 동일시되기도 한다.

④ 하나님·예수님을 찾거나 도움을 청하는 꿈

절대적인 협조자에게 도움을 청하거나, 진리·양심에 호소하는 일과 관계한다.

⑤ 하나님께 기도하는 꿈

교인이 하나님께 기도하는 꿈은 진리·양심 등에 호소해서 깨달음과 성취에 대한 일로 이루어진다. 또한 목사나 신부님을 통하여 신상에 대한 상담 및 도움을 받게 된다.

⑥ 하나님·예수님의 음성이 들리는 꿈

공중에서 하나님·예수님의 음성이 우렁차게 들리는 계시적 성격의 꿈은 국가적·사회적 중대한 일이 일어날 것임을 일깨워 주고 있다.

⑦ 하나님이 영세물을 입에 넣어준 꿈

특별한 은택을 받는 일이 일어나게 되며, 입학·취직 등 소원이 성취된다.

⑧ 하나님(부처님)이 구름을 타고 내려오는 꿈

하나님으로 상징된 위대한 학자·권세가가 널리 영향력을 행사하게 되는 일로 이루어진다. 한편 하나님으로 상징된 위대한 사람이나 진리의 서적 등에서 감화를 받게 되는 일로 실현된다.

≪성모마리아에 관한 꿈≫

성모마리아는 은혜롭고 자애로운 사람, 어머니, 지도자, 위대한 학자 등을 상징적으로 나타내주고 있으며, 정신적인 감화나 감동적인 예술작품을 상징한다. 또한 성당을 다니고 있는 사람의 꿈에 주일 미사를 몇 년씩 거르게 되면 꿈속에서 성모마리아님을 보게 된다고 말하는 사람이 있다. 이는 성당에 나가지 않았던 잠재적 불안 심리에서 꿈으로 형상화된다고 볼 수 있다. 또한 계시적 성격의 꿈으로 신앙심을 지니라는 의미에서 성모마리아가 꿈속에 등장하였다고 볼 수도 있겠다.

① 성모마리아 상 앞에서 기도하는 꿈 → 자신의 바라는 소원이 성취된다.

② 성모마리아상에서 빛이 비쳐 나오는 꿈

종교적 신앙에 깨달음을 얻고 심취하게 되거나, 성모마리아로 상징된 어떤 사람의 위대한 정신적 감화를 받게 된다.

≪천사 꿈≫

천사는 자신의 또 다른 자아가 분장 출현하여 나타나는 경우가 있으며, 정신적 구원자·전도사·성가대 등을 상징하고 있다. 천사가 나팔 부는 것을 본 교인은 교회 성가대가 연주하는 모습을 보게 된 것으로 체험되었다.

① 천사가 자신을 하나님이나 윗분에게 데려가는 꿈

공직에 취직하거나, 명예를 얻는 일로 실현되며 주위의 인정을 받게 된다. 일반적으로 취직하게 된다. 다만 처한 상황에 따라 죽음 예지의 꿈이 될 수도 있다. 특히 고령자나 중병환자가 천사를 따라가는 것은 자신의 죽음이 임박해 오는 것을 뜻한다.

② 천사가 나팔 부는 것을 보는 꿈

천사들이 나팔을 불고 북을 치며 행진하는 것을 보는 꿈은 장차 경사스러운 일이 있게 될 것을 예지한다. 높은 관직에 오르거나 사람들이 추앙할 수 있는 자리에 오르게 된다.

③ 천사가 아이를 주는 꿈

하늘에서 빛이 모여 천사가 나타나 아이를 주는 꿈은 태몽으로 실현된다. 장차 귀한 인물이 될 것을 예지해주고 있다.

④ 천사와 함께 하늘을 나는 꿈

귀인과 더불어 어떠한 일을 진행하게 되며, 이 경우에 커다란 성취를 이루게 된다. 혹은 천사로 상징된 좋은 배우자나 귀인을 만나 행복한 생활을 하거나, 합격·승진 등 소망을 이루게 된다.

⑤ 천사에게 어떠한 말을 듣는 꿈

이 경우에는 계시해주는 대로 따르는 것이 절대적으로 좋다.

≪천당과 지옥 꿈≫

① 천당에서 하나님을 보는 꿈

풍요롭고 좋은 여건에서 하나님으로 상징된 대통령 등의 절대 권력자, 목사나 신부와 같은 성직자, 덕이 높은 사람 등과 관련이 맺어지게 되며, 성경·불경 등 진리의 말씀에 정신적 감화를 받게 된다.

② 천당(천국)을 구경하는 꿈

천당같이 아름답고 성스러운 곳을 가보게 되는 일로 실현된다. 교인의 경우에 교회에서 목사·성가대·신자들과 관계된 일에 관여하게 된다.

③ 천당(천국)에 가게 해달라고 비는 꿈

자신의 소망대로 높은 직위에 오르거나 명예가 높아지게 된다.

④ 유황불 붙는 연못이나 지옥에 있는 꿈

흉몽이다. 상징적인 미래 예지 꿈의 경우, 자신의 앞으로의 어려운 여건에 처하게 되며 고통스러운 생활을 처하게 됨을 뜻하고 있다. 또한, 심리 표출의 꿈인 경우 자신이 현재 고달프고 힘겨운 상황에 처해 있음을 보여주고 있다.

≪부처님(고승)에 관한 꿈≫

불교는 민중들 사이에서 부처님께 기도함으로써 아들을 낳거나 자신의 소원이 이루어지는 기복신앙으로 발전해 왔다. 이런 까닭에 불자나 일반인의 꿈속에 부처상이 등장하기도 하며, 때로는 부처님이 계시적으로 일러주는 꿈을 꾸기도 한다.

꿈속에 나타난 부처나 고승은 덕이 높은 사람, 정신적인 지도자, 학자·성직자를 상징하고 있다. 또한 진리의 말씀이 담긴 책이나, 미래의 현실에서 상관하게 될 지혜로운 협조자 등을 나타내고 있다. 하나님이 나타나는 꿈과 마찬가지로, 또 다른 자아가 부처님이나 고승으로 분장 출현하여, 당면한 문제에 대해서 어떠한 일을 일러주는 계시적 꿈으로 많이 나타나고 있다. 즉, 조상이나 산신령에서 나아가, 보다 절대적인 신앙적인 대상으로 부처님이나 하나님을 등장시켜 계시해주고 있으며, 이러한 것은 꿈의 예지를 믿도록 하기 위한 꿈의 상징 기법의 하나인 것이다.

① 부처님(석가모니)에 관한 꿈

석가모니 또는 부처님을 보는 꿈은 자비를 베푸는 사람, 덕이 있는 사람, 절대적인 능력을 지닌 사람, 뛰어난 학자 등을 만나게 되어 정신적 감화나 학문적인 영향을 받게 되는 일로 이루어진다. 때로는 부처님으로 상징된 종교적 진리나 신앙에 몰두하는 일로 이루어진다. 이 경우, 부처님·석가모니의 손가락 피를 마시는 꿈은 종교적 신앙에 귀의하게 되거나, 고승이나 진리의 서적에 의하여 종교적이나 정신적인 감화를 받게 됨을 뜻한다.

② 부처상에서 빛이 나는 꿈

부처상은 깨달음을 얻은 사람, 지혜로운 사람, 덕이 있는 사람, 고승·학자 등을 상징적으로 나타내고 있다. 이 밖에도 일거리나 대상의 상징인 경우에는 진리의 말씀이 담긴 서적이나 불경·사찰·탑 등을 상징하고 있다. 빛이 나는 표상은 존재를 드러내고 영향력을 널리 떨치는 표상으로, 종교적·사상적인 감화나 학문적인 진리의 전파 등으로 사람들을 크게 감동시킬 일이 있게 된다.

③ 고승이나 부처님이 좌선(참선)하는 것을 보는 꿈

어떤 학자나 진리탐구자가 오랜 세월 학문 연구에 몰두하는 모습을 보게 된다.

④ 석가모니(부처님)의 손가락 피를 마신 꿈 (상담사례)

　현재 나는 기독교 신자다. 그런데 꿈에 석가모니의 생생한 모습이 나타나서, 그의 손가락에서 피를 내어 내 입에 넣고 나를 안았다. 그밖에 부처·스님 등의 꿈을 여러 번 꾸었는데, 이것이 나더러 장차 스님이 되라고 하는 신의 계시인 것 같아 전전긍긍 불안에 떨고 있다.(25세 처녀 김○○의 꿈)

아주 오래전의 상담사례이다. 부처님의 손가락 피를 마신 꿈은 상징적인 미래예지 꿈으로 상당히 좋은 꿈이다. 장차 부처님으로 표상된 귀인이나 훌륭한 사람, 지도자 등을 만나 감화를 받게 될 것을 '손가락의 피를 마신 것'으로 상징적으로 표상하고 있다. 피는 재물, 진리, 고귀한 것, 정신적·물질적으로 귀중한 어떠한 것을 상징적으로 나타내고 있다. 그러한 피를 마시는 꿈이니, 정신적인 감화를 받게 되거나 영향을 입게 될 것을 나타내고 있다.

제Ⅵ장

주제별 꿈해몽

① 인물, 신분·직업, 신령·이적

≪불상, 동상에 관한 꿈≫

불상은 절대적인 지도자·스승·학자 등 사람을 상징하며, 위대한 사람이 남긴 업적이나 전기·불경·사찰·탑·사업체 등을 상징한다. 또한 위대한 학자의 사진이나 저서를 상징적으로 나타내며, 금불상인 경우에 석불상보다 더 위대함을 나타낸다. 한편, 가임여건에서는 태몽 표상으로 등장할 수도 있다.

① 불상에 절하는 꿈

불상에 절하거나 염불을 외는 꿈은 유력한 사람에게 청원할 일이 있고, 그 소원이 성취된다.

② 불상을 얻는 꿈

종교적·사상적인 깨달음, 명예·권리·감동적인 서적 그리고 사회에 기여할 수 있는 사업체나 재물 등을 얻게 된다. 이 경우 돌로 된 불상보다 황금 불상을 얻는 꿈이 보다 가치 있는 재물이나 명예를 얻게 된다. 가임여건에서 태몽으로 실현되기도 한다.

③ 여래상에 관한 꿈

석가모니의 불상 좌우에 늘어선 많은 여래상들은 어떤 기관이나 단체에서 주동적인 역할을 하는 사람을 상징한다. 예를 들어, 대통령이 각료 회의를 주재한다면, 대통령이 부처를 상징하며, 주위에 있는 여래상들이 각료를 상징적으로 보여준다고 할 수 있겠다. 이 역시 가임여건에서 태몽으로 실현될 수도 있으나, 제1인자보다는 2인자의 자리에 있게 되는 명예로운 인생길이 예지되어 있다고 하겠다.

④ 부처와 예수의 상이 하늘 높이 나타난 꿈

부처와 예수는 진리를 설파한다는 점의 공통성을 가지고 있는데, 부처와 예수로 상징되는 종교적인 사상이나 정신적 감화, 또는 종교적·사상적인 저작물이 널리 알려지게 될 것을 예지하고 있다.

⑤ 금불상을 줍는 꿈(실증사례) → 태몽으로 실현

극진한 불교 가정에 태어났지만, 지금은 기독교인이다. 꿈에 장소를 알 수 없는 풀밭길을 걷다가 더럽혀진 이물을 발견, 주워서 닦아보니 섬세하게 만들어진 조그마한 금불상이 찬란하게 빛났다. 이 꿈이 있은 지 10개월 후에 아들이 태어났다.---임○○ 씨의 꿈

⑥ 불상에 절하는 꿈(실증사례) → 태몽으로 실현

"원래 시댁 뒷문을 열면 언덕이 있는데, 꿈에서는 산으로 변해 있었어요. 그런데 산꼭대기에 집채만 한 불상이 있었어요. 정말 눈앞에 와 있는 것처럼 선명했어요. 눈·코·입, 다 생생히 기억이 났으니까요. 저희 시어머니께서 그 불상을 보시고, 저에게 절을 하고 술도 부으라고 하셔서, 한복을 곱게 입고 절하는 꿈을 꾸었습니다.---윤지은

⑦ 동상이나 석상에 관한 꿈

동상이나 석상은 어떤 사람의 업적, 서적, 사진, 프로필 사업체 등을 상징한다. 동상을 바라보거나 동상에 절하는 꿈은 동상의 인물에 관한 역사적인 업적을 기리거나, 역사적 기록물을 읽거나 연구하게 된다.

≪노인·산신령에 관한 꿈≫

노인이나 산신령·신선은 지혜로운 사람·학자·안내자·지도자·선생님 등을 상징하고 있으며, 기관이나 단체장이 상징 표상되어 나타나는 경우가 많다. 특히 산신령이 나타나는 꿈은 실재한다기보다는 꿈의 상징 기법의 하나로서, 고 한건덕 선생님은 "꿈속의 산신령이나 백발노인 등 기타의 인물들은 신성(神性)을 지닌 잠재의식의 자아가 분장 출현한 것이다."라고 말씀하고 있다. 과학적인 입장에서 올바른 의견이며, 탁견이다.

다만, 다른 한편에서 보자면, 옛 선인들의 꿈 사례 가운데에는 조상·산신령 및 기타의 영령이 나타나 어떠한 사실을 알려주거나 계시해 주는 꿈이 상당수 있다. 영령의 대상도 죽은 사람을 비롯하여 귀신·조상·산신령·제왕·자라·거북·나무·꽃 등등 다양하게 나타나고 있다. 이러한 면에서 볼 때, 꿈을 통해 조상·산신령·영적인 대상과의 교감이 이루어지고 있다는 사실을 무시할 수만은 없을 것 같다.

일반적으로 전혀 모르는 백발노인이 나타나 어떤 계시적인 말을 하는 경우, 현실에서의 학자나 지도자 등을 상징 표상으로 나타내주고 있으며, 일거리·대상의 상징인 경우에는 어떠한 서적이나 기관·단체를 상징하고 있다. 또한 산신령은 최고의 권력기관이나 권세가를 상징하고 있다.

① 산신령이 위험을 경고하고나 계시적으로 알려주는 꿈

또 하나의 자아가 분장 출현하여 예언하고 일깨워준다고 볼 수 있는바, 이 경우 계시대로 따르는 것이 절대적으로 좋다.

② 산신령에게 무언가를 받는 꿈

받은 물건으로 상징된 이권이나 재물을 얻는 일로 이루어진다. 가임여건에서 태몽으로 실현된다.

③ 백발노인이 소년의 머리를 자르라는 꿈

백발노인이 소년의 머리를 잘라야 성불할 수 있다고 일러준 어떤 수도승의 꿈은 성적 거세를 해야 도통할 수 있다는 것을 뜻하고 있다.

④ 꿈에 황금 옷을 입은 노인이 나타나, 눈이 부셔 쳐다볼 수 없었던 꿈

강원도 원주시 원연순(55, 여) 씨 일가족이 조상묘를 벌초하다가, 근처에서 산삼 37뿌리를 캐는 일로 실현되었다.

⑤ 웬 할아버지가 산에 같이 가자는 꿈 → 산삼 23뿌리를 캐다.

강원도 양구군의 한 농부가 산삼 23뿌리를 캔바, 본인은 '웬 할아버지가 산에 같이 가자'고 하는 꿈을 꾸었으며, 동행한 친구의 꿈에서는 산신령이 나타나 착하게 살라는 말을 하고 사라지는 꿈을 꾸었다고 밝히고 있다.

≪신선에 관한 꿈해몽≫

신선은 학자·권력자·고급관리·기관장·고승·성직자 등을 상징적으로 나타내주고 있으며, 골동품이나 고고학적인 서적 등을 상징하기도 한다. 신선과 장기·바둑을 두는 꿈의 경우, 승패로써 장차 일어날 일을 상징적으로 보여주고 있다. 이 경우에 이기는 꿈이 좋다. 또한 신선으로 상징된 학자·권세가·고급관리 등과 학술적으로나 사업상으로, 옳고 그름을 가릴 일이 있게 된다. 신선과 장기·바둑을 두는 꿈이 전쟁과 관계된 꿈일 수도 있다.

* 민속에 전하는 신선에 관한 꿈

- 꿈에 신선을 보면 대길하다.

- 꿈에 신선을 보면 산삼꿈이다.

- 꿈에 신선이 집에 이르면 복록이 온다.

≪선녀에 관한 꿈해몽≫

선녀는 고급관리·비서·연예인·여류작가 등을 상징하며, 일거리·대상의 상징인 경우에는 인기 있고 선풍적인 사업이나 작품 등을 상징하기도 한다.

① 자신이 신선이나 선녀가 된 꿈 → 부귀 권세와 명예 등을 얻게 된다.

② 선녀가 춤을 추는 꿈

자신이나 다른 사람의 일거리·대상이나 작품이 성취되어, 여러 사람의 이목거리가 된다.

③ 선녀와 결혼하는 꿈

선녀로 상징된 훌륭한 사람을 만나거나, 일거리·대상의 경우에 어떠한 회사나 기관·단체와 계약 등이 성립된다.

④ 선녀가 나타난 꿈(실증사례) → 신 내림을 받은 사람을 알게 되다.

> 내 꿈에 아주 생생하게 하얀색의 소복을 입은 선녀 같은 분이 나타나셨어. 우리 집 현관 문앞에만 서 있고 들어오지는 않았어. 그런데 다음 날에 전화가 와서 엄마가 받으셨는데, 사촌 언니가 신 내림을 받았대! 근데 신이 선녀래!---권지용여자임

⑤ 화려한 선녀 꿈 → 이해인 수녀의 태몽

시인 이해인(63) 수녀가 세상을 떠난 어머니에 대한 절절한 그리움을 담은 시집 '엄마(샘터)'를 펴냈는바, 시집에는 지난해 9월 눈을 감은 어머니를 향한 소박하면서도 애틋한 사랑을 담은 사모곡 60여 편과 이전에 어머니를 소재로 썼던 동시 20여 편이 묶여 있다. 여기에서 자신의 태몽이 '화려한 선녀' 였음을 밝히고 있다.---요약 발췌, 최현미 기자, 문화일보, 2008. 8. 19.

⑥ 선녀가 떨어지는데 치마에 담는 꿈 → 강선영(姜善泳)의 태몽 사례

선녀를 치마에 담았듯이 여아가 탄생하고 있다. 강선영은 무용가로, 본명은 강춘자(姜春子)이다. 어머니의 태몽에 선녀가 떨어지는데 치마에 담는 꿈으로 태어나, 한국을 대표하는 무용가로서의 길을 걸어가고 있다. 대표작인 목란장군이 있으며, 1988년 태평무로 중요무형문화재로 지정되었다.

한편 한국에서 유일하게 '승무'와 '살풀이' 두 종목의 인간문화재인 이매방(81)은 모친이 그를 가질 때 불덩어리가 치마로 들어오는 태몽을 꿨다고 한다.---『삶이 춤이었고 춤이 삶이었다』, 유인화 지음, 동아시아, 2008.

⑦ 선녀와 육체관계를 맺는 꿈

명예로운 일이 성취된다. 선인의 꿈 사례로, 선녀와의 성행위를 거부한 정약용은 유배지에서 풀려날 뻔하다가 무위에 그치고 말았다.

≪용왕, 신령, 천신(天神) 꿈≫

용왕·산신령·성황당 신 등 샤머니즘적 대상이 나타난 경우에는 또 하나의 자아, 권력자·지도자·스승·학자·은인 등을 상징하고 있으며, 일거리·대상의 상징인 경우에는 정신적인 일 또는 서적 등을 상징한다. 용왕은 어떤 관청의 우두머리나 기관·단체의 장(長)을 상징하고 있으며, 신하들은 고급관리나 회사의 이사 등 중책을 맡고 있는 인물을 상징적으로 나타내고 있다.

① 죽은 사람이나 신령적인 존재에 절하는 꿈

제상 위에 신적인 존재나 죽은 사람의 위패나 사진 등을 놓고 절하는 꿈에 있어서, 그 신령적 존재들은 각자 나름대로 신분을 가진 윗사람들이며, 그에게 제물을 바치는 것은 그 사람이 받아보아야 할 진정서나 청원서 기타 작품을 상징하고 있다. 그렇기 때문에 제물을 잘 차리고 못 차리는 것은 그에게 제출해서 평가받아야 할 글 내용을 뜻하므로, 좋은 제물을 풍성하게 차려 바치는 꿈일수록 좋은 결과를 가져오게 된다.

② 신이나 우상에게 제물을 바치는 꿈

어떤 절대적인 권력자·권세가에게, 사업계획이나 구상 등을 내놓고 성취해주기를 부탁할 일이 생긴다.

③ 신령적인 존재가 주는 음식을 먹는 꿈

존경의 대상이 되는 학자 등이 맡겨주는 일에 종사하게 된다. 절대적인 권력자나 권세가로부터 이권이나 재물적 이익을 얻게 되는 일로 실현될 수도 있다.

④ 신령적인 존재에게 약을 받아먹는 꿈

유명의사로부터 약을 처방받게 되거나, 전문가·지도자 등으로부터 일거리·대상에 대한 올바른 방도 등을 얻게 된다.

⑤ 누군가 길을 안내해주는 꿈

신령적인 존재나 백발노인·동물 등이 길을 안내해 주는 꿈은 꿈의 계시대로 따르는 것이 좋으며, 현실에서는 전문가나 지도자의 도움으로 순조로운 일이 진행됨을 의미한다.

⑥ 천신(天神)을 보는 태몽 → 김대중(金大中) 전 대통령의 태몽

김대중 전 대통령은 태어나기 전, 어머님이 천신(天神)을 보는 태몽을 꾸었다고 전한다. 태어난 곳은 목포에서 34km 떨어진 한반도 서남쪽 끝에 위치한 작은 섬 하의도이다. 섬이 연화만개(蓮花滿開)형태라 하여 연꽃을 상징하는 하(荷)와, 낮고 평탄한 산들은 섬이 옷을 입은 것 같다고 하여, '옷 의(依)'자를 써서 하의도(荷依島)라 부르게 되었다고 한다. 지금의 전남 신안군 하의면 후광리이다. 그래서 '후광(後廣)'이란 아호도 태어난 마을 이름을 따랐다고 한다.

≪귀신, 저승사자, 괴한에 관한 꿈≫

(1) 귀신, 저승사자, 괴한, 괴물에 관한 꿈

꿈은 다층적이며, 여러 성격의 꿈이 있다. 그중에 불안한 잠재심리가 꿈으로 표출되는 경우가 있다. 현실에서 부담감을 느끼는 어떤 대상이나 벅찬 일거리 등이 꿈속에서 귀신이나 괴한 등의 상징 표상으로 등장하고 있다. 심지어는 자신의 어린 시절이나 성장 과정에서 말 못할 억눌린 감정이나 불안감이 꿈으로 나타나는 경우가 있다. 이런 경우에는 귀신·저승사자·괴한으로 표상된 자신을 억누르고 있는 마음속의 불안감이 무엇인지 곰곰이 생각해보고, 그러한 불안감에 대해서 떨쳐버리시기 바란다.

상징적인 꿈으로 볼 때, 대부분의 귀신은 현실의 어떤 사람을 상징하거나 일거리·대상의 상징 표상인 경우가 많다. 저승사자·귀신·괴물 등은 정신적으로 심리적인 압박을 주거나, 감당하기 힘들거나, 위험한 요소로 다가오는 벅찬 대상이나 일거리나 병마(病魔) 등의 상징 표상으로 등장하고 있다. 예를 들어 현실에서 빚쟁이라든지, 귀찮게 찾아오는 외판원이나 보험설계사 등이 귀신이나 괴한의 억압적인 상징물로 등장하기도 한다. 괴물(귀신, 여자)이 숨어서 노려보는 꿈은 병마(病魔)가 닥쳐오거나 방해자가 해를 끼치는 일이 일어난다. 또한 저자의 꿈에 유령이 나타난 경우, 자신과 관련된 일이나 작품 따위를 감정하거나 평가해 볼 어떤 지식인들을 상징하고 있다.

한편 계시적 꿈에서 산신령이나 조상 등이 나타나 어떤 말을 계시해주듯이, 귀신(죽은 사람)이나 유령 등이 나타나 부탁을 하거나 일러주는 경우도 있는바, 실제로 실존하는 것이 아닌 믿고 행동을 따를 것을 강요하기 위한 꿈의 상징 기법의 하나이다.

(2) 귀신, 저승사자, 괴한, 괴물 꿈해몽

어떤 유령이나 귀신이 꿈속에 나타나는 것은 현실의 어떤 압박을 가하거나 유혹을 하는 사람을 상징하여 나타내거나, 일거리나 대상의 상징 표상인 경우가 많다. 유령·도깨비·귀신 등은 우리의 잠재지식에서 이끌어 낸 표상물로, 대체로 악한이나 벅찬 일·정신적 산물 등을 상징한다. 이 경우, 유령·도깨비·귀신 등은 꿈의 상징 기법에 의한 표상물로 가해자·병마 등의 상징이며, 정신적인 일거리나 대상 또는 서적 등을 상징하기도 한다.

① 억울하게 죽은 사람이 나타나는 경우의 꿈

자기를 괴롭히는 심적 고통이나 병마(病魔)를 상징하고 있으며, 유사성이 있는 어느 특정인을 상징적으로 나타내는 경우도 있다.

② 머리를 산발한 채 공중을 날아와 머리채를 휘어잡는 귀신(유령, 도깨비)의 꿈

정신병 또는 두통과 관계되는 병마를 상징한다.

③ 문밖에서 귀신, 유령·도깨비, 교활한 여자 등이 교태를 부리고 뒹굴거나 춤추며 들여다보는 꿈 → 병에 걸리거나 우환이 생긴다.

④ 귀신(유령, 도깨비)이 쫓아오거나 노려보는 꿈

병마에 시달리거나, 벅찬 일거리나 악한에게 시달림을 받는다.

⑤ 귀신(유령)을 몽둥이로 때려서 흔적도 없이 죽이는 꿈

질병에서 회복하게 되고, 정신적 고민거리가 사라진다.

⑥ 괴물이 자식이나 아내를 빼앗아 가는 꿈

자식이나 아내가 병마(病魔)에 시달리게 되거나 사고 등으로 잃게 될 수도 있다. 상징적으로는 자신에게 자식이나 아내로 상징된 소중한 일거리·대상에서 손실을 보게 된다. 실증사례로, 괴물이 사마귀 같은 다리로 자식의 목을 휘감아 끌어올려 간 꿈은 매수한 주식에서 큰 손실을 보게 되는 일로 실현되었다.

⑦ 괴물이 송곳으로 목을 찌르는 꿈

감기로 목이 쉬게 된다. 양 볼을 뚫는 꿈은 볼에 이상이 있게 된다. 다만, 처한

상황에 따라 달리 실현되는바, 작가의 경우에 귀신이 양 볼을 뚫는 꿈이 자신의 작품이 심사나 검토를 받게 된 사례가 있다.

(3) 귀신, 저승사자, 괴한, 괴물의 실증사례

① 컴컴한 창고 속에 희미하게 나타난 귀신의 꿈

고(故) 한건덕 선생님의 꿈체험기로, 어떤 사람의 해명되지 않은 작품을 보게 되는 것으로 체험되었다.

② 깜빡 잠들었을 때 유령이라고 생각되는 험상궂게 생긴 사나이의 얼굴을 본 꿈

라디오에서 흘러나오는 성우의 웃음소리를 유령 같다고 착각한 일로 체험되었다. 이 경우, 외부적인 자극으로 인한 꿈에 해당한다.

③ 유령이라고 생각되는 자들이 대추나무 가지에 의지해서 이쪽을 살펴보고 있어 "오라 너희가 바로 유령이구나! 떳떳하게 그 나무에서 떨어져 나오너라." 하고 소리쳤더니, 그들이 온데간데없이 사라져 버린 꿈

고(故) 한건덕 선생님의 꿈체험기로, 유령들은 원고 작품을 읽고 평가해줄 출판사 사람들의 상징이었으며, 꿈속에서 사라져 버린 것처럼 소극적으로 임할 것을 예지해준 꿈이었다.

④ 붉은 망토의 유령이 춤추는 것을 본 꿈

다음 날 불량배로부터 매를 맞고 코피를 흘리는 것으로 체험되었다.

⑤ 집에 쳐들어온 괴물들이 아버지를 붙잡아 마치 의사처럼 아버지를 정교하게 분해를 했다가 장난감처럼 맞추어 놓았던 꿈

그 꿈을 꾼 후, 아버지가 병에 걸리셔서 큰 수술을 받았다.

⑥ 눈만 내놓고 얼굴 전체를 붕대로 감은 귀신이 춤을 추고 있는 꿈

고(故) 한건덕 선생님의 꿈체험기로, 귀신은 어떤 사람의 예언서 작품을 뜻하는데, 얼굴을 붕대로 감아 누구인지 알 수 없게 한 것은 그 작품의 표제나 내용이 사람들이 이해할 수 없게 꾸며졌기 때문이다. 귀신이 춤을 추고 있으니, 그런대로 세상에 선전 광고는 잘되고 있다는 것이 된다.

이 경우의 꿈에서는 귀신이 어떤 사람의 정신적 작품을 상징하고 있다.

⑦ 환자를 둘러싸고 춤추는 귀신들의 꿈

'병자를 향해서 귀신들이 춤을 추고 있으니, 그 병자는 갈데없이 죽었구나.' 생

각하고 불안해했다. 현실에서의 결과는 꿈속에서 환자는 어떤 병을 상징하고 있었고, 둘러선 귀신들(귀신처럼 현명한 의사들)이 번갈아가며 진찰하고 치료할 일을 춤추는 것으로 묘사해낸 것이었다.(글: 한건덕)

⑧ 어떤 예쁜 여자와 괴물 같은 남자가 째려보는 꿈

꿈을 꾼 후에 몸살이 나서 머리가 아픈 일로 체험되었다. 또한 귀신이 친구의 허리에 앉아 있던 꿈을 꾼 후에 친구가 허리가 아프다고 하는 일로 실현되었다. 이처럼 꿈속에서 괴물은 병마(病魔)의 상징 표상으로 등장하고 있으며, 이 경우 괴물을 죽이거나 물리치는 꿈은 질병에 걸리지 않는 일로 실현된다.

⑨ 친정집을 찾아가는데 그 골목길에 하얀 옷을 입을 귀신같이 무섭게 생긴 사람들이
    못 올라가게 자꾸 막거나 내 몸을 내려가라고 미는 꿈

어느 주부의 꿈이다. 이러한 꿈을 여러 차례 꾸었을 경우, 친정집이 있는 곳으로 가지 말라는 계시적인 꿈으로 볼 수가 있다. 현실에서는 남편의 뜻에 따라 남편의 직장이 있는 도시에 살지 않고, 다른 도시에 있던 친정집에서 출퇴근하는 등 따로 헤어져 있던 중에 교통사고 등 여러 가지 어려움을 겪는 현실로 실현되었다.

⑩ 귀신이 시퍼런 눈을 뜨고 쫓아오는 꿈 → 외부적 감각 자극

귀신이 시퍼런 눈을 뜨고 쫓아오는 꿈을 꾼 사람이 있었다. 이 사람은 실눈을 뜨고 자는 버릇이 있었는바, 공교롭게도 안방의 보일러 작동 표시등의 파란 불빛이 실눈에 비치는 여건에서 잠을 잔 경우였다. 안락한 수면을 방해하여 다음 날 일상생활에 좋지 않은 영향을 주게 될 것을 꿈으로 일깨워준 것이기에 작동표시등을 가리거나 돌아눕거나 하여 평온한 숙면을 취하게 해주고 있다.

⑪ 유령, 괴한, 귀신들이 웃는 꿈

어떤 집 방문을 열고 들여다보니 많은 남녀가 방 안에 있었다. 그들 중에는 손발이 잘리고 헤어지고 때 묻은 옷을 입은 거지들도 있어, 손을 내밀어 이 사람을 붙잡으려고 하며 "우리는 유령이다. 이리로 오라"며, 깔깔대고 웃는 것을 역겨워 보다 못해 문을 닫아버렸다.

이는 정신분열증 환자인 딸을 정신병원에 입원시키려고 마음먹었을 때의 어느 아버지의 꿈이다. 결국 정신병원의 한 장면을 목격한 그는 그 병원에 딸을 입원시키는 것을 단념하고 말았던 꿈이다.(글: 한건덕)

⑫ 귀신(유령)이 남편을 쫓아와 덮치는 꿈

현실에서는 남편이 초상집에 갔다 오는 일로 실현되었다.

⑬ 괴물이 괴롭히며 따라다닌 꿈 → 직장 상사의 죽음

　꿈에 얼굴은 괴물이고 몸은 사람인 것이 밤새도록 저를 괴롭히며 따라다니고, 저는 무서워서 도망을 다녔습니다. 회사에서 제가 존경하는 부장님이 그 다음 날 낮에 병원에서 운명하셨습니다.

⑭ 저승사자가 데려가려는 것을 막은 꿈 → 죽음을 모면하다.

　저와 아주 절친했던 친구의 꿈입니다. 그 친구는 주말 부부였어요. 자식은 아들과 딸이 있었고요. 하루는 잠을 자는데, 꿈에 계단 저 아래서부터 쩌렁쩌렁 방울 같은 종소리가 들리더래요. 그때 5층에 살았는데, 계단으로 저승사자가 앞에 서고, 뒤에 사람들이 줄줄이 서서, 현관문을 통해 쓱 들어오더니, "가야할 때가 됐다"고 가자고 하더래요. 그래서 못간다고 울고불고 난리 피우다가 깨어났는데, 너무 무서웠다고 하더라고요.

　그 다음 날은 주말이라 신랑이 집에 와서 같이 있었는데, 똑같은 꿈을 꾸게 되었다네요. 저승사자가 가자고 잡아당겨서, 아래를 내려다보니, 자기 몸이 신랑 옆에서 자고 있더래요. 그래서 울며불며 우리 애들 불쌍해서 못 간다구 도망쳐서 신랑을 꽉 잡고 안 놔줬더니, 쳐다보며 현관문을 통해 스르르 그냥 가 버리더랍니다. 10년 정도가 다 되어가는 꿈 얘기인데도 소름이 돋네요. 그 친구 지금 천안 쪽으로 내려가 잘 살고 있습니다.---라일락향기, 2009. 04. 30.

그냥 간 것이 다행이며, 무언가 위태로움에 빠졌다가 벗어나는 일로 실현될 수도 있다.

⑮ 동생을 저승사자가 데려가려는 것을 막은 꿈 → 머리를 다쳤으나, 뇌진탕 진단만을 받게 되다.

　나와 어머니의 꿈은 너무 잘 맞는 편이다. 특히 정초의 꿈은 1년의 흥망성쇠를 좌우하기도 한다. 어린 시절 동네 아이들끼리 모여서 놀 때, 한쪽 다리를 들고 힘껏 밀쳐서 넘어뜨리는 놀이가 있었다. 하루는 꿈속에서 그 놀이를 즐기는 중이었는데, 당시 덩치가 제법 크던 오빠가 다가와서 동생을 힘껏 넘어뜨렸고, 동생은 뒤로 넘겨져서 머리가 크게 깨지고 정신을 잃었다. 놀란 아이들은 웅성거리면서 동생 주위에 모여들었는데, 갑자기 내 눈에만 동생 몸에서 영혼이 빠져나오는 게 보이는 게 아닌가. 그리고 동생 옆에는 까만 옷을 입은 남자가 동생 손을 끌며 데려가려고 했는데, 내가 본능적으로 앞을 막아서니 나를 신기하게 쳐다보며 "네 눈엔 내가 보이느냐?"라고 물었다. 내가 고개를 끄덕이며 그렇다고 하자, 저승사자는 "네 동생이 몇 번이나 죽을 고비를 넘겼으니, 이제는 데려갈 때다."라고 나를 설득시켰는데, 내가 "동생은 병원생활을 하느라 여행 한 번 가보지 못했으니, 차라리 내 수명의 반을 줘도 괜찮으니 나를 데려가라."면서 울자, 저승사자가 웃으며 "네 정성이 갸륵해서, 동생을 살려준다."라고 했다.

실제로 3일 뒤에 동네 아이들이랑 놀 때, 그 오빠가 밀쳐서 동생이 뒤로 크게 넘어졌다. 꿈에서 본 그대로 아스팔트 바닥에 뒤통수에서 피가 흐를 정도로 머리를 심하게 다쳤는데, 30초 정도 잠깐 기절했다가 곧바로 일어났고, 다행히 아주 경미한 뇌진탕 진단만 받았다.

⑯ 친구가 괴물에게 쫓기는 꿈 → 못된 사람에게 시달리게 되다.

친구에 대한 꿈을 꾸었지. 제일 친한 친구가 어떤 괴물 같은 남자한테 쫓기는 거야. 얼굴은 형체도 없이 뭉개져 있고, 진짜 괴물인간인 거야. 덩치도 크고, 그래서 내가 숨겨주는 꿈이었어.

잠에서 깼는데, 영 찝찝해서 친구에게 전화를 해봤지. 그랬더니 얘가 하는 말이 "나 진짜 쫓기고 있어." 그러는 거야. 사귀는 남자가 덩치는 큰 데다가, 무식한 인간이 칼까지 휘두르면서 괴롭힌다는 거야. 착한 내 친구, 아파트까지 다 내주고, 지금은 혼자 지내는 것이 마음 편하다고 그래.---데이, 2012. 04. 05.

⑰ 원귀가 치료를 방해한 꿈 → 결국 환자가 죽게 되다.

안덕수(女德壽)는 세종조의 명의라. 나이 늙고 병이 많아 사람으로 더불어 드물게 보되, 그 진맥하고 약을 짓기를 백에 하나를 틀리지 아니하니, 고질이라도 못 살리는 병이 없는지라. 한 사람이 정신병을 얻어 여러 달을 고통스러워하더니, 안덕수는 약을 써 다스려 그 증상이 다섯 번 변하되 다 효험을 본지라.

그날 밤 꿈에 한 사람이 덕수에게 일러 가로되, "내가 이 사람에게 원한이 있어, 이미 옥황상제에게 고하고 '반드시 죽이고 말리라.' 하여, 이미 다섯 번이나 병의 증세를 변하게 하여 약을 피했다. 그러나 공이 다섯 번 약을 변하여 치료했으니, 내 장차 공을 이기리라. 명일에 마땅히 그 병을 여섯 번째 변할 것이니, 공이 만일 새 약으로 다스리면 마땅히 그 원한을 공에게 옮겨붙어 탈이 나게 하리라."

덕수가 깨어서 괴이하게 생각하더니, 이윽고 병가(病家) 사람이 와 병을 물으니, 과연 여섯 번째 변한지라. 덕수가 '병들었노라.' 일컫고 아니 갔더니, 마침내 그 사람이 죽으니, 슬프다! 사기(邪氣)가 사람에게 비록 해를 끼치는 경우가 있으나, 반드시 혈기의 허함으로 인하여 그 사특함을 펼치니, 사람이 능히 좋은 약으로 막으면 사기가 틈을 타지 못하는지라. 아깝도다! 덕수가 한 꿈에 혹하여 마침내 사람을 구하지 않았도다.---『어우야담』

이처럼 계시적 꿈에서 귀신(죽은 사람)이 나타나 부탁을 하거나 일러주는 경우도 있지만, 오늘날 꿈에 나타나는 대부분의 귀신 역시 현실의 어떤 사람의 행위나 사건을 상징적으로 표상하고 있으며, 전체 꿈속에서 어떠한 상징 의미를 담고 있는지 살펴보아야 할 것이다.

⑱ 병입고황 → 병마(病魔)들의 이야기

『춘추좌씨전』 성공(成公) 10년조의 기록이다.

진나라 군주가 꿈을 꾸었는데, 큰 여귀가 머리칼을 땅까지 늘어뜨리고서 가슴을 치며 뛰면서 말하기를 "내 자손들을 죽였으니, 너를 용서하지 않으리라. 나는 천제의 허락으로 네 목숨을 거두러 왔도다."

경공은 떨면서 한없이 도망치다 문득 잠에서 깨어났다. 경공은 너무도 불안하여 점쟁이를 불러 물어보았다. 점쟁이의 대답은 이러했다.

"황공합니다만, 이미 때가 늦었습니다. 임금님께서는 새 보리가 익어도, 그것을 잡수시기 전에 돌아가실 것입니다."

이 말을 들은 경공은 화를 낼 기운도 없이 그대로 자리에 눕게 되었는데, 온갖 약을 써도 전혀 차도가 없었다. 그래서 이웃 나라 진에서 이름 높은 명의 고완을 청하게 되었다. 고완을 기다리고 있을 때, 경공은 또 꿈을 꾸었다. 꿈속에서 병마(病魔)가 두 사람의 동자로 변해, 경공의 콧구멍에서 튀어나와서 이런 이야기를 주고받는 것이었다.

"고완이 온다고 하는데, 우리도 위험하니 어디로 숨어야 하지 않을까?"

"글쎄, 황(肓: 명치끝)의 위쪽, 고(膏: 염통 아래)의 밑으로 들어가면 아무리 용한 고완이라도 해도, 어찌할 수 없을 거야."

이런 이야기를 하고 두 동자는 다시 콧구멍으로 들어가 버렸다. 그날 고완이 도착하여 곧 경공을 진찰하더니 고개를 저었다.

"말씀드리기 황공합니다만, 병이 황의 위, 고의 아래에 들어 있어서 침도 약도 듣지 않게 되어 있습니다. 천명이라 생각하십시오." 경공은 놀라고 슬픈 가운데서도, 고완을 정말 천하의 명의라 생각하고 후히 대접해 보냈다. 그러나 경공은 곧 죽지는 않았다. 이윽고 6월 그믐께가 되자, 새로 익은 보리로 쑨 죽이 경공의 밥상에 올랐다. 이에 경공은 전날 자기 병에 대해 점을 친 점쟁이를 불러 호통을 쳤다.

"너는 나보고 새 보리를 먹기 전에 죽는다고 했는데, 지금 나는 이렇게 새 보리를 먹게 되었다. 함부로 나를 조롱한 죄, 죽음을 면치 못하리라."

그리고는 즉시 점쟁이의 목을 베게 했다. 그러나 막 먹으려고 할 때 배가 아팠다. 그래서 변소에 갔는데 가자마자 정신을 잃고 쓰러져, 그 길로 죽어 버렸다. 신하들은 억울하게 죽은 원혼들이 그를 죽게 했다고들 쑥덕였다.

이로부터 병이 고황에 들었다고 하면, 도저히 회복할 가망이 없는 깊은 고질병임을 뜻하게 되었다. 죽음을 알려주는 데서 꿈의 신령스러운 계시·고지(告知)가 나타나 있으며, 병균들이 사람처럼 주고받는 꿈의 이적(異蹟) 등이 나타나고 있다. 고황에서 유래된 말로 천석고황(泉石膏肓)이라는 말이 있다. 천석(泉石)은 샘과 돌로써 대유법으로 아름다운 자연을 뜻하고, 고황은 고치지 못하는 병으로, 자연을 몹시 좋아하는 것을 일컫는다. 정철이 지은 〈관동별곡〉의 첫 부분이 '강호에 병이 깊어 죽림(竹林)에 누었더니'로 시작되고 있는데, 여기에서 '병'은 '자연을 몹시 좋아함'의 뜻을 나타내고 있다. 천석고황과 같은 뜻의 비슷한 말로, 연하고질(煙霞痼疾)·연하벽(煙霞癖)이란 말이 있다.

≪이적(異蹟)에 관한 꿈≫

옛이야기 및 요즘 사람들의 꿈이야기 가운데에는 이적(異蹟)과 관련된 꿈이야기가 상당수 있어 간략하게 살펴본다.

① 꿈에 이승에 환생하는 것을 보다.

② 꿈에 이승에 다시 태어난 것을 알려주다.

③ 꿈에 개로 환생한 것을 알려주다.

④ 꿈속에서 마신 술이 생시에 취하다

⑤ 꿈에 남의 집 제삿밥을 얻어먹는 꿈을 꾸고 찾아가 보니, 전생(前生)의 부모가 제사를 지내고 있었다.

⑥ 꿈속에서 얻었던 물건이 현실에 그대로 있다. 이 경우 꿈속에서 얻은 물건을 잃어버리면, 곤란한 일을 겪게 된다.

⑦ 꿈에 산신령 같은 두 노인이 나타나, 공부를 못하는 아이의 배를 푹 찌르더니 물에다가 훑어 내리는 꿈에서 깨어난 후부터 글을 대단히 잘 알게 되다.

⑧ 살인사건의 범인을 궁금해하던 중에, 꿈속에서 살인범의 얼굴이 떠올라 추궁하여 잡아내다.

⑨ 돌아가신 외할머니가 초췌하신 모습으로 한복을 입고 있으시기에, "나는 왜 안 데려가요."라고 말하는 꿈을 꾸고, 새벽녘이 되어 가위에 짓눌리고 죽을 뻔하였다.

⑩ 어두운 새벽길을 걸어가고 있는데, 상엿집 앞에서 갑자기 처녀 귀신이 나타나 침을 탁 뱉는 꿈을 꾼 후부터, 밤길에 대한 두려움이 생겨 혼자서는 밤에 시골길을 다니기가 무섭게 느껴지게 되었다.

⑪ 머리칼을 산발한 귀신같은 모습을 하고, 부엌의 가마솥에서 목 윗부분만 남아있는 어린아이의 머리통과 얼굴을 끄집어내어, 마치 잘 익은 고기를 뜯어 먹듯 마구 맛있게 뜯어먹는 꿈을 꾼 후에 기억력이 현저하게 감퇴하는 일이 일어났다.

⑫ 시인인 저자가 강연 도중 심장마비로 쓰러진 뒤, 두 달 동안의 혼수상태에서 깨어나, 반의식상태에서 경험한 풍요롭고도 기이한 내면의 체험체계를 서술한 책으로, 다음의 책이 있다. 『꿈과 상상의 여행』, '아르투어 룬트크비스트', 고려원 미디어, 1993.

⑬ 이화여대 통계학과 성내경 교수가 펴낸 『꿈에서 나는 이와 같이 들었다』(도서출판 중명)는 책이 있다. 지난 2월 말 어느 날 자정 무렵이었는데, 꿈에 '우리나라를 수호하는 신령'이라는 분이 나타나 '요즘 한국인들의 정기가 쇠하는 고로, 이를 일깨우려고 너를 불렀느니라'고 하면서, 여러 가지 전하는 말을 책으로 펴냈다고 한다.(1996년 11월 04일, 신문기사에서)

⑭ 장기 기증자가 꿈속에 나타난 사례를 『아니, 세상에 어떻게 이런 일이』 책에서 인용해 간단히 살펴본다.

클레어 실비아(56세, 여)는 어느 날 갑자기 차가운 맥주와 켄터기 치킨을 먹으며 자신이 잘못돼도 한참 잘못됐다고 생각했다. 왜냐하면 자신은 철저한 금주자이자, 채식주의자였기 때문이다.

무용학교 발레 교사인 그녀는 몇 달 전 장기 이식 수술을 받기 전까지는 원칙

주의자로 고리타분한 성격이었지만, 다른 사람의 심장과 폐를 이식받은 후부터는 낙천적이면서도 관대한 성격으로 바뀌었다. 그리고 자신이 경험해 보지 못한 것도 아주 오래전에 해 본 것 같이 익숙하게 느끼곤 했다.

그런데 무엇보다도 놀라운 경험을 한 것은 수술을 받은 뒤, 회복실에서 잠시 머무를 때였다. 그녀는 꿈속에서 팀 라이랜드라는 청년을 만났는데, 그가 그녀의 몸속으로 빨려들어 오면서 꿈에서 깨어났다. 그리고 요양을 하기 위해 프랑스에 갔을 때에도, 한때 그곳에서 산 것 같은 느낌이 들 정도로 친근감이 느껴졌다.

그녀는 자기에게서 일어나는 미묘한 변화에 대한 해답을 찾기 위해 나섰다. 장기 기증자가 누구인지 찾아 나선 것이다. 그리고 놀랍게도 꿈속에서 만나 이미 잘 알고 있는 팀 라이랜드가 장기를 기증한 사람이란 걸 알아냈다. 그는 차가운 맥주와 치킨을 좋아하는 낙천적인 성격의 소유자였다.---후략--

장기 기증자의 기억을 갖게 되었다는 신비한 이야기이다. 필자가 관심을 갖는 것은 '클레어 실비아'가 꿈속에서 '팀 라이랜드'라는 청년을 만나고, 그녀의 몸속으로 빨려들어오는 꿈을 꾸었다는 사실이다. 꿈을 통해 죽은 영령과의 교감이 이루어지고 있음을 볼 수 있다.

우리가 살아가는 이 세상에는 과학적이고 논리적인 말로 표현할 수 없는 영적인 세계가 존재하고 있으며, '꿈' 이야기 등을 통해 우리는 이러한 세계에 자주 접하고 있다. 신비한 꿈이야기이지만, 남매간인 줄을 모르고 결혼을 하려고 했던 자식들에게 돌아가신 아버지가 노한 얼굴로 꿈에 나타나, 결국 모든 사실을 알게 되었다는 이야기가 있다. 이처럼 모든 사건의 진행에 있어, 꿈이 핵심적인 사건으로 자리 잡고 있다.

옛 선인들의 꿈이야기에도 신비한 사례들이 많이 보인다. 죽은 사람이 다시 태어나 전생의 부모를 찾아가는 꿈을 꾸고는 실제로 찾은 사례라든지, 특히 계시적인 꿈에서 두드러지게 나타나고 있다.

이 밖에도 꿈속에서 천당과 지옥을 보고 나서 회개한 사람들의 이야기 등 꿈의 이적(異蹟)의 세계는 신비롭기만 하다.

≪조상 및 죽은 사람에 관한 꿈≫

(1) 조상 및 죽은 사람의 꿈에 대하여

"꿈속에서 조상님이나 죽은 사람 등이 나타나는 경우, 영령이 실재한다기 보다는 꿈의 무대를 펼치는 잠재의식이 만들어낸 창작 표상으로, 꿈의 상징 기법의 하나이다."라고 한건덕 선생님은 말씀하시고 있다.

즉, 조상·부모님이나 나아가 산신령 등 절대적인 권위를 지닌 인물을 등장시킴으로써, 꿈의 예지에 정당성과 절대성을 부여하고 있다. 또한 예지된 일이 중대하며 시급히 처리해야 할 일이 있음을 알려주고 있다.

다만, 돌아가신 부모님·조상이나 죽은 사람이 꿈속에 나타나는 경우, 표정이나 분위기·배경 등 꿈속의 정황에 따라 달라진다. 특히, 계시적으로 어떤 말을 남겼을 때, 그 말에 따르는 것이 절대적으로 좋다.

조상이 밝은 모습으로 나타나 무언가 좋은 선물을 주거나 말씀을 해주는 경우에, 로또(복권)에 당첨되거나 사업이 잘되는 등 좋은 일로 실현되고 있다. 어떤 사람은 조상님을 본 날이면 유난히도 장사가 잘된다고 하는 사례가 있는바, 꿈속에 나타난 조상이 밝은 모습으로 나타난 경우이다.

반면에 암울하고 어두운 표정으로 조상이 나타난 경우, 안 좋은 일이 일어날 것을 예지해주고 있다. 돌아가신 부모님이 창가에서 근심 어린 눈으로 지켜보는 꿈으로 사고가 일어났으며, 돌아가신 시아버님이 나타나 눈물을 흘리는 꿈을 꾼 후에 남편이 실직한 사례가 있다. 이처럼 좋지 않은 모습으로 나타난 경우에는 처한 상황에 따라 실직이나 이혼·교통사고·질병 등 좋지 않은 일로 일어나게 될 것을 예지해주고 있다.

한편, 이와 다르게 꿈속에서 돌아가신 아버지나 시어머니 등 특정의 인물이 보일 때, 사람에 따라 좋은 일이나 안 좋은 일로 실현되고 있기도 하다. 필자의 경우에는 돌아가신 아버님 꿈은 좋은 일이 일어날 때 등장하고 있다. 하지만 어떤 사람은 죽은 사람이 꿈에 나타난 다음 날에는 몸이 괜히 아프고 이상하다고 말하고 있다. 또한 친한 친구가 보이면, 다음 날 아주 기분 나쁜 상황이 일어난다며, 마치 주의를 주려고 미리 경고하는 것처럼 느껴진다고 말하고 있다.

특이하게는 "돌아가신 분이 꿈에 보여 생각해보니, 제삿날이었다. 생신이었다." "돌아가신 부모님이 안 좋은 모습으로 꿈에 자주 나타나서, 묏자리를 파보니 물이 고여 있었다." 등등 꿈을 통해 일깨워 주는 경우가 있다.

일반적인 상징에서는 조상이나 죽은 사람은 미래의 현실에서 상관하게 될 유사성이 있는 어떠한 인물을 상징적으로 보여주고 있는 경우가 대부분이다. 가령 꿈에 돌아가신 할아버지가 나타난다면, 현실에서는 할아버지로 상징된 윗사람, 즉 기관장 등을 나타내는 경우가 있다. 또한 사람이 아닌 일거리·대상을 나타내 주고 있는 경우가 있다. 돌아가신 할아버지의 경우, 오래된 물건이거나 오랫동안 연구해온 저작물이 될 수 있으며, 반면에 일찍 죽은 어린 딸이 나타난 경우, 이제 시작된 지 얼마 안 되는 일거리나 대상을 상징적으로 보여주고 있다.

(2) 조상 및 죽은 사람의 꿈해몽 요약

① 조상과 돌아가신 부모 꿈

일반적으로 꿈속의 조상과 돌아가신 부모는 미래의 현실에서 자신과 관계있는 사장 같은 윗사람이거나, 회사나 어느 기관의 협조적인 인물, 존경하는 인물, 은혜로운 인물을 상징하는 경우가 많다.

② 꿈속의 조상 모습

새로운 일에 착수할 때 조상이 어떠한 모습으로 나타났는가에 따라, 장차의 집안 운세나 일거리·대상에 대한 길흉을 예지한다. 꿈은 반대가 아닌 상징의 이해로, 당연히 밝은 모습이 좋다.

③ 조상이나 죽은 사람이 나타나 계시를 내리거나, 어떠한 행동을 보여주는 꿈

이미 죽은 조상이 나타나 경고나 예언을 하는 경우, 영혼이나 영령이 존재한다기보다는 꿈의 상징 기법의 하나로, 또 다른 자아를 분장 출현시켜서 계시를 내리거나 일깨움을 주고 있다.

④ 꿈속에 집안 살림살이를 풍족하게 만들어 주었던 조상을 만나는 꿈

좋은 일로 이루어지며, 재물이나 이권을 얻는 일로 이루어진다. 반면에 집안을 망하게 했던 조상을 만나는 꿈은 현실에서는 조상으로 상징된 어떤 사람으로 하여금, 과거의 어려웠던 상황과 같은 형편 아래 있게 된다. 하지만 꿈의 전체 사연 여하에 따라서, 나쁜 사람을 만나도 오히려 좋은 일로 실현될 수도 있다.

⑤ 조상·신령이나 죽은 사람이 화내거나 노한 꿈

조상·신령이나 죽은 사람이 노하거나 사나운 얼굴로 바라보는 꿈은 현실에서 무언가 크게 잘못된 행동을 한 것이 있거나, 위태로움에 빠지게 될 것을 일깨워 주거나, 시급하게 해결해야 할 일이 있게 된다. 또한 현실에서 억압과 모멸을 당하게 되는 일로도 실현 가능하다.

실증사례로, 돌아가신 아버님이 노한 얼굴로 나타난 꿈을 꾼 사람이 있었다. 꿈에서 깨어난 후에 동생이 맹장염으로 외딴 섬에서 사경을 헤매고 있다는 소식을 듣게 되었다. 그는 꿈에 나타난 부모님을 생각하고, 동생을 위해 집을 팔아서까지 병을 고쳐주었다.

⑥ 갓 돌아가신 부모가 집안 식구를 부르는 꿈

돌아가신 부모가 대문 밖에서 집안 식구의 누구를 부르는 소리를 들으면, 그 집안에 초상이 난다고 옛사람들은 믿어왔다. 이 같은 해석은 망령의 실재론을 믿었기 때문인데, 그 집안에 죽을 병이 든 사람이 있지 않은 한 초상은 나지 않는다. 이런 꿈은 돌아가신 부모로 상징된 외부인사가 상대방을 소개하거나, 어떤 직장에 추천할 일이 있을 때 표현되고 있다.(글: 한건덕)

⑦ 돌아가신 부모(아버지)가 나타난 꿈

수많은 사람들이 돌아가신 아버지가 나타나는 꿈을 자주 꾸고 있다. 집안에서 큰일을 계획하거나 불의의 사고 또는 취직이나 전근·입학·입원, 묘소 이장 등의 일이 있을 때, 꿈에 나타나서 일깨워 주고 예지해주고 있다. 이 경우 대부분은 현실에서 아버지로 상징된 회사 사장이나 아버지 같은 존재의 웃어른을 뜻하고 있다. 또는 조상이 아닌, 때에 따라 산신령이나 백발노인으로, 또는 동물·식물이 말을 하거나 기타 영적인 대상을 등장시켜 경고나 위험을 일러주고 있다.(글: 한건덕)

⑧ 돌아가신 어머니(모친)가 나타난 꿈

고인이 된 어머니는 아버지와 동일하게 꿈속에 자주 나타난다. 어떤 점에서는 아버지보다 더 자주 꿈속에 등장하는데, 어머니가 자기를 낳고 키웠으며 온갖 고통을 이겨가며 사랑을 베풀었기 때문이다. 그래서 꿈속에서는 최대의 협조자로서 등장하는 경우가 많다.

그러나 대부분의 어머니는 아버지의 경우와 같이 실제인이 아니라, 현실에서의 협조자로서의 윗사람·기관장·사장·의사·선생님 등의 상징 표상의 인물로 나타나는 것들이다. 그리고 모든 은인에 속한 자는 생존해 있거나 고인이 되었더라도, 꿈속에 어머니로 표상되어 나타나기도 한다.(글: 한건덕)

⑨ 조상이 소나 말을 집으로 끌어오는 꿈

소나 말이 사람의 상징인 경우에, 며느리·직원 등을 얻게 된다. 이 경우, 끌어다 맨 두 마리 중에 한 마리가 죽는 꿈은 하나의 일이 무산되거나, 혹은 며느리·직원 중의 한 사람이 죽을 수도 있다. 소나 말이 재물이나 이권의 상징인 경우에는 로또(복권) 등에 당첨되는 일로 이루어질 수도 있으며, 직위나 명예를 얻게되거나 사업의 번창 등으로 실현된다.

⑩ 조상이 집을 나가는 꿈

집안에 우환이 생기거나 위험에 직면한다. 일반적인 상징으로는 자신을 도와주던 윗사람이 자신을 떠나가는 일로 실현된다.

⑪ 신령·조상이 자신을 사랑하는 꿈

신령·조상으로 상징된 웃어른이나 후원자 등에게 큰 도움을 받는다.

⑫ 조상이 울거나 자손을 근심 어린 표정으로 어루만지는 꿈

자손이 병에 걸리는 등 집안에 우환이 생기거나, 교통사고 등 위태로운 상황에 빠지게 된다.

⑬ 조상에게 큰절하는 꿈

집안 또는 기관에서 어떤 상속을 받거나, 자신이 청탁한 일이 이루어진다.

⑭ 집안을 일으켜 세운 조상이 나타나는 꿈

꿈속에 나타난 조상으로 상징된 윗사람의 도움을 얻게 되며, 집안이나 회사의 평온과 발전이 이루어진다.

⑮ 집안을 망하게 했던 조상이 나오는 꿈

꿈속에 나타난 조상으로 상징된 사람에게서 사기나 억압을 당하게 되어, 어려운 여건에 처하게 되거나 집안 운세가 쇠퇴한다.

⑯ 부모(조상)가 갓난아기를 업고 걸어가는 꿈

부모·조상으로 상징된 웃어른이나 직장 상사 등이 근심이 생기게 되거나, 사업상 어려움을 겪게 된다.

⑰ 죽은 아들이나 딸 등 자식이 나타나는 꿈

자식으로 상징된 어떤 아랫사람에게 관심과 애정을 지니게 된다. 또한, 일거

리·대상의 상징으로 자식이 나타났을 경우에는 자신이 애착을 가지고 성사시키려는 일거리나 대상에 관심과 애정을 기울이게 되는 일을 뜻한다.

(3) 조상 및 죽은 사람 꿈에 대한 실증적 사례

조상이나 부모가 나타나 근심스럽게 쳐다보고 있는 경우, 사고나 질병 등 불길한 일을 예고하기도 한다. 돌아가신 할머니가 꿈속에 검은 얼굴로 나타나 노려본 꿈을 꾼 신혼부부는 물건을 부수고 얼굴을 할퀴는 등 심하게 다투는 일로 실현된 사례가 있다. 하지만 꿈에서 돌아가신 부모님이나 조상이 밝은 모습으로 나타나는 경우, 대부분 좋은 일을 예지해주는 것으로 실제 로또(복권) 당첨이나 뜻밖의 재물운 등으로 행운이 실현된 예가 많다. 다양한 실현 사례에 대해서 살펴본다.

① 조상꿈으로 복권에 당첨된 사례

돌아가신 아버님이 돈다발을 쥐여 주는 꿈, 돌아가신 어머니가 황소 두 마리를 끌고 추수하는 꿈, 돌아가신 시어머님이 곱게 한복을 차려입고 꽃을 한 송이 주는 꿈, 돌아가신 외할머니를 보는 꿈, 돌아가신 아버님이 나타나 환하게 웃으시며 "이제 고생은 그만 하거라."라고 말씀하신 꿈, 돌아가신 어머니가 꿈속에서 자신의 이름을 애타게 부른 꿈, 돌아가신 아버님으로부터 하얀 보따리를 선물 받는 꿈, 얼굴 한번 못 보고 돌아가신 시아버지가 나타난 꿈, 꿈속에 이미 고인이 된 아버님과 형님이 나란히 서 있는 모습이 보이는 꿈, 시부모님이 나타나서 온화한 웃음을 보이는 꿈, 지팡이를 짚은 백발 할아버지를 보는 꿈, 비 오는 날 버섯이 뭉게뭉게 자라나면서 그 속에서 돌아가신 어머니가 나타난 꿈, 돌아가신 할아버지가 두 손을 꼭 잡아주는 꿈, 돌아가신 아버님께 기도를 드린 꿈, 죽은 남편의 모습에서 숫자 '1'이 입체적으로 서서히 눈앞으로 다가온 꿈, 돌아가신 아버지와 함께 모내기하는 꿈, 돌아가신 할머니와 기분 좋게 염색을 한 꿈, 돌아가신 아버님이 돈다발을 쥐여 주는 꿈, 죽은 남편이 돈뭉치와 집문서를 주고 가는 꿈, 돌아가신 아버님이 집을 사 주시는 꿈, 돌아가신 할머니가 보따리 두 개를 주신 꿈, 돌아가신 어머니가 집으로 들어오는 광채 나는 구슬을 가리키며 '빨리 주워담으라'고 채근해서 정신없이 퍼담는 꿈으로 로또(복권)에 당첨되고 있다.

② 조상꿈으로 산삼을 캔 사례

* 꿈속에서 시아버지 보는 꿈 → 산삼 6뿌리를 캐기 전날, 1년 전에 돌아가신 시아버지를 보는 꿈을 꾸었다고 말하고 있는바, 아마도 온화하고 밝은 모습으로 나타난 꿈이었을 것이다.

* 돌아가신 할아버지가 꿈속에서 장소를 계시한 꿈 → 산나물을 뜯던 40대 부부가 산삼 32뿌리를 횡재했다. 부인은 돌아가신 할아버지로부터 산삼을 발견한 장소로 안내돼, 함께 즐겁게 노는 꿈을 꾸었다.

* 사별한 남편이 인도한 꿈 → 70대 할머니가 25년 전에 죽은 남편의 현몽에 따라, 산삼 14뿌리를 캐내는 행운을 얻었다.

③ 돌아가신 아버님이 화를 내는 꿈 → 위급한 일이 닥쳤음을 일깨움.

동생이 외딴 섬에서 급성맹장염으로 사경을 헤매게 되는 일이 일어났는바, 긴급으로 헬기를 동원하여 응급수술로 치료하는 일로 실현되었다. 이처럼 계시적 성격의 꿈으로 돌아가신 분이 말이나 행동과 표정으로 일러주는 경우가 있는바, 꿈속에서 계시하는 대로 따라주는 것이 좋다.

④ 돌아가신 아버지가 엄마하고 함께 계신 꿈 → 어머니가 질병으로 편찮게 되다.

"꿈속에서 돌아가신 아버지가 사흘 동안 희미한 모습으로 나타나서는 엄마하고 함께 계신 것이었어요. 그래서 엄마한테 전화를 드렸더니, 며칠 전부터 목이 아프더니 많이 부으셨다고 하셨습니다. 그래서 결국에는 수술을 하셨고, 병원에서 2주간을 입원하고 통원 치료까지 받으셨습니다."

또한 돌아가신 시아버지가 어딘가를 가자고 조르는 꿈으로 시어머니가 아프게 된 사례가 있다. 꿈에 돌아가신 분이 나타나서 아픈 것이 아니라, 현실에서 아프게 될 것을 돌아가신 분이 나타나는 꿈을 통해 예지해주고 있다고 보아야 할 것이다.

⑤ 하얀 모시 저고리를 입고 머리에 비녀를 꽂은, 얼굴이 하얀 시어머님이 나타나는 꿈 → 안 좋은 일이 일어날 것을 예지

꿈에 나타난 보름 후에 암으로 고생하시던 큰 시숙님이 돌아가셨고, 일 년이 채 안 돼서 둘째인 시누이가 시숙님과 같은 병으로 돌아가셨다. 그 후로도 집안에 궂은일만 생길라치면, 시어머니는 내 꿈에 찾아와 나를 불안하게 만든다. 삼 년 전 셋째인 시숙님이 돌아가실 때도, 큰 아주버님과 시누이를 동반하여 나타나셨다.

⑥ 조상이 나타나 소리 나는 물건을 가져나간 꿈 → 시험에 탈락

무용 실기시험을 보러 가기 전날 꾼 꿈이다. 돌아가신 할아버님이 집에 오셨는데, 집안에 있는 전화·TV·오디오·라디오 등 소리 나는 것들을 모조리 갖고 나가셨다. 실기시험 때에 음악이 나오는데, 갑작스러운 온도 변화로 테이프 작동이 되지 않아 음악 없이 시험을 치르게 되었다. 시험 결과는 탈락이었다.

⑦ 돌아가신 할머니가 꿈속에 검은 얼굴로 나타난 꿈 → 부부싸움으로 실현

돌아가신 할머님이 역시 죽은 모습으로 나타나셔서 큰아버님과 사촌 형제들, 아버지와 내가 상여를 매고 가는데, 상여가 기울더니 넘어져 할머니 시신이 구식 변소에 빠지는 꿈을 꾸었다. 시신의 모습은 형체는 그대로인데, 검은 낯을 하고 가끔 나를 노려보기도 하였다. 무서워서 잠을 깨려고 하는데, 다시 꿈으로 이어지고 낯선 젊은 남녀가 잠자는 방으로 들어오는데, 강도나 도둑 같은 느낌을 받았다.

잠에서 깨어났는데, 소름이 끼치고 두려웠다. 저와 처는 종종 다투기는 하지만 심하게 다투지는 않는 편인데(신혼 초기증상), 그날은 물건을 부수고 얼굴을 할퀴는 등 심하게 다투었다. 이처럼 돌아가신 조상의 낯빛이 흙빛이거나 검은 얼굴 모습일 때는 가족들과 큰 불화가 있을 증조이니 조심해야 한다.

⑧ 친정아버지가 나타나신 꿈 → 남편이 화상을 입을 뻔함

밤에 꿈속에서 아버지가 많은 사람들 틈에 숨어 웅크리시면서, 내 다리 옆에 앉으시는 것이었습니다. 내가 자꾸만 피하면, 또다시 따라와 다리 옆에만 앉아 계시는 것이었습니다. 꿈을 꾸고 난 다음 날, 남편이 추워서 켜는 가스 불에 바지를 무릎 아래까지 태워서 집으로 돌아왔습니다. 그런데 아버지가 앉으시려고 하던 다리 옆의 바지 부분을 불에 커다랗게 구멍을 내어놓았습니다. 화상을 입지 않은 것이 천만다행이었습니다.(천안시에서 주부 김○○ 씨)

⑨ 돌아가신 분이 붙잡으러 쫓아오는 꿈 → 제삿날을 일깨움

돌아가신 큰아버지가 형상을 알아볼 수 없을 정도의 부패한 얼굴로 쫓아와서 달아나는 꿈을 꾼 사람이 있었다. 다음 날 알고 보니 어제가 큰아버지 제삿날이었던바, 꿈을 꾼 시간이 친척 집에서 오기를 기다리다가 제사 지내기 바로 전이었다. 이처럼 죽은 사람이 나타나는 경우, 제삿날이나 기타 특별한 날임을 일깨워 주는 경우가 있다.

⑩ 돌아가신 아저씨가 산에서 내려오고 있는 꿈 → 제삿날 예지

　　꿈에 밖을 내다보니, 몇 년 전에 돌아가신 아랫집 아저씨가 보따리를 하나 지고 산에서 내려오고 계셔서, 어디 가시느냐고 물었더니, 제삿밥 얻어먹으러 오신다고 하시며 아랫집 대문으로 들어갔습니다. 다음 날 퇴근길에 그 집을 쳐다보니, 마당에 차가 많이 있어서 물었더니, 할머니 왈, 아랫집 아저씨 제사랍니다. 헉! 정말 제삿날 혼령이 제삿밥 드시러 오나 봅니다.---멋쟁이

⑪ 맛있는 것을 먹으러 오라는 꿈 → 생신을 일깨움

여고생의 꿈체험기이다.

　　나는 죄송한 말이지만 할머니 생신을 모른다. 할머니가 돌아가신 후, 몇 년이 흘러 할머니께서 꿈에 나오시더니, 날 보고 계시다가 "맛있는 것을 먹으러 오라."고 하셨다. '난 참 이상한 꿈도 다 있다.' 하며 그냥 지나쳤지만, 학교가 끝나고 집에 가니 어머니께서 채비를 하고 계셨다. 나는 또 깜짝 놀랐다. 오늘이 할머니 생신이라는 것이다. 난 너무 무섭고 두려웠다. 그리고 꿈이란 게, 정말 무언가 미래를 내다본다는 말을 믿게 되었다.

⑫ 할머니가 근심 어린 표정으로 바라보는 꿈 → 좋지 않은 일이 일어나다.

　　꿈속에서 석양 무렵이라 느껴지고, 회색빛 서쪽 하늘에 갑자기 금불상이 나타나더니, 우리 집을 한참 응시하다가 사라지고, 그곳에 다시 깨끗한 차림의 할머니가 나타났습니다. 몹시 근심스러운 표정으로 바라보더군요. 쌍무지개가 섰습니다.

　오빠가 산림 훼손으로 경찰서로 잡혀가 몇 달간의 옥고와 벌금을 내고 나오는 일로 실현되었다. 이 경우에 꿈을 꾼 사람이 처한 상황에 따라 각기 좋지 않은 일로 실현된다. 돌아가신 어머니가 나타나 창문도 없는 추운 방에서 자신을 슬프게 바라보고 있었던 꿈으로, 자동차 바퀴가 발등 위로 덮쳐 지나가는 사고를 당한 사례가 있다. 이 밖에도 조상이 나타나 오래전에 이장한 산소의 위치를 알려주거나, 누군가 암장한 사실을 일깨워 주거나, 임신했음을 계시해준 사례가 있다.

⑬ 조상이 나타나 춥다고 하는 꿈

　　할아버지께서 돌아가시고 얼마 안 되어서 떼가 덜 입혀졌는데, 할머니 꿈속에 할아버지가 나타나셔서는 자꾸 춥다고 하셨다. 그리하여 식구들 모두가 산소에 가서 더 많이 떼를 입히고 왔다. 이와 유사한 사례로, 돌아가신 부모가 꿈에 나타나, "뜨거워 죽겠다."라고 말하는 꿈을 꾸었다. 다음 날 부모님의 묘소가 있는 군부대 사격장에 불이 나서, 불길이 산소 부근에 까지 옮겨붙는 일로 실현되었다.

⑭ 조상이 나타나 숨이 막힌다고 하는 꿈

　　할머니의 꿈에 몇 날을 두고, 돌아가신 증조할머니가 나타나 숨이 막힌다고 하셨다. 그래서 사람들을 데리고 산소에 가 보았더니, 아카시아 나무뿌리가 유골의 상체 부분에 내려 감겨있는 것을 발견하고 나무를 뿌리째 뽑아버렸다.

⑮ 돌아가신 아버님이 답답해서 혼났다는 꿈

　　앞부분과 유사한 사례이다. 아버님의 봉분 위에 있는 잡초가 손에 잡히지 않아 봉분위에 올라가서 뽑았던 날 밤의 꿈에, 아버지께서 나타나서 "가슴에 올라가면 어떻게 하니? 답답해서 혼났다."라고 말하는 꿈을 꾸고 있다.

⑯ 돌아가신 분이 허리가 아프시다는 꿈

　　어떤 분이 아버님의 산소를 이장하였다. 그런데 아버님의 이장을 하고 나서부터, 꿈속에 아버지께서 나타나셔서, 자꾸 허리가 아프다고 호소를 하신 것이다. 고심 끝에 이장해 주신 어르신께 사연을 말씀드리고 의논했더니, 그 어른께서 이장할 때 뭐가 잘못되었는지 모르니까, 무덤을 다시 파 보아야겠다고 하셨다. 다른 방법이 없어서, 그분의 말대로 무덤을 다시 파 보았더니, 놀랍게도 척추뼈 허리 부분이 거꾸로 되어 있었다.(글: 박성몽,『꿈신비활용』)

⑰ 스승이 나타나 다리가 안 되었다는 꿈

　　어떤 스님께서 스승 되는 스님의 다비식을 하였는데, 꿈에 스승께서 나타나셔서 자신의 다리 하나가 제대로 화장이 되질 않아, 극락에 가지 못하고 있다고 호소를 하셨다. 곧바로 일어나 다비식을 하는 현장에 가서 잿더미를 헤쳐 보니, 정말로 다리 하나가 화장이 덜 된 상태에서 불이 꺼져 있었다.(『꿈신비활용』)

⑱ 죽은 사람이 같이 가자는 꿈(실증사례)

　　아버지가 돌아가시기 2~3일 전 꾸신 꿈입니다. 아버님 친구분 중에 철호 아저씨라고 젊으신 분인데, 폐암인지로 돌아가셨는데, 우리 집에 자꾸만 들어오더랍니다. 아빠는 "왜 들어오느냐"며 막 밀어내셨는데, "형님. 같이 가요. 같이 가요." 그래서 안 따라갔다고 그랬거든요. 하루이틀사이에 또 꾸신 꿈은 제가 어렸을 적에 돌아가신 막냇삼촌이 집에 와서, "형. 어디 좀 같이 가자." 그러셨데요. 그래도 안 따라가셨다고 하네요.

　　그리고 다음 날 밤에 아버님이 화장실 가려고 가는데, 뭔가 시커먼 게 우뚝 서 있더랍니다. 순간, 너무 소름 끼치고 놀라셨답니다. 그 일 있은 후, 아버님은 "날 데려갈 저승사자 같다"고 그러셨습니다. 그러고 나서 아빠는 돌아가셨습니다. 반지, 목걸이, 시계까지 머리맡에 풀어 놓으시고, 그냥 바닥에 반듯이 누워계셨더랍니다.

⑲ 臨危境益齋現夢(임위경익재현몽) 위태로운 지경에 임하여 익재 이제현이 현몽하다.

백사(白沙) 이항복이 난 지 돌이 못되어서, 유모가 안고 우물 근처에 다니다가, 그를 땅에 내려놓고 앉아 졸았다. 이항복이 기어서 장차 우물로 들어가려 할 즈음에 유모의 꿈에, 기다란 수염을 한 노인이 막대기로 그 유모의 정강이를 후려쳐 가로되 "어찌 아이를 보지 아니하고 졸고 있느뇨?" 유모가 아픔을 견디지 못하여 놀라 깨어, 급히 달려가 이항복을 구한 지가 여러 날이 지났는데도, 정강이가 오히려 아프거늘 크게 괴이하게 여겼다.

그 후 이항복의 선조(先朝) 제사(祭祀)를 지낼 때, 그 방조(傍祖: 6대조 이상의 조상의 형제) 익재공의 화상(畵像)을 방안 가운데에 걸었거늘, 유모가 보고 매우 놀라 말하기를 가로되, "지난번에 나의 정강이를 친 분이 곧 이 화상(畵像) 모양이라." 하니, 익재는 전조(前朝)의 어진 정승이라. 신령이 삼사백 년 후에도 형적이 완전히 없어지지 아니하여, 능히 방손(傍孫: 방계 혈족의 자손)의 위태로움을 구하니, 한갓 신령이 명백할 뿐 아니라, 또한 이항복이 평범한 다른 아이와 다른 고로 신명(神明)의 도움을 이루게 하니라.---『청구야담』

(4) 조상 및 죽은 사람 꿈에 대한 상담 사례

① 옹벽 안에 작은아버님 시신을 모시고 그 위에서 음식을 하는 꿈

아침 식사 후 낮잠을 자다가 꾼 꿈입니다. 전 일찍 아버님을 여의어서, 10여 년 전 작은아버님이 돌아가실 때까지, 저에게 친아버님같이 대해주셨는데요. 꿈속에서 그 작은아버님을 뵈었습니다. 저희는 5개월 전 아파트에서 지금의 단독주택으로 이사 왔고요. 마당 한쪽에 수도시설과 개수대가 있어, 그 수도 밸브의 동파를 방지하기 위해, 어린이 한 명 정도 들어갈 넓이로 땅을 파서 옹벽을 만들어 뚜껑을 덮어놓았습니다. 그런데 꿈속에서 작은아버님이 돌아가셔서, 그 옹벽 안에 흰옷을 입은 작은아버님을 모셔놓고, 그곳 위에 불을 얹어 부침 등 요리를 하면서, 아래 계시는 작은아버님 시신이 상할까 걱정을 했습니다. 그래도 꿈에서 깨었을 때 기분은 좋았었는데, 어떤 꿈인지 해몽 부탁드리겠습니다.

상징적인 꿈으로 좋은 표상으로 보입니다. 상징적인 꿈에서 마당은 세력권, 사업판도나 부속기관, 타향·외지·외무 등 대외적인 사업장을 의미합니다. 돌아

가신 작은아버님은 실제의 작은아버님이 아니라, 크고 벅찬 일거리나 작품·사업 등이 성취되어 이루어진 것을 의미하지요. 옹벽 안을 무덤에 준해서 생각한다면, 옹벽 안에 죽은 사람을 묻어두는 것은 성사된 작품이나 일거리를 어떠한 기관이나 회사에 보관함을 뜻하고, 그 돌아가신 외할아버지의 시체가 돈을 상징할 경우에는 돈을 은행에 예금해 둘 일이 생길 수도 있을 것으로 추정되는 꿈이고요. 옹벽 위에서 음식을 하는 것은 연구생산 등 어느 기관에서 일을 성사하기 위한 노력의 경향을 뜻할 수 있고, 시신이 상할 것을 염려하는 것은 이미 완성되고 성취된 일에 대한 다소의 염려로 보이나, 꿈에서 깬 뒤의 기분이 흡족한 것으로 보아, 만족하고 좋은 일의 결과에는 변함이 없을 것으로 보이네요.

② 돌아가신 아버지가 인절미 한 상자를 주시는 꿈

아주 좋네요. 꿈은 결코 반대가 아닌, 상징 표상의 이해에 있습니다. 합리적인 해몽을 하자면, 실제 죽은 아버님이 존재할 수는 없지요. 아버님으로 상징된 윗사람으로부터, 인절미로 상징된 재물이나 이권을 부여받는 일로 실현될 것입니다. 로또 같은 것을 다른 좋은 일이 일어나기 전까지 사보세요.

③ 돌아가진 아버지가 꿈에 나타나셔서, 돈을 주시며 동생에게 주라 하시는 꿈

꿈에 돌아가신 아버지가 나타나셔서, 정확히 531만 원을 주시면서, 제 동생에게 건네주라고 하시더군요. 표정은 생전에 계시던 것처럼, 매우 편안해 보였고요. 꿈속에서 저는 그 돈을 받아서 주머니에 넣고 나오는 길에, 강아지가 제 바지를 물더군요. 그래서 제가 밀치고 나왔거든요? 돌아가신 아버지가 꿈에서 주신 돈도 확실히 기억하고, 꿈이 너무 생생해서 해몽 부탁드립니다.

우선 꿈이 생생하다는 것은 꿈으로 예지 된 것이 반드시 일어난다는 것을 암시하거나, 또한 그 일이 중대한 일이라는 것을 의미합니다. 그리고 꿈은 나쁘지 않은 꿈인 것 같은데요. 돌아가신 아버지는 크게 두 가지로 가능합니다. 하나는 꿈의 창작 표상이 만들어낸 표상으로, 실제 어떤 재물운이 있어 동생을 보살펴주게 되는 일로 이루어질 것을 예지해 주는 것이고요. 나머지 하나는 돌아가신 아버지로 표상된 아버지 같은 존재인 윗사람의 부탁 지시로, 동생이나 동생으로 표상된 동생 같은 존재인 아랫사람에게 무언가 재물적으로 도움을 주게 되는 것을 의미합니다. 하지만 어떤 일에서 실제 531만 원의 이익이 날 가능성도 있습니다. 바지를 무는 강아지를 밀치고 나온 꿈은 강아지로 표상된 강아지 같은 존재인 귀

엽고, 애교 있는 어린 사람이나 대상으로부터 어떠한 제지나 반대를 받는 것을 물리치는 것을 의미합니다. 강아지가 자식의 상징으로 등장하기도 합니다.

④ 시댁 조상 묘에 가서 성묘하는 꿈

제 꿈에 저와 남편은 남편 고향의 선산에 가게 되었습니다. 사실 진짜 선산에 있는 모습하고는 전혀 다르게 무덤들이 한곳에 오밀조밀 모여 있었어요. 남편이 그 조상 묘 모두에게 절하고, 제사음식을 놓고 음복하는 모습이 보였고요. 그러던 중 저는 무덤 사이에 누워서 위를 쳐다보고 있었습니다. 무덤들의 봉분이 굉장히 높았습니다. 그 무덤이 높고 커서 무섭기도 했습니다. 남편이 성묘를 마친 것 같아, 제가 같이 내려가자고 하며 음식을 챙기려는데, 주변에 농부가 "제사음식 왜 가져가느냐?"고 하면서 "조상들 드시게 놔둬라." 하더군요. 그래서 그냥 음식을 두고 내려왔습니다. 꿈이 무엇을 의미하는지 잘 모르겠습니다. 상담 부탁드립니다.

축하합니다. 아주 좋은 꿈이네요. 성묘하는 꿈이지만, 제사를 지내는 꿈과 다를 바 없는 꿈으로써, 제사를 지내고 문상하는 꿈은 소원성취, 어떠한 권위·이권의 계승자, 물려받는 것을 뜻하지요. 조상의 무덤이 상징적으로 어떤 윗대상의 기관·단체의 상징이 될 수 있는데요. 그러한 대상에 소청을 빌고 이루어지는 꿈일뿐더러, 음식을 두고 오는 것이 더 좋은 표상으로 보입니다. 어떠한 사업 투자금이나 실행한 것을 지속해서 진행하는 것이 좋을 것입니다. 그리고 높은 무덤은 무덤이 상징하는 어떤 기관이나 대상이 크고 높음을 의미하는 것입니다.

⑤ 조상에게 도움을 청하러 가는 꿈

신랑이 꾼 꿈입니다. 조상을 만나러 가는데, 옆에서 길을 안내해주시는 분들이 있었답니다. 산 위에 있는 곳으로 올라가야 하는데, 산이 높고 웅장하며, 산 위의 건물이 유리로 되어있어 으리으리했대요. 가는 도중에 굿당에서 차례를 기다리는데, 우리 말고도 기다리는 사람들이 많았대요. 그래서 우리는 굿당을 청소도 하고 잡일도 도와주면서 기다리다가, 전체가 유리로 되어있는 곳으로 들어갔답니다. 들어갈 때에는 저와 함께 들어갔는데, 조상 앞에서는 신랑 혼자였다고 해요. 물론 길을 안내해주시는 분들은 있었고요. 얼굴은 보이지 않으며 누구인지도 모르겠는데, 조상이라고 안내자가 그랬대요. 그리고 우리를 도와주십사 부탁을 하러 가는 것이었대요. 그런데 조상은 우리는 도와주지 않고, 안내해주시는 분들만 도와주더래요. 안내를 해준 분이 이제 자기는 그만 도와주고, 신랑을 가리키며 이 사람을 도와주라고 했답니다.

좋은 꿈이네요. 당장에 어떤 결실을 얻거나 좋은 일이 일어나는 것은 아니지만, 앞으로 순조로운 추진이 예상됩니다. 조상은 절대적인 권력이나 힘을 지닌 어떤 사람이나 대상을 상징하지요. 웅장한 산과 건물처럼, 막강한 지위 권한을 지닌 사람이나 그러한 곳에 어떠한 청탁이나 소청을 하게 될 것입니다. 하지만 굿당에서 차례를 기다리듯, 금방 이루어지는 것은 아닐 것입니다. 일정의 준비 기간을 거쳐야 하고, 어느 정도 봉사를 해야 할 것입니다.

조상이 안내자를 도와주는 것처럼 오히려 도움을 주는 사람이 혜택을 받게 되겠네요. 하지만 신랑을 가리키며 도와주라는 말처럼, 장차 자신에게 혜택이 돌아올 것입니다. 그러기까지 상당한 시일이 걸릴지 모르지만, 언젠가는 꼭 실현될 것입니다 .

≪시체 꿈≫

(1) 시체 꿈에 관한 개괄적 해설

시체는 성취된 업적이나 작품·재물·유산을 상징하며, 또한 사건의 진상, 비밀스러운 일, 거추장스러운 일, 부채·증거물 등을 상징하기도 한다. 따라서 일반적으로 이러한 시체를 맞아들이거나 걸머지고 오는 꿈은 소원이 성취되고, 재물이나 이권 등이 생기게 된다. 하지만 시체를 내다 버리면, 모처럼 얻은 일의 성과나 재물을 잃게 된다. 마찬가지로 시체가 되살아나면, 성사시킨 일이 수포로 돌아가거나 사업자금을 되돌려 주게 된다. 또한 장례를 지내는 꿈은 시체로 상징된 어떤 일거리나 대상의 마무리·처리를 상징적으로 나타내며, 꿈속에서 시체를 화장해 버리는 것은 어떤 일에 대한 성과나 업적을 소멸시켜 버리는 일로 실현되고 있다.

어린애나 갓난아기의 시체는 시작된 지 얼마 안 되어 이루어진 성취물이나, 비교적 작은 규모의 일거리나 대상을 상징한다. 마찬가지로 노인의 시체는 오래된 일 또는 가치 있는 일의 성취를 뜻한다. 또한 어른의 시체 및 아이들의 시체로 각각 꾸어졌을 경우에 크고 작은 몇 가지 일이 동시에 이루어진다는 것을 말해주기도 한다.

한편 계시적 꿈에서 시체가 나타나서 어떠한 부탁이나 당부를 하는 경우가 있는바, 이 경우 영혼이 실재한다기보다는 꿈의 상징 기법의 하나이며, 이 경우 계

제VI장

주제별 꿈해몽

1

인물·신분·직업, 신령·이적

시적인 꿈의 성격대로 말한 대로 따르는 것이 좋다.

또한 시체가 재물이나 이권의 상징으로도 자주 등장하고 있다. 민속적인 꿈해몽에서도 '꿈속에서 시체를 묻거나 잘 보살펴 주면 재물이 생긴다'고 전해오고 있다. 복권 당첨자 가운데에는 시체를 보고 당첨된 사례가 상당수 있으며, 영화감독의 꿈에 길가에 시체가 즐비한 것을 본 후에 제작된 영화가 대박을 터뜨린 사례가 있다. 이처럼 시체가 집안에 들어오는 꿈이 좋으며, 나가는 꿈은 사업이나 일의 좌절로 실현된다.

(2) 시체(사람,재물·이권) 꿈해몽 요약

시체는 사람이나 재물·이권, 일거리·대상, 사건·사고 등 다양한 상징적 의미를 지니고 있다.

① 자신이 총이나 칼로 죽인 시체 꿈

시체는 자신이 제압하고 굴복시키게 되는 사람으로, 자신의 뜻에 따라 협조해 줄 사람들이다. 일거리나 대상의 상징인 경우에는 자기가 죽인 시체는 일의 결말이나 성과 등을 상징한다.

② 시체에 절을 하는 꿈

소원성취, 사업의 번창이나 유산 상속의 좋은 일로 이루어진다.

③ 시체가 몇십 배로 불어나 방안에 가득한 꿈

시체로 상징된 재물이나 이권이 크게 생기며, 사업의 성취가 크게 이루어진다. 저자의 경우에 시체로 상징된 많은 작품을 출간하게 된다. 그러나 시체가 기분이 나쁘게 느껴진 경우, 부채가 불어나는 일로 실현될 수도 있다.

④ 상대방이 시체를 운반하는 꿈

다른 사람이 시체로 상징된 이권이나 재물을 주관하게 되며, 자신의 일을 대신 처리해 주기도 한다. 이 경우에, 시체가 든 관을 누군가와 맞들고 있는 꿈은 두 사람이 관계하는 어떤 일이 이루어진다. 또한 시체는 업적·성취물의 상징으로, 시체를 관에다 담는 것은 성취나 마무리를 성공적으로 이루어내게 된다.

⑤ 부모·형제가 죽은 꿈

육친의 누가 죽었는데도 슬프지도 기쁘지도 않은 채 무표정해하는 것은 당연히 이루어질 일이거나, 돈·재물 등이 생긴 것이 당연한 일로 여겨질 때 표현된다.

⑥ 시체 썩는 냄새를 맡는 꿈

일이 성사되거나 재물을 얻어 세상에 널리 소문난다. 그러나 시체가 썩어 냄새가 고약한 경우, 안 좋게는 부정축재로 소문이 난다.

⑦ 시체 썩은 물이 냇물처럼 흐르는 꿈

사업이 융성하거나, 여러 사람에게 사상적 감화를 준다.

⑧ 시체가 불어나 커지면서 쫓아오는 꿈

많은 빚을 걸머지고 심적 고통을 받게 되거나, 생활고에 허덕이게 된다.

⑨ 시체가 무서워서 도망치는 꿈

성취가 이루어지지 않으며, 재물이나 이권을 얻지 못하는 일로 이루어진다.

⑩ 죽인 시체에서 소지품을 빼앗아 갖는 꿈

어떤 일을 성취한 후, 재물적인 이익이나 이권을 확보하게 된다.

⑪ 시체에 구더기가 우글거리는 것을 보는 꿈

어떠한 일이 성사되어 막대한 돈을 벌거나, 2차적인 사업 성과를 얻게 되어 많은 사람을 감동시킨다.

(3) 시체(재물·이권) 꿈의 실증사례

① 시체 꿈이나 누군가 죽는 꿈 → 계약 성사

저는 아기들 꿈을 꾸면 불길하고 재수 없는 일들이 생기고, 시체 꿈을 꾸거나 누군가 죽거나 죽이는 꿈을 꾸면 좋은 계약을 합니다. 어떤 날 꿈속에서 제가 아는 여자가 자동차에 치여 그 자리에서 즉사하더니, 다음 날 제가 계약을 하더군요.---아이디: 트럼프, 2010. 09. 19.

② 시체를 쏟아놓는 꿈 → 부동산 매매 계약 성사

조그만 덤프트럭이 무엇인가 싣고 와서 뒤 짐칸을 들어 올리고 문을 여니까, 쓰레기 같은 것들이 쏟아지더라고요. 그런데 그건 쓰레기가 아니라 시체들이었습니다. 제 기억으로는 시체 17~20여 구였는데, 그중에서 3명이 갑자기 살아나더니, 걸어가 버리더라고요. 그런데 그로부터 1달여간, 제가 계획하던 수많은 계약 건들 중 2~3건이 성사되지 못하고, 10여 건 이상의 계약들을 하게 되었답니다.---아이디: 트럼프, 2010. 09. 19.

③ 시체에 관한 꿈 → 로또(복권) 당첨

4구의 시체를 본 꿈, 땅에서 시체가 불쑥 튀어 오르는 꿈, 죽은 형수가 되살아 났다가 다시 죽는 꿈 등으로 당첨되고 있다.

④ 남녀 시체 두 구가 손을 꼭 잡고 드러난 꿈 → 수상(受賞)

꿈에, 바닷가 모래사장을 걷는데, 한 곳에 갑자기 구더기가 많아지며 구멍이 파지기 시작하더군요. 구멍이 점점 커지더니, 남녀 시체 두 구가 아래위로 겹쳐서 손을 꼭 잡고 드러나더군요. 그런데 머리 위로 팔을 뻗어 두 손을 깍지를 낀 그 모습이 매우 아름다워서, 감동하다가 꿈을 깼죠. 현실에서는, 직장에서 남자 선배랑 제(여자)가 동시에 상을 타게 되었어요. 둘이 파트너였거든요. 후후 웃기죠.---아이디: 나라, 2010. 04. 23.

⑤ 불붙은 시신이 쫓아온 꿈 → 식당 사업의 번창

제천시에 사시는 김필례 주부께서 오래전에 보내온 편지를 요약하여 살펴본다.

그 때가 87년, 전 재산을 들여 점포 10여 평 되는 곳에 조그만 식당(분식점)을 개업하던 날 밤의 꿈입니다. 꿈속에서 상여가 지나가는 꿈인데, 저의 가게 앞에서 쉬어간다고 멈추더니, 갑자기 시신을 꺼내서 불을 붙이는 겁니다. 나는 너무 무서워서 멀리 도망치려는데, 그 불붙은 시신은 저를 막 따라왔어요. 끝까지 따라오기에, '식당에 들어와서 문을 잠그면 되겠다' 싶어 식당으로 들어왔는데, 아니 이건 또 한 번 크게 놀랄 일. 저보다 불붙은 시신이 먼저 들어와 있더군요. 놀라 깼는데 꿈이었습니다. 그 뒤로부터 아이들도 잘 자라고, 모든 일이 순조롭게 풀리면서 3년 장사 끝에 6세대가 살고 있는 미니 3층 주택을 마련했습니다.

이처럼 사업을 시작하기 전날이나, 새로 부동산을 구입한 날, 장차 앞으로 일어날 사업의 운세나 부동산의 흥망성쇠에 대하여 꿈으로 예지된 수많은 사례가 있다.

시신은 어떠한 업적이나 결과물·성취물을 상징하고 있으며, 이 꿈에서는 새로 개업한 분식점을 상징하고 있음을 알 수 있다. 시신이 불붙어 활활 타오르는 데서 사업의 성공을 예지해주고 있다.

이러한 미래 예지적인 상징적인 꿈의 경우에는 '결과가 언제 일어나느냐'의 차이만 있을 뿐 반드시 일어나고 있으며, 현실에서 피할 수도 없게 되어 있다. 꿈의 효용은 꿈의 미래 예지적인 결과에 대해, 어느 정도 추정을 하면서 마음의 준비를 하게 하여, 슬기롭게 대처해 나가도록 해주고 있다.

이 밖에도 땅속에서 시체가 튀어 오르는 꿈을 보고 복권에 당첨된 사례가 있다. 또한, 시체더미에 불 지르는 꿈, 길가에 시체가 즐비한 것을 본 후에 제작된 영화가 대박을 터뜨린 감독의 꿈 사례가 있다.

덧붙이자면, 뒤의 '연기에 관한 꿈'에서 자세한 꿈이야기가 나오지만, 그 후에 시신에 불이 붙지 않고 연기만 하늘을 덮는 꿈을 꾼 후로부터, 장사가 안되어서 결국은 그만두었다고 밝히고 있다.

(4) 시체(일거리·대상) 꿈해몽 요약

① 머리가 잘려나간 시체 꿈

어떤 일의 초반부나 상층부는 제거되고, 그 이하의 일만 성취될 수가 있다.

② 차나 바위에 깔려 죽은 시체의 꿈

상징적인 꿈인 경우에, 어느 기관에서 성취된 일의 표상이다. 사실적인 요소가 있는 경우에 사건·사고를 목격하는 일로 실현될 수도 있다.

③ 여러 구의 시체가 즐비한 꿈

단체나 기관에서 성사시킨 일이나, 사건·진상 등을 상징한다. 이 또한, 사실적인 요소가 있는 경우에, 참혹한 사고를 목격하는 일로 실현될 수도 있다.

④ 길바닥 또는 동굴 속에서 시체 일부가 떨어져 나간 꿈

공적으로 승인하는 어떤 사건 등의 일부가 결여되어 있음을 예지한다.

⑤ 자기가 죽인 시체를 땅을 파고 묻는 꿈

어떤 사건을 깨끗이 처리하거나 비밀에 부칠 일이 생긴다.

⑥ 시체를 가매장하는 꿈

거의 다 이루어진 일이 완전한 마무리를 짓지 못하게 되어, 상당한 시일이 경과해야 그 일에 대한 매듭이 지어진다.

⑦ 시체를 관에다 담는 꿈

해결되거나 성사된 일거리 등을 일정한 장소 또는 조건하에 보관할 일이 생기며, 작품 따위를 운반하기 위해 큰 버스 안에 집어넣을 경우에도 해당한다.

⑧ 시체를 발로 차 굴리는 꿈

어떤 사업자금을 여러 차례 활용할 일이 생긴다. 또한, 이루어진 성과에서 또

제VI장 주제별 꿈해몽

주제별 꿈해몽

① 인물, 신분·직업, 신령·이적

다른 성취를 이루어내게 된다.

⑨ 시체를 길가에 내놓는 꿈

내놓아 여러 사람이 보게 하는 경우는 일의 성과를 세상에 광고할 일과 상관한다. 다만, 버리는 행위에 의미가 있다면, 재물의 획득이나 성취가 무산되는 일로 이루어진다.

⑩ 시체를 보자기에 싸서 밖에다 내다 놓는 꿈

얻게 된 재물이나 이권을 포기하는 일로 이루어진다. 현실에서는 아파트에 당첨되었으나, 포기하는 일로 이루어졌다.

⑪ 시체가 살아난 꿈

이미 성취한 일거리·대상에서 문제가 발생하고, 난관에 부딪힌다. 이루었던 어떠한 성취나 업적이 무위로 끝나게 되어, 사업가의 경우 투자받은 사업자금을 되돌려 주게 된다. 또한 대출을 받으려다가 받지 못하게 된다.

⑫ 관 속의 시체가 되살아난 꿈

상대방이 반항의 뜻을 표시하거나, 성사된 일거리가 원점으로 되돌아간다.

⑬ 고인이 된 사람의 시체 옆에 살아 있는 그가 또 있는 꿈

이미 이루어진 일이 난관에 부딪힌다. 예를 들어, 과거에 동업했던 사람이 다시 나타나서 일이 난관에 부딪힌다.

⑭ 사랑하는 자식의 시체를 보고 크게 우는 꿈

애정과 애착을 지니고 추진하는 일거리·대상에서 성취를 이루어내게 되어, 널리 알리게 되는 일로 실현된다. 이 경우에도 실현 가능성은 낮지만, 사실적인 요소가 있는 꿈의 경우에는 꿈속에서 본 그대로의 일로 실현된다.

(5) 시체(일거리·대상) 꿈의 실증사례

① 목욕탕 속에 시체의 피가 물을 붉게 물들이며 가득 차 있는 것을 본 꿈

저자의 경우, 어떤 책을 저술해서 사람들을 감화시키거나 논문 등이 당국에 채택되고, 선풍적인 인기를 끌게 되는 일로 이루어졌다.

② 3~4세가량의 어린아이를 솥에다 넣고 삶아, 6~7개의 상자에 담는 것을 본 꿈

논문 등을 당국에 제출해서 학위증을 받은 것으로 실현되었다.

③ 거리를 떠돌아다니던 방랑객이 마당에 와서 죽은 꿈

저자의 경우에, 방랑객으로 표상되는 어떠한 저작물이나 사업이 완성되는(죽

은 것) 일로 실현되었다.

④ 시체가 미라로 된 꿈

방에 4~5구의 시체가 미라로 되어 있고, 자기도 미라가 될 거라고 생각한 꿈은, 똑같은 성격의 문예작품이나 논문 따위가 과거에 발표된 일이 있었다는 것을 예지한 것이었다.

⑤ 물에 떠내려온 여인의 시체를 보는 꿈

저자의 경우에는 어떤 회사에서 출판된 센세이셔널한 책을 보게 되는 일로 실현되었다.

⑥ 시체를 묻을 곳을 찾지 못하다가 구덩이에 지푸라기로 덮는 꿈

저자가 자신의 원고를 여러 출판사에 타진했으나 거절당하다가(거리를 배회), 어느 출판사와 계약을(웅덩이로 들어감) 하게 되나, 책으로 출간되기에는 다소간의 시일이 걸린다는 것(지푸라기로 덮는 꿈)을 예지한 꿈이었다.

⑦ 달리기를 하다가 뼈만 앙상하게 되어 죽은 아이 시체 꿈

여러 애들과 함께 정해진 코스를 돌아오는 가운데 우리 애도 있었는데, 우리 애가 죽었다고 관에 담아 왔다. 자세히 보니, 살은 다 떨어지고 뼈만 앙상하게 담아 있어 이상하게 생각했다.

저자가 꾼 꿈으로, 어느 잡지사에 제출한 꿈에 관한 작품 단편이 자세한 해설을 생략하고, 개요만 소개될 것을 예지한 꿈이었다.

⑧ 시체 세 개가 바다로 뛰어들어 헤엄치는 꿈

일본의 유명한 꿈 연구가인 '미야기 오도야'의 꿈에 의하면, 일본의 어느 해변에 뼈만 있는 송장 셋이 서 있더니, 차례로 하나씩 바다로 뛰어들어 헤엄치는 것을 보고, "저것 좀 보아라." 하며 악을 썼다고 한다.

이 꿈에서, 꿈에 관한 설명은 제거하고 내용의 핵심만 사전형식(뼈만 있는)으로 저술할 책 세 권(송장)을 뜻하고 있으며, 송장(작품)들이 바다에 들어가 헤엄쳤으니 세상에 널리 읽히게 될 것을 예지한 꿈이었다.(글: 한건덕)

(6) 시체(사건·사고) 꿈의 실증사례

① 무덤에 아버지 시체가 없어진 꿈 → 질병으로 고통을 겪음

꿈속에서 친정아버지가 돌아가셔서, 형제들이 초상을 치르고 난 후, 뒷날 아침 저 혼자

무덤에 가보니, 무덤이 열려있고 아버지 시체가 없었습니다.

꿈이 너무 이상해서, 미국에 계시는 아버지께 전화를 드렸더니, 석 달 전부터 마음도 못 드시고 곱설사를 하시고 여러 병원에 다녀도 병명을 모른다고 하더군요.

② 시체에 둘러싸인 자신을 그린 꿈 → 심리 표출의 꿈

6살 아이가 수많은 시체에 빙 둘러싸인 자신을 그린바, 오싹함을 느끼게 하는 그림이었다. 현실에서는 왕따를 당하고 있는 아이였다. 하지만 그 아이는 그림에서 자기 자신을 뚜렷하게 그렸기 때문에, 그 후에 다시 아이들과 어울려 지내는 일로 실현되었다.

(7) 시체(민속) 꿈해몽

- 꿈에 송장을 만지면(보면) 재수가 좋다.
- 꿈에 송장을 보거나 피를 보면 돈(먹을 것)이 생긴다.
- 꿈에 송장을 집안으로 들여오면 좋다.
- 꿈에 시체 꿈을 꾸면 돈이 생긴다.
- 꿈에 시체나 떡을 보면 좋고, 해골을 보면 반드시 다음 날 조심해야 한다.
- 꿈에 시체를 다루든지 목욕시키면 재수가 있다.
- 꿈에 시체를 보거나 누가 죽는 꿈을 꾸면 고기 먹는다.
- 꿈에 시체를 보고 통곡하며 눈물을 흘리면 대길하다.
- 꿈에 시체를 보면 고기 먹는다.
- 꿈에 시체를 보면 그 날 먹을 것이 많이 생긴다.
- 꿈에 시체를 보면 산삼을 캔다.
- 꿈에 시체에서 냄새가 심히 나면 재물을 얻는다.
- 꿈에 자기 모친 시체를 만지거나 보거나 하면 부자가 된다.

≪해골 꿈≫

해골은 시체꿈과 유사하다. 돈·증서·상장·업적·증거물이나 작품의 핵심 등을 상징하고 있다. 누가 유골을 가져오는 경우 저술한 글이 출판되거나, 증서·합격증·상장 등이 주어진다.

① 밭을 갈다 해골을 발견하는 꿈

작품의 아이디어나 골동품 등을 얻게 되며, 은밀한 일에 대해 알게 된다.

② 마루 밑에서 해골을 파내는 꿈

어떠한 성취물이나 업적을 얻게 된다. 졸업장·학위증·면허증·상장 등을 얻는다. 때로는 차용증서가 될 수도 있다.

③ 꿈속에 납골당이라고 생각되는 건물을 발견한 꿈

진리나 성취물로 상징된, 도서관이나 박물관 같은 곳을 가보게 되는 일로 실현된다.

2 행동 표상—행동에 관한 꿈, 생각하고 느끼는 꿈

1) 행동 표상에 관한 꿈

≪행동 표상에 대한 꿈에 관하여≫

우리 일상생활의 현실에서, 때로는 말보다도 몸짓이나 행동이 더욱 중요한 의미를 지니고 있다. 사랑한다는 말 이전에 사랑의 눈빛이나 정겨운 행위 속에 더 깊은 사랑의 의미를 담아내고 있다. 따라서 이러한 몸짓이나 제스처 등의 행동은 우리 인간의 원초적인 언어라 할 수 있으며, 특수한 경우를 제외하고는 전 세계 모든 나라에서 공통적인 표현과 뜻으로 받아들여지고 있다. 우스갯소리로, 외국 여행을 다녀온 사람들의 공통된 이야기가 그 나라 말을 모르더라도, 손짓·발짓의 몸짓으로 다 통하더라는 말이 있다.

꿈에서 장차 일어날 일을 보는 꿈이거나 계시적인 말을 듣는 꿈으로 전개되는 경우가 있지만, 어떠한 신체적 행동으로 꿈이 전개되는 경우가 다반사이다. 예를 들어, 목욕을 한다든지, 아기를 낳는다든지, 무언가를 훔쳐온다든지, 무언가를 먹는다든지 등 어떠한 행동이 전개되고 있다. 이 경우에 꿈속에서 전개되는 다양한 행동이나 동작에 있어서, 상징의 뜻이 담겨 있음을 우리는 간과해서는 안 될 것이다. 하지만 특별한 경우를 제외하고는 일상의 행동 의미와 꿈의 상징적 의미가 크게 다르지 않다. 꿈의 해몽은 반대가 아닌 상징의 이해에 있는 것이다. 무릎을 꿇는다는 것은 복종의 의미를 담고 있듯이, 꿈의 상징적 의미 또한 유사하다.

다만, 성행위의 꿈이나 팔이 잘리는 꿈 등 꿈속의 일이 반드시 현실에서 그대로 일어나지는 않는다. 예를 들어, 성행위의 꿈이 실제의 성행위가 아닌, 어떠한 대상과의 결합·성사·체결의 상징적 의미를 담고 있다. 또한 팔이 잘리는 꿈을 꾸었다고 사고로 팔을 잃게 되는 것이 아닌, 자신에게 있어서 팔과 같은 존재의 소중한 심복이나 아랫사람을 잃게 되는 일로 실현되고 있다. 행동 표상에 있어서도, 꿈은 반대가 아닌 상징의 이해에 있다. 이처럼 현실의 의미가 아닌, 꿈의 언어인 상징의 의미로 풀이해야 한다.

꿈에서는 상징적 의미를 효율적으로 극대화하기 위해서, 현실에서 불가능한 다양한 행동으로 전개되고 있다. 순식간에 날아오른다든지, 남편이 아내를 죽인다든지 등 현실에서는 있을 수 없는 다양한 상징 기법이 사용되고 있다.

단순하게 보이는 '서거나 앉는' 꿈속의 행동 표상이 꿈의 실현에 있어 현격한 차이를 보이고 있는 세 가지 예를 살펴본다.

① 일의 진행에 우선권을 보여준 꿈

'교실이나 영화관에서 앞자리에 앉았는가? 뒷자리에 앉았는가? 서 있었는가?'에 따라 일의 진행에 있어 차이를 보이고 있다. 교실이나 극장에서 앞자리에 앉아 있는 꿈을 꾸었을 경우, 남보다 먼저 우선권이 있어서 자신의 일이 먼저 진행되고, 뒷자리에 앉아있는 사람이 나중에 이루어진다. 이 경우에 뒷자리에 앉지 않고, 서 있어도 일이 먼저 진행된다.

② 세 친구의 죽음을 예지한 꿈

친구 세 사람이 나란히 앉고 서 있었다. 그런데 A는 검은 바지에 흰 와이셔츠 바람으로 서 있고, 그 다음에 B는 흰 운동복 차림으로 관(棺) 같은 상자 안에 앉아 있다. 그리고 C는 평상복 차림으로 맨바닥에 앉아 있었다. 그 후 관속에 있던 B가 먼저 세상을 떠나고, 다음엔 일어서 있던 A, 마지막으로 C가 세상을 떴다.

이 꿈에서 관속에 들어 있던 친구가 첫 번째로, 서 있던 친구가 두 번째로, 앉아 있던 친구가 마지막으로 세상을 떠나는 것을 예지해 준 꿈이었다. 이처럼 서 있다는 것은 앉아 있는 것보다, 어떠한 행위가 먼저 일어날 것임을 상징적으로 암시해주고 있다고 보아야 할 것이다.

③ 교통사고의 경중을 예지한 꿈

아이들 세 명이 강물에 빠졌는데, 한 아이는 거의 다 올라와 있고, 한 아이는 물에 간신히 안 닿을 정도로 기어 나오고 있고, 한 아이는 그만 물속에 잠기고 말았던 꿈을 꾸었다. 그 후에 꿈의 상징 표현대로 현실에서 이루어지고 있다. 현실에서는 같은 반 친구 3명이 놀러 가서 길을 건너려다가, 과속으로 달려오던 트럭에 치이게 되었다. 꿈의 예지대로 물에 빠진 아이로 상징된 한 명은 죽고, 물에 다올라와 있던 한 아이는 전혀 안 다치고, 물에서 간신히 기어나온 한 아이는 큰 부상을 당했으나 몇 개월 만에 아주 건강한 모습으로 퇴원하는 일로 실현되었다.

이 밖에도 같은 나체꿈이라고 하더라도, 꿈속에서 알몸을 드러낸 채로 자신 있고 당당하였는지 부끄러워하였는지에 따라, 꿈의 실현이 좋고 나쁨으로 달라지고 있다. 또한 성행위를 하는 꿈이었다고 해도 즐겁고 흡족했는지 불만족스러웠는지에 따라 부동산 매매체결 등에서 만족도가 달라지는 일로 실현되고 있다.

꿈속에서 자신이 공격심이나 공격 성향을 보일 때, 자신의 심성이 그렇기에 그런 것은 아니다. 꿈의 상징 기법의 하나로써 이런 경우에는 자신이 맡은바 일거리나 대상에 대한 적극적인 노력이나 애착을 상징적으로 보여주고 있다. 이 밖에도 현실에서는 하지 않으며 할 생각조차 없는 행동이 꿈에서는 전개되는 경우가 있다. 이 또한 꿈의 상징 기법의 하나로써 누군가를 죽이거나, 시험에서 커닝을 하거나 물건 등을 훔쳐오는 꿈의 경우, 현실에서 주변의 반대나 어려움을 헤쳐나가면서 적극적이고 강압적으로 어떠한 일을 진행하는 일로 이루어진다.

≪자신(타인)이 죽는 꿈≫

(1) 죽는 꿈에 관한 개괄적 해설

사실적으로 전개되는 꿈의 경우에는 자신이 죽거나 다른 사람이 죽는 것을 보는 꿈이 자신이나 주변의 누군가에게 실제로 일어날 수도 있다. 하지만 우리가 꾸는 대부분의 상징적인 미래 예지 꿈의 경우, 현실에서의 죽음이란 두렵고 숨막히는 일이지만, 꿈속에서의 죽음의 상징적 의미는 재생이자 부활로서 낡은 껍질을 벗고 새롭게 태어나는 것을 뜻한다.

예를 들어, 오토바이에 치여 죽는 꿈으로 복권에 당첨된 사람이 있으며, 목이 뎅겅 잘려나가는 꿈으로 장성으로 진급한 사례가 있다. 이처럼 새로운 인생길로 나아가게 될 것을 꿈에서는 자신이 죽는 상징으로 보여주고 있다. 이때, 피를 온통 뒤집어쓰고 죽는 꿈은 더욱 좋다(널리 알려진다). 이 경우 피는 진리·사랑·재물·생명력·감화력·돈 등을 상징하며, 꿈에서 피를 덮어쓴다는 것은 이러한 영향력을 받게 되는 것을 뜻한다. 다만, 자기 몸에서 피가 나면 정신적 물질적인 손실이 있게 될 수도 있으며, 꿈속의 자기가 일의 상징일 때는 남에게 사상적 감화를 줄 수 있게 된다.

종교적인 의미에서의 죽음은 신(神) 앞에 자기가 지은 죄를 회개하고 그 심령이 거듭남을 뜻한다. 또한 자살하는 꿈은 자신의 의지로 새로운 길로 나아가게 될 것을 뜻하며, 새로운 일에 착수하거나 신분·직위·사업·집 등이 새로워지는 일로 이루어진다.

한편 사람이 아닌, 동물·식물이나 일거리·대상의 상징에서는 죽음의 상징적 의미가 다르게 적용될 수 있다. 좋게는 동물·식물이나 일거리나 대상이 새로워지는 여건에 처하게 되지만, 대부분은 좌절과 무산되는 일로 실현된다. 예를 들어 키우던 강아지가 죽는 꿈이 좋은 일로 실현된다기보다, 강아지로 상징된 애정을 지녔던 일거리나 대상에서 좌절되고 실패되는 일로 실현되고 있다. 마찬가지로 나무가 말라죽는 꿈이 결코 좋은 일로 실현되지는 않는다. 누군가 병들어 죽게 되거나, 사업의 실패 등으로 실현되고 있다.

(2) 죽는 꿈해몽 요약

① 죽음의 꿈

사실적인 미래투시적인 꿈인 경우, 실제 죽음으로 실현될 수도 있다. 꿈해몽에 있어, 1차적으로 항상 사실적인 꿈으로 실현될 수 있음을 염두에 두어야 한다.

② 죽는 꿈의 상징적 의미

새로운 탄생과 부활을 뜻하며, 지금까지 관심을 두고 있거나, 벅차게 생각했거나, 성취해야만 했던 일 등이 새로워지거나 이루어짐을 뜻한다.

③ 종교적인 의미에서의 죽음

종교적인 의미에서의 죽음은 신(神) 앞에 자기가 지은 죄를 회개하고, 그 심령이 거듭남을 뜻한다. 하늘에서 굵은 우박이 쏟아져 홍수가 되어 흐르고, 많은 사람들이 빠져 죽고 일부는 물속에서 허우적거리며, 또 일부는 물에서 빠져나와 도망치고 건물 등의 속으로 몸을 숨기는 것을 보는 꿈은 굵은 우박으로 상징되는 종교·사상·저작물 등의 영향을 받아 새로운 변화가 일어남을 예지해주고 있다. 빠져 죽은 사람들은 절대 신봉하는 사람들이고, 물에서 허우적거리는 사람들은 아직 덜 깨달은 자들이며, 도망쳐서 숨은 사람들은 그 영향력에서 벗어나려는 사람들이다.(글: 한건덕)

④ 자기가 수술을 받다 죽는 꿈

새로운 탄생으로 직위나 신분에 변화가 일어나게 되며, 결혼·사업이나 심사 중인 작품 등이 성취된다. 사실적인 미래투시적인 꿈인 경우에 실제의 일로 실현될 수 있다.

⑤ 저절로 죽었다고 생각되는 꿈

어느 기관이나 사업장에 위탁한 일이 노력하지 않고 성취됨을 체험한다. 꿈속에서 어떤 사연에 의해서 자기가 죽고, 그 시체를 또 하나의 자기가 덤덤히 내려다보는 꿈은 일거리나 작품 따위가 성사된 것을 보게 되는 일로 실현되었다.

⑥ 자동차나 기차에 깔려 죽는 꿈

상징적인 꿈인 경우 자동차나 기차는 어떤 회사나 단체를 뜻하며, 깔려 죽는 꿈은 자기의 일거리나 작품 따위가 그런 곳에서 성사된다. 또한 바위·건물·동물·흙더미·나무 등에 치이는 꿈은 어떤 사람이나 기관·세력·단체에 의해서 일이나 사업이 성취된다.

⑦ 총탄·칼·몽둥이 등에 의해서 타살되는 꿈

남의 힘이나 어떤 방법에 의해서 일이 성취된다.

⑧ 폭발물이 터져서 죽는 꿈

급격하고 혁명적이고 창의적인 일이 성사되어 세상에 크게 소문난다.

⑨ 죽었다는 소식을 듣는 꿈

자타의 일거리나 작품이 성사되거나, 어떤 사람이 자기에게 협조해 주겠다는 언질을 받아낼 수도 있다. 자기를 죽은 영혼이라고 생각하면 정신적 사업의 성취와 관계한다.

⑩ 누가 죽을 것이라고 생각하는 꿈

상징적으로 예기치 않은 일이 이루어지거나, 미확인된 일이 조만간 성사된다.

⑪ 부고를 받는 꿈

입학 통지서·합격 통지서 등을 받거나, 사업이나 소원이 성취된 기별을 받게 된다. 은사가 죽었다는 부고를 받는 꿈으로, 존경하던 사람의 작품이나 프로필이 신문·잡지에 게재된 사례가 있다. 실제로 사실적인 미래투시의 꿈은 부고를 받게 되는 일로 실현된다.

⑫ 죽은 사람의 사진이나 유물이 부쳐져 오는 꿈

죽은 사람으로 상징된 작가의 사진이나 프로필·기삿거리가 지상에 발표된다. 예를 들어, 아는 사람이 죽어 유물을 보내오는 꿈은 그의 저서가 부쳐져 오는 일로 실현되었다.

⑬ 부모가 죽어서 통곡하는 꿈

정신적·물질적인 유산을 물려받게 되거나, 작품이나 사업 등이 성취된다. 그러나 사실적인 꿈인 경우에는 실제로 실현될 수도 있다.

⑭ 죽은 조상이 꿈속에서 또다시 죽는 꿈

과거에 한번 성취되었던 일이 다시 성취된다.

⑮ 죽은 사람(동물)이 되살아나는 것을 보는 꿈

자기가 성취했다고 생각하는 일이 수포로 돌아간다. 예를 들어 자신의 애완동물이 죽었다가 되살아나는 꿈을 꾼 저자는 어느 기관에 제출했던 글이나 작품이 되돌아오는 일로 실현되었다.

⑯ 사람들과 가축 기타의 동물이 많아 죽은 것을 보는 꿈

그 죽은 사람 또는 동물로 상징되는 많은 사람과 일거리가 자기의 뜻대로 협조해주거나 일이 성사됨을 뜻한다. 많은 소들이 죽어 있는 것을 보는 꿈으로 복권에 당첨된 사례가 있다.

⑰ 수많은 사람을 죽였거나 저절로 죽어 있는 것을 보는 꿈

그 죽은 자의 수효만큼 그들이 자기의 뜻에 절대로 복종해 준다. 길가에 죽어 있는 수많은 시체를 보는 꿈으로, 영화가 대박 난 사례가 있다.

⑱ 이미 죽은 조상이 나타나 경고나 예언을 하는 꿈

꿈의 상징 기법의 하나로써 또 하나의 자아가 조상으로 분장 출현해서 자기에게 경고나 예언을 하는 것이다. 예를 들어, 돌아가신 부모가 산소 자리가 좋지 않다고 불만을 표시하는 꿈에서 실제 영령(英靈)이 아니라 꿈꾼 사람의 또 하나의 자

아가 부모로 분장 출현하여 일러주고 있다. 현실에서는 부모로 상징된 회사 사장
이나 윗사람이 무덤으로 상징된 어떠한 성취물이나 대상에 문제가 있게 됨을 예
지해주고 있는 경우도 있다.

⑲ 적이 쏜 총에 맞아 죽는 꿈

새로운 탄생으로, 어떠한 성취나 관련이 맺어짐을 꿈속에서는 총에 맞아 죽는
것으로 나타내고 있다. 또한 신체의 내·외부의 이상(異常)을 알려주는 예지적인
꿈은 총을 맞은 부위에 어떠한 신체적 이상이 생기는 현실로 나타나기도 한다.

⑳ 자식이나 조카가 죽었는데 슬퍼하지 않은 꿈

죽은 자식이나 조카의 시체로 표상된 대상이 실제의 사람이 아닌, 자기가 애
착을 가지고 성취한 어떤 종류의 일거리나 저작물을 상징하고 있다. 그것에 대한
기쁘거나 불만스러운 감정이 생기지 않았음을 뜻한다.

㉑ 친정어머니가 돌아가셔서 엉엉 우는 꿈

친정어머니가 돌아가셨다는 말을 듣고 엉엉 우는 꿈은 미래투시적인 사실적
인 꿈에 있어서는 현실에서 그대로 실현될 수도 있겠으나, 실제로 죽음에 관한
다른 꿈 사례를 살펴볼 때, 이렇게 직설적으로 표현되는 경우는 거의 없다. 일반
적인 상징에서는 친정어머니로 표상되는 일거리나 작품 등을 나타내고 있으며,
죽는다는 것은 새롭게 태어나는 부활의 의미를 지니고 있기에 자신이 성취하고
자 하는 소중한 일이 성사되었다는 소식을 듣고 크게 만족하고 소문낼 일이 있게
된다. 예를 들어, 신춘문예 당선이라든지, 어떠한 일의 성취가 있게 될 때 이와 같
은 꿈을 꿀 수도 있다.

(3) 죽는 꿈에 대한 실증적 사례

① 로또(복권) 당첨 사례

죽는 꿈은 새로운 탄생을 뜻하기에 현재 상황에서 새롭게 태어나는 계기가 되
는 로또(복권) 당첨으로 실현된 사례가 상당수 있다.

전복된 차위에 승용차 두 대가 덮치는 꿈, 헬기를 타다 죽는 꿈, 자신의 이마
에 총 한 방 맞은 꿈, 총에 맞아 가슴에 구멍이 뻥 뚫린 꿈, 불에 타 죽는 꿈, 암에
걸려 피를 토하며 죽는 꿈, 자기가 죽어서 온 집안이 통곡을 하는 꿈 등이 있다.

② 행동 표상 — 행동에 관한 꿈, 생각하고 느끼는 꿈

자세한 것은 앞서 살펴본 Ⅱ장의 실증사례의 로또(복권) 당첨 사례(죽는 꿈)를 참고하시기 바란다.

② 물고기에게 잡혀 죽임을 당한 꿈 → 새로운 인생길을 걷게 되다.

내 일생을 통해 가장 큰 위기와 시련을 겪은 일이 있었다. 일제 말기의 학도병 사건이었다. '일본 군대로 끌려가 생명을 잃다니?' 하는 생각을 해보라. 그렇게 가슴 아프고 답답한 일이 또 어디 있겠는가? 이런 문제를 놓고 고민할 즈음이었다. 어떤 날 밤의 꿈이었다.

내가 넓은 바닷가 바위 밑에 앉아 낚시질을 하고 있었다(생시에는 없는 일이었다). 드리운 낚싯대 끝이 흔들거리기 시작하더니, 큰 물고기가 걸려 나왔다. 물고기는 붕어 모양을 하고 있었는데, 그 크기는 고래와 같았다. 질겁을 한 나는 도망을 치려 했으나, 순식간에 그 물고기의 밥이 되고 말았다.

꿈에서 깨고 보니 가슴이 들먹였고 호흡을 가쁘게 쉬고 있었다. 너무나 순식간의 일이었다. 이런 꿈을 꾼 뒤 오랜 세월이 흘렀다. 생명의 위기를 벗어날 꿈이었던가 싶었다. 그때 나는 운명적으로 학도병을 피했고, 그 당시의 위기를 다행히 벗어날 수가 있었다.---학도병을 피할 꿈 / 연세대 교수 김형석

③ 물에 빠져 죽은 조카의 머리만 건졌던 꿈 → 주식투자를 하여 큰 이익을 냄

한 부인의 꿈에 연못에 조카가 빠져 큰일 났다고 막대기로 휘저어 올려 낸 것이 몸뚱이는 없고 머리만 남아 있어 대성통곡을 하였다.

이 꿈은 주식 투자에서 최고 액수(머리)를 얻을 것을 예지한 꿈으로 대성통곡한 것이 크게 기쁨을 만끽할 수가 있었던 일이다. 여기서 대성통곡이란 널리 알리고 크게 소문낼 것이 있음을 나타내고 있다.

④ 총을 맞고 죽는 꿈 → 새로운 인생길을 가게 됨

필자의 꿈 사례이다. 16년 전 어느 날 꿈속에서 누군가로부터 총을 맞고 죽는 꿈을 꾸었다.

자신이 죽는 꿈은 현재 처한 상황의 낡은 껍질을 벗고 새롭게 태어난다는 것을 예지해주고 있다. 즉, 총을 맞아 죽는 꿈으로, 현재의 자신은 사라지고 새로운 자신이 태어남을 상징적으로 보여주고 있다.

이는 필자의 첫 저서인 『파자이야기』의 출간을 한 달 앞두고 꾸어진 꿈으로, 이러한 사실은 필자가 그 이후로 평범한 고교 국어교사에서, 한문학 박사, 12권

의 저서 출간, 언론매체 및 인터넷 사이트의 활동 등의 일로 새로운 인생의 길을 걸어가고 있는 것으로 실현되고 있음을 볼 때, 꿈의 미래 예지력은 놀라울 정도로 정확하다는 것을 보여 주고 있다.

⑤ 남편이 죽었다는 꿈 → 국회의원 당선 예지

노회찬 전(前) 국회의원과 친분이 있었던 다른 국회의원의 부인은 총선 전에 '노회찬 의원이 죽는 꿈'을 꾸었다. 이처럼 정신능력의 활동이 활발한 사람은 꿈꾸는 예지능력이 탁월하여, 주변 사람에게 일어날 일을 대신 꿈꿔줄 수가 있다. 꿈의 실현은 노회찬 의원이 2004년 국회의원에 당선되는 것을 죽는 꿈으로 예지하고 있는바, 죽는 꿈의 상징적 의미는 새로운 탄생으로 새로운 인생길이 열리게 됨을 예지해주고 있다.

이 밖에도 교통사고가 나서 안락사하는 꿈으로 직장에서 우수한 근무 성적을 받게 된 사례가 있다.

⑥ 서태지가 죽은 꿈 → 급작스러운 은퇴 선언

오래전의 꿈 사례이다.

> 저는 가수 서태지를 무척 좋아합니다. 어느 날 제가 꿈을 꾸었는데, 어느 날 아침에 갑자기 서태지가 죽었다고 신문·잡지·TV 등에 모두 나오는 것이었습니다. 꿈을 꿀 때는 왜 죽었는지 생생했었는데, 깨고 나니까 잘 모르겠더라고요. 그런데 제가 그 꿈을 꾸고 보름 정도 후에 서태지가 은퇴를 했어요. 은퇴선언 때 저는 막 울었어요. 지금 생각해 보면, 그 꿈이 아마 서태지가 은퇴해서 새로운 삶을 산다는 것을 예언했었나 봐요.

⑦ 촬영하다가 떨어져 죽는 꿈 → 승진하다.

2012년 12월 20일 방송된 MBC 「황금어장-무릎팍도사」에서, 유세윤은 "박정규 PD가 높은 빌딩에서 찍다가 떨어져 죽는 꿈을 꾸었다"며, "차마 말을 못했는데, 그 후에 박 PD의 승진 소식을 들었다"고 밝히고 있다.

⑧ 자기 몸에 석유를 붓고 불을 지른 꿈 → 새롭게 사업을 시작하게 됨

선경그룹의 창업자에 대한 인생 이야기를 써 놓은 책인 [실록소설 최종건]에 나오는 이야기이다. 최종건 회장이 수원에서 코오롱 그룹의 모체가 된 방직사업을 시작하려 할 때의 이야기다. 그가 한참 돈이 없어 어려워하고 있을 때, 하루는 낮잠을 자다가 꿈을 꾸었다.

아버지가 사업자금을 대주지 않는다고, 그는 자기 몸에 스스로 석유를 붓고

불을 질러 타다가 뜨거워서 놀란 꿈이었다. 그러고는 잠에서 깨어났는데, 그동안 돈을 못 대주겠다던 부친이 돈을 대주어서 사업을 시작할 수 있었다는 것이다.--- 김하원, 『개꿈은 없다』

⑨ 돌아가신 아버님이 되살아나셔서 아프다고 하는 꿈 → 완전한 일의 마무리가 안 되다.

　　실제로 아버지가 돌아가시고 얼마 뒤 꾼 꿈입니다. 병실에 누워계신 아버지가 돌아가셨습니다. 그런데 잠시 후 되살아나셔서 아프다고 하셨습니다. 당시 갑작스레 돌아가신 아버지의 임종으로 몇 가지 문제가 있어 사망신고를 늦추고 있었어요. 그런데 사망신고를 한 서류가 필요한 부분도 있었습니다.

꿈의 실현은 사망 처리가 되어 보험금이 나오기로 한 보험회사로부터 재적등본(사망신고를 해야만 나오는 서류)이 필요하다는 전화를 받는 일로 이루어졌다. 꿈에서 돌아가신 아버지는 보험처리가 마무리 되는 것을 상징하였으며, 다시 살아난 것은 서류미비로 보험회사의 보험금이 지급되지 않음을, 아프다는 것은 문제가 발생하여 사망에 따르는 서류를 보완하는 일로 실현되고 있다.

⑩ 살아계시다가 마침내 돌아가신 꿈 → 일의 성취를 이루다.

　　꿈 내용은 집에 들어갔는데 친척들이 있었고, 아버지가 돌아가신 듯 누워계셨던 꿈이었었지요. 조금 움직이는 모습이 있어서 아직 안 돌아가셨다고 제가 삼촌께 말씀드렸고, 삼촌이 잔상이 남아서 그런 거라 그러셨고, 그리고 조금 있다가 완전히 돌아가신 그런 꿈이었습니다.

　　꿈을 깨면서 펑펑 울어, 꿈을 너무 공감을 하였지요. 그동안 아버지께서 계시던 직장에서 건강도 안 좋으시고 하셔서, 퇴직하시려고 하셨답니다. 사장님께서 완전히 그만두지는 말고 가끔은 나오라고 하셔서, 일주일에 한두 번 정도 가고 어느 정도의 급여를 받으셨다고 합니다. 완전히 그만둔 것도 아니고, 안 그만둔 것도 아니고, 그런 상황이었지요. 그리고 실은 사장님이 다른 일을 계획하시고 계셨던 것이 있었는데, 올해가 되면 일을 추진하는 과정에서 아버지께서 동참하기로 하셨고, 그래서 그때를 대비해서 더 쉬시려고 했었다고 하십니다. 꿈에 아버지가 돌아가셨는데, 안 돌아가신 듯했던 것이 가끔 회사를 나가는 상황이시고, 완전히 돌아가시는 것은 올해 다시 계획하시는 일을 하시게 되는 것이 아닐까 싶습니다. 좋은 결과가 있기를 바랄 뿐입니다.(독자: 김민신)

⑪ 3년 후 촛불이 꺼지면 죽는다는 꿈 → 실제 남편의 죽음으로 실현

　　"허리도 구부정하고 머리가 하얗게 센 어떤 할머니가 우리 집 화단에 쪼그리고 앉아

있었습니다. 그리고 그 화단 옆에는 담이 하나 있는데, 그 위에는 다 꺼져가는 촛불이 있었습니다. 그 할머니는 지나가는 어느 한 사람을 가리키며, 저에게 이런 말을 했습니다. "3년 후 이 촛불이 꺼지면 저 사람은 죽는다."라고 해서, 저는 "저 사람이 누굽니까?" 하고 물어보았지만, 할머니는 대답이 없었습니다. 꿈에서 깨어나, 저는 그 꿈이 너무나 무섭게 느껴졌고 한동안 그 꿈을 잊을 수 없었습니다."

그 꿈을 까마득히 잊고 있던 몇 년 후, 어느 날인가 남편이 아프기 시작했습니다. 그리고 남편이 이런 꿈이야기를 한 적이 있었습니다. 꿈에 고향 산소에 갔는데, 산에 음식들이 잔뜩 널려있고 많은 사람들이 울고 있었다고, 그래서 남편은 그 음식들을 집으로 가져와 먹었다는 것이었습니다. 그로부터 한 달쯤 후에 남편은 그 꿈과 딱 들어맞게도 고향 산소에 묻히게 되었습니다. 그제야 저는 몇 년 전의 꿈이 떠올랐습니다. 그 꿈을 꾸었던 연도를 생각해보니, 신기하게도 남편이 죽은 해가 바로 그 꿈을 꾼 지 3년이 되는 해였습니다.

여기에서는 새로운 탄생이나 부활의 일반적인 죽음의 상징적 의미가 아닌, 장차 그대로 실현되는 죽음에 대한 계시적인 꿈 사례이다. 처한 상황과 꿈이 어떻게 전개되느냐에 달려 있다고 하겠다.

⑫ 목이 잘려 죽는 꿈(외국의 사례) → 새로운 탄생

어떤 사람이 레슬링 선수인 자기 아들을 올림피아로 데리고 갔는데, 꿈에 판관들에게 목이 잘려 경기장에 매장되었다. 아들은 당연히 올림피아 챔피언이 되었다.(글: 아르테미도로스)

⑬ "죽을까 두려워 말라, 그러나 살 수는 없다"는 꿈(외국의 사례) → 장님이 되다.

어떤 사람이 꿈에 이런 말을 들었다. "죽을까 두려워 말라. 그러나 그대는 살 수 없다!" 그는 장님이 되었는데, 이러한 실현은 정확하고 당연했다. 그는 살아있으므로 죽지 않았던 것이고, 빛을 볼 수 없으므로 살아 있는 것이 아니었다.(글: 아르테미도로스, 『꿈의 열쇠』)

(4) 죽는 꿈의 상담사례

① 포로가 되어 불에 타 죽는 꿈 → 계획하던 일이 성사된다.

내가 포로가 되어 일렬로 섰다. 죽일 사람을 가려내는 중 땅속을 파고 그 속에 들어가라고 하기에 화약을 입에 물고 들어가 고개를 숙였다. 그들이 불을 붙이는 바람에 혹하는 감각을 느끼며 결국 불에 타 죽었다.(회사원의 꿈)

사람들은 죽이고 죽는 꿈을 꾸는 것만큼 불쾌하고 불안해하는 일도 드물다. 남이 죽는 데 대해서는 큰 불안을 느끼지 않지만, 자기가 죽는 꿈을 꾸고 나서는 혹시나 하는 불쾌감을 씻을 길이 없다. 하지만 꿈에서는 죽이고 죽는 결단을 내야 하는데, 이런 꿈은 대길몽으로 사업가는 새로운 사업이 이룩되고, 진급 대상자는 진급이, 문필가는 자기 작품이 지상에 발표된다.

이 꿈에서는 자기가 죽은 것은 실제로 죽는 것이 아니라, 자기가 생명처럼 아끼고 열정을 다하는 자기의 일거리가 성취됨을 뜻한다. 지금 어떤 일을 계획하고 있으며, 절실한 문제가 무엇인지도, 후일 생겨날 일이 무엇인지는 모르나, 포로가 되는 것은 어떤 기관에 제출한 일거리가 심한 과정을 거칠 일이거나, 이 중에서 살리는 사람은 채택되지 않지만 죽이는 사람을 채택됨을 뜻한다.

땅속을 파고드는 것은 그 사업 기반의 일각을 차지하는 것이요. 화약을 입에 문 것은 크게 세상에 소문내고 과시한 근원을 가지고 있는데, 여기에다 당국이 불을 붙였으니 일은 결판이 나고 만다. 이때에 고개 숙인 것은 당국의 처분을 기다리는 행위이고, 화약이 폭발해서 타 죽었으니 그 일거리는 그 기관에서 완전히 소화시켰다. 혹하는 감각은 그 일로 인해서 크게 만족할 것인데, 크게 폭음이 났다면 크게 소문날 것이다.(글: 한건덕)

죽임을 당한 사람이 새로운 탄생의 길을 걷게 될 것을 예지해주는 꿈이다. 포로가 된 것은 어떠한 일들에 있어 1차적인 선발대상에 들은 것이고, 죽임을 당하는 것이야말로 최종선택으로 새롭게 태어나는 것을 뜻한다. 자신이 현재 처한 상황을 함께 알려 주었다면, 보다 올바른 해몽을 할 수가 있었을 것이다.

② 제 딸이 자동차 사고로 죽는 꿈

저는 38세의 주부입니다. 어젯밤 꿈에 제 딸이 자동차 사고로 죽는 꿈을 꾸었습니다. 상황이 너무 선명하게 그려지고 잊을 수가 없어서, 그리고 불안하기도 하여 하루 종일 불안해하다가 이 글을 올립니다. 도대체 무슨 의미인지 꼭 해몽을 부탁드립니다.

죄송합니다. 생생하게 현실적으로 전개되는 꿈이라면, 앞으로 일어날 일을 그대로 보여주는 사실적인 미래 예지 꿈으로써 가까운 장래에 실제로 그 일이 일어날지 모릅니다. 이 경우의 꿈은 현실에서의 실현을 막아낼 수도 있습니다. 즉 교통사고의 위험을 벗어나게 할 수도 있습니다. 꿈속에 전개된 상황에 이르지 않고, 그러한 상황에서 다른 선택을 하게 한다면, 그러한 위험에서 벗어날 수도 있고요.

황당하게 전개되는 상징적인 의미의 꿈이라면 아주 좋습니다. 죽음의 상징적인 의미는 현재의 낡은 껍질을 벗고 새롭게 태어나는 탄생을 뜻합니다. 현재의 상황에서 벗어나 새로운 상황이나 변화의 길을 걷게 될 것입니다. 보통 어떠한 수련원 입소나 유학을 앞둔 경우에 이러한 꿈을 꿀 수가 있습니다. 다만, 이 경우 실제의 딸에게 실현될 수도 있지만, 딸로 표상된 딸 같은 존재의 아직 미숙한 어떤 사람이나 대상·사업·일거리가 될 수도 있습니다. 이러한 상징적인 미래 예지 꿈의 실현은 반드시 이루어지며, 그 꿈의 실현을 피할 수 없을 것입니다.

③ 총을 맞아 죽는 꿈

제 친구의 부회장은 총을 맞아서 죽는 꿈을 꿨대요. 대체 이 꿈은 어떤 꿈인가요? 또 어떤 일이 벌어질까요? 정말 궁금해요.

반가운 꿈이야기이네요. 필자가 오래전에 꾼 꿈과 같네요. 아주 길몽이죠, 죽음은 낡은 껍질을 벗고 새롭게 태어나는 최대의 길몽 중 하나입니다. 죽음, 죽다, 총을 사이트에서 검색해서 특히 실증적인 사례를 읽으면서 처한 상황에 맞추어 견주어 보세요.

또한 요즘 사람들의 꿈 사례 부분의 사례를 읽어보시고요. 아마 새로운 상황으로 나아가는 일이 일어날 것입니다. 이런 꿈은 상징적인 미래 예지 꿈으로 100% 실현되며, 반드시 이루어지는 특징이 있지요. 수험생이라면 합격, 기타 자신이 신변에 운명의 길을 바꾸는 아주 좋은 일이 일어나는 --- 나중에 꿈의 실현 결과를 올려주세요. 이러한 꿈의 실현은 몇 년, 몇십 년을 두고 진행되기도 하지요. 일반적으로 자신이 죽는 꿈은 길몽에 속합니다. 필자의 경우 총을 맞고 죽는 꿈을 꾼 후, 12권의 저서 출간, 대학원 박사 학위 취득 등 새롭게 태어난 인생길을 걸어가고 있고요.

④ 본인이 사망하고, 자기 영혼이 장례를 준비하는 꿈(65세 여자임)

죽음을 검색해 죽음의 상징적 의미를 읽어보시고요. 단순하게 보자면, 자신의 죽음을 예지한 꿈이 되지요. 하지만 사실적인 미래투시의 꿈에서 자신의 죽음을 직접 보여주지는 않습니다. 꿈은 그렇게 직설적으로 보여줄 정도로 어리석은 표현을 하지는 않습니다. 직설적으로 보여준다면, 불안과 공포로 어떻게 삶을 살아갈 수 있을까요?

죽음의 상징적인 의미는 부활이지요. 낡은 껍질을 벗고 새롭게 태어나는 아마도 어떠한 변화가 일어날 것입니다. 처한 상황에 따라 새로운 어떤 일을 시작하게 되든지, 무언가 새로운 상황에 처하게 되는 것을 준비하게 될 것 같네요. 시체, 장례 등 다양한 검색을 통해 여러 실증적인 사례를 읽어보시고, 처한 상황에 맞추어 어떤 일이 일어날 것인지 추정해보시기 바랍니다. 상징적인 의미에서 죽음과 장례는 아주 좋습니다.

⑤ 자신이 죽을지도 모른다는 꿈

　　전 고등학교를 졸업한 지 2년이 지났는데, 꿈에선 교복을 입고 고등학교에 있었어요. 그런데 갑자기 누군가가 교장실로 내려가 보라는 것이었어요. 내려가 보니 굉장히 넓은 방이었는데, 거기에 김대중 대통령이 저를 기다리고 있었습니다. 대통령은 절 가만히 부르시더니, 옆에 있던 부하들을 다 나가라고 해놓고는 저에게 굉장히 중대한 일을 의논했습니다. 그것이 어떤 일인지는 모르나, 굉장히 비밀스럽고 중대한 일인 것 같은 느낌이 들었습니다. 그리고는 저에게 바늘과 실이 든 예쁜 주머니를 주는 것이었습니다. 저는 그것을 받아들고 다시 교실로 돌아오면서 이런 생각을 했어요. 아, 나는 이 일을 하다가 죽을지도 모른다. 그래도 해야 한다. 왜 하필 나일까? 마음이 굉장히 무거웠어요. 꿈속에서요.

처한 상황을 이야기했다면 더 좋았고요. 대통령을 검색하시고요. 일반적인 상황으로 전개될 시에 좋은 꿈으로 보입니다. 대통령으로 표상된 웃어른(관청이나 기관의 장)에게 어떠한 부탁을 받게 될지 모릅니다. 보통 귀인이 등장하는 꿈은 좋은 일로 실현되지요.

또한 앞으로 전개될 일들은 꿈속의 상황대로 비밀스럽고 중대한 일이 될 것입니다. 죽을지도 모른다는 죽음의 상징적 의미는 낡은 껍질을 벗고 새로운 세계로 나아가는 것을 뜻합니다. 즉 새로운 길을 걸어가게 된다는 것이지요. 바늘과 실을 받은 표상도 틀림없이 현실과 관련지어 일어날 것입니다. 무엇이라고 단정 지어 말할 수는 없지만, 예를 들자면, 말도 안 되는 이야기이지만, 높은 자리에 있는 사람으로부터 비밀스러운 제의를 받게 될지도 모릅니다. 돈이나 기타 달콤한 제의를 하겠지요. 그러한 제의에 고민하는 자신을 보게 될지 모릅니다. 죄송합니다. 제 느낌을 그대로 적었고요.

⑥ 강아지가 큰 개에게 물려 죽는 꿈

> 우리 집 강아지가 애완견에게 물려서 허리가 부러졌습니다. 그래서 죽었습니다.

강아지를 무척 좋아하시나 보죠. 꿈속에서의 전개가 황당하지 않고 실제 현실에서 일어날 수 있는 상황으로 전개된 사실적인 미래투시의 꿈이라면 실제 가까운 장래에 꿈속에서 본 그대로의 일이 일어나게 될 것입니다. 이 경우, 꿈의 전개상 그리 멀지 않은 2~3일 뒤의 가까운 시일 내에 일어날 것이고요.

그러나 상징적인 미래 예지 꿈의 경우에는 강아지로 표상된 자신이 아끼는 귀여운 대상이나 사람 등이 애완견으로 표상된 어떤 횡포한 사람이나 세력·대상에 시달림을 받게 되거나, 굴복·종속당하게 될 것을 예지하는 꿈이지요.

⑦ 버스가 굴러 사람들이 죽는 꿈

사임당 교육원에 입소한 학생의 꿈이다. 지난밤 꿈에 버스가 굴러 버스에 탄 학생들이 죽는 꿈을 꾸었다고 했다. 이 경우 여러 가지로 볼 수 있다.

첫째는 '교통사고가 나면 어떡하지' 등의 불안한 마음에서 이러한 꿈도 가능하다.

둘째는, 사실적인 미래투시의 꿈으로 실제 현실에서 일어나게 될 일을 꿈으로 예지하는 경우이다. 이 경우 현실에서는 실제 교통사고가 일어나게 된다. 이 경우의 꿈은 황당하지 않으면서, 실감 나는 장면묘사와 전개가 뒷받침되어야 한다.

셋째는, 황당하게 전개된 상징적인 미래 예지 꿈으로, 버스에 탄 학생들이 죽는 표상은 수련회 입소 등을 통해 낡은 껍질을 벗고 새롭게 태어남을 상징적으로 예지해주고 있는 경우이다. 여담이지만, 교통사고는 일어나지 않았다. 따라서 버스가 굴러서 학생들이 죽는 꿈의 실현은 학생들의 새로운 탄생·변신을 상징적으로 표현한 꿈으로 보아야 할 것 같다.

⑧ 권총으로 자살하는 꿈

> 내가 어떤 방에 들어갔는데, 누구랑 같이 있었어요. 꽤 친한 사람 같았는데, 둘이 자살하기로 한 것입니다. 내가 왼손으로 권총을 들고 왼쪽 머리에 대었지요. 제 친구는 제 머리 오른쪽에 그 친구 머리를 대었어요.(왜냐고요? 뚫고 나온 총알이 그 친구 머리까지 뚫을 것이라 생각하고……) 그리고 방아쇠를 당겼지요. 저는 속으로 고통이 없이 죽기를 바랐어요. 역시 머리에 약간의 통증을 느끼면서 꿈에서 깨었지요. 하도 기가 막힌 꿈이라 꿈의 의미가 궁금하네요.

상징적으로 아주 좋은 꿈이네요. 사이트에서 죽음을 검색하여 상징적 의미를 알아두시고, 특히 여러 사례를 읽어보시기 바랍니다. 자살도 검색하고요. 상징적인 미래 예지 꿈으로 죽음은 낡은 껍질을 벗고 새롭게 태어나는 길몽이지요. 자살의 상징적 의미 그대로 자신의 힘으로 새로운 변화, 탄생의 길로 나아가게 될 것입니다. 친구로 표상된 다른 어떤 인물과 새로운 시작이 있을 것입니다. 가까운 장래에 어떠한 사업을 동업으로 시작하는 일이 일어날지 모릅니다. 보다 올바른 해몽은 자신의 처한 상황을 알아야 가능합니다. 다만, 이 꿈이 상징적인 미래 예지 꿈이 아닌, 현재 새로운 상황으로 나아가고 싶은 자신의 억눌린 심리를 표출하는 꿈으로 볼 수도 있습니다. 그 구별은 본인 스스로 더 잘 알 수 있고요.

⑨ 아는 사모님이 죽는 꿈

전에 다니던 회사의 사모님이 죽는 꿈을 꿨는데, 글쎄 거기 아직도 다니는 친구의 꿈에도 똑같은 꿈을 꿨다고 합니다. 무슨 꿈이죠?

두 가지이군요. 첫째는 사실적인 미래투시의 꿈으로 현실에서 꿈에서 본대로 실제로 사모님이 죽는 일이 일어날 것을 예지해준 꿈으로 볼 수 있고요. 다른 친구도 그러한 꿈을 꾼 것으로 그럴 가능성도 높습니다. 단, 이 경우 꿈속의 전개가 황당하지 않고, 눈앞에서 펼쳐지듯이 사실적으로 전개된 경우입니다. 필자의 동생 꿈이야기이지만, 꿈속에서 사람이 죽었다는 이야기를 듣는 꿈을 꾼 후, 그 다음 날 회사의 청소부 아주머니가 사고로 급사했지요. 이렇게 꿈은 남의 일에 대해서 예지하기도 합니다.

둘째로, 황당하게 전개된 상징적인 미래 예지 꿈의 입장에서 살펴본다면, 실제의 사모님이거나 사모님으로 상징된 어떠한 인물이 새로운 상황이나 변화로 나아가는 일이 일어날 것을 예지해주는 꿈으로 보아야 할 것입니다. 죽음의 상징적인 의미는 새로운 탄생, 변화로 나아감을 뜻합니다. 자세한 것은 사이트에서 죽음, 죽다를 검색해서 사례를 읽어보시기 바랍니다.

⑩ 돌아가신 부친께서 다시 돌아가신 꿈

저는 32세, 주부이고요, 아버님은 11년 전에 돌아가셨는데, 꿈에서는 제 아버님의 부고를 듣고 장례식장에 가다가 친구를 만나고, 빙판길을 돌아가다 잠에서 깼습니다. 현재 남편은 사업이 어려운 가운데 있습니다. 이 꿈은 어떻게 받아들여야 할까요?

혹 사실적인 요소가 있어 주변에 나이 드신 누군가의 부고를 받는다면, 그것으로 실현되었다고 보아도 무방하겠지요. 상징적인 미래 예지 꿈으로, 돌아가신 아버님은 아버님이 아니라 아버지로 표상된 어떠한 사업이나 웃어른을 뜻하고 있지요. 이미 이루어진 것이 다시 이루어지는--. 이미 돌아가신 아버지로 표상된 오래되었거나, 경력이 많은 어떠한 사업이나 일거리·대상이 어떤 새로운 변화의 세계로 나아가는 일로 실현될 것입니다. 아마도 남편의 사업과 관련지어 일어날 가능성이 높고요. 상징적인 미래 예지 꿈의 입장에서 본다면, 새로운 변화가 이루어지는 좋은 일로 실현될 것입니다.

(5) 죽는 꿈에 대한 민속 해몽

– 꿈에 사람이 죽는 것을 보면 재수가 좋다.
– 꿈에 사람이 죽으면 그 사람이 죽기를 바라는 것이다
– 꿈에 자기 자식이 죽으면 경사가 있다.
– 꿈에 자기의 부모나 자식이 죽으면 대길하다.
– 꿈에 총을 맞으면 재수가 좋다.
– 칼로 자살해 보이는 꿈은 재물을 얻는다.

≪죽이는 꿈≫

(1) 죽이는 꿈에 대하여

꿈해몽은 상징의 이해에 있다. 꿈해몽은 꿈의 언어인 상징으로 풀이해야 한다. 사람이나 동물을 죽이는 행위는 현실에서는 금기시되고 있는 것이지만, 꿈의 언어인 상징적인 의미에서는 상대방에 대한 정복과 제압, 복종시킴을 상징하고 있다. 예를 들어 남편이 아내를 죽이는 꿈을 꾸었을 경우, 현실에서는 실제의 아내이거나 아내로 상징된 어떤 일거리나 대상이 남편의 뜻대로 따르게 되는 일로 이루어지고 있다. 호랑이를 죽이는 꿈이라면, 호랑이로 표상된 어떤 사람이나 대상을 굴복시켜 자신의 뜻대로 이루어질 것을 예지하는 것이다. 한편 동물을 죽이는 꿈은 태몽인 경우, 유산되거나 유산시키는 일로 실현된다.

이러한 꿈의 상징 언어는 일상의 관습적인 언어의 사용과도 일맥상통하고 있다. "너 옷 벗고 싶어"는 "너 직장에서 잘리고 싶냐."라는 의미로 쓰이고 있듯이, 꿈속에서 옷을 잃어버리는 꿈을 꾸게 되면, 현실에서는 실직하는 일로 이루어지

고 있다. 마찬가지로, 일상의 관습적인 언어에서 "너 죽을래." "죽여 버릴 거야."라는 의미는 실제로 죽인다기보다는 복종과 굴복을 강요하는 관습적 언어의 상징으로 쓰이고 있음을 알 수 있다.

한편 죽이는 대상의 상징이 무엇인가에 따라 사건·사고의 예지로도 실현되고 있다. 자세한 것은 실증사례에서 살펴보기로 한다.

(2) 죽이는 꿈 해몽 요약

짐승이나 사람을 죽이는 꿈은 각각으로 표상되는 사업·일·사람 등을 제압·굴복·복종시키고, 자신의 뜻대로 따를 수 있는 심복으로 만든다는 의미를 지닌다.

① 상대방을 죽이거나 해치는 꿈

상대방을 짓밟고 해치면, 어떤 세력을 억압하거나 항복 받을 일이 생긴다. 상대방이 어떤 일을 표상하는 경우에, 그 일을 마음껏 처리할 수 있게 된다.

② 사람·짐승·곤충 등을 죽이는 꿈

그 동물로 표상된 사람이나 대상을 제압하고 굴복시켜 자신의 뜻대로 따를 수 있는 심복으로 만들거나, 벅찬 일거리나 사건 등이 완전히 성취됨을 암시한다. 다만, 태몽 표상인 경우에서는 유산시키거나 요절하는 일로 실현된다.

③ 사람 또는 동물을 죽이고 양심에 가책을 받아 두렵거나 불안해하는 꿈

어떤 일을 성취하더라도, 뒤처리를 할 수 없거나 불안한 일을 체험한다.

④ 무고한 사람을 죽이는 꿈

어떠한 일거리 진행에 있어, 심적 갈등이나 불안감 없이 쉽게 일이 성취된다.

⑤ 사람이나 동물을 잔인하게 죽이는 꿈

현실에서 일처리에 냉정하면서 신속하게 처리하거나 성취함을 뜻한다.

⑥ 자기가 살인자가 되어 법정에서 정당방위를 주장하는 꿈

사실적인 미래투시의 꿈인 경우에는 실제 그러한 일이 일어나며, 상징적인 미래 예지 꿈의 경우 어떤 어려운 일을 성취하고(살인), 그 일의 경과 지사를 관계자들에게 진술하면서 합리적으로 일을 진행했다는 것을 주장할 일이 있게 된다.

⑦ 벌·파리·모기 및 기타 해충을 죽이는 꿈

개인 또는 집단으로 저항을 하는 방해자들을 제압 굴복시키는 일로 이루어지

며, 귀찮은 일거리나 대상을 시원스럽게 정리·해결하게 되어, 근심·걱정이 해소되는 일로 실현된다. 또한 환자의 경우 벌레를 죽이는 꿈은 질병에서 회복되는 일로 실현된다. 그러나 태몽 표상에서는 유산 등으로 실현된다.

⑧ 한 칼로 두 사람을 동시에 죽이는 꿈

하나의 방법에 의해서, 두 가지 일이 성사되는 일로 실현된다.

⑨ 자기가 탄 차가 사람을 치어 죽이는 꿈

자기 사업체나 단체, 협조자가 과학적인 방법으로 일을 성사하게 된다. 사실적인 미래투시의 꿈인 경우, 실제 그러한 일이 일어나게 되니, 주의를 요한다.

⑩ 자기를 해치려는 적을 죽이는 꿈

자신에게 적대적인 인물을 제압하여 굴복시키게 되며, 일거리나 대상의 상징인 경우에 방해되는 여건이나 힘든 일을 무난히 성취할 수 있게 된다.

⑪ 적병을 차례로 총살하는 꿈

반대 의견을 지닌 사람들을 하나둘 설득해나가는 일로 이루어지며, 일거리·대상의 상징인 경우에는 계획한 일이나 목표한 일 가운데에서 방해되는 여건을 하나씩 극복해나가는 일로 실현된다.

⑫ 적병 중의 마지막 한 사람을 죽이지 못하는 꿈

반대하는 사람을 대부분 설득시켰으나, 어떤 한 사람이 반대의견을 끝까지 내며 끝내 설득시키지 못하는 일로 실현된다. 일거리·대상의 상징인 경우, 여러 계통을 거쳐 순조롭게 처리되다가 그중 한 가지 일이 난관에 부딪히게 되는 일로 실현된다.

⑬ 죽음 직전에서 살려 달라고 애원하는 적을 살려주는 꿈

자기에게 해를 끼친 사람을 용서하거나 연대 책임을 지게 된다. 일거리나 대상의 중단이나 미수(未遂)·불쾌, 재수 없는 일에 직면한다.

⑭ 상대방을 죽였는데 죽지 않고 되살아나는 꿈

어떠한 사람이 자신에게 굴복하지 않고 끝까지 반대나 저항을 하게 된다. 일거리나 대상의 상징인 경우, 사업이 성공적으로 마무리되지 않고 성취단계에서 애를 먹게 된다.

2 행동 표상─행동에 관한 꿈, 생각하고 느끼는 꿈

(3) 죽이는 꿈의 실증사례

사람이나 동물을 죽이는 꿈을 꾼 후에 재물의 획득이나, 성취·성공으로 이루어지고 있다.

① 중환자와 싸워 목을 눌러 죽여버린 꿈 → 성취를 이룸(복권 당첨)

전염성이 강한 중환자가 부득부득 방으로 들어오려고 해서, 결국 그의 목을 누르며 싸우다 목을 눌러 죽이는 꿈으로, 현실에서는 복권에 당첨되는 일로 실현되었다. 중환자는 상대하기에 벅찬 막강한 대상임을 상징하고 있으며, 꿈속에서 싸워서 이기고 마침내 죽여버렸기 때문에 가장 어려운 대상을 굴복시키고 뜻을 이루어 성취하게 될 것을 예지해주고 있다.

② 집안 어른을 칼로 찔러 죽인 꿈 → 윗사람 설득 성공

집안 어른 한 분이 아무 말씀도 하지 않고, 내 방 안에 들어와 그냥 앉아 계셨다. 나는 이렇다 할 이유도 없이 집안 어른께 고함을 지르다가, 군인들이 쓰는 단검을 손에 쥐고, 그 어른의 왼쪽 가슴을 깊이 찔렀다. 칼이 찔린 곳에서는 짙은 피가 흘러나왔고, 나는 '큰일을 저질렀구나.' 하고 생각하다, 당황한 마음으로 잠을 깨었다.---운몽

'집안 어른'의 상징적 의미는 집안으로 상징된 회사나 기관·단체에서 막중한 책임을 맡고 있는 윗분을 뜻하고 있다. 이러한 집안 어른을 죽인다는 꿈은 현실에서는 그로 상징된 인물을 굴복시키고 제압하여, 자신의 뜻대로 성취시키는 일로 실현될 가능성이 높다. 실제 현실에는 예산문제로 반대하는 교장 선생님을 설득하여, 전국체육대회에 참가하여 우승하는 일로 실현되었다.

③ 호랑이를 죽인 꿈 → 성취를 이루어 합격

대학 입시 결과 발표 하루 전날이었다. 내가 개 한 마리를 데리고 산으로 소풍을 나갔는데, 갑자기 호랑이를 만났다. 나는 잭나이프를 쥐고 호랑이와 격투를 하게 되었는데, 결국 내가 호랑이를 죽이고 말았다. 그리고 그 잭나이프로 벌렁 자빠져 있는 호랑이의 고환을 잘랐더니, 그 자리에서 피가 벌겋게 배어 나오고 있었다. 나는 통쾌한 기분으로 잠을 깨었다.(글: 운몽)

호랑이를 죽이는 꿈은 호랑이로 상징된 벅찬 상대나 일거리·대상을 제압·굴복·복종시키는 일로 실현되고 있는바, 현실에서는 자신이 간절히 바라던 대학의 1차 지망학과에 합격하는 일로 실현되고 있다.

④ 남편이 큰 구렁이(뱀)를 잡아 죽인 꿈 → 재물·이권의 획득

오래전, 1998년 필자 아내의 꿈이다. "꿈에 남편인 필자가, 등을 타고 오르던

커다란 알록달록한 뱀을 도끼로 네 토막을 내어 죽이고, 이어 아내인 자신이 뱀 가죽이 약에 좋다며, 따끔따끔 뱀 가죽에 찔리면서도(꿈속에서의 뱀은 가시 같은 것이 있었다고 함) 껍질을 벗기고 있는 또렷하고 생생한 꿈이었다."

뱀으로 상징된 이권이나 재물을 얻게 되는 좋은 꿈이다. 그 후에, 필자가 PC 통신 및 인터넷에 꿈해몽 정보를 제공하게 되는 일로 실현되었으며, 가시에 찔리면서 뱀 껍질을 벗기는 것처럼 번거로운 세금계산서를 작성하느라 애쓰게 되는 일로 실현되었다.

⑤ 멧돼지를 총으로 잡는 꿈 → 신문 연재에서 대박을 터뜨리다.

만화가 고우영 씨가 일간스포츠에 『임꺽정』을 연재하기 직전인 1971년도에 꾼 꿈이다. 마루에 서 있는데, 무지하게 큰 멧돼지가 자그마한 나무 대문을 부수고 집 안으로 쳐들어왔다. 멧돼지는 고씨를 노려봤고, 뒤쪽에선 그의 처자식이 부들부들 떨고 있었다. 그는 얼른 사냥총을 꺼내 멧돼지의 이마를 향해 쐈다. '쿵' 하는 소리를 내며 멧돼지는 땅바닥에 쓰러졌고, 네 발을 버둥거리고 있었다. 너무도 생생한 꿈이었다.

꿈의 실현은 일간스포츠에 연재한 『임꺽정』이 당대 최고의 화제작으로 떠올랐고, 그는 이때부터 부와 명예를 움켜쥘 기반을 쌓게 됐다.---요약 발췌, [장상용 기자의 만화가 열전] 스포츠 한국, 2003. 02. 05.

⑥ 언니를 가마솥에 삶아 먹는 꿈 → 언니가 대학 수학능력 시험을 잘 치름

언니가 시험 보기 전날, 나는 참으로 이상한 꿈을 꾸었다. 우리 집은 2층 양옥집인데, 꿈에서는 한옥이었다. 그 당시 나는 어린아이였고, 언니는 학교에 다니는 것 같았다. 아버지께서는 어딘가 너무 아프셔서 누워 계셨다. 그러던 어느 날 집으로 작은아버지께서 찾아오셨다. 작은아버지는 큰딸을 가마솥에 넣고 푹 고아서 그 살과 무언가를 먹으면 병이 낫는다고 하셨다. 그때 나는 너무 놀라 울면서 오빠에게 말을 했고, 조마조마해하며 언니를 기다렸다. 그런데 언니가 대문을 열고 뛰어들어옴과 동시에 어머니께서는 언니의 머리채를 잡고 부엌으로 들어갔다. 그리고 언니의 울음소리와 함께 언니는 가마솥 안으로 들어간 것이었다. 방 안에서 아버지는 주무시고, 작은아버지는 초조히 기다리시다가, 어머니께서 언니의 살을 썰어서 고추장과 같이 방안으로 가지고 가셨다. 아버지와 작은아버지께서는 그것을 드셨다.

이상한 꿈이라고 생각을 하고 언니의 시험결과를 기다리는데, 언니가 오늘 컨디션이

좋다면서 아주 시험을 잘 보았다고 했다. 그제야 꿈이야기를 가족들에게 했더니, 아버지께서 언니를 보고 "운수가 좋겠구나." 하셨다.

⑦ 아들이 다른 사람을 죽이는 꿈 → 시합에서 우승

　　태국 테니스 선수 '파라돈 스리차판'이 세계 제일의 미국 테니스선수 '안드레 아가시'를 물리치는 이변이 일어나기 3일 전, 파라돈의 어머니가 아들인 파라돈이 어떤 사람을 죽이는 끔찍한 꿈을 꾸었다고, 태국 영자지 네이션이 28일 보도했다. 우본은 "내 아들이 아가시를 이기리라고는 생각지도 못했었다"면서 감격해 했다.---연합뉴스, 김성겸 특파원, 2002. 6. 28.

태국의 꿈 사례로, 아들이 다른 사람을 죽이는 꿈을 꾼 후에 테니스선수인 아들이 벅찬 상대였던 안드레 아가시를 물리치는 이변으로 실현되었는바, 꿈의 상징 기법은 민족을 떠나 보편성을 띠고 있음을 단적으로 보여주고 있다.

⑧ 친구를 반쯤 죽여놓은 꿈 → 행정 조치로 상대편을 완전히 제압하다.

　　친구 하나를 동기들 모임 자리에서 동기들이 모두 보는 앞에서 반 죽여 놓았다. 좀 떨어진 테이블에 앉아있는 그놈을 향해 "야 이 사기꾼아."라고 하며, 육박전에서 놈을 쓰러뜨리고 흠씬 패 주었고, 또 일어나는 것을 보고 발로 얼굴을 잔인하게 가격하였다. 놈이 나를 향하여 마주 서서 싸울 태세를 갖추는 것을 보고, 여지없이 달려들어 때려눕혔다. 이 꿈을 꾼 후에 구청에서 재단을 행정조치를 했다는 공문이 등기 우편물로 도착했다.

상징적으로 기관에서 어떠한 대상을 억압하거나 행정조치를 하는 일로 실현되었는바, 저항하고자 하는 것을 다시 달려들어 때려눕히는 꿈이었으니, 완전히 제압하고 굴복시키는 일로 실현되고 있다.

⑨ 애완동물을 죽이는 꿈 → 실제 애완동물이 죽다.

이용자의 꿈 체험기이다.

　　"흑흑. 애완동물이 죽을 때가 되면, 꾸는 꿈이 있는데요. 내가 애완동물을 죽이는 꿈을 꾸면, 그 다음 날 애완동물이 죽어요. 무서워요."

⑩ 상대방을 죽이지 못한 꿈 → 상대방이나 일거리를 처리하지 못하게 되다.

상대방을 죽이라고 하지만 죽일 수 없었던 꿈. 앞에 아버지가 서 계시는데, 누군가가 긴 칼을 건네주며 그대 아버지를 죽여야 산다고 말한다. 그러나 자식 된 도리에 어떻게 아버지를 죽일 수 있는가 망설이고 있는데, 명령자는 독촉이 심하므로 별수 없이 칼을 뽑으려고 하지만 뽑히지 않고 몸을 움직이려 하지만 꼼짝할 수가 없었던 꿈이었다.

그가 현실에서 아버지와 동일시되는 윗사람을 설득시키거나, 어떤 권위 있는 일거리에 착수할 수가 없게 된 것을 예지한 꿈이었다. 누구를 죽이는 꿈이어야, 상대방이나 어떤 일거리를 제압하고 굴복시키게 되는 좋은 일로 이루어진다.

⑪ 아버지를 해치려고 하는 낯선 남자를 죽이지 못한 꿈 → 사기를 당하다.

꿈에 시골길을 걸어가고 있는데, 기찻길 앞 젊은 남자가 까만 옷을 입고 날 쳐다보기에 '저 사람 왜 날 쳐다보지?' 하고 생각했다. 어느 순간 그 사람이 날 죽일지도 모른다는 생각에, 미친 듯이 뛰어가 집에 도착하였다. 갑자기 엄청난 비와 천둥 번개가 무섭게 치고, 집 창문을 바라보니, 아까 봤던 그 남자가 비를 쫄딱 맞은 채로 무섭게 날 노려보고 있었다. '우리 집에 들어오면 죽여야지' 하는 생각으로, 부엌에 칼을 꺼내 든 순간, '아차! 현관문이 열려 있어 문을 잠궈야지' 생각하는데, 아빠가 옷을 다 벗고 현관문 앞에 서자, 그 남자가 들어와 아빠의 뒤통수를 화분으로 내리치려는 순간, 내가 칼을 던졌는데 그 남자가 넘어지기만 할 뿐 칼에 맞지 않았다.

그 후에 회사 동료로부터 3천만 원을 사기당하는 일이 다음 날 일어났다. 칼에 맞지 않아서인지 6년이 지난 지금까지 그 돈을 받지 못하고 있다.---도시락, 2007. 12. 06.

⑫ 아빠가 사람을 죽이는 꿈 → 교통사고 예지

몇 년 전인데, 저희 아빠가 사람을 죽이는 꿈을 꿨어요. 남자 한 명. 여자 한 명. 그것도 토막 살인이었는데, 남자는 팔부터 자르고 여자는 다리부터 자르고 나서는 그것을 조각조각 잘라서 불에 던지는 꿈이었어요.

꿈에서 깨서 기분이 너무 안 좋아서 아빠한테 그 얘길 했는데, 아빠가 웃으면서 걱정하지 말라고 하시더라고요. 그런데 그날 제 옷을 사러 나가시면서, 두 분이 교통사고 나신 거 있죠? 완전 조수석 문이 박살 나서, 손으로 붙잡고 집으로 어떻게 오시긴 했는데요. 아빠는 그 때 아토스라는 소형차 타셨는데, 옆에서 스타렉스가 부딪혀 와서 목격자들 말로는 한 50미터 날아갔다고 해요. 중앙 분리대까지 들이받는 큰 사고였어요. 하마터면 돌아가실 뻔 했으니까. 그리고 병원에 갔는데, 저희 아빠 팔 부러지시고, 저희 엄마 다리 인대 늘어나고 부러지셔서 두 분 입원 하셨어요. 한마디로 말해서 아빠가 꿈속에서 팔부터 토막 내 죽인 그 남자가 아빠 본인이셨고, 다리부터 토막 내 죽인 여자가 저희 엄마셨던 거죠. 다행히도 살아나셨지만.---오뜨♥

제Ⅵ장 주제별 꿈해몽

② 행동·표상─행동에 관한 꿈, 생각하고 느끼는 꿈

일반적인 상징에서 죽이는 꿈은 제압·굴복시키는 좋은 꿈이지만, 위의 사례에서 볼 수 있듯이 죽이는 꿈이 반드시 좋은 것은 아니다. 죽임을 당하는 꿈속의 대상이 자신이나 주변 인물을 상징하는 것으로 등장할 수 있다.

⑬ 부인을 죽여서 토막을 내어 파는 꿈 → 부인을 매춘을 하게 하여 돈을 벌다.

어떤 사람이 꿈에 제물로 자기 부인을 제단으로 데리고 가서 죽이고, 살을 토막 내 팔아서 많은 돈을 벌었다. 그는 그것을 기뻐했고, 그러나 주위 사람들이 질투할까 봐 번 돈을 숨기고자 애썼다. 그는 부인에게 매춘을 하게 함으로써 파렴치하게 돈을 벌었다. 그러므로 장사는 잘되었지만 그것은 숨길만 한 일이다.(글: 아르테미도로스, 『꿈의 열쇠』)

(4) 죽이는 꿈의 상담사례

① 아버지가 어머니를 죽인 꿈

요즘 어머니의 잘못으로 매일 어머니와 아버지는 싸우십니다. 어머니는 매일같이 아버지한테 심한 말을 듣습니다. 그런데 제가 어제 꿈을 꾸었습니다. 꿈에서는 어머니가 보이질 않았습니다. 저는 개인 주택에 삽니다. 그런데 갑자기 아버지가 방으로 들어오시면서, 아버지가 어머니를 죽였다고 하셨습니다. 여기까지밖에 기억이 나질 않습니다. 이건 도대체 어떤 꿈인가요. 악몽인가요? 아니면 좋은 꿈인가요? 답변 부탁드립니다.

이렇게 황당한 전개를 보이는 것이 상징적인 미래 예지 꿈의 특징이지요. 사이트에서 '죽음, 죽다, 죽이다'를 검색하여 죽음의 상징적인 의미를 알아두시고, 특히 실증적인 사례를 읽어보시기 바랍니다. 아버지가 어머니를 죽인 것은 어머니를 제압·굴복·복종시키게 되는 일로 실현될 것입니다. 즉, 어떠한 일을 처리할 때 어머니가 아버님의 뜻대로 순종하는 일이 벌어질 것입니다.

② 람보처럼 엄청난 적군을 다 죽인 꿈

한 열흘 전, 우승에 관한 꿈을 해몽해 달라고 부탁을 했었고, 그 이후 편입시험을 무사히 잘 치렀습니다. 그동안 준비하는 과정에서 주변 환경이 너무나 어려워 상당히 고전을 했었는데, 시험은 그럼에도 불구하고 상당히 잘 본 것 같은 느낌입니다.

그제 다시 너무 생생하고도 황당한 꿈을 꾸었습니다. 그리스와 터키의 전쟁이 발발했는데, 이상하게도 제가 분명한 한국인임에도 불구하고 그리스군의 일원으로 참전하게 된 겁니다. 게다가 더 황당한 것은 그 전쟁의 한 전투에서 그만 제가 잘못해서 홀로 적진 한 가운데 위치하게 되었고, 적에게 발각되었는데…… 엄청난 전투력을 발휘하면서 마치 람보처럼 혼자서 그 터키의 대부대를 저 홀로 다 죽인 겁니다. 그것도 상당한 스릴을 즐기면서요. 시험 관련 꿈일지도 모른다는 생각이 들어 궁금함과 함께 해몽을 부탁드립니다.

좋습니다. 상징적인 미래 예지의 꿈으로 합격을 예지해주는 꿈이네요. 터키의 대부대(경쟁자들)를 다 죽였으니(복종, 정복, 승리의 의미) 아주 좋은 일이 있을 것입니다. 꿈으로 보자면 편입시험은 합격이고요, 혹, 편입시험이 아니더라도 여러 사람을 물리치는 아주 좋은 일이 있을 것입니다. 생생하다는 것은 꿈으로 예지된 현실이 반드시 일어난다는 것이요, 황당하다는 것은 상징적인 미래 예지 꿈의 특징입니다. 사이트에서 '죽음, 죽다, 죽이다'를 검색해서 다른 사람들의 여러 실증적인 사례를 읽어보시면, 합격을 예지해주는 꿈이라는 것을 본인 스스로 알게 될 것입니다. 사실 이러한 꿈은 굳이 해몽 부탁을 하지 않더라도, 본인 스스로 좋은 일이 일어날 것을 예지해준 꿈이라는 것을 다 알고 있는 경우이지요. 단지 꿈해몽에 대한 전문가의 의견을 듣고 확인하고 싶은 생각이 있을 것입니다. '홍순래 박사 꿈해몽'의 이름을 걸고 합격의 표상이라고 말씀드립니다.

추신: 이 꿈에 대한 실제 실현 결과를 듣지 못했다. 꿈의 예지대로 합격했으리라 보지만, 해몽부탁을 하신 분들은 그 후의 실제 결과를 필자에게 알려주시기 바란다. 설령 잘못된 해몽으로 엉뚱한 결과가 나왔다 할지라도, 비난의 글이라도 좋으니 hsldream@hanmail.net로 메일이나, '홍순래 박사 꿈해몽 사이트(http://984.co.kr)'의 자유게시판에 실제 일어날 일을 말씀해주기를 부탁드린다. 실증적인 사례에 바탕을 둔 올바른 꿈의 연구를 위해서도 대단히 중요하며, 가치 있는 일이 될 것이다.

③ 아내가 아이들을 죽이는 꿈

　한번은 꿈속에서 제가 둘째 아이(딸)를 안고서 아이의 배 위에 본드 같은 접착제를 바르고 있었는데, 부인이 그 아이를 데려다 돌로 묻고 돌아오는 모습을 보았습니다. 전 무척 슬펐는데 눈물은 나오지 않고, 멍하니 아내만 쳐다보았습니다. 또 한 번은 아내가 아무 말 없이 큰아이(아들)의 손을 잡고 나가서, 땅속에 묻고 돌아오는 모습만 바라보는 꿈이었습니다. 3일 간격으로 꾸었는데, 영 마음이 편치 않아 일손이 잡히지 않습니다.

우선, 상징적인 미래 예지 꿈이니 너무 걱정하지 마시기를 바랍니다. 아들은 아들로 상징된 애착이 가는 어떤 일거리나 대상의 상징이 될 수 있죠. 그러한 아들이나 딸을 죽이는 꿈이니, 아들로 표상된 어떤 애착이 가는 대상이나 일거리에 대하여 새로운 상황으로 나아가게 될 것입니다. 죽음은 새로운 세계로 나아가는 변신을 의미하죠. 간단하게는, 아들이나 딸이 새로운 유치원 등에 나가거나 학원 등에 나가거나 등등 새로운 여건에 강제적으로 처하게 하게 되겠네요.

④ 전갈을 보고 죽이지 못한 꿈

장차 일어날 일을 상징적으로 보여주는 상징적인 미래 예지 꿈이네요. 사이트에서 '죽이다'를 검색해서 죽이는 꿈의 상징적 의미를 알아두세요. 전갈은 특성상 독을 지니고 있기에, 강력한 영향력이나 세력 등을 미치게 될 어떠한 사람을 상징적으로 나타내거나, 일거리나 대상, 작품 등을 의미할 수 있습니다. 전갈이 꿈속에서 무섭고 징그럽게 느껴졌다면, 벅차고 힘겨운 일, 우환, 질병, 사고, 근심, 방해물, 악한 등의 상징이 될 수 있습니다. 죽이려고 했지만 죽이지 못한 것은 힘겨운 일을 극복하고 해결하고자 하지만, 어려운 상황에 처하게 될 것입니다.

꿈을 꾼 사람이 처한 상황이 중요합니다. 일어날 수 있는 일을 임의로 추정해 보겠습니다. 첫째로, 전갈이 사람의 상징인 가능성이 높습니다. 이 경우에 위해를 가하려고 하는 억압적인 어떠한 사람을 물리치고자 하나, 뜻대로 되지 않을 것입니다. 둘째로 일거리·대상의 상징으로 어떠한 특이한 면이 있을 것이고요. 이 경우에도 죽이지 못했기에, 자신의 뜻대로 순조로운 일처리가 어려울 것입니다. 셋째로 병마의 상징으로 등장된 경우라면, 질병이나 어떠한 사고로 위험에 빠지게 될 것입니다. 넷째로 가능성은 떨어지지만, 태몽 표상의 경우에는 유산시키려 하지만, 아이를 낳게 되는 일로 실현될 것입니다.

⑤ 구렁이를 죽이는 꿈

꿈을 꾸었는데 하얀색의 구렁이를 저랑 어떤 남자 둘이서 구렁이를 잡아서 죽이는 꿈을 꾸었는데, 무슨 꿈인지 궁금합니다. 저는 구렁이의 머리를 잡고 있었고, 누군가가 삽으로 구렁이 머리를 쳐서 죽였습니다. 세 명 중 한 명이었는데, 누군지는 모르겠고요. 죽은 구렁이의 모습을 보고 기분이 영 안 좋았거든요.

처한 상황이 없어서 정확한 추정이 어렵습니다. 태몽 표상이라면, 구렁이로 표상된 태아를 유산시키게 될 것이고요. 아마도 구렁이로 표상된 어떤 일이나 사람을 죽이는(정복시키는, 복종하게 하는) 일을 하게 될 것이고요. '그 사람이나 일거리·대상에 대해서 안됐다'는 마음을 가지게 될 것이네요. 구렁이 모습을 보고 통쾌한 마음이었다면, 구렁이를 죽인 상징적 의미가 소유·정복·복종시킨 것으로, 구렁이로 표상된 이권·재물·권리를 획득하게 되는 것이지요. 그러한 일을 혼자서가 아닌 다른 두 사람과 하게 될 것이고요. 삽으로 구렁이 머리를 내리친 한 사람이 주도적으로 일을 처리하게 될 것이고요.

⑥ 사마귀를 죽이지 못한 꿈

　방금 꿈을 꾸었어요. 길을 가다가 거미줄 근처에 앉아있는 사마귀를 보고 잡으려고 했어요. 갖고 놀려고요. 근데 사마귀가 갑자기 귀로 들어오는 거예요. 무서워서 얼른 뺐는데, 옆에 있던 사람들이 놀라더라고요. 아니나 다를까 사마귀의 다리 한쪽이 잘린 채로 귀에 남아 있었어요. 그것도 빼내는데 다시 사마귀가 귀로 들어오는 거예요. 빼내면 들어오고, 빼내면 들어오고, 계속 그러는 거예요. 무서워서 옆에 있던 사람에게 내가 사마귀를 빼내면 죽여달라고 했어요. 그런 와중에 잠이 깨었거든요. 무섭기도 하고 하여간 기분이 이상해요.

꿈은 자신이 처한 현실에 따라 다르게 실현되지요. 따라서 자신의 처한 상황을 알려주어야 보다 올바른 해몽을 할 수가 있지요. 대단히 안 좋은 꿈이네요. 사마귀로 표상된 나쁜 사람·일·세력의 침투를 받게 되는 일이 일어날 것이고요. 그것은 굉장히 악착같이 다가올 것입니다.

예를 들어 다음과 같은 일이 일어날 수도 있지요. 여자라면, 어떠한 남자를 사귀게 되고, 의외로 나쁜 본성을 드러낼 것이고요. 안 좋은 남자라고 알고 물리치려고 하지만 귀속에 다리 한쪽이 들어 있듯이 완전하게 떼어버릴 수 없는 상황으로 전개될 것이고요. 벌써 육체적으로 영향을 받은 상태이지요. 사마귀 다리 한쪽이 남아 있다는 표상은 그 영향권의 흔적이 남아 있다는 것이지요. 빼내면 사마귀가 들어왔듯이, 사마귀 같은 못된 남자라 악착같이 다가오려고 할 것이고요. '견디다 못해, 내가 사마귀를 빼내면 죽여달라고 했어요.' 처럼 아는 사람에게 제압·굴복·물리칠 수 있도록 도움을 청하게 될 것이고요. 사마귀로 표상된 안 좋은 대상에 시달릴 것을 대비하셔야겠네요. 사마귀 표상이 무엇을 뜻하는지 생각해 보시고요. 안 좋은 것만은 틀림없지요. 또한 쉽게 물리칠 수 없을 것이고요. 이러한 상징적인 미래 예지 꿈은 실현시기의 차이가 있을망정, 현실에서 100% 이루어지죠. 피할 수도 없고, 다만 예지해줌으로써 다가올 현실에 대한 마음의 준비를 하게 해주는 것이지요.

⑦ 자신을 물려고 하는 흰 뱀을 아빠가 죽인 꿈

   29세, 미혼입니다. 며칠 전 꿈에서 흰 뱀이 등 뒤에서 저를 물려고 하는데, 저희 아빠
가 그 뱀을 죽였어요. 그리고 두 번째도 흰 뱀이 등 뒤에서 저를 물려고 하는데, 아빠가
또 그 뱀을 죽였어요. 그런데 세 번째 뱀이 나타났는데 죽이지 않았어요. 어떻게 해몽을
해야 할까요?

   29살의 미혼인 점을 감안할 때, 흰 뱀은 이성의 상대방으로 이루어질 가능성
이 가장 높네요. 처음에 아버님이 죽이는 꿈은 그 상대가 아버님이나 아버님으로
표상된 윗분에 의해서 제지·제압·굴복당하게 되는 것을 의미하겠네요. 두 번째
접근하는 남자 역시 영향을 끼치려다 아빠에 의해서 무산될 것이고요. 하지만 이
어 다른 세 번째 남자의 접근에는 제약을 가하지 않을 것입니다. 현재 마땅한 혼
처·애인이 없다면, 뱀이 이성의 남자로 실현될 가능성이 가장 높습니다.

(5) 민속에 전하는 죽이는 꿈

- 꿈에 사람을 죽여 옷섶이 떨어지면 재물을 얻는다.
- 꿈에 사람을 죽여 피가 옷을 더럽히면 크게 재물을 얻는다.
- 꿈에 사람을 죽이면 그 날 재수가 좋다.
- 꿈에 사람을 죽이면 재물 얻는다.
- 꿈에 용과 뱀이 사람을 죽이면 크게 나쁘다.
- 꿈에 총으로 많은 사람을 죽이면 큰 행운이 온다.

≪성행위 꿈≫

(1) 성행위 꿈에 대하여

성행위 꿈은 여러 각도에서 살펴볼 수 있다. 자신의 억눌린 성적 욕망이 꿈으
로 표출되기도 하며, 잠자는 동안 성기 또는 성감대를 자극하는 어떤 내·외부적
인 자극으로 인하여 성행위에 대한 꿈을 꿀 수도 있다. 단적인 예로 몽정의 경우,
성적 행위에 대한 강렬한 욕망을 극대화하여 보여주고 있다. 하지만 대부분의 상
징적인 미래 예지 성행위 꿈에서는 성행위의 여러 표현 수단을 상징 재료로 삼아
서, 부동산 매매계약의 성사, 어떠한 일거리나 대상과의 성사 여부, 관심도 여부
등 현실에서 앞으로 일어날 일들을 상징적으로 예지해주고 있다.

이 경우 마음에 드는 대상과 기분 좋은 성행위의 꿈이 현실에서 가장 흡족한 결과로 이루어지며, 성행위 시에 뜻대로 하지 못한 꿈은 일의 좌절이나 결합·성사의 실패로 이루어진다. 또한 변태적인 성행위는 그 전개에 따라 각각의 상징적인 의미와 암시적인 뜻을 내포하고 있다.

꿈속의 상대방은 실제 인물이 아니라, 상징적으로 표상된 다른 사람의 동일시이거나 일거리의 상징물로 표상되어 나타났기에 꿈속에서의 성행위의 꿈을 죄악시하여 자기의 인격과 결부시켜서는 안 된다. 예를 들어 근친상간의 꿈을 꾸거나, 미성년자와의 성행위, 동물과의 성행위 등등 이 모든 것은 정신능력의 활동에서 빚어내는 꿈의 상징 표상 전개수단의 하나인 것이다. 스승이신 고(故) 한건덕 선생님의 글을 밑바탕으로, 필자의 해설을 덧붙여 살펴본다.

(2) 성행위 꿈의 꿈해몽 요약

성행위 꿈을 꾸었을 경우, 일반적으로는 부동산 매매 체결이나 계약의 성사 등으로 이루어지며, 장차 일어날 일이나 기타 소원의 성사 여부를 가름하는 일과 관계한다. 이때에 상대방의 육체를 완전히 정복하는 만족한 성행위를 하는 경우일수록, 계획한 일이나 뜻밖의 일이 만족스럽게 성취된다. 그러나 성행위의 좌절이나 미수는 일의 미수·불만·불쾌 등을 체험한다.

① 이성의 성기가 유난히 돋보이는 상태에서 만족한 성행위를 하는 꿈

자신이 성취시키려던 일이 다른 사람의 찬사를 받는다.

② 대담무쌍하게 대중 앞에 성기를 내놓고 과시 또는 성행위를 하는 꿈

자신의 사업·작품이나 자식 등의 일을 다른 사람 앞에서 자신만만하게 과시하게 된다. 합격·성취되는 일로 실현된다.

③ 성행위 당시 나체의 꿈

상대방에게 아무것도 감추거나 비밀로 하지 않고, 공개적으로 일을 추진시키는 것을 뜻한다.

④ 이성이 애정을 표시하는 꿈

어떤 사람이나 일거리나 대상에 유혹당하거나 애착이 생긴다.

⑤ 성행위로 나아가지 못하고 욕정만 생긴 꿈

나체나 성적 충동이 생기는 부위를 보고 성욕이 발동했으나 성행위로 나아

가지 못한 경우, 상대방 또는 일거리 대상에서 불쾌·불만·미수 등의 일을 체험한다.

⑥ 이성에 대하여 욕정이 생기지 않는 꿈

어떤 일거리나 대상 또는 사람과 상관해서 무관심하거나 당연한 일로 생각되는 일을 체험한다. 예를 들어, 부동산 매매에서 상대방이 제시한 땅이나 매수 금액에 대해 탐탁지 않게 여기는 일로 실현된다. 취업의 경우, 연봉이라든가 회사의 근무 여건이 마음에 들지 않는 일로 이루어진다.

⑦ 나체화에서 성적 충동이 생기는 꿈

성행위로 나아가지 못한 데서, 어떤 사람의 신상문제나 작품 등에서 약간의 불쾌감을 체험한다.

⑧ 키스 후에 성행위를 하는 꿈

기다리던 일의 소식이나 끌어온 일이 성취되며, 합격이나 계약의 성사 등으로 이루어진다.

⑨ 몽정을 수반하는 꿈

꿈속에서 오르가슴에 도달한 쾌감이 강렬하여 신체적 반사 행동으로 사정에 이르렀거나, 신체상 허약증세 또는 주기적인 배출 현상으로 다른 꿈을 꾸었어도 나타날 수 있다.

⑩ 상대방과 흡족한 성행위를 하는 꿈

계획한 일이나 체결하고자 하는 일거리 대상에서 만족스럽게 성취된다. 합격·성취되는 일로 실현된다.

⑪ 많은 사람이 지켜보는 가운데 성행위를 하는 꿈

여러 사람의 관심을 집중시키는 일을 성취하게 된다.

⑫ 결혼 전 애인과 성행위를 하는 꿈

오래 끌어온 일이나 재생된 일이 성취되는 일과 관계한다.

⑬ 처녀와 성행위를 하는 꿈

새로운 일거리 대상과 관련 맺어지는 것을 뜻하며, 늙은 여성과 성행위를 하는 꿈은 오래된 일을 성사시키게 된다.

⑭ 성행위 대상이 어린 여중생인 꿈

애인이 어린 여중생으로 나타난 경우, 상징적으로 어린 여중생으로 표상되어 나타난 만큼 관련을 맺게 되는 대상이 이제 시작된 지 얼마 안 된 아직 미숙한 단계에 있게 됨을 뜻한다.

⑮ 어린아이와 성행위의 꿈

작고 미약하며 성숙하지 않은 사람이나 그러한 대상과 관련 맺어지게 됨을 뜻한다.

⑯ 애인이나 상대방을 강제로 성행위를 하는 꿈

현실에서 난관을 극복하고 어떠한 성취를 강제적으로 이루어내는 일로 이루어진다.

⑰ 성교 시 상대방의 성기가 두드러지게 돋보이는 꿈

상대방이 자신을 유혹적으로 잡아끄는 매력적인 면이 있음을 예지하며, 자신이 해야 할 일거리나 대상에서 특별한 면이 있게 된다.

⑱ 상대방이 성행위를 하는 것을 보는 꿈

다른 사람이 부동산 매매체결이나 결사·연합하는 것을 지켜보게 되며, 바꿔 놓기의 경우에는 자신의 하고자 하는 일을 남이 관여하여 불쾌를 체험한다.

⑲ 자기가 사정한 것을 보는 꿈

물질적·정신적인 소모가 따르는 일과 관계한다.

⑳ 남성이 자위하는 꿈

자기의 비밀을 남이 탐지하게 되거나, 불쾌감을 체험한다.

㉑ 성행위 하는 꿈(심리적인 측면)

성행위를 하는 꿈은 마음속에서 무언가 하고자 하는 강렬한 욕망이 높아지고 있는 것을 암시한다. 좋아하는 인물과 성행위를 하고 있는 꿈은 사업이나 연애에서 크게 비약할 수 있는 시기를 나타내고 있다. 또한 싫어하는 사람과 성행위를 하는 꿈은 인간관계에서 알력과 갈등을 불러오고 있음을 뜻하고 있다. 이 경우에, 미래 예지적인 꿈의 측면에서는 장차 그러한 알력과 갈등이 생기게 됨을 뜻한다.

(3) 상황과 상대에 따른 성행위 꿈의 의미

꿈의 성격에는 여러 가지가 있다. 따라서 꿈속에서 성행위의 꿈을 꾼 경우에, 꿈을 꾼 사람이 처한 상황에 따라 달리 살펴보아야 할 것이다.

성행위 꿈이 과거의 체험으로부터 성적 표상물을 이끌어 오거나, 현재의 신체적 자극으로 인해 잠자는 도중 성기가 발기되어 그 자극이 표상 재료를 이끌어올 수도 있다. 혈기 왕성한 남자의 경우 몽정(夢精)을 수반하면서 꿈이 이루어지기도 한다. 이러한 몽정을 수반하는 대부분의 성행위 꿈은 특이한 경우를 제외하고는 상징적인 어떤 의미가 있다기보다는 몽정을 하기 위한 수단으로서 강렬하고 자극적인 장면을 빚어내어 사정을 극대화하기 위한 꿈의 무대장치이며 상징 기법이다.

또한 성행위에 대한 간절한 소망이 꿈을 통해 해소되기도 한다. 현실에서 이룰 수 없던 억눌린 성적충동의 욕망이 꿈을 통해 대리만족하게 하는 수단으로 꿈이 이루어지고 있는 것이다. 아주 드물게 사실적인 미래투시의 꿈으로 이루어질 수도 있다. 즉, 전에 본 적도 없는 어떠한 이성과의 만남이나 성행위를 하는 꿈을 꾼 경우, 가까운 장래에 실제 그 이성과 사귀게 되고 나아가 성행위까지 이르게 되는 일로 실현될 수도 있다.

하지만 대부분의 꿈에서 성행위의 꿈은 상징적인 미래 예지의 꿈으로 살펴보아야 할 것이다. 즉 성행위의 행동 및 꿈속에 나타난 인물이 뜻하는 상징적 의미의 파악에 중점을 두어야 할 것이다. 간단히 살펴본다.

* 성행위를 하는 꿈은 다음 날 또는 가까운 장래에 일·사건·계약·점유·탐지 기타 소원의 경향 등의 성사 여부를 가름하는 꿈이다.

* 꿈속에서 상대방 육체를 완전히 점령할 수 있으면, 자기가 계획하는 일이나 돌발적인 사건으로 기쁨과 만족감을 체험할 수 있을 것이다.

* 성적 충동이 발동하였으나, 상대방이 성행위를 거절하는 꿈은 현실에서 어떠한 계약이 성사되지 못하거나, 자신의 일이 순조롭게 이루어지지 않게 된다. 일에 대한 미수, 중절, 욕구불만, 감정의 불쾌 등 여러모로 현실에서 어떤 형태로든 불만족을 체험하게 된다.

* 죄의식을 가지고 성행위를 하는 꿈이었다면, 일은 성취돼도 떳떳하지 못하고 약간의 불쾌감을 느끼게 된다.

꿈속의 정황은 미래의 현실에서 일어날 일을 상징적인 표상물의 전개로 나타내고 있다. 다음의 글들을 성행위에 대한 상황과 상대의 상징적 의미를 생각해보면서 읽어보기 바란다.

① 성행위의 상대

꿈속에서의 성행위 상대는 자기 배우자나 애인, 아는 사람이거나 모르는 사람, 남녀노소를 불문할 수도 있고, 심지어는 근친의 누구이거나 선녀나 귀신 등의 신령적인 존재, 드물게는 동물과 상관할 수도 있다.

이들은 모두가 꿈이 빚어낸 상징 기법의 하나로써 실제 인물이 아니라 그 어떤 인물을 상징적으로 나타냈거나, 자신이 애착을 가지고 성사시키려는 일거리나 사업 대상의 상징 표상으로 등장하고 있다. 즉, 상징적인 미래 예지 꿈에서 꿈속 등장인물은 모두 실제 인물이라기보다는 상징성을 띠고 전개되고 있다. 예를들어, 어머니와 성행위를 하는 꿈인 경우, 어머니로 표상된 부드럽고 자애로운 직장 상사와 함께 어떠한 일을 함께 추진하는 일로 실현될 수도 있다. 또한 어떠한 여성이 등장한 경우, 여성적인 성향의 일거리이거나 부드러움 등 여성적인 속성에 가까운 일로 실현될 가능성이 높다.

② 대중 앞에서 성행위를 하는 꿈

다수인이 지켜보는 가운데서 부끄러움 없이 어떤 사람과 성행위를 하는 꿈은 어떠한 일거리나 사업 대상에 대해서, 여러 사람이 관심을 가지거나 지켜보는 가운데서 성취를 이루게 된다. 이 경우 흡족한 성행위의 꿈일수록 이루어지는 성취도와 비례하게 된다.

③ 강간하는 꿈

상대방 여자가 싫어하는 것을 강간해서 성행위를 하는 꿈은 현실에서 어떤 일거리나 대상을 강압적으로 성취시키는 것을 뜻한다. 사람일 경우 설득시켜 내 편으로 만드는 데 있어, 어려움이나 고통은 따르겠지만 강제적으로 강압적으로 자신의 목적을 달성하는 것을 뜻한다. 반면에 상대방의 반항이 심해 성행위로 나아가지 못한 꿈은 현실에서 남의 시비나 도전, 일의 어려움 등으로 좌절되고 불쾌를 체험하게 된다.

④ 유부녀와 간통하는 꿈

사실적인 미래투시의 꿈이라면 꿈대로 실제 간통이 이루어지며, 소망 표현의 꿈이라면 평소에 잠재의식적으로 마음먹은 일이 꿈을 통하여 나타나는 수도 있다. 이처럼 꿈을 해몽할 때에는 상징적인 꿈해몽에 앞서, 심리 표출의 꿈이나 사실적인 미래투시의 꿈으로 실현될 가능성이 있다는 점을 간과하지 말아야 한다.

다만 대부분의 경우, 우리가 말하는 꿈해몽은 상징적인 미래 예지 꿈의 표상 전개의 이해에 있다. 유부녀는 자신의 영역이 아닌, 남의 일거리나 사업의 상징이다. 간통하는 꿈은 그러한 일거리나 대상에 자신이 간섭하고 참여를 함을 뜻한다. 역으로 누군가가 자기 집 식구의 누구를 간통하는 것을 보면, 어떤 자가 자기 사업이나 일거리나 영역에 접근하거나 영향력을 행사하게 되는 것을 뜻한다. 이 경우 나이가 적은 아랫사람이면 이제 시작한 것이거나 연륜이 짧은 일, 나이 많은 사람이라면 시작한 지 오래된 일을 가리킨다.

⑤ 부부가 성행위를 하는 꿈

부부간에 성행위를 하는 꿈은 집안의 계획하는 일이나 뜻밖의 일이 성취되어 기쁨을 맛보게 된다. 또한 아내·남편으로 상징된 호의적인 사람과 만나게 되거나, 어떠한 일을 같이 추진하는 일로 실현된다. 이 경우 역시 '기분 좋게 했느냐'의 여부에 따라서 달라진다. 꿈은 반대가 아닌 상징의 이해에 있는 것이다.

⑥ 성행위 시 방해를 받는 꿈

성행위 시 불의의 침입자가 있어 성행위에 방해를 받는 꿈은 어떤 사건 또는 방해자로 말미암아 추진하고 성사시키려고 하는 어떤 일에 장애가 발생함을 뜻한다. 예를 들어, 집을 사거나 매매 계약을 하려는데 이런 꿈을 꾸면, 그 계약은 뜻밖의 방해자가 나타나 어떤 사정으로 인해 성립되지 않는다. 마찬가지로 꿈속에서 남이 볼까 봐 두려운 생각을 가지면서 성행위를 끝내는 꿈이었다면, 일의 성사는 이루어지지만 두려움과 불안 속에서 일을 성취하게 된다.

⑦ 성행위를 하면서 성병에 걸릴 것을 걱정하는 꿈

성행위 꿈이 결합·성사·매매 체결의 상징적 의미를 지니는바, 성병의 유무는 어떤 일의 성취에 있어 어떠한 난관이나 어려움을 있음을 걱정하는 일로 실현된다. 예를 들어, 필자의 경우 유부녀와 성행위를 하기 전에 '성병이 있으면 어쩌지' 걱정했던 꿈은 부동산 매매 체결에 있어 구입하고자 하는 부동산에 하자가 있는지를 걱정하는 일로 실현되었다.

⑧ 변태적인 성행위에 대하여

성행위에서 다양한 변태적인 행위는 각각 나름대로 다양한 상징적 의미를 함축적으로 나타내고 있다. 뒤로부터 성행위를 하는 꿈은 어떤 사람의 내면상을 알아낼 일이 있고, 직접적인 진행이 아닌 우회적인 관계가 맺어질 수 있다. 예를 들어 누구를 만나러 갔는데, 그가 부재중이어서 그 집 식구의 누구에게 어떤 청탁을 하고 온다는 식이다.

상대방이 상위에 있게 되는 체위는 상대방 사람에게 억제를 받으며 자신이 수동적인 위치에 놓이게 된다. 상대방이 옷을 입고 성행위를 하는 꿈은 상대방이 자신을 밝히려 하지 않거나, 위신에 대해 조금도 손상 받지 않으려는 태도를 취한다. 또한 동성끼리의 성행위는 동업을 하게 되거나, 어떠한 일의 진행에 성격이나 크기나 규모가 비슷한 두 집단이 맺어지는 것을 뜻하고 있다.

⑨ 성기가 두드러지게 돋보이는 꿈

상대방의 성기가 꿈속에서 두드러지게 돋보여 만족하고 통쾌한 성행위를 끝내면, 현실에서 자기가 추구하고자 하는 일의 독특한 점이 세상에 널리 알려지고 통쾌한 기분을 체험할 수 있게 된다. 반대로 성기가 빈약하고 성행위 자세가 불편하면, 관련 맺어질 대상이나 사람이 자본금이 빈약하거나 열악한 여건에 있음을 상징하고 있다.

⑩ 한 여자를 윤간하는 꿈

창녀(또는 어떤 여자) 하나를 놓고 여러 사람이 윤간하는 꿈은 창녀로 표상된 어떤 일거리나 대상 또는 사람에 대해서 여러 사람이 함께 이루거나 공동의 성취를 이루게 되는 일이 생긴다. 예를 들어 여러 사람이 술과 안주를 놓고 같이 먹고 마시며, 토의를 하는 등의 술자리에서 즐거운 일이 생긴다. 이 경우 술과 안주(창녀)를 놓고 마시는 것이 꿈에서는 창녀를 윤간하는 일로 표상되어 나타난 것이다.

이 경우 즐겁게 여러 사람이 성행위를 하는 꿈은 모두가 만족하는 타협이 이뤄지고 좋은 성과를 얻을 수 있다. 하지만 서로가 성행위를 먼저 하려고 하는 표상으로 전개되었다면, 어떠한 일의 권리에 있어 서로가 자신의 주장을 펼치게 되며, 자신이 먼저 독점 계약을 하고자 하는 일로 실현된다.

⑪ 두 처녀와 성행위를 하는 꿈

두 사람(또는 그 이상)의 처녀를 순서대로 한 장소에서 성행위를 끝내는 꿈은 현

② 행동 표상 — 행동에 관한 꿈,
생각하고 느끼는 꿈

실에서 두 가지 이상의 작품이나 일거리가 한 장소, 한 기관에서 차례로 성취할 일이 생긴다. 저자의 경우, 출판사에서 2권의 저서를 출간하게 된다. 이 경우 꿈 속에 나타난 숫자의 표상과 현실에서 벌어지는 일과는 일치한다.

⑫ 헤어진 사람과 성행위를 하는 꿈

생이별 또는 사별한 여자, 헤어진 애인을 꿈속에서 만나 서로 성행위를 하고 만족해하는 꿈은 현실에서 자기가 잊었던 일이나 보류했던 일거리나 대상에 대 하여 애착을 가지고 다시 착수해서 성공하는 일로 실현된다. 이 경우, 심리 표출 의 꿈에서는 자신의 잠재의식적으로 그러한 소망을 담고 있음을 뜻한다.

⑬ 남들이 성행위를 하는 것을 보는 꿈

남들이 성행위를 하는 것을 보는 꿈은 현실에서 타인의 누군가가 어떤 사업을 성취시키는 광경을 목격하게 되거나, 또는 두 사람이나 대상과의 결합·계약체 결·관련 맺음 등을 보게 된다.

⑭ 성욕을 해소하지 못하는 꿈

여자의 완전 나체·반라 등을 보고 성욕이 발동하였으나, 그 성욕을 충족시키 지 못하는 꿈은 불쾌한 꿈이다. 성행위까지 나아가지 못한 꿈은 현실에 있어서 어떠한 일거리나 대상 또는 사람에 있어 뜻대로 성취하고자 하나, 좌절되거나 욕 구 불만을 느끼게 된다. 이 경우, 자신이 처한 현실에 따라 앞으로 관계하게 될, 부동산·증권·노름·낚시·어학 공부 등 어떠한 대상이나 사업·일거리 등에서 자 신의 뜻대로 이루어지지 않는다.

⑮ 신령적인 존재와 성행위를 하는 꿈

꿈속의 등장인물은 상징 표상의 존재로 그들은 실존이 아니라, 잠재의식의 정 신활동으로 빚어낸 어떤 인물의 동일시거나 관념적인 일의 상징물이다. 예를 들 어 늙은 여자와 성행위 꿈은 오래된 일거리나 성숙한 단계에 있는 대상이나 일거 리와 관련을 맺게 된다. 또한 어린 소녀와의 관계라면 이제 막 시작한 일을, 처녀 와의 관계는 가장 알맞은 때나 어느 누구도 아직까지는 관련을 맺지 않은 것임을 상징적으로 나타내주고 있다.

신령적인 존재와 성행위를 하는 꿈은 창작의 어떤 영적인 일이나 신앙적인 일 에 몰두하고 희열을 느끼게 된다. 하지만 성행위를 중단하거나 성사를 이루지 못 하면 현실에서 불쾌한 체험으로 이루어진다.

⑯ 정신 수도자가 성행위의 꿈을 꾸는 경우

정신 수도자가 성행위를 하는 꿈은 사실적인 미래투시의 꿈이나 억눌린 성적 충동의 꿈이 아닌, 상징적인 미래 예지 꿈으로 보아야 할 것이다. 도덕성이 있거나 정신 수도자(승려, 수녀, 성직자)가 꿈속에 나타난 미인이나 선녀 등과 흡족한 성행위를 하는 꿈에 수행(修行)이 허물어졌다고 한탄할 필요는 없다. 오히려 성행위를 하는 꿈이 성취·결합의 상징으로 어떤 진리를 깨달음을 뜻하거나, 새로운 세계에 눈을 뜨게 되는 것을 뜻한다.

다산 정약용도 유배지에서 꿈에 나타난 여인을 물리친 것을 기록하고 있다. 유학자로서 유혹에 넘어가지 않음을 다행스럽게 여기고 있으나, 꿈의 실현은 유배지에서 풀려날 뻔하다가 무산되고 있는바, 상징적인 미래 예지 꿈의 입장에서는 꿈속에서 즐거운 성행위가 이루어져야 유배지에서의 풀려남 등의 좋은 일로 실현될 것을 예지해주는 것이다.

⑰ 근친상간의 꿈

꿈은 꿈의 언어인 상징으로 보아야 한다. 꿈속의 등장인물은 상징적인 의미를 갖는 잠재의식이 만들어낸 창작 표상인 것이다. 예를 들어 아버지와 성교하는 꿈을 꾼 딸의 경우, 아버지는 아버지가 아닌, 아버지로 표상되어 나타났던 회사의 사장과 어떠한 관련을 맺는 일로 실현될 것이다. 예를 들어 비서로 발탁되거나, 사장으로부터의 어떤 제의를 받게 되는 일로 실현될 수 있다. 즉, 꿈속에서 상대가 된 근친은 실제의 근친이 아니라, 직장이나 사업 관계로 알게 된 어떤 사람의 동일시이고, 그 사람에게 기울인 존경·사랑·성의와 맞먹는, 그리고 애착을 가지고 성사시키려는 어떤 일거리를 상징하고 있다. 따라서 성행위는 그 일의 성사 여부를 가늠하는 상징 표현이므로 조금도 놀라고 부끄러워할 필요가 없다. 즐거운 성행위였다면, 좋은 관련 맺음으로 맺어진다.

⑱ 어린아이를 성폭행하는 꿈

이 역시 상징적인 미래 예지 꿈의 입장에서 살펴보아야 할 것이다. 현실에서는 부도덕한 일이고, 있을 수도 없고, 일어나서도 안되는 일이지만, 꿈속에서는 앞으로 일어날 일을 상징적으로 보여주기에 가장 적합한 표현수단을 찾아 전개되고 있는 것이다.

어린아이는 그 일거리가 작고 미약하며 성숙되지 않은 일, 또는 지식이 자기만 못한 어떤 사람, 그리고 더욱 열성과 사랑·애착 등을 가지고 성취시켜야 할 일거리의 상징물이다. 어린이와 성행위를 하는 꿈은 시작단계에 있는 어떤 일거리나 대상과 관련을 맺게 되거나, 경험이 미숙한 사람이나 순수한 사람을 만나게 되는 일로 실현된다.

⑲ 동물과 성교하는 꿈

꿈속에서 남성이 어떤 동물을 붙잡고 성교를 하거나, 여성이 호랑이나 뱀 같은 동물에게 피동적으로 성교를 당하는 꿈이 있을 수 있다. 이 역시 꿈의 언어인 상징으로 풀이하면 쉽게 이해될 수 있다. 예를 들어, 한 여인의 꿈에 호랑이가 덤벼서 만족할 만한 성행위를 했다면, 호랑이는 백수의 왕으로서 명예와 권세의 상징물이고, 성행위는 결합 성사와 일의 성취를 뜻하고 있다. 처한 상황에 따라서, 호랑이로 상징된 사람과 인연을 맺거나, 승진이나 합격, 로또 당첨 등 좋은 일로 이루어지고 있다.

⑳ 동물 곤충류가 교접·교미하는 꿈

꿈속의 동물이 어떤 사람을 표상하여 나타내는 동일시라면, 현실에서 실제 인물들이 단체를 조직하거나 실제 성교 장면을 목격할 수 있게 된다. 그 동물이 재물의 상징 표상이라면 합자 형식을 취하거나 재산이 증가되는 광경을 목격할 수 있다. 예를 들어, 자기 집 암퇘지가 있는 곳에 남의 집 수퇘지가 와서 교접하는 꿈이라면, 자신의 사업에 다른 사람이 새로운 합자 형식의 사업이 마련된다.

곤충류 역시 교미가 뜻하는 상징적인 의미 그대로 이루어진다. 다만 곤충이 상징하는 의미 그대로 실현된다. 파리·모기 등의 해충의 교미는 상징적 의미 그대로 달갑지 않은 사람들끼리의 연합이나, 자잘한 일·사업의 관련을 맺게 되는 것을 보는 것으로 실현될 것이다. 그리고 꿈속에서의 좋고 나쁨의 느낌대로, 현실에서 그대로 실현되고 있다.

㉑ 여자를 애무하는 꿈

꿈속의 인물이 자신이 짝사랑하는 이성(異性)이었을 경우, 그녀와 애무를 하고 싶은 억눌린 잠재의식의 충동이 꿈으로 표출되어 대리만족하게 해주는 소망 표현의 꿈으로 되는 경우도 있다. 이 경우 역시 해몽의 필요성이 없는 자신의 바람을 꿈으로 투영시킨 것에 불과할 따름이다. 또한 생생하게 실감 나게 전개되는 꿈이었다면, 장차 관계하게 될 이성과의 관계를 사실적으로 보여주는 미래투시의 꿈일 수 있다.

상징적으로 애무의 꿈은 어떠한 대상이나 일거리에 대해서 알아보고 추진하는 것을 의미한다. 이 경우, 상대방 대상이 애무를 거절하는 꿈은 자신의 뜻대로 일이 이루어지지 않으며, 완전한 성취나 마무리보다는 탐색하고 알아보는 정도에 그칠 수 있다. 기분 좋은 성행위까지 나아가는 꿈이 성취나 결합·성사로 이루어진다. 꿈속에서 애무만 하고 성행위로 나아가지 못한 꿈의 경우, 현실에서 어떠한 일거리나 대상에 있어 뜻을 이루지 못하게 되거나 불만·불쾌를 체험하게 된다.

또한 남자가 꿈속에서 이러한 행위를 하면서 흥분되어 몽정(夢精)을 하였을 경우, 어떤 상징적인 의미가 있다기보다는 몽정을 위하여 꿈이 만들어낸 창작 표상인 것으로, 꿈에 어떤 특별한 의미를 부여할 필요는 없다.

또한 여자의 입장에서 애무를 당하는 꿈은 어떤 사람에게 자기 비밀의 내용을 털어놓게 되거나, 자신을 드러내 보이게 되는 일로 실현된다. 애무를 당하는 꿈이었기에 수동적으로 남에 의해서 이루어지게 된다.

(4) 성행위 꿈의 실증적 사례

① 아내가 아닌 다른 여자와 성행위를 즐기는 꿈 → 복권에 당첨

주택복권 1098회차 추첨에서 1·2등 3억 6천만 원에 당첨되었으며, 피임장치를 한 여자와 성행위 꿈으로 인터넷 즉석 복권 50만 원 당첨되고 있다. 당첨에 대한 자세한 것은 앞서 제 V 장 로또복권 당첨 꿈의 성행위꿈 부분을 참고하시기 바란다.

② 남동생과 성행위(성교)를 한 꿈 → 후배랑 한방을 쓰게 되다.

꿈에 남동생과 성관계를 하고 나니, 밑에 피가 났습니다. 저는 처음 하는 성관계라는 생각에 걱정이 앞서더군요. 꿈을 깨고 굉장히 당황했습니다. 사이트에서 상담을 받아보니, 아랫사람과 관계를 맺을 일을 예지하고, 그런 관계가 처음이라 생각해서 걱정하는 꿈이라고 했습니다. 실제로는 학교 후배와 방을 얻어 같이 하숙하는 일로 실현되었고, 처음 친구나 후배와 살아보는 일이라 굉장히 걱정된다고 생각했습니다.---애벌레, 2008. 09. 07.

③ 유부녀와 성병을 걱정하면서 성행위 하는 꿈 → 부동산 매매 성사

필자의 꿈체험담이다. 꿈속에서 유혹하는 유부녀에게 다가가려는 순간, '성병이 있으면 어떻게 하지' 걱정하다가, '창녀도 아닌 유부녀에게 무슨 성병이 있으려고---' 생각하고, 유부녀와 성행위를 했던 꿈은 유부녀로 상징된 집을 구입하는 일로 이루어졌다. 성행위 꿈은 대부분의 경우에 부동산 매매 체결 등으로 이루어지고 있음을 알고 있었던 필자였다. 성병의 상징적 의미는 구입하게 될 부동산 집의 하자(瑕疵)의 유무로 상징되어 나타났으며, 성병이 없다고 생각한 것처럼 하자는 없었다. 이 경우 상대방이 피임하는 꿈인 경우에는 흡족한 실현으로 이루어지지지 않는다.

④ 남편이 모르는 여자와 성행위를 하는 꿈 → 아파트 분양 당첨

필자 사이트의 꿈체험기란에 올려진 글을 전재하여 살펴본다.

"지난달인가 꿈해몽 요청을 하였었는데, 아이 아빠가 모르는 어떤 여자랑 성관계를 하였고, 해몽은 부동산 매매와 관련지어 성사된다는 요지의 답변을 해주셨습니다. 정말 해몽 받고 3일 후에 아파트를 분양받았고, 저와 아이 아빠는 참 신기하게 생각하고 있으며, 요즈음 꿈을 꾸게 되면 이 사이트를 이용을 많이 하게 되더군요."

필자의 '홍순래 박사 꿈해몽(http://984.co.kr)' 사이트는 실증사례에 바탕을 둔 국내 최대·최고의 방대한 자료가 축적되어 있다. 자료 검색 및 꿈체험기를 읽거나 쓸 수 있으며, 온라인 상담 및 전화상담을 할 수 있다. 독자 여러분들의 많은 애용을 바란다.

⑤ 여자를 소개받아 침대에서 성행위를 하는 꿈 → 자료 수집 성취

"꿈의 배경은 어느 건물의 복도, 확실치는 않지만, 아마 2층이었던 것 같으며, 내가 꿈속에서 늘 익숙한 어느 남자 친구로부터 여자를 소개받는다. 그리고 그 여자와 좀 어두운 방안으로 들어가, 옷을 벗고 침대에서 성행위를 했다.

꿈을 꾸었을 당시, 나는 어느 분야에 관한 자료를 수집하고자 했는데, 자료를 어디에서 구하고 어떻게 수집 정리할지 몰라서 안타까워했다. 그런데 그 꿈을 꾼 지 이틀 후, 생각지도 않았던 학교 후배에게서 전화가 와서, 만나기로 했다. 어느 카페(분위기가 어두움)에서 만났는데, 그 후배는 친구 한 명과 같이 나왔다. 그래서 셋이 여러 이야기를 나누던 끝에, 그 후배와 같이 온 친구가 내가 모으고자 했던 자료를 많이 가지고 있고, 그 분야에 관심도 있다는 것을 알게 되어 많은 도움을 받았다."

1995년 꿈동호회 모임의 회원이었던 분의 체험담이다. 상징적으로 여자는 여자가 아닌, 자신이 알고자 했던 어떠한 대상이나 자료를 뜻하는바, 성행위로까지 나아갔기에 현실에서는 많은 자료를 얻는 일로 실현되고 있다.

꿈으로 앞으로 일어날 일을 예지해낼 수 있다는 이러한 사실을 우리는 어떻게 받아들여야 할까? 과학적·논리적으로 증명해 낼 수 없다고, 신비로운 꿈의 세계에 대해서 부정적으로 받아들일 수는 없을 것이다. 논리적으로 설명할 수 없는 직관(直觀)의 세계가 있음을 우리는 부인할 수 없다. 이러한 직관의 세계보다도 더 초월적인 영적인 능력을 발휘해내는 세계가 꿈의 세계인 것이다. 자신의 앞날에 다가올 길흉을 예지해내는 능력이 우리 인간에게 있다는 사실을 우리는 부인해서는 안 될 것이다. 하찮은 물고기인 연어도 수천 킬로 떨어진 자신이 자란 곳으로 돌아오는 능력을 지녔는데, 만물의 영장인 우리 인간에게 이러한 미래 예지의 능력이 있다는 것이 무엇이 이상하다는 것인가?

다만, 꿈의 세계에 있어서 직설적으로 드러내지 않고, 상징적인 표현수단으로써 보여주고 있을 뿐이다. 성행위의 꿈은 성행위의 상징 표상대로, 성행위의 대상으로 표상된 어떠한 일거리나 사람과의 관련·연결이 이루어진다. 이 경우 기분 좋게 성행위를 하는 꿈일수록 그 일의 성취도가 좋게 이루어지고 있다.

이 경우 여자 혹은 남자로 표상된 성적(性的) 대상과의 꿈속의 표상 전개 하나하나가 모두가 다 의미를 지니고 있다. 여자를 소개받아 침대에서 성행위를 하는 꿈으로 다른 사람을 소개받아 자신이 필요한 자료를 얻게 되었다는 실증적인 사례에서 우리는 성행위 꿈이 어떠한 일거리나 사람과의 연결, 관련 맺음, 계약 성사 등으로 실현된다는 사실을 알 수 있다.

이처럼 꿈에 대한 올바른 연구는 오직 실증적인 사례에 바탕을 둔 사례분석을 통하여 이루어져야 할 것이다. 덧붙이자면, 사실적인 미래투시의 꿈은 꿈속의 상황과 똑같은 일이 현실에서 일어나게 된다. 이 경우 해몽할 필요가 없는 글자 그대로 사실적인 미래투시의 꿈인 것이다.

⑥ 상대방이 성관계를 맺으려다 그치는 꿈 → 은행대출 연장불가 통보를 받음

어느 처녀의 꿈 사례이다. "어떤 낯선 사람이 내게 굉장한 호의를 보인다, 내 유방을 만지며 어찌할 줄 몰라 하며, 성관계를 맺기를 간절히 원하는 듯하다. 성관계를 맺으려는 찰나에 어떤 여자가 방문을 열자, 상대방은 싸늘히 식어 더 이상 다가오려고 하지 않는다."

2 행동 표상 — 행동에 관한 꿈, 생각하고 느끼는 꿈

대출받은 돈의 만기일은 다가오는데, 대출이 연장되지 않는다는 통보를 받게 되는 일로 실현되었다. 남녀가 합쳐지는 상징적 표상으로 만족스러운 성관계는 성사나 체결 등 일거리에 대한 만족을, 성교를 맺지 못하거나 방해를 받거나 불만족을 느낀 경우에는 흡족하지 않은 일로 실현된다.

낯선 사람은 은행원을 의미하는 것으로 여자는 부동산 대출 건으로 상징되었으며, 처음에 호의를 베푼 것은 대출심사에 올려놓고, 유방을 만지는 것은 부동산에 대한 가치 등을 알아보는 것으로 볼 수 있겠다. 성관계를 맺고자 하는 것은 은행 건과 관련된 계약을 맺기를 바라는 것을 의미하나, 낯선 여자가 들어와 방해해서 상대방이 싸늘히 식었듯이, 생각지도 못한 일이 생겨 계약의 연장이 불가능하다는 통보를 받는 일로 실현되었다.

⑦ 옆에 앉은 한 여자의 크고 탐스러운 유방을 등 뒤에서 만져본 꿈 → 출판사와 출간 타진

고(故) 한건덕 선생님의 사례이다. 옆에 앉았다는 것은 자신하고 어떠한 인연이 맺어질 것이요, 여인의 유방으로 표상되는 어떠한 기관·단체·회사·사업·출판사 등과 관련이 있게 될 것을 예지해주고 있다. 또한 크고 탐스러운 유방이라는 표상에서 인연을 맺게 될 단체·기관·사람이 풍부하고 여유로움을 나타내주고 있다. 다만 등 뒤에서 만져본 것에 그치는 소극적인 행위로, 발전적인 성행위까지 이루어지지 않았다. 현실에서는 자금이 넉넉한 한 출판사를 물색해서 책 출판을 교섭하였으나, 교섭은 수포로 돌아갔다. 이는 꿈속에서 기분 좋게 하는 성교를 하지 않았으므로, 일이 성사되지 않은 것으로 보아야 할 것이다.

⑧ 여자와 성행위를 하지 못한 꿈 → 어려움을 겪게 된다.

> 약간 늙은 여자의 성기가 보였는데 털이 하나도 없었다. 또 내가 그 여자의 뒤에서 성행위를 하려고 하는데, 그때 갑자기 마누라가 나타나서 그 행위가 중단되었다. 이날 아침 복지관 관련자 회의를 위해 전철을 타고 서대문으로 갔는데, 길을 제대로 못 찾아 거의 한 시간을 허비하였다. 결국 택시까지 타고 지각을 했다. 지하철역 바로 옆이었는데, 그렇게 헤맨 것이다. 매우 기분 나쁜 아침이었다. 그리고 그 날 사회를 맡은 여자가 꿈속의 여자 모습과 비슷했다.

성행위는 부동산 매매 계약이나 체결, 어떤 일의 성사 여부를 상징적으로 보여주고 있다. 기분 좋은 성행위여야 자신의 뜻대로 모든 일이 순조롭게 이루어진

다. 여기에서는 성행위를 중도에 그치는 꿈으로, 회의 장소를 쉽게 찾지 못하고 어려움을 겪는 일로 실현되고 있다.

⑨ 음부 안에 도마뱀의 머리 같은 것을 감추고 있는 여자를 본 꿈

진심으로 대하지 아니하고, 흉계(성기 속의 동물)를 가지고 있는 것으로 실현되었다.

⑩ 어머니와 성교(性交)한 꿈(외국의 사례) → 정권 획득

외국의 꿈 사례이다. '줄리어스 시저가 어머니와 성교하는 꿈을 꾸었다는 이야기가 전해졌는데, 이 꿈을 당시의 해몽가들은 '시저'가 대지(大地)를 소유하게 될 길몽이라고 해석했다.

상징적인 미래 예지 꿈에서 어머니는 어떤 일거리·대지·고향 등을 상징할 수 있고, 성교는 일의 성패 여부를 상징하므로, '시저'가 장차 커다란 대지나 큰 권리를 소유하는 현실로 실현될 것이기 때문이다. 이렇게 현실에서 일어날 수 없는 황당한 전개를 보이는 꿈이 상징적인 미래 예지 꿈의 특성이다. 성행위(성교)의 상징적인 의미는 결합·연결·관련 맺음으로, 꿈속에 나타난 대상으로 상징된 권리·이권·재물·사람 등을 얻게 될 것을 의미한다.

⑪ 자기 자신과 관계한 꿈 → 가난·부채로 인해 자살하다.

상당한 세금을 거두어들인 어떤 유명한 세금 징수원이 꿈에 자기 자신과 관계를 했다. 운이 곤두박질치더니, 그는 궁핍해지고 줄줄이 부채를 져서 자살하는 상황에까지 이르렀다. (글: 아르테미도로스, 『꿈의 열쇠』)

(5) 성행위 꿈의 상담사례

① 남편이 다른 여자와 바람피우는 꿈

꿈에는 여러 가지가 있습니다. 꿈은 꿈을 꾼 사람이 처한 상황에 따라 달리 실현되지요.

첫째로, 먼저 꿈이 사실적으로 전개된 경우라면, 죄송하지만 사실적인 미래투시의 꿈으로 가까운 장래에 꿈속에서 본 장소·상황·인물 그대로 실현되어 이루어질 수도 있습니다. 이런 꿈은 미연에 방지할 수도 있습니다. 즉, 꿈속에 나타난 인물이나 장소·상황에 처하지 않게 하면 됩니다.

둘째로, 꿈은 잠재의식의 심리 표출이기도 합니다. 자신의 바람이나 불안·초

조·근심 등이 꿈으로 형상화되는 경우입니다. 잠재의식적으로 '우리 남편이 바람을 피우면 어떡하지' 등의 불안 심리에서 이러한 꿈을 꿀 수도 있습니다. 이 경우의 꿈은 뚜렷하지 않고 잘 기억나지도 않으며, 황당한 전개를 보여주고 있습니다. 뺑소니 택시 운전사가 경찰관이 붙잡으러 오는 악몽에 시달리는 꿈, 시험을 앞둔 수험생이 답안지를 작성하지 못해 쩔쩔매는 꿈 등이 여기에 해당하지요.

셋째로, 꿈의 상징 기법을 살피는 가장 보편적인 꿈해몽으로, 장차 앞으로 일어날 일을 보여주는 상징적인 미래 예지 꿈인 경우입니다. 남편이 바람피우는 대상은 실제의 여자가 아닌, 여자로 상징 표상된 어떤 대상이나 일거리 등을 상징적으로 나타내고 있습니다. 즉, 남편이 가까운 장래에 여자로 상징 표상되어 나타난 증권투자나 낚시·노름·게임·오락 등 어떠한 대상에 몰두하고 빠져들어감을 상징적으로 나타내주고 있습니다.

예를 들어 남편이 어린 여중생하고 성행위를 하는 꿈인 경우, 상징적으로 어린 여중생으로 표상되어 나타난 만큼, 그 대상이 이제 시작된 지 얼마 안 된 아직 미숙한 단계에 있게 됨을 뜻하지요. 꿈의 상징 표상 전개의 수법은 그 어느 문학가나 작가가 표현하지 못할 정도로 뛰어난 표현을 보여주고 있습니다.

우리가 꾸는 꿈의 대부분은 앞으로 일어날 일을 예지해주는 상징적인 미래 예지 꿈으로 보아야 할 것입니다. 이러한 꿈의 특징은 깨어나서도 기억 속에 생생하게 남아있으며, 현실에서 일어날 수 없는 황당한 전개를 보여주고 있습니다. 다만, 이러한 상징적인 미래 예지 꿈은 우리 인간에게 있어서 장차 일어날 일에 대한 마음의 준비를 하게 해줄 뿐, 현실에서 그 꿈의 실현을 벗어날 수는 없더군요. 현명한 판단과 대처를 부탁드립니다.

② 성폭행당하는 꿈

어느 풀 속에 어떤 남자가 나를 성폭행하는 꿈을 꾸었습니다. 무슨 꿈일까요?

여러 가지로 볼 수 있습니다. 프로이트 식으로는 잠재된 그러한 심리가 꿈으로 나타났다고 보는 것이지요. 즉 누구인가에게 성폭행이라도 당하고 싶다는 것을 나타내 준다고요. 말이 이상합니다만, 성행위에 대한 충동이 나타났다고 보아도 좋습니다. 하지만 이는 프로이트 식 해몽입니다.

사실적인 미래투시의 꿈에서는 어쩌면 가까운 장래에 실제로 그러한 일이 벌어질지 모른다는 것입니다. 이 경우 '사실적인 꿈이냐, 아니냐'의 구분은 꿈속의 정황이 '실감 나느냐, 황당하게 느껴지느냐'에 달라집니다. 꿈에 어느 으슥한 거리를 걷다가 불량배에게 성폭행당하는 꿈이었다고 하면, 실제로 어느 으슥한 거리를 걷다가 일어날 수도 있고요. 이 경우 현실에서는 꿈속에 나타난 거리나 정황을 파악하고 있어, 그러한 상황이 펼쳐지기 전에 위험에서 벗어 날 수 있습니다. 그 거리를 안 가면 되고요, 그 상황에 처하기 전에 멈추면 됩니다.

상징적인 꿈으로 본다면, 다른 사람에게 강제로 어떠한 계약이나 일거리를 맡게 될 꿈으로 보고 싶습니다. 이 경우 꿈에 나타난 가해자가 직장의 상사나 아버지·오빠 등으로 나타났다면, 거의 틀림없고요. 이는 현실에서는 꿈속의 상징 표상과 관계된 인물로 실현됩니다. 할아버지는 회사 회장, 아버지는 사장, 큰형님은 부장 정도로 여기면 됩니다.

성폭행이란 계약의 성사와 관련이 있고요, 꿈에서 강제로 당했다면 자신의 의지와 상관없이 어떠한 일에 종속당하는 일이 일어날 것입니다. 이 경우 달아났다면 일거리나 계약의 파기가 이루어질 것이고요. 또한 이렇게 황당하다고 느껴지는 상징적인 꿈은 본인이 제아무리 피하려 해도 현실에서 일어나게 되어 있습니다.

③ 어떤 처녀와 성교를 하는 꿈 → 계획된 일 무난히 성취

[회사원 K씨의 꿈] 어떤 방에 한 처녀가 비스듬히 누워있었다. 불현듯 그녀의 육체가 탐이 나서 손을 잡아 이끄니, 순순히 따라왔고 그녀와 더불어 만족할 만한 성교를 끝냈다.

이 꿈은 자기가 계획하고 성취시키려는 새로운 일거리가 무난히 성취될 것을 예지한 꿈이다. 꿈속의 처녀는 새로운 일거리의 상징물이며, 남이 아직까지 손을 댄 일이 없는 사업의 대상물이다. 어떤 방은 그 일거리가 취급되는 사업장소이고, 그녀가 비스듬히 누워있음은 그 일거리가 한동안 침체되어 있었음을 표현해 준 것이다. 욕정이 생기는 경우에 이 성욕을 해소시키지 못하면, 현실에서 불만이나 불쾌, 재수 없는 일을 체험하게 된다. 손을 잡아 이끌었음은 형제적인 사람과의 연합 또는 결연을 뜻하는데, 그 일거리를 위탁받은 사람과 계약이 성립될 것이다. 그녀가 순순히 따라온 것은 그 일의 성취가 무난히 이루어질 것을 뜻하며, 성교가 만족하게 끝났으니 그 일은 만족스럽게 성취될 것이다.---(글: 한건덕)

고(故) 한건덕 선생님의 상담사례를 다듬어 소개하였다. 처녀로 표상된 어떤

② 행동 표상 - 행동에 관한 꿈,
생각하고 느끼는 꿈

사람이나 사물·사업·대상과 좋은 결과를 얻게 될 것을 예지해주고 있다. 그 대상은 처녀인 만큼 아직 때 묻지 않은 순수함을 가지고 있을 것이며, 기분 좋은 성행위를 한 만큼 좋은 결과로 실현될 것이다.

다만 이런 꿈의 해석은 상징적인 미래 예지 꿈으로 볼 경우이다. 자신의 성욕(性慾)을 어쩌지 못해 고민하는 노총각이 이러한 꿈을 꾸었다면, 프로이트 식의 자신의 억눌린 성적충동에서 이러한 꿈을 꾸게 되었다고 볼 수 있다. 즉, 꿈을 통해 대리만족하게 해주고 있는 것이다. 때때로 몽정(夢精)이 수반되면서 이루어지고 있는 경우도 있다. 또한 꿈이 사실적으로 이루어졌다면, 장차 꿈속에 본 것과 똑같은 일이 현실로 일어날 수도 있다.

④ 꿈에 성교를 하면 어떤가? → 현실적 소원과 연관 나타내

몸이 고단한데도 꿈에는 여인들과 성교를 하고, 쾌·불쾌를 체험하는 꿈을 자주 꾼다. 무슨 뜻이 있지는 않은가?(군인 김○○ 상병의 꿈)

현실에서 성욕만큼 강렬하게 자기를 지배하는 것도 드물다는 것이 심리학적 견해인데, 사람들은 이 욕구를 억제하며 살아가는 것이 보통이다. 이 억제된 마음을 해소시키는 길은 실제로 성교를 하는 것인데, 그것을 할 수 없는 사람은 꿈속에서 성교를 하고 그 소원을 충족시킨다.

그러나 꿈은 또 하나의 목적 없이는 성교의 꿈을 꾸지 않는데(대부분의 꿈이 다 그렇지만), 그 목적이란 미래의 현실에서 계획하는 일이나 소원의 경향 또는 운명적 추세를 판정하고 예지하는 데 있기 때문이다.

그런 까닭에 꿈속에서 자기의 성욕을 해소시킬 수 있었느냐 또는 없었느냐 하는 표현은 곧 미래의 현실에서 자기의 소원의 경향이 쾌·불쾌 아니면 만족과 불만족 어느 편으로든지 체험된다는 것을 비유해서 판단하고 예지하는 암시적 표현이며, 누구의 꿈에서나 가장 자주 성욕의 꿈이 꾸어지는 것은 그것만큼 심각하고 강렬하게 인상에 남아 기억할 수 있는 꿈도 드물기 때문이다.

김 상병의 꿈이 만약 꿈속에서 어떤 여자와 만족할만한 성교를 끝낼 수 있었다면, 그것은 현실에서 어떤 소원이나 계획하는 일 아니면 돌발적으로 생기는 재수 있는 일을 체험하게 된다. 그러나 꿈에 여자의 유혹이나 욕정을 환기하는 행동을 해서 고도로 성욕만 일으키고 성교를 끝낼 수 없었다면, 이는 현실에서 불만이나 불쾌, 일에 대한 미수 등을 체험하게 된다.

성교의 꿈이 지나치게 강렬하여 몽정을 치르게 되면 이것은 그대로 대길한 꿈이지만, 꿈에서 자기의 정액이 노출된 것을 본다든지 하면 현실에서 좋은 일에 부닥치면서도 어떤 불쾌나 손실을 가져올 일이 있게 된다.

성교하다 중절하면 일에 대한 미수를 의미하며, 알지 못하는 처녀와 성교할 수 있으면 새로운 일 또는 개척 사업을 성사할 수 있고, 늙은이와 성교하는 것은 이미 오래된 일이나 남이 하던 일을 하게 된다.

여성이 꾸는 꿈은 꿈속에서 남성에게 자기의 모든 것을 바치고 성적쾌감을 만끽하는 꿈의 표현만이 최대의 길몽이며, 자기편에서 남성을 마음대로 할 수 있으면 더욱 좋은 꿈의 암시다.(글: 한건덕)

프로이트 식으로 보자면, 억눌린 성적 충동이 꿈으로 해소되는 경우이다. 이 점은 자유롭지 못한 군인의 신분에서 꾸어진 꿈이라면 더욱 가능성이 높다. 한참 혈기 왕성한 나이에 여자와 성행위를 할 수 없는 특수상황임을 가정한다면, 꿈에 그러한 여자와 성행위를 하게 되는 꿈은 현실에서 억눌렸던 욕구를 해소시키게 되는 창구 역할을 한다. 즉, 꿈은 억눌린 소망의 표현인 것이다.

우스운 이야기이지만, 필자가 군 생활하던 당시(ROTC 18기, 1980년 임관)에 병사들의 방탄 헬멧 속에는 아리따운 여자의 나체 그림이 들어 있었다. 성욕은 우리 인간이 느끼는 강렬한 욕망 중의 하나이다. 이러한 억눌린 감정을 꿈으로 해소한다는 사실이 어찌 보면 지극히 당연한 것이다. 여기에 몽정(夢精)은 사정행위를 극대화하기 위한 꿈이 펼쳐내는 멋진 세계인 것이다.

사실적인 미래투시의 꿈으로 보자면, 실제로 꿈에 나타난 여인과 가까운 장래에 인연을 맺게 될 것을 뜻한다. 우리가 꿈해몽에 있어 빼놓을 수 없는 것 중의 하나가 일단은 가까운 장래에 꿈에서 본대로 똑같은 현실이 일어날 수 있다는 사실이다. 즉, 사실적으로 꿈으로 앞으로 일어날 일을 예지하는 경우이다. 이러한 성행위의 꿈에서는 사실적인 꿈으로 실현되기에는 가능성이 거의 희박하지만---

상징적인 꿈으로 보자면, 한건덕 선생님이 말씀하신 대로이다. 꿈속의 여자는 여자가 아닌, 앞으로 관계하게 될 어떠한 대상이나 일거리를 상징한다. 이 경우 흡족한 성행위 시에는 좋은 결과가 이루어질 것을 예지해주고 있다. 남편이 바람 피우는 꿈을 꾼 주부의 꿈의 경우, 사실적인 미래투시의 꿈이라면 실제 그러한 일이 일어날 것이지만, 상징적인 의미에서는 남편이 마음을 빼앗길 낚시, 증권투자, 노름, 경마 등등의 어떤 대상을 상징 표상하여 나타내주고 있는 것이다.

⑤ 호랑이와 성교한 꿈

여러 마리 호랑이가 쫓아와서 사람들은 어떤 다락방 같은 곳에 숨었다. 자신도 그곳에 숨었더니, 큰 호랑이 한 마리가 문을 열고 들어와 자기를 잡아먹지는 않고 성교했는데 쾌감을 느꼈다.(유부녀의 꿈)

이 꿈의 해몽에서 중요한 상징 표상은 '성교를 했는데 쾌감을 느꼈다.'는 부분이다. 이처럼 기분 좋은 성행위를 하는 꿈은 그 대상으로 표상된(여기에서는 호랑이) 동물이 가진 상징적 의미와 연결된다는 것을 의미한다. 호랑이는 백수(百獸)의 왕과 같은 존재이니, 커다란 세력이나 고귀한 대상과의 연결이 맺어질 것을 예지하고 있다. 큰 호랑이와 기분 좋게 성행위를 하는 꿈이었으니, 좋은 결과로 실현될 것임을 예지해주고 있다. 꿈의 실현은 자신이 처한 상황에 따라 다르게 이루어진다. 실현의 일례로 자기 또는 남편의 사업이나 작품이 어떤 기관을 통하여 심사를 거치고 당선되어(성행위의 연결·결합·관련 맺음의 상징 표상 의미대로 실현됨) 권리와 명예가 주어지고 계약이 성립될 것이다. 호랑이 떼에 쫓겨 다락방에 숨는 것은 여러 사람에게 각각 나누어질 명예나 권리의 대상물, 즉 쟁취하기 어려운 일거리가 심사를 거치는 동안 대기 상태에 있음을 뜻하므로, 한동안 기다리고 있으면 가장 큰 명예나 권리가 자기에게 주어지며 크게 만족할 일이 있게 될 것이다.(글: 한건덕)

덧붙이자면, 안 좋은 예이지만, 유부녀가 여러 친구들과 어디에 놀러 갔다가 호랑이 같은 활달한 남성을 만나게 되어, 실제 하룻밤 인연을 강제적으로 맺게 되는 일로 실현될 수 있다. 또한 이렇게 동물이 자신에게 다가오는 꿈은 장차 태어날 아기의 운세를 예시하는 태몽이 될 수도 있다. 이런 해석은 꿈 꾼 사람이 태아를 대신하거나 태아의 상징 표상으로 나타난 경우이다.

≪키스하는 꿈≫

(1) 키스하는 꿈에 관하여

입은 집, 사건의 근원, 소식통 등을 상징하는 부위이고, 키스는 제2의 성교 수단으로 애정·욕정 등을 해소시키는 행위이다. 생생하게 실감 나게 전개되는 키스의 꿈이었다면, 장차 관계하게 될 이성과의 관계를 사실적으로 보여주는 미래투시의 꿈일 수 있다. 또한 소망표출의 꿈으로, 꿈속의 나타난 인물이 자신이 짝사랑하는 이성이었을 경우, 그녀와 키스를 하고 싶은 억눌린 잠재의식의 충동이 꿈으로 표출되어 대리만족하게 해주는 것으로 되는 경우도 있다. 이 경우 역시 해몽의 필요성이 없는 자신의 바람을 꿈으로 투영시킨 것에 불과할 따름이다.

하지만 상징적인 미래 예지 꿈에 있어서 이성과 키스하는 꿈은 이성으로 상징된 어떠한 소식에 접하게 되거나, 상대방의 속마음을 알아내며, 자백을 받거나 고발하는 등의 일을 체험한다. 부동산 매매의 체결 등 어떤 대상과 결연·결사를 맺는 일로 이루어진다. 그러나 키스가 불만스럽게 끝난 경우에는 어떠한 대상이나 일거리에서 성취를 이루지 못하는 일로 실현된다.

(2) 키스 꿈해몽 및 실증사례

① 애인과 만족스러운 키스를 하는 꿈 → 흡족한 결과

이 역시 앞에서 살펴본 실제 현실에서 이루어질 수 있는 사실적인 미래투시의 꿈이냐, 소망 표현의 꿈이냐, 몽정을 유도하기 위한 꿈이냐, 상징적인 미래 예지 꿈이냐 등의 입장에서도 고려해 보아야 할 것이다. 우리가 보통 꿈을 해몽한다고 하면, 상징적인 해석방법으로 살펴보는 미래 예지 꿈을 가리킨다.

꿈속에서 애인과의 키스가 열렬하고 흡족하게 하는 꿈은 상대편에게서 기쁜 소식이나 자백 등을 들을 수 있게 되며, 결혼 승낙을 얻기 원했던 사람은 현실에서 그 소원이 이루어진다. 상징적인 예지적인 꿈에서는 꿈속에 나타난 애인과 만족스러운 키스가 이루어진 경우, 자신이 관심이 있었던 어떠한 대상(외국어 공부, 사업, 부동산 매매 등등)이나 일거리에 있어서 성취·성사 등 좋은 일로 실현된다.

② 처녀와 신선한 키스를 한 꿈(실증사례) → 처녀지 같은 부동산 매수

필자의 체험담이다. 어느 처녀와 키스를 하는 꿈이었다. 깨고 나서도 신선한 촉각이 입가에 맴도는 꿈이었다. 며칠 후 부동산 중개인의 소개로, 벚꽃으로 둘러싸인 야산 중턱에 남향의 300여 평의 땅을 매입하는 현실로 실현되었다. 땅 주인이 할아버님으로부터 물려받아 40여 년간 지녀왔던, 부동산 정보지에는 한 번도 실려본 적이 없었던 처녀지 같은 신선한 땅이었다.

③ 배우·탤런트 등 유명한 사람과 키스하는 꿈 → 길몽으로 실현

유명한 연예인이나 가수·운동선수·학자 등과 키스하는 꿈을 꾸었을 때, 그 사람에 관한 소식을 듣게 되거나, 그로 상징된 사람에게 자신의 어떤 사정을 고

백할 일이 있게 된다. 또는 연예인 및 유명인사로 상징된 선망의 대상이 되는 일 거리나 대상과 관련을 맺게 되는 일로 실현되거나, 명예·명성이 따르는 명예나 이권을 얻는 일로 실현된다. 예를 들어 어느 학생의 꿈에 유명 가수와 키스하는 꿈을 꾸었을 경우, 현실에서 새로 부임해온 훌륭한 음악 선생님에게 개인 지도를 받게 되는 등 어떤 관련을 맺게 되는 일로 실현될 수 있다.

④ 연예인 문성근과 키스하는 꿈(실증사례) → 서강대 합격

어느 고3 수험생인 여학생의 꿈 사례이다. 지하철 안에서 승객으로 탤런트 문성근과 같이 있었는데, 느닷없이 문성근과 키스를 하게 되는 꿈을 꾸었다. 꿈을 꾸고 나서 얼마 후에 자신이 원했던 서강대에 합격하게 되었는바, 왜 하필이면 수많은 연예인 가운데 문성근과 키스하는 꿈을 꾸었는가에 대한 궁금증이었다. 나중에 알고 보니, 바로 문성근이 서강대 출신이었던 것이다. 이처럼 꿈의 상징은 절묘해서 우리 인간의 상상력을 뛰어넘고 있다.

⑤ 상대방이 입을 열지 않는 꿈

상대방이 입을 안 열거나, 조금 열었다 해도 적극적이지 않아서 불쾌함과 불만을 느꼈던 꿈은 현실에서 상대편으로부터 어떠한 소식을 듣거나 자백이나 용서를 받으려고 해도 이루지 못하게 된다. 또한 상대방이 일거리·대상의 상징인 경우, 자신이 하고자 하는 사업에서 아무리 애를 써도 뜻을 이루지 못하게 된다.

실증사례로, 어떤 여자와 키스하려는데 그 여자가 입을 열지 않고 성욕만 극도로 자극해 자기 성기가 팽창했던 꿈은 자기 자식에게 자백을 강요하지만 저항을 하게 되어, 뜻을 이루지 못하고 불쾌감을 느끼는 일로 실현되었다.

⑥ 인사 형식의 키스

꿈속에서 상대방의 이마나 손등에 키스하는 꿈은 상대방에게 어떤 맹세나 승복하여 동의하는 일로 실현되기도 한다.

⑦ 애무 형식의 키스

애무 형식의 키스로 욕정을 해소시키지 못한 꿈은 일을 이루지 못하거나, 불만·불쾌 등의 사건을 체험하게 된다.

⑧ 상대방과 키스를 오래 하는 꿈

상대방에게서 많은 사연을 알게 되거나 오랫동안 접촉하게 되고, 어떤 일을 깊이 알게 될 일이 생긴다.

(3) 키스 꿈 상담사례

> 아는 누나와 키스를 하다가 중단하는 꿈을 꾸었어요.

첫째, 프로이트 식으로는 평소 잠재의식 안에 그 누나와 평소에 키스하고 싶은 욕망이 있었다는 것이지요. 그러한 억눌린 성적인 욕구에 대한 갈망이 꿈으로 나타나면서 꿈을 통한 대리만족을 얻게 되는 것으로---

둘째, 사실적인 미래투시의 꿈으로 본다면, 가까운 시일 내에 꿈속의 누나와 그러한 상황에 처하게 된다는 것이지요. 하지만 이렇게 실현되려면, 꿈속의 전개가 황당하지 않은 마치 눈앞에서 펼쳐지는 듯한 사실적인 전개를 보여야 합니다.

셋째, 황당한 전개를 보이는 꿈이었다면, 장차 앞으로 일어날 일을 상징적인 표상으로 보여주는 상징적인 미래 예지 꿈으로 보아야지요. 누나로 상징되어 나타났으니, 자신보다 우위에 있는 어떠한 대상이나 일거리와 가깝게 지내는 등 어떠한 일에 진척이 있게 되다가 방해자에 의해서 중단하게 될 듯합니다. 하지만 적극적인 성행위까지 발전하지 못하고 방해자에 의해서 중단된 만큼 불쾌·불만을 느끼게 될 것입니다.

꿈의 실현을 살펴본다. 현실에서는 아는 누나와 키스하는 꿈을 꾼 며칠 뒤에 우연히 여자를 만났는데, 너무 괜찮은 여자였다고 한다. 한 살 많은 명문대 국문학과 4학년으로 아주 매력 있고, 말도 잘하고, 잘 놀고, 부티나는 스타일로 결국에는 데이트 신청까지 받는 일로 실현되었다고 한다. 즉, 새로운 누나에 해당하는 여성을 만나는 일로 실현되었다. 하지만 키스를 하다가 방해받았으니, 또한 성행위까지 나아가지 못했으니, 그 만남이 지속된다고 보기는 어렵다고 할 것이다.

≪프러포즈(청혼·구애)를 하거나 받는 꿈≫

내면의 심리가 꿈으로 표출되는 경우의 잠재의식 표출의 꿈이 있다. 즉, 자신의 바람이나 소망 등이 꿈의 영상으로 표출될 수 있다. 사실적인 꿈이라면 장차 실제로 프러포즈와 관련지어 일어나게 된다. 하지만 과장이 심하고 황당한 꿈이라면 상징적인 꿈으로, 프러포즈를 한 상대는 실제의 그이거나 동일시된 인물 또는 자신이 애착을 가지고 있는 일거리·대상 등을 의미할 수 있다.

따라서 프러포즈를 받게 되는 것은 어떠한 결사·결합·계약의 성사 등에 대한, 제의·제시·권유 등을 받게 된다. 이 경우 좋은 감정이나 느낌, 좋은 꽃이나 반지를 받는 꿈, 멋진 상대방일수록 일거리나 대상 등과의 관련 맺어짐에서 기쁨·감동·결실을 이루는 일로써 실현이 된다. 한발 더 나아가 성행위를 하는 꿈으로 나아간다면, 완전한 결합·성사·체결·계약성사 등으로 이루어질 것이다.

≪결혼하는 꿈≫

결혼하는 꿈의 상징적 의미는 어떠한 두 대상 간의 결합·성사·관련 맺음을 뜻한다. 결혼식이 화려하거나 결혼 상대방이 마음에 들수록, 좋은 기관·단체·일거리·대상과의 결합이나 성사가 이루어지는 일로 이루어진다. 결혼하는 꿈으로 복권에 당첨된 사례도 있다. 또한 결혼하는 꿈이 사실적 미래투시의 꿈으로 실현될 경우, 실제로 꿈에 나타난 사람과 결혼하는 일로 실현될 수도 있겠다.

(1) 결혼의 꿈해몽 요약

결혼식장은 계약·결사·사업 등의 일이 진행되는 어떤 장소의 바꿔놓기다.

① 자기가 신랑이나 신부가 되어 등장하는 꿈

현실의 어떤 사람들과 계약하거나 단체의 일원이 되어 결사에 참가할 일로 실현된다.

② 신랑(신부)와 나란히 선 꿈

이때의 신랑(신부)은 사업이나 일거리·대상을 계약 맺어서 같이 하게 될 사람을 상징적으로 보여주고 있으며, 주례는 중개인·소개인·지도자, 부모님은 협조자나 후원자, 많은 하객은 계약이나 결사에 관여하고 있는 사람들을 상징하고 있다.

③ 결혼식장에 신랑(신부)이나 내빈이 없는 꿈

자신이 결합이나 계약을 추구하고자 하는 일거리·대상에서 마땅한 상대를 구하지 못하게 되며, 후원하는 사람이 없게 된다. 실제 결혼을 앞둔 경우, 불안 심리에서 이러한 꿈이 표출되기도 한다.

④ 웨딩드레스를 입고 결혼식을 올리는 꿈

신분이나 직위가 새로워지거나, 입학·취직·면담 등 성취가 이루어진다. 또한 협조자를 만나게 되는 일로 실현될 수 있으며, 사업과 관련하여 계약을 맺게 되며, 결사나 계 모임·동창회 등에서 어떤 임무를 맡게 된다. 사실적인 미래투시의 꿈인 경우에는 실제 결혼하는 일로 실현된다.

⑤ 웨딩드레스 등이 잘 갖추어져 있어 자신의 마음에 드는 꿈

어떤 일거리나 대상과의 결합에 있어, 좋은 여건에서 사업이나 계약이 진행됨을 뜻한다.

⑥ 결혼선물을 교환하는 꿈

계약이나 결사·관련 맺음의 약속 이행의 증거물이며, 축사를 읽는 꿈은 계약·결사나 모임에서 규약문이나 계약 사항을 공개·선포할 일의 비유이다.

⑦ 여러 번 결혼하고 아이들을 낳았다고 생각되는 꿈

여러 차례 다른 사업을 시도하여, 사업의 성과를 이루었음을 상징한다.

⑧ 화려한 결혼식에 참석하는 꿈

참석한 사람의 죽음을 예지하는 것으로 실현된 사례가 있다.

(2) 결혼 꿈의 실증사례

① 애인과 결혼하는 꿈 → 복권에 당첨

49회차 더블복권으로 3억 원에 당첨된 유○○ 씨의 꿈 사례이다. 복권을 사기 얼마 전에 여자 친구와 결혼하는 꿈을 꾸었다. '머릿속이 결혼 생각으로 꽉 차 있어서, 이런 꿈도 꾸지 않았겠는가?' 생각했던 유 씨는 이 꿈이 길몽이었던 것 같다고 말하고 있다.

상징적으로도 아주 좋은 꿈이다. 결혼하는 꿈은 어떠한 대상과의 결합·성사·체결을 상징하고 있다. 이 경우 결혼 상대자가 마음에 들었다면, 꿈의 실현 결과는 더더욱 좋게 이루어진다. 따라서 실직자가 결혼하는 꿈을 꾸면 어떠한 대상·단체와 관련을 맺게 되며, 시험을 치른 경우에는 당연히 합격하는 결과로 이루어진다.

② 아가씨와 결혼하라는 꿈 → 1천만 원에 당첨

정 씨는 간밤에 꿈자리가 뒤숭숭했다. 3년 전에 세상을 떠난 어머니와 형, 역시 이미 고인이 된 사돈이 꿈에 나타나서, 어렸을 때 한동네 살았던 아가씨를 들먹이며 결혼을 하라고 하는 꿈이었다. 결과는 예기치 않게 얻게 된 1만 원으로 산 자치복권이 1천만 원에 당첨되었다.

결혼하는 꿈은 어떠한 대상과 결합·성사·체결이 이루어지는 꿈이다. 아가씨로 상징된 어떠한 대상과 관련을 맺게 될 것을 보여주고 있는바, 예쁜 아가씨의 경우 상징적으로 사람들이 바라는 선망의 대상을 상징하고 있다. 또한 자치복권의 그림에 예쁜 아가씨 사진이 들어가 있는 경우도 있다. 하늘에서 말 5마리가 끄는 마차가 내려오는 꿈을 꾸고, 말이 그려진 복권으로 당첨된 사례가 있다.

③ 아는 선배와 결혼한 꿈 → 같은 대학에 다니게 되다.

> 가톨릭대에 원서를 넣은 상태이고요. 꿈에 성당에 갔습니다. 그런데 주위 분들이 "너 오늘 결혼하는 날이란다." 하면서, 갑자기 저에게 웨딩드레스를 입히는 것입니다. 정말 아무 준비가 안 된 상태로 어설프게 결혼을 했습니다. 그러다 신랑을 보게 되었는데, 뜻밖에도 성당에서 교사로 활동하고 있는 잘 아는 오빠였습니다. 결혼하고 나오는데 정말 사람들이 많더라고요.

결혼의 상징적 의미는 결합·성사의 의미로, 계약 체결이나 입학·취직 등 어떠한 일이 이루어짐을 뜻한다. 이때 결혼 상대자가 마음에 들수록 흡족한 결과를 얻게 된다. 꿈의 실현은 결혼했던 선배가 실제로 본인이 합격한 대학의 선배가 되었으며, 같은 성당에서 교사 활동을 하게 되는 일로 실현되었다.

④ 엄마가 대통령과 결혼하는 꿈 → 사업의 대박

필자 사이트(http://984.co.kr)의 jyhcello 이용자의 결혼 꿈 관련 체험 사례를 소개한다.

> 4년 전에 커피숍을 하기 위해 계약을 하러 가는 날이었다. 그런데 꿈에 엄마가 혼자 사시는 집이 보였다. 마당에는 사람들이 웅성웅성 모여 있었고, 방에는 김대중 대통령과 엄마 친척들이 모여 있었다. (결혼하는) 엄마는 소녀처럼 다소곳하게 앉아계시며 행복해하셨다.

꿈을 꾸고 아무 생각 없이 계약을 했다. 그리고 몇 달 후에 여기 꿈사이트에 해몽을 의뢰하였다. 어머니의 집은 앞으로 더 큰 가게를 할 것을, 대통령과의 결혼은 계약을 의미하고, 장사는 대박이 날 것이라며 축하한다는 말까지 하였다. 말 그대로 대박이었다. 손님이 자리가 없어서 계속 나가는 일이 벌어졌다. 가족들은 "커피숍에 자리가 없어 나가는 건 처음 본다."라고들 하였다.

어머니가 대통령과 결혼하는 꿈에서 어머니는 실제의 어머니가 아닌, 어머니로 상징된 어떠한 대상이나 가게 등을 상징하고 있다. 최고 권력자인 대통령과 결혼하는 꿈은 대통령으로 상징된 부귀·권세·명예와 관련을 맺게 될 것을 예지해주고 있다. 이 경우, 행복한 표정의 꿈속의 상황 또한 중요하다. 꿈속의 상황이 정겹고 행복할수록 현실에서도 좋은 결과로 이루어지고 있다.

⑤ 죽은 부인과 재혼하는 꿈 → 부인과 닮은 이미지의 여자와 재혼

조강지처와 사별하고 자녀들 때문에 오랫동안을 홀로 지내시던 분이 있었다. 자녀들이 성장하여 아버지의 재혼을 적극적으로 추진하던 무렵, 자녀 중에 한 사람이 꾼 꿈이다. 여러 사람이 여기저기서 중매를 하여 결정을 못 하고 있을 때인데, 딸 하나가 막무가내로 재혼을 강요하는 여인이 있었다. 그 이유는 아빠가 그분과 재혼을 하였는데, 결혼식장에서 보니까 주례자를 향하여 서 있던 두 분이 하객들을 향해서 돌아서는데, 아빠 옆에 서 있는 분이 재혼한 새엄마가 아니고 돌아가신 엄마가 서 있어서 깜짝 놀랐다는 것이다. 그 후에 놀라운 것은 음식 솜씨며 분위기가 너무나 흡사하다는 점이다. 심지어는 돌아가신 분의 옷을 입고 돌아서 있으면, 완전히 착각할 정도로 그 모습까지 비슷하여, 집안 분위기가 전혀 새엄마가 온 것 같지 않은 분위기였다.(글: 박성몽)

(3) 결혼 꿈의 상담사례

① 결혼하는 꿈

꿈에서 결혼식을 하게 되었습니다. 웨딩드레스를 입고 입장을 하려고 식장 안을 들여다보니 생각지도 못했던 하객들이 너무 많아 놀랐었고요. 또 얼굴에 화장을 하나도 안 하고 렌즈도 끼지 않는 등, 준비가 덜 되어 있어 허둥거렸었고요. 신랑을 보니 누군지 얼굴이 보이지 않았습니다.

자신의 처한 상황이 없으므로 보다 올바른 추정이 불가능합니다. 상징적인 미래 예지 꿈이네요. 결혼, 결혼식을 검색하여 여러 사례를 읽어보세요. 결혼 상대로 표상된 어떤 기관이나 대상·일거리·사람들과 관련을 맺을 것이고요. 많은 사람들이 결과를 지켜보거나 관심을 지니고 있지만, 정작 본인은 그러한 관련 맺는 상황에서 준비가 덜 되어 있는--. 또한 신랑의 얼굴이 보이지 않는다는 것은 신랑으로 표상된 어떠한 대상이나 일거리 등이 아직 명확하게 정해지지 않은 상태라는 것을 보여주거나, 장차 일이 추진되지 않음을 보여주고 있습니다.

② 행동 표상 - 행동에 관한 꿈, 생각하고 느끼는 꿈

② 웨딩드레스에 관한 꿈

　내가 결혼을 해야 해서 결혼 준비를 하는데, 시간도 촉박하고 준비도 잘 안 되고, 웨딩드레스도 마련이 잘 안 되고 하다가, 간신히 드레스를 구했는데, 치마에 둥글고 누런 얼룩이 크게 져 있는 꿈이었어요. 저는 디자인 일을 하는데, 그 꿈을 꿀 때 당시에 시작했던 프로젝트가 있었는데요. 그런데 얼마 전 진행되던 프로젝트가 거의 무효로 돌아가게 생겼어요.

　어제 또 웨딩드레스 꿈을 꿨는데요. 이제 생각해보니 그때 웨딩드레스가 이런 결말을 나도록 한 게 아닌가 하는 생각도 드네요. 어제 꾼 꿈은 결혼을 해야 해서, 웨딩드레스를 준비해야 하는데 시간도 없고 해서, 그냥 학교 앞에 있는 작은 웨딩드레스숍 앞에 걸려 있는 걸로 그냥 하기로 했거든요.

　그래서 돈을 한 이백만 원인가 주고서 드레스를 샀는데, 사고 입으니 그렇게 마음에 꼭 들지는 않았지만, 엄마가 그것도 괜찮다고 하더군요. 그런데 다른 집에서 만든 웨딩드레스랑 비교해보니, 제 맘에는 그렇게 들지 않고 아쉬운 게 있었지만, 남들이 볼 땐 그냥 괜찮게 넘어갈 만했어요. 생각해 보면, 지금 제가 디자인하는 거 외에 밖으로 외주를 주는걸 제가 진행하는 게 있는데, 그게 아닌가 하는 생각도 들고, 이 꿈이 어떻게 이뤄질지는 모르겠네요.

　결혼은 어떠한 일거리·대상과의 결합과 성사를 상징하는 꿈이며, 웨딩드레스는 일의 진행과정에서의 준비사항이나 여건을 상징하지요. 꿈은 반대가 아닌 상징의 이해입니다. 신부 화장이 너무 잘 돼서 예뻐 보인다든지, 남들의 찬사를 듣는다든지, 웨딩드레스가 아름답다든지의 만족스러운 꿈은 일의 성사과정에서 자신의 처한 여건이나 존재가 돋보이는 전개가 이루어지죠. 따라서 웨딩드레스의 깨끗함, 아름다움, 마음에 들고 안들고 등이 장차 성사시키고자 하는 어떠한 프로젝트 진행상에 문제가 있는지 없는지를 보여주고 있다고 보아야 할 것입니다.

《이혼하는 꿈》

　이혼하는 꿈은 결혼하는 꿈을 역(逆)으로 생각하면 된다. 이혼하는 꿈은 어떠한 애착을 지녀오던 회사·기관·단체나 일거리·대상과의 결별을 상징한다. 따라서 이혼을 하는 꿈을 꾸게 되면, 어떠한 직장에서 맡았던 일을 그만두게 되며, 부동산 계약 등의 파기 등으로 이루어진다. 이 역시 사실적인 요소가 있는 꿈이라면, 결혼 상태에서 실제 이혼을 하게 되는 일로 실현된다.

① 이혼하는 꿈

심리 표출의 꿈이라면 잠재의식적으로 이혼을 바라는 경우에 이러한 꿈을 꿀수가 있다. 상징적으로는 어떠한 대상·일거리나 사람과 결별하는 일로 이루어진다.

② 이혼 수속을 마치는 꿈

상징적인 꿈의 경우, 계약 등을 해약 완료되거나 단체나 모임에서 탈퇴하게되는 등 골치를 썩이던 일이 해결되는 일로 실현된다.

③ 남편과 이혼하고 크게 세 번을 운 꿈(실증사례) → 복권 당첨

'남편과 이혼하는 꿈'은 일반적인 상징으로는 좋지는 않다. 일반적으로는 남편같은 존재로 어떠한 애착이 가던 일거리나 대상을 상징하고 있다. 하지만 꿈의실현함에 있어서 꿈을 꾼 사람이 처한 상황이 중요하다. 이 꿈을 꾼 사람은 비좁은 아파트에 거주하는 특수한 상황이었다. 복권 당첨금으로 보다 나은 아파트로이사 가기를 바라고 있었던 만큼, 남편과 이혼하는 꿈의 상징적 의미가 여기에서는 현재의 비좁은 아파트를 떠나 보다 나은 아파트로 이사 가는 것을 상징하고있다고 보아야 할 것이다. 모르는 여자와 성행위를 한 꿈으로 아파트를 새롭게분양받은 사례가 있는바, 모르는 여자가 바로 새 아파트의 상징 표상으로 등장한것이라 하겠다.

또한 남편과 이혼하는 꿈으로, '크게 3번을 울었는데, 너무도 시원했다'에서 알수 있듯이 꿈속에서 느낀 감정이 중요하다. 따라서 꿈을 가장 잘 해몽할 수 있는사람은 꿈의 상징 기법을 어느 정도 이해만 하고 있다면, 처한 상황이나 마음먹은 바를 가장 잘 알고 있는 본인 자신이다. 일부 역술인이 꿈을 해몽하는 데 있어,연월일시의 사주를 이야기하고 있는바, 꿈해몽에 있어 사주는 직접적으로 아무관련이 없으며, 오직 꿈을 꾼 사람이 처한 상황과 꿈속에서의 감정이 가장 중요하다. 또한 꿈의 실현 결과도 여기에 따라 달라지고 있음을 볼 수 있겠다. 예를 들어, 호랑이에게 물리는 꿈이 꿈을 꾼 사람이 처한 상황에 따라, 태몽이나 재물 획득, 깡패에게 시달리거나 질병에 걸리는 등 다양하게 실현되고 있다.

≪임신 및 출산하는 꿈≫

(1) 임신, 출산의 꿈 개괄

아기를 낳는 꿈은 아주 길몽이다. 민속에서도 아기를 낳는 일에 대해서는 모두가 귀하게 여기고 축복해주고 있다. 이러한 것은 꿈에서도 같은 결과로 나타나고 있다. 동물이나 식물 또는 어떠한 사물을 집으로 들여오는 꿈은 좋은 일로 실현되고 있는바, 새로운 생명이 탄생하는 꿈에 있어서랴?

아기 낳는 꿈을 꾼 후에 현실에서 가임 여건에 있는 경우, 사실적인 미래투시의 꿈이라면 실제로 아기를 낳는 일로 이루어질 수도 있다. 또한 심리적인 표출의 꿈으로 임신에 대한 두려움이나 불안감 또는 간절한 바람에서 이렇게 아기 낳는 꿈을 꿀 수도 있다.

하지만 대부분의 상징적 미래 예지 꿈인 아기를 낳는 꿈은 아주 좋은 꿈이다. 상징적으로 임신하는 꿈은 자신이나 어떠한 일거리, 작품, 사업, 대상 등에서 어떠한 성취의 가능성을 내포하게 됨을 의미하고 있다. 만삭에 가까울수록 성취가 임박하게 다가옴을 의미하고 있으며, 아기 낳는 꿈은 새로운 생명이 탄생한다는 데에서 아기로 표상된 어떠한 성취나 결실을 이루어 내거나, 권리나 이권의 획득, 재물적인 이익을 얻는 일로 실현되고 있다.

이 경우, 기형아를 낳는 꿈은 불완전한 성취나 잘못된 결과로 이루어지기도 한다. 쌍둥이를 낳거나 세쌍둥이를 낳는 꿈 등은 겹경사의 아주 길한 길몽이다. 사실적 미래투시적인 꿈이라면 실제로 쌍둥이를 낳을 수도 있다. 하지만 대부분의 상징적인 미래 예지 꿈에서는 어떠한 대상이나 작품·일거리를 한꺼번에 생산하거나 순차적으로 생산해 낼 일을 뜻한다. 누군가가 많은 아이를 낳는 것을 보는 꿈도 좋다. 또한 동물들이 많은 새끼를 낳는 것을 보는 꿈도 좋다. 상징적 의미로는 번창·번영의 발전을 이루어낼 것을 예지하고 있다.

임산부를 보는 꿈은 사업에 관한 이차적인 성과가 조만간 나타남을 뜻하며, 자기가 임신하면 어떠한 일거리나 대상에 대한 사업성과나 성취가 이루어진다는 가능성을 보여주고 있다.

이러한 아기 낳는 꿈의 실현은 꿈을 꾼 사람이 처한 상황에 따라 다르게 이루어지고 있다. 예를 들어, 저자의 경우 아기 낳는 꿈을 꾸게 되면 책을 출간하게 된다든지, 대학원생인 경우 논문을 완성하게 된다든지, 수험생의 경우 시험에 합격한다든지, 회사원인 경우 자신이 맡은 프로젝트를 성사시키는 일로 이루어진다. 물론 일반인의 경우에 어떠한 일이 성취되어 이권이나 재물을 얻는 일로도 실현될 수 있다.

'아기 낳는 꿈' 또한 다른 사람이 대신 꿔줄 수가 있다. 연예인 김혜영은 MBC 무릎팍 도사 프로그램에 출연하여, 전도연의 집에 갔더니 이미 아기를 낳았으며 자신이 선물을 주는 꿈을 꾼 후에, 현실에서는 영화배우 전도연이 칸 영화제에서 수상하는 일로 실현되었다고 밝히고 있다.

(2) 임신, 출산의 꿈해몽 요약

① 아기를 낳거나 낳는 것을 보는 꿈

작품·일·재물 등을 얻거나 일이 성사된다.

② 임산부를 보는 꿈

사업에 관한 이차적인 성과가 조만간 나타남을 뜻하며, 자기가 임신하면 어떠한 일거리나 대상의 성공이나 가능성을 내포한다.

③ 남성인 자신이 임신하고 산달이 가까워졌다고 생각한 꿈

조만간 사업의 성과나 어떠한 일에 대한 성취가 임박해 있음을 뜻한다. 원금에 대한 이자 등을 받을 날이 가까이 다가온 일로 실현된 사례도 있다.

④ 출산한 아기가 잘생기고, 쑥쑥 자라나는 꿈

새롭게 시작한 일거리나 창업된 가게가 많은 이익을 내고 번창함을 의미한다.

⑤ 아기를 유산하는 꿈

상징적으로 좌절과 실패나 헛수고로 돌아감을 의미한다.

⑥ 이미 폐경이 된 어머니가 임신한 꿈

상징적으로 폐경은 역할이나 책무가 끝난 사람이나 일거리·대상을 상징하고 있으며, 어머니는 어머니 같은 존재의 윗사람으로 회사 사장이나 집안의 어른 등이 될 수 있다. 임신하는 꿈은 어떤 일거리나 대상에 대한 성취의 가능성을 갖춘 것을 뜻하며, 이때 낳은 아기가 잘생기고 건강할수록 좋은 성과를 이루어냄을 뜻한다.

예를 들어, 이미 일선에서 물러난 나이 많거나 경험이 풍부한 사람에게 어떠한 책무가 주어지거나, 정년 퇴임을 앞둔 직장의 상사가 어떠한 창의적인 프로젝

트를 준비하는 일로 실현될 수 있다.

⑦ 아들을 순산하고 산후 조리원을 찾아다니는 꿈

아들로 상징된 마음에 드는 어떤 결실이나 성취를 이루게 된다. 예를 들어 새롭게 가게를 얻어 장사를 시작하게 되는 일로 실현될 수 있다. 이 경우 순산을 하였듯이, 그리 힘들이지 않고 어떠한 일을 이루게 된다. 다만 성취를 유지하기가 그렇게 쉽지는 않을 것이며, 산후 조리할 마땅한 곳을 찾아다니듯이, 이루고 난 뒤의 완벽한 마무리를 위해 애쓰게 된다. 산후 조리원으로 표상된 협조자나 협조 기관을 찾아다니게 되며, 현실적으로 산후 조리원이 대출기관 등을 상징할 수도 있다.

다시 요약해 살펴보자면, 상징적으로 아기를 낳았듯이 어떠한 성취·결실을 이루어낸 후에 산후조리원으로 상징된 단체나 기관의 도움을 얻으려 애쓰게 되든지, 투자자 등의 후원 세력이나 후원 자금을 구하게 되는 일로 실현될 수 있다.

(3) 임신·출산 꿈에 대한 실증적 사례

① 출산 꿈으로 로또(복권)에 당첨된 사례

자세한 것은 제Ⅴ장 실증사례의 임신·출산 꿈의 로또(복권) 당첨 사례를 참고하기 바란다

기르던 암퇘지가 8마리의 새끼를 낳는 꿈, 돼지 새끼를 낳아서 집으로 들여오는 꿈, 돼지가 새끼를 낳는 것을 보는 꿈, 어미돼지가 자신에게 달려와 품에 안겨 새끼 13마리를 낳은 꿈, 거북이 두 마리가 알을 낳는 꿈, 세쌍둥이의 남자아이 낳는 것을 보는 꿈, 낯모르는 여성이 집에 와서 아기를 낳는 꿈 등으로 로또(복권)에 당첨되는 일로 실현되고 있다.

② 어머니가 아기 낳을 연세가 지났는데도, 4~5명의 아기를 한꺼번에 낳았다고 해서
깜짝 놀란 꿈 → 저자의 경우 몇 권의 단행본을 출간

어머니는 실제의 사람을 뜻한 것이 아니라, 사업체이거나 대상을 상징하고 있다. 따라서 사업가인 경우 현재까지 해왔던 어떤 근본적인 사업체로부터의 새로운 부차적인 여러 가지 새로운 사업을 창업하게 된다든지, 저자의 경우에는 어머니로 상징된 모태가 되는 어떤 근원적인 서적에서 새롭게 얻어지거나 문장을 발췌해서 4~5개의 단행본을 출간하는 일로 이루어진다.

고(故) 한건덕 선생님의 실증사례로 예를 든다면, 어머니 같은 『꿈의 예시와 판단』이라는 근원적인 책을 출간한 뒤에 일반 사람이 쉽게 볼 수 있도록 요약 발췌한 『현대해몽법』 등의 여러 저서를 재출간하는 현실로 이루어졌다.

③ 둘째 아기 낳는 꿈 → 취업

현재 전 딸아이 하나를 둔 아기엄마입니다. 며칠 전 꿈에 둘째 아이를 낳는 꿈을 꿨어요. 병원에 수술대에서 아이를 낳았다고 하면서 아이를 보여주더라고요. 저는 수술복을 입고 있었고, 아이를 보여주는데, '아이는 일반 신생아와 다르게 다 자란듯한 많이 크다.'라는 느낌이 드는 아이였고요. '아이가 저렇게 크네, 어떻게 신생아지?' 아이는 다른 아이보다 많이 크고 두드려져 보였고, 무엇보다 그 아이의 한 손과 한 발이 무지무지하게 크게 보이는 것이에요, 어른의 발과 손 크기를 가진 아기를 낳았죠.

제가 그 꿈을 꾸고 그날 바로 두 곳에서 취업 의뢰를 받았어요. 예정대로면 다음 날 면접 발표를 하기로 되어 있었는데, 하루 전인 꿈을 꾼 날 바로 합격 소식을 들을 수 있었고, 그날 다른 곳에 면접을 본 데에서도 능력을 인정받아서, 더 나은 조건에서 그날 바로 취업 OK를 받았어요.

낳은 아이가 건강하고 커 보일수록 현실에서 성취의 결과가 크게 나타나고 있다. 꿈은 반대가 아닌 상징의 이해에 있는바, 자신이 꿈속에서 난쟁이보다는 거인이 되어 있는 꿈이 좋은 꿈이다.

④ 아기를 낳았다고 야단치는 꿈 → 교통사고가 나다.

꿈에 결혼이 임박한 동생의 약혼녀가 결혼도 하기 전에 아기를 낳았다고 야단을 치는 꿈이었다. 현실에서는 동생의 약혼녀가 초등학교 교사로, 차를 운전하며 횡단보도를 지나던 중 미처 아이를 발견하지 못해서 그만 교통사고가 나게 되었다. 결혼 날짜를 받아둔 신부라 피해자 요구대로 들어주는 일이 일어났다.

제천시에서 주부인 김○○ 씨가 보내온 꿈이야기이다. 보통 아이를 낳는 꿈은 복권의 당첨 등 좋은 일로 실현되고 있다. 하지만 이 꿈 사례에서는 아기를 낳았다는 것이 중요한 것이 아니라, 결혼도 안 한 몸이 아기를 낳아 야단을 치게 되는 꿈속의 상징 표상이 중요하다고 보아야 할 것이다. 결국 야단을 맞아 곤경에 처하게 되는 꿈속의 일처럼, 현실에서도 교통사고를 내게 되어 결혼을 앞두고 곤욕을 치르게 되는 일로 실현되고 있다.

2 행동 표상 - 행동에 관한 꿈, 생각하고 느끼는 꿈

⑤ 아들 쌍둥이 낳는 꿈 → 금메달 2개 획득

1994년 17회 노르웨이 릴레함메르 동계 올림픽에서 한국 대표팀은 대회 11일째까지 노메달에 허덕이다, 한꺼번에 금메달 2개를 획득했다. 릴레함메르의 유일한 한국인이자 선수단 통역으로 자원봉사하고 있는 이광희 씨는 "간밤에 꿈을 꾸니, 애가 없던 내가 갑자기 아들 쌍둥이를 낳아 놀랐는데, 금메달 2개를 따낸 것을 보니 쌍둥이 꿈이 맞기는 맞는 것 같다."라고 밝히고 있다.

이 역시 아기를 낳는 꿈이 좋은 것으로 복권 당첨에도 실현되고 있음은 앞에서 살펴본 바가 있다. 이처럼 좋은 꿈의 실현은 현실에서 꿈을 꾼 사람이 처한 상황에 따라 다양하게 나타나고 있다.

⑥ 사촌 언니가 임신했다고 말하는 꿈

실제 두 달 뒤에 임신한바, 장차 일어날 일을 사실적인 미래투시의 꿈으로 보여준 경우이다.

⑦ 흑인 여아를 낳은 꿈 → 장님이 되다.

어떤 격투기 선수가 꿈에 임신하여 두 명의 흑인 여자아이를 낳았다. 그는 장님이 되었다. 그의 안구에서 동공이 빠져나감으로써, 깜깜하게 된 것이다.(글: 아르테미도로스)

⑧ 격투기 선수가 출산해서 아이에게 젖을 먹인 꿈 → 운동 포기

판크라티온 전문의 한 격투기 선수가 시합이 다가오는 가운데, 꿈에 출산해서 아이에게 젖을 먹였다. 그는 시합에서 졌고 운동을 완전히 포기했다. 꿈에서 그는 남성적인 활동이 아니라, 여성적인 활동을 했기 때문이다.(글: 아르테미도로스)

⑨ 어머니를 통해 다시 태어난 꿈 → 유산 상속

어떤 사람이 꿈에 자기 어머니를 통해 다시금 세상에 태어났다. 외국에서 돌아온 그는 어머니가 병이 난 것을 알았고, 유산을 상속받았다. 이것이 바로 어머니에 의해 '다시 태어나는 것', 다시 말해 어머니 덕분에 빈곤에서 풍요로움으로 이동한 것이다. 실상 그는 그전에는 대단히 곤궁하고 가난한 상태에 있었다.(글: 아르테미도로스, 『꿈의 열쇠』)

(4) 임신·출산 꿈의 상담사례

① 남자인데 임신하는 꿈을 꿨어요.

이렇게 과장이 심하고 황당한 전개의 꿈을 상징적인 미래 예지 꿈이라고 하지요. 상징적인 미래 예지의 꿈에서 임신을 하는 것은 어떤 일거리나 대상에 대한 가능성을 갖고 시작한 상태가 됩니다. 이때 만삭의 상태일수록 그 결과가 임박했음을 의미합니다.

② 처녀인 자신이 임신한 꿈

결혼도 하지 않았는데, 꿈속에서 임신해서 엄마랑 임산부 용품과 아기용품을 사러 갔어요. 분홍색 임부복(나이트 가운 비슷한)과 아기 옷과 다른 용품과 아기 목욕시킬 때 물에 띄운다고 진한 분홍색의 말린 꽃을 한 아름 샀어요. 아기 목욕시킬 때 물에 띄우고 목욕을 시키면 아기에게서 향기가 난다고 하면서요. 몸은 임신 7~8개월 정도였고요. 아기 출산일은 4월 말에서 5월 초라고 엄마가 말하자, 저는 "그럼 5월에 낳아야겠네." 하더군요. 4월은 제 생일이 있거든요. 그랬더니 엄마는 경사가 겹치니, 좋다고 하시더라고요. 너무나 즐거운 마음으로 쇼핑을 했어요.

무슨 꿈일까요? 참고로 전 결혼은 안 했고요, 아직 결혼 생각은 없고요, 남자친구들은 여럿 있지만 마음에 둔 사람은 없답니다. 그리고 지금 나이 만 21입니다. 너무나 선명한 꿈이라서 알고 싶습니다.

축하합니다. 아주 좋은 꿈입니다. 로또(복권)를 사보아도 될 정도로---. 반드시 로또(복권)이 된다는 것은 아니고요. 로또(복권) 당첨자의 꿈에 '아기 낳는 꿈'이 있다는 것을 알아 두시기 바랍니다.

선명하다는 것은 현실에서 꿈의 예지대로 반드시 일어난다는 것을 뜻합니다. 이 꿈이 사실적인 미래투시의 꿈으로 실현된다면, 장차 앞으로 몇 년 뒤에 일어날 일을 그대로 꿈꾸었을 수도 있지요. 그렇다면, 앞으로 실제 꿈속에서 본 것과 똑같은 상황이 벌어지고요.

하지만 상징적인 미래 예지 꿈일 경우, 임신하는 꿈은 어떠한 좋은 일을 성취하고 이루어낼 것을 계획하고 내포하고 있음을 나타내지요. 아마 아기가 출산한다는 4~5월에, 아니 본인이 원한 5월 초에 성취를 이루는 좋은 일이 일어날 것이고요. 그러한 일이 아기의 탄생으로 비유하자면, 지금 임신 7~8개월의 상황에 와 있다고 생각하면 되겠네요. 꿈속의 상황도 밝고 기분 좋은 것처럼 현실에서도 좋은 결과가 일어날 것입니다.

③ 임신한 꿈

　　안녕하세요. 저는 77年生 여자입니다. 얼마 전에 꿈을 꿨는데, 제가 그 꿈속에서 임신을 했어요. 그것도 실제로 사귀다가 얼마 전에 헤어진 오빠의 아기였어요. 전 임신을 할 만한 일이 없다고 생각하고 있었어요. 그래서 임신하게 된 것이 참 의아하기도 하고 당황스러웠어요. 그래서 혼자서 고민을 너무나 많이 했죠. 아이를 낳아야 하나, 아니면 병원에 가서 수술을 해야 하나. 그런데 그 오빠는 아무렇지도 않게, 아니 오히려 기뻐하며 아이를 낳아 잘 지내자고 하는 거예요. 하지만 오빠는 1년 정도 일본으로 공부하러 다녀올 계획을 하고 있었어요. 그래서 혼자 심각하게 고민을 했죠. 그렇게 고민을 하다가 깨었어요.

사실적인 꿈이라면 실제 꿈속에서 본 그대로 일어날 수 있습니다. 임신하는 꿈의 상징적인 의미는 좋습니다. 임신하는 꿈은 아기로 표상된 어떠한 일이나 사업, 하고자 하는 일이 이루어져 가는 것을 뜻하지요. 수술하면 포기하는 표상이지요. 아기를 낳을 것인가 그만둘 것인가처럼, 앞으로 선택의 기로에 어떠한 일이나 대상을 성취해나갈 것인가 중도에 포기하게 될 것인가를 망설이게 되는 일이 일어날 것입니다.

오빠는 자신에게 도움을 주는 사람이 될 수도 있지만, 오빠로 표상된 어떤 성취해야 할 대상이 될 수도 있고요. 과거에 사귄 적이 있다는 상징 표상처럼, 그 대상은 새롭다기보다 이미 자신에게 익숙한 어떤 대상일 것입니다. 예를 들면 어학 공부 같은 취미나 자신이 관심을 지녔던 어떠한 일이나, 하고자 했던 것을 상징적으로 나타내죠. 아마도 그것을 이루자면 1년으로 표상된 어떤 기간만큼 참고 노력해야 할지 모릅니다.

④ 여자아기를 낳는 꿈

　　저는 8개월 된 여자아기가 있습니다. 그런데 어제 꿈을 꿨는데 출산하는 꿈이었어요. 간호사가 "여자아기입니다." 하는 거예요. 저는 실망했지만 아기 아빠는 아주 좋아하더라고요.

꿈에는 크게 두 가지가 있지요.

첫째는 사실적인 미래투시의 꿈으로 현실감 있게 펼쳐지면서 가까운 장래에 꿈속에서 본대로 현실에서 일어나는 경우이지요. 이러한 꿈은 꿈속에서 한 번 보았으므로 꿈대로 진행되지 않도록 하게 할 수 있어, 나쁜 꿈의 경우 예방도 가능하지요.

둘째는 상징적인 미래 예지 꿈으로 현실에서 일어날 수 없는 황당한 전개를 보이는 특징이 있으며, 난해한 상징으로 되어 있기에 우리 인간이 꿈의 의미를 정확하게 추정하기 어려운 특징이 있지요. 또한 이 꿈은 꿈이 예지하는 실현을 피할 수 없도록 하면서, 장차 일어날 길흉에 대한 마음의 준비를 우리에게 해주는 특성이 있습니다.

정확한 해몽을 부탁한다면, 먼저 자신이 처한 자세한 상황을 알려주는 것이 필요합니다. 자신이 처한 상황에 대한 언급이 없이, 꿈이야기만 달랑 적어놓고서 '꿈을 해몽하라'는 것은 연목구어(緣木求魚)의 고사가 부합되는 경우입니다.

꿈 내용으로 보아 장차 일어날 일을 보여준 사실적인 미래투시의 꿈으로 실현될 가능성이 높아 보이네요. 꿈을 꾼 본인이 자신의 꿈이 사실적인 꿈인지, 상징적인 꿈인지 판단해 보세요. 상징적인 꿈이라면, 아주 좋습니다.

로또(복권) 당첨자의 꿈에 '아기 낳는 꿈'이 상당수 있습니다. 임신·출산의 상징적인 의미는 어떠한 성취나 결실을 이루어냄을 뜻하지요. 자신은 미흡하지만, 남편은 만족해하는 일의 결과가 이루어질 것으로 보입니다. 상징적으로 아기는 이제 막 시작된 어떠한 일거리나 대상을 상징하지요. 여자 아기로 나타났으니, 여성적이고 부드러운 속성을 지니는 대상이나 일을 뜻할 지 모릅니다. 사이트에서 '임신,출산,낳다'를 검색해서, 특히 실증적인 사례를 잘 읽어보면서 자신이 처한 상황과 비교해보기 바랍니다.

⑤ 여아를 순산하는 꿈

꿈에 제가 갑자기 산부인과에서 출산을 하게 되었는데, 간호사가 힘을 주라고 해서 열심히 노력해보지만 아이가 나올 기미가 전혀 없었습니다. 그런데 제 생각에 순산할 수 있을 것 같아 슬쩍 힘을 주는데, 아이가 금방 나와 버렸습니다. 까만 머리에 눈이 동그란 여자아이를 보여주는데, 아주 기뻤습니다. 이상하게 아이가 울지 않아 왜 울지 않느냐고 의사에게 물으니, 정상적이라고 하였으며 갓난아이치고는 너무 의젓하고 꼭 첫돌 다 된 아이 같았습니다. 저는 평소에 딸이 한 명 꼭 있었으면 하는 바람을 많이 가졌고, 두 아이 모두 수술해서 낳았는데, 꿈속에서 자연분만으로 딸을 낳고 보니, 꿈에서조차 믿어지지 않았고 매우 기뻤습니다. (참고로 한 달 뒤에 저의 직장에서 승진인사가 있습니다)

아주 좋은 꿈입니다. 직장의 승진인사와 관련지어 실현된다면, 승진으로 이루어질 것입니다. 특히 건강한 아이일수록 더욱 좋은 꿈입니다. 만약 쌍둥이였다면 겹경사의 꿈이었겠죠. 순산하는 꿈은 어떠한 무리 없이, 아주 쉽게 목표를 달성하는 표상입니다. 또한, 아이가 의젓한 것처럼 남들이 보기에 당당한 성취를 이룩할 것입니다. 커다란 일이 일어날 것에 대한 꿈의 예지일수록 꿈이 생생하고, 또한 예지하는 기간이 길지요.

⑥ 아들 세쌍둥이를 낳았는데 한 아이가 죽는 꿈

　　얼마 전에 세쌍둥이의 아들을 낳은 꿈을 꾸었습니다. 그런데 그중에서 한 아이가 죽는 꿈이었습니다. 현재 남편이 직장을 그만두고 개인사업을 계획하고 있습니다. 그것 때문에 불안해서인지 꿈꾸는 날이 많아졌습니다.

세 가지의 사업이나 일거리·대상을 벌이게 되지만, 그중에 하나는 무산되는 일로 이루어질 것이네요. 꿈을 꾸는 이유가 불안 때문이라기보다는 장차 일어날 일에 대한 예지를 보여준다고 좋게 받아들이시기 바랍니다. 좋은 길사를 앞두고도 그에 대한 꿈을 계속 꿀 수 있으니까요. 꿈의 표상에서 아기 낳는 꿈은 어떠한 성취나 결실을 이루어내는 것을 뜻하지요. 세쌍둥이를 낳은 꿈이니 아주 좋은 꿈이지요. 또한, 출산한 자식이 튼튼하고 잘생긴 용모 혹은 뛰어난 성장을 보일수록 결과에 대한 만족감, 가능성은 건실하다고 볼 수 있습니다. 하지만 한 아이가 죽은 꿈이었으니, 그중의 한 가지는 좌절되고 무산되는 일로 결과를 얻지 못할 것입니다. 또한 꿈은 자신의 일뿐만 아니라, 주변의 친지나 가까운 사람의 꿈을 대신 꿔주기도 하니, 참고해 보시기 바랍니다.

≪낙태(유산)하는 꿈≫

앞의 임신·출산의 꿈을 역(逆)으로 참고하기 바란다. 임신 후 유산되는 꿈은 성취·성공을 눈앞에 두고, 어떤 일의 가능성이 이루어지려다가 무위로 돌아가는 일로 이루어지게 된다. 실제로 임신한 경우, 유산하는 꿈이 사실적인 미래투시의 꿈이라면 가까운 장래에 꿈속에서 꾼 그대로 현실에서 이루어질 수 있기에 조심해야 한다. 이 경우 삼가고 조심한다면, 현실에서 낙태를 미연에 방지할 수 있다.

또한 건강한 아이를 낳아야 한다는 심적인 불안감이나 임신에 대한 잠재의식적인 두려움·고통 등이 유산하는 꿈의 영상으로 표출될 수도 있다. 이 경우 불안

심리의 표출 꿈이기에 크게 걱정하거나 신경을 쓸 필요없이 평온한 마음으로 지내는 것이 중요하다.

상징적인 예지몽에서, 임신하는 꿈은 어떠한 일이나 작품·사업·대상 등이 성취될 것임을 뜻하며, 유산은 이러한 성취의 가능성이 좌절되고 실패·무위로 진행되는 일로 실현된다. 다만, 이 경우 본인이 원해서 낙태(유산)시키는 꿈으로 진행이 되었다면, 본인이 어떠한 일의 진행에서 스스로 중도에 포기하거나 그만두는 일로 이루어지게 될 것이다.

① 임신했는데 유산을 했어요.(상담사례)

안 좋은 꿈입니다. 임신 후 유산되는 꿈은 어떤 일의 가능성이 이루어지려다가 무위로 돌아가는 일로 이루어질 것입니다. 임신은 자신이나 자신으로 표상이 되는 일, 작품·사업·대상 등이 어떠한 성취의 가능성을 내포하게 됨을 의미합니다. 만삭에 가까울수록 성취가 임박하게 다가옴을 의미하지요. 더불어 출산은 성취를 이루게 됨을 의미하고요.

유산하는 꿈은 사실적이거나 상징적인 꿈 모두 유익하지 못합니다. 사실적인 전개의 꿈이라면, 꿈과 같거나 유사한 일을 장차 미래의 현실에서 경험하게 됨을 의미하고요, 이런 사실적인 꿈이라면 꿈과 같은 상황을 피함으로써 사고를 방지할 수 있습니다. 과장이 심하고 황당한 대부분의 상징적인 미래 예지 꿈에서도 유산하는 꿈은 좋지가 않습니다. 유산은 성취의 가능성이 좌절·실패·무위로 돌아가 버림을 의미합니다.

② 낙태하겠다고 엄마에게 말하는 꿈(상담사례)

산부인과에 갔어요. 전 미혼이고 한 달 전에 작은 옷가게를 하나 개업하여 장사를 하고 있습니다. 며칠 전 꿈을 꾸었는데 꿈속에서 제가 임신을 했는데, 배가 많이 부른 상태였어요. 아기를 낳으러 산부인과에 갔는데, 그곳에서 어떤 여자가 네쌍둥이를 낳는 것을 봤어요. 아기 낳는 것이 너무 무서웠던 터였고, 네쌍둥이를 너무 쉽게 출산하기에 의사한테 "왜 이렇게 아기를 쉽게 낳느냐?"라고 물어보았습니다. 그랬더니, 이건 아기를 낳는 것이 아니고 낙태 수술을 한 것이라는 거예요. 네 명의 핏덩이 같은 죽은 아기들이 너무 선명하게 보였어요. 단지 아기 낳는 것이 무서웠던 저는 낙태수술을 하겠다고 엄마를 졸랐어요. 근데 엄마가 화를 내시면서 "그건 안 된다"고, 낳기만 하면 자신이 키워주겠다고 하시는 거예요.

아기를 낳는 꿈은 성취·성공의 결실을 뜻합니다. 따라서 꿈에서는 아기를 낳은 꿈이 좋지요. 하지만 낙태는 어떤 일의 진행에 있어 힘이 들거나 부담이 가서, 스스로 포기하게 되는 일을 상징하지요. 자신도 낙태하겠다고 조르는 것은 자신이 하고자 하던 일에 부담을 느끼고 벅차서, 그만두려고 하는 것을 의미합니다. 하지만 어머니나, 어머니로 표상된 웃어른이 만류할 것으로 보이네요. 자신이 키워주겠다고 한 것처럼, 경제적 및 정신적인 지원으로 도와주게 될 것입니다.

≪제사에 관한 꿈≫

제사 지내는 꿈은 어떤 소원의 성취, 권력가나 기관이나 단체에 청원하는 일을 상징한다. 이 경우, 제사상이 촛불이나 전등불이 밝혀져 있으면서 잘 차려져 있는 꿈일수록, 청원한 일이 성사되거나 칭찬을 받게 되는 일로 실현된다. 술을 부어 헌작하거나 절을 하는 꿈인 경우, 기관이나 당국이 그 일을 잘 처리해주게 된다. 또한 이때에 엉엉 소리 내어 통곡하는 꿈은 널리 알리게 되는 상징적 의미를 지니고 있다. 꿈속에서 상제들은 어떠한 정신적·물질적 자산 승계에 있어 권리가 있는 사람을 상징하고 있다. 이 경우에 흰옷을 입거나 베옷을 입고 굴건 등 제대로 된 상주 복장을 한 상태로 시신 앞에 곡을 하는 꿈일수록 좋다.

① 많은 상제 중에 자신이 맏상제라고 생각한 꿈

유산이나 이권의 분배에서, 제1의 권리를 차지하게 된다.

② 조상이 와서 제물을 먹는 것을 보는 꿈

소망하는 일이 당국에 의해 성사되며, 조상으로 상징된 사람이 소망하는 일을 맡아 심사하고 성사시켜 준다.

③ 제사지내며 축문을 읽는 꿈

사람들에게 정신적인 감화를 주게 되거나, 광고 또는 선전 등을 널리 알리고 공표하는 일로 실현된다.

④ 많은 사람이 모여 시제를 지내는 꿈

어떤 권력 기관이나 단체에 집단적인 건의나 청원을 할 일이 생긴다.

⑤ 성묘하는 꿈

절대 기관이나 누군가에게 청원할 일이 생기며, 또한 그 일이 이루어지게 된다.

⑥ 제사를 지내는 꿈(실증사례) → 죽음 예지.

"올해는 유난히 누군가 죽는 꿈을 많이 꾸었습니다. 어떤 꿈에서는 누군가 죽어 제사를 지내는 꿈이었습니다. 그래서인지 올해 11월에는 저의 시아버지가, 12월에는 시할머니가 차례로 돌아가셨습니다."---lady7413, 2002. 12. 23.

죽거나 제사 지내는 꿈이 사실적인 미래투시의 꿈으로 실현된다면, 실제로 제사를 지내는 일로 실현될 수도 있다.

⑦ 제사상이 차려진 꿈 → 제물의 존재 여부에 따라 달리 실현

2000년 무렵에 꾼 꿈이다. 꿈에 나의 제사상이 차려져 있었다. 그런데 이 제사상의 높이가 좀 높았다. 보통 밥상이 아니라, 1m가 좀 넘는 높이의 제사상이었다. 양쪽에서 각각 아주머니 한 사람씩이 제사상에 백설기 떡과 피 묻은 돼지고기를 올려놓고 있었다.

백설기 떡은 제사상에 올려놓을 때마다 계속 쌓여서 높이 올라가는데, 피 묻은 돼지고기는 제사상에 올려놓을 때마다 바닥으로 계속 떨어지는 게 아닌가! 올려놓으면 또 떨어지고, 올려놓으면 또 떨어지는 상황이 반복됐다. 왜 백설기는 계속 높이 올라가는데, 돼지고기는 땅바닥으로 떨어진단 말인가? 무슨 조짐이란 말인가? 12년이 지난 지금 생각해 보니까, 백설기는 글 쓰는 일이고, 돼지고기는 돈이 아닌가 싶다. 글을 써서 이름은 계속 알려지지만, 돈은 되지 않는다는 사실을 예시해주는 예지몽(豫知夢)이었다. ---조용헌의 八字기행, 미래를 보는 꿈 '선견몽'

≪장례에 관한 꿈≫

죽음은 부활·재생·거듭남·성취 등을 의미하는 최고의 표상으로, 새로운 변화의 길로 거듭나는 것을 상징하고 있다. 따라서 장례를 지내는 꿈은 시체로 상징된 어떤 일거리나 대상의 마무리·성취를 이루게 되는 수행과정을 상징하고 있다. 그러나 시체를 태워 재만 남도록 화장해 버리는 것은 어떤 일에 대한 성과나 업적을 소멸시키는 일로 실현되며, 사업하는 사람의 경우에는 파산 상태에 이른다. 한편 사실적인 미래투시의 꿈인 경우, 실제로 상(喪)을 당하는 일로 이루어지기도 한다.

장례에서 자신이 상제가 된 꿈은 정신적·물질적 자산 승계의 1순위가 됨을 뜻하며, 승진·합격이나 유산 상속을 받거나 관직에 오르게 된다. 죽은 자를 다시 장례를 치르는 꿈은 이미 한 번 이루어진 일이 또다시 성취되는 경우에 해당하

며, 죽은 자로 상징된 사람이 어떤 일을 해서 시체, 즉 업적을 남길 것을 예지하고 있다.

① 이미 죽은 자가 다시 죽어서 장례를 치르는 꿈

이미 이루어졌던 어떠한 일이 새롭게 이루어져 크게 기념하는 일로 이루어 진다.

② 웃어른이 죽어 시신 앞에서 굴건·제복하고 있는 꿈

정신적 물질적인 자산을 상속받게 되거나, 관직에 오르게 된다. 그러나 사실 적인 꿈인 경우에는 실제 초상을 겪게 되는 일로 이루어진다.

③ 초상이 나서 곡성이 나거나 상여가 놓이는 꿈

개인적인 소원이나 성취가 이루어지고, 직장이나 관계 기관에서 일이 성사되 며, 사업이 성공하게 되어 널리 소문이 난다. 그러나 사실적인 꿈인 경우, 실제 초 상이 나는 일로 이루어진다.

④ 혼사를 앞둔 사람의 꿈에 상대방 집에 초상이 난 것을 보는 꿈

결혼식 광경의 비유이거나, 장차 큰 성취를 이루게 되어 명성을 떨칠 일로 실 현된다. 일반적으로는 새롭게 협력관계를 맺는 회사에서 사업상 크게 흥행하 는 일로 이루어진다. 그러나 사실적인 꿈인 경우, 실제 초상이 나는 일로 이루어 진다.

⑤ 처음 보는 사람 장례 치르는 꿈 → 1등으로 당첨

작년에 처음 보는 사람을 장례 치르는 모습을 몇 번 꾸었는데, 카드사에서 하 는 이벤트에 1등으로 당첨됐어요.---하늘꿈, 2006.06.20

≪화장(火葬)에 관한 꿈≫

꿈속에서 시체를 화장해 버리는 것은 어떤 일에 대한 성과나 업적을 소멸시켜 버리는 일이다. 재만 남는 것은 과거의 일로 인하여 부채 등이 남게 되었음을 뜻 하고, 뼈를 추려 가루로 빻아 담은 유골 상자는 그의 정신적 업적의 일부를 영구 보전하는 일이다. 그 가루를 물에 뿌리는 것은 그의 업적의 일부마저 몽땅 없애 는 일이다. 화장한 시체에서 찬란한 사리가 나왔다면, 그의 정신적 업적이 찬연 히 빛나고 있음을 나타내고 있다.

또한 화장할 때 불길이 세게 타오르는 꿈은 투자한 사업자금으로 사업이 융성

해지는 것을 상징한다. 그러나 시체가 타서 재가 남는 것을 보는 꿈은 사업자금의 고갈이나 부도 등 파산상태에 이른다.

≪관(棺)에 관한 꿈≫

시체에 관한 자세한 것은 제Ⅵ장의 시체 꿈을 참고하기 바란다. 관은 시체를 넣는 도구로, 관이 훌륭할수록 그 업적이 찬란한 것을 나타낸다. 시체가 들어있는 관은 어떠한 업적이나 성취물, 연구 저작물이 보관된 장소를 뜻한다. 예를 들어, 관에 넣은 어린아이의 시체는 저자의 경우 초고 작품이 신문 지상에 발표됨을 보거나 일의 성과가 나타남을 본다. 또한 시체를 관에 넣은 꿈은 예술가의 경우, 예술작품 따위를 운반하기 위해 큰 버스 안에 집어넣은 것을 보게 된다. 관을 메고 가는 사람들은 성사된 일거리나 작품 따위를 운반하거나, 2차적인 일에 종사하는 실무자들을 뜻한다.

① 시체가 들어 있는 관을 누군가와 맞들고 있는 꿈

두 사람이 관계하는 어떤 일이 성취되며, 시체가 없는 빈 관을 들고 있으면 무위에 그치게 되거나, 사기당하거나 결혼이나 계약이 수포로 돌아간다.

② 관 속에 담긴 시체가 마당에 놓여 있는 꿈

사업상의 어떤 일이 성사되어, 재물이나 이권을 획득하게 된다.

③ 관을 놓고 꽃다발을 바치는 꿈

성사된 어떤 일이나 작품 등을 기리고, 명예나 감사 표시를 하는 일을 뜻한다.

④ 사람들이 관을 향해 곡(哭)을 하고 절하는 꿈

성취된 일거리에 대한 선전이나 광고가 널리 이루어지게 된다.

⑤ 대학에 큰 관이 들어가는 꿈(실증사례) → 대학 수석 합격

사람이 죽어서 장사 지낼 때 사용하는 큰 관이 아들이 가려고 목표하고 있는 대학에 들어가는 꿈을 꾼 사람은 아들이 과 수석 합격으로 실현되었다.(글: 박성몽)

≪상여(만장·장례)에 관한 꿈≫

상여는 결사·사업성과·부귀영화·명예·업적·시위 등과 관계된 표상이다. 관을 상여에 얹고 장례 행렬을 이루는 것은 사업성과와 학문적 연구 성과 등을 매스컴을 통해서 광고·선전할 일이 있으며, 따르는 장례행렬은 그 업적을 기리거

제Ⅵ장

주제별 꿈해몽

2 행동 표상 — 행동에 관한 꿈,
생각하고 느끼는 꿈

나 추종하는 사람들을 상징적으로 나타내주고 있다. 이 때에 장례행렬 앞에 들고 가는 만장(挽章)들은 그 업적에 대한 평가서 또는 선전 광고문들을 뜻한다.

① 조위금을 내는 꿈

어느 기관이나 단체에 사업 청탁을 하거나, 청원서를 낼 일이 생긴다.

② 국장(國葬)을 지내는 꿈

사회적·국가적으로 최고의 명예와 관계된 일로 이루어진다. 그러나 사실적인 꿈인 경우에는 실제로 국장이 나게 되는 일로 실현될 수 있다.

③ 수많은 만장이 휘날리고 상여 뒤에 조객이 많이 따르는 태몽

태아가 장차 명예로운 일을 성취하여 수많은 사람이 그 업적을 기리게 됨을 예지한다.

④ 상여 앞에 만장이 많은 꿈

사업 성과나 업적 또는 작품 등이 많이 선전 광고될 것을 상징한다. 이때, 만장들이 땅에 꽂혀서 움직이지 않는 꿈은 그 업적에 대한 평가가 상당히 오랜 세월 후에나 주어지게 된다.

⑤ 상여가 어떤 집 마당에 있는 꿈

어떠한 업적이나 성취 결과가 세상에 널리 공개할 일이 생기거나 결사 또는 결혼 등이 이루어진다. 사실적인 꿈인 경우에 상(喪)이 나는 일로 실현될 수도 있다.

⑥ 상여가 마당에 놓여있는 것을 본 꿈(실증사례) → 재판 결과 예지

　한 부인의 꿈에 자기가 여러 층으로 쌓아 올려져 있는 어떤 큰 집 앞에 서 있고, 그 밑에 넓은 마당이 있었다. 그 마당에 화려하게 장식한 관이 들어 있는 상여 한 채가 놓여 나갈 차비를 해놓았다고 생각했다. 많은 사람들이 무시하는 가운데 아무도 울지 않아 꿈꾼 사람이 크게 목소리를 내었다.

꿈속에서 죽는다는 것은 재생이요, 이제까지의 낡은 껍질을 벗고 새로운 세계로 나아가는 것을 표상하고 있다. 이 꿈은 자신과 관련을 맺고 있던 정치인이 재판받기 직전에 여자가 꾼 꿈이다. 재판이 끝나기까지 몇 개월 또는 몇 년이 걸릴 것인지, 여러 층의 계단 수가 말해주고 있다. 또한 상여가 나기 전(지은 죄가 사면되고 정치인으로 복권되는 영광이 있기)까지는 얼마간의 시간이 걸리게 될 것(나갈 차비가 되어 있

음)을 예지해주고 있는 꿈이었다. 또한 다른 사람과 달리 크게 울었다는 것은 그녀 자신이 억울함을 널리 알리는 일이 있을 것으로 표상되고 있다.(글: 한건덕)

⑦ 상여 안에 발을 염하지 않은 시체를 보는 꿈(실증사례) → 질병 회복 예지

　1992년 어느 날의 꿈이다. 어릴 때 살던 집에서 상여가 나가고 있었다. 만장을 펄럭이며 긴 행렬이 지나가는데, 상여 안이 들여다보였다. 그 상여 안에는 어른과 아이가 같이 누워 있었는데, 시체 두 구가 발을 염하지 않은 상태였다. 꿈인데도 나는 그것을 기이하게 생각했다. 어른과 아이가 같은 상여 안에 누워있는 것도 그렇고, 더군다나 발을 염하지 않은 것도 참으로 이상했다.

　그리고 일주일쯤 지났을까? 똑같은 꿈을 다시 꾸었다. 상여 안이 환하게 내 눈에 들어왔다. 나는 상여를 계속 따라가고 있었다. 나는 '참으로 이상한 꿈도 있구나.' 하고 그냥 지나쳤다.

　그리고 3주일 후에, 친정어머니가 갑자기 토하고 열이 나고 설사가 심하여, 병원에 입원하게 되었다. 입원한 지 3일 만에 병원에서 오른쪽 안면이 마비되는 증세가 시작되었다. 어머니는 며칠 만에 의식을 놓게 되어 중환자실로 급히 옮겨갔다. 검사결과, 뇌막염이라는 병으로 4개월 동안 중환자실에서 숨 쉬는 것도 호흡기에 의존한 채, 눈도 뜨지 못하고 지내셨다. 그런데 의사 선생님께서는 최선을 다했지만, 가망이 없다고 퇴원을 요청해 오셨다. 하늘이 무너지는 것 같았다. 식구들은 마음의 준비를 하고 묘지를 정했다. 그리고 면회를 갔다.

　그런데 어머니는 한쪽 눈을 뜨고 눈물을 흘리고 계셨다. 병원에서는 기적이 일어났다고, 야단법석이었다. 그리고 1년 동안의 긴 투병 생활을 끝내고, 지금은 건강하신 몸으로 열심히 과일을 팔고 계신다. 지금 어머니가 살아 계신 것도 꿈 덕분이 아닌가 생각한다. 발을 염하지 않았기 때문에 딛고 일어서신 것이 아닌가 생각한다. 그리고 나는 지금도 가끔 꿈을 꾸지만, 이상하리만큼 꿈은 현실과 맞아 떨어진다.---분당구 정자동.

⑧ 민속의 꿈

- 상엿소리가 산야에 울려 퍼지면 명성을 떨친다.
- 상여 옆에 사람이 없으면 그 집에 초상이 난다.

≪싸움에 관한 꿈≫

(1) 싸움에 관한 꿈의 개괄적 해설

다투거나, 싸우는 꿈은 상대방으로 상징된 어떤 벅찬 사람이나 병마(病魔), 또는 일거리나 대상에서 대립과 갈등이 있을 것을 보여주고 있다. 물론 사실적인 꿈인 경우, 실제로 꿈에서 본 그대로 현실에서 진행될 수도 있다. 또한 불안 심리에서 상대방이나 현실에 대한 갈등이 꿈으로 형상화될 수 있다. 하지만 대부분의 상징적인 꿈에서 싸우는 것은 상대방이나 일거리나 대상의 진행들에 있어서 난관이나 어려움, 대립과 갈등이 있게 됨을 의미한다.

꿈은 반대가 아닌 상징의 이해에 있다. 현실에서와 마찬가지로, 싸움에서 이기는 꿈이 절대적으로 좋은 꿈이다. 한발 더 나아가 상대방을 죽이는 꿈은 더 좋다. 이 경우 죽이는 꿈은 완전한 제압과 굴복시킴을 상징한다. 꿈속의 괴한이나 악한, 귀신이나 저승사자 등은 벅찬 일거리나 대상을 상징하거나, 병마(病魔)의 상징이 되는 경우가 많다. 따라서 상대방을 죽이거나, 자신이 거인이 되어 상대방을 제압하거나, 힘이나 목소리가 커서 상대방을 제압하는 꿈이 좋은 꿈이다. 마찬가지로 전쟁이나 바둑·장기, 씨름이나 레슬링, 달리기, 하다못해 인터넷의 다양한 온라인 게임에서 이기는 꿈이 좋다.

싸우는 대상이 병마의 상징인 경우에는 질병에 걸리지 않게 되거나, 질병에서 낫게 된다. 반면에, 자신이 악한이나 괴한 등에 꼼짝 못 하고 폭력을 당하는 꿈은 질병 등에 걸리게 되거나, 벅찬 일거리 등으로 인해 힘겹게 고생을 하게 되거나, 남에게 비판을 받거나, 정신적 모멸감을 받게 되거나, 물질적인 손실이 있게 된다. 저자의 경우, 자신의 저서나 사업성과 등에 대하여 혹독한 평가를 받게 된다.

(2) 싸우는 꿈해몽 요약

싸움·경쟁·전쟁·게임·오락 등에서 승리하는 꿈은 일에 대한 성공이나 소원 충족을 가져오게 되며, 만족을 체험하게 된다. 그러나 패배를 하는 꿈은 실패·굴욕·불쾌 등을 체험한다.

① 상대방이 시비를 거는 꿈

현실에서 구설수 등 안 좋은 일이 일어나게 된다. 이 경우, 이기는 꿈이 절대적으로 좋으며, 상대방이 왜소한 체격으로 나타난 꿈은 현실에서 큰 영향력을 행사하지 못할 것임을 뜻한다.

② 싸움을 거는 상대방을 거들떠보지도 않고 무시한 꿈

현실에서도 간섭을 무시하고 자신이 뜻하는 대로 일이 이루어질 것임을 예지한다.

③ 상대방과 서로 언쟁을 하는 꿈

어떤 시빗거리가 생기거나 일에 대한 불만이 생긴다.

④ 눈을 뭉쳐 상대방과 싸우는 꿈

정신적·물질적인 자본을 들여, 경쟁자와 투쟁할 일이 있게 된다.

⑤ 상대방이 정면에서 도전하는 꿈

상대방과의 의견대립이나, 일에 대한 방해에 부딪힌다.

⑥ 상대방과 치고받고 싸우는 꿈

사실적인 꿈인 경우에는 실제로 싸움이 있게 되며, 현실에서 설전을 벌이거나 갈등과 대립을 심하게 겪게 될 것을 상징한다. 이 경우, 이기는 꿈이 병마(病魔) 등을 물리치게 되어 질병에 걸리지 않게 된다.

⑦ 상대방을 꾸짖는 꿈

상대방을 제압하거나 모순을 타개할 일이 생긴다. 한 발 더 나아가, 상대방을 죽이는 꿈은 완전하게 제압·굴복·복종시키는 일로 이루어진다.

⑧ 상대방을 제압하는 꿈

사업이나 학문 연구 등에서 성취를 이루게 된다. 상대방이 엎드리는 꿈은 자기에게 잘 복종해주는 협력자를 얻게 되며, 하고자 하는 일에서 수월한 진행이 이루어진다.

(3) 싸움 꿈 실증사례

① 개 두 마리가 싸워서 한쪽이 이긴 꿈 → 승패를 예지

개는 충실한 심복을 뜻하는 어떠한 세력집단을 상징하고 있다. 두 세력 집단의 세력 다툼에서 어느 한쪽이 승리할 것을 예지해주고 있다. 현실에서는 싸움에서 이긴 쪽이 선거결과에서 승리하고 있다. 즉 선거에서 누가 이길 것인가에 대한 관심이 개가 서로 싸우는 꿈으로 형상화하여 나타난 것이다.

② 누군가 싸우다가 옆구리를 걷어 채인 꿈 → 늑막염에 걸리다.

꿈속에서 누군가 싸우다가 옆구리를 걷어 채인 사람이 병원에 가서 진단을 받으니 늑막염으로 진단이 나온 사례가 있다. 이 꿈을 꾸기 전부터 여러 날 누군가와 싸우는 꿈을 계속 꾸었는데 무승부로 끝나다가, 이날 꿈은 옆구리를 얻어맞는 패배로 끝났던 것이다. 꿈속에서 누군가의 싸움에서 이겼다면 물론 병에 걸리지 않고 물리쳐내는 일로 실현되었을 것이다. 귀신과 싸우는 꿈의 경우에도, 그 상대방을 이겨야 병에 걸리지 않게 된다.

≪꾸짖거나 화내는 꿈, 욕설의 꿈≫
① 상대방을 꾸짖는 꿈

상대방을 제압하거나, 일거리·대상의 처리에 있어 난관을 타개하는 일로 실현된다. 사실적인 미래투시의 꿈인 경우에는 실제 그러한 일이 일어나게 된다. 한 발 더 나아가, 상대방을 죽이는 꿈은 완전하게 제압·굴복·복종시키는 일로 이루어진다.

② 상대방에게 호통치는 꿈

상대방에게 심적 타격을 가하여 굴복시키거나, 상대방으로 상징된 일거리·대상에서 성취를 이루어내게 되어 만족감을 얻을 일이 생긴다. 사실적인 미래투시의 꿈인 경우에는 실제 그러한 일이 일어나게 된다.

③ 분노, 화를 내는 꿈

현실에서 무언가 만족스럽지 않은 일이 발생하게 된다. 사실적인 미래투시의 꿈인 경우에는 실제 그러한 일이 일어나게 된다.

④ 욕설을 하여 상대방을 제압한 꿈

난관에 봉착한 일이 해결되고, 상대방에 대하여 우위적인 여건에 있게 된다.

⑤ 화를 내거나 공격하는 꿈

꿈속에서의 화를 내거나 공격하는 꿈은 현실에서 그로 상징된 인물에 대한 불만족, 일거리나 대상에 대한 불만족, 의지적인 노력이나 애착 등에 대한 불만족을 상징적으로 나타내고 있다.

⑥ 할머니를 핀잔주는 꿈(실증사례) → 음주로 교통사고를 내게 되다.

한 3년 전쯤 꾼 꿈입니다. 방 안에 시어머님, 고모님, 작은할머니, 작은어머님 이렇게 모여 계셨어요. 그리고 잘 모르는 할머니(머리는 백발에 커트 머리 모양인) 한 분하고요. 제가 방에 들어가 인사를 드렸는데, 어머님께서 그 할머니를 핀잔주는 듯한 눈빛으로 쳐다보며 계신 거예요. 이런 별로 시원찮은 꿈을 꾸고는 어머님께 전화로 "우리 조상님 중에 혹시 커트하신 분이 계신가요?" 여쭤봤더니 그런 분은 없다는 거예요. 다 쪽 찐 머리를 하고 계셨다는 거죠.

머칠이 지나고 어머님께 전화가 왔어요. "천안의 순천향 병원에 아버님이 오토바이 사고로 입원 중"이시라고 하셔서 화들짝 놀라서 급히 갔지요. 병실에 들어선 순간 놀라고 말았어요. 그때 꿈속의 정체 모를 할머니가 바로 아버님이셨던 거예요. 평소 염색을 하셨던 머리가 염색기가 다 빠져 백발이 되신 데다가, 머리가 길어 여자 커트 머리처럼 보였던 것이지요. 깡마른 체구에 정말 할머니처럼 보였어요. 핀잔을 받은 이유는 술을 드시고 논에 오토바이 타고 가시다가, 논두렁으로 굴러 장 파열이 되셨던 거죠. 다른 사람과 관계된 사고는 아니어서, 큰돈은 나가지 않고 병원비만 들게 되었지요.

사실적인 미래투시의 꿈으로 실현되고 있는바, 제1차적으로 이처럼 사실적인 꿈으로 실현될 가능성을 항상 염두에 두어야 한다.

≪공격하는 꿈≫

꿈속에서의 공격 성향과 공격하는 일은 어떤 일을 적극적으로 성사시키려는 강인한 노력과 상대방에게 정신적 타격을 주게 되는 것을 상징하고 있다. 이 경우에 무자비하고 난폭하며 통쾌하게 공격하는 것일수록, 승리·소원·성취·일의 성사를 암시한다.

① 집단적인 공격의 꿈

가능한 모든 수단을 동원하여 난관을 헤쳐나가게 됨을 뜻한다.

② 무기를 들고 공격하는 꿈

손에 무기를 들고 사용하는 것은 협조자나 지지자의 도움을 받아 일을 성취함을 뜻한다.

③ 공격을 당하는 꿈

자신이 감당하기에 벅찬 일거리 대상에 시달리게 되며, 병마로 인하여 질병 등으로 고통을 겪게 된다. 현실에서 구타당하거나 칼에 찔리거나 공박 등을 당하게 되는 일로도 실현된다.

2 행동 표상 – 행동에 관한 꿈, 생각하고 느끼는 꿈

④ 적함이나 적기를 파괴하는 꿈

경쟁 회사나 단체의 사업을 침체시키게 되거나, 방해 요소나 병마를 물리치게 되는 일로 실현된다.

≪구타, 때리는 꿈≫

상대방을 때리는 꿈은 상징적인 의미에서 육체적인 타격을 가하는 것이 아니라, 토론·비평·공박·야유·시비 등으로 상대방을 곤경에 몰아넣거나, 혹평해 줄 일이 생긴다.

① 상대방을 때리거나 발로 걷어차는 꿈

상대방에게 어떤 억압 또는 모욕을 주게 된다. 그러나 자신이 얻어맞는 꿈은 수모나 모멸감을 당하거나, 명예훼손을 당한다.

② 상대방의 가슴을 때리는 꿈

상대방의 가슴을 때리면, 그 사람의 고약한 행위에 제재를 가하거나 경고할 일이 생긴다.

③ 동물을 꾸짖고 때리는 꿈

현실에서는 동물로 상징된 상대방에게 비판이나 충고할 일이 생긴다.

④ 따라오는 강아지나 고양이를 귀찮아서 발로 차 쫓아 버리는 꿈

강아지나 고양이로 상징된 친구나 애인을 떼어 내게 된다. 일반적인 상징으로는 방해자나 귀찮은 일거리나 대상을 물리치게 된다. 태몽인 경우, 유산된다.

⑤ 상대방을 돌로 때리는 꿈

돌로 서로 때리고 맞으면 논쟁 또는 시비할 일이 생긴다. 상대방을 돌로 때리면 혹독한 비평으로 상대방에게 굴복을 강요하게 되며, 자신의 주장을 관철하게 된다. 이 경우, 이기는 꿈이 상대방이나 대상에 대한 제압·성취를 이루게 된다.

⑥ 누런 구렁이를 돌로 치는 꿈

누런 구렁이로 표상되는 어떤 사람이나 대상(일거리·작품)에 대해 혹독한 비판이나 비난을 하게 되는 일로 실현된다. 이때 구렁이의 크기나 상태에 따라 현실에서도 그대로 이루어지고 있다. 큰 구렁이일수록 능력이나 역량이 뛰어난 사람이나 대상이 되며, 상처를 입게 되는 정도에 따라 성취 여부가 달라진다.

예를 들어 돌을 맞던 뱀이 죽지 않고 있다가 용이 되어 하늘로 올라가는 꿈은

구렁이로 상징된 사람이나 대상이 시련을 견디어내고, 사람들의 주목을 받는 성취를 이루어내게 되는 일로 실현된다. 또한 태몽 표상으로 돌에 맞아 구렁이가 상처를 입는 꿈이었다면, 불구의 자식을 낳게 되거나, 태어난 자식이 장차 불구가 되는 일로 실현된다.

≪매 맞는 꿈≫

상대방에게 매를 맞는 꿈은 남에게 공격·비난을 받을 일이 있게 된다. 어느 교감 선생님의 꿈이다. 싸움을 말리려다가 불량 청소년에게 난데없이 뺨을 맞는 꿈을 꾸고 난 다음 날 학교에서 못된 학부모에게 항의 전화를 받는 일로 실현된 사례가 있다.

① 상대방에게 매를 맞아 다치는 꿈

사업으로 남의 비판을 받거나, 세상에 공인된 업적을 남긴다. 하지만 피가 나면 정신적 또는 물질적인 손실이 있게 된다.

② 집단 구타를 당하는 꿈

사실적인 미래투시의 꿈인 경우에는 실제 그러한 일이 일어날 수 있다. 상징적인 미래 예지 꿈의 경우, 여러 사람이 사업성과나 일거리·대상·작품에 대하여 저마다의 냉혹한 평가를 하는 일로 실현된다.

③ 깡패에게 맞는 꿈

깡패로 상징된 난폭한 사람에게 시달리게 되거나, 강압적인 외부 여건에 시달리게 된다. 깡패가 병마를 상징하는 경우 질병에 시달리게 되는 일로 실현된다. 실증사례로, 깡패에게 몹시 맞는 꿈을 꾼 후, 혈압이 올라가 쓰러진 사례가 있다.

≪굴욕을 당하는 꿈≫

① 상대방이 자기에게 충고하는 꿈

자신이 각성할 일이나 가책받을 일이 생기며, 궁색한 처지에 놓이게 된다.

② 상대방이 자신에게 호통을 치거나 화를 내는 꿈

사실적인 미래투시의 꿈인 경우에는 실제 그러한 일이 일어나게 된다. 상대방의 지시에 따라 복종할 일이 있거나, 패배·열등감 등을 갖게 되며 일이 정체되기도 한다. 또한 현실에서 어떠한 섭섭한 일에 대한 강력한 일깨움을 주기도 한다. 실증사례로, 남편을 사고로 잃고 혼자 사는 사촌 언니가 꿈에 나타나 모진 말을 하고 자살하는 꿈을 꾼 사람이 있었다. 이상하게 생각한바, 다음 날 형부 제사 1주기라는 것을 알게 되는 일로 실현되었다.

③ 빌거나 용서를 구하는 꿈

일에 대한 중단이나 좌절·절망을 체험하게 되며, 재수 없는 일로 실현된다. 사실적인 미래투시의 꿈인 경우에는 실제 그러한 일로 일어나게 된다.

④ 상대방에게 잘못을 사과하는 꿈

추진하는 일거리나 대상에서, 불쾌·불만 등의 일로 실현된다.

⑤ 고발당해서 경찰서로 붙잡혀가는 꿈

사실적인 미래투시의 꿈인 경우에는 실제 그러한 일로 일어나게 된다. 상징적인 예지적 꿈인 경우, 자신의 일거리나 대상에 대한 평가가 경찰서로 상징된 심사기관에서 이루어지게 된다. 시험이나 취직을 앞둔 경우에 이러한 꿈을 꾸게 되면 합격이다.

⑥ 민속에 전하는 당하는 꿈

- 꿈에 남에게 욕을 당하면 재물을 얻는다.

- 꿈에 남에게 차이면 재물을 얻는다.

- 꿈에 남에게서 욕과 꾸지람을 당하면 길하다.

- 꿈에 내 몸이 도적이 되면 구하는 바를 얻는다.

- 꿈에 다리를 벌이 쏘면 기쁜 일이 생긴다.

- 꿈에 사람에게 맞으면 힘 얻는다.

- 꿈에 사람에게 벌을 당하면 관록이 있다.

- 꿈에 사태를 당하면 재수가 좋다.

- 꿈에 산적에게 습격을 당하면 보화가 생긴다.

- 꿈에 얻어맞으면 돈이 생긴다.

- 꿈에 옥에 갇히면 재수가 좋다.

- 꿈에 천역(賤役)을 하면 대길하다.

- 꿈에 타인에게 몰매를 맞으면 큰 업적을 올리게 된다.

- 꿈에 흉한 일을 당하면 재수 있다.

≪빼앗는 꿈, 훔치는(도둑질) 꿈≫

꿈의 해석은 꿈의 언어인 상징으로 풀이해야 한다. 현실에서 빼앗거나 훔치는 것은 나쁜 일이지만, 꿈의 언어인 상징의 입장에서 무언가를 빼앗거나 훔치는 꿈은 어떠한 일거리나 대상에 대해서, 강압적인 방법으로 성취를 얻게 되는 것을 상징한다. 따라서 무엇인가를 빼앗거나 훔치는 꿈은 어떠한 권리를 획득하거나, 어떤 자격증을 취득하기 위한 노력으로 실현될 수 있다. 한 발 더 나아가 죽이는 꿈은 자신의 목적달성을 위한 적극적인 행위로 상대방을 제압·굴복시킴을 상징한다. 태몽 표상에서도 자신의 마음에 드는 것을 훔쳐오는 꿈이 좋으며, 다시 돌려주는 경우에 유산이나 요절로 실현되고 있다.

(1) 훔치는 꿈해몽 요약

① 상대방의 물건을 강탈하거나 훔치는 꿈

어려운 여건 상황에서나, 상대방이 도와주거나 허락하지 않는 일거리·대상에서, 강압적이고(강탈하는) 적극적인(훔치는) 행동으로 자신의 욕구를 충족시키게 되거나, 성취와 목적을 달성하게 된다.

② 상대방의 가축을 빼앗거나 훔쳐오는 꿈

가축으로 상징된 사람을 적극적인 방법으로 빼내어 오게 된다. 예를 들어 경쟁 회사의 기술직 인원을 빼내어 오는 일로 실현 가능하다. 또한 가축은 재물이나 이권의 상징으로, 경쟁 회사의 제품이나 창의적인 아이디어 등을 적극적이거나 강압적으로 획득하게 된다.

③ 물건을 훔치면서 양심의 가책을 받거나 두려워하는 꿈

어떤 일거리나 대상에서 소기의 목적을 달성하더라도, 패배의식이나 불안한 마음이 따른다.

④ 자신의 신발 등 물건을 누군가 훔쳐간 꿈

자신의 배우자나 직장을 잃게 된다. 이 밖에도 신분이나 직위의 몰락이나, 재물·이권 등을 잃게 된다.

⑤ 훔친 물건을 상대방에게 주는 꿈

모처럼 노력해서 얻은 일의 성과가 헛수고로 끝나게 된다. 이 경우에 태몽 표상이라면, 임신했다가 유산되는 일로 실현된다.

⑥ 물건을 훔칠 때 놀란 꿈

물건을 훔치거나 사람을 해치고자 할 때, 남에게 들켜 깜짝 놀라면 어떤 욕구도 충족시키지 못하거나, 양심의 가책을 받게 된다. 꿈속에서는 살인을 하고도 당당하게 자신의 정당방위를 주장하는 꿈이 좋다. 훔치는 꿈은 어떠한 일을 강제적으로 적극적으로 해 나감을 뜻한다.

⑦ 보석 가게에서 보석을 훔친 사나이의 꿈

어떤 기관이나 회사에서 높은 지위를 얻거나 좋은 배우자를 만나게 됨을 예지해 주고 있다. 이 경우에 가임여건에서 태몽으로 실현될 수도 있다.

(2) 훔치는 꿈의 실증사례

① 귤 4개를 훔쳐왔다는 이야기를 듣는 태몽으로, 임신한 사례가 있다.

② 남의 집 밭에서 참외·호박·가지 등을 몰래 따온 한 부인의 꿈은 딸의 혼처가 정해질 것을 예지하는 일로 실현되었다.

③ 과일이나 열매·채소 등을 따 오는 꿈을 꾼 후, 맞선을 보게 되어 며느리나 사위를 맞이하는 일로 실현되었다.

④ 꿈속에서 남의 밭에서 가지를 두 개 따서 치마 속에 감추고 온 꿈은 아들이 홍삼 진액 두 병을 들고 나타나는 일로 실현되었다.

⑤ 옥수수를 팔러 왔던 할머니가 떨어뜨리고 간 옥수수를 집어왔다. 어느새 알고 찾으러 온 것을 다시 돌려주지 않은 꿈은 태몽으로 아들을 낳게 되었다.

⑥ 남의 과일나무에 올라가 잘 익은 과일을 따면서 양심의 가책을 받았으나, 그런대로 들키지 않고 집으로 올 수 있었던 꿈은 경쟁 회사에서 숙련된 기술공을 빼내어 오는 일로 실현되었다.

⑦ 미국 군인 막사에서 모포를 훔친 꿈은 외국계 회사의 직장을 그만두게 되어, 퇴직금으로 별도의 보상금을 받게 되는 일로 실현되었다.

⑧ 유적지에서 출토한 거북 모양의 청자 주전자를 훔치는 꿈은 재물과 이권을 얻게 되는 일로 실현되었다.

≪커닝에 관한 꿈≫

'시험을 잘 보아야지' 라는 잠재적인 강박관념에서 이렇게 꿈속에서 커닝하는 꿈을 꿀 수도 있다. 하지만 상징적인 꿈으로 볼 때, 현실에서는 커닝하는 것이 나쁜 일이지만, 꿈의 언어인 상징의 세계에서는 커닝을 해서라도 시험 답안지를 작성하는 것은 좋은 꿈이다. 즉, 훔치는 꿈의 경우와 마찬가지로, 커닝은 현실에서 적극적이며 강압적으로라도 자신의 의지나 노력·바람을 달성시키는 일로 이루어진다.

따라서, 꿈속에서 커닝을 해서 시험을 잘 봤다면, 어떤 방책으로 인한 협조로 성과나 결과를 내게 될 것을 뜻하며, 시험을 못 봤다면 실제 시험을 못 보거나 혹은 다른 소원의 경향이나 목표한 바를 이루지 못함을 의미한다. 사이트에서 '시험, 훔치다'를 검색해보기 바란다.

≪시험에 관한 꿈≫

꿈에서 시험은 사실적인 미래투시의 꿈인 경우, 실제 꿈속과 같은 일로 이루어진다. 하지만 대부분의 상징적인 예지몽에서는 시험과 유사한 일로 어떤 일에 대한 경쟁이나 테스트·통과·관문 등으로 볼 수 있다. 따라서 꿈은 반대가 아닌 상징이므로 시험을 잘 보는 것이 좋으며 쩔쩔매는 것은 좋지가 않다. 커닝을 해서라도 시험을 잘 치르는 꿈은 현실에서는 적극적으로 매달려서 좋은 성취를 이루어내는 일로 실현된다.

① 합격증에 관한 꿈

대체로 사실적인 미래투시의 꿈으로 합격 또는 불합격을 예지한다.

② 답안지를 감추는 꿈

자신의 사업 진행이나 추구하는 일거리 대상에서 은밀한 진행을 가져온다.

③ 시험을 치르는 꿈

일반인의 경우에는 자기가 계획한 일이나 소망·취직 등의 일을 예지해준다. 문제를 풀지 못하고 쩔쩔매는 꿈은 현실에서 일어나는 어떤 문제점을 해결할 수 없게 되어 고통을 받게 된다. 면접이나 구술시험을 보는 꿈은 상대방과 사업상의 대화나 논쟁, 설전을 하게 되는 일로도 실현 가능하다.

④ 시간이 늦었다고 시험을 치르지 못한 꿈

수험생의 경우에 불안감의 심리 표출에서 이러한 꿈을 꿀 수도 있으나, 상징적인 꿈이라면 시험에 불합격하게 된다. 일반인의 경우, 어떠한 사업의 진행이나 프로젝트에 참여하지 못하게 된다.

⑤ 상제가 되어(상복을 입고) 시험을 치르는 꿈(실증사례)

승진시험에 합격한 사례가 있다. 상제가 되는 꿈은 어떠한 정신적·물질적 자산 승계에서, 제1순위가 될 것을 상징하고 있다.

≪물에 빠지는 꿈≫

물로 상징된 어떤 세력권이나 대상의 영향하에 들어가게 됨을 뜻한다. 이 경우 맑은 물에서 노니는 꿈인 경우, 재물의 풍성함이나 여건이 좋은 상황에 처하게 되는 것으로 실현될 수 있다. 하지만 물에 빠져서 고통스러워하는 꿈이거나, 지저분하거나 흙탕물인 경우, 질병 등에 걸리게 되거나 교통사고 등 안 좋은 일로 실현될 수 있다.

(1) 물에 빠지는 꿈해몽 요약
① 물에 빠진 꿈

교통사고로 실현된 사례가 있다. 사실적인 꿈인 경우에 실제 그러한 일로 일어날 수도 있다.

② 물에 뛰어드는 꿈

물로 상징된 어떤 기관이나 회사 단체에 들어가 일을 하게 된다.

③ 연못에 빠졌는데 아무도 안 꺼내 준 꿈

연못에 빠지는 상황으로 표상되어 병마로 고통에 시달리거나, 사업 실패 등으로 어려운 일에 빠지게 되지만 주변의 친지나 동료 등의 도움을 받지 못하는 일로 실현된다.

(2) 물에 빠지는 꿈의 실증사례
① 세 아이들이 물에 빠진 꿈 → 교통사고의 경중을 예지

이해를 돕기 위해, 먼저 필자의 요약 글을 소개하고, 이어서 서울에서 이ㅇㅇ 씨가 보내온 꿈이야기를 전재한다.

아이들 세 명이 강물에 빠졌는데, 한 아이는 거의 다 올라와 있고, 한 아이는 물에 간신히 안 닿을 정도로 기어 나오고 있고, 한 명은 그만 물속에 잠기고 말았던 꿈 사례이다.

꿈의 상징 표현대로 현실에서 이루어지고 있다. 현실에서는 같은 반 친구 3명이 놀러 갔다가, 길을 건너려는데 과속으로 달려오던 트럭에 치여서, 한 명은 죽고, 한 아이는 전혀 안 다치고, 한 아이는 큰 부상을 당했으나 몇 개월 만에 아주 건강한 모습으로 퇴원하게 되는 현실로 실현되었다.

막냇동생이 3년 전 꾼 꿈이야기입니다. 승용차를 타고 어느 강변도로를 달리고 있는데, 사람들이 모여 웅성웅성하더래요. "무슨 일이냐?"고 물었더니, 아이들 세 명이 강물에 빠졌다는 거예요. 얼른 내려서 달려가 보니까, 한 아이는 거의 다 올라와 있고, 한 아이는 물에 간신히 안 닿을 정도만 기어 나오고 있고, 한 명은 그만 물속에 잠기고 말았대요. 그런 중에도 무심코 차도를 보니까 형의 차가 오고 있더래요. 당연히 내려올 줄 알았는데, 흘깃 한번 쳐다보더니, 그냥 지나쳐가더랍니다. 꿈속에서도 '세상에 형이 어쩌면 저럴 수가 있나.' 싶더래요. 아침에 출근하면서 자기 아내한테 아이들 잘 챙기고, 집 안에서만 놀도록 당부하고 나갔대요. 다른 때 같았으면 그냥 잊고 말았을 텐데, 그날은 이상하게 현실처럼 생생하게 생각이 나곤 대요.

오후에 형한테 안부 전화를 했더니, 세상에, 이럴 수가--. 어떻게 꿈이 100% 맞을 수가 있는 것인지. 몇 시간 전에 초등학교에 다니는 둘째 조카가 교통사고로 병원에서 응급조치만 받고 방금 큰 병원으로 갔다며 형수가 울먹이고 있더랍니다. 큰 저수지를 지나서 사는 친구 집에 같은 반 친구 3명이 놀러 갔다가 길을 건너려는데, 과속으로 달려오던 트럭에 그만--. 한 명은 죽고, 한 아이는 전혀 안 다치고, 조카는 피를 너무 흘려서 잘못될지도 모른다는---

그런데, 몇 개월 만에 아주 건강한 모습으로 퇴원했어요. 참, 잊을 뻔 했는데요. 큰동생이 사고당한 곳을 좀 멀리서 보게 되었는데, 그날 납품관계 때문에 바빠서 그냥 지나쳤다고 해요. 꿈에서처럼요. 앰뷸런스에서 피를 너무 흘려 혹시 죽을지도 모를 아이를 태우고 갈 때, 그 아비 심정이 어땠을까요. 자기 딸이 피를 흘려서 쓰러져 있었을 그 당시에, 자기 아빠가 그냥 지나쳐 갔다고 생각했을 때, 그 아빠는 기막혀했습니다. 머리를 다쳤기 때문에 무척 걱정했었는데 다행히 회복되었습니다. 꿈. 그렇습니다. 미래에 대한 예지일까요. 때론 너무 잘 맞아서 두렵기조차 한 적도 있습니다. 많지만 길어진 것 같아 이만 쓰겠습니다.

꿈속에서 물에 빠진 것으로 나타난 세 아이가 현실에서 교통사고로 어떻게 실현되었는지를 잘 살펴보시기 바란다. 꿈의 상징화 작업의 신비함에 놀라울 뿐이다. 물에 간신히 안 닿을 정도만 기어 나오고 있는 것으로 표상된 아이가 조카로서, 교통사고(물에 빠진) 후에 회복될(거의 다 기어 나온) 것을 예지해주고 있음을 알 수 있다. 또한 이렇게 생생한 꿈은 현실에서 어떠한 일이 일어날 것을 예지해주고 있다. 현실에서의 실현은 꿈속의 선명도와 관련이 있다. 꿈을 꾼 것 같은데 잘 기억나지 않는 꿈들은 현실에서 일어나보았자, 사소한 별 볼 일 없는 꿈인 것이다.

② 물에 빠지려다가 헤어난 꿈 → 교통사고 예지 꿈

넓은 냇가입니다. 남편과 제가 물이 찰랑찰랑 넘치는 그곳을 지나가는데, 남편이 자꾸 출랑거리며 물이 많은 곳으로 왔다갔다하며 장난을 치는 거예요. 저는 걱정이 되어 나랑 손잡고 어서 지나가자고 했더니, 저의 말은 듣지 않고 또 물이 세차게 내려오는 곳으로 가더니, 갑자기 남편이 떠내려가는 겁니다. 눈에서 아주 작아지더니, 벽을 잡고 간신히 빠져나왔습니다. 그리고 다시 건너가는데 이번에는 무사히 건너갔답니다.

며칠 후 남편이 전주에 상갓집에 다녀오다가, 운전 중에 지리가 어두워 좌회전 신호를 직진으로 오해해, 큰 사고가 날 뻔했답니다. 옆에서 오는 차를 받지 않으려 급하게 좌회전을 해서, 사고가 나지 않았다고 하네요.---미래 예지, 2009. 04. 16.

이처럼 물에 빠지는 꿈으로, 교통사고의 위험에 빠져드는 일로 실현되는 것과 관련을 맺고 있음을 알 수가 있다.

③ 자신이 강물에 빠져 죽는 꿈

제주도로 수학여행을 갔다가 배를 탔는데, 친구의 장난으로 인하여 아끼던 휴대폰을 바닷물 속에 빠뜨리는 일로 실현되었다. 휴대폰이 자신의 분신 같은 존재로, 물에 빠지는 꿈이 소멸·침체·좌절의 상징적 의미를 지니기도 한다.

④ 물에 빠진 꿈

어떠한 영향권에 들어가게 됨을 뜻한다. 안 좋게는 교통사고 등에 휘말리게 된다. 사례로, 물에 빠진 사람을 종합 진찰해야 한다고 의사가 말한 꿈은 어느 잡지사에 제출한 작품이 심의과정을 거쳐 봐야겠다는 언질을 받은 것으로 실현되었다.(저자의 경우)

⑤ 강물에 빠진 것을 구해주는 꿈 → 구속을 면하게 되다.

어떤 사업가가 돈을 빌렸다가 갚지 못해서, 구속될 지경에 몰려 있었다. 구속 여부를 결정하는 재판을 하루 앞두고, 돌아가신 외할아버지가 낚싯대를 들고 나타나는 꿈을 꿨다. 자신이 강물에 빠져 허우적대고 있는 상황에서 도포를 입고 갓을 쓴 외할아버지가 갑자기 나타나 낚싯대 줄을 자기에게 던졌다. 그 낚시 갈고리로 허리띠를 걸어 잡아당기니, 자신이 단번에 강변의 뭍으로 끌어올려 졌다. 다음 날 희한하게도 구속이 연기되는 결정이 나왔다고 한다.---조용헌의 八字기행, 미래를 보는 꿈 '선견몽'

⑥ 강물에 빠진 것을 애인이 건져준 꿈(상담사례)

사실적인 전개의 꿈이라면 현실에서 꿈에서의 일이 가능합니다. 이런 경우 특별한 해몽은 필요 없고요. 하지만 꿈 내용이 과장되고 황당한 전개를 보인 경우, 상징적으로 장차 일어날 일을 예지해주고 있는 것입니다. 상징적으로 강물은 어떤 세력권·영향력 등을 의미합니다. 이때 물이 맑지 못하거나 물결이 심하게 칠수록 기피할 일이나 병마, 풍파나 곡절, 파란 등의 상황이 될 수 있고요. 애인이 구해준 것은 실제 애인이 구해주거나 혹은 애인에 준하는 애착이 가는 일, 대상의 협조나 도움으로 어떤 세력권·영향력에서 제외·탈퇴·이탈하는 일이 됩니다. 다만 맑고 깨끗한 물이라면 강물에 빠진 것이 유익할 수 있고 나오는 것이 안 좋을 수도 있지요. 꿈은 꿈의 내용 전개에 따라 다른 답변이 가능합니다. 해몽은 상징 표상에 대한 이해에 있으니 추정의 의견을 참고해 보세요.

≪기타 수렁, 늪, 함정, 똥통에 빠지는 꿈≫

수렁이나 늪·구렁텅이·함정은 현실의 난관이나 다른 사람의 계교나 사기 등 좋지 않은 대상을 상징하고 있다. 수렁이나 늪·함정에 빠지는 꿈은 남의 모함이나 사기에 빠지게 된다. 신체의 이상으로 질병으로 병석에 눕게 되는 일로 실현될 수도 있다. 반면에, 길에 파놓은 함정을 뛰어넘거나 피해 가는 꿈은 어렵고 힘든 조건에서 잘 극복해 나감을 뜻한다.

① 흙(진흙)이나 수렁(함정)에 빠지는 꿈

진흙 또는 수렁에 빠지면 생활·처세·사업 등이 어려움에 처하게 된다. 처한

2
행동 표상 → 행동에 관한 꿈,
생각하고 느끼는 꿈

여건에 따라 질병에 시달리거나 죄악에 빠진다. 진흙 수렁에 빠져서 허우적거리는 꿈으로, 교통사고가 일어나 뒤차의 보닛을 망가뜨리게 된 사례가 있다.

② 함정에 빠지는 꿈

누군가의 모략에 빠지고, 신상에 위험이 닥치게 된다. 좋게는 사상이나 종교 등에 빠져들게 되어 몰두하게 된다.

③ 수렁에 발이 빠진 것을 빼내는 꿈

자신이 모함에 빠져 누명을 쓰게 되나, 이내 모면하게 된다. 이 밖에도 어려운 여건에 처했다가 벗어나게 되는 일로 실현된다.

④ 소가 수렁에 빠지는 것을 구해내는 꿈

소로 상징된 가족·친지의 누군가나 사람이 질병이나 모함·노름·게임 등에 빠진 것을 구해내는 일로 실현된다.

⑤ 지붕이나 기둥 등이 무너져 아래로 빠지는 꿈

집안에 우환이 생기거나, 집으로 상징된 회사나 가게 등에 위험이 닥쳐오고, 사업기반을 잃게 된다.

⑥ 변소(똥통)에 빠지는 꿈

변이 가득 차 있는 똥통에 빠졌으면서, 더럽다거나 냄새가 나지 않는 꿈이 있다. 이 경우에 많은 사람의 사상에 감화되거나, 재물을 얻는 일로 실현된다. 주식 등에서 이익을 얻게 되는 일로도 이루어진다. 변소에 빠져서 평안했던 꿈으로, 복권에 당첨된 사례가 있다.

≪수영(헤엄)하는 꿈≫

수영을 하는 꿈은 사회·기관·사업장 등의 활동 무대에서 하는 일이나, 생활·생업·경쟁 및 목적 달성과 관계한다. 넓은 바다에서 수영을 하면 사업·외국 유학·직장 등에서 혜택을 입거나 일이 잘 추진된다.

(1) 수영하는 꿈해몽 요약
① 수영이나 자전거·달리기·스케이트를 잘하는 꿈

시험에 합격하거나 경쟁 관계에 있는 어떤 사업 등에서 원만한 진행이 이루어진다.

② 헤엄치거나 목욕하는 꿈

맑은 물에서 헤엄치거나 목욕하는 꿈은 소원이 성취되고 뜻을 펼칠 수 있게 된다.

③ 물속을 헤엄쳐 다닌 꿈

사회적 내면상을 연구하거나 비밀을 탐색하게 되며, 관청 내부의 직무수행과도 관계한다.

④ 땅속을 헤엄쳐 다닌 꿈

상징적인 꿈으로, 지하조직의 일원으로 활동하거나 은밀한 행동을 하게 되는 일로 실현된다.

⑤ 흙탕물에서 헤엄치는 꿈

심한 열병 등 질병에 걸리게 되거나, 노름이나 게임·마약·담배 등 유혹이나 죄악시하는 대상에 빠지게 된다.

⑥ 알몸으로 헤엄치는 꿈

간섭이 없이 자유롭게 행동하게 된다. 경우에 따라서, 협조자나 후원자 없이 자신만의 독단적인 행동으로 실현된다.

⑦ 옷을 입은 채 헤엄치는 꿈

자신의 직위나 신분, 의지·습관 등을 고집한 채 어떤 일에 관여한다. 경우에 따라서, 옷으로 상징된 배우자나 협조자의 후원을 받아 일거리나 대상에 관여하게 된다.

⑧ 이성이나 여러 사람과 헤엄치는 꿈

동거생활이나 동업을 하게 되거나, 경쟁적인 사업이나 일거리 대상에 관계를 맺게 된다.

⑨ 넓은 바다에서 수영하는 꿈

커다란 회사나 기관·단체에서 자신의 뜻을 펼칠 수 있게 된다. 그 밖에도, 자유로운 신앙생활 및 자신이 소원이 성취되고 만족해하는 일로 이루어진다. 구직자가 이러한 꿈을 꾼 경우에 합격하는 일로 이루어진다.

⑩ 아무리 수영을 해도 앞으로 나아가지 않는 꿈

처한 상황에 따라 제각기 달리 이루어지나, 하나같이 발전이 있기보다는 제자리걸음을 하는 일로 실현된다. 예를 들어, 사업가나 자영업자의 경우에는 사업자

2 행동 표상 — 행동에 관한 꿈, 생각하고 느끼는 꿈

금 부족이나 경쟁 심화로 인하여, 가게나 회사의 운영에 있어서 정체된 상황에서 발전이 없게 된다. 학생의 경우에 아무리 노력해도 성적이 오르지 않고, 제자리에 있게 되는 일로 이루어진다. 대학원생의 경우에 논문 작성에 진척이 없게 된다. 저자의 경우에 이런저런 사정으로 인하여, 원고 집필에 진척이 없게 된다.

⑪ 민속 꿈

꿈에 수영을 하면 이튿날에는 술에 만취가 된다.

(2) 수영하는 꿈의 실증사례

① 자신이 돌고래가 되어 넓은 바다에서 헤엄치는 꿈

이름난 포털사이트에 취직하는 일로 실현된 사례가 있는바, 자신의 능력을 마음껏 펼칠 활동무대를 넓은 바다로 상징해서 보여주고 있다.

② 바다에서 수영한 꿈, 쌀밥을 먹은 꿈 → 공무원 시험 합격

> 바다를 수영하는 꿈, 임신한 사람처럼 쌀밥 한 그릇이 아닌 한 대접에 물까지 말아먹은 꿈을 꾸고, 공무원 시험에 합격했어요.---사랑이, 2008. 07. 26.

③ 바닷가에서 수영하는 꿈 → 고려청자 보물선 발견

> 지난 2007년 5월 14일 밤, 충남 태안에 사는 어민 김용철(58) 씨는 바닷가에서 수영하는 꿈을 꿨다. 다음 날 아침 조업을 나간 김 씨는 주꾸미를 낚다가 우연히 잡아올린 주꾸미가 접시를 빨판으로 붙잡고 있는 것을 발견하게 되었다. 요즘 물건 같지는 않은 게 심상치 않은 것이 고려청자 같아서, 태안군청 문화관광과에 청자처럼 보이는 대접을 건졌다고 신고했다. 감정 결과 김 씨가 발견한 대접은 틀림없는 진품 고려청자였다.

김 씨가 꾼 바닷가에서 수영하는 꿈은 좋은 꿈이다. 아마도 신 나게 수영하는 꿈이었을 것이다. 바다로 상징된 활동 공간인 지역사회에서 자신의 역량을 발휘하는 일로 이루어지고 있다. 아울러 신고포상금을 타는 등 재물적 이익을 얻는 일로도 실현되었다.

≪낚시질하는 꿈, 물고기를 잡는 꿈≫

낚시질하는 꿈은 노력의 경향, 인물이나 재물을 획득할 일 등을 상징하고 있다. 낚시질해서 수많은 물고기를 잡는 꿈은 어떠한 재물적 이익이나 사업의 이권을 얻는 일, 또는 어떠한 사람을 얻게 되는 일로 실현된다. 태몽 표상으로도 자주

실현되고 있다. 낚시 도구는 협조자, 재물 획득의 수단이나 일거리 대상에 대한 방도, 사업의 투자금 등을 상징하고 있는바, 귀하고 좋은 낚싯대일수록 좋은 협조자 등의 지원을 얻게 된다.

① 낚싯줄이 길게 늘어진 것을 보는 꿈

일을 성사시키는 데 오랜 세월 연구와 노력이 필요함을 상징한다.

② 산 정상의 물 없는 연못에 사람들이 둘러앉아 낚시질하는 것을 보는 꿈

산속에 잠복한 게릴라의 소탕작전으로 실현되었다.

③ 개울에서 물고기(동태)를 잡는 꿈 → 동탯국을 먹게 될 것을 예지

> 사소한 꿈이야기이지만, 꿈을 꾸고 바로 실현된 꿈체험담입니다. 우리 집 개울에서 엄마랑 내가 물고기를 잡는 거예요. 우리 집 개울에는 똥고기가 좀 많거든요. 근데 엄마가 "잡아!" 하고 소리치는데, 이건 똥고기가 아니라 동태인 거예요. 마음속으로 우리 개울에 동태가 있다니 정말 신기했어요. 그래서 제가 동태를 막 쫓아가는데, 동태 입속으로 물이 마구마구 들어가 동태가 죽은 것 같았어요. 꿈꾸고 나서 문을 열고 보니, 엄마가 밥을 먹자고 동탯국을 해준다고 하더군요. 이건 좀 웃기죠?

대개 이런 꿈은 생생하게 전개되지는 않는다. 어떤 일이 일어나 보았자, 아주 사소한 일로 실현되기도 한다. 필자의 경우, 희미한 꿈으로 '옷에 무언가 묻어 있는 꿈'을 꾸었다. 현실에서는 걱정 안 해도 되는 것을 쓸데없이 걱정하고 애쓴 것으로 실현되었다.

≪날다, 나는 꿈(하늘을 나는 꿈)≫

심리 표출의 꿈에서 보자면, 나는 꿈은 현실에서 억압되어 있는 경우에 자유로운 세계를 갈망하고 있는 경우에 많이 꾸어진다. 일반적인 상황에서 나는 꿈을 자주 꾸는 사람은 하고자 하는 일이나 계획한 사업에 박차를 가해 일을 추진할 때 꾸어진다. 또는 방해되는 여건에서 탈피할 일이 있을 때 꿈속에 표현된다.

① 하늘을 나는 꿈

상징적인 꿈으로는 아주 좋은 꿈이다. 이 경우 하늘 높이 나는 꿈일수록 명예와 직위가 높아지게 되며, 일거리나 대상에서 자신의 큰 뜻을 펼치게 된다. 그러나 땅 위를 낮게 엎드려 나는 꿈은 불안·위기 속에 일이 진행됨을 뜻한다. 자신이

독수리·매·학 등이 되어 하늘을 나는 꿈은 권세나 명예로운 직위에 나아가게 되며, 민정시찰이나 행정감사 등의 임무에 종사하게 된다.

또한 어린이나 학생들이 나는 꿈을 꾸는 경우, 구속과 억압에서 자유롭게 되고 싶은 심리 표출의 꿈이 될 수도 있다. 하지만 상징적인 예지몽이라면 학교 성적이 향상되거나 반장·학생회장 등 사람들의 관심과 선망의 대상으로 나아가게 된다.

실증사례로 이 산 저 산을 나는 꿈을 꾼 후, 글짓기로 수상하는가 하면, 생각지도 않은 사람에게서 큰 선물을 받거나, 반가운 사람을 만난다든지 경사스러운 일이 일어났다고 밝히고 있다.

② 애인과 같이 하늘을 나는 꿈

애인과 같이 공중을 산책하거나 새처럼 나는 꿈은 길몽이다. 꿈속의 애인이거나 애인으로 상징된 사람과 애정이나 혼담이 성사되고, 일거리·대상의 상징일 경우에 순조롭게 진행되어 성취하게 된다.

③ 용이나 비행기를 타고 나는 꿈

복권에 당첨된 사례가 있는바, 용이나 비행기는 권세·명예와 재물 등을 상징하기에 적합한 표상이다.

④ 자동차·배·기차·비행기 등이 하늘을 나는 꿈

어떠한 회사나 단체·조직·기관 등이 사회적으로 널리 알려지거나 공개되는 일로 이루어진다.

⑤ 새가 날아가다가 떨어지는 꿈

날아가던 새가 날개가 꺾여서 떨어지는 꿈은 사업의 실패와 일거리·대상에서 좌절로 이루어진다. 새가 태아 표상인 경우 유산이나 요절하는 일로 실현된다. 이 경우 두세 번 같은 꿈을 반복해서 꾸게 되는 경우에는 반드시 일어난다는 것을 예지해주고 있다.

⑥ 새가 자신에게 날아오는 꿈

꿈속의 새가 어떤 사람을 상징적으로 나타내고 있기도 한다. 새가 자신에게 날아오는 꿈은 새로 상징된 사람이 자신에게 다가오는 일로 실현된다. 이 경우에 가임여건에서는 태몽 표상으로 실현된다. 새가 작품·일거리·대상을 상징하는 경우에는 새가 자기를 향해 날아오는 꿈은 과시할 만한 어떤 성과가 자기에게 주어지고, 자신의 손에 있던 새가 날아가는 꿈은 그 성과는 상실되고 만다. 이처럼 꿈의 실현은 주로 그 꿈을 꾼 당사자가 '어떠한 환경에 처해 있는가?', '어떠한 일에 관심이 있는가?'에 따라서 제각각 다르게 실현될 수도 있다.

⑦ 새들이 나는 것을 보는 꿈

공중이라는 사회적 기반 위에 자타의 어떤 작품이나 일거리 등이 세상에 과시하고 선전 광고할 일을 상징적으로 나타내고 있다. 다음의 두 가지 사례는 고(故) 한건덕 선생님의 꾸신 꿈 내용이다. 꿈의 상징이 암시하고 있는 바를 생각해 보시기 바란다.

* 수천 마리의 참새 떼가 날아간 꿈

서쪽에서 수천 마리의 참새 떼가 동쪽으로 날아갔고, 그 새떼의 후미는 뽀얀 먼지가 가려서 그 수가 얼마인가는 확인하기가 어려웠던 꿈은 새들로 표상된 저작물 등이 참새 떼로 상징된 것만큼 세상에 널리 퍼질 것을 예지해주는 꿈으로 뽀얀 먼지에 가렸다는 것은 정확한 출간 부수를 짐작하지 못하는 일로 나타날 것을 예지해주는 꿈이었다.

* 온 하늘을 뒤덮고 나는 기러기 떼의 꿈

내가 시골집 마당에 서 있다. 이때 공중에서 쏴 하는 소리가 나서 하늘을 쳐다보니, 수만 마리는 되어 보이는 기러기 떼가 일렬횡대로 내 머리 위를 지나간다. 나는 반사적으로 "저 기러기 떼를 봐라." 하고 내 옆에 있던 사람들에게 외쳤다.

꿈은 꿈을 꾼 사람이 처한 환경에 따라 다르게 실현된다. 저자의 꿈인 경우, 수천 마리의 기러기 떼는 저작물이 널리 판매될 것을 뜻하고, "저 기러기 떼를 보라." 하고 외친 것은 저작물의 광고 선전문이 발표되어 많은 사람들이 관심을 가지고 지켜보게 될 일을 뜻하는 예지적인 꿈이다.

⑧ 지붕 위를 날면서 즐거워한 꿈(외국의 사례) → 존경을 받다.

어떤 사람이 로마에 살고 있었는데, 꿈에 그 도시 위를 지붕 가까이 날면서 그렇게 쉽게 날 수 있음을 즐거워했고, 그를 쳐다 본 사람 모두가 감탄했다. 로마에서 그는 존경받는 사람으로서, 유명한 예언가에다 감탄의 대상이 되어, 이로부터 상당한 자원도 얻었다. (글: 아르테미도로스, 『꿈의 열쇠』)

2
행동 표상 — 행동에 관한 꿈,
생각하고 느끼는 꿈

≪올라가는 꿈, 오르는 꿈≫

낮은 곳에서 높은 곳으로 올라가는 꿈은 일반적인 상징으로 볼 때, 좋은 꿈이다. 직위나 신분 등이 올라가게 되며, 생활 형편 등이 향상된다. 산의 정상에 오르는 꿈은 자신의 목표를 달성하는 일로 이루어지며, 자신의 뜻하는 일거리 대상에서 성취를 맛보게 되며, 명예와 권세를 얻게 된다.

① 엘리베이터나 사다리 등을 타고 위로 오르내리는 꿈

자녀들의 성적이 오르고, 아래로 내려가는 꿈을 꾸면 성적이 내려가게 된다. 주식에 투자한 사람은 주식 시세가 오르내리기도 한다.

② 돌층계·사다리·언덕·산·절벽 등을 힘겹게 오르는 꿈

자신의 목적이나 성취를 이뤄내는 데 있어, 고통과 위험이 따른다. 생활고에 직면하게 되기도 한다.

③ 고갯길을 넘는 꿈

고갯길을 넘는 꿈은 사업상의 난관을 극복하거나 전환기에 접어들게 되며, 직장을 옮기게 되기도 한다.

④ 비행기나 기타 기구를 타고 공중으로 오르는 꿈

직위의 상승이나 명예를 획득하게 되며, 증권 시세가 좋아지거나, 정체된 사업이 활기를 찾는다.

⑤ 마당에서 대청마루에 오르는 꿈

직위가 높아지고, 자기의 일거리가 큰 기관이나 회사에서 채택된다.

⑥ 연이 높이 올라 나는 꿈

자신의 추구하는 일거리·대상에서 사람들의 관심과 주목을 받게 되며, 뜻을 이루게 된다. 사업가는 자신의 사업을 널리 떨치게 되며, 저자의 경우, 자신의 저서를 세상에 광고하는 일로 실현된다.

⑦ 올라가는 꿈(실증사례)

경제적으로 어려움이 시작될 때는 내려가는 꿈을, 일이 잘 풀릴 때는 올라가는 꿈을 꾸고요. 돈 들어올 때는 불과 관련된 꿈을 꾸게 되더군요.---지족, 2012. 01. 14.

⑧ 민속의 올라가는 꿈

- 높은 산 높은 나무에 오르면 내가 칭찬을 받고 길하다.

- 높은 산에 오르면 벼슬한다(소원 성취한다).

- 높은 산에 올라 아래를 내려다보면 봄, 여름에 길하다.
- 높은 산에 올라가 보면 봄과 여름에 대길하다.
- 높은 산에서 살면 기쁜 일이 있다.
- 무거운 물건을 지고 높은 곳을 올라가면 성공한다.

≪떨어지는 꿈≫

높은 곳에서 아래로 떨어지는 꿈은 좋지 않은 꿈이다. 처한 상황에 따라, 신분이나 직위의 몰락, 사업의 부도, 건강의 악화, 의지 상실 등의 일을 체험한다. 또한 애정 관계에서 파탄이나 처녀성 상실, 일신상의 위험이 닥쳐올 수도 있다. 학생의 경우에 성적이 저하되며, 주식투자가라면 주식 시세의 하락으로 실현된다. 그러나 일부러 아래로 뛰어내리며 통쾌함을 느끼는 꿈이었다고 한다면, 명예퇴직이나 사업의 철수, 이혼 확정 등 스스로 어떤 결정을 시원스럽게 내리는 것 등을 상징하기도 한다.

① 나무에서 떨어져 수족이 부러지는 꿈

사업의 부도나 실패로 인하여 자신의 직위나 권세가 꺾이게 되며, 자신의 협조자가 자신으로부터 떨어져 나가게 된다.

② 떨어지다가 나뭇가지에 걸리거나 구조되는 꿈

어려운 몰락 직전에서 벗어나게 된다.

③ 떨어지는 꿈(실증사례) → 근육이 경직되다.

어린 시절 사과 하나를 들고 집 앞 개천가에 있었는데, 한 아이가 와서 사과를 달라고 했으나 주지 않자, 개천으로 밀어서 떨어졌고 고집스럽게 사과를 꼭 쥐고 울었었다. 그 후로 가끔 떨어지는 꿈을 꾸면, 양손의 근육을 주물러 풀어야 할 만큼 근육이 경직되어 깬다. 깨고 나서도 '떨어지는 꿈을 꾸었구나.'라고 알 수 있다.

이처럼 신체 내·외부의 이상 및 외부의 감각자극을 꿈을 통해 알려주는 경우가 있는데 자신의 몸에 다가오는 신체적인 이상을 잠재의식의 정신활동인 꿈을 통해 잠자리에서 깨어나도록 알려주고 있다고 생각하면 될 것이다. 이 경우 특별한 꿈해몽은 필요 없다. 위의 사례에서는 단지 강인하게 각인시켜주기 위해, 어린 시절에 일어난 사건으로써 꿈의 표상 재료를 삼고 있는 것이다.

≪칭찬에 관한 꿈≫

꿈은 결코 반대가 아닌 상징의 이해에 있다. 칭찬을 받는 것은 사실적인 꿈이라면, 실제 꿈속과 같은 일로 이루어지거나, 어떤 일에 대한 격려나 호응을 얻는 일 등 좋은 일로 실현된다. 칭찬을 받아 기분이 좋은 표상이라면, 자신이 바라는 일에 만족함을 체험하게 되거나, 좋은 성취 성공을 이루어내는 일로 이루어진다.

또한 얼굴이 예쁘다는 칭찬을 받는 꿈의 경우 얼굴은 상징적으로 일의 이력이나 신분·명예·간판 등을 의미한다. 따라서 얼굴이 예쁘게 보이는 것은 자신의 능력·신분·간판·이력·저서·프로필 등이 주목받게 되며, 자신의 신분·능력 등이 유익한 방향으로 변화됨을 의미한다.

≪걷는 꿈≫

걷는 것은 장소의 이동, 직책의 변동, 일의 진행 과정, 운세, 시간적 경과, 대화 내용 등의 다채로움과 관계한다. 걸음을 멈추는 것은 휴식을 취하거나, 일의 중지나 답답한 일을 체험하는 일로 실현된다. 이때, 자신이 걸어간 걸음 수는 일의 진행된 시간이니 기일을 상징적으로 보여주고 있다. 이 경우에 서너 발자국을 걸어간 꿈이 현실에서는 4~5일, 4~5개월이나, 4~5년의 기간이 걸려서 실현되는 일이 될 수 있다. 따라서 기다리는 사람이 멀리서 걸어오는 것을 보는 꿈은 꿈이 실현되기까지 상당한 시일이 지나야 함을 예지해주고 있다. 마찬가지로 짧은 거리인 책상과 책상 사이를 몇 걸음 걸었다 할지라도, 그것은 직장에서 직책의 변동, 책임의 전가, 이전 등의 일을 상징적으로 보여주고 있다.

① 잘 다듬어진 큰길을 걷는 꿈

평온한 여건에 놓이게 되며, 일의 성사가 무난히 이루어진다.

② 좁고 험한 길을 걷는 꿈

어려운 시련을 극복해내는 일로 실현된다.

③ 어두컴컴한 곳을 걷는 꿈

해결할 기미가 보이지 않는 답답한 일거리에 직면하게 되거나, 처음 대하는 생소한 일거리를 맡게 된다.

④ 애인(연인)과 걷는 꿈

애인이나 애인으로 상징된 사람과 대화나 협상을 하게 된다. 애인이 일거리나 대상의 상징 표상인 경우, 어떤 일거리나 대상의 진척 여부나 성취 과정을 상징적으로 보여준다. 이 경우에 배경적인 요소가 중요하다. 아름답고 풍요로운 길을 걷는 꿈일수록 현실에서 좋은 일로 이루어진다. 애인과 꽃비가 내리는 길을 걷는 꿈을 꾼 사람이 복권에 당첨된 사례가 있다.

⑤ 다른 사람과 걷는 꿈

서로 다른 방향에서 걸어가는 꿈은 각자 다른 사업이나 일을 진행함을 의미한다. 상대방이 마주 오는 꿈은 반대 의견을 지닌 사람이 의견 차이가 좁혀지게 됨을 나타낸다. 이 경우에 자기 옆을 지나가는 사람은 자신과 잠시라도 관계할 사람이나 일거리·대상을 상징한다. 앞사람을 뒤에서 따라가는 꿈은 상대방을 믿고 따를 사람이고, 나란히 걸어가는 꿈은 동업자적인 사람임을 의미한다. 자기가 남의 앞을 가는 꿈은 앞서서 책임지고 일을 추진하는 것을 뜻한다.

⑥ 스님(귀인)의 발자취를 따라간 꿈

꿈속에서 스님은 지도자나 스승을 동일시할 수 있으므로, 눈 위나 모래사장에 새겨지는 스승의 발자취를 따라가는 것은 그분의 업적을 따르게 됨을 뜻한다.

⑦ 발자국을 남기는 꿈

해변이나 눈길 등에 발자국을 남기는 꿈은 자기의 행적이나 일의 진행과정을 공개하는 일로 실현된다.

⑧ 지팡이를 짚고 걷는 꿈

협조자와 도움으로 일을 진행해나가는 것을 뜻한다.

⑨ 짐이나 갓난아기를 업고 걷는 꿈

하는 일에 장애물이나 신경을 써야 하는 문제가 있음을 뜻한다.

⑩ 걷는 길에 바위나 수렁·늪 등 장애물이 있는 꿈

사업 진행이나 일거리 성취에 있어 난관이 있음을 예지하며, 이를 헤쳐나가는 꿈은 장애를 극복하고 일을 진행해나감을 뜻한다.

⑪ 나체(알몸)로 걷는 꿈

부끄럽게 생각하여 걷는 꿈은 자기의 모든 것을 적나라하게 남 앞에 공개하거나, 직장이나 협조자도 없이 생계가 막연하고 어떤 위험 앞에 처해 있음을 나타낸다. 그러나 자신 있게 당당하게 걷는 꿈은 어떠한 일의 진행이나 성취를 과시하고 뽐내는 일로 실현된다.

⑫ 신발이 없이 맨발로 걷는 꿈

의지할 사람이 없거나, 신분을 보장받지 못한 채 일을 진행함을 뜻한다. 상황에 따라 실직한 상태에서 일을 진행하는 것을 뜻하기도 한다.

⑬ 마음대로 걷지 못하는 꿈

급한 일이 있어 빨리 걸어야 할 텐데 도무지 걸음이 걸어지지 않고 마음만 초조했던 꿈은 어디에 부탁한 일이 잘 진행되지 않아 안타까워할 일이 생긴다.

⑭ 걷지 못하는 사람이 잘 걷는 꿈

신체적으로 이상이 있던 경우, 질병에서 회복되는 일로 실현된다. 상징적으로는 자신이 성취하고자 하는 일거리 대상이 어려움에서 벗어나 성사될 수 있음을 나타낸다.

⑮ 집을 걸어 나서는 꿈

어떠한 일거리나 대상에 시작하게 됨을 뜻한다. 사업가는 사업의 시작을, 학생은 학원에 등록하여 공부를 시작하게 됨을 뜻한다. 집으로 걸어 돌아오는 꿈은 일의 종결이나 마무리가 되었음을 뜻한다.

⑯ 남이 집으로 들어오려는 꿈

누가 자신의 가정사나 회사 일에 대하여 알려고 하는 일로 실현된다. 실제로 사실적인 꿈의 요소가 있는 경우에 방문객이 있게 된다.

⑰ 여기저기 돌아다니는 꿈

사업이나 일거리 대상에서 관심을 가지고 행할 일이 있게 된다. 이 경우에 한정된 장소에서 왔다갔다하는 꿈은 어떤 일거리나 사업의 진행이 더이상의 진전을 보지 못하고 정체되는 일로 실현된다.

≪달리는 꿈, 뛰는 꿈≫

달리기의 꿈은 상징적으로 이해하여야 한다. 상징적으로 어떠한 일이 진척되는지 여부를 보여주는 경우가 많다. 달리기에서 이기는 꿈은 자신이 어떤 경쟁에서 이기게 될 것을 나타내주고 있으며, 앞서 달리는 꿈은 자신이 어떠한 분야에서 선두나 두각을 나타낼 것을 상징해주고 있다.

① 말을 타고 달리는 꿈

말로 상징된 협조자·협조세력 등에 의하여, 어떠한 일이 신속하면서 막힘없이 성취하게 된다.

② 다른 사람과 손을 잡고 달리는 꿈

어떠한 일거리 대상에서 협력해서 추진하게 되는 일로 실현된다.

③ 상대방이 넘겨주는 릴레이 바통을 받아 달리는 꿈

직장에서 선임자의 책무를 물려받아 사업 부서를 원활하게 운영해 나가게 된다. 이 경우, 후계자나 제자가 되어 학문연구 등을 해나가는 것도 가능하다.

④ 버스가 빨리 달리는 꿈(실증사례) → 출산을 빨리하다.

어느 임산부의 꿈이다. 꿈에 버스를 탔다. 중간에 앉았는데 버스가 세게 달리기에 일반 버스가 왜 이렇게 빨리 달리느냐고 웃으면서 얘기했다. 그 다음 날 둘째 아이를 빨리 낳았다.

≪마라톤에 관한 꿈≫

꿈은 반대가 아닌 상징의 이해이므로 마라톤 등에서 자신이 이기는 꿈은 아주 좋은 꿈이다. 마라톤은 단시간에 끝나게 되는 일거리·대상보다는 장기간에 걸쳐 사업이나 일거리 대상의 진행이 이루어지는 것을 상징한다. 이 경우 1등을 하는 꿈은 좋은 꿈이다. 달리기에서 1등을 하는 것은 경쟁·경합 등에서, 승리·영광을 얻게 된다. 또한 당첨·합격 등으로 실현되기도 하며, 자신의 일거리·작품 등이 널리 알려지고 명예를 얻게 되는 일로 실현이 된다. 마라톤에서 자신의 회사나 우리나라 선수가 이기는 꿈은 오랜 사업 경쟁에서 자신의 회사나 자신이 추구해온 일거리 대상에서 성취감을 맛보게 된다.

≪뛰어넘는 꿈(뛰어넘다)≫

뛰어넘는 꿈은 어려움과 시련을 극복하고 목표를 달성하는 일로 실현된다.

① 담·나무 등 장애물을 뛰어넘는 꿈

어려움을 극복하고 목적을 달성하게 되며, 고통에서 해방된다.

② 위로 껑충 뛰어오르는 꿈

직장에서 승진하는 등 소원의 성취로 실현된다.

③ 제자리에서 뛰거나 멀리 뛰는 꿈

직장인의 경우에 직책이나 직위의 변동 등과 관련하여 실현된다. 멀리 뛰는

2 행동 표상─행동에 관한 꿈, 생각하고 느끼는 꿈

꿈은 직책에서 커다란 변화를 가져오게 된다.

④ 높은 봉우리, 섬, 넓은 강 등을 단숨에 뛰어넘는 꿈

외국 여행을 하게 되거나, 신분이나 직위에서 커다란 변동이 일어나게 된다.

⑤ 징검다리를 밟고 뛰는 꿈

징검다리에 놓인 돌 하나하나는 거쳐 가야 할 직장 또는 직장 내부의 부서를 뜻하므로, 징검다리 전체를 건너는 것은 여러 직장이나 부서를 거쳐 가야 할 일이 생기거나, 하나의 사건을 단계적으로 풀어 갈 일과 관계하게 된다.

≪앉고 서는 꿈≫

앉는 것은 휴식·휴직 및 일의 중지나 기다림 등과 관계하며, 서는 것은 다음 단계로의 행동 개시나 그 장소에서의 어떠한 일에 대한 준비 등과 관계한다. 다른 사람들은 앉았는데 자신은 서 있는 꿈은 자신에게 어떤 일거리나 대상의 우선권이 주어지게 됨을 뜻한다.

① 눕거나 앉거나 서는 꿈

누워 있던 사람이 일어나 앉았다가 일어서서 밖으로 나가는 꿈은 각기 다음과 같이 상징적으로 나타낼 수 있다. 눕다(무엇인가 계획하고 구상하며 연구에 몰두하는 동안), 앉다(실행 시기를 기다리는 동안), 서다(준비를 완료하다), 나가다(마침내 계획한 일을 실행에 옮기게 된다).

② 교실이나 극장에서 앞자리에 앉아있는 꿈

교실이나 극장에서 앞자리에 앉아 있는 꿈을 꾸었을 경우, 남보다 자기 일이 먼저 진행되고, 뒷자리에 앉지 않고 서 있어도 일이 먼저 진행된다.

③ 의자에 앉는 꿈

어떤 부서의 책임을 맡게 되며 취직·입학 등이 결정되고, 의자를 찾지 못하거나 앉지 못하면 자신의 직분이나 권리를 찾을 수 없게 되어, 실직되거나 시험·면접 등에 낙방한다.

④ 길가에 앉아 쉬는 꿈

길을 걷다가 앉아 쉬는 꿈은 일의 중단과 정비, 기다림, 한 직위에 한동안 머무를 것을 체험하게 된다.

⑤ 마주 앉거나 서는 꿈

테이블을 사이에 두고 마주앉거나 서는 꿈은 두 사람 사이에서 의견 대립이나 시빗거리가 생긴다.

⑥ 엉거주춤한 꿈

다리를 굽혀 일어날 듯 앉을 듯 엉거주춤한 꿈은 어떠한 일거리나 대상에 쉽게 결정을 내리지 못하는 어려움에 처하게 된다.

≪눕는 꿈≫

자리에 눕는 꿈은 어떠한 일거리 대상이 침체·휴식·방황에 처하게 되며, 건강이 악화되어 질병에 걸리게 되거나, 이미 병자의 경우에 병세가 오래감을 의미한다.

① 상대방 무릎 위에 머리를 얹고 누운 꿈

상대방에게 모든 것을 의지해서 청원한 일이 생기며, 뜻대로 성취하게 된다.

② 누웠다가 일어나는 꿈

침체에서 벗어나 새로운 계획을 세워 활동함을 뜻한다.

③ 가족 등 한방에 여럿이 누워있는 꿈

가족으로 상징된 회사 동료 등 여러 사람이 동일한 목적을 위하여 기다릴 일이 생긴다.

④ 자기의 머리 위에 다리를 뻗고 누운 사람이 있는 꿈

경쟁적인 일이나 사업 분야에서 경쟁자에게 패배하고 양보하는 일로 실현된다.

⑤ 이불을 덮고 눕는 꿈

진행하던 사업을 중지하게 되며, 신체의 이상으로 실현될 경우에는 한동안 병석에 눕는 것을 뜻한다. 이불을 같이 덮고 나란히 누워 있는 경우, 동업자끼리 상당히 오래도록 사업 성과를 기다리게 되는 일로도 실현될 수 있다.

⑥ 잠을 자다 깨어난 꿈

잠을 자다가 깨어나는 꿈은 오랫동안 중단된 일거리나 대상, 무관심했던 일거리나 대상에 대하여 새롭게 시도하는 일로 실현된다.

⑦ 상대방이 잠들어 있는 것을 보는 꿈

사건이나 일거리 대상 등이 침체·유예·보류 등의 상태에 놓이게 된다.

⑧ 엎어져 있는 꿈

엎어져 있으면 누구에게 억압을 당하거나 패배할 일이 생기게 된다. 반면에, 상대방이 엎어져 있는 꿈은 쉽사리 회복하지 못하며, 사람이나 일거리 대상을 자신의 뜻대로 좌지우지하는 일로 실현된다.

≪먹는 꿈, 삼키는 꿈≫

먹는 꿈은 성취, 소유, 성욕, 집권욕, 명예욕을 상징한다. 따라서 음식을 먹는 꿈은 어떠한 일의 성취와 결실을 가져오게 되고, 책임질 일을 맡게 됨을 의미한다. 동물을 잡아먹는 꿈은 동물로 상징된 이권이나 재물을 성취하게 됨을 뜻하며, 시험에 합격, 신분·직위의 상승을 가져오게 되는 일로 실현된다.

① 팥빵·크림빵을 먹는 꿈(실증사례) → 각기 다른 대학에 합격

내가 예체능으로 미대 입시를 준비했는데, 학원에 종일 붙어있으니까 친구들과 엄청 친해지잖아. 같이 정시준비한 애들 내가 대학 예지몽 다 꿔줬어. 실기 다 치르고 합격 발표가 나기 전에 완전히 불안해하고 있었는데, 어느 날 꿈에서 우리 실기 준비할 때 모습이 나오는 거야.

거기서 어떤 사람이 빵을 한 상자 들고 와서 가져가서 먹으라는 거야. 난 막 달려가서 빵을 챙겼지. 크림빵이랑 단팥빵이 상자 안에 있었어. 그중 A, B, C, D 그리고 나 이렇게 5명이 꿈에서 보였어.

그런데 A가 단팥빵이랑 크림빵 둘 다 가져가서 먹는 거야. B는 빵 하나만 먹고, 나도 하나 챙겼어. 그런데 C는 안 먹고 쭈뼛거리고, D는 내가 안 먹느냐고 물어보니까, "나 빵 싫어해." 이러면서, 그림만 그리고 있어. 근데 C가 먹고 싶어하는데 안 먹고 있는 거야. 그래서 내가 내 단팥빵 반 잘라줬는데 그제야 먹더라고---.

잠에서 깼는데 꿈이 선명한 게 예사롭지가 않아. 그런데 꿈을 말하면 부정 탄다고 그래서, 나중에 대학가고 좀 지나서, 친구들한테 꿈 얘기하는데 애들이 놀라서 경악하는 거야. 정말로 신기한 꿈의 실현이 벌어진 것이지.

단팥이랑 크림빵 둘 다 가져가서 먹은 A는 정시 다 붙고, 팥빵 하나만 먹은 B는 두 군데 붙었는데 학교 마크가 팥색인 학교 가고, 빵 싫다고 하나도 안 먹은 D는 하나도 안 붙어서 결국 재수했어.

그리고 내가 C한테 팥빵을 반 나눠줬다고 했잖아. 보통 정시지원 할 때 적정수준도 넣고, 안전하게도 넣는데 난 '가'군에 적정수준으로 넣고, '다'군은 안전하게 넣었어. 그리고 C는 '다'군이 위험에서 적정 사이로 애매했어. 그 성적 대에서 딱 쓸만한 대학이 없는 어중간한 상태였어. 그런데 그 친구는 더 낮추기에는 좀 그래서, 그냥 좀 도전해서 '다'군의 대학에 넣고, 불안해하고 있었거든. 근데 얘랑 나랑 '다'군의 같은 대학에 원서 넣었거든. 그런데 난 사실 '다'군은 별로 생각이 없었고 '나'군이 될 줄 알았어. 근데 얘랑 나랑 둘이 나란히 '다'군이 된 거야.

그래서 좀 이기적인 소리이기는 하지만 내가 꿈에서 내 복을 나눠준 건가, 내 복을 차버렸나 싶기도 했어. 뭐 같이 대학 가서 좋긴 했지만, 그리고 생각해보니 내가 '가'군에 쓴 학교는 학교 정문이 흰색 그리스 신전 같은 건물도 다 하얗고---. 그래서 크림빵이 나왔나. 결국 친구랑 같이 붙은 학교는 팥빵을 나눠준 학교 상징색이 팥색인 거야.---참존 안되서삐짐

빵을 먹는 꿈이 대학합격의 권리 획득을 예지해주고 있으며, 꿈의 상징이 놀라울만큼 전개되고 있다. 크림빵이냐 팥빵이냐 속의 색깔에 따라 입학 대학을 상징하고 있다는 것도 올바른 해몽이다.

② 노루를 잡아먹는 꿈(상담사례)

아침에 일어나면서까지 생생하게 기억이 나서 이렇게 꿈해몽을 요청합니다. 제가 친구랑 산에 올라가게 되었습니다. 친구가 누군지는 잘 모르겠습니다. 그런데 그 산은 너무 크고 중간에 옥수수밭이 넓게 펼쳐져 있었습니다. 그런데 그곳에 노루 세 마리가 있었는데, 그중에 한 마리를 잡아 먹어버렸습니다. 피를 흘리며 잡은 것은 아닌데, 닭고기를 먹듯이 먹어버렸습니다. 그리고 친구는 그 고기를 안 먹으려 했으나, 제가 먹였습니다. 그런데 노루 두 마리가 그런 제 모습을 계속 지켜보고 있었습니다. 그런데 그 모습이 그렇게 싫지만은 않았습니다. 그런 가운데 꿈에서 깨게 되었습니다. 꿈이 너무 생생해서 어떤 꿈인가 알아보고 싶습니다. 참고로 전 24세 남자입니다.

생생하게 기억이 난다는 것은 현실에서 그 일이 반드시 이루어진다는 것을 뜻하지요. 꿈이 잘 기억나지 않는다는 것은 일어나 보았자 사소한 일이나 별 볼 일 없는 꿈이라고 생각하면 됩니다.

각설하고, 산에 올라가는 행위는 어떠한 일을 성취해나가는 과정으로 보고 싶고요. 옥수수밭은 활동무대, 사업장, 일터--- 등으로, 노루 세 마리는 어떤 일거리

나 사업 대상이죠. 그중 하나를 먹어 치운 것은 그 셋 중에 어느 일거리를 하나 처리해나가는 것으로 보고 싶고요. 친구가 망설이는 것을 강제로 끌어들이는 형국입니다. 나머지 두 일이 있는 것이고요.

　노루가 사람을 뜻할 수도 있습니다. 여자라든가--, 노루 같은 속성의 사람이죠. 이 경우 여자 셋 중 하나와 사귀게 되거나 관계 맺게 되는 등등의 일이 일어날 수도 있지요. 나머지 두 여자도 호감을 느끼고 있다고 보아도 되고요. 틀림없는 것은 이러한 상징적인 꿈은 현실에서 100% 실현되죠. 개인의 의지와 관계없이, 꿈대로 진행된다는 뜻입니다. 주변에서 셋이란 숫자를 기억하세요. 꿈의 상징은 한 치의 오차도 없으므로 셋과 관련지어 일이 일어나게 될 것입니다. 보통 먹는 꿈은 질병에 걸리는 등 안 좋은 일로 실현된 사례도 있으나, 이 경우는 다른 것 같네요. 노루를 잡아 죽였다면 길몽입니다. 정복이요, 소유이죠.

　《토하는 꿈》
　토하는 꿈은 어떠한 일거리나 대상을 감당하지 못하여 포기하는 일로 실현된다. 때로는 부정축재 등 정당치 못한 수단으로 얻은 재물이나 이권을 포기하는 일로 이루어진다. 또한, 신체의 이상으로 병석에 누운 사람이 토하는 꿈을 꾸는 경우에, 질병에서 회복되는 일로 실현되기도 한다. 목이 아팠던 사람이 입에서 모래를 토해내는 꿈을 꾼 후에 회복한 사례가 있다. 한편 태몽에서 삼킨 물건을 토해내는 꿈은 유산하게 되는 일로 실현된다. 일반적인 꿈의 경우에는 어떤 권리를 얻었다가 상실하게 되는 일로 실현된다.

(1) 토하는 꿈해몽 요약
　① 먹은 음식을 토해내는 꿈
　뇌물이나 강탈한 물건, 자신에게 어울리지 않는 직위나 신분 등을 포기하는 일로 실현된다.
　② 동물·사물·가공품 따위를 삼켰다 토해내는 꿈
　자신의 직위나 신분·명예·권리 등이나 일거리 대상을 잃게 되거나 원상회복되는 일로 실현된다.

③ 배 속에 있던 것을 토한 꿈

배 속은 사업체 내부의 일이고, 목구멍과 입을 통해 밖으로 내어 놓는다는 것은 어떠한 집안이나 사업체를 통해 공개하는 일이다. 한편으로 단순 표상으로 꿈의 의미를 생각해 보면, 질병을 앓던 사람이 병마를 이겨내는 꿈이 될 수도 있고, 부당한 재물을 얻은 사람이 사회에 환원해야 할 일이 생기기도 할 것이다. 이 모든 꿈의 결과는 꿈을 꾼 사람이나 주변의 사람이 어떠한 환경에 처해 있느냐에 따라서 다르게 실현될 수 있다.

④ 피, 음식, 점액을 토하는 꿈

가난한 사람에게는 좋으나, 부자들에게는 손실이 발생한다. 부자들은 이미 소유하고 있으므로 잃을 수 있으며, 가난한 사람들은 얻은 후에야 상실을 경험할 수 있다. 『꿈의 열쇠』에 나오는 외국의 사례이다.

(2) 토하는 꿈의 실증사례 및 상담사례

① 입에서 무언가를 토해내는 꿈(실증사례) → 계급 정년으로 퇴직함

하사관으로 30여 년간 복무한 사람의 꿈이다. 철책을 붙잡고 하얗고 굵게 분수처럼 몸속의 액체를 입을 통해 토하는 꿈을 꾸었다. 꿈의 실현은 계급 정년에 걸려, 퇴직하는 일로 실현되었다.

② 토하는 꿈 → 부정한 일의 진행을 내다본 꿈

뜻밖에 좋은 조건으로 해외여행 제의가 들어왔다. 그동안의 공적과 사회적인 신분을 참작해서, 전국적으로 몇 분을 선별하여 해외여행을 보내드리고, 그동안의 수고를 위로해 드리며 격려하는 행사라고 했다. 그런데 꿈에 여행을 가는데, 비행기 안에서 멀미를 하여 먹었던 음식물을 다 토해 내고, 정신이 혼미할 정도로 시달리면서 모든 사람이 쳐다보는 망신을 당하는 꿈이었다. 꿈의 실현은 여행을 주선했던 단체가 불순한 단체여서 참석했던 사람들이 숱한 곤욕을 당하는 일로 이루어졌다.(글: 박성몽)

③ 피를 토하는 꿈(상담사례)

입에서 피를 토한 꿈을 또 꿨습니다. 그것도 핏덩어리를요. 얼마 전에 병을 앓았는데 나았습니다만, 불안해요.

꿈은 꿈을 꾼 사람이 처한 상황에 따라 다르게 실현되지요. 제가 보기에 이 경

제Ⅵ장

주제별 꿈해몽

2
행동 표상 — 행동에 관한 꿈,
생각하고 느끼는 꿈

우에 핏덩어리를 토하는 꿈은 좋은 것 같습니다. 핏덩어리 자체가 암 덩어리 등 그 어떤 병마(病魔)를 상징적으로 보여주고 있다고 보입니다. 나쁜 핏덩어리를 토하는 꿈의 표상이니, 질병이 없어지는 꿈이지요. 그러나 이러한 꿈을 병자가 아닌 일반인의 꿈이라고 한다면, 피로 상징된 귀중한 것이 나가거나 잃게 되는 일로 실현되고 있습니다.

④ 막 토하는 꿈을 꾸었어요(상담사례)

> 무엇을 먹고 막 토했거든요. 노란색이었어요. 근데 무엇을 먹고 토했는지는 기억이 안 나네요.

해몽을 요청한 이용자의 처한 상황도 없고요. 꿈 내용이 아주 부실하네요. 무엇을 먹고 토하는 표상은 어떤 안 좋은 일을 원래대로 돌려놓는 다행스러운 꿈으로 보고 싶네요. 우리가 토하는 것은 신체의 방어작용이지요. 무언가 못마땅하고 해로운 것이 들어오면 위로는 토하고, 밑으로는 설사를 해서 몸 밖으로 내보내는 신체의 본능적인 방어행위이지요. 그렇다면, 토하는 꿈은 자신의 몸이나 처한 상황에 안 맞는 그 무엇을 밖으로 내보내는 일이 일어나겠지요. 그 토한 대상이 상징하는 바에 따라, 재물·이권·권리 등이나 부적절한 어떠한 것을 물리치게 되는 일로 실현될 듯하네요. 병자라면 병이 낫는 꿈이지요. 공직자라면 뇌물 같은 것을 뱉어내야 하는 현실로 이루어질 수도 있고요.

⑤ 토하는 꿈(상담사례)

> 저는 올해 만 29세가 되는 미혼여성입니다. 해마다(3년 전부터) 정월에 토하는 꿈을 꾸고 있습니다. 첫해는 대변을 토하는 꿈을, 다음 해에는 대변을 토하는데 옆에서 지난해 죽은 남자친구가 토해낸 대변을 치워주는 꿈을, 올 정월에는 오물을 토해내는 꿈을 꿀 때 자세한 내용은 기억이 나지 않으나 엄마가 옆에 있었고, 며칠 후 다시 한번 뼈를 토하는 꿈을 꾸었습니다.
>
> 며칠 전 꿈은 엄마와 제가 세 시간 후 죽음을 맞이할 것이라는 내용으로 차분한 마음으로 죽음에 대비하여 관을 준비하고, 죽은 남자친구 사진을 정리하려고 생각 중 잠에서 깨어났습니다. 꿈을 꾼 첫해에 남자친구가 교통사고로 죽었으며, 다음 해에 형부가 이유 없이 아프기 시작했습니다. 올해도 꿈을 꾼 후 마음이 심란합니다.

상징적인 미래 예지 꿈이군요. 자세한 것은 '미래 예지' 검색해서 여러 사례를 읽어보세요. 꿈을 꾼 사람이 환자라면, 환자에게 있어 토하는 꿈은 좋지요. 피 섞인 오줌을 마시고 병이 난 사람이 모래를 토해내는 꿈을 꾸고 병이 나았지요. 하지만 일반적인 사람이 토하는 표상은 안 좋겠지요. 대변은 재물을 표상하는 경우가 많아, 첫째는 돈이 많이 나갔을지 모르고요. 둘째도 역시 마찬가지이지만, 죽은 남자 친구가 치워주는 표상이었으니 남자 친구로 표상된 누군가의 도움을 얻게 될 것이고요. 셋째의 오물을 토해내는 표상 역시 오물로 표상된 무언가를 내놓게 되는, 오물 역시 똥·오줌과 마찬가지로 재물의 상징이 될 수 있습니다. 이 경우에 재물의 손실을 예지해주는--. 어머니나 어머니로 표상된 인물의 도움을 받는--.

뼈를 토해내는 표상 역시 뼈로 표상된 귀중한 무언가를 현재 상황에 어울리지 않기에 내놓아야 하는 현실로 실현될지 모릅니다. 다만, 한 가지는 이러한 난해한 상징적인 꿈의 경우에 제 답변은 어디까지나 추정 답변이며, 의외의 결과가 나올 수 있습니다. 이러한 점에서 나중에 꿈이 어떤 식으로 실현되든지 간에 꿈의 실제 실현 결과를 메일 등을 통해 알려주시면 고맙겠습니다. 이는 꿈의 올바른 연구를 위해서도 절대적으로 필요한 것입니다.

엄마와 죽음을 맞이할 것이라는 표상은 사실적인 요소가 있다면 나쁜 것이지만, 꿈의 전개 표상으로 보아 상징적인 미래 예지 꿈으로 실현될 가능성이 높습니다. '홍순래 박사 꿈해몽' 사이트에서 '죽음, 죽다'를 검색하여 보시면 아시겠지만, 죽음의 상징적인 의미는 새로운 탄생이요, 부활의 의미로서 낡은 껍질을 벗고 새롭게 태어나는 변화의 길을 걷게 될 것입니다.

아마도 일신상에 큰 변화를 가져오는 일이 얼마 안 있어 어머니와 함께 일어날 것이고요. 그러한 것에 대한 마음의 준비를 하라는 예지이지요. 다만, 어머니가 어머니로 표상된 존재의 윗분이나 어떠한 대상이 될 수도 있고요. 일반적으로 죽음의 상징적인 의미는 좋게 실현되고 있습니다만, 그 변화가 좋은 방향이 될지, 안 좋은 쪽으로 진행될지---

세 시간이라는 상징 의미 또한 실제의 세 시간보다는 삼 일, 석 달, 삼 년 등 상징적인 시간이 될 것입니다.

≪기침, 재채기의 꿈≫

기침은 장애, 각성, 깨달음을 상징한다. 기침을 해서 가래를 뱉는 꿈은 쌓였던 근심이나 걱정이 해소됨을 뜻한다. 인위적인 기침은 어떠한 일에 대한 주의나 각성을 촉구하는 일로 실현되고 있다. 재채기를 시원스럽게 하는 꿈은 막혔던 일거리에 대한 시원한 해결을 가져오게 된다.

≪춤추는 꿈(춤추다, 체조, 무용)≫

춤을 추는 꿈은 유혹하고 동의하며, 억압하며 지휘하는 상징적 의미를 지닌다. 나이 드신 분이 기쁘게 춤추고 있는 꿈은 죽음 예지로 실현되기도 한다.

(1) 춤추는 꿈해몽 요약
① 많은 사람이 춤추는 꿈

자신의 지도로 수많은 사람들이 맨손체조나 율동을 하는 꿈은 어떤 단체나 회사 기관에서 주도적인 역할로 정신적 감화를 주게 된다.

② 고전 무용, 원무, 단체 무용 등을 보는 꿈

어떤 단체나 기관이 선전하는 광고에 현혹되거나, 수많은 청중의 주목을 받게 된다.

③ 개가 일어서서 춤추는 꿈

개가 일어서서 춤을 추면, 개로 상징된 어떤 자가 비상한 기교를 부려 자신을 유혹하거나, 자기에게 인신공격을 하게 됨을 뜻한다.

④ 말이 춤추는 꿈

꿈속의 동물은 대부분 사람을 상징하고 있다. 말로 상징된 사람이 주인에게 반역하거나, 어떤 사람이 자기를 공박하고 구타하여 불쾌함을 체험한다.

⑤ 배 안에서 춤추거나 노래를 부르는 꿈

배에서 춤추거나 노래를 부르면 사업상 시비·호소 등을 할 일이 있고, 배에서 누우면 기다림이 있거나 병상에 눕게 된다.

⑥ 민속의 춤추는 꿈

– 꿈에 손뼉 치고 노래하면(춤추며 놀면) 불길하다(재물이 없어진다).

– 꿈에 춤추고 노래함을 보면 구설이 있다.

(2) 춤추는 꿈의 실증사례

① 무당들이 굿하면서 노래를 부르고 춤추는 것을 보는 꿈

어떤 주간지에 관상가·점성가·성명학자 및 기타 특수층 사람들이 글을 발표하는 것을 보는 일로 실현되었다.

② 환자를 둘러싸고 춤추는 귀신들의 꿈

귀신들(귀신처럼 현명한 의사들)이 번갈아가며 진찰하고 치료할 일을 춤추는 것으로 묘사해낸 것이었다.

③ 붉은 망토의 유령이 춤추는 것을 본 꿈

다음 날 불량배로부터 매를 맞고 코피를 흘리는 것으로 체험되었다.

④ 나이 드신 분이 원색 옷을 입고 춤을 추고 노래를 부르는 꿈

죽음 예지로 실현된 사례가 있다.

⑤ 춤추는 닭의 태몽

춤추는 닭의 태몽으로 태어난 사람이 닭과 관련된 사업을 벌이게 되었으며, 춤솜씨에 뛰어난 재능을 지닌 사례가 있다.

≪우는 꿈≫

우는 꿈은 상징적인 꿈인 경우, 울음은 억제된 관념의 분비 현상으로 슬프고 괴로운 감정을 해소시켜, 자기 마음을 좌우할 불만이나 불쾌한 감정의 찌꺼기가 남아 있지 않은 상태이므로, 현실에서 어떤 소원이 충족되고 근심 걱정이 해소되어 기쁨과 만족을 가져올 것을 암시하는 표현이다.

(1) 우는 꿈해몽 요약

① 눈물이 많이 나와 그릇에 받거나 바닥에 흐르는 꿈

누구에게 하소연할 일이 생기거나, 또는 자기 사상의 결정체인 서적이나 글을 남기게 되거나 심정의 기록물을 남기게 된다.

② 흐느껴 우는 꿈

큰 소리를 내지 않고 흑흑 흐느껴 우는 것은 현실에서 어떤 소원이 성취되어 기뻐할 것이지만, 세상에 소문이 나지 않기를 바라게 될 것이다. 따라서 별로 크게 소문나지는 않는다.

③ 기뻐서 우는 꿈

기쁨·만족·신비감 등을 체험하게 된다. 주로 오랫동안 만나지 못했던 동기간이나 은사·애인 등을 만나 기쁜 마음에 우는 꿈은 현실에서 어떤 사람이 집에 찾아와 어떤 만족이나 흥분을 함께 체험하게 된다. 만나기 힘든 누님이 와서 손을 잡고 엉엉 울었던 꿈은 은혜로운 어떤 여성이 찾아와서 기쁨과 흥분 또는 신비감을 체험한 사례가 있다.

④ 시원스럽게 우는 꿈

기뻐하거나 만족한 일이 생기며, 대성통곡하는 꿈은 소원이 성취되거나 크게 소문날 일이 생긴다. 남편과 이혼하고 대성통곡하는 꿈은 복권에 당첨되어, 남편으로 상징된 기존의 낡은 집을 떠나서, 좋은 여건의 전셋집으로 이사 가는 일로 실현되었다. 이 경우 흐느껴 우는 꿈은 소원이 성취되어 기쁘기는 하지만 남에게 알려지지 않기를 바라게 된다.

⑤ 어린애가 우는 경우의 꿈

어린애나 아기를 꿈에 보면 안 좋은 일이 일어난다고 하는 사람이 많다. 어린아이를 달래주고 돌보아 주어야 하기에 힘든 일이 일어난다고 볼 수가 있겠다. 어린애는 어떤 작품이나 일거리 사업체 등을 상징하고 있으며, 소리 내 우는 것은 시작된 지 얼마 안 된 일거리나 대상이 소문이나 관심을 불러일으키게 되는 것을 뜻한다.

⑥ 우는 아이를 달래는 꿈

우는 어린아이를 달래는 꿈은 미숙한 존재의 사람이나 일거리 대상을 수습하는 일로 실현되며 어려움을 겪게 된다.

⑦ 남이 우는 것을 보는 꿈

남이 우는 것을 보면 현실에서 의심스럽고, 불만·불쾌·불행 등의 체험을 하게 된다. 어떠한 여자가 흐느껴 우는 꿈은 집안이나 회사 또는 자기 신상에 불길한 일에 당면하여 그것을 수습할 방도를 얻지 못하게 된다. 여자가 노래를 부르다가 흐느껴 울고 있으면, 어떤 자가 흉계를 꾸미거나 자기 마음을 어지럽게 해서 소문난 일에 불쾌를 체험하게 된다. 여자가 얼굴에 피를 흘리고 산발한 채 다가오며 우는 꿈을 꾸면, 자기 신변에 위험이 닥치고 때로는 병에 걸리게도 된다.

⑧ 시체 앞에서 우는 꿈

시체 앞에서 딴 사람과 같이 우는 꿈은 정신적·물질적 자산이나 사업 성과를 놓고 분쟁이나 소송이 발생하여 다투게 된다. 자신만이 크게 대성통곡하는 꿈은 모든 권세와 이권·재물을 얻는 일로 실현된다. 다만 사실적인 꿈인 경우에 실제로 상(喪)을 당하는 일로 이루어진다.

⑨ 여러 사람이 우는 꿈

여러 사람이 함께 우는 꿈은 어떠한 사업성과나 재산분배, 권리·이권에서 시비와 분쟁이 생긴다.

⑩ 국장(國葬)이나 사회장(社會葬)이 있어 백성들이 우는 꿈

국가 헌법이나 사회 질서가 갱신되기를 염원하는 국가적 또는 사회적인 소원이 성취된다. 그러나 사실적인 꿈인 경우에는 실제 그러한 일로 일어날 수 있다.

⑪ 죄를 뉘우치고 우는 꿈

자신이 이루고자 했던 일거리·대상에서 시행착오를 거쳐 소정의 목표를 이루게 되며, 크게 우는 꿈은 자신이 성취한 사업 업적이나 행적 등에 만족함을 느끼게 된다.

⑫ 자신이 사형수가 되어 감방 안에서 통곡하는 꿈

새로운 여건에 처하게 되어, 밝은 희망을 맞이하게 되며, 소원성취하는 기쁨이 생긴다.

⑬ 민속의 우는 꿈

– 꿈에 울면 생시에 웃는 일이 생긴다.

– 꿈속에서 조상의 누군가가 우는 것을 보면 집안에 우환이 생긴다.

(2) 우는 꿈 실증사례

① 꿈에서 아버님이 돌아가셨거나, 슬프게 울었습니다. 나쁜 꿈으로 생각했었지만, 뜻밖에 좋은 일이 있었던 것 같습니다.

② 머리에 밥풀이 짓이겨져 있고 산발하여 통곡하는 꿈은 장사는 잘 되는데 시비가 있는 일로 실현되었다.

③ 어떤 선배가 꿈속에서 전화 연락받고 우는 것을 본 후에 그가 명문대학에 합격하는 일로 실현되었다. 이처럼 우는 꿈이 좋게 된 사례가 많다.

④ 비석의 이름을 보니 살아계신 어머니여서 대성통곡을 한 꿈은 한 달 뒤에 엄청나게 좋은 직장에 취직되는 일로 실현되었다.

⑤ 단종이 나타나 자신을 어루만지며 우는 꿈을 꾼 선비는 단종의 죽음을 예지한 것이었다.

⑥ 「에이브러햄 링컨」은 꿈에 자기가 죽었다고 방마다 흐느껴 우는 소리를 듣고, 자기가 죽을 것을 예지한 사례가 있다. 그가 저격을 당하기 전, 자신이 죽어 있는 것을 목격한 꿈을 꾼 것은 너무나도 유명하게 알려진 꿈이다.

죽음과 같은 정적이 감돌고 있는 분위기에서 어디선가 많은 사람들이 흐느끼는 울음소리가 들려왔다. 그는 울음소리가 들리는 아래층으로 내려갔다. 주변의 가구나 장식물들이 눈에 익은 것을 느낄 수 있었다. 그는 불길한 울음소리의 정체가 궁금하여, 울음소리가 나는 방을 찾아가다가 이상한 장면을 목격하였다. 방 중앙에 관이 하나 놓여 있고, 관 안에 어떤 사람이 수의를 입고 누워 있는데, 옆에 있는 관 뚜껑에는 성조기가 덮여 있었다. 링컨이 옆에 있는 사람에게 "누가 죽었습니까?" 하고 물었더니, 대통령이 암살당했다고 대답을 하였다. 이때 사람들의 울음소리가 더욱 크게 들려, 그 소리에 잠에서 깼다.

≪슬퍼하는 꿈≫

① 상대방이 슬퍼하며 우는 꿈

슬픔은 불안과 불만을 해소하지 못한 심적 충동이므로, 그가 소리 내 우는 것을 보게 되면 그가 불안을 해소시키기 위하여 무엇인가 남에게 청원할 일이 있게 됨을 뜻한다.

② 상대방이 슬퍼하는 것을 보는 꿈

상대방의 신상에 불행한 일이 생겨, 자신도 심적 고통과 불만을 받게 된다.

③ 신세를 한탄하여 슬퍼한 꿈

신세를 한탄하며 슬퍼하는 꿈은 신분·직장·사업 등에 불만이 생긴다.

④ 배우자(연인, 애인)가 못생겨 슬퍼한 꿈

배우자가 못생겨 슬퍼하는 꿈은 자신의 애착이 가는 일거리 대상이 만족스러운 여건에 놓이지 않게 되는 일로 실현되어, 사업상 또는 방문·회담 등에서 상대방의 대접에 불만이 있게 된다.

⑤ 슬퍼서 눈물을 흘리는 꿈

눈물은 정신적 결정체로 눈물이 많이 흐르는 것은 자기의 소신을 그만큼 남 앞에서 피력하는 일, 곧 호소할 일이 생긴다. 그러나 꿈속에서는 슬퍼서 소리 내 울어도 눈물 한 방울도 나오지 않는 경우가 있다. 전혀 눈물이 나지 않는 것은 사 람들에게 자신의 감정이나 기록물 따위를 나타내지 않을 때 표현된다.

≪웃는 꿈≫

자신이 웃으며 기뻐하는 꿈은 현실에서도 기쁜 일과 만족한 일을 체험한다. 통쾌하게 웃는 꿈은 흡족한 소원을 충족하게 되어 근심·걱정이 해소되며, 기세 를 떨쳐 남을 복종시키는 일로 실현된다. 그러나 상대방이 통쾌하게 웃는 것을 보는 꿈은 교활한 자의 흉계에 말려들거나 병마에 시달리게 된다.

상대방에게 미소 지어 보이는 꿈은 자신의 만족이나 기쁨을 상대방에게 알리 는 일로 실현된다. 그러나 반대로 상대방이 조롱하는 듯한 미소를 보게 되는 꿈 은 그로 상징된 사람이나 일거리로부터 불쾌·불만족스러운 일을 체험한다.

① 상대방과 마주 보고 웃는 꿈

상대방과의 동업이나 의사소통이 잘 된다. 그러나 조롱하는 듯한 웃음인 경우 에는 상대방과 다툴 일이 있거나 냉대를 받는다.

② 정체불명의 웃음소리를 듣는 꿈

남들에게 비웃음과 모멸감에 시달리거나, 이름 모를 질환으로 병고에 시달 린다.

③ 평소 갈등이 있던 사람이 환하게 웃은 꿈(실증사례)

이후에 그 사람과의 관계가 호전되는 일로 실현된 사례가 있다.

④ 박근혜가 유령처럼 나와 나를 보고 웃는 꿈(실증사례)

꿈을 꾼 그 날, 박근혜 정계 복귀 뉴스를 들었습니다.--머털도사77.

요즘이 아닌, 오래전의 꿈 사례이다.

≪쓰다듬는 행위의 꿈≫

① 쓰다듬는 꿈(애무, 매만짐)에 관하여

꿈속에서 쓰다듬는 것은 애무하거나 매만지는 것과 더불어 애정·동정의 표

2 행동 표상 – 행동에 관한 꿈,

생각하고 느끼는 꿈

제Ⅵ장

주제별 꿈해몽

시인 동시에 자위의 행동이다. 이런 행위는 남에게 베푸는 경우와 남이 내게 가하는 행위 또는 자신의 육신을 쓰다듬는 경우가 다르다. 하지만 대체로 과시·불만·불쾌·거세·불안의 상징이다.

꿈 해몽에서 가장 중요한 것은 상징 표상의 이해이다. 쓰다듬는 꿈에서도 기분 좋게 어떤 동물이나 물건·사람 등을 쓰다듬는 꿈은 그 대상으로 상징된 일거리나 사람 등에 있어서 관심과 애정을 기울이게 되는 일이 생긴다. 다만, 사람이 꿈속에 등장하여 애무에 그치고 발전적인 성행위로 나아가지 않는 불만족스럽게 전개되는 꿈은 꿈속의 상징물이 표상하는 어떠한 대상(일거리, 사업, 사람)에 대해서 완전한 성취를 이룰 수 없게 된다.

② 새·동물을 손에 들거나 쓰다듬는 꿈

새·강아지 등의 귀여운 동물을 손에 들거나 가까이 가서 쓰다듬는 행위는(일종의 동정심의 발로) 욕구적 경향을 완전히 충족시키지 못하고, 자기 마음을 동요시켰으므로, 현실에서 배우자·친척으로 인해 속이 썩거나 불쾌·불만을 체험한다.

가령 동물을 쓰다듬고 애를 낳으면, 속 썩이는 자식이 태어난다. 쓰다듬는 표상의 상징적인 의미처럼 무언가 돌보아주어야 하고, 관심을 기울여야 하는 일로 실현될 가능성이 높다.

저작가의 꿈에 호랑이·개·큰 새 등의 동물을 쓰다듬는 것은 그것으로 상징되는 작품 원본에서 그 내용물의 일부를 번역하거나 발췌해서 별책을 만들 일과 관계한다. 꿈속에서 그 쓰다듬은 횟수만큼 별책 또는 기삿거리를 발췌 활용할 수 있다.(글: 한건덕)

③ 갓난애를 쓰다듬는 꿈

꿈속에서 벌거벗은 갓난애를 쓰다듬는 것은 자기 성기를 자애하는 행위로, 재수 없고 불쾌한 일에 직면할 것이다. 소년의 머리를 귀여워 쓰다듬으면, 실제의 소년이나 일거리로 인하여 불쾌하거나 속 썩이는 일이 생긴다. 다만, 이 경우 기분 좋게 쓰다듬는 꿈이라면 현실에서 소년으로 표상된 자신보다 어린 후배나 동생들을 칭찬하게 되거나 돌보아주는 일로 실현될 수 있다.(글: 한건덕)

④ 상대방의 상처를 쓰다듬어 주는 꿈

심신 양면에 있어, 어떤 치료 수단을 베풀거나 어떤 일에 대한 결손을 처리할 일이 생긴다.

⑤ 상대방이 자기 수염을 쓰다듬는 꿈

상대방이 자기 천품에 스스로 만족하거나 장기를 과시하는 것을 보게 된다.

≪포옹하는 꿈≫

남녀 간의 포옹은 욕정을 해소하기 적합한 행위이고, 동성 간의 인사 형식의 포옹은 반가움이나 기쁜 감정의 표현이다. 하지만 상징적인 미래 예지 꿈에 있어서 남녀 간의 포옹은 성욕을 완전히 해소시키지 못하므로, 현실에서는 어떠한 일거리나 대상에 대해 알아보는 정도에 그치게 되며 완전한 성취에는 이르지 못하게 된다. 다만 알몸으로 남녀 간의 포옹은 성적인 문제와 관계가 있으므로, 혼연일체의 심리 현상을 가져온다.(글: 한건덕)

① 동성 간에 포옹하는 꿈

의견 일치와 연합할 일이 생긴다.

② 자신을 포옹하거나 키스하고 성행위를 하려는 것을 떼밀어 떨어지게 하는 꿈

상대방과의 일에 대한 교섭이나 거래를 거절할 일이 있게 된다. 또한 어떠한 대상과의 관련을 맺게 되는 것을 거부하는 일로 이루어진다.

③ 자신이 남에게 안기는 꿈

자비를 구하거나 구애할 일이 생긴다. 또한 어떠한 대상이나 일거리와 관련을 맺으려 애쓰게 되는 일로 이루어진다.

④ 여자가 남자에게 안기는 꿈

현실에서 구애할 일이 생긴다. 심리 표출의 꿈에서는 자신의 그러한 소망이 꿈으로 표출되는 경우도 있다.

⑤ 존경하는 사람이나 웃어른께 안기는 꿈

존경의 대상에게 자비를 구할 일이 생긴다. 또한, 여건에 따라 가르침이나 지도를 받게 되는 일로 이루어진다.

⑥ 갓난아기를 안는 꿈

갓난아기로 표상된 어떠한 일의 시초나 미숙한 일거리를 책임지고 맡아서 해결해 나가야 하는 일로 실현된다.

≪악수, 손으로 잡아주는 꿈≫

악수하는 것은 개인 또는 단체적인 결연·결합·협력·합심 등의 일을 상징한다.

① 악수하면서 맞잡은 손을 흔드는 꿈

상대방과의 결연이나 연합관계에 있어 우여곡절이 생긴다.

② 상대방 손의 감촉이 차갑거나 따뜻한 꿈

차갑게 느껴지면 냉대를 받게 되고, 따뜻하게 느껴지면 호의적인 일이 이루어진다.

③ 위험에 빠진 사람을 손을 잡아 구출하는 꿈

어떤 일거리나 대상 또는 그 사람의 잘못이나 실수에 대해서 도와주게 되는 일로 이루어진다. 경우에 따라 연대책임을 지게 되는 일로도 실현 가능하다.

④ 자기의 손을 누가 잡아 끌어올려 주는 꿈

상대방의 도움을 크게 입어 어려운 상황을 벗어나게 된다.

≪씻는 꿈, 세수하는 꿈≫

세수하는 꿈은 더러운 것을 깨끗이 하기에, 근심 걱정의 해소를 가져온다. 현실에서 어떤 소원이 충족되고 신분이 새로워지며 돋보이게 된다. 목욕하는 꿈은 더 좋다.

① 손·발을 씻는 꿈

냇물·강물·호수에서 손발을 씻는 꿈은 그로 상징된 보다 넓은 회사·기관·단체 등에서 소원이 성취된다. 따라서 바다에서 손을 씻는 꿈이 좁은 냇가에서 손을 씻는 것보다 더 큰 직장의 활동무대를 뜻한다고 볼 수 있겠다.

② 강물에서 손발을 씻는데 오히려 기름 같은 것이 묻어 씻기 어려운 꿈

애써 일하지만 성과를 얻지 못한다. 또는 직장에서 벗어나려 하지만 벗어나지 못함을 의미한다.

③ 세수에 관한 민속 꿈

- 꿈에 세수를 하여 보면 벼슬과 직장을 얻는다.
- 꿈에 세수하고 머리 빗으면 집안에서 흉한 일이 없어진다.

- 꿈에 세수하면 근심이 사라진다.
- 꿈에 손을 씻으면 근심이 없어진다.

≪목욕에 관한 꿈≫

(1) 목욕 꿈의 상징적 의미

꿈해몽은 오직 상징의 이해에 있다. 몸의 때는 상징적으로 불순물, 방해자, 근심이나 걱정 등의 의미를 나타내고 있다. 따라서 상징적인 꿈의 표상에서 이러한 때를 미는 목욕은 소원을 이루게 되고, 근심·걱정·고통거리 등을 해소하게 되며, 시원스러운 소식을 듣게 되는 일 등으로 실현되고 있다.

(2) 목욕(목욕탕)에 관한 꿈해몽 요약

목욕을 하고 나면 기분이 좋아지듯이, 맑고 깨끗한 물로 목욕하는 꿈은 꿈을 꾼 사람이 처한 상황에 따라 소원의 충족, 근심의 해소, 좋은 소식, 재물이나 이권의 획득 등으로 실현되고 있다. 이 경우에, 목욕의 물은 깨끗하고 많아야 좋고, 더럽거나 적으면 불만·불쾌를 체험한다.

① 목욕탕이나 계곡에 관한 꿈

목욕탕이나 계곡은 사업·작품·일거리나 대상 등 자신의 소원을 충족시키는 기관·사업장을 상징한다.

② 저수지·하천·샘물 및 기타 야외에서 목욕하는 꿈

각각으로 상징된 기관이나 회사·사업장에서 소원의 충족, 근심의 해소가 이루어진다.

③ 같은 목욕탕에 세 차례 들어가는 꿈

목욕탕으로 상징된 기관·단체에서 자신의 일거리나 청탁을 세 차례 충족시켜 준다.

④ 대중목욕탕에서 목욕을 하는 꿈

사회적인 일, 공동으로 하는 일, 경쟁 등이 사업장을 통해 이루어진다.

⑤ 갓난아기를 목욕시키는 꿈

이제 막 시작된 어떤 일거리·대상에 대해서 보다 새롭게 하고자 하는 일로 이루어진다.

⑥ 목욕에 관한 민속 꿈

꿈에 목욕을 하면 재수가 좋다(술이 생긴다).

(3) 목욕꿈의 실증사례 및 상담사례

① 냇가서 벗고 목욕을 한 꿈 → 재물·이권의 획득

> 지난여름. 꿈속에서 빨간 황톳길을 걷다가 맑은 냇가에 이르렀다. 물이 하도 맑아 옷을 훌훌 벗고 목욕을 했다. 그 날 어느 포스터 제작사로부터 시가의 3배의 개런티로 촬영 교섭을 받았다. 그리고 이어서 영화사의 출연교섭을 받았다. 그것도 2편이 한꺼번에 프러포즈해 왔다. 인기에도 보탬이 됐거니와 수입도 오른 셈이다.---김윤경

오래전의 잡지에 실린 꿈 내용이다. 목욕하는 꿈이 재물·이권의 획득으로 이루어지고 있다.

② 계곡 물에서 목욕한 꿈 → 근심·걱정의 해소

다음은 필자 사이트의 꿈체험기란에 올려진 sijs님이 쓴 글을 요약해 살펴본다.

> 최근의 경험담입니다. 식구들과 함께 산으로 놀러 가서 계곡이 흐르는 곳에서 목욕을 하는데, 때가 죽죽 밀리는 것이 한참을 씻었는데, 세상에 웅덩이 가득 제 몸에서 나온 때가 칼국수처럼 둥둥 떠 있어서 창피하기도 해서 물을 퍼버렸지요, 무척 많이요. 겨우 웅덩이 물이 깨끗해졌는데, 아래를 내려다보니, 계곡 물이 너무 많이 흐르는 거예요.
> 깨어나서 꿈에 대한 기대를 하고 있는데, 이른 아침에 우편배달부가 벨을 누르더군요. 그동안 이웃들과 동네 재개발 문제로 다툼이 있어서, 고소를 하겠다는 등 패싸움으로까지 번진 일이 있었는데, 그 문제가 해결되었다고 편지가 왔더라고요. 사실은 그보다 더 좋은 일을 기대했었는데, 뭐 그 일도 꽤 귀찮았으니까, 시원하기는 했어요. 그런데 실현이 되어도 불과 몇 시간 후에 너무 금방 실현이 되니까---, 맑은 물이 꽤 풍부했는데, 재물복은 아니었어요.---sijs

계곡 물에서 몸의 때를 씻어버리는 꿈이 그동안 쌓여왔던 고민이 해결되는 일로 이루어지고 있다. 꿈의 상징은 '마음의 때인 근심거리나 걱정을 몸의 때로 상징적으로 나타내주고 있는바, 때를 밀어서 깨끗이 했기에 근심의 해소로 이루어지고 있다. 비교적 사소한 일의 예지는 꿈꾸고 빨리 실현되며, 중대한 일일수록 일정 기간이 지난 후에 이루어지고 있다.

③ 새벽녘 꿈에 샘물에서 목욕을 하고, 용과 함께 승천하는 꿈 → 복권에 당첨

꿈속에서 세수나 목욕을 하면 신분이 새로워지는 등의 좋은 일로 실현되고 있는바, 여기에 덧붙여 용과 함께 승천하는 꿈을 꾸었으니 아주 좋은 꿈이다. 당사자는 결혼한 지 꽤 오래되었는데, 아직 아기가 없던 차에 태몽일 것이라고만 생각했는데, 복권에 당첨되는 일로 실현되었다.

이러한 꿈은 실제로 태몽으로 장차 아기가 태어나는 일로 실현될 수도 있다. 이 경우 용이 승천하는 꿈이 표상하는 바와 같이 장차 훌륭한 인물이 될 것임을 예지해주고 있다. 또한 실제로 복권에 당첨되지 않았더라도, 합격이나 승진 등의 다른 좋은 일로 실현될 것을 꿈으로 예지해주고 있다.

④ 샤워실에서 목욕하는 꿈(상담사례)

> 어느 날 밤 꿈에 2번이나 목욕하는 꿈을 꾸었어요. 한번은 제가 다니는 스포츠센터에 샤워실에서 목욕하고 있었고, 한 번은 탕 안에 들어가는 거였어요. 지금 고민하고 있는 일이 있어요. 마음잡고 공부하려고 하는데 반이 꼬이고 꼬여서---(여, 나이 18, 학생)

목욕을 검색해 사례를 읽으세요. 목욕을 한다는 표상의 꿈은 좋은 꿈이랍니다. 신분이 새로워질 수 있는 의미도 있겠고, 뭔가 새로운 변화를 맞을 수도 있는 좋은 꿈이지요.

그런데 이 꿈에서는 스포츠 센터 같은 곳에서 목욕을 하셨네요. 그러한 대중시설에서의 목욕은 사회적인 일, 공동으로 하는 일, 경쟁 등이 사업장을 통해 이루어질 수 있는 꿈이고요. 무엇보다도 중요한 의미는 그 물이 더럽게 느껴지지 않았다면, 결과는 좋은 일을 경험하실 수 있을 것입니다. 고민 그만하고 마음을 잡고 공부하세요.

≪이발하는 꿈, 머리 자르는 꿈≫

이발이나 면도를 하면 만족스럽고 속 시원한 일을 체험한다. 그러나 머리카락을 아끼는 사람이 원치 않는 이발을 한 경우라면, 오히려 불쾌한 체험을 한다. 이 경우 꿈속에서 느끼는 정황에 따라 다르다.

① 이발소에서 머리를 깎는 꿈

회사·기관에서 진급·승진·전직되는 등 신분이나 직위가 새로워지게 된다.

② 머리를 강제로 깎이는 꿈

강제로 머리를 잘리는 꿈은 주변 친척이나 관계있는 사람이 죽거나, 남편이나 자식에게 해가 미친다. 또한 자신의 직위나 신분에 어려움이 닥치게 되는 일로 실현된다.

③ 머리를 깎다 중지한 꿈

자신이 청탁한 일의 성과를 얻지 못한다. 또한, 어떠한 일의 시작을 중도에 포기하는 일로 실현된다.

④ 여성이 머리를 빡빡 깎는 꿈

흉몽이다. 자신이 의지하는 사람을 잃게 된다. 또한 자신의 직위나 신분에 어려움이 닥치게 된다.

⑤ 여성이 치장을 위해 머리를 자르는 꿈

기쁜 소식을 듣게 되거나, 자신이 바라는 소원이 성취된다. 일상생활에서도 여자가 머리를 자르는 경우에는 심경의 변화를 일으켜 새로운 출발을 하고자 할 때에 머리를 새롭게 하는 있는바, 꿈속에서도 머리를 깎거나 변화를 주는 꿈은 현실에서 새로운 시작을 상징하고 있다.

≪머리를 빗거나 감는 꿈≫

머리를 빗거나 감는 꿈은 근심·걱정이 해소되며, 먼 데서 손님이나 소식이 오는 일로 실현된다.

① 자신이 상대방의 머리를 빗겨 주는 꿈

남의 근심거리를 풀어 줄 일이 있거나, 정리할 일이 생긴다.

② 머리카락이 엉켜서 잘 빗어지지 않는 꿈

근심·걱정이 생기며, 해결하고자 하는 문제가 쉽사리 진척되지 않는다.

③ 머리를 감는데 비듬이나 이가 떨어지는 꿈

비듬이나 이로 상징된 방해자를 제거하게 되거나, 근심·걱정하던 일거리나 대상을 해결하는 일로 이루어진다.

④ 녹슨 빗으로 머리를 빗는 꿈(실증사례) → 생각지도 않은 방도가 생겨 문제를 해결하지만, 탐탁치 않게 된다.

꿈체험기입니다. 화장실에서 머리를 빗으려고 하는데, 없던 빗이 갑자기 생겨서 머리를 다듬었습니다. 당시 꿈속에서는 크게 개의치는 않았는데, 일어나서 생각해 보니 녹슨 빗이었습니다. 당시에 저는 신용카드의 현금서비스를 사용하고 있었습니다. 그런데 급히 돈 쓸데가 있어 전전긍긍하고 있었는데, 마침 은행에 갔다가 신용카드의 현금서비스가 3배나 오른 것을 확인하고 유용하게 이용한 적이 있습니다.

빗은 빗이되, 왜 녹슨 빗인지 알 것 같습니다. 결국은 제가 갚아야 할 돈이니까요. 꿈의 상징성은 참 절묘하단 생각이 들었습니다. 빗으로 머리를 빗는 표상으로 어떠한 문제점이 해결되지만, 녹슨 빗이니 퍽 달가운 대상은 아닌 부담이 가는 대상이나 일, 또는 자주 사용하면 안 좋은 어떤 일로 실현될 가능성이 높은 것이지요(글: 꿈 연구원 2).

≪파마하는 꿈≫

잠재의식 표출의 꿈으로 머리를 파마하고 싶은 욕구나 욕망이 강할 경우, 꿈에서 파마하는 꿈을 꿀 수가 있다. 또한 사실적인 미래투시의 꿈인 경우, 장차 미래의 현실에서 꿈속에서의 일과 같거나 유사한 경험을 하게 된다. 과장되고 황당한 대부분의 꿈은 상징적인 미래 예지의 꿈으로 해석을 해야 한다. 머리를 파마하는 것은 자신의 신분, 지위, 여건 전반에 대한 변화, 새로움 등을 추구하게 되는 것으로 볼 수 있다. 이 경우 자신이 아름답고 돋보이게 되고 만족감을 느끼는 꿈이라면, 변화에 대한 만족감·유쾌함 등으로 이루어진다. 그러나 강제로 파마를 하는 꿈이라면, 강압적으로 어떠한 일에 휘말려 들어가는 일로 이루어진다.

≪머리를 염색하는 꿈≫

머리를 염색하는 꿈은 모든 것은 꿈속에서의 정황이나 느낌에 따라 현실에서 좋고 나쁜 일로 이루어지고 있다. 다른 예로, 구두를 삶고 염색하는 꿈으로 애인과 결별하고 다른 사람을 만난 사례가 있으며, 옷을 염색하는 꿈으로 직장이나 신분에 변화가 오게 되는 일로 실현된 사례가 있다.

① 남편의 머리가 여러 색으로 염색이 된 꿈(실증사례) → 다툼과 분쟁하는 일로 실현

꿈에 남편의 머리카락이 단발머리에 노란색·붉은색으로 염색이 되어 있었던 꿈을 꾸었다. 명절을 맞아 시댁에 내려갔을 때의 일로, 아침에 남편이 안 보여 큰댁으로 건너가 보니, 예전부터 사이가 좋지 않던 동네 분과 말다툼을 하고 있었다.

② 돌아가신 할머니와 기분 좋게 염색을 한 꿈(실증사례) → 복권에 당첨

돌아가신 할머니가 꿈에 나타나 같이 염색하자고 하여, 할머니는 노란색, 자신은 파란색으로 염색을 했는데, 너무도 좋아하시는 할머니 모습을 보며 기분 좋게 꿈에서 깨어났다.

이처럼 꿈의 내용 전개가 밝게 이루어지는 경우, 현실에서도 밝은 일로 이루어지고 있다.

≪절하는 꿈≫

① 상대방에게 절을 하는 꿈

그에게 어떤 청탁을 해서 그 보답을 받게 된다. 큰절을 하는 꿈일수록 일신상에 큰 변화를 바라거나 크게 청원할 일이 생긴다. 이 경우, 상대방이 답례하는 꿈은 청탁한 일이 수포로 돌아간다. 또한 상대방이 절하는 것을 받지 않고 외면해 버리는 꿈은 청탁한 일이 받아들여지지 않고 난관에 봉착한다.

② 신 또는 부처·예수에게 절하는 꿈

어떤 절대적인 권세를 누리는 사람에게 청탁한 일이 이루어지며, 자신의 소원이 성취된다. 한편, 절에 가서 5번 절하는 꿈으로 복권에 당첨된 사례가 있다.

③ 제상 앞에서 절하는 꿈

제사를 받는 사람으로 상징된 사람에게 어떠한 일거리·대상을 청탁하게 되어 이루어지며, 자신이 바라는 소원이 성취된다.

④ 시신 앞에 절하는 꿈

자신의 소원이 성취되며, 정신적·물질적인 유산을 상속받게 된다. 필자의 경우, 시신에 절을 하는 꿈을 꾼 후에 당시에 바라던 사이트가 개설되는 일로 이루어졌다.

⑤ 국기·대통령에 대해 경례하는 꿈

국가나 단체, 절대적 권력자로부터 신임·명령·직위 등을 받게 된다. 국가에 대해 충성할 일로 실현되기도 한다.

⑥ 상대방에게 절을 받는 꿈

그에게 어떤 보답이든지 부탁을 들어주어야 할 입장에 놓인다. 윗사람이 먼저

자신에게 절하는 꿈은 윗사람으로 상징된 사람이 자신에게 어떤 일을 청탁해 오는 일로 실현된다.

≪감추는 꿈, 숨기는 꿈, 숨는 꿈≫

무언가를 감추려 하거나 감추는 것은 보호하고 독점하거나 시빗거리가 되지 않는 것을 의미한다. 또한 공개나 과시하지 않는 일들을 체험한다.

① 무엇을 씌워 안 보이게 감추거나 뚜껑을 씌우는 꿈

비밀의 간직, 일의 보장, 저장, 영구 보존, 사업의 종결, 방치, 명예나 신분의 매장 등과 관계한다.

② 시체를 홑이불로 덮어씌운 꿈

어떤 성취된 일이나 재물을 오래도록 간직하게 된다. 그러나 일의 성과는 오랜 시일 후에 얻게 된다.

③ 과일을 감춘 꿈

과일을 치마 속이나 허리춤에 감추는 꿈으로 애인·배우자를 얻게 되거나, 가임여건에서 태몽으로 이루어진다. 과일로 상징된 이권이나 재물을 확보하는 일로도 실현 가능하다.

④ 피 묻은 옷을 감추는 꿈

증거 인멸을 꾀하거나, 계약·치부 등을 공개하지 않을 일로 실현된다.

⑤ 자신의 몸을 숨기는 꿈

어떠한 맡은 바 일거리·대상에서 소극적인 행동을 하게 된다. 또한 일신상의 신분 변화에 있어 어려움에 처하게 된다.

⑥ 습득물을 감추는 꿈

자신이 은밀하게 영향력을 행사하게 되며, 외부의 사람이나 대상에 의하여 영향 받지 않게 된다.

⑦ 자기 소지품을 감추는 꿈

자신의 애인·협조자나 후원자를 남에게 드러나지 않게 하거나, 자신의 재산이나 비밀을 숨기게 된다.

⑧ 숨어서 보는 꿈

어떤 사건을 숨어서 바라보는 꿈을 꾼 경우, 자신이 직접 관여하지 않고 어떤 소식통에 의해서나 간접적인 방법에 의해서, 그 사건 경위로 상징되는 일을 지켜보게 된다.

≪덮는(덮거나) 꿈, 가리는 꿈≫

꿈해몽은 상징을 이해하는 데 있다. 곡식이나 과일 기타의 물품이 수북하게 쌓여 있어도 그것을 천이나 비닐·종이 등으로 덮어놓은 것을 보는 꿈은 그 물건들로 상징되는 재물이나 일거리·대상이 오랜 시일 후에나 활용할 수 있게 될 것을 예지해주고 있다. 마찬가지로 서류의 봉투, 마대자루, 비닐봉지 등이 봉해진 채 물건을 받는 꿈은 그것들은 준비만 되어 있을 뿐, 당장 활용할 수 있는 재물이나 일거리·대상이 아닌 것을 뜻하고 있다. 또한 맥주나 양주병 등이 뚜껑이 닫혀 있는 것은 당장에 사용할 수 있는 이권이나 재물이 아닌, 일정 기간이 지난 뒤에 가용할 수 있음을 뜻하고 있다.

① 장독의 뚜껑을 덮는 꿈

장독 하나하나는 자금의 출처인 은행의 통장, 사업체·작품 따위를 상징하는 것이 될 수 있다. 따라서 그 뚜껑을 덮어진 것들은 사업 자금 활용의 어려움, 사업체의 정체, 작품 창작 등이 진행되지 않음을 뜻한다. 실증사례로, 쌀독이 덮인 채 있었던 꿈은 선거 후보자가 선거자금을 지원받지 못해서 낙선하는 일로 실현되었다.

② 시체(송장)를 덮어 놓은 꿈

송장을 구덩이에 가랑잎과 지푸라기로 덮어놓은 꿈은 저자의 경우 송장은 작품 원고나 이루어진 어떠한 일을 나타낼 수가 있다. 이것이 무덤 안에 들어갈 때까지(출판사에 의해서 책으로 출간되거나, 일이 이루어질 때까지) 임시로 구덩이에 가랑잎과 지푸라기로 덮는 꿈에서, 실현되기까지 다소간의 시일이 걸릴 것을 예지해주고 있다.(글: 한건덕)

③ 무언가를 감추려 하거나 감추는 꿈

재물이나 이권을 확보한 채로, 공개나 과시하지 않고 은밀히 독점하거나, 관심의 대상이나 시빗거리가 되지 않게 하는 것을 뜻한다.

④ 신문·헝겊 따위로 자신의 얼굴을 덮어씌운 꿈

명예의 실추, 자유의 구속이나 죄를 뒤집어쓰는 난관에 처하게 된다. 이 밖에

도 어떤 종교적인 사상에 빠지게 되거나, 서적이나 예술품 등에 정신적인 감화를
받게 된다.

⑤ 강도나 어떤 사람이 복면을 한 꿈

자기 신분을 감춘 채 해를 끼치게 되는 사람이 있게 되며, 일거리·대상의 경
우에라도 쉽사리 알아낼 수 없는 여건에 놓이게 된다.

≪쫓는 꿈≫

쫓는 꿈은 어떤 목적을 달성하고자 노력하고 애쓰게 되는 것을 상징하고 있
다. 꿈속에서 동물이나 사람을 붙잡으려고 쫓아가지만, 잡힐 듯 말 듯 붙잡히지
않아 애만 태우다 꿈이 끝난 경우에 미래의 현실에서 어떤 일의 성과를 얻으려고
노력하지만, 그 일은 성사되지 않고 미수에 그쳐 버린다. 꿈속에서는 목적하는
일을 손아귀에 잡을 수 있어야 크게 좋은 꿈이다. 이 경우 잡아 죽이는 꿈은 상징
적인 의미에서 굴복과 복종시킴을 뜻하기에 더욱 좋다.

≪쫓기는 꿈, 도망치는 꿈, 피하는 꿈≫

도망가는 꿈은 직장이나 주변 여건에 벅찬 일거리나 대상으로 인하여, 심적인
부담감이나 스트레스가 많은 경우, 꿈속에서는 그러한 것에 대한 압박으로 누군
가에게 쫓기거나 도망치는 꿈을 꾸게 될 수 있다. 이러한 경우는 불안한 심리 표
출의 꿈으로 볼 수 있다.

대부분의 상징적인 미래 예지 꿈에서 꿈속의 괴한이나 악한은 현실에서의 자
신이 감당하지 못할 벅찬 일거리이거나 병마 등을 상징하고 있다. 따라서 상대방
에게 무서워서 쫓기면, 어떤 일을 행함에 있어 불안·초조·패배·좌절 등을 체험
한다. 병마의 상징인 경우 병에 시달리게 된다. 이처럼 도망치는 꿈은 질병 등에
시달리게 되거나, 어떠한 직책이나 일거리 등을 맡지 못하게 되거나, 심지어 포
기하는 일로 이루어질 수 있다. 수험생이나 구직자가 쫓기는 꿈을 꾼 경우에는
합격이나 취업으로 이루어질 수 없다.

(1) 쫓기는 꿈, 도망치는 꿈의 꿈해몽

① 죄를 지었다고 생각하여 도망치는 꿈

모처럼 사업이나 일을 시작해 놓고, 그 사업이나 일에 적극적으로 나서지 않게 되며, 수습할 길이 없어 심적 갈등만 경험하게 된다.

② 상대방이나 사건에서 도망치는 꿈

어떤 일거리나 대상의 성취에 있어 이루지 못하게 되며, 패배·실패·고통·불안·두려움 등을 체험한다.

③ 쫓기면서 붙잡힐까 봐 불안해하는 꿈

사업이나 일거리 대상의 성취를 이루지 못하게 되며, 시험·취직·결혼 등이 실패하거나 고통·불안 등을 체험한다.

④ 경찰(군인)에게 쫓겨 도망친 꿈

경찰관으로 상징된 국가 기관 등의 시험에서 불합격하게 되거나, 관청에서 서류 미비 등으로 어떤 일의 허가를 받지 못한다. 하지만 경찰로 표상되는 상징 대상이 항상 일정한 것은 아니다. 때로는 병마를 상징하는 꿈이라면, 질병에 걸릴 뻔 하다가 벗어나는 일로 실현될 수도 있다.

⑤ 홍수가 나서 죽거나 도망치는 꿈

하늘에서 불붙은 우박이 쏟아져 내리더니, 녹아서 홍수가 되고 시가지로 흐른다. 그 물속에 수많은 사람이 빠져 죽고 나머지는 계속 헤엄을 치며, 어떤 사람들은 도망쳐 어떤 건물 안으로 숨어 버리는 것을 보았다.

불붙는 우박은 성경 관계 서적들이요, 불이 붙은 것은 성령이 역사했음을 뜻하고, 홍수로 변한 것은 하나님의 사상이 곳곳에 충만함을 뜻한다. 빠져 죽은 사람들은 하나님의 사상을 받아들인 자들이며, 헤엄치는 사람들은 믿어야 할지 결심을 굳히지 못한 자들이요, 도망쳐서 숨은 자들은 믿지 않는 자들의 심적 갈등을 뜻한다. (한건덕 선생님의 성경과 꿈에 관한 글임)

(2) 쫓기는 꿈, 도망치는 꿈의 실증사례 및 상담사례

① 경찰에게 쫓겨 도망친 꿈(실증사례) → 시험 낙방

무엇인가 잘못하였다고 경찰이 자기를 잡으려고 뒤쫓아오기에 도망쳐서 높은 담 밑의 개구멍 사이로 기어 나온 꿈을 꾼 학생은 입학시험에서 낙방하는 일로 실현되었다. 이때의 경찰은 입학을 담당하는 사정관이었고, 높은 담장 밑을 기어 나온 것은 그 학교 합격권을 빠져나온 것을 상징하고 있다.

② 멧돼지를 피하는 꿈(실증사례) → 재물적 이익을 얻지 못하다.

어떠한 사람이나 동물을 피하는 꿈은 현실에서도 각각 상징된 사람이나 일거리·대상 등에서 벗어나게 되는 일로 실현된다. 즉, 자신이 원치 않아서 일을 맡지 않게 된다든지, 자신이 맡을 예정이던 업무가 다른 사람들에게 넘어가게 된다. 이 경우에도 다가오던 동물이나 사람이 무엇을 상징하는가에 따라 달리 실현될 수 있다.

필자의 경우에, 몇 달 전의 꿈이다. 꿈속에서 "멧돼지가 달려오는데, 왜 피하느냐?"라는 직장 동료의 말을 듣는 꿈을 꾸었다. 짧고 간략한 꿈이었지만, 깨어나 생각하기를 멧돼지는 재물의 상징인데, 재물이나 이권을 얻게 되려다가 무위로 되는 일로 실현되겠다는 추정을 했다.

며칠 뒤 꿈의 실현은 필자의 주식투자에서 실현되었다. 필자가 대북경협주에 투자를 하고 있었는바, 정규 장의 거래가 끝나고 시간 외 거래에서 상한가로 올라섰다. 북한 관련 호재 기사로 상한가로 올라섰던 것이다. 필자는 정규장보다 5% 상승한 가격에 팔 수 있었으나, 다음 날 더 상승할 가능성이 있었기에 주식 매도에 망설이다가 다음 날 장에 기대를 걸었다. 하지만 꿈의 예지대로 멧돼지를 피했던 것처럼, 근거 없는 뉴스로 인해 주가는 다음 날 제자리로 돌아가는 단발성 상승으로 끝나 재물의 이익을 얻지 못하는 일로 실현되었다.

③ 몽둥이를 든 남자에게 쫓기는 꿈(실증사례) → 황급하게 술안주 준비를 하게 되다.

경기도 고양시에서 구자옥 씨가 97년 2월 9일 보내오신 꿈이야기 중 하나이다. 꿈에서 웬 남자들이 몽둥이를 들고 쫓아오기에 놀라서 허겁지겁 도망쳐 달아나는 꿈을 꾸었다. 꿈에서 깨어난 다음 날 기분이 좋지 않아 하루 종일 꼼짝 안 하고 있었다. 별일 없이 지나가나 했는데, 그날 밤 새벽 2시에 남편이 남자 직원들을 잔뜩 데리고 나타났다. 남편의 직장이 멀리 떨어져 있던 때라, 일주일에 한 번 정도 집에 왔었는데, 그날은 오는 날이 아니었다. 현실에서는 갑자기 들이닥친 손님에 꿈에서처럼 놀라서, 허겁지겁 술안주를 준비하고, 만둣국을 끓여서 손님을 접대하는 일로 실현되었다.

필자는 '꿈은 무지개'라고 비유하고 있다. 즉, 꿈은 형형색색의 무지개처럼 다양한 양상을 띠며 나타나고 있다. 프로이트가 말한 '꿈은 소망의 표현'이란 말은 꿈의 한 단면만을 이야기하고 있을 뿐이다. 이 또한 '네 꿈이 무엇이냐', '꿈에 본 내

고향 등에서 알 수 있듯이, 자신의 소망이 꿈을 통해 나타난다는 것은 우리가 다 알고 있는 사실인 것이다.

꿈의 다양한 성격 가운데 가장 중요한 것은 우리 인간의 미래에 다가올 일을 상징적 또는 투시적으로 예지해주고 있다는 점이다. 이는 우리 선인들이 믿어 왔으며 오늘날에도 많은 사람들이 실증적으로 체험하고 있는 부인할 수 없는 사실이다.

여러 명의 남자가 몽둥이를 들고 쫓아온 꿈의 결과가 아닌 밤중의 홍두깨 식으로 뜻밖에 손님이 들이닥치는 현실로 실현되는 것을 볼 때, 새삼 잠재의식이 펼쳐내는 신비한 꿈의 궁전의 세계에 대해 감탄하게 된다. 이 얼마나 신묘(神妙)한 비유와 상징적 표현이란 말인가?

이런 점에서 볼 때 국문학이나 한문학을 전공하는 필자가 꿈의 세계에 매료되어 꿈의 실체에 대한 탐구 작업을 펼치고 있다는 것은 지극히 당연한 귀결인지 모른다. 시나 소설 등에 쓰이는 문학적인 표현 자체가 비유와 상징과 유추와 암시로 이루어져 있기 때문이다. 꿈은 역술가나 점쟁이와는 아무런 상관도 없는 것이며, 여러 사람들의 실증적인 체험을 바탕으로 한 비유·암시·상징·유추의 방법을 통한 학문적 연구의 대상이 되어야 한다고 필자는 말하고 싶다.

④ 누군가가 쫓아오는 꿈(상담사례)

저희 어머니의 꿈인데요. 요즘 매일 누군가 쫓아오는 꿈을 꾸셔서 불안하시대요. 또, 어쩔 땐 그 꿈에서 뒷부분이 이어져 우리 가족 중 누군가를 누가 죽이려 한대요. 매일 그런 꿈만 꾸셔서 너무 불안해하시는데, 나쁜 꿈인가요?

병원 진찰을 받아 보세요. 쫓아오는 대상이 병마(病魔)를 상징하는 경우가 있지요. '쫓기다'를 검색하시면 알겠지만, 꿈이 별로 좋지 않습니다. 쫓아오는 대상이 병마(病魔), 안 좋은 사람, 세력, 영향력 등등 누구냐에 따라서 달라지지요. 가족 누군가를 죽이려 하는 꿈은 누군가를 제 손아귀에 넣어 뜻대로 하고자 하는 것을 뜻하고요. 병마라면 가족 누군가가 아프게 되는 일로 실현될 것입니다. 또한 어떤 불안한 대상에 심리적인 압박을 받는 상황에서도 이러한 꿈을 꿀 수 있지요, 꿈은 불안한 잠재심리의 표출이기도 합니다. 무언가 잠재의식적으로 불안감이나 스트레스를 주는 것이 무엇인지 살펴보시기 바랍니다.

≪묶거나 묶이는 꿈≫

① 상대방을 결박해서 끌고 오는 꿈

부하를 얻거나 배우자가 생기며, 일거리·대상이나 상품을 얻게 된다.

② 포로들을 결박해 꿇어앉히는 꿈

부하들을 자기 뜻대로 휘두르며, 여러 가지 일거리나 대상을 뜻대로 처리하는 일로 실현된다.

③ 자신이 포박되어 포로가 된 꿈

강제적이고 강압적인 교육기관이나 연수원 등에 참가하게 된다. 일거리·대상의 상징인 경우에는 자신의 사업계획이나 프로젝트, 작품이나 논문이 어느 기관에서 채택되기를 기다리게 된다.

④ 수족을 끈으로 묶인 꿈

자유를 구속받거나 법규나 계약 등에 얽매이게 된다. 자신이 일거리나 대상의 상징으로 등장한 경우에는 어느 기관에서 자신의 사업계획이나 작품·논문 등을 채택해 주는 일로 실현된다.

⑤ 경찰관이 자기 손에 수갑을 채워 끌고 가는 꿈

이 경우 꿈속의 정황이나 상징 표상에 따라 다르다. 사실적인 꿈이라면 실제로 구속되는 일로 실현 가능하다. 경찰관이 병마의 상징인 경우, 병들어 고통받게 된다. 예술가의 경우는 자신의 작품이 채택되는 일로 실현될 수 있으며, 수험생이나 취업생인 경우에는 합격이나 취직하는 일로 이루어진다.

⑥ 고발당해서 경찰서로 이끌려 가는 꿈

사실적인 미래투시의 꿈인 경우에는 실제 그러한 일이 일어나게 되며, 상징적인 미래 예지 꿈의 경우 어떤 일을 자기가 했다고 누군가 추천함으로써, 그 일이 심사 기관에서(경찰서) 심사받게 된다.

≪납치된 꿈≫

사실적인 꿈이라면, 실제 꿈에서 본 그대로의 일로 이루어질 수 있으므로 조심해야 한다. 하지만 우리가 꾸는 대부분의 꿈은 황당한 전개를 보이는 상징적인 미래 예지 꿈이다. 납치의 상징적 의미는 일반적으로는 어떠한 기관이나 회사 대상에 강제로 종속되어 교육을 받게 되거나, 어떠한 사람에게 억압적으로 휘말려 들어감을 뜻한다. 이 경우, 꿈속의 납치를 주도한 대상의 상징물에 따라 현실에서 다르게 실현되고 있다.

처녀의 경우에 호랑이에게 납치를 당하는 꿈이라면, 호랑이로 상징된 터프한 남성에게 시달림을 당하거나 강제적인 구애나 종속당하는 일로 이루어질 수 있다. 일반인이 아주 사나운 호랑이나 도깨비·귀신·괴한 등에 납치당하는 꿈인 경우라면, 사나운 병마(病魔)나 몹쓸 병에 걸려 한동안 고생하는 일로 이루어질 수 있다.

≪가르치는 꿈≫

교실에서 학생들에게 글을 가르치는 꿈은 직장에서 직원에게 임무나 명령을 부과할 일이 생긴다. 또한 아랫사람의 잘못된 문서 작성을 바로잡아 주거나, 신문·잡지 등에 자신의 글을 실어서 독자들에게 감동이나 사실을 알게 하는 일로 이루어진다.

① 그림을 가르치는 꿈

상징적으로는 실제 그림을 가르치는 것이 아닌, 그림으로 상징된 어떠한 저서·작품에 대한 조언이나 학문적인 이론을 지도하는 일로 이루어진다.

② 칠판에 그림을 그려 놓고 학생들에게 그리게 하는 꿈

훌륭한 사업 사례나 뛰어난 작품·예술품에 대하여, 부하 직원이나 아랫사람에게 지도하는 일로 실현될 수 있다. 또한 사람들을 어떤 임지에 각각 배치할 일과 관계한다.

③ 이제야 참된 가정교사를 만났다는 꿈(실증사례)

고(故) 한건덕 선생님이 꾸신 꿈이다. 여중생을 지도하며 같이 그림을 그리는 꿈에서, 여중생의 아버지가 한 말로써 가정교사는 지도자·윗사람들을 상징적으로 나타내고 있으며, 두 사람이 스승과 제자의 좋은 관계로 발전해 나감을 뜻한다.

≪가리키는 꿈≫

어떠한 곳을 가리키는 꿈으로 어떠한 사업의 올바른 방향이나, 일거리나 대상에 대한 지시와 일깨움을 주고 있다. 백발노인이 나타나 천장을 가리키는 꿈으로 다른 사람이 훔쳐간 집문서를 천장 속에서 찾아낸 사례가 있다.

① 이정표를 만나는 꿈

하고자 하는 일거리·대상에서 사업상 좋은 방도와 희망이 생긴다.

② 나침반을 얻는 꿈

자신이 추구하는 일거리 대상에서 협조자나 후원자의 도움으로 올바른 선택을 하는 일로 실현된다.

③ 길에서 어떤 방향을 지적받는 꿈

사업·목표·희망 등의 일을 누군가에게 도움을 얻게 되거나, 그 방향으로 일을 추진시키게 된다.

≪읽는 꿈≫

① 소리를 내어 책을 읽는 꿈

대중 앞에서 연설하거나, 상부의 지시 사항을 전달하게 되거나, 남의 이야기를 딴 사람에게 전해 줄 일이 생긴다.

② 소리 내지 않고 책을 읽는 꿈

선생님의 가르침에 따르거나 윗사람의 지시에 복종할 일이 생긴다.

③ 간판이나 이정표 등을 읽는 꿈

중요한 것은 간판 등에 쓰여 있는 내용이다. 그 내용이 지시하거나 상징하는 대로 따르는 것이 절대적으로 좋다.

④ 성경 구절이나 격언 따위를 읽는 꿈

진실한 말이나 가르침을 받고 깨우침을 얻게 된다.

⑤ 글자가 선명하거나 흐릿한 꿈

책이나 기타 문서를 보는 데 있어, 글자가 선명하다는 것은 중요한 내용을 뜻하는 경우이다. 반면에 글자가 흐릿하여 읽을 수 없는 꿈은 그 내용이 거짓이라든가 중요치 않은 내용이기에 무시해도 되는 경우에 사용되는 꿈의 상징 기법이다. 예를 들어, 하늘에 쓰인 글귀가 점점 희미해지거나 아주 사라져 보였던 꿈은 교회에서 목사의 설교가 부당하여 불쾌한 일을 경험하는 일로 실현되었다. 고(故) 한건덕 선생님의 체험사례이다.

≪속삭이는 꿈, 거짓말의 꿈≫
① 귓속말로 속삭이는 꿈
은밀하게 전달할 일이 있게 되거나, 상징적인 의미에서 어떤 확실하지 않은 소문을 듣게 되거나, 해명이 덜 된 일을 알게 된다.
② 누가 속삭이는 말을 알아듣지 못하는 꿈
신문 잡지 TV 등 언론기관을 통하여 발표되는 사실에 대해서, 잘 이해될 수 없는 경우이거나, 거짓된 정보를 담고 있어 믿을 수 없음을 뜻한다.
③ 거짓말의 꿈
진실하지 않은 일이나 믿을 수 없는 일로 유혹당하게 되며, 자신이 하는 경우에는 남을 속이거나 계교로써 유혹할 일이 생긴다.

≪연설하는 꿈≫
① 자신이 연설하는 꿈
자기 연설에 모든 청중이 고개를 숙인 꿈은 많은 사람에게 사상적 감화를 주게 되고, 청중이 조는 꿈은 정신적 감화가 이루어진다. 군중이 많이 모일수록 자신의 의견에 동조하는 사람이 많음을 뜻한다. 이 경우에 박수를 받는 꿈은 절대적인 지지를 뜻하며, 야유인 경우에는 사람들의 비난과 구설수에 오르게 된다.
② 연설문을 대중 앞에서 낭독하는 꿈
자신의 사상이나 신념을 대중에게 피력하여, 자기 의사에 따르게 할 일이 생긴다.
③ 연설 강연을 듣는 꿈
정치가나 정신적·종교적 지도자의 사상이나 신념에 감동하게 된다. 또한 정부 시책이나 회사 업무방침 등에 적극적으로 따르게 되며, 학자나 저자의 책 등에 빠져들게 된다. 이 경우에 다른 사람들은 앉아서 듣는데, 자신은 서서 듣는 꿈은 자신이 먼저 선두자로 나서게 된다. 자신이 갈채를 보내는 꿈은 상대방이 제

의하는 일에 동의하게 되거나, 어떤 일에 함께 참여하게 된다.

④ 연단에 높이 올라 연설하는 꿈

저자의 경우에 자신을 드러내는 작품을 발표하거나, 명예와 직위를 널리 알리게 된다.

⑤ 자기 연설에 모든 청중이 경청하고 있는 꿈

많은 사람에게 사상적 감화를 주게 된다. 저자는 자신의 저서에, 예술가는 자신의 예술 작품에, 사업가는 사업 프로젝트에 많은 사람들이 흥미와 관심을 지니게 되는 일로 실현된다.

⑥ 산꼭대기에서 혼자 연설하는 꿈

많은 청중이 듣고 있는 경우, 세상에 큰 감동을 줄 만한 일이 생긴다.

⑦ 책이나 연설문 따위를 읽을 수 없는 꿈

자신의 능력 부족이나 방해되는 여건에 의하여, 자신의 사상이나 신념을 전달할 수 없게 된다.

≪여행하는 꿈≫

필자는 오래전에 모 라디오 방송에서 신비한 꿈의 세계에 대하여, 실증사례에 해설을 덧붙여 진행하는 '꿈으로의 여행'이라는 제목의 프로그램을 진행한 적이 있다. 여행은 이처럼 자유롭고 편안하게 즐거운 유희의 시간이다. 이러한 여행은 상징적으로 자유로운 직무의 수행, 사업 프로젝트의 진행, 영화감상, 독서활동, 학문 연구 등을 해나가는 것을 상징하고 있다.

꿈속의 여행 도중에 겪게 되는 희로애락은 현실에서 어떠한 사업의 프로젝트의 추진이나, 진행하는 일거리·대상에 있어 그대로 성사 여부를 예지해주고 있다. 예를 들어 힘겨운 여행을 끝내는 꿈이었다면, 현실에서도 난관을 극복하고 목표를 달성하는 일로 실현된다.

또한 여행하는 꿈으로 자신의 일생의 운세나 일 년의 운세를 상징적으로 보여주기도 한다. 예를 들어 풍요롭고 아름다운 황금 들판을 걷는 꿈이라면, 현실에서 가정이나 직장생활에서 평화롭고 넉넉한 인생길이 펼쳐지는 기간이며, 힘든 고갯길을 넘는 여행의 순간들은 삶에 있어 어려움을 겪게 되는 기간을 상징적으로 보여주고 있다.

한편 여행에 따르는 행장(行裝)의 준비와 짐 등에 따라 화려한 인생길인지 아니면 힘겨운 인생길인지와 가정이나 직장생활을 예지해주고 있다. 행장이 갖추어진 여행일수록 부족함이 없는 여유로운 삶이 될 것이며, 짐을 많이 짊어진 여행일수록 책임감과 고달픔을 겪는 인생길이 될 것을 예지해주고 있다.

① 버스를 타고 일행과 여행하는 꿈

여러 동료직원과 함께 어떠한 프로젝트를 진행하게 되거나, 단체 영화감상, 독서 동호회 활동 등 집단적인 여건에 놓이게 된다.

② 외국여행을 떠나는 꿈

새로운 영역의 부서에서 근무하게 되거나, 외근직의 직장 생활을 하게 되는 일로 실현될 수도 있다. 또한, 처한 여건에 따라 죽음 예지의 꿈으로 실현되거나, 새로운 분야에 종사하게 되는 일로 실현될 수도 있다.

③ 수학여행을 떠나는 꿈

새로운 업무에 일시적으로 종사하게 되거나 일시적인 파견근무를 하게 되는 일로 실현될 수 있다. 또한 일거리·대상의 상징인 경우에는 자신이 관여한 사업 프로젝트나 작품이 외부적인 기관에 의하여 심사받거나 평가받는 일로 실현된다.

④ 여행하는데 함께 한 꿈(실증사례) → 같은 길을 걷다. 같은 분야를 전공하다.

어떤 후배와 함께 여행을 하고 있었다. 그런데 출발할 때는 김이라는 후배와 출발하였는데, 목적지에 가서 보니까 김이라는 후배는 어디 갔는지 없었다. 그런데 생각지도 않은 박이라는 한참 후배가 옆에 있었다. 한참 동안 김을 찾아보았으나 찾지 못하고, 박에게 "네 선배 형 어디 갔느냐?"라고 물었더니, "모른다."고 하는 것이었다.

십여 년이 지나서 알게 된 일인데, 김이라는 후배는 필자가 전공했던 분야의 대학을 가보려고 무척 노력하고 몇 번이나 시도해 보았지만 실패하고, 생각지도 못했던 박이라는 후배가 필자와 같은 분야를 전공하게 되는 일로 실현되었다.(글: 박성몽)

≪화상(불에 덴)에 관한 꿈≫

사실적인 미래투시의 꿈이라면 실제의 일로서 꿈과 같은 경험을 하게 될 수 있다. 하지만 꿈 내용이 과장되고 황당한 전개라면, 상징적인 꿈으로 해석이 이루어져야 한다. 상징적으로 손·발 빛 기타 몸에 화상을 입으면, 인연·계약·기념할 일 등이 생기게 됨을 의미한다. 자신의 몸에 화상을 입는 것은 자신의 일이나 작품·능력 등에 대해 어떠한 계약을 체결하게 되거나, 기념하게 되는 일, 또는 연인과의 관계에서 추억할 일, 인연을 맺음 등으로 실현될 수 있다. 하지만 화상 입은 얼굴이나 몸이 흉측하게 보인다면 자기 육체의 훼손이나, 자신이 하는 어떤 일거리·대상에 안 좋은 타격·손실이 발생하는 일로도 이루어질 수 있다.

≪사는 꿈, 얻는 꿈, 받는 꿈≫

꿈은 반대가 아닌 상징의 이해에 있는바, 물건을 얻는 꿈은 재물·권리·협조자·방도 등을 얻게 되고, 반대로 물건을 잃는 꿈은 처한 상황에 따라 물건으로 상징된 여러 가지를 잃게 된다. 태몽인 경우에 유산이나 요절로 실현될 수도 있다.

따라서 꿈속에서 사는 꿈은 좋은 꿈이다. 특히 새로운 것을 얻는 꿈은 태몽으로 실현되거나, 각각의 물건으로 상징된 재물이나 이권을 얻게 되거나, 신분·명예 등이 새로워지게 되는 일로 실현된다. 또한 꿈속에서의 크고 작은 다양한 가게들은 어떤 기관이나 회사의 크고 작음을 나타내고 있으며, 주인은 그 가게로 상징되는 기관이나 회사의 장(長)을 뜻하며, 때로는 중개업자를 상징할 수가 있다. 예를 들어, 가게에서 신발을 고르는 꿈은 신발로 상징된 현실에서 의지할 수 있는 반려자나 직장을 고르게 되는 일로 이루어지며, 이때의 신발 가게는 결혼중개업소라든지 취업소개소 등을 상징하고 있다. 따라서 마음에 맞는 흡족한 신발을 가게에서 산 꿈은 결혼중개업소나 취업소개소 등을 통하여 자신의 마음에 드는 이성이나 직장을 구하는 일로 실현된다.

이 경우에 꿈속에서 물건을 사고파는 대상인 물건의 상징적 의미가 중요하다. 또한 물건값은 그 물건을 소유하는 데 따른 시일의 경과만을 예지하는 경우가 있다. 예를 들어, 사실적인 미래투시 꿈으로 실현될 경우에 실제로 현실에서 취급하게 될 현금 액수일 수도 있지만, 상징적으로는 재물이나 이권을 얻기까지의 노력하게 되는 날짜나 시일을 가리키는 경우가 많다.

① 많은 수량을 얻는 꿈

현실에서도 만족할 만한 일로 실현되며, 적은 수량은 불만스러운 일로 실현된다. 다만 보석 등 귀한 물건의 경우에는 단 하나의 수량만으로도 좋은 일로 이루어진다. 태몽인 경우 꿈속에서 얻게 되는 물건이나 동물의 숫자와 관련지어 장차 두게 될 자녀 수를 예지하기도 한다.

② 과일을 얻는 꿈

과일을 사거나, 누군가 주어서 받거나, 치마 속이나 허리춤에 감추거나, 심지어 훔쳐오는 꿈 등은 가임여건에서 태몽이 되기도 하며, 애인을 사귀게 되거나, 과일로 상징된 이권이나 재물을 획득하는 일로 실현된다. 이 경우에 크면서 탐스럽고 윤기가 나는 과일일수록 좋다. 흠집이 있는 과일은 사람의 신체나 능력에 결점이 있거나, 이권 재물에 장애가 발생함을 뜻한다.

③ 동물을 얻는 꿈

소·개·돼지 등 가축이나 고양이·사슴·호랑이 등 동물을 얻게 되는 꿈은 가임여건에서 태몽으로 실현되거나, 식구가 불어나거나 재물이 생긴다. 예를 들어, 쇠고삐를 기둥에 잡아매면 새로 직원을 구하게 되거나, 며느리나 가정부 등을 얻게 되거나, 재물이 생기기도 한다.

④ 물건을 얻는 꿈

모자나 신발 등 어떠한 물건을 사거나, 남에게 받거나, 심지어 훔쳐오는 꿈인 경우의 꿈은 각각의 물건으로 상징된 새로운 사람이나 이권이나 직위 등을 얻게 된다. 가임여건에서 태몽으로 실현되기도 한다.

⑤ 금·은 보석이나 약초 등 귀한 물건을 얻는 꿈

가임여건에서 태몽이나, 각각으로 상징된 이권이나 재물을 얻는 일로 실현된다.

⑥ 가게에서 돈을 지불하고 물건을 사는 꿈

어떤 이권이나 재물을 얻기 위해, 지불한 돈의 액수로 상징된 기간 동안 노력하게 된다.

⑦ 용에게 여의주를 얻는 꿈

용에게 여의주를 얻는 꿈은 용으로 상징된 권력자나 기관·단체로부터 여의주로 상징된 만사형통할 수 있는 권리나 사업 방도를 얻는 일로 실현된다.

⑧ 훈장을 받거나 기합받는 꿈

사령관이나 장교에게 훈장을 받으면 명예를 얻게 되며, 기합이나 구타를 당하면 문책 또는 중대한 책임이 주어진다.

⑨ 큰 백과사전을 누군가에게 받는 꿈(실증사례)

좋은 일이 일어날 것을 예지해주고 있으며, 현실에서는 오래전에 아는 사람에게 빌려준 돈의 원금과 이자를 받아 집을 장만하는 일로 실현되었다. 이 경우, 가임여건에서 태몽으로 실현될 수 있으며, 장차 학자나 연구가의 길로 나아갈 것을 예지해주고 있다.

⑩ 기타 얻는 꿈해몽

* 나침반을 얻는 꿈 → 자기가 하는 일에 길이 열린다.

* 이정표를 만나는 꿈 → 하고자 하는 일이나 사업상 좋은 방도와 희망이 생긴다.

* 오래되고 낡은 것을 얻는 꿈 → 과거의 것이나 이미 쇠퇴한 것과 관련된다.

* 싱싱하고 온전한 것을 얻는 꿈 → 건전한 것, 완벽한 것과 관련된다.

* 부패하거나 상한 물건을 얻는 꿈 → 실패할 일, 불완전한 일 등과 관계한다.

⑪ 민속의 얻는 꿈

- 꿈에 사람이 가마솥을 주면 큰 재물을 얻는다.

- 꿈에 사람이 저울을 주면 권세 있는 벼슬을 한다.

- 꿈에 새 돛을 사오면 만사 순조롭다.

- 꿈에 쌀을 얻으면 대길하다.

- 꿈에 쌀을 집 안으로 들여오면 좋다.

- 꿈에 큰 짐승이 집에 들어오면 거부가 된다.

≪잃는 꿈≫

물건을 잃는 꿈은 나쁜 꿈이다. 처한 상황에 따라 재물·권리·협조자 등을 잃게 된다. 태몽 표상인 경우에 유산하는 일로 이루어진다. 사람이나 동물을 잃는 꿈도 나쁜 꿈이다. 태몽 표상에서 유산하는 일로 이루어지며, 동물로 상징된 사람과 결별하게 된다. 길을 잃는 꿈도 좋지가 않다. 학문에의 정진 등이 이루어지지 않게 되며, 자신의 목표나 삶의 가치에 대한 분별력 없이 함부로 생활하게 된다.

① 옷 일부를 잃어버린 꿈

옷으로 상징된 생활에서 의지가 되고 도움이 되는 집이나 직장을 잃는 경우로 실현될 수 있다. 처한 상황에 따라, 애인·배우자나 자신을 돌보아주는 사람을 잃게 되는 것도 가능하다.

② 신발을 잃는 꿈

애인·배우자 등 의지하는 사람이나 직장을 잃게 된다.

③ 돈을 잃은 꿈

대부분 좋지가 않다. 다만 실증사례로 꿈속에서 돈을 잃는 꿈을 꾼 후에, 역(逆)으로 현실에서 공돈이 생기는 일로 실현된 사례가 있기는 하다.

≪파는 꿈≫

자신 소유의 물건을 팔거나 잃게 되는 꿈은 물건으로 상징된 어떤 재물이나 이권·직위 등을 다른 사람에게 넘기게 되는 일로 실현된다.

① 집이나 소를 파는 꿈

집으로 상징된 회사나 사업체가 남에게 이양하게 되거나, 소로 상징된 배우자나 회사 직원이 자신을 떠나게 되는 일로 실현된다.

② 자기 소유의 물건이나 동물·식물 등을 파는 꿈

자신의 골동품이나 미술품, 동물·식물 등 자기 소유의 물건을 파는 일은 각각으로 상징된 어떤 재물이나 이권·직위 등을 남에게 이양하거나 부탁할 일이 있게 된다.

③ 가게에서 과일이나 물건을 파는 꿈

어떤 사람에게 자신의 업무나 직위를 맡기고 그 성과를 기대할 일이 있게 된다. 물건을 잃게 되면 가임여건에 처한 자신이 유산이나 요절하게 되며, 물건을 다른 사람에게 파는 꿈이었다면 다른 사람의 태몽을 대신 꿔주는 경우가 될 수 있다.

≪쌓아올리는 꿈≫

곡식이나 물건 등을 높이 쌓아올리면, 정신적·물질적인 재물을 축적하거나 어떤 공적을 쌓아올리는 일과 관계한다. 반면에 쌓아놓은 물건을 허물거나 흩트려 놓는 꿈은 소비를 하게 되거나, 하던 일거리 대상에서 무위에 그치게 된다.

① 축대나 방축을 쌓는 꿈

장차 위험한 일에 대비하는 일로 이루어진다. 적금을 들게 되거나 보험에 드는 일로 이루어진다.

② 곡식을 창고에 그득 쌓아둔 것을 보는 꿈

재물적인 이익을 얻게 된다. 이런 꿈을 꾼 경우에, 어떠한 재물적인 이익이 생길 때까지 로또 등을 구입해보는 것도 좋은 방법이다.

③ 벼 낟가리가 쌓아 올려진 것을 보는 꿈

재물의 축적, 작품의 양산이 이루어진다. 또한 회원의 모집 등 조직 결사의 일로 이루어진다.

④ 게를 잡아 쌓아 올린 꿈

저자의 경우에 모래사장을 파헤쳐 수없이 많은 게를 잡아 옆에 높이 쌓아 올린 꿈은 수많은 꿈의 사례를 수집해서 새로운 책을 형성할 수 있는 것으로 실현됐다. 이 경우에 보험 외판원의 꾼 꿈이라면, 수많은 보험계약자를 모집하는 일로 이루어진다. 사업가가 꾼 꿈이라면, 상품판매로 인한 막대한 돈이 들어오는 일로 실현될 수도 있다.

⑤ 쌓아놓은 물건을 옮기는 꿈

사업이나 재산·비자금 등을 제3의 장소에 보관하는 일로 이루어진다. 사업가의 경우에, 거래 은행을 옮기는 일로 실현될 수 있다.

≪뚫는 꿈, 뚫리는 꿈≫

① 총알이나 화살이 과녁을 뚫고 나간 꿈

수험생은 시험에 합격하게 되며, 사업가는 사업 성과를 달성하게 된다. 자신이 벽을 뚫고 들어가는 꿈도 상징적으로는 좋다. 어떠한 난관을 헤치고 성과를 내는 일로 이루어진다.

② 터널을 뚫는 꿈

막혔던 일이 순조롭게 풀리게 되며, 획기적인 정책이나 새로운 사업이 시작된다. 이때 사용하는 연장이나 도구는 협조자나 방책 등을 의미한다.

③ 천장이나 바닥이 뚫어진 꿈

천장이 뚫리면 상부와의 일이 잘되고, 방바닥이 뚫어지면 일신상에 변화가 생긴다.

≪무너지거나 부서지는 꿈≫

건물이 무너지거나 부서지는 꿈은 사업체나 가게, 연구 업적 등이 무산되는 일로 이루어진다. 다만 폭삭 무너져 내렸을 경우에, 좋게는 새롭게 변모하는 일로 이루어진다. 또한 건물이 어떠한 대상이나 인체를 상징하기도 한다. 건물의 한 귀퉁이가 무너졌다가 다시 들러붙는 꿈으로, 아들이 교통사고로 머리를 다쳤다가 무사하게 성공적인 수술로 회복된 사례가 있다. 한편, 건물이 무너지는 꿈으로 자신의 이빨이 부러진 사례가 있다.

① 건물이 저절로 무너지는 꿈

자연적으로 사업이 새로워진다.

② 머리 위의 천장이 무너져 내린 꿈

부모에게 뜻밖의 재앙이 닥치는 일로 일어날 수 있다.

③ 축대가 무너지는 꿈

협조세력이 없어지게 되며, 대비 및 예방책이 소용없게 되는 일로 이루어진다. 인체의 상징으로 나타난 경우라면, 교통사고 등으로 다리를 다치게 되는 일로 실현될 수가 있다.

④ 건물이 무너지는 꿈(실증사례) → 어금니가 부서지다

제 동료는 머리에 베개만 대면 자는 체질이라 꿈을 잘 안 꾸는데, 옆에 서 있던 큰 빌딩 같은 건물이 와르르 무너져 내리는 아주 생생한 꿈을 꾸었다네요. 며칠이 지나 점심을 먹는데 고기를 힘차게 씹는 순간, 갑자기 뭔가가 우지끈 씹히면서 아프더랍니다. 큰 돌을 씹은 줄 알고 뱉어내 보니까, 허연 어금니가 두 개로 쩍 갈라지면서 반쪽이 떨어져 나온 겁니다. 별다른 이유도 없이. 치과를 가니까 이가 부스러져서 보전치료를 할 수 없으니, 당장 빼자고 해서 아침까지도 멀쩡하게 음식을 먹었던 이를 뺐다고 합니다.

⑤ 교회가 불타서 무너지는 꿈(실증사례) → 진행하는 일거리·대상에서의 좌절·곤란

올 3월 초에 교회가 불타서 무너지는 꿈을 아내가 꿨거든요. 집이 무너지는

꿈은 아주 흉몽이라고 나왔더군요. 그리고 예지몽은 보통 1주일 안에 이뤄진다는 말도 있더군요. 그때 마침 며칠 뒤에 일본으로 가족여행을 갈 일이 있어서 걱정이 되었습니다만, 포기하기도 힘들고 해서 갔습니다. 꿈이 잘 맞은 건지, 센다이에 갔다가 지진이 나는 바람에 미친 듯이 고생하고 돌아왔습니다. 그때 기억 때문에 꿈이란 게 참 그냥 흘려버릴 수가 없더군요.---이지스함, 2011. 10. 26.

≪깨지거나 깨뜨리는 꿈≫

독이나 기타 그릇이 깨지거나 깨진 것을 보는 꿈은 사업체나 연구 업적, 일거리·대상에서 실패와 좌절로 이루어진다. 하지만 독과 같은 것들이 큰 소리를 내면서 왕창 깨어지는 경우에 좋게는 사업이나 일을 새롭게 시작하는 일로 이루어질 수도 있다.

① 붓·벼루·연적 기타 필기구가 깨지거나 부러지는 꿈

흉몽이다. 시험에 낙방하게 되거나, 애정의 파탄, 사업 등이 실패하는 일로 실현된다. 태몽 표상에서는 유산으로 실현된다.

② 밥상이나 쟁반 등이 깨지는 꿈

이 역시 좋지 않은 꿈이다. 애정에 금이 가게 되며, 좌절·실패·파탄이 나게 된다. 또한 사업의 부도 등 사업체나 일의 교섭 방도가 제대로 운영되지 않게 된다. 다만, 이 경우에도 큰소리가 나며 왕창 깨졌을 때는 새로운 것을 시작하는 좋은 꿈으로 볼 수도 있다.

③ 깨뜨리거나 부수는 꿈

계약 파기, 사업의 변경 등 자신의 의지대로 일을 진행하는 일로 일어난다.

④ 날아오는 빈 병을 모두 깨뜨린 꿈(실증사례) → 홈런을 날리다.

봉황기 고교야구대회에 두 번째 홈런을 날린 대구상고의 ○○○은 너무나 기뻐서 하루 종일 싱글벙글했다. 그는 전날 밤 빈 병이 그에게 수없이 날아와서, '배트'로 닥치는 대로 휘둘러 모두 깨뜨려버리는 꿈을 꾸었는데, 다음 날 홈런으로 팀의 승리를 이끌었다.

오래된 신문기사에서 발췌한 글이다. 빈 병을 모두 깨뜨리는 데서 정복의 의미가 담긴 표상으로 이해될 수 있을 것이다. 병을 시원스럽게 모두 깨버렸으니,

제 VI 장

주제별 꿈해몽

2 행동 표상―행동에 관한 꿈, 생각하고 느끼는 꿈

날아오는 병으로 상징된 투수가 던지는 공에 대해 정복의 의미가 있다고 해야 할 것이다. 꿈은 자신이 처한 상황에 따라 달리 실현된다. 이 꿈을 꾼 사람이 권투선수였다면, 그는 싸우는 선수마다 시원스럽게 이기는 것으로 실현될 것이다.

⑤ 꿀단지를 깨트리는 꿈(실증사례) → 접촉 교통사고가 나다.

　　어두운 밤에 행상에서 파는 꿀을 사서 집에 왔어요. 집에 와서 보니 꿀이 든 봉지가 손에 없는 거예요. 분명히 들고 집까지 왔는데 없어지다니---, 다시 온 길을 되돌아 가 보았더니, 꿀이 든 병이 깨져 있었어요. 별로 좋지 않은 꿈이라고 생각했지요. 그 다음 날 평소에 운전을 조심히 하는 남편이 접촉사고가 3번이 나는 일로 실현되었습니다.

⑥ 거울이 깨지는 꿈 → 좌절, 실패, 결별

파경(破鏡)이란 말이 있듯이, 좌절·실패·결별의 표상이다. 만나 볼 수 있는 사람을 만나 보지 못하게 된다든지, 어떠한 일이 실패로 돌아간다. 다만, 고전소설인 『춘향전』에는 "꽃이 떨어졌으니 열매가 맺어 이 도령을 상봉할 수 있을 것이요.", "거울이 깨졌으니, 소리가 나서 소식이 올 것이다."라고 나오고 있다. 거울은 중계 수단이나 소식통을 상징할 수 있고 깨어지는 소리는 소문날 일이 생기므로, 이몽룡에 관한 소식이 온다고 문학적으로 해몽하고 있다.

《넘어지거나 쓰러지는 꿈》

꿈은 반대가 아닌, 상징의 이해에 있다. 넘어지거나 쓰러지는 꿈은 자신의 신분·직위·명예 등이 몰락하는 일로 이루어지며, 질병에 걸리게 되거나, 일거리나 대상을 상징하는 경우에 사업체가 부도가 나는 일로 실현된다.

① 쓰러진 사람을 일으켜 세우는 꿈

어려움에 빠진 사람을 도와주게 된다. 일거리·대상의 상징인 경우에는 부도 난 회사 등을 재건하는데 정성을 기울이게 된다.

② 쓰러진 나무나 물건을 일으켜 세우는 꿈

침체되고 부도 상태에 있었던 사업이나 프로젝트의 진행을 재개하게 된다. 이 경우에, 중병에 걸린 환자가 회복되는 일로도 가능하다.

③ 사람·바위·공 등이 뒹구는 꿈

장소나 직장, 일거리나 대상, 세력 등이 여러 차례 변동되거나 세상 사람의 이

목을 현혹시킬 일이 생긴다.

④ 길을 걸어가다 무언가에 미끄러 넘어진 꿈

좋지 않은 꿈이다. 본인의 의지와는 관계없이 잘못된 언행으로 실수를 하게 되어, 남에게 비난받거나 조롱의 대상이 되는 일로 실현된다.

≪보는 꿈≫

꿈속에서 보는 것은 어떤 일의 인식뿐만 아니라, 소유하게 되거나, 관심·연구·탐지·관리 등의 일과 관계한다. 예를 들어, 연못 속의 고기를 보는 것만으로, 태몽이 된다거나 재물을 얻게 된다든지, 자신의 영향권 안에 들어오는 일로 실현된다. 또한 꿈에서 어떠한 사람을 보게 되면, 손님으로 오게 되거나 연락이 온다고 하는 사례가 있다.

① 맑은 물·하늘 등을 보는 꿈

깨끗한 표상의 자연이나 사물은 소원 성취와 근심·걱정이 해소된다.

② 밝고 풍요롭고 아름다운 광경을 보는 꿈

깨끗한 표상과 마찬가지로, 근심·걱정의 해소와 성취, 재물이나 이권의 확보 등의 좋은 일로 이루어진다.

③ 멀리 바라보거나 멀리 보이는 꿈

지금 현재가 아닌, 먼 훗날의 일이거나, 먼 곳이나 외국과 관계되는 일 등 직접적인 영향을 받지 않는 일과 관계한다.

④ 상대방을 유심히 바라보는 꿈

상대방의 신분·직위 등을 조사하고 관심을 갖게 될 일과 관계한다. 상대방으로 상징된 어떠한 일거리·대상에 관심을 기울이게 되는 일로도 실현 가능하다.

⑤ 상대방이 하는 일을 지켜보는 꿈

상대방이 하는 일을 지켜보면, 자신과 관계되는 남의 일 등에 관심을 가지거나 직접 관계하게 된다.

⑥ 상대방이 자신을 보는 꿈

상대방이 자기를 유심히 바라보면, 자기를 알려 하거나 신분·지식·마음 등을 조사하고 관여하며 관심을 갖게 될 일과 관계한다.

⑦ 상대방에게 뿜어나오는 빛으로 인하여 볼 수 없는 꿈

상대방의 위엄이나 지혜·덕·능력 등에 감화되고 굴복당하게 된다.

⑧ 상대방이 자기를 향하여 눈짓으로 지시하는 꿈

상대방과 은밀한 거래나 이심전심의 마음이 통하는 일로 이루어진다.

⑨ 자신이 눈짓을 해서 상대방이 따르는 꿈

상대방을 자신의 뜻대로 조정할 수 있게 된다.

⑩ 사람·동물 및 기타 물상의 일체가 시야에서 사라지는 꿈

태몽 표상의 경우에 유산하는 일로 이루어지며, 죽음 예지의 꿈으로 실현될 수도 있다. 일반적으로는 상징된 어떤 사람이나 일거리·대상이 두각을 나타내지 못하는 일로 이루어진다.

⑪ 소경이 되어 보지 못하는 꿈

흉몽이다. 올바른 정세판단이나 사리 판단을 할 수 없게 되며, 새로운 세계로 나아갈 수 없으며, 어렵고 암담한 처지에 놓이게 된다.

⑫ 나체를 보는 꿈

누드가 된 사람이 화가 앞에 서지 않고 거울 앞 또는 홀로 서 있는 것을 보면, 그가 직업도 의지할 사람도 없이 어떤 위험 앞에 직면하게 된다. 그러나 당당한 모습이었던 경우에는 대중 앞에 자기의 모든 것을 과시할 일이 있게도 된다.

⑬ 누워서 하늘을 쳐다보는 꿈

국가나 사회적인 일에 오랫동안 관심을 가지고 주시하게 될 일과 관계한다.

⑭ 꿰뚫어[투시] 보는 경우의 꿈

상자의 내부·옷 속·차단된 벽이나 장소 등의 내부의 물건이나 상황을 꿈에서는 꿰뚫어 볼 수가 있다. 이런 경우는 지혜로운 행동으로 상대방의 심리적 상태를 꿰뚫어보거나, 어떠한 일의 판단 등에 있어서 냉철한 처리를 예지한 꿈이다.

⑮ 민속에 전하는 보는 꿈

- 꿈에 납과 주석을 보면 재물을 얻는다.
- 꿈에 누런 구름을 보면 사시절에 대길하다.
- 꿈에 달리는 수레와 백마를 보면 대길하다.
- 꿈에 도토리나무를 보면 행운이 온다.
- 꿈에 떡을 보면 재물이 생긴다.

- 꿈에 메밀국수를 보면 일을 이룬다.
- 꿈에 모든 부처와 보살을 보면 대길하다.
- 꿈에 무를 보면(먹으면) 산삼 캔다.
- 꿈에 벼나 보리가 패는 것을 보면 큰 재물을 얻는다.
- 꿈에 사람이 배를 보면 벼슬에 오른다.
- 꿈에 산에 들어가서 옥수수를 보면 집안이 매우 좋아진다.
- 꿈에 소나기가 쏟아지는 것을 보면 좋다.
- 꿈에 시집가는 것을 보면 좋지 않은 일이 생기고, 장가가는 것을 보면 좋은 일이 생긴다.
- 꿈에 아기가 기어 다니는 것을 보면 금전이 생긴다.
- 꿈에 야생화를 보면 남의 도움 없이 성공한다.
- 꿈에 어두운 밤에 등불을 보면 길하다.
- 꿈에 어린아이를 낳는 부인을 보면 경사가 있다.
- 꿈에 연지와 분을 보면 큰 재물을 얻는다.
- 꿈에 오곡이 풍성하면 재물이 생긴다.
- 꿈에 오색 종이를 보면 재물에 조심하라.
- 꿈에 오색 책을 보면 크게 길하다.
- 꿈에 왕후를 보면 재수 있다.
- 꿈에 위인을 보면 좋다.
- 꿈에 은비녀를 보면 부귀를 서로 다툰다.
- 꿈에 은수저를 보면 먹을 복 있다.
- 꿈에 은을 보면 근심이 사라진다.
- 꿈에 조상을 보면 좋은 일이 생긴다.
- 꿈에 진흙을 보면 돈이 생긴다.
- 꿈에 참깨를 보면 부자가 된다.
- 꿈에 채색한 비단을 보면 권세가가 된다.
- 꿈에 처녀가 임신한 것을 보면 재수가 있다.
- 꿈에 큰 돌기둥을 보면 재물이 생긴다.
- 꿈에 큰 돌이 깨끗하고 반듯하면 재물을 얻는다.

제Ⅵ장

주제별 꿈해몽

② 행동 표상 - 행동에 관한 꿈,
생각하고 느끼는 꿈

- 꿈에 큰 사당을 보면 만사에 재수 있다.
- 꿈에 큰돈을 보면 재수가 좋고 적은 돈을 보면 재수가 나쁘다.
- 꿈에 탕자와 시렁을 보면 크게 불길하다.
- 꿈에 통의 물이 넘쳐흐르면 재물이 생긴다.
- 꿈에 파란 옷을 입은 것을 보면 복이 없다.
- 꿈에 팥을 보면 재수가 있다.
- 꿈에 화로를 보면 크게 좋다.
- 꿈에 활짝 핀 곳을 보면 좋다.

≪들여다보는 꿈, 살피는 꿈≫

① 방문을 열고 안을 들여다보는 꿈

어떤 집이나 회사·기관·사업장에 관심을 두고 방문·조사할 일 등이 있게 된다.

② 문을 열고 이 방 저 방 살피는 꿈

어느 기관의 여러 부서에 각각 청원할 일이 생기거나, 연분·애정과 관련하여 어떤 여성의 인물됨이나 신상문제를 살피고 이야기할 일이 생긴다.

③ 객지에 나간 사람이 문을 열고 들여다보는 꿈

가까운 시일 안에 그 사람이나 그로 상징된 인물이 오게 된다. 일거리·대상의 상징인 경우에는 소포나 전보 등이 배달되는 일로 실현된다.

④ 여성이 창문을 열고 내다보는 꿈

이성에 대한 관심과 자신을 널리 드러내는 행위로 연분을 맺게 된다.

⑤ 상대방이 아기를 안고 문밖에서 들여다보는 꿈

실제 그 사람이거나 그로 상징된 인물이 아기로 상징된, 이제 시작한 지 얼마 안 되는 일거리나 대상에 대해서, 상담해 오거나 관심을 기울이는 것을 체험하게 된다.

⑥ 상대방이 당당해 보이는 꿈

자신이 감당하기 어려운 일거리나 대상을 상대하게 된다. 그러나 사람이 아닌 동물이 실팍해 보이는 꿈의 경우에는 여유 있고 넉넉한 일과 관계한다.

⑦ 상대방이 허약해 보이는 꿈

자신이 상대하기에 만만하고 쉬운 일거리나 대상을 상대하게 된다. 그러나 동물이 말라 보이는 꿈은 질병에 걸린 사람이거나 허약한 사람 또는 보잘것없는 일거리·대상을 뜻한다.

⑧ 물건이 엉성해 보이는 꿈

어떤 일거리나 대상에 있어서 충실하지 못한 진행이 이루어진다.

⑨ 대상이 희미해지는 꿈

용두사미의 한자성어와 같이 처음에는 뚜렷하게 드러났지만, 점차로 은폐하고 소극적인 상태로 빠져드는 것을 뜻한다.

≪할 수 없는, 무능력해지는 꿈≫

꿈속에서 무언가 하려고 하지만 할 수 없는 꿈, 난처하고 위험한 상황에서 무기력하게 꼼짝도 못 하는 꿈은 좋지가 않다. 현실에서 좌절·실패·절망을 느끼게 되며, 초조와 번민 등을 체험한다.

① 호랑이, 뱀 등 무서운 짐승 앞에서 꼼짝할 수 없었던 꿈

눈앞에 호랑이나 큰 뱀이 자기를 잡아먹으려고 노려보고 있는데도, 피하지 못하고 꼼짝도 못한 꿈은 좋지가 않다. 호랑이·뱀으로 상징된 위압적인 사람에게 벗어나지 못하게 된다든지, 벅차고 감당하기 어려운 일거리나 대상에 시달림을 받게 되며 두려운 일에 직면하게 된다. 또한 호랑이 등으로 상징된 병마에 시달리는 일로 이루어질 수도 있다. 호랑이나 뱀에게 물리거나 잡아먹히는 경우에는 그 영향권 안으로 들어가게 되며 호랑이나 뱀이 무엇을 상징하는 지는 처한 상황에 따라 다르게 실현될 수 있다.

② 나체 등을 부끄러워하는 꿈

직위나 명예의 손상과 창피함을 당하는 일로 이루어진다.

③ 몸이 자신의 뜻대로 움직이지 않는 꿈

적을 죽이려 하거나 동물을 잡으려 하나, 몸이 뜻대로 움직일 수 없었던 꿈은 계획한 일이나 추진 중인 일이 좌절되며, 자기 뜻대로 할 수 없게 된다.

④ 뛰려 해도 뛸 수 없고 소리를 지르려고 해도 나오지 않았던 꿈

현실에서 자신이 감당하기 힘든 괴로운 일에 시달리는 경우, 불안 심리에서

② 행동 표상 — 행동에 관한 꿈, 생각하고 느끼는 꿈

이러한 꿈을 꾸게 될 수도 있다. 상징적인 의미에서는 어떤 일을 급히 추진시키려 하지만 잘 되지 않아 안타까워할 일이 생긴다. 또한 장차 자신의 몸에 어떠한 신체적인 이상이 다가오고 있다는 것을 일깨워 주는 꿈이 될 수도 있다.

⑤ 상대방을 죽이지 못한 꿈

상대방을 죽이라고 하지만 죽일 수 없었던 꿈은 현실에서 인정에 얽매이거나 능력의 부족으로 인하여, 과감하게 진행하여야 할 일거리나 대상에 착수하여 해결하지 못하는 일로 실현된다. 이 경우, 상대방으로 상징된 상사 등을 설득하지 못하는 일로 실현될 수도 있다. 꿈의 언어인 상징에서는 상대방을 죽이는 꿈이 제압·굴복·복종시킴을 의미한다.

≪돕는 꿈, 도움받는 꿈≫

① 꿈속에서 남을 도와주는 꿈

현실에서도 협조적으로 도울 일이 생기게 된다.

② 상대방의 짐을 들어주거나 밀어주는 꿈

남의 사업에 협조할 일이 생긴다.

③ 난관에 봉착한 자신을 남이 도와주는 꿈

꿈속에 나타나는 은인·협조자들은 미래의 현실에서 실제 인물이거나, 그로 상징된 인물로부터 은혜와 협조를 얻게 된다. 또한 이 경우에 돌아가신 부모나 신령적인 존재나 동물이 나타나서, 도움이 되는 말을 계시적으로 하는 꿈은 꿈의 상징 기법의 하나로써, 절대적으로 따르는 것이 좋다.

④ 호랑이(사자) 등에 타고 질주한 꿈

호랑이(사자)로 상징된 거대 권력자·권세가·사업가 등의 적극적인 도움으로 모든 일에 거침없이 나아가게 될 것을 예지해주고 있다.

⑤ 병석에서 간호를 받는 꿈

어려움에 빠진 자신의 일거리나 대상에 남이 도와주는 일로 실현된다.

⑥ 천사가 나타나 자신을 도와주는 꿈

길몽이다. 천사는 실제의 인물이 아닌, 장차의 현실에서 자신을 도와줄 성직자·협조자 등 협조적인 인물을 상징하고 있는바, 그로부터 은혜와 협조를 얻게 된다.

⑦ 뒤에서 누군가가 껴안은 꿈

껴안은 자는 안긴 자의 모든 책임을 도맡아 줄 협조자적 입장에 있게 됨을 뜻한다.

⑧ 자신이 비스듬히 옆으로 누워 있는데, 바로 앞에 은인이었던 분이 와서 앉아 있고, 머리맡에는 과거의 동료 직원이었던 사람이 앉아 있다가 얼마 후 사라지고, 또 한 사람이 땅바닥에 그대로 앉아 있던 꿈

은인이 방안에 와 앉았던 꿈은 앞으로 일을 도와줄 사람을 표상하고 있으며, 동료 직원은 일거리나 작품(누워 있는 나) 등을 검토할 어떤 사람이고, 땅바닥에 그대로 앉아 있는 분은 작품 관계 일을 끝까지 보살펴 줄 사람의 동일시로 표상되고 있다.(글: 한건덕)

⑨ 다리에 병을 얻어 층계 아래에 주저앉아 있다. 이때 웬 노인이 다가와서 몸을 부축해 일으키니 제대로 설 수 있었고, 그때까지 짚고 다니던 지팡이는 사라지고 없었던 꿈

현실에서 노인으로 동일시되는 사람의 도움을 얻게 될 꿈이며, 자기의 힘(지팡이가 사라진)으로 어떠한 일을 해낼 수 있도록 도와주는 일(부축해 일으키는)이 생긴다.(글: 한건덕)

≪물거나 물리는 꿈≫

무는 꿈은 무는 동물이나 대상에 따라 상징적 의미가 달라지고 있다. 호랑이가 덥석 물었는지, 꽃사슴이 다가와 부드럽게 잡아끌듯이 물었는지에 따라 상징적 의미가 다르다. 호랑이가 덥석 물은 꿈은 처녀에게 호랑이로 상징된 터프한 남성의 강압적인 접근이 있을 수 있으며, 나쁘게는 조폭 같은 못된 사람에게 성폭행당하는 일로도 실현 가능하다. 꽃사슴은 여성의 상징에 부합되며, 남성에게 미모가 뛰어난 아름다운 여성의 구애 행위가 다가오게 되는 일로 실현될 수 있다. 이처럼 무는 것은 제압·점령·소유 등 어떤 영향력을 행사하는 것을 뜻한다.

반대로 물리는 꿈이라면, 자신이 그러한 행위를 당하게 되는 상황에 처하게 된다. 물리는 꿈도 꿈을 꾼 사람이 처해 있는 상황과 문 대상의 상징성에 따라 저마다 다르게 실현되고 있다. 예를 들어 호랑이에게 물리는 꿈을 꾸었을 때, 병마

2 행동 표상-행동에 관한 꿈, 생각하고 느끼는 꿈

를 상징하는 경우에는 질병에 걸리는 일로 실현되며, 물린 부위에 교통사고 등 어떠한 사고가 나는 것으로 실현될 수도 있다. 또한 물린 자신이 회사나 단체를 상징하는 것이었다면, 무서운 호랑이로 상징된 감사 기관으로부터 혹독한 심사나 검토를 받게 되는 일로 실현된다. 이 밖에도 물리는 꿈이 태몽 표상인 경우에는 임신을 하는 일로 실현되며, 처녀의 경우 터프한 남성의 구애를 받게 되는 일이 생긴다든지 등의 일로 실현될 수 있다.

≪부딪치는 꿈≫

물체나 사람이 서로 부딪치는 꿈은 대립과 갈등을 의미한다. 정신적 또는 물질적인 일거리나 대상에 대해서 서로 갈등과 대립이 생긴다. 이 경우, 부딪쳐서 하나가 되는 꿈은 합심하고 합치되는 것을 의미한다. 서로 다른 두 마리 용이 합쳐져서 하나가 되는 꿈으로 부부의 인연을 맺은 사례가 있다. 또한 머리를 맞대는 것은 사업의 진행이나 방도 등 정신적인 면에서 학설이나 토론·토의가 있게 됨을 뜻한다.

≪삶는 꿈≫

삶는 꿈은 어떠한 일거리나 대상에 대해서 모든 정성과 열성을 다하는 것을 상징한다.

① 솥에 음식을 삶는 꿈

연구·생산 등 어느 기관에서 일을 성사하기 위한 노력의 경향을 뜻한다.

② 소를 가마솥에 삶는 꿈

가마솥으로 상징된 사업체에 소로 상징된 자본이나 자금을 운용하여 많은 사람에게 공급하기 위한 2차적인 사업과정을 뜻한다.

③ 아기(신생아)를 가마솥에 삶는 꿈

신생아를 가마솥에 삶는다는 꿈은 어찌 보면 끔찍하지만, 신생아란 이제 시작된 지 얼마 안 되는, 자신이 온 힘을 기울이고 있는 어떤 대상, 즉 논문이나 사업 등의 시초에 해당한다고 볼 수 있겠다. 이러한 대상이 가마솥으로 표현되는 기관이나 다른 사람들에 의해서 삶아지는 즉 검증을 받는 과정으로 상징화되었다고 볼 수 있겠다.

실증사례로 딸을 가마솥에 넣고 삶아 고기를 먹는 꿈으로, 딸이 대입 시험에 좋은 성적을 얻은 사례가 있다. 또한 유사한 사례로, 어린 아기를 훈증기(가마솥)에 삶는 꿈으로 논문이 통과된 사례가 있다.

≪거꾸로 꿈≫

거꾸로의 표상은 순리에 역행하고 비정상이며, 불안·혼돈·반역·파괴·혁신의 상징적 의미를 지니고 있다.

① 물이 거꾸로 흐르는 꿈

꿈속에서 상징적으로 냇물이 위쪽에서 아래쪽으로 흐르지 않고, 위쪽으로 거꾸로 흐르는 것으로 등장할 수 있다. 이때의 물은 어떤 문화·종교나 학문적인 사상이 시대적인 흐름에 역행하여 복고풍으로 돌아가는 것을 보여주고 있다. 때로는 종교적인 개혁이나 혁신이 일어날 것을 예지해주고 있다.

② 배가 거꾸로 떠다니는 꿈

배로 상징된 가정이나 회사·기관·단체에서, 불안정하고 혼돈의 상태로 어려움을 겪게 될 것을 상징한다.

③ 엎어진 보트를 바로잡아 타는 꿈

혼란 상태에 있던 사업체를 인수하게 되어, 정상 궤도에 올려놓게 됨을 뜻한다. 또한 처한 상황에 따라, 이혼의 위기 등의 가정사에서 안정된 생활로 돌아간다든지, 질병의 위기에서 벗어나게 된다든지, 위태로움에서 안정의 길로 접어드는 일로 실현된다.

④ 그릇이나 물건이 엎어져 있는 꿈

정상적인 상황이나 여건이 아닌, 혼란과 중단상태를 의미한다. 사업 진행의 중지, 연분이나 애정과 관련해서 일시적인 파탄, 법정에서의 정회 등을 상징한다.

⑤ 사람이 거꾸로 서 있는 꿈

불복종 등 뜻을 거스르게 되는 것을 뜻한다. 상대방의 건의나 제안을 반대로 이용하게 되는 일도 가능하며, 좋게는 창의적인 아이디어나 창작이나 사업 아이디어로 이끌어나감을 뜻한다.

② 행동 표상 - 행동에 관한 꿈, 생각하고 느끼는 꿈

≪허락(승낙), 거절하는 꿈≫

① 자신이 고개를 끄덕여 허락한 꿈

어떠한 일거리나 대상에 대해 책임지게 되며, 상대방이 제의하는 일에 동의하거나, 어떤 사건에 말려들게 된다. 반면에 고개를 가로저어 거절하는 꿈은 어떠한 사업 운영에 참여하지 않거나, 일거리 대상에 관심을 두지 않게 된다.

② 대화·연설 등에서 '좋다' 'OK' 등 허락하는 꿈

현실에서 승낙이나 만족을 표시할 일이 생긴다.

③ '싫다' '틀렸다' 'NO' 등의 반대 표시를 하는 꿈

꿈은 반대가 아닌 상징의 이해에 있다. 꿈속에서 자신이 거절하거나 싫어했던 느낌은 현실에서도 그대로 실현되고 있다. 꿈이 밝고 풍요롭고 아름답게 전개되어야 좋은 꿈이다. 거절의 꿈, 싫증의 꿈, 부인하는 꿈 등은 현실에서도 흡족지 못한 결과로 이루어지고 있다.

≪짓밟는 꿈≫

① 꽃이나 꽃밭을 누군가 짓밟은 꿈

누군가가 꽃밭이나 꽃송이를 짓밟아 놓은 것을 보면, 가정생활이 파탄 나게 되거나, 가문이나 회사에 명예의 손상이나 막대한 피해가 돌아오는 일이 생긴다.

② 동물이나 벌레를 짓밟는 꿈

어떤 동물이나 벌레 따위를 바로 짓밟아 뭉개 죽이는 꿈은 벌레로 상징되는 방해 요소를 없애거나, 근심·걱정이 해소되는 일로 실현된다. 그러나 태몽 표상에서는 유산이나 요절, 신체의 불구 등으로 실현된다.

③ 남의 대변을 짓밟고 지나가는 꿈(실증사례)

대변으로 상징되는 어떤 사람이 발표한 글을 멸시해 버리지만, 그것으로 인한 불쾌감이나 영향력은 한동안 남게 된 일로 실현된 사례가 있다.

≪기타 행위에 대한 꿈≫

① 충고를 받는 꿈

각성할 일이나 가책받을 일이 생기며, 산신령 등이 출현하여 계시적으로 일러주는 상징 기법의 꿈인 경우에 따르는 것이 절대적으로 좋다.

② 자신이 천거를 받는 꿈

자신의 사업계획서·저서·학위 논문 등이 지상에 발표되어 널리 알려지게 되며, 회사·기관·단체에서 주요한 역할을 맡게 된다.

③ 상대방을 무시하거나 천시하는 꿈

상대방으로 상징된 인물에 대하여 유사한 행위를 하게 된다. 상대방이 일거리나 대상의 상징인 경우, 사업이나 작품 등에 있어서 소홀히 하고 경시하는 일로 실현된다.

④ 나쁜 짓(악행)을 저지르는 꿈

꿈의 언어인 상징의 입장에서는 훔치는 꿈이 적극적인 성취를 뜻하며, 죽이는 꿈이 제압·굴복시킴을 뜻하고 있다. 마찬가지로 꿈속에서 악한 일을 저지르는 것 또한 상징적인 의미에서는 어떤 소원을 강제적으로 충족시키고자 하는 것이며, 악행을 저지르는 것은 일의 달성을 뜻한다. 따라서 꿈속에서 악행을 하면서도 뉘우치지 않는 것이 소원 충족이나 성취를 가져오며, 현실에서 근심·걱정을 하지 않게 된다. 그러나 꿈속에서 악행을 저지르면서 양심의 가책을 받는 꿈은 현실에서 망설임이나 불안·미수 등으로 이루어진다.

⑤ 사죄해 용서받는 꿈

자신의 행적이나 이력 등에 관해서, 상대방에게 승인과 인정을 받게 된다.

⑥ 힘든 일을 하는 꿈

자신의 능력에 감당하지 못하는 일을 하게 되며, 성취하기 힘든 일에 착수하게 된다.

⑦ 대상에 관한 꿈

대상의 높이·크기·굵기·무게 등은 현실에서의 일거리의 중대함, 처리의 난이도, 자신이 감당할 수 있는지 등을 비유적으로 상징한다. 예를 들어 들어 올리기 쉬운 바윗돌은 자신이 쉽게 처리할 수 있는 일거리나 대상을 상징하고 있다. 대상이 막막하고 완강해 보이는 꿈은 하기 어려운 힘든 일, 자신에게 벅찬 일을 상징한다. 반면에, 연하고 부드러운 대상은 하기에 손쉬운 일, 미성숙·미약·정서적 아름다움 등과 관계한다. 또한 상대방의 표정이나 행동이 사나운 것은 권세가·세력가 등과 상관하게 되고, 다루기가 벅찬 일을 체험하게 된다. 반면에 상대방의 표정이나 행동이 온순해 보이는 꿈은 어떤 사람이나 대상이 미온적이고 허약성을 드러낸다. 한편 보기 싫고 추한 대상의 꿈은 마음에 들지 않는 사람이나 물건 등과 관계하게 된다.

⑧ 회의에 참석하는 꿈

이사회나 학부형회에 참석하는 등 사실적인 요소가 있는 꿈의 경우, 실제 회의 또는 유사한 회의에 참석하게 되며, 자신의 주장을 내세우는 일로 실현된다.

⑨ 문병을 가는 꿈

사실적인 미래투시적 꿈이라면, 실제 문병을 가는 일로 이루어진다. 문병과 관련된 주변의 누군가 다치는 일로 실현되기도 한다. 실증사례를 소개한다.

> 문병을 가는 꿈을 꾸었어요. 다음 날, 저희 학원 선생님이 손가락이 부러지셔서 수업을 못 하신 일로 이루어졌네요. 손가락이 부러진 것은 꿈꾸기 전날이지만, 제가 알게 된 것은 꿈꾼 다음 날이니까요.

⑩ 고향에서 어린 친구들과 장난치며 노는 꿈

꿈속에서 어린 시절을 함께 보낸 친한 친구의 소식을 듣게 되거나 우연히 만나게 일로 실현될 수 있다. 오랫동안 관계를 맺어온 사람과 어떠한 일을 진행하거나 사업 등을 추진하는 일로 이루어진다.

2) 생각하고 느끼는 꿈

생각하고 느끼는 꿈의 상징적 의미, 놀라는 꿈, 기뻐하는 꿈, 명랑하고 유쾌한 꿈, 미움·분노·적의에 관한 꿈, 무관심·무표정·냉정한 표정의 꿈, 측은(위로)·불쌍하다고 생각한 꿈, 불안감·두려움·공포감을 느낀 꿈, 편안함·불편함의 꿈, 만족·불만족의 꿈, 어둠·흐림·깜깜함·암흑에 관한 꿈, 밝고 아름다움의 꿈, 기타 생각하는 꿈

≪생각하고 느끼는 꿈의 상징적 의미에 대하여≫

꿈속에서 어떠한 행동을 하는 것 외에도, 꿈속에서 생각하고 느끼는 것으로 진행되는 꿈이 있다. 이러한 꿈도 꿈의 상징 기법 중의 하나이다. 꿈속에서 자신이 생각하고 느낀 바가 꿈해몽에 중요한 단서가 되고 열쇠가 되고 있다.

일상의 언어생활에서도 같은 말을 하더라도, 어조나 뉘앙스나 분위기가 중요

하다고 할 수 있다. 예를 들어 '아버지'란 말을 하더라도, 친근한 목소리였는지 거칠게 부르는 목소리였는지, 말을 하는 본인이나 듣는 사람이 잘 알 수 있으며, 뜻하는 바도 쉽게 알아낼 수 있다.

따라서 '꿈은 꿈을 꾼 사람이 가장 잘 해몽할 수 있다'는 말이 맞는 말이다. 현실에서 처한 상황이나 마음먹고 있는 바를 가장 잘 알고 있으며, 꿈속의 생각이나 느낌을 잘 아는 본인이 가장 잘 해몽할 수가 있는 것이다.

다시 필자의 꿈체험의 예로 살펴본다.

① 어느 날 꿈속에서 싸우게 된 상대방이 난폭한 짓을 하는 것을 보고 참고 있었으나, 마음속으로 '저놈은 한주먹감도 안되는 놈이야.'라고 생각했던 꿈은 현실에서 어떠한 문제점이 발생하게 되나, 쉽게 해결될 수 있음을 예지한 꿈이었다.

② 꿈속에서 잠자리를 유혹하는 유부녀를 보고, '성병 걸리면 어떡하지' 하고 걱정하다가 '에이, 유부녀이니까 성병 같은 것은 없을 거야.'라고 여기고 잠자리를 같이 한 꿈은 현실에서 여자와의 성행위로 상징된 '매수하는 부동산 주택'에 어떤 하자(瑕疵)가 있을지 모른다고 걱정하다가 별 문제가 없는 일로 실현되었다.

③ 필자의 대학원 박사과정 입학시험 발표를 앞두고 꾸었던 꿈이다. 버스를 타고 가다가 절벽으로 굴러떨어져, 어느 순간 나 자신이 일하는 노예가 되어 있는데, "너희들은 내 노예야, 열심히 일해서 수확물을 바쳐야 해."라고 누군가 절벽 위에서 소리치는 꿈이었다. 그런데 꿈속에서 소리를 질러대는 사람의 목소리가 입학 면접을 볼 때의 학과 교수님 목소리로 느껴지던 꿈이었다. 필자는 꿈의 상징적 의미를 생각해보고, 노예가 되어 수확물을 바쳐야 한다는 꿈이 대학원에 합격하여 공부를 열심히 해야 하고, 여러 리포트 등 과제물들을 성실하게 제출해야 하는 것으로 받아들였다. 결과는 합격이었다.

≪놀라는 꿈≫

깜짝 놀라는 꿈은 신체 외부적인 이상을 꿈으로 알려주는 경우, 자주 꾸기도 한다. 현실에서 몇 분이나 몇 시간에 걸쳐서 일어나는 일들이 인간의 영적 능력이 펼쳐지는 꿈의 세계에서는 단 1초 만에 꿈을 만들어내기도 한다. 따라서 현실에서 어떠한 외부적인 충격이나 위험이 닥쳐올 때, 정신능력의 활동으로 빚어내는 꿈의 세계는 충격적인 영상을 펼쳐서 꿈에서 놀라 깨어나게 해주고 있다. 따라서 이렇게 놀라서 꿈에서 깨어난 경우에는 주변에 위험이 닥쳐오고 있는지 주위를 잘 살펴보는 지혜가 필요하다.

또한 상징적인 꿈이라면 현실에서도 예상을 뛰어넘는 충격적인 일로 다가오게 되어, 정신적 감화를 크게 받거나 감동할 일이 생긴다.

① 나쁜 일을 저지르다 깜짝 놀라는 꿈

어떤 일을 하다가 충격적인 불안을 느낀다.

② 성행위를 하다가 침입자가 있어서 놀라 깬 꿈

어떤 사건 또는 방해자로 인해서 결합·성사·체결의 직전에서 방해 요소로 인하여 이루어지지 않게 된다. 예를 들어 취업이나 입학, 은행대출이나 부동산 매매계약 등이 진행되는 과정에서 방해되는 여건 또는 타의에 의해서 일은 미수에 그치고, 그것으로 심한 심적 타격을 입게 된다.

③ 물건을 훔치거나 사람을 해치고자 할 때 남에게 들켜 깜짝 놀라는 꿈

성취를 이루고자 하지만 방해자나 방해되는 여건으로 인하여 심적인 충격을 받게 되는 일로 실현되며, 양심의 가책을 받게 된다.

≪기뻐하는 꿈, 명랑하고 유쾌한 꿈≫

꿈속에서 기뻐하는 꿈, 명랑하고 유쾌한 꿈은 현실에서도 기쁜 일과 만족스러운 일로 실현되고 있다.

① 꿈속에서 애인과 기쁜 만남의 꿈

현실에서 애인으로 상징된 어떤 일거리·대상과 밀월적인 관계를 유지해나가게 된다. 그러나 자신은 그렇지 않으나, 상대방만이 기뻐하는 꿈은 현실에서 상대방으로 상징된 사람이나 일거리 대상으로 인하여 불쾌·불만 등을 체험하게 된다.

② 자신이 기쁨에 넘쳐 찬송을 부르는 꿈(실증사례)

어느 큰 건물 안으로 들어가며 왠지 모르게 기쁜 마음이 되어 예수님을 부르며 찬송가를 부른 꿈은 장차 기독교 신자가 되고 마음에 평화를 얻게 되는 일로 실현되었다.

③ 명랑하고 유쾌한 기분을 느끼는 꿈

소원의 충족과 결부된 현실적인 체험을 한다.

④ 상대방이 명랑해 보이는 꿈

상대방으로 상징된 일거리나 대상의 진행에 있어 순조로운 진행이 이루어진다.

≪미움·분노·적의에 관한 꿈≫

① 분노하는 꿈

심리 표출의 꿈이라면 현실에서 억압된 감정이 꿈으로 표출되는 경우가 있다. 상징적인 꿈인 경우, 불쾌함 등으로 상대방과 싸우게 된다. 분노하여 상대방을 제압하는 꿈이 현실에서는 상대방을 제압·지배하거나, 자신의 뜻대로 일을 진행하게 된다.

② 상대방이 화내는 꿈

상대방에게 압도당하거나 책망을 듣게 된다. 계시적인 꿈의 경우, 현실에서 시급하게 해야 할 일이 있음을 일깨워 주는 꿈이 되기도 한다.

③ 상대방을 미워하는 꿈

상대방을 못마땅하게 생각하거나, 불쾌·불만 등을 체험한다.

④ 미워서 적의를 가지는 꿈

어떤 사람 또는 일로 인하여 심적 고통을 받게 되며, 불만스러운 일을 체험한다.

≪무관심·무표정·냉정한 표정의 꿈≫

무관심하게 바라보는 꿈은 현실에서도 중대한 일이 아닌 사소한 일의 실현으로 이루어진다. 경우에 따라서는 마땅히 이루어질 일, 직접 관계가 없는 일 등으로 실현된다.

① 상대방이 무표정해 보이는 꿈

상대방이 나 자신이 하는 일을 크게 신경쓰지 않으며, 어떠한 일거리나 대상을 어떠한 제약을 받지 않고 있는 그대로 진행되게 된다. 주의를 기울이거나 신경을 쓸 필요가 없게 된다.

② 상대방이 냉정한 태도를 취하는 꿈

어떠한 일거리나 대상이 주변의 냉대와 무관심 속에서 진행된다.

≪측은(위로), 불쌍하다고 생각한 꿈≫

① 상대방을 측은하게 생각하는 꿈

현실에서도 어떠한 일거리나 대상에 대하여, 강압적이고 적극적인 임무수행을 하지 못하는 일로 이루어진다.

② 상대방을 불쌍해서 살려주는 꿈

죽이는 꿈이 제압하고 굴복시킴을 상징하듯이, 살려주는 꿈은 상대방에게 주도권을 빼앗기게 되고, 어떤 일이나 사건으로 자신이 불리해지거나 피해를 보게 된다.

③ 상대방을 위로하는 꿈

상징적으로 남에게 지배당하거나, 어떤 일로 근심·걱정할 일이 생긴다.

≪불안감·두려움·공포감을 느낀 꿈≫

① 상대방에 대해 공포감을 느낀 꿈

상대방의 사건이나 일 등으로 위험에 직면하거나, 불안에 처하게 된다.

② 신령적인 것을 두렵게 느낀 꿈

절대적 권력가·권세가의 위엄에 대하여 뜻을 펼치지 못하게 되며, 불안해진다.

③ 동물을 보고 공포감을 느낀 꿈

동물로 상징된 사람에 의해 심적인 억압을 당하게 되며, 불안한 일과 위험한 일에 당면하게 된다.

④ 걷거나 자동차 비행기 안에서 불안감을 느낀 꿈

업무수행이나 생활에서 어려움에 처하게 되며, 자동차나 비행기로 상징된 회사·기관 등의 단체적인 직장 생활에서 고통이나 위험·불안에 직면하게 된다.

⑤ 자신이 저지른 죄가 탄로 날까 불안해하는 꿈

자신의 업무에 자신감이 없게 되며, 사업이나 직무 등에 불안을 느낀다.

⑥ 쫓기면서 붙잡힐까 봐 불안해한 꿈

심리 표출의 꿈인 경우에 업무적인 스트레스를 많이 받고 있음을 뜻한다. 상징적인 꿈이라면 감당하기 벅찬 일에 시달리게 되며, 사업·시험·취직·결혼 등이 실패하거나 고통·불안 등을 체험하게 된다.

⑦ 불길한 느낌의 꿈

좋지 않은 일로 이루어지는바, 불쾌감이나 모멸감을 당하게 되며, 사고 등이 일어나게 된다.

⑧ 자신이 우울해하는 꿈

현실에서의 심리가 표출된 꿈이 될 수가 있는바, 편안한 마음으로 지내는 자세가 중요하다. 상징적인 꿈인 경우에는 답답하고 근심할 일이 생기게 된다.

≪편안함·불편함의 꿈≫

① 걷거나 자동차 비행기 안에서 편안함을 느낀 꿈

업무수행이나 가정생활이 순조롭게 이루어지며, 일신이 평안하며 소원이 성취된다. 또한, 자동차나 비행기로 상징된 회사·기관 등의 단체적인 직장 생활에서 안정적인 직위를 누리게 된다.

② 방해·억제·불편의 꿈

현실에서 억압적인 스트레스나 심리적인 압박감에서 이러한 꿈을 꾸게 될 수도 있다. 일반적으로는 방해되는 여건이나 뜻대로 이루어지지 않는 일로 이루어진다.

③ 고통스럽다가 편안함을 느낀 꿈

고진감래(苦盡甘來)의 한자성어처럼, 현실에서도 어려움에 처했다가 벗어나게 되는 유사한 체험을 하게 된다.

≪만족·불만족의 꿈≫

만족하다고 느끼면, 그대로 만족한 일·소원 충족·성공적인 일을 체험한다. 그러나 꿈속에서 무언가에 불만이 생긴 꿈은 현실에서도 일을 이루지 못하게 되며, 불만·불안이나 고통을 체험한다.

≪어둠·흐림·깜깜함·암흑에 관한 꿈≫

꿈의 표상에서 어둡거나 흐리거나 깜깜한 암흑으로 전개되는 꿈은 좋지가 않다. 하늘이 흐리거나, 바람이 불거나, 물이 흐린 꿈은 근심·걱정할 일이나 암울한 일로 실현된다. 태몽 표상에 암울한 표상이 전개되는 꿈은 유산이라든가, 장차의 인생길에 암울하고 어두운 인생길이 펼쳐지게 된다. 꿈은 반대가 아닌 상징의 전개에 있는 것이다.

행동이나 일 등에 답답한 마음이 생긴 꿈은 현실에서도 자신이 하고자 하는 일이나 소원이나 사업 등이 답답하고 안타까운 처지에 놓이게 되며, 암흑 속에 있거나 암담한 여건이라면 좌절과 절망상태에 빠지게 된다.

≪밝고 아름다움의 꿈≫

꿈의 표상에서 밝고 아름답고 풍요로움의 꿈은 길몽으로, 복권에 당첨된 사례도 많다.

① 꽃, 빛깔, 그림, 풍경 등이 아름다운 꿈

기분 좋고 유쾌하며 감동적인 일로 실현된다. 이러한 태몽으로 태어난 아이는 부귀영화를 누리는 인생길이 펼쳐지게 된다.

② 감탄·황홀의 꿈

매혹적인 일, 영광스러운 일, 감동적인 일을 체험하게 된다.

≪기타 생각하는 꿈≫

① 시간이 늦거나 이르다고 생각하는 꿈

시간이 늦었다고 생각하면 목표에 미달됨과 관계하며, 시간이 이르다고 생각하면 기다릴 일을 체험한다.

② 조심해야겠다고 생각하는 꿈

불안한 일이나 심적 갈등을 가져오는 일과 관계한다.

③ 전쟁이 났다고 생각한 꿈

국가적·사회적으로 커다란 사건이 벌어지게 되거나, 무언가 극복해야 할 벅찬 일, 경쟁적인 일, 시빗거리 등을 체험한다.

④ 자신이 부자라고 생각한 꿈

사업의 전망이 밝거나 학식이 풍부하고 마음이 여유로운 상태에 있음을 뜻한다. 사실적인 꿈이라면 실제로 부자가 되기도 한다. 반면에 가난하다고 생각하면, 정신적 고통을 당하게 되거나 욕심이 없는 일 또는 그런 사람과 상관하게 된다.

⑤ 과거에 한 번 본 일이 있다고 생각된 꿈

사실적인 미래투시의 꿈으로 실현된 경우가 대부분이며, 상징적으로는 과거에 한 번 해본 일, 다시 해야 할 일, 다른 장소 및 사건 등이 바뀌는 일과 상관한다.

⑥ 일의 성사에 관한 생각 꿈

한참 후에 이루어졌다고 생각한 꿈은 실현되기까지 아주 오랜 기간이 경과 후에 이루어짐을 뜻한다. 잠시 또는 임시라고 생각한 꿈은 어느 정도의 기간이 지나서 이루어짐을 뜻한다. 꿈속의 '하루'라는 말이 현실에서는 1일이 아닌, 1년이 될 수도 있다.

⑦ 상대방을 부러워하거나 질투한 꿈

현실에서 꿈속의 인물로 상징된 사람에게 불만·불쾌·패배감 등을 체험한다. 또한 꿈속의 인물이 일거리나 대상의 상징으로 등장한 경우, 다른 사람의 사업이나 업적·작품·저서 등에 관심을 갖게 되는 일로 실현된다.

⑧ 성스럽거나 존엄하다고 생각되는 꿈

덕망이 있고 인품이 있는 사람, 존경하는 사람 등과 관계하게 되며, 일거리·대상의 상징인 경우에는 품위있는 저서나 작품을 대하게 된다.

⑨ 신비스러움을 느끼는 꿈

자연의 아름다움에 감탄하게 되거나, 새로운 학문 연구, 자연과학의 새로운 현상, 사회적인 관심의 톱뉴스, 해명되지 않은 일 등에 깊은 관심을 갖게 된다.

⑩ 감사하는 마음이 생긴 꿈

만족할 만한 일거리·대상에 대하여 보답할 일이 생긴다.

⑪ 소원하고 희망하는 꿈

어떤 일거리나 대상에 착수하거나 욕구가 생기며, 소원할 일이 있게 된다.

⑫ 참되고 진실하다고 생각하는 꿈

올바르고 진실한 사람과 관련 맺게 되거나, 일거리나 대상의 상징인 경우에 노력한 만큼 성취를 이루는 일에 관련을 맺게 된다.

⑬ 행위나 전망이 끝이 없다고 생각하는 꿈

허망하거나 비현실적인 일, 실현되기에 요원한 일과 상관한다.

⑭ 일이나 대상에 대한 희망과 절망의 꿈

'하고 싶다', '하겠다' 하는 희망은 하나의 계획이지 결과는 아니지만, 조만간 그 일에 착수하게 된다.

⑮ '할 수 없다'고 생각하는 꿈

자신의 능력으로 감당하기 어려운 힘든 일이거나, 이미 끝나 버렸거나 이루어질 수 없는 일과 상관하게 된다. 또한 해서는 안 된다는 경고일 수도 있다.

⑯ '안 된다', '어쩔 수 없다' 하는 절망감을 느끼는 꿈

억제받을 일, 미수에 그칠 일, 소원이 충족되지 않을 일에 착수하게 된다.

⑰ '할 수 있다', '할 수 있을 것이다', '해야겠다'고 생각하는 꿈

어떤 일을 착수하게 된다.

⑱ 어떠한 일이나 대상에 망설이는 꿈

'어떻게 할까' 하고 망설이는 꿈은 현실에서도 심적 갈등을 체험할 일과 관계한다. 한때 시련을 겪게 되기도 한다.

⑲ 무언가를 '해도 괜찮다'고 생각한 꿈

현실에서도 일을 추진하는 일로 실현된다. 필자의 꿈으로, '성행위를 유혹하는 유부녀가 성병에 걸렸으면 어떡하지' 하고 걱정하다가, '창녀도 아닌 유부녀니까, 성관계를 해도 되겠지.'라고 생각한 꿈은 구입할 부동산에 하자가 있는지에 대한 걱정을 하다가 등기부 등본도 떼어보지 않고 부동산을 매수하는 일로 실현되었다.

⑳ '왜?'라는 의문이 생긴 꿈

해명되지 않은 일이나 연구해야 할 일에 관해서, 관심을 갖고 노력할 일이 생긴다.

㉑ 판단하는 꿈

'옳다', '된다', '좋다' 등의 긍정은 현실에서도 올바르고 정당한 판단임을 나타내며, 반면에 '틀리다', '안 된다', '싫다' 하는 부정적인 판단은 현실에서도 불가능한 일, 부정적인 일과 상관한다.

㉒ 배가 고프다고 생각하는 꿈

현실에서 무언가 얻게 되지만, 흡족하지 않고 아직도 부족한 것이 있게 됨을 뜻한다. 가난·고통·불만·부족 등의 일을 체험한다.

㉓ 배가 부르다고 느끼는 꿈

일거리나 대상에서 만족한 일, 과분한 일, 자신이 감당하기에 벅찬 일을 체험하게 된다.

㉔ 아픈 통증을 느끼는 꿈

실제로 아픈 부분에 질병이 있음을 예지해주는 경우가 있으니, 병원에 가서 그 부분을 집중적으로 진찰을 받아보는 것이 좋다. 상징적으로는 자신이 감당하기 벅찬 일거리나 대상에서 어려움과 심적 고통을 받게 된다.

㉕ 자애나 인정을 느끼는 꿈

상대방이나 일거리 대상에서 애착을 갖게 되고 관심을 지니게 된다.

3 인체 관련 꿈
dream

1) 인체 관련

≪몸≫

몸을 다치는 꿈의 경우, 사실적인 꿈에서는 꿈에서와 같은 부위를 실제로 다치는 일로 일어날 수가 있으니, 조심하는 것이 좋다. 상징적인 꿈에서 인체의 어느 부위에 이상이 생기는 꿈의 경우, 어떤 사물이나 대상·일거리에 이상이 생기는 일로 실현될 수 있다.

① 민속의 신체 꿈

- 꿈에 몸에 그물을 쓰면 관가 일이 있다.
- 꿈에 몸이 불 가운데 있으면 귀한 사람이 붙든다.
- 꿈에 몸이 흙에 들어가면 좋은 일이 생긴다.

② 민속의 신체 변화 꿈

- 꿈에 몸에 땀이 나면 흉하다.

- 꿈에 몸이 살찌거나 마르면 흉하다.

- 꿈에 몸이 살찌거나 윤택하면 불길하다.

③ 뱀이 허물이 벗겨지듯이 자기 몸이 벗겨진 꿈

어떤 사람이 꿈을 꾸었는데, 뱀이 허물을 벗듯 자기 몸이 벗겨졌다. 그는 다음 날 죽었다. 영혼이 육체를 떠날 즈음 그에게 이와 유사한 상상들을 암시하였던 것이다.(글: 아르테미도로스, 『꿈의 열쇠』)

≪머리≫

(1) 머리에 관한 꿈에 대하여

머리의 상징적 의미는 우두머리·시초·수뇌부 등을 상징한다. 꿈속에서 사람이나 동물의 머리는 처음이요, 발이나 꼬리는 맨 나중을 뜻한다. 식물의 경우는 뿌리가 처음이고, 가지는 맨 나중을 뜻한다. 여담이지만, 한방에서 사람의 머리에 병이 난 것을 고치는 약재는 식물의 뿌리 부분과 관련이 있다.

(2) 머리 꿈해몽 요약

① 상대방의 뒤통수를 보는 꿈

상대방이 자기 지시대로 잘 순종해 주게 된다.

② 상대방의 뒤통수를 때리는 꿈

그의 내면상을 들추어 제재를 가할 일이 생긴다.

③ 자기의 뒤통수를 볼 수 있게 된 꿈

자기의 배후관계나 경력 등을 검토할 일과 관계한다.

④ 머리를 숙이는 꿈

상대방에게 머리를 숙이는 꿈은 복종이나 수긍을 뜻하고, 남이 머리를 숙인 것을 보는 꿈은 자신의 주장이 잘 관철된다.

⑤ 머리에 뿔이 나거나 혹이 생긴 꿈

머리에 뿔이 나거나 혹이 생기는 꿈은 남의 우두머리가 되거나, 두드러진 재능이나 특성을 가진 사람으로 남의 이목을 집중시키게 되는 것을 뜻한다. 그러나 무언가에 맞아서 혹이 난 경우에는 수난·고난을 겪게 되는 일로 실현된다. 또한, 머리에 뿔이 두 개가 나 있는 꿈이 보기 좋은 경우에는 다른 사람보다 특이한 재능과 재주를 갖게 되어, 입신출세하며 승진·합격·성공 등 자신의 기개를 떨치게 되는 좋은 꿈이지만, 처한 상황에 따라서 타인과 다투게 되어 몹시 화를 내는 일로도 실현될 수 있다.

⑥ 동물의 머리가 붙어 있는 꿈

동물의 머리가 여럿이 한데 붙어 있는 꿈은 이념·권리·특성 등이 한 단체나 대상에 여러 가지 뜻이 담겨 있음을 뜻한다.

⑦ 목이 잘린 머리를 보는 꿈

잘린 적장의 머리를 얻거나 보는 꿈은 군사적·정치적인 승리나 큰일의 성취로 권리와 명예를 얻는다.

⑧ 잘린 머리에서 피가 흐르는 꿈

잘린 머리나 동물의 머리에서 피가 흐르는 꿈은 사업으로 막대한 재산을 얻는다.

⑨ 잘린 머리가 쫓아오는 꿈

사람의 머리나 동물의 머리가 쫓아오는 꿈은 어떤 일의 시작 또는 정신적인 문제 등을 처리하기가 매우 곤란해진다.

⑩ 잘린 머리를 매다는 꿈

자른 머리를 천장에 매달면 상부 기관에 위탁할 일, 책상에 놓으면 곧 처리할 일, 길거리에 내걸면 그 성과를 세상에 공개할 일이 있음을 예지한다.

⑪ 짐승(동물)의 머리를 죽이거나 얻는 꿈

용·호랑이·사자 등의 머리를 땅속에서 캐거나 죽이고 얻는 꿈은 중요한 일이 성사되거나 권리·명예를 얻고 우두머리가 된다.

⑫ 자신의 머리가 용·사자·호랑이로 변한 꿈

자신의 머리가 용·사자·호랑이의 머리로 변하는 꿈은 백수(百獸)의 우두머리의 상징으로, 고급관리·장성 등 기타 단체의 우두머리가 된다.

⑬ 한 몸뚱이에 여러 머리의 꿈

뱀의 몸뚱이에 일곱 개의 머리가 있다면, 작가의 경우 어떤 작품의 지적 수준이 거의 완벽함을 뜻하고 있다. 한 사람의 머리 위에 여러 개의 금관을 썼다고 기록된 성경의 요한계시록은 그 금관 하나하나가 명예와 권세의 특징들을 상징한 것이며, 세력의 집안을 뜻한 것이기 때문에 그 모든 것을 소유하고 있다는 뜻에서 표현한 것이다.(글: 한건덕)

(3) 실증사례

① 아들의 머리가 깨져 피가 나오는 꿈 → 주식에서 손실 예지

아들로 상징되어 표상된 애착이 가는 대상인 주식 투자 등에서 엄청난 손실(피 흘리는)을 보게 되는 일로 실현되었다. 또한, 아끼는 자동차의 앞부분이 사고로 부서진 사례가 있다.

② 머리를 풀고 우는 꿈 → 우환이 있게 될 것을 예지

눈 무더기가 무덤처럼 모여 있는데, 친정엄마가 눈을 두드리며 머리를 풀고 우는 것을 보는 꿈이었다. 깨고 나서 불길했는데 그날 친정엄마가 울면서 전화하면서, 동생이 정신착란증으로 병원에 3개월간 입원할 일이 생겼다고 연락이 오는 것으로 실현되었다.

③ 머리들이 운동장을 굴러다니는 꿈 → 사고 예지

매스게임을 하던 운동장에서, 애드벌룬이 풍선 가열로 불꽃이 튀면서, 많은 학생들이 얼굴 쪽에 화상을 입고 구르는 일이 일어났다.

④ 머리가 깨지고, 뼈와 피가 보인 꿈 → 사고 예지

누군가 술좌석에 폭발물을 가지고 들어와 던져서 애인의 머리의 흉이 깨져 나갔고, 뼈와 피가 훤히 들여다보인 꿈을 꾸었다. 그 후에, 오토바이를 타고 가다가 사람을 치어 상당한 치료비를 물어주는 일로 실현되었다.

애인이 교통사고로 인해 겪게 되는 정신적 고통을 머리가 깨져나가는 표상으로, 치료비 등의 재물적 손실을 피가 나는 표상으로 나타내주고 있다.

⑤ 친정아버님의 머리가 갈라진 꿈 → 제부의 교통사고로 인한 죽음 예지

경기도 고양시에서 주부 최○○ 씨가 보내온 꿈이야기이다.

회사에 다니던 둘째 제부의 부서 5명 팀이 모두 승진해서 회식이 있었습니다. 그날 자가용에 타고 있던 사람 중에 운전자만 빼고, 4명이 교통사고로 즉사했답니다.

사고가 있기 1주일 전에 저는 이런 꿈을 꾸게 되었답니다. 친정아버님의 머리가 실험용 마네킹처럼, 해골이 반으로 쫙 갈라지는 것을 보고 놀라서 깨고는 계속 불안했답니다. 날이 밝자 친정집에 전화해서, 꿈이 안 좋으니 아버지 어디 나가시지 마시라는 내

부탁의 말을 어머니께서 들으시고는 알았다고 하셨답니다. 그런데 문제는 제부가 승진한다는 소리를 벌써 들었던 터라, '동생에게 미리 한 번쯤 전화를 하리라.' 생각하였지만 매번 통화도 못 하고 지나가 버렸답니다. 제부가 사고 나던 날, 우연히 그 꿈이 머릿속에 다시 생각이 나는 것이었어요. 지금도 그 꿈 생각만 하면 무섭기만 하답니다. 그리고 전화를 한번쯤이라도 했더라면 하는 생각이 듭니다.

제부의 죽음으로 자신의 딸이 졸지에 과부가 된 것에 대한 친정아버지의 심적 고통은 머리가 쫙 갈라진 것 이상의 비통함을 느꼈을지 모른다. 이러한 상징적인 예지몽은 현실에서 어김없이 실현된다는 데 있다. 또한 안타까운 것은 안 좋은 일이 일어날 것이라는 사실을 꿈을 통해 예지해 주지만, 그것이 언제 어떻게 실현될지에 대해서는 꿈의 상징성이 난해하므로 쉽게 알아낼 수가 없다는 데 있다. 더욱 안타까운 것은 꿈의 예지만 가능할 뿐, 그것을 피할 수가 없다는 것이다. 수많은 상징적인 꿈을 수집하고 분석하는 이유도 이러한 꿈의 상징표현의 실체에 대한 보다 정확한 해명을 하고자 하는 데 있다.

이 글을 읽는 독자 여러분들도 자신의 신비한 꿈에 대한 체험 사례가 있는 분은 주저하지 마시고 메일로 보내주시기 바란다. 자신을 드러내기 곤란한 분은 가명의 부탁을 하셔도 좋다. 얄미울 정도로 오묘하게 전개되는 꿈의 상징표현에 대해 우리 인간의 지혜를 모아 도전하는 일이야말로, 달이나 화성탐사 이상의 소중한 의미를 지니고 있는 것이다. 꿈을 통한 우리 인간 내면의 잠재의식 세계에 대한 탐구야말로, 이 시대에 그 어느 것보다 먼저 이루어야 할 인류의 과제가 아닐까 생각해본다.

⑥ 머리에서 올리브 나무가 솟아난 꿈 → 지혜로운 사람이 되다.

어떤 사람이 꿈을 꾸었는데 머리에서 올리브 나무가 솟아났다. 그는 철학에 심취하였고, 문헌들을 세세히 살폈으며, 고행을 실천했다. 늘 푸르고 단단한 이 나무는 아테나 여신에게 바쳐진 것으로, 이 여신은 지혜의 여신으로 통한다.(글: 아르테미도로스, 『꿈의 열쇠』)

(4) 민속의 신체(머리) 꿈

- 꿈에 머리 위에 뼈가 솟으면 벼슬이 더해진다.
- 꿈에 머리가 아프면 승진한다.

- 꿈에 머리가 작게 보이면 큰일을 한다.
- 꿈에 머리에 뿔 하나가 돋으면 칼 맞아 불길하다.

≪얼굴≫

(1) 얼굴에 관한 꿈에 대하여

꿈속에서도 얼굴은 자타의 신분을 주로 상징하며, 자기의 모든 것을 대신하는 부위가 되고 있다. 신분증·사진·마음·거울·저서·프로필·간판·표제·인격이나 인물 등 모두에 해당한다. 얼굴 중에서 특히 이마는 문서나 수표증서 등에 기재되는 일수·등수·돈 등의 액면과 관계함을 뜻한다.

현실에서 그 사람됨은 얼굴에 나타나 있다. 그 사람의 심성(心性)이 먼저 마음의 창(窓)인 눈에 나타나고 얼굴에 나타남으로 우리가 맞선을 보거나 관상을 보아 그 사람됨을 알아내는 것이다. 꿈속에서도 얼굴은 자타의 신분을 주로 상징하며, 프로필·표제·인격 등 다양하게 전개되고 있다. 따라서 얼굴의 표상이 온전한 것이 좋으며, 얼굴이 일그러지거나 상처를 입거나 버짐이나 종기가 난 표상은 좋지 않은 여건에 처하게 되거나, 자존심이나 명예 등이 훼손당하는 일로 실현된다. 또한 거울에 비친 자기 얼굴이나 상대방의 얼굴이 검게 보이는 꿈은 좋지 않은 여건에 처하게 되거나, 못된 사람에게 배반을 당하거나 근심하는 일로 실현된다. 반면에 얼굴을 깨끗이 씻는 꿈은 신분이 새로워지거나 근심·걱정이 사라지는 일로 실현된다.

(2) 얼굴에 관한 꿈해몽 요약

① 자신의 얼굴을 동물이나 누군가가 할퀴는 꿈

흉몽이다. 동물로 상징된 사람에 의해서 재물의 손실이나 낭패를 보게 되며, 명예나 자존심에 손상이 가게 된다.

② 병으로 헐고 곪은 얼굴을 보는 꿈

전염병으로 얼굴이 헐고 곪아 터진 사람을 보는 꿈은 그가 어떠한 종교나 사상, 마약이나 게임·오락 등에 빠져들어서 비정상적인 행위를 하는 사람인 것을 상징적으로 보여주고 있다. 한편으로 전염성이 강한 병에 걸려있는 경우, 어떤 종교·사상 등에 빠져들어서 다른 사람에게 전파하고 정신적 감화를 주고자 하는 전도사나 신자를 상징적으로 보여주고 있다. 일거리·대상의 상징인 경우에는 내부적으로 많은 문제점과 개선되기 어려운 상황에 처해 있음을 상징적으로 드러내고 있다.

③ 상대방이 무표정한 얼굴 꿈

마음에 두지 않게 되며 관심을 두지 않게 된다. 일거리·대상의 상징인 경우에는 있으나 마나 한 물건이나, 해도 그만 안 해도 그만인 일에 관여하게 된다.

④ 상대방이 성난 얼굴을 하고 있는 꿈

그로 인해서 불안해지거나 심적 갈등을 받게 될 일이 있다.

⑤ 웃는 얼굴의 꿈

웃고 있는 얼굴을 보는 꿈은 조롱의 경우 그로 인해서 불쾌를 당한다. 조상이 웃는 얼굴로 나타나거나 바라보는 꿈은 좋은 일이 일어날 것에 대한 예지이다.

⑥ 그림·사진·동상·인형 등의 얼굴 꿈

사람의 사진이나, 간판·서적의 표제를 상징한다. 두 개의 얼굴이 포개지는 것을 보면, 두 개의 다른 상표가 붙은 상자 갑을 겹쳐놓거나 옮겨 담을 일과 관계한다.

⑦ 얼굴을 씻는 꿈, 얼굴을 씻지 못한 꿈

손으로 얼굴을 깨끗이 씻으면, 신분이 새로워지거나 근심·걱정이 사라진다. 반면에 얼굴을 씻지 못하는 꿈은 명예나 자존심이 손상된 채로 있게 되거나, 일거리나 대상이 자신의 뜻대로 이루어지지 않게 된다.

실증사례를 살펴본다. 친척 동생이 찾아왔는데 얼굴이 새까만 것이 씻기려고 했으나, 말을 듣지 않아 씻기지 못한 꿈은 학교에 갔다가 돌아와서, 집 열쇠가 없어 들어가지 못하고, 추운 곳에서 5시간 이상 벌벌 떠는 일로 실현되었다.

⑧ 얼굴에 종기나 반점이 나는 꿈

남에게 수모를 당하는 일이 일어날 수도 있다. 또한 일거리·대상의 상징인 경우에는 진행하는 사업이나 작품의 특수하고 유별난 면이 있어서 관심을 끌게 되어 남의 이목에 오르내린다.

⑨ 얼굴 한 부분을 수술하는 꿈

작가의 경우 책의 제목이나 간판·내용 등에서 글자를 바꾸어 놓는 경우가 생긴다. 의사가 얼굴 부위를 수술하면, 신문기자나 수사관에 의해서 신상문제나 사업상의 심문을 받는다. 물론 사실적인 꿈의 경우에는 실제로 얼굴을 수술하는 일로 이루어진다.

⑩ 복면(얼굴을 가린)한 것을 보는 꿈

얼굴 전체를 붕대로 감은 것을 보는 꿈은 남에게 사기당하거나 교통사고 같은 화를 당한다. 복면을 한 사람을 보면, 비밀리에 가해할 사람이 나타난다.

⑪ 얼굴을 거울에 비춰보는 꿈

후일 어떤 사람을 만나게 되거나 소식을 듣게 된다. 거울에 비친 자기 얼굴이나 상대방의 얼굴이 검게 보이면, 미운 사람, 탐탁하지 않은 사람과 상관하게 된다. 이 경우에 처한 여건에 따라 질병에 걸리게 될 수가 있다.

⑫ 애인이나 남편의 얼굴이 검은 꿈

그에게 배반당하거나 속을 썩을 일이 생긴다. 얼굴이 검은 아이를 데리고 다니면, 몹시 고통스러운 일을 맡게 된다. 이 경우에도 처한 여건에 따라 질병에 걸리게 될 수가 있다.

⑬ 사람이나 동물의 얼굴이 바뀌는 꿈

일이나 사업체의 표제·간판·성격 등이 바뀐다.

⑭ 낳은 아이의 얼굴이 잘생긴 꿈

새롭게 시작한 가게나 사업, 저서나 논문 등 자신이 이루어낸 성취 결과가 마음에 흡족하게 되는 일로 이루어진다. 쌍둥이를 낳았는데 한 아이는 잘생기고 한 아이는 못생겼으면, 두 가지 일 또는 작품을 생산하는 데 우열이 생긴다.

⑮ 얼굴을 접수창구에 내놓고 들어가게 해달라고 하는 꿈

이력서나 기록카드 같은 것을 당국에 제출하고, 진급·취직·전직 등이 있을 것을 예지한다.

⑯ 민속의 얼굴 꿈

– 꿈에 얼굴에 종기 나면 아들에게 불길한 일이 생긴다.

– 꿈에 얼굴의 한쪽이 검으면 자식에게 흉한 일이 생긴다.

(3) 얼굴 꿈에 관한 실증사례

① 볼에 입이 붙은 사람이 찾아온 꿈

볼에 입이 붙은 사람이 찾아온 꿈은 찾아온 손님이 바른말을 하지 않고 왜곡

되고 거짓되며 부정한 말을 하는 것을 보게 되는 일로 실현되었다. 꿈의 창작적 표상의 하나로 볼이 입에 붙은 것으로 표상되고 있다.

② 말을 하는데 상대편의 입에서 검은 연기가 나오는 꿈

거짓말로 사기를 치고자 하는 사람임을 일깨워 주고 있다.

③ 잉어를 파는 장사가 소복을 입은 여자 곰보의 얼굴이었던 꿈

태몽으로 곰보인 여아를 낳았으며, 언청이 노파에게 밤과 대추를 한 보따리 받는 꿈은 언청이인 아들을 낳는 일로 실현되었다.

④ 얼굴 한 부분을 수술하는 꿈

저자인 경우에 책의 제목이나 표제어를 수정하거나 변경하는 일로 실현되었다. 일반인이라면 자신의 추락한 신분이나 명예를 새롭게 하는 일로 이루어진다.

⑤ 처음 보는 얼굴의 사나이와 기분 좋게 키스하는 꿈

독자인 경우, 처음 대하는 책을 읽고 만족해하는 일로 실현되었다. 저자라면 처음 관련을 맺는 출판사와 좋은 관계를 유지하는 일로 이루어진다.

⑥ 얼굴에 종기 같은 이상한 것 등이 생겼으며, 하얀 목련꽃 같은 버짐이 얼굴에서 피어난 꿈

친척 집에 아이를 봐주러 갔다가, 친척에게 수모와 무시를 당하게 되었다.

⑦ 거울에 비친 자기 얼굴(눈)이 희미해져 있던 꿈 → 부친의 병환 예지

외국에 나가 있던 한 젊은이의 꿈에 자기 얼굴을 거울로 보았는데 눈이 생기가 없고 희미해져 있었다. 꿈을 깨고 '고국에 있는 가족 중에 누군가 병이 들어 있구나' 하고 직감한 그대로, 아버지가 병석에서 고통받고 계시다는 소식을 들었다. 이처럼 꿈속에서 희미하게 보이는 경우는 안 좋은 결과로 나타나고 있다. 꿈속에 나타난 여러 친척 중에 얼굴의 형체가 희미하게 나타난 친척이 그 후 교통사고로 다치게 되는 일로 일어난 사례가 있다.

⑧ 얼굴에서 잡티를 떼어 낸 꿈 → 고민 해결

현재 외국에서 살고 있는데, 이곳 실정을 잘 몰라서 집 계약을 시세의 두 배에 해당하는 터무니없는 가격에 맺었습니다. 이곳에 온 후 집과 가구들을 보니까, 너무 실망스러워서 집주인한테 이유를 물었지만, 이곳 가격이 원래 그렇다고 절대 계약은 변경될 수 없다고만 해서, 잘 알아보고 하지 않은 저의 어리석음만 탓하고 있었습니다.

제가 근무하는 곳에 있는 분들이 제 사정을 듣더니 방법을 찾아봐 주겠다고 했지만, 큰

기대는 안 했습니다. 왜냐하면 여기서는 계약서에 사인을 한 후에는 주인 마음이 바뀌지 않는 한, 그 계약서에 명시된 것을 바꾸기가 쉽지 않다고 들었거든요.

그리고는 지난주 일요일 밤에 꿈을 꾸었습니다. 제 얼굴에 갈색 팥알만 한 잡티들이 붙어 있더군요. '이게 뭐야' 하고 손톱으로 가장자리를 일으켜서 잡아당기니까, 스티커처럼 떼어져 나왔습니다. 잡티가 떼어져 나온 곳에는 그것이 있던 자리 크기만큼 조금씩 파인 자리가 생겼더군요.

근데 그날 오후 뜻밖에도 제가 근무하는 곳의 변호사 대리인이 집주인을 만나서 2시간 동안 얘기한 끝에, 집주인이 보통의 집값으로 새로 계약서를 작성하는 데 동의하도록 만들었다는 기쁜 소식을 들었습니다. 근심거리가 하나 해소된 거지요. 꿈에 잡티를 떼어낸 후, 패인 자국이 남았던 게 후유증을 상징하는 게 아닌가 싶어 조금 찜찜하긴 하네요. 자중하면 후유증을 줄일 수 있겠지요. 꿈이 전해주는 메시지에 대해 날이 갈수록 신뢰가 더해감을 느낍니다.---jh3535

⑨ 얼굴이 썩어가는 모습으로 한국에 와 살아야 한다는 꿈 → 처한 환경의 부적응 상황에서 벗어남.

제 친정 남동생 이야기인데요. 회사 일로 필리핀 나라로 5년 계약하고 떠난 지, 2개월 되던 어느 날입니다. 꿈에 동생이 얼굴과 귀가 다 썩어가는 모습으로 아주 왔다고 하면서 하는 말이 "그 나라는 너무 더워서 기온이 맞지 않아, 그냥 가만히 있어도 이렇게 살이 팍 썩어 들어가기 때문에 기온이 잘 맞는 한국에 와서 "살아야 한다."라는 겁니다. 속이 상해서 엉엉 울다가 깨고 보니 꿈이었어요.

무슨 일일까? 걱정이 거듭되는 나날 속에 동생이 귀국한다는 전화가 왔어요. 귀국하던 날 친정으로 달려가서 들은 자세한 얘기인즉, 그 나라에서는 새롭게 세운 창립회사인데, 전산하는 사람은 있으나 마나 한 사람으로 취급하더랍니다. 하루 종일 먹고 놀아도 누구 한 사람 뭐라고 할 사람 없고, 그냥 5년 동안 월급만 타 먹다 와도 되는데, '그렇게 되면 그동안 공부한 것 다 잊어버리고, 5년 후에는 내 머리는 텅텅 비어 바보가 되면 그때는 어떡하냐. 그럴 바에는 한국에 와서 열심히 일하고 공부해서, 능력 있는 사람이 되어야지.'라며 그래서 왔다는 겁니다.

꿈에서는 기온이 맞지 않아 몸이 썩어서 못 산다는 얘기와 실제는 머리를 쓰지 않으면 바보가 된다는 얘기와 어쩌면 이렇게 똑같습니까? 너무 놀랐습니다. 그 뒤 바로 전에 다니던 회사로 다시 출근했답니다.

모든 신체 표상에서는 온전하거나 건강하고 빛나는 표상이 좋다. 꿈속에 자신이 거인이 된 꿈이 좋은지, 난쟁이가 되어 있는 것이 좋은지, 꿈을 상징적으로 이해하면 보다 쉽게 이해할 수 있을 것이다.

⑩ 얼굴을 여자처럼 칠하고 극장에 앉아 있던 꿈

그는 간통 행위가 밝혀져 수치를 당했다. 얼굴을 씻고, 무언가를 바르는 꿈은 좋지가 않다. 이는 꿈을 꾼 사람이 비난받을 만하다는 것을 의미한다. 『꿈의 열쇠』에 나오는 외국의 사례로, 참고적으로만 알아두기 바란다.

≪눈(目)≫

눈은 심사·사찰·감찰·마음·정신력·지혜·통찰력·판단력, 작품의 이미지, 사업 전망 등의 일과 관계한다. 또한 때 묻지 않은 순수함의 상징이 되기도 한다.

① 눈에서 눈물이 흐르는 꿈

자기의 감정을 피력하는 작품이나 편지를 막힘 없이 써낼 수가 있게 된다. 그러나 눈에서 피눈물이 나는 꿈은 좋지가 않다. 단, 종교적인 의미에서 눈물은 지혜와 지식의 결정체인 진리를 과시하는 의미를 지닌다.

② 눈빛(안광)이 빛나는 꿈

눈에서 섬광이 번뜩이면, 큰 지혜로 세상을 감화시킬 수 있다.

③ 사람의 눈빛이 형형한 꿈

기상과 통찰력이 뛰어난 사람을 만나거나, 어떤 작품의 이미지가 뚜렷하고 감화를 받을 내용을 대하게 된다.

④ 상대방의 안광이 희미하고 빛이 없는 꿈

식견이 좁고 도량이 작으며, 사람을 볼 줄 모르는 사람과 관계하게 된다. 일거리·대상의 상징인 경우에는 주제가 불분명하거나, 작품에서 드러낼 것이 없는 시시하고 평범한 작품을 대하게 된다.

⑤ 자신이 키운 동물의 눈이 빛나는 꿈

자기가 키운 동물의 눈에서 광채가 나면, 작가의 경우 자기가 쓴 작품의 이미지가 새롭고 두드러져 많은 사람에게 감명을 준다.

⑥ 눈이 크고 시원한 여성과 키스하는 꿈

좋은 일과 가까이하는 일로 실현된다. 예를 들어 새로운 일이나 책 내용을 보고 마음이 후련해진다.

⑦ 상대방의 눈빛이 인자한 꿈

상대방의 눈길이 평화롭고 인자해 보이면, 은혜로운 사람이나 덕이 있는 사람과 관련을 맺게 된다. 일거리·대상의 상징인 경우에는 인간적인 따사함이 넘쳐나는 수필이나, 감동적인 실화를 다룬 기사를 보게 되거나 서적을 읽게 된다.

⑧ 상대방의 눈빛이 차가운 꿈

상대방의 눈이 무섭고 차게 보이면, 상대방에게 냉대를 받거나 인간적인 면모를 발견하지 못하게 된다. 일거리·대상의 상징인 경우에는 냉철한 기사나 서적이나 예술품과 관련 맺게 된다.

⑨ 눈병을 앓는 꿈

어떠한 일의 진행에 있어 판단을 내리기 몹시 어려운 여건에 처하게 되거나, 사업상 고통이 심하거나 우환이 생긴다.

⑩ 애꾸눈을 보는 꿈

의견이 편협된 사람이나, 사리 판단에 균형을 잃은 사람을 만나게 된다. 일거리·대상의 상징인 경우에는 편견에 치우치거나, 극단적인 주장을 하는 저서나 사설·논문 등을 읽게 되는 일로 실현된다.

⑪ 자신의 눈이 보이지 않는 꿈

올바른 판단을 내릴 수 없는 여건에 직면하게 되거나, 사업상 어려움에 직면하게 된다. 절망상태에 빠지거나 답답한 일이 생기고, 성 불능 또는 죄악으로 자학에 빠지게 된다.

한용운의 〈님의 침묵〉에 "꽃다운 님의 얼굴에 눈멀고"라는 시 구절의 뜻이 불법의 진리나 깨달음에 빠져있음을 뜻하듯이, 눈이 먼 것은 어떠한 대상이나 일거리에 빠져있음을 뜻한다. 이는 관습적 언어에서 '사랑은 맹목(盲目: 눈이 먼)'이라는 말이 주변 누군가의 말도 귀에 들리지 않고 미친 듯이 사랑에 빠져든 것을 뜻하는 말이듯이, 어떠한 일거리나 대상에 몰두하게 될 때도 이런 꿈을 꾼다.

⑫ 길에서 장님을 만나는 꿈

답답하고 판단력이 뒤떨어지는 사람을 만나게 되는 일로 실현된다. 이 경우에, 어떠한 행위를 하더라도 상대방이 이의를 제기하지 못하는 일로 실현된다.

⑬ 눈에 무언가 들어간 꿈

눈에 티끌이 들어가 불편하게 생각되면, 사업 프로젝트의 진행이나 작품의 심사 등에 있어서 애로사항이 발생하여 일이 잘 진행되지 않는다.

⑭ 눈에 들어간 티를 빼내는 꿈

문제가 발생한 것이 다행스럽게 해결되는 일로 실현된다. 예를 들어, 자신이 부탁한 일을 부탁한 심사기관에서 일을 잘 처리해 주거나 사업을 수정할 일 등이 생긴다. 저자의 경우에는 잘못 집필한 원고를 다시 바르게 고쳐 쓰는 일로 실현된다.

⑮ 자신의 눈이 뜨인 꿈

자기 눈이 뜨이는 꿈은 올바른 사리판단을 할 수가 있게 되며, 운세가 트이고, 진리를 깨달으며 지혜가 생긴다. 상대방이 눈을 뜨면, 반대의견에 부딪히거나 어떤 일이 개선된다.

⑯ 큰 눈이 있는 거인의 꿈

이마에 큰 눈을 가진 거인은 자동차나 대형트럭에 헤드라이트가 들어와 있는 것을 상징한다. 또는 어떤 거대한 기관이나 단체·작품 등을 상징한다.

⑰ 여러 개의 눈이 있는 꿈

지혜나 사물을 보는 눈이 뛰어남을 의미한다. 어린 양이 일곱 눈을 가졌다는 성경 구절은 그만큼 지혜가 뛰어났다는 것을 뜻한다. 눈은 또한 성경책이나 진리의 서적을 의미한다.

⑱ 눈병을 앓는 꿈(외국의 사례) → 아이들이 병이 나다.

한 여자가 눈병을 앓는 꿈을 꾼 후에, 아이들이 병이 났다. 한 여자는 아이들이 병이 나는 꿈을 꾸었는데, 병이 난 것은 자신의 눈이었다.(글: 아르테미도로스, 『꿈의 열쇠』)

⑲ 눈이 멀어 있던 꿈(외국의 사례) → 동생의 죽음 예지

어떤 사람에게 형이 있었는데, 그는 여행 중이었고, 곧 돌아갈 거라는 편지를 계속 보내왔다. 꿈에 그를 보았는데 눈이 멀어 있었다. 이 꿈을 꾼 사람은 죽었다. 이는 당연한 것으로, 그의 형이 그를 볼 수 없었기 때문이다.(글: 아르테미도로스, 『꿈의 열쇠』)

《귀》

귀는 소식통, 통신기관, 연락처, 심사기관이나, 사람의 운세, 인격 등을 상징한다. 귀가 잘 들리지 않으면, 기다리는 소식이 오지 않아 답답해하거나 휴대폰 등에 고장이 생기게 된다.

① 귀가 동물의 귀로 변한 꿈

상대방의 귀가 동물의 귀로 보이는 꿈은 그에게 모함을 당하는 일로 실현될 수 있다.

② 귀가 갈라진 꿈

상대방의 귓바퀴가 갈라진 것을 보면, 그 사람에게 사기당하거나 그 사람의 신분이 몰락한다.

③ 귓밥이 두꺼운 꿈

상대방의 귓밥이 두꺼운 것을 보는 꿈은 자기를 도와줄 사람에게 충분한 재력이 있음을 예지한다.

④ 귀가 여러 개 달린 꿈

많은 부하나 사업상 여러 개의 산하단체를 가지고 있음을 뜻하며, 다방면에 걸쳐 첩보나 유용한 정보들을 손쉽게 넣을 수 있음을 의미한다.

⑤ 귀가 크고 아름다운 꿈

상대방 귀가 크고 아름다워 보이는 꿈은 부귀한 사람이 자기 일을 잘 들어준다. 자기 귀가 그렇다면, 좋은 운세가 도래한다.

⑥ 귀가 잘 들리지 않는 꿈

기다리는 소식이 오지 않아 답답해하는 일로 실현된다. 자신의 휴대폰이나 TV 등이 망가져서 소리를 들을 수 없는 일로 실현되기도 한다.

⑦ 귀에 벌레 등이 들어가 막힌 꿈

귀에 낟알 또는 벌레 등이 들어가서 막힌 꿈은 언론이나 소식 계통에 어떤 장애가 생겨 청탁한 일이 이루어지지 않고 지지부진해진다. 또한 자신만이 어떠한 소식이나 의견을 듣지 못하게 되는 일로 이루어진다.

⑧ 상대방이 귀머거리였던 꿈

상대방에게 아무리 악을 써도 꿈쩍도 하지 않아, 나중에 알고 보니 그는 귀머거리였던 꿈은 성서에 따르면, 그 사람에게 새로운 소식(복음)과 지혜로운 설명을 해주지만, 그 참뜻을 납득하지 못할 때 그를 귀머거리라고 한다. 현실에서는 자신의 뜻에 따라주지 않는 일로 실현되게 된다.(글: 한건덕)

⑨ 상대방의 말소리가 들리지 않는 꿈

직접 대면해서나 전화 등에서 상대방의 말소리가 잘 들리지 않는 꿈은 상대방의 설명을 잘 이해하지 못하거나, 어떤 소식을 통신계통으로 접하지만, 그 진상을 파악하기 어렵고, 때로는 전화 고장과 같은 일이 일어날 수도 있다.

⑩ 원숭이의 왼쪽 귀를 잘라 버린 꿈(실증사례)

앞에서 재롱을 부리는 원숭이를 무슨 이유에서인지 가위로 왼쪽 귀를 잘라버린 꿈은 약속을 지키지 않은 어떤 사람과의 소식(귀)을 끊게 될 것을 예지한 꿈이었다. 꿈에 나타난 원숭이는 그 사람의 인격을 얕잡아보게 되는 것으로 나타난 꿈의 창작 표상이다.

≪코≫

코는 감식·검토·심사·탐지·의지력·품격·자존심 등을 상징한다. 코가 큰 사람은 부귀한 사람을 뜻하고, 코가 낮은 사람은 품위나 부귀가 없는 사람을 뜻한다. 앞서 아르테미도로스의 『꿈의 열쇠』에 나오는 코가 없어지는 꿈을 반복적으로 꾼 사람의 흥미로운 사례를 살펴본 바 있다. 코가 없어지는 꿈이니 냄새를 못 맡게 되고, 코는 명예나 자존심을 상징하기에 코가 없어지는 꿈으로 시민권이 박탈되고, 코가 없어지는 꿈으로 시체는 코가 먼저 썩어 문드러지기에 죽게 되는 것을 상징적으로 나타내주고 있다. 이처럼 서양에서도 예지적인 꿈해몽에서 상징이 주요 기법으로 등장하고 있음을 잘 알 수 있겠다.

① 코에 상처가 난 꿈

자존심이나 명예에 손상을 입게 되며, 다른 사람의 시비나 음해·모략에 빠진다.

② 코털을 뽑아내는 꿈

근심이나 걱정거리를 해소시킬 일과 관계한다.

③ 콧등에 붉은 점이 생긴 꿈

자존심이나 인기가 높아져 남의 이목을 끌게 된다.

④ 코가 갑자기 길게 늘어난 꿈

감독관이 되어 권리를 행사하거나 존경을 받게 된다.

⑤ 코가 비뚤어진 사람을 대하는 꿈

인격이 천박하거나 훼방을 놓을 사람과 상관한다.

⑥ 코를 수술받는 꿈

심사 당국이 자신의 의견·제안서나 논문을 검토하거나, 일부 수정을 가하는 일로 실현된다.

⑦ 코가 갈라지거나 깎이는 꿈

신분·명예·권세 등이 추락하거나, 자존심과 주장 등이 꺾인다.

⑧ 상대방의 코가 높아 보이는 꿈

지적 수준이 높거나, 의지력과 자존심 등이 강한 사람과 상관한다.

⑨ 코에 종기(상처)가 나는 꿈

콧등에 종기가 나서 곪는 꿈은 죄상이 밝혀지거나 자존심이 상하는 체험을 하게 된다.

⑩ 소의 코를 뚫고 고삐를 매는 꿈

소의 코를 뚫고 고삐를 매는 장치를 하는 꿈은 자존심이 세거나 고집이 센 사람을 심복으로 삼아서 영구 고용할 일이 있거나, 소가 어떤 일거리나 사업체를 상징할 경우에는 그것들을 영구 보존할 장치를 마련할 일이 생긴다.

⑪ 코피가 나는 꿈

누구에게 얻어맞거나 부딪치고 또는 저절로 코피가 나서 줄줄이 쏟아지는 꿈은 일반적으로 코피로 상징된 재물적인 손실이 생긴다. 다만, 꿈은 처한 상황에 따라 달리 실현되는바, 저자라면 코피가 정신적 수고로움을 뜻하는 경우, 피눈물이 나는 것과 동일하게 진리를 말하거나 참된 글을 써서 상대방을 감동시킬 일로도 실현될 수 있다.

⑫ 의사 앞에서 코를 푼 꿈

기자·수사관·심사관 앞에서 자기의 주장과 소신을 피력하게 된다.

⑬ 시체에 콧수염이 있던 꿈

고(故) 한건덕 선생님이 체험한 꿈 사례이다. 떠돌아다니던 사람이 죽어서 얼굴을 반듯하게 누웠는데, 그의 코 밑에 '한 일' 자로 붙어 있는 콧수염이 있던 꿈에서 콧수염은 자만심·거만함·자신감 등을 나타내며, 시체로 표상되는 어떠한 저작물이나 사업이 당당함을 나타내고 있다.

⑭ 밖으로 자란 코털을 잘라 버린 꿈

콧속의 털이 코 밖으로 약 1cm가량 나온 것을 가위로 잘라버렸던 꿈은 자신의 개인적인 긍지와 자부심을 침해하는 거추장스러운 존재를 없애버린다는 뜻을 나타낸다. 귀지를 파내거나 코털을 뽑아내는 일 모두가 근심이나 걱정거리를 해소시킬 일과 관계한다.

≪입≫

입은 회사, 집, 문, 기관이나 단체를 상징한다. 민속적 관습적인 속설에 아랫입으로 여성의 성기를 나타내듯이, 다문 입은 여성의 성기를 상징하기도 한다. 입이 집이나 가문을 상징하는 경우, 이빨은 가족 구성원을 상징한다. 어금니는 집안의 중요한 웃어른을 상징적으로 나타내주고 있다. 덧니는 첩이나 애인을 뜻한다. 또한 입이 회사나 기관·단체를 상징하는 경우, 이빨은 회사나 기관·단체의 각각의 구성원을 상징한다. 어금니는 비중 있는 역할의 직장 상사를, 썩은 이빨은 자신의 역할을 수행하지 못하는 직원을 상징적으로 나타내주고 있다. 입이 갑자기 커진 꿈은 입으로 상징된 회사나 단체를 확장할 일이 있게 됨을 예지해주고 있다.

① 수저를 입에 넣는 꿈

다문 입은 여성의 성기를 상징할 수도 있으나, 수저 따위를 입에 넣는 것은 성교의 상징이 아닌 일의 수행·수단을 뜻한다.

② 입이 큰 사람을 보는 꿈

의욕이 왕성한 사람·권력가·부자 등과 관련된다.

③ 입이 짧은 사람을 보는 꿈

관습적 언어로 음식을 가려먹는 사람을 뜻하듯이, 꿈의 상징에서도 음식을 먹거나 일처리에 있어 까다로운 사람을 보게 된다.

④ 입이 길게 튀어나온 사람을 보는 꿈

관습적으로 불만의 표시를 입을 삐죽 내밀어 표현하듯이, 어떠한 일거리나 대상에 만족하지 못하는 사람을 만나게 되는 일로 실현된다.

제VI장 주제별 꿈해몽

3 인체 관련 꿈

⑤ 입으로 강물을 마셔버린 꿈

입으로 강물을 다 마셔 버린 꿈은 강은 어떤 기관·회사·종교계·정치판도를 뜻하므로, 송두리째 마셔버리면 큰일을 성취할 수 있다.

⑥ 영체물을 입으로 받아먹은 꿈

무릎을 꿇고 기도를 드리는데 예수님이 영체물을 입에 넣어 주었던 꿈은 어떤 훌륭한 지도자나 기관장의 추천 또는 허락을 받아, 입학·취직·입당·입교 등의 소원이 성취됨을 암시한 것이었다.

⑦ 입으로 음식을 먹는 꿈

입으로 음식을 먹는 것은 어떤 일을 책임지고 하거나, 이권이나 권리를 얻으며, 그 일을 처리하는 것을 상징한다. 다만, 먹는 꿈으로 감기 등 질병에 걸렸다는 사례가 있다.

⑧ 입으로 동물이나 그 밖의 물건을 통째로 삼키는 꿈

입안으로 상징된 집안 또는 기관에 새로운 사람을 맞아들이거나, 이권이나 재물 등을 확보하는 권리나 행사를 의미한다.

⑨ 음식(과일)을 입으로 깨물어 먹는 꿈

음식을 깨물어 먹는 것은 원래의 물건을 분석하고 해석해서 그 가치를 음미하는 일을 뜻한다. 이권이나 재물을 확보하는 행위가 될 수도 있다.

과일(사과, 배, 감, 밤)이 어떤 일거리나 작품을 상징하는 것이라면, 어떠한 일에 대해 가치판단을 할 것으로 해석되기도 한다.

하지만 만약 태아의 표상인 사과 한 알을 잘강잘강 깨물어 먹었다면, 태아 표상이 없어져 버린 것이 되므로 유산을 면치 못하게 된다. 뱀을 질겅질겅 깨물어 피가 나온 꿈을 꾼 사람의 경우, 얼마후 아내가 유산을 하게 되는 일로 실현되고 있다.

⑩ 입에 머리카락이 차 있는 꿈

입에 머리카락이 꽉 차 있는 꿈은 집안에 병자가 생겨 오래도록 근심·걱정을 하게 된다.

⑪ 입에서 벌레나 모래가 나오는 꿈

입에서 벌레가 기어 나오는 꿈은 재난이 사라지고 행복해진다. 환자의 경우 병이 완쾌하게 된다.

⑫ 입안에 상처가 나는 꿈

모든 일이 소망대로 되지 않고, 입으로 상징된 가정이나 회사에 우환이나 환란이 일어나게 된다.

⑬ 입천장에서 연필심을 빼낸 꿈(실증사례) → 고민 해결, 질병 회복

꿈에 입천장 왼쪽에 뭐가 박혀 있는 느낌이 들어 입안에 손을 넣어 만져보니, 연필심 같은 게 박혀있는데, 끝 부분 0.5㎝ 정도가 만져지더군요. 그래 몹시 놀라며, '왜 여기에 이런 게 박혀있을까?' 하면서 천천히 끝을 잡고 조금씩 돌려서 빼 보니, 길이 5㎝ 정도 되는 연필심이었습니다. 깨고 나서도 꿈이 너무도 생생하기에, '참 희한한 꿈도 다 꿨네' 하면서 의아해했습니다.

그런데 그날 오후, 운동 후에 샤워하면서 그 꿈의 의미를 알게 되었습니다. 막 양치질을 시작하는데, 한 1주일 정도 괴롭히던 입천장의 통증이 느껴지지 않는 것이었습니다. 일주일 전쯤 뜨거운 것을 먹다가 입천장(꿈처럼 왼쪽편)을 데었고, 그곳이 양치질을 할 때마다 칫솔에 닿아 몹시 쓰라려서 괴로워했었거든요. 아마도 꿈에 그 연필심 박힌 것을 빼내는 꿈이 상처가 다 아물었다는 것을 알려준 것이 아니었나 싶습니다. 사소한 일상이지만 정말 신기하더군요.---yesini, 2002. 12. 03.

≪혀≫

혀는 주모자·조종자·운반 수단·방도·심의기관·의결권 등을 상징한다.

① 상대방이 혀를 길게 내민 꿈

감언이설에 속아 넘어간다.

② 자기의 혀가 갈라지는 꿈

집안 또는 기관에서 주도권을 상실한다.

③ 상대방의 혀끝이 두 가닥으로 갈라진 것을 보는 꿈

거짓말을 잘하는 사람이거나, 두 가지 이상의 수단을 부리는 사람이나 기관·단체를 상징한다.

④ 여성의 음부 속에서 혀가 나온 꿈

여성의 음부 속에서 혀가 나왔다 들어가는 것을 본 꿈은 어떤 생산기관의 주모자가 과장된 자기선전을 했다가 철회할 일을 예지해주고 있다.

≪수염≫

수염이 길면 신분·권세·품위·자존심 등을 상징하며, 자존심이나 명예 등이 뛰어난 사람과 상관한다.

① 눈썹이나 수염을 깎이는 꿈

부모·자식·상사와 부하·협조자 등을 상실하거나, 신분과 체면에 손상을 받는다.

② 가발(가짜 수염)을 하는 꿈

가발이나 가짜 수염을 하는 것은 당분간 협조자의 협력을 얻거나, 자기 일에 보호 조처를 하게 된다.

≪털≫

① 몸에 검고 억센 털이 빽빽이 나 있는 꿈

입신양명하여 지도자가 되거나, 재주가 뛰어나서 여러 사람의 협조를 얻는다.

② 상대방의 몸에 털이 난 꿈

신분을 위장하거나, 진실을 말하지 않는 사람과 시비할 일이 생긴다.

③ 눈언저리에 털이 난 사람을 보는 꿈

자기 업적을 과장하는 사람이고, 가슴에 털이 난 사람은 진심을 속이는 사람이다.

④ 손등이나 종아리에 털이 난 사람을 보는 꿈

수단이 능수능란한 사람으로, 그와의 일은 실패로 끝난다.

⑤ 민속의 털에 관한 꿈

- 꿈에 사람의 입에 털이 나면 재수 있다.

- 꿈에 사람의 혀에 털이 나면 길하다.

- 꿈에 수족에 털이 나면 재물을 얻는다.

≪눈썹≫

눈썹 또한 명예, 자존심 등을 상징한다.

① 눈썹이나 수염을 깎이는 꿈

부모·자식, 상사와 부하·협조자 등을 상실하거나 신분과 체면에 손상을 받는다. 재물이나 이권의 손실 등으로도 가능하다.

② 눈썹에 흰털이 나 있는 꿈

중국의 마량(馬良)이 어려서부터 눈썹에 흰 털이 섞여 있었던바, 재주가 가장 뛰어났었다는 백미(白眉) 고사가 있는 것처럼, 능력이 뛰어난 사람이 된다. 깃털이 나 있으면 장수하거나 부귀해진다.

③ 눈썹을 두 개나 그린 꿈(실증사례) → 접촉 교통사고

꿈에 거울을 보며 화장을 하다 깜짝 놀랐습니다. 한쪽 눈썹을 위아래로 두 개나 그린 겁니다. 꺼림직했는데 그날 저녁 퇴근길에 접촉사고 내서 오십만 원 날렸습니다.---멋쟁이

④ 눈썹이 끊어져 있는 꿈(실증사례) → 질병 발생

꿈에 왼쪽 눈썹이 끊어져 있어서, 거울을 보면서 속상하면서도 의아하게 생각하는 꿈을 꾸었습니다. 눈썹이 끊어진 꿈은 그다지 좋지 않은 것 같아서, 애써 외면하면서 잊어버리려고 했는데, 이틀 후에 왼쪽 눈이 빨갛게 충혈이 되어 있어서 놀랐습니다. 자고 일어났더니 그렇게 되어 있더군요. 그날이 일요일이라 병원에 못 가고, 자꾸 거울만 들여다보면서, '이게 왜 이럴까 눈병인가?' 하면서 걱정하고 있는데, 갑자기 이틀 전에 꾼 꿈이 생각이 나더라고요. 눈썹 끊어진 꿈이 질병과 관련된 꿈이 아니었나 싶네요. 같은 왼쪽 눈에 관련된 것이었으니---space76

≪머리카락≫

머리카락은 수명, 명예, 자존심, 근심거리 등을 상징한다. 머리가 하얀 백발노인은 지혜로운 사람, 자신보다 나이가 많거나 정신적 지도자나 학식이 많은 학자 등을 상징적으로 나타내주는 경우가 많다.

① 이발이나 면도를 하는 꿈

만족스럽고 속 시원한 일을 체험한다. 그러나 머리카락을 아끼는 사람이면 오히려 불쾌한 체험을 한다. 이 경우 꿈속에 정황에 따라 다르다. 머리를 깎다 중지하면, 자신이 시도하는 일이나 청탁한 일의 성과를 얻지 못하게 된다.

② 강제로 머리를 잘리는 꿈

하던 일의 좌절이나, 주변 친척이나 관계있는 사람에게 좋지 않은 일로 이루어지고 있다.

③ 여성이 머리를 깎이는 꿈

의지하는 사람을 잃고, 아름다움을 잃게 된다.

④ 본인의 치장을 위해 머리카락을 자르는 꿈

기쁜 소식이 오거나, 새로운 여건 조성이나, 하고자 하는 일의 성취 등 좋은 일로 이루어지고 있다. 일반적으로 머리를 잘라 새롭게 다른 모양으로 하는 것은 애정이나 일거리·대상에서 새로운 마음가짐으로 새롭게 출발하는 일로 실현되고 있다.

⑤ 머리를 빗거나 감는 꿈

어떠한 일에 새롭게 준비하는 일로 실현된다. 근심·걱정이 해소되며, 먼 데서 손님이나 소식이 오는 일로 실현되기도 한다.

⑥ 상대방의 머리를 빗겨 주는 꿈

남의 근심거리를 풀어 줄 일이 있거나 정리할 일이 생긴다.

⑦ 상대방이 머리를 빗고 감는 것을 보는 꿈

상대방이 신분의 변화 등 새로운 여건에 처하게 되는 일로 실현된다.

⑧ 머리를 빗는데 비듬이나 이가 우수수 쏟아지는 꿈

근심·걱정하던 일이 해결된다. 머리카락이 엉켜서 잘 빗어지지 않는 꿈은 근심·걱정이 생기며, 추진 중인 문제가 해결되지 않는다.

⑨ 자신의 머리가 하얗게 변한 꿈

주흥사가 하룻밤 사이에 천자문을 짓고 머리가 하얗게 되었다는 고사가 있듯이, 흰 머리는 근심이나 걱정이 있게 될 것을 예지한다. 이 경우, 흰머리가 아주 멋있고 수려한 좋은 모양이면 좋은 일로 실현될 수도 있다.

⑩ 흰머리(새치)에 관한 꿈

상징적인 꿈의 표상에서 흰 머리카락은 골칫거리나 근심과 고통거리 등을 상징한다. 이러한 흰머리는 뽑아내는 꿈은 방해자를 제거하거나, 근심·걱정이나 골칫거리 등을 해결하거나 처리하는 행위로 이루어진다.

⑪ 반백이 된 머리를 거울에 비쳐 보는 꿈

객지에 있는 동기 또는 아는 사람이 곤경에 빠지게 된다.

⑫ 머리가 흰 사람들이 둘러앉아 음식을 먹는 것을 보는 꿈

어떤 직무에 어려움을 느끼고 큰 고통을 느끼는 사람들을 대하게 된다.

⑬ 총각이나 댕기를 한 머리를 보는 꿈

총각이나 댕기를 드린 처녀의 긴 머리채를 보는 꿈은 고집이 세고 정열적이며 패기만만한 사람과 관련을 맺게 된다.

⑭ 상투를 한 노인을 보는 꿈

상투를 한 노인을 보면, 완고하고 고집이 세며 좀처럼 자기 의견에 동조하지 않을 사람과 관련을 맺게 된다.

⑮ 민속의 신체(머리털) 꿈

민속으로 전하는 것이니, 참고로만 알아두시기 바란다.

– 꿈에 머리를 끊고 다니면 큰 기쁨이 생긴다.

– 꿈에 머리를 빗고, 얼굴을 씻어 보면 백 가지 근심이 다 사라진다.

– 꿈에 머리를 빗으면 근심이 없어진다(재수가 있다).

– 꿈에 머리를 헤쳐 얼굴이 머리에 가리면 이별이 있다.

– 꿈에 머리털과 수염이 빠지면 자손에게 근심이 있다.

– 꿈에 머리털을 깎으면 집안이 불길하다.

– 꿈에 머리털이 눈썹과 가지런하면 관록을 먹는다.

– 꿈에 머리털이 많이 나면 자손에게 좋다.

≪머리카락이 빠지는 꿈≫

사실적인 꿈이라면, 실제 꿈속의 일처럼 머리카락이 빠지는 일로 실현된다. 하지만 상징적인 꿈에서 머리카락은 협조자·수명·인품·자만심·근심거리·흉계 등의 일을 상징하고 있다.

여인의 미(美) 가운데 하나가 탐스럽고 아름다운 머리카락에 있다. 따라서 여자나 남자나 머리카락이 빠지는 꿈은 이빨이 빠지는 꿈과 같은 흉몽 중의 하나이다. 일반적으로 머리카락이 빠지는 것은 누군가와의 결별이나 우환·사고 등으로 이루어지는 안 좋은 꿈이다. 처한 상황에 따라, 자신의 명예나 협조세력·능력·권리 등이 저하·감소·훼손·상실 등을 의미할 수도 있다. 또한 머리카락이 빠지는 꿈과 마찬가지로, 머리카락을 강제로 깎이는 꿈도 좋지 않다.

(1) 실증사례

① 머리카락이 빠지는 꿈 → 근심과 걱정을 하다.

　　한 7년 전쯤 제가 부모님과 떨어져 살 때였습니다. 꿈에 아빠가 근심이 가득한 얼굴로 나타났는데, 머리카락이 막 빠지는 거예요. 잠이 깬 후 집에 무슨 일 있나 싶어 전화를 했더니, 엄마는 아무 일도 없다고 해서 마음을 놓았었는데, 2년쯤 후에 엄마가 사실은 그 때 아빠가 주변 사람 때문에 속병이 들었던 시기였다고 합니다. 아마 돈 문제였던 것 같아요.

② 미용사가 머리를 삐뚤삐뚤하게 자른 꿈 → 잘못된 행동이나 부조화 상태

　　미용사가 머리를 삐뚤삐뚤하게 자르기에 미용사의 따귀를 갈기면서 욕설을 하는 꿈이었다. 현실에서는 저녁에 회식을 하던 중 ○○○ 씨가 기분을 상하게 하는 것이다. 그동안 참아왔던 감정들을 회식자리에서 열을 내면서 싸우다가, 커피숍에서 1시간을 이야기하다 헤어졌다.

이처럼 어떠한 일처리에 있어 잘못하거나 부조화 상태에 있는 것을 추궁하는 일로 실현될 수 있겠다.

③ 흰 머리카락이 머리에 듬성듬성 자라나는 꿈 → 로또 1등 당첨

부산에서 홀어머니를 모시고 사는 A 씨는 흰 머리카락이 듬성듬성 자라나는 꿈을 꾼 뒤 길몽이라 생각하고 로또를 구입한바, 당첨되는 일로 실현되었다.

(2) 상담사례

① 머리를 자르는 꿈

　　요즘 꿈을 많이 꾸는 거 같네요. 어젯밤엔 미장원에서 머리를 자르는 꿈을 꾸었습니다. 별로 좋은 꿈인 것 같진 않네요.

검색에서 '머리카락, 머리'를 해 보세요. 여성의 미는 긴 머리카락에 있죠. 탐스러운 머리카락이 잘려나갔으니, 안 좋은 꿈입니다. 자르고 나서 상쾌하고 기분이 좋았다면 모르지만, 머리카락이나 수염 등이 깎이는 꿈은 별로 좋지 않습니다. 강제로 머리를 잘리는 꿈이었다면, 재물의 손실, 누군가의 죽음, 자신의 추구하는 일의 좌절 등 머리카락의 상징 표상에 따라 무언가 잃게 되는 일로 실현되지요. 기타 자신의 처한 상황에 따라, 안좋게 일어날 것입니다. 실증적인 사례로는 강제로 머리카락을 잘리는 꿈을 꾸고 어머님이 돌아가신 사례가 있을 정도입니다.

다만, 본인이 스스로 원해서 자르는 꿈이었다고 한다면, 어떠한 일을 새롭게 시작하거나 애인이나 어떠한 대상과의 관계를 정리하는 일로 실현될 가능성이 높습니다.

② 머리카락이 한 움큼 빠지는 꿈

제가 머리를 감고서 머리를 말리기 위해, 머리카락을 매만지면서 쓰다듬고 있는데, 제 손에 머리카락이 한 움큼 빠지는 거예요. 또다시 쓰다듬으니까, 다시 한 움큼 빠지더라고요. 저는 놀라서 앞에 계신 엄마보고, "어머! 이 머리카락 빠지는 것 봐!"라고 말했어요. 그리고서는 깼지요. 불길하더라고요.

자신의 처한 상황을 적으세요. 그러면 더 올바른 추정에 상세한 답변이 있을 것입니다. 상징적인 미래 예지 꿈으로 100% 실현되는 꿈입니다. 꿈의 표상은 걱정하신 대로 아주 안 좋고요. 머리카락이 빠지는 꿈은 이빨이 빠지는 꿈보다는 강도가 약하지만, 역시 재물의 손실이나 욕된 수모를 당하든지, 기타 아주 안 좋은 일로 실현될 것입니다. 꿈으로 알려주는 이유는 안 좋은 일에 대해서 마음의 준비를 하라는 것으로 받아들이시면 됩니다.

그러면 안 좋은 일이 일어났을 때, 당황하지 않게 일을 처리할 수 있을 것입니다. 안 좋은 결과로서의 실현 자체를 피할 수 없지만, 삼가고 조심하게 함으로써 최악의 상황을 피하는 것이 가능합니다. 비유하면 자동차에 치일 것을 자전거에 치이게 되는 상황으로 바꿀 수 있을지 모릅니다. 행동을 조신(操身)하고 마음을 겸허하게 하세요. 누가 뭐래도 자숙, 신중한 태도, 조심 또 조심해서 장차 다가올 화(禍)를 최소화하시기 바랍니다.

≪이(이빨)≫

이빨은 가족, 일가친척(애인), 직원·관청 직원·권력·방도·조직·거세·생리 등을 상징한다.

① 자기 이빨이 검거나 누렇게 때가 묻어 있는 꿈

집안이나 사업에 근심이나 걱정이 생긴다.

② 어린이의 이빨이 다시 나는 것을 보는 꿈

소원의 성취나 사업의 융성을 가져온다. 또한 사람의 상징인 경우, 인적 자원이나 식구가 늘어난다.

③ 덧니가 생긴 것을 거울에 비춰보는 꿈

민속의 꿈으로, 첩 또는 간부(애인)가 생기게 되거나 동업자가 생긴다.

④ 의치를 하는 꿈

양자·의형제·직원 등을 새롭게 맞아 불러들이는 일로 실현된다. 또한 기존의 일거리 대상 대신에 마음에 드는 일거리나 대상을 새롭게 얻게 되는 일로 실현된다. 이 경우, 얻은 의치가 황금빛으로 빛나는 꿈은 마음에 흡족하고 뛰어나고 훌륭한 사람이나 대상을 얻는 일로 이루어진다.

⑤ 이빨의 상당 부분이 빠져서 의치를 해 넣는 꿈

사장의 경우 이빨로 표상된 상당수의 직원을 임시직이나 대리인들로 교체하거나, 기존의 망가진 시설물을 새롭게 하는 일로 실현된다.

⑥ 어떠한 동물이나 대상에서 이빨을 고치는 약을 구하는 꿈

어느 기관이나 단체에서 협조적인 지원을 얻게 되거나, 어려운 여건에서 생활에 필요한 돈이 생기거나 경품권 같은 물질적인 지원을 얻게 된다.

⑦ 이빨로 사람이나 동물을 물었다가 놓는 꿈

사람이나 동물로 상징된 상대방이 이쪽의 감화를 받게 하거나, 심리적 타격을 가하거나, 막대한 영향을 끼치게 된다. 반면에 상대방에게 물리는 꿈은 상대방으로부터 제약을 받거나 종속적인 계약이나 유대관계를 맺게 된다.

⑧ 사람이나 짐승의 고기를 이빨로 뜯어먹는 꿈

고기로 상징된 어떤 작품이나 일거리·대상에서 성취를 이루거나 이해하고 체득할 일을 뜻한다. 이 경우 맛있게 먹는 꿈일수록 좋은 결과로 이루어진다. 고기를 이빨로 물고 있는 꿈은 고기로 상징되는 어떤 연구 대상물을 연구하거나 감상·평가할 일이 있게 된다. 성경 다니엘서에 사람의 갈빗대 세 개를 곰이 입에 물고 있었던 꿈은 성경 원문 중에서 중요한 예언의 골자 셋을 그 책에서 발췌하여 세상에 공개 발표할 일을 예지한 꿈이었다.(글: 한건덕)

≪이가 빠지는 꿈≫

(1) 이가 빠지는 꿈에 대하여

이빨이 빠지는 꿈은 사람들이 가장 많이 꾸는 꿈으로, 머리카락이 빠지거나 손·팔·다리 등이 잘려나가는 꿈과 더불어 대표적인 신체에 관련된 흉몽에 속한

다. 하지만 이빨이 빠진다고 꼭 누군가가 죽는 것이 아니다. 이빨로 상징된 주변의 누군가가 병들거나, 해고를 당하거나, 사고를 당하거나, 어떠한 대상이나 일거리와의 결별 등의 안 좋은 일로 실현되고 있는 경우도 많다.

이처럼 '이빨'은 가족을 상징하는 것뿐만이 아니라, 회사나 기관·대상의 구성원이나 구성요소의 표상 재료로 등장한다. 이 경우, 입이 가족이나 기관이나 회사를 상징하고, 이빨들은 가족이나 회사의 구성원이나 어떤 일거리나 대상·시설물을 상징하고 있다. 따라서 이빨이 빠지는 꿈이 가족이나 직장 동료 중 누군가 사망이나 감원되는 일로 실현되거나, 일거리에 문제가 발생하거나 회사 내부의 시설물 중 어떤 것이 파손될 일로 실현되고 있다.

마찬가지로 이빨이 녹아내리거나 부러지는 꿈은 가족이나 친지 및 회사 구성원의 죽음이나 질병으로 실현되거나, 하고자 하는 일이나 사업이 좌절되거나 문제 발생으로 실현되고 있다. 이러한 이빨이 빠지는 꿈의 상징적 의미는 여러 사람의 꿈에 좋지 않은 일로 공통되게 실현되고 있다. 다만 사실적인 요소가 있는 경우, 실제로 엿 등을 먹다가 이빨이 빠지는 일이 일어날 수도 있다. 또한 썩은 이빨이 빠지는 꿈 등은 현실에서 고민이나 근심·걱정이 해소되는 일로 좋은 일로 실현되기도 한다. 특이하게는 이빨이 대롱대롱 매달려 빠지기를 바라다가, 마침내 빠지는 꿈을 꾼 사람이 남아있던 즉석식 당첨 복권에서 아슬아슬하게 당첨되는 일로 실현된 사례도 있다. 하지만 이 경우에도 본인이 꿈속에서 빠지기를 바랐기에 좋은 일로 실현된 것이다.

(2) 이가 빠지는 꿈해몽 요약

이빨이 빠지는 꿈은 동기나 친척 또는 자신의 주변에 있는 누군가가 죽거나 병이 들게 되며, 도움을 주는 사람과 결별하게 된다. 사람을 상징하는 경우, 대체로 윗니는 윗사람, 아랫니는 아랫사람, 어금니는 중요한 어른이나 먼 친척, 앞니는 존속 또는 비속, 덧니는 첩이나 애인 또는 사위나 양자가 죽는다.

① 이빨이 빠진 자리에서 피가 나는 꿈

누가 죽거나 퇴직 또는 거세 등으로 재물에 손실이 온다.

② 이빨이 흔들리는 꿈

신원이 위태롭거나 사업과 조직 등에 어려움이 닥쳐와 위태로움을 겪는 일로 실현된다.

③ 이빨이 몽땅 빠져버리는 꿈

회사 내의 조직이나 사업 등을 새롭게 경신할 일이 생기고, 일부만 남으면 가문 또는 사업 등이 몰락한다.

④ 이빨이 부러지는 꿈

재물의 손실이나 교통사고나 질병, 일거리나 대상의 좌절 등과 관계한다.

⑤ 뽑힌 잇새가 마음에 걸려 허전함을 느끼는 꿈

주변의 친지나 친구들과 소원해지거나 고독을 면치 못한다.

⑥ 앓던 이빨이 빠지는 꿈

좋은 꿈이다. 근심이나 걱정이 해소되거나, 질이 나쁜 고용인을 해고하게 되거나, 속을 썩이던 일거리나 대상이 해결된다.

⑦ 상대방의 이빨이 빠져 피가 나는 것을 보는 꿈

다른 사람의 죽음이나 경제적인 몰락·퇴직 등으로 실현된다.

(3) 이가 빠지는 꿈의 실증적인 사례 요약

① 이빨이 빠진 꿈 → 주변 누군가의 죽음이나 부상을 예지

* 윗니·아랫니가 빠지는 꿈을 꾼 후에 남편과 아이가 부상을 당하였다.

* 흔들리지 않는 온전한 이가 빠지는 꿈을 꾼 후에 고종 사촌오빠가 사고로 죽게 되었다.

* 아이의 이가 듬성듬성 나 있는 꿈을 꾼 후에 줄초상을 치르는 일로 실현되다.

아이의 이빨이 빠져 보이는 꿈을 꾸었습니다. 그리고 2~3일 후 아기 아빠의 친구 아버님이 돌아가셨다는 소식을 듣고, 또 일주일 후 제 친할아버지와 큰어머님이 함께 돌아가셨다고 연락을 받았습니다. 시골에서 큰아버지, 큰어머니, 할아버지 세 분이 같이 사셨는데, 장마에 비가 오다 번개에 전봇대 전선이 끊어지면서 전기 감전으로 할아버지와 며느리가 같이 돌아가시고, 큰아버지는 부상만 당하셨습니다. 저는 너무 놀랍고 충격적이었습니다. 이가 빠지는 걸 본 건 아닌데, 이가 듬성듬성 나 있는 꿈을 꾸고서 줄초상을 치렀으니 무서웠습니다.

* 자식이 화상을 입어 병원에 입원하여 간호 중인 어머니가, 아래 어금니가 딱 빠지는 소리에 놀라 깬 꿈은 현실에서는 병원에 중이염 수술을 받기 위해 걸어

들어온 30대 중반 여자가 수술이 잘못되어 불의의 죽음으로 실현되었다.

* 저희 아버지께서 꾸신 꿈인데요. 아버지가 주무시다가 갑자기 일어나시더니, 기분이 안 좋다고 하셨어요. 그래서 왜 그러시냐고 물었더니, 이가 빠지는 꿈을 꾸셨다는 거였어요. 그래서 저희 가족은 조심스럽게 하루를 보냈어요. 그런데 그날 저녁 할아버지가 전화를 하셨는데, 할머니가 돌아가셨다는 거예요.

* 친구들과 기차역을 걸어 다니다가, 철도 위에서 달리는 경주를 하게 되었습니다. 나와 친구들은 팀을 2명씩 나누어 경주를 하기로 하였습니다. 첫 번째로, 나와 다른 팀 친구와 경주를 하는데, 한참 달리다가 발을 헛디뎌 미끄러지고 말았습니다. 넘어졌는데, 이가 아파서 보니, 위에 있는 앞니가 빠지고 말았습니다. 꿈에서 이가 빠져 걱정하다가 잠에서 깨어났습니다. 이가 빠진 꿈을 꾼 며칠 뒤, 그 때 꿈에서 같이 달리기를 하던 친구의 할머니가 화장실에서 나오시다가 갑자기 쓰러지시더니, 돌아가셨다는 소리를 듣게 되었습니다. 이상한 일은 그 할머니가 병 하나 앓지 않으셨던 분이라는 것입니다.

* 이전에 이모가 돌아가시기 3일 전에 꿈을 꾸었습니다. 꿈에 이가 모두 다 빠지면서, 의사한테 "나으려고 하면 얼마나 걸리느냐?"고 물었더니, "치료는 힘들고 1년은 지나야 심적으로 치유가 조금씩 되지 않겠느냐?"고 해서 꿈에서 많이 힘들어했는데, 3일 뒤에 이모가 갑자기 교통사고로 돌아가셨고요. 이모를 엄청 좋아했던 제가 1년쯤이 지나서야, 이모를 생각하던 기억이 조금씩 잊히기 시작했습니다.

② 이빨이 빠지거나 부러지거나 끊어진 꿈 → 죽음이나 질병, 다치게 되는 일로 실현. 상황에 따라 일거리나 대상의 좌절로 실현.

* 이빨들이 우르르 부서진 꿈 → 질병에 걸리다.

윗니·아랫니 모두가 갑자기 모래가 된 듯 우르르 부서지며 쏟아 뱉는 꿈을 꾼 후에 며칠 뒤 어머니가 병원에 입원하시고, 동생도 몸이 아프게 되었다.

* 윗니가 부러진 꿈 → 할머니의 죽음

윗니가 부러진 꿈을 꾸었어요. 그러면서 꿈속에서는 저의 외할머니가 보이시고---. 그 꿈이 너무 생생했죠. 느낌에 꼭 할머니가 돌아가실 것만 같았고요.(실제로 많이 불안했었지만) 느낌은 별로 좋지 않았지만, 개꿈이려니 생각하고 있는데, 얼마 후에 할머니께서 갑자기 세상을 떠나셔서 놀랐죠.

* 아래 이빨이 부러진 꿈 → 여권 분실

2002년 월드컵이 시작되기 전 막냇동생이 중국으로 가게 되었습니다. 동생은 일주일 정도 일정으로 중국에 갔고, 동생이 중국에 간지 3일 정도 되는 날, 제 꿈에 동생이 보이면서 제 아래 이빨이 반정도 부러진 거예요. 꿈속에서도 기분이 별로 안 좋았지요. 불길한 생각이 들어 동생한테 연락할까 말까 하던 중, 그날 저녁 동생한테 연락이 왔습니다. 중국에서 쇼핑 중 여권을 잃어버렸다고, 그래서 2주 정도 고생 후에 여권을 발행받고 다시 한국으로 올 수 있었습니다.

③ 흔들리는 이빨을 제자리에 놓는 꿈 → 사고나 위태로움을 수습하는 일로 실현

동생을 둔 주부의 꿈이야기로, 아래 어금니가 흔들리는 것을 도로 잡아서 제자리에 놓는 꿈이었다. 며칠 뒤에 대학생인 남동생이 카페에서 술을 먹다가 사소한 일로 시비가 벌어지고, 싸움 끝에 상대방을 크게 다치게 했다. 이에 경찰서로 넘어가고 유치장에 갇혀서 형을 살게 될 즈음에 운 좋게 기소유예로 풀려 나오게 되었다.

④ 이빨이 빠지는 꿈 → 시험 낙방, 불합격, 사업 실패

* 이빨이 모두 빠진 꿈 → 시험 낙방

전날 이빨이 몽땅 힘없이 죄다 빠지는 꿈을 꾸고 나서, 찜찜한 마음으로 발표 장소로 가서 보니 낙방으로 현실화되었다.

* 이빨이 빠져서 입 밖으로 나온 꿈 → 사업 실패

갑자기 입안이 간지러워 뱉어보니, 이빨 전부가 다 빠져 입 밖으로 튀어나왔다. 이 꿈은 사업을 막 시작한 내 친구가 물어온 꿈이야기였다. 친구의 새로운 사업은 길게 가지 못하고, 크게 실패하고 말았다.(글: 운몽)

⑤ 어금니와 앞니 모두가 빠지는 꿈 → 사람과의 결별

어금니와 앞니가 모두 빠지는 꿈을 꾼 다음 날 오후, 사귀던 애인이 전화상으로 절교를 선언하는 일로 실현되었다.

⑥ 아랫니가 빠지는 꿈 → 어떠한 일의 무산

아랫니가 빠지는 꿈을 꾸었는데, 다음 날 동서가 아기를 유산했다는 소식을 듣게 되었다.

⑦ 이빨 전체를 뽑았다 다시 낀 꿈 → 새로운 구조 조정

갑자기 이빨 전체가 빠져 손에 받아 놓았다가 다시 제자리에 끼어 맞추어 놓

앗던 꿈을 꾸었는데, 회사가 기구개편을 단행하였다.

⑧ 이빨을 강제로 빼내는 꿈 → 스스로 취업면접 포기

면접 보러 가기 하루 전날 꿈이다. 이빨을 한 개도 아닌 두 개를 내가 강제로 빼는 것이었다. 그때 갑자기 '아! 떨어졌구나!' 하는 생각이 스쳐 지나갔다. 이빨 빠지는 꿈이 나쁘다는 것은 누구나 아는 사실이지만, 혹시나 하고 이런 것을 감수하고 면접을 보러 갔다. 그런데 하는 일이 내가 생각하는 것과 많이 달랐고, 면접에 붙더라도 '난 이 일을 하지 않겠다'고 생각을 했다. 그런 생각을 하니, 면접도 대충 보는 듯 마는 듯이 하고, 그 회사를 빠져나왔다. 결과는 당연히 낙방이었다. 하지만 기분은 견딜만했다.---madonna, 2006. 06. 20.

이 경우에는 본인이 강제로 이빨을 빼는 꿈이었으니, 합격 하고자 하는 의지가 없이 스스로 포기하는 면접으로 진행되었을 것이다.

⑨ 이빨을 강제로 뽑히는 꿈 → 타의에 의한 일거리·대상의 좌절

신문의 연재가 타의에 의해 중단될 것을 예지한 필자의 꿈 사례이다. 1998년도 여름 무렵에 꿈속에서 어딘가에 갔는데, 장면이 바뀌면서 강제로 치과의자 같은데 앉히고는 양팔을 붙잡아 꼼짝 못 하게 하더니, 강제로 필자의 어금니를 뽑는 것이었다. 필자는 뽑히지 않으려고 애를 썼으나, 불가항력적으로 이빨이 뽑힌 것이었다. 이어 장면이 바뀌더니, 거울에 이빨이 빠진 흉측한 모습을 스스로 비춰보는 것이었다. 거울에 비친 이빨이 빠진 얼굴 모습은 정말로 보기 흉할 정도였다.

그 후 한 달이 다 되어갈 무렵, 뜻밖의 스포츠 신문 연재물의 강제적인 중단으로 실현되었는바, 무엇보다도 실증적인 꿈 사례에 대한 자료수집의 소중한 기회를 잃은 것을 안타까워했다. 커다란 어금니가 강제로 뽑히는 꿈이었으니, 어금니로 표상된 어떠한 큰 영향력을 지닌 것과의 사별·결별이 예지된 꿈이었다. 또한 이렇게 꿈으로 예지해줌으로써 장차 일어날 뜻밖의 현실에 대해 운명적으로 받아들이도록 마음의 정리를 하게 해 주었던 것이다. 이 경우, 처한 상황에 따라 강제적인 죽음으로 실현될 수도 있다.

⑩ 이가 모두 다 빠지는 꿈 → 애정의 대상과의 결별

이가 모두 다 빠지는 꿈을 꾼 다음 날, 자신이 키우던 토끼 새끼 9마리가 죽었다.

⑪ 아랫니 세 개가 동시에 빠지는 꿈 → 자동차에 고장이 나다.

아랫니 세 개가 동시에 빠지는 꿈을 꾸었다. 그 다음 날 기분이 몹시 찜찜했었는데, 회사 일로 차를 타고 가는 도중에 차의 냉각수가 떨어져 연기가 나는 일이 생겼다. 큰 사고는 아니었지만 몹시 놀랐다. 차에서 갑자기 타는 냄새가 나고 연기가 나서, 큰 사고라도 터진 줄 알았지만, 지나가던 사람들의 도움으로 무사히 회사 일을 끝마칠 수 있었다.

⑫ 이빨이 빠지려고 대롱거려, 빠지기를 바라다가 마침내 빠졌던 꿈 → 즉석식 복권으로 당첨되다.

특이한 사례로 여러 사람이 돈을 모아 산 즉석식 복권에서 한 사람이 당첨되자, 쌓여있던 즉석식 복권의 나머지 한 장에서 당첨이 나오기로 되어 있던 상황에서 남아있던 즉석식 복권을 서로 나눠 갖고 화장실로 들어가서 확인한 결과, 지난밤 꿈에 이빨이 빠지기를 바랐던 사람이 즉석식 복권에 당첨되는 일로 실현되었다.

⑬ 이빨이 빠지는 꿈 → 사실적인 꿈으로 실현될 수도 있다.

이빨이 빠지는 꿈을 꾼 다음 날 실제로 옥수수엿을 먹다가 이빨이 빠지게 됐다. 이는 사실적인 미래투시의 꿈으로 실현된 경우이다.

⑭ 이빨이 빠지는 꿈 → 고민 해결

독자의 체험 사례이다. 박사님이 꿈해몽은 자기 자신이 가장 잘 할 수 있다고 하신 것, 저도 동감하는 부분이에요. 똑같은 이빨 빠지는 꿈을 꾸고도 전 무척 개운하다 느꼈었고, 이모는 왠지 불길하다고 느낀 적이 있었는데, 제게는 고민 중이었던 문제가 잘 해결되는 현실로, 이모에게는 시어머니가 돌아가시는 현실로 나타나더군요.

⑮ 이빨 빠지는 꿈의 다양한 체험담

나는 이빨이 빠지는 꿈을 자주 꾼다. 그래서인지 이빨 꿈을 꾸고 일어난 일을 되짚어보니, 다음과 같았다.(글: SuZi-허니)

＊앞니 두 개가 빠지는 꿈→자기 전에 이를 안 닦고 잤다.

＊어금니가 빠지는 꿈→그런 날은 고기를 먹을 기회가 없다.

＊이빨 전체가 흔들리고 빠질 것 같은 꿈→그런 날은 유난히 바쁘다.

재미있는 꿈체험담으로 일리 있는 말들이다. 이빨 꿈이 반드시 주변 누군가의 죽음으로 이루어지지는 않고, 이처럼 다양하게 실현되고 있다.

⑯ 황제의 이빨을 두 개 받는 꿈(외국의 사례)

코린토스의 크리시포스는 황제의 이빨을 두 개 받았는데, 황제 앞에서 재판을 받으며 두 개의 칙령 때문에, 하루 만에 소송에서 이겼다.(글: 아르테미도로스, 『꿈의 열쇠』)

(4) 이가 빠진 꿈에 대한 상담 사례

① 이빨이 모두 빠지고 피가 많이 흐른 꿈

전 남편과 별거 중이고, 아이와 둘이 살고 있는 회사원입니다. 어젯밤 꿈을 꾸었는데, 이빨이 몽땅 빠지고 그 자리에서 피가 철철 흘러서 너무나 끔찍한 꿈이었습니다. 꿈이 너무 끔찍해서 기분이 좋지 않습니다.

솔직한 의견으로 안 좋은 꿈이네요. 일반적으로 이빨이 빠지는 꿈은 거의 대부분 흉몽이지요. 썩은 이빨이 빠진 것을 제외하고, 대부분 누군가의 죽음·질병·결별·좌절·실패·실연 등을 상징합니다. 현재로서는 사업이나 일거리·대상에서의 좌절 가능성이 높지만, 다른 가능성도 무시할 수 없네요. 피가 철철 흐르는 것도 재물의 막대한 손실 등 피로 표상된 소중한 것을 잃게 되는 것을 의미한다고 볼 수 있습니다. 상징적인 미래 예지 꿈이므로 꿈의 실현 자체를 막거나 벗어날 수 없을 것입니다. 장차 다가올 일에 대한 마음의 준비를 해서 슬기롭게 극복하시기 바랍니다.

② 치과에서 이빨을 뺀 꿈

빼는 건 아니고 뺀 상태였는데요. 치과 진찰실 의자에 앉아서 이빨을 벌리고 있는데, 어금니를 제외한 이빨 중 윗니 몇 개, 아랫니 몇 개가 드문드문 빠져있는 상태입니다. 근데 기분은 나쁘지 않고 개운합니다. 앓던 이를 뺀 느낌이랄까? 시원합니다.

자신의 처한 상황이 없는 경우, 올바른 해몽이 되지 않을 수 있습니다. 이빨이 빠지는 꿈과 뺀 꿈은 다릅니다. 보통 이빨 빠지는 꿈이 좋지 않으나, 예외는 있지요. 다행스러운 꿈으로 보입니다. 썩은 이빨을 빼는 꿈은 근심·걱정의 해소를 뜻하지요. 스스로 이빨을 빼는 표상은 이빨로 표상된 어떤 사람이나 일거리·대상을 스스로 정리하는 일로 실현될 가능성이 높고요. 무엇보다 꿈속에서 빼고 나서, 개운하고 시원한 느낌을 받았다는 것이 중요합니다. 현실에서도 시원하고 깨끗한 마무리 등으로 이루어질 것입니다. 지금 하는 일을 시원스럽게 정리하는 것

제Ⅵ장 주제별 꿈해몽

3 인체 관련 꿈

도 가능한 일이겠지요. 어금니를 제외한 이빨이라고 했으니, 어금니로 표상된 근간이 되는 것은 변동이 없고요. 윗니·아랫니 등으로 미루어, 한 가지가 아닌 복수의 개념이 적용되는 꿈입니다.

③ 아주 낡고 악취가 심한 이빨을 뱉어낸 꿈

　　꿈에서 갑자기 제가 무언가를 뱉어냈는데 이빨이었습니다. 자세히 보니 치과에서 만들어 넣은 이빨이었습니다. 그런데 그 쇠 이빨이 절반으로 갈라져 벌어져 있었고, 색깔이며 냄새가 이만저만이 아니었습니다. 꿈에선 뭔지 모르게 기분이 아주 좋았습니다. 꿈이 너무나 생생합니다. 이빨이 빠지면 누가 죽는다고들 하던데요? 해몽 좀 해주세요.

　처한 상황이 없는 경우, 올바른 해몽이 되지 않을 수 있습니다. 이빨 빠짐의 꿈이 반드시 죽음을 예지하지는 않습니다. 보통은 이빨 빠지는 꿈이 안 좋지요. 하지만 이 꿈의 결과는 나쁜 일로 실현되지는 않을 것입니다. 썩은 이빨을 뱉어내는 꿈이었으니까요. 꿈속에서 기분이 좋았던 느낌도 그렇고요. 아마도 오랫동안 속을 썩이던 사람이 떨어져 나가거나, 번거롭고 귀찮은 일이나 대상에 대한 어떤 문제가 해결될 것이고요. 치과에서 해 넣은 이빨 표상이었으니, 본래부터 있던 것이라기보다 나중에 자신의 영역에 들어온 일거리·대상이거나 부정한 사람과 결별하고 정리하는 일로 실현될 듯하네요.

④ 강아지 이빨이 빠진 꿈

　　우리 집 강아지가 저를 깨물면서 장난을 치고 있는데요. 장난으로 제가 강아지 입에 손을 넣다가 뺐는데, 커다란 송곳니가 손이랑 같이 쑥 빠져 나오는 거예요. 그래서 깜짝 놀랐죠. 그러다가 깼어요.

　강아지 이빨이지만, 사람의 이빨과 상징적 의미는 유사합니다. 강아지는 강아지가 아닌, 강아지로 표상된 애착을 지닌 어떤 대상이나 일거리, 또는 사람을 상징하지요. 이빨이 빠져 나오는 꿈은 상징적으로 좋지 않습니다. 이빨로 표상된 어떤 대상의 좌절, 어긋남, 실패를 상징하는 것입니다.

⑤ 송곳니 주위의 이빨이 빠진 꿈

　　저는 32살의 인터넷 사업가입니다. 얼마 전 꿈에 껌을 씹다가 우두둑 소리가 나서 껌을 뱉어 보니, 옥수수 알갱이 모양의 이빨이 뿌리를 제외한 부분이 껌에 달라붙어 있었습니다. 그건 윗니 중 어금니 방향으로 송곳니 옆의 이빨이었습니다.

　솔직한 의견으로 안 좋은 꿈이네요. 일반적으로 이빨이 빠지는 꿈은 대부분 흉몽이지요. 썩은 이빨이 빠진 것을 제외하고, 대부분 누군가의 죽음이나 질병·결별·좌절·실패·실연 등을 상징합니다. 현재로서는 사업 일부분의 좌절 가능성이 높지만, 다른 가능성도 무시할 수 없네요. 어금니는 비중이 있는 웃어른이나 그만한 역량의 대상이나 사람을 상징하죠. 그러니 송곳니 옆의 이빨로 상징될 만한 사람을 추정해보세요. 안 좋은 꿈일수록 답변하기 더 어렵네요. 이러한 경우 생생하지 않은 꿈일수록, 그나마 다행입니다. 생생할수록 파괴력이 커지기 때문이죠.

⑥ 이빨이 부러지고 턱이 빠진 꿈

이빨이 모두 빠지고 부서지고, 잇몸에는 썩은 이가 몇 개 있고, 턱이 빠져서 위쪽으로 계속 올라가고, 머리가 짓누르는 것 같은 압박을 받았습니다. 병원에 가려고 택시를 잡으려다 차를 얻어 타고 병원에 가는 길이었는데, 기억이 잘 나지 않습니다. 부서진 이도 손으로 빼 보고, 이가 연결된 틀니 같은 것도 보고, 하여간 나쁜 기분으로 턱으로부터 압력을 받았습니다.

꿈으로 보아, 누군가의 죽음이라기보다 본인 자신의 신체적인 이상이나 본인 자신의 추구하는 어떤 일거리·대상에서 좌절·실패 커다란 손실을 보는 것 등을 생각할 수 있습니다. 병원으로 표상된 커다란 기관·단체 등에 도움을 얻고자 하는 것으로 보이고요.

이빨이 부러지는 것은 어긋남·중도포기 등의 표상이고, 빠지는 것은 실패·좌절의 표상이죠. 턱으로부터 압력을 받는 것처럼 이빨로 표상된 어떤 대상, 일거리 등과 좌절·결별을 할 것으로 보입니다. 이빨로 표상된 회사 기구 내의 조직원·회사원 등의 결별, 실직, 중도 포기 등의 표상도 가능하지요. 상징적인 미래 예지 꿈이므로 꿈의 실현 자체를 없게 할 수는 없습니다. 하지만 닥쳐올 안 좋은 일을 최소화하는 것은 필요하지요. 삼가고 조신(操身)하세요.

⑦ 여자친구와 같이 꾼 이빨이 깨지는 꿈

여자 친구와 비슷한 꿈을 꾸었는데요. 꿈 내용이 불길해서요. 꿈 내용은 가운데 아래 이빨 한쪽 부분이 깨지는 꿈이었습니다. 우연히도 여자 친구와 같은 꿈을 꾸니, 불길한 기분이 들어서 집에 전화도 해보았는데, 별일은 없더라고요. 해몽해주시면 감사하겠습니다.

상징적인 미래 예지 꿈이군요. 둘이서 같은 꿈을 꾼 것으로 미루어, 꿈의 실현이 반드시 이루어지는 꿈인 듯싶습니다. 원래 상징적인 미래 예지 꿈의 결과는 피할 수 없지요. 이빨로 표상된 어떤 일거리·대상의 좌절이나 실패, 어그러짐이 있게 되거나, 사람을 상징하는 경우에는 누군가 아주 어려운 일에 빠지게 되거나, 질병일 가능성이 있고, 연인들의 경우 사이가 틀어지는 등 안 좋은 결과를 상징합니다. 상징적인 미래 예지 꿈은 장차 다가올 일에 마음의 준비를 해주는 의의가 있다는 것을 아셨으면 합니다.

⑧ 이빨에서 지네같이 긴 벌레를 잡아낸 꿈

　이빨 사이에 전부터 껴 있다고 느껴져서 꼭 빼내고 싶은 충동에 검은색 충치처럼 느껴지는 것을 이쑤시개로 팠어요. 점점 검은 구멍이 커지면서 나중엔 손으로 빼내었습니다. 그런데 다리가 많이 달린 꼭 지네 같은 것이 이빨 구멍에서 계속 나오더라고요. 꺼내면서 상처도 많이 입었는데 거의 빼내었을 때 꿈에서 깼어요.

이빨에서 지네같이 긴 벌레를 잡아 꺼내는 표상이 아주 좋습니다. 오래 묵은 골칫거리나 근심거리 등이 해결될 것으로 보입니다. 벌레가 근심·걱정이나 병마의 상징 표상으로 많이 등장하기도 합니다. 그러한 것을 빼내고 제거하는 것은 아주 좋은 꿈이지요. 상처를 입는 것이 그러한 과정에서 손실을 보게 되거나 저항이 만만치 않음을 보여줄 수도 있습니다. 빼내고 싶은 것을 빼내는 꿈이니, 자기 뜻대로 어떠한 일을 진행하게 될 좋은 꿈이고, 반드시 이루어질 것입니다.

⑨ 이빨 중 하나가 썩어 뽑아내는 꿈

　이빨 중 하나가 썩어 제가 뽑는 꿈을 꾸었는데, 이게 무슨 의미가 있는 것일까요?

사람들이 꾸는 꿈 가운데 가장 흔하고 많은 것이 이빨 빠지는 꿈이지요. 보통은 나쁘지만 이 경우의 꿈은 다르게 실현될 것이네요. 자신의 처한 상황이 없기에, 정확한 추정은 불가합니다. 썩어 있던 이빨을 뽑는 꿈이었다면, 회사 사장인 경우 종업원 중에 한 사람이 속을 썩이게 되어, 해고하는 현실로 실현될 것입니다. 일반적으로는 어떠한 대상이나 일거리와의 결별, 근심이나 걱정의 해소가 이루어질 것입니다.

⑩ 이빨이 다 빠지고 새로 난 꿈

　꿈을 꿨는데 아랫니 하나가 흔들거려서 혀로 밀어냈더니, 그냥 툭 빠져버렸어요. 빠진 이를 보니까 썩어있었어요. 그런데 빠진 이 옆에 이가 또 흔들거려, 혀로 밀어내니 그냥 빠졌어요. 계속 빠지더니 앞니 위아래가 다 빠져버렸어요. 이빨이 빠진 자리에는 아기 이빨처럼 새 이빨이 조금씩 나는 것 같았어요. 답변 부탁드려요.

이빨의 상징이 무엇을 뜻하는가에 따라 달라집니다. 그래도 다행인 것 같네요. 꿈 내용을 읽어보니 크게 걱정을 하지 않으셔도 될 것 같네요. 보통 이빨이 빠지는 꿈이 이빨로 표상된 주변에 누군가의 죽음, 질병, 실패나 좌절 등 안 좋은 일로 이루어지지요.

하지만 위의 꿈에서처럼 빠진 이가 썩은 이라면, 하찮고 안 좋은 일들이 정리되거나, 대단치 않던 것과의 정리 및 결별이 이루어질 것으로 보이네요. 이빨이 빠진 자리에 새로운 이가 나는 것처럼, 이제 새롭게 사람을 얻게 되거나, 어떤 일거리·대상이 일어나게 될 것이고요. 전체적으로 썩은 이가 빠진 꿈이니, 큰 걱정 하지 않아도 될 듯합니다.

⑪ 이가 빠진 자리가 큰 꿈

어젯밤의 꿈에 제 아랫니 오른쪽 송곳니 자리에 있던 이가 빠졌어요. 아프거나 하지는 않았어요. 그중에 빠진 이가 바닥에 굴렀는데, 이가 크고 진주처럼 빛이 나더라고요. 빠진 자리 역시 그 자리가 엄청 크고요. 꿈에서 속으로 이가 빠지면 안 좋은 징조라고 하는데 하며 걱정하고, 다시 틀니를 해서 박으면 될 것으로 생각하며, 안심 반 걱정 반 이러면서 꿈에서 깨어났어요. 혹시 우리 가족에게 별일이 생기는 것은 아닌지 걱정되네요.

이빨이 빠지는 꿈이 워낙 다양하게 이루어지지요. 꿈 내용으로 미루어, 누군가의 죽음을 예지하는 일로는 일어나지 않을 것으로 보이네요. 이빨로 상징된 그 무언가에 좌절·결별이나 어긋남이 있음을 예지하죠. 하지만 다행인 것은 다시 틀니를 하면 된다라고 생각한 점이지요. 꿈속의 생각도 다 의미가 있는 것이기 때문이죠. 빠진 이가 크고, 빠진 자리 역시 큰 것으로 미루어보아 비교적 파괴력 있는 중요한 그 무엇에 손실, 어긋남, 실패로 이루어질지도 모릅니다. 하지만 새로운 틀니로 대체하듯이, 어떠한 한때의 어려움이 있을지라도, 그것을 극복하게 될 것입니다.

⑫ 아버지의 이를 뽑아 먹는 꿈

아버지와 같이 밥을 먹다가, 제가 아버지의 누런 아랫니 2개를 뽑아, 미역국에 말아서 씹어 먹었습니다. 이빨을 먹으면서 찜찜하단 느낌이 들었는데요. 정말 기분이 좋지 않습니다.

상징적인 미래 예지 꿈입니다. 아버지이거나 아버지로 표상된 윗사람, 예를 들어 회사 사장과 같이 일을 추진하다가, 스스로 나서서 내키지 않는 어떤 두 개의 영역을 떠맡아 처리하는 일로 이루어질지 모릅니다. 먹을 때 안 좋은 기분처럼, 어떠한 일의 진행에 마지못해 하게 될지 모릅니다.

⑬ 빠진 이빨을 돌려받는 꿈

　　박물관 같은 곳에서 한 여자가 제게 "너를 믿으니까 돌려주는 거야."라고 말하며, 저의 윗앞니 두 개를 무언가로 깨끗이 닦아서 돌려주었습니다. 그 이빨 두 개는 함께 나란히 하나로 붙어 있었습니다. 사용하던 이빨이라서 그런지 약간 누렇긴 했지만, 나름대로 깔끔했습니다. 전 기분이 좋아서 제 이빨을 돌려받았습니다. 하지만 이빨을 돌려받으면서, 그 여자에게 제가 무언가를 빚지고 있었다고 느꼈습니다.

이빨 꿈이 반드시 누군가의 죽음이나 질병으로 이루어지지는 않습니다. 처한 상황에 따라 이빨의 상징적 의미가 다르죠. 여기에서 죽음이나 좌절·질병의 상징으로 등장하지 않은 것만은 틀림이 없습니다. 이빨이 어떤 조직이나 단체의 구성원, 사람이나 대상, 영역의 상징도 가능하지요.

무언가 일시 손실, 어려움에 있다가 다시 회복되는 일로 이루어질 것으로 생각됩니다. 이빨 두 개이므로 두 가지, 두 대상이 될 것으로 보입니다. 자신의 두 가지 이권이나 권리 등이 담보 등으로 잡혀 있다가 회복되는 것도 가능하고요. 이빨은 가족, 일가친척, 직원, 권력, 방도, 조직, 거세, 생리 등을 상징하므로 자신의 어떤 방도·능력에서 제한이 있다가, 그러한 것을 다시 인정을 받을 것입니다. 이빨을 돌려받으면서 무언가를 빚지고 있었다고 생각한 것도 중요하지요. 도움이나 해결책을 얻는 데 있어, 신세를 지게 되는 일로 일어날 것입니다.

≪목·목구멍≫

목은 사업체의 연접부이며, 생명선·분할점·거래처·위탁소·공급처·언론기관 등을 상징한다.

① 목의 때를 씻는 꿈

어떤 누명을 벗게 된다. 근심이나 걱정이 해소되는 일로 이루어진다.

② 목구멍에 무엇이 걸려 내뱉을 수 없는 꿈

뇌물을 먹고 양심의 가책을 받거나 청탁한 일이 잘 추진되지 않는다.

③ 상대방의 목을 치는 꿈

뇌물을 받아먹은 사람의 죄상을 묻게 된다. 상대방에 대한 압력·제재·굴복을 강요하는 일로 이루어진다.

④ 목을 졸리는 꿈

잠자리의 불편함을 호소하거나, 장차 자기 일이 방해를 받아 중지될 것을 예지한다.

⑤ 목덜미를 잡히는 꿈

목덜미를 잡히는 꿈은 남에게 자유를 구속받거나, 죄상을 사직 당국에서 심문받게 된다.

⑥ 목말을 타는 꿈

상대방이 목말을 타는 꿈은 남의 억제를 받게 되고, 자기가 상대방의 목말을 타는 꿈은 추대를 받아 지위가 높아진다.

⑦ 목에서 가래를 토해 내는 꿈

오랫동안의 숙원이 달성되고 해결된다.

⑧ 목소리가 나오지 않는 꿈

언론·광고·명령 등이 뜻대로 되지 않아, 고통을 받게 된다. 또한, 자신의 의견 제시나 발표 등이 원활하게 이루어지지 않게 된다.

≪어깨≫

어깨는 세력권·영토·책임 부서·지위·권력·능력 등을 상징하고 있다.

① 어깨에 짐을 지는 꿈

어떤 일을 책임지거나 고통을 받는다.

② 어깨에서 날개가 나는 꿈

권리를 얻거나 출세하고, 사업상 유리한 방도가 주어진다.

③ 축구를 하다가 떨어져 어깨를 다치는 꿈(실증사례) → 교통사고로 어깨를 부상당하다.

축구 시합 중에 누군가가 발을 걸어 하늘 위로 붕 솟았다가 떨어져 왼쪽 어깨를 다치는 꿈이었다. 그 다음 날 학교에서 돌아오다가 택시에 받혀서 꿈속에서처럼 왼쪽 어깨를 다쳐 수술하게 되었다. 사실적인 요소와 상징적인 요소가 함께 반영된 꿈이다.

④ 고종황제 양어깨에 해와 별이 붙었던 꿈(실증사례)

해는 일본을 뜻했고 별은 미국을 상징한 것으로, 일본과 미국이 간섭해서 고종 황제에게 정치적 압박을 가하는 일로 실현되었다. 어깨를 무엇인가에 의해서 짓눌리면 세력의 약화를 가져오게 된다.

⑤ 빛나는 금덩이들을 어깨에 짊어진 꿈(외국의 사례)

어떤 사람이 꿈에 번쩍번쩍하는 금 한 무더기를 어깨에 짊어졌다. 그는 황금 빛으로 인해 장님이 되었다. 이는 당연한데, 금빛이 꿈을 꾼 사람의 시력을 어둡게 했던 것이다.(글: 아르테미도로스)

⑥ 어깨 한쪽을 볼 수 없었던 꿈(외국의 사례)

어떤 사람이 꿈에 자기 어깨 한쪽을 보려고 했으나 보지 못했다. 그는 애꾸가 되었다. 그 어깨 쪽에 눈이 없어진 그는 그쪽 어깨를 더는 볼 수 없었던 것이다.(글: 아르테미도로스, 『꿈의 열쇠』)

《가슴》

가슴은 마음·도량·중심·중앙부를 상징한다. 이 밖에도 신분·세력권 등의 일과 관계해서 상징된다.

① 가슴에 훈장을 단 꿈

가슴에 훈장을 달면, 자기의 명예와 공적을 과시할 일이 생긴다.

② 훈장을 단 사진의 꿈

자기 사진에 훈장을 단 것을 보는 꿈은 저자의 경우에 자기 작품에 좋은 평가를 받는다. 사업가의 경우 새로운 제품 등이 선풍적인 인기를 끌게 된다.

③ 가슴을 찌르는 꿈

상대방의 가슴을 무기로 찌르는 꿈은 어떤 일이나 단체 등의 중심부나 생명선에 타격을 주어 일이 성사된다.(글: 한건덕)

④ 등 뒤로 얼싸안는 경우의 꿈

남과 남, 여자와 남자 사이에 상대방을 뒤로 얼싸안는 것은 상대방의 책임을 분담하거나 최대한의 협조를 아끼지 않는다는 약속이고, 그에게 안긴 사람은 그 호의를 받아들이게 된다.(글: 한건덕)

⑤ 괴한이 가슴을 누르는 꿈

괴한이 자기의 가슴을 타고 앉아 괴로운 꿈은 병에 걸리거나 남편 또는 형제에게 불행이 닥친다. 신체의 이상을 나타내주는 꿈이라면 가슴 부분에 어떤 이상이 생기게 된다.

⑥ 가슴에서 나온 밀 이삭을 뽑아낸 꿈(외국의 사례)

어떤 사람이 꿈에 가슴에서 밀 이삭이 나왔는데, 누군가가 와서 마치 그에게 거추장스러운 것인 양, 이삭들을 뽑았다. 그에게는 두 명의 아들이 있었는데, 치명적인 사고로 죽었다. 그들이 들에 있었는데, 한 떼의 강도가 들이닥쳐 죽였다. 이삭은 아이들을 의미했다. 그것을 뽑은 것은 아이들의 죽음을 뜻했다.(글: 아르테미도로스, 『꿈의 열쇠』)

≪유방(乳房)≫

유방은 정신적·물질적인 재원, 사업 기관, 일의 소득 분배와 관계된 상징 부위이다. 유방은 형제자매가 그 젖을 빨아 먹고 자랐기 때문에 꿈에서는 형제자매와 관계된 우애·재산·사업 등의 일과 일반적인 사업체나 자본의 출처를 상징한다. 여성의 꿈에서는 자기 자신이 가지고 있는 정신적·물질적인 재원을 뜻하거나, 자식 또는 인기 작품을 상징하고 있다. 또한 탐스럽고 커다란 유방일수록, 부유하고 넉넉한 여건에 있음을 상징하고 있다.

여인의 유방을 애무하는 꿈은 여인의 탐스러운 유방을 애무해보고 싶은 성적인 욕구가 잠재의식적으로 내재되어 있다면, 평소에 이루어보고 싶었던 바람을 유방을 애무하는 꿈을 통해 해소하고 있는 것이다. 또한 황당하지 않은 전개를 보여주는 꿈이었다면, 실제로 가까운 현실에서 여인의 유방을 애무하는 현실로 실현될 수도 있다.

하지만 우리가 보통 꿈을 해몽한다고 할 때, 일반적으로는 소망표출의 꿈이나 사실적인 미래투시의 꿈이 아닌, 앞으로 일어날 어떤 일을 상징적인 표상의 전개로 보여주는 상징적인 미래 예지 꿈인 경우가 대부분이다. 즉 발전적인 성행위로

③ 인체 관련 꿈

나아가지 아니하고 유방을 애무하는 꿈으로 진행되는 꿈이었다고 한다면, 앞으로 관계하게 될 어떤 대상에서 완전한 몰입이 아닌 탐색에 그치게 되는 일로 실현될 수 있다. 예를 들어 증권 투자를 하려다가 통장만 개설하고 미루게 된다든지, 등산 장비만 사놓고 산행을 멈추게 된다든지 등으로 실현될 가능성이 높은 것이다.

① 유방에서 젖을 먹는 꿈

어떤 사업체나 일거리나 대상으로부터 정신적·물질적인 자원을 얻게 된다. 또한 형제자매의 재산 다툼이나 합의를 보게 되는 일로 이루어진다.

② 여성의 유방이 커 보인 꿈

여성의 유방에 성적 충동이 생기지 않은 채 유난히 커 보이는 꿈은 형제 간에 소식이 있거나 상봉하게 된다.

③ 여인이 내놓은 유방을 옷깃을 여미어 덮어 감싸는 꿈

현실에서 형제자매 간에 보호해 줄 일이 있고, 옷을 헤쳐 유방을 내놓는 것을 보면 형제자매 간에 어려움이 닥치기도 한다.

④ 조각품이나 그림에서 유방이 유난히 두드러졌던 인상적인 꿈

현실에서 멀리 떨어진 형제자매의 소식을 알게 된 사례가 있다. 그러나 이 경우, 성적 충동을 느끼고 성행위로까지 나아가지 못한 경우에는 불쾌한 소식이 오게 된다.

⑤ 유방이 부풀어 커져서 허리에까지 있는 꿈(실증사례)

삼십 대 가정주부에 대해서 꾼 꿈이다. 가슴이 젖소의 유방만큼이나 부풀어서 허리까지 처져 있는 것이다. 두 번째 꿈을 꾸었는데, 그 큰 젖을 먹으려고 어린아이들이 수없이 줄을 서 있는 모습을 볼 수 있었다. 그녀는 전직이 초등학교 교사였는데, 내가 권해서 다시 교사가 되었다. 수많은 어린이들에게 최고의 자양분은 젖을 공급해주는 어머니 같은 교사로서, 일생을 헌신해야 하는 길이 그분의 천직인 것을 꿈의 세계가 보여 준 것이다.(글: 박성몽, 『꿈신비활용』)

⑥ 꿈에 어떤 여인의 젖을 꼬집거나 비비고 주무르는 꿈

꿈에 어떤 여인의 젖을 꼬집거나 비비고 주무르면, 여기에는 성욕이 수반되므로, 형제간에 싸울 일이 있거나 부모에게 욕되게 하는 일로 인해서 불쾌를 체험하게 된다.(글:한건덕)

한건덕 선생님의 말씀은 완전한 성행위까지 나아가지 않아서, 성적인 욕구를 완전히 해소하지 못하고 중도에 애무 정도로 그치는 꿈인 경우에 대한 것이다. 실증사례로, 네댓 살쯤 되는 여자아이가 자기 젖꼭지를 계속 꼬집고 물어뜯고 하는 꿈을 주부가 꾼바, 그날 여자아이로 상징되어 나타난 자기 여동생과 돈 문제로 다툰 사례가 있다.

돈을 줍는 꿈에 관해서도 이와 유사하다. 꿈속에서 적은 돈을 줍는 경우에는 불만족을 느끼므로 안 좋게 실현되는 사례가 많으며, 이와 반대로 엄청난 돈을 얻는 꿈의 경우 좋게 실현되는 편이다.

이러한 경우에는 꿈속에서 발전적인 성행위까지 나아가, 완전한 성적인 만족감을 얻는 꿈이어야 좋다. 그래야 꿈속의 여인으로 나타난 어떤 대상인 주식투자·낚시·노름·사업 등이나, 실제의 사귀게 될 여자와 결합이나 관련이 맺어지는 경우에 흡족하고 좋은 결과가 예상된다.

상징적인 미래 예지 꿈의 경우, 꿈속의 여자가 어떤 여자이냐에 따라서 현실에서의 실현도 상징 표상에 맞게 실현되고 있다. 어린 소녀와 관계하는 꿈이었다고 한다면, 현실에서 관계하게 될 어떠한 대상이나 일거리는 이제 막 시작 단계에 있는 어떠한 것이 될 가능성이 높다. 처녀와 관계하는 꿈 역시 아직까지 어떠한 대상이나 일거리에 있어서 상호 연결이 없던 처녀지나 미개척지 분야와 관련을 맺게 될 가능성이 높다. 마찬가지로 창녀와 관계하는 꿈이었다면, 관련을 맺게 될 어떤 대상이나 사업·일거리 등이 순수하기보다는 능숙하고 대중적이며 상업적인 요소를 띠고 있을 가능성이 높은 것이다.

≪등[背]·뒷모습≫

등은 이면·배경·복종과 순종의 표시나 약점·불의·책임 부서 등의 일과 관계한다. 상대방에게 등을 돌리면 상대방이 시키는 대로 복종함을 상징한다. 자신과 마주 앉았던 사람이 일어나서 집으로 가는 그 뒷모습을 볼 수 있으면, 조만간 그는 자기 뜻에 따라주게 된다. 단지 그가 집 밖으로 나가 사라져 버리면, 그와의 약속은 허사가 되고 만다.

① 상대방이 앉아 있는 뒷모습을 보는 꿈

한동안의 시일이 지난 후에야 자기 일을 도와주게 된다. 아니면 오랜 세월 계속해서 자기와의 관계를 끊지 않는다.

② 걷거나 서고 앉으며 차를 탄 상대방의 뒷모습을 보는 꿈

자기 일이나 의사에 잘 따라 주고 복종할 사람과 상관한다.

③ 상대방의 등에 업히는 꿈

상대방의 등에 업히면, 자기의 수족처럼 일을 잘 처리해 줄 사람을 만난다.

≪배〔腹〕≫

배〔腹〕는 일의 결과, 기관·집·창고·저장소·창의성·욕구충족 등의 일을 상징한다.

① 자신의 배가 아픈 꿈

사업이 성사단계에서 심사받을 일, 뇌물을 받아 양심에 가책받을 일 등과 관계한다.

② 배에 병이 생겨 수술을 받는 꿈

내장에 병이 생겨 진단 치료나 수술을 받는 꿈은 어떤 일을 갱신하고 보완하거나, 당국의 심사나 수정을 의뢰할 일이 생긴다. 사실적인 꿈의 경우에 실제로 병원에 입원하여 수술을 받게 되는 일로 실현될 수 있다.

③ 배를 가르고 창자를 꺼내는 꿈

일의 내용물 또는 주요 부분을 분리·정리하는 일을 감독하게 된다.

④ 임산부를 보는 꿈

새로운 아이디어나 창작물·고민거리 등을 가진 사람이나 사업체 등과 상관하게 된다.

⑤ 상대방이 배 아파하는 꿈

자기 또는 남의 일에 장애가 생기거나, 다그쳐서 추진시켜야 할 일이 생긴다.

⑥ 상대방의 배를 터뜨려 죽이는 꿈

어떤 사업에 마지막 결단을 내려 성사시키거나, 세상에 공개할 일을 예지한다.

⑦ 상대방의 배가 불러 보인 꿈

그가 부유해지거나 어떤 아이디어, 또는 생산적인 일을 가지고 있음을 상징한다.

⑧ 뱃속에서 긴 머리카락을 뽑아내는 꿈(실증사례)

멀리 가 있는 동기가 곧 돌아오는 일로 실현되었다.

⑨ 창자가 빠진 것을 다시 집어넣은 꿈(실증사례)

항문의 대장이 빠져 물에 닦아 다시 집어넣은 꿈은 어느 기관에 청탁한 일의 끝마무리할 일이 있게 될 것으로 실현되었다.

≪엉덩이≫

엉덩이는 배후인·보증인이나, 물건의 밑바닥, 선정적인 일 등을 상징하며, 일반적으로 어떤 일의 하단부와 관계한다.

① 노출된 여성의 엉덩이를 보는 꿈

재수 없는 일을 체험한다. 다만, 이 경우는 단지 보는 행위에서 그쳐, 성적 충동만을 불러오고 성행위로까지 나아가지 못한 경우이다.

② 여자아이의 엉덩이를 때린 꿈(실증사례)

라디오 진공관 밑바닥을 땜질하다 잘못한 것으로 실현된 사례가 있다.

③ 벗은 여자와 관련된 '유방, 엉덩이'를 보는 꿈(실증사례)

어느 회사원의 꿈으로, 이런 모습을 보고 나면 꼭 교통사고가 났다고 하는 사례가 있다.

≪항문≫

항문은 뒷문·배설구·은닉처, 은밀한 거래 등을 상징한다.

① 여성의 뒷부분에 성행위를 하는 꿈

여성의 뒷부분에 성교하는 꿈은 배후 인물·보호자·후견인 등과 어떤 일을 상의하거나 계약·청탁할 일과 관계한다.

② 호모섹스를 하는 꿈

호모섹스를 하는 꿈은 보증인과의 어떤 일을 청탁 또는 계약할 일과 관계한다.

③ 항문에 보석 등을 감추는 꿈

애인·정부 및 기타 재물이나 일을 은닉해 두는 것과 관계한다.

④ 항문에서 피가 흐르는 꿈

사업상 생산품의 매도나 뒷거래에서 손실이 있게 된다.

⑤ 향 가루로 항문을 닦은 꿈(외국의 사례)

어떤 사람이 꿈에 향 가루로 항문을 닦았다. 그는 불경죄로 현장에서 붙잡혔다. 그는 우리가 신들을 기릴 때 사용하는 것에 모욕을 가했던 것이다. 향기는 그가 발각될 것임을 의미했다.(글: 아르테미도로스)

⑥ 항문으로 말하고 먹고 모든 것을 다한 꿈

어떤 사람이 꿈을 꾸었는데, 항문에 입이 달리고 크고 아름다운 이빨도 있었다. 그는 거기로 소리를 냈고, 거기로 먹었으며 통상 입으로 하는 모든 것을 거기로 했다. 그는 경솔한 말을 하여, 자기 나라에서 추방당했다.(글: 아르테미도로스, 『꿈의 열쇠』)

≪손·손가락≫

손으로 하는 행동은 다만 그 행위 자체에만 뜻이 있고, 손에는 아무런 상징적 뜻이 나타나지 않는 경우가 더 많다. 손바닥에서 일어나는 일은 형제 간의 일이나 힘의 작용 등과 관계한다. 오른손을 사용하면 정의·정당한 일·옳은 일·우익 등과 관계하며, 왼손은 불의·죄·부정·좌익 등과 관계한다. 열 손가락을 다 사용하는 꿈은 개인적인 일이나 형제·단체 등 많은 협조자와 더불어 일을 할 경우가 가까웠음을 뜻한다.

(1) 손에 관한 꿈해몽 요약

① 그릇에 담긴 물을 손으로 휘젓는 꿈

형제자매 간의 재물을 얻어쓰게 되고, 손을 들어 거수경례를 하면 단체적인 청원을 하게 된다.

② 자기 손이 넓은 공간을 덮을 만큼 커진 꿈

권세나 사업이 비대해진다.

③ 손을 줍거나 잘라 가지는 꿈

잘린 손을 줍거나 상대방의 손을 잘라 가지는 꿈은 자기 작품 또는 남의 작품을 얻게 된다. 또한 상황에 따라 다른 사람 밑에 있던 사람을 고용하게 된다.

④ 손으로 다른 사람을 부르는 꿈

남을 부르기 위해 멀리 있는 사람을 향해 손을 두어 번 까닥까닥 꺾어 보이면, 그 상대방 사람에게 두 번 소식 전할 일이 있게 된다.

⑤ 죽은 사람이 나타나 손을 까닥거리는 꿈

이미 죽은 사람이 나타나 손을 두어 번 까닥까닥 꺾어 보이는 꿈은 10년(손가락 5개를 두 번) 후에 자기도 고인이 될 수가 있다.

⑥ 손금을 보는 꿈

보통사람이 누군가에 의해서 손금을 보고 어떤 계시적인 말을 들었을 경우, 이는 꿈의 상징 기법의 하나로, 장차의 운세 전망을 해주고 있다. 저자인 경우에는 손금에 관한 계시적인 말이 작품과 관계된 예언일 수가 있다.

⑦ 물건을 훔치는 손을 보는 꿈

물건을 훔치는 손을 보면, 실제로 물건·권리 등을 도둑맞거나 모함을 받는다.

⑧ 손으로 문패를 옮겨 다는 꿈

손으로 문패를 옮겨 다는 것을 보면, 직위·직책·권세 등이 변경된다.

⑨ 손으로 상대방을 때리는 꿈

손으로 상대방을 치면, 형제 또는 단체적인 힘으로 상대방을 공박하거나 어떤 방도에 의해서 억압하게 된다.

⑩ 손목이 잘리는 꿈

손목이 잘려 공중에 떨어지는 꿈은 흉몽이다. 자신을 도와주는 협조자가 죽거나 결별하게 되며, 단체·계 등이 해체되거나 협조세력이 와해된다.

⑪ 손가락이 잘리는 꿈

형제 또는 가까운 사람이 요절하는 일로 실현된다. 그러나 일거리·대상의 상징인 경우, 파손되거나 고장 나는 일로 실현된다.

⑫ 손(팔)에 상처를 입는 꿈

손이나 팔에 상처를 입고 붕대를 감는 꿈은 부하나 협조자, 협조세력·정치세력 등이 이미 쇠퇴해 있거나 큰 손실을 가져왔음을 암시한다.

⑬ 몸에 많은 손과 팔이 있는 꿈

몸에 많은 팔과 손이 있는 것을 보는 꿈은 길몽이다. 많은 부하나 협조자·지원세력이 있으며, 뛰어난 능력을 가진 사람임을 상징적으로 보여주고 있다.

⑭ 손(팔, 손목)이 빠졌다가 다시 맞추는 꿈

아랫사람이나 부하직원, 동업자·협조자와 결별했다가 다시 관련을 맺게 된다.

⑮ 해를 잡았다가 놓는 꿈

두 손으로 해를 잡았다 놓으면 어떠한 세력이나 권세를 잡았다 놓을 일을 예지하기도 한다. 고대 소아시아의 사이루스 대왕은 공중에 있는 해를 두 손으로 두 번을 잡았다 놓은 꿈을 꾸고, 10년씩(손가락 열 개) 두 번을 왕위에 있게 되었다.

(2) 실증사례

① 손가락 네 개가 잘리는 꿈 → 4건의 교통사고

정초에 손가락 네 개가 잘리는 꿈을 꾼 사람이 있었다. 사실적인 꿈으로 이루어지면 실제 그러한 일로 이루어질 수 있지만, 대부분 상징적으로 이루어지고 있다. 현실에서는 그해 자신의 직장에서 유난히 교통사고가 많이 있어, 손가락 네 개처럼 4명의 사람이 교통사고로 숨지는 일로 실현되었다.

② 손가락이 절단된 꿈의 사례 → 휴대폰이 고장 나다.

어느 날 꿈을 꾸었는데, 검지가 뽑혀 나가 버리는 꿈을 꿨습니다. 손가락이 빠져나간 자리엔 녹색 피가 고여 있었습니다. 해몽을 찾아봤더니 모두 흉몽이라며, 이별(결별)하는 일이 일어날 수가 있다고 하는 것이었습니다. 그러나 그 다음 날 휴대폰이 고장 나고, 새로 휴대폰을 맞추게 되었습니다.

새로 산 휴대폰이 녹색이라서, 저는 그제야 꿈해몽을 알게 되었습니다. 빠져나간 손가락은 고장 난 휴대폰이었고, 새로 산 휴대폰은 녹색 피를 상징하고 있었던 것이었습니다.---샨고, 2009. 11. 05.

③ 아주 작은 실뱀이 세 번째 손가락을 물은 꿈 → 셋째 딸이 응급실에 실려 가다.

뱀이 사건·사고의 상징으로 등장한 사례이다. 세 번째 손가락이 셋째 딸로 실현되고 있다.

④ 손가락이 눌려지는 꿈 → 사실적인 꿈으로 실현되다.

가위 비슷한 것인지, 누가 내 손가락을 막 꾹 누르는 꿈을 꾸었어요. 한 달 후에 친구랑 놀다가 손가락이 꺾여서, 너무 아파 병원 가는 일로 실현되었어요.

⑤ 물이 꽁꽁 말라버린 못에서 큰 뱀 한 마리가 고개를 쳐들고, 나의 엄지손가락과 집

게손가락 가운데를 물어 살이 찢겼는데 피가 나지 않았던 꿈

현실에서는 조카가 교통사고로 목숨을 잃게 되는 일이 일어나게 되었다.

⑥ 손을 낫으로 베는 꿈 → 손자가 넘어지면서 다리를 다치게 되다.

할아버지의 꿈에 먼저 죽은 할머니가 나타나, 할아버지 손을 낫으로 베는 꿈으로 그 다음 날 손자가 넘어지면서 다리를 다치게 되었다.

이처럼 꿈속에서는 바꿔놓기가 이루어지는바, 꿈속에 나타난 인물 그대로가 아닌, 다른 사람에게 실현되는 일이 상당수 있다. 즉 꿈속의 인물은 상징 표상이지, 현실의 인물이 아닌 것이다. 또한, 꿈의 실현이 아직 이루어지지 않았을 수도 있다. 할아버지에게 손에 해당하는 인물인 고용인이나 그 밖의 사람들에게 신체의 이상이나, 일거리·대상에 문제가 발생하는 일로 실현될 수도 있다.

⑦ 손에서 나무가 돋아나온 꿈(외국사례)

어떤 사람이 꿈에 손가락에서 나무가 돋아 나왔다. 항해사가 되었는바, 손에 늘 나무 키를 들었기 때문이었다. 이처럼 몸의 일부와 접촉해 있는 것은 거기서 자라나는 것과 같은 의미이다. 또 어떤 사람은 꿈에 가슴과 견갑골에서 양모가 돋아났다. 그는 폐결핵 환자가 되었다. 병 때문에 흉곽에 계속하여 솜털을 지니게 되었기 때문이다.(글: 아르테미도로스)

⑧ 시합 전에 두 손이 황금으로 변한 꿈(외국사례) → 시합에서 패배

어느 판크라티온 전문가가 올림피아에서 레슬링과 투기 시합을 치러야 했는데, 꿈에 자기의 두 손이 황금으로 변했다. 그는 레슬링·투기(鬪技) 시합 모두에서, 영예의 관을 쓰지 못했다. 손이 황금으로 된 것처럼, 그는 게으르고 활동하지 않는 손을 갖게 된 것이다.(글: 아르테미도로스, 『꿈의 열쇠』)

≪손톱·발톱≫

상징적인 미래 예지의 꿈에서, 신체 부위는 온전한 상태가 좋은 표상이기에, 손톱이 부러지거나, 빠지거나, 깨지는 꿈은 좋지 않은 일로 실현된다. 상징적인 꿈에서 손톱은 자신을 도와주는 협조자, 어떤 일에 대한 보장책이나 방도·능력·처지 등을 상징하고 있다. 따라서 손톱이나 발톱이 빠지는 꿈은 흉몽으로, 좋지가 않다. 하지만 손톱이나 발톱에 손상을 입는 꿈의 경우, 손가락이나 팔·다리

를 다치는 꿈보다는 사소한 일로 실현되고 있다. 사실적인 꿈인 경우에는 실제 꿈과 같거나 유사한 경험을 하게 됨을 의미한다.

① 손톱을 깎는 꿈

자신의 일이나 부하직원이나 직장동료와의 관계 등을 스스로 정리하거나 처리하는 것으로 볼 수 있다. 이 경우 손톱을 가지런히 잘 자르는 것이 자신의 보장책, 방도, 능력 등을 유익함으로 보완·정비하는 일로 실현된다.

② 손톱이나 발톱이 빠지는 꿈

힘이나 세력 등의 저하, 소원의 경향이 좌절되는 일로 실현된다. 방도나 협조책·능력 등이 저하되고 훼손됨을 뜻하며, 누군가의 사고발생으로도 실현된다. 또한 어떠한 일이나 대상·인물 등과의 이별·좌절 등이나, 우환 등으로 실현될 수 있다. 손톱이 빠지는 꿈으로 이제 막 임신 사실을 알게 되었다가 유산한 사례가 있다.

③ 엄지손톱이 빠지는 꿈(실증사례) → 손을 수술하게 되다.

엄지손톱이 빠지는 꿈을 꾼 후에 엄마가 양쪽 손목을 많이 써서 생기는 터널증후군이라는 병에 걸려 손을 수술하는 일이 일어났습니다.

≪팔≫

팔과 손은 힘·세력·권리·수하자·협조자·형제·단체·능력 등의 일을 상징하는 부위이다.

관습적 언어로 '누구는 누구의 오른팔이다'라는 말이 있듯이, 팔이나 다리는 자신에게 심복 같은 존재의 아랫사람이거나 도움을 주는 사람을 상징하고 있다. 사람이 아닌, 산하단체나 지원세력을 상징하기도 한다.

따라서 몸에 많은 팔과 손이 생겨난 꿈은 많은 부하나 능력을 갖추게 될 것을 상징하며, 팔이나 다리가 부러지는 꿈은 능력·협조세력 등을 상실하는 일로 실현된다. 예를 들어, 누군가가 큰 칼로 자신의 두 팔을 잘랐는데 피가 많이 난 꿈은 세력의 확장이나 능력의 범위가 축소되는 일로 실현되거나, 두 팔로 상징된 자신을 도와주던 사람이나 대상과의 결별·이별로 이루어진다. 피가 많이 난 경우에는 정신적인 수고로움이나 재물의 손실과 지출이 따르게 될 것을 예지해주고 있다.

(1) 팔에 관한 꿈해몽 요약

손·발이 많은 꿈은 손·발로 표상된 어떤 능력의 확대·증대 등 좋은 표상으로, 많은 부하나 협조자, 세력·지파·파벌·산하단체에 뛰어난 능력을 지녔음을 상징한다.

① 팔이 부러지는 꿈

팔로 상징된 자신의 부하나 협조 세력 등을 상실하게 된다.

② 팔을 쓰지 못하게 굽어 있는 사람을 보는 꿈

그로 상징된 경쟁자를 물리치고, 자신이 승리함을 의미한다.

③ 상대방에게 두 팔을 올려 V자형을 지어 보이는 꿈

경쟁적인 일에서 반드시 승리한다.

④ 열 손가락을 다 사용하는 꿈

개인적인 일이나 형제·단체 등 많은 협조자와 더불어 일을 할 경우가 가까웠음을 뜻한다.

⑤ 자신의 팔을 잘라내려고 하는 꿈

팔로 상징된 자신의 심복이나 협조자와 결별하고자 하는 일로 실현된다. 필자의 꿈 사례로 일을 도와주던 사람을 해고하고자 하는 일로 실현된 바 있다.

⑥ 팔이 가위로 잘리는 꿈

상징적인 미래 예지의 꿈에서 팔은 힘, 능력, 세력, 기반, 협조책, 방도 등을 뜻한다. 꿈해몽은 반대가 아닌 상징 표상에 대한 이해에 있는바, 꿈의 표상에서 신체는 온전한 상태로 돋보이는 것이 좋다. 따라서 팔이 가위로 잘리는 꿈은 팔로 상징된 능력이나 방도·협조책·세력 등의 상실·제거·이탈·저하 등이 일어남을 뜻한다.

(2) 상담사례

① 누군가가 큰 칼로 내 두 팔을 잘랐는데, 피도 많이 났어요.

꿈의 표상에서 팔은 힘이나 세력의 범위 등을 의미하지요. 큰 칼로 두 팔을 잘렸으니, 어떤 큰 방도나 자극 등의 일로 능력의 범위가 축소되는 일이 있을 것 같네요. 또는 두 팔로 상징된 자신을 도와주던 사람이나 대상과의 결별·이별로 이루어질 수 있습니다. 피가 많이 났으니, 피로 상징된 정신적인 수고로움이나 혹은 재물의 손실이나 지출도 있게 될 것 같네요. 상징적인 미래 예지 꿈으로 꿈의 실현을 피할 수 없으니, 삼가고 근신하면서 선행을 많이 베풀어서 피해를 최소화 하시기 바랍니다.

② 양팔이 칼에 찔린 꿈을 꿨어요.

사실적인 꿈이라면 실제의 일로 꿈과 같거나 유사한 일을 현실에서 그대로 경험하게 되지요. 하지만 과장이 심하고 황당한 대부분의 꿈은 상징적인 꿈으로 보아야 하지요. 상징적인 꿈에서 칼에 찔리는 것은 날카롭고 첨예한 타격·공박·비평·자극·혹평 등을 받게 되는--, 양팔을 찔리는 것으로 보아 자신의 세력이나 협조자, 능력 등이나 작품, 일 등이 어떠한 공박 또는 심사·평가 등을 받게되는--, 피를 흘렸다면 정신적인 부담, 스트레스나 물질적인 피해·지출 등이 수반되는 것으로 볼 수 있는--, 피가 흐르는 정도에 따라, 재물의 지출 정도를 가늠해 볼 수 있지요. 칼을 맞게 된 부분에 신체 이상이나 사고에 시달릴 수도 있습니다. 꿈은 반대가 아닌 상징에 대한 이해이니, 꿈의 상징성을 이해해 보시기 바랍니다.

≪발·발바닥·다리≫

발·다리에 관한 꿈은 손이나 팔의 상징적 의미와 유사하다. 다리는 힘·세력·권리·수하자·협조자, 일가친척, 분열된 세력, 부하단체, 직속부하, 산하단체 또는 기타 행동의 일체와 관계한다.

① 손발(수족)이 잘려나가는 꿈

자신을 돕는 사람이나 대상이 어려움에 빠지게 된다. 세력이나 기능의 약화를 가져오게 되는 일이 일어난다.

② 다리가 무거워 걷지 못하는 꿈

자신 또는 자녀가 생활난이나 사업난에 빠지게 되고, 병을 얻게 되는 일로 실현된다. 처한 상황에 따라 달리 실현되는바, 장교인 경우에 지휘력의 쇠퇴, 분대장의 경우에 분대원이 아프게 되어 전투력에 손실을 가져오는 일로 실현된다.

③ 다리에 상처를 입는 꿈

의지하는 사람·자손 등에 해가 미치거나, 자기 이력 또는 업적에 평가받을 일이 생긴다. 통증을 느끼는 꿈은 실제 다리 부분을 다치게 되거나, 생활난·사업난에 허덕이게 된다.

④ 발바닥에 피가 흐르는 꿈

흉몽이다. 발바닥으로 상징된 근원적이거나 지탱해주던 일거리나 대상에 손실이 생긴다. 또한 아랫사람이 해를 입거나, 아랫사람에 의해서 재물에 손실을 보게 된다.

⑤ 발바닥에 물감이나 피가 묻는 꿈

발바닥에 물감이나 상대방의 피가 묻는 꿈은 자신의 일이나 사업에 계약을 맺게 된다. 이 밖에도 선배의 황금발에서 바닥에 금가루가 묻은 꿈으로 수상하는 일로 이루어진 사례가 있다.

⑥ 허벅지에 총을 맞는 꿈

허벅다리(허벅지)에 총탄이 박히면, 상대방 세력에 침해되어 복종·승낙 등을 하게 된다. 처녀의 경우에는 남자의 청혼을 받아들이게 된다.

⑦ 노예인 사람이 자신의 발밑으로 발바닥이 사라진 것을 보는 꿈

외국의 사례이다. 그는 산채로 화형을 당했다.(글: 아르테미도로스)

⑧ 발에 투창이 떨어진 꿈(외국사례)

어떤 사람이 꿈을 꾸었는데, 투창(akontion) 이 하늘에서 떨어져 그의 한쪽 발에 상처를 입혔다. 그는 아콘티아스(akontias)라는 뱀에 발을 물려 괴저로 죽었다.(글: 아르테미도로스, 『꿈의 열쇠』)

창에 찔린 부분인 발에 뱀이 무는 것으로 실현되고 있는바, 투창(akontion)과 아콘티아스(akontias)의 철자를 유심히 살펴보시기 바란다.

≪피부≫

상징적인 꿈에서도 신체의 온전함을 기본으로 돋보이는 표상이 좋다. 따라서 자신의 피부가 탄력이 있고 윤기 있는 꿈이 좋다. 피부에 부스럼이 나거나 종기가 나는 꿈은 사실적인 꿈이라면, 실제의 일로 꿈과 같거나 유사한 일을 장차 미래의 현실에서 그대로 경험하게 됨을 의미한다. 상징적인 꿈에서 피부병은 자신이나 자신으로 표상되는 일거리·사업·대상 등이 어떠한 문제점이나 방해물로 인하여, 수정하거나 보완해야 할 일이 생기게 됨을 뜻한다. 처한 상황에 따라, 명예나 자존심에 있어 상처받는 일로도 이루어질 수도 있다.

① 팔에 피부병이 나서 걱정한 꿈

어느 주부의 꿈 사례이다. 팔에 오톨도톨한 피부병이 나서, '웬일일까' 걱정을 하다가 꿈에서 깨었다. 그 후 병이 나서 며칠을 앓게 되었다.

② 얼굴에 종기가 생긴 꿈

얼굴에 종기 같은 이상한 것이 생겼으며, 하얀 목련 꽃이 얼굴에서 피는 꿈을 꾸었다. 그 후에 친척 집에 아이를 돌봐주러 갔다가, 친척에게 몹시 체면이 깎이고 무시당하는 일로 실현되었다.

③ 머리를 빗는데 자꾸자꾸 비듬 같은 것이 나온 꿈 → 문제가 해결되다.

　꿈에 촘촘한 빗으로 빗어내리는데, 비듬 같기도 하고 피부 각질인 것 같기도 한 것이 자꾸 나와 빗어 내리고 그랬습니다. 깨어나서 사이트에서 검색을 해보고는 무언가가 일이 해결되는 것이라 생각했고 안심을 했습니다. 그리고는 오후에 문자 한 통이 날아들었습니다. 아파트 학교용지 부담금이 입금되었다는 아주 반가운 소식으로, 완전 공돈이 생긴 거지요. 신청 서류가 들어간 지, 몇 달 만이네요. 잊고 있었는데, 들어왔다고 하니 아주 좋았어요.

≪성기≫

상징적인 꿈에서 성기는 작품, 생산방도, 생산기관, 사업체, 자존심 등을 의미하는 표상이다. 또한 여성의 성기는 고향집, 유혹, 비밀, 창조의 근원, 수출기관 등의 일을 상징한다. 자기의 성기를 노출해 이것에 대한 애착이나 과시감에 사로잡혀 흐뭇해하면, 자기 작품이나 일거리·사업대상 등이 훌륭하다고 생각하거나, 자신에 대한 득의만만한 체험을 하게 된다. 그러나 남성의 경우, 욕정이 발동하여 성기가 발기하면서도 욕정을 해소시키지 못하는 꿈은 현실에서 자식의 반항에 부닥치게 되는 등 안 좋은 일로 실현된다.

또한 성기가 크고 털이 무성한 표상이 좋다. 이 경우 뛰어난 작품이나 방도·일 등을 얻게 되거나 관련이 되는 것으로 볼 수 있으며, 만족스러운 일로써 체험하게 된다. 하지만 자신의 성기가 털이 없고 볼품없는 성기를 보게 되는 꿈은 자신의 능력이나 여건의 미비를 상징하기에, 시험에 불합격하는 등 안 좋은 일로 실현된 사례가 있다.

또한 성기가 유난히 돋보이는 상태에서 만족한 성행위를 하는 꿈은 자신이 성취시키려던 일거리·대상에서 흡족한 결과를 얻게 된다. 성행위에 관한 꿈해몽은 제 Ⅵ장의 '성행위에 관한 꿈'을 보시기 바란다.

(1) 성기에 관한 꿈해몽 요약

① 성기를 드러내는 꿈

* 여성이나 남성이 상대방에게 성기를 노출해 보이며 유혹하는 꿈 → 성행위의 상징 의미인 어떤 일에 대한 계약을 할 수 있다는 것을 보여주거나, 다만 상대방 이성을 희롱할 목적에서 행해지는 일이다.

* 자기 성기를 노출시켜 자랑스럽게 생각하는 꿈 → 작품 또는 자식이 훌륭하다고 자부하거나 자랑할 일이 생긴다.

* 이성이 성기를 노출시켜 보이며 유혹하는 꿈 → 사업상 상대방을 유혹할 일이 있거나, 자기 능력이나 재력을 과시할 일이 생긴다.

* 소변 시에 노출시킨 성기를 상대방이 칭찬해 주는 꿈 → 어떤 사람이 자신의 행한 사업이나 작품에 대해 감동할 일이 생긴다.

* 바지의 단추를 채웠는데도 성기가 노출되어 감추려 하는 꿈 → 자기주장이 너무 강경하여, 시비를 받거나 자숙할 일이 생긴다.

* 대담무쌍하게 대중 앞에 성기를 내놓고 과시 또는 성행위를 하는 꿈 → 자기 사업이나 일거리 대상, 작품이나 자식 등 자기 일을 다른 사람 앞에서 자신만만하게 과시하게 된다. 단 이 경우에 털이 무성하게 나 있는 것이 좋다. 털이 없이 성기만 크게 보인 사람은 취직시험에 떨어지는 것으로 실현되었다.

* 한 여자가 자기 옷을 들어 올려 성기를 보여주는 꿈 → 많은 불행을 초래했다. 그녀의 행위는 경멸을 드러냈기 때문이다. 『꿈의 열쇠』에 나오는 외국의 사례이다.

② 성기를 비교하는 꿈

상대방의 성기와 비교하는 꿈은 타인의 능력이나 가정 형편, 사업수단, 자기 자신이나 작품을 남의 것과 비교해 볼 일이 생긴다. 예를 들어, 여성이 알 수 없는 두 개의 남성 성기를 손에 쥐고 비교하는 꿈은 두 남자나 두 가정 또는 두 개의 작품을 비교해 볼 일이 생긴다.

③ 상대방의 성기가 모조품인 꿈

성기가 거대해 보였지만 실제로는 그것이 모조품임을 알게 되는 꿈은 남의 주장이나 작품이 과장되게 선전된 것을 확인하게 된다.

④ 성기를 만지는 꿈

성기를 만지고 있는 꿈은 성행위까지 나아가지 못한 불만족감에서 사업이나 일거리·대상에서 만족을 얻지 못하게 되며, 배우자나 자식 등의 반발로 인하여 심적 고통을 받게 된다. 이성 간에 서로의 성기를 만지는 꿈은 서로의 사업 프로젝트나 가게·작품 등을 검토해 볼 일이 생긴다.

⑤ 성기를 감추거나 부끄러워하는 꿈

성기로 표상된 자신의 사업이나 일거리·대상·작품에 자신이 없어 위축되는 일과 관계한다.

⑥ 성기가 발기되지 않는 꿈

성기가 발기하지 않아 초조해하는 꿈은 사업에 대한 의욕 상실이나 패배 등을 체험한다.

⑦ 성기가 빠지거나 잘리는 꿈

성기가 뽑히거나 잘리는 꿈은 흉몽이다. 거세·절망 또는 사업 실패나 자존심의 상실 등을 체험한다.

⑧ 여성이 소변을 보는 것을 보는 꿈

어떤 사람에게 경쟁적으로 뒤떨어지거나 사업상 패배하게 되며, 상대방이 소원을 충족시킴을 보고 불쾌해진다.

⑨ 여성이 남성의 성기를 달고 있는 꿈

활동적인 사업을 벌이게 된다. 남성적인 사람, 믿음직한 사람, 남성적인 일 등과 관계해서, 동업·계약·연구·성사 등을 의미한다.

⑩ 성기를 무언가가 물은 꿈

안 좋게는 성병 등에 걸리는 일로 실현될 수 있다.

(2) 성기에 관한 꿈의 실증적 사례

① 성기를 깨물어 먹는 꿈 → 다른 사람의 작품을 읽게 된다.

잘린 3개의 남성 성기를 깨물어 먹는 꿈은 책으로 된 다른 사람의 작품을 읽어보는 일로 실현된 사례가 있다.

② 성기를 맞추고 있는 꿈 → 이혼 문제로 고심하다.

꿈에 남편이 심각한 표정으로 성기를 어디서 네 쌍을 가져와서 맞추고 있었는데, 두 쌍은 맞아 들어갔는데 두 쌍은 맞지 않아 고민하는 모습으로 나타났다. 성기가 가정의 수치라는 말을 생각하고 심각하게 여기고 있었는데, 다음 날 법원으로부터 이혼소장이 날라 오게 되어, 직원들이 내용을 다 보게 되었다.

상징적인 미래 예지 꿈이다. 성기를 남에게 보이는 꿈은 자신의 치부를 드러내는 일로 실현되고 있다. 단, 이 경우 꿈속에서 떳떳하게 자랑스럽게 성기를 내보이는 경우에는 좋은 일로 실현되고 있다. 성기를 맞추지 못해 고민하는 상징 표상이 이혼과 관련지어 실현되고 있다.

③ 잘린 남성의 성기를 입에 물고 다닌 여자의 꿈 → 주식에서 크게 실패하다.

황당한 꿈의 내용이지만, 각기 상징하는 의미를 생각해 보아야 할 것이다. 꿈의 결과는 증권에 크게 실패하는 것으로 실현되었다. 남성의 성기를 증권의 상징으로 볼 때, 그것을 물었으니 성욕만 고조되는 것과 같고, 입 곧 집안이나 회사의 문을 막았으니 재물을 얻지 못하며, 그것을 오래도록 물고 있으니 상당한 시일동안 심적 갈등을 경험하게 되기 때문이다.

④ 성기 속으로 코끼리 한 마리가 들어온 꿈 → 책에서 감화를 받게 되다.

이 꿈은 참선을 공부하는 한 스님이 꾼 꿈으로, 희고 작은 코끼리 한 마리가 노출된 자기 성기 속으로 들어왔다. 이 경우에 코끼리로 상징되는 불교경전의 한 책이 자기가 연구하는 연구 분야 또는 작품 가운데 채택돼서 큰 영향을 끼칠 것을 예지한 꿈이라고 볼 수 있다.

⑤ 고추(성기)에서 쌀이 펑펑 쏟아지는 꿈 → 봉만대 영화감독의 태몽

1970년 1월 21일 출생한 봉만대 영화감독의 태몽은 특이하다. 그의 어머니는 사내아이 고추(성기)에서 쌀이 펑펑 쏟아지는 재미있는 태몽을 꾸고 아들을 낳았다고 한다. 고추의 남성 성기 상징 표상대로 한국 에로비디오의 새로운 분야를 개척해나가는 영화감독으로서의 인생길이 예지되어 있다. 1999년 영화 '도쿄 섹스피아'로 데뷔했으며, 대표작으로 연어, 모모, 동상이몽, 맛있는 섹스 그리고 사랑, 신데렐라 등이 있다.---요약 발췌, 매일경제신문, 2003. 6. 30.

⑥ 성기가 온통 털로 뒤덮인 꿈(외국의 사례)

어떤 사람이 꿈을 꾸었는데, 자기 성기가 음경 끝까지 털로 덮였고, 갑자기 털이 빽빽이 나 털북숭이가 되었다. 그는 유명한 남창이 되어 남자들이 하는 방식으로 성기를 사용하는 것을 제외한 온갖 형태의 쾌락에 무절제하게 빠졌다. 다른 몸과 접촉하는 일이 없어, 이 부분이 활동하지 않게 됨으로써, 또한 거기에 털이 돋아났던 것이다.(글: 아르테미도로스)

⑦ 자신의 성기가 쇠로 변한 꿈(외국의 사례)

어떤 사람이 꿈을 꾸었는데 자신의 성기가 쇠로 되었다. 아들이 하나(uios) 태어났는데, 그는 그 아들에 의해 죽었다. 쇠는 그로부터 나온 녹(ios)에 의해 파괴되기 때문이다.(글: 아르테미도로스)

⑧ 자신의 성기를 자르고 영관을 받은 꿈(외국의 사례)

한 격투기 선수가 꿈을 꾸었는데, 자신의 성기를 자르고 머리는 띠로 묶은 다음에 영관을 받았다. 그는 종교 제전에서 승리했고 상당한 영광도 누렸다. 그는 정결한 상태로 있는 동안에는 눈에 띄는 뛰어난 격투기 선수였지만, 여자에 빠져 쓸쓸히 선수 생활을 마감했다.(글: 아르테미도로스)

⑨ 성기를 세 개 가지고 있던 꿈(외국의 사례)

어떤 사람이 꿈에 성기를 세 개 가지고 있었다. 노예였던 그는 해방되어 세 개의 이름을 갖게 되었는데, 자기 이름에다가 그를 해방시켜 준 사람의 이름 두 개를 덧붙였다.(글: 아르테미도로스)

⑩ 남편의 몸에서 떨어져 나온 성기를 자신이 가진 꿈(외국의 사례)

어떤 여자가 꿈에 남편의 몸에서 떨어져 나온 성기를 자기 손에 가지고 있었다. 그녀는 그것에 신경을 썼고, 그것을 보존하는 데 필요한 일을 했다. 그녀는 남편에게서 아들을 하나 얻었고, 그 아들을 키웠다. 성기는 아들을 나타냈다. 거기서 아들이 생겼기 때문이다. 그러나 그것이 몸에서 분리되어 있었기에, 그녀가 일단 아들을 키우게 되자 남편과 헤어졌다.(글: 아르테미도로스)

⑪ 가슴에서 나온 밀 이삭이 자신의 성기 안으로 들어간 꿈(외국의 사례)

어떤 여자가 꿈을 꾸었는데, 가슴에서 밀 이삭이 트고 그것이 굽이쳐 자신의 성기 안으로 잠겼다. 그녀가 자기도 모르게 아들과 관계하는 상황이 벌어졌다. 그 후에 그녀는 자살함으로써 가련하게 죽었다. 이삭은 아들을 뜻했다. 성기에 잠기는 것은 결합을 의미했다.(글: 아르테미도로스, 『꿈의 열쇠』)

≪나체(알몸)≫

옷을 단정하게 입고 있는 꿈은 신분·직위·보호·처세 등의 일이 보장되고 있음을 뜻한다. 따라서 나체의 꿈은 일반적으로 이러한 것들을 잃게 되는 것을 뜻한다. 자신의 나체를 부끄러워하고 감추는 것은 신분이나 협조자를 얻을 수 없으며, 자존심 등에 굴욕을 느끼게 되거나, 자신이 어려운 처지나 고독한 상태에 있게 됨을 뜻한다. 그러나 자랑스럽게 나체를 노출시키는 것은 과시·자랑하거나, 상대방에 대한 유혹의 상징 의미가 있다.

목욕을 하거나 수영을 하기 위해 나체로 된 경우에는, 목욕으로 상징된 새로운 여건으로 나아가거나, 수영으로 상징된 자신의 역량을 드러내는 방편으로써 나체의 의미를 지닌다.

(1) 나체 꿈해몽 요약

① 나체로 성행위를 하는 꿈

성행위 시의 나체는 상대방에게 아무것도 감추거나 비밀로 하지 않고 공개적으로 일을 추진시키는 것을 뜻한다.

② 나체(알몸)로 꼼짝도 못 하는 꿈

자기의 나체를 감추려 하지만 옷이 없고 가리지 못하거나, 강압을 받아서 꼼짝도 못 하고 당황해 하는 꿈은 흉몽이다. 일반적으로는 자신이나 자신의 일거리·대상이 어려운 여건에 처하게 된다. 벗어나려 하지만 도와주는 사람도 없이, 곤경에 처하게 될 것을 예지해주고 있다. 따라서 나체를 부끄러워하거나 숨는 꿈의 경우에는 자존심이나 명예의 손상 등 좋지 않게 이루어진다.

이런 꿈을 꾼 경우라면, 입사 면접에서 소극적이며 자신의 의견을 내세우지 못하게 된다. 이는 미래의 현실에서 일어날 어떤 것을 상징 표현하기 위하여 바꿔놓는 꿈의 표현수단인 것이다. 즉, 현실에서 자기의 무능력, 절망상태, 초조와 번민 등을 체험할 것을 예지하는 꿈이다. 가까운 장래에 자기 신분이나 사업체 또는 작품의 귀추가 어려운 고비나 위험에 직면해서 그것을 예방하려 하지만 자기를 돕는 협조자도 없고 방도도 없으며, 자신감 없이 조급하고 불안하여 마음의 갈등만 체험하게 될 것을 예지하는 꿈이다.

③ 나체를 당당하게 자랑스럽게 여긴 꿈

신상문제·신분에 관한 일·작품 등을 적나라하게 상대방 또는 세상에 공개하게 된다. 이처럼 자신의 나체에 부끄러움을 느끼지 않고 당당한 것이 좋다. 자신의 나체를 당당하게 자랑스럽게 생각하는 꿈이었다면, 일·사업 등에서 좋은 일로 실현된다. 예를 들어 나체로 당당했던 꿈은 입사 면접에서 떳떳하게 자신의 주장을 하는 일로 실현되었다.

④ 나체를 감추거나 가리지 못한 꿈

나체를 가린 꿈의 경우에는 방책을 강구하거나 비밀을 간직하며, 사건이나 일을 공개하지 않는다. 나체를 가릴 수 없어 당황하면, 자기 신분이나 의지·사업의 성패와 관계해서 협조자나 방도 등이 없어 애태우게 된다. 나체를 감추려 하나 꼼짝할 수 없으면, 자기 신분이 어떤 위험에 직면하게 되거나 패배의식과 절망상태에서 한동안 벗어나지 못하게 된다. 나체를 부끄럽게 생각하면, 신상문제나 비밀이 탄로 나지 않기를 바라거나 창피당할 일과 관계한다. 자신의 알몸을 내보이는 일은 다른 사람에게 창피를 당하는 일이 있게 되는바, 현실에서 선생님에게 야단을 맞는 일로 실현된 사례가 있다.

⑤ 나체나 성기를 노출시킨 꿈

신상문제를 남에게 털어놓거나 실력이나 작품을 과시할 일이 생긴다. 특히 이 경우 털도 무성하게 나 있는 것이 좋으며, 자신의 성기를 내세우는 것이 좋다. 검은 천이나 손으로 성기를 가리는 꿈은 자존심이나 긍지가 완전히 손상된다.

⑥ 다른 사람 앞에서 옷을 벗고 행동을 한 꿈

어떤 방안 또는 방안이라고 생각되는 장소에서, 자신이 다른 사람 앞에서 혼자 옷을 벗거나 어떤 행동을 하였다면, 현실에서 어떤 사람 앞에서 자기의 신상문제를 적나라하게 털어놓고 의논할 일이 있게 된다.

⑦ 마당이나 야외에서 나체로 행동하는 꿈

신분이나 사업 등에, 보호자·협조자·방도가 없어 외로움을 체험하게 된다.

⑧ 옷을 입지 않고 나체로 다니는 꿈

자신이 진행하는 일거리나 대상에 대한 지원이나 도움을 받을 수 없게 된다. 저자의 경우에 자신의 작품들이 신문사나 출판사 등에서 받아들여지지 않게 된다.

⑨ 나체(알몸)로 고향에 가는 꿈

성취하고자 하는 일들이 무위로 돌아가서, 주변의 도움을 받지 못하고 어려운 처지에 놓이게 된다.

⑩ 여자 옷을 하나하나 벗기는 꿈

어떤 여자의 옷을 알몸이 될 때까지 하나하나 벗기는 꿈을 꿀 수가 있다. 물론, 실제로 사실적인 미래투시의 꿈으로 꿈과 똑같은 일이 가까운 장래의 현실에서 실현될 수도 있겠다. 또한 프로이트 식으로 보자면, 평상시에 여자의 옷을 벗겨보고 싶다는 억눌린 성적(性的) 충동의 욕구가 꿈을 통해서 표출된다고 볼 수 있다. 그럼으로써 꿈을 통해서나마 소망충족의 대리만족을 얻게 된다고 보는 경우이다.

하지만 우리가 주 연구대상으로 삼는 상징적인 미래 예지 꿈에 있어서는 꿈속에 등장한 여자는 여자가 아닌, 그 어떤 대상(어학 공부)이나 사물·일거리를 상징적인 표상으로 등장시키고 있음을 알아야 할 것이다. 이 경우 꿈은 꿈을 꾼 사람이 처한 상황에 따라서 다르게 실현된다. 새롭게 어학 공부에 빠져 들어가게 된다든지, 새로 산 기계류를 하나하나 분해하여 살펴보게 되거나, 새로운 책의 내용을 하나하나 탐구 또는 연구해 볼 일이 있게 됨을 예지해주고 있다. 때로는 차용 증서나 그 밖의 어떤 문서 내용에 잘못이 없는가 따져볼 일도 생긴다.

⑪ 옷 일부에 알몸(나체)을 드러낸 꿈

옷 일부를 벗거나 헤쳐서 알몸 일부를 드러내면, 의지할 곳의 일부가 결여되거나 공개·과시·유혹 등의 일이 생긴다.

⑫ 옷 일부를 벗은 꿈

상반신을 벗고 일하면 윗사람의 협조를 얻지 못하고, 하반신을 벗으면 아랫사람의 협력을 얻지 못하거나 세상에 치부를 드러내게 된다.

⑬ 러닝셔츠나 팬티만 입고 행동하는 꿈

일반적으로 고독하게 되거나 신분의 보장이 결여된다. 그러나 팬티만 입었더라도 자신감 있고 당당한 꿈은 좋은 꿈이다.

⑭ 나체로 대소변을 보는 꿈

나체로 서서 대소변을 배설하는 데 부끄럼이나 더러운 느낌 없는 꿈은 상담자에게 숨겼던 과거를 깨끗이 털어놓고 새로운 희망을 갖게 된다.

⑮ 거울 앞에서 벌거벗은 꿈

거울 앞에서 벌거벗는 꿈은 상담가 등을 만나 자신의 내면을 드러내서 상담·고백하게 된다.

⑯ 나체 모델이 된 꿈

화가 앞에서 나체 모델이 되는 꿈은 심리학자·예언자·상담자 등과 신상문제나 운세·심리 현상을 상의할 일이 있게 된다.

⑰ 나체 쇼를 보는 꿈

스트립쇼를 구경하는 꿈은 신문이나 TV 등을 통해서 어떠한 책이나 일거리·대상에 관심을 기울이게 되며, 사업가의 경우에 사업 아이템 선정의 일과 관련이 있게 된다.

(2) 나체 꿈 실증사례

① 하반신을 탈의한 꿈 → 면접관 질문에 당황

꿈에서 제가 하반신을 탈의한 채, 저희 아파트 단지를 돌아다니고 있었습니다. 처음에는 보일까 봐 창피해서 상의를 내려 가리려고 했는데, 꿈 후반에는 "뭐 어때" 하면서 그냥 돌아다녔습니다. 그 후 면접 날, 얼굴이 화끈할 정도로 민망함을 느꼈습니다. 면접관 질문에 제대로 답을 못했기 때문입니다.

② 나체로 춤을 추며 유혹하는 꿈(실증사례) → 사기를 치려고 하다.

기숙사 같은 건물의 공동화장실에서 여러 여자들(동양, 서양 여자들)이 모두 다 나체로 서 있었고, 그중에 꾀죄죄한 동양여자 하나가 음모까지 드러낸 채, 내 앞에서 음부를 내밀면서 춤을 췄다.

현실에서는 여자로 상징된 인물이 유혹하고 사기를 치고자 함을 상징적으로 보여주고 있다.

③ 나체로 있으면서, 옷을 잃어버린 꿈 → 사귀었던 애인이 결혼하게 됨

자신이 사람들이 많이 모인 곳에서 발가벗고 있고, 옷을 찾으려 아무리 살펴도 옷이 없었던 꿈이었다. 전에 사귀던 애인 친구에게 전화를 걸었더니, 그 애가 다음 달에 결혼식을 올린다고 했다.

④ 나체(알몸)로 부끄러움을 느낀 꿈 → 야단을 맞다.

나체로 부끄러워 몸을 움츠려 다니는 꿈을 꾼 학생은 선생님에게 교무실에서

야단을 맞는 일로 실현되었다. 단, 이 경우에도 나체를 자랑스럽게 여긴 꿈은 과시 등 좋은 일로 실현된다.

⑤ 나체(알몸)로 인터뷰를 하는 꿈 → 시합 우승

2008 베이징올림픽 야구에서 우승한 김경문 감독은 베이징에 도착해 첫 인터뷰에서, "꿈을 꿨는데 좋은 꿈인지, 나쁜 꿈인지 몰라 내용은 말할 수 없다"고 말했다. 전승으로 우승한 뒤에 마침내 꿈이야기를 공개한바, "좀 민망한데, 홀딱 벗고 인터뷰하는 꿈이었다. 주변에 알아보니 길몽이라고 했다."

아마도 김경문 감독의 꿈은 여러 사람 앞에서 자신의 벗은 알몸을 과시하면서 당당하게 인터뷰를 하는 꿈이었음에 틀림이 없다. 인터뷰를 하는 자체가 무언가를 널리 알리고 과시하는 상징적 의미를 담고 있는바, 시합 우승으로 실현되고 있다고 보아야 할 것이다.

이처럼 꿈속에서 알몸을 뽐내는 꿈은 자기를 과시하거나 명예롭게 되는 좋은 꿈이며, 반대로 부끄러워하거나 숨는 꿈의 경우에는 자존심이나 명예의 손상 등 안 좋게 이루어진다.

다음은 아주 오래된 〔주간여성〕에 실려졌던 글에서 발췌해 적었다. 시대적으로 오래된 이야기들이지만, 여자 스타들이 꾸었던 알몸의 나체 꿈에 관한 실증적인 꿈 사례를 살펴봄으로써 이해를 돕고자 한다.

⑥ 옷을 벗은 누드 꿈(정혜선)

옷을 벗은 누드 꿈을 꾸면, 나는 반드시 좋은 일이 있다. 한번은 하늘을 훨훨 날며 세계 일주를 했다. 알록알록한 총천연색 꿈으로, 오래도록 기억에 남는다. 그 해 아들도 낳고 하는 일마다 순조롭게 잘 풀려나갔다. 꿈속에서 본 아프리카·스위스·프랑스·미국 등이 짙은 색깔 때문이었는지, 선명하게 기억할 수 있다.

이 경우처럼 알몸인 자신의 육체가 돋보이거나 매혹적인 경우에, 자신의 신분이 돋보이게 되거나 귀한 직위에 오르게 된다.

⑦ 알몸으로 수영하는 꿈(전○○)

벌거벗는 누드 꿈이 길몽이라고들 한다. 종종 알몸으로 노는 꿈을 꾼다. 어느 때는 푸른 바다에서 헤엄도 치고, 때론 맑은 계곡에서 목욕도 한다. 이런 때는 꿈을 깨고 나서도 개운하고 즐겁다.

⑧ 알몸으로 꽃밭에서 꽃을 꺾는 꿈(오미연)

　　나는 꿈, 벌거벗는 꿈을 잘 꾼다. 언젠가 꿈속에서 들길을 걷고 있었다. 문득 어느 곳에 이르니까 환한 꽃밭이었다. 빨간 꽃, 노란 꽃이 무성히 피었다. 꽃 모양은 들국화 같았다. 돌아보니 자신은 알몸이었다. 그래서 꽃을 꺾어 몸을 가렸다. 그 후 [신부일기]에 참여했다. 크리스천이어서 꿈을 믿진 않지만, 길몽인 것 같다.

'크리스천이어서 꿈을 믿지는 않지만'에 대해서, 한마디 하지 않을 수 없다. 하나님을 믿는 것과 꿈을 믿는 것과 무슨 상관이 있다는 것인가? 성경 속에 나오는 수많은 꿈이야기를 읽어보지도 않았다는 것인지, 답답하고 안타깝다. 이는 꿈을 정신과학의 세계로 인식하지 않고, 미신적인 대상으로 보는 데서 이러한 생각이 생겨나고 있다. 스승이신 한건덕 선생님은 불편한 몸으로 30여 년 이상 꿈을 연구해 오신 분이다. 꿈을 믿으면서도, 그 얼마나 하나님을 믿으셨는지 모른다.

꿈은 우리 인간 정신 능력의 활동으로, 미신적인 영역이 아니다. 우리 인간이 인간다움을 증명해주는 가장 고결하고 차원 높은 정신능력의 활동으로, 꿈을 빚어내고 있는 것이다.

(3) 나체 꿈 해몽상담

〈성기가 갑자기 커진 꿈(해몽상담)〉

　　전 여자인데 성기가 갑자기 커져서 장딴지 하나만큼 커졌습니다. 무슨 꿈이죠?

자신의 처한 상황을 적어야 보다 올바른 해몽이 가능하지요. 검색에서 성기(性器)를 검색하세요. 자신의 성기가 커지는 것은 사업상 상대방을 유혹할 일이 있거나, 자기를 과시하고 드러낼 일이 있을 것이네요. 자신의 커다란 성기에 대한 과시·자랑의 꿈이었다면, 자기 작품이나 일거리·대상 등 자신을 다른 사람 앞에서 자신만만하게 과시하게 되는 일이 일어날 것이네요.

2) 인체의 배설물·분비물 관련

≪피≫

(1) 피 꿈에 관하여

피는 정신적·물질적으로 소중한 것, 진리, 사물의 정수(精髓), 재물, 사상적 감화 등을 상징하고 있다.

피 꿈은 좋은 것으로 알려져 있지만, 피꿈이 반드시 좋은 것이 아니라, 어떠한 전개를 보이는가에 따라 달려 있다. 자신의 몸에서 피를 흘리면 재물의 손실이 있게 되고, 남이 피 흘리는 것을 보면 어떤 일거리에 의해서 재물이 생길 수가 있게 된다. 또한 피를 뒤집어쓰는 꿈은 재물의 영향권에 들어가는 일로도 실현되지만, 자신이 피를 흘리는 꿈은 저자의 경우에, 작품 활동이나 저작활동으로 인한 정신적 수고로움을 상징적으로 보여주는바, 물질적·정신적 자원이 자신에게서 소모됨을 뜻한다.

① 살을 먹고 피를 마셔야 한다는 꿈

"내 살을 먹고 내 피를 마시지 아니하면, 천국에 들어올 수 없느니라."라고 하신 예수의 말씀에서 예수의 살을 먹으라고 한 것은 예수의 가르침과 말씀을 이해하여야(마셔야) 한다는 뜻이다. 그리고 참된 진리를 깨달아야(내 피를 마셔야) 한다는 것을 뜻한다.(글: 한건덕)

② 신(神)이나 귀인 등의 몸에서 나는 피를 마시거나 몸에 바르는 꿈

위대한 학자나 진리 탐구자의 참된 교리나 지혜를 깨닫게 된다.(글: 한건덕)

피는 고귀한 사상이나 정신적인 깨달음, 종교적·사상적 감화 등을 상징한다. 한편으로 정수(精髓)·정화(精華)의 상징적 의미로, 용의 피를 뒤집어쓴 꿈은 용으로 상징된 권세·부귀·영화를 획득하게 될 것을 예지해주고 있다.

③ 자신이 피를 흘리는 꿈

일반적으로 재물이 손실이 있게 되거나 정신적으로 충격이 있게 되는 좋지 않은 꿈이다. 그러나 꿈속의 자기가 일의 상징일 때는 저작물 등의 자신의 정신적 수고로움으로 인하여, 다른 사람에게 정신적 감화를 주게 되는 일이 있게 된다.

④ 상대방이 피를 흘리는 꿈

상대방이 어떤 일의 상징이라면, 피를 흘리는 꿈이 그 일로 재물이 생김을 나타내는 것을 의미하기도 한다.

⑤ 상대방이 피를 흘리는 것을 보고 무서워 도망치는 꿈

재물을 얻을 기회를 놓치거나 어떤 일이 미수에 그친다.

⑥ 상대방이 피를 흘리는 것을 보고 만족하거나 무관심해하는 꿈

일이 성사되거나 큰돈이 생겨 기뻐하고 세상에 소문낼 일이 생긴다.

⑦ 사람이 죽어 선혈이 낭자한 것을 보는 꿈

사회적으로나 집안일로 얻어진 막대한 돈을 취급하게 된다.

⑧ 동물(사람)을 죽여 피가 솟구치는 꿈

동물의 목을 잘라 피가 솟는 꿈은 어떤 일이나 작품이 성취되어 재물이 생기거나 큰 감동을 주게 된다. 피가 정수(精髓)·정화(精華)의 상징 의미 외에, 소중한 물질적·정신적 자산의 상징이 되기도 하는바, 이러한 피를 보게 되거나 뒤집어쓰는 꿈은 그러한 영향권 안으로 들어가게 될 것을 예지해주고 있다.

⑨ 자기가 찌른 사람의 몸에서 피가 나고 그것이 몸에 묻는 꿈

상대방에게 돈을 요구할 일이 생기거나, 남의 사업을 거들어 돈이 생긴다.

⑩ 사람을 찔렀는데 피가 나지 않는 꿈

사업이나 일이 성사되어도, 감명을 받지 못하거나 돈이 생기지 않는다.

⑪ 몸에 피가 묻거나 닦는 꿈

몸에 피가 묻는 꿈은 계약서·증서·재정 보증서 등의 일과 관계한다. 몸에 묻은 피를 닦아내거나 옷을 빨면, 계약의 해지나 증거인멸, 재물의 손실 등을 가져온다.

⑫ 피를 마시는 꿈

신이나 성인의 손가락에서 나는 피를 마시는 꿈은 위대한 학자나 지도자의 참된 깨우침·지혜를 얻게 된다.

⑬ 시체에서 피가 냇물처럼 흐르는 꿈

저자의 경우, 대하소설을 쓰거나 진리의 서적으로 많은 사람들에게 감화를 준다. 시체는 어떤 정신적·물질적인 성취나 업적을 상징하고 있는바, 피로 상징된 고귀한 사상적 감화가 막대한 영향을 끼치게 됨을 예지해주고 있다.

⑭ 강이나 호수가 핏빛으로 물든 꿈

상징적인 꿈으로 진리·교리·사상 등으로, 많은 사람이나 단체를 교화시킬 일이 생긴다. 다만, 경우에 따라서는 국가적·사회적으로 커다란 재앙이 일어날 것을 예지해주는 꿈으로 실현될 수 있다.

⑮ 뱃속에 피가 고여 불룩한 꿈

고차원의 상징적인 꿈의 경우에, 자신의 계좌나 기관·단체에 막대한 재물을 축적하게 된다. 일반적인 상징으로, 배에 질병이 있는 것을 예지해주는 꿈이 될

수가 있다.

⑯ 아는 사람이 피를 흘리며 나타난 꿈

흉몽이다. 관운장이 온몸에 피를 흘리며 나타났던 주창의 꿈은 장차 관운장이 전사할 것을 예지한 것이었다.

⑰ 민속의 '피'에 관한 꿈

– 꿈에 피나 불을 보면 횡재한다.

– 꿈에 몸에서 피가 나면 재수 있다.

– 꿈에 피를 보면 큰 업적을 남긴다.

– 꿈에 피를 보면 그 날 재수가 좋다.

– 꿈에 피를 흘리면 재수가 좋다.

– 꿈에 코피가 나면 재수가 대통한다.(참고로만 하기 바라며, 재물의 손실 등으로 일어날 가능성이 더 높다.)

– 꿈에 상처를 입으면 피를 많이 흘릴수록 좋다.

– 꿈에 피를 보면 좋고, 떨어지는 꿈을 꾸면(아이가) 키 큰다.

– 꿈에 피를 토하고 죽은 사람을 보면 제일 좋다.

– 꿈에 피 보면 고기 먹을 징조이다.

– 꿈에 사람의 머리에서 피가 나오는 것을 보면 대길하다.

– 꿈에 사람의 칼에 찔려 피가 나면 길하다.

– 꿈에 상처를 입어 피가 나지 않으면 흉몽이다.

(2) 피 꿈의 실증사례

① 핏물로 머리를 뒤집어쓴 꿈 → 장맛비로 무덤이 파헤쳐지다.

　정면으로 충돌하는 교통사고를 옆에서 보고, 소나기처럼 하늘에서 빗방울이 떨어져 머리로 핏물을 뒤집어쓴 꿈이었다. 그로부터 이틀 뒤 고향에서, 할아버지 묘가 장맛비로 많이 파헤쳐져 있다는 소식이 왔다.

② 피 꿈을 꾸다. → 교통사고가 나다.

　작년에 있었던 일인데요. 꿈에서 피 꿈을 꿨어요. 그런데, 그 꿈을 꾼 후 3일 후였을 거예요. 갑자기 언니가 교통사고가 났다고, 순간 그때 얼마나 섬뜩했는지요.---ⓧxkfkr 천사

보통 꿈에서 피를 많이 볼수록 좋은 꿈이라고 알고 있지만, 이는 상징적인 꿈의 경우이다. 사실적인 요소가 있는 꿈인 경우에, 피는 사건·사고 등의 일로 일어날 수 있음을 보여주고 있다.

③ 여자 셋이 내 이불을 확 벗겼는데, 자신의 몸이 피투성이였던 꿈 → 교통사고로 중상을 입게 되다.

④ 기저귀가 핏빛으로 물든 꿈 → 다치는 사고가 나다.

언덕 밑의 빨랫줄에 기저귀를 하얗게 빨아 널었는데, 갑자기 그 기저귀가 빨간 핏빛으로 물드는 꿈이었다. 딸의 입술 안쪽이 열 바늘 이상 꿰맬 정도로 찢어지는 사고로 실현되었다.

⑤ 남편의 머리를 때려서 피가 나는 꿈 → 재물 손실

어느 날 꿈에 제가 남편의 머리를 손으로 세게 때렸는데 피가 나는 겁니다. 너무 놀라서 손수건으로 피를 막으려고 애를 쓰는 꿈이었습니다. 사이트에서 해몽을 찾아보니, 머리에서 피가 흐르면 재물의 손실이 있을 것이라는 내용을 보고 걱정을 했었지요.

이틀쯤 후에 남편이 대전에서 집으로 돌아오는 길에, 차가 고장이 났다는 전화가 왔습니다. 차를 고치는데 이십만 원 정도 돈이 필요한데, 지금 가진 돈이 없으니까 통장으로 돈을 송금해달라는 거였습니다. 그땐 밤이었고 송금할 방법이 없어서---. 남편은 차를 카센터에 맡겨놓고 버스를 타고 집으로 오는 중이었는데, 저는 남편의 연락을 기다리다가 급한 마음에 차를 찾으러 대전까지 가야 했습니다. 수리비가 생각보다 적게 나오긴 했지만, 그날의 해프닝은 이미 꿈에서 예지를 해준 것이었습니다.---hani128, 2006. 06. 20.

⑥ 상대편 사람이 피를 흘리는 꿈 → 재물 이득

상대편 사람이 피를 흘리고 있었는데, 어찌 된 영문인지 전 아주 기분이 좋았습니다. 다음 날 금전적인 이익을 보았습니다.

피를 흘리는 꿈은 육체적·금전적·정신적 손실을 가져오고 있다. 상대방이 피를 흘리고 있었다는 점에서 자신에게는 좋은 일이 일어나는 것으로 실현되고 있다.

⑦ 피가 젤리처럼 따라오는 꿈 → 수험생이 시험에 합격하는 일로 실현되었다.

⑧ 주먹만 한 땅벌이 머리 정수리에 침을 한 방 퍽 쏘아 피가 나온 꿈 → 복권 당첨

정수리에서 피가 나온 꿈으로, 땅벌로 상징된 외부의 강력한 대상이나 세력의

영향권 안에 들어가게 될 것을 상징적으로 보여주고 있는바, 복권에 당첨되는 일로 실현되고 있다.

⑨ 칼에 찔려 온몸이 피투성이가 된 꿈 → 복권 당첨

"동창생 아버지가 나를 칼로 찔러 온몸이 피투성이가 되었다. 그리고 처음에 돈 3만 원을 주더니, 또다시 많은 돈을 주어서 받았다."

이 밖에도 용에게 먹혔다 나오니 피투성이가 된 꿈, 배가 갈라진 돼지가 붉은 피를 쏟는 꿈으로, 복권에 당첨된 사례를 살펴본 바 있다.

≪코피≫

자신의 코피가 터져 흐르면, 정신적 또는 물질적인 재물을 공개할 일이 있거나, 손실을 가져온다. 또는 자존심이 상할 일이 생기기도 한다.

① 코피가 터져 흐르는 꿈

안 좋은 꿈이다. 누구에게 얻어맞거나 부딪치고 또는 저절로 코피가 나서 줄줄이 쏟아지는 꿈은 일반적으로 피로 표상된 재물이나 정신적인 손실을 가져오기에 안 좋다. 다만, 작가의 경우에는 피눈물이 나는 것과 동일하게, 진리를 말하거나 참된 글을 써서 상대방을 감동시킬 일이 있게 된다.

② 상대방이 코피가 나는 꿈

그 사람에게서 상당한 재물을 얻거나, 정신적인 감화를 받게 된다.

≪코딱지(콧물)≫

콧물은 정신적 감화, 사상이나 지식과 관계된 표상으로, 콧물이 나오면 상징적으로 자기 신념을 상대방에게 피력할 일이 생기는 일로 실현되고 있다. 코딱지는 답답하거나 고질화된 일, 불필요한 요소 등을 의미한다. 따라서 이러한 코딱지를 시원하게 파내는 꿈으로 전개되는 꿈이 무언가 막혔던 일의 해결이나 해소 등으로 이루어진다. 또한 코가 막혀있거나, 코딱지로 인해 불편함을 느끼거나, 아무리 애를 써도 코딱지를 파낼 수 없는 꿈은 무언가 방해물이나 걱정거리를 해결하고자 해도 쉽사리 해결되지 않는 일로 이루어지고 있다.

≪귀지≫

① 귀지를 파내는 꿈

길몽이다. 처한 상황에 따라 속을 썩이던 문제가 해결되는 일로 실현된다. 사업가의 경우에, 사업상 방해가 되고 고질화된 어떤 난관이 해결되어 소원이 충족된다.

② 귀지를 많이 파내는 꿈

숙청이나 언론 또는 명령 계통에 일대 수술을 가하게 된다. 소식불통이던 일이 해소되고, 귀지의 양이 많은 것만큼 오랜 시일이 걸리거나 해결하지 못했던 일이 속 시원하게 해결된다.

③ 양쪽 귀에서 귀지를 파내는 꿈

두 군데에서 자신의 근심이나 걱정이 해소된다. 예를 들어, 자기 일을 청탁한 두 군데 부처에서 각각 청원을 들어주는 일로 실현될 수 있다.

≪눈물≫

눈물은 어떠한 대상이나 일거리 등에 대하여 감격이나, 감동·감화를 받게 됨을 상징하고 있다. 상징적 의미로 좋게는 카타르시스 등 감정의 정화(淨化)를 가져오게 되는 일로 이루어질 수 있다. 자신이 피눈물을 흘리는 것은 좋게는 상대방으로 인해 감화를 받게 됨이나 진리를 알게 되는 일로 이루어질 수도 있으나, 대부분의 경우 예기치 않은 안 좋은 일의 발생 등으로 인하여 곤욕을 치르는 일로 이루어진다. 상대방이 피눈물을 흘리는 것을 보는 꿈 역시, 자신의 주변 누군가가 어려운 처지나 여건에 처하게 됨을 꿈으로 예지하는 것으로 볼 수 있다.

① 조상이 나타나서 어두운 얼굴로 말없이 눈물을 흘리는 꿈

장차 가정에 불운한 일이 닥쳐오게 될 것을 예지하고 있다.

② 상대방이 눈물을 흘리는 것을 보는 꿈

그로 하여금 불만 또는 불쾌함을 체험한다.

③ 눈물을 손수건으로 닦아내는 꿈

수많은 사연을 편지로 적거나, 어떤 일에 대한 호소문을 쓸 일이 있게 된다.

④ 눈물이 흐르는 꿈

눈에서 눈물이 줄줄이 흐르는 꿈은 자기 감정을 피력하는 작품이나 편지를 막

힌 데 없이 써낼 수가 있게 된다. 눈에서 피눈물이 나면, 좋게는 지혜와 지식의 결정체인 진리를 과시할 수 있게 된다.

⑤ 눈물을 흘리면서 우는 꿈

하염없이 눈물을 흘리면서 우는 꿈은 은근한 기쁨이 오래도록 지속되거나 남에게 공개할 일이 생긴다. 이 경우에 단순한 상징이거나, 사실적인 꿈의 요소가 있는 경우에 실제로 좋지 않은 일로 인하여 어려운 여건에 처하게 되는 일로 실현될 수가 있다.

≪침≫

① 입에 침이 마르는 꿈

정신적 또는 물질적인 자본이 고갈되거나 방도가 없어, 고통받게 된다.

② 상대방 얼굴에 침을 뱉는 꿈

상대방에게 정신적 혹은 물질적인 공박을 가해서, 마음에 상처를 입히게 된다.

③ 꿈에 다른 사람의 침을 맞는 꿈

다른 사람의 비난과 저주를 받게 되는 안 좋은 꿈이다. 선인의 사례로, 꿈에 침을 맞은 자리에서 부스럼·종기가 난 사례가 있다.

≪가래침≫

가래침을 뱉으려 했는데 시원하게 뱉지 못하고, 목에 걸려있는 듯한 느낌의 꿈이 있다. 이 경우 가래침으로 표상된 어떠한 일이나 근심거리, 보기 싫은 그 어떤 것을 쉽사리 떨쳐버리지 못하는 일로 이루어진다. 꿈해몽은 반대가 아닌, 비유·상징·암시·유추로 풀이하면 된다. 또한 이러한 상징적인 미래 예지 꿈은 꿈대로 이루어지는 특징이 있다.

① 가래에 피가 섞여 나오는 꿈

정신적인 고통이 해소되거나, 약간의 물질적인 손실이 수반되기도 한다.

② 가래를 토해내는 꿈

가래를 토해 내면, 오랫동안의 숙원이 달성되고 해결된다.

③ 가래를 시원스럽게 뱉는 꿈

오랫동안의 속을 썩이던 일이 해결되거나 귀찮은 사람을 떼어내는 일로 실현된다.

④ 가래침을 뱉어내지 못하는 꿈

어떠한 일거리 대상이나 사람이 속깨나 썩이는 일로 실현된다. 일을 완결지으려고 해도 매듭짓지 못하게 되거나, 몹시 괴롭히는 어떤 사람을 쉽게 떨쳐내지 못하게 된다든지, 또는 현재 어떠한 병을 앓고 있다면 그 병을 쉽게 떨치지 못하는 일로 실현된다. 꿈은 꿈을 꾼 사람이 처한 상황에 따라 각기 다르게 실현된다. 하지만 안 좋은 결과로 진행되는 것을 피할 수는 없게 될 것이다.

⑤ 남이 뱉은 가래나 침을 맞는 꿈

남이 뱉은 가래나 침이 옷에 맞으면, 사람에 의해서 큰 모욕과 불쾌를 당하고 그 일로 서로 싸우게도 된다.

≪땀≫

① 이마에 땀방울이 솟아 흐르는 꿈

돈을 소비하거나 상처를 입어 피를 흘리기도 한다.

② 땀을 많이 흘리는 꿈

사업에 의욕을 잃거나, 정력 또는 기력이 쇠퇴하여 부모에게 걱정·근심을 끼친다.

③ 땀을 닦아내는 꿈

땀을 닦아내면 일신이 편안하고 기력이 회복되며, 추천서나 계약서를 작성할 일이 생기기도 한다.

≪젖≫

모유는 물질적인 재물이나 이권을 상징한다.

① 어머니의 젖을 빨아 먹는 꿈

형제·자매가 재산을 나누어 받거나 정신적·물질적인 자원을 얻을 일과 관계한다. 일반적으로는 어머니로 상징된 자애로운 직장 상사나 웃어른에게서, 물질적인 혜택을 입는 일로 실현된다.

② 어린아이에게 젖을 먹이는 꿈

어린아이에게 젖을 먹이면, 정신적·물질적인 자본을 투자해서 완전한 사업을 육성할 일이 생긴다.

≪생리(월경)≫

여성은 생리를 통해 몸 안의 노폐물을 함께 밖으로 내보내며, 생리가 불순하면 신체에 이상이 있음을 알려주고 있다. 상징적인 꿈에서도 정상적으로 생리하는 꿈은 모든 일이 순조로움을 뜻한다. 현실에서의 어떤 소원이 충족될 일과 근심 걱정이 해소될 일, 계약 또는 어떤 성취된 소식이 있음을 예지하고 있다. 실제로 사실적인 미래투시의 꿈으로 소녀가 초경을 치르는 꿈은 실제로 체험하게될 일을 예지하는 경우가 많으며, 상징적인 꿈인 경우에는 어떤 일이 성취된 소식을 듣게 된다. 또한 임신에 대한 불안감으로 생리가 나오기를 간절하게 바라는 경우, 꿈으로 꾸게 되어 대리만족을 얻게 되는 경우가 있다.

① 여성이 생리하는 것을 보는 꿈

소원 충족, 근심 걱정의 해소, 소식, 계약 등의 일을 상징한다.

② 생리가 걸레에 묻은 꿈

계약이 체결된 사례가 있다.

③ 생리가 소변같이 많이 나오는 꿈

소원이 크게 충족된다.

④ 갑자기 경도가 체외로 많이 흘러 흥건히 고이거나 흐르는 꿈

상당히 오랜 시일 같은 직책을 수행할 일이 있게 된다.

≪정액≫

성행위는 어떠한 계약이나 성사·체결의 상징이며, 정액은 그 징표로 증거·증서 등의 상징적 의미를 지닌다. 따라서 정액은 일의 성과나 업적, 정신적 또는 물질적인 소득이나 유산·정력·시빗거리 등을 상징한다. 꿈속에서 분비된 정액을 처리하기 곤란하거나 불쾌한 기분이 들면, 돈의 낭비나 정신적 피로 등을 체험하게 될 수 있다. 그러나 정액이 많이 나와 쌓이면, 정신적 또는 물질적인 소득을 얻거나 많은 작품을 생산하게 됨을 의미한다. 또한 정액이 옷에 묻어 불쾌해지

면, 어떤 소원이 성취될지라도 시빗거리가 남아 불쾌함을 느끼게 되는 일로 실현된다.

① 분비된 정액을 처리하기 곤란한 꿈

정액이 분비된 것에 불쾌함을 느끼는 꿈은 쓸데없는 재물의 지출이나, 헛된 정신적인 노력을 하게 된다.

② 정액이 많이 나와 쌓인 꿈

정신적 또는 물질적인 소득을 얻게 되거나, 많은 작품을 생산하게 된다.

③ 정액이 옷에 묻은 꿈

현실에서 추진하고자 하는 일에 대한 시빗거리가 남아 있게 되어, 근심거리나 재수 없는 일로 실현되기도 한다. 또한 자타의 정액이 옷에 젖는 일이 어떤 일의 사후처리로 계약증서 따위를 작성할 일로 실현되기도 한다.

④ 몽정을 수반하는 꿈

몽정을 하는 경우의 꿈은 꿈속에서 오르가슴에 도달한 쾌감이 강렬하여 신체적 반사 행동으로 사정에 이르고 있다. 또는 신체상 허약증세에서 일어나기도 한다. 몽정을 하는 경우의 대부분의 꿈은 몽정을 위한 꿈이므로 상징적인 의미가 없는 편이나, 특이한 전개로 이루어진 경우 미래 예지 꿈의 상징적 의미가 담겨 있기도 한다. 자세한 것은 제Ⅴ장의 질병·건강 부분의 '몽정'의 글을 참고하기 바란다.

≪오줌(소변)≫

소변은 질식된 관념의 분비, 소원의 경향 등을 상징한다. 또한 똥과 마찬가지로, 물질적인 재물이나 이권의 상징으로 자주 등장하고 있다. 이는 오줌과 똥이 농경사회에서 삭혀서 거름 등으로 쓰였기에, 재물의 상징성을 띠고 있다.

잠을 자다가 소변이 마려우면 소변을 보는 꿈을 꾼다. 프로이트 식으로는 소망표출의 심리적인 꿈으로, 소변을 보는 꿈을 통하여 대리만족을 얻는 꿈이라 볼 수 있다. 이 경우에 신체적 자각으로 인해서, 빨리 일어나서 소변을 볼 것을 재촉하기 위하여 꿈의 무대를 펼쳐내는 일깨움의 꿈으로 볼 수 있다.

(1) 오줌(소변) 꿈 해몽 요약

① 오줌(소변) 꿈

소변을 보려는 욕구가 강한 경우에, 신체적 허약증세 또는 잠이 얼른 깨지 않을 때 꿈과 병행해서 이루어진다.

② 소변이 내를 이루거나 도시를 덮은 꿈

자기의 소변이 큰 내를 이루거나 도시를 덮는 꿈은 권세나 세력을 크게 떨치는 꿈이다. 예를 들어, 저자의 경우에 뛰어난 저서로 주목을 받게 되어 베스트셀러에 오르게 되며, 사람들에게 정신적 감화를 주게 된다.

③ 자신의 소변이 갑자기 바다를 이룬 꿈

자신의 영향력을 떨치게 되어 큰 세력을 움직이거나 막대한 자본을 활용하게 된다. 복권 당첨 등으로 실현될 수 있다.

④ 소변을 보아 도시가 잠겨버리는 꿈

소변으로 도시를 덮는다는 것은 도시로 표상된 기관·단체·사회·국가를 자기 세력이나 영향 또는 사상으로 감화시킬 수 있다는 것을 상징한다. 이런 태몽을 꾸고 아기가 태어나면, 그 아기는 장차 위대한 인물이 됨을 예지한다.

⑤ 오줌(소변)을 보는 꿈

화장실에 들어가 소변을 보는 꿈은 일이나 소원의 경향이 어느 기관이나 기업 등에 의하여 이루어진다.

⑥ 자기 집 화장실이나 야외에서 소변을 보는 꿈

자기 집 화장실은 집안일이나 직장 일과 관계하며, 야외에서 소변을 보는 꿈은 사업상 다른 기관에서 소원 충족을 가져올 일과 관계한다.

⑦ 소변을 보기 위해 화장실에 들어가면서 깨어난 꿈

어떤 일을 처리하기 위하여, 화장실로 상징된 어떤 기관이나 대상에 관여하게 되는 일로 실현된다.

⑧ 개천·강·웅덩이·세면장 등 물이 흐르는 곳에 소변을 보는 꿈

자신의 영향력을 떨치고자 하는 일로 실현된다. 저자의 경우에, 신문사나 잡지사에 소설·논문·기타 창작물을 발표하게 된다.

⑨ 여러 개의 화장실을 거쳐 한 곳에서 소변을 본 꿈

여러 기관 또는 여러 사업장을 물색한 다음에, 한 군데에서 소원이 충족된다.

⑩ 구덩이나 비료통에 소변을 보는 꿈

자신의 영향력을 펼치게 되거나 재물적인 투자를 하게 된다. 저자는 어떤 잡지사에 작품을 투고하게 되고, 사업가는 기존의 사업에 투자를 더하게 된다.

⑪ 오줌(소변)을 시원스럽게 보는 꿈

소변을 보는데 성기가 돋보이고 오줌 줄기가 세차게 나오는 꿈은 자신의 소원이 크게 성취되며 널리 소문이 난다.

⑫ 오줌(소변)을 시원하게 보지 못한 꿈

소변이 잘 나오지 않아 쩔쩔매는 꿈은 난관으로 인하여 소원이 충족되지 않는다.

⑬ 상대방이 소변(오줌)을 보는 꿈

상대방이 소변을 보는 것을 보는 꿈은 상대방이 어떤 소원을 충족시킴을 보게 된다. 저자의 경우에, 남의 작품이 지상에 발표된 것을 본다.

⑭ 성행위 뒤에 소변을 보는 꿈

어떤 일이 성사된 다음에, 2차적으로 소원이 달성됨을 의미한다.

⑮ 소변(오줌)이 옷에 젖는 꿈

소변(오줌)이 옷에 젖는 꿈은 계약을 맺을 일이 있거나, 창피당하는 불쾌한 일을 체험한다.

(2) 오줌(소변) 꿈의 실증사례

① 아이가 소변을 누는데 그 소변이 모두 자신의 얼굴로 튀는 꿈

소나타에 당첨되는 일로 실현되었다.

② 오줌 줄기를 손바닥으로 받는 꿈 → 재물이 생기다.

꿈에 다섯 살 된 조카가 거실에서 볼일을 보기에 "여기서 오줌을 누면 어떡하니?" 하면서 오줌 줄기를 내 손바닥으로 받았어요. 다음 날 형님께서 돈을 부쳐 주었어요.

이처럼 꿈속에서 소변과 대변은 재물과 관련지어 실현되는 경우가 많다.

③ 오줌을 묻히는 꿈 → 사소한 재물운

꿈에 초등학교 수업시간인데, 3~4교시는 된 것 같아요. 큰애가 바지에 오줌을 싸서 제 손에 묻었는데, 그날 오후 3시쯤에 마트를 가는 길에 만 원짜리 한 장 줍는 일로 이루어졌어요. 사소한 일도 꿈으로 보여주는 놀라운 세계입니다.---미르홍, 2009. 03. 24.

이처럼 오줌도 똥과 마찬가지로 재물운으로 이루어지는 많은 사례가 있다.

④ 자신의 소변으로 방안이 홍수를 이룬 꿈 → 복권 3억 원 당첨

평소에 꿈을 잘 꾸지 않던 그녀는 하루는 이상한 꿈을 꾸었다. 방에 그녀 외에 두 사람이 더 자고 있었는데, 소변이 마려웠던 것이다. 꿈속이라 그런지 화장실에 갈 생각도 없이, 그녀는 자리에서 일어나 살짝 방에다 소변을 보는데, 이게 웬일인가. 고장 난 수도꼭지 마냥 끊이지 않고 계속 흘러나왔다. 순식간에 방안은 소변으로 홍수를 이뤘고, 자고 있던 두 사람은 둥둥 떠다닐 지경. 귓속에 물이 들어간다며 그만 멈추라고 아우성이지만, 본인의 의지와 상관없이 넘치는 소변에 애가 더 타는 꿈이었다.

⑤ 남들이 눈 오줌이 많이 들어있는 오줌통에 오줌을 누는 경우의 꿈

저자의 경우에, 남들이 발표한 잡지 등에 자기 작품도 더해서 발표하는 일로 실현되었다.

⑥ 시원하게 소변과 대변을 보는 꿈 → 대입합격을 예지

대학시험을 치르고 나서 합격발표를 기다리는 동안 꾼 꿈이다. 화장실에서 소변을 누는데 너무나 힘차게 끊임없이 나오는 것이다. 그 후로 며칠 있다가 또 화장실에서 대변을 보는데, 화장실 변기며 쓰레기통이며 변으로 꽉 차 있고, 나는 계속해서 볼일을 보는 중이었다. 그 두 번의 꿈을 꾸고 나서 합격이 되었고, 장학금도 타게 되었다. 끊임없는 힘찬 소변은 일이 잘 풀리는 것을 나타내고, 변은 돈이라고 하던데, 정말 신기했다.

대입합격에 대한 다른 실증적인 사례들은 사이트에서 '합격'을 검색을 해보시기 바란다. 대변 꿈이 재물과 관련지어 실현되는 것은 수많은 사례에서 공통적으로 이루어지고 있다. 좋은 꿈이라 하더라도, 꿈을 꾼 사람이 처한 상황에 따라 각기 다르게 이루어지고 있다. 하지만 대변꿈에 있어서는 대부분 재물과 관련지어 일어나는 특징을 보이고 있다.

⑦ 자신의 소변으로 시가지를 덮은 꿈 → 영향력을 떨치다.

어느 소설가의 꿈에 남산에 올라가 소변을 보았더니, 그 소변이 확대되어 서울 시내 건물들을 덮어 내렸다. 그러자 그 물속에서 용 한 마리가 나타나, 그 오줌 물을 다 삼켜버리고 공중을 날고 있다. 잠시 후 그 용은 입에서 불을 토하는데, 서쪽과 동쪽을 향해 쏟아냈고 불을 맞은 지역은 불이 나고 있는 것을 보았다.

꿈치고는 대단히 큰일을 암시하고 있다. 자기가 눈 오줌으로 서울 장안을 덮

었던 것은 이 꿈이 있은 지 오랜만에 히트작품을 써서 세상 사람들에게 읽힐 것이다. 여기에 오줌물을 용이 삼켜 불을 토하는 것은 용으로 상징되는 창작적 기관으로 하여금 강렬한 불로 상징되는 강렬한 정신적 작품으로 고쳐 만들어, 서쪽과 동쪽으로 사상을 전파시켜 큰 감동과 변화를 가져올(불이 나고 있는) 것을 예지하고 있다.

하지만 10여 년이 지난 현재까지 세상을 뒤흔들어 놓을만한 작품이 나오지 않고 있다. 이는 아직 꿈이 실현될 시기가 도래하지 않았을 수가 있고, 또한 이 경우에 자신과 관계있는 친한 친구라든지 다른 사람의 꿈을 대신하여 꾸어주는 수도 있다.(글: 한건덕)

⑧ 산에 올라가 소변을 누었더니 경주가 오줌에 잠겨버린 김유신 누이동생 보희의 꿈
→ 영향력을 떨치다.

이 꿈이야기를 들은 그녀의 동생인 문희가 꿈을 삼으로써, 언니와 인연이 맺어질 김춘추를 대신 만나게 되어 훗날 왕비가 되는 것으로 실현되고 있다. 이처럼 자신의 오줌이 세상을 덮는다는 것은 온 천하에 자신의 기개를 널리 떨치게 되거나, 영향력을 행사하게 될 일이 있음을 나타내주는 길몽이다. 태몽일 경우, 장차 큰 인물이 태어날 것임을 예지해주고 있다.

⑨ 여러 사람 앞에서 오줌을 눈 꿈 → 『꿈의 열쇠』에 나오는 외국의 사례이다.

* 어떤 사람이 꿈에 어떤 모임, 형제 동료들 앞에서 옷을 들어 올려 각자를 향해 오줌을 누었다. 그는 명예롭지 못한 사람으로 여겨서 추방되었다. 그런 외설적인 행동이 증오와 추방을 이끄는 것은 당연하다.

* 어떤 사람은 꿈에 대중이 앉아있는 극장 한가운데에서 오줌을 누었다. 그는 불법을 저질렀는데, 당연했다. 그가 관객을 비웃었던 것처럼, 현행법을 비웃었기 때문이다.

≪똥(대변)≫

(1) 똥(대변)꿈에 대하여

똥(대변)은 관념의 분비, 감정의 쾌·불쾌, 암거래, 출하, 소문 거리, 부정물, 재물·돈·작품 등의 일을 상징한다. 대변이나 소변 꿈은 주로 재물과 관련지어 실현되는 특징이 있다. 돼지꿈도 재물과 관련지어 실현되지만, 태몽이나 어떠한 탐욕

스러운 사람을 상징할 수 있는 데 비하여, 똥꿈은 90% 이상 재물의 상징으로 등장하고 있다. 이는 옛날 농경사회에서는 똥이나 오줌을 삭혀서 거름으로 활용된 데서 재물을 상징하고 있다. 또한, 누런 색깔 때문에 황금의 재물과 연관 짓기도 한다.

참고로 맑은 물, 흙, 소금, 땔감, 연탄, 된장 등도 재물을 상징하는 대표적인 표상이다.

자신이 똥을 누거나, 산더미 같은 똥을 보거나, 똥을 온몸에 뒤집어쓰거나, 깊이 빠진다거나, 밟는 꿈은 복권 당첨 등 재물이나 이권을 얻는 일로 실현될 것을 예지해주는 경우가 많다. 또 변소 안이 누런 대변으로 차 있어 놀라거나, 옷에 묻히는 꿈도 마찬가지다. 하지만 똥꿈이라고 해서, 다 좋은 것은 아니다. 꿈의 전개가 어떻게 되었느냐에 따라 달려있다. 똥을 내다 버리는 꿈은 재물의 손실로 이루어지며, 똥의 냄새가 고약한 경우 소문 거리를 상징되기도 한다. 필자가 체험한 것으로, 교실복도에서 변을 본 후에 부끄러워 비닐에 싸서 화장실에 버리는 꿈은 주식에서 손실을 보는 것으로 실현되었다.

이 밖에도 똥꿈은 배설행위로 인하여 정신적 억압으로부터의 해소와 소원 충족을 뜻한다. 따라서 화장실에서 뜻대로 일을 치르는 꿈은 하고자 하는 일이 순조롭게 진행됨을 뜻한다. 반면 화장실이 지저분하거나 문이 안 열려 일을 치를 수 없는 꿈은 좌절이나 실패로 이루어진다.

참고로 우리나라 사람들이 많이 꾸는 똥(대변) 꿈에 대한, 외국의 아르테미도로스의 『꿈의 열쇠』에 언급되고 있는 내용을 살펴본다. 문화·관습의 차이로, 우리와 다른 언급이 있을 수 있으며, 반면에 같은 언급이 있기도 하다.

많은 양의 인분을 보는 꿈은 다양한 재앙을 의미한다.(이처럼, 우리와 견해가 다르다.) 그것을 대로나 광장, 공공장소에서 보는 꿈은 그것이 있던 장소의 사용을 방해하며, 앞으로 나아가는 것을 방해하여, 그 꿈을 고려하지 않은 사람들은 머리에 엄청난 재앙을 겪을 정도였다. 그것이 어디서 오든 인분이 세차게 흘러 더러워지는 꿈 또한 나쁠 수밖에 없다.

그러나 내가 아는 사람은 부유한 동료이자 친한 친구이기도 한 사람이 그의 머리에 똥을 뒤집어씌우는 꿈을 꾸었다. 그 친구는 그를 상속자로 정했고, 그는 친구로부터 재산을 받았다. 또 한 사람은 반대로, 꿈에 그가 아는 한 가난한 사람으로부터 똥을 덮어썼다. 그는 심각한 손실을 보았고 엄청나게 창피를 당했다.

꿈에 똥을 누어 제 다리가 더러워졌다면, 큰 불행을 자초할 것이며, 병이 날 것이다. 잠자리에다 똥을 누는 것도 마찬가지로 위험하다. 이는 장기적인 질병을 예고하는데, 자리에서 일어날 수 없는 사람, 임종에 처한 사람들이 그들의 자리에서 똥을 누기 때문이다.

때로는 이 꿈은 아내 혹은 정부와의 이별을 예고하는데, 잠자리가 더러워졌기 때문이다. 살고 있는 집에서 땅바닥에 똥을 누는 것은 더는 그 집에서 살지 않게 됨을 의미한다. 더러워진 곳에 머물 사람은 없기 때문이다. 가장 위험하고 끔찍한 것은 신전, 광장, 대로 혹은 목욕탕에서 똥을 누는 꿈일 것이다. 이는 신들의 분노, 이례적인 벌을 예고하기 때문이다.

반면에 변소에 앉아 혹은 고정된 의자형 변기에 앉아 똥을 누는 것, 그것도 많이 누는 것은 좋다. 이는 온갖 근심·걱정에서 벗어남을 뜻하는데, 똥을 누고 나면 몸이 훨씬 가벼워지기 때문이다. 내가 보기에 해안·길·들판·강·연못에서 똥을 누는 꿈은 유리하고, 변소에서 일을 보는 꿈과 같은 의미를 지닌다. 이러한 실현은 논리적이고 합당한데, 이 장소들이 똥을 눈 사람에 의해 더러워진 것은 아니며, 당사자에게는 수치심 없이 용변을 볼 수 있게 해주기 때문이다.

(2) 대변(똥) 꿈해몽 요약

대변은 재물, 소문 거리, 부정물, 성취물, 작품 등의 일을 상징한다. 일어날 가능성에 대한 모든 추정 해몽을 예로 들어 소개하기에는 어려움이 있다. 처한 상황에 따라 다르게 실현될 수 있음을 알아두시기 바란다.

① 자기의 대변(똥)이 자신의 키보다 높았던 꿈

자기가 배설한 대변이 산더미같이 높이 쌓이면, 정신적·물질적인 사업이 크게 이루어진다. 작가의 경우 자신의 정신적 산물인 작품 원고를 대량 생산함을 뜻한다.

② 대변을 손으로 만지는 꿈

재물이 생길 꿈이다. 상당한 정신적·물질적인 자본을 취급하게 된다. 이 경우 누렇고 굵고 많은 대변을 만지는 꿈일수록 좋다. 또한 만지면서 불쾌감 같은 것을 느끼지 않아야 한다. 만일 적은 양의 대변을 만지면서 불쾌감을 느끼었다면, 그건 현실에서 기분 나쁜 일을 당하게 되거나, 불만이나 불쾌한 일을 체험할 나쁜 꿈이다. 또한 누런 대변을 만지는 꿈은 돈이나 기타의 일로 재물을 얻게 되지만, 탁하고 묽은 아주 적은 대변을 만지는 꿈은 불쾌·불만을 체험하게 된다.

③ 방안·마당·변소 등에 쌓여 있는 대변을 뒤적이는 꿈

상당한 정신적·물질적인 자본을 취급하게 된다. 이 경우 대변의 색깔이 검고 푸르거나 누런 여러 가지 잡색이면, 돈이나 재물은 되지 않고 다양성 있는 작품 선전물을 의미한다. 검은 빛깔의 대변 꿈으로 재물적 이익이 나지 않은 번거로운 일을 상징하기도 한다.

④ 대변(똥)을 옮기는 꿈

수북이 쌓인 대변을 삽 등으로 옮기는 꿈은 사업가의 경우에 사업자금, 저자의 경우에 작품 원고를 이전할 일이 생긴다.

⑤ 많은 대변을 음식 그릇이나 독에 담는 꿈

상대방에게 창피를 당하거나, 체면이 크게 손상된다. 처한 상황에 따라 좋게는 재물을 분배하는 일로 실현될 수도 있다.

⑥ 대변을 구덩이나 비료통에 여러 번 넣는 꿈

그 횟수만큼 자금을 투자하거나 저축하게 된다.

⑦ 대변을 밭에다 뿌리거나 고랑마다 부어 놓는 꿈

사업상 투자할 일이 생기거나 연금 저축 등 장래를 대비하여 저축하거나 예비로 준비하게 된다. 주식투자자의 경우에, 주식 매수 금액을 늘려가는 일로 실현된다. 부동산을 점차로 늘려나가는 것도 관련된다.

⑧ 똥(대변)이 묻는 꿈

대변 구덩이에 자신이 푹 빠지거나 대변 벼락을 맞고도 전혀 불쾌한 기분을 느끼지 않았다면 재물이 생길 좋은 꿈이지만, 자기가 배설한 대변이나 상대방의 것이 옷·발·엉덩이에 묻어 곤란을 받는 꿈은 부채로 고통받거나 창피를 당하게 된다.

⑨ 대변통이나 변소에 빠지는 꿈

대변통이나 소변통에 빠지면 큰 횡재수가 생긴다. 다만 이 경우에 악취를 느끼지 말아야 좋다. 사건·사고로 실현된 사례도 있다.

⑩ 대변의 냄새를 맡는 꿈

자신의 대변 냄새를 맡으면 자신에게 소문날 일이 생기고, 길에서 남의 대변 냄새를 맡으면 남의 소문을 들을 일이 생긴다. 다른 사람의 일이 역겹게 생각되기도 한다.

⑪ 대변을 배설하는 꿈

자기 집 마당이나 방 안, 변소 등에서 많은 양의 대변을 보게 되면 재물이 생긴다. 그러나 그 대변을 자기 집 밖으로 누군가가 가지고 나갔다면, 재물이 나갈 꿈이다. 마찬가지로 자기 집 변소에서 대변을 누면 재물이 생길 꿈이지만, 남의 집 변소나 밖에서 대변을 보면 재물이 나갈 꿈이다.

⑫ 소변이나 대변을 배설하지 못하는 꿈

사람이나 동물이 있거나 상대방의 대변이 널려 있어 발을 디딜 곳이 없어 배설하지 못하면, 어떤 방해되는 일로 소원이 성취되지 않는다. 처한 상황에 따라 사업이나 청탁·입학·취직·결혼 등의 일이 이루어지지 않는다.

⑬ 대변을 비켜가는 꿈

대변이 여기저기 널려 있는 곳을 비켜 가는 꿈은 남의 시비를 피해 사업을 진행하거나 작품을 발표할 일이 생긴다. 그러나 재물의 상징으로 등장한 경우에, 재물의 이익이 생기려다가 생기지 않는 일로 실현될 수도 있다.

⑭ 대변을 보고 뒤를 닦지 않는 꿈

어떤 일의 뒤처리가 되지 않아, 근심·걱정을 하거나 불쾌한 체험을 한다.

(3) 똥꿈의 실증적 사례

똥꿈의 다양한 실현 사례에 대해서 살펴본다. 특히 똥꿈이나 오줌(소변) 꿈은 재물의 획득으로 이루어지는바, 로또(복권)에 당첨된 똥꿈의 사례를 간략히 살펴본다. 자세한 것은 제Ⅴ장의 로또(복권) 당첨의 실증사례를 참고하시기 바란다.

온 산이 노란 똥으로 뒤덮인 꿈, 노란 똥을 두 줄로 대변보는 꿈, 황금빛 똥이 눈앞에 가득한 꿈, 똥을 손으로 퍼서 끌어안는 꿈, 똥을 묻힌 시커먼 돼지가 달려든 꿈, 동네 아이들이 집으로 몰려와 똥을 차례대로 싸는 꿈, 정화조에 빠지는 꿈, 똥(변)으로 된 대포알을 맞는 꿈, 싸서 먹은 상추 쌈이 인분(똥)이었던 꿈, 화장실에 똥을 계속 퍼내어도 그대로 차 있던 꿈, 옷에 똥(대변)이 많이 묻는 꿈, 딸이 나타나 속옷에 똥을 잔뜩 묻혀 놓는 꿈, 화장실에서 오물(똥)이 쏟아지는 꿈, 다이아 몬드를 가져오다가 똥물에 빠지는 꿈, 대변이 가득한 화장실에 있는 꿈, 변기통 안에 빠진 꿈, 화장실에 한쪽 발이 빠지는 꿈, 변소 안이 누런 똥(대변)으로 가득 찬 꿈, 토하는 오물을 다 뒤집어쓴 꿈, 자신이 소변으로 방안이 홍수를 이룬 꿈 등 이 있다.

① 발밑에 소똥이 가득한 것을 밟는 꿈

부동산이 자신의 앞으로 명의가 이전되는 일로 실현되었다.

② 밤에 자신의 바지에 똥을 싼 것을 보는 꿈

주식에서 막대한 이익을 얻는 일로 실현되었다.

③ 똥을 누었는데, 누군가 지켜보는 꿈(학생의 꿈)

방송국에 보낸 엽서가 당첨되어 상품이 왔으나, 자신에게 소용없는 자동차 용품이기에 아버님에게 드리는 일로 실현되었다.

④ 많은 똥 위에 주저앉아 있던 꿈

윷놀이에서 내리 세 판을 이기게 되는 일이 일어났다.

⑤ 꿈에 화장실 통속에 빠진 꿈

자신이 하는 일이나 사업이 잘된다. 현실에서는 장사가 잘되는 것으로 실현되었다.

⑥ 변으로 요리하는 것을 보는 꿈 → 재물적 이익이 생기다.

　　화장실에서 변을 보는데, 변기에 내용물을 봤고요. 근데 갑자기 옆에서 친구가 요리하는 것을 봤더니, 된장국이었는데 제가 봤던 변을 가지고 요리를 하더군요. 저는 인상을 찌푸렸는데, 친구는 숟가락으로 맛을 보더니 만족을 했습니다.

　　아침이 돼서도 꿈이 잊히지 않았는데, 오후에 퇴근 후 우연히 잘 쓰지 않던 그릇을 찾아 내렸더니, 그 안에 남편이 몰래 숨겨놓았던 비상금 10여만 원이 있지 않겠습니까. 그날 요긴하게 썼답니다. 지갑에 돈 한 푼 없었는데 말이죠. 똥꿈은 이렇게도 기쁘게 하네요.---김현해, 2006. 07. 08.

⑦ 강아지가 변을 보는 것을 본 꿈 → 재물 획득

　　저희 집에 키우는 멍멍이가 14년 되었는데, 이놈이 꿈에서 화장실을 간다고 보채서 제가 화장실 문을 열어줍니다. 들어가서 응가를 하는데 제가 지켜보고 있었죠. 근데 한 번에 하는 게 아니라 나눠서 변을 보는데, 제가 숫자를 세어보고서, "앗! 네 덩이다." 이렇게 말하면서 일어났습니다.

 그날 남자친구랑 데이트하고 집에 들어갈 때쯤, 남자친구가 갑자기 500원짜리 즉석 복권을 사와 긁었는데, 4등이 되더라고요. 그래서 네 덩어리였나 봐요.

⑧ 곱고 노란 똥을 밟았는데 누군가가 엿보고 있었고, 그 똥을 신문지에 조금 담아서 버리는 꿈

그날 저녁 남편의 월급이 좀 비어 있었고, 나가는 돈이 많은 일로 실현되었다.

⑨ 형체도 없는 검은 똥이라고 여겨지는 것을 강제로 먹는 꿈

마음고생만 하게 되고 재물 운이 없게 된다. 아파트에 당첨되었으나 계약금만 준비하는 등의 번거로운 일만 하고 실익이 없는 일로 실현되었다.

⑩ 똥 덩어리가 현관부터 뚝뚝 떨어져 있는 꿈 → 재물의 손실

 현관문을 열었더니 똥 덩어리가 현관부터 계단으로 뚝뚝 떨어져 있었습니다. 똥꿈이면 다 좋은 줄 알았더니, 아주 큰 돈이 나갈 꿈이었습니다.

⑪ 똥물(대변)이 흐르는 꿈 → 재물의 손실

강의 중앙부에 삼각주가 생겼는데, 위에서 시커먼 똥물이 흘러와 삼각주 좌우로 흘러가고 있었던 꿈은 증권에 크게 실패할 것을 예지한 꿈이었다. 이처럼 똥물이 자신에게 오지 않고 비껴가는 것을 보면, 남에게 사기당하거나 재물에 큰 손실을 본다.

⑫ 자신의 대변이 자신의 키보다 높았던 꿈

저자의 경우에 정신적 산물인 작품 원고를 대량 집필하는 일로 실현되었다.

⑬ 변을 밟은 꿈 → 창피를 당하게 되다.

길바닥에 사람들이 대변을 여기저기 누어 연이어져 있는 곳을 걷다가, 한 사람의 변을 밟아 불쾌했던 꿈은 여러 사람이 각각 발표한 기삿거리 중 한 사람에 의해서 비판받고 창피당할 것을 예지한 꿈이었다.

⑭ 똥통에 빠진 꿈 → 정신적 감화를 받다.

 길을 가다가 어느 빌딩의 화장실을 찾아 들어갔는데, 그 화장실은 옛날 재래식 화장실이었다. 그곳에서 한 사내가 볼일을 보다가 그만 똥통에 빠져버렸다. 그때 보니 그 똥통에 빠지는 사람이 꼭 나 같았다. 이 날 나는 어느 목사님의 책 『빼앗길 수 없는 기쁨』이란 책을 접했는데, 순식간에 그 책에 빠져들었다.

특이한 사례로, 똥통에 빠진 꿈으로 어떠한 책이나 사상에 감화되어 가는 일

로 실현되고 있다.

⑮ 다른 건물에 들어가 대변을 보는 꿈 → 재물이 나가게 되다.

하루는 집에서 낮잠을 자면서 꿈을 꾸었다. 〔서울시청 옆에 있는 외국계열 무슨 화학회사라고 생각되는 건물에 들어가 화장실에 대변을 조금 보는 꿈이었다. 옆에서는 청소하는 여자가 걸레에 세제를 묻혀 타일 바닥을 닦고 있었다.〕

꿈에서 깨어나자 '이게 무슨 꿈일까? 돈이 좀 나갈 꿈인데---' 대변은 재물을 뜻하는데, 우리 집 화장실이 아닌 남의 화장실에서 일을 보았으며, 대변을 조금 누었으니 돈이 조금 나갈 꿈이라고 해석했던 것이다.

그때 마침 집사람이 밖에서 들어왔다. 그리고는 장판이나 주방용 가구에 묻어있는 찌든 때가 깨끗이 제거된다는 외제 세제를 옆 동 아파트에서 사 왔다면서, 그걸 걸레에 묻혀 장판을 닦아 보이며 말했다. "이것 좀 봐요. 아주 깨끗이 닦아지죠?" 내 눈엔 보통 비눗물로 닦는 것과 하나도 다를 바가 없었다. 그래서 그까짓 걸 뭘 하러, 돈 아깝게 사 왔느냐고 역정을 냈다. 그러고 나서 가만히 생각해보니, 조금 전의 꿈이 실현된 것을 깨달았다. 꿈속의 〔외국인 화학회사〕가 현실의 '외제 세제'를 뜻했고, 화장실에서 일 보고 있을 때, 옆에서 청소하는 여자가 걸레에 세제를 묻혀 타일 바닥을 닦고 있던 장면이 '아내가 세제를 묻혀 장판을 닦는 모습'과 너무도 흡사했던 것이다.---요약 발췌 (글: 김하원)

(4) 똥 꿈에 대한 상담사례

① 돼지가 똥을 밟고 노는 꿈

잠깐 선잠을 자는데, 마당에 돼지 네다섯 마리가 자신들의 똥을 밟으면서 놀고 있다가, 돼지들이 어디로 가기에 쫓아 가보니, 옛날 돼지우리처럼 돼지 똥이 질퍽거리는 곳으로 들어가더라고요. 그리고 그곳엔 더 많은 돼지들이 있더군요. 누구의 돼지우리인지는 모르겠지마는, 좋은 꿈인가요?

상징적인 미래 예지 꿈이네요. 꿈은 괜찮네요. 돼지와 똥이 등장한 꿈으로, 재물의 표상이라는 공통점이 있네요. 이렇게 돼지와 똥을 보는 꿈이 재물의 획득으로 이루어질 가능성이 아주 높습니다. 다른 어떤 재물적 이익이 일어날 때까지, 로또 같은 것을 사보는 것도 좋은 방법이지요. 또한, 돼지가 재물의 상징이 아닌, 어떠한 사람을 나타내는 경우가 있습니다. 돼지로 표상된 어떠한 사람들이, 돼지

우리로 상징된 어떤 기관이나 단체 등에서 재물과 관련하여 어떠한 일을 벌이게 되는 일로 실현될 수도 있고요.

대개 돼지가 등장한 사례가 좋더군요. 죽은 돼지꿈이나 돼지를 쫓아내는 등의 특이한 경우를 제외하고요. 돼지우리가 상징적으로는 어떤 회사·기관·단체 등이 될 수 있고요. 돼지우리로 상징된 회사나, 가정에 재물적인 이익이 생겨날 수 있는 꿈입니다.

그리고 선잠이 든 깊은 잠이 든 잠의 깊이와는 상관없이, 얼마나 생생하냐에 따라 꿈의 예지력의 차이가 있습니다. 꿈의 기억이 사소하면 사소할수록 하찮은 개꿈일 가능성이 높으며, 생생할수록 자신에게 중대한 일이 발생하거나 실현의 가능성이 높아집니다.

② 똥 먹는 꿈

꿈에서 누가 음식과 똥을 섞어 주기에 처음에는 멋모르고 먹다가 그게 똥과 섞인 것을 나중에 알고 먹다가 뱉었습니다. 그 맛을 보았는데 떨떠름한 게 일어나서도 혀에 그 떨떠름함이 묻어났습니다. 그러니깐 똥 맛을 본 것이죠.

그리고 꿈에서 누가 굵은 똥 세 덩이를 줬습니다. 그리고 며칠 전에는 누가 토를 하기에 보니 똥물을 토하더라고요. 그래서 옆에 있던 남자랑 제가 다 뒤집어쓰는 꿈을 꿨습니다.

상징적으로 장차 일어날 일을 보여주는 예지적인 꿈입니다. 재물적인 이익이 있게 될 것이고요. 상추쌈을 맛있게 먹었는데 알고 보니 똥이었던 꿈의 실현이 복권 당첨으로 실현된 사례가 있습니다. 이로써 보면, 꿈의 상징 입장에서는 똥을 먹는 꿈이 더 좋은 것이지요. 먹다가 뱉는 것은 재물적인 이익이 들어오려는 것을 본인이 흔쾌히 받아들이지 않게 되는 일로 이루어지지요.

그러나 똥 세 덩이를 받는 꿈, 남이 토하는 똥물을 뒤집어쓴 꿈 등으로 이어지는 상징적인 예지적 꿈을 보면, 재물이나 이권을 얻게 되는 일로 반드시 실현될 것입니다. 옆에 있던 남자와 같이 뒤집어썼듯이, 자신 혼자 만이 아닌 누군가와 같이 이권이나 재물적 이익을 얻는 일로 실현될 것입니다. 일반인에게 가장 일어날 가능성이 높은 것이 로또 당첨이니, 로또를 사보시고요. 회사원이라면 처한 상황에 따라, 뜻밖의 보너스를 받게 된다든지, 사업 성과금을 받게 되는 일로 이루어질 수 있습니다.

③ 변을 주무르고 변을 보는 꿈

　　3~4세가량의 갓난아기가 배설한 대변을 더러운 줄 모르고, 두 손으로 뭉쳐 쥐고 주물 럭거렸어요. 어느 날 꿈엔 더럽다고 내다 버리고, 어떤 때는 내가 내 키보다 높은 변을 배설한 적이 있어요.

꿈속에서 대변을 어떻게 취급했으며, 어떤 느낌이 들었느냐에 따라 재수가 있고 없는 것을 알게 된다. 옷이나 손에 조금 묻으면 창피한 일에 직면하지만, 열 손가락을 가지고 주무르고 있는 꿈은 돈을 취급할 일이 있고, 그날 또는 2~3일 안에 재수가 있다. 꿈에서 갓난아이는 어떤 일거리의 상징물이다(어떤 사업의 시초일 가능성이 높다). 그렇지만 그 변을 내다 버리는 것은 재물의 손실이 있게 될 것을 뜻하며, 자기의 키보다 높게 대변을 보는 것은 정신적 아니면 물질적 사업으로 크게 성공한다.(글: 한건덕)

갓난아기로 상징된 이제 막 시작된 어떤 일거리나 사업 등에서, 똥을 주물럭거렸듯이 재물적 이익이 생겨나는 일로 실현될 가능성이 높다. 똥은 대부분 재물을 상징하고 있는바, 똥을 내다 버리는 것은 사업상 재물의 손실, 자신보다 높은 대변을 배설한 꿈은 사업에서 막대한 재물적 이익이 나는 것을 상징하고 있다. 추정컨대, 새로 시작한 가게 등에서 손실이 있기도 하고, 많은 재물적 이익이 나는 일로 실현되는 꿈이다.

(5) 똥에 관한 민속 꿈 사례

〈좋은 꿈〉

- 꿈에 똥을 가지고 집에 돌아오면 크게 좋다.
- 꿈에 똥을 밟거나 똥이 옷에 묻으면 술이 생긴다.
- 꿈에 똥을 밟으면 돈을 번다.
- 꿈에 똥, 흙이 쌓이면 재물이 있다.
- 꿈에 똥을 보면 먹을 것(또는 재물복)이 생긴다.
- 꿈에 오줌·똥이 떨어지면 재물이 있다.
- 꿈에 똥이 가득하면 부귀를 누린다.
- 꿈에 남이 똥을 주면 재물이 는다.
- 꿈에 똥 만지면 다음 날 떡 먹는다(운 좋다).

- 꿈에 뒷간에 떨어졌다가 나오면 좋다.
- 꿈에 뒷간에 빠지면 재수가 좋다.
- 꿈에 뒷간 위에 오르면 재물을 얻는다.
- 꿈에 뒷간을 치우면 재물이 생긴다.
- 꿈에 뒷간의 똥이 넘치면 운수가 좋다.
- 꿈에 농부가 변소에 빠지면 부자 된다.

〈나쁜 꿈〉

- 꿈에 똥 가운데 앉으면 나쁘다.
- 꿈에 똥·오줌을 잃으면 재물에 손해를 본다.
- 꿈에 똥·흙을 쓸면 집이 망한다.

4 동물 꿈(12지 및 기타 동물)

dream

【동물에 관한 꿈】

세상에는 수많은 동물들이 있다. 동물은 각기 그 표상하는 바에 따라, 대부분 사람이나 태몽 표상으로 자주 등장하고 있다. 또한 일거리·대상이나 재물의 상징으로 등장하기도 하며, 회사나 기관 등의 특정 세력 등을 상징적으로 표상하고 있는 경우도 있다. 따라서 꿈속에 등장한 동물의 크기나 특성, 활동 범위, 무섭거나 귀여운 이미지 등의 상징적 의미 등을 처한 상황을 고려하여 해몽하여야 한다.

애완동물은 상징적으로 자신이 애정을 지니고 대하는 일거리나 대상을 뜻한다. 또는 어떠한 애정을 기울이는 사람을 상징적으로 뜻하고 있다. 자신이 외롭거나 애인을 갈망하는 경우에, 꿈속에 고양이나 강아지 등의 애완동물로 등장하기도 한다. 이 경우에 고양이나 강아지를 가까이하는 꿈은 실제 어떠한 일거리나 대상에 애착을 가지게 되거나, 사람을 사귀게 되는 일로 실현된다.

(1) 동물은 특정한 사람의 상징

꿈속에 등장하는 동물은 대부분 상징적으로 사람을 뜻하는 바가 많다. 처녀의 꿈에 구렁이가 몸에 감겨드는 꿈은 구렁이로 표상된 건장한 남성이 다가옴을 뜻하며, 꿈속에서 구렁이의 몸에 감겨 꼼짝할 수 없었다면, 현실에서 그 남성의 영향력에서 벗어날 수 없음을 예지해주고 있다. 또한 호랑이가 사슴을 물어 죽이는 꿈이라면, 호랑이로 상징된 권세 있는 사람이 사슴으로 상징된 인물을 제압·굴복·복종시키게 될 것을 상징적으로 예지해주고 있다.

이러한 동물이 사람을 상징하고 있는 것은 언어의 관습적 상징에서도 그대로 사용되고 있다. '미련 곰탱이'에서 곰은 어리석고 미련한 사람, '호랑이 선생님'은 무서운 사람, '화려한 꽃뱀'은 남성을 유혹하는 화류계 여성, '앙팡진 암고양이'는 앙칼지고 표독한 여자, '여우 같은 년'은 약아빠진 여자, '돼지 같은 놈'은 탐욕스러운 사람, '토끼'는 사랑스러운 자식, '암사슴'은 귀여운 애인, '원숭이'는 교활한 재주를 부리는 사람을 상징적으로 보여주고 있다. 이러한 것은 태몽 표상에서도 그대로 적용되고 있는바, 꿈속에 등장한 동물과 유사한 성격이나 외모·체격 등의 아이가 태어날 것을 예지해주고 있다.

또한 이러한 것은 외국의 아르테미도로스의 『꿈의 열쇠』에서 다음과 같이 언급되고 있는바, 꿈의 상징 기법은 우리의 해몽 방법과 일치하고 있음을 알 수 있으며, 참고로 살펴본다.

겁이 많고, 쉽게 도망치고, 기품이 없는 동물은 겁쟁이와 도망치는 자를 뜻한다. 예를 들어 사슴·토끼·개이다. 용과 같이 강하고 힘센 동물은 위인을 뜻하며, 독사나 뱀 모양의 도마뱀 등은 부유한 남녀를 뜻한다. 실제보다 외관이 더 무시무시한 동물들은 허풍쟁이, 볼이 통통한 뱀이나 독이 있는 두꺼비 등은 한결같지 않은 사람을 뜻한다. 매와 늑대처럼 공개적으로 낚아채는 동물은 강도와 도둑이다. 솔개와 여우 같은 동물들은 배신자이다. 아름답고 우아한 동물은 과시하기를 좋아하는 자들로 앵무새·공작이다. 예쁜 목소리를 지닌 제비·꾀꼬리 등 노래하는 동물은 문인이나 음악·노래를 하는 사람이다. 원숭이·까치처럼 흉내를 잘 내는 동물은 약장수이고 사기꾼이다. 얼룩이 있고 반점이 있는 동물인 표범과 같은 동물은 솔직하지 못한 사람들이고, 때론 낙인을 찍힌 사람을 나타내기도 한다. 독거미·도마뱀처럼 작은 동물들은 소인이나 경멸할 만한 사람들로 나쁜 행동을 할 수 있는 자들이다. 당나귀·소는 수고하며 일하는 하인이다. 일은 잘하지만 어디에도 속하지 않는 거세 안 한 수소·야생당나귀 등의 동물은 고집 센 무례한 사람이다. 떼 지어 있는 동물은 사교적이고 군거하는 사람들이며, 모든 친목회에 쓸모있는 사람들로 황새·두루미·비둘기·찌르레기 등이다. 죽은 자들에게 가 앉고 사냥을 하지 않는 독수리 등의 동물은 게으른 자, 무사태평한 자, 시체를 운반하는 자, 도시에서 추방당한 자 들이다. 야행성으로 낮에는 어떤 활동도 하지 않는 새인 올빼미는 간통자·도둑이나 밤에 일하는 사람을 뜻한다. 까마귀·까치 등 목소리의 울림이 여럿인 동물은 여러 언어에 능통한 자, 박학한 사람을 의미한다. 또한 길들인 동물·가축은 집의 사람을 나타내고, 맹수는 적이나 질병, 불쾌한 사건이나 불행을 나타낸다.

동물이 사람을 상징한 사례를 간략히 살펴본다.

① 덫에 걸린 토끼를 빼앗기지 않은 꿈 → 아들의 질병 회복 예지

꿈속에서 남편은 후배와 함께 어느 산에 갔었다고 합니다. 그런데 토끼 한 마리가 덫에 목이 끼어 피를 흘리며, 숨만 겨우 쉬고 있다는 것이었습니다. 그래서 남편은 그 토끼를 가지고 산에서 내려왔는데, 후배라는 사람이 계속 그 토끼를 빼앗아 가려고 해서 후배와 다투었다고 합니다. 그때 갑자기 제가 나타나, 남편의 후배에게 소리를 고래고래 지르며, "그 토끼는 절대 가져갈 수 없다"며, 빼앗아서는 집으로 가지고 들어갔다는 것이었습니다.

남편이 그 꿈을 꾸었을 당시, 군대에 간 아들이 몸이 안 좋아 군 병원에 있었을 때였습니다. 아들의 병은 외국에서도 보기 드문 희귀한 병이었지만, 작년에 아주 성공적인 수술을 받고 지금은 건강한 몸이 되었습니다. 이제 와 생각해보니, '예전에 남편이 꾸었던 꿈속에서 덫에 걸린 토끼가 아들이었고, 남편의 후배가 저승사자가 아니었나.'하는 생각이 듭니다. 가만히 생각해 보면, 그때 꿈속에서 토끼를 빼앗기지 않은 것이 무척이나 다행스럽습니다.

독자의 꿈이야기이다. 꿈속의 덫에 걸린 토끼는 바로 병마로 시달리게 될 아

들의 상징 표상으로 등장하고 있다. 이처럼 누군가의 상징 표상이 동물이나 식물 등으로 전이되어 나타나는 것은 꿈의 상징 표상의 전개에 있어 흔한 일이다. 이 밖에도, 뱀이 숲 속으로 달아나는 꿈을 꾼 후에 아들을 교통사고로 잃은 사례, 검은 개 한 마리가 있기에 귀여워서 만져주는 데 갑자기 물은 꿈으로 남동생과 다투다가 동생에게 매 맞는 일로 실현된 사례 등이 있다.

② 부동산 아주머니가 토끼를 잡아온 꿈 → 부동산 매매 계약 성사

　무모하리만큼 과감해서 계약은 해놓은 상태이고, 이제 내일모레면 잔금을 치러야 할 날인데, 집이 팔리지를 않아 노심초사하던 나날이었다. 꿈에 아는 부동산 아주머니께서 웃으시며, 토끼 귀 두 개를 모아 움켜쥐고 토끼를 잡아 오시는 게 아닌가!

　다음 날 저는 그 부동산으로 전화를 걸어 매매의사가 있으신 분이 있으면, 무조건 만나게만 해달라고 적극적으로 말했습니다. 자리가 마련되어 상대 여자분이 들어서며 웃는데, 커다란 앞니 두 개가 토끼 이빨과 똑같았으며, 전체 이미지가 토끼 같아서 깜짝 놀랐습니다. 그리고 그분과 매매를 할 수가 있었습니다.

③ 암사슴을 붙잡은 꿈 → 사랑스러운 애인을 두게 되다.

　"아름답고 쾌적한 숲 속에서 사냥을 하고 있다가, 지금까지 본 일이 없는 대단히 귀엽고 아름다운 새끼 암사슴을 붙잡은 꿈이오. 그것은 눈보다 흰 사슴으로, 대뜸 나를 따르고 나에게서 떨어지지 않으려 한단 말이오. 나는 아주 귀여워 달아나지 않도록, 목에 금 목걸이를 끼우고 금사슬을 매달아 꼭 쥐고 있었소."---『데카메론』

사랑스러운 애인을 암사슴으로 상징하여 나타내고 있다.

④ 두꺼비에게 물을 먹여 준 꿈 → 두꺼비로 상징된 사람을 만나게 되다.

　어느 산속 집의 방 안에서 나와 다른 두 명이 무슨 이야기를 주고받던 중, 내가 잠시만 나갔다 오겠다고 하고서는 방문을 열고 밖으로 나왔다. 나와보니 집 마당 작은 분수대의 돌판 위에, 어른 주먹 두 개 정도 크기의 두꺼비가 입을 꾹 다물고 앉아 있었다. 나는 그 때 접시 같은 것을 들고 가서, 그 두꺼비에게 물을 먹여주었다. 그랬더니 아무런 표정없이 물을 뻐끔뻐끔 먹었다.

　꿈을 꾼 날 복지관에 새로운 관장이 임명되어 왔다. 재단에서 이 신임 관장을 통하여 나를 퇴사시키고자 하여 보낸 사람이었는데, 나중에는 이 분과 내가 한편이 되어 부당한 재단과 싸우게 되었다.

(2) 동물의 태몽 표상

제Ⅴ장의 태몽에서 다양한 동물이 태몽 표상으로 등장하는 것에 대해서, 자세하게 살펴본 바 있다. 우리가 호랑이 꿈을 꾸었다고 하면, 태몽이라고 연상할 정도로 태몽 표상에서 동물들이 자주 등장하고 있다. 돼지꿈의 경우에 재물운으로 실현되는 경우가 많지만, 돼지꿈 태몽도 상당수에 이르고 있다. 물고기 잡는 꿈도 태몽 표상이 많다. 이 경우에 절대적인 것은 아니지만, 대다수의 사례로 미루어볼 때, 태몽 표상에 등장한 동물과 유사한 체격이나 성격을 지닌 인물로 인생길이 펼쳐지고 있다.

① 하마가 달려든 꿈 → 가수 노사연의 태몽

'하마가 달려들었다.' 가수 노사연 씨가 여자치고는 덩치가 크고 몸이 좀 비대한 것을 예지한 태몽일 것이다. 이처럼 태몽은 인생의 운명 길에 대한 개략적인 추세뿐만이 아니라, 단순하게는 몸의 생김새나 특이한 성격을 알려줄 때도 있다. 앞서 살펴본 바 있지만, 아들의 태몽으로 기린을 본바, 출생한 아이가 목도 길고 팔다리도 긴 편이라고 이야기하고 있다.

② 새끼 돼지 서너 마리가 품 안으로 뛰어든 꿈

발라드 황제라 불리는 가수 신승훈의 태몽이다. '새끼 돼지 서너 마리가 품 안으로 뛰어들어 왔다.'고 한다. 그의 부드러운 이미지에 어울리는 따뜻하고 귀여운 꿈이다.

③ 바닷가에 호랑이가 나타나 발을 물면서 품에 안기는 꿈 → 가수 박현빈의 태몽

나는 1982년 10월 18일 경기도 광명에서 두 형제 가운데 둘째로 태어났다. 묘하게도 태몽을 어머니가 아니라, 이모가 꾸셨다고 한다. 이모는 어느 날 넓은 바닷가에 갑작스럽게 호랑이 한 마리가 나타나, 발을 물면서 품에 안기는 꿈을 꾸셨다고 한다. 그 이후 내가 태어났는데, 어머니는 이모로부터 이 얘기를 듣고, 아들이 '평범한 사람은 되지 않겠구나.'라고 기대하셨다고 한다.---[마이라이프], 스포츠서울, 2006. 10. 29.

박현빈은 '곤드레만드레' 등 신세대 취향의 트로트 곡으로, '남자 장윤정'이라는 별명을 얻었다.

(3) 일거리 대상의 상징

동물이 반드시 사람을 상징하는 것만은 아니다. 길흉을 나타내는 동물의 상징

적 의미에 맞게, 어떠한 일거리나 대상을 상징하는 경우도 있다.

① 물고기가 떨어져 나가 두 동강이 나서 죽은 꿈 → 노트북이 고장 나다.

> 키우던 물고기가 아파서 약도 주고 했는데, 갑자기 아귀 입처럼 크게 벌리더니 제 손을 물었어요. 저는 놀라서 손을 막 흔들었더니, 떨어져 나가 두 동강이 나면서 죽는 꿈이었습니다. 이날 다림질하다가 손가락 두 개를 데었고, 멀쩡하던 노트북이 고장 나서 20만 원의 수리비를 들여 고쳤습니다.---라나, 등록일 : 2011. 07. 06.

② 돼지우리에서 소변을 보는데 돼지 새끼들이 몰려와 받아먹은 꿈

저자의 경우, 여러 개의 소작품을 여러 잡지사에서 발표하는 일로 실현되었다.

(4) 권세·재물이나 이권의 상징

호랑이가 집을 지켜주는 꿈으로 복권에 당첨된 사람이 있는바, 각 동물의 상징 표상에 따라 권세·재물이나 이권의 상징이 되기도 한다. 돼지꿈이 대부분 재물과 관련지어 실현되는 데서 잘 알 수 있겠다.

동물관련 복권 당첨의 실증사례가 무수히 많은바, 간단히 살펴본다.

돼지가 집안으로 들어온 꿈, 호숫가에서 큰 잉어를 가슴에 안는 꿈, 팔뚝만 한 큰 물고기들이 봇물 위에 떠오른 꿈, 물고기 한 마리를 받은 꿈, 커다란 물고기(잉어)가 몸속으로 들어온 꿈, 아름다운 잉어 한 마리가 튀어 올라 따라오는 꿈, 뱀의 머리를 잡고 독을 짜내는 꿈, 뱀(독사)을 여러 마리 잡는 꿈, 누워 있던 자리에 수백 마리 뱀들이 무리 지어 있는 꿈, 주머니에 뱀과 지네가 들어있는 꿈, 수탉이 손가락을 물은 꿈, 고양이가 새끼를 낳은 꿈, 쓰다듬어 주던 개가 절을 하는 꿈, 거북이가 자신의 어항에 담겨있는 꿈, 거북이가 알을 낳는 꿈, 자라를 구해주는 꿈, 두꺼비와 대화를 나누고 그놈을 선도하는 꿈, 거미가 생생히 기어가는 꿈, 용이 자신을 품고 구름 위로 올라가는 꿈, 화려한 색깔의 용 한 마리가 튀어 오르는 꿈, 용이 여의주를 물고 승천하는 꿈, 용이 자신을 태우고 어디론가 날아가는 꿈, 호랑이가 집을 지켜주는 꿈, 호랑이가 달려들어 품에 안는 꿈 등으로 복권에 당첨되고 있다. 이 밖에도, 끝이 안 보일 정도의 큰 구렁이가 꿈에 나타난 꿈, 잉어와 가재 등을 가슴에 안는 꿈, 친구들과 야유회를 가는데 자신 혼자만이 코끼리를 타고 가는 꿈으로 복권에 당첨된 사례가 있다.

⑸ 동물 꿈해몽 요약

① 동물에게 팔을 물리는 꿈

동물에게 물리는 꿈은 동물로 상징된 사람이나 세력의 영향권 안에 들어가게 됨을 뜻한다. 좋게는 동물로 상징된 권세나 이권이 자기에게 주어진다. 이 경우에, 큰 동물이 손이나 다리를 물고 놓지 않으면, 큰 권리나 직책·명예 등을 얻어 오래도록 간직하게 된다. 나쁘게는 물린 자리에서 피가 나면, 재물이나 정신적 손해가 따른다.

② 짐승에게 물려 피가 난 꿈

짐승이나 사람에게 물려서 피가 나면 재물에 손실이 있다. 하지만 그 꿈속의 자기가 어떤 일거리나 작품을 상징한 경우에 뱀이나 기타 동물에게 물리는 것은, 그 일거리로 인하여 재물을 얻거나 그 작품 따위가 진리라는 좋은 평을 얻고 세상에 과시할 일이 생긴다.

③ 상대방이나 동물을 이빨로 물은 꿈

상대방에게 권세나 사상 따위로 영향을 주어 자기편으로 만들게 된다. 처한 상황에 따라 동물로 상징된 어떤 일거리 대상을 평가하고 감정할 일이 생긴다.

④ 동물이 다른 동물을 문 것을 보는 꿈

두 개의 세력이 연합하거나 계약·합동할 일이 생긴다. 이때에 물림을 당한 동물로 상징된 쪽이 수동적인 입장에 처하게 된다. 또한 물린 한쪽의 동물이 피를 흘리거나 죽거나 비명을 지르면, 어려움에 처해서 권세가 몰락하거나 희생된다.

⑤ 동물을 몰아가는 꿈

어떤 사람 또는 일이 자기 뜻대로 잘 진행되며, 동물을 붙잡아 묶어 끌고 가면 동물로 상징된 어떤 사람을 억지로 따르게 하는 일로 실현된다.

⑥ 머리가 여럿인 동물 꿈

뛰어난 능력을 지닌 인물, 연립정부나 영도자가 많은 단체나 세력 등을 상징한다.

⑦ 동물의 뿔에 관한 꿈

* 뿔이 여러 개 있는 동물은 재주가 능수능란하거나, 여러 파벌 또는 이념의 분열 등을 상징한다.

* 소뿔이 잘 생기고 털에 윤기가 있는 것을 보는 꿈은 능력이 뛰어난 좋은 사

람을 만나게 되거나, 뛰어난 예술 작품 등을 접하게 된다.

* 사슴뿔(녹용)을 얻는 꿈은 이권이나 재물을 얻게 된다. 업무나 학문적인 업적을 쌓게 되며, 처한 상황에 따라 좋은 성취를 이루게 된다.

* 자신이 소를 죽이니 쇠뿔에서 붉은 피가 흘러나오는 꿈은 성취를 이루게 되어, 취직하게 되거나 승진이 있게 된다.

* 소의 뿔에 받히는 꿈은 부하직원이나 믿었던 사람에게 배신이나 항명으로 인하여, 재물의 손실을 보고 고통을 받게 된다.

* 염소가 뿔로 자신을 들이받는 꿈은 염소로 상징된 누군가의 반발이나 저항을 받게 되거나, 받혀진 부위에 교통사고나 질병이 발생할 수 있다. 이 밖에도 심신이 불안정한 상태에 놓이게 된다.

* 사슴의 뿔에 보석이 달린 것을 보는 꿈은 태몽으로 실현되었는바, 연예인 송혜교의 태몽이다.

1) 포유류

≪돼지≫

1) 돼지꿈에 관하여

돼지꿈은 다양하게 실현되고 있다. 사람들은 돼지꿈하면, 재물을 얻게 되는 것으로 알고 있다. 이는 로또(복권)에 당첨된 많은 사람이 돼지꿈을 꾼 것만을 봐도 알 수 있다. 다만, 돼지꿈만 꾼다고 해서 재물운으로 이루어지는 것이 아니라, 돼지꿈의 전개가 어떻게 되었느냐에 따라 달려 있다. 예를 들어 돼지가 품에 안긴다든지 집으로 달려오는 꿈은 재물을 얻는 일로 이루어지지만, 반대로 돼지를 쫓아낸다든지 돼지가 사라지든지 들어온 돼지가 죽는 꿈 등은 재물을 얻으려다가 잃게 되는 일로 실현되고 있다.

또한 돼지꿈이 재물의 상징만 되지 않고, 사람·작품·일거리·이권·인적자원 등과 같은 여러 가지 상징으로 등장하고 있다. 따라서 돼지꿈을 꾸고 반드시 복권 당첨 등의 재물운으로만 실현되는 것은 아니라, 태몽이라든지, 돼지로 상징된 탐욕스럽거나 뚱뚱한 직원이나 사람을 맞아들이는 일로 실현될 수도 있다.

이처럼 꿈의 실현은 꿈을 꾼 사람이 처해 있는 상황과 돼지꿈의 표상이 어떻게 전개되었느냐에 따라 달리 실현되고 있다. 덧붙이자면, 꿈의 언어인 상징 표상의 전개는 우리의 관습적 언어 상징과 문학적 상징, 나아가 토속적 민속신앙과도 맥을 같이 하고 있다. 돼지꿈 또한 마찬가지이다. 우리가 동네 이발소 등에 가면 어미돼지가 많은 새끼에게 젖을 먹이는 그림을 볼 수 있는바, 이는 다산(多産)과 쑥쑥 커 나가는 성장성에서 가게의 번창을 기원하고 있음을 잘 알 수 있다. 또한 민속적으로 고사 지낼 때 돼지머리를 놓고 지내는 것도 다산과 성장성에서, 번창과 풍요로움을 기원하는 상징으로 쓰이고 있음을 알 수 있다.

2) 돼지 꿈해몽 및 실증사례

각각의 처한 상황에 따라, 돼지꿈의 상징 표상이 어떻게 전개될지 염두에 두고 살펴보시기 바란다.

(1) 사람의 상징

돼지를 대문 안에 붙잡아 두는 꿈은 돼지의 상징 표상이 무엇을 뜻하느냐에 따라 달라지며, 꿈의 실현은 각각이 처한 상황에 따라 다르게 실현된다. 사람의 상징일 경우에는 돼지로 상징된 사람을 확보하게 된다. 예를 들어, 집안에 가정부를 새로 두게 된다든지, 회사 사장의 경우에 마음에 드는 인재를 얻게 되는 일로도 실현 가능하다. 다만 돼지의 상징적 의미 그대로, 뚱뚱한 사람이든지, 탐욕스러운 사람이든지, 복스럽게 생긴 사람일 가능성이 높다.

일반적으로는 태몽이나, 돼지로 상징된 재물이나 이권을 확보하게 되는 일로 실현된다.

① 사납고 냄새가 나는 큰 돼지가 방안에 들어와서 사람으로 변한 꿈

돼지로 상징된 돼지 같은 탐욕스럽고 세도가 당당한 나쁜 사람이 인격자인 척하고 자기 집에 찾아오는 일로 실현되었다.

② 희고 살진 돼지가 도망치며 발이 아파 신발을 달라기에 신을 주고 같이 도망친 꿈

어떤 사람의 사업에 보증을 서거나, 그 업체를 인수해서 경영하게 되었다.

(2) 태몽—요약적 꿈해몽 및 실증사례

돼지는 일반적으로 재물운을 상징하지만, 가임여건에서 상당수 태몽으로 실현되기도 한다. 이 경우에 꿈이 아주 생생한 특징을 지니고 있으며, 꿈속에 나타

난 돼지의 크기나 숫자, 표상 전개에 따른 상황 등에 따라 다르게 풀이된다. 예쁜 돼지꿈의 태몽인 경우, 딸을 낳을 가능성이 높다.

① 돼지가 달려들거나 물리는 꿈

씩씩하고 용맹스러운 아이, 혹은 높은 관직에 오르거나 명성을 떨칠 아이를 낳는다.

② 돼지가 새끼를 낳는 꿈

새끼 수가 많을수록 풍요로운 인생길의 좋은 태몽이다. 일반적인 여건에서는 재물의 증식, 사업의 번성 등을 뜻한다.

③ 산 정상에 있던 산돼지가 내려와 이빨로 자기 배를 찌른 꿈

태아가 장차 최고의 명예나 권리를 말년에 획득하게 됨을 예지한다. 산 정상이 장차 높은 직위에 오르게 될 것을 예지해주고 있다.

④ 돼지 새끼를 쓰다듬는 꿈

출생한 아기는 잘 자라고 의식주에 걱정이 없는 부유한 사람이 될 것이다. 그러나 그는 일하지 않고 노력하지 않으려는 경향이 있겠고, 생각이 깊지 못할 수도 있다. 또 아둔하여 속을 썩일 사람이 될 지도 모른다. 태몽으로는 크고 늠름한 표상이 좋다. 아기 돼지인 경우, 커다란 인물이 되기는 어려우며, 돌보아주게 되는 일로 실현된다.

⑤ 색이 다른 돼지 새끼를 낳은 꿈

부모와 자식이 이별하거나, 태아가 장차 이질적인 사업에 종사하게 된다.

⑥ 멧돼지가 달려들거나 물려는 꿈

씩씩하고 용맹스러운 자손이나 높은 관직에 오르거나 명성을 떨칠 자손을 낳는다.

⑦ 사나운 기세의 멧돼지를 보는 꿈

매우 야성적인 자식을 낳게 된다. 자식은 장성해서 씩씩하고 용맹스러운 사람이 될 것이지만, 세상 사람과 타협하지 않는 고집을 지니게 된다.

〈실증사례〉

① 암태지가 덮치는 꿈 → 태몽으로 실현

임신 초기 임신 사실을 몰랐을 때였어요. 남편이 꿈을 꾸었는데, 꿈에 젖이 12개가 달

린 커다란 암퇘지가 자기를 확 덮쳤답니다. 처음에는 로또 꿈이라고 복권을 사기도 했었는데요. 이게 태몽인지…… ---송주영, 베베하우스, 2007. 09. 29.

이런 꿈을 꾸고 임신을 했다면, 꿈이 생생한 경우 태몽이 맞다. 일반적으로 돼지 태몽으로 남녀를 절대적으로 구분할 수 없지만, 이렇게 젖이 12개 달린 암퇘지를 보는 태몽인 경우, 암퇘지인 것처럼 여아를 낳게 될 것이다.

② 멧돼지가 달려온 꿈 → 태몽으로 실현

　아주 커다란 검은 돼지인지 멧돼지가 저를 향해 달려왔어요. 무서워서 도망가는데, 배낭을 맨 제 등 뒤에 와서 업혔답니다. 복권을 샀는데 5백 원짜리가 당첨되었더군요. 알고 보니 태몽이었지 뭐예요.

꿈은 꿈을 꾼 사람이 처한 상황에 따라 달리 실현되고 있다. 돼지가 다가온 꿈은 돼지로 상징된 사람이나 재물운을 얻는 것으로 실현된다. 가임여건에서는 태몽, 미혼인 경우 애인을 얻게 될 수 있으며, 회사 사장이라면 돼지로 상징된 뚱뚱하거나 탐욕스러운 직원을 얻게 되는 일로도 실현 가능하다. 재물의 상징 표상으로 나타난 경우, 로또 당첨 등의 재물을 얻게 되거나 이권이나 명예 등을 얻는 일로 실현된다.

③ 시커먼 멧돼지 태몽 → 까무잡잡한 피부가 되다.

　꿈에 안방에서 자고 있는데 아버지가 들어오시더니, "아니 당신에게 웬일이야." 하면서 깜짝 놀라셨단다. 바로 엄마 뒤쪽에 커다랗고 시커먼 멧돼지가 한 마리 웅크리고 있는 것이었다.

까만 콩의 별명을 가진 탤런트 이본. 까무잡잡한 피부를 가지게 된 것이 '어머니 꿈에 시커먼 멧돼지가 나타나서인지도 모른다'고 가끔 생각해보기도 한다고 한다.

④ 커다란 돼지 두 마리를 안고 집으로 돌아오는 꿈 → 태몽으로 실현

　'순풍 산부인과'의 미달이 김성은의 태몽이다. 박씨는 미달이를 임신했을 때, 태몽으로 커다란 돼지 두 마리를 안고 집으로 돌아오는 꿈을 꾸었다고 한다. 극 중에서는 말썽 많고 버릇없이 보이지만, 실은 부모님 말씀을 거역하지 않고 비싼 옷이나 인형을 사달라고 조르지도 않는 착한 아이라며 칭찬이 입에서 마르지 않는다.(글: 김지영)

커다란 돼지 두 마리를 안고 집으로 돌아오는 꿈으로 전개된 것으로 미루어, 두 자녀를 두게 될 것을 예지한 꿈으로 실현될 가능성이 높다.

⑤ 돼지 떼가 대문을 박살 내고 방안으로 들어오는 꿈 → 활달한 여아 출산

　　돼지 떼가 대문을 박살 내고 방안으로 들어오는 꿈을 친정부모님 두 분이 같은 날에 꾸셨다고 전화가 왔어요. 아주 튼튼한 아들을 낳을 줄 알았더니, 딸이었어요.

이 경우 활달한 남성적 성품의 여아가 될 수 있겠다.

⑥ 돼지를 안는 꿈 → 태몽으로 실현

　　저희 시어머니께서 꾸신 꿈인데요. 넓고 넓은 바닷가에서 검은 물개 같은 동물이 바닷가를 꽉 채우듯이 죽은 듯이 누워 있더래요. 가까이 가서 자세히 보니, 검은 돼지였다는 거예요. 저희 시어머니께서 돼지를 엄청 귀엽게 여기고 좋아하시거든요. 그래서 귀엽다 하면서 좋다고 가까이 가셨는데, 죽은 줄 알았던 돼지 한 마리가 고개를 빼꼼 내밀더니, 눈을 깜빡깜빡하면서 반짝거리고 초롱초롱한 눈빛 있잖아요. 그런 눈으로 어머님을 쳐다보시는데, 어머니가 매우 좋아하시면서 그 돼지를 안으셨다는 꿈을 꾸셨다고---, 그 꿈이 너무 생생하고 선명하고 기억에 계속 남으신다고 하시네요.---사랑스러운농, 2008. 09. 16, 이지데이 태몽이야기방.

'그 꿈이 너무 생생하고 선명하고 기억에 계속 남으신다고 하시는데---' 이러한 생생하고 강렬한 기억이 태몽의 특징이다. 다른 사례에서도 있지만, 장차 태어날 아기의 눈빛이 꿈속에서 쳐다보던 돼지의 초롱초롱한 눈빛과 같은 일로 실현될 것이다.

⑦ 돼지 다리를 잡는 꿈 → 태몽으로 다리에 몽고반점이 있게 되다.

　　저는 10여 년간 임신이 되지를 않았습니다. 그런데 꿈에 돼지가 여러 마리 지나가기에, 꿈에서도 태몽 같은 느낌이 들고 돼지를 놓치면 안 될 것 같아서, 무조건 꽉 잡았습니다. 그러다 꿈에서 깼는데. 이후 임신이 되었습니다. 하도 신기해서 아이가 태어나자마자 다리를 보았더니, 아이의 다리에 몽고반점 같은 점이 있었습니다.---로또맘, 등록일: 2012. 10. 24.

⑧ 분홍색 옷을 입은 아기 돼지들이 모여 있는 꿈 → 태몽으로 실현

　　2005년 이세창-김지연 부부의 첫딸 태몽이다. 김지연이 꾼 태몽은 방안에 분홍색 옷을 입은 아기돼지들이 와글와글 모여있는 꿈이었다. 돼지꿈이라며 로또복권을 샀는데, 로또는 되지 않고 소중한 아이가 생기는 태몽으로 실현되었다. 이처럼 돼지꿈이 반드시 재물운이 아닌, 태몽이나 이성의 상대방을 상징하는 꿈으로 실현되기도 한다. 분홍색 옷을 입은 아기 돼지꿈으로 미루어, 여성적 성향

에 해당하기에 딸로 실현되었다고 보아야 할 것이다.

⑨ 돼지 떼가 몰려드는 꿈, 귀여운 송아지를 안아주는 꿈 → 태몽으로 실현

김호진-김지호 부부는 결혼 2년여 만에 첫 딸을 낳았는데, 지난 2001년 12월 결혼한 뒤 2년 반 만에 보는 첫 2세다. 태몽은 양가 어른들이 꾸었는데, 시어머니는 돼지 떼가 집 안으로 우르르 몰려드는 꿈을, 친정어머니는 귀여운 송아지를 꼭 안아주는 꿈을 꾸었다고 한다.---레이디경향, 2004. 05. 25.

반면에, 김호진은 "꿈에서 쫓아오는 뱀들을 가위로 마구 잘라서 다 버렸어요. 태몽이 아니었다고 자위하고 있어요."라고 밝히고 있는바, 꿈이 생생한 태몽이라면, 뱀들을 가위로 마구 잘라 버리는 꿈은 아주 안 좋은 꿈이다. 태몽이 아닌 일반적인 표상으로는 뱀으로 상징된 못된 사람들이 다가오는 것을 물리치거나, 일거리·대상을 물리치거나, 거절하는 일로 실현될 가능성이 높다.

⑩ 돼지 몇 마리가 집안에 들어와 똥을 싸는 꿈 → 태몽으로 실현

MC 신동엽이 2007년 4월 딸을 낳았다. 아이의 태몽은 아내가 꿨는데, 돼지 몇 마리가 집안에 들어와 똥을 푸짐하게 싸는 꿈이었다.

한편 신동엽은 자신이 진행을 맡은 KBS 2TV 「경제비타민」 1일 방송에서, "태몽은 돼지가 벽에 변을 칠하는 내용이었다."고 아내의 태몽을 소개하기도 했다.---뉴스엔 고홍주 기자, 2007. 01. 02.

⑪ 커다란 흰 돼지의 꿈 → 태몽으로 실현

배우 '조정석'은 지난 2012년 MBC '황금어장-라디오 스타'에 출연해 태몽 덕에 태어날 수 있었던 사연을 고백했다. 배우 조정석은 "내가 늦둥이인데, 어머니가 43살 때 나를 낳았다. 힘든 상황이라 고민하던 중에, 태몽이 아주 좋아 나를 낳았다고 들었다."고 말했다.

조정석의 어머니가 꾸신 태몽은 "사람들이 몰려 있는 곳에 갔더니, 큰 백돼지가 옆으로 누워 있었다고 한다. 그런데 사람들이 아무리 일으켜 세우려 해도 안 일어났다."며 "어머니가 '이리 와 보아라.'라고 했더니, 일어나서 손을 올린 태몽이었다."고 설명했다.---아시아투데이 이슈팀

⑫ 새끼 돼지 두 마리 중 한 마리는 힘껏 목덜미를 움켜잡고, 나머지 새끼 한 마리는 아주 순하게 따라온 꿈 → 태몽으로 실현, 출산 결과 예지

꿈의 내용을 간추리면 새끼돼지 두 마리를 잡는 꿈이다. 현실에서는 어떻게

실현되었을까? 아마도 새끼 돼지 두 마리로 표상된 자그마한 재물이나 이권을 얻는 꿈, 또한 태몽으로 실현될 수도 있다. 이 경우에 한 마리는 어렵게 현실에서 이루어지고, 한 마리는 쉽게 이루어질 것임을 예지해주고 있다. 꿈속에 나타난 여러 표상들을 염두에 두고, 실제로 일어난 현실의 이야기를 살펴보기 바란다.

　　"현실에서는 꿈을 꾸는 순간에 전화벨이 막 울리더니, 막내 외삼촌이 첫아들을 낳았다는 연락이 왔어요. 몇 개월 후에 외삼촌 아기 백일 날에 꿈이야기를 얘기했더니, 외삼촌과 외숙모는 무릎을 탁 치면서 아기가 목이 안 좋아서 병원에 한참 다녔다는 거예요. 꿈에서 제가 그 새끼 돼지를 잡을 때 목을 세게 조였거든요. 여동생도 임신 8개월쯤 되었는데, 나머지 새끼 한 마리는 아주 순하게 따라오더니 여동생의 순산소식을 가져왔고요."

⑬ 멧돼지에 물리는 꿈 → 태몽으로 실현

백수(白壽)를 앞둔 김판술 전 의원은 3선 의원과 보사부 장관을 지냈다. "어머니가 태몽을 꿨는데, 멧돼지에 물리는 꿈이었어요. 멧돼지가 산을 좋아하잖아요. 나는 산만 보면 올라가고 싶어져요."---조성관 주간조선[1942호], 2007. 02.

⑭ 돼지가 철봉을 하는 태몽

창밖을 내다보니 큰 돼지가 싱글벙글 웃으며 철봉을 하는 태몽을 꾸고 태어난 아이가 재주가 뛰어나며 유능한 인물로 부자가 된 사례가 있다.

(3) 재물이나 이권·성취의 상징─꿈해몽 요약 및 실증사례

돼지꿈은 재물운으로 가장 많이 실현되고 있는바, 앞서 살펴본 제 Ⅴ장의 실증사례별 복권에 당첨된 수많은 사례를 참고하기 바란다. 그러나 돼지꿈이 반드시 재물이나 이권을 얻게 되는 일로만 이루어지지는 않는다. 내쫓는 꿈은 재물을 얻으려다가 잃게 된다.

돼지는 먹을 수 있으며, 다산과 쑥쑥 커가는 성장성에, 사고파는 물물교환의 대상으로써 재물의 상징을 지닌다. 돼지를 팔러 가는 꿈은 자신의 재물이나 이권을 누구에게 넘기고자 하는 일로 실현되며(사람의 상징인 경우에는 인재를 방출하는 일로 이루어진다), 돼지를 몰아오거나 등에 지고 오거나 차에 실어오는 꿈은 재물이나 이권을 얻게 된다.

한 마리의 돼지가 여러 마리의 돼지로 변한 꿈, 작은 돼지가 큰 돼지로 변하는 꿈, 돼지가 새끼를 수없이 낳는 꿈은 장차 재물이나 이권이 번창함을 뜻한다. 이 경우에도 처한 상황에 따라 달리 실현되는바, 주식투자자라면 주식에서 막대한 이익을 내게 된다든지, 자영업자인 경우에는 새롭게 분점을 내게 된다든지 사업을 확장하는 일로 실현된다. 또한 돼지가 새끼를 낳은 꿈의 경우에도 마찬가지 결과가 얻어진다. 하지만 죽은 돼지를 걸머지고 오는 꿈은 남의 부채를 지거나, 노력해도 실속 없는 일에 당면하게 된다. 예를 들어, 집안에 들어온 돼지가 죽은 꿈으로, 팔고자 했던 부동산 매매계약이 무산된 사례가 있다.

돼지 새끼를 들여오는 꿈은 적은 돈이나 재물을 얻게 됨을 예지하는바, 사람의 상징인 경우에는 회사 사장의 경우에 새로운 인재를 뽑는 일로도 실현될 수 있다. 돼지가 방안으로 들어온 꿈도 장차 재물이나 이권을 얻을 수 있기에 로또를 사보는 것도 좋다. 이 경우 새끼를 밴 돼지라면 겹경사의 일로 실현된다. 또한 가임여건에서는 태몽으로 실현될 가능성이 높으며, 다른 사람의 태몽을 대신 꿔줄 수도 있다.

돼지가 집 밖으로 나가는 꿈은 현실에서 자신의 재물이나 이권이 줄어들 것을 예지한다. 사람의 상징인 경우에는, 회사 사장의 경우에 직원이 퇴사하는 일로 가능하다. 그러나 노력 끝에 돼지를 다시 우리 속에 몰아넣는 경우, 재물이나 이권을 일부 회복하게 된다든지, 퇴사했던 직원이 다시 입사하는 일로 실현된다. 또한 무산될 뻔한 일이 성취되는 일로 실현 가능하다.

〈실증사례〉

① 누군가 돼지를 던져준 꿈 → 청자 발견을 신고해 2천여만 원 포상금을 타다.

"꿈에 제가 누워있는 게 보였어요. 그런데 갑자기 누군가 나타나서 저에게 무언가 하얀 걸 던지는 겁니다. 덥석 받아보니 흰 돼지였어요."

이처럼 돼지를 얻거나 잡는 꿈은 돼지로 상징된 재물운이 있게 될 것을 예지하고 있다. 현실에서는 어부가 잡아올린 주꾸미가 빨판에 접시를 잡고 있는 것을 심상치 않게 여겨 기관에 신고하게 되고, 청자를 싣고 수장된 배를 발견하게 된 공로를 인정받게 되어 포상금을 받게 되는 일로 실현되고 있다. 이 경우에 있어서도 커다란 돼지일수록, 공로를 인정받은 포상금의 액수가 많아진다.

② 돼지 두 마리가 놀고 있는 꿈 → 산삼 20뿌리를 발견하다.

전날 꿈속에서 산에 갔다가 돼지 두 마리가 놀고 있는 꿈을 꾸고 난 후, 영지버섯을 따러 갔다가, 산삼 싹 하나를 발견하게 되었다. 캐고 나니, 인근 반경 2m 지점에 나머지 산삼이 무더기로 있는 것을 발견하게 되었다.

③ 들어오려는 돼지를 내쫓는 꿈

집에 들어오려는 돼지를 옆에 있던 삽으로 쫓아버리는 꿈을 꾼 사람이 복권 당첨에 아슬아슬하게 떨어지는 일로 실현된 사례가 있다. 일반적으로 재물이나 이권을 얻으려다가 얻지 못하게 된다. 이 경우 태몽인 경우에 유산하는 일로 이루어진다.

④ 한 마리의 돼지가 대문 안에 들어선 꿈

재물의 획득으로 이루어진바, 가난한 사람의 꿈으로 수백 장의 연탄을 사오는 일로 실현되었다. 이 경우에, 처한 상황에 따라 로또(복권)에 당첨될 수도 있으며, 돼지로 상징된 직원을 받아들이게 되거나, 가임여건에서 태몽으로 실현될 수도 있다.

⑤ 돼지에게 밥 주는 꿈→ 오빠의 고시 합격

오빠가 고시를 보고 발표를 보러 가던 날이었다. 꿈에 돼지우리에 커다란 돼지가 한 마리 있었는데, 내가 밥을 주려 하니 오빠가 "아니다. 그것은 내 거다. 잔치에 써야 한다." 며 오빠가 밥을 주는 꿈이었다. 결과는 합격이었다.(아이디: go8466)

⑥ 돼지에게 밥 주는 꿈 → 취업

작년 꿈에 시골집에 제가 창문을 열어놓고 창밖을 보고 있었어요. 창밖의 풍경은 아주 큰 돼지우리였답니다. 돼지들이 꿀꿀거리며 노는 모습을 흐뭇하게 지켜보고 있는데, 저 멀리 여동생과 여동생의 친구가 걸어가고 있었어요. 그래서 여동생에게 돼지들 밥 좀 주라며 시켰지요. 여동생과 친구가 돼지들에게 밥을 열심히 주더라고요. 그 꿈을 꾼 뒤 여동생에게 "좋은 일 없느냐"며 물었지만, 별로 좋은 일 없다고만 하더라고요.

두어 달 뒤에 여동생과 여동생 친구가 같은 직장에 취업했답니다. 제 꿈 덕이라며, 꿈값 내놓으라고 며칠간 닦달하여 삼겹살 얻어먹었네요.---들꽃향기, 2009.04.15.

⑦ 돼지들이 집안으로 모여드는 꿈 → 시합 우승

메달을 딴 유도선수 안병근 씨 부친의 꿈이다. 결승 시합이 끝나고 난 뒤, 꿈이야기를 털어놓았다.

"내 꿈에, 경기장에 구름같이 모인 관중들이 모조리 돼지들로 보이더구나. 그 돼지들이 우리 집 안으로 꾸역꾸역 모이기 시작하지 뭐겠니? 그래서 이 아버지는 거기에 완전히 파묻히고 말았지."

⑷ 일거리·대상─회사, 기관, 단체

① 돼지가 교미하는 것을 보는 꿈

돼지로 상징된 두 사람이나 기관·단체가 교미의 상징적 의미 그대로 서로 연합·결사를 이루게 되는 일로 실현된다. 일반적으로 꿈속의 돼지 한 마리가 자신을 상징하여 나타난 경우에는 다른 사람과 더불어 계약·성사나 새로운 사업을 시작함을 예지한다.

② 돼지를 통째로 구워 고기를 칼로 잘라먹는 꿈

돼지로 상징된 이권이나 재물, 어떠한 성취물을 자신의 손안에 넣게 된다. 예를 들어, 추진하는 프로젝트나 작품·논문 등이 심사를 통과하게 되어 결실을 이루어내게 되는 좋은 꿈이다. 꿈은 처한 상황에 따라 달리 이루어지는바, 주식 투자자가 이러한 꿈을 꾸었을 때 막대한 이익을 낼 수 있기에, 과감한 투자를 하는 것이 좋다. 이 경우에 종목 선정의 문제는 신경을 쓸 필요가 없다. 마치 전자동 시스템이라 할까 막대한 이익을 거두게 될 것을 예지해주고 있다.

③ 돼지머리를 제사상에 올려놓는 꿈

자신이 바라고 성취하고자 하는 일이 이루어지며, 발명특허나 학위논문이 통과되거나, 자신이 수행하는 프로젝트의 추진이 원활하게 이루어지는 일로 실현된다.

④ 방안에서 큰 돼지와 싸우다 돼지를 죽이는 꿈

돼지로 상징된 어떤 사람이나 외부적인 여건에 한동안 고전하지만(싸움으로 상징됨), 죽인 꿈의 상징적 의미 그대로 정복·제압·굴복시키게 되어, 피나는 노력 끝에 큰 사업체나 재물을 소유하게 된다. 경쟁이나 재판, 게임이나 노름, 주식투자 등에서 일승일패를 거듭하다 결국 승리한다.

⑤ 멧돼지처럼 생긴 짐승이 가슴을 받고 지나가는 꿈(실증사례) → 멧돼지 모양의 동물상 발견

무령왕릉 발굴한 고(故) 김영배 관장의 꿈이다. 꿈의 주요 기능으로, 장차 일어날 일을 예지해주기도 하지만 꿈을 통해 주변에 일어날 위험한 상황이라든지, 현실에서 해결할 수 없었던 난해한 문제를 해결하도록 도와주는 경우도 있다.

마찬가지로 국가적 사회적으로 엄청난 국보급의 문화재를 발굴해내는 데 있어, 사전에 꿈으로 계시하거나 예지해주는 사례가 있다. 충청남도 공주시 금성동(옛 이름은 송산리)에 위치한 백제 무령왕릉의 발굴에 있어서도, 발굴 당시 국립공주박물관장이자, 고(故) 김영배 관장의 꿈에 예지되고 있다. 김 관장은 멧돼지처럼 생긴 짐승이 자신의 가슴을 받고 지나가는 꿈을 꾼 뒤 잠에서 깨어났다. 그로부터 공주 송산리 고분군 정비 공사과정에서, 우연히 드러난 돌담 안에 바깥쪽을 향해 서 있는 뿔 달린 돌짐승 한 마리가 눈에 들어왔다. 김영배 관장은 소스라치게 놀랐다고 밝히고 있는바, 꿈속에서 본 '멧돼지'가 그곳에 있었기 때문이다. 이 돌조각은 무덤을 지키기 위해 넣은 동물상인 진묘수(鎭墓獸)였다.

고(故) 김영배 관장에게 있어, 멧돼지처럼 생긴 짐승이 가슴을 받고 지나가는 꿈은 1500년 가까이 무령왕릉을 지켜 왔던 동물상인 진묘수(鎭墓獸)가 현실에 모습을 드러낼 것을 예지해주고 있다. 좋지 않게 보이는 꿈이지만, 이처럼 꿈을 꾼 사람이 처한 상황에 따라, 극적으로 좋은 꿈으로 이루어진 사례로 볼 수 있다.

⑥ 궁둥이가 베인 돼지의 목을 쳐 죽이는 꿈

저자의 꿈으로, 작품의 말미는 생략되고 원문과 소개문이 따로 구분되어 발표되는 일로 실현되었다. 중국의 사례로, 큰 돼지가 발을 물어 칼로 베어 죽이는 꿈을 꾼 관운장(關雲長)은 촉한(蜀漢)의 형주 양양군의 도독 벼슬을 하게 되었다.

⑦ 삶은 돼지머리를 칼로 썰어 그 일부를 다락에 넣어 둔 꿈

전세금을 차용 형식으로 얻어 쓰고, 일부만 남게 되는 일로 실현되었다.

(5) 사건, 사고

돼지가 상처를 입게 되거나, 비쩍 말라비틀어진 돼지의 꿈은 교통사고나 몸에 질병으로 인해 고생하게 된다. 눈앞의 돼지가 갑자기 사라지는 꿈도 좋지가 않다. 멀쩡하던 기계가 멈춰 설 수도 있으며, 진행하던 프로젝트 등이 갑자기 무산되는 일로 실현된다.

① 집에 들어온 돼지가 죽는 꿈(실증사례)

필자의 아내 꿈 사례이다. 집에 들어온 돼지가 죽은 꿈으로, 매도하려고 했던

부동산 매매계약이 파기되는 일로 실현되었다.

② 검은 돼지가 더러운 똥을 싸서 내쫓으려고 애를 써도 나가지 않았던 꿈(실증사례)

새 차를 샀는데, 동네 아이들이 차 라이트를 부셔 놓아 수리비로 몇십만 원을 들이게 되는 일로 실현되었다.

이처럼 돼지가 나왔다고 무조건 재물이 생기고 좋은 일로만 실현되는 것은 아니다. 점쟁이식의 해몽서들은 천편일률적으로 '무엇은 무엇이다' 식으로 답변이 정해져 있는데, 이는 절대적으로 잘못된 것이다. 꿈은 '꿈이 어떻게 전개되었는가?'와 꿈을 꾼 사람이 처한 현실이나 상황에 따라 달리 실현된다.

3) 돼지 꿈 상담사례

① 멧돼지를 잡아 칼로 잘라 죽이는 꿈

산에 놀러 갔다가 어떤 일을 하고 있는데, 직장상사 한 분이 산돼지를 붙잡아서 어쩔 줄 몰라 하면서, 나한테 가지고 와서는 죽여달라고 하였습니다. 그래서 돼지를 잡는 가장 쉬운 방법으로 돼지 목을 칼로 잘라 죽였고, 산돼지의 피가 몸에 좋다는 것을 알고 있었으므로 돼지 피를 먹고자 했지만, 피는 한 방울도 나오지 않고 흰 비계 덩이만 뚝뚝 떨어졌습니다. 돼지를 잡은 다음 직장으로 가져가서, 사원들과 나눠 먹고자 하다가 깨었어요.

상징적인 미래 예지 꿈이네요. 직장 윗사람 또는 그로 표상된 윗분의 부탁으로 어떠한 일을 쉽게 시원스럽게 해내게 되겠지만, 원하는 실이익을 크게 얻지는 못할 것 같네요. 피로 표상된 핵심적인 이권·권리를 얻기보다는, 비계 덩이로 표상된 부차적인 것을 얻게 되는---.

산돼지를 잡는 표상이니, 산돼지로 표상된 어떤 이권이나 권리·재물을 성취하게 될 것이고요.(죽인다는 것은 정복·굴복·성취의 좋은 표상) 하지만 자신이 원하는 대로 팥고물은 얻지 못할 것이네요. 사원들과 나눠 먹고자 했으니, 여러 사람이 함께 어떠한 재물이나 권리·이권 등을 누리게 되겠지요. 돼지를 검색해 여러 실증적인 사례를 읽어 보세요.

② 돼지가 새끼를 낳는 꿈

평소 워낙 잠이 많아 꿈이란 걸 모르는 사람입니다. 그런데 생생하게 기억나는 꿈을 꾸고, 그날은 참 조심을 하였습니다. 12시가 넘으면 얘기해도 된다고 하길래, 점심시간

이후 직장동료들에게 얘기를 하였는데, 해몽이 상반되고 있습니다. "돼지니까 길몽이다.", "아니다. 개꿈이다." 그러고 나니, 궁금증이 생기더군요.

꿈의 내용은 이러합니다. 저희가 자는 방에 돼지 저금통만큼 작은 돼지가 들어오더니, 누워서 새끼를 낳는 거예요. 새끼돼지 크기가 얼마나 작은지, 새끼손가락 한 마디 정도예요. 한두 마리가 아니고 무슨 기마전 하듯이, 거짓말 조금 섞으면 수천 수만 마리예요. 너무 징그럽고 싫어서, 수건 같은 것으로 밀어냈어요. 밀어내도 밀어내도 끝이 없이 들어오는데, 나중에는 포기하고 잠에서 깨어났습니다.

크기가 너무 작아서 돼지꿈이라고 하기에는 적당치 않고, 전날 영화를 보고 아이처럼 상상의 날개를 펼친 것은 아닌지, 아니면 복권이라도 샀어야 하는 건지…… 정말 궁금합니다. 설마 태몽은 아니겠지요!

좋아 보이네요. 사이트에서 돼지를 검색해보세요. 돼지의 모든 것이 있으니, 특히 실증적인 사례를 잘 읽으시고요. 복권 당첨(분석)에도 돼지꿈이 많고요. 수만 마리의 표상이라, 태몽에는 부합되지 않는 것 같네요. 좋은 이유는 돼지가 들어오는 표상, 새끼 낳는 표상(복권 분석 참조 요), 수없이 많은 표상(풍요로움)이네요. 재물적 이익이 생길 가능성이 가장 높습니다. 복권이라도 사보시고요. 일반적으로는 여러 잡다한 것이 모여서 이루어지거나, 사소한 것들이 쌓여서 이루어지는 재물이 들어오는 아주 좋은 꿈으로 보입니다.

나쁜 이유는 꿈속의 정황이지만, 좋은 느낌이 들어야 합니다. 너무 징그럽고 싫은 표상은 안 좋습니다. 재물 실현이 아닌, 돼지 수만 마리로 표상된 어떤 대상이나 일거리 등이 수없이 생겨나는 것도 가능하지요. 징그럽게 느껴졌다는데서---. 참고로, "12시가 넘으면 이야기해도 된다고 하길래, 점심시간 이후 직장동료들에게 이야기를 하였다."에 대해서는 이야기하고 안하고는 꿈의 실현 결과는 상관이 없는 미신이고 속신입니다. 오로지 꿈의 상징 표상에 따라 실현되며, 이러한 상징적인 미래 예지 꿈은 현실에서 100% 실현되고 있지요.

③ 돼지 한 마리가 새끼를 낳는 꿈

어떤 복도 같은 곳을 걷고 있는데 갑자기 물이 차오르더군요. 물의 깊이는 목 정도까지였고, 그 물의 색은 푸른색이었습니다. 그 물속을 걸어 어느 방인가로 갔는데, 거기서 커다란 돼지 한 마리가 새끼를 낳고 있었습니다. 이미 낳아있는 새끼만도 10여 마리는 되어 보였는데, 계속 새끼를 낳고 있는 것입니다. 제가 눈으로 본 것만도 서너 마리였습니다. 그런데 그 새끼들이 몰래 보고 있던 저에게로 걸어 들어오는 것이었습니다. 처음으로 돼지가 나오는 꿈을 꾸었습니다. 좋은 꿈인가요?

좋은 꿈입니다. 맑은 물, 돼지, 낳는 꿈--- 모두 좋습니다. 우연히 복권이라도 사게 되어 당첨될지 모르고요. 이러한 꿈은 실현 100%의 상징적인 미래 예지 꿈입니다. 재물과 관련지어질 가능성이 많지만, 기타 승진(부하 직원을 거느리게 되는), 취직--- 등 꿈은 꿈을 꾼 사람이 처한 상황에 따라 좋은 일로 실현될 것을 확신합니다.

새끼들이 자신에게 걸어 들어오고 있는 표상에서, 자신에게 그러한 일이 다가옴을 상징적으로 보여주고 있습니다. 커다란 돼지 한 마리로 표상된 어떤 사람이나 대상에 의해, 새끼를 낳는 상징 표상처럼 부차적인 여러 이익이 나게 되거나, 다양한 혜택을 입게 될 것입니다.

④ 새끼 돼지를 막 몰다가 제가 그걸 번쩍 안는 꿈

저는 30세로 얼마 전에 실직하였습니다. 그래서 직장을 구하려고 해도, 잘 안되더라고요. 그리고 혹시나 하는 마음에서, 복권도 몇 장을 사보았습니다. 제가 작은 회초리 같은 걸로 새끼 돼지를 막 몰다가, 제가 그걸 번쩍 안는 꿈을 꾸었습니다. 도대체 어떤 꿈인지요?

나쁜 꿈은 아닙니다. 하지만 아주 좋은 꿈이라 하기에는, 다소 무리가 따릅니다. 미꾸라지만 한 용, 새끼 돼지 --- 어떤 일의 시초에 불과하죠. 어떠한 일을 하더라도 조그마한 이익을 가져오는---, 새끼 돼지 안는 꿈도 좋습니다만, 아주 큰 행운이나 좋은 일보다, 자그마한 일로 실현될 것입니다. 무언가 운영을 하더라도 아주 자그마한 사업, 적은 돈에 관련된 것일 것입니다. 작은 돼지 새끼를 받는 꿈을 꾼 연예인이 있었지요. 그 후에 방송국 모 프로그램의 사회자로 발탁되는 일이 일어났지만, 서너달 후에 프로그램에서 하차하는 일로 실현된 사례가 있습니다. 만약에 엄청 큰 돼지를 받는 꿈이었다면, 장수 프로그램으로 인기를 누리게 되었을지 모릅니다.

≪호랑이, 사자≫

1) 호랑이, 사자 꿈에 관하여

호랑이·사자는 동물 중의 왕이요, 영험하고 백수의 왕으로 알려져 있다. 따라서 호랑이·사자는 어느 관청이나 회사의 우두머리, 성공·권세와 명예를 지닌 사람을 상징하고 있다. 또한 큰 사업체, 재물운, 자신이 감당하기 어려운 사람이나 벅찬 일, 승리·성공 등의 일을 상징한다. 보통 호랑이나 사자의 태몽으로 태어난 인물은 큰 능력을 지닌 사람이 될 가능성이 높으며, 여아의 탄생인 경우 활달하고 호쾌한 성품을 지니게 된다. 사자꿈도 호랑이 꿈에 준하여 실현된다.

앞서 호랑이에게 물리는 꿈의 다양한 실현사례를 살펴본 바 있지만, 이러한 호랑이나 사자에게 물리는 꿈은 각기 처한 상황에 따라 다양하게 실현되고 있다. 하지만 호랑이나 사자에게 물리는 꿈이었기에, 호랑이나 사자로 표상된 어떤 사람이나 대상의 세력·영향권 안에 들어가게 되는 일로 실현되는 것은 틀림없다. 꿈해몽에 있어 중요한 것은 꿈은 반대가 아닌, 상징 표상의 이해에 있다. 우리가 꿈을 꾸었을 경우 각기 자신의 처한 상황을 염두에 두고, '꿈속에 나타난 사람이나 사물의 표상이 무엇을 상징하고 있을까?', '이 꿈을 통해 나에게 무엇을 알려주려고 한 것일까?' 등등을 곰곰이 생각해보아야 할 것이다.

호랑이나 사자도 암수가 있기에, 태몽에서 절대적으로 아들은 아닌 것이다. 호랑이나 사자 꿈을 꾸고 여아를 낳은 경우에, 아이의 팔자가 사납다는 것은 미신이며, 장차 크게 성공하거나 훌륭한 배우자를 만나게 된다. 이 경우 호랑이나 사자의 속성을 지닌 괄괄하고 활달한 여장부로 자라날 가능성이 높다. 또한 여성의 사회진출이 두드러진 오늘날 경찰·군인·형사 등 남성적인 성격을 지닌 직업에서, 권세나 명예의 큰 직위에 나아가는 일로 이루어질 가능성이 높다.

2) 호랑이·사자 꿈해몽

사자나 호랑이의 상징적 의미는 백수의 왕이기에, 기관이나 회사·단체의 우두머리나 권세가, 어떤 일거리나 대상에서 가장 핵심적인 부위와 관련이 있다. 또한 부귀·권세·명예의 상징적 의미를 지니고 있다.

(1) 사람의 상징

① 호랑이가 발을 물은 꿈(실증사례)

20대 청년의 꿈이다. 호랑이가 쫓아오길래 무서워서 도망가다 울타리 위에 올라섰는데, 호랑이가 발을 물었다. 그는 이 꿈을 꾼 다음 날, 술집에 가서 옆에 있는 사람들과 시비가 붙어, 서로 주먹을 휘둘러 경찰서에 붙들려 갔다가 '기소유예'

로 풀려 나왔다는 것이다. 이 꿈에서의 호랑이는 태아를 상징한 것이 아니라, 시비를 걸어온 사나운 사람을 상징적으로 보여 주었던 것이다.(글: 김하원)

② 사나운 사자나 호랑이에게 쫓기는 꿈

어떤 여건에서도 좋지가 않다. 사업 등의 일이 난관에 부딪치게 된다든지, 사람의 상징인 경우 호랑이로 상징된 거칠고 터프한 남자에게 시달림을 몹시 받는 일로 이루어진다.

③ 호랑이를 끌고 다니는 꿈

호랑이로 상징된 권세가나 정치인 등 권력층 사람을 마음대로 조종할 수 있게 됨을 뜻한다. 자신이 마음먹은 대로 큰일을 이루게 되며, 협조자를 얻거나 사업이 뜻대로 이루어진다.

④ 호랑이가 무서워 도망치려 해도 도망갈 수 없어 덜덜 떤 꿈

호랑이로 상징된 감당하기 막강한 권세의 권력자 또는 세도가에게 심적 고통을 당하게 된다. 다만, 이 경우에 일거리·대상의 상징인 경우라면, 감당하기 벅찬 힘든 일이나 대상으로 인하여 시달림을 받게 될 것을 예지해주고 있다.

⑤ 초원에서 많은 사자와 호랑이가 뒹굴며 노는 것을 보는 꿈

어떤 기관이나 단체·회사 등에 인재가 많은 것을 보거나, 일거리·대상의 상징인 경우에는 호랑이·사자로 상징된 관련된 일을 보게 된다. 예를 들어, 호랑이로 상징된 유명인사의 전기라든지, 위인전 따위를 써내거나 읽을 일이 생긴다.

⑥ 호랑이를 타고 높은 산꼭대기에 오른 꿈

산꼭대기는 정상의 의미를 지니는바, 사업의 번창이나 회사·기관·단체의 우두머리로 나아가게 된다.

⑦ 호랑이나 사자를 타고 달리는(질주하는) 꿈

호랑이나 사자가 부귀한 사람이나 권세가의 상징으로 등장한 경우이다. 일반인의 경우에, 위대한 사람이나 권력자나 단체의 도움으로 고귀한 지위를 누려 출세한다. 이 경우 호랑이를 타고 가다 내리거나 그것만 못한 짐승과 바꿔 타는 꿈은 높은 권좌에서 물러나거나 그만 못한 직권으로 옮기게 됨을 뜻한다. 호랑이는 자기를 빛나게 해줄 권력자·협조자·협조 단체를 뜻하며, 달렸다는 것은 모든 일에 거침없이 나아가는 것을 뜻한다. 태몽 표상인 경우에는 태어난 아이가 장차 위대한 사람이나 권력자나 단체의 도움으로 고귀한 지위를 누려 출세한다.

(2) 태몽 표상-꿈해몽 요약 및 실증사례

호랑이와 사자는 맹수이자 동물의 왕 같은 존재로 상징의 의미가 거의 같다고 볼 수 있다. 호랑이와 사자는 권력과 명예·성공을 상징하며, 태몽에 등장하는 경우 아이가 장차 큰 능력이 지닌 사람이 될 것을 예지한다. 흔히 아들일 확률이 높지만, 호랑이와 사자도 암수가 있기에 꼭 그런 것은 아니다. 여자아이라면 활달하고 씩씩한 성격의 남성적 성격의 소유자가 된다. 이 경우, 호랑이나 사자의 수컷 생식기를 보는 꿈의 경우 아들을 100% 낳게 된다. 또한 사자의 경우 수컷임을 나타내는 갈기를 본 경우, 100% 아들을 낳게 된다. 또한 절대적인 것은 아니나, 태몽 표상에서 작고 앙증맞고 귀여운 표상은 여아일 가능성이 높기에, 새끼 호랑이인 경우 딸, 커다란 호랑이인 경우 아들일 확률이 높다고 하겠다. 태몽 표상에서는 아들인 경우, 작은 호랑이보다는 커다란 호랑이가 보다 커다란 능력과 그릇을 지닌 인물임을 상징한다.

① 호랑이를 타고 대궐이나 큰 저택 등의 대문으로 들어간 태몽

태아가 장차 협조자나 정당·단체의 추대를 받아 큰 기관이나 단체의 우두머리로 출세함을 예지한다.

② 호랑이가 방으로 들어오는 태몽

호랑이는 훌륭한 인물, 큰 권세, 큰 직책, 큰 업적이나 작품 따위를 상징하고 있다. 따라서 태몽인 경우에 그러한 인물이 됨을 뜻한다. 일반인의 경우에 호랑이로 상징된 권세가나 귀인의 방문을 받게 되는 일로 실현된다.

③ 호랑이가 나타났다가 사라진 태몽

요절·유산 등등 아이의 일생이 좋지 못하다. 선조 때 의병대장이었던 김덕령 장군 형제의 태몽이 집안으로 들어온 두 마리의 호랑이가 사라진 꿈이었던바, 역적으로 몰려 처형당하는 일로 이루어지고 있다.

④ 호랑이 두 마리를 한꺼번에 안은 태몽

장차 연년생인 형제를 두게 되며, 백수의 왕인 호랑이의 상징적 의미로 장차 높은 관직에 오르거나 권세를 누리는 직위에 있게 됨을 예지한다. 이 경우에 쌍둥이를 출산하는 일로 이루어질 수도 있다.

⑤ 호랑이 새끼 두 마리에게 젖을 먹인 꿈

호랑이 새끼 두 마리를 자기가 낳았다고 생각해서, 각각 양쪽 젖을 물려 젖을

먹였다. 그녀는 똑같은 새끼 두 마리니 쌍둥이를 낳지나 않을까 걱정하였지만, 장차 형제 또는 남매를 낳아 키울 것을 예지한 꿈이었다. 비록 똑같은 호랑이 새끼 두 마리이지만, 출산에는 선후의 차례가 있고 젖도 각각 물렸으니, 호랑이 새끼로 상징되는 두 형제가 그 성격이 용맹스럽고 의식주가 풍족한 관직에 오를 것이다.(글: 한건덕)

⑥ 호랑이가 물거나, 호랑이를 삼키거나 호랑이에게 잡아먹히는 꿈

가임여건에 있는 상황에서 태아 표상인 경우에 한하여 태몽으로 실현되고 있다. 이 경우 시부모나 친정 부모 또는 가까운 다른 사람이 태몽을 대신 꿔주기도 한다. 일반적으로는 꿈꾼 사람이 미혼인 경우에는 호랑이로 상징된 이성의 사람과 인연을 맺게 된다. 또한 호랑이로 표상되는 어떤 대상이나 일거리에 종속당하는 일이 일어난다. 예를 들어 작가의 경우 방송국에 출연하게 된다든지 신문사에 연재하게 된다든지 호랑이로 표상된 어떤 거대한 곳과의 인연이 맺어지게 된다. 이 경우 안 좋게는 호랑이로 상징된 깡패나 못된 병마(病魔)에 시달리는 일로 실현될 수도 있다.

〈실증사례〉

① 한쪽 다리가 절룩이는 호랑이의 태몽

태어난 사람이 다리를 다치게 되는 일로 실현되었다.

② 유리 상자안에 갇혀있던 호랑이가 뛰쳐나오는 꿈

아들을 낳았으나, 체중 미달로 인큐베이터에 보름여 있게 되는 일로 실현되었다.

③ 호랑이 한 마리가 새끼 호랑이를 품에 안고 혀로 핥아 주고 있는 꿈

어머니의 지극정성으로 보살핌을 받는 아들을 낳는 일로 실현되었다.

④ 새끼 호랑이를 안아온 꿈 → 태몽으로 딸을 출산

낚시광이신 시아버지가 꾸신 꿈이에요. 꿈속에서도 낚시를 하고 있는데, 위에서 새끼 호랑이 한 마리가 떠내려와 그 호랑이를 안고 집에 와서 아이 아빠에게 주었다고 합니다. 그 꿈을 꾸고 결혼 후 5년 2개월 만에, 우리 딸을 낳게 되었습니다.

⑤ 호랑이 두 마리를 안고 도망친 꿈 → 태몽으로 딸 쌍둥이 출산

제가 임신했을 때, 제 동생은 아기호랑이 두 마리가 있기에 너무 귀여워서 안았는데,

엄마호랑이가 쫓아오기에 두 마리를 안고 도망을 치는 꿈을 꾸었대요.

동생이 대신 태몽을 꿔준 것으로, 딸 쌍둥이를 낳게 될 것을 예지해주고 있다.

⑥ 호랑이에게 물리는 꿈 → 태몽으로 아들 출산

결혼 5개월째에 몸이 나른하고 한기도 느껴져서 테스트해 보았더니 임신이었어요. 바로 시어머니께 전화를 드렸는데, 고모가 호랑이에게 물리는 꿈을 꿨다더군요. 그 꿈 덕에 건강한 아들을 낳았답니다.---엄마 김효정 씨

⑦ 호랑이를 잡는 꿈 → 태몽으로 아들 출산

할머니와 할아버지께서 강둑을 걷고 있었는데, 덤불 속에 호랑이 한 마리가 있었다. 할머니는 무서워했고 할아버지는 호랑이를 잡아야겠다고 하면서, 그 호랑이를 덥석 잡았다.

⑧ 호랑이가 핥아주는 꿈 → 태몽으로 아들 출산

꿈속에 방에서 혼자 잠을 자고 있었다. 방안이 꽉 찰듯한 큰 호랑이가 들어오더니, 나의 주위를 돌면서 엄청나게 큰 혀로 내 몸을 핥아주었는데, 나는 호랑이라는 아무런 두려움도 없이 마음이 편했고 그대로 누워 있었다. 잠에서 깨어난 후인 지금도 그 꿈이 생생하다. 결과는 아들을 출산하였다.

⑨ 사자를 타고 달리는 꿈

아들, 딸 모두 사자 꿈을 꾸고 태어났어요. 첫째 때는 제가 사자를 타고 달리고 있었고, 둘째 때는 제가 사자 두 마리를 데리고 가는데 한 마리는 괜찮은데 다른 한 마리는 꼬리가 없더라고요. 내심 딸을 바라서 사자꿈이지만, 꼬리가 없으니 딸이 아닐까 했는데 정말 예쁜 딸을 낳았답니다.

둘째 때의 태몽 내용으로 볼 때, 꼬리가 없어서 딸을 낳았다는 것이 올바른 해몽으로 보이지 않는다. 사자 두 마리를 데리고 가는 꿈이었으니, 장차 쌍둥이나 두 자녀를 두게 될 것을 예지해주고 있다. 이 경우에 꼬리가 없는 태몽으로 태어난 아이의 경우에는 좋지가 않다.

⑩ 사자 두 마리가 다가온 꿈 → 태몽으로 아들 출산

저는 제가 태몽을 꿨어요. 임신을 하고 있는데 검사를 안 받아서 몰랐던 상태였고요. 그래서 태몽인지 몰랐는데, 지금 생각하면 별다른 태몽이 없었으니까, '이 꿈이 태몽이 아닐까' 해요. 지금 살고 있는 집이나 그 근처가 아닌 낯선 숲이었던 걸로 기억해요. 주변에는 아무것도 없었는데 사자 두 마리가 다가왔어요. 제가 너무 무서워서 떨며 '이제

어떻게 해야 하나? 고민하고 있는데, 사자가 다가오는 순간 꿈에서 깼어요. 저는 아들을 낳았는데, 남성적인 성격이 유달리 강한 사나이 중의 사나이에요.

이렇게 두 마리인 경우에, 둘이라는 숫자와 관련지어 실현된다. 장차 두 자식을 낳게 되거나, 쌍둥이를 낳게 되거나, 두 사람의 능력을 지닌 아이를 낳게 되는 것으로 실현된다. 드물게는 태어날 순번을 가리켜서 둘째를 낳게 되는 일로 이루어진다.

⑪ 호랑이 두 마리가 나란히 앉아있는 꿈 → 태몽으로 딸 출산

시어머님께 임신했다고 말씀을 드리니, 태몽인지는 모르겠지만 얼마 전에 호랑이 꿈을 꾸셨다고 했어요. 그런데 꿈을 꾸신 시기가 제가 임신을 한 시기와 비슷했던 것 같아요. 그리고 저도 특별히 태몽이라 생각되는 꿈을 꾸지 않았기 때문에 태몽이 아닐까 생각해요. 저희 부부가 잠을 자기 위해서 침실로 들어갔는데, 호랑이 2마리가 나란히 앉아 있었다고 해요. 그렇다고 호랑이가 저희 부부에게 해를 가하거나 하는 행동은 하지 않았고, 저희 부부도 덤덤했다고 합니다. 저는 이 꿈을 꾸고서 딸을 낳았는데, 호랑이 꿈 때문인지는 모르겠지만, 상황에 따라서 순한 면도 있고 사나운 면도 있어요. 그리고 다른 아이에 비해서 상상력이 풍부하답니다.

호랑이 두 마리가 나란히 앉아 있는 태몽이었으니, 장차 한 아이가 더 출생하게 될 것을 예지해주고 있다.

⑫ 호랑이 두 마리가 들어온 꿈 → 태몽으로 두 아들 출산

친구가 결혼식을 올리기 며칠 전, 시아버지 되실 분이 꿈을 꾸었대요. 문밖에서 쾅 하는 소리가 나서 문을 열어봤더니, 큰 호랑이 두 마리가 대문 안으로 들어오고 있더래요. 시아버님이 무서워서 벌벌 떨었다고 하더군요. 결혼을 하고 5~6개월 후 친구가 임신을 했는데, 아들일 것 같다고 해요. 몇 년이 지난 지금 친구는 남자아이 2명의 엄마가 되었어요.

사이트 이용자가 올린 태몽 사례이다. 이렇게 태몽을 주변 인물이 대신 꿔주기도 한다. 호랑이 두 마리이니 형제로 실현되고 있다. 무서워 벌벌 떨었다고 했듯이 장차 용맹하고 쩌렁쩌렁한 두 아들로 실현되고 있다. 다만, 큰 호랑이였으니 큰 인물이 되리라는 것은 옳지만, 호랑이 꿈이 반드시 아들인 것은 아니다. 호랑이도 암수가 있으니, 여아인 경우 괄괄한 성품의 아이가 될 것을 예지하고 있다.

⑬ 호랑이가 먹어버린 새끼 호랑이 → 태몽으로 실현

제가 저희 친언니의 태몽을 대신 꾸어준 얘기입니다. 호랑이가 쫓아와 언니와 난 불안에 떨면서 막 쫓기면서 나무 위로 올라갔는데, 그 나무 아래에는 커다란 호랑이가 입을 짝 벌리고 있었어요. 우리는 나뭇가지에 대롱대롱, 조금만 시간이 지나면 그 호랑이 입으로 떨어질 상황에, 갑자기 어디서 작은 호랑이 한 마리가 대신 떨어지면서 큰 호랑이가 넙죽 받아먹는 꿈이었어요. 엄마에게 얘기했더니 태몽, 아니면 호랑이니 좋은 꿈이라고 하더군요. 그런데 신기하게 작은언니가 임신했다는 소식을 들었어요.

⑭ 트럭의 철장 속에 호랑이를 다시 넣어준 꿈 → 태몽으로 딸 출산

엄마가 길을 걸어가고 있는데, 호랑이를 철장에 실은 트럭이 지나가더랍니다. 그때 트럭 위, 철장 문이 열리면서 호랑이가 튀어나와 엄마한테 안겼다고 하네요. 근데 엄마는 호랑이를 잡아, 다시 철장에 넣어줬다고 합니다. 저는 딸이고, 어머니께서 5번 자연유산 끝에 6번째로 가진 아이라고 합니다. 호랑이띠, 새벽 1시 15분, 호랑이 태몽으로 나와서 사주가 세다고 하네요. 거기다 태몽 얘기 듣고, 무속인하는 이모님께선 낳으면 안 되는 아이라고 하셨다는데, 너무 어렵게 가진 아이라 부모님은 포기할 수 없었다고 하시네요.

엄마가 호랑이를 잡아 다시 철장에 넣어주는 꿈의 전개가 좋지 않다. 본인의 이야기로 글재주도 있고 재물운도 있는 편이지만, 인생길에서 어머니와 갈등이 심하다고 한다. 또한 우울증이 심하다고 말하고 있다. 철장이라는 공간에 갇힌 호랑이 태몽이기에, 활달하고 왕성한 사회활동으로 자신의 존재를 드러내는 인생길이 되기보다는, 은둔의 힘겨운 인생길이 될 가능성이 높다고 하겠다.

⑮ 사막에 앉아 있는 세 마리의 사자 중 한 마리가 빙그레 웃고 있었던 어떤 부인의 꿈

태몽으로 삼 형제의 자식 중에 하나가 속을 썩이는 일로 실현되었는바, 이 경우에 사자의 밝은 미소가 아닌 조롱하는 듯한 웃음인 경우이다. 화류계 여성이 이런 꿈을 꾼 경우에는 세 사람의 권력자를 만나게 되는 가운데, 그중 한 사람으로부터 시달림을 받는 일로 실현된다.

⑯ 호랑이와 강을 건너다가 떨어진 꿈 → 태몽으로 요절

꿈에 사나운 호랑이와 함께 강을 건넜다. 강을 거의 다 건너와서, 강 언덕에서 호랑이가 갑자기 언덕에서 미끄러져 내렸다. 이에 손으로 잡아올리려 했으나, 아

슬아슬하게 손에 잡히지 않고 결국은 강을 건너오지 못하는 꿈을 꾸었다.

태몽으로 좋지 않은 표상전개를 보이고 있다. 현실에서는 남아를 낳았으나, 일주일 후에 죽게 되는 일로 실현되고 있다.

⑰ 꼬리가 잘린 호랑이의 꿈 → 태몽으로 딸 출산

태어난 아기는 남자아이가 아니라 여자아이였으며, 이 경우 사나운 호랑이처럼 성격이 걸걸한 여성이 될 것임을 예지해주고 있다. 즉 태몽에서 학을 보고 태어난 여성이 차분하고 고고한 기품의 여성으로 살아갈 것에 비해, 호랑이 태몽은 활동적이고 적극적인 성격의 여성으로 살아갈 것을 예지해주고 있다. 또한 꼬리가 잘린 꿈의 표상에서 자신의 뜻을 크게 펼치지 못하는 다소 안 좋은 일이 일어날 수가 있다. 현실에서는 자살을 시도한 것으로 나타나고 있는바, 태몽의 표상과 일치함을 알 수가 있겠다.

이처럼 태몽을 통해서 일생이 예지된다는 사실은 꿈의 미래 예지적인 성격을 단적으로 나타내주고 있다. 예를 들어 태몽으로 들어오는 뱀의 꼬리를 때리는 꿈을 꾼 사람이 그 후 태어난 아기가 잘 걷지 못하게 되는 일로 실현되고 있다. 새삼 꿈의 신비로움에 전율을 느끼게 해주고 있다.

⑱ 호랑이가 팔을 깨무는 꿈 → 태몽으로 딸 출산

연예인 김승우·김남주 부부는 2005년 결혼하여, 그해 첫딸을 낳았다. 태몽은 김남주가 꿨는데, 호랑이가 그녀의 팔을 깨무는 꿈이었다고 한다.

⑲ 호랑이가 산에서 과일 바구니를 물고 있던 꿈 → 연예인 장근석의 태몽

어머니가 꾼 태몽으로, 호랑이가 산에서 과일 바구니를 물고 있던 꿈이었다. 과일이 이권이나 재물, 또는 능력이나 재주를 상징할 수 있는바, 좋은 태몽이다. 차세대 한류스타로 두각을 나타내고 있다.

⑳ 호랑이가 집안으로 들어온 꿈 → 태몽으로 아들 출산

시어머니의 태몽에 "집 앞에 바닷물이 찰랑찰랑 거리고 멀리서 배가 한 척 오더니, 커다란 호랑이 한 마리가 뛰어내려 집 안으로 들어오는 꿈이었다." 조폭마누라2의 영화배우 신은경(30)이 아들을 낳은 태몽 사례이다.---윤고은 기자, 일간스포츠, 2003. 9. 7.

한편, 축구스타 안정환의 어머니 안금향 씨도 호랑이 태몽을 꾸었다고 밝히고 있다.

"커다랗고 잘 생긴 호랑이를 앞세운 호랑이 떼들이 정환이의 집으로 들어가는 꿈을 꿔서, 묘심화 스님에게 여쭸더니 태몽이라고 말씀하셨다"며 "3일 후 며느리인 이혜원 씨의 임신 소식을 들었다"고 말했다.---일간스포츠, 2003. 12. 05.

2004년 5월 3일 자연분만으로 건강한 딸을 출산하였다.

㉑ 호랑이와 사자 꿈의 태몽 → 태몽으로 아들 출산

출산을 앞둔 손태영(29)이 "태몽으로 호랑이와 사자 꿈을 꿨다"고 밝혔다. 최근 연합뉴스와의 단독인터뷰에서, "나나 오빠(권상우)는 태몽을 꾸지 못했고, 엄마와 언니가 각각 호랑이와 사자 꿈을 꿨다. 건강한 아이가 태어날 것 같다"며 웃었다.---윤고은 기자, 연합뉴스, 2009. 1. 18.

2009년 2월 6일 아들을 출산하였다.

㉒ 백호(흰 호랑이)를 안아준 꿈 → 태몽으로 아들 출산

배우 이선균-전혜진 부부의 태몽이다. 이선균은 "미로 같은 영국식 정원에서, 머리 큰 백호 한 마리가 무섭게 쫓아오는데 친근하게 안아줬다"며 "잠에서 깨고 나서 태몽이라는 걸 느꼈다"고 털어놔 눈길을 끌었다.---[TV리포트 요약 발췌]

이선균 전혜진 부부는 2009년 11월 25일 아들을 낳았는바, 호랑이 태몽은 아들을 낳을 가능성이 높으나, 이 역시 절대적인 것은 아니다. 커다란 백호이니, 장차 큰 인물로 부귀와 권세를 누릴 좋은 태몽이다. 친근하게 안아주는 꿈이었으니, 태몽으로 실현되었으며, 이 경우 쫓아내는 꿈은 유산이나 기타 안 좋은 일로 이루어지고 있다.

㉓ 호랑이를 데리고 이 산 저 산을 넘나드는 꿈 → 가수 패티 김(김혜자)의 태몽

'초우' 등으로 유명한 가수 패티 김(김혜자)의 태몽을 직접 인용하여 살펴본다.

"어머니께서 꿈에 큰 호랑이를 옆에 데리고, 이 산 저 산을 훌쩍훌쩍 넘어다니셨다고 그래요. 이제 와 생각해보니, 세계 곳곳을 누비며 공연할 제 팔자를 어머니께서 태몽으로 예지하신 게 아닐까 싶어요."

어머니의 태몽에 대한 풀이는 올바르다고 볼 수 있다. 산의 상징이 거대한 기관·단체·국가 등의 상징에 부합하며, 이러한 산을 넘나드는 것은 산으로 상징된 국가나 거대한 기관·단체를 초월하여 이루어내는 것으로 볼 수 있다.

또한 호랑이 태몽이 반드시 남아의 출생이 아닌 것을 잘 알 수가 있겠다. 덩치가 큰 외모와 시원시원하며 통 큰 배포의 패티 김을 보면, 커다란 호랑이의 태몽

표상의 상징물이 가장 적합하다고 볼 수 있는바, 일생이 예지되는 태몽의 신비로움을 잘 보여주고 있다.

㉔ 담 밖에서 호랑이가 포효하는 꿈 → 미국 태권도 대사범 이준구 씨의 태몽

이준구 씨는 미국에서 '그랜드 마스터'(대사범)라 불리며 클린턴 전 대통령, 토머스 폴리 전 하원의장 등 미국 사회 각계 인사에게 태권도를 전수한 인물이다.

> 나를 가지셨을 때, 어머니는 아주 높고 단단한 담 안에 서 있는 꿈을 꾸셨다. 그때 밖에서 호랑이가 담벼락이 무너지도록 아주 커다란 소리로 포효했는데, 그 큰 울부짖음으로 보아 호랑이 몸집이 어느 정도인지 짐작할 수 있었다고 한다. 훗날 어른들은 이 태몽을 두고 "담 밖에서 호랑이가 포효했으니, 필시 이 땅을 벗어나 더 넓은 땅에서 이름을 높일 것이 틀림없다."고 풀이했다.---『태권도로 세계를 정복한 한국인 이준구』(그랜드 마스터 준리 자서전)

㉕ 호랑이가 집으로 들어온 꿈 → 연예인 홍충민의 태몽

97년 제주미스코리아 진, MBC 26기 공채 탤런트 출신으로, 드라마 「허준」에서 허준의 아내역으로 활동한 연예인 홍충민은 충성 '충'에 옥돌 '민'의 남자 이름이다. 그녀의 어머니는 호랑이가 집으로 들어오는 태몽을 꾸었다고 한다. 당연히 사내아이라 생각해 남자이름을 지어 놓았으나, 결과는 예쁜 딸이었다. 아들을 원하던 아버지는 당연히 그녀가 아들이기를 바랐기에, 막상 딸이 태어나자, 3일 동안이나 집에 들어오시지 않았다고 한다. 이처럼 호랑이도 암수가 있기에, 호랑이 꿈이라고 해서 다 아들은 아닌 것이다. 일반적으로 아들이 많지만, 딸인 경우에는 괄괄하거나 남성적인 성품을 지닐 가능성이 높다.

㉖ 하얀 호랑이 새끼 두 마리를 꺼내어 뒷산에 풀어주는 꿈 → 차태현의 태몽

연예인 차태현(1976. 3. 25)의 아버지 차재완, 어머니 최수민 씨는 두 아들을 두었다. 차태현의 태몽은 아버지인 차재완 씨가 쌀독에서 솜털이 하얀 호랑이 새끼 두 마리를 꺼내어 뒷산에 풀어주는 태몽을 꿨다고 한다.

호랑이 새끼 두 마리이기에, 필자가 쌍둥이나 두 형제 꿈으로 추정하고, 인터넷을 검색해본 결과, 차태현의 가족관계는 2남 중 둘째로 형이 있다. 이로써 보면, 형을 임신했을 때 그의 부친이 꾼 태몽이다. 이효리의 어머니가 꾸었다던 공작새 세 마리가 화려한 자태를 뽐내는 태몽도, 그의 어머니가 큰 언니를 낳을 때 한꺼번에 꾼 것으로, 자매 셋을 낳게 될 것을 예지해주고 있는바, 이효리가 막내이다.

㉗ 두 마리 호랑이가 방에 들어왔다가 사라지는 꿈 → 의병대장 김덕령(金德令)의 태몽

어머니 꿈에 산으로부터 두 마리의 호랑이가 방에 들어왔다가 사라지는 꿈을 꾸었다. 이 경우 장차 요절·유산 등등 아이의 일생이 좋지 못하다. 두 마리였던 것처럼, 이후 형제를 두게 되었다. 동생인 김덕령은 임진왜란 때 의병 대장이 되어 혁혁한 공을 세웠으나 후일 반역죄로 몰려 억울하게 옥사했고, 그의 형인 덕홍(德弘)도 의병대장으로 전사했다. 형제가 다 호랑이처럼 용감하고 또 훌륭한 사람들이었으나, 다 같이 불운한 일생이었다. 호랑이가 품 안에 뛰어들지 않고 사라지는 꿈은 출생 후에 좋은 결과를 기대할 수가 없음을 보여주고 있다.

㉘ 호랑이를 삼키는 꿈

이런 꿈을 꾸고 아기를 낳으면, 장차 그 아기는 훌륭하고 권세를 잡는 사람이 될 것이다. 전하는 야사(野史)에 진주에 사는 '김진사가 대낮에 잠을 자다가 꿈을 꾸었다. 호랑이가 덤비는 것을 입을 딱 벌렸더니, 그 호랑이가 입속으로 쑥 들어오는 꿈이었다. 그래서 태몽으로 실현될 것을 믿고 내실로 부인을 찾아 들어갔다. 입을 꼭 다물고 부인을 포옹하려 하니, 부인이 양반의 체통을 운운하면서 합방할 것을 완강하게 거절했다.

그렇다고 좋은 태몽을 꾸었다고 말하면, 호랑이는 입에서 나가버릴 것 같아 별수 없이 사랑에 나와 앉았다. 때마침 계집종이 물동이를 이고 지나가므로 그녀를 끌어들여 잉태시켰는데, 그 몸에서 낳은 아기가 훗날 진주병사가 됐다고 전해온다.

이 꿈이 누가 지어낸 이야기라 하더라도, 이런 꿈이 꾸어지기가 가능한 것은 꿈에 동물을 삼키거나 음식물을 먹었다고 해도 그것이 태몽이 될 수 있기 때문이다. 그러나 태아의 상징은 통째로 삼키거나, 먹더라도 다만 먹었다고 생각하는 것으로 끝나야 한다. 만약 태아의 상징물을 깨물어 삼킨다면 그 태아는 온전하지 못하고, 태아의 상징이 아니라 태아의 일과 관계되는 꿈이다.

이 꿈이 상징형성의 이치에 합당한 것은 사람의 입은 부분적으로 보면 집안이나 가문을 상징하고 있고, 입을 벌렸다는 것은 가문을 열어 놓은 것이 된다. 그 속으로 빨려 들어간 것은 인체를 집으로 간주하거나 일의 종착점이 되기 때문에, 호랑이가 든 것은 집안에 그러한 인물이 태어난다는 태몽으로 볼 수 있다. 이 꿈에서 김진사가 꿈이야기를 부인에게 했더라면, 적자 출생의 아이로 병조판서 하

④ 동물 꿈(12지 및 기타 동물)

나는 했을지 모른다.(글: 한건덕)

고전소설 홍길동전에서 홍길동의 탄생도 유사하다. 낮잠을 자다가 청룡이 수염을 거스리고 공에게 향하여 달려드는 꿈을 꾼 길동의 아버지가 부인과 관계를 맺으려고 했으나, 부인의 완강한 반대로 뜻을 이루지 못하고, 계집종인 춘섬과 관계하여 길동을 낳는 것으로 이야기가 전개되고 있다. 이처럼 고전소설에서 영웅의 출생은 태몽에서부터 남과 다른 비범함이 있었음을 강조하고 있다.

(3) 재물이나 이권, 권세의 상징

① 호랑이나 사자의 가죽 또는 털로 된 물품을 얻는 꿈

호랑이 털이 값나가는 물건의 상징적 의미를 지니기에, 재물이나 이권 등을 얻는다.

② 호랑이가 집을 지켜주는 꿈

호랑이로 상징된 권세·이권을 얻게 되는바, 복권 당첨으로 실현된 사례가 있다.

③ 호랑이가 새끼를 여러 마리 낳은 꿈

자영업자의 경우, 여러 분점을 내게 되는 등의 사업의 성취나 프로젝트의 성공 등 번창과 번영의 길로 나아가게 됨을 예지한다.

④ 흰 사자가 갈기를 휘날리며 자신을 바라보는 꿈 → 드라마에 캐스팅되다.

SBS TV 「강심장」 프로그램에서, 김정난은 "「신사의 품격」에 캐스팅되기 전에 꿈속에서 계곡에 놀러 갔는데, 큰 바위에 눈처럼 하얀 사자가 하얀 갈기를 휘날리며 우아하게 날 바라보고 있었다"고 밝히고 있다.

⑤ 자신의 머리가 호랑이로 변한 꿈

신체의 가장 중요한 부위인 머리가 호랑이 머리로 변한 것에서, 백수(百獸)의 왕인 호랑이처럼 위엄을 떨치고 장차 귀한 지위로 나아가는 일로 실현되었다.

⑥ 호랑이를 죽인 꿈으로 대입시험에 합격한 사례가 있다.

(4) 일거리·대상-회사, 기관, 단체

① 호랑이나 사자와 싸워 이기는 꿈

노력과 투쟁 끝에, 힘겹게 큰 결실이나 프로젝트나 사업을 성취하는 일로 이루어진다. 다만, 호랑이나 사자가 사람의 상징으로 나타난 경우에는 직장 내 사

장이나 부장 등 윗사람이나 정부기관의 권력층 사람을 설득하거나 굴복시키는 일로 이루어진다. 이 경우에 호랑이나 사자를 죽이거나 자기 앞에 무릎을 꿇게 하는 꿈의 경우에도, 권력층 사람을 굴복시킬 일이 생긴다.

② 호랑이와 기분 좋게 성행위를 하는 꿈

사업가 또는 권력층 사람과 관련을 맺게 되어 계약의 성사 등이 이루어지며, 동업을 하게 된다. 자영업자의 경우 사업의 성취를 이루어내게 되며, 저자나 예술가의 경우에 훌륭한 작품을 만들어내게 된다. 처녀가 이러한 꿈을 꾸었을 경우에, 호랑이로 상징된 터프하고 용맹한 이성을 만나게 되거나, 가임여건에서 태몽으로 실현될 수도 있다. 또한 재물운으로 실현될 경우에, 로또(복권)이나 주식 등에서 엄청난 대박을 터뜨리는 일로 실현될 수도 있다.

③ 작은 동물이 점점 변해서 호랑이로 변한 꿈

작은 사업이나 관직·권세가 점차 크게 변한다. 또한 사람의 상징으로 호랑이가 등장한 경우, 미약하고 보잘것없던 인물이 큰 인물이 될 것을 예지해주고 있다. 호랑이가 사람의 상징인 경우, 인연을 맺은 이성이 처음에는 보잘것없었지만, 점차로 능력 있는 큰 인물이 될 것임을 예지해주고 있다. 또한 문 밖에 웅크리고 앉은 호랑이를 보는 꿈도 역시 마찬가지이다. 앉아 있듯이 현재는 큰 뜻을 펼치지 못하는 형편이나, 조만간 큰 능력을 발휘할 인재나 뛰어난 작품이나 프로젝트 등이 될 것임을 예지해주고 있다.

④ 호랑이나 사자가 새겨진 문장(紋章)을 보는 꿈

위대하거나 용맹스러운 일, 득세 등과 관계된 일이나 작품 따위와 관계한다. 올림피아 왕비의 자궁에 사자 문장(紋章)으로 봉인한 것을 보았다는 필립왕의 꿈은 아들 알렉산더 대왕이 태어나 명예와 권세를 획득하는 일로 실현되었다.

(5) 사건, 사고

① 호랑이나 사자의 울음소리를 듣는 꿈

사회적으로 선풍적인 일이나 커다란 변혁 등이 일어남을 보게 된다. 예를 들어, 인기가수 싸이와 친분이 있던 사람이 이런 꿈을 꾸었다면, 싸이의 '강남스타일' 등이 엄청난 인기를 누리게 될 것을 예지한 꿈이 될 수도 있다. 이 경우 사자나 호랑이의 포효가 엄청난 위세나 세력을 떨치게 됨을 상징하고 있다. 그러나 사자나 호랑이의 울음소리가 비통함에 차 있는 경우라면, 안 좋게는 사회적 환란이나 경제적 위기 등이 닥쳐오는 일로 실현될 수 있다. 가임여건에서 이러한 비통한 울음을 듣게 되는 경우에, 유산 등으로 이루어질 수 있다고 하겠다.

② 호랑이가 가축을 물어 가는 꿈

호랑이로 상징된 외부적인 악재에 의해서, 회사나 기관·단체의 설비시설 등에 문제가 발생하여 재물에 손실이 있게 되거나, 가축으로 상징된 부하직원이 교통사고나 신병(身病)으로 이상이 있게 되어 직장을 그만두게 되는 일로 실현 가능하다. 물어가는 꿈의 경우이니, 회사 직원이 타 회사로 전직하는 일로도 실현 가능하다.

③ 한 마리의 표범이 호랑이 꼬리를 물어뜯는 꿈

고구려 태조 대왕의 꿈으로, 그의 아우가 왕위에 올라 두 아들을 죽이게 될 것을 예지한 것이었다.

3) 호랑이 사자 꿈 상담사례

① 암사자가 다리를 물은 꿈

저는 신혼여행 때 태몽을 꾸었는데, 암사자와 수사자 두 마리가 어슬렁어슬렁 걸어오더니, 암사자가 제 다리를 살짝 물었어요. 그리고 한 달 뒤 임신이 되었는데, 아들이라고 하네요. 사자는 아들을 뜻한대요.---2008. 10. 29.

한 달 뒤에 임신했다고 하고 아들이라고 하지만 사람들이 사자꿈이라고 하니까 아들꿈이라고 말하고 있는 것 같다. 하지만 올려진 꿈의 내용대로라면, 암사자가 다리를 물었기에, 물린다는 것은 영향권 안으로 들어감을 상징하며, 장차 여아를 낳게 될 것을 예지해주고 있다. 물론 남아 같은 씩씩하고 활달한 여아일 것이다. '사자는 아들을 뜻한대요'는 태몽에 대한 무지에서 비롯된 말이다. 태몽에서 '갈기가 있고 없고'의 사자의 암수 그대로 현실에서도 그대로 실현되고 있다. 꿈은 결코 반대가 아닌, 상징의 이해에 있는 것이다.

② 암사자가 무릎에 머리를 베고 누운 꿈

태몽인데 궁금해서요. 운동장같이 넓은 곳에 앉아 있는데, 암사자가 5~6마리가 저쪽에 있다가, 그 중 한 마리가 어슬렁어슬렁 걸어와서 무릎에 머리 베고 누웠는데요. 뭘까요? 혹시 남자 같은 여자가 태어나는 걸까요.---clearwater(soph******), 2008. 08. 29.

태몽에 대한 이해가 높은 네티즌이다. 암사자 5~6마리 중의 한 마리가 와서 머리를 베고 누웠으니, 장차 태어날 아이는 여아가 틀림이 없을 것이다. 하지만 사자의 태몽이니, 백수의 왕이라 활달하면서 리더십 있는 인물이 될 것이다.

③ 호랑이를 따라가는 태몽

어두컴컴한 깊은 산길을 걸어가다가 큰 호랑이를 만났다. 조금도 무섭지가 않다. 호랑이는 따라오라는 듯 앞서 가며, 눈빛으로 어두운 길을 밝히는데 대낮같이 밝다. 그 뒤를 계속 따라가다 잠을 깨었다.

어떤 기관이나 회사 조직체 내(산의 깊숙한 곳)에 가서 사업·학문·연구 따위 일에 깊숙이 관여할 것(깊은 산길을 걷다)이다. 처음에는 그 일이 전혀 생소하거나 해명되지 않는 일에 관여하고 어려움도 뒤따르겠지만(어두컴컴한 산길), 큰 호랑이로 상징 가능한 권세를 잡고 또는 협조적인 인물을 만나 만사형통한다.(어두운 길이 밝혀졌기 때문) 호랑이가 앞서 가고 있기 때문에 자기 권세나 협조자의 뜻대로 잘 따라 줄 것이고, 호랑이가 어둠을 밝혔으니, 호랑이에게 투사된 자기 인격과 능력으로써 밝히고 해명하는 일에 종사한다.(글: 한건덕)

④ 호랑이와 성교한 꿈

여러 마리 호랑이가 쫓아와서 사람들은 어떤 다락방 같은 곳에 숨었다. 자신도 그 곳에 숨었더니, 큰 호랑이 한 마리가 문을 열고 들어와 자기를 잡아먹지는 않고, 호랑이와 성교했는데 쾌감을 느꼈다.(유부녀의 꿈)

이 꿈은 자기 또는 남편의 사업이나 작품이 어떤 기관을 통하여, 심사를 거치고 당선되어 권리와 명예가 주어지고 계약이 성립될 것이다. 호랑이 떼에 쫓겨 다락방에 숨는 것은 여러 사람에게 각각 나누어질 명예나 권리의 대상물, 즉 쟁취하기 어려운 일거리가 심사를 거치는 동안 대기 상태에 있음을 뜻하므로, 한동안 기다리고 있으면 가장 큰 명예나 권리가 자기에게 주어지며 크게 만족할 일이 있게 될 것이다. 이런 꿈은 장차 태어날 아기의 운세를 예지하는 태몽이 될 수도 있다.(글: 한건덕)

⑤ 새끼 호랑이 두 마리를 내쫓는 꿈

귀여운 새끼 호랑이 두 마리가 마루에 드러누워 있길래, 가족이 내쫓았어요.

꿈 내용이 빈약하여 답변이 힘드네요. 꿈의 표상은 안좋습니다. 혹 태몽으로 실현된다면, 두 쌍둥이나 두 자녀를 유산·낙태하게 될 표상입니다. 또는 어떠한 두 가지 일이 다 이루어지지 않고요. 결론적으로 나쁜 꿈이죠. 호랑이로 표상된 이권·재물·권리 등이 이루어지려다가 실패하는 경우이죠. 복권의 경우라면 아슬아슬 낙첨, 이 경우 새끼 호랑이니까 액수도 크지 않을 것입니다. 호랑이가 무엇을 상징하는지, 처한 상황에 견주어 잘 생각해보세요. 필자의 사이트에서 호랑이를 검색하시면, 수많은 실증자료가 나오니 참고하시기 바랍니다.

⑥ 사자와 호랑이가 싸워 호랑이가 죽은 꿈

> 아무 꿈도 아닌가 보다 생각을 했는데 해몽을 부탁드립니다. 사자와 호랑이가 싸워서, 호랑이가 져서 죽었답니다.

모든 꿈에는 뜻이 담겨 있습니다. 사자와 호랑이 모두 상징 표상입니다. 여러 가지로 해몽이 가능하겠죠. 하지만 꿈을 꾼 사람이 처한 현실에 따라 다르게 실현되지요. 올린 분이 처녀라면, 각각으로 표상된 두 남자가 서로 차지하려다 한 사람이 K.O 패 당한 것으로 볼까요. 직장의 동료 두 사람이 서로 승진하려다, 또는 서로 밀려나지 않으려다 한 사람이 밀려나가는 일로 실현될 수도 있겠지요. 필자는 점쟁이가 아니고, 실증적인 사례를 바탕으로 추정을 하고 있습니다. 처한 상황을 알려주었다면, 보다 올바른 해몽이 가능했을 것입니다.

⑦ 호랑이가 도와주는 꿈

> 며칠동안 비슷한 꿈을 꾸고 있습니다. 꿈 내용은 제가 어려운 일에 부딪쳤을 때, 호랑이가 나와서 저를 도와주거든요.

좋은 꿈이네요. 비슷한 꿈을 며칠간 계속 꾼다는 것은 꿈으로 예지된 그 일이 꼭 일어난다는 것이죠. 현실에서 어려운 상황에 처했을 때, 호랑이로 표상된 용감하고 활달한 사람이 도와주게 될 것입니다. 이런 상징적인 꿈은 100% 실현되죠.

⑧ 어미 및 새끼호랑이와 함께한 꿈

> 꿈에서 우연히 새끼호랑이 두세 마리 정도가 내 다리 사이에 얽혀 있었습니다. 무서운 마음에 몸을 움직일 수 없었습니다. 그런데 잠시후 어느 사이에, 커다란 어미호랑이가 내 발쪽에 몸을 늘어뜨려 놓고 있었습니다. 그래서 혹시 내 발가락을 물지 않을까 겁이 났습니다. 그런데 아니나다를까 호랑이가 왼쪽 엄지발가락을 송곳니로 무는 것이 느껴졌습니다. 아프진 않았지만 무서웠었습니다. 아프지 않아서인지, 호랑이가 나쁘게 느껴지진 않았습니다. 무슨 꿈인지 알려주세요.

호랑이는 호랑이가 아닙니다. 호랑이로 표상된 그 무엇이 다가온다는 것이지요. 호랑이가 엄지발가락을 물은 것처럼 호랑이로 표상된 사람이 다가온다든지, 일거리 등이 영향을 미치게 된다는 것이지요. 꿈속에서 느끼는 정황도 중요하고요. 호랑이가 나쁘게 느껴지지 않았다는 느낌이 중요합니다. 혹 어떤 남자가 다가오면, 그 사람이 나쁘게 느껴지지는 않을 것입니다. 이 경우 새끼 호랑이는 그보다 못한 존재이거나, 그 남자의 동생이나 부양 식구 정도로 생각해 볼까요, 자신의 처한 상황을 이야기해주는 것이 얼마나 중요한지 모르시죠. 정확한 추정이 가능한데 처한 상황 없이 꿈해몽하라니, 호랑이가 무엇을 뜻하는지 생각해 보세요. 꿈의 결과는 반드시 일어날 것입니다. 가임여건에서 태몽도 가능하고요.

≪개≫

1) 개 꿈에 관하여

'개꿈'과 '개 꿈'의 국어적 의미가 다르다. '개꿈'의 개는 접두사로 '하찮은'의 의미를 지니고 있는바, 꿈을 꾸었는데 잘 기억나지 않는 꿈을 사소한 의미의 꿈을 '개 꿈'이라고 한다. 반면에 '개 꿈'은 동물인 개가 등장하는 꿈이다.

개는 경찰관·경비원·신문기자·탐정가·감시원 등이나, 충직한 아랫사람이나 천박한 사람 등을 상징적으로 나타내고 있으며, 직권·재물·부정·방해물 등을 상징하기도 한다.

2) 개 꿈의 꿈해몽 및 실증사례

(1) 사람의 상징

① 해 질 무렵 개가 달려가는 것을 보는 꿈

개로 상징된 탐정이나 신문 기자 등의 활약하는 것을 보게 된다.

② 자기 집 개의 성기가 팽창한 것을 보는 꿈

개로 상징된 가정부나 부하 직원, 또는 절조 없는 사람 등의 반항에 부딪힌다.

③ 자기 집 개가 남의 집 개들과 어울려 노는 꿈

가족이나 회사 구성원 중의 하나가 어느 단체에 가입하거나, 여러 사람들과 함께 할 일이 생긴다.

④ 남의 집 개가 자기 집 개에게 가까이 오는 꿈

개로 상징된 타 인물이 접근해서 관련을 맺게 되거나, 염탐을 하는 일로 이루어진다. 자기집 개가 암컷인 경우에 자신의 부인이나 딸을 탐내고자 하는 자가 있음을 예지한다.

⑤ 개를 데리고 다니는 꿈

개로 상징된 부하직원·경호원이나 고용인과 어떠한 일거리나 대상을 진행하게 된다.

⑥ 개가 자신을 따라오는 꿈

여성의 경우에 개로 상징된 이성의 남자가 관심을 지니고 쫓아다니게 된다. 굶주리고 초라한 개가 자신을 따라오거나 집으로 오면, 능력 없고 못된 사람이 괴롭히게 되거나, 자신의 회사나 가정에 무능력자 등이 들어와서 폐를 끼치게 된다. 개가 병마(病魔)의 상징으로 등장한 경우라면, 안 좋게는 몹쓸 유행성 전염병에 걸린다.

⑦ 잃었던 개가 집을 찾아오는 꿈

자신을 떠났던 사람이나 일거리·대상이 다시 찾아온다. 회사원의 경우, 퇴사한 직장 동료가 다시 입사하게 되는 일로도 실현 가능하다.

⑧ 개가 사나워 어떤 집에 못 들어가는 꿈

집으로 상징된 관청이나 회사의 경비원에게 출입을 저지당하거나, 일거리·대상에 방해를 받아 진척이 되지 않는다.

⑨ 개를 뒤쫓아가는 꿈

어느 기관에 청탁할 일을 안내자나 소개자를 통해서 진행할 수 있게 된다. 또한 개로 상징된 충직한 사람을 믿게 되는 일로도 가능하다.

⑩ 개가 높은 건물 위에 오르거나 공중을 나는 꿈

개로 상징된 사람의 활약상을 보게 된다. 꿈속의 개가 자신의 상징 표상으로 나타난 경우에, 올랐듯이 직위가 올라가게 되거나 하고자 하는 일에서 성취를 이루어내게 된다.

⑪ 상반신은 양이고 하반신은 개인 꿈

상반신은 양인데 하반신은 개이고, 더구나 성기를 드러내고 있는 천박한 모습의 개를 보는 꿈은 겉으로는 양과 같이 온순하고 선량해 보이지만, 사실은 절조 없고 방탕한 인간을 상징하고 있다. 이는 꿈의 상징 기법의 하나이다.

⑫ 값비싼 애완용 개를 사오는 꿈

자신의 뜻에 따르고 마음에 드는 연인을 얻게 되는 일로 이루어진다. 회사 사장의 경우, 마음에 드는 애교있는 아름다운 여성을 비서로 맞이하는 일로 실현된다.

⑬ 개를 쓰다듬는 꿈

자기 집 개를 귀엽다고 쓰다듬으면, 회사 부하를 신임하고 믿고 일을 맡기는 일로 이루어진다. 처한 상황에 따라 애인이 없는 사람의 경우에, 애정을 지닌 사람이나 일거리에 빠져들게 될 수도 있다. 나쁘게는 개로 상징된 집안 식구나 고용인이 속썩일 일이 생긴다.

〈실증사례 및 상담 사례〉

① 개를 쓰다듬다가 물린 꿈→ 동생에게 얻어맞다.

꿈속에서 검은 개 한 마리가 있기에, 귀여워서 만져주는 데 갑자기 물은 꿈은 개로 표상되는 충직하고 믿음직스러운 대상에 배신을 당하는 일이 일어나게 된다. 현실에서는 동생과 다투다가 동생에게 얻어맞는 일로 실현되었다.

② 수많은 개가 죽어 있는 꿈→ 많은 지지자를 상징

실증적인 꿈 사례이다. 국회의원 선거운동원의 꿈에, 길을 가다보니 길 좌우와 한 언덕위에 수백 마리의 개들이 죽어있는 것을 보았다. 그 국회의원 후보자는 무난히 당선되었는데, 이때의 개들은 그 국회의원의 유권자들이며, 그들이 죽어 보임으로써 절대복종하고 지지한다는 것을 나타낸 표현이다.

③ 강아지가 품에 안긴 꿈, 개가 달려드는 꿈→ 기다리던 사람, 화내는 사람

꿈에 개 사육장에 찾아가게 되었다. 그곳에서 조련사로 근무하기 위해, 한 여성에게 개와 친해지는 방법을 설명을 듣고, 시범으로 강아지를 불렀다. 아주 예쁘게 생긴 강아지 한 마리가 반갑게 내게 달려와 품에 안기는 게 아닌가? 그런 후에 다른 개와 친해지기 위해서 옆 사육장를 갔는데, 그 곳에서도 강아지를 부르니, 한 개가 화를 내면서 입을 크게 벌리는 게 아닌가? 내게 달려들지는 않았지만, 내 앞에서 송곳니를 드러내면서 으르렁거리는 꿈을 꿨다. (96년 12월 20일)

꿈의 실현은 '강아지가 품에 안기는 꿈'으로 그동안 기다리던 사람에게서 연

락이 왔으며, '강아지가 화를 내는 꿈'으로 회식을 하던 중 A씨가 기분을 상하게 하여, 그동안 참아왔던 감정들을 회식자리에서 열을 내면서 싸우다 헤어졌다고 한다. 또한 꿈을 꿨던 순서대로 현실에서 일어났다는 것에 대해 놀랍게 여기고 있다.

강아지를 부르는 꿈, 다른 강아지가 으르렁거리는 꿈의 실현이 현실에서는 좋은 사람으로부터의 연락과 못마땅한 사람과의 다툼으로 실현된 현실을 주목하기 바란다. 현실에서는 각기 친하고 미워하는 사람을 강아지 행동의 상징 표상으로 꿈에서 나타내주고 있다.

이처럼 꿈속에서의 동물은 거의 대부분 어떠한 사람을 상징적으로 나타내주고 있다. 또한 꿈속에서 꿨던 순서대로 현실에서 행위가 일어난 것도 의미가 있다. 예를 들어 안 좋은 표상의 꿈이 있은 후에 좋은 꿈의 표상이 있는 경우에, 현실에서 반드시 안 좋은 일이 일어난 후에 다시 좋은 일이 일어나게 될 것을 예지해주고 있다. 이 경우, 안 좋은 일이 일어나는 과정을 절대로 피할 수 없다.

꿈해몽의 첫째는 상징 표상의 이해에 있다. 예를 들어, 호랑이가 달려드는 꿈을 꾼 경우 '호랑이가 무엇을 상징하는가?'를 이해하는 것이 꿈해몽에 있어서 가장 중요하다. 이러한 상징 표상은 자신의 주어진 상황에 견주어 살펴보아야 하며, 이런 점에서 꿈해몽은 꿈을 꾼 자신이 가장 잘할 수 있는 것이다.

④ 강아지(고양이)에게 이제 가라는 꿈(상담사례) → 남자 친구에게 결별을 선언하다.

사이트 이용자의 꿈체험담이다.

이건 제가 해몽을 요청했던 꿈인데요. 요청 당시에 남자친구 때문에 많이 힘들었거든요. 꿈을 꿨는데 강아진지 고양이인지, 아주 애교도 많고 귀여워하던 애완동물이었어요. 제가 그 애완동물 보고 "이제 나가라, 갈 때가 됐으니까 가라."라고 했었거든요. 꿈이라고 동물이 말도 했어요. 그러니까 그 강아지가 아주 슬픈 표정을 지으면서, 저를 쳐다보는거예요. 그래도 저는 떠날 때가 됐다고, 그러니까 그 강아지가 온몸에 페인트를 바르고 와서는 "이렇게 예쁘게 하면, 안가도 되냐?"고 그러더라고요. 페인트가 눈이며, 코에 들어가서 너무 아프겠다는 생각이 들고. 애처로워서 안아주고 페인트 씻겨주겠다고 수돗가로 데리고 가서 씻겨주는데, 씻겨주다 보니 어느새 새초롬한 여자아이로 변해 있더라고요. 제가 씻겨주는데도 무표정으로 가만히 앉아 있더군요. 상관없이 계속 씻어주다가 잠이 깼어요.

해몽 답변이 어딘가에 있겠지만, 답변 내용이 그 꿈을 정말 모르겠느냐고, 남자친구랑 헤어지자고 하는데, 남자친구가 잘하겠다고 해서, 제가 받아들이는 거라고 하시더군요. 그런데 받아들인 후 여자아이로 변하는 것은 제가 더 고통받고 힘들어하게 될 거라고 했어요. 상징적인 꿈은 피할 수 없지만, 다시 남자친구를 만나지 않았으면 좋겠다고 하시더라고요.

그 후에 실제로 일어난 일은 답변 내용과 똑같습니다. 제가 헤어지자고 했는데, 남자친구가 정말 잘할 거라면서 저 없으면 안 된다고, 제가 싫다고 해도 계속 따라 다닐 거라고 하더군요. 그 전에 싸울 때는 못되게 굴더니, 그래서 제가 다시 용서하고 화해했는데, 그 뒤에 정말 더더욱 힘들었어요. 며칠 지나지 않아서 다시 원상태로 되돌아왔고요. 너무 힘들었답니다. 노력을 많이 했는데도, 상처만 훨씬 더 많이 받았습니다. 역시 상징적인 미래 예지 꿈은 피할 수가 없나 봅니다. 알고 있어도 말이죠. ^^.

강아지는 강아지가 아닌, 강아지로 표상된 남자 친구를 표상하고 있다. 부연하면, 강아지로 표상된 만큼, 미숙한 존재이며 큰 그릇의 인물은 못 되는 사람이라고 볼 수 있겠다. 나중에 여자아이로 변해있는 것도 여러모로 돌보아줘야 하고 속이 좁은 사람임을 상징적으로 보여주고 있다고 해야 할 것이다.

(2) 개 꿈의 태몽 - 실증사례

태몽에 개가 등장한 경우, 꿈속에서의 개를 보는 느낌에 좌우된다. 거칠고 사나우냐, 순종적이냐, 듬직한 개였는지, 귀여운 개였는지에 따라, 장차 태어날 아이의 성품도 그와 관련지어 실현된다.

일반적으로 개는 충직하기에, 장차 자신의 직분에 열성을 다하는 충실한 인물로 살아갈 것을 예지한다. 이름 있고 사람들에게 사랑받는 귀여운 개의 태몽인 경우, 인기 연예인이나 좋은 작품 따위를 써낼 수 있는 작가·예술인이 될 수 있다. 일반적으로 관리·군인·목사 등의 직업을 가질 확률이 높다. 꿈속에서 높은 곳에 올라 있는 개의 경우, 장차 사회적 권위를 지닐 수 있는 지도자의 역할을 맡게 된다.

① 어미 개와 새끼 개가 달려들어 품에 안은 꿈 → 쌍둥이 임신

보통 산모들은 임신 초기나 전에 태몽을 본다던데, 저는 임신 8개월에 아주 생생한 꿈을 꾸었답니다. 유난히도 배가 빨리 불러왔고, 추운 겨울인데도 늘 더웠답니다. 임신 8개월에 접어드는 날 밤, 꿈속에서 갑자기 방문을 박차고 어미 개와 새끼 개가 달려 들어

왔습니다. 새끼 개는 머리맡에, 어미 개는 이불 속으로 들어오려고 할 때, 저는 발버둥을 치고 못 들어오게 하였지만 결국 품에 안았답니다.

너무도 생생한 꿈이었기에, 다음 날 병원에 가서 의사 선생님께 이야기했더니, 초음파실로 데려가더니 웃으며 저에게 모니터를 가리키며 "쌍둥이네요" 하잖아요, 놀라움과 당황함은 말로 표현이 안 되었답니다. 그때까지 저는 쌍둥이가 뱃속에서 자라는 것 몰랐거든요.

어미 개와 새끼 개의 태몽으로 쌍둥이를 임신한바, 장차 태어날 쌍둥이가 서로 다른 능력 차이를 보일 것을 예지해주고 있다. 이 경우 어미 개의 표상으로 태어난 아이가 새끼 개의 표상으로 태어난 아이보다 뛰어난 능력을 보이거나 체격이 장대할 것을 예지해주고 있다.

② 누런 개가 자신을 끌어안는 꿈 → 예쁜 딸을 낳다.

저는 동물이라면 기겁을 한답니다. 강아지, 고양이, 자그만 병아리까지도요. 그런 우리 아기의 태몽에 개가 나오다니---. 임신한 지 한 5주 정도 되었을 거예요. 꿈속에서 외진 길을 걷고 있었거든요. 그런데 아주 크고 검은 개가 나를 향해 어슬렁어슬렁 걸어오는 거예요. 호흡을 멈추고 제발 무사히 지나가기를 바랐어요. 다행히 그냥 스치고 지나가더라고요. 안도의 한숨을 다 쉬기도 전에, 멀리서 누런 개가 나를 향해오고 있는 게 아니겠어요. 내 앞으로 다가와서는, 사람이 나를 안듯이 그 개가 나를 와락 끌어안는 거예요. 그런데 정말 하나도 무섭지 않았고요.

이 꿈을 꾸고 얼마 지나지 않아서 탤런트 김희선 아시죠? 그분이 나와서 자기의 태몽 이야기를 하시는 거예요. 누런 개가 나오는 꿈이라더라고요. 기분 좋은 예감이 들더라고요. 나도 김희선처럼 예쁜 딸을 낳을 것이란 예감 말이에요. 그런 예감이 현실로 이뤄졌어요. 정말 눈부시게 예쁜 딸을 낳은 거예요.---요약 발췌, 유정욱, 베베하우스, 2003. 01. 31.

③ 예쁜 강아지의 개 꿈 태몽 → 연예인 현영의 태몽

현영은 음악 포털 사이트 엠넷닷컴 매거진 M을 통해, 어머니의 태몽에 '개 꿈'이었다고 밝혔다. 예쁜 강아지였다는 것을 강조하며, 본인의 태몽에 대한 해석을 인생을 친근하게 살 팔자라는 의미였을 것이라고 해석했다. 현영은 자신의 태몽 덕에 사람들과 친근하게 지내는 것을 좋아하며, 많은 사람들이 자신을 거부감 없이 받아 주는 것 같다고 덧붙였다.---[뉴스엔 엔터테인먼트부], 2007. 06. 18.

(3) 재물이나 이권의 상징

① 개를 잡아먹는 꿈

자신을 따르던 개를 잡아먹는 꿈은 자신의 남은 사업자금을 마련해서 새로운 사업에 올인하게 되거나, 자본금을 회수할 수 없게 된다. 그러나 뜻밖에 얻은 개를 잡아먹는 꿈은 뜻밖의 재물이나 이권을 얻게 됨을 뜻한다. 재물이 아닌 일반적인 상징으로, 개를 잡아먹는 꿈은 개로 상징된 사람을 제압·굴복시키는 일로 이루어진다.

② 개가 새끼를 여러 마리 낳은 꿈

사업의 성취, 프로젝트의 성공 등 번창과 번영의 길로 나아가게 됨을 예지한다.

③ 많은 강아지가 재롱을 피우는 꿈→ 복권 당첨

> "많은 강아지가 자기 주위에 몰려들어, 뒹굴고 물고 넘어지고 재롱을 떨다가 갑자기 자기에게 달려들어 꿈을 깼다."

복권 구입 전날 꾼 꿈이다. 돼지꿈은 아니지만 많은 강아지로 표상된 재물운이 들어올 것을 예지해주고 있다. 당사자의 말을 들어보면, 개에 관한 꿈도 길몽인 것 같다고 하면서, "평소에도 자식들이 강아지를 상당히 좋아하는데, 동물을 사랑하는 마음을 하늘도 알았나 봅니다."라고 말하고 있다. 하지만 개에 관한 꿈이 좋은 것이 아니라, 꿈속에서 어떻게 표상되어 나타나는가에 달려 있다고 하겠다. 이 꿈에서도 '재롱을 떨다가'로 표상된 상징에 유의하여야 할 것이다.

(4) 일거리·대상-회사, 기관, 단체

① 개가 손을 물고 놓지 않는 꿈

작품이나 능력 또는 일을 심사기관에서 테스트받을 일이 생긴다.

② 개가 손을 핥는 꿈

저자의 경우에, 개로 상징된 신문기자나 심사 기관원 등이 자기 일이나 작품을 취재해서 발표해 준다.

③ 먼 곳에서 개 짖는 소리가 들려오는 꿈

외부 소식이 오거나 어떤 사건이 생긴다. 처한 상황에 따라 개로 상징된 외부적인 인물이 다가오고 있음을 예지하는 경우도 있다.

④ 동물 꿈(12지 및 기타 동물)

④ 개가 짖는 꿈

개가 짖어대는 소리를 들으면, 개로 상징된 집안 식구나 고용인들이 반목과 질시 등으로 인하여 다툼이 있게 되고, 풍파가 생기거나 널리 안 좋은 일들이 소문날 일이 생긴다.

⑤ 개가 교접하는 것을 보는 꿈

어느 두 기관이나 회사 단체가 결연을 맺게 되는 것을 보게 되거나, 꿈속의 개 중에서 한 마리가 자신을 상징하여 등장한 경우에는 자신이 어떤 사람이나 대상과 사업상에 동업할 일이 있거나 어떤 계약이 성립된다.

⑥ 개에게 물려서 자국이 나는 꿈

개가 좋은 인상인 경우에, 물리는 상징적 의미 그대로 취직이나 시험 합격 등 좋은 영향권에 들어가게 되어 직책을 맡는 일로 실현된다. 가임여건에서 태몽 표상으로 실현되기도 한다. 그러나 이때 물린 자리에서 피가 나면, 경제적인 손실을 보게 되거나 심복이나 고용인에게 배반당하는 일로 이루어진다.

⑦ 개가 서로 싸우는 꿈

어떤 두 사람이 서로 헐뜯고 비난하는 와중에 말려들거나, 병마(病魔)의 상징인 경우에는 유행성 전염병에 영향을 받는다. 꿈속의 개 한 마리가 자신을 상징하여 등장한 경우에는 다른 사람과 육체적·정신적으로 다툼이 있게 되어 곤란한 처지에 놓이게 된다. 이 경우에 이기는 꿈이 좋으며, 자신이 보다 큰 덩치나 용맹스러운 싸움을 하는 개로 상징된 꿈이 좋은 꿈이다.

(5) 사건, 사고

① 개가 비쩍 말라 있거나 초라한 모습의 꿈

부하직원이 교통사고나 신병(身病)으로 건강에 이상이 생기게 되거나, 경제적으로 어려움에 빠져 허덕거리게 되는 일로 실현 가능하다.

② 자신의 개가 호랑이 등 맹수에게 물려간 꿈

호랑이로 상징된 외압이나 외부적인 여건에 의해, 자신을 지켜주고 도와주던 사람이 떠나게 되거나, 교통사고 등을 당하게 되어 직장을 그만두게 된다. 물려간 꿈의 실현이 타 회사나 지방으로 발령이 나게 되는 것도 가능하다. 또는 호랑이가 병마(病魔)의 상징으로 등장한 경우에는, 급작스러운 병환으로 인하여 죽게 되거나 직장을 그만두게 된다. 또한 호랑이가 연인의 상징으로 등장한 경우에는 호랑이에게 물려가는 꿈이니, 자신을 도와주던 사람이 호랑이로 상징된 권세 있고 능력 있는 사람과 연분을 맺게 되어 떠나가는 일로도 실현 가능하다.

③ 개에게 물리는 꿈

개가 사나운 기세로 물려고 덤비거나 떼를 지어 덤비면, 신변에 위험을 느끼는 벅찬 일에 직면하게 된다. 개가 사람의 상징인 경우에는 개로 상징된 개 같은 놈의 해코지를 받게 되는 일로 실현된다. 물린다는 상징적 의미는 그 영향권으로 들어가는 것을 뜻하며, 개들이 떼를 지어 덤비는 꿈의 경우에 한 사람이 아닌 여러 사람이나 집단으로 괴롭힘을 가해오는 것을 뜻한다. 이때 남의 집 큰 대문에 묶인 개에게 물리면, 큰 집으로 상징된 관청이나 회사에 취직되거나 자기 일이 어느 기관에 의하여 성사된다. 이 경우에도 나쁘게는 권세를 등에 업은 못된 사람에게 곤욕을 치르는 일로 실현될 수 있다.

3) 개 꿈의 상담사례

① 누렁이를 업은 꿈(상담 및 실현사례)

꿈속에서 커다란 누렁이를 아기들을 업는 포대기로 감싸서 업고 있었습니다. 작은 개도 아니고, 큰 누렁이를요. 꿈이 하도 신기해서 사이트에서 해몽 상담을 해 보았더니, 누렁이로 상징된 누군가가 내게 도움을 청할 징조라고 하더군요.

그런데 정말 다른 날도 아니고, 바로 그 날 저녁에 생각지도 않게 아는 사람의 부탁으로, 누군가를 저의 집에서 며칠 지내도록 하게 되었답니다. 우연치고는 너무 놀라운 우연이었어요.

② 강아지가 큰 개에게 물려 죽는 꿈

우리 집 강아지가 애완견에게 물려서, 허리가 부러져서 죽었어요.

강아지를 무척 좋아하시나 보죠. 꿈속에서의 전개가 황당하지 않고 실제 현실에서 일어날 수 있는 상황으로 전개된 사실적인 미래투시의 꿈이라면, 실제 가까운 장래에 꿈속에서 본 그대로의 일이 일어나게 될 것입니다. 이 경우 꿈의 전개상 그리 멀지 않은 2~3일 뒤의 가까운 시일 내에 일어날 것이고요.

그러나 상징적인 미래 예지 꿈의 경우에는 강아지로 표상된 자신이 아끼는 귀여운 대상이나 사람 등이 애완견으로 표상된 어떤 횡포한 사람이나 세력·대상에 시달림을 받게 되거나, 굴복·종속당하게 될 것을 예지하는 꿈이지요.

≪늑대≫

늑대는 난폭하거나 터프한 어떠한 사람을 상징하고 있다. 또는 어떤 강인한, 터프한 일거리나 대상의 상징도 가능하다고 하겠다.

① 늑대에게 물리는 꿈

늑대에게 물리는 꿈은 늑대로 상징된 터프하고 강인한 사람에게 강제적인 구애나 접근이 있게 되는 일로 이루어진다. 물리는 것은 영향력·세력 등을 받게 됨을 의미하기에, 늑대로 상징되는 누군가와 인연을 맺게 되거나, 어떠한 대상이나 일거리 등을 책임지거나 얻게 됨을 의미한다. 다만, 이 경우 늑대가 무섭고 안 좋은 표상이었다면, 악한에 시달리거나 안 좋은 사건이나 사고·우환·질병에 휩싸이는 일로 실현된다. 물린 부위에 교통사고를 입는다든지 다칠 확률이 높다. 또한 꿈이 신체 외부의 이상을 예지해주는 경우가 있는데, 꿈에서 늑대에게 다리를 물려 깨어나는 경우에 물린 부위에 저리거나 쥐가 심하게 나 있다면, 그것으로 꿈이 실현된 것으로 보아도 좋다.

② 늑대가 노려보고 있던 꿈(실증사례)

늑대는 강인하고 터프한 사람, 강력범·형사·검사·경찰관 등의 상징으로 자주 등장하고 있다. 깊은 산 속에서 늑대가 노려보고 있던 꿈을 꾼 사람이 경찰관에게 심문을 받거나, 재판정에서 검사의 논고를 듣게 되는 일로 실현된 사례가 있다.

③ 늑대에게 가축이 물려 죽는 것을 보는 꿈

재물을 도난당하거나 손실을 본다. 늑대로 상징된 강력한 외부의 여건이나 상황에 의해서, 애착이 가는 일거리·대상이 무산되는 어떠한 변화가 일어나게 된다.

≪고양이≫

1) 고양이 꿈에 관하여

꿈속에 등장하는 동물들은 대부분 동물의 특성과 관련된 어떠한 사람을 상징적으로 나타내고 있다. 일반적 상징으로 고양이는 꿈속의 느낌에 따라, 애교 있는 여성, 사납고 앙칼진 부인, 능청스럽거나 표독한 여성 또는 감시원·경비원·도둑·어린이 등을 상징하며, 안 좋은 사건·사고의 표상으로 등장하기도 한다.

고양이가 등장하는 꿈이 대체로 좋지는 않다. 하지만 이 역시 고양이 꿈이 어떻게 전개되느냐에 달려있다고 하겠다. 귀여운 고양이인 경우, 어린이나 사랑스러운 애인을 상징하고 있기도 하다. 따라서 고양이를 안아 주거나 어루만지는 꿈은 고양이로 상징 표상된 어떤 여성이나 아이를 가까이할 일이 생긴다. 고양이에게 할퀴는 꿈을 꾸고 표독스러운 아내에게 시달림을 당한 사례가 있으며, 고양이를 얻은 후 사랑스러운 애인을 얻은 사례도 있다.

2) 고양이 꿈해몽

(1) 사람의 상징

① 다가오려는 고양이를 죽이거나 물리치는 꿈

고양이로 상징된 이성의 구애(求愛)를 막아내는 일로 이루어진다.

② 방 안에 있는 고양이 표정이 몹시 쌀쌀해 보이는 꿈

고양이로 상징된 이성의 여자가 차갑고 도도함을 뜻하고 있다.

③ 고양이가 쥐를 잡는 꿈

경찰관인 경우는 도둑을 잡게 되거나, 쥐로 상징된 미해결의 자잘한 사건이나 일거리 등을 처리하는 일로 실현된다.

④ 고양이가 닭장을 들여다보는 꿈

누군가 자신의 권리나 이권에 눈독을 들이고 있거나, 자기 재산을 감시하고 보호해 줄 고용인이 나타나는 것을 뜻한다.

⑤ 고양이의 눈빛이 유난히 빛나는 꿈

어떠한 사람의 재능이 뛰어난 행위를 보게 되거나, 작품 등이 독창적이고 창의적인 글로 많은 사람들에게 감동을 주게 된다.

⑥ 자기 집 고양이가 나가는 꿈

고양이로 상징된 고용인이나 경비원을 해고시킬 일이 생기게 된다. 다만, 일거리·대상의 상징인 경우에는 고양이가 나가는 꿈은 물건을 분실하게 된다.

제 VI 장

주제별 꿈해몽

④ 동물 꿈(12지 및 기타 동물)

⑦ 개와 고양이가 서로 싸우는 것을 보는 꿈

어떤 두 사람이 세력 다툼을 하는 일이 있게 되며, 이 경우에 개나 고양이 중의 하나는 자기 자신을 상징적으로 표상하여 나타낸 것일 수도 있다.

⑧ 고양이에게 할퀴여지는 꿈

고양이로 상징된 아내의 질책이나 바가지를 듣게 된다. 그러나 사람의 상징이 아닌 경우, 명예훼손 또는 병마 등에 시달리게 된다. 이때 할퀴어진 신체 부분에 어떠한 이상이 있다는 것을 일깨워 주는 꿈이 되기도 한다.

⑨ 고양이가 달아나는 꿈

수사관이라면 도둑을 잡지 못하게 된다. 그러나 고양이가 일거리·대상의 상징인 경우에는 어떤 일이나 사건이 미궁에 빠져 진상이 밝혀지지 않는다.

⑩ 오이를 휘감은 구렁이를 지켜보는 고양이를 보는 꿈

자기가 간통하는 것을 앙칼진 아내가 지켜보는 것을 상징한다. 이는 오이로 상징된 여자를 구렁이로 상징된 자신이 통정하고 있는 것을 고양이로 상징된 아내가 지켜보고 있음을 뜻한다. 유사한 꿈해몽으로, 고양이가 담장 위에서 내려다보면 별거 중인 배우자가 자신을 감시함을 뜻한다. 여기서 알 수 있는 바와 같이 꿈속의 동물이나 식물은 사람을 상징하는 경우가 다반사이다, 이는 태몽 표상에 등장한 동식물을 보아도 잘 알 수 있다.

⑪ 집안에 들어온 고양이가 냉장고 뒤로 숨었다가 나온 꿈(실증사례)

고양이나 강아지 꿈은 귀여운 애인의 상징으로 자주 등장하고 있는바, 고양이가 집안에 들어와 냉장고에 숨은 것을 '나비야! 이리 온' 하고 불러낸 사람이 연분을 맺어 결혼한 사례가 있다.

⑫ 고양이가 손등을 할퀴는 꿈(실증사례) → 앙칼진 마누라와 부부싸움

고양이가 갑자기 달려들어 손등을 할퀴었다. 이 꿈은 나와 절친한 친구가 내게 물어온 꿈의 내용이다. "왜, 마누라하고 혹시 싸웠냐?" 하고 되물었더니, 상처 난 왼쪽 손을 내보이면서, "마누라가 할퀴었어." 하고 계면쩍게 웃었다. 고양이가 할퀴는 꿈은 앙칼진 여자 또는 마누라와 다투거나, 신체적으로 손상을 입을 우려가 있다.(글: 운몽)

(2) 태몽 표상 및 실증사례

태몽 표상에 고양이가 등장한 경우, 중요한 것은 꿈속의 고양이가 어떤 느낌으로 다가왔는가에 달려있다고 하겠으며, 태몽에서도 느낀 그대로 현실에서도 실현되고 있다. 고양이는 영리하면서 민첩한 동물이기에, 장차 태어날 아이 또한 이와 유사한 성품을 지닌다. 예쁜 고양이인 경우 딸을 낳게 될 가능성이 높으며, 아들인 경우 귀공자 타입의 준수한 성품을 지니게 된다.

① 검은 고양이가 안긴 꿈

검은 고양이가 품으로 와락 달려들어 안기는 꿈으로, 선배 언니가 임신하고 아들을 낳게 되었다.

② 예쁜 흰 고양이를 받아 온 꿈

산에 올라갔는데, 수염이 긴 백발노인이 긴 지팡이를 짚고 서 있었다. 그분은 산신령님이라고 생각했는데, 예쁜 흰 고양이를 건네주면서 "잘 기르라"고 해서 치마에 받아서 산을 내려왔다.(장월희의 태몽)

③ 고양이가 쳐다보는 꿈

첫아이 임신했을 때, 큰 고양이 한 마리와 갈치 한 마리가 저를 뚫어지게 쳐다보는 꿈을 꾸었습니다. 눈이 부리부리하게 큰 고양이었고, 갈치는 어찌나 길던지 꼬리 끝이 보이지 않을 정도였어요. 지금 딸이 둘인데, 어찌나 성격이 다른지, 고양이와 갈치의 태몽으로 성격이 다른 두 아이를 보여준 것 같아요.

④ 고양이가 호랑이로 변한 꿈

저희 시어머님이 저의 임신 사실을 알기 3~4일 전에 꾸신 꿈입니다. 저희 어머님이 외출하고 돌아오셨는데, 고양이가(호랑이 무늬) 펄쩍펄쩍 뛰어놀고 있더래요. 고양이 옆에는 제 남편이 서 있었고요. 그래서 깜짝 놀란 어머님이 제 남편한테 집에서 무슨 짐승을 키우느냐며 호통을 치자, 남편이 그랬대요. "어머님 걱정하지 마세요. 똥오줌 다 가려서 괜찮아요." 그러기에 어머님 생각에 '아들이 괜찮다'는데 싶어 마음이 놓이더랍니다. 그리고 안방에 들어가 옷을 갈아입고 나오셨는데, 고양이는 없고 거실에서 제 남편이 옆으로 누워서 잠을 자고 있더래요. 그런데 그 앞으로 남편 몸집만 한 아주 큰 호랑이가 누워서, 남편과 똑같은 모습으로(동물원에서 호랑이가 평화롭게 한가로이 자는 모양) 같이 잠을 자고 있더랍니다. 고양이가 없어지고 호랑이가 나타났어도, 이상하게 생각되지는 않으셨고요.

제Ⅵ장

주제별 꿈해몽

④ 동물 꿈(12지 및 기타 동물)

그런데 놀란 것은 그렇게 자고 있는 호랑이와 남편의 사타구니 사이로, 남편의 고환 2개가 크게 툭 불거져서 보이고, 호랑이 사타구니 사이에서도 아주 큰 불알 2개가 툭 불거져서 보이더래요. 같은 모습 같은 상태로, 둘 다 쌔근쌔근 편안하게 자고 있더래요. 그런데 어머님은 그 호랑이가 무섭지도 않으셨고, 오히려 호랑이가 너무 크고 탐스러워 자고 있는 호랑이 발을 어루만지며, 신기해서 "어머 호랑이 발 좀 봐라. (발도 아주 컸음)" 하시면서, 쓰다듬으시면서 꿈에서 깨어나셨답니다. 너무나 또렷한 생시 같은 꿈인지라, 깨고 났어도 태몽이라고 생각이 확실히 드셨고요.

그리고 저는 3~4일 후에 임신 사실을 확인했고, 아빠를 똑 닮은(얼굴, 손, 발, 걸음걸이, 성격까지) 예쁜 아들을 낳았습니다. 참고로 저희 친정엄마도 그즈음에, 햇볕 좋고 맑은 날 고추밭에서 빨갛고 크고 윤이 나는 좋은 고추만 따서, 바구니에 가득 담아 오시는 그런 꿈을 꾸셨답니다. 이 꿈도 태몽일까요 (그 당시 집 안팎으로 저 외에는 임신 가능성이 있는 사람이나 임신한 사람이 전혀 없었음)---글쓴이: 카라멜 마끼아또, 다음 카페 아가들의 세상.

고양이에서 호랑이로 표상의 전위가 이루어지고 있는바, 처음에는 미약한 인물이지만 점차로 막강한 능력을 발휘하는 인물이 될 것을 예지해주고 있다. 또한, 호랑이도 암수가 있기에, 호랑이 꿈으로 절대적으로 암수를 구별할 수는 없지만, 이렇게 불알을 보는 꿈은 아들 100%이다. 빨갛고 크고 윤이 나는 고추를 따오는 꿈도 태몽이며, 익은 열매의 경우 아들인 경우가 많다.

(3) 재물이나 이권의 상징
〈고양이가 새끼를 여러 마리 낳은 꿈〉
일단 다산(多産)의 새끼를 낳는 꿈은 재물이나 이권을 획득하는 일로 실현되고 있다. 다만 처한 상황에 따라, 한 여성을 통해 여러 여성을 소개받는 일로도 실현 가능하다.

(4) 일거리·대상
① 도둑고양이가 달아나는 꿈
어떤 일거리·대상이나 사건이 미궁에 빠져 쉽사리 진상이 밝혀지지 않는다.
② 고양이를 죽이는 꿈
일의 방해되는 사람이나 일거리·대상 등을 제거하게 된다. 일반적인 상징으로는 고양이로 상징된 이성의 사람을 설득하거나 제압·굴복시키게 되는 일로 실

현된다. 또한 고양이가 등장한 태몽 표상에서는 죽이는 꿈은 유산이나 요절로 이루어진다.

③ 호랑이를 그렸는데 고양이 그림이 되는 꿈

계획은 크게 세웠으나 일의 성과는 보잘것없게 됨을 뜻한다. 또한 방 안에 호랑이가 있는데 문을 열고 다시 보니 고양이였으면, 어떤 사람이나 작품을 위대하다고 생각했으나 사실은 가치가 없음을 뜻한다.

(5) 사건, 사고, 질병

① 검은 고양이가 울면서 쫓아오는 꿈

고양이 꿈의 실현 사례가 대부분 좋지 않은 경우가 많은바, 현실에서 두렵고 불길한 사건을 체험하는 일로 실현되었다.

② 까맣고 작은 고양이 새끼가 남편이 아끼는 기타를 넣은 가방에서 나와 팔짝팔짝 주위를 뛰어다니는 꿈

고양이에 관한 꿈은 대부분 안 좋게 실현되고 있다. 현실에서는 악기를 업소에 놓고 다니는데, 도둑맞는 일로 실현되었다.

③ 고양이가 방안을 쳐다보는 꿈

나 자신의 영역에 누군가 침범하게 되는 일로 일어난다. 처한 상황에 따라 달리 실현되는바, 가게에 도둑이 드는 일로 실현된 사례가 있다.

"아파트가 배경입니다. 베란다로 통하는 유리문이 닫힌 상태이고요, 저는 거실에서 베란다를 바라보고 있는 자세이고요. 베란다에서 고양이 한 마리가 웅크리고 앉아서 우리 거실을 들여다보고 있는 꿈이었어요. 신랑이 가게를 하는데 아침에 출근해서 전화가 왔어요. 가게에 도둑이 들었다고, 자물쇠가 뜯기고 가게에서 쓰는 자잘한 물건 몇 개가 없어졌다고 하네요."---미르홍, 2008. 06. 28.

④ 고양이 여러 마리가 들어온 꿈 → 차가 망가져 속을 썩이다.

고양이 여러 마리가 현관문으로 들어오더랍니다. 또 무슨 일이 일어날까 걱정했는데, 이번에는 차가 말썽을 부리더라고요. 가까운 곳을 다니다 차가 여러 번 멈춰 서서 부품을 갈고, 아버님 병원에 계실 때 다녀오다 아예 퍼져버려서 레커차 불러 견인해 오고 중요한 부품 망가져 50만 원어치 수리비 나오고, 고양이 마릿수만큼 몇 번의 일이 생겼어요.---미르홍, 2008. 06. 28.

⑤ 고양이가 목을 물은 꿈

고양이가 목덜미를 물었는데, 다음 날부터 목이 잠길 정도의 심한 감기를 앓았다.

⑥ 고양이가 목을 할퀴는 꿈을 수차례 꾼 꿈

감기로 인해 우연히 병원 진찰을 받게 되어 식도암을 발견하여 치료하게 되었다.

(6) 기타, 계시적 성격의 꿈

〈고양이가 말을 하는 꿈〉

꿈속의 고양이는 산신령이 나타나는 것과 마찬가지로 꿈의 상징 기법의 하나로써, 장차 일어날 일을 직접적인 계시로써 일러주고 있는 경우가 많다. 이때 중요한 것은 꿈속의 고양이가 어떠한 말을 했는가가 중요하며, 꿈속의 말대로 따라주는 것이 절대적으로 좋다.

3) 상담사례

① 고양이한테 손을 물려 피가 나는 꿈을 꾸었어요. (25세, 미혼여성)

사실적인 전개의 꿈이라면, 꿈과 같거나 유사한 일을 현실에서 경험하게 됨을 의미하고요. 과장이 심하고 황당한 전개의 꿈이라면, 상징적인 꿈으로 보아야 하지요. 고양이는 어떠한 인물을 상징적으로 나타내거나, 어떠한 일거리나 대상·작품·사업·사건·재물 등을 의미할 수 있습니다. 교활하고 사나운 고양이라면, 사건·사고의 표상이 되기도 합니다. 또한 악한·고통·문제점·우환·근심 등을 의미할 수도 있고요. 고양이에게 물리는 것은 고양이로 표상되는 사람이나 일거리 대상 등의 영향력을 받게 되는 것을 뜻합니다. 손이 물리는 것은 자신의 협조자·세력·수하자 등에 영향력 등이 가해지는 일로 일어나고요. 피가 난 것으로 보아 심리적인 타격, 재물의 손실, 지출 등이 있게 될 것입니다. 사이트에서 고양이를 검색해 여러 실증사례를 보시고 꿈의 이해를 넓혀보시기 바랍니다.

② 고양이의 머리를 치는 꿈

학교 교실이었어요. 저는 교실 안에 있었고, 고양이 한 마리가 교실 안에 들어오기에, 제가 책상 의자로 고양이 머릴 쳤습니다. 그리고 또 고양이 한 마리가 들어오기에, 또 고양이 머리를 쳤습니다. 그리고 마지막 세 번째 고양이가 들어오기에 머리를 쳤습니다. 도망가는 것을 뒤쫓아 또 쳤습니다. 그게 저였다는 것이 너무 끔찍하고, 자꾸 그 꿈이 되살아나서 끔찍하네요. 무슨 꿈인가요?

상징적인 미래 예지 꿈이네요. '죽이다'를 검색해서 굴복·제압의 상징적 의미를 알아두세요. 고양이로 표상된 그 어떤 사람이나 대상을 물리치거나 정복하게 될 것이고요. 고양이를 무참하게 때려잡은 꿈일수록, 완전한 성취·정복·승리를 뜻하지요. 왜 자신의 처한 상황을 안 적었는지요? 보다 올바른 해몽을 위해서는 자신의 처한 상황을 알려주어야 합니다. 여고생이라면, 고양이로 표상된 다소 얌체 같은 남학생 세 사람이 접근하는 것을 세 번이나 물리치게 되는 일로 실현될 것이고요. 또는 모두 자신의 뜻대로 꼼짝 못 하게 하는 일로 일어날 것입니다. 고양이를 죽이는 꿈은 고양이로 표상된 그 어떤 대상을 제압하는 일로 이루어질 것이고요. 고양이 머리를 치는 것은 압박이나 위협을 가하게 되는 것을 뜻합니다.

③ 고양이가 부자가 될 것이라고 말하는 꿈

이건 작년 여름에 꾼 꿈인데요. 꿈에서 전 하얀 고양이 한 마리를 보았습니다. 아주 작고 탐스러운 고양이더군요. 그런데 놀랍게도 그놈이 말을 하는 것이었습니다. 제가 놀라서 어떻게 인간의 말을 할 수 있느냐고 했더니, 자기는 99년이나 살은 아주 특별한 고양이라는 겁니다.

순간 저는 이놈을 어떻게든 이용하면 좋겠다는 생각이 들었죠. 그래서 그놈에게 "나를 부자로 만들어줄 수 있느냐?"고 물었고 그놈은 "당연히 그럴 수 없다"고 했습니다. 그래서, "그럼 언제쯤 내가 부자가 되겠느냐?"고 했더니, 조금만 더 기다리라는 겁니다. "그게 구체적으로 언제냐?"고 했더니, 그저 "아직은 때가 아니니 기다려라"라는 말만 반복하는 겁니다.

그래서 저는 "언제쯤 배필을 만나겠느냐?"는 질문을 하려고 하는 찰나, 잠을 깨버린 안타까운 일이 있었죠. 다시 한 번 그 고양이를 만날 수 있을지 모르겠네요. 그리고 실제로 이 고양이 말대로 될지도 궁금하고요.

고양이 말대로 이루어질 것이고요. 계시적인 성격을 띠고 이렇게 진행되는 꿈은 꿈에서 주고받은 대화의 내용대로 이루어지고 있습니다. 꿈속의 말 하나하나를 염두에 두시기 바랍니다. 고양이는 자신의 잠재의식이 만들어낸 창작 표상으로, 앞으로 일어날 일을 꿈속의 대화를 통해서 보여주고 있는 것입니다. 꿈의 상징 기법의 하나이지요.

제 VI 장

주제별 꿈해몽

④ 동물 꿈(12지 및 기타 동물)

이런 경우 고양이에게 "무슨 주식을 사면 좋은가?"라고 꿈속에서 물어서, 문답이 오간 경우 그대로 따르면 현실에서 필연적으로 좋은 결과를 가져오게 되어 있고요. 자세한 것은 사이트에서 '계시적 성격의 꿈 사례'를 검색하여 여러 사례를 읽어보시기 바랍니다.

≪쥐≫

1) 쥐 꿈에 관하여

꿈속에서 쥐의 상징적 의미는 다양하다. 부지런하고 성실한 면도 있지만, 소인배의 상징 표상이 되기도 하며, 안 좋은 사건이나 사고의 상징 표상이 되기도 한다.

일반적으로 쥐는 노력가·회사원·도둑·간첩·비겁자 등의 상징적 인물로 등장하며, 작품·일거리 등을 상징하기도 한다. 꿈속에서 어떤 표상으로 전개되었느냐에 따라 꿈의 길흉이 달리 실현되고 있으나, 대부분 보통 꿈에서 쥐는 어떤 사람이나 적대적인 대상이나 일거리 등으로 실현되고 있으며, 좋지 않게 이루어지고 있다.

2) 쥐 꿈해몽 요약 및 실증사례

(1) 사람 및 일거리·대상의 상징

① 방안에 든 쥐를 잡는 꿈

직장에서 횡령하려는 자를 밝혀내게 되거나, 일의 중개자나 배반자를 찾게 된다. 일거리·대상의 상징인 경우에는 막혔던 일이 순조롭게 풀리게 된다.

② 쥐가 자신을 어딘가로 안내해 그 뒤를 따라간 꿈

누군가의 도움으로 순조롭게 일이 풀려나감을 뜻한다.

③ 독 안에 든 쥐를 보는 꿈

궁색한 처지에 있는 사람이나, 답답하고 괴로운 여건에 처해 있는 일거리·대상을 상징한다.

④ 쥐가 덫에 걸려 발버둥 치고 있는 꿈

쥐로 상징된 사람이나 일거리·대상에 있어 곤경에 처해 있게 되는 일로 이루어진다.

⑤ 쥐가 갑자기 다른 짐승으로 변하는 꿈

쥐로 상징된 소인배 같은 어떤 사람이 새롭게 나은 방향으로 변모하는 모습을 보게 된다.

⑥ 도망가는 쥐를 때려잡는 꿈

방해자나 속을 썩이던 사람을 완전히 제압하게 되거나, 일처리에서 사소한 어려움을 극복하고 일을 성사시키게 된다.

⑦ 쥐가 구멍 속에서 머리를 내밀고 내다보는 꿈

쥐로 상징된 소인배가 자신의 외모나 성격, 자신의 사업분야에 관심을 가지고 주시하는 사람이 있음을 뜻한다.

⑧ 고양이가 쥐를 잡는 것을 보는 꿈

협조자가 방해되는 사람이나 일거리·대상을 제거해 주게 된다. 이 경우 잡았던 쥐를 놓치는 꿈은 방해되는 인물을 제압하지 못하게 되거나, 업무상으로나 사업적인 면에서 거의 다 된 일이 막판에 실패하게 된다.

⑨ 달리는 쥐를 돌로 쳐서 잡는 꿈

잔꾀를 잘 부리는 소인배를 설득시켜 일을 성사시키거나, 기세를 떨치는 어떤 소인배를 제압하는 일로 이루어진다. 일거리·대상의 경우, 한창 일어나는 병세나 안 좋은 여건의 대상을 제압하는 일로 이루어진다.

⑩ 쥐가 집 안에 들어와 쑥대밭을 만들어 놓는 꿈

쥐로 상징된 사람이 회사나 직장 등에 들어와 불화가 일어나게 되며, 직장 동료들과 다툼이 일어나 그로 인해 일에 지장을 가져오고 손해를 입게 된다. 또한 가정이나 회사에 좋지 않은 일거리·대상으로 인해, 속을 썩이는 일로 이루어지기도 한다.

⑪ 쥐를 막대기로 때려죽이자 또 한 마리가 죽는 꿈

꿈은 처한 사람의 여건에 달리 실현되는바, 노름에서 일타이피(一打二皮), 하나의 수고로움으로 두 가지 성사를 이루어내는 일로 실현된다. 저자·예술가의 경우에 하나의 작품에 이어 또 다른 작품이 연이어 완성되는 일로 이루어진다. 특히 상자 속의 큰 쥐를 막대기로 때려죽이자 또 한 마리가 죽는 꿈을 꾸었던 꿈은 저자의 경우 두 개의 작품이 연이어 발표되는 것으로 실현되었다. 또한 쥐를 잡았는데 누가 페스트균을 옮기는 쥐라고 말하면, 강력한 전파력을 가진 상징적 의

미에서 베스트셀러가 될 작품을 저술해 내는 일로 실현되었다

(2) 태몽 표상

① 큰 구렁이가 쥐구멍으로 들어가 버리는 꿈

가임여건에서 유산되거나, 일거리·사업이 무산된다.

② 다가오는 쥐를 내치려고 했던 꿈(실증사례) → 박경림 아들의 태몽

"올 1월 1일, 태몽을 꾸었어요. 쥐가 저한테 살금살금 다가오는 꿈이었어요. 제가 원래 쥐를 싫어하거든요. 쥐가 품 안으로 들어오려고 해서 내쳤는데, 그래도 안 나가고 제 손을 핥고 품에 꼭 안겨 있는 거예요. 당시 꿈이 너무 생생했어요.

쥐를 내치려고 했으나 쥐가 나가지 않고 품에 안겨 있는 꿈이었기에, 임신 후 유산 등의 위태로움을 극복하게 될 것을 보여주고 있다. 실제 레이디 경향에 소개된 당시의 기사내용을 일부 전재한다.

"임신한 지 8주 반 됐어요. 병원에서는 하혈이 심해서 유산 가능성이 있으니, 12주가 되기 전까지는 주위에 말하지 말라고 하더라고요. 그때까지는 안정을 취하면서 계속 지켜봐야 한다면서요. 가족들에게만 임신 사실을 알렸어요. 그런데 아버지께서 친구분에게 얘기하는 과정에서, 기자의 귀에 들어가 언론에 알려지고 말았어요.

그 다음 주에 병원에 갔더니, 아기 심장이 뛰는 게 보였어요. 의사 선생님에게 '이렇게 심장이 뛰는데, 잘못될 리는 없지 않느냐?'라고 물었더니, '그래도 조심해야 한다.'라고 하더라고요. 그렇게 또 일주일을 보내고 병원에 갔는데, 아기 머리와 몸, 다리가 보였어요. 그제야 의사 선생님께서, '이제는 안전하다. 임신했다고 말해도 된다.'라고 했어요. 그때 얼마나 기쁘고 감사했는지….'"

(3) 재물이나 이권의 상징

① 실험용 흰 쥐가 우리에 있는 꿈

정신적·물질적인 자본이 생기거나, 착수해야 할 일거리나 연구 대상물이 구비되어 있음을 뜻한다.

② 쥐가 물건을 뜯는 꿈

누군가로부터 재물적인 손상을 받게 된다.

③ 곡식(음식)을 쥐가 먹는 꿈

접시에 담겨 있는 음식을 쥐가 먹어치우면, 일반적으로 자신의 재물이나 이권

에 손실을 보게 되거나 간섭을 받게 된다. 좋게는 어떤 사람이 자기 일을 대신해 주는 일이 생긴다.

④ 창고에 쌓아 둔 곡식을 쥐떼들이 먹어 치우는 꿈

쥐떼로 상징된 외부적인 안 좋은 여건으로 인하여, 재물적인 큰 손실을 보게 된다.

⑤ 들판에 널려 있는 곡식이나 농산물을 쏠아 먹는 쥐떼를 보는 꿈

흉년이나 천재지변을 당한다. 개인의 사업 실패에 처하는 일로 실현되기도 한다.

(4) 일거리·대상 → 회사·기관·단체

① 산등성이 구멍마다 쥐가 들어 있는 것을 보는 꿈

자기의 상품이나 일이 사회적으로 획기적인 반응을 일으키게 된다.

② 수없이 많은 쥐구멍에서 쥐가 들락날락하는 것을 보는 꿈(실증사례)

저자·예술가의 경우에 자기 작품이나 책 등이 많이 시판된다. 수없이 많은 쥐 구멍에서 쥐가 들락날락하는 것을 본 저자의 꿈은 자신의 책이 서점에서 많이 팔리게 되는 일로 실현되었다. 이때의 쥐는 작품이나 책에 관심을 지니는 사람들을 상징적으로 나타내 보여주고 있다.

(5) 사건, 사고

① 쥐가 큰 물건을 쏠아먹거나 물체 밑을 파는 꿈

대규모 사업에 착수하거나, 단체를 와해시킬 일에 가담하게 된다.

② 쥐가 옷이나 옷감을 갉아 먹은 꿈

쥐로 상징된 못된 사람이나 외부적인 안 좋은 여건으로 인하여, 옷으로 상징된 신분이나 명예의 손실이나 자존심에 손상을 입는 일로 이루어진다.

③ 쫓던 쥐가 구멍 속으로 사라지는 꿈

하고자 하는 일이 성취되지 않는다. 형사라면 범인을 아슬아슬하게 놓치는 일로 실현된다. 공장 기술자라면, 기계 고장으로 인하여 고쳐질 듯하다가 멈춰서는 일로 이루어진다.

④ 쥐에 물리는 꿈

쥐에 물려 아픈 꿈은 물린 부위의 사고를 당하거나, 질병 혹은 방해되는 일이

나 사건에 직면하게 된다. 드물게는 어떤 일거리나 대상에서 참신한 아이디어로 뜻밖의 성과를 거두는 일로도 가능하다.

⑤ 쥐가 새끼를 낳아 쥐새끼들이 우글거리는 꿈

쥐가 적대적인 표상으로 등장한 경우에, 여러 사람들의 모함이나 속임수·사기에 걸려들어 큰 피해를 보게 된다. 그러나 사업을 하는 사람이 이러한 꿈을 꾸었을 경우, 쥐로 상징된 소비자들이 몰려드는 일로 사업의 번창으로 실현될 수도 있다.

⑥ 쥐가 발가락을 물고 놓지 않는 꿈

뜻하지 않은 협력자가 생겨 사업의 운세가 좋아진다. 단, 이 경우에 좋은 느낌으로 전개된 꿈일 경우에 한한다. 대부분은 쥐가 무는 표상이 사고 등의 안 좋은 결과로 실현될 수도 있다.

⑦ 쥐 한두 마리가 이불을 갈기갈기 물어뜯는 꿈(실증사례)

이불이 뜯기는 불길한 상징으로, 현실에서는 동생의 교통사고로 실현되고 있다. 보다 꿈의 상징적 의미가 완벽하게 이루어지자면, 뜯긴 이불이 동생이 덮고 자던 이불인 경우라 하겠다.

⑧ 쥐가 달려들어 발가락을 물은 꿈(실증사례)

오솔길을 따라 내려간 곳에 옹달샘이 삼각형 모양으로 있었다. 물밑에 낙엽이 싸여 있는 것이 지저분하게 느껴졌다. 건너편에 있던 쥐가 달려들어 엄지발가락을 물은 꿈이었다. 실제로 현실에서는 남편이 다른 사람하고 시비가 붙어 싸우다가, 유리창을 깨뜨려 유리조각에 손등의 살갗이 찢겨 나가는 사고를 당했다. 기이했던 것은 남편 손등의 상처가 꿈에 본 옹달샘 모양과 똑같았던 일이었다.

이 꿈에서는 지저분한 물과 쥐가 달려들어 발가락을 물은 데서, 안 좋은 일이 일어날 것을 예지해주고 있다. 또한 이 경우 쥐가 물은 부위인 엄지발가락의 표상의미도 있다. 새끼발가락이었다면, 자식에게 화가 미쳤을지도 모른다.

3) 쥐꿈의 상담사례

① 방으로 들어온 쥐를 엄마가 잡아주는 꿈(상담사례)

집안이었는데요. 거실 아니면 부엌에서 무슨 일을 하다가 방으로 들어갔어요. 그런데 방에 쥐가 들어와 있었어요. 저는 무서워서 옆에 있는 의자로 올라가 앉아서 엄마를 불렀죠. 그러자 엄마는 방으로 들어와서 쥐를 잡으려고 이리저리 쫓아다니시다가, 결국 죽여서 검은 비닐봉지에 넣고 묶으시더니 저한테 갖다버리라고 하셨어요. 저는 그 봉지를 들고 현관 밖으로 나가 한쪽 구석에 버리고는 꿈에서 깼습니다.

쥐의 상징이 별로 좋지 못합니다. 쥐는 적대적인 인물이나 대상, 그것도 별로 강력하지 않은 사람을 상징하죠. 그렇다 해도 계속 신경 쓰이게 하는 대상이죠. 쥐가 태몽 표상인 경우 유산시키게 되는 것을 의미합니다. 쥐로 상징된 못된 남자의 접근을 물리치게 되는 것도 가능하고요.

이러한 쥐로 표상된 사람이나 일거리 대상의 위협에서, 어머니이거나 어머니로 표상된 윗사람의 도움을 받을 것이고요. 죽이는 것은 제압·굴복·복종시킴의 의미가 있거든요. 그러니 근심거리가 해결되는 좋은 꿈이지요. 그리고 버리는 것은 그 일을 마무리하는 것을 상징하니, 마무리는 자신이 스스로 하겠네요.

② 쥐가 팔을 문 꿈

꿈이 너무 생생해요. 갑자기 어딘가에서 쥐가 휙 하고 날아오더니, 자고 있는 제 팔을 무는 거예요. 그래서 저는 너무 무섭고 놀라서 떼어 버리려고 해도, 떼어낼 수가 없었어요. 더군다나 팔이 마비되어서 움직일 수가 없는 거예요. 그래서 그 쥐가 내 팔을 무는 동안 꼼짝달싹도 못 하고 있다가, 다시 사라진 다음에도 팔을 쉽게 움직일 수 없었습니다. 꿈의 예감이 좋지는 않군요.

좋지 않은 꿈이네요. 앞으로 일어날 일을 꿈으로 예지해준 상징적인 미래 예지 꿈이기에, 꿈의 결과를 피할 수는 없을 것입니다. 쥐는 실제의 쥐가 아니라, 쥐 같은 존재의, 쥐 같은 속성을 띠고 있는 소인배의 어떤 남자나 좋지 않은 사건이나 사고, 대상·일거리를 상징하고 있습니다. 하지만 사람이든지 일거리나 대상이든지 마음에 들지 않을 것이고, 괴로움을 주다가 떨어져 나갈 것이고요.

꿈속에서 쥐·원숭이·고양이 등이 나오는 꿈들은 대부분 안 좋은 경우가 많습니다. 쥐가 팔을 무는 표상이 쥐로 표상된 어떤 인물이나 사건이 괴롭히게 되는 현실로 실현될 가능성이 높습니다. 쥐의 표상이니 보잘것없고, 별 볼 일 없는 남자일 가능성이 많지요. 하지만 쉽게 떼어내지 못한 것처럼, 꼼짝도 못하고 당하는 현실로 이루어질 것이고요. 단지 나중에 떼어냈으니, 결국은 물리치는 일로 실현될 것이고요. 또한 안 좋게는 쥐에 물린 바로 그 부분인 실제 팔 부분을 다치게 되는 일로도 가능합니다. 이 경우에 한동안 고생하다가 낫게 되겠지요.

4) 민속의 쥐에 관한 꿈

- 꿈에 쥐가 달아나면 기쁜 일이 있다.
- 꿈에 쥐가 사람의 옷을 쏠면 구하는 바를 얻는다.
- 꿈에 쥐를 구워서 먹으면 재수가 좋다.

≪박쥐, 다람쥐≫

쥐와 유사하게 실현되고 있다. 단지 다람쥐는 친근하고 귀여운 면에서 쥐보다는 좋은 면으로 실현될 수 있겠다.

① 박쥐가 덤벼드는 꿈

박쥐가 병마의 상징인 경우에는 병의 원인을 알 수 없는 병에 걸리게 되며, 사람의 상징인 경우에 괴한이나 못된 사람에게 시달림을 당하게 된다.

② 박쥐에게 물리는 꿈

박쥐로 상징된 표리부동한 사람에게 시달리게 되며, 좋게는 권리나 명예가 주어지게 된다. 박쥐 떼가 나는 것을 보면 소동이나 변란이 생긴다.

③ 다람쥐가 쳇바퀴를 돌리는 것을 보는 꿈

변화 없는 따분하고 고달픈 일에 종사하게 된다.

④ 다람쥐가 나무에 오르는 것을 보는 꿈

다람쥐로 상징된 사람이 직장에서 승진 등이 이루어진다.

≪소(황소), 젖소≫

1) 황소, 젖소 꿈에 관하여

상징적인 꿈에서 황소는 재물이나 이권, 집안 식구, 직원, 일, 사업체 등을 뜻한다. 이러한 황소를 집으로 가지고 들어오는 꿈이 좋은 꿈이며, 황소와 싸우는 꿈은 황소로 상징된 사람이나 일거리·대상·기관 등과 대립·갈등이나, 우위를 다투고 경쟁을 하게 되는 일로 실현된다. 황소가 달려드는 꿈은 황소로 상징된 건장한 남자의 구애행위를 상징하기도 하며, 가임여건에서 황소꿈이 태몽으로 이루어지기도 한다.

상징적인 꿈에서 젖소는 정신적·물질적인 자본·재물 등을 풍족하게 해 줄 일이나 사업체 등을 의미할 수 있으며, 사람인 경우에 협조자·후원자 등으로 상징될 수도 있다. 이러한 젖소를 얻게 되거나 가지게 되는 꿈은 젖소로 상징되는 사람을 맞이하게 되거나, 재물을 얻게 되는 일로 이루어진다. 젖소가 새끼를 낳는 꿈은 어떤 성취나 결과를 얻게 되는 것을 뜻한다. 이때 낳은 새끼가 튼실하고 건강할수록 그 결과의 가치는 유익하다고 볼 수 있다.

2) 황소 꿈해몽 요약 및 실증사례

소는 집안 식구나 사람의 상징으로 태몽 표상에 자주 등장하고 있다. 이 밖에도 협조자·재물이나 이권, 사업체 등을 상징하고 있다.

(1) 사람의 상징

꿈속의 대부분 동물은 사람을 상징하는바, 소가 사람을 상징하는 사례는 무수히 많다. 예를 들어, 심우도(尋牛圖)는 불교의 선종(禪宗)에서 인간의 본성을 찾는 것을 소를 찾는 과정에 비유하여 그린 그림이다. 실증사례로, 소가 제멋대로 뛰쳐나간 꿈을 꾼 후에 자신의 부서에 있던 고집이 센 부하직원이 만류를 뿌리치고, 임의로 다른 부서로 옮겨가는 일로 실현된 사례가 있다.

① 소를 사거나 파는 꿈

소를 팔고 다른 소를 사는 꿈은 며느리·가정부·집·사업·재물 등을 새로 바꾸거나 장만하게 된다.

② 소에게 받히는 꿈

믿었던 사람에게 배반당하거나, 마음에 고통을 받으며 병에 걸리게도 된다. 꿈속에서 받친 부분을 현실에서 실제로 다치게 되는 일로 실현될 수도 있다.

③ 달아나는 소를 잡지 못한 꿈

고용인이 도망가거나, 재물의 손실을 가져온다.

④ 짐을 진 소가 지쳐있는 꿈

과중한 책임을 진 사람이 업무 등으로 인하여 큰 고통을 받고 있음을 보게 된다.

⑤ 소가 머리를 밖으로 한 꿈

외양간에 매어진 소가 머리를 밖으로 향하고 있으면, 며느리나 가정부가 집에 오래 머물지 않는다.

⑥ 뿔이 잘 생기고 윤기가 흐르는 소를 보는 꿈

신체적으로 완벽한 사람이나 훌륭한 사람을 상징하고 있으며, 일거리나 대상의 상징인 경우에는 뛰어난 작품, 완벽한 사업계획이나 프로젝트, 최신식 첨단 공장이나 기계 등을 상징한다.

⑦ 성난 소에게 쫓겨 도망치다 대항하는 꿈

벅찬 일, 센세이셔널한 서적 등에 도전할 일이 생긴다. 그러나 사람의 상징인 경우, 억세고 사나운 사람에게 용감하게 맞서는 일로 실현된다.

⑧ 소를 팔러 가는 꿈

고용인·집·재물·사업 등을 잃게 되거나, 남에게 빚을 주어 회수하기 힘들게 된다.

⑨ 소가 수렁이나 함정에 빠진 것을 구하는 꿈

집안 식구 또는 고용인 등이 병들거나 모함에 빠지는 것을 구해 내게 되거나, 몰락한 집이나 가산·사업을 일으킨다.

⑩ 소가 자신을 보고 웃는 꿈

소가 자기를 보고 빙그레 웃는 꿈은 자기와 상관할 집안 식구 또는 협조자와 다투거나 불쾌한 체험을 한다. 이 경우 '조소'의 느낌이었을 경우이며, 보기 좋은 밝은 모양의 웃음이었다면 좋게 실현된다.

⑪ 누런 암소를 끌어다 매는 꿈

며느리·여직원·가정부 등이나 여자 부하직원을 얻거나, 암소로 상징된 재물이 생긴다.

⑫ 소를 죽이는 꿈

소로 상징된 어떤 사람이나 일거리 대상을 제압하게 된다. 소를 죽이는 꿈은 소로 상징된 사람을 제압하고 복종시키는 일로 이루어진다.

⑬ 검은 소를 외딴곳에 맨 꿈

탐탁하게 생각되지 않는 며느리·자식과 별거하게 된다.

⑭ 소 등에 타고 가는 꿈

단체나 사업체·협조기관의 협조를 얻어 사업이 추진되고 권세를 얻는다. 이 경우에 소 등에 다른 사람과 같이 타고 가면, 두 사람이 동업할 일과 관계하거나 인생의 반려자를 맞이하게 된다.

⑮ 소를 방목하는 꿈

자식이나 부하 직원 등의 독립적인 행동을 보장하는 일로 실현된다. 소가 재물의 상징인 경우에는 자신의 재산을 직접 관리하기보다는 신탁 등 위탁 관리하는 일로 이루어진다.

⑯ 소에게 차이거나 짓밟히는 꿈

누런 송아지에게 발로 차이고 짓밟히고 굴려지는 꿈은 현실에서는 채무를 갚지 못해 여러 가지로 모욕과 시달림을 받는 일로 실현되었다. 이때의 송아지는 돈을 빌려준 채권자를 상징적으로 나타내고 있다.

(2) 태몽 표상-요약 꿈해몽 및 실증사례

소는 사람에게 유용한 값진 동물로, 일반적으로는 재물·이권·인적자원 등을 상징한다. 소를 잡거나 집안으로 들어오는 꿈이 좋은 꿈이며, 뿔이 잘생기고 윤기가 흐르는 소일수록 훌륭한 인물이 될 태몽이다. 황소 태몽인 경우 튼튼하고 건강하며 아들일 가능성이 높지만 절대적이지 않으며, 여아인 경우 활달하고 남성적 성품이 될 가능성이 높다. 황소가 태몽인 아이는 고집이 있고, 자신의 일에 맡은 바 최선을 다하는 성품을 지닐 수 있다. 강인한 끈기나 힘이 필요한 운동선수 등 활동적인 직업에 알맞다.

태몽 표상에서 순한 소나 암소는 딸의 태몽이라고 볼 수 있다. 하지만 순한 소라고 해서 반드시 여아는 아닌, 온순한 성품의 남자아이가 출생할 수도 있다.

꿈속에 나타난 황소 숫자와 관련이 있는바, 세 마리의 황소가 매어져 있는 것을 보면 자식 셋을 낳게 된다. 또한 풀밭에서 한가롭게 풀을 뜯는 소와 같이 여유로운 환경에 처해 있는 소의 경우, 장차 부유하고 넉넉한 여건에 처하게 됨을 예지해주고 있다.

누런 암소가 검은 송아지를 낳은 태몽을 꾸면, 부모의 성격이나 행동 특성을 닮지 않은 아이가 출생해 장차 속을 썩이거나 이별을 면치 못함을 예지한다. 좋게는 어미 소와 송아지의 색이 다르다면, 이 아이는 독립심이 강해 일찍 독립하며 부모의 도움 없이 자수성가할 것을 예지해준다.

① 집 안으로 황소가 들어오는 꿈

김두관 전 경남도지사의 태몽으로 알려져 있으며, 뚝심이 있고 듬직한 편이다.

② 소 한 마리 몰고 산에서 내려오는 꿈

산에 올라가다가 소 한 마리를 몰고 산에서 내려오는 꿈으로, 태몽임을 알게 되고 아들을 낳게 되었다.

③ 누런 황소를 끌고 들어간 꿈 → 태몽으로 아들 출산

엄마가 저희가 옛날에 살던 시골집으로 누런 황소 한 마리를 끌고 들어가셨다네요. 저는 누런 황소 꿈꾸고, 건강한 아들 낳았습니다.

④ 황소의 고삐를 잡고 끌고 들어온 꿈 → 태몽으로 아들 출산

뒷산에 황소가 고삐가 메어져 있었답니다. 고삐를 잡고 집으로 끌고 들어와, 소 우리에 넣고 밥을 주는 꿈을 꾸고는 아들을 낳았답니다.---글쓴이: 몽이, 이지데이, 태몽 이야기 방.

⑤ 황소와 송아지가 쫓아온 꿈 → 태몽으로 실현

제가 황소꿈을 꾼 날에 저희 시어머님께서도 소꿈을 꾸셨다고 하시더라고요. 소는 조상이라고 태몽이 아니라고 하시던데, 집에 와서 책을 보니 소가 들어오는 꿈도 태몽이 더라고요. 뿔이 달린 누런 소가 저를 막 쫓아오더라고요. 송아지도 쫓아오고, 쫓기다 보니 소가 여러 마리 나타나더라고요. 현재 임신 6개월째인데, 아들인지 딸인지 궁금하네요.

아들을 낳을 가능성이 높지만, 절대적인 것은 아니다.

⑥ 황소 꿈 태몽 → 태몽으로 아들 출산

저는 아들이 셋인데 소꿈만 꾸었답니다. 첫째는 소가 떼로 들어오는 꿈이었어요. 못 들어오게 제가 대문을 붙잡고 있는데, 뚫고 그 많은 소떼가 저희 집 마당으로 다 들어오더군요. 둘째 꿈은 힘이 센 황소가 저를 태우고 여기저기 다니는 꿈이었고요. 셋째도 소꿈이었는데, 크기가 어마어마해서 제 시야에 그 소가 다 들어오지 않을 정도로 큰 소였습니다. 셋 다 황소였고요.---십리포, 2008. 09. 24.

⑦ 송아지 두 마리를 끌고 오다가, 한 마리만을 끌고 온 꿈 → 태몽으로 아들 출산

시어머님이 꿈에 어디를 갔는데, 시할머니께서 가축을 가져가라고 하시더래요. 시할머니 앞에 돼지랑 송아지 두 마리가 있었는데, 어머님이 돼지를 가져가려고 하니까, 시할머니가 송아지를 가져가라 하시더래요. 그래서 어머님이 송아지 두 마리를 끌고 집에 가는데, 혼자서 도저히 두 마리를 키우기 힘들 것 같기에, 집 근처에 계신 작은집 동서에게 한 마리 주고, 한 마리만 집으로 끌고 들어오셨다네요. 저에게는 아들 낳을 거라 하셨어요.---글쓴이: 몽이, 이지데이, 태몽 이야기 방.

현실에서는 둘째 아들을 낳게 되었는바, 두 마리를 다 가져오는 꿈이었다면 쌍둥이를 임신하는 일로 이루어질 수 있으나, 한 마리만을 끌고 오는 꿈이었기에 아들을 낳는 일로 실현되었다. 또한 시어머니 꿈의 전개대로, 송아지 한 마리를 준 작은집 동서도 아이를 갖는 태몽으로 실현되며, 마찬가지로 아들을 낳게 되는 일로 이루어진다.

⑧ 누런 뿔 달린 황소 두 마리가 쫓아온 꿈 → 태몽으로 딸 쌍둥이 출산

> 친정아빠가 꾸신 꿈인데, 임신 소식과 쌍둥이라는 말에 태몽인 것 같다고 하셨습니다. 누런 뿔 달린 황소 두 마리가 저희 친정아빠를 열심히 쫓아왔다고 합니다. 도망 다니시다가 지쳐서 막으려고, 두 마리 소의 뿔을 잡으셨다고. 그래서 저희 친정에서는 아들 쌍둥인 줄 알았어요. 그런데 예쁜 딸 쌍둥이였어요. 혹시 커서 너무 터프하게 되는 건 아닌지, 걱정입니다.---해묵

너무 터프하게 되지 않을는지 걱정하고 있는바, 태몽에 대해서 높은 이해를 지니고 있다. 태몽으로 남녀 성별의 구별이 아닌, 남성적이냐 여성적이냐를 보여주고 있기에, 장차 딸 쌍둥이가 황소처럼 체격이 크거나 터프하고 활달한 남성적 기질을 보여줄 것을 태몽으로 예지해주고 있다.

⑨ 황소가 풀을 뜯어 먹는 꿈 → 지진희(연예인)의 태몽

1973년생으로, 외아들로 태어났다. 지진희를 임신했을 때, 어머니의 꿈에 집채만 한 황소가 풀을 뜯고 있었고, 그 옆에는 개 한 마리가 한가로이 놀고 있는 꿈이었다.

황소의 '황'은 '크다'는 뜻을 지니고 있다. 큰 수소를 가리키는 말이니, 아들을 낳을 가능성이 높다고 하겠다. 황소가 풀을 뜯어 먹는 한가로운 풍경이었듯이, 인생길에 여유로움이 넘쳐날 수 있으며, 옆에는 개 한 마리가 한가로이 놀고 있는 태몽인바, 외아들이기에 동생이 있는 것을 예지했다기보다는 한가로이 놀고 있는 개로 상징된 인생의 반려자를 보여주고 있다고 볼 수 있다. 수많은 뱀을 거느린 구렁이의 꿈으로 장군이 된 태몽을 떠올려보시기 바란다.

참고로, 아테네 올림픽 태권도 금메달리스트인 문대성 선수의 태몽도 황소 꿈이다. 이처럼 동물이 등장하는 꿈은 태몽에서는 그 동물의 특성에 걸맞은 사람을 100% 상징하고 있으며, 행동 특성 및 성격특성이나 신체적 특성 등이 태몽에 등장한 동물과 유사성이 있게 이루어지고 있다.

⑶ 재물이나 이권의 상징-요약 꿈해몽 및 실증사례

〈요약 꿈해몽〉

① 뱀을 태운 소를 끌고 오는 사람을 소·뱀과 함께 몽땅 삼켜버린 꿈

삼킨다는 것은 확보·정복·성취·소유 등의 상징적 의미를 지니며, 처한 여건에 따라 사업체의 운영권·작품·권리·재물을 얻게 되는 일로 실현된다.

② 여러 사람이 소를 잡아 고기를 자르는 꿈

정신적 또는 물질적인 성과를 분배할 일이 생긴다.

③ 소를 한 곳으로 모는 꿈

목동이 많은 소를 몰아 한 장소로 인도하는 꿈은 한 집단이나 병력을 지휘하거나 재물을 한 곳으로 유치할 일이 생긴다.

④ 소를 이끌고 산에 오르는 꿈

산에 오르는 것으로 상징된 성취를 이루어내게 되며, 신분이 고귀해지거나 부자가 된다.

⑤ 소가 똥·오줌을 누는 꿈

정신적 또는 물질적인 사업으로 성과를 얻게 된다.

⑥ 소의 고삐가 풀어진 꿈

붙잡아 맨 쇠고삐가 풀어진 것을 보는 꿈은 머지않아 재산과 고용인 등을 잃는다.

⑦ 소에 물건 등을 싣고 오는 꿈

쌀·소금·땔감 등 물건을 실어오는 꿈은 재물이나 이권을 얻게 되는 일로 이루어진다. 따라서 이 경우에는 로또 등을 사보는 것이 좋겠다. 하지만 상징적인 예지적 꿈은 꿈을 꾼 사람이 처한 상황에 따라서, 유산 상속이나 산삼 발견 등 각기 좋은 일로 실현되고 있다.

⑧ 소가 새끼를 여러 마리 낳는 꿈

길몽이다. 재물이나 이권을 얻게 되는 일로 실현되는바, 이 경우에 로또를 사보는 것도 좋겠다. 사람의 상징인 경우에는 회사 등이 번창하여 새롭게 직원을 많이 채용하게 되거나, 집안에 며느리나 사위 등을 맞아들이게 되어 손자·손녀들을 여럿 두게 되는 일로 실현 가능하다.

〈실증사례〉

① 소 한 마리에 30만 원인 꿈

소 한 마리에 30만 원이고 거기 딸린 송아지는 5만 원이라고 하는 꿈은 30만 원짜리 셋방을 5만 원의 계약금을 주고 얻는 일로 실현된 사례가 있다.

② 소가 길을 막은 꿈

소가 가는 길을 막고 비켜주지 않았던 꿈으로, 복권에 당첨된 사례가 있다. 소로 표상된 어떤 권리나 이권이 다가옴을 뜻한다.

③ 꿈에 뒷마당에 누런 황소 한 마리와 중형 검은 승용차가 딱 버티고 있던 꿈

누런 황소로 표상되는 재물을 얻게 되는 좋은 일로 실현되었다. 얼마 후 현실에서는 새로 집을 사게 되고, 검은 승용차는 아니지만 흰 중형 자동차를 사게 되었다.

④ 돌아가신 어머니가 황소 두 마리를 끌고 추수하는 꿈 → 83억 원에 당첨

로또 제45회 추첨에서, 83억 원에 당첨된 A씨의 꿈 사례이다. A씨는 추첨 전날 돌아가신 어머니가 황소 두 마리를 끌고 추수하는 꿈을 꾸었다. 상징적인 꿈에서 황소는 집안 식구, 협조자, 협조세력, 재산, 사업체 등을 상징하고 있다. 따라서 황소 한 마리도 아니고, 두 마리나 끌고 와서 농작물을 거두어들이는 풍요로움의 꿈이니, 꿈의 실현이 재물이나 이권의 획득으로 이루어지는 것은 당연한 일이다. 이처럼 '꿈이 어떻게 전개되는가'가 중요하다. 황소에게 걸어차이는 꿈을 꾸고 나서, 사고로 다리를 다친 사례가 있다. 처한 여건에 따라 황소 꿈이 재물운이 아닌, 태몽 등 사람의 상징으로 실현되기도 한다.

⑤ 황소가 수레에 짐을 싣고 집 마당에 들어온 꿈 → 산삼 발견 횡재

2006년 05월 신문에 소개된 기사를 요약해 살펴본다. 충북 청주의 한모(68) 씨가 소백산 기슭에서 200년 된 산삼(무게 190g) 발견한바, 한씨는 등산 전날 "꿈속에 누런 황소 다섯 마리가 수레에 뭔가를 가득 싣고, 집 마당에 들어오는 꿈을 꾸었다. 감정 결과 "우리나라에서 발견된 산삼 중 한 뿌리에 싹이 5개나 올라온 것은 이번이 처음일 것"이라며, 감정가를 매기지 못했을 정도로 귀한 산삼이라고 말하고 있다.

꿈은 반대가 아닌 상징의 이해에 있다. 황소가 무언가 싣고 들어오는 꿈은 싣고 들어온 물건으로 상징된 이권이나 재물을 얻는 일로 이루어지고 있다. 꿈속에

④ 동물 꿈(12지 및 기타 동물)

나타난 숫자도 관련이 있으며, 황소 다섯 마리 꿈으로 한 뿌리에 싹이 5개나 올라온 산삼으로 실현되고 있다. 일반적으로 산삼 5뿌리 캐내는 일 등으로도 가능하다고 하겠다.

⑥ 소를 몰아다 집의 쇠말뚝에 매어 놓는 꿈 → 복권에 당첨

소는 집안 식구·협조자·인적 자원·집·사업체·재물·작품 따위 등을 상징할 수 있는 표상물이다. 이러한 소를 끌어다 말뚝에 매는 것은 소로 표상되는 어떠한 재물이나 이권의 획득을 나타내고 있다. 꿈은 처한 상황에 따라 달리 이루어지는바, 현실에서는 복권에 당첨되는 것으로 실현되고 있다. 이 경우도 복권 당첨으로 현실에서 실현되지 않는다 하더라도, 재물의 횡재수 등 좋은 일로 실현된다. 또한 이 경우 소가 복권 당첨과 관계된 꿈의 표상이 아니라, 소로 표상되는 인물 즉 집안에 며느리나 고용인을 새로 맞아들이는 꿈으로 실현될 수도 있겠다. 또한 사실적인 꿈의 요소가 있다면, 실제로 소를 한 마리 사게 되거나 얻는 일로 실현된다.

⑦ 바닷물에 많은 소가 죽어 있었다. 그중에서 약 70마리를 건져낸 꿈 → 복권 당첨

좋은 꿈임을 알고 복권 7매를 산 것이 적중됐다. '소'는 재물의 상징으로 살아 있는 소가 아닌, 수많은 죽어있는 70마리의 죽은 소를 소유했다는 점이 다르다. '살아 있는 소'는 재물의 증식과 활용가치를 암시하는 표상물이지만, '죽은 소'는 일의 성취와 관계된 재물 또는 이권과 관계해서 표현되고 있다. 꿈속에서 남을 죽인다는 것은 그 사람을 자기 뜻대로 조정할 수 있는 것처럼, 70마리의 죽은 소를 건져내 소유한 꿈은 70마리의 죽은 소로 표현되는 재물이나 권리의 획득을 암시하고 있다.(글: 한건덕)

⑧ 소 한 마리를 찾아오라는 계시적 꿈 → 산삼 발견

관절염으로 중증을 앓고 있는 50대 여자 김○○ 씨가 꿈속에 나타난 노인이 "소 한 마리가 치악산으로 올라갔는데, 빨리 찾아오지 않고 뭘 하느냐."라는 호통을 듣고 치악산 중턱에 올라 50~80년 된 산삼을 캐는 행운을 얻었다.---1999. 05. 09.

오래전 신문기사 내용을 요약해 살펴보았다. 소 한 마리로 표상된 어떠한 귀한 것 한 가지를 얻게 될 것임을 예지해주고 있으며, 꿈의 실현은 산삼 한 뿌리를 캐는 일로 실현되었다. 김 씨는 주위에도 산삼이 더 있는지 살펴보았지만, 딱 한

뿌리밖에 발견하지 못했다. 이에 꿈속의 '소 한 마리'가 생각나 더 이상 없을 것으로 생각하고 하산하였다. 이처럼 꿈속의 상징 표상물의 숫자는 현실에서 반드시 같은 관련을 짓게 된다. 현실에서는 산삼 한 뿌리를 캐는 것으로 이루어졌지만, 백사 한 마리나, 기타 희귀한 하나의 샘물을 발견하게 되거나 등등 소[牛]로 표상된 하나의 권리·이권·재물을 얻게 될 것을 예지해주고 있는 계시적인 성격의 꿈이다.

(4) 일거리·대상─회사, 기관, 단체

수레를 끄는 소는 수레가 사업체이고, 소는 경영인·고용인 등의 동일시이다.

① 소에 쟁기를 매고 밭을 가는 꿈

소에다 쟁기를 매고 논밭을 가는 꿈은 협조자(소)의 도움을 얻어, 새롭게 사업을 시작하게 된다. 저자의 경우라면 새롭게 작품을 집필하는 일에 몰두하게 된다.

② 소가 배설하는 것을 보는 꿈

어떤 사람 또는 사업체의 암거래나 생산품의 수출 광경을 목격하게 된다.

③ 소싸움을 구경하는 꿈

어떠한 사람이나 세력이 사업 판세를 경쟁하거나 이권을 얻기 위한 투쟁을 하는 것을 보게 되며, 이기는 쪽이 좋다. 이 경우에, 두 소 가운데 어느 한 소가 자신을 상징적으로 암시하는 경우가 있다.

④ 수소와 암소의 교접 광경을 본 꿈

각기 수소와 암소로 상징되는 어떠한 일거리나 사업 등이 성사될 것을 예지하는 꿈으로 실현된다. 이때 수소나 암소의 크기나, 수소 성기의 크고 작음의 여부에 따라 연관될 기관이나 사업의 규모 등을 상징적으로 암시하고 있다.

⑤ 소가 채소를 먹는 꿈

누런 암소를 외양간에서 잘 자란 채소밭으로 끌어다 매 놓고, '저 소가 채소를 다 먹어치우면 어떡하나' 하고 걱정한 꿈에서, 소는 어떤 작가를 동일시하여 나타낸 것이었고, 채소는 어떤 작품 내용을 상징한 것으로 작가는 그 작품내용에 조금도 관여하지 않을 것을 예지한 꿈이었다. (글: 한건덕)

⑥ 쇠뿔에서 피가 흐르는 꿈

높은 관직에 오르거나 저술 등으로 세상 사람들에게 사상적 감화를 줄 일이 생긴다.

⑦ 살진 소가 파리한 소를 잡아먹은 꿈

구약성서(창세기)에 나오는 아름답고 살진 7마리의 소를 사납고 파리한 7마리의 소가 와서 먹어버린 애급왕의 꿈은 7년의 풍작을 7년의 흉작으로 다 먹어치우는 것의 비유로 표현되었다.

(5) 사건, 사고-꿈해몽 요약 및 실증사례

① 죽은 소를 묻는 꿈

재물의 손실 및 집안에 화근이 생긴다. 태몽인 경우에, 유산하는 일로 이루어진다.

② 소의 다리를 묶어 공중에 매단 꿈

소로 상징된 사람이 구속과 억압을 받게 되는 위태로움에 처하게 된다. 소가 일거리나 대상의 상징인 경우에는 정신적 연구물을 세상에 발표하고, 가부를 물을 일과 관계한다.

③ 소가 삐쩍 말라가는 꿈

소로 상징된 인물이 병마(病魔)로 인해 시달리는 일로 이루어진다.

④ 물소 떼에 신체의 어느 부분을 짓밟히는 꿈(실증사례)

현실에서도 밟힌 부분이 다치게 되는 일로 실현되었다.

⑤ 황소의 뒷발질에 채인 꿈(실증사례)

오토바이를 타고 지나가는데 황소가 앉아 있기에 옆으로 지나가는데, 뒷발질을 하여 뒷바퀴에 구멍이 나는 꿈은 남편이 지하수 기계가 넘어져서 발가락을 다쳐, 한 달 이상 일을 할 수 없는 사고를 당하게 되는 일로 실현되었다.

⑥ 뒷다리를 절고 있는 소를 본 꿈(실증사례) → 교통사고로 다리를 다치게 되다.

꿈속에서 사냥꾼이 되어 뒷다리를 절고 있는 소를 쏘아 죽이지 않은 꿈, 이어 꿈속에서 호랑이를 발견하고 총을 쏘았으나 호랑이가 점점 작아지던 꿈이었다. 현실에서 다음 날 교통사고로 승용차에 뒷다리를 받혀서 병원에 입원치료를 받게 되었다.

⑦ 꿈에 소가 보이는 꿈(실증사례) → 사고 발생

꿈에 소만 보면, 안 좋은 일이 일어난다고 하는 사람이 있다. 꿈에 소가 보여 안 좋은 일이 일어날 것 같아서 외출하지 않으려 했으나, 나가게 되는 일이 생겨 길을 걷다가 하이힐의 한쪽이 부서지면서 창피를 당하는 일로 실현되었다.

⑧ 송아지를 못 들어오게 막은 꿈(실증사례) → 송아지를 잃게 되다.

> 꿈에 송아지 두 마리가 우리 집에 들어오려고 했습니다. 그래서 못 들어오게 쫓았습니다. 다음 날 시골집에 전화해서 엄마께 말씀드렸더니, 실제로 소 두 마리가 새끼를 낳다가, 송아지 두 마리를 잃었다고 합니다.

사실적인 요소가 있는 꿈이기도 하다. 이 경우 가임여건에서 태몽으로 두 아이나 쌍둥이를 유산하는 일로 실현될 수 있다.

(6) 민속의 소에 관한 꿈

- 꿈에 소가 새끼 낳으면 크게 좋다.
- 꿈에 소가 언덕 위로 오르면 아주 좋다.
- 꿈에 소와 사슴을 잡으면 부귀를 얻는다.
- 꿈에 소와 사슴을 죽이면 부귀해진다.
- 꿈에 소의 뿔에서 피가 나면 정승에 오른다.
- 꿈에 소와 사슴을 잡으면 부귀를 얻는다.
- 꿈에 소를 타고 성 안으로 들어오면 기쁜 일이 있다.
- 꿈에 짐을 실은 소를 보면 좋은 일이 생긴다.
- 꿈속에 누런 소가 집에 들어오면 재물이 생긴다.
- 꿈에 황소가 자기 집에 들어오면 부자가 된다.
- 꿈에 누런 황소를 보면 풀리지 않던 문제가 해결된다.
- 꿈에 누렁소나 암소가 들어오면 복이 들어온다.
- 큰 소가 집에 들어와 보이는 꿈은 부귀해질 전조이고 특히 농부에게는 가장 좋은 길몽이다.
- 꿈에 소가 보이면 재수 없다.
- 꿈에 소가 사람 밟으면 불길하다.
- 꿈에 소를 보면 가정이 흔들린다.

- 꿈에 소가 나타나면 조상의 계시라고 본다.
- 꿈에 소가 보이면 조상제를 지내야 한다.
- 꿈에 황소가 나타나면 저승사자가 나타난 것이다.
- 꿈에 소가 문밖으로 나가면 간사한 일이 생긴다.
- 꿈에 소가 보이면 조상꿈이고, 마음먹은 대로 되지 않는다.
- 꿈에 소를 보면 근심이 생기고 말을 보면 행운이 있다.

≪낙타≫

낙타는 소와 같은 해석이 가능하며, 사람이나 일거리·대상 및 재물이나 이권·작품 등을 상징한다.

(1) 사람이나 재물

① 낙타가 늙고 병들어 있는 꿈

낙타로 상징된 자기 자신이나 주변의 누군가가 어려운 처지에 있거나 병마로 인하여 고통받게 됨을 예지한다.

② 낙타를 끌어오는 꿈

협조자를 얻게 되거나, 가축을 사오게 되는 등의 사람과 이권·재물을 얻게 되는 좋은 방향으로 진행된다.

(2) 일거리·대상

① 끝없는 사막을 낙타를 타고 가는 꿈

자신이 추구하는 일이나 소원이 쉽사리 이루어지지 않고 사업이 난관에 봉착하게 됨을 뜻한다.

② 낙타의 육봉이 인상적인 꿈

두 가지 특성을 가진 사업체나 작품을 성취시키는 일과 관계한다.

≪원숭이≫

꿈속에 등장하는 동물들은 대부분 동물의 특성으로 상징된 어떠한 사람을 나타내고 있다. 원숭이는 흉내를 잘 내고 비교를 잘하며, 독단적이거나 성급하고 질투심이 강한 사람·중개자·재주꾼·배우·사기꾼 등의 동일시이며, 기술을 상징하기도 한다. 일반적으로 원숭이는 교활한 재주를 부리는 사람을 상징적으로 나타내주고 있다.

(1) 사람의 상징

① 원숭이가 나무에 오르는 꿈

원숭이가 자신을 대신하는 상징으로 등장한 경우에는 자신의 신분이 새로워지거나 직위가 높아진다. 다른 사람을 상징적으로 나타낸 경우에는 누군가의 승진 등을 보게 된다.

② 원숭이가 자신을 노려보는 꿈

원숭이로 상징된 교활한 자가 자신의 권리를 침해하려고 하거나, 원숭이로 상징된 사기꾼에게 모욕을 당해 싸우게 된다.

③ 원숭이가 수음하는 것을 보는 꿈

원숭이로 상징된 간사한 사람이 마음을 충동질하게 하여 분노하게 할 일이 생긴다.

④ 원숭이가 서로 재주를 부리는 꿈

원숭이로 상징된 배우나 마술사가 연기하는 것을 보게 될 수 있으며, 자기 일을 모방하는 자를 책망할 일이 생긴다.

⑤ 정글에서 원숭이 떼에 조롱당하는 꿈

어떤 사업에 착수하거나 단체에 가입해서, 원숭이로 상징된 많은 경쟁자로 인해 고통을 당하는 일로 실현된다. 이 경우 원숭이 떼가 무엇을 표상하고 있는 지, 생각해보시기 바란다. 학생인 경우에, 새 학교로 전학을 가게 되어 못된 사람들에게 시달리는 일로 실현될 수 있다.

⑥ 원숭이의 귀를 가위로 자르는 꿈

사기성이 농후한 사람과 관계를 끊게 된다. 실증사례로, 약속을 지키지 않은 어떤 사람과의 소식(귀)을 끊게 되는 일로 실현되었다. 꿈에 나타난 원숭이는 사기범의 인격을 얕잡아서 상징적으로 나타낸 꿈의 창작 표상이다. 이 경우 탐욕스러운 놈이라면, 꿈속에서 살진 돼지로 나타내는 것이 가능하다. 간사한 사람의 경우 약아빠진 여우로 등장시키거나, 좀스러운 인물은 쥐새끼로 등장하는 등 꿈속의 동물은 어떠한 사람을 상징적으로 나타내 보여주는 경우가 다반사이다.

(2) 일거리·대상의 상징

원숭이 등의 동물이 반드시 사람을 상징하는 것만은 아니다. 길흉을 나타내는 동물의 상징적 의미에 맞게 어떠한 일거리나 대상을 상징하는 경우도 있다. 실증 사례를 살펴본다.

〈까치 우는 것을 원숭이가 쫓아낸 꿈 → 면접을 보지 못하게 되다〉

　　창밖에서 까치가 들어와서 방안에 앉아서 울고 있었는데, 원숭이가 와서 쫓아내 버리는 꿈을 꾸었어요. 그래서 웬일인가 싶었는데 며칠 뒤, 이력서를 낸 곳에서 면접을 보러 오라고 이메일이 메일함에 와 있었다는 사실을 알게 된 것이지요. 당시 프리랜서로 철야 작업을 며칠 한 뒤 계속 해서 자고 있었는데, 그 바람에 메일 확인을 못 한 거죠, 그래서 결국 면접을 못 봤습니다. 기간이 3일 정도 지나있어서요. 원숭이가 쫓아버렸으니, 현실에서 결국 못 보는 것으로 예상되어 있었던 거죠.---마법소녀, 2009. 07. 07.

(3) 상담사례

① 원숭이가 안기는 꿈

　　안녕하세요? 태몽 같은데 좀 이상해서요. 원숭이가 저한테 막 안기는 꿈을 꿨거든요. 무슨 꿈인지 궁금해요.

임신할 여건에 처해 있다면 태몽으로 볼 수 있네요. 꿈속의 동물은 사람을 상징하는 경우가 많습니다. 원숭이가 안기는 꿈이 태몽으로 실현 가능하고요. 단, 꿈이 아주 생생하고 강렬한 것이 태몽의 특징이고요. 임신 사실을 알기 전에 꾸어진 꿈이라면 태몽에 가깝고요. 태어날 아이는 꿈속에 나타난 표상의 상징하는 바와 일치합니다. 즉 원숭이처럼 재주가 있다든지 등의 원숭이 속성을 지닌 사람이 될 가능성이 많습니다. 한편 태몽이 아니라면 현실에서는 원숭이가 장난을 잘 치는 것처럼, 원숭으로 표상된 사람이 다가오는 일로 실현될 것입니다. 막 안기는 것처럼, 현실에서도 그러한 식의 접근이 이루어질 것입니다.

② 아파 보이는 원숭이 꿈(상담사례)

　　꿈에 원숭이들 여러 마리가 보였는데, 다들 아픈 원숭이들이었습니다. 제가 보기엔 아파 보이는 원숭이들이었고, 거의 불쌍해 보여서 제가 살려주라고 누군가에게 말해주는 꿈이었는데, 누군지는 모르겠지만 가족 중의 한 사람으로 기억됩니다. 그 원숭이의 눈은 하늘색이었던 것이 선명히 기억되며, 원숭이들은 원망하는 눈빛이었습니다. 저는 아기를 기다리고 있는 주부인데, 꿈이 어떤 것을 의미하는지 궁금합니다.

상징적인 미래 예지 꿈이네요. 죄송합니다만, 꿈의 표상 전개가 안 좋네요. 태몽 표상이라고 보기도 어렵고요. 만약에 태몽 표상이라면, 어두운 표상전개이니 더 안 좋지요. 아마도 원숭이로 표상된 여러 사람이나 어떠한 일이나 대상들을 만나게 될 것이네요. 어려운 처지에 있으며, 이 세상에 대해서 현실에 대해서 불만이나 원망을 담고 있는---. 또한 그 대상에게 도움을 주게 되는--- 처한 상황을 몰라서 답변이 잘못될 수도 있지요. 혹시 보육원 등지에서 입양을 마음먹고 있다면, 원숭이가 원생들을 상징적으로 표상하여 나타난 것으로 볼 수 있는---

(4) 민속에 전하는 원숭이 꿈

– 꿈에 잔나비(원숭이)를 보면 슬픈 일이 생긴다.
– 꿈에 원숭이를 보면 돈이 생긴다.

≪용(龍)에 관한 꿈≫

1) 용꿈의 개괄적 해설

용은 권세가·유명인·악한 등의 동일시이며, 명예·권세·권좌·사업체·기관·단체세력 등을 상징한다. 용은 최고의 부귀, 권세, 명예, 재물운을 표상하고 있다. 승천 등 좋은 표상으로 이루어진 경우 현실에서도 자신이 처한 환경에 따라 복권 당첨, 대회 우승 등 좋은 일로 실현되고 있다. 용을 타고 하늘로 오르는 것은 명예를 얻거나 득세할 것을 표상하고 있다. 현실에서는 용을 타고 올라간 꿈이 복권에 당첨되는 것으로 실현된 사례가 있는바, 이 경우 복권 당첨으로 실현되지 않더라도 승진이나 사업 확장 등 좋은 일로 실현되고 있다.

또한 용은 임금의 상징으로 널리 알려져 있다. 임금과 관련된 말로 곤룡포·용안(龍顏) 등의 말로도 널리 쓰이고 있다. 또한 대선주자를 잠룡(潛龍)에 비유하고, 때가 오기를 기다리고 있는 사람을 와룡(臥龍)이라고 하듯이, 용꿈은 입신양명과 득세, 성공 또는 인물됨이 뛰어날 것을 예지하는 상징 표상으로 대표적이다. 용은 신성시해 온 대상으로 태몽에서도 용꿈은 장차 큰 인물이 될 것임을 말해주고 있음은 널리 알려진 사실이다. 『HE STORY』에 소개된 안철수의 태몽도 용이 승천하는 태몽으로 알려져 있다.

그러나 용꿈을 꾸었다고 다 좋은 꿈은 되지 않으며, 어떤 표상으로 전개되었느냐의 여부에 있다. 예를 들어 '상처투성이의 용이 하늘을 날고 있는 꿈'으로 태어난 작곡가 고(故) 윤이상 씨의 꿈은 그의 뛰어난 음악적인 재능에도 불구하고 불운한 일생을 사는 것으로 실현되었다.

한편 용은 일거리·대상이나 사건·사고의 상징물로 등장되기도 한다. 용을 잡거나 용을 타고 하늘을 힘차게 날아오르는 꿈은 성취를 이루게 되지만, 올라가는 용이 떨어지는 꿈은 비행기 추락이나 기관·단체의 와해로 실현될 수 있다.

2) 용꿈의 꿈해몽 요약 및 실증사례

(1) 사람의 상징

① 용이 대문으로 들어오는 꿈

귀인이 집에 오거나 관청에 취직하여 부귀해진다.

② 꼬리가 여러 개 달린 용의 꿈

재주가 뛰어난 사람과 관계된 표상이다. 또한 일거리·대상의 상징인 경우에는 여러 산하 단체를 가지는 기업체를 상징하기도 한다.

③ 자신이 용이 된 꿈

부귀 권세를 누리는 인물이 되어, 어떤 세력을 잡거나 명성을 떨치게 된다.

④ 용이 공중을 날며 울거나 말을 하는 꿈

세상에 소문낼 일이나 업적 등이 있게 되고, 용이 사람의 동일시일 때는 그 사람 또는 그 무리에게 억제당할 일이 생긴다.

⑤ 용이 하늘에서 불을 토해 시가지를 태우는 꿈

정치·법력·사상·진리 등을 기관 또는 매스컴을 통해 사회 풍조를 세상에 널리 쇄신할 일이 생긴다.

⑥ 화려한 궁전 안에 용상에 앉았던 꿈

자신의 뜻을 펼쳐내고 권세 있는 직위에 오르게 될 것을 예지해주고 있다.

⑦ 자신이 용을 타고 하늘을 나는 꿈

부귀와 권세로 나아가게 된다. 처한 상황에 따라 박사학위를 받게 되거나, 사법고시 등에 합격하여 영귀해진다. 여자가 꾸었을 경우에 훌륭한 배우자를 얻게 되어 귀하게 되며 높은 직위에 오르게 된다.

⑧ 용을 해치거나 붙잡아 꼼짝 못 하게 하는 꿈

용으로 상징된 권세가·우두머리 등을 물리치게 되며, 자기 성장을 위해 노력하거나 벅찬 과업을 성취하기 위해 분투하게 된다.

⑨ 용과 싸워 이기는 꿈

용으로 상징된 권력자나 사장·우두머리 등의 뜻을 꺾게 된다. 권세와 명예를 얻게 되거나 큰 사업을 성취하게 된다. 수험생 등이 꾸었을 경우 합격을 예지해 주고 있다.

⑩ 용과 맞붙어 싸우다 깨어난 꿈

장차 자기가 훌륭히 되기 위하여 노력하거나 가까운 장래에 벅찬 일거리를 성취시키려고 노력할 일이 있게 된다. 이 경우 용과의 싸움에서 이겨야 좋다. 즉 용을 죽이거나, 꼼짝도 못 하게 붙잡거나, 그 용이 달아나는 뒷모습을 보며 잠을 깨면, 학생은 시험에 합격하고, 사업가는 큰 사업을 성취하는 일로 실현된다.

⑪ 용이 뱀·호랑이·여성 등으로 변하여 싸움을 걸어오는 꿈

명예를 잃거나 큰 사업을 성취하는 데 있어서, 어려운 고비를 여러 번 겪은 다음에야 비로소 일이 성취될 것을 예시한다. 수험생 등이 꾸었을 경우, 난관을 여러 차례 극복하고 합격할 것을 예지해주고 있다.

⑫ 조그마한 용 한 마리가 피투성이가 되어 꿈틀거리는 꿈

용으로 상징되는 어떠한 귀한 인물이 곤경에 빠져 있음을 알려주고 있으며, 조그마한 용에서 나이가 어리다는 것을 알 수 있다.

⑬ 황룡이 하늘 높이 끝없이 오르는 것을 보고 "저기 용이 오르는 것을 보라" 외친 꿈

용으로 상징되는 사람의 작품이나 사업성과가 세상 사람들의 이목을 집중시켜 널리 알려지게 된다.

⑭ 날아오른 두 청룡 중의 한 마리가 산봉우리를 꼬리로 자른 꿈

청룡으로 표상되는 사람이나 기관 등이 산봉우리로 표상되는 사업·저작물·연구기관 등에 영향을 주게 될 것을 예지한 꿈이다.

⑮ 용을 타고 강을 건너는 꿈

선인의 사례로, 꿈을 꾼 후에 죽음을 맞이한 사례가 있다.

⑯ 어떠한 곳에 용이 서려 있던 꿈

정종 임금은 남대문 밑에 한 마리의 용이 서려 있는 꿈을 꾸고, 데려온 한 숯장수가 과거에 급제하는 일로 실현되었다.

⑰ 쌀알이 용으로 변해 올라간 꿈

쌀을 한 대접 얻어다 놓았는데, 쌀알마다 용이 되어 하늘로 올라간 순조 때의 어느 가난한 선비 아내의 꿈은 그의 남편이 과거에 급제할 것을 예지한 것이었다.

⑱ 사람의 상징인 용꿈 사례 → 선인들의 사례

＊박석명(朴錫命)은 꿈속에서 황룡이 자기 옆에 있는 것을 보고 깨어서 돌아다보니, 이방원이 있는 것을 보고 장차 왕위에 오르게 될 것을 예지하고 있다.

＊세종은 용 한 마리가 잣나무를 감고 있는 꿈을 꾼바, 잣나무 아래에 누워 잣나무에다 발을 걸치고 자고 있던 최항(崔恒)이 장원이 된 사례가 있다.

＊선조대왕은 종루가(鐘樓街 지금의 종로)에서 용이 일어나 하늘로 올라가는 꿈을 꾸고 나서 사람을 보내 인재를 물색한바, '기룡(起龍)'이라는 이름을 내리고 있다.

＊읍재(邑宰)가 낮잠을 자다 꿈에 나무 위에 쌍룡이 얽혀 있는 것을 보고, 그때 나무 위에 올라가 있던 조간(趙簡)을 발견하고, 장차 크게 될 것으로 믿고 공부를 시켜, 후에 과거시험에 1등으로 급제하고 있다.

＊흑룡이 동산의 배나무 위에 올라가는 꿈 → 정몽주(鄭夢周)의 어머니가 임신하였을 때, 난초 화분을 안다가 놀라 떨어뜨리는 꿈이었던바, 이에 처음에 이름을 몽란(夢蘭)이라 하였다. 아홉 살이 되었을 때에 어머니가 흑룡이 동산의 배나무 위에 올라가는 꿈을 꾸었다. 이에 놀라 깨어 나와 보니 바로 공이었다. 그래서 이름을 또 몽룡(夢龍)이라 하였다. 관례(冠禮)하면서 지금의 이름 몽주(夢周)로 고쳤다.---『연려실기술』

(2) 태몽 표상 및 실증사례

용을 타고 하늘을 나는 태몽은 어떠한 분야에서 득세하는 귀한 인물이 되고 있다. 용은 국가 최고 통치자의 권세나 고귀함을 뜻하는 것으로 널리 알려져 있다. 임금이 입던 정복을 곤룡포(袞龍袍), 임금의 얼굴을 용안(龍顔)이라고 부르고 있듯이, 용은 상서로운 동물로 제왕이나 최고의 권세에 비유되고 있다. 꿈에서도 이러한 상징 의미는 그대로 원용되고 있으며, 용꿈은 부귀 권세의 상징으로, 태몽으로 용꿈을 꾸면 장차 큰 인물을 낳게 된다. 태몽이 아닌 일반적인 실현으로도 부귀·권세·명예의 상징으로 널리 알려져 있다. 대부분의 용꿈 태몽은 아이가 권세가·유명인이 될 것을 예지한다.

그러나 태몽으로 용꿈을 꾸었다고 다 좋은 꿈은 되지 않으며, 어떤 표상으로 전개되었느냐의 여부에 있다. 예를 들어 '상처투성이의 용'인 경우에는 좋지가 않다. 꿈속에서 그 용을 어떠한 모습으로 나타났으며, 어떤 관련이 있었는가, 또는 그 일로 인해서 어떤 감정이 생겼는가에 따라 각각 해석이 달라지게 마련이다. 땅에 있는 용의 태몽을 꾸면 태아의 인물은 크나 끝내 득세하지 못하고 평생을 마치게 되며, 방안에서 헤매는 용을 본 태몽을 꾸면 태아가 초년에는 크게 성공하나 결국 큰 뜻을 이루지 못하고 중도에서 실패할 것을 예지해주고 있다.

또한 용꿈의 태몽이지만, 하늘을 힘차게 날아오르지 못하고, 도중에 떨어져 내리는 꿈이었다고 한다면, 큰 인물로 될 수는 있지만 뜻을 얻지 못하고 중도에 좌절되는 혁명가의 일생에 부합되는 표상인 것이다.

용 자체만 가지고 남녀를 정확히 예지할 수는 없으며, 용꿈을 꾸고 태어난 여자아이라고 팔자가 사나운 것은 아니다. 오히려 여장부 등 부귀와 권세를 누리는 좋은 태몽이다.

① 용을 타고 하늘을 나는 꿈

가임여건에서는 장차 한 분야에서 성공하는 귀한 인물이 될 태몽이다. 일반적 상황에서는 성취 성공의 일로 이루어진다.

② 맑은 물에서 용이 노는 것을 보는 꿈

아이가 맑은 물로 상징된 좋은 여건에서 직분에 충실하게 될 것을 지켜보게 된다.

③ 개펄에서 용의 머리를 캐낸 꿈

태아가 장차 어느 단체의 우두머리가 되거나 권세를 얻게 됨을 예지한 것이다.

④ 적룡·흑룡이 몸을 뒤틀며 하늘로 오르는 꿈

가임여건에서는 태몽으로 태아가 장차 문무겸비한 훌륭한 인물이 되고, 일반적으로는 두 남녀의 결합을 예지한 꿈이기도 하다. 현실에서는 두 권력자, 두 개의 세력단체, 훌륭한 한 쌍의 남녀와 동일시할 수 있다.

⑤ 용이 구름에 올라 뇌성벽력을 치는 꿈

용으로 상징된 인물이 득세를 하여 영향력을 떨치게 되는 일로 실현된다. 태몽인 경우에, 장차 국가나 사회의 지도자가 되고 세상을 계몽하게 됨을 예지하고 있다.

⑥ 물속에서 나온 금빛 잉어가 큰 구렁이가 되었다가 다시 용이 되어 구름 속에서 두 개의 불덩이를 떨어뜨린 꿈

표상의 전위가 나타나고 있는바, 점차로 큰 인물로 나아가게 되고, 크게 성공해서 세상을 놀라게 하거나 감화를 줄 업적을 남기게 될 것을 예지하고 있다.

⑦ 용이 날아오르는 꿈

하늘을 뒤덮었던 구름이 '꽝!' 하며 반으로 갈라지고, 곧이어 산 정상에서 오색찬란한 무늬의 거대한 용이 번개처럼 솟아, 그 갈라진 구름 틈사이로 올라가는 꿈은 장차 세상을 떠들썩하게 하면서, 자신의 존재를 드러낼 태몽이다.

〈실증사례〉

① 용이 올라가다가 떨어지는 꿈

태어난 아들이 장교로 전사하는 일로 실현되고 있다. 용꿈이라고 다 좋은 것이 아니라, 표상이 어떻게 전개되느냐에 있다.

② 용이 떨군 여의주를 치마에 받았던 꿈

태어난 사람이 차를 타고 가다 수십 미터나 되는 낭떠러지 아래로 굴러떨어졌다. 하지만 자신만이 구사일생으로 차에서 튕겨 나와 나뭇가지에 걸려 살아난 사례가 있다.

③ 구렁이가 용으로 변해서 날아오른 꿈

시골 마당에서 잿빛 구렁이를 보았는데, 머리부터 서서히 용으로 변하더니 꼬리까지 완전히 용으로 변해서 공중으로 날아오르는 꿈으로 여아를 출생하였습니다.---인터넷 '거인의 정원' 블로그

④ 용이 날아 오른 꿈

번쩍번쩍 빛나는 황금빛 용이 침대 한 쪽에서 튀어나왔는데, 그 빛이 너무나 눈이 부셨다. 방안이었는데 용은 날아올라 사라졌으며 어디로 갔는지는 모른다.

이 꿈 때문에 낳는 순간까지도 아들인 줄 알았으나, 여아를 출생하였다.---인터넷 '거인의 정원' 블로그

⑤ 용이 태우고 바닷가로 간 꿈

아주 큰 용이 나타나서 우리 부부를 태우고는 바닷가로 갔답니다. 색도 선명하고 어찌나 생생하던지 한 편의 영화를 보는 것 같았어요. 용꿈은 아들이라더니 정말로 아들이 태어났는데, 왠지 큰 인물이 될 것 같아 기분 좋았던 태몽입니다.---엄마 윤옥자 씨

⑥ 예쁜 용이 다가와 애교를 부리는 꿈

첫째 아이 때 태몽입니다. 예쁘고 연약해 보이는 용이 호숫가에 있는 저에게 다가와 머리를 가슴에 문지르며 애교를 부리는 꿈을 꾸었어요. 딸일 거라 생각했는데 낳아보니 아들이더군요.

⑦ 용이 집으로 들어온 꿈

제 꿈은 남편 친구가 꾸어 주었어요. 남편과 그 친구는 고등학교 때부터 절친한 사이여서 형제처럼 친하게 지내더니, 결국 저희 아이 태몽까지 꾸어주네요. 남편 친구가 잠을 자는데 밖이 시끄러웠대요. 땅이 흔들리는 것 같기도 하고 이상한 광채가 나기도 해서, 남편 친구는 '지진이 났나?' 하고 생각했대요. 그래서 밖을 나가봤더니, 커다란 몸체에 눈을 못 뜰 정도로 반짝이는 한 물체가 있더래요. 주위에 사람들이 많았는데 다들 무서워서 어찌할 바를 모르는데, 남편 친구는 아무 느낌도 없이 성큼성큼 그 물체에 다가가서 뭐냐고 물어봤다고 해요. 그랬더니 그 물체가 '나는 용이다'라고 하면서 그 친구를 번쩍 들어서 어디론가 갔는데, 잠시 후에 정신을 차리고 보니 저희 집이었다고 해요. 저희는 이 용 꿈을 듣고 용띠 해에 딸을 낳았답니다.

⑧ 세 마리의 용이 날아다니는 꿈

남편이 임신 사실을 안 뒤 얼마 안되어 하늘에서 세 마리의 용이 날아다니는 태몽을 꾸었다. 시험관 시술을 통해 임신을 했던 터라 쌍둥이 가능성을 조심스레 예상했지만, 현실에서는 태몽의 세 마리 용의 숫자 예지대로 세쌍둥이를 임신하는 일로 실현되고 있다.

⑨ 커다란 용이 달려드는 꿈

고(故) 최진실의 첫째 아들 태몽은 커다란 용 한 마리가 자신에게 달려드는 꿈이다.

⑩ 공룡 티라노사우루스가 나타난 꿈 → 연예인 최철호의 아들 태몽

연예인 최철호는 특이하게도 공룡 태몽을 꿨다. 그는 "꿈에서 내가 어떤 건물에 힘들게 기어올랐다. 그런데 갑자기 땅에서 육식 공룡 티라노사우루스가 나타났다. 공룡의 이빨도 선명하게 보였다."라고 말했다. 이 같은 말에 아내 김혜숙 씨는 "처음에는 영화를 너무 많이 보니까 그런 꿈을 꾼다고 했지만, 며칠 후 확인을 해 보니 임신이었다. 용꿈을 꾸는 것은 많이 봤지만, 공룡 꿈을 꿨다는 얘기는 처음 들었다."라며 미소를 지었다.---이정아 기자.

공룡의 태몽에서 연상할 수 있듯이, 2006년 11월 14일 득남을 했다.

⑪ 용이 하늘에서 내려와 가슴으로 뛰어드는 꿈 → 이승만 전 대통령의 태몽

용이 하늘에서 내려와 가슴으로 뛰어드는 것을 품에 안았다. 그래서 이승만 대통령의 아명이 '승룡'이었다고 한다.

⑫ 달음산이 갑자기 커다란 용으로 변해 용트림하는 꿈 → 포철 박태준의 태몽

1927년 음력 9월 29일, 경남 동래군 장안면(현 부산광역시 기장군 장안읍 일대)의 갯마을에 사내 아기가 태어났다. 박봉관과 김소순, 이들 젊고 평범한 부부는 토끼해에 얻은 첫 아이의 이름을 '태준(泰俊)'이라 지었다. 한학을 공부한 남편이 아내에게 장차 크게 잘 되라는 뜻이라고 풀이해주었다. 젊은 어머니는 친척들에게 태몽을 들려줬다.

"올해 정초 어느 날 밤에 달음산이 갑자기 커다란 용으로 변해 용트림하는 꿈을 꿨는데, 그런 다음에 태기가 있었어요."

'인물이 되려면 논두렁 정기라도 받고 나야 한다'는 말이 있긴 해도, 탁월한 인물의 태몽은 자칫 그의 삶을 신비롭게 채색하려는 고의로 둔갑할 수 있다. 박태준의 어머니는 그저 평범한 여인으로, 아들의 태몽을 꾸며내지 않았다.

태몽의 주인공인 '달음산'은 그 정기를 나눠준 한 아이의 미래를 대비하듯 지명이 '철(鐵)'과 관련 있다. 달이 뜬다 하여 '달음산[月陰山]'이라고도 하나, '달구어진 산'을 뜻한다고도 한다. 『동국여지승람』에는 달음산이 '탄산(炭山)'으로 나와 있다. '타는 산을 향찰과 유사하게 표기한 것으로 추측한다. 달음산을 '타는 산'이라고 부른 까닭은, 산의 형세가 불길 타오르는 모양 같고, 아득한 고대에 야철장(冶鐵場)이 있었기 때문이라는 설이 있다.---이대환, 세계 최고의 철강인 박태준, 현암사, 2004, p. 17~18.

현암사에서 펴낸 '박태준'의 책에서 인용하여, 세계 최고의 철강인 박태준의 태몽을 살펴보았다. 포항제철(포스코)을 키워낸 박태준의 인생길이 태몽에 함축적

으로 예지되고 있음을 알 수 있다. 철(鐵)과 관련이 있는 달음산이 용으로 변해 용트림하는 태몽에서, 장차 철(鐵)과 관련지어 커다란 뜻을 펼치게 되어, 용꿈의 상징적 의미처럼 최고의 명예와 권세를 지니게 될 것을 예지해주고 있다. 책을 읽으면서, 제철보국의 박태준의 삶의 노정에 대하여 감동을 받았으며, 박태준이 포철을 건설할 수 있게 해준 하늘에 대하여 감사와 기쁨의 울먹이는 시간을 가질 수 있었다. 독자분들의 일독을 추천한다.

⑬ 파란 눈의 흰 용이 들어오는 꿈 → 소설가 고(故) 박경리의 태몽

"어머니가 저를 뱄을 때, 흰 용이 방을 차고 들어오는 꿈을 꿨답니다. 파란 눈알이 박힌 흰 용을 본 태몽이기에, 아들을 낳는 줄 알았다고 하더군요. 그런데 딸로 태어난 제가 어머니께 불효 많이 했어요. 오늘 밤 꿈에서라도 어머니를 뵐 수 있으면 얼마나 좋겠어요."---[조선 인터뷰] 박해현 기자, 2008. 03. 30.

'나의 출생'이란 시를 보면 태몽이었던 용꿈과 호랑이띠에 대한 이야기가 나오고 있기도 하다. "어머니는 말하기를 산신에게 빌어 꿈에 흰 용을 보고 너를 낳았으니, 비록 여자일망정 너는 큰 사람이 될 것이다."라고 용꿈의 태몽에 대한 믿음을 보여주고 있는바, 『토지』 등 불후의 명작을 남겼다.

⑭ 내려온 용을 바라보다가 깬 꿈 → 92년도 미스코리아 진(眞) 유하영의 태몽

하늘에서 용이 내려왔다고 동네 사람들 모두가 몰려가고 있었다. 그래서 그 틈에 끼여 용이 나타났다는 곳으로 따라가, 한참이나 용을 바라보다가 잠에서 깨어났다.

용이나 호랑이 꿈이라고 하여 반드시 아들인 것은 아니다. 용꿈이지만, 이렇게 딸을 낳을 수도 있다. 하지만 용은 부귀 권세의 상징으로, 장차 고귀한 인물이 될 것임을 예지해주고 있다.

⑮ 용이 하늘로 날아오른 꿈

로또추첨 방송을 하는 로또걸 설초록(23) 씨는 "어머니가 저를 낳기 전에 용이 하늘로 날아 올라가는 용꿈을 꾸셨대요."라고 밝히고 있다. 용꿈의 태몽은 권세나 부귀영화의 성취로 이루어지는 좋은 태몽이다. 그녀는 미스코리아나 슈퍼모델이 하는 로또걸을 맡고 있는바, 광고 등 CF와 영화와 방송에서 패널과 MC로 나서 활발한 연예계 활동을 하고 있다.---요약, 중앙일보, 2011. 02. 22.

⑯ 용이 벽을 뚫고 들어가는 꿈 → 연예인 이병헌의 태몽

높은 천장이 있는 방에 어머니께서 누워계시는데, 한쪽 벽에서 커다란 용이

튀어나오더니 반대쪽 벽으로 뚫고 들어가고, 반대로 또 커다란 용이 나와서 반대편 벽으로 들어가는 꿈이다.

특이한 태몽이다. 용의 태몽이니, 권세·부귀영화의 뜻을 펼치게 될 것을 보여주고 있다. 태몽이 전개되는 하나하나의 꿈 내용 모두에 다 의미가 있다. 용이 튀어나와 반대쪽 벽으로 뚫고 들어가는 전개에서, 하나의 일이나 직업, 어떠한 대상에 집착하기보다는 자유로운 인생길이 펼쳐질 것을 예지해주고 있다.

⑰ 용 아홉 마리가 승천하는데, 뱀 아홉 마리가 시비를 거는 꿈 → 개그맨 이홍렬의 태몽

용 아홉 마리가 승천하고 있는데, 뱀 아홉 마리가 시비를 걸어 싸움이 나는 꿈이다. 이 역시 특이한 태몽이다. 싸움에서 현란한 말솜씨를 주무기로 하듯이, 재치있는 언변 및 화술이 뛰어남과 관련이 있다고 해야 할 것이다. 여러 방송 출연자와의 대화나 진행이야말로, 주먹만 오가지 않을 뿐이지, 피 튀기는 접전이 벌어지고 있다고 보아야 할 것이다.

⑱ 용이 아이를 물고 어머니 몸속으로 들어온 꿈 → 연예인 김희선의 태몽

용이 아이를 물고 들어온 태몽 표상이니, 부귀·권세가 있는 좋은 태몽이다. 이 경우 용이 물어온 아이는 여아일 것이며, 용으로 상징된 외부적 여건에서 부귀영화의 좋은 인생길의 배경이 펼쳐진다고 볼 수 있겠다.

⑲ 용과 큰 뱀이 몸을 감아 하늘로 오르는 꿈 → 박지성(축구 선수)의 태몽

어머니 장명자 씨는 용과 큰 뱀이 자신의 몸을 칭칭 감고 하늘로 오르는 태몽을 열 달 내내 꿨다고 한다. 용은 부귀영화 및 권세·권위의 상징으로, 장차 커다란 권세를 누리거나 부귀영화 등 여러 사람들에게 주목을 받게 될 것을 예지하고 있다.

⑳ 청룡이 나타난 꿈 → 김정룡(72)의 태몽

전 서울대 의대 교수이자, 한국 간연구재단 이사장이자, '간의학 분야의 대부'로 꼽히고 있는 김정룡은 어머니가 태몽으로 '청룡'을 꾸어 이름을 정룡(丁龍)으로 지었다고 한다.---요약 발췌, 김문 전문기자, 서울신문, 2007. 10. 29.

㉑ 용 세 마리가 품 안에 들어온 꿈 → 전 이용삼(강원 철원·화천) 국회의원의 태몽

부모님 꿈에 용 세 마리가 품 안에 들어오는 것을 본 후에 태기가 있어 낳았다. 이에 이름을 이용삼이라 지었다고 한다.

㉒ 승천하는 용꿈 → 민주당 김유정(39) 국회의원의 태몽

민주당의 대변인으로 2008년 7월 9일 발탁된 민주당 김유정(39) 의원의 태몽이다.

　　"할아버지도 4형제, 아버지도 4형제 집안이라 첫딸을 많이 고대하셨어요. 아버지는 3남매를 뒀지만, 승천하는 용꿈의 태몽으로 태어난 맏딸에게 아들보다 더한 기대를 걸었어요."---구희령 기자, 중앙 선데이 포커스 제82호, 2008. 10. 04.

㉓ 백룡이 나타난 꿈 → 전 김덕룡 국회의원의 태몽

13~15대 국회의원을 한 김덕룡 의원은 태어날 때부터 몸집이 컸으며, 태몽에 백룡이 나타나 이름 끝 자를 용(龍)자로 했다고 한다.

㉔ 폭포수에서 오색 빛깔의 용이 하늘로 날아오르는 꿈

핸드볼 은메달리스트 김경순 태몽이다. 한편 유도 최민호 선수의 태몽은 용이 승천하는 꿈이다.

㉕ 용이 허물을 벗어버리고 하늘로 올라간 꿈

임신 8주째 유산이 된 사례가 있는바, 용이 허물을 벗는 표상이 좋지 않은 것임을 알 수 있겠다.

(3) 재물이나 이권, 권세-꿈해몽 및 실증사례

① 덤벼드는 용을 칼 또는 총으로 죽이는 꿈

죽이는 것을 제압·굴복·복종시킴의 상징적 의미를 지니기에, 용으로 상징된 어떠한 사람이나 대상을 제압하고 성취를 이루게 된다.

② 물속에 잠겨 있는 잠룡(潛龍)을 보는 꿈

큰 뜻을 품고 때가 오기를 기다리는 사람(사람의 상징), 어느 기관에 보류되어 있는 일 또는 작품(일거리, 대상의 상징) 등과 관계하거나, 희귀한 금은보화(재물이나 이권의 상징)를 보게 된다.(글: 한건덕)

③ 용이 오르는 것을 보라고 외친 꿈

황룡이 하늘 높이 끝없이 오르는 것을 보고 "저기 용이 오르는 것을 보라."고 외친 꿈은 용으로 상징되는 집안 식구 또는 어떤 사람의 작품이나 사업성과가 세상 사람들의 이목을 집중시키면서 크게 또는 오래도록 그 성취도를 높이는 것을 보게 된다.(글: 한건덕)

④ 용이 산봉우리를 꼬리로 자른 꿈

날아오른 두 청룡 중의 한 마리가 산봉우리를 꼬리로 자른 꿈은 청룡으로 표상되는 사업·저작물·기관·사람 등이 산봉우리로 표상되는 사업·저작물·연구기관 등에 영향을 주게 될 것을 예지한 꿈이다. 이때 추진 중인 일은 두 가지로 그중의 하나(청룡 중의 한 마리)가 큰 영향을 주게 될 것임을 알 수 있겠다.

⑤ 화려한 궁전 안에 용상에 앉았던 꿈

용상에 용의 문장이 새겨져 있어 그 위에 앉았던 꿈을 꾼 사람은 실제로 대통령(왕)이 되기보다는, 어떠한 분야에서 최고의 직위나 자리에 오르는 일로 이루어진다. 자신의 분수에 알맞은 높은 자리에 있게 되는 일로 실현될 가능성이 높다.

⑥ 용과 싸우다 쫓긴 꿈

어느 정치인의 꿈으로 명예와 권세를 얻기 위해 노력하지만, 결국 얻지 못했다. 그러나 잡히거나 물리면 소원이 충족된다.

〈실증사례〉

① 잡아먹으려는 용이 무서워 피한 꿈 → 시험 낙방이나 권세·이권을 얻지 못함

당장에 빗방울이 떨어질 것 같은 구름장 속에 머리를 내어놓고 눈을 부라리는 용이 당장에 쫓아와서 잡아먹는 것 같아 무서워서 어떤 집 건물 안에 몸을 숨기고 바라보았다. 이러한 꿈은 용으로 상징된 사업체나 저작물 또는 사람이 크게 성공해서 자기에게 영향을 주려고 하지만 꿈을 꾼 사람은 심적 갈등과 피하려는 태도(몸을 숨기고 바라보았기 때문)를 취할 일이 있게 된다.(글: 한건덕)

이 경우 용에게 잡아먹혀야 용으로 표상된 어떠한 세력의 영향권 안으로 들어가는 현실로 실현된다. 자신이 죽는 꿈은 낡은 껍질을 벗고 새롭게 태어나는 최대의 길몽에 속하다. 물론 이 경우 황당하게 전개되는 상징적인 꿈의 경우이다.

② 용이 그려진 연이 높이 오른 꿈

연이 높이 올라 잘 날면, 세상에 선전 광고할 일이 잘 시행된다. 한 부인의 꿈에 연이 올랐는데 그 하단에 용의 그림이 그려져 있더니, 그 그림이 실제의 용이 되어 자기의 관자놀이에 입을 맞추고 다시 하늘로 올라갔다. 이때의 연은 선전광고물이고, 용 그림이 있었던 것은 어떤 큰 기관이 관여했음을 뜻하는데, 실제의 용이 관자놀이에 입을 맞추고 사라진 것은 용으로 상징된 기관이 꿈을 꾼 사람과

어떤 일에 관련을 맺게 되어, 오래도록 기념할만한 일이 있게 될 것을 예지한 꿈이었다. 얼마후 TV 방송프로에 나갈 것을 예지한 꿈으로 실현되었다.(글: 한건덕)

③ 용 7마리가 풀에 뛰어드는 꿈(실증사례) → 골프우승 예지

2006년 미국여자프로골프(LPGA)투어 개막전인 SBS 오픈에서 김주미(하이트)는 챔피언에 등극한 뒤 우승 소감을 밝히는 자리에서, "대회 개막 직전 여동생 주애가 꾼 용꿈을 20달러에 샀는데, 그 꿈이 위력을 발휘해 정상을 차지한 것 같다.", "동생이 용 7마리가 풀장에 뛰어드는 꿈을 꾸었는데, 아마도 '러키 세븐'이었던 것 같다."라고 근사하게 풀이했다.

④ 화려한 색깔의 용한 마리가 튀어 오르는 꿈 → 복권 당첨

기업복권 리오 승용차 당첨. 이종현 씨(25, 가명)는 도서관에서 공부하다 잠깐 잠이 들었는데, 맑고 푸른 바다에서 갑자기 회오리 물결이 치더니, 화려한 색깔의 용 한 마리가 튀어 오르는 꿈을 꾸었다. "용꿈을 꿔 본 적도 없지만, 그렇게 큰 용은 그림으로도 못 봤어요."

⑤ 용이 승천하더니 갑자기 땅으로 떨어지던 꿈 → 복권 당첨

"TV에서 당첨금 20억 원짜리 복권이 나왔다는 뉴스를 보고 나도 몇 장 사야겠다고 생각했었죠. 그런데 집사람이 꿈을 꾸었는데 용이 승천하더니, 갑자기 땅으로 떨어지더라는 겁니다." 이에 새천년 더블복권을 사서 복권에 당첨되고 있다.

용이 승천하더니 갑자기 땅으로 떨어지던 꿈의 실현이 20억 당첨으로 실현된 것에 대해서 꿈을 연구한다는 필자도 의아할 뿐이다. 용꿈이라고 해서 다 좋은 것은 아니다. 이처럼 올라가다가 떨어지는 꿈의 표상에서는 무언가 이루어지려다가 좌절되는 표상인데---, 아마도 다른 꿈의 전개 이야기가 있을 것이다. 복권 당첨 번호에서 하나 정도가 틀려서 당첨 일보 직전에 어긋나는 표상으로 전개되는 것이 꿈의 상징성에 부합된다. 필자의 입장에서는 용이 승천하다가 갑자기 땅으로 떨어지던 꿈으로 복권에 당첨된 사람의 꿈이야기를 믿을 수 없다. 알 수 없는 것이 너무나 많은 것이 신비한 꿈의 세계이다.

⑥ 용이 여의주를 물고 승천하는 꿈 → 복권 당첨

용이 여의주를 물고 승천하는 꿈을 꾸고 나서, 복권을 구입하여 33회차 월드컵복권으로 3억 원 당첨되는 행운을 안게 되었다.

⑦ 용이 자신을 태우고 날아가는 꿈 → 제1128회 주택복권에서 1등 3억 원에 당첨

"어느 날 밤, 꿈에 머리가 큰 용이 나타나 우리 집 지붕 위에서 누군가를 기다리는 거예요. 처음엔 너무 겁이 나서 가까이 갈 수조차 없었는데, 그 용이 절 부르는 것 같았어요. 제가 가까이 가니 절 태우고는 어디론가 날아가는 거예요. 그러면서 잠이 깼지요."

그 후 구입한 10장 중 1장이 1등에 당첨되었는바, 당첨 사실을 모르던 중에 꾼 꿈이다. 역시 용꿈은 부귀영화에 부합되는 상징 표상임을 보여주고 있다. 사이트에서 용을 검색해보시면 알지만, 용꿈의 태몽이나 용이 나타나는 꿈에 있어서 최상의 권세, 위엄, 명예 등 좋은 일로 실현되고 있다. 더구나 표상전개에 있어 용이 부르고, 또한 자신을 태우고 어디론가 날아가는 표상에서 좋은 일이 있을 것임을 예지해주고 있다고 해야 할 것이다.

이처럼 상징적인 미래 예지 꿈의 실현은 100%이다. 일반적으로 꿈은 미래를 예지하며, 다만 이 경우에서처럼, 이미 실현이 되었지만 본인이 모르고 있는 경우에 꿈으로 알려주는 경우도 상당수 있다. 유사 사례로 꿈에 자꾸 조상이 보여 걱정이 되어, 절에 가서 불공을 드리고 집에 돌아와서 지나간 복권들을 정리하다가, 우연하게 확인하지 못한 복권을 발견하고 그것이 1등에 당첨된 복권임을 알게 된 사례도 있다.

(4) 일거리·대상

① 두 마리의 용이 마주 보고 접근하는 꿈

두 개의 세력단체가 반목함을 예지한다. 일반적으로는 용으로 상징된 세력가 두 사람이 대립·반목·갈등을 겪게 되는 일로 실현될 수 있다.

② 용이 꼬리로 산봉우리를 자른 꿈

용으로 상징되는 사람이 권세나 종교적 감화, 정신적 지도력 등으로 영향을 주어 기존의 세력(산봉우리)을 와해시키는 일이 일어난다.(글: 한건덕)

③ 뱀이 용이 되어 올라간 꿈

돌을 맞던 뱀이 죽지 않고 있다가 용이 되어 하늘로 올라가는 꿈은 누런 뱀(구렁이)으로 표상되는 사람이 시련과 난관을 극복하고 어떤 대상(연구 작품이나 저서)이 인기리에 성공을 거두는 것을 뜻한다.(글: 한건덕)

④ 바다에서 용이 하늘로 오르는 꿈

넓은 사회기반으로 무난히 성공할 일과 관계한다.

⑤ 용을 타고 산으로 들어가는 꿈

학업·사업 등이 크게 이루어지거나 관직에 오르게 된다.

⑥ 용이 날아 시야에서 완전히 사라져 버리는 꿈

권세와 명예를 한때 떨치고 세상에 알려지나, 차츰 사라져 감을 예지한다.

⑦ 덤벼드는 용을 칼 또는 총으로 죽이는 꿈

난관이나 장애물을 극복하고 성취를 이루어내게 된다. 예를 들어, 시험에 합격한다든지 승진하는 일로 이루어진다. 이 경우에 태몽 표상인 경우에는 유산시키는 일로 이루어진다.

⑧ 다른 물체가 용으로 변한 꿈

표상의 전위가 일어나고 있는바, 미약한 작품·일·사업 등이 크게 성취되어 일신이 부귀해진다.

⑨ 용의 문장이나 조각을 보는 꿈

용으로 상징된 저명인사·위인에 관한 기사를 읽거나 희귀한 물건 또는 서적 등을 대하게 된다.

⑩ 불난 집에서 용이 하늘로 오르는 것을 보는 꿈

집으로 상징된 회사나 기관·단체의 사업이 번창하게 되며, 세상에 널리 주목을 받는 일로 이루어진다.

⑪ 용이 구름 속에서 큰소리를 내는 꿈

사업에 크게 성공하거나 득세를 하게 되어, 영향력을 널리 떨치는 일로 실현된다.

⑫ 용을 꼭 껴안는 꿈

벅찬 일이나 권리를 얻게 되며, 처녀의 경우에는 뛰어난 능력을 지닌 자와 연분을 맺게 되며, 태몽인 경우에 훌륭한 인재를 낳게 된다.

⑬ 용과 싸우다가 깨어난 꿈

벅찬 과업을 진행하는 데 많은 장애를 극복하게 되는 것을 예지하며, 이 경우에 이겨야 좋은 꿈이다. 예를 들어, 사업가는 다른 회사와 치열한 경쟁을 하게 되며, 정치가는 정권 또는 당권투쟁이 치열해지는 일로 실현될 수 있다.

(5) 사건, 사고

용이 상처를 입었거나, 올라가다가 떨어지거나 피투성이로 되어 있는 것을 보는 꿈은 추구하던 일에서 문제가 발생하게 되어 무산되거나, 몹시 힘겨운 여건에 처하게 되거나 병마로 인하여 고통을 겪게 된다.

① 용이 사람을 물어 죽이는 것을 보는 꿈

좋게는 죽음의 상징적 의미로, 강대 세력에 의해서 새로운 탄생이나 성취가 이루어지게 된다. 하지만 어떤 사람의 몰락이나 파산으로 실현될 수도 있다.

② 용이 공중에서 떨어지는 꿈

사람의 상징인 경우에, 어떠한 사람의 직위·권세 등이 몰락하는 일로 이루어진다. 일거리 대상의 상징으로 등장한 경우에, 용으로 상징된 권세를 누리던 권력기관이나 회사나 기관·단체가 와해되고 몰락하는 일로 실현될 수도 있다. 또한, 용으로 상징된 비행기 등이 추락하는 일로 일어날 수 있는바, 용이 하늘로 승천하다가 거꾸러져 땅으로 떨어진 꿈으로 1987년 대남공작원 김현희에 의해 KAL기가 공중 폭파되는 사건을 예지한 사례가 있다.

③ 용이 올라가다가 다쳐서 떨어졌는데, 물이 맑은 물에 씻겨서 다시 나은 꿈. 또 다른 한 장면에서는 맷돌이 막 돌아가고 있는 꿈

꿈의 실현은 공장의 책임자가 손을 다쳐 병원에 입원하여 낫게 되는 일로 실현되었다. 맷돌이 막 돌아가고 있던 꿈의 표상에서 공장에 관계된 표상이라는 것을 예지해주고 있다.

④ 상처 입은 용이 하늘을 나는 꿈 → 고(故) 윤이상 씨 태몽

"어머니는 그때 내가 태어난 경남 지리산 하늘 위를 상처 입은 용 한 마리가 날고 있는 꿈을 꾸었다."

용으로 표상된 태몽으로 말미암아 장차 큰 인물이 될 것임을 예지해주고 있다. 하지만 꿈속에서 상처받은 용으로 표상된 윤이상 씨의 일생이 뜻을 펴보지 못하고, 불운하게 일생을 보내게 된 태몽의 신비를 보여주고 있다.

⑤ 두 마리의 용을 잡충들이 괴롭히는 꿈

두 마리의 용을 잡충들이 괴롭히는 꿈을 꾸고 나서, 피난 나온 두 왕자를 구해 낸 선조 때 박유일의 꿈은 유명하다. 산기슭에 두 마리의 용이 내려왔다가 해충과 살모사로부터 곤경을 당하고 있는 것을 본 꿈으로, 용으로 표상되는 인물이

해충과 살모사로 표상되는 무리(왜적)로부터 곤경을 당하고 있음을 계시해주고 있는 꿈이었다.

⑥ 용이 피투성이가 되어 꿈틀거리는 꿈

조그마한 용 한 마리가 피투성이가 되어 꿈틀거리는 꿈은 용으로 상징되는 어떠한 귀한 인물이 곤경에 빠져 있음을 알려주고 있으며, 조그마한 용에서 나이가 어리다는 것을 알 수 있다. 실제로 산모가 귀한 아기를 잉태한 채 고문을 당하고 있었다. 숙종의 꿈은 왕자(영조)를 잉태한 최숙빈이 장희빈에게 매 맞아 피 흘리는 것을 예지한 것이었다.

3) 용꿈의 상담 사례

① 용이 날아가면서 책을 떨어뜨려 주고 가는 꿈(나이 16, 학생) → 학자로 성취 이룸

꿈속에서 창문을 쳐다보는데, 갑자기 천둥이 치며 용이 날아갔습니다. 가면서 책을 떨어뜨려 주고 지나가더군요.

용을 본 것도 좋은 꿈이며, 책을 주고 간 의미는 더더욱 좋습니다. 용으로 상징된 부귀한 사람의 도움으로 뛰어난 학자가 되고, 학문의 길에서 큰 성취를 얻게 될 것을 보여주고 있습니다.

② 용이 하늘로 올라가는 꿈

어머니 태몽에 벼가 누렇게 익은 황금벌판을 걸어가는데, 난데없이 소나기가 쏟아지더니 황금빛의 찬란한 용이 하늘로 올라가고 있었다. 그러나 하체는 못 올라가는 꿈을 꾸었다.(소설가 지망생의 꿈)

이 태몽에서 황금빛의 찬란한 용이 하늘을 올라가는 꿈은 아주 좋다. 장차 크게 이름을 떨치거나 큰 성공을 이룰 것이다. 다만, 하체가 못 올라가는 꿈의 표상은 아주 안 좋으며, 태몽 표상에서 장차 불구가 될 것을 보여 준 것 같다. 하체가 못 올라가는 상징 표상에서, 아마도 용의 꼬리 부분으로 상징 표상된 다리 부분에 이상이 있을 것이고, 소아마비 등에 걸렸는지 모른다. 그렇지 않다면, 용이 승천하는 것처럼 이름을 크게 떨치지만, 하체가 못 올라간 것처럼 이름을 떨치되 무언가에 발목을 잡힌 것처럼 어려움이 있게 될 것을 예지해주고 있다.(글: 한건덕)

③ 용이 머리통을 문 꿈 → 두 번 크게 성공

18세 되던 해의 꿈이다. 나른한 봄날 낮잠에서 엷게 덮인 안갯속에 용 한 마리가 내 머

리 위를 지나쳐 날아간다. 잠이 깨고 또다시 계속된 잠 속에서 검은 빛깔의 큰 용이 빛나는 눈을 하고 불길 같은 입을 딱 벌렸다. 불을 토하는가 했더니 나의 머리통을 꽉 무는 바람에 소리 지르며 잠이 깼다.(맹호부대 병장 김동욱 씨)

한건덕 선생님이 오래전에 잡지에 연재하신 글에 덧붙여 살펴본다. 계속된 두 개의 용꿈은 각각 두 가지 큰 운세의 전망이다. 처음에 용이 하늘을 난 것은 대학에 입학할 것을 예지했거나, 아니면 다른 일로 크게 성공할 것을 예지한 꿈이다. 두 번째 용은 좀 더 크고 벅차며 영광된 일거리의 상징물이다. 그 용과 마주 대했으니, 싸워서 승리하고 성취해야 할 필연적인 입장에 몰렸다. 색이 검은 것은 특기·특성이 있고, 눈이 빛났으니 이상적이며 이미지가 뚜렷한 일거리다. 타는 듯한 입을 벌린 것은 성공의 길이 열려 있고, 불을 토하는 듯하였으니 그 정기가 자기에게 미친다. 머리는 자기의 지혜와 능력을 대신했는데, 용이 물었으니 용의 정기와 권세 그리고 이상이 동화돼서 용 같은 자신이 된다. 이상 해석의 경향으로 보면 만약 고등고시 같은 어려운 일에 직면해서 크게 성공할 수 있을 것인데, 이와 맞먹는 어떤 일을 하더라도 승리하며 명예롭고 부귀한 사람이 될 것이다.(글: 한건덕)

꿈의 표상을 요약하면, 용에게 머리를 물린 꿈이다. 즉 용으로 표상된 어떤 거대한 세력이나 기관, 단체 또는 대상의 영향을 받아 그 안으로 들어감을 뜻한다. 상징적인 의미에서 머리가 물리는 꿈같은 죽음의 꿈은 새로운 탄생을 뜻한다. 낡은 껍질을 벗고 새롭게 태어나는, 새로운 변화의 길을 걷게 될 것을 예지하는 꿈인 것이다. 총을 맞고 죽는 꿈, 머리가 뎅겅 잘린 꿈 등등 모두가 상징적인 꿈의 입장에서 보면 엄청난 길몽인 것이다.

이 경우 현실에서 처한 상황에 따라 다르게 이루어지지만, 큰 성취를 이루게 될 것을 보여주고 있다. 입시나 승진 기타 거대한 일이 이루어질 것을 예지해주고 있다. 이 경우도 꿈속에 나타난 용의 표상에 좌우된다. 즉, 거대한 용이냐, 조그마한 용이냐, 용이 빛나고 늠름한 모습이냐 등등에 따라 실현될 일의 규모나 성취도의 강약이 달라진다. 황당하게 전개되는 이러한 상징적인 미래 예지 꿈의 실현율은 100%이며, 현실에서 이루어질 일의 성격에 따라 실현의 시기가 달라진다. 보편적으로 사소한 일일수록 예지 기간이 짧으며, 엄청난 큰일일수록 예지

기간이 길다. 따라서 좋은 꿈을 꾸고서 '왜 꿈의 실현이 되지 않는가'라고 조바심을 낼 필요는 없다. 나중에 더 커다란 좋은 일로 실현될 가능성이 높기 때문이다. 꿈은 앞으로 일어날 일을 예지해줌으로써 마음의 준비를 하게 하는 데 있다. 따라서 대부분 꿈의 실현은 일어날 길흉에 대해서 받아들일 마음의 준비기간을 거친 후 실현된다고 보면 좋을 것이다.

4) 민속에 전하는 용에 관한 꿈

단순히 참고 자료로 활용하시기 바란다.
- 꿈에 용을 보면 재수가 좋다(출세한다).
- 꿈에 용이 날면 크게 귀하게 된다.
- 꿈에 용과 뱀이 부엌에 들면 벼슬을 한다.
- 꿈에 용과 뱀이 집에 들어오면 재물이 있다.
- 꿈에 용을 타고 물속에 들어가면 좋은 일이 생긴다.
- 꿈에 용을 타고 산에 오르면 구하는 바가 이루어진다.
- 꿈에 용을 타고 하늘에 날아오르면 크게 귀해진다.
- 꿈에 용이 우물 가운데 들어가면 관가에 욕을 본다.
- 꿈에 용을 보면 입신출세한다. 또한 임신한 부인이 이런 꿈을 꾸면 귀한 자식을 얻는다.
- 용이 물속에 누워 있는 꿈은 일이 잘 안된다.
- 물건이 용으로 변해 보이는 꿈은 귀인의 도움을 받는다.
- 몸이 용으로 변하는 꿈은 학자나 출가한 스님은 명성이 높아질 전조이다.
- 용이나 큰 뱀을 칼로 치는 꿈은 크게 좋다.
- 용이나 뱀이 사람을 죽이는 꿈은 크게 흉하니, 모든 일에 소극적으로 대하고 조심해야 한다.

≪말[馬]에 관한 꿈≫

말[馬]은 어떠한 사람을 상징하며, 사회단체·협조자·일꾼·일의 방도·권세·작품·재물 등을 상징하기도 한다. 또한 예지적인 꿈이 아닌, 심리 표출의 꿈에서 말을 타고 달리는 꿈은 어떠한 일거리나 대상에 대하여 강한 동경심을 품고 있다는 것을 나타낸다. 특히 섹스에 대해서 강한 동경심을 지니고 있다.

(1) 사람의 상징

백마는 아름다운 사람·훌륭한 작품·단체·부하세력 등을 상징하고, 적토마나 검은 말은 강자·특성이 있는 작품·사람·단체 등을 상징한다.

① 목장의 무수한 말

자신 휘하의 수많은 부하나 직원, 학생이나 군대의 집단·여러 사업체 등을 상징한다.

② 굴레를 벗은 망아지가 뛰어노는 꿈

제멋대로 행동하는 못된 사람이거나 주색잡기에 빠지는 난봉꾼을 뜻하며, 일거리나 대상의 상징인 경우에는 사업의 불안정 상태를 상징한다.

③ 말의 성기가 팽창해 있는 꿈

말로 상징된 사람인 남편·아내·자식 또는 고용인 중의 누군가가 자기에게 반항하거나 역심을 품는다. 이 경우 말이 아닌, 기타 동물의 경우에도 성기가 팽창해 있는 꿈은 유사한 의미를 지니게 된다.

(2) 태몽 표상

말[馬]을 얻은 태몽을 꾸면, 아이가 장차 도량이 넓거나 큰 부자가 됨을 나타낸다. 말을 타고 달리는 태몽은 아이의 인생이 말을 타고 달리듯 순탄함을 암시한다. 성격이 호쾌하거나 정치나 사업 분야에서 제 뜻을 이룰 수 있는 정치가나 경영자가 될 수 있다. 넓고 비옥한 들판이나 푸른 잔디밭에 매어있는 말[馬]의 태몽인 아이는 평생 의식주가 풍부할 운이다. 백마는 피부가 희고 아름다운 사람이나 단체·권력을 상징하고, 적토마나 검은 말은 강력한 힘을 지닌 자나 특성 있는 작품 등을 뜻한다. 검은 말을 타고 광야를 달리거나, 힘센 말이 힘차게 달리는 꿈은 아들 꿈에 가까우며, 어여쁜 백마의 꿈이나 순한 망아지가 등장하는 꿈의 경우에는 딸에 가까운 표상이다. 그러나 야성적이고 힘찬 기상의 백마인 경우, 두각을 드러내는 귀한 인물로 아들에 가까운 표상이다. 노무현 대통령의 태몽이 백마 꿈이다.

① 하얗고 예쁜 말이 다가온 꿈(실증사례) → 태몽 예지

전쟁 중이었는데, 하얗고 예쁜 말이 다가왔어요. 그때는 임신한 걸 몰랐는데, 부모님이

태몽이라고 하시더군요. 그리곤 얼마 후 정말 임신이 되었답니다.

② 하얀 말(유니콘) 두 마리를 얻는 꿈(실증사례) → 태몽 예지

　　어떤 남정네가 하얀 말을 끌고 산에서 내려오고 있었고, 마을 사람들은 환호성을 지르
며 좋아했지요. 발버둥 치는 유니콘의 자태는 너무나 하얗고 예뻤습니다. 반사적으로
두 팔을 벌렸더니, 그 녀석이 나에게로 와 안기더군요. 그러면서 "한 마리가 더 있어요."
라고 하더라고요. 길은 꽁꽁 얼어 모두 넘어지고 다쳐서 종종걸음으로 갔지만, 난 썰매
를 타듯이 잘 달렸고, 마침내 제가 발견했어요. 그래서인지 우리 쌍둥이들은 꿈에서 본
유니콘처럼 눈에 띌 정도로 유난히 하얀 피부를 가졌습니다. [마법사의 방]

　꿈속에 태몽 표상으로 등장한 말이 하얗고 예쁜 데서, 딸일 가능성이 높으며,
유난히 하얀 피부를 지니는 것으로 실현되고 있다. 여담이지만 운동회 등에서 달
리기 같은 것은 걱정을 안 해도 될 것이다. 또한 여기에서는 쌍둥이를 낳는 일로
실현되었지만, 동시적인 것이 아닌 순차적으로 진행되었기에 경우에 따라서는
쌍둥이가 아닌 자매를 낳게 되는 일로 실현될 수도 있겠다.

③ 두 마리의 말이 솟아오르는 꿈(실증사례) → 태몽 예지

　　아나운서 김병찬은 1999년 4월 22일 아들을 낳았는바, 아들 태몽은 "두 마리의 말이
금빛이 비치는 하늘로 솟아오르는 태몽을 꿨다."고 밝히고 있다.---스포츠한국, 1999.
4. 22.

　장차 아들을 하나 더 두게 될 것을 예지하고 있다.

④ 백마를 타고 하늘을 나는 꿈

　가수 '테이'의 태몽은 어머니 꿈에 "박정희 대통령이 백마를 타고 하늘을 날아
다니는 꿈"이었다고 한다. 또한 연예인 은지원의 태몽도 어머니가 말하기를 "백마
를 타고 하늘을 나는 꿈을 꾸었어요. 그래서 그런지 지원이를 보고 있으면 잘 생
긴 말을 보고 있는 듯해요."라고 밝히고 있다.

⑤ 백마가 용이 되어 오르는 꿈 → 탤런트 강석우의 태몽

　'우물가에서 백마가 용이 되어 하늘로 오르는 것을 지켜보았다.'

　표상의 전위가 일어나고 있으며, 마치 연예인이 되고 나서 지어낸 태몽처럼
좋은 태몽 표상을 보여주고 있다. 백마의 태몽만 하더라도 뛰어난 인물이 될 것
임을 예지하는 좋은 태몽인데, 다시 용으로 변해 하늘로 날아올라 뜻을 펼치는
태몽이니, 용으로 상징된 권세·부귀·이권을 드날리게 될 인생길을 예지해주고

있다. 인생의 후반부로 갈수록 더더욱 자신의 존재가치를 높이는 좋은 태몽이다.

⑥ 말의 태몽 → 영화감독 이환경 감독의 태몽

영화 「챔프」는 불의의 사고로 시력을 잃어가는 기수와 절름발이 경주마가 함께 역경을 극복하고, 꿈을 향해 도전하는 감동 드라마로 오는 9월 개봉 예정이다.---스타뉴스, 이 명근 기자, 2011. 08. 01.

이환경 감독은 "어머니께서 태몽에 말을 봤다고 하는데, 그때부터 말과 인연 이 깊은 것 같다."라고 하면서 "경마장에서 봤던 말의 역동적인 느낌을 영화에 담 으려고 했다."라고 말하고 있다. 이처럼 태몽에 말이 등장한 것이 말과 관련지어 인생길이 펼쳐질 것을 예지해주고 있음을 보여주고 있다.

⑦ 노인이 고삐를 주면서 백마를 타고 가라는 꿈 → 노무현 전 대통령의 태몽

김해시의 관광 안내 책자에 노무현 대통령의 태몽이 실려 있다. 노 대통령 어 머니 꿈속에, 수염이 하얀 할아버지가 나타나서 "이 고삐를 줄 터이니 저 백마를 타고 가라"고 말한 뒤, 큰 말이 우렁차게 발굽을 내딛는 소리에 깜짝 놀라 잠을 깼 는데, 이를 들은 아버지가 "그 녀석 다음에 큰 인물이 되겠구먼."이라고 말했다고 한다.

⑧ 청와대로 흰 말을 데리고 들어가는 꿈(상담사례)

임신 3개월쯤에 꾼 꿈인데요. 꿈에서 제가 말을 기르는 마부가 되어 있더라고요. 그런 데 저한테 한 통의 전화가 왔습니다. 청와대라고 하면서, 당신이 아끼는 말 한 마리를 데리고 청와대로 와달라는 것이었습니다. 저는 매우 기뻐서, 제가 아끼는 하얗고 예쁜 말 한 마리를 데리고 청와대 정문 앞으로 갔습니다.

하지만 가서 보니, 문 앞에는 전국 각지에서 모인 말들과 그 주인이 안으로 들어가기 위해서 인산인해를 이루고 있었습니다. 전 너무 실망해서, 돌아갈까 고민하고 있었습니 다. 그러던 와중에 안에서 문이 열리고, 누군가가 저랑 제 하얀 말만 들어오라고 하더군 요. 그래서 열린 문안으로 들어가면서 꿈이 끝났습니다.

태몽의 사연이 재미있게 전개되고 있다. 마부가 되어, 말을 데리고 청와대로 와달라고 하는 소리를 듣는---. 여기서는 데리고 들어간 말 한 마리가 태아의 상 징 표상이 된다. 일상의 꿈에서도 이렇게 꿈에서 보는 것이 아닌, 듣는 꿈으로 전 개되는 경우가 있다.

첫째로, 문안에 선택되어 들어간 꿈의 전개가 다행이다. 문의 상징적 의미가

어떤 경계나 갈림길의 상징으로 많이 등장하는바, 들어가지 못한 꿈이라면 유산·요절 등으로 실현될 수 있다. 실증적인 사례로, 말이 달려오다가 갑자기 주저앉아버리는 꿈을 꾼 후에 며칠 후에 아이를 유산한 사례가 있다. 하지만 이 꿈의 내용으로 미루어 유산·요절의 가능성은 0%에 가깝고, 어떠한 선택을 받느냐 받지 못하느냐를 보여주고 있다고 보아야 할 것이다.

둘째로, 청와대 정문이 아이의 인생의 운명의 길을 상징한 경우, 문앞에 모인 많은 사람들 가운데 선택받았듯이, 장차 청와대로 상징된 관직·관청·공공기관 등에 수많은 경쟁자들을 물리치고 선발되는 일로 이루어질 것이다. 또한 '하얗고 예쁜 말'이었으니, 남아인 경우 귀공자처럼 인물이 단아한 아이가 될 것이다.

셋째로, 가능성은 희박하나 죽음 예지 등 고차원의 상징도 가능한 경우에, 열린 문 안으로 들어가는 표상이 하늘나라나 새로운 세계 등으로 나아가는 표상이 될 수 있다. 임신한 상황에서 다른 안 좋은 꿈을 자주 꾸었다면, 가능성이 더 높아진다고 볼 수 있다. 하지만 필자가 보기에 이러한 방향으로 실현될 가능성은 0%에 가깝다고 볼 수 있겠다.

태몽으로 본 아이의 운명의 추세선은 관직으로 오늘날 공직자·공무원 계통으로 나아갈 것을 예지해주고 있다. 장차 국가의 중대한 역할을 담당하는 길로 선발되어 나아갈 것이니, 자녀 교육에 있어 그러한 방향으로 전념할 수 있도록 지도해주는 것이 타당하리라 본다.

(3) 재물이나 이권의 상징

① 하늘에서 말 5마리가 끄는 마차가 자신에게 온 꿈(실증사례) → 복권에 당첨

하늘에서 말 5마리가 이끄는 마차가 본인의 머리 위로 날아오는 꿈을 꾸고 복권에 당첨되고 있다. 공무원으로 근무하다가 건강이 악화되어 퇴직하여 요양하던 중에 꾼 꿈으로, 복권의 말 그림이 그려져 있는 또또복권을 구입하여 5억 원의 복권에 당첨된 사례가 있다.

② 말이 달리는 꿈(실증사례) → 승용차 당첨

저는 20대 중반의 여성이고요. 2002년 11월 6일 꾼 꿈입니다. 말이 힘차게 달리는 꿈이었어요. 처음엔 두 마리가 나중에 또 두 마리가 달리는데 한 마리가 주저앉는 것이었습니다. 말이 주저앉는 꿈이라 별로 좋지 않겠거니 하는 생각도 했습니다. 그러나 말의

해에 말꿈을 꾸었으니, 혹시나 하는 맘으로 가끔 휴대폰으로 복권을 긁는 저는 새로 나온 인터넷 복권이 있어서 여덟 장을 구입했습니다(억마니 삼세판). +2장을 주기에 천 원짜리가 꽤 많이 되어서, 다시 억마니 한판을 구입했는데 전부 꽝이었습니다. 다시 억마니 삼세판을 여덟 장 구입했는데, 다섯 장 정도 긁은 뒤에 투스카니 승용차에 당첨되었습니다. 그때의 기쁨이란!---minty1979.

(4) 일거리·대상-회사, 기관, 단체
① 말에 안장을 얹는 꿈

출세나 사업이 시작될 기틀을 얻는다. 때로는 여행할 일이 생기기도 한다.

② 말에게 물리는 꿈

세력을 잡거나 관계에서 입신양명한다. 말로 표상된 어떤 사람이나 대상의 영향권 안에 들어가게 됨을 뜻한다. 기분 나쁜 꿈에서는 안 좋게 실현될 수도 있다.

③ 경마를 구경하는 꿈

추첨·경쟁·이념·투쟁 등의 일과 관계하며, 자신이 기대를 건 말이 1등을 하면 추첨이나 승부에서 좋은 결과를 가져온다.

④ 말을 타고 가거나 달리거나 나는 꿈

* 말을 타고 들판을 달리는 꿈 → 정책을 수행하거나, 사업의 진행, 결혼생활의 우여곡절을 체험한다.

* 백마를 타고 공중을 나는 꿈 → 사업을 크게 벌여 세상에 널리 알려지며, 권세와 명예를 얻게 된다.

* 쌍두마차를 타고 달리는 꿈 → 두 사람이 경영하는 공동 사업체를 운영하거나, 두 사람의 협조자에 의해서 득세를 하게 되며 뜻을 펼치게 된다.

* 말을 급히 몰아 달리는 꿈 → 일을 급히 추진시키고 불안한 일이 생기며, 말이 자기에게 달려오면 급한 소식이 온다.

* 말을 타고 대중 앞을 지나가는데 사람들이 우러러보거나 절을 하는 꿈 → 어떤 집단의 우두머리가 되어 모든 사람이 자기 권력 아래에 있게 된다.

(5) 사건, 사고
① 말이 놀라 달아나는 꿈

말이 놀라 뿔뿔이 흩어져 달아나면, 재산·세력 등이 흩어지거나 사업에 실패한다.

② 말에서 떨어지는 꿈

말에서 떨어지면, 세력·신분·직위의 몰락, 정책 수행의 실패, 직장에서나 이성 간에서 배신 등을 체험한다.

(6) 상태 여부로 진행 여부

① 말에 짐을 싣는 꿈

이사할 일이 생긴다. 또는 사업에 투자 준비를 하게 된다.

② 말을 마차에 매는 꿈

집안 식구의 누군가가 노역 등에 종사하게 되어, 고달픈 운세에 놓이게 된다.

③ 말이 길을 가다가 쓰러지는 꿈

사람이나 세력·단체·사업이 곤경에 빠지거나 재기 불능케 된다.

④ 말이 수렁에 빠지는 꿈

말과 수레가 길을 가다 수렁이나 탁한 물에 빠지면, 사업이 일시적으로 몰락하고 심한 고통을 받는다. 질병으로 인하여 고통을 받을 수도 있다.

⑤ 말이 병이 들어 병원으로 데려간 꿈

말로 상징된 사람이 중병으로 인하여 병원에 입원하게 되며, 일거리·대상의 상징인 경우에 사업상의 세무사찰이나 감사 등이 있게 된다.

⑥ 말이 우는 꿈

매어져 있는 말이 슬프게 우는 꿈은 협조자 또는 고용인이 불행을 호소하는 일로 이루어진다. 사건·사고의 예지인 경우에 하고자 하는 일에 위험이 다가옴을 예지한다.

⑦ 말이 발을 구르며 우렁차게 울음소리를 내는 꿈

득세를 하거나 뜻을 펼치게 된다. 사업가의 경우라면 공장을 준공하여 상품을 생산할 준비가 완료된 것을 뜻한다. 작가의 경우라면, 자신의 문예작품이 당선되거나 프로젝트 등이 채택되어 명예가 빛나고 널리 소문난다.

⑧ 자신이 백마를 타고 힘차게 뛰어다니는 꿈

어사 박문수의 꿈이라고 한다. 훗날 여기저기 널리 다니는 암행어사가 될 것을 예지하는 꿈이었다.

⑨ 말을 타고 가다가 산길이 좁아 진퇴양난에 빠졌던 독일 재상 비스마르크의 꿈

말은 국정 운영을 뜻하는 것으로, 그의 정책 수행이 난관에 봉착할 것을 예지한 것이었다.

(7) 민속으로 전하는 말[馬]에 관한 꿈

민속에 전해오는 것이니, 참고로만 하시기 바란다.

- 꿈에 말을 보면 좋다.
- 꿈에 말을 몰면 관록이 온다.
- 꿈에 말을 갖추면 먼 데 간다.
- 꿈에 말이 보이면 서낭신이다.
- 꿈에 말이 사람을 물면 아주 좋다.
- 꿈에 말을 탈 때 말이 둔하면 나쁘다.
- 꿈에 말을 타고 달리면 기쁜 일이 있다.
- 꿈에 말에 돈을 실으면 관복을 잃는다.
- 꿈에 말이 집에 들어오면 간사한 뜻이 있다.
- 꿈에 말에게 수레를 매면 길한 일이 흉하다.
- 꿈에 말을 씻기고 놓으면 기쁜 일이 있다.
- 꿈에 말이 천 리를 가면 크게 기쁜 일이 있다.
- 꿈에 말을 타면, 문서(편지)로 좋을 소식이 온다.
- 꿈에 말이 뜰 앞에서 춤추면 나쁜 일이 없어진다.

≪토끼≫

꿈속의 동물은 사람을 상징하는 경우가 많은바, 토끼는 어질고 착한 사람이나, 학자·회사원·하급관리·머슴·가정부 등을 상징한다. 또한 태몽 표상으로도 토끼가 등장할 수도 있으며, 처한 상황에 따라 정신적·물질적인 재물이나 학업 등을 상징한다.

(1) 사람의 상징 및 태몽 표상

① 토끼장에서 토끼가 나오려는 꿈

토끼장에서 토끼가 나오려 하는 것을 보면, 토끼로 상징된 회사원이나 하급관리가 직장에서 떠나려 하는 일로 실현된다. 또는 애인·가정부 등이 집을 나가려 하는 일과 관계한다.

② 토끼를 사육하는 꿈

여러 토끼장에 토끼를 사육하는 꿈은 어떤 직장에서 직원들이 직무에 종사함을 보게 된다. 토끼가 일거리 대상의 상징인 경우에, 여러 개의 사업을 벌이거나 여러 체인점을 내는 것을 상징하기도 한다.

③ 토끼가 토끼 가족으로 가려다가, 어머니 품에 뛰어든 꿈

임신을 하게 되는 경우에, 유산의 위험을 벗어나게 된다.

④ 덫에 걸린 토끼를 친구에게 빼앗기지 않은 꿈

아들이 병마로 시달리다가, 죽음을 면하고 회복하는 일로 실현되었다.

⑤ 부동산 중개업자가 토끼를 잡아온 꿈

커다란 앞니 두 개가 튀어나온, 전체 이미지가 토끼 같은 사람과 부동산 매매 계약을 체결하는 일로 실현되었다.

⑥ 어린 토끼나 새끼 곰이 싸우거나 장난치는 것을 보는 꿈

토끼나 새끼 곰으로 상징된 어리거나 미숙한 사람이 어떠한 사상이나 종교문제 등으로 주변 사람들과 설전(舌戰)이나 알력이 있게 되는 일로 이루어진다.

(2) 재물이나 이권

① 앙고라토끼 등 토끼털을 많이 깎는 꿈

그 수량만큼의 재물을 소유하는 일로 이루어진다.

② 산토끼를 잡는 꿈

재물이나 이권의 획득으로 이루어진다. 수험생의 경우에 합격한다. 그러나 산토끼가 숲 속이나 바위틈으로 숨어버리는 경우에는 사업상 횡재수가 있으려다가 없게 된다. 또한 목적이 뚜렷하지 못한 일에 착수하게 된다.

③ 토끼가 새끼를 여럿 낳거나, 번식하는 것을 보는 꿈

상당한 재물이 생기거나 이권을 얻게 된다. 저자의 경우에는 연속적으로 여러 작품을 출판하게 된다. 사업자의 경우에 여러 곳에 분점이나 체인점을 내게 된다.

(3) 일거리·대상

① 무수한 토끼가 산에서 노는 것은 보는 꿈

저자의 경우에 자신의 출간한 도서가 시판되는 것을 보게 되는 일로 실현되었다. 일반적으로는 학생·회사원 등이 활동하는 것을 상징적으로 보여주고 있다.

② 바위틈에 숨었던 산토끼의 두 귀를 잡았다 놓은 꿈

학생의 꿈 사례로, 학교에서 2년간 수업하게 되는 일로 실현되었다.

(4) 사건·사고

① 토끼가 죽거나 비쩍 말라가는 꿈

토끼로 상징된 사람에게 위험이 닥치거나, 병마로 인해 고생하게 된다.

② 토끼가 차에 치인 꿈

토끼로 상징된 어떠한 사람이 교통사고로 다치게 되는 일로 실현된다.

≪양과 염소≫

양과 염소는 선량한 사람이나 신자·교육자를 상징한다. 일거리·대상이나 진리를 상징하기도 하며, 사고팔 수 있으며 먹을 수 있다는 점에서 정신적 또는 물질적인 재물을 상징한다.

(1) 사람의 상징

① 양이나 염소를 끌어다 집안에 매는 꿈

사람의 상징인 경우에, 어질고 착한 며느리나 아내를 얻게 되는 것을 뜻한다. 때에 따라 순하고 착한 가정부 등을 구하게 되는 일로 이루어질 수 있다. 또한 재물이나 이권의 상징인 경우에, 재물이나 이권을 얻게 된다. 이때 많은 양이나 염소를 끌어오는 꿈일수록 좋다.

② 양이나 염소를 몰고 다니는 꿈

양 떼를 몰고 다니면, 성직자나 교육자 등이 되어 신자나 제자를 양성하게 됨을 뜻한다. 재물이나 이권의 상징인 경우에는 많은 재물을 풍요롭게 사용하게 됨을 뜻한다.

③ 양(염소)이 풀밭에서 풀을 뜯는 꿈

성직자 또는 교육자 등이 자기 직업에 충실함을 보거나, 어떤 사업을 시작하게 된다.

(2) 재물이나 이권

① 양젖을 짜는 것을 보는 꿈

재물이나 이권의 상징인 경우에, 재물적인 이익을 얻거나, 물질적 혜택을 입게 된다.

② 양젖을 마시는 꿈

재물을 얻게 되거나, 어떤 지도자의 가르침이나 종교적인 감화를 받게 된다.

(3) 일거리·대상

① 양 또는 염소고기를 먹는 꿈

학문을 연구하게 되거나 책임 있는 중책을 맡을 일이 생긴다.

② 양을 죽여 신에게 제물로 바치는 꿈

어떤 진리를 깨닫거나, 사업 또는 일을 당국에 제출하여 인정을 받게 된다.

(4) 사건 사고

① 양이나 염소가 죽거나 비쩍 말라가는 꿈

위험이 닥치거나 병마로 인해 고생하게 된다.

② 호랑이가 양이나 염소를 물어간 꿈

성실하게 노력하는 부하 직원 등이 교통사고 등을 당하게 되거나, 다른 큰 회사나 기관·단체에 파견되거나 스카우트되는 일로 실현된다. 또한 병마(病魔)로 인하여 퇴사하는 일로도 실현 가능하다.

(5) 기타

① 별빛이 양 떼에게 쏟아져 내린 꿈

둘러선 돌산 한쪽이 트이고 아래쪽 낮은 광장에 수많은 양 떼와 목자들이 있더니, 갑자기 하늘에 황금색 찬란한 큰 별이 떠서 그 별빛이 광장의 목자들과 양떼에게 쏟아져 내리는 것을 본 꿈은, 별로 상징되는 진리의 서적·사상 등의 감화가 세상에 나타나 많은 성직자와 신자들에게 새로운 신앙과 믿음을 지니게 될 것

을 예지한 꿈이라고 볼 수가 있다.(글: 한건덕)

② 예수를 어린양이라고 비유한 성경

그때 나이 30인 예수가 걸어가는 뒷모습을 보고 세례 요한이 말하기를 "이 세상 온갖 죄를 스스로 걸머지고 가실 어린 양을 보라."고 했는데, 이는 예수의 신심이 어린양과 같이 천진무구하고 어질고 착하며 악이라고는 털끝만큼도 없는 데다가 장차 하나님께 바치는 어린양처럼 자기를 죽여 하나님께 바칠 것을 내다보고 한 말이었다.(글: 한건덕)

③ 양과 염소가 싸우는 꿈

성경 다니엘서 장에 보면, 처음에 하나는 길고 하나는 짧은 두 뿔을 가진 염소가 서쪽을 향하여 뿔로 치받는 시늉을 하더니, 강 건너 서쪽에서 두 뿔 가진 양 한 마리가 염소 쪽으로 건너와 염소를 뿔로 찌르는데, 그 뿔 사이 이마에 새롭고 긴 뿔 하나가 나오더니 그것으로 염소의 두 뿔을 잘라버리는 것을 다니엘이 꿈속에서 보았다.

이 꿈에서 염소는 바벨론이 망한 후 메데(긴 뿔)와 바사(짧은 뿔) 두 세력국가로 나뉘어서 사방에 군림하더니, 양으로 상징되는 희랍 나라가 그 세력이 커지고 그 중 새로 난 긴 뿔로 상징되는 알렉산더 대왕의 군대가 일어나서 메데와 바사는 물론 중동지방의 여러 나라를 정복할 것을 예지한 꿈이었다.(글: 한건덕)

(6) 민속으로 전하는 양에 관한 꿈

- 꿈에 양을 타고 다니면, 재물을 얻는다.
- 꿈에 양을 치거나 죽이거나 하면, 흉하다.
- 꿈에 양의 새끼와 어미를 보면, 병이 위중해진다.
- 꿈에 양에게 수레를 매면, 일이 이루어지지 않는다.
- 꿈에 양고기를 집 위에서 먹으면 좋다.

≪닭(수탉, 암탉), 병아리≫

닭은 사람의 상징으로 등장하기도 하며, 사고팔 수 있으며 먹을 수 있다는 점에서 이권·재물의 상징으로 등장하기도 한다. 또한 수많은 닭은 학생이나 군인 등 군중들을 상징적으로 나타내고 있는 경우가 많다.

(1) 사람의 상징

① 병아리가 물속에 빠져 죽는 꿈

아이가 물에 빠져 죽는 일이 일어났다.

② 독수리나 매가 자기 집 닭을 물어 가는 꿈

독수리나 매로 상징된 상부의 기관이나 권력자가 닭으로 상징된 자신의 사람을 빼내어 가거나, 이권·재물 등을 강탈하게 된다. 또한 자신의 닭으로 상징된 자신의 영향권 아래에 있던 부하직원이나 아랫사람 중의 누군가가 시집·장가를 가거나 직장을 이직하는 일로도 실현된다.

③ 수탉이 쪼려고 덤비는 꿈

악한에게 시달림을 받거나, 병마 등으로 시달림을 받게 된다. 특히 쪼아대는 표상에서 위장병(벽이 헐리거나 구멍 나는) 또는 해소 기침을 하게 된다.

④ 닭이 나무 위에 오르는 꿈

꿈속의 닭이 자신의 상징적 표상으로 등장한 경우에, 취직 등이 되어 자신의 뜻을 펼치게 되거나, 단체의 지도자가 되고 신분이 높아진다.

⑤ 자신이 독수리가 되어 닭을 물어 죽인 꿈

자신의 권력이 거대해져서, 닭으로 상징된 상대방을 제압하거나 어떤 일을 성사시키게 된다.

(2) 태몽의 실증사례

① 목 터지게 우는 닭 → 가수 김종서의 태몽

② 새벽에 붉은 해가 뜰 때 닭이 울음 → 연예인 소찬휘의 태몽

③ 바구니에 하얀 계란이 가득 든 것을 보는 꿈

98년 프로야구 신인왕이었던 김수경 투수의 태몽이다. 풍요로움의 표상이 넘쳐나는 좋은 태몽이다. 계란은 재물의 상징이 가능한바, 장차 인생길에 재물적인 풍족함이 있게 될 것을 예지해주고 있다.

④ 춤추는 닭 → 윤홍근 제너시스 BBQ 회장의 태몽

윤홍근 제너시스 BBQ 회장의 태몽은 어머니 태몽이 '춤추는 닭'이었다고 밝히고 있다. 또한 춤솜씨가 뛰어나다고 하는바, 신비한 태몽의 세계에 입이 벌어져, 다물어지지 않을 정도이다. 이 글을 읽는 독자분들도 태몽의 신비한 예지력

제Ⅵ장

주제별 꿈해몽

④ 동물 꿈(12지 및 기타 동물)

에 놀라움을 금할 수 없을 것이다. 태몽의 상징 표상이 현재의 닭 체인점의 사업 분야 및 춤을 잘 추는 신체적 행동 특성과 너무나 절묘하게 맞아 떨어지게 펼쳐지고 있다. 아니, 태몽이 인생길을 예지해주는 것이 아니라, 어쩌면 인생길에 맞춰서 태몽을 창의적으로 만들어낸 것처럼 보인다.

하지만 노벨 문학상을 수상한 그 어떤 작가가 거짓으로 태몽이야기를 지어낸다고 할지라도, 꿈의 세계에서 펼쳐지는 태몽 표상의 전개 이상으로 참신하고 창의적인 표현을 해 낼 수 없을 것이며, 훗날의 인생길에 실현되어서야 태몽의 의미를 알아내게 되는 경우도 상당수 있다.

수많은 유명인사들의 태몽 사례와 인생길을 비교해볼 때, 태몽의 실현이 어쩌다가 이루어지는 우연이 아닌 필연적인 결과이며, 태몽이야말로 압축적으로 인생길을 예지해주고 있음을 여실히 드러내 주고 있다.

태몽을 자신이 직접 체험을 해보지 못한 사람이라 할지라도, 이러한 유명인사·연예인이나 역사적 인물의 태몽 실현에 대한 수많은 실증사례야말로, 태몽의 세계가 하늘의 태양처럼 밝게 존재하고 있음을 우리에게 보여주고 있으며, 일깨워 주고 있다.

이러한 태몽이야말로 상징적인 예지적 꿈의 대표적인 것이며, 여타의 로또(복권) 당첨, 사건·사고나 죽음의 예지 등 미래 예지적 꿈의 세계가 존재하고 있음을 부인할 수 없을 것이다. '꿈은 소망의 표현'이라든지, '꿈은 잠재의식의 거울'이라든지, 꿈은 '심리 표출'에 불과하다는 서구적 이론이나 심리학자들이 말하는 꿈의 세계는 장님이 코끼리를 만져보는 부분적인 언급이며, 미래 예지적인 꿈의 세계와는 애당초 차원이 다른 세계인 것이다.

(3) 재물이나 이권

① 죽은 닭을 가져오는 꿈

죽은 닭을 많이 가져오면 일반적으로 자신이 추구하는 계획이 좌절된다. 그러나 먹을 수 있는 것이었다면, 상당한 재물을 얻는 일로 이루어진다.

② 닭이 알을 수북이 낳는 꿈

재물이나 이권을 얻게 된다.

③ 요리한 닭을 배불리 먹는 꿈

요리한 큰 통닭 세 마리를 세 사람이 배불리 먹은 꿈은 음식으로 표상된 어떠한 권리나 재물 등을 현실에서 만족스럽게 얻게 됨을 뜻하고 있다.

④ 닭의 배 안에 병아리들이 가득한 꿈

닭을 요리하려고 배를 가르니까, 그 안에 살아있는 병아리들이 우글거려 차라리 그 병아리들을 키워야겠다고 생각한 꿈은 어떤 일거리의 내용물이 많은 자본으로 변화됨을 예지한다.

(4) 일거리·대상

① 닭이 알을 품고 있는 것을 보는 꿈

달걀로 상징된 좋은 아이디어나 창작물, 사업이나 일거리·대상이 이루어진다. 다만 일정한 기간이 경과 후에 이루어진다.

② 수탉 또는 장끼가 우렁차게 우는 소리를 듣는 꿈

관직이나 신분이 높아지고 명성을 떨친다. 이 경우에 수탉이 울어서 새벽을 알리는 꿈은 매우 좋다. 특히 미혼인 처녀는 배우자가 나타날 것을 예지해주고 있다.

③ 암탉이 우렁차게 우는 소리를 듣는 꿈

전혀 기대하지 않았던 여성 사업가 등이 성공해서 명성을 떨치거나 세상 사람들을 놀라게 한다.

④ 닭의 주둥이를 자르는 꿈

사업상의 계약이 성립된 사례가 있다.

⑤ 병아리를 기둥에 매단 꿈

소에 싣고 온 병아리 여러 마리를 마루에 내려놓고, 고삐를 기둥에 매어 놓았던 꿈은 굴비 장수에게 굴비 두 타래를 사서 기둥에 걸어놓는 일로 실현되었다.

(5) 사건, 사고

① 닭이 지붕 위에서 안 좋게 우는 꿈

집안에 우환이 생기거나 누구에게 억압당한다.

② 그릇·거울·달걀·병 따위를 잘못해서 깨뜨리는 꿈

일의 좌절이나 실패, 인연의 단절 등으로 이루어진다.

⑹ 민속으로 전하는 닭에 관한 꿈

- 꿈에 닭을 보면 해롭다.
- 달걀 꿈을 꾸면 싸우게 된다.
- 꿈에 닭이나 오리를 먹으면 처첩에 병이 생긴다.

≪여우≫

여우는 의심이 많거나 교활하고 변태적인 사람이나 관리, 희귀한 일, 재물·명예나 권리 따위를 상징한다.

① 여우가 닭을 물어 가는 꿈

여우로 상징된 교활한 사람이 닭으로 상징된 자신의 부하직원이나 일거리·대상에 위해적인 일을 하거나 사기를 행하게 되는 일을 뜻한다.

② 여우와 싸우는 꿈

자신의 하는 일이 여우로 상징된 교활한 사람의 방해로 인해, 대립과 갈등을 겪게 됨을 뜻한다.

③ 여우를 죽이는 꿈

간교한 사람을 물리치게 되거나 큰 재물을 얻는다. 마찬가지로 여우를 잡는 꿈도 좋다. 여우로 상징된 이권이나 재물을 얻게 되며, 자신의 존재를 인정받아 명예나 지위가 올라가게 되며, 여우로 상징된 사람을 자신의 휘하에 두게 된다.

④ 여우가 우는 소리를 듣는 꿈

캄캄한 밤에 여우 우는 소리를 듣는 꿈은 불길한 소식을 듣거나, 사회적 변혁 등 천재지변을 당하게 된다.

⑤ 여우를 만나 놀라는 꿈

어두컴컴한 곳에서 여우를 만나 놀라는 꿈은 간사하고 교묘한 정체불명의 사람으로 인해서, 어처구니없는 수모를 당하게 되거나 불안한 일이 생기게 된다.

⑥ 여우가 얼굴을 내밀었다가 굴속으로 들어간 꿈(실증사례) → 사기꾼이 나타났다가
    자취를 감추다.

여우가 굴속에서 얼굴을 내밀었다가, 내가 좀 더 유심히 보려는 순간 굴속으로 쏙 들어가 버렸다. 십수 년 만에 어릴 때 알던 친구가 찾아왔는데, 얘기를 들어보니 한국의 정치인들은 물론 전·현직의 청와대에 근무하고 있는 비서관들까지

거의 모르는 사람이 없을 정도였다. 때마침, 주위의 한 후배가 해결이 잘 안 되는 일로 고민하고 있어 내가 소개를 해 주었다. 그러나 아무래도 좀 더 그 친구의 신분을 확인해 보는 것이 좋겠다 싶어 뒷조사를 하던 중에 이 사기꾼은 눈치를 채고는 아예 자취를 감추고 말았다.

여우는 농간 부리는 사람, 또는 사기꾼 등을 의미한다. 유심히 보려는 것은 내용을 확인하고자 하는 것, 그리고 굴속으로 들어가 버렸으니 더 이상 밝혀질 수가 없다는 뜻이다.(글: 운몽)

≪너구리≫

너구리는 음흉하고 교활한 사람이나 미운 사람을 상징적으로 나타내고 있으며, 사고팔 수 있으며 먹을 수 있기에 재물이나 이권 등을 상징하기도 한다. 이러한 너구리를 붙잡거나 털을 얻는 꿈이 좋다. 현실에서는 너구리로 상징된 사람을 제압하게 되거나, 어느 기관이나 직장에서 권리나 재물을 얻게 된다.

너구리를 잡아 솥에다 끓였더니 고기가 수십 배로 불어났던 꿈으로, 어떤 사람의 과장된 말을 믿고 동업한 것이 실패로 돌아간 사례가 있다.

≪코끼리≫

코끼리는 부자·귀인·학자나, 덕망·부귀·명예·학위·상품, 업적·일·단체 등을 상징하고 있으며, 대부분 좋은 꿈으로 실현되고 있다. 코끼리를 타고 간다든지, 코끼리가 지켜주는 꿈 등이 좋은 꿈이다. 간략한 꿈해몽을 살펴본다.

① 자기가 코끼리가 된 꿈

크게 부귀해지거나, 어떤 권리를 가지게 된다.

② 코끼리를 타고 가는 꿈

부귀한 사람, 학위를 받는 사람, 단체의 지도자 등으로 나아가게 된다. 여성이 코끼리를 타면 부귀한 남편을 얻고, 학생이 타면 학위를 받게 된다. 사업가의 경우에, 협조자나 권력자의 도움으로 크게 사업에 성공하게 된다. 코끼리의 등에 올라타는 꿈은 귀인이나 협조자의 도움으로, 기관·단체에서 두각을 나타내게 된다. 또한, 친구들과 야유회를 가는데, 자신 혼자만이 코끼리를 타고 가는 꿈으로 복권에 당첨된 사례가 있다.

③ 날개가 달린 코끼리를 타고 날아다닌 꿈

아주 좋은 꿈이다. 처한 여건에 따라 합격·승진·성취 등 자신의 뜻을 이루게 된다.

④ 코끼리의 코나 발톱이 상처를 입은 꿈

흉몽이다. 자신의 직위나 신체에 손상을 입게 되거나, 재물의 손실 등이 일어나게 된다. 직장 상사나 부하 직원 등 자신에게 협조적이었던 사람에게 이러한 일이 일어날 수도 있다.

⑤ 잠을 자고 있는 코끼리를 보는 꿈

협조자의 지원이 끊기거나, 사업의 정체 등 답답한 상태에 직면하게 된다.

⑥ 코끼리의 코가 막혀서 어쩔 줄 몰라 하는 꿈

자신의 능력이 발휘하지 못하게 되는 여건에 처하게 되며, 동료나 친구·애인이 약속을 지키지 않아 곤란한 처지에 놓이게 된다.

⑦ 코끼리의 코에 매달리거나 휘감기는 꿈

어느 권력자나 외부의 강력한 여건에 의해서, 시달림을 받게 된다.

⑧ 자기가 탄 코끼리가 움직이지 않는 것을 채찍질해서 걷게 하는 꿈

사업 또는 학업 등이 순조롭지 못한 것을 적극적으로 노력하여 본 궤도에 올려놓게 된다.

⑨ 상아나 상아 제품을 얻는 꿈

진귀한 물건·재물을 얻게 되거나, 학위나 상장을 받게 된다. 로또 등을 구입해보는 것도 좋다. 가임 여건에서 태몽으로 실현되기도 한다.

⑩ 코끼리가 똥을 왕창 싸는 꿈

주식이나 유산 상속 등 뜻밖의 재물 횡재수 등으로 실현될 수 있다.

⑪ 남녀가 함께 코끼리를 탄 꿈

애정·연분에 있어 좋은 꿈이다. 결혼을 하게 된다든지, 함께 어떠한 일을 성취해나가게 된다. 이 경우에, 호랑이나 사자 등의 경우에도 마찬가지 결과를 가져오게 된다.

≪곰≫

곰은 권력자나 덩치가 큰 사람, 미련한 사람, 거대하거나 벅찬 일거리나 대상, 거대한 권력기관이나 단체, 재물이나 이권 등을 상징한다.

(1) 사람의 상징

① 곰과 어울려 지내는 꿈

꿈속의 동물은 대부분 사람을 상징하고 있다. 새로 사귀게 되는 친구가 대체로 체격이 클 수가 있으며, 참을성이 있으며, 듬직하여 묵묵히 자신의 일을 처리해내는 인물임을 뜻한다. 지적인 면에서 다소 우둔한 면이 있을 수 있겠다.

② 곰을 끌어안거나 집 안으로 곰이 들어오는 꿈

집으로 상징된 회사나 기관·단체에, 곰으로 상징된 인물을 스카우트하게 되거나 신입사원으로 맞아들이게 된다. 일반적인 상징으로는 곰으로 상징된 재물운이 트여, 사업이 번창하게 되고 부귀를 누리게 된다. 가임여건에서는 태몽으로 실현될 수 있다.

③ 곰이 달려드는 꿈

곰으로 상징된 사람을 얻게 된다. 중국의 역사적 사례로, 주나라 문왕은 강태공망을 발탁하여, 스승으로 모시게 되었다.

(2) 태몽 표상 및 실증사례

곰과 즐겁게 노는 꿈의 태몽은 장차 태어난 자식과 보다 친밀한 유대관계를 갖게 되며, 일반적인 꿈의 실현으로는 곰으로 상징된 커다란 능력을 지닌 권력자나 사람과 친분을 쌓게 되는 일로 실현된다. 마찬가지로 새끼 곰과 다정스레 노니는 꿈은 가임여건에서는 태몽으로 실현되며, 일반적으로는 새끼 곰으로 상징된 사람과 인연을 맺게 되거나, 곰으로 상징된 일거리나 대상과 좋은 관련을 맺게 된다.

곰은 남성적으로 아들을 낳을 가능성이 높으며, 또한 시경(詩經)에도 아들 낳는 꿈으로 나오고 있으나, 곰 또한 암수가 있으니 절대적이지 않다. 이 경우, 곰의 색깔로 음양을 따져서 남아·여아를 낳는 것을 생각해볼 수 있겠으나, 보다 많은 실증사례가 필요하다고 하겠다.

① 곰 꿈(태몽 사례)

　아기를 낳기 전, 아내는 태몽으로 귀한 자식을 본다는 곰 꿈을 꾸었고, 시어머니는 나를 낳을 때와 거의 같은 복숭아 꿈을 꾸었다고 해서 혹시나 귀한 아들이 나올까 기대했건만, 결과는 딸이었다.---이종락, 딸딸이 아빠에서 딸 부자 됐어요! 오마이뉴스.

② 커다란 곰(태몽 사례)

　저희 아빠는 태몽을 꾸지 않았답니다. 엄마가 꾼 꿈은 큰 곰이었는데, 그래서 장군인 줄 알았어요. 그런데 그 곰이 마늘을 먹었던 그 곰인 줄 누가 알았겠습니까. 예쁜 공주를 낳았답니다.---강원도 양양군 서면 용천리

③ 흰 곰이 쫓아와 물은 꿈(태몽 사례)

　제가 임신을 하지 않았을 때로 기억되는데, 저희 남편이 꿈을 꿨어요. 집에 있는데 흰 곰이 계속 쫓아왔다고 해요. 그래서 남편이 숨을 곳을 찾다가, '높이 올라가는 것이 좋겠다.' 싶어서, 냉장고 위로 올라갔다고 합니다. 그런데 흰 곰이 끝까지 쫓아와서는 남편을 물었다고 해요. 남편은 꿈속에서 발로 곰을 찼는데, 제가 현실에서 남편의 발길을 느꼈어요. 태몽인지는 모르겠지만 이 꿈을 꾸고 아들을 낳았어요. 저희 아들은 태몽 탓인지 모르겠지만, 굉장히 힘이 세고 별나게 씩씩하답니다.

④ 커다란 곰 한 마리가 호숫가에서 놀고 있는 꿈(태몽 사례)

　'컬투' 김태균은 아들을 출산하였다. 어머니가 꾼 태몽 이야기이다. "커다란 곰 한 마리가 예쁜 호숫가에서 놀고 있는데, 예쁜 물고기들이 나타나 막 같이 노는 거야."

　곰이 아들의 태아 표상이며, 장차 예쁜 물고기로 상징된 많은 사람들에게 인기를 받는 인물이 될 것임을 예지해주고 있다.

⑤ 강가에서 곰이 물고기를 입속에서 꺼내놓는 꿈(태몽 사례)

　제가 태어나기 전에 아빠가 태몽을 꿨데요. 굉장히 커다란 곰이 강가에 나타나서 물고기를 잡아먹지 않고, 오히려 계속해서 입속에서 물고기를 꺼내어 강물에 놓아주고 살려주더래요. 어려운 말로는 죽이지 않고 방생을 했다는 것이지요. 그런 꿈을 꾼 후 엄마는 첫 아이지만 늦둥이로 저를 갖게 되었고, 그래서 제 이름을 태어나기 전부터 미리 작명을 했는데, 아들인 경우는 곰을 상징하고 수컷을 상징하는 '곰 웅'을 붙여, 어렵고 힘든 이 세상을 구하는 큰일을 하는 인물이 되길 바라며, 저를 '영웅(英雄)'이라고 이름 지었대요.

⑥ 곰 한 마리가 목욕하는 꿈(태몽 사례)

어느 날 꿈을 꿨는데, 큰 곰 한 마리가 목욕탕에서 홀연히 목욕을 하고 있는 거예요. 참 희한한 꿈이라고 생각했었는데 생각해보니, 그게 태몽인 것 같았어요.

⑦ 까만 큰 곰이 달려드는 꿈(태몽 사례)

까맣고 큰 곰이 갑자기 저에게 달려들어, 순간적으로 확 저에게 왔답니다. 달려듦과 동시에 깬 것 같아요. 목을 문 거 같기도 하고, 이걸 달려든다고 표현하는 것인지. 어떤 꿈인가요? 29살 여자이고요. 현재 7개월 된 여자아이가 있어요. 아직 둘째를 기다리지는 않고 혹시 생겼을까 걱정이---, 다른 사람의 태몽일 수도 있을까요? 그런데 곰이 달려든 게 저라서---. 가정주부이고요. ---행복한 우리 집, 다음 신지식, 2008. 10. 30.

29세의 생후 7개월 된 여자아이가 있는 여건에서, 꿈이 생생하고 강렬한 기억으로 남아있다면, 큰 곰이 달려드는 꿈은 태몽이 확실하다고 보인다(다만, 태몽이 아닌 경우, 곰으로 상징된 남자의 적극적인 접근이 있을 가능성도 있다고 하겠다). 자신에게 달려드는 꿈이니, 다른 사람의 태몽을 대신 꿔준 것도 아니다. 중요한 것은 어디엔가 이상이 있지 않은 건강하고 튼튼한 곰이 달려드는 꿈이었다면, 좋은 꿈이다. 임신 사실을 알기 전에 이렇게 꾸는 꿈이 진정한 태몽으로 볼 수 있겠다.

⑧ 고릴라가 떼로 나오는 꿈(태몽 사례)

강호동은 2006년 11월 결혼한 이후 약 1년 7개월 만에 아내의 임신 소식을 전하며, 예비 아빠가 된 독특한 태몽을 공개했다.

"고릴라 태몽을 꿨다. 녹화 날 낮에 산에 갔다가 잠이 들었는데 특이한 꿈을 꿨다. 낚시를 하는데 고릴라 여러 마리가 물속에서 수영을 하더라. 진짜다."라며 독특한 태몽을 전했다.---SBS '야심만만 예능선수촌'

씨름 선수였던 강호동의 2세 다운 태몽이다. 아들일 가능성이 높으며, 딸이라 하더라도 터프한 남성적 기질을 보여줄 것이다. 실제로 2009년 3월 13일 아들을 낳았다.

(3) 이권이나 재물, 권세

① 곰을 타고 다니는 꿈

곰으로 상징된 권력자를 자신의 뜻대로 좌지우지하게 되며, 권력자나 기관장 또는 사업가 등과 좋은 관계를 맺어 사업 등이 융성하게 된다.

② 곰을 죽여 웅담을 얻는 꿈

웅담으로 상징된 재물이나 이권을 얻게 된다. 자영업자는 사업에서 크게 성공하게 되며, 작가는 작품의 성공으로 선풍적인 인기를 얻게 된다.

≪사슴·노루≫

사슴과 노루는 그 상징 표상의 의미가 비슷하다. 다만 노루에 관한 꿈은 일반적으로 사슴만큼은 못한 일과 관계해서 표현된다. 선량하고 고매한 사람이나 선비, 심성이 착한 여성 등을 상징적으로 나타내주고 있다. 사고괄 수 있으며 먹을 수 있다는 점에서 명예·권세·이권과 재물의 상징이 되기도 한다. 이러한 사슴이나 노루를 잡는 꿈이 좋은 꿈이다.

(1) 사람의 상징

① 사슴이 제 발로 집으로 들어온 꿈

연분을 맺게 되어 심성이 착한 여성을 만나게 된다. 수험생의 경우에는 합격하게 되며, 일반 직장인의 경우에 승진이나 명예 등을 얻게 된다.

② 동물원의 울안에 갇힌 사슴을 보는 꿈

자유로운 여건에 있지 않고, 동물원으로 상징된 어떤 기관이나 단체에서 제약을 받는 여건에 처한 사람과 관련을 맺게 된다. 사슴이 술집 여성의 상징으로 등장한 경우에, 술집에서 여자와 관계를 맺게 되거나 짝사랑에 빠지게 된다.

(2) 태몽 표상 및 실증사례

사슴이나 노루는 온순하고 유순하여, 장차 온순하고 차분한 성품의 인물이 될 것임을 예지한다. 암수가 있는 동물이니, 아들·딸의 구분 역시 절대적이지 않다. 연예인 송혜교의 태몽이 커다란 뿔에 보석이 달린 사슴을 보는 태몽이었는바, 꽃사슴의 태몽은 딸에 가깝다고 하겠다. 사슴이나 노루가 자기 집으로 들어오는 꿈은 가임여건에서 태몽으로 실현되며, 미혼인 경우 사슴으로 상징된 연인을 얻게 된다. 일반적으로는 재물의 획득 등 좋은 일로 실현된다.

태몽은 꿈속에서 동물을 보고 느낀 그대로 현실에서 이루어지게 된다. 사슴이나 노루가 조용히 산책하며 풀을 뜯어 먹는 꿈을 꾸었다면, 장차 온순하고 내성적인 성품의 아이로 자라나게 된다. 태몽으로 사슴이나 노루 등이 오색찬란한 빛을 발하는 경우에, 장차 여러 사람들의 선망의 대상이 되는 연예인 등 예능에 뛰어난 재능을 보이며, 부귀와 명예를 얻는 좋은 태몽이다. 길을 잃고 헤매는 사슴새끼 한 마리를 치마폭에 싸서 집으로 가져왔더니, 황금 사슴으로 변해버린 꿈은 초년기에는 어려운 삶을 살게 되나 장차 부귀한 존재가 됨을 예지해주고 있다.

〈실증사례〉

① 하얀 사슴 꿈(태몽 사례)

싱글맘 허수경은 출산한 딸의 태몽으로, 하얀 사슴을 꾸었다고 한다.---[여성중앙] 2008. 02. 04.

또한 허수경은 딸의 태몽을 부모가 대신 꿔주었다고 밝히고 있는바, "엄마는 하늘에서 아이가 뚝 떨어지는데, 받아야 한다는 생각이 들어서 받았더니, 떡두꺼비 같은 아이인 꿈을 꿨다. 아버지는 외할아버지와 외할머니가 환히 웃으시면서, 코끼리같이 큰 동물을 데리고 오셔서 함께 웃으시는 태몽을 꿨다."고 밝히고 있다.

남편 없이 인공수정을 시도하여, 딸을 출산한 싱글맘 허수경이 밝힌 아이의 태몽에서, 하얀 사슴은 딸의 표상에 가깝다. 또한 떡두꺼비·코끼리 등의 태몽 표상은 아들에 가까우나, 이처럼 딸인 경우 장차 신체적으로 덩치가 크거나 커다란 능력을 지닌 남성적 성품의 활달하고 터프한 성격을 지닐 것으로 추정해 볼 수 있겠다.

② 사슴과 물오리가 나온 꿈(태몽 사례)

둘째를 임신한 배우 유준상-홍은희 부부는 19일 방송된 MBC 「기분 좋은 날」에서 "둘째 태명은 동순이다."라며 "태명 동순이는 첫째 동우가 태어나자마자 생겼다. 딸이기를 바라는 마음이 담겨있다."라고 밝혔다. 홍은희는 "태몽은 시어머니가 꾸셨는데, 사슴과 물오리가 나왔다더라."며 "남편이 쌍둥이일지도 모른다고 기대했는데, 나중에 병원에서 쌍둥이가 아니라는 사실을 알고는 실망했다. 그래도 태몽으로 딸일지도 모른다고 추측하면서 기대하고 있다."라고 말했다. 스타커플 유준상-홍은희 부부의 둘째 동순이는 2009년 4월 출산 예정이다.---이미혜, 뉴스엔, 2008. 11. 19.

사슴과 물오리의 태몽 표상으로 보자면 딸에 가까우나, 출산 결과 아들을 낳았는바, 여성적 성품의 남자아이가 될 수 있겠다. 이처럼 태몽 표상으로 아들·딸을 예지한다는 것이 어려움을 보여주고 있다.

③ 사슴의 뿔에 보석이 달린 꿈(태몽 사례)

연예인 송혜교의 태몽이다. 커다란 뿔에 보석이 달린 사슴을 보는 태몽이다. 아마도 예쁜 꽃사슴이었을 것이다. 사슴뿔에 빛나는 보석이 달려 있으니, 고귀한 존재로서 인생의 길이 펼쳐질 것을 태몽으로 예지해주고 있다.

앞에 언급한 바 있지만, 태몽이 아닌 일반적인 꿈속에 등장하는 대부분의 동물에 있어서도, 해몽 시에는 각각 그 동물의 특성에 어울리는 어떠한 사람을 상징적으로 보여주고 있다고 여기면 옳다고 하겠다.

또한 태몽에 나오는 동물에 관련된 태몽 이야기를 살피다 보면, 마치 불교 윤회설의 업보에 따른 육계(六界)인 '지옥, 아귀, 축생, 아수라, 인간, 천상'의 '육도설(六道說)'이 실제로 있음을 태몽으로 실증해 보여주는 것이 아닌가?' 하는 생각이 들게 하고는 한다. 이런 점에서 볼 때, 불가에서 보자면 태몽은 전세의 연(緣)을 계시해주고, 나아가 현세의 연(緣)을 보여주는 신비의 세계라고 할 수 있겠다.

(3) 재물의 상징 및 기타

① 사슴뿔을 얻는 꿈

이권이나 재물을 얻게 된다. 처한 상황에 따라 좋은 결실을 얻게 된다. 학자인 경우에 학문적 성취를 이루어 참신한 논문을 발표하게 되며, 저자인 경우에 획기적인 저서를 출간하게 되고, 일반인의 경우에 취업이나 승진을 하게 되거나 학위나 훈장 등을 받게 된다.

② 노루 피를 마시는 꿈

재물적 이익을 얻게 되거나, 어떠한 서적이나 지혜로운 사람에게서 정신적·종교적인 감화를 받게 된다.

③ 사슴이나 노루가 죽거나 비쩍 말라가는 꿈

위험이 닥치거나 병마로 인해 고생하게 된다. 태몽인 경우에, 가임 여건에서 유산하는 일로 이루어지거나, 질병으로 요절하게 된다.

≪기린≫

기린은 슬기로우며 재주와 지혜가 뛰어난 사람이나, 직급이 높은 사람, 특수하고 뛰어난 능력을 지닌 사람, 부귀한 사람의 상징에 부합된다. 태몽 표상으로 등장하는가 하면, 특수하고 뛰어난 일거리나 대상의 상징으로 등장할 수 있다. 기린에 대한 꿈은 사슴 등 다른 동물에 준하여 꿈의 의미를 생각해볼 수 있겠다.

① 기린을 잡는 꿈

기린으로 상징된 연인을 얻게 되거나, 재물이나 이권, 명예나 작품 등을 얻는 일로 실현되기도 한다.

② 쫓겨 달아나고 있는 기린을 본 꿈

기린으로 상징된 누군가가 곤경에 처하게 되며, 일거리나 대상의 상징인 경우에는 앞으로 할 일이나 사업이 어려움에 처하게 되어, 뜻대로 이루어지지 않게 된다.

③ 기린이 한가롭게 나뭇잎을 뜯어먹고 있는 꿈

풍요로움의 표상으로 좋은 꿈이다. 이러한 태몽으로 태어난 아이는 보다 여유로운 인생길을 살아가게 된다. 일반적인 상징으로는 지위가 상승하고, 결혼이나 시험·사업 등에서 좋은 결과를 얻게 되고, 명성을 날리게 된다.

④ 기린을 타고 파릇파릇한 숲으로 들어가는 꿈

합격, 승진, 성취를 이루어내게 되는 좋은 꿈이다. 사업가의 경우에 좋은 여건에서 큰 사업 성공을 이루어내게 된다.

⑤ 목이 긴 기린을 본 꿈(태몽 사례)

가수인 노사연은 아들 꿈의 태몽으로, 꿈에 목이 긴 기린을 보았다고 한다. 그후 출생한 아이가 목도 길고 팔다리도 긴 편이라고 이야기하고 있다.

⑥ 기린을 타고 신 나게 달리는 꿈(태몽 사례)

빛나고 굉장히 큰 기린을 말처럼 타고 신 나게 달리는 꿈을 꾸고, 예쁜 딸을 낳았어요. 기린을 꿈에서 본 건 처음이었죠 --- 엄마 김영신 씨(30세, 서울시 중랑구 묵1동) 기린 꿈으로 딸 출생.

제Ⅵ장

주제별 꿈해몽

④ 동물 꿈(12지 및 기타 동물)

2) 새(조류)

≪새(조류)에 관한 꿈≫

새는 사람을 상징적으로 나타내고 있다. 또한 일거리나 작품의 상징이 될 수 있으며, 장차의 운세를 예지하는데 길조나 흉조의 대상물로 등장하기도 한다. 꿈이 생생한 경우, 가임여건에서 새와 관련된 꿈은 태몽으로 이루어질 수 있으며, 작은 새는 대체로 여아를, 큰 새는 남아를 상징한다.

새의 날개가 꺾이거나 떨어지는 꿈은 세력 또는 명예 등의 일부가 상실된다. 태몽 표상에서는 유산 등으로 실현되기도 한다. 실증사례로 하늘을 나는 새의 날개가 꺾여져 추락하는 꿈을 2~3회 꾼 어느 임산부는 아기가 출산 후 1주일 만에 죽게 되는 일로 실현되었다. 이 경우 꿈속의 새가 태아의 상징 표상으로 앞으로 일어날 일을 예지해주고 있다.

(1) 사람의 상징
① 꿈속에 나타나는 각종의 새

그 생김새나 특성에 따라 다르게 해석된다. 대체로 독수리·매 등 크고 사납고 힘센 새는 남성을 상징하는 경우가 많으며, 작은 새는 여자나 자그마한 일거리나 대상을 상징하고 있다.

② 세 마리의 새 중 한 마리가 손바닥에 와 앉은 꿈

세 여성 중의 한 여성과 연분을 맺게 되어 결혼하게 된다.

③ 여러 짐승과 새, 물고기 등이 등장한 꿈

짐승은 성직자, 새는 전도사, 물고기는 신자들로 비유될 수 있다.

④ 새가 되어 하늘을 난 꿈

자신이 독수리·매·학 등이 되어 공중을 나는 꿈은 권세나 명예가 따르거나, 한동안 민정시찰·행정감사 등의 임무에 종사하게 된다.

⑤ 독수리 등 사나운 새가 자기에게 접촉하는 꿈

독수리나 솔개 같은 크고 사나워 보이는 새는 기질적으로 억세고 난폭하며 용맹한 사람이나, 거칠고 억센 사업·일거리·대상을 상징하고 있다. 대체로 남성에 해당하며, 그런 새가 자기에게 접촉해 오거나, 독수리를 타고 나는 꿈의 경우에 각기 처한 상황에 따라 좋게 이루어진다. 즉 야심가는 권세를 잡고, 학생은 수석이 되며, 처녀는 씩씩하고 활달한 남편을 얻는다. 꿈이 생생한 가임여건에서는 장차 권세 있고 야심만만한 인물이 될 아기를 낳을 태몽이다.

⑥ 큰 새가 자기를 품었다 사라진 꿈

높은 산의 공중에 무수한 새 떼가 날고 있었다. 그중 한 마리의 새가 자기에게 다가오는데 그 새는 집채보다 더 큰 새였다. 다가와서는 자기를 품 안에 얼싸안고, 그 큰 날개로 몸을 감싸 안더니, 그 새는 먼저 왔던 새들이 있는 곳으로 날아가는 것을 보았다.

큰 새로 표상되는 사람이나 기관·일거리·저작물 등의 감화를 받게 될 일을 나타내고 있다.

⑦ 새를 붙잡거나 보는 꿈

"산새나 들새를 보고 결혼하면, 이별할 일이 생길 수 있다. 연애 중에 또는 결혼 전에 새를 붙잡거나 보는 꿈은 대부분이 결혼 전이나 결혼 후 그 상대방과 헤어지게 된다. 그러나 새는 새지만 별로 날지 않는 닭이나 공작, 봉황, 칠면조 따위는 이별하는 일은 거의 없다. 또한 나는 새를 본 태몽을 꾸면 꿈꾼 사람과 생이별 또는 사별하기 쉬우나, 새가 일이나 기타의 상징물로 해석될 때는 상관없다."

이는 고(故) 한건덕 선생님의 말씀이며, 꿈속의 새가 사람의 상징 표상으로 등장한 경우, 날개가 있어 자유롭게 날아다니는 표상에서 이러한 의미가 나오게 된다. 이런 일은 꿈속에서 그 꿈이 연분과 관련되거나, 결혼의 상대자로, 또는 태몽 표상으로 해석되는 경우에 한한다. 하지만 절대적이라고 볼 수는 없다. 보다 많은 실증적인 사례의 검토가 요망된다.

⑧ 새장의 새에 관한 꿈

* 새장에 갇힌 새는 자유를 구속받거나 통제를 받는 사람, 어느 기관에 위탁한 작품 등을 상징한다.

* 새장의 새가 도망가는 꿈은 아내나 애인이 자기 옆을 떠나게 되거나 애착을 가진 일거리·대상이 자신에게서 멀어지게 되며, 작품 등이 분실되거나 다른 기관에 이관되는 일이 생긴다. 태몽인 경우 유산이나 요절로 이루어진다.

* 새장의 한 쌍의 새가 부부생활을 상징적으로 보여주는 경우가 있다. 예를 들어 새들이 사이좋게 지내면 부부간의 금슬이 좋은 것을 예지하며, 반대로 싸우는

④ 동물 꿈(12지 및 기타 동물)

꿈은 부부간의 갈등을 예지한다.

(2) 새와 관련된 태몽

새가 날아드는 꿈은 가임여건에서 태몽으로 실현될 가능성이 높다. 일반적으로는 새로 상징된 어떠한 사람과 관련을 맺게 된다.

① 꾀꼬리가 품으로 날아들거나 붙잡는 꿈

유명인이나 가수가 될 아이를 출산한다. 애정·연분의 상징인 경우에, 아름다운 여성을 얻게 된다.

② 새떼가 날아와 그중 가장 큰 새가 방 안에 들어온 꿈

태아가 장차 여러 사람 가운데 뛰어난 능력을 지닌 사람이 될 것을 예지한다.

③ 수천 마리의 갈매기가 자기를 둘러싼 꿈

장차 입신양명했을 때 부귀영화를 흠모하거나 선망의 대상으로 바라보는 사람이 수없이 많음을 뜻한다. 희로애락을 같이 해줄 사람들의 동일시이기도 하다. 연예인의 경우라면, 수많은 팬들이 따르게 될 것을 갈매기가 둘러싼 것으로 상징적으로 보여주고 있다.

〈실증사례〉

① 까만 새가 알을 품듯 깃을 펼치고, 그 사이로 금빛 광채 나는 뼈를 본 꿈

태몽으로 실현되었는바, 장차 귀한 인물이 될 것임을 예지해주고 있다.

② 새 둥지 속의 알 하나가 찌그러져 있던 꿈 → 태몽으로 유산예지

꿈속에서 아주 잠깐 한순간이었던 것 같다. 그 때 임신 중이었다. 새 둥지 속에 여러 알들이 있었고, 그 화면은 TV에서 바탕 부분이 하얗게 환상적으로 처리된 듯한 그런 모습이었다. 꿈속에서 신의 계시같이 울리는 음성, 여자 목소리였다.

"누구야. 생명은 소중한 거란다." 라고 했다. 무슨 꿈인지 몰랐다. 그 후에 유산을 하게 되었고, 생각을 해보니 그 새 둥지 속에 담긴 작은 알 하나가 이상하게 조금 찌그러져 있었던 것 같았다. 여자음성의 "생명은 소중한 거란다."라고 하는 말과 그 새 둥지가 잊히지 않는다.

상징적인 미래 예지 꿈에 계시적인 성격의 꿈의 요소가 결합되어 있다. 꿈은 우리 인간으로 하여금 다가올 길흉에 대해서 마음의 준비를 하게 해 주고 있는 것이다. 상징적인 꿈의 결과에서는 꿈의 실현을 피할 수 없음을 여러 사례는 보

여주고 있다.

③ 강물 위로 하얀 새 떼가 날아오른 꿈

어머니가 태몽을 꿨는데 강물 위로 하얀 새 떼가 날아올랐다. 그리하여 이름을 '이하얀'으로 지었으며, 그래서인지 하얀 옷을 즐겨 입고 다닌다.(탤런트 이하얀)

④ 장끼를 잡아 방에 매달아 둔 꿈

반기문 유엔 사무총장의 태몽으로, 온 방 안을 날아다녔다고 하며, 비행기를 타고 여기저기 다니는 것을 나타냈다고 볼 수도 있겠다.

⑤ 예쁜 비둘기의 꿈 → 탤런트 이승연의 태몽

어머니가 예쁜 비둘기를 꿈속에서 본 뒤에 임신했다고 하며, 태어날 때부터 포동포동하고 귀여웠다는 것이 가족들의 이야기다.---TV가이드 713호.

⑥ 새가 노래 부르는 꿈 → 아나운서가 된 태몽

"어머니의 꿈에 하늘에서 귀여운 새 한 마리가 내려오며 아름다운 노래를 지저귀었고, 그 위로 수많은 꽃들이 떨어졌다."

훗날 아나운서 직업을 가지게 되었으며, 꽃이 보인 것은 화려한 직업을 가리키는 것이고, 새가 지저귄 것은 말을 많이 하는 아나운서로 풀이해도 무리함이 없을 것이다.

⑦ 새가 방안으로 들어온 꿈 → 성악가 김자경 씨의 태몽

'창밖의 나무 위에 수백 마리의 참새 떼가 앉아 울고 있었는데, 그 노랫소리가 너무도 아름답게 들렸다. 그래서 창문을 열었더니, 그 중 한 마리가 방안으로 들어와서 꼭 껴안았다.'앵두나무 가지에 앉아 재잘거리던 파랑새가 방안으로 날아들었다.'

이러한 꿈들을 꾸고 그녀의 어머니는, 그때 새소리가 어찌나 맑고 투명하던지 자기 딸이 노래하는 사람이 되리라는 것을 미리 알았다고 한다.

⑧ 갈매기 떼가 둘러싸고 노래를 부르는 꿈 → 70~80년대에 유명한 영화배우 윤정희 씨의 태몽

그녀의 모친이 꾸었다는 꿈이야기다. '파도가 넘실대는 바닷가의 한 바위 위에 앉아 있었는데, 수천 마리의 갈매기 떼가 그녀를 둘러싸고 노래를 부르고 있었다. 장면이 바뀌면서, 그녀는 높은 산의 정상에 앉아 있었다.'

이 꿈에서 바닷가에 수많은 갈매기(세상 사람들. 팬)들에 의해 둘러싸여 있던 어머니는 현실의 딸을 대신했으며, 꿈에 자기가 높은 산의 정상에 올라간 것도 딸

이 현실의 어떤 분야에서 높은 정상에 올라서게 될 것을 대신했던 것이다.---(글: 김하원)

⑨ 공작새 세 마리가 눈부시게 날개를 펼치면서 뽐내는 꿈 → 이효리의 태몽

1979년 봄, 이효리는 충북 청원군의 한 시골 마을에서 1남 3녀의 막내로 태어났다. 그의 어머니는 큰딸을 낳으면서, 효리 태몽까지 한번에 꾸었다.

"공작새 세 마리가 눈부시게 날개를 펼치면서 뽐내는 꿈이었지요. 처음에는 공부 잘하는 큰딸 꿈으로만 생각했어요. 그래서 큰딸에게 기대를 걸었는데, 지금 생각해보면 그게 효리 꿈이었던 것이죠. TV에서 긴 생머리 찰랑거리며, 노래하는 모습이 공작새랑 똑같잖아요"

어여쁜 공작새의 태몽은 여성적 표상에 부합된다. 큰딸의 태몽에서 장차 세 딸을 두게 될 것을 예지하고 있다. 이처럼 태몽으로 장차 태어날 자녀들의 꿈을 한꺼번에 꾸기도 한다.

수많은 대중들의 주목과 관심을 한 몸에 받는 연예인은 선망의 대상으로, 태몽 특징은 빛나고 화려하거나 풍요로움이 넘쳐나며, 고귀한 태몽 표상물이 등장하고 있다. 이는 장차 연예인으로서의 빛나는 인생길이 펼쳐질 것을 태몽으로 예지되고 있다고 할 것이다.

이를 반증하듯이 연예인에 대한 인터뷰나 소개기사에서, 태어날 때의 태몽이 무엇이었는가를 물어보는 데서 알 수 있듯이, 평범한 인생길이 아닌 선망의 대상이 되는 연예인으로서 이름을 날리는 데 있어, 좋은 태몽이 있었음을 믿고 있으며, 또한 좋은 태몽이 있는 것을 당연시하고 있음을 잘 알 수 있겠다.

⑩ 백조가 물에 빠졌다가 나온 꿈 → 권혜수(개그맨) 태몽

'개그콘서트' 팀의 막내인 권혜수의 어머니가 꾼 태몽에 따르면, 백조가 우아하게 호숫가를 노닐다 그만 실족하여, 물속에서 허우적거린다. 겨우 물속에 뭍으로 올라왔으나, 인근 개가 나타나 털을 쪼아 영 볼품없이 되는 찰나 꿈에서 깼다.

우아한 백조의 태몽 표상에서 여아의 상징에 걸맞은 표상이다. 실족, 허우적거림, 털을 쪼는 꿈 등 개그맨의 행동 표상에는 부합된다고 볼 수 있지만, 일반적인 태몽 표상으로는 좋지 않다고 보인다. 일반적인 상징에서는 개로 상징된 사람에 의해 시달림을 받게 되며 어려움에 처하게 될 것을 보여주고 있다. 명성황후의 태몽은 한쪽 날개가 다친 학이 날아든 꿈이라고 하는바, 뜻대로 펼치지 못하

고 비운에 처하게 되는 운명을 예지하고 있음을 알 수 있다.

⑪ 큰 호수에 백조가 노니는 꿈 → 박찬호(야구선수) 태몽

박찬호 어머니 정동순 씨는 박찬호를 낳을 때, 태몽으로 엄청나게 큰 호수에 백조가 노니는 꿈을 꿨다고 한다.(또는 은빛 호수에 돛단배가 떠 있고, 그 안에서 학이 날아오르는 꿈)

백조의 태몽 표상으로 태어난 박찬호는 오늘날, 넓은 호수로 상징된 세계 무대에서 야구선수로서 능력을 마음껏 발휘하고 있다. 또한, 어머니인 정동순 씨는 지난 1998년 덴버에 살고 있는 친척 집을 찾았으며, 당시 로키 산맥의 해발 3,600m의 산에 올랐다가 3,200m 정도에 위치한 호수를 보고, '태몽에서 본 호수가 바로 이곳'이라고 밝힌 바 있다. 이렇게 태몽은 실현은 20~30년 뒤에, 아니 평생에 걸쳐서 실현되는 특징이 있다.

⑫ 향나무 숲에서 매가 날아오르는 꿈 → 신응수 대목장의 태몽

『천 년 궁궐을 짓는다』의 저자이자, 광화문 복원을 진두지휘하고 있는 신응수(申鷹秀) 대목장의 이름에는, 하늘을 나는 매의 응(鷹)자를 쓰고 있다. 이는 어머님의 태몽에 "향나무 숲에서 매가 날아오르는 꿈을 꾸고, 이에 이름을 '매 응'자로 했다고 밝히고 있다.---요약 발췌, 김문 전문기자, 서울신문, 2007. 10. 08.

⑬ 새를 잡아 딸에게 준 꿈 → 조선조 허목(許穆)의 태몽

새가 도포 속으로 들어오는 것을 꽉 움켜쥔 꿈을 꾼 후 며느리에게 주려고 했으나 거절하여, 때마침 친정집에 와있던 딸이 치마를 벌리고 받았다. 아들을 낳았는데 새처럼 자그마해서 털이 오송송했다. 눈썹이 얼마나 길었던지 가슴까지 내려왔다고 해서 미수(眉叟) 선생이라 불리게 되었다. '미수(眉叟)'는 조선 후기의 학자 허목(許穆)의 호이다.

⑭ 새가 날아든 꿈(태몽 상담사례)

　안방 문을 열고 밖을 내다보니 큰 새 한 마리가 빨랫줄에 앉아 있었다. 여러 사람들이 봉황새가 하늘에서 내려왔다고 떠드는데, 지켜보고 있는 동안 그 새가 내게로 날아와서, 치마폭에 감싸 안고 방으로 들어가 아랫목에서 치마폭을 펴보니까, 그것은 수탉이었다.(어머니 태몽)

'방문을 열고 밖을 내다본 것'은 신문지상이나 어떤 소식통에 의해서 기다리는 일이 알려짐을 뜻하고, '밖으로 나가 여러 사람들 가운데 섰음'은 많은 관심 있는

사람이나 경쟁자와 더불어 일의 귀추를 주목하는 것이며, '빨랫줄에 새 한 마리'는 어떤 전시장 또는 광고매체에서 발표된 어떤 일의 성과이다.

'그 새가 다름 아닌 봉황새가 하늘에서 내려온 것이라고 했으니' 하늘 곧 국가나 사회적으로 주워지는 명예의 산물이고, '그 새가 날아와 치마폭에 받았으니' 자기의 노력의 대가로서 받아진 최고의 명예이다. '방 아랫목으로 가져가서 펴본 것'은 자기 직장 아니면 관계 기관에서 공개하는 일이며, '수탉으로 변한 것'은 명예로운 일의 성취로 인해서 좋은 직책과 권리가 주어진다.(글: 한건덕)

(3) 재물이나 이권, 성취

① 새의 알을 발견한 꿈

거의 부화되어 가는 세 개의 꿩 알을 발견하면, 세 개의 이권이나 권리를 얻게 된다. 저자의 경우에는, 작품 또는 출판물을 성사시킬 것을 예지한다. 꿈은 꿈을 꾼 사람의 상황에 따라 다르게 실현된다. 하지만 모든 경우에 3이라는 숫자의 상징성은 그대로 실현된다. 낚시꾼이라면 세 마리의 큰 잉어를 잡는 일로 실현될 수 있다. 이처럼 새알을 얻는 꿈은 뜻하지 않은 희귀한 물건을 얻거나 재물이 생긴다.

② 새가 날아오고 날아가는 꿈

수많은 종류의 새 중 그 어떤 것이든 새는 사람이나 일거리 대상 등을 상징하고 있다. 새가 자기에게 날아오면 새로 상징된 사람이나 이권이나 성과가 자기에게 주어지고, 손에 있던 새가 날아가면 사람이나 성과는 잃게 되고 만다. 새가 태몽 표상으로 등장한 경우, 마찬가지 해석이 가능하다. 새가 날아든 꿈은 좋지만 놓치는 꿈이나 날아가다가 떨어지는 꿈은 유산이나 요절 등 안 좋은 일로 이루어진다. 꿈의 실현은 주로 그 꿈을 꾼 당사자가 어떠한 여건에 처해 있는가? 어떠한 일에 관심이 있는가에 따라서 제각각 다르게 실현될 수도 있다.

〈실증사례〉

① 흰 새가(닭이) 날개를 펴고 날아가는 꿈

기쁜 수상 소식을 듣는 일로 실현되었다.

② 추첨 전날 부인의 꿈에 새장 속의 앵무새가 알을 수없이 낳아 집안 가득 날아다니는 꿈. 잉꼬가 부화시킨 새끼가 무지개색을 띠며 노래를 부르는 꿈

복권에 당첨된바, 풍요로움과 아름다움의 상징 표상이 두드러지게 나타나 있다. 이렇게 꿈속에서 아름다운 경치나 사물을 보는 것은 현실에서도 좋은 결과로 실현되고 있다.

③ 뜰에는 꽃과 새들로 가득 차 있는 꿈(실증사례) → 복권에 당첨

어느 날에 전에 없이 깜박 낮잠이 들면서 꿈을 꾸었다. 꿈속에 시골 큰댁 옆 뜰에는 그보다 더 좋은 양옥 기와집이 지어져 있고, 뜰에는 꽃과 새들로 가득 차 있으며, 그곳에서 막내아이가 환히 밝게 웃고 있었다. 바로 그 집이 자신의 집이라는 것이다.

'뜰에는 꽃과 새들로 꽉 차 있다'는 것은 그의 사업과 집안의 운세의 전망이 융성하고 영화로워짐을 상징하고 있다. 또한 '그곳에서 활짝 웃고 있는 막내아들을 통해 밝은 앞날이 펼쳐질 것'을 예지해주고 있다.

④ 학이 날아온 꿈(실증사례) → 시험 합격

다친 학이 집에 날아온 것을 치료해준 꿈으로, 대학 입시에 합격한 사례가 있다.

⑤ 까마귀 같은 새가 날아와 앉는 꿈 → 시험합격(실증사례)

잔잔한 호수에 맑고 파란 물을 보는 가운데, 새 한 마리가 날아와 아무리 쫓으려 해도 다시 돌아와 앉는 꿈으로 대학입시에 합격하고 있다. 이처럼 새가 날아와 안기거나, 앉는 표상은 새로 표상된 어떠한 사람이나 이권 권리 등이 다가오고 있음을 뜻하고 있다.

⑥ 작고 빨간 새가 날아와 침대 머리 위를 돌아나간 꿈 → 최우수상 수상

지금은 여덟 살이 되어 학교에 입학하게 된 아들과 관련된 이야기다. 우연히 ○○도에서 건강한 모유 수유아 선발대회를 한다는 광고를 보고, 나가기로 결심하고 원서를 냈다. 대회날 새벽에 꿈을 꾸었다. 아주 작고 빨간 새가 날아와 침대에서 자고 있는 내 머리 위를 몇 번 돌더니 창문 밖으로 날아갔다. 어! 꿈에서 깨고는 왠지 행운이 있을 것 같다는 희망을 가졌다. 그날 정말 최우수상을 받았다. 상금 50만 원과 함께. 벌써 8년 전의 일이다. 아들은 아주 건강하게 잘 자라주었다.---멋쟁이, 2009. 01. 29.

⑦ 참새를 선택한 꿈(실증사례) → 참새 모양의 땅을 매수하게 된다.

다음은 97년 2월 14일. 경주시에서 독자분이 보내온 꿈 사례이다.

"어떤 아주머니가 인삼 한 뿌리와 참새 한 마리를 바구니에 담아와 선택하라고 했다. 인삼은 10년, 참새는 20년이라고 했다. 그래서 참새를 선택하니, 그 자리에서 털을 뽑고 먹을 수 있도록 장만해 주는 것을 받았다. 그리고는 가 버렸다. 나는 참새를 우리 방

으로 가져와 쟁반에 담아 내 앞에 놓은 걸 보고 깨어났다."

과연 어떤 결과가 일어날 것인가? 현실에서는 무언가 선택의 기로에 있게 될 일이 일어나리라는 것과 참새를 먹을 수 있도록 해 놓은 것을 보았으니, 참새로 표상된 어떠한 권리·명예·이권의 획득을 암시하고 있다. 꿈에서는 먹지 않더라도 눈앞에 놓인 것을 보는 것만으로도 그것에 대한 어떠한 권리를 획득하게 된다. 현실에서의 결과는 얼마 뒤에 참새 모양의 땅을 싸게 살 수 있는 부동산 매입의 현실로 실현되고 있다. 아마도 20여 년 동안 자신의 소유로 있게 될 것을 예지해주고 있는 꿈인지 모른다.

신비한 꿈의 세계에 전율을 느낄 정도로 꿈은 우리에게 앞으로 일어날 일을 예지해주고 있다. 꿈속의 참새와 현실에서 매입한 땅이 참새 모양의 땅인 것은 우연의 일치라고 보아야 하는가? 아마도 이 글을 읽는 독자분 누구나 꿈의 결과와 현실에서 일어난 일과 관계가 있다는 사실을 믿을 수 있을 것이다.

⑧ 꿈에 빛깔 있는 새가 날아서 입으로 들어오는 꿈(선인의 사례) → 재주와 문장이 뛰어나게 되다.

신광한이 어릴 때 꿈에 문채(紋彩)있는 봉이 날아와 집 모서리에 모였다. 그가 입을 여니, 봉이 날개 치며 날아 입속으로 들어왔다. 이때부터 빛나는 재주가 날로 진보하였다. 그래서 탄봉설(呑鳳說: 봉새를 삼켰다는 글)을 지어 그 기이한 일을 기록하였는데, 늙어서 또 꿈을 꾸니 빛깔 있는 새가 입으로 들어와 대제학으로 승진하였다.---『해동잡록(海東雜錄)』

⑨ 꿈에 큰 봉새를 쏘아 얻는 꿈(선인의 사례) → 관직을 임명받다.

권맹손(權孟孫)은 일찍이 꿈속에서 큰 봉새를 쏘아서 얻었는데, 이튿날 세종이 친히 성명을 써서 첨지중추부사(僉知中樞府事) 벼슬을 주었으므로, 유방선이 시를 지어 축하하여 이르기를, "진기한 새의 길한 꿈 응당 알리기를 먼저 하였고, 임금의 붓으로 친히 쓰시니 특별히 영화가 있네." 하였다.---『해동잡록(海東雜錄)』

권맹손이 꿈속에서 커다란 봉새를 쏘아서 잡은 꿈을 꾼 후에, 벼슬을 얻고 있다. 이처럼 꿈은 반대가 아닌, 상징 표상의 이해에 있다. 꿈속에서 동식물이나 무언가를 얻는 꿈은 얻은 물건으로 상징된 재물이나 이권·권세를 얻는 일로 실현되고 있다. 이 경우에 귀한 물건일수록 좋으며, 반면에 잃어버리는 꿈은 실직이나 훼손 등의 안 좋은 일로 실현되고 있다.

(4) 일거리·대상

① 새들이 나는 꿈

꿈속에서 새들이 나는 것은 공중이라는 사회적 기반 위에 자타의 어떤 작품이나 일거리 등을 세상에 과시하고 선전 광고할 일을 상징적으로 표현하기도 한다. 실증사례로 스승인 한건덕 선생님이 꾼 꿈으로, 수만 마리의 기러기 떼가 하늘을 덮고 구름장처럼 날아간 꿈은 자기 자신의 노력의 산물인 저작물이나 사업성과가 크게 이루어져, 온 세상에 선전 광고되고 시판될 일을 예지한 꿈이었다.

② 닭이나 비둘기에게 모이를 주는 꿈

제자나 부하세력을 양육하게 되며, 여러 사업에 투자할 일이 생기게 된다.

③ 새에게 먹이를 주는 꿈

사육하는 새의 종류에 따라 다르지만, 칠면조·닭·오리·기타 날짐승에게 먹이를 주는 것은 그 새로 상징되는 어떤 사람을 감화시키거나 일거리 대상에게 관심을 기울이는 일이 있게 된다. 또한 새가 어떠한 사람을 표상하고 있었다면, 먹이를 주는 꿈은 그 사람에게 경제적 지원이나 물질적 혜택을 베풀어 돌보아주는 것을 뜻한다.

〈실증사례〉

① 큰 알을 낳았는데 알 속에서 학이 걸어 나온 꿈

저자의 경우, 희귀한 외국의 학술 서적을 번역해서 출판할 것을 예지한 꿈이었다.

② 전깃줄에 앉았던 두 마리의 새가 감전되어 떨어져 죽는 꿈

저자의 경우, 어떤 언론기관에 청탁한 두 개의 작품이 지상에 발표되는 것을 예지한 꿈이었다.

③ 외국산 새에게 밥풀을 먹여서 그 새가 그것을 받아먹는 꿈

고(故) 한건덕 선생님의 체험적인 꿈 사례이다. 어떠한 외국인이 쓴 책의 내용을 본 후에, 그것의 내용을 한국적인 것으로 수정을 가하여 새롭게 글을 쓰게 될 일을 예지해준 꿈이었다.

(5) 민속에 전하는 새에 관한 꿈

– 꿈에 공중에서 새가 울면 아내가 죽는다.

- 꿈에 참새를 죽이면, 처첩에게 재난이 있다.
- 꿈에 새가 집안으로 날아들면 기쁜 일이 생긴다.
- 꿈에 새가 날아가다 앉는 것을 보면 부자가 된다.

≪독수리, 매≫

독수리나 솔개는 억세고 대담한 사람, 군대의 장교, 경찰 간부, 권세가나 커다란 일거리나 대상을 상징한다.

(1) 사람의 상징

① 독수리를 타고 하늘을 시원하게 나는 꿈

처녀의 경우에 강력한 이성을 만나 뜻을 펼치는 일로 이루어질 수 있다. 일반인의 경우에 강력한 후원자나 협조자를 얻어 사업체를 이끌어 나가게 되거나, 바라는 대로 목적을 달성하고 하고자 하는 대로 순조롭게 이루어진다.

② 독수리를 타고 하늘을 어렵게 나는 꿈

아내가 꿈을 꾸었을 경우, 독수리로 상징된 남편의 사업이 부진하고 힘겨움에 처하게 된다. 미혼인 처녀가 꾸었을 경우, 만난 남자가 어려움으로 고통받게 된다. 일반 자영업자의 경우, 사업체를 이끌어 나가는 데 순조롭지 못하고 어려움을 겪게 된다.

③ 자신이 독수리나 매가 되어 푸른 하늘을 빙빙 돌고 있는 꿈

자신이 지위가 높아지거나 세상에 과시할 사업이나 프로젝트 또는 작품 등으로 성공한다. 또한 그러한 것을 보게 되면, 외부의 어떤 사람이나 대상이 기회를 엿보고 있음을 예지한다.

④ 훈련시킨 매가 새를 잡아오는 꿈

부하직원이나 심복을 시켜 여성을 데려오게 하거나, 부하직원이나 심복을 통해 새로 상징된 재물이나 이권을 얻게 된다.

⑤ 독수리를 쫓아가는 꿈

처녀의 꿈인 경우, 독수리로 상징된 이성의 남자에게 관심을 지니게 됨을 뜻한다. 군대의 지휘관이라면 적의 척후병을 추격할 일이 있게 된다.

⑥ 독수리가 자기를 물거나 가까이 다가온 꿈

사람의 상징인 경우, 독수리로 상징된 인물이 다가와 영향력을 끼치게 된다. 또한 독수리가 권세·권력의 상징인 경우, 큰 권세나 일을 얻거나 성취시킨다. 반면에 커다란 독수리가 자기를 해치려 하면, 악한에게 시달림을 받거나 병마로 인해 질병에 걸릴 염려가 있다.

⑦ 독수리나 매가 자기를 채어 공중을 나는 꿈

협조자에 의해 일이 성취되고 처녀는 훌륭한 배우자를 만나게 된다(이 경우 독수리가 호의적인 태도를 보인 경우에 해당한다). 그러나 흉포한 독수리나 매에게 물리거나 쫓기는 꿈의 경우, 위압적인 사람이나 대상으로부터 시련을 당하게 되거나, 물린 부위에 사고를 당하거나 어려움에 직면하게 된다. 또한 병마의 상징인 경우에 질병에 걸려 고통을 당하게 된다.

(2) 태몽-실증사례

① 독수리가 날아가는 꿈

황금독수리가 날아가고, 용 두 마리가 승천하는 태몽을 꾼 아버지가 있다. 이에 아들의 이름을 '황금독수리 온 세상을 놀라게 하다'로 특이하게 지어주어 화제가 되었다. 태몽으로 보아, 큰 인물이 될 표상으로 전개되고 있다.

② 독수리가 나는 꿈

큰 독수리가 나래를 펴고 하늘을 날며 아래를 내려다보고 있는 것을 보았다. 태몽은 그 아이의 평생 운을 가늠하는 것인데, 이 아이는 장차 용기와 힘을 가지고 여러 사람을 다스리거나 지휘할 높은 직위를 가질 것이다. 실제 이 태몽은 과거 군의 참모총장을 지낸 분의 어머니가 꾼 태몽이었다.(글: 운몽)

③ 독수리가 날아든 꿈 → 터프한 성격의 딸을 출산

아프리카의 독수리처럼 크고 검은 독수리 여러 마리가 하늘을 빙빙 날고 있더라고요. 그런데 그중 한 마리가 저에게 날아드는 거예요. 그러면서 잠에서 깨었답니다. 독수리라 아들인 줄 알았는데, 아들 같은 딸이 태어나더라고요.

독수리의 태몽이니, 커다란 능력을 지닌 인물이 될 것이며, 아들 같은 딸처럼 활달하고, 걸걸한 아이, 뛰어난 인물로, 독수리가 새들의 왕이듯이 다른 사람들을 제압하고 군림하는 인물이 될 것을 보여주고 있다.

④ 독수리가 들어 있는 새장을 받은 꿈

　　어떤 할머니가 오시더니, 잘 생긴 독수리 한 마리가 들어 있는 새장을 가져다주시는 겁니다. "할머니, 이거 저 주시는 거예요? 그랬더니, "가져가, 너한테 아주 잘할 거다. 잘 키워." 하곤 던지듯 주시고 가셨습니다. 저는 좀 당황스럽긴 하지만 기쁜 마음에 독수리가 들어 있는 새장을 들고 집으로 왔답니다. 딸을 낳았으나, 천하장사처럼 힘이 넘쳐나네요.[0109찬이예은이맘]

⑤ 독수리가 나한테 몸을 비비는 꿈

　　MBC 최대현 아나운서가 결혼한 지 4년 만에 예쁜 딸 정윤이의 아빠가 됐다. 최대현 아나운서는 "태몽이 많다. 장모님은 마당에 소나무가 가득한 꿈을 꾸셨고, 아내는 친한 언니한테 금반지를 받는 꿈을, 난 내 키만 한 독수리가 나한테 몸을 비비는 꿈을 꿨다"라고 답했다.---김예나, 뉴스엔.

　　이렇게 태몽을 여러 사람이 꿀 수도 있다. 또한 여러 번 꿀 수도 있다. 모두 좋은 태몽이다. 독수리 태몽이 남아일 가능성이 높지만, 독수리도 암수가 있기에 여아가 탄생할 수도 있다. 아마도 체격이 좋고 성격이 활달한 여아가 될 가능성이 높다고 하겠다.

⑥ 독수리 두 마리의 태몽

　　어머니 태몽에 독수리 두 마리가 나타난 태몽으로 태어난, 일란성 쌍둥이 자매인 박영조·박미조가 순경으로 2002년 33대 1의 경쟁을 뚫고 순경모집시험에 합격하였다. 자매는 "태몽에 경찰을 상징하는 독수리 두 마리가 나타났다는 어머니 말씀을 들은 탓인지, 어릴 적부터 경찰관이 되고 싶은 마음이 있었다."며 "국민을 위해 희생과 봉사를 다하는 경찰관이 되겠다."라고 말했다.---금원섭 기자, 조선일보, 2003. 07. 03.

　　독수리의 태몽으로 남아가 아닌 여아를 출생했지만, 독수리처럼 활달한 활동을 발휘하는 경찰관으로 나아가고 있음에서 태몽의 예지를 보여주고 있다.

⑦ 독수리가 이불 속으로 들어온 꿈

　　김태원이 KBS 2TV 「이야기쇼 두드림」에 멘토로 출연해 딸의 태몽을 이야기했다. "어떤 문 앞에 서 있다가 이불로 들어갔는데, 커다란 하얀 독수리가 이불 속으로 들어온 꿈이었다." "그런데 문 앞에 서 있을 당시, 이승철과 함께 서 있었다. 그 문으로 누가 먼저 들어가는가 하는 분위기에서, 내가 먼저 들어갔는데 그것이

의미하는 것이 무엇인지 아직도 모르겠다."라고 말하고 있다. 김태원은 '데뷔하는 딸이 이승철처럼 슈퍼스타가 될 수 있지 않을까?' 하고 기대하고 있다.

문으로 먼저 들어간 꿈의 표상대로 본다면, 이승철에 앞서 어떠한 권리나 이권을 먼저 획득하는 일로 이루어진다. 태몽으로 실현된바, 먼저 자녀를 두게 된다든지, 자녀가 먼저 두각을 나타낸다든지 등 문앞에 있었던 이승철과 관련하여 어떠한 일이 일어나는 것은 틀림이 없다고 하겠다.

(3) 재물이나 이권

① 독수리나 매를 잡아오는 꿈

이권이나 재물을 획득하게 된다.

② 자신이 독수리가 되어 짐승·새·닭 등을 잡는 꿈

자신이 높은 직위나 권력을 행사하여 사람·일·재물을 얻거나, 여러 청중이나 대중을 설득하거나 자신의 뜻에 따르게 함을 뜻한다. 또한 적대적인 상대방을 완전히 제압하고, 굴복시키게 될 것을 예지한다.

(4) 일거리·대상

① 독수리 한 마리가 공중을 날아가며 소리 지르는 꿈

어떤 개인 또는 단체가 큰 영향력을 행사하거나 경고하는 것을 목격할 수가 있다.

② 독수리 떼나 기타 새 떼가 무질서하게 공중을 날아가는 꿈

사회적 변혁이나 난리 또는 집단적 분쟁으로 사회가 혼란 상태에 빠진다.

③ 독수리 떼가 사람이나 동물의 사체에서 살을 뜯어 먹는 꿈

독수리로 상징된 심사위원이나 비평가들이 어떤 일거리나 대상, 사업 프로젝트나 예술작품, 저서 등에 대한 평가나 뒤치다꺼리를 하는 것을 보게 된다.

(5) 사건, 사고

① 독수리나 매들이 무참히 죽어있는 모습을 보는 꿈

사회적 큰 사건으로 인하여 수많은 희생자가 일어나게 된다.

② 독수리나 매들이 비쩍 말라 신음하는 꿈

강건하던 사람이 교통사고나 병마로 인하여 고통받게 된다.

≪공작새, 봉황≫

공작새는 새의 모양이 찬란한 데서, 화사한 외모를 지닌 재능이 뛰어난 여성, 귀인, 부귀와 명예, 뛰어난 작품이나 재물 등을 상징하는 표상에 적합하다. 봉황새 역시 귀인, 부귀·권세의 상징 표상에 적합하다.

(1) 사람의 상징, 태몽

① 공작새를 잡은 꿈

미혼자라면 이상적인 여성이나 남성을 만나게 되고, 작가나 학자라면 작품이나 연구에 성과를 얻게 된다. 태몽인 경우에 부귀와 권세를 누릴 사람이 된다.

② 공작새가 찬란한 빛을 내며 자신에게 다가오는 꿈

사람의 상징인 경우에 화사하고 미모가 뛰어난 매력적인 여성과의 인연이 맺어지거나, 일거리나 대상의 상징인 경우에는 특이하면서 희귀한 예술품이나 저서를 출간하게 되어 명예를 얻게 된다.

③ 공작새가 날개를 펴는 것을 보는 꿈

사람의 상징인 경우에 누군가가 미모를 뽐내는 것을 보게 되거나, 작품이나 일거리·대상의 상징인 경우에는 널리 알려지게 되어 세상 사람을 감동시키는 일로 이루어진다.

④ 봉황새를 보는 꿈

결혼생활에 백년해로하거나, 관직이나 직위가 높아진다.

⑤ 한 쌍의 봉황을 얻은 태몽

봉(鳳)은 수컷, 황(凰)은 암컷으로, 장차 남매를 두게 되며, 아이들이 장차 귀한 인물과 천재적인 인물이 되어 위대한 업적을 남길 인물이 됨을 예지한다.

〈실증사례〉

① 암컷 수컷의 봉황에서, 수컷[鳳]만 안긴 꿈

제가 임신을 한 지 6~7개월 정도 되었을 때 남편이 꾼 꿈이에요. 그런데 같은 날 밤에 남편이 뱀 꿈을 먼저 꾸고, 잠시 후에 봉황 꿈을 꾸었다고 해요. 어디인지는 잘 모르겠는데 나뭇가지 위에 암수 봉황 두 마리가 같이 있었다고 해요. 색깔은 잘 기억이 나지 않는데 알록달록하고 날개를 쫙 펴고 있었는데 매우 아름다워서 남편이 "너 봉황 맞지?"라고 물어봤다고 해요. 그랬더니 암수 중 수컷만 눈을 깜빡이며 웃는 상태로 남편한테 폭 안겼다고 해요. 남편이 떼어내려고 해도 떨어지지 않는 상태에서 꿈에서 깨어났다고 해요. 뱀과 봉황 꿈을 같은 날 꾸고, 남편은 기분이 굉장히 좋았다고 해요. 이 꿈을 꾸고 아들을 낳았습니다.

수컷인 봉(鳳)만이 남편에게 안겼기에, 아들을 낳는 꿈으로 실현되고 있다. 암컷인 황(凰)도 같이 안기는 꿈이었다면, 장차 남매를 두게 되는 일로 실현될 것이다.

② 새 한 마리가 품으로 날아든 꿈

　　아이 아빠가 꾼 딸아이 태몽이에요. 산을 오르다가 많은 새가 날아가는 것을 보고 있었는데 그중 한 마리가 품으로 날아오더랍니다. 그 새가 봉황 같다며 꿈해몽 책을 찾아보더니, 두뇌가 명석한 아이가 나온다고 적혀있다며 좋아했어요. 그런데 우리 딸이 말이 정말 많거든요. 아빠가 한 마디 하면, 열 마디 할 정도예요. 지금은 아이 아빠가 "봉황이 아니라 종달새였나 봐" 하네요.

③ 봉황새가 날아든 꿈

　　제가 누군가에게 쫓기면서(학교 복도 같은 데서) 옥상으로 올라갔는데, 하늘이 컴컴하고 시커먼 먹장구름이 하늘을 뒤덮고 있더라고요! 걱정하면서 하늘을 쳐다보니 어디선가 한 줄기 바람이 몰아치더니, 그 검은 구름을 다 걷어가고, 햇살 속에서 오색찬란한 봉황새 한 쌍이 금빛 가루를 흩날리면서, 저쪽으로 날아가는데, 그곳을 보니 남편이 의자에 앉아서 환하게 웃고 있었죠! 그곳을 한 바퀴 휘 돌면서 제게 날아들더라고요! 아들을 출산했어요.---글쓴이: 초보 학부형, 인터넷 다음 카페, 엄마의 무릎학교.

④ 학 한 마리와 봉황 2마리를 본 꿈

　　결혼도 일찍 한 저는 올해 큰애는 10살, 둘째는 6살이랍니다. 그런데 정말 상상하지도 못한 일이 벌어지고 말았습니다. 3번째 아이를 가진 것이지요. 눈앞이 캄캄해지더군요.---중략---사실 객관적으로 생각해보면 아들·딸 다 있죠. 지금 새로 무슨 아이를 낳겠다고 난리인지, 그것도 뒤늦게 말입니다.

　　그런데 항상 찜찜하긴 했었어요. 예전에 제가 결혼해서 큰애를 가져서 꿈을 꿨는데, 누군가의 손에 이끌리어 산에 올라갔습니다. 주변은 검은데 갑자기 이런 소리가 났습니다. "저것이 너의 새들이다." 그래서 쳐다보니 하얀 학 한 마리와 봉황 두 마리가 나란히 서서 다정히 얘기하고 있는 거예요. 언뜻 봐도 학은 수놈, 가운데 봉황은 암놈, 마지막에 서 있는 봉황은 수놈이더라고요. 꿈을 깨고도 '나는 아이 셋을 가지겠구나.' 그렇게 생각했었거든요? 그런데 둘째 아이 전에 한번 자연유산된 적이 있어서 그냥 그런가 보다 했었는데---. 배란일도 아닌데, 임신이 이렇게 될지는 꿈에도 몰랐어요. 그럼 이게 하늘의 뜻인가요?---iyanla, 마이클럽, 2006. 1. 5.

마지막에 서 있는 봉황은 수놈이었듯이, 아들을 낳는 일로 실현될 것이며, 이렇게 첫 아이 태몽 때 장차 두게 될 자녀의 숫자를 예지해주는 경우가 많다.

(2) 기타 꿈해몽

① 공작새가 머리 위나 주변을 나는 꿈

예술작품 따위를 성취하며 명성을 떨치고 부귀해진다.

② 공작새가 날개를 펴는 것을 보는 꿈

득세를 하게 되거나, 권리의 신장 또는 작품의 성취로 세상 사람을 감동시킬 일과 상관하게 된다.

③ 공작새를 어깨에 얹어놓고 쓰다듬은 꿈

고 한건덕 선생님의 사례이다. 저자의 경우에, 공작새로 표상되는 저작물이나 사업을 구상하여 이루어내게 될 일을 나타내고 있다. 공작새를 어깨 위에 올려놓은 것은 작품내용이나 사업을 세상에 알리게 되는 일로 실현된다. 그 새를 오른손으로 쓰다듬은 것은 애정·열정을 지니고, 작품내용에서 여러 가지를 발췌해서 소작품으로 지상에 발표하게 되거나, 또 다른 사업을 실행하는 일로 이루어지고 있다.

④ 공작새·봉황이 죽어 있거나, 피를 흘리거나, 비쩍 말라있는 꿈

기품있던 사람이 교통사고나 병마로 인하여 고통을 받게 된다.

≪학≫

학은 고고한 사람, 지조 있는 사람. 선비·학자·학업·명예 등을 상징하고 있다.

(1) 사람의 상징

① 학이 다가온 꿈

사람의 상징인 경우에는 고고한 인품을 지닌 사람과 인연을 맺게 된다. 일거

리·대상의 상징인 경우에 우아하고 기품있는 작품을 출간하게 된다.

② 학을 타고 하늘을 나는 꿈

학자가 되거나 귀인을 만나 높은 관직에 오른다. 또한 작품 따위를 세상에 발표해서 영귀해지거나 명성을 떨치게 된다.

③ 학이 자기 주변에 날아와 앉는 꿈

고귀한 사람을 만나거나 스승에게 가르침을 받게 되며, 의사의 진찰을 받을 일과 관계한다. 일거리나 대상의 상징인 경우에, 시험 합격 등 좋은 일로 이루어진다.

④ 학이 홀로 풀밭에 앉아있는 것을 보는 꿈

학으로 동일시되는 사람은 고고한 성품을 가진 사람을 만나게 되며, 본인의 상징으로 학이 등장한 경우에 학문적 업적을 남기는 사람이 된다.

⑤ 학이 울면 큰 벼슬에 오른다.(민속의 꿈)

(2) 태몽 및 실증사례

① 학이 들이나 숲 속에서 노는 꿈

태아가 장차 학자·성직자·기업가 등이 되어, 많은 후배를 양성할 사람이 될 일과 상관하게 된다.

② 학이 품 안에 들거나 어깨에 앉는 꿈

지조 있는 여성·학자·성직자 등을 낳을 태몽이거나, 학문적인 연구에 몰두할 일과 관계한다.

③ 동자가 학을 타고 내려온 꿈

학자나 높은 관직의 우두머리가 될 것을 예지한다.

④ 학을 만난 다음 아기를 낳으면 대인을 낳는다.(민속의 꿈)

〈실증사례〉

① 학이 품 안으로 날아든 꿈 → 태몽으로 아들 출산

　둘째 애를 가질 때, 학 여러 마리 중에서 한 마리가 제 품으로 쑥 들어오는 꿈을 꾸었어요. 아들을 낳았습니다.

② 학이 다리에 붕대를 감고 있던 꿈 → 다리에 멍이 들다.

제왕절개를 해서 낳았는바, 양수가 터져 한쪽 다리가 질에 끼어 있어, 시퍼렇

제VI장

주제별 꿈해몽

④ 동물 꿈(12지 및 기타 동물)

게 멍이 들어 있는 일로 실현되었다.

③ 들어온 학이 한쪽 다리가 없는 꿈 → 태몽으로 불운한 인생길

어미가 태어날 때 외할머니께서 태몽을 꾸셨는데, 학이 한 마리 방 안에 날아 들어와 서 있었답니다. 가만히 보니 한쪽 날개가 없는 가엾은 새더랍니다.---KBS 「명성왕후」 드라마, 124회.

명성황후의 태몽이다. TV 드라마에서 나온 말을 인용해보았다. 실제 태몽의 출전을 확인할 수 없어서 정확하지는 않지만, 허구적으로 태몽이야기를 창의적으로 삽입해 넣었다고 하더라도, 비운의 명성황후의 일생을 상징적으로 잘 보여준 태몽이야기라고 하겠다.

④ 수탉이 학이 되어 날아간 꿈 → 태몽으로 생애의 과정을 예지

수탉이 된 학을 솥에 삶았더니 사람이 되었다가, 다시 학이 되어 날아가 버린 꿈이었다.

태어난 여아는 지조 있고 고상한 여성이 되었으나, 재혼한 남편이 무지하고 사나워 갖은 학대를 받다가 사경에 이르렀다. 그러나 기독교를 신봉하여 남편을 회개시켜 선량한 사람으로 만들었는데, 태몽은 여성의 생애를 함축적으로 예지해주고 있다.(글: 한건덕)

⑤ 날개를 펼친 은빛 학을 본 꿈 → 태몽으로 성취를 이루다.

2008년 3월 경찰대학교 졸업식에서 영예의 수석졸업자로 대통령상을 받은 김은비(金銀飛) 경위(24)의 태몽이다. 어머니의 태몽에서 날개를 펼친 '은빛 학'을 본데서, 이름자에 '은 은(銀)'자에 '날 비(飛)'자를 쓰고 있다.---매일경제신문, 박소운 기자, 2008. 03. 21.

⑥ 죽은 학을 가져다 주면서 잘 키우라는 꿈 → 체조 양학선 선수의 태몽

2012 런던올림픽 남자 체조 도마 금메달리스트 양학선 선수의 태몽은 부친과 모친이 둘 다 꾸었다. 양학선 선수의 부친이 꾼 꿈을 양학선 선수의 어머니의 말을 그대로 인용해 살펴본다. "우리 아버님이 죽은 학을 남편한테 갖다 주면서 잘 키우라고 했다. 남편이 '죽은 걸 어떻게 키우냐?'고 했더니, 아버님께서 '잘 날아다닐 거다.'라고 했다. 우리에 갖다 놓으니까 진짜 살아났고, 먹이도 주고 정성껏 키웠더니 학이 날았다."

그래서 이름에 '학'자가 들어가는 이름을 지었다고 한다. 양학선 어머니가 꾼 양학선 선수의 태몽은 제Ⅲ장의 표상의 전위 사례의 '붕어가 비단잉어로 변해 재

주를 넘은 꿈'을 참고하시기 바란다.

⑦ 학이 날아와 움직이지 않은 꿈 → 태몽으로 유산

다음은 1997년 2월 19일에 전북 완주군에서 김미순(가명) 씨가 보내온 꿈이야기이다.

　　꿈속에서 시골인 친정집에서 내려오는 길에 그리 크지 않은 저수지 가에 백로(학)라고도 하죠. 한 마리인지 또 있었는지는 잘 모르겠고, 몸 전체가 하얘서 멀리서도 알아볼 수 있는, 아주 하얀 학 한 마리가 처량하게 물가만 바라보고 앉아 있는 것을 보았어요. 움직이지도 않고 고개만 숙인 채로 앉아 있었죠.

　　그런데 누군가 내 귀에 대고 하는 이야기가 "학이 날아온다."라고 하는 거예요. 그런데 말도 끝내기도 전에 안겨들듯이 학이 날아오더니, 내가 서 있는 다리 밑에 쭉 뻗은 채로 누워, 숨도 쉬지 않고 움직이지도 않고 누워있는 거예요. 눈을 보니 사람의 눈 같기도 하고 낯설지가 않아, 잡고 만지기도 하고 싶지만 차마 손을 댈 수가 없었습니다. 한참을 그 자리에 서서 바라보는 것이었습니다.

학이 날아들어 오는 꿈은 태몽 표상으로 보인다. 하지만 '숨도 쉬지 않고 움직이지도 않고 누워있는' 꿈속의 표상이 어둡고 안 좋아서, 현실에서 유산으로 이어지거나 아기가 태어나도 병이 들게 될 것임을 예지해주고 있다. 본인의 이야기를 계속해서 살펴본다.

　　현실에서는 꿈을 꾸고 난 후, 1월 10일경에 병원을 찾았습니다. 의사는 임신은 아닌 것 같다며 "일주일 뒤에도 생리가 오지 않으면 다시 오세요."라며 주사를 놓아주었고, 그 후 3일 뒤 생리가 오고 만 거예요. 임신이라고 확신했고, 꿈도 꾸고, 입덧도 했으나, 그 뒤 한 달 동안 출혈이 계속 보여, 그 후 다른 병원을 다시 찾게 되었죠. 그런데 임신이라는 거예요. 의사의 말이 유산이니, 낙태 수술을 해야 한다고 하는 것입니다. 너무도 놀라고 어처구니가 없더라고요. 검사의 실수로 아이가 유산될 수 있습니까. 지금 생각하면 처음 찾았던 그 병원에서 주사만 안 맞았더라도 이런 실수는 없었을 터인데. 내가 꾸었던 학의 꿈은 태몽이었나요.

꿈은 태몽이라고 볼 수 있다. 하지만 태몽 속에 이미 유산하게 될 것을 예지해주고 있다. 의사의 실수도 가슴이 아픈 일이지만, 죄송스러운 말씀이지만, 유산은 꿈으로 예지되어 있던 것으로 보인다. 마음속의 안타까움을 털어버리시기 바란다. 자식으로 될 인연이 없었던 것으로 보인다.

제 Ⅵ 장

주제별 꿈해몽

④ 동물 꿈(12지 및 기타 동물)

(3) 일거리·대상

① 백발노인이 학을 타고 내려와 무엇을 주면, 신분이 영화로워지거나 학자 또는 다른 협력자에 의해 도움을 얻거나 부귀를 얻는다.

② 학이 하늘로 날면 입신출세한다.(민속의 꿈)

③ 학에게 술을 먹이면 난리를 치른다.(민속의 꿈)

≪백로, 백조, 황새≫

백로·백조·황새는 학과 동일한 해석이 가능하다.

① 백로나 백조가 무리를 지어 논에 있는 꿈

태몽인 경우에, 장차 의식주가 풍부한 여건에 처하게 되며, 급우관계 등 여러 사람들과의 사귐이 좋게 된다.

② 한 나무에 황새 떼가 무수히 앉아 있는 꿈

태몽인 경우에, 장차 관공서나 기업체의 고급직원들을 감독할 사람이 됨을 예지한다.

≪원앙새≫

① 한 쌍의 원앙새를 보는 꿈

헤어진 부부가 다시 만나게 되고, 자식의 혼사는 대길함을 의미한다.

② 원앙금침이나 원앙의 문장(紋章)이나 그림을 보는 꿈

부부 금슬이 좋아지며, 동업이 잘 이루어지고 번영한다.

≪새(제비)≫

제비의 상징은 사람이나 태몽 표상으로 등장하고 있으며, 이 밖에 일거리·대상의 상징으로도 등장하고 있다.

① 제비가 잠시 날아와 앉았다 사라지는 꿈

예쁜 여성이 찾아오거나 한동안 동거할 여성을 만나게 되나, 사라진 데서 이내 헤어지게 되거나 사별하게 된다.

② 제비가 집을 찾아드는 꿈

객지에 나갔던 식구가 돌아오게 되며, 퇴사한 직원이 다시 입사하게 된다.

③ 제비가 처마 밑에 집을 짓는 꿈

새롭게 사업을 시작하게 되며, 새로운 부서의 신설이나 새로운 사업 프로젝트를 진행하게 되는 일로 실현된다.

④ 제비가 둥우리에 새끼를 치는 꿈

가업이 번창하게 될 것을 예지한다. 또한 회사의 발전으로 새로운 신입사원 등을 새롭게 모집하게 되거나, 저자의 경우에 많은 서적을 출간하게 된다.

⑤ 제비가 나는 것을 보는 꿈

제비로 상징된 작품이나 사업으로 유명해진다. 한편 민속에 제비가 낮게 나는 것을 보는 것은 비가 오게 된다.

⑥ 한 마리의 제비를 가까이 한 꿈

태몽으로 민첩하고 영리하며 재주있는 미모의 자식을 낳는다.

⑦ 제비가 노래하는 꿈(실증사례) → 태몽으로 가수가 되다.

"엄마가 제 태몽으로 제비가 노래하는 꿈을 꿨다고 해요. 이미 제 운명은 가수로 결정되어 있었나 봐요."

댄스 음악이 주도하는 가요시장에 발라드곡 〈어제처럼〉으로 상반기 가요계를 석권한 제이(22, 본명 정재영)의 태몽이다. 음악가 집안에서 태어난 만큼 제이는 음악성만큼은 그 누구에게도 뒤지지 않는다고 자신한다.---최호열 기자, 여성동아, 2000년 8월호.

⑧ 제비가 품에 드는 꿈은 아내가 자식을 낳는다.(민속의 꿈)

≪새(까치)≫

① 까치가 우는 꿈

까치가 나무 위에서 울면 반가운 소식이 오거나 손님이 찾아오며, 지붕마루에서 슬프게 울어대면 집안에 우환이 생긴다.

② 까치나 기타의 새가 나무에 집을 짓는 꿈

자신의 집이나 회사에 누군가 찾아와 동거나 동업을 진행하게 되는 일로 실현된다.

③ 나뭇가지에 여러 마리의 까치가 앉은 꿈

자신을 좋아하고 따르는 여러 명의 이성이 있게 되며, 사업가의 경우에는 자신의 일에 협조해 주는 직원이 여러 명이 있게 됨을 뜻한다.

≪까마귀≫

① 까마귀 떼가 나는 꿈

협조자의 분산, 시국의 변화, 친척 간의 불화 등이 생긴다.

② 까마귀가 머리 위에서 우는 꿈

불길한 소식이나 사회적 변혁 등 안 좋은 사건이 닥쳐오게 된다.

③ 까마귀가 시체를 파먹는 꿈

자신이 까마귀의 상징으로 등장한 경우, 사업이 번창하여 시체로 상징된 재물과 이권을 얻게 되는 일로 실현된다. 처한 상황에 따라, 집안에 잔치를 벌여 많은 손님들을 접대하는 일로도 실현 가능하다.

≪새(참새)≫

참새는 사람의 상징인 경우에 평범한 사람, 시끄러운 사람, 음악인 등을 상징하고 있다. 일거리·대상의 상징인 경우에, 작은 일이나 소작품 등을 상징한다.

① 수많은 참새가 무리 지어 나는 꿈

자신의 지휘를 받는 무리가 잘 움직여 주거나, 맡은 작품을 발표하게 된다.

② 참새 떼가 전답 또는 털어놓은 곡식을 먹는 꿈

참새로 상징된 많은 직원이 활동함을 보게 된다. 참새 떼가 사건·사고의 표상인 경우에, 재물의 손실이 있게 된다.

③ 참새 떼가 창밖에서 우는 것을 보는 꿈

많은 사람으로부터 찬반의 시비를 받는다.

④ 한 마리의 참새가 방안으로 날아들거나 품에 드는 꿈

태몽인 경우에 평범한 여아를 출산한다.

⑤ 참새떼가 창밖에서 지저귀는데 그중 한 마리가 방으로 들어온 것을 잡은 꿈

태몽인 경우에 태아가 장차 음악인이나 인기 직업인의 지도자가 되는 것을 예지한다.

≪새(비둘기)≫

비둘기에 관한 태몽을 꾸면, 성품이 어질고 착하며 사회봉사를 할 수 있는 여성, 즉 간호사·여선생·여의사 등이 될 사람이 태어나거나 평화적인 어떤 일과 관계한다.

① 비행기 속에서 비둘기가 나온 것을 안고 들어간 꿈

태몽인 경우에, 태아가 장차 사회봉사원·간호사 등으로 나가게 됨을 예지한다.

② 다리에 끈이 매어진 파란 비둘기를 잡은 꿈

비둘기로 상징된 여성이나 화류계 여성과 일시적으로 동거하게 된다.

③ 비둘기 떼에 먹이를 주는 꿈

학생을 지도하게 되거나, 선량한 사람들을 교육하고 양육할 일과 관계한다.

④ 비둘기가 국가원수의 머리나 어깨 위에 앉은 것을 보는 꿈

정부가 평화를 주장하는 대외적인 선언을 하거나, 세계적인 평화노선에 동조할 일을 보게 된다.

≪새(꿩)≫

① 꼬리가 없는 붉은 꿩이 날아드는 꿈

야성적이고 재주나 교양이 없는 사람이 회사에 입사하거나, 가정에 일꾼으로 들어오게 될 것을 예지한다.

② 산에서 꿩 잡는 포수의 총소리를 들은 꿈

매파나 중개인이 사람을 물색했다는 소식을 듣게 된다.

③ 포수가 꿩을 잡아 허리에 찬 것을 보는 꿈

꿩으로 상징된 사람을 확보하게 되며, 재물을 얻게 되는 일로도 실현 가능하다.

④ 거의 부화해 가는 세 개의 꿩 알을 발견한 꿈

꿈은 꿈을 꾼 사람의 상황에 따라 다르게 실현된다. 세 개의 적금 통장의 만기 날짜가 다가옴을 알게 된다. 저자의 경우에 세 개의 작품 또는 출판물을 성사시킬 것을 예지한다. 낚시꾼인 경우에, 세 마리의 큰 잉어를 잡는 일로 실현될 수 있다. 하지만 3이라는 숫자의 상징성은 현실에서도 그대로 이루어지고 있다.

≪새(기러기)≫

① 기러기가 떼 지어 V자형으로 날아가는 것을 보는 꿈

자신의 소망 달성이나 경쟁적인 일에서 승리를 예지한다.

② 기러기 떼가 논이나 호숫가에 앉는 꿈

먼 곳에서 소식 또는 손님이 오고, 단체를 지휘할 일과 상관하게 되며 의식주가 풍부해진다.

≪새(거위, 오리)≫

① 거위와 오리가 함께 노는 것을 보는 꿈

첩이나 애인을 거느리게 되는 일로 실현된다. 사업가인 경우, 직장의 두 부서를 통합하여 운영하게 된다.

② 오리나 거위가 집 안으로 들어오는 꿈

태몽으로 실현될 수 있다. 재물이나 이권을 얻게 되며, 일반적으로는 새로운 사람을 얻게 되는 일로 이루어진다.

③ 오리나 거위가 부엌에 앉아 있는 꿈

집안에 잔치가 있어서 먹을 것을 많이 준비하며, 풍요한 살림을 이루게 된다.

④ 알을 깨고 새끼 오리나 거위가 나오는 꿈

새롭게 사업을 벌이거나, 새로운 작품을 창작하는 일로 이루어진다. 또한 오랜 기간의 침묵을 깨고, 새롭게 시작하는 일로 이루어진다.

⑤ 오리가 헤엄치고 있는 꿈

집안에 생기가 넘치고, 가정생활이 편안하고 화평해지게 된다.

⑥ 거위가 꽥꽥거리면서 울고 있는 꿈

주변에 위험이 닥치게 됨을 예지해주고 있다. 이 경우에 누군가가 자신을 속이려 하고 있음을 일깨워 주는 꿈이 되기도 한다.

≪새(앵무새, 카나리아)≫

앵무새나 카나리아는 대체로 여성을 상징하며, 남자인 경우에도 여성적 성품의 부드럽고 섬세한 특성을 지니게 된다.

① 앵무새가 말을 하는 꿈

앵무새로 상징된 여성이 의견을 내세우는 것을 보게 된다.

② 앵무새가 사람의 말을 흉내 내는 꿈

누군가가 자신의 아이디어나 창의적인 일에 대하여 모방하는 일을 진행하게 된다. 타인의 모함을 받거나 장차 분쟁이 일어나게 될 불길한 꿈이다. 또한, 계시적인 성격의 꿈에서는 앵무새가 말한 내용이 중요하며, 앵무새가 말한 대로 따르는 것이 좋다.

③ 나무에 앵무새가 앉아 지저귀는 꿈

앵무새로 상징된 귀엽고 아름다운 연인이 생기거나, 새로운 친구를 사귀게 된다.

④ 앵무새가 공중에서 울면서 가까이는 오지 않는 꿈

이별의 징조이다. 친구나 연인이 자신의 것을 떠나게 된다.

⑤ 화려하고 말이 많은 앵무새가 다가온 꿈

외모가 뛰어나며 언변이 뛰어난 여성과 연분을 맺게 될 것을 상징적으로 나타내주고 있다.

⑥ 카나리아가 노래하는 꿈

카나리아로 상징된 여성이나 사람이 노래를 잘 부르거나 말을 유창하게 하는 일로 실현된다. 태몽 표상인 경우에는 가수 등 노래에 소질이 있는 아기를 낳게 된다.

≪새(부엉이)≫

부엉이의 눈은 크고 밤에도 잘 보이기 때문에 도둑, 교만한 사람, 어리석은 사람을 뜻하고 있다. 가임여건에서는 부엉이 꿈이 태몽 표상으로 등장하기도 한다.

① 부엉이를 보는 꿈

매사가 풀리지 않아 근심 걱정 속에서 살게 된다.

② 부엉이가 우는 꿈

동네에 재난이 생기고, 집 앞에서 바라보면 자기 일에 간섭하려는 사람 또는 도둑 등이 나타난다.

③ 지붕 위에 부엉이가 앉아 우는 꿈

가정에 우환이 있게 되며, 식구 중 한 사람이 사고를 당할 가능성이 매우 크며, 질병·실패 등이 뒤따른다.

≪새(뻐꾸기, 두견새)≫

① 뻐꾸기나 두견새를 보는 꿈

뻐꾸기의 경우에 먼 곳에서 손님이 찾아오고, 울음소리를 들으면 소원이 성취된다. 그러나 두견새는 처절하게 울어대기에 우환이나 근심이 생길 것을 알려주는 경우가 많다.

② 뻐꾸기나 두견새의 알을 얻는 꿈

뜻하지 않은 희귀한 물건을 얻거나, 권리 또는 재물이 생긴다.

③ 뻐꾸기나 두견새를 잡는 꿈

가임여건에서 태몽으로 실현되며, 소소한 재물이나 이권을 얻게 된다.

3) 수생동물(물고기, 기타 – 상어, 고래, 물개, 문어, 낙지, 악어, 다슬기, 게, 조개, 개구리), 기타

≪물고기≫

1) 물고기 꿈에 관하여

물고기의 상징성은 다양하다. 꿈속의 동물이 대부분 사람을 상징하고 있는 것과 마찬가지로 생명체라는 점에서, 각각의 물고기에 따라 특이한 특성을 지닌 사람의 상징으로 등장하기도 한다. 또한, 일반적으로 사고팔 수 있으며 물물교환의 대상이 되기에, 물고기는 이권이나 재물의 상징이 되기도 한다. 예를 들어, 낚시질해서 수많은 물고기를 잡는 꿈은 물고기로 표상되는, 재물이나 이권 등을 얻게 될 것을 예지해 주고 있다. 이 밖에도 큰 물고기 꿈의 경우에는 어떤 단체·기관이나, 사건이나 일거리·작품 등을 상징하기도 한다. 한편, 가임여건에서 생생한 꿈인 경우에 태몽으로 실현되고 있다.

2) 물고기에 관한 꿈해몽

(1) 사람의 상징

① 잡은 물고기가 손에서 팔딱거리는 꿈

물고기가 사람의 상징인 경우에, 원기가 왕성하고 유능한 사람을 얻게 됨을 뜻하며, 재물의 활용도가 높거나 인기 있는 작품이나 일에 관여하게 됨을 뜻한다.

② 자신이 물고기가 되어 바닷속을 마음대로 헤엄치는 꿈

꿈은 꿈을 꾼 사람이 처한 상황에 따라 다르게 실현되는바, 처한 상황에서 자신의 뜻을 마음대로 펼 수 있게 되는 좋은 꿈이다. 사업자나 자영업자는 자신의 의지대로 사업 프로젝트를 진행하게 되거나, 추진하는 일이 성공적으로 이루어진다. 수사관의 경우에는 사건의 진상조사를 하게 되거나, 학자인 경우에 새로운 학설을 정립시키거나, 탐험가의 경우에 미지의 세계를 탐험 등을 하게 된다. 회사원의 경우에 남들이 내놓지 않은 독창적인 아이디어로 큰 센세이션을 불러일으킨다.

③ 뜨거운 물이 끓는 우물 속에 물고기가 우글거리는 꿈

열성적인 사람들이 교회에서 참된 신앙에 몰입하게 되는 일로 실현되었다. 이 경우에, 교회는 우물로, 물고기는 신자의 상징으로 등장하고 있다. 이처럼, 예를 들어, 꿈속의 짐승은 성직자, 새는 전도사, 물고기는 신자들로 비유되어 나타난 꿈 사례가 있다.

(2) 태몽 및 실증사례

① 물고기 두 마리를 잡아오거나 사오는 꿈

태몽으로 실현 시에, 쌍둥이를 낳거나 장차 두 자녀를 두게 된다. 일반적으로는 가까운 시일 내에 얻어질 재물·이권·작품 등에서, 두 배 이상의 이익을 얻게 될 것을 뜻하고 있다. 이러한 꿈을 꾼 경우에, 주식투자자라면 과감하게 투자금을 늘려, 주식을 매수하는 것이 좋다. 이 경우에 잡은 물고기의 크기와 양에 비례하여, 재물이나 이권을 획득하게 된다.

② 낚시로 싱싱한 물고기를 잡는 꿈

태몽 표상인 경우에 건강한 아이를 얻게 되며, 건강하며 발랄한 이성을 만나

게 되거나, 목표하고 있는 계획이나 사업 등에서 만족할 만한 결실을 얻게 된다.

③ 물고기(잉어)에 관한 꿈

잉어는 뛰어난 능력을 지닌 사람으로, 태몽 표상으로 잉어를 잡은 꿈은 장차 큰 그릇의 인물이 됨을 뜻한다. 일반적으로 사회 저명인사나 유명인이나 권세가를 상징하며, 명예와 이권, 승진과 성취, 뛰어난 예술작품 등의 일을 상징한다. 잉어가 우물이나 연못 등 자유롭게 활동하는 것을 보는 꿈이 좋으며, 잉어의 태몽은 장차 크게 출세하거나 높은 직위에 오르게 된다. 큰 잉어가 폭포 위로 뛰어오르는 태몽으로 장차 사업으로 크게 성공한 사례가 있다.

④ 화사한 금붕어의 꿈

태몽 표상에서나 일반적 상징으로, 인기인이나 연예인을 상징적으로 나타내 주고 있다. 일거리나 대상의 상징인 경우 사람들이 좋아하는 인기상품이나 선호하는 물건 등을 상징한다.

〈실증사례〉

① 예쁜 금붕어가 헤엄을 치는 꿈(실증사례) → 탤런트 김혜자 씨의 태몽

김혜자 씨의 태몽은 그녀의 부친이 꾸었다고 한다. 높은 연단 위에서 연설을 마치고 나자 청중들이 크게 손뼉을 쳤다. 기분이 좋아진 그가 주위를 둘러보았을 때, 바로 옆에 어항이 하나 놓여 있었는데, 그 속에서 예쁜 금붕어가 헤엄을 치고 있었다. 그리고 보니 사람들은 자기를 보고 손뼉을 쳤던 게 아니라, 그 금붕어를 보고 손뼉을 쳤던 것이다.

이러한 꿈을 꾼 그녀의 부친은 그 꿈을 장차 딸이 커서 사람들을 기쁘게 하여 박수를 받게 될 것이라고 풀이하여, 그녀가 탤런트가 되겠다고 했을 때, 처음부터 격려해 주었다고 한다. 명배우가 되라면서. 그런데 지금 그녀는 한국에서 손꼽히는 탤런트가 되어 있다.

어항과 금붕어는 사람들이 구경하기 위해서 있는 것이다. 따라서 이 꿈에서 어항은 TV를 말하고, 금붕어는 탤런트를 뜻했다고 볼 수 있을 것이다. 그 당시엔 우리나라에 TV가 없었을 텐데도 말이다.(글: 김하원, 『개꿈은 없다』)

② 물고기 두 마리를 잡은 꿈(실증사례) → 연예인 임예진의 태몽

'길을 가다가 맑은 물에서 붕어가 노는 것을 보고 두 마리를 잡았는데, 그 크기가 손바닥만 했다. 양동이에 담아 가져왔다.'

70년대 하이틴 스타로 이름을 날렸던, 국민 여동생의 원조라고 할 수 있었던 연예인 임예진의 태몽이다. 여아 탄생으로 미루어, 태몽에서 아마도 예쁘고 빛나는 붕어일 것으로 추정된다. 맑은 물에서 노니는 붕어이었기에 장차 인생길의 배경이 깨끗하고 고결한 삶을 영위해나갈 것이며, 손바닥 크기의 커다란 붕어에서 자신의 역량을 발휘하고 주목받는 존재가 될 것임을 보여주고 있다. 두 마리의 붕어이듯이, 두 영역에서 뛰어난 능력을 발휘하는 것도 가능하며, 부모의 입장에서 본다면, 이 경우 두 마리의 붕어이듯이 쌍둥이를 낳게 되거나, 장차 한 자식을 더 두게 될 것임을 예지하는 태몽으로 실현된 사례가 많다. 드물게 두 마리는 둘째의 아이를 상징하는 경우도 있다.

③ 물고기가 죽어간 꿈(실증사례) → 유산 예지

> 맑은 냇가에 아주 많은 붕어들이 있었어요. 저는 한 마리라도 잡아야겠다고 살금살금 기어갔는데, 웬 고기들이 도망도 가지 않고 모여서 있는 거예요. '이상하다. 왜 고기들이 도망을 안 가고 이렇게 모여 있는 걸까?' 하며 고기를 한 마리 잡았는데, 그 많은 물고기들이 힘이 없이 꼬리만 흔드는 거예요. 한 마리를 잡아서 유심히 살펴보니, 꼬리가 이상하게도 찢어지고 죽어가는 듯한 모습에, '왜 고기들이 이럴까?' 하며 꿈을 깼어요.
>
> 하루하루를 바쁘게 정신없이 보내는데 막냇동생한테 전화가 왔어요. 작은언니가 임신을 했다고, 그런데 유산 기미가 있어서 집에서 쉬고 있다고 하더군요. 그러고 나서 며칠 후에 동생에게서 밤늦게 전화가 왔어요. "언니, 나 유산됐어." 하는 거예요.

꿈속에 잡은 한 마리의 힘이 없고 찢긴 물고기의 표상이 장차 태어날 태아의 상징 표상으로 등장하고 있다.

④ 큰아들이 물고기 두 마리 잡아 오는 꿈(태몽 사례)

> 둘째 아이 태몽인데요. 큰아들이 작은 물고기 두 마리를 생수병에 담아오는 꿈이었습니다. 다들 큰아이와 같은 성별일 거라고 했는데, 정말 또 아들이었답니다.---엄마 김은정 씨

이 경우 일반적으로는 두 가지 재물이나 이권을 얻는 일로 이루어지고 있다. 태몽인 경우 꿈이 아주 생생해야 하며, 물고기 두 마리를 담아오는 꿈으로 미루어, 장차 자녀를 또 두게 되는 일로 실현 가능하다. 또 다르게는 두 마리의 뛰어난 능력을 지닌 아이로 보기도 한다.

⑤ 새끼 물고기와 잉어 꿈(태몽 사례)

　　저희 남편은 평소에도 낚시를 무척 좋아했어요. 그 날 꿈에서도 낯선 저수지로 낚시를 갔다고 해요. 잠시 후 무슨 물고기를 잡았는데, 붕어인 것 같기도 하고 아닌 것 같기도 한데, 새끼 물고기는 확실했다고 해요. 그런데 그 물고기가 살려달라고 말을 했다는 거예요. 저희 남편은 물고기가 말을 하니까 놀라면서도, 한편으로는 물고기가 불쌍해서 놔주었다고 해요. 그리고 잠시 후에 아주 큰 잉어를 잡았다고 해요. 저희 남편은 기분이 좋아서 그 물고기를 망에 넣어서 집으로 가려는 순간, 꿈에서 깨어났다고 해요. 제가 임신인 줄 모르는 상태에서 꿈을 꿨는데, 나중에 보니 임신 초기에 꾼 꿈이었어요. 남편이 이 꿈을 꾸고 건강한 아들을 낳았어요.

　다행스러운 전개의 꿈이다. 새끼 물고기를 놓아주는 꿈으로 끝났다면 유산 등으로 실현되었을 것이다. 이후에 아주 큰 잉어를 잡은 데서, 잉어가 태몽 표상으로 전개되고 있다.

⑥ 잉어 두 마리를 잡아 온 꿈(태몽 사례)

　　시어머니가 꾸신 꿈이다. 물가에 가셨는데, 사람들이 낚시를 하고 있더란다. 그래서 당신께서도 물가에 가셔서 물고기를 맨손으로 잡으셨단다. 내가 꾼 첫 번째 꿈과 같이, 팔뚝만 한 잉어를 잡아서 안고 오시는데, 아무래도 한 마리로는 아쉬워서, 다시 물가로 가서 다른 잉어를 또 잡아서, 양쪽에 한 마리씩 끼고 오셨다고. 난 알밤이만 낳고 말 건데, 둘째가 이미 점지되어 있다는 것인가? 암튼 시어머니랑 나랑 같은 날짜에, 같은 잉어 꿈을 꿨다는 것이 신기하다. (참고로 이 꿈들은 배란기 전에 꾼 꿈이다. 생리가 막 끝났을 때 즈음)--- 알밤하우스 블로그

　여타의 꿈 사례로 태몽 전문가의 입장에서 살펴보자면, 이렇게 첫째 아이 태몽에 장차 두게 될 자녀수를 예지하는 경우가 많으며, 또한 장차 두 아이를 두게 될 것으로 보인다. 그렇지 않은 경우, 두 마리 잉어이듯이 쌍둥이를 두게 될 것을 보여주는 경우도 있다. '이 세상에 다른 것은 다 속여도, 사람의 태몽은 속이지 못한다.'는 것이 필자의 우스갯소리로 말하는 참된 말이라고 하고 싶다.

⑦ 항아리 안의 잉어 두 마리(태몽 사례) → 친구 태몽

　　제가 어떤 동화에나 나올 법한 동산에서 시냇물에 발을 담그고요. 제 앞에 약간 낮은, 제 키만 한 폭포가 있더라고요. 근데 물이 막 콸콸 쏟아지는 게 아니고, 기분 좋게 물이 졸졸 흐르는 느낌? 모자라지 않고 많이 흐르는데도, 부드럽게 흐르고 있었지요.

그 폭포물이 너무 맑아서 항아리에 물을 받고 있었는데, 물이 가득~차서 제가 항아리 안을 들여다보니, 아주 예쁜 잉어가 2마리 있더라고요. 그래서 "어머! 이 잉어 너무 예쁘다." 하면서 뒤로 돌아봤는데, 제 친구가 서서, "그래?" 하고 대답했었습니다. 근데 옷차림이 좀 칙칙했었어요. 이러고 깼어요.

근데 아들 낳았고요, 너무 예뻤습니다. 2명 아니고 1명이고요. 지금 그 친구 아기 낳고 얼마 뒤, 바로 별거해서 이혼했고요. (벌써 몇 년 전 이야기입니다만--) 잉어 두 마리인 것이랑 제 친구가 입고 있던 옷이 칙칙한 것이랑 좀 해석이 안 되긴 해요.

꿈 내용이 정확지 않네요. 본인이 아들을 낳고, 친구도 낳은 것인지요? 태몽을 대신 꿔주었다고 한다면, 잉어 두 마리이니, 쌍둥이나 장차 두 자녀를 낳게 될--. 이혼했으니 재결합하거나 재혼해서 가능한 이야기이지요. 아직도 꿈이 진행 중이라고 볼 수도 있겠지요. 두 사람의 능력을 지닌 아이로 보기도 합니다. 칙칙한 옷은 이혼으로 실현된 듯하네요. 밝고 아름다운 옷이 좋으며, 어둡고 칙칙한 옷은 암울한 여건에 처하게 되는 것을 예지해주는 것으로 볼 수 있겠지요.

⑧ 잉어 두 마리의 꿈

아들 쌍둥이를 출산한바, 용 2마리를 보는 꿈을 같이 꾸었다.

⑨ 잉어를 피했으나 끝까지 따라와 치마폭에 안긴 꿈(태몽 사례) → 유산을 면하다.

인터넷의 알밤하우스 블로그에 '알밤이 태몽'으로 올려진 유산을 할 뻔한 꿈 사례를 요약해 살펴본다.

바닷가에 놀러 갔는데, 사람들이 둑 근처에서 옹기종기 모여 있었다. 다들 물가를 보면서 탄성을 질렀는데, 나도 물가로 다가갔다. 물속에서 물고기들이 막 놀고 있는 게 보였다. 막 신기해서 들여다보고 있었는데, 갑자기 그중에 한 마리가 무슨 돌고래쇼장의 돌고래처럼 펄쩍 뛰어올랐다. 난 깜짝 놀라서 뒤로 막 물러섰다. 어른 팔길이만 한 잉어가 펄쩍 뛰어올라 내 앞에 툭 떨어졌다. 난 무서워서 겁나게 도망갔다. 잉어가 애처로운 눈빛으로 날 막 쳐다봤지만, 쳐다보건 말건 도망갔다. 친정집에 와서 부모님께 그 잉어 얘기를 했다. 그랬더니 친정아빠가 "아깝지 않으냐?"라고 물어보시기에, 곰곰이 생각해 보니 좀 아까운 거 같아서, "아깝다고 기회가 된다면, 데리고 왔으면 좋겠다."라고 했다. 그랬더니 갑자기 아빠가 엄마한테, 그 잉어가 밖에 있으니, 문을 열어주라고 하시는 거였다. 엄마가 베란다로 가시더니 창문을 열었다. 그랬더니 아까 봤던 그 잉어가 집안으로 펄쩍 뛰어들어오더니, 내 치마폭으로 쏙 들어왔다.

또한 임신 전에 친구가 꿨어요. 친구랑 저랑 낚시를 갔는데, 제가 낚싯줄을 몸으로 감싸면서, 무지개 빛나는 물고기를 낚았다고 소리치더래요.

태몽의 실현은 처음에 잉어가 무서워서 도망간 것처럼, 임신을 원치 않았으나 임신하게 되어 부득이 아이를 낳게 되는 일로 이루어지거나, 임신하게 되지만 처음에 도망갔지만 다행스럽게도 나중에 받아들였듯이, 유산으로 실현될 뻔하다가 그치게 되는 일로 이루어질 것을 예지해주고 있다.

현실에서는 실제로 유산할 뻔한 일로 이루어지고 있다.

⑩ 큰 잉어를 잡는 꿈, 금목걸이를 훔쳐서 주머니에 넣는 꿈(태몽 상담사례)

임신이 잘 안되어, 이제는 나팔관에 유착이 심해 자연 임신이 힘들어서, 체외수정을 하려고 날을 거의 잡아놓은 상태인데, 얼마 전에 우리 남편이 꿈을 꿨는데, 언제나 꿈에서 낚시해 고기를 잡으면 남을 주거나 놓치거나 죽은 고기거나 했는데, 이번에는 큰 잉어를 잡는 꿈을 꾸고 또 하늘에서 큰 불기둥이 자기 앞에 내려오는 꿈을 꾸었다고 합니다.

그리고 저는 금목걸이를 훔쳐서 아주 좋아하며 제 주머니에 넣는 꿈을 꾸었는데, 우리 신랑은 좋은 꿈이라며 이번 일이 잘 될 거라 저에게 희망을 주는데, 정말 좋은 꿈인지 해몽을 꼭 부탁드립니다.

주부의 꿈 사례이다. 낚시해 고기를 잡으면 남을 주거나 놓치거나 죽은 고기였던 꿈의 예지처럼 수차례 임신의 실패가 있었으나, 큰 잉어를 잡거나 하늘에서 큰 불기둥이 내려오는 꿈은 성공적으로 임신하게 될 것을 꿈으로 예지해주고 있다. 큰 잉어, 불기둥, 금목걸이 --- 등 태몽 표상도 아주 좋다. 태몽 표상의 꿈 전개에 있어 결점이 없고, 크고 탐스러운 대상일수록 좋은 것이다.

⑪ 호수에서 금붕어를 잡은 꿈(태몽 사례)

외할머니께서 큰 호수에서 반짝반짝 빛나는 금붕어를 잡았다고 말씀해 주신 적이 있어요. 우리는 그 꿈이 아들 대현이 태몽으로 생각하고 있답니다. 금붕어가 반짝반짝 빛나서일까요? 우리 대현이 호수 같은 큰 두 눈을 보면 반짝반짝 빛이 나는 것 같아요.---우리아이닷컴.

⑫ 숭어를 잡아 주는 꿈(태몽 사례)

정조국(축구선수)의 부인 김성은은 KBS 2TV 가족 버라이어티 「해피버스데이」에 출연해서, "작은아버지가 숭어를 잡으셨다더라."며, "'큰 것 한 마리를 빼앗아 성은이 줘야지.' 하셨다."라고 아들의 태몽을 밝히고 있다.---뉴스엔 이언혁 기자, 2010. 05. 11.

작은아버지가 대신 태몽을 꿔주고 있는바, 이처럼 주변 친지 등이 태몽을 대신 꿔주기도 한다. 당시 김성은은 임신 4개월째였던바, 아들을 출산하였다.

⑬ 물고기를 네 마리 낚는 꿈(태몽 사례)

2005년 2월, 치과의사 겸 방송인 홍지호 씨와 재혼한 연예인 이윤성은 딸을 낳았는바, 이윤성이 무인도만 한 물고기를 네 마리 낚는 태몽을 꾼 후 갖게 되었다고 한다. 특이한 태몽에 대해, 남편 홍지호 씨는 "앞으로 아이가 네 명 생기지 않을까 생각한다."라며 웃었다.---파이미디어, 2006. 01. 27.

⑭ 은갈치를 두 손으로 받은 꿈(태몽 사례)

안녕하세요. 저는 아는 동생이 태몽을 꾸었는데요. 그 친구 말에 따르면, 그 친구랑 저랑 재래시장을 같이 걸어가다가, 반짝이는 은갈치 한 마리를 저에게 두 손으로 주었더니, 제가 안듯이 그 은갈치 한 마리를 두 손으로 받았다고 합니다. 은갈치의 특징은 굉장히 길고 크기가 컸다고 합니다.---이주희, 베베하우스.

은갈치의 태몽 표상에서, 여성적 상징이 느껴진다. 하얀 피부에 키가 늘씬하며, 미모가 돋보이는 여아를 낳을 가능성이 높다. 남아라면 꽃미남일 것이다.

⑮ 장어가 이불 치마 속으로 들어온 꿈(태몽 사례)

저는 뱀이라 하긴 그렇고, 장어 같은 것들이 여기저기 무리로 꿈틀거리고 있었는데, 너무 징그러워 소리 지르고 있을 때, 그중 제일 큰놈이 제 이불 치마 속으로 들어오는 꿈이었어요.---zittda, 다음 미즈넷.

⑯ 왕관을 쓴 잉어가 안기는 꿈(태몽 사례) → 트로트 여왕 장윤정의 태몽

태몽은 아버지가 꾸셨어요. 낚시하러 갔더니, 잡어들이 흘러내려 가더래요. 그래서 물 밖으로 나와 낚싯대를 드리우고 있는데, 갑자기 물이 갈라지며 왕관을 쓴 잉어 한 마리가 아버지에게 안겼다네요.---[술술토크] ⒂ 장윤정, 스포츠조선, 이정혁 기자.

그냥 잉어의 태몽이라 하더라도, 장차 뛰어난 역량을 발휘하는 인물이 될 것임을 보여주고 있는바, 왕관을 쓴 잉어이니 금상첨화로 어느 분야에서 최고의 지위에 오르게 될 것을 예지해주고 있다.

⑰ 잡았다가 놓아준 잉어가 하늘로 날아오른 꿈(태몽 사례) → 가수 조성모의 태몽

양어장에서 잉어를 잡았는데, 잉어가 눈물을 흘리며 놔 달라고 사정했다. 그래서 놔 줬더니, 날개가 돋쳐 하늘로 날아오른 꿈이다.

일반적인 꿈에서, 잡았던 것을 놓아주는 꿈은 좋지가 않다. 여기서는 태몽 표

제Ⅵ장

주제별 꿈해몽

④ 동물 꿈(12지 및 기타 동물)

상으로, 날개가 돋쳐 하늘로 날아올랐다는데서, 뜻을 펼치게 되는 것을 보여주고 있다.

⑱ 잉어를 우물에 넣어 기른 꿈(태몽 사례) → 의학박사 한국남

맑은 강물에서 두 팔이나 되는 큰 잉어를 광주리로 건져 와, 우물에 넣어 길렀다.

⑲ 시퍼런 이끼가 잔뜩 끼어있는 잉어를 잡은 꿈(태몽 사례) → 신체 이상 예지

태어난 아이가 소아 당뇨로, 인슐린을 체외에서 주사로 공급받아야 하는 장애를 지니게 되는 일로 실현되었다.

⑳ 잉어 배에 상처가 있어 물을 갈아주면 좋을 것으로 여겼던 꿈(태몽 사례) → 신체 이상 예지

아기가 5살이 될 때까지 장이 나빠 무척 고생을 하게 되는 일로 실현되었다.

㉑ 큰 잉어 한 마리를 잡아서 가져온 꿈(태몽 사례) → 인촌 김성수의 태몽

"물에서 노는 큰 잉어 한 마리를 잡아서 치마폭에 싸 왔다."

이 경우 큰 잉어일수록 장차 커다란 인물이 될 것임을 예지해주고 있다. 태몽 표상에서는 탐스럽고 크고 좋고 아름다울수록, 장차 좋은 운명의 길이 펼쳐질 것임을 보여주고 있다.

㉒ 구덩이 맑은 물에 잉어가 있는 꿈(태몽 사례) → 태진아의 아들 '이루'의 태몽

"동그란 구덩이가 파여 있었는데, 맑은 물이 가득했고, 그곳에 빛나는 대형 잉어 한 마리가 있었다."

물고기 중의 으뜸인 잉어의 꿈이니, 커다란 능력을 발휘하는 좋은 태몽이다. 또한 맑은 물이 가득했으니, 인생길에 처할 여건은 더할 수 없이 풍족하고 좋은 여건이다. 다만, 드넓은 강이나 호수가 아닌, 동그란 웅덩이에 있는 잉어의 배경적인 태몽으로 볼 때, 커다란 세계무대가 아닌 제한적인 여건에서의 활동이 있을 것임을 보여준다고 하겠다.

한편 다른 기사에서는 "팔뚝만 한 비단잉어가 폭포수 같은 물줄기를 타고 하늘로 승천하는 꿈"으로 소개되고 있는바, 이 경우는 자신의 뜻을 크게 펼쳐내는 아주 좋은 태몽이다.

"글쎄, 팔뚝만 한 비단잉어가 하늘에서 쏟아지는 폭포수 같은 물줄기를 타고 하늘로 승천하는 꿈이었어요. 지금도 그 꿈만 생각하면 흥분되고, 신이 나지요. 뭔가 기분 좋은 일이 있을 것 같고요."

(3) 재물의 획득이나 이권·권리의 확보-꿈해몽 요약 및 실증사례

① 물고기를 잡으려고 생각하는 꿈

장차 어떤 재물을 장차 획득하기 위해서 계획할 일이 생긴다.

② 낚시질해서 수많은 물고기를 잡는 꿈

낚시하는 꿈은 어떠한 재물적 이익이나 사업의 이권을 얻는 일, 또는 어떠한 사람을 얻게 되는 일로 실현된다. 이 경우에 상징적인 미래 예지 꿈으로, 재물이나 이권을 얻게 되는 일은 절대적으로 이루어지게 되어 있지만, 가급적 막대한 거액이 예상되는 로또(복권)를 구입해보는 것도 좋다. 또한 실증사례로, 물고기 잡는 꿈만 꾸면, 다음 날 비가 온다고 하는 사람도 있다.

③ 많은 물고기를 잡지 못하고 보기만 하는 꿈

똑같이 물고기를 보았다 해도 꿈 꾼 사람의 생각이나 느낌이나 사연에 따라 해몽이 달라진다. 꿈속에서 만일 그걸 잡고 싶었는데 잡지 못했다면, 욕구를 충족하지 못했기에, 많은 재물이 생길 일이 있는데도 생길 듯하다가 결국엔 생기지 않을 꿈이다.

그러나 단지 맑은 물 같은 데서 놀고 있는 많은 물고기를 보면서도, 잡아야겠다는 생각은 전혀 없이 단지 한가히 기분 좋게 구경만 했다면, 욕구불만을 품지 않았으므로 좋은 꿈으로, 집안에 좋은 일이 있거나 자신의 욕구가 성취될 꿈이다. 예를 들어, 일반적으로 연못 속의 잉어를 굳이 잡지 않아도, 보는 것만으로 재물을 얻게 되거나 태몽으로 실현될 수 있다. 그러나 꿈속에서 잉어를 잡아야겠다고 생각했으나, 잡을 수 없었던 꿈은 재물의 획득이나 태몽으로 이루어지지 않는다.

④ 낚시를 하다가 물고기를 놓치는 꿈

계약의 성사, 부동산의 매매, 사업의 이권이나 재물의 획득 등이 성사 직전에 무산된다. 애인이나 배우자를 얻으려다가 얻지 못한다. 태몽인 경우 유산되는 일로 이루어진다.

⑤ 잡은 물고기를 놓아 주는 꿈

물고기를 잡아 와서 자기 집 연못에 놓아 주는 꿈은 재물이 생기거나 태몽으로 자식을 낳을 꿈이다. 그러나 물고기를 잡았다가 자기 집이 아닌 곳(냇가, 강, 바다 등)에 다시 놓아 주면, 재물이나 이권이 생겼다가 다시 없어지게 된다. 태몽 표상

④ 동물 꿈(12지 및 기타 동물)

인 경우에, 유산이나 요절로 실현된다.

⑥ 그물을 던져서 물고기를 잡는 꿈

비교적 손쉽게 많은 재물을 얻게 되는 일로 이루어진다. 물고기가 사람의 상징일 경우에는 수많은 대중을 자신의 뜻대로 움직이게 되거나, 자신의 사람으로 감화시킨다.

⑦ 배를 타고 바다에서 그물로 많은 물고기를 잡는 꿈

배로 상징된 회사나 기관 단체 등 큰 규모의 협조기관을 통해, 막대한 재물이나 이권을 얻게 된다.

⑧ 낚시로 물고기를 한두 마리 잡는 꿈

적은 재물이 생기거나, 여러 번에 나누어 돈을 벌 일과 관계한다. 사람의 상징인 경우에는 직원 등을 하나둘 채용하는 일로 이루어진다.

⑨ 체로 물고기를 잡는 꿈

체에 한 떼의 물고기를 몽땅 잡는 꿈은 재물이나 이권을 얻게 된다. 이 경우에 복권 구입을 해보는 것이 좋다. 일거리나 대상의 상징인 경우에, 사업의 추진에 있어 효율적인 방법을 선택하여 성취하는 일로도 실현 가능하다.

⑩ 숲 속의 개울에서 물고기를 잡는 꿈

처한 상황에 따라서 태몽으로 실현되며, 재물이나 사업성과를 얻게 된다. 군인의 경우라면 군사 작전에서 성과를 얻는다.

⑪ 저수지·강·호수나 바다에서 물고기를 잡는 꿈

로또복권 당첨 등 재물이나 이권을 얻게 되는 횡재수로 실현된다. 저수지로 상징된 은행·증권회사·저축은행 등 어떤 기관이나 회사에서 대출 등을 얻거나, 이용할 일과 관계한다. 가임여건에서 태몽으로 실현되기도 한다.

⑫ 물고기가 저절로 배의 갑판으로 뛰어오른 꿈

재물의 상징인 경우에 뜻밖의 횡재수가 있거나, 사람의 상징인 경우 손쉽게 사람을 구하는 일로 실현된다.

⑬ 저수지나 호수·바다에서 많은 물고기를 잡으면 안 된다고 생각하는 꿈

저수지로 상징된 은행·증권회사·저축은행 등에서 무리한 대출을 해서는 안 되거나, 회사 등의 기관·단체에서 공금에 손을 대서는 안 된다는 것을 상징적으로 일깨워 주고 있는 꿈의 상징 기법이다.

⑭ 많은 물고기 중에서 한 마리를 사정해서 얻는 꿈

은행·증권회사·저축은행 등에서, 각고의 노력 끝에 일정한 액수의 돈을 융자할 일과 관계한다.

⑮ 말라 가는 저수지에서 쉽게 고기를 잡을 수 있었던 꿈

많은 노력을 기울이지 않고, 재물이나 이권을 얻게 되는 일도 가능하다.

⑯ 말라 가는 저수지나 흙탕물 속의 많은 물고기를 잡는 꿈

부정축재나 불법적인 행위로 재물이나 이권을 얻게 된다.

⑰ 장어나 가물치 같은 미끄러운 물고기를 잡는 꿈

힘겹게 재물이나 이권을 얻게 된다. 사람의 상징인 경우에 미혼이라면 힘겨운 구애행위 끝에 애인을 얻게 되며, 회사 사장인 경우 가까스로 회사에서 필요한 인재를 얻게 된다. 태몽 표상인 경우에 힘들게 임신이 되는 상황도 가능하다. 또한 일거리·대상의 상징인 경우에, 구직자라면 몇 차례 힘겨운 시도 끝에 취직하게 되거나, 자영업자의 경우에 프로젝트 등의 진행이 힘겹게 이루어진다.

⑱ 생선 장수에게서 물고기를 사는 꿈

물고기로 상징된 재물이나 이권을 얻게 되는바, 자신이 일한 임금이나 노력의 대가 등을 받게 된다. 이 경우에 생선장수가 큰 물고기를 토막 내 주면, 사업자금을 나누어 받거나 여러 가지 다양한 방도에 의해서 재물이나 이권을 얻게 된다. 또한 물고기를 사는 꿈이 가임여건에서 태몽으로 실현되는 것도 가능하지만, 토막 난 물고기를 받는 꿈은 장차 유산이나 요절로 실현된다.

⑲ 마른 생선(굴비·오징어·자반·멸치 같은 건어물) 등을 사오는 꿈

재물이나 돈, 증서·일거리 대상 등 무언가를 확보해두는 상징 표상이다. 예를 들어 북어 한 쾌를 사오는 꿈은 '20'이라는 숫자와 관계되는 돈 또는 증서를 얻게 된다.

⑳ 강에서 물고기 떼가 몰려오는 꿈 → 복권 당첨

물고기는 재물을 상징하는 표상물이다. 물고기를 잡는 꿈을 꾸고 나면 재물을 얻는다. 상황에 따라서는 태몽으로 실현될 수도 있다. 이처럼 물고기로 표상된 어떤 권리·이권·명예를 얻거나, 재물 등을 획득하기도 한다. 또한 지네·뱀 같은 징그러운 곤충이나 파충류를 얻는다든지, 몸에 칭칭 감기는 꿈도 좋다.(단, 재물의 상징으로 등장한 경우에 한한다.)

㉑ 생선을 소금에 절이는 꿈

본인이 나중에 사용하고자 생선을 절이는 꿈의 경우라면, 사업가나 자영업자의 경우에 재물이나 이권을 축적해두는 일로 실현된다. 그러나 절인 고기가 자신이나 주변 누군가의 상징으로 등장한 경우에 자신이나 주변의 누군가가 병마로 인해 고통을 받게 되거나 사업이 침체된다.

㉒ 물고기가 수없이 알을 낳는 꿈

재물이나 이권의 성취, 사업의 번창 등을 예지한다.

㉓ 강이나 호수·바다에서 잡아 올린 물고기 꿈

물고기의 수효와 크기로 월급봉투 등 수입의 정도를 나타낸다. 예를 들어, 다섯 마리의 붕어 속에 작은 붕어가 한 마리 섞여 있으면, 500만 원의 월급에 약간의 수당을 받는 일로 실현된다. 또는 잡는 물고기 숫자로 그날그날의 수입을 예지하는 경우가 있다. 물고기 다섯 마리를 본 주부는 남편이 하루 수입으로 5만 원을 벌었음을 예지한 사례가 있다.

〈실증사례〉

① 꿈속의 생선 → 생선의 마릿수로 돈의 액수를 나타내다.

　　신혼 시절 약 1년 동안 나의 꿈은 기막히게 적중해서, 남편을 경악시킨 일이 한두 번이 아니었다. 꿈에 생선이 나타나는 것이다. 생선이 1마리면 돈 1천 원이고, 10마리면 1만 원의 상징으로 내 나름대로 해석했다. 아침에 "나 2천 원만" 하게 되면, 그이는 나 모르는 수입을 감추어 두고 있다가, 꼼짝없이 내어 놓았다. 번번이 나에게 기습을 당하는 그이는 결국엔 자진신고하기도 했다.

② 낚시로 물고기를 잡는 꿈 → 아내가 유치원 교사로 취업하는 일로 실현되었다.

③ 낚시로 물고기를 잡은 꿈 → 뜻밖의 재물을 얻게 되는 일로 실현

　　우리 집 앞에 맑은 물이 가득한 웅덩이(작은 연못)가 있었다. 거기서 집사람과 내가 낚시를 하고 있었다. 먼저 아내의 낚시에 엄청 큰 고기(잉어 같은 것)가 걸려 당기는데, 그때 내 낚싯줄에도 큰 물고기가 걸렸다. 그래서 내가 그것을 끌어 올렸는데 굉장히 무거웠다. 계속 끌어 올리니까, 그놈이 물 위로 모습을 드러냈는데 깜짝 놀랐다. 이건 물고기라기보다는 괴물에 가까웠다. 수십 년 묵은 것 같았다. 나는 그때, '야 저런 물속에 어떻게 저렇게 큰 물고기가 살았나? 영물이다.' 큰 붕어 모습이었는데, 지느러미 부분은 색깔(연두

및 붉은색)이 있었고 좀 징그러웠다. 그놈이 낚시를 물고 끌고 가는 바람에, 낚싯줄이 끊어질 것 같았으나 낚시 줄은 끊어지지 않았고, 내가 그놈을 계속 낚아채고 있었다. 낚싯도 보니 매우 튼튼한 것이어서, 줄을 늦추어 준다든지 하지도 않았는데, 줄이 계속 버티어 주었다.

이날 아침 볼일을 보러 가는데 "나 누굽니다." 하는 전화가 와서 받아 봤더니, 옛날 거래처의 사장이었다. 그는 언제 나를 한 번 만났으면 한다고 했다. 그래서 약속장소에서 만났더니, "옛날 사업할 때 도움을 받은 것이 마음에 빚이 되어 왔는데, 이제 그 빚을 좀 갚아야 하겠다."며, 현금 2천만 원과 수표 3백만 원을 내게 건네주었다. 너무나 의외였다.

④ 커다란 붕어가 득실대는 꿈 → 금메달을 획득하다.

대회 11일째까지 '노메달'에 허덕이다가, 한꺼번에 금메달 2개를 건져 올린 한국선수단에는 금메달을 예고하는 꿈이야기가 화제에 올랐다. 경기장에서 아들의 분전을 지켜본 김기훈 선수의 아버지 김무정 씨는 이날 장명희 단장 등 선수단 임원들과 만나 "며칠 전에 파로호로 낚시를 갔는데, 호숫물이 바짝 말라 밑바닥까지 내려가 보니, 웅덩이에 월척 붕어가 득실거려 몇 마리 건져올까 했으나, 낚시꾼답지 않다는 생각에 그냥 놔두고 왔다."라면서 "붕어를 건드리지 않은 것이 오늘의 금메달을 안겨준 것 같다."라고 해몽하고 있다.

신문기사에서 인용하여 살펴보았다. 많은 고기들이 있는 것을 보는 꿈 자체가 처한 상황에 합당한 좋은 일로 실현되어 나타나고 있다. 이처럼 꿈속에서 직접 잡거나 먹지 않더라도, 꿈속에서는 보는 것만으로도 소유의 개념이 적용되는 경우가 있다. 예를 들어, 연못 속의 잉어를 굳이 잡지 않아도 태몽으로 실현되는 것과 같다.

⑤ 탐스러운 물고기 낚는 꿈 → 월드컵복권 3억 6천만 원 당첨

술을 마시고 집으로 돌아가는 길에 편의점에 들른 김 씨. 그의 눈에는 월드컵 복권의 황금색 트로피가 번쩍 들어왔다. 게다가 지난밤에 꾼 꿈도 예사롭지 않은 것 같은 생각이 얼핏 스쳤다. 다름이 아닌 낚시를 하는 꿈이었는데, 크지는 않았지만 아주 탐스러운 물고기를 하나 낚은 것이 생각났다. 그저 친구들과 바다낚시도 자주 가는 편이라, 복권을 보니 뭔가 상서로운 예감일지 모른다는 기대감이 생겼다. 내친김에 주머니를 탈탈 털어 25장이나 복권을 사서 주머니에 넣었다. 월척을 낚은 것만 같은 뿌듯함이 가슴을

가득 채워주는 기분이었다. 그렇게 산 복권이 16회차 월드컵 복권 꿈해몽상까지 합쳐 3억 6천만 원이라는 행운을 안겨다 주었다.(복권세계)

⑥ 잉어를 잡은 꿈 → 대학 합격

　엄마가 꾼 꿈인데요. 연못에 잉어가 있는데, 옆에 배수관 같은 곳에서 잉어들이 막 떨어져 나오기에, 잡아야겠다고 생각하고, 가까운 곳에서 펄떡거리는 큰 잉어가 있어 우선 끌어안아 잡고, 그 옆에 움직임도 적은 잉어를 하나 더 잡은 꿈이었어요. 수시 두 군데에 붙었는데요. 한 곳은 바로 붙고, 한 곳은 추가 합격했어요.

처음에 잡은 큰 잉어가 바로 합격, 나중에 잡은 움직임이 적은 잉어를 잡은 꿈이 추가 합격으로 실현될 것을 예지해주고 있는 것을 누구나 알 수 있을 것이다.

⑦ 잉어(물고기)가 따라오고 있던 꿈 → 자동차 당첨

　"어렸을 적 놀았던 강가에서 수영하고 있는데, 바로 제 옆에서 큰 잉어 한 마리가 수면 위로 튀어 오르면서, 저를 따라오고 있는 거예요. 투명한 물 사이로 햇빛에 반사되는 잉어가 그렇게 아름다울 수 없었어요."

⑧ 수염 달린 잉어를 본 꿈 → 자동차 당첨

　"낮잠을 자는데, 기다란 수염 달린 잉어가 나오더라고요."

⑨ 물고기가 "복권을 사면 맞는다."고 말한 꿈 → 복권에 당첨

어떤 사람이 낚시질해서 잡아 올린 물고기가 "놔주세요. 살려주세요." 하고 애원하여 놔주었더니, "복권 석 장을 사면, 석 장 다 맞는다."고 물고기가 말을 해, 그 후 실제로 복권에 당첨되고 있다.

⑩ 맑은 강물에 물고기들이 떼 지어 다니는 꿈

복권에 당첨되는 일로 실현되었다. 이처럼 꿈에서 보는 것만으로도, 소유·확보·점령의 상징적 의미를 지닌다.

⑪ 한 낚싯줄에 무더기로 잡혀 올라오는 물고기 떼의 꿈 → 인세 수입을 얻다.

고(故) 한건덕 선생님의 꿈체험기를 그대로 인용한다. 저서출간으로 인하여 수많은 독자가 호평을 보내고, 책 판매로 인한 다수의 인세 수입이 있게 될 것을 예지했던 꿈 사례이다.

　꿈속에서 어린 시절에 고향의 안방에 있다. 윗목 오른쪽 모서리에 방아깨비 한 마리가 붙어 있었고, 그 위쪽 좀 떨어진 곳에 잠자리 한 마리가 붙어 있었다. '이 둘의 곤충을 잡아 낚시 밑감으로 해야겠다'고 생각하고 보니, 낚싯대 두 개가 내 앞에 있으므로 그것을

가지고 밖으로 나갔다. 그리고 집에서 떨어진 방죽으로 가서 낚싯줄을 드리웠다. 낚싯대에 밑감을 끼었다고 생각되었는데 낚싯줄을 올리자마자, 팔뚝만 한 무리의 물고기들이 무더기로 줄에 매달려 올라왔다. 그 물고기들을 내가 앉은 자리 위 논바닥에 털어놓고 또 계속 낚시질을 하는데, 미끼도 끼지 않은 곧은 낚시에 처음 것만큼의 수효의 물고기들이 무더기로 잡혀 올라온다. 나는 놀라고 신이 나서 계속 낚시질을 하였고, 잡힌 물고기는 수북이 쌓였다. 방죽을 들여다보니 물고기는 그대로 빽빽이 움직이는데, 나는 '낚시로는 당해낼 길이 없다고, 집에서 아예 양동이를 가져다 퍼담아야겠다.'고 생각하고 일어서다 잠을 깨었다.

방아깨비·잠자리는 저작물을 상징적으로 표상한 것이고, 고기가 잡혀 올라온다는 것은 재물이 들어오거나 지지자들이 성원을 보내오는 것을 상징하고 있다고 볼 수 있겠다.

(4) 일거리·대상 – 실증사례

① 논바닥·저수지·강·호수·바다의 맑은 물속에서 많은 물고기가 노는 것을 보는 꿈

자영업자의 경우, 손님이 늘어나는 등 사업성과를 기대할 수 있게 된다. 저자나 예술가의 경우에 많은 작품을 양산해내거나, 물고기를 상징된 후원자·협조자나 따르는 사람을 얻게 되는 일과 관계한다.

② 어린이들이 물고기를 잡는 꿈

성적이 향상되거나, 다음 날 비가 올 것을 예지하는 경우가 많다. 한편, 민속의 꿈에 '물고기를 잡으면, 비가 온다.'고 전해오고 있기도 하다.

③ 시장에서 물고기의 크고 작음을 고르는 꿈

물고기로 상징된 작품이나 일거리나 대상을 심사하고 평가하거나, 재물이나 이권의 분배가 있게 될 것을 예지한다.

④ 잡은 물고기를 놓아주는 꿈

모처럼 얻게 된 일거리나 작품, 재물이나 이권 등을 잃게 된다. 태몽인 경우에는 임신에 성공하지만, 유산되는 일로 이루어진다.

〈실증사례〉

① 헬리콥터가 물고기로 변한 꿈

고(故) 한건덕 선생님의 실증사례이다. 많은 헬리콥터가 저수지에 빠지는 즉시

팔뚝만 한 물고기들로 변하는 꿈이었던바, 기존의 저작물이 새로운 저작물로 보완·개정되는 일로 실현될 것을 예지해주고 있다.

② 하천에서 물고기를 잡은 꿈

고(故) 한건덕 선생님의 실증사례이다. 보트를 타고 벌판 한가운데의 하천에서 물고기를 많이 잡은 꿈은 어떤 잡지에 작품을 연재하여 소득이 있게 될 것으로 실현되었다.

③ 다리 아래에서 물고기를 잡는 것을 보는 꿈

다리 아래에서 물고기를 잡는 사람을 지켜보는 꿈은 자기만 못한 사람이 학업·사업 등의 성적을 올리는 것을 위에서 상관하게 되는 일로 실현된 사례가 있다.

(5) 사건, 사고

① 죽어 있거나 썩어 있는 물고기를 보는 꿈

집안에 변고가 생기거나 기분 나쁜 일이 생길 꿈이다.

② 방안의 물이 말라 물고기가 배를 드러내거나 다른 동물로 변한 꿈

경제적 여건 등 생활 환경이 어려움에 처하게 되며, 일신상에 좋지 않은 방향으로 변화가 온다.

③ 잡은 물고기가 상처를 입었거나 토막 난 꿈

태몽 표상에서 유산이나 요절로 이루어지며, 추진하는 어떠한 일거리·대상이나 작품 등이 쓸모없는 것이 되어 버리고 만다. 이때 잡은 물고기를 건져 올릴 때 다른 고기가 물어뜯은 꿈이었다면, 어떤 해로운 사람에 의해서 일이 무산됨을 뜻한다.

≪고래, 돌고래≫

육지에서는 사자와 호랑이가 백수의 왕으로 대표적인 짐승이라면, 바다에서는 크기나 위엄 면에서나, 자유롭게 활동하는 고래가 대표적인 동물이라 하겠다. 따라서 능력이 뛰어나고 그릇이 큰 인물이나, 권세가·권력자·부자 등의 인물을 상징적으로 나타내고 있으며, 일거리·대상의 상징인 경우에 커다란 사업체나 회사·기관·단체 등의 상징적 의미를 지닌다. 재물이나 이권의 상징으로도 가능하

다고 하겠다. 따라서 고래를 잡는 꿈은 이권이나 재물을 얻게 되는 길몽이며, 태몽 표상도 가능하다. 또한 자신이 고래가 되어 자유롭게 헤엄치거나, 고래가 맑은 바다에서 유유히 노니는 것을 보는 꿈도 좋은 꿈이다.

(1) 사람의 상징

① 고래를 타고 신 나게 달리는 꿈

어린이인 경우에 성취를 이루게 되어, 학급 반장을 하게 되거나, 시험 등에서 1등을 하게 된다. 일반인의 꿈인 경우라도 마찬가지로, 자신의 뜻대로 뜻을 펼치게 되어 성취와 결실을 이루게 되는 좋은 꿈이다. 처한 여건에 따라서, 자동차·배·비행기를 타고 신 나게 여행하는 일로 실현될 수도 있다.

② 고래가 뱃길을 인도하는 꿈

사업자는 탁월한 의견을 내는 협조자나 후원자의 도움으로 사업이 잘 추진된다. 또한 어떤 프로젝트에 사업투자를 하게 되어 성공을 거둘 수 있게 된다.

③ 고래가 하구를 막은 꿈

고래의 상징 표상이 꿈꾼 자신이라면, 많은 사람의 활동이나 사업기반을 지배하거나 억제할 일이 있게 된다. 다르게는 고래로 상징된 사회적 사업기반에서 활동하는 어떤 세력집단에 의해서 제약을 받게 되는 일로 이루어진다.

④ 고래가 집단 자살한 꿈

고래로 상징된 권세가·사업가 등이 종교적 변혁이 있게 되는 등 새로운 여건에 처하게 되며, 보다 윗사람이나 권력에 복종할 일이 있게 된다.

(2) 태몽 표상 실증사례

① 돌고래가 안기는 꿈

여러 마리의 돌고래와 함께 바닷속에 있었는데, 그중 한 마리가 저에게 안겨 같이 덩실덩실 춤을 추었어요. 3년이나 지났는데도 돌고래의 반질거림이 아직도 생생할 정도로 선명해요. 그리고는 딸을 낳았어요.

② 돌고래를 껴안은 꿈

이성미 첫째 아이 태몽이다. 수많은 물고기 속에서 파란 돌고래(마린 보이가 타고 다니던 예쁜 돌고래)를 꼭 껴안은 꿈이다.

③ 눈부시게 아주 흰 고래 꿈

첫 아이를 가졌을 때, 저와 제 남편이 꿈속에서 맑고 넓은 바다 위에 있는데, 멀리서 흰 물체가 보이더라고요. 그래서 가까이 가 보았더니 눈이 부시게 아주 흰 고래 등위에 많은 사람들이 있더군요. 그냥 너무 거대하고 눈부실 정도로 희다는 기억을 가지고 꿈에서 깼어요. 그리고 사내아이를 낳았지요.

④ 돌고래와 눈이 마주친 꿈

"바닷가를 걸어가는데, 갑자기 멀리 저 끝에 있는 끝쪽 바닷가에서 정말 눈이 부실 만큼 뜨거운 빛이 올라오면서 바닷가가 두 갈래로 갈라졌어요. 그런데 그 가운데에서 돌고래가 나타났는데, 자세히 보니 돌고래 입속에 금 돼지 두 마리를 물고 바닷가를 막 헤엄치다가 저랑 눈이 마주쳤어요. 깨어보니 그 느낌이 너무 생생해서 태몽이라는 느낌이 들었습니다. 지금 임신 9개월인데 병원에서는 아들이라고 하더군요. 아직도 그날 펄떡이는 돌고래와 눈이 마주친 그 순간을 잊지 못해요."---럽베비, 이지데이, 태몽이야기방.

이처럼 태몽의 특징은 강렬하고 생생해서, 꿈을 꾼 본인이 태몽으로 인식하는 경우가 대부분이다.

⑤ 고래의 콧등을 내리친 꿈

마흔네 살에 둘째를 임신한 탤런트 김미숙의 태몽이다.

태몽은 병원에서 임신을 확인하고 돌아온 날 바로 꿨다고 한다. "남편과 함께 유람선을 탔는데, 시커먼 고래가 우리 옆을 지나가기에 내가 고래 등을 손으로 내리쳤어요. 그런데 유유히 가던 고래가 내 쪽으로 오면서 물려고 하는 거예요. 남편이 나를 감싸 안으면서 겁도 없이 그런다고 나무라는 사이에, 엉뚱하게도 내가 고래의 콧등을 또 한 번 내리쳤죠. 그리고는 남편한테 고래 만난 행운이니까, 당신에게 좋은 일 많이 생길 것이라고 말하는 꿈이었어요."---[팟찌] 2004. 3. 25.

(3) 재물이나 이권의 상징

① 고래의 뱃속으로 들어가는 꿈

죽음은 새로운 탄생으로, 고래로 상징된 거대 권력이나 기관 단체에 소속됨을 상징적으로 보여주고 있다. 경우에 따라 고래 뱃속으로 상징된 거대한 저택을 소유하게 되는 일로도 실현 가능하다.

② 고래를 잡은 꿈

관습적으로 어부들 사이에 바다의 밍크 고래를 잡으면, '바다의 로또'에 당첨되었다고 말하고 있다. 이처럼 고래를 잡는 꿈은 고래로 상징된 막대한 재물이나 이권을 확보하게 된다.

(4) 일거리 · 대상 — 회사, 기관, 단체

① 고래 떼가 몰려와서 배를 뒤엎는 꿈

고래로 상징된 외부적인 여건에 의해 사업이 위태롭거나 파산된다.

② 고래나 상어가 공중을 나는 꿈

불가능한 상징 표상이 꿈속에서 펼쳐지기도 하는바, 큰 고래나 상어가 공중을 나는 것을 보는 꿈은 고래나 상어로 상징된 회사나 기관 · 단체나 사업체나 작품 또는 어떤 일거리 · 대상 따위가 사회적으로 크게 성공하고 주목을 받게 될 일로 실현된다. 이 경우에 고래나 상어가 자신의 분장된 자아로 상징되어 나타난 경우에는 뜻을 펼쳐내는 길몽이다.

(5) 사건, 사고

① 고래가 배를 드러내놓고 죽어 있는 꿈

고래로 상징된 인물이 교통사고나 병마 등으로 인하여, 어려움을 겪게 된다. 수많은 고래들이 죽어 있는 꿈은 사회적 변혁이나 암울한 사건 등으로 인하여 사회적 혼란에 처하게 된다.

② 상처를 입은 고래가 그물에 걸려 있는 꿈

고래가 자신의 분장된 자아를 나타내는 경우, 현실에서 여러 가지 장애와 난관으로 인하여 어려움을 겪게 되는 일로 실현된다. 상처를 입었듯이 육체적 손상이나, 정신적인 면에서 심적인 고통을 초래하게 된다.

≪상어≫

상어는 용맹스럽고 민첩하여 난폭한 사람이나 권력자 · 관리 · 악한 등의 동일시이며, 자극적이고 인기 있는 일이나 방해물을 상징하기도 한다. 바다동물 중에서 가장 사납고 두렵게 여겨지는 동물이 바로 상어이다. 상어가 사람을 잡아먹는 무서운 동물로 꿈속에서도 표현되는 경우, 미래의 현실에서는 어떤 강력한 세력 집단이나 용맹한 사람들로 나타내는 경우가 허다하다.

① 상어떼가 노는 것을 보는 꿈

자기 사업이 잘 추진되고, 상어가 뛰어오르는 것을 보면 권세나 명예를 얻는다.

② 상어떼가 몰려오는 것을 보는 꿈

악당들이 자기 사업을 침해하거나 여러 사람의 시비를 받게 된다.

③ 상어에게 다리를 잘린 꿈

상어에게 물리면 좋게는 권리나 명예를 얻는다. 다리가 잘린 경우에, 나쁘게는 실제 다리를 다치게 되거나, 자손이나 부하를 잃게 되는 일로 실현될 수도 있다. 물리는 꿈은 그 상징 표상된 대상물의 영향권으로 들어가는 것을 상징한다. 따라서 상황에 따라서는 물린 부위에 교통사고 등을 당하거나, 상어로 표상된 조폭 등 난폭한 사람에게 피해를 보는 일로 실현될 수도 있다.

〈실증사례〉

① 상어를 받는 꿈(태몽 사례)

　　남편이 꾼 꿈인데요. 남편 형님하고 친구분이 그물로 큰 상어를 잡아서, 남편 것이라면서 상어를 주더래요. 지금 제가 임신 중이거든요.

한편 개그맨 남희석도 부인 이경민 씨가 커다란 상어를 낚는 꿈을 꾸었다고 밝히고 있는 바(스포츠서울, 2001. 7. 24), 2002년 3월 17일 딸을 낳았다.

② 상어를 잡은 꿈(상담사례)

　　특별한 태몽 없이 임신 4개월을 보내고 있는데, 어제는 꿈에서 상어를 보았답니다. 저를 졸졸 따르는 꿈인데, 너무 귀찮아서 제가 그냥 잡아버렸어요. 자꾸 따라다녀서요. 이것도 태몽일까요?---유월맘. 태교아카데미 태몽이야기

꿈이 생생하고 강렬하다면, 태몽이다. 그러나 일반적으로는 상어로 상징된 제 3의 남자가 좋다고 추근거리고 따라다니는 것을 제압하여 처리하거나, 상어로 상징된 어떤 일거리·대상을 정리하는 일로 실현된다.

③ 상어 두 쌍이 짝을 지어 있는 꿈(상담사례)

　　아주 고요하고 깨끗한 바닷가에 저 혼자서 내려갔더니, 물이 너무 맑아서 바닷속이 환히 비치는데 초록색에 가까웠습니다. 그때 제 바로 앞에 회색의 상어가 얌전하게 2쌍이

짝을 지어 있었습니다. 제 마음은 너무 차분했고 그 상어들을 조용히 들여다보고 있었고, 상어들도 저를 부드럽게 쳐다보고 있는 꿈을 꾸다 깨었는데, 지금까지도 꿈이 생생하며 꿈속에서, '바다가 꼭 강물처럼 초록색이네.' 하던 생각이 납니다. 해몽을 부탁드립니다.

왜 자신이 처한 상황을 안 적지요. 추정 불능에 상세한 답변 곤란합니다. 표상은 좋아 보이네요. 제1의 느낌은 태몽 표상이네요. 두 형제나 자녀(또는 쌍둥이)를 두게 될 것이고요. 상어로 표상된 인물이나 사물(이권, 재물--) 등을 얻게 될 것입니다. 맑은 물의 표상이 아주 좋습니다. 밝은 앞날을 예지해주고 있네요.

해몽 답변에 감사드립니다. 저는 아들·딸 남매를 둔 주부입니다. 아들 때 꾼 꿈이 지금도 아주 생생해서 해몽을 부탁했습니다. 처음에 자세히 설명을 안 드려서 미안합니다. 아들은 지금 열 살이고, 딸은 여덟 살이 되었습니다. 아이들이 밝고 씩씩하게 자라주어서 행복을 느끼고 있습니다. 바쁘신 와중에도 답변을 주셔서 감사드립니다.

④ 상어를 껴안고 같이 바다를 헤엄친 꿈(상담사례)

제가 넓은 태평양같이 푸르고 넓은 바다에서 상어들이랑 놀았는데요. 조그마한 상어도 있었고 중간만 한 상어도 있었고요. 그런데 거기서 제가 제일 큰 상어를 한 손으로 껴안듯이 하고 같이 바다를 헤엄쳤어요. 제가 임신 중이라서 태몽은 맞는데 아들인가요? 딸인가요?---jjlee0905486, 2004. 07. 16, 네이버 지식iN.

꿈이 생생하고 강렬하다면, 태몽이 틀림없고요. 넓은 바다에서 제일 큰 상어와 같이 헤엄치는 꿈이니, 아주 좋은 태몽이네요. 넓은 바다이니, 장차 활동무대가 넓으며, 제일 큰 상어이니 커다란 능력과 역량을 지닌 인물이 될 것입니다. 같이 사이좋게 헤엄치는 꿈이니, 자식과의 관계도 아주 좋을 것이고요. 상어는 남성적인 이미지에 부합하기에 아들일 가능성이 높습니다. 하지만 상어도 암수가 있으니, 여아가 출생할 경우에는 활달하고 터프한 면이 있을 것이고요.

≪게≫

게(논게, 바닷게, 조개)는 물고기의 표상과 마찬가지로 먹을 수 있으며, 사고팔 수 있기에 재물이나 이권의 상징 표상으로 등장하고 있다. 게를 잡는 꿈은 좋은 꿈이다. 이 경우에, 잡은 곳의 위치도 상징적 의미를 지니고 있다. 예를 들어, 논보다는 바다가 사업분야 등에서 보다 넓은 활동무대에 기반을 두고 있다.

(1) 사람이나 태몽의 상징 표상

한편 모든 동물은 사람이나 태몽의 상징 표상으로 등장할 수 있다. 예를 들어 게가 높은 곳을 기어 올라가는 꿈을 꾼 학생의 경우, 꿈속의 게가 바로 학생 자신을 상징하는 경우에 성적이 오르거나 진취적인 일을 하게 된다. 싱싱한 게를 보거나 잡는 꿈이 태몽 표상으로도 실현될 수 있다. 또한 꿈속에 나타난 게가 한 발이 없다거나, 웅덩이에서 허우적거리는 꿈은 좋지가 않다. 태몽 표상인 경우에, 다리에 이상이 있는 아이를 낳게 되거나, 일생이 어려움 속에서 지내게 된다.

한편 해변에서 수많은 게들이 들락날락하는 것을 보는 영업직 회사원의 꿈인 경우에, 상품에 대한 소비자의 반응이 호평을 받고 있음을 예지해주고 있음을 알 수 있다. 이 경우에, 보험설계사라면, 역시 많은 계약자를 확보하는 일로 이루어질 수 있을 것이다.

① 꽃게를 잡는 꿈(태몽 사례)

　어머님이 꽃게를 바다에서 계속 잡는 꿈을 꾸셨어요.

이 경우에, 꽃게가 예쁜 표상인 경우에 딸을 낳을 가능성이 높다. 또한 한 마리는 아들, 여러 마리를 잡는 꿈은 딸일 가능성이 높지만, 이 역시 절대적이지는 않다.

② 게를 사온 꿈(태몽 사례)

　이제 임신 8주 정도 되었는데요. 며칠 전 꿈에 게꿈을 꾸었어요. 게가 크지도 작지도 않은 마트나 시장에서 파는 그런 게 있잖아요. 싸게 팔아서 제가 한 봉지 사 왔어요.--- 김현경, 베베하우스.

(2) 재물이나 이권의 상징

① 게를 많이 잡은 꿈

꿈속에서 한두 마리를 잡았는지, 보다 많은 게를 잡았는지에 비례하여 재물이나 이권의 획득이 이루어진다. 자영업자의 경우에, 아주 많은 손님이 가게를 찾아오는 일로 실현될 수 있다. 저자의 경우라면 책이 잘 팔려서 많은 인세를 받게 된다. 영업직 회사원인 경우 많은 거래처를 확보하게 되어 매출이 증대되는 일로 실현된다. 학생의 경우에 장학금을 받게 되거나 집에서 학비가 부쳐져 오게 되는 일로 실현 가능하다. 예를 들어 4마리의 큰 게를 잡은 꿈을 꾼 학생은 집에서 4만

원이 부쳐져 오는 것으로 실현된 실증사례가 있다.

② 어떤 개울 옆 논에서 많은 게들을 잡아올려 상자 속에 가득 담았던 꿈

재물을 얻게 되는 일로 이루어진다. 저자의 경우에 책이 널리 팔리게 되어, 게로 표상된 재물이 들어올 것을 예지해주고 있다.

③ 게를 잡으려 했으나 구멍 속으로 숨어버려 잡을 수 없었던 꿈

처한 상황에 따라 재물이나 이권을 얻지 못하는 일로 이루어진다. 한곳에 모여 있던 게들이 흩어지는 꿈은 재물이나 이권이 자신에게 멀어지게 된다.

(3) 일거리나 대상

게가 사물로써 일거리나 대상의 상징이 되기도 한다. 예를 들어, 해변의 많은 게들이 인기척에 놀라 숨어버리는 꿈은 사업을 크게 벌이나 실속 없는 것임을 뜻한다. 또한 저자의 경우에, 상대방이 한 보따리의 게를 가져오는 꿈으로, 한 보따리의 선전 광고물을 가져온 일로 실현된 사례가 있다.

① 수북이 쌓인 많은 게를 무언가로 덮어놓은 꿈

현재보다는 나중에 이루어질 일임을 예지하고 있다. 상당한 기간이 지난 후에 활용할 수 있는 논문이나 저술 자료 등이나, 재물·이권의 상징이다. 자신도 잊고 있었던 부모의 유산이 있던지, 휴면 주식으로 남겨져 있었다든지, 어떠한 곳에 자신의 이권이나 권리가 확보되어 있음을 뜻한다.

② 게를 잡아 산더미같이 쌓은 꿈

개울가 모래밭을 지나다 보니, 그 모래 속에 게들이 있을 듯싶어 손으로 모래를 파헤치니, 그곳에서 무수한 게들이 쏟아져 나온다. 계속해서 파헤치고 그 속에서 꺼낸 게가 옆자리에 산더미처럼 쌓아 올려진 꿈이었다.

이 역시 좋은 꿈이다. 사업가는 재물을 얻게 되거나 사업의 후원자 등을 얻게 되며, 혹은 학자라면 게로 표상된 방대한 연구자료를 얻게 된다.

(4) 사건, 사고

꿈속에 나타난 게가 누군가에 의해서 다치는 것으로 전개되는 꿈은 좋지가 않다. 현실에서 교통사고 등을 당하게 되거나, 자신이 하는 사업이나 일거리에서 문제가 발생하여 해결하기 어렵게 되는 일로 실현된다.

≪조개≫

조개는 태몽 표상으로 등장하기도 하며, 재물이나 이권, 집문서, 집, 여성, 사업체, 일거리나 대상 등을 상징한다.

(1) 사람이나 태몽 표상-실증사례

속되게 조개를 여자로 비유하듯이, 여성을 상징하기도 한다. 크고 탐스러운 조개를 캐거나 얻는 꿈은 꿈이 생생한 태몽 표상인 경우, 능력이 있고 좋은 아이를 낳게 된다. 조개를 많이 잡는 태몽으로 태어난 아이는 장차 많은 재물이나 사업체 또는 창작물을 성취할 사람이 된다. 조개를 한두 개 잡는 꿈으로 여아를 낳기 쉬우나 절대적인 것은 아니며, 여성적인 성품의 남아를 낳을 수도 있다. 한편 민속의 꿈에, '조개를 보면 늦게야 자식을 낳는다.'고 전해오고 있다.

① 가리나무 한 짐을 긁어다 놓자 그 속에서 많은 조개가 나오는 꿈

태몽으로 장차 사업분야에서 창의적인 아이디어로 많은 돈을 벌 자손이 태어나는 일로 실현되었다.

② 홍합·조개를 주워담은 꿈(태몽 사례)

저희 친언니는 바닷가 모래사장 같은 데서 조개들이 널브러져 있는데 그중에서 홍합이랑 조개 각각 한 개씩 제일 큰 것들을 가슴에 주워담는 꿈을 꿨대요.---zittda, 다음 미즈넷.

③ 맑은 물 위에 꼬막을 보는 꿈(태몽 사례)

저희 엄마께서 꾸신 꿈인데요. 정말 깨끗한 맑은 물 위에 여러 꼬막이 있었고요. 그중 가장 큰 꼬막이 활짝 열려 있었대요.---조은정, 베베하우스.

④ 큰 전복을 따서 담은 꿈(태몽 사례)

꿈에 남편이랑 살아서 막 움직이는 정말 큰 전복을 땄어요. 그릇 같은데 꽉 차고도 막 넘쳐날 정도로---. 그런데 옆에 소라 같은 것도 있었는데, 이건 안 담았고요. 전복만 담았네요.---이승희, 다음 미즈넷.

(2) 재물이나 이권의 상징-실증사례

조개 또한 게와 앞서 살펴본 게와 유사한 점이 많다. 민속에 전하는 꿈으로도, 고기나 조개를 잡아 쌓아 올리는 꿈은 재물이 생긴다고 전해오고 있다.

조개는 재물이나 이권의 상징으로 꿈속에서 자주 등장하고 있다. 한자의 부수에서 '貝(조개 패)'자는 재물을 뜻하고 있다. '貝(조개 패)'자가 들어가서 재물의 뜻을 나타내는 한자인 財(재물 재), 貪(탐할 탐), 貧(가난할 빈-재물이 나누어지니) 등에서 알 수 있듯이, 먹을 수 있으며 물물교환의 대상이 되는 만큼, 꿈속에서도 조개가 재물의 상징으로 자주 등장하고 있다.

해변에서 크고 탐스러운 조개를 많이 잡거나 캐오는 꿈일수록, 커다란 이권이나 재물을 얻게 된다. 사업가는 상품이 널리 팔리게 되어 많은 이익을 내게 되며, 작가인 경우 저서를 출간하게 되어 널리 팔리게 되며, 태몽 표상인 경우 능력이 있고 좋은 아이를 낳게 된다.

조개껍데기 또한 재물의 상징으로 자주 등장하고 있다. 조개껍데기가 수백 배의 자갈 더미로 변하는 꿈은 막대한 재물을 얻는 일로 실현된다. 이 경우에 꿈은 꿈을 꾼 사람이 처한 상황에 따라 달리 실현되기에, 저자의 경우라면 무가치한 원고가 새롭게 작품으로 출간되어 널리 호평을 받게 될 것을 예지해주고 있다.

공중에서 내려오는 조개를 자꾸 받아 입에 삼키는 꿈으로 이권과 재물을 얻는 일로 실현된 사례가 있다. 조개에서 진주가 나오는 꿈이거나, 물이 빠진 갯바닥이나 해변에서 조개(게, 물고기)를 잡는 꿈은 일반인의 경우에 로또(복권) 당첨 등 뜻밖의 재물을 얻게 되는 일로 실현된다. 또한 사업가인 경우에, 뜻밖의 창의적인 아이디어로 커다란 성취를 이루어내게 된다. 학자인 경우라면 새로운 발견을 하게 되어, 학문적인 성취를 이루게 되거나, 명예를 얻게 되는 일로 실현된다.

① 맑은 시냇가에서 주먹만 한 백합(흰 조개)을 줍는 꿈

복권에서 승용차에 당첨되는 일로 실현되었다.

② 우물에서 커다란 조개 세 개를 캐어내는 꿈

부동산 문서를 세 가지 획득하는 일로 실현되었다.

③ 조갯살을 담은 봉투를 망태기에 넣어준 꿈(실증사례) → 실익이 없는 계약 성사

예전에 영업사원으로 인센티브 받던 시절 꾼 꿈입니다. 지점끼리 경쟁도 있었고, 한 지점에서 상담을 받은 고객이면 뺏어올 수 없는, 어떠한 룰이 존재하던 당시의 꿈입니다.

꿈에 바닷가를 갔습니다. 무릎 정도 오는 파란 바닷물에 바닥은 흰색 모래이고, 그 안에 조개가 아주 많이 널브러져 있었습니다. 조개를 쓸어담아 망태기에 담고 있는데, 지나가던 한 아주머니가 "많이 잡았네." 하시며, "해먹을 때 같이 해먹으라."며 본인이 잡

은 조개를 저의 망태기에 넣어주셨습니다. 그 아주머니는 조개껍데기를 다 까고, 조갯살만 검정 비닐봉투에 담은 상태에서, 그 검은 봉투째 저의 망태기에 넣어주셨습니다. 제가 듣기로는 조개는 껍데기가 돈이라고 들었는데, 꿈에서 그 아주머니는 껍데기를 다 깐 상태로, 알맹이만 모아서 저에게 주었습니다. 일거리만 받은 것이라고 주위에서 얘기하는데, 정확한지는 모르겠습니다.

며칠 후 저는 상담을 해서 의외의 매출을 올렸습니다. 하지만 그 고객은 저희 다른 지점에서 이미 상담을 받은 고객이라, 인센티브는 저의 몫이 아니고 처음 상담을 받은 지점의 몫이었습니다. 그러나 그 고객은 먼저 상담받은 지점 직원과 싸우고 온 상태였고, 그 지점과 연관되는 상태라면 계약을 안 하겠다고 하셨습니다. 이에 그 고객을 설득하여 저희 지점에서 등록을 시켰고, 결국 그 고객관리는 제가 맡았고, 인센티브 부분은 먼저 상담받은 다른 지점과 고객 모르게 나눠주기로 했습니다. 한 번도 다른 지점과 인센티브를 나눈 적이 없었던 시절에, 최초의 사건이었습니다. 결국 저는 일은 다 하고, 수당은 반만 가지게 된 사연입니다.---꿈꾸는소녀, 2012. 07. 05.

(3) 일거리, 대상

조개가 어떠한 일거리나 사업의 대상을 상징하기도 한다.

① 조개가 자신의 발가락을 물은 꿈

자기의 희망하는 청탁이 기관에서 착수되어, 진행 중임을 예지한다.

② 해변에 널린 수많은 조개껍데기를 치우는 꿈

수많은 일거리가 있음을 예지한다. 예를 들어, 공무원은 자신이 처리해야 하는 수많은 민원이 있음을 예지하고 있다.

(4) 사건 사고의 대상

조개가 물 밖에 나와서 죽어 있는 꿈은 좋지가 않다. 태몽 표상에서 유산의 표상이다. 또한 조개가 말라비틀어진 것을 보는 꿈도 좋지가 않다. 신병(身病)으로 인하여 고통을 받게 되거나, 교통사고 등으로 불구의 몸이 되기도 한다. 이처럼 꿈속에 나타난 조개 등의 상태에 따라 병의 회복 여부, 직장에서의 승진 여부를 보여주기도 한다. 이 경우에, 탐스럽고 커다란 모양의 좋은 조개가 꿈속에 등장해야 좋은 꿈이다.

≪물개, 문어, 낙지≫

　물개, 문어, 거북이, 낙지, 오징어, 주꾸미 등 헤아릴 수 없이 많은 수생동물들이 우리의 꿈속에 등장할 수 있다. 이 경우, 앞서 살펴본 대로, 재물이나 이권, 사람이나 일거리·대상의 상징으로 등장하고 있다. 이 경우 잡거나 얻거나 보게 된 물개·문어·거북이·낙지·오징어 등이 탐스럽고 싱싱한 표상일수록, 태몽 표상에서도 좋은 인생길을 예지해주고 있으며, 사업이나 추진하는 일에서 좋은 결과를 가져오게 된다.

　물개·문어·거북이·낙지·오징어·주꾸미 등을 잡거나 얻는 꿈은 꿈을 꾼 사람이 각자 처한 상황에서, 이권이나 재물을 얻게 되는 일로 실현된다. 또한 물개나 거북이 등을 잡는 꿈이 태몽 표상이나 이성과 인연을 맺게 되는 일로도 실현될 수 있다.

　일반적으로 다가오려는 물개·문어·거북이·낙지·오징어·주꾸미 등을 죽이는 꿈은 태몽 표상에서는 유산 등으로 실현된다. 하지만 일반적인 상징에서 죽이는 꿈은 성취·제압·굴복·복종을 의미하므로 물개 등을 칼로 세 번 쳐서 죽이는 꿈은 어떤 사업체나 기관에서 주어진 일을 세 차례에 걸쳐 완전히 끝내는 일로 이루어진다. 저자나 예술가의 경우라면, 동일한 성질의 작품을 세 차례 만들 일과 관계한다. 한편, 물개의 지느러미 밑에 팔이 하나 있던 꿈은 다지증으로 육손이를 낳는 일로 실현된 사례가 있다.

　또한 문어나 낙지·주꾸미에게 몸이 감기는 꿈은 영향권에 들어가는 것을 상징한다. 안 좋게는 구속·억압의 상태에 놓이게 되며, 좋게는 고용·취직·입학 등의 일이 이루어진다. 이 경우에 꿈속의 정황이나 느낌에 따라 길흉이 달라지고 있다.

≪거북, 자라≫

　거북이 꿈이 대체로 좋게 전개되고 있다. 거북은 부귀한 사람이나 권력자·협조자를 상징한다. 일거리·대상으로 협조기관이나 단체를 상징하기도 하며, 재물·이권 등을 상징한다.

　자라 또한 거북과 동일한 해석이 가능하며, 주로 재물 또는 길운 등을 상징한다.

(1) 사람의 상징

① 거북이가 뱃길을 안내하는 꿈

거북이로 상징된 어느 기관이나 협조자의 도움을 받아, 사업이 융성하고 크게 길하게 된다.

② 거북이가 물이나 집에 들어가는 꿈

고급관리가 되거나 부귀를 누린다. 그러나 물이 없는 우물에 들어가면, 곤궁한 갇힌 몸의 신세가 된다.

(2) 태몽의 실증사례

① 거북 꿈의 태몽

거북의 태몽으로 태어난 사람이 태평양에서 표류하다가, 거북을 붙잡고 살아난 사례가 있다. 이로써 보면, 태몽 표상과 우리의 인생길이 보이지 않는 운명의 길로 얽혀져 있다는 것을 여실히 드러내 주고 있다.

② 어부가 거북이를 잡아 건네준 태몽

아파트 12층에서 떨어진 생후 27개월 된 남자 아기가 팔과 어깨뼈만 부러지는 골절상을 입고 목숨을 건졌는바, 강가에서 어부가 장수(長壽)한다고 알려진 거북이를 잡아 건네주는 태몽이었다.

③ 거북이가 보석을 물려고 하던 꿈 → 태몽

저희 딸아이 태몽입니다. 큰 거북은 아니고, 거북이가 제가 들고 있는 보석을 물려고 하는 꿈이였답니다. 주위 어른들께서는 흔히 거북은 남아라고 하더라고요. 그런데 전 알록달록 보석을 물려는 것을 보니, 딸 같다고 하시더라고요. 정말 낳으니 딸이었고요.---김민정, 베베하우스.

④ 거북이가 따라 다닌 꿈 → 태몽

꿈에 바다같은 곳이었는데, 아주 큰 거북이 저의 발끝을 물려고 했어요. 사람들이 아주 많은데 저만 찾아 따라다니고, 얼마 전에 둘째 임신소식을 들었답니다. 첫아이는 딸이라(6세) 이왕이면 둘째는 아들이었으면 하는 바램입니다.---김준하, 베베하우스.

⑤ 거북이 등에서 빨래를 한 꿈 → 태몽

냇가의 널찍한 바위에 앉아 열심히 빨래를 하고 있을 때, 갑자기 밟고 있던 거무스름한 바위가 꿈틀꿈틀 움직이기 시작하여 자리를 피하고 보니, 넓은 거북이 등에 앉아 빨래를 하고 있는 것이었다.

⑥ 거북이가 옛집에 나타나다. → 태몽을 대신 꿔준 체험담

13년 전의 꿈얘기입니다. 저의 옛 친정집이 보이고, 마당에 3~4백 년 된 아주 몸집이 큰 거북이 한 마리가 엉금엉금 기어오고 있었죠. 그러더니 부엌으로 들어가는 겁니다. 저도 따라 들어가서는 짓궂게도 거북이 등을 들어보았더니, 그 속에 새끼거북이가 몇 마리 들어 있는 것입니다. 거북이가 알을 낳는 장면을 본 적이 있어서, '이상하다. 거북이가 등에서 새끼를 낳나?' 하고 의아해했습니다. 그리곤 집안을 다니는 모습을 보고는 꿈에서 깨어났지요.

그리곤 주변에 임신한 사람이 없는지 알아보았더니, 시동생이 8년 만에 아이를 가졌다고 하더군요. 아이를 기다려도 아이가 생기지 않는다고 했는데, 아이를 가졌다니 너무 기분이 좋았습니다. 시동생에게 꿈얘기를 했더니, 자기한테 팔라고 말하더군요.---파랑새, 2009. 02. 21.

⑦ 별이 변해서 자라가 되어 품속에 파고든 꿈 → 이경심의 태몽이다.

엄마가 길을 가다가 하늘을 보니 별들이 총총하게 떠 있었고, 그 가운데 가장 큰 별이 떨어지고 있었다. 엄마는 그 별을 꼭 받아야만 된다고 생각했는데, 떨어지면서 자라로 변하더니 전깃줄에 걸렸다. 엄마는 제발 내 치마폭으로 떨어지라고 빌었고, 결국 자라는 쏜살같이 엄마 품속으로 파고들었다.

⑧ 자라가 안긴 꿈 → 육영수 여사의 태몽

육영수 영부인은 1925. 11. 29(음력10. 14) 충북 옥천군 옥천읍 교동리 덕유산 기슭에서 부친 육종관과 모친 이경령 여사 사이에 1남 3녀중 둘째 딸로 태어났다. 어머니 이경령 여사는 태몽으로 큼직한 자라가 품에 덥석 안기는 꿈을 꾸고 육영수 여사를 잉태하였다.(또는 '집 마당으로 기어든 거북을 안고 안방으로 들어온 것'으로 나오기도 한다.)

⑨ 왕(王)자가 쓰여 있는 거북이를 품에 안는 꿈 → 이어령(李御寧) 교수의 태몽

"금강산이 보이는 동해에서 거북이가 나왔는데, 가슴에 왕(王)자가 쓰여 있는 거북이를 어머니가 품에 안는 꿈이었다."라고 한다. 그래서 이름을 지을 때, '어'(御)자를 집어넣었다고 한다.---조용헌 살롱, 조선일보, 2009. 2. 8.

이어령(李御寧) 이화여대 석좌교수의 태몽이다. 임금의 명령을 '어명(御命)'이라 하듯이, 왕(王)자가 쓰인 거북이의 태몽에서 어(御)자의 이름자를 사용하고 있는 바, 어느 분야에서 최고의 직위와 능력을 발휘할 것을 보여주고 있다. 태몽의 예

④ 동물 꿈(12지 및 기타 동물)

지대로, 주요 신문의 논설위원이자 저술가로, 언론 및 학문에서 뛰어난 업적을 보여주고 있다.

⑩ 거북의 몸에 사람의 얼굴이 달린 꿈(선인의 태몽 사례)

거북의 몸에 사람의 얼굴이 달린 여덟 거북이 사람을 본 박팽년의 사위 이공린은 여덟 명의 아들을 낳았으며, 그들의 벼슬이 정승·판서에까지 이르렀다.

(3) 이권이나 재물─꿈해몽 요약 및 실증사례

① 거북의 목을 잡는 꿈

단체의 우두머리나 수석을 하게 되거나, 일의 진행에 있어 주도적인 위치에 오르게 됨을 뜻한다. 거북을 잡으려다 잡지 못하는 꿈은 태몽 표상에서는 임신하려다가 무위에 그치는 일로 실현된다. 일반인의 경우에 자신이 추구하는 일거리 대상에 착수하게 되나, 그 뜻을 이루지 못한다. 회사 사장의 경우에, 거북이로 상징된 인재를 뽑고자 했으나 얻지 못하는 일로 이루어진다.

② 거북을 죽이는 꿈

거북의 목을 쳐서 피가 흐르는 것을 보는 꿈은 뜻밖의 횡재수로 재물을 얻게 되거나, 사업으로 성공한다. 단, 태몽 표상인 경우에는 유산으로 실현되며, 사람의 상징으로 등장한 경우에는 누군가를 제압·굴복시키게 되며, 일거리·대상의 상징인 경우에는 시원스럽게 처리되는 일로 이루어진다. 그러나 이 경우에, 거북이가 목을 움츠리면 일이 실패로 돌아가게 되며, 청탁한 일이 성사되지 않는다.

③ 옆에 있던 자라가 거북으로 변한 꿈

소자본으로 큰돈을 벌거나, 낮은 직위에서 보다 높은 직위로 옮겨가는 일로 이루어진다. 조그만 가게에서 보다 큰 규모의 가게로 옮겨가는 일로도 실현 가능하다.

〈실증사례〉

① 거북이를 줄 터이니 유용하게 쓰라는 꿈

거북 모양의 귀한 수석을 발견한 사례가 있다.

② 거북이 맑은 물에서 노니는 꿈

거북이 맑은 물에서 노니는 것을 본 사람은 IMF가 터지기 전에 집을 팔아, 큰 재산상의 이익을 얻을 수 있었다.

③ 거북이가 두 마리가 알을 낳는 꿈 → 두 장이 복권에 당첨

거북이 세 마리 중에서, 두 마리가 물가로 나와 흙 속에 알을 낳는 꿈을 꾸었다. 꿈을 꾸고 나서, 복권 세 장 중에 두 장이 당첨되는 일로 실현되었다. 이 밖에도 악취 나는 웅덩이에서 죽어가던 자라 세 마리 중에서 두 마리를 구해준 꿈으로, 또또복권 3장을 구입하여 3장의 복권 중에 2장이 당첨되고 있는바, 꿈속 숫자의 상징 의미대로, 현실에서 관련을 맺고 있다.

④ 거북이 두 마리가 자신의 어항에 담겨있는 꿈 → 더블복권 3억 원에 당첨

복권추첨이 있기 전날, 부인인 이씨는 심상치 않은 꿈을 꾸었다. 새파란 거북이 두 마리가 자신의 어항에 담겨있는 꿈이었는데, 태몽이 아닐까 하는 생각을 했다고 한다.

이 꿈의 경우 일반적으로 가임여건에서는 태몽으로 실현될 수도 있다. 이 경우 꿈속에 등장한 동물의 숫자에도 반드시 상관성이 있다. 두 마리의 거북이기에 쌍둥이를 두게 되든지, 장차 자녀 둘을 두게 되는 것으로 실현될 것이다.

현실에서는 3억 원에 당첨되고 있는바, 이 경우에도 꿈속에서 등장한 동물의 숫자의 상징과 일치해야 한다. 거북이 두 마리를 보는 꿈으로 더블복권에 3억에 당첨이 되었다면, 현실에서는 거북이 두 마리로 상징된 1억 5천짜리 두 장의 복권을 상징하는 표상으로, 반드시 둘이란 숫자와 관련되는 것으로 이루어져야 한다. 이 꿈의 경우 태몽으로 실현될 경우도 마찬가지이다. 쌍둥이를 두게 되든지, 자식 둘을 두게 되는 것으로 실현된다.

≪다슬기, 고동, 소라, 기타 수생동물≫

다슬기나 수생식물은 태몽 표상으로 등장하고 있다. 이권이나 재물의 상징으로도 가능한바, 이 경우에 맑고 깨끗한 여건에서 잡는 꿈이 좋은 꿈이다.

① 다슬기를 잡은 꿈 → 태몽

친정엄마께서 꿔 주신 꿈이라 자세한 상황은 잘 몰라요. 다만 냇가라 생각되는 맑은 물에서 다슬기를 잡으셨대요. 주변에는 다른 것은 아무것도 없었고요. 그런데 그중에서도 크고 좋은 다슬기로만 골라서 앞치마에 주워서 가지고 오셔서 저를 주신 거예요. 다슬기를 잡으시면서 엄마 기분은 좋으셨다고 해요. 제가 임신을 하지 않은 상태에서 꾼 꿈

이었는데, 엄마께서는 꿈이 아주 생생한 걸로 봐서 태몽 같다고 하시네요. 이 꿈을 꾸고 건강한 아들을 낳았어요.

② 커다란 고동을 얻은 꿈 → 태몽

전 임신 6주 정도 되었고요. 임신한 것을 알고 태몽일 것 같은 꿈을 뽑아보니, 길거리에 연예인 남자가 큰 고동을 바닥에 놓고 가만히 보고 있는 거예요. 그 길을 지나쳐 가는데, 수박보다 더 큰 고동이 뿌연 물이 담긴 함지박에 담겨있어서, 꺼내어 물을 털어내어 가졌습니다. 그리고는 6시 알람 소리에 꿈이 깼고요. 아침에 꾸는 꿈은 태몽이 아니라는 말도 있던데, 태몽이 맞을까요?---조경원, 베베하우스.

태몽이 맞다. '아침에 꾸는 꿈은 태몽이 아니라는 말도 있던데' 등은 전혀 근거 없는 황당한 말이다. 낮잠을 자다가 꾸던지, 잠깐 졸다가 꾸던지, 그 언제 어떤 상황에서 꾸더라도, 가임여건에서 강렬하고 생생한 꿈의 기억과 동식물 등 생명체를 얻는 꿈이라면 태몽임에 틀림이 없으며, 산이나 바다 같은 자연물과 관련지어 태몽을 꾸기도 한다. 또한 남의 태몽을 대신 꿔주는 경우에는 가임여건과도 무관하게 태몽이 될 수 있겠다.

③ 바닷가 동굴에 소라가 수북이 쌓여 있는 꿈 → 가수 이소라의 태몽

바닷가 동굴에 커다란 소라가 가득 쌓여 있고, 밑으로 빛을 발하는 뱀 한 마리가 지나가는 꿈이다. 엄마의 꿈속에 바닷가가 펼쳐져 있었으며, 해변에 어슴푸레 동굴이 보여 신비감에 싸여 동굴 속으로 끌려 들어갔단다. 그런데 그 안에는 큰 소라가 수북이 쌓여 있었다고---. 그래서 내 이름이 소라가 되었나 보다.---나우누리/가수마을/이소라 팬클럽.

아마도 예쁜 소라였기에 여성적인 태몽이며, 수북이 쌓여 있는 태몽에서 풍요로움의 표상이 담겨 있다.

≪인어≫

인어는 사람의 상징인 경우, 연예인이거나 특수한 인기인을 상징한다. 일거리 대상의 상징으로 살펴보자면, 특별한 예술작품이나 독창적인 학문적 업적, 특이한 종교 등을 상징한다. 아름다운 인어를 만나는 꿈은 특이한 재능을 지닌 이성과 인연을 맺게 되거나, 태몽으로 특별한 재능을 지닌 아이를 출생하게 된다.

4) 파충류 – (뱀, 구렁이, 코브라, 도마뱀, 악어, 개구리, 맹꽁이, 두꺼비)

≪뱀·구렁이에 관한 꿈≫

1) 뱀·구렁이 꿈에 관하여

　뱀(구렁이)의 상징성은 다양하다. 뱀(구렁이)은 사람의 상징으로 많이 등장하고 있다. 강대한 세력을 가진 사람, 악한, 미운 사람, 교활한 사람, 정부(情婦) 등 여러 가지이다. 특히 여성에게 있어 구렁이는 남성의 상징으로 많이 등장하고 있다. 뱀이 자기 몸을 칭칭 감는 꿈은 이성과의 인연을 맺는 육체 관계나 결혼, 임신 등의 태몽으로 실현된다.

　태몽의 표상으로도 뱀과 구렁이는 자주 등장하고 있다. 태몽에서 구렁이인 경우 아들, 뱀은 딸일 확률이 높지만, 절대적인 것은 아니다. 일반적으로 작은 뱀의 표상보다는 큰 구렁이는 권세가 있고 부귀한 사람으로, 그릇이 큰 인물이 됨을 예지해주고 있다.

　한편 뱀이나 구렁이는 이권이나 재물의 상징으로 자주 등장하고 있으며, 이 경우 뱀을 잡거나 죽이는 꿈이 좋은 꿈이다. 뱀이나 구렁이를 잡는 꿈으로 합격하거나 승진하거나, 로또(복권)에 당첨된 사례가 상당수 있다.

　이 밖에도 사건·사고의 표상으로도 뱀이 자주 등장하고 있다. 뱀에게 물려 독이 퍼지는 꿈은 권세나 명예 또는 재물을 얻는 일로 실현되지만, 기분이 안 좋은 꿈의 경우에 안 좋게는 사건·사고에 휩싸이게 된다.

　덧붙여서, 참고로 인터넷에 올려진 뱀꿈을 자주 꾸는, 아이디 'SuZi-허니'가 체험한 뱀꿈에 대한 다양한 실증사례를 살펴본다.

　＊뱀이 물속에 가득한 꿈 → 사람 많은 곳을 가게 된다.

　＊뱀을 밟는 꿈, 뱀이 발 주위에 득실득실한 꿈 → 외출을 하게 되는 일로 실현된다.

　＊머리 둘 달린 뱀들에게 공격받는 꿈 → 점심밥을 먹게 된다.

　＊사방에서 뱀들이 주렁주렁 달려 있는 꿈 → 늦잠을 자게 된다.

　＊거대한 흰 구렁이가 나오는 꿈 → 어깨가 뻐근하다.

2) 뱀·구렁이 꿈해몽 요약

⑴ 사람의 상징, 인연/연분−꿈해몽 및 실증사례

꽃뱀이라는 말이 있듯이, 화려한 뱀은 화류계 여성이나 미모와 지혜가 뛰어난 여성의 상징으로 쓰이고 있다.

① 큰 구렁이를 치마로 싸서 죽이는 꿈

사람의 상징으로 등장한 경우, 화재로 인한 질식사나 교통사고 등의 안 좋은 일로 실현된다. 태몽의 경우에는 유산하게 된다.

② 큰 구렁이한테 물리는 꿈

훌륭한 배우자나 협조자를 만나며 권리나 명예가 주어진다. 꿈속에서 구렁이가 보기 싫게 느껴진 꿈은 안 좋게는 조직폭력배 등에 시달리는 일로 실현된다.

③ 뱀이 위장하고 노리고 있는 꿈

나무줄기 모양으로 늘어져 위장하고 있거나, 동체를 감은 채 혓바닥을 널름거리고 있는 꿈은 흉계를 가진 자에게 해를 입게 되는 일로 실현된다.

④ 뱀이 몸을 감고 턱밑에서 무섭게 노려보는 꿈

배우자에게 자유를 구속받거나, 계속되는 불화로 가정 파탄을 면치 못하게 된다.

⑤ 뱀이 대문으로 들어오는 꿈

집안 식구가 늘거나 재물이나 이권이 생기며, 뱀이 문에서 들여다보면 청탁자나 청혼자가 생긴다.

⑥ 여자의 몸에 구렁이가 감기는 꿈

처녀는 훌륭한 배우자를 얻고, 유부녀는 외간 남자와 연애하게 되거나 태몽으로 실현된다. 그러나 재물의 상징인 경우에, 재물이나 이권을 얻게 된다.

⑦ 구렁이가 늘어서 있다가 사라진 꿈

밤색 구렁이가 앞에 죽 늘어서 있다가 사라지면, 다루기 힘들고 탐탁하지 않은 어떤 사람으로 인하여 불쾌감을 체험한다.

⑧ 구렁이가 허물을 벗고 사라지는 것을 보는 꿈

사람의 상징인 경우에, 과거의 죄를 청산하고 새롭게 태어남을 보게 된다.

〈실증사례〉

① 조그만 뱀이 숲 속으로 달아나는 꿈 → 뱀으로 상징된 아이를 교통사고로 잃다.

필자의 전화상담 사례이다. 아이를 교통사고로 잃은 어느 주부의 꿈이야기
이다.

지난겨울에 꾼 꿈이다. 여기저기 꽃들이 피어 있는 야트막한 야산으로 둘러싸인 곳에
있었다. 그곳의 어느 한쪽 평지에 망태기 같은 곳에 뱀 한 마리와 다른 짐승 하나가 있
었다. 그런데 그 망태기 구멍으로 쏙 뱀이 빠져나오더니, 인근의 숲 속으로 도망을 가는
꿈이었다.

그로부터 몇 달이 지나서, 살고 있는 집이 2층이라, 집 길 바로 앞에서 아들이 "엄마"
하면서 유치원에서 돌아오는 모습을 보고 반기며 나가려고 하였다. 그 순간 집안에서
잠에서 깨어난 둘째 아기의 울음소리가 들려오기에, 달래주기 위해 방안으로 들어갔다.
그런데 그 사이에 아들이 교통사고를 당한 것이다. 오늘 죽은 아이의 49재(齋)를 지내고
오는데, 아이가 묻힌 곳이 몇 달 전의 꿈속의 배경과 일치하는 것이었다.

꿈에서 망태기 안의 뱀은 바로 자신의 아들을 상징적으로 표상하여 나타내고
있다. 뱀이 숲 속으로 달아나는 표상이 현실에서는 사랑스러운 아들이 교통사고
를 당하여 세상을 떠나, 자연으로 돌아가는 것으로 실현되고 있다.

② 뱀들이 피투성이로 죽은 꿈 → 질병으로 사망 예지

수많은 뱀들이 온 집안에 꿈틀거리면서 나뒹굴었다. 그런데 얼마 후에 보니, 모두 두
동강이 나거나 피투성이가 되어 축 늘어져서 죽어 있었다. 그 후에, 아버님이 병환으로
돌아가셨다.

③ 방안에 뱀을 풀어놓은 꿈 → 중매가 들어옴

꿈에 저희 어머니가 뱀을 제 방에 풀어 놓으셨습니다. 그날 아침 저에게 중매가 들어와
서, 다음 날 오후에 만나기로 했습니다.

뱀이 이성의 남성을 상징하고 있으며, 연분 애정으로 실현되고 있다.

④ 구렁이에게 밥상을 차려 올리는 꿈 → 연분을 맺다.

구렁이로 상징된 남자와 인연을 맺게 되었으며, 구렁이가 노처녀의 이름을 찾
으면서 부르다가 그대로 포기하고 가는 꿈은 구렁이로 상징된 남자가 관심을 보
이다가 결별을 선언하는 일로 실현되었다.

⑤ 침대로 다가온 뱀(구렁이)을 잡아 죽인 꿈 → 남자를 물리치다.

스토커같이 귀찮게 달려드는 하는 남자를 쫓아내다.

⑥ 병든 구렁이가 사라지고 뱀이 나타난 꿈 → 시할머니가 죽고 딸을 낳음

　　저는 시댁이 춘천이랍니다. 시부모님을 뵈러 주말에 춘천에 갔다가, 시댁에서 꿈을 꾸었죠. 시댁 안방에 보기에도 늙고 병든 큰 구렁이가 똬리를 틀고 시름거리고 있었는데, 젊고 싱싱한 뱀인지 구렁인지가 검고 탐스러운 육질을 빛내며 문지방을 넘어 방으로 들어오자, 시어머니께서 보자기를 들고 들어오셔서 그 늙은 구렁이를 보자기에 싸서 내다 버리셨지요. 그 뒤에 시할머니가 돌아가시고, 저는 귀여운 딸을 낳았습니다.---안양시 김○○

⑦ 뱀[巳]이 말[午] 위에 서려 있는 꿈 → 급제의 결과를 예지

선인의 꿈 사례이다. 뱀이 말 위에 서려 있었던 꿈의 예지대로, 뱀띠인 사람이 수석으로, 말띠인 사람이 차석으로 과거에 급제하는 일로 실현되고 있다.

⑧ 뱀이 올라가다가 떨어진 꿈 → 급제의 결과를 예지

선인의 꿈 사례이다.

　　병자년 과거시험이 다가와서 어함종(魚咸從)은 다섯 사람과 더불어 관방에서 독서하였다. 유조(兪造)가 잠을 깨어 말하기를, "간밤의 꿈이 반은 길하고, 반은 흉하다." 하니, 어함종(魚咸從)이 그 까닭을 물었다. 유(兪)가 대답하기를, "뱀 다섯 마리가 방 속에서 하늘로 올라가다가 뱀 한 마리는 반공에서 떨어졌다." 하니, 어(魚)가 말하기를, "우리들이 학업을 힘써 게을리하지 않는 것은, 다섯 사람이 모두 잘 되고자 한 것인데, 그대는 어찌 상서롭지 못한 말을 하느냐. 그대는 마땅히, '땅에 떨어진 것은 나다.' 라고 크게 소리를 지르라."하니, 유가 크게 외쳤다. "땅에 떨어진 것은 나다." 어(魚)가 말하기를, "어찌 범연(泛然)히 나라고만 부르느냐." 하니, 유가, "땅에 떨어진 것은 유조(兪造)다." 고 다시 외쳤다. 이듬해 네 사람은 급제하여 그 뒤에 모두 대신이 되고 빛나는 공적이 겸하여 나타났으나, 유조(兪造)만 홀로 만년까지 어렵게 살았으며, 명관을 차지하는 데도 나아가지 못하였다.---「용재총화」 제 6권.

(2) 태몽 표상-꿈해몽 및 실증적 사례

태몽의 표상에서, 덩치가 큰 구렁이인 경우 아들을 낳을 가능성이 많으며, 작거나 앙증맞은 뱀인 경우에는 대체로 딸을 낳을 가능성이 많다. 하지만 이 역시

절대적인 것은 아니다. 크기나 굵기, 색의 선명함, 윤기의 여부는 장차 아이의 능력이나 귀천의 여부, 역량이나 그릇됨을 나타내고 있다. 이 경우에, 크고 굵고 색이 선명할수록 좋은 태몽이다.

일반적으로 큰 구렁이는 권세 있고 부귀한 사람, 작은 뱀은 보통 사람이 될 것을 상징하는 태아의 표상이다. 작은 뱀의 표상보다는 커다란 구렁이의 표상이 보다 큰 인물이 됨을 예지해주고 있다.

대체로 큰 구렁이와 관계된 태몽은 남아를 낳을 가능성이 높으나, 여아인 경우에는 재주가 뛰어나거나 능력이 장대하며 명성을 떨칠 사람, 즉 여류작가·정치가·사업가가 됨을 뜻한다. 또한 뱀이 치마 속으로 들어오는 꿈 등은 태아를 잉태할 태몽으로 실현될 가능성이 높다. 그러나 뱀이 자궁 속으로 들어온 꿈이라면, 뱀이 병마의 상징으로 자궁이 이상이 생기는 일로 실현될 가능성이 높다고 하겠다.

① 뱀이나 구렁이가 나왔던 구멍으로 다시 들어가는 꿈

태아가 유산하거나 요절하는 일로 실현된다.

② 뱀을 죽이는 꿈

뱀이 덤벼들어 물려고 하기에 밟아 죽이는 꿈은 임신상황에서 유산되는 일로 실현된다.

③ 뱀이 치마 속으로 들어오는 꿈

태아를 잉태할 태몽이며, 새빨간 뱀이 들어오면 용감하고 정열적인 사내아이를 출산한다.

④ 뱀과 성행위를 하는 태몽

장차 권세·명예와 지혜를 지닌 아이가 태어나며, 일반적으로는 세력가와 계약 또는 동업할 일이 생긴다.

⑤ 큰 구렁이 옆에 많은 자잘한 뱀이 있는 것을 본 태몽

장차 권세를 잡아 국가나 사회단체의 지도자가 된다. 이러한 태몽으로, 군 장성과 유명가수가 된 사례가 있다. 자잘한 뱀들이 부하나 따르는 팬들을 상징적으로 나타내주고 있다.

⑥ 길 옆에 수많은 뱀이 우글거리는 태몽

태아가 장차 학자나 지도자 또는 교사·장성 등이 되어, 많은 제자나 부하들을

거느리게 될 것을 예지한다.

⑦ 목에 상처 난 뱀의 태몽

태어난 아이가 장차 목 부분에 이상이 생겨 한동안 어려움을 겪게 된다.

⑧ 큰 구렁이에게 물린 태몽

장차 권세와 능력을 지니는 큰 인물이 될 아이를 출산한다.

⑨ 큰 구렁이가 용마루(지붕마루)로 들어가는 태몽

태아가 장차 단체나 기관의 우두머리가 되거나, 외국 유학을 가게 됨을 예지한다.

⑩ 많은 황색 구렁이가 늘어서 있는 태몽

장차 위대한 정치가나 사업가·권세가가 될 아이가 태어난다.

⑪ 높은 산 중턱에 기다란 청색 구렁이가 있는 태몽

태아가 장차 학자·예술가 및 기타 인기인이 됨을 예지한 것이다.

⑫ 청색 구렁이가 산정(山頂)에서 몸체를 아래로 늘어뜨린 태몽

인기직업을 가진 위대한 인물이 될 태몽이거나, 저자의 경우에 선풍적인 작품을 저술하게 된다. 기관이나 사회단체의 장으로 실현된 사례가 있다.

⑬ 도마뱀에게 물리는 태몽

민첩하고 재주를 지닌 아이를 낳게 된다. 태몽이 아닐 경우 결혼이나 취직과 관계된다.

〈실증사례〉

① 공동 우물에서 큰 구렁이와 그 밑에서 득실거리는 지네를 본 태몽

공동 우물의 상징적 의미대로, 태아가 장차 공동체 생활을 영위하는 사회사업가가 된 사례가 있다.

② 두 마리의 뱀이 친정어머니 치마 속으로 들어오는 꿈

시집간 딸이 아들 쌍둥이를 낳은 사례가 있다. 이 경우 두 자녀를 두게 되는 일로도 실현 가능하다.

③ 구렁이가 쫓아와 발뒤꿈치를 문 꿈 → 노태우 전 대통령의 태몽

밭을 매러 갔는데 거기에 커다란 구렁이가 한 마리 있었다. 그래서 너무도 무서운 나머지 집으로 도망쳐 왔는데, 그 구렁이가 끝까지 집으로 쫓아와서 발뒤꿈

치를 물었다. 노태우 전 대통령의 할아버지가 그의 이름을 '태룡'(꿈속의 구렁이를 용
으로 생각했던 것이다.)으로 지으려다, 아주 좋은 건 드러내면 좋지 않다고 하여 '태우'
로 지었다고 한다.

여러 마리의 뱀들을 거느리고 있는 구렁이 태몽으로 장군이 된 사례가 있
듯이, 커다란 구렁이는 커다란 능력이나 큰 그릇의 사람이 될 것임을 보여주고
있다.

④ 뱀이 치마 속으로 들어오려는 꿈 → 태몽으로 아들을 낳음.

"빨래터에서 빨래를 하고 있는데, 우물 속에서 뱀이 올라와서는 치마 속으로 들어오려
고 하기에, 놀라서 비명을 지르며 집 방안으로 들어갔는데, 뱀이 거기까지 따라와 몸을
휘감더니 벽을 타고 올라 천장에서 빙글빙글 도는 꿈이었어요."

⑤ 커다란 구렁이가 방으로 들어가는 꿈 → 아들 출산

저희 아들 날 때, 태몽이 구렁이 꿈이네요. 저희 이모님이 저희 집에 오셔서 점심 드시
면서 커다란 구렁이가 방으로 들어가는 꿈을 꾸셨다고 하셨는데, 바로 임신 그리고 아
들을 출산했습니다.---오렌지 향기

⑥ 구렁이 태몽 → 딸을 출산

저희 딸 이제 10개월 넘어가는데, 신랑이 구렁이 꿈을 꿨답니다. 아들인 줄 알고 이름
도 지어놨다가 얼마나 처음에는 실망했던지, 지금이야 물론 예쁘죠. 제가 듣기론 구렁
이 색깔에 따라 아들일 수도 딸일 수도 있대요.---jin

⑦ 다리가 많이 달린 구렁이 꿈 → 딸을 출산

대형 구렁이가 아파트 현관 앞에서 몸을 코브라처럼 세우고, 구렁이인데도 다리가 지
네처럼 많이 달렸답니다. 다른 사람이 긴 막대기로 뱀을 쫓아내려고 하는 것을 엄마가
"왜 그러냐"고 하면서, 오히려 그 뱀의 머리를 쓰다듬고, 안아주며 달래가면서 방으로
데리고 들어가, 팔베개를 하고 젖을 물려주시면서 같이 잠을 잔 꿈이었어요. 딸을 출산
했습니다.---김률리

⑧ 산속에서 구렁이 두 마리를 본 꿈 → 딸 쌍둥이 출산

깊은 산 속에서 자라 두 마리와 아주 큰 구렁이 두 마리를 보았는데, 구렁이 한 마리가
제 허벅지를 물었어요. 아들이라고 믿고 있었는데 예쁜 딸 쌍둥이를 낳았어요. 태몽이
란 것, 참 신기한 것 같아요.

⑨ 뱀이 발가락을 문 꿈, 구렁이가 똬리를 틀고 앉은 꿈 → 아들과 딸을 출산

"뱀이 땅에서 나오더니 내 엄지발가락을 꽉 무는 꿈으로, 첫째 아들을 낳았어요. 둘째 때는 부엌에 누런 큰 구렁이가 똬리를 틀고 앉아 있어서 겁이 났는데, 딸이었어요."

⑩ 뱀을 잡아먹은 구렁이가 덮치는 꿈 → 아들같은 딸을 출산

제가 뱀을 싫어하는데, 제 주위에 뱀들이 우글거리는 거예요. 제가 징그러워하고 있는데, 아주 큰 노란색의 구렁이가 나타나, 그 뱀들을 다 잡아먹는 거예요. 주위의 뱀들을 다 잡아먹더니 저에게 다가오더니, 저를 확 덮치려기에 놀라 깨버렸습니다. 아들인 줄 알았는데, 아들같은 딸이 태어나더라고요.

⑪ 구렁이가 기둥을 감싸고 있는 꿈 → 딸을 출산

딸아이 임신 때는 꿈을 참 많이 꾼 것 같아요. 엄청 큰 구렁이가 기둥을 감싸고 가만히 있더라고요. 너무너무 크고 무서워서 무서워하면서도, '저 뱀이 왜 우리 집 기둥을 감고 있을까'하고 생각하면서, 쫓아버리려고 해도 꿈쩍도 안 했던 것 같아요.---쿨아쿠아, 다음 미즈넷.

⑫ 예쁜 꽃뱀과 굵은 구렁이 태몽

두 아이 모두 뱀 꿈이었는데요. 큰아이는 예쁜 꽃뱀이 방안에 누워 있기에 잡았고, 작은아이는 굵은 구렁이가 똬리를 틀고 있었어요. 그래서인지 큰아이는 순종적인데, 작은아이는 공격적이고 고집이 세서 만만치 않답니다.

태몽 표상에서 귀여운 꽃뱀은 여성적인 속성, 커다란 구렁이는 남성적인 속성을 지니고 있다. 다른 사례로 이처럼 구렁이 태몽으로 딸을 낳은 아이 아빠의 말을 그대로 인용해 살펴본다.

"이놈은 생긴 게 머슴아 다름 아니다. 구렁이가 태몽이니 그러려니 할 수도 있지만, 그 터프함은 제 엄마나 언니는 '저리 가라'다. 자세히 보면 여자애인 것 같기도 하지만 노는 것은 터프함의 극치를 달린다."

⑬ 상자 안에 검은 구렁이와 누런 구렁이가 있던 꿈 → 검은 구렁이는 딸, 누런 구렁이 아들 출산

상자 안에 누런 구렁이와 검은 구렁이, 이렇게 두 마리가 있었는데 그중 검은 구렁이를 잡아 점점 커지는 것을 큰 자루에 둘둘 넣는 꿈이었어요. 둘째 때는 태몽을 꾸지 않았는데 아마 그때 남겨두었던 누런 구렁이가 둘째였나 봐요. 첫째는 딸, 둘째는 아들이었어요.

이렇게 첫 번째 태몽에, 장차 두게 될 자녀의 태몽을 한꺼번에 꾸기도 한다.

⑭ 구렁이를 움켜잡은 꿈

친정아버지가 꾸어주셨는데요, 꿈에 구렁이 두 마리가 나타나서, 아버지가 그놈들을 잡으려고 한참을 실랑이하고 있었는데, 갑자기 제 남편이 나타나 "아니, 장인어른~ 그걸 못 잡으세요?" 하며 단번에 구렁이를 움켜잡더랍니다. 그래서 저희 가족은 태어날 아이가 아들이라 짐작을 했는데, 정말 맞았어요.

⑮ 작은 뱀을 움켜잡은 꿈

2003년 동갑내기 사업가 김현민 씨와 결혼한 개그우먼, 다산의 여왕 김지선의 넷째 딸의 태몽이다.

"셋째까지는 다 주변 사람들이 태몽을 꿨는데, 넷째 태몽은 남편이 직접 꿨어요. 남편이 꿈에 아주 튼실하고 예쁜 뱀을 보고, '잡아먹어야겠다.'고 생각하고 움켜쥐었대요. 그런데 주위를 둘러보니 뱀이 득실득실했는데, 자기가 쥐고 있는 뱀이 제일 예쁘더래요. 남편이 꿈이야기를 했을 때만 해도 태몽이라고는 생각도 못 하고 복권을 사라고 했어요."

예쁜 뱀에서 딸을 낳을 가능성이 높은바, 실제로 딸을 낳았다.

⑯ 뱀 두 마리가 달려든 꿈

숲 속을 걸어가는데, 뱀들이 바글바글 모여 있더라고요. 너무 싫어서 못 본 체하고 몰래 도망가는데, 글쎄 뱀 두 마리가 인정사정없이 저한테 달려들더라고요. 저도 인정사정없이 두들겨 패고, 소리 지르고, 집어던지고 해도, 뱀들이 웃기만 하고 떨어지질 않더라고요. 그래서 하도 기가 막혀서 막대기를 꺾어서 때리려고 하니까, 이번엔 뱀들이 엉엉 울더라고요. 그래서 갑자기 불쌍해져서 미안하다고 쓰다듬어주니까, 뱀들이 제 품으로 내달려서 들어왔는데 아무리 찾아도 없더라고요. 그리고 3일 후에 속이 뒤집어질 듯이 메슥거려서 병원에 갔더니, 쌍둥이 아들 둘이 알콩달콩 친구 삼아 자기들끼리 놀고 있더군요.[0201 왕눈이]

뱀 두 마리가 달려드는 꿈으로 쌍둥이를 임신, 마지막에 '아무리 찾아도 없더라고요.' 부분이 조금 마음에 걸리는 태몽이다.

⑰ 푸른 두 마리 뱀을 잡은 꿈

신랑이 귀엽고 사랑스러운 푸른 뱀인 청사(靑蛇)를 형하고 둘이서 한 마리씩 잡았는데, 집에 가지고 올 때는 둘 다 안고 온 꿈으로 예쁜 쌍둥이 여자아이를 출산하였다.

⑱ 깊은 산에서 뱀을 만난 꿈

친정어머니가 대신 꾸어준 태몽으로, KBS 열린음악회를 진행 중인 아나운서 황수경의 아들 원준에 대한 태몽은 깊은 산에서 뱀을 만나는 꿈이다.

⑲ 구렁이가 기둥의 단청 위를 감아 올라간 꿈

단청이 화려하게 그려져 있는 건물의 커다란 기둥을 구렁이가 휘감아 올라가는 꿈을 꾸었다. 태몽으로 아들을 낳았는바, 아이의 재능이 뛰어나며 지극히 성실하다. 현재 고시 공부 중이며, 장차 성취를 이루어내게 되는 좋은 태몽이다.

⑳ 구렁이가 담을 타고 들어온 꿈

인터넷에 올려진 시지르(syzyr)의 태몽 체험담 사례이다.

> 내 남동생의 태몽은 커다란 구렁이가 담을 타고 넘어와서는, 자고 있는 나와 언니의 주변을 칭칭 감더니, 멀뚱히 그 자는 모습을 지켜보더란다. 후에 언니에게나 나에게 어려운 일이 닥치더라도, 뒤에서 동생이 이를 지켜주고 도와줄 것을 암시하는 것이라며, "있을 때 동생에게 잘 해주라."고 어머니가 말씀하신 것이 기억난다. 그러고 보면, 난 차녀이기에 자유롭지만, 동생은 장손이라는 이유로 집안을 챙겨야 하니, 내가 나이를 먹더라도 어머님의 말씀처럼 동생이 그리할 것 같은 기분이 든다.

㉑ 뱀이 계속 쫓아오는 꿈

> 첫째 아들의 태몽입니다. 저는 임신 3개월 정도 지나서 꿈을 꿨어요. 제가 시골에서 살던 집이 나왔는데, 사람들이 집 앞에 커다란 나무뿌리 밑을 삽으로 파고 있는 거예요. 옆에서 지켜보고 있었는데, 흙 속에서 커다란 뱀이 잠을 자고 있었던 거예요. 잠에서 깬 뱀이 사납게 막 사람들에게 달려들어서, 저도 막 도망을 치는데, 뱀이 저를 계속 쫓아오는 거예요. 집안으로 들어와 대문을 닫았는데도, 뱀이 문틈으로 들어와 저의 몸 위로 기어오는 거예요. 놀라서 깼답니다.---글쓴이: 몽이, 이지데이, 태몽 이야기 방.

㉒ 구렁이가 금가락지 세 개를 끼워준 꿈

> 결혼해서 얼마 되지 않았을 때에요. 결혼해서 살고 있는 집에, 실뱀 여러 마리가 집 안으로 들어왔어요. 저는 너무 징그럽고 기분이 안 좋아서, 빗자루로 뱀들을 내 쫓았어요. 그러고 났는데, 이번에는 커다란 구렁이가 집으로 들어오려는 거예요. 그런데 실뱀과는 달리, 저는 그 구렁이가 아주 예쁘고 반가워서 집 안으로 맞이했어요. 그랬더니 그 구렁이가 덜컥 제 손을 잡는데, 느낌이 아주 좋았어요. 구렁이는 제 네 번째 손가락에, 반짝반짝 빛나는 금가락지 3개를 차례로 끼워주었어요. 저는 이 꿈을 꾸고 아들 셋을 낳았

어요. 셋을 낳을 동안 다른 태몽은 꾸지 않았는데, 태몽을 한 번에 꿀 수도 있다고 그러더라고요.

㉓ 뱀이 엄마를 물은 꿈

초등학교 2학년 때 꿈에서, 아빠가 술에 취해 한 손에는 봉지를 들고 집안으로 들어오셨는데, 봉지를 떨어뜨린 거예요. 그런데 그 봉지 안에서 술병이 아니라, 뱀이 갑자기 나오는 거였어요. 그리고 나는 잠에서 깼어요. 그 후 한 달 뒤에 엄마가 임신하셨어요.

어린 나이에 엄마의 태몽을 대신 꿔주고 있는바, 이렇게 나이에 상관없이 가족이나 주변 친지 및 다른 사람들이 대신 꿔줄 수 있다.

㉔ 뱀 두 마리가 동시에 다리를 물은 꿈

밥을 하다가 거실로 가려는데, 팔뚝 굵기에 길이 1미터 가량 돼 보이는 뱀 두 마리가 눈앞에 나타났어요. 두 마리가 동시에 다리를 무는 게 아니겠어요? 놀라서 잠에서 깼는데, 꿈이 어찌나 생생하던지……. 부랴부랴 컴퓨터를 뒤졌더니, 곧 아기가 생길 꿈이라고 나와 있더라고요. 꿈을 꾼 지 한 달 만에 임신 소식에 기뻐했고, 병원 다닌 지 세 번 만에 쌍둥이인 걸 알았죠. 어찌나 기뻤는지. 늘 쌍둥이를 갖게 해달라고 기도했거든요. 저에겐 더없이 큰 축복이고 귀한 선물이랍니다. 꿈으로만 보면 일란성 같은데, 저는 예쁜 쌍둥이 남매입니다.

꿈속의 뱀 두 마리의 숫자에서 남매를 두게 되었으며, 이 경우 장차 두 형제나 자매를 두게 되는 일로도 실현 가능하다.

㉕ 꽃뱀과 매화의 태몽 → 연예인 이화선의 태몽

173cm의 시원한 키에 날렵한 몸매를 자랑하는 이화선의 태몽은 꽃뱀과 매화의 여성적 태몽이다. 화사한 꽃뱀의 상징적 의미에서 알 수 있듯이, 무늬가 화려하고 예쁜 표상이라면 외모가 화려한 사람이나, 대중적으로 선망의 대상이 되는 연예인으로 적합한 태몽 상징이다. 태몽 표상에서 장차 미모가 돋보이며 재능이 뛰어남을 보여주고 있으며, 매화 태몽에서 알 수 있듯이 고귀한 자태를 뽐내고 있음을 알 수 있다.

㉖ 뱀 한 마리가 입에 1,000원짜리 지폐를 물고 있는 꿈 → 이승엽(야구 선수)의 태몽

어머니 김미자 씨는 태몽이 특이했다고 한다. 큰 소쿠리에 뱀의 무리가 똬리를 틀고 있었는데, 손가락으로 툭 건드리니까 그중 꽃뱀 한 마리가 고개를 치켜들고 일어서는데, 입에 빳빳한 1,000원짜리 지폐 한 장을 입에 물고 있는 꿈이었다. 깜짝 놀라는 순간에 잠이 깨었다.---스포츠서울, 1998. 7. 23.

예쁜 뱀 한 마리가 천 원짜리 지폐를 물고 품에 안기는 태몽으로, 뱀도 암컷 수컷이 있기에, 뱀꿈으로 아들 딸을 100% 구분해 낼 수는 없다. 일반적으로 큰 구렁이 꿈의 경우에는 아들인 경우가 많으며, 작고 앙증맞은 뱀의 경우에는 딸인 경우가 많지만, 이 역시 절대적인 것은 아니다. 이승엽 선수의 경우 예쁜 뱀의 태몽이니, 여아의 상징에 가깝지만 남자로 태어났다. 일반적으로 이렇게 예쁜 뱀의 태몽인 경우 미남자이든가, 여성적인 성품의 사내가 될 가능성이 높다. 뱀이 천 원짜리 지폐를 물고 품에 안기는 꿈이었으니, 재물운에 있어서는 넉넉할 것을 예지해주고 있다.

㉗ 구렁이가 치마 밑으로 기어들려는 꿈 → 연예인 손지창의 태몽

어머니의 꿈에 커다란 능구렁이가 어머니 치마 밑으로 슬금슬금 기어들려고 하더란다. 어머니는 "안돼, 안돼"라고 외치다가 깨어난 꿈이다.

큰 구렁이로 장차 커다란 인물로 큰 그릇의 사람이 될 것을 보여 주고 있다. 또한 "안돼, 안돼"라고 외치던 꿈에서, 막아내지 않고 구렁이가 들어오는 꿈으로 진행되었기에 출산하게 되는 일로 일어날 수가 있다고 하겠다. 앞서 유산의 여러 꿈 사례에서 살펴보았지만, 이 경우 구렁이를 물리치는 일로 진행되는 경우, 안 좋은 결과로 실현되고 있음을 살펴본 바 있다.

㉘ 큰 구렁이 옆에 수많은 작은 뱀이 있는 태몽 → 장군의 태몽

큰 구렁이 옆에 잔 뱀이 수없이 많이 우글거리는 것을 본 태몽으로, 어느 장군의 태몽 사례이다. 구렁이가 태아의 상징 표상으로, 수많은 작은 뱀은 장차 수많은 부하나 추종자를 거느릴 것을 예지하고 있다. 이러한 태몽으로 태어난 사람은 장차 국가나 사회단체의 지도자가 될 것을 예지해주고 있다.

㉙ 많은 뱀들이 큰 뱀 주위에서 노는 꿈 → 가수 강성훈의 태몽

강성훈은 1980년 2월 22일생으로, 그룹 '젝스키스' 멤버로 활동한 바 있다.

나는 태몽부터 가수가 될 팔자였다고 한다. 어머니가 태몽을 꾸셨는데, 한 마리 커다란 뱀이 가운데 있고, 수없이 많은 뱀들이 그 큰 뱀 주위에서 노는 꿈을 여러 차례 꾸셨다. 그래서 부모님들은 '뭔가 큰일을 할 놈이구나.'하는 기대를 하셨는데, 내가 가수가 되면서부터 '아! 가수가 되려고 이 꿈을 꿨구나'하는 생각을 하신다. 어머니의 말로는 "작은 뱀들이 지금의 팬들이고, 내가 큰뱀인 듯싶다."라고 말씀하시며 흐뭇해하신다.

그런 태몽 탓일까. 나는 어릴 적부터 연예인다운 끼가 다분했던 아이였다. 세 살짜리

꼬마가 뭘 안다고, 팝송만 들으면 어디서나 춤을 추고는 해서, 주위의 귀여움을 독차지했다. 그런 나를 주위 어른들도 가만두지 않았다고 한다. 나를 한 번이라도 안아보려고 사람들이 몰려들었을 정도로, 주위 사람들의 사랑을 넘치게 받아왔다.

수없이 많은 뱀들이 큰 뱀 주위에서 노는 꿈에서, 오늘날 오빠 부대를 연상시키는 태몽 표상이라고 할 수 있겠다.

㉚ 웅덩이에 구렁이 세 마리가 있는 꿈 → 레슬링 은메달리스트 김종규의 태몽

반석같이 생긴 널따란 바위 옆에 물이 고인 웅덩이가 있었는데, 거기에 시커먼 구렁이 세 마리가 뒤엉켜 있었다. 김종규 선수의 부친은 막대기를 들고 죽인다고 구렁이를 막 건드리고, 모친은 이를 못 하게 말리는 꿈을 꾸었는데, 그 후로 아들 셋을 낳게 되었다.

이처럼 첫째 아이를 가질 때 한꺼번에 태몽을 꾸기도 하는바, 구렁이 세 마리의 태몽 표상에 나타난 숫자와 일치하게 장차 아들 삼 형제를 낳게 될 것을 예지한 꿈이다. 사막에 앉아 있는 세 마리의 사자를 보는 꿈으로, 아들 삼 형제를 낳은 사례가 있다.

㉛ 솥단지 안의 구렁이 태몽 → 바둑 기사 이창호의 태몽

식구들이 둥그런 밥상에 모여 밥을 먹으려 한다. 어머니가 솥단지에서 밥을 뜨려는 순간, 큰 구렁이가 땅에서 솟아 그 솥단지 안으로 들어가는 게 아닌가? 놀란 어머니는 솥단지 뚜껑을 닫고 뒷걸음치시다 꿈에서 깨어나셨다 한다.---글: 이영호(이창호 동생)

㉜ 큰 구렁이 한 마리가 은가락지를 끼고 있는 꿈

홍리나는 지난 2006년 1월 미국에서 배종원 씨와 결혼식을 올렸다. 홍리나는 '큰 구렁이 한 마리가 은가락지를 끼고 있는' 태몽을 꿨는데, 이는 아들을 낳는다는 게 아니겠느냐?"며 여유를 드러내기도 했는바, 결과는 딸을 낳았다. 큰 구렁이는 남성적 상징물이나, 은가락지가 여성적 표상에 가까운 상징물이다. 커다란 구렁이처럼 능력 있고 파워 있는 사람이 되는 좋은 태몽이라고 할 수 있겠다.

㉝ 큰 뱀인 아나콘다를 끌어안는 꿈

중국에서 활동하고 있는 가수 스티븐 유(유승준)도 아내 오유선의 사촌이 대신 태몽을 꿨다고 한다. 아주 큰 아나콘다가 아파트 단지에 똬리를 틀고 있어 유선이에게 조심하라고 말했더니, 유선이가 아나콘다를 끌어안으면서 "순하고 착하니 겁내지 말라"고 말하더라고 전해줬다고 밝혔다. 결과는 아들을 낳았다.

㉞ 커다란 구렁이와 혈전을 벌인 끝에 목을 움켜쥔 꿈

개그맨 이혁재는 커다란 노란 구렁이와 혈전을 벌인 끝에 뱀의 목을 움켜쥐는 태몽을 꾸고 큰아들 태연이를 낳았다고 한다. 둘째는 집에 훨훨 불이 타오르며 재래식 화장실이 넘쳐나는 일명 '대박' 꿈을 꾸었다고--이현주 방송작가, 중앙일보, 2004. 4. 29.

㉟ 구렁이(뱀)가 발목을 물은 꿈

탤런트 김미숙의 첫째 아들 태몽은 '구렁이가 왼쪽 발목을 무는 꿈'으로, 남편이 꾼 꿈이다. 구렁이로 상징된 사람이나 재물이 다가올 것임을 예지해주고 있으며, 태몽 표상에서 구렁이처럼 큰 뱀의 경우 아들인 경우가 많다. 아내인 김미숙은 "쪽빛 바다에 폭포가 떨어지는 꿈과 빌딩 짓는 꿈을 많이 꿨다."라고 밝히고 있다.

㊱ 큰 뱀이 나타나 물은 꿈

연예인 정다혜가 결혼 5개월 만에 임신을 했다. 이모가 태몽을 대신 꿔준 태몽은 "큰 뱀이 나타나 남편을 물은 꿈이었다."라고 밝히고 있다.---2012. 07. 05, 뉴스엔 최신애 기자.

㊲ 작은 뱀이 커져 몸을 감싼 꿈

배우 이혜은이 "6년 만에 임신 첫아이를 임신한 태몽은 작은 뱀 한 마리가 나오는 꿈을 꿨는데, 신기하게도 다음 꿈에 같은 뱀이 쑥쑥 자라 큰 뱀이 돼 내 몸을 감싼 꿈이었다. 태명은 봄에 태어날 아이라 해 '봄'으로 정했다"고 한다.---이현우 기자, 뉴스엔, 2008. 01. 15.

태몽의 결과는 2008년 4월 19일 아들을 출산하였다. 작은 뱀에서 큰 뱀으로 자라난 뱀의 태몽이기에, 인생의 전반부보다는 후반부에 갈수록 큰 능력을 발휘하게 될 것을 보여주고 있다.

㊳ 구렁이의 태몽

가수 김태욱-채시라 부부의 자녀 태몽은 놀랍게도 시어머니와 친정어머니가 똑같이 구렁이 태몽을 꿨다고 한다. 김태욱-채시라 부부가 신혼여행 간 사이에 시어머니가 꿨다는데, 알록달록한 커다란 구렁이가 여러 마리 있는 꿈이었다고 한다. 그런데 얼마 전에는 친정어머니도 같은 꿈을 꿨고, 채시라는 뱀같이 생긴 동물이 자신에게로 막 달려드는 꿈을 꿨다고 한다.---여성조선, 장진원 기자, 2007. 08. 16.

구렁이는 아들에 가까운 태몽 표상이나, 딸을 출산하였다. 탤런트 채시라와 가수 겸 사업가 김태욱 부부는 첫딸 채니를 얻은 지 7년, 2007년 11월 둘째 아들을 얻었다.

유사한 사례로, 인츠닷컴의 대표 이진성 씨와 결혼한 영화배우 이지은의 자녀 태몽이다. 본인은 학교 운동장 가운데 서 있는데, 머리가 미니버스만큼 큰 구렁이가 아파트 사이에서 기어 나와 자신의 품에 안기는 꿈을 꿨다고 한다.

㊴ 에메랄드빛의 예쁜 구렁이가 나온 꿈

프로 농구선수 임효성(인천 전자랜드, 29)과 결혼한 그룹 S.E.S 출신 엔터테이너 슈(본명 유수영, 29)는 태몽을 친언니가 대신 꿨다고 밝히고 있다.

"어느 날 언니 꿈에 에메랄드빛의 예쁜 구렁이가 나왔다고 하더라. 결혼한 언니가 본인의 임신으로 기대하는 눈치였지만, 그게 내 태몽이라는 건 나만 눈치챘다"며 "그때만 해도 임신 소식을 나 혼자만 알고 있을 때라, 내색은 못 하고 혼자 신기해했었다"며 뒷얘기를 털어놓았다.

이처럼 태몽을 주변 인물이 대신 꿔주기도 한다. 2010년 6월 23일 남아를 출산하였으며, '예쁜 구렁이'에서 뱀보다 구렁이는 남성적인 표상을 예지할 수 있는 바, 아들을 낳았으니 '예쁜'의 상징성에서 귀공자나 미남자의 아이가 될 가능성이 높다고 하겠다.

한편 태몽을 기억 못 하거나 없는 경우도 있다. 하지만 이 경우 주변 인물이 대신 꿔주기도 한다. 예를 들어 조형기는 "어릴 때 어머니께 저 낳을 때 어떤 태몽을 꿨느냐"고 물어본바, 어머니가 "너는 태몽이 없다"고 말씀하셨다고 밝히고 있다. 또한 이수근도 어머니에게 태몽이 뭐냐고 물었는데, 그 말을 하자마자, 어머니는 태몽에 대한 별다른 말씀이 없었다고 밝히고 있다.---KBS「대국민 토크쇼 안녕하세요」, 2011. 02. 01.

㊵ 호리병 같은 곳에 뱀이 들어 있다가 나오는 꿈

아이를 조산해서 인큐베이터에서 키운 사례가 있다.

㊶ 항아리를 깨고 뱀을 꺼내는 꿈

아이가 너무 많이 자라 있어, 제왕절개 수술을 하여 4kg의 아이를 낳는 일로 실현되었다.

㊷ 날아오르는 구렁이의 꼬리가 잘린 태몽

태어난 아이는 소아마비를 앓아 온전치 못한 다리가 되는 일로 실현되었다.

㊸ 꿈속에 나타난 뱀이 미워서 두들겨 팬 꿈

지능이 많이 모자라는 아이가 태어나는 일로 실현되었다.

㊹ 들어오는 뱀의 꼬리를 때리는 꿈

태몽으로 그 후 태어난 아기가 잘 걷지 못하게 되는 일로 실현되었다.

㊺ 뱀에게 소금 뿌린 꿈(실증사례) → 유산

　　작년 여름에 임신 소식을 알고 아주 기뻤어요. 그즈음 꾼 태몽이, 제 주위에 뱀이 가득해서, 너무 놀라고 징그러워서 순간 소금을 막 뿌렸어요. 작은 새끼 뱀 한 마리가 제 등으로 타고 올라오자, 기절할 뻔했다가 깨어났다는--. 저는 크리스천이라 괜한 거 잘 신경도 안 쓰는데, 8주 있다가 계류유산했어요.---글: 하이비스, 다음 미즈넷, 2007. 12. 21.

유사 사례로, 달려드는 호랑이에게 살충제를 뿌리는 꿈으로 유산한 사례가 있다.

㊻ 기운 없는 뱀이 쳐다보는 꿈(실증사례) → 유산

　　내일 유산 수술하러 갑니다. 지난 12월 23일 새벽 아주 예쁜 주홍 뱀이 저희 집 탁자 위에서 절 쳐다보고 있는데, 너무 기운 없어 어디가 아픈 것처럼 보였습니다. '무슨 뱀이 저렇게 기운이 없냐'며 저를 보고 있는 뱀이 징그러워, 남편한테 죽여 달라고 했습니다. 잠에서 깬 후에 너무 불안해했는데, 유산 후에 의사가 가르쳐준 아기 심장이 멈춘 날이 바로 내가 예지몽을 꾼 날이었습니다. 오늘 8주밖에 못산 우리 아기, 초음파 사진을 보며 떠나보내려니 맘이 아프네요. 그래도 외롭진 않을 거라 믿습니다. 전에 떠나보낸 아이도 9주, 비슷했거든요. 아마 서로 평생 친구하며 잘 지내겠지요. 부디 좋은 곳에 가기를 바랍니다.

㊼ 방 안으로 뱀이 반만 들어온 꿈(실증사례) → 사고로 불구가 되다.

한 아주머니가 임신했을 때 다음의 꿈을 꾸었다고 한다. 〔뱀이 방 안으로 들어오고 있어서, 문을 얼른 닫아 버리니 반은 들어오고 반은 들어오지 못했다.〕

이러한 꿈을 꾸고는 좀 마음에 걸려 유산을 할까 하다가 그냥 낳았는데, 나중에 자라면서 사고를 당해 불구가 되었다면서 서운해 하더라는 것이다. 자세한 꿈 내용을 모르긴 해도, 내 생각으로는 아마 그 때 꿈에 문을 닫았을 때 뱀이 다쳤다는 생각이 들었든지, 아니면 상처가 난 걸 보았든지 했을 성싶다.---(글: 김하원, 『개꿈은 없다』)

㊽ 뱀을 쫓아버린 꿈(실증사례) → 요절

새끼 뱀이 자신의 배 위로 올라오는 태몽이었다. 배에서 그 새끼 뱀이 어떻게 해서 나갔는지는 잘 기억이 안 나지만, 바로 꿈이 계속 이어지면서 어디를 걸어가고 있는데, 아까 그 새끼 뱀이 머리를 치켜들고 뒤를 졸졸 따라왔다. 무서웠다. 그래서 그 뱀을 쫓아 보내려고 멈춰 서서 노래를 불러 주었다. 그제야 더 이상 뱀이 따라오지 않아, 혼자서 걸어가다가 잠에서 깨어났다.

태어난 아이가 일찍 죽는 일로 실현되었다.---(글: 김하원)

㊾ 구렁이가 사라진 꿈(실증사례) → 유산

자녀를 유산한 꿈 사례이다. 구렁이 두 마리가 방으로 들어오더니, 벽장에 올라가 똬리를 틀고 있었다. 너무 무서워 막 쫓으려 해도 나가지 않았다. 그래서 친정어머니를 불렀는데, 어머니가 벽장문 옆에 걸려 있던 서양화 액자를 떼어내니, 구렁이가 벽장 안에서 스르르 나오면서 밖으로 나가 버렸다.

이 꿈은 다른 설명이 필요 없이 유산할 꿈이다.---(글: 김하원)

㊿ 뱀이 다시 알 속으로 들어간 꿈(실증사례) → 유산

저희 어머님 태몽이 참 잘 맞아요. 이건 저희 형님 태몽인데요. 어머님이 꾸신 거예요. 뱀 알이 있는 둥지에 알이 2개 있었대요. 알에서 먼저 뱀이 머리를 내밀고, 조금 후에 두 번째 뱀이 머리를 내밀었다는군요. 그런데 잠시 후, 갑자기 첫 번째로 머리를 내밀고 주위를 두리번거리던 뱀이 다시 알 속으로 들어가 버렸답니다. 어머님이 꿈이 참 희한하다 생각하셨는데-- 저희 형님이 쌍둥이를 낳았어요. 쌍둥이라서 개월 수를 다 못 채우고 태어났어요. 그래서 둘 다 인큐베이터에 있었어요. 병원에서 첫아이는 괜찮은데, 둘째가 좀 상태가 안 좋다고 해서 마음이 좋지 않았거든요. 병원 인큐베이터에서 한 달 정도 두 아이가 있었는데, 갑자기 첫째 애가 운명을 달리했답니다. 작은애는 지금 건강하게 잘 크고 있고요.---글쓴이: 몽이, 이지데이, 태몽 이야기 방.

태몽의 예지는 놀라움을 넘어 신비함에 이르고 있다. 첫 번째로 머리를 내밀고 주위를 두리번거리던 뱀이 다시 알 속으로 들어가 버린 데서, 첫째 애의 요절로 실현되고 있다.

(51) 구렁이를 숲으로 쫓아낸 꿈(실증사례) → 유산

내 위의 오빠 태몽이 참으로 신기했다. 물론 세상에 빛을 보지 못하고 유산되었기에 태어나지 못했지만---. 그 오빠의 태몽은 이렇다. 어머니가 부엌에서 일하시다가 마당에 뱀이 세 마리가 있는 것을 보았단다. 깜짝 놀라서 주걱으로 휘-휘- 쫓아내려고 했더니, 고모할아버지가 오시며 "너는 이쪽, 너는 저쪽으로 들어가거라."라며 가장 첫 번째 뱀을 한쪽 방에 들여보내 주고, 세 번째 뱀을 그 옆방으로 들어가라고 손을 휘휘 가리키더란다. 그리고 남은 두 번째 뱀에게는 "네가 들어갈 방이 없으니, 너는 숲으로 가거라." 하며 내쫓아버리셨다는 꿈이었다. 그래서 오빠가 태어나지 못했던 것일까? 가끔 술을 마시며 어머니가 말씀하시기를, 그 꿈에서 첫 번째 방으로 들어간 것이 우리 언니, 두 번째 방으로 들어간 것이 나일 것이라고 해몽하신다. 그래서 오빠를 잃고 난 뒤에도, '이 뒤에 아이를 또 갖게 되는구나.'라고 생각하셨다나.---블로거, 시지르(syzyr)

인터넷에 올려져 있는 유산을 예지하는 꿈에 대한 실증사례 이야기이다. 아마도 첫째 아이인 언니를 가질 때, 이 꿈을 꾸었을 것이다. 그리하여, 첫째와 셋째 아이는 순산하게 되지만, 둘째로 가지게 될 아이가 유산 등 잘못될 것을 태몽으로 예지해주고 있다. 이처럼 첫째 아이를 가질 때, 장차 두게 될 자녀의 태몽을 한꺼번에 꾸기도 한다.

이 밖에도 들어왔던 구렁이가 사라지거나 쫓아낸 꿈, 몸을 감은 구렁이를 가위로 갈기갈기 찢어낸 꿈, 뱀을 입에 물고 질겅질겅 씹어 피가 묻어 나오는 꿈, 뱀이 자기 발을 물기에 밟아 죽인 꿈, 몸에 감긴 구렁이를 떨쳐버리는 꿈, 구렁이가 쥐구멍으로 들어가 버린 꿈으로 유산하게 된 사례가 있다.

(52) 피하려던 뱀이 옆구리를 물은 꿈(실증사례) → 유산시키려다 낳게 되다.

어느 주부가 아이가 임신할 무렵에 꾸었다는 꿈이야기이다.

"어린 사촌 동생이 뱀을 잡아서, 나를 놀리느라고 마구 나의 몸에 갖다 댔다. 나는 징그럽기도 하고 겁도 났다. 그래서 뱀을 피하면서 그걸 놓아 주라고 했는데도, 그는 말을 듣지 않고 계속해서 나를 놀려대는 것이었다. 그래서 나는 결국 계속 뒤로 피하다가 개울에 빠졌는데, 그때 뱀도 나와 함께 개울에 떨어졌다. 물에 떨어진 뱀의 몸에서 빛이 나는가 싶더니, 그 뱀이 어느새 나에게 다가와 옆구리를 무는 것이었다. 그 뱀에게서 빛이 더욱 반짝거렸지만, 나는 무섭다는 생각보다는 오히려 무척 예쁘다는 생각이 들었다."

이 꿈은 '아이를 유산시키려다 결국에는 낳게 된다.'는 것을 예지했던 것이다. 동생이 뱀으로 장난을 칠 때 무서워서 마구 피했던 것은 아이가 들어섰는데 유산시키려 한 것을 뜻했고, 나중에 뱀이 자신의 옆구리를 물었다는 것은 뱀의 영향권 안으로 들어가는 것을 상징한 것으로 아이를 낳을 것을 뜻했다. 바로 이 꿈은 아이를 낳을 때까지의 과정을 상징적으로 보여 주었던 것이다. 뱀이 무척 예쁜 표상처럼, 딸을 낳는 것으로 실현되었다.(글: 김하원)

(53) 뱀이 나가다 들어온 꿈(실증사례) → 유산할 뻔하다가 아이를 낳다.

시아버지가 대신 꾼 태몽이다. 조그만 뱀이 집으로 들어오기에, 집으로 들어온 뱀은 좋다고 생각하여 '네 편한 곳을 찾아가서 잘 쉬어라.'하고 마음속으로 바라고 있었는데, 뱀이 머리를 돌려 대문 밖까지 완전히 나간 것이 아니라, 대문을 향해 조금 나가다가 다시 들어왔다는 것이다.

나는 묻기를 "그러면 유산시키려고 마음먹은 적이 있지요?" 그랬더니 정말 그렇다고 한다. 첫 아이도 딸인데 이번에도 딸이어서, 다음에 아들이나 임신하면 낳을까 하여 유산시키려고 병원에 몇 번이나 왔다 갔다 했었다는 것이다.(글: 김하원)

나가다가 다시 들어온 꿈의 전개에서, 임신 상황이 지속되지 않으려다가 다시 지속될 것을 예지해주고 있다. 조그만 뱀이니 앙증스러운 면에서 딸일 가능성이 높으며, 일반적으로는 커다란 인물이 되기보다는 평범한 인물이 될 것을 예지해주고 있다.

(54) 뱀 3마리 중 한 마리를 때려잡는 꿈(실증사례) → 세쌍둥이에서, 한 아이가 유산되다.

집안으로 들어오던 뱀 3마리 중 한 마리를 때려잡는 꿈으로, 일란성 쌍둥이 형제를 둔 어머니의 사례가 있다. 태몽의 예지로 미루어 볼 때, 원래는 세쌍둥이에서, 한 아이는 자연 유산 등으로 실현되고, 쌍둥이를 출산하게 되는 일로 이루어지고 있다고 하겠다. 이 경우, 무사히 세쌍둥이를 낳는다 할지라도, 성장 과정에서 한 아이는 어려움에 처하는 일로 실현되고 있다.

이 밖에도 아나고(붕장어) 세 마리가 달려드는 꿈으로, 세쌍둥이의 딸을 출산한 사례가 있다. 또한 잉어 다섯 마리가 죽어 물 위로 떠오르는 꿈으로, 다섯 쌍둥이를 유산하게 된 사례가 있다.

(55) 『시경(詩經)』에서의 곰과 뱀의 꿈

『시경(詩經)』에서 말하기를 "곰과 말곰은 아들을 낳을 상이요, 독사와 뱀은 딸을 낳을 상이라네." 하였다. 곰이나 말곰은 산에 있으니 양의 상징이다. 그래서 사내아이를 낳을 징조이며, 독사와 뱀은 구멍 속에서 살기 때문에 음의 상징이다. 그래서 계집아이를 낳게 될 징조라고 했다. 하지만 아들딸의 구별이 절대적인 것은 아니다.

(56) 뱀을 낳은 꿈(태몽)－외국의 실현 사례

아르테미도로스의 『꿈의 열쇠』에 나오는 꿈에 뱀을 낳은 다양한 태몽 실현 사례를 살펴본다. 꿈은 꿈을 꾼 사람이 처한 상황에 따라, 달리 실현된다는 것은 동서양을 막론하고 꿈해몽에 있어 진리의 세계임을 잘 알 수 있겠다. 다만, 상징 표상에 대한 이해라기보다는, 유추(類推)적 입장에서 해몽하고 있음을 알 수 있겠다.

* 어떤 임신부가 꿈에 뱀을 낳았는데, 그녀가 낳은 아들은 유명한 웅변가가 되었다. 뱀은 웅변가처럼 혀가 갈라져 있기 때문이다.

* 어떤 여자는 같은 꿈을 꾸었는데, 그녀가 낳은 아들은 난봉꾼이 되어 도시의 많은 여자를 범했다. 뱀은 아무리 좁은 틈이라도 빠져나가며 감시의 시선을 피하고자 한다. 더구나 그 여자는 엄숙하지 않았고 몸을 팔았다.

* 어떤 여자는 같은 꿈을 꾸었는데, 그녀의 아들은 강도질을 하다가 체포되어 참수를 당했다. 뱀을 잡으면, 머리를 쳐서 죽이기 때문이다. 그녀는 대수롭지 않은 여자였다.

* 어떤 여자는 같은 꿈을 꾸었는데, 그녀가 낳은 아들은 잘 도망가는 노예였다. 뱀이 가는 길은 직선이 아니기 때문이다. 게다가 그녀는 노예였다.

* 어떤 여자는 같은 꿈을 꾸었는데, 그녀의 아들은 중풍에 걸렸다. 뱀이 움직이려면, 중풍이 든 사람처럼 몸 전체를 써야 하기 때문이다. 그리고 이 꿈을 꾼 그녀 역시 병자였다. 병들었을 때, 가진 아이가 건강한 상태의 통로들을 가질 수 없는 것은 당연했다.

* 어떤 여자는 같은 꿈을 꾸었는데, 그녀의 아들은 유명한 예언가가 되었다. 실상 뱀은 예언가들의 왕인 아폴론에게 바쳐진 것이다. 그 여자는 예언가의 딸이었다.

(3) 재물이나 이권-꿈해몽 요약 및 실증사례

앞서 제Ⅴ장의 로또복권 당첨의 뱀·구렁이 부분을 참고하기 바란다.

① 뱀이나 구렁이가 몸에 감기는 꿈

뱀이나 구렁이가 몸에 감기는 꿈은 차차 부귀와 명예를 얻게 되지만, 몸에 붙었던 뱀이 떨어져 나감은 점차 가난해지는 일로 이루어진다.

② 논두렁 밑에 물고기나 뱀 등이 우글거리는 것을 보는 꿈

재물이나 이권을 획득하게 된다. 일반적인 상징으로는 물고기나 뱀으로 상징된 수많은 사람을 거느리게 되거나, 관련을 맺는 일로 이루어진다.

〈실증사례〉

① 뱀의 뱃속에서 이빨을 고치는 약을 꺼내는 꿈

재물이나 이권을 얻게 되는 일로 이루어진다. 경품권을 얻는 일로 실현된 사례가 있다.

② 두 마리의 큰 구렁이가 집까지 쫓아왔으나, 마당에서 보니 속이 비어 있고 구렁이 껍질만 있던 꿈

두 군데의 큰 회사에서 면접을 보라고 연락이 왔으나, 취업에서 불합격하는 일로 실현되었다.

③ 주머니에 뱀과 지네가 들어있는 꿈 → 더블복권 4억 원 당첨

한번은 배가 갈린 돼지가 붉은 피를 쏟으며 재래식 화장실에 빠지는 꿈이고, 한번은 주머니에 뱀과 지네가 들어있는 꿈을 꾸고 나서 복권에 당첨되고 있으며, 또한 낮잠을 자다 꿈에서 큰 구렁이를 보고 즉석식 복권으로 「마티즈」에 당첨된 사례가 있다.

④ 과장이 그물로 뱀을 잡는 것을 지켜보는 꿈 → 과장이 휴가비를 받게 된다.

사이트 이용자인 회사원이 보내온 꿈체험기이다.

"꿈에 과장이 그물로 초록색 뱀을 잡았거든요. 뱀 모양이 길지가 않고 물고기 모양으로 바뀌었어요. 꿈의 실현은 과장이 휴가를 가게 되면서 휴가비로 28만 원을 받게 되었는데, 제가 경리라서 돈을 세서 과장에게 줬어요. 돈을 세어 주면서, '아! 그 꿈이 이것을 뜻하는구나.'하고 생각했죠."

꿈의 상징에 대한 이해만 하고 있으면, 꿈은 처한 상황이나 마음먹은 바를 알

고 있는, 꿈을 꾼 자기 자신이 가장 잘 해몽할 수 있다. 뱀이 물고기 모양으로 바뀌었다고 하는바, 물고기는 태몽 표상으로도 자주 등장하지만, 이처럼 재물의 상징으로 많이 등장하고 있다.

⑤ 독사(뱀)에게 물린 꿈 → 경품 당첨

꿈에 누군가 독사를 건드려 둘째 아이의 얼굴을 물리고, 애완용으로 키우는 뱀도 물려서(실제로는 안 키움), 둘째 아기는 두고 애완용 뱀을 안고 보건소로 갔더니, 3일 동안 휴일이라 치료를 못 한다고 하네요. 왜 꿈에서 '아기보다 애완용 뱀을 챙겼을까' 궁금했는데, 오뚜기라면 경품 응모를 해 놓고 얼마 안 되었을 때 꾼 꿈인데, 3등에 당첨되어 건강식품을 받았어요. ---미르홍, 2008. 08. 01.

⑥ 호수의 물 속에 뱀들이 있는 꿈 → 무령왕릉 발굴.

"어느 굴속에 들어가 보니, 맑은 물이 가득한 한 호수가 있었다. 그래서 가까이 가보니, 그 물 속에 수많은 크고 작은 뱀들이 움직이고 있었다."

백제 무령왕릉을 발굴하여 많은 유물을 발견하게 되는 일로 실현되었는바, 많은 뱀들은 모두가 부장물인 금·은·보석을 상징하고 있다.

⑦ 침대를 구렁이가 점령하고 있던 꿈 → 승진으로 실현되다.

제가 자는 침대에 구렁이라 할까 뱀이라 할까 그 둘레가 엄청나더군요. 두 마리가 똬리를 틀고 큰 침대에 제가 잘 자리가 없더군요. 나는 자야 하는데 그놈들 때문에 잘 수가 없는 거였습니다.

꿈의 실현은 구렁이가 이권의 상징으로, 예상치 못한 승진을 하는 일로 이루어졌다. 또한 구렁이가 몸에 감기는 태몽으로 자녀를 얻은 후에, 다시 10여 년 뒤에 같은 꿈을 꾸어 또 태몽인 줄 알았으나, 복권 당첨으로 실현된 사례가 있다. 이처럼 구렁이는 재물·이권·권리의 상징으로도 널리 등장하고 있다.

⑧ 구렁이 두 마리가 나란히 기어가는 꿈

국회의원에 당선된 서청원 씨의 꿈이다. 4·11 총선 투표 일주일 전에 꾼 꿈인데, 커다란 비단구렁이 두 마리가 나란히 기어가는 꿈이었다. 무늬가 아주 화려한 구렁이었다. '아하! 나하고 친한 사람 2명이 국회의원에 당선되겠구나' 하고 짐작했다. 2명이 실제로 당선됐다.---조용헌의 八字기행, 미래를 보는 꿈 '선견몽'

⑨ 어머니께서 아기와 우물에서 목욕하다 예쁜 구렁이를 본 꿈 → 아들이 교사임용시험에 합격

어머니께서 아기와 옹달샘인 듯한 우물에서 옷을 다 벗으시고 아기와 목욕을 하셨다. 아기는 안 하려고 우는데 어머니께서 "엄마도 할께. 아기야 목욕하자."라고 하시며 아기와 목욕을 하고 있었다. 그때 어디서 뱀 소리가 나기에 주위를 두리번거리시는데, 머리가 어머니 손만 한 예쁜 구렁이가 바위틈 옆에서 혀를 내밀며 소리를 내고 있었다. 그러다가 갑자기 구렁이가 어머니 오른쪽 팔 쪽으로부터 올라와 어머니를 감쌌다. 그때 어머니 주위가 자갈과 모래로 되어 있기에 자갈과 모래를 한 줌 집으셔서 구렁이를 때리려다, 소리를 지르며 잠에서 깨셨다.

⑩ 용머리를 한 뱀을 껴안은 꿈 → 명예 획득

프로야구 해태 팀의 장채근 선수는 1989년에 '용머리를 한 뱀을 껴안은 꿈'을 꾸고, 3연타석 홈런을 날리는 일로 이름을 날렸다.

⑪ 황금색 뱀이 쫓아와 물은 꿈 → 대입 합격

저는 황금색 뱀이 쫓아와서 두 번이나 저를 물었어요. 그리고 양손으로 안아야 할 정도로 큰 감을 주었어요. 황금색 뱀은 재물이고, 감은 결실을 의미한다더군요. 너무 생생하고 기분이 좋았어요. 왠지 모를 예감이 느껴졌는데 정말 합격했어요.---supia827

뱀에 물리는 것은 어떠한 영향권에 들어가게 되는 것을 상징한다.

(4) 일거리나 대상-꿈해몽 요약 및 실증사례

① 뱀과 성행위를 하는 꿈

뱀으로 상징된 어떤 대상과 계약 또는 동업할 일이 생기고, 태몽이면 장차 권세·명예·지혜를 가질 아이가 태어난다.

② 몸을 감고 있는 뱀을 죽이는 꿈

뱀으로 상징되었던 방해되는 사람을 물리치게 되거나, 벅차고 어려운 일의 속박에서 벗어나게 된다.

③ 큰 구렁이를 죽여 껍질을 벗겨 내는 꿈

새롭게 사업이나 가게를 내게 되는 등 성취를 이루어내게 되어, 재물적인 이익을 취하는 일로 이루어진다.

④ 두 뱀을 죽이는 꿈

큰 청색 구렁이에게 물려 피가 나는 손가락을 뱀의 입에 넣었더니 뱀이 죽고, 또 한 놈이 그 옆에서 죽으면, 두 가지 사업에서 함께 성과를 얻는다.

<실증사례>

① 연못 속의 무수한 뱀을 보는 꿈

박물관이나 고분 속의 골동품 또는 금은보화를 보게 되는 일로 실현되고 있다.

② 구렁이를 뛰어넘은 꿈 → 어려움을 헤치고 하고자 하는 일을 이루어냄.

"큰길을 걸어가다가 보니, 아름드리 황구렁이가 길을 막고 누워 있었어요. 그래서 그 뱀 위를 건너뛰어 넘어갔어요."

커다란 구렁이는 큰 단체나 사업체를 표상하여 나타냈기에, 뱀 위를 뛰어넘었으니 그 뱀을 지배한 것이 되므로 어려움을 헤치고 일을 이루어내는 일로 실현되고 있다.

③ 뱀 두 마리가 자기 팔뚝을 물었다가 한 마리가 떨어져 나간 꿈 → 기계 고장

중소기업 사장이 새로운 기계 둘을 도입하여 사용하게 되었는데, 기계 하나는 고장으로 사용하지 않게 됐다.

④ 키우는 뱀을 잡으라는 꿈 → 빚보증을 갚을 일이 생김.

남편은 큰 뱀을 키우고 시어머니는 잡으라고 하는데, 남편은 잡지 않겠다고 하는 꿈이 었어요. 아내인 제 꿈에는 큰 뱀을 잡아넣고 상하기 전에, 이웃 아주머니 보고 빨리 가져다 먹으라고 했어요. 실제로는 남편이 저 몰래 남의 빚 보증을 1천만 원짜리 1건, 5백만 원짜리 1건 섰던 것이 궁지에 몰려, 3년이 연체되어 보증인이 갚으라고 하는 일이 일어났고요. 입에 담지 못할 욕설로 남편 마음을 아프게 하고, 빨리 갚아 주라고 했답니다.

(5) 회사, 기관, 단체-꿈해몽 요약 및 실증사례

작은 뱀은 조그만 구멍가게, 커다란 구렁이는 보다 큰 회사나 기관·단체를 상징한다.

① 뱀 꼬리가 잘려나가는 것을 지켜본 꿈 → 회사 기구개편과 인사교체로 감원.

메마른 하수 통로 같은 곳에 약 20미터 길이는 되어 보이는 황구렁이가 전신을 쭉 뻗고 엎디어 있었는데, 그 꼬리 4분의 1가량이 잘려나가고 없었다.

이 꿈을 꾸고 난 후에 회사(구렁이 전체) 기구개편과 인사교체로, 전체의 4분의 1가량이 감원된 것으로 실현됐다. 하지만 자신은 그곳을 떠나지 않고 지켜보았기 때문에, 감원 대상에서 제외되는 일로 실현되었다. 이처럼 뱀이나 구렁이가 사람

뿐만 아니라, 기관이나 회사 단체의 상징으로 등장하기도 한다.

② 뱀이 달려들다가 죽은 꿈 → 몰락의 길을 걷다.

　　나와 어떤 친구가 길을 가다가 큰 코브라 뱀을 만났는데, 우리는 물러서지 않고 돌을 주워들고 그 뱀을 향해 날렸다. 잘 맞지 않았으나 한 대는 맞은 것 같았다. 그러나 결정적인 타격을 주지는 못 했다. 그 때 그 뱀이 우리 둘 쪽으로 갑자기 날아들었다. 우리는 잽싸게 피했다. 그런데 그때 웬 쥐 한 마리가 나타나더니, 그 뱀의 대가리 부분부터 잘근잘근 씹어대더니, 그 꼬리까지 깨끗이 먹어치워 버렸다. 그 뱀이 우리 쪽으로 날아들 때 자세히 보니, 우리가 아까 던진 돌에 주둥이 부분을 맞아 그 부분에 피멍이 들어 있었다. 그러니까 그 뱀은 우리가 던진 돌을 주둥이에 맞고 약간 힘이 빠진 상태에서, 쥐의 먹이가 된 것이다.

　뱀으로 상징된, 모 재단의 부패사건이 국가청렴위원회에 고발된 후, 서울지방경찰청으로 다시 검찰청으로 넘어가, 각각의 범죄에 대해 형이 선고되고 또 거액을 환급하는 일이 약 2년 후에 일어났다.

③ 큰 구렁이가 집을 나간 꿈 → 선거에 낙선 예지

　열렬한 지지를 보내는 한 유권자가 꿈을 꾸었는데, 자기가 지지하는 후보자의 집에서 큰 구렁이가 어슬렁어슬렁 힘없이 빠져나가는데, 그 모습이 어찌나 처량하든지 자기가 눈물을 흘릴 정도였다는 것이다.(글: 박성몽)

④ 뱀속에서 두꺼비가 나온 꿈 → 선거에 입후보하였다가 낙선함

　큰 구렁이 뱃속에서 부걱부걱하는 두꺼비 울음소리가 나더니, 그 뱀의 입으로 큰 두꺼비 한 마리가 나왔다. 그 두꺼비는 걷거나 뛰지는 않았지만, 그 울음소리는 여전히 컸다. 이러한 꿈의 경우에 그 상징의 의미를 정확하게 알아낸다는 것은 힘든 일이다. 뱀의 뱃속으로 상징되는 어떠한 단체에서 자신의 몸을 드러내는(두꺼비가 튀어 나오는 행위) 일이 될 것이고, 활발한 활동은 이루어지지 않을 것임(걷거나 뛰지 않았음)을 알려주고 있다.

　이는 선거에 출마한 사람의 꿈으로, 이 꿈에서 큰 구렁이는 많은 이질적인 사람들이 거주하는 선거인 단체이고, 두꺼비는 선거 입후보자를 대신하고 있다. 뱃속에서 울었던 것은 선거에 입후보하고자 하는 의지의 표명이었으며, 실제로 선거에 입후보하였다.(뱀의 입을 통해 큰 두꺼비가 밖으로 나온 것) 선거 결과는 낙선되고 말았으니, 그가 당선 가능한 입장에 있었더라도, 나온 두꺼비(입후보자)가 활기차게

걷거나 뛰지 않았다는 점이다. 울음소리가 컸던 것은 선거 과정에서 당선 가능성이 큰 후보자로 자신의 정견을 널리 알리게 됨을 뜻했으며, 어찌 보면 낙선이 되어도 마찬가지 소문(울음소리가 큰 것)은 나기 마련이다.(글: 한건덕)

(6) 사건, 사고−꿈해몽 요약 및 실증사례

뱀이 상처를 입는 꿈은 태몽 표상에서 태어난 아이가 다치거나, 현실에서 뱀으로 상징된 사람이 교통사고 등 어려움을 겪게 된다.

① 아주 작은 실뱀이 세 번째 손가락을 물은 꿈 → 병원 응급실에 입원

너무 작은 실뱀이었는데, 세 번째 손가락을 물렸는데, 너무너무 아파서 깼어요. 이틀 후에 셋째 딸이 응급실에 실려 가버렸네요. 어제 퇴원시켰는데, 상태는 아직 별로네요.---라일락향기, 2009. 05. 09.

뱀이 사건 사고의 상징으로 등장한 사례이다. 세 번째 손가락이 셋째 딸로 실현되고 있다.

② 뱀에게 물리는 꿈 → 조카가 죽음

큰 뱀 한 마리가 고개를 쳐들고, 엄지손가락과 집게손가락 가운데를 물어 살이 찢겼는데 피가 나지 않은 꿈이었다. 현실에서는 3일 만에 조카가 교통사고로 숨지는 일로 실현되고 있다. 다만, 꿈속에서 뱀이 등장한다고 다 나쁜 것은 아니다. 표상이 어떻게 전개되느냐에 있다. 뱀이 몸을 휘감는 꿈을 꾸고 아들의 합격 소식을 들은 사례가 있다. 이 경우 꿈속에서 자신이 느낀 감정이 중요하다. 꿈을 깨고 나서 안 좋은 느낌이 들 경우 나쁜 일로 실현되고 있다.

③ 뱀이 옆구리를 뚫고 몸속으로 들어온 꿈 → 신체 이상으로 수술할 자리를 예지

어떤 분의 꿈이다. 꿈에 뱀이 옆구리를 뚫고 자기 몸속으로 들어와 자기 내장 어떤 부위를 물어뜯는 꿈을 꾸고 질겁하여 잠을 깨었다. 어느 정도 세월이 지난 다음 건강에 이상을 느끼고 병원에 갔는데 신장을 수술해야 하는 중병이었다. 놀라운 사실은 수술하고 보니까, 수술한 그 자리가 꿈에 뱀이 자기 몸속으로 들어왔던 그 자리였다. (글: 박성몽)

④ 긴 칼을 들고 뱀들을 죽이는 꿈 → 목사가 되다.

기독교에서는 뱀을 사탄의 상징으로 본다. K라는 분은 태몽을 꾸셨는데, 뱀이 우글거리는 소굴에서 긴 칼을 들고 뱀들을 죽이는 꿈을 꾸었다. 그분의 아들은 당연히 목사가 되었다.(글: 박성몽)

(7) 뱀 꿈 민속 해몽 사례

– 꿈에 꽃뱀을 보면 딸을 낳고, 옥 까마귀를 보면 아들을 낳는다.

– 꿈에 굵은 뱀을 보면 아들을 낳는다.

– 꿈에 뱀이 자기 몸에 붙은 것을 떼어 내면 유산이 된다.

– 꿈에 뱀을 주우면 아들 낳는다.

– 꿈에 뱀을 보면 딸을 난다.

3) 뱀 꿈–상담 사례

① 구렁이를 잡는 꿈

저는 대입 발표를 앞둔 수험생입니다. 원서를 쓰기 얼마 전에 꿈을 꾸었는데 궁금합니다. 무슨 꿈이냐면, 꿈속에서 제가 아는 두 분의 요청으로, 큰 구렁이를 잡게 되었습니다. 그물로 한가득이요. 그리고 두 분 중에 한 분이 다른 분보다 매우 기뻐하시던 것입니다.

구렁이를 잡을 때 두 분께서 그물을 설치하시고, 한 분의 말씀대로 제가 바닥을 크게 한번 뛰었는데, 한 분께서 "더욱 세게 해보라"고 그러셔서 그대로 하였습니다. 그랬더니 구렁이가 순식간에 그물로 잡혀 들어갔습니다. 또 다른 한 분이 그물을 들어 올리시며 "이제 됐다!" 하시며 무척 기뻐하시는 모습을 보며 꿈에서 깨었습니다. 이 꿈이 제 예감에는 대학입시에 좋은 징조라 믿고 있습니다.

대학 입학 합격을 100% 보장합니다. 만약에 떨어지는 일이 일어난다면, 그럴 일이 없겠지만, 구렁이로 표상된 다른 무엇의 재물이나 권리·이권을 획득하는 일이 일어납니다. 하지만 자신의 주 관심사가 대학 입시인 것을 고려하자면, 대학 입시 합격으로 실현될 것입니다.

구렁이를 잡았다는 것은 구렁이로 표상된 그 어떤 재물이나 권리를 획득하는 것을 뜻하고요. 다만, 바닥을 한번 뛰어보아 안 되었으니, 1차에서는 실패할 가능성도 많고요. 이어 다시 한 번 크게 구른 후에 구렁이가 잡혀 들어갔으니, 2차에서는 필히 합격입니다.

이렇게 구렁이가 재물이 아닌, 합격이나 태몽 등 어떠한 일이나 대상이 다가오는 일로 실현된 많은 사례가 있습니다. 사이트에서 필자의 아내가 꾼, 남편이 구렁이를 잡아 죽이는 꿈을 읽어보세요. 두 분으로 표상된 사람(부모님 기타 아껴주시는 분)이 더욱 좋아하시겠고요. 축하합니다.

② 형이 뱀을 문밖으로 내쫓는 꿈

　　안녕하세요. 제 남자친구가 꾼 꿈인데요. 뱀이 집안으로 들어와 형의 이불 밑으로 들어
가는 것을 제 남자친구가 보고 '형! 이불 밑에 뱀이 들어갔어.'라고 얘기했더니, 형이 뱀
을 문밖으로 내쫓았다고 합니다. 현재 형은 결혼해서 아들이 둘 있습니다.

상징적인 미래 예지 꿈으로 꼭 일어나며 피할 수는 없는 꿈입니다. 들어오는
뱀을 내쫓는 꿈이었으니, 태몽으로 실현된다면 형이 유산시키게 될 것입니다. 임
신 사실을 안 후에, 중절수술을 하게 될지 모르고요.

아니면 뱀으로 표상된 어떤 권리·이권·재물이 들어오려다가 잃게 될 것입니
다. 또는 형이 사귀는 새로운 여자가 있다면, 더욱 적극적으로 접근해오는 것을
그 여자를 멀리하게 될 것이고요. 뱀이 상징 표상이 무엇을 뜻하는가에 따라서,
꿈을 꾼 사람이 처한 상황에 따라서 다르게 실현될 것입니다.

왜 자신이 처한 상황을 안 쓰지요. 답답하네요. 한가지로 답변해도 될 것을 이
렇게 여러 가지 가정을 상정하여 답변을 달자니 힘드네요. 다만, 이러한 일이 실
제의 형이 아닌, 형으로 표상된 회사 과장 등 윗사람에게 실현될 수도 있습니다.
사이트에서 뱀을 검색해 여러 실증적인 사례를 읽어보세요. 실증적인 사례야말
로 제 말보다도 더 믿을 수 있는 진짜 이야기입니다.

③ 뱀이 쫓아와 무는 꿈

　　꿈에 제가 어떤 집에 있었는데, 팔뚝만 한 큰 뱀들이 길거리에 널브러져 있는 것이 보
였어요. 그래서 일단 뱀이 없는 곳으로 피해야겠다고 마음먹고, 도망가려고 했죠. 그런
데 도망가는 도중에 제 냄새를 맡았는지 큰 뱀 한 마리가 절 쫓아오더군요. 그래서 안 되
겠다 싶어, 어떤 집으로 뛰어들어갔어요. 하지만 그 집에도 큰 뱀들이 옥상에도 처마에
도 널브러져 있더군요. 할 수 없이 전 멋도 모르고 그 집에 들어갔는데, 일단 무서워서
그 집 옥상으로 사다리를 타고 올라갔죠. 그런데 옥상에 또다시 큰 뱀이 있는 거예요.
그 집 옥상에 있는 또 다른 큰 뱀이 제 냄새를 맡았는지, 이제 그 큰 뱀이 쫓아오더군요.
혀를 날름거리면서(이제 두 마리의 큰 뱀에게 쫓기는 상황) 그래서 다시 그 집 1층으로 내려와
서 땅꾼으로 보이는 사람한테 저 뱀 좀 어떻게 해주라고 하니까, 저쪽에서 이제는 세 번
째 뱀(근데 이 뱀은 아까 저를 쫓아왔던 뱀하고는 달리 작은 살모사나 방울뱀 정도)이 쫓아오더군요.
그 땅꾼이 그 뱀을 다른 데 던져버린다고 막대기로 어떻게 하는데, 오히려 제 어깨 위로

던져버리더군요. 그 뱀은 제 어깨 위에 놓였고, 전 놀라서 뒤로 나자빠졌어요. 꿈에서 '물렸구나!'라고 생각하고 깼어요.

뱀으로 상징된 어떤 이성의 상대방이 접근해오는 것이 가능합니다. 피하고자 하면서 첫 번째, 두 번째는 피하지만, 세 번째의 영향권 안에 들어가게 된다고 봅니다. 사실 뱀의 상징은 사건 사고, 재물이나 이권, 귀찮거나 벅찬 일거리 대상, 이성 등 여러 가지입니다. 하지만 땅꾼보고 쫓아달라고 하는 꿈의 내용으로 보아, 재물이나 이권, 좋은 사람이나 대상은 아니네요. 귀찮은 대상이나 사람일 확률이 높습니다. 또한 뱀이 다가왔고 물렸다고 생각한 것처럼, 뱀의 영향권에서 벗어나기는 어려울 것 같네요.

④ 집채만큼 큰 구렁이가 잡아먹으려고 하는 꿈

시내 큰 도로를 지나고 있었습니다. 갑자기 커다란 버스가 지나가더니, 거기에 집채보다 더 큰 구렁이 10마리 정도가 빼곡하게 들어가 있었습니다. 그중에 한 마리가 머리를 내밀어 사람들을 잡아먹으려 하자, 뒤에서 누군가가 엎드리라고 했습니다. 나는 몸을 바닥에 대고 있었는데, 그 한 마리의 구렁이가 나를 보며 계속 다가왔습니다. 버스가 지나가는데도 불구하고, 몸을 계속 빼내어서 그러다가 나를 잡아먹으려 하는 찰나 꿈에서 깨어났습니다.

인테리어 관련 일을 하는 여성이고 미혼이지만 남자친구는 있습니다.

구렁이의 상징적 의미가 여러 가지이지요. 이성의 상대방, 이권이나 재물·사건·사고 등이 그것입니다. 상징적으로 커다란 버스가 커다란 기관이나 단체의 상징도 가능한 것으로 여겨집니다. 그리고 구렁이 10마리는 능력이 뛰어난 이성의 남자들이 10여 명 있는 것으로 볼 수도 있고요. 그중에 한 사람이 관심을 가지고 접근하는 것을 뜻합니다. 그 큰 구렁이가 덤벼서 잡아먹으려고 한다는 것은, 자신을 제압하여 뜻대로 좌우하려고 하는 것일 공산이 큽니다. 사람을 잡아먹는다는 것은, 사람을 제압·굴복시키려고 하는 것으로 주로 풀이되지요. 재물이나 이권의 상징인 경우 이 꿈은 길몽이 됩니다. 잡아먹히게 된다는 것은, 재물이나 이권 안에 놓이게 된다는 뜻이니까요. 어쩌면 뱀에게 먹히는 꿈이 가임 여건에 따라 태몽 표상일 수도 있습니다.

⑤ 두 마리 뱀을 밟은 꿈

제 아내가 꾼 꿈입니다. 아주 물이 깨끗하고 투명한 물의 강가에 빨래하러 갔는데, 물속에 엄청 많은 뱀들이 고개를 들고 있었답니다. 그런데 고개를 다 물 밖으로 들어내어 놓고 있는 것이 아니고, 물속에서 고개를 들고 있었답니다. 그리고 그 옆에는 개구리도 있었고, 도마뱀도 한두 마리 있었답니다. 꿈속이지만 물이 너무나도 깨끗했었답니다. 무서운 마음에 걸어 나오는데, 뱀을 각각 한 마리씩 밟고 말았답니다. 그리고 뱀을 누가 발에서 떼어주고, 어떤 아기랑 같이 놀았답니다. 좀 이상한 꿈으로 제 생각에는 태몽 같은데, 두 마리 뱀을 밟은 것이 이상해서 문의하니 이 꿈을 해석해주시길 부탁드립니다.

제가 보기에도 태몽에 가깝네요. 한데 태몽으로 보자면 꿈의 내용이 너무 좋지 않네요. 뱀을 밟았다는 것이 한때의 어려움이 있을 것 같네요. 유산이나 신체의 일부에 손상을 입게 되는 사고가 일어날 수 있는 표상입니다. 출산하는 데 있어서나 성장 과정에 있어 어려움을 겪게 될지 모릅니다. 다행인 것은 뱀을 발에서 떼어주었으니, 수습이 이루어지는 표상이지요. 그 후에 어떤 아기랑 같이 놀았다는 이야기도 있으니까요.

두 마리였으니, 쌍둥이나 두 자녀와 관계되고요. 숫자 둘과 관련된 일이 일어나는 것은 틀림없고요. 태몽은 상징적인 미래 예지 꿈으로 장차 앞으로의 일을 예지해 줄 뿐, 우리 인간이 그 결과를 벗어나게 되는 쪽으로 진행되지는 않습니다. 깨끗한 물이었다고 하니, 좋습니다. 밝은 여건 속에 일생이 이루어질 수 있는 것으로 풀이됩니다.

⑥ 뱀(구렁이)을 잡아 죽인 꿈

어제 꾼 꿈입니다. 요즘 저희 누나가 꿈에 자주 보입니다. 어젯밤 꿈에 누나랑 한가롭게 텔레비전을 보고 있었는데, 난데없이 엄청나게 큰 구렁이가 나왔습니다. 그런데 그 뱀은 자꾸 누나를 물려고 다가가고 있었습니다. 제가 깜짝 놀라며 그 구렁이를 잡아서 죽였습니다. 누나도 미혼이고 집안 형편이 어려워, 하고 있는 공부를 그만두고 취직을 하려고 합니다. 전 원래 공부엔 취미가 없지만, 누나는 그렇지 않거든요. 요즘 그것 때문에 누나가 고민이 많은데, 혹 그것과 연관된 것은 아닐까요. 저는 고민 같은 건 없습니다. 입대를 앞두고 있지만, 남자라면 군대는 당연히 가는 것으로 알고 있으니까요. 뱀이라면 태몽이라는 말도 있지만, 저도 누나도 최근엔 애인이 없거든요. 무슨 꿈인가요?

미혼이라고 태몽을 못 꾸는 건 아니지요. 당연히 미혼도 태몽을 꿀 수 있고, 주변 사람이 가임시에 이런 꿈은 뱀을 죽였기에 유산이나, 낙태 등을 의미합니다. 구렁이(뱀 포함)는 다의적 뜻을 내포한 상징물로, 사람의 상징이 되기도 하며 이권이나 재물 나쁘게는 사건 사고 등 다양한 상징적 뜻을 갖고 있습니다. 미혼의 처녀라면, 구렁이로 상징된 못된 남자가 접근하는 것을 물리치는 일로 가능합니다. 구렁이를 죽인 것은, 구렁이로 상징된 사람을 제압·굴복·복종시키는 것을 뜻하지요. 이러한 꿈은 상징적인 미래 예지 꿈으로 꿈의 예지대로 이루어지는 것을 피하기 어렵습니다.

⑦ 눈매가 무서운 뱀(구렁이)에게 물리는 꿈

31세의 직장 여성이며, 임신 6개월입니다. 어젯밤 꿈에 구렁이인지 뱀인지 확실치는 않은데, 보통 뱀보다 훨씬 굵고 눈매가 아주 매서웠습니다. 꿈속에서 제 눈에 구렁이(혹은 뱀)의 눈매가 무섭게 클로즈업되어 비쳤습니다. 그것이 나의 오른쪽 손등을 아주 날카로운 송곳니로 물어서 피가 났습니다. 전 그 구렁이(혹은 뱀)의 눈매가 너무 무섭고 또 물린 것이 너무 아팠지만, 구렁이는 저를 놔주지 않고 꽉 물고 있어서 피가 났으며 너무 무서웠습니다. 저는 손을 잡아끌어 당기다시피 하여 힘겹게 빼내었지만 손등은 물론 당겨진 부위 모두 찢긴 듯한 상처가 났습니다. 그러고 있는데 저를 무섭게 쳐다보며 다시 왼쪽 손등을 구렁이(혹은 뱀)가 무시무시한 송곳니로 물었습니다. 이번에는 다행히 손이 손쉽게 빠져 왼쪽 손등에는 이빨 자국만이 생겼지만 역시 피가 흘렀습니다. 주변 사람들은 뱀 꿈이고 피를 봤다니 무조건 태몽이고 좋은 꿈이라고 하는데, 태몽이 이렇게 무서울 수도 있나요? 그리고 태몽은 이미 시어머님이나 엄마가 임신 초반에 꾸었거든요. 아이에 관련된 꿈인데 혹시 안 좋은 꿈인 건 아닌지 걱정이 되어 이렇게 해몽 부탁드립니다. 태몽이 아니고 그냥 일반 꿈이라고 하기엔 좀 선명했거든요.

피를 보았다고 무조건 좋은 꿈이란 것은 절대적으로 틀린 말이네요. 물려 피가 나는 꿈이 결코 좋을 리가 없습니다. 물려서 피가 나는 꿈은 피로 표상된 소중한 재물이나 이권 등을 잃게 되는 것으로 풀이될 수 있기 때문입니다. 꿈이 좋지 않은 것만은 틀림이 없고요. 뱀으로 표상된 교활하고 사악한 사람의 침해를 당하거나, 사건·사고의 표상에 가까운 듯싶습니다.

꿈의 내용으로 미루어 태몽으로 보기에는 무리가 따르네요. 선명한 꿈이 태몽의 꿈으로 부합은 되나, 반드시 일어나게 될 미래에 대한 강한 예지 등을 의미하는 꿈이기도 하지요. 뱀 꿈이라고 모두 태몽은 아니지요. 그리고 자신의 피를 흘리는 것은 안 좋은 표상이지요. 꿈은 반대가 아닌 상징에 대한 이해입니다. 무서운 뱀이 현실에서 좋게 실현될 것 같지는 않네요. 상징적인 꿈에서 뱀은 어떠한 인물의 동일시이거나, 일거리·작품·사건·재물이거나, 관념적인 권세·명예 등을 의미합니다. 눈매가 날카롭고 너무 무서운 뱀으로 보아 적대적인 인물, 벅찬 일거리나 사건, 부담스럽고 압박하는 세력이나 영향력 등으로 볼 수 있습니다. 물고 좀처럼 놓아주지 않는 것은 쉽게 해결되거나 떨어져 나갈 수 있는 것이 아닌 지속적이고 강력한 영향력이 주어질 것이고, 어렵게 빼는 것이 많은 노력과 의지로 해결하지만, 정신적이고 물질적인 손해나 피해는 클 것으로 추정되고요. 다시 물리는 것은 재차 당하게 되는, 처음보다 덜한 충격과 피해를 주는 것을 의미합니다. 행동을 삼가고 조심하세요. 근원적으로 막지는 못하지만, 최소화할 필요는 있습니다. 뱀으로 표상된 못된 사람이나 어떤 사건·사고로 인하여, 피해를 보는 것도 가능하네요.

⑧ 많은 실뱀과 구렁이 한 마리가 나오는 꿈

　시할머니가 계시던 산속의 작은 암자에서 여름휴가를 보내러 갔다가 꾼 꿈인데요, 꿈을 꾼 그 날 밤에 실제로 그 집에서 구렁이 한 마리를 보았습니다. 집 지키는 구렁이라고, 봄에 벗어놓은 허물이 2개 있었다는데, 그 중에 한 마리였던 것 같아요.

　꿈에서도 제가 잠든 바로 그 방에서 제가 자고 있었습니다. 갑자기 뭔가 느낌이 이상해서 누운 채로 눈을 떴는데 무수히 많은 실뱀이 있었는데, 제가 놀라서 소리를 지르니까 모두 순식간에 도망을 가더군요. 그런데 큰 구렁이 한 마리만은 도망을 가지 않고, 몸을 둥글게 말은 채로 제 등에 딱 붙어 있었습니다. 저는 또 소리를 질렀고(이상하게도 친정아버지를 부르면서요), 꿈에서 깨어났지요. 그런데 신기한 것은 그 구렁이가 아주 예쁜 얼굴을 하고 제 몸에 꼭 붙어있고 싶어하는 느낌을 받았다는 겁니다. 그래서 꿈에서는 놀라서 소리를 질렀지만, 깨어난 후에는 그 구렁이가 징그럽던가 하는 느낌은 들지 않더라고요.

　꿈을 꿀 당시는 결혼한 지 1년이 좀 넘었을 때고 아직 아기는 없었습니다. 시댁에서 아기를 많이 기다리셔서 저도 약간 심적인 부담이 있었지만요. 꿈을 꾼 것은 7월이었고 3개월 후인 10월에 실제로 아기를 가져서 귀여운 딸을 낳았는데요. 건강하게 잘 자라고 있습니다. 태몽인 것 같은데 실제로 태몽이라면 저희 딸의 운명을 예지하는 의미도 있을 것 같아서요. 의미를 좀 알려주세요.

태몽으로 보아야 할 것 같네요. 꿈이 생생하다면 더더욱 태몽입니다. 태몽의 특징이 생생한 데에 있지요. 태몽 표상으로 다행이네요. 자잘한 실뱀보다, 구렁이의 표상이 능력이 크고 그릇이 큰 것을 의미하니까요. 예쁜 얼굴의 표상에서, 아들보다 딸의 표상에 가까운 것이고요. 구렁이는 보통 아들이 많지만, 절대적인 것은 아닙니다. 구렁이가 탐스럽고 윤기나는 것일수록 돋보이는 존재가 되는 것이므로, '징그럽다던가 하는 느낌은 들지 않더라고요'가 중요하고요. 태몽의 경우, 꿈속에서 생각하고 느낀 그대로 이루어질 수 있지요. 구렁이가 도망갔다면, 임신이 되지 않던가 유산·요절 등 좋지 않은 표상으로 나타납니다.

태몽이 아닌 경우, 재물·이권의 획득으로 이루어지는 꿈이지만, 예쁜 얼굴 등 전체적인 꿈의 표상으로 보아 태몽으로 보아야 할 듯싶습니다. 진정한 의미의 태몽은 임신 사실을 알기 전에 꾸는 꿈이지요. 여러 실뱀과 같이 있던 구렁이의 태몽이 장차 훌륭한 사람이 되어 여러 부하를 거느리는 일로 실현될 가능성도 있습니다.

⑨ 뱀에게 물리는 꿈

제가 누나랑 같이 옥상으로 통하는 문을 따라 옥상에 올라가 놀다가 내려오려 하는데, 뱀이 문을 막고 있는 것입니다. 그래서 뒤로 물러나려니까 뱀이 따라오고, 그래서 누나가 어디선가 막대기를 가지고 물리치려고 하였습니다. 하지만 달아나지 않자, 누나는 겁이 나서 막대기를 멀찌감치 들고 어설프게 뱀을 쫓으려 하였습니다. 그때, 제가 어디선가 긴 칼을 구해 와서 뱀을 내리쳤습니다. 한번 내리치는데 빗맞아 깜짝 놀라는 순간, 뱀은 제게 덤벼들고, 두 번째 내리치는 순간 뱀은 잘렸습니다. 그런데 그 순간에 제 오른쪽 발바닥 쪽을 꽉 무는 느낌에 놀라 잠에서 깼습니다. 다행히 밑창이 두꺼운 운동화의 밑창 부분을 물고 있었는데, 꿈이 정말 선명하였습니다.

처한 상황만 자세하게 이야기해주었더라면, 더 좋았을 것입니다. 이 꿈에서는 뱀이 어떠한 사람이나 세력을 나타내는 것 같군요. 뱀을 죽인다는 것이 제압하며 정복·소유를 상징하니, 뱀을 잡아 죽였더라면 더 좋은 꿈이고요. 뱀이 덤벼든다는 것은 어떠한 일을 하는데 쉽사리 이루어지지 않고, 상대방이 저항하는 것을 상징하고 있네요. 이 경우 첫 번에 칼에 빗맞은 것처럼 첫 번째 시도는 실패할 것이고요, 재차 노력하여 뱀이 잘렸으니 목적한 바를 어느 정도 얻을 것입니다. 오른쪽 발바닥을 물렸으니, 또한 뱀으로 상징된 사람이나 대상으로부터 어느 정도의 피해를 받게 되는 일로 실현될 것입니다. 어떠한 일을 해나가는 데 있어서 만만치 않은 저항에 부딪칠지 모릅니다. 또 안 좋게 보자면, 사고 등으로 인해서 발바닥 부근에 어떤 상처를 입게 될지도 모릅니다. 가장 일어날 확률이 높은 것은 누나에게 접근하려는 뱀으로 상징된 못된 사람을 두 번째 시도 끝에 물리치는 일로 이루어질 것입니다.

⑩ 구렁이가 산정에서 산 밑까지 있는 꿈 → 큰 인물이 될 아이를 잉태

> 높은 산봉우리에 머리를 맞대고 꼬리가 산밑까지 뻗은 새파란 구렁이가 산을 의지하고 척 걸쳐 있었다. 산에는 여러 가지 색깔의 꽃으로 뒤덮여 있었고, 구렁이는 아래로 내려갈수록 동체가 굵었다. 나는 하도 신기하여 넋을 잃고 바라보고 있었다.(농부 이원찬 씨의 꿈)

이 꿈은 국가 최고기관의 장(長)과 어깨를 나란히 할 사람 아니면, 사회단체의 장이 될 자손을 출산할 것을 예지한 태몽이다. 높은 산은 국가나 사회적인 계급을 상징하는 것이요, 청색 구렁이는 태아의 상징이므로 보통 인물이 아니다. 구렁이가 산정에 머리를 맞댔으니 최고위급 권력자다.

머리를 산정에서 떼지 아니했으니 국가에 반대의사가 없고, 색깔이 새파란 것은 정열과 충의를 나타내며, 그 동체가 아래로 내려갈수록 굵었으니 정당 당수쯤은 될 것이다. 거기 더하여 산을 의지하고 있음은 야당이 아니라 여당일 것임이 틀림없고, 꼬리가 평지에 닿았으니 국민의 추대를 받을 것이다. 산에 꽃이 만발한 것은 국가에 이익과 번영을 가져다줄 것이므로 자신은 극도의 영화를 누릴 것이다.(글: 한건덕)

구렁이가 장차 태어날 아기의 태아 표상으로 등장하고 있다. 이러한 태몽 표상은 크고 웅장할수록 좋다. 구렁이 태몽 표상의 꿈은 대부분 남아로 실현되고 있다. 또한, 구렁이의 크기나 굵기, 색깔의 선명함, 윤기 등에 따라 앞으로 인생길에서의 빈부·귀천을 예지해주고 있다.

앞의 '동체가 굵었고, 푸른 기운이 돌며, 윤기 흐르고 있어, 넋을 잃고 바라보았다.'의 구렁이에 대한 표상 전개는 말할 수 없이 좋은 표상으로 이루어져 있다. 구렁이 몸에 피를 흘리거나, 상처 입은 표상이 아니며, 사라지는 표상이 아닌, 넋을 잃고 바라볼 정도로 당당한 표상을 보여주고 있다.

또한 산 일대에 꽃이 만발하여 있는 아름답고 풍요로운 배경의 표상은 앞으로 인생길에 부귀영화가 함께 할 것임을 예지해주고 있다. 꿈은 반대가 아니다. 오로지 상징 표상의 이해에 있다고 말씀드리고 싶다.

상징적인 미래 예지 꿈의 특성을 극명하게 보여주는 것이 바로 태몽의 사례들

이다. 어떤 분들은 태몽을 물어오면서 아들·딸의 여부에만 관심을 가지시는 분들이 있다. 태몽으로 아들·딸의 여부를 어느 정도 예지하는 것은 사실이지만, 중요한 것은 아들·딸의 여부보다도 한 아이의 일생이 태몽 속에 압축되어 예지되어 있다는 사실이다. 즉, '태몽의 표상이 어떻게 전개되었느냐'가 중요한 것이다.

꽃이 만발한 풍요로운 산을 배경으로 정상에 머리를 대고 아래쪽에까지 늠름하고 당당하게 뻗어 있는 구렁이의 상징 표상에서, 또한 여러 색깔의 꽃으로 뒤덮여 있다는 데서, 일생의 인물됨이 크고 웅장하며 밝은 앞날이 있게 될 것을 예지해주고 있다. 보통 구렁이의 표상은 아들로 실현되고 있으며, 딸이라 하더라도 걸걸한 성품의 커다란 인물이 될 것이다.

⑪ 구렁이에게 밥상을 차려 올린 꿈 → 사람과 교제 후 결혼할 꿈

> 길을 걷다 보니 가시나무에 뱀이 매달려 있었어요. 이것을 피해가니, 더 큰 구렁이가 있었어요. 무서워서 돌아가려는데, 한 노인이 나타나 "저분이 장차 너의 신랑감이 될 것이니, 집으로 잘 안내해 드려라." 하고 일러주시기에, 그 구렁이를 집으로 데리고 갔어요. 가는 도중에 그 구렁이는 아주 예쁜 비단구렁이로 변했으며, 집에 당도해서는 부엌을 지나서 방으로 들어갔죠. 나는 밥상을 차려 대접했더니, 사람으로 변해서 밥을 먹었어요.

두 번째 사람과 교제 후 결혼할 꿈입니다. 이 꿈을 상징해석에 붙여보면 길을 걷는 것은, 결혼상대자를 물색하던 것을 상징하죠. 가시나무에 매달려 있었다는 것을 본 것은, 직업을 가지고 있으며, 그에게 청혼하거나 그에게서 청혼을 받는 것을 상징하고요. 하지만 이것을 피했으니, 그 남자에겐 마음이 없어 한 번쯤 이야기가 오간 것으로 퇴짜를 놓고, 다른 사람을 물색하는 것을 상징하죠. 이번엔 더 큰 구렁이가 있었다는 것은, 곧 제2의 결혼 상대자가 등장하는데 그는 훌륭한 남자라고 생각하는 것을 상징하고요. 그러나 무서워서 돌아가려고 했다는 것은 그 남자는 너무 인물이 뛰어나서, 자기 분수에 어울리지 않는 것 같아 그만두려고 한다는 것을 상징하네요.

한 노인은 중매쟁이가 아니면 결혼상담자의 동일시죠. 저분이 장차 너의 신랑감이 될 것이라고 한 것처럼, 천생연분으로 배우자를 만날 것으로 보이네요. 집은 항상 일의 종결을 뜻하는 것으로 이 꿈에서는 결혼을 뜻하며, 잘 안내하라는 것은 교제를 잘해서 결혼을 성립시키라는 뜻입니다. 그래서 일러준 대로 집으로

데리고 간 것은 그와 한동안 교제를 하는 것을 예지하죠. 길을 걷는 것은 일의 진행과정을 뜻하는데, 교제 중 예쁜 비단구렁이로 변했다는 것으로 보아 그 사람의 신분이 고귀해지거나 인기인이 되겠네요. 부엌에서 방으로 든다는 것은 하급에서 고급에 속하는 신분이 되며, 방 안, 즉 어떤 직장의 권력자가 된다는 것입니다. 밥상을 차려 올린 것은, 그에게 결혼을 청할 것입니다. 그리고 그가 사람으로 변했으니, 그의 본성이 드러나고 완전한 인격자임을 알아 존경하게 될 것입니다. 그리고 그 밥을 먹었으니, 자기의 부탁은 무엇이든 들어주는 것, 결혼이나 애정에 대해 모든 것을 수락을 뜻합니다.(글: 한건덕, 수정: 홍순래)

⑫ 뱀(구렁이)과 성행위를 하는 꿈

나이: 22, 성별: 여자, 결혼 여부: 미혼, 자신이 처한 상황: 삼각관계

넓은 운동장이었습니다. 사람들은 꽤 많이 모였고, 특히 아주머니들이 많이 모이셨습니다. 모두 응원하느라 앉아있는데, 제가 그냥 일어났습니다. 그때 아주머니들이 "얼른 앉아, 들키면 어떻게 해. 그 귤색 옷은 너무 튀어."라며 얼른 앉으라고들 고래고래 소리쳤습니다. 전 아주머니들 쪽을 향해 보니, 황금빛의 뱀이 저를 향해 달려오는 것이었습니다. 있는 힘을 다해 뛰었지만, 황금빛의 구렁이는 어느새 저만큼 앞에 가서 저를 막아섰습니다.

무섭기는 했지만 어찌 된 일인지 황금빛이 아주 아름다워서 반해 버렸습니다. 그리곤 어느 방으로 가서 뱀과 성교를 하였습니다. 그때 뱀이 알던 어느 여자가 들어와서, 뱀이 그 여자를 쫓아냈습니다. 뱀이지만 사랑하는 마음이 생겨서, 책상에 앉아 일기를 쓰면서 깨어났습니다.

지금 제가 처한 상황이 이 뱀꿈과 비슷해서요. 저는 여대생인데요, 황금빛을 가장 좋아하고 가장 요염한 빛이라고 생각하고 있고요, 꿈속에서 만큼의 멋진 색은 본 적이 없습니다. 그리고 지금 사랑하는 남자는 오래된 여자가 있으나, 그는 더 이상 그녀를 좋아하거나 싫어하는 감정보다는 정으로 묶여 있는 상태입니다.

안녕하세요. 해몽을 잘하셨어요. 바로 적어주신 그대로입니다. 꿈의 이해의 1차적 요소는 바로 상징 표상의 이해이니까요. 저도 비슷한 꿈을 꾼 경험이 있어요. 죽도록 도망 다녔던 호랑이한테 매료당하는 꿈을요. 실제 뱀은 여러 상징적 의미가 있습니다. 하지만 꿈의 전개와 실제의 일이 일치를 해야 비로소 꿈이 실현됐다고 볼 수 있습니다. 뱀과의 상황전개가 현실과 놀랍도록 일치를 하고 있습

니다. 꿈속에서의 황금빛 뱀은 현재의 남자 분을 말하는 겁니다. 뱀에게 반한 표상은 현재의 상태를 보여주는 것이고요. 뱀이 여자를 쫓아냈듯, 정으로 얽힌 여자와 결별할 것을 의미합니다.

또한 뱀과 성교를 했으니, 두 분이 더욱 돈독해질 것으로 볼 수 있겠습니다. 꿈속에서의 성교는 꿈의 언어인 상징의 언어로 보아야 합니다. 성행위 꿈은 어떤 대상이나 일거리와의 정신적·육체적 결합과 일치를 의미합니다. 상징적인 의미로 본다면, 성행위는 둘이서 하나 되는 것이니까요. 그렇기 때문에 스승과 성교를 하거나, 신령스러운 존재와의 성교, 심지어 어머니와의 성교 역시 좋은 꿈이 됩니다. 쉬운 이해를 위해 역사에 얽힌 사례를 살펴보면, 『플루타르크 영웅전』에는 시저가 로마의 집정관으로 선출되기 전에, 어머니와 성관계를 맺는 꿈을 꾸었다는 기록이 있습니다. 여기에서의 어머니는 '대지', '국토' 등을 상징하는 것으로 어머니와의 성행위는 로마의 국토를 소유하게 된다는 것을 의미한다고 볼 수 있겠습니다.(글: 꿈 연구원 2, 수정: 홍순래)

이상에서 뱀꿈의 다양한 실현사례를 살펴본바, 뱀(구렁이)꿈의 상징이 사람이나 태몽 표상, 재물이나 이권, 기관이나 단체, 사물이나 대상, 사건 사고의 표상, 연분·애정의 이성의 상대방 등 여러 가지 다양하게 실현되고 있음에서 알 수 있겠다. 이처럼 꿈속에 등장하는 동물은 다양한 상징적 의미를 지니고 있는바, 대부분 어떠한 사람을 상징하고 있다.

≪코브라(뱀)≫

코브라 꿈은 뱀꿈과 유사하다. 상징적인 꿈에서 코브라 뱀은 뱀보다도 강력한 어떠한 인물을 상징하고 있다. 대부분은 이성의 상대방이나 못된 악한을 상징하고 있는 경우가 많다. 이 밖에도 재물·권세 등을 상징적으로 나타내고 있다. 또한 꿈속에서 징그럽고 무서운 등의 적대적인 표상이라면, 안 좋은 사건이나 사고·우환·질병·난관·위기·문제점 등을 상징하고 있다.

독성이 강한 코브라이기에 강력하거나 터프한 능력을 지닌 사람, 특이한 재주를 지닌 사람, 유별난 재물이나 이권 등 다양한 상징성을 띠고 전개되고 있다. 이러한 뱀을 잡거나 토막 내 죽이는 꿈이 일반적으로는 성취를 이루고, 상대방을 제압하게 되거나, 재물의 획득 등 성공을 가져오는 꿈이다. 다만, 태몽에서는 죽이는 표상이 좋지 않다. 유산이나 요절 등으로 실현된다. 뱀은 다의적인 의미를 지닌 표상이며, 꿈의 정황이나 느낌 등에 따라 각기 다른 실현이 이루어지고 있다.

사이트에서 뱀, 구렁이 등을 검색해 수많은 각기 다른 실증사례를 참고해보면서, 자신의 처한 상황과 비교해보기 바란다.

≪도마뱀≫

도마뱀은 청렴결백한 사람, 직장인 등을 상징하며, 일거리 대상의 상징인 경우에는 소책자나 학설을 상징하기도 한다.

① 사람만큼 큰 도마뱀을 보는 꿈

크게 출세하거나 사업 등이 이루어지며, 큰 인물과 상관하게 된다.

② 산길 옆에 우글거리는 도마뱀을 보는 꿈

많은 부하들을 거느린 직장의 우두머리가 되거나, 많은 학생들을 제자로 두게 된다. 일거리 대상의 상징인 경우에, 많은 작품을 지상에 발표하게 된다.

③ 도마뱀이 한곳으로 모이는 것을 보는 꿈

어떠한 사람들이 하나의 직장이나, 하나의 일거리 등에 관심을 지니게 된다. 학자인 경우라면, 연구자료를 수집해서 새로운 학설을 정립하게 된다.

④ 오색찬란한 도마뱀의 꿈(태몽 사례)

저는 태몽이 오색찬란한 무지갯빛이 빛나는 도마뱀이었답니다. 뭡니까, 여자 태몽이 도마뱀이라니, 용도 아니고 꽃도 아니고 아름다운 물고기, 과일 뭐 이런 것도 아니고, 도마뱀이라니---, 저희 어머니는 "그래도 너무 눈이 부셔서 쳐다도 못 볼 정도였어, 그게 좋은 거래"라고 위로를 하시지만---nijie, 마이클럽.

≪악어≫

악어가 사람의 상징인 경우, 거칠고 포악한 상징적 의미 그대로 사납고 거친 사람이나 두렵고 억압을 가하는 일거리나 대상·기관·단체를 상징한다. 따라서 악어 떼가 쫓아와서 도망치면, 악당들에게 시달림을 받거나, 일이 난관에 부딪치게 된다. 이 경우 악어 떼를 죽이는 꿈은 어려운 일이 하나씩 해소되고, 큰일을 성사하거나, 많은 재물을 얻는 일로 실현된다.

악어의 태몽으로 태어난 아이의 경우, 강인함과 터프함의 상징으로 아들을 낳을 가능성이 매우 높다. 여아를 낳게 될 경우에, 아주 거친 여성이 된다. 성격이 포악하거나 거칠고 남자다운 성품이 되어, 군인이나 경찰관·형사 등 터프한 직종에 어울린다.

악어꿈의 태몽 사례를 SY♥JH's HappyDays 블로그에서 인용하여, 간략히 살펴본다.

* 저희 시댁할머니께서 악어꿈 꾸시고 태몽이라고 하시더니, 1개월 지나서 임신했어요.

* 우리 신랑이 큰 악어꿈을 꿨다고 해서, '로또 살까?' 막 이러고 있었는데, 며칠 뒤에 병원에 가니 임신이라고 하더군요.

* 저도 악어가 제 발을 물은 꿈을 꾸었어요. 근데 무서웠던 기억이--, 아들이에요. 지금 백 일이네요.

* 저희 형님이 악어꿈 꾸셨다는데 아들입니다.

* 저희 동생도 악어꿈 꾸고 아들 낳았네요.

* 우리 신랑이 태몽 악어꿈 꾸고, 얼마 전에 저 아들 낳았답니다.

* 저요~. 우리 아들, 친정엄마가 악어 태몽 꿔주셨어요.

≪개구리, 맹꽁이, 두꺼비≫

개구리는 처세 잘하는 사람, 소문 잘 내는 사람, 돈 잘 버는 사람을 상징하고 있으며, 작품이나 일 또는 재물 등을 상징한다.

① 논둑을 걸어가는데 개구리가 와글와글 울고 있는 꿈

사업을 추진시키기까지 많은 사람의 시비를 받는다.

② 맹꽁이나 두꺼비가 길바닥에 나와 다니는 꿈

우직하고 소견머리 없는 사람을 만나거나 신통치 않은 글을 발표하게 된다.

③ 한 쌍의 맹꽁이가 붙어 울고 있는 꿈

동업자와의 일이 진통을 겪거나, 재수 없는 일을 체험한다.

④ 도롱뇽의 알을 먹는 꿈

재물이나 이권을 얻게 되며, 다양한 지식을 얻거나 작품 등을 저술하게 된다.

〈실증사례〉

① 두꺼비가 길을 안내한 꿈 → 복권 당첨

'두꺼비와 대화를 나누고 그놈을 선도하는 꿈'으로 복권에 당첨되고 있다. 동물로 표상되어 나타난 대상에 대해서 은혜를 베풀면 좋은 일이 일어나고 있으며, 반면에 부탁을 뿌리치는 일로 끝나면 안 좋은 일로 실현되고 있다.

이 꿈에서도 두꺼비로 표상되는 어떤 사물이나 사업대상, 아니면 두꺼비로 동일시되는 어떤 사람을 선도할 일과 관계된 표현으로 볼 수 있다. 이 꿈 사례의 특징은 두꺼비와 어떤 말을 주고받았는지는 모르나, 그놈과 대화를 하였으며, 또 그놈의 갈 길을 잘 인도해 주었다는 것이다.

이렇게 동물과 대화를 하고 동물이 말을 하는 것도 꿈의 독특한 표현 수단의 하나이다. 어찌 보면 조상이나 산신령님이 나타나서 일러주는 경우와 다름이 없다. 따라서 이런 동물이 등장해서 좋은 내용으로 전개되는 꿈을 꾸었을 때는 현실에서 좋은 일로 실현되고 있다. 위의 꿈에서도 두꺼비와 대화를 했으며 두꺼비를 선도하였다는데서, 어떠한 좋은 일이 일어날 것을 암시하여 주고 있다고 해야 할 것이다. '두꺼비와의 대화'는 그 일이 행운이나 횡재수로 나아가는 내용이었을 것으로 추정된다.(글: 한건덕)

② 두꺼비가 물고 있는 꿈 → 우량한 떡두꺼비의 아들 태어남

2000년 2월 8일. 병원 분만실에서 아내의 출산 대기가 길어지고 있었다. 담당 간호사가 대기 병실을 권유해서, 침대에서 잠깐 잠이 들었다. 꿈속에서 맑은 호숫가 또는 바닷가에서 모래를 파니, 물이 고이는데 조개껍데기가 자꾸 나왔다. 계속 모래를 파고 있는데, 갑자기 무언가가 나의 오른쪽 팔 소매를 물었다. 깜짝 놀라 오른쪽 옆을 보니, 녹색과 금색 빛을 발하는 두꺼비가 물고 있는데 점점 커지고 있었다.

그때 대기실 스피커폰이 울려서 잠을 깨고 수화기를 들으니, "○○○ 보호자님, ○○○께서 아들을 출산했습니다. 분만실로 내려오세요."라고 한다.

분만실에 내려가 보니, 병원이 생긴 이래로 가장 큰 아이가 태어났다면서, 신생아 기저귀가 맞지 않으니 약국에서 큰 기저귀를 사오라고 한다. 아들의 출생 몸무게 4.29kg. 지금은 12살, 초등 5년인데 키도 크고, 잘 생기고, 머리도 좋은 편이다.---아량

③ 개구리가 물은 꿈(상담사례)

큰 개구리인지 두꺼비인지, 아무튼 아주 큰 알록달록한 개구리가 저한테 뛰어와서 제

가 피하려고 점프를 했어요. 근데 그 개구리가 제 치마 속으로 들어와서 거기를 꽉 문 거예요. 제가 자다가 화들짝 놀라 발버둥 치면서 일어났어요. 이것도 태몽의 일종인가요?---윤혜랑, 베베하우스, 2007. 09. 10.

가임여건에 있으며, 꿈이 생생한 경우 태몽으로 실현된다. 하지만 일반적인 여건에서 이러한 꿈은 자궁 부위에 질병이 생기게 되는 일로 실현될 수도 있다. 또한 안 좋게는 동물에게 물리는 꿈의 경우, 물린 부위에 어떠한 사고나 상처를 입는 일로 실현되고 있기도 하다.

5) 곤충류-(벌레, 파리, 모기, 벌, 나비, 잠자리, 개미, 거미, 지렁이, 이[虱], 벼룩, 빈대, 지네, 회충, 누에, 반딧불)

≪벌레 꿈≫

1) 벌레 꿈에 관하여

벌레의 종류가 매우 다양하듯이 벌레에 관한 꿈해몽도 그 종류에 따라 다양한 해석이 가능하다. 상징적인 꿈에서 벌레는 좋게는 인적자원이나 손님 등을 의미하는 경우도 있지만, 더럽고 징그러운 해충은 대부분 피해를 주는 사람, 안 좋은 일거리나 질병·고통거리·문제점·방해물 등으로 상징되고 있다.

예를 들어, 반딧불이나 고추잠자리와 같은 곤충들은 반가움이나 경사의 표상이 되기도 한다. 또한 모기·바퀴벌레·송충이와 같은 해충들은 귀찮은 일거리나 괴롭히는 사람의 상징 표상에 부합하며, 이 경우에 벌레를 죽이거나 쫓아내는 꿈은 귀찮은 사람을 제압하거나, 번거로운 일거리를 깨끗하게 처리하는 일로 실현된다.

벌레는 귀찮은 일거리나 사람, 병마의 상징으로 자주 등장하고 있다. 하지만 벌레나 구더기 등이 재물이나 인적 자원의 상징으로 등장하기도 한다. 쓸어도 쓸어도 구더기가 땅속에서 쏟아져 나오던 꿈으로, 새로 개업한 가게에 수많은 손님들이 몰려드는 일로 실현된 사례가 있다. 또한 다리에 새까맣게 벌레가 달라붙는 꿈을 꾼 보험 외판원이 수많은 계약자를 얻게 되었다.

굼벵이·구더기·배추벌레 등 여러 가지 벌레의 유충에 관한 꿈은 재물의 상징이 되기도 하며, 그 수효에 따라 일이나 작품 등과 관계된다. 민속에, 몸에서 벌레가 나오는 꿈을 꾸면 병이 곧 낫는다.

2) 벌레·곤충에 관한 꿈해몽

모든 벌레·곤충류는 비록 형체는 작아도 일반 대중이나 단체세력, 사람의 인격이나 품성, 이권이나 재물 등을 상징한다. 모기·파리와 빈대·거머리 등 사람에게 해로운 동물은 방해되는 사람이나 일거리·대상의 상징이거나, 병마나 전염병 따위를 상징하기에 적합한 표상들이다.

(1) 사람의 상징

파리·모기 등 해충은 폐를 끼치는 사람이나 방해꾼 등을 상징적으로 나타낸다.

① 장독에 구더기나 벌레가 가득한 꿈

간장이나 된장 고추장 등이 가득 들어 있는 그릇에 구더기 또는 기타의 벌레가 가득하면, 그 수효만큼의 재물을 소비하는 인적자원이 있음을 뜻한다.

② 파리·모기나 바퀴벌레를 잡는 꿈

많은 파리·모기나 바퀴벌레를 손이나 몽둥이로 때려잡으면, 방해하는 사람이나 귀찮은 일거리 등을 시원스럽게 해결하게 된다.

③ 거머리가 다리 전체에 붙어 있는 꿈

거머리가 각각의 사람으로 수많은 고용인의 상징이 되는 꿈이 될 수 있다. 반면에, 거머리 한두 마리가 붙어 있으면 자신을 따르는 심복의 상징이 되거나, 재산을 축내는 사람과 상관하게 된다.

④ 벌레가 다리에 붙은 꿈

딱정벌레가 양쪽 종아리에 새까맣게 붙은 꿈은 그만큼 많은 보험가입 신청자를 얻게 될 세일즈맨의 꿈이었다.

(2) 태몽 표상-실증사례

① 사슴벌레를 잡는 꿈

임신을 확인할 즈음해서, 남편이 신기한 꿈을 꾸었다고 하니, 태몽인듯합니다. 나무 위를 기어 올라가는 사슴벌레를 잡았다고요. 새까맣고 뿔이 달린, 두 마리가 위, 아래로 기어 올라가고 내려가는데, 그중 남편이 쌩쌩해 보이는 위쪽 놈을 손으로 잡았답니다.---산골댁, 다음 신지식, 2005. 10. 25.

꿈이 생생하고 강렬하면, 태몽이 틀림없다.

② 빨간 나비 꿈

아주 넓은 바다를 건너는데, 빨간 나비가 날아와 제 몸에 앉아 바다를 같이 건넜어요. 빨간 나비는 딸인 줄 알았는데, 아들이 태어났답니다.---엄마 이경희 씨

③ 잠자리를 잡았다가 놓아준 꿈

동생이 어제저녁에 잠자리 세 마리가 하늘 위로 날아다녔데요. 근데 그게 너무 예뻐서 한 마리를 잡아서 망에 집어넣고, 또 한 마리를 잡아서 집어넣으려고 하는데, 잠자리 눈이 너무 순순해서 그만 놓아주었데요. 이거 태몽 맞죠. 근데 잠자리를 놓아주어서 나쁜 꿈이 아닐까 걱정이네요.---전미선, 베베하우스.

꿈이 생생하며, 가임 여건에 있다면 태몽이 맞으며, 잠자리가 예뻤기에 여아일 가능성이 높다. 하지만 잡은 잠자리를 놓아주는 것은 태몽에서는 결코 좋은 꿈이 아니다. 첫 아이 때, 장차 두게 될 자식의 태몽을 한꺼번에 꾸기도 하기에, 첫째 애는 아무 이상이 없더라도, 둘째 애를 가졌다가 자연유산이 되거나 요절이 되는 일로도 실현될 수 있다.

이 경우에 가장 바람직한 꿈의 실현은 태몽이 아닌 일반적인 상황으로 실현되는 것이 더 좋다. 잠자리가 태아의 태몽 표상이 아닌, 이성의 상대방으로 실현될 수도 있다. 동생이 남동생이라면, 하늘을 날아다니는 세 마리의 예쁜 잠자리로 상징된 미모의 재능있는 세 여자 중에 한 여자를 사귀게 되고, 두 번째로 사귀게 되는 여자와는 사귀다가 결별하는 일로 실현될 수 있다고 하겠다. 태몽에서도 그렇지만, 일반적인 상징에서, 동물 등은 대부분 어떠한 사람을 상징적으로 나타내 주고 있다.

④ 용꿈, 흰색 지네가 나타나 춤을 추는 꿈

배우 겸 연예인 이창훈이 16살 연하 아내 김미정 씨와의 사이에 "허니문 베이비를 만드는 데 성공해, 2009년에 아빠가 된다."고 밝혔다. 이창훈은 "태몽으로 자신은 용꿈을, 누이는 흰색 지네가 나타나 춤을 추는 꿈을 꿨다."고 말했다. 태명을 '사랑'이라고 지은바, 딸을 출산했다.

⑤ 거미꿈 태몽 체험기

  * 우리 아이 태몽이 털이 많이 난 새까맣고 큰 거미가 제 손을 무는 꿈이었는데, 딸을 낳았고요---신동선, 다음 미지넷.

  * 저희 언니가 꾼 꿈이구요. 큰 거미줄에 거미가 막 매달려 있는데, 언니는 징그럽다며 저보고 보라는데, 제가 뭐가 징그럽냐며 거미 두 마리를 휙휙 잡더래요. 그리고 시어머니가 꾼 꿈은 옛날 대청마루에 누런 강아지 두 마리가 앉아서 안방을 쳐다보고 있었는데요.---송혜란, 다음, 미즈맘토크.

  * 제 동생이 저 아기 가진 것을 확인하자마자, 왕거미 꿈을 꿨습니다. 전 태몽이라 믿고 싶지 않았지만---. 근데 친정엄마가 태몽이 맞다고 하시더라고요. 아들을 낳았습니다.

  * 저도 거미가 몸에 기어 올라오는 꿈을 꾸고 임신했는데요. 거미꿈은 보통 아들이라고 하더라고요. 저는 황금거미꿈 꿨는데 예쁜 공주 낳았어요.

  * 임신 알기 전에 꾸었습니다. 태몽 같은데 거미 태몽이 생소해서, 꿈에 어둡고 집구석에 거미줄에 있기에, 오빠한테 물을 뿌려 확 치워 버리라고 한 뒤, 손바닥만 한 황금거미 한 마리가 내 옆에 있었습니다, 거미를 싫어하는데 꿈에서 무섭지 않았고 깨어났습니다. 태몽이면 이건 아들인지 딸 태몽인지 가르쳐 주세요.---김정숙, 베베하우스.

  * 제 친구가 임신했는데요. 꿈에 꽃게만큼 큰 거미가 가슴 밑에 딱 달라붙어서, 친구가 놀라서 막 소리치면서 깼대네요. 태몽이에요? 태몽이라면 아기 성별은요?

꿈이 생생하고 강렬하다면, 태몽이 틀림이 없다. 거미 또한 암수가 있기에 남아·여아의 확실한 구분은 어렵다. 다만, 색상이 화려하고 예쁜 거미인 경우 여아일 가능성이 높다. 꽃게만 한 거미이니, 태몽 표상에서는 크고 늠름한 것이 좋은바, 커다란 능력을 지닌 인물 될 것을 예지해주고 있다.

(3) 재물이나 이권의 상징

① 된장 항아리에 구더기가 득실거리는 꿈

사업 밑천을 가지고 이차적인 생산을 하게 된다.

② 시체에 구더기가 우글거리는 꿈

어떠한 일이 성사되어 막대한 돈을 벌거나, 이차적인 사업 성과를 얻게 되어 많은 사람을 감동시킨다.

③ 꿈에 많은 구더기를 보면 높은 지위에 오른다.(민속)

〈실증사례〉

① 여자 시체가 있는데, 입에서 구더기가 기어 나오는 꿈 → 로또 당첨

상징적인 꿈으로, 시체는 업적이나 재물·이권을 상징하며, 여기서 구더기 또한 재물의 상징으로 등장하고 있다.

② 집안에 구더기가 가득한 꿈 → 계약성사로 재물적 이득을 얻다.

　꿈에서 제가 집을 넓혀가려고 알아보다가, 저희 집 2층이 비어있다고 해서 얻기로 했는데, 집이 많이 낡았더군요. 그래서 딸아이와 함께 빗자루로 쓸면서 집을 청소하는데, 얼마나 많은 구더기가 득실대는지 징그러워서 혼났어요. 크기는 작은데, 선명하고 정말 숫자가 너무 많아서 빗자루로 쓸어도 쓸어도 득실거려서 징그럽고 무서워 혼났어요.

　일어나자마자 홍 박사님 사이트로 확인하니 구더기는 돈이라고 하더군요, 출근해서 꿈얘기를 하니 나이 드신 어른 역시 돈이라며 좋은 일 있겠다고 하셨는데도, 저는 그 구더기가 너무 징그러워 불안했습니다. 그런데 사업하는 저는 그날 오후 오랫동안 보류 중이던 건과, 생각지도 않은 분들이 갑자기 찾아오셔서 좋은 계약들이 연달아 성사되어 너무 놀랐습니다. 저는 또다시 사무실 사람들한테 무당이라는 소리를 들었고요.---트럼프, 2010. 09. 19.

(4) 일거리 대상의 상징

① 곤충 또는 곤충의 사체를 쓸어버리는 꿈

무가치하거나 중요하지 않은 일거리나 대상을 폐기하는 일로 이루어진다. 저자나 경우에는 채택할만한 가치가 별로 없는 작품의 문장을 폐기해버리거나, 예술가의 경우 마음에 들지 않은 작품 요소를 제거하는 것을 뜻한다.

② 부엌 구석에서 기어 나오는 벌레를 잡아 봉지에 넣는 꿈

수많은 방해자를 제압하게 되며, 많은 일거리와 대상을 확보하게 되거나 정보를 수집하게 된다.

③ 많은 벌레의 알들이 음식물이나 어떤 곳에 있는 꿈

알의 수효만큼의 일거리나 대상이 예비되어 있음을 뜻한다. 상황에 따라 장차 재물적 이익을 거둘 수 있는 여건이 조성되어 있음을 뜻한다.

4 동물 꿈(12지 및 기타 동물)

④ 작은 벌레가 여러 차례 변하는 꿈

작은 일거리나 대상이 보다 나은 여건의 대상으로 변함을 뜻한다. 이때, 작은 벌레를 죽인 피가 냇물같이 흐르면 작은 일로 막대한 돈이 생기거나, 정신적 사업으로 세상 사람에게 감화를 줄 일과 관계한다.

⑤ 곤충(벌레)이 우는 소리를 듣는 꿈

먼 곳에 있는 사람의 소식을 듣게 되거나, 부음을 듣는 등 어떠한 시끄러운 일과 관계한다.

⑥ 곤충(벌레)의 교미하는 꿈

자잘한 대상의 결합이나 합쳐지는 연합 등을 보게 된다.

⑦ 곤충(벌레)을 채집하는 꿈

곤충을 채집해서 표본을 만들면, 소설의 소재나 논문 자료 등을 수집해서 책을 편찬하거나 연구 성과를 얻게 된다. 사업가의 경우에, 몇 군데 지점을 내게 되어 전체 사업의 아이템을 결정하게 된다. 일반적으로 어떠한 자그마한 성취를 이루어내게 된다.

(5) 사건, 사고의 상징

① 송충이가 몸에 붙는 꿈

송충이가 몸에 붙으면 송충이로 상징된 사람에게 해코지와 번거로움을 당하게 된다.

② 곤충이나 송충이가 나무를 갉아 먹는 꿈

나무로 상징된 사람에게 사고나 병마(病魔)에 시달리게 되거나, 사회적 변혁 등으로 기근이나 재해가 닥친다.

(6) 병마의 상징-실증사례

벌레(구더기)가 병을 일으키는 병마(病魔)의 상징으로 자주 등장하기도 한다.

① 발에 무좀이 많이 있었다. 무좀도 껍질이 벗겨지는 무좀이 아니라, 가려운 무좀이었다. 무척 가려웠기 때문에, 자면서 발을 긁으면서 잤다. 물론 꿈속에서 발을 긁었는데, 발에서 시커먼 벌레(구더기 종류)가 한두 개 나오기 시작하더니, 더욱더 심하게 발을 긁으니, 온 발이 시커먼 구더기로 덮이기 시작할 때 깼다. → 무좀이 사라졌다.

② 손등의 껍질이 벗겨지더니, 각종 벌레(구더기, 지렁이 등등)가 있기에, 물로 씻어 버렸다. 하지만 팔 여기저기서 껍질이 벗겨지더니 역시 벌레들이 나와 잡으려고 했다. → 요도결석이 나왔다.

(7) 상담 사례

① 모기들이 장수하늘소를 괴롭히는 꿈

어젯밤 꿈에 제가 중학교 때부터 살던 집이 나왔어요. 제 방에 들어가 있는데, 천장을 보니 아주 큰 장수하늘소가 한 마리가 벽에 붙어있고요. 그 주변에 모기들이 바글바글 붙어있는데, 모기들이 천장에 거꾸로 매달려서 달려 있었어요. 너무 무서웠어요. 특히 그 장수하늘소는 어쩔 줄을 몰라서 막 떨고 있었습니다.

상징적인 미래 예지 꿈입니다. 죄송하지만 좋은 표상의 꿈이 아닙니다. 장수하늘소로 상징된 어떤 사람이 모기로 상징된 해롭고 나쁜 존재들에게 시달림을 받고 괴로움을 당하게 되는 것을 보게 될 것입니다. 예를 들어 착한 선생님이 못된 학생들에게 시달림을 받게 되는 것도 가능하지요. 처한 상황을 고려해서 장수하늘소가 누구를 상징하는지 살펴보시기 바랍니다. 장수하늘소가 사람이 아닌, 어떤 프로젝트나 일거리나 대상도 가능하지요. 이 경우 역시 모기로 표상된 잡다한 방해되는 여건에 장애와 시달림을 받게 되겠네요.

② 까만 벌레가 팔 속으로 파고든 것을 애인이 힘들게 떼 준 꿈

잠이 들 준비를 하는 도중 머리를 매만지다가, 머리에서 무언가가 뚝뚝 떨어지는 것을 보았습니다. 기이해서 자세히 봤는데, 그건 다름 아닌 구더기였습니다. 구더기가 머리에서 뚝뚝 떨어지고 있었던 거였어요. 그걸 확인하고 바로 왼쪽 팔에도 무언가가 있다는 것을 알았어요. 자세히 보니 왼쪽 팔에는 여드름이나 종기처럼 뭔가가 나 있었는데, 그 속에서 구더기가 나오더라고요. 그리고 바로 나무젓가락처럼 두껍고, 까맣고, 흐물흐물한, 한마디로 거머리 같은 까만 색 벌레가 제 왼쪽 팔 속으로 파고들고 있었습니다. 전 놀라서 소리를 지르면서 막 울었고, 언제 있었던지 옆에 있던 제 애인이 그걸 떼어주더군요. 아주 힘들게요. 도대체 저한테 무슨 일이 생기려는 걸까요? 너무 무서워요.

우선 너무 걱정하지 않아도 될 것 같네요. 이유는 애인이 힘들게나마 떼어 줬기 때문입니다. 꿈은 상징이지만 반대는 아닙니다. 그러므로 온전함을 기본으로 돋보이는 표상이 좋습니다. 벌레는 근심·걱정·고통거리 혹은 병마 등으로 보는

데, 이를 떼어 냈으니 벌레로 상징된 방해물을 제거할 수 있을 표상입니다. 또한 꿈에서 힘들게 떼어 냈으니, 현실에서 많은 노력을 기울여야 하는 성질의 것으로 추정됩니다. 꿈은 상징 표상에 대한 이해로, 처한 상황에 따라 각기 다르게 실현되고 있으니, 저의 답변을 참고로 처한 상황에 빗대어 보세요.

③ 아이의 정수리에서 벌레를 잡는 꿈

저희 큰아이의 정수리 부분 머리카락에 흰색벌레가(쌀벌레처럼 생긴) 꿈틀거려, 벌레를 잡아내는데 어찌나 화가 나는지 아이를 마구 때려줬습니다. 머리를 어떻게 감았길래 이 지경을 만드느냐고요. 꿈에서도 화가 많이 났던 것 같습니다.

상징적인 꿈에서 아이는 실제의 큰아이일 수도 있지만, 자신에게 소중한 일거리·작품·대상 등을 상징할 수 있지요. 정수리 부분이듯이 중요한, 최고의 것을 의미할 수 있고요. 벌레는 안 좋은 표상이지요. 걱정, 근심, 문제점, 방해거리, 시달림, 스트레스 등으로 볼 수 있습니다. 잡아내는 것은 문제점을 해결하고, 제거하는 것을 표상하죠. 때리는 것은 큰아이로 표상된 자신이 애착이 가던 대상에 대한 점검 보완을 취하게 됨을 의미하고, 화를 내는 것은 불만·불쾌감 등을 표출하는 것으로 보입니다.

④ 큰 바퀴벌레 유충에서 큰 바퀴벌레 새끼가 태어나는 꿈

안녕하세요. 저는 이동통신 대리점을 경영하고 있는 여성입니다. 결혼했고 남자아기 (2살) 1명 있어요. 요새 임신한 것 같기도 해요. 병원엔 아직 안 갔지만, 첫째를 가졌을 때도 갖기 전에 태몽을 꿨거든요. 혹시 태몽은 아닌지?

어저께 꿈에서 아주 큰 바퀴벌레 유충에서 배가 갈라지면서 그 안에서 아주 큰 바퀴벌레 새끼들이 엄청 많이 태어나서 밖으로 나오더라고요. 크기가 곰 정도였어요. 아무 내용도 없이, 아니 내용은 있었겠지만 그 부분만 기억이 또렷하게 납니다.

제목만으로 본다면, 바퀴벌레로 표상된 어떠한 일거리·대상에서, 새로운 일거리 등이 일어나는 꿈이네요. 바퀴벌레가 해충의 상징 표상으로 등장한 것이라면, 좋은 성취 결과의 상징은 아니나, 일반적인 표상의 경우, 새로운 사업의 분가 등을 상징하죠. 태몽 표상도 가능하지만, 일반적인 사업 전개의 표상이 더 부합되네요. 꿈 내용으로 보아, 태몽 표상에 부합되지 않을 가능성이 더 높고요. 바퀴벌레 유충에서, 엄청난 새끼들이 새롭게 무수히 태어나는 꿈은 번창·번영의 상징으로 사업 분야에서 실현된다면, 수많은 가입자를 상징한다고 볼 수 있기에 꿈은 좋은 편입니다.

≪파리≫

파리는 방해꾼이나 방해물·사건·걱정거리·글귀·사상의 전파·선전물 등을 상징한다. 사람이나 동물의 배설물 또는 시체에 있었던 무수한 파리떼는 어떤 사람 또는 일거리나 작품을 읽고 감정해보는 많은 사람들이 있음을 뜻한다.

① 파리가 날아와 귀찮게 구는 꿈

미운 사람이나 장해물로 인하여 시달림을 받는다.

② 천장의 무수한 파리를 죽이거나 날려 보내는 꿈

부모의 병환이나 사업상의 애로와 근심이 해소된다.

③ 왕파리 떼가 길바닥에 무수히 붙어 있는 꿈

유인물이나 책자가 널리 알려지며, 그것들이 모두 날아가 버리면 대길하다.

④ 밥상이나 대변에 많은 파리가 덤벼드는 꿈

자기 사업에 관여할 사람이 많은 것을 뜻하고, 대변에 많은 파리가 날아드는 것도 동일한 해석이 가능하다.

⑤ 파리떼가 물속에 떨어져 죽는 꿈

무수한 파리 떼가 캐비닛 속에서 날아가면 처리할 많은 작품 원고를 뜻하고, 그것들이 펄펄 끓는 물 속에 떨어져 죽으면 작품이 출판된다.(저자의 경우)

전혀 생각지 않은 캐비닛 문을 열고 보니, 그 안의 전면 벽이나 바닥·천정 따위에 새카맣게 파리들이 앉아있어, 이것을 수건을 휘둘러 밖으로 날려 보냈다. 그러자 그 대부분이 부엌 천정에 앉아 있다가, 그 아래 있는 가마솥 끓는 물에 다 빠져 죽는 것을 보는 꿈이었다. 이런 꿈에 있어서 파리가 비록 해충에 속하기는 하지만 그 한 마리 한 마리는 캐비닛 속에 쌓아둔 원고의 글자 하나하나를 상징한 것이고, 그것들이 부엌 천장에 가서 잠깐 머물러 있던 것은 출판사로 하여금 인쇄 직전의 대기 상태이며, 마침내 끓는 물에 떨어져 죽은 것은 인쇄 곧 책으로 활자화되어 나타남을 뜻하는 것이다. 생물이던 것이 무생물의 표본과 같이 된 것은, 그 본성은 달라졌어도 그 표본은 남은 것, 즉 인쇄 문자화된 것을 뜻하는 것이다.(글:한건덕)

≪모기 꿈≫

모기는 해충으로 귀찮은 사람이나 괴롭히는 사람, 방해되는 일거리나 대상을 상징한다.

① 많은 모기·파리를 때려잡는 꿈

괴롭히는 사람이나 귀찮은 일거리 등을 해결하게 된다.

② 모기·파리 등의 해충이 교미하는 것을 보는 꿈

상징적 의미 그대로 소인배들이나, 달갑지 않은 사람들끼리의 연합이나 자잘한 일·사업의 관련을 맺게 된다.

③ 모기한테 물리는 꿈

모기로 상징된 소인배들의 압박이나 위해를 받게 된다. 이 밖에도 수치나 낭패를 당하게 되며, 질병에 걸리게 되는 일로 실현된다.

④ 모기떼가 덤비는 꿈

흉몽이다. 소인배들이나, 조폭·깡패 등에게 집단적인 폭행을 당하게 되거나, 산적한 수많은 일거리 등으로 인하여 곤욕을 치르게 된다.

≪벌≫

① 벌에게 쏘이는 꿈

병에 걸리거나 여인은 잉태하게 되며, 작가는 자기 작품에 대해서 우수한 평가를 받게 된다.

② 벌 떼가 자기에게 덤벼드는 꿈

악당에게 시달림을 받거나, 벅찬 일로 인하여 고통거리가 생긴다.

③ 벌 떼가 공중을 난무하거나 떼 지어 나는 꿈

여러 가지 해결해야 할 수많은 일들이 있게 되며, 저자의 경우에 자기선전이나 사상의 전파가 잘 된다.

④ 큰 말벌을 손으로 잡는 꿈

벅찬 사람을 제압하게 되거나, 말벌로 상징된 어떠한 일거리·대상을 취하게 되며 계약 등이 체결된다.

⑤ 꽃에 벌이 모여드는 것을 보는 꿈

경사가 있어 손님을 접대하게 되며, 자기 작품을 호평할 사람이 많아지게도 된다.

⑥ 많은 꿀벌이 모여드는 꿈

많은 사람을 고용해 사업이 융성한다. 저자나 예술가의 경우에는 자신의 작품이 많은 사람들에게 호평을 받게 됨을 뜻한다.

⑦ 꿀벌이 모두 달아나 버리는 꿈

꿀벌로 상징된 계약자들이나 지원 세력 등이 떨어져 나가게 된다. 또한 자기 세력권이나 기업이 와해된다.

⑧ 나무에 달린 벌집에 수많은 벌이 드나드는 꿈

큰 사업체를 경영하여, 많은 사람들을 고용하게 된다.

⑨ 벌통에 꿀이 많은 꿈

재물이나 이권을 얻게 될 좋은 꿈이다. 막대한 사업자금이 생기거나 통장 등에 예금액이 넘쳐나게 된다. 냉장고 등에 내용물이 가득한 일로 실현될 수도 있다.

⑩ 꿀벌들이 많거나 분주하게 왕래하는 꿈

많은 사람을 고용해서 사업이 번창하거나, 많은 재산을 축적할 일이 있게 된다.

≪나비≫

나비는 사람으로서 여자이거나 여성적인 남성, 연애와 연분 등을 상징하며, 화려한 색상에서 남의 이목을 끄는 사람이나 대상과 관련된다. 나비를 본 태몽을 꾸면 대체로 여아가 태어나나, 절대적인 것은 아니며, 그 사람의 성공과 관계해서는 성별에 구애되지 않는다. 또한 영원하다기보다는 일시적이며, 번데기에서 나비가 되듯이 변화하여 새롭게 변신에 성공하는 과정이 있게 된다.

(1) 사람의 상징

① 호랑나비의 꿈

외모가 화려하고 남들의 시선을 끄는 난봉꾼 등을 상징한다. 여성의 경우에는 화류계 등에 몸담게 되는, 팔자가 사나운 여성 등을 상징하기도 한다.

제Ⅵ장

주제별 꿈해몽

④ 동물 꿈(12지 및 기타 동물)

② 나비가 여러 마리 모여서 유희하는 꿈

나비로 상징된 아름다운 여인들의 모임이 있게 되고, 여러 꽃에 앉는 꿈은 각각의 연분을 맺게 되는 것을 상징한다.

(2) 태몽

① 나는 곤충을 본 꿈

단명하거나 부모와 생이별하는 일로 실현될 수 있다. 화려한 색상의 곤충이라면, 태아가 장차 인기인이 될 수 있겠다.

② 빨간 나비가 계곡에서 나는 꿈

태어난 아이가 정치인이나 관리로 출세한 사례가 있다. 이 경우에 특이한 개성과 재능을 지닌 인물이 될 것을 예지하고 있다.

③ 별이 떨어진 주위에 세 마리의 나비가 날고 있는 꿈

별로 상징된 아이는 귀한 인물로 명성을 떨치게 되며, 그 아이는 장차 나비로 상징된 세 여성과 깊은 연분을 맺게 된다.

④ 나비꿈

연예인 유호정은 첫째 아들 태연이 때는 박성미 언니가 나비꿈을 대신 꿔줬다고 말하고 있다.

⑤ 나비 모양의 액세서리를 단 꿈 → 이정희 가수의 태몽

길을 가다가 노점에서 예쁜 나비 브로치를 사서 가슴에 단 꿈이었다. 나비 모양의 액세서리 태몽은 부드럽고 여성적인 여아에 가까운 상징 표상이다.

(3) 일거리·대상

① 별이 우수수 쏟아지면서 수많은 나비가 되어 주변을 나는 꿈

어떠한 일에서 성취를 이루어내게 된다. 또한, 많은 학설을 지상에 발표하거나, 번역할 일과 관계한다. (저자의 경우)

② 호랑나비 한 마리가 손등에 수많은 알을 깠던 꿈

사업 등에서 번창이 일어나게 된다. 저자가 책을 저술하게 되는 일로 실현될 수 있는바, 앞으로 이루어질 낱낱의 작품 내용을 알로 표상하여 나타내고 있다.

③ 나비 또는 잠자리 등이 알을 낳는 꿈

작가는 많은 이야기와 이론을 정립하고, 사업가는 사업이 번창하여 이차적으로 사업성과를 얻게 된다.

④ 번데기 등에서 나비가 나오는 꿈

어떠한 성취와 결실을 이루게 된다. 사업가의 경우에 프로젝트의 완성을 보게 되며, 학생의 경우에 졸업하게 된다. 저자의 경우 창작물을 쓰게 된다.

⑤ 나비 등 곤충의 교미 광경을 보는 꿈

자잘한 일의 성과나 결연 또는 연합 등에 관계되는 일을 보거나 행하게 된다.

⑥ 나비 등 곤충을 채집해서 표본을 만드는 꿈

저자의 경우 소설의 소재나 학설 등을 수집해서 책을 편찬하거나 연구 성과를 얻게 된다. 사업가는 어떠한 대상을 정리하여 완성하는 일로 이루어진다.

⑦ 나비가 되어 여기저기 날아다니는 꿈

자신의 뜻대로 활발한 활동을 펼치게 되며, 화려한 나비가 되어 있는 경우에 많은 사람들에게 관심과 선망의 대상이 된다.

(4) 사건, 사고

① 나비가 되어 날다가 추락하거나, 날지 못하는 꿈

교통사고 등으로 어려움에 처하게 된다.

② 번데기에서 나비로 되지 못한 꿈

태몽 표상인 경우 유산하게 되거나, 일반적인 상징인 경우에 여건의 미비나 사고 등으로 인하여 성취를 이루지 못하게 된다.

≪잠자리≫

① 고추잠자리가 무리를 지어 나는 것을 보는 꿈

귀한 여성을 만나 경사가 있거나, 화려하고 아름다운 잠자리로 상징 표상된 선전·광고 등이 활발히 이루어지는 것을 보게 된다.

② 벽에 붙은 오색 잠자리의 태몽

여아가 태어난바, 날아다니지 않은 데서 활발한 활동을 보이지 못하는 일로 실현되었다. 일반적으로는 잠자리 표본 등을 보면 사진이나 출판물을 보는 일로 실현된다.

③ 잠자리가 날다가 떨어지는 꿈

추진하던 일거리 대상에 문제가 생겨 좌절에 빠지게 되며, 난관에 봉착하게 된다.

④ 잠자리가 짝을 지어 공중을 날아다니는 꿈

길몽이다. 연인을 얻게 되거나 부부관계에서 금슬이 좋은 관계를 맺게 된다.

⑤ 잠자리가 집 주위를 맴돌다가 멀리 떠나는 꿈

잠자리가 자신의 상징으로 등장한 경우에, 집으로 상징된 회사 등을 떠나서 타지방이나 외국에서 근무하게 되는 일로 실현된다.

≪개미≫

① 개미가 큰 벌레를 옮기는 것을 보는 꿈

여러 사람이 자기 사업을 도와줄 일이 생긴다.

② 개미 떼가 이동하는 것을 보는 꿈

사업변경이나 이사할 일이 생기고 걱정이 해소되며, 개미떼가 원을 그리면 일이 언제 끝날지 몰라 오랜 시일 부진해진다.

③ 개미 떼가 수족으로 기어오르는 꿈

자기에게 의지하거나 정신적 지도를 받을 사람이 많게 된다.

④ 개미집을 헐어버리는 꿈

집안이 화목하지 못하거나, 가족이 흩어지게 되거나, 회사가 파산하는 일로 실현된다. 그러나 사람에게 해로운 불개미 집을 헐어버리는 꿈은 일에 관계된 상대방에게 타격을 줄 일이 생긴다.

≪거미≫

거미는 태몽 표상으로도 등장하는바, 앞서 곤충의 태몽에서 살펴본 바 있다. 거미줄에 매달린 거미는 누가 계교를 부리고 있음을 예지한 것이고, 거미가 먹이를 감고 있으면 재물이 생기거나 심복을 얻는다.

① 거미줄이 사방에 쳐 있는 꿈

사업 또는 수사망을 펼칠 일이 생긴다. 방구석 또는 천장 등에 거미줄이 얽혀 있으면, 두통이 나거나 추진하는 사업이나 프로젝트 등이 오랫동안 침체나 어려움을 겪게 된다.

② 거미줄에 걸린 곤충을 떼어 주는 꿈

곤경에 처한 사람을 구하게 된다. 일거리·대상의 상징인 경우에는 난관에 처한 문제를 해결하게 되는 일로 실현된다.

③ 거미줄이 몸에 감기거나 붙는 꿈

질병이나 근심·걱정이 생긴다. 이 밖에도 추진하던 일거리·대상에서 여러 문제가 발생하게 되어, 난관에 처하게 되는 일로 실현된다.

④ 무수한 거미 떼가 덤비는 꿈

거미 떼로 상징된 잡스러운 사람들에게 시달리게 되며, 곤경에 처하게 되거나 시비를 받게 된다.

⑤ 거미에게 물리는 꿈

가임여건에서 태몽으로 이루어질 수 있다. 일반적으로는 거미로 상징된 사람의 영향권에 들어가게 되는 일로 실현된다. 이 경우, 꿈속의 거미에 대한 느낌에 따라 좋고 나쁨이 달리 실현되고 있다. 좋게는 사업가의 혜택을 받는다.

⑥ 거미가 기어가는 꿈 → 복권 당첨

경기도 광명시에 사는 주부 김모 씨는 거미가 집안을 기어 다니는 꿈을 꾸고, 제170 회차 더블복권에 당첨되는 행운을 안았다. "꿈에 거미를 보았습니다. 평소에도 거미를 보면 손님이 온다고 해서 무척 좋아했었거든요. 그런데 꿈에서 거미가 너무 생생히 기어가는 것을 보고는 바로 복권을 샀지요." 평소 복권이라고는 사본 기억이 별로 없다는 주부 김모 씨는 꿈을 꾼 뒤, 바로 복권 다섯 장을 샀다. 그중 한 장이 제170회차 더블복권에 당첨되는 행운을 안았다.

≪지렁이≫

해몽은 상징 표상에 대한 이해에 있다. 상징적인 꿈에서 지렁이는 일거리나 작품, 재물이 되거나 혹은 기피할 일이 되기도 한다. 병마의 상징으로도 자주 등장하고 있다. 또한 가느다랗고 긴 지렁이의 상징 표상에서, 여성의 자궁 내 질의 상징성과 관련이 있다고 보는 견해도 있다.

지렁이가 징그럽고 더러운 적대적인 표상인 경우, 근심이나 우환·병마·방해물·문제점·난관 등을 의미할 수 있다. 이 경우 멀리하거나 죽이는 꿈이 적대적인 사람이거나 질병·병마를 물리치는 일로 이루어진다. 마시려던 물에 지렁이가 있는 것을 보고 멀리 던져버린 후, 아픈 몸이 낫게 된 사례가 있다. 만약 지렁이가 집에 득실대는 꿈이라면, 재물이나 인적자원의 획득 등을 의미할 수도 있다.

① 간에 지렁이가 있는 꿈(실증사례) → 간에 이상 발견

소화가 잘 안 되고 항상 속이 거북하여 검사를 받았는데, 위염으로 밝혀져 치료를 받기도 하였다. 그러나 환자 자신은 꿈꾸기를 간에 지렁이 같은 벌레가 있는 것을 발견하였다. 그리하여 다시 검사한 결과, 간에 이상이 있음을 발견하는 일로 실현되었다.(글: 박성몽)

② 지렁이가 담긴 물컵을 멀리 던진 꿈(실증사례) → 질병 회복 예지

꿈에서 어떤 공사장 같은 곳이었는데, 물을 마시려고 컵에 물을 받아 마시려는 순간, 컵 안을 보니 지렁이가 있는 게 아닌가. 그래서 '이게 뭐야'라며 놀라서, 그 컵 속의 물을 확 멀리 버려버렸다. 그러고선 꿈을 깼다.

별로 기분이 좋은 꿈이 아니었다. 그렇지만 그 물을 마신 것도 아니어서 그나마 괜찮았다. 그 당시 나는 질에 염증이 생겨 치료를 받고 있었다. 그런데 꿈해몽책을 찾아보니 지렁이는 자궁과 연관이 되는 꿈이란다. 그리고 지렁이를 죽이거나 색이 이상하거나 하는 것도 안 좋은 거라고 하던데---. 그 꿈속에서 지렁이는 그냥 평범한 지렁이였고, 죽인 일도 없으니, '이제 낫겠구나' 하고 생각했다. 그러고서는 얼마 후에 정말로 괜찮아졌다.

질병을 사이트에서 검색해보시면, 수많은 꿈 사례들을 살펴보실 수 있다. 꿈으로 병이 낫게 될 것을 예지해준 이야기나, 반대로 병이 들게 된 꿈이야기 --- 등등. 가느다랗고 긴 지렁이의 상징 표상에서, '여성의 질'과 어떤 관련이 있을 가능성은 있다. 하지만 지렁이를 죽이는 표상이 나쁜 것은 아니다. 일반적으로 죽이는 꿈의 상징적 의미는 정복·제압·굴복시킴의 의미이다. 다만 태몽 표상에서 죽이는 꿈으로 전개되는 것은 안 좋다. 지렁이 태몽인 경우 죽이는 표상은 유산으로 실현될 것이다. 하지만 지렁이가 질병의 상징 표상이라면, 당연히 죽이는 꿈으로 전개되어야 병의 완치를 가져오게 되는 일로 실현될 것이다. 위 꿈에서는 병마의 표상으로 상징된 지렁이를 멀리한 데서, 병이 낫게 될 것을 예지해주고 있다고 해야 할 것이다.

③ 지렁이 태몽 → 견훤의 태몽

견훤의 어머니가 지렁이(지룡) 꿈을 꾼 후에, 임신했다는 전설이 전해져 온다. 그리하여 지룡산(地龍山)이라는 명칭이 생겨난바, 견훤이 신라를 침공할 때 기지로 이용했다고 한다.

≪이[虱], 벼룩, 빈대≫

① 한두 마리의 이가 옷에 들어가는 꿈

근심·걱정이 오래가고, 이를 잡으면 근심·걱정이 해소된다.

② 이[虱]가 우글거리는 꿈

벗어 놓은 옷에 이가 우글거리는 꿈은 집안 식구에게 우환이 생기고, 머리에서 이가 우수수 쏟아지면 정신적 고통이나 소송사건 등이 곧 해결되지 않는다.

③ 벼룩을 잡는 꿈

높이 뛴 벼룩이 내려앉은 것을 잡으면, 전근이나 전직이 쉽게 이루어진다. 벼룩이 뛴 것을 잡지 못하는 꿈은 도둑 등을 놓치게 된다.

④ 빈대가 많아 잠자리를 옮기는 꿈

사업가의 경우에 악착같이 괴롭히거나, 재정상의 손실을 끼치는 사람으로 인하여 사업 종목을 바꾸는 일과 상관하게 된다. 일반인의 경우에, 빈대로 상징된 사람의 괴롭힘이나 여러 가지 악조건으로 인하여, 다른 선택을 하게 되는 일로 실현된다.

≪지네, 회충≫

지네는 재벌가·권력자·은둔자의 동일시이며, 재물·돈·산하단체·부하세력 등을 상징한다. 상징적인 의미에서는 지네·뱀 같은 것을 잡는 꿈이 좋다. 이권이나 재물을 확보하게 되며, 죽이는 꿈도 제압·성취의 의미를 지니고 있다. 또한 원칙적으로 모든 동물이나 곤충은 태몽 표상으로 등장할 수가 있는바, 지네의 태몽도 있다.

① 지네에게 물리는 꿈

꿈에 지네가 사람을 물면 병이 위중해진다. 그러나 지네가 재물의 상징인 경우에는 재물 획득도 가능하며, 융자를 받을 일이 생기게 될 수도 있다. 상징적으로는 지네로 표상된 어떤 병마·대상·재물·사고 등에 휩싸이게 되는 일로 실현 가능하다.

② 말린 지네를 많이 가지고 있는 꿈

지네로 상징된 상당한 재물이나 이권을 얻게 된다.

③ 흰색 지네가 나타나 춤을 추는 꿈

태몽으로 딸을 출산하다.

④ 주머니에 뱀과 지네가 들어있는 꿈

더블복권 4억 원에 당첨되고 있는바, 지네와 뱀이 재물의 상징으로 등장한 경우이다.

⑤ 회충 등 기생충을 배설하는 꿈

몸에서 기생충을 배설하면 근심·걱정이 해소되고, 회충 덩어리를 태워버리면 방해적인 요소를 제거하고 큰일을 성취하게 된다.

≪누에≫

누에 또한 잠업에 필수적이며, 농가에서 재물을 얻게 되는 주요 소득원이다. 많은 누에를 사육하면 큰 자본이 생기고, 누에가 고치를 만들면 결혼·결사·조직·건설 등의 일이 성립된다.

① 누에고치가 방안에 가득한 꿈

재물이나 이권을 얻게 된다. 저자의 경우에 많은 작품을 저술하게 되며, 사업가의 경우에 수많은 제품을 생산하게 되는 일로 실현된다. 사람의 상징인 경우에, 기관이나 단체에 수많은 사람들이 모여드는 일로 실현된다.

② 누에고치에서 나비가 나오는 꿈

오랫동안 노력해왔던 일이 성사된다. 저자의 경우에, 새로운 작품을 발표하게 된다. 사업가의 경우에 새로운 시제품을 생산하게 되며, 학자의 경우에 새로운 논문이나 저서를 이루어내게 된다. 또한, 취업하거나 직장에서의 승진 등 그동안의 노력이 결실을 보게 되는 일로 이루어진다. 사람의 상징인 경우에, 수많은 학생들이 졸업을 하게 되거나, 직장인들이 연수 등을 통해 깨달음을 얻어 새롭게 태어나는 것으로 실현될 수도 있다.

③ 누에에 관한 꿈(민속의 꿈)

– 꿈에 누에가 날면 좋다.

– 꿈에 누에를 보면 부자로 산다.

≪반딧불≫

반딧불은 어둠 속에서 빛을 발하고 있는바, 반딧불을 보는 꿈은 어떠한 일의 소식을 듣게 되는 일로 이루어진다. 하지만 반딧불이 꺼졌다 켜졌다 하듯이, 어떤 일이 될 듯 말 듯하거나 소식이 드물게 오는 일로 실현되고 있다. 또한 반딧불이 여기저기에서 깜빡이는 꿈은 무언가 살펴보아야 할 일이 있음을 일깨워 주고 있는바, 사업가의 경우에 사업이 잘못되어 감을 예지하는 경우도 있다. 또한 건강에 문제가 발생하였음을 일깨워 주는 일로 실현될 수도 있다.

5 dream 식물, 곡물, 경작 꿈

【식물 꿈에 관하여】

꿈속에 나타난 대다수의 동물이 사람을 상징하고 있듯이, 꿈속의 식물도 사람의 상징으로 등장하는 경우도 상당수 있다. 예를 들어, 태몽 표상인 경우 다양한 식물이 등장하고 있다. 이 경우 꿈속에 등장한 나무·꽃·채소·과일·약초 등은 싱싱하고 크고 아름다운 것이 좋다. 한편 식물이 재물이나 이권의 상징으로 등장하기도 하는바, 이 경우에 귀하고 싱싱하고 아름답고, 풍요롭고 화려한 식물일수록 좋은 일로 이루어진다. 또한 식물의 상태로 장차 길흉의 예지, 병의 회복, 관직의 승진, 사회적 변혁을 예지해주기도 한다. 때에 따라서는 식물이 움직인다든지 말을 한다든지 하는 경우가 있는바, 이는 효율적으로 예지해주고 일깨워 주기 위한 꿈의 상징 기법의 하나인 것이다.

앞서 외국의 아르테미도로스의 『꿈의 열쇠』에서 동물에 대한 언급을 살펴본 바 있다. 꿈의 상징 기법은 우리의 해몽 방법과 일치하고 있음을 알 수 있는바, 식물의 언급에서도 우리의 상징 기법과 크게 다르지 않다. 참고로 식물에 관한 언급을 살펴본다.

> 전체적으로 볼 때, 유실수가 야생수보다 나으며, 가시나무나 가시덤불은 안전에 유용한바 소유지에 울타리를 치기 때문이다. 그러나 뒤엉킨 일에서 벗어나고자 할 때는 그것들이 걸리고 붙잡기 때문에 좋지 않다. 참나무는 먹을 것을 주므로 부유한 사람을 뜻하며, 장수한다는 의미에서 노인을 뜻한다. 월계수는 살림이 넉넉한 여자를 뜻하는데, 그것이 늘 푸르고 아름다움을 지녔기 때문이다. 좋은 의미의 나무는 오로지 꽃이 피고, 열매로 뒤덮여 있을 때만 좋다. 마르거나 뿌리가 뽑힌 벼락을 맞았거나, 불에 타버린 나무들은 좋지 않다.

(1) 사람의 상징

고목나무의 가지가 부러진 꿈으로, 시어머니가 중풍으로 쓰러져서 팔을 못 쓰게 되는 일로 실현된 사례가 있다. 또한 죽은 나무가 되살아나는 꿈은 중병에 걸려 있던 환자가 건강을 회복하는 일로 실현되며, 앙상한 나무를 흔들어 과일을 따는 꿈은 출산을 앞둔 산모에게 건강이 위험에 처하게 될 것을 예지해주고 있다.

(2) 태몽 표상

나무나 꽃이 시들은 것을 보는 태몽은 유산이나 요절, 신체적 이상이나 질병 등을 가져오게 되며, 일반적인 꿈의 경우에는 일의 실패나 좌절, 명예나 신분의 몰락 등으로 이루어지고 있다. 또한 나무나 꽃의 뿌리나 줄기가 상한 꿈은 유산이나 요절로 실현되고 있다. 실증적 태몽 사례를 살펴본다.

① 빨간 대추가 열려 있는 꿈, 코스모스 꽃을 뿌리째 캐는 꿈

> 대추나무에 빨간 대추가 주렁주렁 열려있는 꿈을 꾼 후, 아들을 낳았습니다. 그리고 코스모스 꽃을 뿌리째 캐고 나서, 딸아이를 낳았습니다. 두 아이 모두 건강합니다.

② 캐낸 무가 반으로 쪼개진 꿈

> 같은 회사에 근무하던 아줌마 꿈입니다. 어느 날 무밭에 가서 아주 크고 흰 무를 하나

뽑았는데, 그 무가 갑자기 반으로 쪼개졌답니다. 그 꿈을 꾸고 얼마 후, 그 아줌마는 유산이 되고 말았다고 합니다.

태몽과 유산에 관련된 태몽으로써, 아들딸의 추정뿐만이 아니라 장차 태어날 아기의 일생에 관한 운명까지 예지되고 있다. 꽃의 뿌리를 캐다가 뿌리가 나오지 않았다면 유산으로 현실에 실현될 것이요, 캐내다가 줄기 하나를 꺾어지게 했다면, 성장 과정에 육체의 어느 부분을 다치게 되거나 정신적 피해를 보는 일이 일어나게 된다. 신비한 일이 아닐 수 없다.

③ 어머니가 가슴에 난(蘭)을 안는 태몽 → 연예인 이태란의 태몽

이태란은 어머니가 난을 가슴에 안는 태몽을 꾸었다. 이름에 '난초 란(蘭)'자가 들어가 있는 것도 태몽에서 연유된 것임을 알 수 있겠다.---중앙일보, 강찬호 기자, 2002. 02. 25.

(3) 재물이나 이권의 상징

또한 식물 꿈이 재물이나 이권의 상징으로 등장하고 있다. 이 경우에 귀한 식물, 싱싱하고 아름다운 식물, 풍요롭고 화려한 식물인 경우 등이다.

① 네 잎 클로버를 받는 꿈

행운의 상징적 의미 그대로, 자신의 바라던 물건을 얻는 일로 실현되었다.

② 전날 나락을 안고 집으로 들어오는 꿈 → 추첨 3일 전의 꿈으로, 3억 원 당첨

"집집마다 굴뚝에 밥 짓는 연기가 피어오르는 시골 모습이 떠오르고, 저는 나락을 한 다발 안고 집으로 들어오는 꿈을 꾸었는데 너무나 정겨운 풍경이었습니다."

③ 도라지꽃이 예쁘게 만발한 언덕을 누비는 꿈 → 2,000만 원에 당첨

"꿈에서 온통 도라지꽃이 피어있는 언덕을 보았습니다. 반짝거리는 보랏빛 꽃들이 얼마나 곱던지, 그저 넋을 잃고 바라보는 꿈이었지요. 꿈에서 깨고 나니, 아주 좋은 기분이 들더군요. 그래서 자치복권을 열 장이나 샀지요. 그런데 아쉽게 한 장을 놓쳤네요."

풍요로움과 아름다움의 꿈의 표상을 잘 나타내주고 있다.

④ 집 마당 나뭇가지에 열린 호박을 따는 꿈 → 월드컵복권 3억 6,000만 원(98. 10)

꿈에 집 마당 나무 사이에 호박이 열려 있는 것을 따서는 가슴에 안아보는 꿈을 꾸고, 월드컵 제13회차 복권을 2장 샀다가, 1·2등에 당첨되어 3억 6천만 원이라는 커다란 행운을 안았다.

이 꿈에서 이상하게도, 꿈의 표상과 현실이 일치하지 않는다. 현실에서의 실현대로 꿈이 이루어졌다면, 꿈에서 한 개의 호박이 아닌, 아마도 큰 호박 하나와 작은 호박 하나를 따는 표상으로 전개되었을 것이다. 일반적으로 꿈이 실현이 문제가 아니라, 꿈의 실현에 있어서 표상 전개마저도 놀라울 정도의 일치를 보이고 있다.

(4) 일거리 대상 – 회사·기관·단체

① 넓고 푸른 배추밭이 순식간에 시드는 꿈

대입고시에 막내딸이 불합격 통지를 받는 일로 실현되었다.

② 쓰러진 나무를 일으켜 세우는 꿈

고장 났던 기계나 공장을 수리하여 재가동하게 되는 일로 실현되거나, 침체되고 몰락 상태에 있었던 사업이 재기되는 일로 실현된다. 또한 막혔던 난관을 극복하고 저술활동이나 작품 창작에 매진하게 되는 일로 실현된다.

(5) 상태 여부로 예지, 병의 회복 여부, 관직의 승진 여부, 사회적 변혁 예지

① 식물이 움직인다든지 말을 하는 꿈

이 경우에 꿈속의 계시적 말대로 따라주는 것이 좋으며, 이는 꿈의 상징 기법의 하나인 것이다.

② 식물의 상태

풀이나 꽃·나무들이 시드는 꿈이나 불에 타는 꿈, 꽃이나 나무의 싱싱함 여부 등에 따라 질병의 회복 여부나 관직의 승진 여부 등을 예지해주고 있다.

③ 정원이나 마당에 꽃이 만발한 꿈

처한 여건에 따라, 취업이나 합격 등 각기 좋은 일로 이루어진다. 사업가는 사업이 번창하게 되며, 저자나 작가의 경우 자신의 작품이 널리 알려지게 되어 경사스러운 일로 실현된다.

④ 꿈에 매화(梅花)의 개화 상태로 관직을 예지하다.(선인의 실증사례)

옛날에 이르기를, "진인(眞人)은 꿈을 꾸지 않는다." 하였고, 또 이르기를, "상(想)이 없고 인(因)이 없으므로 꿈도 없는 것이다." 하였는데, 내가 꾼 꿈은 아무 징조나 예고가 되지 못하고 헛되이 꾸어지는 경우가 없었으니, 이 또한 인(因)이 있고 상(想)이 있어서 그러한 것일까?

갑자년(1864, 고종 1) 6월에 북도에 재임할 때, 꿈속에서 3본(本)의 매화가 앞에 벌여 있
는 것을 보았는데, 첫 번째 것은 나무가 약간 크고 꽃은 시들었고, 두 번째 것은 나무가
약간 작고 꽃이 반쯤 벌어졌으며, 세 번째 것은 나무가 가장 작고 꽃이 가장자리는 하얗
고 가운데는 노란색이었다.

그 꿈을 꾼 날에 저초(邸抄: 조선 시대, 서울에서 지방 고을로 띄우는 연락 보고 문서를 간추려 적은
문서)가 북도에 도착하여 재상에 함께 임명되었다는 소식을 듣게 되었다. 심암(心庵) 조두
순(趙斗淳)이 영규(領揆)에 임명되고, 내가 좌규(左揆)에 임명되고, 임백경(任百經)이 단규(端
揆)에 임명되었는데, 대체로 임공은 정경(正卿)으로서 입각(入閣)하여 금관자를 옥관자로
바꾸었고, 나는 이미 숭품(崇品)에 올랐기 때문이었다.

매화의 싱싱함 여부, 꽃이 아름답게 핀 여부에 따라서 현실에서 관직의 품계
가 정해지는 일로 이루어지고 있다. 이처럼 꿈속에서 꽃이나 식물 등이 등장하는
경우, 싱싱하거나 아름다울수록 그로 상징된 사람이나 대상이 귀하고 좋게 이루
어지고 있다.

1) 꽃, 나무, 과일, 야채, 풀, 약초

꽃·꽃나무, 나무, 과일나무와 열매, 감, 밤, 복숭아, 포도, 배, 뽕나무, 대추나
무, 대나무 등 기타 과실나무 꿈, 과수원에 관한 꿈, 토마토, 딸기, 화분에 관한
꿈, 고추, 참외, 오이, 박·호박·가지, 무·배추, 채소·청과류, 풀, 초원, 야생화, 덩
굴, 약초, 약재, 인삼·산삼·장뇌삼, 버섯

≪꽃, 꽃나무≫

꽃은 여성, 축하와 하례, 영광, 명예, 경사스러움, 성공과 성취를 상징한다.

(1) 사람의 상징
① 아름다운 꽃을 보거나 받는 꿈
꽃으로 상징된 아름다운 여성과 인연을 맺게 된다.
② 꽃을 그리는 꿈

어떤 사랑스러운 여성을 만나 신상문제를 알아야 할 일이 있거나, 명예를 얻기 위해 노력할 일이 생긴다.

(2) 태몽 표상 및 실증사례

나무나 꽃이 시들은 것을 보는 꿈은 유산이나 요절 등으로 이루어진다.

① 꽃바구니와 꽃다발을 산 꿈

시어머니와 친정엄마 드린다고 꽃바구니와 꽃다발을 산 꿈을 꿨는데, 임신을 했네요. 여러 가지 꽃이 있었고 공통점은 활짝 핀 흰 국화꽃이 다섯 송이 이상씩 들어 있었어요. 국화꽃이 좀 그래서 이게 무슨 꿈인가 했는데, 제가 임신이 되었거든요. 아이의 성별을 알 수 있나요?---김유경, 베베하우스.

원칙적으로 꽃꿈이라고 해서, 여아가 태어나지는 않는다. 꽃이 여성적 상징이기에, 여성일 가능성이 높을 뿐이다. 이 밖에도, 나무에 복숭아가 무진장 많이 열렸는데, 꽃 한 송이가 치마폭으로 떨어지는 태몽을 꾼 사람이 있다.

② 꽃다발을 받아온 꿈

무슨 음악회를 했는지, 화려한 드레스를 입고 엄청난 조명 아래서 인사를 하는데, 누군가 크고 멋진 꽃다발을 주더군요. 저는 좀 당황스럽긴 하지만 기쁜 마음에 꽃다발을 들고 집으로 왔답니다.

이 사례의 다른 꿈이야기에서는 독수리를 받는 이야기도 나오고 있다. 남매 쌍둥이를 낳은바, 딸은 거칠고 아들은 얌전하다는 표상에서, 독수리가 딸의 태몽 표상으로, 꽃다발의 태몽 표상이 아들로 보아야 할 것이다. 이처럼 꽃의 태몽으로도 남아가 태어날 수 있는바, 이 경우 귀공자 같은 남자가 될 수 있다. 흔한 말로 꽃미남이 될 수 있다고 하겠다.

③ 흰 색 연꽃 꿈

저는 꿈에 맑은 물 위에서 작은 배를 타고 가다가, 사람 몸집보다 훨씬 큰 흰색 연꽃을 보았어요. 저는 흰색 연꽃을 실제로 본 적도 없는데, 꿈에서 커다란 흰색 연꽃을 보고는, 너무 신기해서 배에서 내려서 물을 헤치며 꽃으로 다가가다가 깨어났어요. 처음에는 태몽인지 모르고 흰색 연꽃을 꿈풀이에서 찾아보니, 실제로 흰색 연꽃은 흔치 않은 귀한 꽃이라고 대박 꿈이라고 그래서 로또를 사고 난리였는데, 나중에 알고 보니 그게 태몽이었어요. 근데 작은 꽃들이 만발한 것은 보통 딸이라고 하는데, 이렇게 꽃꿈일지라도 큰 꽃 한 개가 나오는 것은 아들일 확률이 높다고 하더라고요.---강연주, 베베하우스.

④ 하얀 연꽃이 다가온 꿈

　하얀 눈 내리던 날, 너무 큰 하얀 연꽃이 다가오더라고요. 임신인지 아닌지 모르다가, 이 꿈을 꾸고 임신 확인을 했어요. 크고 꽃이어도, 한 송이는 아들이라더라고요.---우주영, 베베하우스.

⑤ 꽃에 둘러싸인 꿈

　꽃바구니, 꽃다발, 꽃으로 만든 반지, 화환 등 꽃에 둘러싸이는 꿈이었습니다. 꽃마차까지 탔어요. 꽃다발을 받으면서도 '이렇게 다 내가 받아도 되나.' 하는 생각이 들 정도였습니다. 그렇게 해서 만난 우리 아들, 순박하면서도 착하게 웃는 사랑스러운 아이랍니다.

⑥ 밭에 목화꽃이 만발한 꿈

　임신 9주 들어갑니다. 할머니가 꾸신 꿈인데, 밭에 목화꽃인지 솜인지 하얗게 만발을 하였는데, 그걸 바구니에 마구 담는 꿈이었다고 하십니다.---김옥수, 베베하우스.

⑦ 장미꽃 한 다발을 받는 꿈

아들을 낳았는바, 꽃의 상징으로 태어난 남자아이는 귀공자같은 뛰어난 꽃미남의 외모이거나, 섬세하고 가녀린 여성적 성품을 지닌 아이일 수 있다.

⑧ 꽃이 몽우리를 터뜨리며 피는 것을 보는 꿈

태몽으로 이모의 임신을 예지하는 일로 실현되었다.

⑨ 호수에 핀 수선화에 보름달 빛이 비치는 꿈 → 가수 전월선(田月仙)씨의 태몽

"어머니가 호수에 핀 수선화에 보름달 빛이 비치는 태몽을 꾼 뒤, 나를 낳아 '월선'이란 이름을 붙여줬어요.---중앙일보, 2004. 01. 28.

⑩ 흰색 동양란 꽃잎을 따 먹는 꿈 → 탤런트 최수종·하희라 부부의 딸 태몽

　"깊은 산 속 개울가에서 흰색 동양란 꽃이 피었는데, 그 꽃잎을 따 먹는 꿈을 꾸고 딸인 윤서를 낳았어요."

⑪ 선인장에 붉은 꽃이 피는 꿈 → 차태현의 아들 태몽

차태현은 결혼하여 2007년 12월 26일 아들을 낳았다. 아들 수찬이를 가졌을 때, 아내(최석은)가 태몽을 꾸었는데, '커다란 선인장에 손 모양의 붉은 꽃이 피는 꿈'을 태몽으로 꾸었다고 한다.

⑫ 꽃이 만발한 가운데 명주실을 감는 꿈 → 원로화가 이한우(78세) 태몽

　　"어머니가 꽃이 만발한 가운데 명주실을 감았다고 해요. 그래서 제가 꽃도 좋아하고,

　수명도 이렇게 긴 모양입니다."---이코노미스트 최은경 기자, 2009. 1. 20.

⑬ 씨앗에서 하얀 목련을 피워낸 꿈

아빠가 가져다주신 씨앗을 엄마가 심는 꿈으로, 물을 주니까 나무 한 그루가 쑥쑥 자라더니 하얀 목련을 피워내더란다. 엄마는 그 꽃이 너무 예뻐 넋을 잃고 바라보다가 꿈을 깼다고 한다. 결과는 예쁜 딸(탤런트 김소연)

⑭ 꽃을 따려는 순간 꽃밭으로 변하는 꿈 → 남규리의 태몽

대한민국 여성 3인조 그룹 씨야의 리드 보컬인 남규리의 태몽은 엄마가 커다란 꽃을 따려는 순간 꽃밭으로 변하는 꿈이다.---〔술술토크〕남규리, 스포츠조선, 전상희 기자.

꽃밭처럼 탐스럽고 풍요로움의 표상은 풍요로움의 인생길로 펼쳐지고 있다.

⑮ 탐스러운 꽃을 한 아름 꺾어 가슴에 안는 꿈 → 황신혜(연예인)의 태몽

　　'어머니의 꿈에, 꿈속에서 하늘나라 정원사였는데, 크고 탐스러운 꽃을 한 아름 꺾어

　가슴에 안는 꿈이었다.'

꽃은 부귀·성취·기쁨·미인의 상징으로, 크고 탐스러운 꽃의 태몽 표상이니, 장차 돋보이는 미모를 지니게 될 것이며, 크고 탐스러우며 풍요로움의 태몽 표상에서 여러 사람들의 시선을 받게 될 것을 예지해주고 있다.

꽃꿈이기에 여자일 수도 있지만, 태몽이 꽃꿈이라고 하여 반드시 여아가 태어나는 것은 아니다. 연예인 '김진'의 경우, 태몽이 꽃꿈이었지만 남자로 태어났다. 하지만 유난히 하얀 얼굴에서 알 수 있듯이, 꽃처럼 귀공자 타입의 얼굴을 보여주고 있다.

⑯ 꽃을 남에게 선물하는 꿈 → 한소진의 태몽

고양시에서 일산동구 식사동에서 '원예마을'을 운영하고 있는 한소진(여·37)의 태몽이다. 한씨는 세상에 날 때부터 '꽃'과 인연이 있었다. 친정어머니가 꽃을 남에게 선물하는 태몽을 꾼 뒤, 한씨가 태어났다. 교사인 친정어머니가 꽃을 좋아해 화분 100여 개를 키우자, 어린 시절부터 자연스레 꽃과 친해졌다고 한다.---조선일보, 김연주 기자, 2008. 07. 14.

⑰ 국화꽃이 만발한 정원을 거니는 꿈 → 연예인 이휘재의 태몽

72년생인 이휘재(본명 이영재)는 2녀 1남의 셋째로 태어났다. 이휘재의 어머니는 그를 임신했을 때, 국화꽃이 만발한 정원을 거니는 태몽을 꾸어 또 딸인 줄 알고 비통한 나날을 보냈다고 한다. 그러다 아들이 태어나자, 그의 아버지는 잔치를 크게 벌였을 정도로 기뻐했다고 한다.

국화꽃이 만발한 풍요로움과 꽃의 아름다움의 좋은 태몽 표상으로, 여러 사람들에게 선망의 대상이 될 인생길을 보여주고 있다.

⑱ 자줏빛 목련이 만발한 꿈 → 변진섭의 태몽

어머니가 나를 임신했을 때 꾼 태몽은 꽃꿈이었다고 한다. 놀릴까 봐 어머니는 태몽에 관해서 남들에게 이야기하지 말라고 하시기도 했다. 어머니 말씀으로는 그리스 로마 신전을 연상케 하는 커다란 건물에 자줏빛 목련이 만발해 있었고, 그 꽃이 매우 예뻐 관광객들이 모여들고 있었다고 한다. 어머니는 왠지 그 꽃이 자신의 것이라는 생각이 들어, 남들이 꽃을 볼 수 없도록 막았다고 한다. 어머니는 이 꿈을 꾸고 내가 딸이라고 생각해, 아버지에게 "낳지 않겠다."고 했다고 한다. 그러나 낳은 모습을 보니, 버젓이 고추를 달고 나온 아들 아닌가. 어머니는 감격의 눈물까지 흘리셨다고 한다.

대체로 꽃꿈의 태몽인 경우, 여아일 가능성이 높지만, 연예인 김진의 태몽도 꽃꿈이듯이 이렇게 남아가 태어날 수도 있다. 태몽으로 여성적이냐 남성적이냐를 보여주는 것이지, 태몽으로 성별을 절대적으로 구별할 수 있는 것은 아님을 절대적으로 보여주고 있다. 변진섭의 성품 또한 차분하며, 여성적인 성품에 가깝게 부드럽고 섬세한 타입으로 활동하고 있다.

⑲ 화려한 국화꽃이 장식된 중국집으로 들어가는 꿈 → 미스코리아 이혜정의 태몽

이혜정씨의 친정어머니는 이혜정씨를 임신했을 때, 화려한 국화꽃이 장식된 중국집으로 들어가는 태몽을 꾸었다고 한다. 이혜정씨는 1986년 당시 미스코리아 대회에 출전해 미스 르망 타이틀로 선발됐다. 그 후 1988년 대만에서 열린 미스원더랜드 대회에 참가했을 때다. 그녀가 아시아 최대 화교 재벌인 필리핀 탄유그룹의 후계자인 정위황 사장의 열렬한 구애를 받아들여, 정위황 씨와의 결혼을 운명으로 받아들였다. 미스코리아와 재벌의 만남, 그것도 국경을 초월한 사랑을 이룬 두 사람이다.---요약 발췌, 박연정 기자, 레이디경향 2006년 9월호.

신비한 태몽의 세계가 펼쳐지고 있다. 화려한 국화꽃이 장식된 중국집으로 들

어가는 태몽의 예지대로, 화교 재벌과 결혼하여 세 자녀를 두는 데에 이르렀으니, 태몽의 놀라운 예지력에 찬탄을 금할 수 없다.

미스코리아 대회에 출전하는 후보들은 어떠한 태몽을 꾸었을까? 또한 대회에 나가기 전에 어떠한 꿈을 꾸었을까? '껍질을 까서 놓은 감이 그릇에 예쁘게 담겼다.', '복숭아를 한 아름 안았다', '코스모스 꽃길을 걷던 중 남자에게 흑장미 꽃다발을 받았다', '함박눈이 펑펑 쏟아졌다', '청사(푸른 뱀)를 만졌다' 등 본인 또는 주변에서 꾸어준 꿈의 내용들이다. 이처럼 꿈의 상징 표상으로 본다면, 재물운이 아닌, 여성적 상징물에 가까운 내용들이다. 예쁘고 귀한 태몽일수록 장차 태몽의 예지대로 이루어지고 있음을 알 수 있겠다.

⑳ 금잔화에서 씨를 받는 꿈 → 농대 학장 한신규 태몽

학술원 회원으로서 평생을 육종 연구에 바친 서울대 농대 학장 한신규 씨의 태몽은 '금잔화(키가 크고 가느다란 꽃)에서 씨를 받는 것'이었다는 것이다. 그래서 그의 어머니는 그 꿈을 생각하고, 아들이 항상 가느다랗게 야위어 있는 것은 순전히 이 태몽 때문이라고 했다는 것이다. 물론, 그렇게 볼 수도 있다. 그러나 그의 직업이 바로 이처럼 '나무씨를 받아서 연구하는 것'이라 생각할 때, 이는 그의 직업을 상징했다고 보는 게 더 옳을 듯하다.

(3) 재물이나 이권의 상징

① 누군가가 옥반에 어사화(御賜花)를 담아 주는 꿈

시험에 합격하게 되며, 회사나 기관 단체, 국가나 사회기관으로부터 명예를 얻는다.

② 생전 처음 보는 꽃을 발견하거나 꺾는 꿈

좋은 꿈이다. 새로운 발견·발명·창작 등으로 인하여, 이권을 얻게 되는 일로 나아가게 된다. 이 경우에 가임여건에서, 태몽으로도 실현 가능하다. 또한 좋지 않은 비유이지만, 남성의 경우에 처녀와 관계하는 일로 실현될 수도 있다.

③ 꽃향기를 맡는 꿈

좋은 작품이나 일거리·대상과 관계를 맺게 되며, 흡족한 결과를 얻게 되어 재물적 이익이나 이권을 얻게 된다. 또한 신분이 고귀한 사람을 만나게 되거나, 연인이나 그리운 사람 등을 만나는 일로도 실현 가능하다. 학자인 경우에, 흥미와

관심을 끌게 하는 연구물에 나아가게 된다. 사업가인 경우에, 새로운 획기적인 사업 아이템으로 재물과 이권을 얻는 일로 실현된다.

(4) 일거리·대상-회사, 기관, 단체

여러 가지 색깔의 아름다운 꽃의 꿈은 일의 다양성이나 내용의 풍부함 등을 상징한다. 조화(造花)는 명예·표창·업적 등의 일과 관계된 상징 표상이다. 또한 꽃무늬가 새겨진 물건은 그 물건의 상징 의의와 더불어 명예와 경사로운 일에 관계해서 표현된다.

① 여러 가지 꽃을 함께 꺾어 드는 꿈

처한 상황에 따라 각기 다른 일로 이루어진다. 학자의 경우에, 학설이나 연구 결과의 정리, 어떠한 대상을 여러 가지로 수집하는 일과 관계한다. 사업가의 경우에, 하나의 사업이 아닌 여러 사업을 동시에 진행하게 되는 일로 이루어진다. 또한 바람둥이 남성의 경우에, 여러 여자를 동시에 사귀게 되는 일로도 실현 가능하다.

② 고목에 핀 한 꽃송이를 얻는 꿈

마찬가지로 처한 상황에 따라 각기 다른 일로 이루어진다. 이 책에 실려 있는 모든 꿈해몽이 각자의 처한 여건이나 상황에 따라 각기 다른 일로 실현될 수 있다. 그러나 꽃송이를 얻는 꿈의 상징적 의미가 뜻하는바, 어느 상황이나 여건에서도 극적으로 성취를 이루어내게 되어 명예와 이권·재물을 얻게 되는 일로 유사하게 실현되고 있다.

처한 상황에 따른 다양한 실현 가능성을 살펴보자.

첫째, 발명가의 경우에, 오랫동안 연구해오던 가망이 없던 실험에서 뜻밖의 아이디어로 새로운 발명품을 내놓게 되는 일로 실현되어, 명예와 재물·이권을 얻게 된다.

둘째, 사업가의 경우에, 사양 산업에서 획기적인 아이템으로 큰 성취를 얻게 된다.

셋째, 가수의 경우에, 무명가수로 한동안 빛을 보지 못하다가 뜻밖의 히트곡으로 이름을 날려 명예와 부를 얻게 된다.

넷째, 정치가의 경우에, 국회의원 선거에 수차례 낙선하다가 모두가 힘들다고 생각한 시점에서 극적으로 당선되는 일로 실현될 수 있다.

다섯째, 직업 군인인 경우에, 수차례 진급에서 누락되다가, 간첩을 잡게 되는 일 등의 극적인 사건으로 진급하게 된다.

여섯째, 운동선수인 경우에, 시합에 지게 되어 패색이 짙다가 기적적으로 이기는 일로 실현된다.

일곱째, 프로 바둑 기사나 노름꾼·도박사 등의 경우에, 게임에서 불리하게 전개되어 패색이 짙다가 극적인 승리를 이루어내게 된다.

여덟째, 학생이나 고시생의 경우에, 수차례 낙방 끝에 시험에 합격하여 영광을 누리게 되는 일로 실현된다.

아홉째, 노총각의 경우에, 우연한 등산길에서 여러 아줌마들과 같이 산행을 온 미모의 처녀를 만나게 되어, 인연을 맺게 되는 일로 실현된다.

열 번째, 주식투자자의 경우에, 투자 원금을 거의 날리고 회생 불능의 상황에서, 자신이 매입한 주식이 대박을 터뜨려 막대한 재물적 이익을 얻게 되는 일로 실현된다.

이 밖에도 처한 상황에 따른 다양한 추정이 가능하다. 하지만 좋은 꿈의 경우에 좋게 실현되는 것이 변하지는 않는다. 다만, 꿈을 꾼 사람이 처한 상황에 따라 'A는 B이다.'로 확정된 것이 아닌, A는 B일 수도, A는 C일 수도 있으며, A는 D일 수도 있게 된다. 하지만 이러한 상징적인 예지적 꿈은 꿈의 예지대로 실현되는 특징이 있으며, 엄청난 일의 예지일수록 시일이 지난 후에 이루어지고 있다.

③ 꽃송이에서 요정이 나와 하늘로 올라가는 꿈

저자의 경우에, 어떤 작품이 크게 성사되고 그 이미지가 사람들에게 큰 감명을 준다.

④ 꽃 표본을 보거나 만드는 꿈

어떠한 연구 결과로 정신적·물질적인 업적을 남기게 된다. 저자의 경우 책을 출판하거나, 예술가의 경우 작품을 창작하게 된다. 상황에 따라 식물도감 등을 보게 되는 일로 실현될 수도 있다. 노총각의 경우에 결혼정보업체에서, 이성의 사진들을 보게 되는 일로 실현될 수도 있다.

(5) 사건, 사고

① 꽃나무의 꽃이 우수수 떨어지는 꿈

어느 단체나 개인의 세력이 몰락하는 것을 보거나, 슬픈 일이 닥친다.

② 꽃이 시드는 꿈

하고자 하는 일의 좌절과 사업 실패 등으로 이루어진다. 가임여건에서 태몽 표상인 경우에는 유산으로 실현된다. 또한 신체적으로 질병으로 인하여 고통받는 일로 실현될 수 있다.

(6) 상태로 병의 회복 여부, 관직의 승진 여부, 사회적 변혁 예지

① 꽃송이가 크고 탐스러운 꿈

성과나 명예 등이 뛰어남을 뜻한다.

② 아름다운 꽃나무 아래 있던 꿈

아픈 몸이 회복하게 된 사례가 있다.

③ 높은 산에 꽃이 만발한 것을 보는 꿈

국가나 사회적인 일로 명예를 얻는다.

④ 산이나 들에 꽃이 만발한 것을 보는 꿈

어느 기관이나 사업장·회사 등에서, 취직·승진·성취 등의 일로 명예로워진다.

⑤ 예식장이 꽃 등으로 장식된 것을 보는 꿈

결사·집회 등이 성공하거나, 명예로운 일로 나아가게 된다.

⑥ 만발한 꽃나무 밑을 걷는 꿈

업적·성과·대화·독서 등으로 기쁜 일이 생긴다. 또한 애인과의 데이트 등이 행복하게 이루어진다.

⑦ 겨울에 꽃이 만개한 것을 보는 꿈

길몽이다. 어려운 여건에서 큰 성취를 이루어내는 일로 이루어진다. 겨울로 상징된 남들이 불가능하다고 여겼던 분야나 개척하는 사업에서, 성공을 이루어 명성과 명예를 떨치고 재물적 이익을 얻는 일로 실현된다.

(7) 꽃에 관한 민속 꿈 사례

– 꿈에 난초가 뜰 앞에 있으면 손자를 낳는다.

– 꿈에 난초꽃이 피면 미인을 낳는다.

– 꿈에 활짝 핀 꽃을 보면 태몽이다.

– 꿈에 죽순을 꺾어 집으로 가져오면 자식을 얻는다.

– 꿈에 죽순을 보면 자식이 많아진다.

≪나무≫

나무는 사람의 몸이나 인격·인재·기업체·기관·회사·관청·병력 재물 등을 상징한다. 꽃의 상징적 의미보다는 보다 규모가 큰 경우에 해당한다. 나무에 사람이 올라가 있으면, 어느 기관에 사업·작품 등에 관해 위탁할 일과 상관한다.

(1) 사람의 상징

① 물건이나 나무 같은 것이 쓰러진 것을 일으켜 세우는 꿈

침체되고 몰락 상태에 있었던 사람이나 사업이 재기된다.

② 나뭇가지에 매달려 강을 건너거나 높은 곳에 올라가는 꿈

나뭇가지로 상징된 협조 기관이나 후원자나 협조자로 인하여, 어려움을 극복하고 성취를 이루며 난관을 극복할 수 있게 된다.

③ 나무뿌리나 풀뿌리를 잡고 위로 오르는 꿈

나무뿌리나 풀뿌리로 상징된 협조자나 후원자의 도움으로, 위기를 극복하고 성취의 길로 나아가게 된다.

④ 나뭇가지가 부러지는 꿈

나무로 상징된 사람이 사고나 질병으로 고생하게 되거나, 의지하는 사람이 사고 등으로 요절한다.

⑤ 큰 나무가 뿌리째 쓰러지는 것을 보는 꿈

나무로 상징된 사업체가 운영난에 빠지게 되거나, 거물이 정가에서 은퇴하는 것을 보게 되거나, 집안의 어른이 죽는 일로 실현된다. 고목나무의 가지가 부러진 꿈으로, 시어머니가 중풍으로 쓰러지는 일로 실현된 사례가 있다.

⑥ 큰 나무를 자기 집에 옮겨다 심으려 하는 꿈

큰 나무로 상징된 훌륭한 인재를 얻게 되거나, 사업체 또는 정치세력 등의 주도권을 잡게 된다.

⑦ 큰 나무가 기울어져 오거나 가지가 앞으로 뻗어온 꿈

큰 나무로 상징된 권력자나 뛰어난 능력을 지닌 사람이 자신을 도와주게 되며, 회사나 기관·단체의 어느 부서를 담당하여 운영할 권리가 주어진다.

⑧ 쓰러지는 나무를 부축하고 있는 꿈

병세로 인하여 입원해 있는 사람을 간호하거나, 부도 직전의 기울어가는 회사를 정상화하기 위해 혼신의 힘을 다해 돌보는 일이 생긴다.

⑨ 강 가운데 나무가 우뚝 서 있는 꿈

나무로 상징된 중개인·협조자가 교량적 역할을 해줄 일이 생긴다. 이 경우에 나무로 상징된 기관·단체의 도움을 얻는 일로도 실현 가능하다.

⑩ 능수버들이 휘늘어진 것을 그리는 꿈

능수버들로 상징된 외롭고 쓸쓸해 보이는 여성과 관련을 맺게 된 사례가 있다. 이 경우 화류계(花柳界)라는 말이 있듯이, 노류장화(路柳牆花)의 '길가의 버드나무, 담장 위의 꽃'이라는 말처럼, 기생 등 술집 여성의 상징으로 등장할 수 있다.

(2) 태몽 표상

① 고목에 꽃이 피는 태몽

어려운 여건에서 많은 사람을 계몽하는 선구자가 될 자식을 가진다.

② 화려한 꽃나무의 태몽

미모가 뛰어난 여아나 꽃미남의 남자를 출생하게 되며, 인기 연예인 등 많은 사람들의 선망의 대상이 되는 인생길로 펼쳐진다.

(3) 재물이나 이권의 상징

① 나무를 베어 수레나 트럭으로 운반하는 꿈

나무가 재물의 상징인 경우, 협조자나 기관·단체 등의 협조 기관의 도움으로 막대한 재물을 얻게 된다. 마차나 트럭으로 많이 운반하면 인재를 모아 단체를 형성하거나 막대한 재물을 얻는다.

② 푸른 나뭇잎이나 열매를 하나 따는 꿈

현재의 여건에서 좋은 자격이나 능력을 구비하게 된다. 예를 들어, 어느 회사에 입사하여 임명장을 받거나 능력을 인정받게 된다. 일반적으로는 운전 면허증을 따거나, 특허 등을 얻게 된다.

③ 낙엽이 쌓인 것을 보는 꿈

사업성과나 재물을 얻는다. 그러나 꿈속에서 지저분하게 느낀 경우에는, 처리해야 할 귀찮은 일거리·대상과 관련을 맺게 된다.

④ 낙엽을 긁어 오거나 나무 한 짐을 가져오는 꿈

낙엽을 긁어모으는 꿈은 노력 끝에 정신적·물질적인 이권이나 자본을 축적한다. 상대방이 자기 집으로 낙엽이나 나무를 짊어지고 오는 꿈은 재물이나 이권을 얻게 되며, 사업 자금이 생기게 된다.

(4) 일거리·대상의 상징

① 나무 위를 다니는 꿈

큰 고목 위를 마치 평지같이 걸으면 일이 순조롭게 이루어지고, 나뭇가지를 이리저리 옮겨 다니면 여러 회사를 전직하게 되거나, 여러 산하기관에서 자기 능력을 마음껏 발휘할 수 있게 된다.

② 우거진 숲 속에 나무 한 그루가 말라 죽어 있는 꿈

다른 사람이나 사업은 번창하는 데 비하여, 말라죽은 나무로 상징된 자신이나 그 어떤 사람은 질병으로 고통을 겪거나, 사업이 부진하게 되거나, 세력의 일부를 상실하게 된다.

③ 마당에 나무를 옮겨 심는 꿈

회사나 사업체를 옮겨 경영하거나, 나무로 상징된 훌륭한 인재를 얻게 되어 사업이나 하고자 하는 뜻이 이루게 된다.

(5) 사건이나 사고

① 낙엽이 바람에 뒹구는 것을 보는 꿈

황량한 표상의 상징적 의미로 슬픈 소식을 듣게 된다.

② 매달린 나뭇가지나 딛고 있던 나뭇가지가 부러지는 꿈

나뭇가지로 상징된 협조자나 또는 사업기반 등을 잃는다. 또는 부모가 죽거나 의지하는 회사·기관·단체에서 물러나게 된다.

(6) 상태로 사업의 흥망 여부, 병의 회복 여부, 사회적 변혁 예지

① 묘목을 심는 꿈

사업을 새롭게 시작하게 된다. 이 경우에 묘목이 갑자기 크게 자라나는 꿈은 조속한 시일 내로 흡족한 사업성과를 얻게 된다.

② 나무가 무성히 자라고 가지를 뻗어내는 꿈

사업체가 번성함을 의미하며, 병자의 경우 이러한 꿈을 꾸게 되면 질병에서 회복하게 된다. 반면에 말라죽은 나무를 보는 꿈은 사업이 부진하게 되거나, 질병에 걸리거나 세력의 일부를 상실한다.

③ 큰 나무 밑에 서거나 앉는 꿈

나무로 상징된 큰 기관이나 회사 또는 위대한 지도자의 도움과 지도를 받게 되며, 성취를 이루게 된다.

④ 죽은 나무가 되살아나는 것을 보는 꿈

부진하던 사업이 소생하며, 고목에서 순이 나거나 꽃이 피면 생명·사업·부 귀·영화 등이 활기를 되찾고 재생된다. 나무가 쑥쑥 커 나가는 꿈은 사업의 번창 을 의미한다.

⑤ 방바닥에 뿌리를 둔 거목이 천장을 뚫고 밖으로 뻗은 꿈

큰 기업이나 작품 또는 일에서 소망을 이루어 사회적으로 널리 알려지는 것과 상관하게 된다.

⑥ 나무들이 빽빽이 자라있는 곳으로 들어가는 꿈

사업이 융성하고, 시설 투자나 준비가 완벽하게 갖추어져 있음을 뜻한다.

⑦ 잎이 싱싱한 꽃나무(계수나무) 아래에 서 있는 꿈

훌륭한 아내를 얻거나 풍요로운 여건에 처하게 된다. 작가의 경우에 인기작품 을 쓰게 된다.

⑧ 울창한 대숲을 보는 꿈

빽빽함의 상징적 의미에서 어떠한 일에 대한 준비가 완벽한 것을 보게 되며, 풍요로움의 상징적 의미에서 사업의 융성함과 번창함으로 실현된다.

⑨ 나무의 끝 부분을 자른 꿈 → 합격 대학 예지

어떤 학생이 톱으로 큰 통나무를 자르고 있었다. 그런데 다 잘랐는데도 통나무가 끊어지지 않고 그대로 붙어 있었다. "야! 이 녀석아 어떻게 잘라서 그러느냐? 다시 잘라보아라." 하였더니, 두 번째는 끝에서 십 센티 정도 남기고 멀리 잘랐는데 큰 통나무가 싹둑 잘려 나갔다.

이 꿈은 어떤 학생의 부모님에게 자녀에 대한 대학 진학상담을 요청받고 꾼 꿈이다. 꿈의 예지대로, 전기는 집에서 가까운 대학에 응시하였으나 실패하고, 후기는 집에서 가장 먼 곳에 응시해야 합격할 수 있다는 것을 보여준 꿈이었다.(글: 박성몽)

(7) 민속의 나무에 관한 꿈

- 꿈에 나무를 메고 집에 오면 대길하다.
- 꿈에 나무를 베면 부자가 된다.
- 꿈에 나무를 보면 재수가 있다.
- 꿈에 나무를 심으면 대길 창성한다.
- 꿈에 나무를 심으면 좋다.
- 꿈에 나무를 집에 쌓아 두면 길하다.
- 꿈에 나무를 태우면 부자 된다.
- 꿈에 나무 밑에 서 있으면 그 날은 귀인의 도움을 받는다.
- 꿈에 나무에 올라가면 이름을 떨친다.
- 꿈에 나무 위에 초를 걸면 바라는 일이 잘된다.
- 꿈에 큰 나무가 쓰러지면 부모님 상을 당한다.
- 꿈에 큰 나무가 쓰러지면 크게 흉하다.
- 꿈에 큰 나무를 베면 돈이 생긴다(큰 재물을 얻는다).
- 꿈에 큰 나무에 오르면 이름과 재물이 더해진다.
- 꿈에 문 앞에 대나무 잎이 무성하면 재수 좋다.
- 꿈에 문간에 대나무가 나면 충신이 생긴다.
- 꿈에 대나무가 갑자기 커지면 사업이 번창한다.
- 꿈에 소나무가 무성함을 보면 집안이 번창한다.

- 꿈에 소나무가 비 온 후에 나면 정승 벼슬에 오른다.
- 꿈에 소나무가 집 위에 나면 만사가 풍성하다.
- 꿈에 소나무를 보면 벼슬할 징조다.
- 꿈에 소나무와 대나무가 울창하면 만사가 형통한다.
- 꿈에 송죽 그림을 그리면 만사형통한다.
- 꿈에 송죽을 보면 만사 대길하다.

≪과일나무와 열매≫

과일은 사업·일·작품·소망의 성숙도나 성과·업적·결실·재물 등을 상징
한다.

(1) 사람의 상징

과일나무는 장차 많은 성취를 이루어내게 될 훌륭한 인재, 은행, 기타 기관 및
사업체 등을 상징한다.

(2) 태몽

금이 간 과일을 얻으면, 태몽인 경우에 장차 태어난 아이가 신체 일부가 불구
이거나 성장기에 사고로 인하여 다치게 된다. 일반인의 경우에 비정상적인 상거
래나 올바르지 못한 사업에 관여하게 된다. 덜 익은 사과를 따오는 꿈으로 조산
하게 된 사례가 있다.

① 사과를 따오는 꿈

'화창한 날씨에 유혹돼 야외로 나가, 탐스럽고 빛깔이 좋은 사과를 따서 가져오는 꿈으
로 아들을 낳았다.'

대체로 성숙한 과일의 경우 아들, 미성숙의 과일은 딸로 실현되는 사례가
많다.

② 굴러온 커다란 사과를 가슴에 안은 꿈

이제 고등학생이 된 소녀입니다. 저희 어머니께서 꾼 태몽이야기를 해드리려고 합니다.
저희 아버지와 산에 올라가는데, 배가 너무너무 고파서 산꼭대기에 있는 과수원에 갔
습니다. 사람도 한 명 없고 과수원에서 먹을 것이라곤 찾아볼 수 없었습니다. 많은 나무
들이 있었지만 거의 다 썩었거나 열매가 없는 나무들이었습니다.

그래서 저희 아빠랑 산을 내려오려고 하는데, 수염이랑 머리가 하얀 한 할아버지가 지팡이를 들고 나타나셨답니다. 저희 엄마가 배가 너무 고파서 먹을 것을 조금 달라고 하니까, 할아버지가 "옜다! 이거나 먹어라!" 하시면서 사과 씨앗을 주었습니다. 그래서 엄마가 아빠보고 과수원에 심어보자고 합니다. 엄마는 배가 고파서 거기에 서 있고, 아빠 혼자 과수원에 사과를 심으러 갑니다. 사과 씨앗을 심은 지 얼마 되지 않아 사과가 주렁주렁 열렸습니다. 그중 한 사과를 아빠가 먹으라고 엄마한테 굴려줬습니다. 산꼭대기에서 사과가 점점 커지면서 엄마에게로 다가왔습니다. 사과가 엄청 커졌을 때, 엄마가 "헉" 하며 사과를 가슴에 안았다고 합니다.---날으는꿈, 등록일 : 2010. 02. 04.

③ 반짝반짝 빛나는 사과를 껴안는 꿈 → 가수 장나라의 태몽

윤기가 나는 사과로써 여러 사람들의 선망의 대상이 되는 연예인의 태몽 표상에 부합된다고 하겠다. 열매 태몽으로 성취·결실을 이루어내는 인생길이 펼쳐지고 있다.

④ 받은 세 개의 사과 중 한 개를 먹은 꿈 → 연예인 김창숙의 태몽

'수염이 하얀 할아버지가 사과 세 알을 주면서 먹으라고 했다. 한 알을 먹으니 배가 불러서 도저히 먹을 수가 없었다. 남은 두 알을 쌀 뒤주 속에 넣어 두었다.'

아마도 사과가 윤기나고 빛나는 사과일 것이며, 크기가 무척 큰 사과로서, 선망의 대상이 되며, 커다란 능력을 지니게 될 것을 보여주고 있다. 열매 꿈이 성취, 결실을 이루어내는 인물로 실현된다는 것은 앞서 밝힌 바 있다.

태몽 표상에서, 사과의 상징은 사람, 일거리, 재물 등등 다양한 추정이 가능하다. 사람인 경우, 장차 두 동생이 더 생겨날 것을 예지해주고 있으며, 일거리나 재물인 경우 하나의 큰 성취를 이루고, 추후 두 가지 성취나 성공의 일로 실현될 것을 보여주고 있다. 수염이 하얀 할아버지는 삼신할미, 산신령 등의 상징적 의미와 같다. 꿈의 상징 기법의 하나로, 어떤 절대적 대상의 상징으로 등장하고 있다.

⑤ 바구니에 귤을 담은 아주머니들이 옆에서 보좌하는 꿈 → 연예인 김희애의 태몽

'어머니의 꿈에 숲의 오솔길을 한가롭게 거닐고 있는데, 길 양옆으로 귤을 바구니에 담은 아주머니들이 옆에서 보좌하고 있는 꿈이었다.'

태몽이 되려면 아주 강렬하고 생생한 꿈이어야 한다. 그리하여 20~30년이 지나서도 꿈의 내용을 기억할 수 있어야 한다. 풍요로움의 표상이 담겨 있는 좋은 태몽이다. 바구니에 귤을 담은 아주머니들이 보좌하는 꿈은 사람들에게 추앙을

받게 됨을 예지해주고 있다. 이 경우, 바구니에 담긴 귤이 탐스럽고 싱싱할수록 재물운이나 성취운에 있어 두드러지게 두각을 나타낼 것을 보여주고 있다.

⑥ 빨간 과일을 한 바구니 따 가지고 온 꿈 → 고(故) 탤런트 최진실의 태몽

　　어머니 정옥숙 씨(46)는 큰 과일나무에서 빨간 과일을 한 바구니 따 가지고, 집으로 돌아온 태몽을 꾸고, 딸이 태어날 것을 예감했다. 친할아버지는 손녀가 진실되게 살라는 뜻에서 '진실(眞實)'이라는 이름을 지어 주셨다.

윤기나는 빨간 사과는 성취·결실을 이루어내는 인생이 펼쳐질 것을 예지해 주고 있으며, 한 바구니 가득 따온 것에서 풍요로움의 표상이 담겨 있다. TV 드라마나 영화에서 자신의 능력을 마음껏 발휘하였으나, 비운의 길을 선택한 만큼, 태몽 뒷부분에 드러나지 않은 이야기가 있지 않을까 생각한다.

⑦ 예쁜 사과, 복숭아의 꿈 → 태몽

　　하얀 구렁이가 제 몸을 감싸는 꿈을 꾸고 아들을 낳았어요. 또한 하얀 바닷가에서 큰 사과나무를 봤는데, 아주 예쁜 사과 3개가 달려있더라고요. 둘째 때는 딸을 낳고 싶었어요. 주변에서는 아들 꿈이라고 했지만, 내심 딸이길 바랐지만 낳아보니 아들이었어요. 나중에 시댁 형님께서 말씀하시기를, 복숭아 3개를 저에게 주는 꿈을 꾸셨다며, 아들 태몽인 것 같았다고 하시더라고요.

태몽의 예지로 보아, 장차 아들 하나를 더 낳게 되어 삼 형제로 실현될 가능성이 높다.

⑧ 배를 따 주는 꿈 → 태몽

　　내 태몽은 이렇다. 어머니가 텃밭을 지나고 계시는데, 지금은 돌아가신 고모할아버지가 조용히 어머니를 부르시더니, 탐스럽고 큰 황금배 하나를 따 주셨다고 한다. 어찌나 탐스러운지, 황금색으로 번쩍번쩍 빛이 다 나더란다. 그 배를 두 손으로 받아들였더니, 순간 하늘에 한 줄기 빛이 배를 향해 내려오는 꿈이었다. 어머니는 그 꿈을 꾼 순간 '아들이구나.'하고 탄성을 질러댔다고 한다. 탐스럽고 큰 황금 배를 따서 챙겼으니, 아들일 것이라며 좋아하셨단다. 하지만 결과는 딸인 사실에 기세 좋게 할머니가 아들 이름 지으려다가 헛수고하셨단다.---시지르(syzyr)

인터넷에 올려진 시지르(syzyr)의 태몽 사례이다. 이처럼 태몽 표상으로 아들·딸을 정확하게 예지한다는 것은 어렵다. 하지만 전개된 태몽 표상으로 보자면, 탐스러운 황금색의 배, 거기에 한 줄기 빛이 비추는 등 아주 좋은 태몽으로 장차

귀하고 선망의 대상이 되는 부귀한 인생의 길이 펼쳐질 것을 예지해주고 있다.

⑨ 예쁜 감 하나를 따서 도망가는 꿈

늦가을에 아무도 손대지 않은 풍성한 감나무에서 제일 예쁜 감 하나를 따서 도망가는 꿈을 꾸고 정말 아들을 낳았어요.

⑩ 밤 한 톨을 가지고 온 꿈

친정집을 막 들어서는데, 밤 한 톨이 내 발 앞에 톡 떨어져, 집으로 가지고 오는 꿈을 꾼 후에 딸을 낳았다.

⑪ 바지 양쪽에 밤을 가득 담는 꿈

저는 큰아이 태몽으로 밤 꿈을 꿨어요. 바닥 지천에 밤이 널려 있어, 바지 주머니 양쪽에 가득 밤을 담는 꿈을 꾸었죠. 밤 꿈을 꾸고 난 아이는 남자아이였고요.---김정임, 베베하우스.

⑫ 밤톨 세 개를 따온 꿈

3개월 때 태몽을 꾸고, 그리고 8개월 되었을 때 또 태몽을 꾸었는데요. 남편이랑 둘이서 시골집 근처 남의 담벼락에 서 있었어요. 담 너머에 탐스럽게 대추랑 밤이 열려 있었어요. 대추는 파란색이 알이 무척이나 커서 먹음직스러웠고요. 밤은 갈색으로 여물어서 밤송이에 밤알이 3개씩 큰 것이 열려 떨어지려고 하는 거예요. 너무나 먹음직스러워서 쳐다보고 있는데, 남편이 "왜 그러냐" 묻기에, "정말 먹고 싶다"고 했더니, 밤 세 톨을 따다 제 손에 쥐여주면서 "주인 오기 전에 가자." 하는 거예요. 전 밤 세 톨이 한 손 가득하게 큰 것이어서 안 떨어지게 꼭 쥐고, "대추도 먹고 싶은데……." 했더니, "알았어. 내가 따 올게." 하고 다시 돌아서자 꿈에서 깼거든요. 그래서 전 첫아이가 아들이었어요.---글쓴이: 몽이, 이지데이, 태몽 이야기 방.

임신 3개월 때 뱀이 쫓아오는 꿈을 꾸었으며, 8개월째에 밤 세 톨을 따오는 꿈을 다시 꾸고 있다. 현재 이 주부는 아들 둘을 두고 있는바, 밤 세 톨을 따오는 꿈이었으니, 장차 아들 하나를 더 두게 되는 일로 실현될 수 있을 것이다.

⑬ 자그마한 조선 밤을 몇 개 주워온 꿈

저는 태몽이 시누 언니랑 감을 따러 깊은 산 중턱까지 올라갔는데, 감나무에 파란 감이 주먹보다 더 큰 게 주렁주렁 열려 있었어요. 감나무 주인이 감이 안 익었다고 좀 더 있다가 오라 하기에, 아쉽게 돌아서서 산을 내려오는데, 산 아래에서 사람들이 조선 밤을 털고 있는 거예요. 자그마한 조선 밤이 땅에 데굴데굴 굴러다니는데, 저도 모르게 그만 밤

알을 몇 개 주워 주머니에 넣고 집에 오는 꿈을 꿨어요. 저는 둘째는 꼭 딸을 낳고 싶어 했었거든요. 하지만 둘째도 아들을 낳았답니다.---글쓴이: 몽이, 이지데이, 태몽 이야 기방.

⑭ 밤을 털어온 꿈

내가 임신테스트기로 양성반응 본 날에, 시아버지가 꾸신 손자의 태몽이다. 산에 올라 가셨는데, 주위에 있는 산들은 재개발된다고 산을 다 뒤엎어서 민둥산이 되어 있더란 다. 근데 이상하게 올라가신 산은 온갖 나무들이 풍성하게 있다고 하셨다. 그 나무들 중 에 밤나무가 있었는데, 열심히 밤을 털어오셨단다. 그것도 다른 산에 올라간 사람들은 다 허탕 치고 내려오는데, 품에 한가득 안고 뿌듯하게 내려오신 꿈이었다.

⑮ 밤송이가 주렁주렁 달려 있는 꿈 → 연예인 이혜숙씨의 태몽

'산에 올라갔는데 수많은 밤나무에 밤송이가 주렁주렁 열려 있었다. 밤송이마다 아람 불어 장관을 이룬 것을 지켜보다 잠을 깨었다.'

이 역시 풍요로움의 표상이 넘쳐나고 있다. 산의 상징은 어떠한 거대한 기관 이나 단체·조직의 상징으로, 국가나 사회단체·회사·기관 등을 상징한다. 연예인 으로 인생길을 살아가고 있는 현실에 비추어본다면, 방송국이나 TV 등 매스미디 어의 세계를 산으로 상징하고 있다고 볼 수 있다. 수많은 밤나무에 밤송이가 아 람이 벌어져 있는 풍요로움의 표상에서, 선망의 대상이 되고 부러워하는 존재로 살아가는 풍요로운 인생길을 보여준다고 할 수 있겠다. 또한 이렇게 태몽 표상에 서는 군이 따가지고 오는 것이 아니더라도, 보는 것만으로도 소유획득의 개념이 적용된다.

⑯ 밤과 도토리를 가득 담아 오는 꿈

꿈에 협곡처럼 생긴 절벽 사이를 내려갔는데, 커다란 밤이 있더래요. 얼른 주워서 주머 니에 넣었는데, 주변을 보니 도토리가 널려 있더랍니다. 그것까지 주머니에 가득 담아 다시 협곡을 오르는데, 주머니가 껴서 못 올라오고 낑낑대다 깼다더군요. 그걸 태몽이 라고 생각해야 할지 말아야 할지 고민했는데, 꿈이 맞는 걸까요. 4kg의 딸아이를 힘들 게 자연 분만했답니다.

⑰ 바구니 안에 고구마와 하얀 알밤이 가득한 꿈

넓은 밭 한가운데 커다란 나무 밑에 바구니가 있었어요. 그 속에 정말 큰 고구마가 가 득 담겨있었는데, 그 속을 뒤져보니 하얀 알밤이 가득 들어있었어요. 그래서인지 딸을

낳았답니다. 어른들이 "에구, 그냥 고구마 큰 것만 보고 깼더라면, 아들일 것을……" 하고 우스갯소리를 하셨었죠.

⑱ 큰 밤을 골라서 줍는 꿈

개그맨 이수근(34)은 2008년 8월 아들을 낳았다. 태몽은 임신 7주째 접어들면서 신부 박지연의 어머니가 꾸었는바, 큰 밤을 골라서 줍는 꿈이었다. 또한 할머니의 꿈에 산에서 어떤 할아버지가 깐 밤을 치마에 한 가득 주는 것을 받는 꿈을 꾸고 손자를 보게 된 사례가 있다.

⑲ 밤알이 터져 나오는 밤송이를 줍는 꿈

개그맨 딱딱이 김주현은 2006년 8월 이유경 씨와 결혼했다. 김주현은 "속도위반을 했다. 결혼하기 직전 장모님과 아내가 병원에서 건강검진을 받다가 임신 사실을 알았다."라고 말했다. 이어 태몽에 대해 "밤알이 터져 나오는 밤송이를 줍는 꿈을 꿨다."라고 하는바, 딸을 낳았다.---〔뉴스엔〕 김은구 기자, 2006. 12. 21.

⑳ 푸른 밤송이 속에서 붉은 밤 한 개를 감추어 둔 꿈

　푸른 밤송이 속에서 붉은 밤 한 개를 얻어서 감추어 둔 것이 태몽이라고 어머니는 늘 말씀하셨다.(『백범일지』)

위대한 민족의 지도자로, 민족의 자주독립을 위하여 헌신하셨던 김구(1876~1949) 선생님의 태몽으로, 의외로 다소 평범한 태몽이다. 푸른 밤은 딸, 익은 밤은 아들인 경우가 많으며, 과실이나 열매 태몽은 자신의 존재를 드러내고, 성취·업적의 결실을 이루어내는 일로 실현되고 있다.

㉑ 자두만 한 앵두를 따 먹은 꿈

　앵두가 여러 개 열려 있는데, 참 먹음직스러운 거예요. '여러 개 따다가 언니들도 줘야지'하는 마음에 하나 가득 따 담고, 보자기에다도 하나 가득 따서 따로 놓고, 그리고 언니한테 가면서 앵두를 먹으려고 하니, 앵두가 자두만 한 거예요. 그래서 엄청 시겠다 싶어서 먹었더니만, 맛은 앵두 맛인 거예요. 그렇게 몇 개 먹으면서 깼는데…… ---땡그리, (맘스홀릭 베이비(임신, 육아))

㉒ 나무에 빨갛게 익은 망고가 달려있는 꿈

36살의 늦은 나이에 첫딸을 낳게 된 강수지의 태몽이다. 태몽이 특이해서 딸이라는 것을 직감했다고 한다. 길거리를 걷는데, 나무에 빨갛게 익은 망고가 주렁주렁 매달려 있었다는 것이다.---〔여성중앙〕 2004. 7. 15.

㉓ 4개의 귤을 훔쳐갔다는 꿈 → 불임 사촌 동생 태몽을 꾸다

작은엄마가 돌아가신 지 3년이 되었고, 작은집 큰동생이 결혼하여 불임상태인지 10년이 되었다. 올해 4월 초 작은엄마가 꿈에 나타나서, 귤밭으로 데리고 가서 귤이 향이 좋지 않느냐고 하셨다. 귤 앞에는 돈과 초들이 앞에 수북하게 놓여 있었다. 그런데 갑자기 어떤 아주머니가 오시더니, 작은엄마가 손에 쥐고 있는 4개의 귤이 자기 것인데 훔쳐갔다고, "얼마나 많은 공을 들인 줄 아느냐?"고 나를 붙들고 하소연했다. 난 아무려면 그랬겠느냐며, 작은엄마가 안전한 곳으로 피신할 수 있도록 시간을 벌어주었다.

꿈 내용을 말하며 태몽 같다고 임신한 사람이 없다니, 이상하다고 주변 사람들에게도 이야기 했다. 그런 후 1개월 반이 지난 어느 날 아침(5월 중순) 막내가 흥분한 목소리로 전화를 했다. 누나꿈이 맞았다고. 이렇게 신기한 일이 있냐고. 형이 인공수정을 했는데, 임신이 되었다는 것이다. 난 아마도 여아고 아이가 인품이 고매한 아이가 아닐까 싶다고 말했다. 향기가 있었으므로 명예로울 듯했다.--leewoo1544, 등록일: 2012. 08. 16.

올바른 의견이다. 필자의 의견을 덧붙이자면, 4개의 귤을 훔친 꿈이었으니 네 쌍둥이를 낳게 되는 꿈으로 실현될 것 같다. 특히 인공수정의 경우에 쌍둥이들이 많이 태어나고 있다.

(3) 애정·연분

① 남의 과일 하나를 훔친 꿈 → 연분을 맺다.

어떤 여자가 팔려고 자기 앞에 늘어놓은 과일을 그녀가 딴 곳을 보는 사이에, 그 중 배 한 개를 슬쩍 훔쳐 허리춤에 넣었다.

꿈의 실현은 처한 상황에 따라 달리 이루어진다. 이 꿈은 중매쟁이(과일 장수)를 통해서 며느릿감(배 한 알)을 얻을 것(훔치다)을 예지한 일로 실현되었다. 이 경우 가임여건에서는 태몽으로 실현되며, 다시 빼앗기는 꿈은 유산으로 실현된다.

② 복숭아를 사서 먹으려다 못 먹은 꿈 → 마음에 드는 이성을 만나지 못함.

"몇 주 전의 일입니다. 꿈에서 복숭아가 정말 먹고 싶어서, 현재 사귀는 오빠에게 복숭아를 사달라고 졸라서 슈퍼에 갔는데, 복숭아가 음료수가 들어있는 냉장고에 들어가 있었어요. 오빠가 첫 번째 복숭아를 꺼내면서 "이거 어떻냐"라고 묻는데, 왠지 모르게 그 복숭아가 싫은 거예요. 그래서 싫다면서 다른 거 보여달라고 하니까, 다른 걸 꺼냈는데 그것 역시 싫어서 복숭아가 좋은 것이 없다며 그냥 안 사고 와 버렸습니다.

현재 만나고 있는 오빠와의 궁합이 좋지 않다고, 엄마가 반대를 심하게 하시고 있는 입장이고, 그 꿈을 꾼 이틀 뒤에 선을 두 번 보았지만, 선을 본 두 사람이 다 마음에 들지 않아서 피하고 있어요. '혹시 새로운 사람을 만나게 되는데, 마음에 안 들게 될 것이라는 꿈의 예지가 아니었나.' 하는 생각이 드네요.

마음에 들지 않는 복숭아였기에, 현실에서도 복숭아로 상징된 두 사람과 선을 본 것이 마음에 들지 않는 현실로 이루어졌다고 보아야 할 것이다. 덧붙이자면, 꿈은 꿈을 꾼 사람이 처한 상황에 따라 이루어지는바, 결혼하여 가임여건에 있는 경우였다면, 태몽으로 실현되는 경우 복숭아가 싫다고 거절하는 표상이었기에, 장차 두 아이를 유산하게 되는 일로 이루어진다.

(4) 일거리·대상

① 과일을 따 먹거나 뱉어내는 꿈

잘 익은 과일을 따 먹는 꿈은 좋은 일을 책임지게 되고, 덜 익은 과일을 따 먹는 꿈은 책임이 부실하며, 뱉어내는 꿈은 일을 중단하게 된다.

② 꽃은 졌으나 과일이 맺지 않는 꿈

사업성과를 얻지 못하거나, 몰락할 운세에 놓인다.

③ 남이 따 주는 과일을 받는 꿈

남의 일이나 성과·권리 등을 이어받을 일과 관계하고, 일반적인 꿈에서는 상대방이 자기 청탁을 받아 주거나 계약이 성립된다.

④ 전봇대에 달린 과일을 누가 가져다 버리는 꿈

사업상의 계약이 깨어지거나, 상대방이 행방불명될 것을 예지한다.

(5) 재물이나 이권의 상징

방안에 심은 과일나무에 과일이 주렁주렁 열린 것을 보면, 재물적 이익을 얻는 일로 이루어진다. 또한 처한 여건에 따라 사업이나 프로젝트, 학문 연구, 혼담, 상거래 등에서 큰 성과를 얻는다. 저자나 예술가의 경우 창작물에서 놀라운 큰 성과를 얻는다.

① 나무 열매를 가져오는 꿈 → 이권 획득

꿈에서 제가 푸른 초원에 서서, 우뚝 서 있는 큰 울창한 나무 한 그루를 쳐다보고 있었어요. 그 나무가 무척 큰데, 과일이 빨갛게 열렸더라고요. 제가 갑자기 그 나무 기둥을 붙잡고 막 올라가는데, 나무에 옴폭 파인 부분에 과일이 꽉 차 있더군요. 과일을 가져가야지'하는 생각에 막 챙기는데, 내려오는 도중 조금 떨어트리고 3개밖에 못 가져와 아쉬워하면서 깨었답니다.

어떤 공모전에 작품을 내놓고 있었는데, 이 꿈을 꾼 후에 결과 발표가 나왔는데 3등으로 당첨이 되었습니다. 개수가 과일 개수랑 맞아서 신기해했었던 기억이 나네요.---jeldin, 2003. 08. 29.

② 아파트 베란다의 감나무에 감이 수없이 달려 있는 꿈(실증사례)

풍요로움의 표상으로 재물을 크게 얻는 일로 이루어졌다. 이 경우에, 처한 여건에 따라 승진이나 성취 등 좋은 일로 이루어진다.

≪감, 감나무≫

감나무와 감은 대체로 재물이나 이권, 일거리나 대상, 작품 등의 일과 관계한다. 감을 따오는 꿈은 가임여건에서 태몽으로 실현될 수 있다.

① 감(연시)을 따 먹거나 사 먹는 꿈

감으로 상징된 이권이나 재물을 얻게 된다. 상황에 따라 일거리나 대상을 얻게 된다. 예를 들어, 회사나 기관·단체·관청에서 일거리를 맡게 되거나 무언가를 얻는 일로 이루어진다. 가임여건에서 태몽으로 실현될 수도 있다.

② 감나무에 오르거나 감을 따 먹는 꿈

승진·취업하게 되며, 감으로 상징된 이권이나 재물을 얻는 일로 이루어진다. 예를 들어, 많은 감 중에 두 개를 따먹은 군인은 중위·중령 등으로 승진하는 일로 실현될 수 있다.

③ 세 그루의 감나무에서 감이 떨어진 것을 주워 모은 꿈

감나무로 상징된 세 개의 회사·단체·기업체나 작품에서, 감으로 상징된 성과나 성취를 얻게 된다.

④ 큰 감을 차에 싣고 나르는 꿈

감으로 상징된 일거리·대상이 널리 알려지게 된다. 저자의 경우에, 출판된 책이 시판될 것임을 예지한 꿈이었다.

⑤ 감을 주워담는 꿈

감으로 상징된 이권이나 재물을 얻게 되거나, 일거리·대상의 상징으로 학문

적 연구 자료를 수집하거나 사업 자본을 구하게 된다. 가임여건에서 태몽으로 실현될 수도 있다. 아파트 베란다의 감나무에서 감이 수없이 열려있던 꿈으로 복권에 당첨된 사례가 있다.

⑥ 곶감을 받는 꿈

곶감으로 상징된 이권이나 재물, 일거리나·대상을 얻게 된다. 맛있고 보기 좋은 곶감일수록 좋은 결과를 가져온다.

⑦ 감나무에서 꽃이 피거나 새순이 돋는 꿈

일의 성과나 기초 작업에 있어 경사스러운 일이 생긴다.

⑥ 떨어진 연시를 주워 먹는 꿈(실증사례)

다음 날 창피를 당하는 일로 실현된 사례가 있다. 또한 소녀는 곧 초경을 치르게 된 사례가 있다.

≪밤, 밤나무≫

밤 또한 열매 나무로, 감나무의 꿈해몽과 유사하다. 앞서 살펴본 과일나무에서의 여러 태몽 사례를 참고 바란다. 싱싱하고 탐스러운 밤알을 가져오는 꿈이 태몽으로 실현될 가능성이 높으며, 태몽이 아니더라도 재물이나 이권을 얻는 일로 이루어진다.

① 떨어진 밤알을 한두 개 먹는 꿈

불만족으로 인하여 좋지 않은 일로 이루어진다.

② 밤알을 호주머니에 가득 넣는 꿈

이 경우 재물이나 이권이 생기게 되며, 사업 분야 등에서 자금을 마련하게 된다. 태몽 표상이 될 수도 있다.

③ 밤송이에서 밤알을 까는 꿈

밤알로 상징된 어떠한 사람이나 맞이하게 되거나, 성취를 이루게 된다.

④ 나무 밑에 떨어진 밤(감, 도토리)을 많이 주워 오는 꿈

재물이나 이권을 얻게 된다. 가임여건에서 태몽으로 실현될 수도 있다.

⑤ 감(도토리)나무에서 감이나 밤·도토리가 우수수 쏟아지는 꿈

재물이나 이권을 얻게 된다. 이 밖에도 일거리 대상의 상징으로 누군가의 신

상문제나 체험담을 듣게 되거나, 독서로 새로운 지식을 얻게 되거나, 일의 성취 등과 관계한다. 가임여건에서 태몽 표상도 가능하다.

≪복숭아≫

복숭아 꿈도 앞서 살펴본 감나무나 밤나무의 경우와 유사한 꿈해몽이 가능하다.

(1) 꿈해몽 요약

① 붉게 익은 복숭아를 얻는 꿈

연애에 성공하거나 학과성적이 우수해진다. 가임 여건에서 태몽으로 실현되기도 한다.

② 복숭아나 살구꽃이 만발한 곳을 거니는 꿈

아름다움과 풍요로움의 아주 좋은 꿈이다. 처한 상황에 따라 밝고 좋은 일로 나아가게 된다. 남녀 간의 애정에서 연분을 맺게 된다든지, 사업의 성취를 이루어내게 된다. 또한 환자인 경우 몸의 병이 낫게 되며, 재물운으로 복권에 당첨된 사례가 있다.

(2) 태몽 표상

① 어머님이 복숭아 2개를 치마폭에 담는 꿈→ 연예인 김남주의 태몽

첫 아이 때 장차 두게 될 자녀를 한꺼번에 꾸는 경우도 있다. 태몽으로 보자면, 자매나 남매를 두게 될 것을 예지해주고 있다.

② 시냇물에서 복숭아를 건지는 꿈 → 개그맨 신동엽의 태몽

어머니의 꿈에 시냇물에 있는 복숭아를 건져내는 태몽이었다. 복숭아가 하도 예뻐서 어머니는 딸이 태어날 거라 믿었으나, 결과는 아들이었다. 태몽으로 성별을 절대적으로 구분할 수 있는 것은 아님을 볼 수 있다. 개그맨 홍록기의 태몽도 복숭아이다. 하지만 실제로 연예인 이유진은 복숭아 태몽으로 여자이다.

③ 복숭아 세 개를 가슴에 끌어안는 꿈 → 세쌍둥이 여아 출산

전북에 사는 김모(47) 씨와 유모(39) 씨 부부가 일란성 세쌍둥이 여아를 낳았다. 유씨는 "집 앞의 텃밭에 있는 복숭아나무에서, 복숭아 세 개를 따 가슴에 끌어

안는 꿈을 꾼 뒤 아기가 들어섰다."며 태몽을 소개했다. 태몽으로 복숭아 세 개를 가슴에 끌어안는 꿈이었으니, 세쌍둥이를 두게 될 것을 예지하고 있는바, 새삼 태몽의 신비함을 느끼게 한다.

④ 복숭아를 받다가 떨어뜨린 꿈 → 유산 예지

> 제가 아는 언니는 꿈에 시아버지가 탐스럽고 커다란 복숭아 두 개를 따서 하나는 자기에게 주시고, 하나는 언니 친구(이웃집 새댁)를 주었는데, 친구는 그걸 받다가 놓쳐서 바닥에 떨어뜨렸대요. 그런데 그 친구는 임신을 했다가, 유산을 하고 말았다네요.---마우스, 다음 미즈넷, 2008. 1. 16.

이 경우에 언니 친구인 이웃집 새댁은 임신하는 일로 이루어졌을 것이다.

⑤ 세 복숭아 중에서 두 개는 썩은 복숭아였던 꿈 → 두 번의 유산 예지

> 엄마가 어떤 과수원을 가서 복숭아를 치마폭에 하나 가득 따가지고 오셨대요. 근데 오는 도중에 다 떨어뜨려 버리고 딱 3개가 남았는데, 그중에 두 개는 벌써 썩었더래요. 그래서 버렸는데, 그중에 하나는 굉장히 탐스럽고 예뻤대요. 엄마가 그러는데, 태몽을 꾼 후에 딸인 저를 낳고, 그 이후에 두 번의 유산을 했다고 하네요. 아마도 두 번의 유산이 썩은 복숭아였고, 저를 낳은 것이 예쁜 복숭아였나 보다 하더라고요.---인터넷 빅토리아 블로그

이처럼 썩은 과일의 표상은 유산이나 요절로 이루어지고 있음을 알 수 있겠다.

⑥ 복숭아를 얻지 못한 꿈 → 유산 예지

인터넷의 pullip's doggy food 블로그에 '찌그러진 태몽'으로 올려진 유산에 관한 꿈 사례를 요약해 살펴본다.

> "혼자 시골로 여행을 가서 민박을 하는데, 민박집 주인 할머니 할아버지께서 아주 넓은 방을 내 주시더군요. 거기서 아주 편안하게 한숨 잘 자고 창문을 열었더니, 약간 비탈진 산처럼 뒷산이 펼쳐지는 게 아닙니까. 근데 그게 바로 복숭아밭이더군요. 복숭아나무마다 아주 탐스럽고 빨갛게 잘 익은 복숭아가 얼마나 많이 달려있는지, 거기에서 할머니 할아버지께서 그 복숭아 수확을 하고 계시더군요.
>
> 정말 그 복숭아는 너무 커서, 정말 군침이 꼴깍~ 꼴깍~ 넘어갔습니다. 할머니 할아버지는 그 잘생기고 탐스러운 복숭아를 하나하나 따서 상자에 넣기도 하시고, 한쪽 옆에 재어 놓으시더군요. 너무 그 복숭아가 먹고 싶어서, "할머니, 저 그 복숭아 하나만 주시

면 안 돼요?" 하고 물었더니, 할머니께선 "안 되기는 왜 안돼?" 하시더니, 저랑 더 가깝게 있는 할아버지에게 "영감, 저 색시한테 복숭아 잘 생긴 놈으로 하나 주구려~" 하시더군요. 근데 이 할아버지가 할머니 말을 들었는지 못 들었는지, 계속 일만 하시는 겁니다. 몇 번을 이야기했지만, 할아버지는 들은 척 만 척이고, 결국은 복숭아 냄새만 맡고 한 개도 받지도 못하고, 잠에서 깼습니다.

또 우리 친정어머니한테 전화했습니다. 이런저런 꿈을 꾸었다고---. 우리 친정어머니 하시는 말씀이 "그놈의 영감쟁이 우째 그래 심술 피우노. 아~ 하나 달라는데 그거 하나 주면 어때서 안 주고 심술부리노. 복숭아 못 받았음 그거 태몽 아니다. 잊어버려라." 하시더군요. 하긴 저도 복숭아를 받아 들던가, 아니면 아주 맛있게 먹던가 해야, 그게 제대로 된 태몽이란 것을 알고 있는데, '이건 내가 보아도 아니다.' 싶더군요. 근데 지금도 그 복숭아가 생각이 납니다.

그런 꿈을 꾸고 난 얼마 후에, 하도 배가 아파서 병원에 갔더니, 임신 8주 4일이라고 하더군요. 병원에서 소변검사를 했는데, 임신테스트 기에 희미하지만, 생전 처음 보는 두 줄이라 졸도하는 줄 알았습니다. 근데 바로 의사 선생님께서 심각한 어조로, "안됐습니다만, 유산이 됐네요."

더 이상의 필자의 언급이 있는 것이 사족이 되기에, 덧붙이는 글을 생략한다.

⑦ 바위에 복숭아 두 개가 놓인 꿈(태몽 사례)

부천시 소사구에서 열린 제13회 소사 복숭아축제에서, 김만수 시장은 축사에서 "제가 태어 날 때 어머님께서 폭포에서 목욕을 하고 나오니 바위에 복숭아 두 개가 놓여있는 태몽을 꾸었다는 말을 전해 들었다."며 "복숭아 태몽 때문에 복사골 부천시장이 되었다."고 말하고 있다.---2011.08.20. 부천타임즈 양주승 기자

⑧ 대 바구니에 빨간 천도복숭아 두 개의 꿈

CJ 홈페이지의 '생활 속의 이야기란'에 〈네 딸 아빠가 된 사연〉이라는 제목하에, 구재영 씨가 너무나 재미있게 쓰신 글이라, 글을 전재해 살펴본다.

아내는 지금 나의 셋째 아이를 해산하기 위해 수술실로 들어갔다. 말단 공무원인 나는 눈에 넣어도 아프지 않을 예쁜 두 딸만으로도 더없이 행복하지만, 3대 독자로서 어머니의 간곡한 아들 타령을 무시할 수만은 없었기에, 한 번 더 아들을 얻기 위한 시도를 해야 했다. 박봉에 시달리는 아내에게 임신과 육아라는 새로운 부담을 안겨주는 것이 가슴 아팠지만, 어머니가 지난해 초파일 절에 등불까

지 달아 공을 들이시며, 틈만 나면 야릇한 눈빛으로 우리에게 신호를 보내셨기에, 그 눈빛을 차마 외면할 수 없었던 것이다.

지금 그 결과인 아이가 세상에 나오려고 한다. 첫째 딸의 태몽은 호랑이었다. 어머니는 당연히 아들일 거라 믿고, 일가친척에게 자랑을 늘어놓으셨다. 아내의 배 또한 기골이 장대한 떡두꺼비라도 품은 듯 부풀어 올라, 어머니의 기대치를 급상승시켰다.

"지 애비 등골 빠지지 않게 하려고 한 방에 제꺼덕 고추가 나오니, 하나만 낳아 잘 길러야지 뭐. 지들이 의가 좋아서 하나 더 낳으면 모를까…"

나와 아내도 아들을 예상하고 일사천리로 신생아 용품을 준비 완료했다. 그러나…… 4.2kg의 떡두꺼비 같은 딸이 태어났다. 어머니는 실망하지 않으셨다. 용하다는 한의원을 찾아가 아들을 낳는 데 특효가 있다는 한약을 지어 와서는 아내에게 정성스럽게 달여 먹이셨다. 아내가 약을 거의 다 먹어갈 무렵, 어머니는 예의 그 눈길을 우리 부부에게 다시 강요해오셨다. 주술에라도 걸린 듯, 머지않아 두 번째 아이가 태어났다. 그러나 또 딸이었다. 아! 우리는 둘째 아이의 갖은 재롱과 애교를 어머니에게 보여드렸으나, 어머니는 꿈쩍도 하지 않으셨다.

그래서 아내는 지금 세 번째로 분만실로 들어가게 된 것이다. "이번 아이는 태몽이 없다며, 혹시 태몽을 꾸지 않았느냐?"라고 나에게 물어오셨을 때, 나는 아무런 답변도 할 수 없었다. 엄마나 할머니가 태몽을 안 꾸면, 보통 아빠가 꾼다면서 어머니는 나를 추궁하셨다.

사실 나는 아내가 임신한 지 한 달여 만에, 태몽인 듯한 '그 꿈'을 꾸고 말았다. 잔잔한 호수 위로 떠내려오는 대바구니에 먹음직하게 담겨 있던 빨간 천도복숭아 두 알. 그러나 나는 그 꿈에 대해 어머니에게 말씀드릴 수 없었다. 어머니를 생각하며 괴로운 마음을 추스르고 있는데, 간호사가 외쳤다.

"축하드려요. 예쁜 공주님이 한꺼번에 두 분이나 인사드립니다."

이렇게 해서, 나는 하루아침에 네 딸의 아버지가 되었다.(글: 구재영)

(3) 연분·애정

앞서, 식물의 상징 표상에서 꽃이나 과일 등으로 연분을 맺게 된 사례를 살펴본 바 있다. 과일을 먹거나 사오는 꿈이 처한 여건에 따라, 태몽이나 연인을 얻게 되는 일로 실현되고 있다. 복숭아를 사서 먹으려다 못 먹은 꿈으로 마음에 드는 이성을 만나지 못한 사례를 앞서 살펴본바, 싱싱하고 탐스러울수록 연분을 맺는 상대방이 좋은 신분과 뛰어난 능력을 지니고 있음을 상징적으로 보여주고 있다.

≪포도, 포도나무≫

① 겉은 싱싱하지만, 밑이 터진 포도 꿈

　　포도 꿈을 꾸었는데요, 겉은 아주 싱싱했는데 밑에는 터진 포도였어요. 그리고 배가 단단하게 자주 아팠는데, 초기에 배가 당연히 아픈 줄 알고 병원은 안 갔어요. 그러고는 유산이 되었어요---글: 이쁜이, 이지데이, 태몽이야기방, 2008. 07. 18.

② 포도밭에 있는 꿈 → 축구선수 안정환의 딸 태몽

　　"솔직히 태몽은 아내보다 내가 훨씬 많이 꿨다. 주로 포도밭에 있는 꿈이나 복숭아 열매 등 과일 종류를 꿈에서 많이 봤는데, 아마도 딸을 낳으려고 그랬나 보다."---일간스포츠, 2004. 5. 4.

축구스타 안정환이 딸을 얻은 후에 한 말이다.

③ 포도송이를 주워 다른 이에게 주는 꿈

　　아는 언니의 친구가 이상한 꿈을 꾸었다며, 저에게 이야기했어요. 커다랗고 짙은 포도송이를 주웠는데, 누군가에게 줬다고 하더라고요. 그때 제가 몸이 안 좋아 병원에 입원해 있을 때였는데, 제가 태몽 같다고 했더니, 그 언니가 목이 마른다면서, "물 한 컵 주고 그 꿈을 사가라."고 하더군요. 저는 그냥 우스갯소리로 넘겼는데, 정말 임신을 했어요. 포도는 딸이라던데, 정말 딸을 낳았고요.

④ 포도나무 태몽 → 와인 마니아 최성순(崔成順) 사장의 태몽

'와인21닷컴(www.wine21.com)' 최성순(崔成順·37) 사장은 어머니 태몽이 포도나무로, 마셔본 포도주만 하더라도 1000여 종 넘는다고 말하고 있다.---서일호 기자, 주간조선 1714호, 2002. 08. 01.

포도나무 태몽으로 태어난 사람이 와인 전문가의 인생길을 걷게 될 것을 예지해주고 있다.

⑤ 청포도 태몽 → 고(故) 이용문(李龍文) 장군의 태몽

이용문(李龍文)은 1916년 1월 22일, 평안남도 평양시 경제리에서 깊은 산의 청

포도 태몽으로 태어났다.---이은팔, 월간 KDR(Korea Defense Review), 이용문 장군의 생애와 일화, 1998. 9.

정치인 이건개의 부친이기도 하다. 지리산 일대의 빨치산 토벌 작전을 지휘하다가, 전라북도 남원시에서 안타깝게도 37세의 나이로 비행기 사고로 사망했다. 일본 육군사관학교를 나온데다가, 활달하고 호방한 성품이었으며, 시국관도 비슷하여 박정희 대통령의 존경을 받았다.

⑥ 포도를 과수원에서 맛있게 먹는 꿈 → 배필을 예지해주다.

결혼을 하기 위해서 선을 본 아가씨의 꿈이다. 나이가 많기 때문에 여기저기서 중매가 많이 들어오고 선도 많이 보았는데, 성사되지 않았다. 그러던 어느 날 꿈에, 선을 본 한 남자와 과수원에서 포도를 가꾸어서 수확한 것을 많은 식구들이 모여 앉아서 맛있게 먹는 꿈을 꾸었다. 알아보니, 서울 교외에 포도밭 과수원의 남자였으며, 그 남자와 결혼하는 일로 실현되었다.(글: 박성몽)

≪배, 배나무≫

배나무 꿈도 앞서 살펴본 감나무·밤나무·복숭아나무의 경우와 유사한 꿈해몽이 가능하다.

① 배나무에 배가 주렁주렁 달린 꿈

재물이나 이권을 얻게 되며, 일거리의 상징인 경우에는 사업·작품 등에서 성취를 이루게 된다. 이 경우에 크고 탐스러운 배를 많이 따오는 꿈일수록 좋다. 가임여건에서 태몽이 되기도 한다.

② 배나무 꽃이 만발해서 달빛에 빛나는 꿈

아름답고 풍요로움의 표상으로 재물이나 이권을 얻게 된다. 처한 상황에 따라 좋은 일로 이루어지는바, 반가운 사람을 만나거나 경사스러운 일이 생긴다. 저자의 경우에, 계몽적인 작품을 써서 많은 사람에게 교양을 주게 된다.

③ 배나무를 심는 꿈

어떠한 사업이나 가게를 열게 되거나 논문 등의 준비작업을 하게 되고, 이 경우에 단계적으로 심으면 순차적으로 사업이나 작업을 진행하게 된다.

≪뽕나무, 대추나무 등 기타 과실나무≫

과일이 탐스럽게 열려 있는 꿈이 좋은 꿈이다. 또한 햇빛이라든지, 달빛 등 아름다운 자연환경 속에 있는 꿈이 좋은 꿈이다. 과실은 기본적으로 재물이나 이권의 상징이 된다. 또한 가임여건에서 과실을 가져오는 꿈은 태몽으로 실현될 가능성이 높다. 이 경우에 말라죽은 나무나 앙상한 가지 등은 좋지가 않다. 또한 과실이 싱싱하고 탐스러울수록 좋은 꿈이다. 많은 열매를 가져오는 꿈이 처한 상황에 따라, 열매로 상징된 부하나 협조자 등 사람을 맞아들이는 일로도 실현 가능하다. 일거리·대상의 상징인 경우에는 사업 성과를 얻는 일로 실현된다.

나무를 심는 꿈은 어떠한 사업에 착수하게 되는 것을 뜻하며, 심은 나무가 쑥쑥 자라나는 꿈일수록 사업이나 가게의 번창으로 이루어진다.

① 뽕나무를 심거나 뽕나무밭이 무성한 꿈

사업에 착수하거나 사업이 번창한다.

② 뽕잎을 바구니에 많이 따오는 꿈

재물의 상징인 경우에, 사업자금이 생기거나 이권을 얻게 된다.

③ 포도나 오디(뽕나무 열매)를 따오는 꿈

성취와 결실을 이루어내게 된다. 가임여건에서 태몽이 될 수 있다. 학생의 경우에 합격하거나 우수한 성적을 받는다.

④ 은행잎이 많이 쌓인 것을 보거나 은행알을 많이 가져온 꿈

재물적 이익이나 이권을 얻게 되거나, 일거리 사업 분야에서 성과를 얻게 된다.

⑤ 선악과라고 생각되는 나무 열매를 따 먹는 꿈

진리를 깨닫거나 선악을 분별할 일이 생긴다. 이처럼 꿈속에서 생각한 것 또한 중요하며, 꿈속에서 생각한 대로 이루어지고 있다.

≪대, 대나무≫

대나무는 꽃이 피거나, 시들은 표상 여부에 따라 길흉이 달라진다. 일반적으로 곧게 자란 무성한 대나무를 보는 꿈이 좋다.

① 대숲에서 길을 잃고 헤매는 꿈

사업이나 학문의 연구에서 어려움에 직면하게 되며, 심리 상태가 불안해진다.

② 대나무가 바람에 흔들려 소리가 요란한 꿈

바람으로 상징된 외부의 좋지 않은 사회적 사건이나 변혁으로 인하여, 인심이 거칠어지고 온갖 시빗거리가 생긴다.

③ 대나무를 뜰 안에 심는 꿈

태몽인 경우에 장래를 기약하는 훌륭한 인재를 얻게 된다. 이 경우에 죽순이 별안간 자라나는 꿈은 사업이나 일거리·대상에서 큰 성취를 이루어내게 된다.

④ 대나무를 많이 베어오는 꿈

대나무로 상징된 재물이나 이권을 얻게 되거나, 건설적인 사업을 시작한다.

⑤ 대나무에 꽃이 피는 꿈

성취와 재물이나 이권을 얻게 된다. 태몽 표상인 경우 뜻을 성취하는 큰 인물을 낳게 된다.

⑥ 방바닥에서 대나무가 쑥 올라오며 꽃이 피는 꿈(실증사례) → 시험 합격

56살의 주부입니다. 평소 꿈은 잘 꾸지 않는데, 십 년 전의 꿈이 어제처럼 잊을 수 없어 몇 자 적고자 합니다. 당시 아들이 삼수 중이었는데, 발표 며칠 전의 꿈에 안방 방바닥에서 대나무가 쑥 올라오며 꽃이 피는 것이었습니다. 그 후에, 합격 소식을 들었습니다.

⑦ 대나무밭을 가꾸고 화롯불을 쬐는 꿈 → 복권 당첨 사례

"고향집 뒤뜰에 무성한 대밭의 잡초를 뽑고 죽순을 가꾸었다. 그곳에 숯 한 덩이가 있어, 그것을 청동화로에 넣으니 불이 활활 붙어 그 불에 손을 쬐었다."

대밭은 주택은행, 대밭을 가꾸는 것은 복권을 선택하는 행위이다. 그곳에서 숯 한 덩이를 얻은 것이 불씨, 즉 당첨 가능한 복권인데, 하나의 불씨로 불이 활활 타오르는 것을 볼 수 있었으니, 복권에 당첨될 것을 암시하고 있다. 이때 불을 쬔 것은 그 혜택을 자기가 받는다는 것을 암시해주고 있는 꿈의 표상이다.(글: 한건덕)

⑧ 돌바위산에서 죽순을 치마폭으로 안는 꿈 → 서두칠 사장의 태몽

"어머니가 돌바위산에서 죽순을 치마폭으로 안는 태몽을 꾸었다고 해요. 어려서부터 어머니가 태몽을 귀에 못이 박히도록 들려주셨어요. 그 기대에 부응하려다 보니, 절로 말 잘 듣는 아이가 될 수밖에 없었지요. 어머님이 그토록 제게 태몽을 이야기해주신 것은 '돌처럼 굳고 죽순처럼 곧은 사람이 되라는 당신의 바람을 표현하신 것이구나.' 하는 것을 나중에야 깨우쳤어요."

1998년 회생불가라고 판정내린 한국전기초자를 부임 3년 만에, 상장기업 중에서 영업이익률 1위의 흑자기업으로 반전시켰으며, 동원시스템즈 사장으로 옮겨서 재무 건전화는 물론 이익창출을 통해 또 한 번의 경영신화를 창조하고 있다.

또한 이처럼 좋은 태몽을 꾼 경우에, 자녀들에게 태몽을 이야기해 줌으로써, 장차 자신의 인생길을 걸어감에 있어서 용기와 희망을 주고, 올바른 삶을 살아갈 것을 이끌어낼 수 있다고 하겠다.

≪과수원≫

과수원은 상징적으로 어느 기관이나 단체, 학원, 병영, 사업장, 교회 등을 상징하고 있다.

① 과수원 안을 거니는 꿈

커다란 규모의 성취를 가져올 학문 연구나 사업 분야에 종사하게 됨을 뜻한다.

② 과수원에 열매가 풍요롭게 달려 있는 것을 보는 꿈

재물이나 이권을 얻게 됨을 예지한다.

≪토마토≫

토마토 등 과일·열매는 소망의 성숙도나 결실, 재물, 권리, 이권, 성과, 업적 등을 의미한다. 잘 익은 토마토를 따는 꿈은 어떠한 일거리나 사업 등으로부터 결실, 성과, 재물 등을 얻게 된다. 또한 청과류 즉 오이·참외·토마토·수박·딸기 등을 맛있게 먹으면, 일의 처리 또는 성취를 이루어내게 된다. 가임여건에서는 태몽 표상으로 이루어질 수도 있는바, 이 경우 싱싱하고 탐스러운 토마토일수록 좋은 꿈이다.

① 시어머니와 친정어머니가 동시에 큰 토마토를 따는 꿈(태몽 사례)

딸이 태어날 것으로 예상한바, 실제로 딸을 출산하고 있다.

② 두 개의 예쁜 토마토를 본 꿈 → 합격 예지

할머니께서 두 개의 예쁜 토마토를 꿈속에서 보시고 기분이 참 좋으셨다는데,

제Ⅵ장

주제별 꿈해몽

⑤ 식물, 곡물, 경작 꿈

그게 우리 자매의 합격 꿈인 것 같다고 나중에 말씀해주셨어요. 실제로 자매가 같은 해에 함께 합격했고요.---뽀글이

③ 토마토에서 열매가 주렁주렁한 꿈→ 부동산 대박

길가의 방울토마토를 잡아당기니, 수박만 한 토마토가 불쑥 솟구치는 꿈을 꾼 후에, 부동산을 매수하였다. 훗날 엄청난 이익을 거두는 일로 실현되었다.

≪딸기≫

과일과 마찬가지로 딸기는 어떠한 업적이나 결실, 이권이나 재물 등이나 이성 간의 연애를 상징하고 있다. 따라서 딸기를 맛있게 먹는 꿈은 딸기로 표상되는 어떠한 이권·재물 등을 얻거나, 업적 등을 달성하거나, 좋은 일로 실현된다. 이때 딸기가 싱싱하고 좋을수록 현실에서도 좋은 일, 만족, 유쾌함 등의 상황으로 이루어진다. 또한 가임여건에서는 태몽의 표상 등으로 표현될 수 있다. 돌아가신 아버지가 나타나, 싱싱한 딸기를 갖다 주는 꿈으로 태몽임을 알게 된 사례가 있다. 산딸기를 따 먹는 꿈은 다소 특이한 재물이나 이권을 얻게 되거나, 성취를 이루어내게 된다.

≪화분≫

화분은 사업기관·직위·신분을 상징하며, 화분에 심은 화초는 사업체·사업성과 등을 상징한다. 꿈에서 본 바와 같이 사실적으로 이루어지는 꿈도 있지만, 상징적인 꿈에서는 화분의 화초 등이 싱싱하고 탐스러운 꿈일수록 사업의 성취나 발전, 애정의 결실 등이 이루어진다.

화초는 자신이 애정을 대하고 있는 어떠한 대상이나 일거리, 사람이나 대상을 의미하기에, 애정을 기울이고 돌보는 일로 실현된다. 화초가 시들거나 말라있는 경우의 꿈이라면, 벌여놓은 일은 많지만 그 결과의 상태가 좋지 않거나 손해나 상실 등의 상태가 될 수 있다. 이는 태몽 표상에서도 마찬가지로 싱싱한 화초가 심어진 화분일수록 좋은 인생길을 예지해주고 있다.

① 화분에서 과일이 주렁주렁 달린 꿈 → '하숙생'의 가수 최희준의 태몽

'노란 꽃이 탐스럽게 핀 화분을 신기하게 생각해서 방안으로 들여왔다. 얼마 뒤 꽃이 지고 그 꽃나무에서 사과 같은 과일이 주렁주렁 열렸다.'

아름답고 풍요로움의 태몽 표상으로 장차 인생길이 밝으며, 열매를 맺는 것처럼 성취와 성공의 인생길이 될 것임을 예지해주고 있다. 수많은 히트곡의 노래 외에, 15대 국회의원을 역임하기도 하는 등 태몽의 예지에 부합되는 인생길을 보여주고 있다.

② 화분을 안다가 놀라 떨어뜨리는 꿈(선인의 실증사례) → 정몽주 태몽

고려말 충신인 정몽주의 태몽은 난초꽃 화분을 안다가 놀라 떨어뜨리는 꿈인바, 떨어뜨리는 꿈에서 장차 선죽교에서 타살되는 비운을 예지케 해주고 있다.

≪고추≫

고추의 꿈 또한 크고 탐스러우며 싱싱한 표상일수록, 좋은 재물이나 이권의 획득이나 태몽으로 실현되고 있다.

(1) 꿈해몽 요약

① 마당에 고추를 널어놓은 꿈

어떠한 사업이나 일거리·대상을 진행할 일과 관계한다.

② 고목에 고추가 열린 꿈

고목으로 상징된 위대한 사람이나, 연원이 오랜 회사·기관·단체의 도움으로, 고추로 상징된 재물·이권을 얻게 되거나 일거리·대상에 관여하게 된다.

③ 빨간 고추, 풋고추의 꿈

절대적인 것은 아니지만, 미성숙의 풋고추는 딸, 성숙의 빨간 고추는 아들을 낳는다. 이는 풋밤의 경우에 딸, 알밤의 경우에 아들인 경우와 유사하다.

④ 빨간 고추를 널어놓은 꿈

빨강 색상의 상징성에서, 소녀는 피·초경 등이 있음을 예지한다.

(2) 태몽 표상

① 고추밭에서 고추를 따는 꿈

동서가 태몽을 꾸었는데, 고추밭에서 고추를 따서는 커다란 소쿠리에 정신없이 담았대요. 그리고 정말 건강한 사내아이를 낳았답니다.

② 파란 고추에 주름이 있는 꿈

　지금 막내아들이 11살인데 위로 딸 둘을 낳고, 아들을 무척 바라는 터에 제가 꿈을 꾸

었습니다. 먼 친척 할머니가 왼손을 내밀라고 해서, 똑바로 손바닥을 위로 해서 내밀었더니, 파란 고추 하나를 손바닥에 놓았는데, 눈길이 파란 고추 끝에 주름이 잡힌 그 부분에 시선이 가 있던 꿈을 꾼 후, 아들을 낳았습니다.

보통 덜 익은 파란 고추는 대부분 딸로 실현되고 있다. 이 꿈에서는 주름이 잡힌 부분이 남자의 성기와 유사하기에 아들과 관련이 있어 보인다.

③ 산신령이 푸른 고추 두 개를 주는 꿈

둘째를 가질 때, 꿈속에서 산신령이 나타나서, 푸른 고추 2개를 손에 줬어요. 제가 하나는 다른 사람한테 주고, 예쁜 딸을 낳았답니다. 태몽은 꿈이 선명하고 기억이 뚜렷해요.---물망초, 다음 미즈넷.

꿈에서 푸른 고추 두 개를 받아 하나는 다른 사람에게 주고, 하나만 받은 꿈으로 딸을 낳고 있다. 이처럼 덜 익은 푸른 고추는 대부분 딸로 실현되고 있다. 아마도 꿈속에서 하나를 나누어 준 다른 사람 또한 임신을 해서, 그 역시 딸을 낳았을 것이며, 이러한 경우 본인의 태몽뿐만 아니라, 다른 사람의 태몽을 대신 꿔준 것이다.

④ 붉은 고추의 꿈 → 태몽 예지

큰 나무에 이상하게도 빨간 고추가 주렁주렁 열려있어, 그것을 바구니에 담았다.

시험관 아기 시술로 아들을 출산하였다. 이처럼 익은 빨간 고추의 태몽은 아들인 경우가 많다.

⑤ 고추밭에서 싱싱한 고추 3개를 따는 꿈

축구선수 김남일의 태몽. 김남일 선수는 3형제 중 막내로 태어났다.

⑥ 고추가 잘 익어서 밭을 뻘겋게 물들였던 꿈 → 노홍철의 태몽이다.

⑦ 고추를 가득 따오는 꿈 → 가수 배철수의 태몽

'붉은 고추가 많이 열린 고추밭에서, 소쿠리에 가득 따서 집으로 왔다.'

고추밭에서 가득 따 담아온 것에서 알 수 있듯이 풍요로움의 표상이며, 이러한 열매 꿈의 태몽 표상은 어떠한 결실을 맺고 성취를 이루어내는 인생길로 나아가고 있다.

⑧ 비닐하우스에서 빨간 고추를 따 담는 꿈 → 가수 김건모의 태몽

'산등성이에 비닐하우스 같은 이상한 집이 있었는데 고추가 심어져 있었다. 한겨울인데도 빨간 고추가 무성하게 열려 있었고, 어머니는 그 고추를 마구 따서 치마폭에 담으

셨다고 한다.'

풍요로움의 표상이 넘쳐나고 있는 좋은 태몽이다.

⑨ 붉은 고추를 광주리에 가득 따 담은 꿈 → '꽃보다 남자' F4 이민호의 태몽

'어머니의 꿈에 고추밭에 붉은 고추가 주렁주렁 매달려있는 꿈이었는데, 아주 예쁘고 탐스러워 보여서 광주리 한가득 고추를 주워담았다.'---김성의 기자, 일간스포츠, 2009. 2. 16.

⑩ 고추 큰 것 하나와 작은 고추 두 개를 손에 쥔 꿈

친정엄마가 크고 싱싱한 빨간 고추를 잔뜩 사서, 마지막에 고추 세 개를 손에 쥐었는데, 그중 가운데 것이 가장 컸다고 해요. 저는 건강한 아들을 낳았습니다. 그 후 둘째를 가진 뒤, 엄마가 첫아이 때 태몽을 다시 자세하게 해주시는데, 알고 보니 양쪽에 있던 고추 두 개는 바로 쌍둥이를 암시하는 것이었습니다. 아직 성별은 모르지만요.

현재 임신 8개월 쌍둥이 엄마 박미선 씨(경기 용인시)의 태몽 사례이다. 이처럼 첫아이 임신 때에, 장차 두게 될 자녀의 태몽을 모두 꾸기도 한다. 색깔이 같았다면, 큰 고추의 태몽 표상으로 아들을 낳았으니, 작은 고추 두 개의 태몽 표상이었던 쌍둥이도 아들일 것으로 추정된다.

≪참외≫

잘 익은 참외는 재물이나 이권, 일의 성과와 작품 등을 상징하고 있으며, 여기저기 수없이 많이 열린 것을 보는 꿈은 재물의 획득, 작품이나 일의 성과 등에서 놀라울 만한 결과를 얻게 된다. 참외를 보거나 가져오는 꿈이 가임여건에서 태몽으로 실현되기도 한다.

≪오이≫

싱싱하고 탐스러운 오이를 보거나 따오는 꿈이 좋다. 이 경우에, 재물이나 이권을 얻게 되거나, 태몽으로 실현되고 있다.

① 오이밭에 거름을 주는 꿈

오이나 호박밭에 인분이나 퇴비 등을 넣으면, 사업자금 투자나 학문연구를 위한 정신적 투자를 뜻한다.

② 오이를 아작아작 깨물어 먹는 꿈

성행위나 자위행위를 할 일이 생긴다.

③ 큰 오이를 뱀이 감고 있는 꿈

오이로 상징된 여성을 뱀으로 상징된 남성이 간통이나 성행위를 하는 것을 상징적으로 보여주고 있다.

④ 오이와 호박을 한 아름 따는 꿈(태몽 사례)

눈부시도록 푸른 농장에서 아버지가 오이와 호박을 한 아름 따는 꿈이다. 연예인 박채림의 태몽으로 풍요로움의 표상이 담겨 있다.

⑤ 늙은 오이 한 개를 따온 꿈(태몽 사례)

태어난 아이가 얼마 살지 못하고, 일찍 죽은 사례가 있다.

⑥ 오이 두 개를 집어든 꿈(태몽 사례) → 쌍둥이를 출산

우리 집 아들 쌍둥이는 결혼 8년 만에, 네 번째 시험관으로 생긴 녀석들이랍니다. 수차례 시도한 인공수정, 시험관 시술이 번번이 실패로 끝나자, '이번이 정말 마지막이다.' 생각하고 시술하는 날, 새벽에 애들 아빠가 좀 별난 꿈을 꾸었다고 해요. 시골길을 터벅터벅 걸어가는데, 어떤 할머니가 머리에 커다란 광주리를 이고 가시다가, 애들 아빠한테 좀 들어달라고 하시더래요. 갈 길은 멀고, 갈등하다가 얼떨결에 받아 들었는데, 새파란 오이가 한가득 들어 있었대요.

한참을 들고 가다가 할머니가 다시 광주리를 받으시면서, "고마워. 오이 좀 몇 개 가져가" 하시기에, 남편은 얼떨결에 오이 두 개를 집어 들었답니다. '아뿔싸! 이거 태몽이면 혹시 남자 쌍둥이?' 했었는데, 16주 후에 아들 둘이라는 걸 알았어요. [0111옥동자]

오이 두 개를 집어든 표상에서 쌍둥이를 임신하고 있다. 이 경우 장차 두 형제나 자매를 두게 되는 일로도 실현 가능하다.

⑦ 냇가에 떠내려 온 오이 하나를 건져 먹은 꿈

신라 시대에 한 여인이 꿈에 냇가에서 놀다가 잘생긴 오이 하나가 떠내려 와 이를 건져 먹었다고 한다. 그 후 태기가 있어 아기를 낳았는데, 그 아기가 바로 신라 말의 유명한 고승 도선(道詵, 827~898)이었다고 한다.

≪박, 호박, 가지≫

호박 꿈은 먹을 수 있으며 사고팔 수 있는 점에서, 재물과 이권의 상징으로 등장하고 있다. 관습적 언어의 상징과 꿈의 상징이 일맥상통한다고 누차 강조한 바 있지만, '호박이 덩굴째 굴러왔다.'는 말을 연상해 보시기 바란다. 또한 태몽 표상으로도 호박의 꿈이 많이 등장하고 있다. 이 경우, 싱싱하고 탐스러운 호박일수록 건강하고 풍요로운 인생길이 펼쳐짐을 예지한다. 가지 꿈도 호박 꿈과 유사하게 실현되고 있다. 싱싱하고 탐스러운 가지일수록 좋은 태몽이다.

(1) 재물이나 이권의 상징

① 호박을 다른 사람이 주워간 꿈(실증사례) → 장사가 잘되지 않게 된다.

엄마께서 호박에 관한 꿈을 꾸셨다고 합니다. 호박이 여러 개가 있어서 많이 따셨는데, 그만 떨어뜨려서 호박이 떼굴떼굴 굴러갔다고 합니다. 그런데 그 호박을 우리 동네 사시는 어떤 아주머니께서 주워가셨다고 합니다. 그 결과 저희 집은 장사(닭갈비 집)를 하는데, 꿈 때문에 그런지 알 수는 없지만 손님이 별로 없었습니다.

② 호박이 무지하게 많이 열려 있는 꿈(실증사례) → 뜻밖의 추가 보상금을 타게 된다.

집 텃밭에 여러 군데 큰 호박이 주렁주렁 열린 것을 보는 꿈 등은 횡재수로 장차 재물이 들어오게 될 것을 예지해주고 있다. 현실에서는 사고를 당해 이미 보상금을 받은 상태였으나, 어느 날 호박이 주렁주렁 열린 꿈을 꾸었다. 그 후에 사건 브로커로부터 연락이 와서, "당신이 받은 보상금은 너무 적으니, 더 받도록 해 주겠다."라며 알선하여, 뜻밖의 소송을 해서 추가 보상금으로 800여만 원의 돈을 더 받게 되는 일로 실현되었다. 또한 호박이 탐스럽게 열려서 4개의 호박을 딴 꿈으로, 보험금 4천만 원을 받은 사례가 있다.

③ 집 마당 나뭇가지에 열린 호박을 따는 꿈(실증사례) → 월드컵복권 3억 6천만 원에 당첨

"우리 집 마당 나무 사이에 호박이 하나 열려 있기에, 뚝 따서 가슴에 푹 안는 꿈을 꾸었습니다. 마음이 뿌듯해지는 꿈이었지요."

꿈을 꾼 다음 날, 시내에 나간 김에 주머니에 있던 단돈 2,000원으로 월드컵복권 2장을 구입한 후에, 거액의 행운을 안았다. 일반적으로 가임여건에서 태몽으로 실현될 수도 있다.

(2) 태몽 표상

① 애호박 8개를 받아온 꿈(실증사례)

산신령처럼 긴 수염에 흰 도포차림의 노인이 반질반질 윤이 나는 애호박 8개를 건네주는 것을 받아, 하나라도 떨어뜨릴세라 조심조심 가지고 집으로 돌아온 꿈이었다.

'독사'라는 별명으로 더욱 알려진 최철한 바둑 기사의 태몽이다.

② 호박을 본 꿈(실증사례)

딸아이 태몽은 나와 친정아버님이 같이 꾸었습니다. 내 꿈은 들판이 넓게 펼쳐진 시골길을 걸어가는데, 추수가 끝나서 밭들이 대체로 비어 있었고요. 전체적으로 색깔은 누런색이었습니다. 저 멀리 큰 밭이 하나 보이는데, 밭을 가득 메울 정도로 잘 익은 누런호박이 세 개 있더라고요. '누구 밭인지, 호박 참 좋다.' 하고 부러워하며 깼습니다.

친정아버님의 꿈은 기와집 지붕에 올라가 있는데, 해가 질 무렵이라 세상이 황금색이더래요. 눈에 보이는 곳은 모두 논과 밭인데 벼와 조들이 익어서 고개를 숙인 채 누렇게있고, 또 누런 큰 호박들도 많았답니다. 안마당을 내려다보니, 안마당 가득히 추수한 누런 벼와 호박들로 가득---. 세상을 다 가진 것처럼, 벅찬 가슴으로 잠에서 일어나셨다고하더군요.

③ 주렁주렁 달린 호박을 따서 달아나는 꿈(실증사례)

박경림의 태몽은 빅마마 이혜정이 대신 꿔주었다. 이혜정은 박경림이 자신의집에 주렁주렁 달린 호박을 따서 달아나는 꿈을 꾼 것이었다. 이처럼 친지나 주변 사람들이 태몽을 대신 꿔줄 수 있다. 박경림은 2009년 아들을 출산했다.

④ 무르고 약한 호박을 보고 있는 꿈(실증사례)

할머니가 얼마 전에 태몽을 꾸셨다는데, 제가 보였다고 합니다. 제가 웬 호박 앞에서굉장히 힘들고 슬픈 표정으로 호박을 보고 있더랍니다. 그 호박이 너무 무르고 약해 보였다는 겁니다. 혹시 아이 가진 거 아니냐고---. 다음 미즈넷.

태몽이 틀림없다면, 장차 유산하게 되거나, 태어날 아이의 건강이 걱정되는일에 처하게 될 것이다.

⑤ 호박 세 개중에 첫 번째 두 번째가 썩어 있던 꿈(실증사례)

장모님이 꾼 태몽이다. 호박 3개가 있어, 첫 번째를 열어보니 썩어 있었으며,두 번째를 열어보니 역시 썩어 있었다. 마지막을 열어보니 너무 좋았다고 하신다.---인터넷 ryuj72님의 블로그 실제로 꿈의 예지대로 첫 번째, 두 번째 유산이 있은 후에 세 번째로 임신하는 일로 이루어졌다.

⑥ 가지를 사 가지고 오는 꿈(태몽상담)

> 둘째 딸 아이의 태몽입니다. 남편이 아주 싱싱하고 색깔이 자줏빛으로 반짝이는 가지를 한 아름 사와서 식탁 위에 쏟아놓았습니다. 남편과 저는 아주 기분 좋게 웃었습니다. 며칠뒤 또 꿈을 꾸었는데, 남편과 어떤 건물에서 나오자, 깨끗한 할머니 한 분이 길에 가지를 놓고 팔고 있어서, 우리 부부는 또 가지를 사가지고 오는 꿈을 꾸고 나서, 꿈이 너무 생생하고 기분도 좋았습니다. 또 태몽 같다는 느낌도 받았는데, 딸 같았고 정말 임신을 하고 딸을 낳았습니다. 가지꿈은 어떤 의미가 있을까요. 또 꿈에 나타난 할머니는 어떤 의미가 있을까요? 참고로 시어머니는 돌아가셨습니다.

가지 꿈의 의미보다도 가지가 싱싱하고 아름답게 반짝이는 좋은 가지의 표상이 중요합니다. 꿈속의 표상대로 아름답고 예쁜 딸이 될 것이고요. 싱싱한 것처럼 건강할 것이며, 아름다울 것입니다. 꿈속에서 시들었거나 상처 입은 표상이 아닌 밝은 표상이면 좋습니다. 사이트에서 태몽의 여러 사례를 읽어 보셨나요. 가지를 검색해 보세요.

할머니는 굳이 보자면, 삼신할머니 정도 되겠지요. 제 아들 꿈도 어떤 할머니가 옥수수를 사라고 하는데, 안 산다고 하자 그냥 가는데, 큰 옥수수를 하나 떨어뜨려 가지고 오니, 할머니가 뒤쫓아 와서 달라는 것을 안 주워 왔다고 돌려보내는 꿈이었지요. 이때 꿈에서 돌려주었다면, 유산되든가, 성장 과정에 안 좋은 일이 일어나지요.

> 딸 아이의 태몽을 잘 해주셔서 감사합니다. 정말 저는 딸 아이를 4.2kg에 출산을 하고, 아주 건강하게 잘 자라서 주위에서 예쁘다고 칭찬들 해 준답니다. 건강하고 예쁘게 잘 키울 거예요.

⑦ 지붕 위에 커다란 박이 열린 꿈(태몽 사례)

임신을 몰랐던 상황에서, 장모님의 꿈에 관한 전화를 받았다. 이에, 아내와 함께 병원에 가서 진찰 결과, 임신을 확인한 사례가 있다.

≪무, 배추≫

무 꿈은 크고 싱싱한 무일수록 좋은 꿈이다. 재물이나 이권, 연분이나 애정, 태몽 표상으로 자주 등장하고 있다.

(1) 재물, 애정, 연분

좋은 배추나 무를 골라 뽑아 오는 꿈은 재물·이권을 얻게 되거나, 며느리 등의 사람을 얻게 된다. 남녀 간의 연분을 맺는 일로도 가능하다. 사업가는 새로운 프로젝트를 진행하게 된다. 이 경우 태몽이 될 수도 있으며, 건강한 아이를 낳거나 커서 훌륭한 인물이 된다.

(2) 태몽 표상

① 장딴지만 한 무를 여러 개 뽑는 꿈

    아이의 외증조할머니가 꾸어주신 꿈입니다. 외할머니의 집 옆에 넓은 무밭이 있었는데, 어른 장딴지만 한 무를 여러 개 뽑으셨대요. 그 후 건강한 아들을 출산했습니다.

② 커다란 무 세 개를 싸안고 집에 오는 꿈

    시어머니께서 시장에 가셨다가, 무가 산더미처럼 쌓여 있는 것을 보셨다고 합니다. 그 중 커다란 무 세 개를 가슴에 싸안고 집으로 돌아오셨다고 하는데, 그것이 며느리인 저의 태몽인 것 같다고 하셨습니다.

커다란 무 세 개이듯이, 세 자녀를 두게 되는 일로 실현될 가능성이 높다고 하겠다.

③ 무를 뽑는 꿈

탤런트 안정훈은 딸 둘에 이어, 셋째로 득남을 했다. 안정훈은 "한 지인이 무를 뽑는 꿈을 꿨다는데, 그게 아내의 태몽이었던 듯하다."라고 말하고 있다.---〔뉴스엔〕 고홍주 기자, 2008. 09. 10.

④ 하얀 조선무가 툇마루 밑에 가득 들어선 꿈

개그맨 강성범이 두 아이의 아빠가 되었다. 아내 이순애 씨와 첫딸을 낳았는바, 둘째는 아내의 태몽으로 하얀 조선무가 툇마루 밑에 가득 들어선 꿈을 꾸고 나서 아들을 낳았다.

⑤ 큰 양배추 두 개를 뽑은 꿈

    큰아이 때 시어머니가 태몽을 꾸었는데, 무밭에서 무를 뽑으려다가 너무나 크고 실한

양배추 2개가 있어서 그걸 뽑으셨다고 하더군요. 저는 지금 아들만 둘입니다.---엄마
최○○

양배추 두 개를 뽑은 꿈이었기에, 두 아들을 낳는 일로 실현되고 있다.

≪채소, 청과류≫

덩굴이 길게 뻗은 오이와 호박 등의 채소류는 일이나 사업의 연결성, 시작과
종말, 연대적인 회사나 단체 등을 상징한다. 채소나 청과류, 풀 등이 싱싱한 꿈이
좋은 꿈이다.

① 채소나 청과류를 사오는 꿈

꿈에서 무언가를 받거나 가져오는 꿈은 일단 좋은 꿈이다. 사업이나 회사·기
관·단체에서 재물·돈·자료·성과 등을 얻는다. 가임여건에서 태몽으로 실현 가
능하며, 연분이나 애정운으로 실현되기도 한다.

② 밭의 채소가 파릇파릇하며 풍요로움의 꿈

꿈을 꾼 사람이 처한 상황에 따라 각기 좋은 일로 이루어진다. 애정운으로 일
이 잘 풀려갈 수가 있으며, 사업운에서 크게 번창할 수 있다.

③ 채소가 무성한 것을 보는 꿈

풍요로움의 좋은 꿈으로, 재물운이 오게 되거나, 사업이나 혼담, 계약 성사 등
이 이루어진다.

④ 채소에 꽃이 핀 것을 보는 꿈

아름다움과 풍요로움의 표상으로 좋은 꿈이다. 처한 상황에 따라 재물운이나
애정운이 있게 되며, 사업의 성취와 함께 명예롭고 경사로운 일이 생긴다.

⑤ 새싹이 흙을 비집고 나오는 꿈

새롭게 시작한 사업이나 일거리·대상에서 발전하게 된다. 처한 상황에 따라
서 창작물이나 학술 논문, 노래나 춤 등이 세상에 공개되어 사람들의 주목을 받
게 된다.

⑥ 새싹이 촘촘히 자라다가 어떤 나무나 커다란 동물로 변한 꿈

표상의 전위가 일어나고 있으며, 새로운 사업이나 창작물, 학술 논문, 노래나
춤 등이 엄청난 반향을 불러일으키게 된다.

⑦ 싹이 돋는 꿈(상담사례)

　　자세히는 생각이 나지 않지만, 이 부분만은 선명합니다. 다 죽었었던 난(蘭) 화분에서 파란 새싹이 몇 개나 나오는 것을 제가 가만히 쳐다보고 있었습니다. 해몽 부탁드립니다.

　　자신의 처한 상황이 없는 요청은 올바른 답변이 나올 수 없으며, 상세한 답변이 불가합니다. 꿈은 꿈을 꾼 사람이 처한 상황에 따라 저마다 달리 실현되고 있습니다. 또한 꿈은 반대가 아니며, 상징 표상의 이해입니다. 키우던 난이 실제로 살아나는 것으로 보게 된다면, 사실적인 미래투시의 꿈으로 실현된 것이지요.

　　대부분의 실현이 이루어지는 상징적인 미래 예지 꿈으로 보는 경우에도 좋은 꿈입니다. 포기했던 일이나, 풀리지 않던 일이 순조롭게 이루어질 것이고요. 현실에서는 난으로 표상되어 나타난, 어렵던 일이나 사업이 일어나게 될 것이고요. 처한 상황에 따라, 병으로 다 죽어가던 사람이 기적적으로 소생하는 일이나, 포기를 했던 저서·예술작품을 다시 완성하게 되는 일도 가능할 것입니다.

≪풀, 초원, 야생화, 덩굴, 약초, 약재≫

　　풀은 힘없는 민초(民草), 하찮은 사람이나 자그마한 일거리나 대상을 상징하며, 밭에 난 잡초는 쓸모없는 일이나 근심거리나 방해되는 여건 등을 상징한다. 풀을 베는 꿈은 사업 정리, 재물 획득, 학과 이수 등의 일과 관계하고, 밭의 풀을 뽑으면 방해적인 사람이나 일거리·대상을 제거하게 되며, 원고를 정리하게 되거나, 이사·쇄신에 관한 일과 관계한다. 또한 잡초가 무성한 논이나 밭에 서 있는 꿈은 어떠한 일을 해도 실속이 없거나 성취를 이루지 못하게 된다. 한편 잡초밭에서 꽃이 피는 꿈은 고난 끝에 성취와 결실을 보게 될 것을 뜻한다.

　　초원은 사업기반, 토대, 터전, 기관 등 보다 큰 집단이나 단체를 상징한다. 또한 풀이 난 밭은 정돈되지 않은 사업장이나 미개척 분야, 혼란스러운 집단이나 단체, 어지러운 세력 판도 등을 상징한다.

　　야생화는 꽃의 상징적 의미 그대로 명예와 경사로움 등의 상징적 의미를 지니며, 나물은 먹을 수 있고 팔 수 있다는 점에서 재물이나 이권 등 정신적 또는 물질적인 유익한 대상이나 일거리로 상징적 의미를 지닌다. 기타 풀이나 퇴비·약재는 사업자금이나 정신적 또는 물질적인 자본의 축적과 관계한다. 꿈 또한 재물이나 이권의 상징 및 정신적 업적을 상징하고 있다.

① 덤불이나 덩굴이 우거져 있는 꿈

사람들이 이수라장으로 싸우는 시장터, 뒤얽힌 일거리나 대상, 혼란스러운 사건, 일의 진행과정에서의 난맥상을 상징한다.

② 갈대 세 가지를 꺾어 든 꿈

셋이라는 숫자와 관련지어, 태몽 표상에서는 세 명의 자녀를 두게 되거나, 세 개의 일거리나 대상과 관련을 맺게 된다.

③ 마른 풀밭이나 코스모스가 보이는 꿈

꿈의 실현이 가을에 이루어진다는 것을 뜻한다.

④ 잔디밭에 눕는 꿈

어느 기관이나 단체 등에서 연구에 몰두하거나, 처한 상황에 따라 병원에 입원하며 오래 기다릴 일로 실현된다.

⑤ 연못 속에서 몸에 풀이 감겨 나오지 못하는 꿈

연못으로 상징된 직장이나 회사 단체 등에서, 탈퇴나 사임하려 하나 쉽게 그 뜻을 이루지 못한다.

⑥ 약초를 밭에 심는 꿈

성취를 거두기 위한 사업에 투자할 일로 실현된다. 농부가 새롭게 미꾸라지를 양식하게 되거나, 저자의 경우에 학술 서적을 저술해 낸다.

⑦ 이끼가 낀 연못의 꿈

방해되는 여건이나 신체적인 이상이 있게 될 수 있으며, 직장이나 사업에서 난관으로 인하여 고생하게 된다.

⑧ 이끼가 낀 바위에서 꽃이 핀 것을 보는 꿈

아주 오래된 회사나 기관·단체에서 경사가 있거나, 학자나 연구가의 경우에 오랜 연구의 결실로 유명해진다.

⑨ 꿀을 따오는 꿈

꿀로 상징된 이권이나 재물을 얻게 되거나, 좋은 여건에 처하게 된다. 유사한 사례로 어머님이 매우 아프실 때, 아카시아 꿀을 구해다 드리는 꿈을 꾼 지 며칠 후에 퇴원하시는 일로 실현되었다.

⑩ 미역을 지붕에 말리는 꿈

사업의 준비를 진행하게 되거나, 정신병 등 이상 여건에 처하게 된다.

⑪ 바다에서 김·미역·파래 등을 건져오는 꿈

어느 가게나 사업 분야에서, 김·미역·파래 등으로 상징된 재물적 이익을 얻게 된다.

⑫ 넝쿨이나 담쟁이로 뒤덮인 건물의 꿈

건물로 상징된 어떤 기관이나 단체가 어려운 여건에 처하게 된다. 드물게는 건물의 상징이 사람인 경우에는 신체에 피부병 등의 이상이 생기며, 질병 등에 시달리는 일도 가능하다. 그러나 담쟁이가 보기가 좋고 아름다웠던 꿈은 주변에서 많은 협조적인 대상을 얻게 되거나, 재물운으로 실현된다.

⑬ 담쟁이나 넝쿨이 벽을 타고 올라가는 꿈

노력 끝에 성취를 이루어내게 되며, 귀인을 만나 조력을 받고 뜻을 이루게 된다. 입학, 취업, 승진, 자격취득, 성공 등 성취를 이루게 된다.

⑭ 담쟁이넝쿨이나 덤불이 우거져 있는 꿈

추진하고 있는 일에 여러 장애물이 생겨나게 되며, 사람들과의 알력과 시비가 일어나게 된다.

⑮ 담쟁이넝쿨이 나무에 얽혀 있는 꿈

산모의 경우에, 태아나 임산부에게 이상이 있음을 예지한다. 일반적으로는 방해되는 사람이나 대상으로 곤란을 겪게 된다.

≪인삼, 산삼, 장뇌삼≫

① 인삼을 얻는 꿈

꿈은 반대가 아닌 상징의 이해에 있는바, 귀한 물건을 얻는 꿈이니 좋은 꿈이다. 가임여건에서 태몽이 되기도 하며, 인삼으로 상징된 재물적 이익이나 성과를 얻게 된다. 예를 들어, 공익사업이나 저작 등으로 명예를 얻고 존경을 받게 된다.

② 인삼(수삼, 건삼)을 많이 사오거나 캐오는 꿈

인삼으로 상징된 재물이 생기고, 어떤 방도나 가치 있는 작품이 생산된다.

③ 인삼 두 개를 받는 꿈 → 태몽

큰 아이 때 태몽에서 모르는 할아버지가 나타나서 큰 인삼 5개를 주셨는데, 그중 2개를 받았던 기억이 납니다. 욕심은 났는데, 왜 2개만 받았는지는 잘 모르겠어요. 그래서 일까요? 현재 아들과 딸 이렇게 두 남매를 두었답니다.

이 경우 여건에 따라서 임신하게 되지만, 장차 세 번의 유산이 있게 되는 것도 가능하다고 하겠다.

④ 산삼(장뇌삼)을 캔 꿈 → 재물 획득

제 주변인이 꾼 꿈입니다. 꿈에서 산에 있었답니다. 몇 사람과 함께, 땅에 산삼이 있었 대요. 꿈을 꾼 사람은 실제 산삼이 어떤 것인지 잎 모양도 모르는 사람이었지만, 좌우지 간 산삼이라고 좋아했대요. 그런데 옆에 있던 사람이 이건 산삼이 아니라 장뇌삼이라고 해서, 약간 실망했답니다.

꿈을 꾸고 난 뒤에 복권을 사려고 생각하고 아침 식사를 준비하고 나니, 시어머니께서 돈 200만 원을 주시면서 애들 학원비 주고 생활비 하라고 그러시더래요. 무척 실망했대 요.---bangit37

⑤ 산삼을 캐서 오는 태몽 → 방송인 김혜영의 태몽

산길을 걸어가다 산신령님을 만났다. 길을 물었더니 지팡이로 땅 위에 그려주며, 그쪽 으로 가보라고 했다. 한참 가다 보니, 한 곳에 산삼이 두 뿌리가 있었다. 그중 한 뿌리는 보기 드물게 커서, 그것을 캐 오면서, '이 산삼을 대통령께 바쳐야겠다'고 생각했다. 집 에 와서 생각해보니, 남에게 주는 것이 아까운 생각이 들었다. 그러던 중 깜박 잠이 들 었다 깨어나니, 산삼이 없어졌다. 한참 찾고 있는데 배 속에서 "여기에 있다. 여기"라는 소리가 들렸다.

현재 MBC 라디오 「싱글벙글쇼」에서 강석과 더불어 재치있고 알콩달콩한 방 송으로, 많은 인기를 누리고 있는 방송인 김혜영 씨의 태몽이다.

태몽 속에 인생의 청사진이 펼쳐져 있고, 인생길이 숨어 있듯이, 배 속에 있는 산삼이 나 여기 있다는 말을 했다는 태몽 그 자체가 한 편의 코미디이자, 장차의 인생길을 그대로 보여주고 있다. 산삼의 태몽이니, 장차 귀한 존재로 자신을 드 러낼 것이며, 한 뿌리가 보기 드물게 컸다는 것은 능력이나 파워가 뛰어나고 그 릇됨이 훌륭하다는 것을 보여주고 있다. 대통령께 바쳐야겠다고 생각하다가 남 에게 주는 것이 아깝다고 생각한 것처럼, 처음의 인생길이 대통령으로 상징된 어 느 분야의 전문가나 우두머리와 결혼하거나 그러한 분야와 관련을 맺을 뻔하다 가, 코미디언 등의 인생길로 나아갈 것을 예지해주고 있다. 또한 산삼 두 뿌리가 있었던 것처럼, 나머지 산삼 하나는 그냥 두고 왔다면 안 좋은 결과로도 실현될 수 있으며, 보는 것만으로 태몽의 효력이 발생하여 동생을 두게 된다 할지라도, 보통의 산삼이나 작은 산삼이기에 김혜영 씨 보다는 인물됨이 떨어지는 것을 상징한다고 볼 수 있겠다.

원래 고(故) 한건덕 선생님이 김혜영 씨에 대해서 풀이해놓은 태몽 풀이가 있으나, 지나친 인용이 되는 것 같아 필자의 생각을 주관적으로 풀이해놓았다.

⑥ 산삼 발견의 꿈

참고로 산삼을 발견하게 된 다양한 꿈 사례를 살펴본다.

돌아가신 할아버지로부터 흰색 함을 받는 꿈, 빨간 꽃이 핀 고구마를 캐는 꿈, 앉은뱅이 소녀가 나타나 방향을 일러주는 꿈, 사별한 남편이 텃밭 근처 야산을 자꾸만 가리키는 꿈, 꿈에 황금 옷을 입은 노인이 나타나 눈이 부셔 쳐다볼 수 없었던 꿈, 산신령이 나타나 "착하게 살아라."라는 말을 하고 사라진 꿈, "소 한 마리가 치악산으로 올라갔는데, 빨리 찾아오지 않고 뭘 하느냐."는 호통을 듣는 꿈, 할아버지가 산에 같이 가자는 꿈 등을 꾸고 산삼을 캔 사례가 있다.

≪버섯≫

버섯의 상징적 의미는 먹을 수 있으며 사고 팔 수 있기에, 재물이나 이권의 상징이 되기도 하며, 태몽 표상으로 등장하기도 한다.

① 스님으로부터 상황버섯을 받는 꿈 → 태몽

지금은 임신 중인데. 임신하기 전의 꿈에 제가 절에 있는데 스님이 검은 봉지를 제게 주시는 거예요. 뭔가 싶어서 열어보니, 황금색 상황버섯이 한가득 담겨 있는 거예요. 그걸 옆에 두고 누워 있는데, 스님이 제게 절을 하데요~---바비걸, 이지데이, 태몽이야 기방.

② 노란 버섯을 보는 꿈 → 태몽

아는 언니가 꿈을 꿨는데, 노란 버섯이 매우 예쁘고 선명했다고 하더라고요. 노란색 버섯이 2가지 있었는데, 한 개는 느타리버섯 같은 거였고, 유독 한 개가 노란색(거의 황금색) 버섯이 눈에 띄었고 아주 예뻤답니다.--김미선, 베베하우스.

③ 비 오는 날 버섯이 뭉게뭉게 자라나면서, 그 속에서 돌아가신 어머니가 나타난 꿈 → 복권 당첨

복권에 당첨된바, 버섯은 음식 재료인 까닭에 재물의 상징이 가능하다. 버섯이 뭉게뭉게 자라나는 표상에서, 재물의 막대함과 증식 과정을 나타내고 있다. 비가 온다는 것은 버섯을 생산하고 잘 자라게 하는 요인인 까닭에, 무언가 어떤 일이 잘 진척될 것을 예지해주고 있으며, 돌아가신 어머니가 밝은 모습으로 나타나 계시적으로 행운이 올 것을 예지해주고 있다.(글: 한건덕)

④ 버섯에 곰팡이가 피어 못 먹는 꿈(상담사례) → 일거리나 대상에서 헛수고

> 며칠 전 사놓은 팽이버섯을 진공 그릇에 담아뒀는데, 쓸려고 꺼냈더니 곰팡이가 약간 피었더군요. 그리고 조금 있다 무슨 식당을 갔는데, 아이스크림을 먹게 됐습니다. 아이스크림을 봉지를 뜯자마자, 봉지 안에 벌레가 들어있다 날아가 버렸습니다. 그리곤 슈퍼에 가서 또 아이스크림을 사는데, 먹으려고 봉지를 뜯자 또 안에 있던 벌레가 날아가 버렸습니다. 주인한테 물어달라고 했더니, 다른 것도 뜯어보자고 했는데, 됐다고 나오는 꿈이었습니다.

둘 다 상징적인 미래 예지 꿈이고요. 두 꿈의 상징수법이 다르지만 두 꿈이 의미하는 바는 같네요. 자신의 어떤 성취물, 결실에 손상을 입는 것을 예지하는 꿈입니다. 버섯 등으로 미루어, 재물적인 일에서 어떤 좋은 일이 있으려다 무위로 그칠 것입니다. 버섯을 먹으려다 못 먹는 것은 곰팡이로 표상된 방해적·적대적인 요소에 의해 헛수고로 돌아가거나, 재물·이권의 획득을 얻지 못하는 것을 상징합니다. 아이스크림의 꿈도 같은 의미이죠. 다시 아이스크림을 산 것처럼, 다시 시도하지만, 역시 결과는 같겠죠. 혹시 주식을 한다면 빨리 정리하는 것이 좋을 것입니다.

≪기타 식물 관련 다양한 태몽 표상≫

① 고사리를 여러 개 꺾은 꿈

> 어느 산인데, 비가 내렸을 때 고사리 올라 오자나요. 비가 갠 후에 고사리 꺾으러 가서 고사리를 여럿 꺾었어요.---땅그리, 맘스홀릭 베이비(임신, 육아).

꿈이 생생하고 강렬한 경우 태몽이다. 이 밖에도 노란 버섯을 보는 꿈으로 태몽으로 실현되고 있다.

② 약초 두 개를 집어 먹은 꿈

> 장소는 산속이었어요. 산신령 같은 분이 산삼 같은 약초를 6개를 펼쳐놓고 계시기에

하나만 달라니까 안 주시기에 제가 얼른 두 개를 집어먹었어요. 지금 임신 10주 접어들었는데, 태몽일까요? 신랑은 남들이 석류를 따 가기에, 신랑도 얼른 아주 큰 걸로 두 개를 따서 주머니에 넣었답니다.---dlQmsdl, 다음 미즈넷.

두 꿈 모두 태몽이 틀림없으며 남편의 꿈까지 미루어보면, 쌍둥이나 두 자녀를 두게 될 것을 예지해주고 있다.

③ 통마늘 대 있는 것을 받은 꿈

저는 농부의 아내인데요. 첫 아이는 통마늘 대 있는 것으로 하나 받았는데, 딸입니다.---박화순, 베베하우스.

④ 당근을 캐어 쌓은 꿈

내가 밭에를 갔는데, 둑에서 아주 길고 쭉 뻗은 당근을 많이 캐서, 차곡차곡 삼각형 형태로 쌓아 올렸거든요. 약간 썩은 것은 버리고 좋은 것은 캤습니다.---권순정, 베베하우스.

⑤ 은행을 봉투에 담는 꿈

은행이 가득 달린 나무를 흔들어서 떨어뜨린 후, 그 은행을 봉투에 담는 꿈을 꾸었습니다.---하미영, 베베하우스.

2) 곡식과 농사, 농작물

씨앗은 인적 자원, 정신적·물질적 자원, 자본금 등을 상징한다. 또한 쌀·보리·콩·팥·조·수수·옥수수 등의 곡식은 재물이나 이권, 작품이나 일거리·대상 등을 상징한다. 볏단이나, 이삭, 곡식, 낟알도 재물이나 일거리·대상이나 사람의 상징으로 등장하기도 한다. 이러한 씨앗이나 이삭, 벼·보리·콩·수수 등 농작물이 탐스럽고 풍요로운 모습으로 자라나는 꿈이 좋다. 시들어 있거나 병충해를 입은 모습은 재물이나 이권의 손실, 신체의 질병 등으로 실현된다.

농사의 풍작과 흉작 여부로 그해 사업의 흥망성쇠를 보여주기도 하며, 가정의 평온과 위태로움을 상징적으로 보여주기도 한다. 저자나 학자의 경우에, 결실의 탐스러운지 여부로 저서나 논문의 진척 등을 예지해주기도 하며, 사업가의 경우에 사업의 성패 여부를 예지해주기도 한다. 환자의 경우에 농작물이 병충해를 입었는지, 탐스러운 알곡이 많이 달렸는지의 상태로 몸의 회복 여부를 상징적으로 보여주기도 한다.

① 마당에 멍석을 펴고 곡식을 널어 말리는 꿈

재물의 축적, 사업의 성공을 위한 투자금을 공개적으로 집행하게 되거나, 몸이 아픈 사람이 질병 회복 등으로 실현된다.

② 퇴비나 비료 등을 농작물에 주는 꿈

사업에 자금을 투자하거나, 학문적 성취를 위해 연구를 하게 되거나, 질병에서 회복하기 위해 다양한 치료를 하게 되는 것을 상징한다.

③ 상대방의 거름이나 비료·볏단·농작물을 훔쳐오는 꿈

다른 사람의 사업자금을 자신에게 유리하게 집행하도록 하거나, 다른 사람의 연구 결과나 저서에서 자료를 인용·표절하는 등 일거리나 대상에서 적극적이고 강압적인 방법으로 자신에게 유리하게 진행시키는 일로 실현된다.

④ 모를 심는 꿈

자신의 사업 성과를 이루기 위해서 사업 아이템을 확정하여 시도하거나, 논문이나 저서의 집필에 착수하게 되며, 자신의 글을 발표하게 된다.

⑤ 벼가 탐스럽게 자라난 꿈

일거리·대상의 순조로운 진행과 성취를 이루게 된다. 장차 재물이나 이권을 얻게 되며, 명예를 드높이게 되는 일도 가능하다.

⑥ 벼를 수확하는 꿈

사업의 성취를 달성하여 재물적 이익을 얻게 되며, 저자의 경우에 저서 출간, 학자의 경우에 논문을 완성하게 되어 호평과 인정을 받게 된다. 이 경우에 곳간에 볏섬이나 수확한 여러 곡식들이 차 있는 꿈이 좋다.

⑦ 많은 사람들이 자기 집 논에 모를 심거나 익은 벼를 추수해주는 꿈

회사원의 경우에 직장 내에서 자신의 업무에 협조해 주거나, 실무적인 일에 종사해 줄 사람들을 상징적으로 보여주고 있다.

⑧ 큰 창고 안에 깔려 있던 벼가 쌀과 해바라기씨로 변해 보인 꿈

저자의 경우 출판된 책이 이론과 설명 두 부분으로 나누어지게 될 것을 예지하는 일로 실현되었다. 이처럼 벼나 곡식 등이 재물이 아닌, 일거리·대상의 상징으로 등장하기도 한다. 일반적으로 재물이나 이권의 상징으로 등장하고 있다.

⑨ 탈곡이나 벼를 찧는 꿈

사업가는 사업에서 재물적 성과를 얻게 되며, 학자는 연구 결과에서 인정을

받게 되며, 성취를 얻게 된다.

⑩ 알곡과 쭉정이를 가려내는 꿈

꿈의 실현은 꿈을 꾼 사람이 처한 여건에 따라 각기 다르게 실현된다. 사업가는 사업에서 효율적인 투자를 하게 되며, 경영자는 올바른 인재를 선발하게 된다. 또한, 학자는 자료를 데이터베이스화하여 올바른 자료를 가려내거나 정리하는 일로 실현된다. 중매가 들어온 사람의 경우라면, 보다 올바른 사람을 선택하는 일로 실현된다.

⑪ 볏가리나 곡식이 마당에 높이 쌓여 있는 꿈

재물이나 이권의 획득, 성취·업적을 상징적으로 나타내주고 있다. 이 경우에 볏가리나 곡식을 실어내는 꿈은 재물의 사용이나, 가족이나 회사의 구성원이 떠나가는 일로 이루어진다.

⑫ 곡식 담는 꿈 → 태몽으로 실현

첫째 딸아이 태몽으로는 호랑이, 햇살이 비치는 바닷가에 곡식 항아리에서 곡식 담는 꿈, 황금 잉어 이렇게 꿨거든요.---박민진, 베베하우스, 2004. 4. 11.

⑬ 볏 짚단을 가져오는 꿈 → 가수 구창모의 태몽

'논에서 짚단을 날라다 대문 앞에 잔뜩 쌓아 놓았다.'

70~80년대에 가수로 활동하다가 사업가로 변신한 구창모 씨의 태몽이다. 태몽 표상으로 보자면, 노래하는 가수보다는 재물이나 이권과 관련된 사업가적인 태몽을 보여주고 있다. 꿈의 상징에서 쌀·소금·나무·된장·물고기·돼지·똥 등은 재물의 상징으로 널리 쓰이고 있는바, 그냥 짚단이라면 그렇게 좋지는 않다. 하지만 탈곡하지 않은 이삭이 주렁주렁 달려있는 짚단을 대문 앞에 잔뜩 쌓아놓는 것은 풍요로움의 표상으로, 막대한 재물의 획득이나 성취·성공의 인생길로 나아갈 것을 예지해주고 있다. 90년도부터 사업에 몰두하고 있는바, 태몽 자체에 가수 등의 연예인 직업보다는 사업분야에서 성공할 것을 보여주고 있다고 해야 할 것이다. 1991년 카자흐스탄 가요제에 간 것이 계기가 되어 중앙아시아에서 10년 동안 사업을 한 바 있으며, 현재 건축회사 엠엔아이의 대표이사이다.

3) 논·밭에 관한 꿈

논과 밭은 사업기반이나 세력 판도, 투자 자금 등을 상징하며, 맑은 물은 재물의 상징이다. 농사짓는 각 과정은 계획한 일의 각 단계에서의 진행 여부, 작품의 창작과정 등을 상징적으로 보여주고 있다. 햇빛이나 물·바람 등은 사업을 진행하는 데 있어 좋고 나쁨의 외부적인 여건을 상징하며, 비료나 농기구는 지원 세력이나 협조자를 상징하고 있다. 각종 농기구는 투자금액·협조자·지원 세력을 상징하며, 다양한 농기구가 갖추어져 있는 꿈은 풍족한 여건에 있음을 뜻한다.

① 논밭(전답)을 사거나 파는 꿈

사는 경우에 재물이나 이권·권리나 사업장을 얻고, 파는 꿈은 재물이나 이권 및 사업·권리의 상실로 이루어지며, 상대방에게 사업자금을 대줄 일이 생긴다.

② 쟁기로 논밭을 가는 꿈

사업가라면 사업경영·개척사업이나 회사 내 인력의 구조 조정 등을 하게 되며, 저자인 경우에 원고 집필, 일반인의 경우에 어떤 일을 계획하거나 독서 등 장래를 위하여 무언가 대비하는 일과 관계한다.

③ 개간을 해서 논밭을 만드는 꿈

새로운 아이템으로 사업분야에 진출하게 되는 등, 개척적이며 선구자적인 일로 나서게 된다.

④ 물을 자신의 논으로 대는 꿈

자신의 노력으로 사업분야에서 재물적 이익이나 권리를 얻게 된다.

⑤ 꽃이 핀 밭둑을 걷는 꿈

아름다움의 표상 꿈으로, 자신이 처한 상황에 따라 좋은 일로 실현된다. 예를 들어 메밀꽃이나 목화송이가 탐스럽게 핀 밭둑을 걸으면, 장차 사업이 융성하고 부귀해지거나 혼담이 무르익기도 한다.

⑥ 허수아비가 되어 황금벌판을 지키고 있는 꿈

꿈의 기법에서 자아가 허수아비로 상징되어 나타나고 있다. 장차 사업이 번창하여 부와 명예를 얻게 될 것을 예지해주는 꿈이다. 이 경우 곡식을 거둔 벌판에 허수아비가 되어 있는 꿈은 헛된 사업을 벌이게 되는 일로 실현된다.

제VI장 주제별 꿈해몽

5 식물, 곡물, 경작 꿈

4) 농사 행위에 관한 꿈

① 갈퀴로 낙엽이나 퇴비를 긁어모으는 꿈

재물적 이익을 추구하여 재물을 축적하는 일로 실현된다.

② 새끼를 꼬는 꿈

새끼들로 새끼를 꼬는 꿈은 새끼줄로 상징된 의미대로, 어떤 대상이나 회사·기관·단체와 협력관계를 맺게 되고, 사업을 지속하며 세력이 확장됨을 상징한다.

③ 가마니를 짜는 꿈

사업이나 부서를 새롭게 조직하여 사업을 경영하며, 계약이나 연분 맺음 등 성취를 위한 행위를 하게 됨을 뜻한다.

④ 지게의 꿈

지게는 협조자, 협조 수단이나 방도·책임 등을 상징하고 있다. 많은 짐을 짊어졌을수록 중대한 책무를 맡은 것을 뜻하며, 빈 지게를 지고 있는 꿈은 책임질 일이 없음을 뜻한다.

⑤ 멍석의 꿈

멍석을 펴는 꿈은 어떠한 사업의 시작을 뜻하며, 멍석을 말은 꿈은 사업의 중지를 뜻한다. 이 경우에 멍석에 여러 곡식을 널어 말리는 것은 공개적으로 일을 추진해나감을 뜻한다. 여기에 병충해를 입은 곡식이 많거나, 참새 등이 쪼아먹는 꿈은 방해자나 방해되는 여건이 있음을 뜻한다.

⑥ 탈곡기에 관한 꿈

탈곡기는 재물이나 이권을 얻기 위한 방도나 능력, 지원 세력을 뜻한다. 탈곡기를 부지런히 밟아 벼를 털고 있는 사람을 보고 결혼한 부인은 남편이 신문기자로 항상 바쁜 생활을 하게 되는 것으로 실현되었다.

6 광물 및 연료

dream

1) 광물에 관한 꿈 – (금, 은, 보석, 수정·수석, 흙, 모래, 돌, 탑·돌탑, 벽돌, 돌기둥·대리석, 바위·암벽)

≪금, 은, 보석, 자수정≫

금·은·다이아몬드·옥·산호·호박·진주·비취 기타의 보석은 사람의 인격, 명예·부귀·재물·권리 등 최고를 상징한다. 이러한 보석을 얻는 꿈은 귀한 반려자를 만나게 되며, 태몽으로도 귀한 인생길이 열리게 된다.

'금(金)'은 귀하고 가치 있는 일거리나 대상의 상징으로 실현되고 있다. '은(銀)'을 얻는 꿈은 금만은 못해도 보물에 속하므로, 비교적 부귀나 명예로운 일과 관계한다.

① 금괴를 땅속에서 꺼내는 꿈

막대한 사업 성과를 이루게 되거나, 값진 작품이나 사업자금 등을 얻는다.

② 금화·금괴에 관한 꿈

금화나 금괴를 받는 꿈은 재물과 이권, 명예·권세 등을 얻는 좋은 꿈이다.

③ 동굴에 들어가서 벽에 달라붙은 빛나는 보석을 보는 꿈(실증사례)

대학의 1, 2, 3차에 모두 합격하는 일로 실현되었다.

④ 자수정을 캔 꿈(실증사례) → 회사의 발전과 번영

    돌산에서 주먹만 한 자수정을 캐는 꿈을 꿨는데, 딸아이 회사가 이명박 대통령 취임식 이후 처음 방문한 중소기업이 되었네요. 지금은 자리 잡고 잘 다니고 있고요. 회사도 나날이 발전하고 있습니다.---라일락향기, 2009. 04. 17.

⑤ 흙 속에서 자수정을 캔 꿈(실증사례) → 도박(포커)에서 돈을 따다.

하루는 이런 꿈을 꾸었다. 내가 도랑에서 고기를 잡고 있었는데, 어느새 그 도랑이 남의 집 마루 밑으로 변해 있었다. 나는 그 흙 속에서 자수정을 캐고 있었다. 반듯반듯하고 번쩍번쩍 빛나는 수십 개의 자수정을 캐면서 나는, '이게 몇백만 원어치는 되겠구나.' 하고 생각했다.

제Ⅵ장 주제별 꿈해몽

6 광물 및 연료

아침에 일어나 꿈을 생각해 보니, 이런 꿈은 일 년에 두 번도 꾸기 어려운 굉장히 좋은 꿈이었다. 재물이 들어올 꿈이어서, 복권이나 몇 장 사보아야겠다고 생각했다. 그런 생각을 하고 있는데, 뜻밖에도 한 동료로부터 전화가 걸려 왔다. 오늘 퇴근길에 누구네 돌집에 가기로 했는데 함께 가지 않겠느냐는 것이었다. 그렇게 해서 그날도 포커판에 끼어들었는데, 나는 정말 꿈만 믿고 대충대충 쳤다. 한때는 5~6만 원 정도 잃기도 했으나, 열두 시가 넘어 자리에서 일어섰을 때는 역시 생각했던 대로 내가 십만 원 이상을 땄던 것이다.(글: 김하원)

≪수정, 수석≫

① 수정을 얻는 꿈

일반적으로 훌륭한 인재나 권리·업적·재물·작품 등을 얻는다. 가임여건에서 태몽 표상으로 실현될 수 있다.

② 수석을 줍는 꿈

기이한 수석을 얻는 꿈은 재물이나 이권을 얻게 된다.

③ 냇가에서 난이 그려진 수석을 줍는 꿈(실증사례) → 재물 획득

　2001년도 꿈 얘기입니다. 꿈속에서 저는 빨래터에 빨래를 하러 간다고 세숫대야에 빨래를 담아 냇가로 갔습니다. 아주 넓고 큰 냇가가 있었죠. 앉아서 빨래를 끄집어내려고 하니, 맑은 물이 넘치듯이 많이 내려가고, 제가 앉아 있는 나지막한 바위 바로 앞 물속에서 아름다운 수석을 하나 발견하고 주웠습니다. 표면에는 꽃이 한 송이 핀 난이 새겨져 있었지요. 아주 좋아서 얼른 대야에 담아, 남들이 볼까 봐 빨래로 수석을 덮고는 집으로 왔습니다. 그리곤 꿈에서 깨어났지요.

　그날 아침 남편에게 꿈얘기를 했습니다. 위의 내용을 그대로 전달했더니, 워낙 말이 없는 사람이라 아무 소릴 하지 않고 웃기만 하였죠. 그날 하루 종일 돈을 만졌지요. 기분은 매우 좋았습니다. 경험해 보니 수석을 줍는 꿈은 재물이 들어오더군요. 남편도 신기하다고 했습니다.---파랑새, 2009. 02. 20.

≪흙(광물)≫

흙은 물과 더불어 농사를 짓는 데 절대적으로 필요한 자료이기에, 재물의 상징으로 자주 쓰이고 있다. 이 경우 누런 황토 등이 좋다. 이 밖에도 흙은 정신적

또는 물질적인 자료나, 사업의 기반, 세력 판도, 영토 등을 상징한다.

① 흙을 파서 집으로 가져오는 꿈

재물적 이익이 되는 사업을 시작하게 되거나, 이권 등을 확보하게 된다.

② 흙으로 마당을 돋우는 꿈

자신의 사업기반의 토대를 튼튼히 하게 된다. 학자의 경우에 자신의 학설을 입증할 논거를 완벽하게 마련하게 된다.

③ 흙으로 사람이나 동물 기타 어떤 형상을 빚는 꿈

창조적인 일에 몰두하게 되며, 노력 끝에 저서의 출간이나 성취를 얻게 된다.

④ 진흙·수렁·함정·늪에 빠지는 꿈

곤경에 빠지게 된다. 처한 상황에 따라, 신분·직위·명예에 있어 손상을 입게 되거나, 신체에 질병이 생기게 되거나, 다른 사람의 사업 유혹에 넘어가 가산을 탕진하게 된다.

⑤ 몸이나 옷에 흙이나 불순물이 묻는 꿈

자존심이나 명예에 손상이 있게 되고, 질병에 걸리게 되는 등 좋지 않은 일로 실현된다.

⑥ 붉은 흙 산이나, 붉은 흙탕물, 뿌연 흙먼지의 꿈

전쟁이나 전염병의 사회적 재앙이나, 가정의 변고, 신체적 질병 등 환란과 우환에 휘말리게 된다.

⑦ 흙을 파서 귀한 물건이나 고고학적 유물을 얻는 꿈

재물과 이권을 확보하게 되며, 사업 아이템이나 투자 자금을 확보하게 된다.

⑧ 흙구덩이를 파는 꿈

재물이나 이권의 확보, 비밀스러운 일거리나 대상을 마련해두는 일로 실현된다.

⑨ 흙구덩이에 시체를 파묻는 꿈

논문의 완성, 저술의 완성 등 시체로 상징된 어떠한 업적이나 성취물을 완벽하게 마무리하는 일로 실현된다.

⑩ 마당에 흙을 치우는 꿈(실증사례) → 근심이 해결된다.

마당에 가득 고여 있던 흙을 깨끗이 쓸어버리는 꿈을 꾸고 나서, 언니가 보증을 서 주는 바람에 서류 정리가 되었습니다. (글: 주부 구자옥 씨)

≪모래≫

모래사장이나 모래밭 등은 재물이나 이권, 사업기반의 허약함, 일의 수월함, 헛된 일거리나 대상 등을 상징한다.

① 무거운 모래를 지고 걷는 꿈

모래를 짊어지고 걷는 꿈은 몹시 고달픈 일에 종사하게 되거나, 병마나 사업의 부진으로 인하여 고통을 받게 된다.

② 모래사장에 발자국을 남기는 꿈

어떠한 결과를 남기게 된다. 저자의 경우에, 저서를 내거나 글을 발표하게 되어, 행적이나 이력 따위를 남기게 된다.

③ 강변의 모래사장에서 그릇·동물·보화 등을 얻는 꿈

얻기 쉬운 입지조건이나 사업기반에서, 인적·물적 자원을 얻거나 권리를 얻는 사람과 관계한다.

④ 모래밭에 씨앗을 뿌리는 꿈

부질없는 행위로 인하여, 노력에 비하여 사업으로 성과를 기대하기 어렵게 된다.

⑤ 모래무더기·모래언덕을 쌓아올리는 꿈

학업을 닦거나 연구 성과를 축적하게 된다.

≪돌≫

돌은 진리·작품·인재·업적·재물 등을 상징하고, 사람의 인격과 성품을 비유하기도 한다.

(1) 꿈해몽 요약

① 길에 자갈을 까는 꿈

어떠한 일에 대하여 준비와 점검을 하게 된다. 사업가의 경우에 사업의 진척에 있어, 보다 완벽한 준비를 하게 된다.

② 돌로 집을 짓는 꿈

회사·공장·기관이나 단체 등을 설립하거나, 학문적인 업적을 남기게 된다.

③ 돌로 울타리를 쌓는 꿈

협조자나 기관 단체의 지원으로, 직위나 명예, 사업 기반이 튼튼해진다.

④ 돌로 우물을 쌓는 꿈

재물적 재원을 생산해내는 회사·공장 등의 사업체를 시작하게 된다. 또는 정신적 산물인 새로운 저작물을 저술하는 일로 관여하게 된다.

⑤ 큰 돌이나 돌탑을 거뜬히 옮기는 꿈

사업 분야에서 커다란 성취를 이루거나, 학문적 업적을 남기거나, 사회적·정치적으로 위대한 일을 하게 된다.

⑥ 돌로 축대(방축)를 쌓는 꿈

일반인의 경우에, 가계에서 급격한 외부의 변화에 대비하여 적금이나 보험에 가입하는 일로 실현된다. 자영업자의 경우, 협조자나 지원자의 도움으로 가게를 확장하는 등의 사업의 기틀을 다지게 된다. 군인인 경우라면, 완벽한 방어가 되어 있음을 뜻한다. 학생의 경우, 한자나 영어 공부를 열심히 하거나 어학연수 등으로, 자신의 스펙을 쌓는 일로 실현된다.

⑦ 축대가 무너지는 꿈

사람의 상징인 경우 지금까지의 협조자나 후원자가 사고 및 기타의 사유로 인해 지원을 중단하게 된다. IMF·서브프라임 사태 등 외부의 급변하는 정세로 인하여, 사업이나 경영이 어려움에 빠지게 되는 일로 실현된다.

⑧ 큰 돌을 빻아 자갈을 만드는 꿈

일거리·대상에 있어 세분화하는 일로 이루어진다. 사업 부서를 나누거나, 연구 분야를 세분하는 등 분할 작업이 있게 된다.

⑨ 돌이 큰 바위로 변한 꿈

작은 사업이 큰 사업으로 확대되거나, 저작물 등이 보다 완벽해지는 일로 이루어진다.

⑩ 호수나 강에 돌을 던지는 꿈

소리가 크게 나면서 호수에 파문을 일으키면, 새로운 학설이나 저서, 새로운 사업 아이템으로 사람들의 시선을 끌게 되며 주목을 받게 된다.

⑪ 돌로 우상을 부수는 꿈

기존의 학설을 타파하거나, 사업의 진행을 변혁하는 일로 이루어진다.

⑫ 돌로 뱀이나 쥐를 쳐죽이는 꿈

사람의 상징인 경우에, 방해자나 경쟁자를 제압하는 일로 이루어진다. 일거리나 대상의 상징인 경우에, 권세와 직분으로 방해되는 여건을 물리치고 목적을 달성할 수 있게 된다.

⑬ 돌을 구렁이에게 던지는 꿈

구렁이로 상징된 사람이나 업적 등에 대해서 평가나 비판을 하게 된다.

⑭ 상대방을 돌로 때리는 꿈

돌은 언론의 비판이나 일의 수단이나 방도 등을 상징할 수 있다. 따라서 돌을 던져 남을 때리거나 목표물을 명중시키는 것은 어떤 비판이나 방도에 의해서 그 목적을 달성하는 것을 뜻한다.

⑮ 누군가에게 돌을 던지거나 맞는 꿈

던지는 것은 상징적으로 상대방을 억압하고, 비판·평가를 가하는 것을 상징한다. 상대방에게 돌로 얻어맞는 꿈은 호된 비판이나 시빗거리를 받게 되어, 명예나 직위에 있어 손상을 입게 된다. 상황에 따라, 곤욕을 치르게 되거나 손실이나 부상을 당하는 일로도 실현될 수 있다.

⑯ 돌에 난 이끼에 꽃이 피는 꿈

성취를 이루어내는 길몽이다. 사업이나 업적이 명예로워지거나, 융성함을 뜻한다.

⑰ 조개껍데기를 긁어모았더니 자갈 더미로 변한 꿈

무가치한 일거리·대상이 가치 있고 재물이 되는 일로 새롭게 정리된다.

(2) 실증사례 및 상담사례

① 절벽에서 굴러떨어진 돌을 머리에 맞는 꿈 → 곤욕을 치르다.

필자의 꿈체험담으로, 1999년 2월 말의 어느 날 일요일 밤의 꿈이다. 절벽에서 굴러떨어진 돌에 맞아 머리에 큰 혹이 나는 꿈을 꾸었다. 부풀어 오른 혹을 만지던 것이 생생하다. 꿈속에서 절벽 위에 친구들이 있다고 생각되었다. 그래서 위쪽에 대고 소리치기를 "야! 이 자식들아. 돌멩이가 떨어진다면 떨어진다고 알려줘야 피할 것 아냐!"라고 화를 내고 있었다.

꿈을 깨고 나서 안 좋은 꿈이라고 생각했다. 굴러떨어지는 돌에 머리를 맞아 크게 혹까지 나서 어루만지는 꿈이었으나--. 하지만 황당하게 전개되는 상징적인 꿈이기에 꿈의 결과는 피할 수 없을 것이며, 머리에 약간의 상처를 입게 되거나, 재물의 손실이나 곤욕을 치르는 일로 실현될 것으로 생각했다. 다행인 것은 혹이 나는 정도에 그쳤다는 것이었다. 꿈에 머리가 갈라졌거나, 피가 나오거나 등등으로 전개되었다면, 더 나쁜 일이 일어날 것을 예지해주는 것이었을 테니 말이다.

꿈을 꾸고 나서, '행동을 삼가는 도리밖에 없다. 그러면 큰 화를 면하고 조그마한 화로 넘어갈 수 있겠지.'라고 생각했다. 황당하게 전개되는 상징적인 미래 예지 꿈의 경우에는 꿈의 실현을 절대로 벗어나지는 못하는 것을 필자는 알고 있었다. 그러나 우리 인간이 비가 오는 것 자체를 막을 수 없지만, 우산을 쓰면 비 맞는 것을 최소화할 수 있듯이, 삼가고 근신한다면 최소화할 수는 있을 것이라 믿었다.

다음 날인 월요일에 동창회 총무에게서 고교 동문 모임이 있다고 연락을 받았다. 발령이 나게 되니 송별연 겸해서 토요일 18:00 시에 동문 모임이 있다는 것이었다. 인생을 살다 보니, 그래도 부담 없이 세상 살아가는 이야기 나누고, 정겨운 시간을 갖게 되는 동문 모임이 제일 편안했다. 그리하여, 바쁜 와중에 잊지 않고, 토요일에 약속 장소인 '배나무집'이라는 곳으로 갔다. 그러나 그런데 이상하게도 친구들이 없는 것이었다. 나 자신뿐이었다. 사정을 알아보니 IMF로 인한 특수상황이라, 교사 발령이 나지 않아, 사정이 생겨 동문 모임이 취소되었던 것이었다. 필자 자신은 발령이 나지는 않았지만, 취소 연락도 없었고, 정기 모임이려니 생각하고 나갔던 것이었다. 몇 명씩 있던 다른 학교 친구들에게는 취소 연락이 다 되었는데, 필자가 있던 곳은 혼자이다 보니 연락이 된 줄 알고 미처 취소 연락을 못한 것이었다.

필자는 어쩔 수 없이 씁쓰레한 마음으로 그대로 돌아와야 했다. 그러나 술 한 잔 하려는 마음에 운전을 하지 않고 택시를 타고 갔기에, 다시 나올 때는 걸어 나와야 했다. 택시 타기도 어려운 곳이고, 어느 정도 걸어 나오다 보니, 집도 멀지 않아 그제야 택시를 잡기도 뭣했다.

하지만 20~30분 걸어 돌아오는데, 그날따라 날씨가 매서웠다. 추위를 무릅쓰고 돌아오면서, '나쁜 놈들 취소되었다면, 취소되었다고 연락을 해야 알 것 아냐'라며, 친구놈들 욕을 많이 했다. 집앞에 거의 다 온 순간, 꿈을 떠올리고는 일주일 전 꿈의 실현이 이루어진 것을 깨달았다. "돌멩이가 떨어진다면 떨어진다고 알려줘야 피할 것 아냐."라고 화를 내는 꿈의 실현이 "동문 모임이 취소되었다면, 취소되었다고 연락을 해야 알 것 아냐."라는 것으로 실현된 것이었다. 머리 혹의 상징이 매서운 추위에 고생을 하며 걷게 되는 일을 상징적으로 나타냈던 것이었다. 필자 스스로 절벽에서 굴러떨어진 돌에 맞아 머리에 혹이 나는 표상 전개의 꿈으로 보아, 좋지 않은 일이 일어나지만, 그래도 머리가 깨지거나 터지는 꿈보다는 경미한 일로 일어날 것임을 예지하고 있던 터였다.

이것이 꿈의 세계이다. 꿈의 상징적 의미와 현실에서 벌어진 일의 전개과정과 하나도 틀리지 않고 있다. 필자의 경우에, 나쁜 꿈이 나쁜 일로 실현되었다고 해서, 그 꿈이 실현되었다고 보지 않는다. 즉, 꿈의 상징 표상과 현실에서 실현된 일의 전개과정이 일치해야 비로소 그 꿈이 실현되었다고 보는 것이다. 이 경우에, 꿈을 반대가 아닌, 비유·상징·유추 등으로 해몽해보면 틀림이 없다.

상징적인 미래 예지 꿈의 결과는 피할 수 없다는 것이 필자가 꿈 연구를 하고 나서 얻은 결론이다. 다만, 일깨움을 주는 경고성 성격의 꿈의 경우는 피할 수 있다. 사실, 꿈 연구를 하면서 필자가 번뇌하는 것이 하나 있다. 그것은 과연 우리 인간의 운명이 예정되어 있는가이다. 위에 예로든 꿈의 사례에서 알 수 있듯이, 일요일에 돌이 굴러떨어지는 꿈을 꿀 당시에 필자 자신만이 토요일에 동창회에 나가서 허탕을 치게 되고 추위에 떨면서 돌아오게 되는 곤욕을 치르게 될 일이 벌써 예정되어 있었다고 생각할 수밖에 없는--, 이러한 예지적인 꿈과 현실에서의 실현을 부정할 수 없다는 것이 필자의 고민 중의 하나이다. 이러한 예지적인 꿈의 세계는 태몽의 세계에서 더욱 놀라운 예지력을 보여주고 있다. 일주일 뒤가 아닌, 몇십 년 뒤에 나타날 인생의 운명의 길을 태몽의 한 장면으로 정확하게 예지하고 있는 것이다.

② 예쁜 돌멩이 두 개를 호주머니에 담고 온 꿈

태몽은 저희 친정엄마께서 꾸셨는데, 아니 글쎄 돌멩이 두 개랍니다. 하루는 깊은 산속에서 깨끗한 샘이 하나 흐르더랍니다. 그곳에서 물 한 모금 마시고 일어나다가, 작고 아주 예쁜 돌멩이 두 개를 어머니 호주머니에 담고 오셨답니다. 유난히 예쁜 돌멩이 두 개. 나중에 태몽을 듣고, 저는 "왜 하필 많은 것 중에 돌멩이냐."라고 저희 엄마께 투덜댔답니다. 낳은 아기는 아들이었답니다. 나중에 예쁜 딸을 낳고 싶은데, 아들이면 어떡하죠? 전 첫째도 예쁜 딸을 원했는데---허니, 이지데이, 태몽이야기방.

'예쁜' 돌이기에, 딸의 출생도 기대해 볼 수 있겠지만, 돌이 남성적이기에 아들을 출생한 것 같다. 돌멩이 두 개를 가져오는 태몽이었기에, 두 형제를 두게 될 것을 예지해주고 있다. 두 돌멩이의 크기나 색상이 다르지 않은 한, 둘째 아이도 아들을 낳게 될 것이 틀림이 없다.

③ 예쁜 조약돌이 손 위에 있는 꿈

> 제가 꿈을 꿨는데요. 강인지 바다인지 모르겠고요, 물가에서 놀고 있었습니다. 놀다가 손으로 무엇을 담았는데, 예쁜 조약돌이 손위에 반짝거리고 있었습니다. 한 개가 아니라, 여러 개의 조약돌이 손위에 있었는데요. 그래서 제가 '아주 예쁘다' 하면서 꿈에서 깨어났는데, 얼마후 제가 임신 사실을 알게 되었습니다. 이건 아들 꿈인가요? 태몽은 맞나요?---행복한 나날, 다음 미즈맘토크, 2007. 11. 27.

조약돌이 예쁜 것, 여러 개 있는 복수 개념으로 미루어 딸을 낳을 가능성이 높다고 하겠다.

≪탑, 돌탑≫

돌탑은 오래된 건축물이나, 학문적인 연구물이나 업적·성과를 상징적으로 나타낸다.

① 돌탑을 바라보는 꿈

학문적 업적이나 서적, 연원이 오랜 역사 등을 연구할 일이 생긴다.

② 돌탑을 돌며 기도하는 꿈

권력 기관이나 단체 기관 등에 청원이나 소망이 이루어진다.

③ 돌탑에서 사리나 금은보화를 얻는 꿈

재물이나 이권을 얻게 되며, 학문적인 진리를 깨닫거나, 정신적·물질적인 자산을 얻게 된다.

④ 돌탑을 허물어 다시 쌓아 올리는 꿈

기존의 학문 연구나 업적을 수정 보완하여, 새롭게 축적하는 일을 뜻한다. 건물주인 경우에 새로 건물을 리모델링하게 되거나, 사업가의 경우에는 기존의 사업을 정리하고 새롭게 사업을 시작하는 일로 이루어진다.

≪벽돌≫

① 벽돌을 많이 생산하거나 집으로 가져오는 꿈

재물이나 이권을 얻게 되며, 학문적 업적이나 자료, 사업 자본, 또는 인재 등을 얻는다.

② 담 밑을 받친 돌을 뽑아버리고 거기에 방을 만든 꿈

기존학설이나 기관 단체 법규 등을 폐기하거나 해체하고, 새로운 학설의 정립이나 회사를 세우는 일로 이루어진다.

③ 벽돌을 차곡차곡 쌓아올리는 것을 보는 꿈

어떤 단체가 형성되거나 어떤 업적이 이루어질 수가 있다. 작품 구성의 양상을 나타낸 것일 수도 있다.

④ 건축 중인 건물의 벽돌을 쌓는 꿈

신축 건물은 어떤 사업체나 작품 따위를 상징할 수 있으므로, 벽돌을 쌓는 사람은 어떤 사업체를 구성하거나 학문적 업적을 여러 자료를 들어 형성해 낼 일을 하는 사람을 뜻한다.

⑤ 오래된 돌탑 밑을 허물어 홀을 만든 꿈

탑으로 상징되는 어떤 저작물 등을 고치거나 보태어, 새로운 저작물이나 기관(홀)을 만들 것을 예지해주고 있다.

≪돌기둥, 대리석≫

돌기둥은 사람의 상징인 경우에, 국가 또는 사회단체의 기둥이 될 거대한 인물을 뜻한다. 그러한 인물의 연구물이나 업적의 상징도 가능하다. 어느 관청이나 회사의 부서를 상징하기도 한다. 대리석 기둥의 건축물은 고급 관청, 학문적 업적, 사업의 성과 등을 상징한다. 따라서 고급의 건축물이나 대리석을 조각하는 꿈은 그러한 일에 몰두하고 있음을 뜻한다. 또한 사원이나 고궁·건물의 대리석이나 돌기둥이 인상적이면, 위대한 사람의 학문적인 업적이 널리 알려지게 되어 수상하게 되는 일로 실현된다. 이 경우에, 자신이 그러한 업적을 남기게 되는 것도 가능하다.

≪바위, 암벽≫

바위는 커다란 권력 기관이나 단체·기관·세력·집단·직장 등을 상징한다. 이름 있는 바위는 유명인의 업적이나 기업체·기관을 비유한다.

① 반석(넓고 평평한 바위) 위에 앉은 꿈

기업·회사·관청의 우두머리가 되거나, 회사의 사업 자금이 넉넉하여 안정적인 여건에 있음을 뜻한다.

② 지팡이나 주먹으로 바위를 쳐서 물을 마시는 꿈

맑은 물로 상징된 많은 재물을 얻거나, 세상 사람들을 감동시킬 정신적 사업으로 크게 성공하게 된다.

③ 바위가 터져 폭포가 흐르는 꿈

종교나 철학 기타 진리적인 교화를 크게 베풀거나, 재물을 얻는다.

④ 주먹으로 바위를 쳐서 산산조각을 낸 꿈

강력한 기관이나 단체를 와해시키거나 권리·업적·사업 등이 새로워진다. 실증사례로, 채찍으로 벽바위를 쳐서 무너뜨린 독일의 재상 비스마르크의 꿈은 국가적인 시책으로 정치적인 해결을 할 수 있다는 것을 예지한 것이었다.

⑤ 사람이나 동물이 바위로 변한 꿈

일이나 작품 등이 크게 성사되어, 업적과 자취를 남기게 되는 것을 상징한다.

⑥ 바위가 공중을 나는 것을 보는 꿈

입지조건의 불안정 상태를 상징하고 있다. 국가적·사회적으로 사회적 변혁이 일어나, 관심 있게 지켜보게 될 일로 실현된다. 국가나 사회적으로 그 명예와 업적을 과시할 일이 있게도 된다.

⑦ 바위를 옮기거나 굴리는 꿈

큰 바위를 옮기는 꿈은 어느 기관이나 단체의 조직에 변화를 가져오게 된다. 산에서 바위를 굴리는 꿈은 권력기관이나 단체·기관 등을 해산시키거나, 방해되는 요소를 제거하는 일로 실현된다.

⑧ 암벽을 기어오르는 꿈

힘들게 암벽을 기어오르는 꿈은 현실에서 일거리나 사업의 진행에 있어, 어려움이 따른다. 이 경우에 로프 등 등산 장비를 사용하여 오르는 꿈은 현실에서 협조자나 지원 세력의 도움으로 목표를 이루게 된다.

⑨ 바위가 나타난 꿈(실증사례) → 태몽 표상

　정치가이면서 소설가인, 유진오의 아호(雅號)는 '현민(玄民)'으로 되어 있으나, 어렸을 때에 선친이 지어주신 호는 '지암(芝菴)'이라 하였다. '지암'의 유래는 미심하나, 어머니 태몽 속에 고향집 뒷산에 있는 바위가 나타났기 때문이라 한다.---'나의 아호(雅號) 유래', 유진오, 『다시 창랑정에서』, 창미사, 1985.

　이러한 바위 태몽으로 태어난 사람이 있었다. 그러나 그 부모가 태몽 표상에 나타난 바위가 무너지는 꿈을 꾼 후에, 사고로 사망한 사례가 있다. 이처럼 꿈속에 등장한 태몽 표상에 이상이 발생하는 경우에 현실에서도 좋지 않은 일로 실현되고 있다.

2) 금속, 광산·광맥·광석, 철, 유리, 구슬

《금속》

　철·구리·놋쇠·납·주석·아연 기타의 금속들은 각각의 재료적 가치, 완제품이나 가공품, 형태에 따라 각각 상징 의의가 달라진다. 금속은 견고하고 완벽하며 가치 있는 일과 관련을 맺으며, 금속 자체는 수많은 인적 자원이나 재물 등을 상징한다. 금속의 완제품은 완성된 업적물, 사업체·권력기관·세력집단, 방도나 수단 등을 상징한다.

《광산·광맥·광석》

① 광산에서 광부가 일하는 꿈

　회사나 기관·단체·학교 등에서, 회사원·연구원·학생 등이 직분에 충실한 것과 관련된다.

② 광산을 찾거나 광맥을 찾는 꿈

　회사나 연구소·학술기관 등에서, 혼신의 힘을 기울여 연구 결과나 업적을 이루기 위하여 노력하게 된다.

③ 광맥을 발견한 꿈

　좋은 연구 결과나 좋은 사업 아이템의 발견으로, 재물적으로 막대한 이익이 나는 사업 성과를 내게 된다.

④ 검은 화차가 질주하는 꿈

어떤 외부세력이나 불만 세력, 파괴적인 집단이 파업이나 데모 등 사회적 문제를 일으키게 되는 일을 상징한다.

⑤ 광석을 채굴하거나 금괴·다이아몬드를 발견하는 꿈

사업·학문·연구사업 등에서 재물과 이권이나 명예나 직위 등 큰 성취를 이룬다. 이 경우에, 처한 상황에 따라 각기 좋은 일로 실현된다. 광석을 채굴해 내는 꿈이나 금괴 등을 발견한 꿈의 다양한 실현 가능성의 사례를 살펴본다.

* 광석을 채굴해 내는 꿈을 꾼 작가는 새로운 소재를 얻어 소설을 쓰게 되는 것으로 실현될 수 있다.

* 친지의 도움으로 매수한 주식에서 막대한 이익이 나는 일로 실현될 수도 있다.

* 주변 누군가의 소개로 매수한 부동산에서 엄청난 이익을 내게 되는 일로 실현될 수도 있다.

* 방송국 PD의 경우 길거리에서 우연한 기회에 뛰어난 미모와 재능을 지닌 탤런트를 발견하는 일로 실현될 수도 있다.

* 과학자의 경우, 우연히 신물질의 발견이나 새로운 혜성 등을 발견할 수 있다.

* 일반인인 경우, 우연히 사게 된 로또복권에 당첨되는 일로 실현될 수 있다.

* 가임여건에서 장차 훌륭한 인재가 될 태몽으로 실현될 수도 있다.

⑥ 산 밑에 이름 모를 광석이 쌓여 있는 꿈

재물적 이익을 얻게 된다. 저자의 경우 서적을 출판해서 세상에 공개할 일과 관계한다.

⑦ 광석과 괭이가 있는 포스터를 보는 꿈

새로운 기간 산업의 건설이 한창임을 보게 된다.

⑧ 광석을 운반하거나 쌓는 꿈

재물이나 이권 등 정신적·물질적인 자산을 확보하게 된다.

≪철(鐵)≫

철은 나무나 돌에 비해, 강인하고 불변의 대상을 상징한다. 이 밖에도 완벽하거나 튼튼하고 오래 보존되는 특성을 지니기에, 재료적인 가치로는 재물이나 이권의 상징이 될 수 있다. 그러나 녹슨 철로 된 재료는 질병에 걸리는 등 위험에 빠져들게 되거나, 인기의 몰락이나 명예의 실추 등으로 실현될 수 있다.

① 철, 쇳덩어리가 한 곳에 수북이 쌓여 있는 꿈

쌀이나 소금 등과 마찬가지로 재물이나 이권의 상징물이 될 수 있다. 처한 여건에 따라 사업의 번창함과 물질적으로 풍요해지게 된다.

② 하늘에서 떨어지는 시커먼 철근을 붙잡는 꿈(실증사례) → 개그맨 박준형의 딸 태몽

"하늘에서 시커먼 철근이 떨어지는데, 그걸 잡는 꿈을 꿨다"며 "처음엔 아들인 줄 알고, 나중에 커다란 제철회사를 하지 않을까 생각했다."라고 밝히고 있다. 철근이 강인함의 상징이기에, 아들로 생각하는 것도 당연하다. 하지만 태어난 여아가 강인하고 굳센 아이가 될 수도 있겠으며, 또한 장차 철근 등 철과 관련된 직종으로 인생길이 펼쳐질 수도 있다고 하겠다.

③ 종아리가 철로 되어 있다는 신상(神像) 꿈

BC 603년에 네부카드네자르 왕이 꾼 꿈은 큰 신상(神像)에 대한 것으로, 바벨론 왕국 이후에 벌어질 미래에 대한 이야기였다. 꿈의 내용은 머리는 정금, 가슴과 팔은 은, 배와 넓적다리는 놋, 종아리는 철, 발은 철과 진흙으로 된 신상이 있는데, 뜨인 돌이 이 신상을 쳐서 부서뜨린다는 것이었다.

이 꿈은 바벨론 이후 나타날 왕국들에 대한 예언이었다. 다니엘은 신상의 꿈을 해석하면서, "왕은 곧 그 금머리에 해당되며, 둘째 왕의 후에 왕만 못한 은같은 다른 나라가 일어날 것이요. 셋째 또 놋 같은 나라가 일어나서 온 세계를 다스릴 것이며, 넷째 나라는 강하기가 철 같으리니 철은 모든 물건을 부서뜨리고 이기는 것이라. 철이 모든 것을 부수는 것같이 그 나라가 뭇 나라를 부서뜨리고 빻을 것이며"라고 언급하고 있는바, 로마 제국을 뜻한다고 보고 있다.

≪유리≫

유리에 관한 꿈은 투시적인 일, 투명과 결백, 염탐·중개·매개체 등의 일과 관

계한다. 검은 형상의 남자가 현관 유리문을 들여다보는 꿈으로 교통사고가 난 사례가 있다.

① 유리창을 통해 안을 들여다보는 꿈

나중에 일어날 일들을 중개자나 매개체를 통해서, 애정의 표현이나 사업 지원 등을 부탁할 일 등이 있게 된다.

② 유리관이나 유리 상자에 든 시체·물건을 보는 꿈

공개적인 사업체나 사업성과·재물 등에 관심이 있게 됨을 상징한다.

③ 뱀이나 호랑이 등 동물이 유리 상자 등 막힌 공간에 갇혀 있는 꿈

태몽 표상에서, 장차 태어날 아기가 인큐베이터에 들어가게 될 것을 예지해주고 있는바, 이 밖에도 호리병·항아리·무덤 등에 갇힌 꿈도 같은 결과를 가져온다.

≪구슬≫

보석구슬은 진리·작품·학설·재물 등을 상징하고, 유리구슬은 보석구슬보다 그 가치가 떨어지는 것을 뜻한다. 구덩이 속을 파헤치자 많은 구슬이 계속 나오는 꿈은 좋은 꿈이다. 가치 있는 일거리나 작품을 이루어내게 된다. 저자의 경우 사전류의 책에서 많은 학설 또는 설명을 인용한 책을 작성하게 된다. 또한 구슬을 받는 꿈은 태몽이나 재물이나 이권을 얻게 되는 일로 실현되고 있다.

① 구슬을 받는 꿈→ 태몽 사례

구슬은 밝게 빛나고 있는 표상이라는 점에서, 이름을 빛낼 위인이 될 것을 나타내주고 있다.

옥주현은 어머니의 태몽에 휘황찬란한 빛을 내는 구슬을 안는 꿈, 명랑법사는 어머니가 푸른빛이 나는 구슬을 삼키는 꿈, 부휴선사(浮休禪師)는 어머니가 신비한 스님으로부터 둥근 구슬을 받는 꿈, 조선 중기의 고승(高僧)인 응상(應祥)은 어머니 노씨(盧氏)가 구슬을 얻는 태몽을 꾸고 태어났다. 고전소설에서도 '옥황상제로부터 구슬이나 꽃을 받았다.'든지 하여, 출생부터 보통사람과는 다른 태몽이 있었다는 이야기를 전개하여, 장차 주인공이 비범한 인물로 활동할 것을 예지해주고 있다.

② 구슬을 얻는 꿈→ 재물이나 이권의 획득

돌아가신 어머니가 '집으로 들어오는 광채 나는 구슬을 가리키며 빨리 주워담으라고 채근해서 정신없이 퍼담는 꿈으로, 복권에 당첨된 사례가 있다.

3) 재목, 땔감(장작, 숯), 석탄(연탄), 석유·휘발유, 가스

≪땔감(장작, 숯)≫

여러 장작이나 솔가지·숯·연탄·석유·가스 등 열과 불을 일으킬 수 있는 물질은 물질적인 재산이나 정신적인 자산을 상징한다. 또한 이러한 것을 받거나 가져오는 꿈은 가임여건에서 태몽이 될 수도 있다.

① 나무를 베어 마차나 트럭으로 운반하는 꿈 → 인재나 재물 등을 얻는다.

② 숯을 쌓아둔 꿈 → 이권이나 재물을 확보하는 좋은 꿈이다.

③ 박스 안의 숯을 산 꿈 → 태몽으로 실현

　이제 막 임신 확인한 새댁입니다. 어젯밤 꿈에 신랑과 제가 마트에 가서 숯을 샀는데요. 하얀 상자가 두 상자가 있었는데, 하나는 숯이 별로 안 들었고 쪼가리가 들어 있었고요. 하나에는 숯이 가득 들고 크기도 컸었어요. 전 큰 상자 안에 든 숯이 좋아 보인다고 그거 하겠다고 하고, 그걸 보고 좋아하다 깼습니다.---박지연, 베베하우스.

꿈의 기억이 생생하다면, 태몽이 틀림이 없다. 큰 상자 안에 크고 좋은 숯을 고르는 꿈이니 좋은 태몽이다.

≪석탄(연탄)≫

석탄은 정신적·물질적인 재물이나 자원 등을 상징하고, 소원 충족 여부와 관계하기도 한다. 연탄은 재물이나 이권, 인적 자원이나 정신적 자료 등을 상징한다. 이 역시 가져오는 꿈이나, 연탄이 활활 타오르고 있는 꿈이 좋다.

① 난로에 석탄을 때는 꿈

사업을 운영하거나 투자할 일과 관계하고, 불이 잘 붙으면 사업이 융성해진다.

② 상대방이 아궁이에 연탄불을 넣어 주는 꿈

활활 타는 연탄불의 경우에 상대방의 경제적인 지원을 받거나, 애정·연분이 싹트게 된다.

≪석유, 휘발유 등≫

휘발유·경유·석유·콜타르 등의 석유류는 물질적 자원이나 재물·동력·사업자금 등을 상징한다. 유조선·정유공장은 국가 권력기관이나 생산기관·기업체·회사·출판사 등을 상징한다.

① 석유난로의 석유가 떨어지는 꿈

좋은 꿈이 못 된다. 회사의 사업자금이 고갈되어 부도 위기에 몰리게 된다든지, 가계 통장의 저축예금이 달랑거리게 된다. 사람의 상징인 경우에는 회사의 사원 모집 등에 지원자가 없는 여건으로 실현된다. 또한 집안의 냉장고 등이 텅텅 비게 되는 것도 가능하다.

② 불꽃이 살아나는 꿈

희미해져 가는 등잔에 누군가가 석유를 넣어 주어 불꽃이 살아나는 꿈은 협조자나 외부 세력이나 여건의 도움으로 어려운 여건에서 벗어나게 된다.

③ 기름(석유)이 분출되는 꿈

유전에서 석유가 분출되는 것을 보는 꿈은 사업가의 경우에 사업이 크게 일어나게 된다. 일반인의 경우에는 문학작품 등이 베스트셀러가 되거나, 영화나 노래가 선풍적인 인기를 끌게 되는 것을 보게 된다.

≪가스≫

가스 또한 물질적 자원을 상징하며, 정신적인 자산을 뜻하기도 한다.

① 가스를 사용하는 꿈

정신적·물질적인 자본을 투여해서 사업을 시작하게 된다.

② 가스통이 비어 불이 붙지 않는 꿈

재물적인 자산이 없게 되어, 경제적으로 어려움에 처하게 된다.

③ 가스에 중독된 꿈

학문적이나 사상적으로 감화되거나, 종교에 빠져들게 되어서 헤어나오지 못하게 되거나, 전염병에 걸려서 고생하게 된다.

④ 가스가 폭발하는 꿈

커다란 변혁이 일어나게 되며, 작품의 광고 선전이나 소개에 있어 선풍적인 인기를 끌게 된다.

⑤ 벽에서 가스가 새어나오는 꿈

드러나지 않게 재물의 손실이 있게 되거나, 새로운 소식이나 선전 전단, 인쇄물 등을 접하게 된다.

 7 *dream* 자연물 및 자연 현상(하늘, 천체, 기상)에 관한 꿈

1) 자연물 – 하늘, 땅(대지), 들판·벌판, 산, 산에 오르는 꿈, 숲[森林], 계곡, 동굴

≪하늘≫

하늘은 절대적 존재, 국가나 사회의 최고 권력기반, 불변의 윤리도덕 의식, 진리의 세계, 최고 권위자, 대통령·부모·남편 등을 상징한다. 하늘의 이변은 국가적으로 큰 변화를 예지한다. 하늘의 꿈에서 대체로 올라가는 꿈은 좋으나, 내려가거나 떨어지는 내용은 좋지 못하다. 예를 들어, 용이 하늘로 올라가다가 떨어지는 꿈은 실패·좌절의 일로 실현된다. 하늘 문은 등용문, 진리의 세계 등의 성사 여부를 상징한다.

① 하늘에 승천하는 꿈

출세와 성공의 길몽이다. 하늘에 오르는 인물은 명예를 얻거나 영전되어, 신분이 상승한다. 이 경우에 자신이 용이 되어 승천하는 꿈은 최고의 권세와 부귀영화를 누리게 되는 좋은 일로 실현된다.

또한 자신의 몸에 날개가 돋아서 하늘을 나는 꿈은 자신의 뜻이 성취를 이루게 되는 길몽이다. 이 경우에 높게 나는 꿈일수록 좋다. 낮게 위태롭게 나는 꿈은 사업의 위기나 주변 상황이 어려움에 처하게 될 수 있다.

② 하늘에서 떨어지는 꿈

신분이나 직위의 몰락, 시험에서 낙방, 주식에서의 부도 등 일거리·대상에서

몰락과 좌절의 일을 겪게 된다. 이 경우 상징적인 미래 예지 꿈이기에, 꿈의 실현 자체를 막을 수 없지만, 삼가고 근신하여 피해를 최소화하는 지혜가 필요하다.

③ 하늘이 갈라지거나 무너지는 꿈

흉몽이다. 국가적 사회적 변란이 일어나게 되며, 나라 지도자의 죽음이나 남편의 죽음 등 불길하고 암울한 일로 실현된다.

④ 하늘 문이 열리는 꿈

하늘문은 등용문, 최고의 명예직, 진리탐구 등의 높은 가치를 지닌 일을 의미하며, 귀인의 도움으로 추구하는 일이 순조롭게 이루어진다.

⑤ 하늘 문을 통과하는 꿈

최고의 목적 달성과 최고의 권위를 성취함을 예지하는 꿈으로, 정치가는 최고의 세력 기구 내에서 일하게 되며, 사업가는 큰 거래를 성사시킬 수 있는 길몽이다.

⑥ 하늘에서 하나님이나 부처님 등 신령적인 존재가 부르는 꿈

어떤 중대한 직책을 부여받게 되며, 권세와 명예를 얻게 된다. 다만, 때가 되어 불렀다든지, 하늘나라의 중책을 맡기려 한다고 하는 것 등은 장차 있게 될 죽음을 예지한다. 일반적으로는 절대적인 대상으로부터 자신에게 은혜와 구원의 손길을 뻗쳐오게 된다.

⑦ 푸르고 맑은 하늘을 보는 꿈

길몽이다. 일거리나 대상에서 그동안 기원했던 소원이 성취된다. 진척이 잘 안되던 사업이 크게 확장되거나 골치 아픈 문제가 잘 해결된다. 반면에 어둡거나 음울한 하늘을 보는 꿈은 사업의 부진, 병세의 악화 등 좋지 않은 일로 실현된다.

⑧ 하늘이 어두워지는 꿈

근심이나 걱정할 일, 불쾌한 일, 개운하지 않은 일 등을 체험한다. 주변에 불길한 일이 일어나게 되니, 삼가고 근신하여 장차 다가올 일에 대비를 해두는 것이 좋다. 이 경우에 하늘이 다시 밝아지는 꿈은 일거리나 대상에서의 막혔던 일이 순조롭게 진행된다.

⑨ 하늘과 땅이 합쳐지는 꿈

계약의 성사, 회사·기관·단체의 결연이나 연합이 이루어지게 된다. 일의 진행이 성사되며, 하고자 하는 일에서 성취감을 맛보게 된다.

⑩ 하늘이 붉어 보이는 꿈

하늘이 붉은빛일 때 그것이 상서롭고 아름다운 빛으로 느껴지면, 애정이나 연분이 성사되는 등 좋은 일로 이루어진다. 그러나 불안하고 두려움으로 그 빛이 느껴지면, 전쟁이나 국가적인 긴급사태 또는 가정적으로는 불화, 직장 내에서의 반목과 질시가 일어나게 되는 등 좋지 않은 일로 실현되는 흉몽이다.

⑪ 하늘의 은하수를 거니는 꿈

길몽이다. 연분이나 애정에서 결혼 등의 일로 성사될 수 있으며, 사업가는 큰 뜻을 펼칠 수 있게 된다. 그러나 중환자가 이 꿈을 꾸었다면 죽음 예지의 꿈으로 실현될 수도 있다.

⑫ 공중에서 소리가 들리는 꿈

사회적 변혁의 공고, 국가나 회사·기관·단체에서의 공적인 발표 등이 이루어진다.

⑬ 꿈에 하늘이 사라지는 것을 보는 꿈(외국사례)

하늘이 사라지는 것을 본 사람은 그 후에 죽었다. 이는 파괴될 수 없는 것이 꿈에서 파괴될 때는 꿈을 꾼 사람의 죽음이나 실명을 예지하고 있다.---아르테미도로스의 『꿈의 열쇠』

〈하늘에 관한 민속 꿈〉

① 길몽

- 꿈에 하늘에 날아 올라가 보면 점차로 크게 부귀해질 징조이다.
- 꿈에 하늘에 올라 별을 만지면 벼슬을 한다.
- 꿈에 하늘에 돌아다니며 별을 만지면 대신과 같은 높은 벼슬을 한다.
- 꿈에 하늘에서 사신이 오면 크게 길하다.
- 꿈에 하늘이 붉으면 좋은 일이 생긴다.
- 꿈에 하늘이 청결하면 대길장수(大吉長壽)한다.
- 꿈에 하늘에 올라가서 물건을 가져오면 큰 벼슬을 하게 된다.
- 꿈에 하늘에 있는 사람이 부르면 길하다.
- 꿈에 하늘을 날면 키가 큰다.
- 꿈에 하늘을 오르면 벼슬한다.

- 꿈에 하늘을 올라 신의 딸과 결혼하면 길하다.
- 꿈에 하늘의 냇물을 건너면 좋은 일이 생긴다.
- 꿈에 하늘이 맑고 비가 흩어지면 백 가지 근심이 없어진다.
- 꿈에 하늘이 개이고 구름이 흩어지면 모든 근심이 사라진다.
- 꿈에 하늘과 땅이 합치면 마음먹은 일이 이루어진다.
- 꿈에 하늘 문이 열리면 귀인이 인도한다.
- 꿈에 하늘에 무지개가 환하면 대길하다.

② 흉몽
- 꿈에 하늘이 검으면 흉하다.
- 꿈에 하늘이 깨지면 근심이 있다.
- 꿈에 하늘이 무너지면 부모상을 당한다.
- 꿈에 하늘에서 귀신이 내려오면 대흉하다.
- 꿈에 하늘이 붉어 보이면 부모상을 입는다.
- 꿈에 하늘에 검은 구름이 덮어 보이면 몹시 나쁘다.
- 꿈에 하늘이 갈라져 보이면 구설이나 부모·나라에 근심이 생긴다.

≪땅(대지)≫

땅(대지)은 사회기반, 세력 판도, 일의 모체, 국토, 어머니, 여성을 상징한다. 때로는 현실에서 보게 될 어떤 고장을 비유적으로 나타내기도 한다. 지평선은 먼 훗날의 일과 관계하거나 외국에서의 일을 암시하고 있다.

① 땅이 갈라지는 꿈

사회 기반의 무너짐, 세력이나 일거리·대상이 두 개로 분할되는 일로 실현된다. 하지만 인위적으로 칼이나 연장을 땅에 박았는데 갈라지는 꿈은 자기의 권력이나 주장·학설·저서 등으로, 기존의 사회 질서 등을 타파할 수 있게 된다.

② 지진이 일어난 꿈

사실적인 꿈인 경우에 실제 지진이 일어나는 일로 실현된다. 대부분은 사회적 변혁이나 혁명, 국가적·사회적으로 커다란 사건 등이 일어나게 되며, 회사·기관·단체에 큰 이슈가 되는 사건으로 인하여 혼란이나 격변에 휩싸이게 된다. 개인적으로는 명예나 직분에 관계되는 소송사건이나 구설수에 휘말리게 된다.

③ 화산이 폭발한 꿈(실증사례)

지구가 멸망하고 화산이 폭발하는 꿈을 꾼 학생이 있었다. 다음 날 학교에서 전교 부회장에 반장으로 당선되었다고 밝히고 있다. 화산이 폭발하여 온 세상을 덮듯이, 커다란 변혁을 가져오는 일로 어떠한 영향력을 널리 떨치게 됨을 나타내 주고 있다.

④ 땅속을 평지같이 걷는 꿈

땅속을 평지같이 걷거나 헤엄치는 꿈은 탐색하고 연구하는 활동이 자유롭게 이루어지며, 회사나 기관·단체에서 자신의 뜻을 널리 펼치게 된다.

⑤ 구덩이를 파고 들어앉는 꿈

사업가의 경우 사업 확장보다는 안정, 현상유지의 길로 나아가게 된다. 나쁘게는 침체에 빠지게 된다. 일반적으로는 집을 사거나 학교에 입학하거나 회사에 취직을 하는 등 정착적인 일로 실현된다.

≪들판·벌판≫

들판은 자신의 직장이나 사업장, 활동 영역 등을 상징한다. 따라서 넓은 들판에 서 있는 꿈은 그만큼 큰 회사나 기관 단체, 사업의 판도나 세력기반 및 사건 현장과 관련을 맺게 될 것을 보여주고 있다. 또한 넓은 벌판에서 일하고 있는 꿈은 큰 규모의 회사·기관·단체나 활동 영역에서, 자신의 역량을 떨치면서 사업을 진행하게 된다.

≪산≫

상징적인 꿈에서 산은 국가·정부기관·사회단체·회사·조직체·세력권·계급·인격·인체 및 희망과 소원의 대상 등을 상징한다. 이 경우에, 낮은 산은 낮은 수준에 속하는 회사나 학교·사회단체·직장 등의 일과 관계하며, 높은 산은 최고의 회사·기관이나 최고의 가치 기준의 대상을 가리킨다. 에베레스트 산처럼 유명한 산일수록, 최고의 가치와 최고의 목적달성을 상징하고 있다.

산밑은 산하단체, 하위 직급이나 말단 부서, 일의 시작 부분 등을 상징하며, 산 중턱은 중간계층 및 중산층 및 과정의 중간 부분을 상징한다. 산꼭대기는 최고의 권력기관, 사회계급의 상층부, 직위·신분·명예의 최상위를 상징한다. 반면에 산모퉁이는 회사·기관·단체·조직의 일부분을 상징적으로 나타낸다.

(1) 꿈해몽 요약

① 산울림(메아리) 소리를 여러 사람이 듣는 꿈

어떠한 주장에 대한 사회적 호응이 크게 이루어져서 성취가 이루어진다. 반면에 들어주는 사람이 없는 헛된 산울림의 성격이 짙은 경우, 공허한 청탁 등으로 이루어지기도 한다.

② 산에 숲이 우거져 있는 꿈

꿈을 꾼 사람이 처한 상황에 따라, 각기 다른 해몽이 가능하다. 군인의 경우에, 작전지역의 방어태세 등 어떠한 일에 대한 준비가 완벽하게 갖추어져 있음을 뜻한다. 회사 사장의 꿈인 경우에, 산으로 상징된 회사 내에 인재가 넘쳐나고 있음을 뜻한다. 대학생의 경우에, 자신이 쓴 논문이나 리포트가 완벽하게 작성되어 있음을 뜻하기도 한다.

③ 여러 산을 넘는 꿈

직장인의 경우에, 산으로 상징된 여러 회사나 기관·단체를 전전하게 된다. 일반인의 경우에, 여러 난관을 극복하는 일로 실현된다.

④ 산사태, 산이 무너지는 꿈

국가적·사회적 변혁이나 혼란, 사업기반의 붕괴 등이 일어난다. 국가적 지도자 등이 사망하는 일로 실현될 수도 있다. 개인인 경우에 지금까지의 노력이나 성과가 수포로 돌아가게 되며, 실패나 파산으로 실현된다.

⑤ 산을 들어 올리는 꿈

산으로 상징된 국가 기관이나 회사·기관·단체 등을 뜻대로 좌우하는 권세를 휘두르게 된다. 산을 부숴버리는 꿈도 마찬가지 해석이 가능하다.

⑥ 산이나 산골짜기에서 길을 잃은 꿈

흉몽이다. 자신의 뜻대로 일을 진행할 수 없는 여건에 처하게 된다. 시험이나 취업의 낙방이나, 사기나 배신을 당할 수도 있으며, 일거리·대상에서 좌절을 겪게 된다.

⑦ 온 식구가 산속을 헤매고 있던 꿈(실증사례) → 어려움에 처하게 됨

꿈에 집에 가보니, 온 식구가 산속을 헤매고 있었다. 나는 직장의 일요일 특근도 빠지

고 집에 갔다. 가재도구는 거리에 비닐로 싸여 있고, 식구는 아무도 없었다. 얘기인즉 오빠가 자전거 사고를 내, 아이가 다쳤는데 병원에 입원시켜 온갖 검사를 받고 퇴원하려 하니, 입원비에 검사비가 어마어마하게 나왔다고 한다. 우리는 산밑 전세 단칸방을 빼서 합의를 보고, 길에 나앉게 되었다.

가족과 떨어져 생활하던 독자가 보내온 편지 내용이다. 가족이 전셋집을 나와서 고생하게 될 것을 산속에서 헤매는 표상으로 예지해준 상징적인 미래 예지 꿈이다. 아마도 꿈속에서 식구들의 얼굴 표상이 힘들어하고 어려워하는 표상이었을 것이다.

⑧ 산에 올라 나뭇가지를 꺾는 꿈

처한 여건에 따라 달리 실현된다. 산에 오르는 상징적 의미에 의미가 있을 때는 나뭇가지를 꺾는 꿈이 어떠한 성취를 이루어 내는 일로 이루어진다. 일반적으로, 나뭇가지가 부러지는 것은 신체의 이상이나 혼담의 무산 등으로 이루어진다.

⑨ 산불이 나는 것을 보는 꿈

산으로 상징된 거대 기관·조직·단체가 크게 융성하게 된다. 개인의 경우에 사업이 크게 번창하는 일로 이루어진다. 하지만 연기만 나는 경우의 꿈은 좌절과 무산으로 이루어진다.

(2) 태몽 표상

① 산이 호랑이나 용, 사람 등으로 변한 꿈

태몽인 경우, 장차 권세를 누리는 정치가·권력가·사업가로서 이름을 떨치게 된다.

② 산에 나무들이 길게 늘어서 있던 꿈

저희 어머님이 제가 임신 초기 임신인 줄도 모르고 있을 때 꾸신 꿈입니다. 아주 단풍이 잘든 어느 가을 산에, 초록 잎이 아주 풍성한 나무들이 강을 따라 단풍나무 사이로 길게 늘어져 있었다고 합니다. 어머님은 좋은 꿈인 거 같아 복권을 사셨다고 했는데, 복권은 꽝이었지만 아기가 생겼다는 걸 알게 되었습니다.

태몽인지 아닌지는 꿈을 꾼 본인이 가장 잘 알 수 있다. 즉, 기억이 강렬하고 생생해서, 꿈을 꾸고 나서 20여 년이 지나서도, 어제의 일처럼 기억할 수 있는 것이 태몽의 특징이다. 꿈이 아주 생생한 경우, 이처럼 자연물의 태몽도 가능하다.

이 경우 아름답고, 풍요롭고, 웅장할수록 좋은 태몽 표상이다. 초록 잎이 아주 풍성한 나무들이 태아의 상징 표상으로, 장차 풍요롭고 부귀한 일생이 될 것을 보여주고 있다.

③ 산을 통째로 삼켜버리는 꿈

이런 꿈을 꾸면 회사나 기관의 우두머리, 나아가 한 나라의 대통령이나 국무총리 같은 권력자가 될 아기를 낳을 태몽이다. 태몽이 아니라면 본인이나 자신의 주변 인물이(대신 꾸어준 꿈일 경우에) 그러한 권리·이권·명예·재물을 챙기게 될 것을 예지해주고 있는 상징적인 미래 예지 꿈이다.

왜냐하면 높은 산은 어떠한 기관이나 회사, 국가나 정부를 상징하고 있고, 그것을 떡 한 조각 먹듯이 삼킬 수 있었으니, 기관이나 회사, 국가나 정부를 자기 마음대로 할 수 있다는 꿈의 암시가 되기 때문이다. 통째로 삼킨다는 표상은 완전하게 자신의 손아귀에 집어넣음을 뜻하고 있다.

황희 정승이 이 꿈의 주인공으로, 그는 어머니가 온양에 있는 설하산을 삼킨 꿈을 꾸어서, 결국 한 나라를 호령하는 위대한 정승판서가 되어 국사를 다스리는 사람이 된 것으로 입증하고 있다.(글: 한건덕)

④ 민속의 산에 관한 꿈

- 꿈에 산이나 수풀에서 돌아다니면 대길하다.
- 꿈에 산림이 우거진 곳에 들어가면 좋다.
- 꿈에 산에 올라가서 산신께 기도를 하면 좋다.
- 꿈에 산에 올라서 책을 읽으면 죄가 풀린다.
- 꿈에 산으로 다니면 재물과 복록이 있다.
- 꿈에 산을 짊어져 보면 큰 권세를 가지게 된다.
- 꿈에 산 위에서 낚시질을 하면 만사가 뜻대로 되지 아니한다.

≪산에 오르는 꿈≫

산에 오르는 꿈은 예지적인 꿈의 경우에 성취와 목표를 이루어내는 좋은 꿈이다. 소원을 성취하기 위해서 목표를 향해 나아가는 노력을 상징한다. 정상까지 아직 많이 남아 있으면, 성공하거나 목적을 달성하기까지 아직 상당한 시일이 남아 있음을 뜻한다. 그러나 중도에 포기하는 꿈은 현실에서도 어떠한 목표나 사업을 중도에 포기하는 일로 이루어진다.

심리 표출의 꿈에서 산에 오르는 꿈은 연애나 어떤 일거리·대상에 대한 행동의 자유를 얻고 싶어하는 소망을 나타낸다. 오르는 산이 높으면 높을수록, 그러한 동경심이 강하다는 것을 나타낸다.

① 산 정상에 오른 꿈

합격이나 성취 등 자신의 소원이 달성되고 권리나 명예를 얻는다. 사업이나 연구의 결실을 이루게 되며, 작가의 경우에는 작품의 완성, 건축가는 집의 준공 등 처한 여건에 따라 진급·명예·권세 등에서 성취의 일로 이루어진다. 이 경우 이름있는 유명한 산을 올라 아래를 굽어보거나 큰소리로 외치는 꿈일수록 좋다. 큰 성취를 이루어내게 되며, 세상에 자신의 존재를 드러내고 귀한 직위나 신분에 오르게 되어 명성을 떨치게 된다. 한편, 무거운 배낭을 메고 산을 오르는 꿈은 현재 어려운 여건에서 장차 성취를 이루어내는 일로 이루어진다.

또한 산을 오르는 데 있어서, 나무·풀·돌부리 등을 휘어잡고 오르거나, 두꺼운 털옷을 입고 오르거나, 지팡이를 짚고 오르는 꿈은 성공하는 데 있어서, 협조자·협조세력·투자자금 등의 도움을 얻게 됨을 상징한다. 그러나 높은 산정을 오르다 떨어지는 꿈은 사업의 실패, 권세·신분·직위의 몰락 등 좋지 않은 일로 실현된다.

② 산 정상에 오르는 꿈(실증사례)

* 2005년 V리그 여자부 챔피언전에서 KT&G가 우승컵을 거머쥔 뒤, 챔피언전 최우수 선수(MVP)상을 받은 최광희는 우승 전날, 산 정상에 오르는 꿈을 꾸었다고 밝히고 있다.

* 산꼭대기에 올라가 팔짱을 끼고 웃고 있던 동생은 수석 합격, 밧줄을 타고 땀을 뻘뻘 흘리며 올라가던 오빠는 후보자로 붙은 사례가 있다.

③ 산·언덕·절벽·계단 등을 힘들게 오르는 꿈

성취하는 데 있어 난관과 고통이 따른다. 짐을 지고 오르는 꿈은 무거운 책무를 떠안고 있음을 뜻하며, 생활고에 시달리게 될 것을 계단을 힘들게 오르는 꿈으로 예지한 사례가 있다.

④ 민속의 높은 산을 오르는 꿈

– 꿈에 높은 산 높은 나무에 오르면 내가 칭찬을 받고 길하다.

– 꿈에 높은 산에서 살면 기쁜 일이 있다.

– 꿈에 높은 산에 오르면 벼슬한다(소원 성취한다).

– 꿈에 무거운 물건을 지고 높은 곳을 올라가면 성공한다.

– 꿈에 높은 산에 올라 아래를 내려다보면, 봄 여름에 길하다.

≪숲〔森林〕≫

숲은 관청·기업체·공장·백화점·병영(兵營)·학원·연구소 등을 상징한다. 숲이 우거진 꿈은 회사나 기관·단체의 경제적 여건이나 인적 자원이 넉넉하고 풍족한 여건에 있음을 상징하고 있다. 처한 여건에 따라, 학술논문이나 저서가 알찬 자료로 완벽함을 상징한다고도 볼 수 있다.

① 숲 속을 거니는 꿈

학문의 연구, 회사 내에서의 직무 수행, 애정과 관련해서 순조로운 진행을 상징한다.

② 숲 속이나 정글에서 길을 잃고 헤매는 꿈

연구성과나 사업성과를 얻지 못하게 되며, 애정·연분으로 관련하여 실현될 시에는 시련을 겪게 된다. 신체적 이상으로 병마에 시달리게 되는 것도 가능하다.

③ 숲 속이 아름다운 꿈

시냇물이 흐르고 온갖 과일이나 꽃이 피어있는 등 아름다운 숲 속의 꿈은 처한 상황에 따라 좋은 일로 실현된다. 사업의 융성, 애정의 만발, 명예로운 직위에 나아가게 된다.

④ 숲이 불타고 있는 꿈

숲으로 상징된 회사·기관·단체의 번영 발전이 있게 된다. 사실적인 미래투시 꿈인 경우, 대형 산불을 보게 되는 일로 실현된다.

⑤ 시체를 안고 숲 속을 헤맨 한 종업원의 꿈(실증사례)

상점 내부에서 중책을 맡고 성실하게 근무하는 것으로 실현된 사례가 있다.

≪계곡≫

계곡은 완충지대, 접경, 타 기관, 타국 및 다른 세력권 사이를 뜻한다. 어느 기관을 상징하기도 한다.

① 깊은 산 계곡에서 맑은 물이 흐르는 꿈

아름답고 풍요로움의 길몽이다. 저자의 경우에, 학문과 진리를 탐구하고, 저작물을 내게 된다.

② 계곡에서 메아리가 들리는 꿈

바라던 소망이 달성되며, 새로운 소식을 듣게 된다.

③ 계곡에서 멧돼지 세 마리를 만난 꿈

재물을 얻게 되는 일로 실현된다. 산삼 세 뿌리를 캐내는 일로 실현될 수 있다.

④ 계곡에서 약수를 떠먹는 꿈

고통·근심이 사라지고, 깨달음을 얻게 된다. 환자의 경우에 병이 완쾌되는 일로 실현된다.

≪동굴≫

동굴은 은밀한 장소, 기관·단체·회사 등을 상징한다. 동굴을 들여다보거나 걸어 들어가면 학문 연구나 탐색, 역사적 고찰, 비밀을 발견하거나 수색 등의 일과 관계한다.

① 스스로 동굴을 찾아 들어간 꿈

집을 얻게 되거나, 생활이 안정되게 된다.

② 동굴이나 어두운 곳에서 밝은 곳으로 나온 꿈

길몽이다. 고민이 해결되며, 어려운 경제적 여건에서 벗어나는 일로 실현된다. 운동선수의 경우에 슬럼프에서 벗어나 활기찬 생활을 하게 된다.

③ 동굴에서 샘물이 솟아나는 꿈

동굴에 들어가 샘물이 솟아나는 것을 본 사람이 복권에 1등으로 당첨된 사례가 있다. 동굴의 상징 의미가 거대한 권력기관이나 회사·기관이 될 수 있으며, 이 경우에는 복권을 담당하는 은행의 상징으로 나타났다고 볼 수 있다.

2) 천체-해, 달, 별

≪해(햇빛)≫

해는 최고의 권세와 명예, 왕·통치자, 진리, 사업체, 권력기구 또는 위대한 업적이나 인물 등을 상징한다. 가임여건에서 태몽 표상으로 자주 등장하기도 한다.

(1) 해에 대한 꿈해몽 요약

① 해와 달, 불빛 등이 밝게 빛나는 꿈

영광스럽고 경사스러운 일, 명예로운 일, 희망적인 일이 생긴다. 그러나 해가 안갯속으로 들어가거나 구름 속으로 들어가, 햇빛이 가려져 있거나 해가 이지러져 보이면, 명예나 사업 성과가 쇠퇴하게 된다.

② 떠오르는 동쪽 해의 꿈

인생의 초년기, 사업의 출범이나 성공의 시작 단계를 상징한다.

③ 중천에 떠오는 꿈

인생의 청년기 운세를 나타내준다. 또한 사업이나 건강 등이 한창 절정에 있음을 뜻한다.

④ 서쪽의 해의 꿈

인생의 말년기 운세와 사업의 종말이 다가옴을 상징한다.

⑤ 햇빛이 비쳐든 꿈

햇빛이 들지 않는 방이나 창고에 햇빛이 드는 꿈은 어려운 여건에서 경사스럽고 영광된 일이 생긴다.

⑥ 해를 보고 절하는 꿈

해를 보고 절하는 꿈은 권력기관에 소청할 일이 생기거나, 소원이 이루어진다.

⑦ 해가 일식하는 꿈

한때 국운·사업운 등이 일시적으로 불운에 직면하나, 이어 회복되는 일로 이루어진다.

⑧ 해가 갈라지는 꿈

해가 갈라지는 것을 보는 꿈은 나라가 두 군데로 갈라지거나 정당이 둘로 분열되며, 부모와 이별하기도 한다.

⑨ 해 또는 달이 하나로 결합하는 꿈

결혼이 성사되거나 회사·기관·단체 등이 합병되는 일로 이루어진다.

⑩ 해와 달이 떨어져 구르는 꿈

어떠한 회사 사업체 등에 큰 변혁이 일어나게 되고, 뛰어난 인재나 국가의 지도자에게 변괴가 있는 일로 이루어진다.

⑪ 하늘에 두 해가 나타난 꿈

해는 하나인데, 하늘에 두 해가 나타나는 꿈을 꿀 수가 있다. 해는 절대적인 지도자, 절대적인 이념이나 사상을 뜻할 수가 있다. 따라서 해가 두 개가 나타난 꿈의 경우는 기존의 질서에 대항하는 새로운 인물이나 이념·사상 등이 나타날 경우이다. 한 회사에 두 사람의 사장이 있게 되거나, 한 기관이나 집단에 두 가지의 사업계획이나 방향이 설정되어 있음을 뜻한다. 역사적 사례로, 하늘에 두 해가 나타났다고 하는 꿈은 반란이 일어났음을 뜻하고 있다.

⑫ 자신의 몸에 햇빛이 비치는 꿈

부귀와 명예를 누리며 입신양명의 길로 나아가게 된다. 아픈 환자에게는 병마를 떨치고 회복되는 일로 실현된다. 다만, 햇살이 비추는 들판 속으로 나아가는 꿈이 환자의 경우에 죽음 예지로 실현된 사례가 있다.

⑬ 해가 품에 든 꿈

일반적으로 엄청난 권세나 이권 등을 얻게 되며, 가임여건에서 태몽으로 실현되기도 한다. 해가 품에 든 꿈으로, 왕이 된 사례가 있다.

⑭ 해와 함께 일어나, 달의 주행을 따라간 꿈(외국의 사례)

어떤 사람이 꿈에 해와 함께 일어났고, 달의 주행을 따라갔다. 그는 목을 맸고, 그리하여 해와 달이 떴을 때 허공에 매달린 채로 보인 것이다.(글: 아르테미도로스, 『꿈의 열쇠』)

(2) 태몽 표상의 실증사례

① 해가 가슴에 부딪쳐서 많은 조각으로 쪼개진 꿈→ 전태일 열사의 태몽

[또 한 며칠 있다가 친정집에 갔는데, 방안에서 문을 열어 놓고 보니 이상하게 밤중에 해가 떠요. 그래서 친구들하고 "밤중에 달이 떠야 하는데, 왜 해가 뜨노?" 하고 있는데,

아이고, 그 해가 차차차 막 내 곁으로 오는데 무섭고 겁이 나더라고. 그래서 내가 문을 닫으려고 하는데, 그냥 해가 탁 내 가슴에 부딪쳤는데, 그만 내가 다 산산조각으로 깨어져서 없어져 버렸어요. 신선 할아버지가 나타나서, "네 가슴은 쪼개져서 벌써 사방으로 흩어졌다. 저 앞산을 봐라." 캐요. 그래 앞산을 보니 뭐가 번쩍번쩍해요. 그때 할아버지가 이러는 기라. "해가 가슴에 부딪쳐서 수많은 조각으로 쪼개진 것이, 저렇게 흩어져서 온 고을을 밝힐 거다."]---(87년 8월 『월간조선』 이소선 씨의 인터뷰 기사 요약 발췌.)

해가 가슴에 부딪쳐서 많은 조각으로 쪼개진 태몽에서, 자신의 몸을 희생하여 노동운동의 횃불을 들게 될 것을 예지해주고 있다.

② 해가 품속으로 뛰어든 꿈

어머니께서 꿈속에 머리 위로 해가 계속 따라다니더니, 갑자기 품속으로 뛰어들더라는 이야기를 해주셨습니다. '커다란 해가 쑥 들어와서, 깜짝 놀라서 깼다'며 아들 같다고 하셨는데, 10개월 뒤 정말 아들을 낳았어요.

③ 태양이 솟아올라 가슴에 안기는 꿈 → 고(故) 앙드레 김(김봉남)의 태몽

어머니가 그를 임신할 무렵, 바다에서 큰 태양이 솟아올라 자신의 가슴에 '턱' 하고 안기는 태몽을 꾸었다고 한다.---이승재 기자의 테마데이트, 2002. 3. 28.

④ 태양이 품에 떨어진 꿈 → 소유진(연예인)의 태몽

그녀의 부친이 꾸었다. 바닷가를 거닐고 있는데, 태양이 자신의 품으로 뚝 떨어지는 꿈이었다. 태양의 태몽 표상이니, 태양은 만물을 비추어주는 빛나는 존재로 하나밖에 없기에, 임금 등을 상징하고 있음에서 알 수 있듯이, 장차 커다란 인물이 됨을 상징적으로 보여주고 있다. 태양꿈인 경우, 일반적으로 아들의 표상이지만, 이처럼 딸로 태어날 수도 있다. 이 경우, 여자이지만, 남성적인 활달한 성품을 지니게 되는 것이 일반적이다.

⑤ 둥근 해가 떠오르는 꿈 → 메리츠 증권 김기범 사장의 태몽

그의 어머니는 늘 "너는 잘 될 거야."라는 말을 했다고 한다. 그 덕에 그는 어릴 때부터 긍정적이고 자신감에 넘쳤다. 마음을 비우고 최선을 다하는 것이 성공의 비결이라고 말하고 있는바, 이처럼 부모가 자녀에게 태몽을 이야기해주면서, 자신감과 긍정적인 사고를 지니게 하는 것이 중요하다는 것을 보여주고 있다.---요약 발췌, 주간한국, 2008. 3. 12.

⑥ 태양이 입속으로 들어온 꿈 → 조선조 맹사성의 태몽

전하는 말에 따르면, 맹사성의 생가는 고려 최영 장군이 살던 곳이라 한다. 최영은 자신의 집을 친구인 맹유에게 물려주었다. 맹유에게는 맹희도라는 아들이 있었다. 정몽주와 절친한 사이였던 맹희도는 젊은 시절 신혼임에도 불구하고 개성에 올라가 과거 준비를 하고 있었는데, 어느 날 부친이 위독하다는 연락을 받게 된다. 정신없이 아산으로 달려온 아들 맹희도를 무조건 시집온 새색시의 방으로 들라 했다.

새며느리는 어느 날 태양이 자신의 입속으로 들어오는 꿈을 꾸고 놀라 깨어났다. 이에 보통 꿈이 아니라고 생각되어 시아버지 맹유에게 고하자, 맹유는 즉시 개성에서 공부하고 있는 아들을 불러 내린 것이다. 그 일이 있고 난 뒤 태어난 인물이 맹사성이라고 한다. 그 뒤 공교롭게도 맹사성은 최영의 손녀사위가 되었다.

(3) 역사적 실증사례

① 햇바퀴 가운데에 아기가 앉아있는 꿈 → 세종의 등극 예지

『조선왕조실록』에 실려 있는 기록으로 '햇바퀴 가운데에 이방원(後에 태종)의 셋째 아들이 앉아있던 꿈'으로, 이방원은 형인 방간과의 세(勢) 대결에서 이겨서 왕위에 오르게 되며, 장차 셋째 아들인 충녕대군(忠寧大君)이 왕위를 물려받아 세종으로 왕위에 등극하는 것을 예지하고 있다.

② 해와 달이 하늘에서 떨어져 가슴속으로 들어온 꿈 → 왕후가 될 것을 예지

인열왕후(仁烈王后)는 한준겸(韓浚謙)의 딸로 조선 인조의 왕비이다. 처녀 시절의 꿈에 집의 지붕이 활짝 열리면서, 해와 달이 하늘에서 떨어져 가슴속으로 들어온 꿈을 꾸었다.

③ 양어깨에 해와 별이 각각 빛났던 고종황제의 꿈

장차 국가가 양대세력의 간섭과 통치 밑에 놓일 것을 예지한 꿈이었다.

④ 붉은 해가 강 위로 쏜살같이 굴러와 자기 진으로 박두해 오는 꿈

조조(曹操)는 꿈을 꾸고, 오왕 손권(孫權)의 군사가 진격해 옴을 예지했다.

⑤ 3개의 붉은 해가 하늘에 떠 있는 꿈

조조는 꿈을 꾸고, 천하가 셋으로 나누어지게 될 것을 예지했다.

⑥ 해를 손으로 두 차례 잡았다 놓은 꿈

사이루스 대왕이 20년 동안 나라를 통치하는 일로 실현되었다.(손가락 10개를 두 번)

⑦ 해와 달과 별이 자신에게 절하는 꿈

하늘의 해와 달 그리고 11개의 별이 자기에게 절하는 것을 본 요셉의 꿈은 부모님과 형제들이(이집트 조정과 11개의 지파) 자기에게 경배할 것을 예지한 꿈이었다.

≪달≫

달은 어머니, 왕비, 여성, 작품, 명예, 권력자, 유명인 등을 상징한다.

(1) 꿈해몽 요약

① 달빛이 밝은 꿈

희망적인 소식을 듣게 되며, 명예와 성취가 이루어진다.

② 초승달이나 반달을 보는 꿈

사업이 시초나 중도에 있음을 뜻하며, 부분적인 일을 세상에 공개하게 된다.

③ 달이 물속에 비치는 꿈

달로 상징된 유명인에 관한 기사를 지상을 통해서 읽게 된 사례가 있다.

④ 달을 보고 절하는 꿈

자신의 소원하는 바를 절대적인 존재자에게 청원하여, 성취되는 일로 이루어진다.

⑤ 달나라를 탐험하는 꿈

사업가는 새로운 분야에서 최고의 사업성과를 내게 되며, 학자는 새로운 학문적 업적을 쌓게 되며, 일반인의 경우에 미지의 세계로 여행을 떠나게 된다.

⑥ 달무리가 오색찬란한 꿈

아름답고 풍요로움의 표상은 성취를 이루어내는 좋은 길몽이다. 애정과 관련해서는 결혼생활이 행복해지거나 영광스러운 일이 생긴다.

⑦ 달을 쳐다보거나 품에 안는 꿈

결혼을 하지 않은 미혼 남녀의 꿈에 달을 쳐다보거나 품에 안으면, 결혼을 하게 된다.

⑧ 달이 떨어져 사라지는 꿈

지도자나 유명인의 사망이나 몰락으로 이루어진다. 달이 떨어져 물속에 잠겨 있는 것을 본 서거정의 꿈은 어머니가 돌아가심을 예지한 꿈이었다. 사람이 아닌, 달로 상징된 회사·기관·단체 등이 무너져 내리는 것도 가능하다.

(2) 태몽 표상

① 하늘에 있는 달을 따오는 태몽

1998년 학군사관후보생 임관식에서 충무공과 생일과 한자까지 같은 이름의 이순신(22·부경대) 소위가 임관했다. "어머님이 어떤 장군이 하늘에 있는 달을 따오는 태몽을 꾼 데다, 마침 충무공 탄신일에 태어나 증조할아버지께서 이름을 이순신으로 지어주셨다."며 "충무공의 위업을 본받아 훌륭한 해군 장교가 되겠다."라고 말했다.---조선일보, 유용원 기자, 1998. 02. 27.

② 치마폭에 보름달을 안는 꿈

이명박 대통령의 태몽이다. 아버지 이충우(1981년 작고) 씨와 어머니 채태원(1964년 작고) 씨 사이에서 난 4남 3녀(귀선, 상은, 상득, 귀애, 명박, 귀분, 상필) 가운데 다섯째이다. '상(相)'자 돌림인데, 유독 이명박 대통령만 항렬인 '상(相)'자를 넣지 않고 이름을 짓게 되었다고 한다. 이는 어머니가 낳기 전 보름달이 치마폭에 들어오는 태몽을 꾸고는, 이름으로 돌림자를 써야 한다는 아버지의 주장도 뿌리치고, 밝을 명(明), 넓을 박(博)'자를 넣어 이름을 지은 것이라며 족보에는 돌림자인 '상'자가 들어간 상정(相定)이라고 되어 있다.

이처럼 태몽이 좋은 경우, 태몽과 관련된 이름을 지어주고, 또한 자라나는 아이에게 태몽을 이야기해줌으로써, 장차 성장 과정과 인생의 길에 있어 훌륭한 인물이 될 것이라는 자부심을 지니게 하고, 용기와 희망을 주는 방향으로 나아가는 것도 바람직하다고 해야 할 것이다.

달꿈은 초승달이나 그믐달의 표상보다도 밝은 보름달의 표상이 가장 좋다. 보름달이 가장 밝게 온 세상을 비추기에, 세상에 영향력을 더욱 크게 떨치게 될 것을 예지해주고 있기 때문이다.

이러한 달은 하늘에 빛나는 하나밖에 없는 존재로, 문학적으로도 왕비를 상징하거나 만물을 비추고 감화시키고 교화시키는 상징으로 널리 쓰이고 있다. 역사적인 인물의 태몽을 보면, 해·달·별 등의 태몽 표상은 매우 좋은 결과로 이루어지고 있다.

③ 웅덩이에서 광채를 뿜는 달덩이를 치마폭에 담는 꿈

전두환 전 대통령의 태몽이다. 어머니 김점분 여사는 웅덩이에서 광채를 뿜는 달덩이를 손으로 떠올려 연신 치마폭에 담는 태몽을 꾸었다고 한다. 사실이라면, 좋은 태몽이다. 달은 온 세상을 널리 비추기에 그 영향력이 널리 퍼질 것을 예지해주고 있다. '월인천강지곡(月印千江之曲)'은 '달이 천 개의 강에 널리 비춘다'는 뜻으로, 달로 상징된 부처님의 자비로움, 부처님의 교화가 온 세상에 널리 퍼지기를 바라는 마음을 담고 있다.

다만, 일부 유명인사들의 태몽 이야기 속에는 미화하고 신성시하기 위하여, 조작된 태몽을 만들어 전파시키는 경우가 있을 수 있겠다.

④ 네 개의 달 중에서 세 번째 달이 빛나던 꿈 → 셋째 딸이 귀하게 되다.

외조모께서 일찍이 네 개의 달이 함께 떠오른 꿈을 꾸셨는데, 세 번째 달은 매우 밝게 빛나지만 다른 달은 모두 구름에 가려져 빛이 흐릿하였다. 외조모에게 말씀하시기를, "달은 여자의 상(象)이다. 우리가 네 명의 딸을 두었고 꿈이 또한 이러하니, 이것은 셋째 딸이 필시 귀하게 될 징조이다."라고 하셨는데, 그 후 다른 따님들은 모두 운수가 막히었거나 과부가 되었다.---〈순암집〉, 〈선비공인이씨행장〉.

달꿈이 음의 상징으로 여자를 상징한 예지적 꿈의 사례를 안정복(安鼎福)이 쓴 어머니의 행장(行狀)에서 인용하여 살펴보았다.

덧붙이자면, 일반적으로 해의 태몽은 아들이고 달의 태몽은 딸이지만, 이는 절대적이지 않다. 요즘 사람들의 태몽 사례로, 떠오르는 해의 태몽이었지만 딸로 태어난 경우도 있다. 이 경우, 여자이지만 성격이 활달하고 호탕하다든지 남성적인 성품을 지니고 있다. 마찬가지로 꽃의 태몽이었다고 해서, 절대적으로 딸을 낳지는 않는다. 연예인 김진의 태몽이 꽃의 태몽이듯이, 꽃처럼 귀공자나 얼짱의 남자인 경우도 있다. 작고 부드럽고 앙증맞고 귀여운 여성적 표상에 해당하는 상징물은 여아일 가능성이 높지만, 절대적이지는 않은 것이다. 따라서 꿈속의 태몽 표상으로 아들·딸을 구분한다기보다는, 남성적·여성적 경향을 나타내주고 있다.

⑦ 자연물 및 자연 현상 (하늘, 천체, 기상)에 관한 꿈

⑤ 민속으로 전하는 해와 달에 대한 태몽

– 꿈에 해가 보이면 아들을 낳고, 달을 보면 딸을 낳는다.

– 꿈에 해가 품속에 들면 아들을 얻고, 달이면 딸을 얻는다.

– 꿈에 해·달을 보면, 뱃속에 아이가 커서 성공한다.

– 꿈에 해나 달을 삼키면 아들을 낳는다.

– 꿈에 일월을 안으면 큰 자식을 낳는다.

– 꿈에 일월이 합치면 아들 낳는다.

– 꿈에 해를 보면 딸을 낳는다.(보통은 아들이나, 딸의 경우라면 남성 같은 여성, 큰 인물의
  여성으로 해 같은 존재의 아이를 낳는다)

– 꿈에 해를 보면 성공할 아들을 낳는다.

– 꿈에 해와 달이 합해서 모가 지면, 자기 아내가 아들을 낳는다.

(3) 달에 관한 꿈(실증사례)

① 떠오르는 달을 한 아름에 잡으려고 달려간 꿈 → 복권에 당첨

달은 사업체·권리·명예·부귀 등을 상징한다. 떠오르는 달은 사업이 시작되
거나 명예·권리가 주어짐을 뜻하는데, 그것을 잡으러 달려갔으니 조만간 어떤
일에 성공할 것임을 뜻한다. 보름달의 경우 풍요로움의 표상이 넘쳐나고 있다.
꿈이 좋아 복권을 샀으며, 실제로 꿈의 예지대로 당첨으로 실현되고 있다.

② 달이 떨어진 꿈 → 어머님 죽음을 예지

서거정은 달이 공중에서 떨어지는 꿈을 꾸고 나서, 달은 음양으로 볼 때 음의
상징이기에, 어머니의 죽음을 예지하는 상징적인 꿈으로 받아들이고 있다.

③ 달빛으로 등불을 켠 꿈(외국의 사례)

어떤 사람이 꿈에 달빛으로 등불을 켰다. 그는 장님이 되었다. 그는 불을 붙일
수 없는 것으로 불을 켰던 것이다. 사람들 말로는 달에 자체의 빛이 없기 때문이
라고도 한다.(글: 아르테미도로스)

④ 달 속에 자신의 모습이 세 가지로 나타난 꿈(외국의 사례)

어떤 여자가 꿈에 달 속에 자기 모습이 세 가지로 나타나는 것을 보았다. 그녀
는 여아 세쌍둥이를 낳았고, 그 달에 셋 모두 죽었다. 달에 비친 모습은 아이들을
나타냈는데, 그들은 하나의 원에 둘러싸여 있었다. 의사들 말에 따르면, 단 하나

의 태반이 태아들을 감싸고 있었던 것이다. 그들이 한 달밖에 살지 못한 것은 달 때문이었다.(글: 아르테미도로스)

⑤ 달 속에 자신의 얼굴이 나타난 꿈(외국의 사례)

어떤 사람이 꿈에 자기 얼굴이 달에 나타나는 것을 보았다. 그는 장기 여행을 떠났고, 삶의 대부분을 방랑으로 보냈으며, 외국에서 체류했다. 달의 영속적인 움직임이 그를 끊임없이 돌아다니게 했던 것이다.(글: 아르테미도로스, 『꿈의 열쇠』)

(4) 민속의 해·달에 대한 꿈

- 꿈에 일월을 등에 지고 가슴에 안으면 대길하다.
- 꿈에 일월이 나고자 하면 벼슬을 얻는다.
- 꿈에 일월이 온몸에 비치면 벼슬을 얻는다.
- 꿈에 일월이 집안을 비치면 크게 부귀하게 된다.
- 꿈에 해와 달이 환하고 맑게 보이면 만사가 대길하다.
- 꿈에 햇빛이 비치면 좋은 일이 있다.
- 꿈에 해가 가고 구름이 없으면 길하다.
- 꿈에 달과 별이 절하면 대길하다.
- 꿈에 일월이 산에 붙으면 종이 상전을 속인다.
- 꿈에 해와 달이 떨어지면 부모에게 근심이 생긴다.
- 꿈에 일월이 일그러져 보이면 싸움할 일이 생긴다.

≪별에 관한 꿈≫

별은 희망·위인·유명인·권력자·지도자·안내자, 진리·명예·업적 등을 상징한다. 여러 성좌(별자리)는 단체·기관·권력기구·국가·정당·사업체 등을 상징한다.

① 별이 우수수 쏟아지는 꿈

권력·사업·명예 등이 추락하거나 개혁할 일이 생긴다. 별이 사라지는 꿈인 경우에, 권력자나 유명인사가 죽게 되거나 물러나게 된다.

② 북극성을 보는 꿈

희망·목표가 생기거나, 조언자·협조자를 만나게 된다. 북극성이 자신을 상징적으로 나타낸 경우에는 명예가 빛나게 되며, 자신의 업적을 인정받게 된다.

③ 많은 별을 보는 꿈

명예를 얻고 성취를 얻게 되며, 사업에서 빛나는 성과를 내게 되거나, 학문적 업적이 두드러지게 진다.

④ 밝게 빛나는 별을 보는 꿈

언어의 관습적 상징으로 연예인을 스타라고 부르듯이, 선망의 대상이 되는 유명인사나 정치가 등의 활약상을 보게 된다. 별이 자신의 또 다른 자아를 상징적으로 나타낼 경우에는, 처한 상황에 따라 명예와 성취를 이루게 된다. 학자의 경우에 학문적 성과를 얻거나, 저작물이 명성을 얻게 된다.

⑤ 별로 표시된 장식을 보는 꿈

별 표시가 된 모자나 견장 등은 명예롭고 영광스러운 업적이나 신분·직위를 상징한다.

⑥ 별이 길게 흐르는 꿈

별이 길게 흐르는 것을 보는 꿈은 관직·신분·명예 등이 새로워지거나, 이사 갈 일, 작품을 과시할 일 등이 생긴다.

⑦ 별이 날아다니는 꿈(실증사례)

한두 개의 별이 흐르지 않고 날아다니는 꿈으로 배우자가 바람을 피운 사례가 있다.

⑧ 이마에 한 개씩의 별을 붙인 사람이 나타난 꿈(실증사례)

저자의 경우에, 신문기자와 관련을 맺게 된 사례가 있다.

⑨ 별 하나가 떨어지는 것을 치마에 받는 꿈(실증사례) → 안중근 의사의 태몽

이토히로부미(伊藤博文)를 사살한 안중근(1879-1910) 의사의 태몽이다. 어머니의 꿈에, 파란 하늘의 북두칠성 중 유난히 큰 별 하나가 떨어지는 것을 치마를 펼쳐 그 별을 감싸 안는 꿈이다. 아이를 낳고 보니, 할아버지는 어머니가 별을 받은 태몽처럼, 아기의 등에 일곱 개의 점이 있는 것을 자랑으로 여겼다. 그래서 어렸을 때의 이름은 북두칠성의 기운을 받았다고 하여, 응칠이라고 하였다.

⑩ 별 하나가 떨어지고, 또 하나의 별이 올라간 꿈(외국의 사례)

어떤 사람이 꿈을 꾸었는데, 별 하나가 하늘에서 떨어지고 또 하나의 별이 하늘로 올라갔다. 그는 어떤 사람의 하인이었다. 주인이 죽었고, 그는 이제 주인이

없는 자유의 몸이 되었다고 생각했다. 그러나 주인에게 아들이 있음을 알게 되었고, 그리하여 그의 노예가 되어야 했다. 그러므로 떨어진 별은 죽은 주인을 의미했고, 하늘로 올라간 별은 이후로 주인으로서 그를 감시하고 지배하게 될 아들을 의미했다. (글: 아르테미도로스, 『꿈의 열쇠』)

⑪ 민속의 은하수의 꿈풀이

- 꿈에 은하수를 건너가면 일이 귀하다.
- 꿈에 은하수에 말을 씻기면 길하다.
- 꿈에 은하수와 가까워지면 귀인과 친해진다.

3) 천체 기상─구름, 비(빗물, 소나기), 홍수(장마), 눈(첫눈, 백설)에 관한 꿈, 바람(폭풍), 우박·서리·이슬, 얼음(언 것), 우레, 벼락(번개), 무지개에 관한 꿈, 동물·나무·꽃의 오색 빛에 관한 꿈

≪구름≫

구름은 기관·사업체·세력집단을 상징한다. 문학적 상징과 꿈의 상징은 일맥상통하고 있다. 암운(暗雲)의 어둡고 검은 구름은 문학적 상징으로도 국난, 사회적 변고, 병마, 불길한 사건·사고를 나타내고 있다. 꿈의 상징에서도 검은 구름은 유사한 상징 의미를 지니면서, 꿈을 꾼 사람이 처한 상황에 따라 달리 실현되고 있다. 또한 구름은 이리 갔다 저리 갔다 하면서 햇빛을 가리는 점에서 간신배, 어느 사이에 없어지는 데서 변화무쌍한 덧없음을 상징하고 있기도 하다.

(1) 꿈해몽 요약

① 구름으로 하늘이 어두워지는 꿈

맑은 하늘이 갑자기 흐려지면서 어두컴컴해지는 꿈은 국가적·사회적 변란이나 자연적 재앙이 닥쳐온다. 검은 구름이 가득 찬 하늘의 꿈도 좋지 않은 꿈으로, 전염병이 돌게 되거나 병란 등으로 인하여 고통을 받게 된다.

② 구름이 활짝 걷히고 맑은 하늘이 보이는 꿈

어려운 여건에서 벗어나 근심·고민이 해결되며, 소원 성취 및 기쁜 일을 체험하게 된다.

③ 흰 구름이 아름다운 꿈

아름다운 흰 구름은 낭만적이면서 평온함을 느끼게 한다. 이러한 흰 구름이 아름답게 펼쳐져 있는 꿈은 길몽으로, 사업이 번창하고 자신의 뜻을 펼칠 수 있는 직위에 오르게 된다.

④ 오색구름의 꿈

인기 직장이나 사업체를 뜻하며, 세상 사람들에게 감동을 줄 사업과 관계한다.

⑤ 구름을 타고 다니는 꿈

구름을 타고 다니는 꿈은 회사·기관이나 단체를 자신의 뜻대로 좌우하는 직위에 오르게 되거나, 뜻대로 성취를 이루는 길몽이다. 손오공이 타고 타던 근두운을 연상하면 보다 쉽게 이해될 수 있을 것이다.

⑥ 산신령이 구름을 타고 내려오는 꿈

구름을 타고 내려오는 신령적인 존재는 세력권·기관·학교·회사·단체·사업체 등의 우두머리와 동일시이다. '예수께서 구름을 타고 하늘에서 내려오신다.'라는 성경 예언은 실제로 예수님의 부활을 예견한 것이 아니라, 참된 진리가 어느 기관을 통해 인간에게 주어질 것을 상징한 것인지도 모른다.(글: 한건덕)

⑦ 용이 날아 올라 구름 속에 들어간 꿈

용이 공중을 올라 구름 속으로 들어가면, 용으로 상징된 인물이 국가 최고기관에 몸을 담아 입신양명할 것을 예지한다.

⑧ 저녁노을을 보는 꿈

인생의 말년에 일어날 일을 상징적으로 나타낸다. 이 경우에 노을이 붉고 아름다울수록 좋은 성취를 이루게 낸다.

⑨ 연기, 검은 구름의 꿈

지평선 위에서 검은 연기나 검은 구름이 피어오르면, 멀리 떨어진 곳에서 전쟁이나 변란 등 암울한 일로 실현된다. 이 경우에, 거리에 비례하여 어느 정도의 시일이 지난 뒤에 일어나는 것도 가능하다.

⑩ 검은 구름이 집을 덮은 꿈

검은 구름이 자기 집 지붕 위를 덮으면 집에 우환이 생기고, 공공기관의 건물을 덮으면 국가적 또는 사회적인 불길한 사건이 발생한다. 백악관 상공에 오래전부터 검은 구름이 덮여 계속 아래로 내려 퍼지는 것을 본 미국의 진 딕슨(예언자)의 환상은 케네디 대통령이 암살될 것을 예지한 것이었다.

⑪ 하늘에 먹구름이 잔뜩 끼어서 뭉게뭉게 피어오른 꿈(실증사례) → 어려움에 처함

　　언니가 7년 전에 꾼 꿈이랍니다. 이제 그 뜻을 알겠다고. 언니가 7년 전 살던 주공 아파트가 재개발에 들어간다고, 그사이 전세를 구해야 한다는 상황이었어요. 재건축이 되고 나면 32평 정도의 아파트를 분양받을 수 있으니, 제법 괜찮은 상황이었는데, 전셋집을 구하려는 시기에 꿈을 꾸었답니다. 언니가 조카를 업고서 아파트 입구를 나서는데, 하늘이 온통 먹구름이 가득 끼어서 계속 뭉게뭉게 피어올랐답니다. 그래서 언니는 나름대로 해몽을 한바, 엄청난 세대가 한꺼번에 전세를 구하는 상황이니, 아마도 전셋집을 구하기가 어려울 듯--. 그래서 부리나케 전세를 구했죠.

　　그 이후로 얼마 안 있어 IMF가 터졌고, 재건축하기로 했던 보성주택이 부도가 났고, 재건축이 보류되었고, 너무 큰 덩치라 재건축을 맡을 건축회사가 나타나지를 않아 계속 속을 썩이던 중, 재건축할 회사는 나타났는데 추가로 분양금을 더 내라는 데다, 처음 재건축 계약 시 입주자 대표들이 건축회사에서 돈을 받아 입주자에게 불리한 쪽으로 계약을 하는 바람에, 추가로 돈이 들어갈 일이 3년 이상에 걸쳐 계속해서 생기고, 언니랑 형부는 계속 입주자들끼리 항의하는 모임에 참석해야 하고, 얼마나 그걸로 속을 오래도록 썩였든지--.

　　이제 7년이 지나 작은 아파트 하나를 아예 사서 이사를 하고 나니, 드디어 재건축 아파트 공사건이 해결되어서 내년에 입주를 할 수 있게 된대요. 언니가 마음이 편해진 지금 가만히 생각하니, 그때의 먹구름 꿈은 전세를 구하기가 힘들 꿈이 아니었다는 생각이 든다네요. 그때 언니는 꿈은 3일 정도면 일어난다고 생각했대요. 아마 꿈이 장차 오랜 시간에 걸쳐 일어날 수도 있다는 것을 알았더라면, 그때 아파트를 팔았겠죠.--- bangit37, 2003. 06. 21.

⑫ 민속의 구름 및 기타 꿈

- 꿈에 오색구름이 보이면 대길하다.
- 꿈에 청운(靑雲)은 봄에 길하고 흑운(黑雲)은 겨울에 길하다.
- 꿈에 운무가 일어나면 모든 일이 길하다.
- 꿈에 놀이 하늘에 가득 차면 모든 일이 잘된다.

(2) 태몽 표상 실증사례

① 구름이 흩어지고 네 기둥이 세워져 있던 꿈

하늘에 털이 보송보송한 큰 강아지 모양의 구름이 보였다가 흩어지고, 저쪽 하늘 끝에 화려한 큰 기둥이 네 개가 세워져 있는 꿈을 꾸었습니다.---수니, 다음, 미즈넷.

② 뭉게구름이 피어나고, 눈부신 꽃송이가 떨어진 꿈

우리 시어머니가 꿈을 꾸셨다는 거예요. 하늘에서는 하얀 눈부신 뭉게구름이 피어나고, 그 속에서 눈부신 꽃송이 같은 것이 마구 떨어졌다는데, 태몽인가요? 태몽이라면, 아들일까여? 딸일까요?---뚱이, 이지데이, 태몽이야기 방.

꿈이 생생하고 강렬하다면 태몽이며, 하얀 눈부신 뭉게구름, 눈부신 꽃송이의 상징 표상으로 보아, 여성적인 속성에 가까워 여아가 태어날 가능성이 높지만 절대적인 것은 아니다. 귀공자의 남아가 태어날 수도 있다. 하지만 공통적으로 외모가 뛰어나며, 고귀한 성품을 지닐 것을 보여주고 있다.

③ 구름과 별의 태몽 → 강훈 화가 태몽

10여 년째 구름과 하늘을 그리고 있는 작가로 이름난 강훈 화가는 태몽에서 구름이 연관되어 있다. 40분 차이로 태어난 일란성 쌍둥이로, 어머니는 구름을, 아버지는 별을 태몽으로 꾼 데서, 형은 성(星) 동생은 운(雲)이라는 이름을 갖게 되었다고 밝히고 있다.---연합뉴스 조채희 기자, 2005. 11. 16.

구름의 태몽으로 구름에 관한 그림을 주로 그리고 있는 운명의 길을 보여주고 있다.

④ 오색구름이 바다를 건넌 뒤 집을 짓는 꿈 → 이원만 회장의 태몽

코오롱 그룹 회장인 이동찬 씨가 쓴 『벌기보다 쓰기가, 살기보다 죽기가』라는 책을 보면, 코오롱 그룹 창업자인 그의 부친 이원만 회장의 태몽 이야기가 나와 있다.

그의 부친은 할아버지로부터 500석지기를 물려받았는데, 풍류로 인해 가산을 모두 탕진하고, 나이 열아홉에 산림조합에 취직하여 10년간이나 모자 쓰고 각반 차고 도벌을 단속하는 일을 했다고 한다. 그러던 그가 어느 날 갑자기 가출하여 단신으로 일본으로 건너가는 바람에, 아들인 이동찬 씨는 돈이 없어 학교를 도중하차하기까지 했다는 것이다.

그는 부친의 태몽에 대해 이렇게 쓰고 있다. 할머니가 태몽을 꾸셨는데, 〔오색 구름이 두둥실 바다를 건넌 뒤 큰 집, 작은 집들이 여럿 지어지더라.〕는 것이다. 그래서, 아버지의 호가 '오운(五雲:다섯 구름)'이다. '그 집들이 지금의 여러 공장들을 암시한 것이었을까?' 그의 부친은 이 꿈대로 바다 건너 일본으로 건너가 사업에 성공해서, 오늘날의 코오롱 그룹을 일으켰던 것이다. (글:김하원, 『개꿈은 없다』)

≪안개≫

안개의 꿈은 혼돈, 정체, 근심, 재난, 비밀, 병마(病魔) 등을 상징한다. 오리무 중(五里霧中)의 한자성어가 있듯이, 사건이나 걱정거리가 쉽게 풀리지 않는 여건에 처하게 된다.

① 안개가 시야를 가로막아 형체를 분간할 수 없는 꿈

사업의 지지부진, 일거리의 진행에 있어서 정체, 사건 해결에 단서를 찾을 수 없는 여건에 처하게 된다. 이 밖에도 유행성 질병이 만연하게 되거나, 사이비 종 교 등이 기승을 부려 혼란에 빠지게 된다.

② 일부 지역이 안개로 덮인 꿈

불미스러운 사건이나 소문에 휩싸이게 되어 쉽게 해결되지 않게 된다.

③ 해나 달이 안갯속으로 들어가 있는 꿈

국가적 사업이나 행사의 진행이 침체된다. 해나 달로 상징된 지도자나 사장· 회장 등이 외부와 관계를 끊고 한동안 잠적하게 되는 일로도 실현 가능하다.

④ 용이 안개를 휘감고 나타나는 꿈

용으로 상징된 뛰어난 인물이 두각을 나타나게 되며, 사회적 반향을 불러일으 키는 저작물이나 노래 등이 감동을 줄 일이 생긴다.

⑤ 용이 안갯속으로 사라졌다가 모습을 드러낸 태몽

장차 한동안 은둔생활 또는 비밀을 간직할 일이 있게 되거나, 일정 기간 부모 와 이별이 있게 됨을 예지한다.

⑥ 안개가 자욱한 산길을 향해 떠난 꿈(실증사례) → 죽음 예지

지팡이를 짚고 뒤를 돌아다보고 또 보면서, 새벽 안개가 자욱한 산길을 향해 떠난 꿈으로 돌아가신 사례가 있다.

⑦ 안개가 길을 가리면 만사가 진행되기 어렵다.(민속의 꿈)

≪비(빗물, 소나기)에 관한 꿈≫

비는 농사를 짓는 데 절대적으로 필요한 상징적 의미에서 재물과 이권, 방해되는 여건, 사회적인 혜택·소문 거리·사상·이념·외세, 소원의 경향을 나타내고 있다. 비는 꿈속의 정황에 따라 길몽 또는 흉몽이 될 수 있다. 예를 들어, 흡족하게 비가 내리면, 정신적·물질적인 소원이 충족된다. 그러나 억수같이 내리는 장맛비가 계속되는 꿈은 불안·근심·과잉상태·사회적인 환란이나 박해 등의 일을 상징하고 있다.

(1) 꿈해몽 요약

① 소나기가 세차게 쏟아지는 꿈

외부의 강력한 영향력이 미쳐옴을 뜻한다. 사회적인 여론이 대두되거나, 큰 소문 거리가 나는 일로 이루어진다.

② 빗방울이 한두 방울 떨어지는 꿈

재물이나 이권의 만족스럽지 못한 일, 불만과 불쾌감 등을 체험한다.

③ 멀리서 쏟아지는 빗줄기를 보는 꿈

상당한 시일이 경과한 후에, 재물적 이익 등 좋은 혜택이 돌아옴을 뜻한다.

④ 비를 피해 처마 밑으로 들어가는 꿈

비로 상징된 외부적인 영향이나, 누군가의 간섭을 피하고자 하는 일로 일어난다.

⑤ 비가 와서 논에 물이 찬 꿈

맑은 물이나 비는 농사를 짓는 데 절대적으로 필요하기에, 재물이나 이권을 얻는 일로 실현된다.

⑥ 비를 맞는 꿈

눈을 맞는 꿈이 태몽이 될 수 있듯이, 가임여건에서 꿈이 생생한 경우 비를 맞는 꿈이 태몽이 될 수 있다.

⑦ 민속으로 전하는 비에 관한 꿈

- 꿈에 비를 만나서 우산이 없으면 이사하여 길할 징조다.
- 꿈에 비가 그치지 않고 내리는 것을 보면 병란이 생긴다.
- 꿈에 길에서 비를 만나면 술과 밥이 생긴다.
- 꿈에 길 가다가 비를 만나면 술이 생길 징조이다.

≪홍수(장마)에 관한 꿈≫

홍수가 나는 것은 외부의 강력한 세력·영향력 등이 밀려오게 됨을 의미한다. 이 경우 꿈속에서 느낀 꿈의 표상·정황 등이 중요하다. 맑은 물이 동네를 가득 채우는 등의 표상이라면, 재물의 상징으로 부를 이루거나 유익한 사상이나 영향력 등이 다가옴을 예지한다. 하지만 흙탕물이나 흐린 물, 물살이 거센 표상, 불안감을 느끼는 홍수(장마)의 꿈이라면, 사회적인 환란, 회사의 구조조정 등 거친 영향력, 재난·압박을 당하게 된다. 또한 질병이나 우환 등의 발생이나 시달림을 예지하고 있다. 한강에 장마로 인하여 개·돼지가 떠내려가는 꿈을 꾸고, 사회적으로 커다란 재앙(IMF) 사태 발생으로 이루어진 사례가 있다.

(1) 홍수(장마)에 관한 꿈해몽 요약

① 산과 들이나, 온 시가지가 물로 덮인 것을 보는 꿈

커다란 영향력을 행사하게 되며, 신분·명예·직위에 있어 드날리게 된다.

② 장마가 나서 흙탕물인 꿈

집안에 우환이나 직장에 문제가 발생하게 된다. 이 경우에 밀려오는 흙탕물을 높은 곳으로 올라 피하는 꿈은 자신은 그러한 영향력에서 벗어나게 된다.

③ 홍수(장마)가 논밭의 곡식을 휘덮어 버린 꿈

재물에 막대한 손실이 오게 되거나, 외부의 강력한 사상이나 이념 등에 의해 사업·학문·사상 분야 등에 영향을 받게 된다.

④ 자신이 본 소변으로 방안이 홍수가 되었던 꿈

복권에 당첨된 사례가 있다. 또한 선인의 사례로, 소변으로 온 성안이 물에 잠긴 꿈을 산 김유신의 누이동생은 김춘추와 인연을 맺게 되어 왕후에 오르고 있다. 이 경우 소변으로 뒤덮는다는 것은 세상을 영향권 안에 두게 되는 상징성을 지닌다.

⑤ 맑은 물이 집으로 밀려 들어온 꿈

부자가 된다. 그러나 흙탕물일 때는, 사회적인 재난이나 변란 등에 의해 어려움에 빠지게 된다.

⑥ 산 같은 높은 곳에 올라 홍수를 피하는 꿈

국가적 재난, 사회적 변혁, 외부적 충격을 산으로 상징된 거대한 국가 기관이

나 국책 은행 등에 의해 벗어나게 된다.

⑦ 민속의 홍수가 나는 꿈

- 꿈에 큰물을 보면 길하다.

- 꿈에 큰물이 맑으면 대길하니 경사가 있을 것이다.

- 꿈에 큰물이 맑으면 크게 좋고 상서롭다.

- 꿈에 홍수 나면 돈이 생긴다.

- 꿈에 홍수를 만나면 좋다.

- 꿈에 홍수를 보면 취한다.

(2) 홍수(장마)에 관한 실증사례 및 상담사례

① 홍수가 집을 덮치는 꿈(실증사례) → 맑은 물 여부에 따라 달리 실현

한덕수 씨 부인의 말에 따르면, 본인들이 지금 살고 있는 신문로의 단독주택에 40여 년 전 처음 이사 오기 전에, 홍수가 집을 덮치는 꿈을 꿨다고 한다. 맑은 물이 집에 가득 차는 꿈을 꿨으니, 그 뒤로 인생행보에서 신문로 집터의 덕을 봤다고 볼 수 있다.---조용헌의 八字기행, 미래를 보는 꿈 '선견몽'

② 흙탕물이 건물을 덮은 꿈(실증사례) → 사회적 사건 예지

내가 과거 재직했던 기숙사 2층 난간에서 아래를 내려다보고 있었다. 기숙사 앞에는 붉은빛을 띤 황토물이 내를 이루어 콸콸 쏟아져 내려가고 있는 것이 보였는데, 갑자기 황토물이 내가 서 있는 기숙사 건물 쪽으로 솟구쳐 튀었다. 이 때문에 건물 벽 기둥에는 뻘겋게 얼룩이 졌으며, 나는 기둥 뒤에 몸을 피했기 때문에 아무 탈이 없었다.

꿈의 실현은 몇 개월 전 내가 재직하다가 떠난 회사의 방계 회사 하나가 불행한 사고를 당하는 일로 이루어졌다. 그 방계 회사는 대방동에 소재하였으며, 언덕에 접하여 기숙사가 있었는데, 그만 흙이 덮쳐 매몰되는 사태가 벌어지고 말았다. 이로 인해 20여 명이 넘는 여공들이 참사를 당했으니, 사회적으로도 큰 충격을 주었다.

기숙사는 사업체, 기숙사, 병영 등을 의미한다. 그리고 붉은빛을 띤 황토물은 질병, 죽음, 환란, 사회적인 큰 사고 등을 의미한다. 즉 사회적으로 큰 충격을 줄 만한 사고가 우려되는데, 그것은 기업체에도 물론 큰 충격을 줄 것이며, 기숙사

또는 작업장과 연관되는 일이라는 뜻이다. 그리고 내게는 황토물이 묻지 않았으니, 아무 이해 또는 피해 관계가 없을 것이다.(글: 운몽)

③ 아들이 홍수 속으로 사라져버린 꿈(상담사례)

비가 많이 와서 홍수가 났는데요, 저의 아들이 홍수 속으로 사라져버렸습니다.(23세, 여성)

해몽은 상징 표상에 대한 이해입니다. 사실적인 꿈은 꿈에서 본 그대로 현실에서 일어날 수 있으니, 이 경우 꿈속에서 처한 상황으로 나아가지 않도록 해야 합니다. 대부분의 상징적인 꿈에서 홍수는 어떤 세력이나 대상의 강력한 영향력을 의미합니다. 아들은 실제 아들이거나 혹은 아들처럼 소중한 일거리나 대상을 의미합니다. 홍수로 상징된 병마나 사건·사고 등의 급격한 변화 속으로 휘말려 들어가는 일로 실현될 듯 합니다. 흙탕물일수록 꿈의 실현은 좋지 않게 이루어집니다. 아들인 경우에 실제의 홍수라기보다는 홍수로 상징된 교통사고 등에 휘말려 들어가는 일로 실현될 가능성이 높습니다. 또한, 실제의 아들이라기보다는, 아들 같은 존재의 애착이 가는 일거리나 대상이 어려움에 처하는 일로 이루어질 수 있습니다.

≪눈(첫눈, 백설)≫

눈은 순결·결백 등의 심리 상태, 세상을 감화시키는 거대한 힘, 정신력·재력 등을 상징한다. 꿈속에서 기분 좋은 감정을 느낀 꿈이라면 아주 좋으나, 눈이 내려 번거로움을 느낀 경우라면, 방해물·문제점 등이나 불만·불쾌 등을 경험하는 일로 실현된다. 눈이 내려 풍요로움의 표상이라면 어떠한 상황이나 여건의 풍족 등을 예지하며, 정신적·물질적인 혜택이나 은혜 등을 받게 됨을 의미할 수 있으며, 감동이나 감화 등을 받게 되는 일로 실현된다. 다만, 질척거리거나 소량의 눈은 어떠한 일처리나 여건에 있어 불편함·부족함으로 실현된다.

(1) 꿈해몽 요약

① 눈송이가 방안에 들어와 쌓이는 꿈

풍요로움의 좋은 꿈이다. 재물이나 이권을 얻게 되거나, 신분·명예에 있어 드날리게 된다.

② 눈이 많이 와서 집이나 건물이 부서진 꿈

외부의 강력한 사상이나 이념, 국가적·사회적 변혁으로 인하여 회사·기관·단체 등에서 커다란 변혁이 일어나게 된다.

③ 눈이 와서 길이 질퍽한 꿈

꿈의 상징은 아름답고 풍요로운 꿈일수록 좋다. 길이 질퍽거리거나 지저분한 꿈은 사업의 진행이나 일거리를 처리하는 데 있어 문제점이 발생하게 되며, 다른 사람과 시빗거리가 생기는 등 처한 여건에 따라 좋지 않은 일로 실현된다.

④ 눈 덮인 산의 꿈

높은 산의 정상에 눈이 덮인 것을 보는 꿈은 명예롭고 고귀한 인격 있는 사람과 관계를 맺게 되거나, 그러한 대상이나 일거리에 관심을 갖게 된다.

⑤ 산과 들이 백설로 뒤덮인 꿈

덮는 꿈의 상징은 영향력을 주는 것을 뜻한다. 온 세상이 눈으로 덮여있는 꿈은 새로운 이념이나 사상, 학문적인 업적, 사업적인 성취로 인하여, 세상을 감화시키고 계몽시킬 일이 있게 된다.

⑥ 눈과 비가 같이 오는 꿈

회사나 직장 내에서의 주도권의 다툼, 일의 혼란 등으로 인하여 일이 성사되지 않는다.

⑦ 눈을 맞고 걸어가는 꿈

탐스럽고 풍요로운 눈이 맞고 걸어가는 꿈인 경우에, 재물적인 이익이나 은택을 입게 된다.

⑧ 눈 덮인 산을 오르는 꿈

눈이 장애물의 상징으로 등장한 경우에, 힘든 여건에서 학문의 연구, 사업의 진행, 일의 난관을 극복하게 됨을 뜻한다. 이 경우에 정상에 오른 꿈은 성취와 성공을 예지해주는 길몽이다.

⑨ 눈을 치우는 꿈

장애물을 제거하는 일로 실현된다. 자기 세력권을 확장하고 사업기반을 닦거나, 가정이나 직장 등에서 문제점이나 골칫거리가 해결된다. 친척이 집 앞의 눈을 치워주는 꿈으로, 군 면제를 받게 되는 일로 실현된 사례가 있다.

⑩ 눈을 뭉쳐 덩어리를 만드는 꿈

저축, 사업자금의 축적과 조달, 학문적 성과의 집대성 등 성취를 이루기 위해서 애쓰는 일로 이루어진다.

⑪ 눈 위로 스키나 썰매를 타는 꿈

사업이나 학문 등에서 새로운 시도를 하게 되어 성취를 이루게 되며, 협상이나 입학·취직 등 새로운 시작의 일과 관계한다.

⑫ 눈 속에 앞서 간 사람의 발자국을 따라가는 꿈

어떠한 사업이나 학문적 연구에서 앞서 이름을 날렸던 지도자나 선구자·선각자의 업적을 추모하면서 추종할 일이 있게 된다.

⑬ 민속으로 전하는 눈에 관한 꿈

- 꿈에 눈이 몸에 떨어지면 만사가 좋다.
- 꿈에 얼음 위를 지나가면 모든 일이 뜻대로 안 된다.
- 꿈에 눈이 차가우면 경사가 있다.
- 꿈에 몸에 눈을 맞아 보면 만사가 이루어질 징조이다.
- 꿈에 눈이 펑펑 오면 재수가 좋다.
- 꿈에 서리와 눈이 내리면 대길하다.

(2) 실증사례

① 눈을 맞는 꿈 → 태몽

제가 직장을 다닐 때, 같은 회사에서 근무하는 언니가 꿔주신 거예요. 1월이었는데, 언니와 제가 커다란 옛날 사대부 집으로 들어갔다고 해요. 집에는 장독대가 있었고 온통 눈이 하얗게 뒤덮여 있었다고 해요. 하늘에서는 눈이 하염없이 내리고 있었는데, 제가 눈이 오는 마당 중간에 무릎 꿇고 앉아서 하늘에서 내리는 하얀 눈을 만세를 하고 맞고 있었다고 해요. 언니의 말에 의하면 분명 들어갈 때는 같이 들어갔는데, 그 이후부터는 저만 꿈속에서 보였다고 해요. 또, 제가 눈을 온몸으로 받아들인 것이 태몽 같다고 했어요. 전 이 꿈을 꾸고 아들을 낳았어요. 저희 아들이 또래 아이들과 다른 점은 어휘력이 풍부하다는 거예요.

이처럼 눈·비·무지개·구름 등 자연 현상에 관련된 태몽인 경우, 밝고 아름답고 신비하게 느껴지는 것이 좋은 태몽이다. 예를 들어 구름 위를 훨훨 날아다니는 태몽인 경우, 자신의 뜻을 펼치게 될 것을 예지해주는 좋은 꿈이다.

② 눈이 많이 내리지는 않고 밥알처럼 하늘에서 쏟아지던 꿈 → 태몽

2008 베이징 올림픽 혼합 복식 금메달리스트 이용대의 태몽이다. 어머니 꿈에 "눈이 많이 내리지는 않고, 밥알처럼 하늘에서 쏟아지는 꿈이었다."

≪바람(폭풍)≫

바람은 외부의 강력한 영향력·파괴력·기세·능력·세력·유행성·압력 등을 상징하고 있으며, 바람이 세차게 불어오는 꿈은 어려운 시련과 역경에 처하게 됨을 예지한다. 꿈의 상징과 관습적인 언어 상징, 문학적 상징이 서로 일맥상통한다고 누차 말한 바 있다. 문학적인 상징이나 비유로써도, 바람은 "시련, 고난'을 비유적으로 상징하고 있다. 서정주는 그의 〈자화상〉이란 시에서 '나를 키운 것은 팔 할이 바람이었다."라고 말하고 있는바, 어려움과 고난 속에 삶을 살아왔다고 밝히고 있다. 민속의 꿈에도, 사나운 바람이 불면 사람이 죽는다고 전해오고 있듯이, 바람은 고통과 시련의 부정적인 상징으로 등장하고 있다. 한편 바람은 자유로움의 존재를 뜻하기도 한다. "그물에 걸리지 않는 바람과 같이 무소의 뿔처럼 혼자서 가라."는 말에서 알 수 있듯이, 자유로움과 얽매임이 없는 자유의 존재를 상징하고 있기도 하다.

① 가랑잎·솔가리 등이 바람에 날려와 마당에 가득 쌓이는 꿈

땔감의 상징으로, 뜻하지 않게 외적인 여건에 의해서 사업 자금을 확보하게 되거나, 재물과 이권을 얻게 된다.

② 바람에 의해 옷·모자 소지품이 날아가는 꿈

외부적인 압박이나 영향력 또는 타의에 의해 정신적·물질적인 손실을 가져오거나, 자신의 권위와 직위가 추락하게 된다.

③ 태풍·파도 등으로 집·나무 등이 쓰러지는 꿈

일반적으로 외부의 급격한 충격으로 회사가 부도나거나, 신체에 질병이 들게 되는 일로 실현된다. 태풍이 불어 파도가 사납거나 집·나무·사람 등이 쓰러지는 꿈은 자신이 파도나 태풍의 상징 표상이라면 권세와 능력을 과시할 일이 생기나, 자신이 나무·집·사람 등의 표상이라면 환란·고통의 일과 관계하기도 한다. 폭풍

이 부는데 일을 진행하면, 사회적 또는 상부의 압력으로 일의 진행이 난관에 봉착한다.

④ 바람으로 불길이 더욱 치솟는 꿈

외부적인 지원이나 영향으로 인하여, 어떠한 사업이나 일거리·대상에 더욱 활발하게 번창한다.

⑤ 비바람이 사납게 몰아치는 꿈

국가적 사회적 변란, 교통사고 등 신체적인 위협, 사업이나 학문적 연구 등의 실패 등 좋지 않은 일로 실현된다.

⑥ 돛단배가 바람에 잘 가는 꿈

돛단배로 상징된 자그마한 회사나 구멍가게의 운영이 순조롭게 나아감을 상징한다. 이 밖에도 사업의 진행이나 학문적 연구 등에 협조자의 전폭적인 지원이나, 다행스러운 외부적 여건으로 인하여 순조로운 진행이 이루어진다.

⑦ 바람(미풍)이 불어 상쾌한 꿈

데이트 및 애정 관련하여 행복한 시간이 이어지며, 어떠한 일거리나 대상에 만족을 느끼고 감화를 받을 일이 있게 된다.

⑧ 바람으로 고목이 쓰러지는 꿈

사람의 상징인 경우에, 고목으로 상징된 집안의 어른이나 경험 많은 훌륭한 인재 등이 질병·사고 등으로 화를 입게 되며, 일거리·대상의 상징인 경우에는 외부적인 악영향으로 진행하는 프로젝트나 사업 등이 몰락하게 된다. 기타 처한 상황에 따라 재산의 손실, 연원이 오래된 회사·기관·단체나 국가의 패망 등으로 실현된다.

⑨ 바람에 날려 집이 공중에 뜬 꿈

흉몽이다. 자기 집이 바람에 날려 공중에 뜨면, 집으로 상징된 회사가 부도나거나, 자신의 사업기반이나 직위 등을 상실한다. 다만, 집 또는 자신이 바람에 의해서 공중을 날아다니면서 상쾌함을 느낀 경우에는 세상에 과시할 일이나 좋은 명예가 있게 되며, 환자의 경우 병세의 호전 등을 암시하기도 한다.

⑩ 바람에 날려가는 꿈

곡식이나 비료 등이 바람에 날아가는 꿈은 재물의 손실로 이루어진다. 타고 남은 재가 바람에 날려 사라지는 꿈은 사건의 증거 등이 없어진다.

⑪ 창문으로 들어오는 바람이 차갑게 느껴졌던 꿈(실증사례)

장차 난해한 철학 서적을 읽게 될 것을 예지한 꿈이었다. 꿈의 오묘한 상징이 펼쳐지고 있는바, 이렇게 어떠한 사물이 아닌 꿈속의 느낌 정황까지도 상징적인 의미를 지니고 전개되고 있음을 알 수 있겠다.

⑫ 꿈속에서 바람 소리가 크게 들려 깨어나는 꿈

운전 중에 깜박 졸던 중에, 바람 소리에 놀라 깨어난 순간 대형 트럭과 정면충돌의 위험에서 벗어나는 일로 실현될 수 있겠다. 또는 주변에 가스중독이나 화재 위험 등 위급한 일이 다가오고 있는 경우가 있다. 이 경우 잠재의식의 정신활동이 꿈을 통해 일깨워준 것이라고 보면 된다.

⑬ 매서운 바람이 불어온 꿈(실증사례) → 교통사고를 당하다.

이제껏 한번 겪어보지 못한 매서운 바람이 저의 집안으로 불어닥치고 있었습니다. 바람이 어찌나 매섭게 휘몰아치던지, 집안의 모든 것을 밖으로 날려버리고 있었습니다. 저는 '절대로 밀리면 안 되겠다' 싶어, 젖먹던 힘으로 바람에 대항하였습니다. 얼마 후 바람은 사라져 버렸고, 저는 마음의 평정심을 되찾았습니다.

꿈을 꾼 며칠 뒤 트럭과 제 바이크가 충돌을 하였고, 저는 병원으로 후송되었습니다. 다행히 모든 안전 장구를 갖추었기에 별달리 다친 곳은 없었지만, 보상금도 한 푼 없이 바이크가 폐차되었고, 일도 엉망이 되어 얼마간 심적 고통을 겪다가, 지금은 모든 것을 잊고 다시 시작하고 있습니다.

사이트 이용자의 꿈체험기이다. 얼마 후 '바람이 사라져 버린' 꿈의 상징적 의미에서 알 수 있듯이 시련이 극복될 것임을 보여주고 있다.

≪우박≫

우박이 쌓이면 정신적·물질적인 성과가 있고, 싸락눈이 내리면 시끄럽고 허무한 일과 관계한다. 이는 고(故) 한건덕 선생님의 해몽인바, 우박이 좋게는 정신적·물질적 성과로 이루어질 수 있지만, 반면에 농작물에 막대한 피해를 끼친다는 점에서 국가적·사회적 변란 등 부정적인 외부적인 영향력을 상징할 수 있겠다. 싸락눈은 눈 같지 않은 실속 없는 눈이기에, 시끄럽고 허무한 일과 관련을 맺는 일로 실현될 가능성이 높다고 하겠다.

≪서리≫

'추상(秋霜)같은 호령'이란 말이 있듯이, 서리는 농작물에 막대한 피해를 준다. 이처럼 서리가 내리는 꿈은 위협적이고 두려운 상징적 의미를 지닌다. 따라서 재물에 손실을 보게 되거나, 사업이나 가계의 운영이 위축되고, 시련과 어려움에 빠지게 된다.

≪이슬≫

문학적인 상징으로 이슬은 맑고 깨끗하고 고결한 존재, 순간적이고 찰나적인 존재 등으로 볼 수 있듯이, 상징적으로도 순간적이면서, 순수하고 아름다움의 의미를 지니고 있다.

① 풀잎에 이슬이 내려 있는 것을 보는 꿈

사업이나 일거리·대상에서 실속 없는 무가치한 일로 이루어진다.

② 이슬방울을 마시는 꿈

고귀한 일거리·대상에 나아가게 되며, 정신적 감화를 받게 된다. 그러나 목이 마르는데도 갈증을 해소시키지 못하는 꿈은 입학·취직·사업이나 일거리·대상에서 뜻하는 대로 이루지 못하게 된다.

≪얼음(얼은 것)≫

얼음은 정지, 침체, 현상 유지 등 동결된 상태에 있음을 뜻한다.

① 얼음을 사오는 꿈

얼음으로 상징된 재물적 이익을 얻게 된다.

② 살얼음이 언 것을 보는 꿈

일의 진행에 있어 일정 기간의 시일이 지나야 이루어짐을 뜻한다.

③ 얼어붙은 논, 강 등을 걷는 꿈

살얼음이 언 강을 무난히 건너는 꿈을 꾼 회사원은 감원될 것을 두려워했으나 오히려 영전되는 일로 실현된 사례가 있다. 얼음은 시련과 고난의 상징으로, 이처럼 얼음의 강을 무사히 건너는 꿈은 극복하기 힘든 어떤 일거리나 대상을 극복하는 일로 이루어진다. 또한 조심스럽게 걷는 꿈은 어떠한 사업이나 청탁을 신중하게 추진하게 되는 일로 실현된다.

④ 사물이나 대상이 얼어붙은 것을 보는 꿈

침체·동결의 상징적 의미로, 회사나 기관·단체의 지지부진, 연구 활동의 중지, 탐색이나 조사가 중지되는 일로 실현된다.

⑤ 얼음을 깨고 목욕한 꿈

얼음을 깨고 그 속에 들어가 몸을 씻는데 물이 따뜻하게 느껴지는 경우에, 타개하기 어려운 일이 성사됨을 예지한다.

⑥ 얼음 위에서 미끄러지는 꿈(실증사례) → 돈 쓸 일이 많아짐

> 강인지 연못인지 얼음이 꽁꽁 얼어 있었습니다. 걷다가 미끄러지는 꿈을 꾼 후에, 자꾸만 돈이 모이지 않고 쓸 일만 생겼습니다. (글: 서경애)

≪우레(천둥)≫

우레라는 말은 '울다의 [울+게], [울에], [우레]에서 유래된 우리말로, '우뢰(雨雷)'라는 한자어는 잘못된 표현이다. 대기 중의 방전 현상(放電現象)으로, 번개가 친 다음에 하늘에 크게 울리는 소리로 천둥이라도 한다. 따라서 우레나 번개는 국가적·사회적 변혁 등 외부의 급격한 충격적인 사건이 다가옴을 상징하고 있다. 이 밖에도 종교나 사상·문화 면에서 사회적으로 큰 영향을 끼치는 사건이 일어남을 뜻한다.

① 우레가 사방에서 일어나는 것을 보는 꿈

사람들의 관심을 끌 사건이나 일들이 여기저기 일어나게 되며, 소문과 명성을 떨칠 일이 생긴다.

② 우레가 멀리서 들려오는 꿈

시일이 일정 기간 지난 뒤나, 먼 지역에서 어떤 커다란 충격적인 일이 전해옴을 뜻한다.

③ 우레와 더불어 번개가 치는 꿈

국가적·사회적으로 명성을 크게 떨칠 일과 관계한다. 안 좋게는 사회적 혼란이나 변혁이 일어나게 된다.

≪벼락(번개)≫

벼락은 충격적인 사건의 알림, 통지, 일깨움을 상징한다.

① 검은 구름에서 번개가 잦은 꿈

번개로 상징된 외부적 영향력이 미쳐옴을 뜻한다. 예를 들어, 저자의 경우에 출판물에 대하여 수십 차례의 선전광고가 있는 것을 보게 되거나, 좋은 서평 등을 읽게 된다.

② 번갯불에 하늘이 번쩍이는 꿈

종교·진리·학문 등으로 사회를 변혁시키게 되거나, 획기적인 법률 제도 등이 시행되는 일로 실현된다.

③ 번개가 창문이나 방안, 자기 몸 등에 비치는 꿈

운세가 호전되고 부귀해지며 기쁜 소식이 온다.

④ 벼락을 맞아 나무가 부러진 꿈

나무로 상징된 회사, 기관, 단체의 몰락을 보게 된다. 이 밖에도, 벼락으로 상징된 교통사고 등으로 인하여, 나무로 상징된 사람이 신체를 다치게 되는 일도 가능하다.

⑤ 벼락을 맞아 죽는 꿈

최고의 명예와 영광을 지닌 인물로 급작스러우면서도 새롭게 태어나는 일로 실현된다.

⑥ 벼락이 치는 꿈(실증사례)

벼락이 치는 꿈으로 뜻하지 않은 재물을 획득하게 된 사례가 있다. 또한 외국의 알렉산더 대왕의 태몽이 몸에 벼락을 맞는 꿈으로 태어난바, 번개가 온 세상을 비추듯 온 세상에 그의 이름이 빛나게 되고 있다.

⑦ 우레·번개에 관한 민속 꿈

- 꿈에 우레가 땅을 진동하면 만사가 여의하다.

- 꿈에 우렛소리에 놀라 이사하면 길하다.

- 꿈에 몸에 벼락을 맞으면 재수가 좋다.

≪무지개≫

무지개는 길하고 경사스러우며 명예로운 일, 인기, 희망, 광명, 애정 등 선망의 일거리나 대상과 명예와 부귀를 상징한다. 결혼·경사·결연·과시 등을 상징하기도 한다. 무지개가 아름답게 빛나는 것을 보는 꿈은 소망이 성취되며, 명예를 얻고 성취를 이루어내는 좋은 일로 이루어진다. 또한 무지개를 보는 꿈이 남녀 간의 애정과 연분 맺음으로 이루어지며, 가임여건에서 태몽으로 실현되기도 한다.

① 무지개를 보는 꿈

경사스럽고 명예로운 일, 선망의 대상, 결혼, 결연, 과시 등을 상징한다.

② 무지개가 자기 집이나 우물에 걸린 꿈

애정과 관련하여 연분을 맺게 되거나, 명예와 영광을 얻는 일로 이루어진다.

③ 무지개의 중간이 끊어지거나 희미해지는 꿈

혼담이나 애정의 파탄, 결연이나 집회 등이 무산되는 일로 실현된다.

④ 무지개를 타고 선녀가 내려오는 꿈

귀인과의 인연이 맺어지게 되며, 부귀와 명예로움에 나아가게 된다.

⑤ 쌍무지개가 뜬 것을 보는 꿈

미혼의 경우 연분이 맺어지게 되며, 두 개의 사업분야나 일거리·대상에서 성취를 이루게 된다.

⑥ 무지개·꽃·불·보석 등 밝고 빛나는 대상을 보는 꿈

어떠한 사물이 밝고 빛나는 꿈은 좋은 길몽이다. 각기 처한 상황에 따라 기쁜 일과 성취를 이루어내는 일로 이루어지는바, 대학에 합격한 사례가 있다.

⑦ 눈·비·무지개·구름 등 자연 현상에 관련된 꿈

태몽인 경우, 밝고 아름답고 신비하게 느껴지는 것이 좋은 태몽이다.

⑧ 무지개를 향해 달려가는 꿈

태몽인 경우에, 장차 태아가 인기인이나 유명인으로서 매스컴을 타게 된다. 시냇가에 피어난 무지개 태몽으로 딸을 출산한 사례가 있는바, 무지개는 화려함과 아름다움의 여성적 표상에 가까우나, 이 역시 절대적인 것은 아니다.

⑨ 잉꼬가 부화시킨 새끼가 무지개 색을 띠며 노래 부르는 꿈(실증사례) → 복권 당첨

풍요로움과 함께 아름다움이 나타나 있으며, 이렇게 꿈속에서 아름다운 경치

나 사물을 보는 것은 현실에서도 복권 당첨의 좋은 결과로 실현되고 있다.

⑩ 밤길에 무지개가 펼쳐지는 꿈(실증사례) → 대입 합격

"수능 이틀 전에 꿈을 꿨죠. 밤이었습니다. 가족들과 함께 길을 걷고 있는데, 정말 아름다운 무지개가 제 앞에 쫘아악 펼쳐지는 거예요. 그 후 원하던 대학에 들어갔습니다."

상징적인 미래 예지 꿈으로 장차 앞으로 밝은 일이 있게 될 것을 예지해주고 있다. 꿈은 반대가 아니며 오직 상징 표상의 이해에 있다. 아름다움, 풍요로움의 표상을 갖는 꿈은 현실에서 자신의 처한 상황에 따라 좋게 이루어지고 있다.

⑪ 무지개가 떠 있는 꿈(실증사례) → 가수 혜은이 태몽

비가 오는 날 날씨가 개어 문을 열고 밖을 내다보았다. 이때 눈에 확 들어오는 것은 오색찬란한 무지개가 시야 가득히 좌우로 걸쳐있는 것이었다.

가수 혜은이의 태몽이다. 무지개를 한자(漢字)로 나타내면, 虹(무지개 홍)으로, '벌레 충' 변이 있다. 여기서 알 수 있듯이 옛사람들은 무지개가 자연 현상이 아니라 신비로운 벌레가 어떠한 조화를 부려내는 것으로 인식했다. 무지개는 찬란한 아름다움과 신비로움으로, 여성적 속성에 가까워 대부분 여아 탄생으로 실현되고 있다. 또한 무지개는 많은 사람들이 우러러보는 신비의 대상으로, 인생길에 있어 찬란하고 고귀한 일생이 펼쳐짐을 예지해주고 있는바, 맑은 음색의 뛰어난 가창력으로 많은 사람들에게 사랑을 받고 있는 오늘날의 운명의 길을 보여주고 있다고 해야 할 것이다.

⑫ 무지개를 보는 꿈(태몽 사례)

* 임신인 듯 생각은 하고 있었지만, 확실한 검사를 받기 전이었어요. 남편이 꿈을 꿨는데, 혼자서 낯선 길을 가고 있었다고 해요. 그런데 산 중턱에 무지개가 떠 있어서, 남편이 그것을 보고 가까이서 보기 위하여 산 중턱으로 다가갔다고 합니다. 결국 무지개를 봤는데, 현실에서 보는 것과 같이 색이 선명한 컬러로 되어 있었다고 해요. 아직 출산을 하지 않아서 잘 모르겠지만, 주위 분들은 무지개 꿈이니 딸일 것 같다고 합니다.

* 산이더라고요. 근데 그 산에 무지개가 떠 있는 거예요. 그것도 두 개가, 너무 예뻐서 보고 있는데. 저의 친정엄마가 저를 부르면서 저기 보라고 그러더라고요. 그래서 엄마가 가리킨 곳을 쳐다보니, 정말 크고 밝은 무지개가 있는 거 아니겠어요. 제가 처음에 본 무지개의 두 배가 되겠네요. 그럼 총 무지개 3개를 본 거죠.---신비, 이지데이, 태몽 이야기 방.

＊ 신랑이 꾼 태몽인데요. 직원들하고 하늘을 쳐다보니, 해가 비치면서 일곱 빛깔의 무지개가 땅에서부터 하늘까지 일직선으로 쫙 펼쳐졌다네요. 구름도 뭉게구름이 많고, 색깔도 선명하고, 지금 9주 되었어요.---엔젤, 다음 미즈넷.

＊ 하늘의 무지개로 걸어 올라간 꿈

　제가 임신인지 검사받으러 병원에 가기 전에, 딸아이가 전날 밤에 꾼 꿈이야기를 하더라고요. "하늘에 커다란 무지개가 떠 있는데, 자기가 거기를 걸어서 올라갔다고 해요." 그 꿈을 똑같이 두 번 꿨대요. 그날 아이에게 엄마가 병원 다녀온 이야기는 하지 않았어요. 병원 다녀와서 임신 사실에 대해서는 딸아이에게는 일체 함구했는데, 아이가 저보고 그러네요. "엄마, 아기 가졌지?" 이래요. 무서운 우리 딸. 그래서, 사실대로 말해줬죠.---쿨아쿠아, 다음 미즈넷, 2008. 02. 12.

이렇게 똑같은 꿈을 두 번이나 꾼 경우, 무지개처럼 자연물이 태몽 표상이 될 수 있는바, 생생한 꿈이라면 태몽임이 틀림없다. 태몽을 부모 친지나 주변 인물이 대신 꿔주기도 하지만, 이렇게 자신의 딸이 대신 꾸는 사례가 특이하여 소개해 보았다.

무지개 태몽은 장차 선망의 대상이 되는 인기인이나 유명인이 될 것을 예지한다. 무지개는 많은 사람들이 우러러보는 신비의 대상으로, 인생길에 있어 찬란하고 고귀한 일생이 펼쳐짐을 예지해 주고 있다.

⑬ 겨드랑이에서 무지개가 일어나는 꿈(실증사례) → 귀한 직위에 오르게 됨.

고려 시대 이의민은 오색 무지개가 양편 겨드랑이에서 일어나는 꿈을 꾼 후에, 꿈의 상서로움을 알고 자부심이 강하였으며, 꿈의 예지대로 천한 신분에서 대장군의 직위에까지 나아가는 것으로 실현되고 있다.

⑭ 샘물터에 무지개가 서 있는 꿈(실증사례) → 연분을 맺게 되다.

무지개로 상징된 밝음과 기쁨의 이미지대로 이루어진다. 선인의 꿈 사례로, 꿈을 꾼 처녀가 우물에 물을 길으러 갔다가, 지나가던 선비가 물을 얻어먹기를 청하게 되고, 이를 계기로 선비와 인연을 맺는 일로 실현되고 있다. 이처럼 미혼의 남녀라면, 무지개 꿈은 좋은 배필을 만나게 되는 인연을 맺게 된다.

≪동물, 나무, 꽃의 오색 빛에 관한 꿈≫

① 동물·나무·꽃 등에서 오색찬란한 빛이 나는 꿈

명예로움, 영광됨, 부귀한 여건에 처하게 된다.

② 오색찬란한 빛이 인도하는 꿈

종교적 감화, 진리의 깨달음, 고승이나 목사, 정신적 지도자 등의 도움으로 명예와 부귀를 누리게 되며, 밝은 앞날이 펼쳐지게 된다.

③ 오로라 빛을 보는 꿈

진리의 깨달음, 종교적 감화를 얻게 된다. 또한 학문적 성취, 사업의 성공, 명예의 드날림 등 밝고 좋은 일로 이루어진다.

④ 오색찬란한 조명등·네온사인·폭죽의 꿈

명예롭고 경사스러운 일, 선망의 대상이 되는 사람이나 대상과 관련이 맺어지게 된다.

4) 자연 현상−물, 우물, 샘물, 온천, 수도, 내·강, 폭포, 호수, 바다, 파도, 해일, 불(화재), 연기, 빛(광선)·밝음, 그림자·어둠, 열(熱)

≪물≫

(1) 물 꿈에 관하여

물은 맑은 물이냐 흐린 물이냐의 여부, 어디에 쓰이는가, 깊고 얕음, 물의 형태 여하에 따라 다르게 실현되고 있다. 가장 많게는 맑은 물은 재물이나 이권의 상징으로 쓰이고 있으며, 생활기반 및 소원 충족 여부와 관계한 상징물이다. 따라서 맑은 물속에 달이나 해가 비치는 꿈은 좋은 꿈이다. 달이나 해로 상징된 사람이나 권세의 은택을 입게 되는 일로 실현된다. 하지만 흙탕물 등은 사고나 질병에 관련되어 실현되기도 한다. 물에 빠지는 꿈이 교통사고 등으로 실현된 사례도 있다. 가장 중요한 것은 꿈속에서 물을 보고 어떻게 느꼈는가에 달려 있다고 하겠다.

(2) 재물의 상징

물이 우리 인간이 살아가는 데 없어서는 안 되는 소중한 자산이며, 특히 농사를 짓는 데 있어서 소중한 자원이기에, 똥·오줌과 더불어 물은 재물의 상징으로 많이 실현되고 있다. 따라서 호수나 강이 얼어 있거나 물이 얼어있는 꿈은 재물의 상징인 경우에는 사업자금이 동결되거나 정체되는 안 좋은 꿈이다. 로또(복권) 당첨 사례에 물과 관련된 꿈이 상당수 있다. 연예인 설리는 SBS TV 「강심장」에서, "꿈에서 물을 보면 항상 좋은 일이 생겼다."라며 물꿈을 꾸고 의외의 횡재를 얻었던 사연을 털어놓기도 했다.

① 물을 길어오는 꿈

물을 길어오는 꿈은 재물적 이익을 얻는 일로 실현된다. 이 경우에 가져온 양에 비례하여 재물이 생기게 되는 일로 실현된다. 경우에 따라 자신이 바라던 소원이 성취되는 일로 이루어진다. 또한 일부분만을 떠 오는 꿈이었다면, 부분적으로 성취되는 일로 이루어진다. 물을 떠오는 것이 공동우물 등에서 가져오는 것이라면, 공적인 기관이나 단체 등을 통해서 재물의 획득이나 성취가 이루어진다. 자신 집의 빈 독에 사람들이 물을 길어다 주는 꿈은 여러 사람이나 대상으로부터 재물적 혜택을 입게 됨을 뜻한다.

② 물이 넘쳐흐르는 꿈

물이 넘쳐흐르는 것에 중점을 둔 경우, 과욕·재물의 손실 등을 체험한다. 그러나 그릇 등에 물이 넘치도록 풍요로운 표상에 중점을 둘 경우에 재물 등의 융성 등과 관련된다.

③ 물이 가득한 꿈

집안의 부엌이나 우물·항아리·물탱크에 물이 가득 찬 것을 보는 꿈은 처한 상황에 따라 각기 달리 이루어지지만, 공통으로 여러 곳에서 재물적인 이익을 얻는 일로 이루어진다.

④ 물이 터져 나오는 꿈

마당에서 샘물이 솟아나거나 수도에서도 물이 콸콸 쏟아져 나오는 꿈은 재물의 횡재수로 실현되거나, 사업 경영에서 막대한 이익을 얻게 된다.

⑤ 항아리나 그릇의 물이 새는 것을 살피는 꿈

가계나 회사의 각 부서, 기타 사업 경영에서 헛되이 나가는 돈이 없는지를 살펴보게 된다.

⑥ 물이 없어지거나 말라버린 꿈

그릇의 물이 엎질러지거나 말라버린 꿈은 좋지가 않다. 물이 재물의 상징인 경우에 재물이 없어지거나, 아무리 노력해도 재물이 모이지 않고 소비되는 일로 이루어진다. 재물의 손실이 아니더라도, 처한 상황에 따라, 소원의 좌절이나 회담의 실패 등 만족스럽지 못한 일로 이루어진다.

⑦ 항아리나 독의 물이 새서 없어지는 꿈

재물의 손실 등으로 이루어진다. 아무리 노력해도, 방해되는 여건이나 뜻밖의 일들로 인하여, 재물을 헛되이 쓸 일이 생겨나 저축 등을 할 수가 없게 된다.

⑧ 물통 속에 물이 없던 꿈

사업 자금이 바닥나게 되거나, 가계의 자산이나 통장이 텅텅 비는 상황에 처하게 된다. 사업을 하더라도 사기 등을 당하게 되어 실속이 없는 일이 된다.

⑨ 곗돈을 탈 사람 집에 물 초롱을 메고 갔지만 물이 나오지 않았던 꿈(실증사례)

곗돈을 받지 못하게 되는 일로 실현되었다.

⑩ 둘이서 물이 든 궤짝을 맞들고 오는 꿈(실증사례)

두 사람이 연탄을 실어오는 것으로 실현되었다.(70년대의 꿈이야기임)

⑪ 길어 놓은 네 초롱의 물 중 두 초롱을 상대방이 가져간 꿈(실증사례)

남편이 4만 원 봉급에서 2만 원만 가져오는 것으로 실현되었다.(70년대의 꿈이야기임)

⑫ 컵에 샘물을 받아 마신 꿈 → 노름으로 적은 돈을 따다.

시골 동네인 듯한데, 마을 한복판에 있는 공동 샘의 한쪽에 구멍이 뚫려 물이 그곳으로 졸졸 흘러나오고 있었다. 그래서 나는 옆에 놓여 있던 컵에 그 물을 받아서 맛있게 마셨다. 나는 재물이 생길 꿈으로 받아들였다. 그런데 그날 돌잔치 집에서 고스톱을 치는데 생각과는 달리 잃는 것이었다. 그러나 꿈의 예지를 믿고 있었기에 걱정하지 않았다. 결국은 꿈의 예지대로, 마지막 십여 분만에 연속으로 이기게 되어, 3~4만 원을 따게 되었다. 꿈에 물 한 잔을 맛있게 마셨듯이, 적은 돈이나마 따서 기분이 좋았던 것이다.(글: 김하원, 『개꿈은 없다』)

⑬ 계곡에 고인 물이 새나가려는 것을 막는 꿈(실증사례) → 로또 당첨

2003년도에 65억 7천만 원짜리 로또에 당첨된 경기도 남양주시에 사는 40대 남성인 J 씨는 물꿈을 꾸고 당첨되었다. 당첨을 예감하는 꿈을 꾼 적이 있느냐는

질문에, "용꿈이나 돼지꿈은 꾸지 않았지만, 복권을 산 뒤 계곡에 고인 물이 새나가려는 것을 막는 꿈을 꾸다 새벽에 눈을 뜬 적은 있다."고 말하고 있다. 이처럼 맑은 물이 재물의 상징으로 실현되고 있다.

이 밖에도 꿈의 상징에서 재물을 상징하는 것들로 쌀·연탄·소금·된장·나무·물고기 등등을 들 수 있는바, 이러한 것을 가져오는 꿈이나 얻는 꿈은 현실에서 재물을 얻는 일로 이루어지고 있다.

⑭ 물이 말라버린 꿈(실증사례) → 자동차 계약에서 손실

"이사할 날만 기다리는데 또 꿈을 꾸었어요. 큰 강물이었는데 많은 사람들이 물놀이를 하고 놀았어요. 여름이었는데, 우리 가족들은 점심을 먹은 것 같습니다. 저는 설거지를 하려고 물속에 들어갔어요. 물은 허리쯤 찼는데 어찌나 빠르게 마르는지요. 엉덩이 허벅지 무릎 발목 강바닥이 드러나는 거예요. 수저 등을 씻기 위해 모래 웅덩이를 파서 씻었던 거예요. 아무튼 그 물이 다 말라 버린 꿈이었어요."

독자의 꿈체험기이다. 이처럼 물이 말라버린 표상이 안 좋다. 꿈을 꾸고 나서 차를 계약하는 단계에서 손해를 보게 되는 일로 실현되었다.

⑮ 하늘에서 쏟아지는 물줄기를 받아 하수도로 흘려보낸 꿈 → 사업은 성공했으나, 돈을 크게 모으지 못함

지금부터 14년 전의 꿈이야기입니다. 당시 저희는 생활이 잠시 어려웠고, 새로운 사업을 구상 중이었습니다. 그러는 가운데 제가 꿈을 꿨죠. 지금도 어제 꾼 꿈처럼 생생합니다.

제가 어린 시절 살던 마을 집 뒤에, 밭이 엄청 넓게 펼쳐져 있었죠. 헌데 꿈에 가뭄이 들어, 땅이 쩍쩍 갈라지고 있었어요. 저는 하늘에 대고 비를 달라고 기도를 했죠. 헌데 하늘에서 물줄기가 서서히 내리더니, 아예 물이 쏟아져 내리는 거예요. 밭은 온통 물바다를 이루고, 마을 사람들은 물동이를 가지고 나와 물을 길어 나르느라 바빴지요. 하늘에서 쏟아지는 물줄기가 지금도 눈에 선합니다. 저는 호수를 가져다 물을 부엌으로 끌어들였는데, 생각해 보니 그릇에 물을 담지 않고, 끌어들인 물을 하수도로 흘려보내 버렸어요. 그 후 처음 시작하는 사업치곤 정말 잘 됐어요.

직원들이 30명이 넘었는데, 당시 모두 300만 원 이상씩 수입을 가져갔죠. 5년에서 6년 정도 저희 직장에서 일하고 집을 산 직원도 여러 명이죠. 지금도 14년째 일하는 직원이 여러 명 있지만, 헌데 저희는 그렇게 사업이 잘되도, 직원들이 돈을 번 만큼 모으

질 못 했어요. 왜 그리 돈이 나갈 곳이 많은지 이상한 일이죠. 이제 생각하니, 하수구로 물을 모두 흘려보내 버린 것 때문인 것 같아요. 지금도 사업은 꾸준하기는 해요. 그 14년 전의 꿈이 지금까지의 우리 삶을 보여주는 예지몽인 것 같아요. 제 생각입니다.---화초

(3) 소원의 성취 여부

① 물을 맛있게 먹는 꿈이 좋다.

흡족한 성취나 재물적 이익을 얻게 된다. 조금 마시는 꿈인 경우에, 재물적 이익이 최소화된다. 이 경우에 어떤 일이 성사되더라도 불만스러운 처지에 놓이게 된다.

② 뜨거운 물을 마시는 꿈

심적인 수고로움이 있는 정신적·물질적인 사업이 성사된다.

③ 물의 양과 깊이를 재어 보는 꿈

사업이나 가계 운영에 있어 투자 수익금을 살피게 되거나, 누군가를 통해서 어떤 일을 청탁할 기관이나 대상을 물색하게 된다.

④ 물이 치솟아 올라가는 꿈

물이 분수처럼 높이 치솟는 것이 인상 깊었던 꿈을 꾼 저자의 경우에, 작품이나 업적을 과시하며 선전광고를 계속하는 일로 실현되었다.

⑤ 공중에 기둥 같은 물줄기가 뻗어 물이 온 동네에 뿌려지는 꿈(실증사례)

물줄기로 상징된 감화력을 펼치게 된다. 꿈을 꾼 저자의 경우에, 일간지에 작품이 실려 세상 사람에게 감명을 주게 되는 일로 실현되었다.

⑥ 땅에서 물이 솟아오른 꿈(실증사례)

꿈에서 친구들이랑 산에 올라갔는데, 그 산에서 삽으로 친구들이랑 땅을 막 파기 시작했어요. 그런데 그 땅에서 갑자기 물이 엄청 콸콸 솟아올랐는데, 이날 중간고사를 전교 2등 했어요.

(4) 사건 사고의 상징

① 흙탕물에 솥이 떠내려가는 꿈(실증사례)

어느 아내가 꾼 꿈으로, 좋지 않은 꿈이다. 다음 날 남편이 수술 중에 사망하

는 것으로 실현되었다.

② 물벼락을 맞는 꿈(실증사례)

그 다음 날 우산을 가져오지 않아, 비에 쫄딱 젖는 일로 실현된 사례가 있다.

(5) 민속의 물에 관한 꿈

① 민속의 맑은 물 꿈

- 꿈에 맑고 깨끗한 물을 보면 하고자 하는 일이 잘 이루어진다.

- 꿈에 맑은 물을 보면 그 날 재수가 좋다.

- 꿈에 맑은 물을 보면 부자가 된다.

- 꿈에 맑은 물을 보면 재수 있고, 흐린 물을 보면 재수 없다.

- 꿈에 맑은 물에 수영하면 그 날 좋은 일이 생긴다.

- 꿈에 물을 보면 돈이 생긴다.

- 꿈에 물이 솥 밑에서 나오면 재물을 얻을 징조다.

- 꿈에 흐르는 물이 몸을 둘러싸면 좋다.

② 민속의 (흐린) 흙탕물 꿈

- 꿈에 흙탕물을 보면 화를 입는다.

- 꿈에 흙탕물에 빠지면 아주 재수가 없다.

- 꿈에 흙탕물을 보면 근심이 생긴다(재수 없다).

- 꿈에 흙탕물을 보면 집안에 우환이 있다.

- 꿈에 흐린 물이 내려간 것을 보면 좋지 않다.

《우물》

우물은 은행, 재물의 원천, 정신적 또는 물질적인 소원을 충족시키는 회사·기관·사업체·관청 등을 상징한다.

① 우물에 물이 가득한 꿈

좋은 꿈이다. 경제적으로 풍족한 여건에 처하게 된다.

② 우물이 마른 꿈

우물이 말라 물이 나오지 않는 꿈은 흉몽이다. 집안의 재정이나 회사·단체·기관의 재원이나 자금이 고갈되어 어려움에 빠지게 된다.

③ 우물물을 떠서 손발을 씻는 꿈

근심·걱정이 사라지고, 결혼·청탁·입학 등에 관한 문제가 해결된다.

④ 우물물이 처음에는 흐려져 못 마시다가 나중에 맑아져서 떠 마시는 꿈

소원·결혼·취직 등의 일이 난관에 부딪혔다가 성사된다. 또한 처음에는 경제적으로 어렵다가, 점차 회복되어 여유로움에 처하게 된다. 예를 들어, 새로 개업한 가게가 어려움을 겪다가 점차로 나아지는 일로 이루어진다.

⑤ 우물물이 뒤집혀 흙탕물이나 더러운 물이 된 꿈

흉몽이다. 가정이나 회사·기관에 근심·걱정이 생기게 되거나, 부정한 일에 관련되며 우환·소란 등의 일이 생긴다.

⑥ 우물에 들어가는 꿈

회사나 기관에 취직하게 된다. 그러나 타의에 의해 우물에 빠지는 경우, 감옥에 들어가게 되거나 모함에 빠지게 된다.

⑦ 우물을 찾는 꿈

처한 상황에 따라 달리 실현된다. 취직 및 사업에 관련하여 청탁할 기관이나 회사를 물색하고자 하는 일로 이루어진다. 이 경우에 여러 개의 우물을 지나는 꿈은 여러 곳에 이력서를 넣게 되거나 직장을 전전하게 된다. 또한 재물과 관련하여 성공할 만한 사업 아이템을 찾아내 시도하는 일로 이루어진다. 학자와 관련해서는 논문의 주제를 찾거나 논문 자료를 수집하는 일로 이루어진다.

⑧ 시체를 우물에 넣고 묻어 버리는 꿈

어떠한 사업의 성취를 은밀하게 처리하게 된다.

⑨ 우물 속에 동물 또는 물고기를 넣어 키우려 하는 꿈

큰 기관이나 회사 등에서 성공하게 될 것을 예지한다. 또는 우물로 상징된 은행이나 증권회사 등에 투자를 하여, 이익을 내는 일로도 실현 가능하다.

⑩ 용이 우물에 들어가는 것을 보는 꿈

용으로 상징된 사람이 큰 벼슬을 하게 되거나, 감옥에 들어가게 된다. 용이 일거리나 대상의 상징인 경우에는 어느 기관에 의해 사업이나 작품이 채택되기도 한다.

⑪ 우물에서 물을 긷는 꿈(실증사례)

두레박으로 세 번 물을 퍼올려 담은 꿈은 세 차례에 걸쳐 재물적인 이익을 얻

는 일로 실현되었다.

⑫ 우물에 물을 부은 꿈(실증사례)

여기저기에서 물을 떠다가 우물에 부은 외무사원은 수금하여 회사에 납입하는 일로 실현되었다.

⑬ 큰 우물에서 새 두레박에 물을 떠 등에 지고, 두레박줄을 어깨에 감고 걸어온 사람의 꿈(실증사례)

회사에서 중요한 직책을 맡게 되는 것으로 실현되었다.

⑭ 우물에서 어떤 남성과 번갈아 가며 두레박질을 한 처녀의 꿈(실증사례)

혼담이 여러 번 오간 다음에 결혼하는 것으로 실현되었다.

⑮ 우물을 파는 꿈(실증사례) → 합격 예지

입시생의 어머니가 꾼 꿈이다. 날이 너무 가물어서 우물을 파는데, 어찌나 힘이 드는지 몇 번을 중단하고 싶었지만, 포기하지 않고 우물을 팠다. 곡괭이를 가지고 한참을 파다 보니까, 유리같이 맑은 물줄기가 터져 나왔다.

이 학생이 처음에 가려고 했던 대학을 포기하고, 안정권을 지망하여 지방으로 가려고 할 무렵에 꾼 꿈이다. 포기하지 않고 처음대로 밀고 나가서 합격한 것이다.(글: 박성몽)

⑯ 우물에 관한 민속의 꿈

- 꿈에 우물을 파서 먹으면 부자 된다.
- 꿈에 우물 속에 몸을 비추면 벼슬을 한다.
- 꿈에 우물에 고기가 있으면 몸이 귀하게 된다.
- 꿈에 우물에서 흙을 지고 나오면 재물이 생긴다.
- 꿈에 우물에 앉아서 하늘을 보면 기쁜 일이 적어진다.
- 꿈에 우물이 맑으면 재수 있다.
- 꿈에 우물 속에 감추어 보면 감옥 속에 갇힌다.
- 꿈에 우물이 마르면 재물이 없어진다.
- 꿈에 우물이 떨어지거나 내려가 일어나지 못하면 흉하다.
- 꿈에 우물이 저절로 무너지면 집안일이 안 된다.
- 꿈에 우물 파는 것을 보면 이별이 있다.
- 꿈에 우물 속에 저절로 빠지거나 우물 속에 집이 있으면 병든다.

- 꿈에 무슨 그릇이 우물에 빠지면 급한 일이 있다.
- 꿈에 우물 속에서 소리가 나면 구설이 있다.
- 꿈에 연못의 물이나 우물물을 가져오면 재수 있다.

≪샘물≫

샘물은 정신적인 성취나 업적, 물질적인 재물, 진리, 재물의 원천 등을 상징한다.

① 샘물이 솟아나는 꿈

길몽이다. 사업의 성공으로 재물적으로 막대한 이익을 얻게 된다. 정신적인 업적이나 성취를 크게 이루게 되기도 한다. 예를 들어, 저자나 학자의 경우에 새로운 저서를 출간하게 되거나, 학문적 성과가 널리 알려지게 된다.

샘물이 집안에서 솟아나는 꿈은 가계에 재물적 이익이나 복된 일이 일어나게 되며, 집이 회사의 상징인 경우에는 회사의 발전으로 인하여 재물적 성과를 크게 얻는 일로 실현된다. 산밑에서 샘물이 솟아나는 것을 보는 경우에는 산으로 상징된 국책기관이나 단체 등에서 정신적·물질적인 재물을 얻는 일로 실현된다.

② 샘물이 솟아 산과 들을 덮는 꿈

자신의 정신적·물질적 영향력을 떨치게 되는 좋은 꿈이다. 작가나 학자의 경우, 자신의 저작물이 큰 반향을 불러일으키게 되며, 가수의 경우에도 자신의 노래가 히트해서 전 세계적으로 알려지게 된다. 사업가의 경우에도 자신의 회사에서 만든 물건이 호응을 받아 널리 퍼지는 일로 이루어진다.

③ 샘물·약수를 마시는 꿈

아주 좋은 꿈이다. 근심거리나 시빗거리가 사라지게 되며, 학문적 업적을 이루게 되거나 진리를 터득하게 된다. 이 경우, 샘물이나 약수로 상징된 어떠한 절대적인 진리나 종교에 감화되어, 마음의 평화를 얻는 일로도 실현될 수 있다. 또한 환자의 경우에는 질병이 낫는 일로 이루어진다.

④ 꿈에 맑은 샘물이 솟으면 돈(재물복)이 들어온다(민속의 꿈).

⑤ 샘물을 뜨지 못한 꿈(외국의 사례) → 뜻을 이루지 못하다.

종교 제전에 참여해야 하는 한 달리기 선수가 꿈에 물을 긷고자 손에 물병을 들고 샘으로 갔다. 그가 샘에 접근하는 동안에는 물이 흘렀으나, 물을 막 뜨려고 하면 물은 흐르기를 멈췄다. 잠시 후에 그가 다시 다가가면 물은 또다시 흐르기를 멈췄다. 같은 일이 세 번 반복되었다. 마침내 물이 완전히 없어졌고, 그는 화가 나서 물병을 깨뜨려 산산조각 내 버렸다. 꿈의 실현은 달리기 경주에서 세 번이나 이겼으나 인정을 받지 못하여, 경기를 포기하는 일로 이루어졌다.(글: 아르테미도로스, 『꿈의 열쇠』)

≪온천≫

온천은 교육기관, 종교단체, 연구소 등을 상징한다.

① 온천에서 목욕하는 꿈

길몽이다. 교육기관이나 종교 단체 등에서의 교육과 감화를 통해, 새로운 여건으로 나아가게 됨을 뜻한다.

② 함께 목욕하는 꿈

온천이나 공동 목욕탕에서 여러 사람과 더불어 목욕하는 꿈은 신앙생활이나 교육 훈련 등이 집단으로 진행됨으로써, 새롭게 정신이 개조되는 것을 뜻한다.

≪수도≫

수도는 회사, 기관, 단체, 공공 기업체, 은행, 절대 권력 기관 등을 상징한다.

① 수돗물이 콸콸 나오는 꿈

소원의 성취 및 만사형통의 좋은 꿈이다. 사업가의 경우에 순조로운 사업의 진행으로, 재물적 이익을 얻게 된다. 저자의 경우에 창의적이고 혁신적인 작품으로 선풍적인 인기를 끌게 된다.

② 수돗물을 받지 못한 꿈

수돗물이 콸콸 쏟아지지만 받을 그릇이 없으면, 사업상 부채만 잔뜩 지거나 소비만 따른다.

③ 수돗물이 나오지 않는 꿈(실증사례)

사업을 시작한 사람의 꿈에 큰 물통을 대고 수도를 틀었으나 물이 나오지 않았던 꿈은 사업은 시작하였으나 한 푼도 벌지 못하는 일로 실현되었다.

④ 콸콸 쏟아져 나오는 수도꼭지를 잠그려다 파이프에 몸이 얼어붙어 세 차례나 소리

를 지른 꿈(실증사례)

어느 기관을 통해 자기 일이 세 차례 성취되고, 막대한 재물을 얻어 세상에 소문날 것을 예지하는 꿈으로 실현되었다.

≪내·강≫

도랑·개울·폭포·시냇물·강 등은 사업의 규모, 사업 기반, 회사·기관·단체의 영향력의 크고 작음을 상징적으로 나타내고 있다. 괸 물은 사업성과 및 정신적·물질적인 재물을 상징하나, 규모가 크면 사상이나 사업장과 관계한다.

① 강물이 맑게 흘러가는 꿈

사업이 순조롭게 진행되며, 회사나 단체의 발전과 융성함을 보게 된다.

② 강물(개울물)이 말라붙은 꿈

흉몽이다. 개울물이 재물의 상징인 경우에는 회사나 기관·단체의 재정이 고갈되고, 어려움에 빠지게 된다. 신체의 상징으로 나타난 경우에, 몸이 비쩍 야위어가는 일로 이루어질 수도 있다. 일거리·대상의 상징인 경우에는 문제가 발생하여 시원스러운 해결을 보지 못하게 되는 여건에 처하게 된다.

③ 개울을 건너뛰다 빠진 꿈(실증사례) → 일의 실패로 계약이 파기되다.

어떤 분이 제법 큰 가게를 정리하고, 다른 사업을 하려고 계약을 하였다. 그런데 그날 밤 꿈을 꾸니까, 가게를 계약한 그 사람이 개울을 건너뛰다가 뛰지를 못하고, 물에 빠져서 허우적거리는 꿈을 꾸었다. 실지로 그 계약은 파기되었다. 개울을 건너뛰려고 하는 것은 어떤 목표를 의미하고, 건너뛰지를 못하고 물에 빠져서 허우적거리는 것은 일의 실패를 상징하는 꿈이다.(글: 박성몽)

④ 마른 개천에 물고기가 우글거리는 것을 보는 꿈

보다 유리한 조건에서 돈이나 재물이나 이권을 취득하게 된다. 하지만 물고기가 회사나 기관·단체의 상징으로 등장한 경우에, 재정면에서 운영난에 빠진다.

⑤ 물에다가 손을 씻지 못한 꿈

강물에 손발을 씻는데 오히려 기름 같은 것이 묻어 씻기 어려우면, 애써 일하지만 성과를 얻지 못한다. 또는 직장에서 이직 등을 하려 하지만 벗어나지 못함을 의미한다.

⑥ 강가에서 꽃을 꺾은 꿈(실증사례)

강물이 도도히 흐르는 강가에서 탐스러운 꽃 한 송이를 꺾는 꿈은 대하소설이나 큰 학술 서적을 저술해서 유명해지는 일로 실현되었다.(저자의 경우)

⑦ 분홍 꽃이 만발한 산밑에 물이 세차게 흐르는 꿈(실증사례)

한 여성 잡지사에 작품을 발표하는 것으로 실현되었다.(저자의 경우)

⑧ 숲에 냇물이 흐르는 꿈

울창한 숲 속에 냇물이 흐르는 것을 보는 것과 같이 아름답고 풍요로움의 표상전개를 보이는 꿈은 좋은 꿈이다. 이 경우에, 꿈을 꾼 사람이 처한 상황에 따라 각기 좋은 일로 실현되고 있다. 예를 들어 사업가는 사업이 융성하고, 학자는 학문이나 연구가 순조로우며, 작가의 경우 훌륭한 작품을 출간하게 된다.

⑨ 개간지 한가운데로 맑은 냇물이 흐르는 것을 보는 꿈

정신적·물질적인 자원이 풍성함을 상징한다. 예를 들어, 어떤 개척사업이나 교화 사업이 잘 추진된다.

⑩ 입으로 강물을 다 마셔 버린 꿈

강은 어떤 기관이나 단체·회사, 정치·경제·종교 등의 전체 판국을 상징적으로 보여주고 있다. 마신다는 것은 제압·굴복시키고 자신의 영향력 아래에 두게 됨을 뜻한다. 따라서 한 기관이나 단체를 자신의 뜻대로 좌지우지하는 일로 이루어진다.

한 거대한 괴한이 송도로 흐르는 강물을 다 마셔버린 이성계의 꿈은 송도가 수도로서의 구실을 못하고 한양으로 천도될 것을 예지하는 것으로 실현되었다.

⑪ 강이나 호수가 핏빛으로 물든 꿈

흉몽이다. 커다란 사회적 변혁이나 천재지변의 재앙이 일어나 수많은 사람이 생명이 잃게 되는 일로 이루어진다. 다만, 고차원의 상징으로, 강이나 호수로 상징된 종교적인 교리나 새로운 사상의 감화 등으로 인하여 많은 사람들을 변화시키는 것을 상징적으로 보여주는 것이라고 볼 수도 있다. 이 경우에, 호수가 연분홍빛이나 보랏빛의 아름다운 호수로 변하는 꿈인 경우에, 사랑과 애정 관련하여 연분을 맺는 일로 실현될 수도 있다.

⑫ 냇물이나 강물이 거꾸로 흐르는 꿈

'거스를 역(逆)'자의 한자에는, '거스르다, 배반하다, 어기다, 어지러워지다, 오는 것을 막다'의 뜻이 있는 것처럼, 어떠한 일거리·대상이나 사물에서 이러한 일

들이 일어나게 된다. 처한 상황에 따라, 자식이 부모에게 대들거나, 학생이 선생님에게 반항을 하거나, 하급자가 상급자에게 대항하는 일로 실현된다. 이 밖에도 학문적 이론이나, 사상이나 종교 문제로 인하여 기존의 것을 뒤집고자 하는 일로 실현된다.

⑬ 강물이나 바다 위를 마치 평지같이 걷는 꿈

추구하는 사업이나 일거리·대상에서 자신의 뜻대로 성취를 이루어내게 된다.

≪폭포≫

웅장하면서 아름답게 떨어지는 폭포를 보는 꿈은 좋은 꿈이다. 폭포는 거대한 기관이나 단체, 강력함, 꿋꿋함, 시원함, 파괴력을 나타내는 상징에 부합하다. 또한 김수영 시인이 '폭포'라는 시에서 불의에 굴하지 않는 선구자를 폭포로 형상화했듯이, 강직함과 고매한 정신의 상징에도 부합하고 있다.

① 숲 속의 힘찬 폭포를 보는 꿈

어떠한 사업이나 학문적 연구가 시원스럽고 힘찬 진행으로 사람들의 주목을 받게 된다. 이때 폭포의 쏟아지는 소리가 세찬 꿈일수록 좋은 꿈이다. 저자의 경우에, 텔레비전 출연이나 초청강의·인터뷰 등이 전파를 타고 공개 방송된다.

② 목욕하던 딸이 잉어가 되어 폭포로 뛰어오른 꿈(실증사례)

호수에서 목욕을 하던 딸이 갑자기 잉어가 되어 폭포 위로 뛰어오른 꿈은, 성취시키려는 예술작품이 국전에 당선되어 세상에 공개되는 것으로 실현되었다.

≪호수≫

웅덩이·저수지·호수·바다 등은 그 규모의 크고 작음에 따라, 사업장·사업기반·출세기반·세력권이나 회사·기관·학원·사회기반·외국 등을 상징한다.

(1) 꿈해몽 요약

① 호수나 강물이 얼어붙은 꿈

호수로 상징된 기관·단체의 활동이 중지되거나 정체된다. 또한 정신적·물질적인 사업이 동결되거나 정체되며, 취직의 어려움 등을 상징하기도 한다.

② 냇물·강물·호수에서 손발을 씻는 꿈

호수로 상징된 회사·기관·단체에서의 사업이 순조로우며, 개인적인 소원이 성취된다. 이 경우에 목욕하는 꿈은 더욱 좋은 꿈으로, 명예와 직위의 신분 상승으로 이루어진다.

③ 동물이 호수(물)에 들어가는 꿈

사슴 등 동물이 호수 속으로 들어가는 꿈의 경우에, 사슴으로 상징된 인물이 호수로 상징된 어느 기관이나 회사에 취직하는 일로 이루어진다. 그러나 동물이 물속으로 자취를 감추는 꿈의 전개로 이루어질 때, 인물의 실종이나 몰락으로 이어질 수도 있다.

④ 사막에서 오아시스를 만난 꿈

난관에 처해진 사업이나 저술 등 일거리·대상의 진행에서, 협조자나 지원세력의 도움을 얻게 된다.

⑤ 호수 배경의 꿈→ 태몽 표상

새파란 하늘 아래 아름답고 깨끗한 아름다운 호수를 보는 꿈으로 태몽으로 실현된 사례가 있다. 이처럼 호수나 산·단풍나무 등의 자연물이 태몽 표상으로 등장하기도 하는바, 꿈이 생생하다면 태몽임에 틀림이 없다.

≪바다≫

바다는 거대한 권력기관, 사업의 판도, 사회 기반, 거대 조직체, 외국 등을 상징한다. 또한 꿈이 생생한 경우에, 바다와 같은 자연물을 보는 꿈이 태몽으로 실현되기도 한다.

(1) 꿈해몽 요약

① 바닷물이 밀려오는 꿈

크게는 새로운 외세가 영향을 끼치거나 새로운 유행이 시작된다. 작게는 금리 인상이라든지, 생활상에 변화를 가져오게 하는 외부적인 영향력이 다가오게 된다.

② 바닷물이 빠진 갯바닥에서 물고기·조개·게 등을 줍는 꿈

재물이나 이권 등 물질적 이득을 얻는다.

③ 넓은 바다에서 수영을 하는 꿈

자신의 뜻을 널리 펼치게 된다. 이런 꿈을 꾸면 구직자의 경우에, 대형회사나 국책 기관에 취직하게 되어 자신의 능력을 마음껏 발휘하게 된다. 직장인의 경우, 뜻밖의 국외 연수 등의 혜택을 입게 되는 등 일이 잘 추진된다. 또한 바다가 아닌, 호수에서 수영을 하는 꿈이라면 보다 작은 규모의 회사와 관련을 맺게 된다.

④ 용의 하체가 바다로 뻗은 꿈

용으로 상징된 인물이나 사업의 성과나 세력이 해외 등 보다 넓은 세계로 활동무대를 넓히는 일로 뻗어 나갈 것을 예지한다.

⑤ 바다에서 용이 하늘로 오르는 꿈

거대한 조직체나 대형 회사 등에서 자신의 뜻을 널리 펼칠 수 있게 된다. 이 경우에, 용은 또 다른 자아가 분장 출연된 것으로, 꿈의 상징 기법의 하나이다.

⑥ 들판이 바다가 되고 파도가 높은 꿈

사회적인 혼란이나 변혁이 일어날 것을 예지한다. 다만, 사실적인 요소가 있는 경우 장차 홍수가 날 일과 관계한다.

(2) 실증사례

① 파랗고 맑은 바다를 보는 꿈 → 태몽 표상

현재 임신 6개월입니다. 꿈에 배가 남산만 한 제가 큰 다리를 건너는데, 주위를 둘러보니 온통 아주 파랗고 맑은 바다가 펼쳐져 있었습니다. 너무나 선명하고 예쁘게 꾼 꿈이라, 태몽이 아닌가 궁금합니다.---김정연, 베베하우스.

② 파란 바다에 보트가 떠 있는 꿈 → 태몽 표상

제가 임신을 했을 때, 시아버지께서 사나운 소 꿈을 꾸셨다고 해요. 그래서 그것이 태몽인가 보다 생각했는데, 임신 4~5개월쯤 되었을 때 제가 꿈을 꿨어요. 파란 호수인지 바다인지는 모르겠는데(잔잔한 물결이 넓게 펼쳐졌어요.) 고급 보트가 여러 척 줄지어 떠 있었어요. 아주 깨끗하고 섬세한 분위기였어요. 무엇보다 파란색이 아주 인상 깊었어요. 저나 남편 모두 파란색을 좋아하기 때문에 꿈을 꾸고 나서도 기분이 편안했어요. 제가 평소 꿈을 많이 꾸는데, 이 꿈은 기억에 오랫동안 남아 있어서 지금 생각해도 기분이 좋아져요. 저는 이 꿈을 꾸고 딸을 낳았어요. 그래서 시아버지가 꾸신 꿈보다는 제 꿈이 더 어울리지 않나 생각해봅니다. 저희 주영이도 파란색을 좋아하고, 성격도 아주 활달하다는 것이 특징입니다.

성격이 활달한 데서, 시아버지가 꾼 사나운 소의 상징 표상과 일치하고 있음을 볼 수 있겠다.

③ 맑은 바닷물이 덮치는 꿈(상담사례) → 태몽 표상

임신한 것을 알고 나서 입덧 때문에 친정에서 쉬고 있었습니다. 어느 날 낮에 잠을 자다가 꿈을 꾸었는데, 완전 맑은 바닷물이 해일처럼 일더니 저를 덮치더라고요.

맑은 바닷물이 덮치는 꿈은 아주 좋네요. 태몽이 아닌 경우, 뜻밖의 재물을 얻게 되거나 승진 합격 등 좋은 이권을 얻는 일로 이루어지고요. 강렬하고 생생한 전개의 태몽으로 본다면, 이 역시 좋습니다. 꿈은 반대가 아닌 상징의 이해이지요. 맑은 물은 좋은 경제적인 여건이나 좋은 분위기의 영향권에 들어감을 뜻합니다. 장차 그러한 상황이나 여건에 놓이게 됨을 뜻하지요.

④ 바다에 빠져 밑바닥까지 떨어진 꿈(외국사례)

바다에 떨어져 밑바닥까지 떨어져 한참을 잠수한 듯한 꿈으로 결국 공포로 잠이 깬 꿈이다. 그는 고급 창부와 결혼하여 다른 곳으로 가 정착했고, 외국에서 대부분을 보내는 일로 실현되었다.(글: 아르테미도로스)

≪파도≫

파도는 외부의 급격한 변화, 심리적 압박, 병마로 인한 질병, 시빗거리, 횡포 등을 상징한다.

① 파도가 거센 꿈

바다나 강물의 파도가 거센 꿈은 IMF나 서브프라임 등과 같은 강력한 외부적 세력이나 영향력이 증대되어 오는 것을 뜻한다. 따라서 사업이나 가정 등에 어려움이 닥쳐오거나 시련을 겪는 일로 실현된다. 이 경우 거친 파도가 잔잔해지는 꿈은 순조로운 해결이 될 것을 예지한다.

② 파도가 치는 바닷가 꿈

파도가 부딪치는 바위에 서 있는 꿈은 파도로 상징된 외부적 세력이나 시련이 닥치게 됨을 예지한다. 다른 사람의 입방아에 오르게 되거나, 시빗거리와 비난에 직면하게 된다.

≪해일≫

해일은 파도 보다도 몇 배의 외부적 충격, 강대한 세력·사상·문화를 상징한다. 또한 파도나 바다와 마찬가지로, 꿈이 생생한 경우에 해일 꿈이 태몽이 될 수도 있다.

(1) 꿈해몽 요약

① 해일이 닥쳐오는 꿈

외세나 외부의 문화적 종교적 사상, 기타 거대한 세력이 강력하게 밀고 들어옴을 뜻한다.

② 밀려오던 바닷물이 점점 빠져나가는 꿈

외세나 기존의 사상이나 학설, 강대 세력을 물리치게 된다.

③ 바닷물을 갈라 길을 만드는 꿈

낡은 제도나 사상, 풍습, 종교, 사회제도나 문물 등을 개혁하고 혁신하는 일로 실현된다.

(2) 태몽 표상

① 파도 해일이 닥쳐온 꿈(상담사례)

임신을 했는데요. 태몽일까요? 첫 번째는 새벽에 산 넘어서 비행기가 여러 대 집을 향해 천천히 날아왔는데, 그중 마지막 비행기가 우리 집 베란다로 들어와 거실에 서 있는 제 옆에 멈춰 선 것입니다. 그리고 어제는 산을 넘어 큰 파도 해일이라고 해야 하나요? 넘쳐 흘러서 온 도시가 물에 잠긴 꿈을 꾸었어요. 무슨 꿈일까요?---소나기(ibes*****)

비행기가 멈춰선 꿈과 해일로 온 도시가 잠긴 꿈이 가임여건에서 꿈이 생생하다면 태몽이 될 수 있습니다. 비행기는 거대한 기관·단체나 조직체를 상징하며, 덮는다는 것은 자신의 영향권 안에 두게 되는 것을 뜻하지요. 두 꿈의 공통점은 거대한 기관·단체·세력의 상징 표상의 전개로 나타나고 있는바, 장차 이 사회에 커다란 변혁과 반향을 불러일으키는 인물이 됨을 예지해주고 있습니다. 옛 선인들 사례에서도 소변 등으로 온 나라나 고을을 뒤덮은 꿈은 장차 막대한 영향력을 끼치게 됨을 예지해주고 있습니다.

② 해일이 일어난 꿈

　　오늘 임신 3주란 것을 알게 됐어요. 신기하기도 하고, 성별이 너무 궁금한데, 태몽이
성별도 맞게 나오나요? 저는 딸이 좋은데, 시부모님이 아들 바라시는 것 같아서, 내심
아들이길 바라거든요. 제가 해운대에 살고 있는데, 해운대 바다에 큰 해일이 일어나서
근처 아파트들을 물로 덮었고요. --- 오로라곤쥬, 2008. 9. 10, 다음 카페.

　해일의 태몽으로 보아서는 아들일 가능성이 높다. 만약에 딸이라면, 활달하고
터프하며 남성미 넘치는 여성으로 장차 경찰이나 여군 등 활달하고 통솔력이 유
지되는 분야에 진출하게 될 가능성이 높다.

≪불(화재)에 관한 꿈≫

1) 불 꿈에 관하여

　불꿈은 활활 타오르는 표상에서, 상징적으로 번창·번영과 성취를 이루어내는
것을 상징한다. 그러나 다 타고 재만 남은 것을 보는 꿈은 좋지가 않으며, 재물이
나 이권의 헛된 결과로 이루어진다. 이 밖에도 불은 사업 방도나 자본, 일의 성공
여부와 흥망성쇠, 욕정, 거대한 세력, 정력·열정·교화사업 등을 상징한다. 또한
불이 나는 꿈을 꾸는 경우에, 꿈이 황당하지 않고 생생하게 전개될 경우 실제로
가까운 장래에 현실에서 불이 일어나게 되는 미래투시적인 꿈으로 실현될 수도
있다. 한편, 불꿈이 가임여건에서 태몽으로 실현되기도 하는바, 혁명가나 커다란
변혁을 가져올 열정적인 인생길과 관련지어 실현된다.

2) 문학적 상징의 불타는 꿈

　꿈의 상징에서 불이 활활 타고 있는 꿈은 불길의 치솟음에서 사업의 번창이나
새로운 탄생으로의 확장·발전을 의미하고 있다. 현실적으로 우리의 주변에서,
도박으로 망한 사람이나 극도로 불우한 처지에 있는 사람이 불을 싸지르는 방화
를 하였다는 것을 들은 적이 있을 것이다. 이는 괴로운 고통스러운 현실에서 벗
어나, 활활 타오르는 불처럼 자신도 강렬히 일어나고 싶은 욕망을 잠재의식적으
로 드러내고 있음을 알 수 있다.

　문학작품에서도 불의 상징적 의미는 꿈의 상징적 의미와 같게 사용되고 있다.
예를 들어, 주요한의 '불놀이'에서는 실연을 당한 한 젊은이의 고뇌를 불꽃이 활활

타오르는 것으로 승화시키고 있다. 오호 사르라! 사르라! 의 시구를 연상해 보시기 바란다. 또한 '불놀이'를 망국의 한(恨)을 노래한 것으로 보기도 하는데, 이 경우 조국 광복에 대한 염원과 갈망을 불길이 활활 타오르듯이 힘차게 일어날 것을 문학적으로 상징화시켜 나타내고 있다.

다시 현진건의 '불'에 대한 단편소설의 예로 살펴보자. 어린 나이에 시집살이에 대한 어려움과 미처 성(性)에 눈뜨지 못해 밤마다 고통을 겪던 주인공인 순이가 집에 불을 싸지르는 행위로써 끝을 맺고 있다. 또한 나도향의 '벙어리 삼룡이'에서의 마지막 결말 부분, 최서해의 홍염(紅焰)의 마지막 결말 부분에서도 타오르던 불을 통해 자신의 억눌린 욕구, 잠재의식적인 억눌림을 승화시키는 결말의 구조로 사건이 끝맺고 있음을 볼 수 있다.

소설은 꾸며낸 이야기이지만, 아무렇게나 거짓말로 엮어내는 것이 아니라, 현실에서 일어날 수 있는 보편타당한 일을 바탕으로 이야기를 전개해 나아가고 있다. 따라서 문학작품 속에 불이 활활 타오르는 이야기가 펼쳐지는 경우는 크게 일어나는 번창·번성의 심리 표출과 억눌린 감정의 폭발 등, 불이 활활 타오르는 상징적인 표상과는 관련이 있다.

우리 정신능력이 주체가 되어 펼쳐내는 꿈속의 상징적 표상물은 현실에서 시인이나 소설가가 펼쳐내는 비유·상징·암시의 문학적 상징과 밀접한 관련을 맺고 있음을 볼 수 있다. 이런 점에서 볼 때 종래의 꿈을 한갓 미신적으로만 여겨져 왔던 태도에서 벗어나, 꿈의 표상재료를 문학적인 비유·암시·상징 등과 관련지어 해몽하는 태도는 올바르다 할 수가 있겠다.

따라서 꿈을 해몽하는 데 있어서, 무속인이나 역술가보다는, 문학적 재능이 뛰어나거나 문학적 표현의 의미를 잘 알고 있는 사람이 보다 나은 해몽을 할 수 있다. 여기에 덧붙여 실제 일어난 실증적인 꿈 사례에 토대를 두어, 꿈의 상징적 의미를 분석하는 작업이야말로, 꿈의 해몽에 있어 올바른 길이다.

3) 불 꿈 꿈해몽 요약

① 집이나 공장이 활활 타고 있는 꿈

집으로 상징된 회사나 큰 기관의 사업이 번창하고 융성해진다.

② 난로·연탄불, 가스 불 등이 활활 타는 꿈

사업이 번창하며, 추구하고자 하는 일거리·대상에서 순조로운 진행이 이루어지며, 자신이 바라는 일들이 성취된다.

③ 상대방의 물건에서 붙은 불이 자기 집으로 옮겨붙어 활활 타는 꿈

다른 사람의 재물이나 이권을 활용하여, 막대한 재물적 이익을 얻게 된다.

④ 자신의 몸에 불이 붙은 꿈

사업이나 자신의 열정을 다하는 일거리·대상에서 번창과 번영을 이루게 된다. 사업가의 경우에 큰 사업을 이루어내게 되고, 저자의 경우에 저작물에 대한 좋은 호평 속에 인기를 누리게 되고, 명성이 널리 알려지게 된다. 노름꾼이나 주식투자자의 경우에 엄청난 대박을 맞게 된다.

⑤ 방 안에 불이 나서 타고 있는 꿈

방으로 상징된 어떤 영역에 융성함과 발전이 있게 된다. 저자의 경우 어떤 저서를 출간하게 되며, 신문 광고 등으로 널리 알려지게 된다. 사업가의 경우에 시장 개척 등 사업이 융성해진다.

⑥ 불이 여러 군데서 타오르는 꿈

여러 방면에서 발전과 번영을 가져오는 좋은 꿈이다. 사업주의 경우에, 체인점 등을 여기저기에 내게 되어 발전적인 번영을 가져오게 된다. 저자의 경우에, 여러 신문사나 잡지, TV 등에 작품이 선전 광고된다.

⑦ 폭죽(불꽃)이 밤하늘에 찬란하게 퍼지는 꿈

아름다운 광경을 보는 꿈은 좋은 꿈이다. 어떠한 사업이나 추진하는 일거리·대상에서 선풍적인 인기를 끌게 된다. 사람의 경우에는 TV 드라마나 영화 등으로 인하여, 연예인이 인기 폭발하게 되는 일로 실현될 수 있다. 저자나 사업가가 명성을 드날리게 되는 일로 실현될 수도 있다.

⑧ 불이 나서 도망치는 꿈

좋지 않은 꿈이다. 적극적인 성취를 이루려기보다는 소극적으로 임하게 된다. 고민거리나 시빗거리가 생기게 되고, 어떤 일에 적극적으로 대처하지 못하게 되어 심적 고통을 받거나 불길한 일이 생긴다.

⑨ 하늘에서 불덩이가 떨어지는 꿈

국가적·사회적으로 혁신적인 큰 변혁이 일어난다. 이러한 꿈이 태몽이라면,

사회적인 변혁을 가져오는 혁명가의 일생을 걷게 된다.

⑩ 누군가 두 불덩이를 마주 들고 있는 꿈

크게는 전쟁이 일어나게 되며, 작게는 싸움이나 다툼, 대립과 갈등으로 두 세력 간에 다투는 일로 실현된다.

⑪ 아궁이에 불을 때는 꿈

사업이나 어떠한 일거리·대상에 착수함을 뜻한다. 이 경우에 불이 잘 타지 않는 꿈은 일이 잘 추진되지 않는다.

⑫ 아궁이에 때는 불길이 밖으로 새어나오거나 연기만 나는 꿈

자신의 소망이 이루어지지 않게 된다. 사업의 시도가 엉뚱한 곳에 이루어지게 되고, 어느 기관에 청탁한 일이 반려되거나 성사되지 않고 헛소문만 난다.

⑬ 불길은 없고 연기만 자욱한 꿈

흉몽이다. 사업이나 노력의 성과 없이, 헛수고로 그치게 되며, 헛소문만 나게 된다.

⑭ 검은 연기가 하늘로 오르는 꿈

흉몽이다. 국가적 재난이나 사회적 변란 등 암울한 소식을 듣는 일로 실현된다. 회사·기관·단체나 가정에 근심이 질병이나 우환 등 불길한 일이 생긴다.

⑮ 벽이 갈라진 곳으로 많은 연기가 새어나오는 꿈

음성적인 사업이나 불쾌한 생활 상태를 체험하게 된다. 신체적으로 질병에 걸리게 되는 일로 실현될 수도 있다.

⑯ 높은 산 일대가 불타는 꿈

산으로 상징된 거대한 권력기관이나 단체에 변혁이 일어나게 되며, 산으로 상징된 큰 건물이나 기관에 실제의 불이 일어나는 일로도 실현될 수도 있다.

⑰ 불꽃이 살아나는 꿈

어려운 여건에서 되살아나는 일로 실현된다. 경제적으로 어려운 가정이나 회사가 다시 일어서게 된다. 일거리·대상에서도 막혔던 일이 풀리는 순조로운 진행을 하게 된다.

⑱ 전선이 합선되어 불이 난 꿈

추진하는 사업이나 일거리·대상이 크게 일어나게 되어, 성취를 이루게 된다. 사실적인 꿈인 경우 실제로 불이 난 것을 목격하게 된다.

⑲ 불을 끄는 꿈

불길이 번창·번영을 상징하는바, 불을 끄는 꿈은 사업의 좌절, 추진하던 일의 중단 등으로 이루어진다. 이 경우에, 불이 나서 재만 남는 꿈은 한때는 사업이 잘 되다가 성과 없이 끝나게 된다.

⑳ 건물이 폭탄에 맞아 불이 난 꿈

사실적인 꿈이라면 유사한 일로 실현된다. 하지만 상징적인 꿈에서, 폭탄으로 상징된 외부의 강력한 영향력에 의해서, 정신적·물질적인 사업이 크게 이루어진다.

㉑ 불에 타죽는 꿈

길몽이다. 불로 상징된 외부적인 급격한 세력이나 여건에 의해 새롭게 태어나는 일로 이루어진다. 사업의 성공, 하고자 하는 일에서 성취를 크게 이루게 된다.

㉒ 횃불·초롱불을 들고 밤길을 걸어가는 꿈

어려운 여건 속에서 성취를 이루고자 노력하는 일로 이루어진다. 또한 협조자나 후원자, 은인 등을 만나 일이 잘 추진된다.

㉓ 자신이 성화(聖火)를 들고 달려가는 꿈

어떠한 분야에서 선구자적 행동을 하게 된다. 경우에 따라, 종교적 지도자가 되어 사람들을 감화시켜 선도하게 된다. 학문적이나 과학적 연구로 커다란 업적을 남기게 되는 일로 실현될 수도 있다. 태몽인 경우에는 장차 그러한 인물이 되는 일로 실현된다.

㉔ 방안에 촛불이 환하게 켜져 있는 꿈

가정이나 회사에 발전과 평온함이 있게 된다. 애정·연분과 관련하여 순조로운 진행이 이루어지기도 한다. 자영업자는 사업이나 소원이 만족하게 이루어지고, 근심·걱정이 해소된다.

㉕ 촛불이 꺼지는 꿈

흉몽이다. 오랫동안 병을 앓던 환자의 죽음, 가정의 파탄, 사업의 부진, 소식의 두절, 소원의 좌절 등 처한 상황에 따라 좋지 않은 일로 실현된다.

㉖ 전깃불에 관한 꿈

전깃불이 환하게 밝혀진 것을 보는 꿈은 좋은 꿈이다. 사업의 성과, 애정이나 연분과 관련지어 소원의 성취 등 순조롭게 모든 일이 이루어진다. 이 경우에 전깃불이 나갔다 들어갔다 하는 꿈은 일의 진행에 있어 좋고 나쁜 일이 중복됨을 의미한다. 전깃줄을 새로 가설하는 꿈은 새로운 직장이나 기관 단체에 청탁 등이 이루어지며, 반면에 전깃줄이 끊어지는 꿈은 협조자나 지원 수단이 없어지게 되어 뜻대로 일이 진행되지 않는다.

㉗ 민속에 전하는 불 꿈

- 꿈에 자기 몸에 불이 붙으면 벼슬할 일이 생긴다.
- 꿈에 집에 불이 나면 부자가 된다.
- 꿈에 집에 불이 나면 재물이 생긴다.
- 꿈에 집에 불이 나면 그 집이 부귀영화를 누린다.
- 꿈에 집에 불이 나면 뜻하지 않은 실수를 하게 된다.
- 꿈에 자기 집이 불타면 부자가 된다.
- 꿈에 불꽃이 활활 일어나면 겨울의 꿈이면 대흉하다.
- 꿈에 불을 보면 좋다(돈이 모인다).
- 꿈에 불이 훨훨 나면 재수 좋다.
- 꿈에 불을 보았을 때 불꽃이 크게 활활 타야 좋다.
- 꿈에 훨훨 불타는 꿈은 사업이 크게 일어난다(다만 이 경우에 연기만 나면 나쁘다).
- 꿈에 불이나 변을 보면 그 날 재수가 좋다.
- 꿈에 불이 나서 완전히 다 타 버리면 재수가 좋다.
- 꿈에 촛불을 보면 큰 재물이 생긴다.
- 꿈에 화롯불이 좋으면 흥한다.
- 꿈에 큰 불길을 보아도 좋다.
- 꿈에 큰 화재를 당하면 부자가 된다.

4) 불 꿈의 실증사례

(1) 태몽 관련 사례

꿈이 생생한 경우에, 불꿈이 가임여건에서 태몽으로 실현되기도 한다.

① 불꿈에 관련된 태몽 체험담

　　＊ 온 세상이 다 하얗고 하얀 눈인데, 그 가운데에만 커다랗고 붉은 불이 활활 타오르는 꿈이 내 태몽이었다고 하셨다.---조아라.

⑦ 자연물 및 자연 현상
(하늘, 천체, 기상)에 관한 꿈

＊ 친정어머니 꿈에 먼 산을 쳐다보는데, 산꼭대기에서부터 빨간 용암이 산 아래로 막 흘러내리는 꿈을 꾸었어요. 그때는 임신인 줄을 몰랐는데, 4주 정도였고요.---최영미, 뱅크베이비

＊ 큰 산이 두 개로 벌어지면서, 불기둥이 솟아오르고, 달이 떠올랐다네요.

＊ 어머니가 꾸신 제 태몽입니다. 할아버지 댁에 큰 나무가 있는데, 그 큰 나무와 집에 큰불이 났대요. 근데 그 불이 안 꺼지고 활활 타더래요. 어머니는 태몽에 불이 나온 것이 찝찝하셔서 아무에게도 말 안 하시고, 제 이름 지을 때 송화라고 지으셨대요. 화(畵)는 '그림 화'자요---어묵, 디씨인사이드

앞서 언급된 바 있지만, 불이 활활 타서 사방을 밝게 비추는 꿈은 장차 영향력을 크게 행사하고, 번성과 번영을 상징하는 좋은 태몽으로 볼 수 있다.

② 하늘이 갈라지고 불기둥이 몸을 덮치는 꿈

증산(甑山) 강일순(姜一淳)은 1871년 전북 고부서 양반 후손으로, 하늘이 갈라지고 불기둥이 몸을 덮치는 태몽을 꾼 후에 그가 태어났다. 마을 뒷산이 시루봉이라, 후에 증산(甑山)이라는 호를 지었다. ---김천 객원기자, [뉴스메이커], 2008.2.21. 요약 발췌

증산교의 창시자 강증산에 대한 태몽이야기로, 하늘이 갈라지고 불기둥이 몸을 덮치는 꿈으로, 장차 인생길에서 변혁과 큰 영향력을 미치게 될 것을 예지해주고 있다. 불기둥을 보는 태몽은 커다란 변혁을 가져올 혁명가·영웅의 일생을 함축적으로 예지해주고 있으며, 하늘이 갈라지는 개벽(開闢)의 꿈 또한 새로운 세상을 열고자 하는 종교 창시자로서의 일생의 길을 보여주고 있다고 해야 할 것이다.

(2) 불꿈의 로또(복권) 당첨 및 재물 획득 사례

앞서 제Ⅴ장의 로또(복권) 당첨 꿈에서, 불꿈으로 당첨된 10가지 사례를 함께 참고하기 바란다.

① 로또(복권) 당첨의 불 꿈 요약

언니 집에 불이 나는 꿈을 꿨다는 말을 듣고 구입한 체육복권에서 1천만 원 당첨, 불이 나서 집이나 공장이 불바다가 되어 타고 있는 꿈, 집에 불 나는 바람에 타 죽는 꿈, 지붕을 수리하다가 불이 난 꿈, 야광탄을 발사해서 불이 일어난 꿈, 불 및 초상이 나는 꿈 등으로 로또(복권)에 당첨되고 있다.

② 대나무밭을 가꾸고 화롯불을 쬐는 꿈

"고향집 뒤뜰에 무성한 대나무밭의 잡초를 뽑고 죽순을 가꾸었다. 그곳에 숯 한 덩이가 있어, 그것을 청동화로에 넣으니 불이 활활 붙어 그 불에 손을 쬐었다."

풍요로운 대나무밭을 돌보는 꿈도 좋은 꿈이며, 숯 한 덩이가 활활 불이 붙어 불을 쬐는 것은 불로 상징된 번창·번영·발전·확장의 혜택을 자신이 받게 된다는 것을 예지해주고 있는바, 현실에서는 복권 당첨으로 실현되고 있다.

③ 압력솥 폭발에 집집마다 불나는 꿈

2006년 3월 인터넷 전자복권 메가밀리언 2등 500만 원 당첨된 윤○○(34세)의 꿈체험담이다.

어젯밤에 정말 희한한 꿈을 꿨습니다. 제가 밥을 하고 있는데, 갑자기 굉음을 내며 압력솥이 폭발하더라고요. 너무 놀라서 아이의 손을 잡고 허겁지겁 도망을 치는데, 글쎄 이번엔 골목의 집들이 모두 불에 활활 타고 있지 않겠어요? 더 혼비백산해져서 어찌나 열심히 도망을 쳤던지, 식은땀을 뻘뻘 흘리며 꿈을 깼습니다.

꿈이 하도 희한하여, 혹시나 하고 복권을 샀는데, 믿기지 않게도 500만 원에 당첨이 되었네요.

④ 불꿈, 똥꿈, 물고기 받는 꿈 → 산삼 발견

국모 씨(부여,65)는 산삼 발견 직전에, 3일 연속 이상한 꿈을 꿨다. 불이 나서 아무리 끄려 해도, 번져만 가는 불길을 지켜볼 수밖에 없었던 것이 첫 번째 꿈. 이튿날에는 자신의 집 재래식 화장실에 오물이 가득 차 있는가 하면, 조상이 펄떡이는 은어 한 마리를 자신에게 던져주는 꿈이 이어졌다.

꿈자리가 이상하다는 생각에, 국 씨는 평소처럼 뒷산에 올랐다가 약초를 발견했다. 오가피인 줄 알고 캐 왔으나, 마을 사람들이 산삼이라고 했다. 다음 날 산삼을 캔 바로 그 자리에서, 6뿌리의 무더기 산삼을 또다시 발견한 국 씨는 한국 산삼 감정협회에 감정을 의뢰했다. 감정 결과 "120년 된 천종산삼(天種山蔘)으로, 감정가 3억 원, 시가 10억 원을 호가합니다." 120년 된 모(母)산삼에서부터 차례로 100년산, 80년산 등 7대 '가족삼'으로, 7대나 씨를 내린 '가족삼'은 드물다고 설명했다.

신문에 소개된 기사를 요약해 살펴보았다. 각기 다른 유사한 꿈들을 연속적으로 꿈으로써, 꿈으로 예지된 일이 중대한 일이며, 그 꿈의 실현이 점차 다가오고 있음을 예지해주고 있다.

(3) 불꿈의 번창·성취의 사례

① 방안에서 불이 일어난 꿈(실증사례) → 재물 획득

옛날 고향집 안방에 불이 났다. 안방에 있는 화분의 식물에 조그마한 불길이 있어서, 쉽게 꺼질 줄 알고 입으로 "후"하고 불었는데, 꺼지지 않고 더 커졌다. 그래서 손으로 가지를 쳐서 불을 껐는데, 계속 불꽃이 이쪽저쪽에서 올라오고 있었다. 또 다른 곳에서도 계속 불이 붙고 있는 것 같았다. 이 불꽃의 색깔이 완전 가스 불 색깔인 파르스름한 불이라, 자세히 보지 않으면 그 불꽃을 발견하지 못하는 것이었다. 어디서 불이 시작되었는지 살펴보니, 옛날 재봉틀 발판에 냄비 같은 것에서 파란 불꽃이 활활 타오르고 있었다. 또 더 찾아보니, 방 한쪽에 재떨이와 성냥 통이 놓여 있었고, 그 옆에 새까맣게 탄 성냥 하나가 있었다. 그래서 나는 '아! 저 성냥이 불을 붙였구나.'라고 생각했다.

사이트 이용자의 꿈체험담이다. 이 꿈을 꾼 이후에, 그 많았던 빚이 다 청산되었으며, 오히려 월세를 받는 생활로 이루어졌다고 밝히고 있다.

② 어머니에게 불을 지르는 꿈 → 일의 성취

남북 정상회담에 수행, 평양에서 만찬을 차리고 돌아온 요리연구가 한복려의 꿈이다. 일을 맡기 일주일 전에 꿈을 꾸었다고 한다. 동상에 높은 분이 곱게 옷을 입고 서 있고, 한쪽에는 어머니라 생각되는 여성이 누워 있는데, 자기가 어머니에게 불을 놓는 꿈이었다. 이후에 만찬 지원 제의를 받았다는 것이다.---요약 발췌, 〔여성조선〕

황당하게 전개되는 상징적인 미래 예지 꿈이다. 어머니는 상징적으로 위대한 성취물이나 업적의 상징으로, 불을 놓는 것은 번창·융성함으로 나아감을 상징하고 있다.

③ 사무실에서 불이 난 꿈 → 영화 대박

2003년 최고의 화제작 「살인의 추억」 관계자는 개봉을 앞두고 사무실에서 불이 나 강남 일대가 온통 '불바다'가 되는 꿈을 꿨다. 또한, 첫주 전국 45만 명이라는 쾌조의 출발을 보인 「바람난 가족」은 임상수 감독이 판자에 불을 붙이는 꿈을 꿨다.--중앙일보 기선민 기자 2003.08.24

이 밖에도 엄청난 불이 일어난 것을 보는 꿈이 사회적으로 큰 이슈거리가 되는 것을 보게 되는 일로 실현될 수도 있다.

④ 아궁이 두 곳에 불을 지피는 꿈 → 영화 「황산벌」 대박

영화 「황산벌」(씨네월드, 이준익 감독) 개봉 직전, 박중훈의 어머니가 꾼 꿈이다. 박중훈의 어머니는 아궁이 두 개에 불을 열심히 지피고 있었다. 두 개의 아궁이에서는 연기도 없이 시뻘건 불이 피어올랐다. 한편 이준익 감독은 큰 거북이가 품에 안기는 꿈을 꾸었다. 제작사 씨네월드의 원정심 마케팅팀장은 꿈속에서 하늘에서 무언가 떨어지기에 앞치마를 폈더니, 금괴가 수북이 쌓였다고 한다.

세 사람의 꿈 모두 좋은 꿈들이다. 두 개의 아궁이에서 불이 활활 타오른 것은 두 가지 영역이나 대상에서 크게 번성하고 일어날 꿈으로, 아들이 촬영한 영화에서 큰 호평을 받게 될 것을 예지해주고 있다. 거북이가 품에 안기는 꿈도 역시 좋은 꿈이다. 가임여건에서 태몽이 될 가능성이 가장 높지만, 거북이로 상징된 이권이나 재물을 얻게 될 것을 예지해주고 있다. 앞치마에 금괴가 수북이 쌓이는 꿈 역시 꿈은 반대가 아닌 상징이기에, 아주 좋은 꿈으로써 재물적 이익이 생기게 될 것을 예지해주고 있다.

⑤ 불꿈과 시체꿈 → 영화 「투사부일체」의 정준호

영화배우 정준호는 2005년 12월 영화 「투사부일체」의 촬영 현장 공개 후에, 기자 간담회에서, 법정 스님과 제주도 한라산 곤지암에 타종식을 하러 가는 중에, 불꿈과 시체꿈을 동시에 꾸었다고 밝히고 있다.

"어마어마하게 큰 산에 불이 나 도망을 가는 꿈이었어요. 한참을 도망가다 웅덩이에 뛰어들어 불을 피했어요. 그러고 나서 잠시 후 택시에서 잠이 다시 들었는데, 온 산에 시체가 널브러져 있었어요."

앞서 살펴본바, 불꿈은 번성·발전·확장의 상징적 의미를 지니고 있기에, 장차 그가 출연한 영화가 대박을 터뜨릴 것임을 예지해주고 있으며, 온 산에 시체가 널브러져 있는 꿈 또한 시체로 상징된 업적이나 성과물이 넘쳐나게 될 것을 예지해주고 있는 상징적인 미래 예지 꿈이다.

정준호는 이후 서울 최고의 명당 터에 위치한 집을 사는 행운이 생겼고, 영화와 CF 제의가 쏟아져 들어왔으며, 대박 꿈의 예지대로 2001년 개봉해 350만 관객을 동원한 「두사부일체」의 속편 격인 「투사부일체」는 전편보다 뛰어난 관객동원 612만을 기록했다.

⑥ 집이 활활 타는 꿈 → 「신사의 품격」 드라마 인기

TV 드라마 「신사의 품격」에서 청담 마녀로 인기를 끌었던 배우 김정난은 촬영 전 "드라마가 잘 되려고 했는지, 집이 활활 타는 꿈을 꿨다"며 "꿈에서는 무서웠는데, 생각해 보니 좋은 꿈인 것 같았다."라고 밝히고 있다.

⑦ 정민태 선수 장모님의 불나는 꿈 → MVP 영예를 예지

지난 2003년 한국시리즈 선발 3승, 7차전 완봉승으로 MVP라는 영예를 이루어냈던, 현대 프로야구 정민태 선수와 관련된 꿈이야기이다. 한국시리즈 7차전 선발로 등판하기 하루 전날 밤, 정민태의 장모 김영구 씨가 꾼 꿈이다. 갑자기 집에 큰불이 나 온갖 가재도구를 홀라당 태우더니, 잠시 뒤에는 어디서 흘러 왔는지 인분 덩어리가 집안을 가득 채우더라는 것이다.

활활 불타는 꿈의 예지대로 활약상을 크게 떨쳐, 7차전 완봉승으로 MVP에 올랐으며, 보다 유리한 조건으로 연봉 협상에 임하게 되어, 인분으로 상징된 재물운이 크게 일어날 것을 예지해주고 있다. 이와 똑같은 사례로 2005년 프로야구에서 손민한(롯데)은 최우수선수(MVP)에 오른 뒤 "어머니(김영자 씨)가 불이 나는 꿈을 꿨다. 어머니 꿈이야기를 듣고 MVP를 탈 것으로 예감했다."고 밝히고 있다.

⑧ 불꿈과 용꿈 및 태양꿈 → 시합에서 우승

2008 베이징 올림픽 유도에서 우승한 최민호가 밝힌 어머니의 꿈이다. 최민호는 어머니가 꿈을 꿨는데 청와대 같은 큰 집에서 불이 나서, 촛불시위 때보다 많은 사람이 몰려 이유를 물어보니, "민호를 축하해주러 왔다"고 했단다. 또 아버지도 용이 여의주를 물고 승천하자 태양이 가슴으로 들어오는 꿈을 꾸셨다고 했다"며 우승과 꿈의 예지적 상관관계가 있음을 밝히고 있다. 또한 자신도 작년까지는 3등만 하는 꿈이었는데, 올해부터는 계속 1등만 하는 꿈을 꾸었다고 밝히고 있는 바, 이 경우 사실적인 미래투시의 꿈으로 실현된 경우이다.

⑨ 집에 불꽃이 튀면서 불붙는 꿈 → 조카의 취업 예지

화요일, 언니네가 같은 동의 3층에 살고 있어서, 가게로 늦게 출근을 하게 되었어요. "이모, 지금 나가?" 큰조카가 말하더군요. 유니세프에서 계약직으로 일하다가, 취업을 본격적으로 준비하고 있었지요. 이번에 서울대가 법인 체제로 준비를 하고 있다네요. 그래서 그곳에 서류를 넣었어요. 한 명 뽑는다는데 68명이 지원을 했다네요.

전날 꿈을 꾸었어요. 언니네 집에, 대문과 창문으로 불꽃이 매우 많이 튀면서 막 불이

붙는 장면이었어요. 우리 조카가 그 안에서 공부하는 모습은 보이는데, 아무리 이름을 불러보려고 해도, 말이 안 나오더라고요. 그냥 불꽃은 빨갛게 사방으로 튀어 오르고, 불꽃색은 무섭게 번지려고 하는 꿈이었어요.

그날 저녁 면접을 보고 온 저녁에, "이모, 뭐 꿈 꾼 것 없어?" "왜, 있는데." "그래, 좋은 꿈이야" "응, 왜? 뭐 있구나?" "서울대 면접보고 왔어. 오늘 결과는 이번 주에 알려주겠대." 그 순간 딱! 떠오르는 것이 우리 큰 조카를 위한 꿈이었네요. 대학 수시 장학으로 붙었을 때도 제가 꿈을 꿔줬거든요. --- 현석엄마(여, 72세, 성남)

(4) 기타 불꿈의 실증사례

① 등에서 불이 활활 타는 꿈 → 합격

면접 전날 주변 사람이 내 등에서 불이 활활 타는 꿈을 꾸었다는 소리를 듣고 나서, 무난하게 합격했습니다.

② 불기둥이 뒷마당에서 솟아오른 꿈 → 온천 발견

불기둥이 솟아오른 지점과 관련된 어떤 일이 일어나게 된다. 현실에서는 그곳에 온천 시추공을 뚫어 온천이 나오게 될 것을 예지한 꿈이었다.

③ 불이 붙은 것을 꺼서 시커먼 재만 남은 꿈 → 우환과 재물의 손실

뒷산에 불이 활활 붙어, 물을 부어대며 불을 끄니 시꺼먼 재만 수북하게 쌓여 있는 꿈은 몸이 아파서 병원에서 막대한 치료비를 지출하는 일로 실현되었다.

④ 불길은 보이지 않고 연기만 자욱했던 꿈 → 신체 질병 예지

부엌에 불이 났으나, 불길은 보이지 않고 연기만 자욱했던 꿈은 다음 날 신체의 일부가 마비되는 것으로 실현되었다.

⑤ 전기합선으로 불이 나려는 것을 끈 꿈 → 재물을 얻지 못함

2012년 필자의 아내가 꾼 꿈이다. 집안에 전기 합선으로 불이 일어나려는 듯이 스파크가 일어나기에, 급히 전기 스위치를 내려 불을 끄는 꿈이었다. 필자는 아내의 꿈이야기를 전해 듣고는 불이 크게 일어나야 좋은 꿈인데, 재물의 이익이 들어오려다가 무위로 그치는 일로 실현되는, 꿈의 실현을 피할 수 없는 상징적인 미래 예지 꿈으로 이루어질 것으로 추정했다. 꿈의 실현은 며칠 뒤에 주식에서 많은 차익을 냈음에도 불구하고, 매도하지 못해서 허사로 돌아가는 일로 이루어졌다.

필자가 대북경협주에 투자를 하고 있었는바, 북한의 중대발표가 12시에 있을 것이라는 뉴스보도가 있었다. 북한의 경제개방과 관련하여 중대한 호재가 있을지 모른다는 기대감에 상한가 가까이 올랐으나, 필자는 뜻밖의 상승에 머뭇거리다가 매도할 기회를 놓치고 말았던 것이다. 오히려 하한가 근처까지 떨어졌다가 제자리로 오는 일로 실현되었을 때, 문득 며칠 전에 아내에게 들은 전기 합선으로 불이 크게 일어나려는 것을 스위치를 꺼서 막았다고 하던 꿈이 떠오르는 것이었다. '아! 그 꿈이 오늘 이렇게 실현되는구나! 왜 매도하지 못했을까? 상징적인 미래 예지 꿈의 실현은 정말로 현실에서 피하거나 벗어날 수 없는 것일까?'

현재까지 로또(복권) 당첨이나 태몽 등의 수많은 사례로 미루어볼 때, 상징적인 미래 예지 꿈은 몇 년 뒤 아니 몇십 년 뒤에라도 꿈의 예지대로 실현되고 있다. 다만, 경고성 성격의 꿈인 경우에, 꿈의 실현을 막거나 피할 수 있었던 여러 사례가 있다. 따라서 꿈이 어떻게 실현될지 모르기에, 우리 인간으로서 불길한 예지적인 꿈을 꾸었을 경우에, 삼가고 근신하며 선행을 베푸는 행위만이 다가오는 화(禍)를 막아내는 최선의 길임을 필자는 믿고 있다.

⑥ 사람의 머리 위에 불기운이 하늘에까지 뻗친 꿈→ 과거 급제

선인(先人)인 김심언(金審彦)의 사례로, 장차 귀한 지위에까지 오르게 됨을 예지해주고 있다.

≪연기≫

연기의 상징성은 소문이나, 근심·걱정·병마를 상징하고 있다. 연기에 관한 꿈은 대체로 좋지가 않다. 민속에도 꿈에 연기가 검으면 병이 온다고 전해져 오고 있으며, 방안에 연기가 새어든 꿈은 전염병 등에 걸리게 되거나, 안 좋은 소문이나 구설수 등에 시달리게 된다. 또한 상대편의 입에서 검은 연기를 내뿜으며 말하는 꿈은 거짓말로 사기를 치고자 하는 사람임을 일깨워 주고 있다. 높고 큰 굴뚝으로 연기가 잘 나가는 꿈은 많은 사람들이 쳐다보게 된다는 점에서, 회사·기관·단체에서 홍보·선전이나 광고가 잘되며 일이 순조롭게 진행될 것을 예지해주고 있다.

① 주방에 불은 보이지 않고 연기가 자욱한 꿈(실증사례) → 몸에 마비가 오게 됨

어느 날 꿈에 저희 주방에서 불이 났는지 연기가 가득 찼더군요. 급한 마음에 "아부지!

전기가 합선됐나 봐유, 불이 났어유!"라고 소리치며, 안절부절못하다 깨고 보니 꿈이었습니다. 며칠 후에 길을 걷다, 다리에 쥐가 난 듯이 뻣뻣하면서 움직일 수가 없었어요. '자고 나면 괜찮겠지' 하고 생각했는데, 이건 마비라고나 할까요. 하룻밤 사이에 절름발이가 된 거예요. 한약을 먹으면서, 침으로 열흘 정도 치료받고 완치된 기억이 있습니다.(제천, 주부 김○○ 씨)

꿈속에서 불이 활활 타오르는 것은 사업의 번창 등 좋은 일로 실현되고 있다. 하지만 사례에서 살펴볼 수 있듯이, 연기만 나는 꿈은 안 좋은 일로 실현되고 있다.

② 까만 연기가 하늘을 덮는 꿈(실증사례) → 우환 및 근심거리가 생기다.

저는 꿈에 연기가 올라가는 걸 보면, 큰 사고나 몸이 아파 고생하거든요. 그날 밤도 까만 연기가 하늘을 덮었어요. 걱정이 되풀이되던 어느 날, 친정엄마 머리에 종양이 생겨서 수술해야 한다는 이야기를 들었어요. 나쁜 종양은 아니고 완치 가능한 혹이라면서 수술 날짜를 받았는데, 간병할 사람이 없는 거예요.

그런데 사촌 큰언니가 과수원 하는데, 아직은 바쁘지 않으니까 간병을 하겠다고 해서, 시골서 올라가셨어요. 그런데 그 다음 날 교통사고로, 갈비뼈가 다섯 개에 금이 가고 다리가 부러지는 6개월 진단에, 중환자로 변신하여 둘 다 입원해서 혹을 때려다 혹이 붙은 셈이 되었지요. 너무 기가 막혀서 웃음밖에 안 나오더군요. 연기가 하늘을 덮는 꿈을 꾼 후, 걱정 근심은 이것으로 막을 내리려는가 봅니다.

③ 불이 나서 연기가 자욱한 꿈 → 사업의 실패 예지

사업 실패의 실증적 꿈 사례로 제천의 김○○ 님의 글을 소개한다.

불붙은 시신에 불이 붙어 식당 안으로 따라온 꿈을 꾼 후에, 사업이 번창했던 이야기는 앞서 드린 바 있습니다. 그러던 어느 날 다시 똑같은 꿈을 반복해서 꾸었습니다. 이번에는 시신에 불이 붙지 않고 연기만 하늘을 덮더니, 저희 식당 집을 에워싸는 것이었어요. 그 뒤부터는 도둑이 들어 반반한 물건은 다 가져갔고, 오토바이 두 대 도난당하고, 남편 교통사고, 종업원 교통사고, 아들 녀석 다리 한쪽 3도 화상으로 피부 이식 수술, 저도 교통사고, 종업원이 가스사고로 숨지는 사고까지 겹쳐 도저히 헤어날 길 없어 끝내 가게를 정리했습니다. 돈도 무진장 없어지고, 마음고생 몸 고통에 두 번 다시 상상도 하기 싫은 기억들입니다.

똑같은 꿈을 반복해서 두 번 꾸었다는 것이 지금도 이상할 뿐입니다. 처음에 불붙은 시신은 저를 따라다니다가 식당으로 들어왔는데, 그 뒤 3년 후의 꿈에 시신에 불은 붙지 않고 연기만 하늘과 저희 식당 집을 에워 쌓더니, 생활에는 이렇게 큰 변화가 생기더군요.

이렇게 사업의 흥망이 꿈으로 예지된다는 사실에 대해, 독자 여러분께서 믿지 않을 수가 없을 것이다. 시신에 불은 붙지 않고 연기만 났다는 데서, 그 후에 사업이 어려워지고 안 좋은 일이 일어나고 있다. 유사한 사례로, 큰 개가 성냥을 그어 불을 붙여 집이 홀라당 다 타버리고, 재만 남는 꿈을 꾼 사람이 있다. 결과는 사업이 거세게 일어날 것 같았으나, 재만 남은 상징적 의미 그대로 사업은 중도에 포기되는 일로 실현되었다.

≪빛(광선)·밝음≫

빛〔光〕은 광명·희망·계몽·교화·명예·부귀·진리·생기 등 다양한 상징 의미를 지니고 있으나, 밝음의 표상으로 빛이 자신의 몸에 비치는 꿈은 명예로움과 부귀함, 질병에서의 회복, 사업의 융성 등 좋은 일로 이루어진다. 또한 빛이 비치는 꿈이 태몽으로 실현되기도 한다.

① 햇빛·달빛 및 기타의 빛이 방안에 환히 비치는 꿈

소원이나 계획한 일이 성사되어 경사스러운 일이 있게 된다. 특히 미혼인 경우에, 애정과 관련지어 연분을 맺게 되는 일이 가능성이 높으며, 기타 모든 일에서 미해결의 문제가 해결된다.

② 광선이 강하게 방안으로 비쳐 들어오는 꿈

신성(神性)의 절대적인 힘, 강대한 외부적인 영향력, 종교적인 감화가 있게 되며, 명예와 직위의 상승이 이루어진다. 연예인의 경우에 인기를 얻게 되며, 학자의 경우에 학문적인 업적으로 두각을 나타내게 된다. 종교서나 역사서 등의 독서에 의해서 진리를 깨닫게 되거나, 상담가의 도움으로 인생의 참된 깨달음을 얻는 일로도 실현된다.

③ 신령적인 존재가 발산하는 후광 또는 빛을 보는 꿈

고승·신부님 등 위대한 종교적인 지도자의 진리적인 말씀에 종교적 감화를 얻게 되거나, 서적 등의 독서 등을 통해 깨달음을 얻게 된다.

④ 가로등이 밤길을 비춰주는 꿈

가로등으로 상징된 협조자·후원자의 도움으로, 추진하는 일을 어려움 없이 성취하게 된다.

⑤ 폭음과 더불어 빛이 번쩍이는 꿈

강력한 외부적인 세력이나 영향력에 의해서, 충격적인 사건·사고가 일어나게 되어, 사회적 관심거리가 되는 일로 실현된다. 또한 작가의 저서나 가수의 노래가 선풍격인 인기를 끌게 되어, 사람들이 정신적 감화를 받게 되는 일로 실현된다.

⑥ 지하에서 맨홀 뚜껑을 열고 빛이 새어나오는 밖으로 나온 꿈(실증사례) → 국무총리
   에 임명되다.

지난 정권에서 총리를 지냈으면서도, 이번 정권에서 주미대사와 무역협회장을 지낸 한덕수 씨 부인이 꾼 꿈이다. 어두컴컴한 지하에서, 골목길처럼 복잡한 미로를 이리저리 헤매고 다니는 꿈이었다. 그런데 어디를 가보니까, 위에서 밝은 빛이 새어 나오고 있는 게 아닌가. 그 빛을 따라가 보니, 맨홀 뚜껑의 틈새에서 나오는 빛이었다. 맨홀 뚜껑은 무쇠로 돼 있어서 무겁다. 있는 힘을 다해, 두 손으로 그 맨홀 뚜껑을 열고 밖으로 나오는 꿈을 꿨다. 이게 무슨 꿈인가 싶어서 기다려 보니까, 1주일 있다가 총리로 임명됐다. 무거운 맨홀 뚜껑을 열고 나갔다는 대목이 포인트다. 무거운 뚜껑을 열고 나왔으니, 경쟁을 뚫고 총리에 임명될 수 있었다고 보인다. 뚜껑 못 열었으면 어려웠을 것이다.---조용헌의 八字기행, 미래를 보는 꿈 '선견몽'

⑦ 빛이 비추는 꿈(실증사례) → 신천지교회 이만희 총회장의 태몽

   태어나기 전에 할아버지께서 태몽을 꾸셨다. "하늘이 어두워졌는데, 다시 빛이 자기 며느리에게 비췄다고 한다."며, 할아버지께서는 '완전한 어둠이 없이, 빛이 가득하다'는 의미의 이름을 찾으셨다. 그렇게 일만 만(萬)자, 빛날 희(熙)자를 써서 '만희'로 지어주셨다.

⑧ 요람의 아기에게 태양광선이 비추어 내리는 꿈(실증사례) → 영화배우 염정아 태몽
   어머니의 태몽에 요람에 누워있는 아기에게 한줄기 태양광선이 비쳐대고 있었고, 많은 사람들의 주변에 서서 부러운 표정을 짓고 있는 꿈이었다. 어머니는 내가 미스코리아에 당선됐을 때, 문득 태몽이 생각 나셨다고 한다. 이후 어머니는 '올 것이 오고 있구

나.' 하는 생각으로, 내 뒷바라지에 더욱 신경을 쓰셨다.

한줄기 태양광선이 아기에게 비춰지고, 많은 사람들이 지켜보는 태몽은 장차 사람들에게 선망의 대상이 될 것을 예지해주고 있다.

⑨ 금빛 줄기가 쫙쫙 펼쳐져 있는 동굴을 본 꿈(실증사례) → 미스코리아 설수진의 태몽

어머니의 꿈으로, '빨간 불빛이 보여 따라갔더니, 금빛 줄기가 쫙쫙 펼쳐져 있는 동굴이 나타났다.'

금빛 줄기가 펼쳐지는 동굴의 태몽이다. 금빛 줄기에서 고귀하고 찬란한 일생으로, 여러 사람의 주목을 받게 될 것임을 예지하고 있다. 프로이트 식으로 보자면 동굴은 여성 상징이 되고 있으며, 음양으로 볼 때도 어두컴컴한 동굴이 음의 상징이기에, 여아 탄생에 가깝다고 보아야 할 것이다. 이에 비하여 햇빛은 양의 상징이다. 햇빛이 쫓아와 유화(柳花)에게 비쳐서 임신하게 되어 알 하나를 낳게 되는바, 고구려의 시조 주몽(朱蒙)이 탄생하게 된다.

≪그림자·어둠≫

그림자는 실체가 없는 거짓된 것, 존재를 드러내지 않고 감추어져 있는 사람이나 일거리·대상, 자신의 분신, 허무한 존재 등을 상징한다.

① 그림자만 보인 꿈

사람의 형체는 보이지 않고, 그림자만 보는 꿈은 어떠한 일거리·대상에서 실질적이고 핵심적인 역할을 하지 못하게 됨을 뜻한다. 또한 어떠한 협상 진행에 있어, 상대방의 진심이나 계획하고 있는 바를 드러내지 않음을 의미한다.

② 자기의 그림자가 거인이 되어 비치는 꿈

자신의 영향력을 암암리에 크게 떨치는 것을 상징한다.

③ 시합하는 동안에 밤이 된 꿈(외국의 사례)

판크라티온 경기자인 메니포스는 로마제전 얼마 전에 꿈을 꾸었는데, 시합하는 동안에 밤이 되었다. 그는 이 제전에서 졌을 뿐만 아니라, 손을 다쳐 선수 생활을 그만두었다.---아르테미도로스, 『꿈의 열쇠』

≪열(熱)≫

열(熱)은 따뜻하게 느껴지는 경우에 정신적인 지도와 충고, 물질적인 지원 등을 상징하며, 또한 어떠한 대상이나 일거리에 대한 뜨거운 열정·정성·사랑 등을 나타내고 있다. 그러나 뜨겁게 느껴지는 경우에 외부적인 충격이나 압박, 권력·권세 등을 상징하고 있다.

① 난로의 열이 뜨거운 꿈

난로로 상징된 회사·기관·단체 및 어떠한 일거리·대상에서 활발한 사업성과를 내고 있음을 나타낸다. 이 경우에 불길이 활활 타오르는 꿈일수록, 번영과 발전을 가져오는 좋은 꿈이다. 학자의 경우에 열정적으로 학문연구에 몰입해 있음을 상징하며, 연인의 경우에 열정적인 사랑에 빠져 있음을 상징하며, 사업·종교·취미생활·노름·게임·주식·사랑 등 어떤 일거리나 대상에 빠져들어 있음을 뜻한다.

② 난로의 열이 식어가는 꿈

난로의 열이 점차 식어가는 꿈은 어떠한 일거리·대상에 대한 관심이 식어가며, 사업이 지지부진해지는 등 포기와 중단되는 것을 상징한다.

8 dream 관공서·기관 기타 인공물에 관한 꿈

1) 건물·관공서

≪집≫

집은 실제의 집이라기 보다는 상징적으로, 회사·기관·사업체·사건 무대 및 일의 시발점과 종착점 등을 상징한다. 남의 집은 자기와 간접적인 관계가 있는 회사나 기관 단체, 사업장을 상징한다.

① 집(연립주택), 아파트의 꿈

여러 기관이나 단체 회사가 한 건물에 있는 것을 상징한다. 여러 세대가 잇대어 지은 연립주택이나 아파트를 지나가는 꿈은 어떤 사업을 진행하는 데 있어, 여러 기관·단체·부서를 통과한 후에야 일이 성립됨을 예지한다.

② 새집(건물)에 관한 꿈

새집은 새로운 기관이나 회사·사업체 등을 상징하며, 새로 만든 무덤 등을 뜻하기도 한다. 사람의 경우에 새색시, 새신랑 등의 상징도 가능하다.

③ 빈집에 관한 꿈

빈집은 학문적 연구 대상, 남이 손대지 않은 사업체, 발굴되지 않은 유적지 등을 상징한다. 빈집이 과부 등 임자가 없는 사람의 상징으로, 빈집을 얻는 꿈은 과부를 얻게 되는 일로 실현될 수 있다. 이러한 빈집에 누워 있는 꿈은 사업의 성취나 혼담·계약 등이 지지부진해진다. 또한 빈집에 들어갔다가 아무것도 들지 않고 다시 나오는 꿈은 사업에서 성과를 얻지 못하게 되며, 자신이 바라는 소원이 성취되지 않는다.

④ 집을 짓는 꿈

사실적인 꿈이라면 실제로 집을 짓는 일로 실현되지만, 대부분의 상징적인 꿈에서는 새롭게 회사를 세우거나 어떠한 기관·단체를 결성하게 되며, 학문적 업적을 성취함을 뜻한다. 이러한 건축의 과정은 새로운 사업이나 학문 등의 성취 과정을 뜻한다. 개인 집을 짓는 꿈은 자신의 사업이나 학문적 업적 등을 이루게 되며, 공공건물을 짓는 꿈은 거대한 사업체나 회사의 프로젝트 등에 참여하여 자신의 뜻을 펼치게 된다.

안 좋게는 새집을 짓는 꿈이 무덤을 상징하는 경우에, 병자의 경우에는 죽음 예지의 꿈으로 볼 수도 있다. 또한 집을 짓기 위해 집터를 닦는 꿈은 새로운 사업 판도나 세력권을 형성할 일이 있게 되며, 사업에 착수하게 된다. 이 경우에, 목재·시멘트·모래·자갈 등의 건축자재는 사업의 투자 자금이나 회사의 구성원인 직원 등을 상징한다.

⑤ 집을 수리(증축)하는 꿈

회사의 조직 개편이나 기존의 사업에 자본금을 투자하여 확대하는 일이 생긴다. 집을 증축하면 사업을 확장할 일이 있고, 본채에 이어 짓는 건물은 사업 확대나 부서의 신설 등의 일로 이루어진다.

⑥ 집(건물)을 허무는 꿈

자기 집을 스스로 허물면, 진행하고 있는 사업이나 계획하고 있는 바를 중단하는 일로 실현된다. 이 경우에, 상대방이 자기 집을 허무는 꿈은 자신의 사업을 침탈하게 되어 사업을 포기하게 된다.

⑦ 집 반쪽이 무너져 내린 꿈(실증사례) → 이혼 예지

꿈에, 새로 지은 연립 주택인데, 부근에 있는 변압기가 큰소리로 터지면서 집 반쪽이 무너져 내렸다. 항시 신줏단지를 모셔놓는 그 곳 항아리 안에서는, 하얀 명주옷을 입은 할머니가 나오시더니, 굉장히 화가 나셔서 뒤도 돌아보지 않고 훌쩍 가셨다. 삼 년도 못 살다 남편과 이혼을 했다. 집이 무너져 내려 반으로 나뉘는 것이 미리 예지된 것이다.

⑧ 집으로 나가고 들어오는 꿈

집에서 밖으로 나가는 꿈은 외근하는 일에 관계하거나, 사업이나 일의 착수, 외적인 일 등과 관계한다. 집으로 들어가는 꿈은 외근 부서에서 자신의 회사에 복귀하는 일로 이루어지며, 집으로 상징된 회사·기관·단체에 청탁할 일과 관계한다. 다른 사람이 집으로 들어오는 꿈은 자신의 회사 부서에 누군가 방문하거나, 자신의 일에 관계하며 청탁을 하는 일이 있게 된다.

⑨ 집안을 들여다보는 꿈

어떤 집 앞에 잠깐 머무르거나 안을 들여다보는 꿈은 어떠한 회사에 관심을 갖게 되어 한동안 근무하게 된다. 애정·연분의 꿈에서는 상대방에 대하여 살펴보고 탐색하는 일로 실현된다.

⑩ 집을 사거나 파는 꿈

집을 사면 직장에 취직하거나 사업기반·배우자를 얻고, 집을 팔면 직장에서 실직하거나·신분·배우자 등을 잃게 된다. 그러나 사실적인 미래투시의 꿈인 경우, 실제로 집을 팔고 사는 일이 가까운 장래에 일어날 수도 있다.

⑪ 집(마당) 주위에서 사람들이 웅성거리는 꿈

처한 상황에 따라 달리 실현되고 있다. 자기 집 안팎에서 사람들이 웅성거리는 꿈으로 초상이 나거나 큰 사건이 일어난 사례가 있다. 저자의 경우에, 열성적인 지지자나 애독자의 뜨거운 성원이 있게 될 것을 상징적으로 보여주고 있다.

⑫ 고향의 집에 관한 꿈

고향집은 현재 거처하는 자기 집이나, 자신이 맨 처음 근무했던 직장이나 사업 장소, 일의 시작점을 상징한다.

고향이나 고향집으로 걸어가는 꿈은 일의 종결이나 성공·달성·완성을 상징하며, 계획하고 추진시키는 목적을 달성하기 위해 노력하는 일의 진행 과정을 의미한다. 이 경우 차를 타고 가거나 비행기를 타고 가는 것 등은 성취의 수단과 기간을 상징한다. 또한 고향집까지 가는데 아직 멀다고 생각한 꿈은 성공 및 목표를 달성하기까지 아직 많은 시일이 남았음을 뜻한다. 실증사례로, 고향집의 외로운 정경을 보는 꿈은 부모님이 편찮으신 것을 예지하는 일로, 고향집에 온 가족이 한자리에 모여 앉아있는 정겨운 모습을 보는 꿈은 더블복권(81호차) 3억 원에 당첨되는 일로 이루어졌다.

⑬ 친정에 관한 꿈

친정은 현재의 자기 집, 실제의 친정집, 애착이 가는 회사·사업장 등을 상징한다.

⑭ 친척의 집에 관한 꿈

협력 회사, 자매결연 회사를 상징한다. 외갓집에서 하룻밤을 잔 꿈을 꾼 직장인은 외근관계 부처에서 한 달 또는 일 년을 근무하게 되는 일로 실현될 수 있다.

⑮ 친구 집에 관한 꿈

친분 있는 회사·사업장을 상징한다.

⑯ 하숙집의 꿈

지방에 설립한 지사, 한시적으로 신설한 부서·회사나 체인점, 외주를 준 회사, 애인의 집 등을 상징한다.

⑰ 초가집에 관한 꿈

평온한 회사나 경제적인 여건이 어려움에 처한 소규모의 회사를 상징한다. 외따로 있는 초가집은 도움을 주는 사람이나 기관이 없이 운영되는 작은 회사를 상징하기도 한다. 또한 오래된 옛날의 고고학적 연구 성과와 관계한다.

⑱ 기와집에 관한 꿈

상징적으로 비교적 운영 여건이 나은 회사를 상징한다. 보다 수준 있는 일거리·대상을 상징하기도 한다.

⑲ 축사의 꿈

일거리·대상이나 재물의 상징일 경우에는 사업장·사업기반·공장·생산부서를 상징한다. 그러나 축사의 가축이 사람의 상징으로 등장한 경우에는 학교·교육기관·연수원 등을 상징한다.

⑳ 새집, 개미(집)

새집 및 개미집은 누추한 집이나 여인숙, 작은 규모의 회사, 감옥, 기도원 등 행동에 불편함이 있는 장소나 단체를 상징한다.

㉑ 민속의 집에 관한 꿈

– 꿈에 집에 불이 나면 부자가 된다.

– 꿈에 집에 불이 나면 재물이 생긴다.

– 꿈에 집에 불이 나면 그 집이 부귀영화를 누린다.

– 꿈에 집 가운데 강이 있으면 크게 좋다.

– 꿈에 집 가운데 누각을 지으면 재수가 있다.

– 꿈에 집 가운데 마당에서 소나무나 잣나무가 나오면 대통한다.

– 꿈에 집에 새로 담을 쌓으면 재수 있다.

– 꿈에 집 위에 널이 있으면 몸이 평안하다.

– 꿈에 집 가운데 배를 타면 재물을 얻는다.

– 꿈에 집을 옮겨 들면 길하다.

– 꿈에 집을 고치면 재수 있다.

– 꿈에 집을 이어 보면 재수 있다.

– 꿈에 집을 고치면 좋은 가정을 이룬다.

– 꿈에 집을 지으면 재수 있다.

– 꿈에 집 가운데 말이 서 있으면 사나이 소식을 듣는다.

– 꿈에 집안으로 돼지가 들어오면 운수 대통이다.

– 꿈에 집안을 깨끗하게 치우면 손님이 온다.

– 꿈에 집을 저당 잡히면 벼슬을 한다.

– 꿈에 집 위에 벼가 나면 벼슬한다.

– 꿈에 집 위에 집을 지으면 벼슬을 한다.

– 꿈에 집을 물 뿌려 쓸면 흉하다.

– 꿈에 집 위로 오르다가 무너지면 재수 없다.

– 꿈에 집이 구렁에 빠지면 흉하다.

≪방(房)≫

방은 실제의 방, 회사·기관·단체의 부서, 여성의 내면상, 무덤, 사건의 발단과 종결 등을 상징한다. 방이 넓은 꿈은 공간의 면적에 비례하여, 회사·기관·단체에서의 자신의 부서가 권세 있음을 나타내고 있다. 저자의 경우 신문·잡지에 소개될 기사의 할당 지면을 상징적으로 나타내주고 있는바, 이 경우에 큰 방일수록 좋은 꿈이다.

또한 방이나 방바닥이 깨끗하고 온전한 표상이 좋다. 실증사례로, 방바닥이 파헤쳐져 있는 꿈을 꾼 후에, 시집 일 때문에 남편과 며칠을 두고 싸우는 일로 실현된 사례가 있다. 한편, 알고 있는 사람이 꿈에 자기 방 구들장을 괭이로 파내는 꿈을 꾼 후, 다른 사람을 차로 치어 교통사고로 입건되는 일로 실현되었다.

① 안방, 건넌방의 꿈

안방은 집안, 관청 내부, 기관의 중심부서 등을 상징하며, 건넌방은 기관의 부속건물, 회사의 외근 관계 부서 등을 상징한다. 아랫목에 손님을 모시는 꿈은 소중한 사람이나 소중히 여겨야 하는 일거리·대상이 있음을 뜻한다.

② 사랑채에 관한 꿈

바깥채는 외근 관계 부서나 외무담당, 사무실, 상대적인 집단을 상징한다. 사랑방은 그 기관의 외무 담당 부서를 상징한다.

③ 침실에 관한 꿈

침실은 자신의 담당업무 부서, 자신만의 은밀한 사업분야나 일거리·대상을 상징한다.

④ 집(응접실)에 관한 꿈

접대·사교 등의 일과 관계된 기관의 부서나 사업장을 상징한다.

⑤ 집(서재)에 관한 꿈

회사의 연구 기관, 연수원, 교육기관 등을 상징한다.

⑥ 집(대청)에 관한 꿈

큰 저택의 대청에 오르는 꿈은 신분·직위가 높아지게 되며, 취직 등의 일이 있게 된다.

⑦ 집(부엌)에 관한 꿈

부엌은 재정적인 일, 기획 부서 등을 상징한다. 부엌 아궁이에 불을 때는 꿈은 사업 진행에 있어 사업 자금의 집행 등 주도적인 일을 진행하게 된다.

⑧ 집(현관)에 관한 꿈

현관은 회사의 안내 부서, 사업 청탁의 접수부, 신문기사의 제1면과 관계한다. 현관문이 툭 떨어지는 꿈으로 몸이 아프게 된 사례도 있다.

⑨ 창고에 관한 꿈

실제의 창고, 저장 기관, 은행 등을 상징한다. 창고 안에 있는 물건이 쌓여있는 꿈은 이권과 재물을 확보해 놓은 것을 뜻한다. 상징적으로 창고 안에 관이나 시체가 있는 꿈은 정신적 업적을 이루거나, 재물이나 이권을 얻게 된다.

⑩ 출입구·접수구에 관한 꿈

출입구·접수구는 어느 회사·기관의 경비실, 취직·퇴직·전근 등을 관장하는 부서나 심사기관의 비유이다.

≪건물(빌딩)≫

집보다는 규모가 큰 회사·기관·단체를 상징적으로 보여주고 있다. 고층건물은 사실적인 꿈에서는 실제의 건물이지만, 거대한 사업체나 규모가 큰 일거리·대상을 상징한다. 집이 무덤의 상징이라면, 빌딩은 공동묘지·공원묘지·납골당 등이 가능하다.

건물의 층수 또한 상징적 의미를 지닌다. 3층 건물의 1층은 말단 기관, 2층은 중간 기관, 3층은 상부 기관을 암시한다. 이러한 건물의 층수가 높고 웅장할수록 회사나 기관이 성대함을 뜻한다.

① 건물의 귀퉁이가 떨어져 나갔다가 다시 들러붙는 꿈(실증사례)

아들이 교통사고로 머리를 심하게 다쳤으나, 수술을 하게 되어 극적으로 회복되는 일로 실현된 사례가 있다. 이처럼, 건물로써 인체를 상징적으로 나타내고 있다.

② 건물 아래층에서 위층으로 오르는 꿈

신분·직위가 오르게 되며, 상급 기관의 일을 처리하게 된다.

③ 찬란한 건물이 공중에 떠 있는 꿈

건물로 상징된 거대 조직체·기관·단체 등에서 시행하는 일들이 세상에 공개되거나 과시된다.

④ 아파트의 꿈

기관의 여러 부서, 회사·단체·조직체·사업체를 상징적으로 나타내며, 학문적 업적 등을 상징하기도 한다.

⑤ 청와대나 백악관을 보는 꿈

중앙 정부기관이나, 지상에 발표될 어떤 사람의 훌륭한 업적이나 뛰어난 작품을 대하게 될 것을 상징하고 있다.

≪회사≫

상징적인 꿈에서 회사는 실제 회사 이외에 사업체나 일 등을 의미하며, 자신의 일, 소원 등을 충족시켜줄 방도·권리·협조기반·협조세력 등을 뜻한다.

회사를 옮기는 꿈은 평소의 잠재의식적인 심리 표출의 꿈에서, 이러한 꿈을 꿀 수도 있다. 또한 사실적인 미래투시의 꿈으로 꿈속의 일과 같이 실제로 이직하는 일로 실현되는 경우가 있을 수 있다. 대부분의 상징적인 꿈에서는 회사로 상징된 커다란 기관이나 조직체 등 자신의 생활 무대, 사회적인 기반, 사업체 등을 옮기는 일로 실현된다. 나아가 자신이 맡았던 일보다 더 넓은 범위의 일을 책임지게 되거나, 다니는 회사나 기관이 발전적인 변화가 있게 되는 일로도 실현이 가능하다.

회사에 복직(입사)하는 꿈은 복직(입사)하고 싶은 자신의 소망이나 바람이 꿈으로 표출되는 경우가 있다. 또한 사실적인 미래투시의 꿈이라면, 장차 현실에서 꿈과 똑같거나 유사한 일로 일어날 수가 있다. 하지만 우리가 꾸게 되는 대부분의 상징적인 예지적인 꿈에서는 어떠한 기관이나 단체에 자신이 복직(소속)하게 되거나, 새로운 사업체나 일거리·대상에 몰두하게 되는 일로 실현되고 있다.

≪계단(층계), 엘리베이터, 사다리≫

① 계단에 관한 꿈

계단은 계급, 시련·고난과 노력의 과정, 일의 편의와 고통, 시간 경과, 연쇄 작업, 중계 수단 등에 관한 일을 상징한다. 계단은 진급의 전망이나 사업의 진척 도를 가늠하는 것으로, 시련과 노력의 과정을 상징적으로 보여주고 있다. 이 경 우 쉽게 올라가는 꿈이 좋다. 계단에서 미끄러지거나 떨어지면, 진급·진학·사 업·소망 등이 좌절되는 일로 실현된다. 또한 처음에는 계단을 오르기가 힘들다 가 나중에 편해지면, 일의 진도나 진급 등에 있어 처음에는 고통스럽다가 나중에 편해짐을 의미한다. 계단을 내려오는 꿈은 일의 마무리 등을 상징한다.

② 엘리베이터(승강기)에 관한 꿈

엘리베이터나 케이블카를 타고 오르내리면, 직장의 승진이나 좌천, 성적이나 주식의 오르고 내림, 소원의 경향이나 질병의 증세 등의 변화를 상징하는바, 올 라가는 꿈일수록 성취·상승·승진·진급·회복으로 실현된다.

③ 엘리베이터가 추락해서 갇혀있던 꿈(실증사례) → 신분·직위의 몰락

엘리베이터를 혼자 타고 있었는데, 갑자기 몇 층인지는 몰라도 맨 밑바닥까지 떨어져 갇혀 있었으며, 그 모습을 내가 스스로 볼 수 있었는데, 매우 고독하게 보 였다.

이 꿈은 좌절, 절망, 고독, 실직, 실망, 그리고 예기치 않은 일과 연관 지어진 다. 외국과의 합작회사 임원으로 재직하고 있었을 때의 꿈이었다. 평상시 예상치 도 않았는데, 갑자기 회사 주주 간의 지분이 바뀌면서 경영권이 이동되는 통에, 나 혼자만 그 직장을 떠나 다른 계열사로 옮겨가게 되었다.(글: 운몽)

④ 사다리에 관한 꿈

사다리에 관한 꿈 또한 쉽게 올라가는 꿈이 좋다. 학년의 진급이나 직장에서 의 승진, 시험의 합격, 사업의 진척, 병세의 회복 여부를 상징적으로 예지해주고 있다. 올라가던 사다리에서 내려올 수 없는 꿈은 사업이나 학문을 도중에서 중단 할 수 없거나, 직장의 이직 등의 일이 어렵게 되는 일로 실현된다.

사다리를 앞에서 들고 윗사람과 같이 벽에 세운 학생의 꿈은 수석 입학하는 것으로 실현된 사례가 있다.

≪지하실≫

지하실은 은밀한 비밀 장소, 비공개의 회사·기관·단체, 감방, 뒷거래 이면상 등과 관련된 어떤 장소적 의의를 가진다.

① 지하실을 들여다보는 꿈

어떤 비밀스러운 사업·학문, 다른 사업의 이면상 등을 알아내는데 관심을 가지게 된다.

② 지하실에 들어가는 꿈

캄캄한 지하실이나 굴속으로 들어가는 것은 심신이 위험한 여건에 처하게 되거나, 일의 진행이 이루어지지 않게 된다. 이 밖에도 떳떳하지 못한 암거래를 하게 되거나, 비밀업무 등에 가입하라는 유혹이나 압박을 받게 된다.

③ 캄캄한 지하실 내부를 헤매다가 깨어나는 꿈

흉몽이다. 시련과 고통을 겪게 되며, 사업이나 학문의 진행에 있어 어려움만을 겪는 일로 이루어진다.

④ 지하실에 물이 가득한 꿈

막대한 사업자금이나 이권을 확보해두는 일로 실현된다. 이 경우에, 지하실에 물이 얼어붙은 꿈은 사업자금 등이 동결상태에 놓이게 되는 것을 상징한다.

≪벽(담)≫

벽은 한계 상황, 후원자나 협조 기관, 방비 등을 상징한다.

① 집(벽, 담)에 관한 꿈

회사·기관·단체의 외부 지원부서나 조직을 상징한다. 높고 튼튼하게 쌓은 담일수록, 사업 기반이 자리잡혀 있음을 뜻한다.

② 벽에 물건을 걸거나 붙이는 꿈

물건의 상징 의의에 따라, '과시한다, 공개한다, 추대한다, 기념한다.' 등의 일과 관계한다.

③ 벽에 그림·액자·시계·달력·옷·거울 및 기타 물건을 걸어둔 꿈

회사·기관·단체·학교·출판사·신문사 등에서 자신의 업적이나 명예를 드날리고, 선전 및 광고하여 과시하게 된다.

④ 벽에 시구(詩句)·그림·글씨를 쓰거나 새기는 꿈

자기의 업적이나 명성이 기관에 길이 남거나, 서적을 저술해 낼 일이 생기고 작품을 제출하기도 한다.

⑤ 벽에 무수한 파리 떼가 붙어 있는 꿈

부모·남편 및 기타 의지가 되는 사람의 신상에 우환이 생기는 일로 실현된다. 다만, 파리 떼의 상징이 글자인 경우에, 저자인 경우라면 글을 발표할 일이 생기기도 한다.

⑥ 사방의 벽이 막혀 탈출구를 찾지 못하는 꿈

고통과 시련에 직면하게 된다. 사업의 진행에서 한계상황에 이르러 어려움을 겪게 된다.

⑦ 벽을 새로 바르거나 청소하는 꿈

사업 조직의 정비 및 개편, 대내외로 공개·과시하는 일로 실현된다.

⑧ 벽에 금이 가서 무너질 것 같은 꿈

흉몽이다. 회사·기관이나 사업체에 내분이 생기거나, 업적에 손상을 입게 된다.

⑨ 벽의 일부가 떨어지고 뼈대만 남은 꿈

흉몽이다. 사업 부서의 포기, 조직 구성원의 이탈, 신체의 이상 등 몰락하는 일로 실현된다.

⑩ 저택의 큰 담을 끼고 순찰을 하는 꿈

직장인은 외근 근무, 군인은 파견 근무 등 외부와 관련된 일에 관계하게 된다.

⑪ 자신이 담 위에 올라 이웃집을 내려다보는 꿈

다른 집이나 회사·기관·단체의 실정을 살펴보게 되며, 간섭하게 되거나 검토할 일이 생기기도 한다.

⑫ 상대방이 담 위에서 자기 집을 내려다보는 꿈

자신의 집이나 회사 실정을 살펴보게 되며, 청탁이나 청혼 등을 하게 되는 일로 실현된다. 이 경우 고양이 등 동물이 내려다보는 꿈인 경우에, 동물로 상징된 사람이 심사나 청탁·청혼 등을 해오는 일로 실현된다.

⑬ 여러 사람이 벽돌을 날라다 담이나 벽을 쌓는 꿈

여러 사람의 협력에 의하여 사업을 진행하게 되며, 학문적 업적 등을 이루게 된다.

⑭ 담 위에 여러 개의 꽃송이를 늘어놓은 것을 본 꿈(실증사례)

작품심사와 관계되어, 심사를 받게 될 것을 예지해주는 꿈으로 실현되었다.

⑮ 벽을 향해 주먹질하고 발광한 꿈(실증사례) → 일의 실패

아래층에서 일을 하다가 2층으로 뛰어올라 벽을 향해 주먹질하고 발광한 꿈은 자신의 뜻대로 일이 진행되지 않을 것을 예지해주고 있다. 현실에서는 라디오를 수선하다가 섀시 윗부분 전선이 떨어져, 전기합선을 일으켜 당황한 것으로 실현되었다.

≪울(울타리)≫

울타리는 담의 꿈해몽과 유사하며, 사업의 영역, 세력의 판도, 보호책, 장벽 등을 상징하기도 한다.

① 울타리에 꽃이 만발한 꿈

길몽이다. 정신적·물질적인 사업이 기관을 통해 성취되거나 명예로워진다. 또한, 애정·연분과 관련지어, 순조로운 여건이 조성된다.

② 울타리를 넘어 들어간 꿈

회사·기관·단체의 구성원이 되며, 구직자나 수험생이 이러한 꿈을 꾸면 취직 및 합격하게 된다.

③ 울타리 안으로 가축을 몰아넣는 꿈

가축으로 상징된 재물이나 이권을 확보하게 되거나, 직원을 뽑는 일로 실현된다. 이 경우에 새끼 가축을 몰아넣는 꿈은 신입사원을 뽑는 일로 실현된다.

≪철조망≫

철조망은 대비책, 방어 수단, 경계선, 사업의 영역을 상징한다. 철조망을 끊거나 뚫고 들어가는 꿈은 적극적으로 사업을 영위해나가게 되며, 사업이 무난히 성사된다.

≪천장≫

천장은 상층부나 고위급 인사, 윗대상의 일거리 등을 상징한다.

① 천장이 무너지는 꿈

부모나 친지의 웃어른이 죽게 되거나, 윗대상의 일거리에서 문제가 발생하게 된다. 붕괴된 천장의 구멍으로 새가 날아가는 것을 보면, 재해 등으로 인해서 인명이 희생됨을 보게 된다.

② 천장에 청룡·황룡이 얽혀 나는 그림을 보는 꿈

청룡·황룡으로 상징된 훌륭한 인물의 활약상을 보게 되며, 청룡·황룡이 자신의 상징으로 등장한 경우에는 업적·작품 등이 기관을 통해 선전되거나 명예가 주어진다.

③ 나무가 천장을 뚫고 하늘로 치솟은 꿈

나무로 상징된 인물의 입신양명을 보게 된다. 또한 나무가 자신의 상징으로 등장한 경우에, 자신의 사업이나 학문적 업적이 널리 알려져, 명예를 얻고 직위의 승진이 이루어진다.

④ 천장에 불이 붙어 활활 번지는 꿈

고위층에 청탁한 사업성과나 작품 등이 크게 광고되거나 발표되며 평가된다.

⑤ 천장에 거미줄·전선 등이 얽혀 있는 꿈

상급자의 비리가 있게 되며, 고위층에 청탁한 일이 언제 성사될지 모른다. 인체의 상층부인 머리에 문제가 생겨서 두통을 앓게 되는 일로도 실현 가능하다.

≪다락(벽장)≫

벽장이나 다락은 부속 기관, 위탁기관, 보조 단체, 연구기관, 금고 등을 상징한다. 다락에 숨어 있는데 호랑이가 덤벼들어 성행위 한 꿈은 다락으로 상징된 자그마한 회사에서, 호랑이로 상징된 거대 기관이나 조직체에 결연을 맺게 되어 [성행위], 자신의 뜻을 이루게 되는 일로 실현되었다.

≪복도≫

복도는 길의 상징 의미와 동일한 해석이 가능하며, 회사와 관계를 갖는 사업 부서를 상징하기도 한다. 긴 복도를 걸어가며 이 방 저 방 들여다본 꿈은 기관이나 회사 내부의 여러 부서나 사업장·산하단체 등을 살펴보는 일로 실현된다.

≪마루, 베란다, 발코니≫

마루는 응접실, 중개소, 상담실의 상징적 의미를 지닌다. 민속의 꿈에 마루에 불을 때면 좋은 일을 맡게 된다고 전해오고 있으며, 마당에서 마루로 오르는 꿈은 신분이나 직위의 상승 등으로 실현된다.

베란다는 마루의 상징적 의미와 유사한 해석이 가능하며, 발코니는 선전무대, 과시할 일, 고급에 속하는 일 등을 상징하고 있다.

≪옥상≫

옥상은 회사·기관·단체의 상층부의 일과 관계한다.

① 옥상에서 가마니를 뒤집어쓰고 있는 사람을 보았던 꿈(실증사례)

체포된 사람이 서울로 압송되어 가게 된 것을 신문에서 보는 일로 실현되었다.

② 옥상의 끝에 걸리는 꿈(실증사례) → 위태로움에 처하다.

아들을 옥상 꼭대기에서 거꾸로 놓칠 위기에서, 겨우 바지 끝을 잡아 아슬하게 옥상 끝에 걸리는 꿈이었다. 다음 날 아들이 두 번씩이나 경기를 하여 죽는 줄 알았다가, 겨우 살아나는 현실로 실현되었다. 이 경우 아슬아슬하게 잡는 꿈이었기에, 그나마 다행인 현실로 실현되었다. 놓치는 꿈이었다면, 사망 등의 더 안 좋은 결과로 실현될 수 있다. 대부분의 경우에 있어서 꿈은 반대가 아닌 것이다.

≪지붕≫

지붕이 무너지고 파괴되는 꿈은 신분·명예 등이 몰락하거나 와해된다. 회사·기관·단체에서 문제점이 발생하게 되는 일로도 실현 가능하다.

① 지붕을 고치는 꿈

지붕에 기와 등을 새로 잇는 것을 보는 꿈은 사업의 정비와 보완, 간판·저서 등의 타이틀 변경 등의 일이 이루어진다.

② 구렁이가 지붕이나 용마루에 오르는 꿈

구렁이로 상징된 인물이 부귀 권세와 명예를 얻게 된다.

③ 호랑이 등이 지붕에 올라가 내려다보는 꿈

호랑이로 상징된 권력자나 위압적인 인물이 억압을 가할 일이 생긴다.

④ 지붕 위에 오르는 꿈

지붕 위에 오르면 그 나름대로 신분 지위가 높아지고, 지붕 위에나 산 위에 남아 있으면 한동안 같은 처지가 지속된다.

⑤ 지붕이 무너지는 꿈(실증사례) → 가족 간의 불화

시댁 집엘 갔어요. 거실로 들어서는데, 지붕에서 빗물이라고 생각된 흙탕물이 사방의 벽을 타고 흐르고 있었어요, 아주 많이요. 그래서 '아이고~이게 웬일이냐' 했는데, 주방 쪽에서 시부모님과 다른 두 시아주버님들이 있더군요. 그때, 지붕이 무너지는 거예요. 시어머님께서 손으로 지붕을 받쳤는데, 잠시 버티다가 결국엔 무너졌어요. 어느새 우린 모두 밖으로 나와 있었고요. 제가 남편에게 전화를 했지만, 통화가 되지 않았어요. 그래서 '갈 곳 없는 시부모님을 우리 집으로 모시고 가야겠다' 생각하고, 택시를 기다리며 길 옆에 서 있는데, 택시가 없는 거예요. 그래서 '식당이나 가서 밥이라도 먹고 집으로 가야지' 하며 깼네요.

이 꿈을 꾼 지 거의 3년 다 되어갑니다. 그런데 꿈꾸고 몇 개월 뒤, 시댁과 계속 오해와 싸움이 오가다, 결국에는 시부모님뿐만 아니라 시아주버님·시동생네와도 인연을 끊고 삽니다. 그렇게 명절이나 생신 때 안 간지, 2년 다 돼갑니다. 불과 10분 거리에 사는데도 말이죠.---안젤리나쫄티

꿈은 반대가 아닌 상징의 이해에 있다. 지붕이 무너지는 꿈은 지붕으로 상징된 그 무언가 보호해주고 지탱해주는 것이 붕괴되는 데 있다. 처한 상황에 따라 구성원의 질병이나 불화 등으로 실현되고 있다.

≪추녀≫

추녀는 전통 목조 건축에서, 처마의 네 귀의 기둥 위에 끝이 위로 들린 크고 긴 서까래로 "추녀 물은 항상 제자리에 떨어진다."는 속담은 어떤 일이든 늘 정해진 자리에 오게 됨을 이르는 말이다.

이러한 추녀 끝이 남의 집 지붕까지 덮는 꿈은 자신의 세력이 뻗어 나가는 것을 뜻하는 길몽이다. 추녀 밑에서 비를 피한 꿈은 사업이나 생활에 닥쳐온 시련과 고난을 협조자나 권세가의 도움으로 잘 해결하게 된다. 한편 낙숫물이 떨어져 물이 괸 것을 보는 꿈은 여성의 생리 주기가 다가온 것을 의미하는 것으로 실현된 사례가 있다.

≪방문·대문≫

방문·대문 등의 안팎은 회사나 기관 단체의 내부와 외부, 가문과의 관계 등을 상징한다. 문을 여는 것은 개방·통과·승인·허락하는 일을 상징하며, 문을 닫는 것은 중지·정체(停滯)·보류·폐쇄 또는 종결 등의 일을 상징한다.

① 닫힌 방문을 열고 안을 들여다보는 꿈

일거리·대상의 진행과정이나 진상의 규명, 청원할 일 등이 생긴다. 이 경우에 문을 노크하는 꿈은 상대방의 의사를 타진하거나, 청탁 등을 하고자 하는 일로 실현된다. 상대방이 자기 방을 들여다보는 꿈은 누군가가 자신의 일에 관여하고자 하는 일로 실현된다. 이 경우에 보지 못하게 하는 꿈은 저항·반항 등을 할 일이 생긴다.

② 방문을 열고 밖을 내다보는 꿈

자신이 관심을 지니고 있던 분야에 대해 시도하고자 하는 일로 실현된다. 예를 들어, 미혼남녀의 경우에 결혼중개업소를 알아보는 일로 실현될 수 있다. 이 경우에 문구멍으로 내다보는 것은 은밀하게 진행하게 되는 것을 뜻한다.

③ 문을 열고 방안으로 들어가는 꿈

본격적으로 일에 관여하고 조사 등에 착수하게 된다. 이 경우 잠근 문을 열고 들어가는 꿈은 강제적·억압적으로 일을 진행하게 됨을 뜻한다.

④ 문을 자물쇠로 잠그는 꿈

외부와의 소통을 끊게 되는 일로 일어나며, 가문 등과의 관계가 끝나 버리는 것을 뜻한다.

⑤ 문을 새로 고치는 꿈

자신이 계획하고자 하는 일거리나 대상에서, 보다 새롭게 시도하는 일로 이루어진다.

⑥ 대문 안으로 들어가는 꿈

회사·기관·단체에 들어가게 되거나, 시험에 합격하게 되며, 어떠한 곳에 관련을 맺게 되는 일로 실현된다. 이 경우에 안에서 누가 열어 주는 꿈은 협조자의 도움을 얻게 되며, 문이 저절로 열리는 꿈은 당국의 협조나 여건이 순조롭게 진행될 것을 예지해준다. 또한 대문으로 당당히 들어가는 꿈은 공개 채용 등에 합격하는 일로 실현되며, 뒷문 등으로 들어가는 것은 은밀한 청탁에 의해 일이 이루어지는 것을 뜻한다.

≪창문≫

집은 실제의 집이거나, 상징적으로 회사·기관 등을 상징하고 있다. 따라서 창문은 외부적인 연락처나 수단 방법의 상징적 의미를 지닌다. 간략하게 꿈해몽을 살펴본다.

① 창문을 여는 꿈

대외적으로 관심을 갖는 일, 분투노력할 일이나 주장을 강하게 내세울 일, 공개·시위 등의 일을 체험한다.

② 창문으로 넘어 들어가는 꿈

취직·청탁 등의 일이 이루어진다.

③ 창문에 누가 나타나기를 기다리며 쳐다보는 꿈

상대방의 마음을 알려 하거나, 제출된 작품 등의 성공 여부를 갈망하게 된다.

④ 창문에 불이 환한 것을 보는 꿈

집으로 상징된 회사나 기관 등에 취직하게 되거나, 결혼·사업·청탁 등의 반가운 소식이 온다.

⑤ 사창(紗窓)을 바른 방을 바라보는 꿈

처녀가 거처하는 비단을 바른 창인 사창(紗窓)을 바라보는 꿈은 연분을 맺는 일로 실현된다.

≪마당·뜰≫

마당은 세력권·사업판도·타향·외지 등 대외적인 사업장을 상징한다.

① 마당에 물건을 쌓아 놓은 꿈

물건을 마당에 놓거나 쌓는 꿈은 완전한 자기 소유가 아니라, 여러 사람이 함께 공유하는 재산이나 일거리·대상을 의미한다.

② 마당에서 사람들이 웅성거리는 꿈

여러 사람이 모이게 되는 혼사나 초상이 나는 일로 실현될 수 있다.

③ 마당에 무언가 쌓이는 꿈

재물적 상징이 가능한 누런 황토·가랑잎 등이 바람에 날려와 마당에 가득 쌓이는 꿈은 재물과 이권을 얻게 된다.

④ 마당에서 쓰레기를 태우는 꿈

일처리가 시원스럽게 이루어져, 근심·걱정이 해소된다.

⑤ 마당에 샘물이 솟는 꿈

마당에 냇물이 흐르거나 샘이 솟거나 맑은 물이 괴는 꿈은 길몽이다. 뜻하지 않은 재물운이 생기거나, 사업이나 학문적 연구에서 성취를 이루게 된다.

⑥ 뜰(정원)에 대한 꿈

정원이 넓을수록 회사·기관·단체의 세력 판도와 사업 영역이 넓어지며, 많은 사람들이 모여들게 된다.

≪문패≫

새집에 문패를 다는 꿈은 새로운 회사·기관에 취직하게 되며, 명예·신분·직위 등이 새로워지거나 널리 알려지게 된다. 반면에 문패를 자기가 떼거나 상대방이 떼어내는 꿈은 명예·신분·직위 등이 몰락하게 된다. 검은 손이 나타나 문패를 떼어가는 꿈은 문패의 주인공이 죽게 되는 일로 실현된다.

2) 기관·기타 인공물

≪변소·화장실≫

(1) 화장실 꿈에 관하여

화장실은 자기 일을 처리해 줄 어떤 기관·회사·사업장을 상징한다. 나쁘게는 사창가, 첩의 집, 부정한 곳을 상징한다. 화장실에 들어가 대변과 소변을 보는 꿈은 어떤 일을 처리하는 것을 뜻하며, 자신의 뜻대로 대소변을 보면 소원하는 일이나 청탁한 일이 성취된다. 자기 집 화장실에서 대소변을 보는 것은 집안일이나 직장 일과 관계하며, 공중변소는 공공의 사업기관, 야외에서 보는 꿈은 다른 회사나 기관에서 소원을 성취하는 하는 일로 이루어진다.

(2) 화장실 꿈해몽 요약

① 식사하고 소변보는 꿈

A건물에서 식사를 하고 B건물에서 소변을 보는 꿈은 A기관에서 얻게 된 일을 B기관에서 성사시키게 된다.

② 음식점의 변소(화장실)에 들어간 꿈

관계할 여자를 찾게 되거나, 다른 외부의 영업소에서 일을 보게 된다.

③ 남녀가 함께 화장실로 들어가는 꿈

남녀 간의 성행위가 이루어지거나, 어떠한 일거리나 사업의 진행에 있어 은밀한 진행을 하게 되는 일로 실현된다.

④ 화장실을 찾아 기웃거리는 꿈

마땅한 화장실을 찾아 여기저기를 기웃거리는 꿈은 자신의 뜻을 이루기 위해서 청원할 회사나 기관·단체를 물색할 일이 생긴다.

⑤ 화장실을 찾지 못하는 꿈

화장실을 찾아도 마땅한 곳이 없어 들어가지 못하는 꿈은 입학·취직·청탁·사업 등에서 자신의 바람대로 이루어지지 않는다. 이 경우에 화장실을 찾았더라도 지저분해서 사용할 수 없었다면, 자신의 바라던 일을 이루고자 하지만 뜻대로 이루지 못하는 일로 이루어진다.

⑥ 화장실에서 대소변 일을 본 꿈

여러 개의 화장실을 지나 마침내 한 화장실에서 일을 본 꿈은 여러 회사·기관·단체를 전전한 끝에, 마음에 드는 한 회사에서 자신의 뜻을 이루게 된다.

⑦ 화장실에 빠져 허우적거리는 꿈

일반적으로는 자신의 신분·명예가 실추되며, 귀중품을 빠뜨린 경우에 재물·연인 등을 잃게 된다. 다만, 빠진 똥통이 편안하게 느낀 꿈은 좋다. 대변이 재물의 상징으로 실현된 경우로 자신이 하는 일이나 사업이 잘되어간다. 이 경우에, 장사가 잘되거나 복권에 당첨되는 일로 실현된 사례가 있다.

⑧ 화장실이 없는 야외에 배설하는 꿈

사업 진행을 공개적으로 진행하게 되며, 작가인 경우에 저서 등이 신문지상에 발표되거나 광고된다.

⑨ 화장실을 청소하는 꿈

화장실의 대변이나 소변이 재물의 상징인 경우에는 재물의 손실이 있게 된다. 그러나 처리해야 할 일거리·대상의 상징으로 등장한 경우에는 근심·걱정이 해소된다.

⑩ 화장실의 자리가 불편했던 꿈

화장실에 들어갔는데 앉을 자리가 불편하면, 어떤 회사·기관을 통해서 자기 일을 처리하는 데 있어 입지조건이나 환경적 여건에 불만을 품게 된다.

⑪ 화장실이 좁아 발을 디딜 곳이 없던 꿈

화장실이 좁거나 천장이 낮고 남의 변이 쌓여 발 디딜 곳이 없었던 꿈은 처한 여건에 따라 자신의 뜻을 펼칠 수 없게 되는 일로 실현된다. 예를 들어, 저자의 경우 작품발표를 위한 지면을 할당받지 못한다.

⑫ 변소(화장실)에서 일을 못 본 꿈

소변이나 대변이 잘 나오지 않아 쩔쩔매는 꿈은 자신이 시도하는 일이나 소원이 충족되지 않는다. 화장실 밖에서 다른 사람이나 동물이 들여다보고 기웃거려 일을 치를 수 없었던 꿈은 방해하는 사람으로 인해서 자신이 처리하고자 했던 일을 처리하지 못하는 일로 실현되었다.

⑬ 민속의 '변소'에 관한 꿈

– 꿈에 뒷간에 떨어졌다가 나오면 좋다.

– 꿈에 뒷간에 빠지면 재수가 좋다.

– 꿈에 뒷간 위에 오르면 재물을 얻는다.

– 꿈에 뒷간을 치우면 재물이 생긴다.

– 꿈에 뒷간의 똥이 넘치면 운수가 좋다.

– 꿈에 농부가 변소에 빠지면 부자 된다.

– 변소에서 대소변으로 옷을 더럽히는 꿈은 돈이 생긴다.

(3) 화장실 꿈해몽 실증사례

① 화장실에 다른 사람이 있어 들어가지 못한 꿈 → 항공권을 구하지 못함

유럽여행을 앞두고 꿈을 꾸었어요. 그런데 화장실에 다른 사람이 있어 들어가지 못한 꿈이었어요. 꿈꾼 지 며칠 후 항공권 예약을 하려 했더니만, 항공권 자리가 없더군요.

친구랑 여기저기 다 알아봤는데, 전부 대기상태입니다. 다른 사람이 이미 자리를 차지하고 있어, 우리가 들어갈 자리가 없는 거죠. 흑흑, 꿈이 맞긴 맞더군요. 그래서 유럽여행 때문에 한동안 들뜬 기분이었는데, 지금은 다 접고 마음을 가라앉히는 중입니다.

② 화장실에 변이 쌓여 있어 들어가지 못한 꿈 → 시험에 낙방

고입 원서를 쓸 적의 일이다. 꿈속에서 급하게 화장실을 찾고 있는데, 들어가는 화장실 곳곳마다 온통 변이 쌓여 발을 들여 놓을 수가 없어, 한참을 망설이던 꿈을 꾸었다. 혹시나 하고 꿈해몽책을 보았는데, 거기에는 기대를 걸고 있거나 소망하고 있는 일이 이루어지지 않을 것이라고 했다. 그래서 난 내가 바라는 곳에 떨어질 것이라고 확신했다. 그전에도 떨어질 것이라 생각은 했었지만, 혹시나 하고 기대는 걸고 있었는데, 그 꿈으로 기대를 버렸다. 결국 떨어지고 말았다.

③ 간신히 변소(화장실)에서 일을 본 꿈 → 힘들게 저서 출간

소변이 마려워 거리의 공중변소를 찾아갔으나, 자물쇠가 잠겨져 있어서 일을 보지 못하던 중, 늘어선 변소마다 잠겨져 있는 곳을 통과해서, 맨 나중의 한 변소에서 간신히 소변을 볼 수 있었던 꿈이었다.

실제 현실에서도 여러 곳에서 자신의 하고자 하는 대로 이루어지지 않다가, 마지막으로 자신의 뜻대로 성취할 수 있게 된다. 현실에서는 어떤 작품 원고를 여러 출판사를 물색해서 출판하려고 했으나 뜻을 이루지 못하다가, 맨 나중의 한 출판사에서 일이 성사될 꿈으로 예지되었다.

④ 화장실에서 일을 보지 못한 꿈 → 사업의 부진

요즘 노점장사를 시작했는데요. 어떤 경품 잔치에서 장어를 경품으로 준다고 해서 가봤더니 장어가 아니고 뱀이었습니다. 근데 그 뱀도 어떤 할아버지가 나타나서는 그 뱀은 자기가 얻은 거라면서, 입에 쏙 넣기에 놀라서 깼는데요. 그리고 며칠 뒤 꿈에 화장실에 들어갔는데, 화장실이 도저히 좁고 흔들거려서 일을 못 보고 나왔는데요. 화장실에서 일을 못 보고 나오면 안 좋다고 하더군요. 그런데 요즘 제 생활이 이렇습니다. 큰 꿈을 가지고 시작했던 장사는 생각보다 훨씬 못한 수입에 결국에는 다른 장사를 알아보고 있어요. 건너편에서 옥수수와 닭꼬치를 구워 팔던 아저씨는 잘되고 있고요.

⑤ 화려한 화장실에서 볼일을 본 꿈 → 금전적인 문제 해결

사업상 금전적인 문제로 고민이 많았다. 그러던 어느 날 꿈을 꾸었는데, 내가 깨끗하고 화려한 화장실에 앉아서 소변을 보고 있었다. 화장실 전체가 깨끗하고 예쁜 빨간 벨벳

제
Ⅵ
장

주제별 꿈해몽

⑧

관공서·기관 기타 인공물에 관한 꿈

으로 되어 있고 무척 넓었다. 편안한 소파도 놓여 있었다. 내가 생각해도 오랫동안 화장실에서 소변을 보고 나가니, 문 앞에 기다리고 어떤 중년의 여자가 나보고 너무 오랫동안 볼일을 보았다고 투덜거렸다. 하지만 나는 기분이 상쾌했다. 이틀 후 금전적인 문제가 시원하게 해결되었다. 가끔 화장실을 찾아 헤매는 꿈을 꾸곤 했는데, 제대로 볼일을 못 보면 일이 해결되지 않았던 적이 많았다.---트럼프, 2010. 09. 10.

⑥ 화장실에서 시원하게 일을 보는 꿈 → 순조로운 진행

화장실에서 일을 보는데, 멈추지 않고 일을 계속 보는 꿈을 꾸었다. 며칠 뒤 소개팅으로 사람을 만나 순조로운 진행으로 결혼에 이르게 되는 일로 실현되었다.

⑦ 화장실에 한쪽 발이 빠지는 꿈 → 복권에 당첨

"아주 지저분한 재래식 화장실이었어요. 똥이 그득한 곳에서 일을 보다가 그만 한쪽 발이 빠지는 꿈을 꿨어요."

효도 여행권에 당첨된 사례이다. 이 꿈의 경우 꿈속에서의 느낌이나 꿈을 꾼 사람이 처한 상황에 따라서, 다리 부상 등 안 좋은 사고 등으로 이루어질 수 있는 꿈 사례이다.

⑧ 화장실이 무너지면서 한쪽 발이 똥통에 빠진 꿈 → 사고로 한쪽 다리를 잃다.

재래식 화장실에 변을 보러 갔는데, 갑자기 화장실이 무너지면서 내 한쪽 발이 똥이 그득히 쌓인 똥통에 빠졌다. 이 꿈을 꾼 사람은 아내였으며, 며칠 후 남편은 공사장에서 사고가 나서 한쪽 다리를 잃게 되었으며, 그로 인해 집안이나 회사에 미친 영향은 실로 적지 않은 것으로 여겨진다.(글: 운몽)

⑨ 화장실에 있는 꿈 → 로또 당첨

인터넷에서 구입한 로또 제51회에서 2등 9천만 원에 당첨된 꿈 사례이다. 당첨된 본인은 "화장실에 있는 꿈을 꾸었는데, 당첨과 관련이 있는 건지는 잘 모르겠네요."라고 말하고 있는바, 대변이 가득한 화장실이었을 것이다.

⑩ 화장실에서 오물(똥)이 쏟아지는 꿈 → 로또 당첨

L모 씨는 당첨 전날 장모님이 자신이 용변을 뒤집어쓴 꿈을 꾸셨다는 말을 듣고 로또를 구입하여, 제23회 로또에 2등 당첨으로 1억 2천만 원의 행운을 안았다. 돼지꿈은 재물 외에도 사람을 상징하기도 하지만, 이처럼 똥·오줌 꿈은 100% 재물과 관련지어 실현되고 있는 것이 특징이다.

≪학교(교실)≫

학교는 현재의 직장·연구원·교회·병영 및 기타의 기관이나 회사 등을 상징하며, 교실은 상징적인 표상의 경우 직장 내부의 한 부서를 뜻한다. 학교 명칭은 그 명칭과 유사한 기관이나 회사, 그 학교의 성격과 유사한 어떤 직종, 그 글자의 뜻과 비슷한 운세의 변천과 관계한다.

① 강당, 운동장의 꿈

학교의 강당은 큰 집단·병영·교회·국회 등의 비유이기도 하며, 학교 운동장은 기관이나 회사의 세력권·사업장·신문지면 등을 상징한다.

② 꿈속의 인물

현역 군인의 꿈에 교장·교감을 보는 꿈은 사단장과 연대장·대대장 등을 상징적으로 나타내주고 있으며, 회사원의 꿈에 교장·교감을 보는 꿈은 사장과 부장 등을 상징적으로 나타내주고 있다. 꿈속의 은사님은 은혜로운 협조자를 상징하고 있다. 꿈에 존경하지 않았던 선생님이 나타나면, 윗사람에게 책망을 듣거나 불쾌한 일이 생긴다. 교사와 교수는 실제 인물·은인·협조자·지도자·감독관·목사 등을 상징적으로 나타내고 있으며, 일거리·대상의 상징인 경우에는 교양서적 또는 백과사전을 상징한다.

③ 학교에 다니는 꿈

성인이 되어 학교 다니는 꿈은 직장·기관 등에서 어떠한 직무를 수행하는 것을 뜻한다. 교복을 입고 학교에 가는 꿈은 어떠한 기관이나 사업체 등에 취직되어 근무하게 되는 것을 상징한다.

④ 교실에서 수업을 받는 꿈

직장에서 새로운 연수를 받게 되거나, 상사에게 교육이나 문책을 받는 일로 이루어진다.

⑤ 교실에서 학생을 가르치는 꿈

직장에서 부하 직원에게 임무나 명령을 부과할 일이 생기거나, 신문 등 언론에 자신의 글을 발표해 감동을 주게 된다.

⑥ 교실에서 책상에 앉은 꿈

교실에서 자신의 책상이 앞에 있거나, 남의 책상 앞에 앉는 꿈은 취직·진급·승진·입학 등 선발되는 일로 실현된다.

⑧ 관공서·기관 기타 인공물에 관한 꿈

⑦ 교실 맨 뒤에 앉는 꿈

윗사람의 영향이 직접 미치지 않는 자유분방한 일을 하게 된다. 상황에 따라서는 어떠한 일에 방관자, 별 볼 일 없는 존재가 됨을 뜻한다.

⑧ 앞자리로 옮겨 앉는 꿈(실증사례) → 승진

옆에 앉아 있던 친구 A양이 교실의 맨 앞자리로 옮겨 앉는 꿈을 꾼 후에, 친구 A양이 일거리가 많아지고 팀장이 되었다고 한다.

⑨ 교실의 자리표에 이름이 적혀 있던 꿈(실증사례)

졸업한 고등학교 교실에 붙어있는 자리표에 이름이 적혀 있어서, 책상에 앉아서 졸업식을 하는 꿈으로 입사시험에 합격한 사례가 있다.

≪레스토랑(식당, 음식점)≫

음식점이나 식당은 기관이나 회사를 상징하며, 이 경우에 깨끗하고 좋은 식당에서 맛있게 식사를 하는 꿈이 좋다. 상징적으로 식당은 회사나 기관·단체를 상징하며, 음식은 직무, 음식을 먹는 사람은 직무 수행자를 의미할 수 있다. 남이 먹으려던 진수성찬의 음식을 대신 먹었던 사람이 다른 사람이 하던 시간 강사 자리를 대신 물려받는 일로 실현된 사례가 있다. 또한 부엌에서 요리하거나 음식을 만드는 사람은 어떠한 일을 기획하는 기획실 직원, 행정부원·재무부원을, 식당 주인은 기관장을 상징하고 있다.

모든 꿈은 1차적으로 사실적인 미래투시의 꿈으로 실현될 수도 있음을 항상 염두에 두어야 한다. 예를 들어, 레스토랑에서 연인과 식사하는 꿈을 꾼 경우, 머지않은 장래에 꿈속에서 본 그대로의 일로 실현될 수 있다. 또한 소망 표출의 꿈인 경우에, 그러한 잠재의식적 바람이 꿈으로 나타나기도 한다. 상징적으로 레스토랑은 고급 식당이기에, 품위있는 직장, 보다 나은 여건이나 상황의 기관·단체의 상징을 나타내고 있다. 이는 자동차에 타는 꿈보다 비행기에 타는 꿈이 보다 고급적이고 큰 규모의 직장이나 일거리·대상에 관여하게 됨을 예지해주고 있는 것과 마찬가지이다.

또한 레스토랑을 청소하는 꿈은 레스토랑으로 상징된 자신의 사업체·학교·직장·회사 등에서 자신의 일이나 소원 등을 충족시킬 수 있도록 정비하고 수정을 가함으로 볼 수 있다.

고급의 정선된 음식일수록 현실에서는 부과된 임무가 고급의 정선된 정신적 혹은 물질적 값어치가 있는 일거리·작품을 획득하거나 책임짐을 뜻하고 있다. 이러한 곳에서 음식을 맛있게 먹는 꿈은 음식으로 상징된 어떤 이권이나 권리나 재물을 얻게 되는 일로 이루어진다.

≪교회≫

교회는 실제의 교회, 조직체·학교·군대·교도소를 상징적으로 나타낸다. 또한 진리의 업적, 종교·철학·심리학 등의 학문적 성과나 서적을 상징한다.

① 교회의 종소리가 뻗어 나가는 꿈

진리·사상·기쁜 소식 등이 전파된다. 또한 꿈속에서 큰 소리의 종소리로 깨어나게 해서, 연탄가스에 중독되어 가는 사람이 있음을 알려준다든지 등의 주변에 어떤 위험이 일어나고 있음을 일깨워 주고 있기도 한다.

② 친구가 교회에 나오라는 꿈(실증사례) → 전도하는 편지를 받다.

제천시에서 주부인 김광자 씨가 보내온 꿈이야기이다.

> 바로 어젯밤 그러니까 금요일 밤에 꿈이야기입니다. 교회 집사라는 직분을 맡고 있는 친구가 있는데, 평소 저를 교회로 끌어들이려고, 만나기만 하면 예수·하나님 이야기로 시작과 끝이 납니다. 꿈에 그 친구가 찾아와서 방문을 열고 들어오려는 순간, 저는 무턱대고 못 들어오게 막아서면서, 그 친구가 무슨 말을 하려는지 다 알았다는 듯이 "그래, 알았다. 내일모레가 일요일이지? 그래, 내가 그날 교회 갈게. 너 집에 가 봐. 들어오지 마."라고 말하니까 "그래 내일모레 꼭 와라."라는 말을 남기고 돌아가는 뒷모습을 보지도 않고, 얼른 방문을 닫아버렸답니다.
>
> 그런데 토요일 오전 낯선 주소와 이름이 적혀있는 편지 한 통을 받았습니다. 재빨리 뜯어보니 지역정보지인 교차로에 실렸던 저의 꿈이야기를 읽고, 안타까운 일이라며 위로의 말과 함께 자기도 나와 똑같은 일을 겪었던 사람이라 소개하면서, 교회에 나가면서 죽기 살기로 기도하며 하나님께 매달렸더니, 모든 일이 순조롭게 풀리면서, 돈도 많이 벌고 아이들 잘 자라고 행복한 가정을 꾸려 나가고 있으니, 저보고 예수를 믿어보라는 내용의 편지가 온 것입니다. 저는 '와! 어젯밤 꿈이 이것이었구나.' 놀라지 않을 수 없었습니다.

제Ⅵ장 주제별 꿈해몽

⑧ 관공서·기관 기타 인공물에 관한 꿈

하나님을 믿는 친구가 꿈속에 찾아온 일이 현실에서는 하나님을 믿어보라는 편지가 오는 일로 실현되고 있다. 김광자 씨의 꿈은 신비할 정도로 앞으로 일어날 일을 꿈을 통해 예지하고 있다. 여기에 대해 어떤 사람은 '무당이 되려고 해서 그런다', '귀신이 씌어서 그런다' 등등의 허무맹랑한 이야기를 하고 있다. 하지만 절대로 그렇지 않다. 다만, 김광자 씨는 다른 사람보다도 영적인 정신능력의 활발한 활동이 일어나고 있을 뿐인 것이다.

필자의 어머님도 꿈을 통해 앞일을 신기하리만큼 예지하셨고, 돌아가신 한건덕 선생님도 꿈을 통한 예지력이 뛰어나신 분이셨다. 필자 또한 꿈으로 예지하는 능력이 뛰어난 편이다. '꿈이 적은 자는 어리석다'는 말을 다시 한 번 상기시켜드리고 싶다. 왜서 그러한 말이 나오게 되었는지 곰곰이 생각해보시기 바란다.

≪십자가≫

십자가는 희생·자비·협조자·구제·진리·등을 상징한다. 이러한 십자가를 받거나 몸에 지닌 꿈은 자비·진리·명예·권세 등의 일이 주어진다. 십자가가 뚜렷한 교회를 보게 되는 꿈은 마음의 평온을 얻게 되며, 정신적 감화를 받게 되는 일로 실현된다. 조그마한 십자가가 점점 커지면서 땅에 떨어져 온 누리를 덮는 꿈은 어떤 새로운 진리나 법규·교리 등이 세계를 지배할 것을 예지하고 있다.

≪절에 관한 꿈(공양, 목탁, 위패)≫

절은 교회와 비슷한 해석이 가능하며, 교회·학원·수도원·기관·회사·단체·교도소·정신병원 등을 상징하기도 한다. 부처님께 공양을 드리는 꿈은 절대 권세가의 힘에 의해 자신의 소원성취가 이루어지게 된다. 자신이 치는 목탁소리가 법당밖에 울려 퍼지는 꿈은 자신의 업적이나 성취가 널리 소문나게 되거나 감동을 주게 되는 일로 실현된다.

한편, 절에서 물을 마시거나 목욕을 하는 꿈은 길몽이다. 절로 상징된 커다란 회사·기관 등에 취직 및 승진하게 되며, 기타 자신이 바라는 대로 일이 이루어진다. 불단에 누군가의 위패가 모셔져 있는 꿈은 죽음의 상징적 의미 그대로 새로운 탄생으로 성취를 이루게 되고, 명성을 떨치게 된다. 다만, 이 경우에 사실적인 요소가 있는 꿈이라면, 실제의 죽음 등으로 이루어질 수도 있다.

≪상점이나 공공기관, 기타 건물의 꿈≫

① 호텔·모텔·여관의 꿈

호텔이나 여관은 임시적인 근무처나 대기소 및 기타 자회사를 상징적으로 나타낸다.

② 상점·가게의 꿈

상점은 학교·기관·회사 및 결혼중개업소, 직장이나 사업장을 상징한다. 금·은 보석상의 가게는 고급 관청·연구기관·심사기관이나 결혼중개업소 등을 상징한다. 술집·다방에 관한 꿈은 도박장·사교장·선전광고 및 사교 모임·친목단체 등의 일이 기관을 통해 이루어지게 된다.

③ 가게들이 외로이 서 있는 꿈(실증사례) → 계약 파기

가게들이 따로따로 떨어져 외로이 서 있는 꿈이었다. 가게를 내놓았는데 이미 계약하기로 한 사람이 사고로 인하여, 계약을 취소하는 일로 실현되었다.

④ 옷(옷감), 종이를 사는 꿈

포목상이나 지물포에서 옷감·종이 등을 구입하는 꿈은 등기소에서 토지를 등기하게 되거나, 결혼 상담업소나 중개업자를 통해 결혼·사업 등의 일이 이루어진다.

⑤ 은행에 관한 꿈

은행은 정신적·물질적인 일을 위탁할 기관이나 회사를 상징적으로 나타내며, 은행에 예금하는 꿈은 부동산 투자 등 자산을 보관하게 되는 일을 상징한다. 반면에 은행에서 대출하는 꿈은 사업 자금을 집행하는 일로 실현된다.

⑥ 감옥, 감방, 형무소의 꿈

회사나 기관의 연수원, 교육기관, 군대 등 행동의 제약이 있는 기관이나, 어떠한 곳에서 강제적·억압적으로 단체활동을 하게 됨을 상징한다. 따라서, 구직자나 수험생의 경우 감옥에 가는 것이 취직이나 합격으로 실현된다. 민속의 꿈에, "옥이 냄새나고 더러우면 모든 일이 길하다.", "옥이 무너지면 귀양살이가 풀린다." 등이 있다.

⑦ 병원에 관한 꿈

병원은 심사기관·군대·교도소·경찰서 등 규제가 있는 기관을 상징하며, 의

사는 심사위원 및 정책 결정자를 상징하고 있다. 주사기를 비롯한 치료 도구는 어떤 일의 심사·검토·수정 등을 하기 위한 방도·자원·능력 등을 상징하고 있다.

⑧ 극장, 영화관에 관한 꿈

극장, 영화관은 강연장·언론기관·회사나 기관·단체 등을 상징한다. 대형 연수원이나 교육기관의 상징도 가능하다.

⑨ 박물관에 관한 꿈

박물관은 학교·도서관·언론기관 등을 상징하며, 지난 과거에 대한 연구나 조사 등의 일과 관계해서 표현된다. 박람회장에서 어린아이를 잃고 찾아 헤맨 꿈은 언론이나 출판기관에 응모해서, 그 결과를 알려고 초조하게 기다릴 일을 예지한 것으로 실현되었다.

⑩ 군대의 막사, 내무반의 꿈

상징적으로 행동에 규약이 따르게 되는 직장·기관·단체의 각 부서나 사업분야를 상징한다.

⑪ 궁궐·대궐의 꿈

국가의 최고 권력기관, 국회·정부, 출세 기반, 강력한 세력 등의 일을 상징한다.

⑫ 공장에 관한 꿈

공장은 회사·학교·사업장·기업체·군대·출판사 및 기타 생산기관이나 업체 등을 상징한다.

⑬ 사당·종묘의 꿈

사당과 종묘는 권력기관·정치단체·종교단체·업적 등을 상징하고 있다. 다음의 무덤에 관한 꿈을 참고 바란다.

≪무덤(산소)≫

(1) 무덤 꿈 개괄

상징적인 꿈에서 무덤은 집·기관·단체·회사·은행 등을 상징하고 있다. 시체를 무덤에 묻는 꿈은 시체로 상징된 업적이나, 성사된 작품, 일거리나 대상을 어떤 기관이나 회사에 보관함을 뜻한다. 그 시체가 돈을 상징할 경우에는 돈을 은행에 예금해 둘 일이 있게도 된다. 규모가 큰 공동묘지는 사회 사업체나 거대한 기관의 상징으로, 시체를 공동묘지에 묻는 꿈은 사회사업 등 큰 규모의 단체나 회사에 투자할 일이 생긴다. 조상의 무덤은 실제 조상의 산소, 또는 자기를 도와줄 협조자로서의 기관이나 회사를 상징하고 있다.

(2) 꿈해몽 요약

① 무덤에 절을 하는 꿈

어떠한 기관 등을 통해 자신의 일거리나 대상을 소원, 청탁 등을 청하게 됨을 뜻한다.

② 무덤을 파헤쳐 놓는 꿈

회사나 집안 내부의 일을 공개 발표할 일이 있으며, 무덤에서 시신이나 부장물을 끄집어내는 것은 기관이나 회사에 예치했던 일거리·돈·작품 등을 회수하는 일을 나타낸다. 한편 민속의 꿈으로 "무덤 위에 구멍이 나면, 관가 일이 좋지 못하다."라고 전해오고 있다.

③ 유리 관에 든 시체나 물건의 꿈

유리 관이나 유리 상자에 든 시체·물건 등은 공개적인 사업체나 사업성과·재물 등을 비유하거나 상징한다.

④ 처녀가 대문을 나서서 산 또는 무덤으로 걸어가는 꿈

취직·결혼 등의 일이 이루어진다. 이 경우에 산이나 무덤은 거대한 회사나 기관·단체를 상징하고 있다.

⑤ 무덤에서 피가 흐르는 꿈

무덤의 상징적 의미로 나타난 협조자·협조기관·금융기관 등에서 상당한 돈을 얻어쓸 수 있게 된다. 다만, 경우에 따라서는 무덤과 관련이 있는 집안의 커다란 재앙을 예지해주는 일로 실현도 가능하다.

⑥ 무덤 위에 나무가 서 있는 것을 보는 꿈

어느 기관의 협조를 얻어 업적을 남기거나 신분이 고귀해지는 일과 상관하게 된다.

⑦ 조상의 무덤이 금잔디로 잘 다듬어져 있는 꿈

무덤으로 상징된 어떤 기관·단체가 넉넉한 여건에 있게 되며, 어느 협조기관의 혜택으로 일이 순조롭게 진행된다.

(3) 무덤에 관한 꿈의 실증사례

① 무덤에 삽 하나가 엎어져 있는 꿈 → 이장할 것을 예지

추석 전에 참 이상한 꿈을 꿨습니다. 그날은 시할머니의 제삿날이었는데요. 산길을 걸어가고 있는데, 오솔길에 무덤이 하나 있는데, 그 무덤에 삽을 하나 엎어놨더군요. 잠을 깨고 나서 도대체 무슨 내용인지 모르겠더군요. 할머님 산소는 도로가 생긴다고 이장한 지가 10년이나 되어가는데, 시할머니 제삿날 무슨 꿈이지? 참 궁금했는데요. 추석에 집안사람들이 다 모인 가운데 시할아버지 산소를 이장해야 한다고 하네요. 무덤에 엎어놓은 삽은 이장해야 한다는 불가피한 진행을 뜻했던 일로 실현되었네요. 꿈이란 내 의지로 꾸는 것도 아니고, 잘 살펴보면 의미 없는 꿈은 없다는 것을 알게 되더군요.

② "무덤을 옮겨 달라"고 계시하는 꿈 → 옮긴 후에 아기 갖는 일로 실현

돌아가신 시어머니가 꿈에 나타나서, 무덤을 옮겨주면 좋은 일이 있을 것이라고 계시해 일러주는 꿈을 신기하게도 부부가 똑같이 꾸게 되었다.

이처럼 꿈속에 나타나 계시적으로 일러주는 경우에는 그대로 따르면 좋은 일이 일어나게 된다. 실제로 무덤을 이장한 지 한 달도 안 되어, 입덧을 하게 되고 첫딸을 낳게 되니, 17년 만에 아기를 낳게 되었다. 신비한 계시적 꿈을 보여주는 이야기로, MBC TV의 「이야기 속으로」에 방영된 바 있다.

③ 무덤 속에서 할아버지가 나와 횃불을 건네주던 꿈 → 태몽

한국 심리상담 연구소장 김인자 소장의 태몽이다. "아버지가 독특한 태몽을 꾸셨습니다. 꿈속에서 공동묘지를 걷다가 길을 잃었는데, 무덤 속에서 할아버지가 나와 횃불을 건네주더랍니다. 어둠이 걷히고 주위가 환해졌죠. 그래서인지 아버지는 제가 어릴 적부터 평생 주변을 밝히는 삶을 살라고 하셨습니다."---주간조선 1925호, 2006. 10. 09.

④ 무덤 앞에 아기 고무신이 놓인 꿈 → 아기가 유산됨

우리 시어머니가 제가 유산될 꿈을 꾸었습니다. 병원에 가서 검사했는데, 심장이 안 뛰었거든요. 5주 정도에 임신한 것을 알았는데, 8주쯤에 수술했습니다. 그 당시 손윗동서도 임신 중이었는데, 제가 유산하고 나서 정말 소름 끼치는 꿈 얘기를 하시더라고요. "사실은 이런 꿈을 꿨었다." 시아버님이 일찍 돌아가셨거든요. 그런데 아버님 산소에 아기 고무신 하얀 것이 가지런히 하나가 놓여 있었데요. 저 정말 그때 그 꿈이야기 듣고 얼마나 끔찍했는지 몰라요.---줄리엣님(1128kh1***), 다음 미즈넷, 2005. 5. 12.

⑤ 무덤에서 나온 사리를 받는 꿈 → 복권에 당첨

"올 1월 1일에 사리 꿈을 꿨어요. 높이가 20m 이상이 되는 왕릉을 올라갔다가 내려오는데, 어떤 사람이 그 무덤에서 나온 사리 열 몇 개를 주더라고요."

대부분의 상징적인 미래 예지 꿈에서, 무덤은 집·기관·사업체·단체·회사·은행 등을 상징하고 있으며, 공동묘지는 사회사업체나 거대한 기관을 상징하고 있다. 왕릉은 규모가 큰 회사나 단체의 상징으로, 꿈에서 본 왕릉은 은행을 상징하고 있다

⑥ 정갈하게 단장된 무덤을 보는 꿈 → 인터넷 전자복권에 당첨

저희 시댁 종가에서 시제를 지내야 해서, 남편이 출발해야 하는 날 새벽이었습니다. 꿈에 산 중턱을 오르는데 무덤들이 여럿 보이더라고요. 햇살이 환하게 무덤 위로 쏟아지는데, 무덤들이 아주 정갈하고 깨끗하게 단장이 되어 있었습니다. 무덤이 보여서 얼핏 무서울 수도 있었겠지만, 이상하게 포근하니 느낌이 좋더라고요.

인터넷 전자복권에서 1등 1,800만 원에 당첨된 꿈이야기로, 꿈을 꾸고 나서 좋은 느낌이 있었다는 것을 밝히고 있다. 무덤은 기관·단체·은행 등을 상징하고 있는바, 햇살이 환하게 무덤 위로 비추는 밝은 전개의 꿈에서, 햇살로 상징된 밝음의 좋은 일이 일어날 것을 예지해주고 있다.

⑦ 시어머님 묘소의 잔디(떼)가 몽땅 벗겨진 꿈 → 심한 분쟁이 일어남

며느리가 꾼 꿈이다. 꿈에서 돌아가신 어머님의 묘소를 찾았는데, 봉분은 그대로 있었지만 묘소의 잔디(떼)가 껍질 벗겨지듯 몽땅 벗겨져서 흙으로만 덮여져 있는 꿈이었다.

꿈의 실현은 시댁 남자 형제들의 금전 문제로 심한 다툼이 이어지고, 법적 소송까지 가는 일로 이루어졌다.---날으는 꿈, 2010. 02. 04.

⑧ 만들어진 얼마 안 된 무덤의 구멍을 막은 꿈

산모의 장이 터져 급하게 수술하여 아이가 인큐베이터에 있게 되는 일로 실현되었다.

≪비석(묘비), 기념비, 고인돌, 망주석≫

비석은 업적·내력·간판이나 회사의 경영 방침 등을 상징하며, 비문을 읽는 꿈은 어느 회사의 내력이나 경영방침을 알게 되거나, 고서적을 번역하거나 읽게 된다. 묘비나 기념비는 어느 회사나 기관의 운영방침·상호나 간판이며, 고인돌

⑧ 관공서·기관 기타 인공물에 관한 꿈

은 기관의 접수처 또는 안내소 등을 상징한다.

망주석의 꿈은 어느 기관의 수위·안내자·터줏대감 등을 상징하며, 망주석이 자기에게 절하는 꿈은 자신의 존재가치를 인정받고 지위가 높아지게 된다.

3) 도로·상하수도

≪길(도로)≫

길은 사업의 과정·방도·전망, 성공 여부와 윤리적 도덕 관념, 운명적 추세 등을 상징한다.

① 좁은 길, 좁은 골목의 꿈

좁은 길이나 골목의 좁은 공간은 세력권이나 사업의 판도, 처신할 환경적 여건에서 불만스럽고 불편한 여건에 처하게 됨을 상징한다. 또한 골목길은 사회의 이면상을 상징하기도 한다. 반면에 넓고 포장된 도로는 소원이 성취되고, 사업의 번영, 운세 등이 대길할 것을 상징한다.

② 길이 험한 길

하고자 하는 사업이나 일거리·대상에서 방해꾼이나 방해 요소가 생기며, 길 없는 곳을 정처 없이 걷는 꿈은 시련과 고통 속에 방황하게 된다.

③ 암흑 속에서 길을 찾아 헤매는 꿈

흉몽이다. 사업의 지지부진, 결혼 생활의 파탄 등 암담한 여건에 처하게 된다.

④ 큰길을 가다가 작은 길로 접어드는 꿈

사업의 번창에서 축소되는 등 사업이나 정치 및 기타의 운세가 불리한 여건에 접어들게 될 것을 뜻한다.

⑤ 길을 보수하는 것을 보는 꿈

어떤 사상이나 이념의 노선을 보완하게 되며, 사업이나 학문을 개선할 일이 생긴다.

⑥ 길의 이정표를 보는 꿈

사업 진행이나 일거리·대상의 진행에 있어, 협조자나 지도자를 만나게 되어 도움을 얻게 된다.

⑦ 갈 길이 남았다고 생각한 꿈

일이 성사되는 데 있어, 시일이 조금 더 걸리게 될 것을 상징한다. 이때 꿈속의 숫자 개념은 현실에서 관련이 있게 된다. 예를 들어, 길이 아직 5리가 남았다고 생각한다면, 5일 5개월 또는 5년이 지나야 일이 성사됨을 예지한다.

≪다리〔橋〕≫

다리는 연락처, 중개기관, 전환점, 연결점, 상급기관, 방도 등을 상징한다.

① 외나무다리를 건너는 꿈

일·사업·직무 등을 수행시키는 데 있어 위태로운 여건에 처하게 됨을 뜻하며, 가정불화로 인하여 위태위태한 결혼생활을 상징적으로 나타내기도 한다.

② 낡고 위험한 다리에 관한 꿈

사업 기반이 튼튼하지 못하거나 사업자금이 부족함을 뜻한다. 마찬가지로 연분 애정에 있어, 위태로움을 상징적으로 보여주기도 한다.

③ 다리 위에서 누군가를 기다리는 꿈

처한 여건에 따라 다양하게 실현된다. 어느 기관에 청탁한 일이 잘 추진되지 않게 되거나, 애정·연분에 있어 상대방의 마음을 얻지 못하게 되거나, 협조자나 협조세력이 지원이 없게 된다.

④ 다리 위에서 아래를 내려다보는 꿈

직위나 신분이 높아져서, 하급 직원의 일을 감시하거나 관심을 가지고 지켜보는 일로 실현된다.

⑤ 다리가 무너지거나 세우는 꿈

큰 다리나 교각이 무너지고 파괴되는 꿈은 다리로 상징된 협조자·부하·수하자 등을 잃거나 어떤 권세나 업적·권위가 무너지게 된다. 또한 사람의 상징인 경우에, 신체의 다리 부분에 이상이 생긴다. 이러한 다리를 수리하는 꿈은 사업 경영의 진단 및 개선책이 이루어진다. 이 경우에 다리를 새로 놓는 꿈은 새로운 사업 토대를 쌓아올리거나 학문의 새로운 이론 정립 등이 있게 된다.

⑥ 다리(강)를 건너는 꿈

다리를 무사하게 건넌 경우에, 합격·승진·취직 등 소망의 성취로 이루어진다. 돌다리나 콘크리트 다리를 건너는 것은 영위하는 일의 기반이 튼튼함을 뜻한다. 철교를 건너는 꿈은 다소 위험한 여건을 상징하며, 징검다리를 건너는 꿈은 여러 경로를 전전하거나 여러 협조자의 도움으로 무난하게 일을 처리하게 됨을 상징한다. 회사원의 경우 여러 징검다리를 건너는 꿈은 직무상 여러 부서를 전전하게 되며, 업무를 처리하게 됨을 상징한다.

≪터널≫

터널은 어둡고 무서움을 느끼는 공간으로, 난관·고통·시련의 상징적인 의미를 띠고 있다. 자신의 억눌린 잠재의식의 세계를 보여주는 '심리 표출의 꿈'의 입장에서, 차를 몰고 터널 속으로 진입하는 꿈은 섹스에 대한 가장 전형적 표현이기도 하다.

① 사람들이 터널을 뚫는 것을 보는 꿈

막혔던 일을 여러 사람이 해결해 주거나, 어떤 개척적인 일의 연구소가 개설됨을 본다.

② 헤드라이트가 환히 비치는 채(기차)를 타고 터널 속을 질주하는 꿈

사업이 거침없이 뻗어 나가게 되거나, 자신의 진행하는 일이 호평 속에 진행된다. 직장에서 승진을 거듭하는 일로도 이루어진다.

③ 놀이공원에서의 어두운 터널·철길(실증사례) → 사업 프로젝트 실패

어제 꿈을 꾸고 나니, 불안합니다. 꿈에 회사 동료와 같이 놀이공원에 갔는데, 전동열차에는 사람이 한 명도 없는 것을 봤습니다. 전동열차를 타볼까 해서, 어두운 터널에서 회사 동료와 같이 걸어갔습니다. 철길 위에 걸어서 바로 열차에 타려고 보니, 아무도 없어서 이상해서 타지 않았습니다.---바보온달, 2010. 09. 28.

꿈은 반대가 아니다. 이처럼 어두운 표상 전개의 꿈은 좋지가 않다. 어두운 터널이 등장하고, 사람이 한 명도 없이 전동열차만이 나아가는 것이 좋지가 않다. 전동열차로 상징된 어떠한 회사의 프로젝트 진행 등에 있어서 주체적으로 진행되지 않으며, 여건도 좋지가 않게 된다. 현실에서는 회사 업무 중 test line이 있는데, 실패했다고 한다.

또한 꿈의 전개가 어두운 꿈을 꾼 후에, 가족이 다치는 일로 실현된 사례가 있다.

④ 캄캄한 터널을 들어선 꿈(실증사례) → 어려운 결혼 생활을 예지

어두운 터널 속에서 늪 같은 길을 힘겹게 지나 한참을 가다가 입구에 빛이 보이는 꿈을 꾼 후에, 17년간의 힘겨운 결혼생활 끝에 간신히 이혼한 사례가 있다. 이 경우에, 힘겹고 고통스러운 결혼생활을 어두운 터널 속을 통과하는 상징적인 꿈으로 예지해주고 있다.

≪촌락, 도시, 시가지에 관한 꿈≫

① 촌락에 관한 꿈

촌락은 소규모 집단의 사회단체, 일거리나 대상, 역사적 자료 등을 상징한다.

② 도시에 관한 꿈

도시는 보다 큰 기관이나 단체, 일거리나 대상, 여러 가지 사업을 반영시키는 기반을 뜻한다. 외국 도시는 외부기관 및 외적인 일거리·대상과 관련지어 실현된다.

③ 도시가 불타거나 물바다가 되는 꿈

도시로 상징된 국가 기관이나 단체에서, 정치적·사회적·경제적으로 큰 변혁이 일어나게 되는 것을 상징한다. 이 경우에 자신이 그러한 행위를 하는 꿈은 막강한 영향력을 행사하게 되고, 큰일을 성취하게 된다.

④ 도시(시가지)를 다니는 꿈

시가지의 이 골목 저 골목을 두루 돌아다니는 꿈은 책이나 신문기사의 이곳저곳을 읽게 되거나, 어떤 단체나 기관, 일거리나 대상에 대하여 살펴보게 되는 일로 실현된다. 시가지를 이곳저곳 다닌 꿈은 시계를 수리하고 조립하는 광경을 시종일관 지켜보는 것으로 실현된 사례가 있다.

⑤ 시가전을 보는 꿈

관청이나 기타 여러 사무 계통에서 어려운 일을 처리할 일과 관계한다.

⑥ 시장 안에서 물건을 사고파는 꿈

이권이나 권리를 넘기고 넘겨받는 일, 복잡한 일, 공개적인 일 등에 수행하게 된다.

⑦ 시장 등에서 음식을 사 먹는 꿈

시장·노점·상가·길거리에서 음식을 사 먹는 꿈은 사업상의 타협·절충·거래

등의 일과 관계한다.

⑧ 상품이 진열된 상가를 들여다보는 꿈

상대방의 사업 경영, 학문 연구 등에 관심을 지니게 된다. 또한 상대방의 신분이나 신상문제를 알아보게 되거나, 인격·업적 등에 관심을 갖게 된다.

≪교차로·광장≫

교차로는 일의 중심부나, 전환점, 학설 등의 중대한 핵심을 뜻한다. 교차로에서 생긴 일은, 국가적·사회적 뉴스나 공개적인 행사하는 일과 관계한다. 광장은 어느 기관 또는 사회단체의 공개적인 세력판도를 뜻한다.

≪하수도·지하도≫

① 하수구에서 손을 씻는 꿈

어떠한 일거리·대상에서 완전하게 결별하지 못하는 일로 실현된다.

② 지하도를 통과하는 꿈

지하단체, 미개척 사업, 비밀사업에 관한 일을 진행하게 된다.

③ 물 없는 하수도 토관 속에서 수십 쌍이 합동 결혼하는 것을 보고 문을 닫았던 꿈

국가적인 회담이 중단되는 것으로 실현되었다.

≪성(성곽)≫

성(城)은 권력 기관, 비밀스러운 장소, 유서 깊은 회사나 학교 등을 상징한다. 사람의 상징인 경우에는 나이 든 노인이나 학자, 독선적인 학자, 열녀 등 고집이나 신념이 강한 사람을 상징한다. 또한 아주 연원이 깊은 학문적 업적의 금자탑을 상징하기도 한다.

① 성루에 오르거나, 성벽을 기어올라 성문을 열고 들어서는 꿈

각고의 노력 끝에, 사업의 성공이나 학문적 업적을 이루게 되는 좋은 일로 이루어진다.

② 성(성곽)에 관한 민속의 꿈

– 꿈에 성곽 귀(모퉁이)가 넓게 보이면 재물을 얻는다.

– 꿈에 성문을 나서면 재수 있다.

- 꿈에 성에 가서 다니면 흉하다.
- 꿈에 성에 올라서 사람에게 보이면 재수 있다.
- 꿈에 성을 짚고 오르면 벼슬한다.

9 dream 문명의 이기(利器)

1) 돈, 수표/증서/주식, 신용카드

≪돈≫

(1) 상징적 의미

돈은 그대로 돈이나 가치·방도·사연·편지·증서·사람 등을 상징하며, 빈부·귀천·사건 등의 일과 관계된 표상이다. 돈을 조금 소유할 때는 욕구가 충족되지 않은 상태이므로 나쁜 꿈으로 근심·걱정이 생기게 된다. 예를 들어 길이나 흙 속에서 십 원짜리, 백 원짜리 동전을 줍다 잠을 깨면, 뭔가 불만족할 일(말다툼을 하거나 기분 나쁠 일)이 생긴다. 상징적인 꿈의 경우에 길을 가다가 돈을 줍는다든지, 공돈이 수중에 들어오는 꿈은 현실에서는 남에게 빌려서라도 돈을 쓰게 되는 일로 실현된다.

많은 돈을 소유할 때는 욕구가 충족되므로, 만족한 일 또는 그 액수만큼의 돈이 생긴다. 예를 들어, 돈을 받는 꿈으로 복권에 당첨된 수많은 사례가 있다. 또한 길이나 흙 속에서 지폐 다발을 많이 줍거나 돈이 가득 찬 가방을 줍거나 돈이 방 안에 가득 차 있는 꿈을 꾸면, 재물이 생기거나 즉시 재물은 생기지 않더라도 재물이 생길 사업을 시작하게 된다.

(2) 꿈해몽 요약

① 많은 돈이나 황금덩이를 얻는 꿈

일반적으로 많은 액수의 돈이나 황금덩이를 줍는 꿈은 큰 재물이나 권리를 얻는 일로 실현되며, 횡재수로 복권에 당첨되기도 한다. 그러나 적은 액수의 돈을 줍는 꿈의 경우에 나쁘게 실현된 경우도 있다.

② 돈 가방을 받는 꿈

누군가가 수백만 원이 가득한 큰 가방을 갖다 주는 꿈은 재물이나 이권을 얻게 되거나 사업을 벌이게 된다.

③ 돈을 도둑맞는 꿈

핸드백 속의 돈을 도둑맞으면, 그것이 적은 액수일 때는 근심·걱정이 해소되는 일로 이루어지거나, 자신의 내력을 남에게 알릴 일이 생긴다. 그러나 많은 금액을 도둑맞는 꿈은 자신의 재물이나 이권 등에 손실을 보게 된다.

④ 노름·게임에서 돈을 따거나 잃는 꿈

적은 액수의 돈을 따는 꿈은 불만족으로 인하여 근심·걱정할 일이 생기고, 막대한 돈을 따는 꿈은 상당한 재물이나 이권을 얻게 된다.

⑤ 돈이 문서로 변한 꿈

상대방이 주는 돈이 편지나 문서로 변한 꿈은 외부의 강압적인 요구나 명령·지시를 따르게 된다.

⑥ 품삯(돈)을 받지 못하는 꿈

품삯을 받지 못하는 꿈은 정당한 노력에 대한 대가를 얻지 못하게 되어, 정신적·경제적으로 어려움에 처하게 된다.

⑦ 여비가 필요한 꿈

여비 3만 원이 필요하다고 생각한 꿈은 어떠한 일의 성취에 있어, 3십만 원, 3백만 원, 3천만 원, 3억 원의 자금이 소요됨을 뜻한다. 또한, 3개월, 3년, 또는 30년이 걸려서 이루어지는 일로 실현될 수 있다.

⑧ 몇 개의 동전을 얻는 꿈

동전이 날짜를 암시하기도 한다. 예를 들어 3개의 동전을 얻는 꿈이 사흘 후의 일과 관계하기도 한다.

⑨ 고목이나 풀숲 등에서 엽전꾸러미를 얻은 꿈

오래된 고서를 읽게 되거나, 고루한 사상을 지녔거나 무식하고 천박한 사람과 관계하게 된다.

⑩ 곗돈을 타오는 꿈

여러 사람과 관계된 돈이나, 복권 당첨금·보험·예금 등과 관계되기도 한다.

⑪ 금고를 잠그는 꿈

금고는 자본금·사업체·일의 방도 등과 관계하며, 사업가의 경우에 사업 투자금을 동결하게 되거나, 자본금을 지키고자 하는 일로 실현된다.

⑫ 돈에 관한 민속의 꿈

- 꿈에 잔돈을 보면 근심을 한다.
- 꿈에 돈을 벌면 재수가 없다.
- 꿈에 돈을 보면 다음 날 돈을 쓴다.
- 꿈에 돈을 보면 싸운다.
- 쇠돈을 주우면 근심이 생긴다.
- 꿈에 동전을 주우면 잔병을 앓는다.

(3) 돈(동전) 꿈의 실증사례

① 동전 두 개를 줍는 꿈

3회차 관광복권에서 1천만 원에 당첨되었다. 돈뭉치가 아닌, 동전 두 개를 줍는 꿈이었으니, 비교적 적은 재물을 얻는 일로 실현되고 있다.

② 금빛의 새 동전을 많이 줍는 꿈 → 복권 당첨

동전은 재물로 표상되고 있다. 금빛이 나는 새 동전(인적자원이나 일에 대한 방도, 지식의 단편 등을 상징)을 많이 주웠다는 데서, 앞으로 그러한 재물을 획득하게 될 것을 예지해주고 있다.

③ 커다란 동전을 주운 꿈 → 포커에서 돈을 따다.

　길에서 십 원짜리, 백 원짜리 동전을 많이 줍다가, 5억 원이라고 씌어 있는 지름이 5센티미터 정도 되는 커다란 동전을 하나 주웠다. 이 꿈을 꾼 날, 포커를 쳤는데 내가 10만 원을 딴 것이다. 평소에는 마냥 잃기만 하고, 많이 따 봤자 고작 2~3만 원 정도인데, 이 꿈을 꾸고 나서 이처럼 돈을 따게 된 것이다.(글: 김하원)

④ 돈을 줍는 꿈 → 돈이 생기다.

　꿈에 아이랑 가고 있는데, 어떤 사람이 3층으로 가면 돈이 모래 위에 있다고 하기에, 올라가고 있더라고요. 다른 사람들은 돈이 안 보이는지 그냥 지나치고, 제 눈에 금색 동전이 보이기에 주우려고 했더니, 그 옆에 반지랑 만 원이 금색으로 되어 있어서, 같이 주머니에 담아서 자랑했어요. 저 이렇게 많이 주워 왔다고---. 그런데 며칠 뒤에, 30만 원이나 되는 돈이 갑자기 생기더라고요.---하얀하늘맘.

⑤ 돈을 줍는 꿈 → 많은 용돈을 타다.

　어렸을 때 꾸었던 꿈 중에, 기억에 남는 것입니다. 제가 친구들과 손을 잡고 노래를 부르며, 다 같이 어느 주택의 골목을 가고 있었어요. 근데 바닥에 100원짜리 동전이 하나 떨어진 거예요. 노래를 부르다 말고 제가 발로 탁 집었었죠. 그리고서 다시 노래를 부르면서 가는데, 이번엔 100원짜리와 500원짜리가 길에 쫙 깔려 있는 거예요. 아이들이 너나 할 것 없이 막 주우면서 계속 가는데, 돈 단위가 점점 커지더라고요. 천 원, 만 원. 그런데 한참을 줍고 있는데, 제가 줍다가 변을 발견합니다. 거기에 돈이 꽂혀 있는 거예요. '더럽긴 하지만 이게 어디야.'하는 마음으로, 제가 그 돈을 집고서 잠에서 깨어났습니다. 꿈을 꾼 다음 날 생각지도 못했던 상장을 타서, 그날 저녁 아버지께 엄청난 용돈을 탔습니다.---jeldin, 2003. 08. 29.

⑥ 동전 몇 개를 길에서 주워 호주머니에 넣은 꿈

소년은 다음 날 친구들과 다투게 되는 일로 실현되었다.

⑦ 돈을 줍는 꿈

연분이나 애정과 관련하여 실현된 사례가 있다.

⑧ 동전 줍는 꿈 → 태몽 예지

　제가 돌로 만들어진 공원 같은 길을 걷고 있는데, 길옆엔 높은 돌담이 있고요. 궁궐이라고 해야 하나? 아무튼 그런 큰 집인 것 같았어요. 나무가 많고 그늘지고 계절은 여름 같았어요. 그런데 바닥에 동전 같은 것이 떨어져 있어서 그걸 주워서 보니, 요즈음 동전과 두께랑 크기가 좀 다르고, 동전에 날짜가 1687년이라는 글자가 새겨져 있었습니다. 순간 "앗싸! 옛날 동전이네? 300년 전 것이니까 돈 좀 되겠는데?" 이러면서 속으로 좋아라 했습니다.---이란희, 이지데이, 태몽이야기 방.

이렇게 돈이나 동전을 얻는 꿈으로 태몽이 되는 경우가 있다. 비행기로 운반한 보따리를 방으로 옮겨 풀어보니, 갑자기 돈이 방안에 가득한 태몽으로 장차 자수성가하여 굴지의 갑부가 되는 것을 예지한 사례가 있다.

⑨ 길바닥에서 녹슨 동전 6~7개를 줍는 꿈

동료가 병들어 죽어 그 일로 6~7일간을 걱정하고 슬퍼하게 되는 일로 실현된 사례가 있다.

⑩ 밭을 매다 햇빛에 반짝이는 금화를 주웠던 꿈

회사 외무원으로 취직되는 것으로 실현되었다.

⑪ 배추장사로 돈을 쓸어담는 꿈 → 복권 당첨

주택복권 1193회차 1·2등 3억 6천만 원에 당첨된 사례이다. "꿈에서 배추장사를 하는데, 어찌나 잘 팔리던지 신 나게 돈을 쓸어담다가 꿈을 깼어요."

⑫ 누군가가 오천 원권을 주어 받는 꿈 → 복권 당첨

빚보증을 섰는데, 누가 오천 원권 지폐를 상당히 많이 주는 것을 받았다. 꿈 속에서 많은 지폐를 얻는 것은 현실적인 금액을 소유할 수 있거나, 어떤 문서류를 얻는 경우에 표현된다. 그렇기 때문에 그가 복권 1등에 당첨되어, 그만한 돈을 받을 것을 예지한 꿈이라고 볼 수 있다. 영세업자가 오천 원권을 많이 얻는 것은 큰 소원 충족에 속한다. 많은 액수의 돈은 현실적인 금액이 된다. 빚보증이 바로 복권을 사서 결과를 알아야 할 일의 비유인데, 복권으로 많은 돈을 얻는다는 암시가 타당한 꿈이다.(글: 한건덕)

⑬ 친구들에게 돈을 받는 꿈 → 복권 당첨

초상집에서 친구들이 거지 취급을 하며 돈을 많이 주어 받는 꿈으로, 복권 2등에 당첨되고 있다. 현실에서도 한푼 두푼 남에게 돈을 구걸하거나 타인이 던져주는 것을 받아야 되는 거지의 입장을 살펴본다면, 1등과 같은 아주 흡족한 꿈의 실현을 기대하기는 어려울지 모른다.

⑭ 조상이 돈다발을 쥐어 주는 꿈

돌아가신 아버님이 돈다발을 쥐어 주는 꿈으로, 또또복권 5억 원에 당첨되었다.

⑮ 만 원권 뭉치를 받는 꿈 → 복권 당첨

만 원권 뭉치를 받는 꿈을 꾼 지 2~3일 뒤에, 친구로부터 선물 받은 또또복권이 제24회차 1차 추첨에서 1억 원 당첨되는 현실로 실현되었다.

⑯ 다른 사람의 돈다발을 한 아름 받아 안는 꿈

45회차 더블복권에서 3억 200만 원에 당첨

⑰ 즉석 복권을 긁어 2,000만 원이 나오는 꿈 → 노트북에 당첨

체육복권으로 노트북 PC 당첨! 양승종 씨(28)는 500원짜리를 긁으니 또 500원짜리가 나왔고, 또 한 번 긁으니 2,000만 원이 나오는 꿈을 꾸었다. 즉석 복권을 몇 장 구입한 결과, 노트북에 당첨되었다. 이 경우 사실적인 미래투시의 꿈

이라면, 실제 2,000만 원에 당첨되는 일이 일어나게 된다. 현실에서 노트북 당첨으로 이루어졌다면, 상징적인 꿈으로 실현되었다고 보아야 할 것이다. 2,000만 원 액수의 당첨 꿈의 상징 표상에서, 현실에서 무언가 좋은 일이 일어날 것을 예지해주고 있다.

⑱ 사장이 돈다발을 안겨준 꿈 → 복권 당첨

전에 다니던 직장의 사장이 나타나, "그동안 고생했는데 퇴직금을 많이 못 줘 미안하다."라면서 돈다발을 안겨준 꿈으로 당첨되고 있다. 또한 복권을 사기 며칠 전에 꿈속에 선배가 나타나, "이젠 빚 다 갚고 편히 살아라."라는 말을 하는 꿈으로 복권에 당첨된 사례가 있다.

⑲ 거스름돈을 주머니가 넘치도록 받은 꿈 → 복권 당첨

'딸기를 샀는데 거스름돈을 주머니가 넘치도록 받았다'는 꿈 얘기를 듣고, 단돈 1백 원에 이 꿈을 산 뒤에 체육복권을 구입하여 7천 5백만 원의 복권 당첨의 행운을 안았다.

이 꿈 역시 풍요로움을 보여주고 있다. 꿈을 사서 행운이 찾아오고 있다기보다는, 딸기 꿈을 꾼 사람은 복권에 당첨될(꿈을 산) 다른 사람의 꿈을 대신 꿔준 것에 불과하다고 보아야 할 것이다.

⑳ 곗돈을 타러 가는데 버스가 지나가면서 안내원이 5백만 원이 든 보따리를 준 꿈
먼 훗날 막대한 재산을 모으게 되는 일로 실현되었다.

㉑ 지폐(돈)를 다발로 받은 꿈 → 이권을 획득

> 몇 년 된 꿈인데요. 엄청 큰 집이었는데, 저랑 시어머니랑 시누이랑 떡을 하고 와자지껄하고 있었는데요.(잔치하는 분위기) 큰오빠가 버스를 팔았다면서, 큰 돈다발 두 덩어리를 가지고 있으라고 주고 갔어요. 그래서 받아뒀는데요. 나중에 와서는 어렵다고 그걸 다시 달라고 하더라고요. 그래서 은행에 저금을 해 두어서 없다고 하고서 안 줬어요. 그 즈음 해서 하던 일이 잘 안되어서 우체국 택배 일을 시작하게 되었고요. 저희가 하려던 구역은 일이 별로 없다고, 다른데 하라는 걸 그냥 하겠다고 하고 시작했는데, 일없던 구역이 일이 점점 많아져서, 지금은 다른 구역보다 일이 많고요. 열심히 일하고 있습니다.---라일락향기, 2009. 04. 21.

상징적인 미래예지 꿈이다. 돈다발을 받는 꿈이 재물과 이권을 얻는 일로, 택배 일이 번창하는 것으로 실현되었다고 하여야 할 것이다.

㉒ 돈을 빌려 가는 꿈 → 죽음 예지

저는 꿈을 많이 꾸는 편인데요. 저에겐 정말 친하게 어울리는 친구가 3명 있는데요. 지금은 집안 사정상 떨어져들 지내지만, 거의 형제 같은 친구들인데요. 꿈에서 하루는 갑자기 한 녀석이 부랴부랴 뛰어오더니, 급하게 돈 2,000원을 달라더니 후다닥 가더라고요. 별일없이 한 2주일 정도 흘렀을까요. 별안간 그 친구 아버지가 갑자기 뇌종양으로 쓰러져서, 응급실이라고 곧 수술을 들어가야 한다고 전화가 왔습니다.

㉓ 돈을 잃어버린 꿈 → 돈이 생기게 되다.

앞서, 꿈의 상징 기법의 역전(逆轉)으로 설명한 바 있다. 누군가 지갑에서 돈을 훔쳐가는 꿈으로, 실제 현실에서는 사장으로부터 설 상여금으로 공돈을 받게 된 사례가 있다. 꿈은 반대는 아니지만, 꿈이 앞서간다고 할까, 현실에서 일어날 일에 대해서 꿈에서는 역(逆)으로 미리 충족시키는 사례들을 볼 수 있다.

㉔ 돈을 훔치는 꿈 → 돈을 도둑맞다

은행의 현금 인출기에서 40만 원 정도를 불안한 마음으로 가져왔던 꿈이었으나, 현실에서 사무실에 도둑이 들어 4만 원을 빼어가는 일로 실현된 사례가 있다. 꿈은 반대가 아니지만, 이처럼 현실에서 돈을 잃게 되는 것을 꿈속에서는 돈을 훔치는 행위로 역(逆)으로 전위되어 나타나고 있다. 또한 꿈속에서 40만 원이 현실에서 4만 원으로 실현된 것처럼, 꿈에서 과장되게 전개되는 경우가 상당수 있다.

㉕ 편지봉투를 뜯어보니, 수표가 들어 있었던 꿈

봉투에 주소불명이란 부전지가 붙여져 되돌아오는 일로 실현되었다.

㉖ 외상 돈을 받아 돈을 세는 꿈 → 사실적인 미래투시의 꿈으로 실현

식당을 시작하면서 믿음직스럽게 찾아주는 손님, 우연히 밀린 식사대금이 30만 원이었지요. 이에 수십 차례 결제해줄 것을 요구했지만, 거짓말만 되풀이할 뿐이었지요. 그래서 포기한 지 1년이 지났지요. 그러던 어느 날 밤, 그 돈을 받았다며 아주 좋아하며 돈을 막 세다가 깨고 보니 꿈이었지요. 꿈 생각에 찾아가서 다시 사정하니, "젊은 사람이 열심히 살려고 하니깐 준다." 하면서 돈을 주는 것이었어요.

㉗ 대학생들의 돈에 대한 꿈 조사

돈에 대한 꿈도 아주 다양하게 나타났다. 〔돈을 얻었다〕는 꿈을 꾼 사람이 10%, 〔동전을 계속 줍는다〕 32%, 〔동전을 캐낸다〕 4%, 기타 〔창고에 돈이 쌓여

있다], [돈을 주머니에 넣고 보니, 돌이더라], [하늘에서 돈이 떨어진다], [친구에게서 돈을 받는다], [돈이 생겼다지만 물체는 보이지 않는다], [길가에 지폐가 깔려 있다], [돈을 막 쓴다], [돈을 주고받는다] 등이 각각 2%씩이었다. 그러나 [돈 꿈을 전혀 꾸지 않는다]는 반응도 38%나 되었다.

서정범 교수에 의하면, 이는 38%의 학생만이 애정에 만족을 느끼고 있을 뿐, 나머지는 애정에 목말라 있음을 보여준 것이라는 것. 특히 설문 가운데 [동전을 계속 줍는다]는 것은 경제적 빈곤과 애정의 결핍을 심각하게 느끼고 있는 것으로 풀이했다.

㉘ 돈을 받는 꿈(외국의 사례)

크라티노스는 꿈에 돈을 받고 나서, 황제 전(殿)의 소득징수관이 되었다.(아르테미도로스,『꿈의 열쇠』)

(4) 상담사례

> 저는 50대 여성인데요. 어젯밤 꿈에 옛날에 돌아가신 어머님이 나오셔서, 저한테 만 원짜리 지폐 한 묶음을 주셨어요. 무슨 꿈일까요?

축하. 좋은 꿈이네요. 꿈대로 100% 이루어지는 상징적인 미래 예지 꿈입니다. 꿈은 반대가 아닙니다. 조상에게서 무엇인가를 받는 꿈은 그 물건으로 표상된 어떠한 권리·이권·재물을 얻게 되는 것을 뜻합니다. 돈다발을 받으셨으니, 많은 재물을 얻게 될지 모르고요. 복권이라도 사보시고요. 사이트에서, '조상', '받다'를 검색해 보세요. 누군가가 양주머니에 돈을 찔러 넣어주는 꿈을 꾼 후에, 다른 사람에게 빌려주고 오랫동안 받지 못 했던 돈을 뜻밖에 받는 일로 실현된 사례가 있습니다.

≪수표/증서/주식≫

증서는 실제의 증서, 약속·계약·명령·권리 이양·선전물 등을 상징한다.

① 돈 대신 수표나 어음 등을 받는 꿈

처한 상황에 따라 임명장이나 부동산 등기권리증, 계약문서 등을 받게 된다.

② 수표를 은행 창구에 넣는 꿈

이력서나 청원서를 당국에 제출하게 되는 일로 실현될 수도 있다.

③ 공중에서 무수한 수표가 내려와 땅에 떨어지는 꿈

수표로 상징된 보험 계약자 등 가입 신청자를 모집하게 되어, 이권이나 재물을 획득하는 일로 실현될 수 있다.

④ 상대방에게 금액과 성명을 명기한 어음을 떼어 주는 꿈

상대방을 직원으로 채용하거나, 상대방에게 소집통지서 등 명령할 일이 생긴다.

⑤ 주식이 올라가는 것을 보는 꿈

이 경우에 실제로 그 주식을 사는 것이 좋다. 꿈에서 사실적이거나 상징적으로 주식 시세의 오르내림을 보여주는 경우가 있다.

⑥ 계시적으로 주식을 일러주는 꿈

이 경우에도 꿈에서 계시받은 대로 주식을 사고파는 것이 좋다. 산신령이나 동물이 말을 하는 등 계시적으로 알려주는 것은 꿈의 상징 기법의 하나로써, 꿈대로 따르는 것이 절대적으로 좋다.

⑦ 증거 서류를 잃어버린 꿈(외국의 사례) → 소송에서 이기다.

국가 반역죄로 기소된 어떤 사람이 꿈에 자신의 증거 서류들을 잃어버렸다. 소송은 다음 날 판결되었는데, 그는 자신에게 부과되었던 추소 사항에서 풀려났다. 이 예지몽이 의미한 바가 정확히 그것이다. 부담에서 풀려난 그에게 더는 증거 서류들이 필요치 않았던 것이다.(글: 아르테미도로스, 『꿈의 열쇠』)

≪신용카드≫

카드는 실제의 카드이거나, 신용·신분증·증서 등이나 재물·이권·권리 등을 상징한다. 이러한 카드를 잃어버리는 것은 자신의 권리나 재물을 잃게 되어, 어려운 경제 여건에 처하게 되거나 신용불량자 등이 됨을 상징한다. 처한 상황에 따라 명예나 자존심 등이 훼손되는 일도 가능하다.

반대로 카드를 얻거나 선물 받는 꿈은 상품권이나 복권 당첨 등 재물적인 성취를 얻을 수 있으며, 믿음이나 신뢰와 같은 정신적인 자산에서 인정을 받게 되는 일로 이루어진다. 꿈은 반대가 아닌 상징의 이해에 있으며, 따라서 꿈에서 얻거나 선물 받는 것은 권리나 이권·재물을 획득하고 소유하는 일로 실현된다. 이

제Ⅵ장

주제별 꿈해몽

9 문명의 이기(利器)

경우 카드를 훔쳐오는 꿈도 현실에서는 적극적으로 이루어내는 것을 상징하고
있다.

2) 탈 것

≪자동차·버스·택시·기차에 관하여≫

자동차·버스·택시·기차는 일의 방도나, 회사·사업체·직장이나, 권력기관·
단체세력 등을 상징한다. 소형 자동차보다 버스·트럭은 대형 기관이나 단체·회
사를 상징한다. 기차 또한 보다 큰 기관이나 단체의 상징으로 등장하고 있다. 자
기가 운전기사가 되어 직접 운전을 하는 꿈은 어떠한 사업 기관이나 단체의 핵심
적인 책임자가 되어 일을 수행함을 뜻하고 있다. 이 경우에 승객은 같은 직장의
협력자나 직원을 상징적으로 나타낸다.

≪차(자동차), 택시≫

이 경우 시원스럽게 달리는 꿈이 원활한 운영을 상징하고 있으며, 교통사고
등은 사업의 진행에 어려움이 있음을 예지해주고 있다. 자가용을 신 나게 운전하
면, 어떠한 일거리·대상의 원활한 진행이 있게 되며, 가정을 잘 리드해 나간다.
이 경우에 대형 트럭을 운전하는 꿈이라면, 공공기관이나 단체의 중책을 맡게 되
어 일을 진행해나가는 것을 상징한다.

현실에 대한 불만이나 욕구, 자신만의 독단적인 행위, 연애에서 상대방에게
마음대로 행동하고 싶은 경우에 차를 타고 신 나게 운전하는 꿈으로 나타나기도
한다. 영화 등에서 차를 몰고 터널 속으로 진입하는 장면으로, 섹스 행위를 암시
적으로 보여주기도 한다.

① 차(자동차, 기차)를 타고 공중을 나는 꿈

꿈의 상징 기법상, 자동차가 하늘을 날아다닐 수 있다. 이 경우 자신의 역량을
널리 떨치게 되는 길몽이다. 사업 성과나 학문적 업적이 세상에 공개되고 선망
의 대상이 된다. 가게의 운영이나 가정생활에서도 순탄하고 행복한 나날이 이어
진다.

② 택시(車)를 기다리거나 승차거부를 당하는 꿈

협조기관이나 단체에 청탁한 일, 단체 가입 등의 일이 이루어지지 않는 등, 자신이 추구하는 사업이나 일거리·대상의 진행에서 어려움과 좌절을 겪게 된다.

③ 애인과 차(자동차)를 타고 드라이브하는 꿈

자신이 바라는 소망이 꿈으로 표출되는 잠재의식적 심리 표출의 꿈이 될 수도 있다. 하지만 대부분의 상징적인 미래 예지 꿈에서는 애인과 함께 차를 타고 드라이브하는 꿈은 애인으로 상징된 애착이 가는 사람이나 일거리·대상과 좋은 관계를 유지하게 됨을 뜻한다. 혼담으로 나아가게 될 수 있으며, 성취를 이루게 된다. 애인이 소중한 사업 파트너를 상징하여, 사업상 의논하면서 프로젝트를 진행하는 일로 실현될 수 있다.

④ 차(승용차)에 시체를 싣고 달리는 꿈

시체로 상징된 업적이나 성취를 얻게 되며, 사업자금이 넉넉한 여건에서 사업을 운영하게 된다.

⑤ 검은 차가 마당 또는 문앞에 있는 꿈

장차 집안의 누군가에게 초상이 나게 되는 일로 실현될 수 있다.

⑥ 자동차가 밖으로 향해 있는 꿈

사업이 순조롭게 진행되지만, 반면에 안으로 향해 있는 경우 사업여건에 장애가 있게 된다.

⑦ 차(자동차)에 휘발유를 넣는 꿈

휘발유를 넣으면 사업자금을 투자하게 되고, 휘발유가 없거나 차가 파손되면 어떠한 손실이 있게 된다. 자동차 계기판에 휘발유가 텅 비어 있는 것을 보는 꿈은 주식투자에서 큰 손실을 보는 일로 실현되었다.

⑧ 차(자동차)가 전복되는 꿈

흉몽이다. 자동차로 상징된 회사·기관의 부도가 나게 되거나, 사람의 상징인 경우에 신체의 이상, 연분이나 애정의 끊어짐으로 실현된다.

⑨ 자동차를 선물 받은 꿈

대부분의 상징적인 꿈에서는 자동차로 상징된, 조그만 가게나 사업을 인수하게 되거나 물려받게 된다. 그러나 사실적인 요소가 있을 경우에, 꿈대로 실현되기도 한다.

⑩ 차가 떠나 버려 타지 못하는 꿈

성취를 이루지 못하게 되며, 시험·취직· 현상모집 응모·청탁·단체 가입 등에서 탈락한다. 실증사례로, 택시를 타고 절에 가려 하는데 택시 안은 깜깜하고 몸을 아무리 집어넣으려고 해도 들어가 지지가 않았던 꿈은 '시의원'에 출마한 오빠가 떨어지는 현실로 실현되었다.

⑪ 사고나 고장으로 차가 멈춰선 꿈

계획한 일이나 사업의 진행 중단, 학업의 중단, 계약의 파기, 계 모임의 파탄 등 외적인 여건에 의하여 자신의 뜻대로 진행되지 않게 된다. 상황에 따라 교통사고 등이 일어나는 일로 실현된다. 필자의 경우, 휘발유에 물을 타서 차가 멈춰 섰다고 생각했던 꿈은 교통사고로 인하여, 일주일간 정비를 위해 차를 운행하지 못하는 일로 실현되었다. 휘발유에 물을 탔다고 생각하여 차가 멈춰 선 것처럼, 다행히 신체적 손상은 조금도 입지 않는 일로 실현되었다.

⑫ 택시를 합승한 꿈

택시를 타고 가다가 모르는 사람과 합승하는 꿈은 어떤 사업에 다른 사람과 함께 공동투자하게 된다. 이 밖에도 같은 단체에 몸담게 되거나, 이성인 경우에 연분을 맺게 된다.

⑬ 택시 안에서 담배를 주고받는 꿈

부동산이나 사업 등에 관한 계약을 할 일이 생기게 되며, 다른 사람과 관련을 맺게 된다.

⑭ 자기 방에 택시가 들어와 있는 꿈

미혼인 경우에 갑자기 결혼할 수도 있지만, 검은 차가 들어와 있는 경우에는 일반적으로 가정이나 회사에 누군가가 상(喪)을 당하는 일로 실현된다.

⑮ 기차(자동차)에서 내린 꿈

도중에 하차하거나 타지 못한 꿈은 자동차로 상징된 직장에서의 퇴사, 질병이나 기타 사유로 인하여 휴직 등 직장 생활에서 결별하는 일로 이루어진다. 이 밖에도 청탁하거나, 계획한 일 등이 중단되는 일로 실현된다. 직원 여행을 가는 버스에서 자신만이 홀로 남겨진 꿈은 사고로 인하여 직장에 일주일간 나가지 않게 되는 일로 실현된 사례가 있다.

⑯ 자동차를 선물 받은 꿈(실증사례) → 사실적인 미래투시로 실현

　　지난번에 꿈에 하얀 차를 선물로 받는 꿈을 꾸었어요. 실제로 그 일이 일어났네요. 인터넷 응모에 당첨되었거든요. 미리 알고 준비하라는 계시인 줄 알고, 지금 타는 차는 처분을 했답니다.

⑰ 자동차가 두 동강이 나 있는 꿈(실증사례) → 두 사람의 공동명의의 건물 예지

　　연세가 좀 드신 분으로, 말년에 재산을 정리하여 빌딩을 하나 사서 임대하여 세나 받아 먹고사는 생활을 하려는 분이 있었다. 여기저기 알아보다가 시세보다는 값도 싸고 모든 조건도 적당한 건물을 발견하고, 이 문제를 의논해 왔다.

　　그런데 꿈을 꾸니, 그 건물 주차장에 주차되어있는 사장의 승용차가 칼로 자르듯 한가운데가 잘려서 두 동강이 나 있는 꿈이었다. 본래 건물 명의가 두 사람 공동 명의로 되어있는 상태로, 자기들끼리 문제가 발생하여, 결국 그 빌딩을 사지도 못하고 시달림은 시달림대로 당하고 손해만 보는 일로 실현되었다.(글: 박성몽)

⑱ 유모차 두 대가 당첨되었다는 꿈(실증사례) → 태몽 예지

　　꿈에서 벨 소리가 들려 나가 보았더니, 경품에 당첨되었다며 유모차가 집으로 배달되었더라고요. 그리고 조금 후 다시 벨 소리가 들려 나가봤더니, 한 대 더 당첨되었다며 두 대를 주고 갔어요. 그때만 해도 이 꿈이 태몽일 거라곤 생각도 못 했는데, 임신하고 5개월 정기검진 때 의사 선생님께서 그러시더라고요. 또 한 명의 아이가 나타났다고, 축하한다고. 전 5개월 때 우리 아이가 쌍둥이인 걸 알았어요. 불현듯이 그때가 생각나더군요. 두 번에 걸쳐 배달되어온 두 대의 유모차가 바로 우리 아이들이었습니다. 남매 쌍둥이 태몽 이렇게 꾸었어요. [0311민재맘]

　　이처럼 동식물이나 자연물이 아닌, 책이나 그림 등 어떠한 사물이 등장하는 꿈이 태몽 표상으로 전개될 수도 있다.

《버스》

　　버스는 자동차보다 큰 기관이나 단체·회사, 일거리나 대상을 상징한다. 버스 정류소에서 기다리다가 버스를 타는 꿈은 취직이나 합격 등으로 실현된다. 그러나 버스를 타고 멀리 떠나는 꿈이 죽음 예지로 실현된 사례도 있다. 중환자실에 근무하는 간호사의 체험담에 자신이 버스를 타는 꿈을 꾸면 중환자 중에 누군가

가 죽는 일로 실현되고 있다고 말하고 있다. 이 경우에 꿈속에서 버스를 탄 것은 자신이지만, 꿈의 상징 기법에서 자신은 다른 사람을 상징적으로 나타내주고 있다. 또한 연인 중에 한 사람만이 버스에서 내리거나, 한 사람만이 버스를 타고 가는 꿈은 결별로 실현되고 있다. 또한 학생의 꿈에 버스를 타고 떠나는 꿈이 학급 학생들의 자리바꿈을 뜻하는 일로 실현된 사례가 있다.

한편, 모든 꿈해몽에서 간과하기 쉬우며 1차적으로 떠올려야 하는 것이 상징적인 꿈이 아닌, 사실적인 미래투시의 꿈으로 실현될 수 있음을 항상 염두에 두어야 한다. 예를 들어, 버스가 고장 난 꿈이 실제의 버스 고장으로 실현될 수 있다. 이 경우에, 상징적인 꿈에서는 버스로 상징된 대형 국책기관이나 연구소·회사·기관·단체에 문제가 발생하거나, 어려움에 빠지는 일로 실현될 것이다.

(1) 버스 꿈해몽 요약
① 버스가 빨리 달리는 꿈

기관이나 단체의 사업 운영이 비약적으로 전개된다. 버스가 빨리 달리는 꿈으로, 산모가 아이를 조산한 사례가 있다.

② 버스를 힘들게 운전해 나아간 꿈

힘겹게 아이를 낳는 난산으로 실현되었다. 또한 사업 경영을 힘들게 해나가는 일로도 실현될 수 있으며, 애정과 관련하여 갈등을 겪는 일로 일어날 수도 있다.

③ 버스에 서서 가는 꿈

단체의 일원으로 정당한 대접을 받지 못하는 책무를 맡게 되거나, 임시직이나 비정규직 신분이 된다. 또한 활동하는 외근직 부서에서 일하게 될 수 있다.

④ 버스에 앉아 가는 꿈

단체의 일원으로 중대한 책무를 맡게 되거나, 정규직 직원으로 선발되는 일로 실현된다. 또한 내근 부서에서 일하게 될 수 있다.

⑤ 자신과 기사만이 버스를 타고 가는 꿈

사업상 방해되는 여건이나 경쟁자가 없이 자신만의 독점적인 사업 운영, 최대한의 권한을 행사할 수 있게 된다.

⑥ 관광버스를 타는 꿈

산업 단지 견학, 회사 탐방, 연구 작품 자료 수집 등의 일과 관계한다.

⑦ 만원 버스의 꿈

대형 국책 기관이나 회사 단체에 직원이 넘쳐나는 일로 실현된다. 또한 산모가 쌍둥이 등을 가져 배가 남산만 하게 불러오게 되는 일로 실현된다.

⑧ 정류장·정거장의 꿈

버스·기차·자동차 등의 정류장은 어떠한 일이나 사업의 시발점 또는 종착점을 상징한다. 소설책이나 논문의 시작 부분과 결말 부분을 상징하기도 한다.

(2) 버스 꿈 실증사례

① 버스가 고장이 나는 꿈 → 실제 버스가 고장

제가 직장생활을 하면서, 꾼 꿈인데요. 출근 전날 잠을 자는데, 꿈속에 회사 앞까지 가는 마을 순회버스를 타고 가는데, 그 버스가 고장이 나서 못 온다나 늦게 온다나, 아무튼 버스 고장이 나는 꿈을 꾼 거예요.

그 꿈이 어찌나 신경 쓰이든지, 그날은 추운 겨울날이었거든요. 겨울에 버스가 엔진이 얼거나 하는 경우가 종종 있는 건 알지만, 그 꿈을 꾸고 다음 날 회사에 가서 일하고 퇴근을 하는데, 하필 버스가 고장이 나서 한 시간이 훨씬 넘어서야 회사 앞에 도착한 거예요. 안 그래도 좀 멀리 돌아서 오는 버스라, 넉넉잡아 50분은 기다려야 하는데, 하필이면 고장까지 나서 집까지 가는 버스도 놓쳐버리고---

② 버스에서 내린 꿈 → 죽음을 모면하다.

버스 안에 까만 옷차림에 남자 얼굴은 알 수 없고, 분위기가 소름이 끼치도록 이상해서, 언니는 한사코 내리자니 동생은 안 내리겠다는 고집에, 언니만 혼자 내렸던 꿈이었다.

내린 언니는 눈을 떠보니 연탄가스 냄새로 간신히 살아나고, 동생은 연탄가스 중독으로 죽음을 맞이하는 일로 실현되었다.

③ 버스를 타고 가다 내린 꿈 → 죽음을 모면하다.

어느 날 버스를 타고 여느 때와 같이 출근을 하는데, 그날따라 버스 기사 아저씨는 잠시 주춤하더니 다음 차를 타라더군요. 출근 시간이 빠듯해서 아랑곳하지 않고 버스를 탔었습니다. 탄 사람들의 창백한 얼굴이 눈에 들어왔지만, 아침이니까 하면서 한참을 갔었는데, 할머니가 타고 계신 거예요. 난 할머니 어디가 하고 묻자, 할머니는 "여기 언제 탔냐?"라면서 내리라고 호통을 치시잖아요. 그래서 "할머니! 할머니도 같이 내리자!

할머니 집에 모셔다 드리고, 나도 출근해야 한다"며 실랑이를 하고 있는데, 저희 집에서 출근길 두어 정거장을 가면 ○○동과 ○○동의 경계 버스 정류장이 있어요. 그 앞에서 차를 세우신 기사 아저씨는 할머니 모시고 다시 가라더군요. 할머니와 내린 곳 정류장 바로 상가에는 장의사 건물이 있었어요. 늘 지나다닌 정류장이라, 길을 건너 다시 집으로 할머니를 모셔다 드리고, 출근하는 꿈을 꾸었었어요. 그때 당시 할머니가 매우 편찮으시긴 했었는데, 꿈을 그리 꾸었다고 어른들께 말씀드렸더니, 노인네 가는 거 내가 막았다고---. 정말 저승으로 가는 버스에 제가 탔던 것일까요.---애둘란, 2008. 03. 01.

할머니가 도중에 내렸기에, 죽음을 면하는 일로 실현되고 있다. 이 경우에 나이 든 사람이나 환자가 버스나 배를 타고 멀리 떠나는 꿈이 죽음 예지로 실현된 사례가 다수 있다.

④ 버스를 타고 가는 꿈 → 누군가의 죽음 예지

난 병원 중환자실에서 간호사로 있어. 보통 일주일에 한두 분은 저 세상으로 가시지. 어느 날 내가 꿈을 꾸게 되었어. 내가 어떤 남자하고 차를 타고 어디론가 가고 있는 거야. 근데 그 남자 얼굴이 이상해. 구멍이 뻥 뚫리고 다 썩었어. 그런데 이상하게 날 보고 운전하면서, 너무 다정하게 활짝 웃어. 나도 그 남자가 징그럽게 느껴지지가 않아. 아무튼 어디론가 한참을 간 것 같아. 잠에서 깼지만 꿈이 너무 생생했어. 그렇지만, 꿈 생각은 잊고 출근을 했지.

습관적으로 출근할 때 병실 이쪽저쪽을 들여다보면서 복도를 걸어가거든. 그런데 502호에 욕창이 심한 할아버지 침대가 비어있지 뭐야. 돌아가신 거야. 이것이 꿈의 시작이었어. 이젠 임종을 앞둔 환자만 계시면 꿈을 꾸는 거야. 아니 내가 꿈을 꾸면 멀쩡하던 분이 갑자기 돌아가시는 거야.

그리고 내가 꿈에서 버스 타고 가는 그 꿈꾸는 시간이 출근해보면 사망 시간이 그쯤인 거야. 더 놀라운 것은 차를 타려다가 놓치고 못 탄 거야. 그러면 그 환자 그날 안 죽고 위기를 넘긴 거야. 재작년 크리스마스 이브에도 버스를 탔어. 그런데 다음 날 잠에서 막 깨어났는데, 한 통의 전화를 받은 거야. 조카가 꿈꾸는 그 시간에 죽은 거야.---데이. 2012. 04. 05.

≪트럭(자동차)≫

트럭은 거대한 사업체·회사, 가게, 협조기관·중개수단·중개업자 등을 상징한다. 한편, 트럭을 운전하는 꿈은 거대한 회사나 가게·기업체를 맡아서 자신이 운영하게 되는 것을 뜻한다. 이러한 트럭에 곡식·동물·상품·연료 등을 가득 실어 집으로 가져오는 꿈은 큰 재물을 얻는 일로 실현된다. 또한 이삿짐을 트럭에 싣는 꿈은 미래투시적인 꿈이라면 그대로 이루어지고, 상징적으로는 어느 기관에서 많은 일을 청탁하거나 사업을 갱신할 일과 상관한다.

① 대형 트럭을 운전한 꿈(실증사례) → 공공기관이나 대형 건물의 책임자가 된다.

현실에서는 운전도 못 하는 사람이, 꿈속에서 10톤 이상의 대형 트럭을 운전해갔던 꿈은 그로부터 몇 달 후에, 막국수 박물관의 중책을 맡아 운영하는 일로 실현되었다.

② 트럭에 솔가지 한 차를 실어온 꿈(실증사례)

쌀 한 가마니가 보내져 오다.

③ 트럭에 다섯 개씩 담뱃갑 40묶음을 실어온 꿈(실증사례)

200만 원이 송금되어 오는 일로 실현되었다.

≪기타 자동차≫

① 차(지프)에 관한 꿈

국방색이나 검은색 지프는 대체로 군대, 국가 기관, 관공서, 언론기관 등을 상징하고 있다. 검은 지프를 타는 꿈은 공직에 나아가게 되거나, 공공사업 등에 참여하게 된다. 그러나 지프를 타고 멀리 떠나는 꿈의 경우에, 죽음 예지의 꿈으로 실현될 수도 있다. 지프에 큰 붓대를 쥐고 타고 가는 꿈은 어떤 잡지사에 작품을 연재하는 것으로 실현된 사례가 있다.

② 소방차에 관한 꿈

소방차를 보는 꿈이 군대의 출동이나 진압 경찰 등이 동원되는 일로 실현되기도 한다. 사이렌 소리가 요란하고 소방차가 달리는 것을 보는 꿈으로, 잠에서 깨어나 불이 날 것을 미연에 막은 사례가 있다.

③ 영구차(장의차)

영구차는 시체로 상징된 업적이나 재산·증서 등을 취급하는 회사의 운영부서를 상징한다. 장의차가 대문 안으로 들어와 있는 꿈은 어느 기관에서 성취된 업적이나 성취물에 대하여 재정상 의논할 일이 생긴다. 장의차가 질주하는 꿈은 사업이 순조롭게 잘 진행되거나 사업체나 집을 이사하게 된다. 또한 영구차를 보는 꿈이 실제로 누군가의 죽음으로 실현될 수도 있다.

④ 분뇨차

똥(대변)이 재물의 상징이기에, 분뇨차가 자기 집의 대변을 퍼가는 꿈은 집이나 집으로 상징된 회사에 과징금이나 세금이 부과되어 재물의 손실로 이루어진다.

⑤ 불도저

불도저가 길을 닦거나 집터를 닦는 꿈은 새로운 공장의 신축이나 사업 부서의 신설, 개간 사업, 계몽 사업 등에 관계할 일과 관계한다.

≪자동차 교통사고≫

(1) 교통사고에 관한 꿈에 대하여

교통사고의 꿈은 1차적으로 사실적인 미래투시의 꿈을 염두에 두어야 한다. 이 경우 장차 꿈속과 같은 상황이 현실에서 발생하게 될 수 있기에, 삼가고 조심하여야 하며 꿈속에서의 상황과 같은 여건에 처하지 않도록 하는 것이 중요하다.

대부분의 상징적인 꿈에서 자동차는 어떠한 기관, 사업체, 가정, 집안이나 자신의 일, 소원충족을 이룰 수 있는 방도, 협조세력, 협조기관 등의 상징물이다. 커다란 차일수록, 커다란 회사·기관·가게나 사업체를 뜻하고 있다. 또한 시원스러운 길을 신 나게 달리는 꿈일수록, 회사나 가게 경영 등이 순조로움을 뜻하고 있다.

교통사고는 이러한 자동차로 상징이 되는 기관·사업체·집·단체 등에 어떠한 문제가 생겨 장애나 어려움이 발생하는 것을 뜻한다. 다만, 이 경우 교통사고로 인해 죽었다면 죽음의 상징적 의미가 더 부각되기에 꿈을 꾼 사람의 운명의 길에 새로운 탄생 등 어떤 커다란 변화가 일어나게 되거나, 성취됨을 의미한다. 하지만 부상 등 사고를 당했다면 성취보다는 심적 고통이나 재물적 손실이 따르는 일로 실현된다.

(2) 교통사고 관련 꿈해몽

① 차(자동차) 바퀴가 빠지거나 구멍이 나는 꿈

흉몽이다. 차바퀴가 빠지는 꿈은 협조자·후원자 등과 결별하게 되며, 사업 진행에 있어 문제가 발생하게 된다. 차바퀴가 구멍이 나는 꿈도 협조자·후원자가 질병에 걸리게 되는 등 문제가 생기게 되며, 사업 운영자금 등에 차질이 있게 된다.

② 자기가 탄 차(자동차)가 물이나 수렁에 빠지는 꿈

흉몽이다. 사업이 어려움에 빠지게 되며, 나아가 차가 물에 떠내려가는 꿈은 사업 기반 자체를 잃게 되는 일로 실현된다. 또한, 간신히 몸만 빠져나오는 꿈은 부실기업에서 손을 떼게 되는 일로 실현된다.

(3) 교통사고 관련 실증사례

① 길이 늪으로 빠져 자동차가 땅속으로 꺼진 꿈

시험에 불합격하는 일로 실현된 사례가 있다.

② 자동차가 물을 건너 도랑으로 가는 꿈

   자동차 꿈을 꾸면 실제로 자동차에 관련해서 현실과 맞는데요. 자동차가 물을 건너 도랑으로 막 가는 꿈을 꾸고, 3중 추돌 사고가 난 적이 있습니다.

③ 앞뒤 사람으로 꼭꼭 막아서서, 뒤로도 못 가고 앞으로도 못 가고 안절부절못하는 꿈

   다음 날 차가 너무 밀려서, 평소 80킬로 달리던 차가 태조 왕건 촬영 때문에 5킬로밖에 못 가더군요.

④ 교통사고가 났다고 사람들이 웅성거리고 남동생이 나타나 무언가를 말하는 꿈

현실에서는 몇 달 뒤에 남동생이 접촉사고가 나서, 수리하는데 큰 비용이 들어가는 일로 실현되었는바, 이 경우 사실적 미래투시의 꿈으로 볼 수가 있겠다.

⑤ 자동차에 이상이 생긴 꿈 → 행사에 문제 발생

자동차로 상징된 진행하는 행사 등에 문제가 발생하는 일로 실현된 사례가 있다. 또한 자동차 사고 후에 잘못이 없다면서, 지하철에 편안히 앉아가는 꿈을 꾼 후에, 누군가의 길 안내로 일처리가 매끄럽게 마무리되는 일로 실현되었다.

⑥ 교통사고를 예지한 꿈 → 일깨워준 경고성 성격의 꿈

아들이 방학해서 집에 왔다가 다시 학교가 있는 도시로 가려고 하는데, 어머니가 꾸셨던 꿈이다. 아들이 갈 때 보내려고 시루떡을 하는데, 시룻번(시루떡을 할 때 시루와 솥 사이에 붙여서, 김이 새 나가지 않도록 붙이는 반죽)이 자꾸 터져서 떡을 못하는 꿈을 꾸었다. 그 어머니께서는 아무래도 꿈이 불길하니, 다음 날 가라고 하면서 아들을 보내지 않았다. 바로 그 날 아들이 타고 가려고 했던 버스가 강물에 추락하는 사고가 일어나, 많은 사상자가 발생한 교통사고가 일어난 것이다.(글: 박성몽)

⑦ 운전하던 자동차가 바로 앞에서 길이 끊어진 꿈 → 지연 연착으로 실현

필자의 체험 사례이다. 운전하던 자동차가 바로 앞에서 길이 끊진 꿈을 꾸었다. 당시에 아들의 고입 시험 결과 여부를 기다리던 상황이라, 아들의 불합격을 예지하는 꿈으로 받아들였다. 하지만 발표결과 아들은 합격이었다. 꿈의 예지는 한 치의 오차도 없다. 자동차 길이 끊겨진 꿈이 결코 좋은 꿈은 아니다.

꿈의 실현은 서울 모임에 참석하기 위해 탔던 고속버스가 몇 시간이나 연착하는 일로 이루어졌다. 바로 그 전날 눈이 와서인지 영동고속도로에는 여러 건의 교통사고가 발생하여, 예정된 시간보다 무려 세 시간이나 늦게 서울에 도착하는 일로 실현되었다.

⑧ 차가 멈춰선 꿈 → 자동차 사고를 예지해준 꿈

필자의 교통사고 체험 사례이다. 어느 날 한밤중의 꿈이다. 차를 운전하면서 가는데, 갑자기 차가 멈춰 섰다. 생각하기를 '이거 주유소 놈들이 휘발유를 안 넣고, 물 섞인 휘발유를 넣은 모양이다.'

순간 깨어보니 꿈이었다. 차가 멈춰선 꿈 내용이 찜찜한 것이 안 좋은 일로 실현될 것은 틀림없는데, 어떻게 실현될지 걱정이었다. 차가 아무런 파손 없이 멈춰 선 것은 그나마 다행이지만, 운행 중인 차가 멈춰선 표상이 교통사고 등 현실에서 커다란 일로 실현되지 않을까 걱정이었다.

결과는 1주일 뒤, 빗길에 과속으로 차가 미끄러지면서 교통사고가 나는 일로 실현되었다. 차체가 휘었고, 기타 등등으로 100만 원 이상 견적이 나와 보험처리를 하여 고쳤으나, 정비공장이 바쁜 관계로 1주일씩이나 차를 세워둘 수밖에 없었다. 꿈속에서 차가 멈춰선 표상 그대로 현실에서 일주일 이상 정지되어 있었던 것이다. 차가 멈춰선 표상으로 전개되고 다행히 사람은 무사했던 꿈이었기에, 현

실에서 털끝 하나 다치지 않는 일로 실현되었다.

⑨ 차가 기다려도 오지 않는 꿈 → 어려운 곤경에 처함

통신 이용자의 꿈체험기이다.

> 눈이 많이 내려 질척해진 거리에서 택시를 기다리는데, 아무리 기다려도 오지 않았습니다. 그러다 해가 넘어갔고, 잘 모르는 껌껌한 동네의 울퉁불퉁한 길을 헤매다가, 다시 큰길로 나와 여전히 차를 기다리다가, 산 중턱으로 오는 고속버스를 보고 꿈을 깼답니다.

> 마침 제 생일날이었어요. 바빠서 매일 늦는 남편이 기대하지도 않았던 저녁을 사준다면서, 5시에 집에 가는 중이니 준비하라고 전화를 했더군요. 그래서 아이들을 데려다 씻기고 기다리는데, 오다가 차가 고장이 났다고 남편한테 연락이 왔습니다. 결국 그날 저희는 거의 4시간을 기다린 저녁 9시가 돼서야 식사를 할 수 있었는데, 식사를 하러 간 식당의 주차장이 꿈속에서 헤매던 동네 분위기랑 흡사하더군요. 불빛이 희미해서 잘 보이지도 않고, 포장을 하지 않아 차바퀴가 빠지면 헛돌 정도로 험했어요.

눈이 내려 질척해진 거리는 상징적으로 현실에서 어려운 여건에 처하게 됨을 보여주고 있다. 택시를 기다려도 오지 않는 표상에서, 현실에서 무언가 자신의 뜻대로 이루어지지 않을 것을 예지해주고 있다고 보아야 할 것이다. 컴컴한 동네의 길을 헤매는 표상도 현실에서 어려움·시련이 있을 것을 보여주고 있으며, 마지막으로 고속버스가 다가오는 것을 보는 꿈으로써 난관을 벗어날 수 있는 가능성을 보여주고 있다고 해야 할 것이다.

≪자동차 라이트(불빛)≫

꿈해몽은 반대가 아닌 상징의 이해에 있다. 라이트(불빛)가 밝게 빛나는 꿈일수록 좋은 결과로 실현된다. 꿈속의 자동차(기차)는 실제의 자동차(기차) 이외에 협조기관, 권력기관, 단체 세력, 회사, 사업체, 일의 방도 등을 상징하고 있다. 이때, 라이트 불빛이 강할수록 영향력이 강력함을 상징적으로 보여주고 있다.

① 기차(자동차)의 헤드라이트가 자신을 비추는 꿈

어느 기관이나 단체에서 자기 일을 빛내 주거나 기용할 일이 생긴다.

② 헤드라이트가 환히 비치는 차(기차)를 타고 터널 속을 질주하는 꿈

사업이 거침없이 뻗어 나가게 되거나, 자신의 진행하는 일이 호평 속에 진행

9 문명의 이기(利器)

된다. 직장에서 승진을 거듭하는 일로도 이루어진다.

③ 운행 중인 자동차의 라이트(불빛)가 희미하거나 꺼진 꿈

사업 진행에 어려움을 겪게 되며, 진행하던 일이나 계획한 일 등이 중단할 처지에 놓이게 된다.

≪기차(지하철)≫

기차(지하철)는 대형 기관, 회사·단체를 상징하고 있다. 이 경우에 크고 깨끗하고 밝은 열차가 좋다. 기차(전철)나 지하철 안이 지저분하거나, 불이 꺼지고 매우 어두운 꿈은 매사가 중도에 좌절되고 어려움을 당하거나, 사고·실패 등으로 이루어진다.

(1) 기차(지하철) 꿈해몽 요약

① 기차가 달리는 꿈

거대 기관이나 단체, 조직체의 운영, 회사의 경영 등이 순조롭게 진행됨을 뜻한다.

② 기차를 타지 못하는 꿈

큰 규모의 단체나 회사·학교 등의 취직이나 입학시험에 탈락하게 된다. 이 밖에도 청탁의 좌절, 현상 응모에서 탈락하는 등 자신의 뜻대로 이루어지지 않게 된다. 지하철에 편안히 앉아 타고 가는 꿈으로, 일처리가 순조롭게 진행된 사례가 있다.

③ 기차에서 도중에 내리는 꿈

목적지에 도달하기 전에 내리는 꿈은 사업이나 일거리·대상에서 계획한 일이 중단된다. 연인과의 사이에 애정에 파탄이 나는 일로도 실현된다.

④ 사고나 고장으로 기차가 멈추는 꿈

대형 국책 기관이나 공장 등에 사고나 장애로 인하여 정상 운영이 중단되게 된다. 이 밖에도 계약이나 결혼·학업 등이 좌절되며, 사업의 진행이 중단되거나, 계획한 일이 순조롭게 진행되지 않게 된다.

⑤ 기차가 전복되거나 폭파되는 꿈

기차로 상징된 거대 권력기관·회사·사회단체가 해체되거나, 기능이 마비된다.

⑥ 기차가 하늘을 나는 꿈

거대 기관이나 단체의 사업이 일사천리로 활발하게 이루어지며, 사람들의 관심을 불러일으키게 된다.

⑦ 출발(시작)을 기다리는 꿈

대기실에 앉아 출발 시간을 기다리면, 사업·전근·계획한 일이 상당한 기간 동안 어느 기관이나 회사에 보류되거나 기다리게 된다.

⑧ 검은 화차가 달리는 꿈

검은 화차로 상징된 사회의 불순 세력이나 단체, 범죄 집단 등이 횡행하는 일로 실현된다.

⑨ 차(기차)에 치여 죽는 꿈

기차(자동차)에 치여 죽는 꿈은 사실적인 꿈의 경우 꿈대로 이루어진다. 하지만 이 경우는 단, 1%의 실현율이며, 대부분의 상징적인 꿈에서는 새로운 탄생이나 변화의 길로 나아간다.

⑩ 철로·역에 관한 꿈

철로는 정치노선, 사업노선, 사업기반이나 일의 과정 및 난관, 기성관념 등 기차의 운행 여부와 관계해서 상징 표현된다. 역 또는 플랫폼은 어느 기관이나 중개소·대기소·사업의 시초와 결말 등의 일과 관계한다.

⑪ 기차(지하철)의 승차권을 잃어버리는 꿈

우연히 발생한 사고로 인해 자격을 상실하고 심한 어려움을 겪게 되며, 회사의 프로젝트 등에 참여하지 못하게 된다.

⑫ 중요한 서류봉투를 지하철이나 버스에 두고 내려 당황한 꿈

사실적인 꿈인 경우에 실제 꿈속과 같이 실현되니, 주의해야 한다. 상징적으로 자신의 이권이나 아이디어 등이 다른 사람이나 기관에 넘어가게 되는 일로 실현된다.

⑬ 다른 기차(지하철)로 전철로 갈아타는 꿈

회사원의 경우에 부서의 이동으로 실현되며, 자영업자의 경우에 다른 사업을 벌이게 된다. 처한 여건에 따라, 사귀는 사람과 헤어지고 다른 사람을 만나게 되는 일로도 실현될 수 있다.

⑭ 기차(지하철)에서 남녀가 합석하는 꿈

기차로 상징된 어떠한 기관이나 단체에서 우연히 사람을 만나서 인연을 맺게되는 일로 가능하다.

(2) 기차 꿈의 실증사례 및 상담사례

① 기차를 타지 않은 꿈(실증사례) → 시험 낙방

기차를 타려고 역에 도착했는데 그때 시각이 10시 38분, 기차는 몇 시에 오느냐 물었더니 45분에 온다 하여 플랫폼으로 슬슬 걸어가고 있었습니다. 그리고는 기차가 눈앞에 오는데 아주 크고 깨끗한 새마을호였습니다. 옆에 어떤 남자가 뛰어오르는 것도 보았지만, 저는 그 기차를 타지 않았습니다.

이 꿈은 남편이 자격증 시험을 치르기 2일 전에 꾼 꿈입니다. '남편이 이번에 잘 안되겠구나' 생각하고 있었는데, 얼마 전에 결과가 역시 불합격으로 나왔네요.

② 기차에 타는 꿈(상담사례) → 취업

요즘 기차처럼 세련된 것은 아니고 옛날 80년대 후반 디젤엔진 기차쯤 되겠습니다. 타보니 맨 앞 기관실이었습니다. 앉을 자리가 없어 엉거주춤하고 있는데, 기관장인 거 같습니다. 저쪽으로 가면, 좀 편하다 그러더군요. 과연 다음 정차역에서 사람들이 꾸역꾸역 들어오는데, 내가 자리 잡은 자리는 안전했습니다. 그리고 가다 잠이 깼네요. 지금현재 실직이고, 67년 음력 2월 18일 밤 20시 출생입니다. 오늘 오전에 면접을 본 곳이 있습니다. 회사도 마음에 들고 꼭 일하고 싶은데, 가능할까요. 궁금합니다.---gtjung2, 2011. 08. 16.

필자가 보기에 100% 취업이다. 기차에 자신의 자리가 마련되는 꿈은 기차로 상징된 큰 기관이나 단체·회사에 취업하게 됨을 상징한다. 처음에는 자신의 맡은 업무가 임시직 정도의 있으나 마나 한 중요도가 떨어지는 부서이지만, 이어 정직원이 되는 일로 실현될 것이다. 또한 80년대 후반 디젤엔진 기차이니, 최신에 설립된 회사나 업종이라기보다는 이전부터 있었던 회사나 직종일 가능성이 높다. 또한, 꿈해몽에 있어 자세한 사주는 필요 없다. 대략적인 나이면 된다. 차라리 자신의 처한 상황이나 마음먹고 있는 바를 알려주는 것이 꿈해몽에 있어 절대적으로 필요한 것이다.

≪자전거, 오토바이≫

상징적인 미래 예지의 꿈에서 자전거(오토바이)를 타는 것은 개인적인 일이나 개인적인 역량이 발휘되는 작품이나 능력을 소유함을 뜻한다. 자동차나 트럭을 운전하는 꿈이 회사나 커다란 사업체를 운영하는 것을 예지한다면, 자전거나 오토바이를 타는 꿈은 소규모의 구멍가게 등의 자그마한 일의 진행을 뜻한다.

① 아름답고 풍요로운 길을 신 나게 달리는 꿈

여유로운 여건에서 순조로운 사업이 전개될 것임을 의미한다. 그러나 자전거를 서툴게 타는 꿈은 소규모 사업의 경영 등에서 운영의 잘못이 있게 되며, 자전거를 타고 경사진 곳을 오르는 꿈은 일의 진행에 있어 어려움이나 어려운 여건 중에 처하게 됨을 뜻한다.

② 뒤에 누군가를 태우고 달리는 꿈

어떠한 일거리나 대상의 진행에 있어, 동업하게 되거나 자신이 지도해야 하는 사람이 있음을 뜻한다.

③ 자신이 뒤에 타고 가는 꿈

자신이 책임지고 일을 진행한다기보다는 부차적인 일을 담당하게 됨을 뜻한다.

④ 자전거 비행기를 타고 허공으로 사라진 꿈(실증사례) → 주식 투자에서 실패

자기 집을 은행에 잡히고 융자를 받아서 증권에 투자할 정도로, 정신이 없었던 사람이 꾼 꿈이다. 자전거에 날개가 붙어 있는 자전거 비행기를 타고 공중을 날아다니면서, 한참을 즐기고 있었다. 그런데 공중에 너무 오래 있는 것 같아서, 이제는 내려가려고 하는데 내려가 지지가 않았다. 아무리 몸부림을 쳐봐도 내려가 지지가 않고, 점점 공중으로 올라가며 땅에 있는 모든 것이 아스라이 멀어지기만 했다. 자세히 보니까, 이상한 바람이 자신을 점점 허공으로 몰아가는 것이었다. 너무 놀라서 버둥거리다가 꿈을 깨었다. 그 후 북한에서 남한을 물로 쓸어버리려고 한다는 금강산 댐 사건이 발표되고 나서 증권이 곤두박질하더니, 행여나 행여나 하다가 결국은 어이없는 결과를 초래하고야 말았다.(글: 박성몽)

≪가마≫

요즈음 세상에 가마를 타고 다니지는 않지만, 꿈의 재료에서 옛날의 일을 보여주거나, 옛 물건 등이 등장할 수도 있다. 요즈음의 고급 승용차를 탄 꿈으로 여겨 해몽하면 좋을 것이다. 이러한 가마를 타는 꿈은 직위나 신분이 높아지게 되며, 많은 사람들이 뒤를 따르는 꿈은 자신이 귀한 명예와 영광을 얻는 귀한 존재가 됨을 뜻한다. 다만, 일반적으로 꽃가마를 타는 꿈이 귀한 신분이나 직위에 오르게 되는 일로 실현되지만, 화려한 꽃가마를 타고 가는 꿈이 죽음 예지로 실현된 사례가 있다.

옛 사례로, 임금이 타신 연(가마)이 집 대문 앞에 들어오는 꿈을 꾸고 나서, 마침 비가 오는데 자신의 집 대문간에서 비를 피하고 있는 능양군을 초대하여 맞이하게 되고, 인조반정으로 왕위에 오르게 된다.

≪인력거≫

인력거의 꿈 또한 꿈의 재료로 등장할 수 있는바, 인력거가 잘 달리는 꿈은 협조자의 도움으로 자신의 청탁한 일이 순조롭게 진행됨을 뜻한다. 그러나 인력거의 바퀴가 빠지거나, 험한 길이나 진흙 수렁 등으로 인하여 나아감에 어려움이 있는 꿈은 소규모 사업 진행 등에 있어 뜻대로 이루어지지 않게 된다.

≪마차, 손수레(리어카), 들것≫

마차는 협조자·협조기관·사업·중개업자 등을 상징하며, 회사라면 마부는 경영자, 말은 사업 분야나 업무를 수행하는 직원을 상징한다. 이 경우에, 인력거의 꿈해몽과 유사하다. 좋은 길을 시원하게 달리는 꿈이 사업이나 애정과 관련하여 좋은 꿈이다. 채찍을 들어 재촉하면서 마차를 모는 꿈은 자기 사업체에서 고용인을 부려 사업을 다급히 추진시킬 일이 생긴다. 또한 자신이 탄 마차가 여러 마리의 말이 끄는 말일수록 사업체의 기반이 튼튼하고 안정된 여건에서 운영됨을 뜻한다.

우마차나 손수레는 트럭과 동일한 상징의 뜻이 있지만, 규모가 작은 사업체나 방도·수단을 나타낸다. 우마차를 끄는 말과 소는 회사의 직원이나 고용인을 상징적으로 나타내주고 있다. 마차의 축이 부러진 꿈은 자신의 신세나 사업의 경영이 장차 어렵게 됨을 예지해주고 있다.

① 누군가 손수레에 과일을 실어다 놓는 꿈

누군가가 손수레에 청과물을 가득 실어다 놓는 꿈은 사업 성과와 재물을 얻게 되거나, 회사의 신입 사업을 대대적으로 채용하게 되는 일로 실현될 수 있다.

② 소와 짐을 실은 수레가 탁한 물에 빠지는 꿈

짐을 실은 소와 수레가 탁한 물에 빠졌다가 소만 기어 나오는 꿈은 소로 표상된 사업을 운영하던 사람이 사업에 실패하고 재기를 꾀하게 되는 일로 실현된다.

③ 들것에 관한 꿈

들것을 타고 가는 꿈은 협조자나 후원자 등의 도움을 받게 되는 일로 실현된다. 두 사람이 들것을 마주 잡고 있는 꿈은 협력하는 동업자 관계에 있게 되거나, 어떠한 책임을 함께 지게 되는 일로 이루어진다.

④ 손수레를 앞뒤에서 서로 다르게 미는 꿈(실증사례) → 동업 실패 예지

사업에 관한 꿈이다. 손수레에 짐을 가득 싣고 뒤로 밀려고 하는데, 도저히 뒤로 밀려가지를 않았다. 하도 이상해서 뒤를 돌아보니까 뒤에서도 어떤 사람이 손수레를 밀고 있는데, 그 사람은 앞으로 가려고 밀고 있었다. 이런 동업은 했다가는 출발부터 문제가 생긴다.(글: 박성몽)

⑤ 무거운 짐을 뒤에서 미는 꿈 → 사업 협조자의 도움으로 위기 모면

사업이 한창 어려울 때, 그야말로 기진맥진 되어 있을 때 어떤 분이 꾸었던 꿈이다. 산더미같이 무거운 짐을 지고 코가 땅에 닿을 정도로 엎드려 가면서, '갈 길은 아직도 먼데, 어떻게 하나'하고 걱정을 하다 보니까, 갑자기 등에 있는 짐이 하나도 무겁지 않고 아무것도 없는 것 같은 가벼움을 느끼게 되었다. 이상해서 살펴보니까, 누군가가 뒤에서 그 무거운 짐을 붙들고 밀어주는 손길이 있음을 발견하였다.

그분은 너무 힘들어서 그 사업을 그만둘까 했는데, 꿈을 꾸고 나서 행여나 하고 버티다 보니까, 꿈에서처럼 정말 뒤에서 밀어주는 사람이 나타나서 모든 것이 순조롭게 풀린 적이 있다.(글: 박성몽, 『꿈신비활용』)

⑥ 수레에 관한 민속 꿈

- 꿈에 수레를 타고 가면 길하다.

- 꿈에 수레를 타고 놀면 벼슬 록이 있다.
- 꿈에 수레에 실려서 일어나지 못하면 액이 많다.

≪탱크(전차)≫

탱크는 거대한 권위주의 권력기관이나 단체, 확고한 이념이나 사상, 강력한 외부적인 여건 등을 상징한다.

① 탱크가 돌진해 오는 꿈

억압적인 직장 상사가 압박을 가해오게 되거나, 거대 권력자가 자기를 통제 억제하고자 하는 일로 이루어진다. 폭력적이거나 억압적인 행위로 자신을 제압하는 일로 이루어진다. 학생인 경우에 엄격한 선생님의 지도로 꼼짝 못 하게 되는 일로 실현될 수 있다.

② 자신이 탱크를 타고 적진을 돌격하는 꿈

자신의 뜻을 강력하게 펼치는 일로 실현된다. 사업가의 경우에 외부적으로 유리한 여건이나, 강력한 후원자의 지원 아래, 과감하게 사업을 투자하는 일로 이루어진다. 정치가의 경우에 자신의 공약을 강력하게 실천하는 일로 이루어진다.

③ 탱크를 타고 총을 쏘고 죽이는 꿈

탱크를 탄 채 총을 쏘고 부수고 죽이는 꿈은 어떤 세력을 잡거나 기관을 통해서 마음껏 자기 능력을 행사하거나 과시할 일이 있게 된다.

④ 탱크가 위용 있게 나타난 꿈(실증사례) → 남성의 성기 상징

친구 여럿이 지방으로 여행을 떠났다가 돌아오는 길에, 한 친구가 간밤에 꾸었다고 한 꿈이야기였다. 큰 탱크의 포신이 언덕 위로 불쑥 올라오는 것이 보이더니, 탱크 모습 전체가 아주 위용 있게 눈앞에 드러났다. 그러나 사람은 전연 보이지 않았다.

그로부터 몇 주일 후 그 친구를 만나게 되어, 지난번에 꾼 꿈의 실현에 대해 확인했더니, 실은 여행에서 돌아오던 날, 그 열차 안에서 어떤 여인을 알게 되어 핑크빛 로맨스를 즐겼다고 실토를 해, 친구들이 아연실색을 하고 말았다. 탱크는 권세·위력 또는 힘을 과시하는 일이 있게 되며, 혹은 남성을 과시할 일이 있게 된다.(글: 운몽)

≪비행기≫

(1) 비행기 꿈의 개괄

비행기는 공공단체·세력기관·회사·기관·단체·사업체나, 소원충족·방도·공격 성향 등을 상징한다. 비행기를 타고 날아가는 꿈을 꾸었을 경우 생생하게 전개되는 미래투시적인 꿈이라면, 실제로 비행기를 탈 일이 있게 된다. 하지만 대부분의 상징적인 미래 예지 꿈에서는 비행기로 상징된 어떠한 커다란 기관·단체에 자신이 몸담게 되거나, 어떤 새로운 고급의 프로젝트나 일에 참여하는 일로 실현된다.

상징적으로 비행기를 타고 여행하는 꿈은 자동차보다는 규모가 크거나 여건이 좋은 직장생활이나 사업체의 운영 등의 일과 관계한다. 따라서 비행기를 타고 날아가다가 착륙하여 자동차를 타는 것으로 변한 꿈은 비행기로 상징된 커다란 회사나 국영 기업체에서 장차 어떤 전환기에 개인 기업체나 소규모 회사로 바뀌는 것을 뜻한다. 반면에 보다 나은 비행접시나 인공위성을 타고 날아다니는 꿈은 보다 고급기관에서 생활하게 되는 것을 예지한다.

상징적인 미래 예지 꿈이 아닌, 심리 표출의 꿈에서는 비행기를 타고 나는 꿈은 자유와 희망을 실현하고자 하는 소원을 나타내고 있다. 자기를 억누르고 있는 장애물을 제거하고, 마음껏 연애의 욕망을 충족시키고 싶어하는 개방감에의 동경심인 것이다. 비행기의 고도가 오르면 오를수록 그러한 동경심이 강하다는 것을 나타낸다.

(2) 비행기 꿈해몽 요약

① 비행기나 기타 기구를 타고 공중으로 오르는 꿈

처한 상황에 따라 좋은 일로 실현되는 좋은 꿈이다. 직장에서 승진되고, 증권 시세가 좋아지며, 정체된 사업이 활기를 띠게 된다. 학생의 경우 성적이 향상되는 일로 실현된다.

② 비행기를 타는 꿈

비행기로 상징된 거대 기관이나 단체에 참여하여 명예를 얻게 된다. 국가 원수의 전용기를 타는 꿈은 공무원인 경우에, 정부기관이나 고위층 간부급에 발탁되어 승진된다. 회사원인 경우에 사장의 신임을 받게 되어 어떠한 일을 추진하게 된다. 이 경우에 우방국 원수의 비행기를 타는 꿈은 계열회사의 사장에게 신임을 받게 되어 승진하게 된다.

③ 비행기를 타지 못하는 꿈

비행기로 상징된 고급의 회사·기관·단체에 참여하지 못하게 된다. 수험생의 경우라면 낙방이요, 회사원의 경우에는 고급의 프로젝트 진행에서 배제되거나, 심한 경우에 실직으로 실현되기도 한다.

④ 비행기가 추락하는 꿈

기관·단체·회사의 부도, 직위나 신분의 저하, 성취하고자 하는 일거리나 대상에서 실패와 좌절이 있게 된다.

⑤ 비행기들이 편대 비행하여 날아가는 꿈

비행기로 상징된 엄청난 지원이나 세력이 있게 됨을 뜻하며, 저자의 경우 출판사업 등에 성공을 거둔다.

⑥ 비행기 폭격으로 건물이 무너지는 꿈

비행기 폭격으로 상징된 강력한 외부의 영향력이나 세력에 의하여 구태의연한 기성세대·봉건사상, 고루한 학설 등을 타파할 일이 생긴다.

⑦ 자신이 비행기를 타고 폭격하는 꿈

비행기로 상징된 강력한 사상이나 영향력을 행사하여 개선하고 변혁하는 일을 추진하게 된다.

⑧ 적기를 격추하는 꿈

적대적이고 방해되는 대상이나 일거리를 제압하고, 자신의 뜻을 성취하게 된다.

⑨ 비행기가 새까맣게 이리저리 떠다니는 꿈

두통을 앓게 되거나 복잡한 일에 직면한다.

(3) 비행기 꿈의 실증사례

① 비행기에 타지 않은 꿈 → 실제 비행기 사고를 면하다.

황량한 벌판에서 비행기 계단을 13개 오르는데, 한 여성이 기분 나쁘게 우는 바람에 악을 쓰고 꿈에서 깨어난 사람이 다음 날 비행기를 타려고 하다가, 꿈속의 여성을 발견하고 타지 않아 비행기 추락 참사의 화를 면한 사례가 있다. 사실적인 미래투시 꿈의 요소가 담긴 꿈으로, 비행기가 나오는 꿈이 비행기와 관련지어 실현되고 있다. 이처럼 꿈해몽을 하는 데 있어서, 1차적으로 사실적인 꿈으로의 실현 가능성을 염두에 두어야 할 것이다.

② 비행기를 타는 꿈 → 직장을 그만두게 되다.

비행기를 타는 꿈을 두 번이나 꾸었는데, 직장을 그만두는 일로 실현된 사례가 있다. 이처럼 비행기 타는 꿈을 꾸고, 직장에 변동이 생겼다고 말하는 사람들이 있다. 일반적으로 비행기를 타는 꿈은 고급 기관 등에 몸담게 되는 좋은 꿈이다.

③ 비행기를 타고 하늘을 나는 꿈 → 복권 당첨

현실에서는 비행기를 타고 나는 꿈을 꾼 후에, 복권에 당첨되는 일로 실현되고 있다. 꿈의 실현은 꿈을 꾼 사람이 처한 상황과 관련지어져 현실에 나타난다. 입시생이 이러한 꿈을 꾸었다면 반드시 합격할 것이요, 승진을 눈앞에 두고 있는 사람이라면 승진으로 실현될 수도 있다. 또한 미래투시적인 꿈으로 본다면, 실제로 현실에서 자식들의 효도관광으로 인해 해외여행을 가게 되는 일로 실현될 수도 있다. 비행기를 어떤 회사나 기관의 상징으로 간주할 때, 그는 그 회사나 기관의 덕과 혜택을 입어 출세할 것을 예지한 꿈으로 볼 수 있다.

④ 비행기 표를 구하지 못한 꿈 → 회사 실직

나와 회사 사장님이 일본을 가는데 사장님 비행기 표는 구했는데, 내 것은 구할 수 없어 오전 내내 그 표를 구하느라 '아시아나'로 전화하는데, 옆의 사장님이 "야! 대한항공'이잖아" 해서, 내가 또 대한항공으로 전화를 하는 등 허둥지둥 하다가, 결국은 표를 확보하지 못하여 함께 출장을 갈 수가 없었다. 그때 또 보니, 내가 아예 비자발급조차 받아 놓지 않아서, 표가 있었다 하더라도 안되는 것이었다. 하여간 사장님 옆에서 굉장히 당황하며 허둥댔다.

이십여 일 뒤에 갑작스럽게 회사를 그만두는 일이 생겼다. 전혀 예상치 못했던 돌발상황이었다. 나는 아직도 그때 그 상황을 잘 이해하지 못한다.

⑤ 비행기가 추락하는 것을 보는 꿈 → 주연배우에서 탈락함

오래전의 꿈 사례이다.

"한 번은 꿈에 비행기를 보았다. 멀리서 날아오던 비행기가 갑자기 앞에 추락했다. 그 충격에 잠을 깼다. 그때 나는 영화 로케를 마치고 열차 편으로 상경하던 길이었다. 서울에 오자, 방송국에서 내정했던 드라마 주연 자리가 다른 사람에게 넘어갔다.---김형자"

(4) 상담사례

① 비행기 추락 꿈 사례 → 함께 일을 추진하지 않게 되다.

일등석과 일반석을 망설이다 일반석을 타게 되었고, 비행기가 곧 이륙하게 되었습니다. 광활하게 펼쳐진 그랜드 캐니언을 지나, 아주 맑은 물에 수장된 도시를 보며 감탄을 연발하였지요. 그러다 숲 바로 위에서 저공 비행하던 비행기가 기류를 잘못 만나 두 동 강 나게 되었고, 저는 벨트를 단단히 매고 있던 터이라, 뒤로 떨어져 나갔는데도 털끝 하나도 다치지 않았습니다. 제가 벨트를 풀고 나오자마자 엔진 부위가 폭발하였고, 다 행히도 안에 탄 사람들은 모두 빠져나와 목숨을 건졌죠. 그 모습을 담아두려 카메라로 찍으려 했는데, 카메라가 작동을 하지 않더군요. 그래서 다른 생존자분이 몇몇 분과 기 념사진을 찍고 계시길래, 같이 찍고 난 후, 구조대가 와 구출되었습니다.

상징적인 꿈에서 비행기는 어떠한 기관, 업체, 회사, 사업장 등을 의미할 수 있습니다. 그리고 일등석이 아닌 일반석에 탑승한 표상은 어떠한 사업이나 일을 준비함에 있어 주축이나 임원 등이 아닌, 평직원이나 낮은 지위에서 일에 임하게 될 것으로 추정이 가능합니다. 그런데 그러한 비행기가 추락하는 것은 몰락·좌 절·실패 등의 표상으로, 비행기에 상징되는 기관·회사나 일거리·대상 등이 몰락 하거나 실패로 나타날 수 있겠네요.---후략--

어제 사이트에 해몽 상담을 의뢰해서, 답변을 받고 나서 3시간 뒤에 임원으로 같이 일 해 달라는 전화를 받았습니다. 정말 신기했죠. 원래 개인 사업을 준비하려다 받은 연락 이라 갈등이 없잖아 있었지만, 근무조건과 임금이 맞지 않아 거절했습니다.---포로리, 2008. 07. 05.

이 경우, 비행기가 어떠한 회사의 상징이라면, 비행기가 두 조각이 난 꿈은 그 회사가 어려움에 처하게 될 것을 예지하는 꿈도 가능하다.

② 외국(베트남) 대통령과 비행기를 같이 탄 꿈 → 진급 또는 영전을 예지

오래전의 사례이다. 회사원 홍영표 씨의 꿈이다. 높은 산골짜기에서부터 중 턱까지 사면이 벼가 누렇게 익었고, 중턱에서 산 정상까지 흰 메밀꽃이 만발해서 장관을 이루었다. 장면이 바뀌어 외국 대통령이 타고 온 비행기를 내가 같이 타 자고 청했더니, 그는 "영어를 할 줄 아느냐?"고 묻기에 안다고 대답했다. 그는 나 를 비행기에 태우고 같이 떠났다.

이 꿈은 미래와 현실에서 진급이 되고, 딴 직장으로 영전할 것을 예지한 꿈이다. 높은 산은 국가나 사회적인 기관, 그 계급, 희망의 대상, 기타를 상징하고 있고, 계곡이 인상적이었음은 쌍벽을 이루는 두 개의 사회계급에 관여할 일이 있기 때문이다. 외국 대통령은 우리의 우방 대통령으로서, 현직 상관과 자매결연을 한 어떤 다른 기관장을 뜻한 것이며, 비행기를 타기를 원했음은 그가 이끄는 사업체로 전직하기를 희망하는 것이다. 그 소원이 이루어져 같이 타고 출발했으니 그의 업무나 정책을 좌우에서 거들게 될 것이다. 영어를 할 줄 아느냐고 물은 것은 어떤 특기를 심의 과정에 올릴 일이 있게 된다.(글: 한건덕)

≪배(船)≫

배는 기관·사업체·단체·회사·가정, 연락기관, 운반수단, 방도를 상징한다. 나룻배나 보트 등은 소규모 사업이나 구멍가게 등을 나타내며, 반면에 거대 여객선이나 군함 등은 큰 회사나 국가 공공기관 등을 상징한다.

① 배에 타는 꿈

단체나 기관·회사의 일원으로 어떤 프로젝트 등 사업 운영에 참여하게 된다. 이 경우에 타고자 했으나 탈 수 없었던 꿈은 실직이나 낙방 등으로 실현되며, 자신의 권리나 이권을 얻지 못하게 되는 일로 실현된다. 그러나 처한 상황에 따라, 안 좋게는 배를 타는 꿈이 죽음 예지의 꿈으로 실현될 수도 있다. 이 경우에 나룻배 등을 타고 누군가와 함께 강을 건너는 것으로 자주 등장하고 있다.

② 배가 가라앉는 꿈

일반적으로 안 좋은 표상이다. 비행기의 추락과 상징적 의미가 통한다. 사업의 부도, 학문 연구의 중단, 신체의 이상으로 인한 질병 등 실패와 좌절로 이루어진다.

③ 배가 수평선 너머로 사라지는 꿈

사업성과가 언제 이루어질지 모르며, 외국에 가게 되는 일로 실현되기도 한다.

④ 배가(기선이) 항구에서 출발하는 꿈

사업의 시작, 입학이나 입대, 저서의 출판 등의 일이 시작된다.

⑤ 나룻배나 보트의 노를 저어 가는 꿈

가정생활이나 소규모 사업을 잘 이끌어 가게 된다.

⑥ 아무도 없는 배에 혼자 타고 떠내려가는 꿈

회사 등이 어려움에 처해 수습하는 사람이 없게 되어 곤경에 빠지게 된다. 배가 자신의 신체 상징인 경우에, 질병 등으로 인하여 고통을 겪게 된다.

⑦ 배에 구조되는 꿈

어떠한 협조기관이나 협조자나 후원자의 도움으로 어려운 여건에서 벗어나게 된다. 질병이 있는 사람이었다면, 회복되게 된다.

⑧ 파선되어 다른 배에 구조되는 꿈

자신이 탄 배가 파선되어 다른 배에 구조되는 꿈은 다행스러운 꿈이다. 회사의 실직 등에서 새로운 직장을 구하게 되거나, 사업이 부도상태에서 새롭게 재기하게 되거나, 이혼이나 파혼 상태에서 새로운 사람을 만나게 되는 일로 실현된다.

⑨ 뱃길에 물이 말라 나아갈 수 없는 꿈

사업의 진행이나 학문의 연구, 저서의 집필 등이 어려운 여건에 처하게 된다.

⑩ 연인과 보트를 타는 꿈

길몽이다. 기분 좋은 데이트·성행위나 어떤 일의 성취 과정, 연인으로 상징된 협조적이고 마음이 맞는 사람과의 사업 진행이나, 회담 등을 하게 된다.

⑪ 배 안에서 음식을 먹는 꿈

배 안에서 음식을 먹는 꿈은 어떤 기관이나 회사·단체 등에서 책임을 맡게 된다.

⑫ 배가 하늘을 나는 꿈

회사·사업의 번창을 상징한다. 그러나 이 경우에 배가 거꾸로 나는 꿈은 파업이나 시위가 있게 된다.

⑬ 요트나 조정 경기를 하는 꿈

사업·학업·경쟁 등에서 승부를 겨룰 일이 있게 됨을 상징한다. 이 경우에 이기는 꿈이 절대적으로 좋은 꿈이다.

⑭ 화물선이나 유조선의 꿈

실려진 화물이나 기름은 재물이나 이권을 뜻하며, 부두에 닿으면 이득을 얻게 된다. 반면에 먼바다로 나아가는 꿈은 자신으로부터 멀어짐을 뜻한다.

⑮ 배[군함]에 관한 꿈

군함은 거대 권력기관·정당·사회단체·회사·공장 등을 상징한다. 자신의 배가 적함을 침몰시키는 꿈은 경쟁적인 회사나 단체를 물리치게 된다. 학자의 경우에 다른 사람의 학설을 제압하고 보다 새로운 학설로 인정받게 된다.

3) 편지[전문[전보], 전화, 휴대폰[핸드폰]), 전기기기[전선·전주[電柱], 안테나, 라디오, 텔레비전, 컴퓨터, 부채·선풍기, 에어컨, 냉장고)

≪편지≫

편지는 통지서·명령서·입장권·여권·소개장·보증서 등을 상징한다. 편지에 관한 꿈은 소식이나 일의 결과를 암시하는 것으로, 사람과의 교섭을 나타낸다.

① 편지를 부치는 꿈

우편함이나 우체국에 편지를 부치면, 어떤 기관에 소청할 일이 있고 그 소원은 이루어진다.

② 편지를 받는 꿈

편지를 받는 꿈은 어떠한 기관이나 단체에 자신을 알리게 된다. 연애편지를 받으면 사업이나 작품 관계 일을 교섭해 올 어떤 기별이 온다. 사실적 미래투시의 꿈에서는 실제의 연애편지를 받을 수도 있다. 스승이나 선배로부터 편지를 받는 꿈은 직장에서 진급하거나 기쁜 소식을 듣게 되며, 좋은 일로 실현된다.

③ 편지 봉투를 읽을 수 없었던 꿈(실증사례)

발신인의 주소를 읽어 가는 동안 아래쪽이 희미해져서 읽을 수 없었던 꿈은 장차 발신인의 주소가 변경될 것을 예지한 꿈이었다.

④ 편지 봉투 안에 수표가 들어 있던 꿈(실증사례)

주소불명의 부전지가 붙어 되돌아오는 일로 실현되었다.

⑤ 봉투에 푸른 도장이 찍혀 있던 꿈(실증사례)

돈을 부쳐온 등기우편으로 실현되었다.

⑥ 정신이상의 여성이 연애편지를 쓰는 꿈(실증사례)

저자의 경우 잡지사나 신문사에서 작품청탁을 해오는 일로 실현되었다.

⑦ 소포 한 개, 편지 세 장, 가마니 한 개를 본 꿈(실증사례)

꿈을 꾼 다음 날에, 소포와 편지 및 소포를 꾸린 종이를 받았다. 고(故) 한건덕 선생님의 체험사례이다.

≪전문(전보)≫

전보를 받는 꿈은 상징적인 꿈의 경우에, 대부분 호출장, 소집장, 일의 성사 여부, 입학, 취직 등의 통지서를 받는 일로 이루어진다. 사실적인 꿈인 경우에는 실제로 전보를 받기도 한다. 꿈속에서 받은 전문에 어떠한 내용이 적혀져 있는 경우에, 꿈의 상징 기법의 하나이기에 그대로 따르는 것이 절대적으로 좋다. 전문을 작성하는 꿈은 자기 사상이나 청원을 어떤 기관에 피력할 일이 있고, 전문을 제출하면 사업 신청서, 문서 청구, 항의문 제출 등의 일이 생긴다.

① 전문을 작성하는 꿈

자기 사상이나 청원을 어떤 기관에 피력할 일이 있고, 전문을 제출하면 사업 신청서, 문서 청구, 항의문 제출 등의 일이 생긴다.

② 전보를 받은 꿈(실증사례)

입시생 어머니의 꿈이다. 꿈에 전보를 받았는데, 내용을 확인해 보지 못하고 꿈을 깨어서 불안해하고 있었다. 대부분의 경우 꿈에 전보를 받은 것은 어떤 사인에 대한 기다림의 통보이다.(글: 박성몽)

≪전화≫

전화기는 중개인·중계기관·소식통·정체불명의 사람 등을 나타내는 표상이다. 꿈속에서 전화를 받는 사람은 실제로 어떠한 사람의 상징이거나, 또 하나의 자아일 수도 있다. 전화가 이상 없이 잘 되는 꿈은 애인이나 사람들과 관련해서, 원활한 소통을 상징한다. 이상이 있어 전화를 할 수 없는 꿈은 직장이나 회사 등에서 난관이나 어려움으로 인해 자신의 의견이 받아지지 않은 일로 실현될 수 있다.

① 전화로 상대방을 불러내는 꿈

어떤 사람이나 기관·회사에 청탁할 일이 생긴다. 이 경우에 상대방과 대화하는 대화 내용이 청탁·사건 등의 주요 골자가 된다. 또한 대화 내용이 불분명할 때에는 자문자답할 일이 생기고, 상대방의 대답이 없으면 일방적인 소청으로 끝난다.

② 일방적으로 상대방의 말소리만 들리는 꿈

상대방의 소식을 듣게 되거나, 지시나 명령에 복종할 일이 생긴다.

③ 공중전화 박스에 들어가 전화를 거는 꿈

공적인 기관이나 중계기관을 통해 상대방에게 청탁할 일이 생긴다. 전화가 고장이 나 있다든가, 자신이 잡을 수 없는 위치에 있었던 꿈은 사업청탁 등을 할 수 없게 된다.

④ 전화벨 소리를 듣는 꿈

외부로부터 뉴스거리나 새로운 소식이 전해 온다.

⑤ 전화가 통화되지 않아 짜증이 나고 초조해진 꿈

답답하고 불쾌한 일에 직면한다.

⑥ 전화기를 새로 설치하는 꿈

정신적 협력자·협력기관이 생기거나 좋은 방도가 생긴다.

⑦ 전화선을 가설하는 꿈

외부와의 선전이나 소통이 원활하게 이루어지게 된다. 기관 또는 사회적으로 사업이나 작품 관계 일이 이루어진다.

⑧ 전화불통의 꿈(실증사례) → 전화 고장, 소통이 되지 않음

조그마한 사무실 안에서 통화를 하려고 전화기를 들고 번호를 눌렀는데, 고장이 나서 영 통화를 할 수가 없었다. 같은 사무실 안에 있던 사람이 옆에서 점검해 주는 것 같았는데도 통화는 되지 않고 하여, 나는 마음속으로 '다음에 전화하지, 뭘' 하고는 대수롭지 않게 생각했다.

꿈꾼 당일 사무실에서 기술자인 내 친구와 나, 그리고 다른 회사의 기술자 3명이 서로 만나기로 약속을 하였었다. 그러나 만약 다른 회사의 기술자들이 사정이 여의치 못하여 오늘 못 오게 되면, 다음 주 수요일로 약속을 자동 연기할 것이라는 통보를 미리 받고 있던 터였다.

나는 꿈을 깨고 나서 '음, 오늘 다른 회사의 기술자들을 만나 보기는 틀렸구나' 하고 출근을 하였다. 그리고 그쪽으로부터 통보가 오기 전, 내가 먼저 확인해 봐야지' 하고 미리 전화를 해 보기로 작정했다.

수화기를 들었는데 방금 전까지 되던 전화가 고장이 나 있었다. 나는 속으로 '꿈대로 되어 가는구나' 생각하고 다른 전화로 연락을 취했는데, 이번에도 꿈대로 다음 수요일로 연기할 수밖에 없는 입장이라고 했다. 그런 후 나는 퇴근을 하게 되어 빈 택시를 손짓으로 불러 세웠는데, 이번에도 택시 기사는 나에게 알아차릴 수 없는 손짓을 하면서 지나쳐가고 말았다. 전화 고장, 약속 연기, 그리고 택시 기사와 의사소통이 되지 못한 것, 이 세 가지의 현실 체험을 꿈에서는 전화 불통의 한 장면으로 모두 복합적인 예지를 하고 있다는 점을 참고로 기억할 필요가 있다.(글: 운몽)

≪휴대폰(핸드폰)≫

휴대폰은 실제의 휴대폰 이외에, 소식통·중개인·중개기관 등을 의미한다. 또한 권리·재물, 일거리와 대상 등을 의미할 수 있다. 최근 다양한 기능의 스마트폰이 나오고 나서는 온종일 애지중지하는 학생을 비롯하여 일부 마니아들에게 있어, 자기 자신의 분신으로 상징되기도 한다. 수학여행 중에 물에 빠져 죽는 불길한 꿈을 꾼 학생은 다음 날 배 위에서 실수로 잘못하여, 바닷속에 스마트 폰을 빠뜨리는 일로 실현된 사례가 있다.

휴대폰을 사는 꿈이라면 자신의 정신적 물리적인 노력·정성을 기울여 새로운 소식통이나 어떠한 방도·협조책·권리 등을 얻게 된다. 이 경우, 고급의 휴대폰을 사서 좋아하는 꿈일수록 고귀한 가치가 부여된 재물이나 권리·능력 등을 소유하게 되는 것으로 의미한다. 하지만 기능이 떨어지는 휴대폰이나 중고 휴대폰을 받는 꿈은 자신의 기대나 소원 등에 못 미치는 소식을 받게 되거나, 권리나 재물·이권 등의 정도가 미흡하고, 불만·불쾌함 등을 체험하게 된다.

또한, 휴대폰은 소식통이나 연분 맺음 등 다양한 상징이 될 수 있다. 휴대폰이 망가지거나, 물에 빠져 잃어버리는 꿈은 휴대폰으로 상징되는 누군가와의 결별이나 연락처·협조자 등을 상실하게 되는 일로 이루어진다.

≪전선 및 전주(電柱)≫

전선은 소식·연락·소통·외부와의 연결 등을 상징한다. 따라서 자기 집에 전선을 가설하는 꿈은 회사·기관·단체의 거래처와의 사업 제휴 등이 이루어지게 되며, 전선이 끊어지는 꿈은 거래처와의 사업관계 등이 중단된다.

전주(電柱)는 소식·연락·광고·선전의 매개체로, 신문·잡지사 기타 언론기관을 상징한다. 따라서 전주를 새로 세우거나 자신의 소유로 하는 꿈은 자신의 사업이나 일거리·대상에 대해서, 어떠한 권리를 확보하게 되는 일로 실현된다. 저자나 언론사 관계자의 경우에, 전선주에 많은 새가 앉거나 날아다니는 꿈은 신문이나 잡지를 통해 많은 사람들의 기삿거리나 작품 발표 등이 있게 될 것을 예지해주고 있다.

≪안테나≫

안테나는 스파이나 연락자를 상징하며, 일거리·대상의 상징으로는 통신기관·중계수단·중계소 등을 상징한다. 즉, 어떠한 일이나 대상에 대한 감시 역할을 하는 사람이나, 부서·기관을 상징한다. 따라서 안테나가 웅장하고 높게 좋은 모양으로 세워져 있는 꿈은 자신이 외부의 어떤 대상에 대해서 영향력을 행사하고 감시하게 됨을 뜻한다. 이러한 안테나 장치가 파괴되거나 장애가 있게 되는 꿈은 자신의 감독이나 연락 수단이 끊기게 되며, 외부의 일거리·대상의 진행에 있어 정보 수집 등에 지장을 받게 된다.

≪라디오≫

라디오는 중계기관이나, 중개인·소식통·전달자·대변자·교육자 등을 상징한다.

① 라디오를 통한 연설을 듣는 꿈

직장 윗 상사 등으로부터 훈시나 잔소리를 듣게 되는 일로 실현된다. 이 경우에, 뉴스를 듣는 꿈은 새로운 소식을 듣게 되는 일로 실현된다.

② 라디오를 새로 사오는 꿈

소식·연결이 이루어지게 된다. 어떤 기관에 청탁한 일이 잘 이루어지는 일로 실현되었다.

③ 라디오가 고장 난 꿈

사실적인 꿈에서는 실제로 라디오가 고장 나는 꿈으로 실현될 수 있다. 회사

내 방송시설의 고장 등으로 인하여 사원 교육이나 연수 등이 중단되게 되며, 상급 기관으로부터의 전달이나 지시 사항이 이루어지지 않게 된다.

④ 시끄러운 라디오 소리를 듣는 꿈(실증사례)

구설수 등 다툼이 있게 된다. 다음 날 제3자의 일로 말다툼을 하는 일로 실현되었다.

⑤ 라디오 등 소리가 나는 기계를 치운 꿈(실증사례) → 무용 실기시험에 음악이 나오지 않게 됨.

무용 실기시험을 앞두고, 돌아가신 할아버님이 집에 오셨는데, 집안에 있는 전화·TV·오디오·라디오 등 소리나는 것들을 모조리 갖고 나가는 꿈은 실기시험을 치를 때에, 음악이 나오는데, 갑작스럽게 테이프가 작동이 되지 않아 음악 없이 시험을 치르게 되는 일로 실현되었다.

≪텔레비전(TV)≫

텔레비전은 공보기관·책·영화관·광고·교육·연수 등과 관계된 상징물이다.

① 텔레비전을 새로 설치하는 꿈

어떤 기관·단체에 선전 및 광고할 기틀을 마련하게 된다. 극장에 가서 영화를 보게 되는 일로 실현되는 것도 가능하다.

② 텔레비전이 고장 난 꿈

사실적인 꿈에서는 실제로 텔레비전이 고장 나는 꿈으로 실현될 수 있다. 연수원 등에서 문제가 발생하여 직원들에게 교육훈련이나 연수를 할 수 없는 처지가 되며, 선전 및 광고를 할 수 없는 여건에 놓이게 된다.

③ 경품으로 텔레비전을 받는 꿈

좋은 텔레비전을 받는 꿈일수록, 재물이나 이권을 얻게 된다. 사실적인 꿈에서는 실제로 경품을 받는 일로 실현될 수 있다.

④ 텔레비전에 나온 사람의 얼굴이 희미한 꿈

꿈속의 인물이 교통사고나 질병 등으로 인하여 사망할 수 있으며, 신분이나 직위의 몰락을 보게 된다.

⑤ 텔레비전에 나온 사람이 멋있고 부귀로웠던 꿈

꿈속의 인물이 취직·승진·합격 등 성취감을 이루게 되며, 높은 직위와 명예를 얻게 된다.

⑥ 가족이 모여 앉아 텔레비전을 보는 꿈

가족으로 상징된 회사 직원이 단체로 연수를 받게 되거나, 교육받을 일이 있기도 한다.

≪컴퓨터≫

꿈의 상징에 있어 시대에 따라 꿈의 재료를 끌어오고 있다. 컴퓨터가 없던 옛날에는 컴퓨터에 관한 꿈이 나올 수 없었겠지만, 문명이 발달함에 따라 다양한 전자제품이 꿈속에 등장하고 있다. 이 경우에, 문명의 이기(利器)에 관계되는 모든 기계는 특성에 따른 상징적 의미를 지닌다. 예를 들어 전화의 상징성이 소통과 연결이라면, 컴퓨터는 생산·창조·흥미·오락 등 다양한 상징적 의미를 지닌다.

① 최신형의 컴퓨터로 작업을 하는 꿈

좋은 꿈이다. 능력이 뛰어난 협조자를 얻게 되어, 사업 성과를 내게 되거나, 만족할만한 여건에서 사업을 영위하게 된다.

② 컴퓨터가 고장 난 꿈

사실적인 꿈에서는 실제로 컴퓨터가 고장 나는 꿈으로 실현될 수 있다. 상징적인 예지적인 꿈의 입장에서는 안 좋은 꿈이다. 사람의 상징으로 등장한 경우에 자신을 도와주던 협조자나 부하를 잃게 되거나, 교통사고나 신체 이상으로 정상적인 생활이 불가능하게 된다. 일거리·대상의 상징이라면, 사업가의 경우에 공장의 기계가 멈추게 되며, 음악가의 경우에 자신의 악기가 고장 나는 일로 실현될 수 있다. 이 밖에도 처한 상황에 따라 자신이 소중히 여기는 물건이나 대상에서 문제가 발생하는 일로 실현된다.

③ 돌아가신 분이 나타나 컴퓨터를 주는 꿈(실증사례)

수험생의 경우로, 대입합격으로 실현된 사례가 있다. 그러나 일반인이 이러한 꿈을 꾸게 되면, 컴퓨터로 상징되는 재물이나 이권을 얻게 되는 일로 실현된다. 또한, 실현 가능성은 떨어지지만, 학생의 경우에 새로운 컴퓨터를 갖고 싶은 소망에서 이러한 꿈을 꿀 수도 있다.

≪부채·선풍기≫

부채나 선풍기는 바람을 불러일으키기에, 어떠한 일거리·대상의 선전이나 광고, 협조기관이나 사업의 방도 등을 상징한다. 이 경우에 있어, 처한 상황에 따라 자신에게 도움을 주는 인적 자원이 되기도 한다.

① 바람을 일으키는 도구를 사용하는 꿈

부채나 선풍기를 사용하는 꿈은 정신적·물질적인 일의 협조자나 협조기관이 생긴다.

② 부채를 부치는 꿈

부채는 협조자, 외부적인 지원세력 등을 상징하며, 좋은 부채의 꿈일수록 큰 성취를 이루어내게 된다. 부채가 소규모의 지원이라면, 선풍기의 꿈은 대규모의 지원을 상징한다.

② 부챗살이나 선풍기 날개가 부러져나간 꿈

흉몽이다. 사람의 상징인 경우에, 자신을 도와주는 사람을 잃게 되며, 신체의 이상으로 질병에 걸리게 된다. 일거리·대상의 상징인 경우에, 사업에 문제가 발생하여 막대한 손실을 보게 된다.

≪에어컨≫

문명의 이기(利器)에 관계되는 모든 사물은 온전한 상태로 있는 것이 좋다. 에어컨이 고장 나는 꿈은 에어컨으로 상징되는 공장이나, 사업장, 사업 분야, 가계의 운영에서 문제점이 발생하게 되어, 애를 먹게 되는 일로 실현된다. 또한 사람의 상징인 경우에, 신체에 이상이 있게 된다. 이 경우에도 에어컨이 바람의 순환을 일으키듯이, 신체의 내부 순환계와 관련된 질병을 가져올 수가 있다.

또한 경품에서 에어컨을 경품으로 받는 꿈은 좋다. 사실적인 꿈으로 실제 그러한 일로 이루어질 수도 있으며, 상징적인 꿈인 경우에 재물이나 이권을 얻게 되는 일로 실현된다.

≪냉장고≫

상징적으로 냉장고는 은행·보험회사·세무서·보건소·저장소 등 기관을 상징하며, 음식물로 상징된 이권이나 재물, 자신의 어떠한 일거리·대상 등이 확보되어 있음을 뜻한다. 음식물을 넣었다 꺼내는 것은 자기 일이 어떤 검사를 거쳐 회수되게 됨을 뜻한다. 예를 들어, 냉장고에 소주를 넣어두고 나중에 먹겠다고 생각한 꿈은 어떤 재물적 이익이나 회수에 있어 일정한 기간이 지나야 실현됨을 상징한다. 마찬가지로 탐스러운 과일이 냉장고에 가득한 꿈이라면, 과일로 상징된 업적이나 재물·권리 등을 얻게 되거나 좋은 일이 발생이 되어 만족함을 체험하게 된다. 이 경우 과일이 탐스럽게 익은 표상이라면, 소망하는 바가 성숙되어 이로 인해 만족함을 얻게 된다.

① 싱싱한 생선이나 고기가 냉장고에 가득한 꿈

생선이나 고기로 상징이 되는 정신적·물질적 자산이나, 사업성과·업적·재물·권리 등을 얻게 되는 일로 실현된다.

② 냉장고가 텅 비어 있는 꿈

은행계좌의 잔금이 없거나, 사업자금이 바닥나는 일로 실현된다.

③ 냉장고 안에 먹을 것을 발견한 꿈(실증사례) → 잊고 있었던 재물을 확보함

우리 집 냉장고 냉동실을 열어보니 음식물이 꽉 차진 않았는데, 한쪽 구석에 커피믹스가 들어있는 걸 발견했다. 커피를 꺼내서 보니 유통기한이 2002년으로 되어 있었고, 난 냉동고에 보관되어 있었으니 상하진 않았겠지?라고 생각하며, 그것을 먹으려고 몇 개를 꺼내놓고 냉장고 문을 닫으려 하니, 문이 완벽하게 닫히지 않다가, 조금 후에 문이 새로 달려서 완벽하게 문을 닫았던 꿈이었습니다.

커피 믹스의 2002년도와 관련된 것을 생각해보다가, 2002년도에 보험 계약했던 일이 생각이 나게 되어, 냉동실은 보험회사, 커피믹스는 보험회사에 들어간 돈을 상징하고 있음을 알았습니다. 또한 냉장실도 아닌 냉동실이라, 변하지 않고 이상 없이 잘 간직되어 온 것으로 생각했습니다. 그중 몇 개의 커피믹스를 먹으려고 꺼냈던 장면은 보험금을 타게 된 것으로 실현되었고요. 그리고 완벽하게 문을 잘 닫았듯이, 앞으로도 보험금이 새나가지 않고 잘 보관될 것으로 예상합니다.

저는 거의 매일 꿈을 꾸고, 꿈이 현실이 되고 하는 일을 자주 경험하는지라, 나름 혼자서 꿈해몽 방법을 연구해서 제 꿈만 혼자서 해몽하는 사람입니다. 체험담이 정말로 수도 없이 많지요. 거의 제 꿈은 반 상징적이나 투시적으로 나오는 경우가 많아서, 꿈의 상징성만 알아도 유추가 쉽게 될 수 있습니다. 그리고 스스로 해몽하는데 '홍순래 박사 꿈해몽'(http://984.oo.kr) 사이트가 많은 도움이 되고 있습니다. 그래서 감사의 말씀 전하고자 합니다.---사랑이, 2008. 07. 22.

4) 레이저, 로봇, 로켓, 비행선·비행접시

≪레이저≫

레이저는 강력한 빛으로, 강력한 영향력이나 수단 방법 등을 뜻한다. 레이저가 빛나면서 펼쳐지는 꿈은 교리나 사상·학문 등에 있어 영향력을 크게 떨치게 되거나, 강력한 법령이 시행됨을 뜻한다. 예를 들어, 신체 부위의 점이나 얼룩 등을 레이저로 파내는 꿈은 레이저로 상징된 강력한 협조자나 협조세력과 방도 등에 의해, 자신의 문제점이나 근심거리 등을 해소하는 일로 실현된다. 또한 자신이 산을 향해 레이저 광선을 쏘는 꿈은 산으로 상징된 거대한 기관이나 단체 회사에서, 자신의 영향력이나 의견 제시를 강력히 행사하는 일로 실현된다. 이때 쏜 광선이 강력하게 널리, 멀리 퍼질수록, 커다란 반향을 불러일으키는 일로 이루어진다.

≪로봇≫

꿈은 꿈을 꾼 사람이 처한 상황이나 시대 현실에 맞추어 꿈의 재료를 활용하여 꿈으로 표출하고 있다. 아마도 옛날에는 로봇·인공위성·외계인 등이 꿈속에 등장하지 않았을 것이다. 따라서 꿈속에 전개되는 로봇의 꿈은 그 꿈이 어떻게 진행되었는지 상징적 의미에 따라 꿈해몽이 달라진다.

예를 들어, 자신이 마징가 Z 같은 로봇이 되어 하늘을 나는 꿈은 자신이 그만큼 강력한 힘을 발휘하게 되어, 방해되는 여건에서 벗어나거나 높은 이상을 추진시키게 됨을 뜻한다. 로봇이 공격해 오는 꿈이라면, 로봇으로 상징된 원칙적이고 정서가 메마른 사람에게 압박받게 되는 일로 실현된다. 또한 이 경우에, 어떤 강력한 병마의 상징도 가능하다. 한편 어떠한 로봇이 자신이 시키는 대로 모든 일을 척척 해내는 꿈이라면, 그러한 사람을 직원이나 애인이나 친구로 얻게 되어, 모든 일을 순조롭게 처리해내는 일로 이루어지게 될 것이다.

≪로켓≫

상징적인 꿈에서 로켓은 어떠한 기관, 사업체, 사업장, 회사나 자신의 일, 소원충족의 방도, 협조기관 등을 상징하고 있다. 로켓이 발사되는 광경이 꿈속에 재현되는 것은 어떤 단체, 사업, 연구기관 등의 출범을 상징한다. 자신이 로켓을 타고 날아가는 꿈이라면, 강력한 협조자나 기관의 도움으로 위세를 떨치게 된다. 로켓이 날아오르는 꿈은 어떤 기관이나 단체·세력이 기세를 떨치게 되는 것을 보게 된다. 이 경우 어떠한 물체를 파괴하는 꿈이라면, 강력한 세력과 영향권으로 상대방을 무력화하고 제압하는 일로 실현된다.

≪비행선·비행접시≫

① 비행선을 타고 날아오르는 꿈

취업이나 합격, 직장에서의 승진 등 자신의 성취를 이루게 된다. 또한, 현실에서 여러 가지 심리적인 압박을 받는 경우에, 벗어나고 싶은 강렬한 심리적인 욕구에서 이러한 꿈을 꿀 수도 있다.

② 비행선이 날아가는 꿈

사회적인 주목을 받는 어떠한 일이나 대상에 대하여 관심을 지니게 된다. 종이로 만든 큰 비행선이 윙 소리를 내며 날아가거나, 종이 비행선이 폭음과 함께 공중으로 날아가면, 저자의 경우에 자신의 감동적인 작품이 지상에 광고됨을 예지한다.

③ 비행접시의 꿈

비행접시는 비행기에 준하여 해몽할 수 있으며, 보다 고급 일거리나 대상을 상징한다. 일반적으로는 비행접시로 상징된 새로운 거대한 권력 기관이나 회사·단체의 활약을 보게 되는 일로 실현된다.

5) 기타 문명(숫자, 글씨[글자], 명함, 도장[인장]·직인·관인, 이름, 복권을 사는 꿈, 상품권, 영수증, 문서, 계약서, 달력·책력, 지도, 신분증·면허증·학생증·공무원증, 통지서·영장·진찰권, 표·차표·기차표·여행증·상표, 신문기사)

≪숫자≫

⑴ 꿈속의 숫자는 로또(복권) 번호와 관련이 있을 수 있다.

꿈속에 나타나는 숫자는 사실적인 경우와 상징적인 의미를 지니고 있다. 사실적인 꿈인 경우에는 단순하게는 꿈속의 숫자 그대로 현실에서 일어나고 있다. 다만, 바로 나타나는 것이 아닌, 한 달 뒤에 나타나기도 한다. 따라서 꿈속에서 로또 번호 등이 떠오르는 꿈을 꾸었을 때, 이루어질 때까지 꾸준하게 시도해보는 것이 좋다. 이렇게 꿈속에 나타난 숫자가 로또나 연금 복권의 번호로 실현된 많은 사례가 있기에, 꿈속에서 어떠한 숫자가 나타난 경우에 유의할 필요가 있다.

① 포켓볼 당구공 다섯 개 숫자를 본 꿈

　　4년 전의 토요일 오후. 한 주일의 피로가 쌓여 낮잠을 자는데, 발치에 포켓볼 당구공 여섯 개가 우르르 탕탕 떨어지더군요. 보니 숫자가 적혀 있더랍니다. 근시안인 탓에(실제로도 꿈에서도) 집중을 하고 보는데, 네 개는 정확히 봤고 하나는 대충 그 숫자겠거니 보이고, 하나는 뒤집어져 안보이더라고요. 꿈에서 깨고는 로또를 사러 갈까 말까 하다 몸이 천근만근이어서, '에이, 낮 꿈이 개꿈이겠지' 하고 넘겼답니다. 그러다 저녁에 추첨방송을 보게 되었죠. 이런 제길, 그 숫자들이 또르르 또르르 굴러떨어지는 겁니다. 어렴풋했던 숫자까지요. 뒤집어져 못 봤던 숫자는 역시 뭔지 모르니, 다섯 개는 맞출 수 있는 거였는데, 얼마나 미련이 남던지 말입니다.---엄지공주(경기), 2012. 08. 23.

② 꿈속 숫자와 일치한 1등 당첨번호 → 미래투시

　　서울 신림동의 회사원 정모(48) 씨는 정확히 그 꿈속의 번호를 아직도 기억하고 있다. "1, 9, 5, 4, 네 번호만이 허공에서 둥둥 떠다니는 거였어요. 사람도 사물도 아무것도 없이 번호만이 시야에 들어왔어요."

　　정씨도 그런 꿈은 처음 접해본지라 신기할 따름이었다. 다음 날 아침, 잠에서 깨서도 숫자가 머릿속에서 떠나지 않으니 더욱 묘한 일이었다. 가만히 있기에는 꿈이 심상치 않았다. 평상시에도 자주 복권을 사는 정씨. 숫자와 관련된 것은 복권밖에 없다고 생각,

즉시 가판대로 달려가 한 뭉텅이의 복권을 손에 들고 왔다. 처음에는 장난스러운 마음도 없지 않았지만, 시간이 흐를수록 당첨에 대한 기대치가 점점 높아져만 갔다.

그 기대치가 헛것이 아닌 1억 원 당첨복권으로 현실화됐을 때, 정씨는 믿을 수 없었다. 1억 원에 당첨된 사실도 그렇지만, 더더욱 입을 다물 수가 없었던 것은 당첨번호를 확인하고 나서다. 꿈속에 나타난 숫자가 모두 들어가 있었던 것이다.

"나이가 들면 꿈이 어느 정도 미래를 예측해준다고는 하지만 이 정도까지 맞아 떨어지리라고는 상상도 못 했죠. 섬뜩할 정도였어요."---『복권세계』

일반적으로 꿈꾸고 나서, 지난밤 꿈 내용을 억지로 기억해 낼 필요는 없다. 꿈을 꾸게 하는 주체인 우리 인간의 정신능력이, 본인에게 있어 중대한 일이 일어날 것임을 예지해주는 꿈의 경우에는, 자동으로 아주 생생하게 기억나게 해주고 있다. 예를 들어 태몽의 경우에는 아주 생생하게 기억되고 있으며, 심지어 20~30년이 지나더라도 생생하게 기억되고 있을 정도이다. 그러나 잘 기억나지 않는 꿈이라고 하더라도, 아무런 의미가 없는 것은 아니다. 미래 예지가 아닌 사소한 심리 상태를 보여주는 경우도 있을 수 있으며, 미래 예지적인 꿈으로 현실에서 일어난다고 하더라도, 아주 사소한 일로 실현되기에, 굳이 꿈의 내용이나 예지에 온 신경을 기울일 필요가 없다는 것이다.

이러한 꿈의 예지력은 나이가 들고 안 들고가 아니라, 유전적인 요인과 밀접한 관련을 맺고 있으며, 그 사람의 타고난 정신능력이 활발한지 아닌지와 관련이 있다. 다만, 본디 꿈을 안 꾸던 사람도 자신의 관심도나, 어떠한 일이 계기가 되어 꿈을 꾸게 되는 일이 있다. 어느 주부의 사례로 평생 꿈을 안 꾸었는데, 몇 년 전부터 꿈을 꾸게 되고, 그것이 현실에서 놀랍도록 맞아떨어진다고 말하면서 상담을 신청해온 일이 있었다.

필자의 아내 또한 마찬가지이다. 이전에 처녀 시절이나 결혼 초에는 꿈의 세계에 대해서 무관심으로 지냈지만, 남편이 꿈 연구를 한다고 하니까, 자기 암시적으로 '꿈에는 무언가 있는 것이로구나.' 믿게 되고, 그러다 보니 꿈을 꾸게 되고, 꿈의 예지력에 있어 필자도 놀랄 정도로 정확성을 보여주고 있다.

이처럼 꿈의 예지는 연령의 차이뿐만 아니라, 성별의 차이, 나아가 많이 배우고 못 배운 학력의 고하를 구분하지 않고 이루어지고 있다. 어린아이가 꾼 꿈도 예지력에 있어서는 성인과 별 차이가 없다. 사례로, 아침에 일어난 5살 난 딸아이가 "어젯밤 돼지가 집에 들어왔는데 못 보았어?"라고 말하는 꿈이야기를 듣고 호기심에 구입한 복권이 당첨된 사례가 있다. 또한 일반적으로 여성이 남성보다 꿈에 대한 관심이 높지만, 이는 꿈의 예지능력이 남성보다 뛰어나다는 말은 아니다. 꿈의 세계에 대하여 보다 적극적으로 관심을 보여주고 있을 뿐인 것이다.

덧붙이자면, 꿈꾼 시간이나 장소도 크게 중요하지 않다. 새벽녘에 꾸었건, 낮잠을 자다 꾸었건, 잠깐 졸다가 꾸었건 중요하지 않다. 마찬가지로 호텔에서 꿈을 꾸었건 길가에서 몸을 드러내놓고 노숙(露宿)하다가 꾼 꿈이건 간에, 중요한 것은 꿈이 얼마나 생생하냐에 달린 것이다.

신문 기사나 뉴스 보도에서 흔히 쓰이는 육하원칙인 '누가(who), 무엇을(what), 언제(when), 어디서(where), 왜(why), 어떻게(how)'를 꿈의 세계에 그대로 적용해볼 때, 가장 중요한 것은 '꿈이 생생하냐 생생하지 않으냐'의 '어떻게(how) 꾸었느냐'가 가장 중요하다고 하겠다. 참고로, '왜(why) 꿈을 꾸게 되었는가?'에 대한 것은 장차 자신이나 자신의 주변사에 대한 미래 예지 및 위험의 일깨움, 심리 표출 등 꿈의 세계는 다양하게 전개되고 있다고 하겠다.

③ 꿈에서 본 숫자를 조합하여 로또 당첨

서울에 사는 L모 양(가명)은 꿈에서 본 5개의 번호와 남자친구가 선택한 1개의 번호를 조합해 번호를 선택했다. 결과는 제26회 로또 추첨에서 2등 2개, 3등 1개, 4등 2개 등 5장이 당첨되는 일로 실현되었다. 5게임(1만 원)을 구입하여 선택한 총 30개의 번호 중 27개를 적중시켜 번호 적중률이 90%에 이른다.(2등 보너스 숫자 포함).

이처럼 꿈속에서 어떠한 숫자를 보는 경우, 그러한 숫자를 사용하여 로또번호를 꾸준하게 선택해보시기 바란다. 이렇게 꿈에서 본대로 이루어지는 계시적·사실적인 미래투시의 꿈으로 이루어질 수가 있다. 덧붙이자면, 자신에게 있어 로또 당첨 같은 엄청난 일의 예지는 오늘 꿈꾸고 내일 일어난다기보다는, 마음의 준비 기간을 충분히 거친 후에 일어나는 것이 일반적이다.

④ 꿈에 숫자(점수)를 보거나 듣는 꿈(로또복권) → 로또, 8주 전에 꾼 로또 당첨 꿈

'콘체르탄테'의 블로그(http://blog.naver.com/kim500tae9)에 올려져 있는 글을 전재하여 살펴본다. 꿈속에서 본 숫자가 두 달 뒤에 로또의 숫자로 나타난 체험담이다.

8주 전에 꾼 로또 당첨꿈에 관련된 얘기입니다. 로또 196회(2006년 9월 2일) 당첨 번호를 기억하십니까? 지금까지 가장 높은 수가 나왔던 196회 말입니다. 그때 당첨번호가 사람들이 엽기적이라고 말하는 35, 36, 37, 41, 44, 45였죠.

저는 그 추첨이 있기 며칠 전(8월 말) 꾼 꿈이야기를 하려고 합니다. 꿈에서 어떤 변호사가 나타나서 자기는 열심히 공부해서 45점이고, 또 다른 변호사 한 사람은 자기도 열심히 공부해서 40점이고, 저는 열심히 공부하지 않아서 12점밖에 안 된다고 했습니다.

저는 로또와 관련된 꿈이라고 생각하고 12, 40, 45번 그리고 세 사람이니까 3번. 이 네 가지 숫자로 세 개(12, 40, 45) 혹은 네 개(3, 12, 40, 45)를 고정수로 넣고 반자동으로 돌렸습니다. 간혹 숫자 두 개만 넣은 경우도 있었지만, 그렇게 하여 열대여섯 군데의 복권방에서 2~5장씩 40여장, 20여만 원어치를 구입했던 것으로 기억됩니다. 하지만 일부만 맞아서, 저는 '꿈에 본 번호가 반정도 밖에 맞지 않는구나'고 생각을 했죠. 그런데…… 어제 204회(2006년 10월 28일) 로또 당첨번호를 확인하고는 정말 놀랐습니다. 204회 당첨번호가 3, 12, 14, 35, 40, 45였습니다.

뭔가 번호들이 눈에 익었다 싶어, 196회 때 구입했던 낙첨된 로또 용지를 조회해봤습니다. 많이 놀랐습니다. 어젯밤에는 잠도 안 오더군요. 196회 때 구입한 로또번호 중 4, 5등 당첨되어 교환한 것 빼고, 남아있는 32장 낙첨된 용지를 가지고 204회 당첨번호로 조회를 해봤습니다.

그 결과 32장 160게임 중, 1등 : 1게임, 3등 : 8게임, 4등 : 76게임, 5등 : 62게임이었습니다. 꿈에 본 로또 당첨번호가 8주 후(꿈을 꾸고 정확히 두 달 후)에 나온 것입니다. 여덟 번 만에 그 번호가 나올 줄을 누가 알았겠습니까? 그렇다고 매주 복권을 20여만 원어치를 구입할 수도 없는 일이고, 어쨌든 살아가면서 이런 일도 있구나 하는 생각이 드네요.

이렇게 꿈속에서 어떠한 숫자가 나타나는 경우, 현실에서 그 숫자와 관련된 꿈의 실현이 일어났다고 알기까지는, 꾸준하게 꿈속에 나타난 숫자로 로또를 사보는 것도 좋은 방법이다. 또한 꿈속에서 아름답고 풍요로운 좋은 표상으로 전개되어, 자신이 좋은 꿈을 꾸었다고 생각된 경우에도 마찬가지이다. 현실에서 꿈으로 예지된 어떤 좋은 일이 일어나지 않은 한, 로또복권 당첨 등의 재물의 행운을 기대하면서, 무리하지 않게 1~2장씩이라도 지속해서 사보는 것이 좋다.

사실 상징적인 미래 예지 꿈의 경우에는 꿈의 예지대로 이루어지기에, 로또를 사지 않으려고 해도 우연히 구입하게 되거나 얻게 되어, 당첨되는 일로 이루어지고 있다. 여담으로, 낙지를 잡는 꿈을 꾸고 나서, 물이 너무 맑고 생생해서 로또를 샀는데, 아쉽게도 3등을 한 사례가 있다.

⑤ 숫자와 관련된 로또 대박꿈

대전의 한 주부가 꿈에서 본 번호를 조합해 만든 로또 60개 계좌가 모두 당첨됐다. 김 모(45, 여) 씨는 제52회 로또복권 추첨일 새벽, 옷을 곱게 차려입은 아주머니가 아이들의 나이를 알려주는 꿈을 꾼 뒤에, 집 근처 복권방에서 12만 원을 들여 로또 60개 계좌를 구입했다.

당시 꿈에 등장한 아주머니는 "아이가 2명 있는데 한 명은 4살이고 다른 한 명은 중학생"이라고 말했으며, 김 씨는 아이들 2명에서 2번, 4살에서 4번, 중학생의 나이인 14~16번 중 1~2개 숫자, 그날 날짜인 29번 등의 고정번호를 60개 계좌에 모두 표시하고, 나머지 숫자는 자동으로 표시토록 했다. 그날 오후 실시된 로또 공개추첨을 TV로 지켜보던 김 씨 가족은 번호가 하나씩 공개될 때마다, 벌어지는 입을 다물 수가 없었다.

행운의 숫자 6개가 2, 4, 15, 16, 20, 29번이었던 것이다. 이에 따라 김 씨는 5개 숫자를 맞힌 3등에 4개 계좌(계좌당 당첨금 388만 7천200원), 4개를 맞힌 4등에 40개 계좌(15만 원), 3개를 맞힌 5등 16개 계좌(1만 원) 등 60개 계좌가 모두 당첨되는 행운을 안았다.

꿈으로 로또복권의 번호를 예지해주는 유사한 사례를 유사한 사례를 앞선 글에서 살펴본 바 있다. 이처럼 옷을 곱게 차려입은 아주머니 등 꿈속에서 밝고 풍요로운 표상으로 전개되면서, 숫자와 관련되거나 연상되는 꿈이 꿔질 경우에, 다른 어떠한 좋은 일이 일어나기 전까지, 꿈에 나타난 숫자와 관련된 로또를 구입해보는 것도 바람직하다고 할 것이다. 하지만 반드시 로또 당첨으로 이루어지지만은 않는다. 대부분은 꿈속에 관련된 숫자와 연관 지어 실현되고 있다.

참고로 [edaily] 기사에서 발췌한 로또복권 당첨 분석 통계치에 따르면, 숫자 꿈이 7.2%를 차지하고 있다. 작년 한 해 로또복권 1등 당첨금을 지급한 250명의 당첨자를 대상으로 복권 구입과 관련해 설문 조사한 결과, 당첨자 250명 중 44%인 111명이 복권 당첨과 연관이 있는 꿈을 꿨고, 그 꿈 중에서는 돌아가신 부모 등 조상과 관련이 있는 꿈이 19.8%로 가장 많았다. 이외에 '돈'의 대명사인 돼지를 포함한 동물 꿈이 17.1%로 뒤를 이었고, 금이나 돈 등 재물 꿈(9%), 똥꿈(8.1%), 이

외에도 대통령과 악수를 했다는 등의 대통령 꿈(6.3%)과 복권에 당첨되는 꿈(4.5%)도 있었다.

⑥ 죽은 남편의 모습에서 숫자 '1'이 입체적으로 서서히 눈앞으로 다가오는 꿈 → 복권 당첨

찬스복권 제79회에서 1등 5천만 원(단식 1매)에 당첨된, 진해시에 거주하는 이 모 씨의 당첨 꿈 사례이다. 남편과 일찍 사별하고 세 남매를 키우며 힘들게 생활하던 이씨의 어느 날 꿈에, 멀리 남편의 모습에서 숫자 '1'이 입체적으로 서서히 눈앞으로 다가오는 꿈을 꾸었다. 잠에서 깨었지만 눈앞에 아른거리는 꿈속의 모습들이 복권을 사라고 말하는 것만 같아, 아침도 거르고 자주 찾는 복권 가게에서 찬스복권 5장을 구입하여, 그중 한 장이 집이 세 개 나란히 나온 그림으로 1등에 당첨되었다.

복권 당첨자 사례에서 조상 꿈으로 실현된 경우가 가장 많다. 하지만 대부분의 경우에 있어서, 조상이나 죽은 사람이 밝은 표정으로 좋은 모습으로 나타나거나, 어떠한 선물을 주고 가거나, 좋은 계시적인 말을 해주는 경우이다. 숫자 '1'이 입체적으로 서서히 눈앞으로 다가오는 꿈에서 좋은 일이 일어날 것임을 예지해 주고 있으며, 현실에서는 숫자와 관련지어 가장 실현 가능성이 높은 복권을 구입하여 당첨으로 실현되고 있다. 하지만 이 경우 반드시 복권 당첨 등으로 이루어지는 것만은 아니다. 커다란 경품 응모 행사에서 1등으로 당첨될 수도 있는 것이다. 이처럼 꿈은 꿈을 꾼 사람의 처한 상황에 따라 실현되고 있으며, 상징적인 미래 예지 꿈의 경우에는 꿈의 실현기간에 차이가 있을 뿐, 절대적으로 꿈의 예지대로 이루어지고 있다.

⑦ 돼지가 숫자를 일러준 꿈 → 복권에 낙첨

배경은 고등학교 시절이다. 체육 시간에 내가 좋아하던 여자애와 옥상에서 땡땡이를 치고 있었다. 그런데 갑자기 옥상 문을 누가 쾅쾅! 두드리는 것이다. "아, 땡땡이 치는 거 걸렸구나." 하고 있는데~, 웬 돼지 한 마리가 우리 앞으로 저벅저벅 걸어오는 것이 아닌가. 당황한 꿈속의 우리는 그냥 멀뚱히 쳐다볼 뿐이었다. 그런데 그 돼지가 갑자기 콧물로 메마른 시멘트에 숫자를 적는 것이 아닌가? 아직도 기억에 생생하다. 로또번호라는 것을 직감하고는, 꿈속에서 그 여자애와 함께 번호를 적어 나갔다. 꿈에서 깬 나는 바로 펜을 들고, 생생한 기억의 숫자 6개를 적어 놨다. 정말 이런 느낌은 없었지만, 진짜

로또가 될 거라는 큰 확신에 바로 로또방으로 향하였다. 하나하나 적어놓고, 이틀 뒤에 토요일 발표가 시작되었다. 하지만 이게 웬일인가? 내가 쓴 번호가 하나도 없는 것이다.

이게 어찌된 일일까. 분명히 돼지가 적어준 대로 다 기억하고, 그대로 로또를 찍었는데, 그냥 허탈한 마음에 '그렇지 개꿈이지' 하면서, 아무 생각 없이 하루를 보냈다. 그리고 그냥 혹시나 하는 마음에, 다시 번호를 맞춰보았는데, 다소 충격적인 사실을 알게 되었다. 그 돼지가 알려준 번호와 당첨번호 사이에는 1칸의 차이가 있는 것이었다.

예를 들어서 로또 당첨번호가 5, 10, 15, 20, 25, 30이라고 가정한다면, 돼지가 알려준 번호는 4, 9, 14, 19, 24, 29였던 것이었다. 하나씩만 밀려 써줬다면, 1등이었다는 정말 오싹한 꿈이었다.

⑧ 꿈속에서 숫자를 본 꿈

4년 전, 일요일 밤이었을 겁니다. 꿈을 꾸었는데, 어두운 밤하늘의 별이 가득했습니다. 정말 눈부실 만큼요. 그런데 갑자기 별들이 숫자 모양의 형태를 이루더니, 숫자가 하나씩 나오고 다시 사라지고, 다른 숫자가 나오고 또 사라지고, 반복하는 거 아니겠습니까?

완벽하게 기억하지는 못했지만, 잠에서 깨어나서 저는 꿈에서 꾼 숫자를 기록하였고, 기록된 숫자는 '2, 3, 4, 5, 20, 8'이었습니다. 가족에게 이야기했습니다. 저는 그 주에 그 번호를 조합하여 로또를 샀습니다. 월요일에 바로 로또를 사고, 그냥 잊고 지냈는데, 토요일 저녁에 일을 보고 있었는데, 집에서 갑자기 다급한 전화가 왔습니다.

"야! 니 빨리 로또번호 확인해봐라! 그 숫자 나왔다."

저는 깜짝 놀라서 미친 듯이 집으로 뛰어갔습니다. 정말 심장이 쿵쾅쿵쾅. 집에 도착한 저는 로또 당첨 번호를 확인했는데, '2, 3, 4, 5, 20, 24' 제가 꿈을 꾼 번호와 한 자리만 다른 겁니다. 거기에다가 제 조합한 번호에 3×8 해서 24가 있었습니다. 저는 로또번호 조합할 때, 숫자와 숫자끼리 곱셈을 사용합니다.

두근거리는 심장을 진정시키고, 제가 산 로또 2만 원 어치의 번호를 보았습니다. 총 4장 중에 첫 번째 장 3등 2개 4등 3개, 두 번째 장 3등 1개 4등 2개, 세 번째 장 4등만 5개, 네 번째 장 3등 1개 5등 3개, 제길 그렇습니다. 1등은 커녕, 2등도 못 찍었습니다. 번호를 꿨는데도 말이죠. 가끔 로또 1등 5개 한 번에 당첨되는 사람들은 저처럼 꿈을 꾼 것 같습니다. 그렇지 않고서는 같은 번호를 5개 쓸 리가 없죠.

이렇게 해서 아쉬움을 달래고 한 주가 지났습니다. 전 정말 허탈감에 빠졌고, 저 자신을 비난했죠. '만 원어치만 더 조합해서 샀더라도, 네 인생이 달라졌을 거다. XX아!'

그런데 말이죠. 1주일이 지나고, 헐, 꿈을 또 꾸었네요? 전 제가 무슨 무당인 줄 알았습니다. 이번엔 꿈에서 아예 로또 당첨되는 꿈을 꿨습니다. 내용인즉, 꿈에서 로또 2등에 당첨이 됐는데, 당첨번호가 '2, 2, 2, 2, 2, 2, 2, 34' 그렇게 해서 2등 당첨금까지 받는 꿈을 꿨죠. 전 생각했습니다. '아! 저번에 놓쳤으니, 이번엔 꼭 당첨되어야겠다.' 그런데 로또는 숫자가 6개인데, 왜 8자리 숫자를 꿨지? '이걸 어떻게 조합해야 할지 모르겠네.'라고 생각하며, 또 로또를 샀죠.

그 주에 당첨번호가 뭐였는지 아세요? '2, 6, 8, 12, 14'이고 2등 보너스 숫자가 34. 전 그제야 깨달았죠. '아! 이래서 2가 7개였구나. 2×7 = 14. 거기에 2등 보너스 숫자가 정확히 34. 제가 이걸 맞췄을까요? 그건 말씀 안 해 드림.---타마, 2012. 08. 23.

(2) 꿈속에서 나타난 숫자의 상징적 의미대로 꿈이 실현되고 있다.

예를 들어, 이전의 사례이지만, 꿈속에서 LG 전자 우선주가 2천 원에서 5천 원으로 올라가는 꿈을 꾼 사람이 있었다. 현실에서는 1만원대에 주식을 매입해서 2만 5천 원대에 매도하는 일로 실현된바, 꿈속에 나타난 2천 원 → 5천 원의 상징적 의미대로 2.5배의 이익을 거두게 될 것을 예지해주는 꿈인 것이었다. 이 경우에, 꿈속에서 2천 원이 1만 원이 되는 꿈이었다면, 현실에서는 그 비율대로 5배의 이익을 거두는 현실로 실현되었을 것이다.

(3) 태몽 표상에서 등장하는 사물의 개수도 사실적 및 상징적인 의미를 지니고 있다.

열매 세 개를 따온 태몽이 세 아들을 두는 일로 이루어졌으며, 물고기 두 마리를 잡아온 태몽이 두 자녀를 두게 되는 일로 이루어졌다. 이 경우 한 자녀를 두었을 경우에는 두 사람의 능력을 지닌 인물이 될 것임을 뜻하기도 한다.

특이하게는 동물을 잡거나 열매를 가져온 숫자가 장차 태어날 아이의 차례를 뜻하기도 한다. 실증사례로, 황구렁이 3마리, 멧돼지 3마리 꿈을 꾼 사람은 사촌언니 두 명이 셋째를 임신한 것을 대신 꿔준 태몽으로 실현된 사례가 있다.

(4) 꿈속 숫자의 상징은 다양하게 전개되고 있다.

① 꿈속의 숫자가 사람의 숫자나, 금액이나, 일·월·년의 기간 등을 뜻하는 경우가 있다. 예를 들어, 한 성냥갑 속에 15개의 성냥개비가 들어 있는 꿈은 장차 15라는 숫자와 관련된 일로 실현된다. 15명의 사람과 관련을 맺게 되거나, 15만

원 150만 원 등 금액과 관련지어 일어나게 되거나, 15일 15개월이 경과한 후에야 일이 이루어지거나, 기다리는 사람을 만날 수 있음을 예지한다.

② 누군가로부터 숫자를 듣게 되거나, 공중이나 머릿속에 어떤 숫자가 나타날 경우에, 장차 그 숫자와 관련 있는 일로 사회적인 변혁이나 사건을 체험을 하게 된다. 실증사례로, 사람들이 구덩이에 78명이 매몰되었다는 꿈은 78명이 죽게 된 기차 사고를 예지하는 일로 실현되었다.

③ 꿈속의 숫자에서 연상되는 어떤 사물을 가리키거나, 숫자와 관련지어 해석을 요구할 경우도 있다. 예를 들어 234의 숫자는 23~24세의 처녀의 나이를 합성한 것으로 해석할 수 있다.

⑸ 꿈속에서 좋고 나쁘게 보는 숫자는 관습적 상징이나 현실에서도 유사한 상징적 의미를 띠고 전개되고 있다.

① 1의 숫자는 우승, 최고, 먼저, 한 번 등의 의미를 지닌다.

② 3의 숫자는 세 개나 셋째 자리, 삼각관계, 의견의 불일치, 삼류, 3장, 세 갈래 등의 뜻을 상징하고 있다. 또한 천지인(天地人) 삼재(三才)를 뜻하는 완전수로 쓰이기도 한다.

③ 4의 숫자는 사(死)로 죽음, 불길함의 상징이 되기도 한다.

④ 7의 숫자는 대체로 길한 일을 상징한다.

⑤ 10의 숫자는 만족·충만 등을 나타내며, 최고·정상·충족의 상징적 의미를 지닌다.

⑹ 계산, 암산의 꿈

계산을 하는 꿈은 사업 분야에서 성취 여부를 진단하거나, 사업성과를 분석하거나 상대편의 심리를 분석하는 등의 일과 상관한다. 암산하는 꿈은 다른 사람에게 들키지 않고 비밀리에 진행하는 일을 상징한다. 주판이나 계산기를 활용하는 꿈은 사업 진행에 있어, 협조자나 지원 세력의 도움을 얻게 됨을 뜻한다.

≪글씨(글자)≫

⑴ 글자의 상징

꿈속의 숫자와 마찬가지로, 꿈속에 나타난 어떠한 글자는 장차 일어날 일에 대하여 상징적으로 일깨워 주고 예지해주고 있다.

① 하늘에 붉은 피로, '북괴도발, 북괴남침'의 글자가 쓰여 있던 꿈

1974년 8. 15 경축 기념식장에서 문세광 저격 사건으로 인하여, 육영수 여사의 죽음을 예지한 사례이다.

② 침실의 커튼에 '姦(간사할 간)'자가 쓰여 있던 꿈

어떤 남자와 사랑에 빠져 결혼을 약속한 노처녀가 있었다. 어느 날 꿈속에서 침실의 커튼에 '姦(간사할 간)'자가 나타난바, 남자의 뒷조사를 해본 결과, 혼인을 빙자한 사기임을 알게 된 사례가 있다.

③ 하늘에 '청풍(淸風)'이란 두 글자가 쓰여 있던 꿈

하늘 또는 공간은 사회적 사업 기반을 뜻하므로, 사회적인 메시지 즉 국가와 사업체 등에서 널리 알리고 광고나 선전 또는 예언을 목적으로 표현한다. 청풍(淸風)의 뜻을 직역하면 맑고 깨끗한 바람을 뜻하지만, 국가나 사회적인 일을 세상에 널리 알리게 될 것이며, 상징적으로는 바람은 사상이나 법률 따위를 뜻하므로, 종교나 정치적으로 세상을 정화하거나 어떤 시행령이 선포된다고 해석할 수 있다.(글: 한건덕)

④ 암벽에 글자가 쓰인 꿈

꿈의 전개에 있어서, 종이·유리창·나무줄기·잎사귀·길바닥 등 필요로 하면 어떤 곳에나 쓸 수 있고, 또 타의에 의해서 쓰인 것을 볼 수도 있다. 계시적 꿈에서 가장 중요한 것은 계시해주는 내용이다. 마찬가지로 글자가 쓰여 있는 대상이 중요한 것이 아니라, 쓰여 있는 글자의 내용이 가장 중요하다. 조선조 허균은 불탄 나무껍질에 암울한 한시를 짓는 꿈으로 장차 일어날 임진왜란을 예지하고 있다.

이처럼 직접적인 계시의 형태를 취하지 않았지만, 암벽이나 담벼락·게시판 등에 쓰인 글자로써 장차 공개적으로 일어날 일을 상징적으로 예지해주고 있는 경우가 대부분이다. 이 경우에, 어떤 사회적인 변혁이나 사건을 예지해주는 경우가 많다. 일반적으로는 국가 기관이나 회사 언론사 등에서 주요 발표 등을 보게 된다. 또한 개인적인 일거리나 대상이 널리 알려지게 되는 경우에도 관련된다. 이 경우에, 불교의 화두처럼, 새겨진 글자의 의미를 다양한 시각에서 음미해보아야 한다. 경우에 따라서는 파자 해몽 등 한자(漢字)의 뜻풀이를 동원해야 할 경우도 있다.

⑤ 비단에 그림과 글자가 있는 꿈

상대방이 아름다운 그림과 글자가 수 놓여 있는 비단보를 펴 보이는 꿈은 상대방이 자기의 가문이나 신분 · 운세 등을 공개하고 자랑할 일이 생긴다. 이 경우에도 새겨져 있는 글자의 상징 의미대로 장차의 운명의 길이 실현된다.

⑥ 수(壽)와 복(福)이 새겨진 빛나는 용이 방 안에 있는 꿈(실증사례)

태몽으로 실현된바, 글자가 새겨진 상징적 의미대로, 장차 장수하게 되고 부귀 권세를 누리게 될 좋은 꿈이다.

⑦ '조난'이라는 글자가 쓰인 배를 타지 않은 꿈(실증사례) → 수술결과 예지

서울시 영등포구에서 보내온 편지이다.

> 저는 태어나면서부터 병치레를 많이 했으며, 큰 수술을 세 번씩이나 하고 죽을 고비를 여러 차례 넘겨왔답니다. 제가 말씀드리고자 하는 꿈은 세 번째 수술을 남겨두고 며칠 전에 꾸었던 꿈입니다. 그 무렵 몸과 마음이 약해질 때로 약해져서 그랬는지 유독 많은 꿈을 꾸었는데, 다른 꿈들은 금방 잊어버렸는데, 이 꿈은 지금도 너무 생생하게 기억에 남아 있습니다.
>
> 제 고향 마을 뒤, 그리 높지 않은 산이 있고, 학교 등하교 시에는 그 산을 넘어다녔답니다. 꿈속에서 저는 고향 아이들과 여럿이 어울려, 그 산을 달려 내려오고 있었습니다. 산을 내려온 다음엔 배를 타고 바다 건너편으로 놀러 가기로 되어 있었습니다. 한참 내려오고 있는데, 바다 가운데 우리가 타고 갈 배가 오고 있었습니다. 그 배에는 저의 친정아버님이 타고 계셨는데, 아버님의 표정없이 핏기없는 얼굴 모습이 TV에서 보는 저승사자 모습과 흡사하였답니다. 저는 매우 반가워서 정신없이 달려 내려왔는데, 저만 남겨두고 배는 벌써 떠나 버렸습니다.
>
> 속상하고 화가 나서, 배가 떠난 자리에서 아버님을 한없이 원망하고 있는데, 멀리서 또 한 척의 배가 오고 있었습니다. 그런데 그 배는 아까 아버님이 타고 왔던 그 배라고 하는데, 그 배에 깃대가 꽂혀 있었고, 깃대 끝에는 세모로 생긴 흰 천에 까만 글씨로 '조난'이라고 쓰여 있었습니다. 저는 꿈속에서도 '아니 그럼 내가 저 배를 만약에 탔더라면 ---. 아버님이 나를 살리셨구나' 했답니다. 그 이후엔 한 번도 아버님을 꿈에 뵌 적도 없으며, 생생하게 기억되는 꿈도 꾸지 않았답니다. 참고로 말씀드리자면, 저의 친정아버님은 제가 8살 되던 해 여름에 작고하셨지요.

수술의 결과가 꿈을 통해 예지되고 있음을 알 수가 있다. 즉 꿈속에서 타지 못

하고 떠난 배가 '조난'이라는 꿈의 상징 표상으로 나타나고 있어, '조난'의 배를 타지 않았기에, 수술에 성공하게 될 것을 예지해주고 있다. 이 경우 계시적인 입장에서 본다면 돌아가신 아버님의 현몽으로 볼 수도 있으며, 자신의 잠재의식적인 자아가 만들어낸 창작 표상일 수도 있다.

다만, 이 꿈에서 특이한 것은 꿈속에서 글자가 나타난다는 것인데, 이처럼 꿈속에서 한시(漢詩)라든지, 어떠한 문구나 시구 등이 나타날 수도 있다. 꿈속에 나타난 숫자를 보고, 로또(복권)에 당첨된 사례가 있기도 하다. 또한 외국의 사례로, 꿈속에서 몇 년 후에 일어날 경마소식지를 미리 보고, 꿈을 믿고 꿈속에서 본 우승 경마에 돈을 걸음으로써, 엄청난 횡재를 한 사람의 꿈 사례가 있다.

(2) 글자 해석의 방법

마치 수수께끼를 풀어내듯이 온갖 추리와 상상력을 동원해야 하는 경우가 많다.

① 사전적 의미로 해석하기

꿈속에 나타난 글자나 숫자·글귀에 있어서, 일상의 쓰임 그대로 사전적 의미로 해석하는 경우이다. 예를 들어 '일(日)'자 꿈의 경우에, 해와 관련지어 해몽하는 경우이다.

② 바꿔놓기, 치환(置換)의 경우

꿈속의 글자와 비슷한 글자나 비슷한 발음으로 바꿔서 해몽하는 경우이다. 예를 들어 '스위스(국가명)'는 '스위트홈', '페스트 병균'은 '베스트셀러'로 해몽하는 경우이다.

③ 글자에 담긴 상징적 의미를 알아내는 경우

* 'V'자는 Victory의 약자로 승리를 뜻하는 경우이다.

* 한자(漢字)의 '일(日)', '월(月)'의 경우에, 임금(대통령)이나 왕비(영부인) 등 상징적 의미로 살펴보는 경우이다.

* 왕이나 대통령의 경우, 실제 왕이나 대통령이 아닌, 어느 분야의 전문가, 최고 권위자를 뜻하기도 한다. 또한 미국 대통령이 상급 회사의 사장을, 일본 총리가 하청업체의 대표를 뜻하기도 한다.

* 종이 위에 '하늘 천(天)'자가 쓰인 꿈 → 하늘의 상징적 의미와 가까운, 천품이

활달하고 너그러우며, 덕성이 있는 사람과 상관하게 된다.

  * 하늘에 '큰 대(大)'자가 쓰인 것을 보는 꿈 → 위대한 사람과 관계하게 되거나 장차 큰 업적 등을 이룬다.

  ④ 파자(破字) 해몽: 사물의 형상을 한자나 영어를 이용하여 풀이하는 경우이다. 이러한 파자해몽에 대한 자세한 것은 2012년 문화체육관광부 우수학술 교양도서로 선정된 바 있는, 필자의 『한자(漢字)와 파자(破字)』를 참고하시기 바란다.

  * '입이 열한 개 달린 여자'와 혼인하게 될 것이라는 꿈 → 옛 선인의 사례로, 길(吉)씨 성을 가진 여자를 만나게 되는바, '吉'자를 파자하면 '十 + 一 + 口(열한 개의 입)'로 되어 있어, 하늘이 맺어준 인연임을 알게 되었다는 이야기를 앞서 살펴본 바 있다.

  * 점쟁이에게 '田'자가 쓰여 있는 종이를 받는 꿈 → '전(田)'자는 '고기 어(魚)'자에서 위와 아랫부분이 없어진 글자로, 머리와 꼬리 부분에 해당하는 부분이 떨어져 나가 있기에, 장차 어렵고 곤궁한 처지에 있게 됨을 뜻한다.

  * 하늘이 삐딱하게 보이는 것을 보는 꿈 → 요절하는 일로 실현될 수가 있다. 天(천) 자에서 맨 위의 획이 비딱하게 되면, '夭(일찍 죽을 요)'자(字)가 되는바, 한자를 이용하여 꿈을 풀이하는 방법이다.

  * 사튀로스(Satyros)가 방패 위에서 춤추고 있는 꿈 → 승리를 예지

  알렉산더 대왕이 원정하여 티로스 시를 포위하고 공격하고 있었으나, 적의 저항이 너무나 완강하여 공격을 포기하고 철군을 생각하고 있었다. 어느 날 밤, 알렉산더 대왕은 '사튀로스가 대왕의 방패 위에서 춤을 추고 있는 것을 보았다.'

  대왕은 곧 전쟁에 종군하고 있던 해몽가인 아리스탄드로스에게 물으니, "이것이야말로 타로스 시가 함락될 전조(前兆)입니다."라고 대답하였다. 해몽가는 사튀로스(Satyros)를 'Sa'와 'tyros'(티로스) 라는 두 단어로 나누어, '티로스는 그대의 것'이라는 뜻으로 꿈을 해석하고, 이 성은 정복할 수 있다고 예언했다. 이래서 대왕은 철군 계획을 중지하고, 다시 공격을 감행하여 마침내 티로스 시를 점령할 수 있었다. --- 『정신분석입문』

  Satyros는 그리스 신화에 나오는 산과 들의 정령으로, 얼굴은 사람의 모습이지만 머리에 작은 뿔이 났으며, 하반신은 염소의 모습을 하고 있다. Tyros(티로스)는 페니키아의 도시 수르의 그리스 명으로, 알렉산더 대왕의 원정군에게 7개월

동안 저항 끝에 함락되었다.

⑤ 기타: 생략된 글자의 원형 찾기, 글자 중의 특징적인 부분을 해석하기 등 다양한
방법이 동원되고 있다.

* 미군이란 말을 미인 군상으로 해몽하는 경우이다.

* 단상 위에 '高'자가 나타난 꿈이 '高(고)'씨 성을 지닌 사람과 관련을 맺는 일로
실현될 수 있다.

(3) 꿈속의 글자나 숫자가 크거나 작거나 선명하거나 흐릿한 경우

우리가 꿈을 꾸는 경우에, 꿈의 상징 기법은 다양하게 전개되고 있다. 꿈은 한
치의 오차도 거짓도 없다. 다만, 우리 인간이 그 난해한 상징적 의미를 제대로 알
아내지 못할 뿐이다.

꿈이 얼마나 생생한가의 여부, 컬러꿈인지 희미한 꿈인지의 여부, 생생하다가
희미해지는 꿈, 희미하다가 생생해지는 꿈 등등 이러한 꿈 모두가 우리의 기억하
고 못하고의 여부에 달린 것이 아니다. 우리의 몸은 전자동시스템에 의해 작동되
고 있는 기계 이상으로, 꿈의 기억 여부조차도 꿈 자체의 상징 기법으로, 이러한
다양한 전개 모두는 나름대로 상징적 의미가 다 있는 것이다. 예를 들어, 태몽을
꿀 때 우리는 기억이 날듯 말듯 꾸지는 않는다. 20여 년이 지나서도 꿈속의 일을
생생하게 기억하게 해주고 있다. 사족으로, 꿈 가운데 가장 무섭고 가장 놀라운
적중률을 보이는 것이 바로 태몽이며, 태몽은 철저한 상징 표상으로 전개되고 있
다. 잘 기억나지 않는 꿈은 불안한 내면의 심리 표출의 꿈이거나, 하찮은 일에 대
한 예지이거나, 아주 사소한 일을 일깨워 주는 경우의 꿈인 것이다.

따라서 꿈속에서 글자나 숫자가 선명하거나 희미해지는 경우에도 나름대로의
상징적 의미가 담겨 있다.

① 책이나 연설문 따위가 흐릿하여 잘 읽을 수 없는 꿈

글의 내용이 난해하여 참뜻을 깨닫지 못하게 되는 일로 실현된다. 경우에 따
라서는 알아보지 못하는 상징적 의미가 상부의 명령에 불복종하게 될 것을 예지
해주고 있다.

② 타이프나 편지지의 글자(글씨)가 선명치 않은 꿈

연분·애정에 있어 관계가 원만하지 않거나, 자신이 추구하는 일거리·대상에

서 전달이나 청원이 제대로 이루어지지 않게 된다.

③ 글을 읽어가는 동안 글씨가 희미해지거나 아주 보이지 않는 꿈

어떤 외부적이거나 내부적인 일로 인하여 방해되거나 불미스러운 일로 실현된다. 예를 들어, 고(故) 한건덕 선생님의 실증사례로, 하늘에 써진 글귀가 점점 희미해지거나 아주 사라져 보이는 꿈으로, 교회에서 목사의 설교가 부당하거나 불쾌한 일을 경험하게 되는 일로 실현된 바 있다. 이 경우 처한 상황에 따라 절에서 스님의 설법이 마음에 들지 않는다든지, 직장 상사의 지시 사항에 불만이 있게 되는 일로 실현될 수도 있다. 실로 우리가 꾸는 모든 꿈의 전개에 있어서도, 은밀하고 오묘한 다양한 꿈의 상징 기법이 쓰이고 있다. 꿈은 우리 인간 영적 능력이 고차원적으로 발현되는 세계인 것이다.

④ 이름 등이 희미해져 가는 꿈은 정체성의 몰락, 인기의 소멸 등과 관련되고 있다.

사례로, 하늘에 쓰인 연예인의 이름이 희미해져 가던 꿈으로 연예인의 인기 몰락을 예지한 사례가 있다.

(4) 글, 글씨(글자)를 쓰는 경우의 꿈

글을 짓거나 글씨를 쓰는 것은 상징적인 의미에서, 자기 사상이나 진심을 남에게 알리는 행위로, 상대방에게 어떤 지시나 암시를 주는 목적에서 행해진다.

① 글씨를 잘 썼다고 칭찬받는 꿈

가게나 회사 운영에 있어 뛰어난 영업실적으로 주변 사람들의 선망을 받게 된다. 학생의 경우에 학업 성적에서 우수한 결과로 실현된다.

② 자신이 글이나 글씨를 잘 쓴 꿈

자신의 하는 어떤 일이나 사업에서 순조롭게 진행하게 된다. 회사원의 경우에 사업 프로젝트가 다른 사람에 비해 뛰어나게 된다. 학생의 경우에 리포트나 시험 성적이 뛰어나게 되며, 상황에 따라서 애정 표출 등에서 상대방의 호감을 사게 된다. 반면에 글자를 못 쓴 꿈은 일거리의 진행에 있어 장애가 있게 되며, 자신의 의견 등이나 애정 표출이 잘 되지 않는다.

③ 상대방이 글씨를 잘 써 보이는 꿈

상대방이 자기 의사를 명백히 표출하거나 애정 같은 것을 표시한다.

④ 글을 지어 시험관에게 제출하는 꿈

직장의 상사나 윗사람에게 자신의 프로젝트나 기안·결재를 내게 될 일이 있거나, 상급기관으로부터 자신의 하는 일거리·대상에 대한 심사나 검토가 있게 된다. 애정 관계에서는 상대방으로부터 면밀한 탐색을 받게 된다.

⑤ 필기도구를 손에 쥐고 있는 꿈

어떤 사업이나 일거리·대상에 대한 방도나 계획이 성립된다.

⑥ 필기도구를 남에게 주는 꿈

자신의 사업이나 일거리·대상을 다른 사람에게 넘겨주게 된다. 좋게는 다른 사람으로 하여금 자기 일을 돕게 할 일이 생긴다.

⑦ 자기의 흰옷에 누가 붓글씨를 쓰는 꿈(실증사례)

가게의 영업 간판을 새로 달게 되는 일로 실현된 바 있다.

⑧ 여러 글씨를 잘 쓰는 꿈(실증사례)

상대방이 칠판에 분필로 영어와 한글로 글씨를 잘 쓰는 것을 보는 꿈은 상대방이 권총 분해 소제를 잘하는 것을 보는 것으로 실현되었다.

⑨ 꿈속에서 글자나 한시를 짓는 경우

꿈의 상징 기법도 다양하게 전개되고 있다. 보통은 사물을 보거나 행동이 전개되는 시각적인 보는 꿈이 대부분이지만, 특이하게 문자나 시로 쓰거나, 쓰여 있는 것을 보게 되는 꿈이 있다. 또한 타의에 의해서 써진 글씨도 장차 일어날 일에 대한 예지나 어떤 지시 사항을 깨닫게 할 목적에서 행해진다.

이처럼 자기가 글자를 쓰거나 한시를 짓는 것, 남에게 글자나 한시를 받는 것 등은 꿈의 상징 기법의 하나로서, 장차 일어날 일을 문자를 통한 글자를 적는 행위로써 예지해주고 있다. 또한 자기 사상이나 뜻을 남에게 공개하거나 알리는 경우라든지, 창의적인 창작활동으로 꿈속에서 멋진 작품이나 시를 짓게 되기도 한다.

⑩ 꿈속에서의 창조적 사유활동으로서의 시

꿈속에서의 창조적 사유활동으로 시를 지은 일에 대해 중국의 유문영은 그의 『꿈의 미신, 꿈의 탐색』에서 다양한 예를 들고 있다. 중국뿐만 아니라, 우리 선인들의 문집 속에는 꿈속에서 시를 지은 몽중시(夢中詩)가 무수히 전하고 있다. 몽중시에 대해서는 필자의 박사 학위 논문인 「한국 기몽시의 전개양상 연구(몽중시를 중심으로)」를 참고하기 바란다.

9 문명의 이기(利器)

≪명함≫

명함(名銜)은 자신의 이름·직업·연락처 등을 적어 자신을 알리는 수단이다. 따라서 새로 만든 명함을 가지는 꿈은 자신의 신분·명예·권세 등이 새로워지는 일로 실현된다. 상대방이 주는 명함을 받는 꿈은 새로운 거래처나 새로운 일거리·대상과 관련을 맺는 일로 실현된다. 특히 대통령 명함을 받는 꿈은 최고의 명예나 권리·방도가 주어지게 되며, 복권에 당첨된 사례도 있다. 자기 명함을 상대방에게 주는 꿈은 자신을 알리게 되거나, 권리·책임 등을 다른 사람에게 이양하거나 전가할 일이 생긴다.

≪도장(인장), 직인, 관인≫

인장은 위엄·직권·명예·권리·신분·대리·명령·지시·과시 등의 일과 관계한다.

① 상대방의 이름이 새겨진 인장을 얻는 꿈

협조자의 권리나 이권·명예를 얻는다.

② 자기의 인장을 새로 만드는 꿈

직위가 승진하는 등 새로운 신분이나 권리를 얻게 된다.

③ 직인이나 관인을 얻는 꿈

회사나 관직 등에서 크게 부귀해진다.

④ 땅속에서 국새나 대통령 직인을 캐내는 꿈

큰 이권을 얻는 꿈으로, 대업을 완수할 능력이나 권리가 주어진다.

⑤ 자기가 상대방에게 도장을 찍어 주는 꿈

자신이 책임지거나, 약속을 하게 되며, 복종이나 일의 종결·대리행사 등의 일이 있게 된다.

⑥ 계산서에 여러 사람의 도장이 찍혀 있는 것을 보는 꿈

자신의 하는 일거리나 대상에 많은 협조자나 추종자 등 좋게 평가를 해주는 사람 등을 얻는다.

⑦ 도장을 선물 받는 꿈(실증사례)

　　집에서 한가롭게 음악을 듣고 있었는데, 우체부 아저씨가 소포가 왔다고 했어요. 풀어

보니 하얀 상아로 만든 도장이었어요. '안 그래도 도장을 파려고 했었는데, 잘되었다.'면서 좋아하다 깼어요. 얼마 후에 교수님 추천으로 대학에서 조교 자리를 얻게 되어, 경제적인 문제 해결과 학업을 계속할 수 있게 되었습니다.

⑧ 캐릭터 모양의 금 도장을 받는 꿈 → 태몽 예지

전 지금 임신 5주된 맘입니다. 한 2주 전쯤에 꾼 꿈인데요. 제가 알고 있다고 생각되는 어떤 남자 분을 따라갔는데, 제가 가지고 있던 금목걸이와 귀걸이 등을 그분께 주었더니, 캐릭터 모양의 금 도장을 만들어 주셨습니다. 그래서 제가 은목걸이·귀걸이 등도 드리면서, 이것도 만들어 달라 했는데 거절하셨어요. 그 캐릭터 금 도장을 받아들고 기쁜 마음으로 돌아온 꿈이에요.---써니, 이지데이, 태몽이야기방.

⑨ 도사로부터 삼장인을 받는 꿈 → 태몽 예지

서경보 스님의 태몽이다. 서경보 스님의 태몽은 그의 모친이 꾸었다 한다. '구름 덮인 한라산에서, 노란 옷(가사)을 입은 도사 할아버지가 날아 내려와 삼장인을 주어서 받았다.'

이 꿈은 서경보 스님의 일생을 가장 간단하고 확실하게 상징한 꿈이다. 여기서 '삼장'이란 '부처의 설법을 모은 경장, 계율을 모은 율장, 교리의 연구·논석을 모은 논장'의 세 가지를 말하는 것이니만큼, 꿈에 그것을 받았다 함은 서경보 스님이 불교인이 될 것을 뜻하였던 것이다.

삼장법사란 삼장에 능통한 스님을 일컫는 말이다. 그 삼장을 꿈에 받았으니, 그는 학승으로서(스님 중에는 선승과 학승이 있다) 수십 개의 박사학위와 수백 권의 저서를 가진 큰스님이 된 것이다. 이 꿈 역시 한 사람의 일생을 간단하게 상징적으로 표현한 예라 하겠다.(글: 김하원)

⑩ 여자가 도장을 머리에 찍은 꿈 → 교회 집사 임명을 예지

다음은 97년 2월 27일 전남 해남군에서 보내온 꿈이야기이다.

선생님! 안녕하세요. 저는 고등학교에 재학 중인 박혜리라고 해요. 할머니를 비롯한 저희 가족은 기독교 신자이고, 꿈이야기의 주인공은 저희 할머니시거든요. 토요일이었어요. 그날따라 피곤해서 빨리 잠자리에 주무셨는데, 꿈에 어떤 젊은 여자와 아이가 할머니를 가운데 두시고, 손을 잡고 원을 그리며 한참을 돌더래요. 그러다가 아이는 없어지고 젊은 여자만 혼자 돌다가 멈춰서, 무슨 도장을 할머니 머리에다 찍었다고 했어요. 그래서 할머니가 깜짝 놀라서 일어나셨다고 해요. 그때는 이상한 생각이 들어서, 아무 일도 손에 잡히지도 않으셨다고 하셨어요. 그날 교회에 가셨는데 집사가 됨을 증명하는

임명장을 받으셨는데, 꿈에 본 그 도장이 거기에 찍혀 있었다고 하셨어요. 난 이해가 안 되었지만요. 할머니는 그 꿈을 꾸시고 나셔서, 하나님이 계시다는 것도 믿으셨고요. 신앙심이 더욱 커졌다고 하세요.

도장을 이마에 받고는 집사에 임명되고 있다. 할머니는 머리에 도장을 받으시고, 자신의 죽음을 예지해주는 꿈으로 걱정했을 수도 있겠다. 하지만 대부분의 경우에, 꿈을 통해 직접 죽음을 예지해주는 경우보다는 주변의 다른 사람을 통해서 죽음을 예지해주고 있다.

필자가 이렇게 독자 여러분의 실증적인 꿈체험 사례를 그대로 소개하는 것은 우리 이웃의 여러 꿈이야기를 통해 꿈의 미래 예지적인 성격을 믿게 하려는 데 있다. 그동안 꿈해몽은 천대받아 왔다고 해도 과언이 아니다. 알량한 서양의 합리주의 사고를 우선시하여, 동양의 신비한 정신적인 세계는 무시당해온 오늘날의 현실이다. 앞에서 소개해드린 수많은 꿈이야기는 '꿈은 우리 인간의 신성(神性)과 같은 정신능력의 활동으로, 미래를 예지해준다.'는 사실을 여실히 보여주고 있다. 태몽이 그렇고, 복권 당첨에 된 사람들의 꿈이야기가 그렇고, 사고나 죽음을 예지해 준 꿈이야기가 그렇고, 질병을 예지해준 꿈이야기가 그렇다.

그럼에도 불구하고 아직도 꿈을 한갓 미신으로만 여기거나, 허황되다고 생각하고 있는 사람이 있다는 사실이 가슴 아프다. 그런 사람들에게 다시금, '어리석은 자는 꿈이 적다'는 말을 들려주고 싶다. 즉 신성(神性)과도 같은 자신의 잠재의식의 정신능력 활동이 미약하기에, 아직까지 실증적으로 한 번도 체험해보지 못한 사람들인 것이다.

⑪ 도장(인장)을 얻는 꿈(실증사례) → 귀한 직위에 오르게 되다.

선조 임금 때 윤정승의 아내가 붉은 도포를 입은 백발의 관원이 "네가 금·은 보화를 아궁이 속에서 발견했으면서도, 분수를 지켜 도로 묻고 모르는 체했으니, 그 아름다운 덕을 기려서 다섯 개의 금으로 만든 도장을 준다." 하는 꿈을 꾸었다. 이후 남편과 네 아들이 정승 판서 등 높은 벼슬에 올랐다.

이처럼 금 도장을 받는 꿈이거나, 큼직한 직인이나 이름이 새겨진 도장을 얻는 태몽으로 태어난 아기는 큰 관직에 나아가거나 명성을 떨칠 아기를 낳는다. 직인은 권세가 주어진다는 뜻이고, 성명인은 명성이 떨친다는 암시이니, 자기 직인이나 사인을 마음대로 찍을 수 있는 사람은 권력자나 유명인이 될 것을 예지한다. 도장이 금·은·보석 등 귀한 물건으로 만들어진 도장이라면, 장차 그 태아의 신분이 더욱 고귀해질 것이다.

≪이름≫

① 이름 있는 바위에 관한 꿈

유명인의 업적이나 저술작품, 기업체·기관을 상징적으로 나타내주고 있다. 이 경우에 바위나 비석에 새겨진 이름은 상징적으로는 책의 표제나 기관의 간판 또는 윗사람의 칭호와 관계한다.

② 알프스, 히말라야, 백두산 등 이름난 산의 최고봉에 오르는 꿈

세계적 또는 국내에서 유명한 독보적인 사업으로 번창하거나, 자신의 뜻을 성취해서 유명인이 된다.

③ '금' 자가 붙은 말의 단어나, '금' 자가 붙은 제품의 이름의 꿈

모두 가치 있고 고귀한 이미지가 부가된 일과 관계한다.

④ 큼직한 직인이나 이름이 새겨진 도장을 얻는 태몽

태어난 아기는 큰 관직에 나아가거나 명성을 떨칠 아기를 낳는다.

⑤ 계시적으로 이름을 알려주는 꿈

산신령이나 신인(神人) 등 누군가가 계시적인 꿈으로 사람의 이름을 정해주거나, 가게의 상호 등을 일러주는 경우에 꿈속의 계시대로 따르는 것이 좋다.

⑥ 합격증을 받는 꿈이나 합격자 명단에 자기 이름이나 번호가 있는 꿈

사실적인 미래투시의 꿈인 경우 실제로 합격한다. 교실에 붙어있는 자리표에 이름이 적혀 있어서 책상에 앉아서 졸업식을 하는 꿈, 꿈에서 합격자 명단에 이름이 있었던 꿈 등으로 입사시험에 합격한 사례가 있다. 또한 자신의 이름이 다른 사람의 이름 아래에 있던 꿈으로 시험에 차석으로 합격한 사례가 있다.

⑦ 누런 군복을 만들 옷감에 쓴 자기 이름을 보는 꿈

진급 대상자가 되고, 백지에 쓴 명찰을 보는 꿈은 진급되지 않는다.

⑧ 어딘가에 자신의 이름이 적힌 꿈

기관·회사·단체나 병원 접수처에 자기 이름이 기재되는 꿈은 취직이나 전직 등이 이루어진다. 이 경우에, 나쁘게는 병원 등에 입원하는 일로 실현된다.

⑨ 자신의 이름이 불리는 꿈

김춘수 시인의 '꽃'이란 시도 있지만, 이름을 불러준다는 것은 자신의 존재가치를 인정받는 일로 이루어지며, 합격이나 승진 등으로 이루어진다.

⑩ 세 사람의 후보 중에 자신의 이름이 유난히 돋보이는 꿈

세 명의 후보 중 가장 좋은 근무 성적을 받게 되는 일로 실현되었다.

⑪ 비석의 이름이 살아계신 어머니여서 통곡한 꿈(실증사례) → 취직

비석의 이름을 보니 살아계신 어머니여서 대성통곡을 했던 꿈은 한 달 뒤에 엄청나게 좋은 직장에 취직되는 일로 실현되었다.

⑫ 약수터 밑에 부처상이 양각되어 있고 그 옆에 절 이름이 쓰여 있는 꿈(실증사례)

어떤 사람이 저술해 낼 서적의 저자 사진과 출판사명을 예지하는 일로 실현되었다.

⑬ 어머니나 아버지가 자식의 이름을 부르는 외마디 소리를 듣는 꿈(실증사례)

부모님이 매우 편찮으신 것을 일깨워 주는 일로 실현되었다.

⑭ 부모가 이름을 부르며 잘 살라고 하는 꿈(실증사례) → 죽음 예지

흰 윗저고리만 입으시고, 아버지 이름을 부르시면서 "잘 살아라." 하시면서 어디론가 가시는 꿈을 꾼 후에, 할아버지가 돌아가시는 일로 실현되었다.

⑮ 이름 등이 희미해져 가는 꿈

자신의 존재나 정체성의 몰락, 연예인 인기의 몰락 등과 관련되고 있다.

이 경우에, 시험 응시자인 경우라면, 1차 선발에 들었다가 2차에서 탈락하는 방향으로 진행된다.

⑯ 갓난아기가 꿈에 자신의 이름을 말하는 꿈(실증사례) → 계시적 성격의 꿈

저희 늦둥이가 태어난 지 9일째 되는 낮에, 낮잠을 자다 꾼 꿈입니다. 이름을 무엇으로 할지, 고민하고 있던 터였고요. 꿈에 아이가 걸어 다니면서, 이마에는 띠를 두르고(집사람 이야기로는 글씨 2자가 있었는데, 그건 잘 보이지 않는다고 하고요.), 갑자기 "제 이름은 성우랍니다." 하고 말을 하더랍니다. 저 역시 고민하던 차에, 아이가 꿈에서 말한 대로 이름을 지었고요. 한자 뜻으로는 여러 자가 있지만, 제 나름대로 크게 잘 되고 나아가서는 많은 사람들에게 도움이 되라고 '이룰 성(成), 우주 우(宇)'자로 지었습니다. 이제 4살이니 그저 무럭무럭 크는 일이 중요하지만, 지금 와서 생각해도 참 신기한 꿈이라 올립니다.(태몽은 아주 큰 고추 꿈, 달을 삼키고 휘황찬란한 빛 같은 꿈들을 낳기 전에 꾸었습니다.)---김흥철, 2006. 07. 13.

⑰ 다쳐서 의사의 차트에 이름을 적히는 꿈(실증사례) → 주목을 받게 되는 일로 실현

　　같이 놀던 친구가 높은 곳에서 미끄러져 굴러 내려오다가 다쳐서, 의사가 달려와 차트에 친구의 이름 석 자를 적는 꿈이었습니다. 다음 날 그 친구는 대학 들어와 처음으로 수업시간에 떠든다고, 앞에 나가서까지 교수님께 무지 혼났다고 하더군요.

웃음을 자아내는 실증적인 꿈 사례이다.

⑱ 구렁이가 노처녀의 이름을 부르다가 가는 꿈(실증사례) → 구렁이로 상징된 남자와 결별

　노처녀의 친구가 꾼 꿈이다. 구렁이가 친구인 노처녀의 이름을 부르며 "어디 있느냐"로 찾았으나, "나는 모른다."고 대답하는 꿈은 구렁이로 상징된 매력적이고 능력 있는 남자가 친구인 노처녀에게서 떠나가는 일로 실현되고 있다.

⑲ 하늘에 자신의 이름이 있는 꿈(실증사례) → 경품에 당첨

　통신 이용자의 꿈체험담이다.

　　"꿈에서 제가 마당에 서 있었는데, 하늘을 보니 네 명의 이름이 쓰여있는 거예요. 그리고 폭죽이 터지면서, 제가 어디에 당첨이라도 된 것 같은 인상을 주는 그런 장면이었어요. 제 이름은 오른쪽 위쪽에 또렷이 보였고, 그 가운데로 어떤 할머니가 있는 거예요."

　여러 사람의 이름이 쓰여 있고, 폭죽이 터지는 축하의 꿈을 꾼 후에, 경품을 받는 일로 이루어지고 있음을 밝히고 있듯이, 꿈으로 자신이나 자신의 주변 일, 나아가 국가적 사회적인 일에 대하여 장차 일어날 일을 예지해주고 있다는 사실을 극명하게 드러내 주고 있다.

⑳ 시험에 1등 했다고 이름을 불린 꿈(실증사례) → 복권에 당첨

　　"많은 사람들과 같이 시험을 보았다. 그런데 내가 1등에 합격했다고, 내 이름을 불러 놀라 깨는 꿈이었다."

　이 꿈을 꾼 사람은 복권을 사러 갔다가, 지난주에 산 복권이 당첨된 것을 확인하는 일로 실현되었다. 많은 사람과 시험을 치르는 일은 수많은 사람들과 경쟁할 일이 있음을 뜻하며, 복권 당첨을 바라는 수많은 경쟁자들을 시험을 보는 사람으로 상징적으로 나타내주고 있다. 1등에 합격한 것은 1등에 당첨된 사실이며, 이름을 부르는 것은 새롭게 꿈을 꿀 때까지도 당첨된 사실을 본인이 알지 못했기에 재차 꿈으로 일깨워 주는 상징 표상으로 볼 수 있다. 여기 꿈 사례에서 볼 수 있듯이, 이처럼 로또(복권)에 당첨되었지만 당첨 사실을 알고 있지 못한 경우, 재차 꿈으로 일깨워준 사례가 많다.

㉑ 돌아가신 어머니가 꿈속에서 자신의 이름을 애타게 부른 꿈(실증사례) → 로또 당첨

또또복권 5억 6천만 원 당첨된 꿈 사례이다. 돌아가신 어머니가 꿈속에 나타나 김 씨의 이름을 애타게 불렀다고 한다.

"그때 제 이름을 부르시던 어머니의 모습이 어찌나 생생한지, 지금도 눈앞에 어른거리는 것 같아요."

돌아가신 어머니가 꿈에서 복권 당첨하게 될 것을 예지해준 사례이다. 아마도, 나타나신 어머니는 밝은 모습으로 나타나셨을 것이다. 돌아가신 부모님이 나타났다고 반드시 좋은 꿈으로만 실현되는 것은 아니다. 조상이나 돌아가신 부모님이 꿈속에 나타나는 경우 나타나는 모습의 표상에 달려있다. 즉, 밝은 표상의 웃는 얼굴, 좋은 모습으로 다정스럽게 나타나는 경우 좋은 일이 있을 것을 예지해주는 경우이다. 반면에 어두운 표정, 근심스러운 표정, 검은빛의 얼굴 등 좋지 않은 표상으로 나타나면 무언가 안 좋은 일이 일어날 것을 일러주는 경우이다. 돌아가신 할머니가 검은빛의 얼굴로 나타난 사례는 젊은 부부가 아주 커다란 부부싸움을 하는 것으로 실현된 사례가 있다. 꿈은 반대가 아니라 상징 표상의 이해인 것이다.

㉒ 교무실이 이름으로 도배되다시피 되어 있던 꿈 → 전교 1등 예지

꿈에 교무실에서 온통 어떤 학생 이름으로 도배되다시피 되어 있었어요. 나중에 알고 보니, 그 아이가 전교 1등을 하는 일로 실현되었어요. 친하지도 않고 그냥 같은 반 애로 이름만 알고 지내던 사이었는데, 신기하네요. 이것도 예지몽인가요?

㉓ 자신의 빈자리에 이름이 적혀 있는 꿈(실증사례) → 죽음 예지

강희안(姜希顔)이 하루는 말하기를, 꿈에 관청에 여러 선비들이 가지런히 앉아 있는 사이에 빈자리가 하나 있기에 물었더니, 대답하기를 "여기 앉을 사람은 다른 곳으로 갔는데, 금년에 돌아옵니다." 하였다. "그 푯말에 쓴 것을 보았더니, 그것은 곧 내 이름이었으니, 나는 죽을 것이다." 하였다. 이해에 그는 과연 세상을 떠났다.---『해동잡록』

≪복권≫

복권에 관한 자세한 꿈은 앞서 언급된, 복권에 당첨된 꿈과 숫자에 관한 꿈을 참고해보기 바란다.

① 복권을 사거나 누구에게 받는 꿈

복권으로 상징된 소개장·상품권·계약증서 등을 얻게 되는 일로 실현된다.

② 복권의 숫자 등을 보거나 알게 되는 꿈

사실적인 미래투시적인 꿈으로 실현될 수도 있으니, 꿈속에 나타난 숫자대로 로또번호 등을 선택해보는 것도 좋다.

③ 복권에 당첨되었다는 꿈

현실에서 재물적으로 어려움을 겪고 있는 경우에, '복권에 당첨되었으면 좋겠다.'는 자신의 내면심리의 소망이 표출되는 꿈으로, 복권에 당첨되는 꿈을 꾸게 되는 경우가 있다. 그러나 상징적인 꿈인 경우에는 상품권에 당첨되거나, 어딘가에 선발되거나, 기타 수상(受賞)을 하게 되는 등의 어떠한 물질적인 이익을 얻는 일로 이루어진다. 상징적인 꿈에서 복권은 실제의 복권, 재물, 문서, 증서, 방도, 권리, 이득 등을 의미하고 있다. 따라서 복권에 당첨되는 꿈은 실제 복권 당첨이 아니더라도, 복권으로 표상되는 것을 획득하거나 권리 등을 부여받게 되는 일로 실현될 수 있다. 또한 경쟁의 일에서 승리를 거두게 되거나, 임명장을 받게 되거나 등의 뜻하지 않는 재물·이권 등을 얻게 되는 일로 실현 가능하다. 이 경우 당첨금액의 규모가 클수록, 소원의 경향에 부합·만족하게 될 일로써 실현이 될 것이다.

≪상품권에 관한 꿈≫

사실적인 미래투시적인 꿈인 경우에, 상품권에 관한 꿈이 실제로 상품권과 관련지어 실현될 수 있다.

① 상품권을 사거나 받는 꿈

상품권으로 상징된 명함이나 소개장·상품권·계약증서 등을 얻게 되는 일로 실현된다.

② 상품권을 가지고 상품을 바꿔 오는 꿈

누군가의 주선이나 소개로 재물이나 이권을 얻거나, 일거리·대상을 얻게 된다.

≪영수증≫

① 영수증에 금액이 명시된 것을 받는 꿈

그 금액과 비슷한 금액이나 일수의 계약 또는 약속이 성립된다.

② 영수증을 써서 상대방에게 주는 꿈

남에게 대리 역을 맡기거나, 부탁을 하게 될 일이 생긴다. 또한 어떠한 일거리·대상에 대하여, 자신이 책임지게 될 것을 뜻하기도 한다.

≪문서≫

문서는 사실적인 꿈인 경우에는 실제의 문서를 나타내며, 상징적으로는 이권이나 재물, 청구서·명령서·임명장 등을 상징하고 있다.

① 문서를 얻는 꿈

어떤 권리나 사명이 주어지고, 문서를 상대방에게 주는 꿈은 상대방에게 권리나 이권을 넘겨주게 되거나, 권리나 의무를 넘겨주는 일로 실현된다.

② 문서를 찢거나 태워버리는 꿈

신분·권리·사건·일·책임 등이 상실되거나 해소된다. 그러나 문서를 구기거나 찢어서 간직하는 꿈의 경우에 사건·증거 등의 일이 완전 해소되지 않는다.

③ 문서를 삼켜버리는 꿈

비밀문서·지시서·신분증을 들키지 않기 위해 삼켜버리는 꿈은 비밀을 보장하거나 공개하지 않고 말소하거나 보류할 일과 관계한다.

④ 상대방의 집문서·부동산 증서 등을 손에 넣는 꿈

상대방의 이권이나 재물을 얻게 되며, 권리·재산·토지 등의 일과 관계한다.

⑤ 상대방이 주는 돈이 편지나 문서로 변하는 꿈

누군가의 강압적인 요구나 명령·지시를 따르게 된다.

⑥ 상대방이 자기 물건이나 문서를 보고 손짓·발짓을 하는 꿈

자기 신분이나 사업 작품 등에 비난이나 방해할 사람이 생긴다.

⑦ 서적이나 문서에 관한 태몽

서적이나 문서뿐만 아니라, 붓[筆]·종이[紙]·먹[墨]·벼루[硯] 등의 문방사우에 관련된 태몽은 장차 학문적인 연구에 몰두하여 훌륭한 학자가 되거나, 큰 업적을 남기게 됨을 예지해주고 있다.

⑧ 죽은 남편이 집문서를 주고 가는 꿈

복권에 당첨된 사례가 있다. 이 경우에 처한 상황에 따라, 뜻밖의 보험금이나 보상금을 타게 되어, 실제로 부동산을 구입하게 되는 일로 실현되기도 한다.

⑨ 백발의 할머니가 "문서 하나 쥐여 주마."라고 하는 계시적인 꿈

마음에 드는 아파트를 분양받게 된 사례가 있다. 마찬가지로 처한 상황에 따라, 로또(복권)에 당첨되거나 뜻밖의 재물이나 이권을 얻게 되는 일로 실현될 수 있다.

⑩ 꿈에 아전이 무슨 문서를 쓰면 급한 일이 생긴다.(민속의 꿈)

≪계약서≫

계약서를 작성해서 주고받으면, 실제로 체험할 일이 있거나 어떤 계약이 성립된다. 이때 계약서에 명시된 금액은 사실적인 꿈인 경우에서는 실제의 액수를 나타내고 있으나, 대부분의 상징적인 미래 예지 꿈에 있어서는 실현되기까지의 경과 일수나 들어가는 비용, 머리 숫자와 비슷한 금액이기도 하다.

① 계약서에 관한 꿈

회사·기관·단체와 약속을 하거나 책임을 지게 되며, 일을 다른 사람에게 넘기게 되거나 관련을 맺는 일로 실현된다.

② 상대방에게 각서나 경위서를 받는 꿈

상대방을 억압하게 되거나, 상대방의 사상을 검토하고 심사할 일이 생긴다.

≪달력·책력≫

① 달력을 손에 넣는 꿈

일 년 운세가 대길하고 그 해에 할 일이 많게 된다. 또한 계획적으로 일을 추진함을 뜻한다.

② 책력을 얻는 꿈

장수하거나 노인으로부터 혜택을 받는다. 한편, 앞일을 계획하게 되는 일로 실현된다.

≪지도≫

지도는 방도, 사업계획, 사업기반, 백과사전, 권세, 이권 등의 일과 관계한다. 지구의는 세계문제·사업 및 기타의 일을 나타내고 있다.

① 지도를 사는 꿈

사전을 구입하게 되거나 다양한 사업방도가 생기게 되며, 청탁한 사무나 계약이 성립된다. 처한 상황에 따라, 부동산 등의 땅을 매입하게 되는 일로도 실현될 수 있다.

② 지도를 얻어 펴보는 꿈

자신이 영위하는 사업이나, 외판관계의 일 등이 잘 이루어지거나 이득이 생긴다. 처한 상황에 따라, 새로 구입하게 될 부동산 등의 땅을 살펴보는 일로 실현될 수 있다.

③ 벽에 걸어놓은 세계지도를 손으로 쓸거나 수십 개의 구멍을 내는 꿈

전 세계 혹은 전국에 시장을 확보할 일이 생기거나 사업이 잘된다. 처한 상황에 따라, 전국 각처의 부동산이나 외국의 땅을 매입하게 되는 일로도 실현될 수 있다.

④ 세계 지도상에, 아시아 대륙에 북아메리카가 바짝 다가서 있는 것을 본 꿈

오래전의 꿈 사례이다. 미국이 중공(중국)에 대하여 승인을 하고, 외교 수립 등 국가관계를 개선해 가는 일로 실현되었다.

≪신분증, 면허증, 학생증, 공무원증≫

주민등록증·학생증·공무원증 등의 신분증은 그대로의 신분증이나, 이권·직책·명예·방도를 상징한다. 이러한 신분증이 빛나고 좋을수록 귀한 직위에 있게 됨을 뜻한다.

① 신분증 등을 제시하고 검문소 등을 통과하는 꿈

신분증명·이력서·사업 계획서·신원 보증서 등을 관계 당국에 제시하는 일로 실현된다. 회사·기관이나 단체에서 통과하게 되어, 소원이 충족되거나 병이나 고통에서 해방된다.

② 운전면허나 기능적 면허 따위의 증서를 받는 꿈

방도 또는 어떤 임무가 주어진다. 사실적인 꿈에서는 실제 그대로 실현된다.

③ 행정 관청에 부동산을 등기하는 꿈

소유권·권리·계약 등의 일을 세상에 공개하거나, 권리가 주어진다.

④ 상장·졸업장에 관한 꿈

졸업장 또는 상장을 받는 것은 명예·업적·공로의 과시, 권리·전근 또는 취직 등의 일을 상징한다.

⑤ 성적(성적표)에 관한 꿈

학교 성적표에 기재된 점수는 사실적인 미래투시의 꿈인 경우에 실제 그대로의 점수이거나, 일숫돈·월숫돈의 액수나 인원수 등을 상징할 경우도 있다. 이 경우에, 좋은 성적일수록 사업의 성취와 결실을 이루게 된다.

⑥ 기자에게 신분증(주민등록증)을 제시하는 꿈

기자에게 주민등록증이나 신분증을 제시하는 꿈은 자신의 존재를 알리고 심사받게 되는 것을 상징한다. 저자인 경우에 자신에 대한 기삿거리가 지상에 발표되는 일로 실현된다. 이 밖에도 꿈을 꾼 사람이 처한 여건에 따라, 자신을 알리게 되거나 존재가치를 인정받는 일로 이루어진다.

≪통지서, 영장, 진찰권≫

① 학교·기관·단체에서 통지서가 온 꿈

실제로 통지서를 받게 되거나, 신문·잡지·팸플릿 등을 읽게 된다.

② 국회의원 당선 통지서를 받는 꿈

상징적으로 어떤 회사·기관·단체의 임원이 되거나, 세미나 연구 발표회, TV 방송국 등에 초대된다.

③ 영장에 관한 꿈

징집영장·구속영장 등을 받는 꿈은 사실적 미래투시의 꿈인 경우에 실제로 받게 되는 일이 일어나게 된다. 하지만 대부분의 상징적인 꿈에 있어서는 회사나 기관·단체·관청의 직원으로 발탁된다. 연수원에 입소하게 되거나, 외국에 파견근무를 통지받게 될 수도 있다. 또한 이때에, 영장에 붉은 줄이 그어져 있는 것을 받는 꿈은 작품 당선의 통지서나 사망 통지서, 파견근무 통지서, 병원 입원 명령서 등을 받게 된다.

④ 병원에서 진찰권을 받는 꿈

병원 접수부에서 진찰권을 받는 꿈은 입원 치료를 하거나, 취직·전직·입학·사업에 착수할 일이 생긴다.

≪표, 차표, 기차표, 여행증, 상표≫

기차표(차표)는 사업 수단이나 방도, 신분 보장, 권리, 임관 증명서 등을 상징한다. 극장표는 방도·권리·증서 등을 상징한다.

① 보초에게 여행증을 제시하고 통과하는 꿈

사업 감사를 받게 되거나 일의 재검토를 나타낸다. 몸이 아픈 경우에, 건강 진단 등 병세의 점검을 하게 됨을 뜻한다.

② 상표에 관한 꿈

상표는 그 상표에 붙여진 문자·도안·기호 등 상품이 상징하는 특성을 나타내거나, 적절한 표현을 암시한다.

≪신문 기사≫

자기에 관한 기사가 신문에 난 것은 사실적인 꿈인 경우에 실제 그대로의 기사로 날 수 있으나, 대부분은 어떠한 일거리·대상에 대한 성취 여부의 결과를 상징적으로 드러내고 있다. 예를 들어, 자신이 교통사고로 죽은 꿈을 보는 기사인 경우, 교통사고로 상징된 급격한 외부적인 여건에 의해, 진급·승진 등의 새로운 탄생과 변화로 나아가는 것을 뜻하고 있다.

① 신문기사의 내용 꿈

글자가 흐릿해서 읽을 수 없었던 꿈은 사건 진행이 오리무중에 빠져있게 될 것을 상징하며, 감명 깊게 읽은 글은 자신에게 큰 영향을 주는 일이 일어남을 뜻한다.

② 신문에 자신이 살인자라는 기사가 실린 꿈

상징적인 예지적 꿈으로, 어떠한 성취를 이루어내게 되어, 널리 알려지게 되는 일로 실현된다.

6) 공구·도구(칼, 도끼, 톱, 망치, 낫, 나사, 열쇠·자물쇠, 자, 말[斗], 되[升], 저울, 망원경)

여러 도구는 일의 방도나 협조자·권세·정신력·능력·성격·이론·법률·펜 등을 상징한다.

≪칼≫

칼은 수단이나 방도, 위협, 명예나 권위의 상징이 된다.

① 칼로 음식물을 썰거나 나무·연필 따위를 깎는 꿈

어떤 일을 분할·분배·정리할 일이 있게 된다.

② 상대방이 칼이나 낫으로 위협하는 꿈

상대방이 낫을 들고 위협하면, 교통사고가 나게 되거나, 좋지 않은 일로 실현된다. 작가의 경우 필화 등의 일을 체험하게 된다.

③ 칼이 녹슬거나 부러지는 꿈

정신적·육체적인 병에 걸리거나, 협조자가 튼튼하지 못하고, 패배·좌절이나 성 불능 등의 일이 있게 된다. 일반적으로 자신이 하고자 하는 일에 좌절하는 일로 이루어진다.

④ 총이나 칼 등에 의해서 상처가 나서 아픔을 느끼는 꿈

흉몽이다. 다친 부위에 실제로 다치게 되거나, 마음의 고통이나 시련을 겪게 된다.

⑤ 칼을 받은 꿈(실증사례) → 태몽

　제가 임신 중에 꾼 꿈이라, 태몽이라 봐야겠네요. 어떤 여인이랑 정갈한 한옥 안채에 한복 곱게 차려입고, 둘이 나란히 마주 보고 앉아있는데, 갑자기 그 여자가 커다란 장도를(장군들이 들고 다니는) 무슨 호박 안기듯이 냅다 내게 던져주는 겁니다. 아들 낳았습니다. ---강윤수, 베베하우스, 2003. 1. 22.

장군들이 들고 다니는 칼을 받는 표상에서 아들을 낳게 될 것을 예지해주고 있는바, 장차의 인생길이 군인·경찰관 등이나 무술과 관련된 직종으로 나아갈 가능성이 높다고 하겠다.

⑥ 민속의 칼에 관한 꿈

– 꿈에 칼로 고기를 베면 병 생긴다.

– 꿈에 다른 사람에게 칼을 주면 해롭다.

≪도끼, 톱, 망치, 낫, 나사≫

① 도끼로 장작·통나무 등을 쪼개는 꿈

협조자·협조세력·능력·방도에 의해서, 분할하고 세분하며 정리할 일을 상징한다.

② 낫으로 잡초를 베는 꿈

현실에서 산적한 난제들을 시원하게 해결하는 일로 실현된다. 반면에 잡초를 베어낼 수 없었던 꿈은 문제 발생으로 인하여 애를 먹게 됨을 뜻한다.

③ 나무를 제거할 목적에서 도끼질을 하는 꿈

세력·법규 등에 의해서 유력자·사업체 등을 제거하는 일을 상징한다.

④ 재목을 얻기 위해 도끼질이나 톱질을 하는 꿈

어떠한 방도나 권리·능력을 사용하여 재물이나 이권을 얻는 행위를 상징한다.

⑤ 망치로 못을 박는 꿈

망치로 상자에 못을 박는 꿈은 법규·계약 등에 의해서 일을 튼튼히 하거나 마무리 짓게 된다.

⑥ 목수가 대패질하는 꿈

기사·학자 등이 건설사업이나 창작사업에 있어 마무리에 박차를 가하게 된다.

⑦ 나사에 관한 꿈

드라이버로 나사못을 뽑는 꿈은 고착된 일·결합 등이 해결되고, 나사를 고정하는 꿈은 결합·연결·협심·완성할 일이 생긴다.

⑧ 녹슨 나사에 관한 꿈

나사뿐만 아니라 톱·칼·도끼 등이 녹슬어 사용할 수 없게 된 꿈은 일거리·대상에 있어 여의치 않게 진행되는 일로 실현된다. 사람의 상징인 경우에 퇴직하게 되는 등 자신의 존재가치에 대해 인정받지 못하게 되는 일로 실현된다. 또는 어떤 일거리·대상에서 심각한 문제가 있음을 일깨워 주기도 하며, 상황에 따라 건강에 있어서 이상이 있는 장기를 상징적으로 나타내주기도 한다.

≪열쇠, 자물쇠≫

열쇠는 폐쇄·단절되거나 알 수 없는 일 및 어려운 문제 등을 해결·개척·성공·제거·통과시키는 능력, 또는 방도·협조자 등을 상징한다. 자물쇠는 외부적 영향력에 대하여 폐쇄·단절 등 못하게 하는 방도·능력 등을 상징한다.

(1) 열쇠 꿈해몽 요약

① 열쇠를 잃어버리는 꿈

자신의 이권이나 권리를 얻지 못하게 된다.

② 열쇠를 얻는 꿈

어떤 재물이나 이권 및 권리의 획득을 가져온다. 소원의 경향, 계획한 일, 곤란한 문제, 학문, 일거리·대상 등이 해결될 방도와 능력이 생긴다. 또한, 가임여건에서 태몽으로 실현될 수도 있다. 방이나 책상·책장의 열쇠를 얻는 꿈은 시험에 합격하는 일로 실현되었다.

③ 금빛 찬란한 행운의 열쇠를 얻는 꿈

로또 당첨 등 엄청난 재물이나 이권을 얻는 일로 실현된다. 정치가는 정권 획득, 학생은 장학금을 타게 된다든지, 주식에서 대박, 아파트 당첨, 산삼 발견 등등 처한 상황에 따라, 최고의 정신적·물질적인 이권이나 재물을 얻게 된다.

④ 자물쇠로 잠가 놓은 방문을 열쇠로 열고 들어가는 꿈

열쇠의 상징의의에 적합한 모든 일의 난관을 해결하고 순조롭게 일이 해결된다. 또한, 이성 관계에서 여성을 정복하기도 한다.

(2) 열쇠 꿈의 실증사례

① 열쇠를 받는 꿈 → 입사면접 합격

꿈에서 어떤 아저씨가 "나는 너를 감당하기 힘들다. 이 열쇠를 가지고 ○○할아버지에게 가면, 너를 잘 가르치고 돌봐줄 거다." 하면서 열쇠를 주는 꿈으로, 입사 면접에 합격하였습니다.

② 열쇠가 깨어진 꿈 → 파혼 예지 꿈

　꿈에 약혼한 사람이 무슨 일이 있다고 해서, 걱정이 되어 급하게 가려고 차를 탔습니다. 키를 꽂는데, 차 키가 아니라 우리 집 아파트 키였습니다. 그런데 급하게 가려고 차 키를 꽂고 가려는 순간, 차(아파트 키) 키가 빠지직 깨져버렸습니다. '이를 어째. 그 사람한테 어떻게 간다지' 하며 걱정하다가 깨었습니다.

　실제로 그 다음 날 주머니에 넣고 다니던 키가 없어졌습니다. 그래서 열쇠 잃어버리는 꿈이려니 생각하고 있었지요. 그날 그 사람을 만나러 갔었는데, 헤어지자고 했습니다. 그날 아파트 계약이랑 예식장 예약하러 가자고 한 날이었는데, 그렇게 그 꿈들을 꾸고 나서인지 우리는 헤어지고 말았습니다.

③ 황금 열쇠가 부러졌다가 다시 붙이는 꿈 → 신체검사 재검에 합격

　꿈에 황금 열쇠가 떨어져 두 조각이 났어요. 그런데, '이것을 붙여보아야겠다.'라고 생각하고 주워서 붙이니까, 감쪽같이 붙여지는 것이었어요. '다행이다.' 생각했지요. 그 후에, 아들이 공군사관학교에 신체검사에서 불합격했는데, 다행히 재검에서 합격했습니다.

　상징적 미래 예지 꿈의 실현은 결과뿐만이 아니라, 과정 또한 중요하다. 꿈은 반대가 아닌, 상징의 이해에 있다. 열쇠가 부러지는 꿈은 좌절·실패·붕괴 등으로 실현된다. 열쇠가 부러지는 꿈이었기에, 이로 상징된 좋지 않은 일이 현실에서 반드시 일어나게 되는 일을 피할 수 없다. 그러나 열쇠를 다시 붙이는 꿈이었기에, 신체검사의 재검에서 합격하는 일로 실현되고 있다. 꿈은 처한 상황에 따라 달리 실현되는바, 시험에 낙방했다가 채점 오류가 정정되어 합격한다든지, 추가 인원 모집으로 합격하는 일로 실현된다.

④ 황금열쇠와 금메달을 받는 꿈 → 태몽 예지

　두 아이의 태몽이 같았어요. 첫아이는 친정엄마께서 황금열쇠를 손에 쥐어주었고, 둘째는 친정아버지가 금메달을 주셨어요. 큰 아이는 아들, 둘째는 딸이랍니다.

⑤ 열쇠 두 개가 주머니에서 나온 꿈 → 원고 입선

서울에서 1996년 10월 15일 김정순 씨가 보내온 편지이다.

　아침에 우체국에서 부치려고 수기공모 원고지를 다 정리하고 잠을 잤습니다. 그날 밤 꿈에 내가 어딜 캠프장에 갔는데, 방갈로 같은 작은 집이 있었습니다. 문을 열고 들어가 보니 작은 방이 있었습니다. 그 방안에는 책상과 책장이 있었습니다. 이 집을 내가 맡아

서 다른 사람 못 들어가게 열쇠로 잠그고 나왔습니다. 나와서 보니 열쇠를 안 가지고 나온 것 같아 깜짝 놀라 주머니를 뒤지자 열쇠 두 개가 나왔습니다. 안심하고 캠프장을 구경하러 다니니, 한 곳에 사람들이 많이 모여 있어 구경을 하다 깨었습니다. 동아일보에 입선으로 당선이 되었습니다. 또 하나 열쇠는 무엇을 뜻하는지 모르겠습니다.

꿈속에서 열쇠를 얻는 꿈은 어떠한 곳에 들어갈 수 있는 권리를 획득하는 것으로 상당히 좋은 꿈이다. 아마도 현실에서는 다른 사람이 얻지 못하는 당선이나 입선, 재물의 획득, 승진 등으로 이루어질 수가 있다. 또한 두 열쇠 가운데 하나는 아직 실현되지 않았다고 볼 수 있다. 용꿈을 꾸고 15년 뒤에 중앙무대에 크게 이름을 떨친 사례가 있듯이, 가까운 장래에 좋은 일이 일어나리라 생각된다. 꿈의 실현이 길게는 20~30여 년 뒤에 이루어지는 경우도 상당수가 있다. 대표적으로 한평생의 운명이 예지되고 있는 태몽의 예를 들 수가 있다.

⑥ 집 열쇠를 잃어버린 꿈(외국의 사례) → 딸이 죽다.

나라 밖을 여행하던 어떤 사람이 꿈에 집 열쇠를 잃어버렸다. 되돌아왔을 때 그는 딸이 죽은 것을 알게 되었다. 이 예지몽은 그에게 집에 변고가 있음을 고했던 것이다.(글: 아르테미도로스, 『꿈의 열쇠』)

≪자≫

자[尺]는 방도나 권리, 가치·판단·치적·한정 등의 일을 상징한다. 자로 높이·길이·넓이·깊이 등을 재면, 일의 가치를 판단하거나, 그만한 길이에 비교할 직책·권리·사업기반 등을 소유하게 된다. 대략 눈으로 살펴보는 경우는 사업 판도·세력권·지면의 크기를 암시한다.

① 물의 길이를 재보는 꿈

자 대신에 나무줄기 또는 철사 등으로 물의 깊이를 재보면, 어느 기관에 청탁한 일이 쉽게 이루어질 것인가, 얼마나 오랜 시일이 걸릴 것인가 하는 따위를 추정함을 뜻한다.

② 꿈에서 자를 받는 꿈

진시황이 도량형(度量衡)을 통일시켜 진(秦)나라의 문물을 정비한 데서 알 수 있듯이, 자[尺]의 상징적 의미가 체제의 정비와 완비를 들 수 있겠다. 태조가 잠저에 있을 때, 꿈에 신령이 금자[金尺]를 주면서 "이것으로 체제를 정비하라."라는 계시적인 꿈이야기가 전하고 있듯이, 자를 받는 꿈은 권세와 이권을 얻게 되는 좋은 꿈이다.

≪말〔斗〕, 되〔升〕≫

말〔斗〕과 되〔升〕 등은 정신적·물질적인 재물의 분량을 비교하거나, 재물의 가치, 사람의 도량을 측정하는 상징물이다.

① 사업 초기에 말〔斗〕로 무엇인가를 사오는 꿈

막대한 재물이나 이권을 축적하게 된다.

② 말〔斗〕로 곡식을 되질하는 꿈

그 수와 비교할 재물을 소유하거나, 그 재물이 생길 일과 관계한다.

≪저울≫

저울은 가치판단을 내리거나 비교하거나 구별하는 방도나 수단, 물건의 가치나 사람의 인격 등을 평가하는 대상이나 협조자 등을 상징한다.

① 저울에 단 물건이 가벼운 꿈

자기가 선택한 일이나 재물·능력 등이 기대와 기준에 미달됨을 체험하게 되는 일로 실현된다.

② 추를 달지 않고 두 개의 물건을 천평칭(天平秤)으로 비교하는 꿈

인물의 됨됨이를 평가하거나, 재물·일 등에 선택할 일이 있게 된다.

③ 세 군데의 우물물을 조금씩 떠서 저울에 다는 꿈(실증사례)

3개의 회사에서 이루어진 일의 성과를 헤아려 볼 일이 있는 것으로 실현되었다.

이 경우, 수험생이나 취업 준비생이라면, 세 군데 원서를 접수하고 1차로 세 군데 모두 합격 후에, 어느 곳을 선택할지를 고민하는 일로 이루어진다.

≪맷돌≫

맷돌의 상하 두 개의 돌은 수단이나 방도를 상징하며, 상하의 권력기관이나 단체를 상징한다. 맷돌이 돌아가지 않는 꿈은 이러한 수단의 부재나 기관의 비협조로 일이 성사되지 않음을 예지한다. 또한, 공장의 기계를 상징하기도 한다.

≪망원경≫

① 망원경을 통하여 먼 곳의 광경을 가깝게 보는 꿈

먼 훗날의 일을 미리 알거나 먼 곳의 소식을 듣게 된다.

② 망원경으로 본 거리가 햇빛에 빛나는 것을 보는 꿈

어느 정도 시일이 경과한 다음에 좋은 운수가 찾아옴을 예지한다.

③ 망원경을 통해 보려다 육안으로 보는 꿈

어떤 협조기관(협조자)을 통하지 않고, 직접 나서서 일을 처리하게 된다.

7) 의술, 수술에 관한 꿈(주사[주사기], 약·약국, 수술하는 꿈)

병을 치료하는 것은 사업이나 일거리·대상, 어떠한 사건이나 자신이 바라는
바를 심사하거나 검토·정리·보완·수정할 일을 상징한다.

① 병이 완치되거나 치료하다 죽는 꿈

상징적으로 사업·소원·계획한 일이 성취되거나, 일이 마무리되어 그 일에서
손을 떼게 된다. 또한, 사실적인 꿈인 경우에는 꿈대로 실현될 수 있다.

② 치료가 중단되는 꿈

일이 진행 중에 멈추게 되거나, 난관에 봉착하게 된다. 처한 상황에 따라, 여
행 중에 중도에 포기하고 되돌아오는 일로도 실현 가능하다.

③ 병원에 한 달 정도 입원해야 한다는 진찰 카드를 받는 꿈

숫자의 상징적 의미에 따라 한 달, 1년 혹은 10년간 병원으로 상징된 회사나
기관·단체에서 일하거나 관련을 맺게 될 것임을 예지하고 있다.

④ 의사에게 자기 병세를 자세히 설명하는 꿈

의사로 상징된 회사의 상사나 목사·신부·스님 등 지혜로운 사람에게, 자신의
업무나 애로사항에 대하여 상담하고 이야기를 하게 될 것을 예지해주고 있다.

⑤ 의사가 진찰하는 꿈

의사로 상징된 전문가나 윗사람에게, 일이나 사업·업적 등에 관해서 상담하
게 되거나 검토·심사 등을 받게 된다.

⑥ 병원 진찰대에 눕는 꿈

회사·기관·단체 등에서 시키는 대로 따르게 된다. 안 좋게는 한동안 침체와
기다림의 시간을 겪게 된다.

⑦ 칼을 빼 든 의사가 나를 수술하는 꿈(상담사례) → 처녀 작품을 당국에서 채택

늙은 두 의사가 나의 병은 뱃속에 들었으니, 수술하면 낫는다고 해서 '과연 고칠 수 있을까' 생각하고 있는데, 방안을 바라보니 저쪽에 새까맣게 탄 5～6명의 죽은 사람의 시체가 미라 모양으로 나란히 앉아 있었다. 나도 저렇게 되면 큰일이라고 생각하고 도망갈 것을 궁리하고 있는데, 그들은 벌써 청룡도와 장검을 빼 들었고, 젊은 사나이가 단검을 들고 내 앞에 바싹 다가앉아 있어 나는 공포에 떨다 잠이 깨었다.(아마추어 작가 백홍기 씨의 꿈)

역사가 깊은 오래된 잡지사에 작품을 제출하면, 심사 후에 자기 작품이 발표될 것이다. 늙은 두 의사는 역사 깊은 잡지사나 노련한 심사관의 동일시다. 배를 수술하겠다는 것은 작품을 검토해 보아야 한다는 것이며, 5～6인의 시체는 어떤 사람의 작품이 소화됐음을 목격할 것이고, 도망갈 것을 궁리하는 것은 일단 제출했던 작품을 회수할까 생각하지만, 그들이 칼을 들고 접근해 있으니 조만간 그곳에서 미라가 되는 것은 면치 못한다. 자기가 죽어야 그 작품이 잡지에 실린다.(글: 한건덕)

스승님의 탁견이 돋보이는 글이다. 이러한 해몽에서 중요한 단서는 지금 꿈을 꾼 사람이 아마추어 작가라는 사실이다. 즉, 자신의 작품이 발표되기를 고대하는 상황에서 꾸어진 꿈이라는 전제하에 이러한 꿈해몽이 가능한 것이다.

이로써 보면, 자신의 처한 상황에 대한 이야기는 하나도 없이 꿈해몽을 부탁하는 경우, 더구나 나이도 성별도 모르는 상태에서 꿈의 해몽에 들어간다는 것이 얼마나 어리석고 얼마나 엉터리의 해몽이 될 수밖에 없는지 이해가 될 것이다.

또한 이러한 해몽에서, 해몽하는 사람은 그 사람이 처한 상황을 알았다고 하더라도, 꿈의 내용을 읽고 꿈의 상징 표상에 대해서 다양한 생각을 거듭한 끝에, 가장 부합되는 의견을 내놓게 되는 것이다.

사이트 '해몽상담' 란의 1:1의 직접 상담에 대한 심적인 부담감에 대해서, 이해를 해주셨으면 한다. 장난삼아 심심풀이로 올리는 글이 아닌, 진정으로 자신의 꿈에 대해 알고 싶다는 사람들만 자신이 처한 상황을 자세하게 적어 꿈의 내용과 함께 올려주시기 바란다.

꿈속에서 계시적인 말은, 말 그대로 또는 상징적인 의미 그대로 이루어지고 있다. 즉, 우리가 해몽하기에 가장 믿을 만한 실마리를 제공해주고 있다. 아마도

자신이 제출한 작품의 어떤 내용에 대해서 배 속을 수술하듯이, 작품의 배 속에 해당하는 근본적인 내용의 대폭적인 수정 작업을 거쳐야 비로소 완성된 작품으로 이루어질 것임을 나타내주고 있다고 해야 할 것이다. 늙은 두 의사이니, 내력이나 경험이 많은 사람이나 기관을 상징 표상하고 있다. 두 사람이듯이, 두 곳의 통과를 거쳐야 하거나, 두 주요 심사관의 심사를 받아야 하는 상황으로 전개될 것이다.

이미 미라가 된 5~6인의 표상이 이미 완성된 작품을 상징한다는 표상 해석도 올바른 견해이시다. 죽음은 완성, 새로운 탄생, 부활의 이미지에 적합한 표상인 것이다. 죽음은 끝남이 아닌 새로운 영생의 세계로 나아가는 종교적인 의미에서도 일맥상통하는 면이 있다. 자세한 것은 필자의 사이트에서 '죽음', '죽다', '죽는'을 검색하여 살펴보시기 바란다.

≪주사(주사기)≫

상징적으로 병을 치료하는 꿈은 어떠한 착오상태에 있는 일거리·대상을 심사·검토·처리할 일을 상징하며, 주사(注射)하는 꿈은 이러한 것을 신속히 해결하고자 하는 것을 뜻한다. 나쁘게는 유혹이나 마취·마비의 수단이 되기도 한다. 주사기는 이러한 것을 해결하고자 하는 수단 방법이나 대상의 상징이다. 이 경우, 주사기나 수술용 칼, 기타 치료 도구는 어떤 일의 심사·검토·수정 등을 하기 위한 방도·자원·능력 등을 상징한다.

① 얼굴을 주사기 같은 것으로 찔러 성형하는 꿈

실제로 사실적인 요소가 있는 꿈이라면, 병원에서 성형 수술을 하는 일로 실현된다. 일반적으로는 집의 대문을 새롭게 하게 되거나, 회사나 기관의 지도부를 개편하는 일로 실현된다. 신문 기자나 저자의 경우에는 얼굴의 상징적 의미에 해당하는 기사나 작품의 제목을 바꾸게 되는 일로 실현된다.

② 괴한에게 주사를 맞는 꿈(실증사례) → 금고를 도난당함

007 가방에 돈을 가득 넣은 채, 은행에 예금을 하러 가는 길이었다. 은행은 어떤 건물의 2층에 자리하고 있었고, 나는 그 가방을 들고 계단을 오르고 있었다. 계단 입구 주위에는 두어 명의 청년이 나를 지켜보고 있는 것 같았는데, 막상 계단을 다 오르고 은행 문 입구 쪽으로 향하려는 찰나, 검은 안경을 낀 건장한 청년

이 나를 가로막았으며, 두 명의 부하들과 함께 강제로 내 사지를 꼼짝 못 하게 잡고는 나를 땅 바닥에 들어 눕혔다. 그리고 그중 한 명이 하는 말이 "정신이 들지 못하게 주사를 놓아야 한다."면서 내 팔을 걷고는 주사를 놓았다. 나는 '정신이 몽롱해지는구나' 생각하며, 그만 잠에서 깨었다.

회사에 도둑이 들어 대형 금고 속에 넣어둔 손금고를 도난당하는 일로 실현되었다.(글: 운몽)

≪약, 약국≫

치료 약은 방도·능력·자본·성과·영향·임무 등을 상징한다. 약국은 은행·백화점·서점·회사나 기관·단체 등을 상징할 수 있으며, 약사는 기관의 주인·지도자·책임자의 동일시이다.

① 전염병에 걸렸는데 약을 먹고 낫는 꿈

일시적으로 빠졌던 종교 등의 신앙생활에서의 이탈이나, 추구하던 일거리·대상의 중단, 사업의 재정비 등의 일이 있게 된다.

② 약병이 즐비하게 놓인 것을 보는 꿈

꿈에서는 가져오지 않더라도 보는 것만으로 소유·획득의 의미가 있을 수 있다. 학문적 자료나 사업 방도·생계비 등이 마련된다.

③ 상자에 가득한 약병을 얻는 꿈

처한 상황에 따라, 담배·술 등 자신에게 부족한 어떤 물자를 충분히 얻을 일이 생긴다.

④ 약을 조제하고 처방하는 꿈

진척이 없던 학문이나 사업 등에서 방도를 마련하게 되며, 여러 자료를 수집하거나 상담에 응하게 된다.

⑤ 약을 받거나 치료 방법을 알려주는 꿈

일반적으로는 어떠한 문제점이나 난관을 해결하는 일로 실현된다. 또한, 신령적인 존재가 약을 주거나 치료 방법을 일러주는 계시적인 꿈의 경우에, 실제로 꿈대로 따르는 것이 좋으며, 이 경우에 병을 고치게 된다. 이렇게 신령적인 존재가 나타나는 꿈은 계시적 성격을 보여주고 있으며, 이 경우에 자신의 잠재의식의 자아가 분장 출현하여 일러주고 있는 것으로 볼 수 있다.

⑥ 약을 먹는 꿈

의사가 약을 줘서 먹는 꿈은 어떤 기관장에게 임무를 부여받거나, 업무 처리에 시정을 요하는 지시를 받게 된다.

⑦ 약을 먹고 죽는 꿈

임금님이 내리는 사약을 먹고 죽는 꿈은 새로운 탄생의 부활로, 최고의 명예나 권리 등이 주어지게 되며, 새로운 인생길의 삶이 열린다.

⑧ 폭약이라고 생각되는 약을 받아먹는 꿈(실증사례)

자기가 성공할 수 있는 좋은 직장 또는 책임을 얻는 일로 실현되었다.

⑨ 약국에서 약을 구해 오는 꿈(실증사례)

생계비나 사업장의 방도 등이 생기거나, 어떤 약속이 이루어진다. 뱀의 머리를 짓밟고 그 뱃속에서 이빨을 고치는 약을 구한 꿈은 가족의 생계비를 어느 기관을 통해 얻게 되는 것으로 실현되었다.

⑩ 1억 6천만 원짜리 보약을 먹은 꿈(실증사례)

백발노인이 나타나 보약을 사 먹으라고 한다. 값을 물으니 1억 6천만 원이라고 한다. 노란 황금색 약을 받아 쥐고, "이게 무슨 1억 6천만 원 짜리가 되냐?" 면서 그냥 입에다 툭 털어 넣었다.

복권 당첨 꿈 사례이다. 약은 어떤 일에 대한 방도, 능력, 영향력을 행사하는 자본이나 재물, 성과 등을 상징하는 표상물이다. 이러한 귀한 약을 먹었으니, 약값으로 상징된 이권이나 재물을 얻게 될 것을 예지해주고 있다.

≪수술≫

① 머리를 수술하는 꿈

머리로 상징이 되는 사물의 핵심이 되는 중요한 일거리나 대상을 수정·보완하는 일로 이루어진다. 문예작품·논문 등을 심사받거나, 기자·검사 등에게 자기 사상을 피력할 일이 생긴다.

② 수술받을 때 뻐근한 감각을 느끼는 꿈

상대방이 자기 일에 깊이 관여하게 되거나, 그들에게 큰 감명을 줄 일이 생긴다.

③ 낙태 수술을 하는 꿈

어떤 일에서 성취를 향하여 나아가다가, 힘이 들거나 부담이 가서 <u>스스로 포</u>기하게 되는 일로 실현된다. 다만, 사실적인 미래투시의 꿈인 경우, 실제 낙태 수술을 하게 되는 일로 이루어진다.

8) 병기(총, 대포, 칼, 활, 깃발, 북), 전쟁

≪총(권총)≫

총이나 칼은 어떠한 일을 강압적으로 진행하기 위한 수단이나 방편을 뜻한다. 무기·탄약 등은 자신을 도와주는 협조자나 협조기관, 압박적인 권세, 정신적이나 물질적인 자본·지원세력 등을 상징한다.

상징적인 꿈에서 총에 맞아 죽는 꿈은 길몽으로, 성취와 결실을 이루고 새로운 삶으로 거듭 태어남을 뜻한다. 하지만 경우에 따라서 총이나 칼은 외부의 강력한 자극·비판·충격을 뜻하기도 한다. 꿈속에서 적이 총을 쏘려고 노려보는 꿈을 꾸었을 경우, 현실에서는 외부의 강력한 자극·비판·충격에 시달리기도 한다.

적이 쏘는 탄환이 자기 몸에 관통되는 꿈의 경우에는 안 좋게는 비판의 대상으로 실현되지만, 총을 맞은 자신이 일거리나 대상의 상징인 경우에는 그 영향권 속에 휩싸여 들어감을 뜻한다. 예를 들어, 시험이나 취직을 앞둔 사람의 경우에는 총을 맞는 꿈이 합격의 일로 실현될 수 있다.

① 총으로 사람이나 동물을 죽이는 꿈

자신이 어떠한 일거리·대상이나, 사람을 완벽하게 제압·굴복·복종시키는 일로 이루어진다. 소음 권총을 사용하는 꿈은 어떠한 일처리에 있어 비밀스럽고 은밀하게 진행함을 뜻한다.

② 총에 맞는 꿈

어떠한 상황이나 여건 속에 휩싸여 들어가게 된다. 이 경우에 죽는 꿈은 기존의 여건은 사라지고, 새로운 탄생과 변신으로 이루어진다. 처한 상황에 따라, 입학·당선·당첨·합격·연분 맺음 등의 일이 이루어진다.

③ 무릎에 총을 맞은 꿈

잠을 자다가 꿈속에서 적군과 전투 중에 무릎에 총을 맞고 놀라 깨어난바, 무릎 부분에 쥐가 나서 고생하는 일로 실현된 사례가 있다. 이는 예지적 꿈이 아닌, 신체 외부의 이상을 알려주는 꿈으로 실현된 경우이다. 또한 일깨움의 꿈으로 무릎 부분에 관절염 등의 이상이 있게 됨을 알려주는 일로 실현될 수가 있다. 상징적인 미래 예지 꿈으로 실현된다면, 교통사고 등으로 총을 맞은 무릎 부분을 다치는 일이 일어날 수도 있다.

④ 상대방이 총을 겨누어 무서워 떤 꿈

총으로 상징된 압박·비판·논박 등을 당하게 되거나, 불안과 고통에 시달리게 된다.

⑤ 총소리가 요란한 꿈

어떠한 일이 크게 소문나게 되거나, 큰 성취가 이루어진다.

⑥ 공포를 쏘는 꿈

어떠한 일거리·대상에서, 성취가 이루어지지 않고 실속 없는 일로 이루어진다. 경우에 따라, 헛된 소문이 널리 퍼지고 입방아에 오르게 된다.

⑦ 상대방의 총을 빼앗는 꿈

상대방의 재물이나 이권·권리를 넘겨받게 되거나, 상대방과의 경쟁에서 물리치고, 제압·굴복시키게 된다.

⑧ 적과 싸우는데 총·칼 등 다양한 무기를 사용하는 꿈

어떠한 성취를 이루는 데 있어, 다양한 수단과 방법을 강구하여 목적을 달성하게 되는 것을 뜻한다. 예를 들어, 투자 자금을 마련하는 데 있어, 은행에서의 대출뿐만 아니라, 친지에게서 돈을 빌리게 되는 일로 실현될 수 있다.

⑨ 기관총으로 적을 무수히 죽이는 꿈

자신의 추구하는 일거리·대상에서 빠르고 통쾌하게 이루어져서, 많은 사람들을 자신의 편으로 만드는 일로 실현된다.

⑩ 총을 쏘아도 소리도 안 나고 사격도 안되는 꿈 → 헛수고로 그치다.

사업에 관한 문제가 법정으로까지 가게 된 사건이다. 그 무렵 꿈을 꾸니까, 결투를 하다가 상대방을 향해서 총을 쏘았는데, 이상하게 소리도 안 나고 총알도 나가지 않은 것을 보고 몹시 당황하여 꿈을 깨었다. 이 꿈은 당시 직면하고 있는 그 문제는 아무리 법정으로 가지고 가봐야, 빈 총과 같은 처지이니까 일찍이 포기하는 것이 상책인 암시이다. (글: 박성몽)

⑪ 헬기에서 권총을 쏘는 꿈 → 승진으로 실현

　　지난 정권에서 총리를 지냈으면서도, 이번 정권에서 주미대사와 무역협회장을 지낸 한덕수 씨 부인이 꾼 꿈이다. 어느 날 부인이 꿈을 꾸니까 어느 높은 산에 오르고 있었다. 그런데 어디서 헬기가 나타나더니, 헬기에 탄 조종사가 한덕수 부부를 향해서 권총을 여러 발 쏘아댔다. 자문을 해보니, 권총은 권세 '권(權)'을 의미한다는 것이다. 얼마 있다가 한덕수 씨는 정부부처 국장보직으로 승진을 했다.---조용헌의 八字기행, 미래를 보는 꿈 '선견몽'

이 경우에 총에 맞아 죽는 꿈도 낡은 껍질을 벗고 새로운 탄생을 상징하는 꿈이다.

≪총알(포탄), 대포, 무기, 탄약, 화약≫

총알이나 탄환은 외부의 충격이나 영향력, 정신적·물질적인 자본이나 권세·방도 등을 상징하며, 수류탄·지뢰·포탄·폭탄 등은 거대하고 선풍적인 일의 성과나 자본·권세·명성과 관계한다. 무기·탄약은 협조자나 후원자, 권력 및 협조기관, 정신적인 자산과 물질적인 자본 등을 상징한다.

① 총알이나 화살이 목표물에 명중한 꿈

입학·당선·당첨·합격·연분 맺음 등의 일이 이루어진다. 예를 들어, 처녀가 허벅지에 탄환(총알)을 맞으면 청혼을 받아들이게 되며, 구직자는 취직을, 수험생은 합격하는 일로 이루어진다.

② 대포에 관한 꿈

대포·박격포·야포·함포 등의 중화기는 강력하고 거대한 외부적인 영향력, 국가 권력기관이나 대형 국책 기관을 상징하며, 포탄은 물질적 자본이나 정신적 자산을 뜻한다.

③ 폭탄이 터져 큰 폭음이 나는 꿈

어떠한 일거리·대상에서 거대한 일이 성사되어, 명성과 소문이 날 것을 예지한다. 예를 들어, 사회적 이슈가 되는 사건이나 사고가 신문·방송에 떠들썩하게 보도되는 일로 실현된다.

④ 폭탄이 쏟아져 작렬하는 꿈

폭탄으로 상징된 어떤 일이나 대상에서 커다란 사건이나 사고가 일어난다. 또한 엄청난 태풍이나 해일이 닥쳐오거나, 여름철에 장맛비가 무섭게 내리거나, 겨울철에 폭설이 쏟아지는 경우에 이러한 꿈을 꿀 수도 있다.

⑤ 폭탄에 의해 건물 등이 파괴되는 꿈

폭탄으로 상징된 강력한 외부적 사상이나 여건으로 인하여, 건물 등으로 상징된 거대 권력기관, 회사 기관 단체에 엄청난 변혁과 조직 개편 등 변화가 급작스럽게 일어나게 된다.

⑥ 화약·폭발물에 관한 꿈

화약이나 폭발물은 강력한 외부적인 세력, 세상 사람들을 놀라게 할 일이나 영향을 주게 되는 정신적·물질적인 자원을 상징한다. 예를 들어 공지영의 '도가니' 소설작품으로 인하여 지적장애인들에 대한 사회적 각성과 관심을 불러일으키게 된다든지, 어떤 거대 권력기관의 민간인 사찰, 그룹의 비자금 조성으로 인하여 사회적 이슈가 되는 일을 상징하고 있다.

≪칼≫

칼은 협조자·방도·능력·권세·비판 등을 상징한다.

① 칼(군도)을 얻거나 찬 꿈

칼을 차고 뽐내거나, 칼을 얻는 꿈은 자신의 권세나 명예, 직위·신분이 높아지며 일의 처리 능력이나 지휘 능력이 뛰어나게 된다.

② 칼로 상대방을 죽이는 꿈

앞서 살펴본 총으로 죽이는 꿈과 유사하다. 어떤 일거리·대상에 대해서 성취되는 일로 이루어진다.

③ 칼로 물건을 자르는 꿈

일거리·대상에 대해서, 어떤 방도나 수단을 동원하여 세분화하여 처리하게 되거나 정리 등을 하게 된다.

④ 칼싸움을 하는 꿈

대립 경쟁의 처지에 놓이게 된다. 사업가라면 자신의 회사와 동일한 제품을 생산해내는 회사와 사업상의 경쟁을 겪게 된다. 언론관계에 있는 경우, 언쟁·논쟁·토론 등의 일에 참여하게 된다. 이 싸움에서 이기는 꿈이 좋은 결과와 성취로 이루어진다.

⑤ 의사가 칼을 들고 수술하는 꿈

자신의 사업에 대해서 전문가나 직장 상사의 평가를 받고 사업을 검토하고 개선하게 되는 일을 상징한다. 학생의 경우 자기 작품이나 글을 선생님이나 심사위원에게 심사를 받게 되는 일로 실현된다. 부동산 업자의 경우 건물이나 토지에 대해서 점검하고, 토지분할이나 리모델링 등을 하게 되는 일로 실현된다.

⑥ 칼을 휘둘러 호랑이를 죽이니 공중에서 호랑이가 석고가 되어 움직이지 않는 꿈

적함을 침몰시킨 승전의 사진을 신문에서 볼 것을 예지하는 것으로 실현되었다.

⑦ 민속의 칼에 관한 꿈

– 꿈에 칼 갈아 날이 서면 대길하다.
– 꿈에 칼과 도끼에 상하면 대길하다.
– 꿈에 칼싸움을 하다 피를 보면 재수가 있다.
– 꿈에 칼에 상하여 피가 나면 술과 밥이 생긴다.
– 꿈에 칼을 가지고 서로 찔러 서로 피를 보면 길하다.
– 꿈에 칼로 사람을 찍으면 재수가 있다.
– 꿈에 칼로 자살하면 재물을 얻을 징조이다(크게 길하다).
– 꿈에 칼 셋을 주우면 감사를 한다.
– 꿈에 칼을 차면 재물을 얻는다.
– 꿈에 칼을 휘두르면 재수가 있다.
– 꿈에 칼이 상머리에 있으면 재수 있다.
– 꿈에 칼을 보면 재수가 없다.
– 꿈에 칼을 주우면 재수 없다.
– 꿈에 칼을 잃거나 땅에 떨어뜨리면 재수 없다.
– 꿈에 칼이 물 가운데 떨어지면 아내에게 해가 생긴다.

≪창〔戈〕≫

창에 관한 꿈도 칼에 관한 꿈과 유사한 입장에서 이루어진다.

① 창으로 상대방을 찌른 채 뽑지 않는 꿈

어려운 일거리·대상에서, 성취하는 데 상당한 시일이 걸리게 됨을 예지한다.

② 창을 던져 상대방을 죽인 꿈

협조자나 후원자, 외부적인 여건에 도움을 받아, 자신의 분야에 성취를 이루게 된다.

③ 창이 부러진 꿈

협조자나 주변 여건의 악화로 인하여, 자신의 뜻대로 이루어지지 않게 된다. 사업가는 사업수단을 뜻대로 발휘할 수 없게 되며, 학생은 등록금이나 장학금 지원의 중단이나 외부적 여건에 의하여 학업에 정진할 수 없게 된다.

④ 창이 녹슬어 있는 꿈

자신의 능력을 제대로 발휘하지 못하게 되어 실패나 좌절하게 된다. 또한 사업분야에서 후원자의 어려움이나 여건의 악화 등으로 인하여 원활한 투자가 이루어지지 않게 된다.

≪활≫

활도 무기의 일종으로 칼과 유사한 해몽이 가능하다. 활은 협조자·방도·능력·비판 등을 상징한다.

① 활로 표적을 맞히는 꿈

자신의 뜻대로 이루어진다. 소원하는 일이나, 입학·시험·취직·연애 등의 일이 이루어진다.

② 활로 새나 짐승을 맞춰 죽이는 꿈

상대방을 물리치고 자신의 목적을 달성하게 되며, 공직에 오르거나 공개적인 일이 성사된다.

③ 활시위가 끊어지는 꿈

협조자나 배우자와의 결별, 믿었던 사람의 배반, 사업의 실패, 일거리·대상에서 좌절을 맛보게 된다.

④ 민속에 전하는 활·화살에 관한 꿈

– 꿈에 활과 살을 가지면 크게 좋다.

– 꿈에 활로 달을 쏘아 맞히면 싸움에 이긴다.

– 꿈에 활시위가 끊어지면 나쁘다.

– 꿈에 활에 시위가 없으면 뜻을 이루지 못한다.

– 꿈에 화살이 부러져 보이면 만사를 이루지 못한다.

≪깃발(기), 군기, 국기≫

깃발은 권세, 명의, 명예, 사상, 이념, 간판, 신호 등을 상징한다.

① 국기나 깃발을 게양하는 꿈

명예를 드날리게 되며, 경사스러운 일로 인하여 과시할 만한 일이 생긴다. 또한 국가적 또는 사회적인 권리 행사를 하게 된다. 반기를 달은 꿈은 현실 그대로 조의의 뜻이 있다.

② 국기나 깃발에 대한 경례를 하는 꿈

회사 기관 단체 등 어떠한 조직체에 열성을 다해서 힘쓰게 되는 일로 이루어진다.

③ 군기(軍旗)나 여러 깃발을 앞세우고 행진하는 꿈

국가나 회사·기관·단체의 정책이나 방침이 널리 시행되는 것을 보게 된다.

④ 군기나 깃발을 빼앗기는 꿈

사업 실패 등 일이 성사되지 않게 되며, 자신의 조직이나 단체가 무너지게 된다.

⑤ 만국기가 여기저기에서 펄럭이는 꿈

국가적·사회적인 경사가 있고, 사업의 선전광고가 행해지게 되거나, 노력의 성과에 대해서 명예와 직위를 과시할 일이 생긴다.

⑥ 깃봉을 보는 꿈

깃봉이 순금으로 되어 있다거나, 귀한 물건일수록 정신적 업적이나 성취를 이룬다. 필자의 어머님은 깃봉처럼 생긴 빨간 열매 세 개를 따오는 꿈을 꾼 후에, 아들 삼 형제를 낳는 일로 실현되었다.

⑦ 깃발들이 하늘에서 마당으로 내려오는 꿈(실증사례) → 화가 김환기의 태몽

고향 기좌도를 그린 화가 김환기의 태몽은 그의 어머니 태몽에 휘황찬란한 빛깔의 이불만큼씩이나 큰 깃발들이 하늘에서 마당으로 내려오는 꿈을 꾸었다. 어머니가 보기에, 아들이 그리는 화포(畵布)의 그림은 꼭 그때에 태몽에 비쳤던 오색 찬란한 깃발들이었다.---김향안, "1944년 어머님의 회고에서" 김조기 화집 1978.

≪전쟁에 관한 꿈≫

(1) 전쟁 꿈에 대하여

심리 표출의 꿈에 있어서는 전쟁에 대한 공포와 불안한 잠재심리로 인해서, 전쟁이 일어나는 꿈을 꾸게 될 수도 있다. 또한 끔찍한 이야기이지만, 실제로 전쟁이 일어나는 사실적인 미래투시적인 꿈을 꿀 수가 있다. 하지만 대부분의 상징적인 예지적인 꿈에서, 전쟁은 어떠한 힘겨운 대상과의 갈등, 정복하고 제압할 어떤 벅찬 문젯거리, 힘겹고 두려우며 고통스러운 일을 상징적으로 암시한다. 적군이 병마(病魔)의 상징인 경우라면, 질병에 시달리게 된다.

이 경우 전쟁에서 승리하는 꿈이 좋다. 이는 실제의 전쟁이 아닌, 컴퓨터 게임 등에서의 전쟁이나 전투의 승패 여부도 마찬가지의 결과를 가져온다. 전쟁이나 싸움·경쟁 등에서 승리하는 꿈은 일거리·대상에 대한 성취와 질병에서의 회복 등으로 이루어진다. 패배를 하는 꿈은 사업의 실패, 복종과 굴욕, 질병에 걸리게 되는 일로 실현된다.

(2) 전쟁·전투·싸움·경쟁의 꿈해몽 요약

① 전투 끝에 이긴 꿈

적군을 무수히 죽여 적진을 점령하는 꿈은 자기가 계획하는 일이나 소원이 크게 성취된다. 수험생의 경우에, 여러 경쟁자를 물리치고 시험에 합격하게 된다.

② 전쟁이나 전투가 치열한 꿈

일거리·대상에서 쉽게 해결되지 않는 문제가 발생하며 난관에 부딪히게 된다. 사업가의 경우에, 자신의 회사 제품이 다른 회사와 치열한 경쟁을 벌이게 되는 일로 실현된다. 환자의 경우에는 생사의 기로에서 투병하게 되는 일로 실현된다. 이 경우에 전투에서 이기는 꿈이 병마(病魔)를 물리치고 회복하게 된다.

③ 자신이 포로가 되는 꿈

어떠한 기관이나 단체 등에 자신의 의사와 상관없이 강제적으로 관련을 맺게 되는 일로 실현된다. 직장인의 경우에 연수원 교육 등에 참여하게 되거나, 타 기관에 파견 근무를 나가게 되는 일로 실현된다. 일반인의 경우에도 자신이 원하지 않는 단체나 기관 등에 강제적으로 참여하는 일로 실현될 수 있으며, 나쁘게는 감옥에 가게 되는 등 어떠한 일거리나 대상에 휘말리게 되는 일로 실현된다. 구직자의 경우에 포로가 되는 꿈을 꾼 경우에 취직하게 되며, 수험생의 경우에 합격하게 되는 일로 실현된다. 신춘문예에 응모한 작가의 경우에는 포로가 되는 꿈이거나 폭사 당하여 죽는 꿈의 경우에, 자신의 작품이 당선되어 널리 알려지게 된다.

④ 적국에 선전 포고를 하는 꿈

자신의 의지를 드러내게 된다. 회사원의 경우에 자신의 사업 계획서를 기안하게 되거나, 학자의 경우에 연구 계획서를 제출하게 된다.

⑤ 간첩을 잡는 꿈

일거리나 대상에 있어서 적대적인 사람이나 방해되는 사람을 제압하고 물리치게 된다. 사람이 아닌, 방해되는 여건이나 내·외적인 문제점을 제거하는 것도 가능하다.

⑥ 적이나 상대방의 동정을 염탐하는 꿈

사업가의 경우에 다른 경쟁 회사의 사업 현황에 관심을 지니게 되거나, 수험생의 경우에 자신이 추구하는 대학에 대한 탐방이나 출제 경향 등을 분석하게 된다.

⑦ 휴전선에 관한 꿈

휴전선은 방해물, 억압의 대상을 상징한다. 휴전선이 가로막혀 갈 수 없는 꿈은 자신의 뜻대로 일이 이루어지지 않게 된다. 사업의 지지부진해지게 되며, 기관에 청탁한 일이 진행되지 않게 된다.

10 dream 음식물/부엌살림에 관한 꿈

1) 음식물, 식사에 관한 꿈

음식물은 정신적·물질적인 자산·일 및 사업성과나 작품 등을 상징하며, 음식 재료는 정신적·물질적인 자본·일 및 작품 등을 상징한다. 음식은 그 음식의 상태나 가치 또는 먹는 장소나 방법에 따라 각각 상징 의의가 달라진다. 이 경우 음식을 먹고 만족감 등을 느끼는 꿈이 재물이나 이권의 흡족한 만족으로 이루어진다. 민속에 먹는 꿈을 꾸면 병에 걸린다는 속설이 있으며, 실제로 먹는 꿈을 꾼 후에 감기 등에 걸린 사례가 있다. 하지만 진수성찬을 맛있게 먹는 꿈이 결코 나쁜 일로 실현될 수 없다. 남이 먹다 만 진수성찬의 중국음식을 대신 먹은 사람이 다른 사람의 시간 강사를 대신하게 된 사례가 있다.

≪음식(음식물)을 먹는 꿈≫

① 자신 혼자서 음식을 먹는 꿈

이권이나 재물이 생기는 일에 자신만이 관여하게 됨을 뜻한다. 물론 여럿이 같이 먹으면 공동으로 할 일이 생긴다. 한편, 산소의 음식을 가져다 먹은 꿈으로 죽음을 예지한 사례가 있다.

② 두 사람이 마주앉아 음식을 같이 먹는 꿈

어떤 일을 공동으로 추진하게 됨을 뜻한다.

③ 상대방과 나란히 앉아 식사하는 꿈

의견이 일치되고, 결혼·사업·계약 등의 일이 잘 이루어진다.

④ 식탁에서 여러 사람이 나란히 앉아 음식을 먹는 꿈

직장이나 회사 기관 단체에서 질서정연하게 일을 처리함을 뜻한다.

⑤ 몇 명의 거인이 상에 둘러앉아 음식을 먹는 소리가 똑똑히 들리는 꿈

거인으로 상징된 학자나 지도자 등이 국가 시책이나 학문적 연구 등에 대해서 의논하는 것을 보게 되는 일로 실현되었다.

⑥ 원탁에 둘러앉아 식사하는 꿈

회의·세미나 등을 하게 된다.

⑦ 상대방에게서 음식을 대접받는 꿈

상대방에게 고용되어 심복이 되거나 그 사람이 시키는 일을 책임지게 된다.

⑧ 상대방에게 음식을 대접하는 꿈

어떤 일을 상대방에게 시키거나 맡기게 되며, 심복을 만들거나 자기 의사에 따라 줄 사람을 얻게 된다.

⑨ 다른 사람보다 못한 밥을 먹는 꿈

자신은 잡곡밥이고 다른 사람은 쌀밥이면, 상대방은 이득이 많은 좋은 일을 책임지나 자기는 그만 못함을 뜻한다.

⑩ 다른 사람보다 크고 화려한 그릇에 음식을 먹는 꿈

자신의 이권이나 재물이 남보다 가져오게 되거나 직책·권한 등이 남보다 뛰어나게 된다.

⑪ 음식을 먹으려고 했으나 먹지 못하는 꿈

음식물로 표상된 재물이나 권리의 획득이 이루어지지 않게 된다. 다만, 꿈속에서 보는 것만으로 소유의 개념이 적용되는 경우가 있다.

⑫ 음식이 맛이 없는 꿈

자신이 먹는 음식 맛이 너무 시거나 짜다고 생각하는 꿈은 자신이 진행하는 일거리·대상에서 어딘가가 잘못되었음을 발견하게 된다. 음식을 뱉어내는 꿈의 경우에, 가임여건에서 태몽인 경우에 유산으로 실현되기도 한다.

⑬ 음식을 깨물어 먹는 꿈

일거리나 계획서 등을 잘 가다듬고 음미해서, 어떤 일을 성취함을 뜻한다.

⑭ 음식물을 날것으로 먹는 꿈

생소한 일, 온전한 일, 조제하지 않은 일 등을 체험하게 된다.

⑮ 상하거나 부패한 음식물을 먹는 꿈

일의 헛수고, 부채를 걸머질 일, 불쾌한 일 등과 상관하게 된다.

⑯ 음식상의 과일이나 다과류를 보기만 하고 먹지 않은 꿈

어떤 일에 직접 간섭하지 않거나, 책임을 지지 않은 채, 일이 진행됨을 관망하게 된다.

⑰ 음식을 씹지 않고 그대로 삼키거나 마셔버리는 꿈

재물이나 이권, 일거리나 대상을 급작스럽게 소유하거나, 책임질 일을 상징한다.

⑱ 음식물이 갑자기 금빛 대변으로 변한 꿈

어떤 일을 처리하여 막대한 재물이나 이권을 얻게 될 것을 예지해주고 있다.

⑲ 야외에서 식사를 하는 꿈

외근관계의 일에 관계하게 된다.

⑳ 노점에서 음식을 사 먹는 꿈

추진하는 일 도중에 다른 일을 더하게 된다.

㉑ 어두컴컴한 곳에서 식사하는 꿈

생소한 일, 은밀하고 비밀스러운 일 등을 하게 된다.

㉒ 진수성찬(음식)을 먹는 꿈(실증사례)

대통령과 각료들이 모인 만찬회에서 진수성찬을 먹는 꿈은 회사 사장이나 지도자가 개최한 회의 또는 세미나에 참석하는 일로 실현되었다.

㉓ 진수성찬을 배불리 먹은 난파 선원의 꿈

프로이트의 사례에 나오는 심리 표출의 꿈이야기이다. '꿈은 소망의 표현'이라는 입장에서 '꿈에 본 내 고향'이란 말이 있듯이, 굶주린 나머지 꿈속에서의 먹는 꿈을 통하여 대리만족을 나타내고 있다.

㉔ 음식을 만드는 꿈

부엌에서 음식을 만들면, 어떤 일을 가다듬거나 사무적으로 노력할 일이 생긴다.

㉕ 냄비에 찌개가 끓고 있는 꿈

냄비에 찌개가 부글부글 끓고 있는 꿈은 상징적으로 남녀 간의 연정 또는 욕정이 고조되지만, 해소할 길이 없거나 대상을 기다리게 된다.

㉖ 시퍼런 대변이 음식과 같이 있는 꿈

시퍼런 빛깔의 대변이 음식과 더불어 있으면, 빚을 걸머지거나 창피당할 일이 있게 된다.

㉗ 만찬회장에서 연설을 하는 꿈

만찬회 석상에서 연설을 하면, 많은 동지를 규합하거나 자기 의견이 여러 사람을 크게 감동하게 할 일이 있게 된다.

㉘ 음식점을 찾는 꿈

마땅한 음식점을 찾아 이 집 저 집을 기웃거리는 꿈은 취직 자리를 구하거나 성욕을 해소시킬 장소를 물색할 일이 있게 된다.

㉙ 괴한이 사람을 죽이고 인육을 먹는 꿈(실증사례) → 기자의 인터뷰를 예지

괴한이 와서 사람의 목을 졸라 죽이고 칼로 살을 도려 먹는 것을 본 꿈은 신문기자가 완성된 작품 내용을 하나하나 인터뷰해 갈 것을 예지하는 꿈으로 실현되었다.

㉚ 잔가시를 뱉어내며 생선을 먹는 꿈(실증사례)

어려움을 극복해가며 일을 추진하게 될 것을 예지해주고 있다. 필자의 체험 사례이다. 사업이나 저작물을 집필하는 데 있어, 가시로 표상되는 많은 어려움이 있게 될 것을 예지해주고 있다. 이때 생선을 다 먹었느냐, 중단했느냐에 따라 현실에서도 일의 성패 여부가 이루어진다.

음식물은 정신적 물질적인 자산, 일, 사업성과나 작품 등을 상징한다. 음식을 깨물어 먹으면, 일·계획서 등을 잘 가다듬고 음미해서 어떤 일을 성취함을 뜻한다. 필자가 저서를 집필(고기를 먹는 일)을 하는 데 있어서, 어려움 역경을 극복하면서(가시를 계속해서 뱉어내는) 이루어낼 것임을 예지해주고 있는 꿈이라 하겠다. 우스갯소리이지만 그 후 『꿈이야기』를 밤늦도록 집필하면서, 잠자리에 들기 전에 '오늘도 가시 하나 뱉어 냈구나' 하였다.

㉛ 무화과 열매를 먹은 꿈 → 재산을 상속받다.

어떤 사람이 부유하고 병든 누이가 있었는데, 꿈에 누이의 집 앞에 무화과나무가 한 그루 자랐고, 그는 검은 무화과 일곱 개를 따서 먹었다. 그의 누이는 7일 후에 죽었고, 재산을 그에게 상속했다. 상관관계는 분명하다.(글: 아르테미도로스)

㉜ 부친의 살을 먹는 꿈 → 재산을 상속받다.

어떤 사람에게 아들이 셋 있었는데, 꿈에 자신이 조각조각 잘려 이들 중 두 명에게 먹혔고, 이것을 본 막내는 둘에게 반항하고 슬퍼하며 반감에 차서 이렇게 말했다. "나는 아버지의 살을 먹지 않을 거야."

그런데 실제 일어난 일은 막내가 죽은 것이다. 유일하게 그가 살이 아니라 재산을 받지 못한 것인데, 아버지보다 먼저 죽음으로써 상속인이 될 수 없었던 것이다. 아버지의 살을 먹은 두 사람은 재산을 상속받게 되었다.(글: 아르테미도로스, 『꿈의 열쇠』)

≪잔치, 회식의 꿈≫

잔칫집에 모인 사람들은 회원·직원·동지·일꾼 등을 상징적으로 나타내주고 있다. 잔칫집의 꿈이 죽음 예지로, 나중에 알고 보니 장례를 치르면서 많은 사람들이 모여있는 일로 실현된 사례가 있다.

① 잔치에 초대되어 가는 꿈

집회·세미나·작품심사·직책부여 등에 관여할 일이 생긴다.

② 잘 차려진 잔칫상을 보는 꿈

회의 안건이나 토론 내용 등에 좋은 것이 많음을 뜻한다.

③ 잔치 음식을 맛있게 잘 먹는 꿈

자신에게 부과된 임무에 흡족하게 되며, 자신이 기획하는 프로젝트나 소청이 상부 기관에 의해서 잘 처리된다.

2) 음식물(밥, 반찬, 고기, 기타 먹는 것, 과자·사탕, 떡, 빵·만두, 통조림, 케이크, 튀김, 라면)

≪밥, 반찬≫

주식이라는 관념의 음식은 주관적인 일 또는 주체성을 뜻하고, 부식은 부수적인 업무나 일, 첨가물·사업·직무 등을 상징한다.

① 밥은 없는데 반찬만 상에 놓인 꿈

주동적이고 주체적인 일을 하지 못하고, 부수적인 일에만 관여하게 됨을 뜻한다.

② 대통령께 쌀밥이 아닌 보리밥을 진상하는 꿈

윗사람에게 직무 수행상 자기 능력 또는 실력이 부족함을 뜻한다. 왕이나 대통령, 회사 사장 등 윗사람에게 보리밥이나 잡곡밥이 아닌, 쌀밥이나 기타 화려한 음식을 진상하는 꿈은 자신의 바라는 대로 이루어지게 된다.

≪고기, 기타 먹는 것≫

육류·생선이 들어간 찌개나 국을 먹는 꿈은 정선된 일, 고급에 속하는 일, 정신적인 일이나 질병 등과 관계한다. 음식이 감미로운 꿈은 흡족한 사상·이념·학설·일 등과 관계한다.

① 닭고기를 먹는 꿈

사기그릇에 닭고기를 분배받아 먹는 꿈은 상을 타거나 중책을 짊어지게 된다.

② 소·돼지·닭고기를 먹는 꿈

소·돼지·닭 등의 짐승을 통째로 구워서 먹는 꿈은 어떤 이권이나 재물을 통째로 맡게 된다.

③ 살은 없고 뼈만 앙상한 고기 꿈

살은 얼마 없고 뼈만 앙상하게 남은 육류를 보면, 실제 이권이나 재물적 이익이 없는 일을 하게 된다. 또한 실속에 없는 일거리나 대상에 관여하게 되며, 형식이나 내용이 없는 조잡한 기사 등을 읽게 될 것을 뜻한다.

④ 국물을 마시는 꿈

일반적으로 정신적인 일에 관계하게 된다. 고깃덩어리는 하나도 없는 국물을 마시는 꿈으로, 참여했던 일에서 하찮은 이익을 분배받는 일로 실현되었다.

⑤ 5천 원짜리 닭국 한 그릇을 먹은 다음에 거리를 헤맨 꿈(실증사례)

5천 원에 시계를 수리하고, 다음 날 병을 앓게 되는 것으로 실현되었다.

⑥ 고추장·고춧가루를 넣은 음식을 먹는 꿈

고추장 또는 고춧가루를 넣은 찌개를 먹는 꿈은 특성이 강한 일거리나 대상, 자주적인 일에 종사하게 된다.

⑦ 미역국을 먹는 꿈

민속의 꿈으로 시험에서 낙방한다. 사회·단체가 해산되는 일도 가능하다.

⑧ 국수를 먹는 꿈

분파적인 일의 집대성, 결연·결합, 기능적인 일에 이득이 생긴다. 감기에 걸린 사례도 있다.

⑨ 냉면을 먹는 꿈

시원스러운 일, 고통·근심·걱정의 해소, 냉대·방관 등의 일이 생긴다.

⑩ 상대방에게 떡을 나눠주는 꿈

재물이나 이권, 일거리를 남에게 전해 줄 일이 생긴다.

⑪ 치즈, 바나나 등을 먹는 꿈

치즈·소시지·바나나 등을 먹는 꿈 역시 특이한 이권이나 재물의 획득, 일거리·대상을 맡게 되는 일과 관계된다. 또한 바나나가 남성의 성기를 상징하는 경우에는 성행위를 하는 일로도 실현 가능하다.

⑫ 감주(식혜)의 꿈

감주는 정신적·물질적인 자산으로 감미로운 일이나, 거래·소청 등과 관계해서 표현된다.

⑬ 우유를 마시는 꿈

우유를 마시는 꿈은 정신적·물질적인 일을 책임지게 되고, 상의하는 일이 잘 추진된다.

⑭ 갓난아이에게 우유를 주는 꿈

갓난아이에게 우유를 마시게 하는 꿈은 갓난아기로 상징된 이제 막 시작한 어떤 일거리·대상에 대해서 자본을 투자하게 됨을 뜻한다.

⑮ 주스를 얻거나 사오는 꿈

과일이나 주스를 사오는 꿈은 정신적·물질적인 재물이나 성과를 얻는다. 가임여건에서 태몽이 되기도 한다.

⑯ 민속의 먹는 꿈해몽(음식기타)

- 꿈에 음식을 맛있게 먹으면 감기 걸린다.
- 꿈에 음식을 많이 먹으면 감기에 걸린다.
- 꿈에 음식을 먹으면 몸이 아프다.
- 꿈에 삶은 고기를 먹으면 나쁘다.
- 꿈에 떡과 밥을 먹으면 마음먹은 것을 이루지 못한다.
- 꿈에 떡을 먹으면 하는 일이 마음대로 되지 않는다.
- 꿈에 닭고기를 먹으면 크게 좋다.
- 꿈에 참외를 먹으면 부자가 된다.
- 꿈에 사과를 먹으면 기쁜 일이 생긴다.
- 꿈에 팥죽을 먹으면 좋다.
- 꿈에 날고기를 먹으면 좋다.
- 꿈에 기름을 먹으면 좋다.
- 꿈에 장을 먹으면 좋다.
- 꿈에 사람과 더불어 먹고 마시면 부귀해진다.

≪과자, 사탕≫

① 과자가 가득한 꿈

샌드위치·생과자 등 맛있는 과자가 잔뜩 그릇에 들어 있는 꿈은 고급에 속하는 일이나 혼담과 관계한다.

② 사탕을 다른 사람에게 먹이는 꿈

자기가 상대방에게 사탕을 먹이면, 자기 의사에 따르도록 권유하거나 소청할 일이 있게 된다.

③ 과자나 사탕을 먹는 꿈

과자나 사탕을 먹는 꿈은 애정이나 어떤 일에서 청원·성욕·명예욕 등을 충족시킬 일과 관계한다.

④ 다이아몬드가 장식된 막대 사탕을 빨아 먹는 꿈(태몽 사례)

탤런트 하희라가 꾼 아들 민서의 태몽이다. 다이아몬드가 장식된 막대 사탕을 빨아 먹는 꿈과 스님이 나오는 태몽을 꾸고 아들을 낳았다.

≪떡≫

① 떡을 먹는 꿈 → 재물이나 이권, 일거리 등을 얻게 된다.

② 예쁜 떡을 받아먹은 꿈(실증사례) → 태몽

전 딸만 둘인데요. 둘째 아이 꿈이 신기해서 글을 올리네요. 꿈에 절에 갔는데 동자 스님들이 모여 앉아 있더라고요. 마침 점심시간이었는지 동그랗게 앉아 점심을 먹다 모두 절 쳐다보더니, 한 동자 스님이 제게 예쁜 하얀색, 초록색, 분홍색 떡을 두 손 가득 주셔서, 그걸 받아 하나 먹다가 꿈을 깼어요. 꿈이 하도 신기하고 잘 꾸는 꿈이 아니라 아들일 거라 생각했었는데, 딸을 낳았어요.---고미선, 베베하우스, 2003. 1. 3.

예쁜 떡의 여성적 표상으로 딸을 낳고 있다. 배우 겸 국회의원을 지낸 고(故) 이낙훈 씨의 태몽은 커다란 시루에 가득 들어 있는 떡을 다 먹는 태몽이었다.

≪빵, 만두≫

빵(만두)을 먹는 꿈은 재물이나 이권·일거리를 얻게 되며, 정신적·물질적인 일을 책임지거나 소유하게 된다. 빵을 먹은 학생은 합격하고, 먹지 않은 학생은 불합격한 사례가 있다. 이 경우에 잼이나 크림을 발라 먹는 꿈은 협조자 등의 도움을 얻어 일을 추진하게 된다.

① 빵을 자르는 꿈

일거리나 대상의 분배, 이권이나 재물의 분배를 하게 된다.

② 빵을 하나 받은 꿈(실증사례) → 태몽

제 동생이 꿈을 꾸었는데, 동생이 빵하고 딸기팩을 안고 가다가 제가 하도 졸라서 빵을 하나 주었는데. 그 빵이 정말 예쁘고 먹음직스럽게 생긴 빵이더랍니다. 빵 위에 보석 같은 것이 장식되어서 반짝반짝 빛나고...---김은혜, 베베하우스, 2004. 1. 31.

③ 빵을 먹는 꿈(실증사례) → 태몽

임신했을 때, 빵 가게에 마음이 이끌려 들어갔는데, 글쎄 빵 사이로 하얗게 빛나는 달같이 예쁜 빵이 있는 거예요. 그래서 날름 한 입에 꿀꺽 삼켰는데, 태몽 풀이에 아무리 뒤져봐도 빵은 안 나왔더라고요.---안은숙, 베베하우스, 3003. 3. 27.

④ 만두를 먹는 꿈(실증사례) → 태몽

임신 2개월 때 꿈을 꾸었는데, 옛날에 시골집 같은 집에 연탄을 때는 아궁이가 깊숙했는데, 그 속에 연탄 위에 양은냄비가 무척 컸다. 그 속에 큰 만두들이 하나 가득 있었는데, 어른 손보다 더 컸다. 그 만두를 한 입 먹는데, 아궁이 벽이 무너져, 그래 이상해서 다시 한 입 먹었는데, 아궁이 벽이 또 무너져 버리는 아주 이상한 태몽이라, 지금도 그 꿈이 기억에 생생하다. 그 아들은 지금 18세로 건강하게 잘 자라고 있다.---못난이, 이지데이 태몽이야기방, 2009. 2. 3.

⑤ 빵을 꿀에 적셔 먹은 꿈(외국의 사례) → 지혜를 얻고 돈을 벌다.

어떤 사람이 꿈에 빵을 꿀에 적셔 먹었다. 그는 철학 연구로 관심을 돌려 거기서 지혜를 얻었고, 그로 인해 많은 돈을 벌었다. 꿀은 당연히 철학적 웅변을 의미했고, 빵은 이득을 의미했다.(글: 아르테미도로스, 『꿈의 열쇠』)

≪통조림≫

통조림은 완성된 일이나 작품, 학문적 자료 또는 재물을 상징한다. 이러한 통조림을 맛있게 먹는 꿈은 재물이나 이권을 얻게 되며, 사업 성과 등을 이루게 된다.

① 여러 가지 통조림이 진열되어 있는 꿈

학문적 자료 및 수많은 서적 등을 보게 된다.

② 통조림을 따는 것을 보는 꿈

비밀이 공개되거나, 새로운 학문이나 대상에 대해서 탐구할 일이 생긴다.

≪케이크≫

상징적인 꿈에서 케이크는 정신적인 자산이나, 물질적인 이권이나 재물, 지식이나 일거리·대상 등을 의미하고 있다. 이러한 케이크를 선물 받거나 심지어 훔치는 꿈이 좋다. 훔치는 꿈은 성취하기 위해서 수단과 방법을 가리지 않는 적극적 강압적인 수단을 상징한다. 케이크에 불을 켜는 것은 사업이나 소원 등을 충족하게 되거나, 걱정이나 근심 등이 해소되는 등 좋은 일로 실현된다. 케이크를 선물 받는 꿈 역시 케이크로 상징된 연분이나 이권·재물 등을 얻는 일 이루어지는 좋은 꿈이다.

≪음식물, 튀김, 라면≫

음식물은 자신이 책임져야 하는 일, 책임 건수 등이나 사업성과·재물·업적·권리 등을 상징한다. 먹는 것은 자신이 성과를 책임지거나 권리 등을 획득하여 누리게 됨을 뜻한다. 다양한 음식물에 대한 해몽에서, 1차적으로는 맛있게 먹거나 얻게 되는 꿈이 좋은 꿈이다. 이는 각각의 음식으로 상징된 이권이나 재물, 어떠한 일거리·대상을 확보하는 일로 이루어질 것이다.

튀김은 기름을 이용해 2차 가공한 식품이듯이, 어떠한 단순한 일거리나 대상보다는, 한 번 변모하였거나, 새로운 여건에 있는 일거리·대상을 상징한다.

음식물(라면)은 정신적, 물질적 자산이나 일, 사업성과나 작품 등을 상징하고 있다. 라면은 분파적인 일의 집대성, 결연이나 결합, 기능적인 일, 꼬이거나 복잡한 일과 관계되고 있다. 이런 라면을 자신이 좋아하는 음식이며, 맛있게 먹는 꿈일수록 현실에서는 즐거움, 기쁨, 유익한 일을 처리하는 일로 실현된다. 라면 외에 고급의 귀한 음식일수록, 현실에서는 부과된 임무가 가치 있고 좋은 일거리임을 의미한다.

3) 음식 재료에 관한 꿈(쌀, 보리, 콩, 고구마·감자, 밀·수수·조·옥수수·기타 곡식, 달걀)

음식 재료는 정신적 또는 물질적인 재물이나, 일·작품·사업성과 등의 일을 상징한다.

① 음식 재료를 많이 소유하거나 가져오는 꿈

상당히 많은 재물이나 이권, 또는 사업성과 학문적 자료 등을 얻게 된다.

② 찬거리를 부엌에 많이 들여오는 꿈

가까운 시일 안에 새로운 일거리·대상을 시작하고자 준비하는 것을 뜻한다.

③ 쇠고기, 돼지고기를 사오는 꿈

쇠고기나 돼지고기 한두 근을 사오는 것은 별로 많은 액수의 돈을 투자하지 않음을 뜻한다.

④ 고기를 팔다가 남은 꿈

쇠고기를 나누어 파는데 아직 십여 근 남았다고 생각하면, 돈이나 재물 등을 계속 소비하는 중 그 일부가 남아 있음을 뜻한다. 또한 돼지를 잡아서 두어 번 팔았으나 아직 1/3 정도가 남았다고 생각하면, 두어 번 돈을 소비하고 남은 아직 1/3 정도는 소비되지 않았음을 뜻한다.

≪쌀≫

쌀·보리·콩 등 곡식은 정신적·물질적인 재물이나, 작품·일거리·대상 등을 상징한다. 쌀의 꿈은 일반적으로 정선된 일, 작품·재물·돈, 정성이나 공들이는 일, 면학, 노력의 대가 등과 관계한다. 쌀을 가져오거나 먹는 꿈이 태몽으로 실현되기도 하며, 쌀의 이상 여부로 유산이나 파혼을 예지하기도 한다. 또한 관습적 상징의 의미대로, 쌀밥의 경우에는 보리밥보다 귀한 직위와 직분을 뜻하고 있다.

(1) 쌀에 관한 꿈해몽

① 몇백 가마의 쌀이 집안에 쌓이는 꿈

부자가 되거나 좋은 사업 성과를 얻는다. 이런 경우에, 사소한 재물의 이익이라기보다는, 막대한 재물 획득의 예지를 보여주고 있기에, 로또 등을 사보는 것이 좋다.

② 공중에서 쌀이 눈 오듯 마구 내려 쌓이는 꿈

재물적 이익을 얻게 되어, 막대한 돈을 얻거나 횡재한다. 이 경우에도 상갓집에서 포커 등을 쳐서 돈을 따는 것보다는, 로또복권을 사보는 것이 좋다.

③ 쌀을 사오는 꿈

한 가마를 사오면 사업자금이 생기고, 쌀 한 되를 상대방에게 얻으면 너무나 소량이어서 불만을 느낀 경우, 현실에서는 근심·걱정이 생기는 일로 실현된다.

④ 쌀을 입에 문 꿈

쌀을 입에 물면 집안에 근심이 생기고, 쌀을 상대방에게 조금 주면 근심·걱정이 해소된다.

⑤ 들판에 쌓인 많은 쌀을 보는 꿈

재물적인 이익을 얻게 되며, 성과를 거두기까지는 다소간의 시일이 걸리게 된다.

⑥ 대통령이나 부처님께 드리려고 쌀밥을 하는 꿈

자신의 소원이 성취되며, 고시에 합격하거나 문예작품 현상에 당선된다.

⑦ 도둑이 볏섬이나 쌀가마를 훔쳐가는 것을 보는 꿈

재물 일부를 남에게 주거나 세금을 내게 되며, 사업성과를 분배할 일과도 상관한다.

⑧ 뒤주(곳간)에 쌀이 가득한 꿈

뒤주에 쌀이 가득하면 생활형편이나 사업이 유복해지고, 쌀이 없으면 사업자금이나 연구 자료 등이 고갈된다.

⑨ 뒤주 속에 쌀은 없고 시체가 있는 꿈

어느 회사·기관·단체에 청탁한, 시체로 상징된 업적이나 성취가 이루어진다.

⑩ 쌀밥이나 잡곡밥을 먹는 꿈

쌀밥을 먹으면 좋은 일에 종사하게 되고, 잡곡밥을 먹으면 주어진 일이 하기 힘들거나 마땅치가 않음을 뜻한다.

⑪ 주인은 쌀밥, 자신은 잡곡밥인 꿈

주인과 겸상을 했는데, 주인은 쌀밥이고 자신은 잡곡밥이면, 상대방은 이득이 많은 좋은 일을 책임지나 자기는 그만 못함을 뜻한다.

⑫ 쌀겨를 보는 꿈

쌀겨는 재물 또는 내력 등을 상징하거나, 어떤 사후 처리와 관계된 표상물이기도 한다.

⑬ 민속의 쌀에 관한 꿈

– 꿈에 쌀을 얻으면 대길하다.

– 꿈에 쌀을 집 안으로 들여오면 좋다.

– 꿈에 쌀을 보면 근심이 생기거나 손해 날 일이 생긴다.

(2) 쌀, 쌀밥에 관한 꿈–실증사례

① 태몽 예지

* 어떤 아주머니한테서 검정콩과 검은 쌀을 한 바가지 얻어서 먹는 꿈을 꾸었습니다.---주선민, 베베하우스, 2007. 11. 17.

* 꿈에서 액세서리 큰 것을 많이 착용하고, 어머니께서 쌀을 한 주먹 고쟁이에 넣는 꿈을 꾸셨는데, 대부분 딸이라고 했어요. 우리도 80% 딸로 확신했는데, 낳고 보니 아들이었어요.---박현숙, 베베하우스, 2007. 4. 16.

* 어머니가 우물에서 물을 긷는데, 물 대신 쌀이 가득 담긴 바구니가 올라와 품에 안았다고 한다. 연예인 김국진의 태몽이다. --동아닷컴.

② 쌀벌레 줄이 놓여 있던 꿈→ 유산 예지

아주 큰 고무 대야에 아주 뽀얗고 하얀 찹쌀이 수북이 가득 담겨 있는데, 한쪽에 쌀벌레 줄이 놓여 있더군요. 그 후 거의 6개월 접어들쯤에, 태아에게 이상이 있어서 유산하였답니다.

③ 남의 논에서 벼 낟가리(벼, 쌀)를 훔쳐온 꿈

자신이 추수가 다 끝난 논가에서 남의 집에 들어가 쌀을 훔쳐온 꿈이었다. 현실에서는 자신이 장사를 하는 슈퍼에서 쌀을 도둑맞는 것으로 실현되었다.

④ 쌀밥에 물까지 말아서 먹은 꿈 → 시험 합격

임신한 사람인 것 마냥, 쌀밥 한 그릇이 아닌, 한 대접에 물까지 말아먹은 꿈을 꾸고, 공무원 시험에 합격했어요.---사랑이, 2008. 07. 26.

⑤ 쌀독이 덮인 채 있었던 꿈

덮여 있는 표상은 중단, 정지의 상징적 의미를 지닌다. 선거 후보자가 선거자금을 지원받지 못해서, 낙선한 꿈으로 실현되었다.

⑥ 흰 쌀밥이 시커멓게 변한 꿈 → 맞선 취소 예지

"꿈에 저희 어머니가 뱀을 제 방에 풀어 놓으셨습니다. 그날 아침 저에게 중매가 들어와서, 다음 날 오후에 만나기로 했습니다. 그런데 다음 날 새벽 꿈에, 밥을 먹는데 흰 쌀밥이 갑자기 시커멓게 변하는 거예요. 그 다음 날 오후에 만나기로 했는데, 중매하신 아주머니가 저희 집에 전화를 하셔서, 없던 것으로 하자고 했습니다."

⑦ 전기밥솥에 하얀 쌀밥이 가득 넘치는 꿈 → 재물이 생기다.

작년 겨울에 저희 친정집이 대형 교통사고로 무척 힘들었을 때, 이런 꿈을 꾸었어요. 전기밥솥에 하얀 쌀밥이 가득 넘치기에, 제가 얼른 보온으로 눌렀어요. 바로 다음 날 목사님께서 병원으로 찾아오시어, 병원비에 보태시라며 봉투를 주시고 기도를 해 주셨습니다.

⑧ 소금과 쌀을 싣고 친정집에 갔다 돌아오는 꿈 → 복권 당첨

이 꿈은 복권 추첨 전날 밤에, 당첨자의 아내가 꾼 꿈이다. 소금과 쌀은 우리 생활에 없어서는 안 되는 것으로, 재물을 표상하는 대표적인 상징물이다. 나아가 땔감이나 된장 또한 재물의 상징이다. 아내에게 있어서 친정집은 마음의 고향과 같이 늘 가고 싶은 곳으로, 그러한 곳에 소금과 쌀을 싣고 갔다가 돌아오는 꿈 자체가 어떠한 재물이나 권리의 획득을 예지해주고 있으며, 또한 복권 당첨으로 실현되고 있다.

덧붙이자면, 가정주부들의 꿈에 있어서 친정집은 꿈의 암시적 사연 여하에 따라 실제의 친정집일 수도 있고, 현재 거주하는 자기 집일 수도 있으며, 사업 거래처, 또는 산모의 꿈에 있어서는 산부인과 병원을 친정집으로 바꿔놓을 수도 있다.

⑨ 모내기를 도와주고 밥을 못 얻어먹은 꿈 → 이삿짐을 날라주고 그냥 돌아오다.

[나는 시골에 있었다. 사람들이 바로 이웃집 사람의 논에서 모내기를 하고 있기에, 나는 그 일을 도와주었다. 그러다가 점심때가 되자 일꾼들이 모두 그 집으로 밥을 먹으러 올라갔다. 그런데 나는 우리 집으로 가서 발을 씻고 있었다. 이때 그 집에서 밥을 먹고 나오는 듯한 사람이 "이제 밥이 다 떨어졌어." 하는 것이었다. 그래서 나는 '밥을 먹지 못하겠구나' 하는 생각을 하다가 잠에서 깨어났다.]

퇴근 무렵에 상급자인 계장이 오늘 이사를 해야 하기 때문에, 집에 빨리 가 봐야 한다는 것이었다. 나는 그 말을 듣고, 나만 혼자 집으로 돌아갈 수가 없어, 그의 집에 가서 두어 시간 가까이 이삿짐 옮기는 일을 도와주었다. 그러면서도 늦게까지 있으면, 저녁이라도 먹고 가라고 할 것이 마음에 쓰여, 큰 짐만 도와주고 해가 지기 전에 서둘러 집으로 돌아왔다. 집에 도착하자 평소보다 더 늦은지라, 집사람 하는 말이 "이삿짐 옮겨 주고 밥도 못 얻어먹고 왔느냐?"라고 했다.

꿈속에서 '남의 집의 논에 들어가 모내기를 한 것'은 현실에서의 '남의 집에 가서 이삿짐을 나르는 것'을 뜻했고, 역시 꿈의 마지막에 가서 밥을 먹지 못했듯이, 현실에서도 밥을 먹지 않고 돌아왔던 것이다. 여기서 좀 더 해석을 덧붙이자면, 꿈속에서의 '이웃집'은 바로 '나의 상급자인 계장'을 뜻했을 것이다. 이처럼 꿈이란 상징 기법에서 이루어진다는 것을 여실히 보여주고 있다.(글: 김하원, 『개꿈은 없다』)

⑩ 쌀을 한 대접 얻어다 놓는데, 쌀알마다 용이 되어 하늘로 올라간 꿈

순조 때의 어느 가난한 선비 아내의 꿈으로, 그의 남편이 과거에 급제할 것을 예지한 것이었다.

≪보리≫

곡식인 보리는 쌀과 마찬가지로 정신적·물질적인 재물이나 작품·일 등을 상징한다. 다만, 쌀과 비교하여 재물적 가치나 정신적 가치 면에서 뒤떨어지고 있다. 또한 겉보리(곡식 알갱이를 싸고 있는 안팎의 껍질이 다 자란 뒤에도 벗어지지 않는 보리)에 비해 쌀보리가 재물이나 이권 또는 사업 성과 등을 상징한다.

① 쌀밥이 아닌 보리밥이나 잡곡밥을 하는 꿈

시험이나 현상응모에서 낙선된다.

② 대통령께 쌀밥이 아닌 보리밥을 진상하는 꿈

대통령으로 상징된 회사 사장 등에게 자신의 존재가치를 부각시키려 하지만 업무 수행상 자기 능력 또는 실력이 부족하게 되는 여건에 처하게 된다.

③ 보리 이삭이 패어나는 꿈

일의 성숙기에 접어든 것을 뜻하며 보리타작을 하는 꿈은 일거리·대상의 마무리나 정리작업을 하는 것을 뜻한다.

④ 벼나 보리가 패는 것을 보는 꿈은 큰 재물을 얻는다.(민속의 꿈)

≪콩≫

콩은 재물이나 이권·작품이나 사업성과 등을 상징한다. 땅콩·강낭콩·완두콩
이나 기타의 콩 역시, 작품·사업성과·재물 등을 상징한다. 이러한 콩을 수확하는
꿈이 좋으며, 소량을 가지고 서로 그릇에 담으려고 하는 꿈은 자그마한 재물이나
이권을 두고 남과 다툴 일이 생긴다.

① 많은 콩을 담는 꿈

재물·작품이나 사업성과 등을 얻게 되지만, 소량을 그릇에 담으면 불만족으
로 인하여 남과 다툴 일이 생긴다.

② 콩이나 팥을 그릇에 넣고 휘젓는 꿈

집안에 분란이나 시끄러운 일이 생긴다.

③ 삶은 콩·콩깍지·여물 등을 소에게 먹이는 꿈

소로 상징된 사람에게 자본금을 투자하게 되는 등 사업 자금이 소요되게
된다.

④ 콩깍지를 많이 쌓아 둔 것을 보는 꿈

일꾼을 고용하거나 빚을 얻게 되고, 이 경우에 콩깍지가 썩는 꿈은 사업자금
이 헛되이 탕진되는 일로 실현된다.

⑤ 땅콩의 태몽(실증사례) → 태몽으로 쌍둥이 예지

　　제가 아는 쌍둥이 엄마가 있는데요. 그분은 태몽을 땅콩을 꾸셨대요. 땅콩을 보면 껍질
　　안에 알맹이가 두 개 있잖아요. 참 신기하죠.

땅콩의 두 알과 쌍둥이의 상관관계는 일리가 있는 올바른 해몽이다. 개가 두
마리 달려드는 꿈으로 쌍둥이를 출산한 사례가 있다.

⑥ 콩이 사방에 흩어진 꿈, 콩이 퍼져 열매를 맺어야 한다는 꿈

고(故) 전태일 열사의 태몽이다. "콩이 퍼져 땅에 심어지면, 배고픈 일꾼들이
콩을 따 먹고 배를 채우며 한을 푸는 거다."라는 말을 통하여, 자신의 몸을 희생하
여 노동운동의 횃불을 들게 될 인생길을 예지적으로 드러내 주고 있다.

⑦ 콩을 쌓는 꿈은 집안이 해롭다.(민속의 꿈)

≪고구마, 감자 꿈≫

고구마와 감자는 먹을 수 있으며, 사고팔 수 있다는 점에서 재물이나 이권의 상징이 된다. 고구마밭을 가는 꿈은 커다란 규모의 사업을 영위하는 것을 상징적으로 나타내주고 있다. 가임여건에서 태몽 표상으로도 자주 등장하고 있다.

(1) 재물이나 이권

① 돌아가신 어머님이 나타나셔서, "얘야! 고구마 가져다 먹어라,"라는 꿈

주식에서 매수한 주식이 크게 올라서 재물적 이익을 얻게 된 사례가 있다.

② 빨간 꽃이 핀 고구마를 캐는 꿈 → 400년 묵은 산삼 발견

심마니 함영배 씨가 뿌리 길이 40여 센치미터에 4백 년 이상 된 것으로 보이는 대형 산삼을 오대산에서 캤다. 함씨는 '빨간 꽃이 핀 고구마를 캐는 꿈'과 '앉은 뱅이 소녀가 나타나 방향을 일러주는 꿈'을 연속 꾼 뒤, 산삼을 발견하는 일로 실현되었다.

(2) 태몽 표상

① 고구마를 포대 자루로 받는 꿈

저는 아들만 셋 낳았는데요. 첫 아들 때 저는 고구마를 포대 자루로 하나 가득 받는 꿈을 꾸었답니다. 고구마 꿈은 대부분 아들인 것 같아요. 그리고 빨간색도 아들 같거든요. 빨간색 고구마는 아니지만, 큰아들 임신했을 때 유달리 빨간색이 들어가는 꿈을 자주 꾸었답니다.---조장희, 베베하우스.

② 고구마 태몽

우리 엄마. 내 태몽이 고구마 꿈이었다는데, 참고로 딸 부잣집인 우리 식구들 태몽은 모두 고구마 꿈이었다고 하네요, 태몽가지고 아들·딸을 판단하기엔 조금 그렇네요.---박정원, 베베하우스.

③ 밭에서 큰 고구마를 캐는 꿈

'황 마담' 황승환이 첫 아이로 딸을 낳았다. "태몽은 장모님이 꾸셨는데, 밭에서 큰 고구마를 캐는 꿈이었다."라고 밝혔다.---머니투데이 스타뉴스, 김태은 기자, 2006. 06. 29.

고구마 꿈은 대부분 아들로 이루어지고 있으나, 딸을 출산한 데서 알 수 있듯이 태몽으로 남녀 성별의 구별이 절대적인 것은 아닌 것을 알 수 있겠다.

④ 고구마를 보는 꿈

　　임신 초기일 거예요. 제가 꿈을 꿨는데, 시골에 있는 좁은 길을 가고 있었어요. 길옆에
는 고구마밭이 넓게 펼쳐져 있었어요. 그리고 사람들이 고구마를 캐서 길옆에 차곡차
곡 쌓고 있었고요. 평소에 고구마를 아주 좋아한다거나 하지 않았는데, 고구마가 얼마
나 예쁘게 생겨서 탐이 나던지, 제가 일하시는 분들에게 고구마 한 자루만 팔라고 그랬
어요. 그랬더니 사람들이 계속 안 된다고 해서, 실랑이하면서 꿈에서 깼어요. 지금 생각
해도 고구마가 참 탐스러운데, 크기는 쉽게 보는 중간 사이즈였어요. 이 꿈을 꾸고 딸을
낳았고요.

실랑이를 하면서 꿈에서 깨는 꿈보다는 완전하게 자신의 손아귀에 넣는 꿈이
좋은 태몽이라고 할 수 있겠다. 다만 연못 속의 고기를 보는 꿈처럼, 보는 것만으
로도 소유 획득의 개념이 적용되기도 한다.

⑤ 접시 위에 삶은 고구마 다섯 개 중에 두 개를 집어드는 꿈

　　눈이 부시도록 하얀 접시 위에, 노랗게 삶은 고구마 다섯 개를 보았습니다. 그중 두 개
를 집어 드는 꿈을 꾸었는데, 순간적으로 자식 꿈을 한꺼번에 꿨다는 생각이 들었습니
다. 그래서 '아마도 아이를 낳으면 성별이 같겠구나' 생각을 했습니다.

현실에서는 아들 형제를 5살 터울로 두는 일로 실현되었는바, 추정이지만 세
아이를 유산시키는 일로 실현되었을지도 모른다.

⑥ 탐스러운 장미, 고구마 하나를 캔 꿈

　　첫째 태몽은 밭에 탐스러운 장미가 가득 피어 딸 같다고 했는데, 아들을 낳았어요. 둘
째 태몽은 제가 고구마를 딱 하나 캐는 꿈을 꿔서 다들 아들 태몽이라고 했는데, 낳아보
니 공주였어요.

새삼 태몽으로 아들딸을 예지하는 것이 절대적이지 않다는 것을 보여주는 좋
은 사례이다. 아들이냐 딸이냐 보다는 남성적 성품이냐, 여성적 성품이냐를 보여
주는 것이라 하겠다.

⑦ 감자 하나를 치마에 감싸 안는 꿈

　　제가 아는 사람은 숲 속에서 감자 하나를 치마에 감싸 안는 꿈을 꾸고 아들을
얻었어요. 흔히 곡물, 곡식 그런 종류는 아들이라 하던데.---강진희, 베베하우스,
2006. 12. 20.

≪밀·수수·조·옥수수, 기타 곡식≫

① 땅콩·강낭콩·완두콩이나 기타 밀·수수·조·옥수수 등은 재물이나 이권, 작품·사업
성과 등을 상징

밀은 쌀이나 보리와 같은 상징 의의를 가지며, 이러한 곡식을 수확하는 꿈은
일의 성과를 얻거나 정리작업을 하게 된다. 참깨·들깨 등 기타 작물도 일거리나
대상, 재물·성과·작품 등의 상징으로 등장하고 있다. 이 경우 탐스럽고 풍요로운
전개가 좋은 꿈이다.

② 옥수수·조·수수 등의 이삭을 얻는 꿈

정신적 또는 물질적인 자본을 얻거나 사업 성과를 얻는다.

③ 여러 곡식을 심은 밭에 수수 이삭이 여물어 가는 것이 인상적인 꿈

이 경우 수수 이삭으로 상징된 자신의 전력을 기울인 어떠한 일이 완성되어감
을 뜻한다. 또한, 수수 이삭이 아닌 어떤 다른 농작물이라고 하더라도 풍요롭게
여물어가는 꿈은 다 좋다. 이 경우에 사업가의 경우라면, 자신이 사업이 본궤도
에 올라 막대한 이익을 얻게 됨을 뜻한다. 저자의 경우에는 자신이 집필한 도서
가 마무리 단계에 접어들었음을 뜻한다.

≪옥수수≫

옥수수 또한 재물이나 이권, 사업성과를 상징하며 태몽 표상으로 자주 등장하
고 있다.

① 옥수수를 가져온 꿈→ 재물·이권의 획득

꿈에 동생이 광주리에 알이 노랗게 보이는 생옥수수를 머리에 가득 없고 문
지방을 넘어 방으로 들어왔어요. 일주일 정도 뒤에 동생 시어머니가 동생 명의로
소형 아파트를 사 주셨습니다.

② 옥수수를 바구니에 담는 꿈→ 태몽

옥수수가 아주 싱싱하고 탐스러워서, 제가 막 바구니에 담는 꿈을 꾸었어
요.--- 오로라곤쥬, 2008. 9. 10, 다음 카페.

③ 옥수수를 주워오는 꿈(실증사례) → 태몽

어느 할머니가 머리에 옥수수를 이고 와서 사라고 하는 것을 안 산다고 했더

니, 그냥 돌아가는데 큰 옥수수를 하나 떨어뜨리고 가는 것을 하나 주워가지고 들어왔다. 할머니가 어떻게 알았는지 쫓아와서 달라는 것을 내주지 않았다.

필자의 아내가 꾼 큰아들의 태몽이다. 프로이트 식이라면 옥수수의 생긴 모양으로 남성 상징으로 볼 수 있다. 하지만 이는 근거 없는 이야기이다. 이 경우, 다시 내주는 꿈이었다면, 유산하든지 임신이 되지 않는 것으로 실현된다. 탐스러운 옥수수들을 담는 꿈으로 똑똑하고 건강한 딸을 얻었다는 태몽 체험담이 있다. 이처럼 여러 개의 복수인 표상물인 경우 딸인 경우가 많으나, 이 역시 절대적이지 않다.

④ 옥수수를 반으로 부러뜨려서 먹은 꿈(실증사례) → 태몽으로 쌍둥이

시댁 마당의 화분을 이리저리 살피고 있는데, 어떤 화분 하나에 커다란 옥수수가 열려 있었습니다. 평소 그다지 좋아하지 않던 옥수수가 왜 그리 먹고 싶던지, "어머님! 이거 먹어도 되나요?" 하고 충동적으로 물으니, 어머님은 호탕하게 화분에서 그 큰 옥수수를 확 뿌리째 뽑으시더니, 저에게 건네주셨죠. 나는 '어떻게 어디서부터 먹을까' 잠시 고민을 하다가, 양손으로 옥수수 끝을 잡고는 '딱!' 소리가 나게 반으로 부러뜨려서, 정말 맛있게 먹었습니다.

임신 12주쯤 되었을 때 정기검진 받으러 병원에 갔다가, 의사도 신랑도 나도 입에서 '헉!' 소리가 나올 정도로 놀라운 일이 벌어졌습니다. 하나의 아기집에 2층 침대처럼 나란히 누워 있는 두 녀석! 어라~ 결국 옥수수를 반으로 쪼개 먹은 꿈은 일란성 쌍둥이 태몽이었다는 사실을 깨닫게 되었죠. [0503잘될꺼야]

신비한 꿈의 세계가 드러나 있다. 옥수수를 반으로 쪼개는 표상으로 일란성 쌍둥이로 나누어지는 것을 예지해주고 있다.

≪달걀(계란)≫

일반적으로 많은 달걀을 소유하면 많은 이득이 생긴다. 산속에서 달걀을 얻으면 기관에서 자기의 참신한 아이디어를 채택해 주고, 그것을 먹으면 좋은 평가를 받게 된다. 드물게 달걀을 대여섯 개를 얻는 꿈으로 그 개수만큼의 일수를 병을 앓게 된 사례가 있다. 한편 민속의 꿈에, 달걀 꿈을 꾸면 싸우게 된다고 전해오고 있다.

4) 조미료(간장, 소금, 간장, 된장, 고추장), 부식품(김치, 콩나물)에 관한 꿈

≪조미료(간장, 소금, 설탕)≫

간장·소금·설탕 및 조미료는 정신적 또는 물질적인 자산이나 방도, 일거리·대상을 상징한다. 조미료의 양이 많고 적음은 부수적인 재물의 양을 뜻하며, 그 형태의 변화는 갖가지 상징 의의를 달리한다.

① 꿀·물엿·크림·잼 등이 많이 있는 꿈

막대한 정신적 또는 물질적인 재물이 생긴다.

② 독에 간장이 가득한 꿈

장차 살림이 풍요해지거나 사업자금이 크게 마련된다.

③ 크고 작은 간장독에 각각 간장이 가득한 것을 보는 꿈

여러 사업분야에서 성취를 이루게 되며, 크고 작은 간장독은 상징적으로는 가족 구성원이나 직원들 간의 물질적 정신적 능력의 차이를 나타낸다.

④ 간장독의 간장이 넘쳐 주변에 냇물같이 흐르는 꿈

물질적·정신적 자산이 넉넉하게 되어, 이웃과 사회에 은택을 베푸는 일로 이루어진다.

⑤ 간장독의 간장이 거품이 나거나 지저분한 꿈

집안에 풍파가 생기고, 사업의 부도 등 좋지 않은 일로 실현된다. 전염병이 퍼져 집안 누군가가 병들거나 죽게 된다.

⑥ 간장이나 장을 버리는 꿈

재물이나 이권 등의 손실이 있게 된다. 된장을 퍼다 버리는 꿈으로 주식투자에서 엄청난 손실을 보는 일로 실현된 사례가 있다.

⑦ 간장을 팔거나 남에게 주는 꿈

남에게 돈을 빌려주게 되거나, 재물이 흩어지고 손실이 생긴다.

⑧ 김장을 하는 꿈

김장을 하는 꿈은 어떤 일을 성사시키는 과정을 뜻하거나, 일의 정리나 투자·저축 등의 일을 상징한다.

⑨ 김장감을 많이 쌓아 놓은 꿈

막대한 재물이나 자료 등을 얻게 된다. 사업가의 경우에 투자 자금을 넉넉하

게 확보해놓게 되는 일로 실현된다.

⑩ 배추를 소금에 절이는 꿈

김장을 하기 위해 배추를 소금에 절이는 꿈은 좋게는 어떠한 사업에 대한 준비를 하게 되는 일로 이루어진다. 하지만 배추의 상징이 어떠한 사람이나 대상을 뜻할 경우에는 병들거나 거세, 성욕감퇴, 사업 침체 등을 가져온다.

⑪ 소금을 가져온 꿈

소금은 정신적 또는 물질적인 자산이나 정신 자극, 일의 작용 등을 상징한다. 소금을 가져와 항아리나 곳간의 가마니 등에 보관한 꿈은 재물이나 이권을 확보하게 되며, 자영업자의 경우에 많은 사업자금을 확보하게 된다. 그러나 소금을 조금 얻어오거나 사오면, 불만족으로 인하여 현실에서 근심·걱정이 생긴다.

⑫ 소금을 버리는 꿈

소금을 트럭으로 실어서 길가에 풀어놓는 꿈은 막대한 빚으로 부채를 걸머지게 된다.

⑬ 소금이 녹아 없어지는 꿈

흉몽이다. 재물이나 이권을 잃게 되는 일로 이루어진다. 사업이나 노력이 헛수고로 돌아가게 된다.

⑭ 들판에 산더미처럼 쌓인 소금을 보는 꿈

재물이나 이권을 얻게 되며, 사회적인 큰 사업을 벌이거나 부동산 투자 등에서 막대한 이익을 보게 된다.

⑮ 민속의 소금에 관한 꿈

- 꿈에 소금을 먹으면 좋다.
- 꿈에 소금을 보면 재수 있다.
- 꿈에 소금을 사면 큰 재물이 생긴다.

≪파, 마늘≫

많은 양의 파·마늘 등이 있는 꿈은 개성적이고 특이한 사업 분야에서 많은 협조자의 도움을 얻게 된다. 또한 마늘의 꿈이 다음의 사례와 같이 태몽으로 실현되기도 한다.

① 저희 어머니가 꾸신 꿈인데요. 마늘 두 알을 얻는 꿈이었거든요. 마늘이 탱글탱글 하고 좋아서 가져가려고 하니, 주인이 "왜 가져가냐"고 하더래요. 그래서 어머니가 "이거 두 알만 가져간다." 하고 가지고 오셨데요.---최유리, 베베하우스, 2003. 10. 23.

② 시어머님이 마늘이 두 알로 쪼개지는 꿈을 꾸고 둘째를 낳았어요.---김훈미, 베베하우스, 2003. 10. 23.

≪설탕, 조미료, 기름≫

설탕을 사용하는 꿈은 일거리나 대상, 작품 등을 감미롭고 선의적인 것으로 바꾸거나 많은 사람에게 감명을 줄 일과 관계한다. 조미료 또한 개성적이고 특이한 일거리·대상에 관련을 맺게 된다.

① 기름을 사오는 꿈

참기름·들기름·콩기름 및 기타 기름을 사오는 꿈은 정신적 물질적 자산을 확보하게 되며, 협조자 등의 도움을 얻게 된다.

② 기름으로 음식을 볶거나 튀기는 꿈

협조자의 도움으로 일을 새롭게 재생산하게 된다. 음식물이 사람의 상징인 경우에는 마음의 갈등이 심하고 두통 등을 앓게 된다.

≪김치≫

김치는 우리 한국인의 식탁에 없어서는 안 되는 주요한 음식으로 꿈의 재료로 자주 등장하고 있다. 쌀·장작·소금 등과 마찬가지로, 김칫독에 맛있게 익은 싱싱한 김치는 재물과 이권의 상징이다. 이러한 김치가 시어서 먹을 수 없는 꿈이었다면, 자신이 하는 사업이나 일거리·대상에 문제가 발생했음을 예지해주고 있다. 한발 더 나아가 이러한 김치를 버리는 꿈은 주식이나 부동산 등에서 손실을 보게 되는 일로 실현된다.

≪콩나물≫

콩나물은 업적·결과·결실·이권·재물 등이나, 일거리의 경향, 이성 간의 연분, 태몽의 표상으로 실현된다.

① 싱싱한 콩나물이 가득한 꿈

콩나물시루에 하나 가득 싱싱한 콩나물이 가득 차 있는 꿈은 풍요로움의 표상으로 재물이나 이권을 얻게 된다. 남녀 간에 애정이 충만한 일로도 실현 가능하다.

② 콩나물을 사오는 꿈

가임여건에서 태몽으로 실현되거나, 이권이나 재물 등을 얻게 되는 일로 실현된다. 싱싱한 콩나물·채소나 음식 재료일수록, 현실에서도 흡족하고 만족을 느끼는 좋은 일거리·대상을 뜻한다. 반면에, 시든 콩나물이거나 자잘한 콩나물인 경우 좋지 않은 일로 이루어진다.

5) 기호품(차, 커피, 술, 담배, 마약)

≪차〔茶〕, 커피≫

음식물은 정신적·물질적인 자산이나, 일거리와 대상, 사업성과나 작품 등을 상징하고 있다. 식사하거나 차를 마시거나, 꿈속의 정황이 아늑하고 평온할수록 현실에서도 기분 좋은 일로 이루어지고 있다.

① 차를 마시는 꿈

커피·홍차·엽차 등을 마시면 상대방의 청을 들어주거나, 자기가 청원할 일, 계약, 약속이 진행된다.

② 상대방과 커피를 마시는 꿈

상대방이나 상대방으로 상징된 어떤 일거리·대상과 관련이 맺어지거나, 계약·약속 등이 진행되는 것을 의미한다. 또한 일거리나 재물 등을 소유하거나 관련 맺어짐을 상징한다.

③ 상대방이 따라주는 술이나 커피를 마시는 꿈

상대방의 청원을 들어주게 되거나, 그 사람이 시키는 일을 책임지게 된다.

④ 혼자나, 여럿이 같이 차나 커피를 마시는 꿈

혼자인 경우에는 어떤 일에 자신만이 관여하게 되고, 여럿이 같이 마시는 꿈은 공동으로 일을 추진하는 것을 뜻한다.

≪술≫

상대방이 주는 술은 정신적 자극을 주는 일이나, 세뇌·감화·유혹·설교 등을 상징적으로 나타내주고 있다. 따라서 상대방이 주는 술을 마시는 꿈은 유혹이나 계교에 빠지거나 남이 시키는 일에 따르게 되며, 좋게는 정신적 각성이나 사상에 감화를 받게 되는 일로 생긴다.

① 자기가 주는 술을 상대방이 마시는 꿈

상대방을 설득하여 자신의 뜻에 잘 따르게 되며, 청을 잘 들어준다. 보험 외판원이 이러한 꿈을 꾸었을 경우에 수많은 가입자를 계약시키는 일로 실현된다.

② 술에 취해 쓰러진 사람을 보는 꿈

누군가가 맡은 바 책무를 감당할 수 없음을 보게 되거나, 크게 정신적으로 감화받게 되는 것을 보는 일로 이루어진다.

③ 술에 취해 몸을 가누지 못한 꿈

자기가 술에 취해 몸을 가눌 수 없으면, 상대방에게 세뇌당해 헤어나지 못하거나 질병에 걸리거나 게임·오락·마약 등에 빠져들게 된다.

④ 임금이나 대통령, 회사 사장이 내리는 술을 마시는 꿈

막중한 책무를 맡게 되거나, 명예 또는 권리가 주어진다.

⑤ 높은 사람에게 술을 대접한 꿈(실증사례)

대통령과 그의 비서에게 술을 대접한 꿈은 사장 또는 기관장과 그의 부하 직원에게 취직 관계를 부탁하게 되는 것을 예지한 꿈이었다.

⑥ 국군 장교가 어떤 자에게 등에 진 술통에서 맥주병에 반 정도 술을 따라 마시게 한 꿈(실증사례)

오래전의 꿈 사례이다. 국군 장교가 어떤 자에게 등에 진 술통에서, 맥주병에 반 정도 술을 따라 마시게 한 꿈은 1.4 후퇴를 예정했던 작전계획 지역에서, 일부만 후퇴하고 수복할 것을 예지하는 꿈으로 실현되었다.

⑦ 술을 먹이는 꿈(실증사례)

4명의 사내가 굵은 통나무로 만든 멜 것을 메고, 그 위에 하얀 농부 옷을 입은 두 사내가 타고 가면서, 밑에서 구경하는 사람들에게 쌀막걸리라고 하면서 나눠주길래, 나도 얻어 마셨다. 나는 "아이고, 맛있네." 하면서 3잔을 연속으로 얻어 마셨다. 마신 후, 나는 "이게 막걸리라 카면서 왜 이리 안 취하노." 했다. 이때 그 무리 뒤쪽에 있던, 똑같은

복장의 또 한 사내가 손에 꽹과리를 잡고 나타나, 구경하는 사람들을 향하여 신 나게 선동하였다.

술을 먹이거나 권하는 꿈은 상징적으로 유혹하는 것을 의미한다. 막걸리 3잔은 동업을 제안한 사람이 3번의 유혹(사기)을 해올 것을 상징하였으며, 꽹과리를 치면서 사람들을 유혹하고 있다. 하지만 "왜 이리 안 취하노."라고 했던 것처럼 유혹(사기)에 넘어가지 않는 것을 보여주고 있다.

⑧ 민속에 전하는 술에 관한 꿈

- 꿈에 술에 크게 취하면 병이 든다.

- 꿈에 왕비가 불러 술을 먹이면 흉하고 병든다.

⑨ 포도주로 세수를 한 꿈(외국의 사례)

크레타의 상인은 포도주로 세수하는 꿈을 꾸었는데, 포도주가 상했다. 세숫물은 마실 수가 없고, 더는 쓸모가 없기 때문이다.(아르테미도로스,『꿈의 열쇠』)

≪담배≫

담배는 정신적·물질적인 재물이나 돈·직위·신분·운세 등과 결부된 상징물로, 담배의 명칭과 종류는 각각의 상징적인 의미를 지닌다. 예를 들어, '재건'이란 담배 개비를 얻은 사람은 복직이 되었고, '새마을'이란 담배 개비를 얻은 사람은 한 계급 진급되었다.

① 많은 숫자의 담배를 얻는 꿈

큰 재물이 생기고, 조금일 경우는 적은 재물이 생긴다.

② 담배나 라이터 등 물건을 받는 꿈

재물적인 이익을 얻게 되거나, 취직·진급 등 성취를 이루게 된다.

③ 상대방에게 담배를 주는 꿈

재물의 손실이 있게 되거나, 상대방의 소원을 충족시켜주게 된다.

④ 담배를 상대방에게 피우기를 권하는 꿈

상대방이 피웠을 경우에는 자신의 청원을 들어주게 된다. 일반적인 상징으로는 상대방에게 호의를 베풀어주는 일로 실현된다.

⑤ 산더미처럼 쌓인 담배 더미의 꿈 → 잠재적인 소망 표출의 꿈

'프로이트'의 『정신분석입문』에 나오는 꿈 사례이다. 부족한 담배로 인해 담배

를 마음껏 피워보았으면 하는 소망에서 이러한 꿈을 꾸고 있다. 상징적인 꿈의 입장에서는 막대한 재물을 얻게 되는 일로 실현된다.

≪마약≫

마약은 술과 유사한 상징적 의미를 지닌다. 상대방에게 마약을 권하는 꿈은 상대방을 유혹하거나 달래는 일로 실현된다.

① 자신이 마약을 하는 꿈

현실에서의 고달픔이나 어려운 여건으로 인하여, 도피적인 노름이나 게임 등에 빠져들게 된다. 또한 종교적이나 사상적으로 감화를 받게 되거나, 어떠한 그릇된 행동에 빠져 들어감을 상징한다.

② 상대방으로부터 강제로 마약 주사를 맞는 꿈

어떠한 일거리·대상에 있어 불가항력적인 일을 당하게 된다. 현실에서는 도둑을 맞게 되거나, 상대방의 유혹에 넘어가게 된다.

6) 부엌살림(접시·그릇·식기·대야, 도자기, 병〔유리병〕, 솥·냄비·프라이팬, 수저, 컵〔잔〕, 물통·주전자, 독·항아리, 바가지·두레박, 광주리·채반·쟁반, 조리·체)

부엌살림에 필요한 여러 도구들은 태몽 표상으로도 등장하고 있는바, 빛나고 고급스러우며 튼튼한 표상일수록 좋다. 깨지거나 낡은 것들은 사업의 부진이나 건강의 악화 등 좋지 않은 일로 실현된다.

≪접시, 그릇, 식기, 대야≫

음식을 담아 먹는 그릇·대접·종지 등의 식기는 태몽 표상물이나 사람의 상징으로 자주 등장하고 있다. 또한 사업기반이나, 직책, 사업의 성격, 사업성과 등과 관계된 표상이다. 이 경우에 식기가 고급이면 고급일수록, 직책·신분·지위·운세 등이 훌륭해진다. 접시는 주축을 이루는 사업과 일에 관계하지 않고, 부수적인 일과 관계한다. 대야가 빛나고 고급일수록, 사업 기반이나 일거리·대상이 좋은 여건에 있음을 뜻한다. 이 경우에, 대야에 맑은 물이 담겨있을수록 풍족한 여건에 처해있음을 뜻한다. 또한, 대야 물에 손발을 씻는 꿈은 신분이 새로워지거나, 근심·걱정을 해소시킬 대상을 얻게 된다. 한편, 세숫대야에 가득한 사금(沙金)

을 본 꿈으로 복권에 당첨된 사례가 있으며, 민속의 꿈으로 "새 세숫대야를 보면 미인이 온다."고 전해오고 있다.

(1) 접시·그릇·식기 꿈해몽 요약

① 식당에 많은 식기를 쌓아놓은 것을 보는 꿈

회사·기관·단체에서 많은 사람을 부리거나, 사업성과를 얻게 된다.

② 식기를 엎어놓은 것을 보는 꿈

일·사업 등의 중지나 경과가 오래가고, 식기가 더럽거나 녹슬면 종업원이 병들거나 나태해진다.

③ 가정부가 접시를 깨는 꿈

미래투시적인 꿈이라면 실제로 가정부가 접시를 깨뜨리게 되지만, 상징적인 꿈에서는 가정부로 상징된 부하 직원 등이 일거리나 대상의 진행에 있어 실패하게 되며, 손실을 보게 된다.

④ 그릇이나 접시를 깨는 꿈

추진하던 사업 프로젝트나 계약의 파기, 가게의 운영 등에서 파탄에 이르게 되며, 애정과 관련해서는 결혼을 약속한 약혼 등이 깨지게 된다. 재물의 상징인 경우에는 재물을 잃게 된다. 단, 자신이 스스로 깬 경우에는 어떠한 재물이나 일거리·대상의 정리 등 자신이 주도적으로 일을 진행해나감을 뜻한다. 태몽 표상에서 그릇이 깨지는 꿈은 뜻밖의 유산이나 요절로 이루어지며, 스스로 깨는 꿈은 본인이 유산시키는 일로 이루어진다.

⑤ 크리스털 접시가 깨진 꿈(실증사례) → 남편이 주식에서 손실을 입다.

> 크리스털 접시 두 장이 깨지는 꿈을 꾸었습니다. 일주일 뒤에 남편이 주식으로 큰 빚을 졌으니, 아파트 담보대출을 해 달라고 하여 경악했습니다. 결국, 믿고 해 주었다가, 대출금 반을 몰래 또 주식으로 날리었습니다.

이 경우에도 깨진 그릇의 양에 비례하여, 재물의 손실로 이루어진다. 많은 그릇이 깨진 꿈일수록 막대한 재물의 손실이 있게 된다.

⑥ 플라스틱 그릇이 녹아내리는 꿈

추구하는 일거리·대상에서 무위로 돌아가는 일로 이루어진다. 필자의 경우에 부동산 계약이 파기되는 일로 실현되었다.

(2) 태몽 표상

① 세 개의 밥그릇 꿈

옻칠을 한 커다란 상에, 흰 사기 밥그릇이 세 그릇 있었어요. 모두 뚜껑이 닫혀 있었죠. 그 앞에 흰옷 입고, 흰 머리에 정갈하게 쪽을 진 할머니가 얌전히 앉아 계시더라고요. 지금 생각하면 무서웠을 만도 한데, 꿈에 하나도 무섭지를 않았어요. 그 할머니께선 밥그릇 세 개 중에서, 첫 번째 밥그릇을 제게 주셨고, 밥뚜껑을 여니 흰 쌀밥이 수북이 담겨있었어요. 흰빛이 너무 강해 오히려 빛이 그릇 밖으로 쏟아져 나오고 있었죠. 그 밥그릇을 가슴에 안고, '다른 두 개의 밥그릇은 왜 안주시나?' 하고 나머지 밥그릇 두 개도 욕심내던 꿈을 꾸었답니다. 어른들께선 경제적으로 잘 먹고 잘 살게 될 아들 꿈이라고 하셨는데, 정말 아들이네요. 다음 아이 임신 때, 두 번째 밥그릇을 받을 수 있을지 궁금하네요.---김지선, 베베하우스, 2003. 1. 22.

② 바나나 접시 꿈

냇가에서 노란 황금빛이 나는 바나나 접시를 제가 잡았더니, 첫 딸이더라고요.---sky, 다음 미즈넷.

③ 접시와 그릇을 받는 꿈

친구 집에 가서, 접시와 그릇을 세트로 받는 꿈을 꾸었어요.---마순영. 이지데이, 태몽이야기방.

④ 접시를 산 꿈

저는 임신 한 달 전에, 태몽 꿨거든요. 그때는 임신 생각도 안 하고 있을 땐데, 백화점 같은데 가서 접시를 샀거든요. 얇고 예쁘장한 코펠 같은 걸로요. 엄마가 들으시더니, 딸 태몽이라고 하시네요. 전 정말 딸 낳았고요. 암튼, 임신 전에도 태몽을 꿀 수가 있나 봐요.---youreun, 마이클럽.

⑤ 그릇이 마음에 들지 않는 꿈 → 유산 예지

언니가 그릇을 한 개 갖다 주는데, 내 손에 쥔 그릇과 모양이며 색깔이 똑같았습니다. 그런데 내가 가진 그릇은 무거운 사기그릇인데, 언니가 주는 건 가벼운 플라스틱이었습니다. 저는 같은 모양의 그릇이 두 개씩 필요 없는데다가, "요즘 누가 플라스틱 그릇을 쓰느냐?"며 받기를 거절하다 꿈이 깨었습니다.

며칠 후 병원에 가니, 임신은 확실한데 너무 일러서 초음파에 나타나지 않는다고 하더군요. 한 달 후 다시 병원에 가니, 선생님 말씀이 쌍둥이인데 하나는 자연도태 되었다며, 검은색의 흔적을 보여 주시더군요. 저는 비로소 꿈에서 예지되었던 것을 깨달을 수 있었습니다.

임신 9개월의 임신부가 보내온 편지로, 그릇이 태아의 상징 표상으로 등장하고 있다. 이처럼 꿈속의 상징 표상대로 이루어지고 있음을 볼 때, 태몽의 신비로움에 전율을 느끼게 된다.

⑥ 놋세숫대야의 꿈 → 충남 지사 안희정의 태몽

나는 1964년 충남 논산시 연무읍 마산리에서, 2남 3녀 중 셋째로 태어났다. 어머님의 말씀에 따르면, 방안 가득히 광채를 발하는 놋세숫대야를 닦는 태몽을 꾸셨다 한다.

≪도자기≫

도자기에 관한 꿈해몽은 그릇에 관한 꿈해몽과 유사하다. 도자기는 사람의 상징, 태몽 표상물, 재물의 상징으로 등장하고 있다.

① 한쪽 주둥이 부분이 깨진 도자기를 주운 꿈(실증사례) → 사람의 상징

재혼의 상대로, 할머니 손에 자란 고아인 결점이 있는 사람을 만나게 되는 일로 실현되었다.

② 도자기를 집으로 가져온 꿈 → 연예인 강수연의 태몽

'고구마밭에서 골동품(화병)을 캐어 개울물에 씻어보니, 찬란하게 빛이 났다. 그 화병을 집으로 가져왔다.'

태몽으로 보자면, 인생의 전반부는 평범한 존재로 빛을 발하지 못하다가, 씻어내어 찬란하게 빛을 발하는 골동품의 화병이 되었듯이, 나중에는 획기적인 일로 인하여 자신을 널리 드러내고 빛나는 존재로, 선망의 대상이 되는 연예인이 될 것을 예지해주고 있다.

연기를 하다 보면, 여러 배역을 맡는 일이 다반사이겠지만, 골동품의 태몽 표상답게 '씨받이'·'여인천하' --- 등등 외모 및 분위기에서, 한국적이고 고전적인 분야에서 두각을 보이고 있다.

③ 예쁜 도자기 두 개를 품에 안는 꿈 → 복권 당첨

예쁜 도자기를 가져오는 꿈으로 승용차에 당첨되고 있는바, 도자기가 재물적 상징으로 실현되고 있다.

④ 돌아가신 시아버님에게 도자기를 받은 꿈 → 재물의 획득

토지가 수용되면서 땅값이 폭등하게 되어, 일부 땅을 보상을 받고 내주고서
도, 새로 난 대로변에 4층 건물을 짓는 막대한 재물을 얻는 일로 실현되었다.

≪병(유리병)≫

① 빈 병이 방안에 가득 쌓인 꿈

쓸모없는 일거리·대상에 시간을 뺏기게 되며, 많은 부채를 지게 된다.

② 술·기름·약 등이 들어 있는 병을 사오거나 얻은 꿈

사온 개수나 분량만큼의 정신적·물질적인 재물과 사업 방도가 생긴다. 또한,
가임여건에서 태몽으로 실현 가능하며, 특이한 능력을 지닌 인재를 맞아들이는
일로도 실현 가능하다.

③ 빈 병이 수없이 날아오는 것을 야구 방망이로 깨뜨린 야구선수의 꿈

홈런을 날려 승리하는 일로 실현되었다.

≪솥, 냄비, 프라이팬≫

솥, 냄비, 화로, 쟁반, 프라이팬, 그릇, 수저 등 집안에서 사용되는 도구 등은
가족이나 회사의 상태를 상징하는 경우가 많다. 이 경우에, 솥·냄비·주전자·화
로 등에서 불길이나 김이 보기 좋게 모락모락 보기 좋게 솟아 나오는 꿈은 가정
이나 사업의 순조로운 안정과 발전을 뜻한다.

솥은 사업체, 생산본부, 물질적·정신적 자산을 상징하고 있다. 솥이 크고 귀
한 고급일수록 회사·기관·사업체나 은행 가계 등이 자본금이 넉넉하고 여유 있
는 여건에 있음을 뜻한다. 프라이팬은 솥과 동일한 기관·사업기반·방도 등을 뜻
하지만, 부식물 등을 마련하는 기구이므로 부수적인 일, 본업이 아닌 부업과 관
계해서 표현된다.

또한, 솥·냄비·프라이팬 등을 얻는 꿈이 가임여건에서 태몽 표상물이나 사람
의 상징으로 등장하고 있으며, 일거리나 대상·재물의 상징으로 등장하고 있다.

(1) 꿈해몽 요약

① 솥이 아궁이에 걸려있는 꿈

사업이나 학문 등에서 모든 준비가 갖추어졌음을 의미한다. 이 경우 솥 안에 내용물이 가득 차 있는 꿈일수록 좋다. 솥을 얹어 불을 지피는 꿈은 사업 등에서 성취를 이루게 되며, 재물적 이익과 이권을 얻는 일로 이루어진다.

② 솥에 음식을 삶는 꿈

연구·생산 등 어느 기관에서 일을 성사하기 위한 노력의 경향을 뜻한다. 옥수수·감자·고구마 등을 솥에 넣고 찌는 꿈은 어떤 공사를 맡거나 상품의 출시를 준비하게 되며, 재물과 이권을 얻게 되는 일로 실현된다.

③ 솥에다가 음식을 만드는 꿈

새롭게 어떤 일거리·대상에 몰두하면서, 사업 등을 시작하고 있음을 뜻한다. 이때에, 솥에 밥이 다 되어가는 꿈은 일이 성취 단계에 있음을 뜻하고, 밥이 설거나 타면 사업에서 문제가 발생함을 뜻한다.

④ 솥의 밥이 넘치는 꿈

솥에 밥이 되어가는 꿈은 일의 성취 단계를 뜻하며, 솥의 밥이 넘치는 것은 풍요로움의 표상으로, 사업 등의 추진분야에서 재물이나 이권이 감당할 수 없을 정도로 넘쳐나는 것을 뜻한다.

⑤ 솥에서 여러 그릇에 밥을 퍼 담는 꿈

사업의 이윤을 분배하거나, 종사하는 직원을 많이 두게 됨을 뜻한다.

⑥ 냄비나 밥솥 등을 선물로 받는 꿈

재물이나 이권 등 금전적인 행운이 생기며, 집안 살림이 늘어나게 된다. 또한 가정에서 회사에서 사람이 늘어나게 된다.

⑦ 항아리나 단지를 포장한 종이를 뜯거나 솥뚜껑을 여는 꿈

연분과 관련해서는 이성을 만나게 되며, 사업이나 학문 등을 새롭게 시작하는 일로 이루어진다.

⑧ 솥이 깨지는 꿈

사업이나 가계의 부도, 회사·기관·단체에서 파탄이 일어남을 뜻한다. 기타 추진하는 일에서 실패나 좌절로 이루어진다. 솥이 사람의 상징인 경우에는 집안에 우환이 생긴다. 흙탕물에 큰솥이 떠내려가는 것을 본 주부의 꿈은 다음 날 남

편이 수술 중에 죽는 것으로 실현되었다.

⑨ 전기밥솥이 둥둥 떠내려간 꿈(실증사례) → 돈을 빌려 간 사람이 도망가다.

　　전기밥솥이 뿌연 바닷물에 떠내려가고 있어 밥솥을 잡을 수 있었는데, 잡을까 말까 망설이다 결국은 그저 쳐다만 보다 잠에서 깨어났습니다. 이 꿈은 제게 돈을 빌려 간 사람이, 차일피일 시간을 끌다 일본으로 도망간 일로 실현되었습니다. 재미있는 것은 꿈에서 밥솥이 떠내려간 방향이 일본 쪽 방향인 동쪽이었다는 것이네요.

전기밥솥의 상징이 사람이자, 재물·이권의 상징으로 등장하고 있다. 잃는 꿈이었듯이, 현실에서도 돈을 빌려 간 사람을 놓치는 일로 실현되고 있다.

(2) 태몽 표상

① 냄비 하나를 산 꿈→ 태몽 예지

시장에서 한 가게로 들어갔는데, 거기엔 아주 시꺼먼 냄비가 잔뜩 있는 거예요. 거기서 냄비 하나를 사는 꿈이었어요.---이연주, 태교아카데미 태몽이야기.

② 솥을 보는 꿈 → 민속주인 이강주 제조자 조정형(趙鼎衡)씨의 태몽

모친의 태몽에서 솥을 보는 꿈으로, 이름에 솥 정(鼎)자를 넣어 조정형(趙鼎衡)으로 이름을 지었다. 대학도 양조학을 전공했고, 양조회사에 입사하여 좋은 술 개발에 몰두하여, 민속주인 이강주를 세계적인 술로 만들어내었으며, 자신 또한 1990년 무형문화재가 됐다.---이세명 기자, 전북일보, 2007. 09. 06, 요약 발췌.

술을 증류하는 데 필요한 솥[鼎]의 태몽으로, 술[酒]과 관련된 운명의 길을 잘 예지해주고 있다.

(3) 솥, 아궁이에 관한 민속 꿈

- 꿈에 아궁이에 불을 때면 좋다.
- 꿈에 아궁이를 고치면 재수 있다.
- 꿈에 솥을 도적이 깨뜨리면 나쁘다.

≪수저(숟가락, 젓가락)≫

수저는 사업의 방도, 운반수단, 협조자, 노력의 경향 등을 상징한다. 또한, 수저를 얻는 꿈이 태몽으로 실현되거나, 사람을 얻게 되는 일로 실현되기도 한다.

① 수저가 많이 쌓인 것을 보는 꿈

많은 직원이 고용된 있는 회사, 대가족의 식구, 회사나 가계 경영으로 수많은 협조자가 있거나 책임져야 할 사람들이 많이 있음을 뜻한다.

② 수저를 잃어버리거나 부러뜨리는 꿈

수저로 상징된 사업의 방도를 잃거나, 직원이나 식구 등이 사고나 질병으로 잃게 되거나 결별하게 된다.

③ 은수저를 사는 꿈 → 태몽 예지

> 이거 태몽 맞아요? 꿈에서 친정엄마와 금은방에서 잘 닦여진 은수저를 사는 꿈을 꾸었어요. 은수저를 사겠다니까, 주인이 세 가지 정도를 내놓더라고요. 그중에서 가장 예쁘고 반짝거리는 은수저를 제가 골랐죠.---배미정, 2004. 8. 12.

꿈이 생생하다면 태몽이 틀림이 없으며, 예쁘고 반짝거리는 표상으로 보아 딸을 낳을 가능성이 높다고 하겠다.

④ 작은 금수저 두 개를 받은 꿈(실증사례) → 태몽 예지

> 전 이제 21살이고요. 백일 넘은 아기가 있어요. 그런데, 저희 시어머니께서는 빨간 고추 한아름을 따오는 꿈을 꾸셨고요. 친구는 아주 작은 금수저 두 개를 받는 꿈을 꿨대요. 저 아들 낳았거든요.---유양희, 베베하우스, 2003. 10. 15.

⑤ 수저 두 개와 젓가락 두 개를 주운 꿈(실증사례) → 태몽 예지

> 지금 25주 둘째를 임신 중이고요. 둘째도 아들이라도 하네요(병원에서). 몇 주 전에 제가 꿈을 꾸었는데, 수저 두 개랑 젓가락 두 개랑 길을 가다가 주워서 호주머니에 넣었답니다. 그런데 수저 손잡이와 젓가락 잡는 부분에 은으로 무늬가 들어가서 크게 감겨 있더라구요.---김점숙, 베베하우스, 2004. 9. 16.

⑥ 숟가락이 마음에 들지 않는 꿈(실증사례) → 유산 예지

> 맑은 날씨에 잔잔한 호숫가에 앉아 있는데, 물속에 숟가락 두 개가 있는 겁니다. 하나는 작은 유아용 숟가락으로 볼품없는 것이었고, 하나는 옛 어른들이 쓰시는 봉황이 새겨진 훌륭한 놋숟가락이었습니다. 저는 유아용 숟가락은 마음에 들지 않아서, '버려야겠다'고 생각하다 잠이 깨었습니다.

현실에서는 쌍둥이를 임신했으나, 한 아이는 자연 도태되는 일로 실현되고 있다.

⑦ 놋그릇·은수저·쌀을 가져온 꿈 → 핸드볼 은메달리스트 성경화 씨의 태몽

깊은 산 속이었다. 무성한 수풀 사이로 황토색 오솔길이 끊어질 듯 이어지고 있었다. 길을 따라 숲을 지나자, 조그만 연못이 나타났다. 연못 바닥에 놋그릇 몇 점과 은수저 한 벌이 가라앉아 있었다. 놋그릇들은 시퍼렇게 녹이 슬어 있었는데, 그중 하나만 반짝반짝 광이 났다. 그래서 윤이 흐르는 그 그릇과 은수저를 건져 올렸다. 그릇의 뚜껑을 여니, 하얀 쌀이 가득 들어 있어서, 얼른 집으로 갖고 돌아와 그 쌀로 밥을 해 혼자 맛있게 먹었다.

예쁘고 탐스럽고 귀한 물건을 가져오는 태몽 표상일수록, 장차 그러한 여건에 처하게 됨을 예지해주고 있다.

⑧ 숟가락에 관한 민속의 꿈

- 꿈에 숟가락을 얻으면 재수 있다.
- 꿈에 숟가락을 보면 아내에게 좋다.
- 꿈에 숟가락을 많이 놓으면 자손이 번성한다.
- 꿈에 수저를 얻으면 처와 자식을 맞이하게 된다.

≪밥상≫

밥상은 권리나 이권·재물의 상징으로, 좋은 밥상을 받는 꿈일수록 좋은 꿈이다.

① 밥상에 파리떼가 몰려든 꿈

자신의 밥상에 파리 등이 몰려드는 것은 자신이 진행하는 사업·이권에 관심을 지니고 다가오는 사람이 많음을 뜻한다.

② 밥상을 차리는 꿈

시어머니가 밥상을 차려오라는 꿈으로 죽음을 맞이한 사례가 있으며, 처녀가 구렁이에게 밥상을 차려 올리는 꿈으로 연분을 맺은 사례가 있다.

③ 밥상이 깨지는 꿈

애정에 금이 가게 되며, 사업의 부도 등 사업체나 일의 교섭 방도가 제대로 운영되지 않게 된다.

④ 밥상에 관한 꿈(민속의 꿈)

-꿈에 밥상을 사 오면 복이 들어온다.

-꿈에 상에 올라 누우면 매우 나쁘다.

-꿈에 상이 부러지면 노비(종)가 죽는다.

-꿈에 상이 스스로 깨어지면 아내에게 나쁘다.

-꿈에 상위에 개장국이 있으면 아내에게 나쁘다.

-꿈에 상다리를 고치면 노비(아랫사람)에게 나쁘다.

-꿈에 상과 장롱이 문밖으로 나가면 아내에게 나쁘다.

-꿈에 상을 접어놓고 장롱을 고쳐 놓으면 크게 부귀해진다.

≪컵(잔)≫

① 컵에 물이나 술 등이 가득한 꿈

정신적·물질적인 자산에 만족하게 되며, 일부만 있는 꿈은 권리·이권의 일부에 관한 일과 관계한다.

② 금잔·은잔 등의 컵을 얻는 꿈

명예로운 일에 좋은 협조자나 방도가 생긴다. 또한, 태몽으로 실현되거나, 연분·애정을 얻게 되는 일로 실현되기도 한다.

③ 컵(잔)이 깨지거나 찌그러지는 꿈

사업의 실패, 계약의 파기, 주식에서의 손실, 애정·연분의 파탄 등 어떠한 일거리 대상에서 손실을 보는 일로 실현된다. 사람의 상징인 경우에, 질병 등으로 인하여 고생하게 된다.

≪물통, 주전자≫

물통이나 주전자는 크고 고급일수록, 사업 규모나 사업 방도 등을 상징한다. 또한, 얻거나 받는 꿈이 태몽으로 실현되거나, 사람을 얻게 되는 일로 실현되기도 한다.

① 물통의 물을 마시지 못하는 꿈

주전자에 물이 없어 마시지 못하면, 자신이 추구하는 일거리·대상에서 성취를 이루지 못하게 되며, 소득을 얻지 못하게 된다. 사업 자금이나 투자금이 고갈되는 일로도 이루어지는 흉몽이다.

② 물통에 물을 담지 못했던 꿈

수돗가에 큰 물통을 놓고 물을 받으려 하나 물이 한 방울도 나오지 않았던 꿈은 크게 사업을 경영하지만 맑은 물로 상징된 재물을 얻지 못하게 된다.

③ 물통, 주전자가 찌그러지는 꿈

사업 분야에서 문제가 발생하여, 난관에 처하게 된다. 사람의 상징인 경우에, 질병 등으로 인하여 고생하게 된다.

≪독, 항아리≫

독·동이·항아리·자배기 등의 용기는 사업체, 생활형편, 분수, 창고, 식구나 재산의 많고 적음을 상징한다. 빈 독은 사업기반이나 창고를 뜻하고, 그 안에 간장 및 유용한 물건이 들어 있으면 물질적인 소득이 생긴다. 또한, 독 뚜껑을 열어 놓은 것을 보면 가까운 시일 안에 사업·재물 등이 생기고, 뚜껑이 덮인 것을 보면 상당히 오랜 시일 후에 사업성과를 얻거나 재물을 얻는다.

① 큰 장독이나 함지박에 물이 가득한 것을 보는 꿈

재물적 이익이나 많은 돈이 생긴다.

② 장독대에 독이 많은 것을 보는 꿈

집안 살림이나 사업 등이 번창하며, 일거리 등을 많이 맡게 된다.

③ 독을 새로 사오는 꿈

새로운 사업분야에 진출하게 되며, 은행 등에 새롭게 적금 등을 드는 일로 실현된다.

④ 독을 수레에 잔뜩 실어다 놓은 꿈

체인점 등을 여러 곳에 내게 되는 등 여러 가지 사업을 경영하게 된다. 일반인의 경우에 은행 저축, 부동산 구입, 주식 펀드 가입 등 다양한 면에서 재산을 축적할 일이 생긴다.

⑤ 독이 깨지는 꿈

사업의 실패, 은행의 부도, 애정 관계에서 파탄 등 처한 여건에 따라 좋지 않은 일로 실현된다. 사람의 상징인 경우에, 질병 등으로 인하여 고생하게 된다.

⑥ 장독대의 장독을 모조리 뚜껑을 덮어놓은 꿈 → 사업 자금 활용의 어려움

장독대에 있는 장독 하나하나는 자금의 출처, 사업체, 작품 따위를 상징하는

것이 될 수 있다. 따라서 그 뚜껑을 덮어놓은 것들은 사업 자금 활용의 어려움, 사업중지, 작품창작이 중지될 것을 예지해주고 있다.

⑦ 항아리의 장을 퍼다 버리는 꿈 → 재물의 손실

장으로 상징된 재물이나 이권 등의 손실이 있을 것을 예지해주는바, 주식투자에서 손실을 보는 일로 실현되었다.

⑧ 큰 항아리를 닦는 꿈(실증사례) → 태몽 예지

먼지 긴 큰 항아리가 3개 있었는데, 그중 가장 큰 것을 골라 닦았더니, 반짝반짝 윤이 나는 꿈이었다. 그래서인지 어머님이 받아오신 이름에도 닦을 수(修) 자가 들어갔나 보다. 이름이 수녕으로 지은 딸을 출산하였다.---수녕의 탄생설화. 다음 블로그에서.

≪바가지, 두레박≫

바가지는 협조자·방도, 중계 수단 및 기타의 그릇과 용기의 대용물을 상징한다. 두레박 또한 일의 중계 수단, 재물의 획득, 방편, 사업과 혼사 등을 상징적으로 나타내주고 있다.

① 바가지로 물을 푸는 꿈

재물이나 이권을 얻게 되며, 물을 마시는 꿈은 더욱 좋은 꿈이다. 재물의 획득 등 자신이 추구하는 일거리·대상에서 만족할 만한 성취를 거두게 된다.

② 우물에서 한 두레박의 물을 떠 오는 꿈

물을 떠 오는 꿈은 재물적 이익이나 정신적 자산 등을 획득하게 된다. 이 경우에 맑은 물이어야 좋으며, 흙탕물의 경우에는 질병이나 우환 등을 불러오는 일로 실현된다.

≪광주리, 채반, 쟁반≫

광주리나 채반은 사업기반·협조자 등을 상징하지만, 얼기설기 되어 있는 데서, 지원자나 협조세력이 긴밀치 못한 유대성을 나타낸다.

① 광주리나 채반에 음식물을 담은 것을 보는 꿈

음식 또는 음식 재료를 담아 놓은 것을 보는 꿈은 일이나 재물, 작품 등이 친밀하지 못한 사람을 통해서 이용됨을 뜻한다.

② 쟁반을 보거나 얻는 꿈

사업기반을 얻게 되거나, 좋은 가문에서 혼담이 들어오게 된다.

≪조리, 체≫

① 조리질을 하는 꿈

일거리나 대상에 있어 채택하는 일로 이루어진다. 인재를 선발하거나 훌륭한 작품을 골라내는 일로 실현된다.

② 체질을 하는 꿈

일거리나 대상에 있어, 선택하고 가리는 일로 실현된다.

11 dream 옷, 치장, 소지품, 사치품, 화장도구, 생활용품, 학용품

1) 옷, 치장(옷, 와이셔츠·팬티, 치마(스커트), 신발(구두), 모자(의관), 양말·스타킹·버선, 넥타이·목도리, 장갑, 허리띠·혁대, 주머니(호주머니), 단추)

≪옷≫

(1) 옷 꿈에 관하여

꿈은 다양한 상징의 옷을 입고 우리 인간에게 보여주고 있다. 현실에서 옷은 인체를 보호하고 사람됨을 나타내주고 있듯이, 꿈의 세계에서 옷은 도움이 되는 직장, 직위나 신분 등의 명예나 권세, 집 등을 상징하고 있다. 또한 배우자나 애인·협조자 등 자신을 돌보아주는 사람을 상징하기도 한다. 한편, 좋은 옷을 고르거나 받는 꿈은 가임여건에서 태몽으로 실현되기도 한다.

옷의 상징적 의미를 염두에 두고 살펴보자. 새 옷을 입는 꿈은 신분·지위·집·회사·협조자 등이 새롭게 돋보이게 되는 일로 이루어진다. 옷을 빨아 손질해 입는 꿈은 근심·걱정이 해소되고 새로운 일에 착수하며 생활형편이 좋아지게 된다. 화려한 옷을 입는 꿈은 신분이나 직위·집 등이 고귀해지거나 훌륭한 배우자를 만나게 된다. 반면에, 낡은 옷을 입는 꿈은 신분이나 직위가 추락하게 되거나 질병으로 고통을 겪게 된다. 또한, 옷을 누덕누덕 기워 입는 꿈은 여러 사람의 도움으로 직분·사업 등의 명맥을 유지하게 된다. 한편, 옷을 이것저것 갈아입는 꿈은 협조자·배우자·동업자·직장·집 등을 여러 차례 변경할 일이 생긴다. 아울러, 옷을 빨아 손질해 입는 꿈은 근심·걱정이 해소되고, 새로운 일에 착수하며 생활 형편이 좋아지게 된다.

옷을 훔치는 꿈은 평소 예쁜 옷을 입고자 하는 심리 표출의 바람을 나타내는 꿈으로 볼 수도 있겠지만, 상징적인 꿈으로는 아주 좋은 꿈이다. 옷으로 상징된 직장이나 직위, 재물이나 이권, 애인이나 친구 등을 적극적인 자세로 나아가 자신의 목적을 달성하게 되는 일로 이루어진다. 자신에게 어울리고 만족하는 옷일수록 바람직한 사람과 연분을 맺게 되거나, 새로운 직위와 신분으로 나아감을 뜻한다. 다만, 훔치고 나서 죄의식이 수반되는 꿈이라면 당당한 진행보다는 눈치를 보면서 하는 등의 크게 만족하지 못하는 여건에 처하게 된다.

속옷은 육친관계, 아주 친밀하고 기본적인 협조자나 협조세력, 직위·명예·신분 등을 상징한다. 따라서 이러한 속옷을 선물 받거나 입는 꿈이라면 남몰래 도와주는 사람을 얻게 되거나, 애인을 얻게 될 수도 있다. 그러나 속옷이 찢어지거나, 잃어버리거나, 낡고 해진 옷의 표상인 경우라면, 자신의 신분·직위·명예·자존심이 훼손되거나 은밀한 협조자가 어려운 여건에 처하게 됨을 뜻한다.

(2) 옷(의복), 갑옷, 외투의 꿈해몽 요약

① 새 옷을 입는 꿈

신분·지위·집·협조자 등이 새롭게 돋보이게 된다. 실현 가능성이 높은 것으로는 새로운 직장을 구하게 되거나, 새로운 배우자(애인)를 얻게 된다.

② 옷을 선사 받는 꿈

새로운 직업·협조자·애인 등을 얻게 된다. 이 경우에도 옷이 마음에 들고 안 들고의 꿈속의 느낌에 따라, 현실에서 만족함과 흡족함에 차이가 나게 된다.

③ 윗사람이 주는 옷을 받는 꿈

새로운 부서나 직위를 임명받게 되는 등, 직업·이권·명예·혜택 등이 주어진다.

④ 상대방이 입던 옷을 벗어 주는 꿈

상대방이 다니던 직장이나 사귀던 여자 친구를 대신 넘겨받게 된다. 일반적으로는 상대방의 직위나 명예·책무, 사무실이나 집을 물려받거나 업적을 이어받는 일로 이루어진다.

⑤ 다른 사람의 옷을 입는 꿈

다른 사람의 이권이나 권리를 물려받게 된다. 어떤 사람이 꿈에 누이의 옷을 입고, 누이에게서 재산을 상속받는 일로 실현된 외국의 사례가 있다.

⑥ 비단옷이나 관복·예복 따위를 입는 꿈

고상하고 귀한 신분의 이성을 만나게 되거나, 부귀한 집을 사게 된다. 일반적으로, 크게 출세하여 명예와 권세를 얻게 된다.

⑦ 퇴색한 옷이나 찢어진 옷, 때 묻은 옷을 입는 꿈

아내가 병이 들게 되거나, 다치게 되는 일로 실현된다. 일반적으로, 직위나 신분이 몰락하며, 남에게 냉대를 받거나, 집이나 사업 등이 퇴락한다.

⑧ 입고 있는 옷이 남루하게 보이는 꿈

사귀게 되는 애인이 미천한 신분의 사람을 만나게 된다. 일반적으로, 어려움에 빠져들게 되어, 가난하고 어려운 처지에 놓이게 된다. 일거리·대상의 상징인 경우에는 부실기업이나 부도난 회사 등을 상징한다.

⑨ 벗어 놓았던 옷을 잃어버리는 꿈

의지했던 직장이나 협조자·집·사업 등을 잃게 되며, 고독·빈곤·고통을 면치 못한다. 옷을 잃어버리는 꿈으로 실직한 사례가 있다.

⑩ 옷을 찢기는 꿈

명예·신분에 손상이 오게 되며, 직장을 옮기게 되거나 협조자나 애인 친구와 결별이 있게 된다. 또한, 살고 있는 집에 문제가 발생하게 되거나, 애인이나 배우자가 질병이나 사고를 당하게 되는 일도 가능하다.

⑪ 옷소매가 찢어져 나가는 꿈

처자·친구·형제간에 이별을 하거나, 사업이나 가게 일부가 쓸모없게 된다. 저자의 경우에 컴퓨터에 저장한 원고 일부가 날아가는 일로 실현된 사례가 있다.

⑫ 옷에 흙이 튀어 얼룩이 진 꿈

몸에 이상이 생겨 질병에 걸리거나, 명예나 자존심에 손상이 가는 일로 이루어진다. 또한 부채를 지게 되어 창피를 당할 일이 생기게 되며, 근심·걱정할 일이 생긴다.

⑬ 옷이 찢어지거나 오물이 묻는 꿈

옷에 작은 구멍이 있거나, 무언가 묻어 있는 꿈은 안 좋은 일로 어려움을 겪게 된다. 기름이 튀어서 옷을 더럽게 한 꿈은 자존심과 명예 등이 훼손되는 일로 실현되었다.

⑭ 옷이 물에 젖지 않는 꿈

비를 맞거나 물속에 들어가도 옷이 젖지 않는 꿈은 종교·사상·문화 등 외부적인 여건에 휩싸이지 않고, 자기의 의지나 뜻을 펼 수 있게 된다.

⑮ 옷이 물에 흠뻑 젖는 꿈

종교·사상·문화 등 외부적인 여건이나 신앙 등에 크게 감화를 받아, 새로운 여건에 처하게 된다.

⑯ 옷을 세탁하는 꿈

때·흙·기름·피·대소변 등이 묻은 옷을 세탁하는 꿈은 신분이나 직위, 자존심이나 명예의 실추, 사업의 근심거리 등에서 벗어나 회복하게 되며, 난관이나 애로 사항이 해결된다.

⑰ 옷을 우물·냇가·샘터 등에서 빨래하는 꿈

새로운 회사나 기관·단체에서 과거를 청산하고, 새롭게 출발하는 일로 실현된다.

⑱ 상대방이 좋은 옷을 입은 것을 보는 꿈

상대방의 신분이나 직위가 자신보다 위에 있게 되어, 정신적으로 압도당하는 일로 이루어진다. 또한, 상대방의 집이 더 좋은 여건에 있거나, 상대방이 사귀는 이성이 더 지적이며 능력을 갖춘 사람임을 뜻한다.

⑲ 옷을 정리하는 꿈

옷장이나 트렁크에 여러 가지 옷을 챙겨 넣거나 접어서 쌓아놓으면, 직장이나 사업에서 정리할 일이 있게 된다. 상황에 따라 관계를 맺던 사람들을 정리하는 일로도 실현된다.

⑳ 옷을 꿰매 입는 꿈

손상된 자존심이나 명예를 회복하는 일로 이루어진다. 옷이 사람의 상징인 경우에, 수술하게 되어 몸에 흉터가 있게 될 것을 예지한다.

㉑ 여성의 옷을 벗기는 꿈

여자의 옷을 하나하나 벗기면, 어떠한 일거리나 대상에 대해서 탐독 또는 조사할 일이 생긴다. 예를 들어, 신간 서적이나 외국 원서 등을 읽어나가게 되거나, 차용증서나 그 밖의 문서 내용에 잘못된 점이 없나 검토해 볼 일이 생기게 된다. 새로 구입한 최신 기계를 분해하거나 작동 원리를 살펴보는 것도 가능하다. 또한 애정 관계에서 상대편의 신상 내력이나 가계에 대하여, 꼼꼼히 살펴볼 일이 생긴다.

㉒ 대통령·스승·신령적인 존재가 빛나는 옷을 입은 것을 보는 꿈

회사 사장이나 은사, 직장 상사 등에게 명예로운 일이 일어나게 되며, 본인 자신도 은택을 입게 되어 크게 명예로워진다.

㉓ 윗사람이 단정한 옷차림을 보는 꿈

대통령이나 사장이 단정히 입은 옷차림을 보는 꿈은 정부나 회사의 체제나 기강이 올바르고 공명정대하게 일처리가 이루어진다.

㉔ 옷 밖으로 성기가 노출된 꿈

바지의 단추를 채웠는데도 성기가 노출되어 감추려 하는 꿈은 자기주장이 너무 강경하여 남에게 시비를 받거나 자숙할 일이 생긴다.

㉕ 상대방 옷 속의 속살을 만지는 꿈

상대방이 옷을 든든히 입었는데도 속살이 만져지면, 지조가 있거나 신념을 지키는 사람의 은밀한 비밀이나 사생활 등을 엿보게 된다.

㉖ 여성의 옷이 비쳐 보이는 꿈

보호해주는 직장이나 사람이 여의치 않음을 드러내 주고 있다. 선정적으로 보이는 꿈의 경우에, 유혹당하여 관심 있는 여성에 대하여 살펴보는 일로 실현된다. 또한 일거리나 대상의 상징인 경우에, 어떠한 일에 호기심과 관심을 지니게 된다.

㉗ 옷이 마음에 들지 않는 꿈

맞춰 입은 옷이 크거나 작아서 마음에 들지 않으면, 직장이나 집, 사귀는 이성에 대해서 불만이 생긴다. 헌 옷인 경우에, 누군가 사귀던 이성을 상징한다.

㉘ 옷가게에서 옷을 사는 꿈

직업소개소를 통해 직장을 구하게 되거나, 결혼중개업소 등을 통해서 인연을 맺게 되거나, 협조자나 신분증명서 등을 얻게 된다. 가임여건에서 태몽 표상으로도 가능하다.

㉙ 옷을 만드는 꿈

옷을 만드는 것은 새로운 직업을 구하거나, 작품을 창작해내거나, 애인이나 배우자를 얻기 위해서 애정에 관심을 기울이게 됨을 뜻한다. 또한, 새롭게 집을 건축하는 일로도 실현될 수 있다.

㉚ 옷감을 재단하는 꿈

자신이 옷감을 재단하는 꿈은 새로운 사업계획을 세우거나, 취직 및 결혼 등의 일에 착수한다. 또한, 집을 건축하는 데 있어, 기초공사에 들어가는 일로 실현될 수도 있다.

㉛ 옷감을 사오는 꿈

고급 양복감이나 비단 옷감을 사오는 꿈은 처한 여건에 따라 재물과 이권, 직장과 직위, 명예나 이권 등을 얻는다.

㉜ 옷을 보자기에 싸고 있는 꿈

직장이나 직위, 일거리나 사업 등 하던 일을 중지하게 되는 일로 실현된다. 상황에 따라 옷으로 상징된 많은 사람을 모집하게 되는 일로도 실현 가능하다.

㉝ 옷을 벗어 벽에 걸어놓는 꿈

저고리·코트 등의 옷을 벗어 벽에 거는 꿈은 협조자나 협조기관과의 관계를 끊는 일로 실현된다. 저자의 경우에, 옷이 일거리의 상징으로써 자신의 작품이나 저술관계를 기관이나 신문지상 등에 발표하게 된다.

㉞ 투명인간의 꿈

투명한 옷을 입고 적진을 활보해도 아무도 알아보지 못하는 꿈은 고도의 은신책 또는 방어수단에 의해서, 염탐하거나 신분을 감추고 교제할 일을 암시한다.

㉟ 소복 입는 꿈

사실적인 요소가 있는 꿈의 경우에, 주변 누군가의 죽음을 예지하는 일로 실현되고 있다.

㊱ 옷에 관한 꿈(민속의 꿈)

– 꿈에 새 도포를 입으면 처첩이 더해진다.

– 꿈에 새 돛을 보면 좋은 아내를 새로 얻는다.

– 꿈에 의복을 잃으면 아내가 해산하기 어렵다.

– 꿈에 의복이 갑자기 찢어지면 아내가 외도를 한다.

– 꿈에 여자가 녹의를 입으면 흉한 일이 없어진다.

– 꿈에 옷을 태우면 재수 없다.

– 꿈에 옷고름이 풀리면 반가운 일이 생긴다.

– 꿈에 옷을 바꿔 입으면 벼슬한다.

– 꿈에 옷을 벗는 것은 자신의 아픈 곳이 낫고 걱정거리가 사라진다.

– 꿈에 옷을 빨아 물들이면 좋다.

– 꿈에 옷이 많이 비어 있으면 옷이 많이 생긴다.

– 꿈에 옷을 많이 입으면 재수 없다.

– 꿈에 의관을 새로 바꾸면 벼슬에 오른다.

– 꿈에 상복을 입으면 대길하다.

(3) 옷꿈의 실증사례

① 예쁜 한복을 고른 꿈 → 태몽 표상

옷장 안에 분홍색 한복들이 가득 차 있었어요. 그중에 제일 예쁜 한복 하나를 골랐는데 아이 사이즈여서 입을 수가 없는 거예요. 꿈에서 깨자 분명히 딸일 것 같다는 생각이 들었는데, 정말 딸을 낳았습니다.

② 비단 관복을 본 꿈 → 태몽 표상

남편이 경복궁처럼 보이는 궁궐에 있었다. 대신들이 조례를 하는 넓은 돌마당이 보였고, 한가운데에는 궁궐 건물로 올라가는 길이 나 있었다. 그 가운데 나무로 된 상이 놓여 있어 가서 살펴보았더니, 관복이 개켜져 있었다. 주위에는 아무도 없었다. 남편이 옷을 펼쳐보니, 봉황 2마리가 그려져 있는 비단 관복이었다. 황금색이었는지 청색이었는지는 기억나지 않는다. 그때 관복을 입은 할아버지가 2명의 시종을 거느리고 나타났다. '그건 아무나 입는 옷이 아니다.'라고 얘기해서 남편은 갑자기 겁이 났다. 그리고 '내 옷이 아닌데 잘못 건드렸나?' 싶은 생각이 들었다. 그래서 예를 갖추어 두 손으로 공손히 옷을 받쳐 들었다.

③ 속옷을 누군가 펼쳐 놓은 꿈 → 구설수에 오르게 되다.

어느 주부가 꾼 꿈으로, 누군가가 브래지어를 안방에 펼쳐 놓은 꿈이었다. 옷장 안에 들어 있어야 할 속옷이 방안에 널려 있는 모습이 좋을 리가 없다. 꿈의 결과는 2~3일 뒤에, 구설수에 오르는 현실로 실현되었다.

④ 소복을 입은 꿈 → 죽음 예지

원주시에서 박소현 주부님이 보내오신 꿈이야기이다.

> 제게는 지금까지 잊히지 않고 죄스러운 꿈이 있습니다. 지금부터 15년 전 결혼하기 전에 약혼 기간에 꾼 꿈입니다. 명절(구정)이라서, 나는 색동저고리에 빨간색 치마의 한복을 입고 다른 때와 마찬가지로 큰집에 세배를 다녀왔습니다. 엄마는 그런 나에게 약혼을 했으니, 시댁에도 다녀오라고 하셨습니다. 그때 약혼자는 군 복무 중이었는데, 엄마는 시골에 다녀오라고 하셨습니다. 그런데 그때까지 입고 있던 색동 한복은 어디 가고 없고, 나는 소복을 입고 시댁을 찾고 있는데, 가도 가도 집이 보이진 않았습니다. 우리 집에서 1시간 30분 거리에 있는 시댁이 하루를 찾았는데도 보이질 않아, 아마도 어디에서 하루를 묵고 다시 찾아 나서는데, 앞으로 하얀 안개가 덮여 찾기가 더욱 힘들었습니다.

> 그런데 한참을 헤매고 나니, 시어머니께서 대문 앞에서 저를 부르고 있었습니다. 저는 하얀 소복 차림에 사뿐사뿐 걷다가 꿈에서 깨어났습니다. 그리고 한 달 뒤에 시어머니께서는 뇌출혈로 쓰러져 돌아가셨습니다. 그때 꿈을 미리 어머님께 알려 드렸으면, '예방할 수 있지 않았을까?' 하고 항상 죄스러움에 시달립니다. 그 일이 있은 후부터는 꿈에 소복 입은 사람을 보고 나면, 얼마 후에 친근한 사람 중 누군가 죽었다는 소식을 듣고는 합니다.

꿈속에서 나타난 표상이 소복이라든지, 시댁을 찾기가 어렵다든지, 어둡고 안 좋은 표상으로 나타나고 있으며, 시어머니가 꿈속에 등장한 것처럼 현실에서는 한 달 후에 꿈이 실현되어 운명하고 있다. 덧붙인다면 미리 알려드렸다면 돌아가시는 것을 막을 수 있지 않았나 생각하고 있지만, 이러한 상징적인 꿈의 경우에 피할 수 있게 진행되지는 않고 있다. 또한 소복의 표상꿈이 안 좋다는 것은 여러 사람의 꿈에서 공통으로 보이고 있다. 이 밖에도 검은 한복을 사는 꿈으로 할머니가 돌아가신 사례, 연한 푸른색의 흰 한복을 입은 꿈이 질병으로 실현된 사례가 있다.

⑤ 검붉은 피가 옷에 묻는 꿈 → 복권에 당첨

"아들을 데리고 시골 친척 집에 가는데 아이 발에 가시가 찔려 검붉은 피가 튀어 옷에 묻었다. 또, 다른 꿈에서는 빨간 수박을 많이 먹었다."

⑥ 소복하고 피를 토해 옷에 묻은 꿈 → 뜻밖의 행운

오래전의 꿈 사례이다.

5~6년 전 꿈에 소복을 했다. 갑자기 입으로 피를 토했다. 눈빛보다 흰옷에 피가 묻었다. 그 날 방송국에서 연말 특집 녹화가 있었다. 다트 돌리기를 했다. 다트 과녁에는 출연 탤런트들의 이름을 둥그렇게 썼다. 화살이 꽂히면 푸짐한 상품이 주어졌다. 첫 번 화살이 빗나갔고, 두 번째 화살이 내 이름에 꽂혔다. 그 날 핸드백·구두 등 푸짐한 상품을 탔다.---서우림

⑦ 옷에 얼룩이 묻는 꿈 → 자존심이나 명예에 손상을 입는 일로 실현

프라이팬에 튀기던 고등어 기름이 튀어 올라 옷을 더럽힌 꿈은 직장 내에서 근무 성적에서 좋지 않은 평가를 받는 일로 실현되었다.

⑧ 옷에 얼룩 등 더러운 것이 묻은 꿈 → 질병으로 고생하다.

흰 블라우스를 입고 있었는데, 옆에서 갑자기 먹물 같은 것이 튀어 옷에 얼룩이 졌다. 이러한 꿈은 병으로 아프게 되거나, 신분에 불명예스러운 일이 생긴다. 이 꿈은 어느 아주머니의 꿈으로, 결국 이 아주머니는 꿈꾼 날로부터 이틀 후 유행성 독감에 걸려 매우 고생을 했다.(글: 운몽)

⑨ 몸이나 옷에 흙(먼지)이 묻는 꿈 → 신분이나 명예의 실추

몸이나 옷에 흙이 묻으면, 질병에 걸리거나 누명을 쓰고 신분이나 명예에 오점을 남긴다. 옷에 조그마한 티끌이 있는 것을 털어내는 꿈을 꾼 후에, 성병검사를 한 사례가 있다. 이 경우 옷에 검불처럼 묻어 있는 경우의 꿈이기에, 아무 이상 없이 검사의 수고로움에 그치는 일로 실현되었지만, 옷에 구멍이 나거나 찢어진 꿈이었다면 몸에 이상이 생기는 일로 실현되었을 것이다.

⑩ 바지 옷이 찢어진 꿈 → 발을 다치게 되다.

입고 있던 바지의 오른쪽 하단이 무엇에 걸린 듯이 약간 찢어져 있는 것을 문득 발견했다. 여름 휴가철을 맞아, 부산 누님댁으로 피서를 가 있을 때의 꿈이다. 더운 여름날 집 안에 들어앉아 점심을 먹고, 낮잠을 약간 즐기다가 깨어보니, 무료하기 짝이 없었다. 마침 초등학교에 다는 조카 녀석이 해변에서 가지고 노는 비닐 공을 가지고 와, 입으로 바

람을 넣어 달라고 졸랐다.

　나는 옳거니 심심한데 조카 녀석이랑, '그렇게 넓지는 않지만, 앞마당 잔디밭에서 공을 차야지.'하는 생각을 했다. 맨발로 야들야들하고 폭신한 잔디 위를 밟으며, 가벼운 비닐 공을 발로 주거니 받거니, 조카와 함께 노닥거리니 무척 재미있어 했다.

　그러던 중 조카 녀석이 나를 향해 찬다는 비닐공이 엉뚱한 방향으로 날아갔고, 나는 그것을 좇아 찬다는 것이 실수로 잔디밭 둘레를 에워싸고 심어놓은 키 작은 회양목에 그만 발을 집어 놓고 말았다. 오른쪽 발에서 따끔한 느낌이 오는 것이 보나 마나 회양목 마른 가지에 찔린 것으로 생각하고 발을 쳐들었다. 아니나 다를까, 오른쪽 엄지발가락 사이에서 피가 흐르고 있었다.

　의복은 신상·명예·신분과도 관련이 있으며, 또 바짓가랑이일 경우 신체적으로 다리나 발을 의미하기도 한다. 그리고 가족일 경우는 아랫사람, 자식도 된다. 때에 따라서는 오른쪽은 아들, 왼쪽은 딸의 의미도 될 수 있다. 어쨌든 흉몽에 속하니 조심을 해야 하되, 꿈에 찢어진 바지의 정도가 별로 대수롭지 않은 것이어서 걱정은 할 필요가 없다. 사실적으로 바지가 흠날 일, 다리나 발을 손상당할 일, 누구에게 기분 나쁜 일을 당하는 경우, 또는 자식이 다칠 경우를 생각할 수 있다.(글: 운몽)

⑪ 선생님의 하얀 바지가 젖고 얼룩이 있던 꿈 → 선생님으로 상징된 인물의 명예 실추

　나는 학생으로 돌아가 교실 책상에 앉아있다. 여자 선생님은 하얀 바지를 입으시고 수업을 진행 중이었는데, 어느 순간 술에 취하셔서 교단 책상에 얼굴을 묻고 잠시 주무시는 것이다. 잠시 뒤 깨셨는데 선생님의 뒷모습을 보니, 입고 있던 하얀 바지가 젖고 엉덩이 부분에 얼룩이 군데군데 생겨서 하얀 옷이 더럽혀져 있었다. 내 체육복이라도 빌려드릴 걸 하는 안타까운 마음이 잠깐 들었고, 그 뒤 선생님은 금방 검은 바지로 갈아 입은 상태였다.

　꿈꾼 다음 날 내가 다니는 절의 스님께 의논드릴 일이 있어 뵙기를 청하고, 절 아래쪽 마을에 있는 카페에서 만났다.(장소는 스님이 정함) 그 카페는 스님이 칭찬해 마지않는 미혼의 여자 불자님이 운영하는 카페였는데, 나는 처음 뵙는 분이었다. 그날은 별 눈치를 못 챘으나, 그 다음 날 별 이유 없이 스님이 나를 만나자 하여 그 카페로 또 갔는데, 그때 알았다. 스님이 그 여자 불자님을 마음에 두고, 체면 상하지 않게 자연스럽게 만날

구실을 위해, 내가 필요했다는 것을……

　그 카페 여주인 불자님은 스님의 심중을 아는 것 같았고, 아주 곤혹스럽고 부담스러워하는 눈치였다. 친절하던 여주인이 은근히 거리를 두니, 스님은 더 애가 타셔서 카페로 가고 싶어하셨다. 그 이틀 후에 또 나와 함께 카페로 동행했으면 하는 것을 핑계를 대고 거절했는데, 내심 그런 스님이 참 안타까웠다. 꿈속의 선생님은 여자 선생님이었지만 스님과 동일인이었고, 하얀 바지 엉덩이 부분에만 집중적으로 있던 얼룩은 스님이 가져선 안 될 연모의 정이 아니었을까?

꿈의 상징 기법에서, 인물의 바꿔놓기를 보여주는 좋은 사례이다. 여자 선생님이었으니, 스님의 성품이 적극적이고 터프한 남성적 성품이라기보다는, 다소 여성적인 면이 있음을 암시해주고 있다고 하겠다. 또한 술에 취한 표상도 유혹에 넘어간 상태를 상징적으로 보여주고 있다. 한편, 얼룩이 지고 더러워져 있는 표상처럼, 현실에서 부도덕한 양심이나 행위를 상징적으로 보여주고 있다고 해야 할 것이다.

⑫ 금빛 나는 갑옷을 받은 태몽 → 군 장성이 되다.

너무나 멋있는 금빛 나는 갑옷을 어떤 분이 선물해 주시는 꿈을 꾸시고 아들을 낳았다. 그 후에 아들의 대학 문제를 두고 고민을 하다가, 금빛 나는 갑옷은 장군들이 입는 특수한 옷이라는 생각에 육군사관학교에 진학을 하였다. 실제로 아들이 정말 장군이 되었다.(글: 박성몽)

⑬ 동자가 금빛 갑옷을 입고 구름을 타고 하늘로부터 내려오는 꿈 → 김유신 태몽

김유신 어머니(만명부인) 태몽이다. 한 동자가 금빛 갑옷을 입고, 구름을 타고 하늘에서 내려와 집으로 들어왔다. 이 꿈은 태아의 장차의 운세를 나타내주고 있다. 동자로서 태몽 표상을, 금빛 갑옷의 상징 표상에서 장차 훌륭한 장수로 출세한다는 것을 예지해주고 있으며, 하늘에서 구름을 타고 내려와 집으로 들어온 표상에서 장차 국가나 사회적으로 커다란 인물이 된다는 것을 예지해주고 있다.

⑭ 외투에 관한 꿈 → 아르테미도로스의 『꿈의 열쇠』에 나오는 외국의 사례이다.

* 꿈에 외투가 찢어진 사람은 그가 입고 있던 외투의 찢어진 부분에 상처를 입었다. 외투가 몸을 감싸고 있듯이 몸은 영혼을 감싸고 있었다.

* 어떤 사람이 꿈에 나무로 된 외투를 걸쳤다. 그는 항해를 시작했는데 더뎠다. 그에게 배는 나무 외투와 같았던 것이다.

* 어떤 사람은 꿈에 외투의 가운데가 찢어졌는데, 그의 집이 허물어졌다. 그를 보호하고 있는 것의 상태가 양호하지 않았던 것이다. 또 어떤 사람은 꿈에 자기 집 기와가 사라졌는데 외투를 잃었다. 외투는 그를 덮고 있었다.

⑮ 하녀가 자신의 옷을 빌려 간 꿈(외국의 사례) → 의지하던 남편을 잃게 된다.

어떤 여자가 꿈을 꾸었는데, 그녀의 머리를 손질해주던 하녀가 어느 행사에 간다며 메달에 새겨진 그녀의 초상과 옷을 빌려 갔다. 이 하녀는 은근히 그녀를 중상하여 남편과 즉각 헤어지게 했을 뿐 아니라, 그녀에게 손해를 입히고 모욕하였다.(글: 아르테미도로스, 『꿈의 열쇠』)

(4) 옷꿈의 이모저모

〈옷을 염색하는 꿈〉

사상의 감화나 개인 심경의 변화, 직장이나 신분의 변화, 사업이나 일거리 등의 변경 등의 일을 상징한다.

① 입은 옷의 일부가 다른 색으로 물든 꿈

사회적이거나 외부적인 여건에 의해, 직장이나 신분에 변화가 오게 되는 일로 실현된다. 사람의 상징인 경우에, 애정 등에서 마음의 변화가 있게 됨을 뜻한다.

② 옷을 진하게 다른 색으로 물들이는 꿈

직장이나 애정 관계에서 보다 강화된 방향으로 나아감을 뜻한다.

③ 옷을 염색하는 꿈

정신적인 영향력을 받게 되거나, 신분이나 직위가 새로운 방향으로 나아가게 된다. 예를 들어 새롭게 교회에 나가게 되거나, 기관·단체에 가입하게 되거나, 나쁘게는 교도소에 들어가게 일로도 실현될 수 있겠다. 연분 관계에 있어서, 사람을 새롭게 바꾸게 되는 일로 실현될 수도 있다.

〈색깔 있는 옷(의복)을 입은 꿈〉

① 흰옷을 입은 사람의 꿈

흰옷은 정신적인 유산이나 순결, 순수함, 결백한 상태와 관련이 되는 표상이다. 흰옷을 입은 표상이 화려하고 아름다운 표상이라면, 자신이 귀한 직위나 신분·명예 등을 얻게 됨을 의미할 수도 있다. 또한 자신이 흰옷을 입은 것이 자신이나 자신의 일에 관해 결백을 주장하게 될 일로 이루어질 수도 있다.

그러나 소복이 상복의 이미지로 자신이 소복을 입은 꿈으로 상제가 된 꿈이라면, 정신적·물질적인 유산이나 업적 등을 계승 받게 되는 일로 실현되고 있다. 하지만 대부분의 경우 꿈에 본인이 소복을 입는 꿈이나 소복 입은 사람을 보고 나면, 얼마 후에 주변 친지나 친근한 사람들 중 누군가 죽었다는 소식을 듣는 일로 이루어지고 있다.

② 상대방이 검은 옷을 입은 꿈

상대방이 거무스름한 옷을 입은 꿈은 상대방의 신분이나 내력 등을 분명하게 알 수 없는 경우에 꿔지기도 한다.

③ 검은 옷이 세 개 있는 것을 보는 꿈

주변에서 세 사람의 죽음이 일어나는 것으로 실현된 사례가 있다.

④ 상대방이 회색 옷을 입은 꿈

본색을 드러내지 않는 이중인격의 사람이나, 죄인·환자 등을 상징한다.

⑤ 얼룩옷이나 여러 색깔의 옷을 입은 꿈

다양한 직업을 가지고 있거나, 다양한 성격의 사람을 뜻한다. 일거리·대상인 경우에, 복합적인 성격을 띤 대상을 상징한다.

⑥ 감색·푸른색·초록색의 옷을 입은 꿈

규율·통제·근면 등에 관계된 일이나 사람을 대하게 된다.

⑦ 노란색이나 황금색 옷을 입은 꿈

남의 사랑을 받거나 인기를 끌며, 남의 이목 거리가 될 사람을 상징한다.

⑧ 누런 옷을 입은 꿈

정신적·물질적인 유산상속을 받거나, 관청과의 관계나 일을 상징한다.

⑨ 붉은 관복을 입은 꿈

신분이 고귀해지고, 열정적인 일거리·대상과 관련을 맺는다.

⑩ 분홍색 옷을 입는 꿈

애정 관련하여 매혹시킬 일과 관계하며, 질병에 걸리게도 된다.

⑪ 색동옷의 꿈

색동옷을 입은 꿈은 인기직업을 갖거나 인기작품을 세상에 발표하게 된다.

⑫ 검은 옷을 벗고 흰옷을 입은 꿈(외국의 사례) → 아들을 잃었다가 찾다.

외국의 사례이다. 모직물 가공을 하는 사람의 아내가 꿈에 검은 옷을 입었다. 이어 그녀는 마음을 바꿔, 검은 옷 대신에 흰옷을 걸쳤다. 그녀는 아들을 잃어버렸다가, 3일 후에 되찾았다.(글: 아르테미도로스, 『꿈의 열쇠』)

〈다양한 옷을 입은 꿈〉

① 임금님이 입는 곤룡포를 입은 꿈

엄청 좋은 꿈이다. 로또를 사보는 것도 좋은 방법이다. 이런 경우에 상징적인 꿈이기에, 현재 자신이 처한 여건에서 자신에게 최고의 권세와 명예가 주어진다.

② 관복과 활옷을 입은 꿈

취직하게 되어 신분·직위가 고귀해지고, 좋은 배우자나 협조자를 얻게 된다.

③ 상복에 관한 꿈

자신이 상제가 되어 상복을 입는 꿈은 정신적·물질적인 자산 승계를 하게 되는 일로 실현된다. 그러나 사실적인 요소가 있는 꿈이라면, 실제로 상복을 입게 되는 일로 실현된다.

④ 작업복을 입은 꿈

사실적인 꿈의 요소가 있는 경우에, 장차 노동자·근로자 등의 노역에 종사하게 되며, 일반적인 상징으로는 맡은 바 일이 몹시 고되거나 힘써 노력할 일을 상징한다.

⑤ 수영복을 입은 꿈

자신의 신상이나 직장의 기밀 일부가 공개적으로 드러날 일과 관계한다.

⑥ 많은 사람들이 수영복을 입고 있는 꿈

선동적인 저서나 출판물을 보게 되거나, 선전·광고되고 있는 일거리나 대상을 상징한다.

⑦ 사복을 입는 꿈

회사·기관·단체·학교·군대·경찰 등에서 제복을 벗고 사복을 착용하는 꿈은 퇴직·휴직·휴가 등 물러나는 일과 관계한다.

⑧ 군복을 입은 꿈

일반인이 군복을 입은 꿈은 규율이나 제약이 까다로운 회사 등에 취직하게 되거나, 행동에 통제를 받는 교육이나 연수를 받게 됨을 뜻한다.

⑨ 도포·코트 등 덧옷을 입은 꿈

두루마기·도포·잠바·코트 및 기타 덧옷을 입는 꿈은 현재의 직장 위에 추가적인 새로운 직장이나 직위를 얻게 된다. 또 다른 협조자나 은인을 만나 신분이 고귀해지거나 명예·권세가 주어진다. 이 경우에 처한 여건에 따라서, 현재의 배우자 외에 애인을 사귀게 되는 일로도 실현 가능하다.

⑩ 도포를 입고 갓을 쓴 노인이 나타난 꿈

지혜로운 사람을 상징적으로 나타내며, 학교의 교장, 대학교의 교수 등 학식과 덕망이 높은 어떤 사람을 상징적으로 보여주고 있다.

⑪ 청동 옷을 입은 꿈(외국의 사례) → 죽음 예지

외국의 사례이다. 마그네시아의 한 남자는 꿈에 청동 옷을 입었는데, 당연히 죽었다. 몸에 무언가 움직일 수 없게 하는 것이 있는 꿈은 절대 좋은 것이 아니다. 조상(彫像)에 생명이 없듯이, 마치 조상에 덧씌워진 것처럼, 그를 덮고 있던 것으로는 그가 움직일 수 없었기 때문이다.(글: 아르테미도로스, 『꿈의 열쇠』)

〈상의·하의의 옷에 관한 꿈〉

상·하의가 모두 갖추어 입는 것은 완전한 일, 완전한 신분, 완전한 식구 등을 나타낸다. 상의는 윗사람이나 상층부와 관련 있으며, 하의는 아랫사람이나 일의 하층부와 관계된 상징 부위를 나타내고 있다. 상의를 벗어 놓은 꿈은 상의로 상징된 윗사람의 협조를 얻지 못하게 되며, 상의를 잃어버려 찾지 못하는 꿈은 윗사람이나 협조자·협조기관과의 결별이나 절연 등으로 이루어진다. 하의를 벗어 놓거나 잃어버리는 꿈은 아랫사람이나 협조자의 도움을 얻지 못하게 되거나, 결별이나 절연되는 일로 실현된다.

≪와이셔츠·팬티(옷)≫

① 와이셔츠를 새로 갈아입는 꿈

협조자를 새로 바꾸거나 신분·직책 등이 새로워진다. 새롭게 애인을 바꾸게 되는 일로도 실현 가능하다.

② 러닝셔츠에 무늬나 글자가 새겨진 꿈

이 경우에, 새겨진 글자의 내용이 중요하다. 새겨진 무늬나 글자가 상징하는 어떤 일이 자기 신변에 영향을 미침을 예지한다. 예를 들어, 壽(목숨 수)자가 새겨진 경우에 장수하는 일로 실현된다.

③ 내복만 입고 걸어 다니는 꿈

직분이나 직위에 있어 위태로운 처지에 놓이게 되며, 사업상 불안한 상태에 있거나 협조자의 혜택을 충분히 받지 못하게 된다.

④ 러닝셔츠나 팬티만 입은 꿈

고독하게 되거나 신분의 보장이 결여된다. 사귀는 친구나 애인이 없게 되는 상황에 처하게 된다. 그러나 팬티만을 입었더라도 자신감있고 당당한 경우에는 과시하고 자랑하는 좋은 일로 이루어진다. 실증사례를 살펴본다.

> 오늘 면접 발표날 새벽에, 아버님께서 넓은 광장의 계단을 팬티 차림으로 올라가고 있는데, 많은 사람들이 박수를 쳐주니까 어깨에 힘주시고, 부끄러운 기색도 없이 계속 계단을 오르셨답니다. 정말 운 좋게 합격했네요.

≪치마(스커트)≫

치마에 붕어나 잉어 등의 물고기를 싸안거나, 밤을 주워담거나, 새를 치마폭에 감싸안는 꿈은 태몽으로 실현되고 있다. 태몽에서 여성의 치마는 자손과 관계있는 상징 부위이며, 치마에 받거나 담은 물건은 자손의 업적·사업 등과 관계한다. 행주치마는 며느리·딸·가정부·일꾼·수하자 등의 일과 관계된 상징물이다.

① 금실이 수놓아진 치마를 선사 받는 꿈

좋은 곳에 시집가거나, 훌륭한 작품 또는 서적을 얻는다.

② 행주치마를 벗어버리는 꿈

행주치마로 상징된 가정부가 나가는 일로 실현되었다.

③ 새빨간 한복 치마를 입은 꿈

태몽 표상으로, 치마를 입는 꿈을 꾼 후에 아들을 낳는 일로 실현된 사례가 있다.

④ 밤을 치마에 담은 꿈(실증사례)

넓은 들에 나갔더니, 개울가 둑에 밤나무에서 밤이 많이 떨어져 있어 치마 앞자락에 자꾸 주워담는 꿈은 태몽으로 실현되었다.

⑤ 붕어를 치마에 받은 꿈(실증사례)

강가에서 아빠가 낚시를 하는데, 커다란 붕어 한 마리를 낚아 낚시 끝에 달린 것을 주기에, 치마폭에 감싸 안는 꿈은 태몽으로 실현되었다.

⑥ 수탉이 날아와 치마폭에 감싸 안은 꿈(실증사례)

태몽 표상으로 실현된 사례이다. 안방 문을 열고 밖을 내다보니, 큰 새 한 마리가 빨랫줄에 앉아 있었다. 여러 사람들이 봉황새가 하늘에서 내려왔다고 떠드는데, 지켜보고 있는 동안 그 새가 내게로 날아와서, 치마폭에 감싸 안고 방으로 들어가 아랫목에서 치마폭을 펴보니까, 그것은 수탉이었다.

⑦ 검은 치마에 해를 받았더니 오색찬란한 갑사 치마로 변한 꿈

태몽 표상으로, 평범한 신분에서 일약 고귀한 신분이 될 것을 예지한 것이었다.

≪신발(구두)≫

1) 신발(구두) 꿈에 관하여

꿈은 상징의 언어이다. 따라서 꿈속에 등장하는 사람이나 사물은 꿈의 언어인 상징으로 풀이하면 모두가 쉽게 해몽될 수 있다. 신발은 어떤 상징의 의미가 있을까? 신발은 일상생활에서 의지할 수 있는, 배우자·직장·재물·재산·자손·협조자·신분·협조기관 등을 상징한다.

여러 실증사례를 살펴보면, 신발을 잃어버리는 꿈은 대부분 의지하는 사람을 잃게 되거나, 직장을 잃게 되는 일로 실현되고 있다. 또한 신발을 고르는 꿈은 혼처를 구하거나 직장을 선택하는 일로 실현되고 있다. 이 경우 자신에게 맞는 신발, 좋은 신발일수록 마음에 드는 연인이나 직장을 얻게 되는 일로 실현된다.

이러한 사실은 우리의 관습적 언어상징에서도 그대로 반영되고 있다. 예를 들어, '고무신 거꾸로 신다'는 연인의 결별을 뜻하는 말로 쓰이고 있다. 꿈은 반대가 아닌 상징의 이해에 있듯이, 신발을 잃어버리는 꿈은 이빨이 빠지는 꿈과 더불어 대표적인 흉몽에 속한다. 잃어버리는 꿈 이외에도 신발이 더럽거나 헤져 있는 꿈은 장차 근심이 있거나 방해물과 어려움이 닥치게 될 것을 예지해주고 있다.

2) 신발(구두) 꿈해몽, 실증사례, 상담사례

(1) 사람의 상징

① 새 신발을 사 신는 꿈

애정과 관련하여 연분을 맺게 되는 일로 이루어질 수 있다. 다만, 일거리나 대상의 상징인 경우에는 새로운 직장을 얻게 되는 일로 실현된다.

② 남의 신발을 신는 꿈

남의 연인을 얻게 되거나, 다른 사람이 일하던 직장을 대신 얻게 된다.

③ 신발이나 양말을 벗거나 신는 꿈

신발이나 양발의 상징은 보호해주는 사람이나 대상을 뜻하기에, 벗는 꿈은 어떤 협조자·후원자나 도와주는 세력이 이탈함을 뜻한다. 반면에 신는 꿈은 어떤 협조자가 도움을 주거나 보증이 있게 된다.

④ 새로 산 신발이 발보다 크거나 작은 꿈

새롭게 결혼한 배우자나 새로 사귄 애인 등이 자신에게 맞지 않거나, 직장이나 직책 등에 불만이 있게 된다.

⑤ 낡고 찢어진 신을 신는 꿈

신분·직업·사업·협조자 등이 무력해지거나, 병을 앓게 된다. 또는 문제가 있는 사람이나 일거리와 관계하게 된다.

⑥ 신 한 짝을 잃어버리는 꿈

결혼을 하게 되더라도 서로 이별하게 된다. 마찬가지로 직장을 얻기 전에 신발을 잃어버리는 꿈은 곧 그 직장을 잃게 된다. 또한 처한 상황에 따라 달리 실현되는바, 자기가 열정을 다해온 아이디어나 발명품, 사업아이템, 작품이 보류된 채 빛을 보지 못하게 된다.

⑦ 문 앞에 여러 사람이 신을 벗어 놓은 것을 보는 꿈

어느 기관이나 단체에 일을 청탁한 사람이나 협력해 줄 사람 등이 많게 된다.

⑧ 신령적인 존재가 주는 신발을 받아 신는 꿈

위대한 학자나 지도자·권력자의 도움을 얻게 되거나, 후계자가 된다.

⑨ 구두 등 신발을 만드는 꿈

배우자나 직장·직위를 얻기 위해 노력할 일이 생긴다.

⑩ 신발이 없이 맨발로 걷는 꿈

의지할 사람이 없거나, 신분을 보장받지 못한 채 일을 진행함을 뜻한다.

⑪ 신발을 잃어버리는 꿈(실증사례) → 남자 친구와 결별.

　신발을 잃어버리는 꿈을 꾸었습니다. 그리고 오래도록 만나온 남자친구와 이별을 했고요.---장현지, 2006. 06. 30.

⑫ 옥색 고무신, 흰 고무신, 검정 고무신 등 세 켤레를 번갈아 신어보다가, 나중에 검정 고무신을 신은 꿈

세 번 이혼을 한 후에, 정착하는 일로 실현되었다.

⑬ 고무신을 깨끗이 씻어서 보자기에 싼 꿈

남편과 자식을 떼어놓고 한동안 헤어져 살게 되는 일로 실현되었다.

⑭ 캐주얼한 신발과 정장 구두를 짝짝이로 신은 꿈

처녀가 양다리를 걸치고 두 사람과 따로 데이트하면서 두 사람을 저울질하다가, 두 사람을 다 놓치는 일로 실현되었다.

⑮ 꿈속에서 사귀던 사람이 서로 다른 신발을 신고 있는 모습을 보는 꿈

무언가 불일치를 표상하고 있다. 현실에서는 꿈을 꾸고 난 후 곧 헤어지게 되었다

⑯ 신발(구두)을 삶고 염색해야 한다는 꿈 → 애인과 결별 후에 다른 선택.

　꿈에서 친구가 남자의 구두랑 자신의 구두를 같이 넣어서 삶는다고 하기에, "삶으면 물이 빠지니까 또 염색해야 한다."라고 말해 주었어요. 어떻게 해석을 해야 할지 몰랐는데, 나중에 이야기를 들어보니 서로 헤어졌다고 하네요. 그리고 각자 다른 이성을 만났다고 해요.

신발을 삶는 표상이 온전한 형태를 유지하기 힘든 데서, 이별의 표상이 가능하고, 새로운 염색을 해야 하는 데서 새로운 짝을 찾아 나선 것으로 실현되었다고 볼 수 있다.

⑰ 신발을 받는 꿈(상담사례) → 연분을 맺게 되다.

어느 여자분과의 전화 상담 사례 내용을 발췌하여 옮겨본다. 누군가가 신발을 다섯 켤레나 주는 꿈이었다고 한다. 그러나 그 다섯 켤레가 다 마음에 안 들어 신발 가게인지로 바꾸러 갔으나, 거기에서도 마음에 드는 신발을 찾을 수가 없었다. 그러는 중에 아까 받은 신발 중에 하나가 빛이 나 보이면서 마음에 들어, 그것

11 옷, 치장, 소지품, 사치품, 화장도구, 생활용품, 학용품

으로 선택하는 꿈을 꾸었다고 했다.

필자는 신발 다섯으로 상징된 어떠한 재물이나 이권·권리를 다섯 개 얻게 될 것이나, 그것 모두 마음에 안 들어 바꾸고자 하나, 마땅한 것을 얻지 못하다가, 그 중 하나에 다시 마음이 들게 되어 얻게 되는 일이 일어날 것이라고 했다.

미혼인지 기혼인지를 묻자, 미혼이라며 사실은 얼마 전 선을 보기 전에 꾼 꿈이라고 했다. 그렇다면 신발이 의지처나 도움을 주는 사람의 상징 표상으로, 앞으로 선을 보게 될 남자를 상징하고 있는 것이며, 모두 다섯 명 정도를 선을 보지만, 모두 마음에 들지 않아, 신발 가게로 표상된 보다 커다란 기관·단체인 결혼 상담소 등에 다시 기웃거리지만, 거기서도 마음에 드는 이상형을 찾지 못하게 될 것이다. 그러나 이전에 선을 본 다섯 남자 중에 한 사람이 괜찮게 등장하게 되고, 이어 그 사람과 인연이 맺어지게 될 것이라고 말했다.

보다 솔직하게 자신의 처한 상황을 털어놓고 해몽을 부탁한다면, 보다 올바른 해몽이 되는 것임을 말할 필요는 없을 것이다. 또한 이러한 꿈은 자신이 가장 잘 해몽할 수 있는 상징적인 미래 예지 꿈인 것이다. 꿈해몽의 1차적인 요소는 오로지 상징 표상의 이해에 있다.

자세한 것은 '홍순래 박사 꿈해몽' 사이트에서 신발을 검색해, 다른 실증적인 사례를 읽어보시기 바란다. 꿈의 세계를 이해하는 데 실증사례만큼 좋은 것은 없다. 참고로, 신발을 잃어버리는 꿈은 이빨이 빠지는 꿈처럼 주변 누군가와의 죽음·결별이나 직장을 잃게 되는 일로 실현되는 대표적인 흉몽에 속한다.

(2) 신발의 태몽 표상의 실증사례 – 태아의 상징

신발을 얻은 태몽은 태아가 장차 사업체나 사회적인 지위를 얻거나 업적을 남길 것을 예지한다.

① 예쁜 신발을 얻은 꿈

임신 6개월쯤에 신발가게에서 빛이 나는 예쁜 신발을 사는 꿈으로, 예쁜 딸을 낳은 사례가 있다.

② 비단 신발이 침대 밑에 나란히 있는 꿈

> 저희 시어머니는 꿈속에서 비단신이 침대 밑에 나란히 있다는 걸 꾸셨다고 하시고요.---zittda, 다음 미즈넷.

③ 마음에 꼭 맞는 신발을 보는 꿈

우리나라 현대의학 외과학 분야에 기틀을 마련한 의사이자 민족의 선각자였던 백인제 박사의 차남인 백낙헌 씨의 태몽도 신발의 태몽이다.

어머님 말씀에 의하면 형님(백낙조) 태몽으로는 흰 백조를 보셨고, 나(백낙헌)를 나으실 때는 가회동 집 대청마루에 놓인 큰 구두 한 켤레를 보셨단다. 꿈속에서 아버님이 동서양을 다니셔도, 이렇게 꼭 맞고 마음에 드는 구두는 없었다고 하셨다는 태몽이었다.---선각자 백인제, 한국현대의학의 개척자, 인제학원, 1999.

(3) 일거리·대상의 상징─실증사례 및 상담사례

① 신을 잃고, 새 신을 신는 꿈

직장을 잃었지만, 곧 새 직장을 얻게 되는 일로 실현되었다. 사람의 상징인 경우에, 애인이나 배우자를 잃고 새로운 사람을 만나게 되는 일로 실현된다.

② 신발을 잃어버리고, 다른 신발을 신은 꿈 → 다른 곳에 합격

새 신발을 신고 있다가 잃어버리고 서로 다른 두 신발을 신고 있는 꿈은 본인이 원하는 1지망에는 불합격하고, 다른 곳에 합격이 되는 현실로 실현되었다.

③ 시험 전날 신발을 잃을 뻔하다가 찾는 꿈

불안한 시험이었는데, 가까스로 합격하였다.

④ 산속에서 신발을 잃어버린 꿈

작품이나 일거리·대상이 산으로 상징된 거대 기관·단체에 보류된 채, 발표되지 않은 일로 실현되었다.

⑤ 신발 위에 똥이 묻어있는 꿈 → 취업

누군가에게 쫓기고 있었는지 어떤지는 기억이 안 나지만 어떻게 하다가 재래식 화장실에 들어가서 숨게 되었어요. 그래서 한 칸에 들어갔는데, 오물이 많아서 발 디딜 틈이 없더라고요. 그러다가 신발을 내려다봤는데, 신발 위에 똥이 조금 엎혀져 있었어요. 더럽지는 않고, 그냥 약간 노란빛이 도는 조금은 깨끗해 보이는 그런 거였어요.

면접을 보러 갔는데, 그 자리에서 채용되기만 한 게 아니라, 아예 그날 오후부터 근무를 하게 되었답니다.

⑥ 신을 잃고, 새 신을 신는 꿈(상담사례) → 직장을 잃지만, 곧 새 직장을 얻는다.

어떤 집 마루 밑에 벗어 놓은 신이 없어져 찾지 못하는데, 건넛방 마루 밑에 신이 한 켤

레가 있어 가보니, 새 신으로 내 발에 꼭 맞아 남의 신인 줄 알면서도 그대로 신고 잠이 깨었다.(직업: 공무원)

이 꿈에서 어떤 집의 마루 밑은 공무원의 신분으로 보면 현 직장이다. 그 직장에서 신던 신을 잃었으니 지위를 잃는 것이므로, 현직에서 물러나게 된다. 꿈이 이것으로 끝나버렸다면 불행하겠지만, 건넛방 마루 밑(외근관계 직장)에서 새 신을 얻었으니, 새로운 직장·직책·지위가 부여된다. 신이 발에 꼭 맞는다는 것은 그 직책이 마음에 들 것이며, 남의 신이라고 생각한 것은 남의 지위를 인계받을 것이다.(또는 남에게 돌아갈 자리를 대신 차지하고 앉게 될 것이다.) 꿈속에서는 남의 것이라도 죄책감을 느끼지 않은 채 신는 것만이 대길하다.(글: 한건덕)

이 경우에 있어 처한 상황에 따라 아내를 잃고 새로운 아내를 얻어 재혼하는 일로도 실현 가능하다. 위의 꿈 사례에서 보듯이 자신이 처한 상황을 알려주는 것이 꿈해몽의 필수요건이다. 자신의 상황을 가르쳐 주지 않으면서 꿈해몽을 부탁하는 사람은 올바른 꿈해몽의 추정을 바라지 않는 어리석은 사람인 것이다. 난해한 상징적인 미래 예지 꿈에 있어서, 적어도 자신이 여자인지 남자인지, 자신의 직장이나 나이와 처한 상황 정도는 알려주어야 올바른 추정이 가능한 것이다.

⑦ 짝짝이 신발을 신은 꿈(상담사례)

어제 꿈속에 짝짝이 신발을 신고 있었어요. 한쪽은 내가 평소 즐겨 신던 신발이고, 한쪽은 같은 모양이지만 까만 윤이 나는 신발을 신고 있었어요. 신발을 갈아 신고 와야겠다고 애만 태우다, 정작 신발은 갈아 신지 못하였습니다. 저는 37살의 아이 둘을 둔 주부입니다.

안 좋은 꿈이네요. 신발이 짝짝인 것이 신발로 표상된 어떤 사람이나 대상·일거리의 부조화나 부적절한 것을 상징하는 표상이지요. 갈아 신고 와야 한다 하면서 갈아 신지 못한 것은, 그러한 부조화를 개선하고자 하면서도 할 수 없는 상황에 이르게 될 것을 예지하죠. 처한 상황에 따라 달리 실현되고요. 현재 남편 외에 다른 남성과의 사귐이 있다면, 정리하고자 하나 쉽사리 정리하지 못하게 되거나, 이혼의 가능성도 있습니다. 신발이 일거리·대상인 경우라면, 추진하는 일거리나 대상의 문제점을 개선하고자 하나 쉽게 해결하지 못하는 일로 이루어질 것입니다.

⑧ 신발을 닦는 꿈(상담사례)

　저의 집 화장실에서 제 신발을 닦았습니다. 부츠 한 짝을 수세미 같은 것으로 깨끗하게 닦고, 다른 한 짝은 '아까 했었지' 하면서 물로 한번 끼얹고요. 부츠가 신던 것이라 그런지 좀 낡았고 진갈색이라 새것 같다는 느낌은 없었습니다. 하지만 닦고 나니, 깨끗해졌다는 생각을 했습니다. 그리고는 현관에 잘 놓았습니다. 참고로 저는 지금 직장을 옮기려고 하고 있습니다.

　신발에 묻은 먼지나 흙 등은 신발로 표상된 직장 등 현실적인 기반이나 대상·사람 등에 어떠한 문제점이나 안 좋은 여건에 처해 있음을 뜻하지요. 이러한 경우에 깨끗이 닦고 물로 씻어내는 것은 그러한 여건에서 탈피해 새로운 직장 여건에 처하게 될 것입니다.

　신발이 새것이 아닌 좀 낡은 것은 어떠한 기반·신분·협조자 등이 오래전부터 관여해 오고 있는 상태나, 그러한 것들에 다소의 불만족·싫증 등으로 추정이 가능하네요. 닦아서 깨끗해진 것은 현실의 기반을 나은 상태로 변화·정정·수정하는 의미로 볼 수 있고요. 자신의 신발을 새롭게 하는 꿈이 자신의 존재가치를 높이고자 힘쓰는 일로 이루어질 것이고요. 닦은 신발이 마음에 들었을수록, 보다 나은 여건으로 나아감을 예지해주고 있습니다. 신발이 깨끗해진 표상이 좋네요. 남의 시선을 끌 수 있으니, 스펙을 해서 자신의 존재가치를 높여서 새로운 직장이나 연인을 만나게 될 준비를 마치는 표상이지요.

(4) 재물이나 이권의 상징─꿈해몽 및 실증사례

① 한 신발이 여러 켤레로 변한 꿈

한 켤레의 신발을 물에 빠뜨렸지만, 여러 켤레의 신발을 건져낸 꿈은 하나의 밑천을 들여 여러 가지 소득을 얻거나 이자를 받게 된다.

② 구두 두 켤레가 소포로 부쳐져 온 꿈

여권이 나오는 일로 실현되었다.

③ 꿈속에서 신발 한 짝이 물에 떠내려가는 꿈

며칠 후 가게에 있는 금고가 도둑맞는 일이 일어났다.

④ 신발 한쪽을 잃어버리는 꿈 → 형부에게 받은 세뱃돈을 분실하다.

　여러 사람이 모여 있는 자리에서, '신발을 잃어버리면 어떻게 하지?' 걱정하다가, 일어서려는 순간 신발을 찾아 헤매다가 한 짝은 찾았지만, 나머지 한 짝은 못 찾았던 것으로 기억되는 꿈이었어요.

다음 날 언니와 형부를 만났는데~ 형부가 지난번 세뱃돈을 주지 못했다고, 그때 주시는 거였습니다. 고맙게 받았죠. 윗주머니에 챙겨 넣었는데, 집에 와서 보니, 세뱃돈이 보이질 않는 거였습니다. 큰 액수는 아니었지만요.

신발을 잃어버리는 꿈이 좋게 실현된 사례가 없다. 대부분은 신발로 표상된 의지하는 사람이나 이권·권리·재물 등을 잃게 되는 일로 실현된다. 그나마 한 짝이라도 찾았기에, 일부의 돈을 잃어버리는 것으로 실현되었는지 모른다. 이 경우 약간의 돈을 잃어버린 것으로 꿈이 실현된 것을 다행으로 여겨야 할지 모른다. '못 찾았던 것으로 기억되는 꿈'처럼, 이처럼 잘 기억이 안 나는 꿈의 경우, 일어나보았자 사소한 일로 실현이 되고 있다. 또렷하고 생생한 꿈일수록, 현실에서 실현되는 사건은 크게 벌어지게 된다.

(5) 사건, 사고-실증사례 및 상담사례

신발을 잃어버린 꿈은 배우자나 직장을 잃게 되는 일로 주로 실현되지만, 처한 상황에 따라 다른 좋지 않은 일로도 실현되고 있다.

① 냇물에 두 남동생의 신발이 떠내려가는 꿈(실증사례)

다음 날 동생들이 수영을 하다가 익사하는 일로 실현되었다.

② 신발 한 짝을 잃어버리는 꿈과 똥꿈(실증사례) → 사고로 수술하다.

신발 한 짝을 잃어버려서 이리저리 우왕좌왕하다가 어느 골목길을 가보니, 똥 세 무더기가 쌓여 있는데, 누군가가 하나의 무더기를 조각하고 있었으며, 그 옆을 지나가는데, 냄새가 지독하게 나는 꿈을 꾸었습니다.

며칠 뒤 수능 며칠을 앞두고 제 딸이 해를 입어 다치게 되어 수술했으며, 병원에서 전 남편을 만나 몹시 불쾌했습니다.---솔, 2007. 11. 26.

③ 새 신발로 갈아 신고 벌판을 끝없이 걸어간 꿈(실증사례) → 죽음 예지

우리 외할아버지가 자신이 신고 있던 신발을 벗고 새 신발을 갈아 신고서, 넓은 들판을 끝없이 걸어가셨다는 꿈이야기를 엄마께 한 후에, 그 다음 날 돌아가시는 일이 일어났습니다.

이 경우 나이 드신 분이 꾼 꿈으로, 모든 사람이 새 신발을 신은 후 죽음으로

실현되는 것은 아니다. 꿈은 꿈을 꾼 사람이 처한 상황에 따라 달리 실현된다.

④ 신발을 잃어버린 꿈(실증사례) → 남편과 사별

    비가 와서 강물이 온통 흙탕물이었다. 물에 휩쓸려 떠내려가다가, 겨우 옆의 버드나무 가지를 잡고 헤어나와 보니까, 신발 한쪽을 잃어버리고 없었다. 그 후에 다시 거슬러 올라오는데, 빨간 흙탕물이 흐르던 개울이 어느덧 발목까지 오는 맑은 물로 변해 있었다. 신발 한쪽만 신고, 한쪽 주둥이 부분이 깨진 도자기를 주워서 거슬러 올라오는데 마음이 평화로웠다.

결혼을 하고 나서 얼마 안 된 신혼 새댁이 꾼 꿈이다. 그 후에 남편이 비 오는 날 교통사고로 사망했으며, 1년 6개월 뒤 재혼해서 아이를 둘 낳고 잘 살고 있다. 재혼한 남편은 할머니 손에 자란 고아로서, 꿈속에서는 한쪽 주둥이 부분이 깨진 도자기로 표상되어 나타난 것으로 보인다. 필자가 보기에, '맑은 물로 변해 있었다'의 상징 표상과 '마음이 평화로웠다'의 꿈속의 정황으로 보아, 이 부부의 남은 인생은 행복으로 가득하리라는 것을 믿는다.

⑤ 신발을 악취가 나는 더러운 물에 빠뜨린 꿈(실증사례) → 남편의 교통사고로 어려움에 빠지다.

    1992년 7월 14일 밤에 저는 몹시 기분 나쁜 꿈을 꾸게 되었습니다. 당시에도 여전히 어려운 형편이었고, 단독주택의 문간방에 세 들어 살고 있었는데, 마당에서 계단을 올라오면 그곳에 신을 벗고 주방으로 들어오게 되어 있었습니다.

    꿈속에서 주방 문을 열고 밖으로 나오려는데, 집이 신을 벗어 놓은 바로 밑까지 악취가 나는 시궁창 물에 잠겨 있는 것이었습니다. 그때 방에는 친정엄마와 남동생이 있었는데, 남동생이 나오더니, 저희 가족 신발을 모두 그 더러운 물에 빠뜨렸습니다. 저는 너무 속이 상하여 얼른 남편의 한 켤레뿐인 구두만이라도 건지려고 팔을 뻗었습니다만, 구두는 잡힐 듯 잡힐 듯하면서도 잡히지 않았고, 등 뒤에서는 엄마와 남동생이 저를 향하여 온갖 험한 소리로 악을 쓰는 소리가 들렸습니다. 꿈에서 깬 뒤에도 한참 동안 온몸이 오싹하고 기분이 좋지 않았습니다.

    그 후 10일 후인 7월 24일 밤 1시경 남편이 영업 도중 인사사고를 내고, 구치소에 수감되는 사건이 생겼습니다. 8개 항목에 들진 않았지만, 어쨌든 사람이 죽었고, 브로커한테 사기를 당하는 등 많은 어려움을 겪었습니다.

열흘 뒤 남편이 교통사고가 날 것을 어둡고 음울한 상징 표상의 꿈을 통해 예지해주고 있다. 꿈속에서 악취가 난다거나 신발을 잃어버리는 것은 대표적인 흉몽에 속한다. 교통사고를 냈거나 당한 사람이 꾼 수많은 꿈들은 한결같이 어둡고 불길한 상징 표상으로 나타나고 있다. 꿈이 허황되다고 말할 수 없음을 수많은 사람의 실증적 사례들은 생생히 보여주고 있다.

⑥ 신발이 닳아서 쓰레기통에 버린 것을 부인이 발견한 꿈(상담사례)

　　제가 꾼 꿈이 아니라 아내가 꾼 꿈입니다. 현관에 들어갔는데 제가 쓰레기통에 버린 신발을 발견했다더군요. 그것도 이미 쓰레기 봉투는 가득 차서, 그 위에다 구두를 벗어 놓았다더군요. 하도 이상해서 버린 구두를 들어보니, 구두의 밑창이 헤져 있고, 떨어져 있었다더군요. 그 신발은 아내가 연애할 때 사준 것입니다. 외제며 상당히 고가품이라 제가 아끼는 것이고 발에도 잘 맞습니다.

꿈이 좋지 않네요. 신발로 상징된 의지하고 도움을 받던 직장 등에 어려움이 닥쳐와 실직 등의 위기상황에 처할 수도 있습니다. 신발의 밑창이 해어져 있고 떨어져 있었다는 것은, 현실적인 기반이나 협조책·신분·직업 등이 제대로 갖추어지지 않거나, 무력해짐을 나타냅니다. 또한 신발이 해진 꿈이 신발로 표상된 남편이 병을 앓게 되는 일도 가능합니다.

(6) 신발 꿈 민속 해몽

- 꿈에 신발을 보면 애인을 만난다.
- 꿈에 신발을 얻으면 재수가 좋다.
- 신발을 얻는 꿈은 귀인의 도움을 받는다.
- 꿈에 신발이 딱 맞으면 새 장가를 간다.
- 꿈에 신을 사 오면 재수 있다.
- 꿈에 신을 신으면 타인이 도와준다.
- 꿈에 신을 잃으면 노비가 도망간다.
- 꿈에 신발을 잃어버리면 사람이 죽는다.
- 꿈에 신발을 잃어버리면 세상사가 서럽다.
- 꿈에 신발을 잃어버리면 자손에게 걱정이 온다.
- 꿈에 신발을 잃어버리는 것은 좋지 않다.

≪모자(의관)≫

모자는 권위, 명예, 직업, 협조자·보호자·신분증 등을 상징한다. 새로운 모자나 옷을 입는 꿈은 취직이나 직책 변동 등 신분의 변화가 일어나게 된다. 새로운 권위를 갖게 되며, 새로운 책무를 맡는 일로 실현될 수 있다. 또한 모자나 옷을 잃어버리는 꿈은 직장에서 실직하게 되거나, 협조자나 방도를 잃게 된다. 한편 모자나 신발 등 어떠한 물건을 사거나, 남에게 받거나, 심지어 훔쳐오는 꿈인 경우 각각의 물건으로 상징된 새로운 사람이나 이권이나 직위 등을 얻게 된다.

① 모자를 새로 만들어 쓰는 꿈

새로운 권위를 갖게 되며, 신분이 고귀해진다. 입학·취직, 자격증 갱신 등이 있게 된다.

② 관(冠) 또는 모자를 태우거나 찢어버리는 꿈

좋지 않은 꿈이다. 현재의 직위나 직분에서 물러나게 된다.

③ 바람에 의해 옷·모자 소지품이 날아가는 꿈

외부적인 압박이나 영향력 또는 타의에 의해 정신적·물질적인 손실을 가져오거나, 자신의 권위와 직위가 추락하게 된다.

④ 학사모·석사모·박사모 등을 쓴 꿈

학문적 성취를 이루게 되거나, 어떤 공로에 의해 명예를 얻게 된다.

⑤ 모자를 벗어서 과일·돈·금·은·보석 및 기타의 물건을 담는 꿈

정신적인 어떤 사업으로 재물적 이득을 얻는 일로 실현된다.

⑥ 소년 시절로 돌아가 학생모를 쓴 것을 보는 꿈

학업이나 어떤 연구에 몰두하게 되거나, 연수원이나 합숙소 등에서 교육을 받는 일로도 실현된다.

⑦ 군인이 군모를 벗고 집에 나타난 꿈(실증사례)

휴가를 오게 되는 일로 실현되었다.

⑧ 군인 자신의 옆에 군모가 여러 개 놓여 있는 꿈(실증사례)

장교가 제대하여 예비역에 편입되는 일로 실현되었다.

⑨ 누가 새로 만든 모자를 씌워주는 꿈(실증사례)

신분증이나 주민등록증 따위를 새로 만들게 되는 일로 실현되었다.

≪양말, 스타킹, 버선 등≫

양말, 스타킹, 버선 등은 보호자·협조자·협조기관 및 이력·행적·내력·여행권 등을 상징한다. 신발에 관한 꿈해몽과 유사하나, 신발보다는 보호나 협조의 의미가 약한 편이다.

① 처녀가 스타킹 세 켤레를 선사 받는 꿈

혼담이 세 군데에서 생기거나, 세 군데 기관에서 도와주거나 이력서 등과 관계한다.

② 신발이나 양말을 벗는 꿈

어떤 보증이나 협조자가 이탈하게 됨을 뜻한다. 이 밖에도 협조자·육친·배우자·자손·협조기관과 인연을 끊게 되거나, 한동안 작별하는 일로 이루어진다.

③ 외국에 가 있는 애인이 자기가 신던 양말을 한 보따리 부쳐 온 꿈(실증사례)

그 사람이 외국에서 여성 편력이 많았던 사실이 밝혀지는 것으로 실현되었다.

≪넥타이, 목도리≫

넥타이는 직위나 신분, 간판, 상표, 배우자를 상징하고 있다. 목도리는 또한 도움을 주는 사람이나 일거리·대상, 외부의 경제적 정신적 지원 등을 상징하고 있다.

① 애인이 넥타이를 매어주는 꿈

자신의 뜻을 잘 받아 주도록 노력할 일이 생기게 된다.

② 넥타이나 목도리를 선물 받는 꿈

이권이나 재물을 얻게 되거나, 연분·애정을 맺게 된다.

≪장갑≫

장갑은 협조자, 형제, 아랫사람, 수단이나 방도·능력 등을 상징한다. 또한 어떤 사람이나 일거리나 대상을 보호하고 은폐하며, 계약 사항을 수행할 일과 관계된 표상이다. 고무장갑을 끼는 것은 콘돔을 사용하는 것의 비유이기도 하다.

① 좋은 털장갑이나 가죽장갑을 끼는 꿈

형제간의 우애가 두터워지거나, 자신을 밀어주는 든든한 후원자나 협조자·협조기관이 생긴다.

② 작업용 장갑을 빨래하는 꿈

새롭게 어떠한 계약을 맺는 등, 장갑으로 상징된 일거리·대상을 새롭게 하는 일로 실현된다.

③ 작업용 장갑이 많이 쌓인 것을 보는 꿈

공사 진행 등 많은 인력과 노력이 요구되는 일거리·대상이 생기게 된다. 저자인 경우에, 작품 구상에 많은 자료를 얻게 된다.

≪허리띠, 혁대≫

허리띠는 구속과 억압, 신분이나 직위, 연분과 애정, 압박·단속·계약 등을 상징하며, 허리띠를 매는 꿈은 이러한 일로 실현될 가능성이 높다.

① 황금 띠, 금장식 띠, 관대 등을 하는 꿈

관직을 얻고 신분이 고귀해지며, 자손이 부귀해진다.

② 허리띠가 끊어지거나 없어지는 꿈

구속과 억압이 있는 상황에서 벗어나게 되거나, 다른 사람에게 부탁했던 청탁 등이 좌절되며, 자매결연 등이 무산되는 일로 실현된다.

③ 황금 허리띠의 버클을 팔려고 하는 꿈(실증사례)

훌륭한 딸의 혼처를 구하기 위해, 애쓰게 될 것을 예지해준 꿈이었다.

≪주머니(호주머니)≫

호주머니는 금고·창고·비상금·연고지 등을 상징한다.

① 호주머니의 물건을 찾지 못하는 꿈

자신이 추구하려는 일거리·대상에서 사업의 방도를 얻지 못하게 된다. 대학원생의 경우에 자신의 원하는 논문의 자료를 구하지 못하게 된다. 사업가의 경우, 마땅한 사업 아이템을 찾지 못하게 된다. 연분·애정으로 실현될 경우에는 흡족할 만한 데이트를 하지 못하게 된다.

② 호주머니에 권총이 들어있던 꿈

형제나 친분 있는 사람으로부터, 사업자금이나 사업 아이템 등을 얻게 된다.

③ 금화를 호주머니에 가득 주워담은 꿈

재물이나 이권을 만족할 만큼 얻게 된다. 가임여건에서는 태몽으로 이루어질 수도 있다.

④ 호주머니에 동전, 밤알, 구슬 등을 몇 개 넣은 꿈(실증사례)

다음 날 남과 다투게 되는 일로 실현되었는바, 이 경우에 몇 개 얻는 데서 만족감을 느끼지 못한 경우이다. 이 경우, 가임여건에서 태몽이 가능하다.

⑤ 양쪽 호주머니에 밤을 넘치도록 주워담은 꿈(실증사례)

대학입시에 합격하는 일로 실현되었다. 일반인의 경우라면, 주식이나 사업 등에서 재물과 이권의 획득으로 이루어진다. 또한, 가임여건에서 태몽이 가능하며, 다른 사람의 태몽을 대신 꿔주게 되는 일도 가능하다.

≪단추≫

단추는 옷에 부착된 장식품으로, 결합·인연·단속·과시·명예·계급·권세 등의 일을 상징한다. 이 경우 옷에 멋진 단추가 달려 있는 꿈이 좋은 꿈이다. 반면에 옷에서 단추가 떨어져 나가거나 잃게 되는 꿈은 단추로 상징된 도움이 되는 사람이나 대상을 잃게 되는 흉몽에 속한다.

① 금은보석으로 된 단추를 달은 꿈

훌륭한 협조자를 얻거나, 명예와 권세가 주어진다.

② 빛나는 백금 단추 두 개를 받은 꿈

공무원은 2계급 특진을 하거나, 둘째가는 직위에 오를 수 있다.

③ 학생이 교복 단추를 누군가에게 떼이는 꿈

퇴학·정학 등을 당하게 된다. 회사원의 경우 실직하거나 좌천될 수 있으며, 자존심이나 명예에 손상을 입게 된다.

④ 단추를 선물 받는 꿈

단추를 선물 받는 것은 단추로 상징된 연분이나 명예를 획득하거나 얻게 되는 일로 실현되며, 훌륭한 단추를 받을수록 좋은 일과 관계하게 된다.

⑤ 단추가 떨어졌다가 붙은 꿈(상담사례)

　　어느 날 밤에 저의 전 남자친구가 꿈에 나왔어요. 자기랑 하루만 자고 가라고 하더라고요. 물론 허락했고요. 제가 그때 하얀 셔츠를 입고 있었는데, 누울 때 저 스스로 단추를 풀었는데, 단추에 실이 다 풀리며 모든 단추가 다 떨어지더라고요. 그러고는 잠들었죠. 이어지는 꿈에, 땀을 뻘뻘 흘리며 자는 내 모습. 새벽이 되어서 일어났는데, 옆에 누워 있던 전 남자친구가 없더라고요. 그래서 '이상하다' 하고 셔츠를 입었답니다. 근데 거울을 보고 전 깜짝 놀랐어요. 단추를 아주 서툰 솜씨로 그것도 노끈으로 다 꿰매져 있는 거예요. 사실 전 남자친구가 바느질하는 모습은 보지 못했는데, 느낌에 '아~ 얘가 밤새도록 이걸 꿰맸구나. 아주 고맙구나' 이런 생각이 들었답니다. 무언가가 떨어졌다 붙었다 하는 꿈이라 약간 찝찝하기도 하고, 도대체 어떤 의미를 지니고 있을까요?

꿈은 장차 일어날 일을 상징적인 표상으로 보여주고 있지요. 단추가 다 떨어지는 표상, 땀을 뻘뻘 흘리며 자는 표상 등은 좋지가 않지요. 단추로 상징된 어떠한 대상이나 일거리와의 결합에 있어 좌절되거나, 애정에 있어서의 인연이 멀어지게 되는 것을 뜻하지요. 땀을 뻘뻘 흘리며 자는 표상도 한동안 어려움이나 시련을 겪게 될 것을 보여주고 있네요. 자는 표상은 정체·침체의 상징에 해당될 수 있지요. 그나마 다행인 것은 나중에 단추가 서툰 솜씨로, 노끈이나마 꿰매져 있는 것이네요. 어떠한 문제점이 발생된 것이 완전치 않지만 수습되는 일로 이루어질 것입니다.

상징적으로 옷이 의지되는 직장이나 직위, 의지되는 사람의 상징으로 등장하기도 합니다. 예를 들어 옷을 잃어버리는 꿈으로 실직한 사람이 있지요. 이로써 미루어보면, 단추는 옷만큼 중요하지 않지만, 옷을 이루는 구성요소로써 단추가 제대로 달려있는 것이 좋은 꿈입니다. 단추가 떨어져나간 것처럼 인연이나 결합, 직위·이권 등에 처음에는 시련이나 어려움이 있게 될 것을 뜻합니다. 하지만 나중에 서툴게라도 노끈이나마 꿰매져 있는 것은 불완전하게나마 수습되고 제자리를 잡아가게 될 것입니다.

남자 친구는 실제의 남자 친구, 또는 남자 친구로 상징된 자신의 애착을 지니고 있는 어떤 일거리나 대상의 상징이 가능합니다. 이 경우 일거리·대상에서 문제가 발생하지만, 불완전하게나마 수습되어 제자리를 찾아가는 일로 이루어질 것입니다.

11 옷, 치장, 소지품, 사치품, 화장도구, 생활용품, 학용품

2) 소지품－(안경, 지갑, 시계, 가방·핸드백, 라이터〔성냥〕, 담뱃대·파이프·재떨이, 수건, 손수건, 지팡이)

≪안경≫

상징적인 꿈에서 렌즈도 안경과 같이 눈을 밝게 하는 표상이기에, 안경에 준하는 의미로써 볼 수 있다. 안경은 지위나 신분, 협조자·투시력·통찰력·지혜·선전·위장 등의 일을 상징하고 있다. 안경(렌즈)을 얻는 꿈은 협조자를 얻게 되거나, 직책이나 권리 등이 새로워지는 일로 실현된다. 이 경우에, 금테 안경이나 고급의 렌즈일수록 지위나 신분 등이 높아짐을 의미하고 있다. 이러한 안경(렌즈)이 망가지거나 잃어버리는 꿈은 안경으로 상징이 되는 자신의 어떠한 능력이나 권리·협조책·협조자 등이 훼손이 되거나 잃게 되는 일로 실현되고 있다.

① 안경을 새로 사서 쓰는 꿈

지위·직책·권리 등이 새로워진다. 그러나 사실적인 꿈의 요소가 있는 경우에, 실제로 안경을 새로 사게 되는 일로 이루어질 수도 있다.

② 벗어 놓은 안경을 쓰는 꿈

협조자를 다시 만나게 된다. 새로운 아이템으로, 좋은 아이디어를 창안해내는 일로도 실현 가능하다.

③ 선글라스를 쓴 사람을 보는 꿈

자신의 신분이나 학력·본심 등을 속이거나, 위장하고 있는 사람과 상관하게 된다.

④ 안경을 써서 잘 보이는 꿈

안경을 쓰지 않던 사람이 안경을 써서 잘 보이는 것은 풀리지 않던 문제점이 발견된다든지 등의 도움이 되는 어떤 방도를 가지게 됨을 뜻한다.

⑤ 안경을 쓴 사람이 마주 보는 꿈

상대방이 자신의 심중을 꿰뚫어 볼 일이 생긴다.

⑥ 손자가 방안을 걷다가 할아버지의 안경을 밟아버린 꿈(실증사례)

그 후에 할아버지가 돌아가시게 되는 일로 실현된 사례가 있다.

⑦ 가게의 안경을 잃어버리는 꿈(실증사례) → 아내가 다른 남자랑 바람이 나서 가출하는 일로 실현

저는 지금까지 살아오면서 기억나는 꿈은 꾼 적이 없다시피 합니다. 그런데 98년 정월에, 꿈인지 생시인지 알 수 없을 정도로, 생생하게 똑같은 꿈을 일주일 이상 꾼 적이 있습니다. 꿈 내용은 '제가 운영하는 안경점 물건을 남김없이 잃어버리는 꿈을 꾸면서, 망했구나!' 하면서, 꿈에서 깨어나는 것이었습니다.

그러한 꿈을 꾼 한 달 후에, 집사람이 춤바람이 들어 어느 남자와 사귄다는 사실을 알게 되었습니다. 그 후에 집사람과 헤어졌습니다.

≪지갑≫

지갑은 기관·회사·집·권리·신분 등을 상징하고 있으며, 지갑에 지폐가 가득차 있는 꿈은 재물이나 이권, 방도가 만족할 만큼 생긴다. 반면에 빈 지갑을 받는 꿈은 누군가의 감언이설에 속아 넘어갈 일이 생긴다.

① 지갑에서 누군가 돈을 빼내 가는 꿈(실증사례)

현실에서는 설 상여금을 더 받게 되는 일로 실현되었다. 꿈은 반대는 아니지만, 역(逆)으로 이루어지는 경우이다.

② 지갑을 잃어버렸다가 되찾는 꿈(실증사례)

현실에서는 강아지를 잃어버렸다가 되찾는 일로 실현되었다.

③ 지갑을 도둑맞는 꿈(실증사례) → 포커 게임에서 돈을 따다.

당첨 전날 심상치 않은 꿈을 꾼바, 도둑이 들어 지갑을 도둑맞는 꿈이었습니다. 분명 돈과 관련된 것이라 여겨, 인터넷 전자복권을 샀지만, 아쉽게도 큰 당첨은 되지 않았습니다. 그래서 복권을 구입하면 적립되는 사이버머니(CM)로 포커게임을 하게 되었고, 잭팟에 당첨되는 일로 실현되었습니다.

2004년 2월 13일, CM 잭팟 포커게임에서 180여만 원 상금에 당첨된 류○○(34세, 부산)의 꿈 사례이다. 그렇게 큰 금액은 아니지만, 사이버머니로 얻은 당첨금 치고는 엄청나게 큰 행운으로 볼 수 있다.

일반적으로 지갑이나 가방을 도둑맞는 꿈은 좋지가 않다. 이런 꿈을 꾼 경우 90% 이상이 대부분 이권이나 재물의 손실로 이루어지고 있는바, 오히려 재물운으로 이루어진 경우는 10%의 특이한 상황이다. 꿈속에서 재물이 나갔기에, 역(逆)으로 현실에서는 충족시키게 되는 상황으로 이루어진바, 보다 많은 실증사례에 대한 연구가 필요하다고 하겠다.

④ 지갑을 잃어버린 꿈(상담사례)

안녕하세요. 20대 후반의 학생인데요. 오늘 꿈에서 지갑을 잃어버렸거든요. 신용카드와 신분증, 돈 몽땅 잊어버렸어요. 그런데 얼마 전에 고모부님도 꿈에서 지갑을 잃어버리셨다고 하더군요.

안 좋은 꿈이네요. 다음을 참고하세요. (1) 사실적인 꿈이라면, 실제 그러한 일이 일어날 수도 있지요. (2) 지갑으로 상징된 어떠한 일거리나 대상이 어려운 상황으로 빠지게 되는 일이 일어나지요. 현실에서는 재물적 이익을 잃게 되거나 소중한 대상을 잃게 되든지 등등으로 안 좋은 방향으로 진행될 것이네요. (3) 꿈이 앞서 간다는 점에서, 역(逆)으로 이루어지는 경우가 있더군요. 이런 경우에, 지갑을 잃어버림은 앞으로 새로운 무엇이 채워질 것이라는 예지해주는 것도 가능하지요. 하지만 이 경우로 실현될 가능성은 거의 희박하다고 봅니다.

≪가방(핸드백)≫

남성용 손가방이나 여성용 핸드백 등은 가정·집·직장·협조자·기관이나, 사업 기반·자금 출처 등을 상징하며, 좋은 핸드백이나 가방일수록 좋은 상황에 있음을 상징한다.

① 가방이나 핸드백을 선물 받는 꿈

재물이나 이권, 새로운 사업기반이나 직장을 얻는 일로 이루어진다.

② 가방이 열려 있는 것을 보는 꿈

주식 공모나 직원 채용 등의 문호가 개방되거나, 사건 경위가 명백히 드러남을 뜻한다.

③ 가방이나 핸드백 속에 문서나 물건들이 가득 차 있는 꿈

사업 계획, 근무, 면학 등의 방도가 충실해진다.

④ 가방이나 핸드백 속에 돈이나 문서가 없어진 꿈

재물이나 이권을 잃게 되거나, 자신의 영역이나 지위 신분을 침범당하게 된다. 다만 자신의 귀찮은 일거리나 물건 등이 없어진 경우에, 자신의 근심거리를 해소시켜 주는 일로 실현될 수도 있다.

⑤ 우체부가 들고 오는 가방이 열려 있는 꿈

많은 양의 우편물을 받는 일로 이루어진다. 추후에, 계속해서 편지나 소식이 오게 되는 일로 실현될 수 있다.

⑥ 책가방에 관한 꿈

무거운 책가방을 들고 집으로 오는 꿈은 많은 책무와 시련이 따르고, 가방을 방에다 놓고 나오는 꿈은 업무와 근심에서 해방된다.

⑦ 경사진 언덕의 한 지점에 사람들의 손가방이 첩첩이 쌓여있는 것을 본 꿈(실증사례)

납골당을 짓는 일에 착수하게 되는 일로 실현되었다.

⑧ 잔칫집에서 가방을 잃어버리고 찾으러 다니는 꿈(실증사례) → 물건을 분실

꿈속에서 여러 사람이 모이는 곳에서 잔치를 하는데, 음식을 먹고 이야기하며 한참을 보냈습니다. 그런데 어쩌다 보니, 제 가방이 없어진 것입니다. 저는 이리저리 왔다갔다 하면서 가방을 찾으러 다니는데, 우리 동의 잘 아는 아이 엄마가 가방 있는 곳을 보았다는 것이었습니다. 그래서 나는 가방을 찾아다녔지만, 보이지 않았습니다. 이리저리 허둥대다 꿈을 깬 것입니다.

그런데 그 다음 날 아침 아이 아빠가 가게에 갔다 오더니, 도둑을 맞았다는 것이었습니다. 가게의 열쇠를 잘라 버리고 들어간 것입니다.

⑨ 가방을 잃어버리고 다시 찾는 꿈(실증사례) → 애정 관련 실현

며칠 전 가방을 잃어버리고 다시 찾는 꿈을 꾸었습니다. 꿈에 내용으로는 어디론가 회사 일로 워크숍에 갔던 것 같습니다. 다시 가방을 찾으려고 해서, 옆에 사무실에 가서 보니, 분명 제 가방이 있더군요. 가방 속의 일부 서류는 잃어버리고, 가방 속에서 훔친 사람의 여권 3장을 발견했습니다. 그래서 '범인은 잡았구나' 하고 속으로 좋아했습니다. 그리고 신고를 하려고 하는 순간, 잠에서 깼습니다.

그 다음 날에 얼마 전에 헤어졌던 여자친구가 그리워서 전화를 했는데, 다른 사람과 집에서 저녁을 하고 있더군요. 한 달 전에 선을 봤던 남자라고 하네요. 그래서 해바라기처럼 바라만 보았던 그녀와 정리를 하려고 합니다. 꿈이 맞긴 맞나 봅니다.---바보온달, 2010. 09. 09.

가방을 다시 찾는 꿈이었다면, 그녀와의 인연이 다시 맺어질 수 있다. 가방 속에서 훔친 사람의 여권 3장이 발견된 것처럼, 세 남자와의 만남을 거쳐서 다시 돌아오는 일로 실현될 수 있다. 또한 이 경우에, 3일 3달 3년 뒤에 만나게 되는 일로 실현되는 것도 가능하다.

⑩ 가방을 메고 학교로 들어가던 꿈(실증사례) → 합격 예지

　　동생이 대입 입학시험을 보러 간 날의 꿈이다. 나는 언덕 위에 산을 깎아서 만든 학교를 보았고, 그곳으로 동생이 가방을 메고 들어가고 있었다. 그래서 '아! 동생이 합격을 하겠구나.' 라고 막연하게 생각을 했고, 역시 합격이었다. 그러나 놀라웠던 사실은 동생 입학식 날 학교를 가보니, 바로 꿈에서 본 학교였다.

사실적인 미래투시 꿈의 특징은 꿈에서 본 그대로 현실에서 이루어지는 데 있다. 어디선가 본듯한 장소라는 곳이 꿈속에 나타났던 곳이라고 말하는 사람들을 상당수 보게 된다. 이 경우, 모두 사실적인 미래투시의 꿈을 꾼 경우이다.

⑪ 가방 안에 아기가 갇힌 꿈(실증사례) → 교통사고 위험 예지

어떤 조그마한 비닐백 안에 상체만 있는 아기가 갇혀 있어, 지퍼를 열어 내놓는 꿈을 꾸었다. 다음 날 시골 동네 어귀에서, 어린 남자아이가 차 앞에 뛰어들어, 교통사고가 날 뻔한 일로 이루어졌다. 아이가 자동차에 가려, 꿈에 본 것처럼 상체부분만 보이게 되었으며, 이 경우 꿈속에서 지퍼를 열어주지 않는 꿈으로 진행되었다면, 교통사고가 일어나는 일로 실현될 수 있다.

⑫ 고양이가 가방에서 나와 다니는 꿈(실증사례) → 도둑을 맞다

까맣고 작은 고양이 새끼가 남편이 아기는 기타를 넣은 가방에서 나와, '팔짝 팔짝' 주위를 뛰어다니는 꿈이었다. 현실에서는 악기를 가방에 넣어 업소에 놓고 다니는데, 도둑맞는 일로 실현되었다. 이처럼, 고양이가 등장하는 꿈은 대부분 안 좋게 실현되고 있다.

≪시계≫

시계는 직책·권리·방도·협조자·배우자(애인)·자손·협조기관 등을 상징한다. 또한 시계를 얻는 꿈이 태몽 표상으로 이루어질 수도 있다.

(1) 사람, 연분(애정)의 상징
① 시계를 잃어버리거나 떨어뜨리는 꿈

협조자나 직무·권리 등을 상실하게 된다. 다만, 사실적 미래투시적인 꿈인 경우에는 실제로 시계를 분실하거나 떨어뜨리는 일로 일어난다.

② 시계 줄이 없거나 끊어지는 꿈

협조자나 친지와의 인연·유대 등이 끊어진다.

③ 시계가 고장 나는 꿈

협조자·배우자·자손 등이 병들거나, 사업부진이나 교통사고 등을 당하게 되어 생계가 막연해진다. 사실적 미래투시적인 꿈인 경우에는 실제 시계가 고장이 나게 된다. 일거리·대상의 상징인 경우에, 신체에 이상이 오는 일로 실현되기도 한다.

④ 시계를 수리하는 꿈

병을 치료하게 되거나, 사업 계획 등을 수정할 일이 생기게 된다.

⑤ 새로 산 시계에 먼지가 묻어 있는 꿈(실증사례)

과거가 있는 여성을 만나게 되는 일로 실현되었는바, 이처럼 시계가 사람의 상징으로 등장하기도 한다.

⑥ 금시계를 미군 막사에서 훔쳐내어 종이에 싸서 항문에 감춘 꿈(실증사례)

아내가 있는 사람이 직장 여성과 은밀히 동거하는 것으로 실현되었다.

⑦ 벽에 아주 큰 시계가 걸려있는 꿈(실증사례) → 연분을 맺다.

맞선을 보기 전날 밤, 벽에 아주 큰 시계가 걸려있는 것을 본 후에, 혼인을 하게 되는 일로 실현된 사례가 있다.

(2) 재물이나 이권, 일거리·대상의 상징

① 시계를 선물 받는 꿈

재물이나 권리, 직위, 협조자를 얻게 된다. 새로운 여성을 만나게 되거나, 가임여건에서 태몽으로 이루어질 수도 있다.

② 금시계를 얻거나 새로 차는 꿈

좋은 배우자·자손이나, 좋은 직장·직위·권리 등이 주어진다.

③ 주먹만 한 시계를 팔에 차지 않고 배에 찬 꿈

생활능력이 크거나 지휘력·권리·사업체 등을 소유하게 된다.

④ 4개의 백금시계, 1개의 황금시계를 빌려 팔뚝에 찬 꿈(실증사례) → 복권 당첨

백금시계, 황금시계는 명예·권리·이권이나 좋은 작품 등을 상징하는 것으로, 값이 고가이니 막대한 이권이나 재물을 상징하고 있다. 이러한 것을 빌려서 팔에

찼다는 것은 자신의 소유로 했음을 뜻한다. 꿈속에서는 무엇인가를 얻거나 빌리거나 빼앗거나, 심지어 훔쳐 갖는 꿈이 현실에서는 적극적으로 이루어지는 일로 실현되고 있다.

⑤ 시계가 땅에 떨어져 산산조각이 나서 빛났던 꿈(실증사례) → 여러 권의 저서 출간

늘 차고 있던 손목시계가 땅에 떨어져 부속품이 산산조각이 나서 흩어졌다. 그런데 그 부속품 하나하나가 모두 도금하여 각각 빛을 발하고 있다. 그러나 깨진 것은 거의 없어 '흩어진 부속품들을 모두 거두어, 시계방에서 새로 맞추어 가져야겠다.'고 생각하고 그것을 주어 왼손에 가득 쥐었던 꿈이었다.

이 꿈에서는 시계로 상징되는 대상이 무엇인지가 중요하다고 하겠다. 또한 꿈의 상징이 나타내고 있듯이 부서져 못쓰게 된 것이 아니라, 조각조각 금빛으로 새롭게 빛을 발하고 있었던 데서, 월등히 가치 있는 대상으로 탈바꿈하는 것을 뜻하고 있다. 결과는 이미 저술한 책(시계)을 재검토 분석하여, 보다 나은 여러 권의 새로운 책(금빛 조각으로 빛나는)을 만들어내는 일로 실현되었다.(글: 한건덕)

⑥ 시계를 잃어버리는 꿈(실증사례) → 사실적 미래투시로 시계 분실

오래전의 이야기입니다. 동생이 농사를 짓고 있을 때, 배춧값이 폭락해서, 배추를 차에 실어 직접 서울에 갔다 팔아보겠다고 하던 때입니다. 시골에서 손목시계가 귀했을 때인데요. 장남이라고 일찍부터 꽤 괜찮은 시계를 어머니가 사 주셨어요. 꿈에 동생이 그 시계를 잃어버린 거예요. 식사 중에 꿈 얘기를 하면서, 시계를 집에 놓고 가라고 했는데, "꿈이 뭐 맞느냐?"라면서 콧방귀만 끼고 그냥 가더라고요. 새벽 2시쯤 서울 상회에 도착하는데, 상회에 누울 방이 있더래요. 앉았으니까 졸음이 밀려오더래요. 잠들지 않으려고 애썼지만, 천하장사도 들어 올릴 수 없다는 눈까풀이 자꾸만 내려앉아, 잠깐 눈만 부치겠다고 생각하고 무릎에 머리를 댔는데, 순간 깜박 잠이 들었대요. "얘, 시계 챙겨라."하는 누나 음성이 들려 소스라치게 놀라 깼는데, 이미 시계는 간 곳이 없더랍니다. 집에서 들었던 누나 꿈 얘기가 생각나서, 두고 올 걸 후회했지만, 때는 늦은 거죠.

위의 꿈은 사실적인 미래투시적인 꿈의 성격을 띠고 있어, 현실에서 일어날 일을 그대로 꿈을 통해 예지해주고 있다. 이 경우의 꿈들은 상징적인 예지적인 꿈과는 달리, 꿈속에서 일어난 결과를 미리 보았기에, 꿈속에서 일어난 대로 따라가지 않으면 피할 수 있다.

≪라이터(성냥)≫

성냥이나 라이터 등은 어떠한 일의 진행을 위한 방도나 자원, 힘의 작용, 협조자, 협조기관, 회사, 지원책 등을 상징하고 있다. 또한 라이터나 성냥이 정신적이거나 물질적인 자산으로 재물이나 이권의 상징이 되기도 하며, 라이터나 성냥갑의 숫자는 재물의 많고 적음이나 꿈이 실현되는 일수 등을 상징한다. 이러한 라이터(성냥)를 받거나 가져오는 꿈이 좋은 꿈이며, 훔쳐오는 꿈 역시 자신의 목적을 강압적·적극적으로 이루어내는 것을 뜻한다. 또한 라이터 불이 잘 켜지고 불이 거셀수록, 자신이 추구하는 일의 진행에 있어 순조로움을 상징한다.

① 라이터나 성냥갑을 한 트럭 정도 실어 오는 꿈

재물이나 이권 등에 있어 큰 성취를 이루게 된다.

② 라이터·성냥을 그어 불을 붙이는 꿈

작은 사업이 어떠한 방도나 능력에 의해서 크게 이룩됨을 뜻한다.

③ 라이터·성냥의 불을 붙이지 못하는 꿈

라이터돌·심지·휘발유 등이나 성냥 알이 없거나 부실하여 불이 켜지지 않으면, 남의 지원이나 협조를 얻지 못해 자금 조달에 어려움을 겪는다.

④ 라이터나 성냥불이 잘 붙지 않아 수십 차례 시도하는 꿈

자금의 청탁이나 사업 등에 있어서 여러 차례의 시도를 하게 되거나, 투자한 자금을 헛되이 소비하게 된다.

⑤ 성냥개비가 꽉 차 있는 성냥 4갑 반을 누군가에게 받은 꿈(실증사례)

4만 5천 원의 수당을 타오는 것으로 실현된 사례가 있다.

≪담뱃대, 파이프, 재떨이≫

재떨이는 충복, 협조자, 배우자, 관대한 사람, 사업이나 사무처리 기관을 상징한다. 담뱃재는 어떤 일의 내력이나 무가치한 일거리나 대상을 뜻하며, 근심·격정의 해소와 관계한다.

① 새로운 담뱃대를 사는 꿈

취직이 되거나 생계·방도·사업체 등을 갖게 되며, 중개인 등을 소개받게 된다.

② 고급의 파이프를 사용하는 꿈

자신의 신분이 높아지거나 이력이 빛나게 되며, 훌륭한 작품을 발표하게도 된다.

③ 재떨이를 사용하는 꿈

자신의 일거리나 어떤 대상의 진행에 있어, 협조자나 후원자의 도움으로 일을 마무리하게 된다.

≪수건, 타월≫

수건은 협조자·추천서·소개장·방도·보호책 등을 상징한다.

① 수건을 얻는 꿈

윗사람의 도움으로 직책이나 연분을 얻게 된다.

② '승리'라고 쓴 타월을 머리에 동여맨 꿈

이 경우에 글자의 상징적 의미 그대로 현실에서 실현된다. 어려움과 난관이 있게 되지만, 결국은 승리하게 되는 여건에 처하게 된다.

③ 수건을 머리에 동여매고 뛰는 꿈

자신의 목표를 향해 나아가는 데 있어, 남의 의견이나 견제에 얽매이지 않게 된다.

④ 수건을 쓰고 앉아 있는 모습을 보는 꿈

누군가가 다른 사람과의 협조나 친분을 쌓지 않고 독자적인 길을 걸어감을 뜻한다.

≪손수건에 관한 꿈≫

손수건은 충복, 수하자, 협조자, 계약서, 보증서 등을 상징한다.

① 상대방이 주는 손수건을 받는 꿈

애정이나 연분과 관련하여 그의 뜻을 받아들이게 되거나, 계약 등을 하게 된다.

② 손수건을 새로 사거나 얻는 꿈

연분홍빛의 고운 손수건인 경우에 연분을 얻게 되거나, 계약서를 작성하게 된다.

③ 손수건에 피를 묻히는 꿈

계약이 성립되는 등 다른 외부적인 여건과 관련을 맺게 된다.

≪지팡이≫

지팡이는 협조자, 방도, 권리, 직위, 신분 등을 상징한다.

① 지팡이가 갑자기 굵어지거나 길게 늘어나는 꿈

자신의 능력, 세력, 권리 등이 크게 확장됨을 뜻한다.

② 쌍지팡이를 짚고 걷는 꿈

두 사람이나 두 곳의 회사나 단체의 지원이 있게 된다.

③ 지팡이로 상대방을 때리는 꿈

지팡이로 상징된 협조자나 외부적인 영향력을 행사하여, 압박을 가하거나 꾸 짖을 일로 실현된다.

3) 사치품(금반지·금시계·귀중품, 보석, 다이아몬드, 반지, 팔찌, 목걸이, 귀걸이, 향수)

≪금반지, 금시계, 기타 금 관련 귀중품≫

금반지는 신분·직위·명예·유산·계약·사업체·집·여성·자손·작품·업적 등 의 일을 상징한다. 빛나는 금이나 금반지의 태몽인 경우에, 귀하고 좋은 인생길 이 펼쳐짐을 예지한다.

① 금시계를 얻거나 새로 차는 꿈

연분·애정에 있어서는 좋은 배우자를 얻게 되며, 태몽으로는 귀한 자손을 얻 게 된다. 일반인의 경우에 재물과 이권, 좋은 직장·직위·등이 주어진다.

② 금배지·금훈장·금팔찌·금시계 등을 찬 꿈

신분이나 직위가 높아지며, 권세·명예를 얻게 되는 일로 이루어진다. 사업가 의 경우에 뛰어난 경영능력으로 인정을 받게 되며, 저자의 경우에 작품이나 저작 물에 대한 좋은 평가가 있게 되고, 학생의 경우에 수상하게 된다.

③ 금식기·금수저·금술잔·금촛대 등을 얻는 꿈

부귀 권세를 누리게 되며, 사업체의 발전, 학문적 영역에서 인정을 받게 될 것을 예지한다. 연분·애정의 상징인 경우에도 귀하고 명예로운 사람과 인연을 맺게 된다. 또한 태몽 표상인 경우, 부귀한 인생길이 펼쳐진다.

④ 금두꺼비·금송아지 등을 얻는 꿈

로또(복권) 당첨이나 유산 상속, 보험금 수령 등 뜻밖의 재물이나 이권을 얻는 일로 이루어진다. 연분·애정에 있어서도 귀한 인물을 맞이하게 되며, 태몽 표상인 경우에 부귀공명의 인생길이 펼쳐진다.

⑤ 금관(왕관·월계관), 금띠에 관한 꿈

왕관을 쓰는 꿈은 최고의 명예와 권세가 주어진다. 현실적으로 실장·학생회장·사장·회장 등에 나아가게 되며, 박사학위를 받게 되거나, 1등 당선 등의 일로 실현될 수 있다. 또한 사업분야에서 최고의 지위에 오르게 되는 일로 실현 가능하다.

⑥ 금관자를 달거나 금띠를 두른 꿈

신분이 고귀해지거나 업적이나 작품에 명예가 주어진다. 다만, 옛 선인의 꿈에 양 귀밑에 금관자를 달았는바, 적과 싸우다가 총알이 양귀 밑을 뚫고 지나가는 죽음으로 실현된 사례가 있다.

≪보석≫

금·은·보석은 재물이나 이권의 상징으로 자주 등장하며, 가임여건에서는 태몽 표상으로 실현되기도 한다. 따라서 이러한 것들을 얻거나 가져오는 꿈이 좋다. 금화나 금괴를 받는 꿈도 재물이나 이권을 얻게 되는 일로 실현되며, 처한 상황에 따라 부귀·명예를 얻거나 태몽으로도 실현된다. 그러나 보석이나 금화·금괴가 변색되거나 빛을 잃게 되는 꿈은 좋지가 않다. 신분·직위·명예·권리 등에 몰락이 오게 되며, 애정·연분에 금이 가게 되거나, 기타 신체상에 이변이 생긴다. 또한, 보석상은 결혼 중개업소, 권력 기관, 연구기관, 회사 등을 상징한다.

(1) 보석에 대한 꿈해몽

보석을 보거나 얻는 꿈은 아주 좋다. 실제 그러한 귀중품 이외에 그에 상당하는 재물, 권리, 명예, 부귀, 일거리나 대상을 상징한다. 또한 사람을 상징할 수도 있으며, 애정이나 연분을 얻게 되거나, 가임여건에서 태몽으로 이루어지기도 한다. 이 경우에 보석이 빛나고 아름다움을 느끼는 표상일수록, 현실에서 소원의 경향에 크게 부합하고 만족하게 되는 일로 실현된다. 처한 상황에 따라, 승진·합격·당첨·영광의 일로도 실현된다. 다만, 꿈은 반대가 아닌 상징의 이해에 있듯이, 보석이 빛을 잃게 되거나 색이 변하거나, 갈라지거나 잃어버리는 꿈 등의 표상은 파혼이나 유산 등 좋지 않은 일로 실현된다.

① 보석을 가지고 오거나 받는 꿈

가임여건에서는 태몽으로, 미혼인 경우에 연분을 맺게 되는 일이나 명예 등을 얻는 일로 이루어진다.

② 보석을 잃는 꿈

무언가 값진 것(명예·신분·부귀·소원)을 잃을 나쁜 꿈이다. 특히, 처녀가 이런 꿈을 꾸면 처녀성을 상실할 수도 있으며, 일반인의 경우에 명예나 신분·자존심 등이 손상되는 일로 실현된다.

③ 보석이 빛이 나지 않거나 변색되는 꿈

신분이나 명예 등에 불길한 변이 생긴다. 연분이나 애정이 식어가고, 파탄이 나는 일로 실현될 수 있다.

④ 상대방이 자기의 보석을 들여다보거나 탐내는 꿈

누군가가 자신의 비밀, 사업 프로젝트, 아이디어, 기타 소중한 일거리·대상에 대해서 관심을 지니게 되며, 소중한 존재의 사람이나 대상을 빼앗아 가는 일로 실현된다.

⑤ 보물·보석에 관한 꿈

보물단지 또는 보물상자 등을 얻거나 보면, 학자는 희귀한 학설을 정립할 수 있게 되고, 상인은 부를 이루게 되며, 일반인은 권리·명예·업적 등의 성취를 이루게 되는 일로 실현된다. 또한, 가임여건에서 태몽으로 실현되기도 한다.

⑥ 보석상에서 보석을 산 처녀의 꿈(실증사례)

결혼중개업소나 중매인을 통해서 좋은 혼처나 배우자를 물색하는 것으로 실현되었다.

⑦ 보석 가게에서 보석을 훔친 사나이의 꿈(실증사례)

가게로 상징된 결혼 중개업소나 모임·단체에서, 보석으로 상징된 좋은 배우자를 만나게 되었다.

(2) 태몽 표상의 실증사례

① 크고 화려한 보석을 선물 받는 꿈

둘째 아이 때, 남편한테서 크고 화려한 보석 반지 1개를 선물 받는 꿈을 세 번이나 연속
으로 꿨어요. 딸일 것으로 생각했는데, 낳아보니 아들이더군요.

② 보석을 품에 담아 올린 꿈

임신 초기에 제가 직접 꿈을 꾸었는데요, 물이 졸졸 흐르는 강바닥인 듯도 싶고 맨땅인
듯도 싶었는데요, 보석을 큰 것 작은 것, 푸른색 투명색을 기분 좋게 엄청 많이 품에 담
아 올렸습니다. 매우 좋아서 깼습니다. 그래서, 딸인 듯 짐작했고요, 실제로 딸 하나를
낳았습니다.

③ 보석 목걸이를 건 꿈 → MC 왕영은의 태몽

여러 가지 보석 목걸이를 목에다 주렁주렁 걸었다.

MC 왕영은의 태몽이다. 보석의 태몽으로 태어난 사람은 보석처럼 진귀하고
선망의 대상으로의 가치 있는 삶의 길을 예지해주고 있다. 귀한 보석이 여러 개
로 뭉쳐있는 목걸이의 태몽 표상 그대로, 아름답고 풍요로움이 넘치는 인생길의
펼쳐질 것을 보여주고 있다.

≪다이아몬드≫

보석에 관한 꿈의 상징적 의미와 유사하다. 광석을 채굴하거나 금괴·다이아
몬드를 발견하는 꿈은 사업·학문·연구사업 등에서, 재물과 이권이나 명예나 직
위 등 큰 성취를 이룬다. 가임여건에서 태몽으로 실현되기도 하는바, 다이아몬
드·진주 등 보석을 사거나 얻는 꿈은 딸을 낳은 사례가 많다. 실증사례 위주로 살
펴본다.

(1) 재물이나 이권의 상징

① 다이아몬드를 캐는 꿈

길몽이다. 현실에서 각고의 노력 끝에, 일확천금의 재물과 이권을 얻는 일로
실현된다.

② 다이아몬드를 가져오다가 똥물에 빠지는 꿈(실증사례) → 복지복권 일천만 원 당첨

김 씨는 이상한 꿈을 꿨다. 신드바드가 가득 싣고 온 보물 중 다이아몬드를 가

지고 오다가, 똥물에 빠지는 이상한 꿈을 꾼 것이다. 평소 꿈이 현실과 잘 들어맞는 편이었던 김 씨는 복지복권의 1천만 원에 당첨되는 일로 실현되었는바, 꿈속에 등장한 신드바드는 당첨된 복지복권에 캐릭터로 「신드바드」가 인쇄되어 있었던 현실로 이루어졌다.

(2) 태몽 표상-실증사례

① 다이아몬드를 가슴에 안는 꿈

고(故) 최진실의 첫째 아들 태몽으로, 남편 고(故) 조성민은 번쩍번쩍 빛나는 다이아몬드를 가슴에 한 아름 가득 안는 꿈을 꿨다고 한다.

② 다이아몬드를 숨기는 꿈

이승연은 자신의 딸 아람의 태몽으로, "다이아몬드를 숨기는 꿈을 꿨다."고 말하고 있다.---KBS 2TV 「해피버스데이」, 2010. 5. 10.

③ 다이아몬드를 줍는 꿈

김윤진의 태몽으로, 어머니가 길을 가다 번쩍거리는 다이아몬드 한 덩이를 줍는 꿈이다. 이 경우 크고 빛날수록 좋은 태몽이다.

④ 다이아몬드 반지를 주고 간 꿈

배우 고나은의 태몽으로, 당시 전두환 대통령이 집에 와서 엄마한테 다이아몬드 반지를 주고 간 꿈이다.

⑤ 커다란 블루다이아몬드를 쥐어 준 꿈

2012년 4월 뮤지컬 배우 서성민과 결혼한 이파니가 꾼 둘째의 태몽이다. 꿈속에서 딸을 낳았는데, 피가 묻은 딸의 손에 남편이 주먹만 한 블루다이아몬드를 쥐어 주는 꿈이었다고 밝히고 있다.

⑥ 다이아몬드를 얻는 꿈

꿈에 아이를 낳으러 병원에 가서 누워있었어요. 한참 진통을 하다 일어나 앉으니, 누웠던 침대 위에 다이아몬드가 몇 개 있더라고요. 모두 큼직한데, 그중 아이 머리만 한 걸 들어 안았어요. 그랬더니 우리 아들 정말 건강해요.

⑦ 양손에 다이아몬드를 쥐고 있는 꿈

임신 사실을 몰랐을 때, 아내와 후배인 고소영이랑 식사를 하게 되었죠. 그때 소영이가 간밤 꿈에 양손 가득 다이아몬드를 쥐고 있었다며, 아내에게 "언니, 이 꿈 살래?" 하더라고요. 웬일인지 아내도 "그래, 살게." 하고 답해 그날 저녁 식사를 우리가 샀죠. 그 다음 날인가 병원에 갔더니, 임신이라고 해서 놀랐어요."---동아닷컴.

오연수-손지창 부부의 득남 아기 태몽 이야기이다. 한편 2008년 2월 결혼한 패션모델 겸 국내 파티플래너 1호 지미기는 태몽으로 엄청 큰 다이아몬드 반지를 보는 꿈을 꿨다고 밝히고 있다.

⑧ 찬란한 광채의 다이아몬드를 품에 안는 꿈(실증사례) → 연예인 최정원의 태몽

어머니의 꿈에 숲을 거닐다가 찬란한 광채를 내뿜고 있는 '다이아몬드'를 발견하고, 두 팔을 벌려 그것을 한껏 품는 꿈이었다.

2006년 KBS2 드라마 「소문난 칠공주」를 통해 스타덤에 오른 텔런트 최정원은 빛나는 다이아몬드 태몽이다. 다이아몬드와 같은 보석은 귀한 인물·재물·권리·명예·부귀영화 등을 상징하고 있다. 찬란한 광채를 내뿜은 다이아몬드가 태몽 표상이니, 장차 미모나 재능 면에서 뛰어난 능력을 지니게 될 것을 예지해주고 있으며, 깨끗한 피부미인 최정원에 부합되는 태몽이라 할 수 있다. 일반적으로 다이아몬드를 줍는 꿈이 태몽이 아닌 경우, 재물운이나 좋은 이성의 상대방과 인연을 맺게 되는 일로 실현되고 있다.

⑨ 여자아이와 다이아몬드를 줍는 꿈(실증사례) → 태몽 예지

현재 44개월 된 딸아이의 임신 사실을 알기 3일 전에 꾼 꿈입니다. 영화 장면 같은 멋있는 산속인데, 큰 폭포와 계곡이 있고, 많은 4~6세의 아이들이 까르륵 웃으며 뛰어다니는데, 다들 발가벗고 있더라고요. 수영도 하고 다이빙도 하고 있었습니다.

'아! 천국이구나' 하고 생각했습니다. 전체적으로 푸르고, 초록색에 하늘도 구름 한 점 없이 파랗고, 아주 멋있었답니다. 조금 걷다 보니, 원두막 같은 곳에 작은 새장이 하나 있더라고요. 새 한 마리가 있는데, 이 세상 새 같지 않게 총천연색의 예쁜 새였습니다. 크지는 않고 암탉보다 좀 작은, 관상용 닭 같은 크기더군요. 가만히 들여다보니 입으로 무엇을 계속 만들어서 톡톡 뱉고 있어서 바닥을 보니, 새장 안에 깔아 놓은 지푸라기에 반짝반짝 수많은 다이아몬드가 있더군요. 그래서 손을 집어넣어, 쌀알보다 조금 큰 것을 두 개, 그리고 이미 세팅이 되어서 예쁜 엄지손톱만큼 큰 것 하나를 집어 각각 주머니에 넣고 고개를 들었는데, 아이 하나가 쳐다보고 있더라고요. 이상한 것은 단발머리에 체구가 여자아이처럼 느껴졌는데, 얼굴이 보이지 않았습니다. 꿈속 제 생각에 '아! 새 주인이구나' 하고 가슴이 덜컹하여 '혹시 내가 가진 다이아몬드를 달라고 하면 작은 것 두

개는 주고, 크고 예쁜 것 하나는 주지 말아야지' 하고 그 큰 것을 주머니 속에서 꼭 쥐고 는 깨었습니다.

'단발머리에 체구가 여자아이처럼 느껴졌는데---'에서 알 수 있듯이, 여아를 출산하고 있다.

≪반지≫

보석의 꿈과 꿈해몽이 유사하다. 금반지는 연분이나 애정, 신분·직위·명예·계약·업적 등의 일을 상징한다. 반지는 동그란 모양에서 처음으로 다시 돌아오는 상징적 의미를 지니고 있으며, 영원히 변치 않는 상징적 의미를 지니고 있다. 따라서 반지를 받거나 사는 꿈은 연분 맺음으로 실현되고 있으며, 가임여건에서 태몽으로 실현되기도 한다. 일반적인 상황에서 반지를 얻는 꿈은 재물이나 이권을 얻게 되며, 또는 명예가 생기는 좋은 꿈이다.

(1) 사람의 상징
① 받은 구리반지가 보석 반지로 변한 꿈

처음에는 평범하거나 미천한 신분이나 직위의 사람이 보다 훌륭한 사람이 되는 것을 뜻한다. 어떠한 작품이나 대상이 미천한 것에서 보다 좋은 것으로 발전하는 일로도 이루어진다.

② 반지가 부러지는 꿈(실증사례) → 애인이 병원에 입원하다.

"실제 끼고 있는 반지가 부러지는 꿈을 꾸었습니다. 그런데 그 다음 날 사귀는 남자친구가 병원에 입원을 했더라고요."

꿈 연구에 있어 실증적인 사례에 바탕은 둔 연구만큼 소중한 것은 없다. 반지가 부러지는 꿈은 흉몽이다. 반지와 목걸이는 애정의 상징 표상으로 많이 등장하는바, 반지나 목걸이를 받는 꿈은 새로운 연인이 생기는 일로 실현되고 있다. 이러한 반지가 깨지거나 금이 가는 꿈은 애정에 문제가 발생하게 되던가, 반지의 상징인 애인의 신체 등에 이상이 생기는 일로 이루어질 수 있는 것이다. 최악의 상황으로 나아간다면, 신체적 이상으로 인하여 남자 친구와의 결별까지 진행되는 것도 가능하다고 하겠다.

(2) 태몽 표상

① 반지가 갈라지거나 변색되는 꿈

흉몽이다. 처한 상황에 따라 유산·파혼하게 되거나, 일거리·대상의 좌절로 이루어진다.

② 금반지를 얻은 태몽

장차 높은 직위에 이르게 되며, 사업체 등을 소유하게 된다.

③ 수없이 많은 반지를 얻은 태몽

장차 많은 기업체·작품·사업성과를 이룩할 사람이 됨을 예지한다.

④ 쌍가락지를 얻은 태몽

일반적으로는 쌍둥이나 장차 두 자녀를 두게 되거나, 두 가지 업종에 종사하게 된다. 또한, 숫자의 개념대로, 두 사람의 능력을 지닌 아이이거나, 두 번째 아이를 낳게 되는 일로도 가능하다.

⑤ 백발이 성성한 노인이 반지를 끼워주는 꿈

태몽으로 아들을 낳게 되었다.

⑥ 예쁜 보석이 박힌 반지를 받는 꿈(실증사례) → 태몽으로 딸을 낳다.

저와 잘 알고 지내는 이웃 언니가 있었는데, 그날 그 집을 나와 가려는 저를 베란다에서 부르면서 왜 그냥 가느냐고 그러는 거예요. 제가 반지를 놓고 간다면서요. 그래서 부랴부랴 올라갔더니, 제게 누런 금반지를 던져주며 "네 반지 가져가라."라는 거예요. 그래서 냉큼 받아 제 손가락에 끼우고는 자세히 들여다보니, 반지 가운데 예쁘고 반짝이는 보석이 박혀 있지 않겠어요. 그 꿈에서 깨어 한참을 생각해봤더니, 그동안 어른들께 들은 말도 있고 해서 아마도 딸이 아닐까 싶더라고요. 그래도 제게는 이미 딸아이가 하나 있던 터라, 둘째는 아들이길 무지 바랐거든요. 아니나 다를까, 낳고 보니 딸이지 뭐예요.(글쓴이: 원선화)

⑦ 바닷물에서 별 모양의 보석 두 개를 주운 꿈(실증사례) → 태몽으로 아들을 낳다.

넓은 바닷가에 제가 들어가 있었네요. 무릎까지 닿는 바닷물에서 진한 다홍색 별모양의 보석을 두 개 주웠어요. 한 손에 한 개씩, 그것이 우리 둘째 아들의 태몽으로 실현되었어요. 두 개이고 붉은빛이면 딸이라고 하지만 그건 아닌가 봐요.

태몽으로 미루어, 아마도 꿈이 생생하고 강렬한 꿈이었을 것이다. 보석을 두 개 주운 경우, 태몽이라면 일반적으로 쌍둥이나 장차 두 자녀를 두게 되는 일로 이루어진다. 두 사람의 능력을 지닌 아이가 태어난다고 보기도 한다.

⑧ 금 쌍가락지를 손에 낀 꿈(실증사례) → 태몽으로 아들을 낳다.

친정엄마와 시어머님께서 비슷한 시기에 비슷한 내용의 꿈을 꾸셨어요. 두 분 다 태몽을 꾼 것 같다고 하셨는데, 제 태몽일 거라고 생각은 못 했어요. 그런데 얼마 후에 임신인 사실을 알게 되었고, 태몽을 꾼 시기는 제 임신 초기였어요.

스님으로 추정되는 한 분이 집으로 오셔서, 시주를 하라고 하셨대요. 그래서 시주를 하고 났더니, 스님이 손을 보여주셨는데 금으로 된 쌍가락지가 끼어 있었대요. 그것을 보는 순간 어머님들이 모두 그 반지가 탐이 나셨대요. 그런데 잠시 후에 보니까, 그 반지가 어머님 손에 끼어 있었다고 해요. 신기하게 내용이 같은 꿈을 친정엄마와 시어머님이 같이 꾸셨는데, 저는 이 꿈을 꾸고 아들을 낳았어요.

금 쌍가락지 꿈이니, 이 경우 쌍둥이나 장차 두 아들을 두게 되는 일로 실현될 수 있다.

⑨ 손가락에 쌍가락지를 끼고 조카에게 주지 않는 꿈(실증사례) → 태몽으로 딸을 낳다.

임신을 하고 얼마 후 꿈을 꾸었지요. 꿈속에 조카딸이 제 손에 있는 쌍가락지를 가리키면서, 둘 중 하나만 달라고 얼마나 떼를 썼는지 모릅니다. 꿈에서도 반지 하나를 가리키면서, 이 반지는 보석이 몇 개 안 되어도 사연 있어서 안 된다 하였고, 또 하나는 그리 예쁘지는 않았지만 마찬가지로 사연이 있어 줄 수 없다고 서로 신경전을 했답니다. 결국 조카딸에게 반지는 주지 않았고, 며칠 있다가 병원에 갔더니 쌍둥이라고 해서 기절하는 줄 알았답니다. 저는 꿈에서라도 쌍둥이 키우는 것은 상상도 못 했습니다. 그런데 지금은 예쁜 딸 쌍둥이가 내 삶의 전부가 되어가고 있습니다.[정지아]

가락지 하나를 주지 않는 꿈으로 진행된 것이 다행이다. 반지 하나를 간청에 못 이겨 주는 꿈인 경우에는 쌍둥이 중의 한 아이가 유산이나 요절로 이루어진다. 또한 이 경우 조카딸이 나이가 어리지 않고, 결혼해서 가임여건에 있는 경우, 조카딸에게 반지를 주는 꿈은 조카딸이 임신하는 일로 이루어진다.

⑩ 길에서 금반지를 주운 꿈(실증사례) → 태몽으로 아들을 낳다.

임신 초기에 제가 꾼 꿈이에요. 길을 가고 있는데 금반지들이 길거리에 깔려 있는 거예요. 인도 양쪽으로 해서 나무, 풀, 담벼락이 있는 곳까지 해서 아주 많은 반지였어요. 모양은 알이 박힌 것도 있고, 일반 가락지도 있고, 조금씩 달랐는데 모두 금반지였어요. 저는 기분이 좋아서 손에 잡히는 대로 주웠어요.

그러면서 꿈에서 깼는데, 얼마 후에 같은 내용의 꿈을 제가 또 꾸게 되었어요. 처음에는 태몽일 거라는 생각을 전혀 안 했는데, 두 번을 꾸고 나서 태몽인 것을 알게 되었어요. 꿈을 꾸고 나서 특별한 느낌은 없었고, 반지 줍는 동안은 기분이 상당히 좋았는데, 꿈을 꾸고 나서는 조금 허탈했지요. 결국, 반지보다 좋은 아들을 낳았고 지금 잘 크고 있습니다.

⑪ 노란 금반지 몇 개를 줍는 꿈(실증사례) → 태몽으로 실현

　노란 순금반지를 몇 개를 줍는 꿈을 꿨어요. 지금 임신 12주 정도 됐거든요.---임효정, 베베하우스.

⑫ 예쁜 에메랄드 반지를 받아 끼는 꿈(실증사례) → 태몽으로 딸을 낳다.

유호정은 SBS 「한밤의 TV 연예」에 출연하여, "꿈을 꿨는데 돌아가신 엄마가 예쁜 옥색 한복을 입으시고, 너무나 예쁜 에메랄드 반지를 끼고 계셨다. 아주 예쁘다고 했더니, 엄마가 나한테 반지를 줘서 손에 꼈는데, 그게 둘째 딸 예빈이의 태몽이었다."라고 밝히고 있다.---2008. 11. 13.

한편 첫째 아들 태연이 때는 박성미 언니가 나비꿈을 대신 꿔줬다고 말하고 있다.

⑬ 황금반지를 주워 온 꿈(실증사례) → 진유영(영화배우)의 태몽

　아기를 업은 어떤 안면이 없는 사람과 어디를 갔다 오는 길이다. 길가 새파란 풀숲에서, 굵고 빛나는 황금가락지가 있는 것을 발견하고, 얼른 주워 허리춤에 감추고 집으로 가져왔다.

⑭ 이 반지는 아들 낳는 사람만 끼는 반지라고 말하는 꿈(실증사례) → 태몽으로 실현

미국여자프로골프(LPGA) 투어에서 통산 6승을 거둔 '코리안 파워'의 대표 주자 중 한 명인 한희원의 태몽을 대신 꿔준 이가 있다. 6월 출산 예정인 한희원은 특이하게, 투어 동료인 박희정이 대신 태몽을 꿨다고 한다. 올해 초에 꿈에서 한희원의 아버지가 엄지손가락에 반지를 끼고 있는 꿈을 꿨는데, "이 반지는 아들 낳는 사람만 끼는 반지"라고 말했다는 것이다. 실제 한희원은 최근 태아가 아들이라는 소식을 들었고, 박희정의 꿈이 태몽이 된 셈이다.---연합뉴스, 2007. 4. 2.

실제로, 2007년 6월 23일 한희원은 아들을 낳았다.

⑮ 양은 냄비 안에 다이아몬드 반지를 받는 꿈(실증사례) → 태몽으로 실현

　임신이 잘 되지 않던 중에, 새벽녘 꿈에 시아버님이 노랑 양은 냄비를 주셨는데, 그 안

에는 다이아몬드 반지 같은 것이 들어 있었거든요. 그런데 그 달은 임신이 되지 않았고요. 그 다음 달에 임신이 되었어요. 지금은 7주에 접어 들었거든요.---김옥선

⑯ 금반지를 가득 주워담는 태몽 → 영화배우 이영애의 태몽

어머니가 금반지를 가득 주워담는 태몽을 꾸었다고 한다. 반짝반짝 빛나는 금반지는 여러 사람들이 귀하게 여기는 선망의 대상이듯이, 영화배우로서 빛나는 외모와 뭇 사람들의 선망의 대상으로, 존재가치를 빛내는 인생길이 펼쳐질 것을 예지해 주고 있다. 이처럼 금반지 태몽은 남녀를 불문하고 고귀한 신분이나 직업에 관련되고 있다. 또한 금반지를 가득 주워담는 태몽 표상에서, 풍요로움이 넘쳐나고 있어, 풍요롭고 부귀한 인생길이 될 것을 예지해주고 있다. 한편, 농구 은메달리스트 김화순 씨의 태몽도 언덕과 냇가에서 금반지와 금목걸이 줍는 꿈이다.

⑰ 샘물에서 은가락지를 건져낸 꿈 → 청록파 시인 조지훈의 태몽

"차가운 샘물에 잠겨 있는 은가락지를 건져 내시는 어머니의 태몽(胎夢)에 안겨 이 세상에 왔습니다."라고, 청록파 시인 조지훈은 35세 때 쓴 자신의 글인 〈이력서〉의 본적에서 밝히고 있다.

⑱ 손가락에 큰 황금 가락지를 낀 태몽 → 무하마드 알리(Muhammad Ali)

무하마드 알리의 본명은 케시어스 클레이(Cassius Clay)이다. 1960년 로마 올림픽에서 라이트 헤비급으로 출전하여 금메달을 획득한 후, 프로로 전향하여 사상 최초로 헤비급 챔피언 왕좌에 세 번이나 오른 선수다. 그의 어머니는 손가락에 큰 황금 가락지를 낀 손을 보고, 알리를 낳았다고 한다. 손가락에 황금 가락지를 낀 태몽이 그의 일생을 예견케 하는 꿈인 것이다. 주먹 하나가 그야말로 황금 같은 값어치를 한 일생이었다.(글: 박성몽)

⑲ 금반지를 가져온 꿈(태몽 상담사례)

친정집에 가서 전에 쓰던 건넛방에서 사탕 상자가 있는 속을 들추어 보니, 예쁜 금가락지가 있어 손에 쥐고 밖으로 나왔다.

여자의 태몽 표상으로 금가락지를 얻는 꿈은 합리적이라고 말할 것이다. 하지만 남아인 경우도 장차 반지로 상징 가능한 사업, 직권, 이권, 인격 따위 여러 가지 일 중에서, 어떤 일을 하고 권리를 얻는다는 암시적 의미가 있기 때문이다. 꿈의 장소적 표현이 여자인 경우 친정집이 자주 등장하는 것은 과거와는 아무런 상

11

관이 없는 다만 연분 있는 직장이나 사업장 학원 따위의 바꿔놓기이고, 그곳에서 어떤 일거리 중에서 얻어진 사탕 상자에 들어 있는 어떤 이권이나 권리 또는 명예(금가락지)를 얻게 됨을 뜻한다. 친정집이 학원의 상징이라면 학위를 얻고, 회사나 기관 사업장의 상징이라면 어떤 이권이나 고급에 속하는 직책 아니면 명예를 얻어 사회생활을 하게 된다.(글: 한건덕)

⑳ 물에서 황금반지를 얻는 꿈(태몽 상담사례)

　　가정주부의 꿈이다. 현재 임신 3개월이다. 꿈에 공동우물에 황금반지가 빠져있는 것을 여러 사람을 제쳐놓고, 내가 꺼내 가운뎃손가락에 끼웠다. 원래 갖고 있는 반지는 빛이 안 나고 이 반지는 유난히 빛나는데, 밤마다 황금·백금반지를 감나무 밑에서 많이 파내 오기도 한다.

뛰어난 인물을 낳을 태몽이다. 태몽으로서의 금반지를 얻는 것은 그 태아의 인물됨이나 신분이 고귀해진다. 남녀성별이 차이가 없으며, 그 금반지를 어떻게 얻었느냐 하는 것은 그 태아의 장래성을 구체적으로 암시해 주고 있다. 공동우물은 사회적인 출세의 기반이고 관공서의 녹을 먹을 것인데, 여러 사람이 그 반지를 들여다보고 있으니, 여러 사람의 우두머리가 된다. 원래 끼고 있던 반지가 빛이 나지 않는 것은 먼저 얻은 자식은 이 애만 못하다.

현재 이 애의 형이 없다면 남편을 상징할 것인데, 남편보다 뛰어난 인물이 된다는 뜻이다. 금·백금 반지를 감나무 밑에서 무겁도록 많이 파오는 것은 장차 장성해서 많은 업체를 운영하거나, 부귀가 가득 찰 것을 암시하고 있고, 많은 업적을 남기기도 한다.(글: 한건덕)

좋은 꿈이다. 미혼의 경우 이런 꿈은 배우자를 맞이할 꿈이다. 태몽 표상으로 본다면, 금반지로 표상된 귀한 자식을 얻게 될 꿈이다. 공동우물에서 여러 사람을 제치고 금반지를 얻었으니, 장차 어떠한 기관이나 단체에서 여러 경쟁자를 물리치고 귀하게 될 것을 예지해주고 있다. 금반지가 빛날수록 귀한 부귀·명예를 얻게 될 것이다.

(3) 재물과 이권

① 금반지를 얻는 꿈

사실적인 꿈인 경우에, 백화점 경품 같은 곳에서 당첨되어 실제로 금반지를 타게 되는 일로 실현될 수 있다. 또한 처한 상황에 따라, 주식이나 노름에서 금전적인 이익을 얻게 되는 일로 이루어질 수 있다.

② 노란 금반지를 받는 꿈(실증사례) → 쏘나타Ⅲ 승용차에 당첨

노란 금반지를 받는 꿈으로 기업복권(10회차)에서 쏘나타 경품에 당첨된 김 씨의 꿈 사례이다.

> "꿈속에서 거래처의 여직원이 노란 금반지를 주기에 받았어요. 꿈이 하도 생생해서, 뒷날 그 여직원에게 혹시 선물할 것 없느냐고 묻기까지 했어요. 그리고는 그냥 잊고 지냈죠. 복권을 살 때도 꿈 생각은 전혀 못 했어요."

열흘 뒤 김 씨는 쏘나타Ⅲ에 당첨되는 일로 실현된바, 일반적으로 금반지를 받는 꿈은 남녀 간에 연분을 맺는 일로 많이 실현되고 있기도 하다. 하지만 금반지에서 '반지'가 아닌, '금'의 상징에 의미를 부여한다면 이렇게 재물을 얻는 일로 실현되고 있다.

(4) 연분이나 애정

① 처녀가 금반지를 받는 꿈

연분을 맺게 되어, 결혼하게 된다.

② 반지를 주워 가지는 꿈

사랑하는 사람과 연분이 맺어지게 되거나, 재물적 이익을 얻게 된다.

③ 반지 꿈(실증사례)

> 이전에 남자친구하고 사귈 때, 반지꿈을 꾸고 해서, 결혼하려나 싶었는데, 아니었어요.

반지꿈이 어떻게 전개되었는지가 중요하다고 하겠다. 어느 노처녀의 꿈 사례이다. 두 개의 금반지를 얻었으나, 색깔이 변색되기에 '빨리 팔아야겠다.'고 생각했던 꿈은 두 남자를 사귀게 되었으나, 머지않아 정리하는 일로 실현된 사례가 있다.

④ 보석이 박힌 금반지를 받는 꿈(실증사례) → 연분 맺음.

> 1999년 1월 1일에 꾼 꿈이다. 한 해를 시작하는 첫날 꿈을 꾸었다. 내가 누군가에게 금반지를 받았는데, 그 반지에 검은색 돌이 얹혀 있는(그 보석을 워닉스라고 하는) 그런 반지였다. 금반지를 받는 것을 결혼을 의미한다고도 한다. 그땐 확실히 결혼할 사람도 없었는데, 그해 9월 나는 정말로 멋진 사람과 결혼식을 올리게 되었다.

⑤ 똑같은 반지를 끼고 있는 꿈(실증사례) → 연분 예지

어느 청년이 꿈을 꾸니, 자기가 손가락에 끼고 있는 쌍가락지의 한 쪽을 선을 본 어떤 아가씨가 끼고 있는 꿈을 꾸었다. 그런데 이 아가씨는 자기가 선 본 중에서, 제일 볼품 없는 외모를 가지고 있는 아가씨였다. 이제까지는 자기가 선본 아가씨 중에서 가장 볼품 없는 사람으로 생각했는데, 자주 만나고 대화를 나누고 가까이하다 보니까 전혀 다른 점이 발견된 것이다.(글: 박성몽)

(5) 일거리·대상·사건·사고

① 반지가 깨지거나 조각이 난 꿈

애정·연분의 결별 외에도, 일거리·대상에서 좌절·실패·부도 등으로 이루어진다. 학자의 경우에 심혈을 기울여 연구하던 논문이나 저서에서 좌절감을 맛보게 되며, 사업가인 경우에 자신이 추진하는 사업 프로젝트에서 실패와 부도를 체험하게 된다.

② 반지를 잃어버려 조각난 꿈(외국의 사례) → 사업의 실패

어떤 사람이 꿈에 내내 인감으로 쓰던 반지를 잃어버렸는데, 그것을 찾았을 때는 반지의 보석이 55개로 조각조각 부서져 쓸모없이 되고 말았다. 그의 사업은 55일 후에 전부 망했다.(글: 아르테미도로스, 『꿈의 열쇠』)

≪팔찌≫

상징적인 꿈에서 팔찌는 인연이나 어떠한 재물, 권리, 명예, 신분, 방도, 재물 등을 뜻한다. 팔찌꿈은 반지 꿈과 유사하게 실현되고 있다. 생생한 꿈이면서 가임여건에 있는 경우, 팔찌를 얻는 꿈은 태몽 표상도 가능하다.

① 팔찌를 줍거나 얻는 꿈

남녀 간에 연분을 맺게 되거나, 이권이나 재물, 권리나 신분, 능력이나 명예 등을 얻게 된다. 이 경우에 팔찌가 빛나고 마음에 들수록 소원의 경향에 부합하는 일로 실현이 된다.

② 팔찌가 갈라지거나 깨지는 꿈

팔찌의 빛이 변하거나, 갈라지거나, 깨지는 꿈으로 전개되는 꿈은 좋지가 않다. 애정의 파탄이나, 재물이나 명예 등에 있어서 난관에 처하는 일로 이루어진다.

≪목걸이≫

(1) 목걸이 꿈의 개괄

목걸이 꿈은 반지 꿈과 상징 의미가 유사하다. 목걸이는 애정이나 연분의 상징이다. 주어진 여건에 따라, 어떠한 일거리·재물·권리·신분·명예 등으로 이루어질 수도 있다. 꿈이 아주 생생하다면 가임여건에서는 태몽 표상이 되기도 한다. 꿈속의 목걸이가 귀하고 빛날수록 고귀한 사람과 인연을 맺게 되거나, 자신의 소원에 만족하는 재물이나 이권을 얻게 된다. 예를 들어, 금목걸이를 받는 꿈으로 좋은 연분을 맺는다면, 은목걸이를 얻는 꿈이라면 그보다 못한 연분으로 맺어진다. 또한 목걸이가 금이 가 있거나 가짜의 목걸이였다면, 애정이 깨지게 되거나 문제가 발생하게 되는 일로 이루어진다.

(2) 목걸이 꿈 - 애정·연분, 재물, 태몽

① 금목걸이를 걸어주는 꿈 → 연분 맺음

꿈에 시어머니 될 분이 저벅저벅 5~6 발자국을 손을 등짐을 지고 걸어와 앞에 서더니, 하트 모양의 금목걸이를 달갑지 않은 찜찜한 표정으로 걸어 주는 꿈이었다. 그 후 3개월 뒤 남편과 결혼하게 됐으나, 시댁에서 반대했던 결혼으로 인하여 시어머니와 사이가 안 좋아 시어머니가 차갑게 대하는 일로 이루어졌다.

이후 남편이 차남으로 재산권을 행사하고 맏며느리 역할을 하면서, 시어머니와 갈등이 해소되기까지 5~6년 걸리게 되었는데, 시어머니가 걸어온 5~6걸음을 상징하고 있다고 본다.

② 큼직한 가짜 다이아몬드가 박힌 목걸이를 받는 꿈 → 자그마한 재물적 이익으로 실망

어떤 여자가 내가 경품에 당첨되었다면서, 케이스에 담긴 가느다란 실목걸이를 주었다. 얼마 전에 실제로 남편이 선물했던 줄만 14k이고 큼직한 가짜 다이아가 박힌 목걸이였다. 그래서 속으로 '저거 가짠데, 줄도 썩 좋은 금도 아닌데' 실망했지만, '그래도 공짜로 얻은 거니까' 스스로 위안을 하다가 깼다.

혹시나 하고 즉석 복권 1억 원짜리 4장을 샀다. 결과는 5,000원 짜리 한 장이 당첨되었다. 너무 시시해서 좀 실망했지만, 다시 생각해보니, '남들은 늘 꽝만 나온다는데 본전 빼고도 3,000원이나 남았으니, 그나마 좋은 일 아닌가' 하면서 스스로 위로했다.

③ 백금목걸이, 코끼리, 자라의 꿈

지난 96년 부산에서 건축 사업을 하는 이기수 씨와 결혼한 김성령. 결혼 4년 만에 임신에 성공한바, 본인은 백금목걸이를 거는 꿈을 꾸었으며, 남편은 해운대 바닷가에서 코끼리를 만나는 꿈, 언니는 거북이들이 물은 꿈을 꾸었다고 한다.

코끼리나 거북의 태몽에서 연상되는 그대로, 현실에서도 아들을 낳는 일로 실현되었다.

≪귀걸이≫

(1) 귀걸이 꿈의 개괄

일반적으로 목걸이·반지 꿈과 더불어, 귀걸이를 얻는 꿈은 새로운 인연을 맺게 되는 일로 이루어질 수 있다. 그러나 목걸이·반지 꿈이 비교적 중대한 일의 예지를 나타내는 데 비하여, 부차적인 역할이나 사소한 일로 이루어진다.

귀걸이는 애정이나 연분, 이권이나 재물을 상징한다. 주어진 상황에 따라 어떠한 일, 작품이나 재물·권리·능력·신분·명예 등의 상징도 가능하다. 한편 임신이 가능한 여건에서 귀걸이 등 귀한 물건 등을 얻는 꿈은 꿈이 아주 생생하다면 태몽 표상이 될 수도 있다.

① 귀걸이를 얻는 꿈

이 경우 화려하고 빛나는 돋보이는 귀걸이를 얻게 되는 꿈일수록 귀한 인연을 맺거나, 새로운 신분이나 명예 등을 얻게 됨 등을 의미한다. 또한 자신과 어울려 모습이 보다 아름답게 돋보이는 꿈일수록 자신의 바람이나 소원이 충족하게 되는 일로 실현되고 있다.

② 남자 친구가 금귀걸이를 하고 있는 꿈(실증사례) → 안 사던 복권을 사다.

남자 친구가 금귀걸이를 하고 있었다. 평소(현실에서) 이런 액세서리를 전혀 하지 않던 나는 의아스러워서 "왜 안 하던 짓을 해?" 하고 물었더니, 남자 친구가 "아니야, 나 종종 했어." 그래서 남자 친구를 놀리는 의미로, 모조 액세서리를 보여 주면서 "이거 해 봐" 하면서 맞섰다.

남자 친구가 복권을 사 놓은 것으로 실현되었는바, 금귀걸이를 해서 돋보이는 꿈이 좋은 꿈이다. 어울리지 않는 모습은 어떠한 일의 진행에 있어 부조화를 상징하고 있다. 남자가 귀걸이를 해서 축하를 받는 상황으로 전개되지 못한 꿈인 경우, 현실에서도 기대하는 것만큼의 좋은 일로 전개되지 않고 있다. 귀걸이는 복권의 상징 표상으로, "왜 안 하던 짓을 해?(왜 안 사던 복권을 샀어?)" 아니야, 나 종종 했어(아니야, 나 종종 샀어). 모조 액세서리를 해보라고 놀리는 행위는 다른 어떠한 행위를 해보라고 권유하고 놀리는 일로 이루어질 것이다.

≪향수≫

좋은 향수는 자신의 존재나 가치, 능력 등을 드러낼 수 있는 영향력을 의미한다.

① 향수를 사거나 뿌리는 꿈

좋은 향수를 갖고 싶은 평소의 바람이나 소망이 꿈으로 형상화될 수도 있다. 사실적인 전개의 꿈이라면, 꿈에서의 일이 현실에서 그대로 일어나게 된다. 상징적인 꿈에서, 향수를 사거나 뿌리는 꿈은 자신의 존재나 가치·능력 등을 남보다 돋보이게 하고자 하는 일로 이루어지고 있다. 이때, 향수의 냄새가 좋을수록 자신이 돋보이는 역할을 맡게 된다.

② 향수를 선물 받는 꿈

좋은 꿈이다. 향기로움만큼 돋보이고 뛰어나게 되며, 남의 이목을 끌거나, 과시·선전에 있어서 뛰어난 방안이나 방도를 얻게 되는 일로 실현된다. 외국의 사례이다. 향수 가게를 하고 있던 사람이 코가 없어지는 꿈을 꾼 사람이 있었다. 코로 향수를 맡는 것이니, 이후 가게가 망하게 되었다.

4) 화장 및 화장 도구(화장하는 꿈, 빗, 거울)

≪화장하는 꿈≫

화장(化粧)하는 꿈은 자신의 직위나 신분에 있어 남에게 돋보이는 존재로 부각되게 함을 뜻한다. 예쁘게 화장하는 꿈일수록, 자신의 재주를 뽐내거나 돋보이게 하는 일로 실현된다.

① 로션(화장품)에 관한 꿈

로션은 신분·직위·명예·이력 등을 돋보이고 향상시킬 수 있는 방도나 권리 등을 의미한다. 좋은 화장품일수록 자신이 호감을 느끼고, 욕구를 충족시킬 수 있는 방도를 나타낸다. 이러한 화장품을 선물 받거나 얻는 꿈은 신분이나 지위·능력 등을 새롭게 할 여러 가지 물질적 자본이나 방도를 얻는 일로 이루어진다. 연분이나 애정 등을 새롭게 얻게 되는 것도 가능하나, 이 경우의 꿈은 반지·목걸이를 받는 것보다는 다소 떨어진다. 이러한 화장품이 자신의 것이라는 느낌이 들거나, 받거나 사는 등으로 인해 만족하는 꿈이 좋다.

② 여러 개의 화장품을 늘어놓고 화장을 하는 꿈

신분, 지위, 명예, 간판, 책 등을 변경시키거나 돋보이게 할 일이 생긴다.

③ 거울에 자기 얼굴을 비쳐 보며 화장을 하는 꿈

자신의 일이나 마음 등을 변화시킬 일이 있게 된다.

④ 친구가 얼굴이 달라지도록 짙은 화장을 한 꿈

친구가 새롭게 변모함을 보게 된다. 상징적으로는 사업체의 명의나 간판 등이 바뀜을 보게 된다.

⑤ 머릿기름을 발라 머리가 윤택해진 꿈

예쁘게 되어 있을수록, 신분이 돋보이거나 소원이 충족된다.

⑥ 화장이 지워져 흉하게 보이는 꿈

자신의 직위나 명예에 손상이 일어나게 된다. 또한 일거리나 대상의 상징인 경우에, 간판·벽화 등이 퇴색한 것을 보게 된다.

⑦ 화장품을 사오는 꿈

신분·지위·사업 등을 새롭게 할 정신적·물질적인 자본이나 방도를 얻게 된다.

⑧ 화장품이 깨어진 꿈(실증사례) → 회사에서 실직

아침에 출근 준비로 화장대 앞에 앉았습니다. 꿈에 로션 병의 뚜껑을 여는데, 두 동강이로 깨어져 무척 당황했어요. 그리고 세수하고 대충 먹고 거울 앞에 앉았는데, 자꾸 꿈이 생각나서 불길하더군요. 그날 출근하니, 회사가 부도가 났다는군요. 모두 짐작하고 있었는데, 바보같이 저만 몰랐었어요. 두 달 치 월급도 못 받고, 회사는 문을 닫았어요.

⑨ 할머니가 짙게 화장을 하는 모습을 보는 꿈(실증사례) → 할머니의 죽음 예지

꿈에 할머니가 예쁜 옷을 입고 큰 거울을 보며 화장을 아주 진하게 하고 계셨다. 나는 영화 「마이걸」에서 죽은 사람에게 화장하는 그 장면이 떠올랐다. '거기서 본 화장을 할머니가 하다니---' "할머니 화장하지 마! 그러면 죽는단 말이야" 하며 깨어났다. 불안해 하면서 한 달 정도 지난 어느 날, 올케의 전화가 "할머니가 방금 돌아가셨어요."

≪빗≫

빗은 협조자, 협조세력, 배우자, 방도, 치료 수단, 정리작업 등의 일을 상징한다. 이러한 빗을 얻는 꿈은 소원의 성취 및 재물을 획득하는 일로 이루어진다.

① 빗으로 머리를 빗는 꿈

빗으로 헝클어진 머리를 빗는 꿈은 얽힌 사건이나 귀찮거나 벅찬 일거리나 대상 등을 협조자나 방도에 의해 원만하게 해결할 수 있게 된다. 처한 상황에 따라 성욕을 충족시킬 수 있거나, 병을 치료하는 방도가 생기기도 한다. 실증사례로, 녹슨 빗으로 머리를 빗는 꿈은 카드 현금서비스로 빚을 내서 문제를 해결하게 되는 일로 실현되었다.

② 머리에서 비듬이나 이가 떨어지는 꿈

빗질을 하는데 비듬이나 이가 우수수 떨어지는 꿈은 애정문제·소송문제·부채문제 등 일거리나 대상에서 근심거리가 되는 일 등이 해결된다.

③ 백발 할머니가 참빗을 주는 꿈(실증사례) → 취업

부모님께서 예지몽을 꾸셨네요. 삼성 그룹에 합격한 후, 저녁 식사 자리에서 부모님께 오늘 들은 이야기입니다. 어머니께서는 제가 면접 보는 날 새벽에 꿈을 꾸셨는데, 백발 할머니께서 참빗을 주셨답니다. 빗을 받는 꿈은 막혔던 일이 풀리고 고민이 해결된다는 뜻이라네요. 운 좋게 합격해서 면접까지 통과한 것이 다 부모님께서 신경 써주시고 도와주신 거라는 생각이 드네요.---디알레산드로, 2011. 04. 14.

④ 빗에 관한 꿈(민속의 꿈)

- 사람이 빗을 주는 꿈은 아름다운 아내를 얻는다.
- 빗을 보면 길하며, 빗을 꺾으면 부부가 이별할 징조다.

≪거울≫

거울은 협조자, 협조기관, 소식통, 텔레비전, 중개인, 애인. 배우자, 방도, 신분, 신분증, 내면의 마음 등을 상징한다. 미용 거울이 고급의 술집 작부로 상징되기도 한다.

① 거울에 자신을 비춰보는 꿈

거울에 비친 자신은 중계소·매개물·소식통을 통해 반영되는, 어떤 사람이나 일거리·대상을 상징적으로 보여주고 있다. 예를 들어, 이빨이 빠진 흉측한 모습을 보는 꿈이라면, 어려운 처지에 빠지게 될 것을 예지해준다.

② 거울에 자신과 또 다른 사람의 모습이 동시에 보이는 꿈

상징적인 꿈인 경우에, 연분이 맺어지거나 일거리나 대상에서 관련을 맺게 되는 일로 진행된다. 다른 사람은 장차의 현실에서 상관하게 될 사람을 뜻한다.

③ 거울에 비친 자기 얼굴이 젊고 예뻐 보이는 꿈

좋은 꿈이다. 자신이 보다 활기찬 생활을 하게 되거나, 거울 속의 인물로 상징된 젊고 예쁜 사람과 관련을 맺게 된다.

④ 화려한 옷을 입고 거울을 보는 꿈

자신의 직위나 직분이 명예롭게 되며, 보고 싶은 사람이나 협조자 등을 만나게 된다.

⑤ 거울에 비친 자기 얼굴이 검게 변해 좋지 않은 꿈

안 좋은 꿈이다. 건강에 이상이 있게 되거나, 탐탁지 않은 사람을 만나 불쾌해지거나 속상한 일을 체험한다.

⑥ 거울에 자기 얼굴을 여러 번 비쳐 보는 꿈

똑같은 사람이 여러 번 찾아온 사례가 있다.

⑦ 거울을 얻거나 상대방에게서 받는 꿈

배우자의 일에 관한 방도를 얻거나 신분·지위 등이 높아진다.

⑧ 거울이 떨어지거나 저절로 깨지는 꿈

일반적인 꿈의 실현으로는 파경(破鏡)이란 말이 있듯이, 협조자·애인 등과 이별하게 된다. 다만, "거울이 깨졌으니 소리가 날 것이며, 소리가 나니 어찌 반가운 소식이 없을 것인가."라고 한 춘향의 꿈에 대한 해몽은 지어낸 꿈이야기이지만, 꿈의 상징 원리에 부합되고 있으며, 신분이 새로워지고 옥중에서 벗어날 것을 예지해주고 있다.

⑨ 자기가 일부러 거울을 깨는 꿈

사귀던 사람이나 일거리·대상과의 관계를 끊고, 새롭고 하고자 하는 일이 생긴다.

⑩ 거울이 흐려지는 꿈

흉몽이다. 답답한 소식을 접하게 된다. 주변 누군가 질병으로 고통을 받게 된다.

⑪ 자기의 손거울을 누군가 가지고 있는 꿈

누군가가 배우자를 희롱하거나, 자기의 신분이나 직위·증명서를 빼앗을 일과 상관한다.

⑫ 벽거울이 움직이는 꿈

벽거울이 배우자나 애인의 상징 표상인 경우에, 배우자나 애인이 변심할 것을 뜻한다.

⑬ 거울을 보는 꿈(실증사례) → 태몽

춘원 이광수의 아명(兒名)은 '보경(寶鏡)'이다. 부친이 거울을 보는 태몽을 꾸고 낳았다고 해서 부른 이름이라고 한다. 춘원은 어느 면으로는 '시대의 거울'이다. 그의 삶과 문학을 통해 그가 살았던 시대와 오늘의 여러 가지 풍경이며 가치관들을 두루 비추어볼 수 있다.---출처: 방영주 장편소설 『돌고지 연가』,---오마이뉴스, 2007. 08. 07.

⑭ 다른 사람의 거울을 얻으면, 귀한 자식을 둔다.(민속의 꿈)

⑮ 미용 거울을 보며 즐거워한 꿈(외국의 사례) → 창녀를 만나 사랑에 빠지다.

어떤 사람이 꿈을 꾸었는데, 광장 근처의 대로에서 미용 거울을 집어 그것을 들여다보며 몹시 즐거워했다. 거울이 그에게 넘겨졌고, 거기서 그는 자신이 온통 얼룩으로 뒤덮여 있는 것을 보았다. 그는 한 창녀를 사랑하게 되었는데, 그녀를 강압적으로 소유했다. 한 아이가 태어났고 얼룩이 있었는데, 이는 그가 사생아여서 뿐 아니라 사시였기 때문이기도 했다. 미용 거울은 이 여자가 모든 사람의 손을 거치는 창부임을 의미했다.(글: 아르테미도로스, 『꿈의 열쇠』)

5) 생활용품(침대, 장롱·화장대, 이불·요·이부자리, 방석, 베개, 책상, 의자·소파·벤치, 금고·상자·보따리, 〔기타〕, 난로〔보일러〕, 우산·양산, 비옷·삿갓·장화, 요강, 호스〔Hose〕, 바늘·바느질·재봉, 실·줄·노끈·철사·기타, 빗자루·솔·수세미·부채·기타, 청소에 관한 꿈, 빨래〔세탁〕 세탁기, 촛불〔양초〕, 풍선, 리본)

≪침대≫

가구는 집이나 회사, 가정, 사업기관, 휴식처, 결혼 생활, 병상 등을 상징적 표상으로 보여주고 있다. 새로 침대를 얻는 꿈은 침대로 상징된 기관이나 능력·형편 등이 좋은 방향으로 나아감을 뜻한다. 이 경우 고급의 크고 좋은 침대를 얻는 것이 좋다. 모르는 사람이 자신의 침대에 누워 자는 꿈은 꿈속에 등장한 사람으로 상징되는 주변의 인물이나 일거리·대상이 자신의 일상생활이나 직장·사업체 등에 영향력을 행사하는 일로 이루어진다.

① 침대 다리가 부러지는 꿈

사람의 상징인 경우에는 부하나 협조자·고용인 등을 잃는다. 사업상에 문제가 발생하게 되거나, 일거리·대상 등에 장애가 있게 된다.

② 침대에서 떨어지는 꿈

애정의 파탄이나, 직장·사업·지위·명예·권리 등을 잃게 된다.

③ 침대가 더러워지거나 불순물이 묻은 꿈

자존심이나 명예 등이 손상되며, 애정·연분과 관련지어 다툼이 있게 된다.

④ 침대를 방으로 새로 들여오는 꿈

애정·연분이나 직장·사업을 새롭게 시작하게 되며, 지위나 명예를 얻게 된다.

⑤ 침대를 밖으로 내가는 꿈

애정의 결별, 권리 이양, 신분의 변동 등의 일이 있게 된다.

⑥ 침대에 다른 사람과 같이 앉는 꿈

동업이나 혼담 등의 일이 이루어진다.

⑦ 야전용 침대에 눕는 꿈

병원에 입원하거나, 사업 등의 일로 인하여 어려움에 직면하게 된다.

⑧ 진찰 침대에 눕는 꿈

사업의 진척 여부를 평가받는 일이 생긴다. 이 경우에 있어서, 의사는 감사관이나 심사관을 상징한다.

⑨ 수술대에 눕는 꿈

일거리·대상에 문제가 생겨서, 사업을 구조·조정하는 일이 생긴다. 그러나 사실적인 꿈의 경우에, 실제로 수술을 하게 되는 일로 실현된다.

⑩ 환자용 침대에 눕는 꿈

사실적인 요소가 있는 꿈인 경우에 실제로 병원에 입원하는 일로 실현된다. 일반적으로는 추진하던 일이 침체되고 중단되는 일이 생긴다.

⑪ 침대에 개미나 빈대가 기어오른 꿈

개미나 빈대로 상징된 귀찮은 사람들에게 시달리게 되거나, 번거로운 일에 시달림을 받는다.

⑫ 침대로 뱀이 기어오른 꿈

뱀으로 표상된 사람이나 이성이 다가옴을 뜻한다. 이 경우, 뱀이 몸을 감는 경우의 꿈이라면, 연분·애정으로 이루어진다. 또한, 가임여건에서 태몽으로 실현될 수도 있다.

≪장롱, 화장대≫

장롱은 생활 형편이나 은행·금고 등을 상징한다. 장롱 문을 열어 놓는 꿈은 개방 등의 일이 있게 되며, 장롱 문을 닫는 꿈은 보관·저장·단속·처리 등의 일과 관계한다.

① 장롱이나 화장대가 갈라진 꿈

가게나 회사 운영에 어려움이 닥치게 되거나, 가정의 파탄이나, 애정·연분 등에 위기가 닥치게 된다.

② 장롱에 물건을 넣어 두는 꿈

은행이나 금고, 기관 등에 재물이나 이권 등을 맡기는 일이 일어난다. 학자나 저자의 경우에 자료 수집을 해두는 일로 이루어진다.

③ 화려한 장롱이나 화장대가 방 안에 있는 꿈

결혼 생활이나 가정 형편이 윤택해진다.

④ 장롱 속에 물건이 가득한 꿈

가정에 재물이나 이권이 생기게 된다. 공장이나 회사에 생산 제품이나 일거리가 넘쳐나게 되며, 물건이 사람의 상징인 경우에 직원이 넘쳐나게 된다.

⑤ 새로 장롱이나 화장대를 사오는 꿈

이성과의 인연이나, 직장·직위 등의 일이 새롭게 마련된다.

⑥ 민속의 장롱에 관한 꿈

- 꿈에 장롱을 만들어 옮기면 좋다.

- 꿈에 상과 장롱을 고쳐 쓰면 이사하고 잘 산다.

- 꿈에 장롱에 들어가 앉으면 새로 벼슬을 한다.

- 꿈에 상과 장롱이 문밖으로 나가면 아내에게 나쁘다.
- 꿈에 상을 접어놓고 장롱을 고쳐 놓으면 크게 부귀해진다.
- 꿈에 상과 장롱을 새로 옮겨 놓으면 먼 곳에서 반가운 손님이 온다.

≪이불, 요, 이부자리≫

이불은 결혼·사업·경력·이력·병력·보호책·안식처·남편 등을 상징한다. 그 모양이나 상태에서 연분이나 사업, 경력·이력 등을 상징적으로 나타내주고 있다. 요는 사업기반·신분증·증명서·아내 등을 상징하며, 이부자리(깔개)는 세력권·사업기반·연회석·지역 등을 상징한다. 이 역시 크기나 모양·상태로 길흉을 예지해주고 있다.

① 이불을 덮고 눕는 꿈

진행하던 사업을 중지하게 되며, 신체의 이상으로 실현될 경우에는 한동안 병석에 눕는 것을 뜻한다. 검은 이불을 덮은 경우에는 가능성이 더욱 높아진다. 그러나 화려한 비단이불을 덮거나, 좋은 이불을 덮는 꿈은 출세하여 명예를 얻게 되거나 직위가 귀하게 된다.

② 한 이불을 두 사람이 덮고 누운 꿈

미혼인 경우에 연분을 맺게 되며, 사업가는 동업자와 일을 추진하게 된다.

③ 한 이불 속에 여럿이 자는 꿈

여러 사람들과 협력 및 동업할 일이 생기게 된다. 이불을 같이 덮고 나란히 누워 있는 경우에, 동업자끼리 상당히 오래도록 사업성과를 기다리게 되는 일로도 실현될 수 있다.

④ 이불을 개는 꿈

여태까지의 하던 일을 청산하고 새로운 사업이나 생활을 하게 됨을 뜻한다. 또는 진행되던 사업 프로젝트나 일거리·대상을 중단하고 마무리하게 된다.

⑤ 장롱에 비단이불이 차곡차곡 쌓여져 있는 꿈

살림이 넉넉하게 되며, 재물이나 이권이 풍족하게 됨을 뜻한다.

⑥ 이불을 갈기갈기 찢거나, 이불이 찢어지는 꿈

연분, 애정, 결혼생활에 파경으로 치닫게 된다. 일반적인 상징에서는 교통사고나 사업의 부도 등으로 이루어진다.

⑦ 이불이나 요가 더러워서 잠이 오지 않는 꿈

애인이나 배우자의 부정한 행위로 인하여 근심하게 되거나, 성적으로 불만족스러운 경우에 이런 꿈을 꾸게 된다.

⑧ 시체를 홑이불로 덮어씌운 꿈

어떤 성취된 일이나 재물을 오래도록 간직하게 된다. 그러나 일의 성과는 오랜 시일 후에 얻게 된다.

⑨ 독수리, 장어, 거북이, 구렁이, 용 등이 이불 속으로 들어온 꿈

태몽으로 실현된 사례가 있는바, 일반적으로는 사람을 얻게 되거나 재물이나 이권을 얻게 되는 일로 실현된다.

⑩ 쥐 한두 마리가 이불을 갈기갈기 물어뜯는 꿈(실증사례)

이불이 뜯기는 불길한 상징으로, 현실에서는 동생의 교통사고로 실현되고 있다.

⑪ 방바닥에 새로 자리를 까는 꿈

새로운 사업을 벌이거나, 연회나 집회를 벌이게 된다.

⑫ 화문석 자리를 까는 꿈

귀한 손님을 맞이하게 되거나, 명예와 권리가 주어진다.

⑬ 요가 좁아서 불편한 꿈

가정형편이 어려워지며, 고생하거나 불만스러운 일이 일어난다. 사업의 경우에 이권을 노리는 여러 경쟁자가 있음을 뜻한다.

⑭ 요나 이부자리에 핏자국이나 불순물로 더러워져 있는 꿈

가정생활이나 애정·연분에 가정생활에 파탄이 나게 되거나, 교통사고나 명예나 직위의 실추 등 좋지 않은 일로 실현된다.

⑮ 요 밑에 밀알이 있던 꿈(외국의 사례) → 자식을 낳게 되다.

어떤 사람이 꿈을 꾸었는데, 자기 요 속에 목화솜 대신 밀알이 있었다. 그에게는 아내가 있었는데, 아직 아이가 없었다. 그래서 그녀는 임신을 했고 사내아이를 낳았다. 요는 아내를 의미했고, 밀알은 정자를 의미했다.(글: 아르테미도로스, 『꿈의 열쇠』)

≪방석≫

방석은 책임 부서, 지위, 접대부 등을 상징한다.

① 주인이 내주는 방석을 깔고 앉는 꿈

사장 등 윗사람으로부터 자신의 존재 가치를 인정받게 된다. 어느 회사에 취직되거나, 직책이 주어진다.

② 꽃방석을 깔고 앉아 붉은 과일을 먹는 꿈

연분이나 애정이 싹트고, 좋은 여건에 처하게 된다.

≪베개≫

베개는 협조자, 보완책, 애인이나 배우자를 상징한다. 둘이서 한 베개를 같이 베는 꿈은 애정이나 연분이 생기게 되고, 동업자와 사업을 시작하게 되거나, 같은 사상이나 신념을 지닌 사람과 함께 하게 된다.

① 세 개의 베개 꿈(실증사례) → 불륜을 예지

이십여 년이 넘도록 금슬 좋게 잘 살아온 부부에 대한 꿈이다. 어느 날 꿈을 꾸니, 이 부부의 침대에 베개가 세 개가 있었다. 그런데 가운데 있는 베개가 지저분하게 때가 낀 그런 베개였다. 이는 둘 중에 한 사람이 불륜이 있다는 증거이며, 다른 베개에 때가 낀 것으로 봐서, 그 관계는 상당히 오래 지속된 것을 나타내주고 있다. (글: 박성몽)

② 총각의 침대에 베개 두 개가 나란히 있는 꿈(실증사례) → 여자가 있음을 일깨움

꿈을 수집하는 동안 어떤 분이 상담해온 꿈이다. 자기가 가까운 어느 친구분의 아드님을 중매하려고 하는데, 꿈을 꾸니까 그 총각의 침대에 베개가 두 개가 나란히 놓여있는 것을 보았다는 것이다. 그 청년은 외국에 나가 공부도 하고, 아버지의 사업도 물려받을 준비를 하느라고 혼기를 다소 넘긴 삼십 대 중반의 청년이었다. 이 분은 중매하려고 하는 시점에서, 베개가 둘 있는 꿈을 꾸었으니까, 그 중매가 아주 잘 맞는 것 아니냐고 상담해 오셨다. 그러나 필자가 볼 때에는 그 꿈은 중매가 잘 될 것을 예시한 꿈이 아니고, 그 청년은 이미 상당히 깊은 관계에 다다른 여자가 있다는 것을 보여준 것이니, 그 중매에서 손을 떼는 것이 좋겠다고 충고해 드렸다. 후에 안 일이지만 그 청년은 정말로 청산하기 어려운 관계에 있는 여자가 있었던 것이 사실로 드러났다. (글: 박성몽)

≪책상≫

책상은 사업기반, 책임 부서, 직위, 세력권 등을 상징한다. 이 경우에 책상 면적이 다른 사람보다 넓을수록 영향력이 강대한 직위에 있음을 상징한다.

① 책상이 없어진 꿈

직장을 잃게 되거나, 직위 등에서 물러나게 된다.

② 새로운 책상에 앉는 꿈

새로운 직책이나 직무가 주어지고, 화려하고 좋은 책상은 신분이나 명예가 주어지며, 반면에 헐고 낡은 책상은 직위 등이 강등되는 일로 이루어진다.

③ 책상 앞에 걸상을 끌어다 앉는 꿈

어떠한 사업이나 학문이 시작됨을 의미하며, 회사나 기관·단체에서 직책·직위·부서가 결정된다.

≪의자, 소파, 벤치≫

의자는 지위·계급·권리·안식처·책임부서 등을 상징한다. 의자가 고급이며 좋은 의자일수록, 높은 직위나 직책에 있게 될 것을 예지한다.

① 의자에 앉는 꿈

어떤 책임 부서를 맡게 되는 등, 의자로 상징된 직위를 얻게 되며, 처한 상황에 따라 합격·승진 등 좋은 일로 이루어진다. 상대방 의자에 자신이 앉는 꿈은 조만간 그 직위를 물려받는다. 반면 자신의 의자에 누군가의 손이 닿는 것을 보면, 자신의 지위를 빼앗으려는 사람이 있게 됨을 예지한다.

② 자기 의자에 앉지 못하는 꿈

자신의 권리와 이권을 잃게 된다. 처한 상황에 따라 실직, 불합격, 사업의 중단, 배우자나 애인을 잃게 된다.

③ 비어 있는 의자가 없어, 서 있는 꿈

자신의 권리나 이권이 확보되지 않은 상태이며, 일의 성사나 성공 여부를 기다리는 처지에 놓이게 된다.

④ 빈 의자가 자기 집 마당에 놓인 꿈

새로운 사람을 맞아들이게 되며, 생각지도 않았던 반가운 소식을 듣게 된다.

⑤ 같은 방향으로 여러 사람이 나란히 앉는 꿈

여러 사람이 함께 힘을 합쳐서 일을 추진하게 된다.

⑥ 관청이나, 공원이나 놀이터의 나무 의자에 앉아 있는 꿈

공공기관이나 국가 공무원, 공공단체에서 일하게 될 것을 예지한다.

⑦ 교실에 들어갔는데, 자신의 의자가 없어진 꿈

시험이나 승진에 낙방하게 된다. 직장에서 실직하게 되며, 자신이 목적했던 바를 이루지 못하게 되며, 생활이 더욱 어려움에 처하게 된다.

⑧ 흔들의자에 앉아서 여유롭게 음악을 감상하는 꿈

길몽이다. 가정생활이나 직장에서 만족스러운 생활을 하게 되며, 일신이 편안하고 부자가 될 꿈이다.

⑨ 자신이 용상(龍床)에 앉는 꿈

최고의 직위·명예 등을 얻게 되거나, 어느 분야의 최고 권위자가 된다.

⑩ 하늘에서 용상이 내려오고 수많은 시녀가 모시는 꿈

최고의 직위와 명예를 얻게 되며, 많은 부하나 사람들이 존경하며 따르게 된다.

⑪ 응접실 소파에서 누군가를 기다리는 꿈

좋은 여건에서, 협조자에 기대어 무엇인가를 바라는 일로 이루어진다.

⑫ 소파에 앉아서 음악 감상을 한 꿈

독서활동 등으로 감동을 받거나, 정신적인 지도자의 연설·설교 등을 받아 정신적인 감화가 있게 되며, 마음의 평화를 얻게 된다.

⑬ 여러 사람이 소파에 함께 앉아 있는 꿈

동업자 또는 경쟁자 등이 어떤 임무를 수행하거나 기다리게 되는 것을 뜻한다.

≪금고, 상자, 보따리≫

금고는 은행·금융기관·등을 상징한다. 이 경우에 상자는 소규모 저축은행 등의 상징이 가능하다.

① 보석이나 금화를 금고에 넣어 두는 꿈

은행에 예금이나 신탁을 하게 되는 일이 일어난다.

② 금고를 집에 들여오는 꿈

투자자금을 확보하게 되거나, 사업의 안전한 발판을 마련하게 된다.

③ 금고에서 보석이나 금화를 꺼내는 꿈

은행에서 적금 등을 타게 되거나 금융기관에서 융자받는 일로 이루어진다. 연구소·학교·기관 등에서 명예나 권세를 얻게 되며, 학술 서적에서 훌륭한 지식을 얻는다.

④ 보따리·상자의 꿈

아직 공개되지 않은 일이나, 근심거리의 일이나 오랜 시일이 걸려야 밝혀질 일 등을 상징한다. 가게를 경영하는 사람인 경우에, 사업 자금이나 설비 시설 등의 상징으로 등장할 수도 있다.

⑤ 보따리를 싸는 꿈(실증사례) → 사업의 중단 예지

사업을 하시던 분이 아무리 몸부림을 쳐도, 사업이 부진하여 고민하고 있을 때 꾼 꿈이다. 모든 사람이 퇴근하고 아무도 없는 텅 빈 사무실에서, 어떤 남자와 여자 두 사람이 사무실의 모든 집기를 정리하며 짐을 챙기고 있었다. 도둑인 줄 알고, "도대체 당신들이 뭔데 남의 사무실에 들어와서 이러냐."라고 소리쳤더니 몸을 돌리며 돌아서는데, 그 두 사람은 다름 아닌 그분과 그의 부인이었다. 꿈속에서 회사를 정리하는 것이 순리라는 암시를 받은 것이다.(글: 박성몽)

이렇게 꿈속에서 자신의 모습을 보는 것으로 진행되는 경우가 있는바, 꿈의 상징 기법의 하나로, 꿈속에서 분장된 자아의 출연을 보여주는 사례이다.

≪병풍, 액자, 커튼, 천막, 모기장≫

① 병풍에 관한 꿈

병풍을 치는 꿈은 협조자나 외부 세력의 도움을 받게 되거나 자기 업적을 과시할 일이 생긴다.

② 액자나 사진틀을 벽이나 문 위에 거는 꿈

사업·간판·업적 등을 과시 또는 광고할 일이 있고, 글씨·그림·사진은 그 일의 전망이나 운세 등을 예지하기도 한다.

③ 현판·액자의 꿈

고궁 대문에 걸어 놓은 현판·액자는 어느 기관의 간판이나 상점을 비유하거나, 연구 성과·업적 등을 과시할 일과 관계한다.

④ 애인이 자기 방 창문에 커튼을 치는 꿈

애정에 다툼이 있게 되거나 문제가 생겨서, 사귐이 한동안 중단되게 된다.

⑤ 천막을 치는 것을 보는 꿈

일시적이며, 한시적인 사업이나 일거리·대상에 종사하게 된다.

⑥ 천막촌을 보는 꿈

교회 전도 등 개척적인 사업에 종사하게 되거나, 여행을 하게 된다.

⑦ 모기장 안에 있는 꿈

외부의 위협적인 여건으로부터 자기 보호를 하며 어떤 일을 기다리게 된다.

⑧ 극장(연극)의 막이 오르는 꿈

사회적 활동이나 사업이나 회사 운영 등이 기관이나 단체 등을 통해서 공개적으로 진행되는 일로 이루어진다.

⑨ 밥상·식탁의 꿈

소반 및 식탁은 사업기반·직장·책임부서 등을 상징하고, 차려진 음식상은 건의한 재물이나 이권, 청탁물 등을 나타낸다.

≪난로(보일러)≫

상징적인 꿈에서 불은 세력·확장·발전 등을 의미하는 표상이다. 난로는 이러한 불을 타오르게 하기 위한 역할을 하기에, 수단이나 지원, 회사·단체·기관·작업장 등의 상징이 가능하다.

① 난롯불(보일러불)이 크게 활활 타오르는 꿈

자신의 일이나 사업 등의 확장과 발전을 상징하다. 소원의 성취나 근심의 해소를 이루게 됨을 뜻하기도 한다. 다만, 도중에 꺼지거나 재만 남게 되는 표상인 경우에는, 도중에 무산되고 수포로 돌아간다. 이 경우에 부채만 남게 되는 일로도 실현 가능하다.

② 난로에서 불이 타던 꿈(실증사례) → 회사의 번영 발전

대표이사직을 맡게 되기 전에도 꿈을 꾸니 난로가 두 개 보였습니다. 하나는 커다란 중고였고, 하나는 성화 봉송하는 모양의 새 난로였는데, 그 난로에서 삼단으로 불이 팍팍 나고 있었어요. 그래서 얼른 "저 난로는 내 꺼야!"라고 소리쳤는데, 큰 난로는 현재 아버

지가 대표이사를 맡고 있는 회사를 의미하고, 작은 난로는 제가 대표이사를 맡고 있는 회사를 의미한다고 생각합니다. 그리고 불이 팍팍 3단으로 나고 있었던 것은 "3자"와 관련된 예를 들어 "3년", "3번" 또는 3명의 이사(저와 동생 두 명)들의 운이 좋다던가 등으로 회사가 잘될 것을 의미한다고 지레짐작해버렸습니다.

필자의 의견을 내자면, 삼단으로 불이 나고 있는 것은 회사가 크게 세 영역, 부서·파트로 나누어져 발전할 것을 상징한 것으로 볼 수 있다.

≪우산, 양산≫

우산은 상징적으로 예방책·방도·보호자·협조자·중매인 등을 상징하고 있다. 기피할 일 등을 상징하기도 한다. 우산을 많이 받거나 선물 받았다면, 많은 예방책·방안·협조자 등을 얻게 되거나 관계하게 될 것으로 볼 수 있다.

① 비가 오는데 우산을 쓰고 가는 꿈

국가나 사회의 윗사람의 영향력이나 간섭을 받지 않고 독자적인 노선을 고수하게 된다. 같이 쓰고 가는 꿈이라면, 협조자나 동업자와 일을 하게 된다.

② 비가 오는데, 자신만이 우산이 없는 꿈

자신만이 의지할 사람이나 도와주는 이가 없어서 고통을 당한다. 다른 사람에 비해 자신만이 우산을 쓰고 집에 간 사람은 시험에 합격한 사례가 있다.

③ 우산이 작아서 비를 맞는 꿈

사업이나 일의 진행에 있어 외부적인 여건이 좋지 않거나, 협조자의 미약한 지원으로 인하여 피해를 입게 된다.

④ 자기가 쓰고 가는 우산에 남이 뛰어들어 오는 꿈

누군가가 자신의 영역에 침범하게 되거나, 누군가를 돌보아주거나 신경을 쓰게 될 일이 생긴다. 사업가의 경우에, 자신이 운영하는 사업에 경쟁자가 끼어드는 일로 실현될 수도 있다. 학자의 경우에 자신의 연구하는 분야에 또 다른 사람이 뛰어드는 일로 실현될 수 있겠다.

⑤ 맑은 날씨에 우산을 쓰고 걸어가는 꿈

상부에 반항의 뜻이나 반대의사를 표할 일이 생기고, 윗사람이 사망할 경우도 생긴다.

⑥ 맑은 날 검정 우산을 쓰고 가는 것을 보는 꿈

누군가의 부모나 윗사람이 병들거나 사망함을 암시한다.

⑦ 양산을 쓰고 걷는 꿈

의지를 하게 되는 사람의 도움을 얻게 되거나, 햇빛으로 상징된 국가나 사회의 정책에 대하여 은둔·회피·반항 등의 일과 관계한다.

≪비옷·삿갓·장화≫

비옷·삿갓·장화 등은 협조자, 예방책 등을 상징한다.

① 비옷을 입은 꿈

사회적인 영향력이나 외부적인 변혁에 대하여 자신을 지켜내는 일로 실현된다.

② 삿갓을 쓰고 걸어가는 꿈

자신을 드러내지 않고 비밀스러운 일을 남몰래 진행하게 된다.

③ 장화를 신은 꿈

신발이 의지가 되는 사람이나 직장 등을 상징하는바, 일상적이라기보다는 특수한 여건에 처하게 되는 상황에서, 특별한 사람이나 외부의 특수 기관으로부터 자신이 보호받는 일로 실현된다.

≪요강≫

요강은 배우자·가정·하인·협조자 등을 상징한다.

① 요강을 얻는 꿈

연분·애정으로 인연을 맺게 되거나, 가임여건에서 태몽으로 실현되기도 한다. 이때 요강이 고급일수록 배우자의 신분이나 직위가 높음을 뜻한다.

② 요강에 소변을 본 것이 넘치는 꿈

재물이나 이권을 얻게 되며, 바라는 일이 성취된다.

③ 요강에 칼이 들어 있는 것을 본 한 여성의 꿈(실증사례)

타국에 있는 남편이 현지에서 딴 여성과 동거 중인 것을 예지한 것이었다.

≪호스(Hose)≫

호스는 중개 수단, 연결성, 방도, 자원의 생산이나 소모 등을 상징한다. 이 경우에 물은 재물이나 이권의 상징으로 자주 등장한다.

① 호스를 끌어서 물을 받는 꿈

어느 회사나 기관·단체에서 재정적인 지원을 얻어내게 된다.

② 호스로 물을 뿌리는 꿈

재물의 지출이나 사상의 전파, 기타 재정적 투자 등이 있게 된다.

③ 물 주던 호스에 구멍이 난 꿈(실증사례)

꿈의 절묘한 상징이 드러난바, 가늘고 긴 것과 유사성이 있는 장(腸)에 이상이 있는 것을 일깨워 주는 꿈으로 실현되었다.

④ 수도 호스가 풀리지 않던 꿈(실증사례) → 어려움에 빠지게 되다.

이 꿈은 10년쯤 전에 친정엄마가 꾼 꿈이다. 엄마는 꿈에 시멘트로 발린 사람 하나 정도가 들어갈 수 있는 공간에 있었다고 한다. 그런데 발 아래 수도에 연결해서 쓰는 호스가 어디가 시작이고 어디가 끝인지 알 수 없는 상태로 한가득 쌓여 있었는데, 엄마는 무작정 그걸 풀어야만 한다고 생각하고는 오랜 시간 애를 썼지만, 시작 부분도 찾지를 못했다. 지쳐서 주저앉아 하늘만 쳐다보고 있는데, 몇 년 전에 돌아가신 외할머니가 엄마를 아주 걱정스러운 눈으로 한참을 쳐다보더니 사라졌다는 얘기였다.

어쨌거나 그 당시엔 아버지의 사업도 잘 안 되고 건강도 많이 좋지 않은 상황이었으니, 그때의 심정이 나타났으려니 했는데---. 그로부터 6개월쯤 후에 갑자기 아버지가 돌아가시고, 엄마는 고등학교·대학교를 다니던 우리 삼 형제를 키우느라 많이 힘들어 하셨다. 뚜렷한 능력도 없던 엄마가 가정 경제를 책임지고 어렵게 살아갈 세월을 미리 보여주었던 꿈인듯하다. 엄마의 힘든 세월을 풀리지 않던 수도 호스로 보여주었던, 참 신기한 꿈이다.--- ggay98, 2002. 07. 15.

≪바늘, 바느질, 재봉≫

바늘은 자극·선도자·방도·평가 등에 관한 일을 상징한다. 뜨개질바늘, 낚시바늘을 비롯하여 각종 바늘은 수단·방도·협조자·능력을 상징한다. 바늘에 꿰인 실은 조직·결사·결혼·연결·인연 등의 방편이나, 자원·근원 등을 상징하거나, 시간의 길고 짧음을 나타낸다.

① 바늘을 잃어버리는 꿈

사업방도를 잃거나, 사업이 중단된다. 연분이나 애정과 관련해서는 사귐의 계기를 만들어내지 못하게 된다.

② 바늘을 많이 얻는 꿈

사업의 방도, 지식이나 깨달음, 좋은 평가를 얻는다. 연분이나 애정과 관련해서는 많은 사람들을 만나게 되는 일로 실현된다.

③ 바늘이 부러진 꿈

흉몽이다. 바늘로 상징된 협조자가 다치게 되거나, 지원세력에 문제가 발생하게 된다. 연분이나 애정과 관련해서는 사귀는 사람과의 연분이 끊어지게 된다.

④ 바늘에 손가락을 찔리는 꿈

추진하는 일에 어려움을 겪게 되거나, 각성할 일이 생긴다. 자신의 혈육에 사고가 발생하기도 한다.

⑤ 옷에 바늘이 꽂혀 있던 꿈(실증사례) → 사실적인 미래투시 꿈

아침에 어린아이의 옷을 입히려고 하는데 아이가 자꾸 그 옷이 싫다고 안 입으려 했다. 엄마는 아무렇지도 않은 옷인데 왜 그러느냐며 억지로 입히려 하는데, 바로 그때 아이의 아빠가 지난밤 꿈이 생각난 것이다. 지난밤 꿈에 아이에게 옷을 입히려고 하는데, 옷에 바늘이 꽂혀 있었던 꿈이었다. 행여나 하고 옷을 살펴보니까 정말로 옷 속에 바늘이 꽂혀 있었다.(글: 박성몽)

⑥ 바느질에 관한 꿈

어떠한 사업의 진행이나, 수정·보완하는 것을 상징한다. 이 경우, 바느질이 깔끔하게 된 것일수록 매끄러운 일처리 등을 상징한다.

⑦ 재봉틀을 사오는 꿈

소규모의 사업에서 점차로 사업을 확대해나감을 상징한다. 재봉틀을 사오거나 방안에 들여놓는 꿈은 사업을 추진하는 데 있어, 뒷받침이 되는 토대를 마련하게 된다.

⑧ 바늘이 옷에 붙어 살을 찌르는 꿈

전해오는 민속의 꿈으로, 아내가 외간 남자와 통할 징조이다.

≪실, 줄, 노끈, 철사≫

실이나 줄 등 가느다랗게 연결해주는 것은 연분이나 애정의 수단·방도, 중개인 등을 상징하고 있다. 질기고 튼튼할수록 신뢰와 믿음이 있는 것을 상징한다. 줄(새끼, 로프, 자일 등)은 생명선, 인연, 세력, 능력, 방도, 시간의 장단 등을 상징하거나 예지한다.

① 줄이 연결되어 있는 꿈

쌍방의 인연, 연결성, 회수된 일 등을 상징하고, 상당히 오랜 시일 후에 이루어질 일과도 관계한다.

② 공중에서 줄이 내려와 잡고 오르는 꿈

고위층에 인맥이 있어 청탁이 이루어지게 되며, 출세하게 된다.

③ 줄·실의 길이에 관한 꿈

길이의 짧고 긴 여부로 수명이나 계약기간의 여부, 성사 여부를 알 수 있다. 줄·실·철사·동아줄의 길이가 2미터로 생각하는 꿈이었다면, 장차 2일이나 2개월이나 2년이나 20여 년간 지속될 것임을 예지해주고 있다. 긴 줄의 감긴 부분은 미래의 시일이고, 풀어버린 줄은 경과된 시일을 나타낸다. 늘어진 줄을 당겨 감는 꿈은 감은 부분이 경과 시일이고, 감지 못한 부분은 기다려야 할 시간이다.

④ 줄이나 암벽을 타고 오르다 자일이 끊어지는 꿈

의지가 되는 협조자·협조기관·직장과의 인연이 끊어진다. 또한 신분·직위·권세 등이 몰락한다. 일반적으로 노력을 하지만 성취를 이루어내지 못하는 일로 이루어진다. 또한 연분이나 애정과 관련해서는 사귀고자 노력하지만, 멀어지게 되는 일로 실현된다.

⑤ 노끈과 새끼가 끊어지면 해롭다.(민속의 꿈)

⑥ 실, 새끼, 끈 등이 서로 매듭지어 있는 꿈

애정이나 연분, 사업이나 근심·걱정 등이 자꾸 이어져서 오래 지속된다.

⑦ 얽혀 있던 실·머리카락·끈 등을 푸는 꿈

오랫동안 갈등이 지속되어 오던 연분·애정의 고민이 해결되며, 사업상의 근심·걱정이나 난관이 해결된다.

⑧ 실을 자아내는 꿈

고치 등에서 실을 자아내는 꿈은 생산·선택·조직망 등의 일과 관계한다.

11 옷, 치장, 소지품, 사치품, 화장도구, 생활용품, 학용품

⑨ 천(옷감)에 수를 놓는 꿈

색실로 수를 놓는 꿈은 애정·연분을 맺는 일로 이루어지며, 어떠한 일을 추진하게 되는 일로 실현된다. 이때 아름답고 좋은 모양일수록, 현실에서 좋은 일로 이루어진다.

⑩ 실(실타래)을 받는 꿈

연분·애정과 관련지어 실현될 수 있으며, 추진하는 프로젝트 진행에 있어 시일이 걸리게 된다. 건강과 관련하여 장수할 수 있게 된다.

≪빗자루, 솔, 수세미, 기타≫

비(빗자루)는 협조자·가정부·아내나 사업방도 등을 상징하며, 그릇을 닦는 솔·수세미도 가정부 및 기타 일꾼이나, 사업의 방도를 상징한다.

① 비로 마당을 쓰는 꿈

사업기반을 닦거나 걱정·근심이 해소된다. 방·마루·마당을 쓸고 있는 것을 보는 꿈은 손님이 오게 된다.

② 마루를 걸레질하는 꿈

사업의 기반 확보, 근심 걱정의 해소, 수선이나 개선할 일로 이루어진다. 마찬가지로, 손님이 오게 되는 일도 가능하다.

③ 수세미가 커다란 성을 뒤덮는 꿈(실증사례) → 영화배우 신현준의 태몽

어머니는 저를 낳기 직전 수세미가 커다란 성을 뒤덮는 꿈을 꿨다고 합니다. 참 희한한 태몽이죠? 수세미는 그릇 등을 닦는 기능을 가진 천연재료니까, 어쨌든 나쁜 뜻은 아니겠죠. 누나 둘과 여동생 등 4명의 여자들 틈에서 자란 저는 보기와는 달리 의외로 섬세하답니다.-- 스포츠서울, 2000.10.27

수세미가 성을 뒤덮는 태몽은 특이한 태몽이다. 현재로서 정확하게 추정할 수 없지만, 커다란 성으로 상징된 어떤 거대한 기관·조직·단체에서 덮는 꿈으로 상징된 막강한 영향력을 행사하게 될 것을 예지해주고 있다. 덮는다는 것은 자신의 영향권을 떨치고 장악하는 것을 상징하고 있다.

≪청소≫

꿈은 반대가 아닌, 상징의 이해이다. 목욕하는 꿈과 마찬가지로 청소하는 꿈은 대상이나 일거리를 새롭게 하는 좋은 꿈이다. 상징적으로 집은 회사·기관·단체·가게 등을 상징하고 있으며, 청소하는 꿈은 회사의 혁신과 관계지어 실현된다. 회사원이 이사 가는 꿈을 꾸면, 대부분 직장을 옮기는 일로 실현되고 있다.

이러한 집의 더러운 곳을 깨끗이 청소하는 꿈이라면, 자신의 일거리나 소원 등을 충족시킬 수 있는 기관이나 자신의 사업체 등을 정비하거나, 정리·변혁·개혁 등이 이루어지는 일로 실현된다. 먼지는 보통 근심이나 걱정·방해물이나 고통거리를 의미한다. 따라서 청소하는 꿈은 이러한 것들을 처리하고 해결하는 일로 실현된다. 방해자를 물리치거나, 부적격자를 심사하여 정리하는 일로도 가능하다.

현실적으로 현재 상황에서 어려움을 겪는 경우, 청소하는 꿈이 정신적·심리적으로 새로운 세계로 변화하여 나아가고자 하는 심리 표출의 꿈이 될 수도 있으며, 상징적으로는 장차 새로운 방향으로 나아감을 뜻한다. 민속에 전하는 꿈으로, "꿈에 집안을 깨끗하게 치우면, 손님이 온다."라는 말이 있다.

≪빨래(세탁기)≫

상징적인 꿈에서 빨래를 하는 것은 신분이나, 능력·명예·직장·일 등을 새롭게 하는 일로 실현된다. 또한 근심·고통거리 등이 해소되는 좋은 꿈이다. 깨끗하게 빨래하는 꿈은 소원의 충족을 이루게 되거나, 근심이나 걱정거리의 해소, 또는 좋은 소식을 듣게 되는 길몽이다. 하지만 빨래가 많이 쌓여 있는 꿈이라면, 근심·걱정·고통거리 등 처리할 많은 일이 있는 것을 뜻한다.

세탁기는 기관이나 사업체 혹은 바람이나 욕구를 충족시키는 기관이나 단체 등을 상징한다. 빨래(세탁)를 하는 것은 근심이나 걱정거리의 해소, 신분이나 능력 등을 새롭게 하고자 하는 것을 뜻한다. 세탁기는 이러한 자신의 답답한 근심거리, 분규나 난관 등을 처리해줄 수 있는 기관이나 대상, 또는 커다란 협조적인 조직체를 상징하고 있다.

① 맑은 물에 빨래를 하는 꿈

사업이나 취직이 순조롭게 진행된다. 그러나 물이 흐리고 이끼가 끼어 있는 꿈은 사업이나 소원의 경향이 잘 이루어지지 않는다.

② 물이 담긴 그릇에 자기가 빤 빨래를 담가 둔 것을 보는 꿈

직업·신분 등이 새로워지거나, 하는 일마다 호평을 받게 된다.

③ 빨래의 과정에 관한 꿈

빨래를 말리는 꿈은 자기 업적이나 신분을 세상에 공개할 일이 있게 된다. 빨래를 다듬는 꿈은 일거리나 사업의 정리를 하는 것을 뜻한다. 이 경우에 다듬이질하는 것은 일이나 사업을 바로 잡아 고치거나, 연마·보완 등 노력의 경향을 뜻한다.

④ 빨랫줄에 빨래를 널은 꿈(실증사례) → TV에 나오게 됨

11월에 일요일 일요일 밤에 '꿈은 이루어진다' 프로그램에서 저희 아파트를 촬영을 했었는데, 그날 밤 꿈에 저희 집 베란다 빨랫줄에 빨래를 여러 개 널었어요. 그런데 12월 1일 '꿈은 이루어진다' 그 프로에서 저희 가족 4명 모두가 베란다에서 손을 흔드는 모습이 TV에 나오기에 깜짝 놀랐답니다.---kk961215, 2006. 06. 20.

⑤ 세탁기를 선물 받는 꿈

좋은 꿈이다. 외부의 거대 권력 기관으로부터의 전폭적인 지원 등을 받아, 회사나 직장 내의 분규나 산적해 있는 난제들을 시원스럽게 해결하는 일로 실현된다.

≪촛불(양초)≫

상징적인 미래 예지의 꿈에서 불은 사업 방도나 자본, 일의 성공 여부와 흥망성쇠, 소원 충족, 욕정·세력·정력·열정·진리·성령·교화사업 등을 상징하고 있다.

① 촛불을 켜는 꿈

방안에 촛불이 환하게 켜져 있는 꿈은 방으로 상징된 회사나 사업의 분야에서 성취를 이루어내는 좋은 꿈이다. 촛불이 타들어 가는 상징적 의미대로, 자신의 희생이나 어려움을 감수하여, 많은 사람들에게 덕을 베풀거나 커다란 성취를 이루어내는 일로도 실현된다. 민속의 꿈에도 "컴컴한 데서 촛불을 켜면 좋다."라는 말이 있듯이, 촛불을 켜는 꿈의 경우에 자신의 소원성취나 기도, 기원을 비는 일로 이루어질 수 있으며, 이 경우 밝고 빛나는 촛불 꿈일수록 좋다.

② 촛불이 꺼지는 꿈

연락이 끊기거나, 일거리·대상에서 계획이나 프로젝트 등이 무산되는 일로 실현된다. 환자의 경우에는 촛불로 상징된 생명이 끊어지는 일로 실현된다.

③ 촛불이나, 초롱불을 들고 밤길을 비춰가는 꿈

어려움이나 난관을 극복해내게 되며, 촛불로 상징된 협조자나 외부적인 여건의 개선으로 원활한 진행이 이루어진다.

④ '3년 후 촛불이 꺼지면 저 사람은 죽는다' 는 꿈

계시적 성격의 꿈으로, 실제 3년 후에 남편이 병으로 죽는 일로 실현되었다.

≪풍선≫

상징적인 꿈에서 풍선은 어떤 바람이나 희망을 뜻한다. 화려한 색상의 풍선일수록 선망의 대상, 동경의 대상을 상징하고 있다. 방 안에 풍선이 가득한 꿈은 자신의 영역이나 부서, 정신적·정서적인 공간에 희망적인 일이 있게 됨을 의미한다. 풍선을 부는 꿈은 희망적인 어떠한 일로 나아감을 뜻하며, 풍선을 가지고 놀면서 즐거운 꿈은 소원의 성취나 근심의 해소로 이루어진다. 또한 풍선을 타고 날아다니는 꿈은 자신의 뜻을 널리 펼치게 되는 좋은 꿈이다. 이 경우에 압박받고 있는 현실에서 자유로워지고 싶은 잠재의식 표출의 꿈으로 볼 수도 있다.

실증사례로, 풍선이 여기저기 터지는 꿈을 꾸고 나서, 자신의 이름이나 저작물 등이 방송활동이나 신문 연재 등을 통해 널리 알려진 사례가 있으며, 풍선을 타고 높이 날아가는 꿈을 꾼 후에 자신이 주관하던 연극이 대성공으로 끝난 사례가 있다.

≪리본≫

리본을 사는 꿈이나 선물을 받는 꿈이 좋다. 화려하고 예쁜 리본으로 아름다움이 돋보인 꿈인 경우에, 자신의 신분이나 능력·명예 등을 향상시킬 수 방도나 권리 등을 획득하게 된다. 이러한 리본이 더러워지거나, 훼손되는 꿈은 자신의 명예·자존심 등에 상처를 입게 되는 일로 이루어진다.

6) 학용품에 관한 꿈(서적·도서·책, 학용품·사무용품, 붓·먹·벼루, 펜·연필·볼펜·만년필·필기도구, 자·각도기·컴퍼스, 종이)

≪서적·도서·책≫

서적은 진리나 사상, 스승·교리·지침·방도 등을 상징한다. 이 경우에, 서적 내용과 문구는 사상이나 일어날 일에 대한 예지를 암시하고 있다. 또한 가임 여건에서 책을 받는 태몽은 장차 학자 등 학문의 길로 나아가게 될 것을 예지해주고 있다.

(1) 꿈해몽 요약

① 서적·도서·책을 얻는 꿈

학문적인 업적을 쌓거나 명예와 학식을 얻게 된다. 또한 선생님이나 지혜로운 자와 상관하게 된다. 가임여건에서 태몽으로 실현되며, 사실적인 요소가 있는 꿈의 경우에, 실제로 서적을 사거나 얻게 되는 일로 이루어진다.

② 서적·도서·책을 빌려오는 꿈

상대방에게 책을 빌려 오면, 가정교사를 두게 되거나 누구의 지시에 따라 노력할 일이 생긴다.

③ 노트(공책)을 빌려오는 꿈

친구나 애인에게 노트를 빌려 오는 꿈은 애정·우정·약속 등의 일이 성립된다.

④ 서적·도서·책을 찢거나 던지는 꿈

선생님에게 반항하거나, 상대방에게 공격적인 행위를 하게 되거나, 학업을 포기할 일이 생긴다.

⑤ 상대방이 읽는 책을 넘겨다보는 꿈

그 사람의 심적 동향을 살피거나 비밀을 탐지하게 된다.

⑥ 이성이 자신의 책을 보는 꿈

자신의 사상이나 학문적 경향, 독서 경향 등에 대해서 관심을 갖고 호의적으로 대해오게 되며, 자신의 의견을 존중하게 된다.

⑦ 신(神)이나 귀신이 자기에게 책을 주면 좋다.(민속의 꿈)

(2) 태몽 표상의 책에 관한 실증사례

① 돌아가신 외삼촌이 책을 선물로 주는 꿈

배란일에 맞춰 거사를 치르고 임신테스트를 했는데, 아니라고 나오는 겁니다. 그래서 감기약을 처방받아 먹었는데, 그날 밤 꿈에 돌아가신 외삼촌이 나타나서 책을 상자로 선물해 주시더군요. 꿈이 너무 이상해 다시 테스트를 하니 임신으로 나오더군요.

② 책을 받는 꿈

나는 두 아이의 엄마이다. 큰 아이는 5살, 둘째 아이는 2살이다. 근데 공교롭게도 두 아이 다 책 꿈을 태몽으로 꾸었다. 큰 아이는 도서관에서 열심히 공부하고 있는데, 잘 아는 후배가 선물 꾸러미를 갖다 주어 풀어보니, 아주 두꺼운 전문 서적이었다.

그리고 둘째 아이는 시어머니가 꾸어 주셨다. 어머니가 낮잠을 자고 있는데, 옆집 할머니가 산나물을 뜯으러 가자고 하여 산으로 갔는데, 가다 보니 옆집 할머니는 간 데가 없고, 어머니 혼자 깊은 산속에 들어와 있었다 한다. 무서운 생각이 들어 집에 돌아가려고 돌아서는데, 어디선가 잠깐만 와보라는 소리가 들려 돌아보니, 키가 크고 백발이 성성하며 하얀 도포를 입은 노인이 자꾸 와보라고 하여 가보니, 소매 안에서 두껍고 커다란 고서를 건네주었고 책을 펴보니 한문으로 되어 있는 책이었다고 한다. 그것을 가지고 집에 와서 나를 주었는데, 무척이나 기뻐했다는 꿈이었다.

꿈을 신뢰하는 나는 우리 아이들이 연구를 하거나, 학문적인 일에 두각을 나타내리라고 믿는다. 꿈이 그래서인지 우리 큰 아이는 또래보다 훨씬 생각이 깊고 스스로 무언가를 몰두하길 즐기고, 어릴 때 말을 매우 빨리 시작했던 것 같다. 책 태몽을 찾아보니, 나오지 않아 이 글을 남긴다.

필자의 사이트(http://984.co.kr)에 이용자가 올린 태몽체험기이다. 두 아이 모두 딸을 낳았는바, 책의 태몽이 반드시 딸이라는 것은 아니다. 책을 받는 꿈이니, 장차 학자가 되거나 연구기관 등에 종사하게 될 것이다. 또한 큰 아이는 전문서적의 태몽이고, 둘째는 고서의 태몽이었듯이, 꿈의 예지대로 큰 아이는 연구직의 전문 분야로, 둘째는 고서와 관련된 한문학·역사학 등 관련 분야로 나아갈 것을 보여주고 있다. 모든 꿈 가운데 가장 놀라운 예지력을 보여주는 것이 바로 태몽의 세계라 할 수 있다.

③ 노인이 노란 학을 타고 내려와 책을 주는 꿈

최송설당의 태몽이다. 아버지인 최창환은 맏딸 송설당이 태어나기 5년 전 고

부에서 김천으로 이주했다. 고부에서 첫 부인과 사별한 최창환은 김천에서 경주 정씨 집안 처녀를 후취로 맞았다. 첫아이를 임신한 정씨는, 달 밝은 밤에 흰옷 입은 노인이 노란 학을 타고 하늘에서 내려와, 붉은 글자로 쓴 책 한 권을 주고 가는 태몽을 꾸었다. 조상의 원한을 풀어줄 아들을 간절히 원하던 최창환은 아내의 태몽을 듣고 아들 낳을 징조인 줄 알고 기뻐했다. 하지만 정작 태어난 아이는 딸이었다.

1930년 김천고보 설립을 위해, 전 재산을 기부한 최송설당은 책을 받는 태몽으로 태어났기에, 문예와 관련된 뛰어난 재능을 보이고 있기도 하다. 최송설당은 50편의 가사와 258수의 한시를 남긴 조선의 마지막 여류시인이다. 예순여덟 살 되던 1922년에는 『송설당집』 3권 3책을 간행했다. 최송설당의 시가를 주제로 한 박사학위 논문이 나올 만큼, 작품 수준도 높다.---신동아, 2007. 06. 25, 요약 발췌.

≪학용품, 사무용품≫

필기도구는 방도·능력·권리 등을 뜻한다. 잉크·먹물·연필심은 재물이나 이권, 투자금 등의 자본을 뜻한다. 붓·먹·벼루·연적을 얻는 꿈은 재물이나 이권을 얻게 되며, 직위나 학문 등이 높아지게 된다. 또한 계획·연애·취직 등의 일이 성취된다. 한편, 가임여건에서 필기도구 등을 얻거나 가져오는 꿈은 태몽으로 실현되기도 하며, 이 경우에 학문적인 면에서 뛰어난 자질을 보여주고 있다.

≪붓·먹·벼루≫

① 붓·연필·펜으로 종이에 글을 쓰는 꿈

기관에 청원이나 애정 표현 등 자신의 마음이나 뜻을 전하게 될 일이 생긴다. 이 경우에, 중요한 것은 그 내용이다. 내용의 상징 의미대로 현실에서 이루어지고 있다.

② 붓대가 꺾어지거나 붓촉이 빠지거나 연필 등이 부러지는 꿈

흉몽이다. 애정표현이나 진정서, 시험 등에서 자신의 소원을 성취하지 못하게 된다. 저자의 경우에 내외적인 장애로 인하여 집필을 하지 못하게 된다.

③ 붓·벼루·연적 기타 필기구가 깨지거나 부러진 꿈

흉몽이다. 사물의 표상이 온전한 것이 좋다. 학생의 경우에, 시험을 앞두고 있

다면 시험에 낙방하게 된다. 사업가의 경우에, 밥상·쟁반 등이 깨지면, 사업체나 일의 교섭 방도가 제대로 운영되지 않는다. 가임여건에서 태몽인 경우에는 유산이나 요절로 실현된다.

④ 벼루에 먹을 갈고 있는 꿈

어떠한 사업의 준비나 정신적 수련·작품 구상 등을 할 일이 있게 된다.

〈실증사례〉

① 돌아가신 할아버님이 붓을 주시는 꿈 → 태몽 예지

> 지금은 이 세상에 계시지 않는 할아버지가 꿈에 나타나서, "이 붓을 가져라" 하시기에 받고 보니 꿈이었다. 그때부터 태기가 있었다.

이처럼 서적이나 문서뿐만 아니라, 붓[筆]·종이[紙]·먹[墨]·벼루[硯] 등 문방사우 등에 관련된 꿈을 꾸면, 장차 학문적인 연구에 몰두하여 큰 업적을 남기게 됨을 예지해주고 있다.

② 대나무로 만든 필통을 받는 꿈 → 조선일보 방상훈 사장의 태몽

할머니가 '대나무로 만든 필통을 받는 꿈'을 꾸었다고 한다. 필통은 문방사우에는 포함되지 않았지만, 글을 쓰는 것과 관련이 있는 언론 계통에 인생의 길이 펼쳐지고 있음을 예지해주고 있다.

③ 연적을 받는 태몽 → 한글학자인 주시경 선생의 태몽

한글의 대중화에 앞장을 섰던 한글학자인 주시경 선생의 태몽은 어느 노인에게 '연적을 받는 태몽'을 꾸고 태어난바, 연적은 벼루에 먹을 갈 때 사용할 물을 담아두는 그릇이니, 문장력이 뛰어나며, 학자로서의 길을 걸어가게 될 것을 예지해주고 있다.

④ 먹을 받는 꿈 → 관직에 등용된다.

이헌국(李憲國)이 젊었을 때 꿈을 꾸니, 문익공 정광필(鄭光弼)이 먹 두 자루를 내다가 한 개는 정유길(鄭惟吉)에게 주고 한 개는 자기에게 주었다. 그런 뒤에 정유길과 공은 벼슬이 모두 좌의정에 이르는 일로 실현되고 있다.---『지봉유설』

≪펜·연필·볼펜·만년필·필기도구≫

① 연필·볼펜 등 필기도구를 얻거나 가져오는 꿈

협조자나 후원자를 얻게 되거나, 사업의 수단·방도를 얻게 되며, 새로운 작품 구성·아이디어를 얻게 된다. 학업이나 사업 계획, 건설 등의 일에서 성과를 내게 된다. 윗사람으로부터 받게 되는 경우에, 높은 지위·직책을 얻게 된다. 가임여건에서 태몽으로 실현되기도 한다.

② 볼펜·만년필 등 기타 필기도구를 상대방에게 주는 꿈

자신의 재물이나 이권을 남에게 넘기게 되며, 명예·권리·직책·방도 등을 잃게 된다.

③ 학생의 꿈에 연필을 얻는 꿈

성적이 우수해지고, 좋은 협조자나 친구를 사귈 수 있다.

≪자·각도기·컴퍼스≫

자·각도기·컴퍼스 등은 사업수단이나 방안을 상징하는바, 자신이 원하는 대로 진행되는 꿈이 좋다. 자·분도기·컴퍼스 등을 능숙하게 다루는 꿈은 사업이나 일거리·대상에서, 원활한 진행을 보이게 된다.

① 삼각자로 삼각형을 그리거나 각도를 재는 꿈

하나의 일이 세 방향으로 분리되거나, 세 사람이 함께 일을 하게 된다.

② 각도기로 각도를 재는 꿈

어떤 대상의 비율을 따질 일이 생기게 된다.

③ 컴퍼스 원을 그리는 꿈

일이 원만히 해결되거나, 원점으로 돌아갈 일을 뜻한다.

≪종이≫

종이는 정신적·물질적인 자산, 공개장, 어떤 일의 바탕, 책임 부서 등을 상징한다.

① 종이로 얼굴을 가리는 꿈

누군가가 자신의 신상을 감추게 되거나 행방불명된다.

② 종이로 포장하는 꿈

어떠한 일에 대한 마무리나, 감추거나, 정성을 다하는 일로 실현된다.

③ 글을 쓴 종이가 구겨지거나 더럽혀진 꿈

사업이나 일처리의 진행에 있어 번거로운 일이 발생하거나, 뒤처리가 깨끗하지 못함을 나타낸다.

④ 글을 쓴 종이를 태워버리는 꿈

일처리에 있어 완전한 마무리나, 증거물을 없애는 일로 이루어진다.

12 취미생활/기타

1) **취미생활**(노래, 축음기·녹음기, 악기·음악에 관한 꿈, 북, 꽹과리, 나팔, 피리, 기타 악기, 그림을 그리는 꿈, 사진〔사진기, 카메라〕, 오락게임, 화투·트럼프·노름·경마·경륜, 놀이동산, 장기, 바둑, 운동경기〔축구, 야구, 배구, 농구, 공〕, 골프, 체조, 달리기, 마라톤, 줄다리기, 레슬링〔씨름〕, 가위바위보, 장난감 놀이, 인형, 민속놀이, 기타 유희, 연극, 영화, TV)

≪노래≫

음악 소리는 종교적·정신적 감화, 소문날 일이나 선전·광고 등을 상징하고 있다. 노래를 부르는 꿈은 감정의 호소, 의사 전달, 선전 및 광고 등의 일과 관계한다. 작곡을 하는 꿈은 사업이나 연구물·선전물이나 작품 등을 구상할 일이 생긴다.

① 산 정상이나 대중 앞에서 상쾌한 기분으로 노래하는 꿈

자신을 널리 알리게 되거나, 권세와 명예를 떨치게 된다. 이때, 장단을 맞추고 북을 치는 사람은 자신의 후원자 및 자신의 지원 세력을 뜻한다.

② 자신의 노래가 청중으로부터 열렬한 박수갈채를 받는 꿈

자신의 연설이나 사업 아이템, 연구 결과가 호평을 받게 된다. 이때 반주자나

청중이 많은 꿈은 자신을 후원하고 지원하는 사람들이 많이 있음을 뜻한다.

③ 상대방이 노래하는 것을 듣는 꿈

다른 사람으로부터 감화를 받게 되며, 선전이나 광고 등을 듣게 된다. 이 경우 상대방이 춤을 추면서 노래를 하는 꿈은 보다 적극적이며 다양한 방식으로 시도함을 뜻한다.

④ 노래를 잘 부르지 못하는 꿈

노래를 하다 가사를 잊거나 반주가 맞지 않아 제대로 부르지 못하는 꿈은 자신의 글이나 연설이 호응을 받지 못하게 되며, 자신의 추구하는 사업이나 일거리·대상이 기관이나 단체에서 받아들여지지 않게 된다.

⑤ 유명 가수나 음악가와 데이트를 하는 꿈

유명 가수나 음악가의 공연을 보게 되거나, 관심을 지니게 된다. 이 경우 수험생이라면, 가수나 음악가가 나온 대학에 합격하는 일로 이루어지며, 그 가수가 지향하는 음악 세계에 관심을 지니게 된다.

⑥ 악보를 칠판에 그리는 꿈

사업 아이템, 학술 논문, 계획서를 작성하거나 시도할 일이 생긴다.

⑦ 자기가 합창단의 일원이 되어 합창하는 꿈

어떤 조직이나 회사·기관·단체에 가입하게 되어, 선전이나 단체적인 활동 등에 가담할 일이 생긴다.

⑧ 아내나 애인이 자신에게 노래하는 꿈

아내나 애인, 또는 그로 상징된 친숙한 사람이 어떠한 도움이나 호소를 하게 되는 일로 실현된다. 애절한 노래일수록 현실에서 불만족의 일로 실현된다.

⑨ 낮은 언덕 아래에서 노래하는 꿈

부모상을 입어 곡할 일로 실현된 사례가 있다.

⑩ 혼자 노래하는 꿈

여러 사람 중에서 자신만이 노래를 부를 수 있었던 꿈은 자신에게 어떠한 특권이 주어지게 되며, 어떤 설교나 사상 또는 연정을 피력해서 사람들이 따르게 하는 일로 진행된다. 단, 이 경우 즐겁게 부르는 꿈이어야 하며, 괴롭게 부르는 경우에 자신만이 어떠한 일거리·대상을 떠맡는 일로 실현된다.

⑪ 노래를 부르는데 들어주는 사람이 없는 꿈

자신의 설교나 가르침이 받아들여지지 않게 된다. 애타게 도움을 청하지만, 외면당하는 일로도 실현 가능하다.

⑫ 혼자서 컴컴한 곳에서 노래를 부르는 꿈(실증사례) → 출산의 고통

들어주는 사람은 아무도 없는데, 캄캄한 곳에서 계속 저 혼자만 노래를 부르는 산모의 꿈이다. 아이를 출산하기 바로 전날 밤에 꾼 꿈으로, 다음 날 병원에서 옆의 산모들은 쉽게 분만실에서 아이를 출산하였으나, 계속 혼자 남아 있다가 너무나 고통스러워 수술을 해 달라고 애원하다가, 결국은 그 다음 날 자연 분만하는 일로 이루어졌다. 이 경우에 처한 상황에 따라, 다양한 실현이 가능하지만, 모두 다 좋지 않은 결과로 이루어진다.

≪축음기, 녹음기≫

축음기나 녹음기는 회사·기관·단체를 상징하고, 음반이나 테이프는 작품이나 사상·광고물·선전물을 상징하며, 재생된 소리는 주장·광고·선전·전달사항 등을 상징한다. 이 경우 축음기나 녹음기를 통해 흘러나오는 소리에 따라 길흉이 달라진다. 좋은 소리의 음악을 듣는 꿈일수록 좋은 일로 이루어진다. 소리가 계속해서 들려오는 꿈은 저자의 경우에, 저서에 대한 선전·광고가 지속될 것을 뜻하며 널리 알려짐을 뜻한다.

≪악기(피아노·첼로·가야금·아코디언), 음악에 관한 꿈≫

악기는 주로 정신적인 문제와 결부된 기관이나 사업체·매개체 및 어떤 사람이나 애인·방도 등을 상징한다. 바이올린·첼로·거문고·가야금·하프 등의 현악기를 가지는 꿈은 악기로 상징된 애인·협조자를 얻게 되며, 방도 등을 얻게 된다. 이 경우에 신 나게 악기를 연주하는 꿈은 자신의 능력이나 주장을 널리 알리게 되어, 크게 성취를 이루게 된다. 예를 들어, 자신이 피아노를 쳐 애인이나 사람들을 감동시키는 꿈의 경우에, 애인이나 상대방에게 애정의 고백이나 어떠한 방도로써 감동·감화를 미치게 됨을 뜻한다. 간략히 꿈해몽을 살펴본다.

① 악기를 소중하게 다루는 꿈

자신에게 애착이 가는 소중한 애인이나 사업대상·일거리를 상징적으로 보여

주고 있다. 군인의 경우에는 자신의 총이나 병기를 상징하기도 한다. 사업가의 경우 새롭게 들여온 소중한 기계 등이 될 수 있다.

② 피아노·첼로·가야금·아코디언 등 악기의 음악 소리가 아름다워 감동한 꿈

책이나 TV 등에서 사상·종교적인 감화를 받거나, 선전이나 광고에 영향을 받게 되는 일로 이루어진다. 때로는 누군가의 감화에 감동하거나, 애인 등으로부터 애정을 고백받는 일로도 가능하다.

③ 음악을 즐겁게 듣거나, 음악이 귀찮게 느껴지는 꿈

감미롭게 느껴지는 경우가 좋다. 정신적인 감동이나 감화를 받게 되며, 성적(性的)인 생활에 만족감을 느끼게 된다. 반면에 음악을 듣는 게 귀찮게 느껴지는 경우에, 자신이 하는 사업이나 일거리·대상에 만족하지 못한 여건에 있거나 성적(性的)인 불만족 등을 느끼고 있음을 나타내고 있다.

④ 상대방이 피아노·첼로·바이올린·가야금·아코디언 등 악기를 연주하는 것을 보는 꿈

사랑의 연정을 호소하거나 선전이나 광고, 종교적인 사상의 전도를 해오게 된다.

⑤ 꿈속에서의 창의적인 작곡이나 연주를 하게 되는 경우

꿈에는 여러 가지가 있는바, 예지적 꿈이 아닌, 고도의 정신능력이 꿈을 통해 창조적으로 발현되고 있는 것으로, 이 경우 꿈속의 작곡에 바탕삼아 뛰어난 악곡을 작곡할 수 있게 된다. 이렇게 꿈속에서 작곡을 한 수많은 사례가 있으며, 유사 사례로 선인들이 꿈속에서 한시를 지은 무수한 사례가 있다.

≪북, 꽹과리, 나팔, 피리, 기타 악기≫

북·꽹과리·나팔·피리 등은 선전수단이나 광고, 각성, 일깨움 등을 상징한다.

① 나팔을 크게 부는 꿈

자신의 능력이나 영향력을 광고 선전 및 널리 알리게 되는 일로 실현된다.

② 상대방이 나팔을 부는 것을 듣는 꿈

상대방으로부터 경고나 주의, 선전이나 연설 등을 강압적으로 듣게 된다.

③ 북소리가 울려 퍼지는 꿈

자신의 주의·주장을 크게 떨쳐 명성을 떨치게 되며, 세상에 널리 알려지게 된다.

④ 군악대의 행진곡이나 농악 연주를 지켜보는 꿈

회사나 기관·단체의 선전광고를 보게 된다. 군악대의 행진곡이 자신의 일거리나 대상을 상징적으로 보여준 경우, 자신의 진행하는 일이 선풍적인 인기리에 진행됨을 뜻한다.

⑤ 악기가 깨지거나 찌그러진 꿈

흉몽이다. 자신의 능력을 펼칠 수 없는 여건에 처하게 되며, 사람의 상징인 경우에 질병이 생기거나 사고 등에 직면하게 된다.

⑥ 스님이 문전에서 꽹과리를 두드리는 꿈(실증사례)

가문에 명성을 떨칠 사람이 태어난 태몽으로 실현되었다.

⑦ 무당이 꽹과리를 치며 굿을 하는 것을 보는 꿈

저자의 경우에, 신문·잡지사나 출판사에서 저서에 대한 대대적인 신문 광고를 하는 일로 실현되었다. 이 경우에, 사업가라면 새로운 상품 광고를 떠들썩하게 하는 것을 보게 되는 일로 실현된다. 또한 상황에 따라 무당으로 상징된 특이한 재주를 지닌 인물이 유혹하거나 과시하는 것을 보게 된다.

≪그림, 그림을 그리는 꿈≫

그림이나 조각 등은 작품이나 저작물, 인기작품, 미인, 명예와 공적 등의 일과 관계한다. 이 경우에 그려진 그림이나 그려지는 내용에서, 장차 일어날 일이나 소원의 경향이나 계획한 일, 운명의 길을 암시적으로 나타내주고 있다. 이 경우에, 그림의 내용 중에서 유난히 돋보이거나 특이한 요소에 담긴 상징적 의미를 파악해내는 것이 중요하다. 예를 들어, 밝고 아름다운 그림은 좋은 일이 일어날 것임을 예지해주고 있다. 한편, 그림의 내용이 전체적으로 암울한 경우에, 장차 질병 등 좋지 않은 여건에 처하게 될 것을 예지해주고 있다. 또한 정물화나 추상화 등 그림을 보는 꿈이 태몽으로 실현되기도 한다.

화가는 심리학자·정신분석가·예언자·상담원 등을 상징적으로 나타내주고 있다. 미술관 또는 전시관은 회사·기관·단체나 도서관·박람회장·연구 발표회장 등을 상징한다.

① 그림을 그리는 꿈

자신의 사업 운영이나 하고자 하는 일의 진척이나 성공 여부를 상징적으로 보여주고 있다. 이 경우에 멋진 좋은 그림을 그리는 꿈일수록 좋다. 그림이 만족스럽게 되지 않으면, 계획이나 소원이 이루어지지 않게 되거나 만족스럽지 못한 결과로 이루어진다.

② 자신이 학생이 되어 교사의 그림을 따라 그리는 꿈

상사의 지시대로 따르게 되며, 어떤 직분을 맡게 된다.

③ 초상화를 그리는 꿈

자신이나 가족의 일에 대해서 살펴보고자 하는 일로 실현된다.

④ 사생화나 풍경화를 그리는 꿈

어떤 사람의 내력을 캐묻거나, 사업이나 운세, 결혼문제 등에 대해 고민하고 결정할 일과 관계한다.

⑤ 추상화를 그리는 꿈

어떤 계획이나 예정 등을 마련할 일이 생기고, 정돈되지 않은 마음의 갈등을 가져오게도 된다.

⑥ 예쁜 정물화와 멋진 추상화를 그린 꿈(실증사례) → 태몽 예지

　　미술시간이었다. 선생님이 나에게 그림을 잘 그렸다고 칭찬해 주셨다. 그래서 보니, 내가 그린 그림은 4절지 만한 크기에 붉은색 톤의 예쁜 정물화였다. 그런데 그 그림 뒤에, 한 장이 더 있는 것이다. 그린 기억은 안 나는데, 8절지 만한 크기의 종이에 회색 톤의 멋진 추상화가 그려져 있었다. 그래서 난 혹시 태몽일까라고 생각했다. 색을 보면 남매 쌍둥이일 것 같았다. 그리고 딸이 첫째고, 아들이 둘째일 것 같은 느낌. 내 예상은 적중했다. 아들(2.6kg)이 딸(2.7kg)보다 더 적게 태어났었는데, 지금은 게걸스럽게 먹어서인지, 어마어마하게 먹어서인지 아들이 꼭 오빠 같다.　　　　　　　　[0409 별님이달님이]

그림이 태아의 상징 표상으로 등장하고 있는 특이한 태몽이다. 이 경우에, 장차 그림에 소질이 뛰어날 수 있으니, 예능분야에 소질을 길러주는 방향으로 나아가면 좋을 것이다.

⑦ 상대방 사람이 완전 나체가 된 것을 그리는 꿈

그 사람의 모든 것을 알아낼 수 있게 된다. 자신이 나체의 모델이 된 경우에, 자기의 모든 것을 상담가나 정신적 지도자 등 지혜로운 사람 등에게 털어놓고 상담할 일이 있게 된다.

⑧ 다른 사람과 그림을 같이 그리거나 노래를 같이 부르는 꿈

학자인 경우에는 함께 공동의 논문이나 저서를 집필하게 되며, 사업가인 경우에 일이나 사업을 함께하게 될 것을 예지한다. 고(故) 한건덕 선생님이 여중생을 지도하며 함께 그림을 그리는 꿈은 여중생으로 상징된 필자와 공동 저서를 출간하는 일로 실현되었다.

⑨ 그림의 도구가 없어 그리지 못하는 꿈

협조자를 구하지 못해 자신의 뜻을 이루지 못하게 된다. 사업가의 경우에 투자 자금의 부족으로, 사업을 진행하지 못하게 되는 일로 실현된다.

⑩ 어떤 그림이든지 그리는 꿈

상대방의 인물됨이나 생각하는 바를 살펴볼 일이 생기고, 자기 내면의 심리 표출이나 운명적 추세를 관찰할 일이 생긴다.

⑪ 상대방이 그림을 그려 보이는 꿈

자기소개나 자신의 마음을 암시적으로 드러내거나, 어떤 지시 사항을 제시하는 행위이다. 이 경우에 그림의 밝고 어두움 등 내용에서 느껴지는 인상이 중요하다. 밝고 풍요로운 그림일수록 좋은 여건에 있음을 드러내 주고 있다.

⑫ 상대방이 그린 그림을 감상하는 꿈

연애편지나 청탁, 진술서 등을 읽거나 검토할 일이 생긴다. 경우에 따라 어떤 저서를 읽게 되거나 영화나 드라마 등을 감상하는 일로도 실현된다.

⑬ 그림을 사오는 꿈

서적이나 상장·학위증 등을 얻게 되거나 명예를 얻게 된다.

⑭ 그림을 보내온 꿈

연애편지나 혼담·서적, 통지서나 경고장을 받는 일로 실현된다.

⑮ 여러 가지의 그림이 담긴 책을 살펴보는 꿈

책의 목차나, 도서의 목록, TV의 프로그램, 사업계획서, 이력서 등을 보게 되는 일로 실현된다. 형사의 경우에는 어떤 인물이나 사건의 내력을 추적하게 된다.

⑯ 화가가 나체 그림을 그리거나 평가하는 꿈

화가로 상징된 저자나 학자, 사주·관상가·심리학자·상담원 등이 상대방의 운명이나 인생 문제 등에 상담하는 것을 뜻한다.

⑰ 누드가 된 사람이 화가 앞에 서지 않고 홀로 서 있는 꿈

직업도 의지할 사람도 없이 외로운 처지에 있게 됨을 뜻한다. 이 경우에, 자신 있게 나체를 드러내는 꿈인 경우에는 대중 앞에 자기의 모든 것을 과시할 일이 있게 된다. 나체로 인터뷰하는 꿈으로 시합에 우승한 사례가 있다.

⑱ 화가가 캔버스에 물감으로 채색하는 것을 보는 꿈

어떤 기록물을 제작하거나, 사건의 해결, 진상 규명 등으로 실현된다.

⑲ 손발에 물감이나 잉크 등이 묻어 지워지지 않는 꿈

계약이 성립되거나, 사업의 진행에서 문제점이 발생하게 되어 증거물을 남기게 된다.

≪사진(사진기, 카메라)≫

상징적인 꿈에서, 카메라는 사업방도·협조자 등을 의미한다. 이러한 카메라를 사는 꿈은 자신의 정신적 물질적인 노력이나 정성 등을 기울여, 어떠한 방안이나 자원을 마련하게 된다. 사진은 실제의 사진이나 사진내용이 암시하는 사건내용·책·기록물·기사·상장·증서·계약서 따위를 나타낸다.

① 사진기를 새로 사는 꿈

사업수단의 확보, 협조자나 연인 등이 새롭게 생긴다.

② 자신의 얼굴을 찍는 꿈

자신의 일이나 자신의 능력이나 행위·이력·프로필 등을 기록화하는 일로 이루어진다. 이때 가슴에 훈장을 달았다든지, 평소보다 좋은 모습의 사진은 자신의 저작품이나 행위에 대해서 좋은 평가를 받게 된다.

③ 자기가 사진기를 가지고 상대방을 찍는 꿈

남의 행적을 기사화하거나 알아보고 조사하는 일로 이루어진다. 상대방이 일거리·대상의 상징인 경우에는 어떠한 사업의 진행상황이나 부동산이나 서적 등에 대해서 살펴보게 되는 일로 실현된다.

④ 상대방이 자신을 사진 찍는 꿈

남이 자신의 신상 문제를 따져 묻거나 조사하고 인터뷰 등을 해갈 일이 생긴다. 나쁘게는 심문을 받게 되거나, 조서를 꾸미게 된다.

⑤ 결혼사진이나 가족사진을 찍는 꿈

계약이나 자매결연, 계약이 성사되는 일과 관련을 맺게 되고, 완성된 사진은 계약서나 결혼 증명서 등을 상징한다.

⑥ 풍경이나 인물 따위를 촬영하는 꿈

어떤 사건이나 업적 따위를 기록화하거나, 녹음·인쇄 등을 하게 된다.

⑦ 상대방의 사진을 보는 꿈

사실적인 꿈인 경우 실제의 일로 이루어지지만, 대부분의 상징적인 꿈에서 사진으로 상징된 상대방의 저서나 프로필에 대해서 보게 된다.

⑧ 애인이 딴 사람과 사진 찍은 꿈

사실적인 꿈인 경우 실제의 일로 이루어지지만, 대부분의 상징적인 꿈에서 애인으로 상징된 열정과 애착을 지녔던 일거리·사업 등에서 결합·성사·체결된 소식을 듣게 된다.

⑨ 앨범을 펼쳐보는 꿈

지나온 일들이나, 상대방의 내력 등을 읽거나 조사할 일이 생긴다. 또한 역사적인 인물이나 사물의 내력이 담긴 책 등을 읽게 되는 일로 실현되거나, 알아내게 된다.

⑩ 사진을 찍으려는데 찍을 수 없었던 꿈

계약서 작성, 증거 수집 등 좋은 기회를 놓치게 되는 등, 일거리·대상에서 뜻을 이루지 못하게 된다.

⑪ 유물과 사진을 받는 꿈(실증사례)

은사가 별세해서 그 유물과 사진 등을 보내온 소포를 받는 꿈은 스승 또는 협조자의 저술한 책을 선물로 받는 일로 실현되었다.

⑫ 사진이 희미하게 나온 꿈(실증사례)

가족사진 촬영에 유독 사진이 희미하게 나온 사람이 교통사고나 질병으로 인하여 죽음으로 이루어진 사례가 있다.

⑬ 사진 찍는 꿈(실증사례) → 여고생의 꿈체험기

어떤 여자아이와 엄마(나의 엄마)가 동상 앞에서 사진 찍는 꿈을 꾸었는데, 며칠 뒤 그런 사진을 보게 되었다. 그 여자아이는 '나'란 사실을 알게 되었다. 그 사진은 내가 한 번도 본 적 없는 사진이었다. 우연인 것 같기도 하고, 내가 예전에 경험했던 일이라서, 그것이 꿈에 나타났다고 치기에는 너무 어렸을 적인 3살 정도였을 때 찍은 것이라서 말이다.

⑭ 사진을 찍는 꿈(상담 및 실증사례) → 오피스텔 계약 성사

예전에 예쁜 한복 드레스를 입는 꿈, 그리고 사람만큼 큰 인삼을 얻는 꿈, 그리고 졸업식에 가서 친구들하고 사진 찍는 꿈, 예쁜 집이 있어 사진 찍은 꿈을 꾸었어요. 특히 사진 찍는 꿈을 두 번이나 꿨지요.

사진은 상장·증서·계약서 등을 의미한다고 해몽해주셨고요. 제가 계약서 쓸 일이 없었는데, 생각지도 못하게 도움을 받아 작은 오피스텔을 계약하게 되었어요. 계약서에 도장을 찍으며, 신기해했던 기억이 나네요.---이슬딸기, 2008. 06. 12.

≪오락 게임≫

카드 게임이나 화투나 마작, 바둑이나 장기 등 게임을 하는 것은 취직이나 합격의 성사 여부, 당선과 당첨, 진급과 승진, 재물의 성취 여부, 일의 성사 여부 등 운세의 전망과 경향을 보여주고 있다.

따라서 노름이나 게임에서 이기는 것이 자신의 바람을 충족시키고 재물의 획득이나 우승하는 일로 이루어진다. 다만 꿈의 실현은 꿈을 꾼 사람이 처한 상황에 따라 각기 다르게 실현되고 있다. 사업가는 사업의 번창을 가져오게 되며, 환자는 병마(病魔)를 이겨내고 질병에서 회복하게 되고, 일반인이 카지노나 주식에서 대박을 내게 되거나, 학생이 시합이나 학업 성적 등에서 경쟁자보다 우위에 서는 일로 실현된다. 이 경우 노름이나 게임을 함께 한 상대방은 경쟁 관계에 있는 사람이나 일거리·대상, 병마(病魔)의 상징으로 등장하고 있다.

경우는 다르지만, 씨름이나 권투·싸움·줄다리기·축구·배구 등의 구기운동, 윷놀이 등등 승패를 가리는 경기에서도 이기는 꿈이 좋다. 실로 꿈은 반대가 아닌 상징의 이해에 있음을 잘 알 수 있다.

≪화투·트럼프·노름·경마·경륜 꿈≫

화투나 트럼프, 마작, 슬롯머신 등 게임을 하는 꿈은 재물이나 이권의 획득 여부, 일거리나 대상의 성취 여부, 사업의 흥망 여부, 심사·경쟁·채택의 여부, 운세의 흥망성쇠 등을 예지해주고 있다. 또한 화투장이나 트럼프에 나타난 숫자와 그림으로 상징된 장차 일어날 일에 대한 예지를 보여주고 있다.

경마·경륜이나 노름의 경우에, 많은 돈을 따는 꿈이 현실에서도 막대한 재물과 이권을 얻는 일로 실현되고 있다. 다만, 약간의 돈을 따는 꿈은 불만족으로 인하여 불쾌감이나 근심·걱정할 일로 실현된다. 슬롯머신 등 기계를 이용한 노름을 하면, 보다 규모가 큰 회사·기관·단체·국가 등을 통해 합격·당선·당첨되며, 노력의 대가 등을 얻게 된다.

① 좋은 패가 나오는 꿈

사업의 성취, 재물이나 이권의 획득, 합격이나 당선 등 좋은 일로 이루어진다.

② 화투나 카드 등이 방안에 흩어져 있는 꿈

어떤 일이나 사건이 정리되지 않고, 심적 갈등을 가져오게 된다.

③ 화투를 상대방과 같이 치는 꿈

어떠한 일처리나 사업 진행에 있어, 경쟁자와 시비나 다툼 관계에 있음을 예지한다. 이 경우에 이기는 꿈이 좋다.

④ 화투를 치려다 치지 않는 꿈

사업의 성패, 심사의 결과 등이 미뤄지게 된다. 청원한 서류가 보류되기 쉽다.

⑤ 많은 사람들이 화투를 치려고 하는 꿈

어떤 단체나 기관에 소송이나 청원한 일, 자격증 발급, 여권 발급 등에 대해서 심사를 기다리는 사람들이 많음을 뜻한다.

⑥ 화투를 치다가 "광이야!" 하고 외친 꿈(실증사례) → 개그맨 이경규의 태몽

꿈속에서 화투를 치다가 "광이야!" 하고 외친 후에 얻은 아들이 이경규라고 한다. 본인에게 물어본바, "그렇지 않다."라고 부인했음을 밝힌다.

다소 특이한 태몽으로 개그맨으로서의 인생길을 짧은 태몽으로서, 희극적으로 한편의 영화장면처럼 대변해주고 있음을 알 수 있겠다.

⑦ 경마나 경륜에서 자신이 기대한 말이나 자전거가 1등을 하는 꿈

자신이 성취를 이루어내게 되는 좋은 꿈이다. 처한 상황에 따라, 취업이나 합격하게 되며, 주식에서의 대박, 사업에서의 성공 등을 이루어내게 된다.

≪화투·트럼프·노름·게임의 승패 여부를 예지해주는 꿈≫

① 화투·트럼프·노름·게임에서 이기게 되는 꿈

똥이나 오줌이 넘쳐나는 꿈, 자수정 보석을 캐내는 꿈, 샘물을 맛있게 먹는 꿈, 상대방을 때리거나 죽이는 꿈, 훔쳐오는 꿈 등은 화투·트럼프·노름·게임 등에서 이기는 일로 실현된다.

② 화투·트럼프·노름·게임에서 지게 되는 꿈

아들의 머리가 다쳐 피가 나는 꿈, 도시락 등 자신의 물건을 잃어버린 꿈, 자기 집이 아닌 남의 집 화장실에 가서 대변을 보는 꿈, 된장을 퍼다 버리는 꿈, 남들은 음식을 먹고 있는데 자신은 구경만 할 뿐 먹지 못하는 꿈, 목이 마르는데도 갈증을 해소하지 못하는 꿈, 자신의 물건 가운데 무엇을 잃어버린 꿈, 자신의 신체 일부분이 훼손되는 꿈 등 기분 나쁜 꿈을 꾸게 되는 경우에, 게임 등에서 지게 되는 일로 실현된다.

③ 노름하고 있음을 예지해준 꿈(실증사례)

＊아스팔트 위가 사각형의 알록달록한 아름다운 색인 꿈

하루는 잠을 자는데 아스팔트 위가 온통 직사각 정사각형의 알록달록 형용할 수 없는 아름다운 색이었습니다. 어쩜 그렇게 자동차는 없고, 알록달록한 아스팔트가 보이기에, '오늘은 남편이 늦겠구나' 생각했지요. 화투를 좋아했던 남편은 역시 새벽 2시가 되어도 오지 않고, 4시에 돼서야 들어왔습니다. 이유인즉, 카드놀이를 하고 왔다는 것이었습니다.

＊안개가 자욱한 창고에서 누군가 무언가 하는 꿈

안개가 자욱한 창고에 누군가가 무엇인가를 하고 있었습니다. 보려고 해도 누구인지 무엇인가를 하는데 보이지 않았습니다. 그날 역시 아무 말 않고 남편을 출근시켰습니다. 역시 그날도 늦었습니다. 그날은 새벽 2시가 되어, 집에 들어왔습니다. 처음엔 그냥 개업 집에 갔다고 하더니, 꿈이야기를 듣고 나서 그제야 허름한 사무실(창고같이 생긴 사무실)에서 담배 연기 풍기며 놀다 왔다고 합니다.(안양시의 이○○ 주부)

꿈으로 남편의 노름을 예지해주는 꿈 사례이다. 꿈의 무대에서 펼쳐지는 꿈의 세계는 어떠한 이름난 작가의 소설적인 구성보다도 신비함을 더해주고 있다. 꿈의 표현수단은 비유와 상징과 유추와 암시이다.

≪놀이동산에서 롤러코스터 등 여러 가지 놀이기구를 타는 꿈≫

놀이동산에 가는 꿈은 자신의 소원 등을 성취시키기 위한 넓고 잘 조성된 회사·기관·단체에 관련을 맺게 됨을 뜻한다. 놀이기구는 어떠한 분야, 사업부서 등을 상징한다. 또한 소원충족이나 일거리나 목표 등의 성취를 위한, 방도나 시설·협조세력 등을 의미한다. 이러한 놀이기구를 타는 것은 어떠한 부서나 모임에 참여하여, 여러 가지 방도나 협조 시설이나 세력 등을 통해, 자신의 일거리나 목표 등을 성취하고자 하는 일로 실현된다. 이 경우 신 나고 즐겁게 노는 꿈이 성취 등 만족할 일로써 실현된다.

롤러코스터는 위험도는 있지만 스릴 있는 놀이기구이니, 일의 진행에 있어 변화의 정도가 심한 어떤 일거리·대상에 참여하는 일로 이루어진다. 이 경우 꿈의 실현 결과는 꿈속에서의 즐거움과 공포 등 느낌과 감정 그대로 현실에서 이루어진다. 다른 예로, 엘리베이터 타는 꿈은 성적이나 주식 시세 등이 올라가는 일로 이루어지며, 반대로 떨어지는 꿈은 성적이나 주식 시세가 떨어지는 일로 이루어지고 있다.

≪장기·바둑≫

장기판과 바둑판은 세력판도·주식시장·싸움판·전쟁을 상징하고 있다. 또한 장기알과 바둑알은 인적·물적인 자원이나 사업자금 및 지지 세력 등을 상징한다. 장기나 바둑을 두는 꿈은 세력다툼, 사업의 경쟁, 전투나 대립 갈등의 양상, 국제 정세의 변화 등을 보게 된다. 장기나 바둑에서 이기는 꿈이어야 자신의 하고자 하는 어떤 일이나 성취를 이루게 된다. 장소도 상징적 의미가 있다. 안방에서 장기를 두면 회사 내부의 문제 해결, 건넌방에서 장기를 두는 것은 외부 문제로 인한 성사 여부를 예지해주고 있다.

① 장기판이나 바둑판이 오래된 꿈

새로운 사업이라기보다는 역사나 연륜이 상당히 오랜 일거리·대상이거나, 사업 분야를 상징한다.

② 상대방에게 일방적으로 이기는 꿈

현실에서 순조로운 진행을 가져오게 되며, 권세와 재물적 이익을 확보하게 된다.

③ 멀리서 포위해 들어온 꿈

바둑 등에서 상대방의 돌이 멀리서 포위하고 있는 것은 어떠한 위험이나 병마가 다가오고 있음을 상징한다. 필자의 경우, 서브프라임 사태 일주일 전에 이러한 꿈을 꾼바, 주식투자에서 막대한 손실을 보는 것으로 실현되었다.

④ 상대방의 돌을 잡는 꿈

좋은 꿈이다. 상대방과의 경쟁에서 승리하게 된다. 이 밖에도, 주식투자 등에서 소기의 성과를 얻어 재물운으로 실현된다.

⑤ 바둑알을 쌓아둔 꿈 → 사업에서 막대한 이익을 내다.

무역업에 종사하는 분의 꿈이다. 사정에 의하여 어떤 분과 동업을 해야 하는 형편이 되었는데, 어떤 사람으로 결정하는 것이 좋을지 몰라서 망설이고 있던 차에 꾼 꿈이다. 그중에 한 사람이 바둑을 두는데, 그 사람은 뒤에 여러 사람이 있고, 바둑을 둘 때마다 그 여러 사람과 의논을 하고 난 후에, 바둑을 두어서, 이긴 것보다는 훨씬 많은 바둑알을 그 사람 앞에 가득 쌓아놓고 있더라는 것이다. 후에 그 사람은 혼자서 여러 사람 몫을 해내는 역할을 톡톡히 하였고, 투자한 기대보다 훨씬 더 초과하는 소득을 가져오는 회사 운영을 보여주었다.(글: 박성몽)

≪운동경기(축구,야구,배구,농구) 및 기타 경기≫

운동경기의 꿈은 사업의 성패, 경쟁에서의 승리 여부, 선거의 승리 여부, 토론의 유리함과 불리함 등의 전망을 상징한다. 이 역시, 화투·트럼프·노름·게임과 마찬가지로, 각종 운동경기에서 이기는 꿈이 좋다. 운동경기가 펼쳐지는 운동장이나 체육관 등은 회사나 기관·단체, 사건현장, 사업장, 언론기관 등을 상징한다. 구기 종목의 공은 업적, 노력, 능력, 협조자, 자금력, 권리, 일거리·대상 등을 상징한다.

특이하게 야구 방망이를 휘두르는 꿈이나, 축구에서 골을 넣는 꿈이 자신의 강력한 욕망이나 성욕을 나타낼 수가 있다. 이때, 야구에서는 방망이를 자유자재로 다루거나, 날아오는 공을 시원하게 쳐내는 꿈이 성취를 이루어내는 좋은 꿈이다. 축구의 경우에 있어서는 통쾌한 골을 넣는 꿈일수록 성욕을 해소하거나, 성취를 이루어내는 좋은 꿈이다.

① 운동경기에서 우승하는 꿈

각종 경기에서 이기는 꿈이 좋다. 특히 2인 결투인 검도나 권투·펜싱·씨름 등의 꿈은 상대방과의 경쟁·갈등을 겪게 될 것을 상징적으로 보여주고 있다. 지게 되는 경우에 사업에 실패하게 되거나, 뜻을 이루지 못하게 된다. 또한 질병에 걸리게 되는 일로 실현될 수도 있는바, 선인의 사례로 씨름에서 지는 꿈으로 병석에 드러누운 사례가 있다.

또한 현실의 언어가 아닌, 꿈의 언어인 상징의 입장에서는 경기에서 반칙을 하거나 폭력을 쓰더라도 심판의 제재를 받지 않고 경기에서 이기는 꿈이 좋다. 현실에서는 심판으로 상징된 상급 기관이나 외부의 영향력을 물리치고 성취를 이루어내는 일로 이루어진다.

② 경기에서 1등을 한 꿈

승리감과 기쁨을 느끼는 꿈의 경우에 자신의 뜻하는 바에서 경쟁자를 물리치고 일이 성취되어 만족감을 체험한다.

③ 흡족한 경기의 꿈

축구·농구에서 자신의 팀이 골을 넣거나, 야구에서 홈런을 치는 등은 자신의 능력이나 역량을 널리 과시하고 두각을 나타내 명성을 떨치는 일로 실현된다. 처한 상황에 따라 합격·취직·승진·당선 등 결실을 맺는 일로도 실현된다. 자신이 아닌, 자신의 팀이라고 여겨지는 팀이 승리하는 꿈도 좋은 꿈이다. 자신의 회사나 기관·단체가 사업 수주나 경쟁 관계에서 승리 등 유리한 여건에 처하게 되며, 발전이 있게 된다.

④ 운동경기에서 골을 넣어 승리하는 꿈

사업·선거·시험·논쟁 등에서 성취와 승리를 가져오게 된다. 이 경우 압도적인 골 차이로 승리하는 꿈은 현실에서도 현격한 차이를 가져오게 된다.

12 취미생활/기타

⑤ 외국의 선수가 이기는 꿈

서구의 사상이나 학설이 채택되는 일로 실현될 수 있으며, 외국인으로 상징된 특이하면서 유별나고 개성적인 사람이 성취를 이루는 것을 보게 된다.

⑥ 상장을 받는 꿈

성취로 인한 합격증·면허증·임명장·명령서 등을 받게 된다. 이 경우에 1등의 상장은 최상의 영광을 얻게 되며, 2등이나 3등의 상장은 차선의 직위로 나아가게 된다.

⑦ 우승기·우승컵·메달·상금 등을 타는 꿈

어떤 난관을 극복한 다음에, 소원이나 계획한 일이 성취되어 재물이나 이권, 명예와 권세 등을 얻게 된다.

⑧ 투기 종목의 꿈

복싱·레슬링·씨름·유도·태권도 등의 투기는 투쟁적인 일이나, 비평·이데올로기, 사업 성패 등을 가름하는 표현이다. 이 경우에 이기는 꿈이 현실에서도 성취를 이루는 일로 실현된다.

⑨ 사이클·자동차·요트·스키·경마 등 도구 사용 경기의 꿈

협조자나 협조세력, 자금력의 동원 여부에 의해서, 사업의 성패나 합격이나 당선 여부가 좌우된다.

⑩ 원반던지기·창던지기·공던지기 등 자신의 혼자 힘으로 진행되는 경기의 꿈

자기의 능력이나 노력 여하에 따라, 합격이나 당선·승진 여부가 좌우되며, 자신의 능력을 과시하거나 공개할 일과 관계한다.

≪골프≫

골프에서도 이기는 꿈이 좋다. 단번에 홀인원 등을 하는 꿈은 뜻하지 않았던 일이 엄청난 성공을 가져오는 일로 실현된다. 골프공을 잃어버려 찾지 못하는 꿈은 사업 운영에 있어, 난관에 부딪치게 됨을 뜻한다. 골프를 치는 옷이나 신발·골프채가 좋을수록, 사업 여건이나 추진하고자 하는 일에 완벽한 준비가 갖추어져 있음을 뜻한다.

① 골프장에서 홀인원을 하는 꿈(실증사례) → 태몽

배우 사강이 결혼 3년 만에, 딸을 출산했다. 골프장에서 홀인원을 하는 태몽

을 꿨다고 밝힌 사강은 아이를 골프선수로 키우고 싶다는 소망을 드러내기도 했다.---서울신문NTN, 오영경 기자, 2011. 02. 01.

태몽이 인생의 청사진으로 볼 때, 태몽 표상으로 홀인원을 하는 꿈이었다면, 장차 골프와 관련지어 멋진 인생길이 펼쳐질 수 있을 것이다.

② 골프장에 호랑이가 새끼들이랑 같이 있는 꿈(실증사례) → 태몽

강성진 배우의 아들 태몽 체험담이다. "이름이 민우예요. 태명은 '필립'이었는데 '반드시 필(必)'에, '들어갈 입(入)' 해서 '반드시 홀에 들어가야 한다'는 의미예요. 태몽을 제가 꿨는데 골프장에 호랑이(타이거)가 자기 새끼들이랑 같이 있는 거예요. 그때 생각했죠. '아, 이 녀석은 공을 칠 팔자를 타고났구나.'"

이처럼 태몽 표상에 골프장이 등장한 경우에, 장래의 인생길에서 골프와 어떤 연관을 맺게 되는 일로 실현되는 것은 틀림이 없다. 다만, 호랑이가 등장하는 꿈이라고 해서 모두 태몽은 아니다. 꿈은 꿈을 꾼 사람이 처한 상황에 따라 달리 실현되고 있다. 이처럼 해몽하는 데 있어서 필수적인 것은 꿈을 꾼 사람이 처해 있는 상황이 중요하다고 할 수 있다.

≪체조≫

학생 및 단체원이 맨손 체조하는 것을 보면, 사업이나 학문적 선전 등에 잘 호응해 줄 것을 뜻한다.

① 자신의 구령에 따라 많은 사람이 체조를 하는 꿈

많은 사람들이 자신의 사업이나 학문 연구에 있어, 호응하고 참여하는 일로 이루어진다.

② 기계체조에서 난해한 멋진 동작을 하는 꿈

남들이 하지 못하는 업적을 성취해내게 되거나, 새로운 사업 아이템이나 창의적인 사업, 학설·노래·책 등으로 주목받는 일로 실현된다.

≪달리기, 마라톤≫

마라톤 꿈은 오랫동안 갈등이나 대립이 있었던 사업이나 이념투쟁, 예술 작품이나 저술 활동 등과 관계한다. 1등 하는 꿈은 처한 상황에 따라, 합격·취직·승진 등 각기 좋은 일로 이루어진다. 달리기나 마라톤에서 결승점에 도착하는 꿈은

자신의 노력이 결실을 얻게 되어 승진이나 합격 등의 성취를 이루어내게 된다.

① 자신이나 자신의 속한 편의 선수가 이기는 꿈

자신이나 자신이 소속된 회사·기관·단체 등에서, 성취를 이루게 된다.

② 상대방이 넘겨주는 릴레이 바통을 받아 뛰는 꿈

후계자나 책임자 등이 되어 개인 사업이나 회사 경영을 잘하게 되며, 이 역시 얼마나 잘 달리느냐의 여부로 원활한 운영 여부를 예지해주고 있다. 이 경우에, 앞길에 장애물을 뛰어넘는 꿈은 어려움이나 난관을 헤쳐나가는 것을 뜻한다. 또한 함께 경기에 참여한 사람이 많을수록, 사업이나 성취하고자 하는 대상에 경쟁자가 많이 있음을 예지해주고 있다.

≪줄다리기≫

줄다리기를 하는 것은 두 단체나 세력 집단의 사업 경쟁이나 이념투쟁 등을 상징한다. 이 역시 이기는 꿈이 상대편의 회사나 기관·단체를 물리치는 일로 실현된다. 시합 구성원의 건장함 여부는 자신이 속한 회사 등의 자금력이나 지원 능력이 풍부함을 뜻한다.

≪레슬링(씨름)≫

누누이 언급하지만, 꿈은 반대가 아닌 상징의 이해에 있다. 레슬링·씨름·바둑·화투·달리기·게임 등 어떠한 상대방과 경쟁적으로 대립하게 되거나 싸우는 꿈의 경우, 이기는 꿈이어야 좋다. 현실에서도 상대방으로 상징된 경쟁자나 벅찬 일거리나 대상, 병마(病魔) 등을 물리치는 일로 이루어지고 있다.

① 상대방을 엎어누르는 꿈

상대방을 제압하고 굴복시키게 된다. 일거리·대상의 상징인 경우에, 자신의 뜻대로 일을 처리해나가게 된다.

② 상대방이 엎드리는 꿈

자기에게 잘 복종해 줄 사람을 암시하거나, 수월한 일을 맡는다.

③ 엎어진 사람이 젖혀 일어난 꿈

어떤 일이 가장 손쉽게 이루어지려다가, 어려움에 봉착하게 되는 일로 실현된다.

≪스마트폰 게임, 장난감 놀이≫

① 스마트 폰 등으로 게임을 하는 꿈

게임의 승패 여부와 진척 여부에 따라, 사업이나 일거리·대상의 진행 여부를 예지해주고 있다. 적들을 죽이거나 목표물을 쳐부수는 꿈은 현실에서 문제점들을 해결하는 일로 이루어진다.

② 가위바위보를 하는 꿈

사업의 선정 여부, 논쟁, 학설의 채택 여부 등에서 우선순위를 정하거나 경쟁적으로 다툴 일과 관련된다. 이기는 꿈이 성취와 결실을 맺는 좋은 꿈이다.

③ 자기가 술래가 되어 사람을 찾아다니는 꿈

귀찮은 일거리나 대상을 떠맡게 되거나, 벅찬 업무로 인한 갈등이나 심적 고통을 겪게 된다.

④ 장난감 놀이에서 이기는 꿈

딱지치기·공기놀이 등 장난감 놀이에서 이기는 꿈이 좋다. 처한 상황에 따라 달리 이루어지는바, 어린이의 경우 학업 성적이 향상되기도 한다. 일반인의 경우, 사업이나 주식투자의 성공 여부, 노름의 승패 여부를 예지해주기도 한다.

≪인형≫

인형은 아이들이 가지고 노는 애완물이다. 예쁜 인형을 얻는 꿈은 좋은 꿈으로, 가지고 싶던 인형을 갖는 꿈으로 취직된 사례가 있다. 그러나 대부분 꿈의 상징에서, 인형의 꿈이 대부분 좋지 않게 실현되고 있다.

인형은 스스로 구속되거나 억압되어 있는 여건의 사람이나 대상을 상징한다. 따라서 자신이 인형이 되어 있는 꿈은 자유스럽지 못한 여건에 처하게 되거나, 자신의 닫힌 마음 상태를 표출하고 있다.

① 자신이 인형을 가지고 노는 꿈

심리적으로 외로운 상태에 있으며, 좋게는 순수한 마음의 상태를 표출하는 꿈이다. 상징적인 꿈의 경우에, 인형으로 상징된 어떠한 사람이나 일거리·대상을 자신의 뜻대로 좌우할 수 있게 된다.

② 인형이나 장난감 등의 물건을 안는 꿈

자신이 진행 중이던 일을 책임지고 추진하게 되며, 물건이 상징하는 어떤 일거리나 대상과 결부되거나, 그 일이 성공하여 재물을 모으게 된다.

③ 인형을 부수거나 팽개치는 꿈

인형으로 상징된 누군가를 배척하게 되거나 미워하여 멀리하게 된다. 여건에 따라 사람이나 일거리·대상과의 결별이 있게 된다.

④ 인형을 던지거나 잔인하게 망가뜨리는 꿈

인형으로 상징된 어떠한 사람이나 대상을 제압하고 뜻대로 좌지우지하게 된다. 심리 표출의 꿈인 경우에, 자신을 구속하고 있는 것에서 해방되고 싶다는 소망을 나타낸다.

⑤ 입이 없는 인형이나 벙어리를 보는 꿈

어떠한 사람이 비밀이나 어려운 사정으로 인해서 고민하고 있음을 보게 된다. 또한, 인형이 자신의 상징으로 등장한 경우에는 자신이 의견을 내놓지 못하는 어려운 처지에 놓이게 된다.

⑥ 뱃속에서 신랑 각시 인형이 튀어나온 꿈(실증사례)

연분을 맺게 되어 결혼한 사례가 있다. 이때 신랑 각시 인형은 상징적으로 신랑과 신부를 상징하고 있다.

⑦ 말하는 무서운 인형을 본 꿈(실증사례) → 교통사고 모면

컴컴한 밤, 친구를 만나기 위해 친구 집으로 향했습니다. 마침 친구 동생이 집 밖에 미리 나와 있었습니다. 근데 친구 동생이 자기 옆에 있던 인형을 보고 이야기를 하는 거였습니다. "우리 언니 예쁘죠." 하면서 정말 살아있는 진짜 언니를 대하듯이 이야기를 했습니다. 저는 속으로 '어떻게 인형이 자기 언니라고 그러지' 하고 옆에 앉아 있던 인형을 보았습니다. 순간 공포와 소름이 끼쳐졌습니다. 인형의 표정과 눈빛이 너무 무서웠습니다. 전 너무 무서워 비명을 지르며 도망을 치다가 깼습니다.

그날 아르바이트가 끝난 후에 횡단보도 길을 건너던 중에, 자가용 한 대가 튀어나와 저를 발견하고 급브레이크에 밟는 순간 부딪혀 넘어졌습니다. 다행히 크게 다치지는 않았지만, 태어나서 처음으로 교통사고라는 큰 위험을 당하게 되다 보니, 겁을 많이 먹었습니다. 그날 무사히 집에 도착했을 때 꿈 생각이 났습니다.

⑧ 인형이 껴안아 달라고 말하는 꿈(실증사례) → 도둑이 침입

방안 가득 장난감과 인형들로 어지럽혀 있었습니다. 그중 두 인형이 눈에 띠

었습니다. 말을 할 줄 아는 인형이었습니다. 서로 자기를 껴안아 주라고 했습니다. 첫 번째 인형은 괜찮았습니다. 두 번째 인형은 왠지 내키지가 않았습니다. 껴안으면 꼭 목 졸라 죽일 것 같아 싫었습니다. 자꾸 졸라 대어서 겨우 껴안아 주었는데 두려움에 몸을 떨다가 깨었습니다.

지난번처럼 교통사고나 당할까 봐, 그래도 혹시나 하고 언니보고 학교 갈 때 차조심을 하라고만 전했습니다. 다행히 그날은 아무 일이 없었습니다. 근데 그 다음 날 새벽 언니는 자고 있는 저를 깨웠습니다. 알고 보니 도둑이 들어온 것이었습니다. 다행히 다친 곳은 없었지만, 꿈 생각을 하니 소름이 끼쳤습니다. 모두 죽을 뻔한 고비였으니깐요.

≪민속놀이(그네뛰기, 윷놀이, 연날리기), 기타 유희≫

① 그네를 뛰는 꿈

소원 충족, 자신의 능력과 재주를 과시하는 일로 실현된다. 이 경우에 높이 날아오르는 꿈일수록, 소원의 흡족한 성취 등으로 이루어진다. 또한 소송사건의 일 승일패의 승부와 관계된 일을 뜻하기도 한다. 이 경우에 앞으로 나아가는 경우가 잘 풀리는 경우이며, 뒤로 나아가는 경우는 좌절이나 준비기간을 상징하고 있다.

② 그네를 둘이 타는 꿈

동업자나 협조자로 어떠한 사업이나 일거리·대상을 같이 추진하는 일로 실현된다.

③ 그넷줄이 끊어지거나 그네에서 떨어지는 꿈

사업의 좌절, 회사나 기관에 진행 중인 일이 실패로 돌아가게 되며, 애정 관련해서도 결별이나 이혼 등으로 실현된다. 그 밖에도, 자신의 사업이 부도나거나 명예와 권세가 몰락하게 된다.

④ 시소나 널을 뛰는 꿈

오르락내리락의 상징적 의미 그대로, 두 사람이나 두 대상 사이에 시합·재판·학력 등에서 직위·신분·능력의 우위에 서려고 경쟁할 일이 있게 된다.

⑤ 서커스를 보는 꿈

사업이 위태롭게 보이나, 그럭저럭 잘 운영됨을 뜻한다. 또는 선전광고나 선거유세 등을 보는 일로도 실현된다.

⑥ 줄타기의 꿈

줄(새끼, 로프, 자일 등)은 생명선·인연·세력·능력·방도, 시간의 장단 등을 상징하거나 암시한다. 줄타기를 통해 자신의 운명의 추세나 장차 사업의 흥망 여부, 일의 성취 여부를 상징적으로 보여주고 있다. 많은 사람이 지켜보는 꿈은 자신의 행위에 대해서 많은 사람들이 관심을 지니고 지켜보고 있음을 뜻한다. 이쪽에서 저쪽으로 무사히 건너가는 꿈은 난관을 극복하고 소원이 성취된다. 그러나 줄타기를 하다 떨어지는 꿈은 현실에서 시도하는 일거리·대상에서 위태롭게 진행되다가, 사업의 좌절이나 애정의 파탄 등 좋지 않은 일로 실현된다.

⑦ 연이 잘 나는 꿈

연이 하늘 높이 떠올려 자신의 마음대로 조정하는 꿈은 자신이 원하는 대로 사업이나 애정운 등이 이루어지며, 자신의 명예나 직위가 유명하게 된다. 이때 연싸움으로 다른 연들을 물리치는 꿈은 현실에서도 마찬가지로 경쟁자나 다른 대상을 제압하는 일로 이루어진다. 또한 액땜이라 하여 연줄을 끊어버리는 꿈을 꾼 경우에, 현실에서도 병마를 물리치고 병세가 회복된다든지, 귀찮은 사람이나 일거리·대상을 떼어내는 일로 실현된다.

⑧ 자신이 날리는 연이 다른 사람보다 높이 난 꿈(실증사례) → 시합 우승 예지

86아시안게임에서 육상 3관왕이 된 임춘애 선수를 지도한 김번일 코치의 꿈이다. 어느 날 꿈에 자신이 여러 사람들과 연을 날리고 있는데, 자신의 연이 다른 사람들보다 훨씬 높이 솟아오르는 꿈을 꾸었다. 실은 그 경기에 함께 출전한 선수 중에 임춘애 선수보다 기록이 더 앞선 기록을 보유한 인도 선수가 있었다. 하지만 꿈의 예지대로 인도 선수가 경기 도중 실수하여, 남의 트랙을 침범하는 파울로 탈락하게 되어, 임춘애 선수가 금메달을 따게 되는 일로 실현되었다.(글: 박성몽)

⑨ 연싸움에서 다른 사람들의 연을 모두 끊어 버리는 꿈(실증사례) → 태몽

2000년 시드니 올림픽경기대회에서 남자 개인 플뢰레 종목에서, 펜싱 사상 올림픽 첫 동메달을 딴 이상기 선수의 태몽이다. 3남 3녀로 태어났다. 어머님 꿈에, 아버지께서 연싸움에서 다른 사람들의 연을 모두 끊어 버리는 꿈을 꾸었다고 한다. 다른 사람들의 연을 끊어버리는 태몽에서, 무언가 싸움이나 경쟁에서 이길 것을 예지해주고 있다고 해야 할 것이다.

⑩ 윷놀이에서 이기는 꿈

윷놀이에서 상대편의 말을 잡으며 통쾌하게 이기는 꿈은 사업 성공이나 재물과 이권을 얻게 된다.

⑪ 윷 또는 주사위를 던져서 점수를 따는 꿈

그 표현된 숫자와 맞먹는 석차·성적 등을 얻는다.

⑫ 야외에서 여럿이 모여 노는 꿈

공동으로 사업 프로젝트를 진행하게 되는 등 여러 사람과 함께 어떤 일을 계속해서 하게 된다.

⑬ 보물찾기의 꿈

좋은 보물을 다른 사람보다 빨리 찾아내는 꿈인 경우에, 자신에게 먼저 승진이나 기회가 주어지게 된다. 보물을 찾다가 흙 속에서 사람의 뼈를 발견한 꿈은 뼈로 상징된 학위증·증서 등 성취 결과물을 얻게 된다. 이 경우에 시체를 찾아내는 꿈 또한 좋다. 어떠한 업적이나 성취결과를 이루어내게 된다.

≪연극, 영화, TV≫

연극이나 영화는 전개되는 이야기 속에, 장차 소원의 성취 여부나 운명적 추세 등을 상징적으로 보여주고 있다. 사실적인 요소가 있는 꿈의 경우에, 연극이나 영화 속에 등장하는 주인공의 인물은 자신의 또 다른 자아가 분장 출연한 경우가 있다. 이 주인공의 역할 전개에 따라, 자신의 장차의 흥망 여부가 예지되고 있는 경우가 대부분이다.

① 연극이나 영화 속 주인공의 꿈

연극이나 영화 속에 등장하는 주인공의 인물은 자신의 또 다른 자아가 분장 출연한 경우이거나, 일거리·대상을 뜻하고 있다. 이 주인공의 역할 전개에 따라, 자신의 장차의 흥망 여부가 예지되고 있는 경우가 대부분이다. 또한, 또 다른 등장인물이 주변 누군가를 상징적으로 보여주고 있다. 호의적인 인물이었을 경우에, 현실에서도 협조자의 도움으로 일을 처리하게 되는 일로 실현된다.

② 영화 촬영 장면을 구경하는 꿈

영화로 상징된 일거리·대상에 대해서 관심을 갖고 지켜보게 되며, 영화의 장면 내용 속에 장차 일어날 일에 대한 예지를 보여주고 있다. 예를 들어 애정영화의 경우에, 자신이 연분이나 애정을 맺는 일에 관여하게 될 것임을 보여주고 있다.

2) 색채, 소리, 냄새, 맛, 감촉

대부분의 꿈속에서 색깔에 대한 인식이 없이 전개되지만, 컬러꿈을 꾸게 되는 경우도 있다. 또한 소리가 들린다든지, 향기롭거나, 짜고 맵다든지, 신선한 감촉을 느끼는 꿈으로 전개되는 경우가 있는바, 이 모든 것이 꿈의 상징 기법의 하나로 어떤 특별한 의미를 담고 있는 경우에 해당한다.

≪색채(색깔)에 관한 꿈≫
무지개라든지, 꽃, 광채 나는 물건, 반지의 색깔, 상대방의 입은 옷 색깔 등 꿈속에 표현된 물건들의 색깔은 그 나름의 상징적 이미지를 나타내기 위해서, 꿈속에 전개되고 있다. 이렇게 생생한 색깔의 꿈은 보다 선명하게 각인되는 태몽 표상에 자주 등장할 수 있으며, 장차 일어날 일에 대한 중대한 예지일수록 컬러화하여 전개되고 있다. 다음에 드는 색채의 상징적 의미는 절대적인 것은 아니며, 참고로 살펴보기 바란다.
① 색깔(노랑)에 관한 꿈
노란 색깔은 성숙, 존경, 성숙, 애착, 인기 등을 상징한다. 누런빛 과일은 성숙된 일이나 오래된 일 등을 나타낸다.
② 색깔(빨강)에 관한 꿈
빨간색은 정열, 충성심, 난폭함, 선동, 경고 등을 상징한다. 붉은 꽃은 열정, 애정을 나타내며, 붉은색 옷을 입은 사람은 열정적인 사람을 상징하고 있다.
③ 색깔(파랑)에 관한 꿈
파란색은 젊음, 초년, 방랑, 명랑, 차가움, 상쾌, 신선미 등을 상징한다.
④ 색깔(검정)에 관한 꿈
검은색은 죽음, 불쾌, 무의미, 부도덕 등을 상징한다.
⑤ 색깔(초록)에 관한 꿈
초록색은 질투, 시기심, 나약성, 유아기, 초창기 등의 일을 상징한다.

⑥ 색깔(백색)에 관한 꿈

백색은 소박, 순수, 결백, 신천지 등의 일을 상징한다.

⑦ 색깔(분홍)에 관한 꿈

분홍색은 애정이나 연분, 기쁨, 호강 등의 일을 상징한다.

⑧ 색깔(갈색)에 관한 꿈

갈색은 늙음, 숙련, 노련, 교활, 불신, 미움 등을 상징한다.

⑨ 색깔(회색)에 관한 꿈

회색은 위선, 위장, 미완성, 잔재, 허약성 등의 일을 상징한다.

⑩ 색깔(보라)에 관한 꿈

보라색은 유혹, 수줍음, 겸손, 아늑함, 존경 등을 상징한다.

≪소리에 관한 꿈≫

소리는 소식·소문·명성·경고·감동 등의 일을 상징한다. 꿈속에서 어떠한 소리가 들려와 잠을 깨었을 경우, 주변에 어떠한 위험이 다가오고 있는지 잘 살펴보아야 한다. 교회 종소리가 고막을 찢을 듯이 들려오는 소리에 깨어나 연탄가스에 중독되어 가던 사람을 살려낸 경우가 있다. 이 경우 위험이 다가오고 있음을 소리에 대한 꿈을 통해 일깨워 주고 있다. 또한 소리로써 주변 상황에 대한 일깨움을 주기도 한다. 옛 선인의 사례로, 잠들어 자던 곳에서 꿈속에서 여러 말이 달리는 소리를 듣고 주변을 살펴봄으로써 약수를 발견하게 된 사례가 있다.

① 교회 종소리가 들리는 꿈

작품이나 계몽사업으로 명성을 떨칠 일을 상징한다. 주변에 위험이 닥쳐오고 있음을 일깨워 주는 경우도 있다.

② 소리가 나지 않은 큰 종의 꿈 → 소득이 없게 된다.

직장을 옮길 계획을 하는 기간에 꾼 꿈이다. 새로 옮기려는 직장은 80년대 초, 그야말로 무소불능의 권력을 휘두르던 신군부의 배경을 등에 업고 시작하는 그런 직장이었다. 그런데 꿈에 그 회사의 사장과 커다란 종을 함께 치는데, 아무리 쳐도 종이 소리가 나지 않았다. 더욱이 이상한 것은 종이 소리가 나지 않으면, 의아해하면서 치든 종을 그만두게 될 텐데, 아무런 감각도 없이 마치 로봇이라도 된 것처럼 계속 종을 치다가 꿈을 깨었다.

이 꿈은 많은 사람들의 귀를 자극할 정도로 큰 소리를 내는 종과 같이, 대단한 사업체이긴 하지만 아무리 쳐도 소리가 안 나는 것처럼, 소득이 없을 것을 보여준 꿈이다.(글: 박성몽)

③ 뇌성, 굉음, 소리를 듣는 꿈

뇌성이나, 맑은 하늘에서의 굉음, 공중에서 나는 우렁찬 목소리, 폭음 등을 듣는 꿈은 사회적 변혁이 있게 되거나, 크게 명성을 떨치거나 소문날 일이 생긴다.

④ 목소리가 나오지 않는 꿈

자신의 뜻을 펼칠 수 없게 되며, 언론·광고·명령 등이 뜻대로 되지 않아 고통을 받게 된다.

⑤ 소리가 가냘프고 작은 꿈

사소한 일로 이루어지거나, 남과 다툴 일이 생기며, 은밀한 가운데 일을 진행하게 되는 일로 실현된다.

⑥ 멀리서 소리가 들리는 꿈

총성 또는 짐승이나 사람의 소리가 멀리서 들려오는 꿈은 꿈의 실현에 있어 오랜 시일이 지난 다음에 이루어지며, 먼 곳의 소식이 오는 일로도 가능하다.

⑦ 음악 소리에 관한 꿈

음악 소리는 정신적 감화·선전·소문날 일·성명·명성·등을 상징한다.

⑧ 음악 소리가 아름다워 감격한 꿈

종교나 사상, 선전에 정신적 감화를 받게 된다. 유명인사의 강의에 감탄하게 되는 일로도 가능하다.

⑨ 고함치는 소리의 꿈

고함을 치는 소리는 충격적인 일, 사회적인 사건이나 변혁에 대해서 감동하거나, 널리 소문낼 일, 명성을 떨칠 일 등이 생긴다.

⑩ 사람들의 비명 소리 꿈

사회적인 대형 사건이나 사고 등으로 인하여 고통받는 일이 일어나게 되며, 불에 타죽어 가면서 소리를 지르는 꿈의 경우에 고차원의 상징으로 어떤 업적이나 일거리가 크게 성취되어 많은 사람들이 감동함을 보게 된다.

⑪ 민속의 소리에 관한 꿈

- 꿈에 쇠그릇을 쳐서 소리를 내면 이름이 난다.

- 꿈에 쇠북 소리가 크게 울면 복록(福祿)이 온다.

- 꿈에 쇠북 소리를 들으면 먼 데서 손님이 온다.

- 꿈에 뇌성 소리를 들으면 이사해야 길하다.

- 꿈에 뇌성 소리가 나면 벼슬에 오른다.

- 꿈에 종소리, 북소리 등이 크게 울리는 꿈은 좋다.

- 꿈에 종소리, 멀리서 들려 오면 좋은 소식 들려 온다.

≪냄새 꿈에 대하여≫

우리가 꾸는 꿈은 대부분 시각적으로 펼쳐져 보이는 꿈으로 진행이 되고 있다. 하지만 꿈속에서 소리를 듣거나 냄새를 맡는 꿈도 있다. 이러한 모든 것은 꿈을 만들어내는 주체인 우리의 정신능력이 그때그때 적합한 요소를 선택하여 꿈의 전개를 펼쳐내고 있으며, 꿈의 기억을 한층 생생하고 선명하게 해주고 있다.

무언가 타는 냄새가 강렬하여 깨어보니, 화재가 발생한 것을 일깨워준 사례가 있다. 또한 강렬한 꽃향기를 맡으면서 꽃비 내리는 아름다운 길을 데이트하는 꿈으로, 복권에 당첨된 사례가 있다.

① 사납고 냄새가 나는 큰 돼지가 방안에 들어와서 갑자기 사람으로 변한 꿈

억세고 돈 많으며 세도가 당당한 소문이 나쁜 사람이 인격자인 척하고 자기 집에 찾아온다.

② 악취가 나는 시궁창에 신발을 빠뜨린 꿈

남편이 교통사고를 내게 되어 어려움에 처한 사례가 있다.

③ 안 좋은 (식초) 냄새가 나는 꿈

방안 또는 부엌에서 식초 냄새가 지독하게 나는 꿈은 어떤 기관 또는 집안에 큰 소문이 나고 마음의 괴로움을 겪게 된다.

④ 고기가 썩어서 냄새가 나면 흉하다.(민속의 꿈)

≪맛에 관한 꿈≫

꿈속에서 음식이나 과일 등에 대해서 맛을 느끼는 경우가 있다. 이 경우에 맛있는 음식일수록 좋은 이권이나 재물을 얻게 되며, 자신이 소원하는 일거리·대상이 성취되는 여건에 처하게 된다.

① 간장, 고춧가루, 소금 등 음식 재료의 꿈

어떠한 일거리·대상의 진행에 있어, 협조자·후원자·보조자로서의 역할을 담당하고 있음을 상징한다. 이 경우에, 사람이 아닌 부수적인 자원이나 물건이 될 수도 있다.

② 음식이 싱겁거나 짠 경우의 꿈

음식이 싱거운 경우 자신이 진행하는 일거리·대상에서 사업 자금이 지나치게 부족하다든지, 협조자가 없음을 상징한다. 반대로 음식이 짠 경우에는 너무 지나치게 사업 자금을 투자하고 있다든지, 관심을 기울이는 사람이 매우 많음을 예지한다.

≪촉감에 대한 꿈≫

편안한 숙면을 방해하는 현실에서의 제약이나 주변의 위험 사항이 있을 경우에, 과장된 감각으로 일깨워줌으써 위기나 어려운 상황에서 벗어나도록 해주고 있다.

① 여러 마리의 강아지가 몹시 간지럼 피우는 꿈

잠에서 깨어나게 되어, 화재의 위험에서 벗어난 사례가 있다.

② 한기를 느끼고 추워서 깨어난 꿈

창문을 열어놓고 잠들어, 감기에 걸리게 될 것을 막아내도록 해주고 있다.

3) 시간, 공간(거리), 방향

도연명의 『도화원기』 속에는 어부가 동굴 안의 이상향의 세계에서 보낸 시간은 며칠이지만, 인간세계에서는 몇십 년의 세월이 지나간 것으로 나오고 있다. 마찬가지로, 꿈속에서의 시간·공간·방향은 상징적인 의미를 지니고 있기에, 현실의 시간·공간·방향과 같지는 않다. 꿈속에서의 잠깐의 행위가 현실에서 며칠이 되기도 하며, 꿈속에서 길다고 느껴졌던 시간이 현실에서 몇 년이 지나서 이루어지기도 한다.

또한 꿈속에서는 물체가 앞뒤에 놓인 순서에 불과하지만, 현실에서는 일정한 시일을 두고 천천히 진행된다. 그러나 조상이나 산신령 등이 꿈속에서 일러준 시간이나 기간이 계시적인 꿈인 경우에는 실제로 현실에서의 시간이나 기간으로 실현되기도 한다.

≪시간에 관한 꿈≫

① 동물이 사람으로 변하거나, 동물이 커지며 여러 차례 다른 동물로 변하는 꿈

현실에서 상당히 오랜 시일을 두고 진행되는 일로 실현된다.

② 빠르게 진행되는 꿈

행동이나 일의 진행에 있어 빠르게 전개되는 꿈은 현실에서도 신속히 처리될 일, 다급하게 추진시키는 일과 관계한다.

③ 냉장고 문을 열어보니 맥주가 있어, '맥주를 나중에 먹어야겠다.' 라고 생각한 꿈

소유하고 있던 부동산을 매도하여 수익이 나는 데 있어, 오랫동안의 기간이 지나서 실현될 것임을 예지해주고 있다.

④ 새벽, 아침, 낮, 저녁, 밤의 꿈

* 새벽은 일의 준비, 사물의 시초, 미개척 분야, 첫 번째를 상징한다.

* 아침은 희망, 일의 준비, 착수를 상징한다.

* 낮은 명백한 일, 개화, 문화, 광명, 진리, 선의의 세상 등을 상징한다.

* 밤은 어두운 힘든 시기, 휴식, 혼란, 암흑, 불분명, 불의, 불법, 범죄 세계 등을 상징한다.

* 저녁 또는 해 질 무렵은 실제의 현실을 나타내거나, 한 해의 마지막, 인생의 노년기, 일이 끝날 무렵, 종말을 고할 때를 상징한다.

⑤ 어제, 오늘, 내일의 꿈

* 어제는 어제, 작년, 과거, 구세대 등을 상징한다.

* 오늘은 오늘, 올해, 현재, 현세대를 상징한다.

* 내일은 내일, 몇 달 뒤, 몇 년 뒤에 다가올 미래, 깨닫는 날, 신세대 등을 상징한다.

⑥ 하루, 일주일, 한 달, 일 년의 꿈

* 꿈속의 하루는 1주일, 1개월, 1년, 10년 등의 기간을 상징할 수도 있으며, 꿈의 내용에 따라 실현시기가 달라진다.

* 1주일은 실제 그대로 7일 또는 7개월·7년 등으로 상징적인 의미가 담겨 있

는 경우가 있다.

　* 한 달이나 일 년은 실제의 한 달, 일 년, 10년, 일평생을 상징하기도 한다.

　⑦ 계절(봄, 여름, 가을, 겨울)의 꿈

　꿈속에서 전개되는 장면이 실제의 계절과 다르게, 다양하게 나타나는 경우에, 계절과는 상관없이 장차 꿈의 실현될 시기이거나, 장차 사업 전망이나 흥망성쇠를 상징한다. 예를 들어, 수풀이 무성한 여름의 배경인 경우, 사업의 번창함을 상징적으로 드러내 주고 있다. 마찬가지로 황량한 벌판의 꿈은 사업의 침체 등을 상징한다. 그러나 사실적인 요소가 있는 꿈의 경우에 실제로 꿈속의 계절과 관련지어 꿈이 실현되기도 한다. 실증사례로, 정초에 코스모스가 핀 가을의 배경을 꿈꾼 사람이 가을에 복권에 당첨되는 일로 실현된 사례가 있다.

　* 봄의 배경인 꿈은 사업의 시초, 애정의 싹틈을 상징적으로 나타내주고 있다.

　* 여름의 배경인 꿈은 성장기, 젊음, 왕성함, 사업 융성 등을 나타내주고 있다.

　* 가을의 배경인 꿈은 일의 성숙기나 장년기, 풍요로운 결실, 마무리 등을 나타내주고 있다.

　* 겨울의 배경인 꿈은 말년, 시련이나 고통, 정지, 동결 등의 일을 나타내주고 있다.

　≪공간(거리)≫

　① 목적지가 2킬로미터 정도로 생각한 꿈

　꿈의 실현까지 2개월이나 2년 등의 시간을 상징 표상하여 나타내고 있다.

　② 꿈속에서 공간을 차지하는 사물의 크기에 비례하여, 현실에서도 그대로 실현된다.

　예를 들어 그릇을 보는 꿈이나 받는 꿈은 재물이나 이권을 획득하는 일로 실현된다. 이 경우에, 꿈속에서의 그릇의 다양한 크기는 현실에서 그로 상징된 부동산의 면적이나, 사업 판도, 세력의 영향권 등을 상징적으로 나타내주고 있다.

　③ 어떠한 물건을 소유하는 꿈

　차지하는 공간의 면적이나, 크기가 크고 좋을수록 현실에서 비례하여 막대한 이익으로 실현된다. 예를 들어, 사과를 가져온 꿈인 경우에 큰 사과를 가져온 꿈일수록, 현실에서 커다란 이권이나 재물을 얻게 되는 일로 실현된다. 특히, 태몽 표상에서 가져온 물건의 크기에 비례하여, 사람의 신체적인 크기나 능력의 뛰어 남이나 인격이나 그릇됨이 뛰어남을 상징적으로 나타내고 있다.

④ 공간이나 사물이 점차로 줄어드는 꿈

자신 세력의 영향력이 점차 축소되거나, 사업 성과가 보잘것없어지며, 신분이 나 직위가 낮아지는 일로 실현된다.

⑤ 공간이나 사물이 커지거나 확대되는 꿈

사업의 확장, 영향력의 증대, 하고자 하는 일에서 발전을 가져오게 된다.

⑥ 눕거나 앉거나 서는 꿈

상대방이 누워있거나 앉아 있는 꿈은 오래 기다릴 일, 서 있으면 곧 이루어질 일과 관계한다.

⑦ 물가에 걸쳐 있는 꿈

물에 빠져 있는 꿈, 물가에 걸친 꿈, 물가에 나와 있는 것을 보는 꿈으로, 세 아이의 교통사고의 경중을 예지해주고 있다. 빠져있던 아이는 사망, 걸친 아이는 부상, 물가에 나온 아이는 무사하게 되는 일로 실현되고 있다.

⑧ 담(담장), 유리창에 관한 꿈

담 너머나 유리창 너머에서 일어나는 일은 현실에서는 일정한 기간이 지나서, 실현될 것임을 뜻한다.

⑨ 길, 문, 골목의 꿈

좁은 골목, 좁은 길, 좁은 문 등 좁은 공간은 모두가 세력권 및 처신할 환경적 여건에 만족하지 못하고, 불안한 여건에 처하게 됨을 뜻한다.

≪방향≫

계시적 꿈에서 조상이나 산신령 등 영적인 존재가 일러주는 방향으로, 어떠한 행동을 따르는 것이 좋다. 예를 들어 '동쪽으로 이사 가라'는 계시적 성격의 꿈을 꾸었을 경우에는 실제로 동쪽에 있는 집을 사게 되거나, 동쪽 회사에 취직하는 것이 좋다.

① 오른쪽·왼쪽(방향)의 꿈

꿈속에서의 방향제시 외에, 오른쪽은 정의롭고 합법적인 일을 나타내고, 왼쪽 은 불법·부정·죄의식 등의 일을 나타내기도 한다.

② 십자로에서 어디로 가야 할지 망설이는 꿈

상징적 의미 그대로, 대학이나 직장의 선택 등에 있어서 어떠한 기로에 있게 됨을 뜻한다.

③ 고향 집 남쪽에서 일어나는 일의 꿈

고향집은 이전에 근무했던 회사의 상징으로 등장하는 경우가 있다. 따라서 이전의 근무하는 회사의 남쪽에서 일어나는 일을 예지해주는 것으로 볼 수 있다.

④ 꿈속에서 '동방에서 일어난다.' 라고 하는 꿈

계시적인 꿈에서는 실제의 동쪽을 가리키나, 상징적인 꿈에서는 실제의 동쪽이 아닌, 새로운 창조, 창작, 새로운 사건 등의 비유이기도 하다.

맺음말

이 글은 2012년 필자가 출간한 『꿈이란 무엇인가?』의 맺음말을 수정 보완하여, 재수록하였음을 밝힌다.

원고의 양의 많다 보니 집필뿐 아니라, 교정을 보는 데에도 많은 시간이 들었다. 필자는 20여 년 뒤에도, 아니 몇백 년이 지나도 변치 않을 최고의 꿈해몽 실용서를 만들어야 한다는 일념뿐이었다. 그래서인지, 불안 심리 표출의 꿈이 있다는 것을 알고 있지만, 잠들어 꿈속에서도 원고를 교정하는 꿈을 수차례 꾸었다. 이제 '진인사대천명(盡人事待天命)'의 마음으로, 신비한 꿈의 세계 및 꿈해몽에 관심이 있는 사람들에게, 호평을 받는 좋은 책이기를 바랄 뿐이다.

책을 마무리하면서, 필자의 보이지 않는 운명의 길에 대해서 다시금 되돌아본다. 1976년 대학 1학년 여름방학 내내, 필자가 붙잡고 있었던 책은 프로이트의 『꿈의 해석』이었다. 어릴 때부터 어머님의 예지적인 꿈에 관심이 있었던 필자였기에, 이제 와 생각해보면 꿈에 대해서 알고자 하는 잠재적 욕구가 있었던 모양이었다. 하지만 당시의 기억으로 책 내용에는 만족하지 못했던 것 같다. 흥미 있는 책이었다면, 1주일 이내에 독파했을 터이니 말이다. 읽기 싫으면서도 '유명하다는 책이니, 읽어보아야지' 라는 마음으로 억지로 보았던 책으로 기억하고 있다.

하지만 내용도 쉽게 이해되지 않았고, '꿈은 억눌린 소망의 표현'이라는 것만 알아들었을 정도이다. 하지만 그것도 공감할 수 없는 내용이었다. '아니, 어머님은 앞으로 일어날 일을 예지하는 꿈인데, 그러한 이야기보다는 엉뚱한 억눌린 성적충동이니, 심리학이니 뭐나---.' 어릴 때부터 어머님이 일어날 일을 알아맞히는 예지적인 꿈의 세계를 보아왔던 필자에게, 대학에 진학해서 고전소설에서 영웅의 출생에 앞서 신비한 태몽으로 이야기가 시작되고 있으며, 아들·딸을 태몽으로 예지하는 사례들을 들으면서, 꿈에는 장차 일어날 일을 예지해주는 무언가가 있다는 것을 떨쳐버릴 수가 없었다.

그 후 1995년 필자 최초의 출간도서인 『파자이야기』의 출간을 준비하면서, 선인들의 구비전승된 이야기를 채록하여 만들어낸 『구비문학대계』 속에 나오는 여러 꿈이야기를 비롯하여 꿈을 한자를 활용하여 풀이하는 파자(破字)해몽에 관심을 갖게 되어, 본격적으로 꿈의 세계에 빠져들게 되었다. 아니 무엇보다도, 필자 자신이 꾸는 꿈이 현실에서 실제로 일어나는 예지적인 꿈으로 실현되는 데에 놀라움을 금할 수 없었다.

그 무렵에 필자는 '총에 맞고 죽는 꿈'을 꾸었다. 하지만 점쟁이식의 해몽서에 '죽는 꿈은 좋은 것이다.'라고만 나와 있을 뿐, 왜 좋은 꿈인지, 어떤 상징적 의미가 내포되어 있는지에 대한 언급은 찾아볼 수 없었다. 죽는 꿈이 낡은 껍질을 벗고 새롭게 태어나는 재생·부활의 상징적 의미를 지니고 있는 것처럼, 필자의 운명의 수레바퀴는 꿈에 대한 세계로 굴러갔다. 그리하여, 지역정보지 '교차로'에 꿈이야기를 연재하면서, 사람들의 실증사례를 편지로 받아 해설을 덧붙여 정리하고, 선인들의 꿈이야기를 살펴본 『현실 속의 꿈이야기』를 1996년 출간하였다. 이렇게 실증사례를 통한 꿈의 연구에 매진할 무렵에, 스승이신 한건덕 선생님과의 운명적인 만남을 통해, 『꿈해몽백과(공저)』를 책임 집필하여 1997년 출간하기에 이르렀다.

그 후에 스포츠 신문 연재 및 편지·이메일 및 사이트 게시판에 올려진 꿈체험기, 온라인 해몽상담, 특히 수백 건의 전화상담을 통해 이용자와의 처한 상황 및 마음 먹고 있는 바 등등의 진솔한 상담을 통해서, 수많은 실증사례를 수집하고, 신비하고 절묘한 꿈의 다양한 상징 기법에 대해 연구하고 정리를 해올 수 있었다.

또한, 각종 문집에 수록된 선인들의 꿈체험담에 대한 본격적인 실증사례에 대한 연구를 위해, 단국대 일반대학원 한문학과 박사과정으로 학문의 길을 걸어, 선인들의 몽중시(夢中詩)에 대한 연구로 박사학위를 받은 바 있다. 지금 되돌아보면, 교직과 대학원생을 겸한 인고(忍苦)의 나날이요, 기쁨의 나날이었다. 문집 속에서 선인들의 신비한 꿈체험담에 대한 사례를 접할 때마다, 필자는 몽생몽사(夢生夢死)로서의 삶의 보람을 찾고는 하였다.

대학원 박사과정은 선인들의 역사적 기록을 통한 꿈 연구로 폭을 넓혀서, 한편으로 2007년 『꿈으로 본 역사』의 출간을 가져왔다. 하지만 책에 수록된 것은 필자가 연구한 자료의 반밖에 되지 않았으며, 많은 내용이 삭제되었음을 밝힌다. 적절한 기회에 선인들의 꿈의 세계를 통시적으로 정리하여 재출간하고자 한다. 또 다른 한편으로 필자의 몽중시 박사학위 논문을 일반인이 보다 쉽게 이해할 수 있도록, [아니, 꿈속에서 시를 짓다니]의 출간을 준비하고 있기도 하다.

박사학위를 받은 후 본격적인 꿈 연구에 매진하여, 로또(복권) 당첨자의 꿈 사례를 20여 가지로 분석하고 해설을 담은 『행운의 꿈』을 2009년 자비 출판하였으며(2013년 로또복권 당첨 꿈해몽으로 재출간 함), 상징적인 미래 예지 꿈의 세계인 태몽에 관한 연구를 지속하여, 2012년 봄 『꿈이란 무엇인가?』와 함께 『태몽』을 출간하게 되었다. 이제 그동안의 수많은 실증사례에 대한 자료 수집과 연구를 통해, 꿈의 상징 이해에 기반을 둔, 『홍순래 박사 꿈해몽』을 출간하여, 독자 여러분들이 꿈에 대한 올바른 이해와 누구나 손쉽게 꿈해몽을 할 수 있도록 하고자 한다.

필자에 대해 잘 아는 분이 많지만, 아직 많은 사람들은 필자가 꿈에 관한 10권의 저서를 출간했으며, 실증사례에 토대를 둔 꿈의 연구에 매진하고 있음에도 불구하고, '홍순래'의 존재조차도 모르고 있다. 인터넷에 필자의 '홍순래 박사 꿈해몽' 사이트가 있지만, 사이트의 질과 양에 의한 순위가 아닌, 광고비를 많이 내는 업체들이 상위 링크를 차지하고 있어, 일반인은 필자의 사이트가 있는지조차도 모르는 가슴 아픈 현실이다. 사이트를 광고하라고 전화가 이따금씩 오지만, 필자는 사이트 수익보다 광고비가 몇 배 나오는 배보다 배꼽이 큰 현실에 씁쓰레함을 느낄 뿐이다.

신비한 꿈의 예지적 세계에 대하여, 일반 사람들이 보다 흥미 있게 꿈의 세계에 가까이 다가설 수 있도록, '꿈의 대중화'를 위해 필자는 애쓰고 있다. 이제까지 12권의 저술활동을 비롯하여 각종 연재나 방송 출연을 마다하지 않았으며, 심지어 모 케이블 TV의 「화성인」으로 출연할 뻔하기도 했다. 그러나 꿈을 연구하는 필자는 지극히 평범하고 정상적인 지구인이며, 아니 다른 사람보다 고도의 정신능력을 발휘하는 지구인이기에, 부질없음을 깨닫고 포기한 바 있다.

문학이론에 '문학당의설(文學糖衣說)'이라고 있다. 문학의 세계는 교훈적 기능과 정서적 미적 감동을 불러일으키는 쾌락적 기능이 있다. 독자들은 작가가 꾸며낸 허구의 세계인 사탕발림 이야기 속에 흥미 있게 빠져 들어가면서, 자신도 모르게 교훈적인 주제를 얻게 되는 것이다.

필자 또한 마찬가지이다. 예지적인 꿈의 세계를 독자 여러분에게 보다 흥미 있게 일깨워드리고자, '세 여자의 납치 사건과 예지적인 꿈의 세계!'에 대한 『백련화』 장편소설을 오래전부터 준비해왔다. 은퇴한 조직폭력 세력에 의하여, 서울 교외의 비밀별장에 미모의 여대생, 회사원, 유명 연예인의 세 명의 여자가 납치 되는 사건이 발생한다. 유명연예인이 납치되기에 이르러 사건이 본격적으로 알 려지기 시작하나, 사건의 단서는 쉽게 찾을 수 없는 미궁에 빠져 들어가게 된다. 하지만 납치 사건에 유난히 관심을 지니게 되는 잡지사 여기자, 그녀에게 호감을 갖게 되고 사랑에 빠지게 되는 젊은 형사가 함께 적극적으로 사건 해결에 뛰어든 다. 그리하여 꿈을 믿는 회사원인 희정의 꿈일기장을 찾아내기에 이르고, 적혀 있었던 꿈의 기록과 납치된 여자들의 주변 친지를 통한 예지적인 꿈이야기에서, 사건의 단서를 찾아 해결해나가는 과정을 담고 있다. 2013년 7월 30일 어문학사 에서 출간된바, 많은 관심과 애정을 부탁드린다.

10여 년 전에 모 대학 학보사 여학생 기자로부터 꿈에 대한 원고 청탁이 있었 다. 그리하여, 이 책에 소개한 대로, 예지적인 꿈의 세계에 중점을 둔, 다양한 꿈 의 전개양상별로 실증사례를 덧붙여 A4용지 2~3장의 원고를 보내주었다. 당시 에 그 여대생 말이, 가슴에 와 닿는다. "선생님의 글을 읽으니, 꿈이란 무엇인지 알 것 같아요."

그렇다. 꿈에 대해서 많은 사람들이 관심을 지니고 있고, 알고자 하고 있다. 그런데 왜 우리는 꿈의 세계에 대해서 미신적으로 대하고 있는 것일까?

왜, 서양의 심리학적 꿈 이론에 비해서, 우리의 예지적인 꿈의 세계에 대해서 는 경시하고 하찮게 여기는 것일까?

왜, 외국의 어느 학자가 꿈에 대해서 이야기하면, 무슨 대단한 이야기를 한 것 처럼 떠받들어 모시는 것일까?

왜, 서양의 프로이트는 높이 받들어 올리면서, 30여 년간 꿈을 연구해 오신 고

㉾ 한건덕 선생님이나 필자의 꿈에 관한 연구는 찬밥 신세를 면하지 못하는 것인가?

왜, 우리의 TV 등에서는 꿈에 관한 프로그램을 자유롭게 방영하지 못하는 것일까?

논리적이고 과학적인 현상이 아니면, 학문의 영역에 들 수 없는 것인가?

태몽이나 꿈이 미래를 예지한다는 것이 믿을 수 없기 때문인가?

우리의 꿈에 관한 연구가 외국에 비해서 형편없고 하찮아서 그런 것인가?

하나님을 믿는 사람들이 많아, 꿈의 세계는 허황된 것이고 사탄의 세계라고 여기는 것일까?

이 책은 필자가 그동안 해 온 꿈 연구가 집약된 결정체이다. 아니, 실증사례에 바탕을 둔 예지적인 꿈의 세계에 대한 선인들의 피와 땀의 기록이요, 우리 민족의 영적(靈的)인 정신능력의 우수성을 드러내는 삶의 기록이다. 아니, 젊은 나이에 교직을 물러난 후에, 불편하신 몸으로 한평생을 꿈 연구에 매진해 오신 고(故) 한건덕 선생님의 한(恨)의 결정체(結晶體)요, 예지적인 꿈에 대한 연구가 새롭게 빛을 발하고 있는 금자탑이다.

필자는 프로이트의 『꿈의 해석』과 비교하여, 필자의 『꿈이란 무엇인가?』 및 『홍순래 박사 꿈해몽』 중에 어느 책이 꿈의 세계에 대해서 올바르게 언급하고 있는지, 독자 여러분에게 냉정하고 엄정한 평가를 받고 싶다.

프로이트의 꿈을 보는 심리학적 입장과 우리 전통적인 예지적인 꿈의 세계와는 전혀 다른 것이다. 서양의 심리학적 측면을 부정하고 싶지 않듯이, 우리의 예지적인 꿈의 세계도 당당하게 내세울 수 있는 문화적 환경으로 나아가야 한다는 것이 필자의 생각이다.

또한, 꿈을 믿는 것과 하나님을 믿는 것은 아무런 관련이 없다. 한건덕 선생님도 독실한 기독교 신자로, 성경과 관련한 저서를 두어 권 내신 바 있다. 꿈을 '잊혀진 하나님의 언어'라고 말하는 외국의 학자가 있듯이, 꿈의 세계는 하나님을 '믿고 안 믿고'와 아무런 관련이 없다. 오히려 인간의 영적 능력을 이야기한다는 점에서, 꿈의 세계는 정신과학의 정점의 영역에서 다른 모든 학문을 아우르고 인도하는 학문으로 신성시되어야 할 것이다.

필자가 보기에 발달된 서구의 과학기술을 받아들이다 보니, 그들의 모든 것이 좋은 것이라고 부지불식 중에 받아들이게 되지 않았는지 반문해본다. 그렇다. 꿈을 보는 시각에서 문화적 사대주의에 빠져든 것으로밖에 보이지 않는다. 여기에 대해서는 구한말 서구문명이 밀려들어 오자, 선인들이 명쾌한 해답을 내놓은 바 있다. 바로 '동도서기(東道西技)'의 정신이다. 즉, '서구의 발달된 과학문명은 받아들이되, 정신적인 것은 우리의 것을 지켜나가자'의 정신이다. 이는 오늘날도 마찬가지이다.

꿈이 우리 인간의 정신능력에서 발현된다고 볼 때, 우리 민족의 영적인 정신능력은 전 세계적으로 비교할 수 없을 만큼 우수한 경지에 있음은 부인할 수 없는 사실이다. 굳이 '카를 구스타프 융'의 민족에 따른 집단무의식의 상징을 들먹이지 않더라도, 지구 상에서 우리 민족만큼 꿈을 자주 꾸고 꿈에 관심을 지니는 민족이 없기에, 실증사례를 통한 꿈의 상징 기법에 대한 이해와 꿈의 상징 의미를 밝혀내는 데 있어서, 우리의 꿈 연구가 세계 최상에 도달할 수 있을 것이다.

다만, 필자가 인정할 수 있는 것은 꿈은 뇌의 활동으로 빚어지는 세계로써, 서구의 발달된 과학기술의 첨단장비인 자기공명 단층촬영(MRI)과 양전자 단층촬영(PET)과 같은 영상기기를 통해서, 뇌의 구조와 뇌 영상 지도 등 뇌의 신비를 파헤치는 분야에서 서양이 앞서 있다는 것뿐이다. 이 문제 역시 우리나라의 뇌과학을 연구하는 학자들이 보다 관심을 지니고, 뇌의 신비를 파헤치는 작업에 매진해나가야 할 것이다.

이 책에서는 '꿈은 미래를 예지한다'는 대명제 하에 수많은 예지적 꿈 사례에 대해서 살펴봄으로써, 꿈에 대한 올바른 이해와 '상징의 언어'인 꿈의 다양한 상징기법에 대한 사례와 해설을 통해 꿈에 대한 올바른 이해를 돕도록 하였다. 아쉬운 점이 있다면, 제한된 지면으로 인하여 보다 많은 실증사례를 들어주지 못했다는 것과 요약적 제시로 실증사례를 드는 과정에서 충실치 못한 점이 있다는 것에 대해서 양해있으시기를 바란다.

꿈의 세계나 꿈해몽에 더 많은 관심이 있으신 분들은 인터넷에서 필자의 '홍순래 박사 꿈해몽(http://984.co.kr)' 사이트를 이용하거나, 스마트폰에서 '홍순래 박사 꿈해몽'의 앱을 내려 받아 활용해주시기 부탁드린다. 각종 자료의 검색 및 온라인 상담을 보다 손쉽게 활용하실 수 있을 것이다.

인간에게 미래를 예지하는 영적 능력이 꿈을 통해 발현될 수 있기에, 인간이 인간다울 수 있음에 감사하면서, '꿈은 신(神)이 인간에게 내린 최대의 선물이다.'의 말로써 글을 맺고자 한다.

2013년 11.24일　夢生夢死(몽생몽사)　홍순래

색인

드레스 538, 694
들것 1552
들판 1420
등 634
등〔背〕 1061
등산 600
딸 755
딸기 502, 1378
땀 1090
땅 730
땅(대지) 1419
땅콩 1636, 1639
땔감(장작) 1097, 1172, 1414
떡 232, 483, 537, 589, 1626, 1628
똥 188, 558, 561, 1096
똥꿈 128, 376, 588, 1100, 1481
똥냄새 243
똥(대변) 243
똥통 943, 944, 1102
뜰 1507

ㅁ

마늘 232, 468, 483, 1394, 1642
마당 1507
마라톤 955, 1759
마루 1504
마약 1647
마차 693, 699, 1552
만국기 1618
만년필 1742
만두 232, 1628
만장 927, 928
만족 1015
말〔斗〕 1606
말〔馬〕 214, 538, 683, 840, 954, 1199
말〔言〕 187, 239, 272, 296, 390, 519, 988
말발굽 177
맛 1769
망고 468, 1364
망설 1018
망원경 1607
망주석 1521
망치 1602
매 160, 509, 1229, 1234
매몰 658
매몽 129, 594
매화(梅花) 229, 230, 635, 730, 1293, 1344
맷돌 1606
맹꽁이 1321
맹수 548
머리 163, 173, 216, 334, 564, 700, 721,
　　　725, 726, 756, 864, 1020, 1611
머리카락 539, 587, 603, 720, 976, 977,
　　　　1036, 1039, 1041

ㄹ

라디오 1565
라면 1630
라이터 603, 1646
라이터(성냥) 1697
러닝셔츠 1079, 1673
레스토랑 1514
레슬링 1758
레슬링(씨름) 1760
레이저 1570
레즈비언 814
렘수면 96, 618
로또 188, 863, 1480
로또(복권) 82, 260
로또(복권)당첨 363, 366
로봇 1570
로션(화장품) 1715

ㅅ

홍순래 박사
꿈해몽

초판 1쇄 발행일 2014년 2월 13일
초판 2쇄 발행일 2016년 12월 2일

지은이 홍순래
펴낸이 박영희
편집 김영림
디자인 박희경
인쇄·제본 태광인쇄
펴낸곳 도서출판 어문학사
　　　　서울특별시 도봉구 쌍문동 523-21 나너울 카운티 1층
　　　　대표전화: 02-998-0094/편집부1: 02-998-2267, 편집부2: 02-998-2269
　　　　홈페이지: www.amhbook.com
　　　　트위터: @with_amhbook
　　　　블로그: 네이버 http://blog.naver.com/amhbook
　　　　　　　 다음 http://blog.daum.net/amhbook
　　　　e-mail: am@amhbook.com
　　　　등록: 2004년 4월 6일 제7-276호

ISBN 978-89-6184-325-6 03180
정가 60,000원

이 도서의 국립중앙도서관 출판시도서목록(CIP)은 e-CIP홈페이지(http://www.nl.go.kr/ecip)와
국가자료공동목록시스템(http://www.nl.go.kr/kolisnet)에서 이용하실 수 있습니다.
(CIP제어번호: CIP2014002188)